AF855601

Pourquoi activer mon Code en ligne :

Selon mon édition, l'activation de mon Code me permet d'accéder aux enrichissements suivants, sur ordinateur, tablette et smartphone :

	CODE ÉDITION LIMITÉE*	CODE ÉDITION CLASSIQUE
Lettre d'actualité du Code	✓*	✓*
Accès aux codes officiels secs	✓	✓
Mise à jour en continu		✓
Liens vers la jurisprudence		✓
Accès aux commentaires et textes complémentaires		✓
Accès aux articles des revues Dalloz		✓

www.activation-dalloz.fr

La clé d'activation se trouve sous l'étiquette de couverture

* Disponible pour les titres suivants :
Code civil, Code de procédure civile, Code pénal, Code de procédure pénale, Code de commerce et Code du travail.

10e édition

CODE
GÉNÉRAL DE LA PROPRIÉTÉ DES PERSONNES PUBLIQUES

Annoté & commenté

Papier & numérique

DALLOZ

10e édition

Annotations et commentaires rédigés par

François BRENET
Professeur à l'Université de Poitiers

Caroline CHAMARD-HEIM
Professeur à l'Université Jean-Moulin (Lyon III)

Fabrice MELLERAY
Professeur à l'Université de Paris 1 Panthéon-Sorbonne
Membre de l'Institut Universitaire de France

Philippe YOLKA
Professeur à l'Université Grenoble-Alpes

Coordination éditoriale par

Clémence BREIL
Rédactrice aux Éditions DALLOZ

DALLOZ

ÉDITIONS DALLOZ

31-35, rue Froidevaux, 75685 Paris Cedex 14

ISBN 978-2-247-19675-3

Avant-propos

Le présent code réunit les dispositions commentées et annotées de la partie législative du code général de la propriété des personnes publiques (CGPPP), issue de l'ordonnance n° 2006-460 du 21 avril 2006. Il intègre également la partie réglementaire du code, issue du décret n° 2011-1612 du 22 novembre 2011.

À l'instar des autres codes Dalloz, le code général de la propriété des personnes publiques, qui s'ouvre sur une ***table analytique des matières,*** *adopte une présentation rigoureuse et précise.*

Agrémenté de nombreux ***résumés de jurisprudence*** *et de* ***notices bibliographiques,*** *le code se caractérise également par un riche* ***commentaire explicatif,*** *rédigé par les auteurs.*

On trouvera par ailleurs en ***Appendice*** *de nombreux textes, codifiés ou non, regroupés par rubriques permettant d'appréhender pleinement la matière.*

Trois tables, situées à la fin de l'ouvrage, faciliteront les recherches : une ***table de concordance*** *avec les anciennes dispositions du code du domaine de l'État, une* ***table chronologique*** *des textes figurant dans le code et une* ***table alphabétique****.*

On notera enfin que, en haut de chaque page, le titre courant indique la référence du texte et la matière concernée.

LISTE DES ABRÉVIATIONS

	Hyperlien vers la décision intégrale accessible sur le Code en ligne
	Hyperlien vers l'article de revue accessible sur le Code en ligne
	Hyperlien vers un texte complémentaire accessible sur le Code en ligne
ACCP	Actualité de la commande et des contrats publics
aff.	Affaire
AJCT	Actualité juridique collectivités territoriales (Dalloz)
AJDA	Actualité juridique Droit administratif (Dalloz)
AJDI	Actualité juridique Droit immobilier (Dalloz, à partir de 1998)
AJPI	Actualité juridique Propriété immobilière (jusqu'en décembre 1997)
al.	Alinéa
ALD	Actualité législative Dalloz (années 1983-1995)
App.	Appendice
Arr.	Arrêté
art.	Article
ASA	Association syndicale autorisée
Ass. nat.	Assemblée nationale
Ass. plén.	Assemblée plénière de la Cour de cassation
Assoc.	Association
BIBL.	Bibliographie
BIBL. GÉN.	Bibliographie générale
BICC	Bulletin d'information de la Cour de cassation
BJCL	Bulletin juridique des collectivités locales
BJCP	Bulletin juridique des contrats publics
Bull. civ.	Bulletin des arrêts des chambres civiles de la Cour de cassation
Bull. crim.	Bulletin des arrêts de la chambre criminelle de la Cour de cassation
C.	Code
c/	Contre
CAA	Cour administrative d'appel
CADA	Commission d'accès aux documents administratifs
CASF	Code de l'action sociale et des familles Dalloz
CCC	Contrats Concurrence Consommation
CCH	Code de la construction et de l'habitation Dalloz
CCI	Chambre de commerce et d'industrie
CCP	Code de la commande publique Dalloz

C. civ. Code civil Dalloz
C. com. Code de commerce Dalloz
C. communes Code des communes
C. défense Code de la défense
C. dom. Ét. Code du domaine de l'État
C. dom. Ét. coll. publ. Code du domaine de l'État et des collectivités publiques, applicable dans la collectivité territoriale de Mayotte
C. dom. publ. fluv. Code du domaine public fluvial et de la navigation intérieure
CE Conseil d'État
CEDH Cour européenne des droits de l'homme
C. énergie Code de l'énergie Dalloz
C. envir. Code de l'environnement Dalloz
C. expr. Code de l'expropriation pour cause d'utilité publique Dalloz
C. for. Code forestier
CGCT Code général des collectivités territoriales Dalloz
CGI Code général des impôts Dalloz
CGPPP Code général de la propriété des personnes publiques Dalloz
Chron. Chronique
Circ. Circulaire
CJA Code de justice administrative Dalloz
CJCE Cour de justice des Communautés européennes
CJEG Cahiers juridiques de l'électricité et du gaz
CJUE Cour de justice de l'Union européenne
C. mon. fin. Code monétaire et financier Dalloz
Cne Commune
Coll. terr. Collectivités territoriales - Intercommunalité
Com. Chambre commerciale de la Cour de cassation
Comm. EDH Commission européenne des droits de l'homme
Comp. Comparer
concl. Conclusions
conf. Solution conforme
Cons. conc. Conseil de la concurrence
Cons. const. Conseil constitutionnel
Const. Constitution
Contra Solution contraire
Conv. EDH Convention européenne de sauvegarde des droits de l'homme et des libertés fondamentales
COREP Commissaire de la République
C. patr. Code du patrimoine Dalloz
CPCE Code des postes et télécommunications électroniques
C. pén. Code pénal Dalloz
C. ports mar. Code des ports maritimes
C. pr. civ. Code de procédure civile Dalloz
C. pr. pén. Code de procédure pénale Dalloz
Crim. Chambre criminelle de la Cour de cassation
crit. critique
C. route Code de la route Dalloz
C. rur. Code rural et de la pêche maritime Dalloz

CSP Code de la santé publique Dalloz
CSS Code de la sécurité sociale Dalloz
CTC Chambre territoriale des comptes
Cté Communauté
C. tourisme Code du tourisme Dalloz
C. transp. Code des transports Dalloz
C. trav. Code du travail Dalloz
C. trib. adm. Code des tribunaux administratifs et des cours administratives d'appel
Cts Consorts
C. urb. Code de l'urbanisme Dalloz
C. voirie rout. Code de la voirie routière

D. Recueil Dalloz
DA Recueil analytique de jurisprudence et de législation Dalloz (années 1941 à 1944)
DC Recueil critique de jurisprudence et de législation Dalloz (années 1941 à 1944)
DDH Déclaration des droits de l'homme et du citoyen de 1789
Décis. Décision
Décr. Décret
Décr.-L. Décret-Loi
Defrénois Répertoire du notariat Defrénois
DH Recueil hebdomadaire de jurisprudence Dalloz (années antérieures à 1941)
DMF Le Droit maritime français
Doc. fr. Documentation française
Doctr. Doctrine
Dpt Département
Dpts et cnes Départements et communes
DR Décisions et rapports de la Commission européenne des droits de l'homme
Dr. adm. Droit administratif
Dr. envir. Droit de l'environnement (Annales de la voirie et de l'environnement)
Dr. fisc. Droit fiscal
Dr. voirie Droit de la voirie et du domaine public
DUP Déclaration d'utilité publique

---

ecqc «... en ce qui concerne ...»
EDCE Études et documents du Conseil d'État
Envir. Revue Environnement (devenue Environnement et développement durable depuis janvier 2010)
eod. loc. Au même endroit
eod. v°, eisd. v^is Même(s) mot(s) que celui (ceux) qui vient (viennent) d'être cité(s)
EPA Établissement public administratif
EPCI Établissement public de coopération intercommunale
EPIC Établissement public industriel et commercial
Épx Époux
Err. Erratum

esp.	Espèce
Ét. fonc.	Études foncières
FNR	Fin de non-recevoir
GACE	Les Grands Avis du Conseil d'État (Dalloz)
GADE	Les Grands Arrêts du droit de l'environnement (Dalloz)
GAJA	Les Grands Arrêts de la jurisprudence administrative (Dalloz)
GAJF	Les Grands Arrêts de la jurisprudence fiscale (Dalloz)
Gaz. cnes	La Gazette des communes
Gaz. Pal.	La Gazette du Palais
GDCC	Les Grandes Décisions du Conseil constitutionnel (Dalloz)
GDDAB	Les Grandes Décisions du droit administratif des biens (Dalloz)
Gestion fin. publ.	Gestion et finances publiques
GIP	Groupement d'intérêt public
Gpt	Groupement
ibid.	Au même endroit
Inf. fonc. dom.	Information foncière et domaniale
infra	Ci-dessous
Instr.	Instruction
IR	Informations rapides du Recueil Dalloz
J.	Jurisprudence
JAC	Jurisart etc.
J.-Cl. Adm.	Juris-Classeur Administratif
J.-Cl. Coll. terr.	Juris-Classeur des collectivités territoriales
J.-Cl. Europe	Juris-Classeur Europe
JCP	Juris-Classeur périodique (Semaine juridique), édition générale
JCP Adm.	Juris-Classeur périodique, édition Administration et collectivités territoriales
JCP N	Juris-Classeur périodique, édition Notariale
JO	Journal officiel
JOAN Q	Journal officiel, Assemblée nationale, Questions écrites
JOCE	Journal officiel des Communautés européennes
JO Doc. AN	Journal officiel, document de l'Assemblée nationale
JONC	Journal officiel, numéro complémentaire
JOUE	Journal officiel de l'Union européenne
Journ. maires	Journal des maires
L.	Loi
Lebon	Recueil des arrêts du Conseil d'État (Dalloz)
LF	Loi de finances
LFI	Loi de finances initiale
LFR	Loi de finances rectificative
Liv.	Livre
L.O.	Loi organique

LOLF	Loi organique relative aux lois de finances
LPA	Les Petites Affiches
LPF	Livre des procédures fiscales
Min.	Ministre
Min. publ.	Ministère public
mod.	Modifié
Mon. TP	Le Moniteur des travaux publics et du bâtiment
Ndlr	Note de la rédaction
n°	Numéro
Nouv.	Nouveau
obs.	Observations
Ord.	Ordonnance
P	Arrêt publié au bulletin civil ou au bulletin criminel de la Cour de cassation
p.	Page
Pan.	Panorama
Pan. dr. adm.	Panorama de droit administratif
préc.	Précité
QPC	Question prioritaire de constitutionnalité
Quot. jur.	Le Quotidien juridique
Rapp.	Rapport
Rapport public	Rapport public annuel du Conseil d'État
Rappr.	Rapprocher
RDI	Revue de droit immobilier (Dalloz)
RD publ.	Revue du droit public et de la science politique en France et à l'étranger
RD rur.	Revue de droit rural
RDSS	Revue de droit sanitaire et social (Dalloz)
Rec. CJCE	Recueil de la Cour de justice et du tribunal de première instance des Communautés européennes
Rec. Cons. const.	Recueil des décisions du Conseil constitutionnel
Rect.	Rectificatif
Rec. TA	Recueil de jurisprudence des tribunaux administratifs et des cours administratives d'appel
Rép. min.	Réponse ministérielle
req.	Requête
Req.	Chambre des requêtes de la Cour de cassation
Rev. adm.	Revue administrative
Rev. CMP	Revue Contrats et Marchés publics
Rev. Trésor	Revue du Trésor (jusqu'en 2009 ; devenue Gestion fin. publ.)
RFDA	Revue française de droit administratif (Dalloz)
RFDC	Revue française de droit constitutionnel
RF décentr.	Revue française de la décentralisation

RFFP	Revue française des finances publiques
RJ envir.	Revue juridique de l'environnement
RJEP	Revue juridique de l'économie publique (anciennement Cahiers juridiques de l'électricité et du gaz [CJEG])
RPDA	Revue pratique de droit administratif
RRJ	Revue de recherche juridique — Droit prospectif
RTD civ.	Revue trimestrielle de droit civil (Dalloz)
RTD com.	Revue trimestrielle de droit commercial (Dalloz)

s.	Et suivants
SA	Société anonyme
SAFER	Société d'aménagement foncier et d'établissement rural
SCEA	Société civile d'exploitation agricole
SCI	Société civile immobilière
SEM	Société d'économie mixte
SEML	Société d'économie mixte locale
SIVOM	Syndicat intercommunal à vocation multiple
SIVU	Syndicat intercommunal à vocation unique
sol. impl.	Solution implicite
Somm.	Sommaire
SPA	Service public administratif
SPIC	Service public industriel et commercial
SPM	Saint-Pierre-et-Miquelon
ss.	Sous
Sté	Société
supra	Ci-dessus

t.	Tome
TA	Tribunal administratif
T. civ.	Tribunal, chambre civile
T. com.	Tribunal de commerce
T. confl.	Tribunal des conflits
T. corr.	Tribunal, chambre correctionnelle
TI	Tribunal d'instance
Tit.	Titre
TPG	Trésorier-payeur général
TPICE	Tribunal de première instance des Communautés européennes

V.	Voir
Vie cnale et dptale	La Vie communale et départementale
v° ou v[is]	Mot ou mots

TABLE DES MATIÈRES

CODE GÉNÉRAL DE LA PROPRIÉTÉ DES PERSONNES PUBLIQUES

LIVRE DEUXIÈME

PROCÉDURES D'ACQUISITION

DEUXIÈME PARTIE
GESTION

LIVRE PREMIER
BIENS RELEVANT DU DOMAINE PUBLIC

LIVRE DEUXIÈME

BIENS RELEVANT DU DOMAINE PRIVÉ

LIVRE TROISIÈME
DISPOSITIONS COMMUNES

TROISIÈME PARTIE
CESSION

LIVRE PREMIER
BIENS RELEVANT DU DOMAINE PUBLIC

LIVRE DEUXIÈME

BIENS RELEVANT DU DOMAINE PRIVÉ

L. 3211-1 – L. 3231-1
R. 3211-1 – R. 3231-2

QUATRIÈME PARTIE

AUTRES OPÉRATIONS IMMOBILIÈRES DES PERSONNES PUBLIQUES

LIVRE PREMIER

RÉALISATION DES OPÉRATIONS IMMOBILIÈRES

LIVRE DEUXIÈME

CONTRÔLE DES OPÉRATIONS IMMOBILIÈRES

CINQUIÈME PARTIE

DISPOSITIONS RELATIVES À L'OUTRE-MER

LIVRE PREMIER

DISPOSITIONS PARTICULIÈRES À LA GUADELOUPE, À LA GUYANE, À LA MARTINIQUE, À LA RÉUNION ET À MAYOTTE

LIVRE DEUXIÈME

DISPOSITIONS RELATIVES À SAINT-BARTHÉLEMY

LIVRE DEUXIÈME

DISPOSITIONS APPLICABLES À SAINT-PIERRE-ET-MIQUELON

LIVRE TROISIÈME

DISPOSITIONS RELATIVES À SAINT-MARTIN

LIVRE CINQUIÈME

DISPOSITIONS RELATIVES À LA NOUVELLE-CALÉDONIE

Un exposé analytique et didactique du droit administratif des biens

43 € - Paru en avril 2020

LIVRE SIXIÈME

DISPOSITIONS RELATIVES À LA POLYNÉSIE FRANÇAISE

LIVRE SEPTIÈME

DISPOSITIONS RELATIVES AUX ÎLES WALLIS-ET-FUTUNA

CODE DU DOMAINE DE L'ÉTAT

DEUXIÈME PARTIE

RÈGLEMENTS D'ADMINISTRATION PUBLIQUE ET DÉCRETS EN CONSEIL D'ÉTAT

LIVRE II *[ABROGÉ]*

ADMINISTRATION DES BIENS DOMANIAUX

LIVRE IV *[ABROGÉ]*

DISPOSITIONS DIVERSES

TROISIÈME PARTIE

PARTIE RÉGLEMENTAIRE – DÉCRETS SIMPLES

LIVRE II *[ABROGÉ]*

ADMINISTRATION DES BIENS DOMANIAUX

LIVRE IV *[ABROGÉ]*

DISPOSITIONS DIVERSES

QUATRIÈME PARTIE
PARTIE RÉGLEMENTAIRE – ARRÊTÉS

LIVRE PREMIER
COMPOSTION DU DOMAINE

LIVRE II
ADMINISTRATION DES BIENS DOMANIAUX

LIVRE III

ALIÉNATION DES BIENS DOMANIAUX

LIVRE IV

DISPOSITONS DIVERSES

APPENDICE

Rapport au président de la République,

Relatif à l'ordonnance n° 2006-460 du 21 avril 2006 relative à la partie législative du code général de la propriété des personnes publiques (JO 22 avr.).

Monsieur le Président,

L'ordonnancement du droit domanial s'est en quelques décennies diversifié et complexifié au gré des modifications de l'environnement juridique et économique. Il emprunte aujourd'hui à des sources de droit éparses. L'édifice législatif et réglementaire s'est transformé en profondeur. Les évolutions les plus notables ont porté sur l'émergence de la notion de valorisation économique du domaine public, l'accroissement des transferts en propriété ou en gestion de biens domaniaux aux collectivités décentralisées, ayant conduit à une stratification des procédures et des modes de gestion, u bien encore la reconnaissance progressive, entamée il y a près de quarante ans, de la faculté ouverte aux établissements publics de disposer d'un domaine public propre dont l'importance stratégique et le poids économique sont de plus en plus avérés.

Le nombre des acteurs concernés, propriétaires et gestionnaires, s'est en conséquence accru. Cette tendance, caractérisée par une forte imbrication de dispositions d'époques diverses, figurant au surplus dans des supports législatifs et réglementaires éparpillés, doit être inversée. Il est essentiel d'y parvenir. Or il est révélateur de constater comment il revient de plus en plus souvent au Conseil d'État d'œuvrer, tant par sa jurisprudence que par ses avis, pour préserver une certaine unicité du droit domanial en régulant les conséquences de l'application de nombreuses législations domaniales sectorielles et de combiner dans toute la mesure du possible montages innovants et socle domanial historique.

Institué par le décret n° 57-1336 du 28 décembre 1957, le code du domaine de l'État reflète nécessairement ces contradictions ou ces insuffisances dans la mesure où il n'a pas fait l'objet d'une révision d'ensemble depuis 1970. Les règles applicables aux collectivités territoriales lui sont par définition étrangères, sans que le code général des collectivités territoriales, institué à droit constant, n'ait du reste totalement pris en charge l'ensemble du droit domanial des propriétés publiques locales. Le droit domanial applicable aux établissements publics est fragmentaire et souvent empirique, décalquant les règles applicables à l'État moyennant des aménagements plus ou moins explicites. Les codes spécialisés ont contribué à la parcellisation du droit des propriétés publiques.

Certes, dans une large mesure, ces évolutions s'inscrivent dans une logique de spécialisation des procédures et d'adaptation à un environnement juridique lui-même mouvant, qu'il s'agisse des prises de conscience écologiques poussant à concilier protection et valorisation du domaine public ou des mutations affectant la notion même de service public.

Il est patent qu'en l'absence de code de référence, un accès aisé des acteurs et des citoyens au droit domanial ne peut plus être désormais assuré. Il est significatif que soit souvent dressé le constat selon lequel appréhender l'ensemble de la matière domaniale est devenu une affaire de spécialistes.

Une telle situation est source d'insécurité juridique. Elle est à l'origine du besoin de redonner cohérence et unicité au droit domanial, dans le souci de conformité au principe à valeur constitutionnelle d'accessibilité au droit et de lisibilité des normes.

Le Conseil d'État partage ces préoccupations et, de longue date, a appelé de ses vœux une réforme d'ensemble du droit des propriétés publiques. Sa section du rapport et des études consacrait ainsi, le 31 octobre 1986, à l'instigation de Mme Latournerie, conseillère d'État, un rapport au droit des propriétés publiques, prônant l'élaboration d'un corps de règles domaniales communes à l'État et aux autres collectivités publiques. Puis, à l'issue de plusieurs années de travaux, un groupe interministériel présidé par M. Max Querrien, conseiller d'État honoraire, a élaboré un projet de code des propriétés publiques comprenant une partie législative et une partie réglementaire, qui a été achevé en 1999.

Dans le prolongement de ces réflexions, le Gouvernement a souhaité se donner les moyens pour mener à bien une réforme d'ampleur et pour disposer de l'outil qui permettrait une remise en ordre cohérente, actualisée et structurée de l'ordonnancement juridique domanial.

L'article 48 de la loi n° 2005-842 du 26 juillet 2005 pour la confiance et la modernisation de l'économie, modifié par l'article 27 de la loi n° 2006-387 du 31 mars 2006 relative aux offres publiques d'acquisition, répond à cette attente, en autorisant le Gouvernement à prendre par ordonnance les mesures législatives nécessaires pour compléter et modifier le droit domanial.

Le champ de l'habilitation comprend les dispositions relatives à la définition, aux modes d'acquisition, à l'administration, à la protection et au contentieux du domaine public et du domaine privé, mobilier et immobilier, de l'État, des collectivités territoriales, des établissements publics et des autres personnes publiques dotées de la personnalité morale, à l'authentification des actes passés par ces personnes publiques, à la prise en location ou à la gestion des biens détenus en jouissance par ces personnes publiques, au régime des redevances et des produits domaniaux, tant en ce qui concerne leur institution que leur recouvrement, ainsi que celles relatives à la réalisation et au contrôle des opérations de prises en location, d'acquisition et d'aliénation poursuivies par ces personnes publiques.

Afin de simplifier ces règles, de les harmoniser et d'améliorer la gestion domaniale, la codification peut en outre s'étendre à des modifications de fond et dépasser ainsi, ce qui constitue une innovation, le strict encadrement d'une codification classique à droit constant. Cette évolution est significative des enjeux en présence. Un premier pas a été franchi en ce sens avec la publication de l'ordonnance n° 2004-825 du 19 août 2004 modifiant le code du domaine de l'État, sur le fondement du 2° de l'article 34 de la loi n° 2003-591 du 2 juillet 2003 habilitant le Gouvernement à simplifier le droit.

Dans sa décision n° 2003-473 DC du 26 juin 2003, le Conseil constitutionnel a en effet déclaré conforme à la Constitution, et en particulier à son article 38, l'habilitation faite au Gouvernement de modifier un code existant dès lors que la finalité des mesures à prendre est précisée, prescription à laquelle l'exposé des motifs de la loi du 2 juillet 2003 a satisfait en détaillant le contenu du projet et en s'engageant à s'inspirer très fortement du texte issu des travaux du groupe présidé par M. Querrien.

La codification réformatrice proposée par la présente ordonnance s'inscrit également dans les autres limites posées par la même décision du Conseil constitutionnel, qui imposent à la fois de ne pas bouleverser l'économie générale des législations qui sont modifiées et de ne pas priver de garanties légales les exigences constitutionnelles qui s'attachent à la protection du domaine public.

Dans ces conditions, le projet annexé à la présente ordonnance, qui se substituera à la partie législative du code du domaine de l'État, bénéficie d'une part des effets traditionnellement attachés à la technique de codification et, d'autre part, des possibilités offertes par l'habilitation de prendre les mesures idoines de simplification et de modernisation de la législation domaniale.

En premier lieu, la nouvelle codification améliore la lisibilité du droit domanial et en facilite l'accès à plusieurs titres :

— l'ensemble des définitions et des procédures applicables à la gestion domaniale des biens publics appartenant à l'État, aux collectivités territoriales, à leurs groupements ainsi qu'aux établissements publics est rassemblé dans un document unique. Les dispositions du code applicables aux établissements publics nationaux sont aussi applicables aux biens immobiliers de la Banque de France et d'autres personnes morales publiques comme les autorités publiques indépendantes dotées de la personnalité morale, qui se combinent avec leurs dispositions statutaires. En outre, les dispositions législatives d'ordre domanial du code du domaine public fluvial et de la navigation intérieure sont recodifiées dans le présent code, dès lors que le futur code général des transports a vocation à intégrer les autres dispositions consacrées au transport fluvial, ce qui conduira à la suppression du code du domaine public fluvial et de la navigation intérieure ;

— les dispositions obsolètes du code du domaine de l'État, dont la dernière révision d'ensemble remonte à un décret du 11 décembre 1970, sont supprimées. Répondant par ailleurs aux règles en usage pour la présentation des codes dégagées par la Commission supérieure de codification, la structure du code lui donne vocation à devenir le support privilégié d'intégration de la plupart des évolutions du droit domanial ;

— le choix d'élaborer un code général permet d'atténuer les inconvénients liés à la prolifération et à l'éclatement des textes domaniaux en vigueur, sans pour autant remettre en cause les acquis des codes techniques propres à certaines catégories de dépendances domaniales. Ce choix s'accompagne, en tant que de besoin, d'un recours à la technique code pilote/code suiveur, entre le code général de la propriété des personnes publiques et les codes spécialisés (code général des collectivités territoriales, code de l'environnement, code général des impôts, code du patrimoine, code de l'urbanisme...) ;

— la codification s'opère dans le strict respect des articles 34 et 37 de la Constitution, ce qui conduit notamment au déclassement de celles des dispositions qui traitent de l'organisation des services de l'État, de l'intervention d'instances consultatives ou de procédures administratives.

La codification à droit non constant autorise en outre, dans les limites déjà exposées, une refonte normative ciblée sur la modernisation de la gestion domaniale.

Si le projet ne rompt pas avec les approches dominantes de la théorie domaniale dans la mesure où il maintient la distinction entre le domaine privé et le domaine public et qu'il affirme en particulier la maîtrise régalienne de l'État sur son domaine public, il procède toutefois à plusieurs innovations conceptuelles.

En termes de définitions générales, celle du domaine public immobilier est fondée sur les critères jurisprudentiels de l'affectation d'un bien à l'usage direct du public ou au service public pourvu qu'en ce dernier cas ce bien fasse l'objet d'un aménagement indispensable à la mission de service public. L'existence d'un simple aménagement spécial n'est ainsi plus suffisante pour caractériser la nature domaniale d'un bien. Il s'agit de proposer une définition qui réduit le périmètre de la domanialité publique. C'est désormais la réalisation certaine et effective d'un aménagement indispensable pour concrétiser l'affectation d'un immeuble au service public, qui déterminera de façon objective l'application à ce bien du régime de la domanialité publique. De la sorte, cette définition prive d'effet la théorie de la domanialité publique virtuelle.

Corrélativement, une définition rénovée du domaine privé est établie, qui met ainsi un terme à la définition de l'actuel code du domaine de l'État, aujourd'hui inusitée, selon laquelle le domaine public est constitué des biens non susceptibles d'une appropriation privative.

Il est également proposé de légiférer, d'une part, sur la règle de l'accessoire qui emporte l'application du régime de la domanialité publique, afin de figer des critères d'indissociabilité physique et de lien fonctionnel formulés de façon variable par le juge (V. art. L. 2111-2) et, d'autre part, sur les conditions d'entrée dans le domaine public et de sortie de ce domaine public.

Pour la première fois, la consistance des biens culturels relevant du domaine public mobilier est précisée, en conformité de l'état de la jurisprudence administrative ou judiciaire, afin d'apporter une protection supplémentaire à ces œuvres (art. L. 2112-1).

En termes de modernisation de la gestion patrimoniale et de valorisation économique du domaine public, deux orientations ont principalement été suivies :

1° Fluidifier la gestion du patrimoine immobilier.

L'ordonnance du 19 août 2004 précitée a classé les immeubles de bureaux appartenant à l'État et à ses établissements publics dans leur domaine privé (art. L. 2211-1). Ces biens sont de ce fait aliénables sans contrainte de déclassement du domaine public.

Dans le prolongement de cette respiration du patrimoine public, il est proposé, au vu de l'expérience acquise, d'étendre cet assouplissement aux autres personnes publiques, en classant, dans les mêmes conditions, leurs immeubles de bureaux dans leur domaine privé.

En outre, les opérations de cession ou d'échange doivent également être rendues possibles quand bien même ces immeubles continuent provisoirement à être utilisés pour un service public, ce qui peut notamment permettre leur reprise en location auprès d'un investisseur (art. L. 3211-2 et L. 3211-13), à la condition que la continuité du ou des services publics qui y sont installés soit préservée par des clauses contractuelles *ad hoc*.

En outre il est souhaitable de lever les incertitudes juridiques qui pèsent sur les transferts de propriété entre personnes publiques lorsque s'opère un changement de service public qui maintient le bien cédé sous un régime de domanialité publique. A cette fin, il devient loisible à la personne publique propriétaire, en cas de cessions à l'amiable entre personnes publiques, de s'affranchir expressément de la contrainte du déclassement préalable du domaine public (art. L. 3112-1). La même simplification est réalisée pour les échanges d'immeubles, ce qui est de nature à faciliter de nombreuses opérations foncières entre l'État et les collectivités territoriales, notamment en présence d'un domaine public relevant d'une personne publique autre que celle qui conduit l'opération (art. L. 3112-2).

Enfin, la réalisation des opérations de cession des immeubles de l'État et de ses établissements publics est également facilitée en permettant qu'elles portent sur des immeubles qui ne sont pas libérés par leurs services occupants, dès lors que de telles cessions seront résolues de plein droit si la désaffectation de l'immeuble n'est pas intervenue dans un délai fixé par la décision de déclassement. Il est proposé de fixer ce délai par décret, moyennant la fixation par la loi d'une durée maximale de trois ans (art. L. 2141-2) ;

2° Le projet modernise le régime de l'occupation du domaine public, en s'inspirant notamment des réflexions contenues dans l'étude du Conseil d'État du 24 octobre 2002 relative aux redevances pour service rendu et redevances pour occupation du domaine public.

Ainsi le principe selon lequel toute occupation ou utilisation du domaine public, quel qu'en soit le propriétaire, donne lieu au paiement d'une redevance tenant compte des avantages de toute nature qui sont procurés à l'occupant, est-il consacré par la loi.

Corrélativement les situations où un intérêt public justifie la gratuité de l'occupation sont clarifiées (art. L. 2125-1 et L. 2125-3).

C'est dans ce cadre qu'ont été rédigés les parties et livres présentés ci-après constituant la partie législative du projet de code général de la propriété des personnes publiques.

La présentation du code

La partie législative de l'actuel code du domaine de l'État est organisée à partir de trois livres consacrés respectivement à la composition du domaine, à son administration et à son aliénation, suivis d'un livre relatif à des dispositions diverses.

Face à la nécessité d'élargir explicitement le champ du projet de code aux personnes publiques autres que l'État, le parti a été pris de ne pas classer les dispositions par catégorie de propriétaires publics mais au contraire de retenir des thèmes communs en distinguant en tant que de besoin en leur sein celles qui ne sont applicables qu'à l'un ou l'autre des propriétaires publics.

Le choix d'un code général répond à l'objectif de rassembler un maximum de règles communes. Quelques définitions et règles de gestion plus sectorielles y figurent également sans pour autant transformer le code, ce qui en affaiblirait sensiblement la lisibilité, en un recueil exhaustif des législations domaniales spécifiques. L'usager du code est donc invité à compléter sa lecture par la consultation des codes spécialisés et en particulier celle du code général des collectivités territoriales.

La structure du code traduit son objet. Elle privilégie une approche par la propriété publique, qui rompt avec l'approche domaniale du code du domaine de l'État. La distinction entre le domaine public et le domaine privé retrouve sa fonction essentielle, celle qui détermine le régime de gestion et d'aliénation d'une propriété publique.

Il est donc logique de traiter en premier lieu des procédés selon lesquels la propriété publique se constitue, puis des modes de gestion des biens et droits mobiliers et immobiliers publics et enfin de leur aliénation. Les personnes publiques sont également conduites, très fréquemment, à assurer la continuité des services publics dont elles ont la charge dans des situations où elles ne sont pas propriétaires de leurs biens et certaines règles domaniales doivent être mises en œuvre dans ces situations. Enfin, de façon classique, les dispositions applicables outre-mer doivent être distinguées en tant que de besoin.

Ces considérations ainsi que celles liées à l'extension du champ d'application de l'actuel code du domaine de l'État invitent par conséquent à l'élaboration d'un code général de la propriété des personnes publiques en cinq parties.

La première partie rassemble les dispositions relatives aux acquisitions.

Le livre Ier énumère les modes de constitution du domaine privé, en distinguant les procédés ordinaires des modes de constitution exorbitants du droit commun.

Diverses règles de modernisation sont introduites.

En matière d'acceptation des dons et legs, grevés de charges, faits aux établissements publics de l'État, la décision ressortirait à la compétence des ministres de tutelle de l'établissement alors qu'un décret en Conseil d'État est aujourd'hui requis. Par ailleurs, un régime d'acceptation des dons et legs consentis aux régions est institué.

Le chapitre III du titre II de ce livre opère une clarification importante pour déterminer la consistance des biens qui n'ont pas de maître.

La procédure d'appréhension des biens présumés sans maître dévolus aux communes ou, à défaut, à l'État depuis la loi du 13 août 2004 relative aux libertés et responsabilités locales a été modernisée, dans le souci de prévoir désormais explicitement que le paiement de taxes foncières par un tiers ne pourra plus faire obstacle au déclenchement de la constatation de vacance.

Ensuite, deux chapitres spécifiques traitent des régimes de confiscation et des autres objets placés sous main de justice. Ils se substituent aux dispositions obsolètes du code du domaine de l'État ou comblent les lacunes existantes.

Le livre II traite des procédures d'acquisition.

Le titre Ier regroupe les dispositions applicables aux biens qui sont situés en France.

En ce qui concerne la consultation préalable aux acquisitions immobilières réalisées par les collectivités territoriales, leurs groupements et leurs établissements publics, le code est rendu suiveur du code général des collectivités territoriales au sein duquel sont intégrées les dispositions correspondantes issues de l'article 23 de la loi du 11 décembre 2001 portant mesures urgentes de réforme à caractère économique et financier. La même technique est retenue en ce qui concerne les projets d'aliénation (art. L. 3221-1), d'échange (art. L. 3222-2) et de prise à bail (art. L. 4111-1) poursuivis par ces personnes publiques.

En matière d'authentification des actes d'acquisition passés en la forme administrative par les personnes publiques, un régime applicable aux établissements publics de l'État (art. L. 1212-5) est expressément prévu, la même innovation étant apportée en ce qui concerne les baux consentis par ces établissements (art. L. 2222-2) et leurs actes de prise en location (art. L. 4111-4).

Le titre II sécurise au plan juridique les conditions d'acquisition par les personnes publiques des propriétés publiques situées à l'étranger. Il clarifie les hypothèses de dérogations à l'applicabilité des règles nationales et leur portée, en matière de réalisation des opérations d'acquisition. Il pourra permettre également à terme la fusion des commissions administratives chargées d'émettre un avis sur ces affaires, en l'occurrence la commission interministérielle des biens à l'étranger et le comité spécifique pour la Syrie et le Liban. Les dispositions de l'article L. 1221-1 sont également applicables aux opérations de gestion des biens mobiliers et immobiliers appartenant à une personne publique (art. L. 2312-1), aux aliénations de biens immobiliers et mobiliers (art. L. 3221-4 et L. 3221-7) et aux opérations de prise à bail (art. L. 4112-1) de biens situés hors du territoire de la République.

La deuxième partie détermine les règles générales de gestion des propriétés publiques.

Le livre Ier rassemble les dispositions relatives au domaine public.

Son titre Ier contient les dispositions générales qui établissent la consistance du domaine public ainsi que plusieurs définitions spécifiques à certaines catégories de propriétés publiques.

Préciser le contenu du domaine public maritime naturel permet d'en renforcer la protection. Cet objectif passe en premier lieu par une modernisation de la définition du rivage de la mer en retenant les règles de consistance fixées par la jurisprudence du Conseil d'État. En second lieu, un rappel exprès de l'appartenance au domaine public naturel des terrains soustraits artificiellement des flots est opéré. En troisième lieu, il est proposé de classer dans le domaine public maritime les lais et relais de la mer qui faisaient partie du domaine privé de l'État à la date d'entrée en vigueur de la loi du 28 novembre 1963. Le changement de statut ainsi opéré par la loi, qui réserve bien entendu les droits des tiers, constitue une mesure importante de simplification pour l'État qui sera dispensé de recourir à des campagnes d'incorporation de ces dépendances dans le domaine public. Pour autant, comme pour le rivage de la mer, la puissance publique aura à constater la limite côté terre de ces dépendances dont le statut de domaine public se trouve désormais légalement consacré.

Corrélativement, la consistance du domaine public maritime artificiel est précisée. Il en va de même en ce qui concerne le domaine public fluvial au sein duquel sont distinguées désormais les parties naturelles et les dépendances artificielles. Par ailleurs, le statut domanial des dépendances des ports d'estuaire situées de part et d'autre de la limite transversale de la mer est clarifié.

Les autres définitions catégorielles concernent les domaines publics routier, ferroviaire, aéronautique et hertzien. Le domaine public mobilier est appréhendé dans sa seule composante culturelle et artistique, en cohérence avec le régime législatif de protection que le code du patrimoine consacre à ces différentes œuvres.

Le titre II détermine les principales règles de gestion du domaine public, après avoir explicité les principes généraux d'occupation et d'utilisation du domaine public.

Le régime des occupations constitutives de droits réels sur le domaine public est repris à droit constant pour l'État et ses établissements publics. En revanche, une innovation importante est apportée en matière de gestion du domaine public des collectivités territoriales afin de permettre à celles-ci de disposer, à côté du régime des baux emphytéotiques administratifs, d'un dispositif adapté d'autorisations d'occupation constitutives de droits réels sur leur propre domaine, inspiré de celui applicable à l'État (art. L. 2122-20).

Les règles d'occupation du domaine public sont actualisées et rendues communes à l'ensemble des personnes publiques.

Les modalités selon lesquelles des servitudes conventionnelles peuvent grever le domaine public sont déterminées.

S'agissant des redevances dues pour l'occupation, le droit fixe auquel sont assujettis les occupants en sus de la redevance lors de la délivrance du titre d'occupation est supprimé. Les critères de délivrance à titre gratuit d'une autorisation domaniale sont clarifiés.

En matière de procédures de transfert de gestion de biens du domaine public entre personnes publiques, le chapitre III adapte des règles modernisées à l'ensemble des personnes publiques. Les transferts de gestion sont étendus à l'ensemble des collectivités publiques (art.

L. 2123-3) tout en conservant au bénéfice de l'État la théorie dite des mutations domaniales qui est consacrée (art. L. 2123-4). Les conditions de fond de ces transferts sont précisées tout comme les conditions financières qui s'y appliquent. Parallèlement les constructions administratives et jurisprudentielles qui, de façon empirique, ont modelé les pratiques de superpositions d'affectations sur le domaine public trouvent une consécration normative attendue. Ces mesures répondent au souci de clarifier les rapports juridiques souvent complexes qui existent lorsqu'une personne publique propriétaire d'un domaine public en partage la gestion avec une autre personne publique.

Les utilisations spécifiques du domaine public maritime et fluvial sont rassemblées et modernisées.

Plusieurs dispositions sont créées pour l'exploitation des ressources naturelles du domaine public. Elles portent notamment sur le régime des titres d'occupation domaniale exigés lors de la délivrance des titres miniers relevant du régime des extractions.

L'article L. 2124-31 clarifie l'utilisation des édifices du culte relevant du domaine public, dans l'esprit de l'étude consacrée à la laïcité du rapport public 2004 du Conseil d'État. Il s'agit de sécuriser l'équilibre des pouvoirs entre les acteurs concernés, propriétaires et affectataires, en particulier pour mieux accompagner le développement des activités économiques et culturelles au sein des édifices cultuels. Il est ainsi proposé de prévoir le caractère onéreux du droit d'accès pour la visite de certaines parties de ces édifices, notamment de celles où sont exposés des objets mobiliers classés ou inscrits, et l'organisation de manifestations compatibles avec l'affectation cultuelle. Par voie d'accord entre le propriétaire public de l'édifice et l'affectataire, les modalités de mise en œuvre de ce dispositif seront déterminées, sans affecter les règles posées par la loi du 9 décembre 1905.

La protection du domaine public fait l'objet du titre III. Les principales innovations consistent à donner une définition générale de la contravention de grande voirie et classer les atteintes à ce domaine selon que les textes qui les prévoient répriment une atteinte à l'intégrité ou à l'utilisation du domaine ou bien une atteinte à des servitudes de protection.

En outre, la clarification des conditions d'application des amendes et le souci de prévoir leur revalorisation par alignement sur le montant des contraventions de cinquième classe prévu par le code pénal constituent un facteur de plus grande efficacité de l'action répressive à l'encontre des atteintes à l'intégrité du domaine public (art. L. 2132-26).

Le titre IV précise enfin la portée de la règle du déclassement du domaine public pour l'ensemble des propriétaires publics. Il contient également la mesure innovante déjà évoquée relative à l'aliénation des immeubles déclassés, assortie d'une condition résolutoire en cas de non-intervention de la désaffectation dans le délai convenu.

Le livre II réunit les règles applicables pour le domaine privé.

La définition de ce domaine contient en particulier quatre catégories de biens relevant de ce statut par détermination de la loi. Il s'agit des immeubles de bureaux appartenant à l'État et à ses établissements publics, des chemins ruraux, des réserves foncières ainsi que des bois et forêts relevant des personnes publiques.

Le titre II fixe les principes de gestion en matière de location et d'affectation du domaine immobilier ou mobilier. Il rappelle le dispositif applicable pour les conventions de gestion domaniale à finalité de protection patrimoniale. Il distingue aussi les règles de restitution des biens reçus par voie de dons ou de legs.

Le livre III rassemble les dispositions communes au domaine public et au domaine privé.

Le titre Ier comporte notamment la codification de la jurisprudence de la Cour de cassation qui a établi l'insaisissabilité des propriétés publiques. Il prévoit par ailleurs l'emplacement des subdivisions qui accueilleront les dispositions réglementaires relatives aux concessions de logement pour les agents de l'État et de ses établissements publics et la procédure d'attribution des immeubles au sein de l'État.

Le titre II remanie sensiblement la matière du recouvrement des redevances et des produits domaniaux de toute nature. Il distingue les règles applicables à l'État de celles relatives aux collectivités territoriales et aux établissements publics. Selon une approche thématique innovante des dispositions spécifiques sont ainsi réunies pour traiter des situations identifiées de recouvrement des redevances domaniales des collectivités territoriales.

Pour l'État, une importante clarification de présentation est effectuée en alignant les règles applicables aux comptables publics chargés des recettes domaniales sur les dispositions correspondantes du code général des impôts et du livre des procédures fiscales. L'unicité du juge du contentieux du recouvrement des produits domaniaux est réalisée en attribuant désormais les litiges correspondants à la juridiction compétente pour statuer sur le fond du droit (art. L. 2323-12).

Enfin, pour renforcer l'égalité de traitement des occupants du domaine public, le délai de prescription des redevances perçues sur le domaine public des collectivités territoriales est ramené de trente à cinq ans, par alignement sur le régime en vigueur pour l'occupation du domaine public national.

Le titre III comporte deux articles législatifs qui contribuent à éclairer l'usager sur les clefs de répartition du contentieux domanial entre l'ordre administratif et l'ordre judiciaire. Il est proposé d'enrichir l'approche de l'actuel code du domaine de l'État, limitée à un article unique relatif au seul contentieux des contrats d'occupation. Sont donc regroupées des dispositions disséminées, qui sont, s'il y a lieu, précisées et rendues expressément applicables à l'ensemble des personnes publiques.

La troisième partie est relative au régime de l'aliénation des immeubles et des biens mobiliers des personnes publiques.

En matière immobilière, les mesures proposées distinguent les principes et les modes de cessions, d'échanges et d'apports.

S'agissant du régime des aliénations du domaine privé mobilier, les compétences sont clarifiées. Une importante modernisation est effectuée pour présenter les cas dans lesquels des cessions à titre gratuit sont admises. A cet égard deux mesures sont prises pour étendre cette gratuité d'une part aux cessions de véhicules automobiles à des pays étrangers dans le cadre d'accords de coopération et, d'autre part, aux cessions de matériel informatique aux associations d'étudiants, ce qui répond à des attentes de plus en plus fortes.

La quatrième partie traite des opérations de prise à bail par les personnes publiques ainsi que des configurations dans lesquelles il est fait application de certaines des règles de gestion précitées en usage pour les biens domaniaux, pour gérer des biens dont l'État a seulement la jouissance ou qu'il détient à un titre quelconque sans en être propriétaire.

La cinquième partie regroupe les dispositions particulières aux départements d'outre-mer ainsi que les dispositions applicables à Saint-Pierre-et-Miquelon et à Mayotte.

Le titre Ier du livre Ier a trait aux règles de gestion de la zone dite des cinquante pas géométriques. A cet égard, les effets de la loi n° 96-1241 du 30 décembre 1996 relative à la mise en valeur de cette zone sont étendus aux lais et relais de mer faisant partie du domaine public maritime. Des aménagements formels ont été au surplus apportés dans ce titre pour tenir compte du caractère non pérenne de certaines des dispositions de l'actuel code du domaine de l'État, qui n'ont pas été reprises.

Le titre II définit le régime des eaux provenant de sources et de puits. Le droit actuel est modernisé par renvoi aux critères de prélèvement de l'eau à usage domestique dans les départements d'outre-mer en adoptant ceux issus de la loi sur l'eau de 1992.

Le titre IV fixe les règles d'administration du domaine privé de l'État en Guyane. Sans modification sur le fond, les dispositions présentées pour la gestion et l'aliénation du foncier dans ce département ont donné lieu à des reclassements et des déclassements d'articles en conformité des articles 34 et 37 de la Constitution.

Le livre II intègre à droit constant les dispositions domaniales applicables à Saint-Pierre-et-Miquelon et remplace en particulier les règles du code du domaine de l'État qui avaient été étendues dans cette collectivité par une ordonnance du 26 septembre 1977. Ce livre permet de doter la collectivité d'un corps de règles modernisées et de mettre en évidence les dispositions domaniales qu'il est en revanche expressément prévu de ne pas rendre applicables localement.

Le livre III regroupe les dispositions spécifiques à Mayotte. Le parti pris a consisté à intégrer à droit constant dans ce livre l'actuel code domanial mahorais en vigueur dans la collectivité départementale depuis le 1er juillet 1993 qui sera supprimé. Il est proposé de distinguer les dispositions du code dont l'application est envisagée à Mayotte de celles inapplicables localement (art. L. 5311-2). Les spécificités pertinentes en matière domaniale sont aussi conservées et font l'objet des mesures d'adaptation nécessaires.

La présentation de l'ordonnance

L'article 1er prévoit que les dispositions annexées à la présente ordonnance constituent désormais la partie législative du code général de la propriété des personnes publiques.

L'article 2 prévoit que les références contenues dans les dispositions de nature législative à des dispositions abrogées par l'article 7 sont remplacées par des références aux dispositions correspondantes du code général de la propriété des personnes publiques.

L'article 3 procède aux adaptations des autres textes rendues nécessaires par le présent code. Le I de l'article 3 complète l'article L. 310-12-3 du code des assurances afin de soumettre expressément les biens immobiliers appartenant à l'Autorité de contrôle des assurances et des mutuelles, qui constitue une autorité publique indépendante dotée de la personnalité morale, aux dispositions du code général de la propriété des personnes publiques applicables aux établissements publics de l'État. Le IX et le XIV de l'article 3 procèdent à des modifications de même nature dans le code monétaire et financier et dans le code de la sécurité sociale afin de soumettre respectivement les biens immobiliers appartenant à la Banque de France, à l'Autorité des marchés financiers et à la Haute Autorité de santé à ces mêmes dispositions du code général de la propriété des personnes publiques.

Le II modifie l'article L. 510-1 du code de l'aviation civile pour y inclure une référence pertinente au code général de la propriété des personnes publiques et assurer une parfaite lisibilité de cette mesure dérogatoire en matière d'utilisation de biens mobiliers.

Le III de l'article 3 modifie les articles 556 *[V. cet art. ss. art. L. 2111-13]* à 563 *[V. cet art. ss. art. L. 3211-16]* du code civil qui traitent du droit d'accession relativement aux choses immobilières afin de rendre la rédaction de ces articles cohérente avec celle du code général de la propriété des personnes publiques qui intègre désormais les dispositions domaniales relatives au domaine public fluvial. Une modification de même ordre est également apportée à l'article 650 du code civil.

Le IV aménage le code de la construction et de l'habitation pour faire désigner par voie réglementaire le service de l'État compétent que les organismes d'habitations à loyer modéré sont tenus de consulter sur les conditions financières de leurs opérations d'acquisition et de cession immobilières.

Le V et le VIII assurent la cohérence formelle du code de l'éducation et du code général des impôts avec les modifications apportées au livre III de la première partie du code général des collectivités territoriales par le VII du même article.

Le VI modifie le code de l'environnement. Le 1° et le 2° transforment les articles L. 321-5 et L. 321-6 relatifs à la protection et à l'utilisation du domaine public maritime en dispositions suiveuses du code général de la propriété des personnes publiques. Le 3° procède à la réécriture de l'article L. 321-9 du code de l'environnement *[V. cet art. ss. art. L. 2124-4]* relatif aux plages compte tenu de l'insertion des dispositions domaniales de cet article à l'article L. 2124-4 du code général de la propriété des personnes publiques. Le 4° insère deux nouveaux articles au chapitre II du titre II du livre III du code de l'environnement relatif au Conservatoire de l'espace littoral et des rivages lacustres : le nouvel article L. 322-6-1 *[V. cet art., App., v° Gestion du domaine (littoral)]* reprend les dispositions de l'article L. 51-2 du code du domaine de l'État qui traite des conventions d'attribution et l'article L. 322-6-2 constitue une disposition suiveuse du code général de la propriété des personnes publiques en ce qui concerne la gestion par le Conservatoire des espaces naturels de la zone des cinquante pas géométriques dans les départements de la Guadeloupe et de la Martinique. Le 5° procède à l'adaptation de l'article L. 653-1 du code de l'environnement qui traite de l'application à Mayotte des dispositions de ce code relatives aux espaces naturels.

Le VII procède à plusieurs adaptations du code général des collectivités territoriales.

Il assure par son 1° la transformation de l'article L. 1311-1 du code général des collectivités territoriales en article suiveur du code général de la propriété des personnes publiques.

Les 2°, 6°, 7° et 8° créent quatre sections à l'intérieur du chapitre unique du titre Ier du livre III de la première partie du code général des collectivités territoriales consacré au régime des biens de ces collectivités.

Le 3° précise le régime des baux emphytéotiques consentis par les collectivités territoriales sur le fondement de l'article L. 1311-2 du code général des collectivités territoriales. Il confirme, d'une part, le caractère administratif de ces contrats, d'autre part, la possibilité d'en faire usage, conformément à une pratique ancienne et constante, pour permettre la réalisation d'édifices du culte ouverts au public par une association cultuelle.

Le 4° consacre également la possibilité déjà mise en œuvre par les collectivités territoriales de recourir au crédit-bail pour le financement des opérations réalisées dans le cadre de tels baux.

Le 5° permet de réparer une erreur de codification intervenue lors de la publication de l'ordonnance n° 2005-406 du 2 mai 2005 relative au régime des établissements publics de santé, qui a abrogé l'article L. 6148-6 du code de la santé publique, en omettant de modifier corrélativement l'article L. 1311-4-1 du code général des collectivités territoriales.

Le 7° innove en étendant au domaine public des collectivités territoriales, moyennant certaines adaptations, le dispositif des autorisations d'occupation constitutives de droits réels sur le domaine public applicable à l'État. Il s'agit d'un régime optionnel ouvert aux collectivités territoriales à côté de celui des baux emphytéotiques administratifs. Il est rendu en particulier opérationnel pour la gestion des ports et des aéroports transférés en propriété aux collectivités territoriales.

Le 8° codifie les dispositions de l'article 23 de la loi n° 2001-1168 du 11 décembre 2001 portant mesures urgentes de réformes à caractère économique et financier et relatives à la consultation du directeur des services fiscaux sur les conditions financières des acquisitions immobilières et des prises en location poursuivies par les collectivités territoriales, leurs groupements et leurs établissements publics.

Le 9° codifie les dispositions de l'article 2 de la loi n° 84-562 du 4 juillet 1984 permettant la révision des conditions et charges apposées à certaines libéralités qui prévoient l'application des articles 900-2 à 900-8 du code civil aux collectivités territoriales, à leurs établissements publics et à leurs groupements.

Les 10° et 11° procèdent à l'adaptation formelle des articles du code général des collectivités territoriales qui traitent de l'application des dispositions de la première partie de ce code à Mayotte.

Le 12° modifie la rédaction de l'article L. 2242-5 relatif à l'acceptation des dons et legs pour les établissements communaux de santé et médico-sociaux en cohérence avec les dispositions du code de la santé publique et du code de l'action sociale et des familles. Le 16° insère un article de même portée pour ces établissements publics, à l'échelon départemental.

Le 13° transfère à l'article L. 2512-14 les dispositions du second alinéa de l'article 38 du code du domaine public fluvial et de la navigation intérieure relatives à la délivrance, à Paris, des permis de stationnement ou de dépôt temporaires sur la Seine, ses ports et ses quais. L'article L. 2124-13 du code général de la propriété des personnes publiques reprend ces dispositions en qualité de code suiveur.

Le 14° répare une erreur de codification intervenue lors de l'élaboration de la partie législative du code général des collectivités territoriales, afin de soumettre explicitement les collectivités des départements d'Alsace-Moselle à l'obligation de consulter le service des domaines préalablement à l'aliénation de leurs immeubles.

Les 15° et 18° insèrent dans le code précité deux articles relatifs aux modalités d'acquisitions immobilières réalisées par les départements, les régions et leurs établissements publics, que le code général de la propriété des personnes publiques reprend en qualité de code suiveur.

Le 17° complète l'article L. 3551-1 du code général des collectivités territoriales afin de rendre le nouvel article L. 3213-2-1 de ce code applicable à Mayotte.

Le 19° ouvre explicitement aux régions la possibilité de recevoir des dons et legs.

Les 20° et 21° précisent l'applicabilité de l'article L. 2241-3 du code général des collectivités territoriales aux syndicats mixtes et aux établissements publics de coopération intercommunale.

Le 22° complète l'article L. 5832-7 du code général des collectivités territoriales afin de rendre le nouvel article L. 5211-27-2 de ce code applicable à Mayotte.

Enfin au 23°, il s'agit de faire désigner par le pouvoir réglementaire l'autorité administrative compétente.

Le X de l'article 3 modifie les intitulés des chapitres Ier et II du titre III du livre III du code des ports maritimes par souci de cohérence avec les nouvelles définitions du domaine public artificiel dans les ports proposées aux articles L. 2111-6 et L. 2111-10.

Le XI constitue une mesure de coordination qui transforme une partie de l'article L. 41-1 du code des postes et télécommunications en article suiveur du code général de la propriété des personnes publiques en ce qui concerne le régime d'utilisation des fréquences radioélectriques.

Le XII modifie quatre articles du code rural. Les 1° et 2° tirent les conséquences de la loi du 13 août 2004 qui a prévu l'appréhension par les communes, au lieu et place de l'État, des biens sans maître et présumés sans maître. La modification apportée aux articles L. 415-11 et L. 461-26 du code rural permet d'inclure expressément les groupements de collectivités territoriales parmi les personnes publiques susceptibles de conclure un bail rural sur leur domaine.

Le XIII modifie le code de la santé publique. Le 1° insère un nouvel article dans ce code afin de préciser que les articles du code général de la propriété des personnes publiques relatifs aux conditions d'acceptation et de refus des dons et legs faits aux établissements publics nationaux ne sont pas applicables aux dons et legs faits aux établissements publics de santé nationaux qui sont régis par les règles fixées par le code de la santé publique. A l'instar du choix retenu au 1° du VII pour le code général des collectivités territoriales, le 2° du XIII de l'article 3 assure la transformation de l'article L. 6148-1 du code de la santé publique relatif aux baux emphytéotiques passés par les établissements publics de santé en article suiveur du code général de la propriété des personnes publiques. Le 3° qualifie explicitement les baux emphytéotiques passés sur le domaine des établissements publics de santé de "baux emphytéotiques administratifs".

Le XV transforme notamment deux articles du code du tourisme en articles suiveurs du code général de la propriété des personnes publiques en ce qui concerne le régime domanial des autorisations d'occupation des domaines publics maritime et fluvial pour les zones de mouillages légers. Le 2° codifie une partie de l'article 28 de la loi du 3 janvier 1986 consacrée à la police des mouillages.

Les 1° à 3° du XVI modifient en matière de consultation du service des domaines les dispositions de trois lois, afin de faire désigner l'autorité compétente par le pouvoir réglementaire.

Le 4° modifie la loi du 30 décembre 1996 pour étendre le champ de compétence des agences de mise en valeur de la zone dite des cinquante pas géométriques, en Guadeloupe et en Martinique, à l'équipement des terrains soustraits artificiellement à l'action du flot et aux lais et relais de la mer.

L'article 4 reprend une disposition relative aux transferts de compétences en matière de domaine public fluvial, non susceptible d'être codifiée en raison de son caractère transitoire, compte tenu de l'abrogation des dispositions domaniales du code du domaine public fluvial et de la navigation intérieure.

L'article 5 intègre à droit constant les articles du code du domaine de Mayotte qui concernaient le régime de la consultation sur les conditions financières des opérations immobilières poursuivies par des personnes autres que les personnes publiques entrant dans le champ d'application de l'article 48 de la loi du 26 juillet 2005 modifiée précitée. Cette reprise permet d'abroger corrélativement l'ordonnance du 12 octobre 1992 qui avait institué la partie législative du code mahorais.

L'article 6 rend expressément applicables à Saint-Pierre-et-Miquelon certains articles de la première et de la troisième partie du code général des collectivités territoriales.

L'article 7 porte abrogation des dispositions qui sont proposées à la présente codification.

Il abroge en premier lieu les dispositions législatives de l'actuel code du domaine de l'État, sous réserve du I de l'article 8 de la présente ordonnance. Les dispositions des articles abrogés par la présente ordonnance sont ou bien intégrées dans la partie législative du code général de la propriété des personnes publiques ou bien déclassées parce qu'elles étaient de forme législative mais de nature réglementaire. Enfin, certaines dispositions abrogées ne sont pas reprises dans le code général de la propriété des personnes publiques dans la mesure où elles s'avèrent désuètes ou inutiles. Tel est le cas par exemple de la suppression du paiement par obligations cautionnées de certains produits domaniaux, qui figure aux articles L. 47 et L. 73 du code du domaine de l'État.

En deuxième lieu, le II prévoit l'abrogation des autres textes de nature législative, codifiés ou non, dont les dispositions sont désormais intégrées dans le code général de la propriété des personnes publiques ou sont contraires à ce code :

— les articles 538, 540 et 541 du code civil qui déterminent l'appartenance au domaine public national de différentes catégories de biens, dès lors que l'article L. 2111-1 du code général de la propriété des personnes publiques donne une définition générale du domaine public et que les autres définitions catégorielles du projet de code peuvent s'y substituer en les modernisant ;

— les articles 5 et 6 de l'ordonnance n° 77-1107 du 26 septembre 1977 portant extension et adaptation au département de Saint-Pierre-et-Miquelon de diverses dispositions législatives relatives aux affaires économiques, financières et domaniales, qui avaient étendu le code du domaine de l'État et la loi du 28 novembre 1963 relative au domaine public maritime ;

— l'ordonnance n° 92-1139 du 12 octobre 1992 relative au code du domaine de l'État et des collectivités publiques applicable dans la collectivité territoriale de Mayotte, sous réserve du maintien en vigueur provisoire de quelques dispositions réglementaires opéré par le II de l'article 8 et compte tenu de la reprise autonome, déjà évoquée, de dispositions relatives à des personnes exclues du champ de l'habilitation à l'article 5 ;

— les dispositions du code du domaine public fluvial et de la navigation intérieure, à caractère domanial, qui sont soit insérées, moyennant diverses adaptations, dans le présent code, soit abrogées et non reprises dans le code général de la propriété des personnes publiques lorsqu'elles s'avèrent désuètes. Le maintien en vigueur de certaines dispositions de nature réglementaire est également prévu par le II de l'article 8 ;

— le troisième alinéa de l'article L. 435-9 du code de l'environnement, en raison de sa reprise adaptée à l'article L. 2131-3 du code général de la propriété des personnes publiques relatif aux servitudes liées à l'exercice de la pêche sur le domaine public fluvial ;

— le dernier alinéa de l'article L. 622-9 du code du patrimoine, ce qui est le corollaire de l'article L. 2124-31 du présent code qui ouvre la possibilité de percevoir des redevances domaniales pour la visite des édifices cultuels. Cet article L. 622-9 encadre en effet la faculté des collectivités territoriales à établir un droit de visite des objets mobiliers classés dont le montant est fixé par voie administrative, ce qui atténuait, au cas des objets classés, le principe de gratuité de la visite des édifices cultuels posé par l'article 17 de la loi du 9 décembre 1905. L'institution du nouvel article L. 2124-31 permet également d'envisager l'abrogation du dernier alinéa de l'article 118 de la loi du 31 décembre 1921 portant fixation du budget général de l'exercice 1922 qui excluait les édifices du culte visés par l'article 17 de la loi du 9 décembre 1905 de la catégorie des monuments appartenant à l'État et affectés au ministère de la culture dans lesquels est ouverte la faculté de percevoir un droit d'entrée ;

— les dispositions de l'article 1er de l'ordonnance de la marine d'août 1681 qui définissent le rivage de la mer et de l'article 2 du même texte relatives aux atteintes à l'intégrité ou à l'utilisation du domaine public maritime. Le 1° de l'article L. 2111-4 du code général de la propriété des personnes publiques fixe en effet la consistance du domaine public maritime naturel et consacre la jurisprudence administrative relative à la délimitation du rivage de la mer. L'article L. 2132-3 reprend pour sa part, en les modernisant, les dispositions de l'article 2 de l'ordonnance de la marine d'août 1681 ;

— la loi du 29 floréal an X relative aux contraventions en matière de grande voirie. Les dispositions des articles 1er et 2 de cette loi, qui seules demeuraient en vigueur, sont réécrites dans le projet de code ;

— les dispositions de l'article 1er du décret du 17 juin 1938 qui prévoient la compétence de la juridiction administrative pour régler les litiges relatifs aux contrats portant occupation du domaine public passés par l'État, les départements, les communes, les établissements publics ou leurs concessionnaires, codifiées à l'article L. 84 du code du domaine de l'État en ce qui concerne l'État, les établissements publics nationaux ou leurs concessionnaires, sont reprises au 1° de l'article L. 2331-1 et s'appliquent à l'ensemble des personnes publiques ;

— les articles 2 et 4 à 6 du décret n° 48-633 du 31 mars 1948 dont les dispositions sont codifiées ;

— le décret n° 55-630 du 20 mai 1955 relatif au règlement du prix des acquisitions immobilières réalisées à l'amiable, ou par voie d'expropriation pour cause d'utilité publique pour le compte de l'État, des départements, des communes et des établissements publics qui en dépendent. En effet, le VII de l'article 3 de la présente ordonnance procède en ce qui concerne les départements et leurs établissements publics à la codification dans le code général des collectivités territoriales des dispositions de l'article 1er de ce décret. Ces dispositions sont codifiées aux articles L. 10 du code du domaine de l'État pour l'État et les établissements publics nationaux et L. 2241-3 du code général des collectivités territoriales en ce qui concerne les communes et leurs établissements publics. Par ailleurs, l'article 3 insère dans le code général des collectivités territoriales des dispositions identiques pour les régions et leurs établissements publics. Cette série de mesures permet d'abroger le décret précité du 20 mai 1955 ;

— le II de l'article 1er de la loi n° 62-933 du 8 août 1962 complémentaire à la loi d'orientation agricole, qui est codifié à l'article L. 3211-8 du code général de la propriété des personnes publiques. Le I de cet article 1er a déjà été codifié aux articles L. 27 *bis* et L. 27 *ter* du code du domaine de l'État, qui deviennent les articles L. 1123-3 et L. 2222-20 du code général de la propriété des personnes publiques ;

— la loi n° 63-1178 du 28 novembre 1963 relative au domaine public maritime, reprise, à l'exception du régime des terrains réservés, sous l'article L. 2111-4 qui définit la consistance du domaine public maritime naturel ;

— le premier alinéa de l'article 20 de la loi n° 82-1153 du 30 décembre 1982 d'orientation des transports intérieurs et le premier alinéa de l'article 11 de la loi n° 97-135 du 13 février 1997 portant création de l'établissement public "Réseau ferré de France" en vue du renouveau du transport ferroviaire, pour tenir compte de la définition du domaine public ferroviaire retenue à l'article L. 2111-15 du présent code ;

— l'article 2 de la loi n° 84-562 du 4 juillet 1984 permettant la révision des conditions et charges apposées à certaines libéralités, dans la mesure où l'article 3 de la présente ordonnance procède à l'insertion de ces dispositions dans le code général des collectivités territoriales. L'article L. 2222-19 du code général de la propriété des personnes publiques reprend ces dispositions à titre de code suiveur ;

— les articles 26, 28 et 29 de la loi n° 86-2 du 3 janvier 1986 relative à l'aménagement, la protection et la mise en valeur du littoral dont les dispositions sont désormais codifiées aux articles L. 2111-5, L. 2124-29 et L. 2124-30 du code général de la propriété des personnes publiques et à l'article L. 341-10 du code du tourisme tel que modifié par la présente ordonnance ;

— le premier alinéa de l'article 22 de la loi n° 86-1067 du 30 septembre 1986 relative à la liberté de communication dont les dispositions sont codifiées à l'article L. 2111-17 du code général de la propriété des personnes publiques relatif à la définition du domaine public hertzien et à l'article L. 2124-26 du même code en qui concerne la gestion de ce domaine ;

— l'article 34 de la loi n° 92-3 du 3 janvier 1992 sur l'eau, compte tenu de la suppression du droit fixe mentionné par l'article L. 29 du code du domaine de l'État ;

— les dispositions de l'article 3 de la loi n° 94-631 du 25 juillet 1994 complétant le code du domaine de l'État et relative à la constitution de droits réels sur le domaine public, qui sont reprises à l'article L. 2122-19 du code général de la propriété des personnes publiques, lequel préserve les dates d'entrée en vigueur distinctes de ces dispositions pour les ports relevant des départements ou des communes ;

— l'article 23 de la loi n° 2001-1168 du 11 décembre 2001 portant mesures urgentes de réforme à caractère économique et financier, relatif aux modalités de la consultation du service des domaines, en tant qu'il concerne les collectivités territoriales, leurs établissements publics et leurs groupements.

Ensuite, le III du même article abroge plusieurs dispositions réglementaires du code du domaine de l'État, qui sont reclassées dans la partie législative du code général de la propriété des personnes publiques.

Enfin, le IV de l'article 7 de la présente ordonnance prend acte de l'abrogation implicite des textes domaniaux à l'origine du code du domaine public fluvial et de la navigation intérieure, qui sont soit repris par le code général de la propriété des personnes publiques, soit purement et simplement abrogés par la présente ordonnance. En effet, lors de la création, en 1956, du code du domaine public fluvial et de la navigation intérieure, il n'a pas été procédé à l'abrogation formelle des textes qui y sont codifiés. Il en va de même pour l'article 3 de la loi n° 65-561 du 10 juillet 1965 relative aux zones d'aménagement différé, auquel l'actuel code du domaine de l'État fait encore référence.

L'article 8 reporte l'abrogation de certains articles, alinéas, phrases ou mots du code du domaine de l'État, dont la nature est réglementaire, jusqu'à la publication des dispositions réglementaires correspondantes du code général de la propriété des personnes publiques, afin d'éviter tout vide juridique.

De la même façon, le A du II du même article diffère jusqu'à l'entrée en vigueur de la partie réglementaire du code général de la propriété des personnes publiques, l'abrogation de certains articles, alinéas, phrases ou mots, de nature réglementaire contenus dans le code mahorais, le code du domaine public fluvial et de la navigation intérieure et la loi du 8 août 1962 précitée.

Au B, la désignation du directeur des services fiscaux compétent en matière d'évaluations immobilières est maintenue en vigueur dans l'article 23 de la loi du 11 décembre 2001, afin d'éviter tout vide juridique. Il en va de même en ce qui concerne la mention de l'administration des domaines prévue à l'article 38 du code du domaine public fluvial et de la navigation intérieure dont les dispositions sont reprises dans le code général des collectivités territoriales.

L'article 9 maintient en vigueur jusqu'à la publication des dispositions réglementaires prises pour leur application la mention du service des domaines contenue dans différents textes de nature législative.

L'article 10 prévoit que les dispositions abrogées par la présente ordonnance restent en vigueur en tant qu'elles sont applicables en Polynésie française, en Nouvelle-Calédonie, dans les îles Wallis-et-Futuna et dans les Terres australes et antarctiques françaises. Il en va notamment ainsi de l'article L. 69-2 du code du domaine de l'État, rendu applicable en Nouvelle-Calédonie, en Polynésie française et dans les îles Wallis-et-Futuna par l'article 121 de la loi n° 2003-239 du 18 mars 2003 pour la sécurité intérieure.

Ensuite, tirant les conséquences des réformes du fond du droit domanial réalisées dans le cadre de la présente ordonnance, l'article 11 prévoit cinq mesures transitoires nécessaires à la mise en œuvre de certaines des dispositions de cette codification réformatrice :

— l'article L. 2132-26 du code général de la propriété des personnes publiques revalorise et aligne les sanctions en matière de contraventions de grande voirie sur le plafond des amendes réprimant les contraventions de 5e classe prévu au 5° de l'article 131-13 du code pénal et l'article L. 2132-27 traite de la répression des infractions qui se commettent chaque jour. Il est nécessaire de préciser que ce nouveau régime de sanction s'applique aux seules infractions commises postérieurement à l'entrée en vigueur de la présente ordonnance ;

— les articles L. 1123-3 et L. 2222-20 innovent en ce qu'ils légalisent la doctrine administrative selon laquelle les immeubles qui n'ont pas de propriétaire connu et pour lesquels les taxes foncières ont été payées par un tiers ou n'ont pas été acquittées, soit parce qu'elles font l'objet d'une exonération, soit parce que la cotisation due est inférieure au seuil de mise en recouvrement, sont appréhendés par la commune ou par l'État comme des biens présumés sans maître. Cette novation joue corrélativement sur les règles de restitution des immeubles à leurs réels propriétaires lorsque ceux-ci se manifestent dans les limites de la prescription trentenaire : la voie de l'indemnisation est désormais ouverte en cas de revente de l'immeuble revendiqué. Cette nouvelle règle n'est applicable qu'aux immeubles à l'égard desquels la décision de constatation de vacance est intervenue postérieurement à l'entrée en vigueur de la présente ordonnance ;

— s'agissant des règles de déchéance qui peuvent être mises en œuvre à l'encontre de l'acquéreur d'un immeuble qui ne s'acquitte pas de ses obligations, l'article L. 3211-12 proposé comporte une aggravation potentielle des sanctions encourues par l'acquéreur défaillant, le calcul des amendes ne dépendant plus comme actuellement du versement d'éventuels acomptes. Pour cette raison, il est utile de réserver l'application de ces sanctions aux procédures de déchéance qui seront notifiées postérieurement à l'entrée en vigueur de la présente ordonnance ;

— l'article L. 2323-8 réduit de dix à quatre ans le délai de prescription de l'action en recouvrement des produits et revenus du domaine de l'État et plus généralement de toute somme dont la perception incombe aux comptables publics chargés des recettes domaniales. Il est précisé que cette nouvelle prescription quadriennale s'applique aux procédures de recouvrement en cours à la date d'entrée en vigueur de la présente ordonnance, sans qu'à partir de cette date la durée totale de la prescription applicable puisse excéder l'ancien délai ;

— enfin, le 2° de l'article L. 2331-1 précise que sont portés devant la juridiction administrative les litiges relatifs au principe ou au montant des redevances d'occupation ou d'utilisation du domaine public, quelles que soient les modalités de leur fixation. Cette mesure constitue une simplification pour l'usager du domaine public. Elle unifie au profit du juge administratif le contentieux en cette matière alors qu'à ce jour les contestations relatives aux redevances établies par voie de barème réglementaire relevaient de la compétence de la juridiction judiciaire. Par souci de sécurité juridique, il est néanmoins opportun de rappeler que le juge judiciaire demeure compétent pour connaître des litiges portés devant lui avant la date d'entrée en vigueur de la présente ordonnance.

L'article 12 précise celles des dispositions de la présente ordonnance qui ne sont pas applicables à Mayotte.

L'article 13 prévoit que les dispositions de la présente ordonnance sont applicables à compter du 1er juillet 2006.

L'article 14 est l'article d'exécution.

Tel est l'objet de la présente ordonnance que nous avons l'honneur de soumettre à votre approbation.

Veuillez agréer, Monsieur le Président, l'assurance de notre profond respect.

Ordonnance n° 2006-460 du 21 avril 2006,

Relative à la partie législative du code général de la propriété des personnes publiques.

Art. 1er Les dispositions annexées à la présente ordonnance constituent la partie législative du code général de la propriété des personnes publiques.

Art. 2 Les références, contenues dans les dispositions de nature législative, à des dispositions abrogées par l'article 7 de la présente ordonnance sont remplacées par les références aux dispositions correspondantes du code général de la propriété des personnes publiques.

Art. 3 I. — L'article L. 310-12-3 du code des assurances est ainsi modifié :

1° Les deux premiers alinéas constituent un I ;

2° Il est ajouté un II ainsi rédigé :

"II. — Les biens immobiliers appartenant à l'Autorité de contrôle des assurances et des mutuelles sont soumis aux dispositions du code général de la propriété des personnes publiques applicables aux établissements publics de l'État."

II. — A l'article L. 510-1 du code de l'aviation civile, les mots : "Par dérogation à l'article L. 46 (deuxième alinéa) du code du domaine de l'État," sont remplacés par les mots : "Conformément aux dispositions de l'article L. 2222-8 du code général de la propriété des personnes publiques,".

III. — Le code civil est ainsi modifié :

1° A l'article 556 :

a) Au premier alinéa, les mots : "fleuve ou d'une rivière" sont remplacés par les mots : "cours d'eau" ;

b) Au second alinéa, les mots : "soit qu'il s'agisse d'un fleuve ou d'une rivière navigable, flottable ou non" sont remplacés par les mots : "qu'il s'agisse d'un cours d'eau domanial ou non" ;

2° A l'article 559, les mots : "fleuve ou une rivière, navigable ou non" sont remplacés par les mots : "cours d'eau, domanial ou non" ;

3° L'article 560 est remplacé par les dispositions suivantes :

Art. 560 **Les îles, îlots, atterrissements, qui se forment dans le lit des cours d'eau domaniaux, appartiennent à la personne publique propriétaire du domaine concerné, en l'absence de titre ou de prescription contraire.**

4° A l'article 561, les mots : "rivières non navigables et non flottables" sont remplacés par les mots : "cours d'eau non domaniaux" et les mots : "milieu de la rivière" sont remplacés par les mots : "milieu du cours d'eau" ;

5° L'article 562 est remplacé par les dispositions suivantes :

Art. 562 **Si un cours d'eau, en se formant un bras nouveau, coupe et embrasse le champ d'un propriétaire riverain, et en fait une île, ce propriétaire conserve la propriété de son champ, encore que l'île se soit formée dans un cours d'eau domanial.**

6° A l'article 563 :

A la première phrase du premier alinéa, les mots : "fleuve ou une rivière navigable ou flottable" sont remplacés par les mots : "cours d'eau domanial" et les mots : "au milieu de la rivière" sont remplacés par les mots : "au milieu du cours d'eau" ; à la seconde phrase du même alinéa, les mots : "du préfet du département" sont remplacés par les mots : "de l'autorité compétente".

Au deuxième alinéa, les mots : "par le préfet" sont remplacés par les mots : "par l'autorité compétente" et les mots : "de l'État" sont remplacés par les mots : "des personnes publiques" ;

7° A l'article 650, les mots : "rivières navigables ou flottables" sont remplacés par les mots : "cours d'eau domaniaux".

IV. — Le code de la construction et de l'habitation est ainsi modifié :

1° A l'article L. 443-12, les mots : "le service des domaines" sont remplacés par les mots : "l'autorité compétente de l'État" ;

2° A l'article L. 451-5, les mots : "du service des domaines" sont remplacés par les mots : "de l'autorité compétente de l'État".

V. — Au III de l'article L. 214-4 du code de l'éducation, la référence à l'article L. 1311-7 du code général des collectivités territoriales est remplacée par la référence à l'article L. 1311-15 du même code.

VI. — Le code de l'environnement est ainsi modifié :

1° L'article L. 321-5 est remplacé par les dispositions suivantes :

Art. L. 321-5 **Les décisions relatives à l'utilisation du domaine public maritime sont prises dans les conditions fixées à la section I du chapitre IV du titre II du livre Ier de la deuxième partie du code général de la propriété des personnes publiques.**

2° L'article L. 321-6 est remplacé par les dispositions suivantes :

Art. L. 321-6 **La préservation de l'état naturel du rivage est régie par les dispositions de l'article L. 2124-2 du code général de la propriété des personnes publiques.**

3° L'article L. 321-9 est remplacé par les dispositions suivantes :

Art. L. 321-9 **L'accès des piétons aux plages est libre sauf si des motifs justifiés par des raisons de sécurité, de défense nationale ou de protection de l'environnement nécessitent des dispositions particulières.**

L'usage libre et gratuit par le public constitue la destination fondamentale des plages au même titre que leur affectation aux activités de pêche et de cultures marines.

Sauf autorisation donnée par le préfet, après avis du maire, la circulation et le stationnement des véhicules terrestres à moteur autres que les véhicules de secours, de police et d'exploitation sont interdits, en dehors des chemins aménagés, sur le rivage de la mer et sur les dunes et plages appartenant au domaine public ou privé des personnes publiques lorsque ces lieux sont ouverts au public.

Les concessions de plage sont accordées dans les conditions fixées à l'article L. 2124-4 du code général de la propriété des personnes publiques. Elles préservent la libre circulation sur la plage et le libre usage par le public d'un espace d'une largeur significative tout le long de la mer.

4° Après l'article L. 322-6, sont insérés deux articles L. 322-6-1 et L. 322-6-2 ainsi rédigés :

Art. L. 322-6-1 Pour la réalisation des objectifs fixés à l'article L. 322-1, le Conservatoire de l'espace littoral et des rivages lacustres peut se voir attribuer par convention des immeubles relevant du domaine public de l'État pour une durée n'excédant pas trente ans. Le renouvellement de la convention se fait dans les mêmes formes que la passation.

Cette convention d'attribution peut habiliter le conservatoire, ou le gestionnaire tel que défini à l'article L. 322-9, à accorder des autorisations d'occupation temporaire non constitutives de droits réels et à percevoir les produits à son profit, à condition qu'il supporte les charges correspondantes.

La gestion est réalisée dans les mêmes conditions que celles fixées à l'article L. 322-9.

Un décret en Conseil d'État précise les conditions d'application du présent article, en particulier pour ce qui concerne les règles applicables au recouvrement des produits et redevances du domaine.

Art. L. 322-6-2 *(L. n° 2010-788 du 12 juill. 2010, art. 136-I)* Dans les départements d'outre-mer et à Mayotte, les espaces naturels situés dans la zone des cinquante pas géométriques dont la gestion est assurée par le Conservatoire de l'espace littoral et des rivages lacustres en application des articles L. 5112-8, L. 5113-1 et L. 5331-7 du code général de la propriété des personnes publiques lui sont affectés conformément à l'article L. 322-6 du présent code, après accord de son conseil d'administration.

5° L'article L. 653-1 est ainsi modifié :

a) Les III et IV deviennent les VI et VII ;

b) Il est inséré un III, un IV et un V ainsi rédigés :

"III. — Pour l'application de l'article L. 321-5 à Mayotte, les mots : "à la section I du chapitre IV du titre II du livre Ier de la deuxième partie" sont remplacés par les mots : "aux articles *[à l'article]* L. 2124-1 tel qu'il est adapté par l'article *[les articles]* L. 5331-12, L. 2124-4 et L. 5331-13.

"IV. — Pour l'application de l'article L. 321-6 à Mayotte, la référence à l'article L. 2124-2 du code général de la propriété des personnes publiques est remplacée par la référence à l'article L. 5331-13 du même code.

"V. — Pour l'application de l'article L. 322-6-2 à Mayotte, les mots : "aux articles L. 5112-9 et L. 5113-1" sont remplacés par les mots : "à l'article L. 5331-7"."

VII. — Le code général des collectivités territoriales est ainsi modifié :

1° L'article L. 1311-1 est remplacé par les dispositions suivantes :

Art. L. 1311-1 Conformément aux dispositions de l'article L. 3111-1 du code général de la propriété des personnes publiques, les propriétés qui relèvent du domaine public des collectivités territoriales, de leurs établissements publics et de leurs groupements sont inaliénables et imprescriptibles.

Toutefois, les propriétés qui relèvent de ce domaine peuvent être cédées dans les conditions fixées à l'article L. 3112-1 du code général de la propriété des personnes publiques ou échangées dans les conditions fixées aux articles L. 3112-2 et L. 3112-3 du même code.

2° Après l'article L. 1311-1, est créée une section I intitulée : "Bail emphytéotique administratif", comprenant les articles L. 1311-2 à L. 1311-4-1 ;

3° Au premier alinéa de l'article L. 1311-2, après les mots : "d'une opération d'intérêt général relevant de sa compétence,", sont insérés les mots : "ou en vue de l'affectation à une association cultuelle d'un édifice du culte ouvert au public" ; cet alinéa est complété par une phrase ainsi rédigée : "Ce bail emphytéotique est dénommé bail emphytéotique administratif." ;

4° A l'article L. 1311-3, il est ajouté un 5° ainsi rédigé :

"5° Les constructions réalisées dans le cadre de ces baux peuvent donner lieu à la conclusion de contrats de crédit-bail. Dans ce cas, le contrat comporte des clauses permettant de préserver les exigences du service public." ;

5° Au dernier alinéa de l'article L. 1311-4-1, les mots : "des articles L. 6148-4 et L. 6148-6" sont remplacés par les mots : "de l'article L. 6148-4" ;

6° Les articles L. 1311-5 à L. 1311-8 deviennent respectivement les articles L. 1311-13 à L. 1311-16 et sont regroupés sous une section IV intitulée : "Dispositions diverses" ;

7° Après l'article L. 1311-4-1, il est inséré une section II intitulée : "Autorisation d'occupation du domaine public constitutive de droits réels", comprenant les articles L. 1311-5 à L. 1311-8 ainsi rédigés :

Art. L. 1311-5 I. – Les collectivités territoriales peuvent délivrer sur leur domaine public des autorisations d'occupation temporaire constitutives de droits réels, en vue de l'accomplissement, pour leur compte, d'une mission de service public ou en vue de la réalisation d'une opération d'intérêt général relevant de leur compétence. Le titulaire de ce titre possède un droit réel sur les ouvrages, constructions et installations de caractère immobilier qu'il réalise pour l'exercice de cette activité.

Ce droit réel confère à son titulaire, pour la durée de l'autorisation et dans les conditions et les limites précisées dans la présente section, les prérogatives et obligations du propriétaire.

Le titre fixe la durée de l'autorisation, en fonction de la nature de l'activité et de celle des ouvrages autorisés, et compte tenu de l'importance de ces derniers, sans pouvoir excéder soixante-dix ans.

Ces dispositions sont applicables aux groupements et aux établissements publics des collectivités territoriales, tant pour leur propre domaine public que pour celui mis à leur disposition.

II. – Dans les ports et les aéroports, sont considérées comme satisfaisant à la condition d'intérêt public local mentionnée au premier alinéa du I les activités ayant trait à l'exploitation du port ou de l'aéroport ou qui sont de nature à contribuer à leur animation ou à leur développement.

III. – Les dispositions des I et II sont également applicables aux conventions de toute nature ayant pour effet d'autoriser l'occupation du domaine public. Lorsque ce droit d'occupation du domaine public résulte d'une concession de service public ou d'outillage public, le cahier des charges précise les conditions particulières auxquelles il doit être satisfait pour tenir compte des nécessités du service public.

IV. – Les constructions mentionnées au présent article peuvent donner lieu à la conclusion de contrats de crédit-bail. Dans ce cas, le contrat comporte des clauses permettant de préserver les exigences du service public.

Art. L. 1311-6 Le droit réel conféré par le titre, les ouvrages, constructions et installations de caractère immobilier ne peuvent être cédés, ou transmis dans le cadre de mutations entre vifs ou de fusion, absorption ou scission de sociétés, pour la durée de validité du titre restant à courir, y compris dans le cas de réalisation de la sûreté portant sur lesdits droits et biens et dans les cas prévus aux premier et deuxième alinéas de l'article L. 1311-6-1, qu'à une personne agréée par les collectivités territoriales, leurs groupements et leurs établissements publics, en vue d'une utilisation compatible avec l'affectation du domaine public occupé.

Lors du décès d'une personne physique titulaire d'un titre d'occupation constitutif de droit réel, celui-ci peut être transmis, dans les conditions prévues à l'alinéa précédent, au conjoint survivant ou aux héritiers sous réserve que le bénéficiaire, désigné par accord entre eux, soit présenté à l'agrément de l'autorité compétente dans un délai de six mois à compter du décès.

Art. L. 1311-6-1 Le droit réel sur le titre, les ouvrages, constructions et installations ne peuvent être hypothéqués que pour garantir les emprunts contractés par le titulaire de l'autorisation en vue de financer la réalisation, la modification ou l'extension des ouvrages, constructions et installations de caractère immobilier situés sur la dépendance domaniale occupée.

Les créanciers chirographaires autres que ceux dont la créance est née de l'exécution des travaux mentionnés à l'alinéa précédent ne peuvent pratiquer des mesures conservatoires ou des mesures d'exécution forcée sur les droits et biens mentionnés au présent article.

Les hypothèques sur lesdits droits et biens s'éteignent au plus tard à l'expiration des titres d'occupation délivrés en application de l'article L. 1311-5, quels qu'en soient les circonstances et le motif.

Art. L. 1311-7 A l'issue du titre d'occupation, les ouvrages, constructions et installations de caractère immobilier existant sur la dépendance domaniale occupée doivent être démolis, soit par le titulaire de l'autorisation, soit à ses frais, à moins que leur maintien en l'état n'ait été prévu expressément par le titre d'occupation ou que l'autorité compétente ne renonce en tout ou partie à leur démolition.

Les ouvrages, constructions et installations de caractère immobilier dont le maintien à l'issue du titre d'occupation a été accepté deviennent de plein droit et gratuitement la propriété des collectivités territoriales, de leurs groupements et de leurs établissements publics, francs et quittes de tous privilèges et hypothèques.

Toutefois, en cas de retrait de l'autorisation avant le terme prévu, pour un motif autre que l'inexécution de ses clauses et conditions, le titulaire est indemnisé du préjudice direct, matériel et certain né de l'éviction anticipée. Les règles de détermination de l'indemnité peuvent être précisées dans le titre d'occupation. Les droits des créanciers régulièrement inscrits à la date du retrait anticipé sont reportés sur cette indemnité.

Deux mois au moins avant la notification d'un retrait pour inexécution des clauses et conditions de l'autorisation, les créanciers régulièrement inscrits sont informés des intentions de l'autorité compétente à toutes fins utiles, et notamment pour être mis en mesure de proposer la substitution d'un tiers au permissionnaire défaillant ou de s'y substituer eux-mêmes.

Art. L. 1311-8 Les dispositions des articles L. 1311-5 à L. 1311-7 ne sont pas applicables au domaine public naturel.

8° Après l'article L. 1311-8, il est inséré une section III intitulée : "Consultation de l'État", comprenant les articles L. 1311-9 à L. 1311-12 ainsi rédigés :

Art. L. 1311-9 Les projets d'opérations immobilières mentionnés à l'article L. 1311-10 doivent être précédés, avant toute entente amiable, d'une demande d'avis de l'autorité compétente de l'État lorsqu'ils sont poursuivis par les collectivités territoriales, leurs groupements et leurs établissements publics.

Les dispositions du premier alinéa ne sont pas applicables aux établissements publics locaux de crédit et aux associations foncières de remembrement et à leurs unions.

Art. L. 1311-10 Ces projets d'opérations immobilières comprennent :

1° Les baux, accords amiables et conventions quelconques ayant pour objet la prise en location d'immeubles de toute nature d'un loyer annuel, charges comprises, égal ou supérieur à un montant fixé par l'autorité administrative compétente ;

2° Les acquisitions à l'amiable, par adjudication ou par exercice du droit de préemption, d'immeubles, de droits réels immobiliers, de fonds de commerce et de droits sociaux donnant vocation à l'attribution, en pleine propriété, d'immeubles ou de parties d'immeuble, d'une valeur totale égale ou supérieure à un montant fixé par l'autorité administrative compétente, ainsi que les tranches d'acquisition d'un montant inférieur, mais faisant partie d'une opération d'ensemble d'un montant égal ou supérieur ;

3° Les acquisitions poursuivies par voie d'expropriation pour cause d'utilité publique.

Art. L. 1311-11 Les personnes mentionnées au premier alinéa de l'article L. 1311-9 délibèrent au vu de l'avis de l'autorité compétente de l'État.

Art. L. 1311-12 L'avis de l'autorité compétente de l'État est réputé donné à l'issue d'un délai d'un mois à compter de la saisine de cette autorité.

9° Après l'article L. 1311-16, il est inséré un article L. 1311-17 ainsi rédigé :

Art. L. 1311-17 La révision des conditions et charges grevant les donations ou legs consentis au profit des collectivités territoriales, de leurs groupements et de leurs établissements publics est régie par les articles 900-2 à 900-8 du code civil, sous réserve des dispositions de l'article L. 6145-10 du code de la santé publique.

10° A l'article L. 1741-1, les mots : "L. 1311-5 et L. 1311-7" sont remplacés par les mots : "L. 1311-13, L. 1311-15 et L. 1311-17" ;

11° A l'article L. 1791-1 du code général des collectivités territoriales, la référence à l'article L. 1311-5 est remplacée par la référence à l'article L. 1311-13 ;

12° L'article L. 2242-5 est remplacé par les dispositions suivantes :

Art. L. 2242-5 Dans les établissements publics de santé communaux, les dons et legs sont acceptés ou refusés par le directeur dans les conditions fixées à l'article L. 6143-7 du code de la santé publique.

Les établissements publics sociaux et médico-sociaux communaux acceptent et refusent les dons et legs dans les conditions déterminées par l'article L. 315-12 du code de l'action sociale et des familles.

13° L'article L. 2512-14 est ainsi modifié :

a) Au dernier alinéa, les mots : "du présent article" sont remplacés par les mots : "des alinéas précédents" ;

b) Il est ajouté un alinéa ainsi rédigé :

"Les permis de stationnement ou de dépôt temporaire sur la Seine, ses ports et ses quais, sont donnés par l'ingénieur en chef comme en matière d'occupation temporaire et les droits correspondants perçus comme en cette matière au profit de l'État par l'administration compétente." ;

14° A l'article L. 2542-26, les mots : "des articles L. 2241-1, L. 2241-6," sont remplacés par les mots : "du premier alinéa de l'article L. 2241-1, des articles L. 2241-6," ;

15° Après l'article L. 3213-2, il est inséré un article L. 3213-2-1 ainsi rédigé :

Art. L. 3213-2-1 Lorsque les départements, leurs groupements et leurs établissements publics procèdent à des acquisitions immobilières à l'amiable suivant les règles du droit civil, ou lorsque l'acqui-

sition a lieu sur licitation, le notaire rédacteur de l'acte procède s'il y a lieu, sous sa responsabilité, à la purge de tous privilèges et hypothèques.
Les fonds qui lui sont remis sont alors considérés comme reçus en raison de ses fonctions.

16° Après l'article L. 3213-6, il est inséré un article L. 3213-7 ainsi rédigé :

Art. L. 3213-7 Dans les établissements publics de santé départementaux, les dons et legs sont acceptés ou refusés par le directeur dans les conditions fixées à l'article L. 6143-7 du code de la santé publique.
Les établissements publics sociaux et médico-sociaux départementaux acceptent et refusent les dons et legs dans les conditions déterminées par l'article L. 315-12 du code de l'action sociale et des familles.

17° A l'article L. 3551-1, après les mots : "L. 3213-2," sont ajoutés les mots : "L. 3213-2-1," ;
18° Après l'article L. 4221-4, il est inséré un article L. 4221-4-1 ainsi rédigé :

Art. L. 4221-4-1 Lorsque les régions, leurs groupements et leurs établissements publics procèdent à des acquisitions immobilières à l'amiable suivant les règles du droit civil, ou lorsque l'acquisition a lieu sur licitation, le notaire rédacteur de l'acte procède s'il y a lieu, sous sa responsabilité, à la purge de tous privilèges et hypothèques.
Les fonds qui lui sont remis sont alors considérés comme reçus en raison de ses fonctions.

19° Après l'article L. 4221-5, il est ajouté un article L. 4221-6 ainsi rédigé :

Art. L. 4221-6 Le conseil régional statue sur l'acceptation des dons et legs faits à la région.

20° Après l'article L. 5211-27-1, il est inséré un article L. 5211-27-2 ainsi rédigé :

Art. L. 5211-27-2 Les dispositions de l'article L. 2241-3 sont applicables aux établissements publics de coopération intercommunale.

21° Après l'article L. 5722-8, il est inséré un article L. 5722-9 ainsi rédigé :

Art. L. 5722-9 Les dispositions de l'article L. 2241-3 sont applicables aux syndicats mixtes.

22° A l'article L. 5832-7, après les mots : "L. 5211-27", sont ajoutés les mots : "et L. 5211-27-2" ;
23° Aux articles L. 2241-1, L. 3213-2, L. 4221-4, L. 5211-37 et L. 5722-3, les mots : "du service des domaines" sont remplacés par les mots : "de l'autorité compétente de l'État".
VIII. — Au 1° du II de l'article 150 VG du code général des impôts, la référence à l'article L. 1311-5 du code général des collectivités territoriales est remplacée par la référence à l'article L. 1311-13 du code général des collectivités territoriales.
IX. — Le code monétaire et financier est ainsi modifié :
1° Après l'article L. 144-2, il est inséré un article L. 144-2-1 ainsi rédigé :

Art. L. 144-2-1 Les biens immobiliers appartenant à la Banque de France sont soumis aux dispositions du code général de la propriété des personnes publiques applicables aux établissements publics de l'État.
Les biens mobiliers appartenant à la Banque de France sont insaisissables.

2° A l'article L. 621-5-2 :
a) Les trois premiers alinéas constituent un I ;
b) Au troisième alinéa, les mots : "du présent article" sont remplacés par les mots : "du I" ;
c) Il est ajouté un II ainsi rédigé :
"II. — Les biens immobiliers appartenant à l'Autorité des marchés financiers sont soumis aux dispositions du code général de la propriété des personnes publiques applicables aux établissements publics de l'État."
X. — Le code des ports maritimes est ainsi modifié :
1° L'intitulé du chapitre Ier du titre III du livre III est ainsi rédigé : "Répression des atteintes au domaine public des ports maritimes" ;
2° L'intitulé du chapitre II du titre III du livre III est ainsi rédigé : "Conservation du domaine public des ports maritimes".
XI. — Au troisième alinéa de l'article L. 41-1 du code des postes et des communications électroniques, les mots : "Conformément à l'article L. 2124-26 du code général de la propriété des personnes publiques," sont insérés avant le mot : "l'utilisation".
XII. — Le code rural est ainsi modifié :
1° A l'article L. 124-12 :
a) Au premier alinéa, les mots : "des parcelles considérées comme biens vacants et sans maître et présumées biens vacants et sans maître" sont remplacés par les mots : "des parcelles considérées comme biens sans maître et présumées biens sans maître" ;

b) La seconde phrase du quatrième alinéa est remplacée par la phrase suivante :
"Les échanges ou cessions portant sur des biens sans maître ou sur des biens présumés sans maître ne deviennent définitifs qu'après que la commune ou l'État en est devenu propriétaire en application du dernier alinéa de l'article L. 1123-3 du code général de la propriété des personnes publiques." ;
2° L'article L. 125-13 est remplacé par les dispositions suivantes :

Art. L. 125-13 Les dispositions du présent chapitre s'appliquent aux immeubles n'ayant pas de propriétaire connu et attribués à une commune ou à l'État en application du dernier alinéa de l'article L. 1123-3 du code général de la propriété des personnes publiques, un an après l'achèvement des procédures qui y sont prévues.

3° L'article L. 415-11 est ainsi modifié :
a) A la première phrase du premier alinéa, les mots : "des départements, des communes et des établissements publics," sont remplacés par les mots : "des collectivités territoriales, de leurs groupements ainsi que des établissements publics," ;
b) A la seconde phrase du même alinéa, les mots : ", le groupement" sont insérés après les mots : "la collectivité" ;
4° L'article L. 461-26 est ainsi modifié :
a) Au premier alinéa, les mots : "des départements, des communes et des établissements publics" sont remplacés par les mots : "des collectivités territoriales, de leurs groupements, des établissements publics" ;
b) Au second alinéa, après les mots : "la collectivité" sont insérés les mots : ", le groupement".
XIII. — Le code de la santé publique est ainsi modifié :
1° Après l'article L. 6145-10, il est inséré un article L. 6145-10-1 ainsi rédigé :

Art. L. 6145-10-1 Les dispositions des articles L. 1121-2 et L. 1121-3 du code général de la propriété des personnes publiques relatives aux conditions d'acceptation ou de refus des dons et legs par les établissements publics de l'État ne sont pas applicables aux établissements publics de santé nationaux.

2° L'article L. 6148-1 est remplacé par les dispositions suivantes :

Art. L. 6148-1 Conformément aux dispositions de l'article L. 3111-1 du code général de la propriété des personnes publiques, les propriétés qui relèvent du domaine public des établissements publics de santé et de structures de coopération sanitaire dotées de la personnalité morale publique sont inaliénables et imprescriptibles.
Toutefois, les propriétés qui relèvent de ce domaine peuvent être cédées dans les conditions prévues à l'article L. 3112-1 du code général de la propriété des personnes publiques ou échangées dans les conditions fixées aux articles L. 3112-2 et L. 3112-3 du même code.
Les dispositions des articles L. 1311-13 et L. 1311-14 du code général des collectivités territoriales s'appliquent à ce domaine.

3° Le premier alinéa de l'article L. 6148-2 est complété par une phrase ainsi rédigée : "Ce bail emphytéotique est dénommé bail emphytéotique administratif."
XIV. — Après l'article L. 161-45 du code de la sécurité sociale, il est inséré un article L. 161-45-1 ainsi rédigé :

Art. L. 161-45-1 Les biens immobiliers appartenant à la Haute Autorité de santé sont soumis aux dispositions du code général de la propriété des personnes publiques applicables aux établissements publics de l'État.

XV. — Le code du tourisme est ainsi modifié :
1° L'article L. 341-8 est remplacé par les dispositions suivantes :

Art. L. 341-8 Les règles relatives aux autorisations d'occupation temporaire du domaine public qui peuvent être accordées pour l'aménagement, l'organisation et la gestion de zones de mouillages et d'équipements légers sont fixées à l'article L. 2124-5 du code général de la propriété des personnes publiques.

2° L'article L. 341-10 est remplacé par les dispositions suivantes :

Art. L. 341-10 Les infractions à la police du mouillage sont constatées par les officiers et agents de police judiciaire et par les fonctionnaires et agents de l'État habilités à constater les infractions à la police des ports maritimes, à la police de la navigation et à la police de la conservation du domaine public maritime et fluvial. Elles peuvent également, lorsque le bénéficiaire de l'autorisation est une collectivité territoriale, être constatées par des fonctionnaires et agents de ces collectivités, assermentés et commissionnés à cet effet par le président du conseil régional, le président du conseil départemental ou le maire, selon le cas.

3° L'article L. 341-11 est remplacé par les dispositions suivantes :

Art. L. 341-11 Les règles relatives aux autorisations d'occupation temporaire qui peuvent être accordées pour l'aménagement, l'organisation et la gestion de zones de mouillages et d'équipements légers sur le domaine public fluvial sont fixées à l'article L. 2124-14 du code général de la propriété des personnes publiques.

Les dispositions prévues aux articles L. 341-9 et L. 341-10 s'appliquent aux mouillages et équipements légers réalisés sur le domaine public fluvial même lorsqu'il n'est pas situé dans les communes définies par l'article L. 321-2.

4° A l'article L. 341-14, les mots : "par l'article L. 321-9 du code de l'environnement" sont remplacés par les mots : "par les articles L. 321-9 du code de l'environnement et L. 2124-4 du code général de la propriété des personnes publiques".

XVI. — 1° A l'article 7-1 de la loi du 5 juillet 1972 susvisée, les mots : "du service des domaines" sont remplacés par les mots : "de l'autorité compétente de l'État" ;

2° A l'article 45-1 de la loi du 2 mars 1982 susvisée, les mots : "du service des domaines" sont remplacés par les mots : "de l'autorité compétente de l'État" ;

3° Au premier alinéa du II de l'article 11 de la loi du 8 février 1995 susvisée, les mots : "du service des domaines" sont remplacés par les mots : "de l'autorité compétente de l'État" ;

4° L'article 4 de la loi du 30 décembre 1996 susvisée est complété par un alinéa ainsi rédigé :

"Il s'étend également aux espaces urbains et aux secteurs occupés par une urbanisation diffuse identifiés sur des terrains soustraits artificiellement à l'action du flot et sur des lais et relais de la mer dépendant du domaine public maritime de l'État, formés avant le 1er janvier 1995, et délimités selon les modalités fixées à l'article L. 5112-2 du code général de la propriété des personnes publiques."

Art. 4 Les cours d'eau et canaux ayant fait l'objet d'un transfert de compétence au profit de régions en application de la loi du 22 juillet 1983 susvisée avant la date d'entrée en vigueur de la loi du 13 août 2004 susvisée leur sont transférés de plein droit et en pleine propriété à leur demande ou, au plus tard, à l'expiration d'un délai de trois ans à compter de l'entrée en vigueur de la loi du 13 août 2004 précitée, sauf si celles-ci s'y sont opposées par délibération prise avec un préavis de six mois avant l'échéance de ce délai. Pendant cette période, les régions exercent les mêmes compétences que celles définies à l'article L. 3113-2 du code général de la propriété des personnes publiques.

Les régions ayant obtenu le transfert des cours d'eau et canaux peuvent déléguer, par convention, tout ou partie de leurs compétences à des collectivités territoriales qui en feraient la demande.

Ces transferts sont réalisés à titre gratuit et ne donnent lieu au paiement d'aucune indemnité, droit, taxe, *(Ord. n° 2010-638 du 10 juin 2010, art. 10-LI, en vigueur le 1er janv. 2013)* « contribution prévue à l'article 879 du code général des impôts » ou honoraires.

Toutefois, lorsqu'une partie du domaine public fluvial a été concédée avant le 1er janvier 2005 à une collectivité territoriale, cette dernière est prioritaire pour bénéficier du transfert de propriété.

Art. 5 I. — A Mayotte, les projets d'opérations immobilières mentionnés au III doivent être précédés avant toute entente amiable d'une demande d'avis du chef de service de l'administration financière de l'État lorsqu'ils sont poursuivis par :

1° Les offices et les concessionnaires de l'État ;

2° Les sociétés dans lesquelles l'État, ses établissements publics et les personnes mentionnées au 1° détiennent ensemble ou séparément la majorité du capital, lorsque ces sociétés ont pour objet des activités immobilières ou poursuivent un but d'aménagement.

II. — A Mayotte, les projets d'opérations immobilières mentionnés au III doivent être précédés avant toute entente amiable d'une demande d'avis du directeur des services fiscaux lorsqu'ils sont poursuivis par :

1° Les offices et les concessionnaires de la collectivité départementale et des communes ;

2° Les sociétés dans lesquelles la collectivité départementale, les communes, leurs établissements publics et les personnes mentionnées au 1° détiennent ensemble ou séparément la majorité du capital, lorsque ces sociétés ont pour objet des activités immobilières ou poursuivent un but d'aménagement.

III. — Ces projets comprennent :

1° Les baux, accords amiables et conventions quelconques ayant pour objet la prise en location d'immeubles de toute nature ou de fonds de commerce ;

2° Les acquisitions à l'amiable, par adjudication, par exercice du droit de préemption ou poursuivies par voie d'expropriation pour cause d'utilité publique, de droits immobiliers, de fonds de commerce et de droits sociaux donnant vocation à l'attribution en pleine propriété d'immeubles ou de parties d'immeubles.

IV. — L'avis du chef du service de l'administration financière de l'État *(Abrogé par Ord. n° 2008-858 du 28 août 2008, art. 1er-III)* « *ou du directeur des services fiscaux* » porte sur les conditions financières de l'opération.

Pour les opérations autres que celles réalisées par l'exercice du droit de préemption dans les conditions prévues par le code de l'urbanisme, l'avis doit être formulé dans le délai de trois mois à compter de la date de réception d'une demande d'avis.

Ce délai peut être prolongé d'un commun accord si la difficulté de localisation des immeubles ou le nombre, la complexité ou la diversité des évaluations le nécessitent. *(Ord. n° 2008-858 du 28 août 2008, art. 1er-III)* « Lorsque la personne consultante envisage de poursuivre l'opération en retenant un montant supérieur à l'évaluation, elle doit justifier d'une décision motivée de passer outre prise par le représentant de l'État. »

Pour les opérations réalisées par l'exercice du droit de préemption dans les conditions prévues par le code de l'urbanisme, l'avis doit être formulé dans le délai d'un mois à compter de la date de réception d'une demande d'avis. En cas de non-respect du délai d'un mois, il peut être procédé librement à la réalisation de l'opération. Il ne peut être passé outre à un avis défavorable que par décision motivée de l'organe délibérant de la personne morale titulaire du droit de préemption.

V. — Lorsqu'une des personnes morales mentionnées aux I et II poursuit un projet d'opération immobilière défini au VII, elle doit au préalable demander l'avis de la commission d'aménagement foncier.

Lorsque l'avis du chef de service de l'administration financière de l'État ou du directeur des services fiscaux est requis, la commission ne peut être valablement saisie qu'après réception de cet avis ou après l'expiration du délai de trois mois ou du délai prorogé prévus au IV.

VI. — La commission d'aménagement foncier est présidée par le représentant de l'État qui peut se faire représenter. Elle comprend en outre :

1° Quatre représentants de la collectivité départementale désignés par le conseil départemental ;

2° Deux représentants des communes, deux représentants des services de l'État et trois représentants des services techniques de la collectivité départementale, désignés par le représentant de l'État.

VII. — Les projets d'opérations immobilières mentionnés au V comprennent :

1° Les baux, accords amiables et conventions quelconques ayant pour objet la prise en location d'immeubles de toute nature ou de fonds de commerce ;

2° Les acquisitions à l'amiable, par adjudication, ou poursuivies par voie d'expropriation pour cause d'utilité publique, de droits immobiliers, de fonds de commerce et de droits sociaux donnant vocation à l'attribution en pleine propriété d'immeubles ou de parties d'immeuble ;

3° Les aliénations d'immeubles domaniaux et les opérations constitutives de droits réels portant sur de tels immeubles.

VIII. — La commission d'aménagement foncier émet un avis sur la concordance des projets qui lui sont soumis avec les plans et programmes de développement et d'aménagement, sur les conditions de leur insertion dans l'environnement et, en ce qui concerne les projets des services publics et d'intérêt public, en s'assurant qu'ils sont adaptés aux besoins définis par les autorités compétentes et constituent une bonne utilisation des moyens financiers qui leur sont affectés.

IX. — L'avis porte, en outre, sur les conditions financières des opérations autres que les acquisitions par voie d'expropriation pour cause d'utilité publique et les cessions par adjudication publique :

1° Lorsque l'avis du chef du service de l'administration financière de l'État ou du directeur des services fiscaux n'est pas exigé ou n'est pas produit dans le délai imparti ;

2° Lorsque la personne morale envisage de poursuivre l'une des opérations mentionnées aux 1° et 2° du VII, en retenant un coût de location ou d'acquisition supérieur à l'évaluation immobilière.

X. — L'avis de la commission doit intervenir dans le délai de trois mois à compter de la réception de la demande d'avis. Passé ce délai, son avis est réputé favorable.

Il ne peut être passé outre à un avis défavorable que par décision motivée de l'organe délibérant de la personne morale intéressée ou, en ce qui concerne l'État, par une décision motivée du représentant de l'État.

XI. — Lorsque l'opération immobilière entre dans le champ d'application des I à *(Ord. nº 2008-858 du 28 août 2008, art. 1er-III)* « IV », il est fait défense aux comptables publics d'effectuer les règlements correspondants si la personne morale qui poursuit cette opération ne justifie pas :

1° Pour les opérations réalisées par l'exercice du droit de préemption dans les conditions prévues par le code de l'urbanisme, de l'avis et, le cas échéant, de la décision de passer outre mentionnés au IV ;

2° Pour les autres opérations, de l'avis sur les conditions financières *(Abrogé par Ord. nº 2008-858 du 28 août 2008, art. 1er-III)* « *et, le cas échéant, de la décision de passer outre mentionnée au X* ».

Le présent art. est abrogé à compter de la publication des dispositions réglementaires correspondantes, pour ce qui concerne les dispositions ci-après :

a) Le paragraphe I de l'art. 1er de l'Ord. nº 2008-858 du 28 août 2008 ;

b) Les paragraphes III, IV et XI de l'art. 1er de l'Ord. nº 2008-858 du 28 août 2008, en tant qu'ils concernent les offices et les concessionnaires de l'État ainsi que les sociétés dans lesquelles l'État, ses établissements publics, ses offices et ses concessionnaires détiennent ensemble ou séparément la majorité du capital, lorsque ces sociétés ont pour objet des activités immobilières ou poursuivent un but d'aménagement (Ord. préc., art. 1er-IV).

Art. 6 I. — Les articles L. 1311-1 à L. 1311-4-1, L. 1311-5 à L. 1311-12, L. 1311-17, L. 3213-2, L. 3213-2-1 et L. 3213-7 du code général des collectivités territoriales sont applicables à Saint-Pierre-et-Miquelon.

II. — Sont également applicables à Saint-Pierre-et-Miquelon les dispositions des articles L. 1611-5, L. 1617-1, L. 1617-4 et L. 1617-5 en tant qu'elles concernent les produits et redevances du domaine des collectivités territoriales et de leurs établissements publics.

Art. 7 I. — Sont abrogées *[abrogés]*, sous réserve du I de l'article 8, les dispositions de la partie législative du code du domaine de l'État ainsi que les textes qui les ont complétées ou modifiées.

II. — Sont abrogés, sous réserve du II de l'article 8 :

1° Les articles 538, 540 et 541 du code civil ;

2° Les articles 5 et 6 de l'ordonnance nº 77-1107 du 26 septembre 1977 portant extension et adaptation au département de Saint-Pierre-et-Miquelon de diverses dispositions législatives relatives aux affaires économiques, financières et domaniales ;

3° L'ordonnance nº 92-1139 du 12 octobre 1992 relative au code du domaine de l'État et des collectivités publiques applicable dans la collectivité territoriale de Mayotte ;

4° Les articles 1er à 16, 18 à 29, 33 à 41, 43, 44, 55 à 61, 227, 236 à 245 du code du domaine public fluvial et de la navigation intérieure ;

5° Le troisième alinéa de l'article L. 435-9 du code de l'environnement ;

6° Le dernier alinéa de l'article L. 622-9 du code du patrimoine ;

7° L'ordonnance de la marine d'août 1681 ;

8° La loi du 29 floréal an X relative aux contraventions en matière de grande voirie ;

9° Le dernier alinéa de l'article 118 de la loi du 31 décembre 1921 portant fixation du budget général de l'exercice 1922 ;

10° Le décret du 17 juin 1938 étendant la compétence des conseils de préfecture, en tant qu'il concerne les personnes publiques autres que l'État et ses établissements publics ;

11° Les articles 2 et 4 à 6 du décret nº 48-633 du 31 mars 1948 relatif au régime des eaux dans les départements de la Guadeloupe, de la Guyane française, de la Martinique, de la Réunion ;

12° Le décret nº 55-630 du 20 mai 1955 relatif au règlement du prix des acquisitions immobilières réalisées à l'amiable, ou par voie d'expropriation pour cause d'utilité publique, pour le compte de l'État, des départements, des communes et des établissements publics qui en dépendent ;

13° Le II de l'article 1er de la loi nº 62-933 du 8 août 1962 complémentaire à la loi d'orientation agricole ;

14° La loi nº 63-1178 du 28 novembre 1963 relative au domaine public maritime ;

15° Le premier alinéa de l'article 20 de la loi nº 82-1153 du 30 décembre 1982 d'orientation des transports intérieurs ;

16° La loi n° 84-562 du 4 juillet 1984 permettant la révision des conditions et charges apposées à certaines libéralités ;

17° Les articles 26, 28 et 29 de la loi n° 86-2 du 3 janvier 1986 relative à l'aménagement, la protection et la mise en valeur du littoral ;

18° Le premier alinéa de l'article 22 de la loi n° 86-1067 du 30 septembre 1986 relative à la liberté de communication ;

19° L'article 34 de la loi n° 92-3 du 3 janvier 1992 sur l'eau ;

20° L'article 3 de la loi n° 94-631 du 25 juillet 1994 complétant le code du domaine de l'État et relative à la constitution de droits réels sur le domaine public ;

21° Le premier alinéa de l'article 11 de la loi n° 97-135 du 13 février 1997 portant création de l'établissement public "Réseau ferré de France" en vue du renouveau du transport ferroviaire ;

22° L'article 23 de la loi n° 2001-1168 du 11 décembre 2001 portant mesures urgentes de réformes à caractère économique et financier, en tant qu'il concerne les collectivités territoriales, leurs groupements et leurs établissements publics.

III. — Sont abrogés les articles R. 25 à R. 27, R. 37, R. 46, le premier alinéa de l'article R. 47, les articles R. 56 et R. 120, les 2°, 5° et 6° de l'article R. 170-31 et l'article R. 170-46-1 du code du domaine de l'État.

IV. — Sont et demeurent abrogés :

1° L'édit du Roi d'octobre 1666 ;

2° Les articles 42 et 43 du titre XXVII et l'article 7 du titre XXVIII de l'ordonnance des eaux et forêts de 1669 ;

3° L'ordonnance du 27 juillet 1723 ;

4° Les articles 1er, 2 et 3 de l'arrêt du Conseil d'État du Roi du 24 avril 1739 ;

5° Les lettres patentes du 18 novembre 1776 ;

6° Les articles 1er à 4 et l'article 11 de l'arrêt du Conseil d'État du Roi du 24 juin 1777 ;

7° L'article 1er du titre Ier et les articles 7, 11, 12, 13, 15 et 16 du titre II de l'arrêt du Conseil d'État du Roi du 23 juillet 1783 ;

8° L'arrêté du 13 nivôse an V ;

9° Les articles 9 et 10 de l'arrêté du 19 ventôse an VI ;

10° L'article 7 de la loi du 11 frimaire an VII ;

11° L'article 4 de la loi du 28 pluviôse an VIII ;

12° L'article 1er du décret du 17 prairial an XIII ;

13° Les articles 123 à 126 et 200 du décret du 12 août 1807 ;

14° Les articles 34 et 41 de la loi du 16 septembre 1807 ;

15° L'article 114 du décret du 16 décembre 1811 ;

16° L'article 1er du décret du 10 avril 1812 ;

17° Le premier alinéa de l'article 3 de la loi du 15 avril 1829 ;

18° L'article 1er du décret du 7 septembre 1870 ;

19° Les articles 34 à 36 et 38 à 53 de la loi du 8 avril 1898 ;

20° L'article 67 de la loi du 26 décembre 1908 ;

21° Les articles 3 et 4 du décret-loi du 1er octobre 1926 relatif à des mesures de simplification concernant les voies navigables ;

22° Les articles 1er et 2 du décret-loi du 28 décembre 1926 relatif à la simplification de la procédure de répartition des frais d'entretien des ouvrages de navigation utilisés en commun avec des tiers ;

23° Les articles 1er à 7 du décret-loi du 30 octobre 1935 sur les mesures à prendre pour assurer l'écoulement des eaux ;

24° Le décret n° 55-805 du 18 juin 1955 ;

25° L'article 3 de la loi n° 65-561 du 10 juillet 1965 relative aux zones d'aménagement différé.

Art. 8 I. — L'abrogation des dispositions suivantes du code du domaine de l'État prévue au I de l'article 7 ne prendra effet qu'à compter de la publication des dispositions réglementaires correspondantes du code général de la propriété des personnes publiques, pour ce qui concerne les articles, parties d'article, alinéas, phrases ou mots ci-après :

1° La première phrase de l'article L. 10 ;

(Décr. n° 2011-1612 du 22 nov. 2011, art. 14) « 2° A l'article L. 11, les mots : "par le ministre compétent qui statue par voie d'arrêté" ».

3° A l'article L. 12, les mots : "par arrêté interministériel" ;

4° A l'article L. 14, les mots : "par arrêté interministériel" ;

5° Le sixième alinéa de l'article L. 27 ;

6° Au premier alinéa de l'article L. 27 *bis*, les mots : "après avis de la commission communale des impôts directs" ;

7° L'article L. 30 ;

8° L'article L. 33 ;

9° A l'article L. 43, les mots : "le service des domaines" ;

10° A l'article L. 51, les mots : "sur la proposition du ministre intéressé et avec l'avis favorable du ministre chargé de la construction" ;

11° Au deuxième alinéa de l'article L. 51-1, les mots : "passée par le service des domaines, sur la proposition du ministre affectataire ou gestionnaire de l'immeuble" ;

12° L'article L. 53 ;

13° A l'article L. 54 :

a) Au deuxième alinéa, les mots : "du ministre chargé du budget et du ministre de tutelle" ;

b) Le dernier alinéa ;

14° A l'article L. 65, les mots : "le service des domaines" ;

15° Les cinq premiers alinéas de l'article L. 67 ;

16° Au second alinéa de l'article L. 68, les mots : "après avis du ministère chargé de la culture" ;

17° Les trois premiers alinéas de l'article L. 69 ;

18° Au quatrième alinéa de l'article L. 69-1, la somme : "152 €" ;

19° L'article L. 70 ;

20° L'article L. 77 ;

21° Les alinéas 3 à 10 de l'article L. 80 ;

22° L'article L. 91-1-2 ;

23° L'article L. 92.

II. — L'abrogation des dispositions mentionnées au II de l'article 7 ne prendra effet qu'à compter :

A. — De la publication des dispositions réglementaires correspondantes du code général de la propriété des personnes publiques, pour ce qui concerne les articles, parties d'article, alinéas, phrases ou mots ci-après :

1° Le dernier alinéa de l'article L. 122-9 du code du domaine de l'État et des collectivités publiques applicable dans la collectivité territoriale de Mayotte ;

2° Les articles L. 321-1 et L. 321-2 du code du domaine de l'État et des collectivités publiques applicable dans la collectivité territoriale de Mayotte, en tant qu'ils concernent l'État et ses établissements publics ;

3° L'article L. 410-2 du code du domaine de l'État et des collectivités publiques applicable dans la collectivité territoriale de Mayotte, en tant qu'il concerne l'État ;

4° L'article 5 du code du domaine public fluvial et de la navigation intérieure, en tant qu'il prévoit les modalités de la consultation par l'autorité administrative des établissements, des collectivités territoriales et des organisations professionnelles mentionnés aux *a* et *b* de cet article ;

5° A l'article 244 du code du domaine public fluvial et de la navigation intérieure, les mots : "par le préfet" ;

6° Au II de l'article 1er de la loi n° 62-933 du 8 août 1962 complémentaire à la loi d'orientation agricole, les mots : "après avis de la commission départementale d'aménagement foncier".

B. — De la publication des dispositions réglementaires prises pour leur application, pour ce qui concerne :

1° A l'article 38 du code du domaine public fluvial et de la navigation intérieure, les mots : "par l'administration des domaines" ;

2° Au premier alinéa du I et au III de l'article 23 de la loi n° 2001-1168 du 11 décembre 2001 portant mesures urgentes de réformes à caractère économique et financier, les mots : "du directeur des services fiscaux".

Art. 9 Sont applicables à compter de la publication des dispositions réglementaires prises pour leur application les dispositions du IV, du 23° du VII et des 1° à 3° du XVI de l'article 3.

Art. 10 Les dispositions abrogées en vertu de l'article 7 restent en vigueur en tant qu'elles s'appliquent en Nouvelle-Calédonie, en Polynésie française, dans les îles Wallis-et-Futuna et dans les Terres australes et antarctiques françaises, sous réserve des compétences en matière domaniale des collectivités de Nouvelle-Calédonie, de Polynésie française et des îles Wallis-et-Futuna à la date d'entrée en vigueur de la présente ordonnance.

Art. 11 I. — Les articles L. 2132-26 et L. 2132-27 du code général de la propriété des personnes publiques sont applicables aux infractions commises postérieurement à l'entrée en vigueur de la présente ordonnance.

II. — Les articles L. 1123-3 et L. 2222-20 du même code sont applicables aux immeubles pour lesquels la décision administrative constatant la vacance est intervenue postérieurement à l'entrée en vigueur de la présente ordonnance.

III. — Les amendes prévues au second alinéa de l'article L. 3211-12 du même code sont applicables aux procédures de déchéance notifiées par l'autorité compétente postérieurement à l'entrée en vigueur de la présente ordonnance.

IV. — La prescription instituée par l'article L. 2323-8 du même code s'applique aux procédures de recouvrement en cours à la date d'entrée en vigueur de la présente ordonnance, sans que son terme puisse excéder le terme de la prescription antérieurement applicable.

V. — Le juge judiciaire demeure compétent pour connaître de ceux des litiges relatifs aux redevances mentionnées au 2° de l'article L. 2331-1 du même code, qui relevaient de sa compétence et qui ont été portés devant lui avant la date d'entrée en vigueur de la présente ordonnance.

Art. 12 Les dispositions de la présente ordonnance sont applicables à Mayotte à l'exclusion des I et V de l'article 3, des 2°, 3°, 4°, 5°, 7°, 8°, 12°, 13°, 14°, 16°, 18° et 19° du VII du même article, du VIII, du 1° du IX, des X, XII, XIII, XIV et XVI du même article ainsi que des articles 4, 6 et 10.

Art. 13 Les dispositions de la présente ordonnance sont applicables à compter du 1er juillet 2006.

....

Loi n° 2013-403 du 17 mai 2013,

Relative à l'élection des conseillers départementaux, des conseillers municipaux et des conseillers communautaires, et modifiant le calendrier électoral.

Art. 1er Dans l'ensemble des dispositions législatives :

1° Les mots : "conseils généraux", "conseiller général" et "conseillers généraux" sont remplacés, respectivement, par les mots : "conseils départementaux", "conseiller départemental" et "conseillers départementaux" ;

2° Les mots : "conseil général", lorsqu'ils s'appliquent à l'organe mentionné à l'article L. 3121-1 du code général des collectivités territoriales, sont remplacés par les mots : "conseil départemental".

....

Art. 51 Le titre Ier de la présente loi s'applique à compter du prochain renouvellement général des conseils généraux suivant la promulgation de la présente loi.

....

BIBLIOGRAPHIE GÉNÉRALE

1) Usuels : Amilhat, Droit administratif des biens, *Bréal, 2017.* – Arbousset, Droit administratif des biens, *Studyrama, 2015.* – J. M. Auby, J. B. Auby, Bon et Terneyre, Droit administratif des biens, *Dalloz, 7e éd., 2016.* – Boussard et Le Berre, Droit administratif des biens, *LGDJ, 2e éd., 2019.* – Binczak et Nicinski, QCM. Droit administratif des biens, *Gualino, 2000* ; L'essentiel du droit administratif des biens, *Gualino, 3e éd., 2007.* – Brard, Domaines public et privé des personnes publiques, *Dalloz, 1994.* – Braud, Cours de droit administratif des biens, *Gualino, 2019.* – Chamard-Heim, Melleray, Noguellou et Yolka, Les grandes décisions du droit administratif des biens, *Dalloz, 3e éd., 2018.* – Chapus, Droit administratif général, *Montchrestien, t. 2, 15e éd., 2001.* – Colin, L'essentiel du droit administratif des biens, *Gualino, 6e éd., 2018.* – de David Beauregard-Berthier, Droit administratif des biens, *Gualino, 15e éd., 2018.* – Debbasch, Bourdon, Pontier et Ricci, Droit administratif des biens, *PUF, 3e éd., 1999.* – Degoffe et Godfrin, Droit administratif des biens, *Sirey, 12e éd., 2019.* – Deliancourt, Droit domanial, *éd. du Papyrus, 2012.* – Dufau, Le domaine public, *Le Moniteur, 5e éd., 2001.* – Foulquier, Droit administratif des biens, *LexisNexis, 4e éd., 2019.* – Frier, Droit du patrimoine culturel, *PUF, 1997.* – Gaudemet, Droit administratif des biens, *LGDJ, 15e éd., 2014.* – Gillet-Lorenzi et Traoré, Droit administratif des biens, *CNFPT, 2007.* – Guettier, Droit administratif des biens, *PUF, 2008.* – Guillot, Droit du patrimoine culturel et naturel, *Ellipses, 2006.* – Hansen, La propriété des personnes publiques en 100 questions, *Le Moniteur, 2e éd., 2012.* – Langelier et Pouillaude, Traité de la propriété publique, *Le Moniteur, 2015.* – Latournerie, Point de vue sur le domaine public, *Montchrestien, 2004.* – Lavialle, Droit administratif des biens, *PUF, 1996.* – Lebreton et Manson, Le domaine public, *Doc. fr., 2004.* – Monot-Fouletier, Fiches de droit administratif des biens, *Ellipses, 2016.* – Morand-Deviller, Bourdon et Poulet, Droit administratif des biens, *LGDJ, 10e éd., 2018.* – Otero et Tréguier, Le droit administratif des biens en QCM, *Ellipses, 2012.* – Peiser, Droit administratif des biens, *Dalloz, 21e éd., 2015.* – Poli, Droit administratif des biens, *Ellipses, 2003.* – Poulet-Gibot Leclerc, Droit administratif des biens, *Bréal, 2004.* – Roux, Droit administratif des biens, *Dalloz, 1re éd., 2019.* – Sorbara, Manuel de droit administratif des biens, *PUF, 2016.* – Traoré, Droit des propriétés publiques, *Vuibert, 2008.* – Verpeaux, Droit administratif des biens et urbanisme, *CNFPT, 2000.* – Yolka, Droit des biens publics, *Lextenso, 2018.*

2) Ouvrages spéciaux (hors thèses) : ACNF, Propriétés publiques. Quels contrats pour quels projets ?, *Congrès des notaires de France, 2013* ; Les collectivités locales : le renouveau contractuel, *Congrès des notaires de France, 2001.* – Association des directeurs immobiliers, Conseil de l'immobilier de l'État : Gestion de l'immobilier public, *Le Moniteur, 2017.* – Albouy et Cornille, Les opérations immobilières des collectivités locales, *Masson, 1993.* – Attrait, Bouchard et Lepetit, Gestion du domaine public routier, *4e éd., Berger-Levrault, 2011.* – Banel, Bernardi, Goutal et Wusthorn, La valorisation du patrimoine public, *Lamy, 2013.* – Bauchet, Propriété publique et planification, *Cujas, 1962.* – Berkovicz et Lang, Les baux emphytéotiques administratifs, *LexisNexis, 2011.* – Bettio, Collot, Perlo et Voizard, La valorisation économique des biens culturels en France et en Italie, *L'Harmattan, 2016.* – Blier, Noël et Bésombes, La gestion du patrimoine du secteur public local, *Berger-Levrault, 1992.* – Braconnier (dir.), Les collectivités locales et leurs contrats, JurisClasseur, *2002.* – Brard, Domaine public, domaine privé : 10 ans de jurisprudence – 1991-2001, *Dr. adm. déc. 2001, no hors-série.* – Caillosse, La constitution imaginaire de l'administration, *PUF, 2008, p. 76-112.* – Camoz, Les contrats immobiliers des collectivités territoriales, *Defrénois, 2013.* – Cantier, Lignières et Linotte, Droit du domaine public routier : compétences et responsabilités, *Litec, 2000.* – Chamard-Heim et Yolka (dir.), Patrimoine(s) et équipements militaires : aspects juridiques, *Inst. univ. Varenne-LGDJ, 2018, coll. Colloques et essais.* – Christophe, La commune et ses baux commerciaux, *Territorial, 2008* ; Les baux ruraux, *Territorial, 2008* ; Acquisition, vente, échange des biens immobiliers par les collectivités territoriales, *Territorial, 2015* ; Les lotissements communaux, *Territorial, 2008* ; Les jardins familiaux, *Territorial, 2008* ; La gestion des chasses communales, *Territorial, 2008* ; La location des terrains communaux, *Territorial, 2007.* – Clamour (dir.), Contrats et propriété publics, *LexisNexis, 2011.* – Clérembaux, Les redevances pour occupation du domaine public, *Territorial, 2015.* – Collectif, L'utilisation du domaine public, *Fac. droit Poitiers/Lextenso, 2017.* – Cornu, Orsi, et Rochfeld (dir.), Dictionnaire des biens communs, *PUF, 2e éd., 2020.* – Comité d'histoire du ministère de la Culture, Conseil d'État, Droit public et patrimoine. Le rôle du Conseil d'État, *Doc. française, 2019.* – Crétois et Boccon-Gibod (dir.), État social, propriété publique et biens communs, *Lormont, Le Bord de l'eau, 2015.* – Debat, Saunier, L'image des biens publics culturels. Regards croisés entre droit public et droit privé, *LexisNexis, 2020.* – Essevaz-Roulet, La gestion du patrimoine des collectivités locales, *Territorial, 2004.* – Izard, La France vendue à la découpe, *L'Artilleur, 2018.* – Fleury, Les chemins ruraux, *Territorial, 2012.* – Grimal, L'administration des biens communaux en France et de tous biens appartenant au domaine privé des communes,

Montpellier, Causse-Graille et Castelnau, 2e éd., 1936. - Henriques et Niccoletti, Les autorisations d'occupation temporaire du domaine public : réglementation et cas pratiques, *Territorial, 2019.* - Hostiou et Struillou, Expropriation et préemption, *LexisNexis, 5e éd., 2016.* - Iacono, Voyage au cœur des propriétés publiques, *L'Harmattan, 2016.* - Jolivet et Makowiak, Les biens communs environnementaux : quel(s) statut(s) juridique(s) ?, *PU Limoges, 2017.* - Kerret, L'identité visuelle des musées à l'ère des marques, *Doc. française, 2019.* - de Laubadère, Moderne et Delvolvé, Traité des contrats administratifs, *LGDJ, 2e éd., 1983, t. I.* - Lavigne, La gestion du patrimoine des collectivités locales, *Territorial, 2008.* - Martinet, Les actes administratifs d'acquisition ou de vente d'un bien par les collectivités territoriales, *Territorial, 2007.* - Meyer, Les ressources du domaine communal, *Berger-Levrault, 1980.* - Michelon, La France solde son patrimoine, *Gawsewitch, 2012.* - Michon, Les biens communs. Un modèle alternatif pour habiter nos territoires au XXIe siècle, *PU Rennes, 2019.* - Mondou, Le domaine public des collectivités territoriales, *Territorial, 2017* ; Le domaine privé des collectivités territoriales, *Territorial, 2010.* - Morcrette et Sevino, Montages immobiliers publics, *EFE, 2e éd., 2018.* - Nicinski, Droit public des affaires, *Montchrestien, 6e éd., 2018.* - Petit et Éveillard, L'ouvrage public, *Litec, 2009.* - Pey, Droit de voirie. Occupation du domaine public, *Maelström, 2010.* - Pontier, La protection du patrimoine culturel, *L'Harmattan, 2019.* - Roux, La grande braderie du patrimoine public des Français, *de Guibert, 2006.* - Pigasse, Mille milliards de milliards ou la fortune collective des Français, *Tsuru/Mars Communication, 1993.* - Rikki Bendahi, La gestion du patrimoine immobilier des collectivités territoriales, *Territorial, 2017.* - Sabiani, Droit des interventions publiques immobilières, *Masson, 1993.* - Sananès, Gestion du patrimoine immobilier des communes, *Berger-Levrault, 1979.* - Symchowicz, Traité des montages contractuels complexes publics, *Le Moniteur, 4e éd., 2017.* - Taillefait, Gestion du patrimoine scolaire, *Berger-Levrault, 1998.* - Tarlet, La liberté d'aller et venir à l'épreuve du domaine public naturel, *Publications Lyon III, 2010.* - Vital-Durand, Domaine privé, *First, 1996.* - Waline, Notes d'arrêts : T. III. Les biens de l'administration, *Dalloz, 2006.*

3) Thèses (les thèses d'histoire et de droit comparé sont référencées plus loin) : Alègre de la Soujeole, L'adaptation de la domanialité publique à l'interventionnisme de l'État. Théories et pratiques domaniales dans les conditions nouvelles de production de l'espace social, *Montpellier I, 1979.* - Alhama, L'intérêt financier dans l'action des personnes publiques, *Dalloz, 2018.* - Amadei, Domaine public et décentralisation, *Montpellier I, 1996.* - Andorno, Les techniques juridiques de gestion des biens, en droit privé et public comparé, *Toulouse I, 2012.* - Arzul, Le renouveau du domaine public fluvial, *Johanet, 2008.* - Auda, La mise à disposition d'immeubles de l'État au profit des universités. Étude critique d'un système de gestion de biens publics décentralisé, *Nice, 2018.* - Bady, Protection des cours d'eau et domanialité publique fluviale, *Pau, 1979.* - Baratoux, De la délimitation du domaine public maritime et fluvial, *Paris, 1902.* - Bazile, La propriété publique en Polynésie française, *Papeete, 2008.* - Beignon, La notion de domaine public naturel. Recherches sur le caractère exorbitant du droit domanial, *Nantes, 1998.* - Benaceur, Les exploitations du domaine public maritime et la protection de l'environnement, *Strasbourg III, 1982.* - Bergouniou, Les investissements sur le domaine public, *Toulouse, 1978.* - Bernard, Du droit de propriété de l'État sur les biens du domaine public, *Aix-en-Provence, 1910.* - Bernard, De l'utilisation du domaine public maritime : établissements de pêche et de locations de plages, *Paris, 1930.* - Bertout, Le domaine militaire. Étude de législation, de jurisprudence et de pratique administrative, *Rousseau, 1909.* - Besse-Lagrave, De la compétence administrative et judiciaire en matière domaniale, *Poitiers, 1924.* - Betti Etoa, Droit de l'urbanisme et domaine public. Rencontre de deux ensembles normatifs distincts, *Bordeaux IV, 2007.* - Bettio, La circulation des biens entre personnes publiques, *LGDJ, 2011.* - Billa, Le spectre hertzien, dépendance du domaine public, *Toulouse I, 2008.* - Bizeau, Utilisation du domaine public et anormalité, *Paris X, 1976.* - Blaizot-Hazard, Les droits de propriété intellectuelle des personnes publiques en droit français, *LGDJ, 1991.* - Blanchet, La valorisation du patrimoine immatériel des personnes publiques, *Paris II, 2018.* - Blaquière, La théorie de l'accessoire en droit administratif, *Paris II, 2018.* - Bobeuf, De la condition juridique des propriétés riveraines des voies de communication, *Paris, 1861.* - Bonnard, Les contraventions de grande voirie, *Bordeaux, 1904.* - Boul, Le patrimoine immatériel des personnes publiques, *Toulouse I, 2017.* - Bourdeau, La notion d'affectation dans la théorie du domaine public, *Poitiers, 1980.* - Bouteiller, La détermination du patrimoine public responsable, essai théorique, *Paris XIII, 2000.* - Boy, Les utilisations des plages du domaine public maritime, *Poitiers, 1977.* - Brissaud, Le principe d'inaliénabilité à l'épreuve de la Révolution française : la perception de l'œuvre d'art à travers les sélections patrimoniales, *École des Chartes, 2012.* - Brouant, Le régime domanial à l'épreuve de la valorisation économique, *Paris I, 1995.* - Caillosse, L'intérêt général, la croissance et les avatars du droit administratif des biens, *Rennes, 1978.* - Camus, Le pouvoir de gestion du domaine public, *Paris X, 2013.* - Carayon, La cession des concessions et des permissions, *Paris, 1934.* - Caron, De l'inaliénabilité des forêts domaniales et de l'agrandissement du domaine forestier de l'État, *Paris, 1910.* – Carpi-Petit, Les successions en droit administratif, *PU Rennes, 2006.* – Caviglioli, Droits réels et domaine public. Contribution à une théorie de la domanialité, *Ed. univ. européennes, 2011.* – Caylet, L'ouvrage externalisé, *Toulouse I, 2017.* – Chamard, La distinction des biens publics et des biens privés. Contribution à la définition de la notion de biens publics, *Dalloz, 2004.* – Champauzac, Contrats publics et domaine privé, *Montpellier I, 2014.* – Chaptal, Le patrimoine immobilier des services départementaux d'incendie et de secours : consistance et évolutions, *Clermont-Ferrand I, 2014.* – Chaumont, De la nature du domaine public, *Paris, 1908.* – Chevalier, L'évolution des droits de l'État dans les successions et la question de l'héritage, *Grenoble, 1925.* – Chouquet, Le domaine privé des personnes publiques. Contribution à l'étude du droit des biens publics, *LGDJ, 2017.* – Chrétien, La distinction des domaines comme forme symbolique. Recherches relatives au droit des biens publics, *Paris I, 1990.* – Colard-Fabregoule, Essai d'une théorie générale sur les successions d'États en matière de biens publics, *Paris I, 1999.* – Comellas, Les titres d'occupation du domaine public à des fins commerciales, *L'Harmattan, 2014.* – Condé, Nature et régime juridiques du domaine des établissements d'hospitalisation publics, *Rennes, 1982.* – Cossalter, Le péage, *Paris II, 1975.* – Cotto-Gherardi, Entreprises publiques de service public et domanialité publique, *Orléans, 2000.* – Couaillier, Des occupations du domaine public au regard de l'impôt de l'enregistrement, *Paris, 1903.* – de David Beauregard-Berthier, La justification actuelle de la distinction entre le domaine public et le domaine privé, *Aix-Marseille III, 1994.* – Delavaquerie, Pour une théorie de la propriété renouvelée. Étude commune des propriétés privée et publique, *Caen, 2011.* – Delavaud, De la délimitation du domaine public fluvial et maritime, *Paris, 1885.* – Deloume, L'État considéré comme successeur aux biens, *Toulouse, 1898.* – Demangel, Éléments pour une théorie de l'immunité de contrainte de l'État, *Strasbourg III, 2000.* – Dénoyer, L'exploitation du domaine public, *LGDJ, 1969.* – Depambour, Des effets de l'occupation en temps de guerre sur la propriété et la jouissance des biens publics et particuliers, *Paris, 1900.* – Desjardins, De l'aliénation des biens de l'État, *Durand, 1862.* – Devillers, L'utilisation du bien d'autrui par une personne publique. Recherche sur le statut de personne publique locataire, *Mare et Martin, 2019.* – Dramé, L'évolution du régime de la domanialité portuaire face au développement de l'économie de marché, *Lille 2, 2017.* – Drevet, L'expropriation du domaine public, *Toulouse, 1923.* – Duché de Bricourt, Les mutations domaniales entre la SNCF et les administrations publiques. Leurs procédés. Leurs conséquences, *Rennes, 1947.* – Ducret, Le crédit-bail et les collectivités locales, *Paris XII, 1995.* – Duverger, L'affectation des immeubles domaniaux aux services publics, *Bordeaux, 1940.* – Enguehard, Du régime des eaux indépendantes du domaine public (loi du 8 avril 1898), *Caen, 1901.* – Estignard, Le domaine immobilier de la gendarmerie nationale. Cadre juridique et pratique administrative, *Paris II, 1994.* – Falgas, Le dualisme juridictionnel en matière de propriété publique, *PU Toulouse, 2019.* – Farinetti, La protection juridique des cours d'eau, *Johanet, 2012.* – Fatôme, Le pouvoir de réglementer l'utilisation du domaine public affecté à l'usage de tous. Recherches sur son fondement et sur son étendue, *Caen, 1974.* – Faure, Des concessions administratives sur les dépendances du domaine public en droit français, *Paris, 1876.* – Feugas, Le droit des biens à l'hôpital aujourd'hui, *Poitiers, 1995.* – Flores-Lonjou, Les lieux de culte en France, *Le Cerf, 2001.* – Fornerod, Le régime juridique du patrimoine religieux, *L'Harmattan, 2013.* – Fourmond, Occupations privatives du domaine public et droit des patrimoines. Le droit des biens à l'aune de l'obligation réelle, *Nantes, 2000.* – Friant, Du retrait des concessions temporaires sur le domaine public, *Poitiers, 1916.* – Fucher, La valorisation du patrimoine immobilier public : l'exemple du domaine hospitalier, *Paris I, 2002.* – Gantillon, L'État successeur, *Lyon, 1910.* – Gapail, La politique foncière des personnes publiques pour la conservation des espaces naturels littoraux, *Poitiers, 1979.* – Garidou, Recherche sur la théorie de la propriété publique en droit administratif français, *Toulouse I, 2003.* – de Gaudemar, L'inaliénabilité du domaine public, *Paris II, 2006.* – Genty, Étude des conventions connues sous le nom de clauses domaniales, *Delamotte, 1880.* – Gervais, Le retrait des autorisations d'utilisation privative du domaine public, *Montpellier, 1942.* – Giacuzzo, La gestion des propriétés publiques en droit français, *LGDJ, 2014.* – Giudicelli, Les contraventions de grande voirie, *Paris, 1957.* – des Glajeux, De l'aliénation et de la prescription des biens de l'État, des communes et des établissements publics dans le droit ancien et moderne, *Paris, 1859.* – Goulay, Contrat à objet financier et valorisation économique du domaine public, *Versailles-Saint-Quentin, 2013.* – Graffin, Du domaine privé de la commune, *Poitiers, 1896.* – Gudefin, Le statut juridique de l'eau à l'épreuve des exigences environnementales, *Lyon III, 2013.* – Guéret-Desnoyers, La mer et ses rivages, *Caen, 1876.* – Gustan, La sécurité juridique et les plages, *Antilles, 2015.* – Guynot-Boissière, De la délimitation du domaine public fluvial, *Rennes, 1901.* – Hannequin, Le domaine public en Alsace-Lorraine. Étude sur la législation domaniale locale et l'influence des doctrines allemandes sur une institution française, *Strasbourg, 1920.* – Hennequin-Marc, La propriété intellectuelle des personnes publiques, *Paris ii, 2016.* – Héraud, De la délimitation du domaine public naturel, *Montpellier, 1904.* –

Hubert, De la délimitation du domaine public, *Poitiers, 1901*. – Huet-Guyard, La distinction du domaine public et du domaine privé, *Paris, 1939*. – Ibrahim, La valorisation des propriétés publiques : le cas particulier des établissements publics de santé, *Paris V, 2009*. – Inserguet-Brisset, Propriété publique et environnement, *LGDJ, 1994*. – Jansse, Les traits principaux du régime des biens du domaine public, *Domat-Montchrestien, 1938*. – Juret, Le domaine public maritime, *Dalloz, 1964*. – Klein, La police du domaine public, *LGDJ, 1966*. – Lacoste-Seignouret, De la vente amiable des immeubles domaniaux, *Toulouse, 1901*. – Lafage, Le pouvoir de gestion du domaine public. Essai sur les mutations d'une prérogative administrative, *PU Septentrion, 2002*. – Lagarde, Un droit domanial spécial, le régime forestier. Contribution à la théorie du domaine, *Toulouse, 1984*. – Lagier, Droits et responsabilité de l'administration des PTT pour l'établissement de ses lignes de télécommunication sur le domaine public et les propriétés privées, *Rennes, 1938*. – Laisné, Étude du régime des permissions de voirie, *Paris, 1938*. – de Laubadère, L'automobile et le régime de l'usage des voies publiques, *Bordeaux, 1935*. – Laussat, Code général de la propriété des personnes publiques et identification du patrimoine des collectivités territoriales, *Pau, 2015*. – Lebreton, Les occupations du domaine public, *Paris II, 1976*. – Le Briero, Les eaux douces domaniales dans le droit français contemporain, *La Réunion, 1998*. – Ledain, Constitution, Convention européenne des droits de l'homme et droit des biens publics, *Pau, 2009*. – Le Masne, Occupations temporaires du domaine public, *Grenoble, 1900*. – Lemercier, La part du droit administratif dans la gestion du domaine privé de l'État, *Paris II, 1988*. – Lena, L'appropriation publique des sols et la maîtrise de l'urbanisation, *Paris II, 1976*. – Le Moult, Le domaine militaire français, *th. Géographie, Metz, 1986*. – Lenoir, Les domaines de l'État et des autres collectivités publiques, *Sirey, 1966*. – Le Pennec, L'exercice des pouvoirs de police sur le domaine public en droit administratif français, *Rennes, 1969*. – Lepinte, Des occupations du domaine public, *Paris, 1899*. – Lequien, Le stationnement sur la voirie terrestre, *Lille, 1935*. – Le Roux, Contravention de grande voirie, domaine public et protection pénale de l'environnement, *PU Septentrion, 2002*. – Le Sueur, Le domaine public des rivières et canaux. Histoire culturelle et enjeux contemporains, *L'Harmattan, 2015*. – Levenard, De la délimitation du domaine public fluvial et maritime et de son déclassement, *Caen, 1899*. – Le Tarnec, Le contentieux des contrats comportant occupation du domaine public, *Paris, 1944*. – Logéat, Les biens privés affectés à l'utilité publique, *L'Harmattan, 2011*. – Maldent, Propriété et domanialité privée des personnes publiques, *Aix-Marseille III, 2014*. – Malwé, La propriété publique incorporelle, *Nantes, 2008*. – Mamontoff, Domaine public et entreprises privées, la domanialité publique mise en péril par le marché, *L'Harmattan, 2003*. – Marchand, Recherche sur le régime des actions et participations financières publiques, *LGDJ, 2014*. – Maroger, L'affectation à l'usage public des biens des patrimoines administratifs, *Sirey, 1942*. – Martsoukou, La gratuité du domaine public, *Paris II, 2004*. – Masmejean, Occupation des voies publiques par les canalisations d'eau et de gaz, *Lyon, 1912*. – Masson, La valorisation des biens publics, *Nanterre, 2018*. – Maublanc, Le marché des autorisations administratives à objet économique, *LGDJ, 2019*. – Maugard, La rétraction du domaine, *Toulouse I, 2014*. – Maurus, Le choix d'un contrat public immobilier, *Montpellier I, 2014*. – Mba Nze, Les ports de plaisance : entre protection de l'environnement et rentabilité, *Nice, 2008*. – Miner-Urien, Le droit des exploitations de cultures marines en France, *Brest, 1991*. – Moisan, Essai sur le droit et l'administration des cours d'eau en France, *Paris I, 1996*. – Moritz, Les communes et la publicité commerciale extérieure : pour une valorisation environnementale et économique de l'espace public, *Aix-Marseille 3, 2008*. – Moysan, Le droit de propriété des personnes publiques, *LGDJ, 2001*. – Muscat, Les emplacements concédés du domaine public de la SNCF, *Montpellier, 1982*. – Muxart, La restitution internationale des biens publics détournés par d'anciens chefs d'État, *Paris I, 2002*. – Mynard, Droit domanial et formation du droit public fluvial (1669-1835), *Rennes I, 2011*. – Navereau, De la délimitation du domaine public fluvial et maritime, *Paris, 1891*. – Passez, Les permissions de voirie, *Paris, 1938*. – Odent, La politique immobilière et le juge administratif, *Paris, 1974*. – Orlandini, La dénaturation des critères du domaine public, *Toulouse I, 2018*. – Pélissier, La gratuité du domaine public, *Dijon, 1999*. – Périn, Du domaine public dans ses différences avec le domaine privé sous le rapport de la prescription et de la compétence, *Paris, 1860*. – Pérouse, Les biens sans maître, *Lyon, 1903*. – Peuillot, Droit des marques et collectivité territoriale : perspectives de protection et de valorisation, *Strasbourg, 2017*. – Peythieux, L'inadaptation de la domanialité publique aux nécessités des politiques publiques, *Montpellier I, 1995*. – Pietzcker, Des monopoles communaux issus des concessions sur le domaine public. Étude de législation française, *Zurich, 1925*. – Pin, Essai sur le régime des biens du domaine public maritime, *Aix-en-Provence, 1887*. – Plateaux, La cession des biens publics, *Paris IX, 2015*. – Plessix, L'utilisation du droit civil dans l'élaboration du droit administratif, *Panthéon-Assas/LGDJ, 2003*. – Rambourg, La déshérence, *Paris, 1922*. – Raynal, Propriété publique et logement social, *Montpellier, 2016*. – Regray, Des faits de jouissance privative dont le domaine public est susceptible, *Paris, 1900*. – Rezenthel, Le droit de construire sur le domaine maritime, *Lille II, 1979*. – de Richemont, Du domaine public en droit romain, dans l'ancien droit français et dans le droit actuel, *Paris, 1865.* – Rigaud, La théorie des droits réels administratifs, *Toulouse, 1914.* – Ripert, Le principe de spécialité chez les personnes morales de droit administratif. Son application en matière de dons et legs, *Paris, 1930.* – Rogers, La cession des patrimoines immobiliers des personnes publiques, *Montpellier I, 2008.* – Roux, Propriété publique et droit de l'Union européenne, *LGDJ, 2015.* – Sainson, La domanialité publique à l'épreuve de la décentralisation, *Dijon, 2017.* – Salmon, La consistance du domaine public maritime, *Rennes, 1952.* – Saugez, L'affectation des biens à l'utilité publique. Contribution à la théorie générale du domaine public, *Orléans, 2012.* – Savin-Le Roy, La gestion des propriétés publiques naturelles du littoral, *Brest, 2001.* – Ségur, Des permissions de voirie, *Bordeaux, 1912.* – Saussoy, Des monopoles communaux issus de concessions sur le domaine public, *Paris, 1903.* – Schmaltz, Les personnes publiques propriétaires. Essai sur le fonds administratif, *Dalloz, 2016.* – Tassain, Le droit de déshérence. Étude historique, juridique et économique, *Paris, 1897.* – Taillefait, L'évolution du droit et de la gestion des biens des collectivités locales, *Paris II, 1996.* – Tarlet, Les biens publics mobiliers, *Dalloz, 2017.* – Thabut, L'utilisation du domaine public maritime en droit français, *Nantes, 1979.* – Thierry, L'occupation sans titre du domaine public, *Univ. Bourgogne, 2019.* – Tessier, Le stade en droit public. Recherche sur le régime juridique des enceintes sportives, *L'Harmattan, 2015.* – Trescher, Les activités économiques des entreprises sur le domaine public, *Strasbourg III, 1999.* – Triger, Du domaine public municipal et de ses dépendances, *Caen, 1879.* – Trincal, Le patrimoine intercommunal, *Lyon 3, 2018.* – Trotabas, De l'utilisation du domaine public par les particuliers, *Paris, 1924.* – Usai, Les services offerts sur le domaine public et le droit de l'Union européenne, *Strasbourg, 2015.* – Vaissié, Condition juridique des édifices publics, églises et cimetières envisagés au point de vue de la domanialité, *Paris, 1924.* – Valerian, Le patrimoine immatériel des collectivités territoriales. Protection et réservation, *Avignon, 2017.* – Vandal, Des libéralités aux établissements publics en droit français, *Paris, 1879.* – Vandorpe, L'occupation privative du domaine public des chemins de fer, *Lille, 1960.* – Verdier Maillot, La reconnaissance d'une domanialité géospatiale en droit administratif des biens, *Montpellier I, 2014.* – Vérité, Domaine public et établissements publics, *Rennes I, 1995.* – Fr. Viel, De l'emploi de l'action possessoire à l'occasion des dépendances du domaine public, *Toulouse, 1907.* – M.-T. Viel, Les problèmes juridiques de l'intervention communale en matière funéraire, *Bordeaux, 1998.* – Waline, Les mutations domaniales. Étude des rapports des administrations publiques à l'occasion de leurs domaines publics respectifs, *Dalloz, 1925.* – Xifaras, La propriété. Étude de philosophie du droit, *PUF, 2004.* – Yolka, La propriété publique. Éléments pour une théorie, *LGDJ, 1997.*

4) Œuvres à caractère historique. Écrits contemporains relatifs à l'histoire du droit domanial : Bacquet, Des droits du domaine de la Couronne de France, *1608.* – Baillière, Du domaine public de l'État à Rome et dans l'Ancien Droit français, *th. Paris, 1882.* – Berthelot, Traité des domaines, *1719.* – Bezançon, Essai sur les contrats de travaux et de services publics, *LGDJ, 1999-2001.* – Bienvenu, D'un droit à l'autre. Sur le contentieux des biens nationaux, *Mél. Drago, Economica, 1996, p. 193.* – Bioy, La propriété éminente de l'État, *RFDA 2006. 963.* – Bodinier et Teyssier, L'événement le plus important de la Révolution : la vente des biens nationaux (1789-1867) en France et dans les territoires annexés, *CTHS, 2000.* – Bonde, Le domaine des Hospices de Paris depuis la Révolution jusqu'à la IIIe République, *Berger-Levrault, 1906.* – Boncerf, Traité de l'aliénabilité et de l'amélioration du domaine, *1776.* – Bonet, De l'origine historique des interdits relatifs aux *res publicae, th. Lyon, 1897.* – Bonthoux, Du domaine du peuple et du domaine du Prince en droit romain. Du domaine de l'État en droit français, *th. Paris, 1872.* – Bosquet, Dictionnaire raisonné des domaines et des droits domaniaux, *Le Boullenger, 1762.* – Boudillon, Organisation du domaine dans les colonies et territoires, *Larose, 1907.* – Boulet-Sautel, De Choppin à Proudhon : naissance de la notion moderne de domaine public, *Droits 1995, n° 22, p. 91.* – Bouscau, Les prés salés de La Teste-de-Buch en Aquitaine. Contribution à l'histoire du domaine maritime du Moyen Âge à nos jours, *th. Paris II, 1988.* – Burdese, Studi sull' ager publicus, *Turin, 1952.* – Buscail, Le domaine royal : entre territoires et réseaux, *Études rurales 2/2011, p. 73.* – de Cabanel, Maximes générales sur les droits domaniaux et seigneuriaux, *Prault, 2e éd., 1755.* – Cabannes, Les droits antérieurs à l'édit de Moulins de février 1566 et le domaine public, *Mél. Godfrin, Mare et Martin, 2014, p. 47.* – Cardillo, L'eau et le droit en Afrique aux XIXe et XXe siècles : l'expérience de la colonisation française, *th. Montpellier, 2018.* – Castaldo, Le roi, l'évêque et les pirates, Agde 1332. À l'origine de l'inaliénabilité du domaine public, *in* Actes du XLIIIe Congrès de la Fédération historique du Languedoc méditerranéen et du Roussillon, *Montpellier, 1971.* – Charondas Le Caron, Recueil des anciens édits et ordonnances du roi concernant les domaines et droits de la couronne, *1690.* – Choppin, Traité du Domaine de la Couronne de France, *1574/1662.* – Chrétien, L'inconcevable domaine national, *in* Propriété et Révolution (dir. Koubi), *CNRS/Toulouse I, 1991, p. 159.* – des Cilleuls, Le domaine de la Ville de Paris, *2 vol., 1885-1891.* – Coquet, Le domaine public colonial. Essai d'une théorie rationnelle, *Poitiers, 1905*. – Cotelle, Cours de droit administratif appliqué aux travaux publics, *1835*. – Dargent, L'*ager publicus* sous les empereurs, *th. Paris, 1893*. – Demélas et Vivier (dir.), Les propriétés collectives face aux attaques libérales (1750-1914) : Europe occidentale et Amérique latine, *PU Rennes, 2015*. – Depambour-Tarride, Les petits domaines de la Couronne. Contribution à l'étude historique de la domanialité, *th. Paris II, 1975*. – Deroche, L'apanage royal à l'époque moderne, *th. Paris II, 2008* ; Les concessions en Indochine, *L'Harmattan, 2004*. – Descimon, L'union au domaine royal et le principe d'inaliénabilité. La construction d'une loi fondamentale aux XVIe et XVIIe siècles, *Droits 1995, n° 22, p. 79*. – Desormeaux, Dictionnaire des domaines nationaux, *Perronneau, an V* ; Répertoire du domaniste, *Perroneau, an VI/an VII*. – Devèze, La Grande Réformation des forêts royales sous Colbert (1661-1683) : une admirable réforme administrative, *École nationale des eaux et forêts, 1954*. – Ducrocq, Traité des ventes domaniales avant et depuis la loi du 17 juin 1804 qui règle l'aliénation des biens du domaine de l'État, *Cotillon, 1865*. – Ducroquet, Une aliénation de droits domaniaux au profit de la province de Bretagne en 1759, *th. Rennes, 1888*. – Dupont, De l'*ager publicus* en droit romain, *th. Toulouse, 1868*. – Erny, Les concessions de terres domaniales en Cochinchine, *th. Poitiers 1904*. – Esmein, L'aliénabilité du domaine de la Couronne devant les États généraux du XVIe siècle, *Festschrift O. Gierke, 1911, p. 361*. – Ettori, Emphytéotes et fermiers du domaine public au XVIIe siècle, *th. Aix-Marseille I, 1976*. – Évrard, Bois, droit et pouvoir ou la controverse entre la propriété privée et le domaine public : l'échange contesté des bois de Soisy (1802-1841), *PU Nancy, 2006*. – du Ferrier, Traité de la connaissance des droits des domaines du Roy, *1719*. – Fleurigeon, Code de la grande et de la petite voirie, *Bavoux, 1821*. – Flour de Saint-Genis, Histoire documentaire et philosophique de l'administration des domaines des origines à 1900 d'après les pièces officielles et les documents inédits des archives, *Le Havre, 2 vol., 1901-1903* ; L'évolution de l'esprit domanial au XVIe siècle, *Imprimerie nationale, 1904*. – Fourquin, Le domaine royal en Gâtinais d'après la prisée de 1332, *SEVPEN, 1963*. – Fourrier, La colonisation officielle et les concessions de terres domaniales en Algérie, *th. Paris, 1915*. – Frigerio, La genesi del principio di inalienabilità del domanio : il De domanio Franciae di René Choppin 1574, *Archivio Scialoja-Bolla, Annali di Studi sulla proprietà collettiva, 2004-1, p. 45*. – Garnier, De la législation domaniale et de la propriété foncière dans les colonies et pays de protectorat français, *Challamel, 1897*. – Gauché, Le juge administratif et la survivance du droit féodal : l'exemple des moulins, *AJDA 2009. 1141* ✎. – Gaudemet, La domanialité publique dans la France médiévale, *RHD 1996, p. 419*. – Gaudemet, Du domaine de la Couronne au domaine public. Étude d'histoire des doctrines, *Mél. Lachaume, Dalloz, 2007, p. 525*. – Garbouleau, Du domaine public en droit français et en droit romain, *th. Paris, 1859*. – Gaudry, Traité du domaine, *Durand, 1862*. – Gay, La voirie parisienne au temps d'Haussmann, *Mél. Imbert, PUF, 1989*. – Genin, Domaine public et domaine privé dans le droit romain des eaux ou de l'importance des traités des arpenteurs pour la connaissance de ce droit, *Mél. Journès, L'Epitoge, 2017*. – Genty, Le domaine de la ville de Paris au XVIIIe siècle, *PUF, 1986*. – Godin, La domanialité au Grand Siècle. Réformer le domaine de la Couronne en Bretagne sous le régime de Louis XIV, *th. Rennes I, 2004* ; Les conflits de compétence domaniale entre la chambre des comptes et le parlement de Bretagne (XVIe-XVIIe siècles), *in* Le Page (dir.), Contrôler les finances sous l'Ancien Régime. Regards d'aujourd'hui sur les Chambres des comptes, *CHEFF/IGPDE, 2011*. – Grandclaude, L'évolution du principe de l'inaliénabilité du domaine de la Couronne, Les cours de droit, *1949-1950*. – Graffin, Les biens communaux en France. Étude historique et critique, *Guillaumin, 1899*. – Guillou, Essai sur l'organisation et le fonctionnement de l'administration des domaines en Bretagne à la suite de l'aliénation des droits domaniaux faite au profit de la province (1759-1771), *th. Rennes, 1904*. – Hamelin, Des concessions coloniales. Étude sur les modes d'aliénation de terres domaniales en Algérie et dans les colonies françaises, *th. Paris 1898*. – Hénaff, Un contentieux domanial dans la plaine de Caen au XVIIIe siècle, *Annales de Normandie 2005. 152*. – Hong-Rocca, Éléments de réflexion sur les interrelations entre les notions de propriété, de domaine et de territoire dans la genèse du principe d'unité du territoire de l'État, *RRJ 2006/3, p. 1487*. – Jacquemard, Des ventes domaniales avant et depuis la loi du 1er juin 1864, *Douai, 1869*. – Jagerschmidt, Des biens des cités en droit romain. Des biens des communes en droit français, *Paris, 1876*. – Jourdanne, De l'indisponibilité du domaine public en droit romain, *th. Toulouse, 1881*. – Karadgé-Iskrow, Nature juridique des choses publiques, *RD publ. 1930. 670*. – Lavialle, De la fonction du territoire et de la domanialité dans la genèse de l'État en France sous l'Ancien régime, *Droits 1992, n° 15, p. 19*. – Lefèvre de La Planche, Mémoires sur les matières domaniales ou Traité du Domaine, *1764*, annoté par P.-C. Lorry. – Le Montagner, Le principe de l'inaliénabilité du domaine de la Couronne à la fin de l'Ancien régime, *Mém. DES Paris, 1949*. – de Lépinay, Histoire de la propriété, du domaine public et des lois agraires chez les Romains, *Videcocq, 1851*. – Levasseur, Droit de l'urbanisme et domaine de la ville médiévale : XIIIe-XVe siècles, *th. Paris II, 2008* ; Définir la rue publique du bas Moyen Âge. Contribution à l'histoire du droit administratif des biens, *PU Franche-Comté, 2017*. – Leyte, Domaine et domanialité publique dans la France médiévale. XIIe-XVe siècles, *PU Strasbourg, 1996.* - Maguéro, Dictionnaire des domaines, *Berger-Levrault, 1899.* - Massaloux, La régie de l'enregistrement et des domaines aux XVIIIe et XIXe siècles, *Droz, 1989.* - Meijers, Usucapione e prescrizione contro lo Stato, *Études d'histoire du droit, th. IV, 2e partie, Université Pers Leiden, Leyde, 1966.* - Mendel Newmann, Le domaine royal sous les premiers Capétiens, *Sirey, 1937.* - Migeotte, Engagement et saisie de biens publics dans les cités grecques, *Mél. Lebel, Québec, 1980, p. 161.* - Montmey, Le domaine militaire aux colonies, *Dijon, 1938.* - Monteil, Formation et évolution de la notion de domanialité publique, *Larose, 1902.* - Neveu, Du rôle joué par la Chambre des comptes de Paris pour assurer le maintien du principe de l'inaliénabilité du domaine, *th. Paris, 1954.* - Patriarche et Esquelin, Traité du domaine de l'État, *La Louvière, 1906.* - Pelloux, La notion de domanialité publique depuis la fin de l'Ancien Droit, *th. Grenoble, 1932.* - Perriquet, Les contrats de l'État. Traité comprenant notamment les règles en matière de ventes domaniales, *Marchal, Billard et Cie, 1884.* - Piot, De l'aliénation de l'*ager publicus* pendant la période républicaine, *th. Paris, 1887.* - Proudhon, Traité du domaine public ou de la distinction des biens considérés principalement par rapport au domaine public, *Lagier, 1833-1834.* - Quiot, La distinction entre État-administrateur et État-propriétaire : clef du partage des compétences juridictionnelles pour les litiges administratifs en France au début du XIXe siècle, *Annuaire d'histoire administrative européenne 1996, n° 8, p. 65.* - Rafin, De la location des terres de l'*ager publicus* pendant la République, *th. Caen, 1892.* - Rapp, De la domanialité publique à l'appartenance publique. Une évolution dans la Révolution !, *in* Propriété et Révolution (dir. Koubi), *Toulouse I/CNRS, 1991, p. 165.* - de Récy, Traité du domaine public, *Dupont, 1893.* - Renusson, Traité du Domaine, *Legros, 1699.* - Rivière, Histoire des biens communaux en France, *Durand, 1856.* - Roselaar, Public land in the Roman Republic : a social and economic history of ager publicus in Italy, *396-89 B.C., Oxford University Press, 2010.* - Rousselet, La règle de l'inaliénabilité du domaine de la Couronne. Étude doctrinale de 1566 à la fin de l'Ancien Régime, *Panthéon-Assas/LGDJ, 1997.* - Royer-Collard, Traité du domaine public, par M. Proudhon, *Rev. de législation et de jurisprudence, t. I, 1835, p. 454.* - Rubat du Mérac, De l'*ager publicus* sous la République, *th. Rennes, 1889.* - Saleilles, Le domaine public à Rome et son application en matière artistique, *NRH, 1888, p. 497, et 1889, p. 457.* - Salles, La fortune du prince au XIXe siècle : étude sur la liste civile en France, *th. Paris II, 2008.* - Supplisson, De l'engagement des biens du domaine sous l'Ancien Régime, *Larose, 1910.* - de Varenne, Considérations sur l'inaliénabilité du domaine de la Couronne, *1775.* - Vassalli, Sul rapporto tra le res publicae e le res fiscales in diritto romano, *Studi giuridici, t. 2, Rome, Soc. ed. del Foro italiano, 1939, p. 5.* - Verpeaux, Proudhon et la théorie du domaine public, *CIX[e] Congrès national des sociétés savantes, Dijon, série Histoire moderne, 1984, t. 2, p. 113.* - Vegting, Domaine public et *res extra commercium*. Étude historique de droit romain, français et néerlandais, *Sirey, 1975.* - Vivier, Propriété collective et identité communale : les biens communaux en France : 1750-1914, *Publication de la Sorbonne, 1998.* - Wodon, Traité des choses publiques en général et des droits qui en dérivent, *Bruylant, 1870.*

5) Droit comparé - Généralités : Resta, Systems of public ownership, *in* Comparative Property Law : Global Perspectives, dir. Graziadei et Smith, *EE Publishing, 2017, p. 216 s.* - Ruffert, The Property of Public Bodies, *in The public-Private Law Divide : Potential for Transformation ?, British Institute of International and Comparative Law, 2009, p. 311.* - Kaganova et Mckellar, Managing Government Property Assets : International Experiences, *The Urban Institute, 2006.* - Ashby, Terres domaniales : série des études de la FAO sur les régimes fonciers, *1956.* - **Europe. Allemagne :** Lacroze, Aspects généraux (conceptuels/statutaires) du droit allemand des « choses publiques » - Comparaison avec le droit français du « domaine public », *Mém. DEA Droit public Lyon III, 2002.* - Papier, Recht der öffentlichen Sachen, *Juristische Ausbildung, de Gruyter, Berlin et New York, 1998.* - Merli, Öffentliche Nutzungsrechte und Gemeingebrauch, Springer Verlag, *Wien-New York, 1995.* - Brouant et Novak, Les propriétés publiques immobilières en droit français et allemand, *Rev. adm. 1993. 370.* - Freitag, Der übersetzungswissenschaftliche Status von Grundbegriffen des französischen Verwaltungsrechts, *Heidelberg, 1978.* - Bullinger, Le domaine public : aspects actuels en Allemagne fédérale, *Faculté internationale de droit comparé, Strasbourg, 1974.* - Ipsen, Theorie und Recht des « domaine public » : das öffentliche Sachenrecht in Frankreich, *Göttingen, 1969.* - Hardinghaus, Öffentliche Sachherrschaft und öffentliche Sachverwaltung : eine Untersuchung des deutschen Rechts der öffentlichen Sachen verglichen mit dem französischen Recht des « Domaine public », *Berlin, 1966.* **- Royaume-Uni :** Place, Le régime juridique français des choses publiques à l'épreuve de la comparaison avec le Royaume-Uni, *Dr. adm. juin 2018. 15.* - Clarke, Land Titling and Communal Property, *in* Barr (dir.), Moderne Studies *in* Property Law, *Hart publishing, 2015, vol. 8, p. 215.* - Guigou, Requiem pour le régime foncier britannique, *in* Chevallier et Frébault (dir.) : Un droit inviolable et sacré, la propriété, *Dalloz, 1991, p. 324.* - Thebault, Les biens publics en droit anglais, *th. Paris V, 2019.* - Thompson, Le domaine public : aspects actuels en droit britannique, *Faculté internationale de droit* *comparé, Strasbourg, 1974*. – Harris et Ryan, *An outline of the law relating to commun land and public Access to the Coutryside, London, Sweet & Maxwell Ltd, 1967*. – Hoyt, The Royal Demesne in English Constitutional History : 1066-1272, *Cornell University Press, Ithaca, New York, 1950*. **– Italie :** Iannello, Beni pubblici versus beni comuni, *forumcostitutionale.it, 2013*. – Colombini, La nozione flessibile di proprietà pubblica. Spunti di riflessione di diritto interno ed internazionale, *Giuffrè, 2009*. – Mercati, Pubblico e privato nella valorizzazione del patrimonio immobiliare, *Giappiochelli, 2009*. – Castorina, Chiara, Beni pubblici, *Giuffrè, 2008*. – Fantin, I beni immobili culturali di proprietà pubblica : aspetti pubblicistici, *CEDAM, 2008*. – Police (dir.), I beni pubblici : tutela, valorizzazione e gestione, *Giuffrè, 2008*. – Tonoletti, Beni pubblici e concessioni, *CEDAM, 2008*. – Centofanti, I beni pubblici : tutela amministrativa e giurisdizionale, *Giuffrè, 2007*. – Rota, I beni demaniali dopo le riforme. Proprietà del bene e titolarità della funzione, *CEDAM, 2007*. – Olivi, Beni demaniali ad uso collettivo. Conferimento di funzioni e privatizzazione, *CEDAM, 2005*. – Avanzi, I corrispettivi per l'uso dei beni pubblici nella giurisprudenza, *CEDAM, 2004*. – Renna, La regolazione amministrativa dei beni a destinazione pubblica, *Giuffrè, 2004*. – Arsì, I beni pubblici, *in* Cassese (dir.), Diritto amministrativo speciale, *Giuffrè, 2003, t. II, p. 1265 s*. – Avanzi, Il nuovo demanio, *CEDAM, 2000*. – Fulciniti, I beni d'uso civico, *CEDAM, 2000*. – Palma, Il regime giuridico della proprietà pubblica, *UTET Università, 1999*. – Caputi Jambrenghi, I beni pubblici e d'interesse pubblico, *in* Mazzarolli et *alii*, Diritto amministrativo, *t. I, 2e éd., 1998, Monduzzi, Bologne, p. 1081 s*. – Monti, La politica di privatizzazione del patrimonio immobiliare dello Stato, *Jovene, 1992*. – Ranelletti, Scritti giuridici scelti (4) : i beni pubblici, *Fac. Giurisprudenza. Ristampe : Univ. Camerino, 1992*. – Colombini, Conservazione e gestione dei beni pubblici, *Giuffrè, 1989*. – Guicciardi, Il demanio, *CEDAM, 1989*. – Greco, I beni pubblici in Italia, *Il mulino, 1982*. – Caputi Jambrenghi, Premesse per una teoria dell'uso dei beni pubblici, *Univ. Bari, 1979*. – Palma, Beni di interesse pubblico e contenuto della proprietà, *Univ. Napoli, 1971*. – Cassese, I beni pubblici. Circolazione e tutela, *Giuffrè, 1969*. – Giannini, I beni pubblici, *Bulzoni, 1963*. – **Portugal :** Miranda, Moniz Lopes (dir.) : Gestão e valorização de bens públicos : Pública – *Revista Eletrónica de Direito Público, janv. 2018*. **– Espagne :** Jouve, L'utilisation privative du domaine public en Espagne, *RFDA 2019. 947* ✎. – De Los Angeles Fernandez Scagliusi, El dominio público funcionalizado, la corriente de valorización, *INAP, 2015*. – Cambot, Le domaine public maritime en Espagne : flux et reflux, *Mél. Bon, Dalloz, 2014, p. 945*. – La necesaria reformulación del concepto de dominio público en el ordenamiento jurídico español, *Lecciones y ensayos, 2014, nº 93, p. 85*. – Moreu Carbonell, El debate actual sobre el concepto y la naturaleza del dominio público, *Revista de derecho administro económico, 2014, nº 19, p. 133*. – Parejo Alfonso, Palomar Olmeda, Derecho de los bienes públicos, *Aranzadi, 2e éd., 2013*. — Lopez Muniz, El régimen necesariamente jurídico-público de los bienes, contratos, personal y entes instrumentales de los poderes públicos, *Revista General de Derecho administrativo, 2011, nº 27*. – Escartín Escudé, El periurbanismo estatal : la ordenación urbanística del dominio público del Estado, *Marcial Pons, 2009*. – González García, Derecho de los bienes públicos, *Tirant lo Blanch, 2009*. – Pascual Garcia, Régimen jurídico del gasto público : presupuestación, ejecución y control, *Boletín Oficial del Estado, 2005*. – Serna Vallejo, Les bienes públicos : formación de su régimen jurídico, *Anuario de historia del derecho español, 2005, p. 967*. – Menendez Rexach, El dominio público como institución jurídica : configuración histórica y significado actual en el derecho público español, *Revista jurídica autónoma de Madrid, 2004, nº 10, p. 209*. – Conejo, Ensayo sobre dominio público y demanio litoral, *Instituto Andaluz de la Administración Pública, 2001*. – Lavialle (dir.), Les mutations du droit domanial et le régime des infrastructures de transport en France et en Espagne, *L'Harmattan, 2001*. – Chinchilla Marin, González García, Bienes públicos : Normas generales, *Technos, 2000*. – Sainz Moreno, El dominio público : una reflexión sobre su concepto y naturaleza, cincuenta años después de la fundación de la revista de administración pública, *RAP 1999, p. 477*. – Sànchez Moron (dir.), Los bienes publicos, *Tecnos, 1997*. – Garcia Pérez, La utilización del dominio público marítimo-terrestre. Estudio especial de la concesión demanial, *th. La Corogne, 1993*. – Parejo Alonso, Dominio público : un ensayo de reconstrucción de su teoría general, *RAP 1983, p. 2379*. – del Alcazar, Le domaine public en droit administratif espagnol, *Faculté internationale de droit comparé, Strasbourg, 1974*. – Clavero Arevalo, La inalienabilidad del dominio publico, *Universitad de Sevilla, 1958*. – Guaita, Le domaine public en Espagne, *RISA, 1956, t. XXII, nº 2, p. 121*. **– Belgique :** Renders et Gors, Les biens de l'administration, *Bruylant, 2014*. – Vandeburie, Propriété et domanialité publiques en Belgique. Essai de systématisation et d'optimalisation du droit domanial, *La Charte, 2013*. – Yernault, L'État et la propriété. Le droit public économique par son histoire (1830-2012), *Bruylant, 2013*. – Ramelot, La gestion du patrimoine des collectivités locales, *Van den Broele, 2011*. – Maussion, Le sort des concessions domaniales lors de la désaffectation des parcelles du domaine public, *Mél. de Gryse, Larcier, 2010, p. 659*. – Pâques et *alii*, Domaine public, domaine privé : biens des pouvoirs publics, *de Boeck/Larcier, 2008*. – Ost, Le domaine public, vache sacrée du droit administratif, *Journal des Tribunaux 2007,* *p. 302*. – Déom, Les opérations immobilières des personnes de droit public. Questions d'hier et d'aujourd'hui, *Mél. Verheyden-Jeanmart, Larcier, 2005, p. 265*. – Stangherlin, Le patrimoine royal, *La Charte, 2004*. – Manitakis, Les pouvoirs de gestion administrative du domaine public en droit français et en droit belge, *RDIDC 1979. 125*. – Somerhausen, Le domaine public et le domaine privé en droit belge, *RJPUF 1970, p. 866*. – Genot, De l'utilisation privative du domaine public, *Bruylant, LGDJ, 1928*. – Labye, Du domaine public et des choses communes considérés du point de vue des droits, des usages et des servitudes auxquels ils donnent naissance, *Liège, 1856*. – **Suisse :** Knapp, L'utilisation commerciale des biens de l'État par des tiers (Suisse), *in Mél. Junod, Helbing & Lichtenhahn, 1997, p. 213*. – Meylan, Le domaine ferroviaire en droit comparé, *Genève, Droz, 1966*. – Meyer, Du droit de l'État sur le domaine public et des utilisations privatives de ce dernier par les particuliers, *th. Lausanne, 1953*. – de Buren, La notion de domaine public en droit vaudois, *th. Lausanne, 1951*. – **Grèce :** Gromitsari-Maragianni, Le droit forestier. Étude comparée de la France et de la Grèce, *Th. Paris 1, 2016*. – Vitopoulou, Mutations foncières et urbaines pour la production des espaces et des équipements publics dans la ville grecque moderne : les propriétés de l'Armée et de l'Université et la formation de l'espace urbain de Thessalonique de 1912 jusqu'à nos jours, *th. EHESS, 2010*. – Spiliotopoulos, Droit administratif hellénique, *LGDJ, 1991, p. 230-231*. – **Turquie :** Bilsel, L'espace public existait-il dans la ville ottomane ? Des espaces libres au domaine public à Istanbul (XVIIe-XIXe siècles), *Études balkaniques 14/ 2007*. – Karaman, Le concept d'espace public en Turquie, *Dipnot 1er juin 2016*. – **Europe orientale :** Condurache et Guérard, Le domaine public culturel roumain. Réflexion sur les positions du Professeur Antonie Iorgovan, *Revista de drept public 2015, n° 4, p. 15* ; Droit public et droit civil des biens dans le Code civil roumain, *in* Le nouveau Code civil roumain : vu de l'intérieur, vu de l'extérieur, dir. Baïas et Dincà, *éd. Univ. Bucarest, 2014, t. 2, p. 483* ; La valorisation des patrimoines publics en Roumanie, en Hongrie et en Pologne : enjeu ou défi d'une « nouvelle gestion » de l'action publique ?, *RLCT mai 2014, p. 44*. – Pravilova, Les *res publicae* russes. Discours sur la propriété publique à la fin de l'empire, *Annales. Histoire, Sciences sociales, 3/2009, p. 579*. – Pirnat, À la recherche d'un droit du domaine public. L'exemple de la Slovénie, *RFAP 1995, n° 74, p. 251*. – **Amérique du Nord, États-Unis :** Cornu-Thénard, Éléments sur l'apport de la doctrine américaine du public trust à la représentation de l'environnement devant le juge, *VertigO, hors-série n° 22, sept. 2015*. – Perroud, Recherche sur un fondement de la domanialité publique dans les pays de Common Law : la notion de public trust, *Mélanges Marcou, 2017* ; Le fondement de la domanialité publique aux États-Unis : la notion de public trust, *in* Le patrimoine : évolutions et acceptions possibles, dir. Dutu, *Editura academiei romane, 2014*. – Schneider, La fiducie publique, cousine d'Amérique de la domanialité publique, *RFDA 2014. 907*. – Miller, Public Lands, Public Debates : A Century of Controversy, *Oregon State University Press, 2009*. – Skillen, The Nation's Largest Landlord : The Bureau of Land Management in the American West, *University Press of Kansas, 2009*. – Nie, The Governance of Western Public Lands : Mapping Its Present and Future, *University Press of Kansas, 2008*. – Loomis, Integrated Public Lands Management, *Columbia, 2002*. – Russel, The Public Lands Debate, *in* Kill the Cowboy : A Battle of Mythology in the New West, *Addison-Wesley, 1993, p. 14*. – Baynard, Public land law and procedure, *Federal practice library, Wiley law publications, New York, 1986*. – Ghorra-Gobin, L'avenir du domaine public aux Etats-Unis, *Et. foncières automne 1983, n° 21, p. 1*. – Hazard, Le domaine public aux États-Unis d'Amérique, *Faculté internationale de droit comparé, Strasbourg, 1974*. – **Canada (Québec) :** Labrecque, Le domaine public foncier au Québec, *éd. Blais, Cowansvill, 1997*. – Bouffard, Traité du domaine, *PU Laval, 1977*. – Dussault et Chouinard, Le domaine public canadien et québécois, *Les Cahiers de droit, 12(1), 1971, 5-173*. – Brière, La dualité domaniale au Québec, *in* Droit administratif canadien et québécois, dir. Barbe, *Ottawa, 1969, p. 313*. – **Amérique latine. Uruguay :** Sayagués Laso, Traité de droit administratif, *Paris, IDC, 1964, t. II, p. 247 s*. – **Argentine :** de Reina Tartière (dir.), Dominio público : naturaleza y régimen de los bienes públicos, *Heliasta, 2009*. – Marienhoff, Tratado del dominio publico, *Buenos Aires, TEA, 1960*. – Pieyre, Des procédés employés par l'État argentin pour l'aliénation des terres faisant partie de son domaine privé, *th. Paris, 1905*. – **Colombie :** Pacheco Baquero, Propriété de l'État et exploitation des ressources naturelles non renouvelables en Colombie, *th. Bordeaux, 2018*. – Pimiento-Echeverri, Les biens d'usage public en droit colombien, *th. Paris II, 2011*. – **Afrique. Algérie :** Khalfoune, Le domaine public en droit algérien : réalité et fiction, *L'Harmattan, 2004*. – Rahmani, Les biens publics en droit algérien, *Éd. internationales, Alger, 1996*. – Babadji, La notion de bien de l'État en droit algérien, *th. Paris I, 1981*. – Borella, Les biens d'État en Algérie, *LGDJ, 1971*. – **Maroc :** Nadir, Domanialité et environnement. Cas des eaux et forêts, *IDGL, Rabat, 2008*. – Eddahbi, Les biens publics en droit marocain, *Éd. Afrique Orient, Casablanca, 1992*. – Rousset, La détermination de la domanialité publique au Maroc, *LGDJ, 1968*. – **Tunisie :** Chikhaoui, Domanialité forestière et protection de l'environnement, *Mél. Morand-Deviller, Montchrestien, 2007, p. 747*. – Lipatz, Le domaine public en Tunisie, *th. Paris, 1954*. – Giraudet, Le domaine de l'État tunisien. Étude sur la législation tunisienne en matière de domanialité, *th. Bordeaux, 1910*. – **Égypte :** Garranah, La notion de domaine public en droit positif égyptien, *Studi V. Arangio-Ruiz, Carnelutti, 1953, t. IV, p. 17*. – **Mauritanie :** Coulibaly, Les biens publics en République islamique de Mauritanie, *th. Orléans, 1985*. – **Afrique subsaharienne :** Diallo, Occupation du domaine public maritime, *Éd. univ. européennes, 2018*. – Nyama, Régime foncier et domanialité publique au Cameroun, *Presses UCAC, 2012*. – Owona, Domanialité publique et expropriation pour cause d'utilité publique au Cameroun, *L'Harmattan, 2012*. – Collectif, Le patrimoine des royaumes et empires africains. Entre patrimoine public et patrimoine privé, *Riveneuve, 2013*. – Sarr, La domanialité des biens de l'administration publique à l'épreuve des régimes fonciers traditionnels : le cas du Mali, *th. Grenoble II, 2012*. – Ba, Le droit des terres : défis et enjeux dans le processus de décentralisation au Mali, *th. Paris I, 2008*. – Mpessa, Le domaine national du Cameroun : institution foncière et domaniale ambiguë. Entre appropriation publique et appropriations privées, *Mél. Morand-Deviller, Montchrestien, 2007*. – Ndoye, Le droit des terres du domaine national et du domaine de l'État au Sénégal, *EDJA, 2000*. – Mpessa, Essai sur la notion et le régime juridique des biens domaniaux au Cameroun, *th. Paris I, 1998*. – Wanyou, Le domaine en Côte d'Ivoire, env. 1840-1963 : contribution à l'histoire du droit colonial, *th. Paris I, 1992*. – Caverivière, La création d'un domaine national au Sénégal : un essai « révolutionnaire » d'éradication de la propriété ?, *in* Propriété et Révolution, *CNRS/Toulouse I, 1991, p. 145*. – Makassy, Le droit foncier, domanial et de l'urbanisme au Congo, *th. Paris II, 1989*. – Malonga, La naissance et les fonctions d'un droit domanial en République populaire du Congo, *th. Tours, 1987*. – Tjouen, Droits domaniaux et techniques foncières en droit camerounais, *Économica, 1982*. – Ley, Le régime domanial et foncier et le développement économique de la Côte d'Ivoire, *LGDJ, 1972*. – Amady, Le domaine public des collectivités publiques tchadiennes, *RJPIC 1970, n° 4, p. 783*. – Borella, La définition du domaine public en droit public français et africano-malgache, *Rec. Penant 1962. 514*. – Épinay, Les droits domaniaux de l'État et la propriété foncière autochtone au Sénégal, *th. Paris, 1952*. – V. aussi : *RJPUF oct.-déc. 1970, n° 4, p. 765-944* (ancien et relatif aux seuls États africains francophones). – **Asie :** Nguyen, Le modèle français du partenariat public-privé : enjeux et conséquences pour le Vietnam, *th. Toulouse I, 2016*. – Han, Le droit foncier chinois : le droit d'usage du terrain d'État, *th. Paris II, 2015*. – Bon, Le drame des communaux : appropriation publique, privée, commune ou accès libre aux espaces-ressources naturels indiens ?, *th. Sciences éco., Paris X, 2005*. – Narapiromkwan, Le domaine public en droit thaïlandais, *th. Montpellier I, 1978*.

6) Mélanges (contributions) *(pour les références historiques et de droit comparé, V. ci-dessus ; pour celles relatives au CGPPP, V. plus loin)* : Apollis, L'évolution récente des contrats publics dans le domaine hospitalier. À propos de l'ordonnance n° 2003-850 du 4 septembre 2003, *Mél. Guibal, Montpellier, 2006, t. 2, p. 11*. – J.-B. Auby, Le problème de la domanialité publique des immeubles affectés à un service public, *Mél. Laborde-Lacoste, Bordeaux, 1963, p. 11*. – J.-M. Auby, Espaces publics et espaces privés dans la ville et dans le droit, *Mél. Jégouzo, Dalloz, 2009*. – Bachelier, Le concept du « domaine public » : un concept toujours pertinent, *Mél. Labetoulle, Dalloz, 2007, p. 35*. – Bernard, La propriété des personnes publiques : entre valorisation et protection, *Mél. Boivin, La Mémoire du droit, 2012, p. 445*. – Bienvenu, L'esprit et les formes, sur le bail emphytéotique, *Mél. Richer, Lextenso, 2013*. – Boudet, France Domaine ou la réforme de la politique immobilière de l'État en marche, *Mél. Godfrin, Mare et Martin, 2014, p. 17*. – Braconnier, Le régime des biens publics situés à l'étranger, *Mél. Fatôme, Dalloz, 2011, p. 63* ; De la protection à la valorisation. Brèves réflexions sur la propriété aéroportuaire, *Mél. Lachaume, Dalloz, 2007, p. 101*. – Bréchon-Moulènes, Une technique juridique explosive : l'« autorisation conventionnelle » d'occupation du domaine public, *Mél. Burdeau, LGDJ, 1977, p. 753*. – Brenet, La domanialité publique par accessoire, *Mél. Debouy, PU Poitiers/ LGDJ, 2019*. – Brouant, Sur le régime juridique des biens gérés par les groupements d'intérêt public, *Mél. Fatôme, Dalloz, 2011, p. 79* ; Les organismes d'HLM sont-ils propriétaires de leur patrimoine locatif ?, *Mél. Jégouzo, Dalloz, 2009*. – Caillosse, Le « droit administratif des biens » constitue-t-il un champ juridique spécifique ?, *Mél. Hostiou, Litec, 2008, p. 85*. – Carpi-Petit, Privatisation de la forme juridique et survivance de la domanialité publique, *Mél. Hovasse, LexisNexis, 2016, p. 33*. – Cartier-Bresson, Titres d'occupation du domaine public et concurrence : des relations condamnées à l'ambiguïté, *Mél. Godfrin, Mare et Martin, 2014, p. 71*. – Castaing, L'effet répulsif des notions du droit administratif. Les exemples du domaine public et de l'ouvrage public, *Mél. du Bois de Gaudusson, PU Bordeaux, t. 2, 2014, p. 871*. – Caudal, L'eau de mer. Réflexions sur son statut juridique et sa protection, *Mél. Langavant, L'Harmattan, 1999, p. 59*. – Caudal-Sizaret, Actualité des contraventions de grande voirie en matière de protection de l'environnement, *Mél. Morand-Deviller, Montchrestien, 2008, p. 735*. – Chamard-heim, Les forêts publiques : a-domanialité ou domanialité atypique ?, *Mél. Untermaier, Mare et Martin, 2018, p. 111*. – Charles, Accessoire et domaine public en droit administratif français, *Mél. Stassinopoulos, LGDJ, 1974, p. 187*. – Charlier, Les biens affectés au service public, *Mél. Sayaguès-Laso, Madrid, 1969, t. V, p. 47.* – CHIANÉA, La directe féodale aujourd'hui en France : Études Jaubert, *PU Bordeaux, 1992, p. 143.* – COSTA, L'inaliénabilité et l'imprescriptibilité du domaine public, *Mél. Fatôme, Dalloz, 2011, p. 87.* – DE DAVID BEAUREGARD-BERTHIER, Le patrimoine immatériel de l'État, *Mél. Fatôme, Dalloz, 2011, p. 23.* – DANIS-FATÔME, Biens publics, choses communes ou biens communs ?, *Mél. Fatôme, Dalloz, 2011, p. 99.* – DEGOFFE, Le sort des ouvrages réalisés par l'occupant sur le domaine, *Mél. Godfrin, Mare et Martin, 2014, p. 109.* – DEGUERGUE, Domanialité privée et compétence administrative. Retour sur un contentieux « tourmenté », *Mél. Boivin, La Mémoire du droit, 2012, p. 469.* – DELAFON, L'urinoir en droit administratif, *Mél. Gleizal, PU Grenoble, 2009, p. 91.* – DELAUNAY, La gratuité du domaine public mobilier, *Mél. Godfrin, Mare et Martin, 2014, p. 127* ; L'interdiction de condamner une personne publique à une somme qu'elle ne doit pas, *Mél. Darcy, Bruylant, 2012, p. 199.* – DELIANCOURT, L'occupation privative du domaine public : de l'occupation payante à la gratuité, du droit à la réalité, *Mél. Turpin, Fac. droit Clermont-Ferrand, 2017.* – DELVOLVÉ, Service public, travaux publics, domaine public : les transformations de la concession, *Mél. Long, Dalloz, 2016* ; Droit de propriété et droit public, *Mél. Braibant, Dalloz, 1996, p. 149.* – DEROCHE, L'apanage des cadets royaux : la révélation d'une exception à l'époque moderne, *Mél. Harouel, Ed. Panthéon Assas, 2015.* – DRAGO, Nature juridique de l'espace hertzien, *Mél. de Juglart, LGDJ/Montchrestien/Litec, 1986, p. 363.* – DRONIOU, Les implantations commerciales sur les aires d'autoroute, *Mél. Colson, PUG, 2004.* – DUROY, L'entrée dans le domaine public du « Fragment à l'Aigle » : un exemple d'hagiographie juridique, *Mél. Fromageau, Mare et Martin, 2019, p. 291* – ESCLASSAN, Finances publiques et patrimoine culturel. Un dispositif original pour l'enrichissement des collections publiques : la dation en paiement, *Mél. Frier, PUPS, 2010, p. 143.* – FARDET, Déclasser pour échanger des biens affectés : brèves réflexions sur les articles L. 2141-3 et L. 3112-3 CGPPP, *Mél. Godfrin, Mare et Martin, 2014, p. 153.* – FATÔME, À propos des rapports entre domaine public et droit de l'urbanisme, *Mél. Jacquot, PU Orléans, 2006, p. 209.* – FORT, Domanialité des édifices du culte et principe de laïcité, *Mél. Miaille, Montpellier, 2008.* – FOULQUIER, Les clauses réglementaires des contrats domaniaux, *Mél. Richer, Lextenso, 2013* ; Le domaine public transparent, *Mél. Fatôme, Dalloz, 2011, p. 141.* – FOURMOND, L'obligation réelle et le domaine public, *Mél. Hélin, Litec, 2004, p. 287.* – FROMAGEAU, Rémanence de l'Ancien droit : les droits fondés en titre, *Mél. de Malafosse, LexisNexis, 2016.* – GAUDEMET, Remarques itératives : à propos des droits réels de l'occupant des propriétés publiques, *Mél. Stirn, Dalloz, 2019, p. 249* ; Le droit des biens publics : d'hier à aujourd'hui, *Mél. Long, Dalloz, 2016, p. 203* ; Les baux emphytéotiques des personnes publiques. Une longue histoire, *Mél. Machelon, LexisNexis, 2015, p. 391* ; Les biens de retour : la propriété passe avant l'affectation, *Mél. Richer, Lextenso, 2013* ; Que reste-t-il de l'intangibilité de l'ouvrage public ?, *Mél. Fatôme, Dalloz, 2011, p. 155* ; Contrat de partenariat et domaine public, *Mél. Morand-Deviller, Montchrestien, 2007, p. 539* ; L'avenir du droit des propriétés publiques, *Mél. Terré, Dalloz, 1999, p. 567* ; Libertés publiques et domaine public, *Mél. Robert, Montchrestien, 1998, p. 125* ; L'occupant privatif du domaine public à l'épreuve de la loi, *Mél. Braibant, Dalloz, 1996, p. 309* ; L'entreprise publique à l'épreuve du droit public (domanialité publique, insaisissabilité, inarbitrabilité), *Mél. Drago, Économica, 1996, p. 259* ; Les concessions d'ouvrages d'art routiers. Quelques observations, *Mél. Chapus, Montchrestien, 1992, p. 229* ; Propriétaire et affectataire. Le statut juridique des lieux de culte dans un régime de séparation, *Est. P. Lombardia, Madrid, 1989, p. 793* ; La gratuité du domaine public, *Mél. J. Gaudemet, Économica, 1984, p. 1023.* – GAZZANIGA, La fin des cours d'eau flottables à bûches perdues, *Mél. Vellas, Pedone, 1995, p. 501.* – GIACUZZO, Les « terrains réservés » au sens de l'article L. 2111-4-5° du Code général de la propriété des personnes publiques, *Mél. Debouy, PU Poitiers/ Lextenso, 2019.* – GRÉGUT, Vers un nouveau régime juridique des ravines à La Réunion ?, *Mél. Mas, Économica, 1996, p. 109.* – HÉLIN, Le régime des concessions à charge de remblai sur le lagon en Polynésie française. L'autonomie contre la protection des milieux ?, *Mél. Morand-Deviller, Montchrestien, 2007, p. 555.* – HOSTIOU, Domaine public maritime et droit des enquêtes publiques. Réflexions sur les conditions d'application de l'article 25, alinéa 2, de la loi « littoral », *Écrits Prats, MSH, 2000, p. 237* ; De Colbert à Ségolène Royal : marine, domanialité et environnement, contraventions de grande voirie et protection pénale du littoral, *Études Mateesco-Matte, Pedone, 1993, p. 221.* – HOUILLON, Le clair-obscur des obligations de publicité et de mise en concurrence dans l'octroi des titres d'occupation du domaine public, *Mél. Godfrin, Mare et Martin, 2014, p. 207.* – HUBRECHT, L'inaliénabilité. Passé et avenir d'un principe de droit constitutionnel, *Mél. Lavroff, Dalloz, 2004, p. 417.* – HUON DE KERMADEC, La reproduction de l'image des biens du domaine public, *Mél. Le Bayon, L'Harmattan, 2005, p. 233.* – LACHAUME, Les espaces maritimes dans le Code général de la propriété des personnes publiques, *Mél. Vignes, Bruylant, 2009, p. 507.* – DE LAUBADÈRE, Réflexions d'un publiciste sur la propriété du dessus, *Mél. Marty, Toulouse, 1978, p. 761.* – LAVIALLE, Remarques sur le classement des forêts publiques dans le domaine privé, *Mél. Bon, Dalloz, 2014, p. 945* ; L'acte de gestion domaniale, *Mél. Moderne, Dalloz, 2004, p. 265* ; La fin des chemins ruraux, *Mél. Montané de la Roque, IEP Toulouse, 1986, t. I, p. 449* ; La compétence des juridictions judiciaires dans la détermination de la domanialité publique, *Mél. Cluseau, IEP Toulouse, 1985, p. 341*. – Lavigne, Les biens qui doivent « devenir la propriété de la collectivité », *Études Péquignot, Montpellier, 1984, t. 2, p. 407*. – Le Louarn, Les plans départementaux de randonnées, constitutions d'une activité d'intérêt général ? L'accès à la nature, entre domaine public et propriété privée, *Études Hostiou, Litec, 2008* ; De la « bête noire » au touriste, le droit confronté à l'ouverture des forêts au public, *Mél. de Malafosse, LexisNexis, 2016*. – Leonetti, Trouble dans les locaux de la police. Considérations sur des affectations externes spéciales, *Mél. Fatôme, Dalloz, 2011, p. 237*. – Le Roux, De Colbert à Nelly Olin : la contravention de grande voirie promue instrument de sauvegarde des espaces naturels, *Mél. Hostiou, Litec, 2008, p. 339*. – Louvaris, La propriété publique : miscellanées pour un état des lieux, *Mél. Prieur, LexisNexis, 2014, p. 429* ; Biens publics et concurrence : bref inventaire des fruits d'une union de raison, *Mél. Fatôme, Dalloz, 2011, p. 287*. – Mamontoff, Les aires d'accueil des gens du voyage : points de rencontre du domaine public et de l'aménagement de lieux de vie, *Mél. Godfrin, Mare et Martin, 2014, p. 313* ; Le rapprochement des régimes de l'autorisation et du contrat d'occupation du domaine public, *Mél. Guibal, Montpellier, 2006, t. 1, p. 517*. – Martin, L'acte détachable de la gestion du domaine privé, une notion d'apparence fonctionnelle, *Mél. Godfrin, Mare et Martin, 2014, p. 339*. – Maugüé, L'occupation privative des plages, suite et fin ? La validation par le Conseil d'État du décret n° 2006-608 du 26 mai 2006 relatif aux concessions de plage, *Mél. Jégouzo, Dalloz, 2009*. – Maussion, Le sort des concessions domaniales lors de la désaffectation des parcelles du domaine public, *Mél. De Gryse, Larcier, 2010, p. 659*. – Melleray, La passation d'une convention d'occupation du domaine public doit-elle être précédée d'une publicité et d'une mise en concurrence ?, *Mél. Fernández, Civitas, 2012, vol. 2, p. 3953* ; De quelques incertitudes relatives à la « théorie » de la domanialité publique globale, *Mél. Fatôme, Dalloz, 2011, p. 321* ; L'échelle de la domanialité, *Mél. Moderne, Dalloz, 2004, p. 287*. – Mégret, Les droits des agriculteurs sur les biens communaux en droit français, *Fest. F. Schad, 1978, p. 358*. – Mescheriakoff, Domanialité et commercialité. Réflexions à partir de questions posées à un ami lyonnais, *Mél. Monéger, LexisNexis, 2017*. – Monéger, Requête à un ami lyonnais à propos de deux difficultés frontalières entre droit public et droit privé, *Mél. Mescheriakoff, Bruylant, 2013, p. 199*. – Morand-Deviller, Biens publics et droit de propriété, *Mél. Autin, Fac. droit Montpellier, 2012, p. 1585* ; La crise du domaine public : à la recherche d'une institution perdue, *Mél. Lachaume, Dalloz, 2007, p. 737* ; La valorisation économique du patrimoine public, *Mél. Drago, Économica, 1996, p. 273* ; Domaine public, affectation, copropriété, *Mél. Souleau, Dalloz, 1995*. – Moreau, L'immobilier d'entreprise, forme d'aide indirecte des collectivités locales, *Mél. Jeanneau, Dalloz, 2002, p. 599* ; Contraventions de grande voirie et procédure équitable, *Colson, PUG, 2004, p. 559*. – Mourgeon, De quelques rapports entre les libertés et la domanialité publique, *Mél. Couzinet, Toulouse, 1974, p. 607*. – Moysan, Vouloir ordonner en jardins à la française l'ensemble des forêts domaniales est déraisonnable, *Mél. Truchet, Dalloz, 2015, p. 435*. – de Naurois, Les églises en droit français, *Mél. Montané de la Roque, IEP Toulouse, 1986, p. 479*. – Nicinski, Le domaine public : de la crise à la reconstruction, *Mél. Morand-Deviller, Montchrestien, 2008, p. 559*. – Pâques, Affectation, urbanisme et domaine public, *Mél. Jacquot, PU Orléans, 2006, p. 431*. – Plessix, Les sous-concessions domaniales : territoire d'un contentieux, *Mél. Richer, Lextenso, 2013*. – Plunian, La réception du bail emphytéotique administratif par le droit des contrats administratifs, *Mél. Guibal, Montpellier, 2006, t. 1, p. 719*. – Pochard, Bien commun et domaine immobilier de la Cité internationale universitaire de Paris, *Mél. Fatôme, Dalloz, 2011, p. 389*. – Poujade, La révision des charges grevant les dons et legs faits aux collectivités territoriales, *Mél. Godfrin, Mare et Martin, 2014, p. 383*. – Prélot, Retour sur la Commission Machelon, *Mél. Machelon, LexisNexis, 2015*. – Putzeys, L'évolution de la domanialité publique, *Mél. Raucent, Bruylant, 1992, p. 331*. – Quément, Fonds de commerce et domaine public, *Mél. Monéger, LexisNexis, 2017*. – Quiot, Considérations sur une curiosité juridique : l'existence en droit français d'un domaine privé des personnes publiques, *Mél. Rainaud, L'Harmattan, 2009, p. 339*. – Rapp, De quelques rapports entre la réalité et la domanialité publique : à propos de la domanialité publique virtuelle, *Mél. Mourgeon, Bruylant, 1998, p. 633*. – Raunet, Cheuvreux, Droits réels et personnes publiques, *Mél. Fatôme, Dalloz, 2011, p. 403*. – Renold, Les obstacles juridiques aux demandes de restitution de biens culturels, *Mél. Fromageau, Mare et Martin, 2019, p. 519*. – Rivero, Histoire et prospective dans le statut des édifices du culte en régime de séparation, *Études Le Bras, Sirey, 1965, t. 1, p. 681*. – Rives-Lange, La zone des cinquante pas, *Mél. Decocq, Litec, 2004*. – Roman, Le voisinage en droit administratif des biens, *Mél. Morand-Deviller, Montchrestien, 2007, p. 723*. – Rolin, Sorbara et Tarlet, Qu'est-ce qu'un document rare, ancien ou précieux ? Petite controverse sur la consistance du domaine public des bibliothèques, *Mél. J. Fromageau, Mare et Martin, 2019, p. 545*. – Rouault, La zone des cinquante pas géométriques, *Mél. Langavant, L'Harmattan, 1999, p. 371*. – Rousseau, La condition juridique des espaces maritimes adjacents au territoire français, *Mél. Wengler, Inter Recht, 1973, t. 1, p. 369*. – Saunier, L'image des biens publics culturels, *Mél. Regourd, Inst. univ.*

Varenne, 2019. – Subra de Bieusses, De quelques anomalies juridiques en matière de redevances d'occupation domaniale, *Mél. M. Bazex, LexisNexis, 2009.* – Tessier, La politique immobilière des opérateurs de l'État, *Mél. Fatôme, Dalloz, 2011, p. 435.* – Tixier, Les servitudes de l'article L. 2122-4 du Code général de la propriété des personnes publiques : quel emprunt au droit privé ?, *Mél. Fatôme, Dalloz, 2011, p. 443.* – Trasbot, Conditions et charges confessionnelles dans les libéralités aux personnes morales publiques, *Études Capitant, 1939, p. 839.* – Virassamy, Les particuliers et la réforme du régime des cinquante pas géométriques par la loi n° 96-1241 du 30 décembre 1996, *Mél. Vonglis, L'Harmattan, 2000, p. 355.* – Waline, Propriété industrielle et droit public, *Mél. Burst, Litec, 1997, p. 667.* – Yolka, Retour sur l'apport en garantie des équipements publics, *Mél. Fatôme, Dalloz, 2011, p. 465.*

7) Ouvrages collectifs, contributions à ouvrages collectifs (hors mélanges) : Allaire, La valorisation du patrimoine monumental public, *in* Crise et patrimoine monumental, dir. Le Roux, *L'Harmattan, 2015, p. 101.* – Bazile, La « loi du pays » et le droit de la propriété publique, *in* La « loi du pays » en Polynésie française, dir. Debène et Pastorel, *L'Harmattan, 2011, p. 163.* – Benelbaz, La protection du patrimoine des personnes publiques : entre exorbitance et reconnaissance d'un véritable droit de propriété, *in* Personne et patrimoine en droit, Recherche sur les marqueurs d'une connexion, *dir. Violet, Bruylant, 2014, p. 181.* – Bienvenu, Petit, Plessix et Seiller (dir.), La Constitution administrative de la France, *Dalloz, 2012* (Gilbert et Lavialle : contrib. sur l'expropriation et la propriété publique). – Brameret, Grève et utilisation des biens publics, *in* Grève et droit public. 70 ans de reconnaissance, *PU Toulouse Capitole, 2017, p. 181.* – Brard, Le domaine public maritime outre-mer : le cas de la Polynésie française, *in* La mer outre-mer, dir. Faberon, *L'Harmattan, 2001, p. 215.* – Bui-Xuan (dir.), Droit et espace(s) public(s), *Fondation Varenne, 2013.* – Chamard-Heim, Les biens du service public, *in* AFDA, Le service public, *Dalloz, 2014* ; Les propriétés publiques, *in* Traité de droit administratif (dir. Gonod, Melleray, Yolka), *Dalloz, 2011, vol. 2, p. 283* ; Les frontières de la propriété. Le domaine public, *in* Qu'en est-il de la propriété. L'appropriation en débat, dir. Tomasin, *PU Toulouse, 2007, p. 83.* – Cheuvreux, Les nouvelles frontières du droit public et du droit privé dans le droit des biens des collectivités locales, *in* La gestion locale face à l'insécurité juridique, *L'Harmattan, 1997.* – Clamour, Indisponibilité des compétences et gestion des propriétés publiques immobilières, *in* L'indisponibilité des compétences, *CREAM, 2013.* – Deguergue, La gestion du patrimoine public, *in* La nouvelle administration financière et fiscale (dir. Bouvier), *LGDJ, 2011, p. 151.* – Duroy, Le déclassement des biens du domaine public : évolutions récentes d'une exigence classique, *in* Les transformations du droit public (dir. Conan et Thomas-Tual, La mémoire du droit, *2010, p. 73).* – Dionisi-Peyrusse, Jean-Antoine (dir.), Droit et patrimoine, *PU Rouen, 2015.* – Fatôme, Ordre public et domaine public, *in* L'ordre public : ordre public ou ordres publics ? Ordre public et droits fondamentaux, dir. Redor, *Bruylant, 2001, p. 187.* – Féral, Mamontoff et Rouquan, Le littoral : l'État régulateur, droit domanial et stratégies politiques, *Institut océanographique/IFREMER, 1996.* – Foulquier, Les catégories du droit des biens publics, *in* L'influence du droit européen sur les catégories du droit public, dir. Auby, *Dalloz, 2010, p. 691* ; Police et gestion du domaine public, *in* La police administrative, dir. Vautrot-Schwarz, *PUF, 2014* ; La protection et la valorisation du domaine public, *in* L'évolution du droit administratif en France et en Russie, dir. Dubreuil, *PUF, 2016, p. 167.* – Gaudemet, La prise en compte des propriétés publiques, *in* Propositions de l'Association Henri-Capitant pour une réforme du droit des biens, dir. Périnet-Marquet, *Litec, 2009.* – Guettier, La QPC et le droit des biens publics, *Cah. GRIDAUH 2011, n° 22,* dir. Carpentier. – Hostiou, Struillou (dir.), Droit administratif des biens et droits de l'homme, *Cah. GRIDAUH 2005, n° 14.* – Hubrecht, L'exorbitance du droit des propriétés publiques, *in* L'exorbitance du droit des propriétés publiques en question(s), dir. Melleray, *Fac. droit Poitiers/LGDJ, 2004, p. 219.* – Iacono (dir.), Balades domaniales dans la ville de Lyon, *Éd. lyonnaises d'art et d'histoire, 2009.* – Inserguet-Brisset, Sports de nature et propriété publique, *in* Sports de nature et protection de l'environnement, *PULIM, 2000, p. 179.* – Jacquinot, Les dons et legs aux personnes publiques, *in* Le don en droit public, *dir. Jacquinot, Lextenso, 2013, p. 65.* – Lachaume, L'évolution de la propriété publique, *in* L'évolution contemporaine du droit des biens, *PUF, 1991, p. 105.* – Latournerie, Problématique du droit des propriétés publiques en France, *Zbornik radova Pravnog fakulteta u Splitu, god. 46, 1/2009, str. 11.-25.* – Lavergne, La tolérance et la propriété publique, *in* Tolérance et droit, dir. Bioy, Lavergne et Sztulman, *PU Toulouse 1/ Lextenso, 2013, p. 45.* – Lavialle, Don et domaine public, *in* Le don en droit public, *dir. Jacquinot, Lextenso, 2013, p. 111* ; Regard sur l'appropriation publique, *in* Qu'en est-il de la propriété ? L'appropriation en débat ?, dir. Tomasin, *PU Toulouse, 2007, p. 225* ; Appropriation publique et protection du patrimoine naturel, *in* Protection du patrimoine naturel et mondialisation, dir. Ben Hammed et Théron, *PU Toulouse, 2006, p. 135* ; La doctrine universitaire et le droit domanial, *in* Les Facultés de droit, inspiratrices du droit ?, dir. Hecquard-Théron, *PU Toulouse I, 2005, p. 121* ; Regards sur trente ans d'évolution du droit domanial, *in* Regards critiques sur quelques [r]évolutions récentes du droit, dir. Hecquard-Théron, *PU Toulouse I, 2004, p. 253* ; Gratuité et domaine public, *in* La gratuité, une question de droit ?, dir. Koubi et Guglielmi, *L'Harmattan, 2003, p. 197* ; Le domaine public : chose publique ou patrimoine public ?, *in* Pouvoir et gestion, *PU Toulouse, 1996, coll. Histoire et gestion, n° 5*. – Legal, Le patrimoine religieux français : classification, utilisation, pérennité, *in* Crise et patrimoine monumental, dir. Le Roux, *L'Harmattan, 2015, p. 149*. – Le Roux, Les cessions de patrimoine monumental public, *in* Crise et patrimoine monumental, dir. Le Roux, *L'Harmattan, 2015, p. 111*. – Leyte, V° Domaine (Public et privé), *in* Dictionnaire de la culture juridique, dir. Alland et Rials, *Lamy/PUF, 2003*. – Manson, Les nouveaux droits réels des collectivités territoriales sur leur domaine public, *in* Lerousseau (dir.), La décentralisation à la croisée des chemins, *L'Harmattan, 2007, p. 243* ; Valorisation économique du domaine public et performance, *in* Performance et droit administratif, dir. Albert, *Litec, 2010, p. 227*. – Manson, Domaine public et handicap, *in* Droit public et handicap, dir. Guézou et Manson, *Dalloz, 2010, p. 27*. – Monot-Fouletier, La technique juridique au service de l'hybridation des rapports de patrimonialité publique et privé, *in* Personne et patrimoine en droit, Recherche sur les marqueurs d'une connexion, dir. Violet, *Bruylant, 2014, p. 193*. – Monot-Fouletier, Les biens et droits immatériels des personnes morales de droit public : un patrimoine à révéler et à valoriser, *in* Personne et Patrimoine en droit : variations sur une connexion, *Bruylant, 2013, p. 602*. – Morand-Deviller, Les performances de la domanialité publique : critères, consistance, utilisations, *in* Performance et droit administratif, dir. Albert, *Litec, 2010, p. 211*. – Ngampio Obélé-Bélé, La valorisation économique du domaine public, *in* Personne et Patrimoine en droit : variations sur une connexion, *Bruylant, 2013, p. 427*. – Picard, De l'éviction à l'infiltration du droit privé dans la domanialité publique, *Ann. Univ. Toulouse, 1997, p. 245*. – Pontier (dir.), Le domaine et les collectivités territoriales, *PUAM, 2004*. – de la Rica, Domanialité publique et droit communautaire : peau de chagrin ou nouvelle mutation ?, *in* Eckert et *alii*, Incidences du droit communautaire sur le droit public français, *PU Strasbourg, 2007, p. 373*. – Yolka, Remontées mécaniques et droit des biens publics, *in* Les remontées mécaniques et le droit. Regards croisés, dir. Joye et Yolka, *PU Savoie/Lextenso, 2019* ; Surveiller et construire. Le partenariat public-privé en prison(s), *in* L'administration pénitentiaire face aux principes de la nouvelle gestion publique, dir. Froment et Kaluszynski, *PU Grenoble, 2011, p. 109* ; Personnalité publique et patrimoine, *in* La personnalité publique, *Travaux AFDA n° 1, LexisNexis, 2007, p. 35*.

8) Rapports : *Rapports annuels*. Direction de l'immobilier de l'État ; Conseil de l'immobilier de l'État ; Agence des participations de l'État ; Agence du patrimoine immatériel de l'État (2007-2018) ; AGRASC ; Assemblée nationale et Sénat, rapports des commissions des finances sur la mission « Gestion du patrimoine immobilier de l'État ». – *Rapports administratifs (divers)*. – Défenseur des droits, La défaillance du forfait de post-stationnement : rétablir les droits des usagers, *janv. 2020*. – Gart/ Cerema, Réforme du stationnement payant sur voirie : premiers enseignements, juill. 2019. - Zivie, « Des traces subsistent dans des registres… » – Biens culturels spoliés pendant la Seconde Guerre mondiale : une ambition pour rechercher, retrouver, restituer et expliquer, *Min. Culture, nov. 2018*. – Commission de récolement des dépôts d'œuvres d'art, 20 ans de récolement des œuvres d'art de l'État, *nov. 2018*. – Sarr et Savoy, Rapport sur la restitution du patrimoine culturel africain. Vers une nouvelle éthique relationnelle, *Min. Culture, nov. 2018*. – Min. Éco/Min. Culture, Faisabilité relative au développement d'équipements touristiques marchands au sein des sites patrimoniaux en France, *mai 2018*. – Duchêne et *a.*, Le patrimoine des collectivités territoriales, *IGA/ IGF/CGEF, mai 2018*. – Feignier et *a.*, Le patrimoine scientifique et technique ancien des établissements d'enseignement supérieur agronomique, vétérinaire et de paysage, *Min. Culture, Min. Agr., août 2017*. – Lecerf, Livre blanc sur l'immobilier pénitentiaire, *Min. Justice, 2017*. – Arnould et *alii*, Servitude de marchepied : situation générale, *CGEDD, 2017*. – Arafer, Étude thématique sur la gestion des gares ferroviaires de voyageurs en France, *2016*. – Colas et *a.*, La dévolution du patrimoine immobilier aux universités, *IGF/IGAENR, 2016*. – Duchêne et *alii*, Revues de dépenses – Le patrimoine des collectivités territoriales, *IGA/ IGF/CGEF, 2016*. – Grand et Peyrat, Pratiques des établissements publics fonciers en matière de requalification de friches urbaines et industrielles, *CGEDD, 2016*. – Thibault et *alii*, Valorisation des phares et des maisons-feux : affirmer une politique ambitieuse pour un patrimoine emblématique, *CGEDD/IGAM, 2016*. – Vachey et *alii*, La politique immobilière des organismes de sécurité sociale, *IGF, IGAS, 2016*. – La dévolution du patrimoine immobilier aux universités, *IGF, IGAENR, 2016*. – Bert et *alii*, Rénovation du cadre institutionnel et modernisation des outils de la politique immobilière de l'État, *IGF, 2015*. – Fouilleron et Tarteret, Les échanges de données réalisés à titre onéreux entre les administrations, *SGMAP, 2015*. – Rostagnat et *alii*, Les gares du Nouveau Grand Paris. – Évaluation des dispositifs de réalisation mis en œuvre sous l'autorité de l'État, *CGEDD, 2015*. – Deprost et *alii*, Évaluation de l'impact de la loi du 18 janvier 2013 relative à la mobilisation du foncier public en faveur du logement sur les établissements publics de santé, *IGF, IGAS, CGEDD, 2015.* – Hubert et *alii*, Le régime forestier mis en œuvre par l'Office national des forêts dans les forêts des collectivités, *IGF, CGAAER, CGEDD, 2015.* – Repentin, La mise en œuvre du dispositif de mobilisation du foncier public en faveur du logement, *CNAUF, Min. Logement, 2014, 2015 et 2016.* – Baietto-Besson et *alii*, Rapport relatif aux problématiques foncières et au rôle des différents opérateurs aux Antilles, *IGA, CGEDD, 2014.* – Berthé et *alii*, Contribution à la réflexion stratégique et à la politique immobilière des universités, *IGAENR, 2014.* – Bordry, Décroisement des compétences État/VNF sur le Rhin. Deuxième partie : les chaînes de responsabilités à formaliser et les cas d'« ouvrages orphelins », *CGEDD, 2014.* – Catoire et *alii*, La mise en œuvre des projets portuaires pour y développer durablement les activités logistiques et industrielles, CGEDD ; CGEIET, *2014.* – Charpin et *alii*, Les redevances d'occupation du domaine public maritime naturel, *IGF, 2014.* – Toledano, Une gestion dynamique du spectre pour l'innovation et la croissance, *Secr. État numérique, 2014.* – Apaire, Orizet et *alii*, Rapport de la mission interministérielle d'évaluation des conséquences de la dépénalisation du stationnement, *CGEDD, 2013.* – Paul-Dubois-Taine, Pour une politique du stationnement au service des usagers, *Commissariat général à la stratégie et à la prospective, 2013.* – Grignon, L'extension du plateau continental au-delà des 200 milles marins : un atout pour la France, *CESE, oct. 2013.* – Helary et Iselin, Simplification et meilleure efficacité des différents droits de préemption des collectivités publiques, *Min. Écologie, sept. 2013.* – Seban, Dynamiser la circulation des collections publiques sur l'ensemble du territoire national, *Min. Culture, sept. 2013.* – Caullet, Bois et forêts de France : nouveaux défis, *Min. Agriculture, juin 2013.* – Bellier et *alii*, Analyse comparée des dispositifs de réalisation des infrastructures de transport, CGEDD, *déc. 2012.* – Creuchet et *alii*, Audit thématique sur l'application de la loi littoral par les services de l'État, CGEDD, *sept. 2012.* – Besson et *alii*, Le patrimoine immobilier du ministère à vocation de loisir social, CGEDD, *févr. 2012.* – Patey et Allais, Organisation de la police portuaire, CGEDD, *févr. 2011.* – de Montgolfier, La valorisation du patrimoine culturel : rapport au président de la République, *Doc. fr., oct. 2010.* – d'Ornellas, Monteils et Rattier, Évolution du domaine public fluvial, CGEDD, *mars 2010.* – Tessier, La numérisation du patrimoine écrit, *Min. Culture, janv. 2010.* – Wellhoff, Allain, de Chalvron et Goulam, Les difficultés d'application du décret relatif aux concessions de plage, *CGEDD/Inspection générale de l'administration, janv. 2009.* – Guillaume et *alii*, L'immobilier universitaire parisien, *Inspection générale des finances/Inspection générale de l'administration, de l'éducation nationale et de la recherche*/CGEDD, *nov. 2008.* – Aillagon, Une nouvelle dynamique pour les politiques de conservation du patrimoine monumental, *Conseil économique, social et environnemental, oct. 2008.* – Rigaud, Réflexions sur la possibilité pour les opérateurs publics d'aliéner des œuvres de leurs collections, *Min. Culture, 2008.* – Conseil général des ponts et chaussées/Inspection générale de l'administration/Contrôle général économique et financier, La gestion des voies navigables, *févr. 2007.* – Lévy et Jouyet, L'économie de l'immatériel : la croissance de demain, *Min. Économie et Finances, déc. 2006.* – Champagne, Joder, Cousquer et Debiesse, L'entretien du patrimoine immobilier de l'État, *Inspection générale des finances/Conseil général des ponts et chaussées, oct. 2006.* – Goguillot, Sudon et Battesti, Rapport relatif à l'exécution sur l'exercice 2005 de la loi d'orientation et de programmation pour la sécurité intérieure du 29 août 2002, *Inspection générale de l'administration/Contrôle général des armées, sept. 2006.* – Rouques et Verdeaux, Gestion et accueil des bateaux stationnaires en Île-de-France, *Conseil général des ponts et chaussées, avr. 2006.* – Rivier et Putallaz, Audit sur l'état du réseau ferré national, *SNCF/RFF/Min. Transports, sept. 2005.* – Collinet et Metzger, Éthique de la conservation et de l'enrichissement du patrimoine culturel, *Min. Culture, juill. 2005.* – Faran, Vaulont, Moura, Sénèze et Guillaume, Rapport d'expertise sur le régime économique des biens immobiliers affectés à la RATP pour l'exploitation du service public de transport, *Conseil général des ponts et chaussées, déc. 2004.* – Rémond, État - collectivités territoriales : un engagement commun en faveur du patrimoine, *Min. Culture, nov. 2004.* – Inspection générale des affaires étrangères, *Rapport pour l'année 2003 (traitant notamment de l'état du patrimoine immobilier), févr. 2004.* – Bougrier et Bersani, Rapport sur les cinquante pas géométriques en Guadeloupe et en Martinique, *Inspection générale de l'administration/Conseil général des ponts et chaussées, janv. 2004.* – Duval, Étude de la situation et du statut des collections archéologiques appartenant à l'État, *Min. Culture, janv. 2004.* – Debains, Mission « immobilier public », *Rapport au Premier ministre, déc. 2003.* – Inspection générale des finances, Conseil général des ponts et chaussées, La gestion immobilière et financière des universités, *Doc. fr., déc. 2003.* – Greffe, La valorisation économique du patrimoine, *Min. Culture, Doc. fr., 2003.* – Bady et Sanson, Réflexions et propositions pour une politique nationale du patrimoine (État, collectivités territoriales et secteur privé), *Min. Culture, nov. 2002.* – Lebrun, Aéroports de proximité et aménagement du territoire, *Conseil économique et social, mars 2002.* – Schwartz et Taroux, Évolution du financement des investissements des gestionnaires d'infrastructures et des transporteurs publics des réseaux ferroviaires : 1990-2000, *Conseil national des transports, août 2001.* – Delamarre et Hugodot, L'intervention du Conservatoire du littoral pour la protection des espaces naturels sur la zone des cinquante pas géométriques, en Guadeloupe (L. du 30 déc. 1996), *Inspection générale de l'environnement, juill. 2001.* – Le Pensec, Vers de nouveaux rivages. Sur la refondation du Conservatoire du littoral, *Doc. fr., juill. 2001.* – Ministère de l'Équipement, des Transports et du Logement, Rapport au Parlement sur l'application de la loi n° 86-2 du 3 janvier 1986 relative à l'aménagement, la protection et la mise en valeur du littoral et sur les mesures spécifiques prises en faveur du littoral, *févr. 1999.* – Ministère de l'Environnement, Le verdissement de l'administration, *Colloque Paris, 6 mars 1997, Doc. fr., mars 1997* (plusieurs interventions sur la gestion du domaine non bâti et sur l'évolution et la gestion des flottes de véhicules). – École nationale d'administration, La politique patrimoniale de l'État (promotion Marc-Bloch), *déc. 1996.* – Bonnot, Pour une politique globale et cohérente du littoral en France, *rapport au Premier ministre, Doc. fr., janv. 1995.* – Collard-Dutilleul et Romi, Propriété et protection de l'environnement, *Min. Environnement, janv. 1995.* – Rapports des juridictions administratives. Rapports et études du Conseil d'État : – Le patrimoine immatériel des personnes publiques, *Doc. fr., 2013.* – La valorisation économique des propriétés des personnes publiques, *Doc. fr., 2012.* – L'eau et son droit, *Rapport public 2010, EDCE n° 61.* – Les établissements publics, *Doc. fr., 2010.* – Le droit de préemption, *Doc. fr., 2008.* – Redevances pour service rendu et redevances pour occupation du domaine public, *Doc. fr., 2002.* – Collectivités publiques et concurrence, *Rapport public 2002.* – L'utilité publique aujourd'hui, *Doc. fr., 1999.* – Réflexions sur l'orientation du droit des propriétés publiques, *3e partie du rapport de la section du rapport et des études, juin 1986, EDCE 1987. 13 ; CJEG oct. 1991, hors-série, p. 148 ; RDI 1987. 313.* – **Cour des comptes, rapports publics annuels :** Le Mobilier national et les Manufactures nationales des Gobelins, de Beauvais et de la Savonnerie : une institution à bout de souffle, *Rapport public 2019, partie I, p. 245.* – L'Agence nationale pour la formation professionnelle des adultes (Afpa) : une réforme impérative, *Rapport public 2019, partie I, p. 307.* – Thermalisme et collectivités territoriales, un système fragile : le cas occitan, *Rapport public 2019, partie I, p. 433.* – Le regroupement immobilier des services centraux des ministères chargés de l'équipement, de l'environnement et du logement, *Rapport public 2018, partie I, p. 291.* – Le projet « Balard » : une réussite opérationnelle, un pilotage à renforcer, *Rapport public 2018, partie I, p. 315.* – Dix ans après le lancement de l'opération Campus, un premier bilan en demi-teinte, *Rapport public 2018, partie I, p. 387.* – Le stationnement urbain, *Rapport public 2017, partie I, p. 231.* – Le renouvellement des moyens de la douane, *Rapport public 2017, partie I, p. 566.* – Le bilan de la réforme des grands ports maritimes, *Rapport public 2017, partie II, p. 235.* – Les partenariats public-privé des collectivités territoriales : des risques à maîtriser, *Rapport public 2015, partie I, p. 147.* – SOVAFIM, un réexamen indispensable, *Rapport public 2014, partie I, p. 349.* – Les partenariats public-privé du plan Hôpital 2007 : une procédure mal maîtrisée, *Rapport public 2014, partie I, p. 369.* – Les ports de pêche en Bretagne, un pilotage régional à renforcer, *Rapport public 2013, partie I, p. 531.* – L'immobilier des collectivités territoriales : vers une gestion plus dynamique, *Rapport public 2013, partie I, p. 279.* – Le bilan de la décentralisation routière, *Rapport public 2012, partie I, p. 405.* – Les sous-préfectures, *Rapport public 2012, partie I, p. 709.* – Le patrimoine immobilier des hôpitaux non affecté aux soins, *Rapport public 2012, partie I, p. 941.* – Les communes balnéaires en Languedoc-Roussillon, *Rapport public 2012, partie I, p. 995.* – Un premier bilan des externalisations au ministère de la Défense, *Rapport public 2011, partie I, p. 489.* – La gestion du domaine skiable en Rhône-Alpes, *Rapport public 2011, partie I, p. 515.* – La SOVAFIM, un intervenant sans utilité réelle, *Rapport public 2011, partie I, p. 635.* – Le nouveau siège de l'Office Paris Habitat, *Rapport public 2011, partie I, p. 651.* – La transaction des Bons-Enfants, le problème du droit moral d'auteur en architecture, *Rapport public 2010, partie I, p. 137.* – Le parc automobile des services centraux de la police nationale, *Rapport public 2010, partie I, p. 159.* – Le domaine national de Chambord, *Rapport public 2010, partie I, p. 277.* – L'occupation et la gestion du parc locatif social, *Rapport public 2010, partie II, p. 53.* – Les cessions de biens immobiliers de prestige par France Domaine, *Rapport public 2009, partie I, p. 83.* – La gestion de leur patrimoine immobilier par les universités, condition d'une autonomie assumée, *Rapport public 2009, partie I, p. 439.* – Les péages autoroutiers, *Rapport public 2009, partie II, p. 61.* – L'État actionnaire : apports et limites de l'Agence des participations de l'État, *Rapport public 2008, partie I, p. 3.* – Les péages autoroutiers, *Rapport public 2008, partie I, p. 237.* – L'Imprimerie nationale : le coût d'une réforme mal pilotée, *Rapport public 2008, partie I, p. 417.* – La restructuration de l'immeuble des Bons-Enfants, *Rapport public 2008, partie I, p. 595.* – La gestion immobilière des ministères sociaux : la rénovation du site Ségur-Fontenoy, *Rapport public 2008, partie I, p. 619.* – Les opérations immobilières Kléber/Convention à Paris, *Rapport public 2008, partie I, p. 635.* – L'immeuble abritant le « pôle renseignement » du ministère de l'Intérieur, *Rapport public 2008, partie I, p. 657.* – La gestion immobilière du ministère chargé de l'équipement, *Rapport public 2008, partie II, p. 171.* – Trois aménagements à vocation culturelle et de loisirs, *Rapport public 2007, partie I, p. 447.* – La commune de Santa Maria Poggio (Haute-Corse), *Rapport public*

2007, partie I, p. 571. – La gestion administrative et financière de la préfecture de police à Paris, *Rapport public 2006, partie I, p. 149.* – La gestion du patrimoine immobilier du ministère de la Culture, *Rapport public 2006, partie I, p. 220.* – La cité internationale universitaire de Paris, *Rapport public 2006, partie I, p. 229.* – Le maintien en condition opérationnelle des matériels des armées, *Rapport public 2006, partie I, p. 253.* – Les bibliothèques universitaires, *Rapport public 2006, partie II, p. 400.* – La commune d'Amnéville (Moselle), *Rapport public 2006, partie II, p. 673.* – La comptabilité patrimoniale des collectivités territoriales : l'exemple de la ville de Paris, *Rapport public 2006, partie II, p. 715.* – Les opérations immobilières du ministère des Affaires étrangères, *Rapport public 2004, p. 65.* – La gestion immobilière des services judiciaires, *Rapport public 2003, p. 59.* – Les aéroports de Paris, *Rapport public 2002, p. 390.* – Le ministère de la Culture et le parc immobilier de l'État, *Rapport public 2001, p. 415.* – La gestion de l'établissement public du musée du Louvre, *Rapport public 2001, p. 453.* – Les musées nationaux et les collections nationales d'œuvres d'art, *Rapport public 2000, p. 161.* – L'entretien du réseau routier national, *Rapport public 2000, p. 606.* – La gestion des programmes d'armement par le ministère de la Défense, *Rapport public 1999, p. 155.* – L'acquisition par le ministère de l'Intérieur de douze bombardiers d'eau, *Rapport public 1998, p. 176.* – La gestion du parc de la Haute-Touche par le Muséum national d'histoire naturelle, *Rapport public 1998, p. 296.* **– Cour des comptes, rapports publics thématiques :** SNCF Réseau. Des réformes à approfondir, *déc. 2018.* – La politique immobilière de la justice. Mettre fin à la fuite en avant, *déc. 2017.* – Les soutiens publics à l'Euro 2016 en France, *sept. 2017.* – La gestion immobilière de La Poste, *mai 2015.* – Bureau de recherches géologiques et minières, exercices 2009 à 2012, *avr. 2015.* – L'Institut de France et les cinq académies : un patrimoine exceptionnel, une gestion manquant de rigueur, *avr. 2015.* – L'évolution des missions et de l'organisation des consulats français à l'étranger, *oct. 2013.* – La gestion du patrimoine immobilier des CHU affecté aux soins, *oct. 2013.* – Le campus de Jussieu : les dérives d'une réhabilitation mal conduite, *nov. 2011.* – Les aéroports français face aux mutations du transport aérien, *juill. 2008.* – Le réseau ferroviaire : une réforme inachevée, une stratégie incertaine, *avr. 2008.* – Les grands chantiers culturels, *déc. 2007.* – Les ports français face aux mutations du transport maritime : l'urgence de l'action, *juill. 2006.* – Le maintien en condition opérationnelle des matériels des armées, *déc. 2004.* – Les industries d'armement de l'État, *oct. 2001.* – La politique portuaire française, *oct. 1999.* – Les musées nationaux et les collections nationales d'œuvres d'art, *févr. 1997.* – La politique routière et autoroutière, évaluation de la gestion du réseau national, *mai 1992.* **– Cour des comptes, référés, rapports d'enquête, notes d'analyse et communications au Parlement :** Mission « Gestion du patrimoine immobilier de l'État » (note d'analyse annuelle). – Le contrat de concession et le devenir du Stade de France, *référé 17 sept. 2018.* – L'enjeu immobilier au sein de l'établissement public du palais de la porte Dorée, *référé 29 mai 2019.* – Le pilotage et le financement des très grandes infrastructures de recherche, *communication à la commission des finances du Sénat, mai 2019.* – La valorisation internationale de l'ingénierie et des marques culturelles. Le cas des musées nationaux, communication à la commission des finances du Sénat, *mars 2019.* – L'externalisation du soutien aux forces en opérations extérieures, *communication à la commission des finances de l'Assemblée nationale, janv. 2019.* – Le plan de relance autoroutier, *référé 23 janv. 2019.* – Le processus de privatisation des aéroports de Toulouse, Lyon et Nice, *communication à la commission des finances, de l'économie générale et du contrôle budgétaire de l'Assemblée nationale, oct. 2018.* – Les comptes et la gestion des services de la présidence de la République (exercice 2017), *rapport 24 juill. 2018, spéc. p. 12 s.* – Création de l'établissement public local « Paris La Défense », *référé 18 janv. 2018.* – Le dispositif de décote du foncier public en faveur du logement social, *référé 26 oct. 2017.* – Les archives nationales. Les voies et moyens d'une nouvelle ambition, *communication à la commission des finances du Sénat, nov. 2016.* – La gestion de la Polynésie française, *Affaires foncières, rapp. obs. 19 avr. 2016.* – La gestion des logements de fonction du ministère de l'Intérieur, *référé 14 avr. 2016.* – L'impact budgétaire et patrimonial pour l'État du projet de construction d'un stade fédéral de rugby par la Fédération française de Rugby (FFR), *référé 23 déc. 2015.* – Bilan de la politique immobilière de l'État, *référé 30 déc. 2014.* – Cessions de biens domaniaux par l'État à la Société nationale immobilière, *référé 6 déc. 2013.* – Gestion du Conservatoire de l'espace littoral et des rivages lacustres, *référé 4 avr. 2013.* – Les phares et balises : la gestion du patrimoine, *référé 7 févr. 2013.* – L'entretien du réseau ferroviaire national, *rapport d'enquête 11 oct. 2012.* – La stratégie immobilière du ministère de l'Écologie, du Développement durable, des Transports et du Logement, *référé 27 août 2012.* – La gestion du parc immobilier de la Direction générale des finances publiques, *référé 27 août 2012.* – L'immobilier du ministère de la Défense, *communication à la commission des finances de l'Assemblée nationale, oct. 2007.* **– Chambres régionales des comptes :** CRC Île-de-France, Les animations emblématiques conduites sur le domaine public – Ville de Paris, *déc. 2017.* **– Rapports parlementaires. Assemblée nationale :** Lagleize, La maîtrise des coûts du foncier dans les opérations de construction, *Rapp. au Premier min.,* *nov. 2019.* – **Rapports des commissions permanentes :** Mattei, Gestion du patrimoine immobilier de l'État, Commission de finances, *rapport n° 980, juin 2018.* – Linkenheld et Tétart, La mise en application de la loi n° 2013-61 du 18 janvier 2013 relative à la mobilisation du foncier public en faveur du logement et au renforcement des obligations de production de logement social, *rapport n° 2406, nov. 2014.* – Letchimy, Rapport législatif n° 1389 fait au nom de la Commission des affaires économiques sur la proposition de loi, adoptée par le Sénat, visant à prolonger la durée de vie des agences pour la mise en valeur des espaces urbains de la zone dite « des cinquante pas géométriques » et à faciliter la reconstitution des titres de propriété en Guadeloupe, en Guyane, en Martinique, à La Réunion, à Mayotte et à Saint-Martin, *19 sept. 2013.* – Giscard d'Estaing, Rapport d'information n° 3141 déposé par la Commission des finances : le bénéfice et le coût attendus de l'externalisation au sein du ministère de la Défense, *2 févr. 2011.* – Depierre, Rapport d'information n° 2711 déposé par la Commission des affaires culturelles : les grandes infrastructures sportives, *7 juill. 2010.* – Mariton, Rapport d'information n° 875 déposé par la Commission des finances : les péages ferroviaires, *7 mai 2008.* – Branget et Meyer, Rapport d'information n° 3650 déposé par la Commission de la défense nationale : l'établissement public d'insertion de la Défense, *31 janv. 2007.* – Francina, Rapport d'information n° 3591 déposé par la Commission de la défense nationale : les perspectives d'externalisation pour le ministère de la Défense, *17 janv. 2007.* – Kert, Rapport d'information n° 3530, déposé par la Commission des affaires culturelles : la conservation et l'entretien du patrimoine monumental, *19 déc. 2006.* – Gest, Rapport d'information n° 3199 déposé par la Commission des lois : l'application de la loi n° 2004-809 du 13 août 2004 relative aux libertés et responsabilités locales, *juin 2006.* – Le Guen, Rapport d'information n° 1740 déposé par la Commission des affaires économiques : l'application de la loi « littoral », *21 juill. 2004.* – Meyer, Rapport d'information n° 0328 déposé par la Commission de la défense nationale : l'entretien des matériels des armées, *23 oct. 2002.* – Dasseux, Rapport d'information n° 3595 déposé par la Commission de la défense nationale : l'externalisation de certaines tâches relevant du ministère de la Défense, *12 févr. 2002.* **– Assemblée nationale, mission d'évaluation et de contrôle (MEC) :** Giscard d'Estaing et Cazeneuve, Rapport d'information n° 3624 : les externalisations dans le domaine de la défense, *5 juill. 2011.* – Giscard d'Estaing et Olivier-Coupeau, Rapport d'information n° 2623 : les recettes exceptionnelles de la défense en 2009 et 2010, *10 juin 2010.* – Perruchot, Dell'Agnola et Rogemont, Rapport d'information n° 1719 : le musée du Louvre, *3 juin 2009.* – Deniaud et Dumont, Rapport d'information n° 923 : les suites données aux préconisations de la Mission d'évaluation et de contrôle sur l'immobilier de l'État, *4 juin 2008.* – Fourgous et Cazeneuve, Rapport d'information n° 717 : le financement des projets d'équipement naval militaire, *13 févr. 2008.* – Cornut-Gentille et Viollet, Rapport d'information n° 3254 : les programmes d'armement : l'exemple du véhicule blindé de combat d'infanterie, *5 juill. 2006.* – Woerth et Chartier, Rapport d'information n° 3255 : les services de l'État à l'étranger, *5 juill. 2006.* – Tron, Rapport d'information n° 2926 : le suivi de la Mission d'évaluation et de contrôle sur la gestion et la cession du patrimoine immobilier de l'État, *7 mars 2006* ; Tron et *alii*, Rapport d'information n° 2457 : la gestion et la cession du patrimoine immobilier de l'État et des établissements publics, *6 juill. 2005.* **– Sénat, rapports des commissions permanentes et délégations :** Carcenac et Nougein, Le recouvrement des amendes de circulation et des forfaits de post-stationnement : un système grippé ?, *Comm. finances, n° 651, juill. 2019.* – Chaize et Dagbert, Rapport (...) de la mission d'information sur la sécurité des ponts, *n° 809, 26 juin 2019.* – Dominati, Rapport d'information (...) sur l'enquête de la Cour des comptes sur les équipements de la police et de la gendarmerie (acquisition et utilisation), Comm. finances, *n° 717, sept. 2018.* – de Legge, Le parc immobilier des armées : quand l'intendance ne peut plus suivre (rapp. d'information Sénat, Comm. finances, *n° 661, juill. 2017*). – Mohamed Soilihi et *alii*, Rapport d'information (...) sur les conflits d'usage et la planification foncière dans les outre-mer, Délégation sénatoriale à l'outre-mer, *juill. 2017.* – Bouvard, Carcenac, Rapport d'information (...) sur l'avenir du compte d'affectation spéciale « Gestion du patrimoine immobilier de l'État », Commission des finances, n° 570, mars 2017. – Maurey, Rapport d'information (...) sur les infrastructures routières et autoroutières : un réseau en danger, Commission de l'aménagement du territoire et du développement durable, *mars 2017.* – Lefèvre, Pour que le « crime ne paie pas » : consolider l'action de l'AGRASC, *Commission des finances, n° 421, févr. 2017.* – Mohamed Soilihi et *alii*, Rapport d'information fait au nom de la Délégation sénatoriale à l'outre-mer : Domaines public et privé de l'État outre-mer, 30 propositions pour mettre fin à une gestion jalouse et stérile, *juin 2015.* – Maurey, Rapport d'information fait au nom de la délégation aux collectivités territoriales et à la décentralisation sur le financement des lieux de culte, *mars 2015.* – Grignon, Rome, Rapport d'information fait au nom de la Commission du développement durable, des infrastructures, de l'équipement et de l'aménagement du territoire et de la Commission sénatoriale pour le contrôle de l'application des lois sur l'application de la loi n° 2012-77 du 24 janvier 2012 relative à Voies Navigables de France, *juill. 2014.* – Gaillard,

Rapport d'information fait au nom de la Commission des finances sur les musées nationaux, *juin 2014*. – Herviaux, Bizet, Rapport d'information n° 297 fait au nom de la Commission du développement durable, des infrastructures, de l'équipement et de l'aménagement du territoire : Plaidoyer pour une décentralisation de la loi Littoral : un retour aux origines, *21 janv. 2014*. – Placé, Rapport d'information n° 91 fait au nom de la Commission des finances : police, gendarmerie : quelle stratégie d'investissement ?, *22 oct. 2013*. – Todeschini et Bailly, Rapport d'information n° 86 fait au nom de la Commission des finances : grands stades et arénas : pour un financement public les yeux ouverts, *17 oct. 2013*. – Caffet, Rapport d'information n° 16 fait au nom de la Commission des finances : l'enquête de la Cour des comptes relative au patrimoine immobilier des établissements publics de santé non affecté aux soins, *2 oct. 2013*. – Pillet et *alii*, Rapport d'information n° 1 fait au nom de la Commission des finances : les outils fonciers des collectivités locales, *1er oct. 2013*. – Dominati, Rapport d'information n° 774 fait au nom de la Commission des finances : le « Centre de Gouvernement ». Réussir la rationalisation du parc immobilier d'entités rattachées au Premier ministre, *17 juill. 2013*. – de Montgolfier et Dallier, Rapport d'information n° 627 fait au nom de la Commission des finances : le bilan immobilier de la réforme de la carte judiciaire : recommandations pour une justice mieux logée, *5 juin 2013*. – Mézard et Pointereau, Rapport d'information n° 617 fait au nom de la délégation aux collectivités territoriales : les infrastructures de transport et les collectivités territoriales, *30 mai 2013*. – Caffet, Rapport d'information n° 270 fait au nom de la Commission des finances : l'enquête de la Cour des comptes relative au patrimoine immobilier des établissements publics de santé non affecté aux soins, *18 janv. 2012*. – Bricq, Rapport d'information n° 327 fait au nom de la Commission des finances : la cession de l'hippodrome de Compiègne, *mars 2011*. – Gaillard, Rapport d'information n° 48 fait au nom de la Commission des finances : le Centre des monuments nationaux : un colosse aux pieds d'argile, *oct. 2010*. – Adnot et Dupont, Rapport d'information n° 578 fait au nom de la Commission de la culture et la Commission des finances : l'autonomie immobilière des universités : gageure ou défi surmontable ?, *juin 2010*. –Trucy et Boulaud, Rapport d'information n° 503 fait au nom de la Commission des affaires étrangères et la Commission des finances : la politique immobilière du ministère de la Défense, *mai 2010*. – du Luart, L'implantation du TGI de Paris, *oct. 2009*. – Bricq, Rapport d'information n° 510 fait au nom de la Commission des finances : l'État locataire : une gestion à bâtir, *1er juill. 2009*. – Girod, Rapport d'information n° 396 fait au nom de la Commission des finances : le patrimoine immobilier de la Banque de France, *12 juin 2008*. – Fréville, Rapport d'information n° 352 fait au nom de la Commission des finances : la structure intégrée de maintien en condition opérationnelle des matériels aéronautiques du ministère de la Défense (SIMMAD) et le maintien en condition opérationnelle des matériels aéronautiques du ministère de la Défense, *21 mai 2008*. – Reiner, Billout et Biwer, Rapport d'information n° 196 fait au nom de la Commission des affaires économiques : les infrastructures de transport : remettre la France sur la bonne voie, *6 févr. 2008*. – Gouteyron, Girod, Angels et Beaufils, Rapport d'information n° 37 fait au nom de la Commission des finances : mieux identifier l'État propriétaire, *17 oct. 2007*. – Vinçon, Rapport d'information n° 370 fait au nom de la Commission des affaires étrangères : les équipements militaires, le souhaitable et le possible, *11 juill. 2007*. – Bourdin, Rapport d'information n° 64 fait au nom de la Commission des finances sur l'établissement public « les Haras nationaux », *nov. 2006*. – Nachbar, Rapport d'information n° 38 fait au nom de la Commission des affaires culturelles : l'entretien et la sauvegarde du patrimoine architectural, *oct. 2006*. – Masseret, Rapport d'information n° 354 fait au nom de la Commission des finances : l'enquête de la Cour des comptes relative à la gestion du patrimoine immobilier du ministère de l'Équipement, *17 mai 2006*. – Fréville, Rapport d'information n° 426 fait au nom de la Commission des finances : le maintien en condition opérationnelle de la flotte, *22 juin 2005*. – Gélard, Rapport d'information n° 421 fait au nom de la Commission des affaires économiques : l'application de la loi « littoral » : pour une mutualisation de l'aménagement du territoire, *21 juill. 2004*. – Richert, Rapport d'information n° 379 fait au nom de la Commission des affaires culturelles : la gestion des collections des musées, *3 juill. 2003*. – Legendre, Rapport d'information n° 361 fait au nom de la délégation à l'Assemblée du Conseil de l'Europe : la protection des biens culturels africains, *24 juin 2003*. – Dupont, Rapport d'information n° 213 fait au nom de la Commission des affaires culturelles : voyage au bout... de l'immobilier universitaire, *18 mars 2003*. – de Catuelan, Rapport d'information n° 9 fait au nom de la Commission des affaires économiques : les modalités de mise en valeur du patrimoine maritime et sur la création d'une Fondation nationale pour le patrimoine culturel maritime et fluvial, *15 oct. 1992*. – **Sénat, études de législation comparée :** L'aliénation des collections publiques, *Étude de législation comparée n° 191, document de travail, déc. 2008*. – Le régime d'administration des ports maritimes, *Étude de législation comparée n° 32, document de travail, janv. 1998*. – **Rapports d'institutions privées, de groupements de collectivités et de laboratoires de recherche :** ADCF, La mise en œuvre de la compétence voirie au sein du bloc local, *avr. 2018*. – Institut de la gestion déléguée. – Mandelkern et *alii*, Valorisation des propriétés publiques, *2004*. – Bettinger, La gestion patrimoniale du domaine public, *avr. 2001*. – Institut Montaigne. – Klinger, Infrastructures de transports : lesquelles bâtir, comment les choisir ?, *juill. 2008*. – Quême, Immobilier de l'État : quoi vendre, pourquoi, comment, *déc. 2005*. – SOVAFIM. – Rapports d'activité annuels (depuis 2007). Club des juristes. Bail réel immobilier et bail réel immobilier administratif (dossiers spéciaux *in* RDI 9/2013 ; RFDA 4/2013). Fondation IFRAP (publications sur l'immobilier public). Cerdeau, Foncier public et production de logements : quelles alternatives ?, *2012*.

9) *Variae* : Encyclopédies. Les vieux répertoires, Guyot, Merlin, Fuzier-Hermann, Dalloz, Béquet, etc. contiennent de nombreux développements sur les questions domaniales, de même que les grandes collections actuelles du *JurisClasseur* (V. en particulier : *J.-Cl. Administratif* et *J.-Cl. Collectivités territoriales*). C'est également le cas de certains ouvrages consacrés au droit public économique (*Droit public des affaires*, Lamy) et plus spécifiquement au droit des contrats publics (*Contrats publics spéciaux*, Le Moniteur), ainsi qu'au contentieux administratif (*Pratique du contentieux administratif*, Dalloz), au droit des collectivités territoriales (*Encyclopédie Dalloz, Collectivités locales*) ou au droit immobilier (*Répertoire du droit immobilier*, Dalloz). La seule encyclopédie contemporaine spécifiquement dédiée aux questions domaniales est le *JurisClasseur Propriétés publiques*. Anciens usuels. – Allard et Kienert, Le droit administratif du domaine public et de la voirie, *Eyrolles, 1967*. – Dementhon, Traité du domaine de l'État, *Dalloz, 6e éd., 1964*. – Lanoë, Flavien-Girard, Traité du domaine de l'État. Guide théorique et pratique des opérations domaniales, *Lefebvre, 3e éd., 1948*. – Lesage, Traité pratique des moyens de défense du domaine national, *Saint-Nazaire, 1905*.
Revue spécialisée. *Dr. voirie*. La revue des propriétés publiques (anciennement Les Annales de la voirie, depuis 1845).
Dossiers spéciaux. Domanialité publique et mise en concurrence, *Droit et ville 2019/1* (n° 87). – Gestion du patrimoine : une source d'économie pour les collectivités : https://www.lagazettedescommunes.com/dossiers/gestion-du-patrimoine-une-source-deconomie-pour-les-collectivites/. – Occupation du domaine public : limites et libertés : http://www.lagazettedescommunes.com/dossiers/occupation-du-domaine-public-limites-et-libertes/ – Patrimoine, domaine des collectivités et CGPPP, *AJCT déc. 2016*. – Le CGPPP dix ans après, *AJDA 3 oct. 2016*. – L'exploitation commerciale de la voirie publique. Enjeux juridiques et financiers, *JCP Adm. 2016, n° 29-33*. – Le contentieux des conventions d'occupation du domaine public, *CP-ACCP févr. 2016*. – L'optimisation du patrimoine des collectivités territoriales, *RLCT mai 2014, n° 101, p. 43 s.* – Cessions immobilières et propriétés publiques, *CP-ACCP déc. 2013, p. 25-72*. – L'occupation du domaine privé des personnes publiques, *Actes prat. ing. immobilière juill.-sept. 2013*. – 109e Congrès des notaires de France, Propriétés publiques : quels contrats pour quels projets ?, *JCP N 7 juin 2013 ; JCP N 12 juill. 2013, hors-série ; JCP Adm. 10 juin 2013 ; LPA 6 juin 2013 ; Defrénois 1er juin 2013, hors série*. – La valorisation du patrimoine matériel des collectivités territoriales, *AJCT 2013. 72 s.* – L'occupation du domaine privé des personnes publiques, *Actes prat. ing. immobilière juill.-sept. 2013*. – La valorisation du patrimoine immatériel des collectivités territoriales, *AJCT 2013. 120 s.* – Externalisation des propriétés publiques : techniques, enjeux et résultats : dir. Chamard-Heim et de Gaudemar, *JCP Adm. 2012, n° 17*. – Le domaine public, entre valorisation et protection, *Gaz. cnes 7 mai 2012, cah. n° 2*. – Patrimoine public. *Rebus sic stantibus, Ét. foncières 1/2012*. – Les ressources publiques : crise et stratégies, *RFAP n° 4, 2012*. – Vente immobilière, personnes publiques et droit de l'Union européenne, *JCP Adm. 2011, n° 47 ; JCP N 2011, n° 47*. – La notion de « bien public », *Gaz. Pal. 2011, nos 273-274*. – Le domaine public naturel, *AJDA 2009, n° 42*. – La décentralisation aéroportuaire, *RFDA 2009, n° 6*. – Les biens, *Cah. dr. intercommunalité avr.-juin 2008, n° 2*. – Immobilier et collectivités publiques : L'ENA hors les murs, *avr. 2008, n° 380*. – Les nouvelles méthodes de gestion des biens publics, *AJDA 14 mai 2007*. – L'occupation du domaine public en question, *CP-ACCP avr. 2006, n° 54*. – Le droit du domaine entre impératif de protection et souci de valorisation, *AJDA 21 mars 2005*. – Domaine public : le connaître pour mieux le gérer, *Géomètre oct. 2004, suppl.* – La propriété publique : identification et délimitation, *Géomètre juin 2002*. – Les titres constitutifs de droits réels sur le domaine public, *JCP N 13 sept. 1996*. – L'État, propriétaire immobilier, *Administration 1992, n° 155*. – Domaine public et activités économiques, *CJEG oct. 1991, hors-série*. – Connaître, maintenir, valoriser le patrimoine immobilier des collectivités territoriales, *Décideurs locaux, 1990*.
Chroniques. *JCP Adm. (chronique trimestrielle, Institut d'études administratives, Lyon III) ; Ius Publicum Network Review ; Dr. voirie ; Rev. CMP (chronique annuelle) ; RDI.*

10) Codification du droit des propriétés publiques : J.-Cl. Propriétés publiques. Giacuzzo, Code général de la propriété des personnes publiques, *fasc. 6*.
Avant l'ordonnance du 21 avril 2006. Gaudemet et *alii*, La réforme du droit des propriétés publiques, une contribution, *RJEP avr. 2004. 163*. – Institut de la gestion déléguée, La réforme

du droit des propriétés publiques, *LPA 23 juill. 2004, n° spécial.* - Gaudemet, Le droit des propriétés publiques : état d'une réforme, *Justice et cassation 2005. 151.*
Depuis l'ordonnance du 21 avril 2006. Ouvrages. Code général de la propriété des personnes publiques, *JO mars 2011, Doc. fr.* - Deffigier, Lachaume et Pauliat, Code général de la propriété des personnes publiques commenté, *Le Moniteur, 3e éd., 2012.* - Guérard (dir.), Réflexions sur le Code général de la propriété des personnes publiques, *Litec, 2007.* - Vidal (dir.), Code général de la propriété des personnes publiques commenté, *éd. Weka, 2007.* - Yolka (dir.), Code général de la propriété des personnes publiques commenté, *LexisNexis, 3e éd., 2014.*
Partie législative. Dossiers spéciaux, *AJDA 2006, n° 20 ; ibid. 2007, n° 18 ; Cah. jur. coll. terr. févr. 2007, n° 109 ; CP-ACCP nov. 2006, n° 60 ; Dr. et patr. 3/2009 ; JCP Adm. 2006. 43 ; JCP N 2006. 43-44 ; Actualités JuriSanté avr. 2006, n° 53 ; RFDA 2006, n° 5 ; RJEP nov. 2006 ; RLCT juill.-août 2006, juill. 2008 ; Cah. jur. coll. terr. févr. 2007.*
Partie réglementaire. *CP-ACCP mars 2012, n° 119 ; JCP Adm. 2012, n° 6, p. 22-44.*
Bilan. Le CGPPP, sept ans après, *AJDA 2013. 959* ; *ibid. 997.* - Le CGPPP, dix ans après, *AJDA 2016. 1784-1815*.
Articles. Arzul, La codification des règles relatives au domaine public fluvial, *Ann. voirie et envir. juill.-août 2006. 137.* - Bachelier, Les nouvelles dispositions relatives au domaine des communes, *Vie cnale et dptale mai 2006, 2e cahier.* - Baudeneau, CGPPP : une réforme bienvenue, *Gaz. cnes 9 oct. 2006, p. 62.* - Bénoit, Le Code général de la propriété des personnes publiques : une codification réformatrice, *Encycl. Coll. locales, Dalloz, mai 2006, p. 3.* - Bon, Le notaire et les propriétés publiques : les enjeux de l'application dans le temps du Code général de la propriété des personnes publiques, *Bull. CRIDON Paris, 15 oct. 2013, n° 20, p. 6.* - Cazcarra et Melleray : Cinq années de Code général de la propriété des personnes publiques. De l'ordonnance du 21 avril 2006 au décret du 22 novembre 2011, *Gaz. cnes 9 avr. 2012, Cahier Détaché n° 2.* - Charrel et Monflier, Le CGPPP, un compromis entre modernité et tradition, *Dr. et patr. 4/2008. 38.* - Colly, Le nouveau domaine public fluvial des collectivités territoriales : une véritable chance ?, *RLCT juill. 2008. 64.* - Public et privé dans le Code général de la propriété des personnes publiques, *Mél. Mazères, LexisNexis, 2009, p. 137.* - de David Beauregard-Berthier, La définition du domaine public mobilier par le Code général de la propriété des personnes publiques, *Mél. Frier, PUPS, 2010, p. 119.* - Delacour, Enfin le Code de la propriété des personnes publiques !, *Rev. CMP 2006. Comm. 164.* - Delvolvé, Regard extérieur sur le code, *RFDA 2006. 899*. - Dutrieux, Le nouveau Code de la propriété publique, *Ét. foncières 2006, n° 122, p. 7.* - Émery, La France se dote d'un nouveau Code de la propriété des personnes publiques, *Mon. TP 28 avr. 2006, p. 22* ; Propriétés publiques. Le nouveau code en 10 questions, *Mon. TP 5 mai 2006, p. 80, et cahier spécial, p. 1 s.* - Eveillard, L'application dans le temps des nouveaux critères de définition du domaine public, *Dr. adm. nov. 2010, p. 17.* - Eyrignoux, Que reste-t-il de la spécificité de l'État en matière domaniale après le Code général de la propriété des personnes publiques ?, *Dr. et ville 2008, n° 65, p. 131.* - Hoffmann, L'adoption de la partie réglementaire du Code général de la propriété des personnes publiques, *Lamy Droit public des affaires, bull. janv. 2012, n° 164.* - Gaudemet, Le nouveau Code général de la propriété des personnes publiques, une mise en perspective, *RJEP 2006. 403* ; Le domaine public cultuel dans le Code général de la propriété des personnes publiques, *Mél. Genevois, Dalloz, 2009, p. 455* ; Pour un acte II du droit des propriétés publiques..., *RJEP janv. 2014. 1.* - Goutal, Le Code général de la propriété des personnes publiques, *Gaz. cnes 26 juin 2006, p. 52.* - Guérard, La domanialité codifiée en questions, *RLCT juill.-août 2006. 45.* - Hubrecht et Melleray, Le Code général de la propriété des personnes publiques, *Dr. adm. 2006. Étude 15.* - Labetoulle, Codification..., *JCP Adm. 2012, n° 6, p. 23* ; Présentation du Code général de la propriété des personnes publiques, *JCP Adm. 2006. 1359 ; JCP N 2006. 1881.* - Lachaume, Pauliat, La gestion du domaine : une nécessaire protection, *JCP Adm. 2012, n° 6, p. 25.* - Lignières, Lazar, Propriétés des personnes publiques : faire vivre le nouveau code, *Dr. adm. 2006. Prat. 7.* - Maugüé, La réforme du droit des propriétés publiques et la gestion du patrimoine public, *BJCL 2007. 258.* - Maugüé, Bachelier, Genèse et présentation du Code général de la propriété des personnes publiques, *AJDA 2006. 1073* ; Le Code général de la propriété des personnes publiques : le droit des biens enfin modernisé, *Cah. fonct. publ. 5/2006, n° 256, p. 4* ; Le Code général de la propriété des personnes publiques et les collectivités territoriales, *BJCL 2006. 546* ; La ratification du Code général de la propriété des personnes publiques, enfin !, *AJDA 2009. 1177* ; Le Code général de la propriété des personnes publiques en 2013 : un long fleuve tranquille ?, *RJEP 2013. Étude 5.* - Mirot, Le CG3P, entre modernisation et poursuite de l'intérêt général, *Bull. act. Lamy droit immobilier, 2006. 135. 1.* - Papapolychroniou, L'indisponibilité des biens affectés à une utilité publique, réflexions au regard du Code général de la propriété des personnes publiques, *RRJ 2007, n° 3, p. 1415.* - Pauliat, La partie réglementaire du Code général de la propriété des personnes publiques : la recherche d'une sécurisation des procédures, *JCP Adm. 2011, n° 50, p. 1* ; Acquisition et cession dans le Code général de la propriété des personnes publiques : quelques enseignements de la

partie réglementaire, *JCP Adm. 2012, n° 6, p. 32.* – Peyrical et Blondel, Propriétés publiques. Un nouveau code pour changer d'ère, *Mon. TP 9 juin 2006, p. 76.* – Pignon, Aperçu des apports du nouveau Code général de la propriété des personnes publiques, *RLCT juill.-août 2006. 38.* – Pisani, Bosgiraud, Premières réflexions de la pratique sur le Code général des propriétés publiques, *AJDA 2006. 1098*. – Proot, Le champ d'application du Code général de la propriété des personnes publiques, *CP-ACCP nov. 2006, p. 32* ; Le CG3P, *Le magazine des affaires, juin 2006, p. 48.* – Royer, Codification et réforme du droit domanial, *AJDA 2006. 844.* – Véron, L'intégration du domaine public fluvial dans le CGPPP n'est pas une révolution, *Dr. envir. déc. 2006, n° 144, p. 378.* – Yolka, Naissance d'un code : la réforme du droit des propriétés publiques, *JCP Adm. 2006, p. 687 ; JCP E 2006. Actu. 269 ; JCP 2006. 1091 ; JCP N 2006. 1126* ; Après le code, *JCP 2007, hors-série, cahier 2, p. 86* ; Propriétés publiques : la chronique législative du printemps, *JCP Adm. 2009, n° 28, p. 38.*
Ordonnance du 19 avril 2017 : *JO 20 avr. 2017 ; ACCP juill. 2017, n° 178, obs. Granjon et Sery ; AJCT 2017. 237, comm. Demunck ; AJCT oct. 2017 (dossier pp. 479-497) ; AJDA 2017. 1606, chron. Maugüé et Terneyre ; ibid. 1102, tribune Noguellou et Terneyre ; ibid. 2110, étude Sudres ; AJDI 2017. 663, obs. de Dieuleveult ; BJCP 2017. 205, étude Clamour ; Bull. Cheuvreux mai 2017, p. 30, comm. Raunet et Leonetti ; ibid. août 2017, p. 15, comm. Leonetti et Couasnon ; Cah. CRIDON Lyon sept. 2017, p. 21, obs. Ory ; Rev. CMP 2017. Comm. 114, note Clamour ; ibid. oct. 2017. 61, obs. Heckenroth ; ibid. nov. 2017, Prat. 10, obs. Moustier et Lavabre ; Rev. CMP 2018. Prat. 2, obs. Heckenroth ; Rev. CMP 2018. Prat. 3, obs. Dejoux et Coulange ; Dr. adm. 2017. Alerte 86 et Étude 10, comm. Roux ; Dr. voirie 2017, p. 118, comm. Douence ; LEDIM juin 2017, p. 3, obs. Car ; J.-Cl. Propriétés publiques, fasc. 77-50, obs. Hansen ; JCP Adm. 2018. 2046, chron. Martin et Pellissier ; ibid. 2018. 2003, étude Lekkou ; ibid. 2017. 2122, comm. Hansen ; ibid. Actu. 420, obs. Patino-Martin ; JCP 2017. Doctr. 1000, comm. Lenoir ; JCP N 2017, n° 1169, étude Raunet et Leonetti ; Lettre cadre territ. 6 juill. 2017, comm. Colson ; RDI 2017. 97, 98 et 184, obs. Foulquier ; RDI 2018. 8, étude Braconnier ; RFDA 2017. 705, comm. Sorbara.*

11) Circulaires et instructions domaniales (depuis le 1er juill. 2006) : Instr. du 24 juill. 2006 relative au traitement et conservation des documents détenus par les services du Domaine, dans le cadre du transfert du Domaine à la Direction générale de la comptabilité publique. – Circ. du 18 août 2006 relative à l'attribution au ministère chargé de l'environnement des compétences en termes de police de l'eau sur le domaine public fluvial navigable (DPFN) et régime applicable au contrôle de la sécurité des barrages faisant partie de ce DPFN. – Instr. du 27 nov. 2006 relative au suivi des cessions et des mises en chantier des terrains publics à des fins de logement. – Circ. du 21 déc. 2006 relative à la mise en œuvre de l'art. 18 de L. n° 2004-809 du 13 août 2004 relative aux libertés et responsabilités locales et aux cessions des terrains du domaine privé de l'État acquis en vue de l'aménagement des routes nationales transférées aux départements. – Instr. du 29 déc. 2006 relative aux redevances d'occupation du domaine public et privé de l'État. – Instr. du 15 janv. 2007 relative au compte de commerce du domaine. – Instr. du 19 janv. 2007 relative au transfert de la gestion du domaine à la direction générale de la comptabilité publique. – Instr. du 19 janv. 2007 relative à la gestion des ventes mobilières. – Instr. du 1er févr. 2007 relative au compte d'affectation spéciale « gestion du patrimoine immobilier de l'État ». – Circ. interministérielle du 20 févr. 2007 relative à l'intervention du Conservatoire de l'espace littoral et des rivages lacustres sur le domaine public maritime et à l'élaboration de la stratégie nationale et géographique d'intervention du Conservatoire du littoral sur le domaine public maritime en concertation avec les services de l'État concernés. – Circ. du 28 févr. 2007 relative à la modernisation de la gestion du patrimoine immobilier de l'État. – Circ. du 28 mars 2007 relative au transfert aux départements des routes nationales d'intérêt local dans le cadre de la L. n° 2004-809 du 13 août 2004 relative aux libertés et responsabilités locales, et à la fixation et perception des redevances sur le domaine routier transféré. – Circ. du 18 avr. 2007 relative à la gestion des actifs immatériels de l'État. – Instr. du 14 mai 2007 relative aux redevances d'occupation du domaine public et privé de l'État. – Instr. du 21 juin 2007 relative à la gestion des successions abandonnées. – Instr. du 19 juill. 2007 relative à la gestion des cités administratives. – Circ. du Premier ministre du 14 déc. 2007 relative au programme national de mobilisation du foncier public en faveur du logement et de l'aménagement durable. – Instr. du 28 mars 2008 relative aux inventions brevetables des agents du ministère de la Défense. – Circ. du 6 mai 2008 relative aux nouvelles procédures de cession du foncier public. – Circ. du 22 mai 2008 relative au récolement des dépôts d'œuvre d'art. – Circ. du 15 janv. 2009 relative à la réglementation des aides à l'immobilier d'entreprise et à la modification du Décr. n° 2007-1282 du 28 août 2007 relatif aux aides à l'investissement immobilier et à la location d'immeubles accordées aux entreprises par les collectivités territoriales et à leurs groupements. – Circ. du 16 janv. 2009 relative à la politique immobilière de l'État. – Circ. du 9 févr. 2009 relative à la valorisation des terrains des établissements publics ferroviaires dans le cadre de cessions pour la construction de logements sociaux. – Circ. du 11 mars 2009 relative à la consultation obligatoire du service des domaines (ou France Domaine) en matière d'opérations immobilières. - Circ. du 23 mars 2009 relative à la valorisation des mises à disposition de lieux et espaces du domaine de l'État. - Circ. du 24 déc. 2009 relative aux conséquences des dispositions du Code des propriétés publiques sur la situation des tiers occupants dans les palais de justice. - Circ. du 14 janv. 2010 relative à la réglementation des aides à l'immobilier d'entreprise. - Circ. du 10 févr. 2010 relative à la gestion des œuvres d'art ou objets appartenant à l'État. - Circ. du 5 mars 2010 relative aux dépôts et à la gestion des marques de l'État. - Circ. du 2 juill. 2010 relative à l'État exemplaire - rationalisation de la gestion du parc automobile de l'État et de ses opérateurs. - Circ. du 1er avr. 2011 relative à la fonction archives. - Instr. du 23 mai 2011 relative aux schémas directeurs immobiliers de base de défense. - Circ. du 29 juill. 2011 relative aux édifices du culte : propriété, construction, réparation et entretien, règles d'urbanisme, fiscalité. - Circ. du 14 nov. 2011 relative au transfert de propriété à titre gratuit des biens immobiliers des parcs de l'Équipement en application de la L. n° 2009-1291 du 26 oct. 2009. - Circ. du 20 janv. 2012 relative à la gestion durable et intégrée du domaine public maritime naturel. - Instr. du 15 mars 2012 (fiscalité des opérations d'échange). - Instr. du 26 juill. 2012 relative à la gestion forestière des sites militaires par l'ONF. - Instr. du 14 févr. 2013 relative à la politique immobilière du ministère de la Défense. - Circ. du 2 avr. 2013 relative à la mobilisation du foncier public en faveur de la construction de logements. - Circ. du 16 déc. 2014 relative à l'expérimentation des schémas directeurs immobiliers régionaux. - Circ. du 15 juin 2015 relative aux activités commerciales sur le domaine public. - Circ. du 6 juill. 2015 relative à la mobilisation du foncier public en faveur du logement. - Circ. du 20 juill. 2015 relative au dispositif de gestion des marques de l'État et prestations de l'Agence du patrimoine immatériel de l'État (APIE) en matière de noms de domaine. - Circ. du 19 août 2015 relative à la procédure d'expertise des opérations immobilières. - Circ. du 7 oct. 2015 relative au cadre stratégique commun de modernisation des archives. - Circ. du 3 déc. 2015 relative aux parcelles forestières classées biens vacants sans maître. - Note du 28 janv. 2016 relative au renouvellement général des locations du droit de pêche de l'État au 1er janv. 2017. - Circ. du 27 avr. 2016 relative à la gouvernance de la politique immobilière de l'État. - Instr. du 18 mai 2016 relative aux actes, contrats et conventions d'occupation ou d'utilisation des forêts de l'État gérées par l'Office national des forêts. - Instr. du 19 juill. 2016 relative à l'application du régime forestier à l'ensemble des bois et forêts susceptibles d'aménagement, d'exploitation régulière ou de reconstitution appartenant aux collectivités et personnes morales énumérées à l'art. L. 211-1 du code forestier, ou sur lesquels elles ont des droits de propriété indivis. - Circ. du 19 juill. 2016 sur la gestion de la propriété intellectuelle issue des établissements publics investis d'une mission de recherche et plus particulièrement de la copropriété entre personnes publiques ; désignation d'un mandataire unique en cas de copropriété. - Instr. du 25 juill. 2016 fixant les modalités de cession et de transfert de gestion des biens mobiliers relevant du service du commissariat des armées. - Circ. du 19 sept. 2016 relative aux schémas pluriannuels de stratégie immobilière des opérateurs de l'État. - Circ. du 6 oct. 2016 relative à la mobilisation du foncier pour le programme immobilier pénitentiaire. - Circ. du 27 févr. 2017 sur la gouvernance de la politique immobilière au niveau local. - Circ. du 19 oct. 2017 sur l'application de l'ordonnance du 19 avr. 2017 aux fêtes foraines et cirques. - Note technique du 3 nov. 2017 relative à l'appréciation de la compatibilité des décisions d'occupation du domaine public maritime avec les objectifs environnementaux des plans d'actions pour le milieu marin. - Circ. du 9 févr. 2018 relative à l'organisation des conférences immobilières 2018. - Instr. du 15 mars 2018 relative à la médiation du préfet concernant la répartition des responsabilités et des charges financières concernant les ouvrages d'art de rétablissement des voies, prévue à l'article L. 2123-10 du code général de la propriété des personnes publiques. - Instr. du 22 juin 2018 relative à la détermination de la valeur des biens meubles cédés gratuitement au titre du 8° de l'article L. 3212-2 du code général de la propriété des personnes publiques et n'ayant pas le statut de matériels de guerre et assimilés. - Circ. du 7 août 2018 sur les conditions d'application de l'ordonnance du 19 avril 2017 s'agissant des activités foraines et circassiennes. - Circ. du 3 sept. 2018 relative à la loi n° 2018-701 du 3 août 2018 renforçant la lutte contre les rodéos motorisés. - Instr. du 10 déc. 2018 fixant les modalités de cession et de transfert de gestion des biens mobiliers relevant du service du commissariat des armées. - Circ. du 2 janv. 2019 relative à l'architecture de la marque France. - Instr. du 15 févr. 2019 relative à l'organisation des conférences immobilières 2019. - Circ. du 15 avr. 2019 relative à la gestion des biens culturels mobiliers d'intérêt public appartenant à l'État dans les administrations. - Instr. du 22 juill. 2019 modifiant la circ. du 19 oct. 2017 relative à l'application des dispositions de l'Ord. du 19 avr. 2017 aux professions foraines et circassiennes. - Circulaire du 17 févr. 2020 relative à la nouvelle stratégie de marque de l'État.

12) Web : https ://immobilier-etat.gouv.fr/

CODE GÉNÉRAL DE LA PROPRIÉTÉ DES PERSONNES PUBLIQUES

COMMENTAIRE

INTRODUCTION GÉNÉRALE

Le code général de la propriété des personnes publiques est récent, sa partie législative ayant été adoptée par voie d'ordonnance en avril 2006 (V. Ord. n° 2006-460 du 21 avr. 2006 relative à la partie législative du code général de la propriété des personnes publiques) et ratifiée par le législateur trois ans plus tard (V. art. 138 de la L. n° 2009-526 du 12 mai 2009 de simplification et de clarification du droit et d'allégement des procédures). Quant à sa partie réglementaire, sa publication, qui conditionnait l'entrée en vigueur de certaines dispositions de la partie législative du code (V. art. 8 de l'Ord. n° 2006-460), est intervenue, pour ce qui est de ses quatre premières parties, par un décret publié cinq ans plus tard (V. Décr. n° 2011-1612 du 22 nov. 2011 relatif aux première, deuxième, troisième et quatrième parties réglementaires du code général de la propriété des personnes publiques, *JO* 24 nov.). Le décret relatif à la Guadeloupe, la Guyane, la Martinique, La Réunion et la collectivité de Saint-Pierre-et-Miquelon s'est fait attendre trois ans de plus (Décr. n° 2014-930 du 19 août 2014 relatif aux livres Ier et II de la 5e partie réglementaire du CGPPP et modifiant ce code et divers textes réglementaires, *JO 22 août*).

Ce code succède au code du domaine de l'État (dont certaines dispositions réglementaires demeurent toutefois en vigueur, spécialement à Saint-Barthélemy et à Saint-Martin).

Il convient également de relever que la partie A du code du domaine de l'État, lequel avait été édicté par un décret du 28 décembre 1957 (V. Décr. n° 57-1336 du 28 déc. 1957 portant réforme des règles de gestion et d'aliénation des biens du domaine national et codifiant, sous le nom de code du domaine de l'État, des textes applicables en ce domaine), n'a pas été abrogée par le Décret n° 2011-1612 du 22 novembre 2011.

Portant sur un chapitre essentiel du droit administratif, le CGPPP n'a pas échappé aux transformations contemporaines de ce dernier et illustre même à merveille les évolutions formelles et substantielles de la discipline, la place du droit écrit allant croissant en matière administrative et les considérations de rentabilité prenant désormais régulièrement le pas sur la conception traditionnelle de l'intérêt général, davantage axée sur la protection des biens publics que sur leur valorisation économique.

Issu d'une procédure de codification largement originale (I), ce code repose sur des choix clairement affichés par les codificateurs (II).

I. LA PROCÉDURE DE CODIFICATION

L'ampleur de la codification opérée explique en partie qu'elle se soit longtemps fait attendre.

A. UNE CODIFICATION LONGTEMPS ATTENDUE

Les praticiens et observateurs du droit des propriétés publiques s'accordaient – depuis le milieu des années 1980, au moins – sur l'utilité, voire la nécessité, de réformer le code du domaine de l'État, ce dernier n'ayant « pas fait l'objet d'une révision d'ensemble depuis

1970 », comme le soulignait d'ailleurs le rapport de présentation de l'ordonnance du 21 avril 2006.

Ce dernier code, à certains égards vieux dès sa naissance (que l'on songe seulement à la définition obsolète du domaine public que proposait son article L. 2, définition d'ailleurs négligée par la jurisprudence), méritait d'être largement réécrit afin d'adapter le cadre de présentation de la matière aux évolutions récentes du droit (approfondissement progressif de la décentralisation et développement de l'exploitation des propriétés publiques, en particulier) et de les prolonger. Marie-Aimée Latournerie pouvait ainsi écrire en 1987, présentant les *Réflexions sur les orientations du droit des propriétés publiques* adoptées quelques mois plus tôt par la section du rapport et des études du Conseil d'État, que le code du domaine de l'État « n'a pas réussi, en raison d'une certaine confusion conceptuelle, à devenir l'outil de référence indiscuté des gestionnaires des propriétés publiques et des praticiens et théoriciens du droit ».

Envisagé dès la fin des années 1980, le projet fut confié à partir du début des années 1990 à une commission interministérielle présidée par le conseiller d'État Max Querrien. Cette dernière rédigea, dans un délai qu'explique probablement pour partie la faiblesse des moyens matériels mis au service de cette mission, un projet de code des propriétés publiques, au contenu apparemment peu innovant, qui fut achevé en 1999 sans jamais être rendu public.

Puis, à la suite du changement de majorité parlementaire de 2002, l'élan codificateur a connu un second souffle, sa poursuite se trouvant justifiée par deux chantiers du nouveau gouvernement : la recherche de nouvelles sources de financement dans un contexte budgétaire délicat ; la politique de « simplification » du droit, qui justifiait indéniablement que l'on réunisse dans un même texte les dispositions essentielles applicables aux propriétés de l'État, mais aussi à celles des collectivités territoriales et des établissements publics, que ces derniers soient nationaux ou locaux. Et le gouvernement obtint (art. 34, 2°, de la L. n° 2003-591 du 2 juill. 2003 habilitant le gouvernement à simplifier le droit) une habilitation pour « prendre par ordonnance les mesures législatives nécessaires pour modifier et compléter [...] les dispositions relatives à la définition, à l'administration, à la protection et au contentieux du domaine public et du domaine privé, mobilier comme immobilier, de l'État, des collectivités territoriales et des établissements publics, à l'authentification des actes passés par ces personnes publiques, au régime des redevances et des produits domaniaux, tant en ce qui concerne leur institution que leur recouvrement, ainsi que celles relatives à la réalisation et au contrôle des opérations immobilières poursuivies par ces collectivités, afin de les simplifier, de les préciser, de les harmoniser, d'améliorer la gestion domaniale et de les codifier ».

Initialement accordée pour dix-huit mois, cette habilitation a été renouvelée pour six mois par la loi n° 2004-1343 du 9 décembre 2004 de simplification du droit, puis pour neuf mois par la loi n° 2005-842 du 26 juillet 2005 pour la confiance et la modernisation de l'économie.

Dès lors que le gouvernement avait annoncé, dans l'exposé des motifs de ce qui allait devenir la loi du 2 juillet 2003, qu'il s'inspirerait du « projet Querrien », le délai d'élaboration de la partie législative du code – près de trois ans – pouvait surprendre. Cette situation s'explique tout simplement par le fait que le projet d'ordonnance, transmis au Conseil d'État en septembre 2004, a été jugé insuffisant et que le texte a dès lors été profondément modifié, en particulier sous l'influence du Professeur Yves Gaudemet et sous l'égide de ses rapporteurs au Conseil d'État (Christine Maugüé et Gilles Bachelier).

La tâche était en effet ambitieuse, cette codification étant conçue – dans sa dernière mouture – comme largement novatrice.

B. UNE CODIFICATION À LA FOIS RÉFORMATRICE ET « REFORMATRICE »

Depuis sa relance contemporaine (V. Décr. n° 89-647 du 12 sept. 1989 relatif à la composition et au fonctionnement de la commission supérieure de codification), la codification est, pour reprendre les termes souvent cités du regretté président Braibant, plus souvent « reformatrice » ou « racinienne » (le droit tel qu'il est) que « réformatrice » ou « cornélienne » (le droit tel qu'il devrait être). Autrement dit, il s'agit en principe uniquement de réunir des textes épars, de les classer, de les ordonner dans un volume unique pour les rendre plus accessibles et intelligibles et non de procéder à une modification des normes applicables. Bref, la codification se fait aujourd'hui davantage à droit constant que dans une perspective modernisatrice.

Telle n'a toutefois pas été la mission des rédacteurs du code général de la propriété des personnes publiques. L'habilitation législative, ci-dessus rappelée, leur permettait en effet d'aller au-delà de cette entreprise de remise en forme et justifiait qu'ils s'efforçassent d'améliorer les règles en vigueur.

Contestée devant le Conseil constitutionnel par des parlementaires qui estimaient que le « principe » de la codification à droit constant s'imposait en cas d'édiction d'un code par ordonnance, cette habilitation a été admise par le Conseil constitutionnel, ce dernier encadrant toutefois la marge de manœuvre des rédacteurs du code : « Considérant que l'article 38 de la Constitution ne s'oppose pas à ce que le législateur habilite le Gouvernement à modifier ou compléter un code existant dès lors que cette habilitation précise la finalité des mesures à prendre ; Considérant, en l'espèce, qu'il ressort des travaux parlementaires que l'habilitation accordée au Gouvernement par l'article 34 de la loi déférée en vue de modifier, de compléter et de codifier diverses législations tend, sans en bouleverser l'économie générale, à adapter ces législations à l'évolution des circonstances de droit et de fait, à abroger des dispositions désuètes et, le cas échéant, à modifier celles dont la pratique aurait révélé le caractère inadéquat ; que cette habilitation ne remet pas en cause la libre administration des collectivités territoriales ; qu'elle n'autorise pas le Gouvernement à priver de garanties légales les exigences constitutionnelles qui s'attachent à la protection du domaine public ; que ces exigences résident en particulier dans l'existence et la continuité des services publics dont ce domaine est le siège, dans les droits et libertés des personnes à l'usage desquelles il est affecté, ainsi que dans la protection du droit de propriété que l'article 17 de la Déclaration de 1789 accorde aux propriétés publiques comme aux propriétés privées ; que, dans ces conditions, l'article 34 de la loi déférée n'est pas contraire à l'article 38 de la Constitution » (consid. 28 et 29 de la Décis. 2003-473 DC du 26 juin 2003).

Et les codificateurs ne se sont pas contentés de réunir, d'amender, de moderniser (V. ainsi la réunion des dispositions relatives aux contraventions de grande voirie, art. L. 2132-2 s.), voire de largement modifier certains textes antérieurs. Ils se sont aussi risqués à codifier différentes normes jurisprudentielles, qu'il s'agisse suivant les cas d'une codification « pétrificatrice » reprenant la jurisprudence (V. ainsi, par exemple, la définition du rivage de la mer, art. L. 2111-4) ou au contraire d'une codification remettant en cause des solutions jurisprudentielles établies (V., pour une illustration, la définition du domaine public immobilier retenue par l'art. L. 2111-1 et la substitution du critère de l'aménagement indispensable à celui de l'aménagement spécial). Par là, le CGPPP annonçait certaines codifications ultérieures, intervenues depuis lors dans des champs voisins (songeons au code de la commande publique, issu de l'Ord. n° 2018-1074 du 26 nov. 2018 et du Décr. n° 2018-1075 du 3 déc. 2018).

II. LES CHOIX DES CODIFICATEURS

Il serait certes inexact de prétendre que ce code, dont la lecture doit être fréquemment combinée avec celle d'autres codes « suiveurs » auxquels il renvoie (en particulier le code général des collectivités territoriales, le code du patrimoine, le code général des impôts, le code de l'urbanisme ou encore le code de l'environnement), est révolutionnaire. Il n'en demeure pas moins que ses rédacteurs paraissent avoir fondé leur action réformatrice sur deux options étroitement liées.

A. LA CONSÉCRATION D'UNE CONCEPTION PROPRIÉTARISTE

La propriété des personnes publiques a été théorisée par la doctrine, avant d'être consacrée par le code général auquel elle a donné son titre (V. cep., estimant que « l'étiquette apposée ne reflète pas du tout le contenu du flacon », Auby, Propriété et gestion domaniale, *Dr. adm. 2011. Repère 7*).

Alors qu'existait, en doctrine comme en jurisprudence d'ailleurs, une certaine confusion entre les notions de propriété et de domanialité, le débat a été dans une certaine mesure clarifié. La notion de propriété publique, qui renvoie aux biens appartenant aux personnes publiques (V. ainsi la rédaction des art. L. 1 et L. 2 du code), ne se confond pas avec celle de domanialité publique, qui vient s'y superposer et repose quant à elle sur la notion d'affectation (définie comme « la détermination du but assigné à un bien [...] et qui donne à la fois, aux pouvoirs impartis aux autorités qui ont à atteindre ce but, leur fondement et leur mesure » : Latournerie, concl. sur CE 28 juin 1935, *Marécar* : *D. 1936. 3. 20*). Certains biens publics, parce qu'ils font l'objet d'une affectation particulière, sont ainsi soumis aux règles de la domanialité publique. Les autres relèvent du domaine privé (celui-ci étant, aujourd'hui comme hier, défini en creux : comp. l'art. L. 2211-1 CGPPP au 2e al. de l'art. L. 2 C. dom. Ét.). Si la distinction entre domaine public et domaine privé n'est ainsi aucunement abandonnée par le code (elle sert même de base au plan de ses parties II et III), elle n'intervient plus qu'en seconde approche, derrière la propriété en somme.

Propriété implique, pour un juriste français au moins, droit civil. Et il n'est dès lors pas étonnant que les rédacteurs du code se soient inspirés du droit privé des biens et de la logique civiliste pour structurer le fruit de leur réflexion. C'est ainsi que les trois premières parties du code, qui sont de très loin les plus importantes (d'un point de vue qualitatif), sont organisées sur la base des trois étapes rythmant la « vie » juridique d'un bien : « acquisition » (première partie), « gestion » (deuxième partie), « cession » (troisième partie). Est ainsi adoptée une terminologie nettement plus civiliste que celle antérieurement retenue pour les trois premiers livres du code du domaine de l'État (« composition du domaine », « administration des biens domaniaux », « aliénation des biens domaniaux »). La quatrième partie (« autres opérations immobilières des personnes publiques ») est plus discutable, ne correspondant pas véritablement à ce que semble désigner l'intitulé du code (notamment en ce qu'elle vise la prise à bail de biens privés, laquelle n'intéresse nullement la propriété des personnes publiques). Quant à la cinquième (« dispositions relatives à l'outre-mer »), elle est aussi discutable du point de vue formel – du fait de sa lourdeur et de sa longueur (manque de dimension synthétique, d'ailleurs perceptible dans nombre de codes traitant l'outre-mer) – qu'elle était probablement indispensable d'un point de vue pratique.

Dans une veine comparable, les propositions de réforme du droit des biens formulées au printemps 2009 par l'Association Henri Capitant envisageaient d'insérer dans le code civil un article signalant que « Les biens des personnes publiques sont régis par les dispositions du présent code ainsi que par le code général de la propriété des personnes publiques et les lois spéciales qui les concernent ». Le code civil constituerait alors, au même titre que le code général de la propriété des personnes publiques, le socle du droit des propriétés publiques.

Mais la consécration de la notion de propriété publique n'est, en toute hypothèse, pas exempte d'ambiguïtés. L'emploi des mêmes termes ne signifie en effet pas forcément que l'on exprime la même idée ou que l'on pense la même chose. Or il existe, en l'état actuel de la réflexion doctrinale, non pas une, mais deux théories de la « propriété publique », suivant que l'on insiste davantage sur le premier terme de l'expression (le substantif) ou sur le second (l'adjectif).

Du premier point de vue, qui est notamment celui d'Yves Gaudemet, la propriété publique est avant tout une propriété et son caractère public est second, voire secondaire, et largement subordonné. Du second point de vue, défendu en particulier par Philippe Yolka, l'accent est davantage mis sur le caractère public du propriétaire et sur l'impossibilité d'entièrement assimiler son droit de propriété à celui d'une personne privée (les propriétés publiques étant en droit positif caractérisées par deux traits communs qui les distinguent du régime général des propriétés privées, le principe d'insaisissabilité et celui d'incessibilité à vil prix. Le premier est codifié à l'article L. 2311-1 CGPPP tandis que le second, dégagé par la jurisprudence constitutionnelle, n'est pas mentionné en termes généraux par le code).

Cette divergence de vues n'est pas purement intellectuelle, ses conséquences pratiques étant tout sauf négligeables dès lors que la première vision justifie une valorisation économique renforcée des propriétés publiques et la réduction continue des spécificités de leur régime juridique, tandis que la seconde affirme l'irréductibilité de la matière aux logiques économiques et marchandes (pour une présentation détaillée du débat, comm. ss. CE 17 janv. 1923, *Min. des Travaux publics et Gouverneur général de l'Algérie c/ Sieurs Piccioli, GDDAB, 3e éd., 2018, n° 1*).

Sans doute conscients que l'« on ne sort de l'ambiguïté qu'à ses dépens » (Cardinal de Retz), les rédacteurs du code ont maintenu l'équivoque, retenant un intitulé d'une parfaite neutralité (sinon d'une grande légèreté) ; dès lors, faute de choisir entre ces deux options, le code pourra sur certains points décevoir les partisans de la première analyse et, sur d'autres, ceux de la seconde.

B. LA RECHERCHE D'UN NOUVEL ÉQUILIBRE ENTRE PROTECTION ET VALORISATION DES PROPRIÉTÉS PUBLIQUES

S'il serait assurément excessif d'affirmer que le code du domaine de l'État était entièrement centré sur la protection des dépendances domaniales et que le code général de la propriété des personnes publiques est exclusivement animé par la volonté d'assurer la valorisation de celles-ci (ne serait-ce que parce que l'on n'a pas attendu 2006 pour s'apercevoir que les propriétés publiques en général, et le domaine public en particulier, sont sources de richesses), il n'en demeure pas moins que la logique gestionnaire est désormais davantage prise en compte. La réduction du champ de la domanialité publique immobilière (à propos de laquelle Georges Liet-Veaux a pu écrire, dans une formule reprise à satiété en doctrine, qu'elle souffrait d'une « hypertrophie pathologique »), mesure phare de la codification, en est l'illustration la plus visible. Et le rapport de présentation accompagnant l'ordonnance du 21 avril 2006 ne fait d'ailleurs pas mystère de cette orientation (allant peut-être même au-delà de la lettre du code, que l'on songe à la disparition annoncée de la domanialité publique dite « virtuelle » ou par « anticipation »).

L'heure est désormais prioritairement à la valorisation économique des propriétés publiques, au développement d'une gestion patrimoniale au demeurant encouragée par l'application croissante d'une logique concurrentielle à la matière domaniale. Le rapport de présentation de l'ordonnance du 21 avril 2006 souligne à cet égard que l'objectif « de modernisation de la gestion patrimoniale et de valorisation économique du domaine public » s'est matérialisé par des dispositions visant à « fluidifier la gestion du patrimoine immobilier » et à « modernise[r] le régime de l'occupation du domaine public ». Et l'on mesure le chemin parcouru depuis les premiers grands textes du droit domanial, qui étaient animés par une logique avant tout protectrice (édit de Moulins de févr. 1566 ; L. des 22 nov.-1er déc. 1790 dite « code domanial »), tout comme d'ailleurs les écrits de la doctrine classique affirmant le droit de « garde » et de « surintendance », le « possessoire de protection » (Proudhon) de l'État sur son domaine public, seul le domaine privé étant susceptible d'être géré propriétairement (dès lors que l'on entend par propriété l'exercice d'une maîtrise souveraine, d'un droit exclusif et absolu, et non la simple administration d'un patrimoine).

La transformation de l'ancienne administration des Domaines en service France Domaine, puis en « direction de l'immobilier de l'État » (Décr. n° 2016-1234 du 19 sept. 2016 : *JCP Adm. 2016. 797, étude Chamard-Heim et Yolka*) apparaît également emblématique de ce changement de paradigme (Jean-François Boudet, *France Domaine ou la réforme de la politique immobilière de l'État en marche, Mél. Godfrin, Mare et Martin 2014, p. 17*). Cependant, les nombreux rapports (par exemple, ceux rédigés par des parlementaires ou émanant de la Cour des comptes) qui ont dénoncé les errements de la politique immobilière publique montrent que cet objectif est encore loin d'être maîtrisé (V. par ex. le Rapport public annuel de la Cour des comptes, 2009, p. 83 s., sur « Les cessions de biens immobiliers de prestige par France Domaine » ou encore le rapport de Nicole Bricq, L'État locataire, *Doc. Sénat, 2009, n° 510*). De même, le fait que la Cour des comptes ait un temps émis, à l'occasion de la certification des comptes de l'État, une réserve substantielle sur le recensement et l'évaluation du patrimoine immobilier de l'État (Cour des comptes, Certification des comptes de l'État. Exercice 2008, *mai 2009, p. 43*) confirmait les limites de la mise en œuvre de cette logique propriétariste. Car comment prétendre correctement valoriser des biens dont on ignore avec précision les contours et la valeur, même si la situation semble progressivement s'améliorer (V., à cet égard, le référé n° 71427 de la Cour des comptes portant sur le bilan de la politique immobilière de l'État, *AJDA 2015. 608* ; Pauliat, Cour des comptes et politique immobilière de l'État : en progrès, mais peut mieux faire !, *JCP Adm. 2015. Actu. 349*) ?

Bien accueilli par la plupart des commentateurs, ce code est sans aucun doute d'une meilleure qualité formelle que son prédécesseur, malgré quelques scories et oublis, dont certains sont sans doute volontaires (c'était le cas notamment du refus d'affronter – dans la version initiale de 2006 – la redoutable problématique de la publicité et de la mise en concurrence des autorisations d'occupation privative du domaine public, comm. de l'art.

L. 2122-1) et d'autres, peut-être moins (V. ainsi la question de l'application dans le temps des nouveaux critères du domaine public : comm. de l'art. L. 2111-1). Sur le fond, les tenants du classicisme ont pu regretter cependant une approche plus « notariale » (Delvolvé) que domaniale ; en outre, et malgré son intitulé, ce code « surtraite » le domaine de l'État par rapport à celui des autres personnes publiques (de sorte qu'il n'est pas interdit d'y voir une sorte de « super code du domaine de l'État » plus qu'un véritable code général des propriétés publiques) et qu'un certain nombre de biens importants – notamment, immatériels – demeurent hors de son périmètre, ce qui tempère quelque peu l'ambition affichée dans son titre. Même s'il ne codifie donc pas toutes les règles générales applicables aux biens publics (certaines étant d'ailleurs « incodifiables » dans un texte de valeur législative, si l'on se réfère notamment aux exigences du droit européen), le CGPPP n'en constitue pas moins un précieux outil de travail pour les praticiens et un important objet d'étude pour la doctrine, dont on connaît l'intérêt constant pour les questions domaniales (qui sont, pour reprendre un mot de René Capitant, sa « terre d'élection »).

Espérons simplement que le législateur fera preuve de discipline à l'avenir et saura réformer ce texte de manière cohérente, plutôt que d'y ajouter des dispositions maladroitement rédigées ou, pis encore, d'apporter des modifications aux principes du code sans songer à les intégrer à ce dernier (V., pour une illustration regrettable, la L. n° 2009-179 du 17 févr. 2009 pour l'accélération des programmes de construction et d'investissement publics et privés qui comprend dans ses art. 7 *[V. ce texte, App., v° Contrats (Bail emphytéotique administratif)]* et 19 des dispositions qui auraient dû être intégrées dans le code). Puisse donc le présent code – qui vit désormais sa vie et évolue au gré des textes (V. en particulier l'Ord. n° 2017-562 du 19 avr. 2017 relative à la propriété des personnes publiques) – résister à ces regrettables « tentations centrifuges » (Christine Maugüé et Gilles Bachelier) ! ❑

PREMIÈRE PARTIE : LÉGISLATIVE

TITRE PRÉLIMINAIRE

(Ord. n° 2006-460 du 21 avr. 2006, en vigueur le 1er juill. 2006 ; ratifiée par L. n° 2009-526 du 12 mai 2009, art. 138-I)

Art. L. 1 Le présent code s'applique aux biens et aux droits, à caractère mobilier ou immobilier, appartenant à l'État, aux collectivités territoriales et à leurs groupements, ainsi qu'aux établissements publics.

BIBL. ▸ **Généralités :** YOLKA, La propriété publique. Éléments pour une théorie, *LGDJ, 1997.* – MOYSAN, Le droit de propriété des personnes publiques, *LGDJ, 2001.* – CHAMARD, La distinction des biens publics et des biens privés. Contribution à la définition de la notion de biens publics, *Dalloz, 2004* ; Droit de propriété, *J.-Cl. Libertés, fasc. 710.* – DELVOLVÉ, Regard extérieur sur le code, *RFDA 2006. 899* ✎. – RAPP, La propriété « choisie », *RFDA 2006. 916* ✎. – BIOY, La propriété éminente de l'État, *RFDA 2006. 963* ✎. – SORBARA, Les sociétés publiques locales et la propriété publique, *RFDA 2012. 1140* ✎. – PROOT, Le champ d'application du Code général de la propriété des personnes publiques, *CP-ACCP nov. 2006. 32.* – SCHMALTZ, Les personnes publiques propriétaires. Essai sur le fonds administratif, *Dalloz, 2016.* – LAVIALLE, Maurice Hauriou et la propriété publique, *in* ALONSO, DURANTHON et SCHMITZ, dir. : La pensée du Doyen Hauriou à l'épreuve du temps : quel[s] héritage[s] ?, *PUAM, 2015, p. 633.* – YOLKA, Protection des propriétés publiques – Régime général, *J.-Cl. Propriétés publiques, fasc. 60.*

▸ **Immatériel :** DEBAT, SAUNIER, L'image des biens publics culturels. Regards croisés entre droit public et droit privé, *LexisNexis, 2020.* – YOLKA, L'APIE au tapis (requiem pour l'agence du patrimoine immatériel de l'État), *JCP Adm. 2020, Act. 33.* – BASSI, Les données collectées par le concessionnaire de service public, *AJDA 2019. 496* ✎. – Cour des comptes, La valorisation internationale de l'ingénierie et des marques culturelles. Le cas des musées nationaux, *communication à la commission des finances du Sénat, mai 2019.* – KERRET, L'identité visuelle des musées à l'ère des marques, *Doc. française, 2019.* – SAUNIER, L'image des biens publics culturels, *Mél. Regourd, Inst. univ. Varenne, 2019.* – BLANCHET, La valorisation du patrimoine immatériel des personnes publiques, *th. Paris II, 2018.* – MALWÉ, La valorisation du patrimoine immatériel de la Défense, *in* CHAMARD-HEIM et YOLKA (dir.), Patrimoine(s) et équipements militaires : aspects juridiques, *Inst. univ. Varenne, Lextenso, 2018. 315.* – MONOT-FOULETIER, La gestion de l'image des domaines nationaux : de la consécration d'un régime juridique quasi domanial à la reconnaissance d'un droit réel spécial, *RD publ. 2018. 1573.* – NOUAL, Œuvres architecturales et travaux des collectivités : comment respecter le droit moral de l'architecte ?, *AJCT 2018. 563* ✎. – REGOURD (dir.), Les marques muséales. Un espace public revisité, *Institut univ. Varenne, Lextenso, 2018.* – Dossier : « Immatériel public et propriété intellectuelle », *AJDA 30 oct. 2017. 2046-2075.* – BOUL, Le patrimoine immatériel des personnes publiques, *th. Toulouse 1, 2017.* – PEUILLOT, Droit des marques et collectivité territoriale : perspectives de protection et de valorisation, *Th. Strasbourg, 2017.* – VALERIAN, Le patrimoine immatériel des collectivités territoriales. Protection et réservation, *th. Avignon, 2017.* – DELESALLE, L'image, le juge et la loi, *AJDA 2016. 2345* ✎. – HENNEQUIN-MARC, La propriété intellectuelle des personnes publiques, *th. Paris II, 2016.* – SEVINO, La « marque territoriale protégée » au cœur de la stratégie touristique locale, *JCP Adm. 2016. 2008.* – YOLKA (dir.), Le nom : administration, droit et contentieux administratifs, *Inst. univ. Varenne, Lextenso, 2015.* – DERNONCOURT, Marques et collectivités territoriales : enregistrement et protection contre les usurpations en droit européen et en droit français, *Propr. ind. 2014. Étude 18.* – BLANCHART, L'optimisation du patrimoine immatériel des collectivités territoriales : la protection offerte par le droit des marques, *RLCT mai 2014. 54.* – CLERCKX, Domaine public et patrimonialisation de l'image. L'affaire « Société Les brasseries Kronenbourg » (TA Orléans, 6 mars 2012), *in* Les évolutions des modes de financement de l'action publique, dir. Bottini, *L'Harmattan, 2014.* – DILLOARD, L'émergence des marques publiques dans le patrimoine immatériel des personnes publiques, *RD publ. 2014. 39.* – ROBIN, Le patrimoine scientifique de l'État : un patrimoine immatériel en quête de statut, *CCE 2014. Étude 18.* – VERDIER-MAILLOT, La reconnaissance d'une domanialité géospatiale en droit administratif des biens, *Th. Montpellier I, 2014.* – WARUSFEL, La propriété intellectuelle comme politique publique, *Mél. Schmidt-Szalewski, LexisNexis, 2014. 391.* – MONOT-FOULETIER, Les biens et droits immatériels des personnes morales de droit public : un patrimoine à révéler et à valoriser, *in* Personne et patrimoine en droit : variations sur une connexion, *Bruylant, 2013. 602.* – TERNEYRE, Les actifs immatériels des personnes publiques, *RJEP déc. 2013. 3.* – BRONZO, Quelles stratégies de propriété intellectuelle pour les établissements publics de recherche après la loi du 22 juillet 2013 ?, *Prop. ind. oct. 2013. 22.*

– Burel, La titularité des droits d'auteur dans le cadre des marchés publics, *CP-ACCP janv. 2013. 39.* – Conseil d'État, Le patrimoine immatériel des personnes publiques, *Doc. fr., 2013.* – La valorisation du patrimoine immatériel, *dossier : AJCT 2013. 120* s. – Yang-Paya et Jouhanet, Quelle protection pour la marque « collectivité territoriale » ?, *Contrats publ. juill.-août 2013, n° 134, p. 55.* – Serpentier-Linares, La propriété des droits immatériels dans une DSP, *CP-ACCP janv. 2013. 34.* – Foulquier, Le domaine public immatériel ?, *Gaz. cnes 7 mai 2012, Cah. n° 2, p. 18.* – Guilleron et Margot-Duclot, Le patrimoine immatériel des personnes publiques, *RLDI juin 2012.* – Yolka, Les patrimoines publics à l'épreuve de la propriété intellectuelle, *Dr. adm. 2012. 63.* – Bouche, Obtentions de salariés, de fonctionnaires et d'agents publics, *Propr. intell. 2015. Étude 11.* – Buttlen, Les contrats sur la propriété publique immatérielle, *in* Contrats et propriété publics (dir. Clamour), *LexisNexis, 2011, p. 249.* – Canlorbe, L'application du droit des marques aux collectivités territoriales, *LEGICOM 2/2011, p. 85.* – de David Beauregard-Berthier, Le patrimoine immatériel de l'État, *Mél. Fatôme, Dalloz, 2011, p. 23.* – Yolka, L'immatériel public en trompe-l'œil, *JCP Adm. 2011. Actu. 726.* – Bruguière, Le patrimoine immatériel de l'État est-il l'objet d'une propriété publique ?, *Cahiers Droits, Sciences et Technologies 2010. 59.* – Fort et Robin, Remarques sur le régime de gestion de la propriété industrielle entre personnes publiques, *AJDA 2010. 2292* . – Rossetti, Vers une gestion stratégique des marques publiques, *AJDA 2010. 2197* . – Warusfel, L'émergence d'un droit public de la propriété intellectuelle, *in* Conan et Thomas-Tual (dir.), Les transformations du droit public, *La Mémoire du droit, 2010, p. 161.* – Leonetti, La protection de l'affectation au service public des biens incorporels, *AJDA 2009. 1689* . – Rubinowicz, Immatériel public : une nouvelle ambition pour l'État, *Gestion et finances publiques, déc. 2009, n° 12, p. 966.* – Malwé, La propriété publique incorporelle : au carrefour du droit administratif des biens et du droit public économique, *th. Nantes, 2008.* ; Propriétés publiques immatérielles, *J.-Cl. Propriétés publiques, fasc. 49* ; Droits d'auteur des fonctionnaires, *J.-Cl. Coll. terr., fasc. 793 ; J.-Cl. Fonctions publiques, fasc. 118.* – Pourcel, Droit de la propriété intellectuelle appliqué aux marchés publics, *J.-Cl. Rev. CMP, fasc. 17.* – Auby, L'immatériel dans l'État, *Dr. adm. juin 2007. 1.* – Hostiou, Les droits moraux du cocontractant de l'Administration, *Mél. Guibal, PU Montpellier, 2006, t. 1, p. 259.* — Mel, Les créations de fonctionnaires, *CCE 2006. Étude 31.* – Huon de Kermadec, La reproduction de l'image des biens du domaine public, *Mél. Le Bayon, L'Harmattan, 2005, p. 233.* – Blaizot-Hazard, Les droits de propriété intellectuelle des personnes publiques en droit français, *LGDJ, 1991.* – Web : www.economie.gouv.fr/apie.

COMMENTAIRE

Cet article précise le champ d'application organique et, dans une moindre mesure, le champ d'application matériel du code.

I. CHAMP D'APPLICATION ORGANIQUE

L'intitulé du code général de la propriété des personnes publiques – visant « la propriété des personnes publiques » – traduit clairement les visées unificatrices du code : il s'agissait de poser les règles d'une architectonique domaniale, là où l'ancienne codification intéressait uniquement le domaine de l'État. Les dispositions du code s'imposent aux personnes publiques classiques : État, collectivités territoriales et établissements publics. Le texte ne distingue pas selon que ces derniers sont locaux ou nationaux, administratifs ou industriels et commerciaux. Il est ainsi confirmé, s'il en était d'ailleurs besoin (la jurisprudence n'étant claire que depuis les arrêts CE 6 févr. 1981, *Epp : Lebon T. 745*, et CE 21 mars 1984, *Mansuy : Lebon 616 ; CJEG 1984. 258, note Sablière ; ibid. 274, concl. Dondoux, RD publ. 1984. 1059, note Gaudemet*), que le débat relatif à la possibilité pour les établissements publics d'être propriétaires d'un domaine public (sauf disposition législative s'y opposant, CE, ass., 23 oct. 1998, *EDF : GDDAB, 3e éd., Dalloz, 2018, comm. n° 4, note Yolka*) est définitivement tranché par l'affirmative (Arrighi de Casanova, Établissements publics et domanialité publique. Réflexions sur la célébration discrète d'un mariage de raison, *AJDA 1985. 347*) et n'a plus qu'un intérêt historique (V., pour un rappel détaillé, Belrhali, Manson, Domaine des établissements publics, *J.-Cl. Propriétés publiques, fasc. 35*).

Le lien entre domanialité publique et souveraineté (puis entre domanialité publique et détention d'un pouvoir de police, ce qui permettait de reconnaître l'existence d'un domaine public local), historiquement très prégnant, n'est plus d'actualité. Il est en revanche possible de soutenir, mais c'est une tout autre problématique, que l'État (et lui seul) dispose d'une forme de « propriété éminente » lui permettant sous conditions de capter et d'affecter les propriétés publiques ou privées. Est ainsi une nouvelle fois illustré le fait que l'État n'est pas une personne publique comme les autres.

Cela étant, l'ambition unificatrice et globalisante du code a été très nettement surestimée par les premiers commentateurs. Son intitulé ne saurait masquer le fait que les personnes publiques nationales (soit, l'État et dans une moindre mesure ses établissements publics) restent très essentiellement concernées, de sorte qu'il est permis d'y voir un « code du domaine de l'État amélioré » ; selon le point de vue, c'est un progrès ou une déception.

II. CHAMP D'APPLICATION MATÉRIEL : LES DROITS ET BIENS À CARACTÈRE MOBILIER OU IMMOBILIER APPARTENANT AUX PERSONNES PUBLIQUES

L'article L. 1 est moins précis sur le champ matériel du code. Qu'entendre en effet exactement par les biens et droits à caractère mobilier ou immobilier ? Si l'on peut considérer que la distinction des meubles et des immeubles obéit ici aux principes civilistes (V. C. civ., art. 516 s.), l'expression désigne-t-elle pour autant, comme classiquement en droit civil, toute chose susceptible d'appropriation (V. ainsi l'avant-projet de réforme du droit [civil] des biens, par lequel l'Association Henri Capitant suggérait d'introduire dans l'art. 520 C. civ. une définition de la notion de biens entendue comme désignant les choses corporelles et incorporelles faisant l'objet d'une appropriation ainsi que les droits) ? L'idée suivant laquelle un bien est une chose appropriée et saisissable (Berlioz, La notion de bien, *LGDJ, 2007*) doit en toute hypothèse être écartée, les biens des personnes publiques étant insaisissables (V. art. L. 2311-1).

Est-on ensuite certain que tous les biens régis par le code sont réellement la propriété de personnes publiques, que l'on songe par exemple à l'eau des fleuves (V. art. L. 2111-7) ou encore aux ondes hertziennes ? (V. art. L. 2111-17). Nul doute que « la conception notariale » (Pierre Delvolvé) sous-tendant cette codification présente quelques limites même si certains auteurs considèrent que tout est appropriable et que ce questionnement est dès lors un faux problème.

On retrouve en tout état de cause à ce sujet, dans une certaine mesure au moins, la vieille querelle ayant agité au XIXe siècle la doctrine, et à un degré moindre la jurisprudence, sur la question de savoir si le domaine public (sous-ensemble essentiel des propriétés publiques dans la conception retenue par les auteurs du code) était susceptible d'appropriation (alors que les personnes publiques ont toujours été regardées comme propriétaires de leur domaine privé, ce dernier ayant même longtemps été défini comme l'ensemble des biens publics susceptibles de faire l'objet d'une appropriation privée). Ce débat (on pense à l'affirmation restée célèbre de Proudhon selon laquelle « le domaine public n'est [...] pour personne, ni même pour l'État, un domaine de propriété, puisque nul n'en est exclu »), s'il est dépassé d'un point de vue positif (comme en témoigne l'intitulé même du code), n'en conserve pas moins à la marge une réelle pertinence logique et intellectuelle.

L'appartenance du bien à la personne publique (le juge judiciaire étant seul compétent en cas de difficulté sérieuse relative à la détermination du propriétaire d'un bien, conception qui peut d'ailleurs se discuter si l'on estime que la propriété publique diffère de la propriété privée) ne doit pas nécessairement être exclusive pour que le bien soit qualifié de propriété publique. Tel n'est pas le cas en revanche pour qu'il fasse partie du domaine public, la domanialité publique et la copropriété étant en effet des régimes juridiques considérés comme incompatibles.

Cela implique donc qu'un bien acquis en copropriété n'entre pas dans le domaine public de la personne publique propriétaire et, symétriquement, qu'une dépendance du domaine public ne peut pas quitter ledit domaine par le seul fait de l'adoption d'un règlement de copropriété (V. les réf. citées ss. l'art. L. 3111-1), ce dernier étant insusceptible de s'appliquer à une dépendance qui appartenait antérieurement au domaine public.

III. CHAMP D'APPLICATION MATÉRIEL : INCERTITUDES

Certains commentateurs estiment que, si le code du domaine de l'État était pour l'essentiel centré sur la propriété immobilière, le code général de la propriété des personnes publiques opterait pour une conception plus large intégrant également les biens et valeurs mobiliers et en déduisent qu'il « rassemble désormais – sans les unifier – toutes les règles applicables aux droits, objets de propriété publique » (Lucien Rapp), qu'ils soient immobiliers ou mobiliers, corporels ou incorporels.

Il est vrai que, s'appliquant « aux biens et aux droits, à caractère mobilier ou immobilier », le code général de la propriété des personnes publiques semble avoir vocation à englober toutes les propriétés publiques. Une telle analyse n'est cependant pas à l'abri de la discussion, dans la mesure où l'essentiel des dispositions du code porte sur des problématiques immobilières et étant donné que la formule « biens et droits, à caractère mobilier ou immobilier », est substantiellement comparable à celle antérieurement utilisée par le code du domaine de l'État (« biens et droits mobiliers et immobiliers », art. L. 1).

S'il est indéniable que certaines règles relatives aux propriétés publiques mobilières sont codifiées, l'applicabilité du code aux propriétés publiques incorporelles reste douteuse (V. en ce sens les remarques de Claire Malwé, La propriété publique incorporelle : au carrefour du droit administratif des biens et du droit public économique, *thèse, Nantes 2008, p. 74*), un examen article par article montrant qu'il s'agit surtout d'un code des propriétés corporelles (qu'elles appartiennent au domaine public ou au domaine privé). Dans cette mesure, la modernisation du droit des propriétés publiques apparaît fondamentalement inachevée, le codificateur n'ayant pas pris le « virage de l'immatériel » qui caractérise le droit des biens contemporains (Bruguière, L'immatériel à la trappe ?, *D. 2000. 2804*). ❑

1. Droit de propriété des personnes publiques. La jurisprudence a reconnu de longue date le droit de propriété des personnes publiques, non seulement sur leur domaine privé, mais aussi sur leur domaine public. • CE 16 juill. 1909, *Ville de Paris c/ Cie du Chemin de fer d'Orléans : Lebon 707, concl. Teissier ; S. 1909. 3. 97, concl. Teissier et note Hauriou* • 17 janv. 1923, *Min. Travaux publics c/ Sieurs Piccioli : Lebon 44 ; GDDAB 3e éd., 2018, comm. n° 1, note Yolka ; RD publ. 1923. 572, concl. Corneille, note Jèze ; S. 1925. III. 17, note Hauriou.* ♦ Cette solution a été abondamment illustrée par la suite et a notamment pour corollaire que la personne publique propriétaire peut bénéficier de la théorie civiliste de l'accessoire et/ou de l'accession (V. réf. citées ss. l'art. L. 2111-2). • CE 21 avr. 1997, *Min. Budget c/ Sté Sagifa : Mon. TP 11 juill. 1997, note Dufau ; Dr. adm. 1997, n° 316, note Lavialle* • Civ. 3e, 3 juill. 2013, *Cne de Biarritz*, n° 12-20.237 : *AJDA 2013. 1420, obs. Grand ; Rev. CMP 2013. Chron. 6, obs. Llorens et Soler-Couteaux ; Constr.-Urb. 2013. Comm. 135, note Cornille ; JCP Adm. 2013. Actu. 685, obs. Friedrich ; ibid. 2344, note Pauliat ; JCP 2013. 1861 ; JCP N 2013. 1248, chron. Périnet-Marquet ; ibid. Actu. 804 ; RFDA 2013. 1153, note Lavialle ; RJEP janv. 2014, comm. 2, note Chamard-Heim.* ♦ ... De l'action en revendication. • Civ. 11 juill. 1892, *Cne de Saint-Léger-des-Vignes : S. 1893. 1. 39* • Civ. 1re, 2 avr. 1963 : *AJDA 1963. 486, note Dufau* ♦ ... Ou encore que des servitudes civiles peuvent grever les fonds privés riverains du domaine public. • Req. 14 févr. 1900, *Épx Dubreuil c/ Cne de La Ferté-Alais : DP 1900. 1. 593, note de Loynes.* ♦ Il est dès lors curieux qu'une doctrine ministérielle ait affirmé que les personnes publiques ne peuvent pas bénéficier de l'usucapion, au motif que ce mode d'acquisition de la propriété n'est pas prévu par le présent code (ce qui est d'ailleurs inexact, V. en filigrane : CGPPP, art. L. 1123-1). Cette analyse, qui postule l'exhaustivité du code et le caractère exclusif de son application, est très discutable. * Rép. min. n° 93233 : *JOAN Q, 22 mars 2011, p. 2727 ; JCP Adm. 2011. Actu. 276, obs. Yolka.* ♦ *Contra*, admettant sans difficulté l'usucapion par les personnes publiques postérieurement au 1er juill. 2006 : • Civ. 3e, 26 mars 2013, n° 12-10.012 • 19 mai 2015, n° 14-13.517 • 23 juin 2015, n° 14-15.625 • 15 déc. 2016, n° 15-24.931 • 1er févr. 2018, n° 16-23.200. • CAA Nancy, 23 juill. 2019, *Cne de Gresswiller*, n° 16NC00278 et 16NC00307 : *Dr. voirie 2019, p. 221.* – V. aussi Bompard, Prescriptions et propriétés publiques : *RDP 2019. 895.* ♦ Auparavant, V. par ex. • CE 15 nov. 1991, *Dufor*, n° 71102 B • Civ. 3e, 25 févr. 2004, n° 02-20.481.

2. Compétence du juge judiciaire. Le juge judiciaire, traditionnellement considéré comme le gardien de la propriété privée, est seul compétent en cas de difficulté sérieuse sur la détermination de la personne propriétaire d'un bien. • Civ. 1re, 2 mai 1979 : *JCP 1979. IV. 217.* ♦ V. aussi • Civ. 3e, 7 juill. 2004, n° 02-16.288 P : *JCP 2005. I. 119, note Périnet-Marquet.* ♦ Omettant de rappeler l'exigence d'une difficulté sérieuse (et rappelant qu'une délibération qui procède au classement ne constitue pas un titre de propriété). • Civ. 3e, 16 mai 2019, *Cne de Gorrevod*, n° 17-26210 : *AJDA 2019. 1081, obs. de Montecler ; Rev. CMP 2019, chron. 1, 15, 16, Soler-Couteaux, Zimmer et Waltuch ; Dr. adm. 2019, comm. 41, note Eveillard ; Dr. voirie 2019, p. 164, note Otero ; JCP A 2020, n° 2033, note Touzeil-Divina ; JCP G 2019. Actu 578, obs. idid ; JCP N 2019, p. 32, chron. Périnet-Marquet ; RDI 2019. 446, obs. Bergel ; RD rur. 2019. comm. 101, obs. Tifine.* ♦ Le juge administratif est alors dans l'obligation de lui poser une question préjudicielle. • CE, sect., 16 nov. 1960, *Cne du Bugue*, n° 44537 : *Lebon 627 ; AJDA 1960. 1. 184, chron. Galabert et Gentot ; D. 1961. 173, concl. Henry* • CE 14 juin 1972, *Chabrol*, n° 80486 : *Lebon 441* • T. confl. 21 mars 1983, *Cts Raphanel*, n° 02267 : *Lebon 538 ; RD publ. 1983. 1629, note Auby* • CE 29 juin 1990, *Cts Marquassuzaa*, n° 77011 : *Lebon 188 ; LPA 9 nov.*

1990. 21, note Pacteau • T. confl. 24 sept. 2001, *Sté B.E. Diffusion c/ RATP et Sté Promo Métro*, n° 3221 : *Lebon 747 ; BJCP 2002. 61, concl. Commaret ; ibid. 66, obs. Maugüé ; CJEG 2002. 217, note Yolka ; Coll. terr. déc. 2001. 13, note Moreau ; Rev. CMP déc. 2001. 27, note Eckert ; D. 2002. IR 40 ; Gaz. Pal. 10-11 juill. 2002, p. 24 ; GDDAB, 3e éd., 2018. Comm. 89, note Yolka ; JCP 2002. IV. 2128, obs. Rouault ; JCP E 2001. 1646 ; Procédures mars 2002, comm. n° 62, obs. Deygas ; RFDA 2002. 425 .* ♦ Le caractère sérieux de la contestation s'apprécie au regard des prétentions contraires des parties et au vu de l'ensemble des pièces du dossier. Le juge doit prendre en compte tant les éléments de fait que les titres privés invoqués par les parties. Il peut recourir à une expertise pour identifier le bien litigieux. • CE 28 juill. 2017, *A. c/ Min. Culture*, n° 392122 : *Lebon ; AJDA 2017. 1592, obs. Pastor ; ibid. 2421, note Braud ; Rev. CMP 2018. Chron. 7, obs. Soler-Couteaux, Zimmer et Waltuch ; JCP Adm. 2017. Actu. 560, obs. Tesson ; RDI. 2018. 101, obs. Foulquier .* ♦ Cette compétence vaut même quand cette question oppose deux personnes publiques, ce qui apparaît extrêmement discutable. • CE 2 déc. 1910, *Cne de Saint-Sorlin : Lebon 865* • CAA Marseille, 13 mars 2015, *Assoc. pour la protection des paysages du Somail-Espinouse*, n° 13MA01502. ♦ Sur la difficulté d'articuler la compétence du juge judiciaire pour déterminer le propriétaire d'un bien et la compétence du juge administratif afin d'apprécier si un bien appartient au domaine public, V. par exemple un arrêt par lequel le Conseil d'État renvoie au tribunal des conflits la question de savoir s'il est compétent pour apprécier la propriété d'archives détenues par une personne privée et revendiquées par l'État à raison de leur caractère d'archives publiques appartenant au domaine public de l'État. • CE 9 nov. 2011, *Min. de la Défense c/ Murat de Chasseloup-Laubat*, n° 331500 : *Lebon T. 922 , 938 et 1112 ; AJDA 2011. 2204 ; Dr. adm. 2012, n° 12, note Gilbert ; JCP Adm. 2011. Actu. 717, obs. Dubreuil ; ibid. 2012, n° 6, obs. Chamard-Heim.* ♦ Affirmant en réponse que, si les archives publiques appartiennent au domaine public, l'action en revendication de telles archives, introduite par une personne de droit public à l'encontre d'une personne de droit privé en possession de laquelle se trouvent ces documents, relève de la compétence du juge judiciaire, sous réserve d'une éventuelle question préjudicielle posée au juge administratif en cas de difficulté sérieuse portant sur la détermination du caractère public desdites archives. • T. confl. 9 juill. 2012, *Min. de la Défense c/ Murat de Chasseloup-Laubat*, n° 3857 : *Lebon 514 ; AJDA 2012. 1372 ; ibid. 2013. 1525, note Ach ; JCP Adm. 2012. 511 ; ibid. 2013. 2125, chron. Chamard-Heim ; Dr. adm. 2012. 90, note Melleray.* ♦ Considérant ensuite qu'étaient en cause des archives ayant un caractère privé. • TGI La Rochelle, 26 mars 2013, n° 2/00363 : *AJDA 2013. 1525, note Ach .* ♦ Jugeant qu'une personne publique se retrouve contre son gré propriétaire d'une passerelle appuyée sur le domaine public et en surplomb de celui-ci, dès lors que l'occupant privatif ne dispose plus d'un titre autorisant cette occupation. • Civ. 3e, 3 juill. 2013, *Cne de Biarritz*, n° 12-20.237 : *préc. note 1.* ♦ En l'absence de titre privé de propriété dont l'examen soulèverait une difficulté sérieuse, le juge administratif peut statuer sur l'appartenance au domaine public d'un bien sans subordonner la reconnaissance de cette appartenance au jugement, par l'autorité judiciaire, de la question de la propriété dudit bien. • CE 23 janv. 2012, *Dpt des Alpes-Maritimes*, n° 334360 : *Lebon T. 898 ; AJDA 2012. 124 ; JCP Adm. 2012. Actu. 75, obs. C.-A. D. ; Dr. adm. 2012. 36, note Melleray ; RLCT mai 2012. 54, note Rouault* • 15 avr. 2015, *Nederveen c/ Cne d'Aix-en-Provence*, n° 369339 : *Lebon T. 666 ; AJCT 2015. 404, obs. Touchard ; AJDA 2015. 784 ; ibid. 1369, note Foulquier ; RDI 2015. 307, note Foulquier ; CMP mars 2016, p. 38, chron. Llorens et Soler-Couteaux ; JCP Adm. 2015. Actu. 376, obs. Erstein* • CAA Nancy, 5 juill. 2016, *A. c/ Cne de Serrouville*, n° 15NC01291. ♦ Déniant l'appartenance d'une digue à une personne publique, et donc au domaine public. • CAA Marseille, 28 mai 2013, *Dpt de l'Aude*, n° 11MA04426 : *Dr. adm. 2013, n° 64, note Février ; JCP Adm. 2013. 2350, concl. Deliancourt ; Rev. CMP 2015. Chron. 2, obs. Llorens et Soler-Couteaux.* ♦ V. encore, sur cette idée que la propriété publique se présume en l'absence de titres de propriété privée. • CE 15 avr. 2015, *Garçon*, n° 369340 • 6 avr. 2016, *Min. Écologie*, n° 370648 : *JCP A 2016, n° 2283, note Hansen* • 27 juill. 2016, *Jean*, n° 389771.

3. Consécration constitutionnelle du droit de propriété des personnes publiques. Le Conseil constitutionnel a consacré le droit de propriété des personnes publiques sur les éléments de leur patrimoine en affirmant que la protection du droit de propriété découlant des art. 2 et 17 de la Déclaration des Droits de l'Homme et du Citoyen ne concerne pas seulement la propriété privée des particuliers mais aussi, à un titre égal, la propriété de l'État et des autres personnes publiques. • Cons. const., 25 juin 1986, n° 86-207 DC, § 58 : *AJDA 1986. 575, note Rivero ; GDDAB 2e éd., 2015. Comm. 75, obs. Chamard-Heim.* • Cons. const. 26 juin 1986, n° 86-207 DC, § 58 : *ibid.* ♦ Cette consécration vaut non seulement pour les dépendances du domaine privé, mais également pour celles du domaine public. Cette solution a été confirmée à plusieurs reprises par le Conseil constitutionnel, V. ainsi, • Cons. const. 26 juin 2003, n° 2003-473 DC, § 29 : *AJDA 2003. 1391 note Schoettl ; GDDAB 3e éd., 2018. Comm. 82, obs. Chamard-Heim* • Cons. const. 3 déc. 2009, n° 2009-594 DC, § 15 : *RFDA 2010. 62, étude Barthélemy et Rubio ; AJDA 2010. 598,* *note Jeanneney ; RJEP 2010, n° 33, note Chamard-Heim ; GDDAB 3ᵉ éd., 2018. Comm. 98, obs. Chamard-Heim.* – V. aussi, sur cette décision, Hoffmann, *Dr. adm. 2010. Étude 16.* • Cons. const. QPC, 17 déc. 2010, *Région Centre et Région Poitou-Charentes*, n° 2010-67/68 : *JCP Adm. 2011. 2002, note Yolka ; AJDA 2010. 2455 ; Dr. adm. 2011, n° 39, note Marchand.* ♦ Le régime de la propriété publique n'est pas au nombre des matières pour lesquelles, en application de l'art. 34 de la Const., la loi fixe les règles, mais de celles dont elle détermine les principes fondamentaux. • CAA Marseille, 5 sept. 2016, *B. c/ VNF*, n° 16MA01250 QPC : *Rev. CMP 2016. Comm. 264, obs. Hoepffner.* ♦ Sur l'ensemble du sujet, Nivard, La protection constitutionnelle de la propriété publique à la lumière de la jurisprudence récente, *in* Droit et patrimoine, dir. Dionisi-Peyrusse et Jean-Antoine, *PU Rouen, 2015.* – Noguellou, Le droit des propriétés publiques, aspects constitutionnels récents, *AJDA 2013. 986.* – Gaudemet, Constitution et biens publics, *Cah. Cons. const. 2012, n° 37, p. 65.*

4. Protection du droit de propriété des personnes publiques au titre de la garantie des « droits fondamentaux ». Comme la propriété des personnes privées, celle des personnes publiques est considérée comme une liberté fondamentale susceptible d'être protégée par le juge administratif au titre du « référé-liberté », V. en ce sens : Le Bot, L'utilisation du référé-liberté par les collectivités territoriales, *AJDA 2016. 592* • CE 21 nov. 2002, *Gaz de France*, n° 251726 : *Lebon 408 ; AJDA 2002. 1368, note de Montecler ; JCP Adm. 2002. 383* • 14 juin 2006, *Assoc. synd. du canal de la Gervonde*, n° 294060 : *AJDA 2006. 1360, obs. Brondel ; JCP Adm. 2006, 947, obs. Rouault* • 9 oct. 2015, *Cne de Chambourcy*, n° 393895 : *Lebon ; AJDA 2015. 2388, note Foulquier ; JCP Adm. 2015. 38, note Pauliat ; ibid. 2016, chron. Le Bot ; RGCT 2016. 91 ; BJCL 2015. 895, note Degoffe ; CMP 2016, p. 37, chron. Llorens et Soler-Couteaux ; Gaz. Pal. 2016, p. 34, chron. Seiller ; Dr. adm. 2016. 24, comm. Cornille ; LPA 2015, p. 6, chron. Rouault* • TA Rennes, ord. 27 juin 2007, *Dpt Côtes-d'Armor : AJDA 2007. 1377, trib. de Montecler.* ♦ Le juge judiciaire a, pour sa part, étendu aux biens publics le bénéfice de la théorie de la voie de fait administrative. V. à propos d'un terrain départemental. • Civ. 1ʳᵉ, 26 nov. 2006, *Cne de Saint-Maur-des-Fossés, P : AJDA 2006. 2421, obs. de Montecler ; Gaz. cnes 15 janv. 2007. 47 ; JCP Adm. 2007. 2118, note Renard-Payen ; ibid. 2142, note Yolka ; JCP 2007. IV. 1006, obs. Rouault ; RDP 2007. 1355, note Broyelle.* ♦ Le Conseil d'État considère que les personnes publiques ne sauraient utilement invoquer l'art. 1ᵉʳ du Prot. add. n° 1 à la Conv. EDH, V. • CE 23 mai 2007, *Dpt des Landes et a.*, n° 288378 : *AJDA 2007. 1050, obs. de Montecler ; ibid. 1646, note Merley ; ibid. 2008. 562, étude Maetz ; ibid. 1036, étude Dupré de Boulois ; GDDAB, 3ᵉ éd., 2018. Comm. 80, obs. Yolka ; JCP Adm. 2007, n° 23, obs. Rouault ; ibid. 2168, concl. de Silva ; Juris-Data n° 2007-071894.* ♦ V. auparavant : • CE 22 sept. 2003, *Cne d'Étampes*, n° 250422 • CAA Versailles, 13 avr. 2006, *Cne d'Achères*, n° 03VE03746. ♦ Solution réitérée pour un EPCI, à propos du transfert forcé de la propriété d'un aéroport. • CE 19 nov. 2008, *Cté urb. Strasbourg : Dr. adm. 2009. Comm. 2* (ce qui éloigne quelque peu la protection de la propriété des personnes publiques des standards applicables à la propriété privée). ♦ *Contra*, cependant, à propos des sections de commune : • CAA Bordeaux, 2 juin 2009, *Mongaboure : AJDA 2009. 1659, concl. Viard* • CAA Lyon, 24 nov. 2009, *Féd. ayants droit des sections de cne de la Haute-Loire : AJDA 2010. 559, note Yolka ; JCP Adm. 2010. 2076, note Moreau* • Lyon, 13 juill. 2010, *Ministre de l'Intérieur : JCP Adm. 2011. 2239, chron. Chamard-Heim* • CAA Nancy, 7 oct. 2010, *Antonin*, n° 09NC01391 : *AJCT 2010. 174, obs. Dutrieux.* ♦ V., ne jugeant pas inopérant un moyen tiré de la violation de l'art. 1ᵉʳ du Prot. add. n° 1 à la Conv. EDH. dans un litige entre personnes publiques. • CE 4 mai 2011, *CCI Nîmes : Lebon 2011. 205 ; AJDA 2011. 929, obs. Grand ; BJCP 2011. 285, concl. Dacosta ; ibid. 291, obs. Maugüé ; Rev. CMP 2011. Comm. 216, note Eckert ; Dr. adm. 2011. Comm. 67, note Brenet ; JCP Adm. 2011. Actu. 358 ; ibid. 983, obs. Erstein ; ibid. 1570, chron. Éveillard ; RFDA 2012. 466, chron. Dupré de Boulois et Milano.* ♦ Pour des solutions ambiguës, V. • CE 29 janv. 2003, *Cne d'Annecy, Cne de Champagne-sur-Seine : ibid. 613, concl. Vallée ; Dr. adm. 2003. Chron. 9, étude Gauthier ; ibid. Comm. n° 1, note Tchen ; EDCE, n° 55, Rapp. public 2004. 37 ; JCP Adm. 2003. 994, note Dubos ; JCP 2003. I. 138, chron. Levoyer ; ibid. IV. 2323 et 2324, chron. Rouault ; RDP 2004. 545, note Dupré de Boulois ; RFDA 2003. 414 ; ibid. 961, note Potteau* • CE, sect. intérieur, avis, 26 juill. 2005, *relatif au terrain d'assiette du Grand-Palais : Rapp. public 2006. 193 ; Dr. adm. 2006. Comm. 76.* ♦ Alignant à tous égards la protection de la propriété d'une commune sur celle de la propriété privée, sans plus de questionnements • Civ. 3ᵉ, 28 nov. 2019, *Cne d'Aix-en-Provence*, n° 17-22.810 : *Dr. voirie 2020, n° 212, obs. Yolka.*

5. Propriétés immatérielles. Distincte d'éléments périphériques plus ou moins patrimonialisés (informations, images et noms publics, pour l'essentiel), la propriété incorporelle des personnes publiques (droits d'auteur, brevets, marques, etc.), dont le potentiel économique a été souligné (Lévy et Jouyet [dir.], L'économie de l'immatériel : la croissance de demain, *Doc. fr., 2006, p. 89 s.*), n'est guère traitée par le code (Bruguière, L'immatériel à la trappe ?, *D. 2000. 2804*), sinon en ce qui concerne les fréquences hertziennes (V. comm. ss. art. L. 2111-17). La question est donc implicitement renvoyée au code de la propriété intellectuelle, qui a pris sur certains points le relai(s) de la jurisprudence (V. par ex., à propos du droit d'auteur, comm. Yolka ss. CE, avis, 21 nov. 1972, *OFRATEME* : *GDDAB, 3ᵉ éd., 2018, nᵒ 2*), en adaptant en tant que de besoin les règles ordinaires à la situation des personnes publiques (V., sur la protection des collectivités territoriales en droit des marques et de l'internet, CPI, art. L. 711-4, L. 712-2-1 et L. 712-4 ; CPCE, art. L. 45-2 et R. 20-44-43. – Sur leur droit d'alerte et d'opposition face aux demandes d'enregistrement, L. « Hamon » nᵒ 2014-344 du 17 mars 2014, art. 73, *RLCT 2014/99 et RDLA 2014/94, comm. Mateu* ; Décr. nᵒ 2015-595 du 2 juin 2015 ; Décr. nᵒ 2015-671 du 15 juin 2015) ; code enrichi – comme celui de la recherche – par un certain nombre de textes législatifs (Ord. nᵒ 2019-1169 du 13 nov. 2019 relative aux marques de produits ou de services), réglementaires (par ex., Décr. nᵒ 2020-24 du 13 janv. 2020 relatif à la gestion de la copropriété des résultats de recherche, au mode de désignation et aux missions du mandataire unique prévu à l'art. L. 533-1 C. rech. – Décr. nᵒ 2009-151 du 10 févr. 2009 relatif à la rémunération de certains services rendus par l'État consistant en une valorisation de son patrimoine immatériel, *AJDA 2009. 696, comm. Dreyfus ; Dr. adm. 2009. Comm. 52, obs. Malwé.* – Décr. nᵒ 2009-645 du 9 juin 2009 relatif à la gestion entre personnes publiques de la propriété industrielle des résultats issus de travaux de recherche réalisés par des fonctionnaires ou des agents publics, *AJDA 2010. 2292, étude Fort et Robin.* – Décr. nᵒ 96-858 du 2 oct. 1996 pour l'intéressement des agents publics créateurs de logiciels, *Gaz. Pal. 1997. 1. Doctr. 627, étude Tellier-Loniewski ; ibid. 2. Doctr. 1321, étude Firouz-Abadie* ; mod. par Décr. nᵒ 2005-1218 du 26 sept. 2005) et de circulaires (Circ., 18 avr. 2007 relative à la gestion des actifs immatériels de l'État ; Circ., 5 mars 2010 relative au dépôt et à la gestion des marques de l'État ; Circ., 20 juill. 2015 relative au dispositif de gestion des marques de l'État et prestations de l'Agence du patrimoine immatériel de l'État en matière de noms de domaine ; Circ.,19 juill. 2016 relative à la gestion de la propriété intellectuelle issue des établissements publics investis d'une mission de recherche et plus particulièrement de la copropriété entre personnes publiques ; Circ. 2 janv. 2019 relative à l'architecture de la marque France). Créée en 2007, une structure dédiée – l'APIE, agence du patrimoine immatériel de l'État – a été intégrée dans la direction des affaires juridiques des ministères économiques et financiers au 1ᵉʳ janv. 2020 (Décr. nᵒ 2019-1454 du 24 déc. 2019 : *JCP Adm. 2020,. Actu. 33, comm. Yolka*). ♦ La plupart des actifs immatériels publics relèvent du domaine privé, s'agissant de marques : • CE 23 mars 1960, *Sté Spiesshofer et Braun : Lebon 215.* ♦ ... De logiciels. • CE 28 mai 2004, *ADP : JCP Adm. 2004. 1052, note Yolka ; RJEP 2004. 556, concl. Bachelier* • CAA Paris, 12 févr. 2010, *Sté RTE-EDF : JCP Adm. 2011. Chron. 2000, obs. Foulquier.* ♦ ... De participations dans le capital d'entreprises • Com. 21 janv. 2014, *Dpt de Saône-et-Loire : AJDA 2014. 460, note Yolka ; BMIS 2014. 229, obs. Delion ; ibid. 235, obs. Moulin ; Dr. adm. 2014, nᵒ 26, note Giacuzzo ; JCP 2014, nᵒ 1558, chron. Éveillard* • CE 4 juill. 2012, *Dpt de Saône-et-Loire : Lebon T. 750 ; AJDA 2013. 522, note Éveillard ; JCP Adm. 2012. Actu. 550, obs. Dubreuil ; ibid. 2013, nᵒ 2125, nᵒ 30, chron. Chamard-Heim ; RJEP 2013, nᵒ 4, note Eckert.* ♦ En cas de litige concernant des droits de propriété intellectuelle, la compétence juridictionnelle est systématiquement judiciaire depuis l'entrée en vigueur de la loi du 17 mai 2011, que les personnes publiques en soient titulaires ou qu'elles y portent atteinte. • T. confl. 11 avr. 2016, *Michel A. c/ CNRS*, nᵒ 4049 : *AJDA 2016. 814, obs. de Montecler ; Dr. adm. juin 2016, p. 10* • 7 juill. 2014, *Minisini c/ Dpt de Meurthe-et-Moselle*, nᵒˢ 3954 et 3955 : *Lebon 468 ; AJDA 2014. 1463, obs. Pastor ; ibid. 2364, note Pontier ; CCE 2014. Comm. 76, note Caron ; Rev. CMP 2014, nᵒ 306, note Devillers ; Dr. adm. déc. 2014, nᵒ 71, note Éveillard ; JCP Adm. 2015, nᵒ 6, p. 19, chron. Le Bot* • 12 oct. 2015, *Gérard R. c/ Dpt de la Somme*, nᵒ 4023 : *AJCT 2016. 114 ; AJDA 2015. 1950 ; JCP Adm. 2015. Actu. 913, obs. Touzeil-Divina* • CE 6 mars 2015, *Minisini : Rev. CMP 2015, nᵒ 129, obs. Hoepffner* • CAA Marseille, 10 mars 2017, nᵒ 16MA01936 : *AJDA 2017. 1812* • TA Marseille, 21 déc. 2018, *Cristina M. c/ Cne Gap*, nᵒ 1701711. ♦ Le juge administratif reste toutefois compétent pour prescrire la réalisation de travaux sur un ouvrage public destinés à mettre fin à une atteinte à des droits de propriété intellectuelle privés imputable à l'administration. • T. confl., 5 sept. 2016, *Jean Nouvel c/ Assoc. Philharmonie de Paris*, nᵒ 4069 : *AJDA 2016. 1662, obs. Pastor ; Rev. CMP 2016. Comm. 266, note Llorens ; ibid. 2017. Chron. 5, obs. Pietri ; Dr. adm. nov. 2016, p. 10 ; ibid. 2017, comm. 1, note Éveillard ; JCP Adm. 2016. 2263 ; JCP 2016. 1975, note Peyen ; ibid. 2017. 450, comm. Éveillard.* ♦ Il le demeure également, s'agissant du litige qui tend à l'annulation d'un contrat administratif et à l'indemnisation du préjudice résultant de sa passation, sauf à saisir si nécessaire le TGI compétent afin qu'il soit statué sur l'existence de la contrefaçon de droits de propriété intellectuelle • T. confl., 9 déc. 2019, *St Biomediqa*, nᵒ C4169.

Art. L. 2 **Le présent code s'applique également aux biens et aux droits, à caractère mobilier ou immobilier, appartenant aux autres personnes publiques dans les conditions fixées par les textes qui les régissent.**

BIBL. ▶ Auby, La notion de personne publique en droit administratif, *thèse, Bordeaux I, 1979.* – Melleray, Une nouvelle crise de la notion d'établissement public. La reconnaissance d'autres personnes publiques spécialisées, *AJDA 2003. 711* . – de Gaudemar, Un droit domanial spécial des personnes publiques spécifiques, *JCP Adm. 2006. 1159.* – Pontier, La personnalité publique, notion anisotrope, *RFDA 2007. 979* . – Richer, Les personnes publiques innommées *in* La personnalité publique, *Litec, 2007, p. 133.* – Degoffe, Les autorités publiques indépendantes, *AJDA 2008. 622* – Brouant, Sur le régime juridique des biens gérés par les groupements d'intérêt public, *Mél. Étienne Fatôme, Dalloz, 2011, p. 79.* – Garcia, Coupoles et dépendances, *éd. du Moment, 2014.* – Cour des comptes, L'Institut de France et les cinq académies : un patrimoine exceptionnel, une gestion manquant de rigueur, *avr. 2015.* – Granero, Les personnes publiques spéciales, *L'Harmattan, 2016.*

COMMENTAIRE

L'article L. 2 pose probablement plus de problèmes qu'il n'en résout et le législateur délégué a manqué ici l'essentiel. Ce n'est pas tant en effet à l'égard des personnes publiques *sui generis* (V. ci-dessous) que la question d'une éviction ponctuelle des règles domaniales ordinaires méritait d'être posée, mais à propos des établissements publics industriels et commerciaux. Or, ceux-ci n'ont bénéficié d'aucun assouplissement du droit commun des propriétés publiques, ce qui est tout à fait regrettable.

I. CHAMP D'APPLICATION

Son champ d'application est tout d'abord en partie incertain. L'expression « autres personnes publiques » désigne en effet ici, par référence à l'article L. 1, toutes celles autres que l'État, les collectivités territoriales et les établissements publics (car les groupements de collectivités territoriales sont des établissements publics ; en toute rigueur, il est donc regrettable d'évoquer dans une même formule les groupements et établissements publics).

Cette catégorie disparate, dès lors qu'elle se définit à la fois positivement (comme incluant des personnes publiques) et – surtout – négativement (comme regroupant toutes les personnes publiques non « traditionnelles »), est souvent désignée par l'expression de « personnes publiques *sui generis* » ou encore par celle de « personnes publiques innommées ».

Les auteurs s'accordent à considérer qu'elle recouvre la Banque de France, les groupements d'intérêt public, l'Institut de France et les différentes académies le composant (*contra* cep., considérant curieusement – et de manière *contra legem* – que « l'Institut de France présente les caractères d'un établissement public administratif » : Crim. 19 févr. 2019, n° 17-85.115 P : *JCP A 2019, n° 47, note Yolka*), ainsi que ce qu'une partie de la doctrine nomme les autorités publiques indépendantes (dont la personnalisation les distingue des autorités administratives indépendantes, dépourvues quant à elles d'une telle personnalité) : Autorité de contrôle des assurances et des mutuelles, Autorité des marchés financiers, Haute Autorité de santé, Agence française de lutte contre le dopage, Haut Conseil du commissariat aux comptes, Autorité de régulation des activités ferroviaires et routières.

II. SIGNIFICATION

La signification exacte de cette disposition n'est pas certaine et l'on peut hésiter entre deux interprétations au moins (V. en ce sens Yolka, Distinction du domaine public et du domaine privé, *J.-Cl. Propriétés publiques, fasc. 10*).

La première, qui paraît la plus logique, consiste à considérer, sur le fondement du principe *lex specialis*, que les dispositions du code leur sont applicables, sauf si les textes particuliers qui leur sont propres y font obstacle. Une seconde lecture est envisageable à la lumière de l'analyse des autres prescriptions du code ainsi que de l'ordonnance du 21 avril 2006. Des dispositions essentielles du code font en effet expressément référence aux seules personnes publiques visées à l'article L. 1 (V. par ex. l'art. L. 3111-1 disposant que les biens des personnes publiques mentionnées à l'art. L. 1, qui relèvent du domaine public, sont inaliénables et imprescriptibles). De plus, d'autres dispositions de l'ordonnance, extérieures au code, ainsi d'ailleurs désormais que des dispositions extérieures tant au code qu'à l'ordonnance, prennent soin d'affirmer l'applicabilité du code à certaines personnes publiques innommées. Tel est notamment le cas pour les biens immobiliers de l'Autorité de contrôle des assurance et des mutuelles, de la Banque de France, de l'Autorité des marchés financiers, de la Haute Autorité de santé ainsi que ceux du Haut Conseil du commissariat aux comptes qui sont soumis, en vertu de dispositions législatives convergentes, aux dispositions du code applicables aux établissements publics de l'État (V. respectivement l'art. L. 310-12-3 C. assur., les art. L. 144-2-1 et L. 621-5-2 C. mon. fin., l'art. L. 161-45-1 CSS et l'art. L. 821-5 C. com.). Il semble alors tentant d'en conclure que le code ne leur est applicable que lorsqu'il le prévoit explicitement ou lorsque les textes qui les régissent le prévoient de manière expresse.

La jurisprudence pourrait être conduite un jour ou l'autre à trancher la question à propos d'une personne publique *sui generis* dont la situation ne serait pas réglée par le ou les textes institutif[s] (V. ainsi le cas de l'Institut de France et de ses cinq académies, art. 35 s. de la L. n° 2006-450 du 18 avr. 2006 pour la recherche). Mais le législateur a réglé une partie des difficultés en la matière ; la loi n° 2017-55 du 20 janvier 2017 portant statut général des autorités administratives indépendantes et des autorités publiques indépendantes clarifie en effet la situation, en prévoyant que « les biens immobiliers appartenant aux autorités publiques indépendantes sont soumis aux dispositions du code général de la propriété des personnes publiques applicables aux établissements publics de l'État » (art. 20 : V. *JCP Adm. 2017. 2097, obs. Untermaier-Kerléo* ; *RDI 2017. 149, obs. Foulquier* ✐). ❑

1. *Biens de la Banque de France.* Antérieurement à l'entrée en vigueur du CGPPP, le Conseil d'État avait appliqué les critères jurisprudentiels du domaine public aux biens de la Banque de France, considérant qu'il s'agissait d'une personne publique chargée d'un service public et qu'aucune des dispositions législatives la régissant ne faisait obstacle à l'application du régime de la domanialité publique. • CE 9 déc. 1999 : *EDCE 2000, n° 51, p. 211.*

2. *Biens de l'Institut de France.* Le refus de classer dans le domaine public un bien qui est la propriété d'une personne publique et qui connaît une affectation est sans incidence sur le régime de domanialité dudit bien. • CAA Paris, 27 sept. 2001, *Institut de France : Dr. adm. 2002. Comm. 28, p. 21 ; RFDA 2003. 67, note Marcus et Perrin* ✐ (arrêt témoignant également des limites de la domanialité publique « virtuelle »). ♦ Pour un exemple de loyer sous-évalué • CDBF, 3 déc. 1997, *X. : Lebon.*

PREMIÈRE PARTIE ACQUISITION

LIVRE PREMIER MODES D'ACQUISITION

TITRE PREMIER ACQUISITIONS À TITRE ONÉREUX

CHAPITRE PREMIER ACQUISITIONS À L'AMIABLE

SECTION PREMIÈRE ACHAT

Art. L. 1111-1 Les personnes publiques mentionnées à l'article L. 1 acquièrent à l'amiable des biens et des droits, à caractère mobilier ou immobilier.

Les acquisitions de biens et droits à caractère immobilier s'opèrent suivant les règles du droit civil.

BIBL. ▶ Kovar, Les achats publics et l'interdiction des aides d'État, *Rev. CMP 2004. Étude 8.* – Martinet, Les actes administratifs d'acquisition ou de vente d'un bien par les collectivités territoriales, *Éd. Territorial, 2007.* – Christophe, Acquisition, vente, échange des biens immobiliers par les collectivités territoriales, *Éd. Territorial, 2015.* – Plessix et Seurot, Achat public. Acquisitions immobilières. Achats de biens mobiliers, *J.-Cl. Propriétés publiques, fasc. 21.* – Dubois et Cornille, Modalités d'achat d'un bien immobilier par une personne publique, *Rev. CMP 2016. Pratique 2.*

COMMENTAIRE

I. UN MODE D'ACQUISITION PRIVILÉGIÉ

Le plan du code est très révélateur de la volonté de ses auteurs, qui n'est pas d'ailleurs sans antécédents historiques (Dementhon soulignait ainsi dans son Traité du domaine de l'État que ce dernier « peut constituer son domaine privé par les mêmes moyens qu'un particulier constitue ou augmente son patrimoine »), de montrer que le droit des propriétés publiques n'est pas exclusivement marqué par l'unilatéralité et l'exorbitance. Bien au contraire, l'accent est immédiatement mis sur le mode d'acquisition probablement le plus banal et le plus ordinaire du droit privé, l'achat, modalité d'entrée de biens dans les patrimoines publics justement insérée dans un chapitre sur les acquisitions à l'amiable et dans un titre sur les acquisitions à titre onéreux.

Pour autant, là où le code civil insiste sur l'opération en elle-même (son art. 1582 disposant que la vente est une convention par laquelle l'un s'oblige à livrer une chose, et l'autre à la payer), le code général de la propriété des personnes publiques se place du côté de la personne publique et évoque l'achat.

D'ailleurs, et symétriquement, le premier mode de cession des biens du domaine privé (puisque le domaine public est en principe inaliénable, art. L. 3111-1) détaillé par le code est la vente (V. art. L. 3211-1 s.).

II. SOUMISSION AU DROIT ADMINISTRATIF OU AU DROIT CIVIL ?

A. ACHATS MOBILIERS

Alors que le premier alinéa de l'article prévoit que l'acquisition amiable est possible tant pour les biens et droits à caractère mobilier que pour ceux à caractère immobilier, le second alinéa affirme la soumission aux règles du droit privé de l'acquisition des seuls biens et droits à caractère immobilier.

Une telle restriction n'a rien de mystérieux ou d'étonnant. L'inclusion des droits et biens mobiliers aurait été frontalement contraire aux exigences du droit de la commande publique et du code des marchés publics. Dès lors que la plupart des achats mobiliers des personnes publiques entrent dans la catégorie des marchés publics de fournitures (l'art. L. 1111-3 CCP précisant qu'il s'agit des marchés qui ont pour objet l'achat, la prise en crédit-bail, la location ou la location-vente de produits et qui peuvent comprendre, à titre accessoire, des travaux de pose et d'installation) et sont donc soumis à des règles propres au droit public, affirmer leur soumission au droit civil n'aurait guère eu de sens.

B. ACHATS IMMOBILIERS

N'en va-t-il pas au demeurant de même, certes dans une proportion différente, de l'affirmation contenue dans le deuxième alinéa de l'article L. 1111-1, et ce même s'il est vrai que les marchés de services qui ont pour objet l'acquisition ou la location, quelles qu'en soient les modalités financières, de terrains, de bâtiments existants ou d'autres biens immeubles, ou qui concernent d'autres droits sur ces biens sont soumis à un régime très dérogatoire et très allégé, au regard de celui des marchés publics « ordinaires », par le code de la commande publique (art. L. 2512-5-1°) ?

En effet, lorsque l'État ou une collectivité territoriale concluent un contrat relatif à la construction d'un ouvrage qui leur est destiné, il s'agit en principe d'un marché public de travaux (CCP, art. L. 1111-2). Ensuite, et même lorsqu'une personne publique use des techniques juridiques de droit privé (la vente en état futur d'achèvement ou le crédit-bail par exemple), elle n'en demeure pas moins soumise à toute une série de règles de forme, de procédure (consultation du service France Domaine – devenu direction de l'immobilier de l'État avec le décret n° 2016-1234 du 19 septembre 2016 – en particulier ; V., pour les collectivités territoriales, leurs groupements et leurs établissements publics, les art. L. 1311-9 s. CGCT, et, pour l'État et les établissements publics nationaux, les art. R. 1211-1 s. CGPPP) et de compétence (décision relevant en principe de l'organe délibérant) qui font que, sauf à adopter une conception très stricte du terme « acquisition », une opération d'achat d'un immeuble par une personne publique ne s'opère en principe jamais suivant les seules règles du droit civil (V. ainsi, pour les communes, les art. L. 2241-1 s. CGCT et not. Rép. min. n° 5820 : *JO Sénat Q, 12 juill. 2018, p. 3474 ; JCP N 2018. Actu. 664*, précisant les conditions d'information du conseil municipal).

Une intéressante réponse ministérielle illustre cette situation. A un sénateur l'interrogeant sur le point de savoir si l'article L. 1111-1 signifiait qu'une commune pouvait « acquérir un bien immobilier dans le cadre d'une vente à terme ou dans le cadre d'une vente à réméré ou acquérir des droits réels démembrés comme la seule nue-propriété d'un bien ou son usufruit », le ministre de l'Intérieur répond qu'« il convient d'utiliser avec prudence des procédés tels que ceux cités dans la question. En effet, ces outils contractuels sont susceptibles d'être requalifiés en contrat de la commande publique ou d'être incompatibles avec le régime de domanialité publique, soit en exposant la commune à des prétentions indemnitaires causées par l'impossibilité de mettre en œuvre les dispositions contractuelles liées à la vente, soit en empêchant ledit bien de bénéficier d'un tel régime ainsi que de la protection qui y est attachée (…). Ainsi, dans ces conditions, le recours à ces procédés d'acquisition ne paraît être aisément envisageable que pour des biens ayant vocation à rejoindre le domaine privé d'une commune, sous réserve qu'ils ne conduisent pas à la constitution de sûretés sur lesdits biens, compte tenu de leur caractère insaisissable » (Rép. min. n° 18834 : *JO Sénat Q, 30 juin 2016, p. 2914*). Ce qui revient à montrer que l'application du droit civil à une opération d'acquisition de biens et droits à caractère immobilier par une personne publique est tout sauf exclusive.

La première partie (Acquisition) du code général de la propriété des personnes publiques comprend d'ailleurs également un livre II dont l'intitulé (Procédures d'acquisition) vient nuancer, sinon contredire, l'affirmation très générale de la soumission des achats immobiliers publics au droit privé.

Reste tout de même, et ce n'est assurément pas négligeable, que ces contrats d'achat de biens et droits immobiliers sont en principe de droit privé, ce qui n'exclut cependant évidemment pas qu'ils soient dans certaines hypothèses susceptibles d'être rattrapés par le droit européen des aides d'État. ❑

1. Caractère en principe privé des contrats d'acquisition des biens et droits immobiliers. • T. confl. 30 juin 1930, *Boyer et Jullian c/ Min. guerre : Lebon 673* • CE, sect., 7 mai 1954, *Min. Finances et Affaires économiques*, n° 21450 : *Lebon 257* • CAA Nancy, 19 mai 2011, n° 10NC00529 : *JCP Adm. 2012. 2170, chron. Chamard-Heim.* ♦ Tel n'est pas le cas lorsque le contrat contient une ou des clauses exorbitantes. • T. confl. 22 nov. 1965, *Calmette*, n° 1865 : *Lebon 819* • CE, sect., 6 nov. 1970, *SA touristique de la vallée du Lautaret « Sathoval »*, n° 76860 : *Lebon 654*. ♦ Tel n'est pas non plus le cas lorsque le contrat porte sur la cession d'une collection privée participant à la mission de service public dont a la charge le musée créé par la collectivité territoriale acquéreur de la collection. • T. confl. 10 déc. 2018, *Assoc. pour le Musée des îles Saint-Pierre-et-Miquelon*, n° C4140 : *JCP Adm. 2019. 2041, chron. n° 3, Martin et Pellissier.* ♦ Sur les suites de l'affaire • CE, 1er juill. 2019, *Assoc. pour le musée des Îles Saint-Pierre et Miquelon*, n° 412243 A : *AJDA 2019. 1750, chron. Malverti et*

Beaufils ; BJCL 2019. 546, concl. Lallet ; BJCP. 412, concl. ; Rev. CMP 2019, n° 326, comm. Eckert ; Dr. adm. 2019, n° 52, comm. Brenet ; RFDA 2019. 861, note Canedo, 1032, note Hoepffner. ♦ Absence d'intérêt pour agir d'avocats contre la décision de signer le contrat d'acquisition par l'État de deux parcelles bâties ayant pour finalité d'y permettre l'installation de différentes juridictions. • CAA Marseille, 26 mars 2013, n° 10MA02856 : *JCP Adm. 2013. 2136, concl. Deliancourt.* ♦ Une cession de terrain opérée au bénéfice d'une personne publique sans contrepartie sérieuse doit être annulée pour absence de prix. • Civ. 3e, 23 mai 2007, *Cne d'Arnas c/ Sté immobilière de Joux et a.*, n° 06-13.629 P : *CCC, 232, obs. Leveneur ; JCP N 2008. 1192, note Lebel ; JCP E 2008. 1351, note Lebel.*

2. Caractère administratif des décisions unilatérales de l'administration de procéder à une acquisition immobilière. • CE 10 nov. 1967, *Tixier*, n° 66204 : *Lebon 421* • CAA Bordeaux, 21 mai 2015, *SCIRA*, n° 13BX03410. ♦ Étant relevé que les contribuables d'une commune sont personnellement intéressés à ce que les actes concernant la gestion du patrimoine communal soient accomplis dans les conditions prescrites par la loi. • CE 7 déc. 2015, *Cne de St-Beauzeil*, n° 377264 (à propos d'une aliénation, la solution valant également pour une acquisition). ♦ Sur le contentieux du domaine privé, V. comm. ss. art. L. 2331-1, • CAA Lyon, 28 févr. 2019, n° 16LY02954.

3. Relevant, à l'occasion de la contestation d'un acte détachable, que l'achat doit être justifié par un motif d'intérêt public et censurant pour ce motif la délibération décidant d'une acquisition immobilière. • CAA Nancy, 14 avr. 2014, *Cne de Lantenne-Vertière*, n° 13NC01024.

4. Sur la nécessité d'établir une rencontre de volontés entre l'acheteur et le vendeur afin que la vente soit parfaite au sens du code civil. • CAA Versailles, 23 janv. 2020, n° 17VE03501.

5. Sur la difficulté de déterminer le prix d'un immeuble présentant un intérêt historique particulier (en l'espèce la maison de Renoir). • TA Châlons-en-Champagne, 4 avr. 2013, *Préfet de l'Aube*, n° 1200453 : *AJDA 2013. 1424.* ♦ Vérifiant que le prix d'achat par une communauté de communes d'un massif forestier appartenant à un centre hospitalier universitaire respecte le principe suivant lequel la cession d'un bien immobilier appartenant au domaine privé d'une personne publique doit, sauf justification d'intérêt général et contreparties suffisantes, être consentie à un prix correspondant à la valeur réelle de ce bien. • CAA Lyon, 18 nov. 2019, n° 17LY03458.

6. Conséquences de l'annulation d'un acte détachable du contrat d'achat. L'annulation d'un acte détachable d'un contrat de droit privé n'impose pas nécessairement à la personne publique partie au contrat de saisir le juge du contrat afin qu'il tire les conséquences de cette annulation. Pour autant, il appartient au juge de l'exécution, ou juge de l'injonction, de rechercher si l'illégalité commise peut être régularisée et, dans l'affirmative, d'enjoindre à la personne publique de procéder à cette régularisation. Et, lorsque l'illégalité commise ne peut être régularisée, il lui appartient d'apprécier si, eu égard à la nature de cette illégalité et à l'atteinte que l'annulation ou la résolution du contrat est susceptible de porter à l'intérêt général, il y a lieu d'enjoindre à la personne publique de saisir le juge du contrat, en l'espèce le juge judiciaire afin qu'il tire les conséquences de l'annulation de l'acte détachable. • CE 29 déc. 2014, *Cne d'Uchaux*, n° 372477 : *Lebon 2014. 416, concl. Daumas ; JCP A 2015, act. 13 ; JCP A 2015. 2115, note Langelier ; ibid. 2103, chron. Le Bot ; Rev. CMP 2015. Chron. 6, note Pietri ; Rev. CMP 2016. Chron. 3, note Llorens et Soler-Couteaux ; AJDA 2015. 4, obs. Pastor ; BJCL 2015. 308, concl., obs. Martin ; RDI 2015. 307, obs. Foulquier* • 25 janv. 2017, n° 372676, *Association Avenir d'Alet : Juris-Data n° 2017-000962 ; Lebon 2017. 752 ; BJCL 2017. 140, concl. Victor ; JCP A 2017, act. 94, obs. Erstein ; JCP A 2018. 2041, chron. Martin et Pellissier.*

SECTION II ÉCHANGE

SOUS-SECTION 1 DISPOSITIONS APPLICABLES À L'ÉTAT ET À SES ÉTABLISSEMENTS PUBLICS

Art. L. 1111-2 L'échange des biens et des droits à caractère immobilier qui appartiennent à l'État est consenti dans les conditions fixées par décret en Conseil d'État. — *V. art. R. 1111-1 et R. 1111-2.*

L'échange des biens et des droits à caractère immobilier qui appartiennent aux établissements publics de l'État s'opère dans les conditions fixées par les textes qui les régissent. — *[C. dom. Ét., art. L. 41, ecqc les acquisitions par voie d'échange.]*

BIBL. ▶ DEMENTHON, Traité du domaine de l'État, *Dalloz, 6e éd., 1964, p. 310.* – DUBOIS-MAURY, Les échanges compensés. Stratégies foncières des forces armées, *Ét. fonc. 1985, n° 27, p. 13.* – SAUTERET-GALITZINE, Domaine privé de l'État. Échanger un immeuble n'est pas le vendre, *Mon. TP 8 oct. 1999, p. 28.* – EVRARD, Bois, droit et pouvoir ou la controverse entre la propriété privée et le domaine public : l'échange contesté des bois de Soisy (1802-1841), *PU Nancy, 2006.* – Christophe, Acquisition, vente, échange des biens immobiliers par les collectivités territoriales, *Territorial, 2015.* – Yolka, Personnes publiques et contrat d'échange, *RD publ. 2008. 489 ;* L'interdiction d'échanger les chemins ruraux, *RD rur. mars 2008. 42* ; Propriétés publiques – Échanges, *J.-Cl. Propriétés publiques, fasc. 90.* – Gruat et Martínez, L'Échange. Les dessous d'une négociation artistique entre la France et l'Espagne, *Armand Colin, 2011.* – Fardet, Déclasser des biens affectés pour les échanger : brèves réflexions sur les articles L. 2141-3 et L. 3112-3 du CGPPP, *in* Les nouvelles orientations du droit de la propriété publique, *Mél. en l'honneur du Professeur Philippe Godfrin, Mare et Martin 2014, p. 153.*

COMMENTAIRE

I. TRAITS GÉNÉRAUX

L'échange est le « contrat par lequel les parties se donnent respectivement une chose pour une autre » (C. civ., art. 1702). Dépourvu de prix, même si une soulte compense éventuellement la différence de valeur des biens, il s'analyse à la fois comme une cession et comme une acquisition. Régie par le titre VII du code civil, cette convention constitue une espèce particulière au sein du genre plus large des contrats – privés ou administratifs – qui comportent une contrepartie non monétaire.

Les personnes publiques peuvent y recourir dans les conditions définies par le CGPPP, étant entendu que l'échange domanial ne doit pas être confondu avec des formules voisines : ainsi de la procédure administrative des « échanges compensés » (créée par L. n° 58-335 du 29 mars 1958, art. 7), qui n'emporte pas nécessairement transfert de propriété (Dubois-Maury, Les échanges compensés. Stratégies foncières des forces armées, *Ét. fonc. mars 1985, n° 27, p. 13*), ou de la cession de terrains contre locaux à construire, qui correspond rarement au contrat d'échange du code civil, mais plutôt à une vente ou à un contrat innommé (Riglet, L'échange par une personne publique d'un immeuble existant contre un immeuble à édifier, *JCP N 1995. 308.* – Murgue – Varoclier, La cession domaniale contre remise de locaux : un montage contractuel « piégé », *RFDA 2019. 877*).

Divers codes prévoient l'échange de biens appartenant aux collectivités publiques (V. par ex. : C. rur., art. L. 124-12. – C. voirie rout., art. L. 112-8. – V. Civ. 3e, 5 mai 2004, n° 01-16.041 P). Le régime des échanges domaniaux est essentiellement déterminé, au-delà des dispositions du code civil, par le code général des collectivités territoriales, et surtout par le CGPPP (qui lui consacre une quinzaine d'articles législatifs : V. art. L. 1111-2, L. 1111-3, L. 1111-4, L. 1212-8, L. 2141-3, L. 3112-2, L. 3112-3, L. 3211-21, L. 3211-22, L. 3211-23, L. 3222-1, L. 3222-2, L. 3222-3 et L. 5342-15). Un point qui mériterait d'être clarifié concerne l'échange des meubles de l'État, qui était avant 2006 exclu par le code du domaine de l'État (art. L. 45, al. 1er) et demeurait conditionné par le vote d'une loi *ad hoc* (V. L. du 19 juill. 1941 réglant un échange artistique franco-espagnol). Le CGPPP reste, sur ce point, ambigu : les articles L. 2141-3, L. 3112-2 et L. 3112-3 visent certes l'échange des biens – et non des seuls immeubles – des personnes publiques, notamment, de l'État ; néanmoins, la partie réglementaire paraît exclure l'échange des meubles de l'État, les dispositions sur les cessions mobilières ne visant que la vente (art. R. 3211-35 s.) tandis que celles relatives à l'échange ne concernent que les immeubles (art. R. 3211-43 s.). De son côté, la partie réglementaire du code du patrimoine semble accréditer l'idée selon laquelle l'échange de biens mobiliers de l'État est envisageable, quoique dans des conditions restrictives (art. R. 310-7). Cet état du droit, particulièrement confus, nécessiterait une clarification.

Le CGPPP a remis l'échange à sa place. Avant son entrée en vigueur, l'échange était encadré par les dispositions législatives du code du domaine de l'État, qui le tenaient curieusement pour un mode d'administration du domaine privé (art. L. 41 s.). Il figure désormais, plus logiquement, parmi les articles consacrés aux acquisitions et aux aliénations (V. de plus, s'agissant des dispositions réglementaires : CGPPP, art. R. 1111-1 et R. 1111-2, R. 1212-2, D. 1221-3, R. 3211-43 à R. 3211-46, R. 3221-1 s.).

L'article 12 de l'ordonnance n° 2017-562 du 19 avril 2017 relative à la propriété des personnes publiques présente un double intérêt en ce qui concerne les échanges d'immeubles publics. D'une part, il prévoit que les biens des personnes publiques qui, avant l'entrée en vigueur de ladite ordonnance, ont fait l'objet d'un acte de disposition (formule large, dépassant la seule vente pour englober l'échange) et qui, à la date de cet acte, n'étaient plus affectés à un service public ou à l'usage direct du public, peuvent être déclassés rétroactivement par l'autorité compétente de la personne publique qui a conclu l'acte de disposition en cause, en cas de suppression ou de transformation de cette personne, de la personne venant aux droits de celle-ci ou, en cas de modification dans la répartition des compétences, de la personne nouvellement compétente. D'autre part, il dispose que l'article L. 3112-2 du code général de la propriété des personnes publiques est applicable aux échanges entre personnes publiques réalisés antérieurement à l'entrée en vigueur de l'ordonnance n° 2006-460 du 21 avril 2006.

II. RÈGLES DE PROCÉDURE

Les juridictions administratives ne sont pas compétentes pour apprécier l'opportunité du recours au contrat d'échange, car il s'agit d'un acte de gestion du domaine privé et, comme tel, de droit privé (CE 6 avr. 1906, *Camut et a. : Lebon 326*). En revanche, elles le sont, puisqu'il s'agit d'un acte administratif détachable, pour apprécier la légalité de la délibération adoptée à cet effet (*ibid.*), que ce soit sur la demande de tiers ou d'une partie au contrat (par application *a contrario* des principes désormais fixés par T. confl. 22 nov. 2010, *SARL Brasserie du Théâtre*, n° 3764 : *Lebon 591 ; AJDA 2010. 2423, chron. Botteghi et Lallet ; Rev. CMP 2011, n° 26, note Devillers ; Dr. adm. 2011, n° 20, note Melleray ; GDDAB, 3e éd., 2018. Comm. 73, note Melleray ; JCP Adm. 2011. 2041, note Sorbara ; ibid. 2239, chron. Chamard-Heim ; BJCP 2011. 55, concl. Collin, note R. S. ; RJEP 2011, n° 13, note Pellissier ; BJCL 2011. 439, note Martin* : « la contestation par une personne privée de l'acte, délibération ou décision du maire, par lequel une commune ou son représentant, gestionnaire du domaine privé, initie avec cette personne, conduit ou termine une relation contractuelle, quelle qu'en soit la forme, dont l'objet est la valorisation ou la protection de ce domaine et qui n'affecte ni son périmètre ni sa consistance, ne met en cause que des rapports de droit privé et relève, à ce titre, de la compétence du juge judiciaire »).

A. CONSULTATION DE LA DIRECTION DE L'IMMOBILIER DE L'ÉTAT

L'avis de « l'autorité compétente de l'État » (Ord. du 21 avr. 2006, art. 3, VII. – CGPPP, spéc. art. L. 3222-2 et L. 3222-3) – désormais, la « direction de l'immobilier de l'État » (Décr. n° 2016-1234 du 19 sept. 2016. V. Chamard-Heim et Yolka, Immobilier de l'État : la « longue marche » [du service des Domaines à la DIE], *JCP Adm. 2016. 797*) – est exigé préalablement à toute cession d'immeubles – entre autres, par voie d'échange –, sauf dans les communes de moins de 2 000 habitants (CGCT, art. L. 2241-1, al. 3, *a contrario*. – Le moyen tiré d'un défaut de consultation est en conséquence inopérant, à propos des échanges domaniaux qui impliquent ces communes : CE 27 juin 1997, *Beygo*, n° 164216). L'avis porte sur la valeur des biens et, le cas échéant, sur le montant de la soulte. Il constitue une formalité substantielle (V., pour l'annulation d'une délibération décidant un échange sans consultation préalable du service des Domaines : CAA Paris, 20 janv. 2000, *Cne de Vieux-Champagne*, n° 97PA01947). Réputé donné dans le mois suivant la saisine du service compétent, cet avis ne lie pas la collectivité propriétaire, laquelle peut donc s'en écarter (pour une illustration : CE 28 juin 1996, *Cne de Parentis-en-Born*, n° 156183, en l'espèce, les conclusions dirigées contre les délibérations litigieuses ont été déclarées irrecevables, pour cause de forclusion). Il est toutefois permis de considérer que cette liberté n'est pas absolue, en raisonnant par analogie avec la jurisprudence relative aux achats d'immeubles par les collectivités locales (V. TA Grenoble, 6 mai 1998, *Ferrand : Dr. adm. 1998, n° 274 ; Gaz. Pal. 1998. 2. Pan. dr. adm. 197* ; CAA Bordeaux, 26 avr. 2018, *Cne d'Itxassou*, n° 16BX01199).

B. MAINLEVÉE ET RADIATION DES INSCRIPTIONS

Le principe d'insaisissabilité des propriétés publiques (CGPPP, art. L. 2311-1) justifie l'exigence de mainlevée et de radiation des inscriptions grevant les biens privés intégrant les patrimoines publics à l'occasion d'un échange (CGPPP, art. L. 1111-3 et L. 3211-22. – V. plus généralement, sur la purge des privilèges et hypothèques en cas d'acquisition amiable, justifiée par l'insaisissabilité des propriétés publiques : CGPPP, art. L. 1212-2 et L. 1212-3, R. 1212-3 s.).

C. ABSENCE DE PUBLICITÉ ET DE MISE EN CONCURRENCE

A l'égard des collectivités locales, cette liberté constitue le droit commun : les dispositions imposant la publicité et la mise en concurrence pour les ventes, issues de l'article 11 de la loi du 1er décembre 1942 complétant et modifiant le décret du 5 juin 1940 relatif au domaine immobilier de l'État ont, en effet, été abrogées (L. n° 93-122 du 29 janv. 1993, art. 51 ; abrogée, L. n° 94-112 du 9 févr. 1994, art. 16). Cette disposition imposait une procédure d'adjudication avec publicité et concurrence pour les biens dont la valeur était supérieure à celle fixée par un arrêté (par ex. : CE 18 oct. 1978, *Gruner*, n° 7916). L'absence de publicité et de mise en concurrence tient au fait que le contrat d'échange ne peut être conclu qu'au regard de la situation d'un immeuble, non d'une personne (V. sur cette absence d'obligation : CAA Paris, 31 déc. 2015, *Sté Total Pacifique : CMP mars 2016. Comm. 84, obs. Hoepffner*). Les obligations en cause étaient donc difficilement transposables (Rép. min. n° 1106 : *JOAN Q, 23 août 1993, p. 2661*. – Rép. min. n° 1504 : *JOAN Q, 18 oct. 1993, p. 3570*).

S'agissant de l'État, l'article R. 129 du code du domaine de l'État posait, avant l'entrée en vigueur de la partie réglementaire du CGPPP, la règle d'après laquelle « l'aliénation d'un immeuble du domaine privé de l'État a lieu avec publicité et mise en concurrence, soit par adjudication publique, soit à l'amiable » (moyennant les exceptions prévues à l'art. R. 129-5) ; encore que le terme « aliénation » englobât littéralement toute cession de propriété, la formule avait été comprise comme désignant la seule vente, notamment parce que l'échange ne s'accommoderait pas de telles obligations procédurales. Cette interprétation doit logiquement se maintenir sous l'empire des dispositions réglementaires du CGPPP concernant la vente des immeubles du domaine privé de l'État ; les échanges échappent à la publicité et à la mise en concurrence, les articles R. 3211-1 et suivants du code général de la propriété des personnes publiques étant insérés dans une section intitulée « Vente ».

Le recours au contrat d'échange constitue parfois une façon d'échapper à la procédure d'adjudication ; la pratique a révélé l'existence de montages contestables (Sauteret-Galitzine, Domaine privé de l'État. Échanger un immeuble n'est pas le vendre, *Mon. TP 8 oct. 1999, p. 28*).

III. RÈGLES DE COMPÉTENCE

Quand sont en cause des biens de l'État, l'instruction des projets d'échange est assurée par le directeur départemental des finances publiques, qui fait procéder à une enquête préalable pour apprécier l'utilité de l'opération, les garanties offertes par le coéchangiste, la situation juridique et la valeur vénale de l'immeuble. Il fixe, s'il y a lieu, le montant de la soulte. Le service affectataire de la dépendance doit donner son avis sur la transaction envisagée. *In fine*, il revient au préfet d'autoriser l'échange (V. CGPPP, art. R. 1111-1 et R. 1111-2. – V. aussi, pour des cas particuliers : CGPPP, art. D. 3222-1 et D. 3222-2). On notera que l'article L. 3211-21 CGPPP, créé par la loi de finances pour 2013 et disposant que « les bois et forêts de l'État ne peuvent être échangés qu'avec des biens de même nature », prévoit l'exigence préalable d'un accord du ministre chargé des forêts (l'intervention du législateur, pour la cession des forêts dont la surface excède 150 hectares, étant écartée dans cette hypothèse particulière).

S'agissant des établissements publics, le conseil d'administration statue sur le principe des échanges (V. not., pour les établissements publics de santé : CSP, art. L. 6143-1-10°. – Pour la Cité de l'architecture et du patrimoine : Décr. n° 2004-683 du 9 juill. 2004, art. 10). L'exécutif passe les actes en application des décisions prises (V. ainsi, pour le musée du quai Branly : Décr. n° 2004-1350 du 9 déc. 2004, art. 10-12°. – Pour l'établissement public du Domaine national de Chambord : Décr. n° 2005-703 du 24 juin 2005, art. 13-12°).

Le même partage de compétences se retrouve, s'agissant des collectivités territoriales. Comme toute opération emportant transfert de propriété, l'échange doit faire l'objet d'une délibération préalable motivée de l'assemblée locale (CGCT, art. L. 2241-1, pour les communes. – Un échange conclu par un maire sans délibération du conseil municipal est, par suite, entaché d'illégalité : Civ. 3e, 27 févr. 1985, *Cne de Cassis : Gaz. Pal. 1985. 2. Pan. jurispr. 200*. – Art. L. 3213-1 et L. 3213-2, pour les départements. – Art. L. 4221-4, pour les régions. – V. encore, prévoyant la compétence de la commission syndicale dans les sections de commune : CGCT, art. L. 2411-6). L'acte d'échange est signé par l'exécutif (V. en particulier, pour le maire : CGCT, art. L. 2122-21, al. 7), puis publié au service de la publicité foncière (ancien bureau des hypothèques). Dans les communes de plus de 2 000 habitants, les départements et les régions, les échanges sont en outre – selon les mêmes dispositions – visés par le bilan annuel des acquisitions et des cessions. Celui-ci, qui donne lieu à une délibération de l'assemblée, est annexé au compte administratif de la collectivité.

Les articles L. 2241-2 et L. 3213-2, alinéa 2, du code général des collectivités territoriales, prévoyant l'obligation d'établir un tableau récapitulatif annuel des opérations immobilières (dont les échanges) des communes de plus de 3 500 habitants et des départements – qui faisait double emploi avec l'exigence d'un bilan annuel (à telle enseigne que la doctrine ministérielle confondait les deux : V., à propos des échanges : Rép. min. n° 15953 : *JOAN Q, 14 juill. 2003, p. 5660.* – Rép. min. n° 6564 : *JO Sénat Q, 19 juin 2003, p. 2021 ; JCP Adm. 2003, p. 914*) – ont été abrogés par l'ordonnance n° 2005-1027 du 26 août 2005 (art. 26 et 27). Cette dernière laissait subsister, sans justification, une telle obligation pour les régions (CGCT, art. L. 4221-4, al. 2) ; il a fallu attendre l'entrée en vigueur de l'ordonnance n° 2009-1400 du 17 novembre 2009 (art. 4) pour que cette anomalie disparaisse.

IV. RÈGLES DE FORME

Le contrat d'échange est établi par acte authentique passé en la forme administrative ou par acte notarié. Avant l'entrée en vigueur de la partie réglementaire du CGPPP, une telle option ne paraissait pas exister pour l'État, l'ancien article R. 80 du code du domaine de l'État disposant que l'échange faisait l'objet d'un acte dressé en la forme administrative. L'option est aujourd'hui ouverte. D'une part, l'article L. 1212-1 CGPPP indique que les personnes publiques (dont l'État) peuvent procéder à leurs acquisitions par acte notarié. D'autre part, les articles R. 1212-2 et R. 3211-45 CGPPP laissent explicitement à l'État le choix entre les deux formules. La double nature de l'échange – procédé d'acquisition et de cession – explique au demeurant que l'État puisse recourir à la forme administrative. En effet, et aussi curieux que cela puisse paraître, le recours à la forme administrative est prévu pour les cessions – notamment – de droits réels immobiliers des collectivités territoriales (CGCT, art. L. 1311-5), mais il n'est prévu par le CGPPP – en ce qui concerne l'État – que pour les acquisitions et les prises à bail. En dehors du cas particulier de l'échange, le droit codifié ne semble donc pas prévoir le recours à la forme administrative pour les cessions de l'État, ce qui peut étonner. ❑

1. *Caractère privé du contrat d'échange.* Bien que les échanges baignent dans un régime administratif (pour l'établissement de l'acte, la fiscalité, etc.), le contrat par lui-même reste de droit privé et soustrait – dès lors – à la compétence du juge administratif. V., anciennement, à propos de la responsabilité pour vices cachés : • Civ. 15 mars 1948 : *Bull. civ., n° 87 ; S. 1948. 1. 100.* ♦ Plus récemment : • CE 13 mai 1992, *Gamalame*, n° 130808 • CAA Lyon, 14 févr. 1995, *Spano*, n° 94LY01858 • CAA Paris, 28 mars 1995, *Kinnander*, n°s 93PA00795 et 93PA00796 : *Lebon T. 725* • CAA Marseille, 21 oct. 2004, *Mignemi*, n° 00MA01590 • T. confl. 21 juin 2004, *Belin*, n° 3408. ♦ Il n'appartient donc qu'aux juridictions judiciaires de connaître d'un litige relatif à un contrat de droit privé prévoyant un échange entre un bien du domaine privé et un bien propriété de particuliers. Pour un rappel • T. confl. 8 déc. 2014, *Cts Chabod c/ Cne de Grésy-sur-Isère*, n° 3979 : *AJDA 2015. 556 ; ibid. 1326, note Font ; Rev. CMP 2016. 29, chron. Llorens et Soler-Couteaux.* ♦ Son régime est celui prévu par les articles 1702 et suivants du code civil. Ainsi, l'échange ne saurait faire l'objet d'une action en rescision pour lésion, puisque l'art. 1706 l'exclut, V., à propos d'un échange d'immeubles entre la commune de Forbach et des particuliers. • Metz, 8 févr. 2000, *Lang : GDDAB, 3e éd., 2018. Comm. 99, note Yolka ; JCP 2001. II. 10520 ; JCP N 18 janv. 2002, p. 92, note Hocquet-Berg.* ♦ Pas de publicité foncière pour une sommation de conclure un contrat d'échange avec une commune. • Civ. 3e, 15 juin 2017, n° 16-12.817 P : *JCP Adm. 2017. 2184, obs. Chamard-Heim.* ♦ Le contentieux des délibérations décidant du principe de l'échange relève, en revanche, de la compétence des juridictions administratives par application de la théorie des actes détachables. • CAA Lyon, 13 déc. 2012, *Cne de Moirans*, n° 11LY02787 • CAA Nantes, 19 oct. 2018, n° 17NT01415.

2. *Interdiction d'échanger les dépendances du domaine public.* La jurisprudence déduit de l'inaliénabilité du domaine public l'interdiction d'échanger les dépendances domaniales sans déclassement préalable, seuls les biens du domaine privé pouvant être échangés. • Civ. 3e, 12 févr. 1986 : *Bull. civ. III, n° 8 ; AJDA 1986. 391, obs. J. C.* • Nîmes, 3 oct. 1996, *Bosc :*

Juris-Data n° 030217 • Orléans, 3 avr. 1997, *Barruet : Juris-Data n° 041114* • CE 12 déc. 1979, *Cne de Labastide-Cézéracq*, n° 04464 : *Lebon 732* • TA Nice, 16 mars 1982, *SA Notre-Dame des Fleurs et a. : Lebon 617 ; D. 1982. 570, note Gilli ; JCP 1985. II. 20515, note Chenevoy.* ♦ Sur la même affaire : • CE 25 janv. 1985, *Ville de Grasse : JCP 1985. II. 20515* • 28 mai 1986, *Sté Notre-Dame des Fleurs : Lebon 151* • 6 mai 2015, *Malignon*, n° 369152 : *AJDA 2015. 1779* • TA Amiens, 19 janv. 1988, *Petit : Lebon 666* • TA Strasbourg, 27 sept. 2019, n° 1803479 : *AJDA 2020. 273*. ♦ En conséquence, la délibération décidant l'échange d'un bien du domaine public n'est pas créatrice de droits. • CAA Marseille, 10 nov. 2015, *Malignon*, n° 15MA02179 : *AJDA 2016. 525*. ♦ *A contrario*, l'échange est bien sûr légal s'il concerne un immeuble déclassé. • CAA Nantes, 10 oct. 2006, *Cne d'Arquenay*, n° 05NT01615. ♦ Cette interdiction a été étendue aux domaines nationaux (soumis largement, mais non exclusivement, à la domanialité publique), dont l'art. L. 621-40 C. patr. précise que, par dérogation aux art. L. 3211-5, L. 3211-5-1 et L. 3211-21 CGPPP, les parties gérées par l'Office national des forêts en application du 1° du I de l'art. L. 211-1 C. for. ne peuvent faire l'objet d'aucune aliénation, même sous forme d'échange. ♦ La prohibition des échanges de dépendances du domaine public a toutefois été amendée et assouplie par le CGPPP. V. ainsi le comm. ss. art. L. 3112-21.

3. Illégalité des échanges défavorables aux intérêts de la personne publique. Le principe d'incessibilité des propriétés publiques en dessous de leur valeur réelle exclut les échanges qui léseraient les patrimoines administratifs (en d'autres termes, ceux dans lesquels l'inégale valeur des biens échangés ne serait pas, ou pas suffisamment, compensée par une soulte). Les juridictions administratives se livraient à un contrôle de l'erreur manifeste d'appréciation sur la contrepartie. • CAA Bordeaux, 29 avr. 1999, *Assoc. Erromardi*, n° 96BX00343 (où la cour considère que ne révélait pas une telle erreur le fait pour la commune de procéder à un échange sans soulte, mais en prenant à sa charge les travaux de remblaiement nécessaires). V. de plus : • TA Montpellier, 14 mai 1993, *Bosc*, n° 1993-036139. ♦ Marquant l'exercice d'un contrôle normal : • CE 2 juill. 2014, *Gerin et a.*, n° 366150 B : *Lebon T. 820 et 832.* ♦ Le caractère nettement déséquilibré d'une opération d'échange est de nature à entraîner l'annulation de la décision en arrêtant le principe (V., jugeant contraire au principe constitutionnel de protection des propriétés publiques la délibération d'un conseil municipal ayant autorisé la cession de volumes du domaine privé communal par voie d'échange contre une parcelle dont la valeur était très sensiblement inférieur. • TA Clermont-Ferrand, 27 févr. 2007, *Préfet Allier : LPA 14 sept. 2007, p. 9, note Deliancourt.* ♦ Le déséquilibre est également susceptible de justifier l'octroi aux contribuables d'une autorisation de plaider au nom des collectivités territoriales, les actions en justice engagées de ce chef n'apparaissant pas dépourvues de chance de succès. • CE 14 juin 1999, *Cne de Lamanon*, n° 198519 : *Gaz. Pal. 9-10 févr. 2000, p. 11.* ♦ En revanche, l'échange de parcelles dont la différence de valeurs est compensée par le versement d'une soulte résorbant le déséquilibre en défaveur de la commune en cause ne saurait être considéré comme constitutif d'une subvention au culte – s'agissant d'un terrain ayant vocation à accueillir la construction d'un édifice du culte musulman – prohibée par la L. du 9 déc. 1905. • TA Toulouse, 8 mars 2019, *A. et B. c/ Cne de Montauban*, n° 1702250. ♦ L'interdiction des échanges inégaux visant à protéger les patrimoines publics, elle ne prohibe pas les transactions qui profitent à ces derniers. Il peut ainsi arriver que l'échange se fasse au détriment de la personne privée. • CAA Lyon, 15 juill. 2004, *SCI des Champs*, n° 01LY00854. ♦ A titre d'exemple, l'Office national des forêts applique un coefficient multiplicateur variant de 3 à 5 en cas de demande d'échange de parcelles de forêts domaniales contre des parcelles privées. * Rép. min. n° 16364 : *JO Sénat Q, 9 déc. 2010, p. 3189 ; JCP N 2011. Actu. 258.*

4. Interdiction d'échanger les chemins ruraux. La jurisprudence a déduit de l'art. L. 161-10 C. rur. (aux termes duquel, lorsqu'un chemin rural cesse d'être affecté à l'usage du public, la vente peut être décidée après enquête par le conseil municipal) que cette disposition exclut toute possibilité d'échange. Excessivement formaliste, une telle solution conduit – sans nécessité évidente – à l'annulation de nombreuses délibérations. • CE 20 févr. 1981, *Cristakis de Germain : Lebon 637 ; Dr. adm. 1981, n° 114* • 6 juill. 1983, *Dubern : Lebon 831 ; Dr. adm. 1983, n° 349* • 13 juin 1984, *Engelsen : Lebon 521 ; Dr. adm. 1984, n° 319* • 14 mai 1986, *Assoc. Les Amis de la Sabranenque : Dr. adm. 1986. Comm. 376* • 23 mai 1986, *Richard : Lebon 147 ; AJDA 1986. II. 462, note J. C. ; Dr. adm. 1986. Comm. 377 ; RDI 1986. 446* • 26 mai 1995, *Lafargue*, n° 148487. ♦ Sol. impl. • CE 11 sept. 1995, *Cne de Rilly-Ste-Syre*, n° 129596 • 4 mars 1996, *Cne de Bonnat*, n° 146129. ♦ *A contrario*. • CE 17 nov. 2010, *SCI Domaine de la Rivoire*, n° 338338 : *JCP Adm. 2011, n° 2003, note Yolka et Videlin* • TA Grenoble, 14 mai 2019, *Darras et Binet c/ Cne d'Hauteluce*, n°s 1607258 et 1607259. ♦ V. également : • CAA Douai, 7 déc. 2000, *Cne de Saint-Nicolas-aux-Bois*, n° 96DA01774 • CAA Marseille, 6 déc. 2004, *Cattier*, n° 03MA00012 • CAA Bordeaux, 18 mai 2006, *Bley*, n° 03BX00141 • 15 juin 2006, *Devez*, n° 03BX01126 • 30 nov. 2006, *Fatras*, n° 03BX02109 • 28 févr. 2008, *Roger Y.*, n° 05BX02432

• CAA Lyon, 6 oct. 2009, *Lechenault,* n° 07LY02721 • 3 févr. 2011, *Valtot,* n° 09LY01745 • TA Clermont-Ferrand, 4 nov. 2009, *Cne de Monistrol-sur-Loire : AJDA 2010. 806*. ♦ V. aussi : * Rép. min. n° 8472 : *JOAN Q, 30 mars 1998, p. 1818 ; JCP N 1998. 1060* * Rép. min. n° 67370 : *JOAN Q, 11 févr. 2002, p. 688* * Rép. min. n° 05257 : *JO Sénat Q, 22 mai 2003, p. 1699* * Rép. min. n° 02253 : *JO Sénat Q, 8 nov. 2012, p. 2543 ; JCP Adm. 2012. Actu. 816* * Rép. min. n° 06147 : *JO Sénat 20 sept. 2018, p. 4783 ; JCP N 2018, Act. 767*. ♦ Cette interprétation restrictive entraîne, en pratique, d'importantes difficultés pour les communes (notamment rurales), alors qu'une telle procédure pourrait être mise en œuvre dans un souci de bonne gestion des dépendances du domaine privé, voire de rationalisation des coûts y afférents. Les opérations d'échange sont en effet courantes et elles ne sauraient être régularisées que par le jeu de la prescription acquisitive (puisque le domaine privé est susceptible d'usucapion). Il a donc été judicieusement suggéré de faire évoluer l'état du droit (proposition de loi Sénat n° 292, 16 janv. 2014) ; mais sans succès, pour l'heure, le Conseil constitutionnel ayant invalidé pour motif procédural un art. de loi en ce sens : • Cons. const. 4 août 2016, n° 2016-737 DC (Loi pour la reconquête de la biodiversité, de la nature et des paysages, censure de l'art. 78). ♦ A la question posée par un sénateur concernant l'éventuelle relance de cette proposition, le ministre compétent a indiqué que le Gouvernement était « ouvert à la reprise de la discussion parlementaire sur ce sujet, dans un véhicule législatif qu'il conviendra d'identifier » (Rép. à QE n° 0569S de J.-P. Moga : *JO Sénat CR, 23 janv. 2019 ; Dr. voirie 2019, p. 45, obs. Yolka*).

5. Échanges et aides d'États. La Commission européenne avait décelé la présence d'une aide d'État au vu des conditions dans lesquelles la ville de Madrid et le club de football du Real avaient échangé des terrains en vue de la rénovation du stade Santiago Bernabéu. * Comm., déc. n° 2016/2393, 4 juill. 2016, relative à l'aide SA 33754 accordée par l'Espagne au Real Madrid CF : *JOUE n° L 358/3, 29 déc. 2016*. ♦ Cette décision a été annulée en raison des modalités d'évaluation retenues pour parvenir à un tel résultat, le Tribunal rappelant que la Commission était tenue de procéder à une analyse d'ensemble de tous les éléments pertinents (et non de s'en tenir à l'évaluation de la valeur d'une parcelle). • Trib. UE, 22 mai 2019, aff. T-791/16 : *JCP Adm. 2019. 2332, n° 1 s., chron. Karpenschif et Sauron.*

Art. L. 1111-3 **Lorsque le bien faisant l'objet du contrat d'échange est grevé d'inscriptions, la partie qui apporte le bien en échange est tenue d'en rapporter mainlevée et radiation dans un délai de trois mois à compter de la notification qui lui en aura été faite par l'autorité compétente, sauf clause contraire de ce contrat stipulant un délai plus long. A défaut, le contrat d'échange est résolu de plein droit.** — *[C. dom. État, art. L. 43, ecqc les acquisitions par voie d'échange.]*

COMMENTAIRE

Voir le commentaire sous l'article L. 1111-2.

SOUS-SECTION 2 DISPOSITIONS APPLICABLES AUX COLLECTIVITÉS TERRITORIALES, À LEURS GROUPEMENTS ET À LEURS ÉTABLISSEMENTS PUBLICS

Art. L. 1111-4 **Les collectivités territoriales, leurs groupements et leurs établissements publics peuvent acquérir des biens et des droits, à caractère mobilier ou immobilier, par voie d'échange. Ces opérations d'échange ont lieu dans les conditions fixées par le code général des collectivités territoriales ou par le code de la santé publique.**

COMMENTAIRE

Voir le commentaire sous l'article L. 1111-2.

SECTION III DATION EN PAIEMENT

Art. L. 1111-5 **Les biens mobiliers ou les immeubles dont la remise à l'État peut être effectuée à titre de dation en paiement sont énumérés au premier alinéa de l'article 1716 *bis* du code général des impôts.**

BIBL. ▶ Lavigne, La dation en paiement par remise d'œuvres d'art, *AJDA 1988. 382*. – Kéravec, Montoux et Gouyet, Un mode alternatif d'extinction de la dette d'impôt : la dation en paiement, *JCP N 2002. 1549*. – Condamy, Actualité de la dation en paiement, *LPA 11 déc. 2003*. – Hietz, La nature juridique de la dation en paiement. Une modification de l'obligation aux fins de paiement, *RTD civ. 2004. 199*. – Changeux et Stchebatcheff, La dation en paiement : quarante ans de succès, *Rev. Trésor 2008. 338*. – Esclassan, Finances publiques et patrimoine culturel. Un dispositif original pour l'enrichissement des collections publiques : la dation en paiement. L'art et le droit. *Écrits en hommage à Pierre-Laurent Frier, Publications de la Sorbonne, 2010, p. 143.* – Auger, La dation en paiement d'œuvres d'art pour le règlement des droits de mutation à titre gratuit, *RLDC 2018/38, n° 165.38.* – Perrotin, La fiscalité au service de l'enrichissement du patrimoine, *LPA, 14 nov. 2019. 4.*

COMMENTAIRE

I. OBJET

La dation en paiement, issue de la transposition en matière fiscale d'une notion civiliste, est une technique particulière de paiement de l'impôt, et plus précisément de certaines obligations fiscales (droits de mutation à titre gratuit et droit de partage). Elle est qualifiée de procédure exceptionnelle par le code général des impôts lui-même (CGI, l'art. 1716 *bis*, al. 4. – V., sur le détail de la procédure, le BOFIP, BOI-SJ-AGR-50-20 du 6 nov. 2018 ; *JCP N 2018. Actu. 869*).

Elle permet au contribuable de s'acquitter desdites obligations fiscales en remettant à l'État (seul bénéficiaire de la dation) des biens mobiliers ou immobiliers et s'inscrit dans une politique à laquelle le nom d'André Malraux, promoteur de la loi n° 68-1251 du 31 décembre 1968 tendant à favoriser la conservation du patrimoine artistique national, demeure attaché.

II. CHAMP D'APPLICATION

La liste des biens susceptibles de dation est énumérée par l'article 1716 *bis* CGI et par l'article R. 1111-3 du présent code. On peut distinguer deux grandes catégories au sein de cet ensemble, catégories qui illustrent l'extension progressive du champ de mise en œuvre de cette formule juridique.

La première, traditionnelle, permet de préserver et d'accroître le patrimoine culturel national. Elle englobe les œuvres d'art, livres, objets de collection et autres documents de haute valeur artistique ou historique.

La seconde, qui s'est enrichie avec le temps, concerne des biens immobiliers dignes d'intérêt d'un point de vue écologique ou social. Y sont visés : les immeubles situés dans les zones d'intervention du Conservatoire de l'espace littoral et des rivages lacustres dont la situation ainsi que l'intérêt écologique ou paysager justifient la conservation à l'état naturel ; les immeubles en nature de bois, forêts ou espaces naturels pouvant être incorporés au domaine forestier de l'État.

III. PROCÉDURE

La dation, qui n'est possible que pour acquitter une somme d'au moins 10 000 euros par imposition considérée, n'est pas un acte unilatéral mais exige l'accord de la puissance publique (la solution serait la même en droit privé, l'article 1243 du code civil disposant que le créancier ne peut être contraint de recevoir une autre chose que celle qui lui est due, et ce même si la valeur de la chose offerte est égale ou même supérieure à celle de la créance).

Elle se décompose, au moins formellement, en trois temps détaillés par les articles 384 A, 384-0 A *bis*, 384 A *bis* et 384 A *ter* de l'annexe II du CGI : offre de dation de la part de l'héritier, du donataire, du légataire ou du copartageant (cette offre ne pouvant être retirée dans le délai de six mois suivant son dépôt, délai pouvant être prorogé de trois mois par l'autorité administrative par une décision motivée et notifiée à l'intéressé) ; agrément donné par l'administration fixant la valeur libératoire des biens ; acceptation de cette valeur par l'auteur de la dation (dans un délai fixé par la décision d'agrément et par lettre simple). Suivant les biens en cause, l'instruction du dossier justifie l'intervention d'autorités administratives variées (direction de l'immobilier de l'État, Conservatoire de l'espace littoral et des rivages lacustres, Office national des forêts, commission...) et la procédure est détaillée par les article suivants de l'annexe II du CGI : 384 A et 384-0 A *bis* (pour les œuvres d'art, livres, objets de collection, documents de haute valeur artistique ou historique) ; 384 A *bis* (pour les immeubles visés à l'art. 1716 *bis* CGI, sauf pour les immeubles en nature de bois et forêts ou espaces naturels) ; 384 A *ter* (pour les immeubles en nature de bois et forêts ou espaces naturels).

Il ressort des statistiques fournies à l'occasion du quarantième anniversaire de cette formule juridique que le taux d'acceptation des propositions est d'environ 58 %, les dations acceptées (dont le montant total est de 22 millions d'euros par an en moyenne) servant en grande majorité (75 %) à acquitter des droits de succession. Et certaines dations sont particulièrement emblématiques, que l'on songe à celle de la succession Picasso, à l'entrée dans le patrimoine public de la bibliothèque de Montesquieu ou encore à la succession Lacan au terme de laquelle « *L'Origine du monde* » de Courbet a rejoint les collections nationales.

1. Compétence du juge administratif pour apprécier la légalité de la décision prise sur une demande d'agrément. La décision prise sur une demande d'agrément constitue un acte administratif détachable de la procédure même d'établissement et de recouvrement de l'impôt et la juridiction administrative est donc compétente pour connaître des recours dirigés contre un refus d'agrément d'une offre de remise d'immeuble en paiement de l'impôt de solidarité sur la fortune alors même que ce dernier relève de la compétence du juge judiciaire. • CAA Paris, 11 mai 2000, *Mocchi*, n° 99PA03843.

2. Interdiction des dations conditionnées. Le ministre du budget a eu l'occasion de rappeler qu'une offre de dation ne saurait être assortie d'une condition dès lors que la dation, à l'inverse d'une donation, constitue un règlement de la dette fiscale du contribuable et que sa conditionnalité serait contraire au principe d'universalité budgétaire ainsi qu'à celui selon lequel l'impôt est payé sans contrepartie. * Rép. min. n° 5622 : *JOAN Q, 3 févr. 1992, p. 524.*

3. Légalité d'un refus d'offre de dation. L'État a pu valablement refuser l'offre de dation de la ville de Bayonne, légataire universel d'un particulier, au motif que la ville, afin de satisfaire les volontés de la testatrice, avait assorti son offre d'une condition d'affectation des œuvres objet de la dation à un musée. • CAA Paris, 11 juin 2015, *Ville de Bayonne*, n° 13PA02966.

CHAPITRE II ACQUISITIONS SELON DES PROCÉDÉS DE CONTRAINTE

SECTION PREMIÈRE NATIONALISATION

Art. L. 1112-1 Le transfert à l'État de biens et de droits, à caractère mobilier ou immobilier, par voie de nationalisation d'entreprises est réalisé dans les conditions fixées par les dispositions législatives qui prononcent la nationalisation.

BIBL. ▸ Vedel, Le régime des biens des entreprises nationalisées, *CJEG 1956. 177.* – Favoreu (dir.), Nationalisations et Constitution, *Economica-PUAM, 1982.* – Beaud, Nationalisation et souveraineté. La nationalisation comme acte de puissance publique, *LPA 24 nov. 1995.* – Hubrecht, Droit public économique, *Dalloz, 1997, p. 101.* – Delvolvé, Droit public de l'économie, *Dalloz, 1998, p. 652.* – de Bellecisze, Les services publics constitutionnels, *LGDJ 2005.* – Marcou, Que reste-t-il de l'alinéa 9 du préambule de la Constitution de 1946 ?, *AJDA 2007. 192*. – Quiot, La révision de l'alinéa 9 du préambule de la Constitution de 1946 par le Conseil constitutionnel, *LPA 7 mars 2007.* – Nicinski, Droit public des affaires, *Montchrestien, 6e éd., 2018, p. 337.* – Brameret, Nationalisation d'entreprises, *J.-Cl. Propriétés publiques, fasc. 26.* – Braconnier, Droit public de l'économie, *PUF, 2e éd., 2017, p. 253.*

COMMENTAIRE

Contrairement au code du domaine de l'État, qui ne lui consacrait pas de disposition particulière, le code général de la propriété des personnes publiques mentionne dans sa partie législative la technique des nationalisations. Ce choix, qui s'explique probablement par un souci d'exhaustivité (même si aucun article spécifique n'est consacré à l'opération inverse qu'est la privatisation, qui constitue pourtant une forme de cession d'une propriété publique), ne saurait cependant signifier que la nationalisation est une opération juridique véritablement réglée par le code.

Bien au contraire, l'article L. 1112-1 renvoie immédiatement et uniquement aux dispositions législatives prévoyant chaque nationalisation. Autrement dit, cet article ne crée aucune norme nouvelle, se contentant de rappeler que la loi fixe les règles concernant les nationalisations d'entreprise, solution que la Constitution du 4 octobre 1958, suivant d'ailleurs en cela la jurisprudence antérieure, prévoit expressément dans son article 34.

I. DÉFINITION

La nationalisation est un mode d'acquisition forcé qui constitue, selon les termes d'Olivier Beaud, un « acte de souveraineté économique », l'« expression d'une sorte de droit d'autodétermination économique » réservé au législateur et donc à l'État.

Il s'agit d'une forme particulière d'expropriation qui porte, à la différence des expropriations entrant dans le champ du code de l'expropriation pour cause d'utilité publique (auquel renvoie l'art. L. 1112-2 du code), sur les entreprises et leurs actifs et non pas simplement sur des immeubles ou des droits réels immobiliers (l'art. L. 1er C. expr. précise en effet que cette opération porte sur les immeubles ou des droits réels immobiliers). L'article L. 1112-1 souligne ainsi que sont concernés les biens et droits, à caractère mobilier ou immobilier.

Comme l'a précisé le Conseil constitutionnel, « la nationalisation, au sens de l'article 34 de la Constitution, implique que le transfert de propriété d'une entreprise résulte d'une décision de la puissance publique à laquelle le ou les propriétaires sont obligés de se plier ». Par suite, « la prise de participations dans le capital d'entreprises ne saurait, en raison du caractère contractuel de l'opération, constituer une nationalisation » (Cons. const. 19 janv. 1984, n° 83-167 DC, § 23). Autrement dit, l'opération de nationalisation est entendue strictement et n'inclut pas les prises de participation négociées, que l'on songe par exemple à la création de la SNCF suite à la convention du 31 août 1937 et au décret-loi du même jour.

Ce mode d'acquisition, qui semblait appartenir au passé et qui est illustré par trois grandes vagues (en 1936, avec le Front populaire, en 1946, à la suite de la Libération, et enfin en 1982, par le gouvernement d'union de la gauche), engendrant encore du contentieux (CE 4 mai 2016, *Fabry*, n° 395466 : *Lebon ; AJDA 2016.1168, chron. Dutheillet de Lamothe et Odinet ; JCP 2016. 971, chron. Éveillard*), a suscité un regain d'intérêt avec la récente crise financière même s'il n'a pas été mis en œuvre, au moins en France, à cette occasion dès lors qu'aucun transfert autoritaire de propriété n'y a été prononcé.

II. RÉGIME

La nationalisation est en pratique un pouvoir étatique bien plus qu'un devoir, les exigences de l'alinéa 9 du préambule de 1946 ne limitant pas vraiment la marge d'appréciation du législateur. Cet alinéa dispose pourtant que tout bien, toute entreprise, dont l'exploitation a ou acquiert les caractères d'un service public national ou d'un monopole de fait, doit devenir la propriété de la collectivité. Mais la jurisprudence constitutionnelle n'en a pour l'instant pas tiré de conséquences réellement contraignantes, refusant de censurer sur cette base les privatisations successivement opérées depuis 1986 (V. la décision largement critiquée rendue à propos de la privatisation de GDF, Cons. const. 30 nov. 2006 : *n° 2006-543 DC, § 14*).

Ce pouvoir, s'il constitue une des plus importantes prérogatives de puissance publique, est désormais encadré par le droit national ainsi que par le droit européen. Décidée par le législateur (même si cette compétence n'exclut évidemment pas que les mesures d'application soient de nature réglementaire), l'opération doit être nécessaire (le Conseil constitutionnel se limitant toutefois à un contrôle de l'erreur manifeste d'appréciation, Cons. const. 16 janv. 1982 : *n° 81-132 DC, § 20*).

La nationalisation doit également être précédée, conformément aux exigences de l'article 17 de la Déclaration des droits de l'homme et du citoyen, d'une juste et préalable indemnité. C'est ainsi que « les actionnaires des sociétés visées par la loi de nationalisation ont droit à la compensation du préjudice subi par eux, évalué au jour du transfert de propriété, abstraction faite de l'influence que la perspective de la nationalisation a pu exercer sur la valeur de leurs titres » (Cons. const. 16 janv. 1982 : *n° 81-132 DC, § 47*). Et le principe d'égalité doit aussi être respecté.

Autrement dit, d'un point de vue constitutionnel, « la décision de nationaliser n'est que faiblement contrainte » (Hubrecht) mais les « modalités de la nationalisation » sont par contre plus scrupuleusement encadrées.

Toute nationalisation doit aussi satisfaire aux exigences du droit européen, notamment celles de l'article 1er du protocole n° 1 à la Convention européenne de sauvegarde des droits de l'homme et des libertés fondamentales qui garantit le droit au respect des biens.

Elle est également susceptible de poser problème au regard du droit de l'Union européenne dès lors que ce dernier, malgré sa supposée (ou prétendue) neutralité à propos du régime de la propriété dans les États membres (l'art. 345 TFUE, ex-295 TCE, disposant que les traités ne préjugent en rien le régime de la propriété dans les États membres), est clairement orienté (spécialement dans la lecture qu'en fait la Commission européenne) en faveur des privatisations. ❑

SECTION II **EXPROPRIATION**

Art. L. 1112-2 Les personnes publiques mentionnées à l'article L. 1 peuvent acquérir des immeubles et des droits réels immobiliers par expropriation. Cette procédure est conduite dans les conditions fixées par le code de l'expropriation pour cause d'utilité publique.

BIBL. ▸ **Encyclopédie :** Hostiou, *J.-Cl. Propriétés publiques, fasc. 24 s., 25 et 25-1.*

▸ **Ouvrages :** Lemasurier, Le droit de l'expropriation, *Economica, 2005.* – Hostiou et Struillou, Expropriation et préemption, *LexisNexis, 5e éd., 2016.* – Lacchè, L'espropppriazione per pubblica utilità : amministratori e proprietari nella Francia dell'ottocento, *Giuffrè, 1995.* – Marchiani, Le monopole de l'État sur l'expropriation, *LGDJ, 2008.* – Huygue et Perez Mas, Traité de l'expropriation des biens, *Le Moniteur, 2014.* – Bon, Code de l'expropriation pour cause d'utilité publique commenté, *Dalloz, 2019.* – Hostiou, Code de l'expropriation pour cause d'utilité publique commenté et annoté, *LexisNexis, 2019.*

▸ **Articles :** Wachsmann, Un bilan du bilan en matière d'expropriation. La jurisprudence Ville Nouvelle Est, trente ans après, *Mél. Waline, Dalloz, 2002, p. 733.* – Seiller, Pour un contrôle de la légalité extrinsèque des déclarations d'utilité publique, *AJDA 2003. 1472* . – Bon, Vers un nouveau code de l'expropriation, *Mél. Hostiou, Litec, 2008, p. 25.* – Yolka, L'expropriation des collectivités territoriales, *JCP Adm. 2008. 2028.* – Seiller, L'expropriation au crible improbable du contrôle concret de constitutionnalité, *AJDA 2010. 2393* . – AFDA, Le bicentenaire de la loi de 1810 sur l'expropriation (colloque de Tours), *JCP Adm. 2011. 2070.* – Gilbert, Réforme du code de l'expropriation – Une codification « à droit constant », *JCP 2015. 178.* – Bon, D'un code de l'expropriation à l'autre, *RFDA 2015. 293* . – Hostiou, Le code de l'expropriation pour cause d'utilité publique, version 2015. Un coup pour (presque) rien ?, *AJDA 2015. 689* . – Tifine, Le nouveau code de l'expropriation pour cause d'utilité publique : une réforme cosmétique plutôt qu'une réforme de fond, *RDI 2015. 281* . – Hostiou, Personne privée et action publique ? Le droit de l'expropriation en France : entre permanence et changement, *RDI 2016. 380* .

COMMENTAIRE

I. DÉFINITION

Comme le souligne Philippe Yolka, l'expropriation est « l'une des modalités paroxystiques » de la relation entre l'Administration et les propriétaires privés. Il s'agit en effet, pour le dire autrement, d'une prérogative de puissance publique très emblématique en ce qu'elle porte en principe atteinte à un droit particulièrement protégé, le droit de propriété privée immobilière. L'éminence traditionnellement conférée à ce droit réputé inviolable et sacré (art. 2 et 17 de la Déclaration des droits de l'homme et du citoyen) explique à la fois que l'État exerce en la matière une forme de monopole mais aussi les nombreuses garanties entourant l'exercice de ce pouvoir, spécialement la nécessaire intervention du juge judiciaire, gardien de la propriété privée immobilière selon la formule consacrée (V. sur cette question Simon Gilbert, Le juge judiciaire gardien de la propriété privée immobilière. Étude de droit administratif, *Mare et Martin, 2011*). Le Conseil constitutionnel a ainsi eu l'occasion de rappeler, par une formule dont la construction peut d'ailleurs surprendre, « l'importance des attributions conférées à l'autorité judiciaire en matière de protection de la propriété immobilière par les principes fondamentaux reconnus par les lois de la République » (Cons. const. 25 juill. 1989 : *n° 89-256 DC, § 23*).

L'expropriation peut plus précisément se définir comme « la prérogative de l'État lui permettant, à l'initiative d'une personne publique ou privée, dans un but d'utilité publique et moyennant le respect d'un certain nombre de garanties de procédure et de fond, de contraindre une personne publique ou privée à céder la propriété d'un immeuble ou d'un droit réel immobilier à une personne publique ou privée » (Pierre Bon). Même si expropriation rime pour certains avec spoliation, il suffit de lire *La Curée* d'Émile Zola (1872) pour se convaincre que tel n'est pas nécessairement le cas. Et les exemples plus récents ne manquent probablement pas.

II. RENVOI AU CODE DE L'EXPROPRIATION

Le code général de la propriété des personnes publiques se contente de renvoyer au code de l'expropriation pour cause d'utilité publique. Celui-ci était issu de la codification opérée par les décrets n° 77-392 (partie législative) et n° 77-393 (partie réglementaire) du 28 mars 1977. Il a fait l'objet d'une recodification complète, très faiblement innovante, par l'ordonnance n° 2014-1345 du 6 novembre 2014 relative à la partie législative du code de l'expropriation pour cause d'utilité publique et par le décret n° 2014-1635 du 26 décembre 2014 relatif à la partie réglementaire du code de l'expropriation pour cause d'utilité publique.

Ce choix de ne pas intégrer le code de l'expropriation dans le code général de la propriété des personnes publiques (la question semble avoir été discutée devant la Commission supérieure de codification) peut sans doute se réclamer de plusieurs arguments. Outre que cela aurait un peu déséquilibré le plan du second eu égard au volume du premier, une telle fusion n'aurait pas nécessairement contribué à l'amélioration de l'accessibilité du droit. Ensuite, le lien entre les deux codes n'est que partiel dès lors que l'expropriation peut être utilisée afin de transférer un bien immobilier dans le patrimoine d'une personne privée (tel est un des apports du célèbre arrêt CE 20 déc. 1935, *Éts Vézia : Lebon 1212 ; RD publ. 1936. 119, concl. Latournerie*).

III. CHAMP D'APPLICATION

Ainsi que le précise l'article L. 1112-2, l'expropriation n'est envisageable que pour les immeubles et les droits réels immobiliers (V. égal. l'art. L. 1er C. expr.). Autrement dit, et sauf exception législative (V. ainsi pour les biens culturels maritimes situés dans le domaine public maritime l'art. L. 532-11 C. patr.), elle ne vaut pas pour les meubles et les droits mobiliers (qui peuvent toutefois faire l'objet d'une nationalisation ou d'une réquisition).

Cet article ne détaille en revanche pas son champ d'application organique. Il doit ainsi être interprété comme confirmant la jurisprudence antérieure suivant laquelle seuls certains biens immobiliers des personnes publiques autres que l'État sont susceptibles d'expropriation. Il s'agit des biens appartenant au domaine privé de ces personnes publiques (CE 12 mai 1967, *Cne de Tourrette-Levens : Lebon 214*). Les biens appartenant au domaine public peuvent quant à eux uniquement faire l'objet d'une mutation domaniale, cette théorie jurisprudentielle controversée ayant été codifiée par l'ordonnance du 21 avril 2006 (V. le commentaire ss. art. L. 2123-6). La jurisprudence, malgré d'importantes critiques doctrinales, considère en effet que le principe d'inaliénabilité du domaine public s'oppose à un transfert de propriété opéré par voie d'expropriation (V. pour une confirmation, CE 19 déc. 2007, *Cne de Mercy-Le-Bas : Lebon T. 841*).

IV. TRAITS GÉNÉRAUX DE LA PROCÉDURE

La procédure d'expropriation, même si elle a depuis lors fait l'objet de nombreuses réformes (souvent mineures mais parfois plus substantielles), repose toujours sur un équilibre fixé par Napoléon sous le Premier Empire (L. du 8 mars 1810). Il s'agissait en effet d'assurer au droit de propriété, droit naturel et imprescriptible de l'homme et droit inviolable et sacré selon les termes respectifs des articles 2 et 17 de la Déclaration des droits de l'homme et du citoyen, une protection renforcée, matérialisée en particulier par l'intervention du juge judiciaire pour prononcer le transfert de propriété et fixer le montant de la juste et préalable indemnité due au propriétaire exproprié, sans pour autant entraver le bon déroulement des opérations d'utilité publique.

L'expropriation comprend deux phases, l'une dite administrative et l'autre qualifiée de judiciaire.

A. LA PHASE ADMINISTRATIVE

1° ACTEURS

Durant cette première étape, trois sortes d'acteurs (en sus du commissaire enquêteur) peuvent intervenir : l'expropriant (qui est nécessairement l'État, seul titulaire de ce pouvoir considéré comme régalien), l'initiateur de l'expropriation (l'État lui-même, toute autre personne publique, voire certaines personnes privées, que ce pouvoir leur soit attribué par un texte ou qu'elles gèrent un service public), le bénéficiaire de l'expropriation (qu'il s'agisse d'une personne publique ou privée, qu'elle soit d'ailleurs française ou étrangère).

Ces trois acteurs peuvent évidemment n'être que deux (par exemple lorsque l'État réalise une expropriation à la demande d'une collectivité territoriale et au bénéfice de cette dernière), voire l'État uniquement.

2° ACTES

Cette première phase est rythmée par deux actes juridiques essentiels : la déclaration d'utilité publique et l'arrêté de cessibilité.

a. La déclaration d'utilité publique

Le premier acte est une décision d'espèce (CE, ass., 22 févr. 1974, *Sieur Adam et a., Cnes de Bernolsheim et Mommenheim : Lebon 145 ; RD publ. 1974. 1780, note Waline ; ibid. 1975. 486, concl. Gentot ; AJDA 1974. 197, chron. Franc et Boyon ; D. 1974. 430, note Gilli*), autrement dit un acte qui n'est ni réglementaire ni individuel (il n'a dès lors pas à être notifié, art. L. 221-7 du code des relations entre le public et l'administration, et est insusceptible de créer des droits). Il est édicté par l'État (par arrêté préfectoral, arrêté ministériel ou décret en Conseil d'État, art. L. 121-1, R. 121-1 et R. 121-2 C. expr.) au terme d'une enquête publique et après avoir recueilli l'avis de différentes personnes publiques, qu'il s'agisse de celui des collectivités territoriales intéressées ou de différents services de l'État. Cette déclaration d'utilité publique, qui a une durée de validité limitée (en principe cinq ans au maximum sauf exceptions) mais qui est susceptible de prorogation (V. C. expr., art. L. 121-5), doit préciser la nature de l'opération et en affirmer l'utilité publique.

Et il est bien connu que le juge exerce en la matière un contrôle original dit du « bilan coûts-avantages » (CE, ass., 28 mai 1971, *Min. de l'équipement et du logement c/ Féd. de défense des personnes concernées par le projet actuellement dénommé « Ville nouvelle Est » : Lebon 409, concl. Braibant ; AJDA 1971. 404, chron. Labetoulle et Cabanes ; ibid 463 ; D. 1972. 194, note Lemasurier ; RD publ. 1972. 454, note Waline*) suivant lequel l'utilité publique d'une opération n'est reconnue que si le juge répond positivement aux trois questions successives suivantes (une réponse négative à l'une d'entre elles interrompant l'analyse et aboutissant à l'annulation de la déclaration) : l'opération projetée présente-t-elle un caractère d'utilité publique ? L'administration pouvait-elle la réaliser sans recourir à l'expropriation (par exemple en utilisant d'autres immeubles dont elle est déjà propriétaire) ? Les avantages de l'opération sont-ils plus importants que ses coûts (économiques, sociaux, environnementaux, en termes d'atteinte au droit de propriété) ? Le « bilan » vise évidemment uniquement le troisième temps de l'opération et sa logique consiste indéniablement à apprécier la proportionnalité de l'opération projetée. Il est dans ces conditions naturel que d'excellents auteurs y voient une forme de contrôle maximum. L'analyse de quatre décennies de jurisprudence incite cependant à opter pour une analyse différente dès lors que l'on constate que les opérations, au moins lorsqu'elles sont d'une certaine envergure, ne sont annulées que lorsque leurs inconvénients sont manifestement supérieurs à leurs avantages. Autrement dit, le contrôle du bilan ressemble davantage en pratique au contrôle dit de l'erreur manifeste d'appréciation (ou de la disproportion manifeste) qu'à un authentique contrôle de stricte proportionnalité. Et, sans doute afin de respecter la marge d'appréciation de l'administration, le juge se refuse pour l'instant à exercer un contrôle de « légalité extrinsèque » (Bertrand Seiller) en comparant par exemple le bilan du tracé retenu pour une autoroute à celui de projets alternatifs et se limite à un contrôle de légalité intrinsèque (en vérifiant simplement que les inconvénients du projet retenu ne sont pas supérieurs à ses avantages).

b. L'enquête parcellaire et l'arrêté de cessibilité

Après la déclaration d'utilité publique, la phase administrative se poursuit par l'enquête parcellaire, dont l'objet consiste à vérifier l'identité des propriétaires concernés par l'opération et à recueillir leurs réactions, puis par l'édiction par le préfet de l'arrêté de cessibilité, acte individuel ou acte collectif (somme d'actes individuels) s'il concerne plusieurs destinataires.

Il entraîne le cas échéant le transfert de gestion des dépendances du domaine public (non étatique) au profit du bénéficiaire de la déclaration d'utilité publique (V. C. expr., art. L. 132-3).

B. LA PHASE JUDICIAIRE

Le dossier est alors transmis au juge judiciaire, et plus précisément au juge de l'expropriation, magistrat judiciaire spécialisé désigné pour chaque département parmi les magistrats du siège du tribunal de grande instance (V. C. expr., art. L. 211-1). Il va procéder au transfert de propriété, par une ordonnance d'expropriation (susceptible de faire l'objet d'un pourvoi en cassation devant la 3e chambre civile de la Cour de cassation, art. L. 223-1 C. expr.), et fixer par jugement (susceptible d'appel, devant la cour d'appel, C. expr., art. L. 211-3) le montant de l'indemnité due au propriétaire exproprié au titre de la réparation du préjudice direct, matériel et certain causé par l'expropriation (V. C. expr., art. L. 321-1), sauf naturellement si le propriétaire exproprié est parvenu à un accord amiable avec le bénéficiaire de l'expropriation (V. C. expr., art. L. 311-5).

Cette phase judiciaire a fait l'objet d'une spectaculaire série de condamnations par la Cour européenne des droits de l'homme, tant au regard du droit à un procès équitable (la cour reprochant les conditions d'intervention du commissaire du gouvernement, CEDH 24 avr. 2003, *Yvon c/ France : AJDA 2003. 2456, note Hostiou*) qu'au regard du droit au respect des biens (la cour regrettant la faiblesse de certaines indemnisations ou encore la privation d'une plus-value, CEDH 11 avr. 2002, *Lallement c/ France : AJDA 2002. 504, chron. Flauss ; ibid. 686, note Hostiou* ; 2 juill. 2002, *Motais de Narbonne c/ France : AJDA 2002. 1226, note Hostiou* . – V., sur l'étendue du contrôle exercé par la Cour sur le montant de l'indemnité d'expropriation, CEDH, 4 nov. 2010, *Dervaux c/ France : AJDA 2010. 2493, note Hostiou*). La procédure a été, sans précipitation excessive, réformée (V. Décr. n° 2005-467 du 13 mai 2005 portant modification du code de l'expropriation pour cause d'utilité publique) et semble désormais plus conforme aux standards européens (CE 3 sept. 2007, *Assoc. de sauvegarde du droit de propriété et a. : Lebon 405 ; JCP Adm. 2007. 2274, concl. Chauvaux ; RFDA 2007. 1175, note Hostiou*).

Contrairement à ce que semble impliquer la jurisprudence de la Cour européenne des droits de l'homme, le Conseil constitutionnel a considéré qu'aucune exigence constitutionnelle n'impose que la collectivité expropriante, poursuivant un but d'utilité publique, soit tenue de réparer la douleur morale éprouvée par le propriétaire à raison de la perte des biens expropriés. Dès lors, l'exclusion de la réparation du préjudice moral ne méconnaît pas la règle du caractère juste de l'indemnisation de l'expropriation pour cause d'utilité publique et l'ancien article L. 13-13 (devenu art. L. 321-1) du code de l'expropriation est conforme à la Constitution (Cons. const. 21 janv. 2011, *M. Jacques S. : n° 2010-87 QPC : Dr. adm. 2011, n° 32, note Hoepffner*).

V. RÉVERSIBILITÉ DU TRANSFERT DE PROPRIÉTÉ

Alors même qu'une ordonnance d'expropriation serait intervenue, le transfert de propriété n'est pas nécessairement définitif.

Deux hypothèses sont ici à distinguer. La première est celle où la déclaration d'utilité publique a été annulée par le juge administratif. Ce cas de figure est désormais réglé par l'article L. 223-2 du code de l'expropriation qui dispose qu'une telle annulation, lorsqu'elle a acquis un caractère définitif, permet à l'exproprié de faire constater par le juge de l'expropriation que l'ordonnance portant transfert de propriété est par conséquent privée de base légale.

La seconde hypothèse naît de l'inertie de l'administration et non de la commission par cette dernière d'une illégalité. En effet, si les immeubles expropriés n'ont pas reçu dans un délai de cinq ans la destination prévue ou s'ils ont cessé de la recevoir, les personnes expropriées peuvent, dans un délai de trente ans, en demander la rétrocession (V. C. expr., art. L. 421-1). ❑

SECTION III DROIT DE PRÉEMPTION

Art. L. 1112-3 Les personnes publiques mentionnées à l'article L. 1 peuvent, selon les modalités précisées dans la présente section, acquérir par l'exercice du droit de préemption des biens à caractère mobilier ou immobilier.

BIBL. ▶ **Encyclopédie :** PAILLARD, Droit de préemption, *J.-Cl. Propriétés publiques, fasc. 23.*

▶ **Ouvrages :** HOSTIOU et STRUILLOU, Expropriation et préemption, *LexisNexis, 5e éd., 2016.* – AUBY, PÉRINET-MARQUET et NOGUELLOU, Droit de l'urbanisme et de la construction, *Montchrestien, 2017, p. 336.* – SOLER-COUTEAUX et CARPENTIER, Droit de l'urbanisme, *Dalloz, 2019, p. 737.*

▶ **Rapport :** CONSEIL D'ÉTAT, Le droit de préemption, *Doc. fr., 2008.*

▶ **Articles :** VANDERMEEREN, Le contentieux des droits de préemption d'urbanisme : excès de recours ou excès d'illégalités ?, *AJDA 2008. 734*. – PÉRIGNON, Le droit de préemption communal sur les biens commerciaux, *AJDA 2008. 743*. – HAUMONT, La Cour européenne des droits de l'homme et le droit de préemption, *AJDA 2008. 747*. – DEBOUY, Commune et commerce : un intérêt renouvelé, *JCP Adm. 2009. 2284.* – SAVARIT-BOURGEOIS, Le cadre juridique du droit de préemption commercial, *JCP Adm. 2009. 2294.* – PISANI, La réforme du droit de préemption urbain, *JCP Adm. 2010. 2116.* – NOGUELLOU, La loi ALUR et l'offre foncière, *AJDA 2014. 1096*. – STRUILLOU, L'impact de la loi ALUR sur le régime du droit de préemption, *RFDA 2014. 576* ; Le droit de préemption après la loi ALUR et ses règlements d'exécution. Approche critique, *AJDA 2017. 1272*.

COMMENTAIRE

I. DÉFINITION

Même si le droit de préemption est rangé comme la nationalisation et l'expropriation dans un chapitre intitulé « Acquisitions selon des procédés de contrainte », il s'agit d'une prérogative de puissance publique d'une moindre intensité, d'une contrainte en quelque sorte moins brutale que l'expropriation ou la nationalisation. Il suffit d'ailleurs pour s'en convaincre de relever qu'elle connaît, à l'inverse de la nationalisation et de l'expropriation, des équivalents en droit privé des biens (V. par ex. la L. n° 75-1351 du 31 déc. 1975 relative à la protection des occupants de locaux à usage d'habitation).

Cette faculté permet à la puissance publique d'acquérir un bien que son propriétaire désirait aliéner. Autrement dit, si le vendeur se verra imposer un acheteur qu'il n'avait pas choisi, il ne se verra en revanche pas imposer le principe même de la vente, à l'inverse de ce qui se produit en matière de nationalisation ou d'expropriation.

Cela étant, la préemption tend à se rapprocher de l'expropriation lorsque l'autorité titulaire du droit de préemption refuse le prix envisagé par le vendeur (et qui avait *a priori* été accepté par un acheteur privé). Il revient alors en effet, à défaut d'accord amiable, au juge judiciaire de fixer le prix comme en matière d'expropriation.

Ce droit de préemption ne doit pas être confondu avec le droit de priorité, créé par la loi n° 2006-872 du 13 juillet 2006 portant engagement national pour le logement (et codifié aux art. L. 240-1 s. C. urb.), auquel le présent code ne renvoie pas et qui permet aux communes et aux établissements publics de coopération intercommunale titulaires du droit de préemption urbain d'acquérir en priorité des immeubles appartenant à l'État, à des sociétés dont il détient la majorité du capital, à certains établissements publics (comme VNF) en vue de la réalisation immédiate ou future d'opérations d'aménagement. Autrement dit, il s'agit ici non de préempter un bien privé mais d'acquérir en priorité un bien public ou sous influence publique (Gaudemet, Le droit de priorité des communes n'est pas un droit de préemption, *JCP N 2006. 1364* ; Asika et Pelé, Le droit de priorité, un outil méconnu, *Gaz. cnes 18 déc. 2017, p. 56*).

II. RENVOI AU CODE DE L'URBANISME ET AU CODE DU PATRIMOINE

Le code général de la propriété des personnes publiques se contente pour l'essentiel de renvoyer à des dispositions codifiées ailleurs : dans le code de l'urbanisme pour le droit de préemption immobilier (dans un titre intitulé « Droits de préemption », art. L. 210-1 s. C. urb.) et dans le code du patrimoine pour le droit de préemption mobilier. La structure de cette section repose ainsi sur la distinction entre immeubles et meubles. Aucun renvoi n'est en revanche opéré aux articles L. 143-1 s. du code rural et de la pêche maritime dès lors que le droit de préemption institué par ces dispositions en matière agricole bénéficie non à des personnes publiques mais à des personnes privées. Il s'agit des SAFER créées par la loi n° 60-808 du 5 août 1960 d'orientation agricole. Alors que le Conseil d'État considérait que les décisions de préemption prises par ces dernières relevaient de la compétence du juge administratif dès lors qu'elles mettaient en œuvre une prérogative de puissance publique dans le cadre de l'exercice d'une mission de service public administratif (CE, sect., 13 juill. 1968, *Sieur Capus : D. 1968. 674, concl. Bertrand ; JCP 1969. II. 15719, note Ourliac et De Juglart ; AJDA 1968. 577, note J.D.M.*), le Tribunal des conflits, sur partage du garde des sceaux, a reconnu la compétence de principe du juge judiciaire (T. confl. 8 déc. 1969, *Arcival et a. c/ SAFALT et SAFER de Bourgogne c/ Épx Soyer et Valla : Lebon 685, concl. Schmelck et Kahn ; AJDA 1970. 92, chron. Denoix de Saint Marc et Labetoulle ; RD publ. 1970. 187 ; JCP 1970. II. 16285, note Fleuriet et Gaudemet*).

III. TITULAIRES DU DROIT DE PRÉEMPTION

Contrairement à ce que la formulation très générale de l'article L. 1112-3 pourrait laisser supposer, si le droit de préemption est ouvert en matière immobilière à l'État, à ses établissements publics mais aussi aux collectivités territoriales et à leurs groupements et autres établissements publics, il est en revanche réservé en matière mobilière à l'État ainsi qu'à l'un de ses établissements publics administratifs, la Bibliothèque nationale de France (Décr. n° 94-3 du 3 janv. 1994 portant création de la Bibliothèque nationale de France).

Une importante réforme de la matière, largement inspirée d'un rapport du Conseil d'État publié en 2008, était envisagée par la proposition de loi de simplification et d'amélioration de la qualité du droit. Elle a finalement été retirée de ce texte et remplacée par une nouvelle version adoptée en première lecture par le Sénat le 29 juin 2011 (proposition de loi visant à améliorer et sécuriser l'exercice du droit de préemption). Et c'est finalement la loi n° 2014-366 du 24 mars 2014 pour l'accès au logement et un urbanisme rénové qui a servi de véhicule législatif à cette réforme. ❑

SOUS-SECTION 1 **DROIT DE PRÉEMPTION IMMOBILIER**

Art. L. 1112-4 Le droit de préemption de l'État est exercé dans les conditions fixées :

1° *(Ord. n° 2015-1174 du 23 sept. 2015, art. 9-XI, en vigueur le 1er janv. 2016)* **« Au chapitre V du titre Ier du livre II » du code de l'urbanisme, en ce qui concerne les espaces naturels sensibles des départements ;**

2° Aux chapitres Ier, II et III du titre Ier du livre II du code de l'urbanisme, en ce qui concerne le droit de préemption urbain, les zones d'aménagement différé et les périmètres provisoires. — *[C. dom. Ét., art. L. 41, ecqc les acquisitions par voie d'échange.]*

Ndlr. *L'Ord. n° 2017-651 du 27 avr. 2017 relative aux immeubles et objets mobiliers classés ou inscrits au titre des monuments historiques (art. 18-1°, JO 28 avr.) avait ajouté un 3° au présent art. N'ayant pas été ratifiée dans les délais prévus, cette Ord. est « caduque » au 28 oct. 2017. L'art. L. 1112-4 est par conséquent ici reproduit dans sa rédaction antérieure à l'intervention de ladite Ord.*

COMMENTAIRE

Les rédacteurs du code ont retenu, afin d'énumérer les hypothèses de recours au droit de préemption en matière immobilière, un critère organique. Ils distinguent ainsi l'État (V. art. L. 1112-4), les établissements publics de l'État (V. art. L. 1112-5) et les collectivités territoriales, leurs groupements et les autres établissements publics locaux (V. art. L. 1112-6).

Cette présentation (que l'on retrouve très largement dans la partie réglementaire du code où les art. R. 1112-1, R. 1112-2, R. 1112-3 et R. 1112-4 énumèrent respectivement les dispositions du code de l'urbanisme, et accessoirement du code rural et de la pêche maritime, sur la base desquelles l'État, les établissements publics de l'État, les collectivités territoriales, leurs groupements et les autres établissements publics locaux, et enfin les établissements publics fonciers locaux peuvent exercer leur droit de préemption immobilier), si elle peut se justifier d'un point de vue pratique, ne doit pas conduire à mésestimer le caractère largement transversal des règles applicables en matière de droit de préemption immobilier. Autrement dit, c'est bien plus le but de la préemption que son auteur qui commande ici son régime juridique. Et, dans cette perspective, cinq hypothèses principales doivent être distinguées.

Par ordre d'apparition dans le code de l'urbanisme, la première est celle du droit de préemption destiné à préserver les espaces naturels sensibles des départements (V. C. urb., art. L. 113-25 s.). Les départements et le Conservatoire de l'espace littoral et des rivages lacustres (établissement public de l'État à caractère administratif, C. envir., art. L. 322-1 s.) y jouent un rôle essentiel.

La deuxième hypothèse, qui ne vaut pas pour l'État, est celle de l'exercice du droit de préemption afin d'assurer la mise en valeur des espaces agricoles et naturels périurbains (V. C. urb., art. L. 113-25 s.). Le droit de préemption est exercé suivant les cas par le département, par les communes et établissements publics de coopération intercommunale, par les établissements publics fonciers locaux ou encore par les SAFER.

La troisième hypothèse est probablement la plus connue. Il s'agit de celle du droit de préemption urbain (V. C. urb., art. L. 211-1 s.). En principe exercé par la commune, dans les zones urbaines ou d'urbanisation future, son objet est vaste en application des dispositions combinées des articles L. 210-1, L. 210-2 et L. 300-1 du code de l'urbanisme : mise en œuvre d'un projet urbain ou de la politique locale de l'habitat, organisation du maintien, de l'extension ou de l'accueil des activités économiques, développement des loisirs et du tourisme, réalisation des équipements collectifs ou des locaux de recherche ou d'enseignement supérieur, lutte contre l'insalubrité, promotion du renouvellement urbain ou encore sauvegarde ou mise en valeur du patrimoine bâti ou non bâti et maintien dans les lieux des locataires.

L'avant-dernier cas de figure est celui du droit de préemption dans les zones d'aménagement différé et les périmètres provisoires (V. C. urb., art. L. 212-1 s.). Son régime juridique est proche de celui du droit de préemption urbain, de nombreuses dispositions communes étant applicables (V. C. urb., art. L. 213-1 s.).

Enfin, les communes (ce droit pouvant être délégué dans les conditions prévues par l'art. L. 214-2 C. urb.) peuvent user du droit de préemption afin de sauvegarder le commerce et l'artisanat de proximité (V. C. urb., art. L. 214-1 s.). Cette faculté est issue de la loi n° 2005-882 du 2 août 2005 en faveur des petites et moyennes entreprises (et de son décret d'application n° 2007-1827 du 26 déc. 2007 relatif au droit de préemption des communes sur les fonds de commerce, les fonds artisanaux et les baux commerciaux) et a été enrichie par la loi n° 2008-776 du 4 août 2008 de modernisation de l'économie puis précisée par la loi n° 2014-626 du 18 juin 2014 relative à l'artisanat, au commerce et aux très petites entreprises. Les communes peuvent ainsi préempter, dans les périmètres de sauvegarde de ces activités, les fonds artisanaux, fonds de commerce et autres baux commerciaux ainsi que les terrains portant ou destinés à porter des commerces d'une surface de vente comprise entre 300 et 1 000 mètres carrés. Elles doivent ensuite rétrocéder ces biens ou droits dans un délai de deux ans en principe.

Il convient de relever que les hypothèses auxquelles renvoie le présent code n'épuisent pas la liste des cas de figure où le droit de préemption peut être mis en œuvre. C'est ainsi que la loi n° 2019-1461 du 27 décembre 2019 relative à l'engagement dans la vie locale et à la proximité de l'action publique (art. 118) ajoute un chapitre VIII au titre Ier du livre II du code de l'urbanisme. Est institué, au bénéfice de la commune ou du groupement de communes compétent pour contribuer à la préservation de la ressource en eau, un droit de préemption pour la préservation des ressources en eau destinées à la consommation humaine (C. urb., art. L. 218-1 s.). Les biens acquis sont intégrés dans le domaine privé de la personne publique et ne peuvent être utilisés qu'en vue d'une exploitation agricole compatible avec la préservation de la ressource en eau (C. urb., art. L. 218-13). ❑

Consultation du service des Domaines. Constitue une garantie pour le titulaire de ce droit ainsi que pour l'auteur de la déclaration d'aliéner la consultation du service des Domaines préalablement à l'exercice du droit de préemption. • CE 23 déc. 2014, *Cté urb. Brest métropole océane*, n° 364785 : *Lebon T. 900 ; RDI 2015. 147, obs. Soler-Couteaux*.

Art. L. 1112-5 *(Ord. n° 2015-1174 du 23 sept. 2015, art. 9-XI, en vigueur le 1er janv. 2016)* **Le droit de préemption des établissements publics de l'État est exercé dans les conditions fixées :**

1° A l'article L. 113-25 du code de l'urbanisme, en ce qui concerne la mise en valeur des espaces agricoles et naturels périurbains ;

2° Au chapitre V du titre Ier du livre II du code de l'urbanisme en ce qui concerne les espaces naturels sensibles des départements ;

3° Aux chapitres Ier, II et III du titre Ier du livre II du code de l'urbanisme, en ce qui concerne le droit de préemption urbain, les zones d'aménagement différé et les périmètres provisoires.

COMMENTAIRE

Voir le commentaire sous l'article L. 1112-4.

Art. L. 1112-6 *(Ord. nº 2015-1174 du 23 sept. 2015, art. 9-XI, en vigueur le 1er janv. 2016)* **Le droit de préemption des collectivités territoriales, de leurs groupements et de leurs établissements publics est exercé dans les conditions fixées :**

1° A l'article L. 113-25 du code de l'urbanisme, en ce qui concerne la mise en valeur des espaces agricoles et naturels périurbains ;

2° Au chapitre V du titre Ier du livre II du code de l'urbanisme en ce qui concerne les espaces naturels sensibles des départements ;

3° Aux chapitres Ier, II et III du titre Ier du livre II du code de l'urbanisme, en ce qui concerne le droit de préemption urbain, les zones d'aménagement différé et les périmètres provisoires ;

4° Au chapitre IV du titre Ier du livre II du code de l'urbanisme, en ce qui concerne les fonds artisanaux, les fonds de commerce et les baux commerciaux.

Le droit de préemption des établissements publics fonciers locaux est exercé dans les conditions fixées au chapitre IV du titre II du livre III du code de l'urbanisme.

COMMENTAIRE

Voir le commentaire sous l'article L. 1112-4.

SOUS-SECTION 2 DROIT DE PRÉEMPTION MOBILIER

Art. L. 1112-7 *(Ord. nº 2017-1134 du 5 juill. 2017, art. 7, en vigueur au plus tard le 1er janv. 2018)* **Le droit de préemption de l'État à l'égard des biens culturels est exercé dans les conditions fixées au chapitre III du titre II du livre Ier du code du patrimoine.**

L'Ord. nº 2017-1134 du 5 juill. 2017 entre en vigueur à une date fixée par Décr. et au plus tard le 1er janv. 2018. Les demandes déposées et les procédures engagées avant cette date demeurent régies par les dispositions antérieures. Ces dispositions sont applicables en Nouvelle-Calédonie, en Polynésie française et dans les îles Wallis-et-Futuna (Ord. préc., art. 9).

Ancien art. L. 1112-7 ***Le droit de préemption de l'État est exercé dans les conditions fixées :***

1° Au chapitre III du titre II du livre Ier du code du patrimoine, en ce qui concerne les œuvres d'art ;

2° A la sous-section 3 de la section II du chapitre II du titre Ier du livre II du code du patrimoine, en ce qui concerne les archives privées. — [C. patr., ecqc le droit de préemption de l'État sur les œuvres d'art et les archives privées.]

COMMENTAIRE

Cette sous-section 2 du code (à l'instar de la section correspondante de la partie réglementaire, aux art. R. 1112-5 à R. 1112-7) consiste en un renvoi aux dispositions pertinentes du code du patrimoine. Il convient de relever que les champs d'application de ces deux codes ne se superposent que partiellement. La plupart des propriétés publiques n'entrent en effet pas dans la définition législative du patrimoine au sens du code du même nom et certaines propriétés privées entrent en revanche dans cette catégorie (selon l'art. L. 1 C. patr., le patrimoine s'entend, au sens dudit code, de l'ensemble des biens, immobiliers ou mobiliers, relevant de la propriété publique ou privée, qui présentent un intérêt historique, artistique, archéologique, esthétique, scientifique ou technique).

Cette sous-section, réécrite par l'ordonnance nº 2017-1134 du 5 juillet 2017, distingue trois hypothèses.

Les deux premières concernent l'État qui peut préempter des biens culturels, soit pour son propre compte, soit pour celui de collectivités territoriales, d'un groupement de collectivités territoriales ou d'un établissement public local (ou même de certaines personnes privées, hypothèse ne constituant évidemment pas un mode d'acquisition d'une propriété publique).

La troisième est celle de la Bibliothèque nationale de France, qui peut exercer ce droit à l'égard des biens culturels susceptibles d'entrer dans les collections et fonds dont elle a la garde (V. C. patr., art. L. 123-3). ❑

Droit de préemption sur les ventes d'œuvres d'art et libre circulation des marchandises. Le Conseil d'État considère que le droit de préemption dont dispose l'État sur les ventes d'œuvres d'art n'est qu'une modalité d'acquisition de celles-ci par l'État et est sans incidence sur la libre circulation de ces œuvres à l'intérieur de l'UE. Il en déduit que ce droit ne constitue pas une restriction quantitative à l'importation ou à l'exportation ou une mesure d'effet équivalent à une telle restriction, prohibée par les art. 34 et 35 du TFUE. • CE 18 déc. 2015, *Broere, n° 363163 : Lebon 472 ; JCP Adm. 2016. Actu. 26, obs. MTD.*

Art. L. 1112-8 *(Ord. n° 2017-1134 du 5 juill. 2017, art. 7, en vigueur au plus tard le 1er janv. 2018)* **Le droit de préemption de la Bibliothèque nationale de France à l'égard des biens culturels est exercé dans les conditions fixées au chapitre III du titre II du livre Ier du code du patrimoine.**

V. note ss. art. L. 1112-7.

Ancien art. L. 1112-8 *Le droit de préemption de la Bibliothèque nationale de France à l'égard des archives privées est exercé dans les conditions fixées à la sous-section 3 de la section II du chapitre II du titre Ier du livre II du code du patrimoine.* — [C. patr., ecqc le droit de préemption de la Bibliothèque nationale de France sur les archives privées.]

COMMENTAIRE

Voir le commentaire sous l'article L. 1112-7. ❑

Art. L. 1112-9 *(Ord. n° 2017-1134 du 5 juill. 2017, art. 7, en vigueur au plus tard le 1er janv. 2018)* **L'État, à la demande et pour le compte d'une collectivité territoriale, d'un groupement de collectivités territoriales ou d'un établissement public local, exerce le droit de préemption à l'égard des biens culturels dans les conditions fixées au chapitre III du titre II du livre Ier du code du patrimoine.**

V. note ss. art. L. 1112-7.

Ancien art. L. 1112-9 *L'État, à la demande et pour le compte des collectivités territoriales, exerce le droit de préemption dans les conditions fixées :*

1° Au chapitre III du titre II du livre Ier du code du patrimoine, en ce qui concerne les œuvres d'art ;

2° A la sous-section 3 de la section II du chapitre II du titre Ier du livre II du code du patrimoine, en ce qui concerne les archives privées.

COMMENTAIRE

Voir le commentaire sous l'article L. 1112-7. ❑

TITRE DEUXIÈME ACQUISITIONS À TITRE GRATUIT

BIBL. GÉN. ▶ Plessix et Seurot, *J-Cl. Propriétés publiques, fasc. 20* (Procédés d'acquisition. Dispositions de droit privé).

CHAPITRE PREMIER DONS ET LEGS

BIBL. ▶ Maisonabe, Des dons et legs aux établissements publics en droit français, *th. Paris, 1865.* – Vandal, Des libéralités aux établissements publics en droit français, *Derenne, 1879.* – Tissier, Traité théorique et pratique des dons et legs aux établissements publics ou d'utilité publique, *Dupont, 1890.* – Normand, Du principe de la spécialité en matière de dons et legs faits aux établissements publics et aux établissements d'utilité publique, *th. Rennes, 1900.* – Aucoc, Les dons et legs aux établissements publics et la loi du 4 février 1901, *Firmin-Didot, 1901* ; Les établissements publics et la loi du 4 février 1901, *A. Picard, 1901.* – Laurier, Le principe de spécialité chez les personnes morales de droit administratif. Son application en matière de dons et legs, *th. Paris, 1930.* – Trasbot, Conditions et charges confessionnelles dans les libéralités aux personnes morales publiques, *Études H. Capitant, 1939, p. 839.* – Boulanger, Commentaire de la loi du 4 juillet 1984 sur la révision des charges dans les libéralités, *JCP 1985. I. 3177*. – Martin, *ALD 1985. 1*. – Grosclaude, *RFDA 1986. 123*. – Witz, *D. 1985. 101*. – Fontaine, Le régime des dons et legs aux collectivités locales, *LPA 29 janv. 1990. 5*. – Laurier, Les dons et legs aux collectivités locales, *RF décentr. 1996. 48*. – Dubois-Spaenle et Yang-Paya, La révision des conditions et charges grevant les dons et legs, *Actes pratiques et ingénierie immobilière, n° 3-2013, p. 42*. – Jacquinot, Les dons et legs aux personnes publiques, in Le don en droit public, *PU Toulouse/Lextenso, 2013, p. 65*. – Poujade, La révision des charges grevant les dons et legs faits aux collectivités territoriales, *in* Les nouvelles orientations du droit de la propriété publique, *Mél. en l'honneur du Professeur Philippe Godfrin, Mare et Martin 2014, p. 383*. – Gonzalez-Moulin, Dons et legs réalisés au profit du Conservatoire du littoral et des rivages lacustres : exonération de droits, *JCP N 2016, n° 1267*.

SECTION PREMIÈRE **DISPOSITIONS APPLICABLES À L'ÉTAT ET À SES ÉTABLISSEMENTS PUBLICS**

SOUS-SECTION 1 **DONS ET LEGS FAITS À L'ÉTAT**

Art. L. 1121-1 Sous réserve des dispositions de l'article L. 1121-3, les dons et legs faits à l'État sont acceptés, en son nom, par l'autorité compétente, dans les formes et conditions fixées par décret en Conseil d'État *[V. art. R. 1121-1 à R. 1121-3]*. — *[C. dom. Ét., art. L. 11.]*

COMMENTAIRE

I. DÉFINITIONS

Les dons et les legs sont des libéralités, autrement dit des actes par lesquels une personne dispose à titre gratuit de tout ou partie de ses biens ou de ses droits au profit d'une autre personne (V. art. 893 C. civ.).

Les premiers relèvent plus précisément de la catégorie des donations entre vifs, actes passés devant notaire (V. art. 931 C. civ.) par lesquels le donateur se dépouille actuellement et irrévocablement de la chose donnée en faveur du donataire qui l'accepte (V. art. 894 C. civ.). Quant aux seconds, ils prennent la forme d'un testament, acte par lequel le testateur dispose, pour le temps où il n'existera plus, de tout ou partie de ses biens ou de ses droits et qu'il peut révoquer (V. art. 895 C. civ.). Leur validité, au moins lorsqu'ils émanent d'une personne privée, ne peut être appréciée que par le juge judiciaire et leur interprétation, en cas de difficulté sérieuse, relève également de la seule compétence du juge judiciaire. C'est ainsi que le juge administratif, à l'occasion d'un recours en annulation formé contre un acte administratif (la décision d'acceptation du don ou du legs en particulier), peut être dans l'obligation de former une question préjudicielle auprès du juge civil.

II. HYPOTHÈSES

Ce chapitre du code distingue trois grandes hypothèses.

A. L'ÉTAT

La première hypothèse concerne l'État. Les dons et legs faits à ce dernier sont acceptés par arrêté ministériel (ou par décret en Conseil d'État s'ils donnent lieu à réclamation des héritiers légaux, V. art. L. 1121-3), la partie réglementaire du code précisant que, lorsque la libéralité est assortie de charges ou conditions, le ministre compétent est alors celui qui a qualité pour exécuter les charges ou conditions ou, si elles ne relèvent d'aucun autre ministre, le ministre chargé du domaine (V. art. R. 1121-1).

La partie réglementaire du code détaille aussi les obligations du notaire (V. art. R. 1121-2) qui est tenu, lorsqu'il est constitué dépositaire d'un testament contenant des libéralités en faveur de l'État, d'adresser copie intégrale des dispositions au préfet du département du lieu d'ouverture de la succession (ou, lorsque cette ouverture a lieu à l'étranger, au préfet de Paris).

L'article R. 1121-3 précise, dans la lignée de la procédure antérieurement prévue par l'article R. 23 du code du domaine de l'État, les modalités suivant lesquelles les héritiers légaux peuvent former une réclamation. Cette dernière doit être adressée au ministre compétent dans un délai de six mois à compter de l'ouverture du testament et comporter les noms, prénoms et adresse des réclamants, leur ordre et degré de parenté avec le défunt ainsi que les motifs de la réclamation. Le ministre doit délivrer au réclamant un accusé de réception mentionnant le cas échéant l'irrecevabilité de la réclamation (si elle est formulée après l'expiration du délai ci-dessus mentionné ou si elle émane d'une personne n'ayant pas la qualité d'héritier légal). L'administration dispose, à compter de la transmission du testament par le notaire, d'un délai de douze mois pour accepter ou refuser le legs, son silence valant refus de la libéralité.

B. LES ÉTABLISSEMENTS PUBLICS DE L'ÉTAT

La deuxième hypothèse concerne les établissements publics de l'État, qu'ils soient administratifs ou industriels et commerciaux. Ils acceptent (ou refusent) les seuls dons et legs faits sans charges, conditions ni affectation immobilière. L'article R. 1121-4 précise que le statut de l'établissement détermine l'autorité compétente pour prendre cette décision, autorité qui est l'instance délibérante de l'établissement en cas de silence du statut.

Lorsque le donateur conditionne son don ou son legs à de telles charges, conditions ou affectation immobilière, l'acceptation doit en revanche être réalisée par le ou les ministres de tutelle de l'établissement (l'art. L. 1121-2 du code revient sur la solution retenue par l'art. L. 15 C. dom. Ét. qui imposait que la décision soit prise par décret en Conseil d'État). En cas de réclamation des héritiers légaux, la situation de l'établissement public étatique est la même que celle de l'État lui-même : un décret en Conseil d'État s'impose pour accepter le don ou le legs.

Le cas des établissements publics de santé doit être réservé, l'article L. 6145-10-1 du code de la santé publique disposant que « par dérogation aux articles L. 1121-2 et L. 1121-3 du code général de la propriété des personnes publiques, les dons et legs faits aux établissements publics de santé sont acceptés ou refusés librement par le directeur ».

Les obligations du notaire et les principes relatifs aux éventuelles réclamations et à l'acceptation ou au refus du legs sont les mêmes que ceux applicables pour l'État (l'art. R. 1121-4 rend applicables aux établissements publics de l'État les art. R. 1121-2 et R. 1121-3). Le notaire est tenu non seulement, dans l'hypothèse où un testament contient des libéralités au profit d'un tel établissement public, d'en adresser une copie au préfet mais aussi à l'établissement en cause.

C. CAS PARTICULIER DE LIBÉRALITÉS DISTINCTES BÉNÉFICIANT À PLUSIEURS PERSONNES PUBLIQUES (ÉTAT ET ÉTABLISSEMENTS PUBLICS DE L'ÉTAT)

L'article R. 1121-5 règle l'hypothèse où plusieurs personnes publiques (l'État et un ou plusieurs établissements publics de l'État ; des établissements publics de l'État) ont fait l'objet de libéralités consenties dans un même testament. Il est alors prévu (comme c'était le cas dans l'ancien art. R. 40 C. dom. Ét.) que les autorités qualifiées se prononcent séparément sur l'acceptation de chaque libéralité lorsque les héritiers n'ont formulé aucun réclamation dans le délai de six mois évoqué précédemment. Par contre, en cas de réclamation, il appartient à un même décret en Conseil d'État de statuer sur l'acceptation des diverses libéralités, le délai de douze mois étant dans ce cas de figure porté à quatorze mois.

D. LES COLLECTIVITÉS TERRITORIALES ET LES ÉTABLISSEMENTS PUBLICS LOCAUX

La dernière hypothèse concerne les collectivités territoriales et leurs établissements publics, le code renvoyant aux dispositions législatives et réglementaires pertinentes du code général des collectivités territoriales.

Les dons et legs faits aux communes doivent ainsi être acceptés par le conseil municipal (V. art. L. 2242-1), le maire ayant cependant la faculté de les accepter à titre conservatoire (V. art. L. 2242-4). Lorsqu'un don est fait à un hameau ou quartier ne constituant pas une section de commune, la législation prévoit désormais que le conseil municipal statue sur l'acceptation de cette libéralité et qu'en cas d'acceptation, la commune gère le bien dans l'intérêt du hameau ou du quartier concerné (V. art. L. 2242-2).

Dans les départements et les régions, ce sont fort logiquement le conseil départemental (V. art. L. 3213-6 CGCT) et le conseil régional (V. art. L. 4121-6 CGCT) qui statuent sur l'acceptation des dons et legs. Cette compétence peut être déléguée au président de l'exécutif pour les dons et legs qui ne sont grevés ni de conditions ni de charges (V. respectivement les art. L. 3211-2, 9°, et L. 4221-5, 8°, CGCT). Et le code réserve également désormais la compétence du président à titre conservatoire (V. respectivement les art. L. 3221-10 et L. 4231-7 CGCT).

Les dispositions relatives aux établissements publics locaux sont distinctes suivant la collectivité territoriale de rattachement. Le cas des établissements publics communaux est simple puisqu'une disposition générale (V. art. L. 2242-3 CGCT) les habilite à recevoir des dons et legs. Aucune disposition législative du code général des collectivités territoriales ne prévoit en revanche la possibilité pour les établissements publics départementaux (depuis l'abrogation de l'art. L. 3213-7 CGCT auquel renvoie toutefois toujours l'art. L. 1121-5 CGPPP) et régionaux de recevoir des dons et legs. Mais, compte tenu de la rédaction des articles L. 1121-5 et L. 1121-6 CGPPP, sans doute faut-il en déduire que les dons et legs consentis aux établissements publics départementaux et régionaux doivent être acceptés dans les mêmes conditions que ceux consentis aux conseils départementaux et régionaux, sous réserve de dispositifs spécifiques, qu'on songe par exemple au cas des services départementaux d'incendie et de secours (art. L. 1424-30 CGCT).

Trois séries de dispositions réglementaires du code général des collectivités territoriales, auxquelles la partie réglementaire du présent code se contente de renvoyer (V. art. R. 1121-6 à R. 1121-8), prévoient que le notaire dépositaire d'un testament contenant un legs en faveur d'une collectivité territoriale ou d'un établissement public local est tenu, dès l'ouverture du testament, d'adresser à l'exécutif local ou au représentant de l'établissement légataire, la copie intégrale des dispositions testamentaires. Cette copie est écrite sur papier libre, et il est délivré récépissé des pièces transmises.

Ces dispositions précisent au surplus les modalités de la procédure de réclamation ouverte aux héritiers légaux. Formées devant le ministre de l'intérieur, elles ne sont recevables que dans un délai de six mois à compter de l'ouverture du testament et doivent comporter, comme en ce qui concerne l'État et ses établissements publics, les nom, prénoms et adresse des réclamants, leur ordre et degré de parenté avec le défunt, ainsi que les motifs de la réclamation.

Le ministre doit délivrer au réclamant un accusé de réception (précisant le cas échéant l'irrecevabilité de la demande si elle est présentée hors délai ou par une personne n'ayant pas la qualité d'héritier légal) et informe l'exécutif local ou le représentant de l'établissement légataire du dépôt de cette réclamation. ❑

1. *Compétence juridictionnelle.* Le juge administratif est compétent pour connaître d'un recours en annulation pour vice de forme et de procédure formé contre un décret autorisant l'acceptation d'un legs. • CE 30 nov. 1994, *Martin,* n° 95976 : *Lebon T. 936*. ♦ Un préfet peut former un déféré contre une délibération relative à la destination d'un legs. • CE 19 févr. 1990, *Cne d'Éguilles,* n° 73923 : *Lebon 42 ; AJDA 1990. 554, note Auby ; JCP 1990. II. 21535, note Boulanger.* ♦ Le juge administratif est également compétent pour connaître des recours contre les actes de tutelle relatifs à l'acceptation ou au refus d'une donation ou d'un legs grevé de charges ou de conditions. • CE 11 mai 1994, *Fondation du bocage,* n° 119635 : *Lebon 230 ; AJDA 1994. 912, obs. Prétot*. ♦ V. également • CE 23 janv. 1970, *Vve Coeffier,* n° 76570 : *Lebon 39*. ♦ Il est en revanche incompétent pour se prononcer sur l'interprétation d'une disposition testamentaire ou d'un legs. • CE 18 janv. 1957, *Cluzel,* n° 12367 : *Lebon 40* • CE, ass., 4 juill. 1958, *Gayard,* n° 33184 : *Lebon 413 ; RD publ. 1959. 578, note Waline* • CE, sect., 31 mai 1963, *Ewald,* n° 53363 : *Lebon 343* • CE 20 oct. 1971, *d'Espinay de Saint-Luc,* n° 77810 : *Lebon 615 ; RD publ. 1972. 955, note Waline* • 29 mars 2006, *Mlle Paillard et a.,* n° 284276 : *Lebon 177.* ♦ Il est également incompétent pour se prononcer sur la propriété des biens qui sont l'objet des libéralités et de trancher d'éventuelles contestations relatives à la propriété de ces biens. • CE 27 avr. 2011, *A.,* n° 309664.

2. *Capacité.* Même si une donation devient propriété de l'État, il n'est pas nécessaire que le ministre compétent l'accepte dès lors qu'elle est faite au profit d'un établissement public, en l'occurrence le Centre national d'art et de culture Georges-Pompidou, qui a la capacité de recevoir des dons consistant en œuvres d'art. En conséquence l'acceptation de la donation par le président de cet établissement, investi d'une compétence générale pour agir en son nom, est régulière. • CE 19 janv. 1990, *Berckelaers,* n° 86920 : *Lebon 7 ; D. 1990. IR 38 ; RFDA 1990. 290 ; RD publ. 1992. 1176.*

3. *Responsabilité.* Une acceptation, présentée comme définitive et ne l'étant pas, engage la responsabilité de la personne publique pour le préjudice causé au donateur par la dégradation de l'immeuble et les refus de propositions d'achat. • TA Nice, 25 avr. 1983, *Vial : Lebon T. 721*. ♦ Un refus d'acceptation d'une donation d'une collection de tableaux, après abandon du projet de musée destiné à les accueillir et conditionnant la donation, engage la responsabilité de la collectivité publique dès lors qu'il résulte de l'instruction qu'elle a pris des engagements ou fait des promesses qu'elle n'aurait pas tenus. • CAA Marseille, 28 juin 2004, *Ville de Nice et Trémois*, n° 02MA00231 : *RFDA 2005. 393, concl. Louis ; AJDA 2004. 2065, note Pontier*.

4. *Gratuité.* Est improprement qualifié de don l'acompte sur la taxe locale d'équipement versée par une entreprise. • CE 22 févr. 1984, *Sté SIPAV*, n° 33896 : *Lebon 77*.

5. *Contrôle de l'autorité de tutelle.* L'autorité de tutelle a le pouvoir d'apprécier, en fonction de l'intérêt général et des intérêts respectifs des familles et des établissements gratifiés, s'il y a lieu d'accorder ou de refuser à ces derniers l'autorisation d'accepter les libéralités qui leur sont faites. • CE 8 nov. 2000, *Institut Pasteur*, n° 204762 : *Lebon 502, concl. Mitjavile*. ♦ Un établissement de santé ne peut pas accepter sous forme de don l'installation d'un équipement médical lourd soumis à autorisation de l'autorité de tutelle. • CE 11 mars 1996, *CH de Moutiers*, n° 138486 : *Lebon 69*.

6. *Acceptation tacite d'un don manuel.* L'acceptation d'un don manuel par une commune échappe à tout formalisme et peut être simplement tacite, ainsi elle n'a pas à faire l'objet d'une délibération expresse du conseil municipal. • Civ. 1re, 13 janv. 2016, n° 14-28.297 P : *AJDA 2016. 70 ; RLDC 2016. 6176, obs. Zalewski-Sicard.*

SOUS-SECTION 2 DONS ET LEGS FAITS AUX ÉTABLISSEMENTS PUBLICS DE L'ÉTAT

Art. L. 1121-2 Les établissements publics de l'État acceptent et refusent librement les dons et legs qui leur sont faits sans charges, conditions ni affectation immobilière.

Lorsque ces dons ou legs sont grevés de charges, de conditions ou d'affectation immobilière, l'acceptation ou le refus est autorisé par arrêté du ou des ministres de tutelle de l'établissement public. – *[C. dom. Ét., art. L. 15.]*

COMMENTAIRE

Voir le commentaire sous l'article L. 1121-1.

SOUS-SECTION 3 DISPOSITIONS COMMUNES À L'ÉTAT ET À SES ÉTABLISSEMENTS PUBLICS

Art. L. 1121-3 Dans tous les cas où les dons et legs donnent lieu à des réclamations des héritiers légaux, l'autorisation de les accepter *(L. n° 2014-1545 du 20 déc. 2014, art. 50)* « , en tout ou partie, » est donnée par décret en Conseil d'État. – *[C. dom. Ét., art. L. 19.]*

COMMENTAIRE

Voir le commentaire sous l'article L. 1121-1.

SECTION II DISPOSITIONS APPLICABLES AUX COLLECTIVITÉS TERRITORIALES ET À LEURS ÉTABLISSEMENTS PUBLICS

Art. L. 1121-4 L'acceptation des dons et legs consentis aux communes et à leurs établissements publics est prononcée dans les conditions fixées aux articles L. 2242-1 à L. 2242-5 du code général des collectivités territoriales *[V. App., v° Dons et legs]*.

COMMENTAIRE

Voir le commentaire sous l'article L. 1121-1.

Art. L. 1121-5 L'acceptation des dons et legs consentis aux départements et à leurs établissements publics est prononcée dans les conditions fixées aux articles L. 3213-6 et L. 3213-7 du code général des collectivités territoriales*[V. App., v° Dons et legs]*.

COMMENTAIRE

Voir le commentaire sous l'article L. 1121-1.

Art. L. 1121-6 L'acceptation des dons et legs consentis aux régions et à leurs établissements publics est prononcée dans les conditions fixées à l'article L. 4221-6 du code général des collectivités territoriales *[V. App., v° Dons et legs]*.

COMMENTAIRE

Voir le commentaire sous l'article L. 1121-1.

CHAPITRE II SUCCESSIONS EN DÉSHÉRENCE

Art. L. 1122-1 Par application des dispositions des articles 539 et 768 du code civil *[V. App., v° Successions]*, **l'État peut prétendre aux successions des personnes qui décèdent sans héritiers ou aux successions qui sont abandonnées, à moins qu'il ne soit disposé autrement des biens successoraux par des lois particulières.**

Conformément à l'article 724 du code civil, l'État doit demander l'envoi en possession selon les modalités fixées au premier alinéa de l'article 770 *[art. 811]* **du même code.** – *[C. dom. Ét., art. L. 23.]*

BIBL. ▸ M.-H., Nature du droit de l'État sur les successions en déshérence, *JCP N 1993. I. 388.* – Lesguillier, Successions non réclamées, vacantes ou en déshérence : que faire ?, *JCP N 2001, n° 17, p. 796.* – Leprovaux, Les successions vacantes et en déshérence, *Dr. fam. 2006. Étude 57.* – Boyer, Vente d'un immeuble dépendant d'une succession vacante ou non réclamée, quelle procédure appliquer ?, *Bull. CRIDON Paris, 1er mai 2009, n° 9, p. 2.* – Trémeur, L'acquisition gratuite des biens par les personnes publiques, *Droit de la voirie et du domaine public, sept. 2011, n° 155, p. 137.* – Lamiaux, Les immeubles vacants successoraux, *JCP N 2015. 1179.*

COMMENTAIRE

I. DÉFINITION

Le régime des successions en déshérence, réglé par le code civil (V. art. 811 s.), auquel le code général de la propriété des personnes publiques se contente de renvoyer, est un mode d'acquisition réservé à l'État (sauf dispositions législatives contraires : V. ainsi l'art. L. 224-9 CASF qui dispose que lorsque aucun héritier ne se présente, les biens des pupilles de l'État décédés sont recueillis par le département et utilisés pour l'attribution de dons ou de prêts aux pupilles et anciens pupilles de l'État). La Cour de cassation a eu l'occasion d'affirmer que c'est en vertu de sa souveraineté que celui-ci recueille les biens d'une succession en déshérence, en déduisant que l'envoi en possession qu'il est tenu de demander a pour effet de lui conférer la saisine mais non la qualité d'héritier.

Ce régime concerne les successions des personnes décédées sans héritiers et les successions auxquelles ont renoncé les héritiers. Contrairement à ce qu'indique le code (qui ne prend pas en compte la modification de numérotation du code civil issue de la réforme opérée par la loi n° 2006-728 du 23 juin 2006), le renvoi à l'article 770 du code civil doit être lu comme renvoyant à l'article 811. Cette disposition prévoit que l'État, s'il souhaite prétendre à une telle succession, doit en demander l'envoi en possession au juge civil.

II. PROCÉDURE

La procédure d'envoi en possession est détaillée par l'article 1354 du code de procédure civile auquel l'article R. 1122-1 du présent code se contente de renvoyer. L'administration chargée des domaines (la direction de l'immobilier de l'État : depuis le Décr. n° 2016-1234 du 19 sept. 2016) doit procéder à l'insertion d'un avis dans un journal d'annonces légales diffusé dans le ressort du tribunal de grande instance dans le ressort duquel est ouverte la succession. Ce dernier statue sur la demande, après avis du ministère public, quatre mois après la réalisation de la publicité.

Lorsque l'État néglige d'accomplir ces formalités, il peut être condamné à verser des dommages et intérêts aux héritiers si ces derniers se présentent (V. art. 811-3 C. civ.).

Une fois l'envoi en possession définitive prononcé par le TGI, l'État peut aliéner les biens immobiliers provenant de la succession, les droits des tiers (spécialement des héritiers) étant garantis dès lors qu'ils peuvent exercer leur action sur le prix net des biens vendus dans les mêmes conditions et délais qu'ils auraient pu le faire sur les biens eux-mêmes (V. art. L. 3211-9).

Depuis 2006, 50 % du produit encaissé par l'État au titre des successions en déshérence l'année précédente sont reversés chaque année à la Fondation du patrimoine (art. 1er du Décr. n° 2004-868 du 26 août 2004 portant affectation d'une fraction du produit des successions en déshérence appréhendées par l'État à la Fondation du patrimoine). Cette situation trouve actuellement sa base légale dans l'article L. 143-7 du code du patrimoine. Cette ressource représentait environ 30 % des recettes de cette fondation en 2011 (Cour des comptes, La fondation du patrimoine : un modèle singulier, *in* Rapport public 2013, p. 527).

Sur les frais d'assurance durant la vacance de ces successions, V. l'arrêté du 30 septembre 2016 relatif aux frais de gestion des immeubles dépendant des successions vacantes confiées à l'administration chargée des Domaines. ❑

1. Une prérogative de souveraineté. Les droits de l'État reposent sur sa souveraineté. • Civ. 1re, 6 avr. 1994, *Cne d'Arçon*, n° 92-13.462 P : *D. 1994. 505, note Boulanger ; JCP 1995. I. 3876, n° 1, obs. Le Guidec ; RTD civ. 1994. 649 et 652, obs. Patarin ; GDDAB, 3e éd., 2018, n° 12, obs. Noguellou.*

2. Effets de l'envoi en possession. L'envoi en possession que l'État est tenu de demander a pour effet de lui conférer la saisine, mais non la qualité d'héritier ; il s'ensuit que cet envoi en possession ne met pas obstacle à la rétractation d'une renonciation à une succession effectuée antérieurement par un héritier. • Civ. 1re, 6 avr. 1994 : *préc. note 1.*

3. Impossibilité d'exhéréder l'État. La liberté de tester ne permet pas d'exhéréder l'État car elle porterait atteinte à ses droits tels qu'ils résultent de l'article 768 du code civil. Ils sont en conséquence d'une nature différente de ceux des héritiers. • Civ. 1re, 3 mars 1965, n° 63-11.221 P : *D. 1965. 428, note Mazeaud* • Civ. 1re, 3 mars 1965, *Service des domaines c/ Lebecq : JCP 1965. II. 14280, note Spitéri.*

4. Inopposabilité de la prescription quadriennale. Un arrêt ancien semble impliquer que la prescription quadriennale ne peut être opposée aux héritiers qui réclament des sommes que l'État s'est fait envoyer en possession à titre de déshérence. • CE 26 juill. 1844, *Pellegrini : Lebon 452.*

CHAPITRE III **BIENS SANS MAÎTRE**

SECTION PREMIÈRE **DÉFINITION**

Art. L. 1123-1 **Sont considérés comme n'ayant pas de maître les biens autres que ceux relevant de l'article L. 1122-1 et qui :**

1° Soit font partie d'une succession ouverte depuis plus de trente ans et pour laquelle aucun successible ne s'est présenté ;

2° Soit sont des immeubles qui n'ont pas de propriétaire connu et pour lesquels depuis plus de trois ans *(L. n° 2014-1170 du 13 oct. 2014, art. 72)* **« la taxe foncière sur les propriétés bâties n'a pas été acquittée ou a été acquittée » par un tiers. Ces dispositions ne font pas obstacle à l'application des règles de droit civil relatives à la prescription ;**

(L. n° 2014-1170 du 13 oct. 2014, art. 72) **« 3° Soit sont des immeubles qui n'ont pas de propriétaire connu, qui ne sont pas assujettis à la taxe foncière sur les propriétés bâties et pour lesquels, depuis plus de trois ans, la taxe foncière sur les propriétés non bâties n'a pas été acquittée ou a été acquittée par un tiers. Le présent 3° ne fait pas obstacle à l'application des règles de droit civil relatives à la prescription. »**

BIBL. ▶ Pichon, Biens vacants et sans maître, *RF décentr. 1996. 160.* – Pontier, L'État, les communes et les biens vacants et sans maître, *Rev. adm. 2003. 64.* – Ibanez, Rétrocession des biens immeubles présumés vacants et sans maître, *JCP Adm. 2003. 2018.* – Dutrieux, La nouvelle dévolution aux communes des biens sans maître, *JCP N 2004. 173.* – Campolo et Zago, Le nouveau régime des biens sans maître : un moyen pour les communes d'acquérir gratuitement un immeuble, *BJCL 2005. 510.* – Pentecoste, La commune et les biens sans maître. Guide juridique et modèles d'actes d'incorporation, *Territorial, 2007.* – Dutrieux, Le point sur le régime des biens vacants et sans maître, *JCP N 2010. 1120.* – Noguellou, L'insatisfaisant régime des biens sans maître, *LPA 6 juin 2013, p. 35.* – Tarrade et Maurey, Les biens sans maître : à consommer avec modération !, *Dr. et patr. 2013, n° 226, p. 34.* – Gaudemet, L'appropriation des biens sans maître, *RJEP oct. 2014. Repère 9.* – Lamiaux, Les biens sans maître et présumés sans maître, *JCP N 2015. 1184.* – Rolland, Modification de la procédure des « biens sans maître », *RPC 2016. Comm. 219.* – Laffineur, Biens sans maître : oser l'acquisition par les communes des propriétés oubliées, *JCP Adm. 2019. 2270.*

COMMENTAIRE

Le régime des biens sans maître, classiquement désignés par l'expression « biens vacants et sans maître », a fait l'objet d'une importante réforme par l'article 147 de la loi n° 2004-809 du 13 août 2004 relative aux libertés et responsabilités locales. Ce régime a été amendé par l'article 152 de la loi n° 2014-366 du 24 mars 2014 pour l'accès au logement et un urbanisme rénové, puis par l'article 72 de la loi n° 2014-1170 du 13 octobre 2014 d'avenir pour l'agriculture, l'alimentation et la forêt et par l'article 109 de la loi n° 2016-1087 du 8 août 2016 pour la reconquête de la biodiversité, de la nature et des paysages.

I. UN RÉGIME UNIQUEMENT APPLICABLE AUX IMMEUBLES

Alors que cette disposition du code pourrait être interprétée comme signifiant que ces biens peuvent aussi bien être des immeubles que des meubles, l'administration considère qu'il découle de l'intention du législateur que seuls des biens immobiliers sont susceptibles d'entrer dans cette catégorie (V. en ce sens la Circ. du 8 mars 2006 du ministre de l'intérieur et du ministre de l'économie, des finances et de l'industrie, Circ. NOR MCT/B/06/00026/C, *JCP N 2006. 289, obs. Le Chuiton et Dutrieux*).

Une réponse ministérielle, très circonstanciée, mérite à cet égard d'être reproduite : « L'article L. 1123-1 donne une base législative à la définition usuelle des biens sans maître et s'il constitue une disposition nouvelle, il n'a pas pour objet de restreindre le champ d'application de l'article 713 du code civil par rapport au droit antérieur résultant de la loi du 13 août 2004. En effet, il ressort des débats parlementaires qui ont précédé l'adoption de cette loi que le législateur a décidé d'une dévolution directe aux communes des biens sans maître, substituant celles-ci à l'État, sans pour autant modifier le périmètre de cette catégorie de biens. Ces débats font clairement apparaître que la question de la dévolution des biens sans maître fut exclusivement examinée sous l'angle des immeubles. Dès lors, s'agissant de la consistance des biens sans maître, même si le 1° de l'article L. 1123-1 du code général de la propriété des personnes publiques ne précise pas la nature, mobilière ou immobilière, des biens visés, cette absence de précision ne suffit pas pour déduire que ce texte s'applique tant aux meubles qu'aux immeubles. Concernant les biens meubles, il n'existe pas de règles particulières permettant de les appréhender au titre des biens sans maître. L'application de l'article 2276 (ancien art. 2279) du code civil, qui précise qu'en fait de meubles, la possession vaut titre, demeure en tout état de cause possible. Les meubles sont, en outre, concernés par les dispositions sur les biens abandonnés et peuvent, à ce titre, éventuellement être appréhendés par l'État ou par une commune dans le respect des règles du droit civil ou encore sur le fondement de législations catégorielles. A titre d'exemples, les sommes et valeurs prescrites sont acquises par l'État dans les conditions prévues aux articles L. 1126-1 à L. 1126-4 du code général de la propriété des personnes publiques et L. 27 (al. 6) et R. 47 à R. 51 du C. dom. État. De même, les véhicules abandonnés sont remis au service chargé du domaine dans les conditions prévues à l'article L. 325-8 du code de la route. Sous certaines conditions, un bien meuble abandonné peut encore être considéré comme un déchet en vertu de l'article L. 541-1 du code de l'environnement et ainsi être appréhendé par une commune qui doit ensuite procéder à sa destruction. En définitive, il n'est pas possible de considérer que les biens mobiliers abandonnés apparus dans l'espace juridique français entre le 13 août 2004 et le 21 avril 2006 appartiennent légalement à la commune sur le territoire de laquelle ils étaient situés, au titre des biens sans maître. » * Rép. min. n° 02161 : *JO Sénat, 20 mars 2008, p. 562.*

II. VARIÉTÉS DE BIENS SANS MAÎTRE

L'article L. 1123-1 définit la notion de bien sans maître en deux temps. Il en exclut tout d'abord les biens relevant d'une succession en déshérence puis concrétise positivement la notion en distinguant désormais trois sous-ensembles : les biens faisant partie d'une succession ouverte depuis plus de trente ans et pour laquelle aucun successible ne s'est présenté (qualifiés de biens sans maître proprement dit par certains auteurs ou encore de biens dont le propriétaire est connu mais décédé) ; les biens immobiliers n'ayant pas de propriétaire connu et pour lesquels depuis plus de trois ans la taxe foncière sur les propriétés bâties n'a pas été acquittée ou a été acquittée par un tiers ; et enfin les immeubles qui n'ont pas de propriétaire connu, qui ne sont pas assujettis à la taxe foncière sur les propriétés bâties et pour lesquels, depuis plus de trois ans, la taxe foncière sur les propriétés non bâties n'a pas été acquittée ou a été acquittée par un tiers. Il a été objecté aux deux dernières modalités (parfois qualifiés de biens présumés sans maître ou de biens dont le propriétaire est inconnu) que si son critère de mise en œuvre a le mérite de la simplicité, il a aussi pour défaut « d'autoriser une commune à entreprendre l'acquisition d'un immeuble sur la base d'un fait (le non-paiement des taxes foncières) qui n'a jamais été le critère du droit de propriété » (Pisani et Bosgiraud, Premières réflexions de la pratique sur le code général de la propriété des personnes publiques, *AJDA 2006. 1098*).

Même si les modalités d'acquisition de ces deux types de biens diffèrent, l'apport commun de la réforme de 2004 est, dans une veine décentralisatrice, de conférer aux communes (ou, depuis 2014, aux établissements publics de coopération intercommunale à fiscalité propre. V. le comm. de l'art. L. 1123-3) une priorité. Cet élément distingue nettement ces biens sans maître de ceux appartenant à une succession en déshérence, ces derniers ne pouvant entrer que dans le patrimoine de l'État et non dans celui des communes. ❑

1. Le Conseil d'État a refusé de poser une question prioritaire de constitutionnalité relative à l'art. L. 1123-11. • CE 23 mars 2011, *Bianco*, n° 345979 : *AJDA 2011. 645, obs. Grand ; JCP Adm. 2012. 2013, chron. Chamard-Heim ; GDDAB, 3e éd., 2018. Comm. 14, obs. Noguellou.*

2. Biens sans maître et prescription acquisitive. Une réponse ministérielle, qui affirme – en se fondant implicitement sur le postulat discutable suivant lequel le CGPPP contiendrait la liste exhaustive des modes d'acquisition ouverts aux personnes publiques – que le mécanisme de prescription acquisitive trentenaire ne peut bénéficier aux communes, indique que les communes peuvent par contre mettre en œuvre la procédure relative aux biens sans maître. * Rép. min. n° 16103 : *JO Sénat 8 mars 2012, p. 643.*

3. Situation d'un occupant irrégulier. Irrecevabilité d'un occupant sans droit ni titre à contester les actes aboutissant à l'incorporation de biens sans maître dans le patrimoine d'une commune. • CE 28 déc. 2012, *Cne de Monsinéry-Tonnegrande c/ SARL Guyabef*, n° 351361 : *Lebon T. 896 ; JCP Adm. 2013, n° 7, chron. Chamard-Heim.*

4. Compétence du juge judiciaire. Le juge judiciaire est compétent pour connaître d'une action relative à la nullité de la vente par l'État d'un bien vacant et sans maître. • CAA Marseille, 12 juill. 2016, n° 15MA00371 : *Rev. CMP avr. 2017, chron. 3, obs. Llorens et Soler-Couteaux ; JCP Adm. 2016. 2261, obs. de Gaudemar.* ♦ Il est également compétent lorsqu'il existe une contestation sérieuse sur le point de savoir quel est le propriétaire d'un bien. • CAA Marseille, 1er juin 2017, n° 15MA01595.♦ V. ensuite, tirant dans cette affaire les conséquences de la décision du juge judiciaire affirmant la propriété privée d'une partie d'une parcelle dont le caractère vacant et sans maître avait à tort été constaté, • CAA Marseille, 27 déc. 2019, n° 15MA01595 • CAA Bordeaux, 6 juin 2019, n° 17BX01063. ♦ Illustrant la compétence judiciaire dans une hypothèse où des particuliers revendiquaient un bien incorporé dans le domaine privé d'une commune. • Paris, 2 févr. 2018, n° 16/07881. ♦ Mais le juge administratif est compétent pour apprécier, notamment sur renvoi du juge judiciaire, la légalité d'arrêtés présumant puis déclarant des biens vacants et sans maître. • CE 25 févr. 2019, n° 419557.

5. Absence d'atteinte disproportionnée au droit de propriété. L'appropriation par la commune des biens faisant partie d'une succession ouverte depuis plus de trente ans et pour laquelle aucun successible ne s'est présenté, ne porte pas une atteinte disproportionnée au droit de propriété au regard de l'utilité publique que peut représenter l'appropriation par une commune de terrains délaissés pendant une telle durée. • Civ. 3e, 12 juill. 2018, n° 17-16.103 P : *Rev. CMP 2018. Chron. 7, obs. Soler-Couteaux, Zimmer et Waltuch ; JCP Adm. 2018. Actu. 624, obs. Hostiou ; JCP N 2018. Actu. 648, obs. Hostiou ; RDI 2018. 547, note Bergel* .

SECTION II MODALITÉS D'ACQUISITION

Art. L. 1123-2 Les règles relatives à la propriété des biens mentionnés au 1° de l'article L. 1123-1 sont fixées par l'article 713 du code civil *[V. App., v° Successions]*. – *[C. dom. Ét., art. L. 25.]*

BIBL. ▶ Waline, *D. 1959. 547* (note ss. Aix-en-Provence 28 oct. 1958). – Leclère-Béroni, *Vie judiciaire, 20-26 juin 1977* (épaves maritimes). – Lavialle, *JCP 1991. I. 3489* (biens culturels maritimes). – Pichon, *RF décentr. 1996. 160* (biens vacants et sans maître). – Ibanez, *JCP Adm. 2003. 2018* (rétrocession des biens immeubles présumés vacants et sans maître). – Pontier, *Rev. adm. 2003. 64* (l'État, les communes et les biens vacants et sans maître). – Campolo et Zago,

BJCL 2005. 510 (le nouveau régime des biens sans maître). – Dutrieux, *JCP N 2010. 1120* (le point sur le régime des biens vacants et sans maître).

COMMENTAIRE

L'article 713 du code civil, auquel renvoie l'article L. 1123-2, indique que ces biens appartiennent à la commune sur le territoire de laquelle ils sont situés et qu'en cas de renonciation de la commune, sauf à ce qu'elle ait renoncé (par délibération du conseil municipal et sur tout ou partie de son territoire) à exercer ses droits au profit de l'EPCI à fiscalité propre dont elle est membre, leur propriété est transférée de plein droit à l'État (il en va de même si l'EPCI renonce également à exercer les droits transférés par la commune) ou, pour les biens situés dans les zones définies à l'article L. 322-1 du code de l'environnement, au Conservatoire de l'espace littoral et des rivages lacustres (s'il en fait la demande) ou, à défaut, au conservatoire régional agréé au titre de l'article L. 414-11 du code de l'environnement (également s'il en fait la demande).

Une délibération du conseil municipal s'impose-t-elle pour intégrer ces biens dans le patrimoine communal ou pour renoncer à cette intégration ? Dans cette hypothèse, on peut hésiter sur la nécessité d'un arrêté préfectoral pour que le bien entre dans le patrimoine de l'État. La formule « transférée de plein droit » (C. civ., art. 713) ne peut-elle être interprétée comme signifiant que le bien appartient à l'État dès lors que la commune a manifesté sa décision d'y renoncer ? ❑

1. Obligation de diligence de l'administration. L'administration ne peut s'exonérer d'opérer des recherches pour vérifier la vacance d'un bien. • CAA Lyon, 21 mai 2015, n° 14LY04106. ♦ Une commune doit examiner une revendication dans son intégralité avant de la rejeter. La circonstance que le juge judiciaire rejetterait ensuite une action en usucapion n'est pas de nature à régulariser la décision d'incorporer le bien dans le domaine communal. • CAA Bordeaux, 16 mai 2017, n° 15BX00767. ♦ Le juge administratif vérifie que les conditions prévues par la législation sont bien satisfaites. • CAA Marseille, 6 juin 2017, n° 15MA02835. ♦ Préalablement à l'incorporation d'un bien au terme de l'une des procédures prévues par le C. civ., la commune doit s'assurer qu'il est effectivement abandonné ou dépourvu de maître. Le maire doit à cette fin vérifier la situation du bien avant son incorporation au domaine communal, et il peut notamment recueillir des éléments d'information auprès des services déconcentrés du ministère de l'Économie et des Finances (cadastre, publicité foncière, recouvrement des taxes foncières) et des notaires, en consultant les registres d'état civil, et a également la faculté de procéder à une enquête de voisinage pour étayer les éléments recueillis. * Rép. min. n° 2449 : *JO Sénat, 1er févr. 2018, p. 441 ; JCP N 2018. Actu. 211.*

2. Obligations de l'acquéreur. Étant donné que le transfert de propriété s'opère à l'expiration du délai de trente ans qui court à compter de l'ouverture de la succession, le gouvernement considère que la personne publique « n'intervient pas en qualité de successible ; elle acquiert la propriété après un délai de trente ans à compter du décès. Dès lors, elle n'apparaît pas redevable des charges liées à l'immeuble acquis et dues avant cette acquisition. Les dettes relatives à l'immeuble nées avant le transfert de propriété à la commune sont des dettes successorales ». Par contre, « les inscriptions hypothécaires portant en revanche sur l'immeuble lui-même, elles seront opposables à l'acquéreur si elles sont toujours valables ». * Rép. min. n° 85579 : *JOAN Q, 12 juill. 2016, p. 6695.*

3. Action en revendication. Lorsque est en cause une appropriation de plein droit fondée sur les dispositions du 1° de l'art. L. 1123-1, le juge administratif n'a pas à surseoir à statuer en cas d'action en revendication formée devant le juge civil. Si ce dernier donne satisfaction au requérant, il lui appartiendra d'engager les démarches utiles en vue de la restitution du bien. • CAA Marseille, 13 avr. 2017, n° 15MA02519 : *Rev. CMP 2018. Chron. 7, obs. Soler-Couteaux, Zimmer et Waltuch ; JCP Adm. 2018. 2044, concl. Salvage.*

4. Possession. Si, à l'expiration du délai de prescription en matière de succession, tous les droits d'éventuels héritiers se sont trouvés éteints et si, par application de l'art. L. 1123-1 CGPPP, l'immeuble litigieux doit en principe être tenu pour un bien sans maître, une personne qui, succédant à ses parents, justifie occuper l'immeuble sans discontinuité depuis plus de 40 ans doit être reconnue comme le propriétaire du bien. • Douai, 14 déc. 2017, n° 17/01552 : *JCP Adm. 2018. Actu. 195.*

Art. L. 1123-3 **L'acquisition des immeubles mentionnés au 2° de l'article L. 1123-1 est opérée selon les modalités suivantes.**

Un arrêté du maire *(L. n° 2014-366 du 24 mars 2014, art. 152-II-1°)* **« ou du président de l'établissement public de coopération intercommunale à fiscalité propre »**

pris dans les conditions fixées par décret en Conseil d'État *[V. art. R. 1123-1]* **constate que l'immeuble satisfait aux conditions mentionnées au 2° de l'article L. 1123-1. Il est procédé par les soins du maire** *(L. nº 2014-366 du 24 mars 2014, art. 152-II-1º)* **« ou du président de l'établissement public de coopération intercommunale à fiscalité propre » à une publication et à un affichage de cet arrêté et, s'il y a lieu, à une notification aux derniers domicile et résidence du dernier propriétaire connu. Une notification est également adressée, si l'immeuble est habité ou exploité, à l'habitant ou à l'exploitant ainsi qu'au tiers qui aurait acquitté les taxes foncières. Cet arrêté est, dans tous les cas, notifié au représentant de l'État dans le département.**

Les dispositions du deuxième alinéa sont applicables lorsque les taxes foncières font l'objet d'une exonération ou ne sont pas mises en recouvrement conformément aux dispositions de l'article 1657 du code général des impôts.

Dans le cas où un propriétaire ne s'est pas fait connaître dans un délai de six mois à dater de l'accomplissement de la dernière des mesures de publicité mentionnées au deuxième alinéa, l'immeuble est présumé sans maître. *(L. nº 2014-366 du 24 mars 2014, art. 152-II-1º)* **« La commune ou l'établissement public de coopération intercommunale à fiscalité propre peut, par délibération de son organe délibérant, l'incorporer dans son domaine. Cette incorporation est constatée par arrêté du maire ou du président de l'établissement public de coopération intercommunale à fiscalité propre. »**

A défaut de délibération prise dans un délai de six mois à compter de la vacance présumée du bien, la propriété de celui-ci est attribuée à l'État. *(L. nº 2016-1087 du 8 août 2016, art. 109-II-1º)* **« Toutefois, lorsque le bien est situé dans l'une des zones définies à l'article L. 322-1 du code de l'environnement, la propriété est transférée au Conservatoire de l'espace littoral et des rivages lacustres lorsqu'il en fait la demande ou, à défaut, au conservatoire régional d'espaces naturels agréé au titre de l'article L. 414-11 du même code lorsqu'il en fait la demande. Le transfert du bien est constaté par un acte administratif. »** *[V. art. R. 1123-2] — [C. dom. Ét., art. L. 27 bis.]*

Le présent art. est applicable aux immeubles pour lesquels la décision administrative constatant la vacance est intervenue postérieurement à l'entrée en vigueur de l'Ord. nº 2006-460 du 21 avr. 2006 (Ord. préc., art. 11, en vigueur le 1er juill. 2006).

Pour son application à Mayotte, le présent art. est applicable aux immeubles pour lesquels la décision administrative constatant la vacance est intervenue postérieurement à l'entrée en vigueur de l'Ord. nº 2016-1255 du 28 sept. 2016 (Ord. préc., art. 11, en vigueur le 1er janv. 2017).

COMMENTAIRE

Les modalités d'acquisition de la seconde catégorie de biens sans maître sont détaillées avec précision par le code (V. également la circulaire du 8 mars 2006 citée dans le commentaire de l'art. L. 1123-1).

Cette acquisition se décline en trois, voire quatre, étapes.

La première étape consiste en l'édiction d'un arrêté du maire, pris après avis de la commission communale des impôts directs (V. art. R. 1123-1), constatant qu'un immeuble situé sur le territoire de la commune entre dans le champ d'application de cette disposition.

La deuxième étape a trait au respect des formalités de publicité de l'arrêté, formalités qui sont cumulatives. Cet acte, outre naturellement qu'il doit être transmis au contrôle de légalité, doit être publié, affiché et, le cas échéant, notifié aux derniers domicile et résidence du dernier propriétaire connu, à l'habitant ou à l'exploitant ainsi qu'au tiers ayant le cas échéant acquitté les taxes foncières.

Si, malgré cette publicité, aucun propriétaire ne s'est fait connaître dans un délai de six mois à compter de la date d'accomplissement de la dernière des mesures de publicité, l'immeuble est alors présumé sans maître et le conseil municipal a la faculté, troisième étape, de décider l'incorporation de l'immeuble dans le patrimoine communal, ladite incorporation étant alors constatée par arrêté du maire.

En cas de carence du conseil municipal à statuer dans un délai de six mois à compter de la vacance présumée de l'immeuble (soit un an après l'accomplissement de la dernière formalité de publicité), ce dernier appartient à l'État sous la réserve ci-dessous mentionnée, le code exigeant que ce transfert soit constaté par un acte administratif (l'article

R. 1123-2 indique qu'il s'agit d'un arrêté préfectoral). L'emploi du verbe « constater » (qui implique que cet acte est récognitif et non constitutif) semble confirmer que le transfert est alors opéré de plein droit (Rép. min. n° 15699 : *JO Sénat Q, 2 févr. 2006, p. 290*).

La loi n° 2014-366 du 24 mars 2014 pour l'accès au logement et un urbanisme rénové (art. 152) a, en modifiant l'article 713 du code civil et l'article L. 1123-3 du présent code, étendu ce mécanisme aux établissements publics de coopération intercommunale à fiscalité propre. La commune peut en effet désormais, par délibération du conseil municipal, renoncer à exercer ses droits sur tout ou partie de son territoire, et ce au profit de l'établissement public. Les différentes étapes ci-dessus décrites s'appliquent alors à l'établissement public.

La loi n° 2016-1087 du 8 août 2016 pour la reconquête de la biodiversité, de la nature et des paysages (art. 109) ouvre la possibilité, en cas de carence de la commune ou de l'établissement public de coopération intercommunale, au Conservatoire de l'espace littoral et des rivages lacustres (ou à défaut au conservatoire régional d'espaces naturels agréé) de demander le transfert de la propriété de ce bien plutôt qu'à l'État. ❑

1. Caractère substantiel des formalités de publicité. Afin d'assurer la protection des propriétaires potentiels, le défaut de mise en œuvre des formalités de publicité devrait entraîner l'annulation des décisions portant transfert de propriété. • CE 23 nov. 1984, *Docteur Johnson et a.*, n° 30678 : *Lebon T. 538* • CE 21 oct. 1988, *Cts Raphanel*, n° 15375 : *Lebon T. 789* • CE 10 déc. 2003, *Cne de Forcalquier*, n° 259545 : *AJDA 2004. 893* • CAA Lyon, 29 avr. 2008, *Cne de Veigy-Foncenex*, n° 06LY01188. ♦ Pour un exemple de mise en œuvre de la procédure. • TA Amiens, 27 avr. 2010, *Dubos : AJCT 2010. 85, obs. J.-M. P.* ; *JCP Adm. 2010. 2364, concl. Vinot.* ♦ Cette procédure ne s'applique pas aux biens sans maître relevant du 1° de l'art. L. 1123-1. • CAA Marseille, 13 avr. 2017, n° 15MA02519 : *Rev. CMP 2018. Chron. 7, obs. Soler-Couteaux, Zimmer et Waltuch ; JCP Adm. 2018. 2044, concl. Salvage.*

2. L'arrêté constatant qu'un bien est susceptible d'être présumé sans maître fait grief. Cet arrêté n'est pas une simple mesure préparatoire et peut faire l'objet d'un recours pour excès de pouvoir. • CAA Marseille, 4 juill. 2011, *Cne de Sournia*, n° 09MA04564 : *BJCL 2012. 116, concl. Deliancourt ; LPA 1er-2 mai 2012. 11, note Dutrieux.*

3. Absence de caractère créateur de droits de la délibération. Une délibération donnant son accord de principe à l'intégration d'une parcelle au domaine communal et mandatant le maire pour engager toutes procédures utiles s'analyse comme entendant suivre la procédure prévue par les dispositions de l'art. L. 1123-3 CGPPP, qui a été au demeurant rappelée par le maire dans son exposé, mais il est constant que le maire de la commune n'a pas pris d'arrêté constatant que la parcelle satisfaisait aux conditions posées par le 2° de l'art. L. 1123-1 CGPPP. Par suite, le syndicat requérant n'est pas fondé à soutenir que la délibération du 1er avril 2005, qui ne revêt donc pas le caractère d'un acte créateur de droits, vaudrait intégration dans le domaine communal d'un bien sans maître. • CAA Bordeaux, 21 juin 2016, *Synd. des copropriétaires de la résidence Les Chalets de Peyrelance*, n° 14BX03572.

4. Absence d'effet du caractère définitif de l'arrêté engageant la procédure. Le caractère définitif de l'arrêté engageant la procédure d'acquisition d'un bien susceptible d'être déclaré sans maître ne fait pas obstacle à ce qu'une personne s'estimant propriétaire puisse introduire un recours contre la décision déclarant le bien sans maître à l'expiration du délai de six mois prévu par l'art. L. 1123-3. • CAA Douai, 6 avr. 2017, n° 16DA01303.

5. Intérêt pour agir contre la délibération décidant l'incorporation. Une personne ne justifiant ni être le propriétaire d'une parcelle ni l'occuper ni l'exploiter ne justifie pas d'une qualité lui donnant intérêt pour agir contre la délibération décidant l'incorporation de cette parcelle dans le domaine communal. • CAA Nancy, 13 déc. 2018, n° 17NC00821.

Art. L. 1123-4 *(L. n° 2014-1170 du 13 oct. 2014, art. 72)* **L'acquisition des immeubles mentionnés au 3° de l'article L. 1123-1 est opérée selon les modalités suivantes.**

Au 1er mars de chaque année, les centres des impôts fonciers signalent au représentant de l'État dans le département les immeubles satisfaisant aux conditions prévues au même 3°. Au plus tard le 1er juin de chaque année, le représentant de l'État dans le département arrête la liste de ces immeubles par commune et la transmet au maire de chaque commune concernée. Le représentant de l'État dans le département et le maire de chaque commune concernée procèdent à une publication et à un affichage de cet arrêté ainsi que, s'il y a lieu, à une notification aux derniers domicile et résidence du dernier propriétaire connu. Une notification est également adressée, si l'immeuble est

habité ou exploité, à l'habitant ou à l'exploitant ainsi qu'au tiers qui a acquitté les taxes foncières.

Le deuxième alinéa du présent article est applicable lorsque les taxes foncières font l'objet d'une exonération ou ne sont pas mises en recouvrement en application de l'article 1657 du code général des impôts.

Dans le cas où un propriétaire ne s'est pas fait connaître dans un délai de six mois à compter de l'accomplissement de la dernière des mesures de publicité mentionnées au deuxième alinéa du présent article, l'immeuble est présumé sans maître. Le représentant de l'État dans le département notifie cette présomption au maire de la commune dans laquelle est situé le bien.

La commune dans laquelle est situé ce bien peut, par délibération du conseil municipal, l'incorporer dans le domaine communal. Cette incorporation est constatée par arrêté du maire. A défaut de délibération prise dans un délai de six mois à compter de la notification de la vacance présumée du bien, la propriété de celui-ci est attribuée à l'État. *(L. n° 2016-1087 du 8 août 2016, art. 109-II-2°)* **« Toutefois, lorsque le bien est situé dans l'une des zones définies à l'article L. 322-1 du code de l'environnement, la propriété est transférée au Conservatoire de l'espace littoral et des rivages lacustres lorsqu'il en fait la demande ou, à défaut, au conservatoire régional d'espaces naturels agréé au titre de l'article L. 414-11 du même code lorsqu'il en fait la demande. Le transfert du bien est constaté par un acte administratif. »**

Les bois et forêts acquis dans les conditions prévues au présent article sont soumis au régime forestier prévu à l'article L. 211-1 du code forestier à l'expiration d'un délai de cinq ans à compter de l'incorporation au domaine communal ou du transfert dans le domaine de l'État. Dans ce délai, il peut être procédé à toute opération foncière.

Pour son application à Mayotte, le présent art. est applicable aux immeubles pour lesquels la décision administrative constatant la vacance est intervenue postérieurement à l'entrée en vigueur de l'Ord. n° 2016-1255 du 28 sept. 2016 (Ord. préc., art. 11, en vigueur le 1er janv. 2017).

COMMENTAIRE

L'article L. 1123-4 est issu de la loi n° 2014-1170 du 13 octobre 2014 d'avenir pour l'agriculture, l'alimentation et la forêt et détaille la procédure applicable à l'acquisition de la troisième variante de biens sans maître : celle qui concerne les immeubles qui n'ont pas de propriétaire connu, qui ne sont pas assujettis à la taxe foncière sur les propriétés bâties et pour lesquels, depuis plus de trois ans, la taxe foncière sur les propriétés non bâties n'a pas été acquittée ou a été acquittée par un tiers.

Cette procédure est enclenchée par les services de l'État : signalement au préfet par les centres des impôts fonciers (au 1er mars de chaque année) des immeubles en cause ; transmission (au plus tard le 1er juin de chaque année) de la liste de ces immeubles aux maires.

Cet arrêté doit faire l'objet de plusieurs mesures de publicité : publication et affichage (aussi bien par le préfet que par le maire) ; notification, le cas échéant, aux derniers domiciles et résidences du dernier propriétaire connu ou à l'habitant ou exploitant ou au tiers ayant acquitté les taxes foncières.

Si aucun propriétaire ne se fait connaître dans un délai de six mois à compter de l'accomplissement de la dernière de ces procédures de publicité, l'immeuble est présumé sans maître par une décision du préfet notifiée au maire.

La commune peut alors, par délibération, décider de son incorporation dans le domaine communal, incorporation ensuite constatée par arrêté du maire. Si une telle délibération n'intervient pas dans un délai de six mois, la propriété de l'immeuble revient à l'État (ou, dans les hypothèses signalées dans le comm. de l'art. L. 1123-2, au Conservatoire de l'espace littoral et des rivages lacustres ou à défaut au conservatoire régional agréé au titre de l'article L. 414-11 du code de l'environnement), et est constatée par un acte administratif.

Voir sur cette procédure la circulaire NOR AGRT1529035C du 3 décembre 2015 du ministère de l'Agriculture, de l'Agroalimentaire et de la Forêt. ❑

CHAPITRE IV BIENS CONFISQUÉS

Art. L. 1124-1 Les biens, à caractère mobilier ou immobilier, dont la confiscation a été prononcée par décision de justice sont, sauf disposition particulière prévoyant leur destruction ou leur attribution, dévolus à l'État.

RÉP. PÉN. v° *Confiscation*, par BEZIZ-AYACHE.

BIBL. ▶ MATSOPOULOU, La confiscation spéciale dans le nouveau code pénal, *RSC 1995. 301*. – ROBERT, Une importante réforme de procédure pénale inachevée. À propos de la loi du 9 juillet 2010, *JCP 2010. 1077*. – FOURNIER, La nouvelle Agence de gestion et de recouvrement des avoirs saisis et confisqués (AGRASC). À propos du décret n° 2011-134 du 1er février 2011, *JCP N 2011. Actu. 334*. – CAMOUS, Les saisies en procédure pénale : un régime juridique modernisé. Commentaire des dispositions pénales de droit interne de la loi n° 2010-768 du 9 juillet 2010 visant à faciliter la saisie et la confiscation en matière pénale, *Dr. pénal 2011. Étude 1*. – PELSEZ et ROBERT, Pour une meilleure appréhension des patrimoines frauduleux. – À propos de l'Agence de gestion et de recouvrement des avoirs saisis et confisqués (AGRASC), *JCP 2011. 769*. – FOURNIER, L'Agence de gestion et de recouvrement des avoirs saisis et confisqués (AGRASC) : « Nul ne doit profiter de son délit », *JCP N 2015. Actu. 501*. – PERROTIN, Focus sur l'activité de l'AGRASC, *LPA 25 juill. 2018. 4*. – SAINT-MARTIN et WARSMANN, Investir pour mieux saisir, confisquer pour mieux sanctionner, rapport parlementaire, *nov. 2019*.

COMMENTAIRE

La confiscation s'opère en principe au bénéfice de l'État. L'Agence de gestion et de recouvrement des avoirs saisis et confisqués, établissement public de l'État à caractère administratif placé sous la tutelle conjointe du ministre de la Justice et du ministre chargé du budget (art. 706-59 C. pr. pén.), créée par la loi n° 2010-768 du 9 juillet 2010 visant à faciliter la saisie et la confiscation en matière pénale, dispose d'amples attributions en la matière (art. 706-60 s. C. pr. pén.). Le montant total des saisies pour les années 2015-2017 a été de 1 549 777 935 euros (rapport Saint-Martin et Warsmann).

La confiscation s'analyse comme une sanction pécuniaire infligée à une personne faisant l'objet d'une condamnation pénale. Elle fait l'objet d'une jurisprudence abondante du juge judiciaire portant essentiellement sur des questions de droit pénal ne relevant pas du champ du présent code.

I. CONFISCATION GÉNÉRALE

Sa forme la plus rare, car la plus radicale, est la confiscation générale qui, comme sa dénomination l'indique, porte sur tous les biens du condamné.

Eu égard à sa gravité, la confiscation générale n'était classiquement possible que pour des infractions très particulières (comme les crimes contre l'humanité, art. 213-1 C. pén., les actes de terrorisme, art. 422-6 C. pén.). Mais la liste des hypothèses s'est toutefois étendue au fil du temps. L'article 131-21 du code pénal dispose ainsi, dans sa rédaction issue de la loi n° 2007-297 du 5 mars 2007 relative à la prévention de la délinquance, que la confiscation peut porter sur tous les biens du condamné s'il s'agit d'un crime ou d'un délit puni d'au moins cinq ans d'emprisonnement et ayant procuré un profit direct ou indirect lorsque le condamné, mis en mesure de s'expliquer sur les biens dont la confiscation est envisagée, n'a pu en justifier l'origine.

II. CONFISCATION SPÉCIALE

Il s'agit de la forme la plus courante de confiscation. Elle porte sur un ou plusieurs biens déterminés. Son régime est détaillé par les articles 131-21 et 131-21-1 du code pénal. Il convient de distinguer les nombreuses hypothèses où elle est prévue, à titre facultatif, par des dispositions législatives ou réglementaires et celles où elle est encourue de plein droit (pour les crimes et délits punis d'une peine d'emprisonnement d'une durée supérieure à un an, sauf en matière de délits de presse ainsi que pour les objets qualifiés de dangereux ou nuisibles par des dispositions législatives ou réglementaires, ou dont la détention est illicite, que ces biens soient ou non la propriété du condamné).

La confiscation est susceptible de porter sur de nombreux biens : tous les biens meubles ou immeubles, quelle qu'en soit la nature, divis ou indivis, ayant servi à commettre l'infraction ou qui étaient destinés à la commettre (un animal notamment), et dont le condamné est propriétaire ou, sous réserve des droits du propriétaire de bonne foi, dont il a la libre disposition ; tous les biens qui sont l'objet ou le produit direct ou indirect de l'infraction, à l'exception des biens susceptibles de restitution à la victime ; tout bien meuble ou immeuble défini par la loi ou le règlement qui réprime l'infraction ; tous les biens du condamné lorsque la loi qui réprime le crime ou le délit le prévoit.

Parmi les nombreux cas de figure particuliers, on signalera celui des animaux, que l'animal ait été utilisé pour commettre ou tenter de commettre l'infraction ou que celle-ci ait été commise à son encontre (art. 131-21-1 C. pén.), ces animaux devant en principe être remis à une fondation ou à une association de protection animale reconnue d'utilité publique ou déclarée.

L'article 92 de la loi n° 2019-1479 du 28 décembre 2019 de finances pour 2020 a précisé les conditions de reversement par l'Agence, au budget général de l'État, de 90 % des sommes inférieures à 10 000 euros saisies lors de procédures pénales engagées entre 2011 et 2015 et n'ayant pas fait l'objet d'une décision de justice ou pour lesquelles cette décision n'a pas été transmise à l'agence. Cette disposition prévoit également que le solde de 10 % est conservé par l'Agence jusqu'au 1er janvier 2025 afin de pouvoir exécuter d'éventuelles décisions de restitution rendues par les tribunaux à propos de ces sommes. Les modalités de restitution ainsi que le versement éventuel par l'État des sommes nécessaires à l'exécution de la décision de restitution sont prévues. L'Agence, afin d'assurer sa mission de recouvrement, est dotée d'un droit d'accès direct aux informations contenues dans les fichiers tenus en application des articles 1649 A et 1649 *ter* du code général des impôts, aux données relatives aux mutations à titre onéreux ou gratuit et aux actes relatifs aux sociétés ainsi qu'aux informations mentionnées à l'article L. 107 B du livre des procédures fiscales. ❑

L'exercice d'un recours contre une ordonnance de refus de restitution d'un bien saisi ne prive pas le juge d'instruction de la faculté d'ordonner sa remise, aux fins d'aliénation, à l'AGRASC dans les conditions du 2e al. de l'art. 99-2 C. pr. pén. • Crim. 8 nov. 2017, n° 17-82.527 P.

Le jugement qui rejette une demande de restitution est susceptible d'appel de la part de la personne qui a formulé cette demande, sans que puisse lui être opposée l'autorité de la chose jugée de la décision ordonnant la confiscation. • Crim. 7 nov. 2018, n° 17-87.424 : *JCP 2019.75, note Beaussonie ; AJ pénal 2019. 45, obs. M. Hy*.

CHAPITRE V **OBJETS PLACÉS SOUS MAIN DE JUSTICE**

Art. L. 1125-1 Les objets placés sous main de justice qui ne sont pas restitués sont acquis par l'État selon les règles fixées *(L. n° 2014-640 du 20 juin 2014, art. 5, en vigueur le 1er oct. 2014)* **« aux troisième et dernier alinéas » de l'article 41-4 du code de procédure pénale.** — *[C. pr. pén., art. 41-4, al. 3.]*

COMMENTAIRE

Les objets placés sous main de justice (communément appelés « les scellés ») sont, comme leur nom l'indique d'ailleurs, des biens saisis et placés sous l'autorité de la justice. L'article 41-4 du code de procédure pénale précise qu'ils deviendront propriété de l'État si aucune restitution n'a été demandée ou opérée dans un délai de six mois à compter du terme de la procédure (décision de classement ou décision par laquelle la dernière juridiction saisie epuise sa competence).

Ce transfert de propriété est opéré sous réserve des droits des tiers.

Le délai est réduit à deux mois dans l'hypothèse où, alors même qu'une mise en demeure a été adressée à son domicile, le propriétaire, ou la personne à laquelle la restitution de l'objet a été accordée, ne réclame pas l'objet.

Les objets dont la restitution est susceptible de créer un danger pour les personnes ou les biens relèvent d'un régime particulier dans la mesure où ils deviennent propriété de l'État dès que la décision de non-restitution ne peut plus être contestée ou dès que le jugement ou l'arrêt de non-restitution est devenu définitif.

Saisi d'une QPC relative au troisième alinéa de l'article 41-4 du code de procédure pénale, le Conseil constitutionnel n'a prononcé aucune censure et a simplement opéré la réserve d'interprétation suivante : « Considérant que les personnes qui sont informées dans les conditions prévues par le code de procédure pénale, selon le cas, de la décision de classement ou de la décision par laquelle la dernière juridiction saisie a épuisé sa compétence, sont ainsi mises à même d'exercer leur droit de réclamer la restitution des objets placés sous main de justice ; que, toutefois, la garantie du droit à un recours juridictionnel effectif impose que les propriétaires qui n'auraient pas été informés dans ces conditions soient mis à même d'exercer leur droit de réclamer la restitution des objets placés sous main de justice dès lors que leur titre est connu ou qu'ils ont réclamé cette qualité au cours de l'enquête ou de la procédure ; que, par suite, les dispositions contestées porteraient une atteinte disproportionnée au droit de ces derniers de former une telle réclamation si le délai de six mois prévu par les dispositions contestées pouvait commencer à courir sans que la décision de classement ou la décision par laquelle la dernière juridiction saisie a épuisé sa compétence ait été portée à leur connaissance ; que, sous cette réserve, les dispositions contestées ne méconnaissent pas les exigences de l'article 16 de la Déclaration de 1789 » (*Cons. const. 9 juill. 2014, n° 2014-406 QPC*). ❑

Le juge judiciaire est compétent pour les litiges relatifs à la non-restitution d'un objet placé sous scellés à l'occasion d'une information judiciaire. • T. confl. 15 avr. 2013, *Imbert c/ Agent judiciaire du Trésor*, n° 3895 : *AJDA 2013. 1836*.

CHAPITRE VI SOMMES ET VALEURS PRESCRITES

Art. L. 1126-1 **Sont acquis à l'État, à moins qu'il ne soit disposé de ces biens par des lois particulières :**

1° Le montant des coupons, intérêts ou dividendes, atteints par la prescription quinquennale ou conventionnelle et afférents à des actions, parts de fondateur, obligations ou autres valeurs mobilières négociables, émises par toute société commerciale ou civile ou par toute collectivité privée ou publique ;

(Abrogé par L. n° 2014-617 du 13 juin 2014, art. 11, à compter du 1er janv. 2016) ***« 2° Les actions, parts de fondateur, obligations et autres valeurs mobilières des mêmes collectivités, lorsqu'elles sont atteintes par la prescription trentenaire ou conventionnelle ; »***

3° Les dépôts de sommes d'argent et, d'une manière générale, tous avoirs en espèces dans les banques, les établissements de crédit et tous autres établissements qui reçoivent des fonds en dépôt ou en compte courant, lorsque ces dépôts ou avoirs n'ont fait l'objet de la part des ayants droit d'aucune opération ou réclamation depuis trente années *(L. n° 2014-617 du 13 juin 2014, art. 11, en vigueur le 1er janv. 2016)* **« et n'ont pas fait l'objet d'un dépôt à la Caisse des dépôts et consignations en application de l'article L. 312-20 du code monétaire et financier et que le titulaire du compte, son représentant légal ou la personne habilitée par lui n'a effectué aucune opération sur un autre compte ouvert à son nom dans le même établissement » ;**

4° Les dépôts de titres et, d'une manière générale, tous avoirs en titres dans les banques et autres établissements qui reçoivent des titres en dépôt ou pour toute autre cause lorsque ces dépôts ou avoirs n'ont fait l'objet, de la part des ayants droit, d'aucune opération ou réclamation depuis trente années *(L. n° 2014-617 du 13 juin 2014, art. 11, en vigueur le 1er janv. 2016)* **« et n'ont pas fait l'objet d'un dépôt à la Caisse des dépôts et consignations en application de l'article L. 312-20 du code monétaire et financier et que le titulaire du compte, son représentant légal ou la personne habilitée par lui n'a effectué aucune opération sur un autre compte ouvert à son nom dans le même établissement » ;** – *[C. dom. Ét., art. L. 27, al. 1er à 5.]*

(L. n° 2006-1640 du 21 déc. 2006, art. 18-I, 1°) **« 5° Les sommes dues au titre de contrats d'assurance sur la vie** *(L. n° 2014-617 du 13 juin 2014, art. 11, en vigueur le 1er janv. 2016)* **« et de bons ou contrats de capitalisation »** *(Abrogé par L. n° 2014-617 du 13 juin 2014, art. 11, à compter du 1er janv. 2016)* ***« comportant des valeurs de rachat »*** **ou de transfert et n'ayant fait l'objet, à compter du décès de l'assuré ou du terme du contrat, d'aucune demande de prestation auprès de l'organisme d'assurance depuis trente années »** *(L. n° 2014-617 du 13 juin 2014, art. 11, en vigueur le 1er janv. 2016)* **« , ni d'un dépôt à la Caisse des dépôts et consignations en application des articles L. 132-27-2 du code des assurances et L. 223-25-4 du code de la mutualité ».** – *Cet alinéa s'applique aux contrats d'assurance sur la vie en cours comportant des valeurs de rachat ou de transfert et n'ayant fait l'objet, à compter du décès de l'assuré ou du terme du contrat, d'aucune demande de prestation à la date de publication de la L. n° 2006-1640 du 21 déc. 2006 (L. préc., art. 18-V).*

V. art. R. 1126-1 à R. 1126-3.

BIBL. ▸ DEMENTHON, Traité du domaine de l'État, *Dalloz 1964. 428.*

COMMENTAIRE

Cet article reprend, avec quelques amendements, des dispositions auparavant codifiées à l'article L. 27 du code du domaine de l'État qui étaient placées dans une section intitulée « Biens vacants et sans maître ». Il a été actualisé par l'article 11 de la loi n° 2014-617 du 13 juin 2014 relative aux comptes bancaires inactifs et aux contrats d'assurance vie en déshérence.

Dès lors que les valeurs mobilières ici en cause n'étaient pas à proprement parler des biens vacants et sans maître, le plan du présent code est plus heureux que celui de son prédécesseur.

Cet article a été rapidement complété par la loi n° 2006-1640 du 21 décembre 2006 qui a ajouté le 5° et a ainsi intégré à cette catégorie les contrats d'assurance sur la vie, le législateur précisant que le texte s'applique aux contrats en cours comportant des valeurs de rachat ou de transfert et n'ayant fait l'objet, à compter du décès de l'assuré ou du terme du contrat, d'aucune demande de prestation à la date de publication de la présente loi (V. pour les modalités précises de mise en œuvre de ce dispositif l'Instr. n° 07-049-D53-D61 du 13 déc. 2007 relative au recouvrement des sommes dues au titre des contrats d'assurance sur la vie en déshérence, *BO Comptabilité Publique, déc. 2007*).

L'article R. 1126-1, qui reprend d'autres dispositions de l'ancien article L. 27 du code du domaine de l'État, précise que ce transfert a lieu par virement de compte à compte pour les titres inscrits en compte et par production des titres pour ceux matériellement créés et ajoute que chaque transfert est accompagné de tout document de nature à certifier les droits de l'État.

D'autres précisions procédurales sont apportées par les articles R. 1126-2 et R. 1126-3.

On a pu s'interroger sur la nature juridique de ce mode d'acquisition, certains soutenant qu'il s'agissait d'une confiscation et d'autres d'une disposition fiscale (V., à ce sujet, Dementhon).

L'article L. 1126-1 n'est pas applicable à un compte en banque qui n'est pas resté inactif (Com. 5 déc. 2018, n° 17-21.860).

L'article 272 de la loi n° 2019-1479 du 28 décembre 2019 de finances pour 2020 a créé un fonds pour le développement de la vie associative qui a pour objet de contribuer au développement des associations. Il en précise les ressources et prévoit notamment l'affectation d'une quote-part (fixée à 20% pour l'année 2021) des sommes acquises à l'État en application des 3° et 4° de l'article L. 1126-1 du CGPPP, du III de l'article L. 312-20 du code monétaire et financier et des I et II de l'article 13 de la loi n° 2014-617 du 13 juin 2014 relative aux comptes bancaires inactifs et aux contrats d'assurance vie en déshérence. ❑

Art. L. 1126-2 **Les sociétés commerciales ou civiles, les collectivités privées ou publiques sont tenues de remettre** *(L. nº 2009-526 du 12 mai 2009, art. 121-I)* **« au Trésor public » :**

1° Le montant des coupons, intérêts ou dividendes atteints par la prescription quinquennale ou conventionnelle et afférents aux actions, parts de fondateur, obligations et autres valeurs mobilières négociables qu'elles ont émises ;

2° Le montant, atteint par la prescription trentenaire ou conventionnelle, des sommes ou valeurs quelconques dues à raison des actions, parts de fondateur, obligations et autres valeurs mobilières émises par elles, et qui n'ont pas été déposées dans un établissement habilité à cet effet par décret. – *[C. dom. Ét., art. R. 46.]*

V. art. R. 1126-4.

COMMENTAIRE

Cet article et le suivant sont la reprise, légèrement modifiée, des anciens articles R. 46 et R. 47 du code du domaine de l'État. Ils illustrent ainsi que les codifications contemporaines, si elles aboutissent régulièrement au déclassement de dispositions législatives, peuvent également conduire à ce que des dispositions hier de nature réglementaire soient élevées au niveau législatif. Certaines de ces dispositions ont toutefois été maintenues dans la partie réglementaire (V. art. R. 1126-4). ❑

Art. L. 1126-3 *(L. n° 2014-617 du 13 juin 2014, art. 11, en vigueur le 1er janv. 2016)* **« Sous réserve de l'article L. 312-20 du code monétaire et financier, » les banques, les établissements de crédit et tous autres établissements qui reçoivent soit des fonds en dépôt ou en compte courant, soit des titres en dépôt ou pour tout autre cause sont tenus de remettre** *(L. n° 2009-526 du 12 mai 2009, art. 121-I)* **« au Trésor public » tous les dépôts ou avoirs en espèces ou en titres, qui n'ont fait l'objet, de la part des ayants droit, d'aucune opération ou réclamation depuis trente ans et qui n'ont pas été déposés dans un établissement habilité à cet effet par décret.** – *[C. dom. Ét., art. R. 47, al. 1er.]*

V. comm. ss. art. L. 1126-2.

V. art. R. 1126-4.

Art. L. 1126-4 **Les sommes déposées, à quelque titre que ce soit, à la Caisse des dépôts et consignations sont acquises par l'État selon les règles fixées** *(L. n° 2014-617 du 13 juin 2014, art. 11, en vigueur le 1er janv. 2016)* **« au III de l'article L. 312-20 et au premier alinéa de l'article L. 518-24 du code monétaire et financier et au III des articles L. 132-27-2 du code des assurances et L. 223-25-4 du code de la mutualité ».**

COMMENTAIRE

La Caisse des dépôts et consignations, groupe public au service de l'intérêt général et du développement économique du pays selon les termes désormais codifiés à l'article L. 518-2 du code monétaire et financier, occupe une place particulière dans le paysage bancaire et financier français (Jean-François Boudet, La Caisse des dépôts et consignations. Histoire, statut, fonction. Contribution à l'étude de ses fondements juridiques, *L'Harmattan, 2006*).

Le premier alinéa de l'article L. 518-24 du code monétaire et financier prévoit que les sommes qui y sont déposées reviennent à l'État au terme d'un délai de trente ans sans que le compte auquel elles ont été portées ait donné lieu à versement ou remboursement ou sans qu'il ait été signifié à la caisse soit la réquisition de paiement, soit une demande en justice ou un acte d'exécution forcée interrompant le délai de prescription.

Cet article précise ensuite que six mois au plus tard avant l'échéance de ce délai, la Caisse des dépôts et consignations avise, par lettre recommandée, les ayants droit connus de la déchéance encourue par eux. Cet avis est adressé au domicile indiqué dans les actes et pièces qui se trouvent en la possession de la caisse ou, à défaut de domicile connu, au procureur de la République du lieu de dépôt.

Il ajoute que la date et le lieu de la consignation, les nom, prénoms et adresse des intéressés qui n'ont pas fait notifier de réquisition de paiement dans un délai de deux mois après cet avis sont immédiatement publiés au *Journal officiel*.

Il prévoit également que les sommes atteintes par la déchéance sont versées annuellement au Trésor public avec les intérêts y afférents et que la Caisse des dépôts et consignations ne peut être tenue de payer plus de trente années d'intérêts, à moins qu'avant l'expiration de trente ans il n'ait été formé contre la caisse une demande en justice reconnue fondée.

Sur la mise en œuvre de ce dispositif et les modalités de mise en œuvre de la prescription, on se reportera utilement à la réponse ministérielle n° 08089 : *JO Sénat Q, 28 janv. 2010. 182 ; JCP Adm. 2010. 112*. V. également l'article R. 1126-5. ❑

CHAPITRE VII **DISPOSITIONS DIVERSES**

Art. L. 1127-1 **Les biens culturels maritimes situés dans le domaine public maritime sont acquis par l'État selon les règles fixées à l'article L. 532-2 du code du patrimoine.**

BIBL. ► They, La protection internationale du patrimoine culturel de la mer : les compétences de l'État sur les biens culturels submergés, *Th. Paris I, 2016*. – Cornu et Fromageau (dir.), Le patrimoine culturel et la mer. Aspects juridiques et institutionnels, *L'Harmattan, 2002*. – Rézenthel, Le régime des épaves maritimes, *DMF 2007. 195*. – Scovazzi, Les épaves de navires d'État, *AFDI 2006, p. 400*. – Beurier, Le statut juridique français des biens culturels sous-marins, *Neptunus avr. 2003, p. 1*. – Drapier, Les trésors cachés de l'article 716 du Code civil (pour l'exhumation des droits de l'inventeur), *RRJ 2003. 209*. – Saujot, La loi n° 2001-44 du 17 janvier 2001 relative à l'archéologie préventive, *JCP 2001. 1819.* – SAUJOT-BESNIER, L'archéologie sous-marine et subaquatique, *Rev. archéol. de l'Ouest 2000. 239.* – RIGAMBERT, Le droit des épaves maritimes de l'Antiquité au XXe siècle, *Ann. dr. maritime et océanique oct. 1998, n° 16, p. 371.* – RIOU, La gourmette de Saint-Exupéry : un bien culturel maritime, *LPA 13 nov. 1998, p. 16.* – LE GURUN, L'épave, bien culturel maritime : une notion à découvrir, *Ann. dr. maritime et aérospatial 1er janv. 1995, n° 13, p. 269* ; La métamorphose encore inachevée du statut des biens culturels sous-marins, *th. Nantes, 2000.* – MOYSAN, L'archéologie sur l'estran, *Neptunus 1997, n° 10, p. 1.* – LAVIALLE, La loi du 1er décembre 1989 relative aux biens culturels maritimes, *JCP 1991. I. 3489.* – MANNHEIM-AYACHE, La protection pénale du patrimoine archéologique sous-marin, *RJEP févr. 1991.* – GARCIN, La protection du patrimoine culturel sous-marin depuis la loi n° 89-874 du 1er décembre 1989, *D. 1990. Chron. 135.* – MALABARD, La notion d'épave, *th. Paris, 1939, p. 92.* – DUPORT, Des épaves maritimes, *th. Paris, 1897.* – *J.-Cl. Civil Code*, art. *717*. Modes divers d'acquérir la propriété – Épaves – *J.-Cl. Notarial Répertoire*, V. *Modes divers d'acquérir la propriété, fasc. 50.* – J.-Cl. Transport, *fasc. 920.*

COMMENTAIRE

Les biens culturels maritimes ont été définis par la loi n° 89-874 du 1er décembre 1989 relative aux biens culturels maritimes et modifiant la loi du 27 septembre 1941 portant réglementation des fouilles archéologiques (*Rev. pénit. 2004. 323, comm. Saujot*), dont les dispositions sont aujourd'hui intégrées dans le code du patrimoine (qui entérine ainsi une variation des règles applicables aux découvertes archéologiques, selon qu'elles se trouvent sous terre ou sous l'eau. Ces règles ont été modifiées par le décret n° 2017-925 du 9 mai 2017 relatif aux procédures administratives en matière d'archéologie préventive et aux régimes de propriété des biens archéologiques. V. aussi, subsidiairement, Décr. n° 2018-537 du 28 juin 2018 relatif à l'évaluation archéologique en mer pris pour l'application de l'art. L. 524-6 C. patr.). Selon l'article L. 532-1 dudit code : « Constituent des biens culturels maritimes les gisements, épaves, vestiges ou généralement tout bien présentant un intérêt préhistorique, archéologique ou historique qui sont situés dans le domaine public maritime ou au fond de la mer dans la zone contiguë ». De tels biens doivent donc répondre aux conditions précitées. Lorsque tel est le cas et que le propriétaire n'est pas susceptible d'être retrouvé, ces biens appartiennent à l'État, de même que ceux dont le propriétaire n'a pu être retrouvé, à l'expiration d'un délai de trois ans suivant la date à laquelle leur découverte a été rendue publique (C. patr., art. L. 532-2. – V. sur les modalités de cette publicité les art. R. 532-5 s. C. patr., auxquels renvoie l'art. R. 1127-1 du présent code). Toute personne qui découvre un bien culturel maritime est tenue de le laisser en place et de ne pas y porter atteinte. Elle doit, dans les 48 heures de la découverte ou de l'arrivée au premier port, en faire la déclaration auprès de l'autorité administrative (C. patr., art. L. 532-3). Elle pourra bénéficier d'une récompense dont la nature ou le montant est fixé par l'autorité administrative (C. patr., art. L. 532-6. – Sur les modalités de fixation de cette dernière, V. art. R. 532-4 C. patr.). La récompense n'est pas un dû auquel pourrait prétendre l'intéressé. L'on notera que si, à la fin de la période d'utilisation d'un câble sous-marin ou d'un pipeline, l'exploitant ou, à défaut, le propriétaire de l'installation est responsable de son enlèvement ainsi que de la remise en état du site, l'autorité administrative compétente peut cependant décider du maintien de certains éléments, s'ils ne portent atteinte (entres autres) à la protection des biens culturels maritimes (Ord. n° 2016-1687 du 8 déc. 2016 relative aux espaces maritimes relevant de la souveraineté ou de la juridiction de la République française, art. 28).

Distinct de celui des biens culturels maritimes, le statut des épaves maritimes a successivement été régi par l'ordonnance sur la Marine de 1681, puis par la loi n° 61-1262 du 24 novembre 1961 relative à la police des épaves maritimes (V. aussi Décr. n° 61-1547 du 26 déc. 1961, abrogé). Leur régime est aujourd'hui défini aux articles L. 5142-1 et R. 5141-1 et suivants du code des transports (qui prévoit notamment – art. R. 5142-16 – un système de concession pour leur enlèvement dans des cas particuliers. V., sur l'exemple méconnu des plages du débarquement de Normandie, http ://www.archeosousmarine.net/Pdf/blockships_normandie.pdf). La définition législative d'une épave est la suivante : « L'état d'épave résulte de la non-flottabilité, de l'absence d'équipage à bord et de l'inexistence de mesures de garde et de manœuvre, sauf si cet état résulte d'un abandon volontaire en vue de soustraire frauduleusement le navire, l'engin flottant, les marchandises et cargaisons ou l'aéronef à la réglementation douanière » (C. transp., art. L. 5142-1).

Depuis la ratification et la publication par la France de la convention sur la protection du patrimoine culturel subaquatique adoptée à Paris le 2 novembre 2001 par la Conférence générale de l'Organisation des Nations unies pour l'éducation, la science et la culture (Unesco ; V. L. n° 2012-1476 du 28 déc. 2012 autorisant la ratification de la convention sur la protection du patrimoine culturel subaquatique public, opérée par le Décr. n° 2013-394 du 13 mai 2013), une épave correspond à la définition d'un élément du patrimoine culturel subaquatique. Cette notion est notamment définie par l'article 1er de ladite convention. Sont concernées « toutes les traces d'existence humaine présentant un caractère culturel, historique ou archéologique qui sont immergées, partiellement ou totalement, périodiquement ou en permanence, depuis cent ans au moins, et notamment : [...] les navires, [...] ou toute partie de ceux-ci, avec leur cargaison ou autre contenu, ainsi que leur contexte archéologique et naturel [...] » (V. aussi, sur l'enlèvement des épaves, L. n° 2015-820 du 7 juill. 2015 autorisant la ratification de la convention internationale de Nairobi ainsi que le Décr. n° 2016-615 du 18 mai 2016 portant publication de cette convention – L. n° 2019-1428 du 24 déc. 2019, art. 135 III 3° autorisant le Gouvernement à prendre par voie d'ordonnance les mesures relevant du domaine de la loi pour l'application de cette convention).

Les épaves soulèvent des questions intéressant largement le droit international public ainsi que le droit de l'environnement, et plus spécifiquement les règles applicables aux déchets (V. par ex. Conseil de l'Europe, Ass. parlementaire, Résol. 1869 [2012] sur l'impact environnemental des épaves englouties. – Serna, Les cimetières de bateaux. De l'épave au déchet, *Nouvelles de l'archéologie n° 151/ 2018. 33.* – Guillard, La problématique juridique du démantèlement des navires, *RJ envir. 2007. 311.* – Rémond-Gouilloud, La protection de la mer contre les épaves de navires, *RJ envir. 1979. 91*). ❑

Biens culturels et épaves maritimes

1. Biens culturels maritimes. Sur l'affaire du trésor de Lava, en Corse : • Crim. 17 mars 2015, n° 13-87.873 : *AJDP 2015. 329, obs. Otero ; JCP Adm. 2015. Actu. 409 ; Dr. pénal 2016, n° 1, p. 17, chron. Georget ; JAC 2015, n° 24, p. 12, obs. Pastor* • 14 janv. 2014, n° 12-87.782 : *DMF avr. 2014, hors série, p. 35.* ♦ Pour un ex. de condamnation pour prospection, fouille et prélèvement illicites d'un bien culturel maritime, en l'occurrence les restes de la *Jeanne-Élisabeth*, navire suédois coulé en 1755 au large de Villeneuve-lès-Maguelone, • Montpellier, 1er déc. 2016 : *JCP 2017, n° 435, obs. Zemrak* (conf. par • Crim, 3 mai 2018, n° 17-80.283). ♦ Sur le cas des sépultures militaires sous-marines : • TA Cergy-Pontoise, 23 mars 2015 : *DMF 2015, p. 518, note Briand.* ♦ Sur l'obligation pour l'Administration de délivrer le récépissé de déclaration à l'inventeur d'un bien culturel maritime, quand bien même la découverte ne serait pas fortuite et serait réalisée illégalement, à charge pour elle de faire ensuite constater les contraventions dans les conditions prévues par les art. L. 544-1 s. C. patr. : • CAA Marseille, 17 févr. 2014, *Gouarin*, n° 12MA00672 : *AJDA 2014. 1550, chron. Hogedez*. ♦ Sur les suites de l'affaire du Thésée, • CAA Marseille, 23 mai 2016, n° 15MA03695 • CE 30 mars 2016, *Min. de la Culture*, n° 377945 : *Lebon T. ; Dr. adm. mai 2016, p. 7.* ♦ Des pièces provenant de navires fabriqués au XXe siècle, dont la valeur archéologique – voire seulement technique ou historique – n'est pas rapportée, ne peuvent être qualifiées de biens culturels maritimes et celui qui les a remontées du fond de la mer doit être relaxé du chef de prospections et de fouilles sans autorisation au titre de l'art. L. 544-6 C. patr. • Rennes, 29 nov. 2007 : *Juris-Data n° 355656.*

2. Distinction par rapport aux épaves maritimes. Sur les règles applicables à la recherche d'épaves dans la zone économique exclusive : • TA Rennes, 4 déc. 2014, *Sté Odyssey Marine Exploration Inc. : AJDA 2015. 399, concl. Report*. ♦ Ex. d'épave : navire à demi submergé, hors d'état de naviguer, laissé à la dérive sans feu ni signalisation : • CE 23 oct. 1987, *Sté Nachfolger navigation Company Ltd*, n° 72951 : *Lebon 319.*

3. V. aussi obs. ss. art. L. 2112-1.

Code du patrimoine

Art. L. 532-1 Constituent des biens culturels maritimes les gisements, épaves, vestiges ou généralement tout bien *(L. n° 2004-1343 du 9 déc. 2004, art. 78-XIV, A, 13°)* « présentant un intérêt préhistorique, archéologique ou historique qui sont situés » dans le domaine public maritime ou au fond de la mer dans la zone contiguë.

Art. L. 532-2 Les biens culturels maritimes situés dans le domaine public maritime dont le propriétaire n'est pas susceptible d'être retrouvé appartiennent à l'État.

Ceux dont le propriétaire n'a pu être retrouvé, à l'expiration d'un délai de trois ans suivant la date à laquelle leur découverte a été rendue publique, appartiennent à l'État. Les conditions de cette publicité sont fixées par décret en Conseil d'État.

....

Art. R. 532-5 La publicité prévue au deuxième alinéa de l'article L. 532-2 est assurée par le ministre chargé de la culture.

Cette publicité porte sur la description du bien et, dans la mesure du possible, sur l'identification de celui qui en était le propriétaire lorsqu'il en a perdu la possession. Elle est faite, dans un délai de six mois suivant l'identification du bien culturel maritime, par publication dans le *Journal officiel* de la République française et un quotidien à diffusion nationale.

Le délai prévu au deuxième alinéa de l'article L. 532-2 court à compter de la dernière des publications mentionnées à l'alinéa précédent.

Code civil

Art. 717 Les droits sur les effets jetés à la mer, sur les objets que la mer rejette, de quelque nature qu'ils puissent être, sur les plantes et herbages qui croissent sur les rivages de la mer, sont aussi réglés par des lois particulières.

Il en est de même des choses perdues dont le maître ne se représente pas.

Art. L. 1127-2 **Les effets mobiliers, apportés par les personnes décédées dans les établissements publics de santé après y avoir été traitées gratuitement, sont acquis par ces établissements publics selon les règles fixées au premier alinéa de l'article L. 6145-12 du code de la santé publique.**

COMMENTAIRE

L'article L. 6145-12 du code de la santé publique, qui n'était pas applicable aux militaires et marins soignés dans les établissements publics de santé avant que cette exception soit abrogée par l'ordonnance n° 2018-20 du 17 janvier 2018 relative au service de santé des armées et à l'Institution nationale des invalides, distingue deux hypothèses.

La première est celle des effets mobiliers apportés par des patients traités gratuitement. Ces biens reviennent à l'établissement à l'exclusion des héritiers et de l'État en cas de déshérence. La seconde est celle des effets mobiliers des patients dont les frais de traitement ont été acquittés. Les héritiers et légataires peuvent alors exercer leurs droits et c'est seulement en cas de déshérence que l'établissement public de santé pourra en récupérer la propriété. ❑

Art. L. 1127-3 *(L. n° 2006-1772 du 30 déc. 2006, art. 68)* **Le présent article s'applique à tout bateau, navire, engin flottant ou établissement flottant abandonné sur le domaine public fluvial.**

L'abandon se présume, d'une part, du défaut d'autorisation d'occupation du domaine public fluvial et, d'autre part, de l'inexistence de mesures de manœuvre ou d'entretien, ou de l'absence de propriétaire, conducteur ou gardien à bord.

L'abandon présumé du bateau, navire, engin flottant ou établissement flottant est constaté par les agents mentionnés à l'article L. 2132-23. Le constat est affiché sur le bien concerné et notifié au dernier propriétaire s'il est connu, en même temps qu'une mise en demeure de faire cesser l'état d'abandon.

Si aucun propriétaire, gardien ou conducteur ne s'est manifesté *(L. n° 2013-431 du 28 mai 2013, art. 24-II)* **« ou s'il n'a pas pris les mesures de manœuvre ou d'entretien nécessaires pour faire cesser l'état d'abandon, » dans un délai de six mois, l'autorité administrative compétente déclare abandonné le bateau, navire, engin flottant ou établissement flottant et en transfère la propriété au gestionnaire du domaine public fluvial concerné. Le gestionnaire peut procéder à la vente du bien à l'expiration d'un délai de deux mois et sous réserve des droits des créanciers privilégiés et hypothécaires ou procéder à sa destruction à l'expiration de ce même délai, si sa valeur marchande ne justifie pas sa mise en vente.**

COMMENTAIRE

Cette disposition, issue de l'article 68 de la loi n° 2006-1772 du 30 décembre 2006, s'inscrit dans une perspective de préservation du domaine public fluvial.

Il s'agit en effet de lutter contre l'abandon de bateaux, navires, engins flottants et autres établissements flottants et de faire respecter les exigences du droit domanial (le prononcé de contraventions de grande voirie ne suffisant manifestement pas) qui réglemente les zones d'occupation (V. art. L. 2124-13) et soumet l'occupation privative à l'exigence de la détention d'un titre (V. art. L. 2124-14).

L'article détaille les différentes étapes de constatation de l'abandon ainsi que ses conséquences.

Les agents compétents (l'art. renvoie sur ce point à la liste de ceux habilités à constater les contraventions de grande voirie sur le domaine public fluvial détaillée à l'art. L. 2132-23) constatent l'existence d'un abandon présumé d'une part en cas de défaut d'autorisation d'occupation domaniale, et, d'autre part en cas d'inexistence de mesures de manœuvre ou d'entretien ou d'absence de propriétaire, conducteur ou gardien. La rédaction du texte paraît impliquer que ces deux éléments, l'un juridique et l'autre matériel, sont exigés de manière cumulative.

Les agents affichent alors sur le bien un constat d'abandon et l'adressent au dernier propriétaire si ce dernier est identifiable, en le mettant en demeure de mettre un terme à cette situation.

En cas d'absence de réaction (que le propriétaire, gardien ou conducteur ne se soit pas manifesté ou qu'il n'ait pas pris les mesures nécessaires pour faire cesser l'état d'abandon) dans un délai de six mois, le bien est déclaré abandonné et entre dans le patrimoine du gestionnaire de la dépendance domaniale illégalement occupée. La personne publique peut alors, au terme d'un nouveau délai de deux mois, soit procéder à la vente du bien (sous réserve des droits des créances privilégiés et hypothécaires), soit le détruire dans l'hypothèse où sa valeur marchande serait trop faible pour justifier qu'il soit vendu. ❑

LIVRE DEUXIÈME PROCÉDURES D'ACQUISITION

TITRE PREMIER BIENS SITUÉS EN FRANCE

BIBL. GÉN. ▸ MARTINET, Les actes administratifs d'acquisition ou de vente d'un bien par les collectivités territoriales, *Éd. Territorial 2007*. – PLESSIX et SEUROT, Achat public. Acquisitions immobilières. Achats de biens mobiliers, *J-Cl. Propriétés publiques, fasc. 21*.

CHAPITRE PREMIER CONSULTATION PRÉALABLE

SECTION PREMIÈRE DISPOSITIONS APPLICABLES À L'ÉTAT ET À SES ÉTABLISSEMENTS PUBLICS

La présente section ne comprend pas de dispositions législatives.

V. art. R. 1211-1 à R. 1211-8.

SECTION II DISPOSITIONS APPLICABLES AUX COLLECTIVITÉS TERRITORIALES, À LEURS GROUPEMENTS ET À LEURS ÉTABLISSEMENTS PUBLICS

Art. L. 1211-1 La consultation de l'autorité compétente de l'État préalable aux acquisitions immobilières poursuivies par les collectivités territoriales, leurs groupements et leurs établissements publics a lieu dans les conditions fixées à la section III du chapitre unique du titre Ier du livre III de la première partie du code général des collectivités territoriales. – *[CGCT, art. L. 1311-9 à L. 1311-12, App., v° Gestion du domaine (Prises à bail).]*

BIBL. ▸ CHAMARD-HEIM et YOLKA, Immobilier de l'État : la « longue marche » (du Service des Domaines à la DIE), *JCP Adm. 2016. Aperçu 797*. – MARTEL et BROUSSAL, France Domaine : instrumentalisation politique ou fiction de la valeur vénale ?, *Actes pratiques et ingénierie immobilière 2015, n° 1*. – PIERRE-VANTOL, L'avis du service des domaines dans les transactions immobilières des collectivités territoriales, *Defrénois 2008. 625*. – DUTRIEUX, Les acquisitions immobilières des collectivités locales. Les apports de la loi MURCEF, *LPA 15 févr. 2002*.

COMMENTAIRE

Les collectivités territoriales, leurs groupements et leurs établissements publics (à l'exclusion des établissements publics locaux de crédit et des associations foncières de remembrement et de leurs unions), ne peuvent réaliser différents projets d'opération immobilière (qu'il s'agisse de prises en location ou d'acquisitions) sans avoir au préalable recueilli l'avis des services de l'État. Cet avis est rendu par les directeurs des finances publiques (qui succèdent aux trésoriers-payeurs généraux), les directions départementales des finances publiques étant chargées des évaluations domaniales dans les conditions prévues par les lois et règlements (V. art. 2 du Décr. n° 2009-707 du 16 juin 2009 relatif aux services déconcentrés de la direction générale des finances publiques).

La liste des acquisitions concernées, détaillée par l'article L. 1311-10 du code général des collectivités territoriales, comprend non seulement les acquisitions poursuivies par voie d'expropriation pour cause d'utilité publique mais aussi certaines acquisitions à l'amiable (dès lors que leur valeur totale est égale ou supérieure à 180 000 € : Arr. 5 déc. 2016 relatif aux opérations d'acquisitions et de prises en location immobilières poursuivies par les collectivités publiques et divers organismes *[JO 11 déc. 2016]*, ou s'il s'agit d'une tranche d'acquisition d'un montant inférieur mais faisant partie d'une opération d'ensemble d'un montant égal ou supérieur à 180 000 €) : acquisitions par adjudication ou par exercice du droit de préemption d'immeubles, de droits réels immobiliers, de fonds de commerce et de droits sociaux donnant vocation à l'attribution, en pleine propriété, d'immeubles ou de parties d'immeuble.

La décision d'acquisition doit être prise au vu de cet avis qui doit être rendu dans un délai d'un mois (en cas de silence de l'État, l'avis est réputé donné à l'issue de ce délai, art. L. 1311-12 CGCT).

Même s'il s'agit d'un avis simple qui ne porte que sur les conditions financières de l'acquisition projetée, la collectivité étant certes tenue de le recueillir mais pas de le suivre, il n'est pas douteux qu'une divergence significative entre le montant de l'avis et celui payé par la collectivité publique est de nature à attirer l'attention du juge administratif ou du juge pénal en cas de contentieux.

La partie réglementaire du présent code (V. art. R. 1211-9) renvoie comme la partie législative au code général des collectivités territoriales (V. art. R. 1311-1 à R. 1311-3).

Sur l'éventuelle sollicitation d'un avis dans les hypothèses où il n'est pas obligatoire, V. * Rép. min. n° 231, *JO Sénat, 9 mars 2017, p. 1022 ; JCP Adm. 2017. Actu. 226.* ❑

1. Contrôle de l'absence d'erreur d'appréciation. Le juge a d'abord exercé un contrôle restreint et considéré que commet une telle erreur une commune achetant 250 000 F des terrains évalués 5 000 F par le service des Domaines. • TA Grenoble, 6 mai 1998, *Ferrand : Dr. adm. 1998. 274.* ♦ Ce contrôle semble désormais plus étendu et commet une erreur d'appréciation la commune acceptant un prix de 30 % supérieur à l'estimation des Domaines. • CAA Bordeaux, 26 avr. 2018, *Cne d'Itxassou,* n° 16BX01199.

2. Avis simple. Le défaut de saisine des services de l'État ou encore le fait de statuer avant même d'avoir reçu l'avis, dès lors naturellement que le délai d'un mois ne s'est pas encore écoulé, entraînaient l'annulation de la délibération autorisant l'acquisition. • CE 22 févr. 1995, *Cne de Ville-la-Grand,* n° 122395 : *Lebon T. 1081 ; Dr. adm. 1995, n° 233, obs. C. M.* • 18 juin 2007, *Cne d'Antibes,* n° 300320 : *Constr.-Urb. 2007, n° 151, obs. Cornille.* ♦ Cette solution est probablement appelée à évoluer dès lors que le Conseil d'État a jugé – dans l'hypothèse symétrique de consultation préalable à une cession – que la consultation de France Domaine ne présente pas le caractère d'une garantie et qu'elle ne justifie l'annulation de la délibération prise en méconnaissance de cette obligation que s'il s'avère en l'espèce que cette méconnaissance a eu une incidence sur le sens de la délibération. • CE, sect., 23 oct. 2015, *Sté CFA Méditerranée,* n° 369113 : *Lebon 357 ; AJDA 2015. 2007, obs. Pastor ; AJDA 2015. 2382, concl. Bohnert ; BJCP 2016. 54, concl. Bohnert et obs. Nicinski ; Bull. Cheuvreux janv. 2016, p. 7, obs. Leonetti ; Rev. CMP 2015. Comm. 292, obs. Ubaud-Bergeron ; ibid. avr. 2016, p. 26, chron. Llorens et Soler-Couteaux ; JCP 2016. 475, chron. Éveillard ; JCP Adm. 2016. 2248, note Martin.* ♦ Sur les suites de l'affaire, • CAA Marseille, 11 juill. 2016, n° 15MA04234. ♦ Un prix nettement supérieur à l'estimation est jugé légal s'il est justifié par des considérations d'intérêt général combinées avec la volonté de ne pas léser le propriétaire de parcelles ayant vocation à devenir rapidement constructibes • CAA Bordeaux, 9 mai 2019, *Cté de cnes Sidobre-Val d'Agoût,* n° 17BX01308 : *JCP Adm. 2019. 394, obs. MTD.*

3. Opération d'ensemble. Jugeant que l'adjudication en deux lots distincts de parcelles formant un tout homogène et destinées à être intégrées dans un même ensemble foncier visant à la réalisation d'une opération constitue une opération d'ensemble au sens des dispositions ici en cause. • CAA Nantes, 19 déc. 2016, *Sté Orest,* n° 15NT02379.

Art. L. 1211-2 La consultation de l'autorité compétente de l'État préalable aux acquisitions immobilières poursuivies par les établissements publics d'habitations à loyer modéré a lieu dans les conditions fixées à l'article L. 451-5 du code de la construction et de l'habitation.

COMMENTAIRE

Contrairement à ce que pourrait laisser supposer la lecture de cet article L. 1211-2, la disposition législative à laquelle il renvoie (V. art. L. 451-5 CCH, App., *v° Gestion du domaine, cessions et acquisitions*) ne fixe pas les conditions de cette consultation.

Il convient en effet de se reporter à l'article R. 451-10 du code de la construction et de l'habitation qui dispose que l'avis est donné par le directeur départemental ou, le cas échéant, régional des finances publiques. Il doit être formulé dans le délai d'un mois, l'absence d'avis n'empêchant pas la poursuite de l'opération. ❑

CHAPITRE II ACTES

SECTION PREMIÈRE PASSATION DES ACTES

Art. L. 1212-1 Les personnes publiques mentionnées à l'article L. 1 ont qualité pour passer en la forme administrative leurs actes d'acquisition d'immeubles et de droits réels immobiliers ou de fonds de commerce.

Ces personnes publiques peuvent également procéder à ces acquisitions par acte notarié.

V. art. R. 1212-1 et R. 1212-2.

BIBL. ▶ Albert, L'acte en la forme administrative. Quel destin pour l'article L. 1311-5 du code général des collectivités territoriales ?, *JCP Adm. 2004. 1526.* – Fleury, Acte notarié *VS* acte en la forme administrative : tordre le cou aux idées reçues à partir d'un exemple concret !, *JCP Adm. 2013. 2175.* – Strady, L'acte en la forme administrative, un outil méconnu au service des petites opérations, *Le Moniteur, 5 août 2016* ; Propriétés publiques – Passation des actes en la forme administrative, *Le Moniteur, 5 févr. 2016.*

COMMENTAIRE

L'article L. 1212-1 précise sans plus de détails les deux types d'actes par lesquels les personnes publiques peuvent procéder à leurs acquisitions d'immeubles, de droits réels immobiliers ou de fonds de commerce.

Elles peuvent soit user de la forme administrative (plus rapide et moins coûteuse et qui tend pour ces raisons à se développer), soit procéder par acte notarié (voie en principe plus sûre).

Alors même que la rédaction de cet article pourrait indiquer que la forme administrative doit être privilégiée, les dispositions suivantes impliquent en revanche nécessairement que l'intervention d'un notaire est obligatoire lorsque l'immeuble est grevé de privilèges et d'hypothèques.

Lorsque la forme administrative est retenue, l'administration des domaines, assistée en tant que de besoin par un représentant du ministère ou du service intéressé, est en principe seule habilitée à passer l'acte d'acquisition pour le compte des services civils ou militaires de l'État (V. art. R. 1212-1). Il convient de réserver le cas particulier des acquisitions poursuivies par voie d'expropriation pour cause d'utilité publique, le juge de l'expropriation y fixant le montant de l'indemnité et prononçant le transfert de propriété. ❑

1. Sur l'absence d'obligation de recourir à un notaire. Un notaire ne peut utilement se prévaloir des termes du mandat qui lui avait été consenti par la propriétaire d'un immeuble, ledit mandat ne comportant aucune obligation à l'égard de l'acquéreur éventuel, pour exiger qu'une personne publique use de ses services à l'occasion de l'acquisition de cet immeuble. • CAA Douai, 5 oct. 2004, *Lefebvre,* n° 01DA00121 : *AJDA 2004. 2037, obs. Michel.*

2. Sur l'absence de devoir de conseil du rédacteur de l'acte en la forme administrative. L'Administration n'est pas tenue par un devoir de conseil à l'égard du vendeur lorsqu'elle rédige l'acte de vente. • Aix-en-Provence, 6 oct. 2006, *Richet : JCP 2006. IV. 2365.* ♦ V. sur les suites de cette affaire • Civ. 1re, 16 juin 2011, n° 10-19.791.

3. Sur l'absence d'obligation de motivation. Une décision d'acquérir un bien n'a, en principe, pas à être motivée. • CE 2 oct. 2006, *Cne de Magny-en-Vexin,* n° 278446 : *Lebon T. 1081 ; AJDA 2006. 1868.*

4. Sur le caractère exclusif de ces deux modalités de passation. Seul l'acte en la forme administrative ou l'acte notarié est créateur de droits lorsqu'est en cause une cession amiable entre personnes publiques. La question de la transposition de cette solution aux cessions entre personne privée et personne publique se pose. • CAA Versailles, 6 déc. 2018, *Cne de Chevreuse,* n° 17VE00334 : *Dr. voirie 2018, p. 146 ; Rev. CMP 2019, chron. n° 20, Soler-Couteaux, Zimmer et Waltuch ; JCP Adm. 2019, n° 5, p. 35, note Yolka.*

5. Sur l'absence d'acte en la forme administrative ou d'acte notarié. Relevant, au soutien de l'affirmation de l'absence de rencontre des volontés et donc de l'absence d'intervention d'une vente parfaite au sens du code civil, l'absence d'acte en la forme administrative ou d'acte notarié, • CAA Versailles, 23 janv. 2020, n° 17VE03501.

SECTION II PURGE DES PRIVILÈGES ET HYPOTHÈQUES ET REMISE DES FONDS

BIBL. ▶ Yolka et Hourson, Sûretés. Droit administratif, *Lamy Droit des sûretés, fasc. 221.*

Art. L. 1212-2 **Lorsque l'État ou ses établissements publics procèdent à des acquisitions immobilières à l'amiable suivant les règles du droit civil, ou lorsque l'acquisition a lieu sur licitation, le notaire rédacteur de l'acte procède s'il y a lieu, sous sa responsabilité, à la purge de tous privilèges et hypothèques.**

Les fonds qui lui sont remis sont alors considérés comme reçus en raison de ses fonctions. – *[C. dom. Ét., art. L. 10.]*

V. art. R. 1212-3.

Art. L. 1212-3 La purge des privilèges et hypothèques et la remise des fonds concernant les acquisitions immobilières à l'amiable réalisées suivant les règles du droit civil par les communes et leurs établissements publics, les départements et leurs établissements publics, les régions et leurs établissements publics ainsi que par les groupements de ces collectivités territoriales ont lieu dans les conditions fixées respectivement aux articles L. 2241-3, L. 3213-2-1, L. 4221-4-1, L. 5211-27-2 et L. 5722-9 du code général des collectivités territoriales.

COMMENTAIRE

Les différents privilèges immobiliers, spéciaux (V. C. civ., art. 2374) ou généraux (V. C. civ., art. 2375 et 2376), ainsi que les hypothèques (V. C. civ., art. 2393 s.), sont détaillés par le code civil dans un sous-titre consacré aux sûretés sur les immeubles.

L'hypothèque suit normalement les biens grevés « dans quelques mains qu'ils passent » (C. civ., art. 2114, al. 3). Mais ce principe cède lorsque le bien intègre le patrimoine d'une collectivité publique ; il y a là une conséquence du principe d'insaisissabilité des propriétés publiques, qui interdit tout à la fois de constituer des sûretés sur ces biens et d'en maintenir sur les biens qui intègrent des patrimoines publics (V. comm. ss. l'art. L. 2311-1). Sans doute avait-il parfois été admis que les hypothèques constituées sur des biens avant leur intégration dans un patrimoine public subsistaient lorsque l'Administration omettait de les purger. Mais c'était pour reconnaître qu'elles ne pouvaient développer leurs effets – paralysés pendant l'appropriation publique des immeubles leur servant d'assiette – qu'à l'égard des propriétaires ultérieurs, à la suite d'une aliénation (V., avec des nuances, Jansse, Les traits principaux du régime des biens du domaine public, *Domat-Montchrestien, 1938, p. 319-320*. – Lamarque, Recherches sur l'application du droit privé aux services publics administratifs, *LGDJ, 1960, p. 461*. – Sur l'acquisition par les collectivités publiques de biens hypothéqués, Albouy et Lafond, Les acquisitions immobilières des communes, *JCP N 1986. I. 225*. – Murat, Vente d'immeuble – Personne morale de droit public – collectivités territoriales, *J.-Cl. Notarial, Formulaire, v° Vente d'immeuble, fasc. 370*. – Les collectivités territoriales. Le renouveau contractuel : actes du 97ᵉ Congrès des notaires de France, *Montpellier, ACNF, 2001, p. 499* s.).

L'ordonnance n° 2006-460 du 21 avril 2006 a étendu le périmètre de cette formalité de purge, qui n'était jusque-là prévue par l'article L. 2241-3 du code général des collectivités territoriales qu'à l'égard des communes et de leurs établissements publics (pour les dispositions réglementaires, CGPPP, art. R. 1212-3 s., avec renvoi aux articles pertinents du code général des collectivités territoriales – V. aussi, sur l'exigence de mainlevée et de radiation des inscriptions grevant les biens privés intégrant les patrimoines publics à l'occasion d'un échange : CGPPP, art. L. 1111-3 et L. 3211-22. – Pour l'outre-mer : CGPPP, art. L. 5222-1 et L. 5322-11). Il y aura donc, comme c'est classique, mainlevée en cas d'accord des créanciers du vendeur ou purge dans l'hypothèse contraire.

Au regard du principe ainsi posé, il faut mentionner deux cas particuliers (en raison de l'hypothèque légale – en pratique, « impurgeable » – qui s'attache aux régimes en cause, selon des dispositions législatives d'ordre public) : l'acquisition de biens soumis au statut de la copropriété, d'une part (CE 11 févr. 1994, *Cie d'assurance Préservatrice foncière*, n° 109564 : *Lebon 64 ; Dr. adm. 1994, n° 196 ; AJDA 1994. 548, note Dufau ; RFDA 1994. 502, concl. Toutée ; CJEG 1994. 197 et 208, note Sablière, concl. Toutée ; GDDAB, 3ᵉ éd., 2018. Comm. 5, note Yolka ; JCP 1994. II. 22338, note Rouault ; D. 1994. 493, note Davignon*) ; et celle de biens situés dans le périmètre d'associations syndicales de propriétaires, comme les associations foncières urbaines, d'autre part (CE 23 janv. 2020, *Sté JV Immobilier et a. c/ Cne de Bussy-Saint-Georges*, n°s 430192 et 430359 : *AJDA 2020. 199, obs. Pastor ; Dr. voirie 2020. 28, concl. Victor ; JCP Adm. 2020. 2039, note crit. Yolka ; JCP N 2020. Actu. 211, obs. Giacuzzo*).

A ce principe d'obligation, il existe une exception : le prix peut être payé, après publication de l'acte au fichier immobilier, sans l'accomplissement des formalités de purge des privilèges et hypothèques inscrits lorsqu'il n'excède pas un montant fixé par arrêté du ministre chargé du domaine (CGPPP, art. R. 1212-7. – CGCT, art. R. 2241-7). Aucun nouvel arrêté n'ayant été publié, ce montant correspond toujours à celui qui résultait du droit en vigueur avant l'entrée en vigueur du CGPPP (V. C. dom. Ét., art. R. 9 ; CGCT, art. R. 2241-5 et R. 3213-8), soit 7 700 €.

L'obligation de purge intéresse également le cas particulier de l'ouvrage construit sur une dépendance du domaine public d'une personne publique par un occupant privatif disposant d'un titre attributif de droit réel lui permettant d'hypothéquer ledit ouvrage. L'article L. 2122-9 CGPPP dispose ainsi que « Les ouvrages, constructions et installations de caractère immobilier dont le maintien à l'issue du titre d'occupation a été accepté deviennent de plein droit et gratuitement la propriété de l'État, francs et quittes de tous privilèges et hypothèques » (la situation des établissements publics nationaux n'est pas envisagée). L'article L. 1311-7 du code général des collectivités territoriales indique, de la même manière, que « Les ouvrages, constructions et installations de caractère immobilier dont le maintien à l'issue du titre d'occupation a été accepté deviennent de plein droit et gratuitement la propriété des collectivités territoriales, de leurs groupements et de leurs établissements publics, francs et quittes de tous privilèges et hypothèques ». Les créanciers hypothécaires ont donc tout intérêt à ce que la durée de leur sûreté n'excède pas celle du titre d'occupation, sous peine d'aller au-devant de sérieuses difficultés. L'on remarquera qu'assez curieusement, l'extinction des privilèges et hypothèques n'est pas systématiquement prévue de façon explicite, s'agissant d'autres titres d'occupation du domaine public attributif de droit réel, par exemple le bail emphytéotique administratif. Il faut cependant considérer que la même solution s'applique, par analogie ; un autre point de vue serait incompatible avec les conséquences du principe d'insaisissabilité des propriétés publiques. ❑

SECTION III RÉCEPTION ET AUTHENTIFICATION DES ACTES

Art. L. 1212-4 Les préfets reçoivent les actes d'acquisitions immobilières passés en la forme administrative par l'État et en assurent la conservation. Ils confèrent à ces actes l'authenticité en vue de leur publication au fichier immobilier. – *[C. dom. Ét., art. L. 76, ecqc les acquisitions.]*

COMMENTAIRE

Alors que l'acte notarié par lequel une personne publique procède à une acquisition est par hypothèse authentique, l'acte d'acquisition passé en la forme administrative ne va acquérir cette force probante qu'une fois reçu par le préfet (pour l'État), les autorités des établissements publics de l'État habilitées à cette fin par les statuts de l'établissement (pour lesdits établissements) ou les exécutifs locaux (dont la liste est fournie par les articles L. 1311-13 et L. 1311-14 CGCT). L'article 97 de la loi n° 2009-526 du 12 mai 2009 de simplification et de clarification du droit et d'allégement des procédures a sécurisé la pratique consistant à ce que la collectivité territoriale ou l'établissement public partie à l'acte soit représenté, lors de la signature de l'acte, par un adjoint ou un vice-président dans l'ordre de leur nomination.

Cette authentification permet leur publication au fichier immobilier prévu par le décret n° 55-22 du 4 janvier 1955 portant réforme de la publicité foncière.

Ce fichier immobilier est tenu, pour chaque commune, par les services chargés de la publicité foncière. Est précisée dans le fichier la situation juridique actuelle des immeubles. ❑

Art. L. 1212-5 Les autorités des établissements publics de l'État qui sont habilitées par les statuts de ces établissements à signer les actes d'acquisitions immobilières passés en la forme administrative par ces établissements les reçoivent et en assurent la conservation. Ces autorités confèrent à ces actes l'authenticité en vue de leur publication au fichier immobilier.

V. commentaire ss. art. L. 1212-4.

Art. L. 1212-6 La réception et l'authentification des actes d'acquisitions immobilières passés en la forme administrative par les collectivités territoriales, leurs groupements

et leurs établissements publics ont lieu dans les conditions fixées à l'article L. 1311-13 du code général des collectivités territoriales. – *[CGCT, art. L. 1311-13, ss. art. L. 2222-3.]*

V. commentaire ss. art. L. 1212-4.

Art. L. 1212-7 La réception et l'authentification des actes d'acquisitions immobilières passés en la forme administrative par les collectivités territoriales des départements de la Moselle, du Bas-Rhin et du Haut-Rhin, leurs groupements et leurs établissements publics ont lieu dans les conditions fixées à l'article L. 1311-14 du code général des collectivités territoriales. – *[CGCT, art. L. 1311-14, ss. art. L. 2222-4.]*

V. commentaire ss. art. L. 1212-4.

SECTION IV FRAIS D'ACTE EN MATIÈRE D'ÉCHANGE

Art. L. 1212-8 Tous les frais engagés lors de la procédure d'échange des biens et des droits à caractère immobilier qui appartiennent à l'État et à ses établissements publics sont dus par la partie qui apporte le bien en échange, lorsque :

1° Le projet d'acte a été abandonné par le fait d'un tiers revendiquant la propriété de l'immeuble offert à l'État ou à un établissement public ;

2° Le contrat a été résolu dans les conditions fixées à l'article L. 1111-3 ;

3° L'État ou un établissement public a été évincé dans les conditions fixées aux articles 1704 et 1705 du code civil.

Dans tous les autres cas, les frais engagés lors de la procédure d'échange sont dus par la partie qui apporte le bien en échange, même si celui-ci n'est pas réalisé, sauf convention contraire justifiée par l'intérêt de l'État. Les droits d'enregistrement et taxes perçus sur la soulte payable à l'État sont toujours à la charge de cette partie. – *[C. dom. Ét., art. L. 44, ecqc les acquisitions par voie d'échange.]*

BIBL. ► V. réf. citées ss. art. L. 1111-2 à L. 1111-4.

COMMENTAIRE

L'article L. 1212-8 reprend en substance les dispositions de l'ancien article L. 44 du code du domaine de l'État.

Elle prévoit que les frais engagés lors de la procédure d'échange, que cette dernière aboutisse ou pas, sont à la charge de la partie qui apporte le bien en échange, sauf convention contraire justifiée par l'intérêt de l'État. Les droits d'enregistrement et taxes sont également à sa charge.

Elle ne vaut que pour l'État et ses établissements publics (et se trouve bizarrement répliquée à l'art. L. 3222-1), rien n'étant en revanche prévu pour les collectivités territoriales et leurs établissements publics (sauf à Mayotte : art. L. 5342-15).

FISCALITÉ DE L'ÉCHANGE

1. Généralités

Conformément à une orientation plus générale (Albert, Fiscalité et personnes publiques, *LGDJ, 2012.* – Ayrault, Personnes publiques et droit fiscal, *in* La personnalité publique, *Travaux AFDA n° 1, Litec, 2007, p. 199 ; J.-Cl. Propriétés publiques, fasc. 59 et 59-5*), les personnes publiques bénéficient d'un traitement fiscal de faveur lorsqu'elles se comportent en tant que telles, mais elles sont – sous certaines réserves – assimilées à des contribuables ordinaires quand elles agissent comme des personnes privées. Cette grille de lecture joue en matière d'échanges, sachant que l'État se trouve au surplus dans une situation fiscale privilégiée (V. pour une perspective historique, Poughon, Histoire doctrinale de l'échange, *LGDJ, 1987, p. 179 s.* – Pour une présentation du droit contemporain, Les collectivités locales. Le renouveau contractuel : Actes du 87e Congrès des notaires de France, *Montpellier, mai 2001, p. 559 s.* – Sur la fiscalité de l'échange en général, V. aussi Donsimoni, L'échange de biens, *JCP E 1997. 712 ; JCP N 1998. 665*).

2. Exonérations

Il existe en la matière des exonérations (V. Rép. min. n° 32852 : *JOAN Q, 5 sept. 1983, p. 3871 ; Defrénois 1983, suppl. rap. n° 15, p. 4*). Ainsi, les opérations d'échange de l'État et de certains établissements publics nationaux – scientifiques, d'enseignement, d'assistance et de bienfaisance – sont exonérées des droits d'enregistrement et de la taxe de publicité foncière (art. 1040-I). Il en va de même des échanges auxquels procède le Conservatoire de l'espace littoral et des rivages lacustres dans les zones définies à l'article L. 322-1 du code de l'environnement (art. 1041. – V. aussi C. envir., art. L. 322-7), ou encore des échanges d'immeubles situés dans un cœur de parc national, réalisés par l'établissement public gestionnaire (art. 1045 *bis*). Ces exonérations ne jouent pas à l'égard des collectivités territoriales et des établissements publics autres que ceux précédemment mentionnés (CGI, ann. IV, art. 169 et 170).

En dernier lieu, l'article 238 *octies* C du code général des impôts, introduit par l'article 25 de la loi n° 2011-1978 de finances rectificative pour 2011 du 28 décembre 2011, instaure un mécanisme de report ou d'étalement d'imposition des plus-values réalisées par les entreprises à l'occasion d'opérations d'échange de biens immobiliers effectuées avec l'État, les collectivités territoriales et certains établissements publics ou associations en vue de la réalisation d'ouvrages d'intérêt collectif.

Le bénéfice de ce régime est subordonné au respect de certaines conditions et, notamment, à l'absence de versement d'une soulte dépassant soit 10 % de la valeur vénale des biens ou droits remis à l'échange, soit le montant de la plus-value réalisée lors de l'échange. Les plus-values réalisées lors d'une telle opération sont affectées aux biens ou droits reçus en échange au prorata de la valeur vénale de ceux-ci à la date de l'échange. Il convient de distinguer selon que les plus-values sont affectées à : – un bien ou droit non amortissable : les plus-values font l'objet d'un report d'imposition ; – un bien ou droit amortissable : les plus-values sont réintégrées au résultat imposable au fur et à mesure de l'amortissement des biens ou droits auxquels elles sont affectées. Le bénéfice de ce dispositif est optionnel. Pour en profiter, l'entreprise doit joindre à sa déclaration de résultat, au titre de l'exercice au cours duquel l'échange intervient, un état de suivi des plus-values considérées. Au cours des années postérieures à l'échange, le défaut de production de cet état de suivi ou son caractère incomplet ou inexact entraîne l'application de l'amende. Une instruction de la Direction générale des finances publiques du 15 mars 2012 (*BOI 23 mars*) commente cette disposition. ❑

TITRE DEUXIÈME **BIENS SITUÉS À L'ÉTRANGER**

CHAPITRE UNIQUE

Art. L. 1221-1 En l'absence de conventions internationales réglant les conditions d'acquisition de biens mobiliers et immobiliers par l'État français hors du territoire de la République, les autorités qualifiées peuvent être dispensées par un acte de l'autorité administrative compétente, dans les conditions fixées par décret en Conseil d'État *[V. art. R. 1221-1 à R. 1221-6]*, **d'observer les formes prescrites en la matière par le présent code au cas où celles-ci seraient incompatibles avec le droit du pays de la situation des biens ou, à titre exceptionnel, au cas où les circonstances locales le justifieraient.**

Il en est de même en ce qui concerne les biens situés hors du territoire de la République dont l'acquisition est poursuivie par les collectivités territoriales, leurs groupements ou les établissements publics.

BIBL. ▶ Audit, Veille de droit administratif transnational, *Dr. adm. 2007. Chron. 1.* – Braconnier, Le régime des biens publics situés à l'étranger. Réflexions sur la propriété publique transfrontalière, *Mél. Fatôme, Dalloz 2011. 63.* – Laazouzi, Les contrats administratifs à caractère international, *Economica 2008.* – Masson, La commission interministérielle chargée d'émettre un avis sur les biens de l'État à l'étranger, *LPA 2017, n° 202, p. 10.* – Meurant, Le patrimoine militaire localisé à l'étranger, *in* Patrimoine(s) et équipements militaires. Aspects juridiques, Chamard-Heim et Yolka (dir.), *Institut univ. Varenne, Lextenso, 2018. 119.*

COMMENTAIRE

L'article L. 1221-1 apporte une pierre à la réflexion contemporaine relative à l'application extraterritoriale des règles de droit administratif interne. Il règle en effet la question des procédures d'acquisition par les personnes publiques françaises de biens situés à l'étranger (et l'art. L. 3221-4 précise qu'il est également applicable aux cessions de biens immobiliers publics situés à l'étranger).

Il permet aux personnes publiques, hors l'hypothèse où la question serait réglée par une convention internationale, d'être autorisées, dans des conditions fixées par un décret en Conseil d'État (V. art. R. 1221-2), à ne pas observer les formes prévues par le code si elles sont incompatibles avec le droit du pays où sont situés les biens acquis ou si, à titre exceptionnel, les circonstances locales justifient une telle solution.

Cette liberté est étendue par l'article L. 2312-1 aux opérations de gestion de biens mobiliers et immobiliers appartenant à l'État, aux collectivités territoriales, ainsi qu'aux établissements publics.

Dans l'hypothèse où le code serait silencieux sur l'applicabilité de certaines de ces dispositions, doit-on considérer que ce silence exclut cette applicabilité aux biens situés à l'étranger ou peut-on au contraire estimer que le code est, sauf disposition expresse contraire, présumé applicable aux biens que possèdent les personnes publiques françaises à l'étranger ? Cette seconde solution accréditerait l'analyse des auteurs estimant que le droit public n'est pas entièrement régi par un principe de territorialité (V. ainsi la thèse ci-dessus mentionnée de Malik Laazouzi). Mais elle se heurterait à de très sérieux obstacles pratiques.

On avait pu estimer qu'il convenait d'affirmer « la prévalence formelle des règles de la propriété publique » française et « la prévalence réelle de la loi de situation » (Braconnier). Le principe dit de la *lex rei sitae*, autrement dit l'application de la loi de situation des biens (qui s'applique aux immeubles situés sur le territoire français, V. C. civ., art. 3), continuerait ainsi à s'imposer dans les faits. Cette analyse a été, à propos d'un contrat d'occupation (et non d'acquisition ou de cession) démentie par la CAA Paris (23 janv. 2020, *Sté Mezzi et Fonderia*, n°s 19PA01312, 19PA01313, 19PA01314 : *AJDA 2020, note C. Meurant à paraître*). Celle-ci a en effet considéré que la Villa Médicis, située à Rome et propriété de l'État français depuis 1803 (et affectée à l'Académie française à Rome, établissement public administratif), constituait une dépendance du domaine public de l'État. Et elle a également jugé que le litige opposant un occupant de ce domaine public et l'établissement public relève de la compétence de la juridiction administrative française, les dispositions de l'article L. 2331-1 du présent code constituant « une règle impérative du droit public français relative à l'occupation du domaine public ».

La partie réglementaire du code détaille (V. art. R. 1221-1 à D. 1221-6) la procédure d'acquisition de biens à l'étranger. Elle affirme notamment (V. auparavant l'art. R. 152 C. dom. Ét.) que les compétences attribuées en France au préfet et au directeur départemental des finances publiques sont exercées par l'ambassadeur (ou son délégué).

Elle précise les conditions dans lesquelles la dispense de soumission aux dispositions du code peut être accordée, soit pour chaque acquisition (à titre exceptionnel lorsqu'elle est justifiée par les circonstances locales), soit pour une période déterminée ou à titre permanent (en cas d'incompatibilité entre la législation domaniale française et le droit du pays de la situation des biens).

Cette dispense est accordée, en ce qui concerne l'État et après avis d'une commission interministérielle, par décision conjointe du ministre des Affaires étrangères, du ministre chargé du domaine et, le cas échéant, du ministre intéressé en cas d'avis défavorable. Autrement dit, l'ambassadeur ne peut passer outre un avis négatif. L'article D. 1221-3 fait défense aux contrôleurs budgétaires et aux comptables de viser ou d'effectuer les règlements lorsqu'il n'est pas justifié de cet avis ou de la décision de passer outre.

Pour les collectivités territoriales et leurs établissements publics, la dispense est accordée par l'organe exécutif ou l'autorité régulièrement habilitée à signer les actes d'acquisition.

La commission interministérielle ci-dessus mentionnée rend non seulement un avis sur la dispense rendue possible par l'article L. 1221-1 mais également, et plus largement, sur les conditions de réalisation des opérations d'acquisition ou d'échange d'immeubles poursuivies par l'État à l'étranger dont la valeur vénale est égale ou supérieure à 300 000 € (V. C. dom. État, art. A 122).

Présidée par un conseiller maître à la Cour des comptes, elle comprend huit membres (3 issus du ministère des Affaires étrangères et 4 du ministère de l'Économie et des Finances) et peut déléguer ses pouvoirs à une sous-commission.

Voir sur l'activité de cette commission l'avis du Conseil de l'immobilier de l'État, 18 mars 2015, n° 2015-15. ❑

DEUXIÈME PARTIE GESTION

LIVRE PREMIER BIENS RELEVANT DU DOMAINE PUBLIC

TITRE PREMIER CONSISTANCE DU DOMAINE PUBLIC

CHAPITRE PREMIER DOMAINE PUBLIC IMMOBILIER

SECTION PREMIÈRE RÈGLES GÉNÉRALES

Art. L. 2111-1 Sous réserve de dispositions législatives spéciales, le domaine public d'une personne publique mentionnée à l'article L. 1 est constitué des biens lui appartenant qui sont soit affectés à l'usage direct du public, soit affectés à un service public pourvu qu'en ce cas ils fassent l'objet d'un aménagement indispensable à l'exécution des missions de ce service public. – *[C. dom. Ét., art. L. 2.]*

BIBL. ▶ **Encyclopédie :** Yolka, Distinction du domaine public et du domaine privé, *J.-Cl. Propriétés publiques, fasc. 10 ; J.-Cl. Adm., fasc. 405-10.*

▶ **Thèses :** Monteil, Formation et évolution de la notion de domanialité publique, *Larose, 1902.* - Chaumont, De la nature du domaine public, *Paris, 1908.* - Bernard, Du droit de propriété de l'État sur les biens du domaine public, *Aix, 1910.* - Pelloux, La notion de domanialité publique depuis la fin de l'Ancien Droit, *Grenoble, 1932.* - Jansse, Les traits principaux du régime des biens du domaine public, *Domat-Montchrestien, 1938.* - Huet-Guyard, La distinction du domaine public et du domaine privé, *Paris, 1939.* - Maroger, L'affectation à l'usage public des patrimoines administratifs, *Paris, 1942.* - Duverger, Affectation des immeubles domaniaux aux services publics, *Bordeaux, 1940.* - Lenoir, Les domaines de l'État et des autres collectivités publiques, *Sirey, 1966.* - Bourdeau, La notion d'affectation dans la théorie du service public, *Poitiers, 1980.* - Chrétien, La distinction des domaines comme forme symbolique, *Paris I, 1990.* - de David-Beauregard-Berthier, La justification actuelle de la distinction entre le domaine public et le domaine privé, *Aix-Marseille III, 1994.* - Yolka, La propriété publique. Éléments pour une théorie, *LGDJ, 1997.* - Moysan, Le droit de propriété des personnes publiques, *LGDJ, 2001.* - Garidou, Recherche sur la théorie de la propriété publique en droit administratif français, *Toulouse I, 2003.* - Chamard, La distinction des biens publics et des biens privés. Contribution à la définition de la notion de biens publics, *Dalloz, 2004.* - Saugez, L'affectation des biens à l'utilité publique. Contribution à la théorie générale du domaine public, *Orléans, 2012.* - Laussat, Code général de la propriété des personnes publiques et identification du patrimoine des collectivités territoriales, *Pau, 2015.* - Schmaltz, Les personnes publiques propriétaires. Essai sur le fonds administratif, *Dalloz, 2016.* - Orlandini, La dénaturation des critères du domaine public, *Toulouse I, 2018.*

▶ **Ouvrages :** Brard, Domaines public et privé des personnes publiques, *Dalloz, 1994.* - Latournerie, Point de vue sur le domaine public, *Montchrestien, 2004.*

▶ **Articles, contributions :** Barckhausen, Remarques sur la théorie des domaines, *RCLJ 1884. 30* ; Étude sur la théorie générale du domaine public, *RD publ. 1902. 401 ; ibid. 1903. 31.* - de Laubadère, Domanialité publique, propriété administrative et affectation, *RD publ. 1950. 5.* - Siorat, La notion d'affectation en matière domaniale, *RD publ. 1958. 864.* - Auby, Problème de la domanialité publique des immeubles affectés à un service public, *Mél. Laborde-Lacoste, 1963, éd. Bière, p. 21.* - Liet-Veaux, Domanialité et sous-sol, *Rev. adm. 1965. 374.* - Sandevoir, La notion d'aménagement spécial, *AJDA 1966. 84.* - Charlier, Biens affectés au service public, *Mél. Sayaguès-Laso, Madrid 1969, p. 47.* - Charles, Accessoire et domaine public, *Mél. Stassinopoulos, 1974, LGDJ, p. 187.* - Alline, Domanialité publique et ouvrages complexes, *AJDA 1977. 523.* - de Gastines, Distinction jurisprudentielle du domaine public par rapport au domaine privé, *D. 1978. 249.* - Gaudemet, La superposition des propriétés privées et du domaine public, *D. 1978. 295.* - Tavernier, La nature juridique des biens du domaine propre du Conservatoire de l'espace littoral, *AJDA 1981. 513.* - Hervouët, La notion d'aménagement spécial, *RD publ. 1983. 135.* - Arrighi de Casanova, Établissements publics et domanialité publique, *AJDA 1985. 347.* - Lavialle, La compétence des juridictions judiciaires dans la détermination de la domanialité publique, *Mél. Cluseau, Toulouse, 1985, p. 341.* - Sablière, Réflexions sur les critères et le régime de la domanialité publique, *CJEG 1989. 357.* - Latournerie, Les critères de la domanialité publique, *CJEG, hors-série, oct. 1991, p. 15.* - Gaudemet, Les constructions en volume, *CJEG 1991. 297.* - Gros, L'affectation : critère central de la domanialité publique, *RD publ. 1992. 742.* - Aglae, Division en volumes et propriété privée sur le domaine public, *RDI 1993. 313* ∅. -

Amadei, Domanialité publique, propriété administrative et affectation à la lumière de la décentralisation, *AJPI 1996. 981*. – Sablière, Domaine public, ouvrage public et copropriété, *CJEG 1994. 197*. – Rapp, Domanialité publique virtuelle, *Mél. Mourgeon, 1998, éd. Bruylant*. – Dufau, Propriété publique et droit privé, *Dr. adm. 1999. Chron. 9*. – Lavialle, Le domaine public : une catégorie juridique menacée, *RFDA 1999. 578*. – Gaudemet, Ouvrage complexe et domanialité publique, *CJEG 2000. 101*. – Boutayeb, Liberté d'utilisation du domaine public et affectation domaniale, *RD publ. 2001. 221*. – Melleray, Recherche d'un critère réducteur de la domanialité publique, *AJDA 2004. 490* ; Échelle de la domanialité, *Mél. Moderne, Dalloz 2004, p. 287*. – Lavialle, Juge administratif et exception de propriété, *RFDA 2004. 497*. – Hubrecht, Faut-il définir le domaine public et comment ? Méthode énumérative et méthode conceptuelle, *AJDA 2005. 598*. – Gros, De la nécessaire distinction entre les divers domaines publics de l'État, *AJDA 2005. 1977*. – Latournerie, Pour un nouveau concept de domaine public, *RJEP févr. 2005. 47*. – Fatôme, Statut des immeubles à usage de bureaux des personnes publiques après l'ordonnance du 19 août 2004, *AJDA 2005. 584* ; Le régime juridique des biens affectés au service public, *AJDA 2006. 178* ; À propos de l'incorporation au domaine public, *AJDA 2006. 292* ; La consistance du domaine public immobilier, *AJDA 2006. 1087*. – Melleray, Définition et critères du domaine public, *RFDA 2006. 906*. – Yolka, Identifier le domaine public, *RJEP nov. 2006, p. 411*. – Nicinski, Le domaine public : de la crise à la reconstruction, *Mél. Morand-Deviller, Montchrestien, 2007, p. 559*. – Bachelier, Le concept du « domaine public » : un concept toujours pertinent, *Mél. Labetoulle, Dalloz, 2007, p. 35*. – Ballandras-Rozet, L'aménagement indispensable, un critère discutable de réduction du domaine public, *AJDA 2007. 571* ; Justifications économiques et juridiques du critère de l'aménagement indispensable, *JCP Adm. 2007. 2089*. – Guérard, La « domanialité codifiée » : une distinction arrêtée ou une codification à mûrir ?, *in* Réflexions sur le Code général de la propriété des personnes publiques, *Litec, 2007, p. 5*. – Morand-Deviller, La crise du domaine public. À la recherche d'une institution perdue, *Mél. Lachaume, Dalloz, 2007, p. 737*. – Yolka, Accessoire vs Accession, *JCP Adm. 2007, n° 27, p. 14*. – Lavialle, Remarques sur la définition législative du domaine public, *RFDA 2008. 491*. – Canedo-Paris, Feu le critère de l'aménagement indispensable ? (note ss. T. confl. 22 oct. 2007, préfet Bouches-du-Rhône), *AJDA 2008. 1145*. – Ory, Y a-t-il encore une place pour la théorie de la domanialité publique globale dans le CGPPP ?, *Cah. CRIDON-Lyon 2008, n° 52, p. 30*. – Yolka, L'accès des personnes publiques à la copropriété, *Dr. et patr. 3/2009. 80*. – Eveillard, L'application dans le temps des nouveaux critères de définition du domaine, *Dr. adm. 2010. Étude 21*. – Lavialle, Que reste-t-il de la jurisprudence *Société Le Béton* ?, *RFDA 2010. 533*. – Chamard-Heim, Les propriétés publiques, *in* Traité de droit administratif, *vol. 2, Dalloz, 2011, p. 283*. – Yolka, Faut-il réellement abandonner la domanialité publique virtuelle ?, *JCP Adm. 2010. 2073*. – Mollion, Vers l'érosion de la théorie des biens de retour ?, *AJDA 2011. 363*. – Yolka, Domaines skiables = domaine public ?, *JCP Adm. 2011. Actu. 284*. – Foulquier, Le domaine public transparent, *Mél. Fatôme, Dalloz, 2011, p. 141*. – Melleray, De quelques incertitudes relatives à la « théorie » de la domanialité publique globale, *Mél. Fatôme, Dalloz, 2011, p. 321*. – Dufau, Propriété publique et domanialité publique, *AJDA 2012. 1381*. – Gaudemet, Copropriété v/ Domaine public, *RJEP 2012. Repère 4*. – Yolka, « Un lieu incertain » (regard dubitatif sur le « nouveau » domaine public), *RLCT févr. 2012. 40*. – Bachelier, Les habits particuliers de la propriété des personnes publiques. Les évolutions du domaine public, *Justice et cassation 2015. 13*. – Maurey et Tarrade, L'incompatibilité entre copropriété et domanialité publique, *BJCP 2013. 243*. – Janicot et Lafaix, Le juge administratif, le contrat et la propriété des biens de retour, *RFDA 2013. 513*. – Bachelier, Spécial, indispensable, global, virtuel : trop d'adjectifs pour le domaine public immobilier ?, *AJDA 2013. 960*. – Fatôme, La consistance du domaine public immobilier général sept ans après le CGPPP, *AJDA 2013. 969*. – Bardin, L'aménagement indispensable et la modernisation de la domanialité publique, *JCP Adm. 2013. 2171*. – Gijsbers, La distinction de la propriété publique et de la domanialité publique, *Rev. droit Assas n° 8, oct. 2013, p. 44*. – Llorens, La théorie des biens de retour après l'arrêt « Commune de Douai », *RJEP 2013. Étude 9*. – Llorens et Soler-Couteaux, La lente agonie de la théorie de la domanialité publique virtuelle, *Rev. CMP 2013. Repère 10*. – Lavialle, La Cour de cassation et le Code général de la propriété des personnes publiques, *RFDA 2013. 1153*. – Melleray, Précisions sur le périmètre du domaine public, *AJDA 2013. 1789*. – Yolka, Affectation vs Propriété ?, *RLCT sept. 2013. 3* ; Personnes publiques et propriété partagée, *LPA 6 juin 2013, p. 43*. – Zalewski-Sicard, Copropriété et propriété publique : une cohabitation impossible, *Rev. loyers 2013. 941*. – Borel, Le point sur les critères de la domanialité publique, *AJCT 2014. 260*. – Chamard-Heim et Yolka, La cogestion de l'immobilier public, *RLCT avr. 2014. 42*. – Fatôme, Le statut des immeubles publics. Entre la décision de les affecter à un service public et la réalisation des aménagements, *AJDA 2014. 2457*. – Hoffman, La propriété publique indivise, *Droit et ville juin 2014, p. 47*. – Braud, Premiers éléments sur l'interprétation par le juge administratif des nouveaux critères législatifs de la domanialité publique, *JCP Adm. 2015. 2100*. – Cagnon, Droit public et copropriété : duel ou duo ?, *RDP 2016. 105.* – Hansen, La consécration prétorienne de la théorie de la domanialité globale, *JCP Adm. 2016. 2055.* – Fatôme et Leonetti, À propos des conditions d'entrée d'un terrain dans le domaine public, *JCP N 29 juill. 2016, p. 27.* – Arnaud, Domanialité publique globale et théorie de l'accessoire. Recherche sur l'opportunité d'une séparation, *RD publ. 2017. 1.* – Jacquemoire, Banc public et domaine public, *JCP Adm. 2017. 2139.* – Yolka, L'aménagement spécifique du domaine public, *Dr. voirie 2019, p. 148.*

COMMENTAIRE

La structure des patrimoines publics s'articule autour de la distinction entre domaine public et domaine privé. Cette opposition, dont la pertinence est régulièrement discutée en doctrine, à tel point que certains ont pu suggérer la disparition du domaine privé (Latournerie, Point de vue sur le domaine public, *Montchrestien, 2004*), envisager celle de la domanialité publique (Caillosse, Faut-il en finir avec la domanialité publique ?, *Ét. fonc. 2002, n° 100, p. 7*) ou encore le remplacement de cette dualité domaniale par une échelle de la domanialité, telle que la prônait Duguit (Melleray, L'échelle de domanialité, *Mél. Moderne, Dalloz, 2004, p. 287*), est confirmée par le présent code.

Le CGPPP confirme également que le domaine public se divise lui-même en plusieurs sous-catégories. C'est ainsi que les biens immobiliers des personnes publiques peuvent appartenir au domaine public « général » ou à des domaines publics « spéciaux » (maritime – art. L. 2111-4, fluvial – art. L. 2111-7, routier – art. L. 2111-14, aéronautique – art. L. 2111-16...), qui recouvrent des catégories différentes de biens en vertu de textes législatifs particuliers. Dans ces derniers cas, le bien incorporé n'a pas à remplir les critères mentionnés à l'article L. 2111-1, puisqu'il s'agit de « domaines publics par détermination de la loi ». A l'inverse, l'article L. 2111-1 pose une définition conceptuelle du domaine public importée, à quelques ajustements notables près, de la jurisprudence administrative, elle-même très largement influencée par les réflexions doctrinales sur la question. Il est conçu comme une disposition de droit commun ou générale et renvoie à une méthode d'identification « indiciaire » (combinaison de critères), qui joue pour les biens n'entrant pas dans les domaines publics « spéciaux » ; ceci, étant entendu que le domaine public peut également être identifié grâce à d'autres méthodes (cf. domanialité publique « globale », « virtuelle », « par accessoire »). Les critères d'identification du domaine public jouent, quel que soit le lieu de situation du bien, y compris à l'étranger (V., sur la domanialité publique de locaux situés dans la Villa Médicis, à Rome, CAA Paris, 23 janv. 2020, *Sté Mezzi & Fonderia*, n° 19PA01312 s.).

I. L'APPARTENANCE À UNE PERSONNE PUBLIQUE

C'est une condition préalable, qui ne souffre aucune dérogation : n'appartiennent au domaine public que les biens qui sont la propriété d'une personne publique.

Le droit exercé par la personne publique est ainsi considéré comme un droit de propriété, même si pendant longtemps la doctrine a estimé que le rapport juridique entre la personne publique et les dépendances du domaine public ne pouvait être saisi par la théorie civiliste du droit de propriété. Encore aujourd'hui, l'exercice du droit de propriété sur le domaine public conduit à certaines singularités. Ainsi, les choses communes (qui n'appartiennent à personne, selon l'art. 714 C. civ.), comme l'air ou l'eau de la mer, ne peuvent bénéficier des règles de protection de la domanialité publique, car elles ne sont pas des propriétés publiques.

L'appartenance du bien à une personne publique implique plusieurs conséquences.

Premièrement, les personnes publiques visées par l'article L. 2111-1 du code doivent s'entendre comme l'État, les collectivités territoriales ou les établissements publics, et ce par renvoi à l'énumération de l'article L. 1 du code (cela exclut-il les personnes publiques *sui generis* ? V. sur ce point le commentaire de l'art. L. 2). La question ne soulevait guère de difficultés pour l'État, première personne publique à disposer – historiquement – du domaine public. La réponse allait aussi classiquement, quoique plus récemment, de soi pour les collectivités locales, qui disposent d'un ancrage territorial. Elle était en revanche plus délicate pour les établissements publics, auxquels la doctrine classique (Hauriou, Bonnard, notamment) refusait la reconnaissance d'un domaine public. La jurisprudence du début des années 1980 confirma pourtant que les établissements publics peuvent être propriétaires d'un tel domaine, et elle prit ensuite clairement position en faveur de la domanialité publique, même au profit d'un établissement public industriel et commercial comme EDF (depuis lors transformé en société), sauf dispositions législatives contraires. En renvoyant à l'article L. 1, le code consacre la domanialité publique au bénéfice des établissements publics, tant administratifs qu'industriels et commerciaux, « sous réserve [bien sûr] de dispositions législatives spéciales ».

Deuxième conséquence, il résulte d'une lecture *a contrario* de cet article que les biens des personnes privées ne peuvent faire partie du domaine public. En effet, ce serait faire fi du critère discriminant que constitue la propriété d'une personne publique que d'admettre le contraire, même si le bien est affecté à l'utilité publique (et l'on sait que la catégorie des biens privés affectés à l'utilité publique s'est développée, spécialement depuis la transformation contemporaine d'EPIC en sociétés privées. – V. plus largement sur ce thème : Logéat, Les biens privés affectés à l'utilité publique, *L'Harmattan, 2011*).

Troisième conséquence : seuls les biens sur lesquels la personne publique exerce un droit de propriété exclusif sont susceptibles d'appartenir au domaine public, sans quoi l'affectation ne serait pas suffisamment garantie. Ainsi, les immeubles des personnes publiques soumis à la copropriété ne peuvent faire partie du domaine public et appartiennent *de jure* au domaine privé, l'indivision entre copropriétaires empêchant la domanialité publique du bien, même si ce dernier satisfait aux autres conditions d'incorporation dans le domaine public. Symétriquement, un immeuble appartenant au domaine public ne peut être intégré dans une copropriété. Autrement dit, il y a incompatibilité entre domanialité publique et copropriété, mais aucunement priorité absolue de l'une sur l'autre, et bien plutôt simple priorité chronologique (l'appartenance au domaine public exclut l'insertion dans une copropriété, comme l'appartenance à une copropriété interdit l'intégration dans le domaine public). Le fait qu'une parcelle soit comprise dans un lotissement ne fait pas en revanche obstacle à son appartenance éventuelle au domaine public, dès lors qu'il ne signifie pas que la personne publique propriétaire n'en a pas la pleine propriété.

II. LE CRITÈRE DE L'AFFECTATION

Annoncé par la doctrine classique (Hauriou, Duguit, Jèze, Bonnard et Waline en particulier), le critère moderne de l'affectation, pierre angulaire de la jurisprudence sur l'appartenance des biens au domaine public, est aujourd'hui le pivot de la définition du domaine public immobilier livrée par l'article L. 2111-1 du code. Il renvoie à deux conditions alternatives.

A. L'AFFECTATION À L'USAGE DIRECT DU PUBLIC

Conformément à l'état de la jurisprudence antérieure, l'article L. 2111-1 du code conditionne l'appartenance d'un immeuble au domaine public à son affectation à « l'usage direct du public ». La difficulté réside dans la détermination de cette utilisation (sachant que la notion même d'affectation, qui implique une certaine « intensité », n'est pas toujours évidente à cerner, entre autres par rapport à celle d'ouverture, tenue pour équivalente ou non par le juge selon les dépendances domaniales en cause) et de la notion de public (le juge retenant une vision plus ou moins « ouverte » selon les dépendances). On considérera, d'une part, que l'utilisation du bien doit être directe, c'est-à-dire ne pas être l'accessoire d'une autre utilisation ou en être la conséquence (ainsi, des biens mis à la disposition d'associations ne sont pas affectés par l'usage direct du public) ; d'autre part, que l'utilisation devra généralement être collective (fleuves, voies publiques...) et, plus occasionnellement, pourra être privative. On avait pu considérer par le passé que cette utilisation collective devait être libre et gratuite, mais la jurisprudence a apporté depuis lors un certain nombre de nuances (en relation, notamment, avec la valorisation économique accrue du domaine public). Sont ainsi dévolues à l'usage direct du public – et appartiennent, en conséquence, au domaine public – les voies affectées à la circulation, ainsi que les dépendances qui forment un tout avec celles-ci. Il faut noter que le domaine public naturel n'est pas, en l'état du droit positif, défini par référence à l'affectation, ses dépendances maritimes et fluviales relevant des « domaines publics spéciaux » visés par des dispositions *ad hoc* du CGPPP (moyennant quoi, le « domaine public naturel terrestre » est à peu près introuvable, faute d'article dédié, ce qui paraît regrettable).

B. L'AFFECTATION AU SERVICE PUBLIC

La seconde possibilité, pour qu'un immeuble soit une dépendance du domaine public, repose sur son affectation au service public. A cet égard, le code ne distingue pas entre les services publics administratifs et les services publics industriels et commerciaux : l'affectation vaut dans les deux cas. Si l'affectation à l'usage du public n'a pas posé de difficulté particulière (car c'était bien là la vocation première des biens de l'administration), la domanialité liée à l'affectation au service public s'est en revanche imposée plus tardivement. C'est au milieu du XXe siècle que le juge a admis clairement que des biens non affectés à l'usage direct du public pouvaient malgré tout relever du domaine public, parce que affectés à un service public (pour un précédent, CE, sect. intérieur avis, 2 déc. 1914, *Museum d'histoire naturelle* : V. note 4). Mais pour éviter une « hypertrophie pathologique » (G. Liet-Veaux) du domaine public en raison du fait que la plupart des activités publiques sont des missions de service public, le juge ajouta une condition supplémentaire qui devait devenir le critère – théoriquement – réducteur de la domanialité publique : l'aménagement spécial (auquel le code a substitué la notion d'« aménagement indispensable », V. *infra*). Cette conception plutôt ouverte de l'affectation à un service public trouve un prolongement dans la jurisprudence récente, aux termes de laquelle un bien affecté à un service public géré par une personne publique autre que son propriétaire appartient malgré tout au domaine public (sous réserve que la condition d'aménagement soit, bien sûr, satisfaite).

La dualité des affectations, outre la variété des situations qu'elle permet de saisir, est aussi source de difficulté quant à leur conciliation et peut engendrer des superpositions d'affectations différentes. Or le choix d'une affectation peut s'avérer déterminant dans la définition du régime de protection applicable ainsi que dans l'identification du juge compétent. Cette frontière entre l'usage par le public et la destination à un service public est bien souvent ténue et le critère de l'aménagement n'a pas contribué à une clarification.

III. LE CRITÈRE DE L'AMÉNAGEMENT INDISPENSABLE

A. CONTEXTE

L'élaboration historique de la définition du domaine public a été marquée par la recherche d'un critère complémentaire suffisamment discriminant pour éviter l'hypertrophie dudit domaine public, et notamment pour empêcher que tous les biens affectés au service public soient soumis au régime contraignant de la domanialité publique (l'un des cas les plus problématiques étant celui des immeubles de bureaux).

Les constructions doctrinales de Marcel Waline (V. en particulier sa thèse sur les mutations domaniales, en 1925) seront reprises par Roger Latournerie (notamment dans ses conclusions sur l'arrêt *Marecar* de 1935), avant d'être transposées en jurisprudence : le critère de l'aménagement spécial était né. Mais l'utilisation malaisée de ce critère (identifié au cas par cas par le juge, qui se gardait bien de poser des principes généraux de définition) a contribué à révéler son insuffisance pour réduire le champ de la domanialité publique. Dans la jurisprudence administrative, l'aménagement spécial était, en réalité, de plus en plus souvent présumé.

Remplaçant l'aménagement « spécial » par l'aménagement « indispensable », le code rompt avec ce critère inefficace pour revenir (ou au moins pour essayer de revenir) à une conception plus stricte de l'affectation des biens au service public et ainsi à un recentrage de la domanialité publique sur son « noyau dur » *[sic]* (M.-A. Latournerie), dont témoigne aussi le déclassement des immeubles de bureaux des administrations (art. L. 2211-1, al. 2).

S'inspirant très directement des travaux de législation privée menés par l'Institut de la gestion déléguée, qui proposait de retenir le critère de « l'aménagement spécial indispensable à une activité de service public », les codificateurs substituent ainsi à l'exigence de l'aménagement spécial celle de l'« aménagement indispensable ».

Précisons que ce critère de l'aménagement indispensable ne peut avoir un effet que si une loi ne s'y oppose pas, la domanialité publique n'ayant qu'une valeur législative. Ainsi, le législateur a-t-il pu prévoir que « les aménagements que l'établissement public Société du Canal Seine-Nord Europe, au titre de l'appui technique prévu au II de l'article 1er, serait susceptible de réaliser préalablement à la cession des terrains mentionnée au II du présent article n'ont ni pour objet, ni pour effet de soumettre lesdits terrains au régime de la domanialité publique préalablement à cette cession » (art. 134, L. n° 2019-1428 du 24 déc. 2019 d'orientation des mobilités).

B. PORTÉE

Cette évolution consolide la démarche de réduction du champ de la domanialité publique. D'abord, elle permet une clarification quant à l'utilisation de l'ancien critère de l'aménagement spécial. Si le juge l'a réservé à titre principal à l'affectation aux services publics, il avait aussi pu l'appliquer parfois aux biens destinés à l'usage du public. L'article L. 2111-1 tranche nettement en faveur de la première option, redonnant ainsi un intérêt à la distinction – pas toujours aisée à opérer – entre affectation à l'usage direct du public et affectation à un service public. Ensuite, on peut penser que le critère de « l'indispensabilité » est plus restrictif que celui de la spécialité. Autrement dit, en précisant ce critère ainsi que son degré d'exigence au fur et à mesure de sa jurisprudence (et en évitant une démarche casuistique comme ce fut le cas pour l'aménagement spécial), le juge devrait parvenir à faire jouer à l'aménagement indispensable le rôle réducteur du champ de la domanialité publique (sauf à considérer, en parallèle, que l'abandon du critère de l'aménagement pour les biens affectés à l'usage du public ferait automatiquement tomber ces biens dans le domaine public et donc gonfler artificiellement ce dernier) ; mais pour l'heure, la jurisprudence ne traduit pas d'évolution majeure en la matière, corroborant le scepticisme manifesté par certains commentateurs sur la portée du changement (notons par exemple que le domaine public représente 80 % environ du patrimoine de grandes villes comme Lyon).

Enfin, la formulation de l'article L. 2211-1 (un bien est affecté à un service public « pourvu qu'il fasse l'objet d'un aménagement indispensable à l'exécution des missions de ce service public ») contribue à faire disparaître, ou du moins à fortement restreindre, la théorie de la domanialité publique « virtuelle » ou par anticipation. Cette théorie aboutissait à considérer qu'à partir du moment où une personne publique prévoit, avec certitude, d'affecter un immeuble dont elle est propriétaire à l'usage du public ou à un service public, ce bien bénéficie des règles protectrices de la domanialité publique (V. arrêt *Eurolat*, note 7). La règle de l'aménagement spécial disparaissait, une fois de plus, derrière l'intention du propriétaire du bien. Le code ne traite pas directement de cette théorie ; néanmoins, le rapport accompagnant l'ordonnance du 21 avril 2006 est assez clair sur le sujet (« C'est désormais la réalisation certaine et effective d'un aménagement indispensable pour concrétiser l'affectation d'un immeuble au service qui déterminera de façon objective l'application à ce bien du régime de la domanialité publique. De la sorte, cette définition prive d'effet la théorie de la domanialité publique virtuelle », *JO 22 avr. 2006, p. 6017*). La jurisprudence des dernières années, après avoir joué dans le sens d'un abandon de cette théorie pour les litiges nés après le 1er juillet 2006, marque la recherche d'un point d'équilibre témoignant du fait qu'il n'est pas possible de se passer complètement du principe de l'« anticipation domaniale » (V., en ce sens, CE 13 avr. 2016, *Commune de Baillargues* : note 7).

L'ordonnance n° 2017-562 du 19 avril 2017 (art. 2. – V. CGPPP, art. L. 2122-1, al. 2 et 3) le reconnaît d'ailleurs, en même temps qu'elle traite la difficulté en autorisant la délivrance anticipée des titres d'occupation du domaine public (au plus, six mois avant l'incorporation). Auparavant, le législateur avait pu ponctuellement anticiper la domanialité publique de certaines emprises afin de faciliter des opérations immobilières impliquant des montages contractuels sur le domaine public (V. L. n° 2017-257 du 28 févr. 2017 relative au statut de Paris et à l'aménagement métropolitain, art. 51 ; V. L. n° 2010-597 du 3 juin 2010 mod. par art. 37 ; *RDI 2017. 540* , à propos du terrain d'assiette du projet immobilier permettant l'installation de l'Institut des sciences et industries du vivant et de l'environnement et de l'Institut national de la recherche agronomique dans la zone d'aménagement concertée du quartier de Polytechnique).

IV. AVENIR DE LA DOMANIALITÉ PUBLIQUE GLOBALE

Cette théorie jurisprudentielle repose sur le principe suivant : lorsqu'une emprise foncière déterminée remplit, pour l'essentiel, les conditions d'affectation à l'utilité publique, l'ensemble des biens compris dans cette emprise appartiennent au domaine public (V., par ex., CE, sect., 13 juin 1989, n° 345012 : *EDCE 1989, n° 41, p. 250 ; GDDAB, 3e éd., 2018. Comm. 8, obs. Melleray*).

Elle est justifiée par d'évidentes considérations d'opportunité décrites de la manière suivante à propos de la gare de Lyon-Perrache : « juger autrement ferait de chaque gare une mosaïque de parcelles enchevêtrées qui relèveraient les unes du domaine public, les autres du domaine privé, et dont la gestion deviendrait pratiquement impossible » (concl. Galmot sur CE, sect., 5 févr. 1965, *Sté lyonnaise des transports : RD publ. 1965. 493 s., spéc. 498*). Le code ne mentionnant pas cette théorie (alors même qu'il codifie celle de l'accessoire), ce silence a fait l'objet d'interprétations variées. Pour les uns, « puisque désormais les modalités d'incorporation dans le domaine public résultent du code et que la domanialité publique globale n'en fait pas partie, la logique voudrait qu'(...) elle disparaisse » (Fatôme, La consistance du domaine public immobilier : évolutions et questions ?, *AJDA 2006. 1087* ✐ *s., spéc. 1093*). Pour d'autres, « cette nouvelle définition réductrice ne modifie pas en tant que tel le champ d'application de la théorie de la domanialité publique globale qui conduit à ranger sous le même régime de domanialité publique l'ensemble des biens inclus dans une emprise foncière déterminée où le service public s'exerce alors même que le bien en cause n'aurait pas fait l'objet d'aménagements et ne serait pas utilisé par le service public (terrain dans l'enceinte d'un port ou d'un aéroport, par exemple). Il s'agit en quelque sorte d'une domanialité horizontale » (Maugüé et Bachelier, Genèse et présentation du code général de la propriété des personnes publiques, *AJDA 2006. 1073* ✐ *s., spéc. 1078* ; V., égal., Maugüé, Frontières de la domanialité publique, *JCP Adm. 2006. 1245, n°s 14-15*). Cette seconde option semblait la plus justifiée, ne serait-ce que parce que les considérations d'opportunité à l'origine de la théorie en question sont aussi fortes aujourd'hui qu'hier (V., illustrant cette conception, Rép. min. n° 086731 : *JOAN 14 déc. 2010, p. 13520 ; JCP Adm. 2011. Actu. 17*). Elle a d'ailleurs été confirmée par un avis de l'assemblée générale du Conseil d'État du 19 juillet 2012 (V. note 3) précisant que font partie du domaine public du Domaine national de Chambord, non seulement les biens remplissant les conditions expressément prévues par l'article L. 2111-1, mais également tous les autres biens dudit domaine (à l'exception de la forêt) : « le Domaine national de Chambord est un ensemble historique exceptionnel d'un seul tenant, dont l'emprise foncière est délimitée par un mur d'enceinte continu, où s'exerce le service public [...]. Dès lors, sous la seule réserve de la forêt qui relève du domaine privé par détermination de la loi, le Domaine national de Chambord appartient dans sa globalité au domaine public de l'État ». Il y a donc, en la matière, continuité plutôt que rupture.

V. APPLICATION DES NOUVEAUX CRITÈRES DANS LE TEMPS

Les rédacteurs du code avaient négligé d'éclaircir les modalités d'application dans le temps de cette nouvelle définition du domaine public. S'applique-t-elle aux situations en cours, ou uniquement aux affectations (ou désaffectations) intervenues après la date d'entrée en vigueur du code (soit le 1er juill. 2006) ? L'enjeu est d'autant plus important que la sortie du domaine public nécessite en principe non seulement la désaffectation du bien en cause, mais aussi un acte formel de déclassement (V. art. L. 2141-1). Doit-on alors considérer que l'entrée en vigueur du code vaut déclassement des dépendances ne remplissant plus les critères du domaine public, alors même qu'elles les satisfaisaient auparavant ? Le débat n'est pas simple, mais ses enjeux ont été clairement précisés par la doctrine (Éveillard, *Dr. adm. 2010. Étude 21*).

On dispose désormais d'éléments de réponse jurisprudentiels permettant de trancher les questions essentielles sur le sujet et démontrant en particulier que la nouvelle définition du domaine public n'est pas applicable rétroactivement (V. note 8).

VI. COMPÉTENCE DU JUGE ADMINISTRATIF

Alors que le juge judiciaire est seul compétent pour déterminer le propriétaire d'un bien (V. comm. ss. art. L. 1er), la jurisprudence est orientée dans le sens de la reconnaissance de la compétence exclusive du juge administratif pour apprécier si un bien public appartient au domaine public, du moins en cas de difficulté sérieuse (V. aussi, pour d'autres chefs de compétence du juge administratif en matière de domanialité publique, CGPPP, art. L. 2331-1. – Sur les questions de compétence juridictionnelle, Deliancourt et Lavialle, Contentieux des propriétés publiques, *J.-Cl. Propriétés publiques, fasc. 12*). ❑

1. Appartenance à une personne publique. Les établissements publics peuvent être propriétaires d'un domaine public. Domanialité publique d'un logement de fonction appartenant à un syndicat de communes. • CE 6 févr. 1981, *Epp : Lebon 745 ; Rev. adm. 1982. 36, note Moderne.* ♦ La dalle centrale de la place de La Défense est la propriété de l'EPAD. • CE 21 mars 1984, *Mansuy : Lebon 616 ; RD publ. 1984. 1059, note Gaudemet.* ♦ EPIC (loi excluant la domanialité publique) : le Conseil d'État considère que les dispositions de la loi du 8 avril 1946 sur la nationalisation de l'électricité et du gaz font obstacle à ce qu'EDF dispose d'un domaine public. • CE, ass., 23 oct. 1998, *Électricité de France*, n° 160246 : *Lebon 364 ; AJDA 1998. 1017, concl. Arrighi de Casanova ; GDDAB, 3e éd., 2018. Comm. 4, note Yolka ; RDI 1999. 75, obs. Lavialle ; D. 1999. 484, note Amadéi*. ♦ Les galeries situées en sous-sol des immeubles composant le domaine de La Défense sont utilisées par l'EPAD et appartiennent à son domaine public. • CAA Versailles, 15 oct. 2009, *EDF c/ EPAD*, n° 07VE00626 : *Rev. CMP 2010, n° 39, obs. Llorens ; JCP Adm. 2010, n° 10, p. 10, chron. Chamard-Heim*. ♦ Une salle des fêtes appartient à la commune et constitue une dépendance du domaine public communal. • CAA Bordeaux, 28 déc. 2009, *Assoc. du comité des fêtes de Lavignolle de Salles*, n° 09BX01310 : *JCP Adm. 2010. 2147, note Yolka ; AJDA 2010. 750*. ♦ *A contrario*, les biens des personnes privées n'appartiennent pas au domaine public. • Civ. 3e, 7 janv. 2009, n° 07-18.906 P : *AJDI 2009. 210, obs. Porcheron ; D. 2009. 2304, obs. Reboul-Maupin ; JCP 2009. I. 127, chron. Périnet-Marquet* • CE, avis, 10 juin 2004, *Agence France Presse*, n° 370252 : *GDDAB, 3e éd., 2018. Comm. 3, note Yolka ; RFDA 2004. 923, note J. C.* • CE 14 déc. 2011, *GFA des propriétaires du vignoble de Joigny et Sté civile d'exploitation viticole Michel Lorain*, n° 346553 : *BJCL 2012. 75* • CAA Marseille, 3 juill. 2008, n° 07MA00066 • 14 oct. 2014, *Copropriété La Giraglia*, n° 13MA00210 : *JCP Adm. 2015. 2004, concl. Deliancourt* • CAA Lyon, 21 avr. 2016, *Cne de Versonnex et a.*, n° 15LY02806 • CAA Bordeaux, 26 mai 2016, *Synd. des copropriétaires de la résidence Les Chalets de Peyrelance*, n° 14BX03572 • CAA Lyon, 20 juill. 2017, *D. c/ Cne de St-Agnan-en-Vercors*, n° 15LY03753 • CAA Marseille, 4 juin 2018, *ASL des propriétaires du lotissement de la baie du Gaout Bénat*, n° 17MA00709 : *Rev. CMP 2018. Chron. 7, obs. Soler-Couteaux, Zimmer et Waltuch ; JCP Adm. 2018. 2222, obs. Roux* • CAA Versailles, 5 juill. 2018, n° 16VE02641 : *Rev. CMP 2018. Comm. 234, obs. Hoepffner*. ♦ Il en va ainsi, par exemple, des murs de soutènement de la voirie construits sur des emprises privées, qui ne sauraient faire partie du domaine public routier. • CE 8 mai 1979 : *Lebon 312 ; AJDA 1970. 349. Chron. 360* • 6 oct. 1978 : *D. 1978. IR 483, obs. Delvolvé* • CE 12 mai 2004, n° 192595 A : *AJDA 2004. 1378, note Dreyfus ; RFDA 2004. 1183, concl. Glaser, note F. M.* • CAA Lyon, 25 oct. 2018, n° 16LY02312. ♦ V., rappelant que lorsque des ouvrages nécessaires au fonctionnement du service public, et ainsi constitutifs d'aménagements indispensables à l'exécution des missions de ce service, sont établis sur la propriété d'une personne publique, ils relèvent de ce fait du régime de la domanialité publique, et précisant le régime de ces « biens de retour » : • CE, ass., 21 déc. 2012, *Cne de Douai*, n° 342788 : *Lebon 477 ; RFDA 2013. 25, concl. Dacosta ; AJDA 2013. 7 ; ibid. 457, chron. Domino et Bretonneau ; ibid. 724, étude Fatôme et Terneyre ; D. 2013. 252, obs. Capitant ; Rev. CMP 2013. 1, obs. Llorens et Soler-Couteaux ; ibid. nos 41 et 42, comm. Eckert ; Dr. adm. 2013, n° 20, note Éveillard ; GDDAB, 3e éd., 2018. Comm. 63, note Melleray ; JCP Adm. 2013. 2044, comm. Boda et Guellier ; ibid. 2045, comm. Vila ; AJCT 2013. 91, note Didriche*. ♦ V., à la suite de cet arrêt de cassation : • CAA Douai, 10 déc. 2013, *Sté ERDF*, n° 12DA01949 : *JCP Adm. 2014. 2244, note Boda ; Rev. CMP 2015. Chron 2, obs. Llorens et Soler-Couteaux*. ♦ Appliquant, d'une façon peu évidente, la théorie des biens de retour aux biens qui étaient propriétés du concessionnaire avant la conclusion du contrat et sont nécessaires au fonctionnement du service public. • CE, 29 juin 2018, *Min. Intérieur c/ Cté de cne de la vallée de l'Ubaye*, n° 40225 : *Lebon ; AJCT 2018, 513 ; AJDA 2018. 1359, obs. Pastor ; ibid. 1656, chron. Nicolas et Faure ; Rev. CMP 2018. n° 232, comm. Eckert ; ibid., Chron. 7, obs. Soler-Couteaux, Zimmer et Waltuch ; ibid. févr. 2019, p. 21, chron. Eckert ; JCP Adm. 2018, Actu. 578, obs. Touzeil-Divina ; JCP Adm. 2019, 2046, n° 29 et n° 31, chron. Martin et Pellissier ; JCP 2018. 2398, chron. Éveillard ; RDI 2019. 101 ; RFDA 2018. 939, concl. Henrard*. ♦ Mais les quotas d'émission de CO_2 ne sont pas des « biens de retour » et ne font donc pas partie du domaine public, car ils appartiennent au concessionnaire privé. • CE 6 oct. 2017, *Cne de Valence*, n° 402322 : *AJDA 2017. 1917, obs. Maupin ; ibid. 2018. 629, note Martin ; BJCL 2017. 665, concl. Henrard, obs. Dreyfus ; Rev. CMP 2017. Comm. n° 280, note Eckert ; ibid. 2019. Chron. 43 ; JCP Adm. 2017. Actu. 474, obs. Erstein ; ibid. comm. 2291, note Vila*. ♦ L'occupant privatif du domaine public non titulaire de droits réels demeure propriétaire des ouvrages qu'il fait bâtir jusqu'à l'expiration de son autorisation, qui emporte l'incorporation de l'édifice dans le patrimoine de la collectivité. En déclarant la municipalité propriétaire d'une passerelle surplombant une venelle située en contrebas d'une avenue, alors qu'elle n'avait jamais manifesté le souhait d'en devenir propriétaire, ni même requis de l'ancien occupant la remise en état des lieux, une cour d'appel ne commet pas d'erreur de droit. • Civ. 3e, 3 juill. 2013, *Cne de Biarritz*, n° 12-20.237 : *AJDA 2013. 1420, obs. Grand ; Rev. CMP 2013. Chron. 6, obs. Llorens et Soler-Couteaux ; Constr.-Urb. 2013. Comm. 135, note Cornille ; JCP Adm. 2013. Actu. 685, obs. Friedrich ; ibid. 2344, note Pauliat ; JCP 2013. 1861 ; JCP N 2013. 1248, chron. Périnet-Marquet ; ibid., Actu. 804 ; RFDA 2013. 1153, étude Lavialle ; RJEP 2014. 2, note Chamard-Heim*. ♦ Les choses inappropriables n'appartiennent pas au domaine public. Il en va ainsi de la « masse des eaux » (de mer), qui ne fait pas partie du domaine public maritime. • CE 6 juin 2018, *Arditty,* n° 410651 : *AJDA 2018. 1193, obs. Pastor ; Rev. CMP 2018. Chron. 7, obs. Soler-Couteaux, Zimmer et Waltuch ; Dr. adm. 2018. Comm. n° 47, note Cornille ; JCP Adm. 2018. Actu. 523, obs. Touzeil-Divina ; ibid. 2220, note Moliner-Dubost.*

2. Propriété publique exclusive. Les immeubles des personnes publiques soumis à la copropriété ne peuvent appartenir au domaine public. • CE 11 févr. 1994, *Cie d'assurance Préservatrice foncière,* n° 109564 : *Lebon 64 ; Dr. adm. 1994, n° 196 ; AJDA 1994. 548, note Dufau ; RFDA 1994. 502, concl. Toutée ; CJEG 1994. 197 et 208, note Sablière, concl. Toutée ; GDDAB, 3e éd., 2018. Comm. 5, note Yolka ; JCP 1994. II. 22338, note Rouault ; D. 1994. 493, note Davignon*. ♦ Dans le même sens : • CAA Bordeaux, 2 mai 1995, *ANPE,* n° 94BX00079 : *Dr. adm. 1995, n° 495* • Grenoble, 21 mars 2011 : *JCP Adm 2011. 2283, obs. Dutrieux* • CE 9 mai 2012, *Cne d'Orcières,* n° 340103 : *JCP Adm. 2012. 388, obs. Yolka* (une gare de télécabines fait partie du domaine privé communal lorsqu'elle constitue un lot de copropriété) • CE 19 juill. 2016, *La Poste,* n° 370630 : *Rev. CMP 2016. Comm. 244, obs. Hoepffner ; ibid., avr. 2017, chron. 3, obs. Llorens et Soler-Couteaux ; JCP Adm. 2016, 2260, obs. de Gaudemar ; ibid. 2017. 2131, chron.* • CAA Nancy, 6 juin 2019, *C. et a. c/ Cne de Belfort,* n° 18NC01563 : *RDI 2019. 517* • CAA Paris, 5 juill. 2019, *Sté Locaclim,* n° 17PA20496 : *Dr. voirie 2019, p. 210, note Yolka ; JCP A 2019. 2282, chron. Meurant.* ♦ Symétriquement, un immeuble appartenant au domaine public ne peut être intégré dans une copropriété. • Civ. 1re, 25 févr. 2009, n° 07-15.772 P : *AJDA 2009. 1214 ; JCP Adm. 2009. 2080, note Yolka ; RDI 2009. 359, note Févrot ; RLCT juin 2009. 38, chron. Idoux.* ♦ L'exigence d'une propriété exclusive exclut également qu'appartiennent au domaine public des immeubles en indivision. • CE 11 juin 1999, *Cne de Saint-Michel,* n° 171200 : *Lebon T. 663 ; Gaz. Pal. 10 févr. 2000, p. 14.* ♦ La mitoyenneté ne peut pas davantage s'appliquer aux immeubles du domaine public. • CAA Marseille, 18 déc. 2006, *Franco,* n° 02MA01354 : *JCP Adm. 2007. 2138, chron. Deliancourt.* ♦ Le fait qu'une parcelle soit comprise dans un lotissement n'est pas en revanche incompatible avec l'affirmation de la propriété exclusive de la personne publique propriétaire. • CAA Nantes, 25 mars 2011, *Thibaud c/ Cne de Saint-Jean-de-Monts,* n° 09NT01975 : *JCP Adm. 2012. 2013, chron. Chamard-Heim.*

3. Affectation à l'usage direct du public. A propos des cimetières. • CE 28 juin 1935, *Marécar : Lebon 734 ; DH. 1936. 3. 20, concl. Latournerie, note Waline ; GDDAB, 3e éd., 2018. Comm. 41, obs. Chamard-Heim.* ♦ L'utilisation doit être directe. Ainsi pour un édifice cultuel acquis par une commune et mis à disposition d'une association pour célébrer le culte. • CE 19 oct. 1990, *Assoc. Saint-Pie V,* n° 90346 : *Lebon 285 ; AJDA 1991. 146, concl. de La Verpillière*. ♦ *A contrario,* la voirie non affectée à la circulation n'appartient pas au domaine public. • CAA Nantes, 31 oct. 2006, *Cne du Mont-Saint-Michel,* n° 04NT01375 : *RFDA 2007. 159.* ♦ Une jurisprudence, désormais obsolète, avait un temps considéré qu'il convenait que le bien fît l'objet d'un aménagement spécial. • CE 22 avr. 1960, *Berthier : Lebon 260 ; RD publ. 1960. 1128, concl. Henry.* ♦ La seule ouverture au public d'un massif boisé n'induit pas son affectation. • CAA Marseille, 14 avr. 2012, *SAS TDF,* n° 09MA04616 : *BJCL 2012. 588, concl. Deliancourt.* ♦ Jugeant qu'une terrasse d'une ancienne gare d'un téléphérique est affectée à l'usage direct du public. • CAA Bordeaux, 20 déc. 2012, *Régie municipale Espaces Cauterets,* n° 11BX03303 : *AJDA 2013. 830*. ♦ Arrêt cependant infirmé par • CE 19 nov. 2014, *Régie municipale Espaces Cauterets,* n° 366276 : *AJDA 2015. 1227, note Foulquier* (qui se fonde sur l'affectation au service public). ♦ Sont affectés à l'usage direct du public les éléments suivants du domaine national de Chambord : l'église, les voies ouvertes à la circulation, la place Saint-Louis et les parcs de stationnement. • CE, avis, 19 juill. 2012, n° 386715 : *AJDA 2013. 1789, étude Melleray*. ♦ L'affectation à l'usage du public doit être intentionnelle. • CE 2 nov. 2015, *Cne de Neuves-Maisons,* n° 373896 : *AJDA 2015. 2120, obs. Grand ; ibid. 2016. 204, concl. Lessi , note Fatôme ; Rev. CMP mars 2016. 40, chron. Llorens et Soler-Couteaux ; ibid. mars 2017, chron. Llorens et Soler-Couteaux ; Dr. adm. 2016. Comm. 13, note Éveillard ; JCP Adm. 2016. 2051, note Cornille ; ibid. 2015. Actu. 934, obs. Erstein.* ♦ Elle n'exclut évidemment pas l'usage du domaine public pour accéder à des équipements privés, pour un cheminement piétonnier utilisé tant par les usagers de gares RER et SNCF que par des clients du parc de loisirs Euro Disney. • CE 15 déc. 2016, *Sté Euro Disney Associés,* n° 85796. ♦ Faute d'affectation à l'usage direct du public, une fontaine et un chemin n'appartiennent pas au domaine public. • CE 21 juin 2017, *Cne de Balledent,* n° 406567. ♦ Domanialité publique de voies, trottoirs et espaces verts ouverts au public (solution classique). • CAA Versailles, 26 janv. 2018, *Synd. des copropriétaires de la résidence le Clos de Montreuil,* n° 16VE02639. ♦ Domanialité publique du Champs-de-Mars. • TA Paris, 11 avr. 2019, *Comité d'aménag. VIIe arrond.,* n° 1716256/4-3 : *JCP A 2019. Actu. 2214, obs. Deliancourt.* ♦ Des volumes de bureaux mis à la disposition d'associations ne sont pas affectés à l'usage direct du public. • CE, 23 janv. 2020, *Sté JV Immobilier et a. c/ Cne de Bussy-Saint-Georges,* nos 430192 et 430359 : *AJDA 2020. 199, obs. Pastor ; Dr. voirie 2020. 28, concl. Victor ; JCP Adm. 2020., 2039,* *note crit. Yolka ; JCP N 2020. Actu 211, obs. Giacuzzo.*

4. Affectation au service public. Les terrains d'une zone industrielle portuaire contiguë au port de Bonneuil-sur-Marne font partie du domaine public portuaire parce qu'ils sont affectés à un service public et qu'ils ont fait l'objet d'installations destinées à les rendre propres à cet usage. • CE 19 oct. 1956, *Sté Le Béton : AJDA 1956. 472, concl. Long ; JCP 1957. II. 9765, note Blaevoët ; Rev. adm. 1956. 617, note Liet-Veaux ; D. 1956. 681, concl. Long.* ♦ V. auparavant, ayant préfiguré le critère de l'affectation au service public. • CE, sect. intérieur avis, 2 déc. 1914 : *JCP A 2019. 2032, comm. Chamard-Heim* (relatif au Museum d'histoire naturelle). ♦ Depuis lors, le Conseil d'État a, entre autres, jugé qu'un palais de justice affecté au service public de la justice et spécialement aménagé pour celui-ci fait partie du domaine public. • CE 23 oct. 1968, *Brun : Lebon 503*. ♦ Comme promenade publique, l'allée des Alyscamps de la ville d'Arles est affectée au service culturel et touristique de la ville car elle a fait l'objet d'un aménagement spécial en vue de cet usage du fait de l'installation de poteaux et d'une chaîne empêchant l'accès des voitures. • CE 11 mai 1959, *Dauphin : AJDA 1959. 228, note Dufau.* ♦ Les espaces boisés aménagés en promenades publiques font partie du domaine public. • CE 18 juin 1969, *Vial : Lebon 315* • 14 juin 1972, *Eidel : Lebon 442 ; AJDA 1973. II. 95, note Dufau* • 23 févr. 1979, *Gourdain : Lebon 78* • CAA Paris, 6 juin 1989, *SA Le pavillon royal : CJEG 1989. 366* • CAA Bordeaux, 13 nov. 2014, *B. c/ Cne d'Andernos-Les-Bains,* n° 12BX01247. ♦ Une plage est une dépendance du domaine public communal car elle a fait l'objet d'un aménagement spécial (au seul titre de son entretien), cette solution n'étant toutefois guère en phase avec la nouvelle définition législative du domaine public (depuis 2006), plus exigeante que la jurisprudence antérieure. • CE 30 mai 1975, *Dame Gozzoli : Lebon 325 ; AJDA 1975. 360, chron. Franc et Boyon.* ♦ Les pistes de ski et leur sous-sol relèvent du domaine public parce qu'elles sont affectés au service public de leur exploitation, et dès lors qu'elles font l'objet d'un aménagement indispensable. • CE 28 avr. 2014, *Cne de Val-d'Isère,* n° 349420 : *AJCT 2014. 507, note Josselin et Logéat ; AJDA 2014. 885, obs. Pastor ; ibid. 1258, chron. Bretonneau et Lessi ; BJCL 2014. 413, concl. Lallet, obs. Degoffe ; Bull. Cheuvreux juill. 2014. 20, comm. Leonetti ; Cah. dr. sport 2014/36, p. 131, note Colin ; Rev. CMP févr. 2015. 17, chron. Llorens et Soler-Couteaux ; Dr. adm. 2014, n° 50, note Éveillard ; JCP Adm. 2014, n° 2235, obs. Cornille ; ibid. 2015, n° 15, p. 16, chron. Vandermeeren ; GDDAB, 3e éd., 2018. Comm. 32, note Yolka ; JCP 2014. Actu. 544, obs. Erstein ; ibid. 2014, p. 1363, obs. Gros ; ibid. p. 1559, chron. Éveillard ; LPA 13 juin 2014, n° 118, chron. Rouault ; RDI 2014. 571, note Foulquier ; RGD 2014, n° 3, obs. Girard ; RJEP oct. 2014. 16, concl. Lallet ; RLCT juill. 2014. 43, obs. Glaser.* ♦ *Contra*, pour les pistes de ski de fond. • CAA Lyon, 10 oct. 2019, *Assoc. Vent du Haut Forez,* n° 17LY02627 et n° 19LY00270 : *Dr. voirie 2020, n° 212 et JCP Adm. 2019, n° 48, p. 30, note crit. Yolka.* ♦ Un bien affecté à un service public géré par une personne publique autre que son propriétaire appartient malgré tout au domaine public (sous réserve que la condition d'aménagement soit bien sûr satisfaite). • CE 11 mai 2016, *Cté urb. Marseille-Provence-Métropole,* n° 390118 : *Lebon ; AJDA 2016. 1145, tribune Yolka ; ibid. 1173, chron. Dutheillet de Lamothe et Odinet ; ibid. 2017. 611, étude Fatôme et Lafaix ; BJCP 2016. 288, concl. Henrard, p. 296, obs. Schwartz ; Rev. CMP 2016. Comm. 184, note Devillers ; Rev. CMP mars 2017, chron. Llorens et Soler-Couteaux ; JCP Adm. 2017. 2131, chron.* • 19 déc. 2007, *Cne de Mercy-le-Bas,* n° 288017 : *Lebon T. 841 ; RDI 2008. 100, note Foulquier ; AJDA 2008. 14, obs. Pastor* • CAA Versailles, 18 mai 2010, *SCP Mercadier-Krantz et SNC Marignan-Élysée,* n° 09VE02621 : *JCP Adm. 2011. 2239* (à propos d'une gendarmerie construite sur un terrain communal). ♦ Confirmé par • CE 7 mai 2012, *SCP Mercadier et Krantz,* n° 342107 : *Lebon 189 ; AJDA 2012. 979 ; ibid. 2013. 1172, note Foulquier ; JCP Adm. 2012. 327, note L. E. ; ibid. 2013, n° 8, chron. Chamard-Heim ; BJCL 2012. 376, concl. Escaut ; RLCT juin 2012. 36, note Glaser.* ♦ Dans le même sens, • CAA Marseille, 12 mars 2015, *Cté urb. Marseille Provence Métropole,* n° 14MA03803 : *AJDA 2015. 2039, note Foulquier ; CMP mars 2016. 41, chron. Llorens et Soler-Couteaux ; Defrénois 2016. 223, note Borel.* ♦ Une salle des fêtes étant construite en vue de l'organisation de manifestations d'ordre social ou culturel à l'intention des administrés, elle est ainsi affectée à un service public. • CAA Bordeaux, 28 déc. 2009, *Assoc. du comité des fêtes de Lavignolle-de-Salles,* n° 09BX01310 : *préc. note 1.* ♦ Les galeries situées en sous-sol des immeubles de La Défense sont utilisées par l'EPAD, dans le cadre de la mission de service public d'aménagement et de gestion dudit domaine confié à cet établissement. • CAA Versailles, 15 oct. 2009, *EDF c/ EPAD,* n° 07VE00626 : *préc. note 1.* ♦ Une parcelle contiguë de celle où est implantée une station de pompage d'eau fait partie du domaine public, dès lors qu'elle s'inscrit dans le dispositif d'évacuation et de rétention des eaux. • TA Versailles, 3 nov. 2009, *SIARV : JCP Adm. 2010. 2074, note Sorin.* ♦ Une base de loisirs est affectée au service public. • CE 16 mars 2010, *Synd. intercom. d'aménagement touristique du Lac de Gurson,* n° 328961 : *JCP Adm. 2010. 2262, chron. Chamard-Heim.* ♦ En référé, ne sont pas manifestement insusceptibles d'être qualifiés de dépendances du domaine public des locaux situés dans l'enceinte d'un centre de tennis et accessibles au public. • CE 22 oct. 2010, *Pustwo*, n° 335051 : *Lebon 420* ; *JCP Adm. 2010. 796, obs. L. E.* ; *RLCT déc. 2010. 37, obs. Glaser* ; *AJDA 2010. 2028* ; *ibid. 2011. 562, note Caille* ; *JCP Adm. 2011. 2191, note Gaudemar* ; *ibid. 2239, chron. Chamard-Heim* ; *DP sport, avril 2016, p. 8, obs. Rémy* ; *LPA 24 févr. 2011. 10, note Bonnefont et Defix.* ♦ De même, les installations d'un centre équestre départemental doivent être regardées comme affectées à un service public. • CAA Lyon, 18 oct. 2011, *Club hippique Alpes*, n° 11LY00780 : *Rev. CMP 2011, n° 355, note Llorens* ; *JCP Adm. 2012. 2325, obs. Chamard-Heim.* ♦ Un stade municipal ouvert aux établissements scolaires et mettant en œuvre des actions d'éducation, d'intégration et de cohésion sociale est affecté au service public de promotion et de développement du sport. • CAA Nantes, 15 nov. 2013, *Stade nantais université et a.*, n° 11NT02688 : *AJDA 2014. 562, note Lagarde* ; *Rev. CMP 2015. Chron 2, obs. Llorens et Soler-Couteaux.* ♦ Des câbles de fibre optique sont affectés au service public local des communications électroniques. • CAA Nantes, 17 avr. 2015, *Sté France Telecom*, n° 13NT00245 : *Rev. CMP 2015, n° 155, note Ubaud-Bergeron* ; *CMP mars 2016. 40, chron. Llorens et Soler-Couteaux.* ♦ Un camping municipal est affecté au service public du développement économique et touristique de la commune en cause ; le snack-bar qui s'y trouve établi occupe donc le domaine public. • CAA Marseille, 15 mars 2016, *F. c/ Cne de Narbonne*, n° 14MA04808. ♦ Des bâtiments à usage de base nautique sont également affectés à une activité de service public. • CAA Lyon, 25 févr. 2016, *Assoc. Les régates sénonaises*, n° 15LY01792 : *DP sport avr. 2016, p. 8, obs. Rémy* • CAA Lyon, 21 avr. 2016 *Assoc. Les régates sénonaises*, n° 16LY00380. ♦ De même, pour un ancien garage municipal non déclassé mis à disposition d'une ACCA. • CAA Lyon, 16 févr. 2016, *B. c/ Cne de Faverolles*, n° 15LY00348. ♦ *A contrario*, les carrières des Baux-de-Provence n'appartiennent pas au domaine public, faute d'affectation à un service public, alors même qu'elles sont mises à la disposition d'une société y organisant des spectacles audiovisuels qui contribuent à l'animation de la commune et revêtent de ce fait un caractère d'intérêt général. • CE 15 févr. 2016, *Sté Cathédrale d'images*, n° 384228 B : *AJCT 2016. 331, note Noual* ; *AJDA 2016. 347, obs. Pastor* ; *Rev. CMP 2016. Comm. 108, obs. Eckert* ; *ibid. 2017. Chron. 1, obs. Eckert* ; *ibid. mars 2017, chron. Llorens et Soler-Couteaux* ; *Dr. adm. 2016. Comm. 29, note Brenet* ; *JCP Adm. 2016. 2183, note Pauliat* ; *RDI 2016. 472, obs. Foulquier* . ♦ Sur les suites de l'affaire, • CAA Marseille, 9 mai 2016, *SARL Cathédrale d'images*, n° 15MA01074 : *Rev. CMP 2016. Comm. 182, note Eckert* • Civ. 1re, 31 janv. 2018, n° 15-28.352 : *Dalloz IP/IT 2018. 425, note Mouron* . ♦ Faute d'affectation, le site touristique dit « château de Montauban » n'appartient pas au domaine public ; la convention relative à sa mise en valeur est dès lors soumise au droit privé et à la compétence judiciaire. • CE 9 déc. 2016, *Cne de Fontvieille*, n° 396352 : *BJCP 2017. 117, concl. Pellissier, obs. Nicinski* ; *Dr. adm. 2017. 38, note Hansen* • CAA Marseille, 29 mai 2017, *B. c/ Cne de Fontvieille*, n° 16MA04745 : *Rev. CMP 2017. Comm. 216, note Eckert* ; *ibid. 2018. Chron. 7, obs. Soler-Couteaux, Zimmer et Waltuch.*

5. L'appartenance d'un bien au domaine public ne se présume pas et résulte de son affectation. • Civ. 1re, 4 nov. 2010 : *JCP Adm. 2011. 2239, chron. Chamard-Heim.* ♦ La partie soutenant qu'un bien appartient au domaine public doit apporter des éléments de preuve au soutien de cette affirmation. • CAA Marseille, 7 févr. 2012, *RFF*, n° 10MA01858 : *AJDA 2012. 1060, concl. Deliancourt* • CAA Nantes, 15 mars 2017, *Épx B. c/ Cne de Pluméliau*, n° 15NT01299.

6. Critère de l'aménagement spécial puis indispensable. Aménagement spécial. Notion d'aménagement spécial. Le raccordement des terrains aux voies fluviales, ferrées ou routières contribue à l'aménagement de l'ensemble portuaire. • CE 19 oct. 1956, *Sté Le Béton : préc. note 4.* ♦ La proximité d'un garage utilisé par les usagers de la SNCF relativement à une gare contribue à ce qu'il soit spécialement aménagé pour les besoins du service public ferroviaire. • CE 5 févr. 1965, *Sté lyonnaise de transports*, n° 119801 : *Lebon 76* ; *RDI 1993. 349, obs. Auby* ; *RD publ. 1965. 493, concl. Galmot.* ♦ V. aussi • CE 8 mars 1993, *SARL Villedieu*, n° 119801 : *Lebon T. 759* ; *JCP. 1993. IV. 37.* ♦ Avant 2006, l'aménagement pouvait résulter du simple entretien d'une dépendance (solution douteuse aujourd'hui). • CE 30 mai 1975, *Gozzoli : préc. note 4.* ♦ ... De la pose d'installations légères comme une chaîne. • CE 11 mai 1959, *Dauphin : préc. note 4.* ♦ En revanche, un château doté d'un donjon classé monument historique ne fait pas partie du domaine public car les travaux de réfection et de débroussaillage dont il a fait l'objet ont paru insuffisants pour le considérer comme spécialement aménagé à un service public culturel. • CE 8 févr. 1989, *Leparoux : CJEG 1989. 366.* ♦ Un terrain dans lequel est enterrée une canalisation d'eau ayant la qualité de bien domanial public ne fait pas lui-même partie du domaine public, car il n'entretient qu'un rapport spatial de juxtaposition avec cette canalisation dans la mesure où il est dépourvu de tout aménagement, tel un regard pouvant servir à l'entretien de celle-ci. • CE 8 août 1990, *Min. Urbanisme*, n° 66644 : *AJDA 1990. 909, note Teboul* ; *CJEG 1991. 5, note Sablière, concl. Frydman.* ♦ Si des aménagements spéciaux confèrent le caractère de domaine public à une réserve naturelle, les parcelles ne comportant aucun aménagement susceptible de les inclure dans le domaine public font partie du domaine privé. • CE 9 mai 2005, *Synd. mixte pour la protection et la gestion de la Camargue gardoise*, n° 265227 : *AJDA 2005. 1700*. ♦ V. aussi, • CE 28 sept. 2011, *Jullian c/ Synd. mixte protection et gestion Camargue gardoise*, n° 343690 : *AJDA 2012. 1449, note Fuchs-Cessot ; AJCT 2011. 577, note Coronat ; JCP Adm. 2012. 2170, chron. Chamard-Heim.* ♦ Un domaine de ski de fond fait partie du domaine privé, pour la même raison. • CAA Lyon, 10 oct. 2019, *Assoc. Vent du Haut Forez : préc. note 4.* ♦ Le Conseil d'État applique encore l'exigence d'un aménagement spécial pour les dépendances affectées à l'usage direct du public, s'agissant des situations juridiquement constituées avant l'entrée en vigueur du CGPPP. • CE 5 déc. 2016, *A. c/ Cne de Fresnes-sur-Marne*, n° 401013 • 17 oct. 2018, n° 415854 : *Dr. voirie 2018, n° 205, p. 152, concl. Victor.*

Aménagement indispensable. Sont affectés à des services publics et font l'objet d'aménagements indispensables à l'exécution des missions de ces services les éléments suivant du Domaine national de Chambord : le château, ses parterres et le plan d'eau, la mairie, la salle des fêtes, l'ancien pigeonnier, le cimetière et le mur d'enceinte. • CE, avis, 19 juill. 2012, n° 386715 : *AJDA 2013. 1789, étude Melleray*. ♦ Ne constitue pas un aménagement indispensable l'apposition de panneaux d'information sur un site naturel. • CAA Douai, 24 sept. 2013, n° 12DA00572 : *AJDA 2014. 261*. ♦ Une piste de ski, qui n'a pu être ouverte qu'en vertu de l'autorisation d'aménagement prévue à l'art. L. 473-1 C. urb., a fait l'objet d'un aménagement indispensable à son affectation au service public de l'exploitation des pistes de ski : elle fait donc partie, en application de l'art. L. 2111-1 CGPPP, du domaine public dès lors qu'elle appartient à une collectivité publique. • CE, sect., 28 avr. 2014, *Cne de Val-d'Isère*, n° 349420 : *préc. note 4.* ♦ Des aménagements ne suffisent pas à faire entrer une parcelle dans le domaine public dès lors qu'elle n'est affectée ni à l'usage direct du public ni à un service public. • T. confl. 19 mai 2014, *Dpt du Nord, n° 3942 : Lebon T. 834 ; JCP Adm 2014. Actu. 439, obs. M.-T. D. ; Dr. adm. 2014. 59, note Éveillard.* ♦ V., dans le même sens : • T. confl. 13 oct. 2014, *SA Axa France IARD*, n° 3963 : *Lebon 471 ; AJDA 2014. 2031, obs. de Montecler ; ibid. 2180, chron. Lessi et Dutheillet de Lamothe ; RFDA 2014. 1068, concl. Desportes ; Rev. CMP 2014, n° 322, obs. Eckert ; BJCP 2015. 11, concl. Desportes ; JCP Adm 2015. 2010, note Pauliat ; Rev. CMP 2015. Chron 3, obs. Llorens et Soler-Couteaux ; RD publ. 2015. 869, étude Basset.* ♦ Faute d'aménagement en vue de l'accueil des élèves d'un établissement agricole, une exploitation rurale servant de « ferme pédagogique » est manifestement insusceptible d'appartenir au domaine public. • CE 28 avr. 2017, *Région Centre-Val de Loire*, n° 400054 : *Rev. CMP 2017. Comm. 198, note Pietri.* ♦ En revanche, le site dit des Frigos, à Paris, est affecté à l'accueil d'activités artistiques et culturelles, qui constitue une mission de service public, et il a fait l'objet d'aménagements indispensables à cet effet ; il relève en conséquence du domaine public. • CAA Paris, 26 sept. 2017, *Mme D.*, n° 16PA01540. ♦ Le juge administratif exige un aménagement d'une certaine importance, appréciée au cas par cas, pour intégrer les biens dans le domaine public. Moyennant quoi, des sites aménagés a minima pour la pratique de sports de nature restent dans le domaine privé • CAA Marseille, 14 sept. 2018, *E. c/ St-Léger-de-Peyre*, n° 17MA01609 : *Rev. CMP 2018, comm. 254, obs. Hoepffner, chron. 7, obs. Soler-Couteaux, Zimmer et Waltuch ; JCP Adm. 2018, n° 43, chron. Yolka* • CAA Lyon, 10 oct. 2019, *Assoc. Vent du Haut Forez*, nos 17LY02627 et 19LY00270 : *Dr. voirie 2020, n° 212, note Yolka ; JCP Adm. 2019. 2343, idid).* ♦ Et l'existence d'un point d'accueil et d'orientation du public ne révèle pas un aménagement indispensable qui ferait entrer des volumes à usage de bureaux dans le domaine public. • CE, 23 janv. 2020, *Sté JV Immobilier et a. c/ Cne de Bussy-Saint-Georges : préc. note 3.* ♦ Il exige aussi parfois, pour retenir la domanialité publique, un aménagement directement lié à l'exploitation du service • CE, 17 juin 2015, *B. c/ Cne Ploërmel*, n° 382692 : *AJCT 2015. 601, obs. Josselin et Logéat ; Cahiers dr. sport 2015, p. 103, note Colin ; Rev. CMP 2016, n° 3 chron. Llorens et Soler-Couteaux.*

7. Domanialité publique par anticipation. Avant l'entrée en vigueur du CGPPP, l'aménagement spécial pouvait être simplement virtuel, dès lors que la dépendance était destinée par les parties intéressées à être aménagée pour être affectée à un service public. • CE 6 mai 1985, *Assoc. Eurolat-Crédit Foncier de France : Lebon 141 ; AJDA 1985. II. 620, note Fatôme et Moreau ; GDDAB, 2e éd., 2015. Comm. 9, note Yolka ; RFDA 1986. 26, concl. Genevois ; LPA 23 oct. 1985, note Llorens.* ♦ V. également • CE, sect., 31 janv. 1995, avis n° 356960 : *EDCE 1995, n° 47, p. 407 ; AJDA 1997. 126, chron. Fatôme et Terneyre ; EDCE, n° 47, p. 407 ; GACE, n° 26, note Fatôme et Terneyre ; GDDAB, 2e éd., 2015, n° 62, comm. Melleray ; RDI 1996. 554, obs. Auby et Maugüé* • CE 1er févr. 1995, *Préfet de la Meuse : LPA 26 janv. 1996, n° 12 ; RFDA 1995. 413 ; Dr. adm. 1995, n° 261.* ♦ Pour des exemples de limites au jeu de la domanialité publique virtuelle. • CAA Paris, 27 sept. 2001, *Institut de France*, n° 00PA01633 : *Dr. adm. 2002, n° 28 ; RFDA 2003. 67, note Marcus et Perrin* • CE 29 nov. 2004, *Sté des Autoroutes du Sud de la France*, n° 234129 : *Lebon T. 687 ; AJDA 2005. 1182, note Ubaud-Bergeron*. ♦ Cette théorie a continué de s'appliquer uniquement à des situations juridiques constituées avant l'entrée en vigueur du CGPPP. – V. • CE 21 déc. 2006, *Centre de rééducation cardio-respiratoire de Menton,* n° 297448 : *Ann. voirie 2007. 107, note Amadéi ; JCP Adm. 2007. 10, note Yolka.* ♦ Rejetant la domanialité publique d'un terrain acquis en 2008 et n'ayant même pas fait l'objet d'un projet d'aménagement. • T. confl. 11 déc. 2017, *Bernard C. et a. c/ Région Réunion,* n° 4102. ♦ V. également, à propos d'un bien acquis par une commune, affecté à un usage privatif et commercial, et dans lequel la commune voulait installer les services de la mairie. • CAA Versailles, 29 oct. 2009, *Cne de Saint-Cyr-ss.-Dourdan,* n° 08VE02560. ♦ V. aussi • CAA Bordeaux, 28 déc. 2009, *Assoc. du comité des fêtes de Lavignolle-de-Salles,* n° 09BX01310 : *préc. note 1.* ♦ Pour des faits antérieurs à l'entrée en vigueur du code, mais s'étant déroulés en Nouvelle-Calédonie, où le code n'est pas applicable. • CE 24 juin 2011, *SAS Magenta Développement,* n° 337191 : *JCP Adm. 2012. 2170, chron. Chamard-Heim.* ♦ Elle joue encore, plus largement, pour le « stock » (autrement dit, les affaires concernant des biens entrés dans le domaine public avant l'entrée en vigueur de la partie législative du CGPPP), mais plus – en tout cas, dans toute sa rigueur – pour le « flux » (celles intéressant les biens susceptibles d'être entrés dans le domaine public après cette date). • CE 8 avr. 2013, *Assoc. ATLALR,* n° 363738 : *Lebon 58 ; AJDA 2013. 764, obs. Grand ; AJCT 2013. 347, obs. Defix ; Dr. adm. 2013, n° 50, note Leleu ; JCP Adm. 2013. Actu. 368, obs. L. E. ; ibid. 2172, note Chamard-Heim* • 1er oct. 2013, *Sté Espace Habitat Construction,* n° 349099 : *Lebon T. 695 ; ACCP 2013. 14, obs. Jouguelet ; AJDA 2013. 2275, note Giacuzzo ; BJCP 2014. 32, concl. Daumas ; Dr. adm. 2013. 80, note Brenet ; JCP Adm. 2014. 2196, note Pauliat ; Rev. CMP 2013. 322, comm. Devillers ; ibid. 2015. Chron 2, obs. Llorens et Soler-Couteaux ; RLCT nov. 2013. 36, note Mondou* • CE 11 mai 2016, *Cté urb. Marseille-Provence-Métropole,* n° 390118 : *préc. note 4* • T. confl. 14 nov. 2016, *Assoc. Mieux vivre à Béziers et son agglomération, tourisme et loisirs,* n° C-4068 : *Lebon T. ; AJCT 2017. 167, obs. Defix ; AJDA 2016. 2302, obs. Pastor ; ibid. 2017. 234, note Monot-Fouletier ; Rev. CMP 2017. Comm. 22, note Eckert ; ibid. mars 2017, chron. Llorens et Soler-Couteaux ; Dr. adm. 2017. 12 ; JCP Adm. 2016. Actu. 936, obs. Erstein ; ibid. 2017. 2036, chron. Martin et Pellissier.* ♦ Un moyen terme entre la situation antérieure à 2006 et l'abandon pur et simple de toute anticipation a finalement été recherché par le Conseil d'État : « quand une personne publique a pris la décision d'affecter un bien qui lui appartient à un service public et que l'aménagement indispensable à l'exécution des missions de ce service public peut être regardé comme entrepris de façon certaine, eu égard à l'ensemble des circonstances de droit et de fait, telles que, notamment, les actes administratifs intervenus, les contrats conclus, les travaux engagés, ce bien doit être regardé comme une dépendance du domaine public ». • CE 13 avr. 2016, *Cne de Baillargues,* n° 391431 : *Lebon ; AJDA 2016. 750, obs. Pastor ; ibid. 1171, chron. Dutheillet de Lamothe et Odinet ; BJCL 2016. 348, concl. Escaut, obs. Tessier ; Rev. CMP 2016. 1, obs. Llorens et Soler-Couteaux ; ibid. mars 2017, chron. Llorens et Soler-Couteaux ; Dr. adm. 2016, comm. 53, note Éveillard ; GDDAB, 3e éd., 2018, comm. 9, obs. Yolka ; JCP Adm. 2016. Actu. 363, obs. Touzeil-Divina ; ibid. 2124, note Hansen ; JCP 2016. 1672, chron. Éveillard ; JCP N 2016. 1244, étude Fatôme et Leonetti.* ♦ En tirant les conséquences (en faveur de la domanialité publique) dans l'affaire en cause. • CE 29 mai 2017, *A. et a. c/ Cne de Baillargues,* n° 401884 : *Rev. CMP 2017. Comm. 220, note Soler-Couteaux ; Rev. CMP 2018. Chron. 7, obs. Soler-Couteaux, Zimmer et Waltuch.* ♦ Pour une application dans le contentieux de l'expulsion. • CE 22 mai 2019, *Assoc. Les Familles A...B...C... du Gard c/ Cne de Langlade,* n° 423230 B : *AJCT 2019. 470, note Defix ; AJDA 2019. 1134, obs. Maupin ; Rev. CMP 2019, comm. 278, obs. Soler-Couteaux ; Dr. voirie 2019, n° 209, p. 153, note Roux.*

8. *Application dans le temps des nouveaux critères du domaine public et référence à l'aménagement spécial pour les « stocks ».* Référence à l'aménagement spécial (absent, en l'espèce), à propos d'un accident survenu en 2000. • T. confl. 22 oct. 2007, *Mlle Doucedame c/ Dpt des Bouches-du-Rhône : Lebon 607 ; AJDA 2007. 2454 ; ibid. 2008. 1145, étude Canedo-Paris ; BJCL 2008. 276, concl. Duplat, obs. M. D. ; Dr. adm. 2008, n° 53 ; Envir. 2008. Comm. 69 ; JCP Adm. 2008. Actu. 230 ; RLCT avr. 2008. 24, note Glaser ; GADE 2017. Comm. 3, obs. Naim-Gesbert ; GDDAB, 3e éd., 2018. Comm. 75, obs. Chamard-Heim ; RFDA 2008. 401 .* ♦ Un litige intervenu en 2000 justifie l'application des critères antérieurs à l'entrée en vigueur du code. • CE, sect., 28 déc. 2009, *Sté Brasserie du Théâtre,* n° 290937 : *Lebon 528 ; JCP 2010. 125, concl. Olléon ; AJDA 2010. 6 ; ibid. 841, note Févrot ; Dr. adm. 2010, n° 22, obs. Melleray ; Rev. CMP 2010, n° 190, note Touzeau ; JCP Adm. 2010. 2197, note Chamard-Heim ; BJCL 2010. 274, concl. Olléon et note Martin.* ♦ Des biens qui faisaient partie du domaine public avant l'entrée en vigueur du code n'en sortent pas avec l'entrée en vigueur des nouvelles dispositions. • CAA Lyon, 29 avr. 2008, *Sté Boucheries André c/ RFF,* n° 07LY02216 : *AJDA 2008. 2338, note Andréani ; RDI 2008. 552, note Févrot* • CE 28 juill. 2017, *Min. Int.,* n° 395911 : *Lebon T. ; AJDA 2017. 1594, obs. Pastor ; Rev. CMP 2018. Chron. 7, obs. Soler-Couteaux, Zimmer et Waltuch ; JCP Adm. 2017. Actu. 561, obs. Friedrich.* ♦ Confirmant qu'en l'absence de toute disposition en ce sens l'entrée en vigueur de la partie législative du CGPPP n'a pu, par elle-même, avoir pour effet d'entraîner le déclassement de dépendances qui appartenaient antérieurement au domaine public et qui, depuis le 1er juill. 2006, ne rempliraient plus les conditions désormais fixées par son art. L. 2111-1. Il convient donc de distinguer entre le « stock » (pour lequel les critères jurisprudentiels classiques continuent à s'appliquer) et le « flux » (à l'égard duquel la nouvelle définition législative s'applique). • CE 3 oct. 2012, *Cne de Port-Vendres,* n° 353915 : *Lebon T. 742 ; AJDA 2012. 1882, obs. de Montecler ; ibid. 2013. 471, note Fatôme, Raunet et Leonetti ; JCP Adm. 2012. 666, obs. M. T.-D. ; ibid. 2013, n° 10, chron. Chamard-Heim ; RLCT 2012, n° 84, note Glaser ; BJCL 2013. 44, concl. Dacosta et note Ch. M. ; AJCT 2013. 42, note Grimaud* • 8 avr. 2013, *Assoc. ATLALR : préc. note 7* • 17 oct. 2018, n° 415854 : *Dr. voirie 2018, n° 205, p. 152, concl. Victor.* ♦ V. également : • CE 11 déc. 2001, *Mme Perreau-Polier : Lebon T. 734 ; AJDA 2009. 828, note Févrot ; Dr. adm. 2009, n° 25 ; GDDAB, 3e éd., 2018. Comm. 7, obs. Chamard-Heim ; RLCT avr. 2009. 42, note Mondou ; RJEP 2009, n° 27, note Chamard-Heim* • 6 mars 2015, *Min. Int.,* n° 368489 • 8 nov. 2019, *Assoc. Club seynois multisport,* n° 421491 B : *AJDA 2019. 2276, obs. Pastor ; BJCL 2019. 778, concl. Victor ; Rev. CMP 2020, n° 1, comm. n° 20, obs. Soler-Couteaux ; Dr. voirie 2019, p. 246, concl. ; JCP Adm. 2019. Actu. 733, obs. Touzeil-Divina ; JCP Adm. 2020. 2030, n° 25, chron. Martin, Pellissier et Vila* ♦ Parmi de nombreux arrêts d'application : • CAA Paris, 12 déc. 2019, *SARL Kuendu Dive Safari,* n° 18PA00421 • CAA Paris, 12 déc. 2019, *Sté Parc Auto,* n° 18PA03023 • CAA Lyon, 10 oct. 2019, *Assoc. Vent du Haut Forez,* nos 17LY02627 et 19LY00270 : *Dr. voirie 2020, n° 212 ; JCP Adm. 2019, n° 48, note crit. Yolka* • CAA Marseille, 12 mars 2015, *Cté urb. Marseille Provence Métropole,* n° 14MA03803 : *AJDA 2015. 2039, note Foulquier ; Rev. CMP 2016. 41, chron. Llorens et Soler-Couteaux ; Defrénois 2016. 223, note Borel.* ♦ Application de la théorie de la domanialité publique virtuelle à des faits qui se sont produits avant l'entrée en vigueur du code. • CAA Marseille, 6 mai 2019, *Sté TDF,* n° 17MA04486 • CAA Versailles, 29 oct. 2009, *Cne de Saint-Cyr-sous-Dourdan : préc. note 7* • TA Nice, 6 mars 2013, *CH de Menton La Palmosa : BJCL 2013. 341, concl. Laso et obs. M. D.* ♦ Conf. par • CE 29 juin 2015, *Sté Érilia,* n° 368299. ♦ Application de l'ancien critère de l'aménagement spécial à un bien désaffecté en 2002, et jamais déclassé. • CE 7 mai 2012, *SCP Mercadier et Krantz,* n° 342107 : *préc. note 4.* ♦ ... Ou à un foyer-logement pour personnes âgées. • CAA Marseille, 29 janv. 2016, *B. c/ Cne de Bollène,* n° 14MA01011. ♦ A défaut d'acte juridique de classement dans le domaine public fluvial, il appartient au juge, pour déterminer si un port intérieur fait partie du domaine public, de vérifier s'il est affecté à l'usage direct du public ou s'il est affecté à un service public et spécialement aménagé en vue de ce service public. • CE 21 oct. 2015, *Cté d'agglom. du lac du Bourget : Lebon T. ; AJDA 2015. 2010, obs. Pastor ; ibid. 2016. 323, note Kernéis-Cardinet ; JCP Adm. 2015. Actu. 895 ; JCP N 2015. Actu. 1063, obs. Touzeil-Divina ; CMP déc. 2015. Comm. 291, obs. Eckert ; ibid. mars 2016. 42, chron. Llorens et Soler-Couteaux ; JCP Adm. 2015. 2361, note Hansen.* ♦ Tel est le cas de la création d'un port de plaisance visant à permettre la pratique d'une activité de loisirs dans un site à vocation touristique et pour lequel la communauté d'agglomération a fait réaliser des aménagements spéciaux tels que des emplacements pour le stationnement des bateaux (arrêt de renvoi). • CAA Lyon, 31 mai 2016, *Cté d'agglom. du lac du Bourget,* n° 15LY03503 : *Rev. CMP 2016. Comm. 215, obs. Hoepffner.*

9. Approche globale et dissociabilité. Domanialité publique globale. Dans la mesure où le palais des sports et des congrès de la commune est un bâtiment unique dont les différentes parties sont desservies par des escaliers et ascenseurs communs et où les locaux à usage de cinéma occupés par la société ne peuvent être regardés comme divisibles du reste de l'immeuble, celui-ci, dans son ensemble affecté à un service public en vue duquel il a été spécialement aménagé, fait partie du domaine public. • CE 25 mai 2005, *Sté des cinémas Huez-Chamrousse,* n° 274683 : *Mon. TP 19 août 2005. 206 ; AJDA 2005. 1804 ; Rev. CMP 2005, nos 7-8, p. 33, note Eckert.* ♦ Pas de divisibilité par rapport au reste de l'édifice d'une salle des ventes située dans l'immeuble abritant le siège du Crédit municipal de Paris. • CE 13 déc. 2006, *SARL Le Dôme du Marais : AJDA 2007. 1092 ; BJCL 2007. 85, concl. Olléon ; BJCP 2007. 244 ; JCP Adm. 2006. 1700, obs. Rouault.* ♦ Application de la domanialité globale au domaine national de Chambord. • CE, avis, 19 juill. 2012, n° 386715 : *préc. note 3.* ♦ Domanialité publique de locaux donnés à bail, situés dans une enceinte entièrement affectée au service public hospitalier. • Civ. 1re, 4 nov. 2010, n° 09-70.284 : *Rev. CMP 2011. Comm. 57, obs. Zimmer ; D. 2010. 2651 ; JCP Adm. 2011, n° 2254, chron. Logéat* • CAA Nancy, 28 mars 2013, *A. c/ CH Châlons-en-Champagne,* n° 11NC01928 : *Rev. CMP 2013. Comm. 161, obs. Ubaud-Bergeron.* ♦ Dans le même sens, domanialité publique de locaux à usage de snack-restaurant, situés dans un ensemble immobilier comprenant des équipements sportifs dont ils sont indivisibles. • CE 3 juin 2013, *B. A. c/ Cne de Nouméa,* n° 361697. ♦ Domanialité publique d'une parcelle supportant un « club-house » à proximité immédiate d'une zone portuaire. • CAA Paris, 8 févr. 2018, *SARL Le bout du monde,* n° 16PA03943. ♦ Domanialité publique d'un logement de fonction situé dans l'enceinte d'un établissement scolaire. • CAA

Marseille, 24 mai 2017, *B. c/ Cne du Pradet*, n° 15MA04422. ♦ Même solution pour un ancien logement de fonction non déclassé situé dans l'enceinte d'une école. • CAA Bordeaux, 20 déc. 2018, *C. c/ Cne de Laruscade*, n° 16BX03266 : *Rev. CMP 2019, comm. 93, obs. Soler-Couteaux.* ♦ Ou pour un immeuble non déclassé qui concourt au fonctionnement d'ensemble d'un port de plaisance • CAA Marseille, 13 déc. 2019, *E. c/ Cne St-Cyprien*, n° 19MA01171. ♦ Ou pour une parcelle qui supporte une statue de la Vierge Marie, pourtant située à 2 km d'une église, mais supposée en être fonctionnellement – et miraculeusement ? – indissociable, • TA Grenoble, 3 oct. 2019, *H. et a. c/ Cne St-Pierre d'Alvey*, n° 1603908 : *Dr. adm. 2019, Alertes 173 ; JCP Adm. 2019, Actu. 654, obs. Erstein ; JCP Adm. 2019. 2322, note Bénelbaz.* ♦ Dissociabilité : Un logement de fonction situé dans un immeuble dont le rez-de-chaussée appartient au domaine public en est dissociable car il ne concourt pas au service public auquel celui-ci est affecté. • CE 24 janv. 1990, *Boulier : CJEG 1990. 238, note Sablière.* ♦ V. aussi • CE 4 nov. 1987 : *CCI de Bordeaux : CJEG 1988. 321, note Sablière ; Rev. adm. 1987. 549, note Terneyre* • CAA Paris, 18 mars 1999, *Région Île-de-France*, n° 97PA00803 : *RFDA 1999. 1069* • CE 11 déc. 2008, *Perreau-Polier*, n° 309260 B : *AJDA 2009. 828, note Févrot ; Dr. adm. 2009. 25 ; GDDAB, 3e éd., 2018. Comm. 7, obs. Chamard-Heim ; RJEP 2009. 20, note Chamard-Heim ; RLCT avr. 2009. 42, obs. Mondou* • CAA Versailles, 20 juill. 2017, *D. c/ Dpt Hauts-de-Seine*, n° 15VE03863. ♦ Dissociabilité de locaux situés au-delà des barrières délimitant un camping municipal. • CE 29 mai 2019, *Synd. intercomm. du camping de Donville-Granville : JCP A 2019, 2216, obs. de Gaudemar* • CAA Bordeaux, 11 oct. 2016, *Cne Naujac-sur-Mer*, n° 14BX01457. ♦ … De locaux utilisés pour des services de restauration hébergés dans les mêmes immeubles que des services publics. • CE, 28 déc. 2009, n° 290937, *Sté Brasserie du Théâtre : JurisData n° 2009-017290 ; AJDA 2010. 6, obs. Pastor ; BJCL 2010. 274, concl. Olléon, obs. Martin ; BJCP 2010. 125, concl., p. 133, obs. Maugüé ; Rev. CMP 2010, comm. 190, note Touzeau ; Dr. adm. 2010, comm. 22, note Melleray ; Gaz Pal 14-16 mars 2010, p. 12, note Seiller ; JCP A 2010, Act. 42, obs. Dubreuil ; JCP A 2010, n° 24, p. 32, note Chamard-Heim ; JCP 2010, p. 678, chron. Plessix ; RFDA 2010. 217* • CAA Bordeaux, 5 janv. 2012, *Philippe X. c/ Cté de cnes du canton d'Oust*, n° 10BX01571 • CAA Marseille, 30 juill. 2013, *Assoc. « Demain c'est aujourd'hui »* n° 12MA04828, ♦ … D'aménagements à des fins touristiques sur le toit-terrasse de l'église fortifiée des Saintes-Maries-de-la-Mer. • CE 20 juin 2012, *Cne Saintes-Maries-de-la-Mer*, n° 340648 : *JCP Adm. 2012. 2390, note Dieu ; JCP 2012. Actu. 1329, obs. Touzeil-Divina ; ibid. 2380, chron. Eveillard ; RDP 2012. 1573, note Pauliat ; RFDA 2012. 821, concl. Cortot-Boucher , Ibid. 826, note Morange* ♦ … D'un local loué à une association musulmane dans un bâtiment partiellement utilisé par un centre hospitalier. • CE 7 mars 2019, *Cne Valbonne*, n° 417629 : *AJCT 2019. 305, note Juilles ; AJDA 2019. 551, obs. de Montecler ; ibid. 980, chron. Malverti et Beaufils ; Rev. CMP 2019, comm. 167, note Soler-Couteaux ; ibid., Chron. 6, obs. Soler-Couteaux, Zimmer et Waltuch ; Dr. adm. 2019, n° 35, note Eveillard ; Dr. voirie 2019, p. 62, concl. Victor ; JCP Adm. 2019. Actu. 178, obs. Erstein ; ibid. 2108, note crit. Chamard-Heim ; JCP G 2019. 1870, chron. Eveillard.).* ♦ De terrains variés jouxtant des emprises du domaine public. • CE 28 sept. 2011, *A. c/ Synd. mixte protection et gestion de la Camargue gardoise*, n° 343690 • CAA Douai, 6 nov. 2014, *B. c/ Cne Worhmout*, n° 13DA00908 • CAA Marseille, 17 mai 2019, *D. et a. c/ VNF*, n° 17MA03213 : *Rev. CMP 2019, comm. 282, obs. Muller et Chron. 6, obs. Soler-Couteaux, Zimmer et Waltuch, n° 7.* ♦ **Interrogation** – Selon certains commentateurs, • CE 28 avr. 2014, *Cne de Val-d'Isère*, n° 349420 : *préc. note 4*, aurait mis fin à la « domanialité publique par contagion » (Foulquier), en vertu de laquelle l'affectation d'une parcelle publique à un service public la fait entrer entièrement dans le domaine public, même quand l'ouvrage qui en constitue l'aménagement n'en occupe qu'une faible partie et que le surplus n'en est pas l'accessoire utile • CE 19 juin 2006, *Ville de Lyon*, n° 266263 : *AJDA 2006. 1686* • CE 19 juill. 2010, *André A. c/ Cne Mecleuves*, n° 329199 • CAA Douai, 25 mai 2004, *Cne de Hersin-Coupigny*, n° 01DA00199 : *AJDA 2004. 1668* . ♦ Cette interprétation mériterait cependant d'être confirmée en jurisprudence. *Contra*, par ex., • CAA Nancy, 23 janv. 2014, *SARL Cité des Artisans*, n° 13NC00548 : *AJDA 2015. 884, note Foulquier* • Marseille, 15 déc. 2015, *Cté agglom. Montpellier*, n° 14MA02488 : *AJDA 2016. 616, concl. Deliancourt* . ♦ V. aussi jurisp. citée ss. l'art. suivant.

10. Compétence du juge administratif. Il n'appartient, en l'absence de toute contestation portant sur les titres de propriété, qu'à la juridiction administrative de se prononcer sur l'existence, l'étendue et les limites du domaine public. V. par ex : • CE 25 mai 2005, *Sté des cinémas Huez-Chamrousse*, n° 274683 : *préc. note 9* • 5 déc. 2016, n° 401013 • 17 oct. 2018, n° 415854 : *Dr. voirie 2018, n° 205, p. 152, concl. Victor.* ♦ V. aussi • CAA Paris, 4 avr. 2006, *Mme Mercier*, n° 04PA02037 : *AJDA 2006. 1294* . ♦ Lorsqu'il est saisi d'une question préjudicielle relative à l'appartenance d'une parcelle au domaine public, il revient au juge administratif de se prononcer sur l'existence, l'étendue et les limites du domaine public, même en l'absence d'acte administratif délimitant ledit domaine, le cas échéant avant que la question de la propriété ne soit tranchée au principal par le juge judiciaire. • CAA Bordeaux, 13 juill. 2017, *Cne de Verdun-sur-Garonne,* n° 15BX01570. ♦ Le contentieux de la délimitation du lit d'un cours d'eau domanial (la Durance) appartient au juge administratif. • T. confl. 23 janv. 1978, *Schwartz : Lebon 644 ; CJEG 1978. 63, note Virole ; D. 1978 IR 356, obs. Delvolvé.* ♦ Il en est de même pour celui de la délimitation du canal du Midi. • CE 3 mai 1963, *Min. Travaux publics c/ Boudet : AJDA 1963. 489, note Homont.* ♦ ... Ou de la délimitation du domaine public maritime. • CAA Marseille, 30 mai 2000, *Ferraud : Dr. adm. 2001, n° 9* • CE 19 mars 2003, *Cts Temple-Boyer,* n° 228229 : *Lebon T. 962 .* ♦ En l'absence d'acte de délimitation, il appartient au juge administratif de fixer les limites du domaine public. • CE 12 oct. 1973, *Kreitmann : Lebon 563 ; RD publ. 1974. 1150, concl. Gentot ; AJDA 1973. 586, chron. Franc et Boyon ; D. 1975. 164, note Distel ; CJEG 1974. 21, note Pleven.* ♦ Un particulier ne saurait prétendre à ce qu'il soit procédé contradictoirement à la délimitation du domaine public maritime entre l'administration et les propriétaires riverains. En conséquence, il n'est pas recevable à demander au tribunal administratif la désignation en référé d'un géomètre-expert à cette fin. • CAA Marseille, 30 mai 2000 : *préc.* ♦ L'autorité administrative n'est pas tenue de faire droit à une demande de délimitation présentée par une association. • CE 13 févr. 2002, *Min. Équip. c/ Assoc. défense de Golfe-Juan-Vallauris,* n° 235326 : *Lebon T. 715 .*

11. Office du juge administratif des référés. Saisi d'une demande d'expulsion d'un occupant d'une dépendance appartenant à une personne publique, le juge administratif doit, pour déterminer sa compétence, vérifier que cette dépendance relève du domaine public à la date à laquelle il statue. Il lui appartient à cette fin de rechercher si cette dépendance a été incorporée au domaine public, en vertu des règles applicables à la date de l'incorporation, et, si tel est le cas, de vérifier en outre qu'à la date à laquelle il se prononce, aucune disposition législative ou, au vu des éléments qui lui sont soumis, aucune décision prise par l'autorité compétente n'a procédé à son déclassement. • CE 25 sept. 2013, *SARL Safran Port Édouard-Herriot,* n° 348587 : *Lebon T. 505 ; Rev. CMP 2013. 294, note Devillers ; JCP Adm. 2013. 773, obs. L. E. ; ibid. 2014. 2011, note de Gaudemar ; AJDA 2013. 1889 ; ibid. 2014. 290, note Duroy ; Rev. CMP 2015. Chron 2, obs. Llorens et Soler-Couteaux ; RLCT nov. 2013. 44, obs. Glaser.*

12. Les cours administratives d'appel sont compétentes pour connaître des jugements des tribunaux administratifs se prononçant sur l'appartenance d'un bien au domaine public. • CE 17 mars 1993, *EDF : Lebon T. 759 .* ♦ Alors même qu'à la suite d'une question préjudicielle, un bien n'a pas été rangé dans le domaine public par le juge administratif, une tierce opposition est recevable si elle est formée par une personne dont un droit a été atteint par cette qualification. C'est en particulier le cas du riverain d'une voie publique qui dispose d'un droit d'accès à celle-ci. • CE, sect., 16 déc. 2005, *Mme Kostiuk,* n° 268872 : *Lebon 582 ; AJDA 2005. 2430 ; Dr. adm. 2006, n° 51.*

13. Incompétence de principe du juge judiciaire. Il ne peut normalement se prononcer sur l'appartenance d'un bien au domaine public quand elle est contestée. • Com. 18 juill. 1949 : *Bull. cass., p. 775.* ♦ V. aussi • T. confl. 28 avr. 1980, *SCI Résidence des Perriers : Lebon 506 ; AJDA 1980. 607 ; Dr. adm. 1980, n° 217 ; GDDAB, 3e éd., 2018. Comm. 87, note Yolka* • Civ. 1re, 13 déc. 2005, n° 04-14.033 P : *AJDA 2005. 2435 ; JCP 2006. IV. 1108* • CE 25 mai 2007, *Sté Zébra auto-moto école,* n° 289751 • Civ. 1re, 30 mai 2012, *Cne du Crozet : JCP Adm. 2012. 2396, note Renard-Payen.* ♦ Lorsqu'il existe une contestation sérieuse sur l'appartenance d'un bien au domaine public, le juge judiciaire doit surseoir à statuer. • Civ. 1re, 13 déc. 2005 : *préc.* • Civ. 1re, 23 janv. 2007, n° 05-19.449 P • CE 13 nov. 2006, *SARL Le Dôme du Marais,* n° 286252 : *Lebon T. 862 ; BJCL 2007. 85, concl. Olléon ; AJDA 2007. 1092* • CAA Paris, 29 sept. 2006, *Crédit municipal de Paris,* n° 06PA02649 • Paris, 30 nov. 2007, *Cité internationale universitaire de Paris :* n° 07/02722 P : *Dr. voirie 2019, p. 257, note Yolka.* ♦ Mais quand l'incompétence du juge judiciaire au profit du juge administratif n'a pas été invoquée devant les juges du fond, le moyen est irrecevable en cassation. • Civ. 3e, 17 déc. 2015, *Cne de Cannes,* n° 13-23.234. ♦ En l'absence de voie de fait, il n'appartient pas au juge judiciaire d'enjoindre à l'administration de déclasser un bien ayant fait par erreur l'objet d'une décision de classement dans la voirie communale ; un tel classement, bien qu'illégal, n'est constitutif d'une voie de fait que s'il procède d'un acte manifestement insusceptible de se rattacher à l'un des pouvoirs de l'administration. • Civ. 3e, 16 mai 2019, *Cne de Gorrevod,* n° 17-26.210 : *AJDA 2019. 1081, obs. de Montecler ; JCP A 2019. Actu. 356, obs. Touzeil-Divina ; JCP 2018. Actu. 578, obs. idib. ; AJDA 2019. 1081, obs. de Montecler ; Rev. CMP 2019, chron. Soler-Couteaux, Zimmer et Waltuch, n° 1, 15 et 16 ; Dr. adm. 2019, n° 41, note Eveillard ; Dr. voirie 2019. 164, note Otero ; JCP Adm. 2020. 2033, note Touzeil-Divina ; JCP G 2019. Actu. 578, obs. idid ; JCP N 2019. 32, chron. Périnet-Marquet ; RDI 2019. 446, obs. Bergel ; RD rur. 2019, comm. 101, obs. Tifine.*

14. Compétence résiduelle du juge judiciaire. Le juge pénal, saisi d'une infraction au code forestier prétendument commise sur le domaine public, peut, compte tenu de sa plénitude de juridiction, rechercher si la dépendance concernée en fait partie. • Crim. 14 janv. 1959 : *Bull. crim., n° 40* • Crim. 13 oct. 2004, n° 03-81.763 P : *RFDA 2005. 105, note Lavialle*. ♦ Le juge civil peut également constater la domanialité publique d'un bien en l'absence de difficulté sérieuse : ainsi, des terrains occupés par des constructions et soustraits à l'action de la mer, comme l'attestent différents documents officiels, sont rangés à bon droit hors du domaine public maritime par une cour d'appel. • Civ. 1re, 22 janv. 1968 : *AJDA 1968. 469, note Dufau.* ♦ De même, pour une esquisse de Seurat exposée au musée du Louvre considérée comme appartenant au domaine public par la Cour de cassation (à une époque où, pourtant, cette domanialité publique n'avait rien d'évident). • Civ. 1re, 2 avr. 1963, *Montagne c/ Réunion des musées de France : AJDA 1963. 487, note Dufau ; GDDAB, 3e éd., 2018. Comm. 42, note Yolka.* ♦ Le juge civil est aussi compétent au principal ou par voie d'exception si la solution du litige implique de se prononcer sur une difficulté sérieuse touchant le droit de propriété (notamment, l'appréciation de titres de propriété). • CE, sect., 16 nov. 1960, *Cne du Bugue*, n° 44537 : *Lebon 627* • CE 8 juin 1990, *Cne du Vigen*, n° 76550 : *Dr. adm. 1990, n° 391* • 29 juin 1990, *Cts Marquassuzaa*, n° 77011 : *Lebon 188 ; LPA 9 nov. 1990, note Pacteau* • T. confl. 18 déc. 1995, *Préfet de Meaux*, n° 02992 : *Lebon 504 ; RFDA 1996. 151* • T. confl. 24 sept. 2001, *Sté B. E. diffusion*, n° 3221 : *Lebon 747 ; BJCP 2002. 61, concl. Commaret ; ibid. 66, obs. Maugüé ; CJEG 2002. 217, note Yolka ; Coll. terr. déc. 2001. 13, note Moreau ; Rev. CMP 2001. 27, note Eckert ; D. 2002. IR 40 ; Gaz. Pal. 10-11 juill. 2002. 24 ; GDDAB, 3e éd., 2018. Comm. 89, note Yolka ; JCP 2002. IV. 2128, obs. Rouault ; JCP E 2001. 1646 ; Procédures mars 2002. Comm. 62, obs. Deygas ; RFDA 2002. 425* • Civ. 3e, 9 mai 2001, *Dpt d'Indre-et-Loire*, n° 99-13.163 : *AJDI 2001. 640* • 10 mai 2001, *Cne de Nonette*, n° 99-17.771 : *AJDI 2001. 641* • CAA Bordeaux, 1er juin 2006, *Cne de Castelfranc*, n° 03BX01776 • CE 9 mai 2007, *Mme A.*, n° 279919 • CAA Bordeaux, 17 avr. 2008, *Indivision Château Ausone*, n° 06BX01095. ♦ Une cour d'appel ne peut renoncer à sa compétence en cas d'absence de contestation sérieuse sur la nature du bien. Il en est ainsi dès lors qu'il résulte des termes de l'art. 23 de la loi du 2 juill. 1990 relative à l'organisation du service public de La Poste modifiée par la loi du 11 déc. 2001 que les biens immobiliers de La Poste ne font plus partie du domaine public. • Civ. 1re, 8 févr. 2005, n° 02-20.139 P : *AJDI 2005. 327, obs. Porcheron ; JCP Adm. 2005. 1138, note Yolka.* ♦ V. également • Civ. 1re, 31 janv. 2006 : *BJCL 2006. 266, obs. Janicot.* ♦ Le juge judiciaire est également compétent si l'appartenance (ou la non-appartenance) d'un bien au domaine public est sans incidence sur la solution du litige. • Civ. 3e, 5 févr. 2008, n° 06-21.746. ♦ Cependant, viole la loi des 16-24 août 1790 et le Décr. du 16 fructidor An III, la cour d'appel qui, pour rejeter une exception préjudicielle de domanialité publique soulevée par une commune, retient que le juge judiciaire est compétent pour trancher le litige lorsqu'une personne privée conteste le droit de propriété de la collectivité et soutient qu'elle est propriétaire du bien en cause, tout en constatant, par motifs adoptés, que la fixation de la limite de propriété entre la cour litigieuse et le domaine public nécessiterait « vraisemblablement » un arrêté d'alignement pris par l'autorité administrative. • Civ. 1re, 30 mai 2012, *Cne du Crozet*, n° 11-17.654 : *JCP Adm. 2012. 2396, note Renard-Payen.*

Art. L. 2111-2 Font également partie du domaine public les biens des personnes publiques mentionnées à l'article L. 1 qui, concourant à l'utilisation d'un bien appartenant au domaine public, en constituent un accessoire indissociable.

BIBL. ► **Encyclopédie :** Yolka, Distinction du domaine public et du domaine privé, *J.-Cl. Propriétés publiques, fasc. 10.*

► **Ouvrage :** Blaquière, La théorie de l'accessoire en droit administratif, *Th. Paris II, 2018.*

► **Articles :** Liet-Veaux, *Rev. adm. 1965. 374* (domanialité et sous-sol) ; *Dr. adm. avr. 1976. Chron.* (aménagements spéciaux). – Charles, *Mél. Stassinopoulos, LGDJ, 1974, p. 187* (accessoire et domaine public). – Alline, *AJDA 1977. 523* (domanialité publique et ouvrages complexes). – Gaudemet, *D. 1978. 295* (superposition des propriétés privées et du domaine public) ; *CJEG 1991. 297* (constructions en volume) ; *ibid. 2000. 101* (ouvrage complexe et domanialité publique). – Baron, L'accessoire au domaine public n'est plus forcément une partie du domaine public, *LPA 21 juin 2010, p. 7.* – Arnaud, Domanialité publique globale et théorie de l'accessoire. Recherche sur l'opportunité d'une séparation, *RD publ. 2017. 1.* – Brenet, La domanialité publique par accessoire, *Mélanges Debouy, PU Poitiers/ LGDJ, 2019.* – Yolka, Sous des présomptions contraires : à propos du statut des ouvrages de soutènement de la voirie routière, *Dr. voirie 2020, n° 212, p. 9.*

COMMENTAIRE

De même qu'en droit privé, le régime du bien accessoire suit celui du bien principal (*Accessorium sequitur principale.* – V. Goubeaux, L'accessoire en droit privé, *LGDJ, 1969*), des éléments ne figurant pas d'habitude dans le domaine public – faute d'en remplir les critères – sont susceptibles d'y être intégrés pourvu qu'ils en constituent des accessoires ; une illustration classique correspond aux murs de soutènement des voies publiques. L'entreprise de resserrement du champ de la domanialité publique immobilière à l'œuvre avec le CGPPP s'est traduite par une appréhension plus restrictive de la théorie de l'accessoire, qui procède de l'article L. 2111-2. Visant à permettre le rattachement d'un bien du domaine privé au domaine public en le considérant comme l'accessoire ou l'annexe d'une dépendance dudit domaine, cette théorie avait eu antérieurement pour effet d'étendre le champ de la domanialité publique à l'excès (sans pour autant conduire à l'incorporation de biens privés, puisqu'elle n'emporte aucun effet translatif de propriété). La jurisprudence admettait que le rattachement pouvait jouer dès lors qu'existait un « lien physique étroit » (Dufau). Mais elle considérait, de manière plus générale, qu'un lien fonctionnel – parfois peu évident – pouvait aussi suffire dans la mesure où il traduisait l'utilité de l'accessoire par rapport au bien principal. Les rédacteurs du code ont donc souhaité encadrer plus strictement le recours à cette théorie de l'accessoire, en limitant l'incorporation dans le domaine public aux biens qui remplissent la double exigence du rapport fonctionnel et de la solidarité physique ; on est passé, de la sorte, de conditions alternatives à des conditions cumulatives (CE, avis, 19 juill. 2012, n° 386715 : *AJDA 2013. 1789, étude Melleray*). C'est aussi le sens de l'article L. 2211-1, alinéa 2, qui, en s'appuyant sur une théorie de l'accessoire formulée un peu différemment, affirme la domanialité privée de l'immobilier de bureau des personnes publiques sous réserve des biens « formant un ensemble indivisible avec des biens immobiliers appartenant au domaine public ». La jurisprudence récente semble manifester une tendance à utiliser la théorie de l'accessoire avec une certaine rigueur, quitte à en appliquer la nouvelle version à des situations constituées avant l'entrée en vigueur de la partie législative du code (V. note 2, CE 26 janv. 2018, *Sté Var Auto*. – Égal., CE 17 juin 2015, *B. c/ Cne Ploërmel*, cité note 2, *infra*), ce qui témoigne d'un étrange hiatus par rapport à la ligne retenue en ce qui concerne les critères d'identification du domaine public. ❑

1. Conditions de l'accessoire. Existence d'un lien physique étroit. Arbres plantés sur le domaine public. • CE 12 déc. 1952, *Toumi : Lebon 168* • TA Lille, 16 févr. 2018, *Partenord Habitat,* n° 1505254 : *JCP Adm. 2018. Actu. 227, obs. Tesson.* ♦ Talus. • CE 5 mai 2010, *Le Palud,* n° 327239 : *Lebon T. 696 ; Dr. adm. 2010, n° 111, obs. Auby ; AJDA 2010. 984* . ♦ A propos d'un emplacement dans une gare ferroviaire. • CE 6 janv. 1967, *Boutot : AJDA 1967. 418, note J. D.* ♦ Même sens. • CAA Paris, 27 oct. 1994, *Sté générale municipale : Lebon 930* • CE 28 sept. 2001, *M. Favot,* n° 205375 • CE 1er juin 2005, *M. et Mme Gayant,* n° 277092 : *AJDA 2005. 1748* . ♦ Admission d'un lien fonctionnel. • CE 9 déc. 1959, *Gaz de France : Lebon T. 1143.* ♦ A été regardé comme l'accessoire d'une route départementale le mur qui avait pour objet de maintenir les terres d'une parcelle située au-dessus de ladite route ainsi que de retenir les chutes de matériaux provenant de cette propriété et d'en protéger les usagers de la voie. • CE 23 janv. 2012, *Dpt des Alpes-Maritimes,* n° 334360 : *Lebon T. 898 ; AJDA 2012. 124 ; ibid. 2175, note Foulquier ; JCP Adm. 2012. Actu. 75, obs. C.-A. D. ; BJCL 2012. 315, concl. Boulouis et note Poujade ; Dr. adm. 2012, n° 36, note Melleray ; RLCT mai 2012. 54, note Rouault.* ♦ A également été considéré comme un accessoire de la voie publique, en l'absence de titre en attribuant la propriété aux propriétaires des parcelles en bordure desquelles il est édifié ou à des tiers, un mur situé à l'aplomb d'une voie publique et dont la présence évite la chute de matériaux qui pourraient provenir des fonds qui la surplombent, et ce même s'il a aussi pour fonction de maintenir les terres des parcelles qui la bordent. • CE 15 avr. 2015, *Nederveen,* n° 369339 : *Lebon T. 666 ; AJDA 2015. 784 ; ibid. 1369, note Foulquier ; Rev. CMP mars 2016. 38, chron. Llorens et Soler-Couteaux ; JCP Adm. 2015. Actu. 376, obs. Erstein ; AJCT 2015. 404, obs. Touchard ; RDI 2015. 307, note Foulquier ; RGCT 2015, p. 275, note Chaminade* • CAA Bordeaux, 24 août 2017, *A. c/ Cne de Chambon-sur-Voueize,* n° 15BX03945 • CAA Marseille, 26 avr. 2019, *Dpt des Alpes-Maritimes,* n° 18MA01446. ♦ Comp., pour une digue dont le fait qu'elle soit l'accessoire d'une route départementale ne suffit pas à la faire entrer dans le domaine public départemental dès lors que l'État n'établit pas que le département en est le propriétaire. • CAA Marseille, 28 mai 2013, *Dpt de l'Aude,* n° 11MA04426 : *Dr. adm. 2013, n° 64, note Février ; JCP Adm. 2013. 2350, concl. Deliancourt.* ♦ Application de la théorie de l'accessoire à des biens indissociables de dépendances du domaine public : ateliers de découpe d'abattoirs. • CE 13 févr. 2015, *Sté Groupe Bigard,* n° 376864 : *AJCT 2015. 282, note Otero* • CAA Douai, 2 juin 2016, *SA Groupe Bigard,* n° 14DA00557 : *Rev. CMP 2016. Comm. n° 217, note Hoepffner ; JCP Adm. 2016. 2181, concl. Riou ; Cah. CRIDON-Lyon 2017, n° 78, p. 12, comm. Trincal.* Conf. partielle : • CE 25 juin 2018, *Sté Groupe Bigard,* n° 402078. ♦ Perré de quais fluviaux. • CE 13 févr. 2015, *VNF,* n° 370837 • CE 24 févr. 2016, *VNF,* n° 386948.

♦ Passage situé le long d'une voie publique. • CAA Bordeaux, 13 juill. 2017, *Cne de Verdun-sur-Garonne*, n° 15BX01570.

2. Même s'ils sont situés dans un ensemble immobilier partiellement occupé par un service public, des appartements qui n'ont jamais été affectés à l'utilité générale et qui sont divisibles des locaux affectés au service public ne sauraient être regardés comme un accessoire des locaux appartenant au domaine public. • CE 11 déc. 2008, *Perreau-Polier*, n° 309260 : *Lebon T. 734 ; AJDA 2009. 828, note Févrot ; Dr. adm. 2009, n° 25 ; GDDAB, 3e éd., 2018. Comm. 7, obs. Chamard-Heim ; RJEP 2009, n° 27, note Chamard-Heim ; RLCT avr. 2009. 42, obs. Mondou.* ♦ Dans le même sens, • CAA Versailles, 20 juill. 2017, *D. c/ Dpt des Hauts-de-Seine*, n° 15VE03863. ♦ Pour les espaces commerciaux du domaine de Chambord. • CE, avis, 19 juill. 2012, n° 386715 : *AJDA 2013. 1789, étude Melleray* ♦ Pour des locaux à proximité d'un camping. • CE 29 mai 2019, *Synd. intercomm. du camping de Donville-Granville*, n° 417012 : *JCP A 2019. 2216, obs. de Gaudemar.* ♦ Sur l'appartenance au domaine privé des locaux d'une brasserie situé dans un immeuble communal principalement affecté à un théâtre municipal. • CE, sect., 28 déc. 2009, *Sté Brasserie du Théâtre*, n° 290937 : *Lebon 528 ; BJCP 2010.125, concl. Olléon, AJDA 2010. 6 ; ibid. 841, note Févrot ; Dr. adm. 2010, n° 22, obs. Melleray ; Rev. CMP 2010, n° 190 note Touzeau ; JCP Adm. 2010. 2197, note Chamard-Heim ; BJCL 2010. 274, concl. Olléon, note Martin.* ♦ Sur l'appartenance au domaine public de logements indissociables de bâtiments affectés à un service public, en l'espèce la gendarmerie nationale. • CE 7 mai 2012, *SCP Mercadier et Krantz*, n° 342107 : *Lebon 189 ; JCP Adm. 2012. 327, note L. E. ; AJDA 2012. 979 ; ibid. 2013. 1172, note Foulquier*. ♦ Sur l'appartenance au domaine privé des locaux d'un bar-restaurant situé au niveau supérieur d'une ancienne gare d'arrivée d'un téléphérique. • CAA Bordeaux, 20 déc. 2012, *Régie municipale « Espaces Cauterets »*, n° 11BX03303 : *AJDA 2013. 830*. ♦ Cette solution a été censurée par le juge de cassation, qui a estimé que ces locaux se trouvaient dans l'enceinte d'un ensemble immobilier affecté au service public des remontées mécaniques et spécialement aménagé à cet effet, et qu'ils faisaient donc partie du domaine public. • CE 19 nov. 2014, *Régie municipale « Espaces Cauterets »*, n° 366276 : *AJDA 2015. 1227, note Foulquier ; Rev. CMP 2015. Chron. 2, obs. Llorens et Soler-Couteaux.* ♦ Des locaux physiquement dissociables d'un golf municipal n'en constituent pas l'accessoire. • CE 17 juin 2015, *B. c/ Cne Ploërmel*, n° 382692 : *AJCT 2015. 601, obs. Josselin et Logéat ; Cah. dr. sport 2015, p. 103, note Colin ; Rev. CMP 2016. 40, chron. Llorens et Soler-Couteaux.* ♦ Sur l'appartenance au domaine privé des locaux d'un bar-restaurant situé hors de l'emprise d'un camping municipal et n'ayant pas fait l'objet d'aménagements indispensables à son utilisation. • CAA Bordeaux, 11 oct. 2016, *Cne de Naujac-sur-Mer*, n° 14BX01457. ♦ Quand l'identité du propriétaire d'un bien ne peut être établie, son caractère d'accessoire indispensable d'une dépendance du domaine public fait présumer qu'il appartient au propriétaire du bien principal. • CE 6 avr. 2016, *Dpt de l'Aude : JCP Adm. 2016. 2283, note Hansen ; Rev. CMP mars 2017. Chron. 2, par Llorens et Soler-Couteaux.* ♦ Une dalle de béton, qui est située physiquement au-dessus de la voûte d'un tunnel affecté au service public du transport ferroviaire des voyageurs, ne présente pas une utilité directe pour cet ouvrage, notamment sa solidité ou son étanchéité, et n'en constitue donc pas l'accessoire ; elle fait en conséquence partie du domaine privé. • CE 26 janv. 2018, *Sté Var Auto*, n° 409618 B : *AJCT 2018. 275 ; AJDA 2018. 192, obs. Maupin ; ibid. 2018. 928, note Fatôme ; Rev. CMP 2018. Comm. 72, note Devillers ; ibid. Chron. 7, obs. Soler-Couteaux, Zimmer et Waltuch ; Dr. adm. 2018, comm. 22, note Brenet ; Dr. voirie et dom. public 2018, n° 200, p. 7, concl. Victor ; JCP Adm. 2018. Actu 114, obs. Touzeil-Divina ; ibid. 2019. 2089, note Deliancourt.* ♦ Une zone naturelle contigüe au canal du Rhône à Sète, sans utilité pour ce dernier, n'est pas l'accessoire du domaine public fluvial. • CAA Marseille, 17 mai 2019, *D. et a. c/ VNF*, n° 17MA03213.

3. Biens situés sur le domaine public. Font partie du domaine public : un pavillon situé sur une promenade publique. • CE 14 juin 1972, *Eidel : Lebon 442.* ♦ ... Des arbres implantés sur le domaine public fluvial... • CE 12 déc. 1952, *Toumi : Lebon 168* • TA Grenoble, 22 déc. 2003, *Ville de Grenoble : AJDA 2004. 1091, note Yolka* • TA Lille, 16 févr. 2018, *Partenord Habitat*, n° 1505254 : *préc. note 1.* ♦ ... Ou sur une promenade publique. • CAA Nancy, 3 oct. 2019, *Cté cnes vallée St-Amarin*, n° 17NC02887. ♦ ... Un logement de fonction situé dans un bâtiment inclus dans le domaine public. • CE 11 mars 1987, *Nivose : AJDA 1987. 548, obs. Prétot.* ♦ ... Un emplacement dans une gare maritime. • CE 12 juin 1963, *Pince : Lebon 357.* ♦ ... Un emplacement dans une gare ferroviaire. • CE 6 janv. 1967, *Boutot : AJDA 1967. 418, note J. L. D.* ♦ ... Des locaux qui ne sont pas restés extérieurs aux travaux et aménagements entrepris pour réaliser un musée dans un hôtel particulier • CE 1er juin 2005, *M. et Mme Gayant : AJDA 2005. 1748*. ♦ Des chambres situées dans l'enceinte des bases aériennes. • CE 28 sept. 2001, *M. Favot*, n° 205375 : *Lebon 436*. ♦ ... Une parcelle contiguë de celle où est implantée une station de pompage d'eau, cette parcelle faisant partie du dispositif d'évacuation et de rétention des eaux. • TA Versailles, 3 nov. 2009, *SIARV : JCP Adm. 2010. 2074, note Sorin.* ♦ ... Un mur de soutènement d'une place, situé sur un terrain communal et qui constitue l'accessoire indispensable de cette place. • T. confl. 8 déc. 2014, *Cne de Falicon*, n° 3971 : *Lebon T. 576 ; AJDA 2014. 2451 ; Rev. CMP mars 2016. Chron. 14 et 53, obs. Llorens et Soler-Couteaux ; JCP Adm. 2014. Actu. 999, obs. Tesson.* ♦ En revanche, un volume d'air situé à l'aplomb d'un parc de stationnement n'en est pas l'accessoire et relève dès lors du domaine privé. • TA Dijon, 30 oct. 2018, n° 1702117 : *JCP Adm. 2019. 2029, obs. Roux.*

4. Une œuvre d'art incorporée au sol d'une place publique devient l'accessoire de celle-ci. Il s'ensuit qu'une reproduction de la perspective d'ensemble de la place ne porte pas atteinte aux droits d'auteur de l'artiste. Il en irait différemment si l'œuvre était reproduite de façon isolée. • TGI Lyon, 4 avr. 2001 : *D. 2002. 1417, note Edelman* • Civ. 1re, 15 mars 2005 : *AJDA 2005. 634 ; D. 2005. 1026 ; ibid. 1645, note Allaeys ; Dr. et patr. juill./août 2005. 102 ; JCP 2005. Actu. 217, II. 10072, p. 1065, note Lancrenon ; ibid. IV. 1966.*

5. Sous le domaine public. Sont considérés comme faisant partie du domaine public (sachant que, selon les espèces, la domanialité publique d'éléments souterrains résulte soit du jeu direct du critère de l'affectation – V. plus haut –, soit du rapport d'accessoire) : un conduit de drainage situé sous une route nationale. • CE 28 mai 1971, *Gautheron : AJDA 1971. 687.* ♦ ... Une canalisation d'eau sous une rue. • CE 2 déc. 1970, *Sté des Eaux de Marseille : AJDA 1971. 245, note Moderne* • CAA Versailles, 30 juin 2009, *Synd. intercommunal pour l'assainissement de la région de Villeneuve-Saint Georges et Cne de Boussy-Saint-Antoine*, n° 08VE01243 : *AJDA 2010. 117* . ♦ ... Des galeries techniques aménagées dans le tréfonds de l'ensemble de La Défense et destinées à alimenter les constructions édifiées au pourtour. • CAA Paris, plén., 12 févr. 2010, *Soc. RTE EDF Transport*, n° 07PA01825 : *JCP Adm. 2011. 2000, obs. Foulquier.* ♦ ... Le mur de soutènement d'une route : jurisprudence abondante, par ex. • CE 20 févr. 1987, *Amouroux : AJDA 1987. 546, note Prétot* • CE 7 juill. 2006, *Mlle Karine A.*, n° 275241. ♦ Toutefois, le lien physique ne doit pas être trop distendu. Ainsi, des galeries trop profondément enfouies sous une voie sont dissociables de celle-ci. • CE, sect., 17 déc. 1971, *Véricel : Lebon 782.* ♦ Les eaux de source captées par la commune et destinées à l'alimentation d'une fontaine publique, de même que les eaux surabondantes s'écoulant de cette fontaine appartiennent au domaine public de la commune. Il en va également ainsi de la fontaine municipale et du caniveau situé le long de la voie publique, dont il constitue un accessoire, et qui est destiné à assurer l'écoulement du trop-plein de la fontaine. • T. confl. 18 mars 2013, *Cts Orcière c/ Cne de Rambaud*, n° 3887 : *AJDA 2013. 662 ; JCP Adm. 2013. Actu. 2182, note Dubreuil.* ♦ V., sur les suites de cette affaire : • CAA Marseille, 12 mai 2015, *Cts Orcière c/ Cne de Rambaud*, n° 13MA04257 : *JCP Adm. 2015. 2255, concl. Deliancourt.* ♦ *Contra*, pour une source relevant du domaine privé, • CAA Nancy, 18 févr. 2016, *M. et Mme D.*, n° 14NC00883 : *JCP Adm 2016. 2149, obs. Roux.* ♦ Si l'eau distribuée par les réseaux publics appartient au domaine public, des canalisations privées n'en sauraient constituer l'accessoire. • CAA Marseille, 4 juin 2018, *ASL des propriétaires du lotissement de la baie du Gaout Bénat*, n° 17MA00709 : *Rev. CMP 2018. Chron. 7, obs. Soler-Couteaux, Zimmer et Waltuch ; JCP Adm. 2018. 2222, obs. Roux.* ♦ Le sous-sol d'une piste de ski qui n'a pas fait l'objet d'aménagements ne peut en l'espèce être regardé comme constituant un accessoire indissociable de la piste de ski à l'utilisation de laquelle il concourt (*a contrario*, en constituent les secteurs aménagés, comprenant par ex. les réseaux d'eau pour les « canons à neige »). • CE, sect., 28 avr. 2014, *Cne de Val-d'Isère*, n° 349420 : *préc. note 4.*

6. Biens contigus au domaine public. Une cave située sur les berges du domaine public fluvial est une dépendance de la voie d'eau. • CE 17 janv. 1962, *Sté Thierry, Gaulthier et Gibault : AJDA 1962. 241, obs. J. D.* ♦ De même, un parc de stationnement peut être l'accessoire d'équipements sportifs... • CE 8 nov. 2019, *Assoc. Club seynois multisport*, n° 421491 B : *AJDA 2019. 2276, obs. Pastor ; BJCL 2019. 778, concl. Victor ; Rev. CMP 2020. Comm. 20, obs. Soler-Couteaux ; Dr. voirie 2019, p. 246, avec concl. ; JCP Adm. 2019. Actu. 733, obs. Touzeil-Divina ; ibid. 2020, n° 2030, chron. Martin, Pellissier et Vila.* ♦ ... Ou encore, du domaine public routier. • T. confl. 17 oct. 1988, *Cne de Ste-Geneviève-des-Bois : D. 1989. 173, note Prétot.* ♦ V. aussi • CE 19 juin 2006, *Ville de Lyon*, n° 266263 : *AJDA 2006. 1686* . ♦ Ne l'est pas, en revanche, un accotement dont il n'est nullement démontré qu'il serait nécessaire au maintien de la voie ou à son usage, en particulier à la sécurité de la circulation. • CAA Lyon, 15 nov. 2018, n° 16LY00163. – V. aussi, pour des illustrations de la domanialité publique par accessoire, s'agissant : ... De talus • CE 5 mai 2010, *Le Palud*, n° 327239 : *Juris-Data n° 2010-005475 ; AJDA 2010. 1285 ; Dr. adm. 2010, comm. 111, obs. Auby ; JCP Adm. 2010. Actu. 388.* ♦ ... D'ouvrages de protection. • CE 11 avr. 2014, *A. c/ Cne Puygouzon*, n° 358295. ♦ ... De murs de soutènement des voies publiques. • T. confl. 8 déc. 2014, *Cne de Falicon*, n° 3971 : *Lebon 2014, T, p. 576 ; AJDA 2014. Actu. 999, obs. Tesson* .

7. Existence d'un titre de propriété privée. Un mur de soutènement placé en contrebas d'une route nationale ne fait pas partie du domaine public routier s'il est situé sur une parcelle privée. • CE 8 mai 1979, *Sté Nobel-Bozel : Lebon 312 ; AJDA 1970. 349. Chron. 360* • CE

6 oct. 1978, *Synd. des copropriétaires de la résidence du Val-de-Sèvres : D. 1978. IR 483, obs. Delvolvé* • CE 12 mai 2004, *Cne de La Ferté-Milon*, n° 192595 : *Lebon 226 ; AJDA 2004. 1378, note Dreyfus ; RFDA 2004. 1183, concl. Glaser, note F. M.* • CAA Lyon, 25 oct. 2018, n° 16LY02312. ♦ *Contra* : • CEDH 27 juin 2006, *Mazelié c/ France*, n° 5356/04 : *JCP Adm. 2006. 1238, note Szymczak ; ibid. 2007. 2173, note Yolka* (affaire remarquable, aux faits improbables). ♦ En revanche, le mur de soutènement d'une voie publique constitue un ouvrage public par accessoire, même s'il a été édifié par le propriétaire voisin et dans son intérêt après des travaux privés. • CE 26 févr. 2016, *SCI Jenapy 01*, n° 389258 : *Lebon T. ; BJCL 2016. 265, concl. Pellissier, obs. Traoré ; Rev. CMP mars 2017. Chron. 2, par Llorens et Soler-Couteaux ; Dr. adm. 2016, nos 8-9, comm. 49, obs Éveillard ; JCP Adm. 2016. Actu. 234* • CAA Bordeaux, 26 avr. 2018, *Dpt de la Gironde*, n° 16BX01149.

Art. L. 2111-3 **S'il n'en est disposé autrement par la loi, tout acte de classement ou d'incorporation d'un bien dans le domaine public n'a d'autre effet que de constater l'appartenance de ce bien au domaine public.**

L'incorporation dans le domaine public artificiel s'opère selon les procédures fixées par les autorités compétentes.

V. art. R. 2111-1 à R. 2111-3.

BIBL. ▶ **Encyclopédie :** Foubert, *J.-Cl. Propriétés publiques, fasc. 51.*

▶ **Thèses :** Duverger, Affectation des immeubles domaniaux aux services publics - incorporation au domaine public, *Bordeaux, 1940.* - Maroger, Affectation à l'usage public des biens des patrimoines administratifs, *Paris, 1942.* - Fatôme, Le pouvoir de réglementer l'occupation du domaine public affecté à l'usage de tous, *Caen, 1973.* - Bourdeau, Notion d'affectation, *Poitiers, 1980.*

▶ **Articles :** de Laubadère, Domanialité publique, propriété administrative et affectation, *RD publ. 1950. 50.* - Siorat, Notion d'affectation, *RD publ. 1958. 866.* - Sandevoir, Notion d'aménagement spécial, *AJDA 1966. 84.* - Charlier, Les biens affectés au service public, *Mél. Sayaguès-Laso, Madrid, 1969, p. 47.* - Liet-Veaux, Aménagements spéciaux, *Dr. adm. avr. 1976, chron.* - Delvolvé, Modifications du domaine public maritime, *RDI 1981. 291.* - Hervouët, Utilité de la notion d'aménagement spécial dans la théorie du domaine public, *RD publ. 1983. 135.* - Lavialle, Domaine public naturel, *CJEG 1987. 627.* - Caillosse, Domaine public naturel, *RJ envir. 1990. 483.* - Gros, Affectation : critère central de la domanialité publique, *RD publ. 1992. 749.* - Hostiou, Domaine public naturel, *CJEG 1993. 306.* - Amadei, Domanialité publique, propriété administrative et affectation à la lumière de la décentralisation, *AJPI 1996. 981.* - Eisenmann, Propriété privée et domanialité publique virtuelle, *LPA 18 août 1997.* - Marcus et Perrin, La volonté de l'administration d'incorporer un bien au domaine public, *RFDA 2003. 67.* - Ubaud-Bergeron, L'appartenance d'un bien au domaine ne se décrète pas, *AJDA 2005. 1182.* - Burguburu et Jégouzo, Les nouvelles procédures de délimitation du domaine public maritime naturel, *AJDA 2005. 360.* - Rapp, Entrée et sortie des biens, *RFDA 2006. 916.* - Fatôme, A propos de l'incorporation au domaine public, *AJDA 2006. 292.* - Larralde, Frontières de la domanialité, *JCP Adm. 2006. 1244.* - Foulquier, Le rôle de l'acte de classement d'un bien dans le domaine public, *RDI 2008. 443.* - Escaut, Quelle est la nature de l'acte d'incorporation dans le domaine public ?, *BJCL 2008. 303.* - Deliancourt, Mécanisme de l'article L. 318-3 du code de l'urbanisme, *JCP Adm. 2008. 2133.* - Fatôme, Bref regard sur le domaine public naturel après le code général de la propriété des personnes publiques, *AJDA 2009. 2326.* - Chamard-Heim, Domaine public naturel et décentralisation, *AJDA 2009. 2335.* - Yolka, Sur la nature juridique du classement dans le domaine public artificiel, *JCP Adm. 2009. 2035.* - Melleray, L'entrée et la sortie du domaine public dans le CGPPP, *LPA 6 juin 2013, p. 47.* - Hansen, La détermination des rivages de la mer, *JCP Adm. 2015. 2342.* - Couton, Transfert d'office des voies privées : une procédure de plus en plus circonscrite, *Constr.-Urb. 2016, comm. 129.* - Hansen, Le transfert d'office dans la voirie communale des voies privées ouvertes à la circulation publique, *JCP Adm. 2016. 2292.* - Fleury, L'expropriation sans indemnisation : le cas de l'article L. 318-3 du code de l'urbanisme, *RDI 2017. 272.* - Salaun, Nécessité et caractéristiques de l'enquête publique préalable aux décisions de classement/déclassement de voies communales, *JCP Adm. 2019. 2044.* - Yolka, Des routes déroutantes [à propos des voies communales non classées], *Dr. voirie 2019, n° 210, p. 197.* - Yolka, Les techniques d'incorporation au domaine public : quelques problèmes d'articulation, *JCP Adm. 2019, actu. 661.*

COMMENTAIRE

Le droit du domaine public connaît trois types d'actes qui, tout en étant très proches, conservent néanmoins quelques particularités : l'acte d'incorporation, l'acte de classement et l'acte d'affectation. Les deux premiers sont généralement suivis du complément « dans le domaine public », ce qui accroît d'autant plus la confusion.

L'acte d'incorporation est le document qui signe l'entrée d'un bien dans le domaine public d'une personne publique. Il a été, en principe, précédé, à un moment ou à un autre, d'un acte d'acquisition, lequel permet l'entrée dans le patrimoine de ladite personne publique.

L'acte de classement ressemble beaucoup au précédent. Il recouvre en fait deux réalités. Dans le premier sens, le classement signifie tout simplement l'incorporation, l'entrée du bien dans le domaine public ; c'est ce qui se passe pour le domaine public fluvial ou les voies privées qui sont incorporées dans la voirie communale. Dans le second, le classement porte sur des biens qui ont déjà été incorporés au domaine public ; il sert alors à les ranger dans un sous-ensemble de dépendances du domaine public. Le classement évoque donc l'inscription dans une catégorie précise de biens. On retrouve souvent le classement ainsi conçu à propos du domaine militaire, aéronautique (C. aviat., art. R. 222-1 s. et D. 222-1 s.) ou routier (V. par ex. C. voirie rout., art. L. 123-2). Pour ce qui concerne le domaine public routier, la voirie terrestre est divisée en voirie nationale, départementale ou communale ; le classement de la route indique dans quel ensemble elle est entrée. Dès lors, l'intérêt de ce classement est mince (*contra*, Siorat, La notion d'affectation en matière domaniale, *RD publ. 1958. II. 884*), si ce n'est qu'il permet de désigner précisément le responsable du bien et de son entretien. Dans le meilleur des cas, l'acte de classement et l'acte d'incorporation sont donc équivalents. La difficulté réside dans le fait que la technique du classement n'est pas liée exclusivement au domaine public ; on retrouve cette notion en matière de sites, de monuments historiques, de réserves naturelles, etc.

Enfin, l'acte d'affectation est celui qui détermine la destination publique, l'utilisation qui sera faite du bien. Il s'agit donc d'un acte qui est censé formaliser l'affectation du bien, critère du domaine public (V. CGPPP, art. L. 2111-1). Autrement dit, l'affectation du bien à l'usage du public ou à un service public peut être consacrée dans ce type d'actes. On parle parfois d'affectation formelle. Lorsque cette affectation sera réalisée, le bien sera soumis aux règles de la domanialité publique.

Mais, finalement, le code ne semble pas très exigeant à cet égard puisqu'il vise « tout acte de classement ou d'incorporation d'un bien dans le domaine public ». Cette formule montre bien que tous les actes sont concernés, quelle que soit leur dénomination. Cet article ne traite que du rôle des actes, et donc des formes, dans l'application de la domanialité publique.

Si l'on analyse ces différentes catégories d'actes, on peut dégager au moins trois éléments communs qui fondent le régime juridique applicable : ce sont des actes formels qui font partie de la catégorie des actes administratifs unilatéraux et qui émanent du propriétaire de la dépendance. Cette unité montre que la distinction entre les actes d'incorporation, de classement ou d'affectation n'a que peu d'intérêt dans l'application du régime domanial. Il s'agit donc en premier lieu, c'est une évidence, d'actes formels, de documents écrits, de textes.

En deuxième lieu, ce sont, en principe, tous des actes administratifs unilatéraux : parfois, des décrets (comme en matière militaire : V. par ex. Décr. du 23 mars 2006 : *JO 30 mars*. – Ou pour les autoroutes : C. voirie rout., art. R. 122-1) ; mais, plus fréquemment, des arrêtés ministériels (par ex., Arr. du 18 mars 1986 portant classement de l'Île de Clipperton dans le domaine public de l'État : *JO 20 mars, p. 4745* ; Arr. du 4 nov. 2008 portant classement dans le domaine public routier national d'une plate-forme douanière : *JO 18 déc., texte n° 7*), préfectoraux (V. CGPPP, art. R. 2111-1) ou émanant des organes locaux (exécutifs, assemblées). Exceptionnellement, les actes d'incorporation, de classement ou d'affectation peuvent résulter de lois (c'est le cas pour les édifices du culte et pour les dépendances pour lesquelles la domanialité publique a été déterminée par le législateur : V. CGPPP, art. L. 2111-4 à L. 2111-17), de contrats administratifs, voire de contrats de droit privé (comme une donation). La solution avait été admise par une jurisprudence ancienne. Mais elle semble dépassée depuis longtemps (Duverger, L'affectation des immeubles domaniaux aux services publics, *thèse, Bordeaux, 1940, p. 169* ; Lenoir, Le rôle de l'affectation dans la propriété administrative, *thèse, Paris, Sirey, 1966, p. 44*). Lorsque ce sont des actes administratifs, ceux-ci ne sont pas nécessairement explicites. Ils peuvent résulter d'une décision implicite. Le juge compétent pour connaître de ces actes est donc naturellement le juge administratif de l'excès de pouvoir. A noter que les actes administratifs de classement ne peuvent être considérés ni comme des actes réglementaires (puisqu'ils n'édictent aucune norme générale s'adressant abstraitement à leurs destinataires), ni comme des actes individuels (car ils ne comportent pas le nom des personnes éventuellement concernées par la mesure). Il s'agit donc de « décisions d'espèce » ou d'actes non réglementaires non individuels, catégorie qui rassemble les mesures qui ne font qu'appliquer à une espèce particulière, souvent un bien d'ailleurs, une réglementation préalable qui n'est pas modifiée.

Enfin, ce sont des actes qui émanent normalement du propriétaire du bien concerné, l'incorporation, le classement ou l'affectation formelle étant une prérogative issue du droit de propriété. Il est toutefois envisageable que le gestionnaire ou l'affectataire d'une dépendance du domaine public soit l'auteur de ce type d'actes ; dans ce cas-là, il doit en principe consulter ou obtenir l'avis du propriétaire public.

Pour déterminer le rôle joué par ces actes dans l'application de la domanialité publique, l'article L. 2111-3 induit une double distinction : la première est celle opposant les règles d'incorporation dans le domaine public artificiel et celles concernant le domaine public naturel. La seconde s'articule entre un principe et des dérogations législatives.

I. MODALITÉ D'INCORPORATION DANS LE DOMAINE PUBLIC ARTIFICIEL

L'incorporation d'un bien dans le domaine public peut résulter de la succession de plusieurs opérations. La personne publique peut, tout d'abord, être dans l'obligation d'acquérir le bien, de manière à satisfaire au critère de la propriété publique (CGPPP, art. L. 2111-1). Ce bien doit ensuite être affecté de fait à l'usage direct du public ou à un service public, à condition, dans ce dernier cas, de faire l'objet d'un aménagement indispensable à l'exécution des missions de ce service public (CGPPP, art. L. 2111-1). En dernier lieu, un acte d'incorporation, de classement ou d'affectation peut être pris, afin de formaliser ladite affectation. S'il est évident que les deux premières opérations doivent avoir été parfaitement exécutées pour que le bien soit soumis à la domanialité publique, la question du rôle de l'acte se pose alors. Autrement dit, un acte d'incorporation ou de classement est-il nécessaire pour qu'un bien fasse partie du domaine public ? L'article L. 2111-3, alinéa 1er, pose un principe et des exceptions.

A. LE PRINCIPE : EFFET PUREMENT RÉCOGNITIF DE L'ACTE

L'article L. 2111-3 énonce un principe limpide : ce type d'acte « n'a d'autre effet que de constater l'appartenance de ce bien au domaine public ». Autrement dit, selon la formule classique, la domanialité publique ne se décrète pas, elle se constate. Ce qui signifie que les deux seuls critères du domaine public restent la propriété publique et l'affectation visées à l'article L. 2111-1.

Il en résulte plusieurs conséquences. En premier lieu, le seul élément indispensable en matière d'affectation est l'affectation de fait du bien. En deuxième lieu, l'acte – d'incorporation, de classement ou d'affectation – est facultatif : un bien fait donc partie du domaine public, dès lors que les critères de l'article L. 2111-1 sont remplis, et ce, même si aucun acte n'est intervenu pour officialiser cette incorporation. En conséquence, si une décision formelle de classement ou d'incorporation est prise, elle est superfétatoire. Et, inversement, le refus de classer dans le domaine public la propriété d'une personne publique affectée à l'usage direct du public ou à un service public est sans conséquence sur le régime de domanialité publique. Ce n'est donc pas l'acte qui sert à l'incorporation dans le domaine public. D'ailleurs, les propriétaires publics peuvent solliciter les services du cadastre afin que soit constatée l'affectation du bien, même si le bien du domaine public n'est pas cadastré ; ce n'est là qu'une possibilité (QE n° 02359 : *JO Sénat, 17 mai 2018, p. 2347*) qui ne se substitue de toute façon pas au critère de l'affectation, le cadastre n'ayant au demeurant qu'une portée fiscale (*JCP Adm. 2018. 2226, obs. Deliancourt*). C'est ce qui explique que l'illégalité externe de la décision de classement n'influe en rien sur l'incorporation dans le domaine public. En troisième lieu, l'acte d'incorporation ou de classement est récognitif ou déclaratif, puisqu'il ne fait que constater une incorporation qui résulte de l'affectation de fait. Cet acte est dépourvu à lui seul d'effet juridique (pour une rédaction ambiguë, V. Rép. min. n° 03235, *JO Sénat, 27 oct. 2018, p. 4910*). En quatrième et dernier lieu, l'acte n'est légal que s'il constate une affectation de fait. Autrement dit, il est absolument impossible d'incorporer ou de classer dans le domaine public un bien qui n'est pas affecté à l'utilité publique dans les faits. Dans ce cas-là, l'acte d'incorporation ou de classement serait, au mieux inutile, au pire illégal ; et le bien resterait dans le domaine privé.

Les procédures sont fixées par les articles R. 2111-1 à R. 2111-3 CGPPP. Celles-ci sont plutôt souples. L'édiction de ces actes ne nécessite ainsi pas une enquête publique, sauf cas particulier (pour la voirie). S'agissant par ailleurs d'un acte mixte, l'acte de classement n'a pas à être notifié, seule la publication ou l'affichage est requise.

En principe, les actes d'incorporation, de classement ou d'affectation sont pris par le propriétaire public du bien concerné, que le bien soit affecté à l'usage direct du public ou à un service public. Il s'agit d'une manifestation des prérogatives issues du droit de propriété. Cependant, dans quelques cas, l'incorporation, le classement ou l'affectation résultera d'un acte pris par une autre personne que le propriétaire du bien. C'est par exemple ce qui se passe lorsque joue la théorie des mutations domaniales (CGPPP, art. L. 2123-4) ou lorsqu'une loi intervient pour incorporer telle ou telle catégorie de biens n'appartenant pas à l'État dans le domaine public, comme les églises (L. du 9 déc. 1905) ou le domaine public fluvial (CGPPP, art. L. 2111-7 s.). Au-delà, pour l'incorporation des biens de l'État dans son domaine public artificiel, la compétence de principe revient au préfet du département dans lequel se trouve le bien, après avis du directeur départemental des finances publiques (CGPPP, art. R. 2111-1). Pour les biens des collectivités territoriales, de leurs groupements et de leurs établissements publics, l'acte d'incorporation relève de la compétence de l'organe délibérant (CGPPP, art. R. 2111-3. – CGCT, art. L. 2241-1 et L. 3213-1). Mais ce dernier peut sans doute déléguer sa compétence à l'exécutif local (CGCT, art. L. 2122-22-1° et L. 3211-2-4°). Une ambiguïté textuelle subsiste pour les régions, la compétence du conseil régional (CGCT, art. L. 4221-1) ou celle de la commission permanente (CGCT, art. L. 4221-5-4°) se heurtant à l'article L. 4231-4 du code général des collectivités territoriales, selon lequel « le président du conseil régional gère le domaine de la région ». *A priori*, s'agissant d'actes d'administration dont l'impact est faible, la compétence de principe de l'exécutif régional semble s'imposer. Cette remarque pourrait d'ailleurs s'appliquer aux communes et aux départements ; car, si l'on peut avoir des doutes quant à la capacité de l'exécutif local de signer seul des actes d'administration lourds de conséquences – comme des contrats –, le fait de prendre un acte de classement ou d'incorporation n'a, en principe, qu'un effet récognitif.

L'incorporation dans le domaine public de l'État est gratuite, sauf si les services ou les établissements publics nationaux qui détiennent ou auxquels doivent être remis les biens sont dotés de l'autonomie financière, ou lorsque l'incorporation porte sur des forêts domaniales de l'État soumises au régime forestier et relevant donc de son domaine privé (CGPPP, art. R. 2111-2, reprenant l'anc. art. R. 88-1 C. dom. Ét., qui avait été abrogé par le Décr. n° 2008-1248 du 1er déc. 2008. – C. for., art. L. 211-1). L'indemnité, qui est égale à la valeur vénale de l'immeuble, est fixée par le directeur départemental des finances publiques. Elle est encaissée au profit du budget du service ou de l'établissement public dessaisi, ou au profit du budget général lorsqu'un service ou un établissement public non doté de l'autonomie financière se dessaisit d'un bien au profit d'un service ou d'un établissement doté de cette autonomie. Lorsque c'est un bois ou une forêt de l'État soumis au régime forestier qui est incorporé au domaine public, l'indemnité, toujours déterminée par le directeur départemental des finances publiques, est mise à la charge du service ou de l'établissement bénéficiaire de cette incorporation. Ces indemnités sont versées au Trésor à titre de fonds de concours. Dans le cas où le bénéficiaire est un service de l'État, elles font l'objet d'un rattachement par transfert de crédits en vue d'être employées à l'achat, sur le budget de l'État, de terrains boisés ou à boiser (C. for., art. L. 211-1. – CGPPP, art. R. 2111-2 *in fine*).

B. LES DÉROGATIONS LÉGISLATIVES

Dans quelques cas prévus par le législateur, les actes formels ne sont pas facultatifs ou seulement récognitifs. Ils sont exigés par un texte législatif pour permettre l'incorporation du bien dans le domaine public. Cependant, l'absence de l'acte ne signifie pas systématiquement que le bien reste dans le domaine privé.

1° DOMAINE PUBLIC ROUTIER

Pour l'État, les départements et les communes, le classement est en principe indispensable (C. voirie rout., art. L. 123-2, L. 131-4 et L. 141-3. – Il faut relever que le Décr. n° 2018-674 du 30 juill. 2018 supprime l'obligation de consulter le Conseil d'État pour le classement d'une voirie en statut autoroutier). Pour les autres personnes publiques, et notamment les établissements publics (comme les établissements publics d'aménagement), le classement n'est pas envisagé expressément par le code de la voirie routière. Mais, *a priori*, ces voies sont alignées sur le régime juridique de la collectivité territoriale dont elle relève.

L'acte de classement n'a d'ailleurs pas qu'une portée domaniale pour les collectivités territoriales. Il est également pris en compte en droit financier, dans le calcul du montant de la dotation globale de fonctionnement que l'État accorde aux communes et aux départements. En effet, une fraction de la dotation de solidarité rurale des communes de métropole est répartie proportionnellement à la longueur de la voirie classée dans le domaine public communal (CGCT, art. L. 2334-22. – Note d'information du 14 juin 2019, relative à la dotation de solidarité rurale pour l'exercice 2019). Il en est de même pour la dotation de fonctionnement minimale attribuée aux départements (CGCT, art. L. 3334-7. – Note d'information du 14 juin 2019, relative à la dotation globale de fonctionnement des départements de métropole en 2019). Autrement dit, plus les routes classées dans le domaine public communal et départemental sont nombreuses et longues, plus la part de la dotation augmente (V. par ex. Circ. du 15 sept. 2011 relative à la préparation de la répartition de la dotation globale de fonctionnement au titre de l'année 2012, COT/B/11/20844/C). Et les services de l'État sont formalistes à cet égard : ils ne se fondent que sur les véritables classements, c'est-à-dire ceux résultant de délibérations (V. l'anc. Circ. du 31 juill. 2008 relative à la répartition de la DGF au titre de l'année 2009, *BO Intérieur 2008* : « Par ailleurs, je vous rappelle que les délibérations approuvant une convention ATESAT ne suffisent pas à classer dans le domaine public communal la voirie mentionnée dans la convention ATESAT. Le classement d'un bien communal doit nécessairement être prévu par une délibération, la convention ATESAT, qui est un contrat entre les services du MEEDDAT et les communes et qui d'ailleurs ne concerne que les communes de moins de 10 000 habitants, n'a pas de valeur juridique pour cet acte de classement »).

Cela étant, même dans cette hypothèse, l'acte de classement ne suffit pas à incorporer, à lui seul, le bien dans le domaine public : l'affectation de fait reste primordiale, comme d'ailleurs la question de la propriété de la route. C'est ce qui explique que le juge administratif admette parfois la domanialité publique de voies publiques urbaines (et non pas rurales) sans classement, en raison seulement de l'usage public prolongé constituant une affectation tacite suffisante.

Enfin, l'acte de classement joue un rôle fondamental pour les voies privées ouvertes au public. Celles-ci sont des propriétés privées affectées à la circulation publique. Or, le législateur autorise le transfert gratuit de ces voies dans le domaine public de la commune par un acte de classement, lequel n'est pas nécessairement motivé (C. voirie rout., art. L. 162-5 ; C. urb., art. L. 318-3). Cet acte de classement permet donc, non seulement l'application d'un régime juridique protecteur, mais aussi le transfert de la propriété de la voie (Rép. min. : *JOAN Q, 6 févr. 1995, p. 719* : en conséquence, la publication à la Conservation des hypothèques est indispensable. – Rép. min. n° 36510 : *JOAN Q, 23 févr. 2016, p. 1658* : évoquant deux procédures, la publication au fichier immobilier moyennant la perception de la contribution de sécurité immobilière de 15 € et de la taxe de publicité foncière de 125 €, à condition qu'il existe un acte authentique ou, le domaine public routier n'étant en général pas cadastré (V. plus largement, Définitions et gestion du domaine non cadastré par la DGFiP, DGFIP/CNIG, 2016), l'établissement d'un croquis de conservation, dit également croquis foncier, par le service du cadastre sur la base des délibérations portées à sa connaissance. – Rép. min. n° 18846 : *JO Sénat Q, 14 avr. 2016, p. 1598*, à propos de la publicité foncière. – Deliancourt, Le mécanisme de l'article L. 318-3 du code de l'urbanisme : un procédé particulier d'incorporation d'une voie privée dans le domaine public communal, *JCP Adm. 26 mai 2008, n° 22, n° 2133*. – V. Rép. min. n° 89232 : *JOAN Q, 15 févr. 2011*. – Sur la possibilité de classement d'un chemin d'exploitation dans le domaine public communal, Rép. min. n° 54528 : *JOAN, 14 mars 2017*). Ce transfert d'office porte également sur les accessoires de la voie privée (Rép. min. n° 03972 : *JO Sénat, 19 juill. 2018, p. 3626*). La procédure de l'article L. 318-3 du code de l'urbanisme a été déclarée conforme à la Constitution. Le Conseil constitutionnel justifie l'absence d'indemnisation de principe par le fait que l'ouverture à la circulation publique résulte de la seule volonté du propriétaire privé ; il souligne que le « transfert libère les propriétaires de toute obligation et met à la charge de la collectivité publique l'intégralité de leur entretien, de leur conservation et de leur éventuel aménagement » (Cons. const. 6 oct. 2010, *Épx Anastasio*, n° 2010-43 QPC). Une fois que la voie privée est intégrée au domaine public, les anciens propriétaires n'ont plus de droit à leur utilisation privative (Rép. min. n° 02494 : *JO Sénat Q, 22 févr. 2018, p. 845*, à propos d'un parking appartenant à des colotis). L'avis de la préfecture sur la demande de la commune relative à la prise d'un arrêté de transfert de certaines rues privées dans le domaine public communal est un document communicable à toute personne qui en fait la demande (CADA, 31 mars 2019, *Mairie du Crotoy*, n° 20183509).

2° DOMAINE PUBLIC FLUVIAL

L'exigence d'un acte formel se retrouve également à propos de certains éléments du domaine public fluvial artificiel : il s'agit des canaux et plans d'eau appartenant à l'État, aux collectivités territoriales, à leurs groupements, au port autonome de Guadeloupe ou à un grand port maritime (CGPPP, art. L. 2111-10-1°). Ces biens-là doivent être formellement classés dans le domaine public fluvial.

3° DOMAINE PUBLIC MILITAIRE (ANCIENNEMENT)

Le cas du domaine public militaire est un peu particulier. En effet, des lois anciennes (L. des 8-10 juill. 1791, art. 13, mod. par L. du 10 juill. 1851 : *Bull. Lois, 10e S., B. 414, n° 3064*, et par L. du 8 avr. 1936) avaient imposé la procédure du classement pour les places de guerre, les ouvrages fortifiés, les aérodromes militaires et les bases de lancement, seuls biens jugés alors indispensables. L'organisation des forces armées ayant profondément évolué depuis, le ministre de la Défense, après un avis du Conseil d'État du 23 juillet 1974, a suivi la même méthode en procédant, par voie d'arrêtés (V. par ex., Décr. du 3 janv. 2006 : *JO 10 janv*. – Décr. du 23 mars 2006 : *JO 30 mars*), au classement dans le domaine public militaire d'autres biens affectés au service public de la défense nationale (Instr. n° 30403/DEF/DAAJC/MD/30 du 9 juill. 1975 sur le classement et le déclassement des biens immobiliers militaires dans le domaine public militaire. – Circ. min. Défense n° 30415/DEF/DAAJC/MD/30 du 11 juill. 1975 relative à l'extension de la domanialité publique militaire : *BOC, p. 2678*. – Instr. n° 30262/DEF/DAJ/MDE du 2 avr. 1979 relative au classement dans le domaine public de défense de biens immobiliers, aujourd'hui toutes trois abrogées). C'est ainsi qu'ont été systématiquement classés dans le domaine public par arrêtés les camps militaires les centres d'essais et les champs de tir, les postes de commandement et de station ou les centres logistiques et d'approvisionnement. Il en fut de même des routes militaires (Décr. n° 53-154 du 25 févr. 1953, *JO 27 févr., p. 1971*). Pour autant, cet acte de classement ne semble plus aujourd'hui conçu par les autorités militaires comme un élément conditionnant l'incorporation desdits biens dans le domaine public de l'État (V. par ex. Circ. n° 238/DBA du 11 sept. 1951 traitant du caractère de domanialité publique des aérodromes militaires et de leurs dépendances. – Instr. n° 302/DEF/SGA/DMPA/SDIE du 14 févr. 2013 relative à la politique immobilière du ministère de la Défense, laquelle ne reprend plus cette exigence du classement et qui abroge les anciens textes s'y référant). En effet, depuis le CGPPP, il n'apparaît pas envisageable que le juge administratif refuse la domanialité publique d'un bien militaire remplissant les critères de l'article L. 2111-1 sans être formellement classé. Le domaine public militaire rejoint donc le principe du classement récognitif et non obligatoire, en dépit du fait que l'arrêté du 17 mars 1978 classant dans le domaine public militaire les grands camps de défense, les centres d'essais et champs de tir d'expérimentation, les postes de commandement et des stations radioélectriques et les centres logistiques et d'approvisionnement, affectés au ministère de la Défense et spécialement aménagés en vue de l'exécution des missions du service public de défense, reste toujours en vigueur.

II. LES MODALITÉS D'INCORPORATION DANS LE DOMAINE PUBLIC NATUREL

On retrouve la même opposition entre un principe qui s'applique au domaine public maritime et une dérogation législative relative au domaine public fluvial. Seulement, à la différence du domaine public artificiel, l'incorporation dans le domaine public naturel peut résulter de simples phénomènes physiques et le principe de l'article L. 2111-3, alinéa 1er, en sort alors renforcé.

A. DOMAINE PUBLIC MARITIME NATUREL

L'incorporation d'un élément dans le domaine public maritime naturel résulte d'un fait, c'est-à-dire de phénomènes naturels, comme le retrait de la mer ou la submersion des terrains par les flots (V. CGPPP, art. L. 2111-4). Tout acte formel de classement ou d'incorporation est inutile, car l'incorporation est automatique, dès que le bien présente les caractères matériels prévus par le code. Des actes administratifs peuvent être pris, mais ils ont pour seul objet la délimitation des parcelles (CGPPP, art. L. 2111-5) et non leur incorporation (V. Crim. 14 janv. 1959, *Bull. crim. n° 40*, « les rivages de la mer sont incorporés au domaine public maritime (...) non par une opération administrative de délimitation mais par un phénomène naturel que la délimitation ne fait que constater et qui est le mouvement des marées »).

Ainsi, les rivages de la mer sont considérés comme des dépendances du domaine dès lors qu'ils sont recouverts par la marée. Si la mer submerge des terrains sur lesquels elle ne s'était encore jamais avancée, ceux-ci perdent leur caractère de propriété privée et deviennent des dépendances du domaine public maritime. Quant aux lais et relais de la mer constitués avant le 1er décembre 1963, ceux-ci faisaient partie du domaine privé de l'État, mais ils pouvaient être incorporés au domaine public maritime par un arrêté préfectoral (Décr. du 19 sept. 1972), après avoir fait l'objet d'une procédure de délimitation du côté de la terre. Désormais, l'article L. 2111-4, 3°, ne fait plus de différence entre le moment de la constitution des lais et relais de la mer ; tous font partie du domaine public maritime naturel de l'État.

On note un cas particulier pour les biens du domaine public appartenant au Conservatoire de l'espace littoral et des rivages lacustres (qualifié de « domaine propre ») pour lesquels un acte de classement résultant d'une délibération du conseil d'administration est requis (C. envir., art. L. 322-9 et R. 322-7).

B. DOMAINE PUBLIC FLUVIAL NATUREL

Pour les dépendances du domaine public fluvial naturel, c'est-à-dire des cours d'eau et lacs (CGPPP, art. L. 2111-7. – Pour les canaux et les plans d'eau, la procédure est également la même, V. *supra*), la survenance d'un phénomène naturel ne suffit pas ici. L'incorporation dans le domaine public fluvial doit impérativement être constatée par une décision administrative de classement prise après une procédure assez lourde (CGPPP, art. L. 2111-12). Cette procédure est ancienne (L. fin. du 8 avr. 1910 ; L. du 16 déc. 1964 relative au régime et à la répartition des eaux) et elle s'applique quelles que soient les caractéristiques physiques des cours d'eau, notamment leur navigabilité et leur flottabilité (V. Décr. n° 2005-992 du 16 août 2005 relatif à la constitution et à la gestion du domaine public fluvial de l'État, des collectivités territoriales et de leurs groupements. – Veron, L'intégration du domaine public fluvial dans le CGPPP n'est pas une révolution, *Dr. envir. déc. 2006, n° 144, p. 378*). Pour les autres biens du domaine public fluvial (comme les ouvrages ou installations destinés à assurer l'alimentation en eaux ou les biens immobiliers des ports intérieurs), l'incorporation est réalisée sur la seule base de l'article L. 2111-1.

C. ESPACES NATURELS SENSIBLES

Les espaces naturels sensibles acquis par les départements doivent être aménagés afin qu'ils soient ouverts au public (C. urb., art. L. 113-8 s. et L. 215-21). Ces terrains, devenus des propriétés publiques et ouverts au public, pourront alors être protégés par le régime de la domanialité publique (V. T. confl. 22 oct. 2007, *Mlle Doucedame c/ Dpt des Bouches-du-Rhône : GDDAB, 3e éd., Dalloz, 2018, n° 75*). Mais, étrangement, l'article L. 215-21 du code de l'urbanisme, modifié par l'article 58 de la loi du 8 août 2016 pour la reconquête de la biodiversité, dispose que, « à l'exception des terrains relevant du régime forestier, tout ou partie d'un terrain acquis et conservé pour mettre en œuvre la politique prévue à l'article L. 113-8 peut être incorporé dans le domaine public de la personne publique propriétaire par décision de son organe délibérant ». Ce renvoi à la décision de l'organe délibérant interroge, au vu de l'article L. 2111-3 du CGPPP qui dispose, certes en l'absence de dispositions législatives contraires, que tout acte de classement ou d'incorporation d'un bien dans le domaine public n'a d'autre effet que de constater l'appartenance de ce bien au domaine public.

Il semblerait que les dispositions issues du code de l'environnement ou du code de l'urbanisme (V. *supra*, concernant le Conservatoire de l'espace littoral) jouissent d'une certaine autonomie par rapport aux exigences classiques du droit domanial, ou, à tout le moins, constituent des exemples de cas visés par le début de l'article L. 2111-3 (« s'il n'en est disposé autrement par la loi »). ❑

Plan des annotations

I. COMPÉTENCE DE CLASSEMENT

1. *Compétence du propriétaire.* Le classement est une compétence appartenant au représentant qualifié de la personne publique propriétaire de la dépendance. • CE 11 nov. 1910 : *Lebon 766.* ♦ V. également • CE 16 févr. 1912, *Cne d'Espelette : Lebon 224.* ♦ La compétence pour classer une parcelle dans le domaine public appartient au conseil municipal et non au maire. • CAA Bordeaux, 19 oct. 2006, *M. Pierre X.*, n° 03BX01594 • CE 30 oct. 1987, *Cne de Levallois-Perret*, n° 65367 : *Lebon 335 ; AJDA 1988. 43, concl. Hubac* • 3 déc. 1993, *Union locale des syndicats CGT de Nîmes*, n° 98074 : *RDI 1994. 227, chron. Auby*. ♦ Pour l'incorporation d'un bien appartenant à une commune. • CE 17 mai 1935, *Ville de Castelnaudary : Lebon 562.*

2. *Soumission à la légalité domaniale.* L'incorporation, conformément au décret n° 72-879 du 19 sept. 1972, par arrêté préfectoral dans le domaine public maritime des lais et relais de la mer faisant partie du domaine privé de l'État ne peut, sous peine d'illégalité (V. L. n° 63-1178 du 28 nov. 1963, art. 2), être prononcée qu'après qu'il a été procédé à leur délimitation. • CE 3 mars 1989, *Sté continentale de gestion : Lebon 81 ; AJDA 1989. 402, obs. Auby ; Rev. adm. 1989. 134, note Terneyre.* ♦ Également, une décision ministérielle prescrivant l'incorporation au domaine public d'un terrain n'ayant fait l'objet d'aucun aménagement pour l'adapter au service public ferroviaire est illégale. • CE 21 déc. 1956, *SNCF c/ Giraud : AJDA 1957. II. 55, concl. Heumann.* V. aussi • CE 20 juin 1958, *Prache : Lebon 366.* ♦ Le juge compétent pour connaître de ces actes est donc naturellement le juge administratif de l'excès de pouvoir. • CE 26 déc. 1913, *Vandenbosche : Lebon 1302* • 26 févr. 1905, *Plaze : Lebon 136.*

II. FORMES DU CLASSEMENT

3. *Acte exprès.* La rivière La Chée est classée dans le tableau des cours d'eau navigables annexé à l'ordonnance du 10 juill. 1835 relative à la pêche fluviale. Elle fait en conséquence partie du domaine public fluvial. • CE 8 déc. 1922, *Bidaut : Lebon 921.* ♦ Par application de l'art. 2 de la loi du 28 nov. 1963, complétée par le décret du 19 sept. 1972 (V. ces textes), les lais et relais de la mer faisant partie du domaine privé de l'État à la date de la promulgation de cette loi peuvent être incorporés au domaine public maritime par arrêté préfectoral. • CE 3 févr. 1982, *Gaubert : Lebon 47*. ♦ L'arrêté du ministre des Travaux publics et du ministre des Armées ouvrant à la circulation aérienne publique l'aéroport de Strasbourg lui donne une affectation qui a pour effet de l'inclure dans le domaine public de l'État. • CE 14 juin 1972, *Bollecker : Lebon 445.* ♦ V. aussi • CE 1er avr. 1992, *SCI du Marais : Lebon 143*.

4. *Acte de classement implicite.* Une affectation de fait doit normalement suffire à l'incorporation. • CE 25 mai 2005, *Sté des cinémas Huez-Chamrousse*, n° 274683 : *AJDA 2005. 1804*. ♦ En décidant par une délibération l'ouverture du chemin litigieux et en inscrivant le projet des travaux correspondant au programme de construction des chemins vicinaux de grande communication, le conseil général des Hautes-Alpes a implicitement classé le chemin dans le domaine public. • CE 20 avr. 1956, *Dpt des Hautes-Alpes : AJDA 1956. 181, concl. Long.* ♦ L'affectation publique d'une voie ressort d'une lettre mettant en demeure un administré de rétablir la libre circulation du public sur celle-ci en supprimant la clôture qu'il y avait édifiée. • CE 18 juin 1969, *Vial : Lebon 315.* ♦ Elle ressort également de son ouverture à la circulation. • CE 2 juin 1972, *Sté des bateaux de la Côte d'Émeraude : Lebon 414 ; RD publ. 1973. 497,* *note Waline ; AJDA 1972. 347, chron. Labetoulle et Cabanes.* ♦ L'affectation au service public peut également résulter de la déclaration ministérielle d'utilité publique fondant l'expropriation des terrains acquis par l'État pour construire un aéroport. • CE 1er oct. 1958, *Hild : Lebon 463.*

5. Acte contractuel de classement. La délégation conventionnelle de gestion d'un service public de prise en charge d'enfants atteints de déficience mentale installé dans un immeuble appartenant à la personne publique délégante implique l'affectation de celui-ci à ce service et en conséquence son incorporation au domaine public. • T. confl. 3 déc. 1979, *Ville de Paris c/ Sté des Éts de Port-Neuf : Lebon 578 ; D. 1980. IR 118, obs. Delvolvé.* ♦ V. aussi • CE 6 mai 1985, *Assoc. Eurolat-Crédit foncier de France : Lebon 141 ; AJDA 1985. 621, note Fatôme et Moreau ; RFDA 1986. 21, concl. Genevois.* – A propos de voies privées d'un lotissement, • CAA Versailles, 20 déc. 2018, n° 16VE01593 : *Rev. CMP 2019. 94, comm. Soler-Couteaux ; Rev. CMP 2019, chron. n° 6, Soler-Couteaux, Zimmer et Waltuch.*

6. Ces contrats sont administratifs. • T. confl. 3 déc. 1979, *Ville de Paris c/ Sté des Éts de Port-Neuf : préc. note 5* • CE 6 mai 1985, *Assoc. Eurolat-Crédit foncier de France : préc. note 5.* ♦ *Contra* jurisprudence ancienne : • T. confl. 4 juin 1910, *Cie d'assurance Le Soleil c/ État : Lebon 446, concl. Feuilloley.* ♦ V. également • CE 26 mars 1926, *Dpt des Pyrénées-Orientales : DH 1926. 320.*

7. Acte mixte. La jurisprudence administrative a dénié à l'acte d'incorporation des lais et relais de la mer dans le domaine public maritime tout caractère réglementaire, ce qui limite les possibilités de soulever l'exception d'illégalité à son encontre. • CE 14 janv. 2008, *Peretti : RDI 2008. 342, note Févrot ; BJCL 2008. 303, concl. Escaut, obs. Degoffe.* – V. de plus • CAA Marseille, 12 déc. 2002, *Min. Équipement c/ M. Tomaselli,* n° 00MA02042 • 18 nov. 2005, *Min. Transports c/ M. Guégan,* n° 02MA1175. ♦ Certes, seuls les actes d'incorporation des lais et relais de la mer étaient ici concernés. Cependant, cette solution doit être, semble-t-il, étendue aux autres actes, comme les actes de classement.

8. V., a propos d'un acte de reclassement d'une route. • CE 25 sept. 2009, *Cne de Coulomby,* n° 310873 : *Dr. adm. 2009, n° 144, comm. Melleray.*

III. PORTÉE DU CLASSEMENT

A. DOMAINE PUBLIC ARTIFICIEL

9. Caractère facultatif de l'acte de classement. Le classement n'est pas nécessaire pour permettre l'entrée du bien dans le domaine public. • CE 18 juin 1937, *Abbé Bernard : DH 1939. 3. 1, III, 1, note Waline* (à propos d'une église) • CE 9 mai 1958, *Delort : AJDA 1958. 331, concl. Long* • 11 mai 1959, *Dauphin : D. 1959. 314* • 28 juin 1961, *Éts Soulat : Lebon 442 ; RD publ. 1961. 1294* (à propos de dépendances du domaine ferroviaire) • CE 22 avr. 1977, *Michaud : AJDA 1977. 441, concl. Franc, note de Laubadère ; Rev. adm. 1977. 376, obs. Darcy* (concernant une halle de détail) • CE 25 mai 2005, *Sté des cinémas Huez-Chamrousse,* n° 274683 : *Mon. TP 19 août 2005, p. 206 ; AJDA 2005. 1804 ; Rev. CMP 2005, nos 7-8, p. 33, note Eckert* (à propos d'un palais des sports) • CAA Marseille, 29 janv. 2016, *M. B.,* n° 14MA01011 • CAA Paris, 26 sept. 2017, n° 16PA01540 (à propos d'un entrepôt affecté à des activités culturelles) • CAA Versailles, 25 janv. 2018, *Synd. copropriétaires de la résidence Le clos de Montreuil,* n° 16VE02639.

10. C'est ce qui explique que l'illégalité externe de la décision de classement n'influe en rien sur l'incorporation dans le domaine public. • CE 20 avr. 1956, *Dpt des Hautes-Alpes : Lebon 170 ; AJDA 1956. 181, concl. Long* • CAA Paris, 26 sept. 2017, *Mme D. c/ Ville de Paris,* n° 16PA01540 (à propos d'ateliers d'artiste). ♦ Le refus de classer dans le domaine public un bien qui est la propriété d'une personne publique et qui connaît une affectation est sans incidence sur le régime de domanialité dudit bien. • CAA Paris, 27 sept. 2001, *Institut de France : RFDA 2003. 67 ; Dr. adm. 2002. Comm. 28, p. 21.*

11. Caractère surabondant de l'acte de classement. Des terrains compris dans les installations d'une gare font partie du domaine public ferroviaire, bien qu'ils n'aient pas fait l'objet d'une décision expresse d'affectation. • CE 1er juill. 1960, *Éts Soulat : Lebon 442.* ♦ V. aussi • CE 14 oct. 1977, *Defforge : RD publ. 1978. 1160.* ♦ Cependant • CAA Nancy, 8 nov. 2007, *Mme Monique Y.,* n° 06NC00811. ♦ Une décision d'affectation irrégulière en la forme mais non au fond n'a pas pour effet d'interdire l'incorporation d'un bien au domaine public. • CE 20 avr. 1956, *Dpt des Hautes-Alpes : préc. note 4* • 28 juin 1901, *Roland Gonzalès : Lebon 596.*

12. Caractère déclaratif de l'acte de classement. Cet acte est dépourvu à lui seul d'effet juridique. • CE 20 juin 1958, *Dame Prache : Lebon 366.* ♦ Plus récemment, • CE 11 déc. 2008, *Perreau-Polier,* n° 309260 : *AJDA 2009. 828, comm. Févrot ; RJEP juin 2009, n° 27, p. 20, note Chamard-Heim ; RLCT avr. 2009. 42, obs. Mondou.* ♦ L'acte n'est légal que s'il constate une affectation de fait. • CE 28 juin 1901, *Roland Gonzalès : Lebon 596* • 30 mai 1951, *Sempé : Lebon 297* • 30 oct. 1953, *SNCF : Lebon 463* • 21 déc. 1956, *SNCF : Lebon 492 ; AJDA 1957. 55, concl. Heumann.* ♦ Un immeuble n'ayant fait l'objet d'aucun aménagement n'est pas incorporé au domaine public alors même qu'une décision ministérielle avait prononcé son incorporation. • CE 20 juin 1958, *Prache : Lebon 366.* ♦ V. aussi • T. confl. 2 juill. 1962, *Cavat : Lebon 826 ; RD publ. 1962. 1232.*

13. Remise en cause du caractère purement récognitif de l'acte de classement ? Finalement, la seule fausse note vient d'un arrêt du Conseil d'État. • CE 26 mars 2008, *Cne de Saint-Denis de La Réunion c/ Sté Lucofer : AJDA 2008. 1223 ; JCP Adm. 2008, n° 2035, note crit. Yolka ; RDI 2008. 443, note Foulquier*. ♦ A propos d'un atelier-relais communal, le Conseil d'État a fait primer l'acte de classement dans le domaine public sur les critères de l'art. L. 2111-1 : alors que le bien ne remplissait pas les conditions normales, il a pu faire partie du domaine public par la « magie » de l'acte de classement. Se pose la question du maintien de cette jurisprudence face à l'art. L. 2111-3, al. 1er.

14. Exception. Exceptionnellement, un acte formel de classement peut être obligatoire pour l'incorporation dans le domaine public.

15. Classement dans le domaine public routier. Un classement est ici exigé. • CAA Marseille, 25 juin 2007, *Bonnefoy : JCP Adm. 22 oct. 2007, n° 43, n° 2275, p. 34* • CAA Bordeaux, 5 févr. 2009, *Blondel, Cne de Sainte-Fortunade*, n° 07BX02683 • TA Toulouse, 12 oct. 1995, *de Forni c/ Cne de Cornebarieu : Dr. adm. 1995, n° 6212* • CAA Bordeaux, 15 nov. 2018, *Epx D. c/ Cne d'Artix*, n° 16BX02936. ♦ Ainsi, des chemins ruraux restent dans le domaine privé, en dépit de leur affectation à la circulation générale, lorsqu'ils n'ont pas fait l'objet d'un classement dans la voirie communale. • T. confl. 21 juin 2004, *Belin c/ Cne de Vernet-la-Varenne : JCP N 2005, n° 1269, p. 898 ; JCP Adm. 2005, n° 10. Comm. 1121, note Rouault*. ♦ Il faut noter que le juge administratif a admis que le classement d'une voie dans le domaine public communal emportait classement du réseau d'assainissement situé sous cette voie. • CAA Versailles, 30 juin 2009, *Cne de Boussy-Saint-Antoine*, n° 08VE01243 : *AJDA 2010. 117*. ♦ Sur le rôle du classement dans l'intégration d'une voie dans le domaine public routier d'une commune, • CAA Nancy, 8 mars 2018, n° 17NC00223. ♦ A défaut d'un tel classement, la voie constitue un chemin rural faisant partie du domaine privé de la commune. • CAA Bordeaux, 15 nov. 2018, n° 16BX02936 : *Dr. voirie 2018, n° 205, p. 145*. ♦ Il convient toutefois de noter que l'intervention de décisions expresses de classement n'est pas requise pour les voies, propriétés de la commune, situées dans une agglomération, qui étaient, antérieurement à l'intervention de l'Ord. n° 59-115 du 7 janv. 1959, affectées à l'usage du public ; celles-ci font partie de la voirie urbaine et appartiennent au domaine public communal. Les documents cadastraux établissent l'affectation à l'usage du public de l'ensemble de la section perpendiculaire au chemin en cause. • CE 28 nov. 2018, n° 418827.

16. Quoi qu'il en soit, l'affectation reste nécessaire : l'acte de classement ne suffit pas à incorporer, à lui seul, le bien dans le domaine public. • Civ. 3e, 7 janv. 2009 : *JCP 2009. IV. 1208* • CE 29 nov. 2004, *Sté des autoroutes du Sud de la France*, n° 234129 : *AJDA 2005. 1182, note Ubaud-Bergeron*. ♦ C'est ce qui explique que le juge administratif admette parfois la domanialité publique de voies publiques urbaines (et non pas rurales) sans classement, en raison seulement de l'usage public prolongé constituant une affectation tacite suffisante. • CE 14 déc. 1910, *Cne de la Brosse-Montceaux : Lebon 944* • 21 janv. 1934, *Cne de Beauvoisin : Lebon 101* • 9 nov. 1935, *Cne de Roquefeuil : Lebon 1040* • 5 mai 1943, *Ville de Cannes : Lebon 88* • 12 févr. 1947, *Guillaume : Lebon 60* • 14 juin 1972, *Elkoubi*, n° 83682 : *Lebon 436* • 8 févr. 1980, *Carion : RD publ. 1981. 239* • 19 mai 2003, *Cne de La Foye-Monjault : JCP Adm. 2003, n° 48, p. 1556, note Deliancourt.*

17. Une délibération prévoyant le classement dans le domaine public communal d'une voie ne suffit pas à l'y incorporer en l'absence d'un droit de propriété de la commune sur cette voie. • T. confl. 16 mai 1994, *Cts Allard c/ Cne de Malemort-sur-Corrèze*, n° 02912 : *Lebon 600*. ♦ V. aussi, • CAA Lyon, 20 juill. 2017, n° 15LY03753. ♦ En ce sens également, l'acte de classement d'un bien dans le domaine public ne constitue pas un titre de propriété, • Civ. 3e, 16 mai 2019, *Cne Gorrevod c/ Cts Guyon*, n° 17-26.210 : *JCP Adm. 2019. 41, note Eveillard ; RD rur. 2019, comm. 101, n° 476, Tifine ; RDI 2019, p. 446, obs. Bergel ; Rev. CMP 2019, chron. n° 6, Soler-Couteaux, Zimmer et Waltuch.* – Pour la même conclusion à propos de VRD d'un lotissement, • CAA Marseille, 24 janv. 2020, n° 18MA00435.

18. Voies privées ouvertes au public. L'acte de classement joue un rôle fondamental pour les voies privées ouvertes au public. Celles-ci sont des propriétés privées affectées à la circulation publique. Or, le législateur autorise le transfert gratuit de ces voies dans le domaine public de la commune par un acte de classement, lequel n'est pas nécessairement motivé. • CE 10 févr. 1992, *Choquette et Gonzales*, n° 107113 : *Lebon 958 ; RDI 1992. 179* • CAA Lyon, 21 juin 2012, *Muller*, n° 11LY00363 • CAA Marseille, 9 juill. 2012, *Trani*, n° 11MA02796. ♦ La procédure de l'art. L. 318-3 C. urb. a été déclarée conforme à la Constitution. • Cons. const. 6 oct. 2010, *Épx Anastasio*, n° 2010-43 QPC : *JCP Adm. 2010, n° 44, p. 38, comm. Moritz ; Dr. adm. 2010, n° 12, p. 54, comm. Touzeau ; AJDA 2011. 223, note Trémeau* • CAA Lyon, 17 mars 2016, *M. A. c/ Cne de Marcilly-sur-Tille*, n° 15LY01117. ♦ Le classement d'une voie privée dans le domaine public peut être légal, même si les riverains ne l'ont pas sollicité et y sont même opposés. • CAA Marseille, 23 févr. 2016, *Mme A. c/ Cne de Villeneuve-lès-Maguelonne*, n° 14MA03796. ♦ Sur l'appréciation de l'affectation à la circulation générale,

• CAA Lyon, 18 mai 2017, n° 15LY03747. ♦ En revanche, le transfert des voies privées dans le domaine public est subordonné à l'ouverture de ces voies à la circulation publique, laquelle traduit la volonté de leurs propriétaires d'accepter l'usage public de leur bien et de renoncer à son usage purement privé. Le propriétaire d'une voie privée ouverte à la circulation est en droit d'en interdire à tout moment l'usage au public et, dès lors, l'administration ne peut transférer d'office des voies privées dans le domaine public communal si les propriétaires de ces voies ont décidé de ne plus les ouvrir à la circulation publique et en ont régulièrement informé l'autorité compétente avant que l'arrêté de transfert ne soit pris, quand bien même cette décision serait postérieure à l'engagement de la procédure de transfert. • CAA Versailles, 18 févr. 2016, *Synd. des copropriétaires de l'Orée de Marly,* n° 14VE01507 • CE 17 juin 2015, *Cne de Noisy-le-Grand,* n° 373187 : *Lebon T. ; AJDA 2015. 1243, obs. de Montecler ; JCP Adm. 2015. 2244, concl. N. Escaut.* ♦ V. aussi, • CE 3 juin 2015, *Cne de Saint-Selve,* n° 369534. ♦ En ce sens égal., • CE 13 oct. 2016, *Cne de La Colle-sur-Loup,* n° 381574 : *Lebon T. ; JCP Adm. 2016. 2292, comm. Hansen ; ibid. Actu. 806, Touzeil-Divina ; Rev. CMP mars 2017, Chron. 2, par Llorens et Soler-Couteaux ; BJDU 2017. 26, concl. Bonhert.* ♦ Dans le même esprit, des voies qui ont été acquises par la ville de Paris ne relèvent pas de son domaine public routier à défaut d'affectation aux besoins de la circulation terrestre, compte tenu tant de la configuration de ces voies que des obstacles mis à la circulation générale et des nombreuses servitudes créées par les actes de l'opération d'aménagement au profit des seuls immeubles riverains, et ce en dépit de travaux d'entretien en partie financés par la ville de Paris. • CAA Paris, 17 mars 2016, *Synd. des copropriétaires de l'immeuble 27 bis rue de Rambouillet,* n° 14PA01358. ♦ Il n'y a pas d'affectation à la circulation publique à propos d'un terre-plein qui est séparé de la chaussée et qui ne constitue pas un accessoire indispensable à la voie publique ; dès lors, ce terre-plein ne peut pas relever de la procédure de transfert d'office dans le domaine public de la commune. • CE 19 sept. 2016, *Cté urb. Grand Nancy,* n° 386950 : *Constr.-Urb. 2016. Comm. 129, note Couton ; Rev. CMP mars 2017. Chron. 2, par Llorens et Soler-Couteaux.* ♦ La décision de transfert dans le domaine public communal d'une voie privée ouverte à la circulation publique notifiée aux propriétaires suffit à faire courir le délai de recours sans que soit nécessaire sa publication ou son affichage. • TA Grenoble, 20 févr. 2018, *SCI La Chaumière et Mme G.,* n° 1607373. ♦ Sur l'absence de responsabilité de la commune qui refuse de transférer dans le domaine public communal des voies privées d'un lotissement, à défaut de conclusion de la convention prévue à l'art. R. 442-8 C. urb. • CAA Versailles, 20 déc. 2018, n° 16VE01593 : *Rev. CMP. 2019, n° 94, comm. Soler-Couteaux.* ♦ Un classement illégal dans la voirie communale n'est pas une voie de fait, • Civ. 3e, 16 mai 2019, n° 17-26.210 P : *AJDA 2019. 1081 ; D. 2019. 1052 ; JCP A. 2019. Actu. 356, obs. Touzeil-Divina ; Dr. adm. 2019, comm. 41, obs. Eveillard ; RD rur., comm. 73, obs. Lochouarn ; RDI 2019. 446, obs. Bergel.*

19. Ni l'ouverture d'une voie à la circulation publique, ni son classement dans la voirie communale ne peuvent, en l'absence d'acte translatif de propriété, avoir pour effet d'incorporer cette voie dans le domaine public routier communal. • Civ. 1re, 1er juill. 2015, n° 14-14.807 : *AJDA 2015. 1347 ; JCP Adm. 2015. Actu. 644.* – V. aussi, • CAA Lyon, 20 juill. 2017, n° 15LY03753. ♦ De même, puisque le transfert des voies privées dans le domaine public communal prévu par l'art. L. 318-3 C. urb. est subordonné à l'ouverture de ces voies à la circulation publique, laquelle traduit la volonté de leurs propriétaires d'accepter l'usage public de leur bien et de renoncer à son usage purement privé, l'administration ne peut transférer d'office des voies privées dans le domaine public communal si les propriétaires de ces voies ont décidé de ne plus les ouvrir à la circulation publique et en ont régulièrement informé l'autorité compétente avant que l'arrêté de transfert ne soit pris, quand bien même cette décision serait postérieure à l'engagement de la procédure de transfert. • CE 17 juin 2015, *Cne de Noisy-le-Grand,* n° 373187 : *Lebon T. ; JCP Adm. 2015. 2244, concl. Escaut ; RDI 2015. 539, chron. Foulquier.* ♦ Sur la compétence de la commune pour décider de l'opportunité de classement d'une voie privée. • CAA Paris, 17 mars 2016, *Synd. des copropriétaires de l'immeuble 27 bis rue de Rambouillet,* n° 14PA01358.

20. Domaine public fluvial artificiel. A propos d'un port intérieur, qui était la propriété d'un syndicat intercommunal, qui n'appartenait pas au domaine public fluvial lors de sa création et qui n'a fait l'objet ensuite d'aucune décision de classement dans le domaine public fluvial du syndicat intercommunal ou des établissements publics de coopération intercommunale qui lui ont succédé, le Conseil d'État considère que, pour déterminer si le port appartenait au domaine public de ces établissements publics de coopération intercommunale, il fallait vérifier s'il était affecté à l'usage direct du public ou s'il était affecté à un service public et spécialement aménagé en vue de ce service public. • CE 21 oct. 2015, *Cté d'agglo. du Lac du Bourget,* n° 36709 : *Lebon T. ; AJDA 2015. 2010, obs. Pastor ; ibid. 2016. 323, note Kernéis-Cardinet ; JCP Adm. 2015. Actu. 895 ; ibid. 2361, note Hansen ; JCP N 2015. Actu. 1063, obs. Touzeil-Divina ; Rev. CMP déc. 2015. Comm. 291, obs. Eckert ; ibid. mars 2016. 42, chron. Llorens et Soler-Couteaux.*

B. DOMAINE PUBLIC MARITIME NATUREL

21. L'incorporation d'un élément dans le domaine public maritime naturel résulte d'un fait, c'est-à-dire de phénomènes naturels, comme le retrait de la mer ou la submersion des terrains par les flots. Il en est ainsi des rivages de la mer. • CE 16 oct. 1971, *Sté nouvelle foncière de Cap-Ferret : Lebon 576* • 18 juin 1976, *Ménard et Pujol : Lebon 322, concl. Genevois.* ♦ Et, même si les biens submergés étaient des propriétés privées, ils sont incorporés au domaine public de l'État du seul fait de l'envahissement par les eaux, en dehors de toute circonstance météorologique exceptionnelle. • CE 17 oct. 1934, *Dupont : Lebon 927* • 18 nov. 1977, *Bazin de Jessey,* n° 02510 : *Lebon 451* • CAA Nantes, 10 nov. 2009, *Min. Envir. c/ Calmels,* n° 09NT0379 : *Ann. voirie 2010. 33, note Mulot* • CE 12 nov. 2014, *Cne de Pont-Aven,* n° 369147 : *JCP Adm. 2015. 2342.*

22. La parcelle devient donc, en même temps, une propriété publique et un bien protégé par la domanialité publique, sans qu'il y ait atteinte à l'art. 17 DDH ou à l'art. 1er du Premier protocole additionnel à la conv. CEDH. • CE 20 mai 2011, *Cne du Lavandou,* n° 328338 : *Lebon T. 850, 922 ; AJDA 2011. 1731, note Éveillard ; ibid. 1052, note Jégouzo ; JCP Adm. 2011. Actu. 384, note Sorbara ; JCP Adm. 2012. 2170, chron. Chamard-Heim ; RJEP nov. 2011. 51, note Bachelier* • 22 sept. 2017, *SCI APS,* n° 400825 B : *AJDA 2017. 1807, obs. Pastor ; Rev. CMP 2018. Chron. 7, obs. Soler-Couteaux, Zimmer et Waltuch ; Dr. adm. 2018, comm. n° 9, note Éveillard ; JCP Adm. 2017. Actu. 431 ; ibid. 2308, note Hostiou ; JCP 2018. 625, chron. Éveillard ; JCP N 2018. 1173, note Delavaquerie ; RDI 2018. 104, obs. Foulquier.*

23. Tout acte formel de classement ou d'incorporation est inutile, car l'incorporation est automatique, dès que le bien présente les caractères matériels prévus par le code. • Crim. 31 mars 1955 : *Bull. crim. n° 134.*

24. Pour les lais et relais de la mer constitués avant le 1er déc. 1963. • CE 3 mars 1989, *Sté continentale de gestion et SCI du Golfe de Valinco,* n° 75761 : *Lebon 81.*

25. L'incorporation au domaine public d'un terrain appartenant au Conservatoire de l'espace littoral et des rivages lacustres est subordonnée à l'intervention d'une délibération du conseil d'administration de l'établissement classant ce terrain dans son domaine propre ; l'entrée en vigueur de cette décision de classement, qui ne constitue pas une décision réglementaire et ne présente pas davantage le caractère d'une décision administrative individuelle, est subordonnée, en l'absence de dispositions contraires, à l'accomplissement de formalités adéquates de publicité. • CE 5 déc. 2016, *Conservatoire de l'espace littoral et des rivages lacustres,* n° 398659 : *Lebon T. ; BJCP 2016. 765, concl. Pellissier ; JCP Adm. 2016. Actu. 962, note Erstein ; JCP N 2016. Actu. 1352, obs. Erstein ; AJDA 2016. 2354 ; Rev. CMP mars 2017. Chron. 2, par Llorens et Soler-Couteaux.*

SECTION II **DOMAINE PUBLIC MARITIME**

SOUS-SECTION 1 **DOMAINE PUBLIC NATUREL**

V. Circ. du 20 janv. 2012 relative à la gestion durable et intégrée du domaine public maritime naturel (BOMEDDTL n° 2012/7, p. 98) ; Ord. n° 2016-1687 du 8 déc. 2016 relative aux espaces maritimes relevant de la souveraineté ou de la juridiction de la République française (JO 9 déc.).

Art. L. 2111-4 Le domaine public maritime naturel de L'État comprend :

1° Le sol et le sous-sol de la mer entre la limite extérieure de la mer territoriale et, côté terre, le rivage de la mer.

Le rivage de la mer est constitué par tout ce qu'elle couvre et découvre jusqu'où les plus hautes mers peuvent s'étendre en l'absence de perturbations météorologiques exceptionnelles ;

2° Le sol et le sous-sol des étangs salés en communication directe, naturelle et permanente avec la mer ;

3° Les lais et relais de la mer :

a) Qui faisaient partie du domaine privé de l'État à la date du 1er décembre 1963, sous réserve des droits des tiers ;

b) Constitués à compter du 1er décembre 1963.

Pour l'application des *a* et *b* ci-dessus dans les départements de la Guadeloupe, de la Guyane, de la Martinique et de La Réunion, la date à retenir est celle du 3 janvier 1986 ;

4° La zone bordant le littoral définie à l'article L. 5111-1 dans les départements de la Guadeloupe, de la Guyane, de la Martinique et de La Réunion ;

5° Les terrains réservés en vue de la satisfaction des besoins d'intérêt public d'ordre maritime, balnéaire ou touristique et qui ont été acquis par l'État.

Les terrains soustraits artificiellement à l'action du flot demeurent compris dans le domaine public maritime naturel sous réserve des dispositions contraires d'actes de concession translatifs de propriété légalement pris et régulièrement exécutés. – *[C. dom. Ét., art. L. 87 ; Ord. du 28 nov. 1963, art. 1er, 2 et 4.]*

BIBL. ▶ **Thèses :** GODFRIN, Le régime juridique des ports, *Paris, 1967.* – GROSDIDIER DE MATONS, Le régime administratif et financier des ports, *LGDJ, 1969.* – BEIGNON, La notion de domaine public maritime naturel, *Nantes, 1998.*

▶ **Rapport :** QUERRIEN, Le rivage de la mer ou la difficulté d'être légiste, *EDCE 1972. 383.*

▶ **Ouvrages :** JURET, Le domaine public maritime, *Dalloz, 1964.* – CHAPUS, Le droit administratif général, *Montchrestien, 15e éd., 2001, t. 2, no 455.*

▶ **Articles :** SAUJOT, La propriété privée des étangs salés, *JCP 1964. I. 1848.* – KUCHUKIAN, La condition juridique des étangs salés du littoral méditerranéen, *Gaz. Pal. 1972. 1. 157.* – LIET-VEAUX, Le domaine public maritime et caprice des flots, *Rev. adm. 1972. 383.* – DÉTRIAGACHE-DORLENCOURT, L'extension des rivages de la mer Méditerranée, *AJDA 1974. 468.* – DELVOLVÉ, Les modifications du domaine public maritime, *RDI 1981. 291.* – MATTEI-DAWANCE et RÉZENTHEL, Vingt ans d'application de la loi du 28 nov. 1963, *Gaz. Pal. 1985. 2. 383.* – LAVIALLE, Existe-t-il un domaine public naturel ?, *CJEG 1987. 627.* – HOSTIOU, La notion de domaine public maritime naturel, *CJEG 1993. 306.* – RÉZENTHEL, Le régime juridique de l'eau dans les ports maritimes, *LPA 3 août 1994.* – CAUDAL, L'eau de mer : réflexions sur son statut juridique et sa protection, *Mél. Langavant, L'Harmattan, 1999, p. 59.* – DUFAU, La réorganisation des compétences de police dans les ports maritimes, *AJDA 2005. 2459* ✎. – BEIGNON, *La délimitation du domaine public maritime naturel au droit des propriétés privées : enjeux, difficultés et perspectives, Annuaire de droit maritime et aérien, T. XVII, 1999, p. 11.* – CAILLOSSE, Le plaidoyer pour le domaine public maritime naturel, *in* La constitution imaginaire de l'administration, *PUF 2008. 76.* – Le domaine public maritime en Espagne : flux et reflux, CAMBOT, *Mél. Pierre Bon, Dalloz, 2014, p. 705.* – PARDINI, La plage saisie par les règles de la domanialité publique : protection ou surprotection ?, *RJ envir. 2014. 459.* – GIACUZZO, Les « terrains réservés » au sens de l'article L. 2111-4-5° du Code général de la propriété des personnes publiques, *Mél. Debouy, PU Poitiers/Lextenso, 2019, p. 183.*

COMMENTAIRE

Le domaine public naturel est constitué de dépendances dont l'état résulte de phénomènes naturels (Chapus, *Montchrestien, 15e éd. 2001, t. 2, no 455* (Droit administratif général). Il ne doit pas être assimilé à un domaine public par nature, car son contenu n'est pas déterminé automatiquement et ne découle pas de la seule nature des choses.

L'article L. 2111-4 consacre expressément l'existence d'un domaine public maritime naturel. Codifiant la jurisprudence et le droit en vigueur, il établit la liste exhaustive des dépendances incorporées au domaine public maritime naturel.

I. PROPRIÉTAIRE

L'État est la personne publique propriétaire du domaine public maritime naturel (V. aussi l'art. 538 du code civil). La mention d'une propriété revenant à l'État est importante car il en va différemment pour le domaine public maritime artificiel, dont il est désormais tout à fait admis que la propriété puisse échapper à l'État au profit, notamment, des collectivités territoriales.

II. CONSISTANCE

Jusqu'à son insertion dans le code, le régime juridique de la mer reposait notamment sur la loi du 28 novembre 1963 qui transposait en droit interne les règles des Conventions de Genève de 1958 sur le droit de la mer ainsi que sur la loi Littoral du 3 janvier 1986, relative à la protection, à l'aménagement et à la mise en valeur du littoral, qui vise à la préservation de certains espaces maritimes au nom de préoccupations environnementales.

A. LES RIVAGES DE LA MER

La délimitation des rivages « côté terre » est celle qui pose le plus de difficultés dans la mesure où elle implique généralement une contiguïté avec les propriétés privées. Jusqu'en 1973, la définition reposait sur deux textes anciens applicables l'un à la façade méditerranéenne et l'autre à la façade atlantique. Pour la première, les règles du droit romain fixées par les *Institutes* de Justinien disposaient que les rivages de la mer correspondaient aux terres littorales recouvertes par le plus haut flot de l'hiver. Pour la seconde, l'ordonnance de Colbert sur la marine, d'août 1681 (abrogée par l'ordonnance du 21 avr. 2006), précisait que « sera réputé bord et rivage de la mer tout ce qu'elle couvre et découvre pendant les nouvelles et pleines lunes et jusqu'où le plus grand flot de mars se peut étendre sur les grèves ». Tout en s'inspirant de ces solutions, le Conseil d'État a modernisé et précisé les règles en 1973 dans son arrêt *Kreitmann*. D'une part, la référence au grand flot de mars est abandonnée au profit de celle de « plus haute mer » qui sert désormais de mesure étalon à la délimitation de tous les rivages, y compris donc les rivages méditerranéens. D'autre part, ces règles doivent s'entendre en dehors de toutes « perturbations météorologiques exceptionnelles ».

Ce sont ces règles qui sont reprises par l'article L. 2111-4, illustrant que le code a ainsi « pétrifié » certaines constructions jurisprudentielles antérieures.

B. LES LAIS ET RELAIS

Ces espaces ont en commun d'être gagnés sur la mer. Plus précisément, les lais sont des terrains formés par des alluvions que la mer dépose sur le littoral ; les relais sont des terrains que la mer laisse à découvert en se retirant et qui ne sont plus recouverts que par le haut flot (*Ét. fonc. 2005, n° 117, p. 17*).

Leur situation juridique était ambiguë et complexe. Ambiguë car si l'article 538 du code civil les rangeait dans le domaine public, la jurisprudence a pu continuer à les faire relever du domaine privé. Complexe aussi car la loi du 28 novembre 1963 relative au domaine public maritime, dans un souhait de clarification, a en fait posé une distinction qui devait entraîner des difficultés supplémentaires quant au régime juridique applicable. La loi distingue les lais et relais futurs (c'est-à-dire créés après l'entrée en vigueur de la loi elle-même) qui entrent dans le domaine public, des lais et relais formés antérieurement à la promulgation de la loi de 1963, qui relèvent du domaine privé. Cependant, ils peuvent être incorporés au domaine public par arrêté préfectoral si l'intérêt général le commande. Cette réforme aboutit à l'incorporation d'une grande partie des lais et relais anciens mais induit une complexification du régime juridique en raison de la dualité qui est introduite. Le code général de la propriété des personnes publiques simplifie la situation juridique des lais et relais en optant pour l'unification de leur statut. Les lais et relais sont en effet intégrés au domaine public sous réserve de ceux constitués avant le 1er décembre 1963 et qui avaient fait l'objet de constitution de droits réels au profit de tiers ; la condition de l'arrêté préfectoral d'incorporation est par voie de conséquence supprimée.

C. SOL ET SOUS-SOL DE LA MER TERRITORIALE

L'article L. 2111-4 ne fait pas entrer dans le domaine public la mer territoriale mais seulement le sol et le sous-sol de cette dernière, « entre la limite extérieure de la mer territoriale et, côté terre, le rivage de la mer ». Il reprend ainsi les prescriptions de la loi du 28 novembre 1963 qui faisait du sol et du sous-sol de la mer territoriale une dépendance du domaine public maritime de l'État alors que la jurisprudence admettait antérieurement que la mer territoriale non seulement ne faisait pas partie du domaine public de l'État (même si le sable constituant le sol de la mer territoriale fait partie du domaine public maritime), mais que l'État riverain ne disposait sur elle que d'un pouvoir de police. La loi du 24 décembre 1971 *[V. App., v° Gestion du domaine (Domaine public maritime)]*, qui prend acte des prescriptions internationales issues notamment de la Convention de Genève de 1958, puis de la Convention de Montego Bay de 1982, portent la largeur de la mer territoriale, et donc la surface des sols et sous-sols afférents, à douze milles marins (environ vingt-deux kilomètres ; V. art. 5 de l'Ord. n° 2016-1687 du 8 déc. 2016 relative aux espaces maritimes relevant de la souveraineté ou de la juridiction de la République française) comptés à partir des lignes de base (V. art. R. 2111-4) au lieu des trois milles marins traditionnels.

D. SOL ET SOUS-SOL DES ÉTANGS SALÉS

Le CGPPP fait ressortir au domaine public « le sol et le sous-sol des étangs salés en communication directe, naturelle et permanente avec la mer ». Il codifie la position de la Cour de cassation, qui, dès 1842, avait défini l'étang salé comme « une baie communiquant à la mer par une issue plus ou moins étroite et qui en est partie intégrante, formée des mêmes eaux, peuplée des mêmes poissons ». La domanialité découle, à titre principal, du lien de rattachement (de communication) direct avec la mer. Ainsi, la disparition naturelle du lien de rattachement avec la mer fait perdre à l'étang salé sa qualité de dépendance du domaine public et permet au propriétaire qui a été dépossédé de se retrouver réintégré dans ses droits.

E. LA ZONE DES CINQUANTE PAS GÉOMÉTRIQUES

L'espace compris dans les cinquante pas géométriques, c'est-à-dire sur une largeur de 81,20 mètres établie à partir de la limite du rivage de la mer (V. antérieurement les art. L. 86 et s. du code du domaine de l'État), dans les départements de la Guadeloupe, de la Guyane, de la Martinique et de La Réunion est une dépendance du domaine public maritime de l'État (V. comm. de l'art. L. 5111-5).

F. LES TERRAINS RÉSERVÉS

Issue de l'article 4 de la loi du 28 novembre 1963, cette mention vise à autoriser l'État à se constituer une réserve foncière le long du domaine public maritime pour satisfaire des besoins d'intérêt public d'ordre maritime, balnéaire ou touristique.

G. LES TERRAINS SOUSTRAITS ARTIFICIELLEMENT À L'ACTION DES FLOTS

Il s'agit des terrains pour lesquels l'administration accordait une concession d'endigage. Par le jeu de la digue, ces terrains étaient soustraits à l'emprise des eaux, sortaient de ce fait du domaine public et pouvaient ensuite faire l'objet d'une aliénation. Cette pratique a ensuite été interdite par l'article 27 de la loi du 28 novembre 1963 qui a empêché de porter atteinte à « l'état naturel du rivage de la mer » (V. art. L. 2124-2). Le principe posé par le code est donc aujourd'hui le suivant : sous réserve d'un acte de concession qui aurait transféré la propriété du bien à une autre personne, les terrains soustraits artificiellement à l'emprise des flots par une opération d'endigage restent dans le domaine public maritime naturel. ❑

1. Rivages de la mer. Les dispositions de l'art. 1er, titre VII, livre IV de l'ordonnance sur la marine d'août 1681 aux termes desquelles « Sera réputé bord et rivage de la mer tout ce qu'elle couvre et découvre pendant les nouvelles et pleines lunes, et jusqu'où le grand flot de mars se peut étendre sur les grèves », doivent être entendues comme fixant la limite du domaine public maritime, quel que soit le rivage, au point jusqu'où les plus hautes mers peuvent s'étendre, en l'absence de perturbations météorologiques exceptionnelles. • CE 12 oct. 1973, *Kreitmann : Lebon 563* ; *RD publ. 1974. 1150, concl. Gentot ; AJDA 1973. 586, chron. Franc et Boyon ; D. 1975. 164, note Distel ; CJEG 1974. 21, note Pleven ; GDDAB, 3e éd., 2018. Comm. 21, note Chamard-Heim* • 26 janv. 1994, *Funel : Lebon 34* ; *RFDA 1995. 675, concl. Arrighi de Casanova* • 27 avr. 2007, *M. Gérard A.*, n° 291239 (perturbation météorologique exceptionnelle) • CAA Marseille, 4 mai 2007, *Synd. des copropriétaires du château de la Rocasse*, n° 05MA02520 • CAA Marseille, 21 mai 2007, *M. Jean Honoré X.*, n° 05MA02898 • CAA Marseille, 3 juill. 2008, n° 07MA00031 • CE 20 mai 2011, *Cne du Lavandou*, n° 328338 : *Lebon T. 850* et *922 ; AJDA 2011. 1052, obs. Jégouzo* ; *ibid. 1730, note Éveillard* ; *JCP Adm. 2011. Actu. 384, note Sorbara ; ibid. 2012. 2170, chron. Chamard-Heim ; RJEP 2011, n° 51, note Bachelier* • CAA Bordeaux, 11 juill. 2013, *Sté caraïbes d'études maritimes*, n° 12BX00639. ♦ Occupe irrégulièrement le domaine public maritime une terrasse construite au-dessus des rivages de la mer lorsque cette saillie sur la mer n'a été rendue possible que grâce à des travaux d'exondation • CAA Marseille, 1er déc. 2015, *SCI Galaxy*, n° 14MA00670.

2. Sol et sous-sol de la mer territoriale. Aux termes de la loi du 28 nov. 1963 (V. ce texte) sont incorporés au domaine public maritime le sol et le sous-sol de la mer territoriale. • TA Nice, 11 avr. 1995, *Préfet du Var : Dr. adm. 1997, n° 202, note Lancelle* • CE 3 nov. 1995, *Cne de Gouville-sur-Mer*, n° 155944 : *Lebon 405* , *RFDA 1996. 453 ; RDI 1996. 357* . ♦ En revanche, le plateau continental qui constitue le prolongement du sol de la mer territoriale, dans sa partie située au-delà de la mer territoriale, ne fait pas partie du domaine public maritime. • CE 4 déc. 1970, *Min. chargé de la défense c/ Starr : Lebon 733* ; *AJDA 1971. 112, note Moderne ; JCP 1971. II. 16764, note Ruzié ; D. 1971. 254, note Tedeschi ; RGDP 1970. 1114, concl. Guillaume ; JDI 1972. 571, note Quéneudec.* ♦ La loi n° 71-1060 du 24 déc. 1971 a porté de 3 à 12 milles marins la largeur de la mer territoriale à compter du rivage. ♦ Le sable constituant le sol de la mer territoriale fait partie du domaine public maritime. • CE 29 juill. 1983, *Adam*, n° 33711 : *Lebon 343* . ♦ ... Mais ce n'est pas le cas : des algues. • CE 5 juin 1996, *Assoc. pour la défense de l'environnement et de la qualité de la vie de*

Golfe-Juan-Vallauris, n° 151086. ♦ ... Des épaves gisant sur le sol de la mer territoriale et de l'eau de mer. • CE 27 juill. 1984, *Min. Mer c/ Galli : AJDA 1985. 47, note Rézenthel et Pitron* • CE, avis, 2 oct. 2002, *Haut-Commissaire de la République en Polynésie française : Juris-Data n° 064618.* ♦ L'État riverain ne dispose que d'un pouvoir de police sur la mer territoriale. • CE 24 mai 1935, *Thireaut : S. 1936. 3. 1, note Rousseau.*

3. Eau des ports et rades. Le service public de pilotage dans les ports constitue un service public qui s'exerce sur le domaine public de l'État. • CE, sect., 2 juin 1972, *Féd. française des synd. prof. de pilotes maritimes : Lebon 407 ; AJDA 1972. 647, concl. Rougevin-Baville.* ♦ V. aussi • CE 1er juill. 1983, *Lajarin : Lebon 297*. ♦ L'eau d'une rade constituant la dépendance d'un port fait aussi partie du domaine public maritime. • CE 24 mai 1935, *Thireaut : Lebon 597* • CE 5 mai 1944, *Cie maritime de l'Afrique orientale : Lebon 129 ; S. 1945. 3. 15, concl. Chenot ; D. 1944. 164, avec concl. ; RD publ. 1944. 236, avec concl., note Jèze.*

4. En revanche, l'eau de la mer territoriale ne fait pas partie du domaine public. • CE 24 mai 1935, *Thireaut : préc. note 3* • CE 27 juill. 1984, *Min. Mer c/ Galli : préc. note 2.* • CE, avis, 2 oct. 2002, *Haut-Commissaire de la République en Polynésie française : préc. note 2.* ♦ Le domaine public ne « comprend pas la masse des eaux ». • CE 6 juin 2018, *Arditty*, n° 410651 : *AJDA 2018. 1193, obs. Pastor ; Rev. CMP 2018. Chron. 7, obs. Soler-Couteaux, Zimmer et Waltuch ; Dr. adm. 2018. Comm. 47, note Cornille ; JCP Adm. 2018. Actu. 523, obs. Touzeil-Divina ; ibid. 2220, note Moliner-Dubost ; RDI 2019. 104, note Foulquier*.

5. Lais et relais de la mer. Le statut juridique des lais (c'est-à-dire des terrains constitués par des alluvions que la mer dépose sur le littoral et que le plus haut flot ne recouvre plus) et des relais de la mer (c'est-à-dire des terrains que la mer découvre en se retirant et que ne submergent plus les hautes eaux) a varié dans le temps. Ces variations expliquent la distinction opérée par l'article L. 2114-1-3°. Avant l'entrée du vigueur du CGPPP, il fallait opérer la distinction suivante : les lais et relais constitués antérieurement à l'entrée en vigueur de la L. n° 63-1178 du 28 nov. 1963 relative au domaine public maritime appartenaient au domaine privé de l'État. • CE 23 juill. 1931, *Grand d'Esnom : Lebon 487* • CE 19 févr. 1985, *Min. Urbanisme c/ Morata : Lebon T. 523 ; AJDA 1986. 264, concl. Stirn* • CAA Marseille 10 févr. 1998, *Sinigaglia*, n° 96MA10686 : *AJDA 1998. 279, chron. Benoît*. ♦ Toutefois, ils pouvaient être incorporés au domaine public, sous réserve du respect des droits des tiers, selon la procédure prévue par l'art. 2 de la loi du 28 nov. 1963. • CE 3 févr. 1982, *Gaubert : Lebon 47* • CE 8 févr. 2012, *Casentini*, n° 342365 : *Juris-Data n° 001747 ; JCP Adm. 2012. Actu. 111, note M. T.-D. ; ibid. 2325, obs. Chamard-Heim.* ♦ Cette incorporation devait s'opérer par voie d'arrêté préfectoral : dépourvu de caractère réglementaire. • CE 4 févr. 2008, *Peretti*, n° 292956 : *Lebon ; AJDA 2008. 278 ; RDI 2008. 342, obs. Févrot*. ♦ ... Et à la stricte condition que la délimitation des lais et relais côté terre ait été effectuée avant son édiction. • CE 3 mars 1989, *Sté de gestion du golfe de Valinco*, n° 75761 : *Lebon ; AJDA 1989. 402, obs. Auby ; Rev. adm. 1989.134, note Terneyre ; RD publ. 1989. 1518.* ♦ ... Un décret en Conseil d'État n'étant nécessaire que lorsqu'une opposition s'est manifestée au cours de l'enquête publique (à propos de la légalité de l'arrêté préfectoral de délimitation lorsque l'opposition ne s'est manifestée que postérieurement à son édiction). • CE 8 févr. 2012, *Casentini c/ Valle*, n° 342365 : *Lebon ; JCP Adm. 2012, n° 2325, chron. Chamard-Heim.* ♦ A l'inverse, les lais et relais constitués postérieurement à l'entrée en vigueur de la L. du 28 nov. 1963 appartenaient au domaine public, et ceci que leur exondation résultait ou non de travaux. • CE 10 oct. 1980, *Bessière : AJDA 1981. 259, note J. L.* • CE 25 janv. 1989, *Sté familiale Giraudet : Dr. adm. 1989, n° 99.*

6. Précisant que l'art. L. 2114-1-3° modifie le droit en unifiant le statut juridique des lais et relais de la mer, qui sont désormais tous considérés comme appartenant au domaine public de l'État, à l'exception de ceux constitués avant le 1er déc. 1963 et qui avaient été aliénés ou avaient fait l'objet de droits réels accordés à des tiers. Cette intégration dans le domaine public est d'une grande importance pratique, car on estimait à 30% des lais et relais anciens ceux qui n'avaient pas été incorporés, V. Maugüé, La réaffirmation du caractère exceptionnel de l'occupation privative des plages,*AJDA 2006. 1496.* ♦ Tout comme les lais et relais de la mer, les lais et relais des étangs salés font partie du domaine public (au sujet d'un relais de l'étang de Berre). • TA Marseille, 30 nov. 2017, *M. et Mme C.*, n° 1501272.

7. Étangs salés. Un étang salé est un étang communiquant naturellement avec la mer par une issue plus ou moins étroite et qui en est une prolongation et une partie intégrante formée des mêmes eaux et peuplée des mêmes poissons. Il est inclus en conséquence dans le domaine public maritime. • Crim. 24 juin 1842 : *S. 1842. 1. 887* • CE 19 mars 2003, *Cts Temple-Boyer*, n° 228229 : *Lebon T. 962* • TA Marseille, 30 nov. 2017, *M. et Mme C.*, n° 1501272. ♦ La communication avec la mer ne doit pas résulter d'ouvrages artificiels. • CE 4 déc. 1932, *Pellé-Bougenot : Lebon T. 1071.* ♦ En jugeant qu'une pièce d'eau est un étang salé, en communication naturelle avec la mer et peuplé de poissons de mer, une cour se livre à une appréciation souveraine qui, en l'absence de dénaturation, n'est pas susceptible d'être discutée devant le juge de cassation. • CE 19 mars 2003, *Cts Temple-Boyer : préc.*

8. Un étang salé peut devenir une propriété privée s'il redevient l'étang d'eau douce approprié qu'il a été autrefois du fait de la fermeture par les alluvions du lien à la mer. • Cass., ass. plén., 23 juin 1972, *SCI They de Roustan : Rev. adm. 1972. 383, note Liet-Veaux ; D. 1972. 705, concl. Lindon ; JCP 1973. II. 17331, note Goubeaux et Jégouzo ; RTD civ. 1973. 417, obs. Bredin.* ♦ Le propriétaire dépossédé se trouve alors réintégré dans ses droits. • Civ. 3e, 29 févr. 1968, *SCI They de Roustan.*

9. Un étang salé ne fait pas partie du domaine public maritime dès lors qu'un particulier dispose sur lui d'un droit fondé en titre, tel un titre de propriété antérieur à l'édit de Moulins. • CE 31 juill. 1908, *de Vallefond : Lebon 845.* ♦ ... Ou un titre de propriété issu d'une concession d'endigage. • CE 18 nov. 1977, *Bazin de Jessey : Lebon 451* .

10. Office du juge de la contravention de grande voirie. Pour déterminer si la dépendance en cause relève du domaine public maritime, le juge de la contravention de grande voirie doit appliquer les critères fixés par l'art. L. 2111-4 et n'est pas lié par les termes d'un arrêté, à caractère déclaratif, de délimitation du domaine public maritime. L'appartenance d'une dépendance au domaine public ne peut résulter de l'application d'un tel arrêté, dont les constatations ne représentent que l'un des éléments d'appréciation soumis au juge et le bien-fondé des poursuites pour contravention de grande voirie n'est pas subordonné à la légalité d'un tel acte. • CE 25 sept. 2013, *Tomaselli,* n° 354677 : *Lebon T. 591 ; AJDA 2013. 2188, obs. M.-C. M. ; ibid. 2014. 290, note Duroy ; JCP Adm. 2013. 772, obs. L. E. ; Dr. adm. 2013. 81, note Giacuzzo ; Rev. CMP 2015. Chron 2, obs. Llorens et Soler-Couteaux ; Procédures déc. 2013. 34, note Deygas.*

11. Constitutionnalité. Le Conseil d'État a refusé de transmettre au Conseil constitutionnel une question prioritaire de constitutionnalité relative aux dispositions du 3° de l'art. L. 2111-4, En effet, celles du *a)* sont, par elles-mêmes, insusceptibles de porter atteinte au droit de propriété. Quand à celles du *b)*, elles ne sont pas davantage de nature à porter atteinte au droit de propriété dont se prévaut la requérante. • CE 2 déc. 2010, *Mme Sandra A.,* n° 340555. ♦ V. également, refusant de transmettre une question prioritaire de constitutionnalité portant sur les art. L. 2111-4 et L. 2111-5. • CE 13 juill. 2011, *SNC Defour et Cie,* n° 347529 : *AJDA 2011. 2086 ; RDI 2012. 348, note Foulquier ; JCP Adm. 2012. 2170, chron. Chamard-Heim.* ♦ Le Conseil d'État a, en revanche, transmis une question prioritaire de constitutionnalité relative aux dispositions du 1° de l'art. L. 2111-4. • CE 13 mars 2013, *SCI Pascal,* n° 365115 : *AJDA 2013. 603* . ♦ Le Conseil constitutionnel a estimé que cette disposition n'était pas contraire aux exigences de l'art. 4 de la Déclaration de 1789 ni à aucun autre droit ou liberté que la Constitution garantit. Il a toutefois procédé à une réserve d'interprétation suivant laquelle la garantie des droits du propriétaire riverain de la mer ayant élevé une digue à la mer ne serait pas assurée s'il était forcé de la détruire à ses frais en raison de l'évolution des limites du domaine public maritime naturel. • Cons. const. 24 mai 2013, n° 2013-316 QPC : *JCP Adm. 2013. Actu. 479 ; Dr. adm. 2013. Alerte 57, obs. Noguellou ; ibid., n° 70, note Éveillard ; AJDA 2013. 1079 ; ibid. 2260, note Foulquier* • CE 22 juill. 2015, *M. et Mme B.,* n° 362289. ♦ V., sur les suites de cette affaire : • CAA Marseille, 6 mai 2014, *SCI Pascal,* n° 10MA04256 : *RFDA 2014. 1075, concl. Deliancourt* • CAA Marseille, 24 mars 2016, *M. et Mme E,* n° 14MA04559 ♦ Cette réserve d'interprétation n'autorise pas le propriétaire d'une digue à la mer à entretenir celle-ci une fois qu'elle a été incorporée au domaine public maritime naturel en raison de la progression du rivage de la mer ; elle lui permet seulement de prétendre à une indemnisation lorsque l'incorporation totale ou partielle de sa propriété au domaine public maritime naturel est la conséquence de l'absence d'entretien ou de la destruction d'ouvrages de protection appartenant à la puissance publique. • CAA Marseille, 20 janv. 2015, n° 13MA01999 : *AJDA 2015. 886, concl. Deliancourt* . ♦ Cette réserve d'interprétation ne concerne que les digues à la mer et ne s'applique donc pas à un dépôt de matériaux de démolition. • CAA Marseille, 6 mai 2014, *SNC Californie Plage,* n° 10MA04262. ♦ Cette réserve d'interprétation est relative à la seule circonstance où il serait demandé à un propriétaire privé de démolir, à ses frais, un ouvrage de protection érigé sur le domaine privé ultérieurement incorporé au domaine public ; elle ne saurait être invoquée, s'agissant d'ouvrages illégalement construits sur le domaine public maritime. • CAA Marseille, 21 déc. 2015, *SARL La Gougouline,* n° 15MA02533. ♦ La réserve d'interprétation formulée par le Conseil constitutionnel, dans sa décision n° 2013-316 QPC, n'exclut pas, en toute hypothèse, toute possibilité d'indemnisation de la part de la puissance publique, spécialement dans le cas où le transfert de propriété entraînerait pour le propriétaire une charge spéciale et exorbitante, hors de proportion avec l'objectif d'intérêt général de protection du rivage de la mer dans l'intérêt de l'ensemble des usagers poursuivis par ces dispositions. Le propriétaire est également fondé à se prévaloir d'un droit à indemnisation dans l'hypothèse où il justifie que l'incorporation au domaine public de sa propriété résulte de l'absence d'entretien ou de la destruction d'ouvrages construits par la puissance publique ou de la construction de tels ouvrages. • CE 22 sept. 2017, SCI APS, n° 400825 : *Lebon T. ; AJDA 2017. 1807, obs. Pastor ; Dr. adm. 2018, comm. n° 9, note Éveillard ; JCP Adm. 2017. Actu. 431, obs. Touzeil-Divina ; ibid. 2017, n° 2308, note Hostiou ; JCP 2018. 625, chron. Éveillard ; JCP N 2018. 1173, note Delavaquerie ; RDI 2018. 104, obs. Foulquier ; Rev. CMP 2018. Chron. 7, Soler-Couteaux, Zimmer et Waltuch.* ♦ L'art. L. 561-1 C. envir. permet à l'État de déclarer d'utilité publique l'expropriation des habitations exposées à un risque prévisible de mouvements de terrain, ou d'affaissements de terrain dus à une cavité souterraine ou à une marnière, d'avalanches, de crues torrentielles ou à montée rapide ou de submersion marine dès lors qu'il menace gravement des vies humaines. Cet article n'est pas contraire à la Constitution en tant qu'il n'inclut pas le risque d'érosion côtière. • Cons. const. 6 avr. 2018, n° 2018-698 QPC : *Dr. voirie et dom. public 2018. 187, note Rézenthel.*

12. Conventionnalité. Les dispositions de l'art. L. 2111-4 ne méconnaissent pas les exigences de l'art. 1er du premier protocole additionnel à la Conv. EDH dès lors qu'elles ont pour objet d'assurer une protection du rivage de la mer dans l'intérêt de l'ensemble des usagers, que cette protection constitue un objectif d'utilité publique justifiant une atteinte au droit de propriété et que, si elles n'instituent pas un droit à indemnisation au profit du propriétaire dont tout ou partie de la propriété a été incorporé au domaine public maritime naturel, elles ne font pas obstacle à ce que celui-ci obtienne une réparation dans le cas exceptionnel où le transfert de propriété entraînerait pour lui une charge spéciale et exorbitante, hors de proportion avec l'objectif d'intérêt général poursuivi. • CAA Marseille, 20 janv. 2015, n° 13MA01999 : *AJDA 2015. 886, concl. Deliancourt* • CE 22 sept. 2017, *SCI APS*, n° 400825 B : *AJDA 2017. 1807, obs. Pastor ; Rev. CMP 2018. Chron. 7, obs. Soler-Couteaux, Zimmer et Waltuch ; Dr. adm. 2018, comm. n° 9, note Éveillard ; JCP Adm. 2017. Actu. 431, obs. Touzeil-Divina ; ibid. 2308, note Hostiou ; JCP 2018. 625, chron. Éveillard ; JCP N 2018. 1173, note Delavaquerie ; RDI 2018. 104, obs. Foulquier.*

13. Domaine du Conservatoire de l'espace littoral et des rivages lacustres : nécessité d'une décision de classement régulièrement publiée. Selon l'art. L. 322-9 C. envir., « le domaine relevant du Conservatoire de l'espace littoral et des rivages lacustres comprend les biens immobiliers acquis ainsi que ceux qui lui sont affectés, attribués, confiés ou remis en gestion par l'État. Le domaine propre du conservatoire est constitué des terrains dont il est devenu propriétaire et qu'il décide de conserver afin d'assurer sa mission (...) Le domaine relevant du Conservatoire du littoral et des rivages lacustres est du domaine public à l'exception des terrains acquis non classés dans le domaine propre ». L'incorporation au domaine public d'un terrain appartenant au Conservatoire de l'espace littoral et des rivages lacustres est subordonnée à l'intervention d'une délibération du conseil d'administration de l'établissement classant ce terrain dans son domaine propre et l'entrée en vigueur de cette décision de classement, qui ne constitue pas une décision réglementaire et ne présente pas davantage le caractère d'une décision administrative individuelle, est subordonnée, en l'absence de dispositions contraires, à l'accomplissement de formalités adéquates de publicité. • CE 5 déc. 2016, *Conservatoire de l'espace littoral et des rivages lacustres*, n° 398659 : *AJDA 2016. 2354 ; BJCP 2016. 765, concl. Pellissier ; Rev. CMP mars 2017, chron. 2, Llorens et Soler-Couteaux ; JCP Adm. 2016. Actu. 962, note Erstein ; JCP N 2016. Actu. 1352, obs. Erstein.*

Art. L. 2111-5 **Les limites du rivage sont constatées par l'État en fonction des observations opérées sur les lieux à délimiter ou des informations fournies par des procédés scientifiques.**

Le projet de délimitation du rivage est soumis à enquête publique *(L. n° 2010-788 du 12 juill. 2010, art. 240-VI)* **« réalisée conformément au chapitre III du titre II du livre Ier du code de l'environnement ».** — *V. C. envir., art. L. 123-1 s., App., v° Enquête publique.*

L'acte administratif portant délimitation du rivage est publié et notifié aux riverains. Les revendications de propriété sur les portions de rivage ainsi délimitées se prescrivent par dix ans à dater de la publication. Le recours contentieux à l'encontre de l'acte de délimitation suspend ce délai.

Un décret en Conseil d'État *[V. art. R. 2111-4 à R. 2111-14]* **détermine les conditions d'application du présent article, notamment les formalités propres à mettre les riverains en mesure de formuler leurs observations, ainsi que la liste des procédés scientifiques visés au premier alinéa du présent article.**

Ce décret détermine également les conditions dans lesquelles sont fixées la limite transversale de la mer à l'embouchure des cours d'eau et la limite des lais et relais de la mer. — *[L. n° 86-2 du 3 janv. 1986, art. 26.]*

BIBL. ▸ Rézenthel, *Ann. Voirie, 2004, n° 86, p. 91* (la délimitation du domaine public maritime : une harmonisation de la procédure). - Burguburu et Jégouzo, *AJDA 2005. 360* (les nouvelles procédures de délimitation du domaine public maritime naturel).

COMMENTAIRE

I. PROCÉDURE

A. CARACTÈRES

La délimitation du domaine public naturel est la résultante d'un acte administratif unilatéral qui a un effet déclaratif. Cet acte administratif, décret, arrêté préfectoral ou ministériel, selon la dépendance domaniale en cause, a une portée recognitive. Alors que la délimitation du domaine public artificiel peut être attributive de propriété, la délimitation du domaine public naturel est simplement recognitive. L'autorité administrative se borne à constater et à prendre acte de la dépendance domaniale créée par un phénomène physique naturel. Elle est aussi contingente puisqu'un changement de circonstances (comme la configuration physique des lieux) pourrait conduire à modifier une délimitation antérieurement constatée. La délimitation est enfin obligatoire puisque l'administration est tenue d'y procéder dès lors que la délimitation est demandée par un propriétaire riverain.

B. MODALITÉS

L'article L. 2111-5 reprend les termes de l'article 26 de la loi littoral du 3 janvier 1986. Jusqu'en 2004, les opérations de délimitation étaient particulièrement difficiles à mettre en œuvre dans la mesure où le législateur renvoyait à un décret en Conseil d'État qui fixait la procédure de délimitation et qui n'était toujours pas intervenu. Le texte a été publié le 29 mars 2004 (V. Décr. n° 2004-309 relatif à la procédure de délimitation du rivage de la mer, des lais et relais de la mer et des limites transversales de la mer à l'embouchure des fleuves et rivières) et a été abrogé par le décret n° 2011-1612 du 22 novembre 2011. Ses dispositions ont été recodifiées par ce même décret dans la partie réglementaire du présent code (V. art. R. 2111-4 à R. 2111-14). Il prévoit une procédure unique de délimitation pour les rivages, lais et relais, embouchures des fleuves et rivières par le service de l'État chargé du domaine public maritime et sous l'autorité du préfet (V. art. R. 2111-5). Il précise notamment le contenu du dossier de délimitation (V. art. R. 2111-6), les modalités de l'enquête publique et de la réunion contradictoire sur les lieux auxquelles est soumise la délimitation (V. art. R. 2111-8 à R. 2111-10) et la portée de l'arrêté préfectoral ou du décret en Conseil d'État – si l'avis du commissaire enquêteur ou de la commission d'enquête est défavorable – constatant la délimitation (V. art. R. 2111-11 et R. 2111-12). L'article L. 2111-5 apporte quelques précisions supplémentaires notamment sous l'angle contentieux (al. 3).

L'article L. 2111-5 précise désormais, depuis sa modification par la loi du 12 juillet 2010 portant engagement national pour l'environnement, que l'enquête publique devra être réalisée conformément au chapitre III du titre II du livre Ier du code de l'environnement (C. envir., art. L. 123-1 s., *App., v° Enquête publique)*. L'article R. 2111-8 renvoie aussi sur ce point aux articles R. 123-1 à R. 123-23 du code de l'environnement.

C. CONTENTIEUX

Le recours pour excès de pouvoir est recevable contre l'acte de délimitation irrégulier ou pour faire annuler un refus de délimitation. L'intérêt pour agir est entendu plutôt restrictivement par le juge puisque le recours n'est ouvert qu'aux riverains et non à toute personne intéressée. Enfin, en raison du caractère simplement déclaratoire et contingent de l'acte de délimitation et d'une possible reconfiguration des dépendances domaniales du fait de la survenance de nouveaux phénomènes naturels, des décisions ultérieures de l'administration portant sur la même demande de délimitation à l'initiative du même riverain n'ont pas un caractère confirmatif et sont, dès lors, susceptibles de faire l'objet de nouveaux recours pour excès de pouvoir.

II. APPLICATION

La délimitation du rivage renvoie aux conditions de l'arrêt du Conseil d'État du 12 octobre 1973, dit arrêt *Kreitmann* (V. note 1 ss. art. L. 2111-4). Quant à la limite transversale de la mer à l'embouchure des cours d'eau, des précisions ont été apportées par plusieurs arrêts du Conseil d'État aux termes desquels « la délimitation de la mer à l'embouchure des cours d'eau repose sur l'observation combinée de plusieurs indices tels que la configuration des côtes et notamment l'écartement des rives, la proportion respective d'eaux fluviales et d'eaux de mer, l'origine des atterrissements, le caractère fluvial ou maritime de la faune et de la végétation [...] ; la part relative de chacun de ces indices, dont se dégage l'influence prépondérante ou non de la mer, doit être appréciée en fonction des circonstances propres à chaque espèce » (V. *infra*, note 3 : CE 26 mars 2008, *Assoc. pour la défense et la protection du site de la rivière de Crach*, n° 279917 B ; CE 12 nov. 2014, *Cne de Pont-Aven*, n° 369147). ❑

1. Phénomènes naturels. Il appartient au juge administratif suivi d'un procès-verbal de contravention de grande voirie de reconnaître les limites du domaine public naturel. • CAA Marseille, 21 mai 2007, *M. Jean-Honoré-Maruis X.*, n° 05MA02898. ♦ Si, à la suite d'une délimitation du domaine public fluvial, des terrains figurant au cadastre comme propriétés de riverains se trouvent être compris dans les limites du domaine public, cette circonstance ne saurait être invoquée comme impliquant l'irrégularité ou l'inexactitude de cette opération. • CE 11 juin 1909, *Servois : Lebon 573 ; S. 1910. III. 113, note Hauriou.* ♦ Depuis son envahissement par la mer survenu en 1931, une partie du terrain dont le requérant était propriétaire fait partie du domaine public maritime. • CE 17 oct. 1934, *Dupont : Lebon 927.* – V. également • CE 22 déc. 1976, *Min. Équip. c/ Sté foncière Biarritz-Anglet : RD publ. 1977. 881, obs. J.M. Auby.* ♦ Inversement, un phénomène naturel a pu entraîner le rétrécissement du lit de la Durance, de sorte que les atterrissements ont le caractère d'alluvions profitant aux riverains. • Civ. 3e, 30 juin 1999, n° 96-21.752 P : *RDI 1999. 628, obs. Lavialle ; RJ envir. 2000. 521, étude Papon-Vidal.* ♦ Un terrain riverain d'un lac submergé par la montée des eaux est par le fait même incorporé au domaine public maritime alors même que l'effondrement a résulté de travaux effectués en vue de relier le lac à la mer. • CE 5 juill. 1993, *Moulin*, n° 123878 : *Gaz. Pal. 1993. 2. 521.* ♦ L'absence de délimitation administrative du domaine public maritime ne fait pas obstacle à ce que le juge de la contravention de grande voirie détermine dans le cadre de son office les limites entre le domaine public maritime et les propriétés privées • CAA Marseille, 28 juin 2019, *Ministre de la transition écologique et solidaire*, n° 17MA04800.

2. En revanche, les riverains peuvent entreprendre des travaux pour protéger leurs immeubles contre l'avancée des flots dès lors que les ouvrages sont édifiés sur des terrains qui n'ont pas été déjà recouverts par les plus hauts flots. • CAA Nancy, 19 mars 1992, *Sté d'exploitation des dunes frontières*, n° 90NC00420 : *Lebon T. 958 ; Dr. adm. 1992, n° 329 ; RDI 1992. 485.*

3. La délimitation de la mer à l'embouchure des cours d'eaux repose sur l'observation combinée de plusieurs indices, tels que la configuration des côtes et notamment l'écartement des rives, la proportion respective d'eaux fluviales et d'eaux de mer, le caractère fluvial ou maritime de la faune et de la végétation, l'origine des atterrissements. La part relative de chacun de ces indices doit être appréciée par le juge en fonction des circonstances propres à chaque espèce. • CE 26 mars 2008, *Assoc. pour la défense et la protection du site de la rivière de Crach*, n° 279917 : *Lebon T. 735* • CE 12 nov. 2014, *Cne de Pont-Aven*, n° 369147 : *Lebon 341 ; AJDA 2014. 2215, obs. Grand ; JCP Adm. 2014. Actu. 923, obs. L. E.* ♦ Il appartient à l'administration de démontrer que des modifications naturelles ont transformé les limites du domaine public. • CAA Marseille, 9 avr. 2009, *Lopez et Sté. Navi France*, n° 06MA03393 : *AJDA 2010. 117.*

4. Caractère déclaratif de la délimitation. Un décret de délimitation du domaine public maritime est un acte déclaratif qui se borne à constater les limites du rivage de la mer telles qu'elles résultent des phénomènes naturels observés. Ses énonciations ne font donc pas obstacle à ce que soit apportée la preuve que les parcelles en cause ne sont pas comprises dans les limites du domaine public maritime telles qu'elles sont définies par ces phénomènes naturels. • CE 6 févr. 1976, *SCI Villa Miramar : Lebon 89, AJDA 1976. 201, chron. Boyon et Nauwelaers* • CE 26 juill. 1991, *Cts Lecuyer*, n° 98212 : *Lebon 306 ; AJDA 1992. 92, note Teboul ; CJEG 1992. 113, concl. Stirn ; RDI 1991. 458.* ♦ V. aussi • CE 28 juill. 1995, *SCI « Face au large »*, n° 135270 : *Lebon T. 780 ; RDI 1995. 730, chron. Auby et Maugüé* • CAA Nantes, 12 oct. 2015, *Min. de l'Écologie, du Développement durable et de l'énergie*, n° 15NT01651. ♦ Eu égard au caractère récognitif de l'acte de délimitation, celui-ci peut être contesté à toute époque. • CE 12 nov. 2014, *Cne de Pont-Aven*, n° 369147 : *Lebon 341 ; AJDA 2014. 2215, obs. Grand ; JCP Adm. 2014. Actu. 923, obs. L. E.* • CAA Bordeaux, 2 avr. 2015, n° 13BX02367 : *AJDA 2015. 1517.*

5. Ce caractère déclaratif rend inopérant le moyen tiré d'un prétendu détournement de pouvoir allégué contre un arrêté de délimitation du domaine public fluvial. • CE 28 févr. 1994, *Groupement foncier agricole des Combys*, n° 128887 : *Lebon 100* • CAA Bordeaux, 30 juin 2005, *M. Jean-Claude X.*, n° 00BX00810. ♦ De même, le moyen tiré de la propriété privée d'une parcelle appartenant au domaine public maritime est inopérant à l'appui de la contestation d'un arrêté portant délimitation des lais et relais de la mer qui est un acte purement récognitif, établi sous réserve des droits des tiers, se bornant à constater les limites réelles des lais et relais de la mer. • CAA Marseille, 25 juin 2013, *SCI Salagrue*, n° 11MA00042. ♦ Dès lors qu'une parcelle a fait l'objet d'un arrêt d'incorporation dans les lais et relais de la mer, qu'un procès-verbal de contravention de grande voirie a été dressé et qu'il est accompagné d'un plan de situation et de photographies, il n'est pas nécessaire d'apporter une autre preuve de ce que le terrain en cause a été soumis à l'action des flots avant que la mer ne s'en retire. • CAA Marseille, 17 mai 2019, *Sarl U Cornu Marinu et M. D.*, n° 18MA00196 : *Dr. Voirie 2020, n° 212, note Rezenthel.*

6. L'administration doit procéder à la délimitation si elle demandée par un propriétaire riverain. • CE 13 oct. 1972, *Épx Loze : Lebon 1087* • CE 6 févr. 1976, *SCI Villa Miramar : préc. note 4.*

7. Caractère contingent de la délimitation. Les décisions relatives à la délimitation du domaine public naturel ont pour objet la constatation d'une situation de fait susceptible de changements ultérieurs. • CE 6 févr. 1976, *Secr. d'État aux transports c/ SCI Villa Miramar : préc. note 4* • CE 18 juin 1976, *Ménard et Mme Pujol : Lebon 322, concl. Genevois.* ♦ En conséquence, une décision de refus de délimitation n'est pas une décision confirmative d'un refus précédent et peut faire l'objet d'un recours pour excès de pouvoir. • CE 6 févr. 1976, *Secr. d'État aux transports c/ SCI Villa Miramar : préc. note 4* ♦ V. aussi • CAA Marseille, 4 mars 2003, *SCP La Rade : JCP Adm. 2003, n° 1770, note Moreau* • CAA Marseille, 27 nov. 2003, *Min. Équip., des Transports et du Logement*, n° 99MA01297. ♦ Il appartient à l'administration de prouver que des modifications naturelles ont transformé les limites du domaine public maritime. • CAA Marseille, 9 avr. 2009, *Lopez et Sté Navi France : AJDA 2010. 117.*

8. L'exactitude de la délimitation opérée par décret peut être discutée à l'occasion de litiges concernant des mesures faisant application de celle-ci, sous réserve que des présomptions concordantes conduisent à supposer un déplacement de la ligne séparative précédemment constatée. • CE 30 janv. 1980, *Min. Équip. c/ Richaud : Lebon 57 ; AJDA 1980. 426, note Lemasurier.* ♦ V. aussi • CAA Marseille, 10 févr. 1998, *Sinigaglia : AJDA 1998. 279. Chron. 225.*

9. Une exception toutefois à ce caractère contingent : la délimitation des lacs dont la limite avec les propriétés riveraines est indépendante des variations constatées dans le niveau des eaux et s'établit de manière constante. • CE sect., 23 févr. 1979, *Assoc. syndicale des copropriétaires du domaine de Coudrée : Lebon 84 ; AJDA 1979, n° 11, p. 35, note Davignon.*

10. Ce caractère contingent vaut également, nonobstant l'autorité absolue de la chose jugée qui s'attache en principe aux décisions du juge administratif statuant sur la poursuite de contraventions de grande voirie, pour les jugements des tribunaux administratifs constatant les limites du domaine public maritime. • CE 27 juill. 1988, *Bellay : Lebon 301.*

11. Contentieux de la délimitation irrégulière. Le refus d'opérer une délimitation opposé par l'autorité administrative est irrégulier dans la mesure où les riverains du domaine public maritime ont un droit à obtenir la délimitation de celui-ci au regard de leurs propriétés. • CE 5 janv. 1955, *Decloitre : Lebon 1, concl. Grévisse.* ♦ V. aussi • CE 6 févr. 1976, *Secr. d'État aux transports c/ SCI Villa Miramar : préc. note 4* • CE 25 nov. 1988, *Secr. d'État auprès min. Transports c/ Morineau : Dr. adm. 1989, n° 25* • CAA Lyon, 12 nov. 2003, *M. Favier : AJDA 2004. 728.* ♦ Le recours n'est ouvert qu'aux riverains et ne peut être intenté par une association de protection de la nature. • CE 13 févr. 2002, *Assoc. pour la défense de l'environnement du golfe Juan-Vallauris*, n° 235326 : *Lebon T. 715.* ♦ En raison de la survenance de phénomènes naturels, des décisions ultérieures de l'administration portant sur la même demande de délimitation à l'initiative du même riverain n'ont pas un caractère confirmatif. • CE 6 févr. 1976, *SCI Villa Miramar : préc. note 4* • CE 27 juill. 1988, *Bellay : DA 1988, n° 504* • CAA Marseille, 27 nov. 2003, *Min. de l'équipement, du transport et du logement*, n° 99MA01297. ♦ L'État est libéré de son obligation de délimiter le domaine public naturel dès lors que cette délimitation a été réalisée sur plan. Il n'est pas nécessaire qu'elle donne lieu à un piquetage sur le terrain. • CAA Lyon, 18 déc. 2003, *GFA des Combys*, n° 99LY00452 : *Lebon T. 774.*

12. Une délimitation irrégulière est annulée par le juge de l'excès de pouvoir. • CE 23 mai 1861, *Coquart : DP 1862. III. 11.* Dans le même sens : • CE 27 mai 1863, *Molinier : DP 1863. III. 63.* • CE 6 févr. 1976 : *préc. note 4.* ♦ L'acte d'incorporation des lais et relais de la mer au domaine public n'a pas un caractère réglementaire. Son illégalité ne peut être invoquée par la voie de l'exception que dans le délai du recours contentieux. • CE 4 févr. 2008, *M. Peretti*, n° 292956 : *Lebon T. 735 ; AJDA 2008. 278 ; RDI 2008. 342, obs. Févrot.* ♦ • CAA Marseille, 17 mai 2019, *Sarl U Cornu Marinu et M. D.*, n° 18MA00196 : *Dr. Voirie 2020, n° 212, note Rezenthel.*

13. Sur le refus de transmettre une question prioritaire de constitutionnalité portant notamment sur l'art. L. 2111-5, V. note 10 ss. art. L. 2111-4.

SOUS-SECTION 2 DOMAINE PUBLIC ARTIFICIEL

Art. L. 2111-6 Le domaine public maritime artificiel est constitué :

1° Des ouvrages ou installations appartenant à une personne publique mentionnée à l'article L. 1, qui sont destinés à assurer la sécurité et la facilité de la navigation maritime ;

2° A l'intérieur des limites administratives des ports maritimes, des biens immobiliers, situés en aval de la limite transversale de la mer, appartenant à l'une des personnes publiques mentionnées à l'article L. 1 et concourant au fonctionnement d'ensemble des ports maritimes, y compris le sol et le sous-sol des plans d'eau lorsqu'ils sont individualisables. – *[C. dom. publ. fluv., art. 1er, al. 1er à 9, et art. 1er-1, al. 1er.]*

BIBL. ▶ SALMON, La consistance du domaine public maritime, *Thèse, Rennes, 1956.* – BORDEREAUX, Regard sur les dimensions juridiques de l'espace portuaire, *JCP Adm. 2014. 2111.* – DRAMÉ, L'évolution du régime de la domanialité publique portuaire face au développement de l'économie de marché, *Thèse, Lille 2, 2017.*

COMMENTAIRE

Cet article consacre la consistance du domaine public maritime artificiel et affirme, par là même, son autonomie juridique.

I. PROPRIÉTAIRE

Par renvoi à l'article L. 1er du code et contrairement au domaine public maritime naturel dont seul l'État est propriétaire, la personne publique propriétaire du domaine maritime artificiel peut être l'État, les collectivités territoriales ou leurs groupements, ainsi que les établissements publics.

II. CONSISTANCE

Le caractère artificiel renvoie à la réalisation par les hommes de diverses opérations matérielles de rattachement (construction, aménagement, démolition...) qui ont pour but de rendre les biens conformes à la destination à laquelle ils sont affectés. L'article L. 2111-6 procède de manière énumérative à l'identification des biens immobiliers qui composent le domaine public maritime artificiel. Deux catégories de biens appartiennent à ce domaine. D'abord les ouvrages ou installations destinés à assurer la sécurité et la facilité de la navigation maritime : la jurisprudence avait déjà consacré la domanialité de certains de ces ouvrages comme les digues, jetées, balises, les phares, les ponts tournants et les grues. Ensuite, et de manière évidente, les ports maritimes font partie du domaine artificiel et en constituent le mode d'utilisation classique. Mais dans une veine comparable à la théorie de la domanialité publique globale qui vise à étendre la domanialité à « l'ensemble d'un ouvrage y compris aux parties non affectées à l'usage du public ou à un service public parce que [le tout] est considéré comme un ensemble fonctionnel dont le régime juridique doit être homogène » (J.-M. Auby), le code opère une extension de la domanialité publique des ports à l'intérieur des limites administratives desdits ports aux « biens immobiliers situés en aval de la limite transversale de la mer et concourant au fonctionnement d'ensemble des ports maritimes ».

III. DOMAINE PUBLIC MARITIME ET DOMAINE PUBLIC FLUVIAL

Plusieurs dispositions du code général de la propriété des personnes publiques distinguent le domaine public maritime du domaine public fluvial dans les ports par rapport au critère de la limite transversale de la mer (V. note. art. L. 2111-6-2 et L. 2111-10-4 CGPPP). Il reste que ce critère n'est pas toujours adapté et facile à mettre en œuvre dans les zones portuaires. Cela explique sans doute que la jurisprudence utilise parfois la notion générique de « domaine public portuaire » (CE 30 sept. 2019, *Ministre de l'Intérieur*, n° 416615 B : *Dr. Voirie 2019. 244, note Yolka*) ou de « domaine public du port » (TC 8 avr. 2019, *Sté compagnie nouvelle de manutentions portuaires*, n° C4157 B : *Dr. Voirie 2019. 117, note Rezenthel*. V. aussi Rezenthel, *Dr. Voirie 2020, n° 212, p. 49*). ❑

1. *Ports maritimes.* Les ports font partie du domaine public maritime dans la mesure où les opérations de chargement, de déchargement, de manutention et de transport des marchandises qui y sont réalisées constituent des éléments du service public auquel le domaine public maritime est destiné. • CE 5 mai 1944, *Cie maritime de l'Afrique orientale : Lebon 129, RD publ. 1944. 236, concl. Chénot, note Jèze.* ♦ V. également • CE 17 janv. 1986, *Mansuy : AJDA 1986. 185, note Rézenthel.*

2. *Installations et terrains portuaires.* Font partie du domaine public portuaire : les ponts tournants. • CE 25 mars 1931, *Cie générale* *transatlantique : Lebon 351.* ♦ ... Les écluses. • CE 18 juin 1966, *Min. Travaux publics c/ Sté Worms : Lebon 383.* ♦ ... Les hangars. • CE 3 mars 1967, *Port autonome du Havre : Lebon 189.* ♦ ... Les grues. • CE 25 avr. 1934, *Cie havraise péninsulaire : Lebon 480.* ♦ ... Les terrains aménagés pour l'exploitation du port. • CE 7 nov. 1973, *Paoli,* n° 84081 : *Lebon 620.* ♦ ... Les digues, jetées et balises. • CE 22 juill. 1910, *Min. des travaux publics : Lebon 627.* ♦ Résidence appartement à une commune, incluse dans les limites administratives d'un port et concourant au fonctionnement d'ensemble du port de plaisance. • CAA Marseille, 13 déc. 2019, n° 19MA01171 et 19MA03690.

3. Ouvrages établis dans l'intérêt de la navigation. Une avarie causée à une bouée au large de Dunkerque est considérée comme une atteinte au domaine public maritime. • CE 15 juill. 1931, *Min. Travaux publics c/ Renault : Lebon 773.* ♦ Les phares et leurs dépendances font partie du domaine public. • CE 15 mars 1918, *Carr : Lebon 265* • CE 8 mars 1993, *Villedieu : Lebon T. 759.* ♦ V. aussi à propos de terrains contigus, • CE 17 déc. 2003, *Sté Leader Racing,* n° 236827. ♦ ... Des quais, • CE 19 nov. 1954, *Sté d'armement Gautier,* n° 15459 : *Lebon 610.*

4. Concessions d'endigage. En l'absence de concession d'endigage régulière, les terres exondées artificiellement demeuraient (avant l'adoption du nouvel art. L. 3211-10) dans le domaine public maritime. • CE 13 oct. 1967, *Cazeaux : Lebon 368 ; RD publ. 1968. 887, note Waline* • CE 10 juill. 1970, *SCI du domaine de Suroît : Lebon 481.* ♦ Une concession d'endigage du domaine public maritime peut en revanche inclure une clause prévoyant la cession des terrains endigués en pleine propriété au profit du concessionnaire. • CE 5 nov. 1982, *Schwetzoff : Lebon 369 ; AJDA 1983. 363, note Caubert et Rézenthel ; RD publ. 1983. 205, note Drago.* ♦ Cette faculté doit toutefois faire l'objet d'un usage exceptionnel dans la mesure où une directive interministérielle du 3 janv. 1973, jugée régulière, invite les autorités chargées de statuer sur les demandes de concessions d'endigage à ne pas aliéner la propriété des parcelles créées et à les maintenir dans le domaine public. • CE 18 nov. 1977, *Entreprise Marchand : Lebon 442, concl. Franc ; AJDA 1978. 675.* ♦ Cette faculté a été supprimée par l'art. L. 2124-3 CGPPP. ♦ V. aussi l'art. L. 3211-10.

SECTION III DOMAINE PUBLIC FLUVIAL

SOUS-SECTION 1 DOMAINE PUBLIC NATUREL

Art. L. 2111-7 Le domaine public fluvial naturel est constitué des cours d'eau et lacs appartenant à l'État, *(L. n° 2015-991 du 7 août 2015, art. 22-VII)* **« à ses établissements publics, »** *(L. n° 2019-1428 du 24 déc. 2019, art. 149)* **« aux syndicats mixtes constitués sur le fondement de l'article L. 5721-2 du code général des collectivités territoriales, » aux collectivités territoriales ou à leurs groupements, et classés dans leur domaine public fluvial.**

BIBL. ▸ **Thèses :** BADY, Protection des cours d'eau et domanialité fluviale, *Toulouse, 2005.* – MARC, Les cours d'eau et le droit, *Pau, 1979.* – FARINETTI, La protection juridique des cours d'eau, *Lyon III, 2010.* – LARRIEU, Le régime légal du lac d'Annecy, *th. Paris, 1910.*

Ouvrages : MARC et JOHANET, Les cours d'eau et le droit, *2006.* – ARZUL et JOHANET, Le renouveau du droit du domaine public fluvial, *2008.* – LE SUEUR, Le domaine public des rivières et des canaux. Histoire culturelle et enjeux contemporains, *L'Harmattan, 2015.*

▸ **Articles :** DAVIGNON, La condition juridique des lacs, *AJDA 1979, n° 11, p. 3.* – GAZZANIGA, La fin des cours d'eau flottables à bûches perdues, *Mél. Vellas, Pédone, 1995.* – CHAVRIER, Qualification juridique de l'eau des cours d'eau domaniaux, *RFDA 2004. 928.* – DUFAU, Le domaine public fluvial des collectivités locales. Des transferts de compétences aux transferts de propriété, *JCP Adm. 2005. 1069.* – FAU-NOUGARET, Liberté de navigation et responsabilité sur le domaine public fluvial, *AJDA 2005. 1990.* – DOUENCE, Le domaine public fluvial des collectivités territoriales : un nouvel outil à expérimenter ?, *in* Allinne et Carrier (dir.), Gérer la culture en région, les pratiques des collectivités locales en France, *L'Harmattan, 2006, p. 135.* – COLLY, Le nouveau domaine public fluvial des collectivités territoriales : une véritable chance ?, *RLCT juill. 2008, n° 37, p. 64.* – DE PUY-MONTRBUN, Les transferts de ports intérieurs, *in* Brisson (dir), Les transferts de compétences de l'État aux collectivités locales, *L'Harmattan, 2009, p. 505.* – KERNÉIS, Le transfert de propriété du domaine public fluvial aux collectivités en France : entre cohérence de la réforme décentralisatrice et balkanisation du cours d'eau, *VertigO, déc. 2011, Hors série n° 10.* – LAIDIÉ, Domaine public fluvial, décentralisation et pouvoirs de police : sur les difficultés liées à la superposition d'affectations, *JCP Adm. 2012. 2022* ; La réforme des « Voies navigables de France » : une contribution utile, mais limitée, au développement du service public de la voie d'eau, *JCP Adm. 2012. 2091.* – CHAMARD-HEIM, Domaine public naturel et décentralisation. Un patrimoine au service des missions de l'État, *AJDA 2009. 2335.* – ARZUL, La notion de cohérence hydraulique en matière de décentralisation du domaine public fluvial, *Ann.*

voirie 2010. 29. – Chamard-Heim, Le domaine public fluvial. L'incorporation dans le domaine public et le transfert des cours d'eau, comm. ss. CE 15 oct. 1999, *Cne de Lattes*, Région Languedoc-Roussillon, *GDDAB, 3e éd., 2018. Comm. 33.* – Nikolli, Les rives lacustres comme espaces publics : essai de cartographie. L'exemple du lac d'Annecy, *Mappemonde févr. 2018.*

1. Cours d'eau classés navigables ou flottables. Une section de rivière doit être considérée comme faisant partie du domaine public fluvial dès lors que celle-ci a été classée comme flottable par trains par l'autorité administrative à partir d'un point situé en amont de cette section, et cela sans qu'il y ait lieu de rechercher si elle est effectivement flottable. • CE 8 déc. 1922, *Bidaut : Lebon 921.* ♦ ... Également le lit des cours d'eau classés navigables. • T. confl. 23 janv. 1978, *Schwartz : Lebon 644 ; CJEG 1978. 63, note Virole ; D. 1978. IR 356, obs. Delvolvé.* ♦ ... Les terrains recouverts par les eaux d'une rivière navigable jusqu'au point atteint par les plus hautes eaux avant de déborder. • CE 26 mars 1931, *Oddoïto : Lebon 356* • CAA Bordeaux, 30 juin 2005, *M. Jean-Claude X.*, n° 00BX00810. ♦ Ne doit pas être prise en compte une crue exceptionnelle. • CE 30 janv. 1980, *Min. Équip. c/ Richaud : Lebon 57 ; AJDA 1980. 426, note Lemasurier ; D. 1980. IR 300, obs. Delvolvé.* ♦ En revanche, les îles et atterrissements qui se forment dans les lits des cours d'eau navigables ou flottables entrent dans le domaine privé de l'État. • T. confl. 23 janv. 1978, *Schwartz : Lebon 644 ; CJEG 1978. 63, note Virole ; D. 1978. IR 356, obs. Delvolvé.* ♦ Également le canalet d'un moulin, n'étant ni navigable, ni flottable, ni classé en vue d'assurer l'alimentation en eau des personnes, de l'agriculture ou de l'industrie, ne fait pas partie du domaine public fluvial. • CAA Bordeaux, 5 oct. 2006, *M. Hans X.*, n° 03BX01247.

2. Lacs classés navigables ou flottables. Le lac de Nantua est inclus dans le domaine public. • Crim. 2 août 1889 : *S. 1890. I. 140.* ♦ La partie française du lac Léman fait partie du domaine public fluvial. • CE 23 févr. 1979, *Assoc. synd. des copropriétaires du domaine de Coudrée : Lebon 84 ; AJDA 1979, n° 11, p. 35, note Davignon.* ♦ Lorsqu'il n'existe pas de décharge fixe, le domaine public fluvial, relativement aux propriétés riveraines du lac, s'étend jusqu'à une limite qui s'établit d'une façon constante par l'intersection avec les rives du lac du plan formé par le plus haut niveau atteint par les eaux en dehors des crues exceptionnelles. • Même arrêt. ♦ Les alluvions qui se forment n'appartiennent pas aux propriétaires riverains mais sont dans le domaine public. • Même arrêt.

Art. L. 2111-8 **Les cours d'eau et les lacs appartenant au domaine public sont appelés cours d'eau et lacs domaniaux.** – *[C. dom. publ. fluv., art. 1er, al. 10.]*

Art. L. 2111-9 **Les limites des cours d'eau domaniaux sont déterminées par la hauteur des eaux coulant à pleins bords avant de déborder.** – *[C. dom. publ. fluv., art. 8.]*

Un décret en Conseil d'État détermine les conditions d'application du présent article. – *V. art. R. 2111-15.*

COMMENTAIRE

Ces articles consacrent la consistance du domaine public fluvial en substituant aux critères conceptuels traditionnels un critère formel qui, pour être plus simple, laisse néanmoins subsister quelques imprécisions.

I. PROPRIÉTAIRE

L'État, ses établissements publics, les collectivités territoriales et leurs groupements sont les personnes publiques propriétaires du domaine public fluvial naturel. C'est plus particulièrement la loi n° 2003-699 du 30 juillet 2003 relative à la prévention des risques technologiques et naturels et à la réparation des dommages qui a permis la création d'un domaine public fluvial au bénéfice des collectivités territoriales et de leurs groupements sur le fondement du transfert gratuit de certaines dépendance du domaine public fluvial appartenant à l'État. Les modalités du transfert sont fixées par la loi n° 2004-809 du 13 août 2004 relative aux libertés et responsabilités locales et par le décret n° 2005-992 du 16 août 2005 relatif à la gestion et à la constitution du domaine public fluvial de l'État et des collectivités territoriales (dont les dispositions ont été abrogées par le décret n° 2011-1612 du 22 nov. 2011 et codifiées aux art. R. 2111-15 à R. 2111-20 du présent code par le même décret), et détaillées par une circulaire du 24 avril 2006. En application de l'article 124 de la loi de finances du 29 décembre 1990, le décret n° 91-796 du 20 août 1991 attribue la gestion du domaine public fluvial de l'État à un établissement public, initialement industriel et commercial (loi du 31 déc. 1991) et désormais administratif (V. L. du 24 janv. 2012), Voies navigables de France, créé en 1983 pour remplacer l'Office national de la navigation.

II. CONSISTANCE

C'est l'ordonnance royale du 10 juillet 1835 instituant la nomenclature des voies navigables qui consacre l'existence juridique du domaine public fluvial. La loi du 8 avril 1898 précise que le domaine public fluvial est constitué par l'ensemble des cours d'eau navigables et flottables « par radeaux » et non pas seulement « à bûches perdues ». Avec cette définition, le domaine public fluvial englobait « l'ensemble des voies d'eau les plus importantes du point de vue de la navigation, ou plus largement des transports par eau » (Chapus, *Droit administratif général, Montchrestien, t. 2, 15e éd., 2001, p. 400*). Par la suite, la loi de finances du 8 avril 1910 dresse une nomenclature actualisée et plus opérationnelle des cours d'eau navigables et flottables. Sont ainsi considérés comme des cours d'eau navigables ceux qui figurent dans une liste déterminée par décret. Parallèlement, pour des raisons très pratiques qui visent à ne pas alourdir la charge d'entretien des cours d'eau par l'État, l'article 128 de cette loi maintient dans le domaine de l'État certains cours d'eau qui ne satisfont pas aux exigences de flottabilité et de navigabilité ; deux décrets, du 28 décembre 1926 et du 18 juin 1955, vont dans le même sens, seule une disposition de déclassement pouvant faire cesser l'appartenance au domaine public des cours d'eau ni flottables ni navigables. Enfin, la loi du 16 décembre 1964 sur le régime et la répartition des eaux modifie le code du domaine fluvial pour faire reposer la constitution du domaine public fluvial sur des opérations formelles de classement. Elle supprime la référence aux cours d'eau navigables et flottables pour consacrer la notion, plus neutre, de « cours d'eau et lacs domaniaux ». Ce faisant, elle étend considérablement le domaine public fluvial. Le classement est opéré en Conseil d'État. Il a permis de faire entrer dans le domaine les cours d'eau et leurs dérivations, les lacs, rivières canalisées ou canaux nécessaires à l'alimentation des populations, susceptibles de répondre aux besoins de l'industrie et de l'agriculture, ou de nature à assurer la protection contre les incendies ou les inondations (V. en ce sens les finalités énoncées par l'art. L. 2111-12). Les articles R. 2111-15 à R. 2111-20 précisent les modalités de constitution, de déclassement et de limitation du domaine public fluvial.

Les articles L. 2111-7 et L. 2111-8 viennent codifier, tout en le simplifiant, cet état du droit antérieur, l'ordonnance du 21 avril 2006 abrogeant les dispositions correspondantes du code du domaine public fluvial. L'article L. 2111-7 confirme l'abandon de la référence au critère de flottabilité et de navigabilité ainsi que l'inscription à la nomenclature (ce qui se traduit aussi dans les formulations retenues par l'art. L. 2111-8). C'est bien un critère formel, le classement, qui détermine l'appartenance au domaine public fluvial. Les cours d'eau et lacs domaniaux font bien partie du domaine public à condition d'avoir fait l'objet d'un classement préalable. La procédure de classement est codifiée à l'article L. 2111-12 (V. commentaire de cet art.). Elle émane de la volonté de la collectivité publique propriétaire. Elle est subordonnée à la satisfaction d'un intérêt général et comporte une phase d'enquête publique préalable ainsi que la consultation des assemblées délibérantes des collectivités territoriales sur les territoires desquelles sont situés les cours d'eau et les lacs.

III. DÉLIMITATION

Par détermination de la loi, le domaine public fluvial comprend « les cours d'eau et les lacs domaniaux » dont les limites sont déterminées par « la hauteur des eaux coulant à pleins bords avant de déborder » (art. L. 2111-8 et L. 2111-9). Comme à l'article 8 du code du domaine fluvial, c'est la règle du *plenissimum flumen* qui sert de curseur à la délimitation du périmètre de ces voies d'eau dans des conditions qui doivent être précisées par décret en Conseil d'État. L'acte de délimitation a un caractère récognitif. Ressortissent donc au domaine public fluvial les cours d'eau proprement dits, les sections de cours d'eau et les lacs domaniaux sous réserve d'incorporation par l'acte de classement dans un but d'intérêt général au sens des articles L. 2111-7 et L. 2111-12.

Deux omissions et une incertitude découlent de ces articles. La première omission a trait à la délimitation des lacs domaniaux. En vertu de l'article 10 alinéa 2 du code du domaine public fluvial, c'est l'article 558 alinéa 1 du code civil (V. cet art. ss. art. L. 2111-13) qui permet la délimitation longitudinale des lacs domaniaux par rapport aux propriétés privées riveraines. Il dispose que « l'alluvion n'a pas lieu à l'égard des lacs et étangs, dont le propriétaire conserve toujours le terrain que l'eau couvre quand elle est à la hauteur de la décharge de l'étang [...] », la limite entre le lac et les propriétés riveraines étant indépendante des variations constatées dans le niveau des eaux. Dans l'hypothèse où le lac n'est pas doté d'un dispositif de décharge, la limite est fixée à l'intersection entre les rives du lac et le plan formé par le plus haut niveau atteint par les eaux en dehors des crues exceptionnelles (CE 23 févr. 1989, *Assoc. synd. des copropr. du domaine de Coudrée : Lebon 84 ; AJDA 1979. 35, note Davignon*. – CE 11 mai 1979, *Guyon : Dr. adm. 1979. Comm. 206*). La seconde omission concerne l'hypothèse de la survenue de « circonstances météorologiques exceptionnelles » qui peuvent avoir des conséquences sur le niveau des cours d'eau et lacs. En raisonnant par analogie avec le domaine public maritime naturel, pour lequel l'article L. 2111-4 prévoit expressément cette hypothèse, il faut certainement comprendre que la règle de délimitation de l'article L. 2111-9 est applicable sous réserve de la survenance de tels événements. La jurisprudence est allée dans ce sens, de sorte que le juge a pu avoir à apprécier si le niveau des eaux est la conséquence d'un phénomène météorologique exceptionnel. L'incertitude, enfin, est relative au statut juridique de l'eau contenue dans les cours domaniaux. L'article L. 2111-7 ne fait pas de l'eau contenue une dépendance du domaine public fluvial naturel. Si l'absence d'appropriation de l'eau semble être un obstacle sérieux à son incorporation, les droits de l'État sur l'eau présentent des caractéristiques qui peuvent être compatibles avec ce qu'implique la domanialité. La doctrine, en toutes hypothèses, s'interroge (V. notamment Barale, Le régime juridique de l'eau, *RD publ. 1965. 588* ; Chavrier, La qualification juridique de l'eau des cours d'eau domaniaux, *RFDA 2004. 928*).

Le Conseil d'État, lors de son examen de la partie réglementaire du code, a suggéré au gouvernement de reprendre cette disposition afin de substituer des « indicateurs scientifiques » au principe fixé par l'article L. 2111-9, indicateurs qui permettraient de garantir les « impératifs de préservation des ressources et des espaces naturels et de prise en compte des intérêts tant des usagers de ces espaces que de leurs riverains » (EDCE 2011, Rapport public 2011, *Doc. fr., 2011, p. 259*). ❑

1. Consistance du domaine public fluvial. L'article 128 de la loi du 8 avril 1810 maintient dans le domaine certains cours d'eau qui ne satisfont pas aux exigences de flottabilité et de navigabilité. • CE 17 mai 1946, *Cne de Vieux-Boucau : Lebon 135.* ♦ Si, à la suite d'une délimitation du domaine public fluvial, des terrains figurant au cadastre comme propriétés de riverains se trouvent être compris dans les limites du domaine public, cette circonstance ne saurait être invoquée comme impliquant l'irrégularité ou l'inexactitude de cette opération. • CE 11 juin 1909, *Servois : Lebon 573 ; S. 1910. III. 113, note Hauriou.* ♦ Inversement, un phénomène naturel a pu entraîner le rétrécissement du lit de la Durance, de sorte que les atterrissements ont le caractère d'alluvions profitant aux riverains. • Civ. 3e, 30 juin 1999, n° 96-21.752 P : *RDI 1999. 628, obs. Lavialle*.

2. Caractère déclaratif et contingent de la délimitation. • CE 19 mars 1980, *Delmas et Simbille*, n° 07760. ♦ Ce caractère déclaratif rend inopérant le moyen tiré d'un prétendu détournement de pouvoir allégué contre un arrêté de délimitation du domaine public fluvial. • CE 28 févr. 1994, *Groupement foncier agricole des Combys : Lebon 100 ; Dr. adm. 1994, n° 97.* ♦ Une exception toutefois à ce caractère contingent : la délimitation des lacs, dont la limite avec les propriétés riveraines est indépendante des variations constatées dans le niveau des eaux et s'établit de manière constante. • CE, sect., 23 févr. 1979, *Assoc. synd. des copropr. du domaine de Coudrée : Lebon 84 ; AJDA 1979. 35, note Davignon.* ♦ La règle de délimitation de l'article L. 2111-9 est applicable en l'absence de survenue de phénomènes météorologiques exceptionnels. • CE 30 janv. 1980, *Richaud* • 28 févr. 1994, *Groupement foncier agricole des Combys : préc.* ♦ Appréciation par le juge si le niveau des eaux est la résultante d'un phénomène météorologique exceptionnel. • CE 6 mars 1989, *Cne de La Roque-d'Anthéron*, n° 75051. ♦ Cette appréciation est essentielle, car elle permet de fixer la limite du domaine public fluvial, mais aussi parce que c'est sur son fondement qu'est déterminée, par exemple, la portion du terrain riverain grevée par la servitude de marchepied, étant précisé que la jurisprudence admet que la ligne de délimitation de la servitude de marchepied puisse s'écarter de celle du domaine public fluvial, compte tenu de la nature du terrain. • CE 28 juin 1989, *Susset*, n° 86782. ♦ La délimitation du domaine public fluvial départemental relève de la compétence du président du conseil départemental et non de celle de l'assemblée délibérante. • CAA Nantes, 9 nov 2018, *M. et Mme P. et M. et Mme J.*, n° 16NT03199 : *AJDA 2019. 288, concl. Derlange ; Rev. CMP 2019, chron. 6, obs. Soler-Couteaux, Zimmer et Waltuch.* ♦ Les limites du domaine public fluvial ne peuvent être déterminées en les faisant correspondre aux limites cadastrales des propriétés riveraines si elles ne correspondent pas aux points où les plus hautes eaux peuvent s'étendre en l'absence de perturbations météorologiques exceptionnelles. • CAA Nantes, 9 nov 2018, *M. et Mme P. et M. et Mme J.*, n° 16NT03199 : *préc.* ♦ Le barrage dont la hauteur n'excède pas celle des eaux du Cher coulant à plein bord en amont doit être regardé comme incorporé au domaine public fluvial naturel. • CAA Nantes, 5 mars 2019, *Sté Cymiphi et a.*, n° 17NT03765.

3. Contentieux de la délimitation. L'autorité administrative est tenue, à la demande d'un riverain, de délimiter le domaine public fluvial. • CAA Lyon, 12 nov. 2003, *Favier : AJDA 2004. 728*. ♦ L'État est libéré de son obligation de délimiter le domaine public naturel dès lors que la délimitation a été réalisée sur le plan. Il n'est pas nécessaire qu'elle donne lieu à un piquetage sur le terrain. • CAA Lyon, 18 déc. 2003, *GFA des Combys*, n° 99LY00452 : *Lebon T. 774*. ♦ L'indemnisation de la délimitation régulière est, en principe, impossible en raison de sa déclarativité sauf si les riverains, en l'espèce d'un cours d'eau domanial, tenaient de l'administration leurs droits sur les parcelles reconquises par les flots, par exemple lorsque celles-ci ont fait partie d'une vente de biens nationaux. • CE 11 juin 1909, *Servois : préc. note 1*. ♦ En cas de contestation sérieuse de l'appartenance d'une parcelle au domaine public, VNF doit demander la mise en œuvre de la procédure de délimitation du domaine public fluvial. • CAA Lyon, 27 juin 2013, *Sté JCS Investissements*, n° 12LY01385 : *AJDA 2013. 2237*.

SOUS-SECTION 2 DOMAINE PUBLIC ARTIFICIEL

Art. L. 2111-10 **Le domaine public fluvial artificiel est constitué :**

1° Des canaux et plans d'eau appartenant à une personne publique mentionnée à l'article L. 2111-7 ou à un port autonome et classés dans son domaine public fluvial ;

2° Des ouvrages ou installations appartenant à l'une de ces personnes publiques, qui sont destinés à assurer l'alimentation en eau des canaux et plans d'eau ainsi que la sécurité et la facilité de la navigation, du halage ou de l'exploitation ;

3° Des biens immobiliers appartenant à l'une de ces personnes publiques et concourant au fonctionnement d'ensemble des ports intérieurs, y compris le sol et le sous-sol des plans d'eau lorsqu'ils sont individualisables ;

4° A l'intérieur des limites administratives des ports maritimes, des biens immobiliers situés en amont de la limite transversale de la mer, appartenant à l'une de ces personnes publiques et concourant au fonctionnement d'ensemble de ces ports, y compris le sol et le sous-sol des plans d'eau lorsqu'ils sont individualisables.

1. Ports fluviaux et leurs installations. Le port fluvial de Bonneuil-sur-Marne et les terrains en dépendant qui ont fait l'objet d'installations destinées à les faire concourir au service public portuaire par leur raccordement aux voies fluviales, ferrées ou routières font partie du domaine public fluvial. • CE 19 oct. 1956, *Sté Le Béton : Lebon 375 ; AJDA 1956. 472, concl. Long ; JCP 1957. II. 9765, note Blaevoët ; Rev. adm. 1956. 617, note Liet-Veaux ; D. 1956. 681, concl. Long.* ♦ Y sont aussi incorporés : les entrepôts liés au fonctionnement du port. • CE 31 juill. 1992, *Assoc. des ouvriers plombiers-couvreurs-zingueurs*, n° 94062 B. ♦ ... Les caves des berges du port de Bercy et la plate-forme aménagée devant ces caves. • CE 17 janv. 1962, *Sté Thierry : AJDA 1962. 241, obs. J. D.* ♦ ... De même que les dérivations, prises d'eau artificielles et retenues établies sur les cours d'eau. • CE 18 janv. 1985, *Cie nationale du Rhône : Lebon 13 ; CJEG 1985. 301, note Pilate.* ♦ ... Ainsi que les digues, maisons éclusières et balises. • CE 4 mars 1955, *Armengaud : Lebon T. 705.* ♦ En revanche, n'appartient pas au domaine public la zone contigüe au canal du Rhône dès lors qu'elle ne présente pas d'utilité directe pour le canal (rejet de la théorie de l'accessoire) et qu'elle est dissociable de celui-ci (rejet de la domanialité publique globale). • CAA Marseille, 17 mai 2019, n° 17MA03215 : *Rev. CMP 2019, chron.. 282, obs. Muller ; Rev. CMP 2019, chron. 6, Soler-Couteaux, Zimmer et Waltuch.* ♦ Lorsque le juge administratif relève qu'un port intérieur, réalisé antérieurement à l'entrée en vigueur du CGPPP et propriété d'établissements publics de coopération intercommunale (EPCI) qui se sont succédés, n'appartenant pas au domaine public fluvial lors de sa création et n'ayant fait l'objet ensuite d'aucune décision de classement dans le domaine public fluvial de ces établissements, il lui incombe, pour déterminer si le port appartient au domaine public de ces EPCI, de vérifier s'il est affecté à l'usage direct du public ou s'il est affecté à un service public et spécialement aménagé en cela. • CE 21 oct. 2015, *Comm. d'agglom. du Lac du Bourget*, n° 367019 : *Lebon ; AJDA 2015. 2010, obs. Pastor ; ibid. 2016. 323, note Kernéis-Cardinet ; JCP Adm. 2015. Actu. 895 ; ibid., n° 2361, note Hansen ; JCP N 2015. Actu. 1063, obs. Touzeil-Divina ; Rev. CMP déc. 2015. Comm. 291, obs. Eckert ; ibid. mars 2016. 42, chron. Llorens et Soler-Couteaux.*

2. Ouvrages liés à la navigation fluviale. Le canal du Midi est une dépendance du domaine public de l'État. • CE 3 mai 1963, *Min. Travaux publics c/ Boudet : AJDA 1963. 489, note Homont.* ♦ Le juge est régulièrement saisi de demandes de réparation de dommages liés à son utilisation et à son fonctionnement. • CE 14 févr. 2007, *Claude A.*, n° 281798. ♦ ... Ou à sa navigation. • CAA Bordeaux, 4 oct. 2007, *Sté Les bateaux toulousains*, n° 04BX01393. ♦ Le canal de l'Escaut est aussi une dépendance du domaine public de l'État. • TA Lille, 30 mars 1995,

Voies navigables de France : Lebon 143. ♦ En font également partie les installations accessoires des voies d'eau comme une maison cantonnière. • CE 3 mars 1958, *Pitié : Lebon 143.* ♦ … Une unité d'accostage. • TA Lille, 30 mars 1995 : *préc.* ♦ … Une digue de la Loire construite dans l'intérêt de la navigation. • CE 22 mai 1925, *Perdriel : Lebon 514.* ♦ Une maison éclusière même si elle n'est plus affectée au service de la navigation dès lors qu'elle n'a fait l'objet d'aucune mesure de déclassement. • CAA Nancy, 7 mars 2019, n° 18NC00342 • CAA Douai, 5 avr. 2018, n° 17DA01511. ♦ En revanche, les ponts sont des éléments constitutifs des voies dont ils relient les parties séparées de façon à assurer la continuité du passage et ne font pas partie du domaine public fluvial, alors même qu'ils ont été adaptés au gabarit de la navigation fluviale. • CE 26 sept. 2001, *Dpt de la Somme : Lebon 427.* • CE 23 juill. 2012, *Dpt de la Marne,* n° 341932 : *Lebon 611 ; AJDA 2012. 1481 ; JCP Adm. 2013. 2125, chron. Chamard-Heim.*

3. Terrains et ouvrages liés à l'exploitation du domaine public fluvial. Le terrain initialement affecté au dépôt des déblais et des sédiments provenant du creusement et des dragages d'un canal et destiné à en faciliter l'exploitation continue d'appartenir au domaine public fluvial dès lors qu'il n'a fait l'objet d'aucune décision de déclassement. • T. confl. 1er juill. 2019, *Voies navigables de France,* n° C 4161 : *inédit au Lebon.*

4. Infrastructure fluviale du Canal Seine-Nord Europe. L'établissement public local à caractère industriel et commercial dénommé « Société du Canal Seine-Nord Europe » (créé par l'Ord. n° 2016-489 du 21 avr. 2016 relative à la Société du Canal Seine-Nord) a pour mission principale de réaliser l'infrastructure fluviale reliant les bassins de la Seine et de l'Oise au réseau européen à grand gabarit entre Compiègne et Aubencheul-au-Bac, dénommée « Canal Seine-Nord Europe ». La notion d'infrastructure fluviale doit être entendue, au sens de l'ordonnance précitée, comme comprenant les biens énumérés aux alinéa 1 à 3 de l'art. L. 2111-10 CGPPP (canaux et plans d'eau classés dans le domaine public fluvial, ouvrages ou installations destinés à assurer l'alimentation en eau des canaux et plans d'eau ainsi que la sécurité et la facilité de la navigation, du halage ou de l'exploitation, biens immobiliers concourant au fonctionnement d'ensemble des ports intérieurs, y compris le sol et le sous-sol des plans d'eau lorsqu'ils sont individualisables), y compris les quais et les espaces permettant le chargement et le déchargement des bateaux, à l'exclusion des places portuaires attenances (L. n° 2019-1428 du 24 déc. 2019, art. 134 d'orientation des mobilités, ratifiant et modifiant l'Ord. n° 2016-489 du 21 avr. 2016 relative à la Société du Canal Seine-Nord Europe) :

1° Des canaux et plans d'eau appartenant à une personne publique mentionnée à l'article L. 2111-7 ou à un port autonome et classés dans son domaine public fluvial ;

2° Des ouvrages ou installations appartenant à l'une de ces personnes publiques, qui sont destinés à assurer l'alimentation en eau des canaux et plans d'eau ainsi que la sécurité et la facilité de la navigation, du halage ou de l'exploitation ;

3° Des biens immobiliers appartenant à l'une de ces personnes publiques et concourant au fonctionnement d'ensemble des ports intérieurs, y compris le sol et le sous-sol des plans d'eau lorsqu'ils sont individualisables.

Art. L. 2111-11 **Le domaine public fluvial du canal du Midi comporte :**

1° Les éléments constitutifs du fief créé et érigé en faveur de Riquet, tels qu'ils résultent des plans et des procès-verbaux de bornage établis en 1772, savoir :

– le canal proprement dit ;

– le réservoir de Saint-Ferréol ;

– les francs-bords d'une largeur équivalente à onze mètres soixante-dix centimètres de chaque côté ;

– les chaussées, écluses et digues, la rigole de la Montagne et la rigole de la Plaine ;

2° Les dépendances de la voie navigable situées en dehors du fief et restées sous la main et à la disposition du canal, savoir :

– les parcelles de terrains acquises au moment de la construction du canal et formant excédents délimités sur les plans de bornage de 1772 par un liseré bistre ;

– les rigoles et les contre-canaux établis sur ces terrains ;

– les maisons destinées au logement du personnel employé à la navigation et les magasins pour l'entrepôt du matériel et des marchandises ;

3° Le réservoir de Lampy. – *[C. dom. publ. fluv., art. 236.]*

BIBL. ▸ LE SUEUR, Le domaine public des rivières et canaux. Histoire culturelle et enjeux contemporains, *L'Harmattan, 2015.* – DOLLIN DU FRESNEL, Pierre-Paul Riquet (1609-1680) : L'incroyable aventure du canal des Deux-Mers, *Éd. Sud-Ouest, 2014.* – LE SUEUR, Le canal du Midi, *Glénat, 2013.* – NIERADZIK, La construction du réseau de canaux français et son financement boursier (1821-1868), *in* Gallais-Hamonno (dir.), Le marché financier français au XIXe siècle, *Publica-*

tion Sorbonne, t. 2, 2007, p. 459. – PRATS, CHASSEL et FORTIER-KRIEGEL, Le canal du Midi, *Doc. fr., 2004.* – PORTE, Canal du Midi : à la recherche de limites oubliées depuis 1666, *Géomètre juill. 2001, n° 7.* – MORAND, Le canal du Midi et Pierre-Paul Riquet, *Edisud, 1993.* – PINON (dir.), Un canal, des canaux, Caisse nationale des monuments historiques, *Picard, 1986.* – MAISTRE, Le canal des Deux-Mers, canal royal du Languedoc : 1666-1810, *Privat, 1968.* – CALMEL, Le canal des Deux-Mers, *Paris, 1933.* – CANET, Le canal des Deux-Mers, *thèse, Toulouse, 1932.* – TISSOT, Le rachat du canal du Midi, étude historique de la propriété de l'œuvre de Riquet, *thèse, Toulouse, 1912.* – DUTENS, La canalisation de la France, *Santelet et Cie, 1829.* – THÉPOT, Quand les géants de l'eau se penchent sur le canal du Midi, *Le Monde, 9 juin 2011.* – www.canal-du-midi.org. – www.lecanaldumidi.com. – www.canalmidi.com. – www.replantonslecanaldumidi.fr.

COMMENTAIRE

Le CGPPP a achevé de vider de sa substance le titre II du livre VI du code du domaine public fluvial et de la navigation intérieure, concernant les dispositions particulières au canal du Midi ; titre dont l'ordonnance du 21 avril 2006 (art. 7-V) devait abroger le dernier article (art. 244).

Si le canal du Midi a présenté jadis un intérêt soutenu pour le juriste, il n'est pas certain que ce doive encore être le cas (malgré son importance pour le tourisme fluvial et son classement au patrimoine mondial de l'UNESCO en 1996, tardivement concrétisé par un décret du 25 septembre 2017 portant « classement, parmi les sites des départements de l'Aude, de la Haute-Garonne et de l'Hérault, des paysages du canal du Midi »). Dans cette mesure, la place qui lui est accordée (sept art. au total : V. aussi art. L. 2124-20 s.) par le CGPPP apparaît excessive (comme l'est celle de l'outre-mer, autre « raté » de cette codification).

L'intérêt de l'ancienne doctrine pour le canal du Midi et la jurisprudence qu'il a suscitée tenaient largement à son mode de réalisation. Louis XIV avait en effet chargé le fermier général Pierre-Paul Riquet (édit du 7 oct. 1666) de faire construire un canal pour relier la Garonne à la Méditerranée en lui attribuant à titre de fief, par une concession perpétuelle, la propriété du canal et des terres nécessaires à sa réalisation (laquelle fut une authentique prouesse technique : 350 ouvrages dont 63 écluses, 126 ponts, 55 aqueducs, 7 ponts-canaux, 6 barrages et un tunnel). Achevé en 1681, borné seulement en 1772, le canal fut nationalisé en 1789 avant que l'exploitation en soit confiée à une société privée. Racheté par l'État (L. du 27 nov. 1897), il fut incorporé au domaine public (en ce sens, CE 3 mai 1963, *Min. Travaux publics c/ Boudet : AJDA 1963. 489, note Homont*).

Cette originalité doit cependant être relativisée, puisque divers canaux ont été financés sous l'Ancien Régime grâce à des formules comparables reposant sur la propriété privée de l'ouvrage, grevée d'une affectation perpétuelle au service de la navigation (Besançon, Essai sur les contrats de travaux et de services publics, *LGDJ, 1999.* – V. par ex. Bresson, Le canal de Craponne et le droit administratif moderne, *thèse, Aix-en-Provence, 1908.* – Pinseau, Un aspect du développement économique de la France. Histoire de la construction, de l'administration et de l'exploitation du canal d'Orléans de 1676 à 1954, *Paris, 1963*).

Géré par l'établissement public Voies navigables de France pour le compte de l'État (qui en reste pour l'heure propriétaire), le canal du Midi pourrait être concerné à l'avenir par la politique de régionalisation menée sur le fondement de la loi n° 2004-809 du 13 août 2004 relative aux libertés et responsabilités locales (sur son volet fluvial, Dufau, Le domaine public fluvial des collectivités territoriales : des transferts de compétences aux transferts de propriété, *JCP Adm. 2005. 359 ; JCP N 2005. 344*). L'une des difficultés consiste à savoir qui doit supporter les charges financières liées à l'abattage des arbres malades qui le bordent (Thépot, Malades, les 4 000 platanes du canal du Midi devront probablement être abattus, *Le Monde, 17 juin 2011.* – Sénat, séance du 12 juill. 2011, question orale n° 1344 du sénateur Navarro et réponse du ministre des Transports) et à la replantation de nouveaux arbres. Sur les 200 millions d'euros nécessaires, 33,7 millions d'euros ont été investis entre 2006 et début 2017, dont 90 % par VNF, 5 % par les collectivités territoriales et 5 % par les mécènes (60 entreprises et 5800 donateurs individuels). Au 1er décembre 2018, près de 18 000 replantations ont été autorisées et plus de 8000 réalisées (Rép. min. à QE n° 13213 : *JO AN Q, 5 mars 2019, p. 2215*). ❑

1. Ouvrage privé affecté à l'utilité publique (historique). C'est surtout à propos du canal du Midi que furent rendus des arrêts importants qui concernaient la combinaison entre propriété privée et affectation publique, certains ayant même fugacement admis la dissociation entre propriété publique et domanialité publique, avant que l'habituel couplage des deux notions soit rétabli. Sur l'ensemble de ces questions, V. par ex. : • Cass. req., 22 avr. 1844 : *S. 1844, I, p. 406* • CE 24 mai 1851, *Cie du canal du Midi : Lebon 387* • 10 avr. 1860, *Cie du canal du Midi : Lebon 292* • Cass., 11 nov. 1867 : *D. 1868. I., p. 427* • Cass., req., 8 nov. 1909 : *S. 1912. I, p. 521, note Mestre* • Civ., 19 mai 1926 : *S. 1926. I, p. 230* • CE 30 mars 1928, *Min. Travaux publics c/ Esquirol : Lebon 499 ; D. 1929. III. 13, note Mayer ; S. 1929. III. 2, obs. Berthélemy.* ♦ Cette problématique, qui annonçait les réflexions de René Capitant dans les années 1930, présentait une singulière modernité : on sait que le partenariat public/privé – au sens large – charrie aujourd'hui une tendance à l'appropriation privée des équipements publics et soulève la question d'une éventuelle « exportation » d'éléments du régime domanial vers certains biens privés d'utilité publique. V. en ce sens, • CE 17 févr. 1932, *Cne de Barran : D. 1933. III. 49.* – Bibl. : J. Morand-Deviller, L'apport de René Capitant au droit administratif, *in* Apports de René Capitant à la science juridique, *Litec, 1992, p. 31.* – de Gaudemar, L'intrigante copie de René Capitant au concours d'agrégation de droit public de 1930, *RFDA 2007. 1297.*

2. Contentieux de la responsabilité, de la navigation et du fonctionnement du canal. Le canal du Midi alimente encore le contentieux, mais les enjeux sont moindres et intéressent pour l'essentiel les dommages causés par son fonctionnement. • CE 14 févr. 2007, *Claude A,* n° 281798 • 30 déc. 2003, *GFA de Cassafières,* n° 235868 • 3 déc. 1986, *Ville Béziers : Lebon 430* • 12 févr. 1971, *Min. de l'Équipement : Lebon 126* • CAA Marseille, 9 juin 2008, *X.,* n° 06MA01336 • 4 juill. 2006, *X.,* n° 04MA01376 • 10 janv. 2005, *VNF,* n° 01MA00617 • 20 nov. 2000, *Min. de l'équipement,* nos 97MA10846 et 97MA10847. ♦ V. aussi, s'agissant du contentieux de la navigation et du stationnement. • CE 10 janv. 2004, *Sté Les bateaux toulousains, Sté Les bateaux du soleil,* n° 245331 • 20 janv. 1989, *Jean-Louis X.,* n° 84381 • CAA Bordeaux, 4 oct. 2007, *Sté Les bateaux toulousains,* n° 04BX01393 • CAA Marseille, 12 mars 2007, *VNF,* n° 05MA00454 • CAA Bordeaux, 4 mars 2010, *Patrick X.,* n° 09BX01588. ♦ Concernant la perception de la redevance d'occupation du domaine public fluvial. • CE 30 juill. 2010, nos 305743, 307720, 309933 et 309934 s. ♦ Rappelant la compétence du juge administratif pour ordonner l'expulsion des occupants sans titre du domaine public, à propos d'une maison éclusière construite sur les bords du canal du Midi : • CAA Marseille, 6 déc. 2019, *Mme D. c/ VNF,* n° 19MA00557.

3. Contentieux périphériques. Illégalité d'un projet de parc éolien situé dans les franges paysagères du Canal du Midi. • CAA Marseille, 26 mars 2019, *Sté Engie Green France,* n° 17MA01173.

SOUS-SECTION 3 DISPOSITIONS COMMUNES

Art. L. 2111-12 Le classement dans le domaine public fluvial d'une personne publique mentionnée à l'article L. 2111-7, d'un cours d'eau, d'une section de cours d'eau, d'un canal, lac ou plan d'eau est prononcé pour un motif d'intérêt général relatif à la navigation, à l'alimentation en eau des voies navigables, aux besoins en eau de l'agriculture et de l'industrie, à l'alimentation des populations ou à la protection contre les inondations, tous les droits des riverains, des propriétaires et des tiers demeurant réservés. — *V. art. R. 2111-16.*

Le classement dans le domaine public fluvial est prononcé, après enquête publique *(L. n° 2010-788 du 12 juill. 2010, art. 240-VI)* « réalisée conformément au chapitre III du titre II du livre Ier du code de l'environnement » *[C. envir., art. L. 123-1 s., App., v° Enquête publique]*, par décision de l'autorité administrative compétente. Il est pris après avis des assemblées délibérantes des collectivités territoriales sur le territoire desquelles se situe le domaine à classer ainsi que du comité de bassin compétent, au cas de classement dans le domaine public fluvial d'une collectivité territoriale ou d'un groupement. — *V. art. R. 2111-17 à R. 2111-20.*

Les indemnités pouvant être dues en raison des dommages résultant de ce classement sont fixées comme en matière d'expropriation pour cause d'utilité publique. Ces indemnités tiennent compte des avantages que les personnes concernées peuvent en retirer.

Ces dispositions sont applicables aux ports intérieurs. — *[C. dom. publ. fluv., art. 1-5, al. 2 et art. 2-1.]*

COMMENTAIRE

Cet article, dont les dispositions s'appliquent pour le domaine tant naturel qu'artificiel, précise les modalités du classement dans la mesure où l'acte de classement est la condition formelle d'incorporation d'un des biens visés à l'article L. 2111-12 au domaine public fluvial. Les biens composant le domaine public fluvial artificiel énumérés à l'article L. 2111-10 bénéficient d'une sorte de présomption d'affectation à l'utilité publique et sont incorporés au domaine public par décision du législateur. Ces dispositions s'appliquent aux ports intérieurs (al. 4). Toutefois, un port intérieur, réalisé antérieurement à l'entrée en vigueur du code général des propriétés des personnes publiques et propriété d'un établissement public de coopération intercommunale, qui n'appartenait pas au domaine public fluvial lors de sa création et qui n'a fait l'objet ensuite d'aucune décision de classement dans le domaine public fluvial, ne peut appartenir au domaine public que s'il est affecté à l'usage direct du public ou s'il est affecté à un service public et spécialement aménagé en vue de ce service public (CE 21 oct. 2015, *Cté d'agglo. du Lac du Bourget*, n° 367019 : *Lebon ; AJDA 2015. 2010, obs. Pastor* ; *ibid. 2016. 323, note Kernéis-Cardinet* ; *JCP Adm. 2015. Actu. 895 ; JCP N 2015. Actu. 1063, obs. Touzeil-Divina ; Rev. CMP déc. 2015. Comm. 291, obs. Eckert ; ibid. mars 2016. 42, chron. Llorens et Soler-Couteaux ; JCP Adm. 2015. 2361, note Hansen*).

I. MOTIVATION DU CLASSEMENT

L'acte de classement doit satisfaire un motif d'intérêt général énuméré par l'article L. 2111-12 : intérêt lié la navigation, à l'alimentation en eau des voies navigables, de l'agriculture ou de l'industrie, ou un intérêt lié à l'alimentation des populations ou à la protection contre les inondations ; le tout, selon la formule classique, « sous la réserve du droit des tiers », c'est-à-dire dans le respect du droit des riverains, des propriétaires et des tiers. La décision formelle de classement doit donc être en adéquation avec le but poursuivi ; ce qui implique que la régularité de l'acte de classement puisse être appréciée à l'aune du but poursuivi et de la motivation.

II. NÉCESSITÉ D'UNE ENQUÊTE PUBLIQUE

La décision de classement ne peut être prise par la personne publique compétente qu'après enquête publique préalable. Les conditions du déroulement de l'enquête publique sont précisées par les articles R. 2111-17 à R. 2111-20 du code. L'article L. 2111-12 prévoit désormais, depuis sa modification par la loi du 12 juillet 2010 portant engagement national pour l'environnement, que cette enquête est réalisée conformément au chapitre III du titre II du livre Ier du code de l'environnement.

La décision de l'assemblée délibérante de la collectivité territoriale ou du groupement demandant le classement lorsque ce dernier ne relève pas de l'État doit être jointe au dossier mis à l'enquête. L'article R. 2111-19 dispose que ce dernier est « soumis par le préfet compétent pour prononcer le classement à l'avis des collectivités territoriales sur le territoire desquelles s'étend le domaine à classer et des autorités gestionnaires des infrastructures et installations publiques qui sont implantées sur ce domaine, ainsi que, le cas échéant, de l'établissement public territorial de bassin et de la commission locale de l'eau. Ces avis sont réputés favorables s'ils ne sont pas émis dans un délai de trois mois à compter de la transmission du projet de classement ». Et l'article R. 2111-20 de prévoir que « le dossier mis à l'enquête, complété par les conclusions du commissaire enquêteur et les avis émis [...], est soumis par le préfet compétent à l'avis du comité de bassin ». Au nom du parallélisme des formes, la procédure de déclassement s'opère selon les mêmes modalités.

III. CONTENTIEUX

L'avant-dernier alinéa de l'article dispose que des indemnités peuvent être dues en réparation d'un dommage qui serait consécutif à la décision de classement. Ce sont les dispositions des articles L. 13-1 et suivants du code de l'expropriation sur la fixation et le paiement des indemnités qui s'appliquent sous réserve « des avantages que les personnes concernées peuvent en tirer », et le juge judiciaire qui est compétent pour statuer sur ce type de contentieux. ❑

Art. L. 2111-13 **La propriété des alluvions, relais, atterrissements, îles et îlots qui se forment naturellement dans les cours d'eau domaniaux est soumise aux dispositions des articles 556, 557, 560 et 562 du code civil.**

En ce qui concerne les lacs domaniaux, les dispositions de l'article 558 du même code sont applicables. – *[C. dom. publ. fluv., art. 10.]*

COMMENTAIRE

Contrairement au domaine public maritime, il n'y a pas d'incorporation automatique des alluvions et relais du domaine public fluvial. Le statut juridique des alluvions, relais, atterrissements, îles et îlots qui se forment naturellement dans les cours d'eau et lacs domaniaux est régi par le code civil, dans la mesure où est ici en cause une question liée au droit de propriété. En application de la règle du *plenissimum flumen*, les terrains alluviaux, relais, îles et îlots submergés lorsque le débit du fleuve est à son maximum sont incorporés au domaine public fluvial (conformément aux dispositions de l'art. 560 C. civ., aux termes desquelles « Les îles, îlots, atterrissements qui se forment dans le lit des cours d'eau domaniaux appartiennent à la personne publique propriétaire du domaine concerné, en l'absence de titre ou de prescription contraire ». La solution retenue diffère pour les lacs, dont on estime que la propriété ne doit pas dépendre des mouvements naturels de l'eau, art. 558 C. civ.). Une nuance doit être apportée dans l'hypothèse où les atterrissements et alluvions se sont formés consécutivement à des travaux légalement réalisés par l'État. Dans ce cas, la personne publique demeure bien propriétaire mais ses dépendances appartiennent au domaine privé jusqu'à leur aliénation. A l'inverse, les alluvions et relais qui restent hors de l'eau lorsque les eaux coulent à pleins bords avant de déborder (V. art. L. 2111-9) appartiennent aux propriétaires des fonds riverains. L'article 556 du code civil dispose en effet que « Les atterrissements et accroissements qui se forment successivement et imperceptiblement aux fonds riverains s'appellent "alluvion". L'alluvion profite au propriétaire riverain, qu'il s'agisse d'un cours d'eau domanial ou non ; à la charge, dans le premier cas, de laisser le marchepied ou chemin de halage conformément aux règlements ». Et l'article 557 du même code de préciser qu'« Il en est de même des relais que forme l'eau courante qui se retire insensiblement de l'une de ses rives en se portant sur l'autre : le propriétaire de la rive découverte profite de l'alluvion sans que le riverain du côté opposé y puisse venir réclamer le terrain qu'il a perdu ». ❑

1. Les terrains alluviaux, relais, îles et îlots submergés au débit maximal du fleuve sont des dépendances du domaine public. • T. confl. 23 janv. 1978, *Schwartz : Lebon 644 ; D. 1978. IR355, obs. Delvolvé.*

2. Si les alluvions se sont formées consécutivement à des travaux légalement réalisés par l'État, les dépendances appartiennent au domaine privé jusqu'à leur aliénation. • CE 11 avr. 1986, *Daney : RFDA 1987. 44, note Terneyre.* ♦ A l'inverse, les alluvions et relais qui restent hors de l'eau lorsque les eaux coulent à pleins bords avant de déborder appartiennent aux propriétaires des fonds riverains. • CE 22 févr. 1978, *D'Herbes : Lebon 101*.

Code civil

Les dispositions issues de l'Ord. nº 2006-460 du 21 avr. 2006, art. 3-III, sont applicables à compter du 1er juill. 2006.

Art. 556 Les atterrissements et accroissements qui se forment successivement et imperceptiblement aux fonds riverains d'un *(Ord. nº 2006-460 du 21 avr. 2006, art. 3-III)* « cours d'eau », s'appellent *alluvion*.

L'alluvion profite au propriétaire riverain, *(Ord. nº 2006-460 du 21 avr. 2006, art. 3-III)* « qu'il s'agisse d'un cours d'eau domanial ou non » ; à la charge, dans le premier cas, de laisser le marchepied ou chemin de halage, conformément aux règlements.

Art. 557 Il en est de même des relais que forme l'eau courante qui se retire insensiblement de l'une de ses rives en se portant sur l'autre : le propriétaire de la rive découverte profite de l'alluvion, sans que le riverain du côté opposé y puisse venir réclamer le terrain qu'il a perdu.

Ce droit n'a pas lieu à l'égard des relais de la mer.

Art. 558 L'alluvion n'a pas lieu à l'égard des lacs et étangs, dont le propriétaire conserve toujours le terrain que l'eau couvre quand elle est à la hauteur de la décharge de l'étang, encore que le volume de l'eau vienne à diminuer.

Réciproquement, le propriétaire de l'étang n'acquiert aucun droit sur les terres riveraines que son eau vient à couvrir dans des crues extraordinaires.

....

Art. 560 *(Ord. nº 2006-460 du 21 avr. 2006, art. 3-III)* Les îles, îlots, atterrissements, qui se forment dans le lit des cours d'eau domaniaux, appartiennent à la personne publique propriétaire du domaine concerné, en l'absence de titre ou de prescription contraire.

....

Art. 562 *(Ord. nº 2006-460 du 21 avr. 2006, art. 3-III)* Si un cours d'eau, en se formant un bras nouveau, coupe et embrasse le champ d'un propriétaire riverain, et en fait une île, ce propriétaire conserve la propriété de son champ, encore que l'île se soit formée dans un cours d'eau domanial.

SECTION IV **DOMAINE PUBLIC ROUTIER**

Art. L. 2111-14 Le domaine public routier comprend l'ensemble des biens appartenant à une personne publique mentionnée à l'article L. 1 et affectés aux besoins de la circulation terrestre, à l'exception des voies ferrées. – *[C. voirie rout., art. L. 111-1, al. 1er.]*

BIBL. ► **Encyclopédie :** Juen, Voirie routière. Consistance du domaine public routier, *J.-Cl. Propriétés publiques, fasc. 41* ; Voirie routière. Voies publiques à statut particulier, *J.-Cl. Propriétés publ., fasc. 42.* – Guérard, Voirie routière. Voies à statut particulier, *J.-Cl. Adm., fasc. 410-12* ; Voirie routière. Réseau routier national, *J.-Cl. Adm., fasc. 410-22* ; Voirie routière. Routes départementales, *J.-Cl. Adm., fasc. 410-24* ; Voirie routière. Voies publiques communales, *J.-Cl. Adm., fasc. 410-26.*

► **Ouvrages :** Isambert, Traité de la voirie, Paris, *Constantin, 1825.* – Monsarrat, Les voies communales, *Sirey, 1931.* – Singer, Routes et chemins publics et privés, *Paris, Aframpe, 1957.* – Lepetit, Gestion pratique du domaine public routier, *2e éd., Sofiac, 1990.* – Bonnafous, La voirie urbaine : de l'accumulation à la gestion patrimoniale, *Th. Lyon 2, Sc. éco, 1992.* – Avril, Le droit et la route : manuel d'administration de la voirie routière, *Victoires éd., 1992.* – Lepetit, Le domaine public routier, *Sofiac, 1993.* – Cour des comptes, L'action des départements dans le domaine de la voirie routière, *Rapp. publ. annuel 1998.* – Cantier, Lignières et Linotte, Droit du domaine public routier : compétences et responsabilités, *Litec, 2000.* – Cour des comptes, L'entretien du réseau routier national, *Rapp. publ. annuel 2001, p. 607.* – Ewart, La voirie routière en Polynésie française, *Mém. Master droit, 2005.* – Merley, Où vont les routes ? La décentralisation de la gestion du réseau routier, *L'Harmattan, 2007.* – Attrait, Bouchard et Lepetit, Gestion du domaine public routier, *4e éd., Berger-Levrault, 2011.* – Sence, Délimitation du patrimoine routier de la Région Réunion, *Mém. INSA Strasbourg, 2014.* – Gachon, Incohérences foncières à régulariser : le cas du patrimoine routier départemental de l'Oise, *Mém. Géomètres-topographes, 2016.* – Levasseur, Définir la rue publique du Bas Moyen Âge. Contribution à l'histoire du droit administratif des biens, *PUFC, 2017.* – Sainson, La domanialité publique à l'épreuve de la décentralisation, *Th. Dijon, 2017.* – Trincal, Le patrimoine intercommunal, *Th. Lyon 3, 2018.* – Blaquière, La théorie de l'accessoire en droit administratif, *Th. Paris II, 2018.*

► **Articles :** Vignes, Les autoroutes, *D. 1960. 85.* – Meny, L'ouverture au public des voies privées urbaines, *AJDA 1971. 18.* – Labetoulle et Cabannes, Les problèmes juridiques posés par le sous-sol des voies publiques, *AJDA 1972. I. 97.* – Vivier, Le statut des venelles, *Vie juridique 2-8 août 1982, p. 8.* – Singer, Les plantations sur le sol des voies publiques, *Rev. adm. 1985. 280.* – Becquey, Commentaire du code de la voirie routière, *AJDA 1989. 707.* – Gonzales et Roman, Les voies privées ouvertes à la circulation publique, *CJEG 1991. 307.* – Gaudemet, Les concessions d'ouvrages d'art routiers. Quelques observations, *Mél. Chapus, Montchrestien, 1992, p. 299.* – Joinet, La délicate gestion des vois privées urbaines, *Ét. fonc. 2000, nº 88, p. 24.* – Mahinga, La condition juridique des ponts en droit administratif, *Dr. adm. 2002. Chron. 14.* – Bachelier, De quel domaine public relèvent les ponts routiers ?, *LPA 18 janv. 2002, p. 14.* – Subra de Bieusses, Voirie et grands équipements ou la décentralisation prétexte, *AJDA 2005. 144* . – Luchaire, La nouvelle domanialité des collectivités territoriales et leurs groupements, *Collectivités-intercommunalité 2005. Étude 3.* – Ubaud-Bergeron, L'appartenance d'un bien au domaine public ne se décrète pas, *AJDA 2005. 1182* . – de Silva, Le décret transférant les routes nationales aux départements est légal, *JCP Adm. 2007. 2168.* – Colin, Les règles de droit administratif applicables aux pistes cyclables, *JCP Adm. 2010. 2336.* – Deliancourt, Le régime juridique des aisances de voirie dont bénéficient les riverains des voies et places publiques, *BJCL 2011-6, p. 394* ; Le maire et les arbres : des difficultés de taille, *Ann. loyers 2013, n° 1.* – Le Roux, Le contentieux des transferts de propriété de l'État vers les collectivités territoriales, *BJCL 2015/5, p. 352.* – Couton, Transfert d'office des voies privées : une procédure de plus en plus circonscrite, *Constr.-Urb. 2016, comm. 129.* – Hansen, Le transfert d'office dans la voirie communale des voies privées ouvertes à la circulation publique, *JCP Adm. 2016. 2292.* – Il, Comment choisir le nom d'une rue... sans polémique ?, *JCP Adm. 2017. 2037.* – Maurey, Rapp. information n° 458 sur les infrastructures routières et autoroutières : un réseau en danger, *Sénat, 8 mars 2017.* – Jacquemoire, Banc public et domaine public, *JCP Adm. 2017. 2139.* – IGA, IGF et CGEDD, La voirie des collectivités territoriales, *Revue des dépenses, 15 nov. 2017.* – Chamard-Heim, Le domaine public routier, note ss. CE 31 oct. 2007, *Dpt de l'Essonne, GDDAB, 3e éd., 2018, n° 34.* – Meurant, Le statut juridique des biens transférés aux métropoles, *RFDA 2018. 451* . – Trémeur, Les routes départementales traversant le territoire des communes, *Dr. voirie 2018, n° 204, p. 114 ; ibid. n° 205, p. 148.* – Salaun, Nécessité et caractéristiques de l'enquête publique préalable aux décisions de classement/déclassement de voies communales, *JCP Adm. 2019. 2044.* – Chamard-Heim, L'article L. 2111-14 du Code général de la propriété des personnes publiques en question(s), *Dr. voirie 2019, n° 207, p. 66.* – Yolka, Libres propos sur le *free floating, AJDA 2019. 742* ; Des routes déroutantes [à propos des voies communales non classées], *Dr. voirie 2019, p. 197.* – Roux, L'occupation privative du domaine public en roue libre (à propos du free-floating), *Dr. adm. 2019. Alerte 63* ; Les techniques d'incorporation au domaine public : quelques problèmes d'articulation, *JCP Adm. 2019, Actu. 661* ; Sous des présomptions contraires (à propos du statut des ouvrages de soutènement de la voirie routière, *Dr. voirie janv.-févr. 2020, p. 10.* – Roux, Les critères de qualification des « voies » en droit de l'urbanisme, *AJDA 2020. 393* .

COMMENTAIRE

I. DES BIENS SATISFAISANT AUX CRITÈRES CLASSIQUES DU DOMAINE PUBLIC

Bien que le domaine public routier soit désormais défini et consacré par le législateur, il n'en demeure pas moins qu'il répond aux critères classiques de la domanialité publique. Afin d'entretenir au mieux notre réseau routier qui comprend plus d'un million de kilomètres de voirie, l'Observatoire national de la route, organisme qui rassemble d'ailleurs tous les acteurs routiers (État, départements, communes et leurs groupements, industrie routière et industrie des ouvrages d'art), et a été créé en 2016.

A. LES PROPRIÉTAIRES DU DOMAINE PUBLIC ROUTIER

Contrairement à l'article L. 111-1 du code de la voirie routière, l'article L. 2111-14 consacre une conception large des propriétaires du domaine public routier, puisqu'il énonce que le domaine public routier rassemble les biens qui appartiennent « à une personne publique mentionnée à l'article L. 1 » (pourtant, le ministre de l'Intérieur continue à renvoyer à l'art. L. 111-1 C. voirie rout. lorsqu'il est interrogé sur la définition à donner de la notion de la voie publique routière : Rép. min. n° 06059, *JO Sénat, 20 sept. 2018, p. 4799*). Les seuls propriétaires que le code de la voirie routière envisage, quant à lui, sont l'État, les départements et les communes. Si l'approche du CGPPP est moins étroite, elle n'emporte pas à proprement parler un élargissement au regard du droit antérieur, puisque les autres sources, et notamment la jurisprudence, avaient déjà admis l'existence d'autres propriétaires publics, notamment les établissements publics. Le code ne fait en réalité que consacrer une pratique et des règles préexistantes ; la formule a néanmoins le mérite d'être claire.

État. Parmi les propriétaires de biens du domaine public routier, on trouve l'État qui est à la tête du domaine public routier national, composé des autoroutes, des routes nationales (C. voirie rout., art. L. 121-1 s. et L. 123-1 s.) et de routes express (C. voirie rout., art. L. 151-1 s.). La liste des voies lui appartenant est fixée et actualisée par décret en Conseil d'État (V. Décr. n° 2005-1499 du 5 déc. 2005 relatif à la consistance du réseau routier national ; Décr. n° 2014-1099 du 29 sept. 2014 relatif à la consistance du réseau routier national soumis à la taxe nationale sur les véhicules de transport. – Sur la « Voie sacrée nationale », V. par ex. proposition L. AN n° 594, 16 janv. 2013, adoptée par l'AN le 20 févr. 2014). Cela étant, des portions d'autoroute peuvent être déclassées pour entrer dans le domaine public d'une autre personne publique (à propos du déclassement à Lyon des autoroutes A6-A7 traversant le centre-ville, dont la procédure a été lancée par une délibération de la Métropole de Lyon du 11 juill. 2016 et décidé par Décr. du 27 déc. 2017, *JO 29 déc.* – Concernant le déclassement de voies parallèles à l'A63, Décr. 13 mars 2018 et CE 21 déc. 2018, n° 420652 : *Dr. voirie, n° 206, p. 22, concl. Victor.* – V. aussi prop. loi N. Delattre, permettant le transfert de portion d'autoroutes ou de routes nationales ayant pour objet le contournement des agglomérations, 12 oct. 2018, Sénat).

Régions. A l'exception notable de certaines régions ultramarines (La Réunion et Guadeloupe. – art. 18 et 19, L. n° 2004-809 du 13 août 2004, Libertés et responsabilités locales ; CGCT, art. L. 4433-24-1), les régions ne disposent toujours pas, pour l'instant, d'un domaine public routier. Elles ne sont d'ailleurs pas envisagées par le code de la voirie routière. Le Gouvernement avait tenté, dans son projet de loi « Nouvelle organisation territoriale de la République » (n° 636, déposé le 18 juin 2014, art. 9), de transférer la voirie départementale aux régions, mais le Sénat s'y est opposé (L. n° 2015-991 du 7 août 2015). Quoi qu'il en soit, la formule particulièrement large de l'article L. 2111-14 le permettra, si un transfert en leur faveur était un jour décidé.

Départements. Les départements sont propriétaires de routes départementales et des routes express (C. voirie rout., art. L. 131-1 et L. 151-1). La catégorie des routes départementales s'est considérablement accrue depuis que le législateur a décidé de transférer aux départements, avant le 1er janvier 2008, la propriété et la responsabilité des routes nationales qui répondaient davantage à des intérêts locaux que nationaux (art. 18-III, L. n° 2004-809 du 13 août 2004 relative aux libertés et responsabilités locales : *JO 17 août, p. 14550.* – Décr. n° 2005-1500 du 5 déc. 2005 portant application de l'art. 18 de la L. n° 2004-809 : *JO 6 déc., p. 18812.* – Circ. n° 2005-85 du 6 déc. 2005 : *BO Équipement 2005-24, p. 325.* – Circ. n° 2006-17 du 8 mars 2006 relative à l'impact immobilier de la loi LRL : *BO Équipement 2006-6.* – Cour des comptes, Conduite par l'État de la décentralisation : *Rapp. public particulier oct. 2009, spéc. p. 99 s.*). Ce sont ainsi presque 20 000 km de routes qui ont quitté le patrimoine de l'État pour intégrer celui des départements concernés (Subra de Bieusses, Voirie et grands équipements ou la décentralisation prétexte, *AJDA 2005. 144* . – Aubert, La décentralisation des routes nationales poursuit son chemin, *AJDA 2005. 1547* . – Merley, La mise en œuvre du transfert des routes nationales et des services des DDE, *AJDA 2006. 805* . – Blanquefort et Terrien, Départements et gestion du réseau routier : *RLCT nov. 2009. 48.* – Cour des comptes, Le bilan de la décentralisation routière, *Rapp. public. 2012, p. 405*). Ces transferts ont été réalisés à titre gratuit et ont été constatés par des arrêtés préfectoraux. Les voies qui ont été transférées aux départements ont pu être assez rapidement recensées par une lecture *a contrario* du décret n° 2005-1499 du 5 décembre 2005 relatif à la consistance du réseau routier national. De nombreux départements ont contesté devant le juge administratif ce décret, en estimant que certaines voies ou portions de voie qu'ils recevaient étaient plutôt d'intérêt national. Ils ont été déboutés. Il faut néanmoins souligner que ce phénomène de transfert de propriété de voies publiques n'est pas nouveau et qu'il y a déjà eu, par le passé, de nombreux transferts réciproques (Chamard-Heim, L'article L. 2111-14 NCPP en question(s), *Dr. voirie 2019, n° 207, p. 66*). L'État a réitéré ce type de transfert de la voirie nationale située dans le département du Bas-Rhin et du Haut-Rhin en faveur de la collectivité européenne d'Alsace (L. n° 2019-816 du 2 août 2019, art. 6).

Métropole de Lyon. Cette métropole, qui constitue une collectivité territoriale créée le 1er janvier 2015, est devenue propriétaire du domaine public routier de l'ancienne communauté urbaine et du domaine public routier du département du Rhône auquel elle se substitue sur son territoire (CGCT, art. L. 3651-2).

Communes. Les communes sont propriétaires des voies communales (C. voirie rout., art. L. 141-1) et des chemins ruraux. Seules les premières font partie du domaine public routier. Ce sont des routes qui sont situées en agglomération, appartiennent aux communes et sont affectées à la circulation du public. Il peut également s'agir de routes express ou de routes à grande circulation (C. route, art. L. 151-1). Il est à noter que, de manière dérogatoire au critère de la propriété publique exclusive, ces voies communales peuvent appartenir à deux ou plusieurs communes (C. voirie rout., art. L. 141-5). Le domaine public routier des communes s'est aussi étoffé : les communes ont reçu de l'État la propriété de routes nationales qui ne présentaient pas d'intérêt départemental (C. voirie rout., art. L. 121-1. – Décr. n° 2005-1500 du 5 déc. 2005, art. 3). Le transfert s'est opéré par arrêté préfectoral, après accord de la commune.

Groupements de collectivités territoriales. Il n'existe pas de voirie communautaire visée par le code de la voirie routière (Rép. min. n° 6846 : *JO Sénat Q, 3 nov. 1994, p. 2624*). Mais cela n'a pas empêché les groupements de collectivités territoriales, notamment les établissements publics de coopération intercommunale, d'être propriétaires de voies relevant du domaine public. C'est ainsi que, dans le mouvement de transfert des routes nationales engagé à partir de 2004, les EPCI ont pu bénéficier du reclassement de sections de route nationale (Décr. n° 2005-1500 du 5 déc. 2005, art. 3. – Circ. n° 2005-85 du 6 déc. 2005 relative à l'application de la loi « Libertés et responsabilités locales » du 13 août 2004 : *BO Équipement 2005-24, p. 325*. – Christiany, Le transfert de la compétence voirie, *Coll. terr. juill. 2004. Étude 10, p. 6*). Et, plus généralement, les EPCI peuvent être propriétaires de voies publiques dès lors que la compétence « voirie » leur a été transférée. Les métropoles de droit commun sont particulièrement concernées (CGCT, art. L. 5217-2-IV-9° et L. 5217-5), les départements devant leur transférer la compétence et les biens relevant de la voirie, à l'exception notable du Grand Paris. Les communautés urbaines sont aussi obligatoirement propriétaires de la voirie qui leur a été transférée par les communes membres (CGCT, art. L. 5215-28). Quant aux autres EPCI (communauté d'agglomération ou de communes), ils ne sont propriétaires que des voies qu'ils ont créées. Ces dernières n'ont pas à être rétrocédées aux communes pour être classées parmi les voies communales (Rép. min. n° 00613 : *JO Sénat Q, 19 sept. 2002, p. 2094* ; Rép. min. n° 791 : *JO Sénat 23 août 2018, p. 4340*. – Sur cette question, Videlin et Manson, Domaine public – Établissements publics de coopération intercommunale, *J.-Cl. Propriétés publiques, fasc. 36*. – Trincal, Le patrimoine intercommunal, *Th. Lyon 3, 2018*. – Videlin, L'intercommunalité et le CGPPP, *Cah. dr. intercommunalité, n° 2, avr.-juin 2008, p. 20* ; Les biens des établissements publics de coopération intercommunale, *AJDA 2001. 829* . – Pour les voies mises à disposition de l'EPCI, Rép. min. n° 04936 : *JO Sénat 12 juill. 2018, p. 3475*). Les EPCI peuvent également se voir transférer les voies privées en application de l'article L. 318-3 du code de l'urbanisme. Quoi qu'il en soit, les voies publiques appartenant à un groupement de collectivités territoriales ne constituent pas une catégorie autonome de voirie publique : elles relèvent du régime juridique applicable à la voirie communale ou départementale, selon les cas (Arr. du 24 juill. 2000, *JO 27 août*). Par sa formulation générale, l'article L. 2111-14 consacre la possibilité pour les groupements de collectivités territoriales d'être propriétaires d'éléments du domaine public routier.

Autres établissements publics. Il en est de même pour les autres formes d'établissement public, qui ne sont pas non plus envisagées par le code de la voirie routière. Les établissements publics fonciers et d'aménagement s'étaient déjà vu reconnaître la possibilité d'être propriétaires de voies publiques classées dans leur domaine public (par ex., art. 3, L. n° 2007-254 du 27 févr. 2007 sur la création d'un établissement public de gestion du quartier d'affaires de La Défense, *JO 28 févr., p. 3683*).

Classement. C'est ici que le classement présente son intérêt. C'est en effet l'acte administratif par lequel une voie ou un ouvrage d'art est inclus dans l'une des différentes catégories de voies instituées par le code de la voirie routière : les autoroutes, les routes nationales, les routes départementales, les voies communales, les routes express (V. Décr. n° 2009-382 du 6 avr. 2009 : *JO 8 avr.*), les déviations et les ouvrages d'art. Le classement permet de déterminer le statut qui s'applique à la dépendance ; il peut aussi permettre de transférer la propriété de la route (C. urb., art. L. 318-3). Il existe une procédure de classement propre à chaque catégorie de routes (V. CGPPP, art. L. 2111-3). Ainsi, lorsque l'État a transféré une partie de son réseau routier aux départements et aux communes, il a pris des actes de déclassement de la voirie nationale, puis de reclassement dans les voiries départementales et communales (Rép. min. n° 24559 : *JO Sénat Q, 18 janv. 2007*).

Cas des voies privées. En revanche, à défaut de satisfaire au critère organique, les voies privées ouvertes à la circulation publique ne font pas partie du domaine public routier. Elles ne peuvent être incorporées au domaine public d'une commune ou d'un EPCI que par un acte de classement et selon une procédure particulière (V. CGPPP, art. L. 2111-3).

B. L'AFFECTATION AUX BESOINS DE LA CIRCULATION TERRESTRE

Les dépendances composant le domaine public routier sont « affectées aux besoins de la circulation terrestre, à l'exception des voies ferrées », ces dernières relevant des dispositions de l'article suivant (art. L. 2111-15).

Cette notion de « circulation terrestre » peut être définie par deux éléments. D'une part, elle suppose l'idée d'une circulation générale ; les voies permettent donc à tous les usagers d'effectuer des trajets, de se déplacer, sans que l'usage de ces voies soit lié ou conditionné par l'utilisation d'une autre dépendance (pour une définition des voies carrossables, Rép. min. n° 102082 : *JOAN Q, 16 août 2011*). D'autre part, la circulation terrestre comprend la circulation des automobiles, des bus, des poids lourds, des vélos (sur les véloroutes, C. voirie rout., art. L. 154-1, introduit par l'art. 60 de la L. n° 2019-1428 du 24 déc.2019 d'orientation des mobilités), des piétons, des trottinettes et autres « rollers » (et des bateaux amphibies, Décr. n° 2017-15 du 6 janv. 2017), ainsi que le stationnement des véhicules le long des voies. Il faut que les voies soient susceptibles de recevoir des véhicules et/ou des piétons ou cyclistes. C'est ainsi qu'une place publique peut faire partie du domaine public routier, si elle est affectée à la circulation des piétons. On relève cependant dans la jurisprudence administrative une tendance certaine à privilégier l'affectation à la circulation par le biais de la circulation automobile.

Le domaine public est composé de biens qui sont affectés à l'usage direct du public et dont l'utilisation est intimement liée à la liberté fondamentale d'aller et de venir. A ce titre, l'existence même du domaine public routier bénéficie d'une garantie constitutionnelle par le biais des droits et libertés publiques qui s'y exercent (Cons. const. 26 juin 2003, Loi habilitant le Gouvernement à simplifier le droit, consid. 29). Sur le cas particulier des ruelles, impasses ou voies publiques situées dans les enceintes d'équipements publics (Chamard-Heim, L'art. L. 2111-14 NCPP en question(s), *Dr. voirie 2019, n° 207, p. 66*).

II. LA COMPOSITION DU DOMAINE PUBLIC ROUTIER

L'article L. 2111-14 désigne les biens compris dans le domaine public routier par une formule large, « l'ensemble des biens » appartenant à une personne publique et affectés aux besoins de la circulation terrestre. On peut distinguer les biens qui satisfont directement aux critères du domaine public et les biens qui sont incorporés dans le domaine public routier par application de la théorie de l'accessoire.

A. LES ROUTES ET LES OUVRAGES D'ART

Routes. Les routes, quels que soient leur dénomination et leur classement, font partie du domaine public routier dès lors qu'elles sont affectées à la circulation générale : autoroutes, voies express, déviations, routes nationales, routes départementale, voies communales, voies en site propre des bus ou des tramways, rues, places, voire venelles (Vivier, Le statut des venelles, *Vie jud. 2-8 août 1982, p. 8*). Ce n'est en revanche pas le cas des chemins ruraux (V. CGPPP, art. L. 2212-1. – Sur la volonté de déclasser une voie communale pour la transférer dans la catégorie des chemins ruraux pour des motifs financiers, QE n° 07083 : *JO Sénat 7 mars 2019, p. 1271*).

Ouvrages d'art. Les ouvrages d'art font également partie du domaine public routier : ponts, tunnels, viaducs ou bacs. Concernant les ponts fixes, ils ne sont pas considérés comme les accessoires des voies mais plutôt comme leur prolongement physique, car, en reliant deux points séparés par un obstacle, ils permettent d'assurer la continuité du passage sur la voie portée. L'unité de la domanialité publique commande d'associer étroitement le pont et la route en faisant de l'ouvrage d'art une dépendance du domaine public routier. Par conséquent, la collectivité publique propriétaire du pont est celle qui est propriétaire de la voie portée. Sur la question des ouvrages d'art dits « de rétablissement des voies » (V. art. L. 2123-9 s.).

B. LE DOMAINE PUBLIC ROUTIER PAR ACCESSOIRE

Le domaine public routier s'est développé depuis longtemps, grâce à la théorie de l'accessoire : ainsi, des biens qui ne satisfont pas, en eux-mêmes, aux critères du domaine public, sont néanmoins incorporés dans le domaine public routier, car ils sont des accessoires des routes et ouvrages d'art. Il se pourrait cependant que le resserrement opéré par le CGPPP en matière d'accessoire (V. art. L. 2111-2) fasse obstacle à l'incorporation future de certains biens.

Accessoire indissociable et accessoire utile. La domanialité publique des routes s'étend aux terrains servant d'assiette aux voies publiques, aux accotements, aux murs de soutènement, aux talus, aux fossés qui servent à l'écoulement des eaux de la chaussée et au terre-plein central.

Il n'y a pas non plus de difficulté pour les trottoirs (qui ont d'ailleurs été le support de marquages à des fins publicitaires : Décr. n° 2017-1743 du 22 déc. 2017, portant expérimentation de marquages sur les trottoirs à des fins publicitaires, *JO 24 déc. ; JCP Adm. 2018. Actu. 16 ; ibid. 2036, note Billet ; Rev. CMP févr. 2018, n° 22, comm. Clamour*) ou les pistes cyclables.

On trouve aussi les différents équipements routiers (C. voirie rout., art. R. 111-1) qui sont les accessoires indissociables et utiles du domaine public routier comme les panneaux de signalisation, les bornes kilométriques, les poteaux et pylônes ou les radars automatiques (Deau, Radars automatiques et redevances : une incompatibilité consacrée par le Conseil d'État, *RLCT janv. 2008. 11*. – Lavialle, L'installation par l'État de radars sur le domaine public des collectivités territoriales, *JCP Adm. 2007, n° 2229, p. 23*. – Traoré, L'installation par l'État de radars sur les routes départementales : un mode d'affectation *sui generis* du domaine public routier ?, *BJCL 2008. 82*. –Yolka, La guerre des radars [un épilogue bizarre], *JCP Adm. 2008, n° 104, p. 3*).

Peuvent également faire partie du domaine public routier les arbres longeant les voies publiques, les corbeilles à papier implantées sur les trottoirs, les aires de repos ou de stationnement ou les parcs de stationnement.

Enfin, les lignes de tramway réalisées en site propre avec emprise sur le domaine public routier devraient également faire partie du domaine public routier et non du domaine ferroviaire. La lecture combinée des articles L. 2111-14 et L. 2111-15 du code semble plutôt aller dans ce sens.

Accessoires indissociables non utiles. En revanche, un certain nombre de biens sont exclus du domaine public routier parce qu'ils ne satisfont pas aux critères de l'article L. 2111-2. Il en va ainsi des égouts, qui font certes partie du domaine public, mais de manière autonome, sans être analysés comme des accessoires du domaine public routier. Il en est de même des installations de télécommunication situées sur ou sous le domaine routier ou des murs longeant ou surplombant les voies publiques. Cela dit, ces solutions étaient déjà acquises avant l'entrée en vigueur de la partie législative du CGPPP.

Mais il faudrait sans doute aller plus loin. En effet, certains biens avaient pu être incorporés au domaine public routier par la théorie « classique » de l'accessoire, en se fondant uniquement sur leur proximité physique. Il serait logique que ces biens ne puissent désormais plus l'être, puisque l'article L. 2111-2 exige en plus un lien d'utilité entre les biens en cause. Naturellement, les biens qui avaient déjà été incorporés par cette voie ne seront pas requalifiés. Mais des questions pourraient se poser à l'avenir pour les « nouveaux » biens qui, tout en en étant indissociables, ne sont pas utiles à la dépendance principale, comme les galeries situées sous la voie publique ou le sous-sol des voies publiques. ❑

1. Propriété publique. Sur la propriété publique des routes. • CAA Marseille, 14 juin 2011, n° 09MA01119. ♦ Sur la difficulté de prouver parfois la propriété publique, V. par ex., • CAA Marseille, 2 oct. 2012, *Sicardi c/ Cne de Ners,* n° 10MA03289. ♦ Les **routes nationales** font partie du domaine public étatique, y compris dans la traversée des agglomérations. • CE 29 avr. 1966, *Sté Affichage Giraudy,* n° 60127 : *Lebon 293 ; AJDA 1966. 601 ; JCP 1966. II. 14746, note Klein.* ♦ La place d'armes du château de Versailles qui sépare la ville de Versailles en deux et qui est traversée par des avenues affectées à la circulation générale appartient au domaine public de l'État. • CE 14 juin 1972, *Elkoubi,* n° 83682 : *Lebon 437.* ♦ ... Les autoroutes aussi. • CE 29 mai 1974, *Reyboz : RD publ. 1975. 514.* ♦ Les routes régionales existent outre-mer. • TA La Réunion, 26 oct. 2017, *Région Réunion,* n° 1500466 • CAA Bordeaux, 31 mars 2014, *Région Réunion,* n° 13BX00792. ♦ Les **départements** sont propriétaires du réseau national transféré par l'État. • CE 23 mai 2007, *Dpt des Landes et a.,* n° 288378 : *AJDA 2007. 1646, note Merley ; ibid. 2008. 562, étude Maetz ; ibid. 1036, étude Dupré de Boulois ; JCP Adm. 25 juin 2007, n° 26. Comm. 2168, concl. de Silva.* ♦ L'argument de la méconnaissance de la charte européenne sur l'autonomie locale est vain. • CAA Bordeaux, 31 mars 2014, *Région Réunion,* n° 13BX00792. ♦ Les dispositions du III de l'art. 18 de la loi du 13 août 2004, qui substituent les départements à l'État à compter du 1er janv. 2008 dans l'ensemble des droits et obligations liés aux routes alors classées dans le domaine public national qui leur ont été transférées à cette date en vertu de la loi, doivent être regardées comme incluant les droits et obligations attachés aux actions pendantes à la date de ce transfert de propriété. • CE 23 oct. 2013, *Dpt du Var,* n° 351610 : *Lebon T. 460 ; AJDA 2013. 2117, obs. de Montecler ; ibid. 2014. 362, note Éveillard*. ♦ Sur la responsabilité des départements, • TA Lyon, 18 déc. 2012, *MM. Danon,* n° 0902961 : *AJDA 2013. 537, concl. Habchi*. ♦ Les **communes** sont propriétaires des routes qui sont situées en agglomération et qui sont affectées à la circulation du public. • CE 15 nov. 1991, *Mme Dufor : Lebon 1267.* ♦ Mais, il peut également s'agir de routes express ou de routes à grande circulation. • CE 3 août 2011, *Cne de Buc,* n° 330310. ♦ Une place, propriété de la commune, ouverte à la circulation publique et pour partie aménagée en parc de stationnement, fait partie du domaine public communal. • T. confl. 8 déc. 2014, *Cne de Falicon,* n° 3971 : *Lebon T. 576 ; AJDA 2014. 2451 ; Rev. CMP 2016. Chron. nos 14 et 53, obs. Llorens et Soler-Couteaux ; JCP Adm. 2014. Actu. 999, obs Tesson.* ♦ Le juge administratif a d'ailleurs estimé que le classement en route à grande circulation prévu à l'art. L. 110-3 C. route n'est pas contraire au principe constitutionnel de libre administration, en dépit du fait que la liste de ces routes est établie après consultation des propriétaires de ces voies et non de toutes les collectivités que ces voies traversent. • CE 3 août 2011, *Cne de Buc,* n° 330310 : *préc.* ♦ Le transfert a également pu porter sur les éléments accessoires des voies publiques départementales ; il s'agit là d'une présomption pour le juge administratif. • CE 6 avr. 2016, *Min. de l'Écologie,* n° 370648. – Sur le contrôle de l'erreur manifeste d'un arrêté de rattachement d'une route à une commune, • TA Melun, 15 juin 2016, *Assoc. des riverains de la route de Morsang,* n° 1409306 : *19e lettre du TA Melun.* ♦ Certaines voies peuvent appartenir à deux communes ; elles ne peuvent relever alors de leur domaine public que si elles ont toutes les deux procédé au classement desdites voies dans leur voirie communale. • CAA Lyon, 20 déc. 2018, n° 17LY0003. ♦ Pour être classée dans le domaine routier communal, la voie doit appartenir à une commune et non être la propriété d'un département, • CE 27 déc. 2019, *Cne de La Rochelle,* n° 420302. ♦ Certaines voies peuvent appartenir à des **établissements publics de coopération intercommunale**. • CAA Nancy, 17 janv. 2013, *Cté cnes du bassin de Lons-le-Saunier,* n° 11NC01146 : *JCP Adm. 2013, n° 49. Comm. n° 2348, par Daugé et Rostu.* ♦ Sur les métropoles, • CAA Marseille, 18 juin 2015, *SARL France bois,* n° 13MA03738. ♦ Pour la compétence d'entretien des trottoirs des voies publiques dans le cadre d'un EPCI, V. QE n° 20050, *JO Sénat 19 mai 2016, p. 2102.* ♦ Pour la répartition des compétences entre une communauté urbaine gestionnaire du domaine public routier et une commune en matière de marché de mobilier urbain, V. • CE 30 nov. 2018, n° 414384. ♦ Les établissements publics fonciers et d'aménagement s'étaient déjà vu reconnaître la possibilité d'être propriétaires de voies publiques classées dans leur domaine public. • CE 29 juin 2005, *Cne de Puteaux,* n° 264714. ♦ Un mur de soutènement édifié par un particulier sur un terrain privé est qualifié d'ouvrage public et considéré comme un accessoire de la voie publique. • CE 26 févr. 2016, *SCI Jenapy 01,* n° 389258 : *Lebon T. ; BJCL 2016. 265, concl. Pellissier, obs. Traoré ; Rev. CMP mars 2017. Chron. 2, par Llorens et Soler-Couteaux ; Dr. adm. 2016, nos 8-9, comm. 49, obs Éveillard ; JCP Adm. 2016. Actu. 234* • CAA Bordeaux, 26 avr. 2018, *C. et E. c/ Dpt de la Gironde,* n° 16BX01149. ♦ Est sans impact en matière d'application des critères du domaine public le fait qu'avant l'incorporation dans le domaine public, le terrain d'assiette appartenait à une personne privée. • Civ.. 1re, 29 mars 2017, n° 16-10.663 : *Rev. CMP 2018. Chron. 7, obs. Soler-Couteaux, Zimmer et Waltuch.*

2. Classement. Le classement peut permettre de transférer la propriété de la route. • CE 9 août 1893, *Cne de Fossat : S. 1895. 3. 80* • 8 août 1894, *Cne de Parleboscq : S. 1896. 3. 133.* ♦ Ces actes de reclassement ne constituent pas des décisions réglementaires et ne présentent pas davantage le caractère de décisions administratives individuelles. • CE 25 sept. 2009, *Cne de Coulomby,* n° 310873 : *Dr. adm. 2009, n° 144, note Melleray* • CAA Nantes, 7 déc. 2002, *Archambault,* n° 11NT01102. ♦ Il est à noter que la domanialité publique de la voie ne se perd pas par la réalisation d'un bornage amiable par la commune. • CAA Marseille, 14 janv. 2016, *Mme A. c/ Cne de Six-Fours-les-Plages,* n° 13MA01857. ♦ Sur le rôle du classement dans l'intégration d'une voie dans le domaine public routier d'une commune, • CAA Nancy, 8 mars 2018, n° 17NC00223. ♦ A défaut d'un tel classement, la voie constitue un chemin rural faisant partie du domaine privé de la commune. • CAA Bordeaux, 15 nov. 2018, n° 16BX02936 : *Dr. voirie 2018, n° 205, p. 145.* ♦ Il convient toutefois de noter que l'intervention de décisions expresses de classement n'est pas requise pour les voies, propriétés de la commune, situées dans une agglomération, qui étaient, antérieurement à l'intervention de l'Ord. n° 59-115 du 7 janv. 1959, affectées à l'usage du public ; celles-ci font partie de la voirie urbaine et appartiennent au domaine public communal. Les documents cadastraux établissent l'affectation à l'usage du public de l'ensemble de la section perpendiculaire au chemin en cause • CE 28 nov. 2018, n° 418827.

3. Conséquences d'un plan d'alignement. Il résulte de l'art. L. 112-2 C. voirie rout. que la publication d'un plan d'alignement a pour effet d'incorporer définitivement dans le domaine public, comme élément de la voirie communale, le sol des propriétés non bâties dans les limites qu'il détermine. Dès lors, compte tenu de l'inaliénabilité du domaine public, le plan d'alignement a épuisé ses effets lors de la prise de possession par la collectivité publique des biens consignés sur ce plan. Sur l'articulation entre ce principe et la mise en œuvre d'un référé-suspension. • CE 26 mars 2012, *Assoc. des habitants des quartiers sud et maraîchers de Colmar et a.*, n° 350834 : *Lebon T. 607 ; AJDA 2012. 1744, note Traoré*.

4. Voies privées ouvertes à la circulation publique. En revanche, les voies privées ouvertes au public n'appartiennent pas au domaine public. • Civ. 1re, 18 mai 1994, n° 92-18.842 P : *Dr. adm. 1994, n° 529.* ♦ Tout comme les chemins ruraux appartiennent au domaine privé de la commune. • T. confl. 21 juin 2004, *Belin*, n° 3408. ♦ Si tout habitant d'une commune peut solliciter du maire qu'il transfère dans le domaine public une voie privée ouverte à la circulation, les personnes dépourvues d'un droit de propriété sur cette voie ne peuvent se prévaloir d'un intérêt leur permettant de contester devant le juge administratif le refus de mettre en œuvre cette procédure. • CAA Lyon, 21 juin 2012, *Muller*, n° 11LY00363 : *AJDA 2013. 861, note Huten ; JCP Adm. 2013, n° 6, chron. Chamard-Heim.* ♦ Ni l'ouverture d'une voie à la circulation publique ni son classement dans la voirie communale ne peuvent, en l'absence d'acte translatif de propriété, avoir pour effet d'incorporer cette voie dans le domaine public routier communal. • Civ. 1re, 1er juill. 2015, n° 14-14.807. ♦ Pour la procédure de transfert des voies privées dans le domaine public, V. comm. ss. art. L. 2111-3.

5. Affectation aux besoins de la circulation terrestre. Le domaine public routier est affecté aux besoins de la circulation terrestre. C'est la raison pour laquelle les voies créées lors de la réalisation d'un port et aménagées, à titre principal, pour la desserte des installations portuaires font partie du domaine public maritime et non du domaine public routier. • CAA Marseille, 16 déc. 2003, *X. et a.*, n° 02MA00795. ♦ Il en est de même d'une voie interne servant à l'accès d'une école. • CAA Versailles, 9 juin 2011, *Cne d'Aubervilliers*, n° 09VE03840. ♦ ... Ou d'un chemin ne desservant que quelques parcelles et se terminant en impasse qui aboutit à un rocher très pentu, d'une hauteur de deux mètres. • CAA Marseille, 21 févr. 2011, *M. A.*, n° 09MA00950. ♦ Ou d'un chemin militaire desservant une casemate avant son déclassement. • CAA Marseille, 4 févr. 2019, *SARL Objectif résidence Sud Corse*, n° 17MA01604 : *RDI 2019. 515*. ♦ A défaut de pouvoir recevoir des véhicules, les promenades publiques ne peuvent donc pas être comprises dans le domaine public routier, en l'absence d'ouverture à la circulation générale. • CE 10 avr. 2002, *Cne de Rugny*, n° 234777. ♦ ... Avec une nuance parfois subtile entre la promenade et la place publique pour les piétons. • T. confl. 13 avr. 2015, *SNC Worex c/ Cté urb. de Lyon et Sté Thierry Chefneux assainissement*, n° C-3999 : *AJDA 2015. 1620*. ♦ Les usoirs en Alsace-Moselle ne sont pas affectés à la circulation routière et font donc partie du domaine public communal non routier. • CAA Nancy, 8 avr. 1993, n° 91NC00673 • T. confl. 22 sept. 2003, *Grandidier : AJDA 2004. 930, note Jurie ; BJCL 2004. 105, obs. Bonichot* * Rép. min. n° 87653 : *JOAN Q, 30 nov. 2010, p. 13179* • CAA Nancy, 10 mai 2007, *Cne de Kalhausen*, n° 05NC01447 * Rép. min. n° 14368 : *JO Sénat Q, 27 août 2015, p. 2027.* – Chauvin, Quel est le régime juridique des usoirs après des travaux réalisés par une commune ?, *Gaz. cnes 16 sept. 2015.* – Sur la distinction entre usoirs et annexes de la chaussée, V. * Rép. min. n° 2353 : *JO Sénat Q, 1er févr. 2018, p. 440 ; JCP N 2018. Actu. 210.* ♦ Sur la propriété du « tour de volet », * Rép. min. n° 87794 : *JOAN Q, 22 nov. 2016, p. 9657.* ♦ Absence d'affectation pour un terrain jouxtant simplement la voie publique, malgré une fréquentation occasionnelle des piétons, en raison de la nécessité d'une intention volontaire d'affecter. • CE 2 nov. 2015, *Cne de Neuves-Maisons*, n° 373896 : *AJDA 2015. 2120, obs. Grand ; ibid. 2016. 204, concl. Lessi , note Fatôme ; Rev. CMP mars 2016. 41, chron. Llorens et Soler-Couteaux ; ibid. mars 2017, chron. 2, par Llorens et Soler-Couteaux ; JCP Adm. 2016. 2051, note Cornille ; ibid. 2015. Actu. 934, obs. Erstein.* ♦ Absence d'affectation à la circulation terrestre pour un parc de stationnement. • CAA Nantes, 12 oct. 2015, *Assoc. Escapade*, n° 14NT00586. ♦ Sur l'absence d'affectation à la circulation terrestre. • CAA Marseille, 27 mars 2012, *Cne de Chiatra di Verde*, n° 10MA01867. ♦ La circulation terrestre comprend la circulation des automobiles, des poids lourds, des vélos, des piétons. • CAA Nancy, 10 oct. 2013, *Bernard c/ Cne de Maisonneuve*, n° 12NC01558. ♦ Pour une place publique ouverte à la circulation des piétons (la place Bellecour à Lyon), qui fait partie du domaine public routier. • T. confl. 13 avr. 2015, n° 3999. ♦ Des voies qui ont été acquises par la ville de Paris ne relèvent pas de son domaine public routier à défaut d'affectation aux besoins de la circulation terrestre, compte tenu tant de la configuration de ces voies que des obstacles mis à la circulation générale et aux nombreuses servitudes créées par les actes de l'opération d'aménagement au profit des seuls immeubles riverains, et ce en dépit de travaux d'entretien en partie financés par la ville de Paris. • CAA Paris, 17 mars 2016, *Synd. des copropriétaires de l'immeuble 27 bis rue de Rambouillet*, n° 14PA01358. ♦ L'affectation aux besoins de la circulation terrestre ne comprend pas l'implantation d'un cénotaphe à la mémoire d'un jeune homme décédé. • CAA Douai, 30 juin 2016, *SARL Crooner*, n° 14DA01278. ♦ Une voie verte qui n'est pas ouverte à la circulation des véhicules à moteurs, mais seulement aux cyclistes et aux piétons, fait partie du domaine public routier, car la circulation terrestre ne se résume pas à celle des véhicules à moteurs. • TA Caen, 16 mars 2017, *Mme L.*, n° 1501518 : *JCP Adm. 2017. 2186, note Untermaier-Kerléo ; AJCT 2017. 471 ; Rev. CMP 2018. Chron. 7, obs. Soler-Couteaux, Zimmer et Waltuch.* – Confirme. • CAA Nantes, 14 déc. 2018, n° 17NT01376, *Dpt du Calvados : Juris tourisme, 2019, n° 221, p. 11, obs. Devès.* ♦ Sur l'absence d'affectation d'une portion de voie communale, qualifiée de délaissé de voirie, • TA Nice, 18 avr. 2017, *Tribunal de police d'Antibes*, n° 1700570. ♦ Sur l'examen concret par le juge administratif, utilisant la méthode du faisceau d'indices pour rechercher l'affectation à la circulation terrestre d'une voie du département : • CE 28 juill. 2017, *Dpt du Var*, n° 400358 : *JCP Adm. 2017, n° 2259, obs. de Gaudemar.* ♦ Concernant les voies et la place du domaine national de Chambord, • CE, 9 avr. 2014, *Domaine national de Chambord*, n° 366483 : *Lebon. 88 ; JCP A 2015, n° 2214, note Pauliat ; AJDA 2014. 1840, note Foulquier .* ♦ Pour vérifier la réalité de la circulation générale, le juge administratif s'appuie notamment sur les caractéristiques techniques de la voie : largeur, connexions à d'autres voies, utilisation exclusive ou non des riverains (V. par ex. • CE 28 juill. 2018, n° 400358, *Dpt du Var*).

6. *Affectation secondaire.* Il n'est pas possible de soutenir, même implicitement, que le domaine public routier dans son ensemble aurait une destination unique commune qui serait la circulation ; il est également destiné à l'implantation d'autres réseaux, comme les réseaux de télécommunication. • CE 11 oct. 2017, *Sté APRR*, n° 401049 : *Rev. CMP déc. 2017, n° 284, obs. Hoepffner ; Rev. CMP 2018. Chron. 7, obs. Soler-Couteaux, Zimmer et Waltuch ; JCP Adm. 2017. 2323, obs. Roux.*

7. *Ouvrages d'art.* Les **ponts** sont au nombre des éléments constitutifs des voies dont ils relient les parties séparées de façon à assurer la continuité du passage et font donc partie du domaine public routier. • CE 14 mai 1906, *Préfet de l'Hérault : Lebon 918* • 27 mai 1964, *Sieur Chervet : AJDA 1964. 620, note Laporte* • 26 sept. 2001, *Dpt de la Somme*, n° 219338 : *Lebon 427 ; Dr. adm. 2001, n° 235 ; LPA 18 janv. 2002, p. 14, concl. Bachelier.* ♦ La collectivité propriétaire du pont est celle qui est propriétaire de la voie portée. • CE 26 sept. 2001, *Dpt de la Somme*, n° 219338 : *préc.* ♦ Les ponts ne constituent pas des éléments accessoires des cours d'eau ou des voies ferrées qu'ils traversent mais sont au nombre des éléments constitutifs des voies dont ils relient les parties séparées de façon à assurer la continuité du passage. • CE 23 juill. 2012, *Dpt de la Marne*, n° 341932 : *Lebon T. 611 ; AJDA 2012. 2008, note Finon ; JCP Adm. 2012. 549, obs. C.-A. D. ; ibid. 2013. 2096, note Grimaud ; ibid. n° 9, chron. Chamard-Heim* • TA Bordeaux, 11 oct. 2012, *Cne de Libourne*, n° 1000390 : *AJDA 2013. 411, note Finon* • CAA Bordeaux, 1er mars 2018, *SNCF*, n° 15BX03993. ♦ Pour les **bacs**. • CE 30 juin 1968, *Berthet et Rouan : Lebon 306.*

8. *Accessoires utiles.* C'est le cas des **terrains servant d'assiette** aux voies publiques. • CE 29 juin 1990, *Cts Marquassuzaa : Lebon 188 ; LPA 9 nov. 1990, p. 21, note Pacteau ; Quot. jur. 29 déc. 1990, note Rouault.* ♦ ... Des **accotements**. • CE 29 nov. 1961, *Dpt des Bouches-du-Rhône : Lebon 672.* ♦ ... Des **murs de soutènement**. • CE 8 nov. 1946, *Ville de Brides-les-Bains : Lebon 266* • 16 nov. 1960, *Cne du Bugue : Lebon 627 ; AJDA 1960, n° 11, p. 184* • 28 mars 1969, *Février et Gatelet : Lebon 189 ; AJDA 1969. 359, concl. Kahn* • 25 mai 1980, *Ville de Falaise : Lebon T. 721* • 31 mai 1989, *Ville de Mont-Saint-Aignan : LPA 1er févr. 1991, p. 14* • CAA Nantes, 30 juill. 2002, *Cne de Hédé*, n° 00NT00027 • 22 oct. 2010, *M. X.*, n° 0NT00948 • CE 23 janv. 2012, *Dpt des Alpes-Maritimes : AJDA 2012. 124, obs. Grand ; JCP Adm. 2012. Actu. 75, obs. Touzeil-Divina* • 15 mai 2013, *Cne de Villeneuve-lès-Avignon*, n° 354593 : *Lebon T. 803 ; JCP Adm. 2013. Actu. 487, obs. M. T.-D. ; AJDA 2013. 1028* • T. confl. 8 déc. 2014, *Cne de Falicon*, n° 3971 : *Lebon T. 576 ; AJDA 2014. 2451 ; CMP mars 2016. Chron. nos 14 et 53, obs. Llorens et Soler-Couteaux ; JCP Adm. 2014. Actu. 999, obs. Tesson* • CE 15 avr. 2015, *Nederveen*, n° 369339 : *AJDA 2015. 784 ; ibid. 1369, note Foulquier ; CMP mars 2016. 38, chron. Llorens et Soler-Couteaux ; JCP Adm. 2015. Actu. 376, obs. Erstein ; AJCT 2015. 404, obs. Touchard ; RDI 2015. 307, note Foulquier* • CE 26 févr. 2016, *SCI Jenapy 01*, n° 389258 : *préc. note 1.* ♦ A propos d'une digue, initialement propriété de l'État, servant de soutènement à une route départementale et qui est alors présumée être devenue la propriété du département du fait de son caractère accessoire de la voie publique. • CE 6 avr. 2016, *Min. Écologie*, n° 370648. ♦ Un perré peut être considéré comme un mur de soutènement accessoire au domaine public routier et non un accessoire au domaine public fluvial. • CAA Paris, 4 mai 2018, *Cne de Montereau-Fault-Yonne*, n° 17PA01629 : *Rev. CMP 2018. Chron. 7, obs. Soler-Couteaux, Zimmer et Waltuch ; JCP Adm. 2018. 2228, obs. de Gaudemar.* ♦ En revanche, un mur qui ne joue aucun rôle de soutien de la voie publique ne peut pas être considéré comme un accessoire du domaine public routier. • CAA Nantes, 9 nov. 2018, n° 17NT03473. ♦ Même conclusion pour une bande de terre engazonnée assurant le soutènement de la voie, dès lors que la personne publique n'en est pas propriétaire, • CAA Lyon, 30 janv. 2020, *Cne de Sury-le-Comtal,* n° 18LY00181. ♦ ... Des **talus et fossés** qui servent à l'écoulement des eaux de la chaussée. • CE 9 mars 1956, *Cabot : Lebon 113* • 5 mai 2010, *M. Le Palud,* n° 327239 • 23 déc. 1910, *Anaïs Copin : Lebon 992* • 29 oct. 1951, *de Chilloz : D. 1957. 3. 28, note Monsarrat* • 20 juin 1923, *Perrot : Lebon 508* • 19 mai 1961, *Sté civile de la Bergerie : AJDA 1961. 550* • 6 févr. 1981, *Barateau : Lebon 659* • CAA Lyon, 22 nov. 2001, n° 96LY01672 • CAA Lyon, 26 févr. 2002, *Sté Ente,* n° 97LY01281 • CE 26 mai 1965, *Cne de Livron : Lebon 869.* ♦ ... Pour un **talus ornementé**. • CAA Lyon, 26 avr. 2016, *Cne de Beauvallon,* n° 14LY02767. ♦ ... Ou encore pour un talus servant de soutien à la voie publique, alors même qu'il est situé sur un terrain qui était antérieurement une propriété privée. • CAA Marseille, 24 juill. 2018, n° 18MA00962. ♦ ... Du **terre-plein central**. • CE 9 févr. 1977, *Cté urb. de Lyon,* n° 98248. ♦ **Propriété du dessus et du dessous**. • CE 7 mai 1931, *Cie nouvelle des chalets de commodité : Lebon 491.* ♦ ... Les arcades, arceaux ou galeries situés sous les immeubles s'ils ont un intérêt pour la voie (par exemple pour l'évacuation des eaux fluviales). • CE 17 déc. 1971, *Vericel : AJDA 1972. 97, chron. Labetoulle et Cabanes.* ♦ Pour le tréfonds d'une voie publique à Cannes, • CAA Marseille, 18 nov. 2019, *Cne de Cannes,* n° 17MA04707. ♦ Sont aussi des accessoires du domaine public routier les **trottoirs**. • CE 14 mars 1975, *Chatard : Lebon T. 903* • 28 janv. 1910, *Robert et Rachet : Lebon 84* • 9 janv. 1969, *Ville d'Ajaccio : Lebon 565* • CAA Douai, 29 janv. 2004, *Cne de Haubourdin,* n° 01DA00923. ♦ ... Les **pistes cyclables**. • CE 19 juin 1936, *Dpt de l'Eure : Lebon 672, concl. Josse* • Crim. 19 juin 1968 : *Bull. crim. n° 198.* ♦ Même solution pour les équipements routiers : les panneaux de signalisation. • CE 18 déc. 1959, *Épx Blanc : Lebon 699.* ♦ ... Les bornes kilométriques, les poteaux et pylônes. • CE 12 nov. 1955, *Cazauran : Lebon 537* • 18 janv. 1961, *Dussaix : Lebon 44.* ♦ ... Les ralentisseurs. • CAA Bordeaux, 12 juill. 2018, n° 16BX01203. ♦ ... Ou les radars automatiques. • CE 31 oct. 2007, *Min. Intérieur : JCP 2007. IV. 3175 ; JCP Adm. 2007. Actu. 974 ; JCP 2007. Actu. 543.* ♦ Font également partie du domaine public routier les **arbres** longeant les voies publiques. • T. confl. 10 nov. 1900, *Espitalier : Lebon 607* • 16 mai 1950, *Min. des Travaux publics : S. 1950. 3. 75, note Rousseau.* ♦ ... Les **corbeilles** à papier implantées sur les trottoirs. • CE 12 nov. 1955, *Cazauran : Lebon 537.* ♦ ... Les **aires de repos** ou de stationnement : * Rép. min. : *JOAN Q, 26 juin 1989, n° 2837.* ♦ ... Les **parcs de stationnement**. • CE 24 janv. 1973, *Spitéri : AJDA 1973. 946, note Dufau* • T. confl. 17 oct. 1988, *Cne de Sainte Geneviève-des-Bois : D. 1989. 173, note Prétot* • CE 4 nov. 1994, *Sté Hélianthal : RDI 1995. 88* • 11 oct. 1995, *Tête : Dr. adm. 1995, n° 676 ; LPA 17 déc. 1986, p. 8, note Terneyre* • 18 oct. 1995, *Cne de Brive-la-Gaillarde : Lebon 356* • CAA Douai, 30 sept. 2010, *Cne d'Angicourt,* n° 09DA01283. ♦ ... A condition que ces parcs de stationnement soient affectés à la circulation terrestre et non aux usagers d'un centre socioculturel. • CAA Nancy, 29 sept. 2011, *Cne de Marange-Silvange,* n° 10NC01846. ♦ On peut aussi y inclure les **colonnes d'affichage** situées sur la voie publique, en considérant qu'elles contiennent des informations à destination des piétons qui circulent sur le trottoir. • CE 20 avr. 1956, *Ville de Nice : Lebon 162 ; RD publ. 1956. 575, concl. Long ; AJDA 1956. 266, note Weil.* ♦ ... Sur les **lignes de tramway** réalisées en site propre avec emprise sur le domaine public routier. • CE 23 févr. 2000, *Sté distribution chaleur Saint-Denis : Lebon 79 ; Dr. adm. 2000. Comm. 57 ; CJEG 2000. 148, concl. Seban, note Savignat ; Le Moniteur 5 mai 2000, p. 74, comm. Dufau* • CE, avis, 23 janv. 1990, n° 346685 • CAA Lyon, 26 sept. 2016, *Min. Intérieur c/ Assoc. Déplacements citoyens,* n° 15LY00771 • CE 15 juin 2016, *Synd. mixte des transports en commun de l'agglomération grenobloise,* n° 373904. ♦ V., insistant sur le caractère utile des biens accessoires, • TA Bordeaux, 28 juin 2017, n° 400358. – Sur les **ronds-points** (occupés par les manifestants dits « Gilets jaunes ») : • TA Versailles, ord., 21 févr. 2019, n° 1901265 • TA Nantes, ord., 10 janv. 2019, *Préfet de la Loire-Atlantique,* n°s 1900069 et 1900070 : *AJCT 2019. 200 ; Dr. voirie 2019, p. 8 ; Rev. CMP 2019. Comm. 98, obs. Muller ; Rev. CMP 2019, n°s 33 et 34, chron. Soler-Couteaux, Zimmer et Waltuch ; JCP Adm. 2019. Actu. 64, obs. Touzeil-Divina.* – Pour une analyse globale, V. Yolka, « Gilets jaunes » : qui expulse ?, *JCP Adm. 2019. Actu. 161.*

9. Ne sont pas des accessoires. Exclusion du domaine public routier pour les **égouts**. • CE 22 févr. 1967, *Sté Éts Sainrapt et Brice : AJDA 1968. 53 ; ibid. 63, note J. D.* • 28 janv. 1970, *Cts Philip-Bingisser : Lebon 58* • 28 janv. 1970, *Cts Couston-Bouchet : Lebon 60.* ♦ *Contra* • CE 1er déc. 1937, *Cne d'Antibes : Lebon 987.* ♦ V. aussi, • CAA Versailles, 30 juin 2009, *Cne de Boussy-Saint-Antoine,* n° 08VE01243 : *AJDA. 2010. 117* . ♦ Il en est de même des **installations de télécommunication** situées sur ou sous le domaine routier. • CE 29 avr. 1966, *SARL Entr. Coutant : Lebon 298* • 24 oct. 1984, *Anselin : Lebon 618.* ♦ ... Ou des **murs longeant ou surplombant** les voies publiques. • CE 8 mai 1970, *Sté Nobel-Bozel : Lebon 312 ; AJDA 1970. 360* • 6 oct. 1978, *Synd. des propriétaires de la résidence du Val-de-Sèvres : D. 1978. IR 493, obs. Delvolvé.* ♦ Pour les galeries situées sous la voie publique. • CE 25 avr. 1951, *Pépin : Lebon 221.* ♦ Il en est de même pour une haie d'ifs. • CAA Lyon, 15 févr. 2018, n° 16LY01641. ♦ ... Ou du **sous-sol des voies publiques**. • CE 15 juill. 1957, *Dayre : Lebon 492.* ♦ Jugeant que la seule circonstance qu'un parc public de stationnement souterrain est partie intégrante d'un nouveau plan de circulation de la ville, dont les objectifs sont d'améliorer la fluidité du trafic et la sécurité des usagers, ne permet pas de considérer que ledit parc est intégré dans le domaine public routier. • CAA Marseille, 29 oct. 2012, *Sté Synergie,* n° 10MA02128. ♦ Pas d'utilité pour un terrain jouxtant simplement la voie publique, malgré une fréquentation occasionnelle des piétons. • CE 2 nov. 2015, *Cne de Neuves-Maisons,* n° 373896 : *préc. note 5.* ♦ Il en est de même d'une pelouse longeant la voie publique, • CAA Versailles, 20 juin 2019, n° 15VE01690, 15VE01691, ou d'un talus sans utilité pour la route, • CAA Lyon, 23 mai 2019, n° 17LY03173. ♦ Ou des **arbres** : la seule circonstance que les arbres plantés sur l'emprise du parking participent à l'embellissement de la place, notamment en offrant une perspective monumentale ou en apportant de l'ombre ne peut être en elle-même de nature à les faire regarder comme un élément indispensable à l'usage de ce parking qui est destiné au stationnement des véhicules, • CAA Nantes, 10 janv. 2020, *Cne de Caen,* n° 18NT02901.

SECTION V **DOMAINE PUBLIC FERROVIAIRE**

Art. L. 2111-15 **Le domaine public ferroviaire est constitué des biens immobiliers appartenant à une personne publique mentionnée à l'article L. 1, non compris dans l'emprise des biens mentionnés à l'article L. 2111-14 et affectés exclusivement aux services de transports publics guidés le long de leurs parcours en site propre.** — *[L. n° 82-1153 du 30 déc. 1982, art. 20, al. 1er ; L. n° 97-135 du 13 févr. 1997, art. 11, al. 1er.]*

BIBL. ▶ **Encyclopédie :** MANSON, Domaine public terrestre, *J.-Cl. Propriétés publ., fasc. 40.*

Thèses : DUCHÉ DE BRICOURT, Les mutations domaniales entre la SNCF et les administrations publiques, *Rennes, 1947.* – AMADEI, Domaine public et décentralisation, *Montpellier I, 1996.* – MARTIN, Les transformations contemporaines des services publics de transport, *Bordeaux IV, 2010.*

▶ **Ouvrages :** LAVIALLE (ss. dir.), Les mutations du droit domanial et le régime des infrastructures de transport en France et en Espagne, *PU Perpignan/L'Harmattan, 2001.* – MOURA et SÉNÈZE, Rapport d'expertise sur le régime économique et patrimonial des biens immobiliers affectés à la RATP pour l'exploitation du service public de transport, *Conseil général des ponts et chaussées, avr., 2004.* – Cour des comptes, Le réseau ferroviaire, une réforme inachevée, une stratégie incertaine, *Rapport public thématique, 2008.* – Cour des comptes, Les transports ferroviaires régionaux en Île-de-France, *Rapport public thématique, nov. 2010* ; Le transfert aux régions du transport express régional, *ibid. nov. 2009.* – KELLER, La gare contemporaine, *Rapport au Premier ministre, 10 mars 2009.* – QUESETTE, Au croisement de l'État, du service public et du marché, recherches sur les chemins de fer en droit administratif français, *PUAM, 2013.* – VIDELIN (ss. dir.), Les mutations de l'activité ferroviaire, *LexisNexis, 2013.*

▶ **Mémoires :** LANCELOT, Grands propriétaires du domaine public français : construire une stratégie foncière articulée avec les enjeux d'urbanisme locaux : le cas de la SNCF, proposition de méthodologie pour une valorisation foncière du domaine public ferroviaire, *Mém. Master 2 Aménagement, tourisme et urbanisme, Bordeaux 3, 2017.*

▶ **Articles :** BRIAND, Le domaine foncier de la SNCF, *Ét. fonc. déc. 1984, n° 25, p. 5.* – BROUSSOLLE, La réforme de la SNCF, *AJDA 1984. 382.* – FABERON, Décentralisation et transports, *AJDA 1986. 407.* – AMADEI, Le patrimoine immobilier des nouvelles entreprises publiques. Domaine ou propriété privée ?, *AJDI 1988. 602.* – BROUSSOLE, Commentaire de la loi du 13 févr. 1997 portant création de l'établissement public Réseau ferré de France, *AJDA 1997. 457.* – AMADEI, Domanialité publique, propriété administrative et affectation à la lumière de la décentralisation, *AJPI 1996. 981.* – LAVIALLE, Décentralisation et domanialité, *RFDA 1996. 953.* – BROUSSOLE, La régionalisation ferroviaire, *AJDA 2002. 435.* – BRAUD, L'insuffisante protection du domaine public ferroviaire, *Ét. fonc. mai-juin 2002, n° 97, p. 24.* – ROHOU, La renaissance du transport ferroviaire, *Ét. fonc. mai-juin 2002, n° 97, p. 32.* – FLORETTE, Les gestionnaires de propriétés publiques : le point de vue de Réseau ferré de France, *LPA 23 juill. 2004, n° 147, p. 30.* – SEIDELIN HANSEN, Le domaine public ferroviaire depuis la création de RFF, *Ann. voirie juin 2004, n° 87, p. 119.* – CHAMARD-HEIM, Le transfert de biens au profit du STIF et de la RATP, *Ann. voirie nov. 2006, n° 111, p. 204.* – SABLIÈRE, Le lapin de garenne saisi par le droit, *AJDA 2006. 1642.* – IACONO (dir.), Le domaine public ferroviaire : un enjeu stratégique pour le développement économique de la ville, *in* Balades domaniales dans la ville de Lyon, *Éd. Lyonnaises d'Art et d'Histoire, 2009.* – BARTHÉLÉMY et RUBIO, Le transfert par la loi du 8 décembre 2009 des ouvrages du STIF à la RATP. Le Conseil constitutionnel a-t-il ressuscité la théorie de l'unicité du domaine public pour pallier l'impossibilité de l'exproprier ?, *RFDA 2010-1, p. 62*. – BOISSARD, La libéralisation du transport ferroviaire de voyageurs en France et le régime des gares, *RJEP 2010.. Étude 6, n° 678.* – CHAMARD-HEIM, Les transferts gratuits et forcés de biens entre personnes publiques : la contribution du Conseil constitutionnel, *RJEP 2010. 30.* – HOFFMANN, La propriété publique à l'épreuve de la circulation des biens entre personnes publiques, *Dr. adm. 2010. 7.* – JEANNENEY, La loi du 8 décembre 2009, relative à l'organisation et à la régulation des transports ferroviaires jugée conforme à la Constitution par le Conseil constitutionnel (?), *AJDA 2010. 598*. – MARTIN, La constitutionnalité du régime juridique et patrimonial du STIF et de la RATP, *RD transp. 2010. 19.* – VIEU, La loi ferroviaire du 8 décembre 2009. Entre libéralisation et nouvelle régulation : les mutations du paysage ferroviaire français, *RFDA 2010. 35*. – IDOUX et ROMI, Sur la « propriété » des gares, *JCP Adm. 2011. 2160.* – PINTAT et MARCIANO, La desserte ferroviaire des aéroports, *CP-ACCP juill. 2011, p. 52.* – SALQUE, Une consécration : deux décennies d'évolution notable du droit des transports ferroviaires et guidés, *Rev. dr. transp. 2011. Étude 5.* – AUDRAIN-DEMEY, L'organisation de l'activité ferroviaire et la gestion des infrastructures, *JCP Adm. 2012. 2266.* – IDOUX et ROMI, À la recherche d'une gestion impartiale et équitable des gares, *JCP Adm. 2012. 2267.* – LAGET-ANNAMAYER, La loi du 4 août 2014 portant réforme ferroviaire : une imparfaite adaptation au cadre européen sous contrainte nationale, *Dr. adm. 2014. Chron. 18.* – VIDELIN, Réforme ferroviaire : réforme, vous avez dit réforme ? À propos de la loi n° 2014-872 du 4 août 2014, *JCP Adm. 2014, n° 2342.* – VIDELIN, La loi pour un nouveau pacte ferroviaire : une vraie réforme... toute en retenue, *JCP Adm. 2018. 2246.* – TERNEYRE, Les gares ferroviaires de voyageurs, *RFDA 2018. 903*. – VIDELIN, Les biens, *RFDA 2019. 896*. – CHAMARD-HEIM, Le domaine public ferroviaire. L'exemple des gares et garages attenants, note ss. CE 5 févr. 1965, *Sté lyonnaise des transports, GDDAB, 3e éd., Dalloz, 2018, n° 36.* – YOLKA, Introduction, *in* Les remontées mécaniques et le droit (dir. Joye et Yolka), *Université Savoie Mont-Blanc, 2019, p. 11.*

COMMENTAIRE

I. EXISTENCE

A. ORIGINE

Domaine public artificiel affecté à un service public, le domaine ferroviaire est, aux termes de l'article L. 2111-15, un domaine public par détermination de la loi. A côté de la voirie routière, le domaine ferroviaire constitue la deuxième grande catégorie de biens composant le domaine public terrestre puisque le domaine foncier ferroviaire est riche de plus de cent mille hectares.

Initialement, la domanialité publique ferroviaire était consacrée par deux lois. D'abord, par la loi n° 82-1153 d'orientation des transports intérieurs (LOTI) du 30 décembre 1982 qui, dans son article 20, alinéa 1, disposait que « les biens immobiliers affectés au service public du transport ferroviaire et aménagés spécialement à cette fin ont le caractère de domaine public ». Cette loi devait remettre en dotation à titre gratuit l'ensemble des biens de l'État à un établissement public, la SNCF, qui devait assumer « tous les droits et toutes les obligations du propriétaire », qui demeurait l'État. C'est le décret du 13 septembre 1983 qui précise la condition juridique du domaine confié à la SNCF. Ensuite, la loi n° 97-135 du 13 février 1997 relative à la création de l'établissement public Réseau ferré de France (V. aussi Décr. n° 97-444 du 5 mai 1997 relatif aux missions et au statut de RFF, V. ces textes, App., v° *Domaine public ferroviaire*) a confirmé, dans son article 11, alinéa 1, les dispositions de l'article 20 de la LOTI en précisant que « les biens immobiliers appartenant à Réseau ferré de France, affectés au transport ferroviaire et aménagés spécialement à cet effet, ont le caractère de domaine public ». Ainsi, l'EPIC RFF a reçu en pleine propriété les biens d'infrastructure jusque-là gérés par la SNCF, qui, elle, conservait la gestion des biens liés à l'exploitation des services. Cette dissociation était nécessaire dans un contexte d'ouverture à la concurrence voulue par le droit communautaire. A terme, la SNCF devrait devenir un opérateur de transport parmi d'autres. Or, pour que la concurrence ne soit pas faussée, il était nécessaire de soustraire les équipements ferroviaires au contrôle de la SNCF, faute de quoi les concurrents n'auraient pu y accéder dans des conditions entièrement satisfaisantes du point de vue du droit de la concurrence.

L'article 7 de l'ordonnance n° 2006-460 du 21 avril 2006 a abrogé l'article 20, alinéa 1er, de la loi n° 82-1153 du 30 décembre 1982 (LOTI) et le premier alinéa de l'article 11 de la loi n° 97-135 du 13 février 1997. L'article L. 2111-15 donne à la place une définition plus large du domaine public ferroviaire. Il s'agit d'un domaine public par détermination de la loi ; mais les biens concernés remplissent de toute façon les critères généraux prévus par l'article L. 2111-1. En effet, ils sont la propriété d'une personne publique ; ils sont affectés à un service public (initialement, les textes évoquaient l'affectation au « service public du chemin de fer », puis les lois de 1982 et 1997 ont fait référence à l'affectation « au service public du transport ferroviaire avant que le CGPPP ne fasse référence aux « services de transports publics ») ; et ils font l'objet d'un aménagement indispensable (le domaine public ferroviaire étant affecté « exclusivement aux services de transports publics guidés le long de leurs parcours en site propre », c'est-à-dire à « tout transport public dont les véhicules sont assujettis à suivre, sur tout ou partie de leur parcours, une trajectoire déterminée à l'exclusion des remontées mécaniques relevant des dispositions du code du tourisme et des systèmes de transport situés dans l'enceinte d'un établissement soumis aux réglementations relatives aux établissements recevant du public, aux activités foraines ou aux parcs de loisirs » selon l'art. L. 2000-1 du code des transports). Sur la question du statut des remontées mécaniques et de ses rapports avec le domaine public ferroviaire, V. Yolka, Introduction, *in* Les remontées mécaniques et le droit (dir. Joye et Yolka), *Université Savoie, 2019, p. 11 et spéc. p. 15-16.*

B. CRITÈRES

1° LA PROPRIÉTÉ

Selon l'article L. 2111-5, le domaine public ferroviaire appartient à « une personne publique mentionnée à l'article L. 1 », c'est-à-dire à l'État, aux collectivités territoriales et à leurs groupements, ainsi qu'aux établissements publics.

Historiquement, l'**État** était propriétaire de nombreuses dépendances classées dans le domaine public ferroviaire national et notamment des infrastructures ferroviaires telles que les voies ferrées. Dans le contexte d'ouverture du secteur ferroviaire à la concurrence, la loi du 13 février 1997 a créé un établissement public – Réseau ferré de France – auquel elle a transféré la gestion des infrastructures ferroviaires ; la SNCF demeurant quant à elle chargée de l'exploitation du service ferroviaire. Cette séparation entre la gestion de l'infrastructure et l'exploitation du service ne satisfaisait pas pleinement aux exigences européennes qui se sont renforcées au fil des années et la loi n° 2014-872 du 4 août 2014 portant réforme ferroviaire s'est donc efforcée de rénover l'architecture du secteur ferroviaire. Elle a crééun groupe public ferroviaire (GPF), constitué de trois établissements publics, « SNCF », « SNCF Réseau » et « SNCF Mobilités » qui ont un caractère indissociable et solidaire (C. transp., art. L. 2101-1). La SNCF, qui jouait le rôle d'EPIC « mère », assurait le contrôle et le pilotage stratégiques, la cohérence économique, l'intégration industrielle et l'unité sociale de l'ensemble du groupe public (C. transp., art. L. 2101-1). SNCF Réseau était alors l'unique gestionnaire de l'infrastructure ferroviaire (et exerçait de ce point de vue les missions qui étaient exercées par RFF, la Direction des circulations ferroviaires et du département Infrastructure de la SNCF). Plus précisément, cet EPIC était chargé de l'accès à l'infrastructure ferroviaire du réseau ferré national (tarification de l'infrastructure, répartition des capacités), de la gestion opérationnelle des circulations sur le réseau ferré national, de la maintenance de l'infrastructure même du réseau ferré national, du développement, de l'aménagement, de la cohérence et de la mise en valeur du réseau ferré national, ainsi que de la gestion des infrastructures de service dont il était propriétaire (C. transp., art. L. 2111-9). Plus fondamentalement, SNCF Réseau était considérée comme « le propriétaire unique de l'ensemble des lignes du réseau ferré national » (C. transp., art. L. 2111-1). Enfin, SNCF Mobilités était chargée d'exploiter les services de transport ferroviaire de personnes sur le réseau ferré national, d'exploiter d'autres services de transport ferroviaire, y compris internationaux, de gérer, de façon transparente et non discriminatoire, les gares de voyageurs qui lui sont confiées par l'État ou d'autres personnes publiques et de percevoir à ce titre auprès des entreprises ferroviaires, toute redevance (C. transp., art. L. 2141-1). La loi n° 2018-515 du 28 juin 2018 pour un nouveau pacte ferroviaire a opéré une réforme plus profonde dans une logique d'ouverture à la concurrence. Elle a été prolongée par l'ordonnance n° 2019-552 du 3 juin 2019 portant diverses dispositions relatives au groupe SNCF. En vertu de ces deux textes (qui ont été complétés par de nombreux décrets d'application), le groupe SNCF se présente de la façon suivante depuis le 1er janvier 2020. Le groupe public, qualifié d'unifié, est constitué de la société nationale SNCF et de plusieurs filiales et sous-filiales dont, notamment « SNCF Réseau » et « SNCF Voyageurs » (initialement « SNCF Mobilités »). Le capital de la société nationale SNCF est intégralement détenu par l'État et est incessible, tout comme celui de SNCF Réseau et de SNCF Voyageurs qui est intégralement détenu par la société nationale SNCF. La propriété privée étant incompatible avec la domanialité publique, la privatisation institutionnelle du groupe SNCF et de ses filiales et sous-filiales ne pouvait évidemment pas rester sans conséquences sur le régime des biens ferroviaires. Toutefois, ces biens ont été soumis à un régime juridique protecteur pour éviter qu'ils soient privés des garanties légales qui résultent de l'existence et de la continuité des services publiques auxquels il reste affecté (Cons. const. 14 avr. 2005, n° 2005-513 DC, loi relative aux aéroports). En effet, l'ordonnance n° 2019-552 du 3 juin 2019 portant diverses dispositions relatives au groupe SNCF a édicté plusieurs dispositions permettant de protéger les biens qui appartenaient antérieurement au domaine public ferroviaire. Son chapitre IV (« Dispositions relatives au régime des biens ») prévoit notamment que l'État peut s'opposer à tout acte de disposition ou à toute création de sûreté sur les biens immobiliers appartenant à la société nationale SNCF et à ses filiales qui sont nécessaires au transport ferroviaire national, ou bien subordonner cet acte de disposition ou la création de la sûreté à la condition qu'il ne soit pas susceptible de porter préjudice au bon fonctionnement du système de transport ferroviaire national (art. L. 2102-17, L. 2141-13 C. transp.). En complément de ces dispositions, le décret n° 2019-1516 du 30 décembre 2019 a précisé le régime des biens confiés par l'État aux sociétés SNCF Réseau et à sa filiale chargée de la gestion unifiée des gares, notamment les modalités d'attribution de nouveaux biens par l'État, de déclassement, de cession et de reprise d'un bien, ainsi que les règles de gestion de ces biens (Décr. n° 2019-1516 du 30 déc. 2019 relatif aux règles de gestion domaniale applicables à la société SNCF Réseau et à sa filiale mentionnée au 5° de l'art. L. 2111-9 C. transp.).

Le domaine public ferroviaire ne se limite pas aux biens détenus par l'État et la SNCF. La RATP est également propriétaire d'un domaine public ferroviaire puisque les biens constitutifs de l'infrastructure du métro et du RER lui ont été transférés en toute propriété et à titre gratuit (L. du 8 déc. 2009, art. 5 ; Cons. const. 3 déc. 2009, n° 2009-594 DC, Loi relative à l'organisation et à la régulation des transports ferroviaires, *GDDAB, 3e éd., 2018, n° 98, note Chamard-Heim*). Les métropoles (qui ont le statut d'EPCI, à l'exception de la métropole de Lyon qui est une collectivité territoriale à statut unique en France) pourraient également devenir propriétaires d'infrastructures ferroviaires à la faveur de futurs transferts de propriété autorisés par l'article L. 3114-1 CGPPP (issu de la loi NOTRe n° 2015-991 du 7 août 2015). D'autres établissements publics sont propriétaires de biens relevant du domaine public ferroviaire. C'est le cas des groupements de collectivités territoriales (des syndicats mixtes, par ex.), de la Société du Grand Paris qui est propriétaire – selon l'article 20 de la loi n° 2010-597 du 3 juin 2010 relative au Grand Paris – des lignes, ouvrages et installations permettant la réalisation du nouveau métro automatique de grande capacité en rocade, même si ces biens sont confiés à la RATP.

Les **collectivités territoriales** peuvent, enfin, être propriétaires d'infrastructures relevant du domaine public ferroviaire. C'est le cas des régions dont les compétences en matière de transport ferroviaire ont été élargies par la loi NOTRe. Alors qu'elles n'étaient qu'autorités organisatrices des transports collectifs d'intérêt régional par le passé, et géraient à ce titre les transports ferroviaires (et notamment le réseau TER), elles n'étaient propriétaires d'aucune gare ni d'aucune voie ferrée. Elles étaient seulement propriétaires du matériel roulant, qui n'appartenait pas au domaine public ferroviaire. L'article 17 de la loi NOTRe opère un changement important, car il prévoit de transférer les infrastructures ferroviaires départementales aux régions dans un délai de dix-huit mois. Les communes peuvent également être propriétaires de dépendances du domaine public ferroviaire, au titre de leur compétence en matière de transport urbain de voyageurs (C. transp., art. L. 2112-2. – CE 9 déc. 1932, *Cie des tramways de Cherbourg : Lebon 1050, concl. Josse*).

2° L'AFFECTATION

Appartiennent au domaine public ferroviaire les biens « affectés exclusivement au service des transports publics guidés le long de leur parcours en site propre » et qui ne sont pas situés dans l'emprise du domaine public routier. La référence au service des transports publics remplace la référence au « service public du transport ferroviaire » contenue dans l'article 20 de la loi LOTI. Cette ancienne référence présentait l'avantage de la cohérence au regard du critère général de la domanialité publique de l'affectation à un service public. L'identification n'en était que plus aisée. Car même si l'article 5 de la loi LOTI donne une définition du service de transports publics, cette définition demeure imprécise. Ainsi,

« sont considérés comme des transports publics tous les transports de personnes ou de marchandises, à l'exception des transports qu'organisent pour leur propre compte des personnes publiques ou privées ». Le critère de l'aménagement indispensable, un service de transports publics « guidés le long de leur parcours en site propre », vient compléter l'affectation afin, théoriquement, de réduire à l'indispensable le champ de la domanialité ferroviaire. Cette affectation appelle deux observations. Premièrement, elle permet de regrouper au sein d'une même catégorie tous les transports qui utilisent un guidage par rail le long d'un parcours duquel ils ne peuvent dévier ; c'est donc le cas du train, du métro ou encore des tramways (mais les remontées mécaniques, en raison de leurs spécificités [elles relèvent du code du tourisme, non du code des transports], n'en font pas partie. V., Joye et Yolka (dir.), Les remontées mécaniques et le droit, *Université de Savoie, Lextenso, 2019*). Reste que, deuxièmement, tout transport guidé ou ferré ne l'est pas forcément en site propre. Ainsi, les tramways circulent sur des rails implantés directement sur la voie publique sans qu'aucun autre aménagement particulier n'ait été réalisé sur la voie. Au contraire, sont en site propre des transports publics qui circulent sur des espaces qui leur sont prioritairement réservés par une signalisation ou un aménagement (tramways, bus) et qui permettent de les isoler du reste de la circulation routière sans interdire leur utilisation par d'autres moyens de transport (vélos, piétons, véhicules de secours et d'urgence, taxis...) ; ou des transports publics qui circulent sur des espaces qui leur sont exclusivement réservés, c'est-à-dire qu'aucun autre mode de transport ne peut emprunter (train, métro). L'usage de l'adverbe « exclusivement » par l'article L. 2111-15 semble plutôt renvoyer à cette seconde catégorie. Autrement dit, la vocation restrictive de l'aménagement indispensable ici décrit aurait pour conséquence d'exclure de la domanialité ferroviaire les transports publics qui ne circulent en site propre que sur une partie de leur trajet et qui réintègrent, par tronçons, la voie publique routière. Les voies de circulation de bus sont donc à l'évidence exclues du champ de la domanialité publique ferroviaire. A ce stade, la question de la domanialité de lignes de tramway peut rester douteuse. Il faut alors se référer à la mention selon laquelle sont inclus dans le domaine public ferroviaire les biens « non compris dans l'emprise [du domaine public routier] ». Clairement, la seule présence de rails sur le domaine public routier ne suffit pas à intégrer le bien dans le domaine ferroviaire. L'implantation des rails sur les voies routières, même en site propre, n'emporte pas domanialité publique ferroviaire mais bien la domanialité publique routière. Ainsi, la réalisation d'une ligne de tramway en site propre sur la voirie nationale « a pour effet de faciliter la circulation et le transport des usagers sur cette voie publique ; l'opération envisagée [...] destinée à permettre l'implantation de rails de tramways sur la voie routière est conforme à la destination du domaine public routier » (CE, avis, 23 janv. 1990, n° 346685) ; solution confirmée sur la voirie communale (CE 23 févr. 2000, *Sté distribution chaleur Saint-Denis : Lebon 79 ; CJEG 2000, n° 148, concl. Seban*). Le code limite donc le domaine ferroviaire aux biens non compris dans l'emprise du domaine public routier.

II. CONSISTANCE

En plus des biens dont le sort est désormais réglé par la loi n° 2014-872 du 4 août 2014 (voies ferrées notamment), appartiennent au domaine public ferroviaire, en raison de leur affectation et des aménagements dont ils ont fait l'objet, les biens tels que les gares de voyageurs, de marchandises, ainsi que les stations de métro ; les bâtiments qui servent au logement des cheminots et les cours des gares ; et, par application de la théorie de la domanialité publique globale (selon laquelle les biens contenus dans une emprise mais qui ne sont ni affectés ni aménagés sont « englobés dans la domanialité en tant qu'éléments d'une organisation d'ensemble car contribuant au même titre que les autres parties à l'utilité générale qui a déterminé l'affectation » [Morand-Deviller]), les stands-vitrines et galeries, les garages terminus, les boutiques, les buffets, les voies ferrées et les voies de métro. Par application de la théorie de l'accessoire, ressortissent au domaine public ferroviaire les installations techniques et annexes telles que les signalisations, barrières de passage à niveau, maisons de gardes-barrières ainsi que les passages à niveau eux-mêmes, les ouvrages d'art (tunnels, ponts, viaducs) et les dépôts ferroviaires.

Les déclassements touchant à la consistance du réseau ferré national sont soumis à l'autorisation préalable de l'État, après avis de la région (V. C. transp., art. L. 2102-17). ❑

1. Consistance du domaine public ferroviaire. Les gares de voyageurs. • CE 13 juin 1928, *Petard : Lebon 753* • CE 25 avr. 1951, *Pépin : Lebon 212* • CE 6 janv. 1957, *Boutôt : AJDA 1957. II. 418, note J. D.* • CE 8 nov. 1972, *SNCF : Lebon 711.* ♦ ... Les gares de marchandises. • CE 5 déc. 1951, *Haydt : Lebon 557* • CE 18 mars 1963, *Cellier : AJDA 1963. 485, note Dufau.* ♦ ... Les stations de métro. • TA Paris, 17 mai 1961 : *AJDA 1962. II. 239, note J. D.* ♦ ... Les bâtiments servant au logement des cheminots dans l'emprise de la gare. • CE 21 déc. 1956, *SNCF : Lebon 492 ; AJDA 1957. 55.* ♦ ... Un garage affecté au service public du chemin de fer. • CE 5 févr. 1965, *Sté lyonnaise des transports : RD publ. 1965. 493, concl. Galmot.* ♦ ... Les voies d'accès aux gares non classées dans le domaine public routier. • CE 20 mars 1885, *Paul, Vasseur et a. : Lebon 355* • CE 3 juin 1910, *Pourveyron : Lebon 440.*

2. Application de la domanialité publique globale. Appartiennent au domaine public ferroviaire les stands-vitrines et galeries. • CE 8 janv. 1960, *Lafon : AJDA 1960. 183, note Gardies* • CE 18 mars 1963, *Cellier : Lebon 189 ; AJDA 1963. 484, note Dufau.* ♦ ... Les garages terminus. • CE 5 févr. 1965, *Sté lyonnaise des transports : Lebon 76 ; RD publ. 1965. 493.* ♦ ... Les boutiques et les buffets. • CE 14 févr. 1969, *Sté des Éts Frenkiel : Lebon 100.* ♦ ... Les voies ferrées. • CE 9 nov. 1956, *Sté des forges d'Honnebont : Lebon 667.* ♦ ... Les voies de métro. • CE 6 mars 1963, *Ville de Saint-Ouen : Lebon 141.* ♦ En revanche, n'appartient pas au domaine public une parcelle qui comporte un accès à la mer, et est entièrement dissociable de la voie ferrée en contrebas de laquelle elle est située. • CE 4 juin 2014, *RFF*, n° 357139 : *Rev. CMP 2015. Chron 3, obs. Llorens et Soler-Couteaux.*

3. Théorie de l'accessoire. Appartiennent au domaine public ferroviaire les signalisations, barrières de passage à niveau, maisons de gardes-barrières. • CE 25 mars 1960, *Barbey : Lebon 222* • CE 2 janv. 1963, *Flageol : Lebon T. 849.* ♦ ... Les passages à niveau. • CE 8 déc. 1950, *Cie générale des eaux : Lebon 616.* ♦ ...Les ouvrages d'art (tunnels, ponts, viaducs) et les dépôts ferroviaires. • CE 3 juin 1970, *Cie du chemin de fer de Bayonne à Biarritz : Lebon 381.* ♦ ... Les terrains d'assiette, fossés, talus et terrains jouxtant les voies. • CAA Nancy, 22 août 2008, *SNCF c/ Services fiscaux du Haut-Rhin*, n° 07NC00907.

4. Exclusions. Sont exclus du domaine public ferrovaire : les logements affectés aux agents de chemins de fer. • CE 21 déc. 1956, *SNCF c/ Giraud : AJDA 1957. 55, concl. Heumann.* ♦ ...Une passerelle destinée à permettre le franchissement des installations ferroviaires par les piétons dès lors que cet ouvrage, appartenant à une commune, est affecté à la circulation publique. • CE 7 juin 1985, *SNCF c/ Ville de Drancy*, n° 47594.

5. Transfert de propriété publique et domanialité. Le transfert de propriété à Réseau ferré de France, devenu SNCF Réseau, des biens constitutifs de l'infrastructure ferroviaire n'a pas eu d'incidence sur le régime domanial des biens transférés. • CE 24 juin 2009, *Sté Centre parisien de recyclage*, n° 298960 : *Lebon T. 738.*

SECTION VI DOMAINE PUBLIC AÉRONAUTIQUE

Art. L. 2111-16 Le domaine public aéronautique est constitué des biens immobiliers appartenant à une personne publique mentionnée à l'article L. 1 et affectés aux besoins de la circulation aérienne publique. Il comprend notamment les emprises des aérodromes et les installations nécessaires pour les besoins de la sécurité de la circulation aérienne situées en dehors de ces emprises.

BIBL. ▸ **Encyclopédie :** Giacuzzo, *J.-Cl. Propriétés publ., fasc. 76* (utilisation du domaine public aéronautique).

▸ **Thèses :** Aubert, Les aérodromes et leur régime juridique, *Paris, 1941.* – Villemot, L'aéroport de Bâle-Mulhouse, *Strasbourg 3, 1961.* – Milacic, Le statut juridique des aérodromes, *Bordeaux, 1962.* – Vignal, Le statut juridique de l'Aéroport de Paris, *Paris, 1968.* – Degrave, Le statut des aérodromes en droit français et en droit anglais, *Paris, 1971.* – Robillard, Les aéroports : problèmes juridiques et administratifs, *Paris II, 1982.* – Olive, La politique immobilière d'Aéroports de Paris et ses conséquences en Île-de-France, *Mém. Géographie, Paris XII, 1993.* – Sourisseau, L'aéroport face au droit communautaire, *Mém. DEA Droit, Bordeaux IV, 1999.* – Chapier-Granier, Les aéroports commerciaux : entre économie administrée et économie de marché, *Bordeaux IV, PUAM, 2006* . – Martin, Les transformations contemporaines des services publics de transport, *Bordeaux IV, 2010.* – Logeat, Les biens privés affectés à l'utilité publique, *L'Harmattan, 2011, coll. Logiques juridiques.* – Rodier, Recherche sur la fonction économique du droit de propriété dans le secteur du transport aérien, *Toulouse I, 2013.* – Sainson, La domanialité publique à l'épreuve de la décentralisation, *Dijon, 2017.*

▸ **Ouvrages :** Merignhac, Le domaine aérien privé et public et les droits de l'aviation en temps de paix et de guerre, *Pédone, 1914.* – de Juglart, Traité élémentaire de droit aérien, *LGDJ, 1952.* – Guinchard, Les principaux aspects juridiques de l'exploitation des aéroports commerciaux, *Sirey, 1960.* – Ladet, Le statut de l'aéroport de Bâle-Mulhouse, *Pédone, 1984.* – Cour des comptes, Les aéroports de Paris, *Rapp. publ. annuel 2003, p. 389*. – Pavia, Quelle décentralisation dans le domaine aéroportuaire ?, *GRALE, Annuaire des collectivités locales, CNRS éditions, 2006, p. 55*. – Auby et Lombard (dir.), L'avenir des aéroports : entre décentralisation et concurrence, *Litec, 2007*. – Cour des comptes, Les aéroports français face aux mutations du transport aérien, *Rapp. public thématique, juill. 2008*. – Mamontoff (dir.), La réforme aéroportuaire de la loi du 13 août 2004 à l'épreuve des faits, *L'Harmattan, 2011*. – Lavialle (dir.), Les mutations du droit domanial et le régime des infrastructures de transport en France et en Espagne, *PU Perpignan/L'Harmattan, 2001, coll. Logiques juridiques*. – Cour des comptes, Un exemple d'investissements publics locaux mal planifiés : les aéroports de Dôle et Dijon, *Rapp. publ. annuel 2015, p. 401*. – CGEDD, Audit de la gestion du patrimoine foncier des aéroports régionaux, *avr. 2016*. – Cour des comptes, Examen de la gestion de l'aéroport de Beauvais-Tillé, *Référé 10 févr. 2017*.

▸ **Articles :** Institut français du transport aérien, Le régime juridique et administratif des aéroports, *Note de travail n° 84. 1946*. – Cordesse, Le régime des aéroports, *RG air 1948, 4*. – de Lapradelle, Le statut des aérodromes en droit français, *RG air 1946. 534*. – Lavialle, La condition juridique de l'espace aérien français, *RFDA 1986. 848*. – Dufau, Du transfert des aéroports de l'État aux collectivités territoriales, *JCP Adm. 2005, n° 10, p. 474*. – Brisson, L'incidence de la loi du 2 avril 2005 sur le régime des infrastructures aéroportuaires, *AJDA 2005. 1835* ; Le nouveau régime des redevances aéroportuaires, *ibid. 1996*. – Chamard-Heim, L'évolution des formes de désengagement de l'État dans les infrastructures de transports : l'exemple des ports maritimes et des aéroports, *Ann. voirie juill.-août 2005, n° 98, p. 133*. – Dupont, La loi n° 2005-357 du 20 avril 2005 et la réforme aéroportuaire, *RFD aérien 2006. 151*. – Dufau, Le changement de statut d'Aéroports de Paris, *JCP Adm. 2005. 1077*. – Fraisse, Peut-on déclasser le domaine public restant affecté à un service public ?, *Dr. adm. 2005, n° 86*. – Fatôme, Le régime juridique des biens affectés au service public, *AJDA 2006. 178*. – Braconnier, De la protection à la valorisation. Brèves réflexions sur la propriété aéroportuaire, *Mél. Lachaume, Dalloz, 2007, p. 101*. – Lacaze, Transferts de compétence en matière aéroportuaire et décentralisation, *BJCL 2008. 158*. – Braconnier et Juan, La situation des aéroports français après les réformes de 2004 et 2005, *RJEP 2009. Étude 3* . – Clamour, Les aéroports décentralisés et mise en concurrence, *RFDA 2009. 1183*. – Devilliers-Bresson, Les questionnements des nouveaux propriétaires aéroportuaires, *ibid. 1193*. – Brisson, Aéroports décentralisés et libre administration des collectivités territoriales, *ibid. 1153*. – Calmette, Le régime juridique des ressources rares dans le domaine des infrastructures aéroportuaires, *ibid. 1177*. – Mamontoff, Le bilan des transferts de compétences en matière aéroportuaire, *ibid. 1166*. – Merley, La réforme du système d'administration aéroportuaire : bilan et perspectives, *ibid. 1197*. – Rézenthel, La décentralisation et les concessions aéroportuaires, *ibid. 1188*. – Ribot, Les transferts de compétences aéroportuaires, *ibid. 1160*. – Bonnet, La décentralisation des aérodromes et le nouveau paysage aéroportuaire français, *Rev. dr. transp. janv. 2009, n° 1. Étude 2*. – Pontier, Des difficultés soulevées par le transfert des aérodromes, *JCP Adm. 2009. 2055*. – Hansen, La valorisation économique des infrastructures aéroportuaires, *ACCP juill. 2011, p. 33*. – Vidal, Enjeux et étapes de la construction d'une structure aéroportuaire, *ibid. 42*. – Rodier, Remarques sur la condition juridique des approches aéroportuaires, *RFDA 2014. 901*. – Le Roux, Contentieux des transferts de propriété de l'État vers les collectivités territoriales, *BJCL 2015. 352*. – Disperati, Les limites de la décentralisation de la gestion des biens publics, *Dr. adm. 2016. Étude 11*. – Mondou, La définition du domaine public des collectivités territoriales depuis le CGPPP, *AJCT 2016. 600*. – Chamard-Heim, Domaine public aéronautique, *GDDAB, 3e éd., 2018, n° 38*. – Cartier-Bresson, La réforme aéroportuaire, *RFDA 2019. 595*. – Levallois, La loi PACTE et les privatisations : nouvelle vague ?, *Dr. voirie 2019, n° 208, p. 98*. – Eckert, Le grand débat sur la privatisation d'Aéroports de Paris, *Rev. CMP 2019, Repère 7*. – Morales, La privatisation d'Aéroports de Paris en zone de turbulences, *JCP A 2019. 2248*. – Nicinski, Les privatisations dans la loi PACTE, *AJDA 2019. 1261*.

COMMENTAIRE

Il ne faut pas confondre le domaine public aéronautique avec le domaine public aérien et le domaine public aéroportuaire. Le domaine public aéronautique est composé de biens immobiliers « artificiels » affectés aux besoins d'un service public, celui de la circulation aérienne publique. Le domaine aérien désignerait plutôt les couloirs aériens, mais il ne bénéficie d'aucune reconnaissance législative, même si une jurisprudence déjà ancienne et probablement dépassée aujourd'hui avait pu en admettre l'existence. Quant au domaine public aéroportuaire, il semble n'être qu'une partie du domaine public aéronautique : en effet, la notion de domaine aéroportuaire ne renvoie qu'à celle d'aérodromes, tandis que celle de domaine public aéronautique comprend, en plus, des biens qui ne sont pas situés dans l'emprise des aérodromes et qui sont pourtant nécessaires à la circulation aérienne. Le champ d'application de cet article L. 2111-16 est donc volontairement vaste. Et, comme pour les dispositions précédentes, le législateur consacre ici le domaine public aéronautique, même si les critères du domaine public sont de toute façon satisfaits.

I. L'EXISTENCE DU DOMAINE PUBLIC AÉRONAUTIQUE

Le domaine public aéronautique comprend des biens qui appartiennent à des personnes publiques et qui sont affectés au service public de la circulation aérienne publique.

A. LES PROPRIÉTAIRES

1° L'ÉTAT

Jusqu'au début des années 2000, l'État disposait seul de la compétence en matière aéronautique. Il était ainsi propriétaire de la majeure partie des aérodromes qu'il gérait en régie directe, par le biais d'établissements publics, ou dont il confiait la gestion à un concessionnaire. Pourtant, nombre de ces aérodromes n'avaient qu'une vocation locale. C'est la raison pour laquelle l'État a transféré une partie de ces biens aux collectivités territoriales, lesquelles ne disposaient jusqu'alors d'aucune compétence légale spécifique dans le domaine aéroportuaire. Mais il a pu conserver des aérodromes outre-mer (pour la Polynésie française, V. Min. Économie, *Rapp. DAJ 2010, p. 72*). Il n'en demeure pas moins que l'État reste aujourd'hui un grand propriétaire de dépendances du domaine public aéronautique. Il a, dans son patrimoine, les aérodromes d'intérêt national et international que l'on appelle aussi les « grands aéroports régionaux » (comme les aéroports de Bordeaux-Mérignac, de Lyon-Saint Exupéry, de Toulouse-Blagnac ou de Nice-Côte d'Azur ; V. Décr. n° 2005-1070 du 24 août 2005, fixant la liste de ces aérodromes), à l'exception de ceux qui relèvent d'Aéroports de Paris (ADP), ancien établissement public qui a été transformé en société anonyme en 2005. Il convient de noter que dès 1978, l'État s'était déjà interrogé sur la possibilité de transférer certains de ses aérodromes et avait saisi le Conseil d'État d'une question en ce sens (avis n° 321/970, sect. travaux publics, 31 janv. 1978, dispo. sur Consiliaweb).

La gestion de ces aérodromes est concédée aux chambres de commerce et d'industrie ou, depuis 2005 et sur l'impulsion des CCI, à des sociétés dites « aéroportuaires » qui étaient en fait des sociétés anonymes à capitaux publics exclusifs (L. n° 2005-357 du 20 avr. 2005, art. 7), mais qui ont pu être privatisées (Toulouse par le Décr. n° 2014-795 du 11 juill. 2014 ; Nice et Lyon sur la base de l'art. 191 de L. n° 2015-990 du 6 août 2015 pour la croissance, l'activité et l'égalité des chances économiques, dite « loi Macron ». – Arr. du 28 oct. 2016, textes 5 et 6 *[JO 30 oct.]*. — C. comptes, Le processus de privatisation des aéroports de Toulouse, Lyon et Nice, Comm. à la commission des finances de l'Ass. nat., *oct. 2018*). L'État est également propriétaire des aérodromes militaires (Lyon, Ambérieu, Orange, Salon-de-Provence, Villacoublay, etc.), mais ces infrastructures ne font pas partie du domaine public aéronautique (V. *infra*).

L'État conserve enfin un certain nombre de biens liés à ses missions essentielles, et ce, même lorsqu'il transfère la propriété de l'aérodrome. C'est ainsi qu'il a conservé des biens qui étaient utilisés par l'établissement ADP au moment de sa transformation en société anonyme et qui sont nécessaires à l'exercice par lui-même ou ses établissements publics (comme Météo-France) des missions de service public concourant à l'activité aéroportuaire : il s'agit de bâtiments, de radars, du centre d'émission de radiotéléphonie, de balises de radionavigation, des terrains des tours de contrôle, des biens nécessaires à l'exercice des contrôles policiers et douaniers ou de logements d'astreinte (Décr. n° 2005-1538 du 8 déc. 2005). Il en fut de même lorsque l'État a transféré la propriété des aéroports décentralisés : il a conservé les emprises et les installations réservées pour les besoins de la défense nationale et pour les besoins de la sécurité de la circulation aérienne, de la météorologie et de la sécurité civile (V. *infra*).

2° LES COLLECTIVITÉS TERRITORIALES

Après l'échec du processus d'expérimentation du transfert de la compétence aéroportuaire par les collectivités territoriales (L. n° 2002-276 du 27 févr. 2002 relative à la démocratie de proximité, art. 105), le législateur a voulu accentuer l'implication des collectivités territoriales dans la gestion de ces équipements en recourant, cette fois-ci, à un transfert de compétence et de propriété pur et simple des infrastructures appartenant à l'État.

La collectivité territoriale de Corse fut la première à en bénéficier (CGCT, art. L. 4424-23, issu de l'art. 15 de la L. n° 2002-92 du 22 janv. 2002 relative à la Corse) ; elle est ainsi devenue propriétaire et gestionnaire des aérodromes d'Ajaccio, de Bastia, de Calvi et de Figari. Puis, la loi du 13 août 2004, dite « Liberté et responsabilité locales », a généralisé à toutes les collectivités territoriales ce transfert de propriété des aérodromes à vocation locale ou régionale. La priorité a été donnée à la région ou à la collectivité territoriale ou au groupement de collectivités territoriales qui assurait déjà la gestion de l'infrastructure. Ces transferts ont suscité des questions, notamment lorsqu'il n'y avait aucune collectivité volontaire et lorsque celle qui avait été désignée d'office par le préfet contestait le transfert à venir (sur les risques de dérapage, C. comptes, *Rapp. public annuel 2015, p. 401*).

Au total, 150 aérodromes de l'État ont été concernés. Ce sont les aéroports dits « décentralisés », qui ont ainsi été répartis : 19 aérodromes ont été transférés à des régions, seules ou au sein d'un groupement, 29 à des départements seuls ou au sein de groupement avec des communes ; 61 aérodromes ont été transférés à des communautés de communes ou à des syndicats intercommunaux et 41 à des communes (Cour des comptes, Les aéroports face aux mutations du transport aérien, *Rapp. public particulier juill. 2008, p. 57*. – Circ. n° 2006-17 du 8 mars 2006 relative à l'impact immobilier de la loi LRL, *BO Équipement 2006-6*).

L'État peut aussi seulement transférer la propriété de terrains de son domaine privé et permettant l'extension de l'aéroport d'une région (art. 278, Loi de finances pour 2020, à propos de l'aéroport de Rennes Saint-Jacques dont le trafic s'est développé suite à l'abandon du projet d'aéroport Notre-Dame-des-Landes).

Pour les aérodromes situés en Polynésie française, voir le commentaire sous les articles L. 5611-1 et suivants.

3° LES ÉTABLISSEMENTS PUBLICS

Ne sont pas concernées les chambres de commerce et d'industrie qui restent compétentes pour gérer des aérodromes par le biais de concessions, sans être cependant propriétaires des infrastructures. Il en est de même de l'aéroport de Bâle-Mulhouse, établissement public de droit international qui gère des biens appartenant à l'État français qui sont mis à sa disposition (Conv. franco-suisse du 4 juill. 1949, art. 2). Aéroports de Paris n'étant plus un établissement public depuis 2005, il ne reste donc plus que les groupements de collectivités territoriales qui peuvent être propriétaires de dépendances du domaine public aéroportuaire ; ceux-ci sont d'ailleurs relativement nombreux, puisqu'ils représentent un peu moins de la moitié des nouveaux propriétaires locaux d'aérodromes.

4° LES PROPRIÉTÉS PRIVÉES

Les aérodromes privés non affectés aux besoins de la circulation aérienne publique et créés par arrêté préfectoral (C. aviat., art. D. 233-1 ; C. transp. art. L. 6312-2 ; et *infra*) ne font naturellement pas partie du domaine public.

Il en est de même des biens d'Aéroports de Paris, bien que les plates-formes soient affectées à la circulation aérienne publique. La transformation de l'établissement public en société anonyme est intervenue le 22 juillet 2005, lors de la publication du décret n° 2005-828 du 20 juillet 2005 (V. aussi C. transp., art. L. 6323-2. – Sur sa privatisation, art. 130 s. de la loi relative à la croissance et à la transformation des entreprises, dite PACTE, du 22 mai 2019, Cons. const. 16 mai 2019, n° 2019-781 DC ; Cons. const. 9 mai 2019, n° 2019-1 RIP : *Rev. CMP 2019, comm. 243, obs. Eckert*). En conséquence, les dépendances faisant partie du domaine public de l'État ou du domaine public de l'établissement public ont dû être déclassées avant d'être transférées dans le patrimoine de la SA ADP (L. n° 2005-357 du 20 avr. 2005 relative aux aéroports, art. 2 : *AJDA 2006. 1699, chron. Jeanneney* ; *Coll. terr. juin 2005. 4, comm. Markus ; Dr. adm. juin 2005. 3, repère Auby ; JCP Adm. 2005, p. 740, et p. 1077, comm. Dufau ; RJEP 2006. 1, comm. Braconnier ; RFAP 2005, n° 114, p. 349, chron. Delion et Durupty*. – Cons. const. 14 avr. 2005, n° 2005-513 DC : *JO 21 avr., p. 6974 ; AJDA 2005. 862, obs. Brondel* ; *Dr. adm. juin 2005. 12 et 22, comm. Fraisse ; JCP 2006. I. 145, nos 8 et 12, chron. Mathieu et Verpeaux ; LPA 6 mai 2005, p. 5, note Schoettl*). ADP n'a donc plus, dans son patrimoine, d'éléments du domaine public aéroportuaire, tout au plus peut-il être titulaire d'autorisations d'occupation temporaire du domaine public aéroportuaire (comme par ex. pour les terrains d'emprise de l'héliport d'Issy-les-Moulineaux qui appartiennent au domaine public de la ville de Paris). Cela étant, cette nouvelle propriété privée, parce qu'elle est affectée à un service public, n'en demeure pas moins soumise à un régime juridique particulier, même si ce n'est pas celui de la domanialité publique (C. transp., art. L. 6323-1 s.).

B. L'AFFECTATION AUX BESOINS DE LA CIRCULATION AÉRIENNE PUBLIQUE

Ces propriétés publiques sont affectées à un service public, celui de la circulation aérienne publique. C'est d'ailleurs la grande distinction qu'opèrent le code de l'aviation civile et le code des transports au sein des aérodromes, entre ceux qui sont ouverts à la circulation publique (art. L. 6312-1 et L. 6321-1 s.) et ceux qui ne le sont pas (art. L. 6312-2).

Tous ceux qui sont ouverts à la circulation publique, quels que soient leur importance et leur trafic, font partie du domaine public aéronautique, à condition bien sûr qu'ils appartiennent à une personne publique. La circulation aérienne publique s'entend de l'usage civil des aérodromes, ce qui recouvre les services commerciaux de grandes, moyennes ou courtes distances, le grand tourisme, la formation aéronautique, le sport aérien ou la circulation en hélicoptère. Le code de l'aviation civile classe seulement ces aérodromes en cinq catégories en fonction « des caractères et de l'importance du trafic qu'ils doivent assurer » (art. R. 222-1 et R. 222-5). Le *Journal officiel* publie régulièrement la liste des aérodromes autorisés ouverts à la circulation publique (V. Liste n° 1 des listes des aérodromes dont la création et la mise en service ont été autorisées, *JO 20 févr. 2015*).

En revanche, les aérodromes non affectés à la circulation aérienne publique ne font pas partie du domaine public aéronautique (C. aviat., art. R. 232-1 s. et D. 231-1 s. ; C. transp., art. L. 6312-2). Il s'agit des plates-formes réservées à l'usage de l'administration d'État (par ex. : aérodromes militaires : Circ. n° 238/DBA traitant du caractère de domanialité publique des aérodromes militaires et de leurs dépendances, 11 sept. 1951 : *BOEM 103.2.2.3*. – Circ. relative à la domanialité publique des aérodromes militaires et des installations nécessaires à l'exercice ou à la protection de la navigation aérienne, 7 nov. 1951 : *BOEM 500.1.1.4*. – Circ. n° 4385/EMA/LOG/2 relative à la domanialité publique de certaines installations militaires, 23 déc. 1968 : *BOC/A 1969, p. 1*), des aérodromes à usage restreint (par ex. : centres d'entraînement aérien, centres d'essais d'appareils prototypes, centres d'entretien et de réparation du matériel aéronautique, aérodromes réservés aux vols de tourisme ou aux vols à voile, altiports, hélistations réservées aux centres hospitaliers, etc. V. Listes n°s 2 et 3 des listes des aérodromes dont la création et la mise en service ont été autorisées, *JO 20 févr. 2015*) et des aérodromes à usage privé, créés par une personne physique ou morale de droit privé.

Ces infrastructures, même quand elles appartiennent à une personne publique, ne font pas partie du domaine public aéronautique à défaut d'affectation à la circulation aérienne publique. Cela ne veut pas dire pour autant qu'elles relèvent nécessairement du domaine privé. Ces aérodromes peuvent faire partie du domaine public, mais dans une autre catégorie, comme celle du domaine public militaire par exemple.

II. LA COMPOSITION DU DOMAINE PUBLIC AÉRONAUTIQUE

Parmi les dépendances du domaine public aéronautique, on trouve naturellement au premier plan les aérodromes qui sont les terrains (ou les plans d'eau) spécialement aménagés pour le décollage, l'atterrissage et les manœuvres des aéronefs (C. transp., art. L. 6300-1). Font donc partie du domaine public aéroportuaire les pistes d'envol, mais aussi les aérogares, les installations annexes utilisées pour les besoins du trafic et pour le service des aéronefs et les installations qui concourent à l'exercice et à la protection de la navigation aérienne (installations de balisage et de guidage d'avions, stations météorologiques dépendant d'un aérodrome, centres de télécommunications aériennes, etc.).

Le domaine public aéronautique s'entend largement, par application de la théorie de la domanialité publique globale qui n'est pas remise en cause par le CGPPP pour ce type de biens. D'une part, toutes les parcelles situées à l'intérieur de l'emprise de l'aérodrome sont réputées faire globalement partie du domaine public ; il n'est donc pas nécessaire d'appliquer à chaque unité les critères du domaine public. Ainsi, les locaux commerciaux situés dans l'enceinte aéroportuaire font partie du domaine public, tout comme les parcelles comprises dans l'enceinte aéroportuaire ou acquises en vue de l'aménagement de l'aérodrome.

D'autre part, l'article L. 2111-16 énonce que font aussi partie du domaine public aéroportuaire les « installations nécessaires pour les besoins de la sécurité de la circulation aérienne situées en dehors » des emprises des aérodromes. Autrement dit, des biens qui ne sont pas compris dans l'enceinte de l'aérodrome peuvent faire partie du domaine public. ❑

1. Les propriétaires. *a) Personne publique propriétaire.* • CE 19 janv. 1968, *Club aérien Les Gerfauts : Lebon 50* • CE 13 déc. 1972, *Cie d'assurance maritime, aérienne et terrestre : Lebon 805*. ♦ Les aérodromes et aéroports appartenant à l'État sont inclus dans le domaine public aéronautique. • CE 1er oct. 1958, *Hild : Lebon 463.* ♦ Pour le transfert des aérodromes décentralisés, la priorité a été donnée à la région ou à la collectivité territoriale ou au groupement de collectivités territoriales qui assurait déjà la gestion de l'infrastructure. • CAA Lyon, 6 juin 2010, *Cne de Charnay-les-Mâcon,* n° 07LY02521 : *AJDA 2010. 1649, note Verpeaux*. ♦ En l'absence de collectivités volontaires, c'est le préfet qui a désigné d'office la personne publique locale qui bénéficierait du transfert de propriété. • CE 19 nov. 2008, *Cté urb. de Strasbourg : JCP Adm. 2009, n° 2055, note Pontier ; AJDA 2009. 425, note Verpeaux ; GDDAB, 3e éd., 2018. Comm. 38, note Chamard-Heim.* ♦ Sur l'exclusion de la Polynésie française de ce dispositif. • CE 10 nov. 2015, *Cne de Faa'a,* n° 373336 : *Lebon T. ; JCP Adm. 2015. Actu. 991, note Erstein ; CMP janv. 2016. Comm. 22, note Pietri.* ♦ Sur la demande d'une collectivité tendant à la suppression d'un aérodrome appartenant à l'État exclus du transfert aux collectivités territoriales ou à leurs groupements. • CE 7 mars 2018, *Assoc. Collectif danger aérodrome Aix-Les-Milles,* n° 402350 : *JCP Adm. 2018. Actu. 274, obs. Tesson.*

b) ADP sur les conséquences du changement de statut domanial. • Civ. 3e, 17 mai 2011, n° 10-19.175.

2. Domaine public aéronautique. Les aérodromes affectés à la circulation aérienne publique et appartenant à une collectivité publique sont des dépendances du domaine public. • CE 8 mai 1936, *Cne de Dugny : S. 1936. 3. 78* • 14 juin 1972, *Bollecker : Lebon 445* • 13 déc. 1972, *Cie d'assurances maritimes aériennes et terrestres : Lebon 805, JCP. 1974. II. 17686, note Moderne* • 25 mars 1988, *Demeureau : Dr. adm. 1988, n° 286 ; JCP 1989. II. 21160, note Davignon.* ♦ La piste de l'aéroport de Strasbourg est partie intégrante du domaine public. • CE 14 juin 1972, *Bollecker : Lebon 445*. ♦ ... Également des locaux à usage d'atelier situés sur l'emprise de l'aérodrome. • CE 19 janv. 1968, *Club aérien Les Gerfauts : préc. note 1.* ♦ ... Un bar-restaurant établi sur les terrains de l'aéroport. • CE 25 mars 1988, *Démereau : JCP 1989. II. 21160, note Davignon.* ♦ V. aussi pour des locaux commerciaux situés dans l'enceinte aéroportuaire. • CAA Marseille, 16 mai 2000, *CCI de Marseille : Dr. adm. 2001, n° 113.* ♦ Pour des boutiques *duty free*. • CE 19 janv. 2011, *CCI Pointe-à-Pitre,* n° 341669 : *Lebon 985 ; AJDA 2011. 1330, note Caille ; BJCP 2011. 101, concl. Boulouis ; ibid. 104, obs. Maugüé ; Rev. CMP mars 2011. Comm. 86, note Eckert.* ♦ Pour des hangars. • CAA Paris, 8 févr. 2016, *Cne de La Ferté-Gaucher,* n° 15PA00848 • CAA Bordeaux, 19 mai 2016, *SA Aéroport de La Réunion Roland-Garros,* n° 15BX01130 : *Rev. CMP mars 2017, chron. 2, note Llorens et Soler-Couteaux.* ♦ Sur les couloirs aériens. • CE 7 mars 1930, *Cie aérienne française : D. 1931, 3, 1, concl. Dayras et note Trotabas* • 6 févr. 1948, *Sté Radio-Atlantique : Lebon 65 ; RD publ. 1948. 244, concl. Chenot.* ♦ Sur la domanialité publique globale. • CE, avis, 13 juin 1989 : *EDCE 1989, n° 41, p. 250* • CE 25 mars 1988, *Démereau : préc.* ♦ Sur la notion d'aéroport par le juge administratif de la taxe professionnelle. • CE 18 mars 2015, *Sté Elior Roissy,* n° 367377 : *Dr. fisc. 9 juill. 2015. Comm. 462, concl. Aladjidi.*

SECTION VII **DOMAINE PUBLIC HERTZIEN**

Art. L. 2111-17 Les fréquences radioélectriques disponibles sur le territoire de la République relèvent du domaine public de l'État. – *[CPCE, art. 41-1, al. 3 ; L. n° 86-1077 du 30 sept. 1986, art. 22, al. 1er.]*

Sur la redevance due pour l'utilisation des fréquences, V. comm. ss. art. L. 2124-26.

BIBL. ▸ **Encyclopédie :** Bettio, Domaine public de l'État, *J.-Cl. Propriétés publiques, fasc. 30.* – Durup de Baleine et Manson, Domaine public – Télécommunications, *J.-Cl. Propriétés publiques, fasc. 77.*

▸ **Thèses :** Cambazard, Ordre juridique spatial et marchandisation des fréquences, *Lyon III, 2017.* – Cattan, Le droit et les communications électroniques, *Aix-Marseille III, 2012.* – Billa, Le spectre hertzien, dépendance du domaine public, *Toulouse I, 2006.* – Lombard, La libre diffusion hertzienne, *Rennes I, 1998.* – Jouhandet, Câble et fréquence radioélectrique : étude du régime juridique de deux supports de la communication audiovisuelle, *Paris I, 1989.*

► **Articles, ouvrages, rapports :** Cattan, Le spectre hertzien et la « tragédie des communs », *in* B. Parance, J. de St-Victor, dir., Repenser les biens communs, *CNRS éd., 2014, p. 275*. – Cachard, Le droit face aux ondes électromagnétiques, *LexisNexis, 2016*. – Toledano, Une gestion dynamique du spectre pour l'innovation et la croissance, *Doc. fr., 2014*. – Pez, Communication numérique et domaine public hertzien, *in* Teyssié (dir.), La communication numérique, un droit, des droits, *éd. Panthéon-Assas, 2013, p. 395*. – Touzeil-Divina et Ricou (dir.), Communications électroniques : objets juridiques au cœur de l'unité des droits, *L'Épitoge-Lextenso, 2012*. – Guillaume et Coudray, Le contentieux de la 4e licence 3G, *RJEP févr. 2011. 11*. – Reynaud, Le droit des propriétés publiques à l'épreuve de la valorisation du domaine public hertzien par le CSA, *Mém. M2 univ. du Maine, 2011*. – Ricou, L'attribution des licences de téléphonie mobile de troisième génération. Chronique d'une révolution mal programmée, *RFDA 2011. 539* . – Pez, Le domaine public hertzien. Attribution et exploitation des fréquences radioélectriques, *LGDJ, 2011*. – Gaudemet, Pez et Chaminade, Le système français d'exploitation du domaine public hertzien et d'attribution des fréquences radioélectriques, *Fondation pour le droit continental, Agence nationale des fréquences, Rapp. 2010*. – Giscard d'Estaing et Olivier-Coupeau, Les recettes exceptionnelles de la défense en 2009 et 2010, *Assemblée nationale, Rapport d'information, 2010, n° 2623, p. 24 s.* – Jeanneney et Chichportich, Les ressources rares, *RJEP 2010. 3*. – Rapone, La patrimonialité des actes administratifs en matière de communications électroniques, *RFDA 2009. 39* . – Yolka, Exploitation des fréquences hertziennes : point trop n'en faut !, *JCP Adm. 2008, n°s 49-50, p. 3*. – Ducourtieux et Girard, Fréquences hertziennes. La bataille du numérique, *Le Monde, 9 sept. 2008, p. 17*. – Rapp, Les ondes entre Droit et Commerce, *in* Regards critiques sur quelques Révolutions récentes du droit, Travaux de l'IFR Mutations des normes juridiques, *PU Toulouse, 2005, t. 2, p. 777*. – Choukri, Réflexions sur la marchandisation des fréquences spatiales, *RFD aérien 2004. 140*. – Moliner-Dubost, Requiem pour le principe d'incessibilité des autorisations administratives, *AJDA 2004. 2141* . – Laget-Annamayer, Occupation du domaine public et intérêt général : d'un pouvoir de gestion étendu des autorités domaniales à une liberté d'action encadrée, *AJDA 2003. 1201* . – Théry, Réglementation et gestion des fréquences radioélectriques, *RFD aérien 2003. 133*. – Morand et Naegelen, L'attribution des fréquences hertziennes, *RF éco. 2002, vol. XVI, n° 1, p. 215*. – Estryn et Guerrier, Le spectre des fréquences radioélectriques, bien public ou bien commercial ?, *LPA 12 juill. 2001, p. 11*. – Mirikelam et Fontaine-Even, Modifications capitalistiques : sanctions susceptibles d'affecter les opérateurs titulaires d'autorisations administratives (le cas de la téléphonie hertzienne et de la radiodiffusion sonore), *LPA 24 avr. 2001, p. 4*. – Dufau, Infrastructures des télécommunications : le domaine public hertzien, un concept juridiquement contestable, *Mon. TP 9 mars 2001, p. 96*. – Sauveplane, Le domaine public hertzien, *Mém. DEA Paris II, 1999*. – Brouant, L'usage des fréquences de communication audiovisuelle et la domanialité publique, *AJDA 1997. 115* . – Delcros et Brouant, La gestion de la ressource hertzienne, *Rev. dr. info. et télécoms 4/1997, p. 13*. – Delcros et Truchet, Les ondes appartiennent-elles au domaine public ?, *RFDA 1989. 251*. – Drago, Nature juridique de l'espace hertzien, *Mél. de Juglart, LGDJ/Montchrestien/Litec, 1986, p. 363*. – www.arcep.fr. – www.anfr.fr – www. csa.fr. – www.mission-spectre2014.fr.

COMMENTAIRE

I. DOMAINE PUBLIC HERTZIEN ET CATÉGORIES VOISINES

Le domaine public hertzien ne doit pas être confondu avec les dépendances du domaine public terrestre affectées à la circulation aérienne (« domaine public aéronautique ») ou aux communications électroniques utilisant le spectre hertzien (émetteurs publics, etc.). Il se distingue également de l'introuvable « domaine public aérien », la plupart des auteurs considérant aujourd'hui que l'espace aérien échappe à la domanialité publique.

En théorie, l'espace atmosphérique au-dessus du territoire d'un État peut être considéré soit comme une *res nullius*, seulement soumise au pouvoir de police de l'État, soit comme une chose commune au sens de l'article 714 du code civil (Y. Gaudemet), soit comme un objet de propriété en vertu de l'article 552 du code civil, qui déclare le propriétaire du sol propriétaire du dessous et du dessus (mais alors il conviendrait de fixer une « altitude limite », ce qui n'a jamais été fait), soit encore comme une dépendance du domaine public de l'État. A la suite d'une doctrine majoritairement favorable à l'incorporation de l'espace atmosphérique dans celui-ci (Duguit, Bonnard et de Laubadère), la jurisprudence avait pu aller dans le dernier sens ; le commissaire du Gouvernement Chenot (concl. citées ci-dessous) avait ainsi conclu à la thèse de la domanialité publique de l'espace hertzien aérien en se fondant sur un critère tiré du service public « virtuel » (« Les phénomènes radioélectriques font concevoir, dans l'espace où se propagent les ondes, la notion d'un domaine public qui leur est propre et dont l'État doit assurer la garde, la police, l'exploitation »), alors qu'aucun des textes relatifs à la circulation aérienne ne mentionnait à l'époque (les années 1940) un droit de propriété au profit de l'État ; mais cette thèse est à présent abandonnée. *A contrario*, et en raison du défaut de matérialité du bien (qui, par hypothèse, n'est pas aménagé), le Conseil d'État a pu dénier la qualité d'ouvrage public aux couloirs aériens au-dessus des aérodromes qui, par conséquent, ne peuvent faire l'objet d'aucune appropriation.

II. RECONNAISSANCE DU DOMAINE PUBLIC HERTZIEN

A. LÉGISLATION

Le domaine public hertzien correspond aux seules fréquences radioélectriques disponibles sur le territoire français, dont la domanialité publique – à bien des égards, atypique – a progressivement été reconnue par le législateur, à mesure que se construisait un droit de l'audiovisuel. Les premières réflexions sur la domanialité publique des fréquences radioélectriques remontent aux années 1940 (concl. Chenot sur : CE, sect., 6 févr. 1948, *Sté Radio Atlantique : RD publ. 1948. 244*) ; mais l'existence d'un domaine public hertzien n'a été consacrée par les textes que de manière tardive, à partir des années 1980. Le législateur a procédé indirectement : dans un premier temps, il ne s'est pas prononcé sur la nature des fréquences, mais il a qualifié – à l'occasion du vote de lois relatives à la liberté de communication et aux télécommunications – leur utilisation d'occupation ou d'utilisation privative du domaine public de l'État (L. n° 89-25 du 17 janv. 1989, art. 10, V. L. n° 86-1067 du 30 sept. 1986, art. 22 mod. ; abrogé par Ord. n° 2006-160 du 21 avr. 2006, art. 22. – L. n° 96-659 du 26 juill. 1996, art. 14 abrogé). L'existence d'un domaine public hertzien est aujourd'hui affirmée de la manière la plus claire par l'article L. 2111-7 CGPPP (V. aussi art. L. 2124-26, pour l'utilisation). Diverses dispositions du code des postes et des communications électroniques – réformées, notamment, par l'ordonnance n° 2011-1012 du 24 août 2011 relative aux communications électroniques – tirent les conséquences de cette « nationalisation des fréquences » (V. CPCE, art. L. 41 s.).

B. JURISPRUDENCE

Saisi de la future loi du 30 septembre 1986, le Conseil constitutionnel s'était dans un premier temps refusé à préciser la nature juridique de l'espace hertzien (Cons. const. 18 sept. 1986, n° 86-217 DC, cité note 2). Il a ensuite, dans sa décision du 28 décembre 2000 relative à la loi de finances pour 2001 (V. note 2), tiré les conséquences de la reconnaissance législative du domaine public hertzien, en considérant que l'utilisation des fréquences radioélectriques constitue un mode d'occupation privatif du domaine public de l'État, que les redevances perçues à cette occasion sont de nature domaniale et qu'elles doivent donc être calculées comme telles. Le considérant de principe de cette décision sera repris à l'identique un an plus tard lorsque le Conseil, saisi à propos de la loi de finances pour 2002, rejettera les griefs formulés contre son article 33, qui concernait également la redevance due à raison de l'établissement et de l'exploitation des réseaux de téléphonie mobile de troisième génération (Cons. const. 27 déc. 2001, n° 2001-456 DC). Dans le sillage de cette jurisprudence, le juge administratif se réfère fréquemment à la notion de domaine public hertzien (V. décis. citées note 3).

III. ORIGINALITÉ DU DOMAINE PUBLIC HERTZIEN

En premier lieu, les fréquences radioélectriques constituent un domaine public par détermination de la loi. Si l'on souscrit à l'opinion doctrinale dominante (encore que contestable) selon laquelle ces fréquences ne peuvent être appropriées, il faut considérer que l'on a là affaire à une hypothèse rarissime : celle d'une intégration dans le domaine public alors que l'habituelle condition tenant à la propriété d'une personne publique fait défaut.

En deuxième lieu, le statut des fréquences hertziennes présente ceci d'insolite, qu'il associe domanialité publique et caractère immatériel, alors même que lesdites fréquences sont classées parmi les dépendances immobilières (CGPPP, art. L. 2111-17). C'est une situation unique : l'existence d'un domaine public immatériel prête à discussion et elle n'intéresse en tout état de cause que des actifs mobiliers. L'association de la domanialité publique, d'un caractère immatériel et d'une nature immobilière, forme une sorte de « triangle » sans équivalent.

En troisième lieu, et cela est aussi atypique, les fréquences hertziennes sont classées par le législateur dans le domaine public naturel, mais ce rattachement peut prêter à discussion (Gaudemet, Droit administratif des biens, *15e éd., LGDJ, 2014, n° 149*).

En dernier lieu, c'est la fonction même de la domanialité publique qui suscite ici des interrogations. Cette domanialité, telle qu'elle s'est forgée au XIXe siècle, a été conçue comme un système de protection des biens les plus éminemment utiles à la satisfaction des besoins collectifs, pareille protection s'exerçant au prix d'une soustraction aux règles du commerce ordinaire. Or, la dimension protectrice ne force pas l'évidence quand le régime domanial s'applique aux fréquences. La domanialité publique hertzienne présente une vocation essentiellement patrimoniale (la protection de l'utilisation des fréquences étant assurée par une police administrative spéciale) : il ne s'agit pas tant de protéger une affectation publique que de fonder théoriquement la perception de redevances sur des opérateurs privés, le rattachement des fréquences au domaine public permettant à l'État d'en faire payer l'utilisation privative. C'est dire que cette domanialité là est finalement plus proche de la domanialité patrimoniale de l'Ancien Régime que des canons du droit de la domanialité publique classiquement entendue ; mais si la « domanialisation » des fréquences radioélectriques a fait l'objet de critiques doctrinales justifiées (V. en particulier Dufau, Infrastructures des télécommunications : le domaine public hertzien, un concept juridiquement contestable, *Mon. TP 9 mars 2001. 96*), ces dernières n'ont guère pesé face aux enjeux économiques en cause. C'est dire, aussi, que la reconnaissance d'un domaine public hertzien est intimement liée à sa valorisation par l'État (sur l'utilisation privative du domaine public hertzien et les redevances, V. comm. de l'art. L. 2124-26). ❑

1. Histoire. Dans le sens de la domanialité publique de l'espace atmosphérique. • CE 7 mars 1930, *Cie aérienne française : Lebon 257, DH. 1931. 3. 1, concl. Dayras* • CE 6 févr. 1948, *Radio-Atlantique : RD publ. 1958. 244, concl. Chénot.* ♦ *Contra*, les couloirs aériens au-dessus d'un aérodrome ne peuvent faire l'objet d'aucune appropriation. • CE 2 déc. 1987, *Cie Air Inter*, n° 65517 : *Lebon 278 : AJDA 1988. 156, 166, chron. Azibert et de Boisdeffre.*

2. Existence du domaine public hertzien (jurisprudence constitutionnelle). Refus du juge constitutionnel de prendre position. • Cons. const. n° 86-217 DC, du 18 sept. 1986 : *Loi relative à la liberté de communication, Rec. Cons. const. 141 ; AIJC 1986. 427 et 454, obs. Genevois ; AJDA 1987. 102, note Wachsmann ; D. 1987. Somm. 381, obs. Maisl ; Rev. adm. 1986. 458 ; ibid. 564, obs. Étien ; Rev. sociétés 1986. 606, note Guyon.* ♦ Reconnaissance du domaine public hertzien. • Cons. const. n° 2000-442 DC, du 28 déc. 2000 : *Loi de finances pour 2001 : Rec. Cons. const. 211 ; D. 2001. 1767, obs. Ribes ; GDDAB, 3e éd., 2018. Comm. 39, obs. Yolka ; LPA 4 janv. 2001, p. 13, note Schoettl ; RD publ. 2001. 913, note Pellet ; RFDC 2001. 137, note Philip ; RID éco. 2001, n° 2, p. 225, note Nzaloussou.*

3. Existence du domaine public hertzien (jurisprudence administrative). Compétent par principe pour connaître des litiges relatifs aux titres d'occupation du domaine public et aux redevances perçues sur leurs bénéficiaires (CGPPP, art. L. 2331-1), le juge administratif connaît par cela même des contentieux touchant l'exploitation des fréquences hertziennes, dont il rappelle régulièrement la domanialité publique. V. par ex. • CE 20 mai 2004, *CSA : LPA 15 févr. 2005* • 30 juin 2006, *Sté Neuf Télécom*, n° 289564 : *Lebon 309 ; AJDA 2006. 1703, chron. Jeanneney ; ibid. 1720, note Sée ; JCP Adm. 2006, n° 983, obs. Rouault ; JCP 2007, n° 43, p. 34, obs. Chaminade ; RJEP 2007. 162, note Fontaine et Weigel* • 11 juill. 2007, *Sté Free SAS*, n° 304716 • 16 nov. 2007, *Région Rhône-Alpes*, n° 298941 • CE, réf., 7 sept. 2011, *Sté Free Mobile SAS : JCP 2011. 1580* • CAA Paris, 2 mai 2011, nos 09PA04472 et 09PA04456 • CE 30 juin 2006, *Sté Neuf Télécom*, n° 289564 : *Lebon 309 ; AJDA 2006. 1703, chron. Jeanneney* • CAA Paris, 29 janv. 2016, *Sté Altitude Infrastructure*, n° 14PA03566.

4. Répartition des compétences juridictionnelles (antennes-relais). Si le juge administratif connaît à titre exclusif des litiges touchant l'utilisation du domaine public hertzien, la question des limites de sa sphère de compétence s'est trouvée posée, en ce qui concerne le contentieux – distinct – des antennes-relais de téléphonie mobile. V. en faveur de la compétence administrative, sur un fondement domanial. • Bourges, 6 janv. 2011 : *JCP 2011. Actu. 575, obs. Joseph-Parmentier.* ♦ Le Tribunal des conflits a finalement procédé à un partage de compétences entre les deux ordres de juridiction, mais sans s'appuyer directement sur la domanialité publique des fréquences hertziennes. • T. confl. 14 mai 2012, *Épx Brixallis, Sté Orange France, Cne de Château-Thierry, Sté Bouygues Télécom, M. A. et a. : AJDA 2012. 1525, note Van Lang ; D. 2012. 1930, note Martin et Msellati ; Dr. adm. 2012, n° 78, comm. Février ; JCP 2012. 819, concl. Sarcelet, note Bacache ; ibid., p. 2380, chron Éveillard ; ibid. 2013, p. 16, note Trébulle ; Gaz. Pal. 2012, nos 244-245, p. 25, note Clot ; RDI 2012. 514, note Jacquemet-Gauché ; RJEP 2013. Comm. 13, note Broyelle ; Envir. 2012. Comm. 72, note Steinmetz.* ♦ Pour des exemples de mise en œuvre • Civ. 1re, 17 oct. 2012, nos 10-26.854, 11-14.553 et 11-19.259 • 16 janv. 2013, n° 11-27.529. ♦ Pour une application de la jurisprudence « *Département du Tarn-et-Garonne* » (CE 4 avr. 2014) à une convention d'occupation du domaine public concernant l'implantation d'une antenne-relais. • CE 2 déc. 2015, *École centrale de Lyon*, n° 386979 : *AJDA 2015. 2350*. ♦ Pour une application de la jurisprudence « Béziers 2 » (CE 21 mars 2011, n° 304806). • CAA Marseille, 6 mai 2019, n° 17MA04486 : *Rev. CMP 2019, comm. 238, obs. Soler-Couteaux.*

♦ Sur le sujet, Report, Les arcanes du contentieux des antennes relais de téléphonie mobile : *AJDA 2015. 972.* – Rouyère, Avantages et limites de l'orthodoxie juridique : le cas exemplaire du contentieux des antennes-relais, *Mél. Bon, Dalloz, 2014.* – Delaunay, Quel juge pour les antennes-relais ?, *RD publ. 2013. 287.* – Krolik, Le régime juridique des antennes-relais : des solutions pragmatiques pour des intérêts discordants, *RFDA 2013. 1082.* – Moreil, Antenne-relais : que reste-t-il au juge judiciaire ?, *D. 2012. 2978.*

CHAPITRE II **DOMAINE PUBLIC MOBILIER**

Art. L. 2112-1 **Sans préjudice des dispositions applicables en matière de protection des biens culturels, font partie du domaine public mobilier de la personne publique propriétaire les biens présentant un intérêt public du point de vue de l'histoire, de l'art, de l'archéologie, de la science ou de la technique, notamment :**

1° Un exemplaire identifié de chacun des documents dont le dépôt est prescrit aux fins de constitution d'une mémoire nationale par l'article L. 131-2 du code du patrimoine ;

2° Les archives publiques au sens de l'article L. 211-4 du code du patrimoine ;

3° Les archives issues de fonds privés entrées dans les collections publiques par acquisition à titre onéreux, don, dation ou legs ;

4° *(Ord. n° 2017-1117 du 29 juin 2017, art. 2-1°)* **« Les biens archéologiques mobiliers devenus ou demeurés** *[ancienne rédaction : les découvertes de caractère mobilier devenues ou demeurées]* **» propriété publique en application du chapitre III du titre II** *(Ord. n° 2017-1117 du 29 juin 2017, art. 2-1°)* **« , des chapitres Ier et VI du titre IV » du livre V du code du patrimoine ;**

5° Les biens culturels maritimes de nature mobilière au sens du chapitre II du titre III du livre V du code du patrimoine ;

6° Les objets mobiliers classés ou inscrits au titre du chapitre II du titre II du livre VI du code du patrimoine ou situés dans un immeuble classé ou inscrit et concourant à la présentation au public de parties classées ou inscrites dudit immeuble ;

7° Les objets mobiliers autres que ceux mentionnés au 6° ci-dessus, présentant un intérêt historique ou artistique, devenus ou demeurés propriété publique en application de la loi du 9 décembre 1905 concernant la séparation des Églises et de l'État ;

8° Les collections des musées ;

9° Les œuvres et objets d'art contemporain acquis par le Centre national des arts plastiques ainsi que les collections d'œuvres et objets d'art inscrites sur les inventaires du Fonds national d'art contemporain dont le centre reçoit la garde ;

10° Les collections de documents anciens, rares ou précieux des bibliothèques ;

11° Les collections publiques relevant du Mobilier national et de la Manufacture nationale de Sèvres.

BIBL. ▸ **Ouvrages, dossiers, rapports :** Winter, Étude sur la condition juridique du mobilier des églises, *Giard et Brière, 1905.* – Braibant, Les archives en France, *Rapp. Premier ministre, 1996.* – Chatelain, Œuvres d'art et objets de collection en droit français, *Berger-Levrault, 1982.* – Poli, La protection des biens culturels meubles, *LGDJ, 1996.* – Wolkovitsch, Archives, bibliothèques, musées : statut des collections accessibles au public, *Economica-PUAM, 1996.* – Frier, Droit du patrimoine culturel, PUF, *1997.* – Forey et Monnier, Droit de la culture, *Gualino, 2009.* – Maget, Collectionnisme public et conscience patrimoniale. Les collections d'antiquités égyptiennes en Europe, *L'Harmattan, 2009.* – Brissaud, Inaliénabilité et propriété des œuvres d'art sous la Révolution française. De la nationalisation des biens au Code civil, *th. Écoles des Chartes, 2012.* – Les archives, *Pouvoirs 2015/2, n° 153.* – Noual, L'être et l'avoir de la collection. Essai sur l'avenir juridique des corpus artistiques, *Th. Toulouse 1, 2016.* – Nougaret, Une stratégie nationale pour la collecte et l'accès aux archives publiques à l'ère numérique, *Rapp. Min. Culture, 2017.* – Tosi, La notion française de trésor national, *Th. Aix-Marseille, 2016.* – Tarlet, Les biens publics mobiliers, *Dalloz, 2017.* – Zivie, « Des traces subsistent dans des registres... » – Biens culturels spoliés pendant la Seconde Guerre mondiale : une ambition pour rechercher, retrouver, restituer et expliquer, *Rapp. Min. Culture, nov. 2018.* – Commission de récolement des dépôts d'œuvres d'art, 20 ans de récolement des œuvres d'art de l'État, *nov. 2018.* – Sarr et Savoy, Rapport sur la restitution du patrimoine culturel africain. Vers une nouvelle éthique relationnelle, *Min. Culture, nov. 2018.* – Cour des comptes, Le Mobilier national et les Manufactures nationales des Gobelins, de Beauvais et de la Savonnerie : une institution à bout de souffle, *Rapport public 2019, partie I, p. 245.* – Debat et Saunier, L'image des biens publics culturels. Regards croisés entre droit public et droit privé, *LexisNexis, 2020.*

▸ **Encyclopédie :** Tarlet et Yolka, Domaine public mobilier, *J.-Cl. Propriétés publiques, fasc. 45.*

▸ **Articles, contributions :** Reymond, Le domaine public mobilier, *RD publ. 1960. 49.* – Hourticq, Une question d'actualité communale ; le mobilier des édifices cultuels, *Rev. adm. 1970. 699.* – de Laubadère, Une loi sur les archives, *AJDA 1979, n° 2, p. 29.* – Laveissière, Le statut des archives de France, *Rev. adm. 1980. 253.* – Brissaud, L'élaboration du principe d'inaliénabilité pour les collections muséales et les biens du domaine public mobilier sous la Révolution française, *Livraisons d'histoire de l'architecture n° 26/ 2013. 141.* – Lavialle, La loi du 1er déc. 1989 relative aux biens culturels maritimes, *JCP 1991. I. 3489.* – Bastien, A quoi sert le domaine public mobilier ? L'exemple des biens culturels, *AJDA 1993. 675*. – Artus, Œuvres d'art et inaliénabilité du domaine public mobilier, *LPA 23 déc. 1994.* – Lhuillier, Les œuvres d'art, res sacrae ?, *RRJ 1998-2. 353.* – Hourquebie, Le domaine public mobilier, *RD publ. 2005. 635.* – Biglione, Domanialité publique et protection des biens culturels, *Legicom 2006/2, n° 36, p. 65.* – Lavialle, Atypie et auteur de la décision. Sur un grand arrêt domanial de la Cour de cassation, *in* Les décisions juridictionnelles atypiques, *PU Toulouse I, 2006, p. 19.* – Sorbara, le domaine public mobilier au regard du CGPPP, *AJDA 2007. 619*. – Yolka, Les meubles de l'administration, *AJDA 2007. 964* ; Le mobilier administratif (questions d'actualité), *BJCL 2007. 459.* – Duroy, Biens meubles culturels et cultuels. Considérations sur une appartenance exclusive au domaine public mobilier, *RFDA 2007. 1155*. – Saujot, Domanialité publique des vestiges archéologiques mobiliers, *AJDA 2008. 446*. – Dreyfus, La respiration des collections publiques, *AJDA 2008. 680*. – Soleilhac, Les bibliothèques numériques, un domaine public immatériel, *AJDA 2008. 1133*. – Gonod, La réforme des archives : une occasion manquée, *AJDA 2008. 1597*. – Pontier, Sur l'inaliénabilité des œuvres des musées de France, *Rev. adm. 2009, n° 368, p. 164.* – de David Beauregard-Berthier, La définition du domaine public mobilier par le CGPPP, *in Mél. P.-L. Frier, PUPS, 2010, p. 119.* – Saujot, La loi du 18 mai 2010 rend-elle enfin possible une certaine respiration des collections muséales ?, *JCP Adm. 2010. 2222.* – Duroy, Le déclassement des biens meubles culturels et cultuels. Réflexions sur les causes et les limites de leur inaliénabilité, *RD publ. 2011. 55.* – Bioy, Le statut des restes humains archéologiques. Commentaire de la loi du 18 mai 2010 visant à autoriser la restitution par la France des têtes maories à la Nouvelle-Zélande et relative à la gestion des collections, *RD publ. 2011. 89.* – Antz, Réflexion autour du statut juridique des collections muséales d'origine humaine, *Rev. gén. droit médical déc. 2012. 7.* – Bossebœuf, La restitution des têtes maories à la Nouvelle-Zélande : retour sur le débat relatif au statut des collections des musées de France, *BJCL 2012. 172.* – Gaudemet, Le régime juridique des œuvres d'art dans les édifices du culte, *in Mél. Darcy, Bruylant, 2012, p. 295.* – Lavialle, La condition et la fonction des meubles en droit administratif des biens, *RFDA 2013. 251*. – Yolka, Autour de l'article L. 2112-1 CGPPP. Un détour par les « meubles de retour », *AJDA 2013. 974*. – Delaunay, La gratuité du domaine public mobilier, *Mél. Godfrin, Mare et Martin 2014, p. 127.* – Roustan, De l'adieu aux choses au retour des ancêtres. La remise par la France des têtes maori à la Nouvelle-Zélande, *Socio-Anthropologie 30/2014. 183.* – Lehoux, Biens mobiliers et délégation de service public, la nécessité d'un suivi attentif des conventions par les autorités délégantes, *CP-ACCP févr. 2015, p. 43.* – Parisot, Patrimoine culturel et identité : la question du rapatriement des restes humains, *in* Dionisi-Peyrusse et Jean-Antoine (dir.), *Droit et patrimoine, PU Rouen, 2015.* – Pontier, La gestion par les musées de leurs œuvres, *AJDA 2015. 1086*. – Delesalle, L'image, le juge et la loi, *AJDA 2016. 2345*. – Duroy, Domaine public et archives publiques. Réouverture d'un « carton » resté longtemps en sommeil, *RD publ. 2016. 89.* – Orlandini, La réforme du régime juridique des biens meubles archéologiques, *AJDA 2016. 2042*. – Wagener, Revendication par l'État de biens culturels en mains privées : quelles pratiques ?, *JAC 2016. 38*. – De Belval, De la question des clauses d'inaliénabilité dans les collections des Musées de France, *JAC 2017, n° 52, p. 22*. – Monnier, L'action en revendication d'archives publiques, *AJDA 2017. 1927*. – Perrot, L'inaliénabilité des collections publiques et la restitution des œuvres d'art, *RD publ. 2017. 599.* – Boul, La domanialisation publique, *in* Bioy (dir.), La régulation publique des centres de ressources biologiques. Le cas des tumorothèques, *LEH 2018. 339.* – Ferrari-Breeur, L'assurance des objets d'art des personnes publiques, *Dalloz IP/IT 2018. 280*. – Tarlet, Les manuscrits de Londres 1940 : un grand absent, le CGPPP, *AJDA 2018. 2209* ; Les meubles militaires, *in* Chamard-Heim et Yolka (dir.), Patrimoine(s) et équipements militaires : aspects juridiques, *Inst. univ. Varenne/ Lextenso, 2018. 293.* – Cour des comptes, Le Mobilier national et les Manufactures nationales des Gobelins, de Beauvais et de la Savonnerie : une institution à bout de souffle, *Rapp. public 2019, partie I, p. 245*. – Dross, L'application de la maxime « En fait de meuble, possession vaut titre » au bien du domaine public mobilier, *RTD civ. 2019. 145* ; L'article 2276 et le domaine public : épisode 2, *RTD civ. 2019. 366*. – Hansen, Diallo-Le Camus et Mac Donald, Les restitutions du patrimoine culturel africain à l'aune du droit de la propriété des personnes publiques, *JCP Adm. 2019. 2164*. – Pontier, Mobilier national et manufactures nationales, « une institution à bout de souffle », *AJDA 2019. 1976*. – Lemoine, Réponse du directeur du Mobilier national, *AJDA 2019. 2176*. – Martinet, Questions sur les archives publiques : propriété, imprescriptibilité, revendication, accès, *RFDA 2019. 1085*. – Duroy, L'entrée dans le domaine public du « Fragment à l'Aigle » : un exemple d'hagiographie juridique, *Mél. Fromageau, Mare et Martin, 2019, p. 291*. – Renold, Les obstacles juridiques aux demandes de restitution de biens culturels, *ibid. 519*. – Rolin, Sorbara et Tarlet, Qu'est-ce qu'un document rare, ancien ou précieux ? Petite controverse sur la consistance du domaine public des bibliothèques, *ibid., p. 545*. – Saunier, L'image des biens publics culturels, *Mél. Regourd, Inst. univ. Varenne, 2019*.

COMMENTAIRE

« Il y a les plus fortes, les plus décisives raisons d'assimiler les biens mobiliers aux biens immobiliers. (...) Je dirais [même] qu'à mes yeux la protection des objets mobiliers par la voie du domaine public est, dans de nombreux cas, beaucoup plus nécessaire et urgente que pour les objets immobiliers » (intervention de R. Latournerie devant la commission de réforme du code civil, *Sirey, 1948, vol. II, p. 843 et 869*).

L'article L. 2112-1 du code met fin à plus d'un siècle de controverses doctrinales et d'hésitations jurisprudentielles sur l'existence et sur les critères d'identification du domaine public mobilier. Renonçant définitivement à l'idée d'un alignement de la domanialité publique mobilière sur la domanialité publique immobilière et réfutant les critères spécifiques d'identification suggérés par la doctrine et la jurisprudence, le code retient une conception énumérative du domaine public mobilier, sans référence à la notion d'affectation, et principalement orientée vers les biens culturels.

I. EXISTENCE

A. DÉBAT CLASSIQUE

1° POSITION DE LA DOCTRINE

Sur le sujet, la doctrine est partie de loin. De vieux auteurs avaient nié, pour des raisons d'ailleurs différentes, l'existence d'un domaine public mobilier (Ducrocq, Cours de droit administratif, *7e éd., Fontemoing, 1900, t. IV, p. 85 s.* ; Berthélemy, Traité élémentaire de droit administratif, *13e éd., Rousseau, 1933, p. 477 s.* ; Jèze, note ss. CE 21 mars 1930, *Sté agricole et industrielle du Sud algérien : RD publ. 1931. 764 s.*). Cela, avec des réminiscences tardives (Reymond, Le domaine public mobilier, *RD publ. 1960. 49* ; Hervouët, note ss. CE 24 oct. 1986, *Sté Jan Kooren : JCP 1988. II. 21011*). Dans leur majorité, les auteurs devaient cependant évoluer pour admettre à la marge l'existence d'un domaine public mobilier. Après de timides prémisses (par ex., Proudhon, Traité du domaine public, *2e éd., t. 2, Larcier, 1843, p. 13 s.* ; Batbie, Traité théorique et pratique de droit public et administratif, *t. 3, 2e éd., Larose, 1885, p. 315*), cette thèse s'impose à partir de la fin du XIXe siècle, sans que l'on prenne forcément le soin – dans un premier temps – de dégager des critères spécifiques. Le domaine public mobilier va être reconnu par extrapolation à partir de la situation des immeubles du domaine public, en combinant la propriété des personnes publiques et la destination d'utilité publique (Saleilles, note ss. Lyon, 10 juill. 1894 : *S. 1895. 2. 185*. – Hauriou, Précis de droit administratif et de droit public, *11e éd., Sirey, 1927, p. 665*) ; la position de la doctrine plus tardive (Bonnard, Rolland...) sera à peu près la même. Consacrée, dans l'immédiat après-guerre, par la commission de réforme du code civil (V. l'intervention de R. Latournerie : *vol. II, Sirey, 1948, spéc. p. 843 et 849*), l'existence d'un domaine public mobilier cesse ensuite d'être un sujet de débat.

2° POSITION DU JUGE JUDICIAIRE

La vigueur du débat doctrinal a eu pour écho une jurisprudence particulièrement incertaine sur la question, au moins jusqu'au milieu du XIXe siècle. La jurisprudence est alors relative à des sujets connexes à la domanialité mobilière, à propos desquels le juge ne se prononce pas explicitement sur cette dernière. La nature du bien va ensuite servir de fondement à l'application des règles de la domanialité publique préfigurant la voie empruntée plus tard par le code général de la propriété des personnes publiques (font partie du domaine mobilier les biens culturels présentant un intérêt public « du point de vue de l'histoire, de l'art, de l'archéologie, de la science ou de la technique... »). Ainsi un manuscrit de Molière fait-il partie du domaine public mobilier car il s'agit d'un bien culturel précieux ; il en va de même d'une lettre de Montaigne qui a disparu de son lieu de dépôt légal ou d'un tableau de Delacroix qui, comme objet d'art, « constitue une véritable richesse nationale et imprescriptible ». C'est la fin du XIXe siècle qui marque un tournant pour la jurisprudence judiciaire, le juge se prononçant plus clairement en faveur de l'existence d'un domaine public mobilier. Si les hésitations demeurent, elles se situent sur le plan des justifications. D'un côté, la jurisprudence a pu lier l'appartenance d'un meuble au domaine public à la condition du rattachement de ce meuble à un édifice public. Le meuble ne ressortit au domaine public que parce qu'il est considéré comme un immeuble par destination. Ainsi en est-il d'archives nationales – des livres appartiennent au domaine public parce qu'ils sont « la partie constitutive et essentielle » de la bibliothèque – ou d'archives publiques (sur le fondement d'une distinction entre « une domanialité publique des meubles par nature et une domanialité publique des meubles par destination »). De l'autre, le juge a transposé aux meubles la notion d'affectation spéciale applicable en matière immobilière à propos du tombeau de Philippe Pot ou de miniatures dérobées dans une bibliothèque et considérées comme affectées à l'usage du public. A la fin du XIXe siècle, cette jurisprudence au cas par cas dessinera progressivement les contours d'un domaine public mobilier composé de livres, manuscrits et gravures, qui forment la partie essentielle des bibliothèques ; de documents constitutifs des archives nationales ; de tableaux, statues et objets d'art des musées ainsi que d'objets d'art, tableaux et tapisseries placés dans les églises. La jurisprudence du XXe siècle poursuit cette entreprise de reconnaissance du domaine mobilier mais en se fondant cette fois sur des critères spécifiques qui tentent de saisir la singularité des meubles en cause. Ainsi, à propos des chevaux de l'armée (bien qu'« il soit admis par la jurisprudence que des meubles puissent faire partie du domaine de l'État », les chevaux de l'armée, malgré leur affectation, ne sont pas des biens irremplaçables indispensables au fonctionnement du service et ne font pas partie, dès lors, du domaine public) ; de la vente de statues et de boiseries d'églises ; de la vente d'une esquisse de Seurat antérieurement léguée au Louvre alors que les biens des établissements publics font partie du domaine public dès lors que « leur conservation et [leur] présentation au public sont l'objet même du service public » ; d'un plat en émail, le Gémellion ; et, moins anciennement, à propos de tableaux affectés à la ville de Roubaix et donc à son service culturel.

3° POSITION DU JUGE ADMINISTRATIF

Le juge administratif a eu moins d'occasions de se prononcer sur l'existence de la domanialité publique mobilière. S'il a consacré la notion, ce fut plutôt de manière détournée et en creux : par exemple, en se plaçant sur le terrain des contraventions de grande voirie (qui ne protègent pas les meubles) ; sur le terrain plus général de la théorie de la domanialité publique, à propos de la vente par une commune de dix stalles et d'un confessionnal d'église ; ou en se référant à la domanialité privée. Dans certaines décisions cependant, il s'est prononcé plus clairement en faveur de l'existence d'un domaine public mobilier. Ainsi des œuvres d'art données au Centre Pompidou font-elles partie du domaine public de l'État dès lors que « leur conservation et [leur] présentation au public sont l'objet même du service public dont l'établissement a la charge », formule qui n'est pas sans rappeler celle de l'arrêt *Montagne* (1963) de la Cour de cassation. Cette référence au domaine public mobilier fut confirmée par le Conseil d'État à propos d'instruments de musique anciens dont la garde était confiée à la Cité de la musique ; ou, *a contrario*, au sujet de l'appartenance de véhicules administratifs ou de matériel informatique au domaine privé. On relèvera enfin que le juge administratif a pu estimer que les fragments de la colonne Vendôme appartiennent au domaine public mobilier, eu égard à leur origine (la colonne en question, immeuble du domaine public).

B. CONSÉCRATION PAR LE CGPPP

Le régime de protection instauré par le code général de la propriété des personnes publiques s'inscrit dans le prolongement des prescriptions du code du patrimoine (en réalité beaucoup plus détaillé sur le sujet, et qui est à ce titre le véritable « code du domaine public mobilier », comme F. Tarlet l'a bien noté dans sa thèse citée en bibliographie). L'article L. 2112-1 s'inspire en effet très directement de l'article L. 1er du code du patrimoine, aux termes duquel : « Le patrimoine s'entend, au sens du présent code, de l'ensemble des biens immobiliers ou mobiliers relevant de la propriété publique ou privée, qui présente un intérêt historique, artistique, archéologique, esthétique, scientifique ou technique ». Ce que, du reste, le rapport de présentation de l'ordonnance du 21 avril 2006 précise : « Le domaine public mobilier est appréhendé dans sa seule composante culturelle et artistique, en cohérence avec le régime législatif de protection que le code du patrimoine consacre à ces différentes œuvres ». Une concurrence des régimes juridiques ne pouvait *a priori* être exclue, même si l'article L. 2112-1 précise que l'appartenance au domaine public existe « sans préjudice des dispositions applicables en matière de protection des biens culturels ».

Diverses dispositions pertinentes du code du patrimoine ont été modifiées depuis lors, notamment par celles de la loi n° 2016-925 du 7 juillet 2016 relative à la liberté de la création, à l'architecture et au patrimoine (*JO 8 juill. ; dossier AJDA 2016, n° 36 ; dossier RDI 2017. 2 ; BJCL 2017. 2, étude Cornu ; Dr. adm. 2017. 27, étude Le Roux ; JCP Adm. 2017, n° 2004, étude François ; JCP Adm. 2017. 2196, étude Pernet et Rennesson*), qui emportent d'assez nombreuses conséquences sur le domaine public mobilier. Ce texte prévoit ainsi la possibilité pour la personne publique propriétaire d'agir en nullité de la procédure par laquelle des meubles d'origine illicite sont entrés dans son patrimoine (C. patr., art. L. 124-1). Il réforme en outre le droit des archives (sur la définition des archives publiques, V. la nouvelle rédaction de l'art. L. 211-4 C. patr.). Il modifie également le droit de l'archéologie – notamment préventive – en précisant le régime de propriété applicable aux biens archéologiques mobiliers mis au jour à la suite d'opérations de fouilles archéologiques ou de découvertes fortuites avec le souci de faire primer la sauvegarde entre les mains de l'État (V. C. patr., art. L. 541-4 et L. 541-5. Principe de propriété de l'État sur les biens mobiliers issus de terrains acquis après l'entrée en vigueur de la loi du 7 juillet 2016). L'article 95 de la loi habilite le gouvernement à prendre par ordonnances une vaste série de mesures, plusieurs concernant le domaine public mobilier.

Aussi le droit du patrimoine a-t-il continué d'évoluer à grande vitesse, avec des textes qui emportent des impacts significatifs sur les biens du domaine public mobilier (renforcement de la protection pénale, des possibilités de revendication, etc.) : ordonnance n° 2017-651 du 27 avril 2017 relative aux immeubles et objets mobiliers classés ou inscrits au titre des monuments historiques ; décret n° 2017-925 du 9 mai 2017 relatif aux procédures administratives en matière d'archéologie préventive et aux régimes de propriété des biens archéologiques ; ordonnance n° 2017-1119 du 29 juin 2017 relative aux règles de conservation, de sélection et d'étude du patrimoine archéologique mobilier ; ordonnance n° 2017-1134 du 5 juillet 2017 portant diverses dispositions communes à l'ensemble du patrimoine culturel ; décret n° 2018-630 du 17 juillet 2018 portant diverses dispositions communes à l'ensemble du patrimoine culturel.

La volonté de restitution d'œuvres d'art et d'objets précieux jadis prélevés dans des conditions discutables aux populations africaines (sculptures d'Abomey, sabre d'El Hadj Omar, etc.), affichée par le président Macron (qui avait commandé un rapport administratif sur le sujet : Sarr et Savoy, Rapp. sur la restitution du patrimoine culturel africain. Vers une nouvelle éthique relationnelle, *Min. Culture, nov. 2018*), pourrait conduire à une nouvelle modification du code du patrimoine. Classiquement, le déclassement des biens constituant les collections des musées de France – nécessaire pour que de telles restitutions aient lieu (sauf vote d'une loi *ad hoc* : V. note 7, pour les « têtes maories ») – doit être précédé de l'avis conforme de la commission scientifique nationale des collections, comprenant des parlementaires, des représentants de l'État, des professionnels de la conservation des biens concernés et des personnalités qualifiées (C. patr., art. L. 451-5, al. 2). Mais le quatrième comité interministériel de la transformation publique (15 nov. 2019) a prévu la suppression de cette commission ; la discussion d'un projet de loi de simplification, qui devrait être voté au cours de l'année 2020, sera l'occasion d'en décider.

II. CONSISTANCE

A. REJET DES CRITÈRES DU DOMAINE PUBLIC IMMOBILIER

Les rédacteurs du code procèdent à une définition du domaine mobilier par référence à la nature même du bien et à son intérêt public notamment au regard du champ culturel, artistique ou scientifique auquel il appartient. Ils n'ont donc pas retenu les critères d'incorporation des immeubles au domaine public tels que codifiés à l'article L. 2111-1 (s'écartant en cela de la position exprimée par Marcel Waline, dans une note au Dalloz en 1946 sous un arrêt de la cour d'appel de Nîmes du 4 déc. 1944, selon laquelle il n'y aurait « aucune raison d'adopter des critères différents du domaine public mobilier et du domaine public immobilier »). La théorie de l'immobilisation par destination a pu servir un temps à justifier la domanialité publique de certains meubles, mais elle s'est rapidement révélée insuffisante.

1° REJET DE LA THÉORIE DE L'ACCESSOIRE

C'est le juge judiciaire qui a entrepris de consacrer la domanialité publique des meubles en s'appuyant sur la théorie civiliste de l'accessoire (théorie des immeubles par destination). Ainsi, les livres et manuscrits, qui sont la partie constitutive et essentielle d'une bibliothèque dépendant du domaine public, appartiennent à ce même domaine ; ou encore des meubles peuvent faire partie du domaine public de l'État, à condition qu'ils soient la partie constitutive et essentielle d'un immeuble du domaine public. Ce que Marcel Waline formalisera dans sa note précitée en relevant que « Font partie du domaine public les objets mobiliers qui, attachés à perpétuelle demeure à un édifice faisant lui-même partie du domaine public, peuvent de ce fait être considérés comme des immeubles par destination ». Mais la théorie fut abandonnée par le juge judiciaire avec la motivation de l'arrêt de principe du 2 avril 1963, *Montagne*. Ce changement de motivation révèle bien l'inadaptation du critère classique, qui ne pouvait pas jouer dès lors que la condition de « l'immeuble incorporé au domaine public » faisait défaut. Or, l'essentiel de la jurisprudence ayant trait aux objets d'art et de collection et une bonne partie d'entre eux étant conservés dans des dépendances du domaine privé de l'État, la théorie des meubles par destination ne permettait pas de conférer une protection renforcée à l'ensemble des tableaux, livres, statues et autres tapisseries renfermées dans des dépendances immobilières du domaine privé (pour une application inédite, mais implicite, de la théorie par le juge administratif, V. le jugement puis l'arrêt par lequel les juridictions administratives consacrent la domanialité publique des fragments de la colonne Vendôme au vu de « l'origine du bien », *infra* note 4).

2° REJET DE L'AFFECTATION

La théorie de l'affectation qui sous-tend la domanialité publique immobilière apparaît, en revanche, réellement inadaptée à la spécificité des objets mobiliers. L'affectation à l'usage direct du public (V. notes ss. art. L. 2111-1) se heurte particulièrement à la « nature mobile » des meubles. L'affectation doit être directe : or, la protection et l'entretien des meubles nécessitent le plus souvent l'intervention d'un tiers chargé d'organiser la mise à disposition du bien au public. Les personnes accèdent donc aux meubles davantage en qualité d'usagers du service public qu'en tant qu'usagers directs. En matière culturelle, par exemple, les œuvres présentées dans les musées peuvent faire l'objet d'un usage par le public uniquement parce que, au préalable, le service public les a préparées et disposées à cette fin. L'affectation à un service public soulève pour sa part une interrogation sur la nature du lien qui doit exister entre le meuble et le service public. Car des objets d'art, des livres précieux, des tableaux, des archives ou des boiseries n'ont pas à être affectés à un service public. Ils sont en eux-mêmes la raison d'être du service public qui les exposera ; ils en sont l'objet principal ou, à défaut, un bien indispensable. L'affectation se fond en réalité ici dans la qualité intrinsèque du meuble. Quant au critère réducteur de l'aménagement, il doit être écarté pour les mêmes raisons que précédemment. Que serait l'aménagement indispensable d'un tableau, d'une statue ou d'un document d'archives ? Le bâtiment qui abrite lesdits meubles et qui devrait faire l'objet d'un aménagement indispensable ? En réalité, la condition d'aménagement indispensable n'a pas sa place en matière mobilière, sauf à la considérer comme implicite (une « présomption d'aménagement » existerait, selon le commissaire du Gouvernement Labetoulle), mais sans aucune utilité.

Sans toutefois les transposer, les rédacteurs du code auraient tout à fait pu s'inspirer des critères du domaine public immobilier artificiel pour adopter une définition conceptuelle du domaine public mobilier, en considérant qu'en relèvent les biens qui sont l'objet même du service public ou qui en sont le moyen indispensable au fonctionnement, d'une part ; et ceux qui constituent l'accessoire indispensable d'un immeuble appartenant au domaine public, d'autre part (V. en ce sens l'hypothèse du fragment de la colonne Vendôme). Ce n'est pas le choix qui a été retenu, le code ayant tranché en faveur d'une approche du domaine public mobilier par référence à la nature du bien et sans considération de sa destination, c'est-à-dire de son affectation.

B. INTÉRÊT PUBLIC

1° ÉNUMÉRATION

Les rédacteurs du code ont opté pour une méthode énumérative, probablement afin d'éviter l'hypertrophie du domaine public mobilier, à laquelle n'aurait pas manqué d'aboutir une définition plus conceptuelle. Mais définir le domaine public par une méthode énumérative pose nécessairement la question du périmètre retenu ; d'autant qu'à la lecture des onze items (archives, biens maritimes, objets classés, biens cultuels, collections des musées, œuvres et objets d'art contemporains…), l'inventaire paraît soit trop large, car globalement indéfini, soit trop réducteur, car précisément limité aux seuls biens culturels et artistiques. Sans référence au critère de l'affectation, c'est l'intérêt public du point de vue de la nature intrinsèque du meuble (sous l'angle de l'histoire, de l'art, de l'archéologie, de la science ou de la technique – ce qui pose aussi la question de la frontière entre ces matières) qui commande son appartenance au domaine public, sans référence à une décision d'affectation ou de classement. Ainsi, l'affranchissement de la règle de l'affectation conjugué à la volonté de protection du patrimoine national peut conduire à faire entrer dans le domaine public des biens non affectés, mais qui présentent un intérêt public du point de vue artistique, historique ou scientifique ; alors que d'autres meubles, affectés, pourraient rester dans le domaine privé (V. les ouvrages de bibliothèques publiques qui ne sont pas « anciens, rares ou précieux »). De surcroît, apprécier l'intérêt public d'un meuble peut parfois mobiliser une forte dose de subjectivité, ce qui est d'autant plus problématique que l'incorporation du bien dans le domaine public dépend de cette appréciation (selon quels critères distinguer un document de bibliothèque ancien et rare – et qui, s'il ne l'est pas au moment présent, peut le devenir par la suite – d'un document plus courant, mais nécessaire au public ?). Autrement dit, si le critère de l'intérêt public permet de cerner assez facilement certaines catégories (telles les collections de musées ou les archives publiques), il est d'une application plus délicate pour les collections de documents anciens, rares et précieux des bibliothèques, par exemple.

Positivement, l'article L. 2112-1 place dans le domaine public mobilier un certain nombre de biens rétifs à toute présentation synthétique, dont la domanialité publique – qui permet notamment aux personnes publiques d'en revendiquer la propriété à toute époque (par combinaison de l'inaliénabilité et de l'imprescriptibilité) – présente d'autant plus d'importance que certains (les biens culturels) font l'objet de trafics notoires. Dans la mesure où le législateur délégué a choisi de réduire le domaine public mobilier à certains meubles culturels vulnérables et ou le CGPPP est peu disert sur le sujet, il n'est pas interdit de penser que le véritable code du domaine public mobilier est finalement, plutôt, le code du patrimoine (qui qualifie d'ailleurs ses composantes de trésors nationaux : V. art. L. 111-1).

Il s'agit d'abord des exemplaires du « dépôt légal », documents collectés afin d'être conservés pour constituer la mémoire du patrimoine national (Dreyer, Le dépôt légal, *LGDJ, 2003*). Ensuite, des archives publiques (accessoirement aussi, de celles entrées dans les collections publiques par acquisition à titre onéreux, don, dation ou legs) au sens de l'article L. 211-4 du code du patrimoine, c'est-à-dire des documents qui procèdent de l'activité des personnes publiques (le périmètre en cause ayant été significativement élargi par la L. n° 2016-925 du 7 juill. 2016 relative à la liberté de création, à l'architecture et au patrimoine, qui a supprimé la référence antérieure aux missions de service public). Parce que le législateur l'a décidé, les informations publiques sont ainsi considérées dans ce cas particulier comme des propriétés publiques, quand leur statut est plus généralement discuté (autour du sujet, Roux, La propriété publique à l'épreuve des données publiques, *in AFDA, Le droit administratif au défi du numérique, Dalloz, 2019, p. 43.* – Camus, La propriété des données publiques, *RFAP, 2018-3, p. 479.* – Chevalier, Propriété, données personnelles et publiques, *in* M. Boudot et D. Veillon, dir., Les propriétés, *LGDJ/ PU Poitiers, 2016, p. 67*). Figurent aussi dans le domaine public mobilier les découvertes archéologiques, précisément celles issues de l'archéologie préventive (C. patr., art. L. 521-1 s. et R. 522-1 s.), des fouilles programmées (C. patr., art. L. 531-1 s. et

L. 531-9) et des découvertes fortuites (C. patr., art. L. 531-14 s.). Depuis l'entrée en vigueur de l'ordonnance n° 2017-1119 du 29 juin 2017 relative aux règles de conservation, de sélection et d'étude du patrimoine archéologique mobilier, l'ensemble des biens archéologiques mobiliers font partie du domaine public, moyennant de nouveaux mécanismes de déclassement (V. C. patr., art. L. 546-1 à L. 546-6 ; CGPPP, art. L. 3212-2 et L. 3212-3 mod.) ; et le droit applicable en la matière a aussi évolué par l'effet du décret n° 2017-925 du 9 mai 2017 relatif aux procédures administratives en matière d'archéologie préventive et aux régimes de propriété des biens archéologiques. S'y ajoute la catégorie particulière des biens culturels maritimes lorsque leur propriétaire originel est impossible à retrouver (V. comm. ss. CGPPP, art. L. 1127-1). Appartiennent encore au domaine public les objets mobiliers classés ou inscrits au titre de la législation sur les monuments historiques, ou situés dans un immeuble classé ou inscrit (à la condition qu'ils concourent à la présentation au public des parties classées ou inscrites de ce dernier). Il en va ainsi, en outre, des meubles situés dans les édifices cultuels appartenant eux-mêmes au domaine public en vertu de l'article L. 2124-31 CGPPP (par ex. Guilbaud, La propriété des orgues, *AJDA 2011. 2515*). L'ensemble des éléments composant les collections publiques appartient également au domaine public : collections des musées publics, œuvres acquises par le Centre national des arts plastiques, « collectionneur public » qui a rassemblé pour le compte de l'État un ensemble représentatif de la création contemporaine constituant le Fonds national d'art contemporain (dont certains éléments se volatilisent, y compris dans des endroits inattendus. Sur un dépôt de plainte du CNAP en juin 2019, Vol d'œuvres d'art à l'Elysée : enquête sur les objets disparus de la République, *Le Parisien, 6 juill. 2019*). Dans le domaine public, encore, les « collections de documents anciens, rares ou précieux » des bibliothèques publiques (et non le tout-venant). Enfin, *last but not least*, y figurent les collections publiques relevant de la Manufacture nationale de Sèvres (qui alimentent parfois la chronique ; en témoignent les remous médiatiques liés à l'annonce de la commande d'un nouveau service de table de 1 200 pièces pour le palais de l'Élysée, en juin 2018) et, surtout, du Mobilier national (précision d'importance, vu l'évaporation ou la détérioration de nombreux objets déposés dans les administrations, liée – encore – à l'indélicatesse de certains « serviteurs » de l'État et dénoncée régulièrement par la Cour des comptes. – Pour une illustration, Yolka, Mobilier national : *Cave canes*, *AJDA 2014. 1737* – Pour un rappel à l'ordre, Premier ministre, circulaire n° 6081 SG du 15 avr. 2019 relative à la gestion des biens culturels mobiliers d'intérêt public appartenant à` l'État dans les administrations).

2° INCERTITUDES

C'est le recours à l'adverbe « notamment » dans l'article L. 2112-1 qui introduit la principale incertitude quant au périmètre du domaine public mobilier. *Stricto sensu*, seuls les meubles qui présentent un intérêt public du point de vue de l'histoire, de l'art, de l'archéologie, de la science ou de la technique sont susceptibles d'appartenir au domaine public. Au vu de l'énumération qui suit, il est tout à fait probable qu'un certain nombre de biens remplissent cette condition sans pour autant entrer dans l'une des catégories visées. Retenir cette conception stricte renvoie alors au critère, forgé par la doctrine, du moyen indispensable à l'exécution du service. En effet, la recherche du critère du domaine public mobilier a conduit les auteurs à découvrir un critère réducteur destiné à jouer un rôle discriminant dans la masse de biens qu'il pouvait saisir. Jèze avait ainsi pu retenir le rôle « capital ou principal » que le bien doit jouer dans le service public. Duguit recoupait ce critère avec celui de l'affectation de la chose à un service public, tantôt « comme objet du service, c'est-à-dire des meubles tels qu'un service a été spécialement créé pour les conserver dans leur intégrité et dans leur structure propre », tantôt « comme moyen pour le service qui est de telle nature qu'il est nécessaire que ces meubles conservent leur structure propre pour que le service public continue de fonctionner » (L. Duguit, Traité de droit constitutionnel, *de Boccard, t. III, 3e éd., 1930, p. 353*) ; ceci pour en déduire que c'est le caractère difficilement remplaçable d'un bien qui le fait appartenir au domaine public. Marcel Waline (note au *Dalloz préc., p. 31*) affinait l'analyse en expliquant qu'un meuble appartient au domaine public « lorsqu'il est affecté à un service public et ne peut être remplacé facilement et immédiatement, de sorte que sa perte compromette la gestion du service ou, tout du moins, y apporte une gêne sérieuse ». C'est la spécificité du bien en question qui le rend indispensable au fonctionnement du service public, c'est-à-dire difficilement remplaçable ; c'est pour le code général de la propriété des personnes publiques la valeur intrinsèque du bien, et donc sa rareté, qui commande son intérêt public et ainsi sa protection par les règles de la domanialité. Une autre interprétation de l'adverbe « notamment » pourrait consister à dire que le juge peut tout à fait faire entrer dans le domaine public des biens qui ne présentent aucun intérêt public du point de vue de l'histoire, de l'art, de l'archéologie, de la science ou de la technique », mais qui seraient indispensables à l'exécution du service public. Cette interprétation constructive est certainement plus satisfaisante, car elle ne fige pas l'énumération de l'article L. 2112-1, et permet de faire bénéficier tel ou tel meuble important des règles protectrices de la domanialité publique ; mais elle implique de prendre une grande liberté par rapport au texte (ce que le Conseil d'État sait parfaitement faire quand il le souhaite).

Le code introduit ainsi une discontinuité dans la définition du domaine public, faisant du domaine public mobilier une sorte de domaine public spécial, car non affecté. Il en résulte d'abord une certitude : sont exclus du champ de la domanialité publique les biens usuels et classiques de l'administration (les biens d'équipement et le mobilier courant), qu'il s'agisse du matériel roulant de la SNCF, de véhicules administratifs ou encore du parc informatique.

Au-delà, le statut de plusieurs catégories de meubles publics apparaît incertain (sur un cas particulier, Lavialle, La condition juridique de la monnaie fiduciaire, *RFDA 2009. 669*). Il en va d'abord ainsi des matériels de guerre (Tarlet, Les meubles militaires, *in* Chamard-Heim et Yolka (dir.), Patrimoine[s] et équipements militaires : aspects juridiques, *Inst. univ. Varenne/ Lextenso, 2018. 293*). Plus ils sont spécifiques et onéreux, plus ils semblent avoir de chances de figurer dans le domaine public. M. Waline avait dénié la domanialité publique d'un cheval de l'armée – facile à remplacer – tout en retenant celle d'un canon ou d'un char, qui ne le serait pas (note ss. Nîmes, 4 déc. 1944 : *supra*). Plus récemment, la thèse de la domanialité publique des navires de la Marine nationale a été défendue (Bachelier, concl. sur CE 28 mai 2004, *ADP* : *supra*) ; et certaines dispositions législatives jouent implicitement dans ce sens (V., pour les satellites militaires : L. n° 2009-1673 du 30 déc. 2009, art. 61, *AJDA 2010. 423, comm. Yolka* ; *BJCP 2010. 427, obs. Terneyre*). Il reste, aussi curieux que cela puisse paraître, qu'aucun arrêt de principe n'éclaire vraiment le sujet. En deuxième lieu, on peut se demander si des éléments incorporels ne seraient pas susceptibles de figurer dans le domaine public mobilier (Foulquier, Le domaine public immatériel ?, *Gaz. cnes 7 mai 2012, cah. n° 2, p. 18*), par exemple les produits de la numérisation de certains fonds de bibliothèques (Soleilhac, Les bibliothèques numériques, un domaine public immatériel, *AJDA 2008. 1133*) ; en l'état, la question n'a de sens qu'à la marge, la très grande majorité des actifs immatériels des personnes publiques (marques, brevets, actions, etc.) relevant de leur domaine privé (V. comm. ss. art. L. 2). En troisième lieu, les « biens de retour » des concessions de service public n'entrent pas dans le champ de l'article L. 2112-1 ; or, la jurisprudence les classe dans le domaine public. Il y a là un exemple symptomatique des limites – tant méthodologiques que rédactionnelles – de l'article commenté. ❑

1. *Existence du domaine public mobilier. Jurisprudence judiciaire.* Thèmes connexes à la domanialité. • Cass. 19 avr. 1825 : *DP 1825. 1. 275* • Limoges, 22 août 1838 : *S. 1839. 2. 156* • Cass. 10 août 1841 : *DP 1841. 1. 332.* ♦ Un manuscrit de Molière fait partie du domaine public mobilier, car il s'agit d'un bien culturel précieux. • Paris, 3 janv. 1846 : *DP 1846. 2. 212.* ♦ De même pour une lettre de Montaigne. • Paris, 18 août 1851 : *DP 1852. 2. 96.* ♦ Ou encore, pour un tableau de Delacroix. • Lyon, 19 déc. 1873 : *DP 1876. 2. 89.*

2. Domanialité publique car le meuble est considéré comme un immeuble par destination. • Paris, 12 juill. 1879. ♦ A propos d'archives nationales. • T. civ. Nancy, 16 mai 1896, *Dufresne.* ♦ A propos de livres. • Cass. 17 juin 1896 : *DP 1897. 1. 257.* ♦ A propos d'archives publiques. • T. civ. Lyon, 15 janv. 1899 : *DP 1899. 2. 230.* ♦ Transposition aux meubles de la notion d'affectation spéciale. Tombeau de Philippe Pot. • Dijon, 3 mars 1886 : *DP 1887. 2. 253.* ♦ A des miniatures dérobées dans une bibliothèque. • Lyon, 10 juill. 1894, *Ville de Mâcon : S. 1895. 2.* ♦ Les tableaux, statues et objets d'art des musées appartiennent au domaine public mobilier. • T. civ. Seine, 15 janv. 1890. ♦ Il en va de même des objets d'art, tableaux et tapisseries placés dans les églises. • Lyon, 19 déc. 1873 : *DP 1876. 2. 89* • Lyon, 30 juill. 1874 : *DP 1876. 2. 91* • T. civ. Seine, 22 juin 1877 : *DP 1880. 2. 97* • Paris, 13 mars 1880 : *DP 1880. 2. 97.*

3. *Domanialité mobilière fondée sur des critères spécifiques.* A propos des chevaux de l'armée. • Nîmes, 4 déc. 1944 : *D. 1946. 28, note Waline.* ♦ A propos de la vente de statues et de boiseries d'églises. • TGI Rouen, 1re ch., 13 nov. 1961 : *Gaz. Pal. 1962. 1. 99.* ♦ A propos de la vente d'une esquisse de Seurat antérieurement léguée au Louvre. • Cass. 2 avr. 1963, *Montagne : AJDA 1963. 486, note Dufau ; GD-*

DAB, 3e éd., 2018. Comm. 42, obs. Yolka. ♦ Au sujet d'un plat en émail, le Gémellion. • Crim. 16 juin 1992, n° 91-86.829 P : *D. 1992. Somm. 35, obs. Robert*. ♦ A propos de tableaux affectés à la ville de Roubaix et donc à son service culturel. • Crim. 4 févr. 2004, n° 01-85.964 P.

4. *Existence du domaine public mobilier. Jurisprudence administrative.* Contraventions de grande voirie (exclusion des meubles). A propos d'une grue. • CE 1er févr. 1935, *Min. Travaux publics : Lebon 274* • CE 19 nov. 1954, *Sté d'armement Gautier et Cie : Lebon 610.* ♦ A propos de dommages causés à une drague. • CE 24 oct. 1986, *Sté Jan Kooren : JCP 1988. II. 21011, note Hervouët.* ♦ *A contrario*, qualifier l'atteinte à un portique mobile de contravention de grande voirie revient à le qualifier implicitement d'immeuble. • CE 7 déc. 2015, *CMA CGM*, n° 362766 : *AJDA 2015. 2411, obs. Pastor* . ♦ Au sujet d'équipements informatiques. • CE 28 mai 2004, *Aéroports de Paris : Lebon 238* ; *AJDA 2004. 1214, obs. Biget ; JCP Adm. 2004. 1509, note Yolka ; D. 2004. 165, obs. Levoyer ; CJEG 2004. 556, concl. Bachelier.* ♦ Référence directe au domaine public mobilier à propos d'un don d'œuvres d'art au Centre Pompidou. • TA Paris, 4 mars 1987, *Berckelaers : Lebon 598.* ♦ Dans le même sens. • CE 19 janv. 1990, *Épx Berckelaers : Lebon 7* ; *RD publ. 1992. 1176.* ♦ Même solution à propos d'instruments de musique anciens dont la garde a été confiée à la Cité de la musique. • CE 29 nov. 1996, *Synd. général des affaires culturelles CFDT et a. : Lebon T. 732* ; *RDI 1997. 220, chron. Auby*. ♦ ... Ou de fragments de la colonne Vendôme qui appartiennent au domaine public mobilier. • TA Paris, 9 avr. 2004, *Mme Mercier : AJDA 2004. 1709, note Le Bot* • CAA Paris, 4 avr. 2006, *Mme Mercier*, n° 04PA02037 : *AJDA 2006. 1294* . ♦ Refus (inédit et discutable) de qualifier les arbres plantés sur une place publique d'immeubles, dont il faudrait déduire leur caractère mobilier. • CAA Marseille, ord., 10 avr. 2017, *Cne d'Aix-en-Provence*, n° 16MA03776 : *AJDA 2017. 2324, note Boul* .

5. *Consistance. Œuvres ou objets d'art.* Font partie du domaine public : les stalles sculptées d'une église. • CE 17 févr. 1932, *Cne de Barran : Lebon 189 ; DP 1933. 3. 49, note Capitant.* ♦ ... Une esquisse de Seurat au musée du Louvre. • Civ. 1re, 2 avr. 1963, *Montagne c/ Réunion des musées de France : préc. note 1.* ♦ Un plat en émail et or appartenant à un musée. • Crim. 16 juin 1992, n° 91-86.829 P : *D. 1993. IR 35, obs. Robert* . ♦ Des tableaux appartenant à une commune. • Crim. 4 févr. 2004, n° 01-85.964 P • CAA Nantes, 4 mai 2010, *EURL Photo Josse*, n° 09NT00705 : *AJDA 2010. 1475, note Degommier* ; *JCP Adm. 2011. 2239, chron. Chamard-Heim.* ♦ Les œuvres d'art appartenant à l'État et dont le Centre Pompidou a la garde. • TA Paris, 4 mars 1987, *Berckelaers : préc. note 4* (confirmation • CE 19 janv. 1990, *Épx. Berckelaers : préc. note 4.*) ♦ Des instruments de musique anciens appartenant à l'État et dont la garde est assurée par la Cité de la musique. • CE 29 nov. 1996, *Synd. général des affaires culturelles CFDT et a. : préc. note 4.* ♦ Eu égard à leur origine, les fragments de la colonne Vendôme ont acquis le caractère de biens meubles du domaine public de l'État. • TA Paris, 9 avr. 2004, *Mme Mercier : préc. note 4* • CAA Paris, 4 avr. 2006, *Mme Mercier : préc. note 4.* ♦ Domanialité publique d'un fragment du jubé de la cathédrale de Chartres (dit « fragment à l'aigle »). • TGI Paris, 26 nov. 2015, *État c/ SARL Brimo de Laroussilhe : AJDA 2016. 496, concl. Martin-Génier* ; *JCP Adm. 2016. 2003, note Canat et Hansen ; RFDA 2016. 313, note Lavialle* • TA Paris, 29 juin 2017, *Galerie Brimo de Laroussilhe*, n° 0707297 : *JCP Adm. 2017. 2264, obs. Untermaier-Kerléo* • Paris, 18 janv. 2018, *SARL Brimo de Laroussilhe : JCP Adm. 2018. Actu. 204, obs. Hansen* • Cons. const. 26 oct. 2018, *Sté Brimo de Laroussilhe*, n° 2018-743 QPC : *Constitutions 2019. 533, note Bettio* ; *Dr. voirie 2018, n° 205, p. 143 ; Dr. adm. 2019. Comm. 3, note Grabias ; JCP A 2019. 2009, note Hansen ; JCP 2019. 370, note de Gaudemar ; Rev. CMP 2019. Comm. 21, note Soler-Couteaux ; ibid., Chron. 6, obs. Soler-Couteaux ; ibid., n° 21, obs. Zimmer et Waltuch* (décision selon laquelle l'art. L. 3111-1 CGPPP, qui pose les principes d'inaliénabilité et d'imprescriptibilité du domaine public, est conforme à la Constitution ; V. Foulquier, Les principes fondamentaux de la domanialité publique et le Conseil constitutionnel, *AJDA 2019. 1982*), sur renvoi de : • Civ. 1re, 15 sept. 2018, n° 18-13.748 • 13 févr. 2019, *Sté Brimo de Laroussilhe*, n° 18-13.748 : *AJDA 2019. 366, obs. de Montecler* ; *JCP A 2019. Actu. 130, obs. Touzeil-Divina* (conventionnalité du même art., au regard de l'art. 1er Prot. CEDH n° 1) • CAA Paris, 29 janv. 2019, *Galerie Brimo de Laroussilhe*, n° 17PA02928. ♦ Confirmant que le « pleurant n° 17 », statuette qui ornait le tombeau de Philippe le Hardi, appartient au domaine public (dont il avait été irrégulièrement soustrait en l'absence d'un décret du corps législatif) et qu'il n'a pu dès lors faire l'objet d'une prescription acquisitive au profit de personnes privées, lesquelles ne sauraient en conséquence opposer à sa restitution le droit au respect des biens garanti par le Prot. CESDH n° 1. • CE 21 juin 2018, *Sté Pierre Bergé et a.*, n° 408822 : *AJDA 2018. 1303, obs. Maupin* ; *Rev. CMP 2018. Chron. 7, obs. Soler-Couteaux, Zimmer et Waltuch ; Dr. adm. 2019, comm. 2, note Éveillard ; JCP Adm. 2018. Actu. 557, obs. Touzeil-Divina ; ibid. 2233, comm. Noual ; JCP 2019. 678, chron. Eveillard ; RFDA 2018. 1057, note Giacuzzo* . ♦ Auparavant : • TA Paris, 5 nov. 2015, *Sté Pierre Bergé et a.* • CAA Paris, 13 janv. 2017, *SAS Pierre Bergé et a.*, n° 15PA04256 : *JCP Adm. 2017. 2154, concl. Oriol ; AJDA 2017. 865, chron.*

Sorin. ♦ Alors même que les enchères seraient achevées et que la vente serait parfaite au sens des dispositions de l'art. 1583 C. civ., il appartient à la personne publique propriétaire de faire échec à l'aliénation, sans déclassement préalable, d'éléments mobiliers susceptibles d'appartenir à son domaine public (ici, des lustres du Théâtre des arts de Rouen), en s'abstenant de les livrer, injonction pouvant lui être faite en ce sens par le juge administratif du référé-suspension. • TA Rouen, ord., 12 déc. 2017, *C. c/ Cne de Rouen*, n° 1703633 : *Rev. CMP 2018. Chron. 7, obs. Soler-Couteaux, Zimmer et Waltuch ; JCP Adm. 2018. 2144, note Hansen.*

6. *Régime du domaine public mobilier. Jurisprudence constitutionnelle.* Un meuble du domaine public ne pouvant faire l'objet d'une prescription acquisitive en application de l'art. 2276 C. civ. au profit de ses possesseurs successifs, même de bonne foi, l'art. L. 3111-1 CGPPP (qui prévoit l'inaliénabilité et l'imprescriptibilité des biens du domaine public, notamment mobilier) ne porte pas atteinte à des situations légalement acquises, ni ne remet en cause les effets qui pourraient légitimement être attendus de telles situations. Il ne porte pas davantage atteinte aux conventions légalement conclues. Les griefs tirés de la méconnaissance des art. 4 et 16 DDH doivent donc être écartés. • Cons. const. 26 oct. 2018, n° 2018-743 QPC : *AJDA 2018. 2103, obs. Maupin ; Constitutions 2019. 533, note Bettio ; Dr. voirie 2018, n° 205, p. 143 ; Dr. adm. 2019, comm. 3, note Grabias ; JCP A 2019. 2009, note Hansen ; JCP 2019. 370, note de Gaudemar ; Rev. CMP 2019. Comm. 21, note Soler-Couteaux ; ibid. Chron. 6, obs. Soler-Couteaux, ibid., n° 21, obs. Zimmer et Waltuch ; JCP Adm. 2018. Actu. 829, obs. Touzeil-Divina ; JCP 2018. Actu. 1216, obs. Noual.* – Sur renvoi de : • Civ. 1re, 5 sept. 2018, n° 18-13.748 : *JCP Adm. 2018. Actu. 714 ; JCP 2018. Actu. 961 ; JCP N 2018. Actu. 744, obs. Noual.*

7. *Consistance. Restes humains.* Une tête maorie naturalisée propriété d'un musée appartient au domaine public et elle est inaliénable en l'absence de respect des dispositions du code du patrimoine relatives au déclassement des biens des collections des musées. • CAA Douai, 24 juill. 2008, *Cne de Rouen*, n° 08DA00405 : *AJDA 2008. 1896, concl. Lepers ; JCP Adm. 2008. 2245, note Saujot.* ♦ V., en réaction, la loi n° 2010-501 du 18 mai 2010 visant à autoriser la restitution par la France des têtes maories à la Nouvelle-Zélande et relative à la gestion des collections ; *AJDA 2010. 1419, étude Pontier ; JCP Adm. 2010. 2222, étude Saujot.* ♦ Sur la question de l'éventuelle restitution de restes humains algériens datant du XIXe siècle, qui sont conservés dans les collections publiques nationales affectées au Muséum national d'Histoire naturelle à Paris : * Rép. min. à QE n° 10652 : *JOAN Q, 28 août 2018, p. 7622.*

8. *Consistance. Archives publiques.* Dès lors que, en raison de leur conservation à la Bibliothèque nationale de France, les archives royales de la dynastie Chosun peuvent être regardées comme affectées à l'utilité publique, ces documents et objets appartiennent au domaine public mobilier de l'État, indépendamment des circonstances de leur appropriation par les autorités françaises. • CAA Paris, 19 juill. 2013, *Assoc. Action culturelle*, n° 10PA00983 : *AJDA 2013. 2142, chron. Sirinelli*. ♦ L'autorité administrative ne saurait demander au juge administratif de statuer sur la qualité d'archives publiques de documents présentant un intérêt historique dont elle invoque la domanialité publique, dès lors qu'elle est investie de cette compétence. • CAA Bordeaux, 15 juill. 2009, *Murat de Chasseloup-Laubat : AJDA 2009. 2175, note Péano ; JCP Adm. 2010, n° 6, p. 20, chron. Pacteau.* ♦ Sur les suites de l'affaire • CE 9 nov. 2011, *Min. Défense c/ Murat de Chasseloup-Laubat*, n° 331500 : *Lebon T. 922, 938, 1112 ; AJDA 2011. 2204 ; Dr. adm. 2012, n° 12, note Gilbert ; JCP Adm. 2011. Actu. 717, obs. Dubreuil ; ibid. 2012, 2325, n° 6, chron. Chamard-Heim* • T. confl. 9 juill. 2012, *Min. Défense : AJDA 2013. 1525, note Ach ; Dr. adm. 2012, n° 90, note Melleray ; JCP Adm. 2012. Actu. 511, obs. Dubreuil ; ibid. 2013, n° 2125, n° 21, chron. Chamard-Heim* • Civ. 1re, 21 oct. 2015 : *AJDA 2015. 2012, obs. de Montecler* • Civ. 1re, 12 juin 2018, *Murat de Chasseloup-Laubat*, n° 17-19.751 : *AJDA 2018. 1248, obs. de Montecler*. ♦ Il n'est pas nécessaire, pour que l'appartenance au domaine public, rappelé par l'art. L. 2112-1, soit reconnue à des archives publiques, qu'elles aient été, à un moment donné, classées dans un dépôt public de l'État. • CE 9 nov. 2011, *Min. Défense c/ Murat de Chasseloup-Laubat*, n° 331500 : *préc.* ♦ Jugeant que les archives du chef de la France libre sont des archives publiques : • TGI Paris, 20 nov. 2013, *Min. de la Culture c/ Assoc. du Musée des lettres et manuscrits, Sté Aristophil : AJDA 2014. 226, note Agnus ; JCP Adm. 2014. 2035, note Monnier.* ♦ Les archives du maréchal Pétain sont des archives publiques, même si certaines n'ont pas été rédigées de sa main. • Paris, 24 nov. 2015, *SARL Librairie J.-C. Vrain*, n° 14/09606 : *JCP Adm. 2016. 2221, note Canat et Hansen.* ♦ Confirmant cette qualification, en se fondant sur le seul fait que les archives en cause procédaient d'une mission de service public, sans référence à leur valeur historique. • Civ. 1re, 22 févr. 2017, *Sté Librairie J.-C. Vrain c/ État français*, n° 16-12.922 P : *AJDA 2017. 974 ; ibid. 1569, concl. Marthinet ; D. 2017. 1031, note de Ravel d'Esclapon ; Dr. adm. avr. 2017, p. 11 ; JCP Adm 2017. Actu. 178, obs. Canat et Hansen.* ♦ Statut d'archives publiques des brouillons de télégrammes adressés par le général de Gaulle à des responsables de la France Libre. • TA Paris, 12 mai 2017, *Cour d'appel de Paris*, n° 1602472 : *AJDA 2017. 1569, concl. Marthinet ; JCP Adm.*

2017. 2187, obs. Untermaier-Kerléo. ♦ V. confirmant cette solution en considérant que revêtent le caractère d'archives publiques tous les documents procédant de l'activité de l'État quelle que soit la date à laquelle ils ont été produits, quel que soit leur état d'achèvement et quelle que soit l'intention de leur auteur. • CE, ass., 13 avr. 2018, *Assoc. du musée des lettres et manuscrits et a.,* n° 410939 : *AJDA 2018. 820, obs. de Montecler ; ibid. 973, chron. Roussel et Nicolas ; ibid. 2209, tribune Tarlet ; Rev. CMP 2018. Chron. 7, obs. Soler-Couteaux, Zimmer et Waltuch ; D. 2018. 1433, trib. Jamin ; Dr. adm. juin 2018. 7 ; ibid. 2018. Comm. 43, note Éveillard ; GDDAB 3e éd., 2018, comm. 43, note Melleray ; JCP Adm. 2018. Actu. 390, obs. Touzeil-Divina ; ibid. 2176, note Hansen ; JCP 2018. 1555, chron. Éveillard ; ibid. 1124, note Verpeaux ; LPA 14 juin 2018. 8, note Thiebaut ; RFDA 2018. 531, concl. Crépey .*

9. *Encadrement des prises de vue commerciales des collections de musées. Statut des photographies.* La CAA de Nantes a jugé qu'il appartient à l'autorité chargée de la gestion du domaine public de fixer, dans l'intérêt du domaine et dans l'intérêt général, les conditions dans lesquelles elle entend subordonner les permissions d'occupation. Ainsi, en opposant un refus pur et simple à la demande d'une société de photographier les œuvres du musée sans examiner avec elle la possibilité d'exercer son activité dans des conditions compatibles avec les nécessités de gestion du musée et du respect de l'intégrité des œuvres, alors que des autorisations de photographier avaient déjà pu être délivrées, le maire a méconnu le principe de la liberté du commerce et d'industrie. • CAA Nantes, 4 mai 2010, *EURL Photo Josse : préc. note 5.* ♦ Cette solution n'a pas été confirmée par le Conseil d'État qui a jugé que la décision de refuser une telle autorisation, que l'administration n'est jamais tenue d'accorder, n'est pas susceptible, par elle-même, de porter atteinte à la liberté du commerce et de l'industrie, dont le respect implique, d'une part, que les personnes publiques n'apportent pas aux activités de production, de distribution ou de services exercées par des tiers des restrictions qui ne seraient pas justifiées par l'intérêt général et proportionnées à l'objectif poursuivi et, d'autre part, qu'elles ne puissent prendre elles-mêmes en charge une activité économique sans justifier d'un intérêt public. • CE 29 oct. 2012, *Cne de Tours,* n° 341173 : *Lebon 368 ; BJCL 2013. 54, concl. Escaut ; AJDA 2012. 2031, obs. de Montecler ; ibid. 2013. 111, note Foulquier ; CCE févr. 2013. 7, note Bruguière ; Rev. CMP 2012, n° 342, note Devillers ; Dr. adm. 2012, n° 96, note Ziani ; JCP Adm. 2012. 769, obs. C.-A. D. ; ibid. 2390, note Carpi-Petit ; ibid. 2391, note Vocanson ; JCP 2013. 190, note Poli ; ibid. 277, chron. Éveillard ; RJEP 2013, n° 14, note Ubaud-Bergeron ; RLC 2013, n° 2218, note Clamour ; RLCT 2012, n° 84, note Glaser.* – Sur les suites de l'affaire : • CE 23 déc. 2016, *Sté Photo J. L. Josse,* n° 378879. ♦ Les prises de vues d'œuvres relevant des collections d'un musée, à des fins de commercialisation des reproductions photographiques ainsi obtenues, doivent être regardées comme une utilisation privative du domaine public. • CE 29 oct. 2012, *Cne de Tours,* n° 341173 : *préc.* • 23 déc. 2016, *Sté Photo J. L. Josse,* n° 378879 : *préc.* ♦ Et le règlement de visite du Louvre peut interdire la photo d'œuvres d'une exposition temporaire. • TA Paris, 28 mars 2019, *G. c/ Musée du Louvre,* n° 1708973/5-2 : *JCP Adm. 2020. 2013. 20, chron. Saunier.* ♦ En revanche, l'image d'un bien du domaine public (en l'espèce, le château de Chambord) n'appartient pas au domaine public. • TA Orléans, 6 mars 2012, *Sté Les brasseries Kronenbourg,* n° 1102187 : *AJDA 2012. 1227, concl. Francfort ; D. 2012. 2222, note Bruguière ; Rev. CMP 2013. Chron. 6, obs. Llorens et Soler-Couteaux ; Légipresse mai 2012, p. 334, chron. Péchenard* • CAA Nantes, 16 déc. 2015, *Ét. public du Domaine national de Chambord,* n° 12NT01190 : *AJDA 2015. 2464, obs. de Montecler ; ibid. 2016. 434, note Foulquier ; BJCP 2016. 234 ; Rev. CMP 2016. Comm. 45, note Devillers ; ibid. 2016. Comm. 44, chron. Llorens et Soler-Couteaux ; JCP Adm. 2016. 2016, note Hansen.* ♦ La question de son utilisation commerciale a été réglée dans un nombre de cas limité par le législateur, qui soumet cette dernière à autorisation préalable éventuellement assortie d'une redevance, s'agissant de domaines nationaux visés par le pouvoir réglementaire (L. n° 2016-925 du 7 juill. 2016, art. 75. – Décr. n° 2017-720 du 2 mai 2017 fixant la liste et le périmètre de domaines nationaux : C. patr., art. L. 621-34 à L. 621-42 et R. 621-98). Ces domaines – dont la protection a été notablement renforcée par l'Ord. n° 2017-651 du 27 avr. 2017 relative aux immeubles et objets mobiliers classés ou inscrits au titre des monuments historiques – restent en nombre très restreint : ce sont les domaines de Chambord (V., adaptant le statut de ce dernier, Décr. n° 2018-432 du 1er juin 2018), du Louvre et des Tuileries ainsi que de Pau, le château d'Angers, les palais de l'Élysée et du Rhin, V. *JCP Adm. 2017. 2232, comm. François.* ♦ Le CE a transmis au Cons. const. une question prioritaire de constitutionnalité relative à l'art. L. 621-42 C. patr. • CE 25 oct. 2017, *Assoc. Wikimédia France et La Quadrature du Net,* n° 411005 : *AJDA 2017. 2103, obs. Pastor ; JAC 2017, n° 52, p. 8, note Pastor ; RDPI 2018, n° 6, p. 53, note Bruguière.* ♦ Cette disposition a été jugée conforme à la Constitution, le Cons. const. ayant à cette occasion refusé de se prononcer sur l'existence d'un principe fondamental reconnu par les lois de la République selon lequel l'exclusivité des droits patrimoniaux attachés à une œuvre intellectuelle devrait nécessairement s'éteindre après l'écoulement d'un certain délai. • Cons. const.

2 févr. 2018, *Assoc. Wikimédia France et a.*, n° 2017-687 QPC : *AJDA 2018. 247 ; AJCT 2018. 155, note Dreyfus ; Constitutions 2018. 86, obs. Boul ; Dalloz IP/IT 2018. 490, note Cornu ; JCP Adm. 2018. Actu. 134, obs. Boul ; ibid. 2019. 2127, chron. ; JT 2018, n° 206, p. 12, obs. Verjat* . ♦ Confirmant l'arrêt d'appel précité, l'assemblée du contentieux du Conseil d'État a, par un arrêt de principe très attendu (et aux commentaires fort contrastés), jugé que « les personnes publiques ne disposant pas d'un droit exclusif sur l'image des biens leur appartenant, celle-ci n'est pas au nombre des biens et droits mentionnés à l'art. L. 1 CGPPP [...]. Il en résulte que l'image d'un bien du domaine public ne saurait constituer une dépendance de ce domaine ni par elle-même ni en qualité d'accessoire indissociable de ce bien au sens des dispositions de l'art. L. 2111-2 CGPPP. » Et, si la prise de vue « est susceptible d'impliquer, pour les besoins de la réalisation matérielle de cette opération, une occupation ou une utilisation du bien qui excède le droit d'usage appartenant à tous, une telle opération ne caractérise toutefois pas, en elle-même, un usage privatif du domaine public ». En outre, « l'utilisation à des fins commerciales de l'image d'un tel bien ne saurait être assimilée à une utilisation privative du domaine public, au sens des dispositions précitées du CGPPP ». • CE ass., 13 avr. 2018, *Établissement public du domaine national de Chambord*, n° 397047 : *AJCT 2018. 463 ; AJDA 2018. 823, obs. de Montecler ; ibid. 1850, note Tarlet ; BJCL 2018. 290, obs. Fitzjean O Cobhthaigh ; Rev. CMP 2018. Repère 6, obs. Llorens et Soler-Couteaux ; Rev. CMP 2018. Chron. 7, obs. Soler-Couteaux, Zimmer et Waltuch ; D. 2018. 1051, note Bruguière ; Dalloz IP/IT 2018. 490, note Cornu ; Dr. adm. juin 2018. 8 ; ibid. Comm. 42, note Brenet ; Dr. voirie et dom. public 2018, n° 203, p. 92, note Rassafi-Guibal ; JCP Adm. 2018. Actu. 389 ; ibid. 2156, note Roux ; ibid. 2019. 2127, chron. ; JCP 2018. Actu. 485, obs. Erstein ; ibid. 1060, note Hansen ; ibid. 1560, chron. Éveillard ; RDI 2018. 345, note Tarlet ; RFDA 2018. 461, note Foulquier* .

10. *Meubles de retour.* Les biens de retour des concessions appartiennent au domaine public de la collectivité concédante, sans qu'y fasse obstacle leur caractère mobilier. • CE 21 déc. 2012, *Cne de Douai*, n° 342788 : *Lebon 477, concl. Dacosta ; AJCT 2013. 91, obs. Didriche ; AJDA 2013. 457, chron. Domino et Bretonneau ; ibid. 724, étude Fatôme et Terneyre ; BJCP 2013, n° 87, concl. Dacosta, obs. Maugüé ; Rev. CMP févr. 2013. 1, obs. Llorens et Soler-Couteaux ; ibid., n°s 41 et 42, comm. Eckert ; D. 2013. 252, note Capitant ; Dr. adm. 2013, n° 20, note Éveillard ; GDDAB, 3e éd., 2018. Comm. 63, obs. Melleray ; JCP Adm. 2013, n° 2044, comm. Boda et Guellier ; ibid. n° 2045. Comm. Vila ; ibid. n° 2125, n° 11, chron. Chamard-Heim ; JCP 2013, p. 1193, chron. Éveillard ; LPA 22 mars 2013, p. 9, note Michel ; RFDA 2013. 25, concl. ; ibid. 513, comm. Janicot et Lafaix* . ♦ Cette solution s'étend aux biens qui étaient propriété du concessionnaire avant la conclusion du contrat et qui sont nécessaires au fonctionnement du service public. • CE 29 juin 2018, *Min. Intérieur c/ Cté de cnes de la vallée de l'Ubaye*, n° 402251 : *Lebon ; AJCT 2018. 513 ; AJDA 2018. 1359, obs. Pastor ; ibid. 1656, chron. Nicolas et Faure ; Rev. CMP 2018, n° 232, comm. Eckert ; ibid. Chron. 7, obs. Soler-Couteaux, Zimmer et Waltuch ; ibid. 2019. 21, chron. Eckert ; JCP Adm. 2018. Actu. 578, obs. Touzeil-Divina ; ibid. 2019. 2046, n° 29 ; ibid., n° 31, chron. Martin et Pellissier ; ibid. 2018. 2398, chron. Éveillard ; RDI 2019. 101 ; RFDA 2018. 939, concl. Henrard* . ♦ V., pour une collection de musée : • CAA Bordeaux, 4 déc. 2000, *Cne de Lourdes : BJCP 2001. 331, concl. Rey.* ♦ Pour des appareils de « fitness ». • CE 5 févr. 2014, *Stés Equalia et Polyxo : AJCT 2014. 265, obs. Gonzalez ; AJDA 2014. 1397, chron. Boda et Rohan ; BJCP 2014. 231 ; Rev. CMP 2014. Comm. 112, note Eckert.* ♦ Pour les matériels roulants de la RATP, V. Décr. n° 2011-320 du 23 mars 2011, art. 6. ♦ *Contra* auparavant (solution n'ayant plus cours), quand les inventaires excluaient de cette catégorie des meubles pourtant nécessaires au fonctionnement du service. • TA Paris, 3 mars 1981, *SNCF-RATP et a. : Lebon 519.* ♦ Une personne publique est recevable à demander au juge administratif, faute d'autres voies de droit, d'ordonner à son cocontractant privé de lui restituer des biens mis à sa disposition (ici, des matériels aéronautiques appartenant au Musée de l'air et de l'espace). • CAA Versailles, 9 juin 2016, *Assoc. des Amis du musée du château de Savigny*, n° 14VE03702 : *AJDA 2016. 1903* .

11. *Limites : meubles privés.* Les œuvres détenues par une personne morale de droit public, y compris lorsqu'elle les a acquises dans le cadre ou à l'issue d'opérations de guerre ou dans des circonstances relevant de l'exercice de la souveraineté nationale à l'occasion desquelles elle se les est appropriées, appartiennent normalement au domaine public et sont, de ce fait, inaliénables. Exception est cependant faite à ce principe à propos des œuvres présumées spoliées pendant la Seconde Guerre mondiale, le juge estimant à propos des œuvres dites « MNR » (musées nationaux récupération) que l'État n'a pas entendu s'en attribuer la propriété, ni par suite les incorporer au domaine public, mais s'en est seulement institué le gardien à fin de restitution aux propriétaires spoliés par les actes de la puissance occupante, et à leurs ayants droit en mettant en place un service public de la conservation et de la restitution de ces œuvres. Il en résulte que les principes d'inaliénabilité et d'imprescriptibilité du domaine public ne leur sont pas applicables. • CE, ass., 30 juill. 2014, *Mmes Kodric et Heer*, n° 349789 : *Lebon 247 ; AJDA 2014. 1585, obs. Poupeau ; ibid. 2145, note Pontier ; JCP Adm. 2014. Actu. 678, obs. F. T. ; JCP 2014, n° 1739, note Biagini-Girard ; ibid. 2015, n° 451, chron. Éveillard ; RFDA 2014. 1092, note Lavialle ; RLCT mars 2015. 67, note Parance ; Just. et cass. 2015. 203, concl. Hédary.* ♦ L'action en revendication des œuvres « MNR » ne peut être directement portée devant le juge judiciaire, seul le juge administratif étant en droit de poser une question préjudicielle au premier en cas de difficulté sérieuse sur la propriété d'un bien que l'administration refuse de restituer. • Paris, 3 juill. 2018, n° 17/22332 : *JCP Adm. 2018. Actu. 611, note Noual.* ♦ Rejetant la domanialité publique de « l'horloge aux guignols » de Lyon, propriété d'une personne privée. • TGI Lyon, 26 nov. 2008 : *inédit* • TA Lyon, 12 mars 2009, *Sté Fortune*, n° 0602585. ♦ Comme en matière immobilière, il appartient au juge administratif de se prononcer sur l'existence, l'étendue et les limites du domaine public, sauf à renvoyer à l'autorité judiciaire une question préjudicielle en cas de contestation sur la propriété du bien litigieux dont l'examen soulève une difficulté sérieuse. Le caractère sérieux de la contestation s'apprécie au regard des prétentions contraires des parties et au vu de l'ensemble des pièces du dossier. Selon le CE, le juge doit prendre en compte tant les éléments de fait que les titres privés invoqués par les parties. En l'espèce, il est renvoyé à une expertise pour identifier l'objet revendiqué – le « manuscrit de Cheverny » –, sachant que cette identification aurait pourtant pu être considérée comme une difficulté sérieuse justifiant une question préjudicielle. • CE 28 juill. 2017, *A. c/ Min. Culture*, n° 392122 : *Lebon ; AJDA 2017. 1592, obs. Pastor ; AJDA 2017. 2421, note Braud ; Rev. CMP 2018. Chron. 7, obs. Soler-Couteaux, Zimmer et Waltuch ; JCP Adm. 2017. Actu. 560, obs. Tesson ; RDI 2018. 101, obs. Foulquier.* ♦ Les quotas d'émission de CO_2 ne sont pas des biens de retour et ne font donc pas partie du domaine public, car ils appartiennent au concessionnaire. • CE 6 oct. 2017, *Cne de Valence*, n° 402322 : *AJDA 2017. 1917, obs. Maupin ; AJDA 2018. 629, note Martin ; BJCL 2017. 665, concl. Henrard, obs. Dreyfus ; Rev. CMP 2017. Comm. n° 280, note Eckert ; Rev. CMP 2019. 22, chron. ; JCP Adm. 2017. Actu. 474, obs. Erstein ; ibid. Comm. 2291, note Vila.*

12. Limites : mobilier courant des administrations. Font partie du domaine privé les équipements informatiques. • CAA Paris, 18 oct. 2001, *Sté SADE CGTH : RFDA 2002. 415 ; CJEG 2003, n° 92, concl. Barbillon* • CE 28 mai 2004, *ADP : JCP Adm. 2004. 1052, note Yolka ; RJEP 2004. 556, concl. Bachelier.* ♦ ... Ou les véhicules administratifs. • CAA Paris, 5 juin 2001, *UGAP*, n° 00PA02972. ♦ Même si le Conseil d'État a jugé qu'un mobil-home n'est pas manifestement insusceptible de faire partie du domaine public. • CE 7 mars 2012, *Olivry : Lebon T. 743 ; AJDA 2012. 525, obs. de Montecler ; JCP Adm. 2012, n° 2204, note Pauliat ; ibid. 2012, n° 2325, n° 8, chron. Chamard-Heim ; RLCT mai 2012, obs. Glaser.* ♦ Témoignant d'une approche restrictive de l'intérêt public à caractère scientifique, en considérant qu'un navire des Terres australes et antarctiques françaises relève du domaine privé. • CAA Bordeaux, 24 mai 2018, *Sté IOE Ltd c/ TAAF*, n° 15BX00402 : *AJDA 2018. 1540, concl. Normand ; JCP Adm. 2018. 2224, obs. Chamard-Heim.*

13. Limites : biens publics immatériels. Font partie du domaine privé les propriétés publiques mobilières telles que les participations publiques au capital d'entreprises. • CE 4 juill. 2012, *Dpt de Saône-et-Loire : Lebon T. 750 ; AJDA 2013. 522, note Éveillard ; JCP Adm. 2012. Actu. 550, obs. Dubreuil ; ibid. 2013, n° 2125, n° 30, chron. Chamard-Heim ; RJEP 2013, n° 4, note Eckert* • Com. 21 janv. 2014 : *AJDA 2014. 460, note Yolka ; Rev. CMP févr. 2015. 19, chron. Llorens et Soler-Couteaux ; Dr. adm. 2014, n° 26, obs. Giacuzzo ; JCP 2014. 1558, chron. Éveillard.* ♦ ... Les marques. • CE 23 mars 1960, *Sté Spiesshofer et Braun : Lebon 215.* ♦ ... Ou encore les logiciels. • CE 28 mai 2004, *ADP : JCP Adm. 2004, p. 1052, note Yolka ; RJEP 2004. 556, concl. Bachelier* • CAA Paris, 12 févr. 2010, *Sté RTE-EDF : JCP Adm. 2011. Chron. 2000, obs. Foulquier.*

Code du patrimoine

Art. L. 1 Le patrimoine s'entend, au sens du présent code, de l'ensemble des biens, immobiliers ou mobiliers, relevant de la propriété publique ou privée, qui présentent un intérêt historique, artistique, archéologique, esthétique, scientifique ou technique.

(L. n° 2016-925 du 7 juill. 2016, art. 55) « Il s'entend également des éléments du patrimoine culturel immatériel, au sens de l'article 2 de la convention internationale pour la sauvegarde du patrimoine culturel immatériel, adoptée à Paris le 17 octobre 2003. »

....

Art. L. 112-22 *(Ord. n° 2017-1134 du 5 juill. 2017, art. 2-5°, en vigueur au plus tard le 1er janv. 2018)* Le propriétaire ou l'affectataire d'un bien culturel appartenant au domaine public mobilier au sens de l'article L. 2112-1 du code général de la propriété des personnes publiques ou, pour les archives publiques, les personnes mentionnées au troisième alinéa de l'article L. 212-1 peuvent engager une action en revendication entre les mains du détenteur ou une action en nullité de tout acte d'aliénation du bien devant le tribunal judiciaire. Le ministre chargé de la culture peut agir en lieu et place du propriétaire ou de l'affectataire défaillant et solliciter toute mesure provisoire ou conservatoire en vue de la protection du bien.

Art. L. 112-23 *(Ord. n° 2017-1134 du 5 juill. 2017, art. 2-5°, en vigueur au plus tard le 1er janv. 2018)* A réception de la mise en demeure motivée de restituer le bien, l'acquéreur de bonne foi est recevable à agir en garantie d'éviction en application de l'article 1626 du code civil. L'acquéreur informe le vendeur de la mise en demeure.

....

Art. L. 115-1 *(L. n° 2010-501 du 18 mai 2010, art. 2)* La commission scientifique nationale des collections a pour mission de conseiller les personnes publiques ou les personnes privées gestionnaires de fonds régionaux d'art contemporain, dans l'exercice de leurs compétences en matière de déclassement ou de cession de biens culturels appartenant à leurs collections, à l'exception des archives et des fonds de conservation des bibliothèques.

A cet effet, la commission :

1° Définit des recommandations en matière de déclassement des biens appartenant aux collections visées aux 2° et 3°, et de cession des biens visés au 4° ; elle peut également être consultée, par les autorités compétentes pour procéder à de tels déclassements ou cessions, sur toute question qui s'y rapporte ;

2° Donne son avis conforme sur les décisions de déclassement de biens appartenant aux collections des musées de France et d'œuvres ou objets inscrits sur l'inventaire du Fonds national d'art contemporain et confiés à la garde du Centre national des arts plastiques ;

3° Donne son avis sur les décisions de déclassement de biens culturels appartenant aux autres collections qui relèvent du domaine public ;

(L. n° 2016-925 du 7 juill. 2016, art. 57-I) « 4° Donne son avis sur les décisions de cession des biens appartenant aux collections des personnes privées gestionnaires de fonds régionaux d'art contemporain *[ancienne rédaction : 4° Peut être saisie pour avis par les personnes privées gestionnaires de fonds régionaux d'art contemporain, lorsque les collections n'appartiennent pas au domaine public, sur les décisions de cession portant sur les biens qui les constituent].* » — *V. Décr. n° 2011-160 du 8 févr. 2011, infra.*

La commission scientifique nationale des collections mentionnée à l'art. L. 115-1 C. patr. remet au Parlement un rapport sur ses orientations en matière de déclassement ou de cession des biens appartenant aux collections, dans un délai d'un an suivant la publication de la L. n° 2010-501 du 18 mai 2010 (L. préc., art. 4, JO 19 mai).

....

Art. L. 125-1 *(Ord. n° 2017-1134 du 5 juill. 2017, art. 2-10°, en vigueur au plus tard le 1er janv. 2018)* Une personne publique, après approbation de l'autorité administrative compétente, peut transférer à titre gratuit à une autre personne publique, sans déclassement préalable, la propriété d'un bien culturel mobilier ou d'un ensemble de biens culturels appartenant à son domaine public au sens de l'article L. 2112-1 du code général de la propriété des personnes publiques, pour la meilleure conservation des biens ou pour un autre motif d'intérêt général.

Ce transfert ne peut porter sur les archives publiques, les biens donnés ou légués à la personne publique lorsque le donateur ou le testateur s'est opposé dans l'acte de donation ou le testament à une substitution de gratifié ou les biens remis à l'État en application des articles 1131 et 1716 *bis* du code général des impôts.

Lorsque le projet de transfert porte sur tout ou partie de collections affectées à un musée de France, il suit la procédure prévue à l'article L. 451-8.

Le cessionnaire s'engage préalablement à affecter le bien ou l'ensemble de biens transférés dans son domaine public à un musée de France ou à un autre service public culturel accessible au public qu'il administre ou contrôle et à en assurer la conservation et la mise en valeur sous le contrôle scientifique et technique des services compétents de l'État.

La procédure de transfert, l'autorité administrative compétente ainsi que les modalités du contrôle scientifique et technique sont définies par décret en Conseil d'État.

....

Art. R. 125-1 *(Décr. n° 2018-630 du 17 juill. 2018, art. 2)* Pour l'application de l'article L. 125-1, la personne publique propriétaire d'un bien culturel mobilier saisit le préfet de région pour approbation du transfert en lui transmettant un dossier comprenant la description du bien ou de l'ensemble de biens dont la cession est envisagée, sa décision de transférer la propriété du bien, les motifs de cette décision, ainsi que la décision d'acceptation des conditions de conservation et de mise en valeur par la personne publique cessionnaire et d'affectation du bien à un musée de France ou à un autre service public culturel accessible au public qu'il administre ou contrôle.

Art. R. 125-2 *(Décr. n° 2018-630 du 17 juill. 2018, art. 2)* Le préfet de région se prononce sur le projet de transfert d'un bien culturel mobilier dans un délai de deux mois à compter de la réception du dossier complet.

Lorsque les personnes publiques propriétaire et cessionnaire ne se situent pas dans la même région, le préfet de région compétent est celui où se situe la personne publique cessionnaire.

La décision du préfet de région précise le service chargé du contrôle scientifique et technique. Elle est notifiée à la personne publique propriétaire et à la personne publique cessionnaire.

Art. R. 125-3 *(Décr. n° 2018-630 du 17 juill. 2018, art. 2)* Lorsque l'État est propriétaire ou cessionnaire d'un bien culturel ou d'un ensemble de biens culturels, la décision de transfert ou celle portant acceptation du transfert est prise par arrêté du préfet de la région où se situe la personne publique propriétaire ou cessionnaire, autre que l'État. Dans ce dernier cas, elle vaut également approbation du transfert. Elle précise le service chargé du contrôle scientifique et technique.

....

Art. L. 131-1 Le dépôt légal est organisé en vue de permettre :

a) La collecte et la conservation des documents mentionnés à l'article L. 131-2 ;

b) La constitution et la diffusion de bibliographies nationales ;

c) La consultation des documents mentionnés à l'article L. 131-2, sous réserve des secrets protégés par la loi, dans les conditions conformes à la législation sur la propriété intellectuelle et compatibles avec leur conservation. – *[L. n° 92-546 du 20 juin 1992, art. 2].*

(L. n° 2006-961 du 1er août 2006, art. 40) « Les organismes dépositaires doivent se conformer à la législation sur la propriété intellectuelle sous réserve des dispositions particulières prévues par le présent titre. »

Art. L. 131-2 Les documents imprimés, graphiques, photographiques, sonores, audiovisuels, multimédias, quel que soit leur procédé technique de production, d'édition ou de diffusion, font l'objet d'un dépôt obligatoire, dénommé dépôt légal, dès lors qu'ils sont mis à la disposition d'un public. *(Ord. n° 2009-901 du 24 juill. 2009, art. 5)* « Toutefois, les documents destinés à une première exploitation en salles de spectacles cinématographiques sont soumis à l'obligation de dépôt légal dès lors qu'ils ont obtenu le visa d'exploitation cinématographique prévu à l'article L. 211-1 du code du cinéma et de l'image animée. » – *[L. n° 92-546 du 20 juin 1992, art. 1er].*

(L. n° 2006-961 du 1er août 2006, art. 39) « Les logiciels et les bases de données sont soumis à l'obligation de dépôt légal dès lors qu'ils sont mis à disposition d'un public par la diffusion d'un support matériel, quelle que soit la nature de ce support.

« Sont également soumis au dépôt légal les signes, signaux, écrits, images, sons ou messages de toute nature faisant l'objet d'une communication au public par voie électronique. »

....

Art. L. 211-1 Les archives sont l'ensemble des documents *(L. n° 2016-925 du 7 juill. 2016, art. 59)* « , y compris les données », quels que soient leur date, *(L. n° 2008-696 du 15 juill. 2008, art. 1er)* « leur lieu de conservation, » leur forme et leur support *(Abrogé par L. n° 2008-696 du 15 juill. 2008, art. 1er)* « *matériel* », produits ou reçus par toute personne physique ou morale et par tout service ou organisme public ou privé dans l'exercice de leur activité. – *[L. n° 79-18 du 3 janv. 1979, art. 1er, al. 1].*

....

Art. L. 211-4 *(L. n° 2016-925 du 7 juill. 2016, art. 65-I)* Les archives publiques sont :

1° Les documents qui procèdent de l'activité de l'État, des collectivités territoriales, des établissements publics et des autres personnes morales de droit public. Les actes et documents des assemblées parlementaires sont régis par l'ordonnance n° 58-1100 du 17 novembre 1958 relative au fonctionnement des assemblées parlementaires ;

2° Les documents qui procèdent de la gestion d'un service public ou de l'exercice d'une mission de service public par des personnes de droit privé ;

3° Les minutes et répertoires des officiers publics ou ministériels et les registres de conventions notariées de pacte civil de solidarité.

Les 1° et 3° du présent art., dans leur rédaction résultant du I de l'art. 65 de la L. n° 2016-925 du 7 juill. 2016, s'appliquent à compter du 1er mai 2009 (L. préc., art. 65-II).

....

Art. L. 212-1 *(L. n° 2008-696 du 15 juill. 2008, art. 5)* Les archives publiques sont imprescriptibles.

Nul ne peut détenir sans droit ni titre des archives publiques.

Le propriétaire du document, l'administration des archives ou tout service public d'archives compétent peut engager une action en revendication d'archives publiques, une action en nullité de tout acte intervenu en méconnaissance du deuxième alinéa ou une action en restitution.

(Ord. n° 2017-1134 du 5 juill. 2017, art. 3-1°, en vigueur au plus tard le 1er janv. 2018) « Lorsque les archives publiques appartiennent au domaine public, les actions en nullité ou en revendication s'exercent dans les conditions prévues aux articles L. 112-22 et L. 112-23. »

Les modalités d'application des dispositions qui précèdent sont fixées par décret en Conseil d'État.

Art. L. 212-1-1 *(L. n° 2018-727 du 10 août 2018, art. 21)* Lorsqu'une personne de bonne foi, à partir de la présentation écrite, précise et complète de l'origine de propriété et de l'archive originale, demande à l'administration des archives de prendre formellement position sur la nature d'archive privée n'appartenant pas au domaine public d'une archive qu'elle détient, l'administration des archives répond de manière motivée dans un délai de trois mois. La réponse est opposable par le demandeur au service qui l'a émise jusqu'à ce que survienne un changement de fait ou de droit qui en affecte la validité ou jusqu'à ce que le service notifie au demandeur une modification de son appréciation.

Art. L. 212-2 *(L. n° 2008-696 du 15 juill. 2008, art. 5)* A l'expiration de leur période d'utilisation courante, les archives publiques autres que celles mentionnées à l'article L. 212-3 font l'objet d'une sélection pour séparer les documents à conserver des documents dépourvus d'utilité administrative ou d'intérêt historique ou scientifique, destinés à l'élimination.

La liste des documents ou catégories de documents destinés à l'élimination ainsi que les conditions de leur élimination sont fixées par accord entre l'autorité qui les a produits ou reçus et l'administration des archives.

....

Art. L. 451-3 Les collections des musées de France sont imprescriptibles. — *[L. n° 2002-5 du 4 janv. 2002, art. 11-I].*

Art. L. 451-4 Toute cession de tout ou partie d'une collection d'un musée de France intervenue en violation des dispositions de la présente section est nulle. Les actions en nullité ou en revendication peuvent être exercées à toute époque tant par l'État que par la personne morale propriétaire des collections. — *[L. n° 2002-5 du 4 janv. 2002, art. 11, § 4].*

(Ord. n° 2017-1134 du 5 juill. 2017, art. 4-1°, en vigueur au plus tard le 1er janv. 2018) « Lorsque les collections appartiennent au domaine public, les actions en nullité ou en revendication s'exercent dans les conditions prévues aux articles L. 112-22 et L. 112-23. »

Art. L. 451-5 Les biens constituant les collections des musées de France appartenant à une personne publique font partie de leur domaine public et sont, à ce titre, inaliénables. — *[L. n° 2002-5 du 4 janv. 2002, art. 11, al. 1er et 2, § 2].*

Toute décision de déclassement d'un de ces biens ne peut être prise qu'après avis conforme *(L. n° 2010-501 du 18 mai 2010, art. 3)* « de la commission scientifique nationale des collections mentionnée à l'article L. 115-1 ».

Art. L. 451-6 Lorsque le propriétaire des collections d'un musée de France ne relevant pas de l'État ou de l'un de ses établissements publics vend un bien déclassé, il notifie à l'autorité administrative son intention de vendre en lui indiquant le prix qu'il en demande.

L'autorité administrative dispose d'un délai de deux mois pour exprimer sa volonté ou son refus d'acquérir le bien.

A défaut d'accord amiable, le prix est fixé par la juridiction compétente en matière d'expropriation.

En cas d'acquisition, le prix est réglé dans un délai de six mois après la notification de la décision d'acquérir le bien au prix demandé ou après la décision passée en force de chose jugée.

En cas de refus ou d'absence de réponse dans le délai de deux mois fixé au deuxième alinéa, le propriétaire recouvre la libre disposition du bien. – *[L. n° 2002-5 du 4 janv. 2002, art. 11, al. 3 à 7, § 2].*

Art. L. 451-7 Les biens incorporés dans les collections publiques par dons et legs ou, pour les collections ne relevant pas de l'État, ceux qui ont été acquis avec l'aide de l'État ne peuvent être déclassés. – *[L. n° 2002-5 du 4 janv. 2002, art. 11, al. 8, § 2].*

Art. L. 451-8 *(Ord. n° 2017-1134 du 5 juill. 2017, art. 4-2°, en vigueur au plus tard le 1er janv. 2018)* Le transfert à titre gratuit par une personne publique à une autre personne publique de la propriété de tout ou partie de collections affectées à un musée de France, effectué en application de l'article L. 125-1, est soumis à l'avis du Haut conseil des musées de France.

Ancien art. L. 451-8 *Une personne publique peut transférer, à titre gratuit, la propriété de tout ou partie de ses collections à une autre personne publique si cette dernière s'engage à en maintenir l'affectation à un musée de France. Le transfert de propriété est approuvé par décision de l'autorité administrative, après avis du Haut Conseil des musées de France. Les dispositions du présent article ne sont pas applicables aux biens remis à l'État en application des articles 1131 et 1716 bis du code général des impôts.* – [L. n° 2002-5 du 4 janv. 2002, art. 11, al. 9, § 2].

Art. L. 451-9 Les biens des collections nationales confiés par l'État, sous quelque forme que ce soit, à une collectivité territoriale avant le 7 octobre 1910 et conservés, au 5 janvier 2002, dans un musée classé ou contrôlé en application de l'ordonnance n° 45-1546 du 13 juillet 1945 portant organisation provisoire des musées des beaux-arts et relevant de cette collectivité deviennent, après récolement, la propriété de cette dernière et entrent dans les collections du musée, sauf si la collectivité territoriale s'y oppose ou si l'appellation "musée de France" n'est pas attribuée à ce musée.

Toutefois, si, au 5 janvier 2002, le bien en cause est conservé dans un musée classé ou contrôlé en application de l'ordonnance n° 45-1546 du 13 juillet 1945 précitée relevant d'une collectivité territoriale autre que celle initialement désignée par l'État, la collectivité territoriale à laquelle la propriété du bien est transférée est désignée après avis du Haut Conseil des musées de France.

Les dispositions des alinéas précédents ne s'appliquent pas aux biens donnés ou légués à l'État. – *[L. n° 2002-5 du 4 janv. 2002, art. 13].*

....

Art. L. 510-1 Constituent des éléments du patrimoine archéologique tous les vestiges *(L. n° 2016-925 du 7 juill. 2016, art. 70)* « , biens » et autres traces de l'existence de l'humanité, *(L. n° 2016-925 du 7 juill. 2016, art. 70)* « y compris le contexte dans lequel ils s'inscrivent, », dont la sauvegarde et l'étude, notamment par des fouilles ou des découvertes, permettent de retracer le développement de l'histoire de l'humanité et de sa relation avec l'environnement naturel.

....

Art. L. 521-1 L'archéologie préventive, qui relève de missions de service public, est partie intégrante de l'archéologie. Elle est régie par les principes applicables à toute recherche scientifique. Elle a pour objet d'assurer, à terre et sous les eaux, dans les délais appropriés, la détection, la conservation ou la sauvegarde par l'étude scientifique des éléments du patrimoine archéologique affectés ou susceptibles d'être affectés par les travaux publics ou privés concourant à l'aménagement. Elle a également pour objet l'interprétation et la diffusion des résultats obtenus. – *[L. n° 2001-44 du 17 janv. 2001, art. 1er].*

....

Art. L. 622-1 Les objets mobiliers, soit meubles proprement dits, soit immeubles par destination, dont la conservation présente, au point de vue de l'histoire, de l'art, de la science ou de la technique, un intérêt public peuvent être classés au titre des monuments historiques par décision de l'autorité administrative.

(Ord. n° 2005-1128 du 8 sept. 2005, art. 19) « Les effets du classement prévus dans la présente section s'appliquent aux biens devenus meubles par suite de leur détachement

d'immeubles classés en application de l'article L. 621-1, ainsi qu'aux immeubles par destination classés qui sont redevenus meubles. »

Ndlr. *L'Ord. n° 2017-651 du 27 avr. 2017 relative aux immeubles et objets mobiliers classés ou inscrits au titre des monuments historiques avait notamment remplacé les art. L. 622-1 à L. 622-23 par de nouvelles dispositions (art. 6, JO 28 avr.). N'ayant pas été ratifiée dans les délais prévus, cette Ord. est « caduque » au 28 oct. 2017. Les art. ci-après reproduits sont ceux dans leur version antérieure à l'intervention de ladite Ord.*

Art. L. 622-1-1 *(L. n° 2016-925 du 7 juill. 2016, art. 75-I-9°)* Un ensemble ou une collection d'objets mobiliers dont la conservation dans son intégrité et sa cohérence présente un intérêt public au point de vue de l'histoire, de l'art, de l'architecture, de l'archéologie, de l'ethnologie, de la science ou de la technique peut être classé au titre des monuments historiques comme ensemble historique mobilier par décision de l'autorité administrative, après avis de la Commission nationale du patrimoine et de l'architecture.

Cet ensemble ne peut être divisé ou aliéné par lot ou *[par]* pièce sans autorisation de cette autorité.

Les effets du classement s'appliquent à chaque élément de l'ensemble historique mobilier classé et subsistent pour un élément s'il est dissocié de l'ensemble. Toutefois, lorsque l'élément dissocié ne bénéficie pas d'un classement en application de l'article L. 622-1, les effets du classement peuvent être levés pour cet élément par l'autorité administrative.

Art. L. 622-1-2 *(L. n° 2016-925 du 7 juill. 2016, art. 75-I-9°)* Lorsque des objets mobiliers classés ou un ensemble historique mobilier classé sont attachés, par des liens historiques ou artistiques remarquables, à un immeuble classé et forment avec lui un ensemble d'une qualité et d'une cohérence dont la conservation dans son intégrité présente un intérêt public, ces objets mobiliers ou cet ensemble historique mobilier peuvent être grevés d'une servitude de maintien dans les lieux par décision de l'autorité administrative, après avis de la Commission nationale du patrimoine et de l'architecture et accord du propriétaire. Cette servitude peut être levée dans les mêmes conditions. En cas de refus de l'autorité administrative de lever la servitude, les sujétions anormales qui peuvent en résulter sont compensées par une indemnité. A défaut d'accord amiable, l'action en indemnité est portée devant le juge judiciaire.

Le déplacement de cet objet mobilier ou de tout ou partie de cet ensemble historique mobilier classé est subordonné à une autorisation de l'autorité administrative.

La servitude de maintien dans les lieux peut être prononcée en même temps que la décision de classement des objets mobiliers ou de l'ensemble historique mobilier, ou postérieurement à celle-ci.

Art. L. 622-2 Les objets mobiliers appartenant à l'État ou à un établissement public de l'État sont classés au titre des monuments historiques par décision de l'autorité administrative *(L. n° 2016-925 du 7 juill. 2016, art. 75-I-10°)* « , après avis de la Commission nationale du patrimoine et de l'architecture ». — *[L. 31 déc. 1913, art. 15, ecqc l'État exceptée la 2e phr. de l'al. 2].*

Art. L. 622-3 Les objets mobiliers appartenant à une collectivité territoriale ou à l'un de ses établissements publics sont classés au titre des monuments historiques par décision de l'autorité administrative, *(L. n° 2016-925 du 7 juill. 2016, art. 75-I-11°)* « après avis de la commission nationale du patrimoine et de l'architecture, » s'il y a consentement du propriétaire. En cas de désaccord, le classement *(Ord. n° 2005-1128 du 8 sept. 2005, art. 5)* « d'office » est prononcé par décret en Conseil d'État après avis de la *(L. n° 2016-925 du 7 juill. 2016, art. 75-I-3°)* « Commission nationale du patrimoine et de l'architecture *[ancienne rédaction : Commission nationale des monuments historiques]* ». — *[L. 31 déc. 1913, art. 15, ecqc les collectivités territoriales].*

....

Art. L. 622-6 Le déclassement d'un objet mobilier classé au titre des monuments historiques peut être prononcé par l'autorité administrative soit d'office, soit à la demande du propriétaire. Il est notifié aux intéressés. — *[L. 31 déc. 1913, art. 24].*

....

Art. L. 622-13 Tous les objets mobiliers classés au titre des monuments historiques sont imprescriptibles. — *[L. 31 déc. 1913, art. 18, al. 1er].*

Art. L. 622-14 Les objets classés au titre des monuments historiques appartenant à l'État sont inaliénables.

Les objets classés au titre des monuments historiques appartenant à une collectivité territoriale ou à un établissement public ou d'utilité publique ne peuvent être aliénés qu'avec l'accord de l'autorité administrative et dans les formes prévues par les lois et règlements. La propriété ne peut en être transférée qu'à l'État, à une personne publique ou à un établissement d'utilité publique. – *[L. 31 déc. 1913, art. 18, al. 2 et 3].*

....

Art. L. 622-20 Les objets mobiliers, soit meubles proprement dits, soit immeubles par destination, *(Abrogé par Ord. n° 2005-1128 du 8 sept. 2005, art. 24-1°)* « *appartenant à l'État, aux collectivités territoriales et aux établissements publics ou aux associations cultuelles et* » qui, sans justifier une demande de classement immédiat, présentent, au point de vue de l'histoire, de l'art, de la science ou de la technique, un intérêt suffisant pour en rendre désirable la préservation, peuvent, à toute époque, être inscrits *(Abrogé par Ord. n° 2005-1128 du 8 sept. 2005, art. 24-1°)* « *sur un inventaire supplémentaire à la liste des objets mobiliers classés* » au titre des monuments historiques. *(Ord. n° 2005-1128 du 8 sept. 2005, art. 24-2°)* « Les objets mobiliers appartenant à une personne privée ne peuvent être inscrits qu'avec son consentement. » – *[L. 31 déc. 1913, art. 24 bis, al. 1er].*

Les dispositions issues de l'art. 24 de l'Ord. n° 2005-1128 du 8 sept. 2005 entrent en vigueur à une date fixée par décret en Conseil d'État et au plus tard le 1er janv. 2007.

Art. L. 622-21 *(Ord. n° 2005-1128 du 8 sept. 2005, art. 25)* Cette inscription est prononcée par décision de l'autorité administrative, qui est notifiée au propriétaire, au détenteur, à l'affectataire domanial et au dépositaire de l'objet.

Les dispositions issues de l'art. 25 de l'Ord. n° 2005-1128 du 8 sept. 2005 entrent en vigueur à une date fixée par décret en Conseil d'État et au plus tard le 1er janv. 2007.

....

Art. L. 622-23 *(Ord. n° 2005-1128 du 8 sept. 2005, art. 26)* Quiconque aliène un objet inscrit au titre des monuments historiques est tenu de faire connaître au futur acquéreur l'existence de l'inscription.

L'objet mobilier inscrit au titre des monuments historiques appartenant à une collectivité territoriale ou à l'un de ses établissements publics ne peut être aliéné à titre gratuit ou onéreux sans que l'autorité administrative ne soit informée à l'avance de l'intention de cession dans un délai fixé par décret en Conseil d'État.

Toute aliénation doit, dans un délai fixé par voie réglementaire, être notifiée à l'autorité administrative par celui qui l'a consentie.

Les dispositions issues de l'art. 26 de l'Ord. n° 2005-1128 du 8 sept. 2005 entrent en vigueur à une date fixée par décret en Conseil d'État et au plus tard le 1er janv. 2007.

TITRE DEUXIÈME UTILISATION DU DOMAINE PUBLIC

CHAPITRE PREMIER UTILISATION CONFORME À L'AFFECTATION

V. Circ. du 16 janv. 2009 relatives à la politique immobilière de l'État (JO 21 janv.).

Art. L. 2121-1 Les biens du domaine public sont utilisés conformément à leur affectation à l'utilité publique.

Aucun droit d'aucune nature ne peut être consenti s'il fait obstacle au respect de cette affectation.

BIBL. ▸ V. art. L. 2122-1.

COMMENTAIRE

I. DISTINCTION

L'affectation d'un bien à l'usage du public implique la liberté d'utilisation du bien de la part du public. Pour autant, la liberté d'utilisation ne saurait justifier toutes les utilisations du domaine public. L'affectation est le premier élément qui vient encadrer les usages du bien. Deux niveaux de relations existent entre l'affectation et l'usage qui peut être fait du bien. Le CGPPP distingue clairement selon que l'utilisation du domaine public est conforme à son affectation à l'utilité publique (chapitre I) ou seulement compatible avec elle (chapitre II), sachant qu'un usage qui n'est ni conforme ni compatible s'avère forcément illégal (V., pour l'implantation d'une stèle à la mémoire des partisans de l'OAS, jugée contraire à l'affectation d'un cimetière, CE 14 nov. 2011, *Assoc. ADIMAD*, note 30 ss. art. L. 2122-1). Les règles applicables à ces deux catégories d'utilisation sont différentes. Alors que l'utilisation conforme est un régime de liberté (à condition de respecter l'affectation à l'utilité publique), l'utilisation compatible avec l'affectation est davantage encadrée.

Cette *summa divisio* concerne tous les biens du domaine public : elle transcende donc la distinction entre domaines publics mobilier et immobilier, naturel et artificiel, ainsi que, dans ce dernier cas, entre les biens affectés à l'usage direct du public et ceux affectés à un service public. Plus encore, elle dépasse la distinction souvent faite en doctrine entre les utilisations collectives et les utilisations privatives du domaine public. En effet, si les utilisations collectives du domaine public sont en principe conformes à son affectation et si les utilisations privatives sont plus souvent simplement compatibles avec cette même affectation, certaines utilisations privatives du domaine public sont conformes à son affectation (cas des cimetières ou des halles et marchés. V. aussi, s'agissant de l'exploitation d'un restaurant sur le domaine public routier communal par une société concessionnaire : CE 15 févr. 2008, *Cne de La Londe-les-Maures*, note 44 ss. art. L. 2122-1).

II. NOTION D'UTILISATION CONFORME À L'AFFECTATION DU DOMAINE PUBLIC

L'utilisation conforme du domaine public peut être définie comme l'utilisation du bien qui réalise sa destination. Cela signifie que le bien en cause est utilisé dans la perspective de la réalisation de la mission à laquelle il est destiné. Dans cette hypothèse, on peut dire que l'utilisation conforme se confond avec l'affectation du domaine public à l'utilité publique, car elle est déterminée par celle-ci. Pour ne prendre que quelques exemples, l'utilisation collective de la voie publique par les piétons, l'occupation privative des halles et des marchés par les commerçants ou l'occupation privative par le titulaire d'une concession de plage d'une partie des rivages de la mer sont des occupations conformes du domaine public ; car une voie publique sur laquelle on ne pourrait plus circuler à pied n'aurait plus de raison d'être, de même que des halles et marchés sans commerçants ou qu'une plage sans certains équipements (cabines, chaises longues, etc.).

III. CONSÉQUENCES

Tirant les conséquences de la règle selon laquelle les biens du domaine public doivent être utilisés conformément à leur affectation, l'article L. 2121-1, alinéa 2, pose le principe suivant lequel « aucun droit d'aucune nature ne peut être consenti s'il fait obstacle au respect de cette affectation ». La constitution de ces droits est prohibée si elle ne respecte pas strictement la destination du bien. Quand le bien est affecté à un service public, le respect de l'utilisation conforme ne pose pas de difficulté car les biens sont généralement utilisés par le gestionnaire du service. L'utilisation par les usagers du service public ne pose pas de problème particulier dès lors que l'exercice du droit d'usage des uns ne prive pas les autres du leur. Quant à l'utilisation du bien par un tiers non usager du service public, elle ne doit pas être d'une durée excessive (V. les utilisations des stades). L'affectation à l'usage direct du public ne pose pas non plus, par principe, de difficulté, dans la mesure où l'utilisation normale est une utilisation collective. L'usage conforme des dépendances est alors bien souvent une liberté de circulation ou de visite. Plus problématiques sont les occupations privatives. Le principe de précarité des utilisations privatives, qui permet à l'Administration d'interdire toute utilisation contraire ou qui deviendrait contraire à l'affectation, vise ainsi à protéger l'usage conforme. Ainsi un bail emphytéotique administratif est interdit sur le domaine public routier local, car la durée de ce bail ne permet pas d'assurer une utilisation conforme à l'affectation de ces dépendances. ❑

1. Annulation partielle d'un arrêté portant règlement d'occupation de l'esplanade au motif que si l'activité de fête foraine n'est pas en elle-même incompatible avec la destination du jardin des Tuileries (ce qui est en soi discutable au vu de l'histoire du jardin des Tuileries, de son classement comme monument historique en tant que dépendance des palais du Louvre et des Tuileries et de son inscription au patrimoine de l'Unesco), ce n'est que sous réserve que les restrictions de temps et de lieu nécessaires soient apportées à son organisation. • CE 22 janv. 2007, *Assoc. Les Amis des Tuileries*, n° 269360 : *Lebon 15* ; *AJDA 2007. 226* .

2. L'utilisation d'un bien par un tiers non usager du service public ne doit pas être excessive.

Ainsi en va-t-il des mises à disposition d'équipements sportifs comme les stades. • CAA Paris, 11 avr. 2006, *Cne de Papeete*, n° 02PA03952.

3. Les autorités chargées de la police et de la conservation du domaine public sont tenues, par application des principes régissant la domanialité publique, de veiller à la conformité de son utilisation à sa destination et d'exercer à cet effet les pouvoirs qu'elles tiennent de la législation en vigueur pour faire cesser les occupations sans titre, cette obligation ne pouvant être méconnue pour des motifs tirés de simples convenances administratives mais trouvant sa limite dans les autres intérêts généraux dont ces autorités ont la charge. C'est ainsi qu'a été jugé légal le refus de mettre en demeure les propriétaires de l'installation dénommée « Mur de la Paix » implantée sur l'esplanade du Champ-de-Mars à Paris de la retirer, et ce dès lors que l'ouvrage présente un intérêt public culturel mais, également, touristique susceptible de justifier son maintien temporaire sur la dépendance domaniale irrégulièrement occupée et ne remet pas en cause l'affectation du Champ-de-Mars à l'usage du public. • CAA Paris, 11 avr. 2013, *Comité d'aménagement du 7e arrondissement*, n° 12PA01598 : *AJDA 2013. 1950*.

CHAPITRE II UTILISATION COMPATIBLE AVEC L'AFFECTATION

Présentation générale*. Les règles applicables en cas d'utilisation simplement compatible avec l'affectation du domaine public à l'utilité publique sont évidemment plus rigoureuses que celles applicables en cas d'utilisation conforme. Elles s'articulent autour d'un régime général (qui est l'objet de la section I) et d'un régime spécial applicable à certaines occupations (qui fait l'objet de la section II).*

SECTION PREMIÈRE RÈGLES GÉNÉRALES D'OCCUPATION

Art. L. 2122-1 Nul ne peut, sans disposer d'un titre l'y habilitant, occuper une dépendance du domaine public d'une personne publique mentionnée à l'article L. 1 ou l'utiliser dans des limites dépassant le droit d'usage qui appartient à tous. — *[C. dom. État, art. L. 28, al. 1er.]*

(Ord. n° 2017-562 du 19 avr. 2017, art. 2) **« Le titre mentionné à l'alinéa précédent peut être accordé pour occuper ou utiliser une dépendance du domaine privé d'une personne publique par anticipation à l'incorporation de cette dépendance dans le domaine public, lorsque l'occupation ou l'utilisation projetée le justifie.**

« Dans ce cas, le titre fixe le délai dans lequel l'incorporation doit se produire, lequel ne peut être supérieur à six mois, et précise le sort de l'autorisation ainsi accordée si l'incorporation ne s'est pas produite au terme de ce délai. »

Les dispositions issues de l'art. 2 de l'Ord. n° 2017-562 du 19 avr. 2017 sont applicables aux titres délivrés à compter du 1er juill. 2017 (Ord. préc., art. 15).

S'agissant de l'expérimentation de marquages sur les trottoirs à des fins publicitaires, V. Décr. n° 2017-1743 du 22 déc. 2017.

BIBL. ▸ **Thèses :** Trotabas, Utilisation du domaine public par les particuliers, *Paris, 1924*. – Gervais, Le retrait des permissions de voirie, *Montpellier, 1942*. – Klein, La police du domaine public, *LGDJ, 1966*. – Godfrin, Le régime administratif des ports maritimes de commerce, *Paris, 1967*. – Denoyer, L'exploitation du domaine public, *LGDJ, 1969*. – Fatôme, Le pouvoir de réglementer l'occupation du domaine public affecté à l'usage de tous, *Caen, 1973*. – Bizeau, Utilisation du domaine public et anormalité, *Paris X, 1976*. – Lebreton, Occupations du domaine public, *Paris II, 1976*. – Bergouniou, Investissements sur le domaine public, *Toulouse, 1978*. – Rézenthel, Droit de construire sur le domaine public, *Lille, 1979* – Teitgen-Colly, Légalité de l'intérêt financier dans l'action administrative, *Economica, 1982*. – Mamontoff, La domanialité publique mise en péril par le marché, *Perpignan, 1996* – Yolka, La propriété publique, *LGDJ, 1997*. – Comellas, Les titres d'occupation temporaire du domaine public à des fins commerciales. Réflexions sur la mise en place des formalités préalables à la délivrance, *L'Harmattan, 2014*. – Fourmont, Les occupations privatives du domaine public, *Nantes, 2000*. – Seurot, L'autorisation administrative, *Lorraine, 2013*. – Masson, La valorisation des biens publics, *Paris-Nanterre, 2018*.

▸ **Encyclopédie :** Hansen, Modalités d'attribution des autorisations d'occupation et d'utilisation des biens publics, *J.-Cl. Propriétés publiques, fasc. 77-50*. – Lafage, Joye et Deliancourt, Utilisation privative du domaine public. Titres unilatéraux, *J.-Cl. Propriétés publiques, fasc. 78*. – Plessix, Contrats domaniaux, *J.-Cl. Propriétés publiques, fasc. 79*.

▸ **Ouvrage :** de David Beauregard-Berthier et Guérard (dir.), L'utilisation du domaine public après l'adoption de la partie législative du code général de la propriété des personnes publiques. Brèves remarques sur une réforme inachevée, *in* Réflexions sur le Code général de la propriété des personnes publiques, *Litec, 2007, p. 21* ; L'utilisation du domaine public, *PU Poitiers, 2016* ; Actes du colloque « Domanialité publique et concurrence », *Toulouse, 28 septembre 2018, Droit et Ville 2019*.

▸ **Articles :** Jèze, Du droit des individus de se servir des dépendances du domaine public, *RD publ. 1932. 307.* – Auby, Les contrats portant occupation du domaine public, *D. 1953. 99.* – Kovar, La légalité des concessions exclusives d'affichage, *JCP 1964. I. 1841.* – Batailler, Les *beati possidentes* du droit administratif, *RD publ. 1965. 1051.* – Carreau, Concessionnaire de service public et travaux réalisés sur le domaine public, *AJDA 1966. 278.* – Cintura, Les clauses d'irresponsabilité envers l'occupant du domaine public, *AJDA 1972. 392.* – Fenet, L'indemnisation du concessionnaire de service public pour le déplacement de ses ouvrages implantés sur le domaine public, *AJDA 1974. 171.* – Mourgeon, Libertés et domanialité publique, *Mél. Couzinet, Toulouse, 1975, p. 607.* – Odent, Occupations d'églises et compétence juridictionnelle, *Gaz. Pal. 1977. 2. 558.* – Bréchon-Moulènes, Autorisation conventionnelle d'occupation du domaine public, *Mél. Burdeau, LGDJ 1977. 753.* – Rézenthel, Fonds de commerce et domanialité publique, *Quot. jur. 22 déc. 1987* ; Exploitation du fonds de commerce sur le domaine public, *Gaz. Pal. 1998, n°s 39-41* ; Cessation judiciaire d'activités et occupation du domaine public, *LPA 7 janv. 1998* ; Droit d'amarrage pour les associés des sociétés concessionnaires de ports de plaisance, *DMF 2000. 757* ; Meilleure protection contre la précarité de l'occupation du domaine public, *AJDA 2001. 1025.* – Turot, Les prix des autorisations, concessions et autres droits conférés par l'Administration, *RJF 1990. 311.* – Delvolvé, Les investissements du maître du domaine, Actes du colloque « Domaine public et activités économiques », *CJEG hors-série, oct. 1991.* – Israel, Activité commerciale sur le domaine public, *LPA 5 mai 1993.* – Brouant, Domaine public et libertés publiques : instrument, garantie ou atteinte ?, *LPA 15 juill. 1994.* – Querrien, Gestion du domaine public immobilier de l'État, *RFAP 1995. 675.* – Morand-Deviller, Valorisation économique du domaine public, *Mél. Drago, Economica, 1996, p. 273.* – Strebler, Usage du domaine public à des fins publicitaires, *AJPI 1996. 462.* – Fatôme et Terneyre, Quel est le propriétaire des ouvrages construits sur le domaine public ?, *RFDA 1997. 935.* – Gaudemet, Libertés publiques et domaine public, *Mél. Robert, Montchrestien, 1998, p. 125.* – Lavialle, Délégation de service public et domanialité, *Dr. adm. 1998. Chron. 3.* – Lecerf et Blanc, Contraintes de la domanialité relatives aux cessions d'ouvrages réalisés par les occupants, *JCP E 1998. n°s 739 et 792* ; Marchés d'intérêt national et occupation du domaine public, *RD rur. 1998. 38* ; Occupations irrégulières du domaine maritime, *Ét. fonc. 2000, n° 85, p. 21.* – Gonzalez, Domaine public et droit de la concurrence, *AJDA 1999. 387.* – Joubert, L'installation des réseaux de télécommunications sur le domaine public, *JCP 1999. I. 159.* – Louvaris, Droit de la concurrence et acte administratif : quel est le juge compétent ?, *D. 2000. 607.* – Lavialle, Voie de fait et domaine public, *RFDA 2000. 1041.* – Boutayeb, Liberté d'utilisation du domaine public et affectation domaniale, *RD publ. 2001. 271.* – Estryn et Guerrier, Le spectre des fréquences radioélectriques, bien public ou commercial ?, *LPA 12 juill. 2001.* – Michallet, Contentieux administratif des arrêtés municipaux d'interdiction de la mendicité, *AJDA 2001. 320.* – Chalon, Le droit de passage pour les infrastructures des télécommunications, *CJEG 2002. 2.* – Brouant, Occupations domaniales et Convention européenne des droits de l'homme, *AJDI 2002. 512.* – de David-Beauregard-Berthier, Le fonds de commerce et le domaine public, *AJDA 2002. 790.* – Laget-Annamayer, Occupation du domaine public et intérêt général, *AJDA 2003. 1201.* – Rouquette, La passation des conventions domaniales, *Dr. adm. 2003. Chron. 5.* – Fourmont, Obligation réelle et domaine public, *Mél. Hélin, Litec 2004, p. 287.* – Charbit, Application du droit de la concurrence au domaine public, *RTD com. 2004. 47.* – Douence, L'expulsion de l'occupant sans titre du domaine public, *Dr. adm. 2004. Chron. 4.* – Yolka, Expulsion du domaine public et juge administratif des référés, *JCP Adm. 2004. 1043.* – Dufau, Les conventions d'occupation domaniale constitutives d'une délégation de service public, *JCP Adm. 2004. 1482.* – Chanlair, Réflexion sur les contrats de service public avec mise à disposition d'ouvrages appartenant à la collectivité, *AJDA 2005. 241.* – Mamontoff, Titres d'occupation domaniale et baux des commerces intégrés, *Droit et ville 2005, p. 139.* – de David Beauregard-Berthier, Le statut du commerçant installé sur le domaine public, *AJDI 2005. 633.* – Clamour, Domaine public et droit de la concurrence : consolidation de l'édifice prétorien, *Rev. Lamy Coll. terr. mai-juill. 2005.* – Mamontoff, Le rapprochement des régimes de l'autorisation et du contrat d'occupation du domaine public, *Mél. Guibal, Montpellier 2006, p. 517.* – Yolka, L'évacuation d'office des immeubles publics, *JCP Adm. 2006. 1103.* – Llorens et Soler-Couteaux, Les occupations privatives du domaine public : un espoir déçu, *RFDA 2006. 935.* – Cabannes, Faut-il soumettre l'occupation privative du domaine public à une procédure spécifique ?, *ACCP avr. 2006. 26.* – Janicot, Le nécessaire respect du droit de la concurrence, *ACCP, avr. 2006. 29.* – Dufau, La cession des autorisations d'occupation du domaine public, *JCP Adm. 2006. 1102.* – Degoffe, L'obligation de motiver les décisions relatives à l'occupation du domaine public, *BJCL 2006. 238.* – Collière, Mise à disposition de locaux communaux au profit d'associations, de syndicats et de partis politiques, *AJDA 2006. 1817.* – Fatôme, La réglementation de l'occupation du domaine public après le code général de la propriété des personnes publiques, *Mél. Labetoulle, Dalloz 2007. 329.* – Legal, L'impact du droit de la concurrence sur la gestion du patrimoine des personnes publiques, *AJDA 2007. 949* ✎. – Spitz, Les nouvelles méthodes de gestion des biens publics : l'exemple de Paris, *AJDA 2007. 954* ✎. – Brenet, Patrimonialisation des autorisations administratives. Réalités et implications, *Dr. adm. 2007. Étude 14.* – Bardon et Simmonet, Telaustria : quel périmètre ?, *Dr. adm. 2009. Étude 2.* – Gaudemet, Actualité de la dissociation des droits sur le sol en droit public, *RDI 2009. 8* ✎. – Vautrot-Schwarz, Publicité et la mise en concurrence dans la délivrance des titres d'occupation domaniale, *AJDA 2009. 568* ✎. – Hansen, L'instabilité jurisprudentielle en matière d'occupation privative du domaine public, *AJDA 2009. 1078* ✎. – Fatôme et Terneyre, A propos des règles de passation des contrats publics à objet à la fois immobilier et de travaux, *AJDA 2009. 1868* ✎. – Crochemore, Le sort des biens au terme de la délégation de service public, *ACCP mai 2009. 34.* – Delvolvé, L'utilisation privative des biens publics, *RFDA 2009. 229* ✎. – Berthon, Le régime de passation des concessions domaniales à la croisée des chemins, *RFDA 2009. 483* ✎. – Manson, L'occupation contractuelle du domaine public : essai de clarification et de remise en ordre, *RD publ. 2009. 19.* – Alhama, L'indemnisation en cas de fin anticipée des autorisations domaniales, *AJDA 2010. 1515* ✎. – Karpenschif, Les collectivités locales et la directive "services" : entre contraintes nouvelles et espoirs déçus, *JCP Adm. 2010. 2256.* – P. Martin-Genier et I. Martin-Genier, Domaine public : rentabilité, critères d'attribution... et successions, *JCP Adm. 2011. 2172.* – Nicinski, Faut-il soumettre la délivrance des titres d'occupation du domaine public à une procédure de mise en concurrence ?, *Mél. Fatôme, Dalloz 2011. 373* ; Droit de la concurrence et contrats portant sur la propriété publique, *Contrats et propriétés publics, Lexisnexis 2011. 43.* – Eckert, Mise en concurrence et contrats portant sur la propriété publique, *Contrats et propriétés publics, Lexisnexis 2011. 53.* – Belda, L'effectivité des garanties procédurales de l'occupant sans titre du domaine public, *AJDA 2011. 2325* ✎. – Didriche, La délivrance des titres d'occupation du domaine public, *AJCT 2011. 555* ✎. – Sevino et Brunelet, Mise en concurrence des conventions d'occupation, *Gaz. cnes 16 janv. 2012. 54.* – Yolka, Propriété commerciale des occupants du domaine public : crever l'abcès, *JCP Adm. 2012. 2209* ; L'offre et la commande, *JCP Adm. 2012. 892* ; Vautrot-Schwarz, L'avenir de la publicité et de la mise en concurrence dans la délivrance des titres d'occupation domaniale, *Rev. CMP 2012. Étude 8.* – Melleray, La passation d'une convention d'occupation du domaine public doit-elle être précédée d'une publicité et d'une mise en concurrence ?, *Mél. T.-R Fernández, Civitas, 2012, vol. 2, p. 3953* ; L'utilisation privative du domaine public. De quelques difficultés illustrées par la jurisprudence récente, *AJDA 2013. 992* ✎. – Chamard-Heim, Les conventions d'occupation privative du domaine public local, *JCP Adm. 2013. 2174.* – Roux, La « déqualification » des contrats de mobilier urbain : nouveau recul dans l'exigence de publicité et de mise en concurrence des titres d'occupation domaniale, *RD publ. 2013. 1403.* – Calandri, Le contentieux des conventions d'occupation domaniale spontanément soumises à publicité et mise en concurrence, *RFDA 2013. 1129* ✎. – Salaun, Bail commercial et domaine public : des liaisons dangereuses porteuses de responsabilités, *JCP Adm. 2014. 2010.* – Cartier-Bresson, Titres d'occupation du domaine public et concurrence : des relations condamnées à l'ambiguïté, les nouvelles orientations du droit de la propriété publique. Mél. en l'honneur du Professeur Philippe Godfrin, *Mare et Martin 2014, p. 71.* – Degoffe, Le sort des ouvrages réalisés par l'occupant sur le domaine, les nouvelles orientations du droit de la propriété publique. Mél. en l'honneur du Professeur Philippe Godfrin, *Mare et Martin 2014, p. 109.* – Houillon, Le clair-obscur des obligations de publicité et de mise en concurrence dans l'octroi des titres d'occupation du domaine public, les nouvelles orientations du droit de la propriété publique. Mél. en l'honneur du Professeur Philippe Godfrin, *Mare et Martin 2014, p. 207.* – Hansen, L'occupation du domaine public ne peut (toujours) pas donner lieu à autorisation tacite, *JCP Adm. 2015. 2003.* – Didierlaurent, La remise en ordre inachevée de l'occupation contractuelle du domaine public, *AJDA 2015. 1519* ✎. – Baubonne, Les ressorts de la valorisation optimale des ressources du domaine public, *Rev. CMP 2016. Chron. 7.* – Boussard, Autorités publiques et exploitation commerciale de la voirie publique, *JCP Adm. 2016. 2213.* – Brenet, Le contrat domanial, *AJDA 2016. 1803* ✎. – Clamour, Le sort des contrats domaniaux, *RFDA 2016. 270* ✎. – Delvolvé, Service public, travaux publics, domaine public : les transformations de la concession, *Mél. Long, Dalloz, 2016.* – Delvolvé, Les contrats de la « commande publique », *RFDA 2016. 200* ✎. – Giacuzzo, Les commerces de façade, *JCP Adm. 2016. 2218.* – Manson, Le stationnement payant, outil d'exploitation économique de la voirie publique ?, *JCP Adm. 2016. 2215.* – Maugüé et Bachelier, Le CGPPP : bilan d'étape avant de nouvelles évolutions, *AJDA 2016. 1785* ✎. – Yolka, Les droits réels sur le domaine public (survol d'une décennie), *AJDA 2016. 1797* ✎. – Perez Mas et Lubin, La fiscalité des conventions à objet immobilier des personnes publiques, *Droit des concessions, Complément commande publique, mars 2017, n° 25* ; Occupation du domaine public : limites et libertés (dossier), *Gaz. cnes 24 févr. 2017.* – Fatôme et Lafaix, Attribution et consolidation des titres d'occupation du domaine public, *AJDA 2017. 611* ✎. – Llorens et Soler-Couteaux, Concession et occupation du domaine public, *Rev. CMP 2017. Repère 3.* – Roux, Loi Sapin II et droit de la commande publique : un pas (déjà) en arrière, trois bonds (bientôt ?) en avant, *Dr. adm. 2017. Alerte 15.* – Calmette, Le principe de précarité des autorisations domaniales : vers un changement de paradigme ?, *JCP Adm. 2017. Actu. 522.* – Bernardi, Publicité et mise en concurrence : quel type de procédure mettre en place en pratique, dans quels cas ?, *AJCT 2017. 489* . – Clamour, Une nouvelle donne pour l'occupation domaniale, *Rev. CMP 2017. Comm. 114.* – Douence, La réforme inaboutie de l'ordonnance relative à la propriété des personnes publiques, *Dr. voirie 2017. 118.* – Hansen, La réforme du code général de la propriété des personnes publiques, *JCP Adm. 2017. 2122* ; Les recours contre les autorisations contractuelles d'occupation du domaine public, *ibid. 2151.* – Lenoir, La domanialité publique à l'épreuve du droit de l'Union. A propos de l'ordonnance n° 2017-562 du 19 avril 2017, *JCP 2017. 1000.* – Maugüe et Terneyre, Ordonnance domaniale : un bel effort pour la modernisation du CGPPP !, *AJDA 2017. 1606* . – Patino-Martin, La version domaniale de la quasi-régie, *JCP Adm. 2017. 420.* – Roux, La dévolution transparente des titres d'occupation du domaine public, comm. de l'ordonnance n° 2017-562 du 19 avril 2017 relative à la propriété des personnes publiques, *Dr. adm. 2017. Étude 10.* – Sorbara, La modernisation du droit des propriétés publiques par l'ordonnance n° 2017-562 du 19 avril 2017, *RFDA 2017. 705* . – Sudres, Occupation du domaine privé, ordonnance du 19 avril 2017 et mise en concurrence, *AJDA 2017. 2110* . – Lekkou, Vers un code de la commande publique : l'obligation de mettre en concurrence les titres d'occupation du domaine public, *JCP Adm. 2018. 2003.* – Yolka, Libertés, propriété et domanialité publiques, *RDLF 2017. Chron. 2.* – Guenou-Ahlidja, Le sous-contrat en droit public, *RFDA 2018. 915* . – Monot-Fouletier, La gestion de l'image des domaines nationaux : de la consécration d'un régime juridique quasi domanial à la reconnaissance d'un droit réel spécial, *RD publ. 2018, p. 1573.* – Roux, Code de la commande publique et droit domanial, *JCP A 2019. 2026.* . – Renaudie, Trottinettes électriques en libre-service : une délibération et des questions, *JCP Adm. 2019, Actu 245.* – Roux, L'occupation privative du domaine public en roue libre (à propos du free-floating), *Dr. adm. 2019, alerte 63.* – Vaseux, Les contrats de sous-occupation du domaine public doivent-ils être précédés d'une procédure de sélection préalable ?, *JCP Adm. 2019, 2177.* – Yolka, Libre-propos sur le free-floating, *AJDA 2019. 749* . – Schmaltz, Actes du colloque : Domanialité publique et mise en concurrence, Toulouse, 28 sept. 2018, *Droit et Ville 2019* ; Mise en concurrence et propriétés publiques : quel champ d'application, *ibid. p. 5.* – Kalflèche, Une frontière complexe : la distinction entre les contrats domaniaux et les contrats de la commande publique, *Droit et Ville 2019, p. 35.* – Sorbara, L'inadéquation du régime du domaine public aux halles et marchés, *ibid. 65* . – Glinel, Contrats domaniaux et procédures de mise en concurrence : à la recherche d'une mise en cohérence des catégories juridiques, *ibid. 77* . – Schmiederer, Mise en concurrence des occupations : retour à la précarité ?, *ibid. 95* . – Allaire, La mise en concurrence préalable à la cession des biens immobiliers des collectivités territoriales : le cas du stade de la Beaujoire, *ibid. 2019, p. 111* . – Vaseux, Les contrats de sous-occupation du domaine public doivent-ils être précédés d'une procédure de sélection préalable, *JCP Adm. 2019, 2177.* – Bahoulala et Didriche, Les chausses-trappes de l'occupation du domaine public, *AJCT 2019. 184* ; *ibid. 239* . – Videlin, Transmissibilité du titre d'occupation privative et mise en concurrence, *ibid. 2019. 137* .

COMMENTAIRE

I. PRINCIPE DE LA NÉCESSITÉ D'UN TITRE

A. UTILISATION ET OCCUPATION DU DOMAINE PUBLIC

Le chapitre II n'est pas exempt d'ambiguïtés terminologiques. Il comporte des dispositions qui, parfois assimilent, parfois distinguent les notions d'utilisation et d'occupation du domaine public, alors qu'il aurait sans doute été très utile d'en approfondir et d'en préciser la signification (Delvolvé, L'utilisation privative des biens publics. Essai de synthèse, *RFDA 2009. 229*). En effet, alors que ce chapitre II s'intitule « Utilisation compatible avec l'affectation », il comporte une section I qui traite des « Règles générales d'occupation », ce qui tendrait à penser que l'occupation n'est qu'une modalité de l'utilisation. Mais cette section comporte à son tour un article unique (l'art. L. 2122-1) qui distingue l'occupation de l'utilisation.

Si l'on peut sans doute admettre que toutes les occupations du domaine public sont aussi des utilisations, il est difficile de soutenir que toutes les utilisations du domaine public sont assimilables à des occupations. L'occupation n'est en effet pas envisageable pour le domaine public mobilier. De la même façon, peut-être devrait-on établir une distinction selon que l'utilisation emporte ou non emprise sur le domaine public, pour ne réserver le qualificatif d'occupation qu'aux seules hypothèses dans lesquelles l'utilisation du domaine public donne lieu à une emprise. Invite également à opérer une telle distinction la solution, surprenante, selon laquelle les gestionnaires des commerces et distributeurs automatiques installés en bordure de la voie publique n'occupent pas le domaine public, mais l'utilisent pour exercer leur activité car leur clientèle est appelée à y stationner, et peuvent donc être assujettis au paiement d'une redevance domaniale (en ce sens : TA Nîmes, 3 mars 2011, *Lagrange et a. : AJDA 2011. 1022, concl. Héry ;* *JCP Adm. 2011. Actu. 231, obs. Sorbara ; Lettre du cadre territorial 2011. 20, obs. Menu. – Contra :* TA Grenoble, 15 déc. 2009, *Sté Lyonnaise de banque, Banque populaire des Alpes, Sté générale : AJDA 2010. 682, note Vallez* ; *JCP Adm. 2010, n° 2057, note Yolka.* – CAA Marseille, 26 juin 2012, V. *infra* note 5). Compte tenu de l'imprécision du CGPPP, les notions d'utilisation et d'occupation seront considérées comme équivalentes dans les lignes qui suivent.

B. SIGNIFICATION DE LA COMPATIBILITÉ

Le domaine public peut être le siège d'utilisations qui, sans concourir à son affectation, doivent être compatibles avec celle-ci. Ce rapport de compatibilité entre utilisation et destination du bien est plus souple que le rapport de stricte conformité (par exemple et en application d'une jurisprudence constante : la tenue d'un salon d'art contemporain, antiquités, brocantes livres anciens sur le Champs-de-Mars à Paris est compatible avec son affectation, TA Paris, 11 avr. 2019, *Comité d'aménagement du VII*e *arrondissement* ; n° 1716256 : *JCP Adm. 2019. 2214, obs. Deliancourt ; Rev. CMP 2019, chron. 6, obs. Soler-Couteaux, Zimmer et Waltuch.* V. CE, sect., 23 juin 1995, *Ministre de la culture*, n° 161311 A : *CJEG 1995, p. 376, concl. Arrighi de Casanova* ; CE 22 janv. 2007, Ass. *Les amis des tuileries*, n° 269360 : *Rev. CMP 2007, comm. 86, note Eckert ; Dr. adm. 2007, comm. 40*). Ce qui permet aux occupations compatibles de prolonger l'affectation et d'en être le complément. Le juge administratif peut donc être amené à vérifier que le droit d'utilisation accordé ne compromet pas l'usage conforme du bien. C'est là tout l'enjeu du régime juridique des occupations privatives du domaine public qui ne sont admissibles que dans le respect de la compatibilité avec l'affectation à une utilité publique déterminée.

C. JUSTIFICATION DES OCCUPATIONS PRIVATIVES

Si l'on considère comme utilisation privative le droit reconnu à un particulier d'utiliser à son profit et de manière individuelle une partie du domaine public, la contrariété avec les principes fondamentaux du droit domanial, et notamment avec la notion même d'affectation qui renvoie à l'usage direct du public ou à un service public, apparaît immédiatement. Néanmoins, la protection du domaine public doit se conjuguer avec des impératifs de valorisation et d'exploitation économique de ce dernier. Les personnes publiques propriétaires souhaitent que leurs dépendances domaniales puissent procurer des revenus financiers ou immobiliers tout en respectant l'affectation principale. Les utilisations privatives compatibles sont la manifestation la plus nette de cette évolution. Cette réflexion sur la valorisation des propriétés publiques a largement irrigué le travail du codificateur qui a multiplié les outils permettant de faciliter le recours à des formes d'utilisations privatives du domaine. L'importance économique des utilisations privatives (implantations privées sur des dépendances largement ouvertes au passage du public, par exemple) conduit à bien en circonscrire le régime juridique. L'article L. 2122-1 rappelle à cet égard la règle générale selon laquelle il n'y a pas d'occupation privative sans titre d'autorisation préalable. De surcroît, l'utilisation individuelle du domaine public dans des conditions qui priveraient le public d'un usage normal est prohibée (V. la formule retenue auparavant par l'art. L. 28 du C. dom. Ét.).

D. CARACTÈRES DU TITRE

Si l'utilisation collective du domaine public ne nécessite pas d'autorisation, l'utilisation privative, par contre, requiert une autorisation. L'occupation ou l'utilisation du domaine public ne peut résulter de simples tolérances, pas plus que d'un renouvellement tacite du titre initial. Elle doit être expresse, formelle et non implicite pour éviter de porter atteinte à l'affectation principale des biens concernés. En découle fort logiquement la nécessité d'un titre approprié pour construire un ouvrage à caractère permanent sur le domaine public. De plus, qu'elle prenne une forme unilatérale ou contractuelle, l'autorisation d'occupation est personnelle. Longtemps, ce caractère a fait obstacle à toute possibilité de cession. Cependant, dans certains cas, le titulaire d'une autorisation d'occupation pouvait sans violer le principe d'inaliénabilité s'engager à présenter un successeur à l'Administration moyennant rétribution, sauf prescription législative contraire (concernant les taxis, par ex., V. art. L. 3121-2 C. transp.). Par la suite, la jurisprudence a admis le transfert d'une autorisation ou d'une convention d'occupation du domaine public à un nouveau bénéficiaire, sous réserve de l'accord écrit du gestionnaire de la dépendance domaniale.

E. PROCÉDURE

1° DÉLIVRANCE DU TITRE

Le titre est délivré par la personne publique propriétaire, en principe par le préfet pour le domaine public de l'État et par l'exécutif local pour les collectivités territoriales (V. art. R. 2122-4).

Pour ce qui est de l'occupation du domaine public de l'État ou d'un établissement public de l'État, l'article R. 2122-3 détaille les éléments qui doivent être adressés (par pli recommandé avec demande d'avis de réception) ou déposés (contre décharge) au propriétaire par la personne sollicitant un titre (il s'agit en particulier de précisions sur le demandeur ainsi que d'une note indiquant les caractéristiques de l'occupation privative projetée) (V. art. R. 2122-3).

2° DÉLIVRANCE ANTICIPÉE DU TITRE SUR LE DOMAINE PRIVÉ

L'article 2 de l'ordonnance n° 2017-562 du 19 avril 2017 a complété l'article L. 2122-1 d'un second alinéa permettant la délivrance par anticipation d'un titre d'occupation sur le domaine privé. Cette disposition concerne l'hypothèse dans laquelle une personne publique, souhaitant engager une opération sur des biens relevant de son domaine privé, est conduite à incorporer ceux-ci dans le domaine public. Autrefois, une telle opération nécessitait de conclure un bail privé sur le domaine privé avec l'opérateur économique dans un premier temps, puis de délivrer une autorisation d'occupation du domaine public dans un second temps. Cette succession d'opérations n'est plus nécessaire désormais puisque l'article L. 2122-1, alinéa 2, permet à la personne publique d'anticiper la domanialité publique du bien : elle peut accorder le titre d'occupation sans attendre son incorporation effective dans le domaine public. Dans ce cas, le titre fixe le délai dans lequel l'incorporation doit se produire, lequel ne peut être supérieur à six mois, et il doit préciser le sort de l'autorisation accordée si l'incorporation ne s'est pas produite au terme de ce délai (caducité, prorogation ou renouvellement automatique).

3° MOTIFS DES DÉCISIONS ACCORDANT OU REFUSANT LES AUTORISATIONS

La légalité de la décision d'autorisation ou de refus s'apprécie à la lumière de la préservation de l'ordre public (protection des bonnes mœurs, danger pour la circulation et les piétons...), de la protection d'un service public, de la poursuite d'un but d'intérêt général qui peut aussi être un but d'intérêt financier, d'un intérêt esthétique (protection d'un site naturel), ou encore de la recherche d'une meilleure utilisation ou du souci de valorisation du domaine public.

4° ABROGATION

L'article R. 2122-7, qui semble valoir tant pour les occupations fondées sur un acte unilatéral que sur celles reposant sur un contrat, précise que l'autorisation peut être interrompue avant le terme prévu par le titre si l'occupant viole les clauses et conditions du titre ou pour un motif d'intérêt général.

II. NATURE DU TITRE

L'article R. 2122-1 rappelle que ce titre peut être accordé soit par la voie d'une décision unilatérale soit par celle d'une convention.

A. DISTINCTION

Il existe deux types d'autorisation unilatérale qui, toutes les deux, visent à permettre à un particulier d'occuper privativement, et pour un usage compatible avec son affectation, une portion du domaine public : le permis de stationnement, d'une part, qui est délivré pour une occupation du domaine public sans emprise en sous-sol et qui ne modifie pas l'assiette du domaine (installation de chaises et tables de terrasse de café ou de restaurant, échafaudages, ventes sur le trottoir...) ; la permission de voirie, d'autre part, qui est utilisée lorsque l'occupation implique une emprise au sol (installation de canalisations, de mobilier urbain, palissades de chantier scellées dans le sol, kiosques à journaux...).

La concession d'occupation domaniale ou la concession de voirie est, quant à elle, un contrat conclu entre la personne publique en charge de la gestion du domaine et l'occupant en vue d'une occupation des dépendances du domaine public compatible avec son affectation. Par détermination de la loi, cette convention est toujours un contrat administratif.

Entre ces deux catégories d'actes (unilatéraux et contractuels), existent parfois des actes intermédiaires, c'est-à-dire des actes administratifs unilatéraux doublés d'un cahier des charges qui les rapprochent fortement d'authentiques contrats (Bréchon-Moulènes, Une technique juridique explosive. L'« autorisation conventionnelle » d'occupation du domaine public, *Mél. G. Burdeau, LGDJ, 1977, p. 753*. – Sur les limites de la distinction entre acte unilatéral et contrat, V. not. : Manson, L'occupation contractuelle du domaine public : essai de clarification et de remise en ordre, *RD publ. 2009. 19*. – C. Mamontoff, Le rapprochement des régimes de l'autorisation et du contrat d'occupation du domaine public, *Mél. M. Guibal, Montpellier, 2006, t. 1, p. 517*) ou encore des contrats administratifs qui ont plus été imposés par l'administration à ses cocontractants que négociés avec eux (CE 21 oct. 1988, *SARL Cetra, Lebon 364 ; Rev. adm. 1988. 529, note Terneyre* : s'agissant d'une permission de voirie dont la durée a été prolongée par un acte qualifié de « convention », le juge administratif considère qu'elle conserve sa nature d'acte unilatéral. – V. aussi : CE 27 févr. 1995, *Torre : Lebon 109 ; 1996. 1127, concl. Bachelier*). Il n'est pas exclu non plus que certaines utilisations du domaine public nécessitent à la fois une autorisation et une convention, comme cela est le cas en ce qui concerne l'utilisation privative de l'espace hertzien (V. L. n° 89-25 du 17 janv. 1989, art. 13. – V. L. n° 86-1067 du 30 sept. 1986, art. 28 mod.).

B. EFFETS

L'autorisation prend la forme d'un arrêté délivré par deux autorités distinctes. La délivrance d'un permis de stationnement est en principe de la compétence de l'autorité titulaire du pouvoir de police administrative, alors que la délivrance d'une permission de voirie incombe à l'autorité administrative chargée de la conservation du domaine. Toutefois les compétences de gestion et de police peuvent parfois être si étroitement imbriquées que le juge a admis la légalité de permis de stationnement délivrés pour des motifs liés à la gestion du domaine. Dans le même sens, le fait qu'un arrêté soit pris pour des motifs d'ordre public et de sécurité publique n'a pas pour effet de lui retirer son caractère d'acte relatif à l'occupation du domaine public ; tout comme sera admise la compétence de l'autorité domaniale et de police pour installer des dispositifs de ralentissement sur une voie publique dès lors que la première ne porte pas atteinte au pouvoir de police et que la seconde ne modifie pas l'assiette du domaine sans accord de la collectivité propriétaire.

La concession d'occupation domaniale ou la concession de voirie sont des accords de volonté conclus entre la personne publique en charge de la gestion du domaine et une autre personne (publique ou privée) en vue d'une occupation compatible des dépendances du domaine public. Par détermination de la loi, cette convention est toujours un contrat administratif. Ainsi, hier en vertu de l'article L. 84 du code du domaine de l'État, qui reprenait les dispositions du décret-loi du 17 juin 1938 aujourd'hui abrogé par l'ordonnance du 21 avril 2006, et désormais en application de l'article L. 2331-1, « sont portés devant la juridiction administrative les litiges relatifs : 1° aux autorisations ou contrats comportant occupation du domaine public, quelle que soit leur forme ou leur dénomination, accordés ou conclus par les personnes publiques ou leurs concessionnaires » (V. le comm. de cet art.).

III. OCCUPATION SANS TITRE

L'occupation sans titre constitue une faute commise par l'occupant qui est tenu de réparer le préjudice causé au gestionnaire par ladite occupation. L'Administration a, de son côté, le devoir de faire exécuter une mesure d'expulsion. Plusieurs moyens s'offrent à elle. Il peut s'agir d'une expulsion d'office si les conditions, contraignantes, de l'exécution d'office sont réunies (inexistence d'une sanction légale, urgence ou encore habilitation par un texte législatif spécial, CE 8 avr. 1961, *Dame Klein : Lebon 216*). L'hypothèse est rare. Si ces conditions ne sont pas remplies, l'expulsion d'office est illégale.

Si une infraction a été commise, l'Administration peut recourir à l'action répressive dans le cadre des procédures de contravention de voirie ou de grande voirie. Le moyen le plus utilisé par l'Administration est toutefois sans doute de faire procéder à l'expulsion à la suite d'un recours en référé sous réserve que les conditions d'urgence, d'utilité, d'absence d'obstacle à l'exécution d'une décision administrative et d'absence de contestation sérieuse soient réunies (V. art. L. 521-3 CJA). Après des fluctuations jurisprudentielles, la compétence du juge administratif est en effet acquise pour connaître d'une telle demande d'expulsion. ❑

PLAN DES ANNOTATIONS

I. PRINCIPES DIRECTEURS

A. LE TITRE

1. *Nécessité d'un titre.* Nul ne peut sans autorisation délivrée par l'autorité compétente occuper une dépendance du domaine public national ou l'utiliser dans des limites excédant le droit d'usage qui appartient à tous. • Civ. 1re, 21 janv. 1992, n° 90-13.848 P : *D. 1992. IR 61.* ♦ V. aussi • CAA Paris, 3 avr. 1990, *Min. Transports c/ Andresz : Lebon 434 ; AJDA 1990. 647, note Prétot .* ♦ Les dispositions de l'art. L. 123-1 CPI, qui prévoient qu'à l'expiration des soixante-dix années suivant l'année civile du décès de l'auteur d'une œuvre, il n'existe plus, au profit de ses ayants droit, de droit exclusif d'exploiter cette œuvre, n'ont ni pour objet, ni pour effet de faire obstacle à l'application à des œuvres relevant du 8° de l'art. L. 2112-1 CGPPP des règles découlant de ce code, et notamment de celles relatives aux conditions de délivrance d'une autorisation devant être regardée comme tendant à l'utilisation privative de ce domaine public mobilier. L'expiration de la période de soixante-dix ans mentionnée à l'art. L. 123-1 CPI ne justifie donc nullement une utilisation libre et gratuite des œuvres d'art installées dans un musée. • CE 23 déc. 2016, *Sté Photo Josse*, n° 378879.

2. A partir du jour de l'expiration du titre, l'occupation du domaine public national devient irrégulière. • CE 17 janv. 1975, *Courteille : Rev. adm. 1975. 31.*

3. Ces autorisations d'occupation ne constituent pas des droits réels immobiliers et ne sont donc pas susceptibles de faire l'objet d'une expropriation. • CE 4 mars 1991, *Palanque*, n° 79528 : *Lebon T. 930 ; D. 1992. Somm. 379, obs. Bon*. ♦ V. également • Cons. const. 30 déc. 1982, n° 82-150 DC : *AJDA 1983. 236 et 252, note Broussole.* ♦ L'autorisation d'occupation en ce sens ne constitue pas un élément d'actif incorporel. • CE, sect., 21 déc. 1977, *Min. Économie c/ Sté X. : Lebon 522.* ♦ *Contra* : • CE 26 févr. 1990, *SARL SVA Brambi-fruit : Lebon 48 ; RJF 1990. 311.*

4. *Dépassement du droit d'usage qui appartient à tous.* L'obligation d'être en possession d'un titre juridique autorisant l'occupation ou l'utilisation du domaine public n'est pas générale. Elle ne concerne en effet que certaines utilisations ou occupations. Contrairement à ce que l'on pourrait penser *a priori*, l'art. L. 2122-1 ne retient pas la notion d'occupation ou d'utilisation privative comme critère. Il renvoie en effet aux « limites dépassant le droit d'usage qui appartient à tous ». Ce dernier n'étant pas défini par le code, on peut s'interroger quant à sa signification exacte. S'agit-il d'un critère totalement nouveau ou plus modestement de la nouvelle formulation d'un critère connu ? Il semble que cette dernière interprétation doive être privilégiée car la formule, outre qu'elle résulte de l'ancien art. L. 28 du C. domaine Ét., renvoie en réalité à la notion bien connue d'utilisation ou d'occupation privative. Occuper ou utiliser le domaine public en dépassant les limites du droit d'usage qui appartient à tous revient à l'utiliser privativement. Comme le relève René Chapus (Droit administratif général, *Montchrestien, 15e éd., 2001, t. 2, n° 591*), les utilisations privatives traduisent « l'occupation, par une personne déterminée, d'une dépendance du domaine public, qui du fait de cette occupation se trouve soustraite à toute possibilité d'utilisation par d'autres ». Dans le même sens, Yves Gaudemet considère que les utilisations et occupations privatives sont celles qui « comportent réserve exclusive d'une portion du domaine à un usager individuellement identifié » (Droit administratif des biens, *LGDJ, 13e éd., 2007, t. 2, n° 296, p. 155.* • CAA Nancy, 1re ch., 5 nov. 2009, *M. A. c/ Ville de Strasbourg*, n° 09NC00181 : *Rev. CMP 2010. Comm. 38, obs. Llorens* (« délivrance d'une autorisation privative du domaine public, dont l'objet même est de soustraire à l'usage commun une portion du domaine public au profit d'un particulier »). ♦ Le régime de la propriété publique n'étant pas au nombre des matières pour lesquelles, en application de l'art. 34 de la Const., la loi fixe les règles mais de celles dont elle détermine les principes fondamentaux, le législateur ne méconnaît pas l'étendue de sa propre compétence lorsqu'il s'abstient de déterminer les limites du droit d'usage des dépendances du domaine public. Cette QPC ne présentant pas un caractère sérieux, il n'y a pas lieu de la transmettre au CE. • CAA Marseille, 5 sept. 2016, *M. B.*, n° 16MA01250 QPC : *Rev. CMP 2016. Comm. 264, obs. Hoepffner.*

5. *Absence d'utilisation privative : le cas de la « taxe trottoir ».* Si la distinction entre utilisation privative et utilisation collective du domaine public présente une utilité incontestable, notamment en ce qu'elle permet de dresser un panorama à peu près complet des types d'occupation domaniale, elle rencontre aussi certaines limites. Le contentieux généré par les taxes « trottoir », « kébab » ou « DAB » (distributeurs automatiques de billets) le montre parfaitement. Ces « taxes » sont en réalité des redevances pour occupation du domaine public réclamées par certaines communes aux commerçants et banquiers, dont les comptoirs, guichets et autres distributeurs donnent sur le domaine public. La question est de savoir si ces « commerces de façade » (comme la doctrine les qualifie parfois) sont à l'origine d'une occupation privative du domaine public au seul motif que leur clientèle stationne – le temps de faire un achat ou un retrait d'argent – sur le domaine public (trottoir, place publique, etc.). Si la question n'est pas nouvelle, elle n'avait jamais été clairement évoquée au contentieux. • CE 22 juin 1951, *Daudignac*, nos 00590, 02551 et 1392 : *Lebon 362 ; D. 1951. 591, concl. Gazier ; GDDAB, 3e éd., 2018. Comm. 52, note Melleray* : en l'espèce l'activité de photographe-filmeur est implicitement considérée comme une utilisation collective du domaine public, car si elle avait été considérée comme une utilisation privative, l'exigence d'une autorisation préalable aurait alors été licite), jusqu'au développement récent des « taxes » précitées. ♦ Le tribunal administratif de Nîmes a admis la licéité d'une telle redevance qu'il a assimilée à la « contrepartie d'une modalité d'occupation du domaine public et de l'avantage qu'elle procure ». • TA Nîmes, 3 mars 2011, *Mme Lagrange, Sté Le palais des pains, Sté ABC La brioche chaude et a., M. Chiappinelli et a.*, n° 1002678 : *AJDA 2011. 1022, concl. Héry*. ♦ Le tribunal administratif de Grenoble : à propos d'une délibération du conseil municipal d'Annecy antérieure à l'entrée en vigueur du CGPPP. • TA Grenoble, 15 déc. 2009, *Sté Lyonnaise de banque, Banque populaire des Alpes, Sté générale : AJDA 2010. 682, note Vallez* ; *JCP. Adm. 2010. 2057, note Yolka.* ♦ ... Puis la cour administrative d'appel de Marseille ont refusé d'assimiler ces situations à des hypothèses d'occupation privative du domaine public. Cette dernière juridiction a notamment considéré que « l'utilisation, le temps d'une transaction, de la dépendance du domaine public de la commune d'Avignon constituée par les trottoirs bordant les voies publiques de ladite commune et normalement affectée à la circulation générale des piétons, par les clients des établissements bancaires disposant de distributeurs automatiques bancaires installés en façade de bâtiment et accessibles directement depuis ledit domaine public, ainsi que de tous les commerces pratiquant des ventes ou activités diverses au travers de vitrines ou de comptoirs ouvrant sur le même domaine, présente un caractère momentané ; qu'une telle utilisation du domaine public, non privative, ne dépasse pas le droit d'usage qui appartient à tous et ne requiert pas ainsi la délivrance par la commune d'une autorisation ; que, dès lors, s'il est constant que ladite utilisation du domaine public communal concourt à l'exercice par les établissements concernés d'une partie de leurs activités commerciales et économiques, elle ne peut toutefois donner lieu à l'assujettissement desdits établissements au paiement d'une redevance d'utilisation du domaine public ». • CAA Marseille, 26 juin 2012, *M. Chiappinelli et a., Mme Lagrange*, n° 11MA01675 : *AJDA 2012. 1254* ; *ibid. 2109, note Deliancourt* ; *AJCT 2012. 503, note Tambou* ; *Dr. adm. 2012. Comm. 82, note Melleray ; RFDA 2012. 902, concl. Deliancourt*. ♦ Le Conseil d'État a confirmé cette analyse dans l'affaire jugée par le tribunal administratif de Nîmes précitée au motif que « la présence momentanée des clients des établissements en cause sur le domaine public, le temps d'effectuer une transaction, qui n'est ni exclusive de la présence d'autres usagers ni incompatible avec l'affectation de celui-ci, n'est pas constitutive, pour ces établissements, quand bien même elle est nécessaire au mode d'exercice de leur commerce d'une occupation du domaine public excédant le droit d'usage qui appartient à tous ». • CE 31 mars 2014, *Cne d'Avignon*, n° 362140 : *Lebon T. 652 ; AJDA 2014. 709, obs. Poupeau* ; *ibid. 2134, note Foulquier* ; *RJEP 2014. Comm. 34, concl. Escaut ; BJCL 2014. 335 ; JCP. Adm. 2014. Actu. 320, note Tesson, 2236, note Lohéac-Derboulle ; Dr. adm. 2014. Comm. 36, note Giacuzzo.*

6. *Absence d'utilisation privative : commerçant ambulant qui s'arrête momentanément sur le domaine public afin d'y effectuer une transaction.* Le vendeur de beignets sur la plage n'est pas un occupant privatif du domaine public, et n'est donc pas tenu de s'acquitter du paiement d'une redevance de 300 euros par an que lui réclamait le maire de la commune. La cour administrative d'appel de Marseille considère en effet que « le versement d'une redevance d'occupation ou d'utilisation du domaine public ne peut être exigé des professionnels ambulants circulant sur une plage publique en quête d'acheteurs lorsqu'ils se bornent à s'arrêter momentanément pour conclure une vente ». • CAA Marseille, 9 avr. 2013, *Cne du Lavandou*, n° 11MA02622 : *JCP Adm. 2013. 2181, concl. Deliancourt ; Rev. CMP 2013. Chron. 6, Soler-Couteaux et Llorens.* ♦ Cette solution rejoint celle par laquelle le Conseil d'État avait jugé que le versement d'un droit de stationnement ne pouvait pas être exigé des professionnels ambulants circulant sur les voies publiques en quête d'acheteurs lorsqu'ils se bornent à s'arrêter momentanément pour conclure une vente. • CE 15 mars 1996, *Synd. des artisans, fabricants de pizza non sédentaires Provence-Côte d'Azur*, n° 133080 : *Lebon 78.*

7. *Absence d'utilisation privative : l'apposition d'une plaque professionnelle sur la façade d'un immeuble.* N'occupe pas privativement le domaine public l'avocat qui appose sa plaque professionnelle sur la façade de l'immeuble dans lequel il exerce sa profession, car il ressort de l'examen des photographies versées aux débats que la plaque professionnelle est fixée parallèlement à la façade de l'immeuble dans lequel il exerce son activité professionnelle, sur un support en plexiglas lui-même chevillé sur le mur nu du bâtiment, qu'elle fait légèrement saillie sur la voie publique, qu'elle n'affecte en aucune façon la circulation des piétons. Eu égard aux dimensions de cet objet, à son volume et à la configuration des lieux, la présence de cette plaque ne peut être regardée, dans les circonstances de l'espèce, comme excédant le droit d'usage appartenant à tous et caractérisant ainsi un usage privatif du domaine public. • CAA Marseille, 19 mai 2016, n° 14MA03832 : *AJDA 2016. 1456, note Giacuzzo* ; *RFDA 2016. 1126, concl. Deliancourt*.

8. *Absence d'utilisation privative : l'utilisation à des fins commerciales de l'image du château de Chambord.* L'utilisation à des fins commerciales de l'image d'un bien du domaine public – le château de Chambord – ne peut être assimilée à une utilisation privative du domaine public. • CE, ass., 13 avr. 2018, *Ét. publ. du Domaine national de Chambord*, n° 397047 A : *AJCT 2018. 463* ; *AJDA 2018. 823, obs. de Montecler* ; *ibid. 1850, note Tarlet* ; *BJCL 2018. 290, obs. Fitzjean O Cobhthaigh ; Rev. CMP 2018. Repère 6, obs. Llorens et Soler-Couteaux ; Rev. CMP 2018. Chron. 7, obs. Soler-Couteaux, Zimmer et Waltuch ; D. 2018. 1051, note Bruguière* ; *Dalloz IP/IT 2018. 490, note Cornu* ; *Dr. adm. juin 2018. 8 ; ibid. 2018.*

Comm. 42, note Brenet ; Dr. voirie 2018, n° 203, p. 92, note Rassafi-Guibal ; JCP Adm. 2018. Actu. 389 ; ibid. 2018. 2156, note Roux ; ibid. 2019. 2127, chron. ; JCP 2018. Actu. 485, obs. Erstein ; ibid. 1060, note Hansen ; ibid. 1560, chron. Éveillard ; RDI 2018. 345, note Tarlet ; RFDA 2018. 461, note Foulquier • TA Orléans, 6 mars 2012, *Sté les Brasseries Kronenbourg*, n° 1102187 : *AJDA 2012. 1227, concl. Francfort ; Rev. CMP 2013. Chron. 6, note Soler-Couteaux et Llorens ; D. 2012. 2222, note Bruguière* • CAA Nantes, 16 déc. 2015, *Établ. public du Domaine national de Chambord*, n° 12NT01190 : *AJDA 2016. 435, note Foulquier ; RDI 2016. 89, note Foulquier ; Rev. CMP 2016. Chron. 2, n° 18, note Llorens et Soler-Couteaux ; JCP Adm. 2016, 2016, note Hansen* (l'hypothèse ici évoquée est différente de celle jugée dans l'arrêt *Cne de Tours c/ EURL Photo Josse* (préc.) où il y avait véritablement utilisation privative dans la mesure où la photographie des œuvres d'art d'un musée à des fins d'exploitation commerciale supposait qu'elles fussent soustraites provisoirement à l'exposition du public). De la même façon, ne peut être considérée comme une utilisation privative du domaine public, la prise de vue, non d'un immeuble du domaine public, mais à partir de celui-ci (en l'espèce, la terrasse de l'Arc de Triomphe).Dans ce cas, il n'y a assurément pas occupation privative du domaine public dès lors que la " réalisation matérielle de la prise de vue sur Paris (...) s'est opérée en extérieur, sans installation de pied ou autre équipement et sans interruption des visites. • TA Paris, 3 mai 2019, *Sté Getty Images*, n° 188220/4-2 : *JCP Adm. 2019. 2209, comm. Yolka ; Rec. CMP 2019, chron. 29, obs. Soler-Couteaux, Zimmer et Waltuch.*

9. Autorisation préalable pour l'utilisation à des fins commerciales de l'image des domaines nationaux. L'art. 75 de la L. n° 2016-925 du 7 juill. 2016 relative à la liberté de création, à l'architecture et au patrimoine (codifié à l'art. L. 621-42 C. patr.) a institué un régime d'autorisation préalable spécifique aux six domaines nationaux définis par l'art. 1er du Décr. n° 2017-720 du 7 mai 2017 (codifié à l'art. R. 621-98 C. patr.). Ce dispositif, qui n'était pas applicable au litige en cause dans l'affaire du domaine de Chambord, prévoit que l'utilisation à des fins commerciales de l'image des domaines de Chambord, du Louvre et des Tuileries, de Pau, du château d'Angers, du palais de l'Élysée et du palais du Rhin, sur tout support, est soumise à l'autorisation préalable du gestionnaire de la partie concernée du domaine national. Cette autorisation n'est pas requise lorsque l'image est utilisée dans le cadre de l'exercice de missions de service public ou à des fins culturelles, artistiques, pédagogiques, d'enseignement, de recherche, d'information et d'illustration de l'actualité. Elle peut prendre la forme d'un acte unilatéral ou d'un contrat et être assortie de conditions financières. Si tel est le cas, la redevance doit alors tenir compte des avantages de toute nature procurés au titulaire de l'autorisation. Sur la constitutionnalité de l'art. L. 621-42, • Cons. const., 2 févr. 2018, *Assoc. Wikimédia France*, n° 2017-687 QPC : *AJCT 2018. 155, note Dreyfus ; Constitutions 2018. 86, obs. Boul ; Dalloz IP/IT 2018. 490, note Cornu ; JCP Adm. 2018, Actu. 134, obs. Boul ; JT 2018, n° 206, p. 12, obs. Verjat.*

10. Responsabilité. Si les personnes publiques ne peuvent pas instituer, en dehors des cas prévus par la loi, un régime d'autorisation préalable en vue de l'utilisation de l'image des biens relevant de leur domaine public, elles peuvent agir en responsabilité quasi délictuelle, devant le juge civil, lorsque cette utilisation leur cause un trouble anormal. • CE, ass, 13 avr. 2018, *Établissement public du domaine national de Chambord*, n° 397047 : *préc. note 8*. V., égal., • Cass., ass. plén., 7 mai 2004, *SCP Hôtel du Girancourt c/ SCIR Normandie*, n° 02-10.450 P : *D. 2004. 1545, note Bruguière ; ibid. 1459, obs. Atias, note Dreyer ; JCP 2004. 147.3 Chron. Tricoire ; ibid. I, 163, note Viney ; ibid. 171, chron. Périnet-Marquet ; ibid. II, 10085, note Caron ; RTD civ. 2004. 528, note Revet.*

11. Existence d'une utilisation privative : la prise de vue d'œuvres relevant des collections d'un musée à des fins de commercialisation des reproductions photographiques lorsqu'elle nécessite une soustraction à l'exposition du public. La prise de vue d'œuvres relevant des collections d'un musée, à des fins de commercialisation des reproductions photographiques ainsi obtenues, doit être regardée comme une utilisation privative du domaine public mobilier lorsqu'elle nécessite une soustraction à l'exposition du public. Ce n'est donc pas la prise de vue qui, en tant que telle, constitue l'occupation privative, mais les conditions matérielles dans lesquelles elle s'opère. • CE, ass, 13 avr. 2018, *Établissement public du domaine national de Chambord*, n° 397047 : *préc. note 8*. • CE 29 oct. 2012, *Cne de Tours c/ EURL Photo Josse*, n° 341173 : *Lebon 368 ; AJDA 2013. 111, note Foulquier ; BJCL 2013. 54, concl. Escaut et obs. Poujade ; Rev. CMP 2012. Comm. 342, note Devillers, Chron. 6, Soler-Couteaux et Llorens ; Dr. adm. 2012. Comm. 96, note Ziani ; JCP Adm. 2012. 2390, note Carpi-Petit ; ibid. 2391, note Vocanson ; JCP Adm. 2013. 2125, chron. Chamard-Heim ; JCP 2013. 158, chron. Éveillard* • CE 23 déc. 2016, *Sté Photo Josse*, n° 378879. ♦ V. aussi : • TA Paris, 25 oct. 1990, *Sté VNP Corporation*, n° 8708023-4, occupe privativement le domaine public la société qui photographie des groupes de touristes dans la mesure où les prises de vue s'effectuent à partir d'appareils et d'équipements installés, même très provisoirement, sur le domaine public. ♦ *Contra*, pour des clichés réalisés depuis la terrasse de l'Arc de Triomphe. • TA Paris, 3 mai 2019, *Sté Getty Images*, n° 188220/4-2 : *JCP A 2019, n° 29, note Yolka.*

12. Existence d'une utilisation privative : le free-floating. La question du statut de l'utilisation du domaine public s'est également posée au sujet de l'occupation de la place de la République par des personnes se réclament du mouvement « Nuit Debout » (Deliancourt, Agora(phobie) ; *AJDA 2016. 1033*) ou, plus récemment, du domaine public par les utilisateurs de trottinettes, vélos électriques et engins relevant de services en « free floating », c'est-à-dire d'engins de mobilité sans stations d'attache et partagés (Pontier, Trottinettes et autres engins de déplacement personnel ; *AJDA 2019. 1* ; Renaudie Trottinettes en libre-service : une délibération, des questions ; *JCP Adm. 2019, actu 245* ; Roux, L'occupation privative du domaine public en roue libre (à propos du free floating ; *Dr. adm. 2019, alerte 63* ; Yolka, Libres propos sur le free floating ; *AJDA 2019. 742*). Au-delà d'évidentes questions de sécurité que posent l'utilisation de ces engins (questions auxquelles le pouvoir réglementaire a répondu en soumettant leur utilisation au code de la route. V. Décr. n° 2019-1082 du 23 oct. 2019 relatif à la réglementation des engins de déplacement personnel – art. L. 317-1 et L. 317-5 C. route), s'est posée la question de savoir si le free-floating pouvait être assimilée à une occupation privative du domaine public et pouvait donner lieu au paiement d'une redevance de la part de ceux qui exploitent ce service. Prolongeant l'initiative de certaines collectivités (dont la ville de Paris-voir par exemple le projet de délibération 2019 Direction de la Voirie et des Déplacements, mars 2019), l'art. 41-V de la L. n° 2019-1428 du 24 déc. 2019 d'orientation des mobilités a introduit un nouvel art. L. 1231-17 dans C. transp. afin d'encadrer l'activité de free-floating sur le domaine public. Il soumet la délivrance du titre aux opérateurs de services de partage de véhicules, cycles et engins permettant le déplacement de personnes ou le transport de marchandises aux conditions prévues par le titre II du livre 1er de la deuxième partie du CGPPP (Titre II consacré à l'utilisation du domaine public). Cet art. L. 1231-17 C. transp. détermine, notamment, les conditions d'attribution de ce titre d'occupation (publicité préalable à la délivrance du titre de nature à permettre la manifestation d'un intérêt pertinent et à informer de manière non discriminatoire les candidats potentiels sur les conditions générales d'attribution, lorsqu'au moins l'une des conditions prévues au second alinéa de l'art. L. 2122-1-1 CGPPP est remplie- occupation de courte durée ou nombre d'autorisations disponibles pour l'exercice de l'activité économique qui n'est pas limitée), détermine les prescriptions que peut comporter le titre d'occupation domaniale (informations que doit transmettre l'opérateur relatives au nombre et aux caractéristiques des véhicules, cycles et engins pouvant être mis à disposition des utilisateurs, nombre de véhicules, cycles et engins, conditions spatiales de leur déploiement, etc. V. *infra* note 28) et impose le versement, par les opérateurs économiques, d'une redevance pour occupation du domaine public.

13. Nécessité d'un titre exprès et écrit. • CE 17 déc. 1975, *Sté Letourneur Frères : RD publ. 1976. 1083.* ♦ L'occupation ou l'utilisation du domaine public ne peut résulter de simples tolérances. • CE 24 mai 1995, *Choukroun : Lebon 781* • CAA Paris, 26 sept. 2017, *B. c/ SNCF Réseau*, n° 16PA01465. ♦ Ni la tolérance dont l'Administration a fait preuve à son égard, ni le fait qu'elle ait acquitté la redevance d'occupation ne valent renouvellement tacite du titre initial. • CE 17 déc. 1975, *Sté Letourneur Frères : préc.* ♦ V. également • CE 19 mars 1943, *Cie des Sablières de la Seine : Lebon 74* • CE 25 juin 1969, *Mosseri : Lebon 342 ; AJDA 1969. 700* • CE 11 juin 1971, *Chanuel : Lebon 439* • CAA Bordeaux, 4 nov. 2003, *Assoc. Le Yacht club*, n° 97BX01770 : *Rev. CMP 2004, n° 15, obs. Eckert* • CAA Douai, 6 mai 2014, *SARL Fourré Lagadex Aviation*, n° 13DA00057 : *Rev. CMP 2014, n° 198, note Eckert ; ibid. 2015. Chron. 2, obs. Llorens et Soler-Couteaux* • CE sect., 19 juin 2015, *Sté immob. du port de Boulogne*, n° 369558 : *Lebon 207 ; AJCT 2015. 528, note Dreyfus ; AJDA 2015. 1413, chron. Lessi et Dutheillet de Lamothe ; Constitutions 2015. 397, note Giacuzzo ; Rev. CMP 2015. Repère 7, obs. Llorens et Soler-Couteaux ; ibid., n° 220, note Eckert ; Dr. adm. 2015. Comm. 61, note Brenet ; JCP Adm. 2015. Actu. 571, obs. Langelier ; ibid. 2243, note Hansen ; RDI 2015. 537, note Foulquier* • CE 22 juill. 2016, *SARL Fouré Lagadec Aviation*, n° 382152 : *Rev. CMP 2016. Comm. 245, note Hoepffner* • CAA Paris, 26 sept. 2017, *B. c/ SNCF*, n° 16PA01465 : *Rev. CMP 2017. Comm. 283, note Hoepffner.* ♦ La délivrance d'un permis de construire sur le domaine public ne vaut pas autorisation d'occupation de celui-ci. • TA Nice, 18 mai 1973, *Assoc. des riverains du front de mer de Saint-Raphaël*, nos 12886 et 12875 • CE 27 juill. 1984, *Min. de la Mer c/ Mme Galli : AJDA 1985. 47, note Rézenthel et Pitron* • CAA Bordeaux, 12 juin 2008, *Min. de l'écologie, du développement et de l'aménagement durables*, n° 06BX01255. ♦ Un permis de construire ne peut être légalement accordé que si le pétitionnaire est en possession, à la date de la décision, d'une autorisation d'occupation régulièrement délivrée. • CE 23 sept. 2005, *Cne de Saint-Vallier-sur-Rhône : AJDA 2005. 2199*. ♦ Dans la mesure où, en vertu de l'art. 17 de la DDHC, la protection du domaine public est un impératif d'ordre constitutionnel, le pouvoir réglementaire ne peut, conformément à la loi du 12 avr. 2000 relative aux droits des citoyens dans leurs relations avec les administrations, instaurer un régime d'autorisation tacite d'occupation du domaine public. • CE 21 mars 2003, *Synd. intercom. de la périphérie de Paris pour l'électricité et les réseaux*, n° 189191 : *Lebon 144 ; GDDAB, 3e éd., 2018. Comm. 54, obs. Chamard-Heim ; Dr. adm. 2003, n° 127 ; Ann. voirie 2003. 55, note Duval ; JCP Adm. 2003. 1484, note Moreau ; Rev. CMP 2003, n° 128, note Eckert ; RFDA 2003. 903, note Soulié ; AJDA 2003. 1935, note Subra-de-Bieusses ; CJEG 2003. 341, concl. Austry.* ♦ La simple tolérance par la personne publique de la poursuite, suite à l'expiration d'un titre d'occupation privative, de l'occupation d'un ouvrage construit sur le domaine public n'est pas de nature à suppléer l'absence d'autorisation ni ne constitue une autorisation tacite d'occupation. • Civ. 3e, 3 juill. 2013, *Cne de Biarritz*, n° 12-20.237 : *AJDA 2013. 1420, obs. Grand ; Rev. CMP 2013. Chron. 6, obs. Llorens et Soler-Couteaux ; Constr.-Urb. 2013. Comm. 135, note Cornille ; JCP Adm. 2013. Actu. 685, obs. Friedrich ; ibid. 2344, note Pauliat ; JCP 2013. 1861 ; JCP N 2013. 1248, chron. Périnet-Marquet ; ibid. Actu. 804 ; RFDA 2013. 1153, note Lavialle ; RJEP janv. 2014, comm. 2, note Chamard-Heim.* ♦ La CAA de Marseille a considéré, à rebours de ce que semblait impliquer la jurisprudence classique, qu'une autorisation d'occupation privative du domaine public peut être orale. • CAA Marseille, 18 déc. 2012, *Suzzarini*, n° 11MA00981 : *AJDA 2013. 325 ; BJCL 2013. 47, concl. Deliancourt et note Poujade.* ♦ V., présentant les contradictions de la jurisprudence, * Rép. min. n° 06114 : *JO Sénat, 15 mai 2014, p. 1138 ; Rev. CMP 2014. 211, obs. Roman-Séquense, et 2015. Chron. 2, obs. Llorens et Soler-Couteaux.* ♦ L'exigence d'un titre exprès et écrit a été confirmée par la Section du contentieux, qui fonde cette solution sur les exigences qui découlent tant de l'affectation normale du domaine public que des impératifs de protection et de bonne gestion de ce domaine. • CE, sect., 19 juin 2015, *Sté immobilière du port de Boulogne*, n° 369558 : *Lebon 207 ; AJCT 2015. 528, obs. Dreyfus ; AJDA 2015. 1413, chron. Lessi et Dutheillet de Lamothe ; Rev. CMP 2015. Repère 7, obs. Llorens et Soler-Couteaux ; ibid., n° 220, note Eckert ; JCP Adm. 2015. Actu. 571, obs. Langelier ; ibid. 2243, note Hansen.*

14. Le juge ne peut se substituer à l'administration compétente et octroyer au requérant le titre que celle-ci lui a retiré. • CE 9 févr. 1966, *Cne de Saint-Pierre : Lebon 94.* ♦ En cas de cession d'une dépendance du domaine public, le titulaire d'un titre d'occupation ne peut se maintenir dans les lieux que si la collectivité qui a acquis le bien donne son accord écrit au transfert de son titre. • CAA Marseille, 15 déc. 2015, *Montpellier Méditerranée Métropole*, n° 14MA02370 : *AJDA 2016. 616, concl. Deliancourt ; Rev. CMP 2017. Chron. 2, par Llorens et Soler-Couteaux.*

15. Possibilité de transfert avec l'accord du gestionnaire du domaine : interdiction initiale. Longtemps, la jurisprudence a considéré que les autorisations d'occupation du domaine public étaient personnelles et incessibles : • CE 10 mai 1989, *Claude Munoz : Lebon T. 675 ; RD publ. 1989. 1805 ; GDDAB, 2e éd., 2015, n° 56, comm. Chamard-Heim.* • CE 6 nov. 1998, *Assoc. Amicale des bouquinistes des quais de Paris : Lebon T. 753 ; LPA 1999, n° 23, note Colin).* ♦ ... Le caractère personnel de l'autorisation d'occupation du domaine public faisait obstacle à sa transmission par voie de succession. • CE 5 juill. 1933, *Burgess-More : Lebon 742.* ♦ ... A sa cession à titre onéreux ou gratuit à un tiers repreneur de l'activité • CAA Marseille, 16 sept. 2003, *Partouche*, n° 01MA01008 • CE 31 juill. 2009, *Sté Jonathan Loisirs*, n° 316534 : *Lebon T. 739 ; BJCP 2009. 482, concl. Boulouis, obs. Maugüé ; Rev. CMP 2009. Comm. 332, note Eckert ; Dr. adm. 2009, n° 129 ; JCP 2009, n° 41, p. 42, chron. Plessix ; RDI 2010. 158, note Caille ; RJEP 2010. Comm. 17, note Chamard-Heim ; GDDAB, 3e éd., 2018. Comm. 64, note Chamard-Heim* • CAA Nantes, 14 oct. 2008, *Sté CM-CIC Lease : AJDA 2009. 845* • CE 26 mai 2004 *Sté Paloma et SCI La Colombe*, n° 242087). ♦ De même, les ayants droits ne pouvaient pas demander la transmission à leur bénéfice d'un titre d'occupation qui avait été délivré à une personne par la suite décédée. • CAA Nantes, 28 nov. 2014, n° 11NT01618. ♦ Il convient de distinguer la cession du titre d'occupation – qui était prohibée – de la délégation d'une activité sur la dépendance domaniale – qui est autorisée. Voir le cas d'un département autorisé à occuper le domaine public autoroutier en vue d'assurer la promotion et la valorisation des savoir-faire de l'Aveyron et de la région Midi-Pyrénées et qui a pu légalement autoriser un prestataire à intervenir pour exécuter cette mission sur le domaine public, le contrat litigieux ayant eu pour objet, non de transférer un droit réel à un tiers, mais de confier à un prestataire disposant de compétences particulières en la matière, la gestion et l'animation d'un espace d'ores et déjà aménagé. • CAA Bordeaux, 12 déc. 2013, *Dpt de l'Aveyron*, n° 12BX02065 : *Rev. CMP 2014. Comm. 64 obs. Ubaud-Bergeron.* ♦ De la même façon, le caractère personnel du titre d'occupation n'a jamais fait obstacle à un changement d'associé au sein de la société titulaire de cette autorisation car ce changement n'entraîne aucune cession de l'autorisation. • CAA Nantes, 23 déc. 2009, *SA Port de Plaisance de l'Herbaudière : AJDA 2009. 1043, concl. Dugommier.* ♦ Ce caractère personnel de l'autorisation d'occupation du domaine public produisait aussi des conséquences sur l'administration titulaire du pouvoir de gestion. Elle ne pouvait pas autoriser le titulaire de l'autorisation à céder son titre juridique : qu'il soit un acte unilatéral. • CE 10 mai 1989, *Munoz : préc.* • CE 6 nov. 1989, *Assoc. Amicale* *des bouquinistes des quais de Paris,* n° 171317 : *Lebon T. 537.* ♦ ... Ou un contrat • CE 19 janv. 2011, *Cne de Limoges,* n° 323924 : *Lebon T. 923 ; AJDA 2011. 616, note Dreyfus ; Rev. CMP 2011. Comm. 87, note Eckert ; Dr. adm. 2011. Comm. 38, note Brenet ; JCP Adm. 2011. 2101, note Vila.* ♦ Le juge administratif requalifiait en nouveau contrat l'avenant qui substituait un nouvel occupant à l'occupant initial. • CAA Bordeaux, 14 mars 2013, *École nationale supérieure des techniques industrielles et des mines d'Albi,* n° 11BX03091 : *JCP Adm. 2013. 2298, concl. Normand.*

16. Aménagements de la règle de l'incessibilité. L'incessibilité des autorisations d'occupation du domaine public a été contestée par la doctrine qui a justement souligné que les fondements de cette règle étaient introuvables, qu'elle allait à l'encontre des intérêts de l'administration et de l'occupant et que la règle d'incessibilité était assortie de trop nombreux aménagements et exceptions qui en fragilisaient incontestablement la portée. Le caractère administratif de l'acte d'occupation pouvait difficilement justifier l'incessibilité dès lors que les marchés publics et les concessions de service public sont cessibles avec l'accord de la personne publique. • CE, Avis, 8 juin 2000 : *AJDA 2010. 758 ; CJEG 2001. 103, comm. Maugüé ; RDC 2006. 966, art. Noguellou.* – Deruy et Noguellou, La transmission des contrats portant sur une propriété publique, *in* Contrats et propriété publics, *Lexisnexis, 2011, Colloques et débats, p. 127.* ♦ Cette différence de traitement était d'autant plus difficile à comprendre que ces contrats (marchés publics et surtout concessions) peuvent contenir un titre d'occupation du domaine public dont la cession est alors possible. De même, l'*intuitu personae* ne constitue pas en soi un obstacle à la cessibilité. Enfin, aucun argument relatif « aux principes de la domanialité publique » et « aux nécessités de fonctionnement d'un service public » ne pouvait sérieusement justifier le caractère personnel et incessible des titres d'occupation. • CE 6 mai 1985, *Assoc. Eurolat : Lebon 141 ; AJDA 1985. 620, note Fatôme et Moreau ; GDDAB, 2e éd., 2015. Comm. 9, note Yolka ; LPA 23 oct. 1985. 4, note Llorens ; RDSS 1986. 296, note Alfandari ; RFDA 1986. 21, concl. Genevois.* ♦ Cette cession peut être conditionnée à l'accord de l'administration et à la vérification préalable qu'elle ne porte pas atteinte aux principes évoqués. Difficilement justifiable d'un point de vue théorique, la règle d'incessibilité l'est aussi d'un point de vue pratique, car elle constitue un obstacle pour l'occupant domanial qui se voit priver de la possibilité de transmettre son titre à un successeur. Elle est assurément un frein au développement de ses activités sur le domaine public et ne facilite guère la valorisation des propriétés publiques.

Pour toutes ces raisons, de nombreux aménagements ont été apportés au principe d'incessibilité. La jurisprudence admet de longue date la cession des titres d'occupation accompagnant une délégation de service public. • CE 25 juin 1920, *Cie gazière et électrique de Villeneuve-sur-Lot : Rec. Concessions 1920. 208.* ♦ La même solution prévaut lorsque le titre est jumelé à un fonds de commerce : au sujet de la cession de garages, non implantés sur le domaine public et qui pouvaient donc donner lieu à constitution de fonds de commerce mais qui nécessitaient l'exploitation de pompes à essence installées sur le domaine public. • CE 22 oct. 1937, *Gerzenberg et Sape : Lebon 854* • CE 4 juin 1958, *Tossounian : Lebon 307 ; AJDA 1958. 364, note J. G.* • CE 25 nov. 1981, *Cne de la Roche-sur-Foron : Lebon T. 744.* ♦ ... Mais aussi lorsque cette cession est prévue par le titre initial • CE 6 oct. 1997, *Virgili,* n° 172904. ♦ Le Conseil d'État considère qu'en l'absence de texte contraire ou de prescription prévue par le titre, une autorisation d'occupation du domaine public est par nature personnelle et ne peut être transmise à un tiers • CE 10 janv. 2011, *Ville de Paris,* n° 323831. ♦ Dans le même sens, le juge judiciaire considère que le titulaire d'une autorisation d'occupation peut sans violer le principe d'inaliénabilité s'engager à présenter un successeur à l'administration moyennant rétribution, sauf prescription législative contraire • Civ. 1re, 5 déc. 1995, n° 93-12.096 P : *Dr. adm. 1996, n° 19 ; Defrénois 1996. 742, note Delebecque.* ♦ Ce droit de présentation a été admis dans différents secteurs d'activités : exploitation de cultures marines : Décr. n° 83-288 du 22 mars 1983 ; marchés d'intérêt national : Décr. n° 2005-1595 du 19 déc. 2005, art. 24 ; zones de mouillage : Décr. n° 91-1110 du 22 oct. 1991, art. 13 ; chauffeurs de taxi dont l'autorisation est antérieure au 6 oct. 2014 : C. transp., art. L. 3121-2, al. 2 ; entreprises de taxi en cessation d'activité : C. transp., art. L. 3121-3 ; commerçants installés sur les halles et marchés : CGCT, art. L. 2224-18-1 issu de la loi n° 2014-626 du 18 juin 2014 relative à l'artisanat, au commerce et aux très petites entreprises. ♦ Il n'est pas assimilable à une véritable cession car il débouche, non sur une transmission du titre initial mais, sur l'attribution d'un nouveau titre d'occupation dont les caractéristiques principales peuvent avoir été modifiées (durée du titre, montant de la redevance, etc.). V. aussi : CGPPP, art. L. 2124-33 s. ♦ Ces nombreux tempéraments au principe d'incessibilité ont été prolongés par de véritables exceptions, consacrées par de multiples dispositions législatives. La règle d'incessibilité n'ayant qu'une valeur jurisprudentielle, le législateur a pu autoriser la cession des titres d'occupation : autorisations d'utilisation de fréquences hertziennes (L. n° 2004-669 du 9 juill. 2004), droits réels portant sur le domaine public (CGPPP, art. L. 2122-7 et R. 2122-19 s.). ♦ Les autorisations de stationnement pour les taxis délivrées après la promulgation de la L. n° 2014-

1104 du 1er oct. 2014 relative aux taxis et aux voitures de transport avec chauffeur sont incessibles et ont une durée de validité de cinq ans. En revanche, les titulaires d'autorisation délivrées avant la promulgation de la même loi ont la faculté de présenter à titre onéreux un successeur à l'autorité administrative compétente.

17. Abandon de la règle de l'incessibilité. Les juges du fond n'ont pas hésité à admettre les transmissions des autorisations et conventions d'occupation du domaine public, après agrément du nouvel occupant par l'administration. • CAA Lyon, 25 mai 1989, *Vidal*, n° 89LY00088 • CAA Bordeaux, 31 août 2006, *SARL Marine Oléron B*, n° 03BX01652 • CAA Paris, 26 sept. 2006, *Aéroports de Paris*, n° 04PA00751 • CAA Marseille, 13 avr. 2007, *Sté Chantier naval de Provence ingénierie*, n° 05MA02271 • CAA Bordeaux, 13 déc. 2007, *Touchard c/ Synd. mixte pour l'aménagement du Seuil du Poitou*, n° 05BX01382 • CAA Nantes, 14 oct. 2008, *Sté CM-CIC Lease*, n° 08NT00132 : *AJDA 2009. 845* • CAA Marseille, 1er oct. 2012, *Clerc c/ Cne de Villeneuve-de-la-Raho*, n° 09MA01847 • CAA Bordeaux, 14 mars 2013, *École nationale supérieure des techniques industrielles et des mines d'Albi*, n° 11BX03091 : *Rev. CMP 2013. 147, comm. Ubaud-Bergeron ; JCP Adm. 2013. 2298, concl. Normand.* ♦ Le Conseil d'État a fini par rejoindre cette position en admettant le transfert d'une autorisation ou d'une convention d'occupation du domaine public à un nouveau bénéficiaire avec l'accord écrit du gestionnaire. • CE 18 sept. 2015, *Sté Prest'Air*, n° 387315 : *Lebon T. ; AJDA 2015. 1719 ; ibid. 2016. 157, note Chamard-Heim ; Rev. CMP 2015. Comm. 271, note Pietri ; Dr. adm. 2016, comm. 3, note Éveillard ; GDDAB, Dalloz, 3e éd., 2018, comm. 61 ; JCP Adm. 2015. 2315, note Cornille ; RDI 2016. 35, obs. Foulquier*. ♦ Nécessité de l'accord écrit du gestionnaire du domaine public en cas de transfert à une société en cours de constitution. • CAA Marseille, 2 févr. 2016, *M. D. c/ CCI de Bastia et de la Haute-Corse*, n° 14MA02370 : *Rev. CMP 2017. Chron. 2, par Llorens et Soler-Couteaux ; JCP Adm. 2016. 2152, obs. U.-K.* ♦ Cette exigence d'un accord écrit de l'administration n'est pas étonnante. Elle constitue un prolongement de la jurisprudence qui exige que les conventions d'occupation du domaine public soient écrites. • CE, sect., 19 juin 2015, *Sté immobilière du port de Boulogne*, n° 369558 : *préc. n° 5.* ♦ … Et de celle qui condamne les régimes d'autorisation d'occupation temporaire tacite CE 21 mars 2003, Syndicat intercommunal de la périphérie de Paris pour l'électricité et les réseaux • CE 21 mars 2003, *Syndicat intercommunal de la périphérie de Paris pour l'électricité et les réseaux (SIPPEREC)*, n° 189191 : *Lebon 144 ; AJDA 2003. 1935, note Subra de Bieusses ; Ann. voirie 2003, n° 73. 55, note Duval ; BJCL 2003. 414, concl. Austry ; CJEG 2003. 341 ; Rev. CMP 2003. Comm. 128, note Eckert ; Dr. adm. 2003, n° 127 ; GDDAB, 3e éd., 2018. Comm. 54, note Chamard-Heim ; JCP Adm. 2003. 1484, note Moreau ; RFDA 2003. 903, note Soulié*. ♦ Mérite une attention particulière la solution par laquelle la jurisprudence considère qu'une commune, qui avait édifié des bâtiments à destination de la gendarmerie nationale et qui les lui avait loués, ne peut ensuite transférer leur gestion à une personne morale de droit privé sans l'accord de l'État. • CE 7 déc. 2015, *Sté Nationale immobilière*, n° 375643 : *Lebon T. ; AJDA 2015. 2405 ; ibid. 2016. 1341, note Rombauts-Chabrol ; BJCP 2016, p. 149, concl. Escaut, obs. Nicinski ; GDDAB, 3e éd., 2018, Comm. 37, obs. Chamard-Heim ; RDI 2016. 153, note Foulquier ; Rev. CMP 2016. Comm. 43, note Eckert ; ibid. Chron. 2, obs. Llorens et Soler-Couteaux ; JCP Adm. 2015. Actu. 1056 ; ibid., Actu. 990 ; ibid. 2016. 2209, note Pauliat.* ♦ Le BEA conclu par la commune avec la personne morale de droit privé est inopposable à l'État à qui le bien avait été loué « pour y exercer une mission de service public ».

18. Pouvoir réglementaire de l'autorité domaniale. Une occupation privative du domaine public peut être conditionnée au respect d'impératifs fixés par l'autorité domaniale, par exemple l'objectif de continuité de fonctionnement pour un marché justifie que l'administration en fixe les horaires d'ouverture. L'administration ne peut rejeter une demande de bénéficier individuellement d'autorisations de fermeture nécessaires au respect d'une pratique religieuse ou à l'exercice d'un culte sans vérifier que l'octroi de cette dérogation porterait une atteinte excessive au bon fonctionnement du marché. • CE 23 déc. 2011, *Halfon*, n° 323309 : *Lebon 646 ; Dr. adm. 2012. 29, note Fleury ; AJDA 2012. 5 ; ibid. 833, note Marliac ; JCP Adm. 2012. 2281, note Dieu.*

B. RECONNAISSANCE D'UN DROIT D'OCCUPATION AU PROFIT DE CERTAINS OPÉRATEURS

BIBL. Ouvrages de transport et de distribution de l'électricité et du gaz : Cardon et Coin, *CJEG 1990. 79.* – Carron, *CJEG 1950. 338.* – Chalon, Droit de passage pour les infrastructures des télécommunications, *CJEG 2002. 2 ; RJEP 2012. 61, concl. Escaut.*

19. Principe : absence d'un droit à l'occupation du domaine public. Le gestionnaire du domaine public est libre d'accorder ou de refuser les autorisations d'occupation du domaine public, même dans l'hypothèse où l'autorisation sollicitée est compatible avec l'affectation et même dans l'hypothèse où ce refus est de nature à entraver l'exercice d'une activité économique. Dans le cadre d'un litige relatif à l'installation de présentoirs à journaux gratuits sur le domaine public de la RATP, le Conseil d'État a rappelé que « l'autorité chargée de la gestion du domaine public peut autoriser une personne privée à occuper une dépendance de ce domaine en vue d'y exercer une activité économique, à la condition que cette occupation soit compatible avec l'affectation et la conservation de ce domaine », mais « que la décision de délivrer ou non une telle autorisation, que l'administration n'est jamais tenue d'accorder, n'est pas susceptible, par elle-même, de porter atteinte à la liberté du commerce et de l'industrie, dont le respect implique, d'une part, que les personnes publiques n'apportent pas aux activités de production, de distribution ou de services exercées par des tiers des restrictions qui ne seraient pas justifiées par l'intérêt général et proportionnées à l'objectif poursuivi et, d'autre part, qu'elles ne puissent prendre elles-mêmes en charge une activité économique sans justifier d'un intérêt public ; que la personne publique ne peut toutefois délivrer légalement une telle autorisation lorsque sa décision aurait pour effet de méconnaître le droit de la concurrence notamment en plaçant automatiquement l'occupant en situation d'abuser d'une position dominante, contrairement aux dispositions de l'art. L. 420-2 C. comm. • CE 23 mai 2012, *RATP*, n° 348909 : *Lebon 231 ; AJDA 2012. 1129, trib. Braconnier ; ibid. 1146, chron. Lombard, Nicinski et Glaser ; BJCP 2012. 291, concl. Boulouis et obs. R. S. ; Rev. CMP 2012. Repère 8, comm. Llorens et Soler-Couteaux ; ibid. 2012. Comm. 258, note Ziani ; Dr. adm. 2012. Comm. 89, note Brenet ; JCP Adm. 2013. 2125, chron. Chamard-Heim ; RDI 2012. 556, obs. Foulquier ; RFDA 2012. 1181, note Nicinski ; RJEP 2012. Comm. 49, note Ubaud-Bergeron.* ♦ Sur les suites de l'affaire : légalité de la décision de la RATP car, d'une part, l'accès au domaine de la RATP n'est pas indispensable pour exercer l'activité de distribution de journaux gratuits et, d'autre part, l'autorisation d'occupation ne met pas la société bénéficiaire en situation d'abuser de sa position dominante. • CAA Paris, 7 févr. 2013, *RATP*, n° 10PA05686. ♦ V., pour une application de cette solution à un refus d'utilisation privative du domaine public mobilier. • CE 29 oct. 2012, *Cne de Tours c/ EURL Photo Josse*, n° 341173 : *Lebon 368 ; AJDA 2013. 111, note Foulquier ; BJCL 2013. 54, concl. Escaut et obs. Poujade ; Rev. CMP 2012. Comm. 342, note Devillers ; Dr. adm. 2012. Comm. 96, note Ziani ; JCP Adm. 2012. 2390, note Carpi-Petit ; ibid. 2391, note Vocanson ; ibid. 2013. 2125, chron. Chamard-Heim ; JCP 2013. 158, chron. Éveillard :* inopposabilité de la liberté du commerce et de l'industrie au refus du maire d'autoriser un photographe professionnel à prendre des clichés des œuvres d'art du musée communal en vue de les publier dans différents ouvrages. ♦ V. aussi : inopposabilité de la liberté du commerce et de l'industrie à la décision qui autorise l'occupation du domaine public, dont les effets ne sauraient toutefois méconnaître le droit de la concurrence. • CAA Marseille, 26 nov. 2013, *SARL Port Camargue Plaisance Service : Dr. adm. 2014. Comm. 12, note Ziani.* ♦ Inopposabilité de la liberté du commerce et de l'industrie à un refus de renouveler une autorisation d'occupation du domaine public maritime. • CAA Marseille, 14 sept. 2018, n° 16MA03247. ♦ Pour une solution n'appliquant pas la jurisprudence « RATP » : certaines solutions interviennent à rebours de la jurisprudence « RATP » de 2012. Ainsi, l'interdiction faite à un commerçant ambulant de s'installer sur le domaine public constitue une atteinte disproportionnée à la liberté du commerce et de l'industrie. • CAA Marseille, 23 oct. 2017, *M. B.*, n° 15MA04709 : *JCP Adm. 2017. 2327.*

20. Exception : concessionnaires de gaz et d'électricité. L'octroi d'une autorisation d'occupation relève de la compétence discrétionnaire de la personne publique. Cependant, certains concessionnaires disposent d'un véritable droit à l'occupation du domaine public. Tel est le cas des concessionnaires de transport ou de distribution d'électricité et de gaz qui ont, en vertu des articles L. 323-1 et L. 323-2 (pour les premiers) et des articles L. 433-3 et L. 433-4 C. énergie (pour les seconds), le droit d'exécuter sur les voies publiques et leurs dépendances tous travaux nécessaires à l'établissement et à l'entretien des ouvrages. Il leur revient alors de se conformer aux conditions du cahier des charges des concessions, des règlements de voirie, des décrets en Conseil d'État prévus à l'art. L. 323-11 C. énergie (art. L. 433-15 du même code, pour les concessionnaires de distribution de gaz) et des dispositions des art. L. 113-3 et L. 122-3 C. voirie rout. ♦ Ce droit d'occupation n'est pas un droit à une occupation gratuite du domaine public. • CE 1er févr. 2012, *SA RTE EDF Transport*, n° 338665 : *Lebon ; AJDA 2012. 243, obs. Grand ; ibid. 1680, note Perroud ; JCP Adm. 2012. Actu. 88, obs. C.-A. D. ; RDI 2012. 408, note Foulquier ; RJEP 2012. Comm. 61, concl. Escaut.* ♦ De même, ce droit d'occupation peut être soumis au respect de certaines conditions, tenant par exemple à la protection du domaine public routier • CE 13 mars 1985, *Min. Transports c/ EDF-GDF*, n° 42630 : *Lebon 78 ; CJEG 1985. 225, concl. Dutheillet de Lamothe.* ♦ ... Ou à la nécessité de coordonner les travaux. • CE 3 juin 1988, *EDF-GDF : Lebon 225.* ♦ En revanche, les autorités administratives ne peuvent pas apporter des contraintes excessives à ce droit d'occupation et de construction (illégalité d'un arrêté posant le principe de l'interdiction, sauf dérogation, de l'exécution de travaux dans les chaussées nouvellement refaites depuis moins de deux ans) • CE 7 oct. 1988, *Ville de Chartres : Lebon 337 ; CJEG 1989. 80, note Coin* • CE 12 avr. 1995, *Dpt des Landes : Lebon T. 782.* ♦ Porte une atteinte excessive au droit d'occupation du concessionnaire la disposition d'un règlement de voirie prévoyant un accord préalable du gestionnaire de voirie sur certains aspects du remblai des tranchées et imposant une étude préalable pour la réutilisation des matériaux extraits. • CAA Versailles, 6 déc. 2018, *Sté Enedis,* n° 17VE00221 : *Rev. CMP 2019. Comm. 58, obs. Muller.*

21. Exception : exploitants de réseaux de communications électroniques. Les exploitants de réseaux de communications électroniques ouverts au public bénéficient d'un droit de passage sur le domaine public routier. L'autorité compétente doit prendre toutes dispositions utiles pour permettre l'accomplissement de l'obligation d'assurer le service universel des communications électroniques. Elle ne peut faire obstacle à ce droit de passage, qui s'accompagne de la possibilité d'y implanter des ouvrages, qu'en vue d'assurer, dans les limites de ses compétences, le respect des exigences essentielles, la protection de l'environnement et le respect des règles d'urbanisme (V. CPCE, art. L. 45-9 s.). ♦ Les autorités chargées de la gestion du domaine public routier ne peuvent pas refuser le droit de passage aux exploitants autorisés à établir les réseaux de communications électroniques ouverts au public pour des motifs qui leur sont propres. • CE 2 juill. 2014 *Sté Colt Technology Services,* n° 360848 : *Lebon ; Rev. CMP 2014. Comm. 271, note Devillers.* ♦ Une permission de voirie ne peut pas contenir des prescriptions autres que celles mentionnées dans le règlement de voirie. Par ex., impossibilité pour un département de demander à un occupant du domaine public réalisant des travaux de pose de câbles de rechercher la présence éventuelle d'amiante contenue dans les déchets d'enrobés que ses travaux vont générer. • TA Lyon, 27 mars 2018, *Sté Orange,* n° 1602241.

C. NÉCESSITÉ D'UN TITRE APPROPRIÉ POUR CONSTRUIRE

22. La construction d'un ouvrage à caractère permanent sur le domaine public ne peut être régulièrement entreprise qu'en vertu d'un titre approprié (V. C. urb., art. R. 421-1). • CE 20 mai 1994, *Comité d'intérêt local de Champvert : RDI 1994. 645.* ♦ Sur le domaine public maritime un tel titre résulte soit d'une concession d'endigage, soit d'une concession d'outillage public dans un port ou d'une concession de port de plaisance. • CE, sect., 12 mai 1976, *Épx Leduc : Lebon 252 ; RD publ. 1977. 207, note De Soto.* ♦ V. également à propos d'un parc de stationnement • CE 8 oct. 1975, *Delbos : Lebon T. 1045.* ♦ En revanche une autorisation d'occupation du domaine public n'est pas nécessaire pour construire sur le domaine privé. • CE 15 févr. 2007, *Synd. d'agglomération nouvelle Ouest-Provence,* n° 294852.

23. Un sous-traité de concession de plage permet aussi de formuler une demande de permis de construire sur une plage pour y construire un bâtiment en rapport avec l'activité autorisée à s'exercer sur le domaine. • CE, sect., 5 oct. 1979, *Min. Équip. c/ SA Jeanne d'Arc : Lebon 364 ; AJDA 1980. 93 et 112, chron. Robineau et Feffer.* ♦ V. aussi • CE 15 juin 1983, *Assoc. Ouest Varoise pour la protection de l'environnement et de l'habitat : Lebon T. 719.*

24. Une autorisation unilatérale d'occupation temporaire du domaine public accordée pour une durée de dix-huit ans renouvelable à EDF pour construire une centrale nucléaire constitue également un titre d'occupation approprié à la nature de l'ouvrage. • CE 2 mars 1983, *Groupement agricole foncier Le Rocher de Métri : Lebon 90 ; JCP 1983. II. 20098, concl. Dutheillet de Lamothe.* ♦ V. aussi • CE, sect. TP avis, 16 oct. 1980, n° 327483 : *EDCE 1980-1981. 207.* ♦ En revanche une autorisation d'occupation d'une durée de moins de quatre ans délivrée pour la construction d'une centrale à béton amovible ne saurait, eu égard à sa très brève durée, constituer un titre approprié. • CAA Paris, 25 avr. 1995, *Cne de Pavillons-sous-Bois : Lebon T. 782.*

25. Une autorisation d'occupation du domaine public maritime pour installer une canalisation destinée à permettre d'évacuer des produits de dragage d'un port ne pouvait être délivrée qu'en respectant les dispositions de la loi n° 92-3 du 3 janv. 1992 sur l'eau. • CE 8 juin 1998, *Min. Envir. c/ Assoc. de protection du site de Luzan : RJ envir. 1998. 535, concl. Girardot.*

26. La construction d'un ouvrage public autorisée par le permis de construire sur le domaine public présente un caractère difficilement réversible justifiant l'urgence à demander la suspension de l'exécution de ce permis. • CE 27 juill. 2001, *Cne de Tulle : Lebon T. 1115 ; RDI 2001. 541 ; Constr.-Urb. 2001, n° 236, obs. Cornille.*

D. TITRE D'OCCUPATION CONDITIONNÉ

27. Le maire peut assortir la délivrance de permis de stationnement à une entreprise de transport en commun à l'obligation d'emprunter certains itinéraires et de s'arrêter à certains endroits afin de faciliter la circulation et d'organiser sur le territoire communal, dans l'intérêt général, les transports en commun. • CE, sect., 29 janv. 1932, *Sté des Autobus antibois : Lebon 117 ; D. 1932. 3. 60, concl. Latournerie, note Blaevoët ; S. 1932. 3. 65, note Laroque ; RD publ. 1932. 505, concl. Latournerie ; GAJA, 17e éd., n° 44.* ♦ Le gouverneur général de Madagascar peut assortir la délivrance des autorisations d'occupation du domaine public portuaire aux entreprises d'outillage public de conditions relatives aux modalités de fonctionnement de celles-ci et aux tarifs pratiqués. • CE 5 mai 1944, *Cie maritime de l'Afrique orientale : Lebon 129 ; RD* *publ. 1944. 236, concl. Chénot, note Jèze ; D. 1944. 164, concl. Chénot.* ♦ V. aussi • CE 6 nov. 1998, *Assoc. Amicale des bouquinistes des quais de Paris : Lebon T. 789 ; Gaz. Pal. 12-13 mai 1999.* ♦ Il appartient au CSA, conformément aux principes relatifs aux occupations privatives du domaine public, d'assortir les autorisations d'utilisation des fréquences radioélectriques d'obligations appropriées et, le cas échéant, de les modifier. • CE, ord., 27 mars 2003, *CSA : JCP 2003. II. 10189, note Chaminade* • CE 12 mai 2003, *Sté TF1 : JCP 2003. II. 10147, concl. Chauvaux.* ♦ Une autorisation d'occupation du domaine public constitue un tout indivisible. Une requête visant à l'annulation de certaines dispositions conditionnant celle-ci est donc irrecevable. • TA Versailles, 4 déc. 2007, *Sté SKBD*, n° 05044784 : *AJDA 2008. 602.* ♦ Ces conditions doivent toutefois ne pas violer les exigences du droit de la concurrence, V. note 68.

28. Prescriptions pouvant être imposées aux opérateurs de services de « free floating ». Le titre d'occupation privative du domaine public délivré aux opérateurs de free-floating (service de partage de véhicules, cycles et engins permettant le déplacement de personnes ou le transport de marchandises et mis à disposition des utilisateurs sur la voie publique et accessibles en libre-service, sans station d'attache) peut être assorti de prescriptions particulières qui sont limitativement énumérées par l'art. L. 1231-17 C. transp. (issu de l'art. 41-V de la L. n° 2019-1428 du 24 déc. 2019). Celles-ci concernent : les informations que doit transmettre l'opérateur relatives au nombre et caractéristiques des véhicules, cycles et engins pouvant être mis à disposition des utilisateurs, leur nombre, les conditions spatiales de leur déploiement, les mesures que doit prendre l'opérateur pour assurer le respect des règles de circulation et de stationnement (notamment en ce qui concerne l'accessibilité de la voie publique aux personnes handicapées ou à mobilité réduite et garantissant la sécurité des piétons), les mesures que doit prendre l'opérateur pour assurer le retrait des véhicules, cycles et engins lorsqu'ils sont hors d'usage ou en cas d'interruption ou d'arrêt définitif du service, les caractéristiques des véhicules cycles et engins mis à disposition au regard de leurs plafonds d'émissions de polluants atmosphériques et de gaz à effet de serre, de leurs conditions de durabilité ainsi que de leurs modalités d'entretien, les restrictions totales ou partielles d'apposition de publicité sur les véhicules, cycles et engins à l'exception de la publicité concernant le service lui-même, les mesures nécessaires pour assurer le respect de la tranquillité du voisinage, notamment en encadrant l'émission de signaux sonores la nuit. Ces prescriptions peuvent être adaptées aux types de véhicules, de cycles et d'engins et sont compatibles avec les conditions de délivrance du label autopartage mentionné aux art. L. 1231-14 et L. 1241-1 C. transp.

E. MOTIFS DES DÉCISIONS ACCORDANT, REFUSANT OU ABROGEANT LES AUTORISATIONS

29. Le gestionnaire du domaine dispose d'un très large pouvoir d'appréciation lui permettant d'accorder ou de refuser une autorisation d'occupation. Ce pouvoir discrétionnaire est cependant encadré car il ne peut fonder sa décision que sur des motifs tirés de la compatibilité de la demande avec la destination de la dépendance domaniale, de l'intérêt du domaine ou des autres intérêts publics en présence. L'illégalité du refus opposé à une demande d'occupation du domaine public ou de la décision mettant fin à l'occupation domaniale peut ouvrir un droit à indemnisation. V., par ex., au sujet de l'indemnisation du manque à gagner d'un commerçant à qui le maire d'une commune avait refusé illégalement le droit d'exercer son activité sur le domaine public : • CAA Marseille, 15 sept. 2017, *SARL Ice thé*, n° 16MA02342 : *Rev. CMP 2017. Comm. 263, note Ubaud-Bergeron ; JCP Adm. 2017. 2261, comm. de Gaudemar.*

30. Préservation de l'ordre public. Les décisions du préfet de la Seine en matière d'octroi ou d'abrogation des permissions d'occupation du domaine public peuvent être fondées sur des motifs tirés de la préservation des bonnes mœurs et de l'ordre public. • CE, sect., 20 déc. 1957, *Sté nat. d'éditions cinématographiques : Lebon 702 ; S. 1958. 73, concl. Guldner.* ♦ Le refus de délivrer une permission de voirie nécessaire à l'établissement de deux enseignes lumineuses est régulier de par le caractère préjudiciable à l'ordre public de la pose de celles-ci sur un sex-shop situé à proximité immédiate du Mémorial de la Résistance. • CE 11 mai 1977, *Ville de Lyon : Lebon 210.* ♦ Des menaces à l'ordre public et à l'intégrité matérielle de locaux peuvent justifier le refus de mise à disposition d'une salle à un parti politique. • CAA Lyon, 30 mai 2006, *Ville de Lyon : AJDA 2006. 1803.* ♦ Une autorisation d'occupation du domaine public constitutive d'un danger pour la circulation des véhicules et des piétons est illégale. • CAA Paris, 18 janv. 2007, *Gouvernement du territoire de la Polynésie française*, n° 03PA02660. ♦ A l'inverse, est légale une autorisation de stationnement respectant la liberté de passage des piétons • CAA Marseille, 26 nov. 2013, *M.*, n°s 11MA03089, 11MA03090, 11MA03091 : *LPA, 31 janv. 2014, n° 23, p. 9, concl. Deliancourt.* ♦ Est illégale la décision d'octroi d'une autorisation d'installer dans un cimetière une stèle ne constituant pas un simple monument commémoratif à la mémoire de personnes défuntes mais manifestant une prise de position politique et procédant à l'apologie de faits criminels. Cette décision n'est en effet pas compatible avec la destination normale d'un cimetière et, d'autre part, est de nature à entraîner des troubles à l'ordre public. • CE 14 nov. 2011, *Assoc. ADIMAD*, n° 340753 : *Lebon 550 ; AJDA 2012. 159, concl. Thiellay ; JCP Adm. 2011. Actu. 735, obs. L. E. ; Dr. adm. 2012, n° 5, note Ferrari ; RLCT févr. 2012. 43, note Dupuis.* ♦ Le maire d'une commune peut résilier le contrat de location d'une salle de spectacle au titre des prérogatives qu'il tient de sa qualité de gestionnaire du domaine public d'une part, et des pouvoirs de police administrative qui lui sont conférés d'autre part. Les circonstances dans lesquelles la résiliation est prononcée (date de résiliation, motifs qui en constituent le fondement) permettent de déterminer si la résiliation doit être regardée comme une mesure de gestion domaniale ou comme une mesure de police administrative. • CE, ord., 13 nov. 2017, *Cne de Marseille*, n° 415400. ♦ La personne publique peut justifier le refus de renouvellement d'une convention d'occupation du domaine public afin d'y maintenir une maison à usage d'habitation en se fondant sur le risque d'atteinte à la sécurité des personnes, lié à un risque de submersion. • CAA Marseille, 17 mai 2019, n° 17MA03642.

31. Recherche d'une meilleure utilisation du domaine. Le maire peut se fonder pour attribuer aux marchands forains les emplacements disponibles sur le domaine public communal sur des motifs tirés de l'ordre public ainsi que de la meilleure utilisation du domaine public. • CE, sect., 18 nov. 1966, *Froment : Lebon 607 ; RD publ. 1967. 543, note Waline ; ibid. 947, concl. Galabert ; AJDA 1967. 45, note de Laubadère ; JCP 1967. II. 15063, note Mourgeon.* ♦ En conséquence, le maire peut prendre en compte l'intérêt des attractions pour le public pour accorder ou refuser des places dans une fête foraine. • CE, sect., 18 nov. 1966, *Dame Vve Clément : Lebon 608*. ♦ V. aussi • CE 18 mars 1963, *Cellier : Lebon 189 ; AJDA 1963. 484* • CE 6 mai 1996, *Vanderhaeghen : Lebon 156* • CAA Bordeaux, 7 mai 2008, *EURL Ambrosia*, n° 06BX01713. ♦ Est légale la décision par laquelle le maire refuse d'agréer le successeur d'un boucher aux motifs que le marché compte actuellement sept bouchers hallal et qu'afin de diversifier l'offre commerciale du marché, la ville souhaite y installer un boucher traditionnel. • TA Montreuil, 7 juin 2018, *SARL Manuel Da Silva*, n° 1708994 : *JCP Adm 2018. 2295, obs. Chamard-Heim.*

32. Protection d'un service public. Le préfet peut refuser de délivrer une autorisation d'occupation du domaine public fluvial à une entreprise qui risquerait, en faisant concurrence au service public de traction sur berges, de compromettre la bonne gestion de celui-ci, quitte à créer ainsi un monopole. • CE 16 nov. 1956, *Sté Desaveines : Lebon 440 ; RD publ. 1957. 529, note Waline.* ♦ Dans le même sens, • CE 2 juin 1972, *Féd. fr. des synd. prof. de pilotes maritimes : Lebon 407 ; AJDA 1972. 647, concl. Rougevin-Baville.*

33. Toutefois, un refus ne serait pas opposable à une entreprise désireuse de tracter exclusivement ses propres bateaux et qui fait un usage de la voie d'eau conforme à sa destination. • CE 16 nov. 1956, *Sté des Grandes Tuileries Perrusson : Lebon 440 ; RD publ. 1957. 529, note Waline.* ♦ ... Ni à une entreprise concurrente d'un service public mais dont l'activité ne se développe que partiellement sur le domaine, notamment au départ de l'activité : point d'accostage sur un port pour un bateau de promenades en mer. • CE, sect., 9 oct. 1981, *CCI de Toulon et du Var : Lebon 366 ; AJDA 1981. 579 et 606, chron. Tiberghien et Lasserre.*

34. Poursuite d'un but d'intérêt général. L'abrogation de l'autorisation d'occupation du domaine public militaire n'a pas été prise pour des motifs autres que l'intérêt général. Elle est donc régulière. • CE, sect., 6 mai 1932, *Dlle Taillandier : Lebon 467 ; S. 1932. 3. 65, note Laroque ; D. 1934. 3. 18, concl. Roussellier, note Duclos.* ♦ Il appartient à l'autorité chargée de la gestion du domaine public de fixer dans l'intérêt général les conditions auxquelles elle entend subordonner les permissions d'occupation. • CE, sect., 20 déc. 1957, *Sté nat. d'éditions cinématographiques : préc. note 30.* ♦ Même sens. • CAA Paris, 5 juill. 2007, *Ville de Paris : req n° 05PA01855.* ♦ Admettant qu'un concessionnaire aéroportuaire puisse conditionner le renouvellement d'un titre accordé à un pharmacien à la fixation d'une liste minimale de référencement de familles de produits, au suivi de la formation du personnel, à l'obligation d'accepter tous les moyens de paiement usuels, à l'interdiction de charger une autre officine de livrer les commandes, aux prix pratiqués, à l'assiette de la redevance sur le chiffre d'affaires et à la communication, en conséquence, d'informations et de documents relatifs à celui-ci, et considérant que ces exigences ne contreviennent ni au code de déontologie des pharmaciens, en particulier au principe d'indépendance du pharmacien dans l'exercice de sa profession, ni à la liberté d'entreprendre, à la liberté du commerce et de l'industrie et aux règles de libre concurrence, mais ont pour but de permettre un approvisionnement de la clientèle spécifique de l'aéroport en produits médicamenteux et parapharmaceutiques dans les meilleures conditions possibles et sont donc motivées, eu égard à la nature particulière du domaine public occupé et à celle de l'activité concernée, par des considérations d'intérêt général et d'intérêt du domaine. • CAA Marseille, 7 févr. 2012, *SNC Besson*, n° 09MA03289 : *AJDA 2013. 351, note Brouant et Foulquier.*

35. L'arrêté interdisant l'installation d'éventaires fixes ou mobiles sur la place du château a eu pour objet d'améliorer la circulation et le stationnement des véhicules. Légalité en conséquence de cette décision intervenue pour des fins d'intérêt général. • CE 25 juill. 1975, *Cnes de Beynac et Cazenac : Lebon T. 1175*. ♦ V. aussi • CAA Paris, 5 juill. 2007, *Ville de Paris*, n° 05PA01855.

36. Intérêt général et protection de l'esthétique. L'abrogation par l'ingénieur en chef des Ponts et Chaussées d'une permission de voirie sur le domaine public national en raison de l'intérêt esthétique qu'il y a à assurer la protection du site de la baie des Anges est fondée sur un motif d'intérêt général justifiant légalement une telle mesure. • CE 13 juill. 1951, *SA La nouvelle jetée-promenade de Nice : Lebon 404*. ♦ V. aussi • CE 2 mai 1969, *Sté d'affichage Giraudy : Lebon 238 ; AJDA 1970. 110, note de Laubadère* • CE 7 janv. 1987, *Ville de Bordeaux*, n° 26979 : *Lebon 2 ; AJDA 1987. 428 ; RFDA 1987. 149* • CE 6 nov. 1998, *Assoc. Amicale des bouquinistes des quais de Paris : préc. note 27.*

37. Intérêt général et intérêt financier. Un conseil municipal peut légalement concéder l'affichage sur des palissades privées établies temporairement sur le domaine public à une société d'affichage en se fondant sur des motifs d'ordre financier. Le souci de valorisation du domaine public est un objectif d'intérêt général qui justifie une augmentation de la redevance d'occupation du domaine public. • CAA Paris, 26 janv. 2006, *Sté Serael : req n° 01PA02147* • CE 2 mai 1969, *Sté d'affichage Giraudy : préc. note 36* ♦ V. aussi • CE 7 janv. 1987, *Ville de Bordeaux*, n° 26979 : *préc. note 36*. ♦ La décision prise par l'organe délibérant du muséum d'Histoire naturelle de dénoncer le contrat qui liait cet établissement au requérant a été provoquée par le refus de l'intéressé d'accepter un relèvement important de la redevance. Cette décision, adoptée pour obtenir de meilleures conditions financières, est régulière. • CE 23 juin 1986, *Thomas*, n° 59878 : *Lebon 167 ; AJDA 1986. 550 et 598, chron. Azibert et Boisdeffre ; RFDA 1987. 194, concl. Stirn*. ♦ Le souci de valorisation immédiate du domaine public est un objectif d'intérêt général qui justifie une augmentation de la redevance d'occupation du domaine public. • CAA Paris, 26 janv. 2006, *Sté Serael : préc.* ♦ Le souci de valorisation immédiate du domaine public est un objectif d'intérêt général qui justifie une augmentation de la redevance d'occupation du domaine public. • Même arrêt. ♦ La recherche d'une meilleure utilisation du domaine est au nombre des motifs permettant d'accorder l'autorisation. • CE 18 nov. 1966, *Froment : Lebon 607, RD publ. 1967. 543, note Waline*. ♦ Il s'agit bien d'un motif sur lequel un maire peut fonder sa décision d'attribuer aux marchands forains les emplacements sur le domaine public. • CAA Bordeaux, 7 mai 2008, *EURL Ambrosia*, n° 06BX01713. ♦ La délivrance d'une autorisation d'occupation privative du domaine public n'a pas à être justifiée par la poursuite de l'intérêt général mais doit ne pas être incompatible avec la destination du domaine. • CAA Nancy, 5 nov. 2009, *Gilles A.*, n° 09NC00181 : *Rev. CMP 2010, n° 38.*

38. Intérêt général et protection de l'environnement. Un maire peut légalement décider l'attribution d'autorisations d'occupation du domaine public en se fondant sur des considérations d'ordre environnemental, eu égard notamment, en l'espèce, au fait que les petits trains touristiques circulent dans des zones piétonnes très fréquentées compte tenu de l'important attrait touristique du centre-ville ancien de Colmar. • TA Strasbourg, 27 oct. 2010, *SARL Train's*, n° 0705262 : *AJDA 2011. 275, note D'Hayer*.

F. LIMITES DE LA COMPÉTENCE ADMINISTRATIVE

39. Respect de l'affectation publique. Les autorisations d'occupation privative délivrées dans l'exercice du pouvoir de gestion du domaine public maritime ne peuvent légalement intervenir que si, compte tenu des nécessités de l'intérêt général, elles se concilient avec les usages conformes à la destination du domaine que le public est normalement en droit d'y exercer ainsi qu'avec l'obligation qu'a l'Administration d'assurer la conservation de son domaine public. • CE 3 mai 1963, *Min. Travaux publics c/ Cne de St-Brévin-les-Pins : Lebon 259 ; AJDA 1963. 343, chron. Gentot et Fourré ; RD publ. 1963. 1174, note Waline ; CJEG 1964. 186, note Virole*. ♦ Dans le même sens, V. • CE 19 janv. 1968, *Club aérien Les Gerfauts : Lebon 50* • CE, ass., 30 mars 1973, *Min. Aménagement du territoire c/ Schwetzoff : Lebon 264 ; AJDA 1973. 366, note Dufau ; JCP 1973. II. 17528, note Bréchon-Moulènes ; Rev. adm. 1973. 511, concl. Guillaume, note Liet-Veaux* • CE, sect., 23 févr. 1979, *Min. Équip. c/ Assoc. des Amis des chemins de ronde : Lebon 75, concl. Bacquet ; AJDA 1979, n° 5, p. 83 et 96, chron. Dutheillet de Lamothe et Robineau ; JCP 1980. II. 19320, note Davignon* • CE, sect., 23 juin 1995, *Min. Culture c/ Assoc. Défense Tuileries : Lebon 268 ; RFDA 1995. 838, RF décentr. 1996. 95, note Lavialle* • CAA Nancy, 24 juin 2004, *Cne de Chantraine : AJDA 2004. 1722* • CAA Paris, 11 avr. 2006, *Cne de Papeete*, n° 02PA03952 • CE 15 févr. 2008, *Cne de La Londe-les-Maures*, n° 279045 : *Lebon T. 809*. ♦ Une activité de fête foraine n'est pas par elle-même incompatible avec la destination du jardin des Tuileries. Elle le devient toutefois dès lors que sa durée autorisée est susceptible d'excéder les limites jusqu'alors admises. • CE 22 janv. 2007, *Assoc. Les Amis des Tuileries*, n° 269360 : *Lebon 15 ; AJDA 2007. 226 ; Dr. adm. 2007, n° 40.*

40. Eu égard à la destination habituelle des promenades en bord de mer, à la largeur des digues et au faible encombrement des véhicules concernés, les restrictions n'étaient pas justifiées par l'intérêt du domaine public, et notamment par l'obligation qu'avait l'autorité administrative de veiller à ce que ne soient pas compromis les usages conformes à la destination du domaine que le public était en droit d'y exercer. • CE 6 mai 1996, *Vanderhaeghen : Lebon 156*.

41. Respect du droit d'usage de tous du domaine. Le maire de Montauban n'a pu soumettre à un régime d'autorisation préalable l'exercice de la profession de photographe-filmeur dans les rues de sa ville qui n'implique pas un stationnement dans un emplacement déterminé. • CE 22 juin 1951, *Daudignac : Lebon 362 ; D. 1951. 589, concl. Gazier, note J.-C.* ♦ V. aussi • CE 28 mars 1979, *Ville de Strasbourg : Lebon T. 652* • CE 15 mars 1996, *Synd. des artisans, fabricants de pizza non sédentaires Provence-Côte d'Azur : Lebon 79*. ♦ La liberté d'aller et de venir sur les voies publiques est en effet un principe de valeur constitutionnelle. • Cons. const. 12 juill. 1979, n° 79-107 DC : *JO 13 juill., p. 1824 : AJDA 1979, n° 9, p. 47.* ♦ Seule une réglementation de cet usage est, pour des raisons d'ordre public, possible. L'autorité de police peut ainsi notamment interdire, dans certaines conditions, une activité de vendeur ambulant pour des raisons d'hygiène. • CE 14 mars 1979, *Auclair : Lebon 112*. ♦ V. aussi • CE 21 févr. 1986, *Cne de Fleury-d'Aude : Lebon T. 406 ; JCP 1986. II. 20680, note Rézenthel.* ♦ Elle peut aussi limiter dans l'intérêt du bon ordre, de la tranquillité et de la sécurité publiques les activités musicales et les attractions de toute nature sur les voies publiques à Paris. • CE, sect., 4 mai 1984, *Préfet de police c/ Guez : Lebon 236, concl. Dutheillet de Lamothe ; AJDA 1984. 164, concl. Dutheillet de Lamothe.* ♦ En revanche, sauf dérogation législative, l'usage collectif est gratuit. • CE 22 janv. 1991, *Cne de Bagnères-de-Luchon : Lebon 63.* ♦ V. aussi Pontier, Sur un éventuel droit d'accès aux manifestations culturelles organisées sur la voie publique, *Rev. adm. 2002. 72.* ♦ De même, une mesure d'interdiction totale de stationnement pour des véhicules mis à la vente est irrégulière car disproportionnée en l'absence de difficultés particulières de stationnement dans la commune. • CAA Marseille, 24 nov. 2003, *Cne de Velleron*, n° 99MA00944 : *AJDA 2004. 895*.

42. Respect du principe de la liberté du commerce et de l'industrie. La CAA de Nantes a considéré qu'un maire commet une illégalité en refusant d'autoriser qu'un photographe d'art photographie des œuvres exposées dans un musée sans examiner avec l'entreprise la possibilité d'exercer son activité dans des conditions compatibles avec les nécessités de la gestion du musée et du respect de l'intégrité des œuvres. • CAA Nantes, 4 mai 2010, *EURL Photo Josse*, n° 09NT00705 : *JCP Adm. 2011. 2239, chron. Chamard-Heim.* ♦ Cette solution n'a pas été confirmée par le Conseil d'État qui a jugé que la décision de refuser une telle autorisation, que l'administration n'est jamais tenue d'accorder, n'est pas susceptible, par elle-même, de porter atteinte à la liberté du commerce et de l'industrie, dont le respect implique, d'une part, que les personnes publiques n'apportent pas aux activités de production, de distribution ou de service exercées par des tiers des restrictions qui ne seraient pas justifiées par l'intérêt général et proportionnées à l'objectif poursuivi et, d'autre part, qu'elles ne puissent prendre elles-mêmes en charge une activité économique sans justifier d'un intérêt public. • CE 29 oct. 2012, *Cne de Tours : préc. note 4.* • CE 23 mai 2012, *RATP*, n° 348909 : *préc. note 19* • CAA Marseille, 14 sept. 2018, n° 16MA03247.

43. Respect du principe d'égalité. Le préfet de police de Paris ne peut réserver de manière exclusive l'octroi des permis de stationnement aux victimes d'événements de guerre dans le besoin, aux personnes nécessiteuses et à celles chargées de famille. L'intérêt général qui s'attache à la protection sociale de ces personnes n'était pas suffisamment impérieux pour justifier ce régime discriminatoire. • CE 18 déc. 1985, *Legendre : Lebon 380 ; AJDA 1986. 112, concl. Bonichot.* ♦ V. également • CE 2 nov. 1956, *Biberon : Lebon 403, concl. Mosset (a contrario).* ♦ La différence de situations entre usagers du canal du Midi justifie un traitement différent qui ne porte pas atteinte au principe d'égalité des usagers du domaine public. • CAA Bordeaux, 4 oct. 2007, *Sté Les bateaux toulousains*, n° 05PA01067. ♦ La différence de situation entre les photographes professionnels qui demandent une autorisation d'utilisation privative de tout ou partie du domaine public mobilier constitué par les collections d'un musée à des fins de commercialisation pour leur propre compte des reproductions obtenues et les photographes auxquels l'autorité domaniale délivre une telle autorisation afin qu'ils réalisent, à sa demande, et pour ses propres besoins, des photographies des œuvres du musée, justifie une différence de traitement qui ne porte pas atteinte au principe d'égalité. • CE 23 déc. 2016, *Sté Photo Josse*, n° 378879. ♦ Est illégale la décision par laquelle le Conservatoire du littoral reconduit le bail du droit de chasse sur le domaine public d'une association et refuse à une autre association le bénéfice d'un tel bail au motif qu'il ne « souhaite pas contractualiser avec une société de chasse supplémentaire ». En attribuant le droit de chasse à la première association, à l'exclusion de tout autre usager du domaine public, sans justifier de différences de situation entre les deux sociétés de chasse pouvant légalement fonder cette attribution exclusive ou d'un motif d'intérêt général, le Conservatoire du Littoral a méconnu le principe général d'égalité des usagers du domaine public. • TA Marseille, 9 oct. 2018, n° 1605090.

44. Erreur de droit. L'abrogation d'une autorisation d'occupation fondée sur le changement du titulaire de celle-ci est irrégulière dès lors que son objet, cause juridique de la délivrance du titre, est demeuré inchangé. • CAA Paris, 30 déc. 2005, *Port autonome de Paris,* n° 03PA02156.

45. Détournement de pouvoir. Une disposition d'un règlement municipal interdisant de concéder des emplacements pour des épars fixes ou commerces ambulants à moins de cent cinquante mètres de distance des halles, marchés et magasins vendant des produits similaires revient à interdire au commerce non sédentaire la plupart des emplacements favorables et vise en réalité à assurer la protection du commerce sédentaire. Elle est en conséquence irrégulière. • CE 15 mars 1996, *Synd. des artisans, fabricants de pizza non sédentaires Provence-Côte d'Azur : préc. note 41.* ♦ V. également • CE 22 janv. 1975, *Cne de Vallon-Pont-d'Arc : Lebon 43* • CAA Paris, 22 nov. 2007, *Sté Promo Métro,* n° 05PA02265. ♦ Commet un détournement de pouvoir le maire qui accorde une autorisation d'occupation du domaine public pour faire déposer sur la voie publique une benne à matériaux dont l'objectif réel était d'empêcher les propriétaires riverains de disposer de leurs propriétés (illégalité de la décision du maire de Calais qui visait à empêcher l'accès d'un camion transportant une construction modulaire destinée à compléter un dispositif de douches à destination des migrants de retour ou nouvellement présents sur le territoire de la commune). • TA Lille, 13 févr. 2017, *Assoc. Secours catholique,* n° 1701245 : *Rev. CMP 2018. Chron. 7, Soler-Couteaux, Zimmer et Waltuch.*

46. Compétence du juge administratif des référés (art. L. 521-1 CJA). Le juge des référés peut ordonner la suspension de l'exécution de décisions préfectorales rejetant une demande d'attribution d'une concession de cultures marines au requérant et attribuant à d'autres de telles concessions. Il peut également enjoindre au préfet de prendre une nouvelle décision sur la demande du requérant. • CE 9 avr. 2004, *Min. Agriculture,* n° 263508 : *JCP 2004. 2449, obs. Rouault.* ♦ V. aussi • TA Montpellier, 2 juill. 2003, *EURL La Cour des Miracles : LPA 8 nov. 2004, note Lichère.* ♦ Le juge administratif des référés a pu ordonner la suspension de la décision accordant un permis de construire en présence d'une contestation sérieuse sur la domanialité publique d'une parcelle pouvant résulter des règles d'imprescriptibilité et d'inaliénabilité du domaine public. • CE 8 juin 2007, *Sté Magenta Développement,* n° 298920. ♦ En l'absence de moyen propre à créer un doute sérieux quant à la légalité de la décision, le juge des référés ne peut ordonner la suspension de son exécution. • CE 6 mars 2006, *Ville de Lyon,* n° 283987. ♦ En l'absence d'urgence il ne le pourra pas non plus. • CE 6 mars 2006, *SARL Rio Port Tonic,* n° 284691.

47. Compétence du juge administratif des référés (art. L. 521-2 CJA). Dans la mesure où le refus d'autoriser un établissement commercial à occuper le domaine public ne peut être, alors même qu'il a une incidence sur l'attraction commerciale de l'établissement, regardé par lui-même comme portant atteinte à une liberté fondamentale, il s'ensuit que les conditions requises pour que le juge des référés prononce une injonction ne sont pas réunies. • CE, réf., 16 sept. 2002, *Sté La Cour des Miracles : JCP 2003. II. 10037, note Soulié* • CE, réf., 22 mai 2003, *Cne de Théoule-sur-Mer : RFDA 2003. 837.* ♦ En revanche, l'interdiction faite dans le cadre de son pouvoir de police par un maire à une société de transport d'embarquer ou de débarquer des passagers dans un port constitue une atteinte manifestement illégale à la liberté d'entreprendre justifiant que soit ordonnée la suspension de la décision. • CE, réf., 2 juill. 2003, *Cne de Collioure : AJDA 2003. 2219, note Markus.* ♦ V. aussi • CE 6 sept. 2006, *Cne d'Ota,* n° 296912. ♦ De même pourra être suspendu le refus opposé à une association de se réunir au stade Charléty car il porte une atteinte grave à la liberté de réunion qui constitue une liberté fondamentale. • TA Paris, 13 mai 2004, *Assoc. cultuelle des Témoins de Jéhovah : D. 2004. 2398, note Garay* • CE, ord., 30 mars 2007, *Ville de Lyon : AJDA 2007. 1242, note Damarey.* ♦ En autorisant une manifestation non cultuelle dans un édifice affecté à l'exercice d'un culte sans l'accord du ministre du culte chargé d'en régler l'usage, un maire commet une illégalité manifeste et porte une atteinte grave à la liberté de culte qui est une liberté fondamentale. La condition d'urgence étant par ailleurs remplie, le juge administratif des référés a pu suspendre la décision du maire. • CE, ord., 25 août 2005, *Cne de Massat : AJDA 2006. 91, note Subra de Bieusses.* ♦ Un concessionnaire, en enjoignant aux actionnaires d'une société sous-concessionnaire de s'adresser uniquement à lui et en empêchant par ailleurs celle-ci d'accéder à ses documents sociaux, porte une atteinte grave et manifestement illégale à la liberté d'entreprendre et à la liberté de disposition de son bien par un propriétaire. Dès lors, en raison de l'urgence, le juge des référés a pu régulièrement ordonner au concessionnaire les mesures contestées (restitution de documents). • CE, réf., 26 mai 2006, *Sté du Yacht-club international de Marina-Baie des Anges,* n° 293501. ♦ En décidant, afin d'y réaliser des travaux de sécurité, la fermeture d'une salle d'une cité universitaire utilisée comme lieu de réunion et de prières par des étudiants de confession musulmane, la direction d'un CROUS n'a en revanche porté aucune atteinte manifestement illégale aux libertés fondamentales de culte et de réunion. • CE, ord., 6 mai 2008, *M. Mouhamed A.,* n° 315631 : *Lebon T. 861 ; AJDA 2008. 965.*

48. Compétence en premier et dernier ressort des cours administratives d'appel pour connaître des recours dirigés contre les autorisations et refus d'autorisation d'occupation du domaine public relatifs aux éoliennes terrestres. Résultant du Décr. n° 2018-1054 du 29 nov. 2018 relatif aux éoliennes terrestres, à l'autorisation environnementale et portant diverses dispositions de simplification et de clarification du droit de l'environnement, cette compétence en premier et dernier ressort des CAA est codifiée à l'art. R. 311-5 CJA. La cour administrative territorialement compétente est celle dans le ressort de laquelle a son siège l'autorité administrative qui a pris la décision.

II. AUTORISATIONS D'OCCUPATION UNILATÉRALES

A. COMPÉTENCE POUR DÉLIVRER LES AUTORISATIONS

1° PERMIS DE STATIONNEMENT ET PERMISSION DE VOIRIE

49. Distinction. L'acte administratif unilatéral autorisant l'occupation du domaine public peut être une permission de voirie ou un permis de stationnement. La permission de voirie correspond à l'hypothèse dans laquelle l'utilisation du domaine public s'opère avec emprise (installation de canalisations dans le sous-sol, de pompes à essence de kiosques à journaux, de mobilier urbain, etc.), alors que le permis de stationnement correspond aux utilisations sans emprise, c'est-à-dire à celles ne nécessitant pas de pénétration dans le sous-sol (installation de terrasses de cafés, par ex.) ou de l'importance de l'occupation. L'atteinte à l'assiette peut aussi résulter du mode de stationnement autorisé. Ainsi, il a été jugé qu'est une permission de voirie une autorisation de stationnement délivrée à une société exploitant une péniche à usage de night-club installée sur le canal de la Robine à Narbonne en raison de l'objet et du caractère permanent du stationnement. • CE 20 juin 1989, *SARL Aramis Club : RD publ. 1989. 1521.* ♦ Même si l'installation du cantonnement de chantier le long de la façade de l'hôtel Le Ritz a donné lieu à d'importants travaux de préparation, consistant notamment dans le coulage d'une dalle de béton, elle ne comportait aucune emprise sur le domaine public et pouvait être autorisée par un permis de stationnement délivré par le maire. • CE 15 mars 2017, *Préfet de Police*, n° 391901 : *Lebon T.* ♦ *Contra* • CAA Paris, 20 mai 2015, *Préfet de police*, n° 14PA01148 • 20 mai 2015, *Préfet de Police*, n° 14PA02140 : *Rev. CMP 2016. Chron. 2, n° 19, note Llorens et Soler-Couteaux.*

50. Atteinte à l'assiette du domaine. La délivrance d'une permission de voirie incombe à l'autorité administrative chargée de la conservation du domaine. • CE 20 déc. 1957, *Sté nat. d'éditions cinématographiques : préc. note 30.* ♦ L'installation d'un kiosque à journaux construit sur une dalle de béton implantée dans le sol de la voie publique a eu pour effet de modifier l'assiette de ladite voie. En conséquence, elle nécessitait la délivrance d'une permission de voirie. • CE 15 juill. 1964, *Longuefosse : Lebon 423.* ♦ A propos de l'implantation de palissades fixées au sol pour clôturer un chantier sur une rue communale, • CE 29 avr. 1966, *Sté affichage Giraudy : Lebon 293 ; JCP 1966. II. 14746, note Klein.*

51. En revanche, parce que l'installation par le requérant d'une terrasse de café sur le terre-plein d'une avenue n'avait pas pour effet de modifier l'assiette de ladite voie, elle impliquait la délivrance d'un permis de stationnement. • CE 14 juin 1972, *Elkoubi : Lebon 437*. ♦ V. aussi • CE 11 mai 1977, *Ville de Lyon : Lebon 211 ; RD publ. 1978. 277.*

52. La délivrance, lorsque l'occupation donne lieu à emprise, d'une permission de voirie relève de la compétence de l'autorité responsable de la gestion du domaine. Au niveau des collectivités territoriales, c'est l'exécutif local qui est compétent pour délivrer, retirer ou abroger une telle autorisation, l'organe délibérant ayant le pouvoir de fixer les conditions générales d'administration et de gestion du domaine public. • CE 18 nov. 2015, *SCI le II C et a.*, n° 390461 : *Lebon T.* – Art. R. 2122-4, al. 2, CGPPP, art. R. 2241-1, R. 3213-1 et R. 4221-1 CGCT. ♦ C'est également le maire qui est compétent à Paris, le préfet de police ayant seulement le pouvoir d'adopter, à l'intérieur des périmètres des sites qu'il a déterminés, des mesures de réglementation des conditions de circulation et de stationnement dans certaines voies ou portions de voies ou d'en réserver l'accès à certaines catégories d'usagers ou de véhicules. • CE 15 mars 2017, *Préfet de Police*, n° 391901 : *Lebon T.* ♦ S'agissant du domaine public de l'État, l'autorisation est délivrée par le préfet, agissant en qualité de représentant des ministres chargés de la gestion du domaine public de l'État dans le département, sous réserve des dispositions particulières qui attribuent compétence à d'autres autorités administratives, notamment à l'autorité militaire (CGPPP, art. R. 2122-4, al. 1er). ♦ Concernant le domaine public des établissements publics, l'autorisation est délivrée par l'autorité de l'établissement à laquelle cette compétence est attribuée par son statut (en principe, son président). Dans le silence de celui-ci, l'autorisation est délivrée par l'organe délibérant (CGPPP, art. R. 2122-4, al. 3). En l'absence d'emprise, l'occupation implique la délivrance d'un permis de stationnement. Si la délivrance de ce dernier relève également de la compétence du gestionnaire, ce principe fait l'objet d'une importante exception législative puisqu'il résulte des dispositions des art. L. 2213-1 et L. 2213-6 CGCT que, en sa qualité d'autorité compétente en matière de police de la circulation sur les voies de communication situées à l'intérieur des agglomérations, le maire est seul compétent pour délivrer des permis de stationnement sur ces mêmes voies et sur les autres lieux publics visés à l'art. L. 2213-6. Par suite, nonobstant le fait que l'art. 230 de la loi du 23 févr. 2005 relative au développement des territoires ruraux a remis en dotation à l'établissement public du domaine national de Chambord les biens constitutifs de celui-ci et a prévu que son directeur général exerce les pouvoirs de police afférents à leur gestion, notamment en ce qui concerne la circulation sur ces voies, sous réserve des pouvoirs dévolus au maire de la commune de Chambord sur les voies de communication situées à l'intérieur de l'agglomération en application de l'art. L. 2213-1 CGCT, on doit considérer que ces dispositions réservent au maire la police de la circulation sur les voies de communication situées à l'intérieur de l'agglomération, dans les conditions de droit commun de l'art. L. 2213-1 CGCT, auquel elles renvoient expressément et qui impliquent sa compétence pour délivrer, sur ces voies ainsi que sur les autres lieux publics qui en sont l'accessoire, des permis de stationnement. • CE 9 avr. 2014, *Domaine national de Chambord*, n° 366483 : *Lebon 86 : AJCT 2014. 515, note Juilles ; AJDA 2014. 823, obs. M.-C. M. ; ibid. 1840, note Foulquier ; JCP Adm. 2014. Actu. 350, obs. L. E. ; ibid. 2214, note Pauliat ; RLCT 2014. 2747, note Rouault ; Rev. CMP 2015. Chron. 2, obs. Llorens et Soler-Couteaux ; RLC juill. 2014. 99, obs. Ziani ; RLCT 2014. Comm. 2747, note Rouault ; RGCT 2014. 109, note Chaminade.*

53. Le pouvoir de mettre fin à une autorisation d'occupation temporaire du domaine public appartient, en l'absence de dispositions expresses contraires, à l'autorité compétente pour l'accorder. • CAA Paris, 16 nov. 2007, *Port autonome de Papeete*, n° 04PA01789.

2° EFFETS DE LA DISTINCTION

a. Sur l'autorité compétente

54. La permission de voirie relève de l'autorité gestionnaire. Le pouvoir de gestion dérive du droit de propriété. • CE 10 nov. 1972, *Dubois : Dr. adm. 1972, n° 401.* ♦ Il appartient à l'autorité qui exerce les droits et obligations du propriétaire du domaine public, à l'exception du droit de disposition et d'affectation des biens, de fixer les conditions auxquelles elle entend subordonner les permissions d'occupation. • CAA Paris, 27 avr. 1999, *Université de Paris IX-Dauphine : RFDA 1999. 1070*.

55. L'implantation d'un kiosque modifiant l'assiette d'une route nationale dans la traversée de l'agglomération d'Hyères exige l'obtention d'une permission de voirie par le représentant qualifié de l'État propriétaire de la voie et non par le maire détenteur du pouvoir de police sur la voie. • CE 15 juill. 1964, *Longuefosse : préc. note 50.* ♦ Un maire est compétent pour délivrer une permission de voirie nécessaire à l'implantation de palissades fixées au sol dans une rue de la commune pour clôturer un chantier. • CE 29 avr. 1966, *Sté d'affichage Giraudy : préc. note 50.* ♦ Dans les communes membres d'une communauté urbaine, la loi du 31 déc. 1966, codifiée aux art. L. 165-1 s. C. communes (devenu art. L. 5215-20 CGCT), a transféré à celle-ci les pouvoirs des communes en matière de gestion du domaine public routier. En conséquence incompétence du conseil municipal de Bordeaux pour réglementer l'implantation de clôtures. • CE 7 janv. 1987, *Ville de Bordeaux*, n° 26979 : *préc. note 36.* ♦ Le conseil municipal ne peut déléguer au maire, sans fixer de limite à cette délégation, les prérogatives de fixation des droits de stationnement, considérés comme des recettes municipales. • TA Strasbourg, 27 oct. 2010, *SARL Train's : préc. note 38.* ♦ Il revient au maire de Paris et non au préfet de police d'autoriser l'occupation de la Place Vendôme par des entreprises chargées des travaux de réhabilitation de l'hôtel Ritz car une telle occupation, bien que n'emportant aucune emprise dans le sol ou le sous-sol, relève de la permission de voirie au regard de son ampleur, de sa durée et des caractéristiques des constructions auxquelles elles donnent lieu. • CAA Paris, 20 mai 2015, *Préfet de police*, n° 14PA01148 : *préc. note 49* • 20 mai 2015, *Préfet de police*, n° 14PA02140 : *préc. note 49.*

56. Le préfet de la Seine, et non le préfet de police de Paris, est compétent pour prendre une décision applicable à l'attribution ou au retrait des permissions d'occupation du domaine public dans la mesure où celle-ci se rattache au pouvoir de gestion du domaine et n'a pas été prise en vertu d'une compétence de police. • CE, sect., 20 déc. 1957, *Sté nat. d'éditions cinématographiques : préc. note 30.* ♦ V. aussi • CE 12 juin 1963, *Rimoux : Lebon 356* • CE 15 nov. 2006, *Dpt de Meurthe-et-Moselle*, n° 265453 : *Lebon T. 748*.

57. Le permis de stationnement relève de l'autorité de police. La délivrance des permis de stationnement relève de l'autorité de police. L'installation d'une terrasse de café sur le terre-plein d'une avenue inclus dans le domaine public de l'État, dans la mesure où elle impliquait l'obtention d'un permis de stationnement, relève de la compétence du maire détenteur de la police de la circulation et du stationnement dans l'agglomération. • CE 14 juin 1972, *Elkoubi : Lebon 437.* ♦ Pour les mêmes raisons, le maire est compétent pour accorder de tels permis sur les voies situées dans l'agglomération sans qu'il y ait lieu de rechercher si la rue appartient à une autre collectivité. • CE 14 mai 1975, *Chatard : AJDA 1975. 363.* ♦ Et cela y compris sur les dépendances du domaine public de l'État ouvertes à la circulation générale comme les quais d'un port maritime. • CE 17 janv. 1986, *Mansuy : AJDA 1986. 185, note Rézenthel* • CE 11 févr. 1998,

Ville de Paris c/ Assoc. pour la défense des droits des artistes peintres de la place du Tertre : Lebon 46 ; AJDA 1998. 523, concl. Bachelier . ♦ Dans Paris, le préfet de police est compétent pour délivrer les permis de stationnement aux petits marchands ne tenant pas boutique. • CE 18 déc. 1985, *Legendre : Lebon 380 ; AJDA 1986. 112, concl. Bonichot.* ♦ V. également • CE 5 sept. 1990, *Delaby : Lebon T. 895 et 1050 ; RD publ. 1992. 1180.* ♦ Relève de la compétence de l'autorité de police le pouvoir de délivrer des permis de stationnement en vue d'autoriser à titre expérimental la publicité sur les trottoirs à Bordeaux, Lyon et Nantes (Décr. n° 2017-1743 du 22 déc. 2017 portant expérimentation de marquages sur les trottoirs à des fins publicitaires ; Arr. du 8 janv. 2018 relatif à la suspension à l'intérieur des agglomérations de Bordeaux et Nantes de l'expérimentation des marquages sur les trottoirs à des fins publicitaires).

58. La police du stationnement dans les dépendances des gares est une police spéciale qui relève de la compétence exclusive du préfet. • CE 30 juill. 1935, *Éts SATAN : Lebon 847.* ♦ Lorsque la propriété de la cour de la gare a été transférée à une commune, cette cour n'appartient plus au domaine public ferroviaire et n'a plus le caractère de dépendance de la gare au sens du décret du 22 mars 1942. Dès lors, le préfet n'était plus compétent pour prendre des mesures de police relatives au stationnement des taxis sur les emplacements réservés. • CE 6 juin 2001, *Cne de Vannes : RFDA 2001. 976 ; CJEG 2002. 19, note Laget-Annamayer.*

b. Sur l'étendue de la compétence

59. Compétence de gestion. Ni le principe de la liberté du commerce, ni celui de la liberté de presse, ni les règles établies pour la surveillance et le contrôle des publications destinées à l'enfance et à l'adolescence ne sauraient faire obstacle à l'exercice des pouvoirs de gestion du domaine. • CE, sect., 20 déc. 1957, *Sté nat. d'éditions cinématographiques : préc. note 30.* ♦ Dans le même sens : • CE, sect., 29 avr. 1966, *Sté d'affichage Giraudy : préc. note 55* • CE 2 mai 1969, *Sté d'affichage Giraudy : préc. note 36* • 15 mars 1996, *Synd. des artisans, fabricants de pizza non sédentaires Provence-Côte d'Azur : préc. note 41.* ♦ Dans la mesure où l'autorité qui autorise l'occupation du domaine public maritime dispose d'un large pouvoir d'appréciation, l'édition d'une telle décision par le gouvernement de Polynésie ne ressortit pas à l'expédition des affaires courantes. • CAA Paris, 18 oct. 2007, *M. Winfred X.*, n° 05PA03498. ♦ V. aussi : • CAA Paris, 22 nov. 2007, *M. Bertie Z.*, n° 06PA02114.

60. Ni le principe de la loyauté de la concurrence, ni le respect des règles applicables aux installations classées ne sauraient non plus faire obstacle à l'exercice des pouvoirs de gestion. • CE 17 janv. 1990, *SARL Éts Boënnec : Dr. adm. 1990, n° 101.* ♦ ... Ni également les principes constitutionnels de liberté de réunion, d'association et de libre exercice d'une activité par un parti politique ou les stipulations de l'art. 11 Conv. EDH. • TA Paris, 11 juin 2003, *Assoc. Front national*, n°s 0304106/4-0305403/4. ♦ Le préfet qui retire à titre de sanction le contrat d'occupation qui avait été consenti à un occupant d'un marché d'intérêt national dont la gestion n'avait pas été conservée par l'État ne porte pas atteinte à la liberté contractuelle car il agit comme autorité de tutelle du gestionnaire du marché d'intérêt national. La rupture de la relation contractuelle entre le gestionnaire et l'usager concerné est réputée émaner du gestionnaire du marché, partie au contrat. • CE 9 déc. 2016, *Métropole Nice-Côte d'Azur*, n° 383421 : *Lebon T.*

61. Compétence de police. En revanche, les libertés publiques, notamment la liberté du commerce, sont opposables aux actes définissant les conditions de délivrance des permis de stationnement à des commerçants à installation provisoire sur le domaine public. • CE 11 déc. 1985, *Ville d'Annecy : Lebon 369* • CE 22 juin 1983, *Ville de Lyon : Lebon 269 .* ♦ Ainsi, s'il appartient à l'autorité administrative compétente de fixer des conditions à la délivrance des autorisations d'occupation d'emplacements sur le domaine public à des fins commerciales, elle n'a pu, sans porter atteinte à la liberté du commerce, édicter une règle de priorité au détriment des postulants non domiciliés à Marseille. • CE 15 mars 1996, *Synd. des artisans, fabricants de pizza non sédentaires Provence-Côte d'Azur : préc. note 41.*

62. Un décret toutefois ne portera pas une atteinte irrégulière à la liberté d'exercice d'une activité économique en imposant aux capitaines de bateau l'assistance d'un pilote professionnel pour réaliser des manœuvres à l'intérieur des ports compte tenu des risques qu'elles comportent. • CE 2 juin 1972, *Féd. fr. des synd. prof. de pilotes maritimes : préc. note 32.* ♦ V. aussi • CE 22 juin 1983, *Ville de Lyon : préc. note 61* • CE 11 déc. 1985, *Ville d'Annecy : préc. note 61* • TA Paris, 29 sept. 2004 : *JCP Adm. 2005. 1251, note Moreau* • CE, réf., 2 juin 2006, *Synd. des transporteurs de marchandises de la région Nord*, n° 293843. ♦ L'exercice de la compétence du maire ou du préfet à délivrer des permis de stationnement à des entreprises de taxis est soumis au contrôle normal du juge administratif. • CE 27 juin 2007, *Synd. de défense des conducteurs du taxi parisien*, n° 292855 : *Lebon 278 ; AJDA 2007. 1328.*

3° LIMITES DE LA DISTINCTION

63. Imbrication des compétences. A propos d'un même règlement comportant à la fois des dispositions issues de compétences de police et de compétence de gestion. • CE 2 juin 1972, *Féd. fr. des synd. professionnels de pilotes maritimes : préc. note 32.* ♦ Un règlement du ministre de l'éducation nationale et de la culture portant cahier des charges relatif à l'occupation de l'esplanade du jardin des Tuileries dont la gestion a été confiée à l'établissement public du Grand Louvre correspond à l'exercice par le ministre de ses pouvoirs de police du domaine. • CE, sect., 23 juin 1995, *Min. Culture Assoc. défense Tuileries : Lebon 268, RFDA 1995. 838.* ♦ Les autorisations d'occupation du jardin du Luxembourg sont délivrées par des décisions des questeurs du Sénat. • CAA Paris, 17 mars 2008, *Président du Sénat,* n° 05PA04644. ♦ En Nouvelle-Calédonie, il résulte de la loi du 9 nov. 1988 que le haut-commissaire de la République est seul compétent pour autoriser l'occupation du domaine public maritime de l'État. La détermination de l'autorité compétente pour délivrer une autorisation d'occupation est une question préjudicielle pour le juge judiciaire. • CE 25 mai 2007, *Sté Minière du Sud Pacifique,* n° 282224 : *Lebon T. 842.*

64. Un même règlement comporte souvent des dispositions dont les unes sont issues de la compétence de police, les autres de la compétence de gestion, voire des dispositions mixtes. • CE 2 juin 1972, *Féd. française des synd. prof. de pilotes maritimes : préc. note 32* • CE 15 mars 1996, *Synd. des artisans, fabricants de pizza non sédentaires Provence-Côte d'Azur : préc. note 41* • CE 6 mai 1996, *Vanderhaeghen : préc. note 40.*

65. Le juge a admis la légalité de permis de stationnement délivrés dans l'intérêt du domaine public et de son affectation et plus largement dans l'intérêt général. • CE 18 déc. 1985, *Legendre : RD publ. 1987. 818.* ♦ Une solution identique a été retenue au sujet d'un permis de stationnement délivré en vue de la meilleure utilisation du domaine public au sujet de l'attribution d'emplacements dans une fête foraine. • CE 18 nov. 1966, *Sieur Froment : Lebon 607 ; AJDA 1967. II. 45, note de Laubadère.* ♦ Le fait qu'un arrêté a été pris par le maire de Paris en tenant compte d'impératifs d'ordre et de sécurité publics n'a pas pour effet de lui retirer son caractère de règlement relatif à l'occupation du domaine public. • CE 11 févr. 1998, *Ville de Paris c/ Assoc. pour la défense des droits des artistes-peintres de la place du Tertre : Lebon 46 ; RFDA 1998. 458 ; AJDA 1998. 523, concl. Bachelier.* ♦ L'autorité domaniale et l'autorité de police sont toutes deux compétentes pour décider d'installer des dispositifs de ralentissement sur une voie publique si la première ne porte pas atteinte au pouvoir de la police et si la seconde ne modifie pas l'assiette du domaine, sauf à obtenir l'accord de la collectivité propriétaire. • CE, avis, 3 nov. 2006, *Cne du Mont-Dore : Dr. adm. 2007, n° 24 ; AJDA 2007. 444.* ♦ V. également • CAA Bordeaux, 27 nov. 2007, *M. Denis X.,* n° 06BX00462.

66. *Interchangeabilité des motifs de délivrance.* Le refus d'une permission de voirie par le préfet de la Seine peut être fondé sur des motifs tirés de la protection des bonnes mœurs et de l'ordre public. • CE, sect., 20 déc. 1957, *Sté nat. d'éditions cinématographiques : préc. note 30* • CE 12 nov. 1954, *Jouet : Lebon 589.* ♦ Inversement, la délivrance des permis de stationnement peut avoir pour objectif d'assurer la meilleure utilisation du domaine public et prendre donc en compte l'intérêt des attractions pour le public pour accorder ou refuser des places dans une fête foraine. • CE, sect., 18 nov. 1966, *Froment : préc. note 31* • 18 nov. 1966, *Clément : préc. note 31* • CE 17 mars 1976, *Aimé : Dr. adm. 1976, n° 141.* ♦ ... De protéger et organiser un service public de transport de personnes. • CE, sect., 29 janv. 1932, *Sté des Autobus antibois : préc. note 27.* ♦ Le refus d'un emplacement demandé pour présenter un spectacle de marionnettes au motif que la commune ne dispose pas de place susceptible de l'accueillir est régulier car fondé sur la bonne utilisation de domaine public communal. • CAA Nancy, 11 oct. 2007, *Cne de Molsheim,* n° 06NC01156. ♦ L'interchangeabilité des motifs de délivrance des permissions de voirie et de stationnement pose la question d'un éventuel rattachement des permis de stationnement au pouvoir de gestion domaniale (Yolka, La propriété publique – Éléments pour une théorie, *LGDJ, 1997, p. 221 s.* – Teitgen-Colly, La légalité de l'intérêt financier dans l'action administrative, *Économica, 1981, p. 274.* – Lafage, Le pouvoir de gestion du domaine public. Essais sur les mutations d'une prérogative administrative, *PU Septentrion, 2002, p. 140*).

67. *Absence d'atteinte à une liberté fondamentale.* Le refus d'attribuer un emplacement sur le domaine public accueillant la foire du Trône ne peut, alors même qu'il a pour conséquence de priver les requérants de la possibilité d'exercer leur activité commerciale, être regardé comme portant atteinte à une liberté fondamentale. • CE 6 avr. 2001, *Lapere : Dr. adm. déc. 2001, hors-série, n° 355.* ♦ V. aussi : • CE, ord., 16 sept. 2002, *La Cour des Miracles : JCP 2003. II. 10037, note Soulié.*

68. *Soumission au droit de la concurrence.* S'il appartient à l'autorité administrative affectataire de dépendances du domaine public de gérer celles-ci tant dans l'intérêt du domaine et de son affectation que dans l'intérêt général, il lui incombe en outre lorsque, conformément à l'affectation de ces dépendances, celles-ci sont le siège d'activités de production, de distribution ou de services, de prendre en considération les diverses règles, telles que le principe de la liberté de commerce et de l'industrie, ou l'Ord. n° 86-1243 du 1er déc. 1986. • CE, sect., 26 mars 1999, *Sté EDA,* n° 202260 : *Lebon 108, concl. Stahl* *(concl. communes avec l'affaire Hertz France, p. 98) ; AJDA 1999. 427, concl. Stahl, note Bazex* ; *Dr. adm. 1999, n° 130 ; CJEG 1999. 264, concl. Stahl ; RD publ. 1999. 1545, note Manson ; D. 2000. 204, note Markus* ; *RDI 1999. 630, obs. Lavialle*. ♦ V. aussi • CE, avis, 22 nov. 2000, *Sté L. P. Publicité*, n° 223645 : *Lebon 526* ; *AJDA 2001. 198, note Rouault*. ♦ Il appartient aux personnes publiques, tout en assurant le respect du droit de la concurrence et la liberté de commerce, de fixer les conditions d'utilisation des ports maritimes propres à assurer la sécurité des usagers et la protection des biens du domaine public et d'apporter aux armements chargés d'un service public l'appui nécessaire. • CE 30 juin 2004, *Dpt de Vendée*, n° 250124 : *Lebon 178* ; *AJDA 2004. 2210, note Nicinski* ; *ibid. 2309, note N. C. ; CJEG 2004. 487, concl. Collin.* ♦ V. aussi notes 112 à 106. ♦ Le fait qu'une collectivité publique détienne une position dominante sur un marché n'implique pas que le montant de la redevance d'occupation du domaine public soit qualifié d'abus de position dominante dès lors qu'il n'est pas excessif. • CAA Paris, 14 janv. 2010, *Sté Viatel opérations*, n° 08PA04830 : *AJDA 2010. 862*. ♦ V., illustrant le contrôle opéré par l'Autorité de la concurrence à propos des pratiques mises en œuvre dans le secteur de la manutention pour le transport de conteneurs au port du Havre. • Aut. conc. 15 avr. 2010, n° 10-D-13 : *Dr. adm. 2010, n° 114, note Bazex.* ♦ Le Conseil d'État a également précisé que la décision de délivrer ou non une autorisation d'occupation privative, que l'administration n'est jamais tenue d'accorder, n'est pas susceptible, par elle-même, de porter atteinte à la liberté du commerce et de l'industrie, dont le respect implique, d'une part, que les personnes publiques n'apportent pas aux activités de production, de distribution ou de services exercées par des tiers des restrictions qui ne seraient pas justifiées par l'intérêt général et proportionnées à l'objectif poursuivi et, d'autre part, qu'elles ne puissent prendre elles-mêmes en charge une activité économique sans justifier d'un intérêt public. Il ajoute que la personne publique ne peut toutefois délivrer légalement une telle autorisation lorsque sa décision aurait pour effet de méconnaître le droit de la concurrence, notamment en plaçant automatiquement l'occupant en situation d'abuser d'une position dominante. • CE 23 mai 2012, *RATP*, n° 348909 : *Lebon 231 ; AJDA 2012. 1037, obs. Grand* ; *ibid. 1129, trib. Braconnier* ; *ibid. 1146, chron. Lombard, Nicinski et Glaser* ; *AJCT 2012. 445, note Juilles* ; *RDI 2012. 566, note Foulquier* ; *RFDA 2012. 1181, note Nicinski* ; *BJCP 2012. 291, concl. Boulouis et obs. R. S. ; JCP Adm. 2012. 364, obs. M. T.-D. ; ibid. 2013. 2012, note Pauliat ; ibid 2013, n° 16, chron. Chamard-Heim ; ACCP sept. 2012. 87, note Cattier ; Rev. CMP 2012. Repère 8, obs. Llorens et Soler-Couteaux ; ibid. 258, note Ziani ; RJEP 2012. 49, note Ubaud-Bergeron ; Dr. adm. 2012. 89, note F. Brenet.* ♦ V. aussi, sur ce même contentieux : • CAA Paris, 7 févr. 2013, *RATP, Sté 20 Minutes France*, n° 10PA05686 : *JCP Adm. 2013. 257, obs. Duranthon ; LPA 19 juil. 2013.11, note Boul* • CAA Marseille, 26 nov. 2013, *SARL Port Camargue Plaisance Service*, n° 11MA01387 : *Rev. CMP 2015. Chron. 2, obs. Llorens et Soler-Couteaux ; Dr. adm. 2014. 12 note Ziani ; JCP Adm. 2014. 2003, concl. Deliancourt ; ibid. 2289, note Carmier.* ♦ V. également, appliquant le même raisonnement : • CE 29 oct. 2012, *Cne de Tours : préc. note 4.*

B. FORMES ET PROCÉDURES

69. *Motivation.* La décision rejetant une demande présentée en vue d'obtenir une autorisation d'occupation du domaine public constitue un refus d'autorisation au sens des dispositions de l'art. 1er de la L. du 11 juill. 1979 relative à la motivation des actes administratifs et à l'amélioration des relations entre l'administration et le public (CRPA, art. L. 211-2). Elle doit donc faire l'objet d'une motivation suffisante. • CAA Bordeaux, 28 sept. 2017, *Mme B. et SARL Le Bikini*, nos 15BX02360 et 15BX02657 • 15 nov. 2017, *M. D.*, n° 15BX03680 (2 arrêts) : *JCP Adm. 2017. 2325, comm. Untermaier-Kerléo.* ♦ Cette obligation de motivation s'applique également au refus de renouvellement d'une autorisation d'occupation du domaine public. • TA Montpellier, 24 mai 2017, n° 1605704 : *JCP Adm. 2017. 2185 ; Rev. CMP 2018. Chron.7, obs. Soler-Couteaux, Zimmer et Waltuch.* ♦ En revanche, l'autorité gestionnaire du domaine public n'est pas tenue de motiver la décision par laquelle elle accorde une autorisation d'occupation du domaine public et un tiers ne peut donc valablement demander son annulation pour défaut de motivation. • CAA Nantes, 19 févr. 2017, n° 15NT02844.

70. *Procédure contradictoire.* Le retrait d'une autorisation d'occupation du domaine public motivé par le non-respect des conditions fixées par l'Administration n'a pas le caractère de sanction. Il ne résulte d'aucun principe que l'autorité gestionnaire du domaine, lorsqu'elle prend une mesure dans l'intérêt de ce domaine ne revêtant pas le caractère d'une sanction, doive respecter une procédure contradictoire. • CE 16 juin 1995, *Achache : Lebon T. 782*. ♦ V. également • CAA Paris, 5 déc. 2006, *EURL Mandon*, n° 03PA04132. ♦ *Contra*, considérant que dans les circonstances de l'espèce, eu égard à la reconduction sans interruption de l'autorisation pendant plus de vingt ans, le retrait de celle-ci constitue une sanction qui doit être motivée et précédée d'une procédure contradictoire, • CAA Marseille, 24 sept. 2013, *Benedetto*, n° 11MA04787 : *BJCL 2014. 725, concl. Deliancourt.*

71. En revanche, le retrait de l'autorisation d'exploiter un kiosque en raison de la faute commise par l'intéressé est une sanction qui aurait dû être précédée d'une procédure contradictoire. • CE, sect., 5 mai 1944, *Dame veuve Trompier-Gravier : Lebon 133 ; D. 1945. 110, concl. Chenot, note De Soto ; RD publ. 1944. 256, note Jèze.* ♦ V. aussi • CE 28 oct. 1983, *Fogelgesang : Lebon 598*.

72. Procédure consultative. Si la collectivité propriétaire ou affectataire des bâtiments scolaires peut autoriser leur utilisation pour l'organisation d'activités à caractère culturel, sportif, social ou socio-éducatif pendant les heures ou les périodes au cours desquelles ils ne sont pas utilisés pour les besoins de la formation initiale et continue, c'est sous réserve que ces activités soient compatibles avec la nature des installations, l'aménagement des locaux et le fonctionnement normal du service. Elles doivent également respecter les principes de neutralité et de laïcité. Il importe à cet égard de saisir pour avis le conseil d'école avant que la convention d'utilisation privative ne soit signée. • TA Châlons-en-Champagne, 23 avr. 2019, *M. H.*, n° 1800665 : *JCP Adm 2019. 2215, obs. Chamard-Heim.*

C. SITUATION JURIDIQUE DU PERMISSIONNAIRE

1° CESSIBILITÉ AVEC ACCORD ÉCRIT DU GESTIONNAIRE

73. Après avoir considéré que les autorisations d'occupation du domaine public étaient incessibles, en raison de leur caractère strictement personnel et révocable... • CE 10 mai 1989, *Claude Munoz : préc. note 15.* ♦ ... Le Conseil d'État considère désormais qu'il peut y avoir transfert d'une autorisation ou d'une convention d'occupation du domaine public à un nouveau bénéficiaire avec l'accord écrit du gestionnaire. • CE 18 sept. 2015, *Sté Prest'Air*, n° 387315 : *Lebon T. 666 ; AJDA 2016. 157, note Chamard-Heim ; Rev. CMP 2015. Comm. 271, note Pietri ; GDDAB, Dalloz, 3ᵉ éd., 2018, comm. 61 ; JCP Adm. 2015. 2315, comm. Cornille ; RDI 2016. 35 , obs Foulquier.* ♦ V. note 23.

2° DROIT DE L'OCCUPANT SUR SES INSTALLATIONS

74. Appropriation privative. L'inaliénabilité du domaine public n'est pas incompatible avec l'appropriation privative des installations superficielles construites par l'occupant, en particulier des embranchements ferroviaires particuliers. • CE, sect., 3 juill. 1959, *Min. Travaux publics c/ Sté des Produits alimentaires et diététiques : Lebon 423 ; RD publ. 1960. 665.* ♦ V. également • CE 1ᵉʳ juill. 1960, *Éts Soulat : Lebon 442.* ♦ L'appropriation privative d'installations superficielles édifiées par le titulaire d'une autorisation d'occupation temporaire du domaine public pendant la durée du titre n'est pas incompatible avec l'inaliénabilité de celui-ci. • CE 21 avr. 1997, *Min. Budget c/ Sté Sagifa*, n° 147602 : *Mon. TP 11 juill. 1997, note Dufau ; Dr. adm. 1997, n° 316, note Lavialle ; RFDA 1997. 935, note Fatôme et Terneyre .* ♦ L'appropriation privative d'installations superficielles édifiées ou acquises par le titulaire d'une autorisation d'occupation temporaire du domaine public n'est pas incompatible avec l'inaliénabilité de celui-ci, lorsque l'autorisation de l'occuper et d'y édifier des constructions ou d'acquérir les constructions existantes n'a pas été accordée en vue de répondre aux besoins du service public auquel le domaine est affecté. • CE 23 juill. 2010, *Mᵐᵉ Montravers, agissant en qualité de liquidateur judiciaire de la Sté Néville Foster Delaunay Belleville*, n° 320188 : *Lebon T. 728 ; Rev. CMP 2010, n° 350, note Eckert ; Dr. adm. 2010, n° 140, note Brenet ; Dr. fisc. nov. 2010, concl. Escaut, note Rougé.* ♦ La démolition d'un ponton établi par un occupant du domaine public maritime, dans la mesure où il en est propriétaire, est, lorsqu'il quitte les lieux, assurée par lui ou à ses frais par l'Administration. • CE 4 mars 1991, *Palanque*, n° 79528 : *préc. note 3.* ♦ V. aussi : • CAA Paris, 24 sept. 1993, *SARL Socaco*, n° 90PA00831 : *Lebon T. 764* (*a contrario*) • CE 27 févr. 1995, *Secr. d'État à la Mer c/ Torre*, n° 139718 : *Lebon 109 ; RFDA 1996. 1127, concl. Bachelier ; RDI 1995. 731 .* ♦ *Contra* : • CAA Lyon, 20 mai 1992, *Torre*, n° 91LY00324 : *Lebon T. 958 ; RFDA 1993. 1146, concl. Richer .*

75. Taxe foncière. L'occupant du domaine public est légalement redevable de la taxe foncière sur les propriétés bâties due en raison des installations qu'il a édifiées, sous réserve que les installations soient des biens propres ou des biens de reprise. • CE 27 avr. 1997, *Sté Sagifa*, n° 147602 : *Dr. fisc. 1997. Comm. 328, concl. Arrighi de Casanova ; RFDA 1997. 935, note Fatôme et Terneyre ; GDDAB, Dalloz, 3ᵉ éd., 2018. Comm. 71, note Chamard-Heim* • CE 9 févr. 2011, *SNC Baie des Tourelles*, n° 311754. ♦ S'agissant des biens de retour, c'est la personne publique propriétaire qui doit s'acquitter du paiement de la taxe foncière. • Même arrêt • CE 27 févr. 2013, *Min. du Budget*, n° 337634 : *Lebon T. 550 ; AJDA 2013. 496 ; JCP Adm. 2013. 223, obs. L. E.* • CE 8 nov. 2017, *Dpt de la Seine-Maritime*, n° 387087 : *JCP Adm. 2017. 2322, note Roux.* ♦ Lorsque sont en cause une autorisation non constitutive de droits réels et des biens de retour appartenant dès leur réalisation ou leur acquisition à la personne publique concédante, cette dernière est assujettie à la taxe foncière. • CE 27 févr. 2013, *Min. du Budget*, n° 337634 : *Lebon T. 550 ; AJDA 2013. 496 ; JCP Adm. 2013. 223, obs. L. E.* ♦ Cela n'exclut pas que les parties au contrat puissent, en vertu d'une stipulation expresse et précise de ce contrat, prévoir que le redevable légal d'une imposition sera remboursé du montant de cette imposition par l'autre partie. • CAA Lyon, 16 déc. 2014, *Sté d'équipement de Villard-de-Lans et de*

Corrençon-en-Vercors, n° 13LY03454 : *Rev. CMP 2015. Chron. 2, obs. Llorens et Soler-Couteaux.* ♦ Dans l'hypothèse où des biens ont été construits par un établissement public pour l'exécution de la mission de service public dont il a la charge sur des terrains mis à sa disposition par une autre personne publique, cet établissement public est, sauf dispositions législatives contraires ou stipulations contraires de l'acte mettant à disposition les terrains, redevable de la taxe foncière. • CE 28 janv. 2015, *Syndicat mixte de l'Aéroport de Saint-Brieuc Armor,* n° 371501 : *Lebon T. ; JCP Adm. 2015. Actu. 123, obs. E. L. ; RDI 2015. 304, note Foulquier.*

76. Droit d'entretien. Si l'autorité administrative dispose de la faculté de révoquer une autorisation pour des motifs tirés de l'intérêt du domaine, elle ne peut légalement refuser à l'intéressé l'autorisation de procéder à des travaux d'entretien de la canalisation qu'il avait été autorisé à installer. • CE 23 avr. 1975, *Vilain : Lebon 248.*

3° DROIT À INDEMNISATION EN CAS DE DOMMAGES DE TRAVAUX PUBLICS

77. Travaux entrepris dans un intérêt autre que celui du domaine occupé. La nature même des permissions de voirie délivrées pour l'installation de postes de distribution d'essence sur la voie publique implique pour les titulaires de ces permissions l'obligation de supporter, sans indemnité, la gêne provisoire de travaux exécutés dans l'intérêt de la voirie. • CE 14 nov. 1957, *Min. Travaux publics c/ Boulay : Lebon 607.* ♦ V. aussi • CE 22 févr. 1961, *Bousquet et Lurguie : Lebon 138 ; CJEG 1961. 169, note Dufau* • 23 avr. 1975, *SNCF c/ EDF : Lebon 261* • 2 juin 1995, *SIVOM de la région d'Issoire : Lebon 225 ; RFDA 1995. 838* • 6 nov. 1998, *Assoc. Amicale des bouquinistes des quais de Paris : préc. note 27* • CAA Lyon, 3 mai 2005, *Sté France Télécom,* n° 00LY02472 : *AJDA 2005. 1413* • CAA Bordeaux, 5 avr. 2007, *M*^me^ *Françoise X.,* n° 04BX00700 • CE 1er févr. 2011, *SA RTE EDF Transport,* n° 338665 : *préc. note 20.*

78. Alors même qu'elle dispose, en vertu de la loi du 15 juin 1906, d'un droit d'occupation du domaine public, la SNCF se trouve, en ce qui concerne les conditions d'imputation des dépenses occasionnées par le déplacement de ses installations en raison de travaux, dans la même situation qu'un occupant ordinaire. En conséquence, le déplacement des caténaires entraîné, dans l'intérêt du domaine public routier, par les travaux de réfection d'un pont sous lequel ils étaient fixés est à sa charge et ne lui ouvre droit à aucune indemnité de la part de la collectivité propriétaire de la voie. • CAA Paris, 7 nov. 1989, *Ville de Paris c/ SNCF : Lebon 341.*

79. La construction d'une ligne de tramway en site propre constitue une opération d'aménagement conforme à la destination du domaine public routier. Le déplacement par la société requérante de ses canalisations en raison des travaux n'ouvre pas à celle-ci un droit à indemnisation. • CE 23 févr. 2000, *Sté de distribution de chaleur de St-Denis : Lebon 79 ; Dr. adm. 2000,* n° *57 ; CJEG 2000. 148, concl. Seban, note Savignat ; RDI 2000. 157, obs. L. V.* ♦ V. également • CE 23 avr. 2001, *Synd. international pour l'assainissement de la vallée de la Bièvre : JCP 2001. I. 344, obs. Aubin.* • CAA Paris, 24 févr. 2004, *EPAD : CJEG 2004. 299, concl. Trouilly ; Dr. adm. 2004,* n° *110.* ♦ En revanche, la création d'une voie nouvelle, visant à relier deux sections d'autoroutes, n'est pas une évolution normale du domaine routier départemental et communal et n'est pas une opération d'aménagement conforme à sa destination. Le déplacement d'ouvrages installés par un opérateur de téléphonie sur la voie publique départementale et communale peut donc donner lieu à indemnisation lorsqu'il fait suite à des travaux autoroutiers. • CE 11 oct. 2017, *Sté APRR,* n° 401049 : *Rev. CMP 2017. Comm. 284, obs. Hoepffner ; ibid. 2018. Chron. 7, obs. Soler-Couteaux, Zimmer et Waltuch ; JCP Adm. 2017. 2323, obs. Roux.*

80. En revanche, les travaux entrepris sur un pont routier enjambant une voie ferrée à la fois dans l'intérêt du chemin de fer et de la circulation routière, et qui entraînent le déplacement d'installations EDF liées au pont, ouvrent à EDF le droit à une indemnisation partielle de la part de la SNCF dans la mesure où une partie de ces travaux n'est pas dans l'intérêt du domaine public routier occupé. • CE 23 avr. 1975, *SNCF c/ EDF : préc. note 77.* ♦ Même si la requérante ne jouissait pour l'exploitation de son bateau-lavoir amarré sur l'Ill que d'une autorisation précaire et révocable, elle a droit à une indemnité pour le préjudice généré par le déplacement de son bateau ordonné par l'Administration non dans l'intérêt du domaine public fluvial mais pour permettre un aménagement d'une voie routière. • CE 18 mars 1959, *Hoppé : Lebon 184.* ♦ Dans le même sens • CE 16 nov. 1984, *Cté urbaine de Strasbourg : RD publ. 1985. 1380* • CE 22 déc. 1967, *Sté des Éts Sainrapt et Brice : Lebon T. 956 ; AJDA 1968. 52, note J. D.* ♦ *Contra* pour des faits analogues : • CE 10 févr. 1971, *District urbain de Clermont-de-l'Oise : Lebon 119.*

81. Opération d'aménagement non conforme à la destination du domaine occupé. Le bénéficiaire d'une autorisation d'occupation du domaine public doit, quelle que soit sa qualité, supporter sans indemnité les frais de déplacement ou de modification des installations aménagées en vertu de cette autorisation lorsque ce déplacement est la conséquence de travaux entrepris dans l'intérêt du domaine public occupé et que ces travaux constituent une opération d'aménagement conforme à la destination de ce domaine. La création d'une nouvelle écluse et de bassins d'accès est une opération d'aménagement conforme à la destination du canal de Tancarville qui implique pour l'occupant un déplacement sans indemnité. • CE 6 févr. 1981, *Cie française de raffinage : Lebon 62*. ♦ L'aménagement d'un nouveau bassin dans le Port autonome du Havre est un élément d'un ensemble de travaux par lequel le Port autonome entendait adapter les installations portuaires au développement du trafic et constitue donc une opération d'aménagement conforme à la destination du domaine public portuaire. • CE 18 mars 1981, *Sté Elf-France : Lebon T. 744.* ♦ V. aussi • CE 6 déc. 1985, *GDF-EDF c/ Sté d'équipement de Saône-et-Loire : Lebon 361 ; D. 1986. 72, note Romi* • CE 10 oct. 1986, *Port autonome de Marseille c/ GDF : Lebon 228 ; Rev. adm. 1986. 571, note Terneyre ; JCP 1987. II. 20771, note Pacteau* • CAA Bordeaux, 5 avr. 2007, *Mme Françoise X.*, n° 04BX00700 : *préc. note 77.* ♦ Pour une application de cette solution jurisprudentielle aux travaux de réaménagement d'une place. • CE 16 juin 2008, *SARL Le Gourmandin, SARL La Marine : Lebon T. 736 ; RDI 2008. 445, note Févrot ; RJEP 2008, n° 54, note Brenet ; AJDA 2008. 1236* • CE 1er févr. 2011, *SA RTE EDF Transport*, n° 338665 : *préc. note 20.*

82. Le déplacement des canalisations de l'occupant avait pour objet non l'amélioration des voies publiques mais la création sur une emprise plus importante et en partie différente d'une voie autoroutière et d'une voie locale nouvelles. En conséquence, ces travaux ne constituent pas une opération d'aménagement conforme à la destination de ces voies. Une indemnité sera due à l'occupant pour le préjudice lié à ce déplacement. • CE 6 mars 1983, *GDF : CJEG 1983. 288, concl. Stirn ; JCP 1985. II. 20376, note Lombart.* ♦ V. aussi • TA Paris, 28 oct. 1999, *Sté Eau et Force*, n° 9507598/7. ♦ *Contra* pour des faits analogues : • CE 2 juin 1995, *SIVOM de la région d'Issoire : préc. note 77.*

83. *Travaux réalisés dans des conditions anormales.* Les déplacements des canalisations imposés à GDF à l'occasion des travaux de reconstruction du pont de Sèvres ont eu leur origine dans le retard apporté à l'exécution de ces travaux. Ils ne peuvent être regardés comme la conséquence normale de ceux-ci. En conséquence, GDF est fondé à demander à l'État la réparation du préjudice subi par le double déplacement des canalisations. • CE 13 juill. 1962, *Min. Travaux publics c/ GDF : Lebon 508 ; RD publ. 1963. 107.* ♦ Dans le même sens • CE 30 oct. 1970, *GDF : Lebon 626 (a contrario)* • CE 23 avr. 1975, *SNCF : Lebon 261 (a contrario).*

4° DROITS DE L'OCCUPANT TROUBLÉ DANS SA POSSESSION

84. *Préjudices subis du fait de fautes de l'Administration.* La précarité d'une autorisation d'occupation temporaire ne fait pas obstacle à ce que l'occupant obtienne réparation d'un dommage qui n'est pas la conséquence nécessaire du fonctionnement normal d'un ouvrage public. En conséquence, le dommage causé aux viviers flottants d'un permissionnaire dans l'estuaire de la Rance par des manœuvres d'essai non annoncées des vannes du barrage de l'usine de la Rance doit être indemnisé. • CE 30 janv. 1970, *Caous-Lenormand : Lebon 72*. ♦ Celui causé à l'exploitation agricole du titulaire d'une prise d'eau dans le canal du Midi brutalement mis à sec. • CE 12 févr. 1971, *Min. Équip. c/ SA Abel Bresson : Lebon 126*.

85. L'administration engage aussi sa responsabilité si elle laisse les tiers troubler la possession de l'occupant. • CE 5 déc. 1962, *Ville de Marseille : RD publ. 1963. 607.* ♦ ... Ou si elle empiète elle-même sur la dépendance du domaine public dont elle a autorisé l'occupation. • CE 12 nov. 1975, *Charneau : Lebon T. 1045*. ♦ V. aussi • CE 5 juin 1953, *Sté des Éts Bresson : Lebon 266.*

86. *Irrecevabilité de la complainte contre la personne publique propriétaire.* Du fait de l'imprescriptibilité et de l'inaliénabilité du domaine public, aucune possession utile ne peut être opposée à la libre disposition par l'autorité domaniale d'un élément de ce domaine. • T. confl. 24 févr. 1992, *Couach*, n° 02685 : *Lebon 479 ; AJDA 1992. 327 et 365, chron. Maugüé et Schwartz ; JCP 1993. II. 21984, note Lavialle.* ♦ V. aussi • Civ. 30 avr. 1889, *Cne d'Alet : S. 1889. I. 268, rapp. Manau* • Req. 22 oct. 1900, *Angèle Barreau c/ Ville de Toulouse : DP 1903. 117.*

87. *Action en réintégrande contre la personne publique propriétaire.* L'action possessoire en réintégrande constitue une mesure d'ordre et de paix publics procédant du principe que nul, pas plus les personnes de droit public que les simples citoyens, ne saurait se faire justice à soi-même. Cette action peut être engagée quand bien même l'auteur de la voie de fait prétendrait que cet immeuble fait partie du domaine public. En conséquence, le juge judiciaire est compétent pour connaître de l'action en réintégrande introduite par une société dépossédée d'un panneau publicitaire en saillie sur le domaine public par une commune. • Civ. 1re, 9 oct. 1974 : *Bull. civ. I, n° 257.* ♦ Dans le même sens • Civ. 3e, 25 sept. 2002, n° 00-16.006 P : *JCP Adm. 2003, n° 1838, note Yolka*, confirmant : • Pau, 16 mars 2000 : *RDI 2000. 325, obs. Lavialle* • T. confl. 24 févr. 1992, *Couach*, n° 02685 : *préc. note 86* • Civ. 1re, 11 juill. 1984 : *D. 1984. Somm. 423, obs. Robert* • Civ. 1re, 4 déc. 1973 : *Bull. civ. I, n° 331* • Civ. 3e, 9 mai 1968 : *Bull. civ. III, n° 194.*

88. *Actions possessoires contre les tiers.* Le titulaire d'une autorisation d'occupation temporaire du domaine public maritime est fondé à invoquer la protection possessoire contre ceux qui le troublent dans sa détention. • Civ. 3e, 4 juill. 1984 : *D. 1985. IR 52.* ♦ V. aussi • Civ. 6 mars 1855 : *S. 1855. 1. 507* • Paris, 13 juill. 1977 : *D. 1977. 458, note Géraldy* • Civ. 1re, 17 oct. 1978 : *Bull. civ. I, no 308* • 7 oct. 1980 : *D. 1981. IR 163* • Civ. 3e, 27 nov. 1991, no 90-11.614 P.

89. Compétence du juge judiciaire des référés. Le titulaire d'une autorisation d'occupation privative du domaine public peut demander au juge judiciaire des référés d'ordonner l'expulsion sous astreinte d'un tiers qui troublerait son occupation. • Civ. 1re, 15 mai 2001, no 99-19.334 P : *Dr. adm. déc. 2001, hors-série no 417.*

5o FIN DE L'AUTORISATION D'OCCUPATION

90. Abrogation-sanction. La décision du préfet de retirer l'autorisation d'exploiter un kiosque fondée sur la faute commise par l'intéressée est une sanction qui, compte tenu de sa gravité, ne pouvait légalement intervenir sans que celle-ci eût été mise en situation de discuter les griefs formulés contre elle. • CE, sect., 5 mai 1944, *Dame veuve Trompier-Gravier : préc. note 71.* ♦ V. également • CE 28 oct. 1983, *Fogelgesang : préc. note 71* • CE 12 déc. 1997, *Ville de Cannes : Gaz. Pal. 1998, nos 169-170, p. 9.*

91. L'abrogation illégale est susceptible d'engager la responsabilité de l'administration. • CE, sect., 10 mars 1933, *Sieur Ruasse : Lebon 301.* ♦ L'autorité n'est pas tenue d'abroger une permission de voirie lorsque l'occupant ne respecte pas les conditions fixées. Il lui appartient seulement de prendre les mesures appropriées pour assurer un usage normal du domaine. • TA Paris, 22 nov. 2002, *Margueron : Dr. adm. 2003. Actu. 25.* ♦ La décision de retrait d'un emplacement accordé à un forain sur un marché constitue une mesure de police qui doit donc être précédée d'une procédure contradictoire. • CAA Marseille, 12 janv. 2016, no 14MA03380 : *Rev. CMP 2017. Chron. 2, par Llorens et Soler-Couteaux ; JCP Adm. 2016. 2311, concl. Deliancourt.* ♦ Le préfet peut abroger une autorisation d'occupation temporaire du domaine public pour un motif ne figurant pas au nombre des cas énumérés dans l'arrêt portant autorisation d'occupation, aucune disposition législative ou réglementaire ne lui imposant d'énoncer l'ensemble des motifs qui pourraient justifier qu'il soit mis fin pour un motif d'intérêt général à l'autorisation avant son terme. • CAA Bordeaux, 28 mars 2019, *Sté Nautic Service SAS,* no 17BX03081.

92. Abrogation dans l'intérêt général. Les autorisations d'occupation du domaine public sont accordées à titre précaire et révocable. • CE 29 mars 2000, *M. Isas,* no 199545 : *Lebon T. 785 ; RDI 2000. 325, obs. Lavialle.* ♦ L'autorité administrative peut à tout moment abroger unilatéralement les autorisations d'occupation du domaine public. • CE 12 oct. 1994, *Visconti,* no 123672 : *Lebon 443 ; RDI 1995. 305.* ♦ V. aussi • CE 13 juill. 1951, *SA La nouvelle jetée-promenade de Nice : préc. note 36.* ♦ Le gestionnaire du domaine peut abroger une autorisation d'occupation du domaine public maritime au motif que l'occupant avait transféré une partie substantielle de ses activités en dehors du site, ce qui a eu pour effet de supprimer la cohérence d'utilisation des lieux et par là-même de porter atteinte à l'intérêt légitime de l'État quant à la valorisation de son domaine. • CAA Bordeaux, 28 mars 2019, *Sté Nautic Service SAS,* no 17BX03081.

93. Le retrait de l'autorisation d'occupation temporaire accordée à la requérante ayant été décidé pour des raisons d'intérêt général, elle n'a pas droit à une indemnité. • CE, sect., 6 mai 1932, *Dlle Taillandier : Lebon 467 ; S. 1932. III. 65, note Laroque.* ♦ V. dans le même sens • CE 23 juin 1976, *Cne de Plabennec c/ Sieur Pelleau : Dr. adm. 1976, no 265* • 1er févr. 1980, *Min. Économie et TDF c/ Dupré,* no 04656 : *Lebon T. 722.* ♦ Toutefois, lorsque l'abrogation de la permission a été motivée pour des raisons autres que l'intérêt de la conservation ou de l'utilisation du domaine occupé, l'occupant a droit à une indemnité pour le préjudice subi par cette fin anticipée de l'autorisation. • CE 29 mars 1968, *Ville de Bordeaux c/ Sté Menneret,* no 68946 : *Lebon 217 ; AJDA 1968. 348 et 574, concl. Théry, chron. Dewost et Denoix de Saint-Marc.*

94. Une modification d'une autorisation peut avoir pour objectif de clarifier et d'améliorer les conditions d'occupation du domaine public, en l'espèce en tirant les conséquences d'un conflit de voisinage opposant deux occupants privatifs. • CAA Marseille, 26 mars 2008, *Cne de Vence,* no 07MA02858 : *RLCT 2009. 46, étude Dieu.*

95. La précarité des autorisations délivrées sur le domaine public n'existe en effet que dans l'intérêt même du domaine sur lequel elles ont été accordées. • CE 13 mars 1903, *Cie d'Orléans c/ Sieur François : Lebon 243.*

96. En outre, si l'abrogation est fondée sur un motif illégal, la responsabilité de l'administration pourra être engagée. • CE, sect., 19 déc. 1952, *Saurel : Lebon 593.* ♦ En toute hypothèse, la décision d'abrogation illégale sera annulée. • CE, sect., 5 mai 1944, *Dame Veuve Trompier-Gravier : préc. note 71* • CE 12 oct. 1994, *Visconti,* no 123672 : *préc. note 92.*

97. Annulation de l'autorisation par le juge administratif. Engagement de la responsabilité de l'administration. Le Conseil d'État estime que l'illégalité dont était entachée une autorisation d'occupation du domaine public constitue une faute de nature à engager la responsabilité de l'administration. L'occupant dont le titre a été annulé peut donc prétendre être indemnisé des préjudices en lien direct avec l'autorisation illégale. Tel est le cas des travaux d'installation d'une stèle ultérieurement enlevée suite à l'annulation de l'autorisation de l'installer dans un cimetière. • CE 14 nov. 2011, *Assoc. ADIMAD*, n° 340753 : *préc. note 30.*

98. Remise en état des lieux. A l'expiration du titre, l'Administration était en droit d'exiger la suppression du môle construit en vue de l'établissement d'une base d'hydravions. Elle a pu toutefois reprendre l'installation sans indemnité. • CE 20 mai 1927, *Sieur Fabre : Lebon 581.* ♦ La démolition d'une installation d'un occupant enjoint de quitter le domaine public doit nécessairement intervenir aux frais du propriétaire. Le maire a donc légalement ordonné à la requérante d'acquitter les frais que la commune a engagés pour démolir un ponton situé sur le domaine public maritime. • CE 4 mars 1991, *Palanque*, n° 79528 : *préc. note 3.* ♦ Dans le même sens, • CE 2 févr. 1955, *Batisse : AJDA 1955. II. 118.* ♦ *Contra* : un maire peut tolérer le maintien d'une installation artistique (en l'espèce le « Mur pour la paix ») sur le domaine public de sa commune au-delà de la durée autorisée en raison d'un intérêt public culturel et touristique. L'intérêt urbanistique du quartier, notamment la préservation de la perspective entre la colline du Trocadéro et l'École militaire, constitue un intérêt général à prendre en compte par le maire dans l'appréciation de la conformité de l'utilisation du domaine public communal à sa destination ; toutefois, dès lors que l'ouvrage ne remet pas en cause l'affectation du Champ-de-Mars à l'usage du public, c'est sans commettre d'erreur manifeste d'appréciation que le maire de Paris a fait prévaloir l'intérêt culturel et touristique sur les autres intérêts publics dont il a la charge pour refuser de faire usage de son pouvoir de police et de gestion du domaine public pour ordonner l'enlèvement de l'ouvrage du Champ-de-Mars. • CAA Paris, 11 avr. 2013, *Cté d'aménagement du VIIe arrondissement*, n° 12PA01598 : *AJDA 2013. 1950 ; AJCT 2013. 587, obs. Bonnefont.*

99. Renouvellement de l'autorisation d'occupation. Il résulte des principes généraux de la domanialité publique que les titulaires d'autorisation d'occupation privative n'ont pas de droit acquis au renouvellement de leur titre. • CE 14 oct. 1991, *Hélie*, n° 95857 : *Lebon T. 927 ; RD publ. 1992. 1179.* ♦ V. aussi • CE 26 juill. 1930, *Despujol : Lebon T. 828* • 25 janv. 1984, *Sté mondiale des restaurants et bars : RD publ. 1984. 1706.* ♦ Réaffirmant ce principe et indiquant qu'il appartient à l'administration, sous le contrôle du juge, d'examiner chaque demande de renouvellement d'autorisation d'occupation domaniale en appréciant les garanties qu'elle présente pour la meilleure utilisation possible du domaine, • CAA Lyon, 30 oct. 2014, *Sté Pilotage Concept*, n° 13LY20754 : *Rev. CMP 2015. Chron. 2, obs. Llorens et Soler-Couteaux.* ♦ Possibilité de ne pas renouveler l'autorisation d'occupation en raison du manquement de l'occupant à ses obligations. • CAA Douai, 10 déc. 2015, *Sté Aquaculture*, n° 14DA00671 : *Rev. CMP 2016. Comm. 47, note H. H. ; ibid. 2017, chron. 2, par Llorens et Soler-Couteaux.* ♦ Sur l'obligation de motivation des décisions de non-renouvellement des autorisations d'occupation du domaine public. • CAA Marseille, 2 déc. 2008, *Cne de Carcassonne c/ Sté Lou Gabaret*, n° 07MA02511 : *BJCL 2009. 105, concl. Dieu, obs. Poujade.* ♦ L'occupant est recevable à invoquer la loi du 11 juill. 1979 à propos des décisions par lesquelles l'autorité en charge de la gestion du domaine public refuse de renouveler une autorisation d'occupation dudit domaine à l'expiration du terme convenu pour cette occupation. • CAA Marseille, 10 juin 2011, *Genetiaux*, n° 09MA02779 : *JCP Adm. 2011. 2281. Concl. Deliancourt ; ibid. 2012. 2170, chron. Chamard-Heim* • TA Amiens, 14 févr. 2017, *Sté Loire évènement organisation*, n° 1403632. ♦ Le gestionnaire du domaine public peut décider, sous le contrôle du juge, de rejeter une demande de renouvellement d'un titre d'occupation (acte unilatéral ou contrat) pour un motif d'intérêt général. Pour déterminer si un tel motif existe, il y a lieu de tenir compte, le cas échéant, parmi l'ensemble des éléments d'appréciation, des contraintes particulières qui pèsent sur l'activité de l'occupant, notamment de celles qui peuvent résulter du principe de continuité du service public (illégalité d'un refus de renouvellement dès lors que l'occupant participait au service public de la protection judiciaire de la jeunesse, avait besoin du logement occupé pour le bon accomplissement de cette mission et que la commune propriétaire n'avait jamais fait état d'un projet d'intérêt général pour la réalisation duquel elle aurait eu besoin de l'immeuble en cause). • CE 25 janv. 2017, *Cne de Port-Vendres*, n° 395314 : *Lebon ; AJCT 2017. 403 ; AJDA 2017. 1232, note Foulquier ; Rev. CMP 2017. Comm. 78, note Eckert ; ibid. Chron. 5, obs. Pietri ; ibid. 2018. Chron. 7, obs. Soler-Couteaux, Zimmer et Waltuch ; Dr. adm. 2017, comm. 21, note Brenet ; JCP Adm. 2018. 2046, chron. Martin et Pellissier ; JCP 2017. 1065, chron. Éveillard.* ♦ Légalité du refus de renouveler l'autorisation d'occupation du domaine public maritime, justifié par la volonté de l'État « de valoriser son domaine public maritime et en particulier protéger l'espace naturel sensible de la calanque de Sormiou ». • CAA Marseille, 14 sept. 2018, *SARL Papri*, n° 16MA03248 : *JCP A 2019, n° 4, p. 43, note Yolka.* ♦ Un occupant du domaine public portuaire ne peut se prévaloir de récentes commandes lui permettant de payer ses redevances domaniales, ni invoquer des considérations d'opportunité sur les compétence de réparation navale de son entreprise afin d'obtenir le renouvellement d'une autorisation d'occupation.

• CAA Bordeaux, 14 mars 2019, *Sté SOMIP SAS*, nos 17BX03079 et 17BX03081.

100. Le refus de renouvellement justifié par le fait que l'occupant autorisé n'a pas exploité personnellement l'activité est régulier. • CE 28 déc. 1988, *Facco : Dr. adm. 1989, n° 100.* ♦ ... Que la parcelle domaniale était insuffisamment exploitée. • CE 14 oct. 1991, *Hélie,* n° 95857 : *préc. note 99.* ♦ Le classement en zone rouge du plan de prévention des risques d'inondation de parcelles du domaine public constitue un motif d'intérêt général suffisant pour justifier le non-renouvellement d'une convention d'occupation du domaine public. • TA Montpellier, 24 mai 2017, *Mme G.,* n° 1605704 : *JCP Adm. 2017. 2185 ; Rev. CMP 2018. Chron. 7, obs. Soler-Couteaux, Zimmer et Waltuch* • CAA Marseille, 17 mai 2019, n° 17MA03642. ♦ Sur les motifs de non-renouvellement, V. notes 30 s.

101. Le non-renouvellement n'ouvre, en principe, aucun droit à indemnité à l'occupant. • CE 29 mars 1968, *Ville de Bordeaux c/ Sté Menneret,* n° 68946 : *préc. note 93* • CAA Douai, 12 déc. 2014, *B. C. et Sté Noshoes-Club,* n° 13DA01009 : *Rev. CMP 2015. Chron. 2, obs. Llorens et Soler-Couteaux.* ♦ Toutefois, une société bénéficiaire d'une permission de création et d'aménagement d'une plage artificielle qui ne peut obtenir pour prolonger son autorisation la concession de cette plage en raison de l'exercice par une commune de son droit de préférence, conformément à l'art. 1 de la loi du 28 nov. 1963, a droit à une indemnité correspondant à l'ensemble des frais engagés pour la création et l'aménagement de cette plage. • CE, sect., 25 févr. 1985, *Cie hôtelière maritime et balnéaire,* n° 40648 : *Lebon 53 ; AJDA 1985. 440, note Fatôme et Moreau.* ♦ Dès lors qu'il n'est pas établi que au cours de l'exercice où l'occupant a constitué des provisions pour remettre en état les lieux, le port autonome a manifesté son intention de mettre fin à l'occupation ou de ne pas renouveler le titre, cette constitution est illégale. • CE 3 juill. 1996, *Sté des Lavoirs charbonniers de Rouen : LPA 1997, n° 28, note de Beauregard-Berthier.*

III. CONTRATS PORTANT OCCUPATION DU DOMAINE PUBLIC

A. NATURE ADMINISTRATIVE

V. aussi comm. ss. art. L. 2331-1.

102. Contrat administratif par détermination de la loi. L'art. L. 2331-1 pose le principe de la compétence de la juridiction administrative pour les litiges relatifs « 1° Aux autorisations ou contrats comportant occupation du domaine public, quelles que soit leur forme ou leur dénomination, accordées ou conclus par les personnes publiques ou leurs concessionnaires ». Il reprend ainsi la teneur de l'art. L. 84 du C. domaine Ét., qui reprenait lui-même les termes du décret-loi du 17 juin 1938, désormais abrogé par l'Ord. du 21 avr. 2006 (avant l'intervention de ce décret-loi, la jurisprudence appliquait les critères jurisprudentiels classiques du contrat administratif. • CE 7 févr. 1925, *Chemins de fer de l'État : Lebon 142* • T. confl. 5 mars 1934, *Worms : Lebon 1243* • T. confl. 11 janv. 1937, *Chavon et de Selles : DP 1938. 3. 70, note P.-L. J. ; S. 1938. 3. 57, note Alibert.*

103. Reprenant les règles qui figuraient déjà dans les Ord. « Marchés » et « Concessions » de 2015 et 2016, le code de la commande publique, applicable depuis le 1er avr. 2019, dispose que les contrats de concession (art. L. 3132-1 CCP) et les marchés de partenariat (art. L. 2213-10 CCP) valent titre d'occupation du domaine public lorsqu'ils emportent occupation domaniale. En revanche, aucune disposition équivalente n'est prévue dans les textes pour les marchés publics de droit commun.

104. Compétence du juge administratif. La jurisprudence a largement interprété ces dispositions, afin de constituer un bloc de compétence administrative. Témoigne de ce souci de donner son plein effet à la qualification législative, la solution selon laquelle la compétence du juge administratif demeure alors même que le contrat initial portant occupation du domaine public a pris fin. • CE 8 janv. 1960, *Lafon : Lebon 15* • CE sect., 25 mars 1960, *SNCF c/ Barbey : Lebon 222, concl. Heumann* • T. confl. 24 sept. 2001, *Sté B.E. Diffusion c/ RATP : Lebon 747 ; CJEG 2002, p. 217, note Yolka ; Rev. CMP 2001. Comm. 242, note Eckert.* ♦ De la même façon, la compétence du juge administratif s'applique à tous les litiges qui surgissent entre les parties, dès lors qu'ils se rattachent à l'occupation du domaine public, par ex. : • T. confl. 12 déc. 1942, *Sté méditerranéenne des combustibles : S. 1943. 3. 29, note Mestre* • CE 19 févr. 1965, *Brangeon : Lebon 18* • CE 13 déc. 1972, *Cie d'assurances maritimes, aériennes et terrestres : Lebon 805* • CE 5 janv. 1977, *Sté Grand garage du centre routier parisien : Lebon 825* • T. confl. 23 févr. 1981, *Sté Socamex : Lebon 501.* ♦ Compétence du juge administratif pour connaître d'un protocole d'accord ayant pour objet de définir les conditions de délivrance d'une promesse d'autorisation puis d'une autorisation définitive d'occupation du domaine public. • T. confl. 4 juill. 2016, *Sté JSC Investissement et a. c/ Sté Aéroports de Paris ADP,* n° 4055 : *BJCP 2016. 463, obs. Maugüé ; Rev. CMP 2016. Comm. 231, note Eckert, ibid. 2017. Chron. 2, par Llorens et Soler-Couteaux ; Dr. adm. 2016. Comm. 109.* ♦ La qualification donnée au contrat par les parties ne lie pas le juge. Par ex. : • CAA Lyon, 31 mai 2016, *Nicolas c/ Cté d'agglomération du Lac du Bourget CALB,* n° 15LY03503 : *Rev. CMP 2016. Comm. 25, obs. Hoepffner.* ♦ Lorsque le titulaire d'un contrat d'occupation du domaine public est une entreprise mise en liquidation judiciaire et que la résiliation contestée a été prononcée au motif que les conditions posées par l'art. L. 641-11-1 C. com. pour que le contrat soit résilié de plein droit étaient remplies, il incombe au juge administratif, en cas de difficulté sérieuse sur ce point, de saisir à titre préjudiciel le juge judiciaire avant de statuer sur la demande d'annulation ou d'indemnisation dont il a été saisi par le liquidateur ; si celui-ci se borne à demander qu'il soit déclaré que les conditions posées par l'art. L. 641-11-1 C. com. ne sont pas remplies, il lui appartient de saisir le juge judiciaire de sa demande. • T. confl. 24 avr. 2017, *SEMMARIS*, n° 4078 : *AJDA 2017. 843, obs. Pastor ; ibid. 1173, étude Yolka ; Rev. CMP 2017. Comm. 175, note Eckert ; ibid. 2018. Chron. 4, obs. Pietri* • CE 8 déc. 2017, *M. Rogeau, agissant en qualité de liquidateur judiciaire de la société Malapert c/ SEM du marché de Rungis (SEMMARIS)*, n° 390906 B : *AJDA 2017. 2444, obs. de Montecler ; BJCP 2018. 117, concl. Victor ; Rev. CMP 2018. Comm. 48, note Pietri ; JCP Adm. 2017. Actu. 837, obs. Tesson.*

105. Limites. Néanmoins, la jurisprudence a posé quelques limites à cette compétence. La qualification de concession domaniale suppose logiquement que le contrat emporte véritablement occupation du domaine public. Tel est le cas du contrat par lequel un EPCI autorise une société à déposer sur le site d'une décharge publique les déchets d'activités de soins en contrepartie du paiement d'une redevance. • T. confl. 9 déc. 2013, *SARL Sanicorse*, n° C-3929 : *JCP Adm. 2014. Actu. 89, obs. Tesson.* ♦ *A contrario* : ne constitue pas une convention d'occupation du domaine public et relève donc de la compétence du juge judiciaire le contrat par lequel une société d'économie mixte chargée de la gestion d'un marché d'intérêt national confie à un prestataire des missions d'assistance et de conseil dans le cadre de la renégociation de deux conventions domaniales. • CE 12 mars 2014, *Lamoine c/ SEMMARIS*, n° 368546 : *Rev. CMP 2014. Comm. 134, note Ubaud-Bergeron.* ♦ Compétence judiciaire pour connaître d'un contrat de fourniture de carburant entre le concessionnaire d'un aéroport et un occupant du domaine public aéroportuaire. • CAA Bordeaux, 19 mai 2016, *SA Aéroport de La Réunion Roland Garros*, n° 15BX01130 : *Rev. CMP 2017. Chron. 2, Llorens et Soler-Couteaux.* ♦ Le juge judiciaire est seul compétent pour connaître d'un litige trouvant sa source dans les rapports de droit privé existant entre l'usager d'un service public industriel et commercial et une personne publique, dès lors qu'il est indépendant de l'occupation du domaine public. • T. confl. 17 nov. 1975, *Gamba : Lebon 801 ; AJDA 1976. 82, chron. Boyon et Nauwelaers* • T. confl. 15 janv. 2007, *Cté urb. de Bordeaux*, n° C-3529. ♦ Relève également du seul juge judiciaire le litige relatif à l'exécution d'une convention de crédit-bail immobilier qui n'a pas par elle-même pour objet l'occupation du domaine public, par ex. : • T. confl. 21 mars 2005, *Sté Slibail Énergie*, n° C-3436 : *Lebon 653 ; AJDA 2005. 1186, note Dreyfus ; BJCL 2005. 302, concl. Roul ; CJEG 2005. 293, concl. Roul ; Rev. CMP juill.-août 2005. 5, art. Tenailleau et Tixier ; Dr. adm. 2005. Comm. 115, note Ménéménis ; GDDAB, 3e éd., 2018. Comm. 62, note Yolka.* ♦ ... Et qui est en principe conclue entre deux personnes privées (cette dernière considération suffit alors à justifier la compétence judiciaire, compte tenu de l'importance du critère organique en matière contractuelle) • CAA Versailles, 14 sept. 2006 : *Sté Unifergie.* ♦ La nature du contrat de crédit-bail peut cependant être administrative lorsque le crédit-preneur est une personne publique, à condition toutefois que ledit contrat comporte des clauses exorbitantes du droit privé – hypothèse peu probable – ou fasse participer, par son objet, le crédit-bailleur à l'exécution d'une mission de service public (cas d'un contrat de crédit-bail stipulant la location à un centre hospitalier d'un automate de dispensation de médicaments : • T. confl. 23 févr. 2004, *Sté Leasecom c/ Centre hospitalier du pays d'Aix-en-Provence : Lebon 761.* – V. aussi : • CAA Paris, 22 nov. 2011, *CH St-Brieuc : Rev. CMP 2012. Comm. 39, note Eckert.*

106. Contrat d'occupation du domaine public et procédures collectives. Lorsque le titulaire d'un contrat administratif conteste la validité de la décision de son cocontractant de résilier ce contrat et demande que cette décision soit annulée, c'est-à-dire que soit ordonnée la reprise des relations contractuelles, ou qu'une indemnité lui soit versée en réparation du préjudice subi, la juridiction administrative est seule compétente pour connaître du litige. Toutefois, lorsque le titulaire du contrat est une entreprise mise en liquidation judiciaire et que la résiliation contestée a été prononcée au motif que les conditions posées par l'art. L. 641-11-1 C. com. pour que le contrat soit résilié de plein droit étaient remplies, il incombe au juge administratif, en cas de difficulté sérieuse sur ce point, de saisir à titre préjudiciel le juge judiciaire avant de statuer sur la demande d'annulation ou d'indemnisation dont il a été saisi par le liquidateur. Par ailleurs, si celui-ci se borne à demander qu'il soit déclaré que les conditions posées par l'art. L. 641-11-1 C. com. ne sont pas remplies, il lui appartient de saisir le juge judiciaire de sa demande. • T. confl. 24 avr. 2017, *Me Rogeau*, n° C4078 : *Lebon T. ; AJDA 2017. 1173, note Yolka ; Rev. CMP 2017. Comm. 175, note Eckert ; ibid. 2018. Chron. 4, obs. Pietri.* ♦ Sur les suites de l'affaire, prenant acte de la décision du tribunal des conflits : • Com. 12 juill. 2017, *Me Rogeau*, n° 15-13.466 : *JCP N 23 mars 2018. 52 ; RTD com. 2017. 584, obs. Monéger.* Et, précisant les pouvoirs du juge administratif en matière de résiliation d'un contrat (ici, d'occupation du domaine public) passé entre une personne publique et une entreprise en liquidation judiciaire. • CE 8 déc. 2017, *Me Rogeau*, n° 390906 : *Lebon T. ; AJDA 2017. 2444, obs. de Montecler ; BJCP 2018. 117, concl. Victor ; Rev. CMP 2018. Comm. 48, note Pietri ; JCP Adm. 2017. Actu. 837, obs. Tesson.* – V. de plus Belda et Rézenthel, L'occupation du domaine public par des entreprises en liquidation judiciaire, *Dr. voirie et dom. public n° 201, 2018, p. 30.*

107. Interrogation. Plus délicate est la question de la détermination de la nature juridique des conventions tripartites qui sont conclues entre la personne publique, l'occupant domanial et l'établissement financier. Ces conventions tripartites ont notamment pour effet de permettre l'occupation du domaine public par le crédit-bailleur et de régler les conditions dans lesquelles ce dernier peut récupérer la possession de l'ouvrage exploité par le crédit-preneur en cas de défaillance (non-paiement des loyers dus au crédit-bailleur, par ex.). La Cour de cassation a retenu sa compétence pour connaître d'une telle convention. • Civ. 1re, 28 mai 2008, *Cne de Draveil*, n° 17-17.648 : *AJDA 2008. 1069 ; BJCP 2008. 382 ; JCP Adm. 2008. 2166, note Yolka, et 2285, note Renard-Payen.* ♦ … Suivie en cela par certains juges administratifs du fond. • CAA Versailles, 14 sept. 2006, *Sté Unifergie c/ Cne de Draveil*, n° 04VE03502 : *AJDA 2007. 42, note Tenailleau ; BJCP 2007. 75 ; ibid. 143, concl. Brunelli ; Rev. CMP 2006. Comm. 282, note Pietri.* ♦ On pouvait cependant émettre quelques réserves quant au bien-fondé de cette solution, qui revenait à passer sous silence le fait qu'une telle convention tripartite avait bien pour effet – à défaut d'avoir pour objet – d'entraîner l'occupation du domaine public et qu'elle était plus souvent l'accessoire d'un contrat administratif – délégation de service public, marché public, contrat de partenariat, par exemple – que d'un contrat privé de crédit-bail. La solution était d'autant plus douteuse que l'art. L. 2331-1 CGPPP attribue au juge administratif le contentieux de tous les contrats portant occupation du domaine public, indépendamment de la question de savoir s'ils ont un objet principalement financier. Le Conseil d'État a donc saisi le Tribunal des conflits de la question. • CE 18 nov. 2009, *Cne de Draveil : Rev. CMP 2010. Comm. 21, obs. Llorens ; JCP Adm. 2010, n° 10, p. 12, chron. Chamard-Heim.* ♦ … Mais ce dernier n'a pu se prononcer sur cette intéressante question de compétence car le juge judiciaire avait préalablement affirmé sa compétence par une décision revêtue de l'autorité de la chose irrévocablement jugée. • T. confl. 18 oct. 2010, *Cne de Draveil : Lebon 585, concl. Guyomar ; AJDA 2010. 2369, concl. ; Rev. CMP 2011. Comm. 69, obs. Llorens ; JCP Adm. 2010, n° 10, p. 12, chron. Chamard-Heim.* ♦ Le Conseil d'État a pris acte de cette solution dans l'affaire portée devant le juge des conflits. • CE 27 janv. 2011, *Cne de Draveil*, n° 298867 : *Rev. CMP 2011. Comm. 69, obs. Llorens.* ♦ Mais on n'en saurait déduire que le juge administratif ne dispose d'aucun titre de compétence pour connaître des conventions tripartites emportant occupation du domaine public. Le Tribunal des conflits a ainsi eu l'occasion de faire prévaloir depuis lors la compétence de l'ordre administratif, à propos du contentieux d'une convention tripartite « dans l'ombre » d'un contrat administratif, en l'occurrence de partenariat. V., au sujet d'une action en paiement : • T. confl. 14 mai 2018, *Sté Batimap*, n° 4119 : *AJCT 2018. 527 ; AJDA 2018. 942, obs. Maupin ; BJCP 2018. 286, concl. Cortot-Boucher ; ibid. 290, obs. Schwartz ; Rev. CMP 2018. Comm. 152, note Eckert ; Dr. adm. 2018, n° 7, p. 9 ; JCP Adm. 2018. Actu. 466, obs. Touzeil-Divina ; ibid. 2019. 2041, n° 10, chron. Martin et Pellissier.* – Pour l'arrêt de renvoi : • CE 5 févr. 2018, *Sté Batimap*, n° 415425 : *Rev. CMP 2018. Comm. n° 94, note Batot.*

Sur la compétence du juge administratif et ses limites, V. égal. obs. ss. CGPPP, art. L. 2331-1.

108. Sous-contrats conclus par les concessionnaires. L'art. L. 2331-1 CGPPP vise les contrats comportant occupation du domaine public conclus par les personnes publiques ou « leurs concessionnaires » (V. Guenou-Ahlidja, Le sous-contrat en droit public, *RFDA 2018. 915.* – Plessix, Les sous-concessions domaniales : territoire d'un contentieux, *in* Mél. en l'honneur du professeur Laurent Richer, *LGDJ, 2013, p. 247.* – Ubaud-Bergeron, Les sous-concessions domaniales, *in* Contrats et propriété publics (dir. Clamour), *LexisNexis, 2011, p. 111.* – Ayrault, La sous-occupation du domaine public de l'État, *CJFI 2010, n° 62, 4e trim., p. 224.* – Dreyfus, Sous-concession du domaine public et prérogatives de puissance publique, *CP-ACCP juin 2010, p. 50.* – Yolka, Les sous-concessions domaniales – Cartographie d'un contentieux, *JCP Adm. 2007. 2017.* – J. Dufau, La sous-location du domaine public par les concessionnaires de service public, *CP-ACCP juill.-août 2005, p. 30.* Le Tribunal des conflits a précisé que cette notion devait s'entendre comme visant les seuls concessionnaires de service public. • T. confl. 10 juill. 1956, *Sté des Steeple-chases de France : Lebon 587 ; AJDA 1956. II. 352 ; CJEG 1957. 41, note Renaud ; D. 1956. 684 ; RD publ. 1957. 522, note Waline ; S. 1956. 156, concl. Chardeau).* Confirmée à plusieurs reprises, par ex. : • CE 24 janv. 1973, *Spiteri : Lebon 65 ; AJDA 1973. 496, note Dufau* • T. confl. 23 févr. 1981, *Sté Socamex : Lebon 501* • T. confl. 15 mars 1999, *Schmitt : Lebon 444 ; Dr. adm. 1999. Comm. 171, note Schwartz ; RDI 1999. 630, obs. Lavialle* • T. confl. 18 oct. 1999, *Martinetti : Lebon 48* • CE avis, 16 mai 2002 : *EDCE 2003, p. 201* • T. confl. 12 déc. 2005, *Assoc. sportive karting semurois : Lebon 668 ; AJDA 2006. 4* • T. confl. 12 déc. 2005, *Préfet Seine-Maritime, Degroote : Lebon 669 ; 2006. 409.* ♦ Cette solution implique que les sous-concessions domaniales conclues par les concessionnaires de voirie ordinaires, c'est-à-dire ne bénéficiant pas d'une délégation de service public, ne sont pas concernées par la qualification législative et que le juge judiciaire est donc compétent en cas de contentieux. • T. confl. 15 mars 1999, *Schmitt : préc.* • CE 9 nov. 2005, *Germain-Petit : Rev. CMP 2006. Comm. 21, note Llorens* • T. confl. 12 déc. 2005, *Assoc. sportive Karting Semurois : préc.* ♦ A l'inverse, entrent dans le champ d'application de l'art. L. 2331-1 CGPPP les contrats conclus par les personnes privées qui sont à la fois occupantes du domaine public et délégataires de service public, dès lors que les litiges se rapportent à l'occupation domaniale • CE 11 déc. 2000, *Agofroy : Lebon 607 ; AJDA 2001. 193, note Raunet et Rousset ; Rev. CMP 2001. Comm. 72, note Llorens ; 2001. 245* • T. confl. 12 déc. 2005, *Degroote : préc.* ♦ L'interprétation restrictive retenue par le Tribunal des conflits pouvait s'expliquer en 1956. Sans doute le contexte de revalorisation de la notion de service public de l'époque a-t-il fortement influencé le juge des conflits. Avec cette solution, le service public voyait son blason redoré car il permettait, à lui seul, de rapatrier dans le giron du juge administratif des contrats qui auraient été qualifiés de droit privé en application du critère organique (même s'il ne faut pas ignorer que les sous-contrats peuvent également lier une personne publique et une personne privée). Malgré cela, la solution n'a pu résister à l'épreuve du temps. La lettre du décret-loi du 17 juin 1938, puis de l'art. L. 2331-1 CGPPP, n'impliquaient en effet nullement d'assimiler le concessionnaire au seul concessionnaire de service public. Cela était d'autant plus vrai que l'expression « concessionnaire » pouvait tout autant renvoyer au concessionnaire de service public qu'au concessionnaire domanial, de sorte que tous les sous-contrats emportant occupation du domaine public auraient pu être qualifiés d'administratifs, bien que conclus entre deux personnes privées, dès lors que l'une d'entre elles était concessionnaire de voirie. Dans la période plus récente et du fait de la création, par la loi « Sapin » du 29 janv. 1993, de la catégorie des délégations de service public, la jurisprudence *Sté des Steeple-chases* de France est apparue inadaptée car elle imposait de qualifier différemment les sous-contrats domaniaux conclus par les délégataires de service public, selon que ces derniers étaient ou non concessionnaires de service public. Cela revenait à écarter de la sphère de compétence du juge administratif, sans aucune logique, les sous-contrats conclus par les fermiers ou les régisseurs intéressés, par exemple. Pour toutes ces raisons, le Conseil d'État a choisi de renvoyer la question du maintien de cette solution au Tribunal des conflits • CE 11 juill. 2011, *Mme Gilles*, n° 339409 : *Lebon 330 ; AJDA 2011. 1404, obs. Grand ; ibid. 1949, chron. Domino ; BJCP 2011. 341, concl. Boulouis ; ibid. 351, obs. Schwartz ; Rev. CMP 2011. Comm. 300, obs. Eckert ; JCP Adm. 2011. Act. 536 ; JCP Adm. 2012, n° 21, p. 18, chron. Chamard-Heim ; Gaz. Pal. 30 sept.-1er oct. 2011, note Pissaloux ; JCP 2011. 1816, note Derouesné et Simonel ; RDI 2011. 508, obs. Foulquier ; RFDA 2011. 1061 .* ♦ Malgré la force des arguments précités, le juge des conflits a opté pour le statu quo et a confirmé la jurisprudence Société des steeple-chases de France au sujet d'un contrat par lequel le concessionnaire du Parc des Princes – simple concessionnaire domanial – avait autorisé une société à exploiter des points de vente de produits dérivés des manifestations sportives dans l'enceinte du stade. • T. confl. 14 mai 2012, *Gilles*, n° 3836 : *Lebon 512 ; AJDA 2012. 1031 ; BJCP 2012. 382, concl. Olléon, obs. S.N. ; Rev. CMP 2012. Comm. 223, note Eckert ; JCP Adm. 2012, 2328, note Giacuzzo ; JCP Adm. 2013. 2325, chron. Chamard-Heim ; JCP 2012. 1745, chron. Éveillard ; RDI 2012. 629, note Foulquier ; RFDA 2012. 692, note Janicot ; RJEP 2012. Comm. 55, note Pauliat.* ♦ Les sous-concessions domaniales ne peuvent donc être qualifiées de contrats administratifs que lorsqu'elles sont conclues par un délégataire de service public : nature administrative d'une sous-concession conclue par une association chargée par une région de développer l'aquaculture ayant la qualité de délégataire de service public : • T. confl. 9 déc. 2013, *Assoc. réunionnaise de développement de l'aquaculture*, n° C-3925 : *Lebon ; AJDA 2013. 2523, obs. Biget ; Rev. CMP 2014. Comm. 62, note Eckert ; Dr. adm. févr. 2014. 6.* ♦ Solution identique pour la sous-concession conclue par un concessionnaire de port de plaisance. • CAA Bordeaux, 5 nov. 2013, *SA Port Médoc*, n° 13BX00963 : *Rev. CMP 2013, obs. Ubaud-Bergeron.* ♦ Pour la sous-concession conclue par un concessionnaire d'autoroutes. • CE 30 avr. 2019 *Société Total Marketing France*, n° 426698 : *BJCP 2019, p. 292, concl. M. Le Corre ; JCP Adm. 2019. 2206, comm. Lichère.* ♦ Encore faut-il que le sous-contrat ait pour objet principal de permettre l'occupation du domaine public. Tel n'est pas le cas d'un contrat par lequel un délégataire de service public, qui occupe le domaine public, fait appel aux services de conseils et d'assistance d'une entreprise en vue de la renégociation de deux conventions domaniales. • CE 12 mars 2014, *M. A. c/ Semmaris*, n° 368546 : *Rev. CMP 2014. Comm. 134, obs. Ubaud-Bergeron.* ♦ Certains arrêts des juges du fond conditionnent la qualification administrative du sous-contrat à l'existence d'une subdélégation de service public. V. par ex : • CAA Marseille, 10 juill. 2017, n° 15MA02943 : *Rev. CMP 2018. Chron. 1, obs. Eckert ; Rev. CMP 2018. Chron. 7, obs. Soler-Couteaux, Zimmer et Waltuch ; JCP Adm. 2017. Comm. 34, note Yolka.* ♦ Tandis que d'autres se bornent, logiquement, à constater que le sous-contrat emporte occupation du domaine public, sans rechercher s'il emporte délégation d'une partie du service public. V. par ex : • CAA Marseille, 15 mai 2017, n° 16MA04042 : *Rev. CMP 2018. Chron. 7, obs. Soler-Couteaux, Zimmer et Waltuch ; JCP Adm. 2017. 2182. Comm. Roux.* ♦ L'art. L. 2331-1 CGPPP n'exigeant nullement la présence d'une subdélégation de service public, c'est la seconde solution qui doit être privilégiée.

109. Contrats conclus par les mandataires des concessionnaires de service public. Les mandataires agissent pour le compte des personnes qu'ils représentent et les contrats qu'ils concluent pour le compte des concessionnaires de service public entrent logiquement dans le champ d'application de l'art. L. 2331-1 CGPPP, à condition toutefois d'emporter occupation du domaine public. Cette solution vaut pour les mandats civils (V. C. civ., art. 1984 s.), mais aussi pour les mandats administratifs. • CE 8 janv. 1960, *Lafon : Lebon 15* • T. confl. 16 oct. 2006, *EURL Pharmacie de la gare Saint-Charles : Lebon 639 ; Rev. CMP 2006. Comm. 320, note Zimmer ; 2007. 298, note Lavialle.* – Sur cette dernière notion : M. Canedo, Le mandat administratif, *LGDJ, 2001.*

110. Sort du contrat d'occupation du domaine public en cas de déclassement des dépendances domaniales. Selon une jurisprudence classique, le déclassement des dépendances du domaine public n'entraîne pas une novation du contrat administratif en contrat de droit privé. V. pour une réaffirmation récente. • Civ. 3e, 19 nov. 2014, n° 13-20.089 : *Rev. CMP 2015. Chron. 2, obs. Llorens et Soler-Couteaux* • 6 févr. 2013, n° 11-20.207 • Civ. 1re, 17 oct. 2012, *Sté West Restauration*, n° 11-20.039 : *JCP Adm. 2013. 2011, note Yolka.* – Auparavant, • Com. 16 juin 1959, *Guillement : Bull. civ. III, n° 271* • Civ. 3e, 5 mars 1997, *Épx Durand, P : D. affaires 1997. 433 ; Defrénois 1997, art. 36684, obs. Honorat ; Dr. adm. 2001. Comm. 453 ; JCP 1997. IV. 828* • Civ. 3e, 13 mai 1997, *Les ateliers de la voûte : Dr. adm. 2001. Comm. 454* • Paris, 1er déc. 1994 : *SEMAEST* • Paris, 13 sept. 1996, *SARL Atecver : D. affaires 1996. 1154 ; JCP E 1996, pan. 1104* • Paris, 4 mars 1998, *SARL Le Chalet : D. affaires 1998, p. 753* • Paris 11 mai 2011, *SA Homebox*, n° 09-12.287. ♦ Il en résulte notamment que le déclassement ne peut avoir pour effet, sans nouvel accord des parties, de modifier le caractère précaire et révocable de l'occupation. Le titulaire ne peut donc pas se fonder sur le déclassement des dépendances occupées pour revendiquer l'application du statut des baux commerciaux. • Civ. 1re, 17 oct. 2012, *Sté West Restauration : préc.* ♦ Le contrat comportant occupation du domaine public conclu par une personne publique conserve le caractère de contrat administratif alors même que la dépendance occupée est déclassée postérieurement à sa conclusion et que la personne publique propriétaire est transformée en société. • T. confl. 4 juill. 2016, *Sté JCS Investissement et Sté Sodec Commercialisation et Gestion c/ Sté des Aéroports de Paris (ADP)*, n° C-4055 : *BJCP 2016. 463, obs. Maugüé ; Rev. CMP 2016. Comm. 231, note Eckert ; Dr. adm. 2016. Comm. 109 ; Rev. CMP 2017. Chron. 2, par Llorens et Soler-Couteaux.* ♦ Le juge administratif est compétent pour connaître d'un litige se rapportant à une promesse de vente sous condition suspensive de déclassement dès lors que ce déclassement n'est pas intervenu et qu'une autorisation d'occupation temporaire du domaine public lui a été substituée. • Civ. 1re, 31 janv. 2018, n° 17-10.564 : *JCP Adm. 2018. 2164, comm. Chamard-Heim.*

111. Contrat d'occupation du domaine public et contrat SPIC/usager. Alors que la compétence revient aux juridictions administratives pour statuer sur les litiges relatifs aux contrats d'occupation du domaine public (V. obs. ss. CGPPP, art. L. 2331-1), la compétence est celle des juridictions judiciaires pour connaître des litiges se rattachant aux relations entre les SPIC et leurs usagers. Il importe donc de connaître avec suffisamment de précision le cœur du litige et l'objet du contrat pour déterminer la compétence juridictionnelle. Par ex., le contrat conclu entre le concessionnaire d'un port de plaisance et le propriétaire d'un navire en vue de son stockage à terre est un contrat d'occupation du domaine public. • Civ. 1re, 26 oct. 2011, *Cne de Fos-sur-Mer c/ Cie mutuelle de l'Allier et des régions françaises*, n° 10-21.547 : *JCP Adm. 2012. 2181, note Renard-Payen* • CE 19 juin 1992, *Ville de Palavas-les-Flots c/ Combelle*, n° 66925 : *Lebon T. 959* • CE 29 nov. 2002, *Cne de Barcarès c/ Attal et a.*, n° 219244 : *Lebon 419.* ♦ *Contra* : nature administrative du contrat de garantie d'usage de postes d'amarrage et de mouillage conclu par le concessionnaire d'un port de plaisance. • CAA Bordeaux, 5 nov. 2013, *SA Port-Médoc*, n° 13BX00963 : *Rev. CMP 2014. Comm. 3, obs. Ubaud-Bergeron.* ♦ La compétence administrative s'impose également pour connaître d'un litige opposant une régie municipale gestionnaire d'un port de plaisance à un opérateur y exerçant une activité commerciale, même si ce dernier possède la qualité d'usager d'un SPIC. • Civ. 1re, 23 févr. 2012, *Sté Cogeprec marine c/ Régie des ports raphaëlois*, n° 11-10.178 : *JCP Adm. 2012. 2294, note Renard-Payen.* ♦ En revanche, le juge judiciaire redevient compétent lorsque le litige trouve son origine, non dans le contrat d'occupation du domaine public, mais dans le fonctionnement du SPIC exploité par le gestionnaire du domaine public. • Civ. 1re, 9 déc. 2003, n° 02-12.884 P • 30 nov. 2016, n° 15-25.516 : *AJDA 2017. 88.*

B. PASSATION

112. Compétence de l'autorité de gestion. Il n'appartient qu'à l'autorité chargée de la gestion du domaine public d'autoriser l'établissement de palissades sur la voie publique pour la clôture des chantiers. Cette faculté comporte celle de concéder l'affichage sur ces emplacements. • CE 7 janv. 1987, *Ville de Bordeaux*, n° 26979 : *préc. note 36.* ♦ Plus précisément, et s'agissant des collectivités territoriales, c'est à l'exécutif local que revient la compétence pour délivrer cette autorisation (et ceci qu'elle intervienne par voie de décision unilatérale ou par voie de convention), l'organe délibérant ayant le pouvoir de fixer les conditions générales d'administration et de gestion du domaine public. • CE 18 nov. 2015, *SCI le II C et a.*, n° 390461 : *Lebon T.* V. CGPPP, art. R. 2122-4, al. 2, et CGCT, art. R. 2241-1, R. 3213-1 et R. 4221-1. ♦ S'agissant du domaine public de l'État, l'autorisation est délivrée par le préfet, agissant en qualité de représentant des ministres chargés de la gestion du domaine public de l'État dans le département, sous réserve des dispositions particulières qui attribuent compétence à d'autres autorités administratives, notamment à l'autorité militaire (CGPPP, art. R. 2122-4, al. 1er). Concernant le domaine public des établissements publics, l'autorisation est délivrée par l'autorité de l'établissement à laquelle cette compétence est attribuée par son statut (en principe, son président). Dans le silence de celui-ci, l'autorisation est délivrée par l'organe délibérant (CGPPP, art. R. 2122-4, al. 3).

113. Aucune décision n'ayant transféré la gestion d'une dépendance appartenant à l'État au président de l'établissement public de l'Opéra de la Bastille, celui-ci est incompétent pour demander l'expulsion d'un occupant sans titre. • CE 9 janv. 1985, *Sillinger*, n° 61203 : *Lebon T. 625.*

114. Dès lors qu'une concession domaniale est expirée, l'autorité concédante rentre en possession de tous ses droits sur les biens concédés et est donc, à ce titre, compétente notamment pour prendre les mesures nécessaires à l'éviction des occupants sans titre. • CAA Lyon, 4 févr. 1992, *CCI d'Ajaccio et de la Corse-du-Sud : Lebon 501 ; RDI 1993. 353 ; Dr. adm. 1992, n° 243.*

115. La SNCF concessionnaire est compétente pour concéder l'occupation des locaux implantés sur le domaine public ferroviaire dont elle assure la gestion à des entreprises commerciales. • Paris, sect. concurrence, 31 oct. 1991, *Mme Grand-Perrin : Dr. adm. 1992, n° 25.* ♦ Dans le même sens • CE 27 nov. 1974, *Sté intercontinentale, commerciale et industrielle*, n° 91137 : *Lebon 594* • 21 avr. 1997, *Min. Budget c/ Sté Sagifa*, n° 147602 : *préc. note 75.* ♦ La cour administrative de Lyon a jugé qu'aucune disposition législative ou réglementaire ne s'oppose à la conclusion de contrats verbaux d'occupation du domaine public ferroviaire. • CAA Lyon, 8 juill. 2010, *D. c/ RFF*, n° 09LY02019 : *Rev. CMP 2010, n° 351, obs. Llorens.*

116. La décision de contracter notifiée à son bénéficiaire a un caractère exécutoire et crée des droits à son profit. • CE 16 déc. 1988, *SCI Paule c/ Ville de Pontarlier : Dr. adm. 1989, n° 20.* ♦ Ne confère pas un intérêt suffisant pour demander l'annulation d'une concession domaniale le seul fait de bénéficier d'une concession identique sur une dépendance voisine. • CAA Lyon, 5 juin 2003, *M. Ducret : AJDA 2003. 1895.*

117. Compétence lorsque le contrat est une concession de services exécuté sur le domaine public. La commune est compétente pour conclure un contrat de mobilier urbain répondant à ses besoins en matière d'information municipale par voie d'affichage, même si elle n'est pas gestionnaire du domaine public d'implantation. *A contrario*, cela signifie que le gestionnaire du domaine public n'est pas compétent pour conclure un contrat de la commande publique (une concession de service, s'agissant d'un contrat de mobilier urbain) répondant aux besoins d'une autre personne publique. • CE 30 nov. 2018, *Cne de Bègles*, n° 414377 B : *JCP Adm. 2019. 2163, obs. Hansen et Ferré ; JCP A 2019. 2201, obs. Daucé et Delescluse ; Rev CMP 2019, comm. 60, note Soler-Couteaux ; Rev. CMP 2019, chron. 23, obs. Soler-Couteaux, Zimmer et Waltuch.*

C. FORMES ET PROCÉDURES

1° OBLIGATION D'ORGANISER UNE PROCÉDURE DE SÉLECTION PRÉALABLE POUR L'ATTRIBUTION DES TITRES DOMANIAUX DÉLIVRÉS À COMPTER DU 1er JUILL. 2017 EN VUE D'UNE EXPLOITATION ÉCONOMIQUE

118. Le droit positif a longtemps distingué les contrats « secs » d'occupation du domaine public des contrats d'occupation du domaine public qui présentaient également la qualité de contrat de la commande publique (marché public, délégation de service public, notamment). La passation des premiers pouvait intervenir librement, c'est-à-dire sans qu'il soit nécessaire de respecter une procédure de publicité et de mise en concurrence... • CE 3 déc. 2010, *Ville de Paris, Assoc. Paris Jean Bouin c/ Sté Paris Tennis*, n° 338272 : *Lebon 472, concl. Escaut ; AJCT 2011. 37, note Dreyfus ; AJDA 2011. 21, note Glaser ; Ann. voirie 2011. 51, note Coccolini ; BJCL 2011. 315, note Hoffmann ; BJCP 2011. 47, et concl. ; CCC 2011, n° 2, p. 31, note Prébissy-Schnall ; Rev. CMP 2011. Comm. 25, note Eckert ; Dr. adm. 2011. Comm. 17, note Brenet et Melleray ; JCP Adm. 2011, n° 27, p. 16, chron. Chamard-Heim ; JCP 2010, 1246, obs. Sorbara ; ibid. 2011, p. 240 et 888, chron. Éveillard, p. 483, note Chaminade ; LPA 26 mai 2011, p. 8, note Juen ; RDI 2011. 162, note Braconnier et Noguellou ; RJEP 2010. Comm. 20, note Maugüé ; RLCT févr. 2011, p. 34, note Fleury et Pujol.* ♦ ... Tandis que la passation des seconds devait s'opérer dans le respect des règles attachées à la qualité de contrat de la commande publique (par ex., le marché public emportant occupation du domaine public devait être conclu dans le respect des règles de passation applicables aux marchés publics). Cette distinction entre contrats « secs » et contrats domaniaux à double visage est moins pertinente depuis l'intervention de l'Ord. n° 2017-562 du 19 avr. 2017 relative à la propriété des personnes publiques. En effet, son art. 3 a introduit un nouvel art. L. 2122-1-1 dans le CGPPP qui impose aux autorités compétentes d'organiser librement une procédure de sélection préalable présentant toutes les garanties d'impartialité et de transparence, et comportant des mesures de publicité permettant aux candidats de se manifester lorsque le titre juridique (acte unilatéral ou contrat) a pour objet de permettre l'occupation du domaine public en vue d'une exploitation économique (V. comm. ss. art. L. 2122-1). Cette disposition, qui est applicable aux titres domaniaux délivrés à compter du 1er juill. 2017, constitue un changement majeur. Elle réduit la portée de la distinction initialement opérée entre les contrats « secs » d'occupation du domaine public et les contrats domaniaux à « double visage », sans pour autant la faire disparaître complètement. Elle en réduit la portée car rares sont les contrats « secs » d'occupation du domaine public qui ne sont pas conclus en vue d'une exploitation économique et qui pourront être passés sans publicité, ni mise en concurrence. Pour autant, l'Ord. du 19 avr. 2017 ne la fait pas totalement disparaître car les contrats domaniaux signés avant le 1er juill. 2017 ont été nécessairement conclus à la lumière de la distinction entre contrats « secs » et contrats « à double visage ». Une réponse ministérielle, publiée le 29 janv. 2019, considère que les autorités gestionnaires du domaine privé devraient mettre en œuvre des procédures similaires à celles qui prévalent pour le domaine public et qui sont précisées par les art. L. 2122-1-1 s. * Rép. min. n° 12868 : *JOAN 29 janv. 2019, p. 861 (JOAN Q, 2 oct. 2018, M. Jean-Luc Fugit ; Rev CMP 2019. Comm. 108, comm. Koebel ; ibid. 2019, Chron. 6 et 42, obs. Soler-Couteaux, Zimmer et Waltuch ; Dr. voirie 2019, comm. Yolka ; Dr. adm. 2019, comm. 21, note Boul ; Dr. voirie 2019. 150, note Rollin ; JCP A 2019. 2081, obs. crit. Emery.*

2° SITUATION DES CONTRATS DOMANIAUX CONCLUS AVANT LE 1er JUILL. 2017. NÉCESSITÉ DE DÉTERMINER SI LE CONTRAT DOMANIAL EST UN CONTRAT « SEC » D'OCCUPATION DU DOMAINE PUBLIC OU UN CONTRAT DOMANIAL SE DOUBLANT D'UN CONTRAT DE LA COMMANDE PUBLIQUE

a. Notion de contrat « sec » d'occupation du domaine public

119. Notion de contrat « sec » d'occupation du domaine public. Les contrats « secs » d'occupation du domaine public sont ceux dont l'objet principal ou unique est d'autoriser l'occupation ou l'utilisation du domaine public. V. par ex. • CE 12 mars 1999, *Ville de Paris : Lebon 778 ; AJDA 1999. 439, note Raunet et Rousset* ; *Dr. adm. 1999. Comm. 172, note Maugüé.* ♦ Ne constitue pas un marché public mais un simple contrat d'occupation du domaine public la convention par laquelle une personne publique autorise son cocontractant à occuper le domaine public en vue d'y aménager et d'y exploiter deux parcours d'aventure forestiers en contrepartie du paiement d'une redevance. • CE 14 nov. 2014, *SMEAG*, n° 373159 : *Rev. CMP 2015. Comm. 5, note Eckert ; ibid. Chron. 2, obs. Llorens et Soler-Couteaux.* ♦ Ne constitue pas une concession d'outillage public, et donc une délégation de service public, mais une convention d'occupation du domaine public portuaire, le contrat mettant à la disposition d'une société des formes de radoub, un poste à quai, ainsi que des terre-pleins avoisinants afin de lui permettre d'exercer son activité de réparation navale. • CE 8 juin 2011, *Port autonome de Marseille*, n° 318010 : *Lebon ; AJDA 2012. 770, note Rabier* ; *Rev. CMP 2011. Comm. 267, note Soler-Couteaux.* ♦ *Contra* • CE 20 déc. 2001, *CCI du Var*, n° 217639 : *Lebon T. 1345 ; Rev. CMP 2001. Comm. 74, note Llorens* (la convention ayant pour objet l'exploitation d'une fosse d'élévateurs de bateaux charge le concessionnaire d'une mission de service public et constitue une délégation de service public). ♦ Le contrat portant sur l'aménagement et l'exploitation d'une boutique hors taxe (*duty free*) dans un aéroport ne constitue pas une délégation de service public, mais une convention d'occupation du domaine public, alors même qu'elle est assortie de prescriptions tenant à la qualité du service, aux horaires d'ouverture et à la promotion des produits locaux. • CE 19 janv. 2011, *CCI Pointe-à-Pitre : AJDA 2011. 1330, note Caille* ; *BJCP 2011. 101, concl. Boulouis ; Rev. CMP 2011. Comm. 86, note Eckert.* ♦ Le contrat d'exploitation des colonnes Morris constitue un simple contrat domanial, dont la passation peut intervenir librement. • CE 15 mai 2013, *Ville de Paris*, n° 364593 : *Lebon ; AJDA 2013. 1273, chron. Domino et Bretonneau* ; *Rev. CMP 2013, chron. Soler-Couteaux et Llorens ; Dr. adm. 2013. Comm. 63, note Brenet ; JCP Adm. 2013. 2180. Comm. Giacuzzo ; JCP 2013. 127, chron. Éveillard ; RDI 2013. 367, note Braconnier* ; *RDP 2013. 1403, note Roux ; RJEP 2013. Comm. 39, concl. Dacosta.* ♦ Dans le même sens au sujet du contrat de commercialisation d'espaces publicitaires des bus et des métros toulousains. • CE 3 déc. 2014, *Éts publics Tisseo*, n° 384170 : *Rev. CMP 2015. Chron. 2, obs. Llorens et Soler-Couteaux.* ♦ Dans cette même affaire, les juges d'appel avaient considéré qu'il s'agissait d'un marché public doublé d'un contrat d'occupation du domaine public • CAA Paris, 17 oct. 2012, *Ville de Paris*, n° 09PA03922 : *AJDA 2012. 2323, concl. Dewailly* ; *Rev. CMP 2012. Comm. 327, note Eckert ; CP-ACCP 128/2013, note Cattier.* ♦ La convention par laquelle une commune autorise une association à occuper une dépendance du domaine public pour y organiser un marché aux puces dominical constitue un simple contrat domanial et non une délégation de service public. • CAA Marseille, 6 nov. 2011, *M. B.*, n° 10MA03152 : *CP-ACCP 128/2013, p. 15, obs. Ribot.* ♦ Le contrat par lequel une commune met un terrain relevant de son domaine public à la disposition d'une société en vue de l'exploitation d'activités sportives et de loisirs avec aire de jeux suspendus n'est pas une délégation de service public, mais un simple contrat d'occupation du domaine public, en l'absence de contraintes imposées au cocontractant excédant la nécessaire protection du domaine public. • CAA Marseille, 10 mai 2016, *Sté Le Royaume des arbres*, n° 14MA03197 : *Rev. CMP 2017. Chron. 2, par Llorens et Soler-Couteaux ; JCP Adm. 2016. 2197, chron. Roux ; ibid. 2255, note Otero.* ♦ Le contrat par lequel le Sénat confie l'exploitation de six courts de tennis situés dans le jardin du Luxembourg est un contrat d'occupation du domaine public et non une délégation de service public. • TA Paris, 16 mai 2017, *Sté Paris Tennis*, n° 1603843.

b. Dispense de respecter toute procédure de publicité et de mise en concurrence

120. Dispense réaffirmée en 2010. Même si de nombreux arguments plaidaient en faveur de la soumission des contrats « secs » à des obligations minimales de publicité et de concurrence, la jurisprudence a considéré, en 2010, qu'aucune disposition législative ou réglementaire ni aucun principe n'imposent à une personne publique d'organiser une procédure de publicité préalable à la délivrance d'une autorisation ou à la passation d'un contrat d'occupation d'une dépendance du domaine public, ayant dans l'un ou l'autre cas pour seul objet l'occupation d'une telle dépendance ; qu'il en va ainsi même lorsque l'occupant de la dépendance domaniale est un opérateur sur un marché concurrentiel. • CE 3 déc. 2010, *Ville de Paris, Assoc. Paris Jean Bouin c/ Sté Paris Tennis*, n° 338272 : *préc. note 118.* ♦ Cette solution a été confirmée à plusieurs reprises. – V. par ex., au sujet du contrat de concession du site sportif de la Croix-Catelan : • CAA Paris, 29 nov. 2011, *Sté Paris Tennis*, n° 09PA05155 : *JCP Adm. 2012. 2325, chron. Chamard-Heim.* ♦ Au sujet de l'occupation d'installations sportives par le Blagnac Sporting Club Rugby : • TA Toulouse, 25 mars 2014, *Sté Banque Edel*, n° 1202124 • 25 mars 2014, *Sté Bodet*, n° 1004629 : *AJDA 2014. 1389, concl. Jobart ; Rev. CMP 2015. Chron. 2, n° 25, obs. Llorens et Soler-Couteaux.* ♦ Au sujet du contrat d'exploitation des colonnes Morris : • CE 15 mai 2013, *Ville de Paris*, n° 364593 : *Lebon 144 ; AJDA 2013. 1271, chron. Domino et Bretonneau ; Dr. adm. 2013. Comm. 63, note Brenet ; RDI 2013. 367, note Braconnier.* – V. aussi, pour l'application des règles posées par le CE à un BEA conclu en vue de la gestion d'un golf, • CAA Versailles, 21 juill. 2011, *Sté du Golf de Verrières*, n°s 10VE00770 et 10VE00774 : *AJDA 2011. 2105, note Kermogant ; Rev. CMP 2011. Comm. 354, note Eckert.*

121. Arguments en faveur de la soumission des contrats « secs » d'occupation du domaine public à des obligations minimales de publicité et de mise en concurrence. Même si elle reprenait une jurisprudence classique selon laquelle la passation des contrats « secs » d'occupation du domaine public n'obéit à aucune forme particulière, ni à une publicité préalable, ni à une mise en concurrence, la jurisprudence « *Ville de Paris et Assoc. Paris Jean Bouin* » de 2010 fut très contestée. • CE 26 avr. 1944, *Dejean et Fournier et a. : Lebon T. 386.* ♦ Plusieurs arguments, tirés du droit de l'Union européenne et du droit interne, plaidaient pour la consécration d'une obligation minimale ou adéquate de publicité et éventuellement de mise en concurrence. Concernant le droit de l'Union européenne : • CJCE 7 déc. 2000, *Telaustria Verlags GmbH, Telefonadress GmbH : Rec. CJCE. I. 1851 ; AJDA 2001. 106, note Richer* a imposé le respect du principe de transparence qui consiste à garantir en faveur de tout soumissionnaire potentiel, un degré de publicité adéquat permettant une ouverture des marchés des services à la concurrence ainsi que le contrôle de l'impartialité des procédures d'adjudication. Dégagée à propos de l'hypothèse dans laquelle le pouvoir adjudicateur se présente en situation d'acheteur, cette obligation aurait sans doute pu être élargie à l'hypothèse dans laquelle l'administration consent des occupations de son domaine (public ou privé) et se présente en définitive en situation d'offreur sur le marché. Cette solution était d'autant plus envisageable que les obligations consacrées par la jurisprudence *Telaustria* trouvent leur source dans les règles fondamentales du traité en général et le principe de non-discrimination en particulier et que la Commission européenne avait considéré, dans son Livre vert sur les partenariats public-privé de 2004 (COM/2004/0327 final), que les grands principes issus du Traité CE (aujourd'hui TFUE) devaient s'appliquer à tout acte, qu'il soit contractuel ou unilatéral, par lequel une entité publique confie la prestation d'une activité économique à un tiers. La directive 2006/123/CE du Parlement européen et du Conseil du 12 décembre 2006 relative aux services dans le marché intérieur (dont on se souvient qu'elle est issue d'un projet controversé, dit projet Bolkenstein) allait également dans le sens d'une application de la jurisprudence *Telaustria* à certaines occupations domaniales. Son art. 12 dispose en effet que « lorsque le nombre d'autorisations disponibles pour une activité donnée est limité en raison de la rareté des ressources naturelles ou des capacités techniques utilisables, les États membres appliquent une procédure de sélection entre les candidats potentiels qui prévoit toutes les garanties d'impartialité et de transparence, notamment la publicité adéquate de l'ouverture de la procédure, de son déroulement et de sa clôture » (S. Nicinski, Règles de concurrence et exploitation de ressources essentielles : *JCP Adm. 2007. 2287* ; M. Karpenschif, Les collectivités territoriales et la directive « services » : entre contraintes nouvelles et espoirs déçus, *JCP Adm. 2010. 2256*). La Cour de justice a d'ailleurs confirmé par la suite que la directive services devait s'appliquer aux concessions domaniales « séches », c'est-à-dire à toutes celles qu'il n'était pas possible de rattacher à un contrat de la commande publique. • CJUE 14 juill. 2016, *Promoimpresa Srl et a.*, nos C-458/14 et C-67/15 : *AJDA 2016. 2176, note Noguellou ; ibid. 2478, chron. Nicinski ; ACCP 2016, n° 169, p. 70, note Proot ; GDDAB, 3e éd., 2018. Comm. 56, obs. Noguellou.* ♦ Fort heureusement, cet arrêt du 14 juill. 2016 a fini par convaincre le législateur d'autoriser la modification du CGPPP : l'Ord. n° 2017-562 du 19 avr. 2017 est une réaction directe à cet arrêt. ♦ A cet argument tiré du droit de l'Union européenne s'ajoutait aussi un argument tiré du droit interne, et plus précisément du nécessaire respect du droit de la concurrence. En effet, s'il appartient à l'autorité administrative affectataire de dépendances du domaine public de gérer celles-ci tant dans l'intérêt du domaine et de son affectation que dans l'intérêt général, il lui incombe en outre lorsque, conformément à l'affectation de ces dépendances, celles-ci sont le siège d'activités de production, de distribution ou de services, de prendre en considération les diverses règles, telles que le principe de la liberté du commerce et de l'industrie ou l'ordonnance du 1er déc. 1986, dans le cadre desquelles s'exercent ces activités. • CE 26 mars 1999, *Sté Hertz, Sté EDA : Lebon 96 ; AJDA 1999. 427 concl. Stahl , note Bazex ; CJEG 1999. 264, concl. ; D. 2000. 204, note Markus ; GDDAB, 3e éd., 2018. Comm. 58, note Noguellou ; RD publ. 1999. 1545, note Manson ; 1999. 977, note Pouyaud.* ♦ Voir aussi arrêt de portée plus générale : • CE 3 nov. 1997, *Sté Million et Marais : Lebon 406, concl. Stahl ; AJDA 1997. 945, chron. Girardot et Raynaud ; CJEG 1997. 441, concl. ; 1997. 1228, concl. ; 1998. 247, note Guézou ; RD publ. 1998. 256, note Gaudemet.* ♦ De cette jurisprudence imposant le respect du droit de la concurrence aux actes de gestion domaniale, il semblait assez logique de déduire que la délivrance des autorisations d'occupation du domaine public devait être précédée d'une mise en concurrence ou, a minima, d'une procédure de publicité. Il n'est pas étonnant, dans ces conditions, que certains juges du fond aient franchi le pas en obligeant les personnes publiques à respecter les obligations minimales de publicité et de transparence propres à assurer l'égalité d'accès à ces contrats. • TA Nîmes, 24 janv. 2008, *Sté des trains touristiques G. Eisenreich : AJDA 2008. 2172, note Dreyfus ; ACCP 2008, n° 83, p. 71, note Givord et Ayache ; Dr. adm. 2008. Comm. 6, note Battoue ; Rev. Lamy conc. 16/2008, n° 1145, note Clamour ; Tourisme et droit juin 2009, p. 36, note Dreyfus .* ♦ Pour les suites de cette affaire, la CAA de Marseille a considéré que la délibération ayant pour objet le lancement d'une procédure de mise en concurrence en vue de la dévolution d'une convention d'occupation du domaine public est un élément de la procédure d'attribution du contrat et constitue donc une mesure préparatoire non susceptible de faire l'objet d'un recours. • CAA Marseille, 6 sept. 2010, *Sté des trains touristiques G. Eisenreich*, n° 08MA01997 : *Rev. CMP 2010. Comm. 391, note Eckert ; JCP Adm. 2011, nos 20-21, p. 16, chron. Deliancourt ; ibid., n° 27, p. 1, chron. Chamard-Heim.* – V. égal. : • TA Paris, 30 mai 2007, *Préfet de Paris : BJCP 2007. 492, concl. Delbèque, note Terneyre* • TA Versailles, 5 janv. 2010, *Guyard : AJDA 2010. 1196, concl. Sorin* • TA Paris, 12 mars 2010, *Sté Cybervitrine : BJCP 2010. 298.* ♦ Il faut toutefois noter que d'autres ont jugé que rien n'imposait en l'état d'organiser une telle procédure. • CAA Bordeaux, 29 nov. 2007, *Dumoulin de Laplante : Rev. Lamy conc. 16/2008, n° 1092, note Clamour* • CAA Paris, 14 oct. 2010, *Lilem A.*, n° 09PA01472 : *Rev. CMP 2010. Comm. 426, obs. Llorens.* ♦ De son côté, l'ancien Conseil de la concurrence avait considéré qu'une obligation de publicité préalable devait prévaloir en matière d'attribution des titres d'occupation domaniale (avis n° 04-A-19, 21 oct. 2004, relatif à l'occupation du domaine public par les distributeurs de journaux gratuits : *CP-ACCP 2005, n° 44, p. 53, note Le Miere et Hasda ; RJEP 2005, p. 144, note P. D. ; Rev. Lamy conc. 2005, n° 2. Comm. 145, note Bazex et Blazy*. Solution reprise par l'Autorité de la concurrence : Avis n° 10-A-04 du 22 février 2010, relatif à une demande d'avis de l'Association pour le maintien de la concurrence sur les réseaux et infrastructures [AMCRI] sur les problèmes de concurrence pouvant résulter de la privatisation des aéroports français, point 182 et annexe n° 2). De la même façon, le Conseil d'État s'était prononcé en 2002 dans son rapport public (Collectivités publiques et concurrence : *EDCE 2002, n° 53, p. 380*) en faveur de l'application des obligations de publicité et de mise en concurrence à toutes les autorisations ou conventions d'occupation du domaine public. En pratique, nombreuses sont les collectivités publiques qui faisaient preuve de la plus grande prudence en organisant une procédure de passation formalisée. Par ex. : la CAA de Lyon a jugé que l'assujettissement volontaire d'une convention domaniale au régime de passation des délégations de service public ne saurait constituer à lui seul une illégalité. • CAA Lyon, 3 juill. 2008, *Préfet du Rhône : Rev. CMP 2008. Comm. 247, obs. Llorens.* ♦ Affaire distincte de celle jugée par le TA de Nîmes, puis par la Cour administrative d'appel de Marseille et dans laquelle la ville de Nice avait pris la précaution de procéder à une mise en concurrence en vue de l'attribution d'un contrat d'exploitation de lignes de petits trains touristiques sur le domaine public. • CE 14 juin 2010, *Sté des trains touristiques G. Eisenreich c/ Ville de Nice*, n° 330152.

3° LES EXCEPTIONS

122. Faculté pour la personne publique de s'imposer le respect d'une procédure de passation. L'administration peut s'astreindre au respect d'obligations de publicité et de mise en concurrence. Cette possibilité, qui peut s'expliquer par des motifs tenant à la recherche de sécurité juridique et/ou à la volonté de recueillir l'offre d'occupation la plus avantageuse possible, n'est cependant pas sans contrepartie, car l'administration est alors strictement tenue de respecter les obligations de publicité et de mise en concurrence (par ex. : • CAA Douai, 15 juin 2010, *Dufour : AJDA 2010. 1465, chron. Lepers*).

123. Priorité donnée à la procédure de passation la plus rigoureuse. En cas de doute sur la nature du contrat (contrat simple d'occupation domaniale ou autre contrat administratif spécial), le Conseil d'État considère qu'il appartient à la personne publique d'appliquer la procédure de passation la plus rigoureuse. V., pour une formulation particulièrement nette, avec application de la loi « Sapin » du 29 janv. 1993 à la clef, • CE 10 juin 2009, *Port autonome de Marseille*, n° 317671 : *Lebon T. 890 ; AJDA 2009, p. 1174, obs. Pastor ; BJCP 2009, p. 424 ; Rev. CMP 2009. Comm. 286, note Zimmer ; RJEP 2010. Comm. 7, note Chamard-Heim.*

124. Contrats domaniaux à « double visage ». Les contrats domaniaux sont rarement des contrats « secs », mais bien plus souvent des « contrats à double visage » (Ph. Yolka). Leur objet ne se limite alors pas à l'occupation ou à l'utilisation du domaine public, soit parce cette occupation ou utilisation est une condition nécessaire à la réalisation d'une mission plus large (gérer une mission de service public, fournir des prestations de services, exécuter des travaux, etc.) confiée au cocontractant, soit parce que l'occupant ou l'utilisateur du domaine public fait bien davantage qu'occuper ou utiliser le domaine public à des fins privatives en prenant en charge d'autres missions en lien direct avec l'occupation domaniale.

• La première hypothèse concerne les multiples contrats dans lesquels l'occupation domaniale n'est que la conséquence d'une mission plus large confiée au cocontractant :

– Ces contrats peuvent être des délégations de service public : délégation de la gestion du service public de distribution d'eau nécessitant l'implantation de canalisations sous la voie publique, concession de plage, etc. V. par ex. • CE 11 déc. 2000, *Agofroy*, n° 202971 : Lebon 607. ♦ ... Contrat d'occupation d'un entrepôt s'insérant dans la délégation de la gestion d'une mission d'animation culturelle et d'accueil d'activités artistiques et artisanales. • CE 21 juin 2000, *SARL Plage « Chez Joseph » : Lebon 282 ; BJCP 2000. 355, concl. Bergeal ; CJEG 2000. 374, concl. Bergeal ; D. 2001. 733, note Bordereaux ; Dr. adm. déc. 2000. 15, note Braconnier ; GDDAB, 3e éd., 2018. Comm. 57, note Melleray ; 2000. 797, concl.* : concession de plage qualifiée de délégation de service public.

– Ils peuvent également être des marchés publics ou des concessions de service comme le montre l'exemple des contrats de mobilier urbain par lesquels des opérateurs économiques implantent sur les trottoirs des panneaux d'affichage, des abribus ou d'autres équipements et exécutent différentes prestations de services au profit des collectivités publiques. V. par ex. retenant la qualification de marché public : • CE 4 nov. 2005, *Sté Jean-Claude Decaux*, n° 247298 B (concl. Casas) : *AJDA 2006. 120, note Ménéménis ; BJCP 2006. 27, concl. Casas ; CJEG/RJEP 2006. 57, concl., note Lichère ; Rev. CMP 2005. Comm. 297, note Pietri, et Repère 10, obs. Llorens et Soler-Couteaux ; Dr. adm. 2005. Comm. 25, note Auby ; Dr. adm. 2006. Chron. 6, comm. Brenet ; JCP Adm. 2005. 1831, note Linditch ; RFDA 2005. 1083, concl.* ♦ ... Qualification de marché public même dans l'hypothèse où le titulaire du contrat est tenu de verser une redevance d'occupation du domaine public fixée unilatéralement par la personne publique. • CE 28 avr. 2016 : *Cne de Toulouse ; Rev. CMP 2006, comm. 165, note Eckert.* ♦ ... Ces contrats de mobilier urbain peuvent également être qualifiés de simples contrats d'occupation du domaine public lorsqu'ils ne répondent pas aux besoins du gestionnaire domanial. • CE 15 mai 2013 *Ville de Paris*, n° 364593 : *Dr. adm. 2013, comm. 63, note Brenet ; JCP Adm. 2013. 2180, note Giacuzzo ; JCP G 2013. 1971, chron. Eveillard ; RJEP 2013, comm 39, concl. Dacosta ; Rev. CMP 2013, comm. 199, note Eckert.* ♦ Plus récemment, la jurisprudence a qualifié ces contrats de mobilier urbain de concession de services. Tel est le cas du contrat ne comportant aucune stipulation prévoyant le versement d'un prix à son titulaire, exposant son titulaire aux aléas de toute nature qui peuvent affecter le volume et la valeur de la demande d'espaces de mobilier urbain par les annonceurs publicitaires sur le territoire de la commune, sans qu'aucune stipulation du contrat ne prévoie la prise en charge, totale ou partielle, par la commune des pertes qui pourraient en résulter. • CE 25 mai 2018, *Cne de Saint-Thibault-des-Vignes et Sté Philippe Védiaud Publicité*, n° 416825 A : *AJDA 2018. 1725, note Haulbert ; Rev. CMP 2018. Comm. 165, note Eckert ; JCP Adm. 2018. Actu.*

495, obs Erstein ; JCP Adm. 2018, 2260, comm. Vila. ♦ Qualification de marché public d'une convention d'occupation du domaine public confiant à l'occupant l'organisation d'une manifestation sportive assortie de prestations de publicité au profit de la commune contractante moyennant un prix, un abandon de recettes et des contreparties en nature. • CAA Nancy, 21 juin 2016, *Cne de Reims*, n° 15NC02284 : *AJDA 2017. 28, chron. Favret ; Rev. CMP 2017. Chron. 2, note Llorens et Soler-Couteaux ; JCP Adm. 2016. 2254, note Hansen.*

♦ Les anciens contrats de partenariat marchés de partenariat sont aussi des contrats dans lesquels l'utilisation ou l'occupation domaniale est souvent indispensable à la réalisation de la mission globale confiée au partenaire de l'administration. Ils n'en demeurent pas moins des marchés publics. – V. spécifiquement, sur les relations entre PPP et droit domanial, Bercovicz et Lapuelle, Contrat de partenariat et cession en pleine propriété, *Rev. CMP 2011. Chron. 6.* – de Fenoyl et Maurer, La valorisation domaniale dans le contrat de partenariat, *BJCP 2011, p. 163.* – Delelis, Les biens édifiés par le titulaire d'un contrat de partenariat, *in* Contrats et propriété publics (dir. Clamour), *LexisNexis, 2011, p. 225.* – Delelis, Patrimoine des personnes publiques et contrat de partenariat, *Dr. et patr. 3/2009. 86.* – Gaudemet, Contrat de partenariat et domaine public, *Mél. J. Morand-Deviller, Montchrestien, 2007, p. 539.* – Brenet, Contrats domaniaux et contrats de partenariat, *CP-ACCP avr. 2006, n° 54, p. 42.* – Van de Vyver et Bréville, Observations autour du contrat de partenariat comportant occupation du domaine public, *CP-ACCP avr. 2006, n° 54, p. 47 s.* – Lequien et Cuche, Les partenariats public-privé confrontés au droit de la domanialité publique, *Mon. TP 31 oct. 2003, p. 140.*

• La seconde hypothèse concerne les contrats dans lesquels l'objet premier du contrat – qui porte sur l'utilisation ou l'occupation domaniale est complété par des prestations complémentaires qui justifient que le contrat soit qualifié de délégation de service public. ♦ Au sujet d'une concession d'outillage public : • CE 20 déc. 2000, *CCI Var : Lebon T. 1089 ; Rev. CMP 2001. Comm. 74, note Llorens.* • CE 10 juin 2009, *Port autonome de Marseille : Lebon T. 890 ; Rev. CMP 2009. Comm. 296, note Zimmer ; RJEP 2010. Comm. 7, obs. Chamard-Heim.* ♦ Les conséquences de cette double qualification (contrat d'occupation du domaine public et contrat de la commande publique) ne doivent pas être mésestimées. En effet, les contrats en cause sont à la fois soumis aux règles relatives à l'occupation domaniale et à celles découlant de leur qualification de contrat de la commande publique (marché public ou concession, ce qui implique notamment de respecter les principes généraux de la commande publique. Parce qu'ils sont des contrats « à procédure » avant d'être des contrats « sans procédure », leur conclusion ne peut intervenir que dans le respect des règles de publicité et de mise en concurrence. ♦ Cette double qualification de certains contrats domaniaux pose aussi question du point de vue de la détermination de l'autorité compétente pour les conclure. S'agissant d'un marché de mobilier urbain ayant pour objet de permettre la réalisation et la fourniture de prestations de service en matière d'information municipale par voie d'affichage, le CE a jugé qu'il répondait aux besoins de la commune et ne constituait donc ni une simple convention domaniale, ni une convention se rapportant à la gestion de la voirie. Par suite, si l'installation sur le domaine public routier des dispositifs de mobilier urbain nécessite la délivrance d'une autorisation de la part de la communauté urbaine, seule gestionnaire du domaine public en vertu de l'art. L. 5215-20-1 CGCT alors en vigueur, celle-ci n'est compétente ni pour prendre la décision de recourir à ce mode d'affichage, ni pour l'exploiter. • CE 30 nov. 2018, *Cne de Bègles*, n° 414377 B : *JCP Adm 2019. 2163, obs. Hansen et Ferré ; JCP Adm. 2019, 2201, obs. Daucé et Delescluse ; Rev CMP 2019, comm. 60, note Soler-Couteaux ; ibid. chron 23, obs. Soler-Couteaux, Zimmer et Waltuch.*

125. Impact de l'Ord. n° 2016-65 du 29 janv. 2016 relative aux contrats de concession et du CCP : le cas des concessions de services sans service public. L'Ord. n° 2016-65 du 29 janv. 2016 relative aux contrats de concession s'applique (dont les dispositions sont codifiées dans le CCP) aux contrats de concession de travaux, de service public mais aussi aux concessions de service, ce qui n'était pas le cas sous l'empire de l'ancienne législation, et qui constitue une véritable nouveauté. Les règles de publicité et de mise en concurrence s'appliquent donc désormais aux contrats qui, tout en emportant occupation du domaine public, ont pour objet de concéder l'exploitation d'un service qui ne présente pas les caractéristiques d'un véritable service public. Des contrats, tels que les contrats de mobilier urbain, qui étaient parfois assimilés à des contrats de la commande publique (marché public ou délégation de service public), ou parfois à des contrats secs d'occupation du domaine public, peuvent être qualifiés de concessions de service dès lors qu'ils ont pour objet l'exécution d'une prestation de services « pour les besoins » de l'autorité concédante. V., par ex., au sujet d'une convention de terminal de l'art. R. 5312-84 C. transp. • CE 14 févr. 2017, *Sté de manutention portuaire d'Aquitaine*, n° 405157 : *Lebon ; AJDA 2017. 1453, note Maublanc ; BJCP 2017. 147, concl. Pellissier et note Frackowiak ; Dr. adm. 2017, comm. 16, note Richer ; Rev. CMP 2017. Comm. 99, note Eckert ; JCP Adm. 2017. 2126, note Vila.* ♦ Solution confirmée par l'art. L. 5312-14-1 C. transp. qui distinguent selon que la convention de terminal a

« pour répondre aux besoins spécifiques exprimés par le grand port maritime » (qualification de concession) ou qu'elle a pour objet la mise en œuvre des missions que l'art. L. 5312-2 dudit code confère aux grands ports (qualification de conventions d'occupation du domaine public) – Au sujet d'un contrat de mobilier urbain : • CE 5 févr. 2018, ♔ *Ville de Paris et Sté des mobiliers urbains pour la publicité et l'information,* n° 416581 : *Lebon T. ; Dr. adm. 2018, comm. 20, note Seurot* • TA Toulouse, ord., 10 août 2017, *Sté Exterion Media,* n° 1703247 : *Rev. CMP 2017. Comm. 243, et Repère 9 de Llorens et Soler-Couteaux* • CE 25 mai 2018, ♔ *Cne de Saint-Thibault-des-Vignes et Sté Philippe Verdiaud Publicité,* n° 416825 : *préc. note 124.* ♦ Il pourrait en aller de même des contrats relatifs à l'occupation d'installations sportives du type de ceux en cause dans l'affaire *Ville de Paris et Assoc. Paris Jean-Bouin.* • CE, sect., 3 déc. 2010, ♔ *Ville de Paris, Assoc. Paris Jean-Bouin c/ Sté Paris Tennis,* n° 338272 : *préc. note 120.*

126. *Montages contractuels complexes.* La passation des « BEA » et la délivrance des « AOT » interviennent sans en principe sans qu'il soit nécessaire de respecter des obligations préalables de publicité et de mise en concurrence. • CE sect. 3 déc. 2010, *Ville de Paris et Assoc. Paris Jean Bouin : préc. note 120.* ♦ Seulement, ces titres d'occupation du domaine public sont rarement attribués isolément. Ils s'inscrivent plus souvent dans une opération par laquelle une personne publique confie à un opérateur économique la mission de financer, construire, voire exploiter un équipement destiné à satisfaire au moins partiellement ses besoins. Implanté sur le domaine public, cet ouvrage ou cet équipement est alors loué à l'administration qui peut éventuellement l'acquérir au terme de la convention. Ces montages contractuels « aller-retour » permettent le préfinancement privé d'équipements publics et ont préfiguré les opérations de partenariat public-privé. Leur régime juridique a longtemps suscité le débat car s'ils ne s'apparentaient pas à de véritables marchés publics au sens du droit interne (la maîtrise d'ouvrage étant privée et non publique), ils étaient susceptibles d'être requalifiés en marché public ou en concession de travaux au sens du droit de l'Union européenne. • CE, ass., 10 juin 1994, ♔ *Cne de Cabourg,* n° 141633 : *Lebon 300, concl. Lasvignes.* ♦ Longtemps, le législateur a esquivé cette difficulté éventuelle. Il s'est borné à encadrer la passation de certains BEA et AOT. Ce fut le cas, par exemple, des conventions de bail conclues par l'État avec le titulaire d'une AOT portant sur des bâtiments à construire par le bailleur pour les besoins de la justice, de la police nationale, de la gendarmerie, des armées (art. L. 2122-15 CGPPP dont l'abrogation par l'art. 102 de l'Ord. n° 2015-899 du 23 juil. 2015 relative aux marchés publics prendra effet au plus tard au 1er avr. 2016). ♦ En ce qui concerne le BEA, ni le CGPPP, ni le CGCT n'avaient envisagé sa soumission à des obligations minimales de transparence. C'est l'art. 96 de la L. n° 2011-267 du 14 mars 2011 d'orientation et de programmation pour la performance de la sécurité intérieure qui a, pour la première fois, évoqué cette possibilité (*JO 15 mars, p. 4582.* – V. Nicinski, Actualité du droit de la concurrence et de la régulation : *AJDA 2011. 1302.*. – Yolka, L'impact de la LOPPSI sur le régime du bail emphytéotique administratif, *JCP Adm. 2011. 2143*). En effet, cet art. 96 a modifié l'art. L. 1311-2, al. 4, CGCT, qui dispose désormais que « les conclusions de baux mentionnées aux alinéas précédents sont précédées, le cas échéant, d'une mise en concurrence et de mesures de publicité, selon des modalités fixées par décret en Conseil d'État ». Son interprétation a posé problème car on ne savait pas si l'obligation de respecter une procédure de publicité et de mise en concurrence valait pour tous les BEA ou seulement pour ceux qui se doublaient d'un contrat de la commande publique. C'est finalement la seconde interprétation qui a été retenue par le Décr. n° 2011-2065 du 30 déc. 2011 relatif aux règles de passation des baux emphytéotiques (*JO 31 déc., p. 23003 ; Rev. CMP févr. 2012. 28, comm. Clamour ; JCP Adm. 2012. 2057, comm. Brenet*). Ce dernier pose le principe selon lequel le respect d'une procédure de publicité et de mise en concurrence ne s'impose que dans l'hypothèse où le BEA est adossé à un contrat de la commande publique. Tel est le cas d'un BEA portant sur la gestion d'un camping et qui est qualifié de délégation de service public • CAA Bordeaux, 7 mai 2015, ♔ *Cne de Rivedoux-Plage,* n° 13BX02005 : *Rev. CMP 2015. Comm. 181, note Eckert.* ♦ Décr. n° 2011-2065 du 30 déc. 2011 relatif aux règles de passation des baux emphytéotiques. *Contra* s'agissant d'un BEA par lequel une commune a confié une société d'HLM la réalisation de logements sociaux et de locaux administratifs. • CAA Versailles, 6 nov. 2014, ♔ *Mme B et a.,* n° 12VE03392 : *Rev. CMP 2015. Comm. 13, obs. Ubaud-Bergeron.*

127. *Impact du CCP sur les AOT et BEA.* L'art. 101 de l'Ord. n° 2015-899 du 23 juill. 2015 relative aux marchés publics et l'art. 72 de l'Ord. n° 2016-65 du 29 janv. 2016 relative aux contrats de concession (applicables à compter du 1er avr. 2016 et jusqu'au 1er avr. 2019, date de l'entrée en vigueur du CCP adopté par l'Ord. n° 2008-1074 du 26 nov. 2008 portant partie législative du CCP) ont modifié certaines dispositions relatives aux AOT et BEA, afin de les cantonner à leur vocation première, c'est-à-dire à l'occupation du domaine public, et afin d'éviter qu'ils ne soient utilisés par les personnes publiques pour contourner les règles de passation propres aux marchés publics et concessions. Toutes les fois où les acheteurs publics et autorités concédantes utilisent les

AOT et BEA pour satisfaire leurs propres besoins en travaux, fournitures et services ou pour concéder la gestion d'un service public, ils sont tenus de respecter la procédure de passation applicable aux marchés publics et concessions. En pratique, le BEA et l'AOT ne peuvent être attribués librement (*i.e.* sans procédure de passation particulière) que dans l'hypothèse où ils sont déconnectés de toute opération de commande publique. ♦ V. * Rép. min. n° 22329 : *JO Sénat, 26 janv. 2017, p. 300 ; JCP N 2017. Actu. 227.* ; * Rép. min. n° 04399 : *JO Sénat, 10 janv. 2019, p. 124 ; Rev. CMP 2019, comm. 109, obs. Koebel.* ♦ Le CCP, applicable depuis le 1er avr. 2019, a codifié les art. 101 de l'Ord. « Marchés » et 72 de l'Ord. « Concessions » aux art. L. 2122-6 et L. 2341-1 CGPPP, ainsi qu'au sein du CGCT (art. L. 1311-2 et L. 1311-5).

D. FOND

128. Fond. « S'il appartient à l'autorité administrative affectataire de dépendances du domaine public de gérer celles-ci tant dans l'intérêt du domaine et de son affectation que dans l'intérêt général, il lui incombe en outre lorsque, conformément à l'affectation de ces dépendances, celles-ci sont le siège d'activités de production, de distribution ou de services, de prendre en considération les diverses règles, telles que le principe de la liberté du commerce et de l'industrie ou l'Ord. n° 86-1243 du 1er déc. 1986 (V. ce texte au C. com.) dans le cadre desquelles s'exercent ces activités ». • CE, sect., 26 mars 1999, *Sté EDA*, n° 202260 : *Lebon 108, concl. Stahl (concl. communes avec l'affaire Hertz France, p. 98) ; AJDA 1999. 427, concl. Stahl, note Bazex ; Dr. adm. 1999, n° 130 ; CJEG 1999. 264, concl. Stahl ; RD publ. 1999. 1545, note Manson ; D. 2000. 204, note Markus ; GDDAB, 3e éd., 2018. Comm. 58, note Noguellou ; RDI 1999. 630, obs. Lavialle* • CAA Paris, 4 déc. 2003, *Sté d'Équip. de Tahiti et des Îles*, n° 00PA02740 : *AJDA 2005. 200, note Nicinski* • TA Marseille, 4 oct. 2010, *Sté Eurofos*, n° 0805682 : *AJDA 2010. 2502, concl. Grimaud. – Contra* : • CE 5 mai 1993, *Assoc. Liberté dans les gares*, n° 91772. ♦ *Contra* également, mais annonciateur déjà d'un changement : • CE 13 juin 1997, *Sté des transports pétroliers par pipe-line*, n° 167907 : *AJDA 1997. 794, concl. Bergeal*. ♦ Les actes de gestion du domaine public, unilatéraux ou contractuels, sont, comme tous les actes administratifs, soumis aux prescriptions du droit de la concurrence.

129. Alors que le Conseil d'État considérait en 1997 que l'application de la liberté du commerce et de l'industrie et du droit de la concurrence aux actes de gestion du domaine public était liée, la jurisprudence postérieure a établi une nette distinction entre l'une et l'autre. Le Conseil d'État a considéré que la délivrance d'une autorisation d'occupation domaniale n'est pas susceptible de porter atteinte à la liberté du commerce et de l'industrie, dont le respect implique, d'une part, que les personnes publiques n'apportent pas aux activités de production, de distribution ou de services exercées par des tiers des restrictions qui ne seraient pas justifiées par l'intérêt général et proportionnées à l'objectif poursuivi et, d'autre part, qu'elles ne puissent prendre elles-mêmes en charge une activité économique sans justifier d'un intérêt public. • CE 23 mai 2012, *RATP*, n° 348909 : *Lebon 231 ; AJDA 2012. 1129, trib. Braconnier ; ibid. 1146, chron. Lombard, Nicinski et Glaser ; BJCP 2012. 291, concl. Boulouis et obs. R. S. ; Rev. CMP 2012. Repère 8, comm. Llorens et Soler-Couteaux, et 2012. Comm. 258, note Ziani ; Dr. adm. 2012. Comm. 89, note Brenet ; JCP Adm. 2013. 2125, chron. Chamard-Heim ; RDI 2012. 556, obs. Foulquier ; RFDA 2012. 1181, note Nicinski ; RJEP 2012. Comm. 49, note Ubaud-Bergeron.* ♦ Même si cette décision peut être critiquée (le refus de délivrer une autorisation d'occupation du domaine public pouvant de toute évidence faire obstacle à l'exercice d'une activité économique), la jurisprudence considère que la liberté du commerce et de l'industrie ne peut justifier l'existence d'un droit à l'occupation du domaine public.

130. L'application du droit de la concurrence aux actes de gestion du domaine public renvoie à deux hypothèses bien distinctes. Elle suppose que la personne publique gestionnaire du domaine public ne place pas l'entreprise occupant le domaine public dans une situation la conduisant à violer le droit de la concurrence, en la plaçant par exemple dans une situation d'abus automatique de position dominante (pour une illustration de cette hypothèse, V. • CE 23 mai 2012, *RATP : préc. note 144.* ♦ Mais elle implique aussi que la personne publique gestionnaire du domaine public n'enfreigne pas directement le droit de la concurrence. Cette dernière hypothèse (qui était celle de l'arrêt Sté EDA) est moins fréquente car elle suppose que la personne publique soit en situation de position dominante sur un marché pertinent, comme ici au sujet du tarif d'une redevance domaniale. • CAA Douai, 14 déc. 2006, *Sté SMEG*, n° 04DA00627.

131. L'application du droit de la concurrence aux actes de gestion du domaine public pose un problème de compétence juridictionnelle qui est lié au partage du contentieux de la concurrence entre l'Autorité de la concurrence et le juge judiciaire d'une part, et le juge administratif d'autre part. La compétence de principe de l'Autorité de la concurrence et du juge judiciaire pour connaître des actes de production, de distribution et de services, y compris lorsqu'elles sont le fait de personnes publiques n'a pas eu pour effet de priver le juge administratif de sa compétence pour connaître des actes administratifs. • T. confl. 6 juin 1989, *Préfet de la Région Île-de-France, Ville de Pamiers : Lebon 293 ; AJDA 1989. 467,* *note Bazex ; JCP 1990. II. 21395, note Terneyre ; RD publ. 1989. 1780, note Gaudemet ; RFDA 1989. 457, concl. Stirn.* ♦ Par exemple, la décision de refuser à une société d'ouvrir de nouvelles lignes à partir d'Orly-Ouest se rattache à la gestion du domaine public et constitue l'usage de prérogatives de puissance publique, ce qui justifie la compétence du juge administratif. • T. confl. 18 oct. 1999, *Aéroports de Paris,* n° 3174 : *Lebon 469, concl. Schwartz ; AJDA 1999. 1029, note Bazex ; ibid. 996, chron. Fombeur et Guyomar* • Com. 16 mai 2000 : *Dr. adm. 2000, n° 154* • 19 nov. 2002, n° 01-02.546 P : *D. 2003. AJ 272, obs. Chevrier ; AJDA 2003. 272* . ♦ Pour une approche différente, V. • CJCE 24 oct. 2002, *ADP c/ Commission,* aff. C-82/01P : *CCC 2003, n° 11, note Poillot-Péruzzetto* • Cons. conc. 8 nov. 2005, n° 05-D-60 : *Dr. adm. 2006, n° 1, note Bazex et Blazy.*

E. SITUATION JURIDIQUE DU COCONTRACTANT

1° DROITS DE L'OCCUPANT

132. Droit de céder son titre avec l'accord de la personne publique. Le transfert d'une autorisation ou d'une convention d'occupation du domaine public à un nouveau bénéficiaire avec l'accord écrit du gestionnaire est possible. • CE 18 sept. 2015, *Sté Prest'Air,* n° 387315 : *Lebon T. 666 ; AJDA 2015. 1719 ; Rev. CMP 2015. Comm. 271, note Pietri ; GDDAB, Dalloz, 3e éd., 2018, comm. 61.* ♦ V. *supra* note 23.

133. Principe. L'occupant ou l'utilisateur régulier du domaine public dispose d'un droit réel sur les constructions, installations et ouvrages édifiés par ses soins sur la dépendance domaniale et pour les besoins de son activité. Cette solution vaut également pour les installations que l'occupant domanial a acquises (ou financés par un droit d'entrée. Voir au sujet des conventions de terminal : art. L. 5312-14-1-II C. transp.). Même si elle a toujours suscité d'importantes controverses doctrinales (V. Gaudemet, Droit administratif des biens, *LGDJ, 14e éd., 2011, nos 489 s.*), cette solution est ancienne ; elle a été dégagée au sujet des branchements d'eau établis sous les voies publiques. • CE 8 janv. 1930, *Cie générale des eaux : Lebon p. 16, puis confirmée au sujet des embranchements ferroviaires installés sur le domaine public :* • CE 3 juill. 1959, *Min. Travaux publics et SNCF : Lebon p. 423* • CE 1er juill. 1960, *Éts Soulat : Lebon p. 442 ; AJDA 1961, II, p. 262.* ♦ Elle est aujourd'hui acquise, par ex. : • CE 4 mars 1991, *Palanque : D. 1992. 379, obs. Bon* • CE 23 juin 1993, *Sté industrielle de construction et réparation,* n° 111569 • CE 27 févr. 1995, *Secr. d'Ét. à la Mer c/ Torre : Lebon p. 109 ; Dr. adm. 1995, n° 262 ; RFDA 1996, p. 1127, concl. Bachelier* • CE 21 avr. 1997, *Min. Budget c/ Sté Sagifa : Dr. adm. 1997. Comm. 316, note Lavialle ; RFDA 1997. 935, note Fâtome et Terneyre* • CAA Nantes, 18 déc. 2001, *Grondée-Pritchett,* n° 99NT02646 • CE 23 juill. 2010, *Mme Montravers, agissant en qualité de liquidateur judiciaire de la Sté Néville Foster Delaunay Belleville,* n° 320188 : *Lebon T. 728 ; Rev. CMP 2010. Comm. 350, note Eckert ; Dr. adm. 2010. Comm. 140, note Brenet ; Dr. fisc. nov. 2010, concl. Escaut, note Rougé.* ♦ Elle constitue à n'en pas douter une solution essentielle pour les occupants domaniaux dont on conçoit mal qu'ils puissent ne pas être propriétaires (même s'il s'agit d'une propriété temporaire dont la durée est dépendante de celle du titre juridique fondant l'occupation domaniale) des constructions qu'ils ont édifiées ou acquises. Il faut considérer que l'existence de ce droit réel est indépendante de sa mention dans les clauses du contrat d'occupation du domaine public, V. en ce sens : • CE 23 juill. 2010, *Mme Montravers, liquidateur judiciaire de la Sté Neville Foster Delaunay Belleville,* n° 320188 : *préc.* ♦ Au terme de l'autorisation d'occupation (qui peuvent le cas échéant se succéder : • CE 13 nov. 2013, *Union de coopératives agricoles Épis-Centre-Nord,* n° 351530 : *Rev. CMP 2014, n° 25, obs. Ubaud-Bergeron,* les constructions, installations et ouvrages édifiés ou acquis par l'occupant privatif du domaine public reviennent dans le patrimoine du propriétaire de la dépendance domaniale. • Civ. 1re, 3 juill. 2013, *Cne de Biarritz,* n° 12-16.853 P : *AJDA 2013. 1420, obs. Grand ; Contrats-Marchés publ. 2013. Chron. 6, obs. Llorens et Soler-Couteaux ; Constr.-Urb. 2013. Comm. 135, note Cornille ; JCP Adm. 2013. Actu. 685, obs. Friedrich ; ibid. 2344, note Pauliat ; JCP 2013. 1861 ; JCP N 2013. 1248, chron. Périnet-Marquet ; ibid. Actu. 804 ; RFDA 2013. 1153, note Lavialle ; RJEP janv. 2014, comm. 2, note Chamard-Heim.* ♦ L'occupant qui s'est maintenu sans titre n'est plus propriétaire des installations à l'expiration du titre, même s'il continue à s'acquitter du paiement de la redevance d'occupation et de la taxe foncière. • CAA Douai, 6 mai 2014, *SARL Fouré Lagadec aviation,* n° 13DA00057 : *Rev. CMP 2014. Comm. 198, note Eckert.*

134. Limites. Cette solution de bon sens rencontre cependant plusieurs limites.

Biens de retour. La première concerne l'hypothèse dans laquelle l'occupant domanial possède également la qualité de concessionnaire de service public ou de travaux et correspond aux « biens de retour » (V. *infra,* note 153). Ceux-ci sont en effet, dès l'origine, la propriété de la personne publique délégante et leur exploitation est seulement confiée au délégataire pour la durée du contrat de concession. Le concessionnaire de service public n'est donc pas titulaire d'un droit réel à leur égard (à moins qu'un texte n'en dispose autrement. V. CGPPP, art. L. 2122-6 à L. 2122-14, et CGCT, art. L. 1311-2 à L. 1311-8), ce qui fait notamment obstacle au recours à l'hypothèque et au crédit-bail pour assurer leur financement. De plus, c'est à la personne publique propriétaire de s'acquitter du paiement de la taxe foncière afférente aux biens de retour. • CE 27 févr. 2013, *Min. du Budget,* n° 337634 : *Lebon T. ; AJDA 2013. 496 ; BJCP 2013. 317 ; Rev. CMP 2013. Comm. 146, note Eckert ; JCP Adm. 2013, 223, obs. Erstein* • CE 21 oct. 2013, *Min. du Budget,* n° 358873 : *Lebon T. ; Rev. CMP 2013. Comm. 317, note Eckert ; JCP Adm. 2013. Comm. 2363, note Ziani, et 2014. 2021, note Vila ; AJDA 2014. 230, note Vila*. Le CCP, adopté par l'Ord. n° 2018-1074 du 26 nov. 2018 codifie les règles jurisprudentielles relatives aux biens de retour (CCP, art. L. 3132-4 à L. 3132-6).

AOT et COT constitutives de droits réels. La seconde limite trouve sa source, non dans la jurisprudence, mais dans les textes relatifs aux autorisations et conventions d'occupation temporaire du domaine public constitutives de droits réels, qui opèrent une distinction entre l'État et ses établissements publics (d'une part), les collectivités territoriales, leurs groupements et leurs établissements publics (d'autre part).

S'agissant de l'État et de ses établissements publics, plusieurs articles du présent code opèrent un renversement de l'ordre normal des choses, en disposant que l'autorisation d'occupation n'engendre pas à elle seule le droit réel ; ce dernier devant faire l'objet d'une décision de l'Administration ou être clairement prévu dans le cahier des charges du contrat fondant l'occupation domaniale. Tel est le cas, tout d'abord, de l'art. L. 2122-10 CGPPP, qui dispose que le titulaire d'une AOT sur le domaine public de l'État n'a un droit réel sur les ouvrages, constructions ou installations nécessaires à la continuité du service public, que sur décision de l'État. Tel est le cas, ensuite, de l'art. L. 2122-11 CGPPP, qui dispose que lorsque le droit d'occupation du domaine public résulte d'une concession de service public, d'outillage public ou d'installations portuaires de plaisance (ce dernier ajout étant le fait de l'art. R. 2122-10 CGPPP), l'occupant ne peut être considéré comme titulaire de droits réels que si cela a été explicitement prévu par le cahier des charges du contrat. Ces deux exceptions textuelles s'expliquent sans doute par la nature particulière des biens qu'elles visent. Elles sont cependant assez paradoxales, car la situation des occupants « ordinaires » du domaine public est finalement plus avantageuse que celle des occupants titulaires de telles AOT. Par principe et en vertu de la jurisprudence, les premiers disposent d'un droit réel sur les installations situées sur le domaine public (V. *supra*), tandis que les seconds ne disposent d'un tel droit qu'avec l'accord de l'État. Concernant les collectivités territoriales, leurs groupements et leurs établissements publics, le CGCT comprend plusieurs dispositions spécifiques qui dérogent au principe jurisprudentiel selon lequel l'occupant « ordinaire » du domaine public dispose d'un droit réel sur les constructions, installations et ouvrages qu'il a édifiés ou acquis. L'art. L. 2122-20 CGPPP renvoie en effet aux art. L. 1311-5 à L. 1311-8 CGCT, qui disposent que les AOT « locales » ne sont constitutives de droits réels qu'à la double condition que ces droits aient été explicitement attribués et qu'ils l'aient été en vue de l'accomplissement, pour le compte de la personne publique, d'une mission de service public ou d'une opération d'intérêt général relevant de sa compétence.

135. Droits de l'occupant concessionnaire de service public : règles générales. Les droits du concessionnaire de service public sur les biens, meubles et immeubles, nécessaires au fonctionnement du service public sont nécessairement plus limités que ceux détenus par l'occupant privatif « ordinaire » du domaine public. Il faut que les biens soient strictement indispensables à l'exécution du service public concédé pour pouvoir être qualifiés de biens de retour. • CE 6 févr. 2016, *Synd. mixte de chauffage urbain de La Défense (SICUDEF),* n° 384424 : *Lebon T. ; BJCP 2016. 280, concl. Pélissier, obs. S.N. ; AJDA 2016. 1645, note Janicot et Lafaix ; Rev. CMP 2016. Comm. 139, note Eckert ; Dr. adm. 2016. Comm. 38, note Lormeteau ; JCP Adm. 2016. 2158, note Boda ; RDI 2016. 473, obs. Foulquier*. – Llorens et Soler-Couteaux, Des nouvelles des biens de retour : 4 ans d'application de la jurisprudence « Commune de Douai », *Rev. CMP 2017. Repère 2* : une unité de production électrique par cogénération, détruite par un incendie en cours d'exécution du contrat, n'est pas un bien de retour car tout en présentant « une utilité pour le service, en tant qu'elle contribuait à l'alimentation en électricité de la centrale et générait des ressources complémentaires tirées de la vente à un tiers de l'électricité produite, elle ne pouvait pas être regardée comme un bien strictement nécessaire au fonctionnement du service public ». ♦ Le même arrêt précisé qu'un bien qui a été nécessaire au fonctionnement du service public concédé à un moment quelconque de l'exécution du contrat constitue un bien de retour alors même qu'il ne lui serait plus nécessaire en fin de concession. Cette solution s'explique par le souci d'éviter que les biens concernés ne reviennent au concessionnaire alors qu'ils ont été financés par les résultats de l'exploitation du service et, donc, par les usagers du service public. ♦ Ces biens de retour sont considérés comme étant la propriété de la personne publique concédante dès leur acquisition ou leur achèvement par le concessionnaire. • CE 11 nov. 1897, *Sté nouvelle du Casino municipal de Nice : Lebon 685* • CE 28 mars 1928, *Sté L'énergie électrique de la Basse-Isère : Lebon 457* • CE 31 mars 1934, *Cie de l'éclairage des villes : Lebon 304* • CE 5 mai 1958, *Secr. d'État aux Finances : CJEG 1960. 57, note A. C.* ♦ Dans le même sens, • CE 8 mai 1939, *Sté d'Électricité et du Gaz des Pyrénées : Lebon 293* • 23 mai 1962, *Sté financière d'exploitations industrielles :*

Lebon 342 • CE, ass., 21 déc. 2012, *Cne de Douai*, n° 342788 : *Lebon 477 ; RFDA 2013. 25, concl. Dacosta ; AJDA 2013. 7 ; ibid. 457, chron. Domino et Bretonneau ; D. 2013. 252, obs. Capitant ; Rev. CMP févr. 2013. 1, obs. Llorens et Soler-Couteaux ; ibid. n*os *41 et 42, comm. Eckert ; Dr. adm. 2013, n° 20, note Éveillard ; GDDAB, 3*e *éd. 2018. Comm. 63, note Melleray ; JCP Adm. 2013. 2044, comm. Boda et Guellier ; ibid. 2045, comm. Vila ; AJCT 2013. 91, note Didriche*. ♦ Sur les suites de cette affaire : • CE 11 mai 2016, *Cne de Douai*, n° 375533 : *BJCP 2016. 273, concl. Henrard, obs. R. S. ; Rev. CMP 2016. Comm. 183, note Eckert.* ♦ … Et cela même si le concessionnaire en a la jouissance exclusive pendant toute la durée de la concession • Civ. 1re, 3 mars 2010, *GRDF*, n° 08-21.311. ♦ Les biens nécessaires au service public et mis à sa disposition par le concessionnaire sont des biens de retour même s'ils ont été acquis ou construits par ce dernier avant la conclusion du contrat. Ils reviennent en principe gratuitement à la personne publique, mais peuvent donner lieu à indemnisation dans les conditions fixées par la jurisprudence « Commune de Douai » du 21 déc. 2012. Les parties peuvent prendre en compte les biens apportés par le concessionnaire dans la définition de l'équilibre économique du contrat, à condition de ne pas porter atteinte au principe interdisant aux personnes publiques de consentir des libéralités. • CE sect., 29 juin 2018, n° 402251 A : *AJDA 2018. 1656. Chron. Nicolas et Faure ; Rev. CMP 2018. Comm. 232, note Eckert ; Dr. adm. 2018. Comm. 59, note Brenet ; RFDA 2018. 939, concl. Henrard*. ♦ Les sommes requises pour l'exécution des travaux de renouvellement des biens nécessaires au fonctionnement du service public qui ont seulement donné lieu, à la date d'expiration du contrat, à des provisions, font également retour à la personne publique. Il en va de même des sommes qui auraient fait l'objet de provisions en vue de l'exécution des travaux de renouvellement pour des montants excédant ce que ceux-ci exigeaient, l'équilibre économique du contrat ne justifiant pas leur conservation par le concessionnaire. • CE 18 oct. 2018, n° 420097 A : *AJDA 2018. 2432, note Troianiello ; Rev. CMP 2019. Comm. 19, note Eckert.* ♦ Ces biens de retour font obligatoirement retour à la personne publique en fin de contrat (leur jouissance en réalité car leur propriété publique est acquise *ab initio*). Ce retour s'opère gratuitement • CE 8 mai 1939, *Sté d'Électricité et du Gaz des Pyrénées : Lebon 293*, et les parties ne peuvent en aucun cas y déroger. Toutefois, ce retour à titre gratuit ne vaut que dans l'hypothèse où les biens de retour ont été totalement amortis au terme de la concession. Lorsque ce n'est pas le cas (parce que la durée d'amortissement des biens est supérieure à la durée de la concession ou parce que le contrat de concession a été résilié), le concessionnaire a droit au versement d'une indemnité correspondant à la valeur non amortie de l'ouvrage au terme du contrat. ♦ Cette indemnité peut être versée avant le terme du contrat, y compris au début de son exécution, lorsque la durée du contrat est inférieure à la durée normale d'amortissement de l'ouvrage, dès lors qu'elle correspond à la valeur non amortie de l'ouvrage au terme du contrat. • CE 13 févr. 2015, *Cté d'agglomération d'Épinal*, n° 373645 : *AJDA 2015. 1219, note Martin-Lavigne ; Rev. CMP 2015. Comm. 95, obs. Ubaud-Bergeron.* ♦ Le versement de cette indemnité destinée à compenser la valeur non amortie des biens de retour ne change rien quant au statut des biens, qui demeurent la propriété de la personne publique concédante dès leur réalisation ou leur acquisition. • CE 21 oct. 2013, *Ministre du Budget, des Comptes publics et de la Réforme de l'État, porte-parole du gouvernement c/ Sté SEMIDEP*, n° 358873 : *Lebon T. 550 ; BJCL 2013. 757, concl. Bohnert ; JCP Adm. 2013. 2363, note Ziani ; Rev. CMP 2013. Comm. 317, note Eckert.* ♦ En cas de résiliation du contrat, l'indemnisation est égale, soit à la valeur nette comptable inscrite au bilan (si l'amortissement a été calculé sur la base d'une durée d'utilisation inférieure à celle du contrat), soit à la valeur nette comptable qui résulterait de l'amortissement du contrat (lorsque la durée d'utilisation servant au calcul de l'amortissement est supérieure à celle du contrat). • CE, ass., 21 déc. 2012, *Cne de Douai : préc.* • TA Grenoble, 21 mars 2012, *SIVU Domaine skiable Les Houches Saint Gervais et Préfet Haute-Savoie*, n° 1104951 : *AJDA 2012. 1863, note Finon ; Rev. CMP 2012. Comm. 195, note Eckert* • CAA Lyon, 28 févr. 2013, *Sté des remontées mécaniques Les Houches-Saint-Gervais*, n° 12LY01332 : *Rev. CMP 2013. Comm. 154 et 155, obs. Ubaud-Bergeron.* ♦ En cas de résiliation d'une délégation de service public, le fait que l'exploitation du service public aurait été déficitaire pendant la durée restante à courir de la convention est sans incidence sur ce droit à indemnité • CE 4 mai 2015, *Sté domaine Porte des neiges*, n° 382208 : *Lebon T. ; AJDA 2015. 902, obs. Pastor ; JCP Adm. 2015. 444, obs. Langelier ; Rev. CMP 2015. Comm. 182, note Devillers.* ♦ En cas de destruction des biens de retour en cours d'exécution du contrat de concession, la personne publique concédante doit être indemnisée sur le fondement des obligations contractuelles qui exigent que le concessionnaire entretienne normalement les biens de la concession à remettre à l'autorité concédante en fin de contrat. • CE 6 févr. 2016, *Synd. mixte de chauffage urbain de La Défense (SICUDEF)*, n° 384424 : *préc.*

136. Régimes spécifiques. Les règles précitées, qui ont été réaffirmées par la jurisprudence Cne de Douai de 2012, ne valent que sous réserve de l'existence de régimes spécifiques, découlant de la loi ou de la volonté des parties. Les dispositions législatives relatives aux AOT constitutives de droits réels sur le domaine public et aux BEA permettent en effet d'écarter les règles jurisprudentielles relatives aux biens de retour (V. *infra* comm. art. L. 2122-6 CGPP ; art. L. 1311-5 CGCT). Le droit réel attaché au BEA et à l'AOT confère à son titulaire, pour la durée de l'autorisation, les prérogatives et obligations du propriétaire. Dans ces conditions, les biens nécessaires au service public qui sont construits ou acquis par l'occupant domanial titulaire d'un BEA ou d'une AOT ne sont pas la propriété *ab initio* de la personne publique. Ces biens ne reviennent de plein droit et gratuitement à la personne publique qu'au terme de l'occupation. L'aménagement du régime jurisprudentiel des biens de retour peut également s'opérer sur une base conventionnelle. C'est l'un des apports majeurs de l'arrêt *Cne de Douai* de 2012 qui donne la faculté aux parties, lorsque les biens de retour ne sont pas établis sur la propriété d'une personne publique, d'en attribuer pour la durée de la convention la propriété au concessionnaire ou de lui conférer des droits réels, à condition toutefois que le contrat comporte des clauses garantissant l'affectation (consid. 4 de CE, ass., 21 déc. 2012, *Cne de Douai : préc.*).

137. Protection à l'égard des tiers. Fort logiquement, l'occupant domanial dispose du droit d'occuper ou d'utiliser le domaine public dans les conditions fixées par l'acte unilatéral ou le contrat. La jurisprudence judiciaire lui reconnaît le droit d'exercer une action possessoire (par ex. : • Req., 15 juill. 1887 : *S. 1890. I. 399* • Cass. 15 janv. 1905 : *S. 1907. I. p. 461* • Civ. 3e, 4 juill. 1984, *D. 1985. IR 52.* – Sur le cas de l'occupant irrégulier : • Civ. 3e, 25 sept. 2002, *Cne de Tarnos : Juris Data n° 015582 ; JCP Adm. 2003, p. 1227, note Yolka.* – Pour une synthèse, Viel, De l'emploi de l'action possessoire à l'occasion des dépendances du domaine public, th. Toulouse, 1907) ou une action en responsabilité devant le juge civil en cas d'atteinte à ses droits (par ex. : • Toulouse 26 nov. 1908 : *S. 1911. I. p. 209, note Mestre.* • Rouen, 25 janv. 1963 : *S. 1963, p. 211, note Hardy.* ♦ Dans le même esprit, le juge administratif lui reconnaît la possibilité d'engager la responsabilité de l'administration ayant laissé un tiers occuper la dépendance domaniale de manière fautive, voire de l'appeler en garantie lorsqu'il est poursuivi par un occupant se fondant sur un titre illégal. Il peut également demander à l'administration de faire expulser l'occupant sans titre installé sur la dépendance domaniale qui lui est attribuée (par ex. : • CE 28 mai 2001, *Sté Codiam*, n° 230692. ♦ Le concessionnaire domanial est compétent, dès lors que son contrat ne s'y oppose pas et même si aucun texte ne lui attribue explicitement ce pouvoir, pour délivrer des autorisations d'occupation du domaine dont l'exploitation lui a été confiée et pour fixer le montant des redevances s'y rapportant. Le Conseil d'État fonde cette solution sur la lecture croisée des art. L. 2122-1 et L. 2125-1 CGPPP. • CE 7 mai 2012, *Synd. intercommunal du canal des Alpines septentrionales*, n° 343697 : *Lebon T. 744 ; JCP Adm. 2012. Actu. 328 ; JCP Adm. 2013. 2125, chron. Chamard-Heim.* ♦ En revanche, le concessionnaire privé du domaine public ne peut pas émettre un titre exécutoire pour obtenir le paiement de redevances d'occupation du domaine public, s'agissant d'une société privée concessionnaire d'un port de plaisance, qui avait autorisé un particulier à occuper un poste d'amarrage. • CAA Marseille, 15 oct. 2009, *Alain X.*, n° 08MA02726 : *Rev. CMP 2010. Comm. 40, obs. Llorens.* Il lui revient, en effet, de saisir le juge pour obtenir ce paiement.

138. Protection à l'égard de l'administration. Travaux exécutés sur le domaine public. Principe. L'exécution de travaux sur le domaine public contraint parfois la personne publique à demander à l'occupant de déplacer ses installations. Partant de l'idée non contestable que ces travaux sont par définition utiles à l'intérêt général et que l'occupation privative du domaine public ne saurait donc y faire obstacle, la jurisprudence opère une distinction selon que les travaux en cause sont exécutés dans l'intérêt de la dépendance domaniale occupée ou dans un autre intérêt. Alors que l'occupant a logiquement droit à réparation dans ce dernier cas (V. par ex : • CE 1er févr. 2012, *SA RTE EDF transport : préc. note 20*), il ne pourra pas obtenir en principe une indemnisation en cas de travaux réalisés dans l'intérêt de la dépendance domaniale occupée (c'est-à-dire de travaux destinés à assurer sa conservation ou son utilisation normale, conformément à sa destination), alors même que le préjudice causé peut être important, notamment lorsqu'il s'agit de préjudices commerciaux. En cas de travaux « mixtes », c'est-à-dire n'ayant pas pour seul objet l'intérêt du domaine occupé, le juge administratif n'accepte d'indemniser que la partie du préjudice correspondant aux travaux effectués dans un autre intérêt. • CE 23 avr. 1975, *SNCF c/ EDF : Lebon 261.* ♦ Lorsque les travaux présentent dans leur ensemble un caractère d'utilité générale, l'occupant domanial ne peut prétendre à une indemnisation que pour la part des dépenses correspondant à l'exécution des travaux réalisés dans un intérêt autre que celui du domaine qu'il occupe, en l'espèce pour les travaux d'aménagement entrepris à l'initiative d'autres occupants pour le fonctionnement du service public dont ils ont la charge. • CE 1er févr. 2012, *Sté RTE EDF Transport*, n° 338665 : *Lebon T. 745 ; AJDA 2012. 1680, note Perroud ; Rev. CMP 2013. Chron. 6, Soler-Couteaux et Llorens ; RD immob. 2012. 408, note Foulquier ; RJEP 2012. Comm. 61, concl. Escaut.* ♦ Ce principe de non-indemnisation se rattache à la précarité des occupations privatives du domaine public. Selon la jurisprudence, le titre peut toutefois y déroger. • CAA Bordeaux, 2 avr. 2009,

Cne de Beynat : Rev. CMP 2009. Comm. 206, obs. Llorens ; JCP Adm. 2009, 2132, note Yolka. – V., auparavant : • CE avis, 23 janv. 1990 : *EDCE n° 42, p. 233* • TA Strasbourg, 9 mai 2000, *France Télécom, Gaz de Strasbourg : AJDA 2000. 941, concl. Devillers*. – *Contra* : • CAA Nancy, 27 sept. 2001, *SA Gaz de Strasbourg : BJCP janv. 2002, p. 76* • CAA Nancy, 3 juill. 2003, *Cté urbaine de Strasbourg*, n° 02NC01088.

139. Exceptions. Le principe de non-indemnisation est limité à deux titres. La jurisprudence considère que des travaux réalisés dans l'intérêt de la dépendance domaniale occupée peuvent donner droit à réparation s'ils ne constituent pas une opération d'aménagement conforme à la destination du domaine occupé (1re exception) ou si le dommage s'est produit dans des conditions anormales (2nde exception). • CE 16 juin 2008, *Sté Le Gourmandin SARL, La société La Marine SARL : AJDA 2008. 1236, obs. Royer ; JCP Adm. 2008, n° 27, p. 14 ; RJEP 2008. Comm. 54, note Brenet.* ♦ La première exception, consacrée par • CE 6 févr. 1981, *Cie française de raffinage : Lebon 62 ; CJEG 1981. 63, concl. Dondoux* vise en pratique des hypothèses restrictives. De la jurisprudence, il ressort en effet que l'indemnisation n'est possible qu'en cas de construction d'un ouvrage nouveau. Cela n'est cependant pas suffisant (alors que ça pouvait être le cas avant 1981), puisqu'il faut également que la construction soit à l'origine d'un véritable bouleversement des lieux. Ainsi ne constituent pas une opération d'aménagement conforme à la destination du domaine public les travaux conduisant à la démolition d'une buvette implantée dans un parc public. • TA Nice, 2 janv. 2008, *n° 0400774 : SARL Beau Castel.* ♦ La seconde exception vise le cas particulier où les travaux, bien qu'entrepris dans l'intérêt de la dépendance domaniale occupée, donnent droit à indemnisation au motif qu'ils ont été exécutés dans des conditions anormales, mais cette exception n'est pas toujours mentionnée par les arrêts. V. par ex. : • CE 10 oct. 1986, *Port autonome de Marseille : Lebon 228* • CE 23 févr. 2000, *Sté de distribution de chaleur de Saint-Denis : CJEG 2000. 148, concl. Seban, p. 150, note Savignat ; Dr. et patr. 5/2001. 123, obs. Jean-Pierre ; JCP 2000. IV. 2068, obs. Rouault ; JCP E 2000, p. 586 ; Mon. TP 31 mars 2000, p. 87 ; RDI 2000. 157, chron. Vallée ; 2000. 460, chron. Terneyre*). ♦ Il peut s'agir d'une faute dans l'organisation ou l'exécution des travaux… • CE 30 janv. 1970, *EDF c/ Épx Caous-Lenormand : Lebon 2* • CE 12 févr. 1971, *Min. Équipement et Logement : Lebon 126.* ♦ … Mais aussi d'autres circonstances n'en révélant pas à proprement parler. V par ex. : • CE 13 juill. 1962, *Min. Travaux publics c/ GDF : Lebon 507.* Cette jurisprudence vaut aussi bien à l'égard des permissionnaires de voirie que des occupants titulaires d'un contrat.

2° FIN DU CONTRAT

a. Résiliation du contrat

140. Illégalité des clauses interdisant la résiliation. La clause interdisant la résiliation d'un contrat d'occupation du domaine public doit être regardée comme nulle car elle est incompatible avec les principes de la domanialité publique et les nécessités du fonctionnement d'un service public. • CE 6 mai 1985, *Assoc. Eurolat et Crédit foncier de France*, n° 41589 : *Lebon 141 ; AJDA 1985. 620 note Fatôme et Moreau ; GDDAB, 2e éd. 2015, n° 9, comm. Yolka ; LPA 23 oct. 1985, p. 4, note Llorens ; RDSS 1986. 296, note Alfandari ; RFDA 1986. 21, concl. Genevois.*

141. Motifs d'intérêt général justifiant la fin de l'occupation. Les motifs pour lesquels l'administration peut mettre fin à l'occupation ou à l'utilisation du domaine public sont très larges et ils valent aussi bien pour l'hypothèse d'une fin anticipée (abrogation d'une autorisation ou résiliation d'un contrat) que pour celle d'un refus de renouvellement. La jurisprudence a évolué dans le sens d'une conception extensive des motifs justifiant la fin de l'occupation.

Aux motifs classiques et initiaux tirés de « l'intérêt de la voirie ». • CE 14 janv. 1910, *Meurdrac : Lebon 26.* ♦ … Et plus globalement des exigences du maintien de l'ordre public. • CE 25 nov. 1931, *Guigo-Barthélemy : Lebon 1020.* ♦ … Ainsi que de la conservation des dépendances domaniales, • CE 3 mai 1963, *Cne de Saint-Brévin-les Pins : Lebon 259 ; AJDA 1963. 343, chron. Gentot et J. Fourre ; CJEG 1964. 196, note Virole ; RD publ. 1963. 1174, note Waline* • CE 19 janv. 1968, *Club aérien Les Gerfauts : Lebon 50* • CE 23 juin 1995, *Assoc. Défense Tuileries Lebon 268 ; CJEG 1995. 376, concl. Arrighi de Casanova* • CAA Bordeaux, 17 mars 2011, *n° 10BX01607 : Degryse* • CAA Douai, 1er juin 2011, *CROUS de l'Académie de Lille*, n° 11DA00826 : *Rev. CMP 2011. Comm. 268, obs. Llorens.* ♦ Se sont ajoutés des motifs plus larges liés à la sauvegarde d'autres intérêts de caractère général. • CE 5 nov. 1937, *Sté industrielle des schistes : Lebon 897.* ♦ Ces motifs d'intérêt général peuvent se rattacher à une mission de service public qu'il faut protéger. • CE 26 juin 1931, *Chambre syndicale des propriétaires loueurs d'autocars : Lebon 707.* ♦ … Réorganiser, • CE 30 oct. 1942, *Cie générale des eaux : D. 1943. I. p. 63, note M. M.* ♦ … Voire créer, • CE 5 mai 1944, *Cie maritime de l'Afrique orientale : Lebon 129 ; D. 1944. 164, concl. Chenot ; RD publ. 1944. 241, note Jèze ; S. 1945. III. p. 15, concl. Chenot.* ♦ Une personne publique peut donc résilier une convention d'occupation du domaine public au motif qu'elle souhaite ériger l'activité gérée par l'occupant en mission de service public. Dans cette hypothèse, il semble même que la seule intention de la personne publique d'ériger l'activité en service public suffise à justifier la résiliation, sans qu'il soit nécessaire de vérifier si l'intention affichée a reçu un commencement d'exécution. • CE 19 janv. 2011, n° 323924, *Cne de Limoges : Lebon T. 1012 ; AJDA 2011. 616, note Dreyfus ; BJCP 2011. 105, concl. Dacosta, note Maugüé ; Rev. CMP 2011. Comm. 87, note Eckert ; Dr. adm. 2011. Comm. 38, note Brenet ; JCP Adm. 2011, 2101, note Vila.* ♦ Cette dernière décision montre que, si le juge administratif contrôle la légalité du motif d'intérêt général invoqué par l'administration au soutien de sa décision de mettre fin à l'occupation, il se refuse à exercer un contrôle approfondi qui le conduirait à brider la liberté de gestion du domaine public. ♦ Certains juges du fond ont toutefois considéré que la seule intention d'assurer une meilleure exploitation du domaine public ne suffisait pas à caractériser un motif d'intérêt général de nature à justifier la résiliation de la convention d'occupation du domaine public. A ainsi été jugé que la seule intention d'assurer une meilleure exploitation ne saurait suffire, en l'absence d'un projet d'affectation des locaux à une activité de service public, à caractériser un motif d'intérêt général propre à justifier la résiliation litigieuse. • CAA Nancy, 27 juin 2013, n° 12NC01799, *Cne de Verdun : Rev. CMP 2013. Comm. 255, note Devillers ; ibid. Chron. 6, obs. Soler-Couteaux et Llorens.* ♦ Il n'appartient pas au juge administratif de rechercher si l'administration aurait pu satisfaire à l'intérêt du domaine en prenant une autre décision que celle de résilier une convention d'occupation du domaine public. • CAA Douai, 1er juin 2011, *CROUS de l'académie de Lille*, n° 11DA00826 : *préc.* ♦ Ces motifs d'intérêt général peuvent également tenir à des considérations esthétiques. • CE 13 juill. 1951, *SA La Nouvelle Jetée-Promenade de Nice : Lebon 404* • CE 2 mai 1969, *Sté d'affichage Giraudy : Lebon 238 ; AJDA 1970. 110, note de Laubadère*... • CE 7 janv. 1987, *Ville de Bordeaux : Lebon 1 ; AJDA 1987, p. 428, obs. Prétot ; Quot. jur. 23 juin 1987, p. 3, concl. Bonichot.* ♦ ... Ou à la moralité publique • CE 20 déc. 1957, *Sté nationale d'éditions cinématographiques : Lebon 702 ; S. 1958. 73, concl. Guldner.* ♦ La fin de l'occupation ou de l'utilisation peut encore trouver sa source dans la situation financière de l'occupant ou de l'utilisateur... • CAA Bordeaux, 22 nov. 2001, *Assoc. œuvre régionale de la transfusion sanguine*, n° 97BX02126. ♦ ... Dans la nécessité de réaliser une opération de travaux publics • CE 7 févr. 1973, *Antar : Lebon 116.* ♦ ... Dans l'obligation pour la personne publique gestionnaire de mettre fin à une situation contraire aux exigences du droit de la concurrence • CE 10 avr. 2002, *SARL Somatour*, n° 223100 ♦ ... Ou encore dans la volonté de soumettre l'occupation domaniale à une procédure préalable de publicité et de mise en concurrence. • CAA Bordeaux, 14 mars 2013, *École nationale supérieure des techniques industrielles et des mines d'Albi*, n° 11BX03091 : *CP-ACCP 132/13, p. 14, obs. Ribot ; JCP Adm. 2013. 2298, concl. Normand.* ♦ Remarquable est enfin la possibilité donnée à l'administration de mettre fin à l'occupation ou à l'utilisation du domaine public pour un motif financier, alors que la jurisprudence exclut dans d'autres domaines que des considérations financières puissent être assimilées à des motifs d'intérêt général. Le refus de l'occupant ou de l'utilisateur privatif d'accepter une augmentation du montant de la redevance domaniale justifie ainsi le non-renouvellement de son titre d'occupation. • CE 8 janv. 1960, *Lafon : Lebon 15 ; AJDA 1960. 183, note Gardies* • CE 18 mars 1963, *Cellier : Lebon 189 ; AJDA 1963. 484, note Dufau* • CE 23 juin 1986, *Thomas : Lebon 167 ; AJDA 1986. 550 ; 1987. 194.* ♦ Il est même admis que la possibilité pour l'administration de percevoir une redevance plus élevée en attribuant l'autorisation à un autre occupant ou utilisateur justifie le retrait du titre à son bénéficiaire actuel. • CE 18 mars 1963, *Cellier : préc.* • CE 31 mai 1989, *Sté Ducœur et Bayssac*, n° 66683. ♦ En effet, la volonté d'assurer une meilleure exploitation du domaine public, notamment par l'instauration d'une redevance tenant compte des avantages de toute nature qu'un permissionnaire est susceptible de retirer de l'occupation de ce domaine, fait partie des motifs d'intérêt général pouvant justifier qu'il soit mis fin à un contrat d'occupation du domaine public avant son terme. • CE 23 mai 2011, *Ét. publ. pour l'aménagement de la région de La Défense : AJDA 2011. 1115 ; Rev. CMP 2011. Comm. 217, note Soler-Couteaux ; RDI 2011. 454, note Févrot*. ♦ ... Toutefois, ce motif financier ne peut être valablement invoqué que s'il se rapporte à l'intérêt du domaine public occupé. • CE 23 mai 2011, *EPAD : préc.* ♦ Tel n'est pas le cas, par ex., lorsque la personne publique résilie un contrat d'occupation du domaine public et assujettit l'occupation du domaine au paiement d'une redevance domaniale, non pas pour valoriser le domaine public, mais pour contribuer à l'équilibre d'un budget devenu déficitaire. • CAA Paris, 2 avr. 2009, *Sté Veolia Eau : AJDA 2009. 2292, note Hansen ; JCP Adm. 2009. 2275, chron. Gohin.*

142. Motif d'intérêt général justifiant la résiliation et clauses du contrat. Le juge du contrat, saisi d'un recours en reprise des relations contractuelles ne peut apprécier la validité du motif d'intérêt général invoqué par la personne publique au soutien de la résiliation, sans prendre en compte les clauses du contrat d'occupation du domaine public. • CE 21 mars 2011, *Cne de Béziers : Lebon 117, concl. Cortot-Boucher ; GAJA, Dalloz, 2017, 21e éd., n° 112.* ♦ Ainsi commet une erreur de droit la CAA qui admet la validité de la résiliation par un CROUS de la convention autorisant la société Orange à implanter des équipements techniques sur le toit d'une résidence universitaire au motif que lesdites installations devaient être déplacées afin de réaliser d'importants travaux de réfection de la toiture, sans prendre en compte les clauses du contrat qui prévoyaient, en cas de travaux indispensables, que le gestionnaire du domaine devait trouver une solution de substitution. • CE 11 oct. 2012, Sté Orange France, n° 351440 : *Lebon T. 744 ; AJDA 2012. 1931 ; Rev. CMP 2013. Comm. 16, note Eckert ; JCP Adm. 2012. Actu. 699 ; BJCP 2013. 51, concl. Bohnert et obs. Maugüé ; RJEP 2013. Comm. 3, concl.* ♦ V. sur les suites de l'affaire : illégalité de la résiliation qui porte atteinte aux intérêts des occupants et à l'intérêt général attaché à une bonne desserte en téléphonie mobile ; injonction de reprendre les relations contractuelles dans un délai d'un mois. • CAA Douai, 2 mai 2013, *CROUS de l'Académie de Lille c/ Sté Orange*, n° 12DA01577 : *Rev. CMP 2013. Comm. 208 et 209, obs. Ubaud-Bergeron.* ♦ La résiliation d'un contrat d'occupation du domaine public est illégale lorsqu'elle repose sur un motif qui ne présente pas un caractère d'intérêt général suffisant et est contraire au principe de loyauté des relations contractuelles. • CAA Paris, 16 nov. 2017, *Sté NC Numéricâble*, n° 15PA04448 : *Rev. CMP 2016. Comm. 16, note Ubaud-Bergeron.* ♦ La décision de résiliation d'une convention d'occupation du domaine public peut être contestée devant le juge du référé-liberté de l'art. L. 521-2 CJA dès lors que cette résiliation préjudicie gravement à une liberté fondamentale (décision de résiliation portant atteinte à la liberté de réunion des membres d'un parti politique). • TA Besançon, 16 févr. 2017, *M. Silvestre et a.*, n° 1700272 : *Rev. CMP 2018. Chron. 7, obs. Soler-Couteaux, Zimmer et Waltuch.*

143. Résiliation justifiée par le déclassement de la dépendance occupée. Consacrée par la Cour de cassation, cette solution mérite d'être précisée. La résiliation n'est admise en l'espèce que parce que le déclassement des dépendances occupées avait eu pour effet d'entraîner une modification substantielle du régime juridique attaché à l'emplacement ayant pour conséquence de rendre une ou plusieurs de ses clauses inapplicables. On en déduit *a contrario* que le déclassement justifiera souvent, mais non systématiquement, la résiliation. • Civ. 1re, 17 oct. 2012, n° 11-20.039, *Sté West Restauration : JCP Adm. 2013. 2011, note Yolka.*

144. Résiliation justifiée par la faute de l'occupant domanial. Plus classiquement, la fin de l'occupation ou de l'utilisation du domaine public peut être justifiée par la faute commise par l'occupant domanial. Cette faute peut consister en une méconnaissance des prescriptions fixées par le titre juridique fondant l'occupation. Tel est le cas lorsque l'occupant ne paie pas la redevance domaniale V. par ex. : • CE 23 juin 1993, *Sté industrielle de constructions et réparation*, n° 111569 • CAA Marseille, 13 nov. 2001, *Sté Paloma*, n° 98MA01135. ♦ ... Lorsqu'il n'exploite pas le domaine public • CE 21 oct. 1983, *Bricard : Lebon 718.* ♦ ... Lorsqu'il n'atteint pas les objectifs fixés par la convention d'occupation • CE 27 nov. 1974, *Sté intercontinentale, commerciale et industrielle*, n° 91137. ♦ ... Ou encore lorsqu'il ne respecte pas ses engagements • CAA Nancy, 4 août 2006, *Sté Steph. Distribution*, n° 05NC00723. ♦ ... Ou ne dispose plus, en violation des stipulations contractuelles, des autorisations pouvant être exigées par la réglementation en vigueur pour exercer l'activité professionnelle ayant motivé le titre domanial. • CAA Nantes, 17 avr. 2015, *Sté Lequertier Caen*, n° 13NT01966 : *Rev. CMP 2015, n° 157, note Hoepffner.* ♦ Cette faute peut également consister en une atteinte portée à l'intégrité du domaine public ou à son affectation. La résiliation pour faute ne peut être prononcée que dans le respect du principe du contradictoire : la personne publique est donc tenue de permettre à son cocontractant de faire valoir ses observations avant l'intervention de la résiliation • CE 30 mai 2012, *SARL Promotion de la restauration touristique* n° 357151 : *Lebon 237 ; BJCP 2012. 443 ; Rev. CMP 2012. Comm. 227, note Pietri ; JCP Adm. 2012. 2257, concl. Escaut* • CAA Douai, 26 nov. 2015, *Sté d'exploitation de l'aéroport de Rouen (SEAR)*, n° 15DA01166 : *Rev. CMP 2016. Comm. 46, note Hoepffner ; ibid. 2017. Chron. 2, par Llorens et Soler-Coutaux.* ♦ Cette obligation ne concerne pas la résiliation pour motif d'intérêt général • CAA Paris, 6 juill. 2012, *Sarl Le Nautica*, n° 11PA01242 : *Rev. CMP 2012. Comm. 292, obs. Ubaud-Bergeron.* ♦ Concernant le cas particulier des usagers des marchés d'intérêt national, l'art. R. 761-19 C. com. dispose que les usagers des marchés d'intérêt national peuvent faire l'objet d'une « exclusion comportant, s'il y a lieu, retrait du contrat d'occupation ». Prononcée par le préfet, chargé de la police du marché, une telle sanction implique nécessairement la résiliation du contrat d'occupation lorsque l'usager concerné en est titulaire, et cela alors même que ledit contrat a été conclu par le gestionnaire du marché. Le préfet agit alors comme autorité de tutelle, pour le compte du gestionnaire du marché, et la décision doit donc être regardée comme émanant de ce dernier. • CE 9 déc. 2016, *Métropole Nice Côte d'Azur*, n° 383421 : *Rev. CMP 2017. Chron. 2, par Llorens et Soler-Couteaux.*

b. Non-renouvellement du contrat

145. Absence de droit acquis au maintien de l'autorisation d'occupation et absence d'un droit à son renouvellement. La jurisprudence consacre l'absence de droit au renouvellement de l'occupation ou de l'utilisation. • CE 14 oct. 1991, *Hélie : Lebon 927 ; RD publ. 1992. 1179* • CE 25 janv. 2017, *Cne de Port-Vendres,* n° 395314 : *préc. note 99.* ♦ … Et, ce, même si la concession d'outillage public prévoyait la possibilité de son renouvellement, en application des principes généraux de la domanialité publique, les titulaires d'autorisation n'ont pas de droits acquis au renouvellement de leur titre et les stipulations ne sont pas de nature à conférer un caractère automatique à un tel renouvellement, lequel ne peut intervenir sans l'accord des parties. • CAA Marseille, 19 mai 2015, *SCI Maupierre,* n° 14MA00736 : *Rev. CMP 2015. Comm. 185, obs. Hoepffner.* ♦ Doit retenir l'attention, en deuxième lieu, l'impossibilité qui est opposée à l'occupant ou à l'utilisateur d'invoquer le bénéfice d'un droit au maintien de l'occupation ou de l'utilisation jusqu'au terme fixé par le titre juridique fondant cette occupation ou cette utilisation. Comme le note René Chapus, « le fait qu'une autorisation a été accordée pour une durée déterminée ne limite pas la liberté de l'administration : la fixation d'un terme permet de prévoir la durée maximale de l'autorisation ; non sa durée minimale » (Droit administratif général, *Montchrestien, 15e éd., t. 1, n° 612, p. 509*). Cette solution est d'autant plus remarquable qu'elle vaut même dans l'hypothèse où le titre juridique fondant l'occupation est un contrat, alors que le principe de la stabilité des relations contractuelles aurait pu justifier une solution différente (même si ce principe n'a pas en droit administratif le sens que lui donne le C. civ.). La jurisprudence qualifie même de nulles les clauses qui interdiraient la résiliation d'un contrat d'occupation du domaine public au motif qu'elles sont incompatibles avec les principes de la domanialité publique. • CE 6 mai 1985, *Assoc. Eurolat : Rec. CE. 141 ; AJDA 1985. 620, note Fatôme et Moreau ; GDDAB, 2e éd., 2015, n° 9, comm. Yolka ; LPA 23 oct. 1985, p. 4, note Llorens ; RDSS 1986. 296, note Alfandari ; RFDA 1986. 21, concl. Genevois* • CE 14 oct. 1991, *Hélie,* n° 95857. ♦ S'il résulte des principes généraux de la domanialité publique que les titulaires d'autorisations ou de conventions d'occupation temporaire du domaine public n'ont pas de droit acquis au renouvellement de leur titre, il appartient au gestionnaire du domaine d'examiner chaque demande de renouvellement en appréciant les garanties qu'elle présente pour la meilleure utilisation possible du domaine public. Il peut décider, sous le contrôle du juge, de rejeter une telle demande pour un motif d'intérêt général suffisant. Pour déterminer si un tel motif existe, il y a lieu de tenir compte, le cas échéant, parmi l'ensemble des éléments d'appréciation, des contraintes particulières qui pèsent sur l'activité de l'occupant, notamment de celles qui peuvent résulter du principe de continuité du service public. • CE 25 janv. 2017, *Cne de Port-Vendres,* n° 395314 : *préc.* ♦ Le juge du contrat est compétent pour connaître de la contestation par le titulaire d'un contrat administratif de la validité d'une décision rejetant la demande de renouvellement du contrat domanial (solution rendue au sujet d'un contrat d'occupation du domaine privé qui était administratif en raison de ses clauses). • CE 29 mars 2017, n° 403257 B : *Lebon T. ; BJCP 2017. 253, concl. Bohnert, obs. Schwartz ; BJCL 2017. 460, obs. Chatelier ; Rev. CMP 2017. Comm. 177, note Eckert ; ibid. 2018. Chron. 7, obs. Soler-Couteaux, Zimmer et Waltuch.* ♦ Mais le juge du contrat peut seulement rechercher si cette mesure est intervenue dans des conditions de nature à ouvrir droit à indemnité. La décision de ne pas reconduire un contrat d'occupation du domaine public ne constitue pas une mesure de résiliation et ne peut donc faire l'objet d'une action en reprise des relations contractuelles (recours « Béziers 2 »). • CE 6 juin 2018, *Sté Orange,* n° 411053 B : *AJCT 2018. 572, obs. Dreyfus ; BJCP 2018. 345, concl. Vicor ; Rev. CMP 2018. Comm. 202, note Eckert* • 21 nov. 2018, *Sté Fêtes Loisirs,* n° 419804 B : *AJCT 2019. 145, obs. Didriche ; AJDA 2019. 586, note Cafarelli ; BJCL 2019. 504, concl. Cortot-Boucher ; Rev. CMP 2019, Chron. 6 et 38, obs. Soler-Couteaux, Zimmer et Waltuch ; Dr. adm. 2019, n° 34, note Boda ; Rev. CMP 2019. comm. 67, obs. Muller* • CAA Lyon, 2 sept. 2019, *Assoc. MJC de Sens,* n° 17LY02937 : *JCP Adm. 2029. 2284, obs. Roux ; Rev. CMP 2019. Comm. 351, note Soler-Couteaux ; ibid. chron. 38, obs Soler-Couteaux, Zimmer et Waltuch.*

IV. SANCTION DES OCCUPATIONS SANS TITRE

BIBL. Douence, *Dr. adm. 2004, n° 4.* – Dufour, L'occupation des universités et la protection d'urgence du domaine public, *Dr. adm. 2007. Chron. 16.* – Lavialle, L'affaire des paillotes et le domaine public, *AJDA 1981. 563 ; RFDA 2005. 105.* – Yolka, *JCP Adm. 2004, n° 1043.* – Dufour, L'expulsion d'urgence des habitants des bidonvilles installés sur le domaine public, *AJDA 2014. 2103.*

A. L'EXPULSION DE L'OCCUPANT SANS TITRE

146. Diversité des occupations sans titre. L'occupation sans titre du domaine public renvoie à l'hypothèse dans laquelle une personne morale ou physique occupe privativement le domaine public alors qu'elle ne dispose d'aucun titre juridique fondant cette occupation. Derrière cette unité de la notion se cache cependant une grande diversité de situations (V. Yolka, Le Roux, Domaine public – Protection contre les occupants sans titre, *J.-Cl. Propriétés publiques, fasc. 68*). L'occupant sans titre du domaine public peut avoir été dans le passé un occupant régulier, avant de devenir un occupant irrégulier par l'effet de l'arrivée du terme du titre autorisant l'occupation, de son retrait avant terme ou de son non-renouvellement. L'occupant sans titre peut également n'avoir jamais disposé d'un titre juridique, ou avoir disposé d'un titre irrégulier *ab initio*.

147. Diversité des moyens permettant d'expulser l'occupant sans titre. L'administration dispose d'une série de moyens juridiques lui permettant d'obtenir l'expulsion d'un occupant sans titre de son domaine public. Elle peut tout d'abord recourir à l'expulsion d'office, à condition toutefois que les conditions très strictes de son utilisation soient remplies (absence de recours juridictionnel permettant à l'administration d'obtenir l'expulsion, autorisation législative du recours à la force, urgence : conditions posées par • T. confl. 2 déc. 2002, *Sté immobilière de Saint-Just : Lebon 713, concl. Romieu ; S. 1904. 3. 17. 1902, note Hauriou).* ♦ L'administration peut ensuite exercer une action répressive dans le cadre de la procédure des contraventions de voirie routière ou de grande voirie. ♦ Enfin, l'administration peut demander au juge, saisi d'une action en expulsion, qu'il ordonne l'évacuation de l'occupant irrégulier du domaine public. C'est l'hypothèse la plus fréquente en pratique.

1° COMPÉTENCE DE PRINCIPE DU JUGE ADMINISTRATIF

148. Compétence du juge administratif du fond. Il est loisible à la personne publique de saisir le juge du fond d'une demande tendant à ce que ce dernier enjoigne à l'occupant sans titre, éventuellement sous astreinte, de libérer le domaine public. L'existence d'une voie de recours plus appropriée, celle du référé mesures utiles de l'article L. 521-3 CJA, n'y fait pas obstacle V. par ex. : • CE 29 juill. 2002, *M. Helmbacher c/ Communauté urbaine de Strasbourg,* n° 243454 : *Lebon 305* • TA Marseille, 8e ch. 16 mai 2011, *Cne de Noyers-sur-Jabron c/ Birota,* n° 0806300 : *BJCL 2011, n° 9/11, p. 579, concl. Grimaud.* ♦ Toutefois, lorsque le juge administratif est saisi d'une demande tendant à l'expulsion d'un occupant d'une dépendance appartenant à une personne publique, il lui incombe, pour déterminer si la juridiction administrative est compétente pour se prononcer sur ces conclusions, de vérifier que cette dépendance relève du domaine public à la date à laquelle il statue ; qu'à cette fin, il lui appartient de rechercher si cette dépendance a été incorporée au domaine public, en vertu des règles applicables à la date de l'incorporation, et, si tel est le cas, de vérifier en outre qu'à la date à laquelle il se prononce, aucune disposition législative ou, au vu des éléments qui lui sont soumis, aucune décision prise par l'autorité compétente n'a procédé à son déclassement. • CE 25 sept. 2013, *SARL Safran Port Édouard Herriot,* n° 348587 : *Lebon T. ; AJDA 2013. 1889, obs. Pastor ; ibid. 2014. 290, note Duroy ; JCP Adm. 2014. 2011, note de Gaudemar ; JCP Adm. 2013. Actu. 773, obs. Erstein ; Rev. CMP 2013. Comm. 294, note Devillers.* ♦ Le propriétaire ou le gestionnaire du domaine public sont l'un et l'autre recevables à demander au juge administratif l'expulsion d'un occupant irrégulier. Toutefois, le propriétaire du domaine ne peut, en l'absence de stipulation en ce sens de la convention le liant au gestionnaire, s'opposer à ce que celui-ci saisisse le juge des référés afin que soit ordonnée l'expulsion de l'occupant sans titre. • CE 1er juin 2016, *Sté mahoraise d'acconage, de représentation et de transit SMART,* nos 394069 et 394191 : *Lebon ; AJDA 2016. 1152, obs. Pastor ; ibid. 1693, note Videlin ; Rev. CMP 2016. Comm. 213, note Eckert ; ibid. 2017. Chron. 1, obs. Eckert ; ibid. 2017, Chron. 5, obs. Pietri ; ibid. mars 2017, chron. Llorens et Soler-Couteaux ; JCP Adm. 2016. Actu. 502, obs. Tesson ; ibid. 2017. 2131, Chron. ; RFDA 2016. 1119, note Lavialle .*

149. Obligation pour le juge administratif de prendre en compte l'intérêt supérieur d'un enfant susceptible d'être concerné par la mesure d'expulsion. Lorsqu'il est saisi d'une demande d'expulsion d'occupants sans droit ni titre d'une dépendance du domaine public, il appartient au juge administratif, lorsque l'exécution de cette demande est susceptible de concerner des enfants, de prendre en compte l'intérêt supérieur de ceux-ci pour déterminer, au vu des circonstances de l'espèce, le délai qu'il impartit aux occupants afin de quitter les lieux. • CE 28 juill. 2017, *Min. Int.,* n° 395911 : *Lebon T. ; AJDA 2017. 1594, obs. Pastor ; Rev. CMP 2018. Chron. 7, obs. Soler-Couteaux, Zimmer et Waltuch ; JCP Adm. 2017. Actu. 561, obs. Friedrich.*

150. Compétence du juge administratif des référés (CJA, art. L. 521-3). La personne publique peut saisir le juge des référés de l'article L. 521-3 CJA (référé mesures utiles) d'une demande d'expulsion d'un occupant sans titre du domaine public. Le juge des référés est compétent pour se prononcer sur la demande d'expulsion d'un occupant irrégulier du domaine public, même dans l'hypothèse où ce dernier fait l'objet d'une procédure collective car, si l'art. L. 622-21 C. com. fixe le principe de la suspension ou de l'interdiction, à compter du jugement d'ouverture de la procédure de sauvegarde, de toute action en justice tendant au paiement d'une somme d'argent ou à la résolution d'un contrat pour défaut de paiement d'une somme d'argent, de la part de tous les créanciers autres que ceux détenteurs d'une créance postérieure privilégiée, il ne comporte aucune dérogation aux dispositions régissant les compétences respectives des juridictions administratives et judiciaires. Ces dispositions sont, en tout état de cause, sans influence sur la compétence du juge administratif pour se prononcer sur des conclusions tendant à l'expulsion d'un occupant irrégulier du domaine public, dès lors que celles-ci ne sont entachées d'aucune irrecevabilité au regard des dispositions dont l'appréciation relève de la juridiction administrative. • CE 9 déc. 2015, *Sté La Perla Romana*, n° 391961 : *Lebon T. ; AJDA 2015. 2415, obs. Poupeau ; RDI 2016. 87, note Foulquier ; Rev. CMP 2016. Comm. 44, obs. Eckert ; ibid. 53, chron. Llorens et Soler-Couteaux ; JCP Adm. 2016. Actu. 27, obs. Touzeil-Divina.* ♦ Il sera fait droit à cette demande s'il apparaît au juge, au jour où il statue, que la demande d'expulsion présente un caractère d'urgence et d'utilité et qu'elle ne se heurte à aucune contestation sérieuse. Lorsque la personne visée par une demande d'expulsion conteste la domanialité publique du bien qu'elle occupe et que, par suite, le juge administratif des référés n'est pas compétent pour se prononcer sur cette demande, ledit juge n'a pas à établir que la dépendance relève de manière certaine du domaine public avant de se reconnaître compétent pour statuer. Il est uniquement tenu de rechercher, et de faire apparaître dans sa décision, que le bien concerné n'est pas manifestement insusceptible d'être qualifié de dépendance du domaine public dont le contentieux relève de la compétence de la juridiction administrative. • CE 7 mars 2012, *Olivry*, n° 352367 : *Lebon T. 743 ; Rev. CMP 2012. Comm. 123, note Devillers ; JCP Adm. 2012. 2204, note Pauliat ; ibid. 2325, chron. Chamard-Heim.* ♦ La juridiction administrative n'est pas manifestement incompétente pour connaître d'une demande d'expulsion d'un local occupé pour nécessité absolue de service présentée devant le juge des référés saisi sur le fondement de l'art. L. 521-3 CJA, y compris dans l'hypothèse où ce local n'appartiendrait pas au domaine public. • CE 20 déc. 2017, *D. c/ Cne de Sélestat*, n° 402483 : *Lebon T. ; JCP Adm. 2018, Actu. 49, obs. Touzeil-Divina.* ♦ Lorsque le bien a été déclassé entre la fin de la première instance et l'arrêt d'appel, il convient de distinguer selon que le tribunal administratif a rejeté ou a ordonné la demande d'expulsion. Dans le premier cas, le juge d'appel doit rejeter la requête car elle vise à lui demander d'ordonner une mesure qui ne relève plus de la compétence de la juridiction administrative. Dans le second cas, il convient de distinguer selon que le jugement ordonnant l'expulsion a été ou non exécuté. S'il ne l'a pas été, le juge d'appel doit constater qu'il n'est plus susceptible de l'être et que l'appel est devenu sans objet. A l'inverse, si le jugement n'a pas été exécuté, le juge d'appel doit statuer au regard de la situation de droit et de fait qui prévalait à la date à laquelle il a été rendu. • CE 28 juill. 2017, n° 395911 B : *Lebon T. ; AJDA 2017. 1594, obs. Pastor ; Rev. CMP 2018. Chron. 7, obs. Soler-Couteaux, Zimmer et Waltuch ; JCP Adm. 2017. Actu. 561, obs. Friedrich.*

151. Expulsion d'un occupant sans titre du domaine public routier. A l'occasion du mouvement de protestation des manifestants se revendiquant du mouvement des « gilets jaunes », s'est posée la question de savoir qui du juge administratif ou du juge judiciaire était compétent pour ordonner leur expulsion du domaine public, et plus précisément du domaine public routier. Le juge judiciaire étant seul compétent pour sanctionner les contraventions de voirie routière (C. voirie rout., art. L. 116-1), certaines juridictions administratives ont décliné leur compétence pour prononcer l'expulsion des occupants irréguliers du domaine public routier (par ex. : • TA Versailles, 21 févr. 2019, n° 1901265 : *AJCT 2019. 200, obs. Le Chatelier ; JCP Adm. 2019, actu 161, obs. Yolka*) tout en l'admettant pour prononcer celle des occupants sans titre de terrains situés à proximité ou en bordure du domaine public routier (• TA Nantes, ord, 10 janv. 2019, n° 1900069 : *AJCT 2019. 200, obs. Le Chatelier ; Dr. voirie janv.-févr. 2019, p. 8 ; JCP Adm. 2019. Actu 161, obs. Yolka ; Rev. CMP 2019, comm. 97, obs. Müller* • 14 déc. 2018, *Cne Sainte-Eulalie*, n° 1805326,). Cette répartition des compétences n'est pas sans poser de redoutables difficultés pratiques (ne serait-ce parce qu'il n'est pas toujours évident de déterminer précisément si l'occupation sans titre porte sur le domaine public routier) et théoriques (ne serait-il pas plus cohérent de distinguer le contentieux de l'expulsion qui pourrait être confié au juge administratif, même dans l'hypothèse où il porte sur une dépendance du domaine public routier, du contentieux de la voirie routière, qui continuerait de relever de la seule compétence du juge judiciaire). V. Yolka, « Gilets jaunes » : qui expulse ?, *JCP Adm 2019. actu 161.*

152. L'absence de contestation sérieuse. Cette condition relative à l'absence de contestation sérieuse est d'origine prétorienne et elle n'a pas été remise en cause avec la réforme des procédures d'urgence par la L. du 30 juin 2000. Bien que l'art. L. 521-3 CJA n'y fasse pas référence, le juge des référés examine si la demande d'expulsion de l'occupant irrégulier du domaine public se heurte ou non à une contestation sérieuse. Il ne suffit évidemment pas qu'un recours pour excès de pouvoir ait été engagé pour être en présence d'une contestation sérieuse, qui ferait obstacle à l'expulsion. ♦ En effet, dans le cas où la demande d'expulsion fait suite à la décision du gestionnaire du domaine de retirer ou de refuser de renouveler le titre dont bénéficiait l'occupant et où, alors que cette décision exécutoire n'est pas devenue définitive, l'occupant en conteste devant lui la validité, le juge des référés doit rechercher si, compte tenu tant de la nature que du bien-fondé des moyens ainsi soulevés à l'encontre de cette décision, la demande d'expulsion doit être regardée comme se heurtant à une contestation sérieuse. • CE, sect., 16 mai 2003, *SARL Icomatex : Lebon 228 ; AJDA 2003. 1156, chron. Donnat et Casas ; Rev. CMP 2003. Comm. 155, note Eckert ; JCP Adm. 2003. 1674, note Moreau.* ♦ Il ne suffit donc pas de contester la décision qui place l'occupant dans une situation irrégulière ; encore faut-il la contester sérieusement V. par ex. • CE 23 sept. 2005, *Cne de Cannes,* n° 278033 : *AJDA 2005. 2308*. ♦ À titre d'exemple, ne se heurte à aucune contestation sérieuse la demande d'expulsion d'un occupant du domaine public qui s'est maintenu dans les lieux après l'expiration de son titre d'occupation, même si ce dernier contestait par ailleurs la décision non définitive par laquelle le gestionnaire du domaine avait accordé l'autorisation d'occupation à une autre entreprise. L'occupant, s'étant maintenu dans les lieux, ne disposait en effet plus d'aucun titre régulier et le moyen tiré de l'illégalité de la décision par laquelle le gestionnaire du domaine avait rejeté sa candidature à l'issue de l'appel d'offres restreint organisé en vue de la conclusion d'une nouvelle convention domaniale était inopérant pour contester le bien-fondé de la demande d'expulsion. • CE 23 juill. 2010, *RATP c/ Sté Parfumerie Douglas,* n° 335132 : *Lebon 99 ; Rev. CMP 2010. Comm. 394, note Piétri ; RDI 2010. 614, note Caille*. ♦ De la même façon, ne se heurte à aucune contestation sérieuse la demande d'expulsion d'un occupant dont la convention n'avait pas été renouvelée dès lors qu'il n'était pas sérieusement allégué que les dépendances occupées n'appartenaient pas au domaine public • CE 22 oct. 2010, *Pustwo : Lebon 420 ; AJDA 2011. 562, note Caille ; AJCT 2011. 198, note Dutrieux ; JCP Adm. 2010. Actu. 796, obs. Erstein ; ibid., n*^{os} *20-21, p. 31, note de Gaudemar ; ibid. 2011, n° 27, p. 15, chron. Chamard-Heim ; LPA 24 févr. 2011, p. 10, note Bonnefont et Defix ; RLCT déc. 2010, p. 37 obs. Glaser* (sur le fait que ce dernier arrêt n'a pas remis en cause, contrairement à ce que certains auteurs avaient soutenu, l'exigence d'une absence de contestation sérieuse, Ph. Yolka, note ss. • CE 22 juill. 2011, *Région Île-de-France : AJDA 2011. 1854*). ♦ L'occupant sans titre du domaine public ne peut pas contester la décision d'expulsion en arguant de l'existence d'une contestation sérieuse de la décision de résiliation lorsqu'il a exercé un recours en reprise des relations contractuelles au-delà du délai prescrit (délai de deux mois qui commence à courir à compter de la date à laquelle la décision de résiliation a été portée à la connaissance de l'occupant) : • CE 11 avr. 2012, *Sté Prathotels,* n° 355356 : *Lebon T. 741 ; AJDA 2012. 2456, note Fuchs-Cessot ; BJCP 2012. 307, obs. Terneyre et Nicinski ; Rev. CMP 2012. Comm. 226, note Pietri.* ♦ Dans le cas où la demande d'expulsion fait suite à une mesure de résiliation d'une convention d'occupation du domaine public et où cette mesure est contestée, il appartient au juge des référés de rechercher, alors que le juge du contrat a été saisi d'un recours de plein contentieux contestant la validité de la résiliation du contrat et tendant à la reprise des relations contractuelles, si cette demande d'expulsion se heurte, compte tenu de l'ensemble de l'argumentation qui lui est soumise, à une contestation sérieuse. A cet égard, il lui incombe de rechercher si les vices invoqués à l'encontre de la mesure de résiliation lui paraissent, en l'état de l'instruction, d'une gravité suffisante pour conduire à la reprise des relations contractuelles et non à la seule indemnisation du préjudice résultant, pour le requérant, de cette résiliation. • CE 21 mars 2018, *Semidep Ciotat,* n° 414334 : *Rev. CMP 2018. Comm. n° 121, note Hoepffner ; JCP Adm. 2018. Actu. 2196, note Hansen.*

153. L'urgence. La jurisprudence se refuse à considérer que le maintien dans les lieux constitue en soi une situation d'urgence. V. par ex., • CE 27 oct. 2016, *Institut français du cheval et de l'équitation (IFCE),* n° 397449 : *Rev. CMP 2016. Comm. 299, note Llorens ; ibid. mars 2017, chron. Llorens et Soler-Couteaux ; ibid. 2017, Chron. 5, obs. Pietri.* ♦ Nécessité de tenir compte des circonstances et notamment de la nature de l'activité exercée par l'occupant en situation irrégulière ainsi que de la mention ou de l'absence de mention d'obligations relatives au service public dans le titre d'occupation arrivé à expiration. V. pour défaut d'urgence, s'agissant du maintien sur le domaine public portuaire d'un occupant qui avait été chargé de l'exploitation d'un bar et d'une brasserie. • CE 27 juill. 2005, *Syndicat mixte ports et bases nautiques du Morbihan,* n° 280278. ♦ Il ne suffit pas, pour caractériser l'urgence, d'invoquer l'impossibilité d'exploiter normalement la dépendance domaniale et de ne pouvoir, de ce fait, respecter les objectifs d'un contrat pluriannuel de performance. De plus, RFF ne fait état d'aucun projet précis d'aménagement ou de réhabilitation nécessaire à la valorisation de la dépendance domaniale en cause et n'invoque pas d'atteinte à l'utilisation normale du domaine public ferroviaire, résultant notamment de ce que le maintien dans les lieux de l'occupant sans titre serait de nature à compromettre l'installation d'un nouvel occupant : • CE 1er févr. 2012, *Julian Padureanu,* n° 349749 : *Lebon T. 748 ; AJDA 2012. 242, obs. Grand ; ibid. 1737, note Ach ; JCP Adm. 2012. 2325, n° 22, chron. Chamard-Heim ; Rev. CMP 2012. Comm. 123, note Devillers ; RLCT mars 2012. 41, obs. Glaser.* ♦ L'interdiction des dispositifs de radiotéléphonie présentant certaines caractéristiques de puissance par les dispositions du règlement d'urbanisme applicable sur le territoire de la commune est en tout état de cause sans conséquence sur l'urgence à faire cesser l'occupation irrégulière du domaine public, s'agissant à tout le moins de législations distinctes et en l'absence de toute décision d'urbanisme. • TA Poitiers, 16 févr. 2017, *Cne de Saint-Michel,* n° 1700314. ♦ La demande d'expulsion satisfait à la condition d'urgence lorsque le maintien irrégulier de l'occupant en place a pour effet de porter atteinte à l'objectif d'accès égal et régulier des usagers au service public portuaire (ce qui est le cas lorsque les candidats à l'obtention d'un anneau d'amarrage sont particulièrement nombreux) : • CE 3 févr. 2010, *Cne de Cannes*, n° 330184 : *AJDA 2010. 1591, note Caille ; BJCL 2010. 145, concl. Boulouis ; BJCP 2010. 213, concl. ; RLCT mai 2010. 42, note Glaser.* ♦ ... Ou a pour effet de faire obstacle à la réorganisation d'un centre sportif dont une commune a décidé de reprendre la gestion en régie directe. • CE 22 oct. 2010, *Pustwo*, n° 335051 : *préc.* ♦ Ou a pour effet de paralyser le fonctionnement du service de collecte, de tri et de traitement des déchets ménagers : • TA Grenoble, 3 oct. 2018, n° 1806181 : *JCP Adm 2019. 2027, obs. Deliancourt* ♦ Remplit la condition d'urgence la demande d'expulsion d'un sous-occupant du domaine public maritime, en raison de l'existence de risques pesant sur l'équilibre financier de la concession et de l'absence de risque d'atteinte à la continuité de l'exploitation de l'activité, compte tenu du nombre important de candidatures présentées pour reprendre l'exploitation des locaux en litige, ici le risque financier était lié à la circonstance que l'arriéré de redevances du sous-occupant avait triplé en deux ans et représentait près du tiers des redevances perçues par le concessionnaire, qui était par ailleurs dans une situation financière fragile. • CE 1er mars 2010, *Sté Kano*, n° 318039 : *BJCL 2010, n° 5, p. 403.* ♦ ... Ou la demande d'expulsion d'un sous-occupant du domaine public ferroviaire, dont le maintien dans les lieux empêche l'installation de son successeur. • CE 26 juill. 2018, *Sté d'aménagement et de valorisation de la gare Saint-Lazare*, n°s 418417 et 419375. ♦ Il y a urgence à ordonner l'expulsion de l'occupant d'une dépendance du domaine public aéroportuaire dont l'établissement avait dû être fermé pour violation des règles d'hygiène et de sécurité applicables aux établissements recevant du public. En effet le maintien dans les lieux de l'occupant a été considéré comme constituant un trouble manifeste à l'ordre public en contrevenant à l'utilisation correcte du domaine public et en entravant le fonctionnement normal du service que les usagers étaient en droit d'attendre. • CE 11 avr. 2012, *Sté Prathotels*, n° 355356 : *Lebon T. 741 ; AJDA 2012. 2456, note Fuchs-Cessot ; BJCP 2012. 307, obs. Terneyre et Nicinski ; Rev. CMP 2012. Comm. 226, note Pietri.* ♦ Remplit la condition d'urgence la demande d'expulsion de 72 installations précaires situées dans la zone d'accueil des migrants de Calais. • CE 12 oct. 2016, *Min. Intérieur*, n° 402783 : *AJDA 2016. 2284, concl. Domino ; Rev. CMP 2017. Chron. 2, par Llorens et Soler-Couteaux ; JCP Adm. 2016. Actu. 786.* ♦ L'urgence est également établie concernant des demandeurs d'asile installés dans un square public, dès lors que cette occupation est incompatible avec l'utilisation normale du jardin public et qu'elle crée un risque élevé de tensions en une situation préoccupante en termes de salubrité publique, tant pour les riverains que pour les intéressés, compte tenu de l'accumulation de déchets et de l'absence de toute installation sanitaire. • TA Lyon, ord., 2 mars 2017, n° 170422 : *Rev. CMP 2018. Chron 7, obs. Soler-Couteaux, Zimmer et Waltuch.* ♦ L'urgence tenant à l'évacuation du domaine public est admise au sujet de l'occupation des ronds-points par des personnes se réclamant du mouvement des « gilets jaunes », dès lors que « ce genre d'occupation fait courir des risques avérés et graves aux occupants ainsi qu'aux utilisateurs de la route, comme l'ont démontré divers accidents, dont certains mortels, survenus depuis le début du mouvement dit des « gilets jaunes ». • TA Nantes, 10 janv. 2019, n° 1900069 : *AJCT 2019. 200, obs. Chatelier ; Rev. CMP 2019, comm. 97, obs. Muller ; JCP Adm. 2019 actu 161, obs. Yolka.* ♦ Est sans incidence en soi, sur l'appréciation de l'urgence à faire évacuer un occupant sans titre du domaine public, la circonstance que ce dernier ait procédé au paiement d'un arriéré de redevances • CE 3 févr. 2010, *Cne de Cannes : préc.* ♦ Dans tous les cas, l'administration doit justifier de façon détaillée l'urgence de la demande d'expulsion. • CE 1er févr. 2012, *Padureanu*, n° 349749 : *préc.* ♦ L'urgence n'est pas établie au sujet de l'intrusion de personnes sans abri dans un centre hospitalier, en l'absence de troubles occasionnés sur le bon fonctionnement du service public hospitalier et d'atteinte à la sécurité et à la salubrité publiques et à celle des occupants. • CE 12 juill. 2017, n° 404815 : *Rev. CMP 2018. Chron. 7, obs. Soler-Couteaux, Zimmer et Waltuch.*

154. L'utilité de la mesure d'expulsion. Cette condition se confond assez largement avec celle de l'urgence. La mesure d'expulsion est en effet utile parce que l'occupation irrégulière cause une situation d'urgence, en faisant par exemple obstacle au bon fonctionnement du service public. Tel est le cas de la restitution d'archives médicales. • CE 29 juill. 2002, *CH Armentières : Lebon 307.* ♦ ... Du déroulement normal de travaux • CE 2 juin 2006, *CCI Marseille-Provence : Lebon T. 862 ; JCP Adm. 2006, n° 1206, note Clamour.* ♦ ... Ainsi que l'attribution d'une autorisation d'occupation à d'autres candidats • CE 3 févr. 2010, *Cne de Cannes : préc.*

2° EXCEPTION À LA COMPÉTENCE DU JUGE ADMINISTRATIF

155. Contentieux des indemnités dues par l'occupant sans titre d'emplacements dans les halles, foires et marchés. Alors que le contentieux des redevances d'occupation du domaine public relève par principe du juge administratif, le juge judiciaire demeure compétent pour connaître du contentieux des droits de place dans les halles, foires et marchés. Cette solution trouve son fondement dans l'art. L. 2331-3, b, 6°, CGCT qui inclut ces droits parmi les recettes fiscales de la section de fonctionnement des budgets communaux. Ils relèvent par leur nature des taxes assimilées aux contributions indirectes et donc du contentieux judiciaire. La compétence judiciaire est largement entendue, puisqu'elle vaut aussi bien pour les droits de place dus par l'occupant régulier que pour les indemnités dues par l'occupant sans titre des halles, foires et marchés. • CE 24 juin 2013, *SARL Eldorado*, n° 348207 : *Lebon ; Rev. CMP 2013. Comm. 226, note Pietri ; ibid. chron. 6, par Soler-Couteaux et Llorens ; Dr. adm. 2013. Comm. 73, note Éveillard ; JCP Adm. 2013. 2295, note Langelier.*

B. L'INDEMNISATION DU GESTIONNAIRE DU DOMAINE PUBLIC

156. Droit pour le gestionnaire du domaine public d'exiger le paiement d'une indemnité à raison de l'occupation irrégulière du domaine public. Ce droit a été consacré par les textes : d'abord, par l'art. L. 28 C. dom. Ét., qui n'est plus en vigueur depuis 2006 et qui ne concernait pas, par définition, le domaine public des personnes publiques autres que l'État et ses établissements publics ; puis, par le CGPPP. L'art. L. 28 disposait que : « Nul ne peut, sans autorisation délivrée par l'autorité compétente, occuper une dépendance du domaine public national ou l'utiliser dans les limites excédant le droit d'usage qui appartient à tous. Le service des Domaines constate les infractions aux dispositions de l'alinéa précédent en vue de poursuivre, contre les occupants sans titre, le recouvrement des indemnités correspondant aux redevances dont le Trésor a été frustré, le tout sans préjudice de la répression des contraventions de grande voirie ». Sur le fondement de cette disposition, la jurisprudence administrative avait consacré l'obligation pour l'occupant sans titre de payer une indemnité correspondant au montant des redevances qui auraient été réclamées à l'occupant régulier du domaine public. V par ex. : • CE 25 nov. 1981, *Cne de La Roche-sur-Foron*, n° 20539 • CE 14 oct. 2005, *Sté Demougin*, n° 254170 • CAA Paris, 31 janv. 1991, *Voulminost*, n° 90PA00569. • CAA Versailles, 21 oct. 2004, *Bernard X.*, n° 02VE01681 • Civ. 1re, 21 janv. 1992, *Port autonome de la Guadeloupe*, n° 90-13.848 P : *Dr. adm. 1992. Comm. 144.* ♦ Progressivement, la jurisprudence administrative s'est toutefois détachée de la lettre de l'art. L. 28 en reconnaissant un tel droit au profit des concessionnaires de l'État. • CAA Marseille, 29 juill. 2004, *CCI du Var*, n° 99MA02103. ♦ ... Puis aux collectivités locales auxquelles certaines infrastructures avaient été transférées dans le cadre de la décentralisation • CAA Marseille, 3 juin 2004, n° 02MA00496 : *X. c/ Cne de Frontignan.* ♦ Elle a également reconnu l'existence de ce droit à indemnité, sans juger nécessaire d'invoquer les dispositions du code du domaine de l'État. • CE 16 mai 2011, *Cne de Moulins*, n° 317675 : *Lebon 242 ; AJDA 2011. 1848, note Ach ; BJCL 2011, nos 7/8, p. 531, concl. Legras, obs. Janicot ; JCP Adm. 2011. 2224, comm. Yolka ; RJEP 2011. Comm. 56, concl. ; AJCT 2011. 527, obs. Dutrieux ; Dr. adm. 2011. Comm. 68, note Melleray.* ♦ V. aussi : • CAA Paris, 26 juin 1997, *Chouaiekh : LPA 7 oct. 1998, p. 16, chron. Morand-Deviller* • CAA Paris, 15 juin 2000, *Cne de l'Étang-Salé : nos 98PA02386 et 00BX00031* • CAA Marseille, 3 juill. 2008, *Paul X.*, n° 06MA01791 • CAA Bordeaux, 29 juill. 2010, *Sté Logistique Grand Sud-Ouest*, n° 10BX00071 : *Rev. CMP 2010. Comm. 352, obs. Llorens* • CAA Paris, 14 oct. 2010, *Sté fin. Sport et Loisirs*, n° 09PA02140. ♦ Ce droit à indemnité vaut même dans l'hypothèse où l'occupation sans titre porte sur une portion du domaine public qui était interdite au stationnement. • CE 13 févr. 2015, *VNF c/ Mme Dupuy*, n° 366036 : *Lebon T. ; AJDA 2015. 1701, note Foulquier ; Rev. CMP 2015. Comm. 99, note Ubaud-Bergeron.* ♦ Lorsque l'occupation du domaine public procède de la construction sans autorisation d'un bâtiment sur le domaine public et que ce bâtiment est lui-même occupé par une personne autre que celle qui l'a édifié ou acquis les droits du constructeur, le gestionnaire du domaine public est fondé à poursuivre l'indemnisation du préjudice résultant de l'occupation irrégulière auprès des occupants sans titre, mettant ainsi l'indemnisation soit à la charge exclusive de la personne ayant construit le bâtiment ou ayant acquis les droits du constructeur, soit à la charge exclusive de la personne qui l'occupe, soit à la charge de l'une et de l'autre en fonction des avantages respectifs qu'elles en ont retirés. • CE 15 mars 2017, *Cne de Cannes*, n° 388127 : *Lebon T. ; AJDA 2017. 600, obs. Biget ; BJCP 2017. 173, concl. Victor ; Rev. CMP 2017. Comm. 143, note Pietri ; ibid. 2018. Chron. 7, obs. Soler-Couteaux, Zimmer et Waltuch ; JCP Adm. 2017. Actu. 208, obs. Tesson ; ibid. 2133, note Hansen ; JCP N 2017. Actu. 402, obs. Tesson.* ♦ Sur les suites de l'affaire : • CAA Marseille, 2 oct. 2017, *Cne de Cannes*, n° 17MA01260 : *JCP Adm. 2017. 2324, comm. Roux ; RDI 2017. 347, note Foulquier ; JCP Adm. 2017. 2324, obs. Roux* (en l'espèce, la commune a pu valablement mettre à la charge du seul occupant – et non pas du propriétaire de la construction irrégulière – le paiement de l'indemnité d'occupation, dès lors qu'il tirait un avantage « au moins indirect de l'occupation sans titre »). ♦ Une collectivité publique est irrecevable à saisir le juge administratif d'une demande tendant au recouvrement d'une indemnité pour occupation sans titre du domaine public dès lors qu'elle peut émettre des titres exécutoires à l'encontre de son débiteur, sauf si la créance trouve son origine dans un contrat. • CAA Lyon, 2 sept. 2019, *SAS Le Siège*, n° 18LY04003 : *AJCT 2019. 582, obs. Didriche*.

157. Attributaire de l'indemnité. L'indemnité est due au maître du domaine public. • CE 15 avr. 2011, *SNCF*, n° 308014 : *Lebon T. 924 ; Rev. CMP 2011. Comm. 186, note Soler-Couteaux ; JCP Adm. 2011. Actu. 310, obs. Sorbara.* ♦ ... Même dans l'hypothèse où la gestion des dépendances irrégulièrement occupées a été confiée à un mandataire privé (V., au sujet de la Régie autonome des transports parisiens, qui avait confié la gestion de ses locaux commerciaux à une société privée : • CAA Paris, 31 mars 2011, *Abderrazak A.*, n° 09PA06560.) ♦ Tel est encore le cas quand un occupant régulier s'est maintenu dans les lieux et que ses constructions sont devenues de plein droit la propriété de l'administration à l'expiration de son autorisation d'occupation. • CAA Nantes, 18 déc. 2001, *Gondrée-Pritchett*, n° 99NT02646.

158. Mode de calcul et de recouvrement de l'indemnité. Rompant avec une jurisprudence parfois hésitante, le Conseil d'État a précisé en 2011 les bases de calcul de l'indemnité due par l'occupant en situation irrégulière. • CE 16 mai 2011, *Cne de Moulins*, n° 317675 : *préc.* • CE 13 févr. 2015 *Voies navigables de France*, n° 366036 B • CE, 1er juill. 2019, *SAS Café Georges V*, n° 421403 B. ♦ Cette indemnité peut être calculée de deux façons. Soit par référence à un tarif existant, lequel doit tenir compte des avantages de toute nature procurés par l'occupation du domaine public (solution qui transpose celle dégagée au sujet des occupations régulières : • CE 11 oct. 2004, *Prouvoyeur : Lebon 602 ; BJCL 2005. 29, concl. Olléon ; ibid. 32, note Poujade ; Coll. terr. 2004. Comm. 12, p. 25, note Moreau ; JCP Adm. 2005, p. 741, chron. Glaser et Seners) ;* soit, à défaut de tarif applicable, par référence au revenu, tenant compte des mêmes avantages, qu'aurait pu produire l'occupation régulière de la partie concernée du domaine public. ♦ Concernant le recouvrement de l'indemnité, la personne publique peut émettre un état exécutoire (• CE 16 mai 2011, *Cne de Moulins : préc.*), à la différence d'un concessionnaire privé qui ne dispose pas d'un tel pouvoir • CAA Marseille, 15 oct. 2009, *Alain X.*, n° 08MA02726 : *Rev. CMP 2010. Comm. 40, obs. Llorens.* ♦ Elle peut également s'adresser au juge administratif en présentant des conclusions indemnitaires, qu'elle peut compléter par des conclusions à fin d'expulsion, dont la recevabilité est admise • CE 13 févr. 1991, *Thomas*, n° 78404 : *Lebon 55 ; D. 1991. IR p. 74 ; Dr. adm. 1991. Comm. 178 ; JCP 1991. IV. 131 ; RDI 1991. 184 ; RFDA 1991. 367* • CE 30 mars 1984, *SCI Marjenco*, n° 41090 : *Lebon 142).* Cette dernière solution déroge à la jurisprudence *Préfet de l'Eure* • CE 30 mai 1913, *Lebon 583 ; S. 1915. 3. 9, note Hauriou. – Contra* : • CAA Lyon, 9 juill. 1991, *Hemery et Biasci*, n° 89LY01182, selon laquelle une personne publique disposant des moyens juridiques lui permettant de faire exécuter les obligations d'une personne privée (et non d'une autre personne publique : • CE 31 mai 2010, n° 329483, *Sté communauté d'agglomération Vichy Val d'Allier : Lebon 173 ; Rev. CMP 2010. Comm. 297, obs. Devillers ; BJCP 2010. 368, concl. Boulouis, p. 372, obs. Schwartz ; JCP Adm. 2010. Actu. 461, obs. Dubreuil ; JCP Adm. 2011, n° 3, p. 22, note Rouault ; JCP 2010. 2080, chron. Plessix ; RJEP 2010. Comm. 46, concl.)* ne peut renoncer à les utiliser et demander au juge de prendre à sa place les mesures nécessaires. ♦ L'autorité administrative n'est pas tenue de faire précéder la fixation du montant de l'indemnité d'une négociation avec l'occupant sans titre du domaine public, de même qu'elle n'est pas tenue de respecter une procédure contradictoire, ici au sujet de l'occupation de l'immeuble de la Bourse par la Chambre arbitrale de Paris • CAA Paris, 31 juill. 2012, *Chambre arbitrale internationale de Paris*, n° 12PA00616 : *AJDA 2012. 2220, note Martin-Lavigne .* ♦ Le versement de l'indemnité n'est pas subordonné à l'existence de tarifs régulièrement fixés et rendus opposables aux occupants réguliers, dès lors que l'occupation sans titre constitue une faute que son auteur doit réparer en versant une indemnité calculée par référence, en l'absence de tarif applicable, au revenu, tenant compte des avantages de toute nature qu'aurait pu produire l'occupation régulière de la dépendance en cause. • CE 11 févr. 2013, *Voies navigables de France*, n° 347475 : *AJDA 2013. 1198 .* ♦ La circonstance que l'occupant se serait vu infliger des amendes pour stationnement irrégulier est sans incidence sur le droit du maître du domaine public de percevoir l'indemnité d'occupation, • CAA Paris, 3 déc. 2019, *Sté NMYR*, n° 18PA03501.

159. Nature de l'indemnité due par l'occupant en situation irrégulière. La somme due par l'occupant sans titre doit-elle être assimilée à une indemnité dont l'objet est de réparer le préjudice subi par le maître du domaine ou doit-elle être considérée comme une redevance domaniale, versée après coup et qui correspondrait au « prix » de l'occupation ? La jurisprudence ne permet pas de répondre clairement à cette interrogation. Elle semble parfois retenir la seconde solution. • CE 16 juin 2011, *Cne de Moulins : préc.*, mais certaines décisions abordent clairement la question sous l'angle de la réparation d'un préjudice et donc de la responsabilité • CE 15 avr. 2011, *SNCF : préc.* selon lequel l'occupation sans droit ni titre d'une dépendance du domaine public constitue une faute commise par l'occupant et qui l'oblige à réparer le dommage causé au gestionnaire de ce domaine par cette occupation irrégulière. • CAA Paris, 12 déc. 2019, *Sté Parc Auto*, n° 18PA03023, jugeant qu'est en cause une indemnité et que si l'autorité gestionnaire du domaine public n'a pas mis en demeure l'occupant irrégulier de quitter les lieux, ne l'a pas invité à régulariser sa situation ou a entretenu à son égard une ambiguïté sur la régularité de sa situation, ces circonstances sont de nature, le cas échéant, à constituer une cause exonératoire de la responsabilité de l'occupant, dans la mesure où ce comportement du gestionnaire serait constitutif d'une faute. Elles ne sauraient cependant faire obstacle, dans son principe, au droit du gestionnaire du domaine public à la réparation du dommage résultant de cette occupation irrégulière. L'art. L. 2125-3 CGPPP, qui dispose que « toute occupation ou utilisation du domaine public (...) donne lieu au paiement d'une redevance », implique cependant que l'on assimile la somme versée par l'occupant irrégulier à une redevance. Cette solution assimilatrice n'est pas sans poser quelques difficultés, dont la principale concerne l'hypothèse où une indemnité est réclamée à un occupant sans titre alors qu'il n'existe aucune base légale permettant d'exiger le paiement d'une redevance par les utilisateurs réguliers. Assimiler l'indemnité à une redevance, comme l'implique la lettre de l'art. L. 2125-1 CGPPP, devrait en effet logiquement conduire à priver l'Administration de la possibilité de réclamer une indemnisation. V. dans ce sens : • CAA Versailles, 30 déc. 2010, *Kuntz*, n° 09VE02992. – *Contra* : • CAA Paris, 26 avr. 2007, *Voies navigables de France*, n° 04PA00029. • CAA Paris, 5 juin 2008, *Niemi*, n° 07PA01385 • CAA Bordeaux, 4 nov. 2003, *Assoc. Le Yacht Club*, n° 97BX01770. ♦ Cette hypothèse concerne par ex. le cas d'une occupation du domaine public qui est irrégulière parce qu'interdite pour des raisons de sécurité. Le Conseil d'État estime que le gestionnaire du domaine public peut demander le paiement d'une indemnité par référence au montant de la redevance due pour un emplacement similaire. • CE 13 févr. 2015, *VNF c/ Mme Dupuy*, n° 366036 : *Lebon T. ; AJDA 2015. 1701, note Foulquier ; Rev. CMP 2015. Comm. 99, note Ubaud-Bergeron ; Dr. adm. 2015. Comm. 42, note Éveillard.* Cette solution montre en définitive que l'indemnité due par l'occupant en situation irréqulière n'est pas l'équivalent exact d'une redevance : compensant la perte de revenus que le gestionnaire aurait pu percevoir pendant la durée d'occupation irrégulière, elle est aussi plus que cela car elle doit permettre de réparer tous les préjudices subis du fait de cette occupation. Elle est représentative de la redevance mais ne se limite pas à elle.

160. Absence de régularisation de la situation de l'occupant du fait du paiement de l'indemnité. Le paiement de l'indemnité par l'occupant irrégulier n'a aucunement pour effet de régulariser sa situation et ne peut donc être invoqué pour faire obstacle à l'expulsion. Voir en ce sens : • CE 17 déc. 1975, *Sté Letourneur frères*, n° 97873 : *RDP 1976. 1083* • CE 30 mars 1984, *SCI Marjenco*, n° 41090 : *Rec. CE. 142 ; RFDA 1984. 58, obs. A.-A.* • CE 26 juin 1987, *Lefèvre*, n° 80822 : *Dr. adm. 1987. Comm. 417* • CAA Bordeaux, 9 mai 1989, *Pontani*, n° 89BX00800 • CAA Lyon, 9 juill. 1992, *Roussillon*, n° 92LY00142 • CAA Bordeaux 3 nov. 1993, *Vignal*, n° 92BX00857 : *Juris-Data n° 047547 ; Dr. adm. 2001, n° hors-série. Comm. 431, 2e arrêt* • CAA Nantes, 17 mai 1995, *Lebeaud*, n° 94NT01035 • CAA Paris, 26 déc. 1995, *Krylyschin*, n° 95PA01518 : *Rec. CE. 783 ; Dr. adm. 1996. Comm. 142 ; Dr. adm. 2001, n° hors-série. Comm. 229 ; Gaz. Pal. 1997. 1. pan. dr. adm. p. 32* • CAA Marseille, 28 déc. 1998, *Pieri-Potier*, n° 97MA01691 • CAA Marseille, 7 déc. 1999, *Sté PF Prestations, Sté Havana Beach*, nos 99MA00486 et 99MA00488 • CAA Bordeaux, 16 oct. 2000, *Vatel*, n° 00BX00885 • CAA Marseille, 20 mars 2001, *Gérard*, n° 00MA01560 • CAA Marseille, 9 janv. 2006, *Pierre X.*, n° 03MA02214 • CAA Marseille, 24 juin 2010, *Philippe André A et a.*, n° 08MA02904 • CAA Marseille, 18 oct. 2010, *Elsa A.*, n° 08MA04743 • CAA Versailles, 2 déc. 2010, *Galéane A.*, n° 09VE01794.

C. ABSENCE D'INDEMNISATION DE L'OCCUPANT SANS TITRE

161. Absence d'indemnisation de l'occupant sans titre pour les biens qu'il a construits sur le domaine public. L'occupant sans titre du domaine public ne peut prétendre à une indemnisation pour les bâtiments qu'il a édifiés sur le domaine public, même si leur présence était tolérée par l'autorité gestionnaire du domaine public et qu'ils avaient été autorisés par des permis de construire. Toutefois, l'intérêt général qui s'attache à la préservation du domaine public ne fait pas obstacle à l'indemnisation de l'occupant sans titre si celui-ci démontre l'existence d'une charge spéciale et exorbitante du fait de la privation de la jouissance des bâtiments qu'il a édifiés sur le domaine public. • CE 20 mars 2017, n° 392916 : *JCP Adm. 2017. 2183 ; Rev. CMP 2018. Chron. 7, obs. Soler-Couteaux, Wimmer et Waltuch* • CE 9 oct. 2017, n° 396801 B : *AJDA 2017. 1918 ; Rev. CMP 2018. Chron. 7, obs. Soler-Couteaux, Zimmer et Waltuch ; JCP Adm. 2018. 2168, chron. Vandermeeren.*

D. LES POURSUITES POUR INFRACTIONS DE VOIRIE

162. V : obs. ss. CGPPP ; art. L. 2132-1 et L. 2132-2.

Art. L. 2122-1-1 *(Ord. n° 2017-562 du 19 avr. 2017, art. 3)* **Sauf dispositions législatives contraires, lorsque le titre mentionné à l'article L. 2122-1 permet à son titu-**

laire d'occuper ou d'utiliser le domaine public en vue d'une exploitation économique, l'autorité compétente organise librement une procédure de sélection préalable présentant toutes les garanties d'impartialité et de transparence, et comportant des mesures de publicité permettant aux candidats potentiels de se manifester.

Lorsque l'occupation ou l'utilisation autorisée est de courte durée ou que le nombre d'autorisations disponibles pour l'exercice de l'activité économique projetée n'est pas limité, l'autorité compétente n'est tenue que de procéder à une publicité préalable à la délivrance du titre, de nature à permettre la manifestation d'un intérêt pertinent et à informer les candidats potentiels sur les conditions générales d'attribution.

Les dispositions issues de l'art. 3 de l'Ord. nº 2017-562 du 19 avr. 2017 sont applicables aux titres délivrés à compter du 1er juill. 2017 (Ord. préc., art. 15).

Loi nº 2018-202 du 26 mars 2018,

Relative à l'organisation des jeux Olympiques et Paralympiques de 2024.

Art. 17 L'article L. 2122-1-1 du code général de la propriété des personnes publiques n'est pas applicable lorsque le titre prévu à l'article L. 2122-1 du même code, accordé pour occuper des dépendances du domaine public dédiées aux jeux Olympiques et Paralympiques de 2024, est délivré au comité d'organisation des jeux Olympiques et Paralympiques ou lorsque ce dernier délivre des titres de sous-occupation sur ces mêmes dépendances aux partenaires de marketing olympique au sens du contrat de ville hôte.

(L. nº 2019-812 du 1er août 2019, art. 4) « Préalablement à la délivrance du titre de sous-occupation à des partenaires de marketing autres que ceux désignés par le Comité international olympique, le comité d'organisation des jeux Olympiques et Paralympiques procède à leur sélection selon une procédure qu'il organise, présentant toutes les garanties d'impartialité et de transparence et comportant des mesures de publicité permettant aux candidats potentiels de se manifester. Le respect de ces exigences peut, le cas échéant, être assuré par celui des règles de passation prévues par le code de la commande publique. »

Par dérogation au premier alinéa de l'article L. 2125-1 du code général de la propriété des personnes publiques, les titres de sous-occupation du domaine public peuvent être délivrés gratuitement par le comité d'organisation des jeux Olympiques et Paralympiques aux partenaires de marketing olympique, au sens du contrat de ville hôte, pour tenir compte de leur participation au financement d'infrastructures ou aux dépenses liées à l'organisation des jeux Olympiques et Paralympiques de 2024.

Loi nº 2019-803 du 29 juillet 2019,

Relative la conservation et la restauration de la cathédrale Notre-Dame de Paris et instituant une souscription nationale à cet effet.

Art. 11 II. — En vue de la valorisation culturelle, artistique et pédagogique du chantier, et sans préjudice des règles d'accès et d'utilisation des édifices affectés au culte prévues à l'article L. 2124-31 du code général de la propriété des personnes publiques ainsi que de l'affectation de l'édifice à l'exercice du culte résultant de l'article 13 de la loi du 9 décembre 1905 concernant la séparation des Églises et de l'État et de l'article 5 de la loi du 2 janvier 1907 concernant l'exercice public des cultes :

1° Par dérogation à l'article L. 2122-1-1 du code général de la propriété des personnes publiques, l'autorité compétente peut autoriser l'occupation ou l'utilisation du domaine public pour l'exercice d'une activité économique, après une publicité préalable à la délivrance du titre de nature à permettre la manifestation d'un intérêt pertinent et à informer les candidats potentiels sur les conditions générales d'attribution préalablement à la décision ;

2° Par dérogation au premier alinéa de l'article L. 2125-1 du même code, l'autorité compétente peut délivrer gratuitement les titres d'occupation du domaine public.

V. note ss. art. L. 2122-1-1.

Code des transports

Art. L. 1231-17 *(L. nº 2019-1428 du 24 déc. 2019, art. 41)* I. — Le titre délivré aux opérateurs de services de partage de véhicules, cycles et engins permettant le déplacement de personnes ou le transport de marchandises, mis à disposition des utilisateurs sur la voie publique et accessibles en libre-service, sans station d'attache, est établi dans les conditions définies au titre II du livre Ier de la deuxième partie du code général de la propriété des personnes publiques.

Il est délivré de manière non discriminatoire, après avis de l'autorité organisatrice de la mobilité mentionnée à l'article L. 1231-1 du présent code concernée ou, sur le territoire de la région d'Île-de-France, de l'autorité mentionnée à l'article L. 1241-1 et de l'autorité chargée de la police de la circulation et du stationnement, lorsque cette autorité n'est pas compétente pour le délivrer. Ces avis sont émis dans un délai de deux mois à compter de la transmission à ces autorités du projet de titre. Passé ce délai, les avis sont réputés favorables.

L'autorité compétente pour délivrer le titre n'est tenue que de procéder à une publicité préalable à la délivrance du titre, de nature à permettre la manifestation d'un intérêt pertinent et à informer de manière non discriminatoire les candidats potentiels sur les conditions générales d'attribution, lorsqu'au moins une des conditions prévues au second alinéa de l'article L. 2122-1-1 du code général de la propriété des personnes publiques est remplie.

II. — Le titre mentionné au I du présent article peut comporter des prescriptions portant exclusivement sur :

1° Les informations que doit transmettre l'opérateur, relatives au nombre et aux caractéristiques des véhicules, cycles et engins pouvant être mis à disposition des utilisateurs ;

2° Le nombre de véhicules, cycles et engins, sauf dans le cas prévu au second alinéa de l'article L. 2122-1-1 du code général de la propriété des personnes publiques où le nombre de titres délivrés n'est pas limité ;

3° Les conditions spatiales de déploiement des véhicules, cycles et engins ;

4° Les mesures que doit prendre l'opérateur afin d'assurer le respect, par lui-même ou ses préposés, et par les utilisateurs des véhicules, cycles et engins des règles de circulation et de stationnement édictées par les autorités compétentes, notamment les règles assurant l'accessibilité de la voie publique aux personnes handicapées ou à mobilité réduite et garantissant la sécurité des piétons ;

5° Les mesures que doit prendre l'opérateur pour assurer le retrait des véhicules, cycles et engins lorsque ceux-ci sont hors d'usage ou en cas d'interruption ou d'arrêt définitif du service ;

6° Les caractéristiques des véhicules, cycles et engins mis à disposition au regard de leurs plafonds d'émissions de polluants atmosphérique et de gaz à effet de serre, de leurs conditions de durabilité ainsi que de leurs modalités d'entretien ;

7° Les restrictions totales ou partielles d'apposition de publicité sur les véhicules, cycles et engins, à l'exception de la publicité concernant le service lui-même ;

8° Les mesures nécessaires pour assurer le respect de la tranquillité du voisinage, notamment en encadrant l'émission de signaux sonores de nuit.

Ces prescriptions peuvent être adaptées aux types de véhicules, de cycles et d'engins et sont compatibles avec les conditions de délivrance du label "auto-partage" mentionné aux articles L. 1231-14 et L. 1241-1 du présent code.

III. — Le stationnement des véhicules des services mentionnés au I du présent article n'est pas soumis aux modalités de la tarification et de la gestion matérielle du stationnement des véhicules sur la voie publique prévues à l'article L. 2333-87 du code général des collectivités territoriales. Le titre mentionné au I du présent article donne uniquement lieu au paiement, par l'opérateur, de la redevance mentionnée à l'article L. 2125-1 du code général de la propriété des personnes publiques.

IV. — L'autorité compétente pour délivrer le titre mentionné au I du présent article peut déléguer par convention la délivrance du titre à l'autorité organisatrice de la mobilité mentionnée à l'article L. 1231-1 compétente sur le territoire concerné et, sur le territoire de la région d'Île-de-France, à l'autorité mentionnée à l'article L. 1241-1.

Chaque convention définit les compétences déléguées ainsi que les modalités de cette délégation et de son contrôle.

Les autorisations et redevances existant au jour de la publication (JO 26 déc.) de la L. n° 2019-1428 du 24 déc. 2019 relatives aux services mentionnés au I de l'art. L. 1231 -17 demeurent applicables jusqu'à expiration de leur date de validité. Les redevances et autorisations dont la date de validité s'étend au delà du 12e mois suivant la publication de ladite loi sont mises en conformité avec les dispositions du même art. L. 1231-17 au plus tard douze mois après la publication de ladite loi (L. préc., art. 41-II).

Le ministre chargé des transports établit avec les acteurs concernés, dans un délai de six mois à compter de la publication (JO 26 déc.) de la L. n° 2019-1428 du 24 déc. 2019, des recommandations relatives aux prescriptions mentionnées au II de l'art. L. 1231-17 (L. préc., art. 41-III).

....

Art. R. 5312-84 Sans préjudice des dispositions des articles 7, 8 et 9 de la loi n° 2008-660 du 4 juillet 2008 portant réforme portuaire, les conventions de terminal sont conclues à l'issue d'une procédure ouverte, transparente et non discriminatoire.

Ces conventions qui valent autorisation d'occuper le domaine public sont passées avec le ou les opérateurs retenus. Elles portent sur l'exploitation et, le cas échéant, la réalisation d'un terminal comprenant les outillages et les aménagements nécessaires aux opérations de débarquement, d'embarquement, de manutention et de stockage liés aux navires. Elles peuvent aussi comprendre la réalisation de quais ou d'appontements pour ce terminal. Elles peuvent prévoir des objectifs de développement du trafic et des sanctions, pouvant aller jusqu'à la résiliation sans indemnité de la convention, dans le cas où ces objectifs ne seraient pas atteints. Des indicateurs de suivi permettent de définir si les objectifs fixés sont atteints. – *[C. ports mar., art. R. 105-2.]*

Art. L. 2122-1-2 *(Ord. n° 2017-562 du 19 avr. 2017, art. 3)* L'article L. 2122-1-1 n'est pas applicable :

1° Lorsque la délivrance du titre mentionné à l'article L. 2122-1 s'insère dans une opération donnant lieu à une procédure présentant les mêmes caractéristiques que la procédure déterminée par le premier alinéa de l'article L. 2122-1-1 ;

2° Lorsque le titre d'occupation est conféré par un contrat de la commande publique ou que sa délivrance s'inscrit dans le cadre d'un montage contractuel ayant, au préalable, donné lieu à une procédure de sélection ;

3° Lorsque l'urgence le justifie. La durée du titre ne peut alors excéder un an ;

4° Sans préjudice des dispositions figurant aux 1° à 5° de l'article L. 2122-1-3, lorsque le titre a pour seul objet de prolonger une autorisation existante, sans que sa durée totale ne puisse excéder celle prévue à l'article L. 2122-2 ou que cette prolongation excède la durée nécessaire au dénouement, dans des conditions acceptables notamment d'un point de vue économique, des relations entre l'occupant et l'autorité compétente.

V. note ss. art. L. 2122-2.

Art. L. 2122-1-3 *(Ord. n° 2017-562 du 19 avr. 2017, art. 3)* L'article L. 2122-1-1 n'est pas non plus applicable lorsque l'organisation de la procédure qu'il prévoit s'avère impossible ou non justifiée. L'autorité compétente peut ainsi délivrer le titre à l'amiable, notamment dans les cas suivants :

1° Lorsqu'une seule personne est en droit d'occuper la dépendance du domaine public en cause ;

2° Lorsque le titre est délivré à une personne publique dont la gestion est soumise à la surveillance directe de l'autorité compétente ou à une personne privée sur les activités de laquelle l'autorité compétente est en mesure d'exercer un contrôle étroit ;

3° Lorsqu'une première procédure de sélection s'est révélée infructueuse ou qu'une publicité suffisante pour permettre la manifestation d'un intérêt pertinent est demeurée sans réponse ;

4° Lorsque les caractéristiques particulières de la dépendance, notamment géographiques, physiques, techniques ou fonctionnelles, ses conditions particulières d'occupation ou d'utilisation, ou les spécificités de son affectation le justifient au regard de l'exercice de l'activité économique projetée ;

5° Lorsque des impératifs tenant à l'exercice de l'autorité publique ou à des considérations de sécurité publique le justifient.

Lorsqu'elle fait usage de la dérogation prévue au présent article, l'autorité compétente rend publiques les considérations de droit et de fait l'ayant conduite à ne pas mettre en œuvre la procédure prévue à l'article L. 2122-1-1.

V. note ss. art. L. 2122-2.

Art. L. 2122-1-3-1 *(L. nº 2018-1021 du 23 nov. 2018, art. 221)* **L'article L. 2122-1-1 n'est pas applicable lorsque le titre d'occupation est destiné à l'installation et à l'exploitation d'un réseau de communications électroniques ouvert au public.**

Art. L. 2122-1-4 *(Ord. nº 2017-562 du 19 avr. 2017, art. 3)* **Lorsque la délivrance du titre mentionné à l'article L. 2122-1 intervient à la suite d'une manifestation d'intérêt spontanée, l'autorité compétente doit s'assurer au préalable par une publicité suffisante, de l'absence de toute autre manifestation d'intérêt concurrente.**

V. note ss. art. L. 2122-1-1.

Art. L. 2122-2 **L'occupation ou l'utilisation du domaine public ne peut être que temporaire.**

(Ord. nº 2017-562 du 19 avr. 2017, art. 4) **« Lorsque le titre mentionné à l'article L. 2122-1 permet à son titulaire d'occuper ou d'utiliser le domaine public en vue d'une exploitation économique, sa durée est fixée de manière à ne pas restreindre ou limiter la libre concurrence au-delà de ce qui est nécessaire pour assurer l'amortissement des investissements projetés et une rémunération équitable et suffisante des capitaux investis, sans pouvoir excéder les limites prévues, le cas échéant, par la loi. »**

V. note ss. art. L. 2122-1-1.

BIBL. ▶ **Thèses :** Comellas, Les titres d'occupation temporaire du domaine public à des fins commerciales. Réflexions sur la mise en place des formalités préalables à la délivrance, *L'Harmattan, 2014.* – Fourmont, Les occupations privatives du domaine public, *Nantes, 2000.*

▶ **Encyclopédie :** Hansen, Modalités d'attribution des autorisations d'occupation et d'utilisation des biens du domaine public, *J.-Cl. Propriétés publiques, fasc. 77-50.* – Plessix, Contrats domaniaux, *J.-Cl. Propriétés publiques, fasc. 79.*

▶ **Articles :** Llorens et Soler-Couteaux, Les occupations privatives du domaine public : un espoir déçu, *RFDA 2006. 935*. – Cabannes, Faut-il soumettre l'occupation privative du domaine public à une procédure spécifique ?, *ACCP avr. 2006. 26.* – Janicot, Le nécessaire respect du droit de la concurrence, *ibid. 29*. – Fatôme, La réglementation de l'occupation du domaine public après le code général de la propriété des personnes publiques, *Mél. Labetoulle, Dalloz 2007. 329.* – Legal, L'impact du droit de la concurrence sur la gestion du patrimoine des personnes publiques, *AJDA 2007. 949*. – Bardon et Simmonet, Telaustria : quel périmètre ?, *Dr. adm. 2009. Étude 2.* – Vautrot-Schwarz, La publicité et la mise en concurrence dans la délivrance des titres d'occupation domaniale, *AJDA 2009. 568*. – Hansen, L'instabilité jurisprudentielle en matière d'occupation privative du domaine public, *AJDA 2009. 1078*. – Fatôme et Terneyre, A propos des règles de passation des contrats publics à objet à la fois immobilier et de travaux, *AJDA 2009. 1868*. – Berthon, Le régime de passation des concessions domaniales à la croisée des chemins, *RFDA 2009. 483*. – Manson, L'occupation contractuelle du domaine public : essai de clarification et de remise en ordre, *RD publ. 2009. 19.* – Karpenschif, Les collectivités locales et la directive « services » : entre contraintes nouvelles et espoirs déçus, *JCP Adm. 2010. 2256.* – Nicinski, Faut-il soumettre la délivrance des titres d'occupation du domaine public à une procédure de mise en concurrence ?, *Mél. Fatôme, Dalloz 2011. 373* ; Droit de la concurrence et contrats portant sur la propriété publique, Contrats et propriétés publics, *LexisNexis 2011. 43.* – Eckert, Mise en concurrence et contrats portant sur la propriété publique, *ibid. 53.* – Belda, L'effectivité des garanties procédurales de l'occupant sans titre du domaine public, *AJDA 2011. 2325*. – Didriche, La délivrance des titres d'occupation du domaine public, *AJCT 2011. 555*. – Sevino et Brunelet, Mise en concurrence des conventions d'occupation, *Gaz. cnes 16 janv. 2012. 54.* – Yolka, Propriété commerciale des occupants du domaine public : crever l'abcès, *JCP Adm. 2012. 2209* ; L'offre et la commande, *ibid. 892* – Vautrot-Schwarz, L'avenir de la publicité et de la mise en concurrence dans la délivrance des titres d'occupation domaniale, *Rev. CMP 2012. Étude 8.* – Melleray, La passation d'une convention d'occupation du domaine public doit-elle être précédée d'une publicité et d'une mise en concurrence ?, *Mél. T.-R Fernández, Civitas, 2012, vol. 2, p. 3953* ; L'utilisation privative du domaine public. De quelques difficultés illustrées par la jurisprudence récente, *AJDA 2013. 992*. – Chamard-Heim, Les conventions d'occupation privative du domaine public local, *JCP Adm. 2013. 2174.* – Roux, La « déqualification » des contrats de mobilier urbain : nouveau recul dans l'exigence de publicité et de mise en concurrence des titres d'occupation domaniale, *RD publ. 2013. 1403*. – CALANDRI, Le contentieux des conventions d'occupation domaniale spontanément soumises à publicité et mise en concurrence, *RFDA 2013. 1129*. – CARTIER-BRESSON, Titres d'occupation du domaine public et concurrence : des relations condamnées à l'ambiguïté, les nouvelles orientations du droit de la propriété publique, *Mél. Godfrin, Mare et Martin 2014, p. 71*. – HOUILLON, Le clair-obscur des obligations de publicité et de mise en concurrence dans l'octroi des titres d'occupation du domaine public, les nouvelles orientations du droit de la propriété publique, *ibid., p. 207*. – HANSEN, L'occupation du domaine public ne peut (toujours) pas donner lieu à autorisation tacite, *JCP Adm. 2015. 2003*. – DIDIERLAURENT, La remise en ordre inachevée de l'occupation contractuelle du domaine public, *AJDA 2015. 1519*. – BAUBONNE, Les ressorts de la valorisation optimale des ressources du domaine public, *Rev. CMP 2016. Chron. 7*. – BOUSSARD, Autorités publiques et exploitation commerciale de la voirie publique, *JCP Adm. 2016. 2213*. – BRENET, Le contrat domanial, *AJDA 2016. 1803*. – CLAMOUR, Le sort des contrats domaniaux, *RFDA 2016. 270*. – DELVOLVÉ, Service public, travaux publics, domaine public : les transformations de la concession, *Mél. Long, Dalloz, 2016* ; Les contrats de la « commande publique », *RFDA 2016. 200*. – MAUGÜE et BACHELIER, Le CGPPP : bilan d'étape avant de nouvelles évolutions, *AJDA 2016. 1785*. – NOGUELLOU, L'attribution des autorisations domaniales : feu l'arrêt Jean Bouin, *AJDA 2016. 2176*. – FATÔME et LAFAIX, Attribution et consolidation des titres d'occupation du domaine public, *AJDA 2017. 611*. – LLORENS et SOLER-COUTEAUX, Concession et occupation du domaine public, *Rev. CMP 2017. Repère 3*. – ROUX, Loi Sapin II et droit de la commande publique : un pas (déjà) en arrière, trois bonds (bientôt ?) en avant, *Dr. adm. 2017. Alerte 15*. – CALMETTE, Le principe de précarité des autorisations domaniales : vers un changement de paradigme ?, *JCP Adm. 2017. Actu. 522*. – BERNARDI, Publicité et mise en concurrence : quel type de procédure mettre en place en pratique, dans quels cas ?, *AJCT 2017. 489*. – CLAMOUR, Une nouvelle donne pour l'occupation domaniale, *Rev. CMP 2017. Comm. 114* ; La mise en concurrence domaniale, *BCJP 2017. 205*. – DOUENCE, La réforme inaboutie de l'ordonnance relative à la propriété des personnes publiques, *Dr. de la voirie 2017. 118*. – HANSEN, La réforme du code général de la propriété des personnes publiques, *JCP Adm. 2017. 2122*. – LENOIR, La domanialité publique à l'épreuve du droit de l'Union. – À propos de l'ordonnance n° 2017-562 du 19 avril 2017, *JCP 2017. 1000*. – MAUGÜE et TERNEYRE, Ordonnance domaniale : un bel effort pour la modernisation du CGPPP !, *AJDA 2017. 1606*. – PATINO-MARTIN, La version domaniale de la quasi-régie, *JCP Adm. 2017. 420*. – ROUX, La dévolution transparente des titres d'occupation du domaine public, comm. de l'ordonnance n° 2017-562 du 19 avril 2017 relative à la propriété des personnes publiques, *Dr. adm. 2017. Étude 10*. – SORBARA, La modernisation du droit des propriétés publiques par l'ordonnance n° 2017-562 du 19 avril 2017, *RFDA 2017. 705*. – SUDRES, Occupation du domaine privé, ordonnance du 19 avril 2017 et mise en concurrence, *AJDA 2017. 2110*. – LEKKOU, Vers un code de la commande publique : l'obligation de mettre en concurrence les titres d'occupation du domaine public, *JCP Adm. 2018. 2003*. – DE GAUDEMAR, Incidences domaniales de la loi olympique, *ibid. 2157*. – KOEBEL, Procédure de sélection préalable et titre d'occupation temporaire, *Rev. CMP 2019, comm. 108*. – SCHMALTZ, Actes du colloque : Domanialité publique et mise en concurrence, *Toulouse, 28 sept. 2018, Droit et Ville 2019* ; Mise en concurrence et propriétés publiques : quel champ d'application, *ibid. p. 5*. – KALFLÈCHE, Une frontière complexe : la distinction entre les contrats domaniaux et les contrats de la commande publique, *Droit et Ville 2019, p. 35*. – SORBARA, L'inadéquation du régime du domaine public aux halles et marchés, *ibid. p. 65*. – GLINEL, Contrats domaniaux et procédures de mise en concurrence : à la recherche d'une mise en cohérence des catégories juridiques, *ibid., p. 77*. – SCHMIEDERER, Mise en concurrence des occupations : retour à la précarité ?, *ibid. p. 95*. – ALLAIRE, La mise en concurrence préalable à la cession des biens immobiliers des collectivités territoriales : le cas du stade de la Beaujoire, *ibid. 2019, p. 111*. – ECKERT, Commande publique-Notre Dame de Paris : de l'émotion à l'exception, *Rev. CMP 2019, repère 6*. – NOUAL, Notre-Dame du Droit, *JCP Adm. 2019, actu 30*. – TOUZEAUD-MOUFLARD, Loi Notre-Dame de Paris : déconstruire le droit pour reconstruire le patrimoine ?, *Dr. Voirie 2019, n° 210, p. 198*. – VASEUX, Les contrats de sous-occupation du domaine public doivent-ils être précédés d'une procédure de sélection préalable, *JCP Adm. 2019. 2177*.

▸ **Circulaires :** Circulaire n° CPAE1727822C du 19 octobre 2017 relative à l'application des dispositions de l' ordonnance n° 2017-562 du 19 avril 2017 aux professions foraines et circassiennes. – Circulaire n° INTB1821748J du 7 août 2018 relative à l'enquête sur les conditions d'application de l'ordonnance du 19 avril 2017 s'agissant des activités foraines et circassiennes. – Circulaire n° INTA1919298J du 22 juillet 2019 modifiant la circulaire n° CPAE1727822C du 19 octobre 2017 relative à l'application des dispositions de l'ordonnance n° 2017-562 du 19 avril 2017 aux professions foraines et circassiennes.

COMMENTAIRE

I. ABSENCE INITIALE DE PUBLICITÉ ET MISE EN CONCURRENCE DANS LA DÉLIVRANCE DU TITRE

A. REFUS INITIAL DE LA JURISPRUDENCE ADMINISTRATIVE D'ENCADRER L'ATTRIBUTION DES TITRES D'OCCUPATION DU DOMAINE PUBLIC

Classiquement, la passation d'un contrat (ou l'octroi d'une autorisation unilatérale) ayant pour seul objet l'occupation du domaine public n'obéissait à aucune procédure particulière, ce qui signifiait notamment qu'il n'y avait pas de soumission de principe aux exigences de publicité et de mise en concurrence. En effet, aucun texte législatif ou réglementaire, ni aucun arrêt de principe du Conseil d'État n'avait soumis les conventions d'occupation du domaine public dans leur ensemble à des obligations minimales de transparence (il existait uniquement des textes prévoyant une mise en concurrence préalable pour certaines conventions domaniales particulières), la soumission avérée de ces contrats aux règles du droit de la concurrence et des actes unilatéraux les autorisant (CE, sect., 26 mars 1999, *Sté Hertz et a. : Lebon 96, concl. Stahl*) ne devant pas être confondue avec l'éventuelle existence d'une obligation de publicité et de mise en concurrence.

Ce principe, confirmé par le Conseil d'État (CE, sect., 3 déc. 2010, *Ville de Paris et Assoc. Paris Jean-Bouin*, n° 338272 : V. note 118 ss. art. L. 2122-1), devait être combiné avec trois autres règles.

La première était celle suivant laquelle certaines conventions ayant pour objet de permettre l'occupation du domaine public étaient en même temps des contrats de la commande publique (marchés publics ou concessions de service, de service public ou de travaux), c'est-à-dire, des contrats dits « à procédure ». Elles étaient alors évidemment soumises au régime de passation correspondant. Et l'on sait qu'il n'était pas toujours aisé de distinguer une convention domaniale « simple » d'une délégation de service public, par exemple, comme l'illustre le cas emblématique de l'occupation du stade Jean-Bouin, objet d'une importante divergence de vues entre juridictions administratives.

La deuxième règle était celle qui prévoyait que s'il s'avérait que la procédure engagée était susceptible d'aboutir soit à la conclusion d'une convention portant simplement occupation du domaine public, dont la passation n'était soumise à aucune procédure particulière, soit à la signature d'un « contrat à procédure » (en l'espèce une délégation de service public), il convenait d'appliquer à la procédure de passation du contrat la procédure la plus rigoureuse (CE 10 juin 2009, *Port autonome de Marseille c/ Société Nigel Bueguess Ltd*, n° 317671 : *Lebon T. 840 ; Rev. CMP 2009, n° 286, note Wimmer ; RLCT oct. 2009. 29, chron. Idoux ; RJEP 2010, n° 9, note Chamard-Heim*).

La troisième règle était une déclinaison du principe suivant lequel l'administration doit respecter les règles de forme et de procédure qu'elle s'est elle-même imposées. Le gestionnaire du domaine public était ainsi dans l'obligation de suivre la procédure de sélection qu'il s'était lui-même imposée et d'assurer un traitement égalitaire de l'ensemble des candidats (CAA Douai, 15 juin 2010, *Dufour*, n° 09DA01456 : *AJDA 2010. 1465, chron. Lepers*).

Autrement dit, et sauf dans les deux premières hypothèses ci-dessus mentionnees, « aucune disposition législative ou réglementaire ni aucun principe n'imposent à une personne publique d'organiser une procédure de publicité préalable à la délivrance d'une autorisation ou à la passation d'un contrat d'occupation d'une dépendance du domaine public, ayant dans l'un ou l'autre cas pour seul objet l'occupation d'une telle dépendance » et ce « même lorsque l'occupant de la dépendance domaniale est un opérateur sur un marché concurrentiel » (CE, sect., 3 déc. 2010, *Ville de Paris et Assoc. Paris Jean-Bouin, préc.* ; TA Paris, 16 mai 2017, *Sté Paris Tennis*, n° 1603843).

Pour autant, rien n'interdisait à l'autorité gestionnaire du domaine de mettre en œuvre une procédure de publicité ainsi que, le cas échéant, de mise en concurrence, afin de susciter des offres concurrentes, en l'absence de tout texte l'imposant.

B. UN REFUS CONTESTÉ

La question du développement du champ d'application des obligations de publicité et de mise en concurrence en matière d'octroi des titres d'occupation privative du domaine public (le débat se posant au demeurant en des termes largement comparables au sujet de l'occupation du domaine privé) a été âprement discutée en doctrine et a donné lieu à quelques jugements remarqués de tribunaux administratifs avant que le Conseil d'État ne mette un terme à ce débat par son arrêt précité du 3 décembre 2010.

Un élément essentiel de la discussion est en effet à rechercher dans un important arrêt de la Cour de justice des Communautés européennes (CJCE 7 déc. 2000, *Telaustria et Telefonadress*, n° C-324/98 : *Rec. I-1851 ; AJDA 2001. 106, note Richer*), prolongement d'une décision plus ancienne et moins remarquée (CJCE 18 juin 1985, *Steinhauer c/ Ville de Biarritz*, n° C-197/84 : *Rec. I-1819*), qui a pu être interprété comme impliquant une telle obligation générale de mise en concurrence. Il indique que « les entités adjudicatrices [...] sont [...] tenues de respecter les règles fondamentales du traité » même en dehors du champ d'application des directives marchés publics. Pèse sur elles une « obligation de transparence » qui « consiste à garantir, en faveur de tout soumissionnaire potentiel, un degré de publicité adéquat ». Cette position a été reprise par le Conseil de la concurrence (avis n° 04-A-19 du 21 oct. 2004 relatif à l'occupation du domaine public pour la distribution de journaux gratuits, *RJEP 2005. 144, note P. D.*), qui a affirmé que, même « en l'absence de textes, la collectivité doit organiser sa propre procédure pour la délivrance d'autorisations domaniales à des opérateurs économiques. A ce titre, une publicité préalable est recommandée afin d'informer les opérateurs susceptibles d'être intéressés ».

Le Conseil d'État s'est également prononcé, certes dans les considérations générales de son rapport public 2002 et non dans un arrêt, dans le sens d'une soumission de toutes les conventions d'occupation du domaine public à des obligations de publicité et de mise en concurrence (*EDCE 2002, n° 53, p. 380*). Et le commissaire du gouvernement Casas a également relevé que déduire de la jurisprudence « Telaustria » une obligation à la charge des « maîtres du domaine de mettre en œuvre une publicité adéquate ou adaptée avant la passation d'une concession domaniale [...] ne serait sans doute pas inconcevable et mériterait que l'on y réfléchisse de près avant que la Cour de justice ne se saisisse elle-même de la question » (concl. sur CE, ass., 4 nov. 2005, *Sté Jean-Claude Decaux : Lebon 478*). Le président Ménéménis est même allé jusqu'à tracer les grandes lignes de ce qu'aurait pu être la position du Conseil d'État (Contrats de mobilier urbain : quelques éléments de réflexion sur les arrêts Decaux, *AJDA 2006. 120*). Son raisonnement était le suivant : « Soit un contrat par lequel une personne publique permet à son cocontractant d'exploiter une source de revenus, c'est-à-dire un contrat relevant de ce qu'on a appelé la logique concessive. Rien n'est plus banal, bien entendu, sur un marché économique, qu'une telle exploitation. Mais si une personne publique choisit celui qui exploitera cette source de revenus, ce choix est présumé, pour les raisons qui ont été dites, "perturbateur". Il convient donc de garantir la liberté d'accès à cette source de revenus pour tous les opérateurs qu'elle intéresse et, pour tous les opérateurs candidats, l'égalité de traitement de la part de la personne publique qui sélectionnera l'un d'entre eux. C'est une façon de dire que le choix de la personne publique, dans une telle hypothèse, devra résulter de la mise en œuvre de procédures transparentes de publicité et de mise en concurrence ». Et l'auteur d'ajouter que, « en s'engageant dans la voie qui est ici esquissée, le juge administratif n'aurait donc pas à définir prétoriennement des procédures formalisées. Il lui appartiendrait seulement de poser, dans certaines hypothèses, quelques exigences de principe pour l'exercice de leur liberté contractuelle par les personnes publiques. Mettre en œuvre une publicité adéquate afin d'informer les opérateurs potentiellement intéressés de leurs projets et de susciter parmi eux des offres concurrentes, indiquer clairement selon quelle méthode et au regard de quels critères elles entendent sélectionner leurs futurs cocontractants, garantir une stricte égalité de traitement à tous les candidats : telles seraient les obligations à respecter par les personnes publiques ».

Eu égard à la diversité des occupations du domaine public et à la difficulté de toutes les soumettre à mise en concurrence (l'exemple des terrasses de café revenant de manière récurrente sous la plume de la plupart des auteurs s'étant intéressés à la question), il a pourtant semblé judicieux de ne pas inscrire dans le code des règles générales de publicité et de mise en concurrence des conventions d'occupation du domaine public. Certains tribunaux administratifs n'avaient pas hésité à franchir le pas avant que le Conseil d'État n'intervienne.

Le tribunal administratif de Nîmes a ainsi jugé qu'une convention d'occupation du domaine public n'est pas exclue du champ d'application des règles fondamentales posées par le traité de l'Union européenne, qui soumettent l'ensemble des contrats conclus par les pouvoirs adjudicateurs aux obligations minimales de publicité et de transparence propres à assurer l'égalité d'accès à ces contrats, et qu'elle ne peut, par conséquent, être conclue sans formalité préalable de publicité et de mise en concurrence (TA Nîmes, 24 janv. 2008, *Sté des trains touristiques G. Eisenreich* : *AJDA 2008. 2172, note Dreyfus* ; *Dr. adm. 2009, n° 6, note Battoue*). Quant au tribunal administratif de Versailles, il a estimé que la passation d'un bail emphytéotique administratif est soumise aux règles fondamentales du traité de l'Union européenne qui soumettent l'ensemble des contrats conclus par les pouvoirs adjudicateurs aux obligations minimales de publicité et de transparence propres à assurer l'égalité d'accès à ces contrats. Et le degré de publicité et de transparence doit être adéquat au regard de l'objet, du montant financier et des enjeux économiques du contrat (TA Versailles, 5 janv. 2010, *Guyard* : *AJDA 2010. 1196, concl. Sorin*. Ce jugement a été annulé en appel par : CAA Versailles, 21 juill. 2011, *Sté du Golf de Verrières*, n°s 10VE00770 et 10VE00774 : *AJDA 2011. 2105* ; *JCP Adm. 2011. Actu. 653, obs. Sorbara* ; *Rev. CMP 2011, n° 354, note Eckert*). Le tribunal administratif de Paris contribue également à ce débat lorsqu'il affirme que si un contrat relatif à la mise à disposition des usagers de photocopieurs et cabines photographiques dans les mairies d'arrondissement n'est ni un marché public, ni une délégation de service public et n'est pas soumis à une obligation de mise en concurrence, il convient de vérifier s'il n'entre pas dans le champ d'application du principe suivant lequel une convention ayant pour objet la valorisation du domaine, de fournir une prestation répondant aux besoins définis par la personne publique et susceptible, compte tenu de ses caractéristiques, d'intéresser des opérateurs économiques implantés sur le territoire d'autres États membres de l'UE, en raison notamment de la valeur estimée, en liaison avec sa technicité, ou sa localisation, doit être soumise à concurrence compte tenu de l'obligation communautaire de transparence (TA Paris, 12 mars 2010, *Sté Cybervitrine* : *BJCP 2010. 298*). Par son arrêt *Ville de Paris et Association Paris Jean Bouin* du 3 décembre 2010, la Section du contentieux a privilégié le *statu quo* et refusé toute évolution. Celle-ci a fini par intervenir sous la pression de la Cour de Justice européenne et a été opérée par l'ordonnance n° 2017-562 du 19 avril 2017 relative à la propriété des personnes publiques.

II. ENCADREMENT DE L'ATTRIBUTION DES TITRES D'OCCUPATION DU DOMAINE PUBLIC ACCORDÉS EN VUE D'UNE EXPLOITATION ÉCONOMIQUE

A. UN ENCADREMENT IMPOSÉ

L'encadrement de l'attribution des titres d'occupation du domaine public est intervenu sous la pression de la Cour de justice de l'Union européenne (CJUE 14 juill. 2016, *Promoimpresa Srl*, n° C-458/14 et *Marion Melis et a.*, n° C-67/15 : *AJDA 2016. 2176, note Noguellou* ; *ibid. 2478, chron. Nicinski* ; *ACCP 2016, n° 169, p. 70, note Proot* ; *Rev. CMP 2016. Comm. 291* ; *GDDAB, 3e éd., 2018. Comm. 56, obs. Noguellou*) qui a clairement remis en cause la jurisprudence « Jean Bouin » de 2010. En effet, elle a jugé que la directive « services » de 2006 (Dir. n° 2006/123 du 12 déc. 2006 relative aux services dans le marché intérieur) s'appliquait aux actes ayant pour objet d'autoriser « l'exercice [d']une activité économique dans une zone domaniale » (pt 47). Pour la Cour, l'octroi des concessions domaniales (en l'espèce des concessions de plages maritime et lacustre en Italie) est assimilable à un régime d'autorisation au sens de l'article 12-1 de la directive n° 2006/123 : les titres d'occupation du domaine public, qu'ils prennent la forme d'actes unilatéraux ou de conventions, constituent « des actes formels devant être obtenus par les prestataires auprès des autorités nationales afin de pouvoir exercer leur activité économique ». Par conséquent, les États membres doivent « appliquer une procédure de sélection entre les candidats potentiels qui prévoit toutes les garanties d'impartialité et de transparence, notamment la publicité adéquate de l'ouverture de la procédure, de son déroulement et de sa clôture ». L'application de la directive « services » vient compléter celle de la directive « concessions ». Ces deux textes visent, en effet, des hypothèses différentes mais conduisent, en définitive, à cerner et à encadrer la délivrance des titres d'occupation du domaine public. Dans toutes les hypothèses où l'occupation du domaine public s'inscrit dans un acte de commande publique (marché ou concession), c'est bien entendu les règles de publicité imposées par les directives

« marchés » ou « concessions » du 26 février 2014 qui doivent s'appliquer. On notera d'ailleurs que l'adoption de la directive « concessions » et son application aux concessions de services change la donne du point de vue des concessions domaniales puisqu'un contrat, tel que celui qui était en cause dans l'affaire « Jean Bouin » et que le Conseil d'État avait refusé d'assimiler à une délégation de service public, serait aujourd'hui qualifié de concession de services et ne pourrait donc pas être attribué de gré à gré. Parallèlement, dans les hypothèses où l'occupation domaniale n'est pas rattachable à un acte de commande publique (ce qui est le cas des contrats « secs » d'occupation du domaine public dont l'objet est simplement de permettre à un opérateur d'exercer une activité économique sur le domaine public), la directive « services » s'applique et exige une publicité adéquate comme cela a été indiqué dans l'arrêt du 14 juillet 2016. On notera que le Conseil d'État s'était montré favorable à une évolution du droit positif sur ce point en proposant, dans son rapport public pour 2015, d'appliquer le principe de transparence aux conventions domaniales sèches (Conseil d'État, L'action économique des personnes publiques, *Doc. fr., 2015, proposition n° 48*).

B. UN ENCADREMENT EFFECTIF

Alors que la loi « Sapin I » du 29 janvier 1993 (L. n° 93-122 du 29 janv. 1993 relative à la prévention de la corruption et à la transparence de la vie économique et des procédures publiques) avait encadré la passation des délégations de service public, c'est la loi « Sapin II » du 9 décembre 2016 (L. n° 2016-1691 du 9 déc. 2016 relative à la transparence, à la lutte contre la corruption et à la modernisation de la vie économique, *JO 10 déc.*) qui a permis l'encadrement de l'attribution de certains titres d'occupation du domaine public. Son article 34 a autorisé le gouvernement à légiférer par voie d'ordonnance, dans un délai de douze mois, pour moderniser et simplifier « 1° Les règles d'occupation et de sous-occupation du domaine public, en vue notamment de prévoir des obligations de publicité et de mise en concurrence préalable applicables à certaines autorisations d'occupation et de préciser l'étendue des droits et obligations des bénéficiaires de ces autorisations ». L'ordonnance n° 2017-562 du 19 avril 2017 relative à la propriété des personnes publiques a opéré la réforme tant attendue en modifiant et complétant les articles L. 2122-1, L. 2122-2, L. 2122-7, L. 2341-1 du CGPPP, ainsi que l'article L. 1311-3 du CGCT, et a inséré les nouveaux articles L. 2122-1-1 à L. 2122-1-4 dans le CGPPP.

1° Champ d'application de l'obligation d'organiser une procédure de sélection transparente préalable à l'attribution des titres d'occupation du domaine public en vue d'une exploitation économique

Principe. Sauf dispositions législatives contraires, l'article L. 2122-1-1 du CGPPP consacre l'obligation pour l'autorité compétente (qui peut être la personne publique propriétaire ou l'autorité gestionnaire) d'organiser librement une procédure de sélection préalable destinée à l'attribution d'un titre d'occupation du domaine public, unilatéral ou conventionnel, en vue d'une exploitation économique. Cette obligation ne concerne donc pas les titres d'occupation du domaine privé (contrairement à ce qui est affirmé dans le rapport au Président de la République relatif à l'ordonnance qui précise, à tort, que l'art. 3 de l'Ord. du 19 avr. 2017 impose « de soumettre à la délivrance de certains titres d'occupation du domaine public et privé à une procédure de sélection... ») et ne pouvait d'ailleurs pas le concerner puisque la loi « Sapin II » n'avait habilité le gouvernement à légiférer par voie d'ordonnance qu'en ce qui concerne « les règles d'occupation et de sous-occupation du domaine public ». Il reste que cette limitation pose question au regard de la directive Services qui n'exclut pas le domaine privé de son champ d'application.

Ce ne sont pas toutes les occupations du domaine public qui sont soumises au principe de transparence préalable, mais seulement celles qui sont attribuées en vue d'une exploitation économique. Le domaine public n'est pas considéré, en soi, comme un objet d'exploitation économique, dont l'occupation nécessite d'être systématiquement autorisée dans le cadre d'une procédure transparente. Il reste que la formule « en vue d'une exploitation économique » retenue par l'ordonnance est suffisamment large pour permettre un encadrement efficace des titres d'occupation du domaine public. En effet, les activités de production, de distribution et de services exercées sur le domaine public ou liées à l'utilisation du domaine public, à l'exclusion des activités de puissance publique ou de sécurité sociale à caractère obligatoire, sont traditionnellement considérées comme des activités économiques (Maugüé et Terneyre, Ordonnance domaniale : un bel effort pour la modernisation du CGPPP !, *AJDA 2017. 1606*). Il semble difficile de considérer, comme le font parfois certains auteurs (par exemple : Vaseux, Les contrats de sous-occupation du domaine public doivent-ils être précédés d'une procédure de sélection préalable, *JCP Adm 2019. 2177*), que le principe de l'organisation d'une procédure de sélection préalable imposé par l'ordonnance n° 2017-562 du 19 avr. 2017 pour les contrats d'occupation du domaine public en vue d'une exploitation économique vaut également pour les contrats de sous-occupation du domaine public.

Dérogations prévues par le code. L'ordonnance du 19 avril 2017 détermine les hypothèses particulières dans lesquelles l'autorité propriétaire ou gestionnaire du domaine public n'est pas tenue d'organiser une procédure de sélection en vue de l'attribution du titre d'occupation du domaine public. D'autres exceptions ont été ajoutées par des textes ultérieurs.

L'article L. 2122-1-2 du CGPPP détermine quatre hypothèses dans lesquelles l'autorité compétente n'est pas tenue d'organiser une procédure transparente destinée à l'attribution d'un titre d'occupation du domaine public en vue de l'exercice d'une activité économique : 1°) lorsque la délivrance du titre s'insère dans une opération donnant lieu à une procédure présentant les mêmes caractéristiques que la procédure déterminée par le premier alinéa de l'article L. 2122-1-1 (cas des titres domaniaux dont la délivrance est déjà encadrée comme c'est le cas, par ex., pour les concessions et sous-concessions de plages) ; 2°) lorsque le titre d'occupation est conféré par un contrat de la commande publique ou que sa délivrance s'inscrit dans le cadre d'un montage contractuel ayant, au préalable, donné lieu à une procédure de sélection ; 3°) lorsque l'urgence le justifie, la durée du titre ne pouvant alors excéder un an ; 4°) lorsque le titre a pour objet de prolonger une autorisation existante, à condition toutefois que sa durée totale n'excède pas celle qui est nécessaire à l'amortissement des investissements ou n'excède pas la durée nécessaire au dénouement, dans des conditions acceptables notamment d'un point de vue économique, des relations entre l'occupant et l'autorité compétente.

A ces quatre hypothèses prévues par l'article L. 2122-1-2 du CGPPP, l'article L. 2122-1-3 ajoute que la procédure de sélection n'est pas obligatoire lorsque son organisation est « impossible ou non justifiée ». La circulaire de la direction générale des finances publiques du 19 octobre 2017 (n° CPAE1727822C) précise « qu'en attendant que la jurisprudence ait précisé cette notion, il paraît possible de considérer que la sélection préalable est "non justifiée" lorsque les enjeux économiques et les enjeux en termes de respect de la concurrence sont très faibles, au point que le recours à la sélection apparaît disproportionné ». Selon l'article L. 2122-1-3, l'autorité compétente peut délivrer le titre à l'amiable, c'est-à-dire sans publicité ni mise en concurrence, dans cinq hypothèses non exhaustives. En premier lieu, l'autorité compétente est dispensée d'organiser une procédure de sélection lorsqu'une seule personne est en droit d'occuper le domaine public en cause. Cette dispense vaut également, en deuxième lieu, lorsque le titre est délivré à une personne publique dont la gestion est soumise à la surveillance directe de l'autorité compétente ou à une personne privée sur les activités de laquelle l'autorité compétente est en mesure d'exercer un contrôle étroit. Même si le terme n'est pas employé par l'article L. 2122-1-3 du CGPPP, le vocabulaire utilisé (surveillance directe, contrôle étroit) renvoie très clairement aux relations de type « *in house* » descendant que le droit de la commande publique connaît bien. Il est difficile de déterminer s'il faut accorder une importance particulière à la différence opérée entre la surveillance directe exercée sur une personne publique et le contrôle étroit exercé sur une personne privée. En troisième lieu, le titre domanial peut être accordé à l'amiable lorsqu'une première procédure de sélection s'est révélée infructueuse ou qu'une publicité suffisante pour permettre la manifestation d'un intérêt pertinent est demeurée sans réponse. En quatrième lieu, la dispense de procédure de sélection est possible lorsque les caractéristiques particulières de la dépendance, notamment géographiques ou fonctionnelles, ses conditions particulières d'occupation ou d'utilisation, ou les spécificités de son affectation le justifient au regard de l'exercice de l'activité économique. Cette dérogation vise, sans la nommer clairement, la situation des « terrasses de café » ou plus globalement des commerces qui, en raison de la configuration des lieux, ont une sorte de vocation « naturelle » à occuper la dépendance domaniale. En dernier lieu, des impératifs tenant à l'exercice de l'autorité publique ou à des considérations de sécurité publique justifient l'attribution à l'amiable des titres d'occupation du domaine public. Dans chacune de ces cinq hypothèses, obligation est faite à l'autorité compétente de rendre publiques les considérations de droit et de fait l'ayant conduite à ne pas mettre en œuvre la procédure de sélection. Même si elle intervient *a posteriori*, cette publicité motivée permet d'assurer l'information des tiers intéressés, qui pourront alors contester, le cas échéant, le choix opéré par la personne publique propriétaire ou le gestionnaire du domaine de recourir à une attribution à l'amiable du titre domanial.

A ces dérogations prévues par l'ordonnance de 2017, il faut ajouter l'exception prévue par l'article L. 2122-1-3-1 (issue de la loi ELAN, n° 2018-1021 du 23 nov. 2018 portant évolution du logement, de l'aménagement et du numérique, *JO 24 nov. 2018*), concernant les titres d'occupation destinés à l'installation et à l'exploitation d'un réseau de communications électroniques ouvert au public. Cette dérogation s'explique par le faire que les opérateurs de réseaux de communication ouverts au public disposent d'un « quasi-droit à occupation domaniale, notamment sur le domaine public routier. – V. art. L. 47 et L. 47-1 CPCE et Roux, Léger, Élan domanial en faveur du logement, *JCP A 2019. 2025 ; Propriétés publiques et loi ELAN : un léger vent de libération, Dr. voirie 2019, p. 51.*

Dérogations extérieures au code. Aux dérogations prévues par le code s'ajoutent celles qui sont consacrées par une législation extérieure au code général de la propriété des personnes publiques. L'article 17 de la loi n° 2018-202 du 26 mars 2018 relative à l'organisation des jeux Olympiques et Paralympiques de 2024 dispose que l'article L. 2121-1 du CGPPP n'est pas applicable lorsque le titre domanial, accordé pour occuper des dépendances du domaine public dédiées aux jeux Olympiques et Paralympiques de 2024, est délivré au comité d'organisation des jeux Olympiques et Paralympiques ou lorsque ce dernier délivre des titres de sous-occupation sur ces mêmes dépendances aux partenaires de marketing olympique au sens du contrat de ville hôte. En contrepartie de cette dispense, il appartient au comité d'organisation de sélectionner ses partenaires de marketing selon une procédure qu'il organise, présentant toute les garanties d'impartialité et de transparence et comportant des mesures de publicité permettant aux candidats potentiels de se manifester. Par dérogation au premier alinéa de l'article L. 2125-1 du CGPPP, les titres de sous-occupation du domaine public peuvent être délivrés gratuitement par le comité d'organisation aux partenaires de marketing olympique, au sens du contrat de ville hôte, pour tenir compte de leur participation au financement d'infrastructures ou aux dépenses liées à l'organisation des jeux Olympiques et Paralympiques de 2024.

2° Procédures de sélection

L'attribution du titre domanial peut intervenir au terme d'une procédure de sélection de droit commun, d'une procédure allégée ou faire suite à une initiative spontanée.

La procédure de droit commun est prévue par l'article L. 2122-1-1 du CGPPP qui dispose que « l'autorité compétente organise librement une procédure de sélection préalable présentant toutes les garanties d'impartialité et de transparence, et comportant des mesures de publicité permettant aux candidats potentiels de se manifester ». Incontestablement, cette procédure de sélection n'a rien de commun avec les procédures de passation formalisées qui gouvernent les contrats les plus importants de la commande publique. L'autorité compétente bénéficie d'une très grande liberté dès lors qu'elle respecte les règles élémentaires d'impartialité, de transparence et de publicité. La publicité doit permettre aux candidats potentiels de se manifester, ce qui suppose de choisir un support adapté, tant du point de vue de l'activité économique concernée que du point de vue du périmètre géographique concerné (il n'est pas certain que la mise en ligne sur le site internet de la personne publique sera toujours suffisante). Pour importante qu'elle soit la publicité n'est qu'un élément de la procédure de sélection et il faudra donc que l'autorité compétente détermine avec précision l'objet de l'occupation domaniale (nature des dépendances, surfaces, etc.) ainsi que les critères de sélection des candidatures et des offres. Naturellement, ces critères devront garantir l'impartialité et la transparence de la procédure de sélection. On notera que certains textes imposent d'utiliser cette procédure de sélection préalable à l'occupation ou à l'utilisation du domaine public pour déterminer le niveau de la redevance domaniale (par exemple au sujet de la redevance – dite « de prise et de rejet d'eau » – due par les titulaires de titre d'occupation et d'utilisation temporaire du domaine public qui implantent des ouvrages de prise et de rejet d'eau – à l'exception des ouvrages inclus dans une concession hydroélectrique- dans le réseau de voies navigables confié à Voies navigables de France – V. Décr. n° 2019-1356 du 13 déc. 2019 relatif aux redevances de prise et de rejet d'eau dans le domaine public fluvial confié à Voies navigables de France).

Le recours à une procédure allégée de sélection est permis par le même article L. 2122-1-1. Son alinéa 2 dispose que « lorsque l'occupation ou l'utilisation autorisée est de courte durée ou que le nombre d'autorisations disponibles pour l'exercice de l'activité économique projetée n'est pas limité, l'autorité compétente n'est tenue que de procéder à une publicité préalable à la délivrance du titre, de nature à permettre la manifestation d'un intérêt pertinent et à informer les candidats potentiels sur les conditions générales d'utilisation » (V. art. L. 1237-1 C. transp. qui applique cette solution aux activités de free floating sur le domaine public). Selon le rapport au Président de la République, cette procédure vise les occupations de courte durée délivrées quotidiennement par les personnes publiques (manifestations artistiques et culturelles, manifestations d'intérêt local, privatisations temporaires de locaux...) pour lesquelles de simples mesures de publicité préalable devront être mises en œuvre. La circulaire du ministère de l'Intérieur du 22 juillet 2019 (INTA1919298J) précise que la notion de courte durée doit s'entendre – s'agissant des professions itinérantes liées aux activités foraines et circassiennes – comme une « durée inférieure ou égale à quatre mois ». Les autorités gestionnaires du domaine public conservent toutefois la possibilité de la moduler à la marge, tout particulièrement s'il s'agit de la faire coïncider avec la saisonnalité de l'activité concernée et, d'une façon générale, pour tenir compte du contexte et des enjeux identifiés au niveau local. Le recours à la simple publicité préalable est également possible lorsqu'il existe une offre foncière disponible suffisante pour l'exercice de l'activité projetée, c'est-à-dire lorsque le nombre d'autorisations disponibles pour l'exercice d'une activité donnée est suffisant par rapport à la demande. Des textes extérieurs au CGPPP permettent de recourir à une procédure de sélection allégée pour des motifs distincts de ceux énoncés par l'article L. 2122-1-1 (occupation de courte durée ou nombre d'autorisations disponible non limité). Tel est le cas de l'article 11-II de la loi n° 2019-803 du 29 juillet 2019 (pour la conservation et la restauration de la cathédrale Notre-Dame de Paris et instituant une souscription nationale à cet effet) qui dispose qu'en vue de la valorisation culturelle, artistique et pédagogique du chantier de la conservation et de la restauration de la cathédrale Notre-Dame de Paris, l'autorité compétente peut autoriser l'occupation ou l'utilisation du domaine public pour l'exercice d'une activité économique, après une publicité préalable à la délivrance du titre de nature à permettre la manifestation d'un intérêt pertinent et à informer les candidats potentiels sur les conditions générale d'attribution préalablement à la décision.

Enfin, l'article L. 2122-1-4 du CGPPP autorise, tout en l'encadrant, l'attribution du titre domanial à la suite d'une manifestation d'intérêt spontané. Dans cette hypothèse, l'autorité compétente est tenue de s'assurer, préalablement à l'attribution du titre, et par une publicité suffisante, de l'absence de toute autre manifestation d'intérêt concurrente (V. TA Marseille, 18 avr. 2019, *Ass. collectif de défense du littoral 13*, n° 1902792 : *AJCT 2019. 412, note Noual* ; *Rev. CMP 2019, chron. 27, obs. Soler-Couteaux, Zimmer et Waltuch* : nécessité que l'avis sollicite une manifestation d'intérêt concurrente et ne se borne pas à porter à la connaissance du public la demande de concession).

Ces procédures de sélection n'étant pas intégrées au droit de la commande publique, il est exclu que leur régularité puisse être contestée devant le juge du référé précontractuel ou contractuel (la question ne se posant évidemment que pour les autorisations contractuelles d'occupation du domaine public). Les tiers lésés ne peuvent contester la légalité du titre d'occupation que dans le cadre d'un recours en contestation de validité du contrat (pour les titres contractuels) ou d'un recours pour excès de pouvoir (pour les titres unilatéraux), qu'ils pourront compléter, dans les deux cas, par référé-suspension. Les tiers lésés peuvent également exercer une action en responsabilité contre le propriétaire ou le gestionnaire du domaine au titre de l'indemnisation de la perte de chance.

3° Encadrement de la durée des autorisations d'occupation du domaine public accordées en vue d'une exploitation économique

L'ordonnance du 19 avril 2017 encadre également la durée des autorisations d'occupation du domaine public accordées en vue d'une exploitation économique. Cet encadrement était une nécessité car il aurait été inutile d'imposer une procédure de sélection dont les effets auraient pu être annulés par une remise en concurrence périodique trop lointaine. En toute logique, l'article L. 2122-2 du CGPPP est donc complété par un nouvel alinéa 2 qui dispose que la durée du titre est fixée « de manière à ne pas restreindre ou limiter la concurrence au-delà de ce qui est nécessaire pour assurer l'amortissement des investissements projetés et une rémunération équitable et suffisante des capitaux investis, sans pouvoir excéder les limites prévues, le cas échéant, par la loi ». Les titres domaniaux accordés en vue d'une exploitation économique ne sont donc pas seulement des titres temporaires (comme c'est le cas pour toutes les occupations et utilisations du domaine public), ils doivent aussi préciser la durée pour laquelle ils sont accordés. Cette durée doit être calculée au regard de la durée nécessaire à l'amortissement des investissements projetés, tout en tenant compte d'une rémunération équitable et suffisante des capitaux investis, sans jamais dépasser le plafond que le législateur peut avoir fixé. Pour les autorisations d'occupation du domaine public accordées en vue d'une activité économique, cette règle remet clairement en cause la jurisprudence du Conseil d'État qui admet qu'un titre domanial non constitutif de droits réels puisse être attribué sans précision relative à sa durée (CE 5 févr. 2009, *Assoc. Sté centrale d'agriculture, d'horticulture et d'acclimatation des Alpes-Maritimes*, n° 305021 : *Lebon 20 ; BJCP 2009. 224, concl. Escaut, ibid., note Schwartz ; Rev. CMP 2009. 98, note Eckert ; AJDA 2009. 704, note Dreyfus* ; *Dr. adm. 2009, n° 53, note Melleray ; RDI 2009. 250, note Févrot* ; *RLCT juin 2009. 49, obs. Glaser ; RJEP 2009, n° 42, note Maugüé ; LPA 14 déc. 2009, note Lobel*). Cette nouvelle règle, entrée en vigueur le 1er juillet 2017, n'est pas applicable aux autorisations domaniales en cours d'exécution tant que l'ordonnance du 19 avril 2017 conserve sa valeur réglementaire (un projet de loi de ratification de l'ordonnance a été déposé le 12 juill. 2017 à l'Assemblée nationale). Seule en effet une disposition législative peut porter atteinte aux contrats en cours d'exécution, ce qui suppose que les dispositions qu'elles comportent soient d'ordre public (ce qui n'est pas douteux en ce qui concerne l'art. L. 2122-2, al. 2, CGPPP) ou qu'elles l'indiquent explicitement.

III. LA QUESTION DE L'ENCADREMENT DE L'ATTRIBUTION DES TITRES D'OCCUPATION DU DOMAINE PRIVÉ ACCORDÉS EN VUE D'UNE EXPLOITATION ÉCONOMIQUE

Se fondant sur le fait que la jurisprudence « *Promoimpresa* » (CJUE 14 juill. 2016, n° C-458/14, préc.) ne distingue pas selon que le titre d'occupation concerne le domaine public ou le domaine privé, une réponse ministérielle du 29 janvier 2019 (Rép. min. n° 12868 : *JOAN 29 janv. 2019, p. 861 (Q. 2 oct. 2018, M. Jean-Luc Fugit) ; Rev. CMP 2019. Comm. 108, note Koebel ; Rev. CMP 2019. Chron. 6 et 42, obs. Soler-Couteaux, Zimmer et Waltuch ; Dr. adm. 2019, comm. 21, note Boul ; Dr. voirie 2019, p. 150, note Rollin ; JCP A 2019. 2081, obs. crit. Emery*) considère que les titres d'occupation délivrés en vue de l'exercice d'une activité économique sur le domaine privé devraient être attribués au terme d'une procédure de sélection préalable et transparente. Il n'est pas douteux que la jurisprudence européenne de 2016 et l'ordonnance de 2017 impliquent une évolution significative des conditions d'attribution des titres d'occupation du domaine privé. Il reste que la mise en œuvre d'une procédure de sélection pose également des difficultés importantes, relatives par exemple aux conditions dans lesquelles cette logique concurrentielle peut être conciliée avec le statut de certains baux consentis sur le domaine privé qui implique, notamment, un droit au renouvellement (comme c'est le cas par exemple pour le bail commercial ou le bail rural. – V. en ce sens : Yolka, Occupation du domaine privé et mise en concurrence : le diable est dans les détails, *Dr. voirie 2019. 41* ; Baux commerciaux administratifs et mise en concurrence : concilier l'inconciliable ?, *Loyers et copr. juin 2019, p. 3* ; Mise en concurrence des « baux ruraux administratifs » : la chèvre et le chou ?, *RD rur. mai 2019. 37*). ❑

Art. L. 2122-3 L'autorisation mentionnée à l'article L. 2122-1 présente un caractère précaire et révocable.

BIBL. ▸ V. Bibl. gén. ss. art. L. 2122-1.

COMMENTAIRE

La puissance publique doit pouvoir à tout moment mettre un terme à une utilisation privative pour des circonstances d'intérêt général. Ce qui donne immédiatement à l'autorisation d'occupation un statut temporaire et précaire (les caractères précaire et révocable de l'occupation sont réaffirmés par l'art. R. 2122-1).

I. CARACTÈRE TEMPORAIRE DES UTILISATIONS PRIVATIVES

La protection de l'affectation d'un bien ainsi que le principe d'inaliénabilité font que l'occupation ou l'utilisation privative du domaine public ne peuvent pas être sans limite dans le temps ; au contraire de l'occupation ou de l'utilisation collective, qui consiste bien souvent en une simple circulation sur le domaine. Ainsi, hors cas de retrait, les autorisations d'occupation prennent fin à l'expiration de leur terme ; c'est le sens du caractère temporaire de l'occupation privative. L'Administration peut renouveler son titre à l'issue de l'expiration du délai d'autorisation. Mais le renouvellement n'est pas un droit. Il doit être exprès et non par tacite reconduction, de même que le refus de renouvellement doit être justifié par des motifs d'intérêt général et n'implique pas indemnisation du l'ancien titulaire du droit.

Le caractère temporaire de l'autorisation emporte alors une conséquence mécanique. Le titulaire de l'autorisation doit évacuer la dépendance domaniale occupée. S'il ne le fait pas, le non-renouvellement fait de l'occupant un occupant sans titre. Il encourt une condamnation pour contravention de grande voirie et devra être expulsé par l'Administration (V. commentaire ss. art. L. 2122-1).

Par contre, et contrairement à ce que l'on a longtemps cru, le titre juridique qui autorise une occupation privative ne doit pas forcément préciser, à peine de nullité, la durée pour laquelle l'occupation compatible est consentie (mais dans ce cas-là, la résiliation à tout moment pour motif d'intérêt général demeure possible), sauf si un texte particulier le prévoit. Ainsi, l'article L. 2122-6, alinéa 3, relatif à certaines occupations privatives constitutives de droits réels fixe une durée qui ne peut excéder soixante-dix ans. Quant aux baux emphytéotiques administratifs de l'article L. 1311-2 du code général des collectivités territoriales, leur durée doit être consentie pour plus de dix-huit ans et ne peut dépasser quatre-vingt-dix-neuf ans (V. art. L. 451-1 C. rur.).

On remarquera que cette jurisprudence posant le principe de l'absence d'obligation de fixer à peine de nullité la durée du titre se heurte à la lettre de l'article R. 2122-6 du code qui prévoit que le titre fixe la durée de l'autorisation.

II. CARACTÈRE PRÉCAIRE ET RÉVOCABLE DES UTILISATIONS PRIVATIVES

A. PRINCIPE

1° SIGNIFICATION

Le caractère temporaire de l'occupation privative du domaine public implique la précarité du titre juridique. Aucun titre unilatéral ou conventionnel ne saurait être un obstacle à la libre disposition de la dépendance par la collectivité publique propriétaire. Cela s'explique notamment par le rôle joué par l'affectation et le caractère subordonné de la situation faite aux occupants qui en découle (Y. Gaudemet, Droit administratif des biens, *préc., LGDJ, p. 275*), ainsi que par le principe de libre disposition du domaine. S'il apparaît que l'affectation du domaine ou sa conservation ne sont plus en adéquation avec le titre d'occupation initialement délivré, l'Administration peut toujours disposer du bien. Le titulaire de l'autorisation n'a aucun droit au maintien de son titre jusqu'au terme prévu, pas plus qu'il n'a de droit acquis au renouvellement de l'autorisation ou de l'utilisation ; la personne publique propriétaire peut révoquer le titre juridique au vu de l'incompatibilité constatée. Dans le cadre d'une autorisation unilatérale ou conventionnelle, l'arrêt anticipé peut être justifié par un manquement de l'occupant à ses obligations ou pour des motifs d'intérêt général liés à la volonté de la personne publique propriétaire de récupérer la dépendance pour la rendre accessible au public ou la destiner à un service public.

2° MOTIFS DE LA RÉVOCATION

Le juge admet des motifs de plus en plus larges pour fonder la révocation de l'occupation domaniale par la personne publique. Si, à l'origine, la précarité avait un sens étroit – elle n'existait que dans l'intérêt de la voirie (l'Administration, en conséquence, ne pouvait refuser ou retirer l'autorisation que dans un but de police essentiellement) –, la jurisprudence admet aujourd'hui qu'un refus ou un retrait peuvent être fondés sur des considérations liées non seulement aux intérêts proprement dits du domaine mais aussi à « la sauvegarde d'autres intérêts de caractère général ». Ainsi le juge retient-il des motifs liés à la moralité, à l'esthétique, aux intérêts du service public ou encore des préoccupations purement financières. Cette extension des motifs retenus marque en tout cas la préoccupation de faire du domaine public non plus seulement un bien à protéger mais un bien à valoriser et exploiter. Les deux facettes de ce pouvoir de révocation (pour violation des clauses et conditions du titre ou pour un motif d'intérêt général) sont rappelées par l'article R. 2122-7.

B. EFFETS

La révocation qui découle de la précarité du titre emporte plusieurs conséquences. D'abord, toute clause qui interdirait la résiliation d'un contrat d'occupation domaniale, c'est-à-dire une fin anticipée de l'occupation, est frappée de nullité. La révocabilité des titres autorisant l'occupation privative est d'ordre public. Ce principe découle de l'incompatibilité de la clause avec les principes de la domanialité publique. Ensuite, la contrepartie d'une révocation anticipée du titre autorisant une occupation privative est le droit à indemnisation, alors que, en cas de non-renouvellement, l'occupant n'a aucun droit à indemnité. Ce droit est ouvert uniquement au profit du concessionnaire, sauf si les clauses du contrat en disposent autrement, et non du permissionnaire (sauf si l'abrogation est dans un intérêt autre que celui de la protection domaniale du bien occupé). Toutefois, l'octroi d'une indemnisation est exclu dans le cas d'une résiliation pour faute d'une autorisation conventionnellement accordée, c'est-à-dire lorsqu'il y a inobservation des clauses contractuelles, ou lorsque la révocation anticipée du titre découle d'une mesure générale qui fait disparaître toutes les autorisations qui avaient été délivrées sur le domaine public. La réparation est donc seulement possible lorsque le retrait se fonde sur un motif d'intérêt général ou lorsque l'autorisation d'occupation était constitutive de droits réels. L'article L. 2122-9 dispose à cet égard qu'en cas de retrait de l'autorisation d'occupation constitutive de droits réels sur le domaine public de l'État avant le terme prévu pour un autre motif que l'inexécution de ses clauses, le titulaire est indemnisé du préjudice direct, matériel et certain consécutif à l'éviction anticipée (V. commentaire ss. cet art.). Enfin, on peut relever certains aménagements du principe de précarité car les gestionnaires du domaine n'ont pas forcément intérêt à une remise en cause de la situation juridique créée par l'attribution d'une autorisation d'occupation ou d'utilisation. Un certain nombre de textes législatifs viennent donc assouplir le principe de précarité sans pour autant lui contrevenir. Ainsi en va-t-il des dispositions qui, au vu de la durée de concession accordée, soumettent certains biens à un régime spécifique dérogatoire au statut juridique des autres occupations privatives. Tel est le cas des concessions de sépulture. Les articles L. 2223-14 et suivants du code général des collectivités territoriales disposent que les communes accordent des concessions pour quinze ans ou plus avec une automaticité du renouvellement. D'autres dispositions législatives font déroger certaines autorisations d'occupation temporaire aux principes d'incessibilité et de non-transmissibilité qui doivent les caractériser. C'est le cas de la loi n° 88-13 du 5 janvier 1988 qui a créé le bail emphytéotique administratif, les droits résultant de ce bail pouvant, sous certaines conditions, être cédés avec l'accord de la collectivité territoriale (V. art. L. 1311-13 CGCT) ; de la loi n° 95-66 du 20 janvier 1995, relative à la profession de taxi, qui autorise un taxi à présenter un successeur à l'Administration ; de la loi du 9 juillet 2004, relative aux communications électroniques, qui permet la cession des autorisations d'utilisation de certaines fréquences ; ou de la loi n° 94-631 du 25 juillet 1994, relative à la constitution de droits réels sur le domaine public (codifiées à l'art. L. 2122-7 CGPPP), qui donne la possibilité aux titulaires de titres et de droits de les céder à des personnes agréées par l'Administration. ❑

1. Caractère temporaire de l'utilisation privative et détermination de la durée d'occupation ou d'utilisation. Si les autorisations d'utilisation du domaine doivent en principe être délivrées pour une durée déterminée, la seule circonstance qu'une convention ne conférant pas de droits réels à l'occupant du domaine public ne contenait aucune précision relative à sa durée n'est pas de nature à entacher celle-ci de nullité, car le principe d'inaliénabilité permet au gestionnaire de mettre fin à tout moment à l'autorisation d'occupation consentie, sous réserve de motif d'intérêt général. • CE 5 févr. 2009, *Assoc. Sté centrale d'agriculture, d'horticulture et d'acclimatation des Alpes-Maritimes*, n° 305021 : *Lebon 20 ; BJCP 2009. 224, concl. Escaut et note Schwartz ; Rev. CMP 2009. 98, note Eckert ; AJDA 2009. 704, note Dreyfus ; Dr. adm. 2009, n° 53, note Melleray ; RDI 2009. 250, note Févrot ; RLCT juin 2009. 49, obs. Glaser ; RJEP 2009, n° 42, note Maugüé ; LPA 14 déc. 2009, note Lobel.* ♦ Cette solution ne vaut pas pour les titres autorisant l'occupation du domaine public en vue d'une activité économique puisque leur durée doit être déterminée de manière à ne pas restreindre ou limiter la libre concurrence au-delà de ce qui est nécessaire pour assurer l'amortissement des investissements projetés et une rémunération équitable et suffisante des capitaux investis, sans pouvoir excéder les limites prévues, le cas échéant, par la loi. – V. comm. ss. CGPPP, art. L. 2122-2, al. 2. ♦ En cas de résiliation d'une telle convention, l'occupant n'a pas droit à être indemnisé du manque à gagner mais seulement des éventuelles pertes immédiates résultant de la résiliation. • TA Lyon, 20 oct. 2011, *Épx Possamai*, n° 0905348 : *AJDA 2012. 784*. ♦ La clause d'une contrat de cession prévoyant qu'un complexe sportif serait exclusivement réservé aux activités d'une association sportive, à supposer qu'elle doive être interprétée comme emportant pour celle-ci un droit d'utilisation perpétuelle de ces installations, est incompatible avec le régime de la domanialité publique. • CE 8 nov. 2019, *Club Seynois multisport*, n° 421491 B.

2. Précarité et révocabilité de l'autorisation d'occupation ou d'utilisation compatible avec l'affectation. La précarité est un principe commun à toutes les occupations domaniales. • CE 4 févr. 1983, *Ville de Charleville-Mézières*, n° 24912 : *Lebon 45* • 29 mars 2000, *Isas : Lebon T. 985 ; RDI 2000. 325*. ♦ Elle est un des éléments du régime juridique des conventions d'occupation du domaine public. • CE, ass., 4 nov. 2005, *Sté Jean-Claude Decaux*, n° 247298 : *Lebon 476, concl. Casas ; AJDA 2006. 128*. ♦ Exception pour les concessions funéraires. • CE 21 oct. 1955, *Méline : Lebon 491*. ♦ Le titulaire d'une concession funéraire bénéficie, à son expiration, d'un droit de renouvellement qu'il peut exercer dans un délai de deux ans. • CE 21 mai 2007, *M. Pujol*, n° 281615 : *Lebon T. 842 ; AJDA 2007. 1705, note Savarit-Bourgeois ; Dr. adm. 2007, n° 102 ; ibid., n° 136, note Glaser.* ♦ De même, le tarif de renouvellement d'une concession funéraire est celui qui s'applique au moment de l'expiration de la concession, même si la demande de renouvellement est présentée après expiration de la durée de validité. • CE 21 mai 2007, *M. Pujol*, n° 281615 . *préc.*

3. Signification du principe de précarité. Pas de droit acquis au renouvellement. • CE 14 oct. 1991, *Hélie*, n° 95857 : *Lebon T. 927 ; RD publ. 1992. 1179* • 25 janv. 2017, *Cne de Port-Vendres*, n° 395314 : *Lebon ; AJCT 2017. 403 ; AJDA 2017. 1232, note Foulquier ; Rev. CMP 2017. Comm. 78, note Eckert ; ibid. Chron. 5, obs. Pietri ; ibid. 2018. Chron. 7, obs. Soler-Couteaux, Zimmer et Waltuch ; Dr. adm. 2017, comm. 21, note Brenet ; JCP Adm. 2018. 2046, chron. Martin et Pellissier ; JCP 2017. 1065, chron. Éveillard* • CAA Paris, 29 oct. 2019, *SARL LGA Café*, n° 18PA02627 : *AJCT 2020. 100, obs. Didriche*. ♦ En vertu de l'absence de droit au maintien de l'occupation du domaine jusqu'au terme prévu par le titre, toute clause interdisant la résiliation du contrat d'occupation est nulle. • CE 6 mai 1985, *Assoc. Eurolat et Crédit foncier de France*, n° 41589 : *Lebon 141 ; AJDA 1985. 620, note Fatôme et Moreau ; GDDAB, 2e éd. 2015, n° 9, comm. Yolka ; RFDA 1986. 21, concl. Genevois ; LPA 23 oct. 1985, note Llorens.*

4. Maintien du caractère précaire du contrat d'occupation du domaine public en cas de déclassement de la dépendance occupée et absence de transformation en bail commercial en l'absence de novation. Le contrat d'occupation du domaine public conserve son caractère de convention précaire même si le bien occupé a fait l'objet d'une désaffectation et d'un déclassement et est donc sorti du domaine public. En l'absence de novation, ce contrat ne se transforme pas en bail commercial. • Civ. 3e, 19 nov. 2014, n° 13-20.089 : *Rev. CMP 2015. Chron. 2, n° 22, obs. Llorens et Soler-Couteaux* • 6 févr. 2013, n° 11-20.207. ♦ Une convention présentée et qualifiée comme un bail commercial ne peut être conclue sur le domaine public en raison du caractère précaire et personnel des titres d'occupation du domaine public et des droits qui sont garantis au titulaire d'un bail commercial. Lorsque l'autorité gestionnaire conclut « un bail commercial » pour l'exploitation d'un bien sur le domaine public ou laisse croire à l'exploitant de ce bien qu'il bénéficie des garanties prévues par la législation sur les baux commerciaux, elle commet une faute de nature à engager sa responsabilité. Cet exploitant peut alors prétendre, sous réserve, le cas échéant, de ses propres fautes, à être indemnisé de l'ensemble des dépenses dont il justifie qu'elles n'ont été exposées que dans la perspective d'une exploitation dans le cadre d'un bail commercial ainsi que des préjudices commerciaux et, le cas échéant, financiers, qui résultent directement de la faute qu'a commise l'autorité gestionnaire du domaine public, en l'induisant en erreur sur l'étendue de ses droits. • CE 19 janv. 2017, *Cne de Cassis*, n° 388010 : *Rev. CMP 2017. Comm. 77, note Pietri.*

5. Motifs susceptibles de fonder un retrait, un refus ou une modification de l'autorisation. La fin de l'occupation était initialement justifiée par des motifs tirés de l'intérêt de la voirie. • CE 14 janv. 1910, *Meurdrac : Lebon 26*. ♦ ... Ou de conservation des dépendances domaniales. • CE 3 mai 1963, *Cne de Saint-Brévin-les-Pins : Lebon 259 ; AJDA 1963. 343, chron. Gentot et Fourre* • CE 19 janv. 1968, *Club aérien Les Gerfauts*, n° 68943 : *Lebon 50*. ♦ ... La sauvegarde d'autres intérêts de caractère général. • CE 5 nov. 1937, *Sté ind. des schistes : Lebon 897*. ♦ Se décline en plusieurs motifs. Protection des intérêts d'un service public préexistant. • CE 26 juin 1931, *Chambre synd. des propriétaires loueurs d'autocars : Lebon 707*. ♦ ... Sa réorganisation. • CE 30 oct. 1942, *Cie* *générale des eaux : D. 1943. I. 63, note M. M.* ♦ ... Création d'un service public au moyen de conditions nouvelles imposées au permissionnaire. • CE 5 mai 1944, *Cie maritime de l'Afrique orientale : RD publ. 1944. 241, concl. Chenot.* ♦ ... Motivations liées à l'esthétique. • CE 13 juill. 1951, *SA La nouvelle jetée-promenade de Nice : Lebon 404* • 7 janv. 1987, *Ville de Bordeaux*, n° 26979 : *Lebon 1 ; AJDA 1987. 488, obs. Prétot.* ♦ ... Intérêt lié à la moralité. • CE 15 mai 1936, *Belot : Lebon 544* • 20 déc. 1957, *Sté nat. d'éditions cinématographiques : Lebon 702 ; S. 1958. 73, concl. Guldner.* ♦ La situation financière de l'occupation peut aussi commander la fin de l'utilisation. • CAA Bordeaux, 22 nov. 2001, *Assoc. Œuvre régionale de la transfusion sanguine*, n° 97BX02126. ♦ Surtout, l'intérêt purement financier de l'Administration peut justifier la révocation. • CE 6 mai 1932, *Dlle Taillandier : Lebon 467 ; D. 1934. 3. 18, concl. Rousselier, note Duclos* • 2 mai 1969, *Sté affichage Giraudy : AJDA 1970.110, note de Laubadère.* ♦ Ainsi, le refus d'accepter l'augmentation du montant d'une redevance domaniale peut justifier le non-renouvellement du titre d'occupation. • CE 18 mars 1963, *Cellier : Lebon 189 ; AJDA 1963. 184, note Dufau* • 23 juin 1986, *Thomas*, n° 59878 : *Lebon 167 ; RFDA 1987. 194.* ♦ L'autorité gestionnaire peut modifier l'autorisation d'occupation du domaine public, et notamment la localisation de l'emplacement, pour des raisons de sécurité (au sujet de l'installation d'un carrelet qui faisait obstacle au passage des navires chargés de l'entretien des cours d'eau). • CAA Bordeaux, 5 févr. 2018, *Sté Château Lilian Ladouys*, n° 16BX04268.

6. Droit à indemnisation. Le non-renouvellement du titre juridique peut faire l'objet d'un recours de plein contentieux devant le juge administratif dans le cas d'un contrat d'occupation domaniale. Cette décision est une mesure d'exécution du contrat et ne peut donc faire l'objet d'un recours « Béziers 2 », c'est-à-dire d'une action en reprise des relations contractuelles. Le juge de plein contentieux peut seulement rechercher si cette mesure est intervenue dans des conditions de nature à ouvrir droit à indemnité. • CE 6 juin 2018, n° 411053 B : *AJCT 2018. 572, obs. Dreyfus ; Rev. CMP 2018. Comm. 202, note Eckert* • CE 21 nov. 2018, *Sté fêtes Loisirs*, n° 419804 : *AJDA 2019. 586, note Cafarelli* . ♦ La révocation du titre juridique peut ouvrir le droit à indemnisation. • CE 29 mars 1968, *Sté Menneret et cie*, n° 68946 : *Lebon 217 ; AJDA 1968. 348, concl. Théry.* ♦ Mais le non-renouvellement du titre n'ouvre pas droit à indemnités. • CE 20 juill. 1990, *Duquesnoy : RD publ. 1992. 1549.* ♦ ... Pas plus que la résiliation anticipée pour faute ou consécutivement à une désaffectation de la dépendance. • CE 6 févr. 1981, *Cie fr. de raffinage*, n° 09689 : *Lebon 62 ; CJEG 1981. 65* • CE 6 déc. 1985, *Gaz de France*, n° 50795 : *Lebon 361* . ♦ En application des règles générales du droit administratif et à moins que des clauses spécifiques du contrat n'en disposent autrement, le titulaire du contrat peut prétendre à l'indemnisation du préjudice direct et certain découlant de la résiliation pour motif d'intérêt général du contrat d'occupation du domaine public. • CE 27 nov. 1946, *Sté de chaux et ciments d'Algérie : Lebon 281* • 31 juill. 2009, *Sté Jonathan Loisirs*, n° 316534 : *Lebon T. 739 ; BJCP 2009. 482, concl. Boulouis, obs. Maugüé ; Rev. CMP 2009. Comm. 332, note Eckert ; Dr. adm. 2009, n° 129 ; JCP 2009, n° 41, p. 42, chron. Plessix ; RDI 2010. 158, note Caille ; RJEP 2010. Comm. 17, note Chamard-Heim ; GDDAB, 3e éd., 2018. Comm. 64, note Chamard-Heim.* ♦ L'indemnisation de ce préjudice inclut la perte des bénéfices découlant d'une occupation du domaine conforme aux prescriptions de la convention et des dépenses exposées pour l'occupation normale du domaine, qui auraient dû être couvertes au terme de cette occupation. • CAA Douai, 5 avr. 2018, *Université de Technologie de Compiègne*, n° 16DA0089 : *JCP Adm. 2018. 2220, obs. Roux.* ♦ L'occupant qui a été induit en erreur par l'autorité gestionnaire du domaine public et qui a installé ses équipements à un emplacement faisant obstacle au passage des navires chargés de l'entretien des cours d'eau bénéficie d'un droit à indemnisation couvrant les dépenses de démontage et de réinstallation. • CAA Bordeaux, 5 févr. 2018, *Sté Château Lilian Ladouys*, n° 16BX04268 : *préc. note 5.*

7. Une commune ne saurait assimiler l'établissement public La Poste, gestionnaire d'un service public, à un simple occupant privatif de son domaine. Il s'ensuit qu'elle ne peut, sans l'accord de ce dernier, eu égard aux exigences de continuité et de pérennité inhérente à toute activité de service public, substituer à un mode conventionnel de mise à disposition de l'immeuble une autorisation unilatérale d'occupation précaire d'une année. • TA Orléans, 9 mai 2007, *La Poste*, n° 0500146 : *AJDA 2007. 1405, note Dreyfus* .

8. Détournement de procédure. Une convention d'occupation temporaire qui autorise l'implantation d'un ouvrage routier permanent sur le domaine public ferroviaire procède d'un détournement de procédure dès lors qu'elle a pour objet de permettre une emprise immédiate de l'ouvrage routier sur le domaine public ferroviaire en s'affranchissant ainsi des règles de procédure imposées pour une fermeture de ligne et ensuite un déclassement du domaine public ferroviaire. • CAA Lyon, 17 août 2010, *Féd. nationale des assoc. d'usagers des transports*, n° 09LY02254 : *AJDA 2010. 2444 ; JCP Adm. 2011. 2239, chron. Chamard-Heim.*

Art. L. 2122-4 Des servitudes établies par conventions passées entre les propriétaires, conformément à l'article 639 du code civil, peuvent grever des biens des personnes publiques mentionnées à l'article L. 1, qui relèvent du domaine public, dans la mesure où leur existence est compatible avec l'affectation de ceux de ces biens sur lesquels ces servitudes s'exercent.

BIBL. ▶ **Encyclopédie :** DE GAUDEMAR et YOLKA, Domaine public et servitudes, *J.-Cl. Administratif, fasc. 406-11*. – YOLKA, Servitudes sur les propriétés publiques, *J.-Cl. Propriétés publiques, fasc. 55.*

▶ **Articles :** PRIEUX, Domaine public et servitudes, *AJDA 1956. 102*. – SABLIÈRE, Servitudes sur le domaine public, *CJEG 1991. Chron. 149*. – HOURQUEBIE, Les servitudes conventionnelles sur le domaine public, *RFDA 2007. 1165*. – ORY, Domaine public et servitudes : quels changements après la publication du CGPPP ?, *Les Cahiers du CRIDON-Lyon 2007, n° 49, p. 10*. – FOUBERT, Les servitudes sur le domaine public, *Dr. adm. 2008. Étude 10*. – JOUBERT, Le code général de la propriété des personnes publiques et les servitudes sur le domaine public des collectivités territoriales, *RLCT juill. 2008. 56*. – FOULQUIER, Les servitudes sur le domaine public, *Dr. et patr. 3/2009. 69*. – BACHELIER, Les servitudes conventionnelles sur le domaine public, *CP-ACCP nov. 2006, p. 42*. – TIXIER, Les servitudes de l'article L. 2122-4 du code général de la propriété des personnes publiques : quel emprunt au droit privé ?, *Mél. Fatôme, Dalloz, 2011, p. 443*. – YOLKA, Les servitudes sur le domaine public, observations complémentaires, *JCP Adm. 2010. 279* ; Servitudes conventionnelles sur les biens du domaine public mis à la disposition des EPCI, *ibid. Actu. 506* ; Les servitudes sur le domaine privé des collectivités territoriales, *RLCT 2010, n° 59, p. 54*. – LALEURE, Les servitudes conventionnelles sur le domaine public. État des lieux sept ans après l'entrée en vigueur du Code général de la propriété des personnes publiques, *Rev. adm. janv. 2014. 29*. – YOLKA, Servitudes pour les transports câblés : ouvrir l'accès au domaine public, *JCP Adm. 2018. 3 ; JCP N 2018. 7.*

COMMENTAIRE

I. POSITION DU PROBLÈME

Les rapports qu'entretiennent les propriétés publiques avec les propriétés voisines sont complexes (Navereau, Des cours d'eau dans leurs rapports avec la propriété riveraine, *thèse, Paris, 1890*. – Bobeuf, De la condition juridique des propriétés riveraines des voies de communication, *thèse, Paris, 1861*. – Roman, Le voisinage en droit administratif des biens, *Mél. Morand-Deviller, Montchrestien, 2007, p. 723*). Les servitudes appartiennent à la catégorie des droits réels dont on s'est demandé s'ils pouvaient grever ces biens. En dépit d'opinions contraires (Encyclopédie Dalloz, Droit administratif, *t. I, 1958, v° Domaine de l'État et des collectivités publiques, n° 156*. – Dementhon, Traité du domaine de l'État, *Dalloz, 6e éd., 1964, n° 747*. – Lamarque, Recherches sur l'application du droit privé aux services publics administratifs, *LGDJ, 1960, p. 424*. – Bourdeau, La notion d'affectation dans la théorie du domaine public, *thèse, Poitiers, 1980, p. 481*), il est généralement admis que le domaine privé peut supporter les servitudes du droit privé, qu'elles soient antérieures ou postérieures à l'incorporation des immeubles dans les patrimoines publics et qu'il s'agisse de servitudes conventionnelles, légales ou administratives. Ainsi, à titre d'illustrations, de la servitude de bornage (Deliancourt, Délimitation et bornage des propriétés publiques, *RD rur. juin-juill. 2007. 55* ; Délimitation et bornage des propriétés privées contiguës à des propriétés publiques, *Gaz. cnes 10 sept. 2007, p. 60*), quelquefois visée par les textes relatifs aux dépendances du domaine privé (V., à propos des chemins ruraux : C. rur., art. D. 161-12 et D. 161-13) ; ou encore, de la servitude « Montagne » instituée par l'article 53 de la loi n° 85-30 du 9 janvier 1985 et de la servitude pour le passage des transports câblés urbains (Ord. n° 2015-1495 du 18 nov. 2015), dont la constitution sur le domaine privé est aujourd'hui prévue par l'article L. 342-20 du code du tourisme (pour la première) et par l'article L. 1251-3 du code des transports (pour la seconde).

Si les droits réels consentis à l'occupant du domaine public sont désormais, sous conditions, autorisés et encadrés par la loi en tant que droits réels administratifs, les droits réels dont ses voisins bénéficient sur le domaine public sont assimilés à des droits réels de nature civile (contrairement aux « aisances de voirie » reconnues aux riverains des voies publiques, qui ne sont pas des servitudes, mais des charges de voisinage spécifiques : V. Joye, Voirie routière – Droits et obligations des riverains, *J.-Cl. Propriétés publiques, fasc. 57*). Et l'inaliénabilité du domaine public a un temps semblé faire obstacle à la constitution de telles servitudes.

Le débat devait rebondir avec la multiplication des opérations d'urbanisme aboutissant à la création d'ouvrages complexes (Gaudemet, La superposition des propriétés privées et du domaine public, *D. 1978.Chron. XLXI, p. 293* ; Les constructions en volume sur le domaine public, *CJEG 1991. 297)*. Ces opérations font coexister des voies de circulation routières ou ferroviaires avec des bâtiments d'habitation, des bureaux, des locaux commerciaux ou même des bibliothèques et des espaces verts. Cet urbanisme, souvent qualifié de « vertical », repose sur l'imbrication de dépendances du domaine public et d'espaces privés, non sans difficultés bien souvent. Car dans la plupart des cas, le juge risquait de considérer comme illégales les servitudes constituées sur le domaine public au motif de leur incompatibilité avec le principe d'inaliénabilité, mettant ainsi en péril la légalité de telles constructions et limitant les investissements sur le domaine public.

II. SOLUTIONS CLASSIQUES

A. POSITION DES JUGES ORDINAIRES

Les juges judiciaires et administratifs ont exclu toute possibilité de constituer des servitudes légales sur le domaine public (sur la jurisprudence antérieure au CGPPP, Yolka, La propriété publique. Éléments pour une théorie, *LGDJ, 1997, p. 343* s.). Leur position était en revanche plus nuancée pour les servitudes conventionnelles. Les tribunaux judiciaires admettaient depuis longtemps la constitution de servitudes conventionnelles sur le domaine public. Il est difficile de tirer de quelques exemples du XIXe siècle une solution de portée générale, d'autant que ces espèces sont intervenues à une époque où la notion de domaine public n'était pas encore parfaitement conceptualisée. Mais, en tout état de cause, aucun des arrêts sur le sujet rendus au XIXe siècle ne mentionnait une incompatibilité de fond entre l'inaliénabilité et la constitution de servitudes compatibles avec l'affectation. Cette approche sera maintenue et surtout précisée par la Cour de cassation au début du XXe siècle. La position du Conseil d'État (et du Tribunal des conflits), dans ses formations contentieuses, était, en revanche, tout à fait différente : aucune servitude réelle du fait de l'homme qui serait établie par voie de convention, ou même qui résulterait d'une prescription acquisitive, ne peut être valablement constituée sur le domaine public. Une telle interdiction, appliquée aux servitudes conventionnelles, résultait de la prohibition plus générale des servitudes de toute nature sur le domaine public, en raison de l'inaliénabilité. Mais le juge administratif nuançait sa position dès lors qu'il examinait la validité de servitudes conventionnelles préconstituées, c'est-à-dire grevant le bien antérieurement à son incorporation dans le domaine public. Dans cette hypothèse, la servitude survivait à l'incorporation du fonds dans le domaine public, à condition qu'elle ne contrevienne pas à l'affectation ou aux nécessités de la conservation de ce dernier.

B. POSITION DU CONSEIL CONSTITUTIONNEL

Il apparaissait nécessaire de proposer une réponse à la jurisprudence, illogique à certains égards, du Conseil d'État. Ou bien toute servitude est incompatible avec l'affectation, ou bien une telle compatibilité peut être admise de manière générale. Mais la compatibilité ne saurait dépendre d'un critère d'antériorité ou de postériorité de la servitude par rapport à l'incorporation du bien qu'elle grève dans le domaine public. L'examen par le Conseil constitutionnel de la (future) loi du 25 juillet 1994 portant réforme du code du domaine de l'État et relative à la constitution de droits réels sur le domaine public artificiel de l'État et de ses établissements publics a été l'occasion de trancher la question de savoir si le principe d'inaliénabilité s'oppose radicalement à ce que le domaine public soit grevé de droits réels. Le Conseil devait estimer « qu'aucune [des dispositions relatives à la constitution de droits réels sur le domaine public] n'a pour objet de permettre ou d'organiser l'aliénation de biens appartenant au domaine public » (Décis. n° 94-346 DC du 21 juill. 1994 : *Rec. Cons. const. 96 ; GDDAB 3e éd., 2018. Comm. 65, note Yolka*). Ainsi, le principe d'inaliénabilité n'a pas pour effet d'interdire la constitution de droits réels sur le domaine public. Sans doute cette décision avait-elle été rendue à propos des droits des occupants privatifs du domaine public. Mais sa formulation paraît suffisamment large pour trancher de manière générale en faveur de la compatibilité entre droits réels et inaliénabilité ; rien n'interdit donc d'en étendre la portée aux voisins du domaine public et aux servitudes dont ils peuvent bénéficier.

III. APPORTS DU CODE

L'article L. 2122-4 revient sur la jurisprudence du Conseil d'État en admettant que des servitudes conventionnelles peuvent grever les biens du domaine public, même lorsqu'elles ne préexistent pas à leur incorporation. Il consacre ainsi, d'une part, l'« existence » des servitudes conventionnelles, c'est-à-dire la possibilité de constituer de telles servitudes sur le domaine public, et, d'autre part, la « consistance » de ces servitudes, en déterminant leurs modalités de création. L'exigence d'une compatibilité de la servitude avec la destination du bien sur lequel elle porte traduit la volonté des rédacteurs du code de recentrer le domaine public autour de la notion d'affectation. Ce qui signifie, pour les droits réels en général et les servitudes conventionnelles en particulier, que le principe n'est plus leur interdiction, comme le suggérait la jurisprudence contentieuse du Conseil d'État, mais bien leur admission, la seule limite résidant dans la compatibilité avec l'affectation du bien grevé. Cette reconnaissance formelle d'un droit réel au profit du voisin du domaine public permet une mise en cohérence des interprétations doctrinales et des solutions jurisprudentielles. En effet, le critère qui faisait dépendre la validité d'une servitude du moment de l'incorporation du bien dans le domaine tombe. Car de deux choses l'une : ou bien une servitude conventionnelle est compatible avec l'affectation, ou bien elle ne l'est pas. En application de l'article L. 2122-4, la constitution de la servitude ne dépend plus d'un critère chronologique (l'antériorité) mais d'un critère téléologique (la destination).

Cette évolution, qui était vivement attendue (par ex., Maugüé, *BJCL 2006. 550*), devrait faciliter la gestion des ouvrages complexes, dans lesquels cohabitent des volumes privés et d'autres, dépendant du domaine public. Leur fonctionnement implique en effet la constitution de servitudes conventionnelles (servitudes de passage pour les canalisations, les ascenseurs, etc.), rendue nécessaire par l'imbrication des volumes et qui se trouve désormais sécurisée. Il reste qu'elle intervient un peu tardivement et que certaines des difficultés qui existaient antérieurement ont été réglées en suivant une autre voie, l'immobilier de bureaux des personnes publiques ayant fait l'objet d'un déclassement massif (CGPPP, art. L. 2211-1 ; Ord. n° 2004-825 du 19 août 2004, art. 1er, *AJDA 2005. 584, étude Fatôme* ; *Dr. et patr. 1/2005. 111, étude Chamard-Heim*) qui rend possible l'application du régime de la copropriété, exclu en revanche pour les biens du domaine public (V. comm. ss. art. L. 2111-1) ; il y a là une alternative à la division en volumes assortie de la constitution de servitudes conventionnelles.

IV. INTERROGATIONS

Le CGPPP ne règle pas le sort des servitudes qui deviennent incompatibles avec l'affectation domaniale, par suite d'un changement de cette dernière. Une doctrine proche de la pratique notariale estime que la servitude est alors paralysée et que son bénéficiaire doit être indemnisé (Pisani et Bosgiraud, Premières réflexions de la pratique sur le Code général des propriétés publiques, *AJDA 2006. 1098, spéc. p. 1105*). Reste d'autre part entière la question de l'avenir de la jurisprudence suivant laquelle il serait impossible de constituer des servitudes non conventionnelles sur le domaine public. Or, la prohibition des servitudes légales sur le domaine public mérite d'être discutée dans son principe. La véritable question ne concerne pas l'origine de la servitude, mais sa compatibilité avec l'affectation domaniale. Rien ne justifie d'interdire des servitudes procédant de la loi, quand elles peuvent dorénavant naître d'un contrat. L'évolution relative aux servitudes conventionnelles appelle donc un changement en la matière, qui permettrait de résoudre des situations de blocage dont pâtissent certains voisins du domaine public (enclaves insolubles, etc.). Et ce qui devrait valoir pour les servitudes légales en général devrait jouer aussi pour une variété particulière de servitudes légales imposées, non pour l'utilité privée, mais pour l'utilité publique ; en l'occurrence, les servitudes administratives. Le sujet a donné lieu à controverse par le passé (Subra de Bieusses, Les servitudes administratives, *Berger-Levrault, 1976, p. 119 s.*). Une jurisprudence traditionnelle, ponctuellement écartée par la loi (Prieur et Henriot, Servitudes de droit public et de droit privé, *Le Moniteur, 4e éd., 1979, p. 417*), en prohibait la constitution. Cette interdiction devait cependant être contestée en doctrine (Dufau, Le domaine public, *Le Moniteur, 5e éd., 2001, p. 220-221*), à partir du moment où le Conseil d'État admit l'applicabilité – ensuite consacrée par la loi « Littoral » du 3 janvier 1986 (art. 25) – des plans d'urbanisme et des servitudes en résultant au domaine public maritime (CE 30 mars 1973, *Min. Aménag. du territoire c/ Schwetzoff : Lebon 644 ; AJDA 1973. 366, note Dufau ; JCP 1973. II. 17528, obs. Bréchon-Moulènes ; Rev. adm. 1973. 511, concl. Guillaume, note Liet-*

Veaux. – Sur l'applicabilité des servitudes d'urbanisme, Fatôme, A propos des rapports entre domaine public et droit de l'urbanisme, *Mél. Jacquot, PU Orléans, 2006, p. 209*). Il n'y a aucune raison de refuser la constitution de servitudes administratives sur le domaine public, dès lors qu'elles s'avèrent compatibles avec son affectation. Il en résulte, par exemple, que la rédaction de l'article L. 342-20 du code du tourisme (qui exclut l'instauration de la « servitude montagne » sur des dépendances du domaine public) devrait être actualisée, comme celle de l'article L. 1251-3 du code des transports (concernant la servitude de passage des transports câblés en milieu urbain), qui en est directement inspirée. ❑

1. Contentieux des servitudes légalement constituées sur le domaine privé. • T. confl. 6 mai 2002, *Sté S. c/ Synd. des eaux de Molsheim, impl. : Lebon 652 ; BJCL 2002. 370, concl. Schwartz ; Dr. adm. nov. 2002, p. 27, note Schwartz* • Cass., ass. plén., 28 juin 1996, *Daverio, impl. : JCP 1996. II. 22712* • T. confl. 24 oct. 1994, *Duperray : Lebon 606 ; Dr. adm. 1995. Comm. 69 ; LPA 22 nov. 1995, p. 10 ; RFDA 1995. 408* • 22 févr. 1960, *Borel : Lebon 857 ; Rev. adm. 1960, p. 133, note Liet-Veaux.* ♦ V. par ex., pour la servitude de bornage • Civ. 3e, 14 nov. 2002, n° 00-13.842 • Civ. 1re, 18 févr. 1992, n° 90-19.753 P • CAA Lyon, 6 oct. 2009, *Guy B.*, n° 07LY02921. ♦ Pour la servitude « Montagne » • CAA Lyon, 6 mai 2010, *SCI Le Petit Dru : Envir. juill. 2010. 44, note Yolka.* ♦ Pour une servitude de passage. • CAA Marseille, 20 janv. 2015, *Duc*, n° 12MA04398.

2. Impossibilité de constituer des servitudes légales sur le domaine public. Servitude de drainage et d'aqueduc. • CE 8 mars 1860, *Sillé : Lebon 196.* ♦ Servitude de jour et de vue. • CE 4 juill. 1879, *Revon : Lebon 573.* ♦ Servitude de passage ou d'enclave. • CE 10 mars 1933, *Gascard : Lebon 303* • 11 juill. 1955, *Cie des Salines de Djibouti : RFDA 1959. 163* • Civ. 1re, 2 mars 1994, n° 87-16.932 P : *Dr. adm. 1994, n° 530 ; RDI 1994. 644, obs. Auby et Maugüé ; JCP 1995. I. 3835, chron. Périnet-Marquet.*

3. Admission des servitudes conventionnelles par le juge judiciaire. Admission d'une servitude de passage en cas d'enclave. • Cass., req., 11 nov. 1867, *Pillias : S. 1868. I. 30.* ♦ Une servitude conventionnelle de passage consentie par l'administration dans une forêt royale est valide, nonobstant le principe d'inaliénabilité des biens de la Couronne. • Cass., req., 8 déc. 1864, *De la Rochefoucauld : DP 1865. 1. 25.* ♦ Légalité de la constitution d'une servitude de droit privé sur le domaine public à la condition que la servitude ne soit pas incompatible avec l'affectation de la dépendance qu'elle grève. • Civ. 19 mai 1926, *Viala : S. 1926. 3. 230* • Cass., ass. plén., 30 mai 1932, *Épx Gaspard : Gaz. Pal. 1932. 2. 357.* ♦ Dans le même sens et à propos d'une servitude de jour et de vue. • Paris, 10 juill. 1925 : *DP. 1925. 563.* ♦ Au sujet d'une servitude de passage pour cause d'enclave. • Poitiers, 21 juill. 1931 : *S. 1931. 2. 229 ; DP 1933. 2. 31.* ♦ *Contra*, une servitude conventionnelle *non aedificandi* est incompatible avec l'affectation domaniale consistant en la construction d'une patinoire à ciel ouvert sur la parcelle concernée. • Civ. 3e, 6 nov. 2007, n° 06-18.594. ♦ V. encore, en faveur de la compatibilité. • Civ. 3e, 3 févr. 2010, n° 09-12.359.

4. Refus par le juge administratif et le tribunal des conflits des servitudes conventionnelles postérieures à l'incorporation. Une servitude d'écoulement d'eau d'un fossé communal dans un fossé de chemin de fer ne peut être valablement constituée sur le domaine public. • CE 10 nov. 1954, *Cne de Champigny-sur-Yonne : Lebon 658 ; AJDA 1955. II. 446.* ♦ Il est impossible de constituer sur les dépendances du domaine public des servitudes du fait de l'homme après leur incorporation au domaine public. • CE 19 mai 1961, *Sté La Bergerie : Lebon 341.* ♦ Même solution concernant une servitude de cour commune. • T. confl. 28 avr. 1980, *SCIF Résidence des Perriers : Lebon 506 ; AJDA 1980. II. 607 ; Dr. adm. 1980, n° 217 ; GDDAB, 3e éd., 2018. Comm. 87, note Yolka.* ♦ V. dans le même sens. • CE 13 oct. 1997, *M. et Mme Bordereau*, n° 149065 • CAA Marseille, 12 mai 2015, *A. et B. c/ Cne de Rambaud*, n° 13MA04257 : *JCP Adm. 2015, n° 2255, concl. Deliancourt.*

5. Légalité des servitudes conventionnelles préconstituées (jurisprudence administrative). Un riverain continue à bénéficier d'un droit de passage seulement s'il jouissait de cette servitude avant l'incorporation de la dépendance au domaine public. • CE 30 mars 1928, *Min. des Travaux publics c/ Esquirol : Lebon 499 ; S. 1929. 3. 1* • 3 nov. 1933, *Min. des Travaux publics c/ Porte : S. 1934. 3. 41* • 11 mai 1959, *Dauphin : Lebon 294 ; JCP 1959. II. 11269 ; Dr. adm. 1959. 229, note Dufau* • 13 juill. 1965, *Gué : Lebon 445 ; RFDA 1965. 374, note Liet-Veaux* • 29 nov. 1967, *Gué*, n° 62621 : *Lebon 453 ; AJDA 1968. II. 470, note J. D.* • CAA Paris, 8 juill. 2004, *SCI Essonne*, n° 99PA03708. ♦ Lors des travaux réalisés dans l'intérêt du domaine public, l'occupant de ce domaine doit déplacer ses installations si nécessaire, quand bien même celles-ci s'y trouveraient à raison de servitudes de passage, dont il n'a jamais été exproprié, constituées alors que le fonds était soumis à un régime de droit privé. Il justifie toutefois d'un droit lésé qui lui ouvre droit à l'indemnisation des frais de déplacement de ses installations. • CAA Lyon, 23 juin 2011, *Synd. mixte des transports en commun de l'agglomération* *grenobloise,* n° 10LY00093 : *AJDA 2011. 2110, chron. Vinet* ; *Rev. jurisp. ALYODA 1/2012, note Paillat.* ♦ En revanche, le bénéficiaire de servitudes antérieurement constituées sur une dépendance du domaine privé peut prétendre à l'indemnisation du préjudice résultant de l'atteinte portée à ces servitudes du fait de la construction d'ouvrages publics entraînant l'incorporation de la parcelle grevée dans le domaine public. • CAA Lyon, 15 déc. 2016, *Cté d'agglomération d'Annecy, Dpt de Haute-Savoie,* n° 14LY03514. ♦ Confirmant qu'antérieurement à l'entrée en vigueur du CGPPP, il résultait des principes de la domanialité publique qu'une servitude conventionnelle de droit privé pouvait être maintenue sur une parcelle appartenant au domaine public à la double condition d'avoir été consentie antérieurement à l'incorporation de cette parcelle dans le domaine public et d'être compatible avec son affectation, et estimant que ces deux conditions étaient réunies en l'espèce. • CE 14 déc. 2011, *Bouyeure,* n° 337824 : *AJDA 2012. 670* ; *RDI 2012. 286, obs. Févrot* ; *BJCL 2012. 159.* ♦ Les permissions de voirie ne peuvent être retirées sans indemnisation de leur bénéficiaire toutes les fois où il existe des servitudes préconstituées (en l'espèce une société pétrolière avait constitué des servitudes sur des propriétés privées pour déployer dans leurs tréfonds les pipe-lines nécessaires à son activité, avant qu'une commune n'acquiert certains de ces terrains pour les incorporer au domaine public routier). • CE 20 mars 2013, *Synd. mixte des transports en commun de l'agglomération grenobloise,* n° 352174 : *Lebon T. 590* ; *JCP Adm. 2013. Actu. 282, obs. Friedrich.* ♦ Une servitude conventionnelle de droit privé constituée avant l'entrée en vigueur du CGPPP peut être maintenue sur une parcelle appartenant au domaine public à la condition d'avoir été consentie antérieurement à l'incorporation de cette parcelle dans le domaine public, lorsque cette incorporation est elle aussi antérieure à l'entrée en vigueur du code, et d'être compatible avec son affectation. • CE 26 févr. 2016, *Synd. copr. immeuble Le Mercure,* n° 383935 : *AJDA 2016. 408, obs. de Montecler* ; *ibid. 1413, note Car* ; *Rev. CMP 2016. Comm. 140, note Pietri* ; *ibid. mars 2017. chron. Llorens et Soler-Couteaux* ; *JCP Adm. 2016. Actu. 201, obs. Erstein* ; *ibid. 2144, note de Gaudemar* ; *JCP N 2016. Actu. 368, obs. Erstein.* ♦ V. sur la même affaire. • TA Nice, 15 juill. 2014, *Synd. copropriétaires « Le Mercure » : BJCL 2014. 734, concl. Laso, obs. Poujade.*

6. Non-admission de la compatibilité de servitudes conventionnelles préconstituées. Les servitudes sont incompatibles avec l'affectation du bien. • CAA Bordeaux, 29 déc. 2005, *Rey : JCP Adm. 2006. Actu. 831, chron. Brisson* • CAA Marseille, 17 mai 2001, *Cne du Mas : Dr. et patr. 6/2002. 316* • TA Nice, 15 juill. 2014, *Synd. des copropriétaires « Le Mercure » c/ Région PACA,* n° 1305434 : *BJCL 2014. 730, concl. Laso.*

7. Compétence pour établir une servitude sur un bien communal mis à disposition d'un EPCI. Le ministre de l'Intérieur considère que, lorsqu'un bien est mis à disposition d'une communauté d'agglomération, par l'une de ses communes membres, pour l'exercice d'une compétence qui lui a été transférée, la communauté d'agglomération exerce de ce fait l'ensemble des droits et obligations du propriétaire, à l'exception toutefois du droit d'aliéner en lieu et place de la commune. A ce titre, la communauté d'agglomération peut établir des servitudes sur les biens mis à sa disposition ou en leur faveur, par convention conclue avec les autres propriétaires concernés. * Rép. min. n° 11894 : *JO Sénat Q, 4 févr. 2010, p. 219* ; *JCP Adm. 2010, n° 506, étude Yolka.*

8. Évolution de la jurisprudence administrative sur la légalité des servitudes constituées après l'incorporation. V., admettant la compatibilité de telles servitudes. • TA Versailles, 5 mai 2009, *Catrice et a.,* n° 0609799. ♦ De plus, confirmant un arrêt d'appel ayant considéré qu'une commune avait pu valablement consentir des servitudes sur des biens acquis au titre d'un acte d'échange et destinés à être incorporés dans le domaine public, • Civ. 3e, 3 févr. 2010, n° 09-12.359. ♦ V. encore, rappelant les termes de l'art. L. 2122-4 CGPPP, • CAA Nantes, 20 mai 2016, *Assoc. Nonant Environnement,* n° 12NT02190.

9. Absence de servitudes sans titre. • CAA Marseille, 26 sept. 2014, *Cne de Venelles,* n° 13MA00955 • 12 mai 2015, *A. et B. c/ Cne de Rambaud,* n° 13MA04257 : *JCP Adm. 2015, n° 2255, concl. Deliancourt.*

SECTION II RÈGLES PARTICULIÈRES À CERTAINES OCCUPATIONS

SOUS-SECTION 1 DISPOSITIONS APPLICABLES À L'ÉTAT ET À SES ÉTABLISSEMENTS PUBLICS

BIBL. ▶ **Encyclopédie :** Hansen, Droits réels sur le domaine public national, *J.-Cl. Propriétés publiques, fasc. 79-32.*

Commentaires de la loi n° 94-631 du 25 juill. 1994 et de la décision du Conseil constitutionnel n° 94-346 DC du 21 juill. 1994 : De David Beauregard-Berthier, Domaine public et droits réels, *JCP 1995. I. 3812.* – Dufau, *JCP N 1995. 1. 95.* – Fatôme et Terneyre, *AJDA 1994. 780* . – Fournier et Jacquot, *AJDA 1994. 759* . – Gondouin, *AJDA 1994. 786* . –

Godfrin, Une prudente audace : la loi du 25 juillet 1994 relative à la constitution de droits réels sur le domaine public, *CJEG 1995. 1.* – Lachaud, *Le trait d'union de l'expertise agricole, immobilère et forestière 1995, n° 1, p. 19.* – Lavialle, La constitution de droits réels sur le domaine public de l'État, *RFDA 1994. 1106* . – Lombard, La constitution de droits réels sur le domaine public, expression d'un compromis ambigu entre protection et valorisation des propriétés publiques, *ALD 1994. Chron. 183.* – Pauliat, *ALD 1995. Chron. 93.* – Rouault, *RDI 1995. 27* . – *V. la décision du Conseil constitutionnel au JO 23 juill. 1994, p. 10635.*

▸ **Analyses ultérieures :** Querrien, *RFAP 1995. 675* (gestion du domaine public immobilier de l'État). – Borles, *Mon. TP 16 févr. 1996, p. 58* (occupation du domaine public : attention aux risques de dérapage). – Dufau, *Mon. TP 26 avr. 1996, p. 38* (domaine public : quels sont les droits pour les concessionnaires ?). – Gaudemet, *Mél. Braibant, Dalloz, 1996, p. 309* (l'occupant privatif) ; *D. Affaires 1996. 33* (hypothèque et domaines des personnes publiques). – Lavialle, *PU Toulouse, coll. Histoire de la gestion, 1996, p. 281* (le domaine public, chose publique ou propriété publique). – Morand-Deviller, *Mél. Braibant, Dalloz, 1996, p. 273* (valorisation du domaine public). – Mamontoff, *thèse, Perpignan, 1996* (la domanialité publique mise en péril par le marché) ; *L'Harmattan, 2003* (Préf. Godfrin). – Fatôme et Terneyre, *RFDA 1997. 935* (quel est le propriétaire des ouvrages construits sur le domaine public ?) ; *AJDA 1997. 126* (financement privé de la construction d'ouvrages publics en particulier sur le domaine public). – Arzul, *Ét. fonc. 1997. 21* (création de droits réels sur le domaine public). – Yolka, *thèse, LGDJ,1997* (la propriété publique). – Lavialle, *Dr. adm. 1998. Chron. 3* (délégation de service public et domanialité publique). – Lecerf et Blanc, *JCP CI 1998. 739* (comment gérer les contraintes de la domanialité relatives aux cessions d'ouvrages réalisées par les occupants ?). – Sylvestre, *Ét. fonc. 1999, n° 82, p. 44* (récupération des créances sur les zones portuaires). – Raunet et Chevreux, *Mél. Fatôme, Dalloz, 2011, p. 403* (Droits réels et personnes publiques. Un véritable maquis juridique. À quand une véritable réforme ?). – Raymondie, *Mon. TP 3 nov. 2000. 94* (la loi sur les droits réels à l'épreuve des faits). – Combe, *Dr. adm. 2001. Chron. 22* (droits réels sur le domaine public. Ambiguïtés et limites). – Lavialle, *Rev. CMP 2002. Chron. 11* (conventions de financements des équipements publics de sécurité intérieure et la loi n° 2002-1094 du 29 août 2002). – Cuche, *Dr. adm. 2003. Chron. 16* (domanialité publique, service public et partenariats public-privé). – Delacour, *Rev. CMP 2003, n° 167* (naissance du « BEA hospitalier »). – Fatôme, *AJDA 2003. 21* (apport en garantie des équipements publics). – Ubaud-Bergeron, *AJDA 2003. 1361* (contradictions du régime du financement privé des ouvrages publics sur le domaine public de l'État). – Moliner, *Ét. fonc. 2003, n° 102* (consistance et nature des droits réels sur le domaine public de l'État) ; *AJDA 2004. 2144* (requiem pour le principe d'incessibilité des autorisations administratives). – Terneyre, *BJCP 2004. 70* (utilisation du bail emphytéotique par et pour les établissements publics de santé). – Yolka, *JCP Adm. 2004. 1364* (établissements publics de santé et bail emphytéotique administratif). – Tenailleau et Tixier, *Rev. CMP 2004. Étude 11* (le bail à construction dans le domaine de la justice, de la sécurité intérieure et de la défense). – Brisson, *AJDA 2005. 597* (adaptation des contrats administratifs aux besoins d'investissement immobilier sur le domaine public). – Ayrault, *Dr. adm. 2005. Chron. 4* (domaine public et taxe foncière). – Pourcel, *JCP Adm. 2006. 1319* (à qui appartiennent les biens construits par les titulaires de titres d'occupation sur le domaine public constitutifs de droits réels ?). – Gaudemet, *AJDA 2006. 1094* (les droits réels sur le domaine public). – Llorens et Soler-Couteaux, *RFDA 2006. 935* (les occupations privatives du domaine public : un espoir déçu). – Trescher, *Dr. adm. 2006, n°s 6 et 7* (apports du nouveau code en matière d'occupation du domaine public). – Fatôme, *Mél. D. Labetoulle, Dalloz, 2007. 329* (À propos de la réglementation de l'occupation du domaine public après le CGPPP). – Clamour, *Rev. CMP 2009, n° 176* (la loi du 12 mai 2009 de simplification et de clarification du droit et d'allégement des procédures). – Foulquier, *RDI 2009. 541* (extensions du bail emphytéotique administratif et généralisation du crédit-bail). – Delvolvé, *RDI 2010. 584* ; *RFDA 2010. 1125* (les dispositions relatives aux droits réels sur le domaine des personnes publiques : l'incohérence). – Degoffe, *Mél. Godfrin, Mare et Martin, 2014, p. 109* (le sort des ouvrages réalisés par l'occupant sur le domaine). – Houillon, *Mél. Ph. Godfrin, Mare et Martin, 2014, p. 107* (le clair-obscur des obligations de publicité et de mise en concurrence dans l'octroi des titres d'occupation du domaine public). – Braconnier, *AJDA 2015. 1795* (les nouveaux marchés publics globaux et marchés de partenariat). – Brenet, *Dr. adm. 2015. Dossier 3* (les marchés de partenariat de l'ordonnance du 23 juillet 2015 : un nouveau départ pour les partenariats public-privé ?). – Eckert, *Rev. CMP 2015. Dossier 11* (le périmètre des marchés de partenariat). – Muller, *Rev. CMP 2015. Dossier 12* (les modifications apportées au régime des marchés de partenariat). – Llorens et Soler-Couteaux, *Rev. CMP 2015. Repère 1* (quel avenir pour les AOT et les BEA après l'ordonnance du 23 juillet 2015 ?). – Chamming's et Scialom, *Rev. CMP 2016. Dossier 15* (le régime juridique du marché de partenariat : nouveau paradigme ou simple inflexion de style ?). – Clamour, *Rev. CMP 2016. Comm. 273* (la pré-décision domaniale). – Hansen, *JCP Adm. 2016. 3* (le mécanisme de rescrit appliqué aux transferts de titres d'occupation du domaine public). – Yolka, *AJDA 2016. 1797* (les droits réels sur le domaine public : survol d'une décennie).

Art. L. 2122-5 Les dispositions de la présente sous-section ne sont pas applicables au domaine public naturel. – *[C. dom. Ét., art. L. 34-9.]*

COMMENTAIRE

Cette sous-section a pour objet d'organiser le régime des droits réels accordés à certains occupants privatifs du domaine public de l'État et de ses établissements publics. Ces droits étant consentis dans une perspective de valorisation et d'investissement sur le domaine, il est logique d'exclure du champ d'application de ce dispositif le domaine public naturel, dont la vocation est de conserver sa dimension naturelle. Ce faisant, dans le prolongement de la loi du 25 juillet 1994 qui consacrait la distinction entre le domaine public naturel et artificiel, le code confirme l'intérêt qu'il y a à dissocier les deux domaines (V. également la structuration des sections II et III du chapitre Ier du titre Ier du livre Ier de la deuxième partie du code).

Malheureusement, et contrairement à ce que pourrait laisser supposer la structure de cette sous-section (où sont successivement étudiées les dispositions communes puis les règles particulières relatives à certaines opérations), certains dispositifs importants n'y sont pas mentionnés (V. par exemple le cas emblématique des dispositions issues de la loi n° 2010-1536 du 13 décembre 2010 relative aux activités immobilières des établissements d'enseignement supérieur, aux structures interuniversitaires de coopération et aux conditions de recrutement et d'emploi du personnel enseignant et universitaire. V. sur ce texte, Manson, La reconnaissance de droits réels sur le domaine public universitaire, *JCP Adm. 2011. 2063*).

§ 1er DISPOSITIONS COMMUNES

Art. L. 2122-6 Le titulaire d'une autorisation d'occupation temporaire du domaine public de l'État a, sauf prescription contraire de son titre, un droit réel sur les ouvrages, constructions et installations de caractère immobilier qu'il réalise pour l'exercice d'une activité autorisée par ce titre.

Ce droit réel confère à son titulaire, pour la durée de l'autorisation et dans les conditions et les limites précisées dans le présent paragraphe, les prérogatives et obligations du propriétaire.

Le titre fixe la durée de l'autorisation, en fonction de la nature de l'activité et de celle des ouvrages autorisés, et compte tenu de l'importance de ces derniers, sans pouvoir excéder soixante-dix ans. – *[C. dom. Ét., art. L. 34-1.]*

(Ord. n° 2015-899 du 23 juill. 2015, art. 101-I) **« Une autorisation d'occupation temporaire ne peut avoir pour objet l'exécution de travaux, la livraison de fournitures, la prestation de services, ou la gestion d'une mission de service public, avec une contrepartie économique constituée par un prix ou un droit d'exploitation, pour le compte ou pour les besoins d'un acheteur soumis à l'ordonnance n° 2015-899 du 23 juillet 2015 relative aux marchés publics ou d'une autorité concédante** *(Ord. n° 2016-65 du 29 janv. 2016, art. 72, en vigueur le 1er avr. 2016)* **« soumise à l'ordonnance n° 2016-65 du 29 janvier 2016 relative aux contrats de concession ».**

« Dans le cas où un titre d'occupation serait nécessaire à l'exécution d'un contrat de la commande publique, ce contrat prévoit, dans le respect des dispositions du présent code, les conditions de l'occupation du domaine. »

L'Ord. n° 2015-899 du 23 juill. 2015 entre en vigueur à une date fixée par voie réglementaire. Le Décr. n° 2016-360 du 25 mars 2016 a fixé cette date au 1er avr. 2016 (Décr. préc., art. 188). Cette Ord. s'applique aux marchés publics ainsi qu'aux contrats qui relèvent de cette Ord. pour lesquels une consultation est engagée ou un avis d'appel public à la concurrence a été envoyé à la publication à compter du 1er janv. 2016 (Ord. préc., art. 103).

Le Décr. n° 2016-86 du 1er févr. 2016 fixe la date d'entrée en vigueur de la modification issue de l'Ord. n° 2016-65 du 29 janv. 2016 au 1er avr. 2016 (Décr. préc., art. 55). Cette Ord. s'applique aux contrats de concession pour lesquels une consultation est engagée ou un avis de concession est envoyé à la publication à compter de sa date d'entrée en vigueur (Ord. préc., art. 78).

COMMENTAIRE

I. ATTRIBUTION D'UN DROIT RÉEL

L'article L. 2122-6 pose la règle selon laquelle le titulaire d'une autorisation d'occupation temporaire (ci-après « AOT ») du domaine public de l'État a en principe un droit réel sur les ouvrages, constructions et installations qu'il réalise. Cette affirmation introduit une interrogation (comme cela avait déjà été le cas à la suite de l'entrée en vigueur de la L. n° 94-631 du 25 juill. 1994) : doit-on déduire de l'article L. 2122-6 qu'il pose une règle nouvelle ou qu'il conforte une solution jurisprudentielle ancienne ? Plus précisément, l'affirmation explicite du principe selon lequel le titulaire d'une AOT a un droit réel sur les ouvrages, constructions et installations qu'il réalise pour l'exercice de l'activité autorisée par le titre implique-t-elle que ce droit réel n'existe pas pour toutes les autres occupations domaniales ? En vérité, cette interrogation n'a plus lieu d'être : il faut donc considérer que l'article L. 2122-6, loin d'innover, ne fait que confirmer la solution jurisprudentielle préexistante et générale selon laquelle tout occupant domanial a par principe un droit réel sur les installations qu'il réalise sur le domaine public (sous la seule réserve du cas des biens de retour des concessions). Son principal intérêt réside finalement dans la détermination du régime juridique du droit réel ainsi attribué à l'occupant domanial titulaire d'une AOT.

II. OBJET DU DROIT RÉEL

L'article L. 2122-6 mentionne le droit réel portant sur les ouvrages, constructions et installations, mais il ne fait aucunement référence à l'existence d'un droit réel portant sur le domaine public. Cette disposition fait ainsi disparaître la distinction qu'une partie de la doctrine avait pu établir, entre le droit réel sur les ouvrages construits et le droit réel portant sur le domaine public (distinction que semblaient impliquer les termes de la loi du 25 juillet 1994, qui évoquait les droits réels sur le domaine public dans son intitulé et les droits réels sur les constructions dans son dispositif ; son décret d'application du 6 mai 1995 semblait également confirmer la thèse d'une dualité de droits réels). En ne faisant référence qu'au droit réel sur les ouvrages, l'article L. 2122-6 semble vouloir dissiper toute tentative de dédoublement du droit réel. Il apparaît en effet que l'occupant a « un droit d'occupation – ou encore un droit de superficie – ainsi qu'un droit sur les ouvrages » (Maugüé et Bachelier, Genèse et présentation du code général de la propriété des personnes publiques, *AJDA 2006. 1073* ✎, *spéc. p. 1082*), car si l'existence du droit de superficie peut être admise indépendamment de la réalisation d'ouvrages, il n'en va plus de même lorsque l'occupation s'est doublée d'une construction sur le domaine public. Comment admettre en effet que l'occupant puisse être propriétaire des ouvrages sans disposer d'aucun droit sur le terrain d'assiette ? Dans cette hypothèse, les deux droits sont liés et ne font en réalité plus qu'un (Gaudemet, Les droits réels sur le domaine public, *AJDA 2006. 1094* ✎. – Maugüé et Bachelier, préc.). Cette thèse ne fait cependant pas l'unanimité en doctrine, certains auteurs estimant qu'elle revient à faire dire à l'article L. 2122-6 ce qu'il ne dit pas (V. par ex., Llorens et Soler-Couteaux, Les occupations privatives du domaine public : un espoir déçu, *RFDA 2006. 935* ✎ *s., spéc. p. 941*). La jurisprudence considère que le droit réel auquel l'article L. 2122-6 renvoie porte aussi bien sur les ouvrages, constructions et installations que sur le terrain d'assiette de ces constructions (V. pour un ex. récent, CE 11 mai 2016, *Cté urb. Marseille-Provence-Métropole*, n° 390118 : *Lebon 162 ; AJDA 2016. 1145* ✎, *tribune Yolka ; ibid. 1173, chron. Dutheillet de Lamothe et Odinet* ✎ *ibid. 2017. 611, étude Fatôme et Lafaix* ✎ *; BJCP 2016. 288, concl. Henrard ; ibid. 296, obs. Schwartz ; Rev. CMP 2016. Comm. 184, note Devillers ; ibid. 2017. Chron. 2, par Llorens et Soler-Couteaux ; JCP Adm. 2017. 2131, chron.*). Le droit réel conféré à l'occupant concerne les ouvrages, constructions et installations qu'il a édifiés sur le domaine public, mais aussi ceux qu'il a financés par un droit d'entrée versée au gestionnaire du domaine ou au précédent concessionnaire (au sujet des conventions de terminal – qu'il s'agissent de conventions d'occupation du domaine public ou de concession – art. L. 5312-14-1-III C.transp.).

III. LIMITES DU DROIT RÉEL

L'attribution d'un droit réel à l'occupant domanial rencontre certaines limites.

Prescription contraire dans le titre. La première tient à la volonté de l'État qui peut, comme le dispose l'article commenté, faire obstacle à l'attribution d'un tel droit en incluant une prescription contraire dans le titre d'occupation. On imagine toutefois que l'État ne peut user de cette faculté qu'avec parcimonie, sous peine de décourager les investisseurs privés de développer leurs activités sur le domaine public. Cette possibilité est d'ailleurs présentée comme une exception par l'article L. 2122-6 puisque le silence du titre vaut octroi de droit réel. Cette solution favorable aux occupants domaniaux s'applique aussi aux marchés de partenariat (CCP, art. L. 2213-10). Le titulaire d'un marché de partenariat, emportant occupation du domaine public a, sauf stipulation contraire de ce contrat, des droits réels sur les ouvrages et équipements qu'il réalise. En revanche, c'est une solution inversée et donc moins favorable à l'occupant domanial que retient l'article L. 3132-2 du code de la commande publique : le concessionnaire ne peut être titulaire de droits réels sur les ouvrages et équipements qu'il réalise que si le contrat de concession le prévoit. Cette disposition n'a fait qu'étendre à l'ensemble des concessions la solution que l'article L. 2122-10 du CGPPP (V. comm. ss. art. L. 2122-10) avait dégagée en 2006 au sujet des contrats de concession de service public, d'outillage public ou d'installations portuaires emportant occupation du domaine public de l'État ou du domaine propre d'un établissement public de l'État. Cette règle, selon laquelle le silence du titre vaut refus d'attribution de droits réels, s'explique sans doute par la nécessité de tenir compte de la théorie jurisprudentielle des biens de retour. Ces derniers, qui sont nécessaires au service public, appartiennent normalement et *ab initio* à la personne publique concédante. On comprend donc bien que des droits réels ne peuvent être consentis à leur égard au concessionnaire qu'avec l'accord explicite de l'administration.

Destination des ouvrages, installations et constructions. Une deuxième limite relève du bon sens : elle tient à la destination des ouvrages, installations et constructions qui doivent être réalisés par l'occupant pour l'exercice de l'activité autorisée par le titre d'occupation.

Droits du maître du domaine. La troisième limite, importante, tient à la conciliation qui doit être opérée entre le droit réel reconnu à l'occupant domanial et les droits du maître du domaine. C'est par exemple ce dernier qui conserve le pouvoir de délivrer des autorisations d'occupation du domaine ou d'instaurer et de percevoir les redevances qui en découlent (en ce sens : CAA Marseille, 27 févr. 2007, *Sté Escota* : V. *infra*, note 4), de même qu'il lui appartient d'exercer la police de la conservation du domaine occupé (CAA Bordeaux, 30 oct. 2008, *Sté Occas'pneus* : V. *infra*, note 4).

Durée. La quatrième limite est relative à la durée pour laquelle l'autorisation d'occupation temporaire du domaine public est consentie. L'alinéa 3 de l'article L. 2122-6 la plafonne à soixante-dix ans (la même solution valant pour les autorisations d'occupation du domaine public local constitutives de droits réels, CGCT, art. L. 1311-5, al. 2), mais il demeure relativement imprécis quant aux critères à mettre en œuvre pour fixer cette durée. Comme pour les AOT des collectivités territoriales (CGCT, art. L. 1311-5-I, al. 3), il est en effet prévu que cette durée doit être fixée par le titre d'occupation (qui peut être un acte unilatéral ou un contrat) en fonction de la nature de l'activité, de celle des ouvrages autorisés et compte tenu de l'importance de ces derniers. Sans doute faut-il interpréter cette formule à la lumière des solutions dégagées par la jurisprudence et par les textes a propos de la determination de la durée marchés publics et des concessions, c'est-à-dire en tenant compte de la nature et du montant des prestations et des investissements à réaliser (par ex. : art. L. 3114-8, CCP relatif aux marchés publics. V. aussi art. L. 2112-5 et L. 2112-6, CCP, relatif aux marchés publics). On notera que si la durée du titre d'occupation est plafonnée, il n'existe pas de durée minimale, ce qui se comprend tout à fait car le principe d'inaliénabilité du domaine public, la précarité et la révocabilité qui caractérisent les titres d'occupation du domaine public permettent d'y mettre fin à tout moment.

La cinquième limite réside dans plusieurs dispositions spécifiques qui dérogent à la règle posée par l'article L. 2122-6. Selon les articles L. 2122-10 et L. 2122-11, l'autorisation d'occupation du domaine public n'entraîne pas à elle seule attribution d'un droit réel. L'article L. 2122-10 vise le cas des ouvrages, constructions ou installations nécessaires à la continuité du service public, lesquels ne peuvent être l'objet d'un droit réel que sur décision de l'État. L'article L. 2122-11 concerne les concessions de service public, d'outillage public ou d'installations portuaires de plaisance (ce dernier ajout étant le fait de l'art. R. 2122-10 CGPPP), qui ne peuvent être constitutives de droits réels que si cela est prévu dans le cahier des charges. D'autres dérogations figurent dans des textes extérieurs au CGPPP.

IV. NATURE DU DROIT RÉEL

Le droit réel conféré par le titre d'occupation est « un droit réel de la nature du droit de propriété » (Gaudemet, Droit administratif des biens, *LGDJ, 14e éd., 2011, n° 494*) ou « un droit réel de propriété » (Fatôme, A propos de la réglementation de l'occupation du domaine public après le code général de la propriété des personnes publiques, *in Mél. D. Labetoulle, Dalloz, 2007, p. 329 s., spéc. p. 332*), qui n'est pas sans rapport avec le droit de superficie du droit privé, puisqu'il fait obstacle au jeu de l'accession au profit du propriétaire public pendant la durée du titre d'occupation (Gaudemet, Actualité de la dissociation des droits sur le sol en droit public, *RDI 2009. 8*. – Fatôme, A propos de l'incorporation au domaine public, *AJDA 2006. 292*. – V. également, Rézenthel, Le droit de propriété de l'occupant du domaine public, *DMF 2006, n° 666, p. 83*. – Dufau, Domaine public. A qui revient la propriété des ouvrages édifiés ?, *Mon. TP 11 juill. 1997, p. 42*). Le titulaire du droit réel sur les ouvrages, constructions et installations implantés sur le domaine public a en effet les prérogatives et obligations d'un propriétaire. Cela signifie qu'il peut exploiter les équipements, qu'il est maître d'ouvrage des travaux réalisés, mais aussi qu'il assure l'entretien des installations, qu'il supporte les impôts s'y rapportant (par ex. au sujet de la taxe foncière sur les propriétés bâties : CE 16 mars 2010, *Sté CIMEP*, n° 324239 : *Rev. CMP 2010. Comm. 228, note Llorens*), ou encore qu'il est responsable des dommages que l'exécution des travaux peut causer. Il reste qu'il n'est pas un propriétaire ordinaire. Le droit réel conféré à l'occupant présente de nombreuses particularités qui le distinguent du droit réel au sens du droit civil et justifient sa qualification de droit réel administratif. En effet, ce droit est précaire, temporaire et révocable. La durée du droit réel est limitée par le titre juridique fondant l'occupation domaniale en fonction de la nature de l'activité de l'occupant et de l'importance des investissements mobilisés pour financer la construction des ouvrages. Dans tous les cas, cette durée ne saurait excéder soixante-dix ans, le Conseil constitutionnel ayant estimé qu'un renouvellement du titre emportant dépassement d'une telle durée serait « de nature à porter atteinte à la protection due à la propriété publique » (Cons. const., 21 juill. 1994, n° 94-346 DC : *JO 23 juill., p. 10635 ; AJDA 1994. 786, note Gondouin ; ALD 1995, 12e cahier, p. 93, obs. Pauliat ; D. 1995. Somm. 347, obs. Pini ; Dr. adm. 1994. Comm. 589 ; LPA 9 avr. 1995, p. 21, note Amadéi ; LPA 18 oct. 1995, p. 9, note Verpeaux ; RD publ. 1995. 58, chron. Rousseau ; RFDA 1994. 1106, note Lavialle ; RFDC. 1994. 814, note Bon*).

V. AOT ET CONTRAT DE LA COMMANDE PUBLIQUE

L'article 101 de l'ordonnance du 23 juillet 2015 relative aux marchés publics a modifié plusieurs articles du CGPPP et du CGCT portant sur les AOT et les BEA et vise à interdire ou au moins à limiter les hypothèses d'utilisation du BEA et de l'AOT dans le cadre d'un montage contractuel dit « aller-retour ». En effet, même si l'AOT et le BEA ne sont au départ que de simples autorisations d'occupation domaniale constitutives de droits réels, ils ont fréquemment été utilisés par les personnes publiques pour demander au titulaire de l'AOT ou du BEA de financer et de construire sur leur domaine un ouvrage, ensuite mis à leur disposition par voie de bail, éventuellement assorti d'une option d'achat (montage en AOT ou BEA assorti d'une location avec option d'achat-LOA). Cette pratique a rencontré un véritable succès et sa régularité a été admise par le Conseil d'État, aussi bien pour le BEA (CE, sect., 25 févr. 1994, *SA Sofap-Marignan immobilier*, nos 144641 et 145406 : *Lebon 94 ; AJDA 1994. 550, note Périnet-Marquet ; CJEG 1994. 569, chron. Fatôme et Terneyre ; D. 1994. 536, note Lombard ; GDDAB, 3e éd., 2018. Comm. n° 66, note Melleray ; RFDA 1994. 510, concl. Arrighi de Casanova*) que pour l'AOT (CE, sect. intérieur et TP réunies, avis, 31 janv. 1995, n° 356960 : *EDCE, n° 47, p. 407 ; AJDA 1997. 126, étude Fatôme et Terneyre ; GACE, n° 26, note Fatôme et Terneyre ; GDDAB, 2e éd., 2015, n° 62, comm. Melleray ; RDI 1996. 554, obs. Auby et Maugüé*). Les personnes publiques ont rapidement compris que ces montages présentaient de nombreux avantages, et notamment celui de permettre de différer dans le temps le paiement du prix d'un ouvrage qui leur était destiné. De même, l'occupant domanial assurant la maîtrise d'ouvrage des travaux à réaliser, ce type de montage contractuel échappait aux règles de passation fixées par le code des marchés publics. L'opération n'était cependant pas sans risque car une requalification du montage contractuel en marché public ou en délégation de service public était toujours possible. La réorganisation du droit de la commande publique par l'ordonnance du 23 juillet 2015, mais aussi par l'ordonnance du 29 janvier 2016, est l'occasion pour le législateur délégué de circonscrire très nettement l'utilisation du BEA et de l'AOT. Désormais, les AOT et les BEA de l'État et des collectivités territoriales ne « pourront avoir pour objet l'exécution de travaux, la livraison de fournitures, la prestation de services ou la gestion d'une mission de service public, avec une contrepartie économique constituée par un prix ou un droit d'exploitation, pour le compte ou pour les besoins d'un acheteur soumis à l'ordonnance du 23 juillet 2015 ou d'une autorité concédante soumise à l'ordonnance n° 2016-65 du 29 janvier 2016 relative aux contrats de concession ». Cette formule ne doit pas être comprise comme interdisant purement et simplement d'utiliser le BEA et l'AOT au soutien d'un contrat de la commande publique. Elle signifie simplement, mais le changement est radical, que tout montage contractuel associant un BEA ou une AOT constitutive de droits réels avec un marché public ou un contrat de concession doit être conclu dans le respect des règles de passation propres aux marchés publics et aux concessions car l'objet premier et principal de ces montages est précisément de répondre à une commande publique. Naturellement, ces dispositions ne font toutefois pas obstacle à ce qu'un contrat « sec » d'occupation du domaine public prévoit les conditions d'indemnisation de l'occupant domanial en fin de contrat pour les ouvrages, constructions et installations de caractère immobilier réalisée pour l'exercice de l'activité autorisée, ni à ce qu'il détermine les conditions dans lesquelles le propriétaire ou le gestionnaire du domaine public peut acquérir certains biens corporels et incorporels liés à l'activité (V. en ce sens l'article L. 5312-14-1-I C. transp. au sujet des conventions de terminal conclues par les grands ports maritimes).

VI. COMPÉTENCE POUR DÉLIVRER L'AOT CONSTITUTIVE DE DROITS RÉELS

Les AOT constitutives de droits réels sur le domaine public de l'État sont logiquement attribuées par les autorités administratives étatiques. Il peut s'agir du préfet, du ou des ministres concernés, par exemple du ministre de la Défense lorsque le domaine public militaire est en cause (CGPPP, art. R. 2122-14). La décision relative à une autorisation constitutive de droit réel sur le domaine propre d'un établissement public de l'État est prise par l'autorité de l'établissement à laquelle cette compétence est attribuée par son statut. Dans le silence de celui-ci, l'autorisation est délivrée par l'organe délibérant (CGPPP, art. R. 2122-4). Les établissements publics de l'État peuvent également attribuer des AOT constitutives de droits réels sur le domaine public que l'État met à leur disposition pour accomplir leurs missions (CGPPP, art. L. 2122-14). L'exercice de cette compétence ne leur est cependant reconnue que sous réserve de l'accord préalable de l'autorité administrative étatique et de l'insertion dans le titre d'occupation de dispositions ou de clauses permettant d'assurer la continuité du service public lorsque les biens concernés sont nécessaires à l'accomplissement de ce service (V. par ex. le cas des universités, qui peuvent attribuer des AOT constitutives de droits réels sur le domaine public de l'État : art. L. 762-2 C. éduc., modifié par la loi n° 2010-1536 du 13 déc. 2010 relative aux activités immobilières des établissements d'enseignement supérieur, aux structures interuniversitaires de coopération et aux conditions de recrutement et d'emploi du personnel enseignant et universitaire : *JO 14 déc., p. 21809.* – V. égal. art. R. 2122-15 CGPPP). Les règles applicables aux établissements publics concernent aussi les autres organismes gestionnaires du domaine public, dès lors que le texte qui leur confie ou concède la gestion du domaine, ou une disposition réglementaire générale, leur a reconnu le pouvoir de délivrer des titres constitutifs de droits réels sur le domaine public (CGPPP, art. R. 2122-12, al. 2, R. 2122-15, al. 3).

V. réf. après l'art. L. 2122-19 CGPPP. ❑

1. Conditions de constitution d'un droit réel. Il ne peut être constitué de droits réels sur le domaine public que dans les conditions fixées par les art. L. 34-1 à L. 34-9 [art. L. 2122-6 s. CGPPP] en ce qui concerne le domaine public de l'État et de ses établissements publics. • CE, sect. avis, 28 juill. 1998, n° 362417 : *Rapport public 1999, EDCE n° 50, p. 209.*

2. Droit réel et continuité du service public. Il résulte de l'art. L. 34-1 [art. L. 2122-6 CGPPP] que le titulaire d'une autorisation d'occupation temporaire du domaine public de l'État a, sauf prescription contraire de son titre, un droit réel sur les ouvrages, constructions et installations de caractère immobilier qu'il réalise pour l'exercice d'une activité autorisée par ce titre. Toutefois, lorsque les ouvrages, constructions ou installations sont nécessaires à la continuité du service public, l'art. L. 34-1 [art. L. 2122-6 CGPPP] ne leur est applicable que « sur décision de l'État », ainsi que le précise l'art. L. 34-4 [art. L. 2122-10 CGPPP]. • CE, sect. Intérieur et TP réunies avis, 31 janv. 1995, avis nº 356960 : *Rapport public 1995, EDCE 1995, nº 47, p. 407 ; AJDA 1997. 126, note Fatôme et Terneyre ; RDI 1996. 554, obs. Auby et Maugüé*. – GACE, *Dalloz, 3e éd., 2008, p. 297, comm. Fatôme et Terneyre.*

3. Champ du droit réel conféré. Dans la mesure où le monopole des dockers ne concerne que les opérations de manutention effectuées dans des lieux à usage public situés à l'intérieur du périmètre du domaine public maritime, il s'ensuit que ledit monopole est inapplicable dans les entrepôts privatifs car l'autorisation d'occupation délivrée sur le fondement de l'art. L. 34-1 [art. L. 2122-6 CGPPP] confère à son titulaire un droit réel sur les installations et les prérogatives et obligations d'un propriétaire. Ce sont donc des locaux à usage privé placés hors du champ d'application du monopole. • TGI La Rochelle, 28 mars 2000, nº 98/1831 : *RDI 2000. 326, obs. Lavialle*.

4. Conciliation avec les droits du propriétaire du domaine. Le propriétaire conserve le droit de délivrer des autorisations d'occupation ou d'instaurer des redevances. • CAA Marseille, 27 févr. 2007, *Sté Escota : Rev. CMP 2007, nº 153, note Eckert.* ♦ ... Tout comme il doit exercer la police de la conservation. • CAA Bordeaux, 30 oct. 2008, *Sté Occas'pneus : Rev. CMP 2008, nº 297, note Llorens.*

Code de la commande publique

CHAPITRE II. *OCCUPATION DOMANIALE ET BIENS DE LA CONCESSION*

Art. L. 3132-1 Lorsque le contrat de concession emporte occupation du domaine public, il vaut autorisation d'occupation de ce domaine pour sa durée. – *[Ord. nº 2016-65 du 29 janv. 2016, art. 50, al. 1er.]*

Art. L. 3132-2 Le contrat de concession peut attribuer au concessionnaire des droits réels sur les ouvrages et équipements qu'il réalise.

Ces droits lui confèrent les prérogatives et obligations du propriétaire, dans les conditions et les limites définies par les clauses du contrat ayant pour objet de garantir l'intégrité et l'affectation du domaine public. – *[Ord. nº 2016-65 du 29 janv. 2016, art. 50, al. 2.]*

Art. L. 3132-3 Le concessionnaire peut être autorisé, avec l'accord expressément formulé de l'autorité concédante, à conclure des baux ou droits réels d'une durée excédant celle du contrat de concession.

Les autorisations données par l'autorité concédante, ainsi que les baux et droits réels qui en résultent, constituent des accessoires au contrat de concession et sont, à l'issue de la durée du contrat, transférés à l'autorité concédante. – *[Ord. nº 2016-65 du 29 janv. 2016, art. 51.]*

Art. L. 2122-7 Le droit réel conféré par le titre, les ouvrages, constructions et installations de caractère immobilier ne peuvent être cédés, ou transmis dans le cadre de mutations entre vifs ou de fusion, absorption ou scission de sociétés, pour la durée de validité du titre restant à courir, y compris dans le cas de réalisation de la sûreté portant sur lesdits droits et biens et dans les cas mentionnés aux premier et deuxième alinéas de l'article L. 2122-8, qu'à une personne agréée par l'autorité compétente, en vue d'une utilisation compatible avec l'affectation du domaine public occupé. *(Ord. nº 2017-562 du 19 avr. 2017, art. 5)* « De tels transferts ne peuvent intervenir lorsque le respect des obligations de publicité et de sélection préalables à la délivrance d'un titre s'y oppose. »

(Ord. nº 2015-1628 du 10 déc. 2015, art. 2, en vigueur le 1er janv. 2016) « Le titulaire de l'autorisation d'occupation temporaire peut demander à l'autorité qui a délivré le titre de lui indiquer si, au vu des éléments qui lui sont soumis à ce stade et sous réserve d'un changement ultérieur dans les circonstances de fait ou de droit qui l'obligerait à revenir sur sa décision, elle délivrera l'agrément à une personne déterminée qui lui sera substituée, pour la durée de validité du titre restant à courir, dans les droits et obligations résultant de ce titre. Toutefois, ces dispositions ne sont pas appli-

cables aux autorisations d'occupation du domaine public qui ont été délivrées après une procédure de publicité et de mise en concurrence. »

Lors du décès d'une personne physique titulaire d'un titre d'occupation constitutif de droit réel, celui-ci peut être transmis, dans les conditions mentionnées *(Ord. n° 2015-1628 du 10 déc. 2015, art. 2, en vigueur le 1er janv. 2016)* **« au premier alinéa** *[ancienne rédaction : à l'alinéa précédent]* **», au conjoint survivant ou aux héritiers sous réserve que le bénéficiaire, désigné par accord entre eux, soit présenté à l'agrément de l'autorité compétente dans un délai de six mois à compter du décès.** – *[C. dom. Ét., art. L. 34-2, al. 1er et 2.]*

Les dispositions issues de l'art. 5 de l'Ord. n° 2017-562 du 19 avr. 2017 sont applicables aux titres délivrés à compter du 1er juill. 2017 (Ord. préc., art. 15).

COMMENTAIRE

Traditionnellement, l'autorisation d'occupation domaniale présentait la caractéristique d'être personnelle et donc de ne pouvoir être cédée, sauf accord de la personne publique, ce qui, en réalité, revenait à une nouvelle autorisation. Les impératifs de valorisation et de rentabilité économique du domaine public ont conduit à légèrement décentrer le curseur qui marquait l'équilibre entre principe de protection et nécessité de valorisation pour permettre une certaine circulation des droits réels et donc des titres d'occupation du domaine public.

C'est cette circulation des droits réels qui est codifiée à l'article L. 2122-7. Le principe est celui selon lequel le droit réel conféré par l'administration est cessible ou transmissible uniquement à une personne agréée par la personne publique propriétaire de la dépendance. L'article L. 2122-7 pose un certain nombre de conditions à la cession des privilèges et des ouvrages. Outre l'agrément par l'administration de la personne susceptible de recevoir le droit réel, les bénéficiaires de la cession ou de la transmission sont, fort logiquement, soumis à l'obligation particulière d'utiliser la dépendance qui accueille l'ouvrage ou l'installation de manière compatible avec son affectation.

Le second alinéa de l'article L. 2122-7 prévoit l'hypothèse du décès de l'occupant. Il est essentiel que le droit réel survive à la personne physique décédée au moins pour permettre la poursuite de l'exploitation de l'ouvrage et assurer sa rentabilité. C'est pourquoi la cession de l'autorisation d'occupation s'opère dans les mêmes conditions générales que celles mentionnées au premier alinéa sous réserve que l'héritier bénéficiaire soit présenté dans les six mois du décès à l'agrément de l'administration.

Les conditions et modalités de transmission ou cession des ouvrages, constructions et installations prévus par le titre d'occupation et transfert du droit réel y attaché sont détaillées par les articles R. 2122-19 à R. 2122-26.

I. ENJEUX

Longtemps, l'autorisation d'occupation domaniale a présenté la caractéristique d'être personnelle et donc de ne pouvoir être cédée (CE 10 mai 1989, *Claude Munoz* : V. note 1). Cette solution classique, qui vient d'être abandonnée pour l'ensemble des titres d'occupation, sous réserve de l'accord préalable de l'administration (CE 18 sept. 2015, *Sté Prest'Air* : V. note 1) allait de toute évidence à l'encontre des impératifs de valorisation et de rentabilité économique du domaine public et elle était d'autant plus difficile à concevoir au sujet des titres d'occupation constitutifs de droits réels, dont l'objet est précisément de permettre l'investissement des opérateurs économiques sur le domaine public.

C'est pourquoi l'article L. 2122-7 a dérogé au principe jurisprudentiel initialement consacré et a admis la circulation des droits réels, tout en l'assortissant de certaines limites. Leur cession ou leur transmission nécessitent l'accord de la personne publique et ne valent que pour la durée du titre restant à courir. L'article L. 2122-7 ne précise pas les motifs pour lesquels elle peut refuser la cession, ce que l'on peut regretter (V. Trescher, De quelques apports du nouveau code général de la propriété des personnes publiques en matière d'occupation du domaine public, *Rev. CMP 2006. Chron. 6*. – V. aussi : Gaudemet, Les cessions et transmissions, *JCP N 1996, n° 1223*). Il aurait en effet été possible d'envisager une transposition et une adaptation à la matière domaniale de la solution dégagée par le Conseil d'État en matière de marchés publics et de délégations de service public qui permet à l'administration de refuser la cession lorsque le cessionnaire ne présente pas les garanties professionnelles et financières suffisantes ou n'est pas apte à assurer la continuité du service public et l'égalité des usagers devant le service public (V. CE, avis, 8 juin 2000 : *AJDA 2000. 758, note Deruy* ; *BJCP 2001. 94, étude Glaser* ; *CJEG 2001. 103, note Maugüé et Deruy* ; *Rev. CMP 2000. Chron. 1, obs. Llorens*). L'article L. 2122-7 fixe les conditions générales de la cession dans son premier alinéa et détermine les conditions particulières de la transmission des droits réels en cas de décès de l'occupant domanial dans son troisième alinéa.

II. CONDITIONS GÉNÉRALES DE LA CESSION DU DROIT RÉEL ET DES OUVRAGES

Le droit réel attaché à l'AOT ainsi que les ouvrages, constructions et installations de caractère immobilier peuvent faire l'objet d'une cession, sous réserve du respect de deux conditions cumulatives. Cette cession ne peut s'effectuer qu'au profit d'une personne préalablement agréée par l'administration (sur la procédure de demande d'agrément, V. CGPPP, art. R. 2122-19 à R. 2122-21). L'article L. 2122-7 fixe des conditions générales de la cession dans son premier alinéa et détermine les conditions particulières de la transmission des droits réels en cas de décès de l'occupant domanial dans son troisième alinéa.

III. INTERROGATIONS SUSCITÉES PAR L'ORDONNANCE DU 19 AVRIL 2017

L'article 5 de l'ordonnance n° 2017-562 du 19 avril 2017 relative à la propriété des personnes publiques a complété l'article L. 2122-7 du CGPPP en précisant que le transfert du droit réel conféré par le titre d'occupation, ainsi que les ouvrages, constructions et installations de caractère immobilier ne pouvaient intervenir lorsque le respect des obligations de publicité et de sélection préalables à la délivrance d'un titre s'y oppose. Cette nouvelle disposition semble faire obstacle à la cession de l'autorisation d'occupation constitutive de droit réel sur le domaine public (AOTDR) alors que l'on sait qu'elle est un élément essentiel à la valorisation du domaine public. Cette interdiction s'explique par le fait que la cession d'une AOTDR accordée en vue d'une exploitation économique pourrait être utilisée pour contourner l'obligation d'organiser une procédure de sélection transparente. Pour le dire plus clairement, un occupant auquel l'AOTDR a été attribuée à l'issue d'une telle procédure pourrait ensuite la céder librement à un autre opérateur économique. Il reste que les termes employés par l'article 5 de l'ordonnance du 19 avril 2017 suscitent l'interrogation : faut-il comprendre que la cession est désormais interdite par principe ? Cette solution n'est guère imaginable car elle s'inscrirait clairement dans une logique à rebours de l'objectif de valorisation du domaine public. Faut-il comprendre que la cession est possible, sous réserver d'organiser une seconde procédure de sélection transparente ? Si tel était le cas, il appartiendrait alors à l'autorité domaniale compétente d'organiser une procédure de sélection pour permettre aux opérateurs économiques potentiellement intéressés de candidater. Au terme de cette procédure, deux situations pourraient alors se présenter. La première, la plus simple, serait celle dans laquelle le cessionnaire pressenti par l'occupant en place est retenu : l'autorité domaniale pourrait alors l'agréer sans difficulté particulière. La seconde, plus problématique, serait celle dans laquelle le candidat retenu n'est pas le cessionnaire pressenti par l'occupant cédant. L'autorité domaniale ne pourrait alors agréer un autre candidat que celui qui a été déclaré attributaire au terme de la procédure de sélection et l'occupant en place serait alors conduit à céder son droit réel à un opérateur économique avec lequel il n'avait pas forcément négocié auparavant.

On notera que cet encadrement des possibilités de cession n'est pas spécifique aux AOTDR. Elle s'applique aussi au BEA valorisation de l'État et de ses établissements publics (CGPPP, art. L. 2341-1 mod. par l'art. 6 de l'Ord. du 19 avr. 2017) et au BEA local (CGCT, art. L. 1311-3, mod. par l'art. 8 de l'Ord. du 19 avr. 2017), mais non – ce qui peut étonner – au BEA « logement social » de l'article 7 de la loi n° 2009-179 du 17 février 2009.

IV. CONDITIONS PARTICULIÈRES EN CAS DE DÉCÈS DE L'OCCUPANT

Aux conditions précitées s'en ajoute une, applicable en cas de décès de la personne physique titulaire d'un titre d'occupation constitutif de droit réel, selon laquelle le droit réel et les ouvrages, constructions et installations de caractère immobilier peuvent être cédés au conjoint survivant ou aux héritiers à condition que l'autorisation de l'administration soit sollicitée dans les six mois suivant le décès (sur la procédure de demande d'agrément et les effets de l'agrément en cas de transmission à l'héritier des immeubles et des droits réels y attachés, V. CGPPP, art. R. 2122-23 et R. 2122-24).

V. PRÉ-DÉCISION

L'article L. 2122-7 a été modifié par l'article 2 de l'ordonnance n° 2015-1628 du 10 décembre 2015 relative aux garanties consistant en une prise de position formelle, opposable à l'administration, sur l'application d'une norme à la situation de fait ou au projet du demandeur. Son entrée en vigueur est intervenue au 1er janvier 2016. L'alinéa 2 de l'article L. 2122-7 permet au titulaire de l'autorisation d'occupation temporaire de demander à l'autorité qui a délivré le titre de lui indiquer si, au vu des éléments qui lui sont soumis à ce stade et sous réserve d'un changement ultérieur dans les circonstances de fait ou de droit qui l'obligerait à revenir sur sa décision, elle délivrera l'agrément à une personne déterminée qui lui sera substituée, pour la durée de validité du titre restant à courir, dans les droits et obligations résultant de ce titre. Ces dispositions ne sont pas applicables aux autorisations d'occupation du domaine public qui ont été délivrées après une procédure de publicité et de mise en concurrence. Ce dispositif n'institue pas un rescrit qui se définit comme « une prise de position formelle de l'administration, qui lui est opposable, sur l'application d'une norme à une situation de fait décrite loyalement dans la demande présentée par une personne et qui ne requiert aucune décision administrative ultérieure » (Conseil d'État, Le rescrit : sécuriser les initiatives et les projets, *Coll. « Les études du Conseil d'État », 2014, p. 20*). L'article L. 2122-7, alinéa 2, institue au contraire un mécanisme de pré-décision dans lequel l'autorité qui a délivré l'AOT est appelée à prendre position dans un premier temps sur la délivrance ou la non-délivrance de l'accord permettant le transfert des droits réels, ouvrages, constructions ou installations au regard des éléments fournis par le titulaire en place. Ce n'est que dans un second temps, au moment de la mise en œuvre complète du projet du transfert, que l'autorité administrative prendra la décision d'autoriser ou non la cession. Grâce à ce dispositif de pré-décision, l'occupant domanial peut solliciter une sorte de découpage de l'agrément de l'administration à venir en deux actes, avec une pré-décision qui lui permet de déterminer s'il convient de persister dans la réalisation de son projet de transfert et une décision finale. Les étapes procédurales et formelles du mécanisme de pré-décision ont été précisées par le décret n° 2016-1435 du 25 octobre 2016 et codifiées à l'article R. 2122-21-1 du CGPPP (Décr. n° 2016-1435 du 25 oct. 2016 portant application de l'Ord. n° 2015-1628 du 10 déc. 2015 relative aux garanties consistant en une prise de position formelle, opposable à l'Administration, sur l'application d'une norme à la situation de fait ou au projet du demandeur, *JO 27 oct., texte n° 9*). La soumission des autorisations d'occupation du domaine public à une procédure de sélection transparente en vue d'une exploitation économique (V. obs. ss. art. L. 2122-1-1 CGPPP) a réduit les possibilités de recours au mécanisme de pré-décision puisque ce dernier n'est pas applicable aux AOTDR accordées après une procédure de publicité et de mise en concurrence. ❑

1. Caractère personnel des autorisations d'occupation temporaires. Elles ont un caractère « strictement personnel ». • CE 10 mai 1989, *Claude Munoz*, n° 73146 : *Lebon T. 675* ; *RD publ. 1989. 1805.* ♦ Solution désormais abandonnée pour l'ensemble des titres d'occupation, sous réserve de l'accord préalable de l'administration. • CE 18 sept. 2015, *Sté Prest'Air*, n° 387315 : *Lebon T. 666 ; AJDA 2015. 1719 ; ibid. 2016. 157, note Chamard-Heim ; Rev. CMP 2015. Comm. 271, note Pietri ; GDDAB, Dalloz, 3e éd., 2018, comm. 61.*

2. Cession de l'autorisation. Accord de la personne propriétaire. Faute d'avoir obtenu l'agrément de la chambre de commerce et d'industrie, la société poursuivie n'a pu se trouver substituée à la société titulaire du droit d'occupation du domaine public. • CAA Marseille, 13 avr. 2007, *Sté Chantier naval de Provence Ingénierie*, n° 05MA00227. ♦ Le titulaire d'une autorisation d'occupation peut sans violer le principe d'inaliénabilité s'engager à présenter un successeur à l'Administration moyennant rétribution. • Civ. 1re, 5 déc. 1995, n° 93-12.096 P : *Dr. adm. 1996, n° 19.*

3. Cession et délégation d'une activité sur la dépendance. Le fait de confier à un prestataire, disposant de compétences particulières en la matière, la gestion et l'animation d'un espace d'ores et déjà aménagé, aux fins d'y exploiter une activité de vente, ne peut être assimilé à une cession de l'autorisation d'occupation du domaine public et n'a donc pas à être soumis à l'agrément préalable de l'État. • CAA Bordeaux, 12 déc. 2013, *Dpt de l'Aveyron*, n° 12BX02065 : *Rev. CMP 2014. 64, obs. Ubaud-Bergeron.*

Art. L. 2122-8 **Le droit réel conféré par le titre, les ouvrages, constructions et installations ne peuvent être hypothéqués que pour garantir les emprunts contractés par le titulaire de l'autorisation en vue de financer la réalisation, la modification ou l'extension des ouvrages, constructions et installations de caractère immobilier situés sur la dépendance domaniale occupée.**

Les créanciers chirographaires autres que ceux dont la créance est née de l'exécution des travaux mentionnés à l'alinéa précédent ne peuvent pratiquer des mesures conservatoires ou des mesures d'exécution forcée sur les droits et biens mentionnés au présent article. — *V. art. R. 2122-25.*

Les hypothèques sur lesdits droits et biens s'éteignent au plus tard à l'expiration des titres d'occupation délivrés en application des articles L. 2122-6 et L. 2122-10, quels qu'en soient les circonstances et le motif. — *[C. dom. Ét., art. L. 34-2, al. 3 à 5.]*

BIBL. ▶ Moliner-Dubost, Requiem pour le principe d'incessibilité des autorisations administratives, *AJDA 2004. 2141* . – Baudel, La patrimonialité des autorisations administratives, *Thèse, Paris X, 1999.* – Brenet, La patrimonialisation des autorisations administratives, *Dr. adm. 2007. Étude 14.* – Soleilhac, Vers une commercialité des autorisations administratives, *AJDA 2007. 2178* . – Dossier, La patrimonialité des actes administratifs, *RFDA 2009. 1-48* . – Ragimbeau, Le caractère personnel des autorisations d'occupation domaniale : de l'incessibilité à la patrimonialisation, *RD publ. 2016. 1783.* – Videlin, La transmissibilité du titre d'occupation privative et les enjeux contemporains de la domanialité publique, *RFDA 2016. 903* . – Maublanc, Le marché des autorisations administratives à objet économique, *LGDJ, 2019, tome 311.*

COMMENTAIRE

I. ENCADREMENT DE LA POSSIBILITÉ DE CONSTITUER DES HYPOTHÈQUES

Parce que les biens des personnes publiques sont insaisissables (CGPPP, art. L. 2311-1) et que les dépendances du domaine public sont en plus inaliénables (CGPPP, art. L. 3111-1), ils ne peuvent en principe être grevés d'hypothèques, dont l'objet est de conférer à leur titulaire une sûreté réelle leur permettant, le cas échéant, d'obtenir la vente d'un bien immobilier pour obtenir le remboursement d'une créance (C. civ., art. 2393). L'article L. 2122-8 permet en revanche aux occupants domaniaux de garantir les emprunts qu'ils ont souscrits pour financer la réalisation des ouvrages implantés sur le domaine public ; cette possibilité n'est cependant ouverte que dans des conditions restrictives.

II. CONDITIONS

La constitution d'une hypothèque n'est d'abord possible que si elle vise à garantir les emprunts contractés par l'occupant pour financer les ouvrages, constructions et installations implantés sur la dépendance domaniale occupée : l'hypothèque n'est donc possible que si elle est « affectée » au financement dudit équipement. Certaines dispositions dérogent à cette obligation. Il en va par exemple de l'article L. 5311-3 du code des transports qui dispose que les droits réels non hypothéqués ainsi que les ouvrages, constructions et installations, libre de tout droit, édifiés par le titulaire d'une autorisation d'occupation temporaire du domaine public au sein de la circonscription d'un grand port maritime peuvent être utilisés à titre de garantie pour financer l'acquisition, la réalisation, la modification ou l'extension des ouvrages, constructions et installations de caractère mobilier situés sur une autre dépendance domaniale dudit grand port maritime sous réserve de l'accord préalable de ce dernier. Ensuite, les droits des créanciers chirographaires (c'est-à-dire de ceux qui n'ont aucune garantie spécifique autre que le droit de gage général pour obtenir le remboursement de leur créance) des occupants sont limités, puisqu'ils ne peuvent exercer aucune mesure conservatoire ou d'exécution forcée sur les droits réels et biens visés par l'article L. 2122-8. Ils peuvent cependant provoquer la cession de tout ou partie des biens et des droits réels y attachés dans les conditions fixées par les articles R. 2122-25 et R. 2122-26 CGPPP. Enfin, lorsqu'une hypothèque a été constituée, sa durée est calquée sur celles des titres d'occupation domaniale même lorsqu'il y est mis fin de façon anticipée. On doit noter que l'article L. 2122-9 dispose que les créanciers régulièrement inscrits peuvent prétendre à une indemnité en cas de retrait (en vérité d'abrogation) de l'autorisation pour un motif autre que l'inexécution de ses clauses et conditions.

III. ACCORD DE LA PERSONNE PUBLIQUE ET UTILISATION COMPATIBLE AVEC L'AFFECTATION DE LA DÉPENDANCE DOMANIALE OCCUPÉE

Ce régime hypothécaire est d'autant plus strict que le titulaire d'une hypothèque sur les ouvrages, constructions et installations de caractère immobilier ne pourra obtenir leur vente, aux fins de remboursement de sa créance, que si la personne publique y consent et qu'en vue d'une utilisation compatible avec l'affectation du domaine public occupé (V. CGPPP, art. L. 2122-7). ❑

Art. L. 2122-9 A l'issue du titre d'occupation, les ouvrages, constructions et installations de caractère immobilier existant sur la dépendance domaniale occupée doivent être démolis soit par le titulaire de l'autorisation, soit à ses frais, à moins que leur maintien en l'état n'ait été prévu expressément par le titre d'occupation ou que l'autorité compétente ne renonce en tout ou partie à leur démolition.

Les ouvrages, constructions et installations de caractère immobilier dont le maintien à l'issue du titre d'occupation a été accepté deviennent de plein droit et gratuitement la propriété de l'État, francs et quittes de tous privilèges et hypothèques.

Toutefois, en cas de retrait de l'autorisation avant le terme prévu, pour un motif autre que l'inexécution de ses clauses et conditions, le titulaire est indemnisé du préjudice direct, matériel et certain né de l'éviction anticipée. Les règles de détermination de l'indemnité peuvent être précisées dans le titre d'occupation. Les droits des créanciers régulièrement inscrits à la date du retrait anticipé sont reportés sur cette indemnité.

Deux mois au moins avant la notification d'un retrait pour inexécution des clauses et conditions de l'autorisation, les créanciers régulièrement inscrits sont informés des intentions de l'autorité compétente à toutes fins utiles, et notamment pour être mis en mesure de proposer la substitution d'un tiers au permissionnaire défaillant ou de s'y substituer eux-mêmes. – *[C. dom. Ét., art. L. 34-3.]*

COMMENTAIRE

L'article L. 2122-9 traite de la question essentielle du sort des ouvrages, constructions et installations de caractère immobilier et des sûretés réelles qui y sont attachées à l'issue du titre d'occupation, en distinguant selon que cette occupation prend fin normalement (c'est-à-dire au terme prévu initialement) ou de manière anticipée.

Sort des équipements à la fin normale de l'occupation. Le présent article fixe un cadre juridique destiné à régler le sort des équipements à l'issue du titre d'occupation. Le principe est celui de la démolition des ouvrages à l'expiration du titre d'occupation domaniale. Cependant, le titre d'occupation peut prévoir leur maintien, de même que la personne publique gestionnaire du domaine peut renoncer totalement ou partiellement à leur démolition.

Sort des hypothèques à la fin normale de l'occupation. Les ouvrages conservés à l'issue du titre d'occupation domaniale deviennent automatiquement et gratuitement la propriété de l'État, francs et quittes de tous privilèges et hypothèques. Cette dernière précision est essentielle, car elle signifie que le transfert de propriété de l'ouvrage provoque l'extinction de l'hypothèque éventuellement inscrite sur l'ouvrage par un créancier de l'occupant. Ce dernier se trouve alors privé de la sûreté dont il disposait. Afin d'éviter d'éventuelles difficultés, le créancier de l'occupant a donc tout intérêt à ce que la durée de l'hypothèque (dont l'article L. 2122-8 dispose qu'elle doit être utilisée pour garantir les seuls emprunts contractés par le titulaire de l'autorisation en vue de financer la réalisation, la modification ou l'extension des ouvrages situés sur la dépendance domaniale) reste inférieure à celle pour laquelle l'occupation domaniale est autorisée.

Conséquences de la fin anticipée de l'occupation en l'absence de faute de l'occupant. L'article L. 2122-9 reprend la nouveauté introduite par la loi du 25 juillet 1994 en reconnaissant à l'occupant titulaire d'une AOT constitutive de droits réels sur le domaine public un droit à indemnisation en cas d'abrogation de l'autorisation avant le terme prévu, à la stricte condition que la fin anticipée du titre ne soit pas la conséquence de la violation des conditions régissant l'occupation. Le droit à indemnisation ainsi reconnu permet aux titulaires d'une AOT de couvrir le préjudice direct, matériel et certain né de la fin anticipée du titre d'occupation, ce qui vise de toute évidence le préjudice lié à l'impossibilité d'amortir totalement les ouvrages construits sur le domaine public. Les conditions de l'indemnisation peuvent être précisées dans le titre d'occupation. Une garantie importante est accordée aux créanciers de l'occupant, puisque leurs droits sont reportés sur l'indemnité accordée par la personne publique à l'occupant. En pratique, et dans le cas où une hypothèque a été constituée sur les ouvrages, les créanciers (établissements de crédit, par ex.) pourront faire valoir leurs droits sur l'indemnité accordée à l'occupant.

Conséquences de la fin anticipée de l'occupation en cas de faute de l'occupant. L'occupant n'ayant pas respecté les clauses et conditions de l'autorisation ne peut prétendre à un quelconque droit à indemnité. Sa faute ne prive toutefois pas ses créanciers de tous leurs droits. En effet, obligation est faite à l'administration d'informer les créanciers régulièrement inscrits de son intention de mettre fin à l'occupation. Cette information doit intervenir au moins deux mois avant la notification du retrait de l'autorisation et elle est destinée prioritairement à leur permettre de proposer une solution alternative (V. CGPPP, art. R. 2122-18). L'article L. 2122-9 envisage ainsi dans son dernier alinéa la possibilité pour les créanciers de proposer la substitution d'un tiers à l'occupant défaillant, voire de s'y substituer eux-mêmes. ❑

Art. L. 2122-10 Lorsque les ouvrages, constructions ou installations sont nécessaires à la continuité du service public, les dispositions de l'article L. 2122-6 ne leur sont applicables que sur décision de l'État. – *[C. dom. Ét., art. L. 34-4.]*

COMMENTAIRE

I. NÉCESSITÉ D'UNE DÉCISION DE L'ÉTAT POUR L'ATTRIBUTION D'UN DROIT RÉEL SUR LES OUVRAGES, CONSTRUCTIONS OU INSTALLATIONS NÉCESSAIRES À LA CONTINUITÉ DU SERVICE PUBLIC

Cet article déroge au principe, posé par l'article L. 2122-6, selon lequel la délivrance d'une AOT sur le domaine public de l'État emporte automatiquement, au profit de l'occupant, constitution d'un droit réel sur les ouvrages, constructions et installations de caractère immobilier qu'il a réalisés pour l'exercice de l'activité autorisée par le titre. En effet, lorsque les ouvrages, constructions et installations sont nécessaires à la continuité du service public, l'occupant ne peut être titulaire d'un droit réel que si l'État y consent (solution rappelée par CE, avis, 31 janv. 1995 : *EDCE n° 46, 1995, p. 407 ; AJDA 1997. 126, note Fatôme et Terneyre* ; *GACE, Dalloz, 3e éd., 2008, p. 297, comm. Fatôme et Terneyre*). Cette exigence d'une décision expresse de l'État sur le principe de l'attribution d'un droit réel s'explique par la nécessité de préserver la continuité du service public. Elle permet également de respecter la jurisprudence constitutionnelle, qui considère que le respect de la continuité du service public n'implique pas nécessairement la soumission au régime de la domanialité publique (et au principe d'inaliénabilité). En pratique, il importe donc de déterminer avec précision la liste des ouvrages nécessaires à la continuité du service public, et de considérer que l'État est tenu de refuser l'attribution du droit réel en cas de risque d'atteinte à la continuité du service public (CE, avis, 28 juill. 1998 : *EDCE n° 50, 1995, p. 209*).

II. THÉORIE DES BIENS DE RETOUR

L'article L. 2122-10, qui est issu de la loi du 25 juillet 1994 relative à la constitution de droits réels sur le domaine public artificiel de l'État, est intéressant car il donne la possibilité à l'État d'esquiver la théorie jurisprudentielle des biens de retour (ce qui contribue, dans une certaine mesure, à son érosion : Mollion, Vers l'érosion de la théorie des biens de retour ?, *AJDA 2011. 363*), dans l'hypothèse où l'AOT se double d'une délégation de service public ou d'une concession de travaux (sur les règles applicables aux biens de retour : CE 21 déc. 2012, n° 342788, *Cne de Douai* : *Lebon p. 477, concl. Dacosta ; AJCT 2013. 91, note Didriche ; ibid. 457, chron. Domino et Bretonneau ; AJDA 2013. 724, étude Fatôme et Terneyre ; BJCP 2013. 136, concl. Dacosta et obs. Maugüé ; Rev. CMP 2013. Comm. 41 et 42, note Eckert. Repère 2, Llorens et Soler-Couteaux. Chron. 7, étude Llorens ; Dr. adm. 2013. Comm. 20, note Éveillard ; GDDAB, 3e éd., 2018. Comm. 63, note Melleray ; JCP Adm. 2013, 2045, note Vila ; RFDA 2013. 25, concl. Dacosta ; ibid. 513, étude Janicot et Lafaix ; RJEP 2013. Chron. 9, étude Llorens*). En octroyant un droit réel à l'occupant sur les ouvrages, constructions ou installations nécessaires à la continuité du service public, l'État accorde un droit de propriété à l'occupant domanial sur les installations édifiées, droit qui fait évidemment obstacle à la qualification de biens de retour et à l'intégration desdits équipements dans le domaine public. Cette faculté est assurément essentielle car elle est de nature à faciliter le financement des biens, l'occupant pouvant recourir à l'hypothèque ou au crédit-bail. Cette double possibilité ne concerne naturellement pas les occupations « ordinaires » du domaine public : en vertu de la jurisprudence *Sagifa* (CE 21 avr. 1997, *Min. Budget c/ Sté Sagifa : Dr. adm. 1997. Comm. 316, note Lavialle ; RFDA 1997. 935, note Fâtome et Terneyre*. – V., pour une confirmation : CE 23 juill. 2010, *Mme Montravers, Liquidateur judiciaire de la Sté Neville Foster Delaunay Belleville*, n° 320188 : *Lebon T. 728 ; BJCP 2011. 73, obs. Terneyre ; Rev. CMP 2010. Comm. 350, note Eckert ; Dr. adm. 2010. Comm. 140, note Brenet ; Dr. fisc. nov. 2010, concl. Escaut, note Rougé*), si l'appropriation privative d'installations superficielles édifiées ou acquises par le titulaire d'une autorisation d'occupation du domaine public n'est pas incompatible avec l'inaliénabilité de celui-ci, c'est à la stricte condition que « l'autorisation de l'occuper et d'y édifier des constructions ou d'y acquérir les constructions existantes n'a pas été accordée en vue de répondre aux besoins du service public auquel le domaine est affecté ». ❑

Art. L. 2122-11 Les dispositions du présent paragraphe sont également applicables aux conventions de toute nature ayant pour effet d'autoriser l'occupation du domaine public.

Lorsque ce droit d'occupation du domaine public résulte d'une concession de service public ou d'outillage public, le cahier des charges précise les conditions particulières auxquelles il doit être satisfait pour tenir compte des nécessités du service public. – *[C. dom. Ét., art. L. 34-5.]*

COMMENTAIRE

I. SOUMISSION DES CONVENTIONS DOMANIALES AUX ARTICLES L. 2122-6 À L. 2122-14

L'article L. 2122-11 énonce le principe de la soumission des conventions domaniales aux règles posées par les articles L. 2122-6 à L. 2122-14. Sont ainsi concernés les contrats d'occupation du domaine public « ordinaires », mais aussi certains marchés publics (contrat de mobilier urbain, par ex.), de nombreux marchés de partenariat et contrats de concession, ainsi que tout autre contrat ayant pour effet – ce qui est évidemment plus large que les contrats ayant « pour objet » – d'emporter occupation du domaine public. Ces dispositions interdisent notamment aux personnes publiques de consentir un bail à construction sur leur domaine public dans les conditions fixées par les articles L. 251-1 et suivants du code de la construction et de l'habitation. En effet, ce bail à construction est régi par des dispositions qui sont incompatibles avec celles fixées par le CGPPP (possibilité de céder les droits réels découlant de ce type de bail sans l'agrément de la personne publique, possibilité pour le titulaire du bail de grever les droits réels de privilèges et d'hypothèques sans prévoir qu'elles pourront seulement servir à garantir les emprunts contractés en vue de financer la réalisation, la modification ou l'extension des ouvrages, constructions et installations de caractère immobilier situés sur la dépendance domaniale occupée, etc.). En revanche, les personnes publiques peuvent consentir sur leur domaine public un bail à construction administratif (CE 11 mai 2016, *Cté urb. Marseille-Provence-Métropole*, n° 390118 : *Lebon 162 ; AJDA 2016. 1173, chron. Dutheillet de Lamothe et Odinet ; AJDA 2017. 611, note Fatôme et Lafaix ; BJCP 2016. 107, concl. Henrard, obs. R. S. ; Rev. CMP 2016. Comm. 184, note Devillers ; ibid. 2017. Chron. 2, par Llorens et Soler-Couteaux ; JCP Adm. 2017. 2131, chron.*), c'est-à-dire qui respecte l'ensemble des règles posées par les articles L. 2122-6 à L. 2122-14 CGPPP. Le bail à construction n'est donc pas illégal dans son principe, il l'est seulement quand ses clauses contreviennent à la domanialité publique (Ph. Yolka, À propos du « bail à construction administratif », *AJDA 2016. 1145*).

II. CAS PARTICULIER DES CONCESSIONS DE SERVICE PUBLIC ET D'OUTILLAGE PUBLIC

L'alinéa 2 de l'article L. 2122-11 pose le principe de l'obligation de prévoir dans le cahier des charges les règles à respecter pour tenir compte des nécessités du service public, dans l'hypothèse où l'occupation domaniale résulte d'une concession de service public ou d'outillage public. L'article R. 2122-10 CGPPP ajoute à ces deux catégories de contrats, celle des concessions d'installations portuaires de plaisance. En réalité, une telle obligation doit logiquement concerner, non seulement les contrats précités, mais plus largement tous les contrats dont l'objet consiste – en partie au moins – en la construction et en l'exploitation d'ouvrages ou d'équipements sur le domaine public. Tel est le cas du marché de partenariat, au sujet duquel l'article 85-II de l'ordonnance du 23 juillet 2015 dispose qu'ils fixent « les conditions dans lesquelles les ouvrages, équipements ou biens immatériels sont mis à la disposition de l'acheteur. Il garantit notamment le respect de l'affectation des ouvrages, équipements ou biens immatériels au service public dont l'acheteur est chargé et le respect des exigences du service public ». Dans le cas particulier des concessions de service public, d'outillage public ou d'installations portuaires de plaisance, l'article R. 2122-10 CGPPP ajoute que les dispositions du cahier des charges destinées à tenir compte des nécessités du service public doivent être approuvées par le préfet lorsque le montant des travaux mis à la charge du concessionnaire est inférieur à trois millions d'euros hors taxe. Lorsque le montant est supérieur, elles doivent recevoir l'accord du ministre chargé du domaine et du ministre intéressé. ❑

Art. L. 2122-12 Un décret en Conseil d'État fixe les conditions d'application des articles L. 2122-6 à L. 2122-11 *[V. art. R. 2122-12 s.]. – [C. dom. Ét., art. L. 34-6.]*

Art. L. 2122-13 *(L. n° 2009-526 du 12 mai 2009, art. 121-I)* **« Dans le cadre des titres d'occupation prévus par les articles L. 2122-6 et L. 2122-11, la réalisation des ouvrages, constructions et installations peut donner lieu à la conclusion de contrats de crédit-bail. Lorsque ces contrats concernent le financement d'ouvrages, de constructions et d'installations qui sont nécessaires à la continuité d'un service public, ils comportent des clauses permettant de préserver les exigences de ce service public. »**

La conclusion de tels contrats de crédit-bail au bénéfice d'organismes dans lesquels l'État ou l'établissement public gestionnaire du domaine apporte un concours financier ou détient, directement ou indirectement, une participation financière permettant d'exercer un pouvoir prépondérant de décision ou de gestion est soumise à un agrément de l'État. Cet agrément peut être refusé si l'opération se traduit par un accroissement des charges ou une diminution des ressources de l'État. Un décret en Conseil d'État fixe les modalités de cet agrément *[V. art. R. 2122-27]. – [C. dom. Ét., art. L. 34-7.]*

BIBL. ▸ **Thèse :** Ducret, Le crédit-bail et les collectivités locales, *Th. Paris XII, 1995.* – Mouriesse, Financement d'équipements publics et techniques contractuelles de droit privé, *Th. Poitiers, 2004.* – Goulay, Contrat à objet financier et valorisation économique du domaine public, *Th. Versailles-St-Quentin, 2013.* – Devillers, L'utilisation du bien d'autrui par une personne publique. Recherche sur le statut de personne publique locataire, *Mare et Martin, 2019, Bibliothèque des thèses.*

▸ **Encyclopédie :** Dufau, Financement privé des équipements publics, *J.-Cl. Banque - Crédit Bourse, fasc. 690.* – Mouriesse, Bahougne, Crédit-bail, *J.-Cl. Propriétés publiques, fasc. 79-45.*

▸ **Articles :** Chanet, Le crédit-bail « équipements publics », *Rev. Trésor, 1983. 103 ;* Possibilités et perspectives de financement des équipements publics en crédit bail, *in* Terny, Prud'homme (dir.), Le financement des équipementss publics de demain, *Economica 1986. 356.* – Lecerf et Blanc, Le financement par crédit-bail des ouvrages construits par les entreprises occupant le domaine public, *Option finance 1998, n° 494, p. 30.* – Mathey, « Crédit-bail, domaine public et droit privé », *RLCT juill. 2008. 77.* – Marchand et Mouriesse, Crédit-bail immobilier, délégation de service public et montages en PPP, *ACCP avr. 2007, p. 36.* – Mouriesse, « L'utilisation du crédit-bail et du crédit-hypothécaire par le délégataire », *ACCP 2011, n° 115, p. 39.* – Terneyre, Crédit-bail immobilier et collectivités publiques, *in* Ph. Malinvaud (dir.), Droit de la construction, *Dalloz action, 7e éd., 2017-2018.*

COMMENTAIRE

I. CRÉDIT-BAIL IMMOBILIER ET OUVRAGES DU DOMAINE PUBLIC

Si les personnes publiques sont libres en principe d'utiliser le crédit-bail pour acquérir des biens immobiliers ayant vocation à intégrer leur domaine privé (des immeubles de bureaux le plus souvent), il n'est va pas de même pour les immeubles du domaine public. Les biens du domaine public étant nécessairement la propriété de la personne publiques, ils ne peuvent pas être financés et acquis par voie de crédit-bail car ce mécanisme suppose que le crédit-bailleur soit propriétaire de l'ouvrage qu'il finance pendant l'exécution du contrat de crédit-bail (CE, avis, 30 mars 1989, *TGV Sud-Est : EDCE, n° 41, Rapp. publ. 1989, p. 236, GACE, 2e éd., 2002, n° 20, p. 213, comm. Labetoulle*). Il peut cependant être dérogé à cette interdiction par voie législative.

II. CRÉDIT-BAIL IMMOBILIER ET OUVRAGES DES OCCUPANTS DU DOMAINE PUBLIC

L'article L. 2122-13 du CGPPP envisage le recours au crédit-bail, non pas pour les ouvrages du domaine public, mais pour les ouvrages des occupants qui sont titulaires d'une autorisation d'occupation constitutive de droits réels. L'utilisation du crédit-bail est aussi problématique car elle semble incompatible avec le caractère personnel des autorisations d'occupation puisque le crédit-bail suppose la cession des droits de l'occupant au crédit-bailleur pour toute la durée du contrat. C'est d'ailleurs pour cette raison que le Conseil constitutionnel a pu y voir une dérogation au droit commun de la domanialité publique, justifiant qu'il n'y soit dérogé que pour des motifs d'intérêt général s'attachant notamment à l'urgence ou à la complexité de l'opération (Décis. n° 2003-473 DC du 26 juin 2003, Loi habilitant le gouvernement à simplifier le droit : *Rec. Cons. const. 382 ; AIJC 2003. 717 et 736, note Gay ; AJDA 2003. 1353, note Dreyfus ; ibid. 1391, comm. Schoettl ; ibid. 1404, note Fatôme ; ibid. 1652, comm. Gonod ; ibid. 2348, comm. Fatôme et Richer ; BJCP 2003. 354, note Teissier ; Rev. CMP 2003, n° 18, chron. Linditch ; Dr. adm. 2003, n° 188, étude Cuche ; ibid. n° 191, comm. Ménéménis ; GDDAB, 3e éd., 2018. Comm. 82, note Chamard-Heim ; JCP Adm. 2003. 1890, note Linditch ; RD. publ. 2003. 1163, comm. Lichère ; RFDC 2003. 772, comm. Fatôme et Richer*). L'article L. 2122-13 a été notablement et heureusement modifié par l'article 121-I-2° de la loi n° 2009-526 du 12 mai 2009 de simplification et de clarification du droit et d'allègement des procédures (*JO 13 mai, p. 7920 ; Rev. CMP 2009. Comm. 176, obs. Clamour ; JCP Adm. 2009, n° 28, p. 38 s., chron. Yolka ; RDI 2009. 541, obs. Foulquier*).

III. INCOHÉRENCE INITIALE

Dans sa version initiale, telle qu'elle découlait de l'ordonnance du 21 avril 2006 (laquelle ne faisait que reprendre le dispositif hérité de la loi du 25 juill. 1994), cet article apparaissait problématique. Il posait en effet le principe selon lequel le recours au crédit-bail était possible dans le cadre des AOT constitutives de droits réels (ce qui représentait à l'époque une avancée non négligeable), mais l'assortissait aussitôt d'une limite qui en ruinait la portée. Le recours au crédit-bail était en effet impossible lorsque les ouvrages à financer devaient être affectés à un service public (avec aménagement indispensable) ou à l'usage direct du public, ou encore lorsqu'il devait servir à financer des travaux exécutés pour une personne publique dans un but d'intérêt général. Cette solution, dictée par la volonté de protéger les biens en cause, faisait obstacle au financement de nombreuses opérations et elle aboutissait à réserver le recours au crédit-bail au financement d'équipements purement privés.

Pour contourner cette difficulté, le législateur devait élargir les possibilités de recours au crédit-bail en consacrant des exceptions à ces exceptions, afin de redonner son sens au principe (Bachelier et Maugüé, La ratification du code général de la propriété des personnes publiques, enfin !, *AJDA 2009. 1177 s., spéc. p. 1179*). C'est ainsi que le recours au crédit-bail a été admis pour des installations directement affectées à un service public et aménagées à cet effet par différentes législations sectorielles, dont le contenu a été codifié à l'article L. 2122-16 CGPPP. Cette dernière disposition admettait la possibilité de conclure des contrats de crédit-bail au titre des contrats de partenariat ou des baux visés par l'article L. 2122-15 CGPPP et relatifs à la réalisation de bâtiments affectés aux services de sécurité, à condition toutefois d'y inclure des clauses permettant de préserver les exigences du service public. L'état du droit n'était assurément pas satisfaisant, d'autant que les possibilités de recours au crédit-bail sur le domaine public local étaient paradoxalement plus larges, aussi bien dans le cadre du bail emphytéotique administratif (CGCT, art. L. 1311-2 s.) que des AOT créées sur le domaine public local par l'ordonnance du 21 avril 2006 et fortement inspirées des règles applicables à l'État (CGCT, art. L. 1311-5 s.). C'est pourquoi la doctrine suggérait une harmonisation du dispositif (par ex., Ph. Yolka, Après le code, *JCP 2007, n° hors-série, cahier n° 2, p. 86*).

IV. COHÉRENCE ACTUELLE

L'article 121-I-2 de la loi du 12 mai 2009 a heureusement modifié l'état du droit en supprimant purement et simplement les exceptions et les exceptions aux exceptions. Il a ainsi redonné tout son sens au principe autorisant le recours au crédit-bail dans le cadre d'une AOT consentie sur le domaine public de l'État (principe qui est élargi aux conventions de toute nature ayant pour effet d'autoriser l'occupation du domaine public), mais l'a assorti d'une condition importante, afin de préserver les exigences du service public. En effet, obligation est faite aux parties signataires d'un contrat de crédit-bail concernant le financement d'ouvrages, de constructions et d'installations qui sont nécessaires à la continuité d'un service public, d'y inclure des clauses permettant de préserver les exigences de ce service public. Cette obligation d'insérer une clause protectrice du service public concerne aussi le BEA valorisation de l'article L. 2341-1 du CGPPP, les baux emphytéotiques administratifs locaux (CGCT, art. L. 1311-3-5°) et les autorisations d'occupation du domaine public local constitutives de droits réels (CGCT, art. L. 1311-5-IV). Cette harmonisation des solutions applicables au domaine public national et au domaine public local s'est logiquement traduite par l'abrogation de l'article L. 2122-16 CGPPP.

V. COMPÉTENCE JURIDICTIONNELLE

Le contrat de crédit-bail est un contrat de droit privé, pour la simple raison qu'il est en principe conclu entre deux personnes privées (T. confl. 21 mars 2005, *Sté Slibail énergie*, n° C-3436 : *Lebon 653 ; AJDA 2005. 1186, note Dreyfus* ; *BJCL 2005. 302, concl. Roul, obs. Poujade ; Rev. CMP 2005. Chron. 14, comm. Tenailleau et Tixier ; Dr. adm. 2005, n° 115, note Ménéménis ; GDDAB, 3ᵉ éd., Dalloz, 2018. Comm. 62, note Yolka ; CJEG 2005. 293, concl. Roul*). Il en va différemment lorsque le crédit-preneur est une personne publique, à condition toutefois que ledit contrat comporte des clauses exorbitantes du droit privé – hypothèse peu probable – ou fasse participer, par son objet, le crédit-bailleur à l'exécution d'une mission de service public (cas d'un contrat de crédit-bail stipulant la location à un centre hospitalier d'un automate de dispensation de médicaments : T. confl. 23 févr. 2004, *Sté Leasecom : Lebon p. 761*. – V. aussi : CAA Paris, 22 nov. 2011, *CH St-Brieuc : Rev. CMP 2012. Comm. 39, note Eckert*). Plus délicate est la question de la détermination de la nature juridique des conventions tripartites qui sont conclues en pratique, entre la personne publique, l'occupant domanial et l'établissement financier. Ces conventions tripartites ont notamment pour effet de permettre l'occupation du domaine public par le crédit-bailleur et de régler les conditions dans lesquelles ce dernier peut récupérer la possession de l'ouvrage exploité par le crédit-preneur en cas de défaillance (non-paiement des loyers dus au crédit-bailleur, par ex.). La Cour de cassation a retenu sa compétence pour connaître d'une telle convention (Civ. 1ʳᵉ, 28 mai 2008, n° 017-17.648, *Cne de Draveil : JCP Adm. 2008. 2166, note Yolka, et 2285, note Renard-Payen*), suivie en cela par certains juges administratifs du fond (CAA Versailles, 14 sept. 2006, n° 04VE03502, *Sté Unifergie : AJDA 2007. 42, note Tenailleau* ; *BJCP 2007. 75 et 143, concl. Brunelli ; Rev. CMP 2006. Comm. 282, note Pietri*). On pouvait cependant émettre quelques réserves quant au bien-fondé de cette solution, qui revenait à passer sous silence le fait qu'une telle convention tripartite avait bien pour effet – à défaut d'avoir pour objet – d'entraîner l'occupation du domaine public et qu'elle était plus souvent l'accessoire d'un contrat administratif – délégation de service public, marché public, contrat de partenariat, par exemple – que d'un contrat privé de crédit-bail. La solution était d'autant plus douteuse que l'article L. 2331-1 CGPPP attribue au juge administratif le contentieux de tous les contrats portant occupation du domaine public, indépendamment de la question de savoir s'ils ont un objet principalement financier. Le Conseil d'État a donc saisi le Tribunal des conflits de la question (CE 18 nov. 2009, *Cne de Draveil : Rev. CMP 2010. Comm. 21, obs. Llorens*), mais ce dernier n'a pu se prononcer sur cette intéressante question de compétence (T. confl. 18 oct. 2010, *Cne de Draveil : Lebon 585, concl. Guyomar ; AJDA 2010. 2369, concl. Guyomar* ; *Rev. CMP 2011. Comm. 69, obs. Llorens ; JCP Adm. 2010, n° 10, p. 12, chron. Chamard-Heim*), car le juge judiciaire avait préalablement affirmé sa compétence par une décision revêtue de l'autorité de la chose irrévocablement jugée. Le Conseil d'État a pris acte de cette solution dans l'affaire portée devant le juge des conflits (CE 27 janv. 2011, n° 298867, *Cne de Draveil : Rev. CMP 2011. Comm. 69, obs. Llorens*), mais il n'est pas certain que l'on puisse en déduire que le juge administratif ne disposerait d'aucun titre de compétence pour connaître des conventions tripartites emportant occupation du domaine public.

VI. CRÉDIT-BAIL EN FAVEUR D'UN ORGANISME DANS LEQUEL L'ÉTAT OU UN ÉTABLISSEMENT PUBLIC GESTIONNAIRE DU DOMAINE PUBLIC DE L'ÉTAT DÉTIENT UNE PARTICIPATION OU APPORTE UN CONCOURS FINANCIER

La signature du contrat de crédit-bail étant de nature à engager financièrement l'État ou un établissement public gestionnaire de son domaine public, elle est subordonnée à un agrément préalable, qui doit être sollicité dans les conditions fixées par l'article R. 2122-27 CGPPP. Cet agrément est délivré par le ministre du Budget ou le directeur départemental des finances publiques du lieu de situation de l'investissement projeté, selon que le montant global de l'investissement financé par crédit-bail est supérieur ou inférieur à trois millions d'euros hors taxes. Cet agrément ne peut être refusé que pour les motifs évoqués par l'article L. 2122-13, alinéa 2, CGPPP, c'est-à-dire en cas d'accroissement des charges ou de diminution des ressources de l'État. ❑

Art. L. 2122-14 **Les dispositions des articles L. 2122-6 à L. 2122-13 sont applicables aux établissements publics de l'État, tant pour le domaine public de l'État qui leur est confié que pour leur domaine propre.**

Pour l'application du deuxième alinéa de l'article L. 2122-9, les ouvrages, constructions et installations concernés situés sur le domaine propre d'un établissement public deviennent la propriété dudit établissement public.

Des décrets en Conseil d'État apportent les adaptations nécessaires aux dispositions relatives à la gestion du domaine public par les établissements publics de l'État, et notamment les conditions dans lesquelles les décisions prises par les autorités compétentes de ces établissements sont, dans les cas prévus à l'article L. 2122-10, soumises à approbation de leur ministre de tutelle et du ministre chargé du domaine *[V. art. R. 2122-15]*. — *[C. dom. Ét., art. L. 34-8.]*

BIBL. ▶ Clamour, Modalités de délivrance de titres constitutifs de droits réels sur le domaine public, *Rev. CMP 2013. Comm. 128* ; Une nouvelle compétence pour les universités sur le domaine public de l'État, *Rev. CMP 2011. Comm. 1*. – Manson, La reconnaissance de droits réels sur le domaine public universitaire. Suites de la loi LRU, *JCP Adm. 2011, n° 20.*

COMMENTAIRE

L'article L. 2122-14 tire les conséquences de la solution, désormais incontestable (V. Belrhali-Bernard, Domaine des établissements publics, *J.-Cl. Propriétés publiques, fasc. 35*), selon laquelle les établissements publics peuvent être propriétaires de biens soumis au régime de la domanialité publique ; il prévoit ainsi que s'y appliquent les règles posées par les articles L. 2122-6 à L. 2122-13, spécialement celle (prévue par l'art. L. 2122-9, al. 2) selon laquelle les ouvrages, constructions et installations de caractère immobilier dont le maintien à l'issue du titre d'occupation a été accepté reviennent de plein droit et gratuitement au propriétaire du domaine, francs et quittes de tous privilèges et hypothèques. Ces règles sont également applicables dans le cas où les établissements publics sont seulement gestionnaires de dépendances domaniales appartenant à l'État (sur ces hypothèses de gestion du domaine public de l'État par les établissements publics, V. art. L. 2123-2 et L. 2123-3 CGPPP).

Attribution de droits réels par les universités. La loi n° 2010-1536 du 13 décembre 2010 relative aux activités immobilières des établissements d'enseignement supérieur, aux structures interuniversitaires de coopération et aux conditions de recrutement et d'emploi du personnel enseignant et universitaire a permis aux universités d'attribuer des autorisations d'occupation temporaire constitutives de droits réels sur les locaux mis à la disposition de tels établissements par l'État. Cet article a été codifié à l'article L. 762-2 du code de l'éducation et les modalités de délivrance des titres constitutifs de droits réels ont été précisées par le décret n° 2012-1147 du 12 octobre 2012 (*Rev. CMP 2013. Comm. 128, note Clamour*). ❑

Code de l'éducation

Art. L. 762-2 Les établissements publics d'enseignement supérieur *(Abrogé par L. n° 2015-737 du 25 juin 2015, art. 5-1°-a) (L. n° 2010-1536 du 13 déc. 2010, art. 2-I-1°)* « *dont, notamment, les établissements publics de coopération scientifique* » peuvent se voir confier, par l'État, la maîtrise d'ouvrage de constructions universitaires.

(Abrogé par L. n° 2017-1837 du 30 déc. 2017, art. 154) « *A l'égard (L. n° 2015-737 du 25 juin 2015, art. 5-1°-b)* « *des biens immobiliers* » *qui leur sont affectés ou qui sont mis à leur disposition par l'État, les établissements d'enseignement supérieur relevant du (L. n° 2013-660 du 22 juill. 2013, art. 5-2°)* « *seul ministre chargé de l'enseignement supérieur ou du ministre chargé de l'enseignement supérieur conjointement avec le ministre chargé de l'agriculture* » *exercent les droits et obligations du propriétaire, à l'exception du droit de disposition et d'affectation des biens.*

(L. n° 2010-1536 du 13 déc. 2010, art. 2-I-2°) « *Ils sont toutefois compétents pour conclure sur les biens visés à l'alinéa précédent des contrats conférant des droits réels à un tiers, sous réserve de l'accord préalable de l'autorité administrative compétente et de clauses permettant d'assurer la continuité du service public lorsque les biens concernés sont nécessaires à l'accomplissement de ce service.*

« *Ils fixent les conditions financières des titres d'occupation du domaine qu'ils délivrent, après avis de l'autorité administrative de l'État compétente* ». »

Les dispositions issues de l'art. 154-II de la L. n° 2017-1837 du 30 déc. 2017 sont applicables dans les îles Wallis-et-Futuna, en Polynésie française et en Nouvelle-Calédonie (L. préc., art. 154-III).

§ 2 RÈGLES PARTICULIÈRES À CERTAINES OPÉRATIONS DE CONSTRUCTION

Art. L. 2122-15 (Abrogé par Ord. n° 2015-899 du 23 juill. 2015, art. 102) ***L'État et le titulaire d'une autorisation d'occupation temporaire constitutive de droit réel du domaine public peuvent conclure un bail portant sur des bâtiments à construire par le titulaire pour les besoins de la justice, de la police ou de la gendarmerie nationales, de la formation des personnels qui concourent aux missions de défense et de sécurité civiles, des armées ou des services du ministère de la défense et comportant, au profit de l'État, une option lui permettant d'acquérir, avant le terme fixé par l'autorisation d'occupation, les installations ainsi édifiées. Dans ce cas, le bail comporte des clauses permettant de préserver les exigences du service public.***

Un décret en Conseil d'État fixe les modalités d'application du présent article. Il précise les conditions de passation du bail ainsi que les conditions suivant lesquelles l'amortissement financier peut être pris en compte dans la détermination du montant du loyer [V. art. R. 2122-28 à R. 2122-33]. — [C. dom. Ét., art. L. 34-3-1.]

L'Ord. n° 2015-899 du 23 juill. 2015 entre en vigueur à une date fixée par voie réglementaire. Le Décr. n° 2016-360 du 25 mars 2016 a fixé cette date au 1er avr. 2016 (Décr. préc., art. 188). Cette Ord. s'applique aux marchés publics ainsi qu'aux contrats qui relèvent de cette Ord. pour lesquels une consultation est engagée ou un avis d'appel public à la concurrence a été envoyé à la publication à compter du 1er janv. 2016 (Ord. préc., art. 103).

BIBL. ▶ DELACOUR, Contrats relatifs à la construction d'immeubles affectés à la justice, à la police ou à la gendarmerie, *Rev. CMP 2002, n° 203.* – LAVIALLE, Les conventions de financement des équipements publics de sécurité intérieure et la loi n° 2002-1094 du 29 août 2002, *Rev. CMP 2002. Chron. 11.* – DELVOLVÉ, Sécurité intérieure, justice et contrats publics : confirmations et infléchissements, *BJCP 2002. 418.* – DREYFUS, Le financement des bâtiments privés de la justice et de la sécurité, *AJDA 2004. 328* . – DELVOLVÉ, Sécurité, intérieur, justice, défense : les conventions de bail sur le domaine public, *BJCP 2004. 166.* – TRAORÉ, Programme immobilier du ministère de la justice, *AJDI 2004. 16* . – TENAILLEAU et TIXIER, Le bail pour la construction de bâtiments dans le domaine de la justice, de la sécurité intérieure et de la défense, *Rev. CMP 2004. Chron. 4.* – V. égal. bibl. gén. ss. art. L. 2122-5.

COMMENTAIRE

Présentation générale. L'article L. 2122-15 est le fruit d'une codification à droit constant de législations spécifiques qui ont permis à l'État, à partir de 2002, de coupler les AOT constitutives de droits réels avec un bail portant sur des bâtiments à construire dans des secteurs d'activité particuliers, et jugés comme prioritaires. En réalité, ces législations sectorielles n'ont fait que valider et approfondir une technique née de la pratique, et notamment de l'utilisation qui avait été faite par l'État de l'AOT instituée par la loi du 25 juillet 1994 et par les collectivités territoriales du BEA institué par la loi du 5 janvier 1988. Concrètement, les personnes publiques avaient pris l'initiative et l'habitude d'utiliser le BEA et l'AOT comme de véritables contrats publics de « construction-location ». Il leur avait suffi pour cela de subordonner l'occupation du domaine public avec constitution de droits réels à l'obligation pour l'occupant de construire, en retour, un ouvrage répondant à leurs besoins et mis à leur disposition aux termes d'un bail et moyennant le paiement d'un loyer. Dès son achèvement, l'ouvrage construit par l'occupant était loué au maître du domaine, qui n'en devenait propriétaire qu'à l'expiration du contrat de location, soit automatiquement (notamment si le cumul des loyers versés suffisait à couvrir le prix de l'ouvrage), soit en levant l'option d'achat incluse dans le contrat de location. Validé par le Conseil d'État au sujet du bail emphytéotique (CE, sect., 25 févr. 1994, *SA Sofap-Marignan immobilier*, n°s 144641 et 145406 : *Lebon 94 ; AJDA 1994. 550, note Périnet-Marquet* ; *CJEG 1994. 569, chron. Fatôme et Terneyre ; D. 1994. 536, note Lombard* ; *GDDAB, 3e éd., 2018. Comm. 62, note Melleray ; RFDA 1994. 510, concl. Arrighi de Casanova*) et de l'AOT constitutive de droits réels (CE, sect. intérieur et TP réunies, avis, 31 janv. 1995, n° 356960 : *EDCE n° 47, p. 407 ; AJDA 1997. 126, étude Fatôme et Terneyre* ; *GACE, n° 26, note Fatôme et Terneyre ; GDDAB, 2e éd., 2015, n° 62, comm. Melleray ; RDI 1996. 554, obs. Auby et Maugüé*), ce montage « aller-retour » a préfiguré les techniques de partenariat public-privé en ce qu'il permettait tout à la fois de faire préfinancer par le secteur privé un ouvrage destiné à répondre aux besoins de la personne publique et de confier une mission globale à son titulaire (financement, construction, entretien-maintenance). C'est dans le prolongement direct de cette pratique que le législateur a autorisé l'État, à partir de 2002), à coupler les AOT constitutives de droits réels sur son domaine public artificiel avec un bail portant sur des bâtiments à construire par son titulaire pour les besoins de la justice, de la police ou de la gendarmerie nationales (L. n° 2002-1094 du 29 août 2002 d'orientation et de programmation pour la sécurité intérieure, art. 3-II : *JO 30 août, p. 14398*), de la formation des personnels qui concourent aux missions de défense et de sécurité civiles, des armées ou des services du ministère de la Défense (disposition ajoutée par l'article 7-II de la loi de programmation militaire n° 2003-73 du 27 janvier 2013) et comportant, au profit de l'État, une option lui permettant d'acquérir, avant le terme fixé par l'autorisation d'occupation, les installations ainsi édifiées. Ces dispositions sectorielles ont été intégrées dans le code du domaine de l'État (art. L. 34-3-1) avant d'avant d'être abrogées et reprises par le présent article. Ce dernier a cependant été abrogé par l'article 102 de l'ordonnance du 23 juillet 2015 relative aux marchés publics.

Abrogation par l'article 102 de l'ordonnance du 23 juillet 2015 relative aux marchés publics. L'ordonnance du 23 juillet 2015 a donné une nouvelle définition du marché public de travaux qui ne repose plus sur la condition relative à la maîtrise d'ouvrage publique. Son article 5 dispose que les marchés publics de travaux ont pour objet :

« 1° Soit l'exécution, soit la conception et l'exécution de travaux dont la liste est publiée au *Journal officiel* de la République française ;

2° Soit la réalisation, soit la conception et la réalisation, par quelque moyen que ce soit, d'un ouvrage répondant aux exigences fixées par l'acheteur qui exerce une influence déterminante sur sa nature ou sa conception. Un ouvrage est le résultat d'un ensemble de travaux de bâtiment ou de génie civil destiné à remplir par lui-même une fonction économique ou technique ». De cette nouvelle définition, qui transpose fidèlement les exigences du droit de l'Union européenne, il ressort que les montages contractuels dits « aller-retour » sont désormais de véritables marchés publics et soumis à ce titre à l'interdiction du paiement différé (Ord. du 23 juill. 2015, art. 60). C'est dire que l'AOT et le BEA sont désormais privés de leur principal intérêt, qui était de permettre le préfinancement privé des ouvrages et équipements. Au surplus, la volonté des pouvoirs publics a été de faire du marché de partenariat (ex-contrat de partenariat de l'ordonnance du 17 juin 2004) le contrat privilégié pour la réalisation d'opérations globales comportant au minimum le financement et la construction d'ouvrages ou d'équipements nécessaires au service public ou à l'exécution d'une mission d'intérêt général. L'abrogation de l'article L. 2122-15 incite donc les personnes publiques à se tourner vers le marché de partenariat pour la réalisation des opérations qu'il visait. ❑

Art. L. 2122-16 (Abrogé par L. n° 2009-526 du 12 mai 2009, art. 121-I) ***Par dérogation aux dispositions du premier alinéa de l'article L. 2122-13, le financement des constructions mentionnées à l'article L. 2122-15 ou réalisées dans le cadre de contrats de partenariat peut donner lieu à la conclusion de contrats de crédit-bail. Dans ce cas, le contrat comporte des clauses permettant de préserver les exigences du service public.***

Les dispositions du second alinéa de l'article L. 2122-13 sont applicables. – [C. dom. Ét., art. L. 34-7-1.]

V. comm. ss. art. L. 2122-13.

BIBL. ▶ Cuche, Domanialité publique, service public et partenariats public-privé, *Dr. adm. oct 2003. 5.* – Lequien et Cuche, Les partenariats public-privé confrontés au droit de la domanialité publique, *Mon. TP 31 oct. 2003. 140.* – Fatôme et Richer, Contrat de partenariat immobilier : réalisation, paiement et statut des équipements et ouvrages, *ACCP n° 36, 2004.* – Brisson, L'adaptation des contrats administratifs aux besoins d'investissement immobilier sur le domaine public : les aspects domaniaux des contrats de partenariat, *AJDA 2005. 591.* – Brenet, Contrats domaniaux et contrats de partenariat, *ACCP avr. 2006, n° 54, p. 42.* – Van de Vyver et Bréville, Observations autour du contrat de partenariat comportant occupation du domaine public, *ACCP avr. 2006, n° 54, p. 47.* – Gaudemet, Contrat de partenariat et domaine public, *Mél. Morand-Deviller, Montchrestien, 2007. 539.* – Delelis, Patrimoine des personnes publiques et contrat de partenariat, *Dr. et patr. 3/2009. 86.* – Berkovicz et Lapuelle, Contrat de partenariat et cession en pleine propriété, *Rev. CMP avr. 2011. 12.* – de Fenoyl et Maurer, La valorisation domaniale dans le contrat de partenariat, *BJCP 2011. 163.*

§ 3 RÈGLES PARTICULIÈRES AU DOMAINE PUBLIC DE L'ÉTAT COMPRIS DANS LES LIMITES ADMINISTRATIVES DES PORTS RELEVANT DE LA COMPÉTENCE DES COLLECTIVITÉS TERRITORIALES

Art. L. 2122-17 Les dispositions du paragraphe 1 sont applicables sur le domaine public de l'État compris dans les limites administratives des ports qui relèvent de la compétence des départements *(L. n° 2015-991 du 7 août 2015, art. 22-VII)* **« ou des régions », mis à disposition de ces départements** *(L. n° 2015-991 du 7 août 2015, art. 22-VII)* **« ou de ces régions » ou ayant fait l'objet, à leur profit, d'un transfert de gestion.**

Les autorisations, décisions et agréments mentionnés aux articles L. 2122-6 à L. 2122-10 sont pris ou accordés, après consultation du représentant de l'État, par le président du conseil départemental *(L. n° 2015-991 du 7 août 2015, art. 22-VII)* **« ou le président du conseil régional ». Ils peuvent également être pris ou accordés par le concessionnaire, lorsque les termes de la concession le prévoient expressément.**

Un décret en Conseil d'État fixe les modalités d'application du présent article *[V. art. R. 2122-50 et R. 2122-51].* – *[C. dom. Ét., art. L. 34-8-1, ecqc les ports relevant de la compétence des départements.]*

Art. L. 2122-18 Les dispositions du paragraphe 1 sont applicables sur le domaine public de l'État compris dans les limites administratives des ports qui relèvent de la compétence des communes *(L. n° 2015-991 du 7 août 2015, art. 22-VII)* **« ou de groupements de collectivités territoriales », mis à disposition de ces communes** *(L. n° 2015-991 du 7 août 2015, art. 22-VII)* **« ou de ces groupements » ou ayant fait l'objet à leur profit d'un transfert de gestion.**

Les autorisations, décisions et agréments mentionnés aux articles L. 2122-6 à L. 2122-10 sont pris ou accordés, après consultation du représentant de l'État, par le maire *(L. n° 2015-991 du 7 août 2015, art. 22-VII)* **« ou par le président de l'organe délibérant ». Ils peuvent également être pris ou accordés par le concessionnaire, lorsque les termes de la concession le prévoient.**

Un décret en Conseil d'État fixe les modalités d'application du présent article *[V. art. R. 2122-52 et R. 2122-53].* – *[C. dom. Ét., art. L. 34-8-1, ecqc les ports relevant de la compétence des communes.]*

COMMENTAIRE

Les dispositions des articles L. 2122-17 et L. 2122-18 précisent que, nonobstant la mise à disposition ou le transfert de certains ports aux collectivités territoriales ou à leurs groupements, les dépendances qui sont situées dans les limites administratives de ces ports continuent de relever de la propriété de l'État. Ce qui emporte, mécaniquement, application à ces dépendances des règles applicables au domaine de l'État.

Le deuxième alinéa de chacun de ces articles prend bien en compte cette dualité de régime juridique dans la mesure où, si les autorisations, décisions et agréments mentionnés sont pris ou accordés par les chefs des exécutifs des collectivités territoriales ou des groupements de collectivités territoriales ayant bénéficié du transfert (maire ou président de conseil départemental) selon les modalités prévues aux articles R. 2122-51 et R. 2122-53, ils ne peuvent être valablement accordés qu'après consultation du représentant de l'État, le silence gardé par ce dernier pendant deux mois étant réputé signifier que son avis est favorable (V. art. R. 2122-50 et R. 2122-52).

Le concessionnaire, si la concession le prévoit de manière expresse, peut accorder ce titre, non sans avoir préalablement obtenu l'accord de la collectivité territoriale et recueilli l'avis du préfet (V. art. R. 2122-50 et R. 2122-52). ❑

§ 4 RÈGLES PARTICULIÈRES AUX TITRES EN COURS

Art. L. 2122-19 Les dispositions du paragraphe 1 ne sont applicables, en ce qui concerne les autorisations et conventions en cours à la date du 9 mai 1995, qu'aux ouvrages, constructions et installations que le permissionnaire ou concessionnaire réaliserait après renouvellement ou modification de son titre. Toutefois, lorsque le permissionnaire ou le concessionnaire réalise des travaux ou constructions réhabilitant, étendant ou modifiant de façon substantielle les ouvrages, constructions et installations existants, il peut lui être délivré un nouveau titre conférant un droit réel sur ces ouvrages, constructions et installations, lorsqu'ils ont été autorisés par le titre d'occupation.

Les dispositions du présent article sont applicables, le cas échéant :

1° Sur le domaine public de l'État défini au premier alinéa de l'article L. 2122-17, aux autorisations ou conventions en cours à la date du 3 juin 2000 ;

2° Sur le domaine public de l'État défini au premier alinéa de l'article L. 2122-18, aux autorisations ou conventions en cours à la date du 8 novembre 2003. – *[L. n° 94-631 du 25 juill. 1994, art. 3.]*

SOUS-SECTION 2 DISPOSITIONS APPLICABLES AUX COLLECTIVITÉS TERRITORIALES, À LEURS GROUPEMENTS ET À LEURS ÉTABLISSEMENTS PUBLICS

Art. L. 2122-20 Les collectivités territoriales, leurs groupements et leurs établissements publics peuvent :

1° Soit conclure sur leur domaine public un bail emphytéotique administratif dans les conditions déterminées par les articles L. 1311-2 à L. 1311-4-1 du code général des collectivités territoriales *[V. App., v° Contrats (Bail emphytéotique administratif)]* **;**

2° Soit délivrer des autorisations d'occupation constitutives de droit réel dans les conditions déterminées par les articles L. 1311-5 à L. 1311-8 du code général des collectivités territoriales *[V. App., v° Contrats (Autorisation d'occupation du domaine public constitutive de droits réels)]***.**

BIBL. ▶ **Encyclopédies :** ECKERT, Bail emphytéotique administratif, *J.-Cl. Propriétés publiques, fasc. 79-40 ; J.-Cl. CMP, fasc. 610.* – MANSON, Droits réels sur le domaine public local, *J.-Cl. Propriétés publiques, fasc. 79-41.* – UBAUD-BERGERON, Bail emphytéotique administratif, *J.-Cl. Adm., fasc. 681.*

▶ **Ouvrage :** BERKOVICZ et LANG, Les baux emphytéotiques administratifs, *LexisNexis, 2011.*

▶ **Articles :** Coll., Les BEA, *ACCP mars 2001.* – MONTAIN-DOMENACH, Droits réels sur le domaine public et intercommunalité, *JCP Adm. 2008. 5.* – DALLE-CRODE, Collectivités locales et panneaux photovoltaïques : les clés juridiques de la mise à disposition (et de la valorisation) du domaine public, *JCP Adm. 2009. 2236.* – FOULQUIER, Observation sur la loi du 17 février 2009, *RDI 2009. 541* ✐. – HANSEN, La construction d'enceintes sportives dans le cadre de BEA, *ACCP juin 2009. 71.* – NICINSKI, Actualité du droit de la concurrence et de la régulation, *AJDA 2011. 1305* ✐. – TISSOT-GROSSRIEDER, De l'usage du bail emphytéotique pour la construction d'une mosquée, *AJDA 2010. 2471* ✐. – YOLKA, Le BEA nouveau est arrivé, *JCP Adm. 2009. 254* ; L'impact de la LOPPSI sur le régime du bail emphytéotique administratif, *JCP Adm. 2011. 2143.* – CLAMOUR, L'extension du « BEA-valorisation », *Rev. CMP 2011. Comm. 98.* – DUROY, Des nourritures terrestres aux nourritures célestes : le bail emphytéotique administratif cultuel, avatar du bail emphytéotique rural, *RD publ. 2012. 287.* – Foulquier, La passation des BEA locaux : le décret n° 2011-2065 du 30 décembre 2011. Des précisions attendues (dans tous les sens du terme), *RDI 2012. 440*. – Diot, Le bail emphytéotique administratif : un outil pour la construction des édifices cultuels, *RLCT 2013. 63.* – Dyens, Le bail emphytéotique administratif est-il devenu le « droit commun » de la valorisation domaniale ?, *AJCT 2013. 79*. – Pero, Augereau-Hue et Delorme, Le bail emphytéotique des personnes publiques : clauses et conséquences, *JCP Adm. 2013. 2173.* – Pero, Augereau-Hue et Delorme, Bail emphytéotique administratif/Autorisation d'occupation temporaire du domaine public : lequel choisir ?, *BJCP 2013. 327.* – Gaudemet, Les baux emphytéotiques des personnes publiques. Une longue histoire, *Mél. Machelon, LexisNexis, 2015. 391.* – Tenailleau et Carenzi, Occupation domaniale et valorisation foncière dans les marchés de partenariat, *ACCP 2015. 53.* – Symchowicz, La réception des « montages contractuels complexes » par le nouveau droit des marchés publics, *BJCP 2016. 101.*

COMMENTAIRE

L'article L. 2122-20 autorise les collectivités territoriales, leurs groupements et leurs établissements publics à conclure des baux emphytéotiques administratifs (BEA) sur leur domaine public (hypothèse existant depuis 1988) ou à délivrer des autorisations d'occupation temporaire constitutives de droits réels (innovation du code). Le régime juridique de ces deux options n'est pas fixé par cet article qui se contente d'un simple renvoi aux dispositions pertinentes du code général des collectivités territoriales.

Origines du BEA et de l'AOT. On rappellera donc simplement que, afin de contourner la jurisprudence administrative restrictive qui frappait de nullité un contrat conférant un droit réel sur le domaine public, l'article 13 de la loi du 5 janvier 1988 d'amélioration de la décentralisation (codifié aux art. L. 1311-2 s. CGCT) a apporté une exception à l'impossibilité de constituer des droits réels sur le domaine public en autorisant les collectivités territoriales et leurs établissements publics à conclure des BEA sur leurs domaines publics. Le principe reste l'inaliénabilité et l'absence de droits réels conférés à l'occupant du domaine ; la dérogation est la conclusion d'un bail emphytéotique sur un bien immobilier qui peut constituer une dépendance du domaine public. Le bail emphytéotique est donc un contrat régi par le code rural et de la pêche maritime (V. art. L. 451-1) dont la durée est comprise entre dix-huit et quatre-vingt-dix-neuf ans, attributif d'un droit réel au preneur. Il s'agit, pour ce dernier, d'adosser l'exécution d'une mission de service public ou la réalisation d'une opération d'intérêt général à l'utilisation d'une dépendance du domaine public pour le compte de la personne publique propriétaire de la dépendance et à laquelle se rattache la mission de service public.

Cette faculté est toutefois assortie d'un certain nombre de limites. D'abord, au sens de l'article L. 1311-2 du code général des collectivités territoriales, c'est la mission de service public ou d'intérêt général ressortissant à la compétence de la collectivité territoriale qui justifie l'utilisation par bail du domaine public. L'indissociabilité de la mission et du mécanisme de financement est la condition de réalisation du bail. Ensuite, l'immeuble objet du bail emphytéotique doit être soustrait au champ d'application de la contravention de voirie. Le bail peut donc en principe être conclu sur toutes les dépendances du domaine privé ou public des collectivités territoriales. En revanche, ne peuvent être l'objet de bail emphytéotique les dépendances du domaine public de l'État (sauf exception législative. V. ainsi l'art. 7 de la loi du 17 févr. 2009 pour l'accélération des programmes de construction et d'investissement publics et privés qui permet le recours au BEA sur le domaine de l'État en vue de la réalisation de logements sociaux et l'art. L. 2341-1 CGPPP), des établissements publics nationaux et les dépendances du domaine public local protégées par les contraventions de voirie. Ce qui aboutit à exclure du champ du BEA le domaine public routier et beaucoup de dépendances du domaine public maritime, fluvial, portuaire ou aéroportuaire.

Malgré ces restrictions, les baux emphytéotiques administratifs connaissent un succès considérable auprès des collectivités territoriales, qui y ont traditionnellement recours pour la construction d'équipements sportifs, de maisons de retraite, de stations d'épuration, etc. Leur champ d'application a même été étendu par le législateur aux besoins de la police, de la gendarmerie et de la justice par la loi du 29 août 2002 d'orientation et de programmation pour la sécurité intérieure, ainsi qu'aux établissements publics de santé par l'ordonnance « Mattéi » du 4 septembre 2003 (V. comm. ss. art. L. 2122-21). Et le législateur a ensuite non seulement rendu possible son utilisation pour les besoins des SDIS, mais également jugé utile d'inscrire dans la loi que le BEA est utilisable en vue de l'affectation à une association cultuelle d'un édifice du culte ouvert au public (le Conseil d'État a considéré que l'ordonnance du 21 avril 2006 n'avait fait qu'expliciter la portée exacte de la législation qui permettait donc, dès l'institution du BEA, aux collectivités territoriales d'user de cette formule contractuelle pour permettre la construction d'édifices du culte. CE, ass., 19 juill. 2011, *Mme Vayssière c/ Cne de Montreuil-sous-Bois*, n° 320796 : *Lebon 395 ; AJDA 2011. 1667, chron. Domino et Bretonneau* ; *ibid. 2010, note Fatôme et Richer* ; *Rev. CMP 2011, n° 301, note Eckert ; JCP Adm. 2011. 2308, note Dieu ; RFDA 2011. 967, concl. Geffray* ; *Dr. adm. 2011, n° 92, note Brenet ; AJCT 2011. 515, note Perrier* ; *RDI 2011. 628, note Févrot*) ou en vue de la réalisation d'enceintes sportives et des équipements connexes nécessaires à leur implantation.

En toute hypothèse, le régime juridique du bail emphytéotique sur le domaine n'est pas celui du droit commun. Le code n'en donne aucun détail. Par conséquent, il faut se reporter aux articles L. 1311-2 à L. 1311-4-1 du code général des collectivités territoriales pour le bail emphytéotique et aux articles L. 1311-5 à L. 1311-8 du même code pour les autorisations d'occupation du domaine public local constitutives de droits réels.

La loi du 23 juillet 2010 relative aux réseaux consulaires, au commerce, à l'artisanat et aux services a institué un « nouveau » bail emphytéotique administratif (V. comm. ss. art. L. 2341-1).

La loi n° 2011-267 du 14 mars 2011 d'orientation et de programmation pour la performance de la sécurité intérieure a ajouté à l'article L. 1311-2 un dernier alinéa qui dispose que « Les conclusions de baux mentionnées aux alinéas précédents sont précédées, le cas échéant, d'une mise en concurrence et de mesures de publicité, selon des modalités fixées par décret en Conseil d'État ». Cette formule (« le cas échéant ») pouvait être interprétée de différences façons (V. sur les interprétations possibles : Nicinski, *AJDA 2011. 1305*), notamment dans un sens permettant de soumettre largement les BEA à des règles de publicité et de mise en concurrence. Le décret n° 2011-2065 du 30 décembre 2011 (V. CGCT, art. R. 1311-2) en a finalement donné une lecture minimaliste : la conclusion des BEA ne nécessite le respect de règles de publicité et de mise en concurrence que dans l'hypothèse où ils sont accompagnés d'une convention non détachable constituant un marché public ou un contrat de concession ou s'ils comportent des clauses s'analysant comme une convention non détachable présentant les caractéristiques d'un marché public ou d'un contrat de concession.

Avenir du BEA et de l'AOT après l'ordonnance du 23 juillet 2015 et l'ordonnance du 29 janvier 2016. Le champ de mise en œuvre du BEA est amené à nettement diminuer dès lors que l'ordonnance n° 2015-899 relative aux marchés publics et l'ordonnance n° 2016-65 du 29 janvier 2016 prévoient qu'à compter du 1er avril 2016 (où à une date antérieure fixée par décret) « un tel bail ne peut avoir pour objet l'exécution de travaux, la livraison de fournitures, la prestation de services, ou la gestion d'une mission de service public, avec une contrepartie économique constituée par un prix ou un droit d'exploitation, pour le compte ou pour les besoins d'un acheteur soumis à l'ordonnance n° 2015-899 du 23 juillet 2015 relative aux marchés publics ou d'une autorité concédante soumise à l'ordonnance n° 2016-65 du 29 janvier 2016 relative aux contrats de concession » (future rédaction de l'art. L. 1311-2 du CGCT), ce qui revient à exclure pour l'avenir le couplage entre marché public ou concession et BEA.

I. LE BEA LOCAL

A. POSITIONNEMENT DU BEA LOCAL

Interdiction de conclure un bail emphytéotique sur le domaine public. Un contrat autorisant la constitution de droits réels sur le domaine public est nul car il porte atteinte au principe d'inaliénabilité. La conclusion d'un bail emphytéotique sur le domaine public est donc impossible en l'absence de dispositions législatives l'autorisant (CE 6 mai 1985, *Assoc. Eurolat et Crédit foncier de France*, n° 41589 : *Lebon 141 ; AJDA 1985. 620, note Fatôme et Moreau ; RFDA 1986. 21, concl. Genevois ; LPA 23 oct. 1985, note Llorens* ; illégalité d'un bail emphytéotique conclu sur le domaine public avant l'entrée en vigueur de la loi n° 88-13 du 5 janvier 1988 : CE 1er oct. 2013, *Sté Espace Habitat Construction*, n° 349099 : *Lebon T. 706 ; AJDA 2013. 2275,* *note Giacuzzo* ; *BJCP 2014. 32, concl. Daumas ; Rev. CMP 2013. Comm. 332, note Devillers ; Dr. adm. 2013. Comm. 80, note Brenet ; JCP Adm. 2014, n° 2196, note Pauliat ; RDI 2014. 46, note Foulquier*). A l'inverse, la conclusion de baux emphytéotiques sur le domaine privé des personnes publiques est tout à fait possible.

Autorisation de conclure un BEA sur le domaine public local. Cette interdiction de principe de consentir des baux emphytéotiques sur le domaine public a eu pour effet de restreindre les possibilités de valorisation des dépendances domaniales et de limiter les hypothèses de financement privé des équipements publics. L'occupant du domaine public étant dans une situation essentiellement précaire et révocable et son titre d'occupation ne pouvant lui conférer aucun droit réel, il lui était extrêmement difficile de solliciter un financement bancaire car il ne pouvait pas le garantir par un droit réel sur le domaine public et sur les constructions édifiées sur le domaine public lorsque ces dernières répondaient aux besoins du service public. C'est pour faire face à ces difficultés que l'article 13 de la loi n° 88-13 du 5 janvier 1988 d'amélioration de la décentralisation (qui est le fruit d'une initiative sénatoriale) a autorisé pour la première fois la conclusion d'un bail emphytéotique administratif sur le domaine public local. Ce bail emphytéotique est prévu par l'article L. 451-1 du code rural et de la pêche maritime et permet de conférer à son titulaire un droit réel sur le domaine public et sur les constructions qu'il réalise pendant toute la durée du bail, même lorsque les ouvrages sont affectés à une activité de service public. Ce droit réel permet de sécuriser le financement de la construction sur le domaine public car il peut être hypothéqué pour la garantie des emprunts contractés par le preneur en vue de financer la réalisation ou l'amélioration des ouvrages situés sur le bien loué (art. L. 1311-3-2° CGCT). Il peut également être cédé avec l'agrément de la collectivité territoriale (art. L. 1311-3-1° CGCT). Enfin, les constructions réalisées dans le cadre d'un BEA peuvent donner lieu à la conclusion de crédit-bail (art. L. 1311-3-5° CGCT).

1° EXTENSION DES POSSIBILITÉS DE RECOURIR AU BEA

Le législateur a progressivement élargi les possibilités de recourir au BEA. Initialement, l'article 13 de la loi du 5 janvier 1988 disposait que le BEA pouvait être conclu en vue de « l'accomplissement pour le compte de la collectivité territoriale, d'une mission de service public ou en vue de la réalisation d'une opération d'intérêt général relevant de sa compétence ».

BEA « LOPSI ». Par la suite, la loi n° 2002-1094 du 29 août 2002 d'orientation et de programmation pour la sécurité intérieure (dite « LOPSI ») a complété l'article L. 1311-2 du CGCT pour permettre la conclusion d'un BEA en vue de la réalisation d'une opération, « jusqu'au 31 décembre 2007, liée aux besoins de la justice, de la police, ou de la gendarmerie nationales ». La validité de ce dispositif a été prolongée à plusieurs reprises et son utilisation a été autorisée jusqu'au 31 décembre 2017 par l'article L. 1311-4-1 du CGCT.

BEA « SDIS ». L'article 125 de la loi n° 2005-1720 du 30 décembre 2005 de finances rectificative pour 2005 a autorisé la conclusion d'un BEA, par toute collectivité territoriale, en vue de répondre « aux besoins d'un service départemental d'incendie et de secours ». Ce dispositif a lui aussi été prévu à titre provisoire et son utilisation a été autorisée jusqu'au 31 décembre 2017 par l'article L. 1311-4-1 du CGCT.

BEA « cultuel ». L'article 3 de l'ordonnance n° 2006-460 du 21 avril 2006 relative à la partie législative du CGPPP a complété l'article L. 1311-2 du CGCT en précisant que le BEA pouvait être conclu « en vue de l'affectation à une association cultuelle d'un édifice du culte ouvert au public ». Cette disposition visait à sécuriser et à valider les montages par lesquels les communes avaient pris l'initiative d'utiliser le BEA pour permettre à des associations cultuelles de construire des édifices du culte. La jurisprudence postérieure a précisé que la modification introduite par l'ordonnance du 21 avril 2006 n'était pas nécessaire car ce type d'opérations était possible au regard de la lettre initiale de l'article L. 1311-2 du CGCT. Pour le Conseil d'État, « l'article L. 1311-2 du code général des collectivités territoriales, dont la portée exacte sur ce point a été explicitée par l'ordonnance précitée du 21 avril 2006, a ouvert aux collectivités territoriales la faculté, dans le respect du principe de neutralité à l'égard des cultes et du principe d'égalité, d'autoriser un organisme qui entend construire un édifice du culte ouvert au public à occuper pour une longue durée une dépendance de leur domaine privé ou de leur domaine public, dans le cadre d'un bail emphytéotique, dénommé bail emphytéotique administratif et soumis aux conditions particulières posées par l'article L. 1311-3 du code général des collectivités territoriales ; que le législateur a ainsi permis aux collectivités territoriales de conclure un tel contrat en vue de la construction d'un nouvel édifice cultuel, avec pour contreparties, d'une part, le versement, par l'emphytéote, d'une redevance qui, eu égard à la nature du contrat et au fait que son titulaire n'exerce aucune activité à but lucratif, ne dépasse pas, en principe, un montant modique, d'autre part, l'incorporation dans leur patrimoine, à l'expiration du bail, de l'édifice construit, dont elles n'auront pas supporté les charges de conception, de construction, d'entretien ou de conservation ; qu'il a, ce faisant, dérogé aux dispositions précitées de la loi du 9 décembre 1905 » (CE, ass., 19 juill. 2011, *Mme Vayssière c/ Cne de Montreuil-sous-Bois*, n° 320796 : *Lebon 395 ; AJDA 2011. 1667, chron. Domino et Bretonneau* ; *ibid. 2010, note Fatôme et Richer ; Rev. CMP 2011, n° 301, note Eckert ; JCP Adm. 2011. 2308, note Dieu ; RFDA 2011. 967, concl. Geffray* ; *Dr. adm. 2011, n° 92, note Brenet ; AJCT 2011. 515, note Perrier* ; *RDI 2011. 628, note Févrot*). La faculté ouverte par l'article L. 1311-2 CGCT de conclure un bail emphytéotique administratif en vue de la construction d'un édifice cultuel n'est ouverte qu'à la condition que l'affectataire du lieu de culte édifié dans le cadre de ce bail soit, ainsi que l'impliquent les termes mêmes de l'article L. 1311-2, une association cultuelle, c'est-à-dire une association satisfaisant aux prescriptions du titre IV de la loi du 9 décembre 1905. Dans l'hypothèse où l'affectataire ne serait pas l'emphytéote, un tel bail n'est légal que s'il comporte une clause résolutoire garantissant l'affectation du lieu à une association cultuelle satisfaisant aux prescriptions du titre IV de la loi du 9 décembre 1905 (CE 10 févr. 2017, *Ville de Paris*, n° 395433 : illégalité du BEA cultuel consenti par la ville de Paris à la société des Habous et des Lieux Saints de l'Islam sur les volumes de l'Institut des cultures d'Islam).

BEA « sportif ». L'article 21 de la loi n° 2009-179 du 17 février 2009 pour l'accélération des programmes de construction et d'investissement publics et privés a autorisé le recours au BEA en vue de « la réalisation d'enceintes sportives et des équipements connexes nécessaires à leur implantation ». Cette disposition valide elle aussi une pratique bien connue (CAA Marseille, 5 févr. 2001, *Préfet des Alpes-Maritimes*, n° 97MA05293 : *BJCP 2002. 54, concl. Duchon-Doris*), mais a permis de sécuriser les opérations passées et à venir.

BEA « valorisation ». L'article 96 de la loi n° 2011-267 du 14 mars 2011 d'orientation et de programmation pour la performance de la sécurité intérieure (dite « LOPPSI II ») a étendu aux collectivités territoriales et à leurs établissements publics la possibilité de conclure un BEA en vue « de la restauration, de la réparation, de l'entretien-maintenance ou de la mise en valeur » de leurs biens immobiliers. Cette disposition étend aux collectivités territoriales et à leurs établissements publics la possibilité de conclure un BEA valorisation qui a été institué, au départ, au profit de l'État et des chambres consulaires (V. comm. ss. art. L. 2341-1 CGPPP).

2° RÉDUCTION DES POSSIBILITÉS DE RECOURIR AU BEA

Facteurs explicatifs. La multiplication des BEA sectoriels, qui dépassent parfois la sphère de compétence des collectivités territoriales (cas du BEA « LOPSI » et du BEA « SDIS ») et qui témoignent d'une conception plutôt large des opérations d'intérêt général (BEA « cultuel », BEA « sportif », BEA « valorisation »), ne s'est pas accompagnée d'une réflexion d'ensemble sur leur régime juridique. Bien au contraire, la multiplication des BEA s'est traduite par une diversification des règles applicables et par une forme d'éclatement de leur régime juridique. Plus fondamentalement, les BEA sont entrés en concurrence avec d'autres techniques contractuelles permettant de constituer des droits réels sur le domaine public local. Ce fut le cas avec les AOT constitutives de droits réels sur le domaine public local instituées par l'ordonnance du 21 avril 2006 (art. L. 1311-1 s. CGCT), mais aussi et surtout avec les techniques de partenariat public-privé, spécialement avec le contrat de partenariat de l'ordonnance n° 2004-559 du 17 juin 2004. Enfin, il est clairement apparu que les montages contractuels élaborés sur la base d'un BEA (et la même remarque valant pour les AOT constitutives de droits réels) et d'un contrat de construction-location (montage dit « aller-retour ») étaient susceptibles d'être qualifiés de marchés publics ou de concessions au sens du droit de l'Union européenne. De même, du point de vue du droit interne, certains BEA n'étaient pas détachables de contrats de la commande publique (marchés publics, délégations de service public, etc.) dont la passation était étroitement réglementée.

Impact de l'ordonnance n° 2015-899 du 23 juillet 2015 relative aux marchés publics et de l'ordonnance n° 2016-65 du 29 janvier 2016 relative aux contrats de concession. Ces deux ordonnances modifient totalement le positionnement du BEA et de l'AOT (cette remarque valant aussi bien pour les collectivités territoriales que pour l'État). L'article 101 de l'ordonnance du 23 juillet 2015 et l'article 57 de l'ordonnance du 29 janvier 2016 ont en effet épuré l'article L. 1311-2 du CGCT et recentré le BEA et l'AOT sur leur vocation première qui est de permettre l'occupation du domaine public avec constitution de droits réels et non de permettre à la personne publique de commander des travaux, des fournitures ou des services à un opérateur économique. Plus précisément, l'article L. 1311-2 du CGCT, dont l'entrée en vigueur est intervenue au 1er avril 2016, opère trois changements majeurs.

a. Définition synthétique de l'objet du BEA local

L'article L. 1311-2, alinéa 1er, du CGCT rompt avec sa formulation antérieure qui délivrait une longue liste des opérations susceptibles d'être conduites dans le cadre d'un BEA. Cette démarche énumérative n'était pas satisfaisante car elle était le fruit de l'accumulation de législations sectorielles qui ne présentaient pas une véritable unité. Le nouvel article L. 1311-2, alinéa 1er, adopte une formule plus resserrée, d'ordre conceptuel, selon laquelle le BEA ne peut être conclu qu'en vue de la réalisation d'une opération d'intérêt général relevant de la compétence de la collectivité territoriale ou en vue de l'affectation à une association cultuelle d'un édifice du culte ouvert au public. Cette nouvelle formulation appelle plusieurs remarques.

Réalisation d'une opération d'intérêt général. L'article L. 1311-2, alinéa 1er, du CGCT ne retient plus la formule restrictive relative à l'accomplissement d'une mission de service public pour le compte de la collectivité territoriale. Le BEA peut porter sur une telle mission mais ce n'est nullement une obligation. Il reste à déterminer dans quelles hypothèses un BEA est conclu en vue de la réalisation d'une opération d'intérêt général relevant de la compétence d'une collectivité territoriale. Tel est le cas lorsque le BEA tend à la construction d'immeubles de bureau dont une partie est sous-louée à la commune pour y accueillir les services municipaux (CE, sect., 25 févr. 1994, *Sofap Marignan-Immobilier, préc.*), lorsque le BEA porte sur la rénovation et l'exploitation d'un casino municipal (CE 10 juin 1994, *Cne de Cabourg : RFDA 1994. 738* ; *AJDA 1994. 560*), d'une piscine (TA Paris, ord., 3 févr. 2009, *Sté Ken Club : Rev. CMP 2009. Comm. 99, comm. Eckert*) ou sur l'aménagement et exploitation d'un terrain de golf (CAA Lyon, 25 mai 1999, *SA Domaine et golf du Lavandou c/ Cne du Lavandou*, n° 95LY00614 : *BJCP 1999. 628, concl. Bézard, obs. R. S.*). On peut regretter que le législateur ait fait le choix de maintenir la référence au BEA « cultuel » alors que le droit ne l'imposait pas (le BEA « cultuel » se rattachant à une opération d'intérêt général relevant de la compétence de la collectivité territoriale : CE, ass., 19 juill. 2011, *Mme Vayssière c/ Cne de Montreuil-sous-Bois*, n° 320796 : *préc.*). La jurisprudence considère qu'un BEA consenti à une association à objet non exclusivement cultuel est illégal (CAA Paris, 26 oct. 2015, n° 14PA03125 : *Dr. adm. 2015, n° 113*).

Sort du BEA « valorisation locale », du BEA « sportif » et du BEA « SDIS ». La réalisation d'une opération d'intérêt général relevant de la compétence de la collectivité territoriale est entendue largement par la jurisprudence et l'on pourrait considérer que la suppression de toute référence au BEA « valorisation local », au BEA « sportif » et au BEA « SDIS » ne signifie peut-être pas leur disparition : ces derniers demeurent possibles à condition d'être conclus en vue de la réalisation d'une opération d'intérêt général relevant de la compétence de la collectivité territoriale, ce qui suppose notamment que les investissements réalisés reviennent à la personne publique en fin de bail et qu'ils ne se bornent pas à confier à l'emphytéote une mission de gestion courante d'un bien appartenant à la personne publique (CE 19 nov. 2013, *Sté nationale immobilière*, n° 352488 : *Lebon 281, concl. Cortot-Boucher ; JCP Adm. 2013, n° 940, obs. M.T.-D ; ibid. 2014, n° 2207, note Langelier ; AJDA 2013. 2284, obs. M.-C. M.* ; *ibid. 2014. 285, note Clamour* ; *Rev. CMP 2014. 18, note Eckert ; BJCP 2014. 106, concl. Cortot-Boucher et obs. R. S. ; RDI 2014. 212, obs. Foulquier* ; *Rev. CMP 2015. Chron 2, obs. Llorens et Soler-Couteaux* ; CE 7 déc. 2015, *Sté* *nationale immobilière*, n° 375643 : *Lebon T.* ; *AJDA 2015. 2405* ; *ibid. 2016. 1341, note Rombauts-Chabrol* ; *BJCP 2016, p. 149, concl. Escaut, obs. Nicinski* ; *GDDAB, 3e éd., 2018. Comm. 37, obs. Chamard-Heim* ; *RDI 2016. 153, note Foulquier* ; *Rev. CMP 2016. Comm. 43, note Eckert* ; *ibid. Chron. 2, obs. Llorens et Soler-Couteaux* ; *JCP Adm. 2015. Actu. 1056* ; *ibid. Actu. 990* ; *ibid. 2016, 2209, note Pauliat*. V. toutefois : ne présente pas le caractère d'intérêt général requis l'opération réalisée sous forme de BEA consistant pour une commune à confier la gestion de l'ensemble immobilier constituant les locaux de la gendarmerie nationale. TA Grenoble, 1er oct. 2010, *Préfet de la Drôme*, n° 1001421 : *AJDA 2011. 510, note Rohan et Leonetti* ; *ACCP 2011, n° 108, p. 32, obs. Le Bouëdec* ; CAA Lyon, ord., 26 avr. 2011, *Cne de Romans-sur-Isère*, n° 10LY0855 ; CAA Lyon, 7 juill. 2011, Cne de Romans-sur-Isère, nos 10LY02802 et 10LY02893). *A contrario*, cela signifie qu'est illégal le BEA dont l'objet se bornerait à confier au preneur une mission de gestion courante d'un bien immobilier appartenant au bailleur public.

Réalisation d'une opération d'intérêt général relevant de la compétence de la collectivité territoriale. Le BEA doit avoir pour objet la réalisation d'une opération d'intérêt général relevant de la collectivité territoriale. Cette condition est entendue largement par la jurisprudence qui considère qu'il suffit que l'activité assurée par le preneur ne soit pas « étrangère » aux missions du bailleur (CE, ass., avis, 16 juin 1994, n° 356101 : *EDCE 1994. 367*). Toutefois, cette interprétation très souple des dispositions de l'article L. 1311-2 du CGCT n'autorise pas les collectivités territoriales à conclure un BEA en vue de la réalisation d'une opération d'intérêt générale relevant de la compétence d'une autre personne publique. C'est d'ailleurs pour déroger à cette interdiction de principe que la loi a institué le BEA « LOPSI » et le BEA « SDIS ». Ces deux BEA n'en demeurent pas moins des BEA dérogatoires au droit commun et c'est la raison pour laquelle ils ne sont plus mentionnés dans l'article L. 1311-2 du CGCT. Leur validité est admise à titre temporaire, jusqu'au 31 décembre 2017, par l'article L. 1311-4-1 du CGCT.

b. Primauté du droit de la commande publique

L'article L. 1311-2 du CGCT ne se borne pas à redéfinir l'objet des BEA. Il le limite également car son alinéa 2 dispose qu'« un tel bail ne peut avoir pour objet l'exécution de travaux, la livraison de fournitures, la prestation de services, ou la gestion d'une mission de service public, avec une contrepartie économique constituée par un prix ou un droit d'exploitation, pour le compte ou pour les besoins d'un acheteur soumis à l'ordonnance n° 2015-899 du 23 juillet 2015 relative aux marchés publics ou d'une autorité concédante soumise à l'ordonnance n° 2016-65 du 29 janvier 2016 relative aux contrats de concession ». Il faut comprendre cette disposition comme interdisant aux personnes publiques d'utiliser le BEA pour esquiver les règles de publicité et de mise en concurrence applicables aux contrats de la commande publique. Autrement dit, lorsque l'objet premier d'un contrat est de passer une commande de travaux, de fournitures ou de services, de concéder l'exécution de travaux, ou l'exploitation d'un service public ou d'un service, et que la conclusion d'un BEA n'est alors que l'accessoire de ce contrat principal, alors il convient de respecter les règles attachées au contrat principal. Dans cette hypothèse, le montage contractuel sera considéré pour le tout comme un marché public ou un contrat de concession et il conviendra seulement d'insérer dans le contrat de la commande publique une stipulation précisant les conditions de l'occupation du domaine public. Cette règle ne fait que codifier la jurisprudence en vigueur (qualification d'un BEA en concession de travaux : CE, ass., 10 juin 1994, *Cne de Cabourg* : *Lebon 300* ; *RFDA 1994. 728, concl. Lasvignes* ; *AJDA 1994. 655, chron. Maugüé et Touvet* ; TA Paris, ord., 3 févr. 2009, *Sté Ken Club* : *Rev. CMP 2009. Comm. 99, note Eckert* ; qualification d'un BEA en délégation de service public : CAA Bordeaux, 7 mai 2015, *Cne de Rivedoux-Plage, n° 13BX02005* : *Rev. CMP 2015. Comm. 181, note Eckert* ; qualification d'un BEA en marché public au sens du droit interne : CAA Paris, 2 juill. 2010, SA de Gestion immobilière : *Rev. CMP 2010. Comm. 325, note Llorens* ; qualification d'un BEA en marché public au sens du droit de l'Union européenne : TA Nice, ord., 6 déc. 2006, *Sté CIRMAD Grand Sud*, n° 0605880 ; TA Bordeaux, ord., 26 nov. 2007, *Sté Norbail immobilier* : *ACCP 2008, n° 75, p. 60, note Richer et Touchard* ; refus de qualifier en marché public de travaux un BEA dont l'objet consistait à confier à une SAHLM la construction de logements sociaux et d'un local administratif au motif que la personne publique n'assurait pas la direction technique des travaux et ne pouvait donc pas être regardée comme assumant le rôle de maître de l'ouvrage : CAA Versailles, 6 nov. 2014, *C. B. et a.*, n° 12VE03392 : *Rev. CMP 2015. Comm. 13 et 14, note Ubaud-Bergeron*).

c. Simple technique domaniale

De fait, le BEA et l'AOT n'échapperont aux règles de la commande publique que lorsqu'ils auront pour objet de permettre à leurs titulaires d'exercer leur propre activité sur le domaine public, le cas échéant en y édifiant les ouvrages et équipements dont ils auraient besoin, ou lorsqu'ils auront pour objet la réalisation d'une opération d'intérêt général à destination de tiers non soumis aux ordonnances du 23 juillet 2015 et du 29 janvier 2016 ou qui n'implique aucune contrepartie économique (prix ou droit d'exploitation V. Llorens et Soler-Couteaux, Quel avenir pour les AOT et les BEA après l'ordonnance du 23 juillet 2015 ?, *Rev. CMP 2016. Repère 1*).

B. CONDITIONS DU RECOURS AU BEA LOCAL

1° CONDITION ORGANIQUE : LES PARTIES

Bailleurs. Le BEA local est ouvert aux collectivités territoriales, aux établissements publics locaux et aux groupements de collectivités territoriales.

Preneurs. Initialement, l'article 13 de la loi du 5 janvier 1988 n'envisageait la conclusion d'un BEA qu'au profit d'une personne privée. La loi n° 2002-1094 du 29 août 2002 (dite « LOPSI ») a supprimé cette condition, de sorte que le BEA peut aujourd'hui être conclu avec une personne privée ou publique.

2° CONDITION MATÉRIELLE : LES BIENS CONCERNÉS

Biens immobiliers. Le BEA ne peut porter que sur « un bien immobilier », qui peut relever du domaine privé ou du domaine public d'une personne publique.

Dépendances du domaine public. Le BEA peut être conclu sur toutes les dépendances du domaine public, à l'exclusion de celles qui se trouvent hors du champ d'application de la contravention de voirie (CGCT, art. L. 1311-2, al. 2). Sont donc exclus du champ d'application du BEA les dépendances suivantes (Rép. min. Intérieur n° 2837 : *JOAN 26 juin 1989, p. 2921*) : voies classées des collectivités territoriales et leurs accessoires (aires de services, accotements, trottoirs, talus, fossés, caniveaux, etc.), les voies ferrées d'intérêt local, les voies de tramways et de remontées mécaniques, le domaine public local fluvial et aéroportuaire, les parcs de stationnement (en tant qu'ils constituent une dépendance de la voirie routière : CE 18 oct. 1995, *Cne de Brive-la-Gaillarde*, n° 116316 : *Lebon 356 ; Dr. adm. 2015. Comm. 756 ; RFDA 1995. 1254*).

Dépendances du domaine privé. Le BEA peut être conclu sur toutes les dépendances du domaine privé.

C. PASSATION DU BEA LOCAL

BEA couplé avec un contrat de la commande publique. Lorsqu'un BEA est couplé avec un contrat de la commande publique (marché public ou concession), sa conclusion doit être précédée des mesures de publicité et de mise en concurrence prévues par les dispositions applicables à ce contrat (CGCT, art. R. 1311-2). Cette hypothèse est fréquente en pratique et a vocation à prendre encore plus d'importance suite à la suppression par l'ordonnance du 23 juillet 2015 relative aux marchés publics de la condition relative à la maîtrise d'ouvrage publique des travaux comme élément constitutif du marché public de travaux.

BEA « sec ». La conclusion d'un BEA « sec », c'est-à-dire d'un BEA qui ne se double pas en réalité d'un marché public ou d'un contrat de concession, n'a pas à être précédée d'une procédure de publicité et de mise en concurrence (CE, sect., 3 déc. 2010, *Ville de Paris, Association Paris Jean-Bouin, Sté Paris Tennis*, n° 338272 : *Lebon 472 ; AJDA 2011. 18, note Nicinski et Glaser ; Rev. CMP 2011. Comm. 25, note Eckert ; Dr. adm. 2011. Comm. 17, note Brenet et Melleray ; GDDAB, 2e éd., 2015, n° 51, comm. Noguellou ; RDI 2011. 162, note Braconnier et Noguellou*).

Évaluation préalable des projets de BEA « LOPSI ». L'article R. 1311-1 du CGCT (qui résulte du Décr. n° 2011-2065 du 30 déc. 2011 pris en application de l'art. 96 de la loi n° 2011-267 du 14 mars 2011 d'orientation et de programmation pour la performance de la sécurité intérieure – dite « LOPPSI II ») impose la réalisation d'une évaluation préalable pour tout projet de bail emphytéotique administratif présenté pour la réalisation d'une opération d'intérêt général liée aux besoins de la justice, de la police ou de la gendarmerie nationales dont le montant annuel du loyer est fixé à un million d'euros hors taxes (CGCT, art. R. 1311-1 et R. 1311-2).

D. EXÉCUTION DU BEA LOCAL

Qualification administrative du BEA consenti sur le domaine public. Les BEA consentis sur le domaine public sont des contrats administratifs par détermination de la loi à un double titre. Ils le sont tout d'abord en application de l'article L. 1311-3-4° du CGCT qui dispose que « les litiges relatifs à ces baux sont de la compétence des tribunaux administratifs ». Ils sont également administratifs en application de l'article L. 2331-1 du CGPPP qui dispose que « sont portés devant la juridiction administrative les litiges relatifs : 1° Aux autorisations ou contrats comportant occupation du domaine public, quelle que soit leur forme ou leur dénomination, accordées ou conclus par les personnes publiques ou leurs concessionnaires ».

Durée du BEA. La durée du BEA consenti sur le domaine public local est déterminée par l'article L. 451-1 du code rural et de la pêche maritime qui dispose qu'il « doit être consenti pour plus de dix-huit années et ne peut dépasser quatre-vingt-dix-neuf ans ; il ne peut se prolonger par tacite reconduction ». La nature administrative du bail emphytéotique implique sa soumission à l'ensemble des règles générales applicables aux contrats administratifs. Une partie de la doctrine a pu soutenir l'idée que les BEA devaient déroger, au moins partiellement, au régime général du contrat administratif. La jurisprudence n'a jamais retenu cette proposition et il en résulte donc que les BEA peuvent faire l'objet d'une modification et d'une résiliation unilatérale pour motif d'intérêt général.

Droits du preneur. Le BEA confère un droit réel au preneur. Ce droit réel porte aussi bien sur le domaine public (et donc sur le titre d'occupation que constitue le bail) que sur les ouvrages réalisés dans le cadre du BEA.

Hypothèque du droit réel et des ouvrages dont l'emphytéote est propriétaire. Le droit réel conféré au titulaire du BEA, ainsi que les ouvrages dont il est propriétaire, peuvent être hypothéqués pour garantir les emprunts contractés par le preneur en vue de financer la réalisation ou l'amélioration des ouvrages situés sur le bien loué. Cette hypothèque est une garantie importante qui permet de faciliter les investissements sur le domaine public. Elle n'en demeure pas moins strictement encadrée. Le contrat constituant l'hypothèque doit, à peine de nullité, être approuvé par la collectivité territoriale (CGCT, art. L. 1311-3-2°). De même, les emprunts réalisés par l'occupant doivent être pris en compte pour la détermination du montant maximum des garanties et cautionnement qu'une collectivité territoriale est autorisée à accorder à une personne privée (CGCT, art. L. 1311-3-2°, et sur le calcul de ce montant, V. CGCT, art. L. 2252-1, L. 3231-4 et L. 4253-1). Enfin, cette hypothèque est finalisée ou affectée en ce sens qu'elle ne peut être utilisée qu'en vue de financer la réalisation ou l'opération des ouvrages situés sur le bien loué. Le preneur ne peut donc d'hypothéquer le droit réel découlant du BEA et les ouvrages dont il est propriétaire sur le domaine public en vue de garantir un emprunt destiné à financer une opération sans lien avec l'occupation domaniale.

Exercice de l'hypothèque. La garantie hypothécaire attachée au BEA s'exerce dans des conditions dérogatoires au droit commun, tel qu'il est fixé par les articles L. 451-1 et suivants du code rural et de la pêche maritime. Les règles classiques de la saisie immobilière ne s'appliquent pas car elles sont incompatibles avec l'impératif de protection du domaine public.

Une première spécificité découle de l'article L. 1311-3-3° du CGCT qui dispose que seul les « créanciers hypothécaires peuvent exercer des mesures conservatoires ou des mesures d'exécution sur les droits immobiliers résultant du bail ». Cela signifie que les autres créanciers ne disposent d'aucune sûreté et ne peuvent donc exercer aucune mesure d'exécution sur les ouvrages réalisés dans le cadre du BEA afin d'obtenir le paiement de leur créance. Les créanciers hypothécaires disposent d'une garantie exclusive qui va bien au-delà du simple droit de préférence que leur accorde le droit commun de la saisie immobilière.

Une seconde spécificité découle de l'article L. 1311-3-3° du CGCT. En cas de défaillance du preneur, la collectivité publique peut se substituer à lui dans la charge des emprunts en résiliant ou en modifiant le bail et, le cas échéant, les conventions non détachables. La personne publique a aussi la faculté d'autoriser la cession du BEA à une personne subrogée dans l'ensemble des droits et devoirs du preneur. Cette cession emportera aussi, le cas échéant, la cession des conventions non détachables conclues pour l'exécution du service public ou la réalisation de l'opération d'intérêt général.

Crédit-bail. L'ordonnance du 21 avril 2006 a complété l'article L. 1311-3 du CGCT dont le 5° dispose que « les constructions réalisées dans le cadre de ces beaux (BEA) peuvent donner lieu à la conclusion de contrats de crédit-bail », qui doivent comporter « des clauses permettant de préserver les exigences du service public ».

Impôts fonciers. L'emphytéote doit s'acquitter du paiement des impôts fonciers (CGI, art. 1400 § II ; CE 7 avr. 2011, *SA d'HLM des élèves de l'école centrale des arts et manufactures*, n° 320262 : *Rev. CMP 2011. Comm. 185, note Eckert*). Il peut toutefois bénéficier d'une exonération de la taxe foncière sur les propriétés bâties (CGI, art. 1382) ou sur les propriétés non bâties (CGI, art. 1394) lorsque la personne publique propriétaire ne tire aucun revenu de cet immeuble, plus précisément lorsque le BEA ne prévoit aucun loyer (CE 24 nov. 2010, *Assoc. Lehugeur-Lelièvre*, n° 323982 : *Rev. CMP 2011. Comm. 58, note Eckert*).

Sort des ouvrages en fin de bail. Le sort des ouvrages en fin de bail est réglé par les dispositions du droit commun. La propriété des ouvrages réalisés par l'emphytéote sur le domaine public est transférée de plein droit et sans indemnité au bailleur public.

Paiement d'une redevance. Le BEA suppose le paiement d'une redevance dont le montant est souvent très modeste afin d'encourager les investissements du preneur sur le domaine public. Le régime juridique de cette redevance, que l'on appelle aussi le « canon », est fixé par les dispositions du code rural et de la pêche maritime (art. L. 451-4 s.), mais aussi par les dispositions spécifiques du droit public. Il faut notamment tenir compte des dispositions du CGPPP qui imposent par principe le paiement d'une redevance pour toute occupation privative du domaine public (V. comm. ss. art. L. 2125-1 CGPPP). Le montant de cette redevance doit être calculé « en tenant compte des avantages de toute nature procurés au titulaire de l'autorisation » (art. L. 2125-3 CGPPP). Il importe également de tenir compte de la réglementation nationale et européenne relative aux aides accordées aux entreprises afin d'éviter qu'une redevance trop modeste ne soit considérée comme un avantage injustifié de nature à perturber le jeu normal de la concurrence (la minoration du loyer d'un BEA ne respecte pas le droit des aides locales aux entreprises car elle n'est justifiée par aucune contrepartie suffisamment réelle et sérieuse : CE 6 avr. 1998, *Cté urbaine de Lyon*, n° 151752 : *Lebon 132* ; CAA Nancy, 11 oct. 2007, *Assoc. Aubette Demain c/ Ville de Strasbourg* : *Rev. CMP 2008. Comm. 19, note Eckert*). Afin de respecter cette réglementation, il convient de s'assurer que le niveau modique du loyer consenti au preneur trouve sa contrepartie dans les travaux pris en charge (CAA Bordeaux, 11 déc. 2007, *Cne d'Orthez, n° 06BX00100*), que les ouvrages réalisés deviendront la propriété de la personne publique à la fin du BEA (CAA Nancy, 6 août 2009, *Ville de Belfort, n° 08NC01050*) ou encore que le loyer correspond au montant figurant dans l'avis du service des domaines (TA Marseille, 21 déc. 2007, *Mégret et Savon*, n° 0705562 : *AJDA 2008. 17* ; *BJCP 2008. 42, concl. Haïli* ; CAA Lyon, 16 févr. 2010, *Assoc. cultuelle arabo-islamique de Tournon*, n° 08LY01769 : *BJCP 2010. 299*).

Inopposabilité du BEA conclu par une commune en faveur une personne morale de droit privé à l'État à qui le bien avait été loué pour y exercer une mission de service public. Une commune ayant édifié puis loué à la gendarmerie nationale, un ensemble immobilier constitué de locaux de services et techniques d'une brigade territoriale et de plusieurs logements de fonction, ne peut ensuite confier la gestion de cet ensemble par voie de BEA à une personne morale de droit privé sans avoir obtenu l'accord de l'État. Cet accord est nécessaire même s'il n'était pas prévu dans la convention initiale conclue entre la commune et l'État (CE 7 déc. 2015, *Sté nationale* *immobilière*, n° 375643 : *préc.*). Il semble être justifié par la circonstance que cet ensemble immobilier avait été loué à l'État pour qu'il y exerce une mission de service public.

II. L'AUTORISATION D'OCCUPATION TEMPORAIRE DU DOMAINE PUBLIC LOCAL CONSTITUTIVE DE DROITS RÉELS

Création. La création des autorisations d'occupation temporaires du domaine public local constitutives de droits réels (AOTDR) est récente. Elle remonte à l'ordonnance n° 2006-460 du 21 avril 2006 relative à la partie législative du code général de la propriété des personnes publiques dont l'article 3 a inséré dans le code général des collectivités territoriales une nouvelle section 2 intitulée « Autorisation d'occupation du domaine public constitutive de droits réels » et qui comprend les articles L. 1311-5 à L. 1311-8. Le régime juridique de ces AOTDR locales s'inspire très largement de celui qui gouverne les AOTDR étatiques. Il s'en distingue toutefois sur plusieurs points importants.

A. DIFFÉRENCES AVEC L'AOTDR ÉTATIQUE

Objet. Comme pour le BEA local et contrairement à ce qu'il en est pour les AOTDR étatiques, les collectivités territoriales (les groupements de collectivités territoriales ainsi que leurs établissements publics) ne peuvent délivrer de telles autorisations qu'en vue de « la réalisation d'une opération d'intérêt général relevant de leur compétence ». Avant sa modification par l'article 101 de l'ordonnance n° 2015-899 du 23 juillet 2015 relative aux marchés publics, l'article L. 1311-5 du CGCT faisait référence à « l'accomplissement, pour leur compte, d'une mission de service public ou en vue de la réalisation d'une opération d'intérêt général relevant de leur compétence ». Cette condition relative à la réalisation d'une opération d'intérêt général relevant de leur compétence n'est que la déclinaison de la notion d'intérêt public local qui fonde la compétence des collectivités territoriales. Afin d'éviter toute difficulté d'interprétation, le législateur a présumé l'existence de cet intérêt public local dans les ports et aéroports. La délivrance d'une AOTDR y est possible dès lors qu'elle se rattache à des activités ayant trait à l'exploitation du port ou de l'aéroport ou à des activités contribuant à leur animation ou à leur développement.

Nécessité d'un titre accordant explicitement le droit réel. Une différence notable sépare l'AOT étatique de l'AOT locale en ce qui concerne les conditions d'attribution du droit réel. Concernant les AOT délivrées par l'État, l'article L. 2122-6 du CGPPP pose le principe selon lequel « le titulaire d'une autorisation d'occupation temporaire du domaine public de l'État a, sauf prescription contraire de son titre, un droit réel sur les ouvrages, constructions et installations de caractère immobilier qu'il réalise pour l'exercice d'une activité autorisée par ce titre ». Cela signifie que le droit réel est attaché au titre d'occupation et que ce n'est que dans l'hypothèse où l'État a manifesté la volonté de ne pas attribuer un tel droit que l'occupant en sera privé. A côté de ce régime général, le CGPPP organise aussi un régime d'exception qui vise à protéger certains biens. En effet, « lorsque les ouvrages, constructions ou installations sont nécessaires à la continuité du service public », l'AOT n'emporte attribution de droits réels que « sur décision de l'État » (V. obs. ss. art. L. 2122-10 CGPPP). C'est ce régime d'exception que l'article L. 1311-5-I du CGCT applique aux AOT délivrées sur le domaine public local. L'attribution d'une AOT ne vaut donc attribution de droits réels que si le titre le prévoit explicitement. Cela signifie que la collectivité territoriale dispose d'un pouvoir discrétionnaire qui lui permet d'accorder ou de refuser d'attribuer des droits réels (V. la lettre de l'art. L. 1311-5-I CGCT).

Absence de dispositif de pré-décision. Les AOTDR locales ne bénéficient pas du dispositif de pré-décision institué au sujet des AOTDR étatiques par l'article 2 de l'ordonnance n° 2015-1628 du 10 décembre 2015 (V. comm. ss. art. L. 2122-7 CGPPP).

B. POINTS COMMUNS AVEC L'AOTDR ÉTATIQUE

Champ d'application. Les collectivités territoriales, les groupements de collectivités territoriales et leurs établissements publics peuvent attribuer des AOT constitutives de droits réels sur leur domaine public propre mais aussi sur les dépendances du domaine public qui sont mises à leur disposition. Dans tous les cas, ces AOT ne peuvent pas porter sur des dépendances du domaine public naturel (CGCT, art. L. 1311-8).

Droit réel conféré à l'occupant. Le titulaire de l'AOT possède un droit réel sur les ouvrages, constructions et installations de caractère immobilier qu'il réalise pour l'exercice de l'activité d'intérêt générale autorisée par la personne publique. Ce droit réel lui confère, pour la durée de l'autorisation, les prérogatives et obligations du propriétaire. Ce droit réel, ainsi que les ouvrages, constructions et installations de l'occupant domanial, peuvent être cédés ou transmis dans le cadre de mutations entre vifs ou de fusion, absorption ou scission de sociétés, pour la durée de la validité du titre restant à courir. Cette cession (ou transmission) nécessite l'agrément préalable de la collectivité territoriale qui doit s'assurer qu'elle est compatible avec l'affectation du domaine public occupé. Aux conditions précitées s'en ajoute une, applicable en cas de décès de la personne physique titulaire d'un titre d'occupation constitutif de droit réel, selon laquelle le droit réel et les ouvrages, constructions et installations de caractère immobilier peuvent être cédés au conjoint survivant ou aux héritiers à condition que l'autorisation de l'administration soit sollicitée dans les six mois suivant le décès.

Durée. Le titre fixe la durée de l'occupation, en fonction de la nature de l'activité et de celle des ouvrages autorisés, et compte tenu de leur importance, sans pouvoir excéder soixante-dix ans (comme pour les AOTDR étatiques, V. CGPPP, art. L. 2122-6, al. 3). Même si l'article L. 1311-5, alinéa 3, du CGCT ne le précise pas, il faut sans doute interpréter cette formule à la lumière des solutions dégagées par la jurisprudence et par les textes à propos de la détermination de la durée des marchés publics et des concessions, c'est-à-dire en tenant compte de la nature et du montant des prestations et des investissements à réaliser (par ex. : art. 34, Ord. n° 2016-65 du 29 janv. 2016 relative aux contrats de concession. V. aussi art. 39, Ord. n° 2015-899 du 23 juill. 2015 relative aux marchés publics). On notera que si la durée du titre d'occupation est plafonnée, il n'existe pas de durée minimale, ce qui se comprend tout à fait car le principe d'inaliénabilité du domaine public, la précarité et la révocabilité qui caractérisent les titres d'occupation du domaine public permettent d'y mettre fin à tout moment.

Hypothèque. Les règles applicables à la constitution d'une hypothèque sur le droit réel, les ouvrages, constructions et installations implantés sur le domaine public local (CGCT, art. L. 1311-6-1) sont identiques à celles qui sont fixées pour l'État par l'article L. 2122-8 du CGPPP. On notera toutefois qu'elles ne sont pas complétées par des dispositions réglementaires. La constitution d'une hypothèque n'est d'abord possible que si elle vise à garantir les emprunts contractés par l'occupant pour financer les ouvrages, constructions et installations implantés sur la dépendance domaniale occupée : l'hypothèque n'est donc possible que si elle est « affectée » au financement dudit équipement. Ensuite, les droits des créanciers chirographaires (c'est-à-dire de ceux qui n'ont aucune garantie spécifique autre que le droit de gage général pour obtenir le remboursement de leur créance) des occupants sont limités, puisqu'ils ne peuvent exercer aucune mesure conservatoire ou d'exécution forcée sur les droits réels et les biens.

Crédit-bail. Les constructions mentionnées à l'article L. 1311-5 du CGCT peuvent donner lieu à la conclusion de contrats de crédit-bail qui doivent comporter des clauses permettant de préserver les exigences du service public (V. comm. ss. art. L. 2122-13 CGPPP).

AOT et contrat de la commande publique. L'article 101 de l'ordonnance du 23 juillet 2015 relative aux marchés publics a modifié plusieurs articles du CGPPP et du CGCT portant sur les AOT et les BEA et vise à interdire, ou au moins à limiter, les hypothèses d'utilisation du BEA et de l'AOT dans le cadre d'un montage contractuel dit « aller-retour ». En effet, même si l'AOT et le BEA ne sont au départ que de simples autorisations d'occupation domaniale constitutives de droits réels, ils ont fréquemment été utilisés par les personnes publiques pour demander au titulaire de l'AOT ou du BEA de financer et de construire sur leur domaine un ouvrage, ensuite mis à leur disposition par voie de bail, éventuellement assorti d'une option d'achat (montage en AOT ou BEA assorti d'une location avec option d'achat-LOA). Cette pratique a rencontré un véritable succès et sa régularité a été admise par le Conseil d'État, aussi bien pour le BEA (CE, sect., 25 févr. 1994, *SA Sofap-Marignan immobilier*, n°s 144641 et 145406 : *Lebon 94 ; AJDA 1994. 550, note Périnet-Marquet ; CJEG 1994. 569, chron. Fatôme et Terneyre ; D. 1994. 536, note Lombard ; GDDAB, 3e éd., 2018. Comm. 62, note*

Melleray ; RFDA 1994. 510, concl. Arrighi de Casanova) que pour l'AOT (CE, sect. intérieur et TP réunies, avis, 31 janv. 1995, n° 356960 : *EDCE, n° 47, p. 407 ; AJDA 1997. 126, étude Fatôme et Terneyre* ; *GACE, n° 26, note Fatôme et Terneyre ; GDDAB, 2e éd., 2015. Comm. 62, note Melleray ; RDI 1996. 554, obs. Auby et Maugüé*). Les personnes publiques ont rapidement compris que ces montages présentaient de nombreux avantages, notamment celui de permettre de différer dans le temps le paiement du prix d'un ouvrage qui leur était destiné. De même, l'occupant domanial assurant la maîtrise d'ouvrage des travaux à réaliser, ce type de montage contractuel échappait aux règles de passation fixées par le code des marchés publics. L'opération n'était cependant pas sans risque car une requalification du montage contractuel en marché public ou en délégation de service public était toujours possible. La réorganisation du droit de la commande publique par l'ordonnance du 23 juillet 2015, mais aussi par l'ordonnance du 29 janvier 2016, est l'occasion pour le législateur délégué de circonscrire très nettement l'utilisation du BEA et de l'AOT. Désormais, les AOT et les BEA de l'État et des collectivités territoriales ne « pourront avoir pour objet l'exécution de travaux, la livraison de fournitures, la prestation de services ou la gestion d'une mission de service public, avec une contrepartie économique constituée par un prix ou un droit d'exploitation, pour le compte ou pour les besoins d'un acheteur soumis à l'ordonnance du 23 juillet 2015 ou d'une autorité concédante soumise à l'ordonnance n° 2016-65 du 29 janvier 2016 ». Cette formule ne doit pas être comprise comme interdisant purement et simplement d'utiliser le BEA et l'AOT au soutien d'un contrat de la commande publique. Elle signifie simplement, mais le changement est radical, que tout montage contractuel associant un BEA ou une AOT constitutive de droits réels avec un marché public ou un contrat de concession doit être conclu dans le respect des règles de passation propres aux marchés publics et aux concessions car l'objet premier et principal de ces montages est précisément de répondre à une commande publique.

Sort des ouvrages, constructions et installations à l'issue du titre d'occupation. Cette question est réglée par l'article L. 1311-8 du CGCT qui reprend les dispositions applicables aux AOTDR étatiques (V. comm. ss. art. L. 2122-9 CGPPP). ❑

1. Un contrat autorisant la constitution de droits réels sur le domaine public est nul. • CE 6 mai 1985, *Assoc. Eurolat et Crédit foncier de France*, n° 41589 : *Lebon 141* ; *AJDA 1985. 620, note Fatôme et Moreau ; RFDA 1986. 21, concl. Genevois ; LPA 23 oct. 1985, note Llorens.*

2. Liaison entre le service public et l'utilisation du domaine public. Un BEA peut servir de support juridique à la réalisation et à l'exploitation d'un casino municipal et avoir simultanément le caractère d'une concession de travaux. • CE 10 juin 1994, *Cne de Cabourg : RFDA 1994. 738* ; *AJDA 1994. 560* . ♦ *Contra*, est illégal un bail emphytéotique qui ne met aucune obligation de service public à la charge du preneur. • TA Marseille, 21 déc. 1990, *Grangeon : Dr. adm. 1991, n° 520 ; RDI 1992. 182, chron. Auby* .

3. Champ du BEA. Une dépendance de la voirie routière entre nécessairement dans le champ des contraventions de voirie et ne peut dès lors faire l'objet de la conclusion d'un bail emphytéotique. • CE 18 oct. 1995, *Cne de Brive-la-Gaillarde*, n° 116316 : *Lebon 356* ; *Quot. jur. 8 févr. 1996, note Moreno.* ♦ Vérification qu'une voie est affectée à la circulation publique pour en déduire qu'un bail emphytéotique ne peut être conclu. • CE 30 avr. 2004, *SCI Ferrand*, n° 253372 : *BJCL 2004. 472, concl. Collin, obs. B. P.* ♦ Par contre, le Conseil d'État a admis qu'un bail emphytéotique peut être conclu en vue de réaliser un ouvrage que le preneur met ensuite à la disposition de la collectivité bailleur (à propos de la conclusion par la ville de Lille d'un bail sur des terrains lui appartenant en vue de réaliser une extension de l'hôtel de ville, mise ensuite à la disposition de la collectivité). • CE, sect., 25 févr. 1994, *Sté Sofap-Marignan Immobilier*, n° 144641 : *Lebon 94* ; *AJDA 1994. 550, note Périnet-Marquet* ; *RDI 1994. 240, note Llorens et Terneyre* ; *CJEG 1994. 559, note Fatôme et Terneyre ; RFDA 1994. 510, concl. Arrighi de Casanova* . ♦ Niant le caractère d'intérêt général de l'opération réalisée sous forme de BEA consistant pour une commune à confier la gestion de l'ensemble immobilier constituant les locaux de la gendarmerie nationale. • TA Grenoble, 1er oct. 2010, *Préfet de la Drôme*, n° 1001421 : *AJDA 2011. 510, note Rohan et Leonetti* .

4. BEA et gestion courante d'un bien immobilier. Le Conseil d'État a jugé que, dans sa rédaction antérieure à la L. n° 2011-267 du 14 mars 2011, l'art. L. 1311-2 du CGCT ne permettait le recours au BEA que lorsque le preneur a la charge de réaliser, sur le bien immobilier qu'il est ainsi autorisé à occuper, des investissements qui reviendront à la collectivité en fin de bail, et non afin de permettre la conclusion, dans le cadre de ce régime, de contrats par lesquels la collectivité confie à un tiers une mission de gestion courante d'un bien lui appartenant. Et s'il résulte des dispositions insérées à l'art. L. 1311-2 du CGCT par l'art. 96 de la loi du 14 mars 2011 qu'un bail emphytéotique peut également être conclu en vue de la restauration, de la réparation, de l'entretien-maintenance ou de la mise en valeur d'un bien immobilier appartenant à une collectivité territoriale, il ne résulte ni de ce dernier article ni d'aucune autre disposition de cette loi qu'elle comporterait un effet rétroactif. • CE 19 nov. 2013, *Sté nationale immobilière,* n° 352488 : *Lebon 281, concl. Cortot-Boucher ; JCP Adm. 2013. 940, obs. M.T.-D ; ibid. 2014. 2207, note Langelier ; AJDA 2013. 2284, obs. M.-C. M. ; ibid. 2014. 285, note Clamour ; Rev. CMP 2014. 18, note Eckert ; BJCP 2014. 106, concl. Cortot-Boucher et obs. R.S. ; RDI 2014. 212, obs. Foulquier ; Rev. CMP 2015. Chron 2, obs. Llorens et Soler-Couteaux* • CAA Marseille, 21 avr. 2016, *SARL Valmy,* n° 14MA01619 : *Rev. CMP 2016. Comm. 164, note Llorens.*

SOUS-SECTION 3 DISPOSITIONS APPLICABLES AUX ÉTABLISSEMENTS PUBLICS DE SANTÉ

Art. L. 2122-21 Un établissement public de santé ou une structure de coopération sanitaire dotée de la personnalité morale publique peut conclure sur son domaine public un bail emphytéotique administratif dans les conditions fixées aux articles L. 6148-2 à L. 6148-5-3 du code de la santé publique *[V. App., v° Contrats (Bail emphytéotique hospitalier)].*

BIBL. ▶ YOLKA, Domaine public et coopération interhospitalière, *RFDA 2002. 515* . – BLÉMONT, Nouveau contrat pour construire et moderniser à l'hôpital, *BJCP 2004. 2.* – TERNEYRE, Utilisation du bail emphytéotique par et pour les établissements publics de santé, *BJCP 2004. 10.* – ESPER et JAAFAR, Les contrats de partenariat : investir à l'hôpital public par de nouveaux moyens juridiques, *RDSS 2004. 619* . – LIGNIÈRES et LAZAR, Les nouveaux contrats du secteur hospitalier, *ACCP juin 2004, p. 67.* – YOLKA, Le bail emphytéotique administratif : aspects hospitaliers, *JCP N 2004. 1459* ; Établissements publics de santé et bail administratif, *JCP Adm. 2004. Actu. 744.* – SESTIER et PIOLA, Évolution législative et réglementaire du bail emphytéotique hospitalier, *BJCP 2005. 25.* – MARÉCHAL, Quand le bail emphytéotique hospitalier prive d'intérêt le contrat de partenariat, *JCP Adm. 2005. Actu. 843.* – APOLIS, Évolution récente des contrats publics dans le domaine hospitalier, *in Mél. Guibal, Montpellier 2006, t. II, p. 11.* – HOURCABIE et GARCIA, Le BEH : une réponse juridique adaptée à certains besoins d'investissements, *ACCP nov. 2006, p. 58.* – YOLKA, Les partenariats hospitaliers (observations critiques), *RGDM 2007, n° 137* ; Constructions hospitalières et concurrence : des problèmes de tension, *JCP Adm. 2007, n° 15.* – DHAENE, Le partenariat public-privé dans les secteurs de la santé : mise en perspective juridique et performance globale, *Th. Paris I, 2013.* – CLAMOUR, Les dispositions relatives à la commande publique au sein de la loi de modernisation du système de santé, *Rev. CMP 2016. Comm. 63.*

COMMENTAIRE

L'article L. 2122-21 renvoie à des dispositions du code de la santé publique qui ne sont plus en vigueur depuis plusieurs années, et il devrait, en toute logique, être abrogé. En effet, l'article 101 de l'ordonnance n° 2015-899 du 23 juillet 2015 relative aux marchés publics a abrogé, avec effet au 1er avril 2016, les articles L. 6148-2, L. 6148-5, L. 6148-5-1 à L. 6148-5-3 du code de la santé publique relatifs au bail emphytéotique hospitalier. Cette abrogation fait suite à la volonté des pouvoirs publics de rationaliser le droit des contrats publics en l'organisant autour des deux grandes catégories que sont les marchés publics et les concessions. Désormais, les établissements publics de santé et les structures de coopération sanitaire dotées de la personnalité publique ne sont plus autorisés à utiliser d'autres contrats que les marchés publics et les concessions pour satisfaire leurs besoins en matière d'équipements ou de bâtiments. Il leur sera tout à faire possible de permettre l'occupation de leur domaine public, le cas échéant avec constitution de droits réels, mais seulement dans le cadre d'un marché public (et notamment d'un marché de partenariat) ou d'un contrat de concession.

Le bail emphytéotique hospitalier (BEH) avait été créé par l'ordonnance n° 2003-850 du 4 septembre 2003 portant simplification de l'organisation et du fonctionnement du système de santé dont les dispositions avaient alors été codifiées aux articles L. 6148-2 et suivants du code de la santé publique. L'objet de l'ordonnance était d'étendre le dispositif du BEA aux établissements de santé, qui, n'étant pas des établissements locaux au sens de la loi du 5 janvier 1988, ne pouvaient en bénéficier, et d'instituer dans le domaine de la santé, comme cela avait été le cas dans les secteurs de la justice et de la sécurité intérieure, le recours à des contrats globaux.

Le régime juridique de ce BEA en matière de santé se singularisait sur quelques points par rapport à celui du bail emphytéotique administratif de droit commun. Sa procédure de passation, qui prévoyait de manière expresse publicité et mise en concurrence (contrairement à celle du BEA, avant l'entrée en vigueur de l'Ord. du 19 avr. 2017), était proche de celle des contrats de partenariat de « droit commun » de l'ordonnance du 17 juin 2004 (le BEH pouvant s'analyser comme un contrat de partenariat « sectoriel »).

Il pouvait être utilisé non seulement pour la réalisation d'un équipement ou d'un bâtiment ensuite mis à disposition de l'établissement public de santé, mais aussi pour la réalisation d'un équipement complété de sa maintenance et de sa gestion en vue d'une mission qui participait aux finalités des activités de santé sans pour autant que des opérations de soins proprement dites fussent concernées.

Par ailleurs, le recours au crédit-bail était explicitement rendu possible. En outre, le contenu du bail était assez largement encadré puisque l'ordonnance prévoyait, à l'instar de celle relative au contrat de partenariat, la liste des clauses obligatoires que devait nécessairement comporter la convention et de celles qui étaient simplement facultatives. ❑

CHAPITRE III MODALITÉS DE GESTION

SECTION PREMIÈRE RÈGLES GÉNÉRALES

Art. L. 2123-1 Les personnes publiques mentionnées à l'article L. 1 gèrent ou font gérer leur domaine public, dans les conditions fixées par les lois et les règlements en vigueur.

SECTION II CONVENTION DE GESTION

Art. L. 2123-2 La gestion d'immeubles dépendant du domaine public de l'État peut être confiée, en vue d'assurer la conservation, la protection ou la mise en valeur du patrimoine national, à des collectivités territoriales ou à des établissements publics, à des sociétés d'aménagement foncier et d'établissement rural, *(L. nº 2016-1087 du 8 août 2016, art. 82)* **« à des conservatoires régionaux d'espaces naturels agréés au titre de l'article L. 414-11 du code de l'environnement, » ainsi qu'à des associations ou fondations reconnues d'utilité publique que leurs statuts habilitent à accomplir ces missions.**

Les conditions et la durée de la gestion sont déterminées par une convention passée par l'État. Cette convention peut habiliter le gestionnaire à accorder des autorisations d'occupation ou à consentir des locations d'une durée n'excédant pas dix-huit ans. Elle peut l'autoriser à encaisser directement à son profit les produits de l'immeuble, à condition de supporter les charges correspondantes, de quelque nature qu'elles soient. Elle ne stipule pas l'exigibilité d'une redevance domaniale mais peut prévoir le versement périodique à l'État d'une partie des produits de la gestion.

En fin de gestion, le gestionnaire ne peut prétendre à aucune indemnité pour les améliorations apportées à l'immeuble.

Un décret en Conseil d'État détermine les conditions d'application du présent article. Ce décret définit notamment les catégories d'immeubles domaniaux auxquels peuvent s'appliquer les dispositions ci-dessus, les règles applicables au recouvrement des produits domaniaux et les obligations des gestionnaires du domaine, notamment en ce qui concerne les rapports financiers entre l'État et le gestionnaire ainsi que les modalités du contrôle technique et financier *[V. art. R. 2123-1 à R. 2123-8]. — [C. dom. Ét., art. L. 51-1, ecqc les immeubles appartenant au domaine public.]*

BIBL. ▸ **Thèses :** Duverger, L'affectation des immeubles domaniaux aux services publics. Étude théorique et pratique, *Bordeaux, 1940*. – Taillefait, L'évolution du droit et de la gestion des biens des collectivités territoriales, *Paris II, 1996*. – Lafage, Le pouvoir de gestion du domaine public. Essai sur les mutations d'une prérogative administrative, *PU Septentrion, 2002*. – Bettio, La circulation des biens entre personnes publiques, *LGDJ, 2011*. – Giacuzzo, La gestion des propriétés publiques en droit français, *LGDJ, 2014*. – Reneau, L'externalisation administrative. Éléments pour une théorie, *Montpellier, 2017*. – Devillers, L'utilisation du bien d'autrui par une personne publique. Recherche sur le statut de personne publique locataire, *Mare et Martin, 2019, Bibliothèque des thèses*. – Caylet, L'ouvrage externalisé : contribution à l'étude du droit des biens impliqués dans le commerce juridique des personnes publiques, *Toulouse 1, 2017*. – Vanier, L'externalisation en matière administrative. Essai sur la transposition d'un concept, *Dalloz,*

2018. - Trincal, Le patrimoine intercommunal, *Lyon 3, 2018.* - Orlandini, La dénaturation des critères du domaine public, *Toulouse, 2018.* - Auda, La mise à disposition d'immeubles de l'État au profit des universités, *Nice, 2018.*

▸ **Ouvrages, rapports :** Agence judiciaire du Trésor, Les relations de l'État locataire avec ses bailleurs, propriétaires privés, *Min. Budget 1994.* - Institut de la gestion déléguée, La gestion patrimoniale du domaine public, *2001.* - Bricq, L'État locataire, *Rapp. Info. Sénat, n° 5, 10 juill. 2009.* - Brun et Deliancourt, Services gestionnaires, *J.-Cl. Propriétés publiques, fasc. 50.* - Moyrand, La gestion de la propriété de l'État par les agences, *Mém. M2 rech. Droit public fondamental, Lyon III, 2010.* - Conseil de l'immobilier de l'État, *Rapp. d'activité 2006-2011.* - Ass. nat., *Rapp. d'information n° 3141,* Le coût et les bénéfices attendus de l'externalisation au sein du ministère de la Défense, *2 févr. 2011.* - C. comptes, Un premier bilan des externalisations au sein du ministère de la Défense, *Rapp. publ. 2011, p. 489.* - Ass. nat. (MEC), *Rapp. Info. n° 3624 sur les externalisations dans le domaine de la défense, 5 juill. 2011.* - Chamard-Heim et de Gaudemar (dir.), L'externalisation des propriétés publiques : techniques, enjeux et résultats, *Actes du colloque Lyon III, 23 sept. 2011 ; JCP Adm. 2012. 17.* - C. comptes, Bilan de la politique immobilière de l'État, *référé n° 71427, 19 mars 2015.* - Bouvard et Carcenac, Sur l'avenir du compte d'affectation spéciale « Gestion du patrimoine immobilier de l'État », *Rapp. Info. Sénat, n° 570, 31 mai 2017.*

▸ **Articles, contributions :** Manitakis, Les pouvoirs de gestion administrative du domaine public en droit français et en droit belge, *RDIDC 1979. 125.* - Jégouzo, Les relations entre institutions publiques en matière domaniale, *CJEG oct. 1991. 53.* - Andriantsimbazovina, La gestion du domaine public scolaire à l'épreuve de la décentralisation, *RF décentr. mars 1996, n° 4, p. 164.* - Lavialle, Décentralisation et domanialité, *RFDA 1996. 953* . - Videlin, Les biens des établissements publics de coopération intercommunale, *AJDA 2001. 829* . - Le Gall, Désaffectation des biens mis à disposition : le pouvoir des collectivités, *La lettre du cadre territorial 15 avr. 2002, p. 65.* - Caudal, La loi du 27 février 2002 et le Conservatoire de l'espace littoral et des rivages lacustres, *Coll. terr. déc. 2002, p. 4.* - Peyrical, Transfert de biens entre collectivités publiques, *AJDA 2003. 1157* . - Giraudel, Création d'une convention de gestion environnementale des espaces naturels ?, *Journée d'étude SFDE, Gestion conventionnelle des espaces naturels : bail rural-bail nature ?, Strasbourg mai 2003 (site SFDE).* - Lavialle, L'acte de gestion domaniale, *Mél. Moderne, Dalloz, 2004, p. 265.* - Dumas, La gestion immobilière de l'État : bilan et possibilité d'amélioration, *Regards sur l'actualité, n° 305, nov. 2004, p. 81.* - Chamard-Heim, Transferts domaniaux, *in* Les relations entre collectivités territoriales, *L'Harmattan, 2005, p. 143* ; Transfert de biens au profit du STIF et de la RATP, *Ann. voirie 2006. 111.* - Marty et Voisin, Des administrations locataires : principes et enjeux de la nouvelle gestion du domaine immobilier public, *RLCT 2006, n° 12, p. 5.* - Noguellou, Les rapports domaniaux entre personnes publiques, *RFDA 2006. 957* . - Bachelier, Les transferts de propriété entre personnes publiques, *JCP Adm. 2006. 1249.* - Fatôme, Externalisation et protection des biens affectés au service public, *AJDA 2007. 959* . - Maugüé, Réforme du droit des propriétés publiques et gestion du patrimoine public, *BJCP 2007. 258.* - Spitz, Les nouvelles méthodes de gestion des biens publics, *AJDA 2007. 954* . - Leufflen, Externalisation du domaine et protection du service public, *AJDA 2007. 962* . - Videlin, Maintien de la mise à disposition comme régime de droit commun pour le transfert patrimonial consécutif à un transfert de compétence, *JCP Adm. 2007. 2117.* - Levoyer, L'imparfaite connaissance du patrimoine immobilier de l'État, *RDI 2009. 531* . - Yolka, L'usufruit administratif, *AJDA 2010. 423* . - Reisman, La modernisation de la politique immobilière de l'État, *RFFP juin 2010. 400.* - Auby, Propriété et gestion domaniale, *Dr. adm. 2011. Repère 7.* - Goutal et Bernardi, La gestion du patrimoine immobilier d'une collectivité, *Gaz. cnes 16 mai 2011, p. 68.* - Clamour, Sur la gestion externalisée ou pas des biens locaux, *CMP avr. 2011. Comm. 98.* - Deliancourt, Les tribulations de l'État locataire, *JCP Adm. 2012. 2050.* - Lachaume et Pauliat, La gestion du domaine : une nécessaire protection, *JCP Adm. 2012. 2048.* - Proot, Les outils de gestion du domaine public, *ACCP 2012, n° 119, p. 34.* - Chamard-Heim et Yolka, La cogestion de l'immobilier public, *RLCT 2014. 2674.* - Mésa, Fautes de gestion du patrimoine des collectivités territoriales et risque pénal dans la jurisprudence récente, *RLCT mai 2014. 87.* - Bahougne, Le principe selon lequel « l'État est son propre assureur », *RFDA 2014. 1167* . - Chatelet, Les dotations aux établissements publics, *LPA 21 janv. 2016. 6.* - Disperati, Les limites de la décentralisation de la gestion des biens publics, *Dr. adm. 2016. Étude 11.* - Chamard-Heim et Yolka, Immobilier de l'État : la « longue marche » (du Service des Domaines à la DIE), *JCP Adm. 2016. Aperçu 797.* - Roux, Gestion des gares ferroviaires de voyageurs et droit de la concurrence, *Dr. adm. 2016. Alerte 110.* - Bettio, L'intérêt patrimonial propre du propriétaire public local au regard du contentieux de la gestion de ses biens, *BJCL 2018. 720.* - Vanier, Vers une externalisation des biens militaires ?, *in* Patrimoine(s) et équipements militaires. Aspects juridiques, dir. Chamard-Heim et Yolka, *Institut univ. Varenne/ Lextenso, 2018. 421.*

COMMENTAIRE

L'article L. 2123-1 énonce un principe général, sans disposition réglementaire d'application, qui semble évident, mais qui ne figurait pas expressément dans le code du domaine de l'État : les personnes publiques sont titulaires du pouvoir de gestion de leur domaine public, qui s'exerce tant dans l'intérêt de ce domaine que – plus largement – dans l'intérêt général. Elles ont le choix entre gérer elles-mêmes ces dépendances (en régie) ou les faire gérer par d'autres personnes juridiques. Il est d'ailleurs symptomatique de relever que le livre II du code du domaine de l'État traitait de « L'administration des biens domaniaux », tandis que le code général de la propriété des personnes publiques distingue la gestion (2e partie) et la cession (3e partie).

Ce choix illustre parfaitement la volonté de mettre en lumière un pouvoir de gestion du domaine public, distinct du traditionnel « pouvoir de gestion domaniale » – entendu *stricto sensu* – qui permet simplement d'autoriser les occupations privatives des dépendances (V. par ex. : Yolka, La propriété publique. Éléments pour une théorie, *LGDJ, 1997, p. 211 s.*). Il s'agit ici de déterminer les règles générales relatives aux modalités de gestion du domaine public, autrement dit de savoir qui administre ces biens (et non pas qui les utilise). En effet, le pouvoir de gestion d'un bien peut être exercé tant par son propriétaire que par une autre personne. Néanmoins, le pouvoir de gestion est toujours fondé sur le droit de propriété. C'est donc au propriétaire, en l'occurrence une des personnes publiques visées par l'article L. 1er, qu'il revient de déterminer la personne qui va gérer ses biens. Et, si le propriétaire ne gère pas ses biens en régie et qu'il fait intervenir un gestionnaire, il y aura alors dissociation entre la propriété et la gestion.

La gestion permet en effet de réaliser des actes d'administration, c'est-à-dire des actes normaux d'exploitation d'un bien ou d'un patrimoine. La gestion d'un bien correspond donc essentiellement à l'*usus* et au *fructus*. Le pouvoir de gestion permet ainsi de prendre des actes tendant à la conservation et à l'entretien du patrimoine (réparations, travaux, assurances, vente de meubles périssables, paiement des dettes exigibles au moyen de capitaux disponibles), des actes tendant à la fructification du patrimoine (autorisation d'occupation, etc.), et des actes de perception et d'utilisation des loyers et fruits. Ce sont en définitive des actes de mise en valeur du patrimoine qui ne portent pas atteinte au droit de propriété. Si ce pouvoir de gestion a pour but l'intérêt du domaine et l'intérêt général, il peut parfois céder devant le principe de la liberté du commerce et de l'industrie. Ce pouvoir de gérer le domaine public peut être analysé comme une prérogative de puissance publique (en ce sens, Crim. 19 févr. 2019, n° 17-85.115 P, à propos de l'Institut de France).

En revanche, la gestion ne comprend pas, sauf exception, la possibilité de disposer juridiquement ou matériellement du bien. Les actes de disposition rassemblent les opérations les plus graves qui entament ou engagent un patrimoine, pour le présent ou l'avenir, dans ses capitaux ou sa substance. La vente est bien sûr l'archétype de l'acte de disposition, mais cette qualification s'applique également à la constitution de droits réels civils.

I. LA GESTION DU DOMAINE PUBLIC EN RÉGIE

A. DOMAINE PUBLIC DE L'ÉTAT

Le domaine public de l'État est essentiellement géré par la Direction de l'immobilier de l'État (Décr. n° 2016-1234 du 19 sept. 2016. – V. aussi, Arr. du 19 sept. 2016. – V. Chamard-Heim et Yolka, Immobilier de l'État : la « longue marche » [du service des Domaines à la DIE], *JCP Adm. 2016. 797*), qui succède au service à compétence nationale, France Domaine, sous l'autorité du ministre chargé du budget et de la réforme de l'État, représenté par le préfet au plan local (anc. Instr. DGCP n° 07-007-D1 du 19 janv. 2007 relative au transfert de la gestion du domaine à la DGCP). La DIE, qui représente l'État propriétaire et qui est désormais chargée de la politique immobilière de l'État et de son pilotage, dispose de pouvoirs de gestion d'autant plus importants que l'État a pris conscience de la nécessité de gérer son domaine – aussi bien public que privé – de manière performante (Tron, La gestion et la cession du patrimoine immobilier de l'État et des établissements publics, *Rapp. d'information AN n° 2457, 2005*. – IGF, Rénovation du cadre institutionnel et modernisation des outils de la politique immobilière de l'État, *Rapp. n° 2015-M-032, nov. 2015*. – Circ. Premier ministre du 28 févr. 2007 relative à la modernisation de la gestion du patrimoine immobilier de l'État : *JO 3 mars*. – 2 Circ.

Premier ministre du 16 janv. 2009 relatives à la politique immobilière de l'État : *JO 21 janv.* – Instr. n° 500052/DEF/SGA/DCSID du 6 janv. 2012 relative au maintien en condition du patrimoine immobilier de La Défense. – Décr. n° 2012-1499 du 27 déc. 2012 relative à la politique immobilière du ministère de la Défense. – Arr. min. Défense du 27 déc. 2012 modifiant diverses dispositions relatives à la politique immobilière du ministère de la Défense : *JO 29 déc., texte n° 56.* – Instr. n° 302/DEF/SGA/DMPA/SDIE du 14 févr. 2013 relative à la politique immobilière du ministère de la Défense. – Cour des comptes, Bilan de la politique immobilière de l'État, référé n° 71427 du 19 mars 2015. – Circ. Premier ministre du 27 avr. 2016, NOR PRMX1611631C, relative à la gouvernance de la politique immobilière de l'État. – Circ. Premier ministre du 19 sept. 2016, n° 5888SG, sur les SPSI, *JCP Adm. 2016. 2266, note Untermaier-Kerléo.* – Chamard-Heim et Yolka, Immobilier de l'État : la « longue marche » [du service des Domaines à la DIE], *JCP Adm. 2016. Aperçu 797.* – Circ. n° 5913-SG du 27 févr. 2017 dédiée à la gouvernance de la politique immobilière au niveau local, *JCP Adm. 2017. 2099, note Chamard-Heim.* – Bouvard et Carcenac, L'avenir du compte d'affectation spéciale « Gestion du patrimoine immobilier de l'État », *Rapp. d'information Sénat, 31 mai 2017.* — Chamard-Heim, Et si les Domaines quittaient la DGFIP ?, *JCP Adm. 2018. 2223*). La mission de France Domaine devenu la DIE est d'assurer la valorisation des biens de l'État et d'optimiser l'occupation du parc immobilier qui comprend, selon les estimations de Data Publica, plus de 25 000 immeubles. Cette nécessité d'une gestion performante, plus dynamique et moins exclusivement centrée sur la seule conservation du domaine public, a eu pour conséquence de réduire le rôle des ministères dans la gestion de leurs dépendances. C'est d'ailleurs l'une des raisons de la transformation de France Domaine en DIE (communiqué, conseil des ministres, 20 janv. 2016).

En matière de gestion, le rôle des ministères tend en effet à s'affaiblir, puisqu'ils doivent désormais passer des conventions d'attribution avec la DIE pour l'utilisation des immeubles de bureaux, qui donnaient lieu au paiement de loyers budgétaires par les administrations centrales depuis le 1er janvier 2007 (Décr. n° 2008-1248 du 1er déc. 2008 relatif à l'utilisation des immeubles domaniaux par les services de l'État et ses établissements publics. – Arr. min. Budget du 21 avr. 2009 : *JO 12 mai, p. 7877.* – Circ. min. Int. du 1er juill. 2011 relative à la mise en place des conventions d'utilisation, n° 80000/GEND/SF. – CGPPP, art. R. 2313-1 s., V. comm. *infra*, partie R). Ces loyers étaient perçus par la DIE (Circ. min. Int. du 1er juill. 2011 relative à la mise en place des conventions d'utilisation, *préc.*), mais devant l'échec de ce dispositif (V. *JCP Adm. 2017. 2096, obs. Chamard-Heim*), le système des loyers budgétaires a été abandonné à l'occasion de la loi de finances pour 2019 (V. *JCP Adm. 2019. 2034, obs. Chamard-Heim*). Pour les immeubles qui sont affectés aux besoins du service public pénitentiaire, de la défense nationale et de la sécurité civile, la convention peut être conclue pour une durée supérieure à neuf ans. Pour les immeubles à usage de bureaux, la convention doit être conclue pour une durée maximale de neuf ans. Et, pour les autres immeubles, la durée est librement fixée par la convention.

La DIE est également chargée de tenir à jour l'inventaire des immeubles de l'État dans le Tableau général des propriétés de l'État (V. de plus : Décr. n° 2009-563 du 19 mai 2009 relatif à l'inventaire des propriétés de l'État et de ses établissements publics administratifs : *JO 21 mai, p. 8514.* – CGPPP, art. R. 2312-5 et D. 2312-6). Elle conserve aussi sa compétence traditionnelle en matière d'établissement de l'assiette et de contrôle des redevances domaniales, ainsi que de recouvrement des produits domaniaux, quelle qu'en soit la nature. Enfin, pour des biens de nature particulière, on peut envisager des formes spécifiques de gestion, comme une gestion conjointe entre deux États à propos de deux tableaux de Rembrandt dans le cadre d'un projet culturel dédié (Décr. n° 2016-1291 du 29 sept. 2016).

B. DOMAINE PUBLIC DES COLLECTIVITÉS TERRITORIALES

Concernant le domaine public local, le pouvoir de gestion est partagé entre deux autorités. D'une part, les assemblées délibérantes sont compétentes pour prendre les actes les plus importants, comme l'affectation, le changement de destination, la décision de réaliser des travaux ou la conclusion de baux (CGCT, art. L. 2241-1, L. 3213-1 et L. 4221-1).

D'autre part, les autorités exécutives locales sont chargées de la gestion courante des biens (CGCT, art. L. 2122-18, L. 3221-4 et L. 4231-4. – Chamard-Heim, Propriétés publiques. Conseil municipal, maire : qui décide, qui signe ?, *LPA 6 juin 2013, n° 113, p. 28*). Elles peuvent donc passer seules les actes relatifs à la gestion courante comme ceux relatifs à l'aménagement, à l'entretien et à la conservation des dépendances. Leur compétence est même exclusive. A ce titre d'ailleurs, le président du conseil départemental doit obligatoirement dresser un état de toutes les propriétés du département, productives ou non de revenus (CGCT, art. R. 3213-2). Cette obligation figure plus largement dans les instructions budgétaires et comptables (V. par ex. : pour la M14, Instr. n° 00-002-M0 du 7 janv. 2000 relative aux modalités de recensement des immobilisations. Tenue de l'inventaire et de l'état de l'actif).

Outre leurs pouvoirs propres, les exécutifs locaux interviennent aussi dans la gestion du domaine public en exécutant les délibérations des assemblées relatives aux actes de gestion (CGCT, art. L. 2122-21, 1° et 6°, L. 3221-1, al. 2, R. 3213-1 et L. 4231-1).

Les autorités exécutives disposent du pouvoir de gérer le domaine public local par délégation des assemblées délibérantes (CGCT, art. L. 2122-22, 1°, 5° et 6°, L. 3211-2, 4°, et L. 4221-5, 4°). Dans cette hypothèse, les décisions prises par les exécutifs en matière de gestion sont soumises aux mêmes règles que celles applicables aux délibérations des assemblées portant sur des objets identiques. Ainsi, les autorités exécutives peuvent-elles, par délégation de pouvoir, modifier l'affectation des propriétés locales, décider de la conclusion de baux dont la durée est en général relativement courte, passer des contrats d'assurance ou prendre toute décision concernant la préparation, la passation, l'exécution et le règlement des marchés de travaux qui peuvent être passés sans formalités préalables en raison de leur montant, lorsque les crédits sont inscrits au budget.

Les collectivités territoriales peuvent être propriétaires de biens en indivision ; ceux-ci sont alors gérés de manière collective (CGCT, art. L. 2411-14), le plus souvent en instaurant une personne morale de droit public dédiée (CGCT, art. L. 5222-1 s. et L. 5816-2 s.).

Enfin, les juridictions financières s'intéressent de plus en plus à la gestion immobilière des collectivités territoriales, soulignant que la connaissance physique, juridique et comptable qu'elles ont de leur patrimoine n'est pas toujours optimale et analysant la manière dont les collectivités territoriales valorisent leurs biens immobiliers et gèrent ce patrimoine (V. par ex., Cour des comptes, L'immobilier des collectivités territoriales : vers une gestion plus dynamique, *Rapp. publ. 2013, p. 279*. – CRC Île-de-France, Rapport d'observations définitives sur la gestion des biens du domaine public de la ville de Paris, *10 juill. 2013*. – CRC Centre-Val de Loire, Domaine régional de Chaumont-sur-Loire, *Rapport d'observations définitives, 3 mai 2017*. — CRC Île-de-France, Rapport d'observations définitives sur les animations emblématiques conduites sur le domaine public, *Ville de Paris, 7 nov. 2017*). Il en est de même dans le cadre des revues de dépenses instaurées par la loi de programmation des finances publiques 2014-2019 (Le patrimoine des collectivités territoriales, mai 2016).

C. DOMAINE PUBLIC DES ÉTABLISSEMENTS PUBLICS

Le pouvoir de gestion est attribué à l'organe exécutif et à l'organe délibérant, selon des critères de répartition comparables. Il convient de se référer aux statuts de l'établissement public pour le déterminer précisément.

Il faut relever que des établissements publics peuvent également avoir des biens indivis, gérés par un autre établissement public. C'est le cas de la Chancellerie des universités de Paris, chargée de gérer les biens indivis des universités parisiennes (Cour des comptes, La Chancellerie des universités de Paris, un établissement public à supprimer, *Rapp. publ. 2014, p. 375*. – Chamard-Heim, La Chancellerie des universités de Paris. Un établissement public à supprimer ?, *JCP Adm. 2014. Actu. 249*).

II. LA GESTION DU DOMAINE PUBLIC PAR UNE AUTRE PERSONNE

Les personnes publiques visées par l'article L. 1 peuvent, pour des raisons de compétences, de moyens financiers ou pour constituer le patrimoine d'une autre, confier la gestion de certaines dépendances de leur domaine public à d'autres personnes, publiques ou privées. La gestion des biens n'est donc plus réalisée (en régie) par leur propriétaire, mais par une tierce personne. Dans cette hypothèse, c'est le bien qui est géré par une autre personne, et non l'activité dont le bien est le support (ce qui différencie ces actes de gestion d'une délégation de service public).

Pour ce faire, la personne publique a le choix entre deux solutions, selon l'importance des prérogatives qu'elle entend conférer au gestionnaire. Elle peut tout d'abord simplement vouloir « externaliser » la gestion de certaines dépendances ou de certaines fonctions (gestion locative, gestion technique, syndic de copropriété, gestion des parties privatives, etc.). Dans ce cas, les propriétaires publics, comme les propriétaires privés d'ailleurs, peuvent faire appel à des professionnels qui seront précisément spécialisés dans la gestion de ces biens ou de certaines activités. Le gestionnaire devra gérer les biens confiés au nom de leur propriétaire. Il n'intervient donc que pour administrer et exploiter des biens pour le compte d'autrui, non pour les utiliser lui-même. Les personnes publiques recourent à la technique de l'externalisation essentiellement pour des biens relevant du domaine privé (V. comm. ss. art. L. 2221-1), mais elle n'est pas exclue pour les dépendances du domaine public (de Gaudemar, Les propriétés publiques immobilières externalisables, *JCP Adm. 2012, n° 2132*. – Berthier, La création d'un établissement public pour gérer des propriétés publiques, *JCP Adm. 2012, n° 2134*. – Tarlet, L'externalisation des propriétés publiques mobilières, *JCP Adm. 2012, n° 2138*. – En matière militaire, Vanier, Vers une externalisation des biens militaires, *in* Patrimoine(s) et équipements militaires. Aspects juridiques, dir. Chamard-Heim et Yolka, *Institut univ. Varenne/Lextenso, 2018. 421*. – Sur la question de confier à une société privée l'organisation d'une fête médiévale en lui permettant de commercialiser et de gérer les emplacements sur le domaine public destinés à accueillir des stands de commerçants, le ministre de l'Intérieur se montre défavorable s'agissant d'une activité de police donnant lieu à perception d'une taxe fiscale, V. Rép. min. à QE n° 05126 : *JO Sénat, 12 juill. 2018, p. 3470*).

L'alternative à cette première solution est propre au droit des biens publics. Les personnes publiques peuvent en effet choisir de transférer à d'autres personnes publiques la gestion, ainsi que l'usage de leurs propriétés dans le cadre de transferts domaniaux. On dépasse ici la simple gestion externalisée du domaine public puisque, le plus souvent, le bénéficiaire du transfert se comportera davantage comme un quasi-propriétaire que comme un simple gestionnaire : il va gérer les biens confiés pour son compte, et non pour le compte du propriétaire. La raison en est que ces transferts domaniaux permettent à leur bénéficiaire d'exercer ses propres missions dans le cadre de ses compétences.

A. L'EXTERNALISATION DE LA GESTION DU DOMAINE PUBLIC

L'externalisation de la gestion du domaine public prend principalement la forme de convention de gestion ou d'attribution. On voit également poindre de nouvelles techniques, plus ou moins opérantes en la matière, comme la création d'établissements publics chargés de gérer globalement des biens publics ; se développent aussi des cas d'externalisation en faveur de personnes privées qui peuvent passer par des concessions de service public (sur ces questions, Chamard-Heim et de Gaudemar [dir.], Externalisation des propriétés publiques : pratiques, techniques et résultats, *JCP Adm. 2012, n° spéc. 17*).

1° LES CONVENTIONS DE GESTION OU D'ATTRIBUTION

Convention de gestion en vue d'assurer la conservation, la protection ou la mise en valeur du patrimoine national

L'article L. 2123-2 du CGPPP reprend, presque à l'identique, l'article L. 51-1 du code du domaine de l'État, qui avait institué la formule de la convention de gestion.

L'État peut recourir à cette procédure pour transférer la gestion des biens immobiliers qui dépendent indistinctement de son domaine public (CGPPP, art. L. 2123-2) ou de son domaine privé (CGPPP, art. L. 2222-8). En revanche, dans la mesure où ces procédures doivent être mises en œuvre « en vue d'assurer la conservation, la protection ou la mise en valeur du patrimoine national », tous les immeubles de l'État ne sauraient en être l'objet. L'article R. 2123-1 reprend la plupart des hypothèses qui étaient visées par l'ancien article R. 128-1 du code du domaine de l'État, sauf celle concernant les immeubles acquis en vue de la réalisation ultérieure d'opérations d'urbanisme ou d'aménagement de toute nature. Peuvent donc aujourd'hui faire l'objet d'une convention de gestion : les immeubles classés ou inscrits au titre des monuments historiques ; les monuments naturels, sites ou des immeubles faisant partie des domaines et palais nationaux ; les immeubles situés à l'étranger et dont la conservation présente un intérêt général au point de vue artistique, historique ou culturel ; les réserves naturelles ou des immeubles dont le caractère naturel doit être préservé (Circ. min. Écologie du 20 janv. 2012 relative à la gestion durable et intégrée du domaine public maritime naturel) ; les immeubles compris entre la limite du rivage de la mer et la limite supérieure de la zone des cinquante pas géométriques et les immeubles militaires compris dans un site ayant fait l'objet d'une décision de restructuration prise par le ministre de la Défense lorsque leur cession à la valeur estimée par le directeur départemental des finances publiques n'est pas possible (V. Rép. min. n° 46050, *JOAN Q, 24 févr. 1997, p. 947*. – Arr. min. Défense du 27 déc. 2012 modifiant diverses dispositions relatives à la politique immobilière du ministère de la Défense, *JO 29 déc.* – Arr. min. Défense du 27 déc. 2012 portant délégation des pouvoirs du ministère de la Défense en matière domaniale, *JO 29 déc.*. – Instr. n° 302/DEF/SGA/DMPA/SDIE du 14 févr. 2013 relative à la politique immobilière du ministère de la Défense, *p. 29 et 119*). Cette liste établie par l'article R. 2123-1 est exhaustive. Soulignons qu'il existe aussi des procédures *ad hoc* permettant de confier la gestion d'un élément du patrimoine national, comme la gestion, confiée par décret à l'établissement public du domaine national de Chambord, d'autres domaines nationaux ainsi que de domaines et d'immeubles appartenant à l'État, afin de faciliter leur conservation, leur mise en valeur et leur développement (art. L. 621-41, C. patr. ; Décr. n° 2005-703, du 24 juin 2005 relatif au Domaine national de Chambord ; Arr. du 8 févr. 2019 relatif à la liste des parcelles et immeubles du domaine de Rambouillet confiés en gestion au Domaine national de Chambord, *JO 20 févr.*).

Par la convention de gestion, l'État pouvait initialement choisir de confier la gestion de ses biens « à des collectivités territoriales ou à des établissements publics, à des sociétés d'aménagement foncier et d'établissement rural, ainsi qu'à des associations ou fondations reconnues d'utilité publique que leur statut habilite à accomplir ces missions ». La loi du 8 août 2016 (art. 82) pour la reconquête de la biodiversité a ajouté une nouvelle catégorie de gestionnaires de biens de l'État : les conservatoires régionaux d'espaces naturels agréés au titre de l'article L. 414-11 du code de l'environnement (V. *JCP Adm. 2016. 2269, obs. Chamard-Heim*). Il apparaît donc clairement que l'État a le choix entre un gestionnaire public et un gestionnaire privé. La convention de gestion est passée par l'administration chargée des domaines (CGPPP, art. R. 2123-2). Selon les cas, elle sera signée par le préfet, sur proposition du responsable dans le département du service gestionnaire (lorsque l'immeuble concerné est situé dans un seul département), par le ministre chargé du domaine, sur proposition du ministre gestionnaire (pour les immeubles situés dans plusieurs départements ou à l'étranger) ou encore par le ministre de la Défense (pour les immeubles militaires : Arr. du 27 déc. 2012 modifiant diverses dispositions relatives à la politique immobilière du ministère de la Défense : *JO 29 déc., texte n° 56*. – Instr. n° 302/DEF/SGA/DMPA/SDIE du 14 févr. 2013 relative à la politique immobilière du ministère de la Défense, *p. 29 et 119*).

L'autorisation du ministre chargé du domaine pour les conventions d'une durée supérieure à 18 ans a été supprimée par l'article 5 du décret n° 2020-68 du 30 janvier 2020 relatif à la déconcentration des décisions administratives individuelles dans les domaines de l'action et des comptes publics (CGPPP, art. R. 2123-2, pour le domaine public et art. R. 2222-9, pour le domaine privé).

La procédure de la convention de gestion est obligatoire, dès lors que l'État veut faire gérer ces biens particuliers par une autre personne ; il ne peut pas recourir à une autre procédure. La convention de gestion est passée par les services compétents de l'État et le cahier des charges qui l'accompagne revêt un caractère réglementaire ; le Conseil d'État est donc compétent en cas de recours. Cette convention détermine les conditions et la durée de la gestion. Le gestionnaire doit naturellement gérer les biens de l'État en vue d'assurer leur conservation, leur protection ou leur mise en valeur. En conséquence, la convention de gestion doit préciser les obligations techniques incombant au gestionnaire relatives à l'entretien, à l'aménagement de l'immeuble ou aux travaux à réaliser (CGPPP, art. R. 2123-4). Le gestionnaire ne peut pas utiliser les biens confiés pour une activité autre que celle de conservation, de protection ou de mise en valeur du patrimoine national. Par exemple, leur affectation à des activités purement industrielles ou commerciales constituerait une violation manifeste du dispositif. Lorsqu'un droit d'entrée ou un droit d'usage est perçu sur le public venant visiter les lieux, les tarifs sont approuvés par le représentant du ministre compétent pour assurer la surveillance de la gestion (CGPPP, art. R. 2123-4). Les revenus de toute nature produits par les immeubles objets d'une convention de gestion – hormis les immeubles militaires – doivent d'abord servir à financer les dépenses de gestion ou d'aménagement des immeubles prévues dans la convention ainsi que les impôts et taxes qui grèvent ceux-ci (taxes foncières) ou leur exploitation (TVA, impôt sur les sociétés, etc.) ; ces revenus peuvent ensuite servir à payer des dépenses relatives aux travaux réalisés en application de programmes approuvés ; enfin, le reste est affecté à la constitution de provisions et d'un fonds de réserve dans les limites fixées par la convention. S'il existe un solde positif, celui-ci est versé chaque année à l'État (CGPPP, art. R. 2123-5). L'article R. 2123-6 fixe l'affectation par ordre de priorité des revenus produits par les immeubles militaires.

La convention de gestion « peut habiliter le gestionnaire à accorder des autorisations d'occupation ou à consentir des locations d'une durée n'excédant pas dix-huit ans » (V. aussi art. L. 2222-10, al. 2). Ainsi, la convention doit préciser notamment les conditions dans lesquelles le gestionnaire pourra délivrer les différentes autorisations d'occupation du domaine public fixer et percevoir le montant des redevances (CGPPP, art. R. 2123-3). Il ne saurait toutefois s'agir d'autorisations constitutives de droits réels (CGPPP, art. R. 2123-3). Le gestionnaire est également habilité à constater les infractions et à poursuivre les occupants sans titre. La convention de gestion peut autoriser le gestionnaire « à encaisser directement à son profit les produits de l'immeuble, à condition de supporter les charges correspondantes, de quelque nature qu'elles soient ». Enfin, la gestion des biens de l'État ainsi transférée est en principe gratuite ; la convention de gestion « ne stipule pas l'exigibilité d'une redevance domaniale, mais peut prévoir le versement périodique à l'État d'une partie des produits de la gestion ».

La gestion se termine à la date prévue par la convention, laquelle ne peut être renouvelée par tacite reconduction (CGPPP, art. R. 2123-8, al. 1er). Mais il peut être mis fin de manière anticipée à la convention par l'autorité ayant conclu celle-ci, soit dans les conditions prévues par la convention, soit pour inexécution par le gestionnaire de ses obligations, soit pour tout motif d'intérêt général (CGPPP, art. 2123-8, al. 1er). En fin de gestion, le gestionnaire ne peut prétendre à aucune indemnité pour les améliorations apportées à l'immeuble, sauf en cas de résiliation anticipée de la convention : dans cette hypothèse, le gestionnaire est indemnisé pour la partie non amortie des constructions ou installations qu'il aura édifiées avec l'accord du ministre compétent (CGPPP, art. R. 2123-8, al. 2).

Enfin, l'État qui confie ainsi la gestion de ses biens à des personnes publiques ou privées ne peut pas s'en désintéresser pour autant. Il doit assurer un contrôle technique de la gestion et s'assurer de la bonne exécution des obligations mises à la charge du gestionnaire. Le gestionnaire remet d'ailleurs au représentant du ministre chargé du domaine un compte-rendu de gestion (CGPPP, art. R. 2123-7).

Convention d'attribution dans le cadre de la politique foncière de sauvegarde de l'espace littoral, de respect des sites naturels et de l'équilibre écologique

En revanche, le CGPPP ne reprend pas l'ancien article L. 51-2 du code du domaine de l'État (qui se retrouve désormais à l'art. L. 322-6-1 C. envir.). L'article L. 322-6-1 est plus restrictif, car seuls les « immeubles relevant du domaine public de l'État » peuvent faire l'objet de cette nouvelle forme de convention d'attribution. Il est, en outre, nécessaire que ces biens permettent au Conservatoire de l'espace littoral et des rivages lacustres (C. comptes, La gestion du Conservatoire de l'espace littoral et des rivages lacustres : *référé 28 janv. 2013*) de mettre en œuvre sa politique de sauvegarde du littoral, de respect des sites naturels et de l'équilibre écologique. Il s'agit donc, en priorité, des dépendances du domaine public maritime et fluvial.

Le seul bénéficiaire de la nouvelle convention d'attribution est le Conservatoire de l'espace littoral et des rivages lacustres, qui est un établissement public administratif national. L'État ne peut pas avoir recours à cette formule pour confier ses propriétés à des collectivités territoriales, à d'autres établissements publics ou à des personnes privées. Ceci dit, les biens de l'État attribués au conservatoire font partie du domaine géré par ce dernier. Et celui-ci peut tout à fait choisir de confier, à son tour, la gestion des immeubles du domaine public de l'État attribués à des collectivités territoriales ou à leurs groupements, à des établissements publics, à des fondations ou à des associations spécialisées agréées (C. envir., art. L. 322-9, al. 2). Ces nouveaux transferts domaniaux revêtent la forme de conventions de gestion.

En effet, l'existence d'une convention d'attribution conclue entre l'État et le Conservatoire de l'espace littoral et des rivages lacustres ne s'oppose pas à ce que ce dernier transfère la gestion des biens ainsi attribués à une troisième personne, conformément à l'article L. 322-9, alinéa 2, du code de l'environnement. C'est d'ailleurs ce qu'il fait le plus souvent, puisque le conservatoire gère rarement les biens de façon directe. Les immeubles du domaine public de l'État peuvent ainsi être gérés par des collectivités territoriales, des établissements publics, des fondations ou des associations spécialisées agréées, sachant que priorité peut être donnée aux premières.

Quant à la convention d'attribution, c'est elle qui définit les conditions d'attribution des biens de l'État, et notamment les modalités de suivi et d'utilisation des immeubles transmis. La convention d'attribution se présente comme une sorte de convention de gestion, même s'il est rare (comme on l'a dit) que le conservatoire gère lui-même les biens ainsi confiés. La convention d'attribution est conclue pour une durée maximale de trente ans. Au terme de la durée prévue, un renouvellement est possible, mais il doit se faire dans les mêmes formes que celles retenues lors de la passation initiale. Le préfet pouvait toujours mettre fin à la convention d'attribution de manière anticipée, soit dans les cas prévus par la convention, soit pour inexécution des obligations par le conservatoire, soit pour motifs d'intérêt général (V., avant l'entrée en vigueur de la partie réglementaire du CGPPP : C. dom. Ét., art. R. 128-8, al. 7). La convention doit prévoir expressément l'usage à donner aux terrains de l'État ainsi transférés et cet usage doit obligatoirement contribuer à la réalisation de la politique foncière de sauvegarde de l'espace littoral, de respect des sites naturels et de l'équilibre écologique (C. envir., art. L. 322-9. – Sur le domaine public fluvial, V. Arr. min. Écologie du 21 févr. 2013 portant approbation du cahier des charges fixant les conditions générales de la location par l'État du droit de chasse au gibier d'eau sur son domaine public fluvial pour la période du 1er juillet 2013 au 30 juin 2019 : *JO 6 mars, p. 4068*). La convention d'attribution est un document communicable à la demande des administrés (CADA du 26 juill. 2012, *Préfet des Pyrénées-Orientales, avis n° 20122605*).

Convention de gestion portant sur des espaces naturels situés dans la zone des cinquante pas géométriques

Pour les espaces naturels situés dans la zone des cinquante pas géométriques, la convention de gestion est passée en priorité avec le Conservatoire de l'espace littoral et des rivages lacustres (CGPPP, art. L. 5112-8 et L. 5113-1. – C. envir., art. L. 322-6-2). En cas de refus opposé par l'établissement public, la gestion de ces espaces naturels peut être confiée à une collectivité territoriale ou à un groupement de collectivités territoriales en vertu d'une convention de gestion visée par l'article L. 2123-2, passée après accord du conservatoire. Dans cette hypothèse, la gestion par une personne privée semble impossible.

2° LA CRÉATION DE NOUVEAUX ÉTABLISSEMENTS PUBLICS GESTIONNAIRES

La tendance actuelle étant de trouver de nouvelles solutions pour améliorer la gestion du patrimoine des personnes publiques, spécialement celui de l'État, certaines propositions ont visé à créer de nouveaux établissements publics pour gérer les immeubles de l'État (V. par ex. : Debains, Mission immobilier public, *Doc. fr., 2003, p. 32*, proposant de créer une Agence des propriétés immobilières de l'Etat. – Fucher, La valorisation du patrimoine immobilier public : l'exemple du domaine hospitalier, *th. sciences économiques, Paris I, 2002* ; Le gestionnaire immobilier, acteur de la valorisation du patrimoine hospitalier, *Gestions hospitalières févr. 2003, n° 423, p. 117*. – Le Bris, Réflexion et propositions sur l'organisation et le fonctionnement des services de l'État à l'étranger, *Doc. fr., 2005*, proposant la création d'une Agence immobilière de l'État à l'étranger. – Berthier, La création d'un établissement public pour gérer des propriétés publiques, *JCP Adm. 2012, n° spéc., n° 2134*). Ces solutions s'inspirent de la volonté de certaines entreprises du secteur public, déclinant elles-mêmes les principes du « *new public management* », de confier la gestion de leurs biens à une entité dédiée (La Poste et la SCNF). La création de l'établissement public peut être appliquée pour aider à la réalisation des projets (EPPJP, Décr. n° 2014-161 du 18 févr. 2014. – APIJ, Décr. n° 2006-208 du 22 févr. 2006).

Cependant, les personnes publiques ne peuvent pas instituer, dans n'importe quelles conditions, une nouvelle personne juridique chargée de gérer leur patrimoine. Elles doivent tout d'abord respecter, pour ce faire, les prescriptions législatives (V. par ex.,

CGCT, art. L. 2121-29, al. 1er, L. 2122-18, L. 2241-1, L. 3213-1, L. 3221-4 ou L. 4231-4). En effet, lorsque le législateur a prévu que telle autorité exécutive ou délibérante était compétente pour gérer un patrimoine public, il n'est, *a priori*, pas possible pour celle-ci de s'affranchir de cette obligation légale. L'indicatif valant impératif, il convient donc de comprendre les formules telles que « le Conseil départemental statue sur [...]) les modes de gestion des propriétés départementales » (CGCT, art. L. 3213-1-2°) ou « le président du conseil régional gère le domaine de la région » (CGCT, art. L. 4231-4) comme instituant à l'égard de ces autorités une véritable prescription à leur charge exclusive.

Les personnes publiques ne peuvent pas non plus ignorer l'article 34 de la Constitution, qui dispose que le législateur fixe les règles concernant « la création de catégories d'établissements publics ». L'intervention du législateur n'est toutefois pas nécessaire lorsque l'établissement dont la création est proposée « est comparable à d'autres établissements publics [...] qui exercent des missions comparables ». Si tel est le cas, l'établissement gestionnaire pourra être créé par les autorités réglementaires. En revanche, s'il s'agit d'une nouvelle catégorie d'établissements publics, le recours au législateur est indispensable et, partant, un texte réglementaire ne saurait suffire.

Ce sont les raisons pour lesquelles le juge administratif a annulé la délibération d'un conseil régional ayant institué un nouvel établissement public, la « Régie du Nouveau siècle », chargé de gérer et d'exploiter, à la place du président du conseil régional, le patrimoine de la région (CAA Nancy, 16 avr. 1998, *Région Nord-Pas-de-Calais*).

Il n'est sans doute pas complètement interdit à une personne publique de confier la gestion de son domaine à une autre personne. Mais il semble que, dans cette hypothèse, le propriétaire public devra limiter l'externalisation à quelques catégories de biens (et non pas à tout son patrimoine), limiter l'activité de son prestataire à la gestion patrimoniale courante (en excluant donc les actes les plus graves et les actes de puissance publique) et contrôler strictement son activité. Par ailleurs, il s'agit d'un marché de services qui doit être conclu après respect des procédures de publicité et de mise en concurrence (C. marchés, art. 29-14°. – Ph. Hansen, La propriété des personnes publiques en 90 questions, *Le Moniteur, 2007, p. 186*).

B. LES TRANSFERTS DOMANIAUX

Dans ce cadre, les biens sont gérés par d'autres personnes que leur propriétaire, mais celui-ci ne fait plus appel à une structure spécialisée qui les gère pour son compte. Il attribue à une tierce personne l'usage et la gestion de certains biens. Autrement dit, le bénéficiaire de l'opération pourra utiliser des biens qui ne lui appartiennent pas, un peu comme s'il en était propriétaire, et ce transfert domanial lui permettra de remplir ses missions et d'exercer ses compétences. En conséquence, il devra aussi gérer les propriétés confiées puisque leur propriétaire n'en a, par hypothèse, plus l'usage. Cette technique doit donc soigneusement être distinguée de la simple externalisation de la gestion : ici, le propriétaire public se comporte comme s'il « prêtait » des biens à une autre personne qui en aurait besoin. Il s'agit d'une alternative à un transfert pur et simple de propriété, alors que l'externalisation constitue une autre possibilité de gestion à côté de la régie. Cela étant, du point de vue de la gestion, le résultat est sensiblement le même, puisque dans tous les cas, ce n'est pas le propriétaire qui gère son bien.

La seule procédure de transfert domanial envisagée par le CGPPP est celle du transfert de gestion (V. art. L. 2123-3 s.).

Mais, il existe d'autres procédures qui ne sont pas mentionnées dans le CGPPP. Celles-ci consistent essentiellement en des changements d'affectation externes simples, dans lesquels une nouvelle personne peut utiliser et gérer des biens dont la destination n'est pas modifiée. Ainsi, les personnes publiques peuvent mettre des dépendances de leur domaine public à la disposition d'autres personnes publiques, sans que cela s'inscrive dans le cadre d'un transfert de compétences. L'État peut recourir à ce type de procédure en faveur de collectivités territoriales (CGCT, art. L. 1321-7). Mais ce sont surtout les collectivités territoriales qui utilisent la mise à disposition, laquelle est onéreuse lorsqu'elle est réalisée entre collectivités de même niveau (CGCT, art. L. 1311-15). Elles peuvent ainsi mettre à la disposition de l'État, qui les gère, des biens qui sont affectés à des services régaliens (CGCT, art. L. 1311-4-1 et L. 1311-2) ou à l'administration préfectorale (L. n° 85-1098 du 11 oct. 1985 relative à la prise en charge par l'État, les départements et les régions des dépenses de personnel, de fonctionnement et d'équipement des services placés sous leur autorité, art. 13). La convention de mise à disposition entre collectivités territoriales est même un outil de gestion ordinaire (V. par ex., Chamard-Heim, Les transferts domaniaux, *in* Les relations entre collectivités territoriales, *L'Harmattan, 2005, p. 143*).

Au-delà, l'État est obligé, lorsqu'il transfère une compétence, de mettre à disposition gratuitement les biens qui lui appartiennent à la collectivité nouvellement compétente (CGCT, art. L. 1321-1). Seulement, force est de constater qu'en ce domaine, la mise à disposition a préfiguré, logiquement d'ailleurs, un transfert de propriété pur et simple engagé par la loi du 13 août 2004 relative aux libertés et responsabilités locales (à propos, du domaine public fluvial décentralisé, des aérodromes décentralisés, etc.). En conséquence, ce sont les collectivités territoriales qui doivent désormais mettre à disposition de l'État certains biens compris dans l'emprise des grands équipements publics dont la propriété leur a été transférée (V. par ex., CGCT, art. L. 4424-23, al. 2, à propos des aérodromes appartenant à la collectivité territoriale de Corse).

La mise à disposition peut également exister en faveur d'établissements publics (V. par ex., la mise à disposition des biens immobiliers de l'État à l'Agence régionale de santé, établissement public national administratif créé par : L. n° 2009-879 du 21 juill. 2009 portant réforme de l'hôpital et relative aux patients, à la santé et aux territoires, art. 129 : *JO 22 juill., p. 12184*) ou entre eux, notamment entre établissements publics de santé, en application d'une convention de communauté hospitalière de territoire (CSP, art. L. 6132-6).

Pour le reste, l'État peut recourir à des conventions d'attribution en faveur de ses établissements publics (CGPPP, art. R. 2313-1. – V. par ex., pour VNF, Décr. n° 2012-1083 du 25 sept. 2012, art. 1er), procédure qui se substitue à celle de l'affectation des biens du domaine public (C. éduc., art. L. 762-2. – Ce transfert peut désormais se faire en pleine propriété, C. éduc., art. L. 719-14. – V., Conférence des présidents d'université, Caisse des dépôts et consignations, Le transfert du patrimoine universitaire, *PUF, 2010, Quadrige*. – IGAEN, La dévolution du patrimoine immobilier aux universités, *nov. 2016*. – E. Auda, La mise à disposition d'immeubles de l'État au profit des universités, *th. univ. Côte d'Azur, 2018*).

En matière ferroviaire, c'est la société SNCF Réseau et sa filiale mentionnée au 5° de l'article L. 2111-9 du code des transport qui exercent tous pouvoirs de gestion sur les biens immobiliers qui leur sont attribués par l'État ou qu'elles acquièrent au nom de l'État (C. transp., art. L. 2111-20). ❑

1. La compétence pour décider de la fermeture d'une ligne sur laquelle le trafic ferroviaire a cessé appartient au conseil d'administration de Réseau ferré de France. • CAA Douai, 31 mars 2005, *RFF*, n° 03DA00283 : *Lebon T. 704 ; AJDA 2005. 975 ; Ann. voirie 2005. 98, note Hansen.* ♦ Il appartient au conseil municipal de délibérer sur les conditions générales d'administration et de gestion du domaine public communal. • CE 18 nov. 2015, *SCI les II C et a.*, n° 390461 : *Lebon T. ; JCP Adm. 2015. Actu. 990 ; CMP mars 2016. Chron. 2, Llorens et Soler-Couteaux.*

2. Convention de gestion. L'esplanade des Feuillants du jardin des Tuileries, qui fait partie du domaine public de l'État, a été confiée, en application de l'art. L. 51-1 C. dom. Ét. *[art. L. 2123-2 CGPPP]*, à l'Établissement public du Grand Louvre par convention. Le cahier des charges particulières relatif à l'occupation de cette esplanade qui définit les règles au respect desquelles est tenu l'établissement public lorsqu'il est appelé à se prononcer sur une demande d'autorisation d'occupation temporaire revêt, nonobstant la circonstance qu'il comporte également la signature du président de l'établissement public, le caractère d'un acte unilatéral émanant du seul ministre de l'éducation nationale et de la culture agissant dans l'exercice de ses pouvoirs de police du domaine. Cet acte est de nature réglementaire et relève de la compétence en premier et dernier ressort du Conseil d'État. • CE, sect., 23 juin 1995, *Min. Culture c/ Assoc. « Défense Tuileries » : Lebon 268 ; Dr. adm. 1995, n° 679 ; RFDA 1995. 838 , RF décentr. 1996. 95, note Lavialle ; CJEG 1995. 376, concl. Arrighi de Casanova.* ♦ Pour une confusion de la convention de gestion avec un transfert de gestion. • CAA Nancy, 27 juin 2013, *Cté de cnes de Verdun c/ Min. Défense*, n° 12NC01590. ♦ Il peut exister des conventions de gestion conclues en dehors de ce dispositif, qui sont plus classiques : une convention de gestion du patrimoine par laquelle RFF a confié à la SNCF la mission d'exécuter en son nom et pour son compte les différents actes liés à la gestion de son patrimoine, notamment la mise en œuvre administrative, juridique et financière des titres d'occupation du domaine public et la gestion des charges relatives aux biens immobiliers non affectés à l'exploitation des services de transport. • CAA Paris, 16 oct. 2014, *ATB SARL*, n° 13PA04681. ♦ Ne peut pas être une convention de gestion l'autorisation d'occupation du domaine public fluvial délivrée par le préfet au syndicat intercommunal pour l'entretien et l'exploitation du Cher, en vue de la gestion de ce domaine, car l'autorisation litigieuse ne porte pas sur un immeuble appartenant au patrimoine national. • CAA Nantes, 13 févr. 2017, *Assoc. Nature Centre et a.*, n° 15NT02844. ♦ Pour une convention de gestion sur le domaine public maritime concernant des villages ostréicoles. • CAA Bordeaux, 24 mai 2018, n° 16BX01777 • CAA Bordeaux, 13 févr. 2020, n°s 18BX01663, 18BX01664.

3. Le pouvoir de gestion peut parfois céder devant le principe de la liberté du commerce et de l'industrie. – V., à propos du refus d'un maire de laisser un photographe professionnel prendre des clichés d'œuvres exposées dans le musée de la commune. • CAA Nantes, 4 mai 2010, *EURL Photo Josse c/ Cne de Tours*, n° 09NT00705 : *AJDA 2010. 1475, note Degommier ; RLC 2010. 32, n° 1686, note Clamour* • CAA Lyon, 7 juill. 2011, *EURL Photo Josse*, n° 09LY02676 • CE 23 mai 2012, *RATP c/ Sté 20 minutes France*, n° 348909 : *Dr. adm. 2012. Comm. 89, Brenet ; JCP Adm. 2013, n° 2012, comm. Pauliat* • 29 oct. 2012, *Cne de Tours c/ EURL Photo Josse*, n° 341173 : *AJDA 2013. 111, note Foulquier ; Dr. adm. 2012, n° 96, comm. Ziani ; RJEP 2013, n° 707. Comm. Ubaud-Bergeron ; CMP 2012, n° 342, note Devillers ; JCP Adm. 2012, n° 2390, note Carpi-Petit ; ibid. n° 2391, note Vocanson ; JCP 2013, n° 115, comm. Poli* • CAA Paris, 7 févr. 2013, *RATP c/ Sté 20 minutes France*, n°s 10PA05686 et 11PA02805.

4. Sur l'exclusivité de l'autorité compétente en matière de gestion du domaine public, V. par ex., • CAA Nancy, 13 janv. 2005, *Région Lorraine*, n° 03NC00989. ♦ Ce sont les raisons pour lesquelles le juge administratif a annulé la délibération d'un conseil régional ayant institué un nouvel établissement public, la « Régie du Nouveau Siècle », chargé de gérer et d'exploiter, à la place du président du conseil régional, le patrimoine de la région. • CAA Nancy, 16 avr. 1998, *Région Nord-Pas-de-Calais : Gaz. Pal. 1999. 1. Pan. dr. adm. 72 ; Dr. adm. 1998, n° 308.*

5. La gestion du domaine public peut causer des dommages liés à une action en responsabilité extracontractuelle relevant de la compétence du juge administratif. • T. confl. 13 mai 2013, *Féd. dptale des chasseurs des Landes c/ Sté Le Briest*, n° C-3899.

6. Un contrat de gestion conclu entre un propriétaire public (une commune) et un organisme privé (Société nationale immobilière en l'occurrence) n'est pas opposable au locataire public du propriétaire public (l'État). • CE 7 déc. 2015, *Société nationale immobilière*, n° 375643 B : *AJDA 2015. 2405 ; ibid. 2016. 1341, note Rombauts-Chabrol ; BJCP 2016, p. 149, concl. Escaut, obs. Nicinski ; RDI 2016. 153, note Foulquier ; Rev. CMP 2016. Comm. 43, note Eckert ; GDDAB, 3ᵉ éd., 2018. Comm. 37, obs. Chamard-Heim ; JCP Adm. 2015. Actu. 1056 ; ibid. 2016. 2209, note Pauliat ; Rev. CMP 2016. Chron. 2, obs. Llorens et Soler-Couteaux.* ♦ En l'espèce, une commune ayant construit une gendarmerie a signé un contrat de location à titre onéreux avec l'État pour une durée de 9 ans. Ultérieurement, cette commune a conclu avec la SNI un bail emphytéotique d'une durée de 50 ans ; ce bail prévoyait que le contrat de location avec l'État serait transféré de la commune à la SNI. Mais l'État a refusé de signer l'avenant prévoyant la substitution et de verser les loyers à la société. Le Conseil d'État a jugé qu'un contrat par lequel le propriétaire d'une dépendance du domaine public confie la gestion de cette dépendance à un tiers n'est pas opposable à la personne publique à qui ce bien a été loué pour y exercer une mission de service public sans que cette dernière y ait consenti ; que la Société nationale immobilière ne saurait donc soutenir que le contrat de bail emphytéotique qu'elle a conclu avec la commune de Montbazon a eu pour effet de rendre opposable à l'État sa substitution à la commune en qualité de bailleur.

7. Le gestionnaire d'une dépendance du domaine public peut avoir des prérogatives importantes – celles instaurées au contrat –, pouvant aller jusqu'à la possibilité de demander au juge l'expulsion des occupants sans titre, y compris contre la volonté du propriétaire public. • CE 1ᵉʳ juin 2016, *Sté mahoraise d'acconage, de représentation et de transit (SMART)*, n°s 394069 et 394191 : *Lebon T. ; AJDA 2016. 1152, obs. Pastor ; ibid. 1693, note Videlin ; RFDA 2016. 1119, note Lavialle ; Rev. CMP 2016. Comm. 213, obs. Eckert ; ibid. 2017, Chron. 5, obs. Pietri ; ibid. mars 2017, chron. Llorens et Soler-Couteaux ; JCP Adm. 2016. Actu. 502, obs. Tesson ; ibid. 2017. 2131, chron.* ♦ Sur la distinction entre une convention de gestion et une délégation de service public, • CAA Nancy, 27 juin 2013, *Cté de cnes de Verdun c/ Min. Défense*, n° 12NC01590.

8. Une convention par laquelle l'État confie à VNF la maitrise d'ouvrage des travaux de construction d'une digue sur le domaine public fluvial et la gestion de l'équipement ainsi réalisé peut ensuite donner lieu à une convention de transfert de compétence et de propriété en faveur de la région : • CAA Marseille, 18 nov. 2019, n° 17MA01906.

SECTION III TRANSFERT DE GESTION LIÉ À UN CHANGEMENT D'AFFECTATION

Art. L. 2123-3 I. — Les personnes publiques mentionnées à l'article L. 1 peuvent opérer, entre elles, un transfert de gestion des immeubles dépendant de leur domaine public pour permettre à la personne publique bénéficiaire de gérer ces immeubles en fonction de leur affectation.

La durée pendant laquelle la gestion de l'immeuble est transférée peut être déterminée dans l'acte.

Dès que l'immeuble transféré n'est plus utilisé conformément à l'affectation prévue au premier alinéa, l'immeuble fait retour gratuitement à la personne publique propriétaire.

II. — Lorsque le transfert de gestion ne découle pas d'un arrêté de cessibilité pris au profit du bénéficiaire d'un acte déclaratif d'utilité publique, la personne publique propriétaire peut décider de modifier l'affectation de l'immeuble transféré et mettre fin au transfert de gestion. Dans ce cas, la personne publique bénéficiaire peut, sauf conventions contraires, prétendre à une indemnité égale, sous déduction de l'amortissement effectué et, le cas échéant, des frais de remise en état acquittés par le propriétaire, au montant des dépenses exposées pour les équipements et installations réalisés conformément à l'affectation prévue au premier alinéa.

III. — Un décret en Conseil d'État détermine les conditions d'application du présent article. — *[C. dom. Ét., art. L. 35.]*

Art. L. 2123-4 Lorsqu'un motif d'intérêt général justifie de modifier l'affectation de dépendances du domaine public appartenant à une collectivité territoriale, un groupement de collectivités territoriales ou un établissement public, l'État peut, pour la durée correspondant à la nouvelle affectation, procéder à cette modification en l'absence d'accord de cette personne publique.

Un décret en Conseil d'État détermine les conditions d'application du présent article. *— V. art. R. 2123-12 et R. 2123-13.*

Art. L. 2123-5 Sans préjudice des dispositions de l'article L. 2123-4, le domaine public d'une personne publique autre que l'État peut faire l'objet d'un transfert de gestion au profit du bénéficiaire de l'acte déclaratif d'utilité publique dans les conditions fixées *(Ord. nº 2014-1345 du 6 nov. 2014, art. 5-VII, en vigueur le 1er janv. 2015)* « aux articles L. 132-3 et L. 132-4 » du code de l'expropriation pour cause d'utilité publique.

Code de l'expropriation

Art. L. 132-3 L'acte prononçant la cessibilité emporte transfert de gestion des dépendances du domaine public de la personne publique propriétaire autre que l'État au profit du bénéficiaire de l'acte déclarant l'utilité publique pris conformément à l'article L. 121-1.

Art. L. 132-4 En cas de désaccord entre le bénéficiaire de l'acte mentionné à l'article L. 132-3 et la personne publique propriétaire, le juge de l'expropriation fixe les modalités de répartition des charges de gestion entre ces personnes ainsi que la réparation du préjudice éventuellement subi par le propriétaire.

Art. L. 2123-6 Le transfert de gestion prévu aux articles L. 2123-3 à L. 2123-5 donne lieu à indemnisation à raison des dépenses ou de la privation de revenus qui peuvent en résulter pour la personne dessaisie. Lorsqu'il découle d'un arrêté de cessibilité pris au profit du bénéficiaire d'un acte déclaratif d'utilité publique, l'indemnisation, fixée en cas de désaccord par le juge de l'expropriation, couvre la réparation du préjudice éventuellement subi par le propriétaire. — *V. art. R. 2123-14.*

BIBL. ▸ **Thèses :** WALINE, Mutations domaniales, *Paris, Dalloz, 1925.* - DUCHÉ DE BRICOURT, Les mutations domaniales entre la SNCF et les administrations publiques. Les procédés. Leurs usages, *Rennes, 1947.* - NÉGRU, La mise à disposition des biens de l'État aux collectivités territoriales, *Mémoire DEA Grenoble II, 2002.* - LEDAIN, Constitution, Convention européenne des droits de l'homme et droit des biens publics, *Pau, 2009.* - BETTIO, La circulation des biens entre personnes publiques, *LGDJ, 2011.* - SAUGEZ, L'affectation des biens à l'utilité publique. Contribution à la théorie générale du domaine public, *Orléans, 2012, p. 165 s.* – Sainson, La domanialité publique à l'épreuve de la décentralisation, *Dijon, 2017.* – Devillers, L'utilisation du bien d'autrui par une personne publique. Recherche sur le statut de personne publique locataire, *Mare et Martin, 2019, Bibliothèque des thèses.* – Orlandini, La dénaturation des critères du domaine public, *Toulouse, 2018.*

▸ **Articles :** Delvolvé, Modifications du domaine public maritime, *RDI 1981. 291.* – Bon, La loi de décentralisation et les mutations domaniales des collectivités locales, *Defrénois 1982. 1329.* – Jégouzo, Les relations entre institutions publiques en matière domaniale, *CJEG oct. 1991, nº spéc., p. 53.* – Lavialle, Décentralisation et domanialité, *RFDA 1996. 953* . – Foulquier, Mutations domaniales et principes constitutionnels, *AJPI 1997. 828.* – Peyrical, Transfert de biens entre collectivités publiques, *AJDA 2003. 1157* . – Tardivel, L'indispensable théorie des mutations domaniales, *AJDA 2003. 1209* . – Landais et Lénica, *AJDA 2004. 2148* (chron. ss. CE 23 juin 2004, *Cne de Proville*). – Chamard-Heim, Les transferts domaniaux, *in* Les relations entre collectivités territoriales, *L'Harmattan, 2005, p. 143.* – Bioy, La propriété éminente de l'État, *RFDA 2006. 963* . – Vidal-Naquet, Irréductible théorie des mutations domaniales, *RFDA 2005. 1106* . – Bachelier, Transferts de propriété entre personnes publiques, *JCP Adm. 2006. 1249.* – Douence, Inaliénabilité du domaine public : de la nécessité de revoir la règle de l'indisponibilité des dépendances domaniales entre personnes publiques, *AJDA 2006. 239* . – Noguellou, Les rapports domaniaux entre personnes publiques, *RFDA 2006. 957* . – Capitant, Mutations domaniales et superpositions d'affectation, Réflexions sur le code général de la propriété des personnes publiques, Guérard (dir.), *Litec, 2007, p. 33.* – Collectivités-locales.gouv.fr, Les transferts de gestion du domaine public, http ://www.collectivites-locales.gouv.fr/files/files/transfertsgestion.pdf. – Chamard-Heim, Transferts domaniaux. Changements d'affectation, *J.-Cl. Propriétés publiques, fasc. 52.* – Yolka, Domaine local et cessions forcées. Expropriation des collectivités territoriales, *RLCT juill. 2008. 53 ; JCP Adm. 2008. 2028.* – Foulquier, Des mutations domaniales aux transferts de gestion : quel bénéfice pour les collectivités territoriales ?, *RLCT juill. 2008. 53.* – Gaudemet, L'expropriation des personnes publiques, *GACE, p. 87* (commentaire avis CE 27 avr. 1961). – Hoffmann, La propriété publique à l'épreuve de la circulation des biens entre personnes publiques, *Dr. adm. 2010. Étude 16, p. 7.* – Lachaume et Pauliat, La gestion du domaine : une nécessaire protection, *JCP Adm. 2012, nº 2048.* – Proot, Les outils de gestion du domaine public, *ACCP 2012, nº 119, p. 34.* – 109ᵉ Congrès des notaires de France, Propriétés publiques. Quels contrats pour quels projets ?, *Lyon, juin 2013, p. 621 s.* – Bardon, Le transfert de gestion : conditions et conséquences, *Dr. adm. 2015, nº 4, prat. 4.* – Disperati, Les limites de la décentralisation de la gestion des biens publics, *Dr. adm. 2016. Étude 11.* – Yolka, Les litiges domaniaux entre personnes publiques, *Dr. adm. 2017. Étude 9.* – Melleray, Les changements d'affectation du domaine public. Comm. ss. CE 5 mai 1944, *Sté auxiliaire de l'Entreprise, GDDAB, 3ᵉ éd., 2018. nº 47* ; Les transferts de gestion amiables du domaine public. Comm. ss. CE 20 févr. 1981, *Assoc. Pour la protection du site du Vieux-Pornichet, ibid., nº 48* ; Les « mutations domaniales ». Comm. ss. CE 16 juill. 1909, *Ville de Paris, ibid., nº 49.* – Meurant, Le statut juridique des biens transférés aux métropoles, *RFDA 2018. 451* .

COMMENTAIRE

Les transferts de gestion réalisent des changements d'affectation, mais ce n'est pas de l'affectation entendue comme critère du domaine public qu'il s'agit. Cette dernière permet d'identifier le domaine public (CGPPP, art. L. 2111-1) tandis que la notion d'affectation utilisée dans les transferts domaniaux, comme les transferts de gestion, contribue à dissocier la propriété de l'usage qui sera fait du bien. Affecter un bien public à telle collectivité publique, c'est attribuer à celle-ci une certaine place dans l'utilisation et la gestion du bien. L'affectation dans les transferts domaniaux, notamment dans les transferts de gestion, est seulement un outil de gestion des patrimoines publics. La conséquence principale d'un changement d'affectation est que le bien concerné ne sera plus utilisé, géré ou exploité par la même personne ; les responsabilités sont redistribuées entre le propriétaire et l'affectataire. Au contraire, l'affectation à l'utilité publique n'entraîne pas, en elle-même, de changements personnels ; elle permet la soumission à un régime juridique spécifique, celui de la domanialité publique.

Cela posé, le « changement d'affectation » qui justifie la procédure du transfert de gestion peut lui-même revêtir deux sens : d'une part, le changement d'affectation peut être matériel, c'est-à-dire que, dans cette hypothèse, le bien va changer de destination ; il ne sera plus utilisé par le même service public ou pour le même usage. D'autre part, le changement d'affectation peut être personnel ; dans ce cas, le bien, dont la destination reste inchangée, est simplement remis à une autre personne juridique qui pourra le gérer et l'utiliser conformément à son utilisation originelle. Naturellement, ces deux hypothèses de changement d'affectation peuvent se cumuler : un bien dont le propriétaire modifie la destination matérielle peut être confié à une nouvelle personne. Le changement d'affectation est alors complet. Cette dernière hypothèse se situe, si l'on peut prendre une telle image, en haut de l'échelle des transferts domaniaux puisqu'en définitive, tout est modifié, sauf le droit de propriété. En effet, même dans ce cas, il n'est pas question d'y associer un quelconque changement de propriétaire. Le droit de propriété de la personne publique reste, dans tous les cas, intact.

Il existe trois procédures de transfert de gestion qui sont prévues par cette section : le transfert de gestion volontaire (CGPPP, art. L. 2123-3), le transfert de gestion pour un motif d'intérêt général (art. L. 2123-4) et le transfert de gestion d'une dépendance du domaine public comprise dans le périmètre d'une déclaration d'utilité publique (art. L. 2123-5). Pour les deux dernières procédures, il s'agit de changements d'affectation complets, car les éléments matériel et personnel sont également concernés par l'opération. Pour la première, le champ d'application semble plus ouvert. Cela coïncide par ailleurs avec le fait que les deux dernières procédures sont forcées ou subies, tandis que le transfert de gestion classique est volontaire ou amiable. Mais, quoi qu'il en soit, le CGPPP ne fait que consacrer des procédures utilisées depuis longtemps.

Il existe des dispositifs législatifs, propres à certaines dépendances du domaine public ; ceux-ci peuvent être dérogatoires. Ainsi, la loi PACTE a introduit dans le code des transports une possibilité de transfert de gestion à propos des terrains d'assiette des aérodromes exploités par Aéroports de Paris en application de l'article L. 6323-2, compris dans le domaine public, qui peuvent faire l'objet d'un transfert de gestion sur décision du représentant de l'État territorialement compétent en contrepartie d'une indemnité fixée dans les conditions de droit commun (art. L. 6323-6-1 C. transp.), sans que l'on sache bien de quelle procédure il s'agit (forcée ou volontaire). La loi LOM (n° 2019-1428 du 24 déc. 2019, art. 172) a fait de même pour les biens ferroviaires : il est en effet prévu que « par dérogation aux dispositions de l'article L. 2123-6 du code général de la propriété des personnes publiques, le transfert de gestion de biens immobiliers attribués à la société SNCF Réseau ou à sa filiale mentionnée au 5° de l'article L. 2111-9 du présent code, dans les conditions prévues à l'article L. 2111-1-1, donne lieu à une transaction financière entre, d'une part, ces sociétés, en tant que le transfert porte sur des biens qui leur sont attribués, et, d'autre part, l'autorité organisatrice de transport ferroviaire concernée, visant à compenser les impacts économiques, positifs ou négatifs, qui en résultent pour ces sociétés » (V. Décr. n° 2019-1516 du 30 déc. 2019).

I. LES TRANSFERTS DE GESTION VOLONTAIRES

Le transfert de gestion se définit comme une procédure permettant aux propriétaires publics de modifier la destination d'un bien tout en le confiant à une autre personne publique (V. *infra*). Mais la dépendance reste dans le domaine public et le droit de propriété n'est pas concerné par l'opération. Le bénéficiaire du transfert de gestion dispose du droit de jouir de l'immeuble et de l'utiliser conformément à sa destination.

Cette procédure doit donc être distinguée des conventions de gestion (CGPPP, art. L. 2123-2, V. *supra*), des superpositions d'affectation (art. L. 2123-7, V. *infra*), des transferts domaniaux bénéficiant déjà d'un fondement normatif (comme les mises à disposition), des autorisations d'occupation temporaire du domaine public (art. L. 2122-1 s., V. *supra*) et des transferts de propriété du domaine public prévus par le code de l'urbanisme (art. L. 318-1 s.).

A. LE CHAMP D'APPLICATION DE L'ARTICLE L. 2123-3

1° PERSONNES PUBLIQUES CONCERNÉES

Les transferts de gestion volontaires ou amiables, codifiés aux articles L. 2123-3, L. 2123-6, R. 2123-9 à R. 2123-11 et R. 2123-14, constituent la reprise des articles L. 35 et R. 58 du code du domaine de l'État, lesquels étaient réservés au domaine public de l'État. Pour les collectivités territoriales et pour les établissements publics, il n'y avait pas de base normative particulière ; la procédure était simplement rattachée aux attributs du droit de propriété. L'intérêt des articles L. 2123-3 et L. 2123-6 réside précisément dans le fait que la procédure de transfert de gestion volontaire est désormais applicable à toutes les « personnes publiques mentionnées à l'article L. 1er ». Il n'y a donc plus qu'une seule procédure de transfert de gestion volontaire (pour l'exemple d'un transfert de gestion d'un bien de l'État au profit d'un syndicat mixte, Arr. du 30 juin 2011 portant transfert de gestion dépendant du domaine public militaire de l'État au profit du syndicat mixte de l'aéroport de Nîmes : *JO 12 août, p. 13825*, mod. par Arr. du 28 oct. 2014, *JO 6 nov.* – V. aussi Arr. du 25 mars 2005 approuvant la délibération du conseil d'administration de l'Institut de veille sanitaire relative au transfert de gestion d'un ensemble immobilier : *JO 8 avr.*).

Il faut toutefois noter qu'à la différence de ce que prévoyait l'article L. 35 du code du domaine de l'État, la procédure du transfert de gestion ne semble plus pouvoir être utilisée pour modifier l'affectation de dépendances du domaine public entre les services de l'État, sans changement d'affectation personnel. En effet, l'article L. 2123-3 énonce expressément que les personnes publiques mentionnées à l'article L. 1er peuvent opérer, « entre elles », un transfert de gestion : deux personnes juridiques sont donc nécessaires. Cela ne signifie pas que les changements d'affectation matériels au sein d'une même personne sont désormais impossibles, mais ils ne relèvent plus de cet article. Ils peuvent être réalisés sur le fondement du pouvoir de gestion du domaine public visé à l'article L. 2123-1, dans le cadre des conventions d'attribution pour les biens de l'État (CGPPP, art. R. 2313-1 s.).

2o NÉCESSITÉ D'UN CHANGEMENT D'AFFECTATION

Le transfert de gestion de l'article L. 2123-3 doit être lié à un changement d'affectation. La difficulté est de savoir comment il convient de comprendre cette condition ; s'agit-il seulement d'un changement d'affectation matériel ou d'un changement d'affectation complet ? La formule retenue est ambiguë puisque le transfert de gestion doit « permettre à la personne publique bénéficiaire de gérer ces immeubles en fonction de leur affectation ». L'existence d'un changement d'affectation personnel apparaît claire, mais on n'est guère avancé concernant le changement d'affectation matérielle.

A l'analyse de cette disposition, de nombreux arguments militent pourtant dans le sens d'une limitation du recours à la procédure de transfert de gestion aux hypothèses dans lesquelles il y a un changement d'affectation complet (personnel et matériel).

Tout d'abord, l'article L. 2123-3 apparaît comme une reprise et une extension à la plupart des personnes publiques de l'ancien article L. 35 du code du domaine de l'État qui ne concernait que le domaine public de l'État : « Pour les transferts de gestion des immeubles dépendant du domaine public, dont la destination est modifiée, la remise est autorisée dans les conditions fixées par décret en Conseil d'État ». D'ailleurs, le recours à la procédure de l'article L. 35 ne pouvait être envisagé que lorsque l'affectation d'un immeuble de l'État était réellement modifiée ; dans le cas contraire, le transfert de gestion n'était pas valable. De plus, l'article R. 58 du code du domaine de l'État (qui appliquait l'art. L. 35) n'a pas été abrogé par l'ordonnance du 21 avril 2006, ce qui pourrait confirmer la volonté de maintenir le dispositif classique des transferts de gestion tout en l'étendant aux autres personnes publiques. Enfin, les autres procédures relevant de la même section impliquent aussi un changement d'affectation complet (V. *infra*).

En définitive, une première certitude apparaît : le transfert de gestion de l'article L. 2123-3 s'applique nécessairement aux changements complets d'affectation, dès lors que ceux-ci sont volontaires. Ces hypothèses constituent même le fondement de l'article L. 2123-3.

Toutefois, le législateur délégué n'a pas retenu une rédaction en parfaite adéquation avec ce champ d'application. En ajoutant un seul mot (« permettre à la personne publique bénéficiaire de gérer ces immeubles en fonction de leur [nouvelle] affectation », par ex.), il aurait définitivement réduit le transfert de gestion aux changements complets d'affectation. C'est évidemment de façon volontaire que le codificateur ne l'a pas fait.

En effet, s'il est bien entendu que le transfert de gestion concerne essentiellement les hypothèses de changements d'affectation personnels et matériels, le législateur n'a pas voulu se priver du recours à un outil très souple pour les cas où il n'y aurait qu'un changement personnel, le bien restant affecté à la même destination. C'est la raison pour laquelle la formulation reste évasive. A noter tout de même que pour Mayotte, la rédaction est beaucoup plus précise, se référant à la « nécessité de modifier la destination des immeubles dont la gestion est transférée » (CGPPP, art. L. 5331-11, abrogé par l'Ord. n° 2016-1255 du 28 sept. 2016, art. 6). Le ministère du Budget s'est d'ailleurs engouffré dans la brèche en indiquant que si cette « disposition a essentiellement pour portée de couvrir les cas de figure dans lesquels le propriétaire d'un bien relevant du domaine public transfère la gestion de ce bien à une autre personne publique en acceptant que ce bien reçoive une autre affectation matérielle » et que « dans ce cas, le changement d'affectation présente à la fois un caractère personnel et un caractère matériel », il relève que « toutefois, l'article L. 2123-3 ne comporte aucune disposition qui interdirait le recours à un transfert de gestion pour modifier la seule qualité de la personne publique gestionnaire d'un bien qui continuerait à relever de la même catégorie de domaine public, sans être ainsi accompagné concomitamment d'un changement matériel d'affectation de ce bien » (Rép. min. à QE n° 13682 : *JO Sénat 5 mars 2020, p. 1139*). Le ministère concède que « cette hypothèse concerne des cas d'application moins fréquents dès lors que les changements de personne publique gestionnaire qui peuvent intervenir sans modification de la destination du bien transféré s'exercent, dans leur grande majorité, conformément à des dispositions spécifiques, comme, par exemple, les conventions de gestion du domaine public prévues à l'article L. 2123-2 du CGPPP ou les mises à disposition liées à des transferts de compétences. »

Mais cette dernière situation demeurera sans doute marginale. En effet, les transferts domaniaux n'impliquant qu'un changement d'affectation personnel n'ont pas vocation, en principe, à être régis par l'article L. 2123-3. Ils relèvent bien souvent de dispositifs propres qui ne sont pas remis en cause par le CGPPP : ainsi, les mises à disposition consécutives à un transfert de compétences figurent au code général des collectivités territoriales (art. L. 1321-1 s.), de même que les mises à disposition non consécutives à un transfert de compétences (V. par ex., CGCT, art. L. 1311-15, pour les mises à disposition horizontales, art. L. 1311-4-1, pour des mises à disposition verticales « ascendantes », et art. L. 1321-7, pour des mises à disposition verticales « descendantes ») ; les affectations de dépendances du domaine public de l'État à des établissements publics nationaux sont également, dans la plupart des cas, instituées par des dispositions législatives spécifiques (V. par ex. : C. envir., art. L. 322-6, pour le Conservatoire de l'espace littoral et des rivages lacustres ; art. L. 331-13, pour les parcs nationaux. – C. éduc., art. L. 762-2, pour les universités), de même que les conventions d'attribution (CGPPP, art. R. 2313-1). C'est sans doute pour pouvoir englober ces cas que l'article L. 2123-3 est conçu d'une manière moins précise que l'ancien article L. 35 du code du domaine de l'État, mais la jurisprudence récente ne peut que contribuer à brouiller les procédures et à créer la confusion.

Le champ d'application de l'article L. 2123-3 est donc principalement défini par les changements d'affectation complets, mais il n'exclut probablement pas quelques changements d'affectation personnels lorsque ceux-ci ne disposent pas d'un autre fondement normatif.

3° BIENS CONCERNÉS

Les transferts de gestion concernent les biens immobiliers qui font partie du domaine public. Les biens du domaine privé ne relèvent pas de cette procédure, mais plutôt (selon les cas) de l'attribution ou de la mise à disposition (sur le cas particulier des transferts de gestion de biens mobiliers au sein de la défense, Instr. n° 7400/DEF/DCSCA/SDM/BLOG du 22 mai 2017 fixant les modalités de cession et de transfert de gestion des biens mobiliers relevant du service du commissariat des armées).

Comme pour tous les transferts domaniaux, la nouvelle affectation de la dépendance devra nécessairement lui permettre de rester dans le domaine public. Autrement dit, il est impossible de recourir à cette procédure pour conférer à un bien une destination qui ne satisferait pas aux exigences de l'article L. 2111-1.

A partir de là, une personne publique peut transférer la gestion d'un bien du domaine public artificiel, comme d'un bien du domaine public naturel. Le premier cas apparaît le plus évident et le plus en adéquation avec la souplesse de la procédure. Par exemple, le transfert de gestion peut être utilisé pour réaliser sur des voies publiques des axes de circulation en site propre destinés à des tramways, des bus ou des métros (Becquey, Sites propres et domanialité, *Ann. voirie 1993, n° 11, p. 58*. – Art. 32, Décr. n° 2010-756 du 7 juill. 2010, relatif à la Société du Grand Paris), pour aménager les quais d'un port (Legrand, Les quais du port de Nantes, Perspectives d'aménagement, *Rev. jur. Neptunus-Rev. électronique CDMO, Univ. Nantes 1997, vol. 3-3*), pour aménager les berges du domaine public fluvial (par ex. : Délib. Communauté urbaine de Lyon, *n° 1999-4390, 27 sept. 1999*), ou pour transférer aux collectivités territoriales qui souhaitent réaliser sur le site un projet d'intérêt public la gestion des biens devenus inutiles à l'exercice des missions du ministère de la Défense (Rép. min. n° 46050 : *JOAN Q, 24 févr. 1997, p. 947*) ou pour développer un aérodrome (Arr. du 30 juin 2011 portant transfert de gestion dépendant du domaine public militaire de l'État au profit du syndicat mixte de l'aéroport de Nîmes, préc. – Arr. du 28 août 2014 portant transfert de gestion d'une dépendance du domaine public militaire de l'État au profit du syndicat mixte de l'aéroport de Dijon-Longvic : *JO 31 août*).

Le transfert de gestion peut aussi être utilisé à propos de dépendances du domaine public naturel. Ainsi, l'État a déjà eu recours à cette procédure (telle qu'elle était définie par l'anc. art. L. 35 C. dom. Ét.) pour transférer à une collectivité territoriale la gestion d'une parcelle du domaine public maritime ou fluvial naturel dans le but de réaliser des travaux d'aménagement et de voirie (Arr. préf. Finistère n° 2006-1148 du 11 oct. 2006 autorisant le transfert de gestion d'une dépendance du domaine public fluvial), de réaliser des aires de stationnement et une piscine (Arr. préf. Manche n° 1999-947 du 7 juill. 1999, prorogé), de construire des bâtiments ou d'aménager une voie ferrée. A cet égard, la circulaire du ministre de l'Écologie du 20 janvier 2012 relative à la gestion durable et intégrée du domaine public maritime naturel est sans ambigüité : elle rappelle que la procédure des transferts de gestion de l'article L. 2123-3 est applicable au domaine public maritime naturel, pour réaliser des terre-pleins (espaces publics, voiries, etc.) ou des extensions portuaires. Ce transfert d'affectation, précise le ministre, « ne constitue pas à proprement parler une modalité de gestion du domaine public maritime, puisqu'il est alors géré comme le domaine public d'une autre collectivité ou d'un autre ministère affectataire. Il est employé pour les terrains du domaine public maritime naturel devant faire l'objet de travaux destinés à leur enlever ce caractère de domanialité naturelle et à leur conférer un caractère de domanialité public artificielle (voirie, espaces publics…), et a donc généralement perdu son caractère « maritime » à l'occasion d'un tel transfert » (*Circ., p. 18*).

Pour les transferts de gestion de dépendances du domaine public naturel, la procédure de l'ancien article L. 35 du code du domaine de l'État était très souple et pas nécessairement compatible avec la protection dont fait l'objet le domaine public naturel. En effet, le juge administratif a considéré jusqu'à présent que tout immeuble du domaine public dont la destination était réellement modifiée pouvait faire l'objet d'un transfert de gestion, y compris les biens particulièrement protégés qui composent le domaine public maritime et fluvial naturel. Et lorsqu'il s'agissait d'un bien du domaine public maritime, le transfert de gestion n'était pas soumis à l'obligation d'enquête publique préalable. Cette souplesse se retrouve dans le code général de la propriété des personnes publiques. Certes, l'article L. 2124-1, alinéa 2 du CGPPP (anc. C. envir., art. L. 321-5) énonce pourtant que « tout changement substantiel d'utilisation de zones du domaine public maritime est préalablement soumis à enquête publique ». Mais, il est tout à fait envisageable qu'un transfert de gestion du domaine public maritime naturel n'aboutisse pas à un changement substantiel d'utilisation de la zone. L'approche est donc exactement la même entre l'ancien article L. 35 du code du domaine de l'État et l'article L. 2123-3 du CGPPP : si le transfert de gestion ne conduit pas à un changement substantiel de l'utilisation des terrains du domaine public maritime, aucune procédure ne sera exigée. En revanche, une enquête publique sera requise dès lors qu'un changement substantiel se produit (V. annotations ss. art. L. 2124-1). Mais, même dans cette hypothèse, il semble que ce soient plutôt les travaux réalisés à la suite du transfert de gestion qui devront faire l'objet d'une telle enquête, et non le transfert de gestion en lui-même (en ce sens, Rézenthel, Domaine public maritime, *J.-Cl. Propriétés publiques, fasc. 44, § 149*. – V. égal. Circ. min. Écologie du 20 janv. 2012 relative à la gestion durable et intégrée du domaine public maritime naturel, p. 14, parlant uniquement des ouvrages). Signalons toutefois que l'article 29 de la loi n° 2016-1087 du 8 août 2016 pour la reconquête de la biodiversité a modifié l'article L. 2124-1 du CGPPP relatif aux décisions d'utilisation du domaine public maritime qui doivent déjà tenir compte de la vocation des zones concernées et de celle des espaces terrestres avoisinants, ainsi que des impératifs de préservation des sites et des paysages du littoral et des ressources biologiques. Désormais, elles doivent aussi « être compatibles avec les objectifs environnementaux du plan d'action pour le milieu marin prévus aux articles L. 219-9 à L. 219-18 du code de l'environnement ».

B. LE RÉGIME DE L'ARTICLE L. 2123-3

L'intérêt majeur du transfert de gestion réside dans sa souplesse et dans sa simplicité. C'est en principe une simple décision administrative qui permet à une personne publique de transférer la gestion d'une de ses propriétés à une autre personne. Cette décision est généralement un acte administratif unilatéral (arrêté préfectoral, délibération de l'assemblée locale, etc.), qui peut être précisé par une convention passée entre le propriétaire et le bénéficiaire (CGPPP, art. R. 2123-9, *in fine*). La procédure concernant les transferts de gestion réalisés au bénéfice de l'établissement public Société du Grand Paris a été fixée par décret (Décr. n° 2010-756 du 7 juill. 2010, art. 32, relatif à la Société du Grand Paris).

Pour les immeubles du domaine public de l'État, la décision doit être prise, après avis du directeur départemental des finances publiques, par le préfet ou l'autorité militaire, s'il s'agit du domaine public militaire (CGPPP, art. R. 2123-9. – C. défense, art. R. 5131-5. – Cette autorité militaire est le commandement de la base de défense ou le chef du service parisien de soutien de l'administration centrale, après avis du DDFIP. Lorsque le transfert de gestion est consenti à titre gratuit, cette compétence est exercée par le directeur de la mémoire, du patrimoine et des archives. – Arr. du 27 déc. 2012 modifiant diverses dispositions relatives à la politique immobilière du ministère de la Défense : *JO 29 déc., texte n° 56*. – Arr. min. Défense du 27 déc. 2012 portant délégation des pouvoirs du ministère de la Défense en matière domaniale : *JO 29 déc.* – Instr. n° 302/DEF/SGA/DMPA/SDIE du 14 févr. 2013 relative à la politique immobilière du ministère de la Défense).

Pour les immeubles de l'État remis en jouissance aux ports autonomes, C. transp., art. R. 5313-52. – Pour ceux qui sont confiés à Voies navigables de France, C. transp., art. R. 4313-19. – Pour ceux attribués à la société SNCF Réseau, C. transp., art. L. 2111-20 et art. 12, Décr. n° 2019-1516 du 30 déc. 2019 relatif aux règles de gestion domaniale applicables à la société SNCF Réseau et à sa filiale mentionnée au 5° de l'article L. 2111-9 du code des transports : « la décision est prise par la société concernée, après avis du directeur départemental des finances publiques. Le transfert de gestion donne lieu à la passation d'une convention, qui fixe en tant que de besoin les règles de gestion applicables et les modalités techniques et financières de l'opération ».

Pour les immeubles appartenant en propre à un établissement public national, la décision émane de l'autorité désignée par les statuts ou, à défaut, de l'organe délibérant (CGPPP, art. R. 2123-9, al. 2. – V. pour le STIF, C. transp., art. R. 1241-9 et R. 1241-64).

Enfin, pour les immeubles des collectivités territoriales, de leurs groupements ou de leurs établissements publics, la décision est prise par l'organe délibérant (CGPPP, art. R. 2123-10).

L'ouverture d'une enquête administrative ou publique n'est pas nécessaire. La seule manière pour les usagers d'exprimer leur désaccord face à un transfert de gestion est d'exercer un recours pour excès de pouvoir contre une telle décision.

Enfin, un transfert de gestion ne présente pas la nature d'une délégation de service public. Sa passation n'est donc pas soumise à la procédure de mise en concurrence prévue à l'article L. 1411-1 et suivants du code général des collectivités territoriales. Il ne constitue pas non plus un marché public.

Le bénéficiaire du transfert dispose de tous les droits de jouissance de l'immeuble. En contrepartie, il prend en charge les dépenses courantes relatives au fonctionnement de l'immeuble. Il accomplit tous les actes de gestion du domaine public, comme la perception du produit des redevances d'occupation à la place du propriétaire (sur la constitution de droits réels et l'application de l'art. 1400-II CGI relatif au débiteur des taxes foncières lorsqu'il s'agit de biens relevant du domaine public faisant l'objet d'un transfert de gestion, *BOI-IF-TFB-10-20-20, du 10 janv. 2019, § 250*). Le bénéficiaire n'a en revanche pas le droit d'accomplir des actes de disposition relativement au bien transféré ; il n'a donc pas le droit de céder l'immeuble, mais il semble que le ministère de la Défense ait pu avoir une conception assez large du droit du bénéficiaire, puisqu'il a été indiqué qu'en « tout état de cause, dans le cadre de ce transfert de gestion, la démolition et l'adjonction de nouvelles constructions au bâti existant ne sont pas soumises à autorisation préalable du propriétaire, en l'occurrence le ministère de la Défense » (Rép. min. n°s 20058 et 20240 : *JOAN Q, 11 août 2003, p. 6309*. – V. toutefois, excluant la possibilité de consentir des droits réels : Arr. du 30 juin 2011 portant transfert de gestion dépendant du domaine public militaire de l'État au profit du syndicat mixte de l'aéroport de Nîmes, *préc.* – Arr. du 28 août 2014 portant transfert de gestion d'une dépendance du domaine public militaire de l'État au profit du syndicat mixte de l'aéroport de Dijon-Longvic, *préc.*).

L'article L. 2123-3 est très exigeant quant au respect de l'affectation du bien par le bénéficiaire : dès lors que celui-ci n'utilise plus le bien conformément, selon les cas, à son affectation initiale ou à sa nouvelle affectation consécutive au transfert de gestion, « l'immeuble fait retour gratuitement à la personne publique propriétaire ». Autrement dit, le transfert de gestion prend fin. La formulation n'est pas des plus heureuses, car elle laisse à penser que le bien était entré dans le patrimoine du bénéficiaire, ce qui n'est pas le cas. En réalité, dans cette hypothèse, la personne publique propriétaire retrouve simplement la jouissance pleine et entière de son bien. Il s'agit là d'une innovation par rapport à l'ancien article L. 35 du code du domaine de l'État, qui ne comportait pas ce type de précision.

La personne publique propriétaire du bien l'est toujours ; elle ne se transforme pas en nu-propriétaire, par exemple. D'ailleurs, le bien objet d'un transfert de gestion n'est pas incorporé dans le domaine public du bénéficiaire.

Mais, dans la mesure où elle a transféré la gestion d'un de ses immeubles, elle ne contrôle plus l'utilisation qui en est faite par le bénéficiaire, tant que le bien reste soumis à la domanialité publique (à l'exception pour l'autorité militaire qui conserve la compétence en matière de délivrance de droits réels en vertu de l'art. R. 2122-12, V. Arr. du 28 août 2014 portant transfert de gestion d'une dépendance du domaine public militaire de l'État au profit du syndicat mixte de l'aéroport de Dijon-Longvic, *préc.*). En revanche, le propriétaire public retrouve l'usage de son bien dès lors que le bénéficiaire met fin à l'affectation qui avait justifié le transfert de gestion.

Enfin, l'existence d'un transfert de gestion n'enlève pas à la personne publique propriétaire la compétence qu'elle détient au titre de la police de la conservation du domaine public.

Le transfert de gestion, en tant que tel, est gratuit. Le bénéficiaire ne verse donc pas un prix ou un loyer au propriétaire du bien transféré.

En revanche, la procédure peut donner lieu à indemnisation, fixée par le directeur départemental des finances publiques, « à raison des dépenses ou de la privation de revenus qui peuvent [en] résulter pour la personne dessaisie » (CGPPP, art. L. 2123-6 et R. 2123-14). Pour pouvoir être indemnisé, il faut donc que le propriétaire public subisse un préjudice du fait du transfert de gestion auquel il a volontairement consenti : ce sera le cas s'il doit louer un bien équivalent ou s'il doit faire des travaux pour aménager un bien lui appartenant ou encore si le bien transféré produisait des revenus dont il est désormais privé. Le montant de l'indemnisation doit être calculé à hauteur du préjudice subi (sur le bénéficiaire de cette indemnité lorsqu'il s'agit du domaine public fluvial confié à Voies navigables de France, C. transp., art. L. 4316-2 – Sur l'indemnisation systématique pour les biens ferroviaires, V. C. transp., art. L. 2111-20-1-1).

Le transfert de gestion peut durer aussi longtemps que l'utilisation qui est faite des dépendances justifie le maintien de la domanialité publique. L'article L. 2123-3 est là encore particulièrement souple, puisqu'il prévoit que la durée du transfert de gestion « peut être déterminée dans l'acte ». Il ne s'agit donc même pas d'une mention obligatoire. Cela étant, les personnes publiques sont incitées à prévoir une durée, ce qui permet de mieux contrôler le respect de la destination du bien pendant la période considérée.

Au terme du transfert de gestion, un renouvellement est possible, sans doute dans des formes identiques.

En revanche, le fait de prévoir une durée ne prive pas le propriétaire public de la possibilité de mettre un terme, à tout moment et de manière anticipée, au transfert de gestion. Il peut le faire en modifiant l'affectation de l'immeuble transféré. Mais, dans cette hypothèse, le bénéficiaire du transfert peut, sauf disposition contraire, prétendre à une indemnité égale au montant des dépenses exposées pour les équipements réalisés, déduction faite le cas échéant de l'amortissement pratiqué et des frais de remise en état acquittés par le propriétaire du domaine public (CGPPP, art. L. 2123-3-II).

Au terme du transfert de gestion, la fin de l'affectation et le retour de l'immeuble à la personne publique propriétaire sont constatés de façon contradictoire par les représentants des personnes publiques intéressées (CGPPP, art. R. 2123-11).

II. LES TRANSFERTS DE GESTION FORCÉS

Les transferts de gestion, procédure par laquelle un bien est affecté à une autre personne que son propriétaire ainsi qu'à une autre destination, peuvent être décidés malgré l'opposition dudit propriétaire. L'État dispose en effet du moyen de contraindre des collectivités territoriales et les établissements publics à transférer la gestion de leurs biens. Deux procédures coexistent : le transfert de gestion pour un motif d'intérêt général et le transfert de gestion d'une dépendance du domaine public comprise dans le périmètre d'une DUP.

A. LE TRANSFERT DE GESTION POUR UN MOTIF D'INTÉRÊT GÉNÉRAL

Cette expression désigne en réalité l'ancienne théorie des mutations domaniales, qui est finalement consacrée par l'article L. 2123-4.

Cette théorie, à l'origine jurisprudentielle, conçue comme faisant partie « des principes généraux qui régissent le domaine public » (CE 23 juin 2004, *Cne de Proville*), a été édifiée pour éviter que le refus d'une personne publique de modifier l'affectation de l'une des dépendances de son domaine public vienne compromettre la réalisation de projets d'intérêt général menés par l'État. En effet, le domaine public ne peut pas faire l'objet d'une expropriation en raison de son inaliénabilité (CGPPP, art. L. 3111-1) ; si un propriétaire public refuse de déclasser son bien alors que celui-ci est nécessaire à la réalisation de l'opération d'expropriation ou qu'il refuse d'en transférer volontairement la gestion, le projet peut être bloqué. C'est pourquoi, après la Cour de cassation dans un arrêt du 20 décembre 1897, *Chemin de fer d'Orléans*, le juge administratif a accordé à l'État le droit de procéder au changement autoritaire d'affectation des dépendances qui ne sont pas sa propriété (CE 16 juill. 1909, *Ville de Paris*).

En un siècle d'existence, cette théorie des mutations domaniales n'a donné lieu qu'à de très rares contentieux. Elle ne constitue pas, en réalité, un outil de gestion courante des patrimoines publics ; elle se présente plutôt comme un ultime recours, une sorte de procédure de dissuasion qui permet à l'État de se prémunir contre le refus des autres personnes publiques de déclasser un bien de leur domaine public. En conséquence, il en a été fait – semble-t-il – un usage tout à fait modéré.

La théorie des mutations domaniales a aussi nourri de vifs arguments en doctrine de la part tant de ses défenseurs (Waline, Les mutations domaniales, *Thèse, Paris, 1925*. – Chapus, pour qui cette théorie fait de l'État « le régulateur de l'utilisation et donc de l'affectation au mieux des exigences de l'intérêt général des dépendances du domaine public dans son ensemble », *Dr. adm. général, t. II, n° 435*) que de ses détracteurs (Hauriou la qualifiait dans sa note sur l'arrêt *Ville de Paris* de véritable « droit éminent » de l'État pouvant conduire à des formes de spoliation). Certains auteurs attendaient toutefois du CGPPP une rupture, eu égard aux nombreuses critiques dirigées contre les mutations domaniales (non-respect des principes d'égalité entre collectivités territoriales, de libre administration desdites collectivités et de protection de la propriété publique) ; or, la continuité a prévalu (V. Gaudemet, Le nouveau code général de la propriété des personnes publiques, une mise en perspective, *RJEP 2006. 403*). En toute hypothèse, cette théorie se concilie malaisément avec la logique propriétariste sous-tendant le code.

1° CONDITIONS

Conditions relatives aux personnes. Le transfert de gestion autoritaire n'a vocation à s'appliquer, comme l'ancienne théorie jurisprudentielle des mutations domaniales, que lorsqu'une opposition naît entre deux personnes publiques, entre lesquelles la tutelle n'existe pas. On ne peut pas l'envisager, *a priori*, entre deux services au sein d'une même personne publique ou entre un établissement public et sa collectivité de rattachement.

Ce sont donc les collectivités territoriales, les groupements de collectivités territoriales et les établissements publics qui sont concernés par cette procédure. Et seul l'État, garant final de l'intérêt général, dispose de la faculté de modifier autoritairement l'affectation de leurs biens.

Comme dans le cadre de l'expropriation, le titulaire du pouvoir n'est pas nécessairement le bénéficiaire du transfert. Avant l'entrée en vigueur du CGPPP, l'État pouvait bénéficier de la procédure ou y recourir en faveur d'une collectivité territoriale. Cette possibilité est probablement maintenue dans le cadre du CGPPP.

Conditions relatives aux biens. Les biens du domaine privé ne peuvent jamais être affectés autoritairement par l'État à une destination qui n'est pas la leur. Si l'État a besoin, pour la réalisation d'un projet d'intérêt général, d'utiliser des dépendances du domaine privé, il doit, à défaut d'entente amiable, les exproprier.

Peu importe le mode de gestion du bien concerné. L'État peut notamment imposer à un concessionnaire de service public le changement de l'affectation d'un bien public qui lui avait été confié dans le cadre de la concession. Dans cette hypothèse, le concessionnaire s'est vu reconnaître le droit de recevoir une indemnité.

Conditions tenant aux motifs. Une telle procédure n'est envisageable que si l'État la justifie par un « motif d'intérêt général », ce qui représente la reprise du droit jurisprudentiel des mutations domaniales. Constituent ainsi des motifs d'intérêt général la circulation routière ou la réalisation d'infrastructures ferroviaires, dont des gares (art. 32, Décr. n° 2010-756 du 7 juill. 2010 relatif à la Société du Grand Paris). L'exigence d'un motif d'intérêt général est censée limiter le recours à cette technique et ménager ainsi le principe de libre administration des collectivités territoriales. Elle n'est cependant guère contraignante, eu égard à la variété des motifs d'intérêt général qui peuvent être invoqués, l'intérêt général se confondant même parfois avec l'intérêt financier. Le codificateur n'a pas conditionné l'intervention de ce transfert domanial, par exemple, à un « intérêt général suffisant » ou à « des motifs impérieux d'intérêt général » ; le recours à cette procédure autoritaire est donc largement ouvert.

En liaison avec le motif d'intérêt général invoqué, le bien fera l'objet d'une nouvelle affectation, choisie par l'État et qui permettra la réalisation du projet d'intérêt général. Comme pour tous les transferts domaniaux, la nouvelle affectation des dépendances du domaine public doit être compatible avec leur caractère domanial. Cela signifie qu'elle devra permettre l'application continue du régime de la domanialité publique.

2° PROCÉDURE

Contrairement aux dépossessions de biens appartenant à des personnes privées et de dépendances du domaine privé, le juge judiciaire n'a aucune compétence pour prononcer un tel transfert de gestion. Le juge administratif n'est pas plus compétent pour ce faire. Il s'agit en fait d'une prérogative purement administrative qui relève tout entière des autorités exécutives de l'État.

Mais, au sein de l'État et s'agissant des mutations domaniales, il n'y avait pas d'autorité spécifiquement désignée pour engager un transfert de gestion autoritaire. Le Conseil d'État n'a jamais imposé à l'État de règles formelles pour modifier de lui-même l'affectation de biens qui ne lui appartiennent pas et pour en confier la gestion à une autre personne que leur propriétaire. Différents types d'actes administratifs ont ainsi pu être pris pour changer l'affectation de biens. Il a pu s'agir d'un arrêté interministériel, d'un décret portant transfert d'affectation au profit de l'État d'une parcelle du domaine public local (Décr. du 6 déc. 2002 à propos d'une parcelle de terrain à Proville, *JO 7 déc., p. 20237*. – Décr. du 23 juin 1998 concernant diverses parcelles de voies communales à Beure, *JO 30 juin, p. 9959*), d'un arrêté du préfet par délégation du ministre des Travaux publics (Arr. du 6 août 1963 à propos des immeubles concédés à la SNCF, *JO 17 août, p. 7609*), d'une décision conjointe des ministres et/ou du Premier ministre dans le cadre d'une déclaration d'utilité publique (CE 13 janv. 1984, *Cne de Thiais*) ou d'un décret portant utilité publique des travaux à exécuter (CE 16 juill. 1909, *Ville de Paris, n° 518858* ; CE, avis, sect. int., 27 janv. 1977, *n° 518858*). La partie réglementaire n'évoque pourtant que l'hypothèse dans laquelle la décision résulte du préfet, qui est, comme d'habitude en matière domaniale, l'autorité étatique de droit commun (CGPPP, art. R. 2123-12). Les autres autorités, comme le Premier ministre ou les ministres, peuvent probablement continuer à intervenir (pour des procédures et autorités spécifiques, sur le transfert de gestion de biens confiés à VNF, C. transp., art. R. 4313-19 ; pour les biens attribués à la société SNCF Réseau, C. transp., art. L. 2111-20).

Par ailleurs, le transfert domanial forcé a lieu « sans formalité », c'est-à-dire sans déclassement préalable, sans enquête et sans contrôle de l'utilité publique. Il est à noter toutefois que lorsque le transfert domanial a lieu au bénéfice de l'établissement public Société du Grand Paris, le préfet de la région Île-de-France doit consulter la collectivité ou l'établissement concerné par la procédure afin de recueillir son avis ; il doit constituer, dans cette perspective, un dossier permettant d'établir que le projet est effectivement d'intérêt général. Mais, quoi qu'il en soit, le désaccord de la personne publique ne permettra pas de bloquer la procédure de transfert de gestion (art. 32-IV et 32-V, Décr. n° 2010-756 du 7 juill. 2010 relatif à la Société du Grand Paris).

Cette procédure *a minima* a été étendue à tous les transferts domaniaux forcés décidés par le préfet par la partie réglementaire du CGPPP (art. R. 2123-12). Le préfet « saisit de son intention » la collectivité territoriale, le groupement de collectivités territoriales ou l'établissement public propriétaire de la dépendance. Le dossier précise l'objet, les motifs et les caractéristiques essentielles du projet, de façon à établir le motif d'intérêt général du transfert domanial. Ce dossier fait aussi état des procédures préalables et alternatives à la mutation domaniale. Il existe ici un rapprochement par rapport aux dossiers d'enquête publique nécessaires en cas d'expropriation. La personne publique propriétaire du bien dispose d'un délai de quatre mois pour accepter ou refuser le transfert de gestion, le silence valant refus. Naturellement, ce refus ne fait pas obstacle à la procédure de mutation domaniale ; la personne publique propriétaire n'est saisie que pour avis simple. En effet, en l'absence d'accord, le préfet peut de toute façon lui notifier sa décision, qui sera publiée dans le recueil des actes administratifs du département (CGPPP, art. R. 2123-13).

La question qui se pose est celle de savoir si les transferts de gestion pour motif d'intérêt général prévus par le CGPPP pourront être utilisés dans le cadre de procédures d'expropriation pour cause d'utilité publique. En effet, les anciennes mutations domaniales étaient souvent utilisées à ce titre. Et le juge administratif avait considéré que des dépendances du domaine public pouvaient tout à fait être incluses dans le périmètre d'une déclaration d'utilité publique, puisque celle-ci n'entraîne pas par elle-même le transfert de la propriété et que « si des terrains relevant du domaine public communal se trouvent inclus dans l'emprise de l'opération projetée, à défaut d'accord de la collectivité territoriale qui en est propriétaire, leur changement d'affectation peut être prononcé, avant l'exécution des travaux, sans déclassement préalable et sans transfert de propriété, par décision conjointe des ministres intéressés ou par décision du Premier ministre » (CE 13 janv. 1984, *Cne de Thiais*). Les dépendances du domaine public local n'étaient donc pas expropriées ; elles faisaient seulement l'objet d'une mutation domaniale. Or, en 2002, est apparue une procédure spécifique de transfert de gestion à laquelle le préfet recourt dans le cadre d'une expropriation (V. anc. C. expr., art. L. 11-8, repris aux art. L. 132-3 et L. 132-4 du nouv. C. expr., V. *infra*). Se posait alors la question de la possibilité de recourir à la procédure classique des mutations domaniales au titre d'une expropriation ou du caractère exclusif de la nouvelle procédure. La réponse est intervenue en 2004, le Conseil d'État jugeant clairement qu'en présence d'une procédure d'expropriation, les autorités de l'État avaient le choix entre les deux procédures, celle des mutations domaniales et le nouveau transfert de gestion (CE 23 juin 2004, *Cne de Proville*). Une telle alternative existe-t-elle encore aujourd'hui ? La réponse est sans doute affirmative, puisque l'article L. 2123-5 consacre le transfert de gestion des articles L. 132-3 et L. 132-4 du code de l'expropriation, « sans préjudice des dispositions de l'article L. 2123-4 ». Le codificateur a donc clairement entériné la jurisprudence *Commune de Proville*.

3° CONSÉQUENCES

Conditions financières. Les transferts forcés ne sont pas réalisés à titre onéreux : aucun prix n'est versé par le bénéficiaire de la procédure pour l'usage et la jouissance du bien qui ne lui appartient pas (sur l'indemnisation systématique pour les biens ferroviaires, V. C. transp., art. L. 2111-20-1-1). Le juge administratif semble justifier cette gratuité par le fait que le propriétaire est déchargé de l'obligation d'entretien et par le fait que le transfert ne porte que sur l'usage du bien, non sur sa propriété. De plus, les transferts forcés ne portant que sur l'affectation des biens, les collectivités territoriales ne peuvent prétendre à l'obtention d'une indemnité pour dépossession. L'opération en elle-même ne constitue pas un motif d'indemnisation, car le juge administratif considère que la collectivité territoriale propriétaire du bien concerné par le changement d'affectation ne subit aucun préjudice. Certains auteurs avaient tenté d'utiliser la notion d'enrichissement sans cause du nouvel affectataire pour trouver un fondement au droit à indemnité du propriétaire (Duché de Bricourt, Les mutations domaniales entre la SNCF et les administrations publiques. Les procédés. Leurs usages, *Thèse, Rennes, 1947, p. 76 s.*), mais la jurisprudence n'a pas repris cette idée.

Tout au plus le propriétaire peut-il solliciter une indemnité pour réparer un préjudice d'une autre nature que celui attaché à la perte de jouissance de son bien, dans les mêmes conditions que le transfert de gestion volontaire (CGPPP, art. L. 2123-6). Cette indemnité est alors fixée par le directeur départemental des finances publiques (CGPPP, art. R. 2123-14). Mais jusqu'à présent, le juge administratif a refusé presque systématiquement d'indemniser les collectivités territoriales, car la preuve d'un préjudice direct, matériel et certain n'est pas facile à rapporter.

Dans tous les autres cas, lorsque le transfert forcé s'accompagne de l'exécution de travaux et lorsque la collectivité territoriale subit un préjudice causé par la perte de maîtrise de l'affectation de ses biens, cette collectivité peut avoir droit à une réparation pour préjudice spécial en application de la théorie des dommages de travaux publics.

Conséquences patrimoniales. L'affectation du bien est modifiée pendant la durée du transfert ; le bien est également remis à une autre personne que son propriétaire. Si le bien objet du transfert forcé n'est plus utile au titre de l'opération menée par l'État, la collectivité territoriale propriétaire retrouve la plénitude de ses droits. Mais, eu égard aux motifs qui ont jusqu'à présent justifié le recours à cette procédure (construction de routes, de voies ferrées, etc.), le recouvrement par le propriétaire public de son droit de jouissance apparaît hypothétique.

En revanche, puisqu'il n'y a aucune mutation de propriété, le bien dont l'affectation est modifiée de manière autoritaire n'est pas incorporé dans le domaine public de la personne publique bénéficiaire.

L'obligation d'entretien des dépendances du domaine public pèse, en principe, sur leur propriétaire, mais après un transfert de gestion forcé, les choses seront différentes. Pour ce qui est de l'entretien courant, il semble que celui-ci incombe au bénéficiaire de l'opération, le propriétaire étant « déchargé » de cette obligation. C'est en partie pour cette raison que le propriétaire subissant un transfert forcé ne peut prétendre à une indemnisation. S'agissant des grosses réparations, il n'y a, à ce jour, aucune jurisprudence ; mais il semblerait logique de les mettre également à la charge du bénéficiaire.

B. LE TRANSFERT DE GESTION D'UNE DÉPENDANCE DU DOMAINE PUBLIC COMPRISE DANS LE CADRE D'UNE PROCÉDURE D'EXPROPRIATION

Lorsque des dépendances du domaine public d'une collectivité territoriale ou d'un établissement public sont comprises dans le périmètre d'une expropriation, elles ne peuvent pas être expropriées (CGPPP, art. L. 3111-1. – Rép. min à QE n° 104064 : *JOAN 28 juin 2011*).

C'est la raison pour laquelle une loi du 27 février 2002 avait déjà instauré une procédure spécifique de transfert de gestion, qui a été consacrée par l'article L. 2123-5. L'acte déclaratif de cessibilité ne déclare pas cessibles ces parcelles, mais il emporte à leur égard un transfert de gestion. Il n'y a donc aucun transfert de propriété, si bien que le principe d'indisponibilité reste sauf. Il y aura en revanche une modification forcée de l'affectation du bien et sa remise à une personne qui n'en est pas le propriétaire. Ce transfert de gestion est décidé par l'État, *via* le préfet (Rép. min à QE n° 18902 : *JO Sénat 30 juin 2011*).

Le transfert de gestion de l'article L. 132-3 du code de l'expropriation et des articles L. 132-3 et L. 132-4 est réalisé par un acte administratif qui ne nécessite ni l'organisation préalable d'une enquête publique ni l'intervention d'un juge. Et il échappe au contrôle de l'utilité publique effectué par le juge administratif puisqu'il prend corps, non dans la déclaration d'utilité publique, mais dans l'arrêté de cessibilité.

A la différence du transfert de gestion pour motif d'intérêt général qui ne joue qu'en dernier recours, le transfert de gestion opéré par l'acte déclaratif d'utilité publique peut être appliqué dès le début de la procédure, sans attendre le refus de la collectivité territoriale de modifier d'elle-même l'affectation de son bien. Il devient donc un instrument juridique de droit commun, alors que les transferts de gestion forcés pour un motif d'intérêt général revêtent un caractère exceptionnel.

Par ailleurs et contrairement aux transferts de gestion de l'article L. 2123-4, le transfert de gestion de l'article L. 132-3 du code de l'expropriation ne peut intervenir que dans le cadre d'une expropriation.

Autre différence substantielle entre ces deux procédures, le transfert de gestion peut donner lieu à indemnité pour tous les préjudices subis (CGPPP, art. L. 2123-6) ; cette indemnité sera fixée par le juge de l'expropriation en cas de désaccord entre les parties. ❑

I. TRANSFERTS DE GESTION VOLONTAIRES

1. Compétence. En vertu des dispositions combinées des art. L. 35 C. dom. Ét. [art. L. 2123-3 CGPPP] et R. 58 C. dom. Ét., le transfert de gestion des immeubles dépendant du domaine public dont la destination est modifiée est autorisé par le préfet après avis du directeur départemental des impôts chargé du domaine. • CE 8 juill. 1996, *Mérie*, n° 121520 : *Lebon 273 ; RDI 1996. 559 ; JCP 1996. IV. 2434 ; RFDA 1996. 1040*. ♦ L'État ne saurait toutefois transférer la gestion d'une dépendance dont il n'est pas propriétaire. • CE, ass., 15 oct. 1999, *Cne de Lattes*, n° 160669 : *Lebon 317 ; RDI 2000. 29, obs. Lavialle ; AJDA 1999. 1044 ; CJEG 1999. 427, concl. Savoie ; Dr. adm. 1999, n° 302*. ♦ Si une commune membre d'un groupement intercommunal auquel elle a transféré ses compétences en matière de voirie n'est, dès lors, plus habilitée à exercer les pouvoirs de gestion des voies communales mises à la disposition de ce groupement, elle demeure l'unique propriétaire desdites voies qui continuent d'appartenir à son domaine public et dont elle seule peut, dès lors, décider de les faire sortir. • CAA Bordeaux, 5 mars 2009, *Cne de Labejan*, n° 07BX02405 : *JCP Adm. 2009. 2247, obs. Maublanc ; AJDA 2009. 1166*.

2. Nécessité d'une modification de l'affectation. Le recours à la procédure de l'art. L. 35 C. dom. Ét. ne pouvait être envisagé que lorsque l'affectation d'un immeuble de l'État était réellement modifiée. • CE 8 juill. 1996, *Merie*, n° 121520 : *préc. note 1.*

3. Requalification juridictionnelle de transfert de gestion. La situation reste douteuse pour quelques mises à disposition non consécutives à un transfert de compétences comme par ex., • CAA Nantes, 30 mai 2003, *Cne d'Épine*, n° 00NT00979. ♦ Le juge administratif a également fait preuve d'une incroyable bienveillance à propos de conventions qualifiées de transfert de gestion, alors qu'il s'agissait plutôt de conventions de gestion de l'art. L. 2123-2. • CAA Nancy, 27 juin 2013, *Cté de cnes de Verdun c/ Min. Défense*, n° 12NC01590. ♦ V. même d'externalisation de la gestion d'un équipement public, sans aucun changement d'affectation. • CAA Nancy, 28 mars 2013, *Cne d'Aubigny-les-Pothées c/ Cté agglom. de Charleville-Mézières*, n° 12NC01362.

4. Biens concernés. Domaine public artificiel. Le transfert de gestion peut être utilisé pour réaliser des travaux d'aménagement d'un pont. • CAA Marseille, 22 déc. 2008, *BEC c/ CCI Nîmes*, n° 06MA02129. ♦ A propos d'un pont départemental transféré à la commune et enjambant une voie ferrée, • CAA Bordeaux, 1er mars 2018, *SNCF c/ Cne de La Rochelle*, n° 15BX03993. ♦ Pour gérer et entretenir les forts de Vaux et de Douaumont dont la gestion a été transférée au département de la Meuse. • CAA Nancy, 27 juin 2013, *Cté de cnes de Verdun c/ Min. Défense*, n° 12NC01590 : *préc. note 3.* ♦ Même si dans ce cas, la convention de gestion semble plus appropriée ou pour réaliser un plan d'eau aménagé sur l'emplacement d'un ancien port de plaisance et de pêche. • CE 22 mai 1996, *Min. Mer c/ Assoc. Bernerie-Environnement*, n° 116111 : *Lebon 190 ; RDI 1996. 558, chron. Maugüé et Auby*.

5. Biens concernés. Domaine public naturel. Le transfert de gestion peut aussi être utilisé à propos de dépendances du domaine public naturel. V. par ex., pour la zone des cinquante pas géométriques. • CAA Paris, 27 janv. 2011, *Fochi c/ Cne de Nouméa*, n° 09PA06433. ♦ Ainsi, l'État a déjà eu recours à cette procédure (telle qu'elle était définie par l'ancien art. L. 35 C. dom. Ét.) pour transférer à une collectivité territoriale la gestion d'une parcelle du domaine public maritime ou fluvial naturel dans le but de permettre l'établissement d'une ligne de chemin de fer départementale. • CE 26 mars 1930, *Verliac : Lebon 341 ; DH 1930. 289*. ♦ ... D'édifier un viaduc routier assurant l'accès à un port de plaisance. • CE 20 févr. 1981, *Assoc. pour la protection du site du Vieux-Pornichet*, n° 06152 : *Lebon 93 ; AJDA 1981. 259, concl. Genevois ; RDI 1981. 310, comm. Delvolvé ; GDDAB, 3e éd., 2018. Comm. 48, note Melleray*. ♦ ... De réaliser un pont. • CE 8 avr. 1994, *Dpt de la Charente-Maritime c/ Assoc. des Amis de l'île de Ré*, n° 95306 : *Lebon 184 ; RDI 1994. 427, obs. Auby et Maugüé ; RFDA 1994. 621*. ♦ ... De permettre l'aménagement des dépendances concernées pour des activités nautiques et touristiques. • CE 8 juill. 1996, *Merie,* n° 121520 : *préc. note 1.* ♦ ... De permettre la création d'un parc de stationnement. • CAA Marseille, 21 janv. 2010, *Les amis de Saint-Raphaël et de Fréjus,* n° 08MA00465. ♦ Ou d'un parc d'attractions et d'un restaurant. • Fort-de-France, 14 déc. 2012, *SARL Sopal,* n° 11/00132. ♦ ... De réaliser l'extension d'un palais des festivals sur des terrains gagnés sur la mer. • CAA Marseille, 23 nov. 2000, *Assoc. information et défense de Cannes,* n° 97MA01572 • Aix-en-Provence, 6 août 2012, *Sté pour les événements cannois,* n° 2012/306. ♦ ... Ou un jardin public géré par une commune. • CAA Marseille, 19 mars 2012, *Assoc. L'étang nouveau c/ Min. Écologie,* n° 09MA00464. ♦ ... Ou encore pour permettre une remise à niveau et en sécurité d'un port départemental. • CAA Marseille, 30 juill. 2013, *Synd. mixte Ports Toulon Provence,* n° 11MA01118.

6. Procédure. Pour un transfert de gestion portant sur le domaine public naturel, une enquête publique sera requise dès lors qu'un changement substantiel se produit. • CE 29 déc. 1993, *Ville de Royan,* n° 148567 : *Lebon 820.* ♦ Mais, même dans cette hypothèse, il semble que ce soient plutôt les travaux réalisés à la suite du transfert de gestion qui devront faire l'objet d'une telle enquête, et non le transfert de gestion en lui-même. • CAA Marseille, 19 mars 2012, *Assoc. L'étang nouveau c/ Min. Écologie,* n° 09MA00464 : *préc. note 5.* ♦ De manière générale, l'ouverture d'une enquête administrative ou publique n'est pas nécessaire. • CE 20 févr. 1981, *Assoc. pour la protection du site du Vieux-Pornichet,* n° 06152 : *préc. note 5.* ♦ Sur l'existence d'un intérêt pour agir pour les habitants voulant faire un recours contre un transfert de gestion. • CAA Marseille, 21 janv. 2010, *Les amis de Saint-Raphaël et de Fréjus,* n° 08MA00465 : *préc. note 5.* ♦ La décision de réaliser d'un transfert de gestion n'est donc pas soumise à la procédure de mise en concurrence prévue à l'art. L. 1411-1 s. CGCT. • CAA Nancy, 27 juin 2013, *Cté de cnes de Verdun c/ Min. Défense,* n° 12NC01590 : *préc. note 3.* ♦ Cette procédure n'est pas assimilable non plus un marché public. • Même arrêt. ♦ La procédure du transfert de gestion peut être utilisée à la place de la technique de la concession d'outillage public ou de port de plaisance pour construire le viaduc support de la voie d'accès à un port de plaisance. • CE, sect., 20 févr. 1981, *Assoc. pour la protection du site du Vieux-Pornichet,* n° 06152 : *préc. note 5.* ♦ Elle permet également de transférer à une commune la gestion de dépendances du domaine public maritime pour aménager un plan d'eau sans pour autant lui accorder une concession d'endigage qui n'était pas nécessaire. • CE 22 mai 1996, *Min. Mer c/ Assoc. Bernerie-Environnement,* n° 116111 : *Lebon 191.*

7. Conséquences. Le bien objet d'un transfert de gestion n'est pas incorporé dans le domaine public du bénéficiaire. • CE 6 févr. 1981, *Comité de défense des sites de la Forêt de Fouesnant,* n° 18513 : *Lebon 64* • 22 mai 1996, *Min. Mer c/ Assoc. Bernerie-Environnement,* n° 116111 • 19 déc. 2007, *Cne de Mercy-le-Bas,* n° 288017 : *AJDA 2008. 14, obs. Pastor ; BJCL 2008. 120, concl. Aguila ; ibid. 122, obs. Guyomar ; Dr. adm. 2008. Comm. 37, note Foulquier ; JCP Adm. 2008, n° 3, p. 10 ; RDI 2008. 100, obs. Foulquier .* ♦ V. également • CE, sect., 20 févr. 1981, *Assoc. pour la protection du site du Vieux-Pornichet,* n° 06152 : *préc. note 5.* ♦ C'est donc le propriétaire public (lorsqu'il s'agit de l'État) qui est compétent pour engager, le cas échéant, une procédure de contravention de grande voirie ou de voirie routière. • CAA Bordeaux, 31 déc. 2007, *Daquin c/ Min. Environnement,* n° 05BX02127.

II. TRANSFERTS DE GESTION FORCÉS

8. Apparition et valeur. Consécration de la thèse de l'unité du domaine public. • Cass. 20 déc. 1897 : *DP. 1899. 257, note Sarrut* • 18 janv. 1916 : *DP. 1916. 1. 178.* ♦ La théorie des mutations domaniales est apparue, dans la jurisprudence administrative en 1909 pour permettre à l'État de procéder au changement autoritaire d'affectation des dépendances qui ne sont pas sa propriété. • CE 16 juill. 1909, *Ville de Paris : Lebon 707, concl. Teissier ; S. 1909. 3. 97, note Hauriou ; GDDAB, 3e éd., 2018. Comm. 49, note Melleray.* ♦ Les transferts de gestion forcés font partie « des principes généraux qui régissent le domaine public ». • CE 23 juin 2004, *Cne de Proville,* n° 253419 : *AJDA 2004. 2148, comm. Landais et Lénica ; Ann. voirie déc. 2004, n° 92, p. 227, comm. Chamard-Heim ; BJCL 2005. 103, concl. Guyomar, note Ferrari.*

9. Conditions relatives aux personnes. L'État bénéficie de cette procédure pour son propre compte ou il peut y recourir en faveur d'une collectivité territoriale. • CE 20 févr. 1981, *Assoc. pour la protection des sites du Vieux-Pornichet,* n° 06152 : *préc. note 5.* ♦ L'État peut imposer à un concessionnaire de service public le changement de l'affectation d'un bien public qui lui avait été confié dans le cadre de la concession. Dans cette hypothèse, le concessionnaire s'est vu reconnaître le droit de recevoir une indemnité. • CE 23 oct. 1963, *SNCF : AJDA 1964. 321, note Laporte ; RD publ. 1963. 1191, concl. Braibant* • 4 févr. 1970, *Min. Équipement,* n° 71905 : *AJDA 1970. 431, note Dufau.* ♦ Dans les départements d'outre-mer, l'État a conservé la compétence d'affecter d'office les biens constituant l'ancien domaine colonial devenus propriétés de ces départements. • CE 2 avr. 1997, *Dpt de La Réunion,* n° 132113 : *RDI 1997. 416 .*

10. Condition relative au motif d'intérêt général. Constituent ainsi des motifs d'intérêt général permettant le recours à un transfert de gestion les intérêts s'attachant à la circulation routière. • CE 13 janv. 1984, *Cne de Thiais,* n° 35508 : *Lebon 6 ; AJPI 1985. 136, obs. Hostiou ; Dr. adm. 1984, n° 62 ; D. 1984. J. 605, note Bon* • 23 juin 2004, *Cne de Proville,* n° 253419 : *préc. note 8.* ♦ La construction d'une ligne de chemin de fer. • CE 16 juill. 1909, *Ville de Paris : préc. note 8* • 13 mars 1925, *Ville de Paris c/ Cie du chemin de fer d'Orléans : Lebon 271 ; S. 1925. 3. 63, concl. Rivet ; DP. 1926. 3. 17, note Waline ; RD publ. 1925. 262, note Jèze* • 10 juin 1910, *Cie PLM c/ État : Lebon 460 ; S. 1912. 3. 158.* ♦ L'aménagement d'un hôpital. • CE, sect. intérieur avis, 27 janv. 1977, n° 518858. ♦ L'allongement de la piste d'un aérodrome. • CAA Marseille, 9 nov. 1999, *Cne de Morières-lès-Avignon,* n° 96MA01826. ♦ La jouissance d'une infirmerie psychiatrique. • CE, avis, 19 mars 2002, n° 367355 : *EDCE 2003. 182.* ♦ Ou le transfert du terrain d'assiette du Grand Palais à Paris. • CE, avis, 26 juill. 2005, n° 371615 : *Rapp. annuel CE 2006, p. 193 ; Dr. adm. mai 2006. Comm. 76.*

11. Conditions financières. La gratuité du transfert de gestion se justifie par le fait que le propriétaire est déchargé de l'obligation d'entretien. • CE 13 mars 1925, *Ville de Paris : préc. note 10.* ♦ Pour un raisonnement similaire. • Cons. const. 6 oct. 2010, *Épx A., Transfert de propriété de voies privées,* n° 2010-43 QPC. ♦ De plus, les transferts forcés ne portant que sur l'affectation des biens, le Conseil d'État a jugé que les collectivités territoriales ne pouvaient prétendre à l'obtention d'une indemnité pour dépossession. • CE 16 juill. 1909, *Ville de Paris : préc. note 8* • 13 mars 1925, *Ville de Paris c/ Cie du chemin de fer d'Orléans : préc. note 10.* ♦ Une indemnité pour préjudice direct, matériel et certain pourrait être versée si le changement d'affectation porte sur une parcelle qui tient dans le domaine public de la collectivité territoriale un rôle indispensable. • CE 16 juill. 1909, *Ville de Paris : préc. note 8* • 20 mars 1962, *Chemin de fer de Carmaux : Lebon 223.* ♦ Une indemnisation peut également être obtenue pour compenser le dommage dû à la privation de certains revenus, comme les redevances d'occupation du domaine public, à condition que la privation soit réelle et pas seulement éventuelle. • CE 10 juin 1910, *Cie P.L.M. : Lebon 460 ; S. 1912. 3. 158.* ♦ Il faut également que les recettes dont est privé le propriétaire soient bien produites par le fonds concerné par la mutation, et non qu'il s'agisse de recettes fiscales. • CE 19 janv. 1921, *Synd. des chemins de fer de Ceinture : Lebon 60.*

12. Inclusion des dépendances du domaine public dans le périmètre d'une DUP. Le juge administratif a considéré que des dépendances du domaine public pouvaient tout à fait être incluses dans le périmètre d'une déclaration d'utilité publique, puisque celle-ci n'entraîne pas par elle-même le transfert de la propriété et que « si des terrains relevant du domaine public communal se trouvent inclus dans l'emprise de l'opération projetée, à défaut d'accord de la collectivité territoriale qui en est propriétaire, leur changement d'affectation peut être prononcé, avant l'exécution des travaux, sans déclassement préalable et sans transfert de propriété, par décision conjointe des ministres intéressés ou par décision du Premier ministre ». • CE 13 janv. 1984, *Cne de Thiais,* n° 35508 : *préc. note 10.* ♦ Cette solution ne vaut bien sûr que si l'État était le bénéficiaire de la déclaration d'utilité publique ; à défaut, l'opération était illégale. • CE 3 déc. 1993, *Ville de Paris c/ Parent,* n° 146710 : *Lebon 340 ; AJDA 1993. 856, chron. Maugüé et Touvet ; D. 1994. Somm. 274, obs. Bon ; RDI 1994. 227, obs. Auby ; RFDA 1994. 583, concl. Bonichot.* ♦ En présence d'une procédure d'expropriation, les autorités de l'État avaient le choix entre les deux procédures, celle des mutations domaniales et le transfert de gestion de l'art. L. 11-8 C. expr. • CE 23 juin 2004, *Cne de Proville,* n° 253419 : *préc. note 8.* ♦ Un transfert de gestion pris par arrêté préfectoral en application de l'art. L. 2123-4 a pu porter sur une zone de protection d'un captage en eau, mettant ainsi fin à une convention de gestion de l'eau potable. • CE 4 juin 2014, *Cne d'Aubigny-les-Pothées,* n° 368895 : *Lebon 742 ; CMP 2014. Comm. 232, obs. Pietri.*

13. Conséquences. Puisqu'il n'y a aucune mutation de propriété, le bien dont l'affectation est modifiée de manière autoritaire n'est pas incorporé dans le domaine public de la personne publique bénéficiaire. • CE 6 févr. 1981, *Comité de défense des sites de la Forêt de Fouesnant,* n° 18513 : *préc. note 7.* ♦ L'entretien courant incombe au bénéficiaire de l'opération, le propriétaire étant « déchargé » de cette obligation. • CE 13 mars 1925, *Ville de Paris : préc. note 10.*

SECTION IV **SUPERPOSITION D'AFFECTATIONS**

Art. L. 2123-7 Un immeuble dépendant du domaine public en raison de son affectation à un service public ou à l'usage du public peut, quelle que soit la personne publique propriétaire, faire l'objet d'une ou de plusieurs affectations supplémentaires relevant de la domanialité publique dans la mesure où celles-ci sont compatibles avec ladite affectation.

La superposition d'affectations donne lieu à l'établissement d'une convention pour régler les modalités techniques et financières de gestion de cet immeuble, en fonction de la nouvelle affectation.

Un décret en Conseil d'État détermine les conditions d'application du présent article. – *V. art. R. 2123-15 à R. 2123-17.*

Art. L. 2123-8 La superposition d'affectations donne lieu à indemnisation à raison des dépenses ou de la privation de revenus qui peuvent en résulter pour la personne publique propriétaire ou pour le gestionnaire auquel l'immeuble du domaine public a été confié en gestion ou concédé.

V. Bibl. ss. art. L. 2123-6 s.

BIBL. ▸ Mahinga, La condition juridique des ponts en droit administratif, *Dr. adm. juill. 2002. Chron. 14, p. 10.* – Bachelier, Les transferts de propriété entre personnes publiques, *JCP Adm. 2006. 1249.* – Capitant, Les mutations domaniales et les superpositions d'affectations, *in* Réflexions sur le code général de la propriété des personnes publiques (dir. Guérard), *Litec, 2007, p. 33.* – Collectivités-locales.gouv.fr, Les superpositions d'affectations du domaine public, http ://www.collectivites-locales.gouv.fr/files/files/superpositions.pdf. – Hicter, L'affectation, élément déterminant du régime des superpositions domaniales, *ACCP mars 2012. 52* (*et sur le blog Cabinet d'avocats Gros et Hicter*). – Laidié, Domaine public fluvial, décentralisation et pouvoirs de police : sur les difficultés liées à la superposition d'affectations, *JCP Adm. 2012. 2022.* – Proot, Les outils de gestion du domaine public, *ACCP 2012, nº 119, p. 34.* – Chamard-Heim, Transferts domaniaux. – Changements d'affectation, *J.-Cl. Propriétés publ., fasc. nº 52.* – Chamard-Heim et Yolka, La cogestion de l'immobilier public, *RLCT 2014. 2674.* – Yolka, Les litiges domaniaux entre personnes publiques, *Dr. adm. 2017. Étude 9.* – Orlandini, La dénaturation des critères du domaine public, *Th. Toulouse, 2018.*

COMMENTAIRE

Le CGPPP définit et encadre, pour la première fois sur un plan législatif, les superpositions d'affectations sur les dépendances du domaine public (V. aussi CGPPP, art. R. 2123-15 à R. 2123-17). Cette technique n'est pas nouvelle, mais elle ne bénéficiait auparavant que d'un fondement jurisprudentiel ou administratif, bien souvent sous l'expression de superposition de gestion.

Il y a superposition d'affectations lorsqu'un bien du domaine public reçoit une affectation nouvelle tout en conservant sa destination primitive. Le bien concerné n'est pas devenu inutile pour la personne en charge de l'affectation initiale : il y a un cumul d'affectations publiques sur le bien en question. La dépendance domaniale relève simultanément de deux régimes de domanialité publique et elle dépend de deux personnes publiques différentes.

Cette procédure doit être distinguée des autorisations d'occupation temporaire du domaine public, car la superposition d'affectations ne se traduit pas par une occupation privative (elle n'est donc pas soumise à la procédure de sélection préalablement prévue à l'art. L. 2122-1-1 CGPPP, en ce sens Rép. à QE nº 6259, *JOAN 4 déc. 2018*). Elle doit aussi être distinguée des transferts de gestion du domaine public (CGPPP, art. L. 2123-3 à L. 2123-6), puisque l'affectation initiale n'est pas modifiée. La superposition d'affectations ne consiste pas non plus en une convention de gestion (CGPPP, art. L. 2123-2), dans la mesure où la personne publique qui intervient à titre complémentaire ne se voit pas confier la gestion de l'affectation initiale. Elle permet en fait de partager l'utilisation et la gestion d'un même bien du domaine public entre plusieurs personnes. Alors que la copropriété est proscrite sur le domaine public (V. comm. ss. CGPPP, art. L. 2111-1), la « coaffectation » est en revanche envisageable.

Le régime juridique jurisprudentiel de la superposition d'affectations est consacré par le législateur, ce qui confère un fondement solide aux différents cas de superpositions d'affectations.

I. LE RÉGIME JURIDIQUE

A. LES CONDITIONS DE FOND

Biens concernés. La formule retenue par l'article L. 2123-7 est très large : tous les immeubles « dépendant du domaine public en raison de [leur] affectation à un service public ou à l'usage du public [peuvent], quelle que soit la personne publique propriétaire », faire l'objet d'une superposition d'affectations. Cela signifie que cette technique est ouverte à toutes les personnes publiques, y compris celles qui ne relèvent pas de l'article L. 1er. En conséquence, les affectations superposées peuvent impliquer les services au sein d'une même personne publique ou des collectivités publiques distinctes.

Il n'y a pas non plus de limitations relatives aux biens ; notamment, les dépendances du domaine public naturel ne sont pas exclues et elles peuvent en conséquence supporter une affectation supplémentaire. Finalement, la seule exigence réside dans le fait qu'il doit s'agir d'immeubles du domaine public ; ne sont donc pas concernés par ce dispositif les meubles du domaine public ni les biens du domaine privé.

Condition liée à l'affectation. L'affectation supplémentaire doit également répondre à deux conditions. D'une part, le régime domanial doit être préservé, ce qui signifie que le bien doit rester soumis à la domanialité publique. Dès lors, la nouvelle affectation doit obligatoirement satisfaire, elle aussi, aux critères de l'article L. 2111-1.

D'autre part, l'affectation supplémentaire doit être compatible avec l'affectation initiale ; celle-ci ne doit donc pas être compromise par la superposition d'affectations. La procédure ne sera alors envisageable que si l'affectation initiale est intégralement préservée. Si la première affectation ne peut être maintenue, il faudra alors envisager de recourir à la procédure de transfert de gestion (CGPPP, art. L. 2123-3 s.).

Dès lors que ces conditions sont satisfaites, l'article L. 2123-7 va jusqu'à envisager la superposition de plusieurs affectations supplémentaires, ce qui ne sera tout de même pas très fréquent. Inversement, pour que cette technique puisse jouer, il faut que l'on soit effectivement en présence d'au moins deux affectations différentes. C'est ainsi qu'il n'apparaît vraisemblablement pas possible d'appliquer un tel procédé pour les voies d'un tramway qui sont situées dans l'emprise d'une voie routière, car ces deux éléments ont la même affectation, la circulation routière (V. CGPPP, art. L. 2111-14 et L. 2111-15). Néanmoins, il semble qu'en pratique, il soit recouru aux superpositions d'affectations dans ces hypothèses (V. par ex., Délibération du conseil municipal de Reims, 11 mai 2009, n° CM-09-209, relative à la convention de superposition d'affectations dans le cadre de la réalisation d'un tramway).

C'est naturellement la personne publique propriétaire de la dépendance qui détient la compétence pour autoriser, sur celle-ci, le chevauchement de deux affectations ; elle doit, pour ce faire, conclure une convention de superposition d'affectations.

B. LA CONCLUSION D'UNE CONVENTION DE SUPERPOSITION D'AFFECTATIONS

Une convention de superposition d'affectations doit en effet être conclue entre les autorités responsables des affectations qui se chevauchent (on en trouve facilement des exemples sur Internet). S'il s'agit d'un immeuble dépendant du domaine public civil de l'État, la convention de superposition est passée, après avis du directeur départemental des finances publiques, par le préfet ; concernant le domaine public militaire, elle sera signée par l'autorité militaire (CGPPP, art. R. 2123-15). Si l'immeuble, objet de la superposition d'affectations, a été confié ou concédé à un établissement public national, la convention sera passée, après avis du propriétaire, par l'autorité désignée par les statuts ou, à défaut, par l'organe délibérant (CGPPP, art. R. 2123-15, al. 2). Pour les biens du domaine public ferroviaire remis par l'État à la société SNCF Réseau ou à sa filiale mentionnée au 5° de l'article L. 2111-9 du code des transports, V. *infra*. Pour les immeubles appartenant en propre à un établissement public national, la convention est conclue par l'autorité désignée par les statuts ou, à défaut, par l'organe délibérant (CGPPP, art. R. 2123-15, al. 3). Enfin, pour les immeubles des collectivités territoriales, de leurs groupements ou de leurs établissements publics, la convention est signée, après délibération de l'organe délibérant, par son organe exécutif (CGPPP, art. R. 2123-16).

Cette convention doit régler les modalités techniques et financières de l'opération.

Sur le plan technique, en effet, la convention contient une délimitation des parcelles concernées et des éléments relatifs aux travaux qui peuvent s'avérer nécessaires ainsi qu'aux dispositifs de sécurité. La charge de l'entretien doit également être répartie.

Sur le plan financier, l'article L. 2123-8 énonce indirectement que la superposition d'une seconde affectation est effectuée gratuitement, seul le préjudice subi étant indemnisé. C'est le cas si la superposition d'affectations occasionne une perte de revenus ou alourdit les charges du propriétaire ou du gestionnaire. La personne publique bénéficiaire de la seconde affectation devra alors indemniser la collectivité propriétaire ou le gestionnaire auquel l'immeuble du domaine public a été confié en gestion ou concédé. Lorsque l'immeuble faisant objet de la superposition d'affectations relève du domaine public de l'État, l'indemnité est fixée par le directeur départemental des finances publiques (CGPPP, art. R. 2123-17).

La convention contient ainsi un certain nombre de dispositions relatives à la personne publique responsable de l'affectation initiale, comme les conditions d'administration de l'immeuble pour ce qui concerne sa propre affectation, le droit d'apporter au domaine public toutes les modifications qui peuvent s'imposer dans l'intérêt de sa propre affectation (sans que l'affectataire supplémentaire puisse s'y opposer ou obtenir une indemnité) et les modalités selon lesquelles le propriétaire du domaine public peut demander la suppression de l'affectation supplémentaire. On peut aussi trouver des dispositions relatives aux usagers particuliers, titulaires d'un titre d'occupation sur le domaine public initial.

Réciproquement, on trouve dans la convention de superposition des mentions concernant la personne publique chargée de l'affectation supplémentaire, qui intéressent par exemple les modalités de prise en charge de l'entretien relatif à cette nouvelle affectation, les conditions de mise en jeu de sa responsabilité et les conditions juridiques et financières de réalisation des travaux.

La difficulté réside surtout dans la détermination de la personne publique responsable des dommages causés par un bien qui supporte plusieurs affectations. Le principe est classique : le gestionnaire de la partie de la dépendance source d'un dommage en est réputé le responsable. Il convient pour cela d'examiner très concrètement la situation pour déterminer le fait générateur du dommage.

C. LA FIN DE LA SUPERPOSITION

La convention de superposition peut ne contenir aucune précision relative à sa durée, car la fin de la superposition d'affectations dépend, en principe, uniquement des modifications susceptibles d'intervenir dans les affectations. Cela étant, rien n'empêche de stipuler une durée limitée, comme c'est par exemple le cas des conventions de superposition d'affectations conclues sur le domaine public fluvial de l'État pour autoriser la circulation cycliste sur les berges.

L'affectation initiale peut donc disparaître et être remplacée par une nouvelle affectation répondant aux critères de l'article L. 2111-1. Dans une telle hypothèse, si les conditions techniques de cette affectation le permettent, une nouvelle convention de superposition d'affectations peut être passée entre le nouvel affectataire et l'affectataire supplémentaire.

Si l'affectation initiale est remplacée par une affectation qui ne satisfait pas aux critères du domaine public, la situation devient complexe, car il n'y a plus de superposition d'affectations du domaine public, mais, au contraire, une superposition de domaine privé et de domaine public. Dans cette hypothèse, on peut supposer qu'il n'est plus possible, au sens strict, d'appliquer les dispositions de l'article L. 2123-7. En revanche, rien n'empêche, semble-t-il, que les personnes publiques concluent une convention *ad hoc* non fondée sur l'article L. 2123-7 pour régler cette situation particulière.

Dans le cas où l'affectation initiale ne serait pas remplacée, le propriétaire de la dépendance procéderait à un transfert de gestion en faveur du responsable de l'affectation supplémentaire, devenue unique (CGPPP, art. L. 2123-3 s.).

Enfin, l'affectation supplémentaire peut également disparaître ; seule l'affectation initiale demeure dans cette hypothèse. Il faudra sans doute pour ce faire qu'un acte de déclassement constate la désaffectation de fait et la dépendance retrouvera alors sa situation d'origine.

Lorsque la seconde affectation prend fin, les ouvrages qui y étaient liés deviennent, sans indemnité, la propriété du service affectataire primitif des biens.

II. LES APPLICATIONS

Les cas de superposition d'affectations sont très nombreux ; il s'agit là d'une technique courante de gestion du domaine public, qui peut concerner des dépendances du domaine public naturel comme des dépendances du domaine public artificiel.

A. SUR LE DOMAINE PUBLIC NATUREL

Superposition sur le domaine public maritime. Le domaine public maritime naturel peut supporter, à titre d'affectation supplémentaire, les piles et tabliers de ponts routiers (Circ. min. Écologie du 20 janv. 2012 relative à la gestion durable et intégrée du domaine public maritime naturel, ann. 3, p. 18). La procédure peut aussi être utilisée pour l'installation d'un platelage destiné à la circulation des piétons et cyclistes sur la plage. Il en est probablement de même pour le maintien d'une canalisation d'évacuation des eaux usées passant sur le domaine public maritime (V. par ex. Arr. préf. Finistère n° 2009-0225 du 26 févr. 2009 : *Rec. actes adm., Préfecture du Finistère, mars 2009*). En cas de changement substantiel de l'utilisation de la zone concernée du domaine public maritime, il convient de respecter les prescriptions de l'article L. 2124-1 du CGPPP, c'est-à-dire de réaliser une enquête publique.

En revanche, le recours à la technique de la superposition d'affectations pour réaliser des terre-pleins (voirie, espaces publics, etc. – Pour un parking, V. par ex. Arr. préf. Finistère n° 2009-0341 du 17 mars 2009 : *Rec. actes adm., Préfecture du Finistère, avr. 2009*) ou des extensions portuaires ne semble désormais plus adaptée. La circulaire du 20 janvier 2012 (*préc.*) préconise en effet plutôt le transfert de gestion (CGPPP, art. L. 2123-3) en pareil cas.

Superposition sur le domaine public fluvial. Il y a superposition des affectations à la circulation routière et à la navigation fluviale lorsqu'une route traverse un cours d'eau. Ainsi, les ponts font naturellement partie de la route qui croise le cours d'eau (Mahinga, La condition juridique des ponts en droit administratif, *Dr. adm. juill. 2002. Chron. 14, p. 10*). Il en est de même des passerelles piétonnes réalisées en encorbellement.

Il y a également superposition dans le cas des routes longeant un cours d'eau qui répond aux besoins actuels ou futurs de la navigation. Les berges de ce cours d'eau servant d'assiette à une route sont aussi affectées à la circulation routière (Rép. min. n° 67069 : *JOAN Q 22 avr. 2002, p. 2116*). La superposition d'affectations peut être une solution pour organiser juridiquement le passage piétonnier ou cycliste sur un barrage ou sur les voies sur berges (Rép. min. n° 12247 : *JOAN Q 1er juill. 2008, p. 5676* ; Rép. min. n° 02678 : *JO Sénat Q 19 juin 2008, p. 12112*. – Sur la question de la fermeture des voies sur berge à Paris, Délib. ville de Paris, *2012 SG 202*. – Sur la question des voies vertes sur les chemins de service, V. le site internet de VNF et Commissariat général au développement durable, Pistes pour l'évolution de l'encadrement juridique des voies vertes : Études et documents, févr. 2011, n° 36 : http ://www.developpement-durable.gouv.fr/IMG/pdf/ED36b.pdf. – Circ. n° ATED0100204C du 31 mai 2001 relative à la mise en œuvre du schéma national des véloroutes et voies vertes).

La collectivité responsable de la route est chargée de l'entretien de celle-ci, de la réglementation de la circulation et du stationnement des véhicules, de la signalisation et de l'éclairage ; elle est également responsable des dommages causés par la route, qu'il s'agisse d'un mauvais état de la voie, d'un défaut de signalisation ou de l'utilisation de la voie par les usagers (sur la question de l'autorité compétente pour réglementer l'usage sur ces voies, Laidié, Domaine public fluvial, décentralisation et pouvoirs de police : sur les difficultés liées à la superposition d'affectations : *JCP Adm. 2012. 2022*). Mais, elle ne peut délivrer les autorisations d'occupation qu'avec l'accord du représentant du domaine public fluvial.

L'État dispose toujours de son droit de modifier la dépendance du domaine public fluvial en raison des besoins de la navigation. En outre, il peut décider de supprimer l'affectation à la voirie des parcelles faisant l'objet de la superposition sans que le gestionnaire de la route puisse s'y opposer ni obtenir une indemnité. L'État les récupère automatiquement dès que l'affectation parallèle à la circulation routière cesse. Il en est de même s'agissant du domaine public fluvial décentralisé.

Enfin, dans le cas où les dépendances du domaine public fluvial utilisées pour la circulation routière ne répondent plus aux besoins actuels ou futurs de la navigation, celles-ci doivent être transférées aux collectivités territoriales concernées par voie de transfert de gestion (CGPPP, art. L. 2123-3).

B. SUR LE DOMAINE PUBLIC ARTIFICIEL

Superposition entre les domaines publics routier et ferroviaire. La superposition des domaines routier et ferroviaire se concrétise dans des ouvrages d'art, comme les passages à niveau, les ponts et tunnels routiers croisant une voie ferrée et les ponts et tunnels ferroviaires traversant une route. Il convient de distinguer les passages à niveau et les autres modes de croisement d'une voie de communication et d'une voie ferrée (ponts et tunnels). Sur cette question, V. aussi comm. sous art. L. 2123-9 et suiv.

Concernant les premiers, on en compte plus de 15 000 sur le réseau ferré exploité, principalement situés sur les routes communales (Circ. min. Transports n° 85-70 du 10 oct. 1985 relative aux règles de partage du financement en cas de croisement ou de juxtaposition d'une route nationale et d'une voie ferrée : BO 85-44). Les passages à niveau relèvent simultanément du domaine public routier et du domaine public ferroviaire, car ils font l'objet d'une affectation à la voirie routière et à la voie ferrée. Ils sont pourtant gérés par SNCF Réseau car, en dépit de la superposition domaniale, l'affectation à la voie ferrée reste prédominante (C. route, art. R. 422-3). Depuis quelques années, la SNCF Réseau et le ministère en charge des transports ont entrepris plusieurs actions visant à les sécuriser ; un plan d'actions a notamment été adopté pour améliorer la sécurisation des passages à niveau. Mais surtout, il est désormais interdit de créer un nouveau passage à niveau qu'il s'agisse d'une voie de communication nouvelle ou d'une voie ferrée nouvelle (art. 55, Décr. n° 97-444 du 5 mai 1997 relatif aux missions et aux statuts de RFF, modif. par art. 19, Décr. n° 2019-1516, 30 déc. 2019 relatif aux règles de gestion domaniale applicables à la société SNCF Réseau et à sa filiale mentionnée au 5° de l'article L. 2111-9 du code des transports).

Concernant les ponts et tunnels routiers croisant une voie ferrée et les ponts et tunnels ferroviaires traversant une route, ceux existant avant le changement de statut de la société SNCF Réseau relèvent de l'ancien article 55 du décret n° 97-444 du 5 mai 1997 relatif aux missions et aux statuts de RFF. Pour les nouveaux ouvrages, c'est désormais le décret n° 2019-1516 du 30 déc. 2019 qui en constitue le cadre juridique. Le cas des biens du domaine public de l'État remis à la société SNCF Réseau ou et à sa filiale mentionnée au 5° de l'article L. 2111-9 du code des transports est en effet un peu particulier : dans la mesure où elles exercent tous pouvoirs de gestion sur les biens immobiliers attribués par l'État, ce sont elles qui concluent seules les (nouvelles) conventions de superposition d'affectations (C. transp., art. L. 2111-20). Elles doivent simplement recueillir l'avis du directeur départemental des finances publiques (art. 13, Décr. n° 2019-1516 du 30 déc. 2019).

Lorsqu'une nouvelle voie routière croise en tréfonds ou en sursol une voie ferrée existante, aucune indemnité n'est due à la SNCF Réseau, alors même qu'elle est privée de la jouissance du sous-sol, de l'espace situé au-dessus de sa propriété ou de l'emprise au sol (art. 17, Décr. n° 2019-1516 du 30 déc. 2019). Mais, SNCF Réseau pourrait sans doute utiliser la possibilité de demander, sur le fondement de la théorie des dommages de travaux publics, l'indemnisation des préjudices causés par l'opération (V. par analogie, Circ. du 2 juill. 1984 relative à la gestion du domaine immobilier public et privé confié à l'établissement SNCF : *JO 9 août, p. 7269*). En effet, l'absence d'indemnité ne concerne que celle ayant un « caractère domanial » (art. 17, Décr. n° 2019-1516). Il en est de même, lorsqu'une nouvelle voie ferrée occupe l'assiette d'une route existante (sur la question du rétablissement de voies de communication rendu nécessaire par la réalisation d'une infrastructure de transport, V. CGPPP, art. L. 2123-9 s.). Dans ces deux hypothèses, les dépendances du domaine public ferroviaire situées de part et d'autre de la voie ferrée, qui sont distraites définitivement de ce domaine pour la réalisation de l'ouvrage de croisement, sont reprises par l'État ou cédées à la collectivité territoriale ou au groupement de collectivités territoriales intéressé (art. 17, *ibid.*).

Superposition entre les domaines publics routier et aéroportuaire. Lors de la construction ou de l'extension d'un aéroport, il peut être nécessaire de modifier le tracé de certaines routes pour les faire passer sous l'aérogare et les pistes. Ce fut le cas de l'extension ouest de l'aéroport d'Orly et de la création de l'aéroport Charles-de-Gaulle (Tariant, Intervention au Colloque « Domaine public et activités économiques » organisé les 20 et 21 sept. 1990, Les relations entre institutions publiques en matière domaniale, *CJEG oct. 1991, n° spéc., p. 58-59*).

Superposition entre le domaine public routier et les ouvrages hydro-électriques. Ces superpositions domaniales ont fait l'objet d'une convention type (Décr. n° 2016-530 du 27 avr. 2016 relatif aux concessions d'énergie hydraulique et approuvant le modèle de cahier des charges applicable à ces concessions) entre le directeur des routes du ministère de l'Équipement et le directeur du gaz et de l'électricité du ministère de l'Industrie. Ainsi, la superposition d'affectations peut servir à l'occupation des dépendances immobilières de la concession hydraulique par des ouvrages d'assainissement (par ex., Décision Bureau de la Communauté urbaine de Lyon, 24 mars 2003, n° B-2003-1219). Inversement, le domaine public routier peut supporter des ouvrages de force hydraulique (par ex., Convention de superposition d'ouvrages publics – Chute hydro-électrique du lac Mort passée par la Commission permanente du Conseil général de l'Isère, 24 avr. 2009, dossier n° 2009 C04H-9-112).

Superpositions diverses. La procédure de superposition d'affectations a pu être utilisée dans des situations plus originales, comme la construction d'un centre des congrès par une communauté d'agglomération sur un terrain appartenant à une commune sur lequel se trouve déjà des activités liées à l'accueil de manifestations à caractère professionnel (Délib. ville du Havre du 31 janv. 2013, disponible sur le site deliberations.agglo-lehavre.fr).

On peut également envisager de recourir à la technique de la superposition d'affectations pour des canalisations d'eau passant sous un terrain faisant partie du domaine public ferroviaire, bien que l'on soit ici très proche de l'occupation privative du domaine public (CAA Marseille, 20 janv. 2015, *Cne de Manosque, n° 13MA02170*). ❑

1. Superposition entre les domaines publics routier et ferroviaire. Les passages à niveau relèvent simultanément du domaine public routier et du domaine public ferroviaire, car ils font l'objet d'une affectation à la voirie routière et à la voie ferrée. • CE 8 déc. 1950, *Cie générale des eaux : Lebon 616 ; S. 1951. 3. 33, note A. P.* ♦ Mais l'affectation à la voie ferrée reste prédominante, même si la route a préexisté. • CE 8 déc. 1950, *Cie générale des eaux : préc.* • CAA Lyon, 7 avr. 1994, *SNCF*, n° 92LY00843 : *D. 1994. IR 182.* ♦ En l'absence d'une telle convention de superposition, lorsque le réseau ferré croise la voirie, les rails peuvent être considérés comme incorporés à la voie et donc faisant partie du domaine public routier. • CE 26 sept. 2007, *Chanal*, n° 281757 : *JCP Adm. 2007, n° 2326, comm. Moreau.* ♦ A propos d'un pont départemental transféré à la commune et enjambant une voie ferrée, • CAA Bordeaux, 1er mars 2018, *SNCF c/ Cne de La Rochelle*, n° 15BX03993.

2. Superposition entre les domaines publics routier et fluvial. Les berges d'un cours d'eau servant d'assiette à une route sont aussi affectées à la circulation routière. C'est le cas des chemins de halage ou des berges ouvertes à la circulation du public. • CE 5 mai 1944, *Sté Auxiliaire de l'entreprise : RD publ. 1944. 249, concl. Chénot, note Jèze* • CAA Paris, 10 juin 2014, *Assoc. Voies lib*, nos 13PA01470 et 13PA01559 • CAA Nancy, 16 janv. 2017, nos 16NC00478 et 16NC00479. ♦ Sur l'absence de double affectation (fluviale et routière) d'un perré. • CAA Lyon, 6 juin 2013, *Cne de Châlon-sur-Saône*, n° 12LY02095. – V. égal., • CAA Paris, 4 mai 2018, *Cne de Montereau-Fault-Yonne*, n° 17PA01629 : *Rev. CMP 2018. Chron. 7, obs. Soler-Couteaux, Zimmer et Waltuch ; JCP Adm. 2018. 2228, obs. de Gaudemar.*

3. Superposition entre les domaines publics routier et maritime. Une passerelle flottante franchissant un canal maritime peut aussi être affectée en même temps à la voirie communale. • CE 2 juill. 1969, *Min. Équip. c/ Leveel*, n° 70778 : *Lebon 357 ; AJDA 1969. 712.* ♦ Jugeant qu'il est possible de conférer à une dépendance du domaine public maritime une affectation supplémentaire tout en lui conservant son affectation d'origine et qu'est ainsi possible la superposition à l'affectation existante de la partie d'une plage aux activités balnéaires, non remise en cause, d'une nouvelle affectation consistant à assurer, par la réalisation d'un platelage en surplomb, la circulation des cyclistes et piétons en site propre : • CAA Nantes, 12 déc. 2014, *SCI Petrus et SCI 24 bis Boulevard de la Mer*, n° 13NT02129 : *Rev. CMP 2015. Chron. 2, obs. Llorens et Soler-Couteaux.* – V., annulant cet arrêt pour un motif tiré du contrat de concession de plage, • CE 28 juill. 2017, *SCI Petrus et SCI 24 bis Boulevard de la Mer*, n° 387920 : *JCP Adm. 2017, n° 2258, obs. Roux ; RDI 2018. 103, obs. Foulquier* • CAA Nantes, 29 déc. 2017, *SCI Petrus et SCI 24 bis Boulevard de la Mer*, n° 17NT02449. ♦ Pour une superposition permettant de réaliser une aire de jeu, un " skate park ", une voie de circulation et des parkings sur le domaine public maritime, le juge ayant estimé qu'une telle convention pouvait permettre de régulariser une situation ancienne, • CAA Bordeaux, 6 juin 2019, *Cne de Lège-Cap-Ferret*, n° 17BX01993 : *AJCT 2019. 520, obs Didriche ; AJDA 2019. 2055, obs. Cabanne ; Rev. CMP 2019, chron. 24, obs. Soler-Couteaux, Zimmer et Waltuch.*

4. Responsabilité du gestionnaire. Un accident provoqué sur un passage à niveau par un pavé de la route nationale engage la responsabilité de l'État. • CE 6 oct. 1944, *Dauphin : Lebon 263.* ♦ Si c'est un élément de la voie ferrée, c'est Réseau ferré de France. De même, les conséquences dommageables de la construction d'une route nationale sur la partie supérieure d'une usine marémotrice incombent uniquement à l'État et non à EDF, gestionnaire de l'usine. • CE 2 juin 1972, *Sté des bateaux de la Côte d'Émeraude*, n° 79597 : *Lebon 414 ; CJEG 1973, jurispr. p. 8.*

SECTION V RÉTABLISSEMENT DE VOIES DE COMMUNICATION RENDU NÉCESSAIRE PAR LA RÉALISATION D'UNE INFRASTRUCTURE DE TRANSPORT

(L. n° 2014-774 du 7 juill. 2014)

Art. L. 2123-9 I. — Le dossier d'enquête préalable à la déclaration d'utilité publique d'une nouvelle infrastructure de transport expose les principes relatifs aux modalités de rétablissement des voies interrompues ou affectées ainsi qu'aux obligations futures concernant les ouvrages d'art de rétablissement incombant à chaque partie.

Les caractéristiques des ouvrages de rétablissement des voies tiennent compte, dans le respect des règles de l'art, des besoins du trafic supporté par la voie affectée, définis par les gestionnaires de ces voies, et des modalités de la gestion ultérieure.

II. — Lorsque, du fait de la réalisation d'une nouvelle infrastructure de transport, la continuité d'une voie de communication existante est assurée par un ouvrage dénivelé, la superposition des ouvrages publics qui en résulte fait l'objet d'une convention entre le gestionnaire de l'infrastructure de transport nouvelle et le propriétaire de la voie existante.

Cette convention prévoit les modalités de répartition des charges des opérations de surveillance, d'entretien, de réparation et de renouvellement de l'ouvrage ainsi que les conditions de sa remise en pleine propriété à la collectivité territoriale et d'ouverture à la circulation.

Pour la répartition des contributions respectives des parties à la convention, le principe de référence est la prise en charge par le gestionnaire de la nouvelle infrastructure de l'ensemble des charges relatives à la structure de l'ouvrage d'art.

Toutefois, les parties à la convention adaptent ce principe en fonction de leurs spécificités propres, notamment de leur capacité financière, de leur capacité technique ou encore de l'intérêt retiré par la réalisation de la nouvelle infrastructure de transport.

III. — Les I et II s'appliquent aux infrastructures de transport nouvelles dont l'enquête publique est ouverte postérieurement au premier jour du sixième mois suivant la promulgation de la loi n° 2014-774 du 7 juillet 2014 visant à répartir les responsabilités et les charges financières concernant les ouvrages d'art de rétablissement des voies.

Art. L. 2123-10 En cas d'échec de la négociation relative à la signature de la convention prévue au II de l'article L. 2123-9, la partie la plus diligente peut demander la médiation du représentant de l'État dans le département, qui consulte l'ensemble des parties et saisit pour avis la chambre régionale des comptes dans un délai d'un mois.

Si cette médiation n'aboutit pas ou en l'absence de recours à une médiation, l'une ou l'autre des parties peut saisir le juge administratif.

V. Instr. du 15 mars 2018 relative à la médiation du préfet concernant la répartition des responsabilités et des charges financières concernant les ouvrages d'art de rétablissement des voies, prévue à l'art. L. 2123-10 CGPPP (NOR : TRAT1804306J).

Art. L. 2123-11 I. — Les dispositions des conventions conclues antérieurement à la promulgation de la loi n° 2014-774 du 7 juillet 2014 visant à répartir les responsabilités et les charges financières concernant les ouvrages d'art de rétablissement des voies, prévoyant les modalités de gestion d'un ouvrage de rétablissement de voies, continuent à s'appliquer.

II. — Lorsque la surveillance, l'entretien, la réparation ou le renouvellement d'un ouvrage d'art de rétablissement de voies qui relève ou franchit les réseaux routiers, ferroviaires et fluviaux de l'État et de ses établissements publics fait l'objet d'un recours formé avant le 1er juin 2014 par une collectivité territoriale devant la juridiction compétente, les parties établissent une convention nouvelle, conformément au II de l'article L. 2123-9 et à l'article *[L.]*2123-10, sous réserve de désistement commun aux instances en cours.

III. – Le ministre chargé des transports fait procéder, avant le 1er juin 2018, à un recensement des ouvrages d'art de rétablissement des voies qui relèvent ou franchissent les réseaux routiers, ferroviaires et fluviaux de l'État et de ses établissements publics et pour lesquels il n'existe aucune convention en vigueur.

Le ministre chargé des transports identifie ceux des ouvrages dont les caractéristiques, notamment techniques et de sécurité, justifient l'établissement d'une convention nouvelle. Celle-ci est établie conformément au II de l'article L. 2123-9 et à l'article L. 2123-10.

Art. L. 2123-12 Un décret en Conseil d'État précise les modalités d'application de la présente section.

BIBL. ▸ Finon, Ouvrages d'art de rétablissement des voies, une loi en trompe-l'œil ?, *AJDA 2014. 1711* ; Les collectivités territoriales soulagées par la loi visant à répartir les responsabilités et les charges financières concernant les ouvrages d'art de rétablissement des voies, *JCP Adm. 2014. Actu. 571*. – de Gaudemar, La réforme de l'entretien des ouvrages dénivelés de rétablissement des voies interrompues par une infrastructure de transport nouvelle, *JCP Adm. 2015. 2017*. – Juen, Voirie routière. Consistance du domaine public routier, *J.-Cl. Propriétés publiques, fasc. 410-10*. – Yolka, Requiem pour un pont ?, A propos du rapport Chaize-Dagbert, Sénat, 26 juin 2019, rapp. n° 809, *Dr. Voirie 2019, p. 133*. – Observatoire national de la route, *Rapport 2019*, dispo. Site internet idrrim.com.

COMMENTAIRE

La section V du code est issue de la loi n° 2014-774 du 7 juillet 2014 visant à répartir les responsabilités et les charges financières concernant les ouvrages d'art de rétablissement des voies qui font partie du domaine public routier. Ses modalités d'application ont été précisées par le décret n° 2017-299 du 8 mars 2017 annoncé à l'article L. 2123-12 (art. R. 2123-18 et R. 2123-19) et par le décret n° 2017-1277 du 9 août 2017 en application de l'article L. 2123-10 (art. R. 2123-20). Une instruction du 15 mars 2018 est venue compléter ce dispositif. Le retard de publication de ces décrets serait imputable à la technicité et au caractère novateur du dispositif posé par la loi, rendant les discussions avec l'Association des maires de France et l'Assemblée des départements de France plus longues que prévu. En effet, dans le cas où des infrastructures de transports nouvelles sont créées, par exemple une ligne de trains à grande vitesse, la continuité des voies existantes peut être interrompue. Pour franchir ces nouvelles infrastructures, la construction de tunnels ou de ponts est alors nécessaire.

L'ambition de ce texte est tout sauf mystérieuse : mettre un terme aux difficultés contentieuses nées de la mise en œuvre du cahier des charges de la SNCF (Décr. n° 83-817 du 13 sept. 1983 portant approbation du cahier des charges de la Société nationale des chemins de fer français). Il en résultait que le rétablissement de la voie devait incomber à son propriétaire ; les collectivités territoriales devaient donc supporter la charge des ouvrages d'art rétablissant des voies de communication coupées par des infrastructures de transport nouvelles. Elles étaient également responsables de la surveillance, de l'entretien, de la rénovation et du renouvellement éventuel de l'ouvrage d'art et devaient enfin garantir la continuité de l'axe de communication en travaux.

La question de la prise en charge du rétablissement et de l'entretien des voies de communication rendus nécessaires par la réalisation d'une infrastructure de transport intéresse essentiellement les collectivités territoriales (et plus précisément les communes et les départements), l'État ayant pris soin de préserver ses intérêts par le contrat le liant à l'établissement public. Or le coût d'un ouvrage de rétablissement de voies s'élevant entre 600 000 euros et un million d'euros, le coût moyen de surveillance et d'entretien annuel étant estimé entre 2 000 et 4 000 euros par an, les collectivités ont toujours eu des difficultés à supporter un tel poids financier (V. l'exposé général relatif à la proposition de loi. – V. aussi Rép. min. n° 119323 : *JOAN Q, 27 déc. 2011*). C'est à cela qu'essaie de répondre la loi du 7 juillet 2014. Soulignons qu'un recensement de l'ensemble des ouvrages d'art de rétablissement des voies, qui devrait être prêt à l'été 2018 et qui comprend déjà 15 4000 ouvrages dont 2700 surplombent le réseau national, 8300 les voies ferrées nationales et 4400 le réseau géré par VNF, vient d'être mis en consultation des collectivités territoriales jusqu'au 21 décembre 2019, l'objectif est qu'une liste définitive soit publiée par l'État en 2020 (pour cette consultation V., www. ecologie-solidaire.gouv.fr).

Pour les infrastructures nouvelles dont la réalisation est soumise à déclaration d'utilité publique (CGPPP, art. L. 2123-9 et L. 2123-10), la notice explicative du dossier d'enquête préalable à la déclaration devra préciser les voies susceptibles d'être interrompues, les personnes publiques qui en sont propriétaires et leurs gestionnaires et, enfin, les éléments permettant d'apprécier la nécessité de rétablir ou non les voies concernées, notamment au regard de leur fréquentation, des possibilités de déviation de la circulation et des caractéristiques et du coût de l'ouvrage d'art de rétablissement susceptible d'être construit (art. R. 2123-18). Et, pour ces voies, l'article L. 2123-9-II, alinéa 3, prévoit une solution de principe pour le partage des charges : le gestionnaire de la nouvelle infrastructure de transport assumera la responsabilité de la structure de l'ouvrage, y compris l'étanchéité ; le propriétaire de la voie rétablie prendra en charge son entretien. Pour autant, une convention stipulant la répartition des charges « des opérations de surveillance, d'entretien, de réparation et de renouvellement de l'ouvrage ainsi que les conditions de sa remise en pleine propriété à la collectivité territoriale et d'ouverture à la circulation » devra être conclue entre le gestionnaire de l'infrastructure de transport nouvelle et le propriétaire de la voie existante (art. L. 2123-9-II). L'article R. 2123-19 apporte des précisions sur cette convention, rappelant que « sauf accord contraire des parties », le principe de référence posé pour la répartition des charges devra être appliqué « lorsque la personne publique propriétaire de la voie rétablie ou, le cas échéant, l'établissement public de coopération intercommunale compétent en matière de voirie ou d'infrastructures de transport dispose d'un potentiel fiscal, tel que défini aux articles L. 2334-4, L. 3334-6 et L. 5211-30 du code général des collectivités territoriales, inférieur à 10 millions d'euros à la date de la conclusion de la convention ». Selon l'étude d'impact, ce seuil des 10 millions d'euros permet de couvrir plus de 97 % des communes et plus de 80 % des EPCI, répondant « à l'esprit de la loi qui est de décharger les collectivités ayant de faibles moyens, tant financiers que techniques ». L'article R. 2123-19 détaille ensuite les coûts qui peuvent être mis à la charge de la personne publique propriétaire ou du gestionnaire de la voie rétablie : « la chaussée, les trottoirs et les équipements routiers, les voies et équipements ferroviaires ou la voie d'eau ainsi que les coûts induits par des demandes spécifiques de la personne publique propriétaire portant sur l'amélioration des performances de la voie rétablie ou l'architecture de l'ouvrage d'art de rétablissement ». Cette convention fixe les modalités de versement à la personne publique propriétaire ou, le cas échéant, au gestionnaire de la voie rétablie des coûts mis à la charge du gestionnaire de la nouvelle infrastructure de transport. Elle doit naturellement être signée avant la mise en service de la voie rétablie et doit comprendre, en annexe, un dossier d'ouvrage d'art constitué par la personne qui en a réalisé la construction et mis à jour par la personne qui en assure l'entretien. Les nouvelles dispositions prévoient en outre une procédure de médiation en cas de conflit sur l'élaboration de la convention avant saisine des juridictions compétentes (art. L. 2123-10). Cette procédure de médiation, inspirée de celle prévue aux articles R. 234-1 et R. 234-2 du code des juridictions financières, a été organisée par le décret n° 2017-1277 du 9 août 2017 et codifiée à l'article R. 2123-20, elle est réalisée par la chambre régionale des comptes, saisie par le préfet, laquelle doit rendre un avis dans un délai de deux mois sur les propositions qui lui ont été transmises. Une instruction du 15 mars 2018 (n° TRAT1804306J, non publiée au *JO ; JCP Adm. 2018. 2158, obs. de Gaudemar*) vient pour sa part préciser l'objet et les conditions du recours à la médiation du préfet en cas d'échec des négociations relatives à la rédaction de cette convention : la capacité financière des parties est prise en compte par le préfet, mais aussi l'intérêt retiré pour les collectivités traversées. Par ailleurs, la conclusion de la convention devra permettre aux collectivités territoriales ayant engagé une action contentieuse avant le 1er juin 2014 de trouver une solution négociée avec l'État ou l'un de ses établissements publics. Il est enfin prévu d'établir, d'ici le 1er janvier 2018, un recensement des ouvrages d'art de rétablissement des voies pour lesquels il n'existe aucune convention en vigueur (art. L. 2123-11-III). Cet inventaire permettra au ministre d'identifier ceux des ouvrages dont les caractéristiques, notamment techniques et de sécurité, justifient l'établissement d'une convention nouvelle ; en cas d'échec, la partie la plus diligente pourra demander la médiation du préfet de département (art. L. 2123-10).

Pour les infrastructures dites existantes (au nombre de 17 000 environ, CGPPP, art. L. 2123-11), les conventions conclues antérieurement à la promulgation de la loi n° 2014-774 du 7 juillet 2014 demeurent applicables. ❑

1. Sur le franchissement des voies ferrées. • CE 23 juill. 2012, *Dpt de la Marne*, n° 341932 : *Lebon T. 611 ; AJDA 2012. 2008, note Finon ; JCP Adm. 2012. 549, obs. C.-A. D. ; ibid. 2013. 2096, note Grimaud. Chron. Chamard-Heim* • TA Bordeaux, 11 oct. 2012, *Cne de Libourne*, n° 1000390 : *AJDA 2013. 411, note Finon*. ♦ Les travaux de rétablissement des voies de circulation interrompue par une ligne à grande vitesse doivent être regardés, du point de vue de la DUP, comme la conséquence directe et nécessaire de la construction des ouvrages de la LGV. • CE 27 déc. 2017, n° 409076.

2. Sur le franchissement des voies navigables ou des canaux. • CE 19 déc. 1906, *Préfet de l'Hérault : Lebon 918* • 26 sept. 2001, *Dpt de la Somme*, n° 219338.

CHAPITRE IV **DISPOSITIONS PARTICULIÈRES**

SECTION PREMIÈRE **UTILISATION DU DOMAINE PUBLIC MARITIME**

Art. L. 2124-1 Les décisions d'utilisation du domaine public maritime tiennent compte de la vocation des zones concernées et de celles des espaces terrestres avoisinants, ainsi que des impératifs de préservation des sites et paysages du littoral et des ressources biologiques ; elles sont à ce titre coordonnées notamment avec celles concernant les terrains avoisinants ayant vocation publique.

(L. n° 2016-1087 du 8 août 2016, art. 159-II-1°) **« Ces décisions doivent être compatibles avec les objectifs environnementaux du plan d'action pour le milieu marin prévus aux articles L. 219-9 à L. 219-18 du code de l'environnement. »**

Sous réserve des textes particuliers concernant la défense nationale et des besoins de la sécurité maritime, tout changement substantiel d'utilisation de zones du domaine public maritime est préalablement soumis à enquête publique *(L. n° 2010-788 du 12 juill. 2010, art. 240-VI)* **« réalisée conformément au chapitre III du titre II du livre Ier » du code de l'environnement.** – *[C. envir., art. L. 123-1 s., App., v° Enquête publique.]*

V. note technique du 3 nov. 2017 relative à l'appréciation de la compatibilité des décisions d'occupation du domaine public maritime avec les objectifs environnementaux des plans d'actions pour le milieu marin (NOR : TREL1721945N).

COMMENTAIRE

I. VOCATION DU DOMAINE PUBLIC MARITIME

Cet article est issu de l'article 25 de la loi relative à l'aménagement, la mise en valeur et la protection du littoral du 3 janvier 1986 (loi littoral), ensuite codifié à l'article L. 321-5 du code de l'environnement. Le domaine public maritime étant en principe affecté à l'usage direct du public, il est soumis, par analogie avec le domaine public terrestre, à des règles d'utilisation qui découlent de la liberté de navigation ou de la liberté de déplacement et qui doivent respecter la vocation dudit domaine. Ce que l'article L. 321-1 du code de l'environnement dispose clairement en précisant que « le littoral est une entité géographique qui appelle une politique spécifique d'aménagement, de protection et de mise en valeur ».

Cette idée est reprise au premier alinéa de l'article L. 2124-1, aux termes duquel les décisions d'utilisation du domaine public maritime tiennent compte de la vocation des zones concernées et de celle des espaces terrestres avoisinants, ainsi que des impératifs de préservation des sites et paysages du littoral et des ressources biologiques. Par conséquent, une décision d'utilisation du domaine public maritime qui serait contraire à sa vocation encourt l'annulation car entachée d'une erreur manifeste d'appréciation, et ce, bien que la vocation du domaine public soit définie de nature plus téléologique qu'immédiatement normative. Ainsi, pour mieux respecter la vocation du domaine public maritime, la réalisation de la politique d'intérêt général qui vise à sa préservation implique une coordination des actions de l'État et des collectivités locales, ou de leurs groupements concernant notamment les terrains avoisinants qui ont une destination publique. En outre, cette vocation spécifique du domaine maritime est aussi protégée par certains documents d'urbanisme comme les schémas de mise en valeur de la mer ou les schémas de cohérence territoriale.

II. CHANGEMENT D'UTILISATION

La conséquence de cette spécificité du domaine public maritime est que tout changement substantiel d'utilisation d'une dépendance du domaine public maritime est soumis préalablement à une procédure d'enquête publique, dont la loi du 12 juillet 2010 précise qu'elle doit être réalisée conformément aux règles du code de l'environnement applicables aux enquêtes publiques relatives aux opérations susceptibles d'affecter l'environnement. Cette exigence est toutefois subordonnée à la réalisation de plusieurs conditions. D'abord, elle tombe face à des textes législatifs qui concernent la défense nationale et la sécurité maritime, l'intérêt national de la défense et de la sécurité primant sur l'intérêt général de protection des espaces littoraux. Ensuite, le changement auquel le projet de nouvelle utilisation veut aboutir doit être substantiel. Dans le cas contraire, l'enquête publique ne s'impose pas. Enfin, la « zone du domaine public maritime » concernée doit bien être une dépendance du domaine public et pas simplement une dépendance d'un autre domaine public dont le changement d'utilisation aurait des répercussions sur le domaine public maritime proprement dit.

III. COMPATIBILITÉ DES DÉCISIONS D'UTILISATION DU DOMAINE PUBLIC MARITIME NATUREL AVEC LES OBJECTIFS ENVIRONNEMENTAUX ARRÊTÉS DANS LE CADRE DES PLANS D'ACTION POUR LE MILIEU MARIN

L'article 159-II-1° de la loi n° 2016-1087 du 8 août 2016 pour la reconquête de la biodiversité, de la nature et des paysages a complété l'article L. 2124-1 du CGPPP en imposant une obligation de compatibilité des décisions ayant trait à l'occupation et à l'utilisation du domaine public maritime naturel avec les objectifs environnementaux, arrêtés dans le cadre des plans d'action pour le milieu marin (PAMM). Une circulaire du ministre de la Transition écologique et solidaire du 3 novembre 2017 (note technique TREL1721945N du 3 nov. 2017 relative à l'appréciation de la compatibilité des décisions d'occupation du domaine public maritime avec les objectifs environnementaux des plans d'actions pour le milieu marin ; http ://circulaire.legifrance.gouv.fr/pdf/2017/11/cir_42764.pdf), adressée aux services déconcentrés compétents, précise que cette compatibilité doit être appréciée au regard du principe de « sincérité » qui implique l'objectivité, la cohérence et l'exactitude des informations fournies par l'État, du principe de « temporalité » qui implique que la compatibilité des activités avec les objectifs environnementaux des PAMM soit appréciée à sa juste mesure en tenant compte de l'état de la connaissance scientifique et de la qualité des données disponibles au moment de l'instruction, du principe de « précaution » qui implique que des mesures effectives tendant à prévenir les dégradations des écosystèmes littoraux et marins puissent être ponctuellement envisagées même en l'absence de certitude scientifique absolue sur l'importance de ces dégradations, du principe de « proportionnalité » qui implique que la procédure d'instruction et les prescriptions formulées soient calibrées en fonction de l'importance des impacts potentiels de l'activité projetée sur les écosystèmes et de la qualité de l'espace concerné (espace remarquable, site Natura 2000, etc.), et enfin du principe de « sécurité juridique » qui implique de prévenir le risque de contentieux, en s'assurant notamment de la clarté et de la validité des décisions administratives, ainsi que de l'égalité de traitement entre les pétitionnaires. Cet examen de comptabilité s'impose aussi bien pour les premières demandes d'autorisation que pour les demandes de renouvellement d'une autorisation antérieure. ❑

1. Contrôle du juge sur la destination de l'utilisation d'une dépendance du domaine public maritime. Contrôlant si les décisions d'utilisation du domaine public maritime respectent les exigences fixées par l'art. L. 2124-1 et censurant une éventuelle erreur manifeste d'appréciation, V. • CE 21 juin 1996, *SARL Aquamed*, n° 136044 (absence d'une telle erreur s'agissant de la décision qui autorise l'installation d'un élevage de poissons) • CE 10 déc. 1990, *Groupement des associations de défense des sites et de l'environnement de la Côte d'Azur*, n° 97119 (même solution, concernant la décision de construction du nouveau port de Golfe-Juan) • CAA Nantes, 12 déc. 2014, n° 13NT02129 (installation d'un platelage en bois sur la plage ne méconnaissant pas la vocation et la préservation du site et du littoral). ♦ En ce qui concerne le contrôle exercé par le Conseil d'État statuant comme juge de cassation, V. • CE 12 mars 2007, *Min. Transports, Équipement, Tourisme et Mer : AJDA 2007. 1095*. ♦ Le refus d'une autorisation d'occupation temporaire du domaine public maritime en vue de l'exploitation d'une aire de jeux aquatiques doit être motivé et peut être fondé sur l'art. L. 2124-1, notamment en raison des conséquences de cette activité sur l'intégrité des fonds marins et des perturbations apportées à la faune et la flore sauvages. • CAA Marseille, 26 oct. 2018, n° 17MA02410 : *Rev. CMP 2019. Comm. 22, note Soler-Couteaux.* ♦ Légalité du refus du préfet de délivrer une autorisation d'occupation temporaire du domaine public maritime pour l'installation de matelas-parasols et l'implantation d'une activité nautique au motif qu'elle n'est pas compatible avec la vocation de la plage telle qu'elle est définie par le plan d'aménagement et de développement durable de la Corse valant schéma de mise en valeur de la mer. • CAA Marseille, 29 mars 2019, *Ministre de la transition écologique*, n° 17MA03629. ♦ Il n'existe pas d'incompatibilité de principe entre l'affectation du domaine public maritime et l'installations d'équipements touristiques. • CE 20 mai 1977, *Paoli*, n° 94212 B. ♦ Par exemple, l'installation, sur le domaine public maritime, d'une aire de glisse affectée à des activités de loisirs n'est pas incompatible avec l'affectation domaniale dès lors, notamment, que les équipements ne sont pas implantés en bordure du littoral, dont ils sont séparés par une voie de circulation et des parkings, et que la dépendance occupée n'était pas affectée auparavant à la pêche maritime et à l'exploitation de l'activité ostréicole. • CAA Bordeaux, 6 juin 2019, n° 17BX01993 ; *AJDA 2019. 2055, obs. Cabanne* ; *AJCT 2019. 520, obs. Didriche* ; *Rev. CMP 2019, chron. 24, obs. Soler-Couteaux, Zimmer et Waltuch.* ♦ L'obligation d'organiser une enquête publique n'interdit pas de modifier les caractéristiques du projet à l'issue de celle-ci, à la double condition que ne soit pas remise en cause l'économie générale du projet d'une part, et que cette modification procède de l'enquête d'autre part. Doivent être regardées comme procédant de l'enquête les modifications destinées à tenir compte des réserves et recommandations de la commission d'enquête, des observations du public et des avis émis par les collectivités et instances consultées et joints au dossier de l'enquête. S'agissant d'un projet de concession minière de sables calcaires coquilliers dans le domaine public maritime et afin de prendre en compte les observations formulées durant l'enquête publique et de limiter ses incidences, l'autorité compétente peut réduire le périmètre annuel d'exploitation par rapport au projet initial de 4 à 1, 5 km^2, diminuer les volumes annuels d'extraction de 400 000 à 250 000 m^3 au plus, raccourcir la durée de la concession de 20 à 15 ans et la période annuelle d'exploitation, ramenée de l'année entière à une période comprise entre les mois de septembre et d'avril. Ces modifications, qui procèdent d'une enquête publique préalable à des travaux susceptibles d'affecter l'environnement et ont pour objet d'en réduire les effets sur ce dernier, ne peuvent, pour substantielles qu'elles soient, être regardées comme constituant une remise en cause de l'économie générale du projet de concession impliquant l'ouverture d'une enquête complémentaire au sens et pour l'application des dispositions de l'art. L. 123-14 C. envir. • CE 5 déc. 2016, *Assoc. Sauvegarde du Trégor et a., Cne de Lannion*, n°s 394592 et 394617. ♦ La légalité d'un décret accordant une concession de sable et graviers silicieux marins sur les fonds du domaine public maritime peut être contrôlée au regard du principe de précaution de l'art. 5 de la Charte de l'environnement (au sujet du risque d'érosion côtière). • CE 25 févr. 2019, *Assoc. Peuple des dunes de Pays de la Loire, Cté de cnes de l'île de Noirmoutier*, n° 410170 : *Lebon T.*

2. Contrôle du juge sur les mesures prises au titre de la protection du domaine public maritime. Censurant l'erreur manifeste d'appréciation résultant de la décision par laquelle le préfet a imposé un relevé annuel de l'ensouillage des câbles sous-marins de télécommunications à un concessionnaire de l'utilisation du domaine public maritime, une telle mesure ayant excédé ce qui était nécessaire à la protection du domaine public maritime, V. • CAA Douai, 5 mars 2015, *Sté BICS*, n° 13DA01680.

3. Changement substantiel d'utilisation de zones du domaine public maritime. L'art. L. 2124-1, al. 2, conditionne la légalité des changements substantiels d'utilisation de zones du domaine public maritime à l'organisation préalable d'une enquête publique. Cette exigence n'intéresse tout d'abord que l'hypothèse où elle n'a pas été écartée par un texte spécifique qui doit être de valeur législative, puisque l'ordonnance du 21 avr. 2006 a été ratifiée par l'art. 138 de la loi n° 2009-526 du 12 mai 2009 de simplification et de clarification du droit et d'allègement des procédures (*JO 13 mai*). La formule employée par l'art. L. 2124-1, al. 2, laisse à penser que ces textes ne peuvent concerner que la défense nationale et les besoins de la sécurité maritime. L'obligation d'organiser une enquête publique ne s'impose ensuite que si le projet concerne directement le domaine public maritime. Mais tel n'est pas le cas par exemple d'un projet visant à la fermeture d'un aéroport dont l'emprise, bien que située en bord de mer, ne fait pas partie du domaine public. • CE 21 août 1996, *Féd. nat. aéronautique et a. : Lebon.* ♦ Tel est le cas, en revanche, d'un projet d'implantation de pieux destinés à l'élevage de moules de bouchot au regard de la nécessité d'effectuer des travaux dans le sol de la mer et de la superficie concernée. • CE 17 sept. 2010, *Cnes de Sangatte et de Calais : AJDA 2010. 1734* ; *JCP Adm. 2010. Actu. 689.* ♦ Exigeant, pour que l'enquête publique soit nécessaire, que le projet aboutisse à un changement substantiel d'utilisation de zones du domaine public maritime. Tel n'est pas le cas d'un arrêté préfectoral se bornant à autoriser le département à gérer conjointement avec l'État les terrains du domaine public maritime nécessaires à la réalisation d'un pont qui relie l'île de Ré au continent. • CE 8 avr. 1994, *Dpt de la Charente-Maritime c/ Assoc. des « Amis de l'île de Ré » : Lebon ; RDI 1994. 427, obs. Auby et Maugüé* ; *1994. 621.* ♦ L'installation d'un platelage en bois sur la plage ne change pas substantiellement l'utilisation de la zone. • CAA Nantes, 12 déc. 2014, n° 13NT02129. ♦ Dans le même sens, s'agissant de l'organisation de l'épreuve motocycliste « Enduro des Baïnes », V. • CE 19 juin 1991, *Min. Intérieur : Lebon ; JCP 1991. 385, note Rouault.* ♦ En revanche, les travaux d'extension du port de plaisance de Royan représentent un changement substantiel d'utilisation du domaine public maritime. • CE 29 déc. 1993, *Ville de Royan : Lebon.*

4. Interdiction des constructions, ouvrages et autres aménagements sur le domaine public maritime. Il résulte du 1er al. de l'art. L. 2132-2 CGPPP, du 1er al. de l'art. L. 2132-3 et de l'art. L. 2111-4 du même code qu'est réprimée l'implantation de constructions, ouvrages et autres aménagements sur le domaine public maritime. Ne sont en revanche pas réprimées les implantations dans l'espace compris au-dessus du domaine public maritime, sauf si elles font obstacle à son utilisation. L'installation d'une passerelle en surplomb de la mer, qui ne fait pas obstacle à l'utilisation du domaine public maritime, ne constitue pas une contravention de grande voirie. A l'inverse, l'installation de deux escaliers, d'un appontement, d'un mur de soutènement et d'un mât pour drapeaux sur le rivage de la mer constitue une contravention de grande voirie. • CE 6 juin 2018, *Arditty*, n° 410651 : *AJDA 2018. 1193, obs. Pastor ; Rev. CMP 2018. Chron. 7, obs. Soler-Couteaux, Zimmer et Waltuch ; Dr. adm. 2018. Comm. n° 47, note Cornille ; JCP Adm. 2018. Actu. 523, obs. Touzeil-Divina ; ibid. 2220, note Moliner-Dubost.* – V. aussi Fouquier, Les vol(ume)s au-dessus de la mer, *RDI 2019. 104.*

5. Protection du domaine public maritime et Conv. EDH. Le régime de protection du domaine public maritime ne heurte pas les exigences de la Conv. EDH, et spécifiquement celles de l'article 1er du Protocole additionnel n° 1 à la Convention. • CEDH, 29 mars 2010, *M. Depalle c/ France*, n° 34044/02 : *AJDA 2010. 1311, note Canedo-Paris ; ibid. 1515, étude Alhama ; ibid. 2362, chron. Flauss ; AJDI 2011. 111, note Gilbert ; D. 2010. 2024, chron. Quézel-Ambrunaz ; ibid. 2183, obs. Mallet-Bricourt et Reboul-Maupin ; ibid. 2468, obs. Trébulle ; Dr. adm. 2010, alerte 28, obs. Noguellou ; Droit de la voirie et du domaine public 2010. 92 ; ibid. 120, note Millet ; Environnement juin 2010, p. 3, obs. Billet ; JCP Adm. 2010. 2140, note Yolka ; ibid., n° 37, p. 13, chron. Chamard-Heim ; JCP 2010. 829, obs. Gonzalez ; ibid. 2186, note Périnet-Marquet ; RDI 2010. 389, note Foulquier ; RDP 2010. 1451, note Manson ; RFDA 2010. 543, note Hostiou* • CEDH, 29 mars 2010, *Mme Brosset-Triboulet et a. c/ France*, n° 34078/02 : *ibid.* – Pour les deux espèces, V. *GDDAB, 3e éd., 2018. Comm. 50-51, obs. Yolka.* ♦ L'obligation de remise en l'état, sans indemnisation préalable, d'une dépendance du domaine public, dans la mesure où nul ne peut se prévaloir d'aucun droit réel sur une telle dépendance, ne constitue pas une mesure prohibée par l'art. 1er du premier protocole additionnel à la Conv. EDH, en vertu duquel nul ne peut être privé de sa propriété que pour cause d'utilité publique. L'action en réparation des dommages causés au domaine public ne constitue pas une accusation en matière pénale au sens des stipulations de l'art. 6 § 3 de la Conv. EDH. • CE 6 mars 2002, *Triboulet, Brosset-Pospisil*, n° 217646 : *Lebon ; LPA 15 déc. 2003, p. 9, chron. Morand-Deviller ; RFDA 2003. 60, note Hostiou.* – V. aussi • CE 6 mars 2002, *Depalle*, n° 217647. ♦ Analysant ces décisions comme une réglementation de l'usage de biens dans un but d'intérêt général (protection de l'affectation du bien à l'usage du public pour le domaine public en général, et protection de l'état naturel du rivage de la mer et du libre accès au rivage en application des dispositions de la « loi Littoral » pour le domaine public maritime) et précisant que les moyens employés par les autorités françaises respectent le principe de proportionnalité, qui n'est pas méconnu alors même que la démolition n'est compensée par aucune indemnisation, V. • CE 6 mars 2002, *Triboulet, Brosset-Pospisil*, n° 217646 : *préc.* • 6 mars 2002, *Depalle*, n° 217647 : *préc.*

6. Parc éolien. L'octroi d'une concession d'occupation du domaine public maritime pour l'aménagement d'un parc éolien au large de la côte normande ne méconnait pas l'article L. 2124-1 CGPPP dès lors que « l'implantation du parc ne porte pas gravement atteinte au milieu aquatique non plus qu'à la faune et l'avifaune présents sur le site ; que le parc avait un impact visuel limité sur le paysage vu depuis le littoral (...) et que sa localisation et les conditions de son développement permettaient de préserver les plages du débarquement comme lieu de mémoire ». • CE 24 juill. 2019 *Association Libre horizon et a.*, n° 412139 B. ♦ L'autorisation d'exploiter un parc éolien n'a ni pour objet, ni pour effet d'autoriser, par elle-même, la construction d'ouvrages de production d'énergie éolienne dont la hauteur de mât dépasse 50 mètres. Elle se borne à autoriser la société bénéficiaire à exploiter un parc éolien ainsi qu'un poste électrique immergé sur le domaine public maritime, sans la dispenser d'obtenir les autorisations requises par d'autres législations avant la réalisation des travaux et la mise en service de ces installations. • CE 7 juin 2019, *Ass. GRSB et a.*, n° 414426 B.

Art. L. 2124-2 En dehors des zones portuaires et industrialo-portuaires, et sous réserve de l'exécution des opérations de défense contre la mer et de la réalisation des ouvrages et installations nécessaires à la sécurité maritime, à la défense nationale, à la pêche maritime, à la saliculture et aux cultures marines, il ne peut être porté atteinte

à l'état naturel du rivage de la mer, notamment par endiguement, assèchement, enrochement ou remblaiement, sauf pour des ouvrages ou installations liés à l'exercice d'un service public ou l'exécution d'un travail public dont la localisation au bord de mer s'impose pour des raisons topographiques ou techniques impératives et qui ont donné lieu à une déclaration d'utilité publique.

Toutefois, les exondements antérieurs au 3 janvier 1986 demeurent régis par la législation antérieure. – *[C. envir., art. L. 321-6.]*

BIBL. ▶ MARCEL, Les concessions d'endigage et de créments futurs. Application à la ville de Saint-Malo et à ses environs, *Rennes, 1939*. – TAVERNIER, La concession d'endigage, *AJDA 1973. 564*. – LAMSON, Concessions d'endigage et utilisation du domaine public maritime, *Gaz. Pal. 18-20 juin 1978*. – ANDRÉ, Les solutions actuelles aux problèmes posés par l'équipement touristique du littoral, *Rev. adm. nov.-déc. 1979, p. 60*. – MATTÉI-DAWANCE, Évolution de la législation relative aux concessions d'endigage, *Droit, littoral et mer, oct.-déc. 1983, p. 15*. – BLANC-UCHANT, Évolution de la législation relative aux concessions d'endigage, *RD publ. 1983. 1601*. – DUFAU, Le littoral sera mieux protégé, *Le Moniteur 7 févr. 1986, p. 45*. – RÉZENTHEL, Utilisations du domaine public maritime, *J.-Cl. Propriétés publiques, fasc. 75*. – GODFRIN, La loi du 3 janvier 1986 relative à l'aménagement, la protection et la mise en valeur du littoral, *AJDA 1986. 359*. – BÉCET, Les schémas de mise en valeur de la mer, *RJ envir. 1990. 505*. – HÉLIN, Le droit de l'agriculture marine, *RFDA 1993. 549*.

COMMENTAIRE

En reprenant le contenu de l'article L. 321-6 du code de l'environnement, l'article L. 2124-2 vise à protéger « l'état naturel du rivage de la mer » d'un certain nombre d'opérations qui, en plus d'être caractéristiques d'un certain abandon par l'État de ses dépendances domaniales, étaient porteuses de spéculation et de détournement d'affectation du domaine public maritime. Ces opérations se sont dans le passé développées via le recours à la technique de la concession d'endigage. Cette concession particulière est un contrat administratif par lequel l'État autorise le concessionnaire à effectuer sur les rivages de la mer ou les rives d'un fleuve des travaux en vue de soustraire les terrains à l'action des flots, les terrains conquis devenant la propriété privée du concessionnaire. Originellement, le but poursuivi par ces concessions était d'intérêt général puisqu'il s'agissait de gagner des terrains pour développer l'agriculture ou permettre des assainissements (pour les marais par exemple). Mais le procédé de la concession d'endigage a très vite été utilisé pour gagner des terrains en vue de la réalisation d'opérations immobilières ou pour construire sur les terres exondées des immeubles destinés à la vente. Pour tenter de lutter contre cette pratique, la loi n° 63-1178 du 28 novembre 1963 prévoyait que les terrains soustraits artificiellement à l'action des flots soient automatiquement incorporés au domaine public maritime. Mais en réservant expressément le cas des « dispositions contraires des actes de concession » (V. ancien art. L. 64 C. dom. Ét.), elle maintenait en réalité la possibilité de dérogations conventionnelles à l'incorporation au domaine public. Ainsi, des terrains qui avaient naturellement vocation à demeurer des propriétés publiques et à être incorporés dans le domaine public voyaient encore leur propriété transférée au concessionnaire. C'est alors la circulaire du 3 janvier 1973 (dite circulaire Guichard, qualifiée de « directive » par CE 18 nov. 1977 et 26 juin 1985, cités note 2) qui prescrivit aux administrations de ne plus délivrer de concessions comportant transfert de propriété et de maintenir dans le domaine public maritime les terrains gagnés sur la mer, afin de les affecter à la satisfaction de besoins d'ordre collectif ou répondant à un intérêt d'ordre général (hébergements collectifs : hôtels, villages de vacances, campings, ne peuvent être admis qu'à titre exceptionnel sur le domaine public maritime). Reste que ce que la loi de 1963 autorise, une circulaire, même qualifiée de directive par le Conseil d'État, ne peut l'interdire.

C'est dans ce contexte que la loi Littoral a essayé en 1986 de clarifier la situation juridique des concessions d'endigage. Sans les interdire explicitement, l'article 27 de la loi, dont est issu l'article L. 2124-2, encadre fortement leur utilisation puisqu'il interdit toute « atteinte à l'état naturel du rivage de la mer, notamment par endiguement, assèchement, enrochement ou remblaiement » en dehors des zones portuaires et industrialo-portuaires. Sont donc ici prohibées les concessions d'endigage sauf si leur utilisation correspond à la satisfaction des besoins d'intérêt général prévus par la loi (travaux de défense contre la mer, ouvrages et installations nécessaires à la sécurité maritime, à la défense nationale, à la pêche maritime, à la saliculture et aux cultures marines, services publics et travaux publics dont la localisation s'impose en bord de mer), ou si la réalisation des ouvrages ou installations est liée à l'exercice d'un service public ou à l'exécution d'un travail public dont la localisation au bord de mer s'impose pour des raisons topographiques ou techniques impératives.

En toute hypothèse, les ouvrages et installations exceptionnellement autorisés par l'article L. 2124-2 doivent faire l'objet d'une déclaration d'utilité publique. *A contrario*, un certain nombre de réalisations échappent à l'article L. 2124-2. Il s'agira des constructions en zones portuaires et industrialo-portuaires et des constructions destinées à la défense contre la mer, la sécurité maritime, la défense nationale, la pêche, la saliculture et les cultures marines. ❑

1. Transfert de propriété au profit du concessionnaire. Lorsque la mer submerge à nouveau les terrains concédés, ces terrains retournent au domaine public maritime. • CE 9 déc. 1994, *Sté civile d'études et de dévelop. immob. : Lebon T. 932 ; LPA 4 oct. 1995, p. 10* • Civ. 1re, 29 mai 1963 : *D. 1963. 493, note Juret.* ♦ Mais le concessionnaire a le droit d'effectuer des travaux de réendigage pour récupérer sa propriété. • CE 22 févr. 1907, *Cuny : Lebon 181.* ♦ Par contre, les simples particuliers riverains de la mer n'ont pas le droit d'exécuter des travaux sur le rivage, même pour faire obstacle à l'incursion de la mer sur leurs propriétés. • CE 16 janv. 1935, *Sté des anciens Éts Courbet : Lebon 63.* ♦ En revanche, des terrains exondés en l'absence d'une concession d'endigage restent dans le domaine public maritime. • CE 13 oct. 1967, *Cazeaux*, n° 58332 : *Lebon 368* • 10 juill. 1970, *Sté civile du domaine de Suroît [2 arrêts]*, nos 78339 et 76994 : *Lebon 480 et 484* • 26 mars 1982, *SA Marine Côte d'Argent : D. 1983, p. 139, note Rézenthel* • 27 nov. 1985, *Sté Cavach : RD publ. 1987. 819* • 29 avr. 1987, *Entr. Lefort : Dr. adm. 1987, n° 345* • 24 janv. 1990, *Angelini : LPA 30 janv. 1991, chron. Holleaux.* ♦ Il en va de même lorsqu'ils ont été exondés sur le fondement d'une concession d'endigage délivrée dans des conditions irrégulières. • CE 15 juill. 1938, *Vial : Lebon 675.*

2. La circulaire du 3 janvier 1973 est qualifiée de directive. • CE 18 nov. 1977, *SA Entreprise Marchand*, n° 00619 : *Lebon 442, concl. Franc ; AJDA 1978. II. 675* • 26 juin 1985, *Assoc. trinitaine de défense de la pêche en mer : Dr. adm. 1985, n° 412.*

3. Champ des interdictions de l'art. L. 2124-2. **Ndlr.** L'art. L. 2124-2 encadre les hypothèses dans lesquelles il peut être porté atteinte à l'état naturel du rivage de la mer, sans pour autant s'opposer à des constructions et réalisations nécessaires à la valorisation du domaine public maritime et finalement conformes à sa destination. Ne sont en effet pas concernées par cet encadrement les zones portuaires et industrialo-portuaires. Jugeant que la zone destinée à recevoir l'extension du port de Royan est une zone portuaire au sens des dispositions précitées, même si elle n'est pas comprise dans l'emprise actuelle du port. En revanche, les travaux envisagés représentent un changement substantiel d'utilisation du domaine public maritime et doivent donc respecter les prescriptions de l'art. L. 2124-1. • CE 29 déc. 1993, *Ville de Royan*, n° 148567 : *Lebon T. 820 ; CJEG 1994. 232, concl. Arrighi de Casanova.* – V. aussi • CE 10 déc. 1990, *Groupement assoc. de défense des sites et envir. Côte d'Azur*, n° 97119. ♦ Ne sont pas davantage concernées l'exécution des opérations de défense contre la mer ni la réalisation des ouvrages et installations nécessaires à la sécurité maritime, à la défense nationale, à la saliculture et aux cultures marines. De telles réalisations sont admises parce qu'elles répondent à un motif impérieux d'intérêt général – protection contre la mer ou sécurité en mer – ou permettent l'exploitation du domaine public maritime. Les textes réglementaires déterminent toutefois strictement les conditions dans lesquelles ces activités peuvent s'exercer. V. par exemple, s'agissant des autorisations d'exploitation de cultures marines sur le domaine public maritime : Arr. du 6 juill. 2010 relatif aux demandes d'autorisation d'exploitation de cultures marines, *JO 24 juill. 2010* ; Arr. du 6 juill. 2010 portant approbation du cahier des charges type des autorisations d'exploitation de cultures marines sur le domaine public maritime, *JO 17 juill. 2010* ; Arr. du 6 juill. 2010 relatif aux modifications, suspensions et retraits des concessions de cultures marines pris en application des art. 29, 30 et 31 du Décr. n° 83-228 du 22 mars 1983 mod., *JO 17 juill. 2010.*

4. Interdiction de modifier l'état naturel des rivages de la mer. **Ndlr.** En dehors de ces situations, le principe est celui de l'interdiction de modifier l'état naturel des rivages de la mer, quels que soient les moyens employés (le terme « notamment » implique que la liste des exemples cités n'est pas exhaustive). ♦ Est interdite la réalisation en bord de mer d'opérations immobilières destinées à l'habitat privatif. • TA Bastia, 15 juill. 1992, *Copropriété de la résidence du Cap : LPA 14 oct. 1992, note Morand-Deviller* • CE 30 déc. 1996, *Sté de protection de la nature Sète-Frontignan-Balaruc : Lebon 512 ; Dr. adm. 1997, n° 112.* ♦ Un avenant à une concession de plage permettant la création de nouveaux lots de plage et la réalisation de constructions est illégal en ce qu'il conduit à porter atteinte aux parties naturelles du rivage et d'un site remarquable au sens des art. L. 146-1 et R. 146-1 C. urb. • CE 12 mars 2007, *Min. des*

Transports, de l'Équipement, du Tourisme et de la Mer, n° 289031. ♦ De même, la réalisation de travaux de remblayage destinés à aménager un jardin public porte atteinte à l'état naturel du rivage de l'étang de Berre. • CAA Marseille, 19 mars 2012, *Assoc. protection du patrimoine Martegal et Assoc. l'Étang nouveau-Pour la réhabilitation et la mise en valeur de l'étang de Berre*, n° 09MA00464.

Néanmoins, même dans cette dernière hypothèse, l'art. L. 2124-2 réserve le cas des ouvrages ou installations liés à l'exercice d'un service public ou à l'exécution d'un travail public dont la localisation au bord de mer s'impose pour des raisons topographiques ou techniques impératives et qui ont donné lieu à une déclaration d'utilité publique. V., par exemple, pour la construction d'une station de traitement des eaux usées en bord de mer en raison de la proximité des réseaux existants : • CE 30 sept. 1994, *Assoc. Menton Héritage : Lebon 422.* ♦ Censurant les erreurs manifestes d'appréciation, V. • CE 30 déc. 1996, *Sté de protection de la nature de Sète-Frontignan-Balaruc : Lebon 512 ; Dr. adm. 1997. Comm. 112 ; JCP 1997. IV. 1313, note Rouault ; JCP N 1997. 699, note Bernard.* ♦ Le riverain procédant à de telles opérations dans des conditions irrégulières est passible d'une contravention de grande voirie. • CAA Bordeaux, 9 sept. 2004, *Min. Équipement*, n° 02BX00594 (construction de digues sans autorisation).

5. Protection du domaine public et protection de l'ouvrage public. Lorsque l'atteinte portée au domaine public maritime procède de l'édification d'un ouvrage public (qui est donc mal planté), c'est au seul préfet – et non au juge administratif – qu'il appartient d'apprécier si une régularisation de la situation de l'ouvrage public demeure possible et si sa démolition entraînerait, au regard de la balance des intérêts en présence, une atteinte excessive à l'intérêt général. Il doit porter cette appréciation, soit avant d'engager la procédure de contravention de grande voirie (en transmettant ou non au juge le procès-verbal), soit après l'engagement de la procédure dont il peut alors se désister. V., au sujet de la construction par une commune d'un parvis sur le domaine public maritime en vue de la réalisation d'un carrefour, • CE 23 déc. 2010, *Min. État, Écologie, Développement et Aménagement durables : Lebon 528 ; AJDA 2011. 730, note Le Gars ; Dr. adm. 2011. Comm. 34, note Melleray ; JCP Adm. 2011, n° 27, p. 18, chron. Chamard-Heim ; JCP Adm. 2011. 2044, comm. Yolka ; JCP 2011, p. 892, chron. Éveillard ; RLCT avr. 2011, p. 33, note Caille ; RJEP 2011. Comm. 47, note Boussard).* ♦ Compte tenu du régime des contraventions de grande voirie, qui confère le monopole des poursuites au préfet, le juge administratif se trouve donc en situation de compétence liée par rapport à l'appréciation portée par le préfet. Cette solution déroge à celle qui reconnaît un tel pouvoir d'appréciation au juge lorsque l'implantation irrégulière de l'ouvrage public n'est pas constitutive d'une contravention de grande voirie. Pour des illustrations, V. • CE 29 janv. 2003, *Synd. dptal. de l'électricité et du gaz des Alpes-Maritimes, Cne de Clans*, n° 245239 : *Lebon 21, concl. Maugüé ; AJDA 2003. 784, note Sablière ; CJEG 2003. 243, concl. ; Collectivités-Intercommunalité 2003, p. 18, note Moreau ; Dr. adm. 2003. 33, obs. Maugüé ; EDCE 2004, n° 55, p. 41 ; GDDAB, 3e éd., 2018. Comm. 92, note Melleray ; JCP Adm. 2003. 1342, note Dufau ; JCP 2003. II. 10118, note Noël, p. 1865, chron. Périnet-Marquet ; JCP 2003. 1405, note Stemmer ; LPA 21 mai 2003, p. 4, note Bougrab ; LPA 6 juin 2003, p. 20, note Charret et Deliancourt ; Procédures 2003, n° 155, p. 25, note Deygas ; RFDA 2003. 477, concl. Maugüé*, et *484, note Lavialle.* • 13 févr. 2009, *Cté de cnes canton de Saint-Malo de la Lande*, n° 295885 : *AJDA 2009. 1057, note Bailleul ; BJDU 2009/1, p. 31, concl. Geffray ; Dr. adm. 2009. Comm. 63, note Traoré ; JCP Adm. 2009. 2208, note Maherzi ; RDI 2009. 350, note Hostiou* • CAA Nantes, 18 avr. 2006, *Assoc. Manche Nature : DMF 2007. 79, obs. Bordereaux.* – Dans le même sens : • CAA Lyon, 26 nov. 2009, *Cté d'agglom. du lac du Bourget*, n° 07LY01589 : *Rev. jur. ALYODA 2011, n° 1, note Roux.* ♦ Le juge administratif recouvre toutefois un pouvoir d'appréciation, même dans l'hypothèse où l'ouvrage public a été irrégulièrement implanté sur le domaine public, par le biais de la notion d'intérêt général. Précisant que, en effet, que le juge de la contravention de grande voirie doit faire droit à une demande tendant à faire cesser une occupation irrégulière du domaine public, « sous la seule réserve que des intérêts généraux n'y fassent pas obstacle », V. • CE 23 déc. 2010, *Min. État, Écologie, Développement et Aménagement durables : préc.* (si le juge est donc lié par le bilan coûts-avantages opéré par le préfet, il peut cependant décider de passe outre au nom de l'intérêt général).

Sur la compatibilité du régime de protection du domaine public maritime avec la CEDH, V. obs. ss. art. L. 2124-1.

Art. L. 2124-3 *(Ord. n° 2016-1060 du 3 août 2016, art. 6)* Pour l'application des articles L. 2124-1 et L. 2124-2 et sans préjudice des articles L. 2124-27 à L. 2124-30, des concessions d'utilisation du domaine public maritime comportant maintien des terrains concédés dans le domaine public peuvent être accordées. Un décret en Conseil d'État fixe les conditions d'instruction et de délivrance de ces concessions.

Les concessions d'utilisation du domaine public maritime en dehors des ports font l'objet, avant leur approbation, d'une enquête publique réalisée *(L. n° 2018-148 du*

2 mars 2018, art. 4) **« en application de la section I du** *[ancienne rédaction : conformément au]* **» chapitre III du titre II du livre Ier du code de l'environnement. Cette disposition n'est pas applicable aux concessions de plage, aux autorisations d'exploitation de cultures marines et aux ouvrages et installations soumis à l'octroi d'un titre minier.**

Les dispositions du Décr. nº 2016-1060 du 3 août 2016 entrent en vigueur à une date fixée par décret et au plus tard le 1er janv. 2017 (Décr. préc., art. 8-I).

Ancien art. L. 2124-3 ***Pour l'application des articles L. 2124-1 et L. 2124-2, des concessions d'utilisation du domaine public maritime comportant maintien des terrains concédés dans le domaine public peuvent être accordées. Un décret en Conseil d'État fixe les conditions d'instruction et de délivrance de ces concessions.*** — V. art. R. 2124-1 à R. 2124-12.

BIBL. ▸ **Ouvrage :** TANGUY, Espaces et ressources maritimes, Ouvrage collectif, *PUF 1990.*

▸ **Thèse :** MINER-URIEN, Le droit des exploitations de cultures marines en France, *1991.*

COMMENTAIRE

L'article L. 2124-3 définit l'instrument juridique au moyen duquel l'utilisation des dépendances du domaine public maritime est possible. C'est le recours au contrat administratif sous forme de concession qui est privilégié. Les modalités de délivrance ont été fixées par un décret en Conseil d'État à l'occasion de la publication de la partie réglementaire du présent code, le décret nº 2011-1612 du 22 novembre 2011 abrogeant le décret nº 2004-308 du 29 mars 2004 relatif aux concessions d'utilisation du domaine public maritime en dehors des ports et en recodifiant pour l'essentiel les dispositions (V. art. R. 2124-1 à R. 2124-12). Les articles R. 2124-2 à R. 2124-7 précisent les conditions d'instruction et d'approbation de la demande de concession (la durée de celle-ci ne devant pas excéder 30 ans, art. R. 2124-1).

Adressée au préfet, la demande est accompagnée d'un dossier comprenant des renseignements énumérés par l'article R. 2124-2. Le préfet, qui est tenu de consulter le préfet maritime ou le délégué du Gouvernement pour l'action de l'État en mer (V. art. R. 2124-4. Cet avis est ensuite joint au dossier soumis à consultation, art. R. 2124-6), procède à une publicité préalable qui, suivant l'importance du projet, consiste en un avis publié dans deux journaux à diffusion locale ou régionale habilités à recevoir des annonces légales diffusées dans le ou les départements intéressés ou dans deux journaux à diffusion nationale (V. art. R. 2124-5).

L'instruction de la demande est conduite par le service gestionnaire du domaine public maritime, qui doit consulter les administrations civiles (notamment le chef du service déconcentré des affaires maritimes) et militaires intéressées et recueillir l'avis du directeur départemental des finances publiques, chargé de fixer les conditions financières de la concession, ainsi que celui de la commission nautique locale ou de la grande commission nautique. Le projet doit également être soumis pour avis aux communes et établissements publics de coopération intercommunale territorialement intéressés ou dans le ressort desquels l'opération est de nature à entraîner un changement substantiel dans le domaine public maritime.

Le silence gardé pendant deux mois sur la demande d'avis vaut avis favorable.

Le service instructeur transmet, au terme des étapes ci-dessus mentionnées, le dossier au préfet accompagné, si la demande lui paraît pouvoir être acceptée, d'un projet de convention.

Une enquête publique, menée dans les formes prévues par les articles R. 123-1 à R. 123-23 du code de l'environnement, est alors organisée, le contenu du dossier soumis à l'enquête étant précisé par l'article R. 2124-7 (enquête qui nécessite, notamment de fournir, une note de présentation précisant les coordonnées du maître d'ouvrage, l'objet de l'enquête, les caractéristiques du projet et un résumé des principales raisons pour lesquelles du point de vue de l'environnement le projet a été retenu. Pour un exemple d'informations lacunaires et imprécises, V. TA Marseille, 18 avr. 2019, *Ass. Collectif de défense du littoral 13*, nº 1902792 : *AJCT 2019. 412, note Noual* ; *Rev. CMP 2019, chron. 27, obs. Soler-Couteaux, Zimmer et Waltuch* ; V. aussi CE 27 févr. 2015, *Synd. mixte des transports pour le Rhône et l'agglomération lyonnaise*, nº 382625 : *Rev. jur. env. 2015, p. 531, note Peyen*).

Le préfet approuve enfin la convention, cette approbation devant être motivée en cas d'avis négatif du commissaire enquêteur ou de la commission d'enquête.

Les articles R. 2124-8 à R. 2124-12 portent sur les conditions financières et le régime de la concession : possibilité d'exiger la constitution de garanties financières auprès de la Caisse des dépôts et consignations (V. art. R. 2124-8) ; obligation d'information du préfet en cas de modification de l'actionnariat du concessionnaire modifiant le contrôle de ce dernier (V. art. R. 2124-10) ; modalités de publicité de l'arrêté approuvant la concession (V. art. R. 2124-11) ; hypothèse des concessions se situant à l'intérieur de la circonscription d'un grand port maritime ou d'un port autonome (V. art. R. 2124-12). La concession n'est pas constitutive de droit réel au sens des articles L. 2122-5 et suivants du code et la législation relative aux baux commerciaux ne lui est pas applicable. L'article R. 2124-9, qui apporte ces précisions, prévoit également que la convention indique que les mesures indispensables à la conservation du domaine public mises en œuvre par le préfet ne donnent pas lieu à indemnisation mais que la concession peut prévoir que sa révocation pour motif d'intérêt général s'accompagne de l'indemnisation des investissements non encore amortis.

A la suite de la circulaire du 3 janvier 1973 qui prescrivait aux administrations compétentes de ne plus délivrer de concessions comportant transfert de propriété et de maintenir dans le domaine public maritime les terrains gagnés sur la mer, une série de textes réglementaires étaient déjà venus organiser les formes de concession d'endigage avec maintien dans le domaine public. Ainsi le décret du 29 juin 1979 relatif aux endigages dans les ports maritimes et définissant les concessions d'endigage avec maintien des terrains exondés dans le domaine public (art. 1er : « L'endigage et l'utilisation des dépendances du domaine public maritime situées hors des limites administratives d'un port peuvent faire l'objet de concessions, sans que les terrains concédés soient soustraits à ce domaine, lorsque ces derniers doivent être affectés à l'usage du public, à un service public ou à une opération d'intérêt général »), et le décret du 24 octobre 1984 qui introduisait un article R. 631-3 dans le code des ports maritimes pour fixer la durée maximale des concessions et autorisations d'occupation consenties par les départements et communes pour les dépendances du domaine public maritime ou fluvial mis à leur disposition (cinquante ans pour les concessions d'exploitation d'infrastructures ou de superstructures portuaires, trente-cinq ans pour les autres concessions et autorisations).

D'autres concessions sur le domaine public maritime existent. Les concessions de plages, naturelles et artificielles, visées à l'article L. 2124-4 ; les concessions de lais et relais de la mer, prévues par l'ancien article L. 64 du code du domaine de l'État et qui ne comportent occupation du domaine public maritime que dans le cas où elles portent sur des lais et relais de la mer formés depuis la promulgation de la loi du 28 novembre 1963 ou incorporés à ce domaine par arrêté préfectoral ; les concessions de cultures marines prévues par le décret n° 83-228 du 22 mars 1983 relatif à l'autorisation des exploitations de cultures marines et modifié par le décret n° 87-756 du 14 septembre 1987 (V. commentaire ss. art. L. 2124-29 et L. 2124-30). ❑

Art. L. 2124-4 **I. — L'accès des piétons aux plages et leur usage libre et gratuit par le public sont régis par les dispositions de l'article L. 321-9 du code de l'environnement.**

II. — Les concessions de plage sont accordées ou renouvelées après enquête publique *(L. n° 2010-788 du 12 juill. 2010, art. 240-VI)* **« réalisée conformément au chapitre III du titre II du livre Ier du code de l'environnement »** *[C. envir., art. L. 123-1 s., App., v° Enquête publique]*. **Elles respectent les principes énoncés à l'article L. 321-9 du même code.**

Tout contrat de concession doit déterminer la largeur de l'espace mentionné au dernier alinéa de l'article L. 321-9 du même code en tenant compte des caractéristiques des lieux.

Les concessions sont accordées par priorité *(L. n° 2014-58 du 27 janv. 2014, art. 44)* **« aux métropoles et, en dehors du territoire de celles-ci, » aux communes ou groupements de communes ou, après leur avis si** *(L. n° 2014-58 du 27 janv. 2014, art. 44)* **« les métropoles, communes ou groupements » renoncent à leur priorité, à des personnes publiques ou privées après publicité et mise en concurrence préalable. Les éventuels sous-traités d'exploitation sont également accordés après publicité et mise en concurrence préalable.**

Les concessions de plage et les sous-traités d'exploitation sont portés à la connaissance du public par le concessionnaire.

III. — Un décret en Conseil d'État fixe les modalités d'application du présent article. — *V. art. R. 2124-13 à R. 2124-38.*

BIBL. ▸ **Ouvrages :** BERNARD, De l'utilisation du domaine public maritime : établissements de pêche et de locations de plages, *Paris, 1930.* – BOY, Les utilisations des plages du domaine public maritime, *th. Poitiers, 1977.* – THABUT, L'utilisation du domaine public maritime en droit français, *th. Nantes, 1979.* – BÉNACEUR, Les exploitations du domaine public maritime et la protection de l'environnement, *th. Strasbourg III, 1982.* – LE BOUËDEC (dir.), Pouvoirs et littoraux, *PU Rennes, 1999.* – BECET, Le droit du littoral, *Economica, 2002.* – COULOMBIE et LE MARCHAND, Droit du littoral et droit de la montagne, *Litec, 2009.* – CALDERARO et LACROUTS, Le littoral, *Le Moniteur, 2005.*

▸ **Fascicules :** RÉZENTHEL, Utilisations du domaine public maritime, *J.-Cl. Propriétés publiques, fasc. 75.* – ONDOUA, Concessions de plage, *J.-Cl. Propriétés publiques, fasc. 79-42.*

▸ **Articles :** DREYFUS, Les concessions de plage après la loi MAPTAM, *Juristourisme 2016. 37.* – MORAND-DEVILLER, Les concessions de plages naturelles, *AJDA 2002. 481* ; Le domaine public maritime et les concessions de plages naturelles, *LPA mai 2002, nº 109, p. 5.* – BORDEREAUX, Remarques relatives à l'application de la loi Sapin sur le domaine public maritime, *Ann. dr. mar. et océanique 2003, nº 21, p. 287.* – RÉZENTHEL, Évolution du droit de la domanialité publique maritime et l'exercice des activités économiques : l'exploitation des plages, *Ann. voirie 2004. 86.* – TERNEYRE, Évolutions récentes du droit du littoral, *AJDA 2005. 354* ; Concessions et conventions d'exploitation de plages, *BJCP 2006. 317.* – MAUGÜÉ, La réaffirmation du caractère exceptionnel de l'occupation privative des plages, *AJDA 2006. 1496*. – BORDEREAUX, L'encadrement juridique de l'économie de la plage, *Dr. envir. 2006, nº 140, p. 208.* – CADIEU, La soumission des concessions de plage à la loi Sapin, *RLCT 2006, nº 15, p. 8.* – DELACOUR, Nouveau régime pour les concessions de plage, *Rev. CMP 2006, nº 200.* – GUILLAUMONT, Le nouveau régime des concessions et sous-concessions de plage, *Rev. CMP 2006. Étude 18.* – JOUFFROY, Nouvelles règles d'occupation privative des plages : entre protection et pression économique, *Ann. voirie 2006. 110.* – RÉZENTHEL et REBUFAT, La réforme des concessions de plage, *Ann. voirie 2006. 108.* – MAUGÜÉ, L'occupation privative des plages, suite et fin ? La validation par le Conseil d'État du décret nº 2006-608 du 26 mai 2006, *Mél. Jégouzo, Dalloz 2009.*

COMMENTAIRE

Cet article reprend les dispositions de l'article L. 321-9 du code de l'environnement, lequel résulte de la loi nº 86-2 du 3 janvier 1986 relative à l'aménagement, la protection et la mise en valeur du littoral (*JO* 4 janv. 1986) telle que complétée par la loi nº 2002-276 du 27 février 2002 relative à la démocratie de proximité (*JO* 28 févr. 2002). Il ne s'agit que d'une reprise partielle, l'article L. 2121-4 ne reproduisant (fort logiquement) que les dispositions proprement domaniales de l'article L. 321-9 du code de l'environnement. Le premier alinéa rappelle le principe de l'accès libre et gratuit aux plages, ce qui signifie que par principe la vocation des plages est un usage collectif et libre comme l'a précisé la jurisprudence dès le XIXe siècle (l'art. L. 321-9 C. envir. qualifie cet usage collectif de « destination fondamentale des plages au même titre que leurs affectations aux activités de pêche et de culture marine »). A cette fin, la loi Littoral prévoyait que le concessionnaire doive réserver à l'usage du public tout le long de la mer « un espace d'une largeur significative ». *A contrario*, tout contrat de concession permettant une occupation privative de la plage devrait rester exceptionnel ; les alinéas suivants de l'article L. 2124-4 fixent désormais le cadre juridique des concessions de plage et le décret nº 2011-1612 du 22 novembre 2011, qui s'inspire largement du décret nº 2006-608 du 26 mai 2006 relatif aux concessions de plage, abroge les dispositions de celui-ci et les recodifie aux articles R. 2124-13 à R. 2124-38 du code.

I. HISTORIQUE

Si un encadrement juridique précis est intervenu, c'est parce que la réglementation antérieure est rapidement devenue inadaptée face à la fréquentation de plus en plus importante, à la pression économique sur le littoral et aux enjeux liés à la préservation de ce dernier. Les règles applicables aux concessions de plages naturelles résultaient pour l'essentiel de trois circulaires (Circ. nº 72-86 du 1er juin 1972 et Circ. nº 72-128 du 27 juill. 1972 relatives aux concessions de plages naturelles à une collectivité locale. – Circ. nº 73-145 du 16 juill. 1973 relative aux concessions de plages naturelles à une personne privée), complétées par des cahiers des charges types. Dans ce cadre, l'État concédait l'exploitation de la plage à une collectivité territoriale – ou, plus rarement, à une personne privée – pour une durée limitée à quinze ans. Le concessionnaire, à condition qu'il s'agisse d'une commune, pouvait sous-traiter tout ou partie de la plage à d'autres personnes publiques ou à des personnes morales de droit privé, étant entendu que le sous-traité devait être approuvé par le préfet et que la surface de la plage susceptible de donner lieu à des activités soumises à paiement ne pouvait excéder 30 % de la superficie concédée. Les règles applicables aux concessions de plages artificielles découlaient quant à elles d'un décret du 17 juin 1966, modifié par le décret n° 71-119 du 5 février 1971 ; leur économie était largement semblable à celle des circulaires précitées (la durée maximale des concessions était cependant portée à trente ans et la superficie autorisée soumise à paiement pouvait aller jusqu'à 75 % de la surface concédée).

Ces règles sont progressivement apparues inadaptées, tant en raison de la pression économique croissante sur les plages que de la modification de l'environnement juridique. La loi « littoral » de 1986 mais aussi et surtout la loi du 29 janvier 1993 relative aux conventions de délégation de service public, impliquaient une clarification et une mise à jour de leur régime juridique, d'autant que le Conseil d'État n'avait pas hésité à qualifier les sous-concessions de plage de délégation de service public et à exiger que leur passation s'opérât dans le respect des dispositions de la loi « Sapin » précitée (CE 21 juin 2000, *SARL Plage « Chez Joseph » : Rec. CE, p. 282 ; BJCP 2000. 355, concl. Bergeal ; ibid. 360, obs. Schwartz ; Rev. CMP 2000. Comm. 17, note Llorens ; CJEG 2000. 374, concl. ; D. 2001. 733, note Bordereaux ; Dr. adm. 2000. Comm. 248, note Braconnier ; Dr. et patr. 5/2001. 124, obs. Jean-Pierre ; RDI 2000. 549, chron. Vallée ; 2000. 797.* – Dans le même sens : CE 8 juin 2005, *M. Tomaselli, Cne de Ramatuelle : Rec. CE, p. 875 ; AJDA 2005. 1686, note Dreyfus ; BJCP 2005. 381, concl. Boulouis, p. 387, obs. Maugüé ; Rev. CMP 2005. Comm. 222, note Delacour ; Dr. adm. 2005. Comm. 135, note Ménéménis ; JCP 2005, I, 177, n° 13, chron. Boiteau. – Contra* : TA Poitiers, 2 mai 2002, *Préfet de la Charente-Maritime : Dr. adm. 2002. Comm. 175, note Hostiou*).

II. RÉGLEMENTATION ACTUELLE

C'est pour faire face à cette double pression, économique et juridique, que le législateur est intervenu en adoptant l'article 115 de la loi n° 2002-276 du 27 février 2002 relative à la démocratie de proximité (codifié à l'art. L. 321-9 C. envir.). Cette disposition a ensuite été partiellement reprise par le CGPPP, devenu le « code pilote » dans ses dispositions relatives aux concessions de plage (C. Maugüé, L'occupation privative des plages, suite et fin ? La validation par le Conseil d'État du décret n° 2006-608 du 26 mai 2006, *Mél. Y. Jégouzo, Dalloz, 2009, p. 675 s., spéc. p. 679*). L'article L. 2124-4-II fixe désormais le cadre juridique général applicable aux concessions de plage, tandis que l'article L. 2124-4-III renvoie au pouvoir réglementaire le soin d'en préciser les modalités d'application.

Les principes généraux applicables aux concessions de plages traduisent la volonté de tendre vers un équilibre entre la nécessaire protection de l'environnement (sur les conditions d'octroi des sous-traités d'exploitation de plage dans les espaces naturels remarquables, V. CAA Marseille, *Ste Hôtel Impérial Garoupe : Env. et dév. durable 2014. Comm. 15, note Sousse*) et la préservation des droits des usagers des plages, d'une part, les attentes économiques des concessionnaires, d'autre part. A cet effet, l'article L. 2124-4-III impose l'organisation d'une enquête publique à l'occasion de l'octroi ou du renouvellement d'une concession de plage, de même qu'il impose le principe d'une publicité et d'une mise en concurrence pour l'octroi des concessions et des sous-concessions de plage. Obligation est également faite aux concessionnaires de porter à la connaissance du public les contrats de concession et de sous-concession. Le même article réaffirme cependant le droit de priorité reconnu de longue date aux communes et aux groupements de communes. L'article 44 de la loi n° 2014-58 du 27 janvier 2014 de modernisation de l'action publique territoriale et d'affirmation des métropoles a complété ce dispositif en reconnaissant un droit de priorité aux métropoles.

Ces principes généraux ont été précisés par les dispositions réglementaires du CGPPP, qui ont repris la substance du décret n° 2006-608 du 26 mai 2006 relatif aux concessions de plage (*JO* 28 mai 2006. – Sur ce texte, V. Bernard-Guillaumont et Guillaumont,

Rev. CMP 2006. Étude 18 ; Bordereaux, *Dr. envir. 2006, n° 140, p. 208* ; Delacour, *Rev. CMP 2006. Comm. 200* ; Ibanez, *Ann. loyers 2006, n° 8, p. 1287* ; Lacrouts, *Rev. jur. env. 2007. 325* ; Linditch, *JCP Adm. 2006. 1145* ; Maugüé, *AJDA 2006. 1496* ; *Mél. Y. Jégouzo, Dalloz, 2009, p. 675*). Contesté par les plagistes, ce décret a été jugé légal (CE 14 avr. 2008, *Fédération nationale des plages et restaurants : AJDA 2008. 841, obs. Pastor* ; *Ann. voirie mai-juin 2008. 14, Comm. Rézenthel ; DMF 2008, n° 695, p. 760, obs. Becet ; Envir. 2008. Comm. 90, note Trouilly ; Tourisme et Droit juin 2008, p. 6, obs. Nguyen et Diot*).

Les articles R. 2124-13 à R. 2124-38, qui s'inscrivent dans la perspective retenue cinq ans plus tôt par le décret n° 2006-608, sont organisés en quatre paragraphes distincts.

Le premier énumère les règles d'occupation des plages faisant l'objet d'une concession : objet (qui doit avoir un rapport direct avec l'exploitation de la plage et être compatible avec une série d'impératifs dont le maintien de l'usage libre et gratuit des plages ou encore les impératifs de préservations) et durée de la concession (douze ans au maximum) ; possibilité pour le concessionnaire de confier tout ou partie des activités à un ou plusieurs sous-traitants ; modalités d'installations d'équipements démontables ou transportables ; absence de constitution de droit réels.

Le deuxième précise les conditions d'attribution des concessions de plage, rappelant le droit de priorité dont dispose la commune (ou le groupement de communes) – sauf, innovation issue de l'article 44 de la loi n° 2014-58 du 27 janvier 2014, lorsqu'elle appartient à une métropole, cette dernière étant alors prioritaire – et précisant la procédure (contenu du dossier exigé ; organisation d'une enquête publique ; consultations ; instruction).

Le troisième porte sur la question, économiquement et politiquement sensible, de l'attribution des sous-traités d'exploitation en principe soumise aux règles applicables aux délégations de service public (si le concessionnaire est une collectivité territoriale ou un groupement de collectivités territoriales).

Le quatrième et dernier règle les modalités et conséquences (notamment financières) de la résiliation des concessions et des conventions d'exploitation. ❑

1. Concessions de plage. Les concessions de plage constituent un cas d'occupation privative du domaine public. Elles sont des délégations de service public et doivent respecter les procédures de mise en concurrence de la loi Sapin. • CE 21 juin 2000, *SARL Plage Chez Joseph*, n° 212100 : *Lebon 282* ; *Dr. adm. 2000, n° 248, note Braconnier ; RFDA 2000. 882* ; *RDI 2000. 549, note Vallée* • 8 juin 2005, *Tomaselli, Cne de Ramatuelle*, n° 255987 : *Lebon T. 875* ; *AJDA. 2005. 1686, note Dreyfus* ; *BJCP 2005. 381, obs. Maugüé ; Rev. CMP 2005, n° 222, note Delacour ; Dr. adm. 2005, n° 135, note Ménéménis.* ♦ *Contra*, • TA Poitiers, 2 mai 2002, *Préfet de Charente-Maritime : Dr. adm. 2002, n° 175, note Hostiou.* ♦ Par ailleurs, le pouvoir de police ne pouvant être concédé, la commune reste toujours responsable de la sécurité. • CE 23 mai 1958, *Amoundruz : Lebon 301* • 4 oct. 1961, *Dame Verneuil : Lebon 533.* ♦ Déniant la qualification de concession de plage à l'exploitation d'une école de pilotage d'ULM, activité sans rapport direct avec l'exploitation de la plage et de la baignade ou avec le service public balnéaire : • CAA Bordeaux, 13 nov. 2014, *Sté Canella Beach*, n° 13BX00271 : *Rev. CMP 2015. Chron. 2, n° 26, obs. Llorens et Soler-Couteaux.*

2. Constitutionnalité du droit de priorité accordé aux communes dans l'attribution des concessions de plage. Refusant de transmettre au Conseil constitutionnel une QPC soulevant la contrariété du 3e al. du II de l'art. L. 2124-4 à l'art. 4 de la DDHC consacrant la liberté du commerce et de l'industrie au motif « qu'il est loisible au législateur, pour satisfaire l'exigence constitutionnelle de protection du domaine public et compte tenu du motif d'intérêt général s'attachant à la conservation des plages comme espaces naturels, de décider que l'État attribuerait en priorité les concessions de plage à ces collectivités publiques ; que le législateur n'a pas prescrit que les communes et leurs groupements seraient, dans tous les cas, concessionnaires de plage mais a subordonné ce choix à une décision de la commune ou du groupement de communes concerné ; que l'octroi en priorité d'une concession de plage à la commune ou au groupement de communes ne fait pas obstacle, par lui-même, à ce que des exploitants privés puissent se porter candidats à la gestion concédée d'une plage, dans le cadre d'un sous-traité de concession ; qu'il résulte de ce qui précède que les dispositions contestées ne méconnaissent ni le principe constitutionnel de la liberté d'entreprendre, garanti par l'article 4 de la DDH de 1789, ni celui de la liberté du commerce et de l'industrie qui en découle », V. • CE 22 mai 2013, *Assoc. syndicale libre des résidences du port de Mandelieu-la-Napoule*, n° 366750 : *Rev. CMP*

2013, n° 193, note Eckert ; AJDA 2013. 1077 ; ibid. 1976, note Chrestia ; RJEP 2014. 8, note Noguellou.

3. Conventionnalité du droit de priorité accordé aux communes dans l'attribution des concessions de plage. Jugeant que le droit de priorité des communes ne viole pas l'art. 1er du premier protocole additionnel à la Conv. EDH au motif que l'association requérante, qui était titulaire d'un sous-traité d'exploitation sur la plage concédée en priorité à la commune, ne disposait d'aucun droit réel sur cette dépendance du domaine public ni d'aucun droit au renouvellement de son titre d'exploitation. Par conséquent, l'octroi de la concession à la commune ne la privait d'aucun bien au sens de art. 1er du premier protocole additionnel à la Conv. EDH. • CAA Marseille, 19 mai 2015, *ASL Remana, Syndicat des copropriétaires Mandelieu M1 et Syndicat des copropriétaires Mandelieu M2*, n° 13MA03706 : *Rev. CMP 2015, n° 184, note Eckert ; ibid. 2016. Chron. 2, n° 26.* ♦ Dans le même sens, estimant que l'octroi des concessions de plage aux communes sans publicité, ni mise en concurrence n'était contraire à aucun texte ni principe du droit de l'Union européenne invoqué devant elle, V. • CAA Marseille, 12 juin 2012 : *Min. Transports.*

4. Périmètre. Jugeant qu'est nulle la sous-concession excédant le périmètre de la concession accordée par l'État : • CAA Marseille, 11 févr. 2014, *SARL l'Ilôt*, n° 12MA01420 : *Rev. CMP 2014, n° 113, note Ubaud-Bergeron ; ibid. 2015. Chron. 2, obs. Llorens et Soler-Couteaux.*

Code de l'environnement

Art. L. 321-9 *(Ord. n° 2006-460 du 21 avr. 2006, art. 3-VI)* L'accès des piétons aux plages est libre sauf si des motifs justifiés par des raisons de sécurité, de défense nationale ou de protection de l'environnement nécessitent des dispositions particulières.

L'usage libre et gratuit par le public constitue la destination fondamentale des plages au même titre que leur affectation aux activités de pêche et de cultures marines.

Sauf autorisation donnée par le préfet, après avis du maire, la circulation et le stationnement des véhicules terrestres à moteur autres que les véhicules de secours, de police et d'exploitation sont interdits, en dehors des chemins aménagés, sur le rivage de la mer et sur les dunes et plages appartenant au domaine public ou privé des personnes publiques lorsque ces lieux sont ouverts au public.

Les concessions de plage sont accordées dans les conditions fixées à l'article L. 2124-4 du code général de la propriété des personnes publiques. Elles préservent la libre circulation sur la plage et le libre usage par le public d'un espace d'une largeur significative tout le long de la mer.

V. Décr. n° 2006-608 du 26 mai 2006 relatif aux concessions de plage (JO 28 mai).

Art. L. 321-10 *(Ord. n° 2015-1174 du 23 sept. 2015, art. 9-VI, en vigueur le 1er janv. 2016)* Les autres dispositions relatives à l'accès au rivage sont régies par la section II du chapitre Ier du titre II du livre Ier du code de l'urbanisme. – *[V. C. urb., art. L. 121-31 s.]*

Art. L. 2124-5 Des autorisations d'occupation temporaire du domaine public peuvent être accordées à des personnes publiques ou privées pour l'aménagement, l'organisation et la gestion de zones de mouillages et d'équipement léger lorsque les travaux et équipement réalisés ne sont pas de nature à entraîner l'affectation irréversible du site.

Ces autorisations sont accordées par priorité aux communes ou groupements de communes ou après leur avis si elles renoncent à leur priorité. – *[C. tourisme, art. L. 341-8.]*

COMMENTAIRE

Issu de l'article 28 de la loi littoral, l'article L. 2124-5 (complété par les art. L. 341-8 à L. 341-10 C. tourisme) prévoit la possibilité d'octroyer des autorisations d'occupation temporaire, à côté des concessions, sur le modèle des autorisations d'occupation privative du domaine public terrestre. Les personnes publiques bénéficiaires sont les communes ou groupements de communes, qui disposent d'un droit de priorité auquel ils peuvent renoncer (de la même manière que pour les concessions de plage), ou les personnes privées. L'attribution de ces autorisations d'occupation est doublement conditionnée. D'une part, par la finalité qui ne peut être que l'aménagement, l'organisation et la gestion de zones de mouillages et d'équipements légers. D'autre part, par le respect de l'affectation, qui ne doit pas être entravée de manière irréversible, auquel cas la notion d'occupation temporaire sur le domaine public perdrait toute sa signification. Ainsi, aucun ouvrage permanent n'est autorisé sur le sol de la mer, excepté les installations et équipements mobiles et relevables compatibles avec l'objet de l'autorisation, sa durée et l'obligation de démolition (V. art. R. 2124-40). Et l'autorisation, précaire et révocable, est délivrée pour une durée maximale de quinze ans (art. R. 2124-46). C'est pourquoi le juge administratif contrôle l'adéquation des motifs de délivrance de l'autorisation à l'absence d'atteinte irréversible à l'affectation du site.

Le régime de ces autorisations, antérieurement précisé par le décret n° 91-1110 du 22 octobre 1991 relatif aux autorisations d'occupation temporaire concernant les zones de mouillages et d'équipements légers sur le domaine public maritime (abrogé par le Décr. n° 2011-1612), a été codifié aux articles R. 2124-39 à R. 2124-55 du code. ❑

Contrôle du juge. Dans la mesure où en particulier la zone de mouillages a pour effet immédiat de préserver les fonds marins de la baie, la délivrance de l'autorisation d'occupation temporaire n'a pas été entachée d'erreur manifeste d'appréciation. • CAA Marseille, 13 avr. 2007, *Comité de sauvegarde de la baie de Cavalaire*, n° 05MA01701. ♦ Si le mouillage des navires et bateaux de plaisance constitue un usage traditionnel du domaine public maritime, il ne saurait être autorisé en tous lieux et l'autorité administrative peut donc limiter le nombre de zones de mouillage au nom d'impératifs tenant à la protection de l'environnement et à la sécurité. • CAA Nantes, 19 juill. 2019, n° 18NT02965.

SECTION II UTILISATION DU DOMAINE PUBLIC FLUVIAL

SOUS-SECTION 1 RÈGLES GÉNÉRALES

Art. L. 2124-6 La personne publique propriétaire du domaine public fluvial est chargée de son aménagement et de son exploitation.

Pour les collectivités territoriales ou leurs groupements, les pouvoirs de police y afférents sont exercés par l'autorité exécutive, sous réserve des attributions dévolues aux maires et des compétences de l'État en matière de police de l'eau, de police de la navigation et d'utilisation de l'énergie hydraulique.

Nonobstant toutes dispositions contraires, l'État reste compétent pour instruire et délivrer les autorisations de prises d'eau, pratiquées sur le domaine public fluvial, des installations de production d'électricité ne relevant pas de la loi du 16 octobre 1919 relative à l'utilisation de l'énergie hydraulique. — *[C. dom. publ. fluv., art. 1er-4.]*

BIBL. ▸ **Thèses :** ALBRESPY, La nature juridique des concessions d'énergie hydraulique, *Toulouse, 1929*. – MAGNIER, Les droits des titulaires d'usines hydrauliques fondées en titre, *Sirey, 1937*.

▸ **Ouvrages :** ARZUL, Utilisation du domaine public fluvial, *J.-Cl. Propriétés publ. 2009, fasc. 74* ; Renouveau du droit du domaine public fluvial, *Johanet, 2008*.

▸ **Rapports :** Conseil général des mines, Conseil général des ponts et chaussées, Inspection générale des finances, Rapport sur le renouvellement des concessions hydroélectriques, *2006*. – Conseil d'État, L'eau et son droit, *Rapport public pour l'année 2010*. – Ministère de la Cohésion des territoires, Ministère de l'Économie et des finances, Commissariat général à l'égalité des territoires et Direction générale des entreprises, Les meilleures pratiques internationales du tourisme fluvial, *2018*.

▸ **Articles :** FROMAGEAU, Rémanence de l'Ancien Droit : les droits fondés en titre, *in* Mél. De Malafosse, *LexisNexis, 2016*. – ROUGEAUX, Les prises d'eau fondées en titre, *CJEG 1973. 55*. – SABLIÈRE, La mise en concurrence des concessions de force hydraulique, *AJDA 2007. 2012*. – SABIANI, La mise en concurrence du renouvellement des concessions hydroélectriques au milieu du gué, *Dr. adm. 2008. Étude 12*. – LE BAUT-FERRARESE et MICHALLET, Nouvelles règles pour l'attribution des concessions d'énergie hydraulique, *JCP Adm. 2009. 2071*. – LE CHATELIER et GRANJON, Le nouveau régime des concessions hydroélectriques, *AJCT 2016. 623*. – BERGÈS, Hydroélectricité : la confluence des droits, *RFDA 2017. 495*. – CHAHID-NOURAÏ et BERTHON, La vraie nature des concessions hydroélectriques, *RFDA 2017. 262*.

COMMENTAIRE

Le domaine public fluvial obéit aux principes généraux d'utilisation du domaine public. Mais, dans une perspective de valorisation et d'utilisation rationalisée de ce domaine, l'article L. 2124-6 prévoit un certain nombre de dispositions spécifiques qui consacrent des usages propres au domaine public fluvial.

I. PERSONNE PUBLIQUE PROPRIÉTAIRE

Cet article rappelle d'abord, de manière tout à fait classique, que la personne publique propriétaire est chargée de l'aménagement et de l'exploitation des dépendances du domaine public fluvial lui appartenant. Ce qui renvoie à une obligation ferme, notamment pour les collectivités territoriales, qui peuvent désormais être propriétaires de dépendances du domaine public fluvial dont la gestion leur avait été préalablement transférée. Rappelons que la loi du 22 juillet 1983 complétant la loi n° 83-8 du 7 janvier 1983 relative à la répartition de compétences entre l'État et les collectivités n'opérait pas un transfert de propriété des cours d'eau navigables, mais seulement un transfert de compétences en matière de gestion et de prise de décision. Son article 5 donnait ainsi compétence aux régions pour gérer et aménager les voies navigables dont elles sollicitaient le transfert de compétences. Mais l'article 56 de la loi n° 2003-699 du 30 juillet 2003 sur la prévention des risques technologiques et naturels et la prévention des dommages, complété par la loi du 13 août 2004 sur les libertés et responsabilités locales, a ensuite réformé le code du domaine public fluvial et de la navigation intérieure en ouvrant la voie à une décentralisation de la carte des rivières et canaux.

Le nouveau dispositif, inscrit à l'article L. 3113-1 (V. le commentaire de cet art.), permet aux régions, départements et autres collectivités territoriales de solliciter le transfert, en pleine propriété et à titre gratuit, des plans d'eau, des rivières et canaux ne relevant pas de la catégorie des voies navigables d'intérêt national dont la consistance a été précisée par le décret n° 2005-992 du 16 août 2005 relatif à la gestion du domaine public fluvial de l'État (V. App., v° *Domaine public fluvial*), des collectivités territoriales et de leurs groupements.

II. EXERCICE DU POUVOIR DE POLICE

Aux termes du deuxième alinéa de l'article L. 2124-6, l'exécutif de la personne collectivité publique propriétaire exerce le pouvoir de police sur les dépendances dont elle a la charge de la gestion sous réserve des attributions et de celles du préfet en matière de police de l'eau.

III. DÉLIVRANCE DES AUTORISATIONS DE PRISES D'EAU

Le dernier alinéa de l'article L. 2124-6 prévoit la compétence exclusive de l'État pour instruire et délivrer les autorisations de prises d'eau sur le domaine public fluvial, assimilées à des utilisations privatives du domaine public, pour les installations de production d'électricité qui ne relèvent pas de la loi du 16 octobre 1919 relative à l'utilisation de l'énergie hydraulique. ❑

Art. L. 2124-7 Un décret en Conseil d'État fixe les modalités de concession du domaine public fluvial de l'État. – *[C. dom. publ. fluv., art. 5.]*

Art. L. 2124-8 Aucun travail ne peut être exécuté, aucune prise d'eau ne peut être pratiquée sur le domaine public fluvial sans autorisation du propriétaire de ce domaine.

Les décisions d'autorisation fixent les dispositions nécessaires pour assurer notamment la sécurité des personnes et la protection de l'environnement. – *[C. dom. publ. fluv., art. 25, al. 1 et 4.]*

En application du 4° du I de l'art. 21 de la L. n° 2000-321 du 12 avr. 2000, le silence gardé par l'administration, au terme d'un délai de deux mois, vaut rejet pour les demandes d'autorisation de prise d'eau sur le domaine public fluvial (V. Décr. n° 2014-1273 du 30 oct. 2014, applicable aux demandes formulées à compter du 12 nov. 2014).

Art. L. 2124-9 Les prises d'eau mentionnées à l'article L. 2124-8 et autres établissements créés sur le domaine public fluvial, même avec autorisation, peuvent toujours être modifiés ou supprimés. Une indemnité n'est due que lorsque les prises d'eau ou établissements dont la modification ou la suppression est ordonnée ont une existence légale.

Toutefois, aucune suppression ou modification ne peut être prononcée que suivant les formes et avec les garanties établies pour la délivrance des autorisations. – *[C. dom. publ. fluv., art. 26.]*

Art. L. 2124-10 Nonobstant les dispositions du premier alinéa de l'article L. 2124-9, l'autorité administrative compétente peut mettre l'exploitant d'un des ouvrages soumis

à autorisation en demeure de satisfaire aux conditions qui lui sont imposées dans un délai déterminé. Si, à l'expiration de ce délai, l'exploitant n'a pas obtempéré à cette injonction, le représentant de l'État peut :

1° Soit faire procéder d'office, aux frais de l'exploitant, à l'exécution des mesures prescrites ;

2° Soit obliger l'exploitant à consigner entre les mains d'un comptable public une somme répondant du montant des travaux ; cette somme lui sera restituée au fur et à mesure de l'exécution des travaux ;

3° Soit décider la mise hors service temporaire de l'ouvrage. – *[C. dom. publ. fluv., art. 25, al. 5 à 9.]*

BIBL. ► Bady, Protection des cours d'eau et du domaine public fluvial, *Thèse, Pau, 1979.* – Conseil d'État, Redevances pour service rendu et redevances d'occupation du domaine public, *Doc. fr. 2002.* – Fromageau, Rémanence de l'Ancien Droit : les droits fondés en titre, *Mél. de Malafosse, LexisNexis, 2016.* – Gauché, Le juge administratif et la survivance du droit féodal : l'exemple des moulins, *AJDA 2009. 1141*. – Guérard, Réflexions sur le code général de la propriété des personnes publiques, *Litec, 2007.* – Magnier, Les droits des titulaires de prises d'eau fondées en titre, *Thèse, Paris, Sirey, 1937.* – Rougeaux, Les prises d'eau fondées en titre, *CJEG. 1973. 55.*

COMMENTAIRE

Cet ensemble d'articles consacre le régime juridique des prises d'eau et autres travaux dont le siège est une dépendance du domaine public fluvial. Les dispositions des articles L. 2124-7 à L. 2124-10 reprennent notamment le contenu, désormais abrogé par l'ordonnance du 21 avril 2006, des articles 5, 25 et 26 du code du domaine public fluvial et de la navigation intérieure. L'article R. 2124-57 précise les conditions procédurales dans lesquelles le préfet coordonnateur de bassin accorde les concessions du domaine public fluvial de l'État.

Le principal apport de l'article L. 2124-8 est de subordonner l'exécution de tout travail ou la pratique d'une prise d'eau sur le domaine public fluvial à l'obligation de délivrance d'une autorisation par le propriétaire de la dépendance du domaine (comme sur le domaine public terrestre) faisant de la prise d'eau ou de l'exercice d'un travail de véritables utilisations privatives du domaine public fluvial, mais avec quelques singularités qui les éloignent un peu du droit commun des occupations du domaine public. Si l'obligation est faite à la personne publique propriétaire de détailler les modalités nécessaires à la garantie de la sécurité des personnes et à la protection de l'environnement dans la décision d'autorisation, c'est surtout la portée du principe de précarité desdites autorisations d'utilisation privative qui les rend originales. En effet, ces autorisations de prises d'eau et autres établissements peuvent toujours être modifiées, voire supprimées de manière unilatérale et sans conditions, bien que le délai d'utilisation prévu dans l'autorisation ne soit pas échu, sous la seule réserve du respect du parallélisme des formes qui avaient conduit à la délivrance de l'autorisation d'occupation privative (V. art. L. 2124-9, al. 2). L'autorité administrative compétente a également la possibilité de contraindre, par une mise en demeure, le titulaire de l'autorisation d'utilisation de la prise d'eau à satisfaire à des exigences qui lui sont imposées dans un délai déterminé (V. art. L. 2124-10). Le non-respect de cette injonction expose l'exploitant à des mesures d'exécution forcée qui peuvent aller jusqu'à la mise hors service temporaire de l'ouvrage.

En toute hypothèse, la décision de modification ou de suppression des prises d'eau et autres établissements ne s'accompagne d'aucun octroi d'indemnité, ce qui renforce encore le caractère précaire de cette forme d'occupation privative, sauf s'il peut être prouvé que la prise d'eau ou l'établissement objet de la mutation a une existence légale. Cette notion de droits fondés en titre sur le domaine public fluvial trouve son origine dans l'histoire. Étaient ainsi qualifiés de droits fondés en titre sur les cours d'eau domaniaux : les prises d'eau établies avant l'ordonnance de Moulins de février 1566, en vertu d'un acte de la Couronne (il s'agit là de vestiges des droits féodaux) ; les prises d'eau créées sur le fondement de l'édit de Moulins ; les prises d'eau concédées à titre définitif à des congrégations religieuses par le roi avant 1683 et qui ont été cédées à un tiers avant l'expropriation des biens du clergé à la Révolution ; les prises d'eau établies sur des cours d'eau de provinces rattachées à la France après 1566 et dans lesquelles le principe de l'inaliénabilité des biens de la Couronne n'existait pas ; les prises d'eau comprises ou consenties à l'occasion des ventes de biens nationaux à la Révolution (le fondement de ces droits repose sur la Constitution du 22 frimaire an VIII, confirmé par la charte de 1814. V. Arzul, *J.-Cl. Propriétés publiques 2009, fasc. 74, n° 39*). *In fine*, c'est la preuve de l'existence légale, souvent difficile à établir, qui conditionne l'octroi de l'indemnité. En l'occurrence, le droit fondé sur un titre légal résultera d'un document écrit qui n'est pas nécessairement un acte administratif (au vu de l'ancienneté requise) ou d'une situation de fait, les deux étant marqués par leur ancienneté historique.

Les titulaires de titres d'occupation ou d'utilisation du domaine public fluvial confié à Voies navigables de France qui implantent ou exploitent des ouvrages destinés à la prise ou au rejet d'eau sont assujettis au paiement d'une redevance (redevance de prise et de rejet d'eau) dont le montant est déterminé différemment selon que l'occupation vise ou non à utiliser la force motrice de l'eau à des fins de production électrique. Pour les ouvrages de prise et de rejet d'eau à des fins de production hydroélectrique, à l'exception des ouvrages inclus dans une concession hydroélectrique, la procédure de sélection préalable à l'occupation ou à l'utilisation du domaine public prévue par les articles L. 2122-1-1 à L. 2122-1-4 CGPPP permet de déterminer le niveau de la redevance. Pour les autres ouvrages de prise et de rejet d'eau, la redevance est composée d'une part fixe fondée sur la superficie du domaine public occupé et d'une part variable fondée sur le volume maximal que l'ouvrage peut prélever ou rejeter en une année civile au vue de ses caractéristiques techniques (Décr. n° 2019-1356 du 13 déc. 2019 relatif aux redevances de prise et de rejet d'eau dans le domaine public fluvial confié à Voies navigables de France, codifié aux articles R. 4316-1 s. C. transp.).

A noter enfin que le régime de la prise d'eau sur le domaine public fluvial diffère de celui des prises d'eau sur le domaine public maritime. En effet, l'usage de l'eau de mer est libre et gratuit, sauf si cet usage est destiné à la production de l'énergie hydraulique. Sous cette réserve, une prise d'eau de mer ne peut être soumise à autorisation ni au paiement de redevances (Maguero, Dictionnaire des domaines, *éd. 1911, n° 31, p. 772*. – Dementhon, Traité du domaine de l'État, *4e éd., p. 387*. – Descheemacker, Les redevances pour prises d'eau de mer, *CJEG 1950, doctr. p. 2*. – Launay, Les rivages de la mer, *thèse Paris 1968, p. 437*). Cette analyse a d'ailleurs été confirmée par l'Administration pour qui « L'enlèvement (de l'eau de mer) ne donne lieu ni à autorisation ni à paiement d'une redevance si cet enlèvement a lieu par le moyen de seaux ou de fûts » (Lettre min. marine marchande 24 nov. 1955 : *BO mar. march. n° 16, p. 333*). Une autorisation assortie de redevances ne peut être exigée que si la prise d'eau de mer comporte des installations établies sur le domaine public maritime, par exemple, la pose de canalisations ou d'appareils de pompage sur le rivage pour puiser l'eau (Dufau, Utilisation du domaine public maritime, *J.-Cl. Propriétés publiques, fasc. 75*). On rejoint alors le régime des occupations temporaires du domaine public. ❑

1. Travail exécuté sur le domaine public fluvial. L'opération consistant à lever un bateau pour le mettre en cale sèche au moyen d'un dock flottant ne constitue pas, en elle-même, un travail exécuté sur le domaine public fluvial. • CE 26 janv. 2018, *VNF*, n° 402746 : *Lebon T. ; AJDA 2018. 883 ; Dr. voirie et dom. public 2018, n° 202, p. 67, concl. Victor ; JCP Adm. 2018. Actu. 115, obs. Touzeil-Divina.*

2. Preuve de l'existence d'un droit fondé en titre. Sont notamment regardées comme fondées en titre ou ayant une existence légale les prises d'eau sur des cours d'eau non domaniaux qui, soit ont fait l'objet d'une aliénation comme bien national, soit sont établies en vertu d'un acte antérieur à l'abolition des droits féodaux ; une prise d'eau est présumée établie en vertu d'un acte antérieur à l'abolition des droits féodaux dès lors qu'est prouvée son existence matérielle avant cette date. • CE 7 févr. 2007, *Sable*, n° 280373 : *Lebon T. 863 ; AJDA. 2007. 1204 ; RFDA 2007. 494, concl. Aguila ; Dr. adm. 2007, n° 56, obs. Février* • 7 juill. 1939, *Vautrin : Lebon 458* • 2 juill. 1978, *Chatillon : Lebon 815.* ♦ La consistance légale est celle fixée dans le titre de propriété. Si le titre est muet, il appartient au juge administratif de trancher. • CE 9 juin 1937, *Loury : Lebon 675.* ♦ Les droits particuliers à l'usage de l'eau constituent des droits réels immobiliers. • Civ. 17 nov. 1953 : *CJEG 1954, p. 128.* ♦ Sur cette notion, V. Rigaud, La théorie des droits réels administratifs. *S. 1914.* – Richer, Les cent ans de la théorie des droits réels, *in* Contrats et propriété publics (dir. G. Clamour), *LexisNexis, 2011, p. 179*). ♦ Le fait qu'un moulin n'ait pas fonctionné depuis cinquante ans ne lui fait pas perdre son droit fondé en titre dans la mesure où ses éléments essentiels ne sont pas dans un état de ruine tel qu'il ne soit plus susceptible d'être utilisé par son détenteur ; la consistance d'un droit fondé en titre est donc présumée, sauf preuve contraire, conforme à sa consistance actuelle. • CE 16 janv. 2006, *Féd. Pyrénées-Atlantiques pour pêche et* *protection environnement milieu aquatique et Assoc. Gave d'Oloron,* n° 263010 • 7 avr. 2007, *Sable,* n° 280373 : *préc.* ♦ *Contra*, un droit fondé en titre se perd par le non-usage de l'ouvrage. • Civ. 1re, 17 juill. 1958 : *CJEG 1958, p. 186* • Civ. 3e, 10 juin 1981 : *CJEG 1982, p. 21.* ♦ En revanche, le droit fondé en titre s'éteint lorsque la force motrice de l'eau ne peut plus être utilisée par le détenteur du droit du fait de la ruine ou d'un changement d'affectation de l'ouvrage. • CE 5 juill. 2004, *SA Laprade Énergie,* n° 246929 : *Lebon 294 ; AJDA 2004. 2219, note Sablière ; D. 2004. IR 2763 ; JCP Adm. 2004. 1705, obs. Rouault ; RFDA 2004. 1034 .* ♦ V., pour une hypothèse où le requérant ne parvient pas à apporter la preuve d'un droit fondé en titre : • CAA Marseille, 23 déc. 2013, *N. et a.,* n° 12MA00513 : *JCP Adm. 2014. 2301, concl. Deliancourt.*

3. Portée du droit fondé en titre. Des transformations qui font que la consistance est sans rapport avec la consistance d'origine ne peuvent être réalisées que sur autorisation préalable de l'administration. • CAA Nancy, 17 oct. 2005, *SARL Forces et énergie électriques,* n° 02NC00367 (sur l'interdiction pour un propriétaire d'augmenter sa puissance sans autorisation). ♦ Il appartient alors à l'administration de démontrer qu'il y a eu augmentation de la capacité de l'ouvrage et non de simples améliorations techniques. • CAA Bordeaux, 4 déc. 2003, *Min. de l'Aménagement du territoire et de l'Environnement,* n° 99BX01523. ♦ La loi du 3 janv. 1992, sans remettre en cause le fondement de tels droits, permet par voie d'arrêté de limiter les droits d'usage de l'eau des particuliers comme des collectivités. • CAA Nancy, 3 mars 2005, *SCI AZIMUT,* n° 00NC01263. ♦ Les titulaires de droits fondés en titre, en tant que propriétaires, sont exempts de toute redevance domaniale vis-à-vis du gestionnaire du cours d'eau. • CE 14 févr. 1958, *Bonnard : AJDA 1958. II. 44.*

Art. L. 2124-11 *(L. n° 2006-1772 du 30 déc. 2006, art. 8)* **« L'entretien, tel que défini aux articles L. 215-14 et L. 215-15 du code de l'environnement, » des cours d'eau domaniaux et de leurs dépendances est à la charge de la personne publique propriétaire du domaine public fluvial. Toutefois, les personnes qui ont rendu les travaux nécessaires ou y trouvent intérêt peuvent être appelées à contribuer au financement de leur entretien.**

De même, les propriétaires de moulins ou d'usines qui ont rendu les travaux nécessaires ou qui trouvent intérêt aux travaux d'entretien ou de réparation des ouvrages de navigation, de levées, barrages, pertuis, écluses peuvent être appelés à contribuer à leur financement.

A défaut d'accord sur le montant de la participation mentionnée aux deux alinéas précédents, il est fait application des dispositions de l'article L. 211-7 du code de l'environnement. — *[C. dom. publ. fluv., art. 14 et 39.]*

Art. L. 2124-12 **Dès lors que les cours d'eau ou canaux domaniaux ne sont plus utiles à la navigation, la personne publique propriétaire du domaine public fluvial n'est tenue, au titre des ouvrages intéressant antérieurement la navigation, à aucune dépense autre que celles qu'implique le rétablissement, en cas de nécessité, de la situation naturelle.**

Les travaux d'entretien, de réparation et de restauration des ouvrages intéressant les propriétaires ou exploitants d'usines ou d'autres bénéficiaires ne donnent lieu à aucune contribution financière de la personne publique propriétaire. — *[C. dom. publ. fluv., art. 6, al. 6 et 7.]*

BIBL. ▸ DE GAUDEMAR, Conservation du domaine public, *J.-Cl. Propriétés publiques, fasc. n° 62.* – ARZUL, Domaine public fluvial ; Consistance et délimitation, *J.-Cl. Propriétés publiques, fasc. 43.* – PALLUEL, L'entretien des biens publics, une obligation générale introuvable, *Dr. adm. 2018. Étude 10.* – CABROL, L'obligation d'entretien du domaine public, *Droit et ville 2001, nos 52 et 53.*

COMMENTAIRE

Ces deux articles posent le principe d'obligation d'entretien des cours d'eau domaniaux, des prises d'eau et des établissements à la charge des personnes propriétaires. Ce principe découle de celui, plus général, selon lequel l'Administration est obligée d'entretenir le domaine public afin que ce dernier soit en état de satisfaire à son affectation. Ainsi, la personne publique propriétaire a vocation à assurer le curage des cours d'eau et de leurs dépendances pour permettre le bon écoulement des eaux (V. art. L. 2124-11). Néanmoins, ces deux articles introduisent aussi une certaine souplesse destinée à atténuer la rigueur de l'acquittement de cette obligation, toujours très onéreuse pour la collectivité publique propriétaire. Ainsi, si le cours d'eau n'est plus utile à la navigation, la personne publique n'est tenue à aucune autre dépense que celle qui serait impliquée par un rétablissement éventuel de ce cours d'eau à sa destination première (V. art. L. 2124-12 : « (...) le rétablissement, en cas de nécessité, de la situation naturelle »). De même, l'alinéa 2 exempte les personnes publiques de toute participation aux travaux d'entretien ou de réparation d'ouvrages intéressant des bénéficiaires tiers. Enfin, l'article L. 2124-11, renvoyant à l'article L. 211-7 du code de l'environnement, vient alléger la charge d'entretien de la collectivité propriétaire en posant le principe selon lequel toute personne qui a rendu nécessaires les travaux d'entretien des cours d'eau ou qui y trouve un intérêt peut être appelée à contribuer au financement dudit entretien. Il en va de même pour les propriétaires de moulins ou d'usines qui ont été à l'origine de travaux d'entretien ou de réparation des ouvrages de navigation, barrages, écluses, etc., ou qui ont pu y trouver un intérêt. ❑

L'obligation d'entretien incombe à la collectivité propriétaire de l'ouvrage. • CE 4 avr. 1962, *Sté des Chais d'Armagnac : Lebon 245 ; AJDA 1962. 592, concl. Braibant.* ♦ L'État ne peut pas se délier de cette obligation en invoquant l'accomplissement de simples démarches visant à procéder à des travaux de curage d'un canal. • CAA Lyon, 17 mars 2016, *Min. de l'Écologie, du Dévelop. durable et de l'Énergie*, n° 15LY01335. ♦ L'obligation d'entretien des perrés, c'est-à-dire des renforts des rives d'un fleuve, d'un quai, etc., est à la charge de la commune et non de Voies navigables de France car ils ne sont pas destinés à assurer la sécurité et la facilité de la navigation ou l'exploitation de la rivière mais sont physiquement et fonctionnellement indissociables de la voie communale qui les surplombe. • CE 24 févr. 2016, *Voies navigables de France*, n° 386948.

Art. L. 2124-13 *(L. n° 2006-1772 du 30 déc. 2006, art. 69)* **Les zones d'occupation du domaine public fluvial supérieure à un mois par un bateau, un navire, un engin flottant ou un établissement flottant ne peuvent être délimitées par le gestionnaire de ce domaine qu'après accord du maire de la commune sur le territoire de laquelle se trouvent ces zones.**

En dehors des zones ainsi délimitées, aucune occupation supérieure à un mois par un bateau, un navire, un engin flottant ou un établissement flottant ne peut être autorisée.

Ces dispositions ne s'appliquent pas aux bateaux, navires, engins flottants ou établissements flottants nécessaires à l'entretien ou à la conservation du domaine public fluvial ou à la sécurité de la navigation fluviale.

Art. L. 2124-14 **Les dispositions de l'article L. 2124-5 s'appliquent aux mouillages et équipements légers réalisés sur le domaine public fluvial même lorsqu'il n'est pas situé dans les communes définies par l'article L. 321-2 du code de l'environnement. Sur le domaine public fluvial, le pouvoir de délivrer ces autorisations peut être délégué par l'autorité compétente, dans les conditions déterminées par celle-ci, à une autorité organisatrice ayant vocation à développer la plaisance fluviale dans un bassin de navigation.** – *[C. tourisme, art. L. 341-11.]*

BIBL. ▸ ARZUL, Domaine public fluvial : Utilisation, *J.-Cl. Propriétés publiques, fasc. 74.*

COMMENTAIRE

La possibilité d'accorder des autorisations d'occupation temporaire du domaine public fluvial à des personnes publiques ou privées (autorisations accordées en priorité aux communes ou groupements de communes) dans les conditions fixées par l'article L. 2124-5 (V. comm. ss. cette disposition) est admise par le présent article, même dans l'hypothèse où le domaine public fluvial ne se situe pas dans une commune littorale. Un élément de souplesse est introduit dans le processus de délivrance de ces autorisations, puisque le pouvoir de les octroyer peut être délégué par l'autorité administrative compétente à une autre autorité, à condition que celle-ci ait vocation à développer la plaisance fluviale dans un bassin de navigation. ❑

Code de l'environnement

Art. L. 321-2 Sont considérées comme communes littorales, au sens du présent chapitre, les communes de métropole et des départements d'outre-mer :

1° Riveraines des mers et océans, des étangs salés, des plans d'eau intérieurs d'une superficie supérieure à 1 000 hectares ;

2° Riveraines des estuaires et des deltas lorsqu'elles sont situées en aval de la limite de salure des eaux et participent aux équilibres économiques et écologiques littoraux. La liste de ces communes est fixée par décret en Conseil d'État, après consultation des conseils municipaux intéressés.

(L. n° 2015-292 du 16 mars 2015, art. 7) « En cas de création d'une commune nouvelle en application de l'article L. 2113-2 du code général des collectivités territoriales, les règles relatives aux communes littorales s'appliquent au seul territoire des anciennes communes la composant précédemment considérées comme communes littorales. Le conseil municipal peut cependant demander à ce que l'ensemble du territoire de la commune nouvelle soit soumis aux règles relatives aux communes littorales. »

....

Art. R. 321-1 Sont considérées comme communes littorales au sens du 2° de l'article L. 321-2 les communes riveraines d'un estuaire ou d'un delta désignées ci-après :

1° Dans le département du Pas-de-Calais : Wimille et Outreau ;

2° Dans le département de la Seine-Maritime : La Cerlangue et Tancarville ;

3° Dans le département de l'Eure : Quillebeuf-sur-Seine, Marais-Vernier, Saint-Samson-de-la-Roque, Foulbec, Conteville et Berville-sur-Mer ;

4° Dans le département du Calvados : Bénouville, Osmanville et Isigny-sur-Mer ;

5° Dans le département de la Manche : Saint-Côme-du-Mont, Angoville-au-Plain, Vierville, Orval, Saint-Quentin-sur-le-Homme et Poilley ;

6° Dans le département des Côtes-d'Armor : Saint-Lormel, Quemper-Guézennec, Ploëzal, Trédarzec, Troguéry, Minihy-Tréguier, Tréguier et Pouldouran ;

7° Dans le département du Finistère : Saint-Martin-des-Champs, Pont-de-Buis-lès-Quimerch et Clohars-Fouesnant ;

8° Dans le département du Morbihan : Arzal et Camoël ;

9° Dans le département de la Loire-Atlantique : Montoir-de-Bretagne, Donges, La Chapelle-Launay, Lavau-sur-Loire, Bouée, Frossay, Saint-Viaud, Paimbœuf, Corsept et Bourgneuf-en-Retz ;

10° Dans le département de la Vendée : Brem-sur-Mer, L'Île-d'Olonne et Angles ;

11° Dans le département de la Charente-Maritime : Saint-Laurent-de-la-Prée, Vergeroux, Rochefort-sur-Mer, Tonnay-Charente, Saint-Hippolyte, Echillais, Soubise, Saint-Nazaire-sur-Charente, Meschers-sur-Gironde, Arces-sur-Gironde, Talmont-sur-Gironde, Barzan, Chenac-Saint-Seurin-d'Uzet, Mortagne-sur-Gironde, Floirac, Saint-Romain-sur-Gironde, Saint-Fort-sur-Gironde, Saint-Dizant-du-Gua, Saint-Thomas-de-Conac, Saint-Sorlin-de-Conac ;

12° Dans le département de la Gironde : Saint-Ciers-sur-Gironde, Braud-et-Saint-Louis, Saint-Androny, Fours, Saint-Genès-de-Blaye, Blaye, Cussac-Fort-Médoc, Saint-Julien-Beychevelle, Pauillac, Saint-Estèphe, Saint-Seurin-de-Cadourne, Saint-Yzans-de-Médoc, Saint-Christoly-de-Médoc, Bégadan, Valeyrac, Jau-Dignac-et-Loirac, Saint-Vivien-de-Médoc et Talais ;

13° Dans le département des Pyrénées-Atlantiques : Boucau et Bayonne ;

14° Dans le département de la Haute-Corse : Vescovato ;

15° Dans le département du Gard : Vauvert.

Art. L. 2124-15 **Si un cours d'eau domanial enlève par une force subite une partie considérable et reconnaissable d'un champ riverain et la porte vers un champ inférieur ou sur la rive opposée, il est procédé conformément aux dispositions de l'article 559 du code civil.** – *[C. dom. publ. fluv., art. 12.]*

COMMENTAIRE

Cet article envisage l'hypothèse des fortes crues. Les conséquences dommageables en termes de revendication de la propriété sont réglées par renvoi à l'article 559 du code civil, aux termes duquel : « Si un cours d'eau, domanial ou non, enlève par une force subite une partie considérable et reconnaissable d'un champ riverain, et la porte vers un champ inférieur ou sur la rive opposée, le propriétaire de la partie enlevée peut réclamer sa propriété ; mais il est tenu de former sa demande dans l'année : après ce délai, il n'y sera plus recevable, à moins que le propriétaire du champ auquel la partie enlevée a été unie n'eût pas encore pris possession de celle-ci ». ❑

SOUS-SECTION 2 **RÈGLES RELATIVES À LA LOIRE**

Art. L. 2124-16 **Sur la Loire, entre Roanne et le pont d'Oudon, et sur ses affluents, l'Allier, depuis son confluent avec la Dore, le Cher, depuis Saint-Amand, la Vienne,**

depuis son confluent avec la Creuse, la Mayenne et le Maine, depuis Château-Gontier et jusqu'à leurs confluents avec la Loire, sont appliquées les dispositions de la présente sous-section. – *[C. dom. publ. fluv., art. 55.]*

Art. L. 2124-17 Pour l'ensemble des cours d'eau mentionnés à l'article L. 2124-16, aucune plantation ou accrue n'est tolérée sur les terrains compris entre les cours d'eau et les digues et levées ou sur les îles, sans autorisation.

En cas de non-respect, le contrevenant est passible d'une amende de 150 à 12 000 euros et les plantations pourront être arrachées à ses frais après mise en demeure préalable.

Il n'est dû d'indemnité que si la plantation avait fait antérieurement l'objet d'une autorisation régulière et compte tenu des conditions fixées par cette autorisation. – *[C. dom. publ. fluv., art. 57 et 58.]*

Art. L. 2124-18 L'édification de toute construction est interdite sur les terrains compris entre les digues et la rivière, sur les digues et levées, ou sur les îles.

(L. n° 2014-366 du 24 mars 2014, art. 127-1°) « Du côté du val, les ouvrages, plantations, constructions, excavations et clôtures situés à moins de 19,50 mètres du pied des levées sont soumis à autorisation préfectorale. L'autorisation prescrit les mesures nécessaires pour assurer, en toutes circonstances, la sécurité des biens et des personnes, l'accès aux ouvrages de protection, leur entretien ou leur fonctionnement. »

(Abrogé par L. n° 2014-366 du 24 mars 2014, art. 127-2°) « Toute construction doit faire l'objet d'une autorisation préfectorale. »

En cas de non-respect de ces dispositions, le contrevenant est passible d'une amende de 150 à 12 000 euros. Il doit, après mise en demeure préalable, procéder à la remise en état des lieux. – *[C. dom. publ. fluv., art. 59.]*

SOUS-SECTION 3 RÈGLES RELATIVES AUX DÉPARTEMENTS DE LA MOSELLE, DU BAS-RHIN ET DU HAUT-RHIN

BIBL. ▶ Staub, Aménagement des cours d'eau non domaniaux par les institutions du droit local alsacien-mosellan, *Mél. Prieur, Dalloz, 2007. 1493.*

Art. L. 2124-19 Sont applicables aux cours d'eau et canaux domaniaux de l'État dans les départements du Bas-Rhin, du Haut-Rhin et de la Moselle, aux *[au]* lieu et place des premier et troisième alinéas de l'article L. 2124-11, des articles L. 2124-15, L. 2131-2 à L. 2131-4, L. 2131-6, du II de l'article L. 2331-2 et de l'article L. 3211-16 pour autant que ces articles ne contiennent pas de dispositions pénales :

1° La loi locale du 2 juillet 1891 sur l'utilisation des eaux et la protection contre les eaux avec les modifications résultant de la loi locale du 22 avril 1902, à l'exception des articles relatifs aux pénalités ;

2° Les dispositions contenues dans la loi locale sur les professions du 26 juillet 1900 en tant qu'elles concernent les barrages pour établissements hydrauliques. – *[C. dom. publ. fluv., art. 227.]*

SOUS-SECTION 4 DISPOSITIONS RELATIVES AU CANAL DU MIDI

Art. L. 2124-20 Toutes les eaux qui tombent naturellement ou par l'effet d'ouvrages d'art soit dans le canal, soit dans ses rigoles nourricières, soit enfin dans ses réservoirs, sont en entier à la disposition du canal du Midi pour les prendre ou les rejeter et ce nonobstant toutes jouissances ou usages contraires. – *[C. dom. publ. fluv., art. 237.]*

Art. L. 2124-21 L'entretien des épanchoirs du canal du Midi, à l'exception des vingt et un épanchoirs à fleur d'eau du bief du bassin rond est à la charge de la personne publique propriétaire du canal, y compris les rigoles ou fossés d'évacuation des eaux de ces épanchoirs dans les ruisseaux ou rivières voisins.

Les rigoles ou fossés d'évacuation seront entretenus aux dimensions nécessaires pour assurer l'écoulement des eaux des épanchoirs sans dommages aux propriétés voisines.

Les ruisseaux qui n'auraient pas les dimensions suffisantes pour recevoir le débit amené par ces rigoles ou fossés seront creusés et entretenus pour moitié par la personne publique propriétaire du canal et pour moitié par les communes sur le territoire desquelles ils se trouvent.

Les vingt et un épanchoirs à fleur d'eau du bief du bassin rond sont entretenus par les communes de Vias et d'Agde qui peuvent appeler à y contribuer les propriétaires intéressés.

Aucun épanchoir ne pourra être fermé et aucun épanchoir nouveau ne pourra être établi ou le débit d'un épanchoir augmenté par la personne publique propriétaire du canal sans consultation des intéressés et des municipalités et sans établissement dans les deux derniers cas des rigoles ou fossés d'évacuation nécessaires à l'écoulement des eaux provenant de ces épanchoirs. – *[C. dom. publ. fluv., art. 241.]*

Art. L. 2124-22 Les aqueducs sont entretenus par la personne publique propriétaire du canal dans toute l'étendue de l'emprise du canal (cuvette et francs-bords). – *[C. dom. publ. fluv., art. 242.]*

Art. L. 2124-23 Les rigoles alimentant le canal sont entretenues par la personne publique propriétaire du canal. Les autres rigoles et les contre-canaux ou rigoles parallèles au canal, amenant les eaux à un aqueduc sont entretenus pour moitié par la personne publique propriétaire du canal et pour moitié par les communes sur le territoire desquelles ils se trouvent, qui peuvent appeler à y participer les propriétaires intéressés.

Les rigoles de sortie sont creusées et entretenues en totalité par les communes sur le territoire desquelles elles se trouvent, qui peuvent appeler à y participer les propriétaires intéressés ; toutefois, pour les rigoles qui recevaient les eaux d'un épanchoir, la personne publique propriétaire du canal contribuera pour moitié à leur établissement et à leur entretien. Les anciens, tels que ruisseaux dans lesquels on n'a pas rejeté ou détourné d'autres eaux, sont entretenus tant à l'entrée qu'à la sortie par les propriétaires riverains. – *[C. dom. publ. fluv., art. 243.]*

Art. L. 2124-24 Toute plantation est interdite dans le lit des rigoles d'entrée ou de sortie, dans les contre-canaux et dans les anciens, tels que ruisseaux ou ravins.

Les propriétaires sont responsables des dommages causés par la présence de ces obstacles et ont à supporter les frais des curages, approfondissements ou élargissements qu'ils auraient rendu nécessaires. Ils sont tenus de procéder à l'arrachage des arbres et broussailles dans un délai de huitaine après mise en demeure par l'autorité administrative compétente. – *[C. dom. publ. fluv., art. 244.]*

Art. L. 2124-25 Les ponts construits, tant sur le canal que sur ses rigoles nourricières, sont réparés, entretenus et reconstruits au besoin aux frais de la personne publique propriétaire du canal ; ceux sur les contre-canaux, ainsi que ceux sur les rigoles d'entrée ou de sortie des aqueducs ou des épanchoirs, restent à la charge des communes lorsqu'ils ne sont pas dépendants du domaine public routier. – *[C. dom. publ. fluv., art. 245.]*

V. comm. ss. art. L. 2111-11 et R. 2124-59.

SECTION III UTILISATION DU DOMAINE PUBLIC HERTZIEN

Art. L. 2124-26 L'utilisation, par les titulaires d'autorisation, de fréquences radioélectriques disponibles sur le territoire de la République, constitue un mode d'occupation privatif du domaine public de l'État. – *[CPCE, art. 41-1, al. 3 ; L. n° 86-1067 du 30 sept. 1986, art. 22, al. 1er.]*

BIBL. ▸ V. réf. ss. art. L. 2111-17.

COMMENTAIRE

La reconnaissance du domaine public hertzien, qui a fait l'objet de critiques doctrinales (V. comm. ss. art. L. 2111-17), apparaît fortement teintée d'opportunité, la domanialité publique ayant été consacrée afin de gérer le nombre limité de fréquences en évitant l'anarchie, d'imposer des sujétions aux opérateurs et d'exiger le versement de redevances de la part des utilisateurs de fréquences. Elle constitue à la fois une technique de gestion de la rareté (V. Calmette, La rareté en droit public, *L'Harmattan, 2004*. – Jeanneney et Chichportich, Les ressources rares, *RJEP 2010. 3*) et le fondement d'une politique de valorisation commandée par des impératifs d'ordre économique (à titre d'exemple, l'attribution de nouvelles fréquences 4G de la bande de 700 MHz a rapporté 2,8 milliards d'euros à l'État en novembre 2015). Les redevances d'usage des fréquences radioélectriques rapportent actuellement environ 300 millions d'euros à l'État en moyenne annuelle (prévision de 310 millions dans la L. fin. pour 2019. – Sur les modalités de calcul de la redevance, V. Décr. n° 2015-975 du 31 juill. 2015). Un compte d'affectation spéciale « Gestion et valorisation des ressources tirées de l'utilisation du spectre hertzien » avait d'ailleurs été créé par l'article 54 de la loi de finances initiale pour 2009 (mod. par la loi de finances pour 2010) ; critiqué par la Cour des comptes, il a cependant été clôturé par la loi de finances pour 2016 (art. 47). Si l'utilisation privative des fréquences hertziennes obéit dans ses grandes lignes aux principes généraux de la domanialité publique (exigence d'un titre, paiement d'une redevance), elle apparaît cependant atypique à divers égards. L'on est en effet, ici, à la jonction du droit domanial et du droit de la communication, le second colorant le premier d'une manière assez originale.

I. TITRES D'OCCUPATION

Constituant un mode d'occupation privatif du domaine public de l'État, l'utilisation – par les titulaires d'autorisation – de fréquences hertziennes implique l'attribution d'un titre, en vertu du principe selon lequel toute occupation ou utilisation privative du domaine public doit être dûment autorisée (CGPPP, art. L. 2122-1). La loi n° 86-1067 du 30 septembre 1986 relative à la liberté de communication (art. 78) a d'ailleurs institué une infraction spécifique, sanctionnée par les juridictions pénales, en cas d'utilisation non autorisée des fréquences hertziennes (V. par ex. : Crim. 4 oct. 1989, *TDF*, n° 86-96.201). Les juridictions administratives peuvent, en outre, être saisies afin d'enjoindre aux opérateurs de cesser d'émettre sur des fréquences qui ne sont plus autorisées et de basculer sur de nouvelles fréquences (CE, réf., 27 mars 2003, *CSA* : *Lebon 152 ; AJDA 2003. 1456, note Thiellay* ; *JCP 2003. II. 10189, note Chaminade*).

Le régime des autorisations d'utilisation de fréquences radioélectriques est défini par le code des postes et des communications électroniques, en ses articles L. 41-1 et suivants et R. 20-44-5 et suivants (auxquels renvoie l'art. R. 2124-60 CGPPP), avec en arrière-plan la pesée du droit de l'Union européenne (V. par ex., parmi une jurisprudence abondante : CJCE 31 janv. 2008, *Centro Europa 7 SARL : Europe 2008, n° 90 ; JCP Adm. 2008, n° 52, p. 20, chron. Delzangles*) et – subsidiairement – du droit de la Convention EDH (CEDH, gr. ch., 7 juin 2012, *Centro europa 7 S. R. L. et Di Stephano c/ Italie : JCP 2012. 1268, obs. Gonzalez*). La détermination des modalités de sélection des candidats a donné lieu à de vifs débats – en particulier, s'agissant des licences dite « UMTS » (Calmette, « Brèves remarques juridiques sur la mise aux enchères des licences UMTS, *CJEG févr. 2003. 67.* – Guillaume et Kostrzewski-Pugnat, Les licences UMTS : une nouvelle génération de licences, *CJEG mars 2002. 151* ; du Marais, UMTS : l'idée de régulation est-elle encore soutenable ?, *LPA 15 mars 2001, p. 13* ; Guillaume, Les principes d'égalité et de proportionnalité à l'épreuve des licences UMTS, *CJEG 12 oct. 2001, n° 204, p. 4*). Deux principales méthodes sont aujourd'hui prévues par l'article L. 42-2 du code des postes et des communications électroniques (sachant que la sélection des candidats est conduite par l'Autorité de régulation des communications électroniques et des postes, ARCEP) : soit la soumission comparative, soit les enchères (introduites par la L. n° 2008-776 du 4 août 2008 de modernisation de l'économie, art. 14 : *AJDA 2008. 1749, chron. Jeanneney*). L'Arcep prépare la réattribution pour dix ans des autorisations de fréquences « historiques » dans les bandes de 900 MHz, 1 800 MHz et 2,1 GHz, qui arriveront à échéance entre 2021 et 2024. Par décision du gouvernement s'inscrivant dans le cadre du « *New Deal* » de la couverture mobile annoncé en janvier 2018, l'attribution des fréquences devra davantage être mise au service de l'aménagement des territoires. En échange d'un gel des enchères qui présidait classiquement à l'attribution desdites fréquences, de nouvelles obligations de couverture mobile seront imposées aux opérateurs. L'attribution des licences 5 G doit intervenir en 2020 ; cette technologie soulève des problèmes de sécurité contre lesquels le législateur a tenté de réagir (L. n° 2019-810 du 1er août 2019, art. 2) en instaurant un système d'autorisation préalable dont les modalités ont ensuite été précisées par le pouvoir réglementaire (Décr. n° 2019-1300 du 6 déc. 2019 et Arr. du 6 déc. 2019). Quoi qu'il en soit, une fois le titre attribué, son régime combine mutabilité et stabilité, le principe de précarité étant très sensiblement assoupli en la matière (V. note 3).

II. REDEVANCE DOMANIALE

Le bénéficiaire du titre – qui doit également acquitter une redevance destinée à couvrir les coûts de gestion du spectre supportés par l'État – est assujetti au paiement d'une redevance d'occupation du domaine public hertzien. Une première question concerne ses modalités de calcul, définies à la fois par l'article L. 2125-10 du CGPPP (issu de la L. n° 2016-1321 du 7 oct. 2016, art. 84) – la redevance tient compte, d'une part et comme il est de règle pour les redevances domaniales, des avantages de toute nature procurés au titulaire de l'autorisation eu égard à l'utilisation à laquelle ces fréquences sont destinées et, d'autre part, de l'objectif d'utilisation et de gestion efficaces desdites fréquences – et par un décret n° 2007-1532 du 24 octobre 2007 modifié. Cette redevance doit être objectivement justifiée, transparente, non discriminatoire et proportionnée eu égard à l'usage auquel elle est destinée (Dir. 2002/20/CE et 2002/21/CE). Une deuxième question concerne les modalités de versement de cette redevance. L'article L. 2125-4 pose le principe selon lequel la redevance est payable d'avance – la pratique du paiement anticipé déroge aux principes domaniaux ordinaires, en ce qu'elle permet moins aisément de tenir compte des avantages que l'utilisation du domaine procure à l'occupant – et annuellement. Le bénéficiaire peut – à raison du montant et du mode de détermination de la redevance – être admis à se libérer par le versement d'acomptes ou être tenu de se libérer par le versement de la redevance due, soit pour toute la durée de l'autorisation (si cette durée n'excède pas cinq ans), soit pour une période quinquennale (dans le cas contraire). Le même article renvoie, pour ses conditions d'application, au pouvoir réglementaire (V. Décr. n° 2007-1532 du 24 oct. 2007 mod. et arrêtés d'application. – V. pour la 5 G : Décr. n° 2019-538 du 29 mai 2019 et Arr. du 29 mai 2019 ; Décr. n° 2019-1592 du 31 déc. 2019 et Arr. du 30 déc. 2019). Seul le législateur peut déroger à ces principes. C'est précisément le système de capitalisation imaginé pour les licences de téléphonie mobile de « troisième génération » délivrées en 2001 (L. n° 2000-1352 du 30 déc. 2000 de finances pour 2001, art. 36) qui avait donné au Conseil constitutionnel – dans sa décision de principe du 28 décembre 2000 (V. comm. ss. art. L. 2111-17) – l'occasion de se pencher sur les modalités de versement de la redevance. Il a validé le dispositif, en l'articulant avec la règle selon laquelle le montant de la redevance doit tenir compte des avantages de toute nature procurés à l'occupant (V. aujourd'hui : CGPPP, art. L. 2125-3). Depuis lors, la législation a évolué ; l'article L. 42-2, dernier alinéa, du code des postes et des communications électroniques prévoit ainsi que le montant et les modalités de versement des redevances dues pour les fréquences qui sont assignées en application de ses dispositions peuvent déroger aux dispositions de l'article L. 2125-24 CGPPP.

Une troisième question intéresse les modulations de la redevance. D'une part, la jurisprudence – tant nationale que communautaire – a eu l'occasion d'admettre dans certaines conditions les baisses de redevance. D'autre part, l'autorité gestionnaire du domaine public peut, avant le terme d'une autorisation, revoir la redevance à la hausse, compte tenu de circonstances nouvelles intervenues ou portées à sa connaissance après la délivrance du titre, si l'augmentation n'est pas manifestement disproportionnée par rapport à l'avantage que les opérateurs retirent de l'utilisation privative du domaine public hertzien. Enfin, les textes prévoient diverses possibilités d'exonération (V. CGPPP, art. L. 2125-10 ; Décr. n° 2007-1532 mod. du 24 oct. 2007, art. 2 et 11, *AJDA 2007. 2353, obs. Jeanneney* ; L. n° 2009-1674 du 30 déc. 2009, art. 46) ; en bénéficient, à titre d'exemple, les personnes et services contribuant au secours en montagne (L. n° 2010-1658 du 29 déc. 2010, art. 106 : L. n° 2004-811 du 13 août 2004 de modernisation de la sécurité civile, art. 6 mod.).

Voir aussi le commentaire sous l'article L. 2111-17. ❑

1. *L'utilisation des fréquences radioélectriques sur le territoire de la République constitue un mode d'occupation privatif du domaine public de l'État.* Par ex., • Cons. const. 28 déc. 2000, *Loi de finances pour 2001 : Rec. Cons. const. 211 ; D. 2001. 1767, obs. Ribes ; GDDAB, 3e éd., 2018. Comm. 39, obs. Yolka ; LPA 4 janv. 2001, p. 13, note Schoettl ; RD publ. 2001. 913, note Pellet ; RFDC 2001. 137, note Philip ; RID éco. 2001, n° 2, p. 225, note Nzaloussou* • CE 12 mai 2003, *Sté TF1*, n° 247353 : *Lebon 205 ; AJDA 2003. 1454, note Thiellay ; JCP 2003. II. 10147, concl. Chauvaux.* ♦ Dans le même sens : • CE 20 mai 2004 : *CSA : LPA 15 févr. 2005* • CE 16 nov. 2007, *Région Rhône-Alpes*, n° 298941. • CE 11 juill. 2007, *Sté Free SAS*, n° 304716.

2. *Attribution des titres.* La détermination des conditions générales mises à l'utilisation de l'ensemble des fréquences radioélectriques – notamment, la répartition desdites fréquences entre celles attribuées aux administrations de l'État et celles dont l'assignation est confiée au CSA ou à l'ARCEP – relève du Premier ministre. • CE 9 juill. 2014, *Sté Bouygues Télécom*, n° 367376 : *Lebon T. 654 ; AJDA 2014. 1466, obs. Pastor ; JCP Adm. 2014. Actu. 596, obs. Erstein.* ♦ Préalablement à l'attribution des licences, le CSA n'est pas tenu de rechercher s'il existe des fréquences disponibles, sauf dans les zones considérées comme prioritaires. • CE 30 juin 2017, *Assoc. Oxygène*, n° 396842 : *AJDA 2017. 2108*. ♦ L'attribution de licences est considérée comme une activité économique. • CJCE 26 juin 2007, *T-Mobile Austria GmbH et a. : Dr. fisc. 2007, n° 27, actu. 694 ; JCP 2007, n° 43, p. 34, obs. Chaminade ; RJEP janv. 2008. 13, note Vallée.* – V. cependant, ayant qualifié la gestion du domaine hertzien d'activité d'autorité publique. • CJCE 28 oct. 1993, *Lagauche*, aff. C-46/90 et C-93/91 : *Rec. I-5267.* ♦ Elle doit avoir lieu dans le respect des principes de transparence et de non-discrimination, que le CPCE (spéc. art. L. 42-1) reprend à son compte. ♦ Au regard des enjeux économiques du secteur et de son caractère très concurrentiel, l'attribution des licences attise logiquement les convoitises et, partant, le contentieux (V. par ex., sur la légalité de la procédure d'attribution de la quatrième licence de téléphonie mobile 3G. • CE 12 oct. 2010, *Sté Bouygues Télécom et a.*, n° 332393 : *Lebon 378 ; Rev. CMP 2010, n° 425, note Eckert).*

3. Régime des titres. Les décisions d'attribution sont des actes créateurs de droits. • CE 11 juill. 2007, *Sté Free SAS*, n° 304716 : *préc. note 1* • 30 juin 2006, *Sté Neuf Télécom*, n° 289564 : *Lebon 309 ; AJDA 2006. 1703, chron. Jeanneney, p. 1720, note Sée ; JCP Adm. 2006, n° 983, obs. Rouault ; JCP 2007, n° 43, p. 34, obs. Chaminade ; RJEP 2007. 162, note Fontaine et Weigel.* ♦ Les autorisations d'utilisation de fréquences hertziennes échappent au principe de précarité des occupations privatives du domaine public. • CE 30 juin 2006, *Sté Neuf Télécom*, n° 289564 : *préc.* ♦ Moyennant d'éventuels changements de bandes de fréquences, par ex., • CE 12 mai 2003, *Sté Télévision française, TF1*, n° 247353 : *Lebon 205 ; AJDA 2003. 1456, note Thiellay ; JCP 2003. II. 10147, concl. Chauvaux.* ♦ V., concernant un mécanisme de rétrocession. • CE 27 avr. 2009, *Sté Bouygues Télécom*, n° 312741 : *Lebon 168 ; AJDA 2009. 1248, note Delaunay ; Dr. adm. 2009, n° 156, note Bazex ; RD publ. 2010. 825, note Noguellou ; RJEP 2009, n° 34, concl. Lenica ; RLC 2009/21, n° 1469, note Idoux.* ♦ ... Ou de numéros logiques. • CE 11 avr. 2014, *Assoc. Bocal et a.*, n° 362916 : *Lebon T. 844.* ♦ Les titres – comme il est de règle – ne sont pas librement cessibles. • CE 11 déc. 1991, *Assoc. Styx FM : D. 1992. 359, note Debbasch*. ♦ Ce principe est néanmoins assoupli, le CPCE aménageant à cet effet un régime spécifique (art. L. 42-3 et R. 20-44-9-1 s. – Pour la liste des fréquences cessibles, Arr. du 11 août 2006 mod. par Arr. du 23 juill. 2015) ; la directive n° 2002/20/CE impose en effet aux États membres de veiller à ce que les opérateurs puissent céder leurs droits d'utilisation, dans le respect du droit de la concurrence, V. par ex., • CJUE 22 janv. 2015, *T-Mobile Austria GmbH*, aff. C-282/13. ♦ Le CSA a la possibilité de retirer une autorisation d'utiliser une fréquence, notamment lorsqu'elle a été obtenue par fraude. • CE 30 mars 2016, *Sté Diversité TV France*, n° 395702 : *Lebon ; AJDA 2016. 636, obs. de Montecler ; RFDA 2016. 954, concl. Marion ; ibid. 967, note Regourd*. ♦ Sur la question de savoir si une autorisation d'utiliser une ressource radioélectrique peut faire l'objet d'un apport en société. • Com. 19 juin 2019, *Sté France diversité média*, n° 17-26.117.

4. Redevance pour utilisation privative des fréquences hertziennes. Pour des illustrations contentieuses de la distinction entre redevance destinée à couvrir les coûts de gestion du spectre supportés par l'État et redevance pour utilisation privative des fréquences hertziennes. • CAA Paris, 29 janv. 2016, *Sté Altitude Infrastructure*, n° 14PA03566 • 31 mai 2016, *Sté Net Bourgogne*, n° 14PA03570 • 31 mai 2016, *Sté Altitude Infrastructure*, n° 14PA03601 • 6 juin 2016, *Sté Altitude Wireless et a.*, n° 15PA01707. ♦ La redevance due par le titulaire d'une autorisation d'utilisation d'une fréquence est un revenu du domaine qui trouve sa place dans les ressources de l'État prévues à l'art. 5, al. 2, de l'Ord. du 2 janv. 1959 portant loi organique relative aux lois de finances. • Cons. const. 28 déc. 2000, n° 2000-442DC : *préc. note 1.* ♦ Aux termes de la directive « autorisation » n° 2002/20/CE du 7 mars 2002, relative à l'autorisation de réseaux et services de communications électroniques, la CJUE estime que seuls les propriétaires des infrastructures peuvent être soumis à une redevance pour leur installation sur le domaine public et non les entreprises qui n'en sont qu'utilisatrices. • CJUE 12 juill. 2012, aff. C-55/11 : *AJDA 2012. 1579, chron. Donnat ; Rev. CMP 2012. Comm. 290, note Devillers ; Europe 2012. Comm. 390, note Gazin ; JCP Adm. 2012. 529.* ♦ Le juge administratif contrôle le respect du principe d'égalité entre opérateurs et la proportionnalité de la redevance due par les titulaires d'autorisations de fréquences hertziennes. • CE, avis, 22 janv. 2008 : *Rapport public 2009, p. 308* • CAA Paris, 12 mai 2014, *ARCEP*, n° 13PA01122 • 6 oct. 2014, *Sté Altitude infrastructure*, n°s 14PA00849 et 14PA00854 • 31 mai 2016, *Sté Net Bourgogne et a.*, n° 14PA03570 • 31 mai 2016, *Sté Altitude Infrastructure*, n° 14PA03601 • 30 juin 2016, *Sté Net Aveyron et a.*, n° 14PA03608. ♦ La redevance peut faire l'objet d'une modulation : ceci, à la baisse. V., jugeant que la diminution des redevances UMTS versées par SFR et Orange n'est pas constitutive d'une aide d'État : • CJCE 2 avr. 2009, *Bouygues SA et Bouygues Télécom SA : AJDA 2009. 987, chron. Broussy, Donnat et Lambert ; JCP Adm. 2010, n° 9, p. 12, chron. Chantova ; RLC*

2009, n° 1415, obs. Tayar et Giraud. – Considérant que l'attribution d'une quatrième licence de téléphonie mobile dans des conditions financières plus favorables que celles antérieurement applicables ne méconnaissait pas le principe d'égalité • CE, avis, 22 janv. 2008 : *Rapp. public 2009, p. 308).* ♦ ... Ou à la hausse, l'autorité gestionnaire du domaine public pouvant, avant le terme d'une autorisation, augmenter la redevance, à raison de circonstances nouvelles intervenues ou portées à sa connaissance après la délivrance du titre, si cette augmentation n'est pas manifestement disproportionnée par rapport à l'avantage que les opérateurs retirent de l'utilisation privative du domaine public hertzien. V., sur l'illégalité du décret n° 2013-238 du 22 mars 2013, relativement à la valeur économique d'une fréquence 4G. • CE 29 déc. 2014, *Sté Bouygues Télécom,* n° 368773 : *Lebon 425, concl. Bourgeois-Machureau ; AJDA 2015. 729 ; JCP 2015. Actu. 26.*

Code des postes et des communications électroniques

Art. L. 41 *(L. n° 2004-669 du 9 juill. 2004, art. 21-II)* Le Premier ministre définit, après avis du Conseil supérieur de l'audiovisuel et de l'Autorité de régulation des communications électroniques *(L. n° 2019-1063 du 18 oct. 2019, art. 3-59°)* « , des postes et de la distribution de la presse », les fréquences ou bandes de fréquences radioélectriques qui sont attribuées aux administrations de l'État et celles dont l'assignation est confiée au conseil ou à l'autorité.

Art. L. 41-1 *(Ord. n° 2011-1012 du 24 août 2011, art. 24)* « Sauf dans les cas mentionnés à l'article L. 33-3, l'utilisation de fréquences radioélectriques en vue d'assurer soit l'émission, soit à la fois l'émission et la réception de signaux peut être soumise à autorisation administrative lorsque cela est nécessaire pour éviter les brouillages préjudiciables, assurer la qualité technique du service, préserver l'efficacité de l'utilisation des fréquences radioélectriques ou pour réaliser l'un des objectifs d'intérêt général mentionnés à l'article L. 32-1 et au III de l'article L. 42. »

(L. n° 90-1170 du 29 déc. 1990, art. 10-II) Est également soumise à autorisation administrative l'utilisation d'une installation radioélectrique en vue d'assurer la réception de signaux transmis sur les fréquences attribuées par le Premier ministre, en application de *(L. n° 2004-669 du 9 juill. 2004, art. 21-III)* « l'article L. 41 », pour les besoins de la défense nationale ou de la sécurité publique.

(Ord. n° 2006-460 du 21 avr. 2006, art. 3-XI) « Conformément à l'article L. 2124-26 du code général de la propriété des personnes publiques, » *(L. n° 2004-669 du 9 juill. 2004, art. 21-III)* « l'utilisation, par les titulaires d'autorisation, de fréquences radioélectriques disponibles sur le territoire de la République constitue un mode d'occupation privatif du domaine public de l'État. »

Art. L. 41-2 *(L. n° 2004-669 du 9 juill. 2004, art. 21-IV)* Sans préjudice du deuxième alinéa du IV de l'article 30-1 de la loi n° 86-1067 du 30 septembre 1986 relative à la liberté de communication, les titulaires des autorisations mentionnées à l'article L. 41-1 supportent l'intégralité du coût des réaménagements nécessaires à la mise à disposition des fréquences qui leur sont assignées. Le préfinancement d'une partie de cette dépense peut être assuré par le fonds de réaménagement du spectre géré par l'Agence nationale des fréquences.

Le montant et les modalités de répartition des contributions mentionnées à l'alinéa précédent sont fixés par l'Agence nationale des fréquences dans les conditions précisées par un décret en Conseil d'État.

(L. n° 2015-1267 du 14 oct. 2015, art. 13) « Par dérogation aux deux premiers alinéas du présent article et au second alinéa du IV de l'article 30-1 de la loi n° 86-1067 du 30 septembre 1986 précitée, les titulaires d'une autorisation d'utilisation de fréquences dans la bande de fréquences 694-790 mégahertz pour l'établissement et l'exploitation d'un réseau radioélectrique mobile ouvert au public supportent le coût des réaménagements des fréquences nécessaires à la libération de la bande par les titulaires d'une autorisation d'usage de la ressource radioélectrique délivrée en application des articles 30-1, 30-2, 30-3 et 30-5 de la même loi, ou d'un droit d'usage en vertu de l'article 26 de ladite loi, et les coûts des réaménagements des fréquences nécessaires au respect des accords internationaux relatifs à ces fréquences. Le préfinancement de tout ou partie de cette dépense peut être assuré par le fonds de réaménagement du spectre géré par l'Agence nationale des fréquences. Un décret en Conseil d'État précise les conditions d'application du présent alinéa. »

Art. L. 41-3 *(L. n° 2004-669 du 9 juill. 2004, art. 21-V)* L'article L. 41 est applicable en Nouvelle-Calédonie, en Polynésie française, dans les îles Wallis-et-Futuna et dans les Terres australes et antarctiques françaises. En application de cet article, le Premier ministre détermine les fréquences ou bandes de fréquences attribuées aux gouvernements de Nouvelle-Calédonie et de Polynésie française.

Art. L. 42 *(L. nº 2004-669 du 9 juill. 2004, art. 22-II) (Ord. nº 2011-1012 du 24 août 2011, art. 25)* « I. — » Pour chacune des fréquences ou bandes de fréquences radioélectriques dont l'assignation lui a été confiée en application de l'article L. 41 *(Ord. nº 2011-1012 du 24 août 2011, art. 25)* « en dehors des utilisations à des fins expérimentales, » l'Autorité de régulation des communications électroniques *(L. nº 2019-1063 du 18 oct. 2019, art. 3-61º)* « , des postes et de la distribution de la presse » fixe, dans les conditions prévues à l'article L. 36-6 :

1º Les conditions techniques d'utilisation de la fréquence ou de la bande de fréquences ;

2º Les cas dans lesquels l'autorisation d'utilisation est subordonnée à la déclaration prévue à l'article L. 33-1 ;

(Ord. nº 2011-1012 du 24 août 2011, art. 25) « 3º Les cas dans lesquels l'utilisation des fréquences est soumise à autorisation administrative.

« II. — L'Autorité de régulation des communications électroniques *(L. nº 2019-1063 du 18 oct. 2019, art. 3-61º)* « , des postes et de la distribution de la presse » peut également, dans les conditions prévues à l'article L. 36-6, prévoir des restrictions aux types d'équipements, de réseaux et de technologies utilisés dans les bandes de fréquences attribuées aux services de communications électroniques dans le tableau national de répartition des bandes de fréquences et dont l'assignation lui a été confiée si cela est nécessaire pour :

« *a)* Éviter les brouillages préjudiciables ;

« *b)* Protéger la santé publique ;

« *c)* Assurer la qualité technique du service ;

« *d)* Optimiser le partage des fréquences radioélectriques ;

« *e)* Préserver l'efficacité de l'utilisation du spectre ; ou

« *f)* Réaliser un objectif prévu à l'article L. 32-1.

« Ces restrictions sont proportionnées et non discriminatoires. Lorsque les restrictions envisagées ont une incidence importante sur le marché, l'Autorité de régulation des communications électroniques *(L. nº 2019-1063 du 18 oct. 2019, art. 3-61º)* « , des postes et de la distribution de la presse » procède à une consultation publique dans les conditions prévues à l'article L. 32-1.

« III. — L'Autorité de régulation des communications électroniques *(L. nº 2019-1063 du 18 oct. 2019, art. 3-61º)* « , des postes et de la distribution de la presse » peut prévoir, dans les conditions fixées à l'article L. 36-6, des restrictions aux types de services de communications électroniques pouvant être fournis dans les bandes de fréquences attribuées aux services de communications électroniques dans le tableau national de répartition des bandes de fréquences et dont l'assignation lui a été confiée. L'Autorité peut notamment imposer qu'un service de communications électroniques soit fourni dans une bande de fréquences spécifique si cela est nécessaire pour assurer la réalisation d'un objectif prévu à l'article L. 32-1 ou pour :

« *a)* La sauvegarde de la vie humaine ;

« *b)* La promotion de la cohésion sociale, régionale ou territoriale ;

« *c)* La préservation de l'efficacité de l'utilisation du spectre ;

« *d)* Après avis du Conseil supérieur de l'audiovisuel, la promotion de la diversité culturelle et linguistique ainsi que, après avis conforme du Conseil supérieur de l'audiovisuel, du pluralisme des médias.

« L'Autorité ne peut réserver une bande de fréquences à un type particulier de service de communications électroniques que si cela est nécessaire pour protéger des services visant à assurer la sauvegarde de la vie humaine ou, exceptionnellement, pour réaliser un objectif prévu à l'article L. 32-1.

« Ces restrictions sont proportionnées et non discriminatoires. Lorsque les restrictions envisagées ont une incidence importante sur le marché, l'Autorité de régulation des communications électroniques *(L. nº 2019-1063 du 18 oct. 2019, art. 3-61º)* « , des postes et de la distribution de la presse » procède à une consultation publique dans les conditions prévues à l'article L. 32-1.

« IV. — L'Autorité de régulation des communications électroniques *(L. nº 2019-1063 du 18 oct. 2019, art. 3-61º)* « , des postes et de la distribution de la presse » réexamine périodiquement la nécessité des restrictions visées au II et au III du présent article et rend publics les résultats de ces réexamens. »

Art. L. 42-1 *(L. n° 2004-669 du 9 juill. 2004, art. 22-II)* I. — L'Autorité de régulation des communications électroniques *(L. n° 2019-1063 du 18 oct. 2019, art. 3-62°)* « , des postes et de la distribution de la presse » attribue les autorisations d'utilisation des fréquences radioélectriques dans des conditions objectives, transparentes et non discriminatoires tenant compte des besoins d'aménagement du territoire. Ces autorisations ne peuvent être refusées par l'Autorité de régulation des communications électroniques *(L. n° 2019-1063 du 18 oct. 2019, art. 3-62°)* « , des postes et de la distribution de la presse » que pour l'un des motifs suivants :

1° La sauvegarde de l'ordre public, les besoins de la défense nationale ou de la sécurité publique ;

2° La bonne utilisation des fréquences ;

3° L'incapacité technique ou financière du demandeur à faire face durablement aux obligations résultant des conditions d'exercice de son activité ;

4° La condamnation du demandeur à l'une des sanctions mentionnées aux articles L. 36-11, L. 39, L. 39-1 *(L. n° 2019-810 du 1er août 2019, art. 2)* « , L. 39-1-1 » et L. 39-4.

II. — L'autorisation précise les conditions d'utilisation de la fréquence ou de la bande de fréquences qui portent sur :

(Ord. n° 2011-1012 du 24 août 2011, art. 26-I) « 1° La nature et les caractéristiques techniques des équipements, réseaux, technologies et services qui peuvent utiliser la fréquence ou la bande de fréquences ainsi que leurs conditions de permanence, de qualité, de disponibilité, leur calendrier de déploiement et leur zone de couverture, le cas échéant ; »

2° La durée de l'autorisation, qui ne peut être supérieure à vingt ans, ainsi que le délai minimal dans lequel sont notifiés au titulaire les conditions de renouvellement *(Ord. n° 2011-1012 du 24 août 2011, art. 26-I)* « ou de prorogation » de l'autorisation et les motifs d'un refus de renouvellement *(Ord. n° 2011-1012 du 24 août 2011, art. 26-I)* « ou de prorogation » ; ce délai doit être proportionné à la durée de l'autorisation et prendre en compte le niveau d'investissement requis pour l'exploitation efficace de la fréquence ou de la bande de fréquences attribuée ;

3° Les redevances dues par le titulaire de l'autorisation, lorsque celles-ci n'ont pas été fixées par décret ;

4° Les conditions techniques *(Ord. n° 2011-1012 du 24 août 2011, art. 26-I)* « et opérationnelles » nécessaires pour éviter les brouillages préjudiciables et pour limiter l'exposition du public aux champs électromagnétiques ;

5° Les obligations résultant d'accords internationaux ayant trait à l'utilisation des fréquences ;

(Ord. n° 2011-1012 du 24 août 2011, art. 26-I) « 6° Les critères d'une utilisation effective de la fréquence ou la bande de fréquences attribuée et le délai dans lequel le bénéficiaire de l'autorisation doit l'utiliser sous peine d'une abrogation de l'autorisation ;

« 7° Le cas échéant, les obligations spécifiques à l'utilisation expérimentale de fréquences ; »

8° Les engagements pris par le titulaire dans le cadre de l'appel à candidatures prévu à l'article L. 42-2 *(Ord. n° 2011-1012 du 24 août 2011, art. 26-I)* « ou d'une procédure d'enchères ». — *Le 6° devient le 8° (Ord. n° 2011-1012 du 24 août 2011, art. 26-I).*

Les délais d'octroi des autorisations et de notification des conditions de leur renouvellement, ainsi que les obligations qui s'imposent aux titulaires d'autorisation pour permettre le contrôle par l'Autorité de régulation des communications électroniques *(L. n° 2019-1063 du 18 oct. 2019, art. 3-62°)* « , des postes et de la distribution de la presse » des conditions d'utilisation des fréquences sont fixés par décret.

(Ord. n° 2011-1012 du 24 août 2011, art. 26-II) « Une autorisation ne peut être renouvelée ou prorogée selon des modalités autres que celles qu'elle prévoit qu'après consultation publique dans les conditions prévues à l'article L. 32-1. »

(L. n° 2015-990 du 6 août 2015, art. 125-1°) « L'Autorité de régulation des communications électroniques *(L. n° 2019-1063 du 18 oct. 2019, art. 3-62°)* « , des postes et de la distribution de la presse » peut déléguer à son président tout ou partie de ses pouvoirs relatifs à l'adoption des décisions individuelles d'autorisation, à l'exception des autorisations attribuées en application de l'article L. 42-2 et des autorisations attribuées en application de l'article L. 42-3 portant sur une fréquence qui a été assignée en application de l'article L. 42-2 ou est utilisée pour l'exercice de missions de service public. Le président peut déléguer sa signature au directeur général et, dans la limite de ses attributions, à tout agent de l'autorité. »

(Ord. n° 2011-1012 du 24 août 2011, art. 26-II) « III. — Lorsque l'utilisation de fréquences radioélectriques est soumise à la délivrance d'une autorisation administrative d'une durée supérieure à dix ans et ne pouvant faire l'objet d'une cession en application de l'article L. 42-3, l'Autorité de régulation des communications électroniques *(L. n° 2019-1063 du 18 oct. 2019, art. 3-62°)* « , des postes et de la distribution de la presse » veille à ce que les conditions d'octroi de cette autorisation soient toujours applicables et continueront d'être respectées jusqu'au terme de l'autorisation notamment sur demande justifiée du titulaire de l'autorisation. Si ces conditions ne sont plus applicables, l'autorisation est soit abrogée et les installations radioélectriques utilisant ces fréquences établies librement dans les conditions prévues à l'article L. 33-3, après préavis et expiration d'un délai raisonnable, soit transformée en autorisation cessible dans les conditions de l'article L. 42-3. »

(L. n° 2016-1321 du 7 oct. 2016, art. 92) « IV. — L'Autorité de régulation des communications électroniques *(L. n° 2019-1063 du 18 oct. 2019, art. 3-62°)* « , des postes et de la distribution de la presse » peut attribuer, en vue de la réalisation des objectifs mentionnés à l'article L. 32-1, des autorisations d'utilisation de fréquences à des fins expérimentales selon les modalités prévues au présent article et, le cas échéant, à l'article L. 42-2.

« Ces autorisations peuvent préciser qu'au titre de l'activité ou du service nécessitant l'utilisation des ressources attribuées et pour une durée maximale de deux ans à compter de leur entrée en vigueur, le titulaire n'est pas soumis à tout ou partie des droits et obligations attachés à l'attribution de ces ressources ou à l'exercice de l'activité d'opérateur de communications électroniques ou d'exploitant de réseau indépendant conformément aux chapitres II et IV du titre Ier du présent livre et aux chapitres Ier à III du présent titre ou à tout ou partie des droits et obligations prévus par la section III du chapitre IV du titre II du livre II du code de la consommation.

« Elles peuvent être assorties d'obligations relatives à l'information des utilisateurs finals concernant le caractère expérimental de l'activité ou du service concerné ainsi qu'aux modalités de mise en conformité, à l'issue de l'expérimentation, avec les obligations auxquelles il a été dérogé. Elles sont assorties des conditions techniques et opérationnelles nécessaires pour éviter les brouillages préjudiciables.

« L'Autorité de régulation des communications électroniques *(L. n° 2019-1063 du 18 oct. 2019, art. 3-62°)* « , des postes et de la distribution de la presse » informe sans délai le ministre chargé des communications électroniques et, le cas échéant, le ministre chargé de la consommation, de la réception d'une demande d'autorisation d'utilisation de fréquences à des fins expérimentales. Elle les informe également sans délai des dérogations accordées en application du deuxième alinéa du présent IV. Dans un délai d'un mois à compter de la notification de l'autorisation, le ministre chargé des communications électroniques et, le cas échéant, le ministre chargé de la consommation, peuvent s'opposer, pour des motifs d'intérêt général, à l'octroi de tout ou partie de ces dérogations. La décision d'autorisation d'utilisation de fréquences ne peut entrer en vigueur qu'à l'expiration de ce délai.

« Pour l'application du présent IV, on entend par utilisation de fréquences à des fins expérimentales l'utilisation de fréquences en vue de développer une technologie ou un service innovants, du point de vue technique ou commercial, sous réserve que soit le chiffre d'affaires de l'activité nécessitant cette utilisation, soit le nombre d'utilisateurs de la technologie ou du service demeure inférieur à un seuil fixé par décret pendant toute la durée de l'expérimentation. »

V. Décis. n° 2015-1160 du 29 sept. 2015 portant délégation de pouvoirs (JO 29 nov.).

Art. L. 42-2 *(L. n° 2004-669 du 9 juill. 2004, art. 22-II)* Lorsque la bonne utilisation des fréquences l'exige, l'Autorité de régulation des communications électroniques *(L. n° 2019-1063 du 18 oct. 2019, art. 3-63°)* « , des postes et de la distribution de la presse » peut, après consultation publique, limiter, dans une mesure permettant d'assurer des conditions de concurrence effective, le nombre d'autorisations de les utiliser.

Le ministre chargé des communications électroniques fixe, sur proposition de l'Autorité de régulation des communications électroniques *(L. n° 2019-1063 du 18 oct. 2019, art. 3-63°)* « , des postes et de la distribution de la presse », les conditions d'attribution et de modification des autorisations d'utilisation correspondant à ces fréquences ainsi que la durée de la procédure d'attribution, qui ne peut excéder un délai fixé par décret.

(Abrogé par L. n° 2013-1028 du 15 nov. 2013, art. 18-II) (L. n° 2009-1572 du 17 déc. 2009, art. 22) « Par dérogation au deuxième alinéa, s'agissant des fréquences affectées aux services de communications électroniques dans le cadre du schéma national de réutilisation des fréquences libérées par l'arrêt de la diffusion analogique institué par l'article 21 de la loi

n° 86-1067 du 30 septembre 1986 relative à la liberté de communication, le ministre chargé des communications électroniques fixe, sur proposition de l'Autorité de régulation des communications électroniques et des postes et après avis de la Commission du dividende numérique instituée par le même article 21, les conditions d'attribution et de modification des autorisations d'utilisation correspondant à ces fréquences. Celles-ci tiennent prioritairement compte des impératifs d'aménagement numérique du territoire. »

« Le ministre fixe également, dans les mêmes conditions, la durée de la procédure d'attribution, qui ne peut excéder un délai fixé par décret. »

(L. n° 2008-776 du 4 août 2008, art. 114-II) « La sélection des titulaires de ces autorisations se fait par appel à candidatures sur des critères portant sur les conditions d'utilisation mentionnées au II de l'article L. 42-1 ou sur la contribution à la réalisation des objectifs mentionnés à l'article L. 32-1, ou par une procédure d'enchères dans le respect de ces objectifs et après définition de ces conditions par le ministre sur proposition de l'Autorité de régulation des communications électroniques *(L. n° 2019-1063 du 18 oct. 2019, art. 3-63°)* « , des postes et de la distribution de la presse ». » *(L. n° 2015-1267 du 14 oct. 2015, art. 14)* « Sans préjudice de ce qui précède, *(L. n° 2016-1321 du 7 oct. 2016, art. 83)* « dans tous les cas où cela est pertinent, et notamment dans le cas » des fréquences utilisées précédemment pour la diffusion de la télévision numérique terrestre, les obligations de déploiement tiennent prioritairement compte des impératifs d'aménagement numérique du territoire. »

(L. n° 2008-776 du 4 août 2008, art. 114-II) « Le ministre peut prévoir qu'un dépôt de garantie peut être demandé et qu'un dédit peut être dû si le candidat retire sa candidature avant la délivrance de l'autorisation. »

L'Autorité de régulation des communications électroniques *(L. n° 2019-1063 du 18 oct. 2019, art. 3-63°)* « , des postes et de la distribution de la presse » conduit la procédure de sélection et assigne les fréquences correspondantes.

(L. n° 2008-776 du 4 août 2008, art. 114-II) « Le ministre peut prévoir que le ou l'un des critères de sélection est constitué par le montant de la redevance que les candidats s'engagent à verser si la fréquence ou la bande de fréquences leur sont assignées. Il fixe le prix de réserve au-dessous duquel l'autorisation d'utilisation n'est pas accordée. »

Le montant et les modalités de versement des redevances dues pour les fréquences qui sont assignées en application du présent article peuvent déroger aux dispositions de l'article *(L. n° 2008-776 du 4 août 2008, art. 114-II)* « L. 2125-4 du code général de la propriété des personnes publiques ».

Art. L. 42-3 *(Ord. n° 2011-1012 du 24 août 2011, art. 42)* « Le ministre chargé des communications électroniques arrête la liste des fréquences ou bandes de fréquences, ainsi que, le cas échéant, pour la bande de fréquences concernée, la liste des services de communications électroniques, pour lesquelles les autorisations d'utilisation de fréquences peuvent faire l'objet d'une cession. »

(L. n° 2004-669 du 9 juill. 2004, art. 22-II) Tout projet de cession est notifié à l'Autorité de régulation des communications électroniques *(L. n° 2019-1063 du 18 oct. 2019, art. 3-64°)* « , des postes et de la distribution de la presse » *(Ord. n° 2011-1012 du 24 août 2011, art. 42)* « qui le rend public ». Lorsqu'un projet porte sur une fréquence qui a été assignée en application de l'article L. 42-2 ou est utilisée pour l'exercice de missions de service public, la cession est soumise à approbation de l'autorité.

Un décret en Conseil d'État fixe les modalités d'application du présent article, et notamment :

1° Les procédures de notification et d'approbation susmentionnées ;

2° Les conditions dans lesquelles l'autorité peut s'opposer à la cession envisagée ou l'assortir de prescriptions destinées à assurer le respect des objectifs mentionnés à l'article L. 32-1 ou la continuité du service public ;

3° Les cas dans lesquels la cession doit s'accompagner de la délivrance d'une nouvelle autorisation d'utilisation ainsi que du retrait ou de la modification d'une autorisation existante ;

4° Les droits et obligations transférés au bénéficiaire de la cession ainsi que ceux qui, le cas échéant, restent à la charge du cédant.

Art. L. 42-4 Le ministre chargé des communications électroniques détermine par arrêté les catégories d'installations radioélectriques d'émission pour la manœuvre desquelles la possession d'un certificat d'opérateur est obligatoire et les conditions d'obtention de ce certificat.

(L. nº 2004-669 du 9 juill. 2004, art. 22-III) « Le ministre fixe également les modalités d'attribution et de retrait des indicatifs des séries internationales utilisées par les stations radioélectriques autorisées en application du présent code. »

L'art. L. 90 devient l'art. L. 42-4 (L. nº 2004-669 du 9 juill. 2004, art. 22-III).

Art. L. 43 *(L. nº 96-659 du 26 juill. 1996, art. 14)* I. — Il est créé, à compter du 1er janvier 1997, une Agence nationale des fréquences, établissement public de l'État à caractère administratif.

L'agence a pour mission d'assurer la planification, la gestion et le contrôle de l'utilisation, y compris privative, du domaine public des fréquences radioélectriques sous réserve de l'application *(L. nº 2004-669 du 9 juill. 2004, art. 23-1º)* « de l'article L. 41 » ainsi que des compétences des administrations et autorités affectataires de fréquences radioélectriques.

Elle prépare la position française et coordonne l'action de la représentation française dans les négociations internationales dans le domaine des fréquences radioélectriques.

(Ord. nº 2016-493 du 21 avr. 2016, art. 5-1º, en vigueur le 13 juin 2016) « Elle assure le contrôle du respect des dispositions relatives à la mise sur le marché des équipements mentionnés à l'article L. 34-9. »

(Abrogé par L. nº 2015-1267 du 14 oct. 2015, art. 18-I-3º) (Ord. nº 2011-1012 du 24 août 2011, art. 43-1º) « *Elle recueille les réclamations et instruit les cas de brouillage de fréquences radioélectriques qui lui sont signalés. Elle transmet son rapport d'instruction, qui préconise les solutions pour mettre fin à ces perturbations, à l'administration ou autorité affectataire concernée.* » — *Les dispositions issues de l'Ord. nº 2011-1012 du 24 août 2011 sont applicables en Nouvelle-Calédonie, en Polynésie française, dans les îles Wallis-et-Futuna et dans les Terres australes et antarctiques françaises (Ord. préc., art. 60).*

(L. nº 2004-669 du 9 juill. 2004, art. 23-2º) « Elle coordonne l'implantation sur le territoire national des stations radioélectriques de toute nature afin d'assurer la meilleure utilisation des sites disponibles *(L. nº 2015-1267 du 14 oct. 2015, art. 18-I-3º)* « ainsi que la prévention des brouillages préjudiciables entre utilisateurs de fréquences, et assure le » respect des valeurs limites d'exposition du public aux champs électromagnétiques prévues à l'article L. 34-9-1 *(L. nº 2015-136 du 9 févr. 2015, art. 1er-I-4º)* « ainsi que le recensement et le suivi des points atypiques conformément à l'objectif mentionné au 12º *ter* du II de l'article L. 32-1 ». A cet effet, les décisions d'implantation ne peuvent être prises qu'avec son accord ou, lorsqu'elles relèvent de la compétence du Conseil supérieur de l'audiovisuel, qu'après son avis. Le conseil est tenu par cet avis lorsqu'il est fondé sur un motif tiré du respect des valeurs limites d'exposition. »

(L. nº 2015-1267 du 14 oct. 2015, art. 18-I-3º) « Dans le cas où une perturbation d'un système radioélectrique lui est signalée, elle étudie cette perturbation et, le cas échéant, formule des préconisations aux utilisateurs des fréquences concernées dans le but de faire cesser la perturbation. Lorsque les préconisations formulées par l'agence ne sont pas respectées par les utilisateurs de fréquences, elle peut suspendre l'accord mentionné au quatrième alinéa du présent I. Elle en informe l'administration ou l'autorité affectataire sans délai. Les modalités d'application du présent alinéa sont fixées par décret en Conseil d'État.

« L'exploitation d'une station radioélectrique en l'absence d'accord de l'agence ou lorsque cet accord a été suspendu engage la responsabilité civile et pénale de l'exploitant de cette station radioélectrique.

« L'agence » *(L. nº 2004-575 du 21 juin 2004, art. 48-II)* « instruit pour le compte de l'État les demandes d'autorisation présentées en application de l'article L. 97-2. »

Un décret en Conseil d'État fixe le délai à l'issue duquel cet avis ou cet accord sont réputés acquis ainsi que, le cas échéant, les catégories d'installations pour lesquelles, en raison de leurs caractéristiques techniques, ils ne sont pas requis.

(L. nº 2011-1977 du 28 déc. 2011, art. 90) « I *bis*. — Il est institué, au profit de l'Agence nationale des fréquences, une taxe destinée à couvrir les coûts complets engagés par cet établissement pour le recueil et le traitement des réclamations des usagers de services de communication audiovisuelle relatives aux brouillages causés par la mise en service des stations radioélectriques dans *(L. nº 2015-1267 du 14 oct. 2015, art. 15-1º)* « les bandes de fréquences 790-862 mégahertz et 694-790 mégahertz ». Ne sont pris en considération que les brouillages causés à la réception de services de communication audiovisuelle diffusés par les stations d'émission prévues dans les autorisations d'usage de la ressource radioélectrique délivrées par le Conseil supérieur de l'audiovisuel antérieurement à la mise en service des stations mentionnées à la première phrase du présent alinéa.

« Le montant global de taxe à recouvrer est réparti, dans la limite de 2 millions d'euros par an, *(L. n° 2015-1267 du 14 oct. 2015, art. 15-1°)* « pour chaque bande de fréquences, entre les titulaires d'autorisation d'utilisation de fréquences dans chacune des bandes mentionnées » au premier alinéa, selon une clef de répartition définie par bloc de fréquences et correspondant à la part des brouillages susceptibles d'être causés par l'utilisation de chacun des blocs qui leur sont attribués. Les redevables acquittent en début d'année la taxe due au titre de l'année civile précédente auprès de l'agent comptable de l'Agence nationale des fréquences, dans un délai de trente jours à compter de l'émission du titre de recettes correspondant à la liquidation de la taxe.

« Pour l'application du présent I *bis*, les titulaires d'autorisation d'utilisation de fréquences mentionnés au deuxième alinéa informent l'Autorité de régulation des communications électroniques *(L. n° 2019-1063 du 18 oct. 2019, art. 3-65°)* « , des postes et de la distribution de la presse », le Conseil supérieur de l'audiovisuel et l'Agence nationale des fréquences de la date effective de mise en service de chaque station radioélectrique dans *(L. n° 2015-1267 du 14 oct. 2015, art. 15-1°)* « les bandes de fréquences 790-862 mégahertz et 694-790 mégahertz ».

« Les modalités d'application du présent article, notamment la clef de répartition entre les titulaires d'autorisation d'utilisation de chacun des blocs de fréquences, sont précisées par décret en Conseil d'État. »

(L. n° 2015-1267 du 14 oct. 2015, art. 15-2°) « I *ter.* — L'Agence nationale des fréquences gère les aides instituées à l'article 99 de la loi n° 86-1067 du 30 septembre 1986 relative à la liberté de communication, l'assistance technique prévue à l'article 100 de la même loi ainsi que la campagne nationale de communication prévue à l'article 101 de ladite loi. »

(L. n° 2018-1021 du 23 nov. 2018, art. 233) « I *quater.* — L'Agence nationale des fréquences gère la diffusion par voie hertzienne terrestre, en France métropolitaine, de données horaires du temps légal français. A cet effet, elle est chargée :

« 1° De passer tous les actes, contrats ou marchés nécessaires à la diffusion de données horaires par voie hertzienne terrestre ;

« 2° D'assurer, en coordination avec les entités intervenant dans la production et la mise à disposition du signal horaire, l'optimisation du système technique, l'information des utilisateurs et l'évaluation du dispositif au regard des perspectives d'évolution des modalités techniques de diffusion ;

« 3° De mettre en œuvre, le cas échéant, et après consultation de la commission supérieure du numérique et des postes, l'extinction de la diffusion par voie hertzienne terrestre de données horaires. »

(Ord. n° 2011-1012 du 24 août 2011, art. 43-2°) « II. — L'Agence nationale des fréquences peut, pour ce qui concerne le contrôle de l'utilisation des fréquences *(Ord. n° 2016-493 du 21 avr. 2016, art. 5-2°, en vigueur le 13 juin 2016)* « ainsi que le contrôle de la mise sur le marché des équipements mentionnés à l'article L. 34-9, » et de manière proportionnée aux besoins liés à l'accomplissement de ses missions :

« 1° Recueillir, auprès des personnes physiques ou morales exploitant des équipements, des réseaux de communications électroniques, des installations radioélectriques ou fournissant des services de communications électroniques *(Ord. n° 2016-493 du 21 avr. 2016, art. 5-3°, en vigueur le 13 juin 2016)* « et de celles fabriquant, important ou distribuant des équipements mentionnés à l'article L. 34-9 », les informations ou documents nécessaires pour s'assurer du respect par ces personnes des obligations qui leur sont imposées par le présent code ou par les textes pris pour son application ;

« 2° Procéder auprès des mêmes personnes à des enquêtes.

(Ord. n° 2016-493 du 21 avr. 2016, art. 5-4°, en vigueur le 13 juin 2016) « Les fonctionnaires et agents de l'agence habilités à cet effet et assermentés dans les conditions prévues à l'article L. 40 sont autorisés à procéder aux contrôles nécessaires pour rechercher et constater par procès-verbaux les manquements aux dispositions relatives à la mise sur le marché des équipements mentionnés à l'article L. 34-9. A cette fin, ils disposent des pouvoirs définis aux 1° et 2° et au neuvième alinéa du II du présent article ainsi qu'aux quatrième à septième alinéas de l'article L. 40. »

« Les fonctionnaires et agents mentionnés à l'alinéa précédent ont accès, de 8 heures à 20 heures ou pendant leurs heures d'ouverture au public, pour l'exercice de leurs missions, aux locaux, terrains ou moyens de transport utilisés par les personnes exploitant des réseaux de communications électroniques, des installations radioélectriques ou fournissant des services de communications électroniques *(Ord. n° 2016-493 du 21 avr. 2016, art. 5-5°, en vigueur le 13 juin 2016)* « et par celles fabriquant, important ou distribuant des équipements mentionnés à l'article L. 34-9, » et qui sont à usage professionnel, à l'exclusion des parties de ceux-ci affectées au domicile.

(Ord. nº 2016-493 du 21 avr. 2016, art. 5-6º, en vigueur le 13 juin 2016) « Lorsque l'accès à des locaux professionnels leur est refusé ou lorsque ceux-ci comprennent des parties à usage d'habitation et que leur occupant s'oppose à l'accès, les fonctionnaires et agents mentionnés à l'alinéa précédent peuvent y accéder après autorisation du juge des libertés et de la détention du tribunal de grande d'instance dans le ressort duquel sont situés ces locaux. »

« La visite s'effectue sous l'autorité et le contrôle du juge qui l'a autorisée, en présence de l'occupant des lieux ou de son représentant, qui peut se faire assister d'un conseil de son choix ou, à défaut, en présence de deux témoins qui ne sont pas placés sous l'autorité des personnes chargées de procéder au contrôle. Le juge peut, s'il l'estime utile, se rendre dans les locaux pendant l'intervention. A tout moment, il peut décider la suspension ou l'arrêt de la visite.

« L'ordonnance ayant autorisé la visite est exécutoire au seul vu de la minute. Elle mentionne que le juge ayant autorisé la visite peut être saisi à tout moment d'une demande de suspension ou d'arrêt de cette visite et précise qu'une telle demande n'est pas suspensive. Elle indique le délai et la voie de recours. Elle peut faire l'objet, suivant les règles prévues par le code de procédure civile, d'un appel devant le premier président de la cour d'appel.

« Les fonctionnaires et agents mentionnés au quatrième alinéa du II présent peuvent demander communication de tous documents nécessaires à l'accomplissement de leur mission, quel qu'en soit le support, et en prendre copie ; ils peuvent recueillir, sur place ou sur convocation, tout renseignement et toute justification utiles.

« Il est dressé contradictoirement procès-verbal des vérifications et visites menées en application du présent article.

« L'Agence nationale des fréquences informe le Conseil supérieur de l'audiovisuel et l'Autorité de régulation des communications électroniques *(L. nº 2019-1063 du 18 oct. 2019, art. 3-65º)* « , des postes et de la distribution de la presse » des enquêtes portant sur le contrôle de l'utilisation des fréquences dont l'assignation leur est respectivement confiée et leur en communique les résultats. »

(Ord. nº 2016-493 du 21 avr. 2016, art. 5-7º, en vigueur le 13 juin 2016) « II *bis.* — En cas de non-respect des dispositions relatives à la mise sur le marché des équipements mentionnés à l'article L. 34-9, l'Agence nationale des fréquences peut, après une procédure contradictoire, mettre en demeure, dans un délai qu'elle détermine, la personne responsable de se conformer à ces dispositions et de cesser tout agissement illicite.

« Lorsque la personne responsable ne se conforme pas dans le délai imparti à la mise en demeure, en cas de manquement aux articles R. 20-5, R. 20-10, R. 20-11, R. 20-19 et R. 20-21, l'agence peut, sans préjudice de la mise en œuvre par l'autorité compétente des mesures de restriction ou d'interdiction prévues au 9° du II de l'article L. 34-9, prononcer à son encontre une amende administrative dont le montant ne peut excéder 1 500 € pour une personne physique et 7 500 € pour une personne morale.

« Avant toute décision, l'agence informe par écrit la personne mise en cause de la sanction envisagée à son encontre, en lui indiquant qu'elle peut prendre connaissance des pièces du dossier et se faire assister par le conseil de son choix et en l'invitant à présenter, dans le délai d'un mois, ses observations écrites et, le cas échéant, ses observations orales.

« Passé ce délai, l'agence peut, par décision motivée, prononcer l'amende.

« La décision prononcée par l'agence peut être publiée aux frais de la personne sanctionnée. Toutefois, l'agence doit préalablement avoir informé cette dernière, lors de la procédure contradictoire mentionnée aux alinéas précédents, de la nature et des modalités de la publicité envisagée.

« Lorsqu'une amende administrative est susceptible de se cumuler avec une amende pénale infligée à l'auteur du manquement à raison des mêmes faits, le montant global des amendes prononcées ne dépasse pas le maximum légal le plus élevé.

« Lorsque, à l'occasion d'une même procédure ou de procédures séparées, plusieurs sanctions administratives ont été prononcées à l'encontre du même auteur pour des manquements en concours passibles d'amendes dont le montant maximal excède 3 000 € pour une personne physique et 15 000 € pour une personne morale, ces sanctions s'exécutent cumulativement dans la limite du maximum légal le plus élevé.

« Les documents recueillis et établis à l'occasion de la recherche et de la constatation d'un manquement ayant donné lieu à une procédure de sanction administrative ne sont communicables qu'à la personne qui en fait l'objet ou à son représentant.

« L'amende est recouvrée comme en matière de créances étrangères à l'impôt et au domaine.

« L'agence peut demander à la juridiction civile d'ordonner, le cas échéant sous astreinte, toute mesure de nature à mettre un terme aux manquements aux dispositions relatives à la mise sur le marché des équipements mentionnés à l'article L. 34-9.

« Les modalités d'application du présent article sont fixées par décret en Conseil d'État. »

III. — L'agence est administrée par un conseil d'administration composé de représentants des administrations, notamment de celles qui sont attributaires de bandes de fréquences, du Conseil supérieur de l'audiovisuel et de l'Autorité de régulation des communications électroniques *(L. n° 2019-1063 du 18 oct. 2019, art. 3-65°)* « , des postes et de la distribution de la presse », ainsi que, pour au moins un tiers de ses membres, de personnalités choisies en raison de leurs compétences.

Le président du conseil d'administration est nommé par décret. Il ne peut cumuler cette fonction avec celle de président du Conseil supérieur de l'audiovisuel et de président de l'Autorité de régulation des communications électroniques *(L. n° 2019-1063 du 18 oct. 2019, art. 3-65°)* « , des postes et de la distribution de la presse ».

IV. — Le directeur général de l'agence est nommé par décret après avis du président du conseil d'administration. Il assure la direction technique, administrative et financière de l'agence. Il représente l'établissement en justice. »

(L. n° 2004-669 du 9 juill. 2004, art. 23-3°) « V. — Les ressources de l'agence comprennent la rémunération des services rendus, les revenus du portefeuille, les subventions publiques *(L. n° 2011-1977 du 28 déc. 2011, art. 90)* « , le produit de la taxe mentionnée au I *bis* », ainsi que le produit des dons et legs. L'agence perçoit au bénéfice du fonds de réaménagement du spectre les contributions des personnes publiques ou privées versées à des fins de réaménagement du spectre. » *(L. n° 2015-1267 du 14 oct. 2015, art. 15-3°)* « Les dépenses liées à l'attribution des aides aux téléspectateurs, à l'assistance technique ainsi qu'à la campagne nationale de communication prévues au I *ter* sont gérées au sein d'une comptabilité distincte et comprennent les coûts complets supportés par l'agence pour la gestion de ces dispositifs. »

VI. — Un décret en Conseil d'État fixe les modalités d'application du présent article. Il précise notamment les missions, l'organisation et les conditions du fonctionnement de l'établissement.

Un arrêté interministériel précise les objectifs à atteindre par l'agence dans les circonstances prévues à l'article L. 1111-2 du code de la défense ainsi que les dispositions particulières à prendre en compte pour y parvenir.

VII. — Le présent article est applicable en Polynésie française, dans les îles Wallis-et-Futuna, dans les Terres australes et antarctiques françaises et en Nouvelle-Calédonie sous réserve des compétences exercées par ces collectivités en application des statuts qui les régissent.

L'art. L. 97-1 devient l'art. L. 43 (L. n° 2004-669 du 9 juill. 2004, art. 23).

Les dispositions issues de la L. n° 2004-669 du 9 juill. 2004 sont applicables à Mayotte, en Polynésie française, en Nouvelle-Calédonie, dans les îles Wallis-et-Futuna et dans les Terres australes et antarctiques françaises (L. préc., art. 140-I à III).

Les II, III, IV, V et VI deviennent respectivement les III, IV, V, VI et VII (Ord. n° 2011-1012 du 24 août 2011, art. 43-2°).

Dans un délai d'un an à compter de la promulgation de la L. n° 2015-136 du 9 févr. 2015, l'Agence nationale des fréquences met à la disposition des communes de France une carte des antennes-relais existantes (L. préc., art. 1er-II).

Dans un délai de six mois à compter de la promulgation de la L. n° 2015-136 du 9 févr. 2015, l'Agence nationale des fréquences publie des lignes directrices nationales, en vue d'harmoniser la présentation des résultats issus des simulations de l'exposition générée par l'implantation d'une installation radioélectrique (L. préc., art. 2).

Les dispositions issues de la L. n° 2018-1021 du 23 nov. 2018 entrent en vigueur à compter d'une date fixée par arrêté du ministre chargé des communications électroniques, et au plus tard deux ans après la promulgation de ladite loi.

A compter de cette date, l'Agence nationale des fréquences se substitue de plein droit à l'État dans les marchés et conventions conclus par l'État pour assurer la continuité de la diffusion par voie hertzienne terrestre de données horaires du temps légal français. Ces marchés et conventions sont exécutés dans les conditions antérieures jusqu'à leur échéance, sauf accord contraire des parties. La substitution de l'Agence nationale des fréquences à l'État n'entraîne aucun droit à résiliation ou à indemnisation pour les cocontractants. L'Agence nationale des fréquences et l'État informent conjointement les cocontractants de cette substitution (L. préc., art. 233).

SECTION IV **EXPLOITATION DES RESSOURCES NATURELLES**

Art. L. 2124-27 *(Ord. nº 2011-91 du 20 janv. 2011, art. 7, en vigueur le 1er mars 2011)* **L'autorisation domaniale nécessaire pour la recherche et l'exploitation des substances minérales autres que celles mentionnées à l'article L. 111-1 du code minier lorsqu'elles sont contenues dans les fonds marins du domaine public est délivrée en application des règles fixées à la** *(L. nº 2014-1545 du 20 déc. 2014, art. 50)* **« section II du chapitre III des titres II et III du livre Ier du code minier. »** *— V. art. R. 2124-61.*

Code minier

Art. L. 111-1 *(Ord. nº 2011-91 du 20 janv. 2011, art. 1er, en vigueur le 1er mars 2011)* Relèvent du régime légal des mines les gîtes renfermés dans le sein de la terre ou existant à la surface connus pour contenir les substances minérales ou fossiles suivantes :

(L. nº 2017-1839 du 30 déc. 2017, art. 2) « 1° Des hydrocarbures et des combustibles fossiles, la tourbe exceptée, qu'ils soient sous forme solide, liquide ou gazeuse, du graphite, du diamant ; »

2° Des sels de sodium et de potassium à l'état solide ou en dissolution, à l'exception de ceux contenus dans les eaux salées utilisées à des fins thérapeutiques ou de loisirs ;

3° De l'alun, des sulfates autres que les sulfates alcalino-terreux ;

4° De la bauxite, de la fluorine ;

5° Du fer, du cobalt, du nickel, du chrome, du manganèse, du vanadium, du titane, du zirconium, du molybdène, du tungstène, de l'hafnium, du rhénium ;

6° Du cuivre, du plomb, du zinc, du cadmium, du germanium, de l'étain, de l'indium ;

7° Du cérium, du scandium et autres éléments des terres rares ;

8° Du niobium, du tantale ;

9° Du mercure, de l'argent, de l'or, du platine, des métaux de la mine du platine ;

10° De l'hélium, du lithium, du rubidium, du césium, du radium, du thorium, de l'uranium et autres éléments radioactifs ;

11° Du soufre, du sélénium, du tellure ;

12° De l'arsenic, de l'antimoine, du bismuth ;

13° Du gaz carbonique, à l'exception du gaz naturellement contenu dans les eaux qui sont ou qui viendraient à être utilisées pour l'alimentation humaine ou à des fins thérapeutiques ;

14° Des phosphates ;

15° Du béryllium, du gallium, du thallium.

Art. L. 2124-28 *(Ord. nº 2011-91 du 20 janv. 2011, art. 7, en vigueur le 1er mars 2011)* **Le titulaire de l'autorisation de prospections préalables ou du titre de recherche et d'exploitation est, en cas de retrait ou de réduction de l'assiette de l'autorisation domaniale mentionnée à l'article L. 2124-27, soumis aux obligations fixées** *(L. nº 2014-1545 du 20 déc. 2014, art. 50)* **« aux articles L. 123-6 et L. 133-8 » du code minier.**

Code minier

Art. L. 123-3 *(Ord. nº 2011-91 du 20 janv. 2011, art. 3, en vigueur le 1er mars 2011)* Outre les permis exclusifs de recherches, des autorisations de prospections préalables peuvent être accordées pour la recherche sur le plateau continental et dans la zone économique exclusive de toute substance minérale ou fossile, mentionnée ou non à l'article L. 111-1, dans des conditions fixées par décret en Conseil d'État. L'instruction des demandes d'autorisation de prospections préalables s'effectue dans les conditions prévues par l'article L. 123-15.

Art. L. 2124-29 **Sur le domaine public maritime ou fluvial, naturel ou artificiel, géré directement par l'État, l'autorisation d'exploitation de cultures maritimes délivrée en application des lois et règlements en vigueur en matière de pêches maritimes et de cultures marines vaut autorisation d'occupation domaniale.** *— [L. nº 86-2 du 3 janv. 1986, art. 29, al. 4.] — V. art. R. 2124-62.*

Art. L. 2124-30 **Sur les dépendances du domaine public maritime portuaire relevant de la compétence des collectivités territoriales ou de leurs groupements, l'autorisation d'exploitation de cultures marines est délivrée par l'État, en application des lois et règlements en vigueur en matière de pêches maritimes et de cultures marines** *[V. Décr. n° 2009-1349 du 29 oct. 2009, JO 1er nov.]*, **après accord de la collectivité territoriale ou du groupement gestionnaire desdites dépendances.**

L'utilisation de l'autorisation d'exploitation mentionnée au premier alinéa est subordonnée, lorsqu'elle est compatible avec le fonctionnement du service public portuaire, à la délivrance par la collectivité territoriale ou le groupement gestionnaire, d'une autorisation d'occupation du domaine public *[V. art. R. 2124-63]*. **Le retrait par l'État de l'autorisation d'exploitation pour des raisons relatives à la salubrité ou à l'hygiène publique entraîne de plein droit retrait de l'autorisation d'occupation.** — *[L. n° 86-2 du 3 janv. 1986, art. 29, al. 1er à 3.]*

BIBL. ▸ **Thèses :** SALMON, La consistance du domaine public maritime, *Thèse Rennes, 1952*. – MINER-URIEN, Droit des exploitations de cultures marines en France, *Brest, 1991*.

▸ **Ouvrages :** ORFILA, Droit de la conchyliculture et de l'aquaculture, *Éd. Bordessoules, 1990*. – PETIT, INRA, Environnement et aquaculture, *Éditions 2000*.

▸ **Articles :** ORFILA, Nature du droit du conchyliculteur sur la concession d'établissement de pêche, *Gaz. Pal. 20 mai 1978, p. 225*. – Dossier spécial, Cultures marines, *Dr. rur. 1993, n° 211*. – LE CORRE, Cultures marines et études d'impact, *Dr. envir. 1999, n° 68*.

COMMENTAIRE

I. EXPLOITATION DES SUBSTANCES MINÉRALES

Cette série de quatre articles vise à la préservation des ressources naturelles du milieu marin. Les articles L. 2124-27 et L. 2124-28 encadrent l'exploitation et la recherche des substances minérales autres que celles visées par l'article L. 111-1 du code minier, qui considère comme mines des gîtes contenant différents combustibles, combustibles fossiles, métaux précieux, gaz, etc. L'exploitation des ressources des fonds marins autres que celles mentionnées à l'article L. 111-1 du code minier (issu de l'Ord. n° 2011-91 du 20 janv. 2011), lorsqu'elles sont contenues dans les fonds marins du domaine public, suppose une autorisation d'occupation du domaine public dont la délivrance répond aux modalités fixées, d'une part, par les articles L. 123-1 à 4 du code minier, relatifs à la recherche de toute substance minérale ou fossile sur le plateau continental et dans la zone économique exclusive, et, d'autre part, par les articles L. 132-1 à 7 du même code pour l'octroi de la concession. L'article L. 123-1 du code minier prévoit que, sous réserve des dispositions applicables de la loi n° 68-1181 du 30 décembre 1968 relative à l'exploitation du plateau continental et à l'exploitation des ressources naturelles, l'autorisation du domaine public est accordée dans les mêmes conditions que pour les gisements appartenant à la catégorie des mines, avec une différence qui tient à la durée de la concession, laquelle ne peut excéder cinquante ans. Le régime de l'autorisation domaniale nécessaire pour la recherche et l'exploitation des substances minérales mentionnées à l'article L. 2124-27 est défini par le décret n° 2006-798 du 6 juillet 2006 relatif à l'exploitation des substances minérales ou fossiles contenues dans les fonds marins du domaine public et du plateau continental métropolitains.

II. EXPLOITATION DES CULTURES MARINES

Les articles L. 2124-29 et L. 2124-30 ont trait à l'exploitation des cultures marines sur le domaine public fluvial et maritime, naturel ou artificiel. Le principe est celui de l'obtention d'une autorisation d'exploitation des cultures marines. Le décret-loi du 9 janvier 1852 avait déjà posé le principe d'une autorisation spéciale pour la création et l'exploitation des établissements de pêche sur le domaine public maritime. Puis, conformément au décret n° 83-228 du 22 mars 1983 (pris en application de l'art. L. 28 C. dom. Ét.) relatif à l'autorisation des exploitations de cultures marines et des divers textes réglementaires qui ont suivi, l'exploitation des cultures marines supposait une autorisation préalable accordée sous forme d'une concession par le préfet après enquête administrative et avis de la Commission des cultures marines. En conséquence, sur le domaine public maritime géré directement par l'État, l'autorisation d'exploitation de cultures marines valait autorisation d'occupation domaniale, alors que, sur les dépendances relevant de la compétence des collectivités territoriales, l'utilisation de l'autorisation d'exploitation, délivrée par l'État après accord de la collectivité gestionnaire, était subordonnée à la délivrance par la collectivité de l'autorisation d'occupation du domaine public dans les conditions fixées par le décret n° 84-941 du 24 octobre 1984.

C'est cette distinction qui est reprise par les articles L. 2124-29 et L. 2124-30. Sur le domaine public fluvial ou maritime de l'État, l'autorisation d'exploitation des cultures maritimes, directement attribuée par l'État, emporte autorisation d'occupation du domaine public. En revanche, sur le domaine public maritime portuaire relevant de la compétence des collectivités territoriales, l'autorisation d'exploitation reste bien délivrée par l'État mais avec accord de la collectivité concernée. Elle n'emporte pas autorisation d'occupation. Celle-ci est subordonnée à une vérification de la compatibilité de l'autorisation d'exploitation avec le fonctionnement du service public portuaire à l'issue de laquelle la collectivité territoriale ou le service gestionnaire délivre l'autorisation d'occupation. La dissociation dans l'attribution de l'autorisation d'exploitation et de l'autorisation d'occupation tombe dès lors que l'État décide de retirer l'autorisation d'exploitation pour des raisons d'intérêt général liées à la protection de la salubrité ou à l'hygiène publique. Car dans ce cas, le retrait de l'autorisation d'exploitation entraîne automatiquement le retrait de l'autorisation d'occupation. ❑

1. Contrôle du juge. Le juge exerce un contrôle normal sur la décision de l'Administration d'abroger une autorisation d'exploitation de cultures marines. • CE 12 déc. 2008, *Taillepied*, n° 297921 B : *BJCP 2009. 171 ; ibid. 250 ; JCP Adm. 2008, Actu. 1063.* ♦ Légalité de la décision par laquelle le préfet refuse de délivrer une autorisation d'exploiter un établissement de cultures marines en raison de la configuration et de l'exiguïté du terre-plein conchylicole en cause qui était plus adapté à du stockage de matériel plutôt qu'à la création d'une unité fonctionnelle. • CAA Bordeaux, 13 févr. 2020, *SCEA Eloi Reveleau*, n° *18BC01663 et 18BX01664*,. ♦ Compétence du maire et non du préfet pour délivrer une autorisation d'occupation temporaire d'une cabane affectée à une usage d'habitation et remise en gestion à la commune. • CAA Bordeaux, 13 févr. 2020, *SCEA Eloi Reveleau*, n° 18BX01656, 18BX01657 et 18BX01658.

2. L'obligation d'organiser une enquête publique n'interdit pas de modifier les caractéristiques du projet à l'issue de celle-ci, à la double condition que ne soit pas remise en cause l'économie générale du projet d'une part, et que cette modification procède de l'enquête d'autre part. Doivent être regardées comme procédant de l'enquête les modifications destinées à tenir compte des réserves et recommandations de la commission d'enquête, des observations du public et des avis émis par les collectivités et instances consultées et joints au dossier de l'enquête. S'agissant d'un projet de concession minière de sables calcaires coquilliers dans le domaine public maritime et afin de prendre en compte les observations formulées durant l'enquête publique et de limiter ses incidences, l'autorité compétente peut réduire le périmètre annuel d'exploitation par rapport au projet initial de 4 à 1, 5 km^2, diminuer les volumes annuels d'extraction de 400 000 à 250 000 m^3 au plus, raccourcir la durée de la concession de 20 à 15 ans et la période annuelle d'exploitation, ramenée de l'année entière à une période comprise entre les mois de septembre et d'avril. Ces modifications, qui procèdent d'une enquête publique préalable à des travaux susceptibles d'affecter l'environnement et ont pour objet d'en réduire les effets sur ce dernier, ne peuvent, pour substantielles qu'elles soient, être regardées comme constituant une remise en cause de l'économie générale du projet de concession impliquant l'ouverture d'une enquête complémentaire au sens et pour l'application des dispositions de l'art. L. 123-14 C. envir. • CE 5 déc. 2016, *Assoc. Sauvegarde du Trégor et a., Cne de Lannion*, n°s 394592 et 394617.

3. L'art. R. 122-2 C. envir. soumet à étude d'impact au cas par cas les « zones de mouillage et d'équipements légers ». Le préfet ne peut valablement autoriser l'implantation de filières conchylicoles sans avoir été saisi par le pétitionnaire d'une demande d'examen de la nécessité ou non de réaliser une étude d'impact en application de l'art. R. 122-3 C. envir. • TA Poitiers, 18 mai 2017, *Assoc. pour la préservation du littoral de la Malconche et des Pertuis charentais et a., Cne de Saint-Georges-d'Oléron, Mme D.*, n°s 1501183, 1502175, 1601564 et 1600480 • CAA Bordeaux, 27 févr. 2018, *Comité régional de la conchyliculture de Poitou-Charentes*, n° 17BX02439. ♦ Les zones de mouillages et d'équipements légers visées par le *g* du 10° de l'annexe à l'art. R. 122-2 C. envir. s'entendent des zones de mouillage destinées à l'accueil et au stationnement des navires et bateaux de plaisance ainsi que des équipements légers qui en sont l'accessoire indispensable. Les champs de cultures marines ne peuvent être regardés comme des « travaux, ouvrages et aménagement du domaine public maritime » nécessitant une étude d'impact préalable lorsqu'ils nécessitent la mise en place de dispositifs sous-marins, sous la forme de corps morts de différentes dimensions posés sur le sol de la mer, de bouées sub-affleurantes et de fils et aussières tendues entre celles-ci et destinées à accueillir soit les algues marines soit les casiers à huitres et moules, à l'exception des bouées affleurantes, seul dispositif présent et visible en surface, délimitant les différents champs de culture et les couloirs de circulation les séparant. • CAA Nantes, 18 déc. 2018, nos 17NT02153, 17NT02154 et 1702156.

SECTION V ÉDIFICES AFFECTÉS AUX CULTES

V. Circ. du 29 juill. 2011 relative aux édifices du culte : propriété, construction, réparation et entretien, règles d'urbanisme, fiscalité (NOR : IOCD1121246C, App., v° Culte).

Art. L. 2124-31 Lorsque la visite de parties d'édifices affectés au culte, notamment de celles où sont exposés des objets mobiliers classés ou inscrits, justifie des modalités particulières d'organisation, leur accès est subordonné à l'accord de l'affectataire. Il en va de même en cas d'utilisation de ces édifices pour des activités compatibles avec l'affectation cultuelle. L'accord précise les conditions et les modalités de cet accès ou de cette utilisation.

Cet accès ou cette utilisation donne lieu, le cas échéant, au versement d'une redevance domaniale dont le produit peut être partagé entre la collectivité propriétaire et l'affectataire.

Sur l'utilisation du bail emphytéotique administratif pour la construction d'édifices du culte, V. comm. ss. art. L. 2122-20.

BIBL. ► **Encyclopédie :** DESMURS-MOSCET, ROUVIÈRE-PERRIER et RAMBAUD, Cultes, *J.-Cl. Adm., fasc. 215.*

► **Ouvrages :** DUCROCQ, Des églises et autres édifices du culte catholique ; classement domanial, édifices religieux du domaine public, édifices religieux du domaine privé, *Oudin, 1866.* — WINTER, Étude sur la condition juridique du mobilier des églises, *Giard et Brière, 1905.* – BORDE, Des temples, des églises et de leurs biens, *Larose et Forcel, 1896.* – PICARD, Histoire de la propriété des édifices du culte, *Rousseau, 1908.* – CAILLET, La propriété des édifices du culte catholique, *Rousseau, 1909.* – DURNERIN, De la situation juridique des édifices domaniaux affectés au culte catholique, *Jouve, 1923.* – VAISSIÉ, Condition juridique des édifices publics, églises et cimetières envisagés au point de vue de la domanialité, *Thèse, Paris 1924.* – GUILLOUET, Du caractère juridique de l'occupation des édifices du culte depuis la loi de séparation, *Thèse, Rennes, 1936.* – COLLET, Les édifices du culte et le droit privé, *Thèse, Paris, 1942.* – FLORES-LONJOU, Les lieux de culte en France, *Le Cerf, 2001.* – PRÉLOT et WOEHRLING, Traité de droit français des religions, *Litec, 2003.* – DELSOL, GARAY et TAWIL, Droit des cultes, *Dalloz, Juris associations, 2005.* – UNTERMAIER, Culte, culture et domanialité publique. L'organisation des concerts dans les églises, *Publications de l'Université Jean-Moulin/Lyon III, 2005.* – BASDEVANT-GAUDEMET, CORNU et FROMAGEAU, Le patrimoine cultuel religieux : enjeux juridiques et pratiques actuelles, *L'Harmattan, 2006.* – BASDEVANT-GAUDEMET, Les édifices du culte. Fondements historiques de la propriété publique et de l'affectation cultuelle, *in* Églises et autorités, Études d'histoire de droit canonique médiéval, *PULIM, 2006, p. 327.* – COOMANS, NOPPEN, MORISSET, Quel avenir pour quelles églises ?, *PU Québec, 2006.* – MACHELON (dir.), Les relations des cultes avec les pouvoirs publics, *Doc. fr., 2006.* – MESSNER, Lieux de culte en France et en Europe : statuts, pratiques, fonctions, *Law and Religious studies n° 3, 2007.* – PERRIER, Occupations d'églises et droit public, *Mémoire Lyon III, Publications de l'Université Jean-Moulin, 2007, n° 4.* – FORNEROD, Le régime juridique du patrimoine religieux, *L'Harmattan, 2013.* – Ministère de l'Intérieur, Gestion et construction des lieux de culte. Guide pratique, *La Documentation française, 2016.* – DE BELLESCIZE, Droit des cultes et de la laïcité, *Gualino, 2017.*

► **Rapports :** MACHELON (dir.), Les relations des cultes avec les pouvoirs publics, *Doc. fr., 2006.* – Conseil d'État, Un siècle de laïcité, *EDCE, 2004, n° 55.* – MAUREY, Rapport d'information (...) sur le financement des lieux de culte, *Sénat, 2015.*

► **Articles :** CROUZIL, Le droit d'occupation dans les églises, *RD publ. 1923. 451.* – RIVERO, Histoire et prospective dans le statut des édifices du culte en régime de séparation, *Mél. Le Bras, Sirey, 1965, t. 1, p. 681.* – DE NAUROIS, Les églises en droit français, *Mél. Montané de la Roque, IEP Toulouse, 1986, p. 479.* – GAUDEMET, Propriétaire et affectataire. Le statut juridique des lieux de culte dans un régime de séparation, *Est. Lombardia, Madrid, 1989, p. 793.* – FRIER, Le cadre juridique de l'aménagement intérieur des cathédrales, *LPA 16 sept. 1994, p. 3.* – LE CARPENTIER, Le régime juridique des édifices du culte, *Administration 1996. 190.* – VANDERMEEREN, Les occupations d'églises : petite histoire et problématique juridique, *AJDA 2003. 427.* – YOLKA, Occupations d'églises : l'autorité relative de la chose jugée, *ibid. 2004. 353.* – LAVIALLE, Les édifices affectés aux cultes, *RFDA 2006. 949.* – UNTERMAIER, Les églises et le code général de la propriété des personnes publiques, *AJDA 2006. 2210.* – FORT, Édifices de culte et principe de laïcité, *Mél.*

Miaille, Montpellier 2008. – GAUDEMET, Le domaine public cultuel dans le code général de la propriété des personnes publiques, *Mél. Genevois, Dalloz, 2008, p. 455*. – MARKUS, Ouverture des édifices cultuels au tourisme, *Dr. et tourisme 2008, n° 101*. – GUILBAUD, La propriété des orgues, *AJDA 2011. 2515*. – PRÉLOT, Usage patrimonial et désaffectation des édifices cultuels, *Société, droit et religion 2011/1. 45*. – PERRIER, La propriété et l'entretien des biens cultuels ou l'imbroglio juridique, *AJCT 2012. 282*. – LAVERGNE, Les édifices du culte : affectation cultuelle et utilisation culturelle, *RD publ. 2012. 1279*. – BOUALILI, L'orgue d'église : instrument de culte ou instrument de musique ?, *RD publ. 2012. 1523*. – GÉLY, La question du financement des lieux de culte par les collectivités territoriales, *ibid. 1553*. – DÉLICAT, Les pouvoirs de l'affectataire cultuel, *AJDA 2012. 2103*. – GAUDEMET, Le régime juridique des œuvres d'art dans les édifices du culte, *in Mél. Darcy, Bruylant, 2012, p. 295*. – PRÉLOT, Retour sur la Commission Machelon, *in Mél. Machelon, LexisNexis, 2015*. – GARREAU et BLUTEAU, Collectivités territoriales et lieux de culte : obligations, interdictions et outils, *JCP Adm. 2016, Hors série, p. 19*.

COMMENTAIRE

L'article L. 2124-31 reconnaît l'existence d'un domaine public cultuel, que seule la jurisprudence consacrait jusque-là. Il codifie en conséquence les conditions d'utilisation des édifices affectés aux cultes. Il organise particulièrement les utilisations simultanées et les utilisations alternées de l'édifice, afin de respecter l'affectation principale des lieux de culte ainsi que les prérogatives de l'affectataire du lieu. Pour des raisons historiques faciles à comprendre, cette disposition concerne essentiellement les édifices du culte catholique, ceux affectés à d'autres cultes soulevant davantage de questions sur le terrain du droit de l'occupation domaniale (V. par ex., pour le culte musulman, Papi, L'insertion des mosquées dans le tissu religieux local en France : approche juridique et politique, *RDP 2004, n° 5, p. 1339*. – Robbes, Bail emphytéotique administratif et édification des lieux de culte, *CP-ACCP nov. 2006, p. 54*). Sous des abords techniques, l'article L. 2124-31 vient ainsi régler une question politiquement sensible (V., pour le détail des règles applicables, Circ. min. Intérieur du 29 juill. 2011, n° NOR/IOC/D/11/21246C, relative aux édifices du culte : propriété, construction, réparation et entretien, règles d'urbanisme, fiscalité).

I. L'ÉDIFICE CULTUEL

A. IDENTIFICATION

Une fois l'existence du domaine public cultuel consacrée, reste bien sûr la question de la consistance dudit domaine public. Comme le domaine public immobilier en général, le domaine public cultuel repose sur le critère de l'affectation. Celle-ci suppose, en l'espèce, de déterminer précisément la nature de l'édifice affecté. Le code demeure assez approximatif, voire elliptique, sur ce sujet. Une conception globale tendrait à considérer que l'ensemble de l'édifice cultuel est affecté au culte, conception que semble retenir, au moins implicitement, l'article L. 2124-31. Une autre approche permettrait de considérer que seuls certains locaux à l'intérieur de l'édifice ont vocation à constituer des lieux de culte. Cette interprétation est retenue par la disposition en cause simplement en ce qui concerne l'exposition d'objets mobiliers ou classés qui justifient la visite de « parties de l'édifice » dévolues au culte. La jurisprudence a pu paraître hésiter sur la manière d'appréhender l'édifice cultuel. Et des exemples récents montrent que le juge administratif prend soin de distinguer les dépendances directement affectées au culte (celles qui permettent l'exercice du culte et la célébration des cérémonies) de celles qui ne le sont pas du tout ou de celles qui, sans être directement destinées à la pratique du culte, en constituent un support nécessaire (les dépendances immédiates indispensables à l'accomplissement des rites et des pratiques).

B. AFFECTATION

1° AFFECTATION CULTUELLE

Dans chaque cas considéré, il s'agit d'une affectation à un culte précis, celui que l'édifice accueillait avant la loi de séparation des Églises et de l'État de 1905. En vertu des lois du 9 décembre 1905 et du 2 janvier 1907, les édifices de culte sont laissés à la disposition des fidèles et des ministres du culte pour la pratique de leur religion, conformément aux règles d'organisation alors en vigueur (« les édifices affectés à l'exercice du culte [...] continueront sauf désaffectation [...] à être laissés à la disposition des fidèles et des ministres du culte pour l'exercice de leur religion »). Cette affectation législative au culte signifie que ces édifices sont affectés, en vertu de la loi et par priorité, aux prêtres et aux fidèles. *A contrario*, une association qui serait dans l'impossibilité de s'assurer le concours d'un ministre du culte régulièrement désigné et en communion avec la hiérarchie ne peut être regardée comme affectataire de l'édifice. L'affectation cultuelle s'entend aussi des biens affectés au culte. On vise ici tant les meubles garnissant les édifices cultuels (en vertu de l'art. 5 de la loi du 2 janv. 1907) que les meubles, accessoires nécessaires à la pratique du culte (ostensoirs, stalles...), ou les monuments et annexes (calvaires, sacristie...), qui sont autant de dépendances de l'édifice cultuel. Cette affectation à destination du public (des fidèles) ou des ministres du culte est libre (puisque directe), gratuite, et perpétuelle, au moins tant que l'autorité administrative compétente n'a pas prononcé la désaffectation. Celle-ci est possible si le culte cesse d'être célébré pendant plus de six mois, si un défaut d'entretien de l'édifice compromet la conservation du lieu et des meubles ou si l'association cultuelle bénéficiaire cesse de remplir son objet ou encore détourne l'édifice de sa destination première (V. art. 13 de la loi du 9 déc. 1905 et loi du 2 janv. 1907, App., v° *Culte*).

Reste que ce principe d'affectation prioritaire, sinon exclusive, pose un certain nombre de difficultés qui découlent de la loi du 9 décembre 1905. Puisque l'État et les cultes sont séparés, rien n'empêche que les édifices cultuels soient également destinataires d'une autre affectation, par exemple culturelle. On ne compte plus aujourd'hui les concerts ou expositions dans des églises qui, en tant que monuments historiques, peuvent être destinées à devenir des édifices culturels.

2° UTILISATION NON CULTUELLE

Le principe d'exclusivité de l'affectation cultuelle connaît quelques aménagements pour que la dépendance puisse satisfaire un usage non cultuel. L'article 17 de la loi de 1905 prévoit ainsi que « la visite des édifices et l'exposition des objets mobiliers classés seront publiques ». Et les édifices acquis ou construits depuis 1905 étant en général la propriété d'associations, ces dernières ne sont pas tenues par une quelconque affectation ; les édifices peuvent donc être utilisés pour un autre usage que la célébration du culte. Le principe est alors celui selon lequel la liberté d'utilisation des édifices affectés au culte, induite par leur affectation à l'usage direct du public, ne peut s'exercer que dans le respect de leur affectation prioritaire à l'exercice du culte considéré. Cela signifie que les usagers autres que les fidèles ne peuvent utiliser l'édifice en même temps ou postérieurement qu'avec l'accord préalable des prêtres affectataires. Cette affectation simultanée ou alternée, mais en toute hypothèse compatible avec l'affectation principale, est ainsi subordonnée à l'accord de l'affectataire. Sans un tel accord, le juge estime qu'il est porté atteinte à la liberté de culte, car la manifestation ou l'usage sera considéré comme incompatible avec l'affectation cultuelle principale. Cet accord de l'affectataire doit prévoir les conditions et modalités de l'accès ou de l'utilisation autorisée. Il peut aussi prévoir le versement d'une redevance domaniale dont le produit sera partagé entre le propriétaire et l'affectataire et ce – selon les termes du rapport au président de la République accompagnant l'ordonnance du 21 avril 2006 – afin de mieux appréhender les relations entre les acteurs concernés et permettre le développement d'activités à caractère onéreux. L'article L. 2124-31 revient donc sur le principe de gratuité posé par l'article 17 de la loi du 9 décembre 1905 (qui prévoyait que les visites et expositions d'objets classés ne pouvaient donner lieu à aucune taxe ni redevance) en généralisant la possibilité de paiement d'un droit de visite pour les utilisations non cultuelles, compatibles avec l'affectation, afin de contribuer à l'entretien et à la préservation des édifices de culte. En dépit de ce déverrouillage juridique, des obstacles culturels demeurent ; en témoigne le tollé suscité par la proposition de Stéphane Bern, à qui le chef de l'État Emmanuel Macron avait confié une mission sur la préservation du patrimoine, de faire payer l'entrée des cathédrales aux touristes (entretien au *Parisien, 12 nov. 2017*). Cette piste de financement avait pourtant déjà été évoquée à diverses reprises – notamment, par le Conseil d'analyse économique (2011) ou à l'initiative du Centre national des monuments historiques (2014) – et elle est largement utilisée à l'étranger (Espagne, Italie, Portugal, Allemagne, Royaume-Uni, etc.).

II. PROPRIÉTAIRE ET AFFECTATAIRE

C'est la personne affectataire qui est le pivot de l'article L. 2124-31, et non la personne propriétaire. Le régime juridique de la propriété des édifices de culte, tel qu'il découlait de la législation révolutionnaire, se présente de manière fragmentée en 1905, mais il est confirmé par la loi du 13 avril 1908. Reprenant la loi du 18 germinal an X, aux termes de laquelle, si les églises sont mises à disposition des évêques par arrêté préfectoral, cette mise à disposition n'entraîne pas transfert de propriété, la loi de 1908 dispose que l'État et les communes ont la propriété des cathédrales, pour le premier (V. Décr. du 4 juill. 1912), et des églises paroissiales (pour les secondes. Noter que la L. n° 98-546 du 2 juill. 1998 portant diverses dispositions d'ordre économique et financier prévoit la possibilité d'un transfert de propriété aux EPCI). Quant aux édifices construits après l'entrée en vigueur de la loi de 1905, ils sont la propriété d'associations qui ont participé à leur construction et relèvent d'un régime de droit privé. Tout l'enjeu réside alors dans l'articulation des attributions du propriétaire avec celles de l'affectataire, c'est-à-dire des ministres du culte et des fidèles (art. 5 de la loi du 9 janv. 1907), lorsque des associations cultuelles n'ont pas été constituées (titre IV de la loi du 9 déc. 1905). Pour l'Église catholique, la jurisprudence confirme que seuls les ministres du culte soumis à la hiérarchie de l'Église sont considérés comme affectataires. Les pouvoirs que peut retirer le propriétaire de son statut dépendent des règles que pose l'affectataire, à qui seul revient la responsabilité de veiller au libre exercice du culte dans les lieux et avec les objets qui y sont affectés ; l'arrêt *Commune de Massat* du 25 août 2005 (V. *infra*, note 4) précise bien que « les prérogatives patrimoniales [de la collectivité] se trouvent subordonnées au respect de l'affectation cultuelle, qui consiste dans l'occupation de l'édifice par le curé et ses fidèles et dans les pouvoirs reconnus au prêtre d'en régler l'usage et l'agencement cultuel ». L'article L. 2421-31 confirme ainsi la nécessité d'un accord entre le propriétaire et l'affectataire pour organiser la visite des parties d'édifice affectées au culte, notamment lorsque sont exposés des objets mobiliers ou inscrits. Et le détail des pouvoirs de l'affectataire est fixé par une importante circulaire du ministre de l'Intérieur du 29 juillet 2011, qui prévoit tant la liberté pour la personne affectataire d'organiser l'exercice du culte dans l'édifice affecté (autorisations de manifestations ponctuelles, détermination des horaires d'ouverture et de fermeture de l'édifice ou des heures de célébration des cultes), que l'exercice d'un « pouvoir de police » (V. Dupré de Boulois, Le pouvoir de décision unilatérale, *LGDJ, 2006, p. 352* s.) à l'intérieur de l'édifice de culte (organisation du culte et accès des fidèles, expulsions des tiers qui porteraient atteinte au déroulement du culte…), sous réserve de la compétence du représentant de la personne publique propriétaire et de l'exercice du pouvoir de police (celui du maire) pour faire respecter l'ordre public (V. not. les affaires classiques sur les sonneries de cloches : Hanicotte, L'édile, la cloche et le prétoire, *AJCT 2012. 140* . – Deliancourt, Les sonneries civiles et religieuses de cloches, *Gaz. cnes 24 avr. 2006, p. 52*. – Et surtout, Corbin, Les cloches de la terre, *Albin Michel, 1994*).

On notera que les dispositions sur la protection pénale des édifices du culte n'évoquent pas l'ordre des compétences (V., en dernier lieu, l'art. 97-V-4° de la loi n° 2016-925 du 7 juill. 2016 relative à la liberté de la création, à l'architecture et au patrimoine, qui a élargi aux édifices du culte le champ de l'art. 322-3-1 C. pén.). ❑

1. Consécration du domaine public cultuel. • Paris, 13 mai 1933, *Ville d'Avallon : DP 1934. 2. 101, note Waline* • CE 17 févr. 1933, *Cne de Barran : D. 1933. 3. 49, note Capitant* • 20 nov. 1936, *Abbé Rivière : D. 1939. 3. 2* • 18 nov. 1949, *Carlier : Lebon 490 ; S. 1950. 3. P. 49, note Drago ; RD publ. 1950. 172, concl. Gazier, note Waline* • 13 oct. 1988, *Cne de Beaumont-en-Périgord*, n° 68263 • 19 déc. 1990, *Assoc. Saint-Pie V et Saint-Pie X de l'Orléanais : Lebon 285* ; *AJDA 1991. 46, note de La Verpillière* . ♦ *A contrario*, une chapelle privée n'appartient pas au domaine public cultuel ; elle n'est par suite pas au nombre des édifices cultuels régis par les lois du 9 déc. 1905 et du 2 janv. 1907. • CAA Marseille, 14 oct. 2019, *C. c/ Cne Barcelonnette*, n° 18MA00120.

2. Édifice affecté au culte. Règle de principe. • CE 4 févr. 2008, *Assoc. de l'Église néo-apostolique de France*, n° 293016 : *Lebon T. 693* ; *AJDA 2008. 279* . ♦ Les salles de répétition des chanteurs ou les locaux destinés à l'instruction religieuse ne sont pas affectés au culte. • CAA Bordeaux, 14 oct. 2004, *Assoc. Assemblée de Dieu de la Gironde*, n° 01BX00317 : *Dr. fisc. 2005, n° 461, concl. Chemin.* ♦ Il en va de même du logement du ministre du culte. • CE 5 déc. 1956, *Assoc. du culte antoiniste : Lebon 651* • 24 déc. 1909, *Assoc. cultuelle de l'Église réformée évangélique de Saint-Christoilles-Alais : Lebon T. 1028.* ♦ V. également, pour un calvaire : • TA Amiens, 28 déc. 2011, *Margot*, n° 1002603 : *AJDA 2012. 615* ; *JCP Adm. 2012. 2325, chron. Chamard-Heim.* ♦ De même, pour les presbytères. • T. confl. 14 mai 1990, *Cne de Bouyon : Lebon T. 769.* ♦ Sauf en Alsace-Moselle, en application du régime concordataire. • CE 17 oct. 2012, *Singa*, n° 352742 :

AJDA 2013. 867, note Subra de Bieusses ; RFDA 2013. 39, note Éveillard ; JCP Adm. 2013, n° 2107, note Dieu ; DA 2013, n° 1, note Biagini-Girard ; Gaz. Pal. 2012. 323, note Seiller. ♦ *Contra*, des locaux techniques, la cave et les sanitaires sont affectés au culte. • CAA Lyon, 12 juin 2003, *Assoc. Centre évangélique : AJDA 2004. 271 ; Dr. fisc. 2004, n° 211, concl. Bonnet.* ♦ Font également partie du domaine public des échoppes percées sous une église. • TA Paris, 8 juin 1971, *Ville de Paris c/ Sieur Kergo : AJDA 1972. 169, note de Laubadère.* ♦ Un local affecté à un service public communal ne peut être mis à la disposition exclusive et pérenne d'une association cultuelle et par-là transformé en lieu de culte. • CE 19 juill. 2011, *Cne de Montpellier*, n° 313518 A : *AJDA 2011. 1667, chron. Domino et Bretonneau .* ♦ En revanche, un local du domaine privé peut l'être, dès lors que les conditions de la location ne révèlent pas une libéralité interdite. • CE 7 mars 2019, *Cne de Valbonne*, n° 417629 : *AJCT 2019. 305, note Juilles ; AJDA 2019. 551, obs. de Montecler, p. 980, chron. Malverti et Beaufils ; Rev. CMP 2019. Comm. 167, note Soler-Couteaux ; ibid. Chron. 6, obs. Soler-Couteaux, Zimmer et Waltuch ; Dr. adm. 2019, comm. 35, note Eveillard ; Dr. voirie 2019, p. 62, concl. Victor ; JCP A 2019. Actu. 178, obs. Erstein ; ibid. 2108, note crit. Chamard-Heim ; JCP 2019. 1870, chron. Éveillard.* ♦ Sur les suites de l'affaire : • CAA Marseille, 4 nov. 2019, *Cne Valbonne*, n° 19MA01149.

3. Étendue et protection de l'affectation au culte. Principe de l'affectation au culte par détermination de la loi (L. du 9 déc. 1905, art. 13). • CE 20 juin 1913, *Abbé Arnaud : Lebon 716, concl. Corneille.* ♦ En conséquence, incompétence de l'autorité cultuelle pour affecter ou désaffecter. • CE 1er mars 1912, *Cne de Saint-Dezery : Lebon 299* (affectation) • 15 juill. 1938, *Assoc. cultuelle d'Allondans-Dung et Consistoire Montbéliard : Lebon 673* (désaffectation). ♦ La désaffectation doit être combinée avec un acte formel de déclassement ; elle ne peut résulter d'une simple situation de fait. • TA Bordeaux, 20 déc. 2002, *Savary, Ricard, Assoc. Saint-Éloi : AJDA 2003. 390, concl. Dronneau* • CAA Bordeaux, 27 avr. 2004, *Assoc. Église Saint-Éloi*, n° 03BX00370 : *AJDA 2004. 449, obs. Royer ; JCP Adm. 2004. 1359, note Tawil* • CE 2 mars 2005, *Assoc. Église Saint-Éloi : BJCL 2005. 228, concl Séners, obs. Poujade.* ♦ La situation d'enclave d'un édifice affecté au culte peut conduire le juge administratif à enjoindre à la commune de prendre les mesures nécessaires à la création d'une servitude de passage pour en garantir l'accès. • CAA Lyon, 7 janv. 2016, *Assoc. pour la sauvegarde du patrimoine de Mirabel et a.*, n° 14LY03788.

4. Affectation non cultuelle. La liberté de culte est une liberté fondamentale. • CE, ord., 25 août 2005, *Cne de Massat*, n° 284307 : *Lebon 386 ; AJDA 2006. 91, note Subra de Bieusses ; BJCL 2005. 643, obs. Poujade ; JCP 2006. II. 10024, note Quirigny.* ♦ Il en résulte que les litiges opposant propriétaire et affectataire sont généralement résolus au profit de ce dernier. • CE 25 août 2005, *Cne de Massat*, n° 284307 : *préc.* ♦ La cour administrative d'appel de Marseille a jugé qu'une église constituant dans son ensemble un édifice affecté à l'exercice du culte, la commune ne peut organiser sans l'accord du desservant des visites payantes du toit-terrasse de l'église des Saintes-Maries-de-la-Mer. • CAA Marseille, 27 mai 2010, *Abbé de Vregille et Assoc. diocésaine de l'archidiocèse d'Aix-en-Provence*, n° 08MA03023 : *AJDA 2010. 1469, note Marcovici .* ♦ *Contra* • TA Marseille, 22 avr. 2008, *Assoc. diocésaine de l'archidiocèse d'Aix-en-Provence : AJDA 2008. 1378, note Fornerod ; JCP Adm. 2008, n° 29, p. 39, note Bernabeu.* ♦ Cette solution a été censurée par le Conseil d'État, qui considère que si l'affectation s'applique à l'ensemble d'un édifice cultuel, y compris ses dépendances nécessaires, fonctionnellement indissociables de l'édifice cultuel, et donc à la toiture d'un édifice cultuel en tant qu'elle est nécessaire au bon déroulement des célébrations cultuelles organisées dans l'édifice qu'elle protège, il convient de réserver le cas d'aménagements qui, alors même qu'ils sont situés sur le toit de l'édifice cultuel, doivent être regardés, compte tenu notamment de leurs caractéristiques propres et de la possibilité d'y accéder sans entrer dans l'édifice cultuel, comme fonctionnellement dissociables de cet édifice. Dans cette hypothèse, la commune peut, sans avoir à recueillir l'accord préalable du desservant de l'église, organiser des visites de tels aménagements. Elle doit cependant veiller à ce que les modalités d'organisation de celles-ci ne conduisent pas à perturber l'exercice du culte à l'intérieur de l'édifice et soient compatibles avec l'affectation de l'édifice sur lequel les aménagements visités sont situés. • CE 20 juin 2012, *Cne des Saintes-Maries-de-la-Mer*, n° 340648 : *Lebon 247 ; AJDA 2012. 2103, note Délicat ; GDDAB, 3e éd., 2018. Comm. 40, obs. Yolka ; JCP Adm. 2012. 452, obs. Touzeil-Divina ; ibid. 2390, note Dieu ; JCP 2012. 2380, chron. Éveillard ; Juristourisme sept. 2012. 145, obs. Juilles ; RD publ. 2012. 1573, note Pauliat ; RFDA 2012. 821, concl. Cortot-Boucher ; ibid. 826, note Morange ; RLCT 2012, n° 83, note Rouault.* ♦ *Contra*, s'agissant de clochers • CAA Marseille, 4 oct. 2013, *Gounelle*, n° 11MA04486 • CAA Nantes, 29 nov. 2013, *Abbé Brindejonc et a. : AJDA 2014. 46, chron. Degommier .* ♦ Et antérieurement à 2005. • CE 8 févr. 1908, *Abbé Déliard : Lebon 127* • 24 févr. 1912, *Abbé Sarralongue : Lebon 250* • 20 juin 1913, *Abbé Arnaud : préc. note 3* • 9 janv. 1931, *Abbé Cadel : Lebon 11* • 4 nov. 1994, *Abbé Chalumey*, n° 135842 : *Lebon*

491 ; *AJDA 1995. 252, note P. L. M.* ; *JCP 1995. II. 22415, note Viviano* ; *RFDA 1995. 986, concl. Schwartz*. ♦ Cette utilisation doit dans tous les cas être compatible avec le culte. Il en va ainsi de la visite d'un édifice et des objets d'art qu'il contient. • CE 4 nov. 1994, *Abbé Chalumey : préc.* • TA Marseille, 22 avr. 2008, *Assoc. diocésaine de l'archidiocèse d'Aix-en-Provence : préc.* ♦ Elle est subordonnée à l'accord de l'affectataire, qui ne saurait être donné si l'utilisation est trop gênante pour le culte. • CE, ord., 25 août 2005, *Cne de Massat*, n° 284307 : *préc.*

5. *Personne affectataire.* Une association catholique qui ne peut s'assurer le concours d'un ministre du culte ne peut être considérée comme affectataire de l'édifice de culte. • CE 8 févr. 1908, *Abbé Déliard : Lebon 127* • T. civ. Brive, 23 déc. 1908, *Abbé Dumas : RODRC 1909, p. 181* • CE 28 juill. 1911, *Sieur Rougeré : S. 1912. 3. 97, concl. Chardenet* • 14 févr. 1913, *Guitton : DP. 1914. 9, concl. Corneille.* ♦ Il en va de même pour une association cultuelle en marge de l'Église luthérienne. • CE 9 déc. 1910, *Assoc. cultuelle protestante de Lyon : Lebon 907, concl. Chardenet ; DP. 1912. 25.* ♦ D'une association non reconnue par l'Église catholique. • TA Amiens, 16 sept. 1986, *Mgr Labille : Lebon 320*. ♦ *Contra*, pour une association cultuelle se conformant aux règles générales d'organisation du culte officiellement posées par un synode protestant. • CE 28 mars 1945, *Église réformée évangélique de Vitan : D. 1946. 156.*

6. *Étendue des compétences de la personne affectataire.* Liberté est donnée à la personne affectataire d'organiser l'accès à l'édifice et l'exercice des cultes. Est ainsi illégal l'arrêté municipal prescrivant de déposer à la mairie une clé de l'église, car cet acte a pour conséquence de permettre au maire d'entrer dans l'édifice de culte en dehors des horaires fixés par le ministre du culte affectataire. • CE 20 juin 1913, *Abbé Arnaud : préc. note 3.* ♦ Dans le sens de la liberté d'organisation du culte, V. • CE 17 déc. 1914, *Abbé Foussadier : Lebon 1052* • 4 août 1916, *Abbé Prudhommeaux : Lebon 351* • 26 déc. 1930, *Abbé Tisseirre : Lebon 1113.* ♦ Pour l'agencement du mobilier et de la décoration intérieure. • CE 15 janv. 1937, *de Bonafos : Lebon 48.* ♦ La personne affectataire dispose d'un pouvoir de police qui lui permet de veiller au respect des règles relatives au culte définies par l'autorité religieuse. • TGI Argentan, 1er févr. 1973 : *D. 1974. J. 789, note Vouin ; JCP 1973. II. 17473, note Mazeaud.* ♦ Ce pouvoir de police « intérieure » trouve une limite dans le pouvoir de police du maire exercé en vue de protéger la sécurité publique. • CE 26 déc. 1913, *Abbé Lhuillier et a. : Lebon T. 1295.* ♦ L'affectataire n'est tenu d'aucune obligation de sécurité à l'égard du public, l'autorité propriétaire étant dans l'obligation de prendre les mesures idoines et engageant, à défaut, sa responsabilité. • CE 10 juin 1921, *Cne de Monségur : RD publ. 1921. 361, note Jèze ; S. 1921. 3. 49, concl. Corneille, note Hauriou* • Civ. 2e, 19 juill. 1966 : *JCP 1967. II. 15228, note Dejean de La Bâtie.* ♦ Le maire doit nécessairement et préalablement à la délivrance de permis de construire permettant l'implantation d'une antenne-relais de téléphonie mobile dans un clocher s'assurer de l'accord de l'affectataire ; ce clocher, alors même qu'il serait inaccessible au public, fait partie intégrante de l'édifice, dont il n'est pas dissociable, et se trouve affecté à l'exercice du culte. • CAA Nantes, 29 nov. 2013, *Abbé Brindejonc, Abbé Messu, Assoc. diocésaine de Rennes*, n° 12NT00939 : *AJDA 2014. 46, chron. Degommier* ; *BJCL 2014. 400, concl. Degommier et obs. Poujade.* ♦ Un maire ne peut autoriser la réalisation d'une fresque dans une chapelle sans l'accord du prêtre. • CAA Marseille, 22 nov. 2011, *Cne de Saint-Étienne-du-Grès : AJDA 2012. 497, concl. Deliancourt*. ♦ V. aussi, mettant en cause les pouvoirs respectifs du propriétaire et de l'affectataire, s'agissant d'une fresque réalisée dans une chapelle. • TGI Tarascon, 16 nov. 2007, *Min. public c/ M. C. : LPA 23 avr. 2008, p. 11, note Bories* • Aix-en-Provence, 6 janv. 2010 : *Gaz. Pal. 21 juill. 2010, p. 13, note Couard.* ♦ Illustrant la répartition des rôles entre diocèse de Paris et services de l'État, pour le renouvellement des cloches de la cathédrale Notre-Dame de Paris. • CAA Paris, 7 mars 2017, *Sté Paccard Fonderie*, n° 15PA02145 (solution peu évidente).

7. *Obligations du propriétaire.* Comme autorité de police, il demeure responsable du maintien de l'ordre public, notamment de la sécurité (CGCT, art. L. 2212-2). – Par ex. • CE 26 déc. 1913, *Abbé Lhuillier et a. : Lebon. 1295.* ♦ Sur l'absence d'obligation de sécurité pesant sur l'affectataire : • Civ. 2e, 19 juill. 1966, *SNCF et Dame Vaultier : JCP 1967, II, 15228, note Dejean de La Bâtie.* ♦ Et la collectivité propriétaire supporte une obligation d'entretien dont le respect est sanctionné sur le terrain de la responsabilité pour dommages de travaux publics. V. pour un exemple fameux (affaire du bénitier funeste) : • CE 10 juin 1921, *Cne de Monségur : RD publ. 1921. 361, note Jèze ; S. 1921. III. 49, concl. Corneille, note Hauriou.* ♦ Une illustration plus récente : responsabilité d'une commune à raison du mauvais entretien d'un système de chauffage d'une église ayant entraîné une intoxication massive lors d'un concert des Petits Chanteurs à la Croix de Bois. • TA Lille, 24 oct. 2017, *CPAM Lille-Douai et a.*, n° 1502388.

8. *Conséquence de la séparation des Églises et de l'État (exemples).* Les dispositions de la loi du 9 déc. 1905 et de la loi du 2 janvier 1907 *[V. ces textes, App., v° Culte]* ne font pas obstacle à ce qu'une commune qui a acquis, afin notamment de développer l'enseignement artistique et d'organiser des manifestations culturelles dans un but d'intérêt public communal, un orgue ou tout autre objet comparable, convienne avec l'affectataire d'un édifice cultuel dont elle est propriétaire que cet orgue sera installé dans l'édifice et y sera utilisé par elle dans le cadre de sa politique culturelle et éducative ainsi que, le cas échéant, par le desservant, pour accompagner l'exercice du culte. • CE, ass., 19 juill. 2011, *Cne de Trélazé*, n° 308544 : *Lebon 370 ; AJDA 2011. 1667, chron. Domino et Bretonneau ; JCP Adm. 2011. 2307, note Amédro ; RFDA 2011. 967, concl. Geffray ; AJCT 2011. 515, note Perrier*. ♦ Le Conseil d'État admet, à propos d'un litige portant sur le financement d'un ascenseur destiné à faciliter l'accès à la basilique de Fourvière (Lyon), qu'une collectivité territoriale puisse légalement financer des travaux qui ne sont pas des travaux d'entretien ou de conservation d'un édifice servant à l'exercice d'un culte, en vue de la réalisation d'un équipement ou d'un aménagement en rapport avec cet édifice, à plusieurs conditions. En premier lieu, cet équipement ou cet aménagement doit présenter un intérêt public local, lié notamment à l'importance de l'édifice pour le rayonnement culturel ou le développement touristique et économique de son territoire ; en deuxième lieu, il ne doit pas être destiné à l'exercice du culte ; enfin, lorsque la collectivité territoriale accorde une subvention pour le financement des travaux, il faut que soit garanti, notamment par voie contractuelle, le fait que cette participation n'est pas versée à une association cultuelle et qu'elle est exclusivement affectée au financement du projet. Par ailleurs, la circonstance qu'un tel équipement ou aménagement soit susceptible de bénéficier aux personnes qui pratiquent le culte, ne saurait, lorsque les conditions énumérées ci-dessus sont respectées, affecter la légalité de la décision de la collectivité territoriale. • CE, ass., 19 juill. 2011, *Féd. de la libre pensée et de l'action sociale du Rhône*, n° 308817 : *Lebon 392 ; AJDA 2011. 1667, chron. Domino et Bretonneau ; JCP Adm. 2011. 2307, note Amédro ; JCP 2011. 1174, note Chaminade ; ibid. 2588, chron. Éveillard ; RFDA 2011. 967, concl. Geffray ; AJCT 2011. 515, note Perrier*. ♦ Une commune peut rénover un calvaire, qui n'est pas affecté au culte. • TA Amiens, 28 déc. 2011, *Margot : AJDA 2012. 615 ; JCP Adm. 2012. Chron. n° 2325, obs. Chamard-Heim*. ♦ Au sein d'un bâtiment à vocation pour partie culturelle, pour partie cultuelle, un EPCI ne peut financer des travaux que dans la première. • CE 3 oct. 2011, *Cté agglo. de Saint-Étienne : BJCL 2011. 77, concl. Geffray*. ♦ Les dispositions sur le bail emphytéotique administratif – CGCT, art. L. 1311-2 s. – dérogeant à la loi du 9 déc. 1905, une association cultuelle peut bénéficier d'un tel bail contre le paiement d'une redevance modique, par ex., • CE 19 juill. 2011, *Vayssière*, n° 309161 : *AJCT 2011. 515, note Perrier ; AJDA 2011. 1667, chron. Domino et Bretonneau ; ibid. 2010, note Fatôme et Richer ; Rev. CMP 2011, n° 301, note Eckert ; Dr. adm. 2011, n° 92, note Brenet ; JCP Adm. 2011. 2308, note Dieu ; RFDA 2011. 967, concl. Geffray ; RDI 2011. 628, note Févrot* • CAA Paris, 26 oct. 2015, *B. c/ Cne de Paris*, n° 14PA03125. ♦ Les dispositions de l'art. L. 2144-3 CGCT permettent à une commune, en tenant compte des nécessités qu'elles mentionnent, d'autoriser, dans le respect du principe de neutralité à l'égard des cultes et du principe d'égalité, l'utilisation pour l'exercice d'un culte par une association d'un local communal, dès lors que les conditions financières de cette autorisation excluent toute libéralité et, par suite, toute aide à un culte. Une commune ne peut rejeter une demande d'utilisation d'un tel local au seul motif que cette demande lui est adressée par une association dans le but d'exercer un culte. En revanche, une commune ne peut, sans méconnaître ces dispositions, décider qu'un local lui appartenant relevant des dispositions précitées de l'art. L. 2144-3 sera laissé de façon exclusive et pérenne à la disposition d'une association pour l'exercice d'un culte et constituera ainsi un édifice cultuel. Par ailleurs, les collectivités territoriales peuvent donner à bail, et ainsi pour un usage exclusif et pérenne, à une association cultuelle un local existant de leur domaine privé sans méconnaître les dispositions de la L. du 9 déc. 1905 dès lors que les conditions, notamment financières, de cette location excluent toute libéralité. • CE 7 mars 2019, *Cne de Valbonne*, n° 417629 : *préc. note 2*. ♦ Ne méconnaît pas l'interdiction d'installer un emblème religieux sur le domaine public l'érection d'une statue de la Vierge Marie sur un site qui serait fonctionnellement indissociable (quoique situé à 2 km) d'un édifice affecté au culte avant l'entrée en vigueur de la loi du 9 déc. 1905. • TA Grenoble, 3 oct. 2019, *H. et a. c/ Cne St-Pierre d'Alvey*, n° 1603908 : *Dr. adm. 2019. Alerte 173 ; JCP Adm. 2019. Actu. 654, obs. Erstein ; ibid. 2322, note Bénelbaz.*

SECTION VI CONCESSIONS DE LOGEMENT

SOUS-SECTION 1 CONCESSIONS DE LOGEMENT DANS LES IMMEUBLES APPARTENANT À L'ÉTAT ET À SES ÉTABLISSEMENTS PUBLICS

La présente sous-section ne comprend pas de dispositions législatives.

SOUS-SECTION 2 CONCESSIONS DE LOGEMENT DANS LES IMMEUBLES APPARTENANT AUX COLLECTIVITÉS TERRITORIALES, À LEURS GROUPEMENTS ET À LEURS ÉTABLISSEMENTS PUBLICS

Art. L. 2124-32 **Les conditions d'attribution d'un logement de fonction par les collectivités territoriales, leurs groupements et leurs établissements publics sont régies par les dispositions de l'article 21 de la loi n° 90-1067 du 28 novembre 1990.** – *[L. n° 90-1067 du 28 nov. 1990, art. 21, ecqc les immeubles appartenant au domaine public.]*

BIBL. ▸ **Encyclopédie :** TAILLEFAIT, Logements de fonction, *J.-Cl. Propriétés publiques, fasc. 79-55.*

▸ **Articles :** LE PAVEC, Concessions de logement, *AJPI 1955. 193.* – DUCOS-ADER, Le logement des agents publics, *AJDA 1956. I. 169.* – BACHELIER, Le logement des instituteurs, *AJDA 1988. 569.* – GHEBALI-BAILLY, L'attribution des logements de fonction dans les collectivités locales et leurs établissements publics, *LPA 19 mai 1995.* – FAURE, Logement de fonction dans la fonction publique territoriale, *RFDA 1996. 105*. – TAILLEFAIT, Régime général des logements de fonction, *JCP Adm. 2003. 2126* ; Les logements de fonction des agents de la fonction publique : régimes particuliers, *JCP Adm. 2004. 1402.* – TAILLEFAIT, Les logements de fonction dans la fonction publique de l'État : sujétions professionnelles ou privilèges personnels ?, *JCP Adm. 2012. 2278.* – BENTOLILA, Cessation d'attribution d'un logement de fonction, *Collectivités intercommunalités, juin 2005, n° 6.* – COLLIÈRE, Concessions de logements de fonction accordés aux fonctionnaires territoriaux, *AJDA 2006. 14*. – FOULQUIER, Exonération du domaine public de la taxe sur les logements vacants, *RDI 2008. 98*.

COMMENTAIRE

La concession de logement est une institution qui permet à l'Administration de loger elle-même ses agents en dehors de l'hypothèse de la location de droit commun qui peut être consentie par l'Administration sur des dépendances de son domaine privé. Les conditions d'attribution d'un logement de fonction par les collectivités territoriales, leurs groupements ou leurs établissements publics sont régies par les dispositions de l'article 21 de la loi du 28 novembre 1990 relative à la fonction publique territoriale et portant modification de certains articles du code des communes, dispositions auxquelles renvoie désormais l'article L. 2124-32. L'article 21 de la loi de 1990 remplace l'ancien article L. 413-6 du code des communes. Il donne une large compétence aux collectivités pour réglementer les conditions d'octroi et d'occupation des logements de fonction dont elles disposent. En effet, aux termes de l'article 21 de la loi précitée, les organes délibérants des collectivités territoriales et de leurs établissements publics fixent la liste des emplois pour lesquels un logement de fonction peut être attribué gratuitement ou moyennant une redevance par la collectivité ou l'établissement public concerné, en raison notamment des contraintes liées à l'exercice de ces emplois. La délibération doit préciser les avantages accessoires liés à l'usage du logement. Quant aux décisions individuelles d'attribution, elles sont prises en application de cette délibération par l'autorité territoriale ayant le pouvoir de nomination.

Les concessions de logement dans les immeubles appartenant à l'État et aux établissements publics sont régies par les articles R. 2124-64 à R. 2124-76 du code qui reprennent les dispositions antérieurement codifiées aux articles R. 92 à R. 104 du code du domaine de l'État. Un décret n° 2012-752 du 9 mai 2012 modifie les dispositions des articles R. 2124-64 à R. 2124-76 en réformant les conditions dans lesquelles les concessions de logement peuvent être accordées aux agents de l'État et de ses établissements publics et abroge l'article R. 2124-77.

Jusqu'à la publication du décret précité, les concessions de logement pouvant être attribuées appartenaient à deux catégories suivant qu'elles étaient attribuées par nécessité absolue de service ou par simple utilité de service. Aux termes de l'article R. 2124-65, il y avait nécessité absolue du service lorsque l'agent ne pouvait accomplir normalement son service sans être logé dans les bâtiments où il exerçait ses fonctions. Le logement se présentait alors comme le seul moyen pour assurer la continuité du service et assurer les éventuelles urgences liées à la fonction. L'attribution aux agents territoriaux d'un logement au titre de la nécessité absolue de service se faisait gratuitement, sans versement d'indemnités forfaitaires pour travaux supplémentaires (Circ. 20 déc. 1999 et, pour l'État, art. R. 2124-69). En revanche, il y avait simple utilité de service lorsque, sans être absolument nécessaire à l'exercice de la fonction, le logement présentait un intérêt certain pour la bonne marche du service (V. art. R. 2124-66). La jurisprudence est venue préciser cette définition en avançant notamment que l'utilité de service cesse dès lors que le bénéficiaire est nommé à d'autres fonctions et que cette mise à disposition ne saurait être gratuite, l'absence d'absolue nécessité ne rendant pas la concession de logement à ce point nécessaire.

Le décret du 9 mai 2012 revient sur cette distinction. Les concessions de logement pour utilité de service sont supprimées. Elles sont remplacées par un régime de convention d'occupation à titre précaire au bénéfice des catégories de personnels qui, sans remplir des fonctions leur ouvrant droit à une concession de logement par nécessité absolue de service, sont tenus d'accomplir un service d'astreinte. En conséquence, seuls les personnels ayant une obligation de disponibilité totale pour des raisons de sûreté, de sécurité ou de responsabilité ont vocation dorénavant à bénéficier d'un logement par nécessité absolue de service. Ce sont des arrêtés interministériels qui doivent déterminer les fonctions correspondantes.

Les surfaces d'occupation sont déterminées en fonction du nombre de personnes à charge du bénéficiaire occupant le logement. Le montant de la redevance ainsi que les avantages accessoires liés à l'usage du logement sont fixés par l'organe délibérant de la collectivité propriétaire. Pour les logements appartenant à l'État et à ses établissements publics, l'article R. 2124-70 **modifié par le décret du 9 mai 2012** dispose que la redevance est fixée par le directeur départemental des finances publiques qui est aussi compétent pour la réviser ou la modifier. La redevance due commence à courir à compter de la date de l'occupation des locaux. La redevance et, s'il y a lieu, les remboursements à la charge de l'occupant font l'objet d'un précompte mensuel sur la rémunération de l'agent bénéficiaire.

Plus largement, la jurisprudence a fixé des limites au pouvoir discrétionnaire en prévoyant que la compétence des collectivités territoriales pour décider de conclure des concessions de logement ne pouvait excéder le champ de la réglementation nationale des logements de fonction des fonctionnaires de l'État. Et ce en application de l'article 88 de la loi du 26 janvier 1984 portant dispositions statutaires relatives à la fonction publique territoriale et d'un décret d'application du 6 septembre 1991. Est ainsi institué un principe de parité entre les agents des fonctions publiques de l'État et territoriale afin d'éviter que les seconds soient mieux traités que les premiers.

Signe que cette réforme s'est avérée difficile à mettre en œuvre, l'article 9 du décret du 9 mai 2012 a été modifié à deux reprises. Alors qu'il prévoyait dans sa version initiale que les agents auxquels il avait été accordé une concession de logement avant le 11 mai 2012 pouvaient en conserver le bénéfice jusqu'au 1er septembre 2013 au plus tard, en l'absence de changement dans la situation ayant justifié l'attribution du logement, cette date butoir a été repoussée au 1er septembre 2015 (Décr. n° 2013-651 du 19 juill. 2013). Puis le décret n° 2015-1582 du 3 décembre 2015 a repoussé cette date, décidant que ces concessions pourront perdurer « jusqu'au premier jour du cinquième mois suivant la publication des arrêtés, prévus aux articles R. 2124-65 et R. 2124-68 du code général de la propriété des personnes publiques, qui ne sont pas encore intervenus à la date de publication du décret n° 2015-1582 du 3 décembre 2015 et devront être publiés avant le 31 décembre 2015 ». Une série d'arrêtés a ensuite été publiée au *Journal officiel* du 9 décembre 2013 (V. par ex. l'Arr. du 2 nov. 2015 fixant les listes de fonctions des établissements publics du ministère chargé de l'éducation nationale et des établissements d'enseignement restés à la charge de l'État prévues aux articles R. 2124-65 et R. 2124-68 CGPPP pouvant ouvrir droit à l'attribution d'une concession de logement par nécessité absolue de service ou d'une convention d'occupation précaire avec astreinte). ❑

1. Distinction entre la nécessité absolue de service et la simple utilité de service. • CE 11 juill. 1988, *Cne de Fréjus*, n° 61217 : *Lebon T. 1988* • 2 déc. 1994, *Cne de Cuers*, n° 148121 : *Lebon 522*. ♦ Sur les conditions d'attribution d'un logement de fonction à un agent territorial en raison de la nécessité absolue de service. • CE 29 avr. 2002, *Assoc. des administrateurs territoriaux de France*, n° 224944 : *Gaz. cnes, oct. 2002, p. 68, note Vital-Durand ; RGCT 2002, p. 249, concl. Séners, obs. Bourdon.* ♦ L'utilité de service cesse dès lors qu'un agent est nommé dans d'autres fonctions ; le maintien de la concession de logement constitue un motif d'annulation de la décision d'attribution. • CE 11 juill. 1988, *Cne de Cavalaire-sur-Mer*, n° 61218 : *Lebon 288* • TA Marseille, 5 oct. 1995, *Remilleux*, n° 93-3943. ♦ Dans le même sens, une concession de logement ne peut être accordée, hors cas de nécessité absolue de service, si elle ne présente pas un intérêt certain pour la bonne marche du service compte tenu des contraintes et obligations auxquelles le fonctionnaire est assujetti. • CE 27 oct. 2008, *Synd. intercommunal Bellecombe*, n° 293611 : *Lebon T. 785* ; *AJDA 2009. 605, note Aubin*. ♦ Dans le cas d'une concession pour simple utilité de service, la mise à disposition n'est pas gratuite et donne lieu à la perception d'une redevance. • CE 20 juill. 2007, *Tétart*, n° 287569 : *Lebon T. 767* ; *AJDA 2007. 1502, obs. de Montecler* • CAA Bordeaux, 13 févr. 2019, n° 17BX00153.

2. Alignement des conditions d'attribution des logements aux fonctionnaires territoriaux sur la réglementation en vigueur pour les fonctionnaires de l'État. • CE 2 déc. 1994, *Préfet du Nord*, n° 147962 : *Lebon 529* • 10 févr. 1997, *Région Languedoc-Roussillon*, n° 161168. ♦ Le principe de parité entre les agents des fonctions publiques doit empêcher les trop grandes disparités dans l'octroi des indemnités aux agents. • CE 27 juin 2007, *Cne de Calais*, n° 292946 : *Lebon T. 916* ; *AJDA 2007. 1330*. ♦ Sous réserve du principe de parité, l'autorité territoriale fixe le montant de la redevance d'occupation d'un logement de fonction concédé par utilité de service à l'un de ses agents en tenant compte des caractéristiques du bien, des valeurs locatives constatées pour des logements comparables situés dans le même secteur géographique et des conditions particulières de l'occupation du logement, notamment des sujétions éventuelles imposées à l'agent. Le juge de l'excès de pouvoir exerce un contrôle restreint sur cette fixation. • CE 1er oct. 2015, *Cne d'Orgerus*, n° 372030 : *Lebon 323* ; *BJCL 2015. 876, concl. de Lesquen* ; *AJDA 2016. 397, note Aubin* ; *AJCT 2016. 121, note Otero*.

3. Absence de droit acquis à la gratuité d'un logement mis à disposition par une commune. • Aix-en-Provence, 6 nov. 2014 : *JCP Adm. 2014. Actu. 970.*

4. Compétence du juge administratif pour se prononcer sur l'expulsion de l'occupant d'un ancien logement de fonction situé dans l'enceinte d'une école dès lors que l'immeuble, alors même qu'il est désaffecté, n'a pas été déclassé. • CAA Marseille, 10 déc. 2014, n° 11MA02748 : *JCP Adm. 2014. 2282, concl. Deliancourt.* ♦ Pour une illustration de cette compétence du juge administratif, • CAA Nancy, 22 oct. 2019, n° 18NC00225. ♦ Le juge des référés, pour apprécier s'il y a urgence à suspendre une décision révoquant une concession de logement, doit apprécier concrètement, compte tenu des justifications fournies par le requérant, les effets de cette décision sur la situation de celui-ci. • CE 15 mars 2017, n° 405658.

5. La liste des logements dont une commune est propriétaire est communicable, sous réserve de l'occultation de toute pièce ou mention couverte par le secret de la vie privée ou ayant un caractère nominatif à l'égard de tiers. Il en va de même des contrats de location portant sur les dépendances du domaine public mais pas pour ceux du domaine privé dès lors qu'il s'agit de contrats de droit privé. • CADA 6 janv. 2000, *Maire de Villecresnes*, n° 20000148.

6. V., constatant l'absence de nécessité absolue de service à propos de sapeurs-pompiers ayant bénéficié de logements gratuits à l'extérieur des casernements, • CAA Douai, 22 févr. 2018, *Synd. autonome des sapeurs-pompiers professionnels de Seine-Maritime et a.*, nos 17DA01404 à 17DA01412.

7. L'organe délibérant de la collectivité territoriale est compétent pour déterminer les emplois auxquels peut être attachée l'attribution d'un logement de fonction et fixer la redevance correspondante, et l'autorité territoriale est compétente pour décider de l'attribution effective de tels logements. • CAA Versailles, 7 févr. 2019, n° 17VE00904.

8. La privation illégale d'un logement de fonction pour nécessité absolue de service n'engage pas nécessairement la responsabilité de l'administration fautive dès lors qu'il appartient à l'agent de démontrer la réalité du préjudice causé. • CAA Marseille, 21 mai 2019, n° 17MA04343.

Loi n° 90-1067 du 28 novembre 1990,

Relative à la fonction publique territoriale et portant modification de certains articles du code des communes.

Art. 21 Les organes délibérants des collectivités territoriales et de leurs établissements publics fixent la liste des emplois pour lesquels un logement de fonction peut être attribué gratuitement ou moyennant une redevance par la collectivité ou l'établissement public concerné, en raison notamment des contraintes liées à l'exercice de ces emplois.

(L. n° 2007-209 du 19 févr. 2007, art. 67) « L'attribution des logements de fonction aux personnels techniciens, ouvriers et de service exerçant dans un établissement public local d'enseignement *(L. n° 2015-991 du 7 août 2015, art. 28-IV, en vigueur le 1er janv. 2016)* « ou aux personnels exerçant dans un établissement public local de formation dans les domaines du sport, de la jeunesse et de l'éducation populaire » fait l'objet d'une proposition préalable du

conseil d'administration de l'établissement précisant les emplois dont les titulaires peuvent bénéficier de l'attribution d'un logement, gratuitement ou moyennant une redevance, la situation et les caractéristiques des locaux concernés. »

La délibération précise les avantages accessoires liés à l'usage du logement.

Les décisions individuelles sont prises en application de cette délibération par l'autorité territoriale ayant le pouvoir de nomination.

Pour l'application des dispositions précédentes, un logement de fonction et un véhicule peuvent être attribués par nécessité absolue de service aux agents occupant l'un des emplois fonctionnels d'un département ou d'une région ou de directeur général des services d'une commune de plus de 5 000 habitants ou de directeur général d'un établissement public de coopération intercommunale à fiscalité propre de plus de 20 000 habitants, ainsi que de directeur général adjoint des services d'une commune ou d'un établissement public de coopération intercommunale à fiscalité propre de plus de 80 000 habitants. Dans les mêmes conditions, un logement et un véhicule de fonction peuvent être attribués par nécessité absolue de service à un seul emploi de collaborateur de cabinet du président de conseil départemental ou régional, d'un maire ou d'un président d'un établissement public de coopération intercommunale à fiscalité propre de plus de 80 000 habitants. Les frais de représentation inhérents à leurs fonctions sont fixés par délibération de l'organe délibérant.

SECTION VII UTILISATION DU DOMAINE PUBLIC DANS LE CADRE DE L'EXPLOITATION DE CERTAINES ACTIVITÉS COMMERCIALES

(L. n° 2014-626 du 18 juin 2014, art. 72)

BIBL. ▶ **Encyclopédie :** Yolka, Propriétés publiques – Baux commerciaux et fonds de commerce, *J.-Cl. Propriétés publiques, fasc. 79-62.*

▶ **Articles :** Vilar, Fonds de commerce et marché d'intérêt national, *RTD com. 1973. 27.* – Rézenthel, Le fonds de commerce et la domanialité publique, *Quot. jur. 22 déc. 1987, p. 2.* – de David Beauregard-Berthier, Fonds de commerce et domaine public, *AJDA 2002. 790*. – Chamard-Heim, Transmissions d'activités commerciales sur le domaine public, *AJDA 2014. 761*. – Chamard-Heim et Yolka, La reconnaissance du fonds de commerce sur le domaine public, *AJDA 2014. 1641*. – Clamour, *Rev. CMP 2014. Chron. 213.* – Hansen, L'exploitation d'un fonds de commerce sur le domaine public, *JCP Adm. 2014. 2250.* – Andreani et Brignon, La consécration du fonds de commerce sur le domaine public, *D. 2014. 1883*. – Derouesné et Stefanini-Coste, Fonds de commerce sur le domaine public : la reconnaissance législative, *JCP E 2014. 1511.* – Leonetti, Loi Pinel : une réforme inachevée du statut des commerçants sur le domaine public, *Bull. Cheuvreux sept. 2014, p. 16.* – Painchaux, Domaine public et fonds de commerce, *RTDI 2014. 50.* – Bainvel et Papapolychroniou, L'admission de l'existence de fonds de commerce sur le domaine public, *Dr. adm. 2015, n° 5.* – Bousquet, Clientèle propre et domaine public : quand un cépage peut sublimer un terroir, *Rev. CMP 2015. Étude 6.* – Sacksick, Denis-Vernet, Jacquin et Lavergne, La loi ACTPE du 18 juin 2014 a-t-elle créé un fonds de commerce sur le domaine public ?, *Gaz. Pal. 22 nov. 2015, p. 7.* – Wursthorn, Conclure un contrat de bail commercial, *Gaz. comm. 27 juill. 2015.* – de David Beauregard-Berthier, Utilisation et commercialité, *in* L'utilisation du domaine public, *PU Poitiers, 2016. 87.* – Dureuil, Baux commerciaux sur le domaine public, *Loyers et copropriété 2017, dossier 12.* – INFOREG, Bail commercial et domaine public. – La situation du preneur, *Cahiers de droit de l'entreprise, n° 5, sept. 2017, Prat. 23.* – Quément, Fonds de commerce et domaine public, *Mél. Monéger, LexisNexis, 2017. 367.* – du Boislouveau, La reconnaissance de l'existence d'un fonds de commerce sur le domaine public, *Rev. fr. de comptabilité, avr. 2018, n° 519.* – Murgue-Varoclier, La cession « administrée » d'un fonds de commerce exploité sur le domaine public, *RFDA 2019. 471*. – Ribes, L'évaluation du fonds de commerce : connaître les méthodes d'évaluation utilisées par les services du Domaine, *Rev. gestionnaire public 2019, n° 3, p. 46.* – Yolka, Propriétés publiques et location-gérance, *Dr. voirie 2019, p. 105.*

Art. L. 2124-32-1 **Un fonds de commerce peut être exploité sur le domaine public sous réserve de l'existence d'une clientèle propre.**

Art. L. 2124-33 **Toute personne souhaitant se porter acquéreur d'un fonds de commerce ou d'un fonds agricole peut, par anticipation, demander à l'autorité compétente une autorisation d'occupation temporaire du domaine public pour l'exploitation de ce fonds.**

L'autorisation prend effet à compter de la réception par l'autorité compétente de la preuve de la réalisation de la cession du fonds.

Art. L. 2124-34 En cas de décès d'une personne physique exploitant un fonds de commerce ou un fonds agricole en vertu d'une autorisation d'occupation temporaire du domaine public, l'autorité compétente délivre à la demande de ses ayants droit, sauf si un motif d'intérêt général s'y oppose, une autorisation d'occupation temporaire du domaine public identique à celle accordée à l'ancien titulaire pour la seule poursuite de l'exploitation du fonds, durant trois mois.

Si les ayants droit ne poursuivent pas l'exploitation du fonds, ils peuvent, dans le délai de six mois à compter du décès, présenter à l'autorité compétente une personne comme successeur. En cas d'acceptation de l'autorité compétente, cette personne est subrogée dans les droits et obligations de l'ancien titulaire.

La décision est notifiée aux ayants droit ayant sollicité l'autorisation ou ayant présenté un successeur ainsi que, le cas échéant, au successeur présenté. Toute décision de refus est motivée.

Art. L. 2124-35 La présente section n'est pas applicable au domaine public naturel.

COMMENTAIRE

Des baux commerciaux ne sauraient être légalement conclus sur le domaine public (alors qu'ils peuvent l'être sans difficulté sur le domaine privé. Pour un rappel, à propos des pépinières d'entreprises, Rép. min. à QE n° 04462 : *JO Sénat 21 juin 2018, p. 3133*), le droit au renouvellement du preneur étant incompatible avec le principe de précarité des occupations privatives ; et la conclusion de tels baux est susceptible d'engager la responsabilité de la personne publique signataire, lorsqu'elle révèle une faute de sa part. Classiquement, le Conseil d'État – liant bail commercial et fonds de commerce – considérait que l'occupant du domaine public ne pouvait par extension être propriétaire d'un fonds de commerce, puisqu'il ne saurait légalement disposer d'un bail commercial.

Rompant avec une telle position, cette nouvelle section du code, issue de la loi n° 2014-626 du 18 juin 2014 relative à l'artisanat, au commerce et aux très petites entreprises, consacre, sous conditions, la possibilité d'exploiter un fonds de commerce sur le domaine public artificiel, devançant ainsi une évolution attendue de la jurisprudence administrative.

L'exclusion du fonds de commerce sur le domaine public par la jurisprudence classique, qui reposait sur des fondements juridiques discutés et pouvait notamment se réclamer des caractères personnel, précaire et révocable (sur ces deux derniers, V. CGPPP, art. L. 2122-3) des titres d'occupation privative du domaine public ainsi que de la volonté de préserver les finances publiques (en évitant aux gestionnaires domaniaux de verser, en cas de rupture ou de non-renouvellement du titre, une indemnité d'éviction correspondant notamment à la valeur marchande du fonds de commerce, art. L. 145-14 C. com.), n'a pas résisté à la logique contemporaine de valorisation économique du domaine public et à l'influence de la Cour européenne des droits de l'homme (V., considérant qu'une clientèle constitue un « bien », protégé comme tel par l'art. 1er du Protocole CEDH n° 1, à propos d'un exploitant de cinéma expulsé par une commune : CEDH 25 mars 1999, *Iatridis c/ Grèce : JCP 2000. I. 202, obs. Sudre*).

Initiée par un amendement parlementaire, relayée par le Gouvernement, cette réforme pose un principe et distingue deux hypothèses concernant la transmission du fonds (V. Circ. du 15 juin 2015 relative aux activités commerciales sur le domaine public), sachant que ce dernier sujet – mal encadré – constitue un véritable nid de difficultés (V. not., au regard de la mise en concurrence des titres, Rép. min. à QE n° 23834 : *JOAN 2019, p. 11553 ; JCP N 2020. Actu. 167 ; Rev. CMP 2020. Comm. 70, obs. Koebel*).

Le principe est celui de la possibilité d'exploiter un fonds de commerce sur le domaine public artificiel de toute personne publique, sous réserve de l'existence d'une clientèle propre (CGPPP, art. L. 2124-32-1 – Sur la possibilité d'exploiter le fonds via un contrat de location-gérance, dès lors que l'administration y consent, * Rép. min. n° 100574 : *JOAN Q, 14 févr. 2017, p. 1258 ; JCP N 2017. Actu. 308*). Il conviendra donc de vérifier, au cas par cas, si l'occupant privatif exerce une activité commerciale au sens du code de commerce et justifie d'une clientèle propre (qui ne se confond pas avec la masse des usagers de la dépendance domaniale occupée). Il est permis de se demander si les obligations de publicité et de mise en concurrence instituées par l'ordonnance n° 2017-562 du 19 avril 2017 ne risquent pas d'exclure, dans bon nombre de cas, la constitution de fonds de commerce sur le domaine public : la conquête d'une clientèle se joue en effet sur le long terme, ce qui implique une stabilité de l'activité qui n'est pas nécessairement compatible avec la remise en jeu des titres.

La première hypothèse de transmission concerne les opérations de cession d'un fonds de commerce (ou d'un fonds agricole) sur ces dépendances du domaine public. L'acquéreur pressenti pourra demander par anticipation une autorisation d'occupation domaniale pour exploiter ce fonds, autorisation qui prendra effet à compter de la réception par l'administration de la preuve de la réalisation de la cession du fonds (CGPPP, art. L. 2124-33).

La seconde hypothèse de transmission a trait au décès d'une personne physique exploitant un fonds de commerce (ou un fonds agricole) en vertu d'une autorisation d'occupation temporaire. Sa succession sera facilitée par un mécanisme à double détente : octroi, sauf motif d'intérêt général et à la demande des ayants droit, d'une autorisation identique d'une durée de trois mois pour la seule poursuite de l'exploitation du fonds ; faculté ouverte aux ayants droit, s'ils ne poursuivent pas l'exploitation, de présenter un successeur dans un délai de six mois à compter du décès, successeur qui – en cas d'acception de l'administration sera subrogé dans les droits et obligations du *de cujus* (CGPPP, art. L. 2124-34. – V., Rép. min. n° 1069 : *JOAN Q, 9 oct. 2018, p. 9094*). ❑

1. Illégalité des baux commerciaux sur le domaine public. Par ex., pour le Tribunal des conflits. • T. confl. 3 déc. 1979, *Ville de Paris : Lebon 578 ; D. 1980. IR 118, obs. Delvolvé.* ♦ Pour les juridictions judiciaires. • Civ. 1re, 28 avr. 1981 : *Bull. civ. I, n° 140* • 6 juill. 1988 : *Bull. civ. I, n° 230* • Civ. 3e, 13 oct. 2004 : *RJDA 2005, n° 11* • 13 sept. 2018, n° 16-19.187 : *AJDA 2019. 342, note Regourd* • Nîmes, 28 oct. 2010, *SARL Sophitex : JCP Adm. 2011, n° 27, p. 16, chron. Chamard-Heim.* ♦ Même solution, en cas d'appartenance partielle du local occupé au domaine public. • Civ. 3e, 2 mars 2017, *SARL Magreg,* nos 15-11.419 et 15-25.136 : *D. 2017. 569 ; JCP N 2017. 1220, chron. Monéger ; RTD com. 2017. 290, chron. Monéger.* ♦ Encourt la cassation un arrêt d'appel qui exclut la responsabilité d'un liquidateur, sans rechercher s'il avait informé le cessionnaire, préalablement à la vente d'un fonds de commerce établi sur le domaine public, du caractère litigieux du droit au bail (en l'occurrence commercial). • Com., 27 juin 2018, n° 16-26.360. ♦ Pour les juridictions administratives. • CE 5 mars 2003, *SARL Hostellerie Château de Nyer : BJCL 2003. 449, concl. Bachelier ; JCP Adm. 2003, p. 637, note Moreau* • 26 nov. 2003, *Dpt des Hautes-Alpes : BJCP 2004. 236* • 15 févr. 2012, *SAS TDLC,* n° 338059 • 17 janv. 2017, *SARL A c/ Cne de Cassis,* n° 388010 : *Rev. CMP mars 2017, comm. 77, note Pietri* • CAA Paris, 6 juill. 2012, *SARL Le Nautica,* n° 11PA01242 • 8 févr. 2018, *SARL Le bout du monde,* n° 16PA03943 • CAA Nantes, 7 déc. 2018, n° 17NT01761 • CAA Marseille, 22 nov. 2019, *Sté Paradis,* n° 17MA02160. ♦ Pour la doctrine administrative, V. par ex. * Rép. min. nos 20418 et 22140 : *JO Sénat Q, 8 déc. 2016, p. 5325* * Rép. min. à QE n° 4690 : *JOAN Q, 24 déc. 2019, p. 11372 ; Rev. CMP 2020. Comm. 69, obs. Koebel.* ♦ Bien entendu, l'existence (par hypothèse illégale) d'un bail commercial sur le domaine public ne saurait modifier la qualification domaniale de la dépendance occupée. • CAA Versailles, 18 oct. 2018, *SARL Gouss Express,* nos 17VE02019 et 17VE02020 : *Rev. CMP 2019. Comm. 23, obs. Muller ; Dr. voirie 2018, n° 205, p. 145.*

2. Responsabilité administrative à raison des baux commerciaux illégalement conclus. Par ex., • CE 23 janv. 1976, *Kergo,* n° 97342 : *Lebon 55 ; GDDAB, 2e éd., 2015. Comm. 55, note Yolka* • 6 nov. 1985, *Boin-Favre : Lebon 353 ; RFDA 1986. 382, note Terneyre* • CAA Bordeaux, 4 févr. 2010, *SA Pyrénées Automobiles : JCP Adm. 2010, n° 14, p. 29, note Yolka ; ibid., n° 37, p. 10, chron. Chamard-Heim* • CAA Marseille, 24 janv. 2011, *Cne d'Escaro-Aytua : BJCL 2011. 279, concl. Deliancourt ; Rev. CMP 2011, n° 121, note Eckert ; JCP Adm. 2012, n° 3, p. 12, chron. Chamard-Heim* • 7 juill. 2015, *Cne de Savournon,* n° 13MA01402.

3. Illégalité du fonds de commerce sur le domaine public (avant l'entrée en vigueur de la L. du 18 juin 2014). • CE 31 juill. 2009, *Sté Jonathan Loisirs,* n° 316534 : *Lebon T. 739 ; ACCP nov. 2009, n° 93, note Bigas ; AJDA 2009. 1517 ; Ann. voirie 2009. 15, note Mondou ; BJCP 2009. 482, concl. Boulouis et obs. Maugüé ; Rev. CMP 2009, n° 332, note Eckert ; Dr. adm. 2009, n° 129 ; JCP 2009, n° 41, p. 42, chron. Plessix ; JCP Adm. 2009. Actu. 1039 ; RDI 2010. 158, note Caille ; RJEP 2010, n° 17, chron. Chamard-Heim* • 19 janv. 2011, *Cne de Limoges,* n° 32392 : *Lebon T. 923 ; JCP Adm. 2012, n° 3, p. 13, chron. Chamard-Heim* • CAA Bordeaux, 14 mars 2013, *ENSTIM Albi : ACCP n° 132/2013, p. 14, obs. Ribot ; Rev. CMP 2013. Chron. 6, obs. Llorens et Soler-Couteaux.* ♦ *Contra,* ayant admis la constitution de fonds de commerce sur le domaine public : • Civ. 1re, 15 mai 2001, n° 99-20.597 P • Com. 5 juill. 2006, n° 05-17.883 P • 28 mai 2013 : *LPA 6 nov. 2013,* *note Humann* • CAA Bordeaux, 6 nov. 2008, *Ville de Limoges,* n° 08BX00575. ♦ Mais l'existence d'un tel fonds postulait l'existence d'une clientèle propre, qui faisait souvent défaut. V., par ex., à propos de la concession d'exploitation des « petits voiliers » du bassin du jardin du Luxembourg, à Paris : • Civ. 3e, 5 avr. 2018, n° 17-10.466 : *AJDA 2018. 1679, étude Bousquet ; Rev. CMP 2018. Chron. 7, obs. Soler-Couteaux, Zimmer et Waltuch ; JCP Adm. 2018. 2165, chron. Chamard-Heim.*

4. Application de la L. du 18 juin 2014. Les dispositions de l'art. L. 2124-32-1 ne sont applicables qu'aux fonds de commerce dont les exploitants occupent le domaine public en vertu de titres délivrés à compter de l'entrée en vigueur de la L. n° 2014-626 du 18 juin 2014. L'exploitant qui occupe le domaine public ou qui doit être regardé comme l'occupant en vertu d'un titre délivré avant cette date, qui n'a jamais été légalement propriétaire d'un fonds de commerce, ne peut prétendre à l'indemnisation de la perte d'un tel fonds. • CE 24 nov. 2014, *Sté des remontées mécaniques Les Houches-Saint-Gervais,* n° 352402 : *Lebon 350 ; AJCT 2015. 93, obs. Rouault ; AJDA 2014. 2279, obs. de Montecler ; AJ Contrats aff. 2014. 392, obs. Dreyfus ; BJCP 2015, n° 99, concl. Bohnert ; GDDAB, 3e éd., 2018. Comm. 60, obs. Yolka ; JCP E 2014. 1660, note Brignon ; Rev. CMP 2015. Comm. 12 ; ibid. Chron. 2, p. 26-27, obs. Llorens et Soler-Couteaux ; Dr. adm. 2015, n° 21, note Éveillard ; JCP Adm. 2015. 2106, note Langelier ; JCP 2015. 451, chron. Éveillard ; LPA 15 janv. 2015, chron. Rouault ; RDC 2015/2. 355, note Berlioz ; RGCT mars 2015, p. 69, obs. Chaminade.* ♦ Dans le même sens • CAA Nantes, 27 oct. 2015, *SCI Xavier Le Tallec,* n° 13NT02462 • CAA Bordeaux, 15 nov. 2017, *SARL Dara,* n° 15BX03074 • CAA Douai, 5 avr. 2018, *D. c/ Université de Technologie de Compiègne,* n° 16DA00899 : *Rev. CMP 2018. Chron. 7, obs. Soler-Couteaux, Zimmer et Waltuch ; JCP Adm. 2018. 2221, obs. Roux* • CAA Nantes, 7 déc. 2018, n° 17NT01761 : *Rev. CMP 2019. Comm. 61, obs. Muller* • CAA Bordeaux, 6 juin 2019, *SELARL See C,* n° 17BX01259 : *Rev. CMP 2019. Comm. 281, obs. Muller ; Dr. voirie 2019, p. 223, obs. Yolka.* ♦ Un amendement sénatorial introduit lors de la discussion de la loi dite PACTE, en févr. 2019, visait à neutraliser la jurisprudence *Sté des remontées mécaniques Les Houches-Saint-Gervais* en étendant la possibilité de fonds de commerce aux occupations autorisées sur le fondement de titres délivrés antérieurement à l'entrée en vigueur de la L. du 18 juin 2014 *(AJDA 2019. 309).* Il n'a pas été repris par le législateur.

5. Divers. Une personne publique peut conventionnellement exclure la constitution d'un fonds de commerce sur la dépendance occupée. • TA Nice, 26 juin 2018, *M. B,* n° 1601897 : *JCP A 2019, 2033, obs. Chamard-Heim.* ♦ Sur le fait de savoir si le comptable municipal peut être désigné comme séquestre pour consigner des fonds afférents à une vente de fonds de commerce intéressant une commune. * Rép. min. n° 01119 : *JO Sénat Q 31 janv. 2019, p. 545 ; JCP N 2019, Actyu. 241.* ♦ Sur l'impossibilité de recourir à la gérance salariée des fonds de commerce. * Rép. min. à QE Sénat n° 01826, mars 2019 : *JCP A 2019, n° 29, obs. Yolka.*

CHAPITRE V **DISPOSITIONS FINANCIÈRES**

SECTION PREMIÈRE **DISPOSITIONS GÉNÉRALES**

Art. L. 2125-1 Toute occupation ou utilisation du domaine public d'une personne publique mentionnée à l'article L. 1 donne lieu au paiement d'une redevance *(L. n° 2007-1822 du 24 déc. 2007, art. 40-IV)* « sauf lorsque l'occupation ou l'utilisation concerne l'installation par l'État des équipements visant à améliorer la sécurité routière » *(L. n° 2010-1658 du 29 déc. 2010, art. 49-III)* « ou nécessaires à la liquidation et au constat des irrégularités de paiement de toute taxe perçue au titre de l'usage du domaine public routier ».

Par dérogation aux dispositions de l'alinéa précédent, l'autorisation d'occupation ou d'utilisation du domaine public peut être délivrée gratuitement :

1° Soit lorsque l'occupation ou l'utilisation est la condition naturelle et forcée de l'exécution de travaux ou de la présence d'un ouvrage, intéressant un service public qui bénéficie gratuitement à tous ;

2° Soit lorsque l'occupation ou l'utilisation contribue directement à assurer la conservation du domaine public lui-même ;

(L. n° 2015-991 du 7 août 2015, art. 17-V et 135) « 3° Soit lorsque l'occupation ou l'utilisation contribue directement à assurer l'exercice des missions des services de l'État chargés de la paix, de la sécurité et de l'ordre publics ou du contrôle aux frontières dans les aéroports, les ports et les gares ;

« 4° Soit lorsque l'occupation ou l'utilisation permet l'exécution de travaux relatifs à une infrastructure de transport public ferroviaire ou guidé. »

(L. n° 2009-526 du 12 mai 2009, art. 121-I) **« En outre, l'autorisation d'occupation ou d'utilisation du domaine public peut être délivrée gratuitement aux associations à but non lucratif qui concourent à la satisfaction d'un intérêt général. »**

(Ord. n° 2017-562 du 19 avr. 2017, art. 7) **« Lorsque l'occupation du domaine public est autorisée par un contrat de la commande publique ou qu'un titre d'occupation est nécessaire à l'exécution d'un tel contrat, les modalités de détermination du montant de la redevance mentionnée au premier alinéa sont fonction de l'économie générale du contrat. Lorsque ce contrat s'exécute au seul profit de la personne publique, l'autorisation peut être délivrée gratuitement. »**

Les dispositions issues de l'art. 7 de l'Ord. n° 2017-562 du 19 avr. 2017 sont applicables aux titres délivrés à compter du 1er juill. 2017 (Ord. préc., art. 15).

BIBL. ▶ **Thèses :** Denoyer, Exploitation du domaine public, *LGDJ, 1969.* – Teitgen-Colly, Légalité de l'intérêt financier dans l'action administrative, *Economica, 1981.* – Mamontoff, La domanialité publique mise en péril par le marché, *Perpignan, 1996.* – Pélissier, Gratuité du domaine public, *Dijon, 1999.* – Martsoukou, La gratuité du domaine public, *Paris II, 2004.*

▶ **Encyclopédie :** Badin et Untermaier-Kerléo, Redevances domaniales, *J.-Cl. Propriétés publiques, fasc. 59-10.* – Lafage et Deliancourt, Occupations privatives du domaine public. Titres unilatéraux, *J.-Cl. Propriétés publiques, fasc. 78.* – Plessix, Contrats domaniaux, *J.-Cl. Propriétés publiques, fasc. 79.*

▶ **Ouvrages, rapports :** Conseil d'État, Redevances pour service rendu et redevances pour occupation du domaine public, *2002, Doc. fr.* – Lavialle, Gratuité et domaine public, Guglielmi et Koubi (dir.), La gratuité, une question de droit, *L'Harmattan, 2003, p. 97.* – Clérembaux, Les redevances pour occupation du domaine public, *Territorial éd. 2010.* – Cerema, Décentralisation du stationnement payant sur voirie : Guide de recommandations à l'attention des collectivités locales, *oct. 2015.* – Gart et Cerema, Réforme du stationnement payant sur voirie : premiers enseignements, *juill. 2019.* – Défenseur des droits, La défaillance du forfait de post-stationnement : rétablir les droits des usagers, *janv. 2020.*

▶ **Articles :** Berger, Le service des domaines, *Rev. sc. législ. fin., 1955, n° 1, p. 92.* – Pellet, Calcul des redevances, *RPDA, 1956, n° 5, VII.* – Melleray, Domaine public et fiscalité, *AJDA 1980. 323.* – Denoyer, Fixation des redevances, *Inf. fonc. dom., avr. 1981, n° 21, p. 53.* – Teitgen-Colly, Principe de gratuité de la circulation, *RD publ. 1982. 1081.* – Gaudemet, La gratuité du domaine public, *Mél. P.-M. Gaudemet, Economica, 1984, p. 1023.* – Noël, Service des domaines, *Administration, 1992, n° 155, p. 49.* – Gintrand et Gouaislin, Redevances dues par les délégataires de service public, *Dr. adm. 1997, n° 19.* – Brard, Redevances pour occupation du domaine public : certitudes et incertitudes de la jurisprudence, *D. 1999. 19.* – Dufau, *Dr. adm. 2000. Chron. 9 et 12.* – Calmette, Brèves remarques juridiques sur la mise aux enchères des licences UMTS, *CJEG 2003. 67.* – Ayrault, Domaine public et taxe foncière, *Dr. adm. 2005. Chron. 4.* – Beaulac, *Ann. voirie 2007, n° 120* (commentaire de l'arrêt de la CAA de Versailles du 24 mai 2007, département de l'Essonne). – Fages, La légalité des redevances instaurées par certains départements à l'encontre de l'État, *BJCL 2007. 630.* – Lavialle, L'installation par l'État de radars sur le domaine public des collectivités territoriales, *JCP Adm. 2007. 2229.* – Yolka, Requiem pour la gratuité ?, *JCP Adm. 2007. Actu. 170* ; La guerre des radars : un épilogue bizarre, *JCP Adm. 2008. Actu. 104.* – Traoré, Installation par l'État de radars sur les routes départementales : un mode d'affectation *sui generis* du domaine public routier ?, *BJCL 2008. 82.* – Foulquier, Les nouvelles limites au caractère onéreux des occupations domaniales, *RDI 2008. 218* ; Les cas de gratuité de l'utilisation du domaine public : l'article L. 2125-1 du code général de la propriété des personnes publiques une nouvelle fois modifié par une loi de simplification du droit, *RDI 2009. 479.* – Goulay, Qui peut fixer les redevances d'occupation domaniale sur un aéroport ?, *AJDA 2011. 1003.* – Tambou, La taxe trottoir : outil pour valoriser l'utilisation privative du domaine public des communes, *AJCT 2012. 86.* – Petit, La dépénalisation du stationnement payant, *AJDA 2014. 1134.* – Hansen, L'occupation du domaine public par les infrastructures de recharge de véhicules électriques, *JCP Adm. 2015. 2055.* – Lavialle, Les métamorphoses du stationnement payant sur voirie et l'évolution de la domanialité publique, *RFDA 2015. 305.* – Rézenthel, Les plaisanciers, usagers des ports, *DMF 2016. 253.* – Brenet, Le « prix » de l'utilisation du domaine public, *in* L'utilisation du domaine public, *Presses Universitaires Juridiques de Poitiers/LGDJ, 2016, p. 97.* – Finon, Réforme du stationnement payant. Implication juridiques, *AJCT 2017. 446.* – Le Berre, La valeur économique en droit public, *AJDA 2017. 2343.*

COMMENTAIRE

I. PRINCIPE

Le principe posé par l'article L. 2125-1 est celui selon lequel toute occupation ou utilisation privative du domaine public donne lieu au paiement d'une redevance. En codifiant le principe d'une utilisation payante du domaine, le code confirme l'effacement progressif de la gratuité de l'occupation privative du domaine public.

L'occupation du domaine public a en effet longtemps été gratuite sauf exceptions. Mais, ces occupations étant à l'origine de bénéfices importants pour leurs bénéficiaires, le législateur estima qu'il convenait de rémunérer le propriétaire des dépendances domaniales. La loi du 20 décembre 1872 institua ainsi une redevance pour occupation du domaine public maritime. Puis la loi du 21 juin 1881 étendit le principe de la redevance à l'ensemble du domaine fluvial et terrestre.

La jurisprudence, qui s'était d'ailleurs bien gardée d'affirmer l'existence d'un principe de gratuité des occupations privatives du domaine public, a tiré les conséquences de ces évolutions, une cour administrative d'appel allant même jusqu'à énoncer, en 2004, un principe général du droit de non-gratuité des autorisations privatives, qui ne peut être limité que par une exigence d'intérêt général. En l'état actuel du droit, si on considère que le domaine public doit être géré dans la poursuite de l'intérêt général, il n'est pas moins admis qu'il est l'objet d'une valorisation et d'une exploitation patrimoniale et qu'à ce titre il peut être une source de revenus pour son propriétaire qui soumet son occupation privative à perception de redevance, sous réserve de dispositions législatives contraires (Y. Gaudemet, La gratuité du domaine public, *Mél. P.-M. Gaudemet, Economica, 1984, p. 1023*).

Le codificateur a ainsi entendu tirer les conséquences de la multiplication des utilisations privatives payantes qui, au titre des exceptions, ont progressivement contribué à vider le prétendu principe de gratuité de son contenu. En accordant à la gratuité le statut d'exception et à la non-gratuité celui de principe, le législateur met le code en adéquation avec la réalité positive. La perception d'une redevance en contrepartie d'une autorisation d'occupation privative du domaine public est un principe de rang législatif : il ne peut donc être aménagé et il ne peut y être dérogé que par la loi.

II. EXCEPTIONS

Le principe de non-gratuité de l'occupation du domaine public connaît pour autant une série d'exceptions mentionnées par l'article L. 2125-1, qui a fait l'objet – preuve que la question est sensible et que le principe retenu en 2006 avait une portée trop générale – de cinq modifications depuis l'entrée en vigueur du code.

Le premier alinéa *in fine* de l'article L. 2125-1 règle la question de l'installation par l'État de systèmes automatisés de contrôles (radars). L'occupation ou l'utilisation du domaine public des collectivités territoriales par des équipements destinés à garantir la sécurité routière ne donne ainsi pas lieu à versement de redevance. D'où il faut en déduire que l'État n'est pas un occupant privatif « comme les autres » du domaine public des collectivités, puisque l'installation de radars par l'État sur le domaine des collectivités territoriales ne l'assujettit pas au versement d'une redevance. Mais la jurisprudence a paru dans un premier temps hésiter. Une interprétation stricte et littérale du premier alinéa de l'article L. 2125-1 avait en effet amené la cour administrative d'appel de Versailles en 2007 à estimer que l'intérêt général attaché à la sécurité routière, pour important qu'il soit, et la nature des ouvrages destinés à assurer la sécurité ne sauraient justifier le non-versement d'une redevance par l'État, plaçant ainsi l'État en situation d'occupant privatif ordinaire d'un autre domaine public que le sien. Solution qui ne pouvait que satisfaire les collectivités départementales nouvelles propriétaires d'un certain nombre de routes transférées, sans accompagnement financier, par la loi du 13 août 2004 (V. commentaire de l'art. L. 2111-14). Mais la même année, le tribunal administratif de Lille, la cour administrative d'appel de Marseille et le Conseil d'État ont pris, sur la base de raisonnements d'ailleurs différents, le contre-pied de la décision de la cour de Versailles et ont estimé que l'État peut disposer librement et gratuitement de l'ensemble du domaine public routier du territoire national pour l'exercice de ses prérogatives de puissance publique. Les radars étant intégrés aux infrastructures routières, ils n'occupent ni n'utilisent le domaine public au sens des dispositions de l'article L. 2125-1 selon le Conseil d'État. En conséquence, la subordination de l'installation des radars sur les routes départementales au versement d'une redevance est illégale. Le législateur, s'il n'a pas repris à son compte la démonstration du Conseil d'État puisqu'il reconnaît que les radars constituent une forme d'occupation ou d'utilisation du domaine public, a confirmé la gratuité de leur installation à l'occasion de la loi de finances pour 2008 du 24 décembre 2007. La loi n° 2010-1658 du 29 décembre 2010 de finances rectificative pour 2010 a ajouté que cette gratuité s'appliquait également aux équipements nécessaires à la liquidation et au constat des irrégularités de paiement de toute taxe perçue au titre de l'usage du domaine public routier.

Les exceptions des points 1° et 2° renvoient également à des situations dans lesquelles un intérêt public prime sur l'intérêt du propriétaire de la dépendance domaniale qui commanderait le paiement d'une redevance pour occuper et utiliser la dépendance domaniale. Ainsi, premièrement, l'occupation ou l'utilisation peut être gratuite si elle est la condition naturelle et forcée de l'exécution de travaux ou de la présence d'un ouvrage qui intéresse un service public qui bénéficie gratuitement à tous. Semblent être visés ici les travaux nécessaires à la sécurité publique, comme l'installation d'un poste de secours sur une plage. Deuxièmement, l'occupation peut être gratuite si elle contribue directement à la conservation du domaine public lui-même. Cette hypothèse renvoie par exemple à la conservation du domaine public routier grâce aux passages de canalisations sous la route en vue de favoriser l'écoulement des eaux et notamment des égouts.

L'autre hypothèse a donné lieu à deux interventions législatives successives, l'une en 2007 et l'autre en 2009. L'article 18 de la loi du 20 décembre 2007 relative à la simplification du droit a en effet complété l'article L. 2125-1 d'un dernier alinéa qui prévoyait une nouvelle exception dans le cas où l'utilisation ou l'occupation ne présente pas un objet commercial pour le bénéficiaire de l'autorisation. L'origine de cette disposition pourrait être trouvée dans la doctrine administrative aux termes de laquelle la gratuité de la redevance serait subordonnée à la validation de deux conditions : « La première est que l'autorisation doive revêtir un caractère d'utilité publique (...). La seconde est que l'autorisation ne constitue pas, pour le permissionnaire, une source de recettes directes. » (Redevances pour service rendu et redevances pour occupation du domaine public, Rapport du Conseil d'État, *Doc. fr. 2002*). Une nouvelle réforme s'est toutefois avérée nécessaire pour satisfaire des élus locaux qui redoutaient de voir remis en cause leur droit de subventionner indirectement les associations, les auteurs de la proposition de loi ayant abouti à cette seconde réforme législative qui entendait isoler le cas spécifique des activités associatives se déroulant sur le domaine public (Rép. min n° 02866 : *AJDA 2008. 730*). Avant 2009, une telle utilisation privative restait soumise à l'appréciation de l'organe délibérant de la collectivité territoriale qui « pouvait » délivrer gratuitement l'autorisation après avoir déterminé le caractère commercial ou non de l'activité en cause. Face à ces imprécisions, le législateur a fait évoluer l'état du droit par l'article 121-I de la loi du 12 mai 2009 de simplification et de clarification du droit et d'allégement des procédures duquel est issue la rédaction du dernier alinéa de l'article L. 2125-1. Pour lever toute ambiguïté sur la nature des activités concernées et sur les dépendances du domaine pour lesquelles l'autorisation d'occupation peut être délivrée, l'autorisation d'occupation et d'utilisation gratuite du domaine public (et plus seulement du domaine public des collectivités territoriales comme dans la loi de 2007) est désormais limitée au cas des associations à but non lucratif qui participent à la satisfaction de l'intérêt général.

Les deux exceptions suivantes sont issues de la loi n° 2015-591 du 7 août 2015 portant nouvelle organisation territoriale de la République. L'une, codifiée au 3° de l'article L. 2125-1, concerne différentes missions régaliennes puisqu'elle vaut lorsque « l'occupation ou l'utilisation contribue directement à assurer l'exercice des missions des services de l'État chargés de la paix, de la sécurité et de l'ordre publics ou du contrôle aux frontières dans les aéroports, les ports et les gares ». L'autre, codifiée au 4° de cet article, s'inscrit dans une logique plus économique puisqu'elle vaut dans les hypothèses où « l'occupation ou l'utilisation permet l'exécution de travaux relatifs à une infrastructure de transport public ferroviaire ou guidé ».

La dernière exception en date est issue de l'ordonnance n° 2017-562 du 19 avril 2017. L'autorisation peut être délivrée gratuitement lorsqu'elle porte sur l'exécution d'un contrat de commande publique au seul profit de la personne publique.

Une réponse à une question parlementaire mérite d'être reproduite. M. Jean-Louis Masson demandait au ministre de l'Intérieur, de l'Outre-mer et des Collectivités territoriales si, dans les contrats administratifs d'occupation du domaine public, le choix de l'indice de révision de la redevance est libre. Le ministre lui répond : « L'article L. 2125-1 du code général de la propriété des personnes publiques pose le principe du paiement obligatoire d'une redevance pour toute occupation du domaine public, excepté dans quelques cas particuliers qu'il énumère. L'article L. 2125-3 du même code précise quant à lui que le montant de cette redevance tient compte des avantages de toute nature que l'occupation du domaine public procure au titulaire de l'autorisation. Ces articles ne prévoient pas d'indice de révision du montant de la redevance : conformément au principe de libre administration des collectivités territoriales, la détermination du montant de la redevance qu'elles perçoivent est laissée à leur libre appréciation. En revanche, pour certains types d'occupation particuliers, le mode de calcul est encadré par des dispositions spécifiques. Tel est par exemple le cas pour l'occupation du domaine public des communes, départements et régions par des ouvrages des services publics de distribution d'eau et d'assainissement. En effet, l'article R. 2333-121 du code général des collectivités territoriales fixe des plafonds dans la limite desquels l'autorité compétente détermine le montant de la redevance. Ces plafonds sont révisés, au 1er janvier de chaque année, proportionnellement à l'évolution de l'index "ingénierie", défini au *Journal officiel* du 1er mars 1974 et publié au *Bulletin officiel* du ministère chargé de l'équipement, mesurée au cours des douze mois précédant la publication de l'index connu au 1er janvier. L'indice de révision du montant de la redevance ou de son plafond peut par conséquent varier en fonction de l'objet de l'occupation du domaine public, afin de tenir compte au mieux des réalités économiques dans le contexte desquelles s'exerce l'activité dont le domaine public est le support. » (Rép. min. n° 12570 : *JO Sénat 19 août 2010, p. 2163 ; JCP Adm. 2010. 636*).

Méritent enfin mention deux exceptions non codifiées. La première est issue de la loi **n° 2014-877 du 4 août 2014**, qui prévoit notamment que « l'État ou tout opérateur, y compris un opérateur au sein duquel une personne publique détient, seule ou conjointement, une participation directe ou indirecte, peut créer, entretenir et exploiter sur le domaine public de l'État, des collectivités territoriales ou de leurs groupements un réseau d'infrastructures nécessaires à la recharge de véhicules électriques et de véhicules hybrides rechargeables sans être tenu au paiement d'une redevance, lorsque cette opération s'inscrit dans un projet de dimension nationale » (V. également Décr. n° 2014-1313 du 31 oct. 2014 pris pour l'application de la L. n° 2014-877 du 4 août 2014 facilitant le déploiement d'un réseau d'infrastructures de recharge de véhicules électriques sur l'espace public). La seconde est temporaire, l'article 17 de la loi n° 2018-202 du 26 mars 2018 relative à l'organisation des jeux Olympiques et Paralympiques de 2024 disposant que « par dérogation au premier alinéa de l'article L. 2125-1 du code général de la propriété des personnes publiques, les titres de sous-occupation du domaine public peuvent être délivrés gratuitement par le comité d'organisation des jeux Olympiques et Paralympiques aux partenaires de marketing olympique, au sens du contrat de ville hôte, pour tenir compte de leur participation au financement d'infrastructures ou aux dépenses liées à l'organisation des jeux Olympiques et Paralympiques de 2024 ». (V. Foulquier, Les JO et le droit domanial, *RDI 2018. 397*. – Llorens et Soler-Couteaux, Jurisprudence « Promoimpresa » : à propos de quelques avis récents du Conseil d'État, *Contrats-Marchés publ. juill. 2018. 1*).

1. Compétence. Si les directeurs départementaux des impôts chargés du domaine sont, en vertu de l'art. R. 55 C. dom. Ét. appliquant l'art. L. 30, compétents en matière de fixation des redevances domaniales, sur la base de l'art. R. 53 du même code, les préfets habilités à délivrer les autorisations d'occupation du domaine peuvent mentionner sur celles-ci les tarifs fixés par lesdits directeurs dans la mesure où le paiement de ces redevances constitue une des conditions des autorisations. • CE 10 févr. 1978, *Min. Économie c/ Scudier*, n° 07652 : *Lebon 66 ; AJDA 1978. 677 ; RD publ. 1979. 564.* ♦ Le fait que l'arrêté préfectoral se borne à mentionner dans ses visas l'avis du directeur des impôts ne le rend pas irrégulier dès lors que les redevances dont il prévoit la perception au profit du Trésor ont été fixées par le directeur. • Même arrêt. ♦ Illégalité en revanche d'une redevance d'occupation d'une chambre, située dans l'enceinte d'une base aérienne appartenant au domaine public militaire, dont le montant a été fixé par le ministre de la défense. • CE 28 sept. 2001, *Favot*, n° 205375 : *Lebon 437*. ♦ Il appartient à l'autorité chargée de la gestion du domaine public, en l'absence de dispositions contraires, de fixer les conditions de délivrance des permissions d'occupation et, à ce titre, de déterminer le tarif des redevances. En l'absence de toute stipulation contractuelle réservant au concédant la détermination du montant des redevances, ces règles trouvent à s'appliquer, même en l'absence de décision autorisant le concessionnaire à fixer ce montant, au concessionnaire délivrant les autorisations d'occupation du domaine public dont l'exploitation lui est concédée. • CE 7 mai 2012, *Synd. intercommunal du canal des Alpines septentrionales*, n° 343697 : *Lebon 744 ; AJDA 2012. 978 ; JCP Adm. 2012. 328, obs. L.E. ; ibid. 2013, n° 13, chron. Chamard-Heim ; RLCT juill.-août 2012. 36, note Glaser.* ♦ V. également : • CE 1er févr. 2012, *SA RTE EDF Transport*, n° 338665 : *Lebon T. 745 ; AJDA 2012. 243, obs. Grand ; ibid. 1680, note Perroud ; RDI 2012. 408, note Foulquier ; JCP Adm. 2012. Actu. 88, obs. C.-A. D. ; ibid. 2325, chron. Chamard-Heim.* • CAA Versailles, 4 juill. 2013, *Dpt des Hauts-de-Seine*, n° 11VE02670 : *JCP Adm. 2013, Actu. 727, obs. Erstein.*

2. Il appartient à l'autorité chargée de la gestion du domaine public de fixer les conditions auxquelles elle entend subordonner les permissions d'occupation. En conséquence lorsque l'État, tout en demeurant propriétaire du domaine public maritime et fluvial, en confie la gestion à une commune, le conseil municipal est compétent pour fixer les modalités de la redevance d'usage du domaine public. • CE 8 juill. 1996, *Mérie*, n° 121520 : *Lebon 272 .* ♦ V. aussi • CAA Paris, 27 avr. 1999, *Université de Paris IX Dauphine*, n° 97PA00311 : *Lebon 814 ; RFDA 1999. 1070 .*

3. Procédure. Si le chef des services fiscaux fixe le taux des redevances domaniales au vu d'un avis du chef du service de l'équipement, il peut, sans méconnaître les prescriptions de l'art. L. 30 C. dom. Ét., fixer les redevances litigieuses à des taux différents de ceux proposés dans l'avis. • CE 7 mai 1980, *SA Les marines de Cogolin*, n° 05969 : *Lebon 215 ; D. 1980. Somm. 562, obs. Delvolvé.* ♦ Dans le même sens • CE, sect., 22 déc. 1989, *CCI du Var*, n° 46052 : *Lebon 268 ; RFDA 1990. 649, concl. Fouquet ; D. 1991. Somm. 142, obs. Soler-Couteaux et Llorens .*

4. Nature. La redevance due par un praticien hospitalier sur le fondement de l'art. L. 6154-1 du CSP au titre de l'activité libérale qu'il est autorisé à exercer au sein d'un établissement public de santé n'est pas liée à une occupation privative du domaine public, mais est la contrepartie du service que l'établissement rend à ce praticien. Elle n'a donc pas le caractère d'une redevance domaniale mais celui d'une redevance pour service rendu. • CE, ass., 16 juill. 2007, *Synd. nat. de défense de l'exercice libéral de la médecine à l'hôpital*, n° 293229 : *AJDA 2007. 1439* • CAA Paris, 20 sept. 2007, *Sté VE Airport*, n° 04PA01483. ♦ Les péages exigés des transporteurs de marchandises ou de passagers sur le domaine public fluvial sont des redevances pour services rendus, et l'inopposabilité de la délibération fixant les tarifs des péages résultant de ce qu'elle n'avait pas fait l'objet d'une mesure de publicité suffisante ne saurait avoir pour effet de décharger les usagers de payer une redevance en contrepartie du service dont ils ont effectivement bénéficié. Voies Navigables de France peut ainsi, en cas d'annulation d'un état exécutoire au seul motif que les tarifs sur lesquels il se fondait n'étaient pas opposables pour défaut de publicité, émettre de nouveaux états exécutoires au titre des périodes en litige après avoir régulièrement publié ces tarifs. • CE 28 mai 2014, *Cie des Bateaux-Mouches*, n° 359738 : *Lebon T. 884 ; Rev. CMP 2015. Chron. 2, obs. Llorens et Soler-Couteaux.* ♦ Les redevances dues pour l'occupation du domaine public ne le sont pas pour service rendu et n'ont donc pas à respecter les dispositions du code des marchés publics relatives aux modalités de passation des marchés publics. • CAA Bordeaux, 9 mars 2006, *Cne de Toulouse*, n° 02BX02121. ♦ L'implantation par l'État de radars sur le domaine public routier des collectivités territoriales correspond à la mise en œuvre d'une prérogative de puissance publique liée à son pouvoir de police judiciaire. Elle ne saurait donc être regardée comme emportant une occupation privative du domaine public au sens du présent article. • TA Lille, 4 juill. 2007, *Préfet du Nord : JCP Adm. 2007. Actu. 727* • CAA Marseille, 9 juill. 2007, *Dpt de l'Hérault et dpt de l'Aude*, n° 07MA00271 : *AJDA 2007. 1380 ; JCP Adm. 2007, n° 2331, chron. Deliancourt.* ♦ Il s'ensuit qu'ils ne peuvent être regardés comme occupant ou utilisant le domaine public routier au sens de l'art. L. 2125-1 du présent code. • CE 31 oct. 2007, *Min. de l'Intérieur*, n° 306338 : *Dr. adm. 2008, n° 3, note Melleray ; JCP Adm. 2008. 2002, chron. Dieu ; BJCL 2008. 82, note Traoré ; AJDA 2008. 882, note Bon .* ♦ *Contra* : • CAA Versailles, 24 mai 2007, *Dpt de l'Essonne*, n° 07VE00746 : *AJDA 2007. 1103 ; JCP Adm. 2007. 2229, note Lavialle.*

5. L'occupant doit acquitter sa redevance par le versement d'une somme d'argent et ne peut s'en libérer par une prestation en nature. • CE 8 mars 1929, *Bonneton : S. 1929. III. 41, note Bernard.* ♦ La redevance domaniale est due par l'occupant à compter de la date d'incorporation des terrains dans le domaine public maritime. • CE 18 janv. 1988, *SA Yacht club international de Marina-Baie des Anges : Lebon T. 779 .*

6. Les conditions de fixation du montant des redevances d'occupation du domaine public sont indissociables de la gestion de ce domaine, qui implique le recours à des prérogatives de puissance publique. Il s'ensuit la compétence du juge administratif et l'incompétence du Conseil de la concurrence. • Com. 19 nov. 2002, n° 01-02.546 P : *JCP 2003. I. 119.*

7. Fondement. Principe de non-gratuité de l'occupation privative. Les sociétés concessionnaires publiques ou privées qui aménagent puis exploitent les autoroutes occupent les parcelles du domaine public dont elles ont assuré la constitution pour le compte de l'État, et peuvent donc, en vertu des art. L. 28 et L. 29 C. dom. Ét., être assujetties à raison de cette occupation au paiement d'une redevance domaniale. • CE, ass., avis adm., 28 mars 1997, n° 360333 : *Rapport public 1998, EDCE, n° 49, p. 177.* – V. C. voirie rout., art. R. 122-27, v° *Voirie* (les emplacements occupés par les peintres de la place du Tertre font l'objet d'une redevance forfaitaire annuelle). • CE 11 févr. 1998, *Assoc. pour la défense des droits des artistes peintres sur la place du Tertre*, n° 171792 : *Lebon 46 ; AJDA 1998. 523, concl. Bachelier ; RFDA 1998. 458.* ♦ L'occupation privative de la promenade des Anglais à Nice dans le cadre du « Nice urban free ride » est soumise à perception d'une redevance ; la délibération du conseil municipal qui ne la prévoit pas est entachée de nullité. • CAA Marseille, 6 déc. 2004, *Cne de Nice*, n° 00MA01740 : *Lebon 503 ; AJDA 2005. 876, note Deliancourt .* ♦ Toute occupation privative du domaine public étant en principe subordonnée à la délivrance d'une autorisation et au paiement d'une redevance, la loi du 15 juin 1906 qui a eu pour objet de conférer à titre permanent aux entreprises concessionnaires du réseau de distribution et de transport d'électricité le droit d'occuper sans autorisation les voies publiques afin d'y réaliser leur mission de service public n'instaure pas une dérogation au principe du paiement d'une redevance pour l'occupation du domaine public. • CE 1er févr. 2011, *SA RTE EDF Transport : préc. note 1* • CAA Marseille, 4 déc. 2012, *Cne de Montpellier*, n° 10MA03206 : *JCP Adm. 2013. 98, obs. L. E.* ♦ L'occupation privative des palais de justice par les ordres des avocats est soumise à l'obligation de versement d'une redevance dans la mesure où les ordres ne sont pas au nombre des « associations à but non lucratif » auxquelles les dispositions de l'article L. 2125-1 réservent la possibilité de bénéficier d'une autorisation d'occupation du domaine public à titre gratuit. • CE 7 mai 2012, *Ordre des avocats du barreau de Versailles*, n° 341110 : *Lebon T. 540 ; AJDA 2012. 978 ; JCP Adm. 2012. 329, obs. C.-A. D. ; Dr. adm. 2012. 66, obs. Melleray.* ♦ Un occupant privatif ne bénéficie d'aucun droit acquis au maintien de la gratuité de l'occupation. • CAA Paris, 2 juin 2012, *Sté Électricité Tahiti*, n° 11PA03964 : *Rev. CMP 2012, n° 292, obs. M. U.-B.*

8. La différence de situation appréciable existant entre deux catégories d'usagers est de nature à justifier l'instauration d'un système de péage ouvert permettant de limiter la perception de redevances de péage aux seuls usagers d'un ouvrage d'art, en l'occurrence le futur viaduc de Millau. • CE, sect. TP, avis, 4 nov. 1997, n° 361173 : *Rapport public 1998, EDCE, n° 49, p. 178 ; RDI 1998. 225 .*

9. Dans la mesure où les sociétés concessionnaires d'autoroutes occupent pour l'exercice de la concession le domaine public routier national que constitue les autoroutes, l'État a pu, par le décret attaqué, instituer et mettre à leur charge, notamment sur le fondement de l'art. L. 29 C. dom. Ét., une redevance qui ne présente pas le caractère d'une imposition. • CE 28 juill. 1999, *Cofiroute : Lebon 256 ; RFDA 1999. 1115 .* ♦ Dans le même sens. • CE 29 nov. 2002, *Cne de Barcarès*, n° 219244 : *Lebon 419 ; AJDA 2003. 1016 ; RFDA 2003. 173* • Cons. const. 28 déc. 2000, n° 2000-442 DC : *Dr. adm. 2001, n° 41.* ♦ V. également • CE 28 juill. 2000, *Tête*, n° 202798 : *AJDA 2000. 796 et 854, chron. Guyomar et Collin* (situation toutefois différente : usager d'un ouvrage public). ♦ Le cocontractant de l'administration qui, pour l'exécution des prestations objet du marché public dont il est titulaire, est autorisé à occuper le domaine public retire de cette occupation un avantage justifiant qu'il paye une redevance dont le montant est fixé au regard de cet avantage. • CAA Marseille, 11 janv. 2011, *Sté Autocars GRV*, n° 08MA05219 : *AJDA 2011. 680 concl. Deliancourt .*

10. Les redevances d'occupation du domaine public sont dues alors même que les titulaires d'autorisations d'occupation n'utiliseraient pas effectivement celles-ci. • CE 29 nov. 2002, *Cne de Barcarès*, n° 219244 : *préc. note 9* • CAA Bordeaux, 13 oct. 2011, *SCI Île d'Arcins*, n° 11BX00158 : *JCP Adm. 2012. 2325, chron. Chamard-Heim.* ♦ Faute pour Aéroports de Paris d'établir l'existence d'un enrichissement sans cause de l'occupant résultant de la nullité de la convention fixant le montant des redevances d'occupation, les conclusions tendant à la répétition de l'enrichissement allégué doivent être rejetées. • CAA Paris, 25 juin 2002, *Sté Fly International Service : RFDA 2002. 1163.* ♦ La redevance est due alors même que l'occupant ne dispose d'aucun titre l'autorisant à occuper le domaine public. • CAA Marseille, 3 juill. 2008, *Cne de Sète*, n° 06MA01791 • TA Dijon, 15 janv. 2009, *CCI de la Nièvre*, n° 0801338 : *AJDA 2009. 845 .* ♦ La seule qualité de propriétaire d'un local commercial, siège d'un fonds de commerce précédemment exploité par le titulaire d'une autorisation d'occupation du domaine public, ne saurait faire regarder ledit propriétaire comme propriétaire des installations en litige ou comme occupant du domaine public. Il ne peut donc être regardé comme responsable du maintien sur le domaine public d'installations devenues irrégulières. • CAA Paris, 31 mars 2011, *Ville de Paris c/ Sté Helder 2*, n° 10PA01892 : *AJDA 2011. 1701 .*

11. Les dispositions des anciens art. L. 28 et L. 29 C. dom. Ét. (art. L. 2125-1 CGPPP) font obstacle à la délivrance d'autorisation de voirie à titre gratuit sur les dépendances du domaine public maritime. • CAA Marseille, 4 mai 2007, *SARL Le Sant'ana*, n° 05MA01860. ♦ En revanche, le principe de non-gratuité de l'occupation privative du domaine public peut connaître une exception si cette occupation présente un intérêt général. • CAA Marseille, 6 déc. 2004, *Cne de Nice*, n° 00MA01740 : *Lebon 503 ; AJDA 2005. 832, note Deliancourt* . ♦ Les services publics industriels et commerciaux ne sont pas concernés par les dérogations à la non-gratuité visées aux alinéas 1 et 2 (*JO Sénat Q 17 avr. 2008, p. 778, n° 3241 ; AJDA 2008. 966*).

12. Montant. L'Administration ne saurait fixer pour un occupant sans titre une redevance majorée qui aurait le caractère d'une pénalité et serait, par voie de conséquence, illégale. • CAA Nancy, 28 nov. 1991, *Pourvoyeur*, n° 91NC00230 : *Lebon 595 ; Dr. adm. 1992, n° 145.* ♦ Un acte réglementaire qui arrête le tarif de la redevance est jugé illégal. • CE 21 mars 2003, *Synd. intercom. de la périphérie de Paris pour l'électricité et les réseaux*, n° 189191 : *Lebon 335 ; GDDAB, Dalloz, 3e éd., 2018. Comm. 54, obs. Chamard-Heim ; Dr. adm. 2003, n° 127 ; Ann. voirie 2003. 55, note Duval ; JCP Adm. 2003. 1484, note Moreau ; Rev. CMP 2003, n° 128, note Eckert ; AJDA 2003. 1935, note Subra de Bieusses ; RFDA 2003. 903, note Soulié.*

13. Dans la mesure où la redevance confère à son bénéficiaire un avantage valorisable, il est loisible au législateur de prévoir que celle-ci est déterminée de façon forfaitaire pour l'ensemble de la période d'autorisation. Il peut également prévoir des versements non identiques pour chacune des années de la période d'occupation et prendre en compte dans l'échelonnement de ceux-ci l'avantage immédiat lié à l'autorisation. • Cons. const. 28 déc. 2000, n° 2000-442 DC : *Dr. adm. 2001, n° 41.*

14. Égalité devant les redevances. Les discriminations établies par le mode de tarification adopté étant justifiées par des considérations d'intérêt général, notamment par la nécessité d'amortir les installations du marché d'intérêt national de Rungis, et adaptées dans leur ampleur et leurs modalités aux différences objectives de situation des usagers concernés, sont en conséquence régulières. • CE 15 févr. 1991, *SEM de gestion du MIN de Rungis et Préfet du Val-de-Marne*, n° 70556 : *RD publ. 1992. 1180.* ♦ V. aussi • CE 8 juill. 1996, *Mérie*, n° 121520 : *préc. note 2* • 21 mars 2003, *Synd. intercom. de la périphérie de Paris pour l'électricité et les réseaux : préc. note 12.*

15. Assujettissement à la taxe sur la valeur ajoutée. Lorsque la redevance d'occupation correspond à une activité de service administratif les personnes publiques ne sont pas, en ce qui la concerne, assujetties à la taxe sur la valeur ajoutée, dans la mesure où cette situation n'entraîne pas de distorsions dans les conditions de concurrence (art. 256 B CGI). Cette situation correspond en particulier à l'autorisation de faire stationner à demeure sur la Seine une péniche à usage de logement. • CE 18 déc. 1989, *Port autonome de Paris c/ Nitot*, n° 71993 : *Lebon 258* . ♦ V. aussi pour le stationnement sur les voies publiques. • TA Rennes, 29 janv. 2004, *Cne de Quimper : Dr. adm. 2004, n° 111.* ♦ Le principe d'égalité n'exclut évidemment pas une différence de traitement en cas de différence de situation des occupants. • CAA Marseille, 21 avr. 2015, *Assoc. de défense des usagers du port du Frioul*, n° 12MA04889 : *DMF 2015. 916, concl. Deliancourt.*

16. Responsabilité. La redevance acquittée par les usagers du parc de stationnement de l'aéroport Charles-de-Gaulle rémunère exclusivement la mise à disposition de ceux-ci d'une place de stationnement et ne constitue pas la contrepartie de la garde des véhicules qui y sont entreposés. Il s'ensuit que la responsabilité d'Aéroports de Paris ne saurait être engagée à l'occasion d'un vol de véhicule. • CE 21 janv. 1991, *Sté d'Assurances mutuelles de France*, n° 74115 : *Lebon T. 928* .

17. Rappelant le principe selon lequel une occupation privative d'une dépendance du domaine public implique le paiement d'une redevance par l'occupant. • CAA Paris, 1er oct. 2008, *Sté Goro Nickel*, n° 08PA01670.

18. Exigibilité. Les juridictions du fond se sont divisées sur la question de savoir s'il est possible d'instituer une redevance d'occupation du domaine public pour les activités commerciales (distributeurs bancaires en particulier) amenant les clients à stationner quelques instants sur le domaine public pour pouvoir bénéficier de ces services, avant que le Conseil d'État ne tranche par la négative. – V., pour une réponse négative : • TA Grenoble, 15 déc. 2009, *Sté lyonnaise de banque, Banque populaire des Alpes, Sté générale*, n° 0703737 : *JCP Adm. 2010. 2057, note Yolka ; AJDA 2010. 682, note Vallez* . ♦ Et pour une réponse positive : • TA Nîmes, 3 mars 2011, *Mme Lagrange, Sté Le palais des pains, Sté ABC La brioche chaude, Chiapellini et a. : AJDA 2011. 1022, concl. Héry ; JCP Adm. 2011. 231, obs. Sorbara ; JCP Adm. 2012. 2013, chron. Chamard-Heim.* ♦ Ce jugement a été censuré en appel au motif que l'utilisation, le temps d'une transaction, de la dépendance du domaine public constituée par les trottoirs présente un caractère momentané et qu'une telle utilisation du domaine public, non privative, ne dépasse pas le droit d'usage qui appartient à tous. • CAA Marseille, 26 juin 2012, *Chiappinelli et a.*, n° 11MA01675 : *RFDA 2012. 902, concl. Deliancourt ; AJCT 2012. 503, obs. Tambou ; AJDA 2012. 2109, note Deliancourt ; JCP Adm.*

2012. 465, obs. Pauliat ; ibid. 2013, n° 17, chron. Chamard-Heim ; Dr. adm. 2012. 82, obs. Melleray ; BJCL 2012. 595, obs. M. D. ♦ Le Conseil d'État a validé ce raisonnement, déduisant de la combinaison des dispositions des art. L. 2122-1 et L. 2125-1 que, d'une part, l'occupation ou l'utilisation du domaine public n'est soumise à la délivrance d'une autorisation que lorsqu'elle constitue un usage privatif de ce domaine public, excédant le droit d'usage appartenant à tous, et que, d'autre part, lorsqu'une telle autorisation est donnée par la personne publique gestionnaire du domaine public concerné, la redevance d'occupation ou d'utilisation du domaine public constitue la contrepartie du droit d'occupation ou d'utilisation privative ainsi accordé ; que, dès lors, si la personne publique est fondée à demander à celui qui occupe ou utilise irrégulièrement le domaine public le versement d'une indemnité calculée par référence à la redevance qu'il aurait versée s'il avait été titulaire d'un titre régulier à cet effet, l'occupation ou l'utilisation du domaine public dans les limites ne dépassant pas le droit d'usage appartenant à tous, qui n'est soumise à la délivrance d'aucune autorisation, ne peut, par suite, être assujettie au paiement d'une redevance. • CE 31 mars 2014, *Cne d'Avignon*, n° 362140 : *Lebon T. 652 ; AJDA 2014.705, obs. Poupeau ; ibid. 2134, note Foulquier ; BJCL 2014. 335, concl. Escaut et obs. B.P. ; RJEP 2014. 36 concl. Escaut ; JCP Adm. 2014. Actu. 310, obs. F.T. ; ibid. 2014. 2236, note Lohéac-Derboulle ; LPA 16 juill. 2014, p. 14, note Orlandini ; RDI 2014. 570, note Foulquier ; Rev. CMP 2015. Chron. 2, obs. Llorens et Soler-Couteaux ; RDBF 2014. Comm. 90, obs. Crédot et Samin ; RLCT mai 2014. 33, obs. Glaser ; RTD com. 2014. 333, obs. Orsoni*. ♦ V. également, considérant qu'aucune redevance ne peut être exigée des professionnels ambulants circulant sur une plage publique en quête d'acheteurs lorsqu'ils se bornent à s'arrêter momentanément pour conclure une vente. • CAA Marseille, 9 avr. 2013, *Cne du Lavandou*, n° 11MA02622 : *JCP Adm. 2013. 2181, concl. Deliancourt*. ♦ Il n'y a pas occupation, et la redevance est donc dépourvue de base légale, lorsqu'est en cause l'installation d'un dispositif d'étaiement d'un mur s'étant partiellement effondré sur la voie publique. • CAA Nantes, 1er juin 2010, *Cne de Cholet*, n° 09NT00880 : *JCP Adm. 2011. 2239, chron. Chamard-Heim*. ♦ V. également, considérant qu'aucune redevance n'est exigible à propos des caméras de vidéoprotection. • CAA Paris, 12 janv. 2012, n° 10PA006066 : *AJDA 2012. 2004, note Traoré ; Gaz. cnes 27 févr. 2012. 41, note Joannès*. ♦ N'est pas davantage soumise à redevance l'apposition d'une plaque professionnelle sur un mur faisant saillie sur le domaine public. • CAA Marseille, 19 mai 2016, n° 14MA03832 : *AJDA 2016. 1456, note Giacuzzo ; RFDA 2016. 1126, concl. Deliancourt ; JCP Adm. 2017. 2084, note Hansen*. ♦ L'utilisation d'une photographie d'un monument national n'est pas soumise au versement d'une redevance d'occupation domaniale. • TA Orléans, 6 mars 2012, *Sté Les brasseries Kronenbourg*, n° 1102187 : *AJDA 2012. 1227, concl. Francfort ; D. 2012. 2222, note Bruguière*. – Confirmé par • CAA Nantes, 16 déc. 2015, *Ét. public du Domaine national de Chambord*, n° 12NT01190 : *AJDA 2015. 2464, obs. de Montecler ; ibid. 2016. 434, note Foulquier ; RDI 2016. 89, note Foulquier ; BJCP 2016. 234 ; Rev. CMP 2016. Comm. 45, note Devillers ; ibid. 2016. Comm. 44, chron. Llorens et Soler-Couteaux ; JCP Adm. 2016. 2016, note Hansen ; Legipresse, 2016. 541, note Douence*. Ceci, sauf pour des domaines nationaux limitativement énumérés (C. patr., art. L. 621-34 à L. 621-42, art. R. 621-98).

19. Publicité. La délibération d'un établissement public fixant les tarifs d'utilisation du domaine public a un caractère réglementaire et, en l'absence de dispositions prescrivant une formalité de publicité déterminée, n'est en principe opposable aux tiers qu' à compter de la date de sa publication au bulletin officiel de cet établissement ou de celle de sa mise en ligne, dans des conditions garantissant sa fiabilité, sur le site internet de cette personne publique. Toutefois, compte tenu de l'objet des délibérations et des personnes qu'elles peuvent concerner, d'autres modalités sont susceptibles d'assurer une publicité suffisante. • CE 24 avr. 2012, *VNF*, n° 339669 : *Lebon 166 ; AJDA 2012. 858 ; ibid. 2013. 998, note Joubert ; JCP Adm. 2012. 296, obs. M. T-D ; ibid. 2013, n° 12, chron. Chamard-Heim*.

20. Compétence du juge judiciaire. En matière d'annulation de titres exécutoires émis pour le paiement de sommes correspondant aux indemnités d'occupation domaniale sans droit ni titre d'un marché couvert, la juridiction administrative doit se déclarer d'office incompétente au motif que les recettes fiscales du produit des droits et places perçus dans les marchés sont des contributions indirectes qui relèvent de la seule compétence du juge judiciaire et ce, même si est en cause une occupation portant sur une dépendance du domaine public, au même titre que le paiement d'une indemnité relative à une occupation irrégulière de locaux régis par de tels droits de place. • CE 24 juin 2013, *SARL Eldorado*, n° 348207 : *JCP Adm. 2013. Actu. 597, obs. M. T.-D. ; AJDA 2013. 1306*.

21. Gratuité. Une autorisation de gestion d'un cours d'eau aux fins notamment d'assurer la conservation de cette dépendance domaniale peut être accordée à titre gratuit à un syndicat intercommunal. • CAA Nantes, 13 févr. 2017, *Assoc. nat. pour la protection des rivières dite TOS et a.*, n° 15NT02844.

22. Négociation. L'autorité délégataire peut, dans le cadre de la passation d'une délégation de service public, librement négocier avec les candidats l'ensemble des éléments de leur offre. Cette négociation peut notamment porter sur le montant de la redevance domaniale et le délégataire peut prévoir que son montant fait partie des critères de sélection des offres. Il lui appartient de fixer, en sa qualité de gestionnaire du domaine public, le montant de la redevance au plus tard lors de la délivrance du titre d'occupation privative. • CE 17 sept. 2018, *Sté Le Pagus,* n° 407099 B.

Loi n° 2014-877 du 4 août 2014,

Facilitant le déploiement d'un réseau d'infrastructures de recharge de véhicules électriques sur l'espace public.

Art. unique Par dérogation au premier alinéa de l'article L. 2125-1 du code général de la propriété des personnes publiques, l'État ou tout opérateur, y compris un opérateur au sein duquel une personne publique détient, seule ou conjointement, une participation directe ou indirecte, peut créer, entretenir et exploiter sur le domaine public de l'État, des collectivités territoriales ou de leurs groupements un réseau d'infrastructures nécessaires à la recharge de véhicules électriques et de véhicules hybrides rechargeables sans être tenu au paiement d'une redevance, lorsque cette opération s'inscrit dans un projet de dimension nationale.

La dimension nationale du projet est caractérisée dès lors que celui-ci concerne le territoire d'au moins deux régions et que le nombre et la répartition des bornes à implanter assurent un aménagement équilibré des territoires concernés. Le projet est approuvé par les ministres chargés de l'industrie et de l'écologie au regard de ces critères.

Les modalités d'implantation des infrastructures mentionnées au premier alinéa du présent article font l'objet d'une concertation entre le porteur du projet, les collectivités territoriales et les personnes publiques gestionnaires du domaine public concerné, l'autorité ou les autorités organisatrices du réseau de distribution d'électricité, lorsqu'elles assurent la maîtrise d'ouvrage des travaux de développement des réseaux publics de distribution d'électricité, ainsi que les gestionnaires de réseau de distribution d'électricité compétents au titre de leur zone de desserte exclusive en application de l'article L. 322-8 du code de l'énergie.

Décret n° 2014-1313 du 31 octobre 2014,

Pris pour l'application de la loi n° 2014-877 du 4 août 2014 facilitant le déploiement d'un réseau d'infrastructures de recharge de véhicules électriques sur l'espace public.

Art. 1er Pour l'application de la loi du 4 août 2014 susvisée, un projet de réseau d'infrastructures nécessaires à la recharge de véhicules électriques ou hybrides rechargeables sur l'espace public revêt une dimension nationale s'il concerne le territoire d'au moins deux régions et assure un aménagement équilibré de ces territoires.

L'aménagement équilibré des territoires concernés s'apprécie au regard de la capacité du projet à concourir, seul ou en complément d'installations existantes ou dont l'implantation a été décidée par une personne publique ou privée compétente, en raison du nombre, de la localisation, des caractéristiques techniques et de la répartition des infrastructures de recharge qu'il prévoit, au développement d'un réseau national permettant le déplacement des véhicules électriques ou hybrides rechargeables.

Art. 2 La demande d'approbation du projet est adressée au ministre chargé de l'industrie selon les modalités prévues à l'article 5.

Art. 3 Les ministres chargés de l'industrie et de l'écologie peuvent solliciter l'avis de toute personne détenant une expertise dans le domaine de l'électromobilité.

La décision d'approbation est publiée au *Journal officiel* de la République française.

Art. 4 1° Le bénéfice de l'exonération de la redevance prévue à l'article L. 2125-1 du code général de la propriété des personnes publiques est subordonné à la double condition suivante :

a) La totalité des infrastructures pour lesquelles le porteur du projet bénéficie d'une autorisation d'occupation temporaire du domaine public est implantée dans un délai défini par la décision d'approbation en fonction des spécificités du projet ;

b) Le service de recharge est ouvert aux personnes dépourvues de liens contractuels avec le porteur du projet ou ses éventuels délégataires, y compris celles ayant souscrit un contrat avec d'autres opérateurs ;

2° Le porteur du projet est par ailleurs tenu :

a) De rendre disponibles sur une plate-forme d'interopérabilité les informations relatives à la géolocalisation, au mode de recharge, à la puissance délivrée, à la disponibilité des infrastructures et au mode de tarification du service ;

b) De rendre publiques sur le site de la plate-forme ouverte des données publiques françaises (www.data.gouv.fr), au fur et à mesure de la mise en service des stations, les informations relatives à leurs caractéristiques statiques.

Art. 5 I. — Le dossier de demande est adressé par courrier avec accusé de réception, en trois exemplaires, dont un sur support numérique.

Il comprend les éléments suivants :

— le nom et la raison sociale du pétitionnaire ainsi que l'extrait K *bis* de son inscription au registre du commerce et des sociétés ;

— le cas échéant, une copie de l'accord de consortium ;

— une description du projet établie conformément au II ;

— le modèle d'affaires du projet et les conditions tarifaires envisagées ;

— les éventuelles marques d'intérêt ou déclarations d'intention de collectivités territoriales ou de gestionnaires du domaine public.

II. — La description du projet contient au moins les informations suivantes :

— les zones prévues pour l'implantation des infrastructures de recharge ainsi que leur typologie (axe routier ou zone urbanisée) ;

— le nombre de stations, bornes et points de charge envisagés pour chaque zone du projet, en mettant en évidence les implantations envisagées sur le domaine public de l'État ;

— le phasage éventuel ainsi que le calendrier prévisionnel de réalisation du projet et de mise en service des infrastructures ;

— les caractéristiques techniques des infrastructures (mode de charge, puissance délivrée, connexion, communication, pilotage local ou distant de la charge) ;

— les modalités d'accès, de réservation et de paiement ;

— des documents cartographiques figurant les zones d'implantation envisagées, dont une carte portant sur la totalité du projet à une échelle de 1/2 000 000 et une carte par région concernée à une échelle de 1/500 000 ;

— des documents cartographiques figurant les infrastructures existantes ou dont l'implantation a été décidée par une personne publique ou privée compétente dont le porteur du projet a connaissance, dès lors que le projet s'inscrit en complément de celles-ci pour être conforme aux dispositions du second alinéa de l'article 1er ;

— les fichiers informatiques permettant aux services instructeurs de visualiser sur leur système d'information géographique les zones d'implantation envisagées ;

— le cas échéant, les conditions d'intégration au projet de zones spécifiques justifiant la présence de stations de recharge en raison de leur attractivité (zones d'activités et d'emploi, zones touristiques, zones de loisirs, zones commerciales) ainsi que la justification des choix effectués ;

— tout autre élément permettant d'apprécier que les conditions mentionnées au second alinéa de l'article 1er sont remplies.

Art. 6 Lorsque la demande est approuvée, le porteur du projet organise la concertation mentionnée au troisième alinéa de l'article unique de la loi du 4 août 2014 susvisée.

Cette concertation est réalisée à l'échelle de chaque région concernée, sur la base du dossier approuvé, préalablement à tous travaux et à toute demande d'autorisation d'occupation temporaire du domaine public lorsqu'une telle demande est requise.

Elle concourt à la définition, par le porteur du projet, des lieux d'implantation des infrastructures de recharge en fonction notamment des infrastructures de recharge déjà implantées, des projets d'implantation d'infrastructures décidés ou envisagés et des contraintes liées aux capacités des réseaux de distribution d'électricité.

A l'issue de la concertation, le porteur du projet établit un compte rendu qui mentionne les lieux retenus pour l'implantation des infrastructures de recharge. Ce compte rendu est adressé aux personnes publiques associées à la concertation ainsi qu'aux ministres chargés de l'industrie et de l'écologie.

Art. 7 Chaque année et jusqu'à l'achèvement du projet, le porteur du projet adresse aux ministres chargés de l'industrie et de l'écologie un rapport présentant l'état de réalisation du projet et les éventuelles difficultés rencontrées.

Lorsque l'ensemble des infrastructures de recharge du projet est mis en service, il adresse un rapport de réalisation aux ministres chargés de l'industrie et de l'écologie.

Art. L. 2125-2 *(L. nº 2006-1772 du 30 déc. 2006, art. 54)* **Le régime des redevances susceptibles d'être perçues par l'État en raison de l'occupation de son domaine public par les canalisations ou ouvrages des services d'eau potable et d'assainissement exploités par les collectivités territoriales et leurs groupements est fixé par décret.** – *V. Décr. nº 2010-1703 du 30 déc. 2010, JO 31 déc.*

COMMENTAIRE

Dans sa rédaction initiale, l'article L. 2125-2 reprenait les dispositions de l'ancien article L. 34 du code du domaine de l'État qui prévoyait que les communes ou leurs groupements qui gèrent eux-mêmes leur service d'eau potable ou d'assainissement sont exonérés de toute redevance qui serait due en raison de l'occupation du domaine public de l'État par leurs canalisations ou réservoirs.

Mais l'article 54 de la loi du 30 décembre 2006 sur l'eau et les milieux aquatiques est revenu sur ce principe en postulant la perception d'une redevance (dont le régime est renvoyé à un décret simple) au nom de l'égalité entre collectivités territoriales qui pour certaines ont délégué la gestion du service public de l'eau et qui pour d'autres le géraient directement en régie. Alors que les premières étaient soumises à redevance, les secondes en étaient exonérées. Le législateur a renvoyé au décret nº 2010-1703 du 30 décembre 2010 la fixation des redevances dues à l'État en raison de l'occupation de son domaine public par des ouvrages des services d'eau et d'assainissement. Le montant de la redevance est plafonné dans des limites déterminées par renvoi à l'article R. 2333-121 du code général des collectivités territoriales (V. cet art.).

Cette loi du 30 décembre 2006 a également créé un article L. 2224-11-2 du code général des collectivités territoriales qui dispose que le régime des redevances susceptibles d'être perçues par les communes, les départements ou les régions en raison de l'occupation de leur domaine public par des ouvrages de distribution d'eau et d'assainissement est fixé par décret en Conseil d'État. ❑

La gestion directe par une commune de son service d'eau ne constitue pas pour elle, prise comme occupant du domaine public national, une source de profit et justifie par conséquent le principe de la gratuité de l'occupation des dépendances domaniales. En revanche, en cas de délégation du service public à un tiers, le mode de rémunération du délégataire en fonction des résultats de l'exploitation ne permet plus, compte tenu du caractère lucratif de l'activité, de justifier la gratuité de l'occupation domaniale. En conséquence l'exonération que prévoit l'art. L. 34 C. dom. Ét. [art. L. 2125-2 CGPPP] au profit des canalisations et réservoirs ne s'applique pas lorsque le service de la distribution d'eau est délégué. Rép. min. nº 38712 : *JOAN 17 juin 1996 ; Dr. adm. 1996, nº 359 ; RDI 1997. 220.* ♦ Dans le même sens, Rép. min. nº 39299 : *JOAN Q 20 oct. 2004, p. 8432 ; JCP Adm. 2004. 1768.* ♦ V. aussi * Rép. min. nº 11772 : *JO Sénat Q 24 avr. 2011, p. 1030 ; JCP Adm. 2011. Actu. 326.*

Décret nº 2010-1703 du 30 décembre 2010,

Relatif aux redevances dues à l'État en raison de l'occupation de son domaine public par des ouvrages des services d'eau et d'assainissement.

Art. 1er Le montant de la redevance due chaque année à l'État pour l'occupation de son domaine public par des canalisation*[s]* ou ouvrages des services d'eau potable et d'assainissement exploités par les collectivités territoriales et leurs groupements est fixé dans la limite des plafonds définis à l'article R. 2333-121 du code général des collectivités territoriales.

Art. 2 Les dispositions du présent décret entrent en vigueur le 1er janvier 2011.

Code général des collectivités territoriales

Art. R. 2333-121 *(Décr. nº 2009-1683 du 30 déc. 2009)* La redevance due chaque année à une commune pour l'occupation du domaine public communal par les ouvrages des services de distribution d'eau et d'assainissement est déterminée par le conseil municipal dans la limite d'un plafond fixé au 1er janvier 2010 à 30 euros par kilomètre de réseau, hors les branchements, et à 2 euros par mètre carré d'emprise au sol pour les ouvrages bâtis non linéaires, hors les regards de réseaux d'assainissement.

Ces plafonds évoluent au 1er janvier de chaque année, proportionnellement à l'évolution de l'index "ingénierie", défini au *Journal officiel* du 1er mars 1974 et publié au *Bulletin officiel* du ministère chargé de l'équipement, mesurée au cours des douze mois précédant la publication de l'index connu au 1er janvier.

Art. L. 2125-3 La redevance due pour l'occupation ou l'utilisation du domaine public tient compte des avantages de toute nature procurés au titulaire de l'autorisation. – *[C. dom. Ét., art. R. 56.]*

BIBL. ▶ **Encyclopédie :** Badin et Untermaier-Kerléo, Redevances domaniales, *J.-Cl. Propriétés publiques, fasc. 59-10.*

▶ **Ouvrages :** Braconnier (dir.), Occupation du domaine public-Redevance, *in* Les collectivités locales et leurs contrats, *Éd. Jurisclasseur 2002, coll. Juris-Compact nº 054.* - Conseil d'État, Redevances pour service rendu et redevances pour occupation du domaine public, *Doc. fr., 2002.* - Lamulle, Les redevances et les produits domaniaux, *in* Guérard (dir.), Réflexions sur le code général de la propriété des personnes publiques, *Litec, 2007, p. 77.*

▶ **Articles :** Brard, Redevances pour occupation du domaine public : certitudes et incertitudes de la jurisprudence, *D. 1999. II. chron., p. 19.* - Dufau, *Dr. adm. 2000. 4 et 2000. 6* (à propos de la notion de redevance). - Autin, Les redevances d'occupation à titre privatif des dépendances du domaine public, *in* Les mutations du droit domanial et le régime des infrastructures de transport en France et en Espagne, *L'Harmattan, 2001, coll. Logiques juridiques, p. 113.* - Estryn et Guerrier, Le spectre des fréquences radioélectriques, bien public ou commercial, *LPA 12 juill. 2001.* - Calmette, Brèves remarques juridiques sur la mise aux enchères des licences UMTS, *CJEG 2003. 67.* - Brisson, Le nouveau régime des redevances aéroportuaires, *AJDA 2005. 1996*. - Communier, Fixation des redevances domaniales dans le secteur des télécoms, *Ann. voirie 2006. 12.* - Facon, Des vertus des redevances d'occupation du domaine public réglementées, *RLCT mars 2006, p. 5.* - Taillefait, Redevance pour occupation privative du domaine public : actualité et ambiguïtés, *ACCP, avr. 2006, p. 60.* - Apfelbaum, Redevances et occupation domaniale : problématique de gestion contractuelle, *ACCP, nov. 2006, p. 68.* - Lavialle, L'installation par l'État de radars sur le domaine public des collectivités territoriales, *JCP Adm. 2007. 2229.* - Subra de Bieusses, De quelques anomalies juridiques en matière de redevances d'occupation domaniale, *Mél. Bazex, Lexisnexis, 2009, p. 323.* - Untermaier, Que reste-t-il de la distinction des redevances pour service rendu et des redevances pour occupation du domaine public ?, *AJDA 2010. 1062*. - Untermaier et Kerleo, Redevances pour service rendu et redevances pour occupation du domaine public : les dernières évolutions, *JCP Adm. 2013. 2039.* - Melleray, La délicate fixation du montant de la redevance pour l'occupation privative du domaine public, *AJDA 2013. 545*. - Loheac-Derbiulle, Les redevances domaniales depuis l'adoption du code général de la propriété des personnes publiques, une obscure clarté, *RFDA 2013. 1143*.

COMMENTAIRE

L'occupation privative du domaine public est source de profits pour les bénéficiaires d'une autorisation. Il en découle que l'occupation ne saurait être sans contrepartie. La non-gratuité de l'utilisation du domaine public se traduit donc par l'obligation de verser une redevance (V. art. L. 2125-1). L'article L. 2125-3 pose alors le principe de la prise en compte des avantages de toute nature dans la détermination du montant de la redevance. Il reprend ici l'ancien article R. 56 du code du domaine de l'État mais en élevant désormais la règle au niveau législatif. Cette redevance commence à courir soit à compter de la date de notification de l'autorisation soit à compter de la date de l'occupation du domaine public si elle est antérieure (V. art. R. 2125-2).

I. NATURE JURIDIQUE

La redevance est-elle une taxe fiscale ou la contrepartie d'une prestation de service public ? Après des hésitations, le Conseil d'État écarte en 1978 ces deux options pour estimer que les redevances ne sont ni des recettes fiscales, ni un impôt, ni un loyer, ni même la contrepartie d'une prestation de service, mais correspondent à la rémunération d'un droit d'occupation du domaine public. La Haute Juridiction sera rejointe en 2004 par le Conseil constitutionnel, qui, à propos des redevances pour services publics aéroportuaires, jugera qu'elles ne sont pas des impositions mais bien des redevances (Fraisse, Les redevances pour service rendu. Tentative de clarification, note sous décision n° 2005-513 DC, *Dr. adm. 2005. Étude 11*). Les articles L. 2125-3 et L. 2125-4 suivent la jurisprudence et lèvent, à cet égard, toute ambiguïté. C'est donc bien aujourd'hui le caractère de recette non fiscale de la redevance qui l'emporte, quelle que soit la nature de l'autorisation (contractuelle ou unilatérale) dont elle est la contrepartie. Par conséquent, la redevance est considérée comme une « redevance administrative *sui generis* » (Morand-Deviller, Bourdon et Poulet, Droit administratif des biens, *Montchrestien, 10e éd., 2018, p. 269*). Elle est une sorte de participation à l'avantage économique procuré par l'exploitation de l'occupation domaniale. Elle est la contrepartie des avantages consentis à l'occupant du domaine public qui prive temporairement ce dernier de sa destination collective naturelle. D'où la nécessité de déterminer un tarif préalable auquel ne peut être substituée une prestation en nature.

Il convient de relever que la distinction entre redevance pour occupation du domaine public et redevance pour service rendu (qui « peut être légalement établie à la condition, d'une part, que les opérations qu'elle est appelée à financer ne relèvent pas de missions qui incombent par nature à l'État et, d'autre part, qu'elle trouve sa contrepartie directe dans une prestation rendue au bénéfice propre d'usagers déterminés », CE 28 nov. 2018, *SNCF Réseau*, n° 413839 : *Lebon ; AJDA 2019. 189, concl. Odinet* ; *ibid. 595, note Alhama*) est désormais moins nette, la seconde ayant « en quelque sorte été contaminée » (Untermaier) par la première dans la mesure où elle peut désormais tenir compte de la valeur économique du service rendu. Et il arrive même que le jurislateur opte pour la mise en place d'une redevance globale (tel est le cas en matière d'utilisation des fréquences radioélectriques, V. Décr. n° 2009-948 du 29 juill. 2009 modifiant le décret n° 2007-1532 du 24 oct. 2007 modifié relatif aux redevances d'utilisation des fréquences radioélectriques dues par les titulaires d'autorisations d'utilisation de fréquences délivrées par l'Autorité de régulation des communications électroniques et des postes).

On signalera que les titulaires de concessions de gisements en mer situés sur le plateau continental ou dans la zone économique exclusive (sauf s'agissant de concessions de mines d'hydrocarbures liquides ou gazeux) sont assujettis – alors même que n'est pas en cause l'exploitation d'une dépendance du domaine public – au paiement d'une redevance s'inscrivant dans une même logique de prise en compte des avantages de toute nature procurés au titulaire de la concession et soumis par renvoi du code de l'environnement (art. L. 132-15-1 issu de l'art. 95 de la loi n° 2016-1087 du 8 août 2016 pour la reconquête de la biodiversité, de la nature et des paysages) à différentes dispositions du présent code relatives à la constatation, à la prescription, au paiement et au recouvrement des redevances domaniales.

II. FIXATION DU MONTANT

1° COMPÉTENCE

Quand l'assiette de la redevance n'est pas fixée par un texte réglementaire (le décret du 2 nov. 1948 fixe les modalités de calcul des redevances pour prise d'eau – V. commentaire ss. art. L. 2125-8 ; l'arrêté du 21 août 1992 fixe les redevances pour l'occupation des aérodromes ouverts à la circulation aérienne publique…), c'est le propriétaire du domaine public ou les autorités gestionnaires du domaine public, en vertu des textes qui leur en confient la gestion, qui sont compétentes pour fixer le montant de la redevance. De manière schématique, pour les dépendances du domaine de l'État, il s'agira du directeur départemental des finances publiques (V. art. R. 2125-1) et pour les établissements publics de l'État de leur organe délibérant (sauf dispositions contraires de leurs statuts, art. R. 2125-4). Pour les collectivités territoriales, il appartient au conseil municipal et au conseil départemental de fixer le montant dans une délibération. Par délégation, le maire peut être chargé de fixer les tarifs de voirie, de stationnement ou de dépôt temporaire sur les voies et autres lieux publics, tout comme il peut déterminer son montant de certains droits prévus au profit de la commune mais qui n'ont pas une nature fiscale.

2° MONTANT

Les redevances ne peuvent être fixées qu'en argent et non en nature. Elles sont payables annuellement (V. art. L. 2125-4). Leur montant dépend des avantages de toute nature procurés par l'occupation. Cette formule de l'article L. 2125-3, somme toute assez elliptique, est la reprise de l'article R. 56 du code du domaine de l'État, lui-même faisant sienne une rédaction issue d'une circulaire du 13 septembre 1966 qui tendait à aligner le tarif des redevances fixées par les communes sur celui de l'État. Toute la difficulté consiste alors à en définir l'assiette.

On peut considérer au regard de la pratique de l'Administration que la fixation de la redevance se fonde sur un élément invariant, le droit d'occupation de la dépendance, qui renvoie lui-même à la valeur locative d'une propriété privée globalement comparable à celle de la dépendance sur laquelle l'occupation est autorisée (contrepartie du droit d'occuper), et à un élément variable, lui, qui représente le niveau de profits procurés par l'utilisation (avantages retirés par l'occupant). La jurisprudence s'est employée à proposer un faisceau de critères permettant d'apprécier au plus juste cette part variable de l'assiette. Le principe directeur est de considérer que le niveau des redevances instituées doit tenir compte de l'usage fait de la dépendance domaniale qui se traduit dans le niveau des avantages conférés à l'occupant. Ce que la doctrine a pu synthétiser par la prise en compte, dans chaque cas, tant des caractéristiques de l'occupation que de sa rentabilité (Delvolvé, obs. ss. *SA Les marines de Cogolin, D. 1980. IR 562*). En conséquence, ces avantages que retire l'occupant doivent être mesurables, c'est-à-dire matériels et objectifs. Il peut ainsi s'agir de la valeur locative du bien, du chiffre d'affaires, de la rentabilité d'une concession, des revenus tirés de la sous-location du bien, des revenus liés à l'exploitation du bien, des bénéfices attendus, du résultat net après impôt de l'exploitation de l'ouvrage... Dans tous les cas, la situation particulière dans laquelle se trouve l'occupant privatif du domaine public doit être prise en compte (surface d'exploitation d'un plan d'eau dont il dispose, longueur des bateaux pour les redevances d'amarrage, fréquence du trafic ferroviaire dont il est amené à bénéficier...). Le principe étant celui d'une exigibilité de la redevance en tant que contrepartie d'un droit d'utilisation consenti, la redevance reste due même si l'utilisation du domaine par l'occupant autorisé n'est pas effective (la redevance pour occupation du domaine public n'est pas la contrepartie d'un service rendu), ou même en l'absence de titre d'occupation (une occupation de fait emporte paiement de la redevance d'un montant qui aurait été celui appliqué si l'occupation avait été légalement constatée).

En toute hypothèse, c'est la question de l'adéquation du montant de la redevance à la réalité des bénéfices découlant de l'occupation domaniale qui est posée et qui doit guider la personne publique dans la fixation du tarif. Mais cette réalité de la redevance est bien souvent difficile à apprécier. Ainsi, un café peut largement accroître la surface dont il dispose grâce aux revenus tirés de sa terrasse ; des plages privées peuvent augmenter leurs revenus en diminuant l'espace laissé entre les matelas, etc. D'où la nécessité de pouvoir réviser les tarifs des redevances, notamment quand ces dernières sont restées au niveau d'un montant par trop symbolique (Rapport du Conseil d'État, Redevances pour service rendu et redevances pour occupation du domaine public, *EDCE, 2002*).

L'ordonnance n° 2017-562 du 19 avril 2017 (art. 7) a apporté des précisions relatives au montant de la redevance exigée lorsque l'occupation est autorisée par un contrat de la commande publique ou pour en permettre l'exécution. L'article L. 2125-1 du code prévoit en effet que les modalités de détermination de ce montant sont fonction de l'économie générale du contrat.

III. MODULATION ET RÉVISION

Il découle du caractère unilatéral de la redevance qu'elle peut toujours être modifiée par l'Administration. Les modulations doivent respecter le principe d'égalité, ce qui implique que les variations de tarif de la redevance doivent s'apprécier en fonction de situations objectives. Le tarif de la redevance peut donc être modulé en fonction de la durée de l'occupation ou de la nature des installations utilisées. Plus la durée de l'occupation est courte, plus la redevance peut être élevée. La modulation doit aussi prendre en compte le fait que l'occupant appartient ou non à une organisation professionnelle susceptible de prendre en charge l'aménagement et l'entretien de l'installation sise sur la dépendance domaniale. Les collectivités publiques disposent d'une grande latitude dans la révision du montant de la redevance, le relèvement pouvant se faire dans un but exclusivement financier. Pour autant, quelques limites à la fixation arbitraire, posées par la jurisprudence, viennent encadrer le pouvoir de la personne publique. Ainsi, les redevances ne doivent pas apparaître comme des subventions déguisées ; elles ne doivent pas révéler de disparités tarifaires excessives ou encore procurer un enrichissement sans cause.

Quant à la révision du tarif de la redevance, elle ne peut être opérée que dans le respect de l'équilibre financier du contrat. Le pouvoir de révision est donc encadré. Sont ainsi illégales des clauses de révision qui seraient fondées sur des prix sans relation directe avec l'objet de la convention. Par ailleurs, si la hausse de la redevance ne peut être répercutée sur les usagers, elle sera censurée par le juge administratif pour erreur d'appréciation.

L'article R. 2125-3 précise que la révision de la redevance peut intervenir à l'expiration de chaque période fixée pour son paiement et qu'elle entre en vigueur, sauf disposition contraire du titre, un mois après le jour où elle a été notifiée à son titulaire. Dans l'hypothèse où elle a été payée d'avance, la révision s'applique pour la part de redevance correspondant à la période restant à courir. ❑

1. Nature juridique de la redevance. La redevance correspond à la rémunération d'un droit d'occupation d'une propriété publique. • CE 10 févr. 1978, *Scudier,* n° 07652 : *Lebon 66* . ♦ La redevance pour occupation domaniale n'est ni une contribution indirecte, ni un impôt direct, ni une redevance pour service rendu et se rattache à une opération de puissance publique. • CE, sect., 22 déc. 1989, *CCI du Var,* n° 46052 : *Lebon 268 ; D. 1991 SC 142, obs. Llorens et Soler-Couteaux ; JCP 1990. II. 21538, concl. Fouquet ; LPA 15 juin 1992. 18, note Boudine ; RFDA 1990. 650, concl. Fouquet ; GDDAB, 3e éd., 2018. Comm. 69, obs. Melleray.* ♦ V. également • CE 5 mai 1993, *Cne de Montrouge c/ Sté pour la construction en accession et location SOCAL, n° 86666 : Lebon T. 675 ; LPA 30 sept. 1994. 4, concl. Du Marais* • Cons. const. 14 avr. 2005, *Loi relative aux aéroports,* n° 2005-513 DC : *Rec. Cons. const. 67.*

2. Le niveau de la redevance doit tenir compte de l'usage fait de la dépendance domaniale. L'Administration peut ainsi fixer des tarifs de redevance applicables aux exploitants de cafés et restaurants en tenant compte du mode d'usage, de la situation des emplacements occupés et de la nature des commerces exercés. • CE 12 déc. 1923, *Peysson : Lebon T. 826.* ♦ En conséquence, une redevance pour installation d'un embranchement sur le domaine ferroviaire peut se calculer à partir de la longueur de l'emprise et peut être proportionnelle au trafic. • CE 22 mars 1929, *Sté de construction d'embranchements industriels : Lebon 355 ; DP 1930. 3. 5, note P. L. J.* ♦ Dans le même sens : un conseil municipal peut fixer le tarif des droits perçus sur ceux qui occupent des places à la poissonnerie municipale sur une base autre que la superficie de l'emplacement utilisé, mais en proportion de la valeur des poissons vendus. • CE 3 févr. 1933, *Synd. des patrons et marins pêcheurs du Tréport : Lebon 153.* ♦ Il appartient à l'autorité gestionnaire du domaine public de fixer, tant dans l'intérêt de ce domaine et de son affectation que dans l'intérêt général, les conditions auxquelles elle entend subordonner les autorisations d'occupation. Si aucun texte n'a prévu les conditions dans lesquelles un établissement public peut fixer une redevance pour occupation du domaine qui lui est confié, celle-ci doit être définie en fonction de l'avantage spécifique procuré par la jouissance privative du domaine public, • CAA Paris, plén., 12 févr. 2010, *Sté RTE EDF Transport,* n° 07PA01825 : *JCP Adm. 2011. 2000, obs. Foulquier.* ♦ Le montant de la redevance susceptible d'être réclamée à la société France Télécom par une société concessionnaire d'autoroute, pour la pose de câbles de fibres optiques dans l'emprise du domaine public autoroutier, doit être déterminé, en application du droit commun, en fonction des avantages de toute nature procurés au permissionnaire de voirie par l'occupation du domaine public. Il doit tenir compte de la durée de l'occupation, de la valeur locative de l'emplacement occupé et des avantages matériels, économiques, juridiques et opérationnels qu'en tire le permissionnaire. • CAA Marseille, 26 juin 2012, *SA Escota,* n° 10MA02767 : *LPA 10 août 2012, p. 14, concl. Deliancourt.*

3. Dans la mesure où le taux des redevances a été arrêté à la suite de l'examen de la situation particulière de la concession et non par la simple application d'un barème ou d'un texte de portée générale édicté par le ministre de l'économie et des finances, lequel serait entaché d'illégalité comme émanant d'une autorité incompétente pour prendre un texte réglementaire, la décision attaquée est régulière. • CE 7 mai 1980, *SA Les marines de Cogolin,* n° 05969 : *Lebon 215 ; D. 1980. IR 562, obs. Delvolvé.* ♦ Il résulte de l'art. R. 56 C. dom. Ét. *[art. L. 2125-3 CGPPP]* que la redevance imposée à un occupant du domaine public doit être calculée en fonction non seulement de la valeur locative d'une propriété privée comparable à la dépendance du domaine public pour laquelle la permission est délivrée, mais aussi de l'avantage spécifique que constitue le fait d'être autorisé à jouir d'une façon privative du domaine public. Cet avantage a pu légalement être évalué par référence au revenu que les titulaires d'autorisation d'occupation du domaine public du bassin d'Arcachon auraient pu tirer de la sous-location des cabanes occupées par eux. • CE 10 févr. 1978, *Min. Économie et Finances c/ Scudier*, n° 07652 : *préc. note 1.* ♦ V. aussi • CE 29 nov. 2002, *Cne du Barcarès*, n° 219244 : *Lebon 419* ; *AJDA 2003. 1016* ; *RFDA 2003. 173* • 21 mars 2003, *Synd. intercom. de la périphérie de Paris pour l'électricité et les réseaux*, n° 189191 : *Lebon 335* ; *GDDAB, 3e éd., 2018. Comm. 54, obs. Chamard-Heim ; Dr. adm. 2003, n° 127 ; Ann. voirie 2003. 55, note Duval ; JCP Adm. 2003. 1484, note Moreau ; Rev. CMP 2003, n° 128, note Eckert ; AJDA 2003. 1935, note Subra de Bieusses* ; *RFDA 2003. 903, note Soulié* • TA Lyon, 10 mars 2005, *Lavaurs : AJDA 2005. 1474, note Lagarde* ; *BJCL 2005. 310, obs. Poujade, concl. Durand* • CAA Paris, 3 juill. 2006, *Sté Saisof International*, n° 04PA02815 • 8 mars 2007, n° 05PA01866 • 18 oct. 2007, n° 05PA01067. ♦ V. égal. • Cons. const. 28 déc. 2000, n° 2000-442 DC : *Dr. adm. 2001, n° 41* • CAA Nantes, 1er oct. 2018, n° 16NT04008. ♦ Les redevances litigieuses ont été calculées en tenant compte des conditions d'exploitation du port de plaisance de Cogolin, notamment des caractéristiques et de la surface du plan d'eau utilisable, du nombre des postes de mouillage et de la proportion dans laquelle ces postes peuvent faire l'objet d'une modification de longue durée. Dès lors, en retenant ces éléments significatifs de la situation particulière de l'exploitant ainsi que de la rentabilité de la concession d'occupation du domaine, il a été fait une exacte application de l'art. R. 56 C. dom. Ét. • CE 7 mai 1980, *SA Les marines de Cogolin*, n° 05969 : *préc.* • CAA Paris, 8 nov. 2007, n° 05PA03404. ♦ V. aussi • CAA Versailles, 27 sept. 2005, *Ét. public du musée et du domaine national de Versailles : BJCL 2006. 68.* ♦ La redevance exigée des occupants d'une zone commerciale peut comprendre une part fixée en fonction des charges d'entretien des parties communes de celle-ci dès lors qu'ils en retirent des avantages. • CAA Marseille, 29 juin 2017, *SCI Le Littoral et a.*, n° 15MA02266. ♦ La durée de l'occupation de la dépendance du domaine public pour laquelle la permission est délivrée constitue un des éléments de l'avantage spécifique procuré par cette jouissance privative du domaine public. • CE 11 juill. 2007, *Synd. prof. Union des aéroports français*, n° 290714 : *Lebon T. 843* ; *AJDA 2007. 1443* ; *CJEG 2007. 415, concl. Prada-Bordenave.* ♦ Le montant d'une redevance domaniale peut comporter une part assise sur le chiffre d'affaires réalisé par l'occupant privatif. • TA Paris, 27 févr. 2004, *Sté V. E. Airport*, n° 0202880/7. ♦ Le calcul de la redevance peut prendre en compte le résultat net après impôt de l'exploitation de l'ouvrage. • CE 13 juin 1997, *Sté des transports pétroliers par pipe-line*, n° 167907 : *Lebon 230* ; *AJDA 1997. 894, concl. Bergeal* ; *LPA 1er févr. 1999, note de la Mardière.* ♦ Jugeant que la redevance d'occupation d'un stade est illégale dans la mesure où sa part variable ne tient compte que des recettes de billetterie mais pas des autres ressources et ce alors que les avantages tirés de l'occupation d'un complexe sportif s'apprécient notamment au regard des recettes tirées de son utilisation telles que la vente des places et des produits dérivés aux spectateurs ou la location des emplacements publicitaires. • CAA Lyon, 28 févr. 2013, *Cté d'agglom. Grenoble Alpes Métropole*, n° 12LY00820 : *AJDA 2013. 1373* . ♦ V., pour l'appréhension du montant des redevances versées par un club professionnel au regard du régime européen des aides d'État, • Comm. UE, 4 juill. 2016, n° 2017/97/UE : *JCP Adm. 2017. 2102, obs. Roux.* ♦ Annulé par : • Trib. UE 22 mai 2019, n° T-791/16 : *JCP Adm 2019. 2332, chron. Karpenschif et Sauron.*

4. Dès lors que le montant d'une redevance d'occupation du domaine public a été fixé en tenant compte des avantages de toute nature procurés à l'occupant privatif, le fait que ce montant soit supérieur à la valeur locative d'une propriété privée comparable à la dépendance domaniale en cause n'est pas constitutif d'une irrégularité. • CE 11 oct. 2004, *Prouvoyeur*, n° 254236 : *Lebon T. 602* ; *BJCL 2005. 29, obs. Poujade ; JCP Adm. 2005, n° 741, chron. Glaser et Séners* • CAA Lyon, 12 juill. 2007, *Ville de Lyon*, n° 06LY02107 : *AJDA 2007. 2053* ; *ibid. 2312, note Besle* • CAA Nancy, 2 août 2007, n° 06NC00434. ♦ En revanche, la redevance qui doit être en rapport avec l'avantage que retire l'occupant n'est pas due pour la période où les locaux étaient inutilisables du fait du gestionnaire du domaine public. • CAA Bordeaux, 15 juin 2006, *Sté Privilège 17*, n° 02BX02316. ♦ Est également illégale une redevance résultant de l'application d'un barème national qui ne prend pas en compte la valeur locative et l'avantage retiré par l'occupant. • CAA Bordeaux, 17 janv. 2008, *Min. de l'Économie c/ Sté Saur*, n° 05BX01253 : *AJDA 2008. 830* . ♦ Illustrant que le montant de la redevance ne doit pas nécessairement correspondre au prix du marché locatif : • CAA Marseille, 25 juin 2012, n° 10MA00114 : *Rev. CMP 2012, n° 260, obs. M. U.-B.* ♦ Censurant un tarif unique ne tenant pas compte des avantages de toute nature procurés aux occupants privatifs. • CAA Lyon, 13 déc. 2012, *Avrillier*, n° 12LY01167 : *JCP Adm. 2013. 99, obs. L. E ; ibid. 2013. 2165, concl. Vinet.* ♦ Jugeant que les dispositions de l'art. L. 2125-3 ne font pas obstacle à ce que le montant de la redevance soit déterminée à la suite d'une procédure d'enchères au cours de laquelle chaque candidat doit présenter une proposition financière en fonction des avantages de toute nature escomptés de l'autorisation, l'autorité gestionnaire étant cependant tenue de communiquer au préalable aux candidats des bases objectives leur permettant de chiffrer leur offre. • TA Paris, 6 nov. 2012, *Sté Vingt minutes France*, n° 10014667 : *AJDA 2013. 1340, concl. Reuland*. ♦ Jugeant que des occupants exerçant une activité commerciale liée au tourisme retirent également des avantages de l'entretien des parties communes de la zone commerciale au sens des dispositions de l'art. L. 2125-3 et qu'ils ne se trouvent pas dans la même situation que les autres utilisateurs du domaine public, et notamment les clients des commerces. • CAA Marseille, 29 juin 2017, *SCI Le Littoral*, n° 15MA02266 : *JCP Adm. 2017. 2260, obs. C. R.* • CAA Marseille, 26 janv. 2018, n° 16MA01715. ♦ Censurant l'État pour ne pas avoir apporté suffisamment d'éléments permettant d'établir que le montant de la redevance tenait effectivement compte des avantages de toutes natures procurés à l'occupant. • CAA Nantes, 22 oct. 2018, n° 17NT02213.

5. L'erreur dont est entaché un avis de recouvrement d'une redevance domaniale n'ayant pu créer aucun droit au profit du redevable, l'administration est fondée à réparer l'erreur de liquidation par l'émission d'un autre avis de recouvrement. • CE 7 mai 1980, *SA Les marines de Cogolin*, n° 05969 : *préc. note 3.*

6. Les redevances versées par le délégataire, notamment en ce qui concerne les droits et l'usage des installations concédées, ne doivent pas être sans relation avec la valeur des prestations fournies par la collectivité notamment en ce qui concerne les droits d'usage. En l'espèce, illégalité d'une redevance dont une part correspond au droit d'exploitation d'un équipement amorti. • CE 30 sept. 1996, *Sté stéphanoise des eaux*, n° 156176 : *Lebon 355 ; Dr. adm. 1996, n° 557, note Devès.* ♦ Confirmant, • TA Lyon, 14 déc. 1993, *Chomat : AJDA 1994. 349, note Broussolle*.

7. Une collectivité publique n'est pas non plus fondée à appliquer à un occupant du domaine public un tarif présentant, en raison de sa disproportion relativement à celui acquitté par d'autres occupants, le caractère d'une pénalité. • CAA Nancy, 28 nov. 1991, *Prouvoyeur*, n° 91NC00230 : *Lebon 595*.

8. Limites au pouvoir de fixation et de modification. Les redevances, même lorsqu'elles sont la contrepartie de l'exploitation privative du domaine public, ne peuvent être arbitraires et doivent être fonction de critères objectifs. • TPICE 12 déc. 2000, *Aéroports de Paris : Dr. adm. 2001, n° 87.* ♦ Le montant maximal d'une redevance peut être différencié en fonction des catégories et sous-catégories du domaine public. • CE 11 juill. 2007, *Synd. prof. Union des aéroports français*, n° 290714 : *préc. note 3.* ♦ Les redevances versées par EDF à l'EPAD pour l'occupation du domaine public de ce dernier, qui comprennent une part fixe et une part variable calculée en fonction des services rendus par l'EPAD, n'ont pas un caractère excessif. • CAA Versailles, 15 oct. 2009, *EDF*, n° 07VE00626 : *Rev. CMP 2010, n° 39, obs. Llorens ; JCP Adm. 2010, n° 10, p. 10, chron. Chamard-Heim.* ♦ Une redevance exigée d'un opérateur de communications électroniques n'est pas illégale dès lors que la collectivité publique propriétaire n'a pas abusé de sa position dominante, tenant compte des coûts de construction et de maintenance ainsi que des avantages spécifiques que l'utilisation de son réseau d'assainissement procure. • CAA Paris, 14 janv. 2010, *Sté Viatel Opérations*, n° 08PA04830 : *JCP Adm. 2010. 2262, chron. Chamard-Heim.* ♦ Le gestionnaire du domaine public peut modifier les conditions pécuniaires auxquelles l'occupation privative du domaine public est subordonnée en se prévalant d'un fait nouveau survenu postérieurement à la conclusion du contrat (en l'espèce la réévaluation par l'administration fiscale des valeurs locatives servant de base de calcul pour la taxe foncière). • CE 5 mai 2010, *Bernard*, n° 301420 : *Lebon T. 728 ; AJDA 2010. 982 ; Rev. CMP 2010, n° 260, obs. Eckert ; BJCP. 2010. 266, concl. Escaut, obs. Ch. M. ; RLCT, n° 60, sept. 2010, p. 43, note E. Glaser ; JCP Adm. 2010. 2288 note Collet ; ibid. 2239, chron. Chamard-Heim ; RJEP 2010, n° 59, note Chamard-Heim* • TA Poitiers, 29 mai 2018, n° 1502348 : *JCP Adm. 2018. 2297, obs. Roux.* ♦ Censurant pour erreur manifeste d'appréciation une augmentation de plus de 150% d'une redevance applicable aux abords de chantier, pour occupation close ou non close du domaine public liée à des travaux de construction, de réhabilitation, de réparation ou de démolition. • CAA Versailles, 29 juin 2017, n° 16VE01019 : *JCP Adm. 2017. 2260, obs. C.R.*

9. Contrôle du juge. Le juge administratif opère un contrôle entier sur les éléments pris en compte pour calculer la redevance et un contrôle de l'erreur manifeste d'appréciation sur le montant de cette dernière. • CE 1er févr. 2012, *SA RTE EDF Transport*, n° 338665 : *Lebon T. 745 ; AJDA 2012. 243, obs. Grand ; ibid. 1680, note Perroud ; RDI 2012. 408, note Foulquier ; JCP Adm. 2012. Actu. 88, obs. C.-A. D.* ♦ Jugeant ainsi, eu égard à la durée exceptionnelle du titre et aux avantages qu'il confère, que la Ville de Paris a commis une erreur manifeste d'appréciation en fixant le montant de la redevance exigée de la Fédération française de tennis pour occuper le stade Roland-Garros. • TA Paris, 28 févr. 2012, *Assoc. du quartier du Parc des Princes pour la sauvegarde de ses caractéristiques et Assoc. Boulogne patrimoine*, n° 1200787 : *AJDA 2013. 496 ; ibid. 1166, note Braconnier ; BJCP 2013. 214, obs. Sirinelli.* ♦ Confirmant ce jugement : • CAA Paris, 17 oct. 2013, *Ville de Paris, Féd. française de tennis*, n° 13PA00911 : *AJDA 2014. 31, chron. Sirinelli ; JCP Adm. 2014. Actu. 110,* *obs. L. E. ; Rev. CMP 2015. Chron. 2, obs. Llorens et Soler-Couteaux.* ♦ Validant les modalités de calcul de redevances de voirie appliquées à des installations de chantier. • CAA Nantes, 16 avr. 2018, *SAS Sotrama,* n° 17NT00614. ♦ Jugeant qu'une redevance d'occupation exigée d'une association organisant un marché aux puces ne souffre d'aucune erreur manifeste alors même qu'elle est modique. • CAA Marseille, 6 nov. 2012, n° 10MA03152 : *AJDA 2013. 691, concl. Deliancourt.* ♦ Jugeant que si l'art. L. 2125-1 laisse aux personnes publiques la faculté de mettre gratuitement à la disposition d'associations à but non lucratif des dépendances du domaine public, il n'en résulte aucun droit pour ces associations d'occuper le domaine public à titre gratuit. • CAA Paris, 22 févr. 2018, *Assoc. Paris Jean Bouin,* n° 16PA01554. ♦ Jugeant manifestement excessif le montant d'une redevance par rapport aux avantages de toute nature qu'elle procure. • CAA Versailles, 21 déc. 2017, *Cne de Bagnolet,* n° 16VE02342. ♦ Commet un détournement de pouvoir la commune fixant à un montant disproportionné une redevance pour l'installation de boîtes à lettres afin d'inciter La Poste à maintenir les horaires d'ouverture du bureau de poste communal. • TA Dijon, 20 févr. 2013, *La Poste c/ Cne de La Chapelle-Saint-André,* n° 1200832 : *AJDA 2013. 1487.* ♦ Le moyen tiré du caractère excessif du montant de la redevance n'est pas d'ordre public et ne peut donc être soulevé d'office par le juge administratif. • CAA Nantes, 1er févr. 2019, n° 17NT01225. ♦ Jugeant que la requalification en convention d'occupation domaniale d'un « bail d'habitation » est sans incidence sur le montant de la redevance exigible de l'occupant. • CAA Bordeaux, 20 déc. 2018, n° 16BX03266 : *Rev. CMP 2019, n° 260 obs. Soler-Couteaux.* ♦ La faculté qu'a l'autorité gestionnaire du domaine public de renouveler une autorisation d'occupation privative en fixant un montant de redevance supérieur à celui prévu par la précédente autorisation n'est pas subordonnée à la justification de faits survenus ou portés à sa connaissance postérieurement à la délivrance de l'autorisation initiale. • CAA Nantes, 7 févr. 2020, n° 18NT00759.

10. Lorsqu'un occupant du domaine minore son chiffre d'affaires dans le but de faire diminuer le montant de sa redevance, le propriétaire du domaine peut demander un complément de facturation en invoquant l'enrichissement sans cause. Mais l'évaluation de ce complément est difficile à faire. • CAA Paris, 25 juin 2002, *Sté Fly International Service,* n° 00PA03143 : *AJDA 2002. 1195, note Hennette-Vauchez.* ♦ Sur l'information que l'occupant doit apporter sur l'augmentation de la capacité d'accueil de son installation • CAA Lyon, 17 oct. 2019, *SARL H20 Plus : Rev. CMP 2020. n° 22, obs. E. Muller.*

11. La redevance acquittée par les usagers du parc de stationnement de l'aéroport Charles-de-Gaulle rémunère exclusivement la mise à disposition de ceux-ci d'une place de stationnement et ne constitue pas la contrepartie de la garde des véhicules qui y sont entreposés. Il s'ensuit que la responsabilité Aéroports de Paris ne saurait être engagée à l'occasion d'un vol de véhicule. • CE 21 janv. 1991, *Sté d'Assurances mutuelles de France et SA Hydroperfect International,* n° 74115 : *Lebon T. 928.*

12. Exigibilité de la redevance. La redevance est due dès lors que le droit d'utilisation est accordé et même si l'occupation du domaine public n'est pas effective. • CE 29 avr. 2002, *Cne de Barcarès,* n° 219244 : *Lebon 419 ; AJDA 2003. 1016 ; RFDA 2003. 173 ; JCP Adm. 2003, n° 313* • CAA Bordeaux, 13 oct. 2011, *SCI Île d'Arcins,* n° 11BX00158 : *Rev. CMP 2011, n° 356, note Llorens.* ♦ Elle est due également même en l'absence de titre d'occupation. • CAA Marseille, 6 nov. 2008, *SARL X-Grasse,* n° 06MA02526. ♦ Même quand l'occupation est constatée de fait. • CAA Bordeaux, 4 nov. 2003, *Assoc. Le Yacht Club,* n° 97BX01770 : *AJDA 2004. 461 ; JCP Adm. 2004. 1046, note Moreau.* ♦ Dans le même sens • CE 11 oct. 2004, *Prouvoyeur,* n° 254236 : *préc. note 4.* ♦ L'exception d'inexécution du contrat n'est pas invocable par l'occupant, • CAA Bordeaux, 28 mars 2019, n° 17BX00669 : *Rev. CMP 2019, n° 207, obs. Soler-Couteaux.*

13. Il n'y a pas occupation, et la redevance est donc dépourvue de base légale, lorsqu'est en cause l'installation d'un dispositif d'étaiement d'un mur s'étant partiellement effondré sur la voie publique. • CAA Nantes, 1er juin 2010, *Cne de Cholet c/ Montigny,* n° 09NT00880 : *JCP Adm. 2011. 2239, chron. Chamard-Heim.*

14. Référé-provision. Même si l'obligation de versement d'une redevance d'occupation du domaine public fluvial est certaine dans son principe, elle ne l'est pas dans son montant, compte tenu des importantes incertitudes affectant la détermination des avantages procurés en l'espèce aux opérateurs de réseaux de télécommunications. Il s'ensuit que le juge des référés statuant en application des dispositions de l'art. R. 541-1 CJA rejette une demande de provision. • TA Lyon, 24 févr. 2005, *Cie nat. du Rhône : AJDA 2005. 1678, note Subra de Bieusses.*

15. Illustrant le rapprochement entre redevance pour service rendu et redevance pour occupation du domaine public. • CE, ass., 16 juill. 2007, *Synd. nat. de défense de l'exercice libéral de la médecine à l'hôpital,* n° 293229 : *Lebon 349, concl. Devys ; RFDA 2007. 1269, concl. et note Terneyre ; AJDA 2007. 1807, chron. Boucher et Bourgeois-Machureau* • CE 7 oct. 2009, *SETIL,* n° 309499 : *Lebon T. 738 ; AJDA 2009. 2480, note Dreyfus.*

16. Un contrat de concession peut autoriser le

concessionnaire à percevoir la redevance due au propriétaire pour l'occupation de son domaine public. • CE 10 juin 2010, *Sté des autoroutes Estérel-Côte d'Azur-Provence-Alpes : Lebon T. 762 ; AJDA 2010. 1172 ; JCP Adm. 2010. 492.*

17. Pour une illustration du contrôle opéré sur la fixation de la redevance exigée d'un restaurateur et pour la possibilité de traitement différemment des occupants sur la base d'éléments objectifs : • CAA Marseille, 12 mars 2012, *Sté La Crêpe d'or*, n° 09MA04081 : *JCP Adm. 2012. 2325, obs. Chamard-Heim.*

18. Jugeant que les différences entre le montant des redevances et celui des loyers exigés pour des dépendances du domaine privé doivent être justifiées par les caractéristiques propres aux locaux ou par tout autre élément objectif. • Civ. 1re, 13 mai 2014, *CGT et a.*, n° 12-16.784 : *AJDA 2014. 1008, obs. Grand ; ibid. 1949, note Hauuy ; D. 2014. 1156 ; AJDI 2014. 882, obs. Le Rudulier ; Rev. CMP 2014, n° 199, note Eckert ; ibid. 2015. Chron. 3, obs. Llorens et Soler-Couteaux.*

19. Versement d'une indemnité représentative de la redevance en cas d'occupation irrégulière. Un port autonome est fondé à réclamer le versement d'une indemnité correspondant au montant de la redevance pour sanctionner l'occupation sans droit ni titre d'une portion du domaine public maritime. • Civ. 1re, 21 janv. 1992, n° 90-13.848 : *D. 1992. IR 61 .* ♦ V. aussi • CAA Paris, 8 juill. 1993, *Aéroports de Paris*, n° 90PA00428 : *Lebon T. 762.* ♦ Un occupant devenu sans titre est redevable d'une indemnité d'un montant égal à celui du tarif applicable à l'occupant régulier. • CE 29 juill. 2010, *Sté Logistique Grand Sud-Ouest*, n° 10BX00071 : *Rev. CMP 2010, n° 352, obs. Llorens.* ♦ L'indemnité due par l'occupant sans titre du domaine public ne constitue pas par elle-même une redevance de location ou de concession. • CAA Bordeaux, 4 nov. 2003, *Assoc. Le Yacht Club*, n° 99BX01770. ♦ ... Ni une imposition. • CAA Paris, 19 juin 2008, *M. Guillaume X.*, n° 07PA00357. ♦ L'indemnité due par l'occupant sans titre ne présente pas la même nature que celle due par le titulaire d'une autorisation d'occupation du domaine public et obéit donc à un régime distinct. • CAA Paris, 5 juin 2008, *M. Stuart Niemi*, n° 07PA01385. ♦ En revanche, l'indemnité pour enrichissement sans cause réclamée en raison de la nullité de la convention fixant le montant des redevances d'occupation du domaine public ne peut être obtenue faute d'établir l'existence d'un tel enrichissement. • CAA Paris, 25 juin 2002, *Sté Fly International Service : RFDA 2002. 1164.*

20. L'occupation sans droit ni titre d'une dépendance du domaine public constitue une faute commise par l'occupant et qui l'oblige à réparer le dommage causé au gestionnaire de ce domaine par cette occupation irrégulière. • CAA Marseille, 28 janv. 2014, *Conservatoire de l'espace littoral et des rivages lacustres*, n° 11MA03448 : *BJCL 2014. 183, concl. Deliancourt et obs. B. P.* ♦ Pour autant, si l'autorité gestionnaire du domaine public n'a pas mis en demeure l'occupant irrégulier de quitter les lieux, ne l'a pas invité à régulariser sa situation ou a entretenu à son égard une ambiguïté sur la régularité de sa situation, ces circonstances sont de nature, le cas échéant, à constituer une cause exonératoire de la responsabilité de l'occupant, dans la mesure où ce comportement du gestionnaire serait constitutif d'une faute, mais elles ne sauraient faire obstacle, dans son principe, au droit du gestionnaire du domaine public à la réparation du dommage résultant de cette occupation irrégulière. • CE 15 avr. 2011, *SNCF*, n° 308014 : *Lebon T. 923, 924, 1059 et 1173 ; AJDA 2011. 820, obs. Grand ; JCP Adm. 2011. 310, obs. Sorbara ; ibid. 2310, note Braud ; ibid. 2012. 2170, chron. Chamard-Heim.*

21. L'indemnité compensant les revenus que la personne publique aurait pu percevoir d'un occupant régulier pendant cette période doit être calculée par référence au montant des redevances qui auraient été appliquées si l'occupant avait été placé dans une situation régulière, soit par référence à un tarif existant, lequel doit tenir compte des avantages de toute nature procurés par l'occupation du domaine public, soit, à défaut de tarif applicable, par référence au revenu, tenant compte des mêmes avantages, qu'aurait pu produire l'occupation régulière de la partie concernée du domaine public communal. • CE 16 mai 2011, *Cne de Moulins*, n° 317675 : *Lebon 242 ; JCP Adm. 2011. Actu. 375, obs. Sorbara ; ibid. 2224, note Yolka ; Dr. adm. 2011, n° 68, note Melleray ; BJCL 2011. 531, concl. Legras, obs. Janicot ; AJDA 2011. 1848, note Ach ; RJEP 2011, n° 56, concl. Legras ; AJCT 2011. 527, note Dutrieux ; JCP Adm. 2012. 2170, chron. Chamard-Heim* • CAA Marseille, 16 déc. 2014, *Cne de Cannes*, n° 12MA04043 : *Rev. CMP 2015. Chron. 2, obs. Llorens et Soler-Couteaux* • CAA Bordeaux, 27 nov. 2017, *Sté Prest'Air*, n° 17BX03040 • CAA Lyon, 1er févr. 2018, *Sté Solaize Poids Lourds*, n° 16LY04418 • CAA Bordeaux, 14 févr. 2018, *Sté Guyane Car*, n° 17BX03113 • CAA Paris, 10 avr. 2018, *Électricité de Tahiti*, n° 17PA00838. ♦ Il appartient à l'administration d'établir la réalité de l'occupation privative irrégulière. • CAA Paris, 26 sept. 2017, n° 16PA01032. ♦ Lorsque l'occupation procède de la construction sans autorisation d'un bâtiment sur le domaine public et que ce bâtiment est occupé par une autre personne que celle qui l'a édifié, l'indemnisation peut être mise à la charge exclusive du constructeur ou de celui ayant acquis ses droits ou de l'occupant ou à la charge de l'un et l'autre en fonction des avantages respectifs qu'ils en ont retiré. • CE 15 mars 2017, *Cne de Cannes*, n° 388127 B : *AJDA 2017.*

600, obs. Biget ; BJCP 2017. 173, concl. Victor ; Rev. CMP 2017. Comm. 143, note Pietri ; ibid. 2018. Chron. 7, obs. Soler-Couteaux, Zimmer et Waltuch ; JCP Adm. 2017. Actu. 208, obs. Tesson ; ibid. 2133, note Hansen ; JCP N 2017. Actu. 402, obs. Tesson ; RDI 2017. 347, note Foulquier . ♦ Sur les suites de l'affaire : • CAA Marseille, 2 oct. 2017, *Cne de Cannes,* n° 17MA01260 : *JCP Adm. 2017. 2324, obs. Roux ; RDI 2017. 347, note Foulquier .* ♦ Cette indemnité est exigible que l'emplacement irrégulièrement occupé soit interdit ou non. • CE 13 févr. 2015, *Voies navigables de France,* n° 366036 : *Lebon T. ; AJDA 2015. 314 ; ibid. 1701, note Foulquier ; JCP Adm. 2015. Actu. 182, obs. E. L. ; Dr. adm. 2015, n° 42, note Éveillard ; Rev. CMP 2015, n° 99, note Ubaud-Bergeron ; ibid. 2016. 54, chron. Llorens et Soler-Couteaux ; EEI juin 2015. 42, obs. Hübener.* ♦ La circonstance que l'occupation, en cause serait irrégulière soit du fait qu'elle serait interdite, soit du fait que l'utilisation constatée de celui-ci contreviendrait aux termes de l'autorisation délivrée, n'empêche pas le gestionnaire du domaine de fixer le montant de l'indemnité due par l'occupant irrégulier par référence au montant de la redevance exigible, selon le cas, pour un emplacement similaire ou pour une utilisation procurant des avantages similaires • CE 1er juill. 2019, *Ville de Paris,* n° 421403 B : *Dr. Voirie 2019. 158 concl. Victor ; JCP Adm 2019. Actu. 488, obs. CF. ; JCP Adm 2019. 2289, obs. Hansen ; Rev. CMP 2019 comm. 323, obs. Soler-Couteaux.* ♦ V. également • CE 1er juill. 2019, *Ville de Paris,* n° 421407. ♦ Aucune disposition législative ou réglementaire n'impose à l'autorité gestionnaire du domaine public de respecter une procédure contradictoire avant d'exiger le versement de cette indemnité de la part de l'occupant irrégulier. • CAA Paris, 31 juill. 2012, *Ch. arb. internat. de Paris,* n° 12PA00616 : *AJDA 2012. 2220, note Lavigne .* ♦ Commet une erreur de droit le juge qui subordonne le versement de l'indemnité à l'existence de tarifs régulièrement fixés et rendus opposables aux occupants réguliers, dès lors que l'occupation sans titre constitue une faute que son auteur doit réparer en versant une indemnité calculée par référence, en l'absence de tarif applicable, au revenu, tenant compte des avantages de toute nature, qu'aurait pu produire l'occupation régulière de la dépendance en cause. • CE 11 févr. 2013, *Voies navigables de France,* n° 347475 : *AJDA 2013. 1198 .*

Art. L. 2125-4 **La redevance due pour l'occupation ou l'utilisation du domaine public par le bénéficiaire d'une autorisation est payable d'avance et annuellement.**

Toutefois, le bénéficiaire peut, à raison du montant et du mode de détermination de la redevance :

1° Être admis à se libérer par le versement d'acomptes ;

2° Être tenu de se libérer par le versement de la redevance due soit pour toute la durée de l'autorisation si cette durée n'excède pas cinq ans, soit pour une période quinquennale dans le cas contraire.

En outre, pour les besoins de la défense nationale, le bénéficiaire peut être tenu de se libérer soit par versement d'acomptes, soit d'avance, pour tout ou partie de la durée de l'autorisation ou de la concession, quelle que soit cette durée.

Les conditions d'application de ces différents modes de règlement sont fixées par arrêté ministériel. — *[C. dom. Ét., art. L. 31.]*

Art. L. 2125-5 **En cas de retard dans le paiement des redevances dues pour l'occupation ou l'utilisation du domaine public d'une personne publique mentionnée à l'article L. 1, les sommes restant dues sont majorées d'intérêts moratoires au taux légal.** — *[C. dom. Ét., art. L. 32.]*

Art. L. 2125-6 **En cas de retrait de l'autorisation avant le terme prévu, pour un motif autre que l'inexécution de ses clauses et conditions, la partie de la redevance versée d'avance et correspondant à la période restant à courir est restituée au titulaire.** — *[C. dom. Ét., art. L. 33-1.]*

COMMENTAIRE

Les articles L. 2125-4 à L. 2125-6 du code traitent des modalités de paiement de la redevance. La liquidation des produits et redevance est soumise aux dispositions de l'article 1724 du code général des impôts. Par principe, la redevance est payable d'avance et annuellement (V. art. L. 2125-4). Le débiteur peut être tenu de verser des acomptes mensuels (lorsque le montant de la redevance excède 37 000 euro, V. art. A-31 C. dom. Ét.). Il peut aussi se libérer de la redevance due pour la totalité de la durée de l'autorisation si celle-ci n'excède pas cinq ans ou par périodes quinquennales.

Aux termes de l'article L. 2125-5, tout retard dans le paiement implique le versement d'intérêts moratoires calculés sur le taux légal (fixé à 0,04 % pour l'année 2013 par le Décr. n° 2013-178 du 27 févr. 2013, JO 1er mars).

Le retrait de l'autorisation pour un autre motif que l'inexécution des clauses du contrat donne droit à une restitution de la partie de redevance versée en avance et qui correspond à la période restant à courir. Le code ne reprend pas ici les dispositions de l'ancien article L. 33 du code du domaine de l'État qui prévoyaient que l'Administration « peut réviser les conditions financières des autorisations ou concessions, à l'expiration de chaque période stipulée pour le paiement de la redevance, nonobstant, le cas échéant, toutes dispositions contraires de l'acte d'autorisation ou de concession ». ❑

SECTION II DISPOSITIONS PARTICULIÈRES AU DOMAINE PUBLIC FLUVIAL

Art. L. 2125-7 Les titulaires d'autorisations de prise d'eau sur le domaine public fluvial sont assujettis à payer à l'État une redevance calculée d'après les bases fixées par un décret en Conseil d'État. – *V. art. R. 2125-7.*

Sur le domaine public fluvial appartenant ou confié en gestion à une collectivité territoriale ou un groupement, la redevance est perçue à son profit. Elle est établie par délibération de l'assemblée délibérante de la collectivité territoriale ou du groupement, dans les limites fixées par décret en Conseil d'État. – *V. art. R. 2125-13.*

Les dispositions du présent article ne sont pas applicables aux cours d'eau domaniaux et aux canaux confiés à Voies navigables de France. – *[C. dom. publ. fluv., art. 35.]*

Art. L. 2125-8 *(L. n° 2006-1772 du 30 déc. 2006, art. 70)* **Sans préjudice de la répression au titre des contraventions de grande voirie, le stationnement sans autorisation d'un bateau, navire, engin flottant ou établissement flottant sur le domaine public fluvial donne lieu au paiement d'une indemnité d'occupation égale à la redevance, majorée de 100 %, qui aurait été due pour un stationnement régulier à l'emplacement considéré ou à un emplacement similaire, sans application d'éventuels abattements.**

COMMENTAIRE

Les articles R. 2125-7 à R. 2125-13 détaillent les modalités de fixation des redevances pour occupation du domaine public fluvial. Ils précisent en particulier les règles applicables aux autorisations de prise d'eau sur le domaine public de l'État (V. art. R. 2125-7) et sur celui des collectivités territoriales et de leurs groupements (V. art. R. 2125-13). ❑

1. Constitutionnalité. Le Conseil constitutionnel, saisi sur renvoi du Conseil d'État d'une question prioritaire de constitutionnalité relative à cet article, a considéré qu'il ne violait ni le principe de nécessité des peines ni celui des droits de la défense, émettant toutefois une réserve d'interprétation suivant laquelle, dès lors que lorsque deux sanctions prononcées pour un même fait sont susceptibles de se cumuler le principe de proportionnalité implique que le montant global des sanctions éventuellement prononcées ne dépasse pas le montant le plus élevé de l'une des sanctions encourues. Il appartient aux autorités administratives compétentes de veiller au respect de cette exigence. • Cons. const. 27 sept. 2013, n° 2013-341 QPC : *AJDA 2013. 1890, obs. Grand ; ibid. 2437, note Ach ; D. 2013. 2227 ; Dr. pén. 2013. 26, note Robert ; JCP Adm. 2013. 783.* ♦ Pour des applications, V. par ex. • CAA Versailles, 7 juill. 2016, *Mme D. c/ VNF*, n° 14VE02760 • 29 juin 2017, *Mme D. c/ VNF*, n° 15VE02896 • CAA Paris, 28 nov. 2017, n° 16PA02996.

2. Mise en œuvre. Jugeant que l'art. L. 2125-8 n'ayant pas prévu de modulation de la majoration, l'occupant irrégulier n'est pas fondé à soutenir que la majoration de l'indemnité mise à sa charge aurait dû être modulée. • CAA Versailles, 16 juin 2015, *Mme B. A.*, n° 13VE02832. ♦ Un litige intéressant la mise en œuvre de l'art. L. 2125-8 n'entrant pas dans le champ des art. L 774-1 et R. 222-13-10° du CJA, il ne saurait être tranché à juge unique. • CAA Versailles, 23 juin 2016, *C. et B. c/ Port autonome de Paris*, n° 14VE01788. ♦ Censurant une indemnité d'occupation irrégulière pour insuffisance de motivation. • CAA Paris, 28 nov. 2017, n° 16PA02996. ♦ Combinant les articles L. 2122-1 et L. 2125-8, • CAA Lyon, 4 juill. 2019, *Voies navigables de France*, n° 17LY02135.

3. Débiteur de l'indemnité. La personne susceptible d'être poursuivie pour le recouvrement des indemnités d'occupation du domaine public est soit celle qui a commis ou pour le compte de laquelle a été commise l'action à l'origine de l'occupation irrégulière du domaine public, soit celle sous la garde de laquelle se trouvait l'objet irrégulièrement stationné. • CAA Paris, 28 sept. 2017, n° 16PA00591 • CAA Douai, 25 avr. 2019, *SARL Ateliers de l'Oise*, n° 17DA01152.

SECTION III DISPOSITIONS PARTICULIÈRES AU STATIONNEMENT DE VÉHICULES SUR VOIRIE

(L. n° 2014-58 du 27 janv. 2014, art. 63-VII-1°, en vigueur le 1er janv. 2018)

Art. L. 2125-9 Les règles de paiement des redevances dues pour l'occupation du domaine public dans le cadre d'un stationnement de véhicule sur voirie sont fixées à l'article L. 2333-87 du code général des collectivités territoriales.

A compter de l'entrée en vigueur du présent art. le 1er janv. 2018, aucune sanction, de quelque nature que ce soit, ne peut être établie ou maintenue en raison de l'absence ou de l'insuffisance de paiement de la redevance de stationnement des véhicules établie dans les conditions prévues à l'art. L. 2333-87 CGCT. La phrase précédente n'est applicable ni aux infractions liées à l'absence ou à l'insuffisance de paiement d'une redevance de stationnement constatées avant la date d'entrée en vigueur du présent article, ni aux procédures en cours à cette même date (L. n° 2014-58 du 27 janv. 2014, art. 63-V, mod. par l'art. 77 de la L. n° 2015-991 du 7 août 2015 ainsi que par l'art. 45 de la L. n° 2015-1785 du 29 déc. 2015).

BIBL. ▶ PETIT, La dépénalisation du stationnement payant, *AJDA 2014. 1134*. – DREIFUSS, Quand la dépénalisation du stationnement payant sur voirie porte une juridiction administrative sur les fonts baptismaux, *JCP Adm. 2015. 2061*. – LAVIALLE, Les métamorphoses du stationnement payant sur voirie et l'évolution de la domanialité publique, *RFDA 2015. 305*. – FINON, Réforme du stationnement payant. Implication juridiques, *AJCT 2017. 446*. – CARCENAC et NOUGEIN, Le recouvrement des amendes de circulation et des forfaits de post-stationnement : un système grippé ?, *Sénat, Comm. finances, rapp. n° 651, juill. 2019*. – GART et CEREMA, Réforme du stationnement payant sur voirie : premiers enseignements, *juill. 2019*. – FORTIN, Réforme du stationnement payant sur voirie : tout cela pour ça ?, *Droit de la voirie 2019. 192*. – Défenseur des droits, La défaillance du forfait de post-stationnement : rétablir les droits des usagers, *janv. 2020*.

SECTION IV DISPOSITIONS PARTICULIÈRES AUX SERVICES DE COMMUNICATIONS ÉLECTRONIQUES UTILISANT LE DOMAINE PUBLIC HERTZIEN

(L. n° 2016-1321 du 7 oct. 2016, art. 84)

Art. L. 2125-10 La redevance due par un opérateur de communications électroniques pour l'occupation ou l'utilisation du domaine public des fréquences radioélectriques tient compte, d'une part, des avantages de toute nature procurés au titulaire de l'autorisation eu égard à l'utilisation à laquelle ces fréquences sont destinées et, d'autre part, de l'objectif d'utilisation et de gestion efficaces des fréquences radioélectriques.

L'utilisation de fréquences radioélectriques qui n'ont pas été spécifiquement assignées à un utilisateur ne donne pas lieu au paiement d'une redevance.

L'utilisation des fréquences radioélectriques autorisées à des fins exclusivement expérimentales peut ne pas donner lieu au paiement d'une redevance.

COMMENTAIRE

La disposition de l'article L. 2125-10 a été instituée par la loi n° 2016-1321 du 7 octobre 2016 pour une République numérique (art. 84), en réaction à l'annulation du décret n° 2013-238 du 22 mars 2013 qui augmentait le tarif des redevances pour les fréquences de communication 4G dans des proportions considérables (CE 29 déc. 2014, n° 368773 A : *AJDA 2015. 729*). Par cet arrêt, la Haute Assemblée avait admis que l'autorité gestionnaire du domaine public puisse, avant le terme d'une autorisation, modifier les conditions pécuniaires auxquelles est subordonnée l'occupation dudit domaine en cas de circonstances nouvelles (ici, la levée des restrictions d'utilisation pour des fréquences de la bande 1 800 MHz) ; ceci, dès lors que la modification du montant de la redevance due pour l'utilisation de ces fréquences n'est pas fixée à un niveau manifestement disproportionné par rapport à l'avantage que les opérateurs en retirent.

C'est pour contrer les potentialités dissuasives de cette jurisprudence que l'article L. 2125-10 a été introduit, afin de permettre une fixation des redevances incitant les opérateurs de téléphonie mobile à une meilleure couverture du territoire. A cet effet, l'alinéa 1er prévoit que la redevance tient compte non seulement des avantages de toute nature procurés au titulaire de l'autorisation, mais aussi « de l'objectif d'utilisation et de gestion efficaces des fréquences radioélectriques ». Les alinéas suivants disposent que les fréquences radioélectriques qui n'ont pas été spécifiquement assignées à un utilisateur ne donnent pas lieu à redevance et que celles autorisées à des fins exclusivement expérimentales peuvent ne pas donner lieu au paiement d'une telle redevance (ceci afin d'encourager les projets innovants impliquant le partage de fréquences : V. *smart cities*, etc.).

Voir aussi le commentaire sous l'article L. 2124-26. ❑

TITRE TROISIÈME PROTECTION DU DOMAINE PUBLIC

CHAPITRE PREMIER SERVITUDES ADMINISTRATIVES

SECTION PREMIÈRE DISPOSITIONS GÉNÉRALES

Art. L. 2131-1 Les servitudes administratives qui peuvent être établies dans l'intérêt de la protection, de la conservation ou de l'utilisation du domaine public sont instituées et régies par les dispositions législatives qui leur sont propres ainsi que par les textes pris pour leur application.

BIBL. ▸ **Encyclopédie :** de Gaudemar et Yolka, *J.-Cl. Adm., fasc. 406-11* (domaine public et servitudes). – de Gaudemar, *J.-Cl. Propriétés publiques, fasc. 62* (conservation du domaine public). – Liet-Veaux, *J.-Cl. Adm., fasc. 390* (servitudes administratives. Théorie générale) ; *J.-Cl. Adm., fasc. 392* (grandes catégories).

▸ **Thèses :** Rigaud, *Toulouse, 1914* (la théorie des droits réels administratifs). – Venot, *Paris 1940* (servitudes d'intérêt général en matière de voirie, de travaux publics et d'urbanisme). – Dieude, *Montpellier, 1942* (étude juridique des servitudes administratives). – Biet, *Montpellier, 1957* (la propriété privée et les servitudes administratives). – Ferru, *Paris, 1970* (la notion de servitude). – Salvignol, *Toulouse, 1971* (servitudes d'utilité publique).

▸ **Ouvrages :** Piquemal, *Berger-Levrault, Coll. Adm. nouvelle, 1967* (droit des servitudes administratives). – Subra de Bieusses, *Berger-Levrault 1976* (les servitudes administratives). – Prieur et Henriot, *Le Moniteur, 1979* (servitudes de droit public et de droit privé). – Sachs, *Economica 1984* (le contrôle de l'utilité publique des servitudes administratives). – Bergel (dir.), *Le Moniteur 2003* (dictionnaire des servitudes).

▸ **Articles :** Prieux, *AJDA 1956. 202* (domaine public et servitudes). – Teste, *CJEG 1964, p. 67* (les principes généraux de la réparation des dommages permanents causés par l'exercice des servitudes). – Singer, *AJDA 1965. 260* (droit d'accès et de vue des riverains des voies publiques). – Jansse, *Rev. fin. 1984, p. 24* (la voirie et les servitudes de visibilité). – Dufau, *JCP, 1986, I 3237* (l'amendement "Tour Eiffel" et le régime des servitudes administratives). – Sablière, *CJEG 1986. 109* (la décision du Conseil constitutionnel du 13 décembre 1985 : vers une théorie générale des servitudes administratives ?). – Colly, *RD publ. 1988. 135* (le Conseil constitutionnel et le droit de propriété). – Bouzely, *Rev. Adm. 1990, p. 452* (servitudes d'utilité publique autour des installations classées). – Despax, *Droit et ville 1990, n° 30, p. 127* (servitudes autour des installations classées pour la protection de l'environnement). – Subra de Bieusses, *AJDA 1992. 397* ✐ (statut des servitudes et des aisances de voirie). – Falque, Haumont et Renard, *Ét. fonc. juin 1993, p. 29* (débat sur l'indemnisation des servitudes). – Bijou, *AJPI 1993, p. 422* (aspects constitutionnels des limitations administratives des droits fonciers). – Pauliat, *RD publ. 1995. 1445* (le droit de propriété devant le Conseil constitutionnel et la Cour européenne des droits de l'homme). – Subra de Bieusses, *Droit et ville 2000, nos 48 et 49*, (indemnisation des servitudes d'urbanisme en Europe).

COMMENTAIRE

I. NOTION

A. DÉFINITION

Les servitudes administratives sont des charges qui doivent être supportées par les propriétés voisines du domaine public en vue de permettre une meilleure utilisation de la dépendance dans le respect de son affectation ou d'assurer sa protection. Leur existence vise donc à organiser les rapports de voisinage entre propriétaires quand ils impliquent le domaine public et entraînent des charges réciproques. Dans un but de protection du domaine, c'est-à-dire de protection de l'affectation à l'utilité publique, le domaine public ne peut connaître de charges de voisinage. Il échappe aux charges de voisinage établies par la loi pour les rapports de propriété privée à propriété privée et n'admet les servitudes réelles établies par voie conventionnelle que dans la mesure où elles sont compatibles avec l'affectation (V. commentaire de l'art. L. 2122-4). En revanche, il peut imposer à ses voisins des servitudes spéciales ou se prévaloir lui-même de ces servitudes à l'encontre des propriétés riveraines du domaine public. Toutes choses égales par ailleurs, la configuration pourrait se rapprocher du modèle civiliste. Le fonds servant, grevé de la servitude, serait la propriété voisine ; le fonds dominant, qui bénéficie de la servitude, serait la dépendance du domaine public. Pour autant, l'analogie s'arrête là. Car, d'une part, la notion de servitude administrative est aussi employée pour désigner des charges imposées aux propriétés privées dans l'intérêt général mais hors de tout rapport de voisinage avec le domaine public (V. les servitudes d'urbanisme qualifiées par certains auteurs de « servitudes administratives au sens large », Y. Gaudemet, Droit administratif des biens, *LGDJ, 13e éd., 2008, p. 298*), et d'autre part, la servitude administrative est davantage constituée au profit de l'affectation que du bien. Sans toutefois développer une « théorie générale des servitudes » à la manière du Conseil constitutionnel dans sa décision fondatrice en la matière du 13 décembre 1985 (P. Sablière, La décision du Conseil constitutionnel du 13 déc. 1985 : vers une théorie générale des servitudes administratives ?, *CJEG avr. 1986, p. 109*), l'article L. 2131-1 consacre une définition des servitudes administratives largement inspirée de l'article 650 du code civil. N'étant pas un attribut des propriétaires publics et ne relevant pas directement du droit des biens, les servitudes administratives se présentent sous forme de réglementation unilatérale appliquée aux propriétés privées (Y. Gaudemet, *CJEG avr. 1986, p. 298*). Ce qui emporte plusieurs conséquences.

B. CARACTÉRISTIQUES

Si l'idée de servitude est empruntée au droit privé, les servitudes administratives se distinguent des servitudes de droit privé de l'article 637 du code civil (la servitude est une *« charge imposée sur un héritage pour l'usage et l'utilité d'un héritage appartenant à un autre propriétaire »*) sur plusieurs points. D'abord elles résultent d'un acte unilatéral (loi ou éventuellement décret avant 1958), alors que les servitudes de droit privé trouvent leur origine non seulement dans des dispositions légales mais aussi dans la situation naturelle des lieux ou dans des conventions entre propriétaires.

Aujourd'hui, il est admis que seule la loi peut créer une servitude, dans la mesure où la servitude grève le droit de propriété. C'est ce qu'a voulu traduire la rédaction de l'article L. 2131-1 du présent code, conformément d'ailleurs à la jurisprudence du Conseil constitutionnel issue de la décision du 13 décembre 1985 précitée. *A fortiori* donc, les servitudes administratives ne sauraient résulter d'une convention passée avec l'administration. Ensuite, elles sont établies dans l'intérêt général, c'est-à-dire dans l'intérêt du public ou du service public auquel le domaine public est affecté. Dans de nombreux cas (servitudes de halage, servitudes de marchepied, servitudes de voiries routières...), le véritable bénéficiaire des servitudes est le public et non pas la personne morale de droit public propriétaire du domaine public. Le caractère d'ordre public qui s'attache à ces servitudes les rend directement opposables aux administrés sans autre formalité de publicité préalable. Enfin, bénéficiant des règles de l'inaliénabilité et de l'imprescriptibilité du domaine public, seuls le non-usage ou la cessation de l'affectation peuvent entraîner la disparition des servitudes administratives établies au profit du domaine public. Ce qui met en relief le caractère spécifique de la servitude administrative, en comparaison des servitudes comprises dans un sens civiliste, puisque les servitudes administratives profitent en effet plus à une affectation qu'à un bien. En conséquence, le non-respect des obligations qu'elles imposent est sanctionné par le juge. Juge administratif en cas d'atteinte au domaine public constitutive d'une contravention de grande voirie ou juge judiciaire répressif en cas de contravention de voirie routière, là où la violation d'une servitude de droit privé ne comporterait que des sanctions civiles. Parallèlement, certains textes ont pu explicitement prévoir ou exclure la réparation des dommages résultant des servitudes administratives (V. art. 5 de la loi du 27 nov. 1987 pour les servitudes concernant le domaine public maritime par exemple). En matière d'urbanisme, un principe général de non-indemnisation est posé par l'article L. 160-5 du code de l'urbanisme sauf, selon le juge administratif, en cas d'atteinte à des droits acquis, de modification de l'état antérieur des lieux déterminant un dommage direct, matériel et certain, ou lorsque le propriétaire assujetti à la servitude supporte une charge spéciale et exorbitante hors de proportion avec l'intérêt général poursuivi. A noter que, comme les servitudes de droit privé, les servitudes administratives fixent un certain nombre d'obligations qui peuvent être regroupées en trois catégories. Elles peuvent imposer des obligations de ne pas faire (*in non faciendo*). L'assujetti se voit alors interdire d'accomplir certains actes sur son fonds (interdiction de construire, de planter des clôtures au-delà d'une certaine hauteur...) ou, à tout le moins, est tenu à en subordonner la réalisation à la délivrance d'une autorisation. Des obligations de laisser-faire sur son fonds des actes qu'il n'est pas normalement tenu de supporter (*in patiendo* : donner accès à des particuliers, supporter l'exécution de travaux sur son terrain...). Ou des obligations de faire (*in faciendo* : démolition de maison, débroussaillement...).

II. CLASSIFICATION

Pour regrouper les servitudes administratives en plusieurs catégories et suivre la structure des sections du titre premier du livre premier de cette deuxième partie du code, il est possible d'identifier des servitudes relatives aux domaines public maritime et fluvial, terrestre (routier et ferroviaire) et aérien.

A. DOMAINE PUBLIC FLUVIAL ET MARITIME

Le domaine public fluvial fait l'objet de dispositions spécifiques figurant aux articles L. 2131-2 et suivants du présent code. Sur le domaine public maritime, les nombreuses servitudes administratives sont bien souvent des servitudes d'urbanisme. Certaines méritent d'être relevées. On mentionnera ainsi le cas des terrains réservés à la satisfaction d'intérêts publics de nature balnéaire, maritime ou touristique, qui sont des terrains privés situés en bordure de rivage (Décr. 17 juin 1966), ou encore les servitudes littorales : servitudes longitudinales dont l'instauration est de droit et qui, aux termes de l'article 52 de la loi du 31 décembre 1976, grèvent les propriétés riveraines sur une bande de 3 mètres de largeur en vue d'assurer à titre principal le passage des piétons et permettent, dans certains cas, d'assurer la desserte d'une parcelle (CE 21 juin 2018, *M. et Mme B.*, n° 416564 : *Lebon T.*) ; servitudes transversales (destinées à relier la voie publique au rivage), dont l'institution est une faculté prévue par l'article 5 de la loi du 3 janvier 1986 relative à l'aménagement, la protection et la mise en valeur du littoral (V. art. L. 160-6-1 C. urb.).

B. DOMAINE PUBLIC TERRESTRE

Sur le domaine public terrestre, il convient d'abord d'envisager les servitudes dans l'intérêt du domaine public routier. Elles sont regroupées sous l'appellation de servitudes de voirie. Elles grèvent les propriétés riveraines des voies publiques pour permettre l'aménagement de ces voies, assurer leur conservation ou faciliter les conditions de la circulation. La servitude de voirie peut ainsi porter sur la réservation de terrains. Un décret du 23 décembre 1958 visant à permettre la construction et l'amélioration des routes nationales et autoroutes a prévu de réserver sur une largeur de 20 mètres maximum des terrains de part et d'autre des limites de la voie de circulation. Sur les terrains situés de chaque côté d'une route ou d'une autoroute existante ou projetée, le permis de construire fixe la limite d'implantation des constructions nouvelles et arrête les conditions de toutes natures auxquelles celles-ci sont astreintes en vue de satisfaire aux besoins de l'aménagement de la route. Mais cette servitude applicable aux terrains situés dans les zones de 20 mètres de part et d'autre des routes est aujourd'hui inutile car largement concurrencée par les zones *non aedificandi* instituées par le décret du 30 novembre 1961 (V. art. R. 111-5 C. urb.), aux termes duquel un permis de construire peut être refusé pour la construction d'un immeuble d'habitation à moins de 50 mètres de l'axe d'une autoroute ou à moins de 35 mètres d'une route nationale. Les servitudes de voirie peuvent aussi être des servitudes de visibilité qui commandent qu'à certains endroits de la chaussée (croisements, virages dangereux...) soient supprimés des murs, des clôtures ou des haies gênantes (V. art. L. 114-1 s. C. voirie rout.). En conséquence, pour les plantations le long des routes, des contraintes en termes de distance minimale à respecter (de 50 centimètres à 2 mètres selon la taille de l'arbre – article 605 de l'arrêté préfectoral type du 15 janvier 1980) et de hauteur à ne pas dépasser (6 mètres pour les arbres et 2 mètres pour les haies) sont imposées aux propriétaires riverains, également soumis à une servitude d'élagage qui les oblige à tailler les branches qui peuvent gêner l'utilisation normale de la voie. Si la personne est propriétaire de forêts traversées par des voies routières, elle est aussi tenue à une servitude d'essartement qui lui impose d'enlever bois et broussailles dans un espace de 20 mètres de part et d'autre de la chaussée. Les servitudes de voirie peuvent aussi obliger un propriétaire riverain à demander une autorisation préalable pour procéder à une excavation (à 15 mètres au moins de la limite de la voie) ou creuser un fossé (servitude dite de fouille) ; à recevoir les eaux qui découlent naturellement de voies situées en haut de sa propriété (servitude d'écoulement des eaux) ; ou encore à procéder à l'entretien en bon état des ouvrages construits en bord de voies publiques par les propriétaires ou pour leur compte en vue de soutenir les terres (servitude d'entretien d'ouvrage de soutien des terres)... Le domaine public ferroviaire connaît aussi des servitudes qui ont été instituées, à l'origine, par la loi du 15 juillet 1845. Assez similaires à celles bénéficiant au domaine public routier, elles concernent l'alignement et la plantation de clôtures à une certaine distance de la voie de chemin de fer, l'établissement de constructions à proximité de la voie (au moins 2 mètres de distance), l'écoulement des eaux (les riverains doivent recevoir les eaux qui s'écoulent de la voie mais n'ont pas le droit de déverser des eaux usées sur le domaine public ferroviaire), le mode d'exploitation des mines et carrières à proximité de la voie ferrée, la visibilité, l'interdiction, sauf autorisation préalable du préfet, des dépôts de pierres à une distance de moins de 5 mètres d'un chemin de fer, etc.

C. DOMAINE PUBLIC AÉRONAUTIQUE

Les propriétés riveraines des dépendances du domaine public aéronautique sont elles aussi grevées de servitudes destinées à assurer la circulation des aéronefs. Ces servitudes bénéficient tant aux aérodromes qu'aux installations d'aide à la navigation aérienne, de télécommunications ou de météorologie (V. art. R. 241-1 s. C. aviat.). Ces servitudes peuvent être classées en deux grandes familles. D'une part, les servitudes de balisage, qui ont vocation à faciliter la circulation aérienne en permettant, par l'installation de supports visuels ou radioélectriques, de signaler les obstacles, d'identifier les aéronefs, etc. Elles donnent le droit d'établir à demeure des supports et ouvrages de balisage et de conduite aérienne d'électricité, de construire des canalisations souterraines sur des propriétés privées, d'effectuer sur les murs et toitures des bâtiments riverains (mais pas seulement) des travaux de signalisation... D'autre part, les servitudes de dégagement, qui sont destinées à interdire de créer ou obliger à supprimer tous les obstacles institués sur les propriétés privées riveraines des aérodromes, qui pourraient gêner la circulation aérienne ou constituer un danger pour celle-ci (V. notamment le décret n° 59-92 du 3 janvier 1959 relatif au régime des aérodromes et aux servitudes aéronautiques, le décret n° 60-177 du 23 février 1960 relatif aux plans des servitudes aéronautiques de dégagement et le décret du 24 septembre 1960 instituant une commission centrale des servitudes aéronautiques de dégagement et de balisage). ❑

1. Notion de servitude administrative. Les collectivités publiques propriétaires du domaine public bénéficient des charges de voisinage du droit commun. • CE 28 juin 1963, *Mousset : AJDA 1963. 688.* ♦ La création de servitudes administratives relève de la compétence exclusive du législateur. État du droit avant 1958. • T. confl. 13 déc. 1884, *Neveux : Lebon T. 909* • T. confl. 18 juin 1926, *Gronsard : RD publ. 1926. 437* • Cons. const. n° 85-198 DC, 13 déc. 1985, *Communication audiovisuelle : Rec. Cons. Const. 78 ; AJDA 1986. 71, note Boulouis ; JCP, 1986. I. 3237, note Dufau ; RD publ. 1986. 395, obs. Favoreu.* ♦ Une servitude créée par voie contractuelle, sans être nécessairement illicite, sera regardée comme un contrat de droit privé qui échappe au régime juridique des servitudes administratives. • CE 15 avr. 1919, *Cne de Graffigny : Lebon 411.*

2. Principe de non-indemnisation et dérogations. En matière d'urbanisme. • CE 17 déc. 1975, *David et Garrone : Lebon 646 ; RD publ. 1976. 940* • 4 mai 1977, *Min. équip. c/ Construction Simottel : Lebon 122 ; AJDA 1977. 313, concl. Labetoulle* • 8 févr. 1963, *Min. équip. c/ Leroy : Lebon 83* • CE, sect., 3 juill. 1998, *Bitouzet : Lebon 288, concl. Abraham ; AJDA 1998. 570, chron. Raynaud et Fombeur.* ♦ L'indemnisation est possible tant qu'un texte ne l'exclut pas expressément. • CE 14 mars 1986, *Cne de Gap : JCP, 1987. II. 20759, note Davignon.* ♦ La jurisprudence *Bitouzet* suffit selon le Conseil d'État à satisfaire les exigences constitutionnelles et il n'est pas nécessaire de saisir le Conseil constitutionnel d'une question prioritaire de constitutionnalité relative à l'article L. 160-5 du code de l'urbanisme. • CE 16 juill. 2010, *SCI La Saulaie,* n° 334665 : *Lebon 315 ; AJDA 2010. 1453.*

3. Servitudes administratives sur le domaine public ferroviaire. Les riverains ne peuvent pas planter d'arbres à moins de 6 mètres de la limite légale du chemin de fer sans autorisation préfectorale. • CE 27 févr. 1891 : *Lebon 167* • CE 13 nov. 1891 : *Lebon 665.* ♦ Les propriétaires riverains de la voie ferrée ne sont pas tenus d'entretenir les canalisations qui ont été établies sur leurs fonds pour assurer l'écoulement des eaux. • CE 28 juin 1963, *SNCF c/ Mousset : Lebon 412 ; AJDA 1963. 688, concl. Kahn.*

4. Servitude administrative sur le domaine public maritime. Dans le cadre de l'enquête publique requise en cas de modification ou de suspension de la servitude de passage des piétons le long du littoral, le commissaire enquêteur peut décider de procéder à une visite des lieux. Il doit alors en aviser le maire et convoquer tous les propriétaires intéressés et pas seulement ceux qui ont exprimé le souhait qu'il soit procédé à une telle visite. Un tel vice affectant le déroulement d'une enquête publique n'est toutefois de nature à entacher d'illégalité la décision prise que s'il a été susceptible d'exercer une influence sur le sens de la décision prise ou qu'il a privé les intéressés d'une garantie. • CE 28 avr. 2017, *Min. du Logement et de l'Habitat durable,* n° 397015 B : *AJDA 2017. 1580, note Hostiou.* ♦ L'enquête publique préalable à la modification ou à la suspension de la servitude de passage des piétons le long du littoral doit être effectuée selon les règles prévues par le code de l'expropriation (auxquelles renvoie l'art. L. 121-32 C. urb.) et non selon celles prévues l'art. R. 121-20 CRPA. • TA Poitiers, 14 mars 2019, *M. et Mme F.,* n° 1701987.

SECTION II DISPOSITIONS PARTICULIÈRES AU DOMAINE PUBLIC FLUVIAL

Art. L. 2131-2 Les propriétaires riverains d'un cours d'eau ou d'un lac domanial ne peuvent planter d'arbres ni se clore par haies ou autrement qu'à une distance de 3,25 mètres. Leurs propriétés sont grevées sur chaque rive de cette dernière servitude de 3,25 mètres, dite servitude de marchepied.

(L. n° 2006-1772 du 30 déc. 2006, art. 2-III-1°) « Tout propriétaire, locataire, fermier ou titulaire d'un droit réel, riverain d'un cours d'eau ou d'un lac domanial est tenu de laisser les terrains grevés de cette servitude de marchepied à l'usage du gestionnaire de ce cours d'eau ou de ce lac, des pêcheurs et des piétons.

« La responsabilité civile des riverains visés au deuxième alinéa ne peut être engagée au titre des dommages causés ou subis à l'occasion du passage des pêcheurs ou des piétons qu'en raison de leurs actes fautifs. »

(L. n° 2015-992 du 17 août 2015, art. 62) « La continuité de la servitude de passage, dite "servitude de marchepied", doit être assurée tout au long du cours d'eau ou du lac domanial ; la ligne délimitative ne peut s'écarter de celle du domaine fluvial, sauf à titre exceptionnel lorsque la présence d'un obstacle naturel ou patrimonial rend nécessaire son détournement. Dans ce cas, la ligne délimitative de la servitude est tracée au plus près de celle du domaine public fluvial, dans la propriété concernée. »

Les propriétaires riverains des cours d'eau domaniaux sont tenus, dans l'intérêt du service de la navigation et partout où il existe un chemin de halage ou d'exploitation, de laisser le long des bords desdits cours d'eau domaniaux, ainsi que sur les îles où il en est besoin, un espace de 7,80 mètres de largeur. La servitude dont est ainsi grevée leur propriété est dite servitude de halage.

Ils ne peuvent planter d'arbres ni se clore par haies ou autrement qu'à une distance de 9,75 mètres sur les bords où il existe un chemin de halage ou d'exploitation.

(L. n° 2006-1772 du 30 déc. 2006, art. 2-III-1°) « Le long des canaux de navigation, les pêcheurs et les piétons peuvent user du chemin de halage et de la portion de berge faisant partie du domaine public, dans la mesure où le permet l'exploitation de la navigation.

« Sur décision de l'autorité administrative, le droit visé à l'alinéa précédent peut exceptionnellement être supprimé soit pour des raisons d'intérêt général, soit pour des raisons de sécurité lorsque les berges sont incluses dans des établissements industriels. »

Lorsqu'un cours d'eau est déjà grevé de la servitude prévue au IV de l'article L. 211-7 du code de l'environnement, cette dernière servitude est maintenue. – *[C. dom. publ. fluv., art. 15, al. 1er à 3.]*

(L. n° 2010-874 du 27 juill. 2010, art. 53) « Une commune, un groupement de communes, un département ou un syndicat mixte concerné peut, après accord avec le propriétaire du domaine public fluvial concerné, et le cas échéant avec son gestionnaire, entretenir l'emprise de la servitude de marchepied le long des cours d'eau domaniaux. »

Art. L. 2131-3 *(L. n° 2006-1772 du 30 déc. 2006, art. 2-III, 2°)* « Lorsque l'exercice de la pêche, le passage des piétons et les nécessités d'entretien et de surveillance du cours d'eau ou du lac le permettent, la distance de 3,25 mètres mentionnée à l'article L. 2131-2 pour la servitude de marchepied peut être exceptionnellement réduite, sur décision de l'autorité gestionnaire, jusqu'à 1,50 mètre. »

Lorsque l'intérêt du service de la navigation le permet, les distances de 7,80 mètres et de 9,75 mètres mentionnées à l'article L. 2131-2, pour la servitude de halage, peuvent être réduites sur décision de l'autorité gestionnaire. – *[C. dom. publ. fluv., art. 16.]*

Refusant de transmettre une QPC sur cet art. et l'art. L. 2111-5 : • CE 13 mars 2013, *SCI Pascal,* n° 365115 : *AJDA 2013. 603.*

Art. L. 2131-4 Les propriétaires riverains qui veulent faire des constructions, plantations ou clôtures le long des cours d'eau domaniaux peuvent, au préalable, demander à l'autorité administrative compétente de reconnaître la limite de la servitude.

Si, dans les trois mois à compter de la demande, cette autorité n'a pas fixé la limite, les constructions, plantations ou clôtures faites par les riverains ne peuvent plus être supprimées que moyennant indemnité. – *[C. dom. publ. fluv., art. 18.]*

(L. n° 2015-992 du 17 août 2015, art. 63) « Une commune, un établissement public de coopération intercommunale, un département, un syndicat mixte ou une association d'usagers intéressés peuvent demander à l'autorité administrative compétente de fixer la limite des emprises de la servitude de marchepied mentionnée à l'article L. 2131-2, dans les cas où celle-ci n'est pas déjà fixée. L'autorité administrative compétente en opère la délimitation dans le délai d'une année suivant la date de la demande. »

Art. L. 2131-5 Lorsque le classement d'un lac, d'un cours d'eau ou portion de cours d'eau dans le domaine public fluvial assujettit les propriétaires riverains aux servitudes établies par l'article L. 2131-2, il leur est dû une indemnité proportionnée au dommage subi en tenant compte des avantages que peut leur procurer ce classement.

Les propriétaires riverains ont également droit à une indemnité lorsque, pour les besoins de l'exploitation, la servitude de halage est établie sur une rive où cette servitude n'existait pas. – *[C. dom. publ. fluv., art. 19.]*

Art. L. 2131-6 Dans le cas où l'autorité administrative compétente juge que la servitude de halage est insuffisante et veut établir, le long du cours d'eau, un chemin dans des conditions constantes de viabilité, elle doit, à défaut de consentement exprès des riverains, acquérir le terrain nécessaire à l'établissement du chemin en se conformant aux dispositions du code de l'expropriation pour cause d'utilité publique. – *[C. dom. publ. fluv., art. 21.]*

BIBL. ▶ **Encyclopédie :** DE GAUDEMAR, *J.-Cl. Propriétés publiques, fasc. 62* (conservation du domaine public). - ARZUL, *ibid., fasc. 43* (domaine public fluvial).

▶ **Thèses et ouvrages :** BADY, *Th. Pau, 1979* (protection des cours d'eau et domanialité publique fluviale). - ARZUL, *Johanet 2008* (renouveau du droit du domaine public fluvial). - ARNOULD, BERTHET et DELAUNAY, *Rapport CGEDD, 2017* (servitude de marchepied : situation des rives de l'Erdre).

▶ **Articles :** PRIEUX, *AJDA 1956. 106* (la circulation sur les chemins de halage et le droit de propriété des riverains). - ARZUL, *Ann. voirie 2007, n° 117, p. 91* (modernisation du droit du domaine public fluvial) ; *ibid., n° 108, p. 137* (codification des règles relatives au domaine public fluvial). - ROLLO, BARRAUD et CHAUVEAU, Les enjeux sociospatiaux de la mise en place de la servitude de marchepied : l'exemple des rives de l'Erdre, *Les Cahiers nantais, 2/2012. 17.*

▶ **Rapports :** CGEDD, Rapport n° 010676-01, Servitude de marchepied : situation des rives de l'Erdre, *nov. 2016* ; Rapport n° 010676-02, Servitude de marchepied : situation générale, *mai 2017.*

COMMENTAIRE

Reprenant le contenu des articles 15 à 22 du code du domaine public fluvial et de la navigation intérieure (désormais abrogés par l'ordonnance du 21 avril 2006), et tenant compte du particularisme de la configuration du domaine public fluvial ainsi que de son intérêt à bénéficier de certaines facilités juridiques, le code réserve des dispositions spécifiques aux servitudes administratives applicables uniquement aux propriétés riveraines du domaine public fluvial. Les articles L. 2131-1 à L. 2131-6 prévoient l'existence et le régime juridique de deux servitudes spéciales, grevant les fonds riverains et au profit des dépendances du domaine public fluvial : les servitudes de marchepied et les servitudes de halage. Fort anciennes, ces deux servitudes figuraient dans l'ordonnance des Eaux et Forêts d'août 1669 et dans l'arrêt du Conseil du Roi du 24 juin 1777.

I. NOTION

A. SERVITUDE DE MARCHEPIED

Les propriétaires de terrains riverains des cours d'eau ou lacs domaniaux ne peuvent pas planter d'arbres ni les clore par des haies à moins de 3,25 mètres de la rive afin de laisser un espace libre à l'usage du gestionnaire du cours d'eau ou du lac, des pêcheurs et des piétons. Pour alléger cette charge, la loi du 27 juillet 2010 de modernisation de l'agriculture et de la pêche dispose que l'entretien de la servitude peut être réalisé par une commune, un groupement de communes, un département ou un syndicat mixte concerné avec l'accord préalable du propriétaire de la dépendance domaniale et, le cas échéant, du gestionnaire de cette dernière. Aux termes de l'article L. 2131-2, alinéa 1, cette servitude est aussi imputée au locataire, fermier ou titulaire d'un droit réel pourvu qu'il soit riverain d'un cours d'eau ou d'un lac domanial. C'est le respect de cette distance de 3,25 mètres qui constitue donc la servitude administrative de marchepied anciennement désignée sous le nom de servitude de « contre-halage », car comprise comme le corollaire nécessaire de la servitude de halage. Aujourd'hui, si les deux servitudes sont bien complémentaires, leur existence reste au demeurant disjointe. La servitude de marchepied peut ainsi subsister même si les conditions auxquelles est subordonnée l'existence d'une servitude de halage font défaut. L'article L. 2131-3 prévoit par ailleurs que la largeur de 3,25 mètres peut être réduite à 1,50 mètre sur décision de l'autorité gestionnaire à condition que « la pêche, le passage des piétons et les nécessités d'entretien et de surveillance du cours d'eau ou du lac » le permettent, c'est-à-dire ne soient pas entravés. Si jusqu'à la loi du 16 décembre 1964 son existence était liée à la navigabilité du cours d'eau, cette servitude est aujourd'hui indépendante du caractère navigable ou flottable de la voie d'eau (Circ. équip. 26 janv. 1973, *in* L'Eau, *éd. Moniteur, 2ᵉ éd., 1974, p. 64*) ; elle s'applique donc aux propriétaires riverains de tous les cours d'eau domaniaux. Et la loi n° 2015-992 du 17 août 1992 relative à la transition énergétique pour la croissance verte (art. 62) a précisé les modalités suivant lesquelles la continuité de la servitude doit être assurée.

La mise en œuvre de la servitude de marchepied se heurte à d'importantes difficultés pratiques et juridiques. La délimitation de la zone grevée par la servitude de marchepied suppose, au préalable, de délimiter le domaine public fluvial à partir du niveau des eaux coulant à plein bord, en dehors des crues exceptionnelles. En pratique, la servitude de marchepied est parfois tombée en désuétude pour les cours d'eau qui ont cessé d'être navigables pour le transport fluvial ou le tourisme. De même, il n'est pas rare que la servitude de marchepied soit effective sur une partie importante du cours, mais avec d'importantes discontinuités en zones urbanisées. Son application est également source de conflits entre les riverains et les piétons, notamment lorsque les premiers ont clôturé leurs terrains, et nécessite parfois de conclure des conventions d'acquisition amiables, voire de recourir à l'expropriation, pour permettre la création d'accès transversaux ou de sentiers de liaison lorsque le passage au plus près de la rive n'est pas possible en raison d'obstacles naturels ou patrimoniaux (présence de falaises, d'arbres anciens, de bâtiments figurant à l'inventaire des monuments historiques, etc. V., *supra*, les rapports n° 010676-01 « Servitude de marchepied : situation des rives de l'Erdre » et n° 010676-02 « Servitude de marchepied : situation générale »). La mise en œuvre de la servitude de marchepied pose enfin de nombreuses questions relatives à la sécurité, à la responsabilité et à la prise en charge d'éventuels aménagements et d'entretiens, au risque de fréquentation abusive de l'emprise de la servitude (surfréquentation, incivilités, présence d'autres usagers que les pêcheurs et piétons bénéficiaires de la loi, etc.). Le rapport n° 010676-02 du Conseil général de l'environnement et du développement durable (CGEDD) de mai 2017, intitulé « Servitude de marchepied : situation générale », formule plusieurs recommandations de nature à limiter ces difficultés. Notamment, il suggère de prendre en compte la servitude de marchepied dans les documents et certificats d'urbanisme, afin de se prémunir de nombreuses difficultés en zones urbanisées, de développer le dialogue et la concertation en s'appuyant sur les élus de proximité, compétents en matière d'aménagement du territoire, dans le cadre d'une démarche volontariste et progressive, en particulier dans les secteurs où cette servitude avait pu être oubliée, d'assurer une concertation avec les propriétaires riverains et le respect du contradictoire, par les autorités chargées de la délimitation du domaine public fluvial et de la servitude (le préfet pour le domaine public fluvial de l'État et l'autorité exécutive des collectivités pour les cours d'eau qui leur ont été transférés). Ce rapport propose aussi une modification législative permettant le respect de la vie privée en n'autorisant pas, sauf exceptions, le libre passage des piétons à moins de quinze mètres des habitations. Enfin, ce rapport recommande de ne pas étendre l'usage de la servitude de marchepied aux cyclistes et aux cavaliers en raison des risques de conflits entre des usagers multiples sur une emprise restreinte de 3,25 m et du risque d'impact sur des rives de cours d'eau souvent restées dans un état naturel.

B. SERVITUDE DE HALAGE

Aux termes de l'article L. 2131-2, alinéa 3, du présent code, cette servitude oblige les propriétaires riverains assujettis d'une part à laisser sur la rive du cours d'eau un espace libre de 7,80 mètres de largeur, et d'autre part à ne pas planter, construire et clore sur un espace supplémentaire de 1,95 mètre, soit sur une largeur totale de 9,75 mètres. Ces largeurs peuvent être réduites par l'autorité gestionnaire lorsque l'intérêt du service de la navigation le permet (V. art. L. 2131-3, al. 2). La raison initiale était de disposer d'un espace suffisant pour la traction des bateaux sur le cours d'eau à l'aide d'un câble (en revanche, l'espace ne peut être utilisé ni pour l'amarrage des bateaux ni pour le déchargement de marchandises). Mais l'article L. 2131-2, alinéa 6, dispose que le chemin de halage, en plus d'être utilisé pour la navigation, est destiné aux pêcheurs et piétons, pourvu que cet usage n'empêche pas l'exploitation de la navigation. La limite à l'exercice de ce droit au profit des piétons et des pêcheurs tenant à l'administration qui, pour des motifs d'intérêt général ou des raisons de sécurité « lorsque les berges sont incluses dans des établissements industriels », peut le supprimer (V. art. L. 2131-2, al. 7). Au contraire de la servitude de marchepied, la servitude de halage ne s'applique qu'aux propriétés riveraines des fleuves et rivières inscrits dans la nomenclature des voies navigables ou flottables. Elle présuppose en effet l'existence d'un chemin de halage nécessaire à la navigation. L'existence de cette servitude est donc subordonnée non seulement au fait que le cours d'eau présente un intérêt pour la navigation mais aussi à l'existence matérielle d'un chemin de halage. Ainsi, dès lors qu'il existe un chemin de halage, les propriétaires riverains sont soumis à la servitude même si le halage a été abandonné. *A contrario*, la servitude ne s'exercera plus s'il n'y a plus de chemin de halage ou si l'administration n'a pas jugé nécessaire d'établir un tel chemin.

II. INDEMNISATION

Les articles L. 2131-4 et suivants prévoient la préservation des droits des riverains, notamment par l'octroi d'une indemnisation dans certaines hypothèses. Ainsi, si l'autorité administrative n'a pas fait connaître sa décision de délimitation des terrains couverts par la servitude dans un délai de trois mois, alors même que le propriétaire riverain en a fait la demande, les travaux de construction, de plantation ou de clôture qui auraient pu être réalisés le long des cours d'eau ne peuvent être supprimés que moyennant indemnisation (V. art. L. 2131-4, al. 2). Les propriétaires riverains ont encore droit à une indemnité lorsqu'ils deviennent assujettis aux servitudes de halage ou de marchepied à la suite de la décision de classement d'un lac, d'une rivière ou d'une portion de rivière dans le domaine public fluvial ou de son inscription dans la nomenclature des voies navigables ou flottables (art. L. 2131-5, reprenant l'art. 19 du code du domaine public fluvial). Le calcul de l'indemnisation tient compte des avantages que le classement pourrait leur procurer (art. L. 2131-5). Enfin, le même article dispose qu'une indemnisation est aussi accordée au propriétaire lorsqu'une servitude de halage est établie sur une rive où elle n'existait pas auparavant. ❑

1. *Servitude de marchepied.* Application d'une servitude de marchepied indépendamment du caractère navigable ou flottable du cours d'eau. • CE 22 oct. 1975, *Grivaz : Lebon 526*. ♦ Maintien d'une servitude de marchepied même si les conditions fondant l'existence d'une servitude de halage font défaut. • CE 13 févr. 2002, *Voies navigables de France*, nº 223925 :

Lebon 34 ; *CJEG 2002. 606, concl. Bachelier.* ♦ Extinction de la servitude de marchepied (et de halage) par non-usage. • CE 15 mai 1953, *Chapelle : S. 1953. 3. 103.* ♦ Refus de transmettre une QPC relative aux art. L. 2131-2, L. 2131-5 et L. 2132-6, dès lors que ceux-ci sont proportionnés aux buts poursuivis et assortis de garanties suffisantes au regard du respect du droit de propriété : • CE 28 janv. 2015, *de Bouard c/ Ministre de l'Écologie*, n° 382605 : *Lebon T. 800 ; AJDA 2015. 191* ; *RDI 2015. 184, note Foulquier*. ♦ L'art. 49 de la loi d'orientation des mobilités (L. n° 2019-1428 du 24 déc. 2019), qui projetait de modifier l'art. L. 2131-2 CGPPP afin de permettre à l'autorité administrative de limiter le droit d'usage de la servitude dite de marchepied en bordure des rivières et lacs, pour préserver la biodiversité dans ces zones, a été jugé comme ne présentant pas de lien, même indirect, avec les dispositions relatives aux mobilités actives et à l'intermodalité et a donc été considéré par le Conseil Constitutionnel comme ayant été adopté selon une procédure contraire à la Constitution. • Cons. const., 20 déc. 2019, n° 2019-794 DC : *Loi d'orientation des mobilités.*

2. Conventionnalité de la servitude de marchepied. La servitude de marchepied ne se traduit pas, pour les propriétaires concernés, par une dépossession des terrains sur lesquels elle porte et n'entraîne pas une privation de propriété. Elle n'entraîne, pour les propriétaires des biens ainsi grevés, aucune charge hors de proportion avec l'objectif d'intérêt général poursuivi et n'est donc pas incompatible avec les stipulations de l'art. 1er du premier protocole additionnel à la Conv. EDH. • CAA Nantes, 29 mai 2015, *Mme B.*, n° 14NT00488.

3. Servitude de halage. L'existence de la servitude de halage est subordonnée à une double condition : qu'il existe matériellement un chemin de halage ; que ce dernier présente un intérêt pour la navigation. • CE 15 mai 1953, *Chapelle : Lebon 232* • 10 juin 1992, *Dpt des Pyrénées-Atlantiques*, n° 106048 • 12 mai 1995, *Dpt des Pyrénées-Atlantiques*, n° 132440 • 13 févr. 2002, *Voies navigables de France : préc. note 1* • CAA Paris, 18 mai 2000, *Petrossian*, n° 99PA00938 : *LPA 25 juill. 2001, chron. Morand-Deviller ; RFDA 2001. 224.* ♦ Elle peut s'appliquer aux deux rives si les besoins de la navigation l'exigent. • CE 25 janv. 1833 : *Lebon 54.* ♦ Elle peut également être reportée d'une rive sur l'autre. • CE 6 août 1907, *Lièvre : Lebon T. 793.*

4. Le non-respect des servitudes de halage et de marchepied peut donner lieu à l'établissement d'une contravention de grande voirie. • CE 13 févr. 2002, *Voies navigables de France : préc. note 1.*

CHAPITRE II POLICE DE LA CONSERVATION

SECTION PREMIÈRE CONTRAVENTIONS DE VOIRIE ROUTIÈRE

Art. L. 2132-1 La répression des infractions à la police de la conservation du domaine public routier est poursuivie dans les conditions fixées au chapitre VI du titre Ier du livre Ier du code de la voirie routière. — *[C. voirie rout., art. L. 116-1 à L. 116-8.]*

Le présent art. est applicable à Mayotte à compter de la date d'entrée en vigueur de l'Ord. mentionnée à l'art. 78 de la L. n° 2015-1268 du 14 oct. 2015 (Ord. n° 2016-1255 du 28 sept. 2016, art. 12).

BIBL. ▸ **Encyclopédie :** Lavialle et Deliancourt, Contentieux des propriétés publiques, *J.-Cl. Propriétés publiques, fasc. 12.* – Deliancourt, *J.-Cl. Propriétés publiques, fasc. 66* (contraventions de voirie routière). – Le Roux, Contraventions de voirie, *J.-Cl. Adm., fasc. 1170.*

▸ **Thèses :** Chevallier, La compétence juridictionnelle en matière de contravention de voirie, *Nancy, 1925.* – Teitgen, *Nancy, 1934* (la police municipale). – de Laubadère, *Bordeaux 1935* (l'automobile et le régime des voies publiques).

▸ **Ouvrages :** Klein, La police du domaine public, *LGDJ 1966.* – Weidenfeld, La police de la petite voirie à Paris à la fin du Moyen Âge, *éd. Panthéon-Assas, 1996.* – Cantier, Lignières et Linotte, Droit du domaine public routier : compétences et responsabilités, *Litec, 2000.* – Attrait, Bouchard et Lepetit, Gestion du domaine public routier, *4e éd., Berger-Levrault, 2011.*

▸ **Articles :** Watrin, Rapports entre les notions de police, domaine et service public, *RD publ. 1926. 174.* – Rousseau, Le régime juridique de la circulation, *RD publ. 1932. 399.* – Chantebout, Protection du domaine routier, *Vie cnale et dptale 1966. 157.* – Auby, L'action domaniale, *AJDA 1983. 507.* – Weidenfeld, Le contentieux de la voirie parisienne à la fin du Moyen Âge, *Rev. historique mars-juin 1999, t. 301/2, p. 211.* – Delacour, Le régime des contraventions de voirie, *BJCL 2004. 382.* – Yolka, Le couteau de Lichtenberg (remarques sur la protection pénale du domaine public), *AJDA 2009. 2341* . – Banel et Bernardi, Distinguer les contraventions de petite et de grande voirie, *Gaz. cnes 26 mars 2012.* – Deliancourt et Finon, Dégradations du domaine public : quelle(s) actions(s) pour la commune ?, *JCP Adm. 2019, Actu. 25.* – Yolka, « Gilets jaunes » : qui expulse ?, *JCP Adm. 2019, n° 10-11, p. 2.*

COMMENTAIRE

Le contentieux des « contraventions de voirie » a été réparti entre les deux ordres de juridiction, après avoir connu diverses vicissitudes historiques. Sous la monarchie, les litiges concernant les dommages causés aux biens du domaine de la Couronne relevaient des intendants. Le législateur révolutionnaire confiera par la suite la répression des contraventions de voirie au juge judiciaire (L. des 6/7-11 sept. 1790), avant que le Consulat n'en attribue la connaissance aux conseils de préfecture (L. du 28 pluviôse an VIII, art. 4 ; L. du 29 floréal an X, art. 1er). De cette époque datait la distinction entre grande voirie et petite voirie, à laquelle mit fin un décret-loi du 28 décembre 1926, modifié par une ordonnance du 27 décembre 1958, puis intégré en 1989 au code de la voirie routière. Ce décret a confié la répression des anciennes contraventions de petite voirie (désormais baptisées « contraventions de voirie routière ») aux tribunaux judiciaires. C'est dans un souci de simplification que la compétence pour connaître des atteintes au domaine public routier fut ainsi confiée au juge judiciaire, l'idée étant d'unifier le « contentieux de la route » (la juridiction judiciaire connaît en effet des infractions routières, sous réserve de celles concernant le stationnement payant, qui ont été dépénalisées – notamment afin d'en permettre l'externalisation à des sociétés privées [en pratique, des filiales spécialisées de groupes comme Vinci, Indigo, Transdev ou Veolia, Moovia et Urbis Park, par exemple – auxquelles la plupart des grandes villes devaient faire appel] – et dont la répression est dorénavant confiée à une juridiction administrative spécialisée : L. n° 2014-58 du 27 janv. 2014, art. 63 : *AJCT 2017. 446, étude Finon* ; *AJDA 2014. 1134, étude Petit* ; *JCP Adm. 2014, n° 2055, étude de Gaudemar* ; *RFDA 2015. 305, étude Lavialle*. – Ord. n° 2015-45 du 23 janv. 2015 et Ord. n° 2015-401 du 9 avr. 2015 : *JCP Adm. 2015. Actu. 351, obs. Pauliat* ; *JCP Adm. 2015, n° 2127, comm. Dreifuss*. – Décr. n° 2015-557 du 20 mai 2015 : *AJDA 2015. 1014, obs. Pastor*. – Décr. n° 2015-646 du 10 juin 2015. – Décr. n° 2015-1474 du 12 nov. 2015. – Arr. du 1er sept. 2016. – Décr. n° 2017-1525 du 2 nov. 2017. – V. Cerema, Décentralisation du stationnement payant sur voirie : Guide de recommandations à l'attention des collectivités locales, *oct. 2015*). – Sur l'efficacité limitée du dispositif, Carcenac et Nougein, Le recouvrement des amendes de circulation et des forfaits de post-stationnement : un système grippé ?, *Sénat, Comm. finances, rapp. n° 651, juill. 2019*. – Gart et Cerema, Réforme du stationnement payant sur voirie : premiers enseignements, *juill. 2019*. – Défenseur des droit, La défaillance du forfait de post-stationnement : rétablir les droits des usagers, *janv. 2020*). Un autre élément notable, qui aura des incidences en la matière – en « dégonflant » sans doute partiellement le contentieux des contraventions de voirie routière –, résulte de l'entrée en vigueur de la loi n° 2019-1461 du 27 décembre 2019 relative à l'engagement dans la vie locale et à la proximité de l'action publique (*JCP Adm. 2020. 2008, comm. Magnaval* ; *JCP N 2020, Actu. 152, comm. Pauliat*), laquelle marque une avancée de la répression administrative en la matière. Selon son article 53 (CGCT, art. L. 2212-2-1), peut en effet donner lieu à une amende tout manquement à un arrêté municipal présentant un risque pour la sécurité des personnes et ayant un caractère répétitif ou continu : « 2° Ayant pour effet de bloquer ou d'entraver la voie ou le domaine public, en y installant ou en y laissant sans nécessité ou sans autorisation tout matériel ou objet, ou en y déversant toute substance » ou encore : « 3° Consistant, au moyen d'un bien mobilier, à occuper à des fins commerciales la voie ou le domaine public soit sans droit ni titre, lorsque celui-ci est requis en application de l'article L. 2122-1 du code général de la propriété des personnes publiques, soit de façon non conforme au titre délivré en application du même article L. 2122-1, lorsque cette occupation constitue un usage privatif de ce domaine public excédant le droit d'usage appartenant à tous » ; ceci, sous une réserve minime (« Ne peut faire l'objet de l'amende administrative prévue au premier alinéa du I le fait pour toute personne d'avoir installé sur la voie ou le domaine public les objets nécessaires à la satisfaction de ses besoins élémentaires »). Dans le périmètre défini par ce texte, s'impose donc un système de répression administrative, sous le contrôle du juge administratif (éventuellement saisi d'un recours de pleine juridiction contre la décision prononçant l'amende).

Quoiqu''il en soit, l'article L. 2132-1 du CGPPP ne donne pas d'indication sur le régime juridique des contraventions de voirie routière, puisqu'il ne fait que renvoyer au contenu des articles L. 116-1 à L. 116-8 du code de la voirie routière (l'art. R. 2132-1 CGPPP s'inscrit dans la même perspective en se bornant à préciser que ces infractions sont constatées et sanctionnées dans les conditions prévues aux art. R. 116-1 et

R. 116-2 C. voirie rout.). Ces contraventions ne concernent que les atteintes commises à l'égard du domaine public routier (dégradations matérielles, atteintes à l'affectation, occupations sans titre) ; elles protègent les voies publiques locales et nationales ainsi que leurs dépendances et accessoires. Ces contraventions sont passibles des amendes prévues pour les contraventions de 5e classe (V. art. R. 116-2 C. voirie rout.), leur montant maximal est de 1 500 euros (le montant des dégâts à réparer pouvant bien entendu être très supérieur. A titre d'exemple, la cour d'appel de Rennes, dans un arrêt du 14 octobre 2016, a condamné solidairement six personnes, poursuivies pour la destruction en août 2013 d'un « portique écotaxe », à verser plus de 500 000 euros à l'État). Aux termes de l'article L. 116-1 du même code, la répression des infractions à la police de la conservation du domaine public routier est poursuivie devant la juridiction judiciaire (le tribunal de police) sous réserve des questions préjudicielles relevant de la compétence de la juridiction administrative (V. aussi CGPPP, art. L. 2331-2-I). Cette réserve doit être combinée avec le fait que le juge pénal bénéficie désormais d'une plénitude de compétence pour apprécier la légalité des actes administratifs (V. art. 111-5 C. pén.) ; les questions préjudicielles peuvent intéresser la domanialité publique des dépendances faisant l'objet d'atteintes ainsi que des éléments comme l'existence d'un défaut d'entretien normal de l'ouvrage public ou encore de manquements dans l'exercice des pouvoirs de police (V., par ex., CE 10 juill. 2009, *Sté Revel Languedoc Roussillon, Sté Gan Assurances Iard*, n° 317440). Les questions préjudicielles n'épuisent cependant pas les chefs de compétence du juge administratif au pourtour du contentieux des contraventions de voirie routière (par ex., Deliancourt, Les contributions spéciales exigées par les communes et les départements en cas de détériorations anormales de la voirie routière, *BJCL 2009. 506*. – Lagarde, Le contentieux des contributions spéciales pour dégradations de la voirie, *Dr. voirie juin 2011, p. 87*. – Yolka, Détérioration anormale de la voirie routière : les ravages de Beta vulgaris, *Dr. voirie janv. 2019, p. 16*). ❑

1. Obligation de poursuivre. Les contraventions de voirie routière obéissent à un régime proche de celui applicable aux contraventions de grande voirie, à part le fait qu'elles sont poursuivies par le parquet devant le juge pénal – en l'occurrence, le tribunal de police – au lieu de l'être par le préfet devant le juge administratif. A titre d'exemple, le principe pénal de l'opportunité des poursuites se trouve écarté en la matière, par analogie avec le contentieux de la grande voirie. Mettant fin à certaines ambiguïtés, par ex. : • CE 17 févr. 2011, *Cne de Clavans : AJCT 2011. 195, note Péchillon ; AJDA 2011. 1163, note Le Roux ; BJCL 2011. 197, concl. Thiellay ; JCP Adm. 2011, n° 10, p. 39, note Yolka ; RLCT mars 2011. 49, obs. Rouault.* ♦ Le Conseil d'État a en effet consacré l'existence d'une obligation de poursuivre les contraventions de voirie routière, sous des réserves comparables à celles qui intéressent les contraventions de grande voirie. • CE 21 nov. 2011, *Cne de Plonéour-Lanvern*, n° 311941 : *Lebon 578 ; AJDA 2011. 2267, obs. de Montecler ; ibid. 2012. 551, note Ach ; Ann. voirie, n° 161, 2012. 70, note Bozzi ; Gaz. cnes 28 mai 2012. 54, note Deliancourt ; JCP Adm. 2011. Actu. 750, obs. Sorbara ; JCP 2012. 1191, chron. Éveillard ; RDI 2012. 349 ; RFDA 2012. 249, note Lavialle.* ♦ Pour des applications • CAA Nantes, 24 juill. 2015, *A. c/ Cne de Cléder*, n° 13NT01267 • TA Nancy, 6 déc. 2016, *M. c/ Cne de Nancy*, n° 1503619 • CAA Bordeaux, 29 déc. 2016, *C. c/ Cne de Capbreton*, n° 14BX03670.

2. Compétence judiciaire : portée. V. C. voirie rout., art. L. 116 s., *App., v° Voirie.* ♦ Le juge judiciaire est compétent sur le fondement des art. L. 116-1 s. C. voirie rout. pour sanctionner les contrevenants, les condamner à réparer les dommages causés au domaine public routier et, le cas échéant, les expulser dudit domaine. • T. confl. 4 juill. 1977, *Épx Baume et Juarez*, n° 02053 : *Lebon 738* • 17 oct. 1988, *Cne de Sainte-Geneviève-des-Bois*, n° 02544 : *Lebon 492* • 15 mars 1999, *Cne de Dion : Gaz. Pal. 3/4 mars 2000. 21* • 23 oct. 2000, *Cne de Bulgneville : Dr. et patr. 4/2002. 111, chron. Jean-Pierre* • 23 juin 2003, *SARL Transports Saint-Germain : AJDA 2003. 1894 ; Dr. adm. nov. 2003. 28, note R. S. ; Dr. et patr. 5/2004. 97, chron. Jean-Pierre ; JCP Adm. 2003, p. 1202 ; LPA 9 janv. 2004, p. 10, concl. Schwartz* • 14 déc. 2009, *Cne de Hondeghem : Bull. T. confl. n° 34* • T. confl. 8 déc. 2014, *Cne de Falicon*, n° 3971 B : *AJDA 2014. 2451 ; Rev. CMP mars 2016. Chron. nos 14 et 53, obs. Llorens et Soler-Couteaux ; JCP Adm. 2014. Actu. 999, obs. Tesson* • CE 3 juill. 2000, *Daniel : Gaz. Pal. 26-27 oct. 2001, p. 16* • CAA Marseille, 8 mars 2019, *Csts A. c/ Cne Néoules*, n° 17MA00477 • TGI Paris, réf., 11 janv. 2002 : *AJDA 2002. 445, note Dufau* • TA Versailles, 5 janv. 2005, *SARL Les Délices de Sceaux c/ Cne de Sceaux*, n° 4/06570 • TA Amiens, 25 oct. 2006, *SNC Trépant*, n° 0302721 : *AJDA 2007. 444*. ♦ L'action en contestation d'un titre exécutoire émis pour recouvrer la somme due à la suite d'un dommage causé à la voirie routière relève du juge judiciaire. • TA Amiens, 8 nov. 2007, *M. Villain*, n° 0600671 : *AJDA 2008. 548* • CAA Paris, 3 juill. 2017, *B. c/ Ville de Paris*, n° 15PA02401. ♦ Tel est le cas lorsque ce titre exécutoire a été émis pour recouvrer le coût des travaux de dépollution d'une place publique, et ce nonobstant le fait que les travaux de dépollution de la place sont des travaux publics, peu important – dès lors que la contravention est constituée – qu'elle ait été ou non poursuivie. • T. confl. 13 avr. 2015, *Sté Worex*, n° 3999 : *AJDA 2015. 1620*. ♦ Il en va de même de la contestation d'une mise en demeure de procéder à la démolition d'une clôture implantée le long d'une route. • CAA Bordeaux, 19 juin 2008, n° 06BX01740. ♦ Tendance du juge judiciaire à se reconnaître compétent pour le contentieux de l'expulsion des occupants sans titre du domaine public routier, alors même qu'il n'est pas saisi sur le fondement des dispositions réprimant les contraventions de voirie routière. V., à propos du maintien prolongé d'une grande roue sur la place de la Concorde, à Paris, à la suite des festivités de l'an 2000, • TGI Paris, réf., 11 janv. 2002, *Maire de Paris c/ SARL La grande roue de Paris : AJDA 2002. 445, note Dufau ; LPA 6 juin 2002, p. 19, note Spitz et Cocquio*. ♦ V., pour l'occupation de dépendances routières par des personnes sans domicile fixe se réclamant de l'association « Les enfants de Don Quichotte », • TGI Aix-en-Provence, 16 janv. 2007, *Cne d'Aix-en-Provence : JCP Adm. 2007. Actu. 157*. • Aix-en-Provence, 6 mars 2007, *Cne d'Aix-en-Provence : Gaz. Pal. 9 juin 2007, p. 30, note Gilli ; JCP Adm. 2007, n° 29, p. 21, note Yolka* • Paris, J. prox. 24 nov. 2008, *Min. public : JCP 2008. Actu. 721, obs. Beaussonie*. ♦ … Ou par l'exploitante d'un salon de thé, l'empiètement d'une terrasse étant regardé comme un trouble manifestement illicite au sens de l'art. 809, al. 1er, C. pr. civ. : • Civ. 1re, 27 nov. 2019, *Cne d'Uzès*, n° 18-24.994. ♦ Dans le même sens, déclinant la compétence de l'ordre administratif pour expulser des « Gilets jaunes » occupant le domaine public routier. • TA Versailles, ord. 21 févr. 2019, *Préfet des Yvelines*, n° 1901265 : *JCP Adm. 2019, n° 10-11, p. 2, obs. Yolka*. ♦ Compétence judiciaire pour une action en réparation fondée sur la L. n° 85-677 du 5 juill. 1985 ou sur l'art. 1382 C. civ. • T. confl. 19 nov. 2007, *Cne de Chars*, n° C3640. ♦ La compétence judiciaire s'étend aux demandes d'expertise visant à établir la réalité d'empiètements de propriétés riveraines sur la voie publique, le cas échéant constitutifs de contraventions de voirie routière. • CAA Bordeaux, 8 juin 2018, *G. et F.*, n° 18BX00214. ♦ Le juge pénal connaît également des infractions aux règlements de voirie concernant (par exemple) les étalages et terrasses. • Crim. 14 déc. 2016, n° 16-80.394.

3. Compétence judiciaire : limites. La référence à des actes administratifs (titres d'occupation révoqués, décisions enjoignant aux occupants d'évacuer les lieux, décisions refusant de poursuivre les intéressés, etc.) justifie dans certains cas – de façon plus ou moins convaincante – la compétence du juge administratif. • CE 28 juill. 1993, *Ejarque*, n° 106973 • 21 janv. 1991, *Castelli : LPA 25 nov. 1991, p. 13* • 16 juin 1995, *Achache, SCT Le Lafayette : Lebon 782* • 6 mars 2002, *Min. Équipement*, n° 228663 • 26 mai 2004, *Sté Paloma : BJCL 2004. 554, concl. Collin* • CAA Lyon, 26 juin 2001, *Mandon*, n° 97LY00875 • CAA Nantes, 30 oct. 2007, *Cne de Plonéour-Lanvern : JCP Adm. 2008, n° 26, p. 9, chron. Vandermeeren* • CAA Marseille, 18 déc. 2008, *Telmont-Escallier*, n° 07MA01574 • 11 juill. 2011, *A. c/ Cne de Castelnau-le-Lez*, n° 01MA01106 • TA Nancy, 17 janv. 2012, *Wizniak : AJDA 2012. 615*. ♦ Le juge administratif connaît également parfois de litiges qui intéressent des faits constitutifs de contravention de voirie routière, quand l'administration se borne à solliciter l'expulsion d'un occupant dépourvu de titre sans rechercher ni répression ni réparation. • CE 14 oct. 1988, *Félix*, n° 53602. ♦ … Ou encore, lorsqu'il est question d'une action en responsabilité à raison de la mauvaise exécution d'un travail public ayant entraîné une dégradation de la voie publique. • T. confl. 20 févr. 2006, *Cne d'Ormesson-sur-Marne : AJDA 2006. 1364, chron. Landais et Lenica ; Ann. voirie 109/2006, p. 159, comm. Le Roux* • T. confl. 24 avr. 2006, *Sté Bouygues Bâtiment : AJDA 2006. 1364, chron. Landais et Lenica ; JCP 2006. 1515, concl. Gariazzo*. ♦ *Contra*, • T. confl. 13 avr. 2015 : *préc. note 2*. ♦ Si la compétence judiciaire s'étend aux actions en réparation de l'atteinte portée par un tiers au domaine public routier, notamment à celles tendant à l'enlèvement par ce tiers des ouvrages qu'il a irrégulièrement édifiés sur ce domaine, il n'en va pas de même d'une action dirigée contre une commune et tendant à mettre en cause l'exercice, par le maire, de ses pouvoirs en matière de police de la conservation du domaine public routier et à obtenir de cette collectivité publique la réalisation de travaux qui, s'agissant de l'entretien d'une voie publique, ont le caractère de travaux publics. • T. confl. 17 déc. 2012, *Cne du Revest-les-Eaux*, n° 3884 : *Lebon 516 ; AJDA 2013. 11*. ♦ Sur les suites de l'affaire, • CAA Marseille, 6 mai 2014, n° 13MA04649 • CE 16 mars 2016, n° 382241 • CAA Marseille, 6 janv. 2017, n° 16MA01319 : *Rev. CMP 2018. Chron. 7, obs. Soler-Couteaux, Zimmer et Waltuch*. ♦ Compétence du juge administratif pour connaître du recours contre une décision administrative, suivant l'établissement d'un procès-verbal et mettant en demeure l'occupant irrégulier de la voirie de cesser l'empiètement en cause ; cette décision administrative, pourvue d'effets propres pour la conservation du domaine public, est détachable de la procédure pénale. • CAA Marseille, 11 janv. 2016, *SARL Le Caffé des Cardeurs et a.*, n° 14MA01989 : *AJCA févr. 2016. 102, obs. Dreyfus ; Rev. CMP mars 2017, chron. Llorens et Soler-Couteaux*. ♦ … Pour connaître du recours tendant à engager la responsabilité d'une collectivité publique, à raison de la faute qu'aurait commise son représentant légal en refusant illégalement de faire usage de ses pouvoirs de police de la conservation du domaine public routier. • TA Nancy, 6 déc. 2016, *M. c/ Cne de Nancy,* n° 1503619. ♦ … Pour se prononcer sur l'appartenance au domaine public de la dépendance faisant l'objet d'une occupation sans titre susceptible d'être qualifiée de contravention de voirie routière. • CAA Bordeaux, 29 déc. 2016, *C. c/ Cne de Cap Breton,* n° 14BX03670.

4. Cas des dommages causés par les véhicules. L'art. 1er de la L. n° 57-1424 du 31 déc. 1957 prévoit une compétence judiciaire exclusive pour statuer sur les actions en responsabilité tendant à la réparation des dommages de toute nature causés par les véhicules. Mais son al. 3 réserve le cas des dommages au domaine public, qui ressortissent à la compétence du juge administratif. V., pour des applications. • Civ. 1re, 3 mars 2010 : *JCP Adm. 2010, n° 37, p. 13, chron. Chamard-Heim* • CAA Nancy, 18 juin 2009, *SNCF : AJDA 2009. 1676 ; JCP Adm. 2010, n° 16, p. 21, chron. Lazzarin* • CAA Lyon, 5 mars 2003, *Cne de Sainte-Hélène-sur-Isère,* n° 98LY00511 • TI Chambéry, 15 oct. 2002, *EDF : RFDA 2003. 491, note Yolka*. ♦ Cette réserve de domanialité se trouve toutefois privée d'effet quand le dommage concerne une dépendance du domaine public routier : elle est neutralisée par le jeu de l'art. L. 116-1 C. voirie rout., qui prévoit la compétence judiciaire. • T. confl. 17 déc. 2001, *Sté APRR : Lebon 759 ; GDDAB, 3e éd., 2018. Comm. 91, obs. Yolka.* ♦ Elle est également battue en brèche quand l'action en responsabilité met aux prises deux personnes privées. • T. confl. 17 déc. 2012, *ERDF,* n° C3888.

5. Contentieux des contributions spéciales pour détérioration anormale de la voirie routière locale (C. voirie rout., art. L. 131-8 et L. 141-9). Compétence administrative. Par ex. • T. confl., 22 juin 1982, *Cne de Cocquerel,* n° 02675 A • CE 24 févr. 2017, n° 390139 • 6 juin 2008, n° 299415 • 15 oct. 1969, nos 70010 et 80021 A • 11 févr. 1966 *Dr. adm. 1966. Comm. n° 118* • CAA Douai, 20 nov. 2018, nos 16DA00781, 16DA00782 et 16DA00783 : *Dr. voirie janv. 2019, p. 16, note Yolka* • CAA Bordeaux, 12 oct. 2018, n° 16BX02215 • 13 nov. 2017, n° 15BX03759 • CAA Nancy, 26 oct. 2017, n° 16NC02435 • 20 nov. 2014, n° 13NC01928 : *AJDA 2015. 845, chron. Goujon-Fischer* • CAA Douai, 28 nov. 2012, n° 12DA00733 • CAA Bordeaux, 25 oct. 2007, n° 05BX00240 • CAA Nantes, 26 sept. 2006, n° 05NT00712 • CAA Nancy, 28 mars 2002, n° 97NC02476 • CAA Bordeaux, 13 nov. 2001, n° 98BX00849 • 15 avr. 1996, n° 93BX01191.

6. Variae. Appliquant avec imagination la loi suisse à un agriculteur français qui avait souillé la chaussée dans les Deux-Sèvres. • TI Niort, 5 déc. 2018 : *D. actu. 8 mars 2019, obs. Souchard.*

SECTION II CONTRAVENTIONS DE GRANDE VOIRIE

SOUS-SECTION 1 DÉFINITION

Art. L. 2132-2 Les contraventions de grande voirie sont instituées par la loi ou par décret, selon le montant de l'amende encourue, en vue de la répression des manquements aux textes qui ont pour objet, pour les dépendances du domaine public n'appartenant pas à la voirie routière, la protection soit de l'intégrité ou de l'utilisation de ce domaine public, soit d'une servitude administrative mentionnée à l'article L. 2131-1.

Elles sont constatées, poursuivies et réprimées par voie administrative.

SOUS-SECTION 2 ATTEINTES À L'INTÉGRITÉ OU À L'UTILISATION DU DOMAINE

§ 1er DOMAINE PUBLIC MARITIME

Art. L. 2132-3 Nul ne peut bâtir sur le domaine public maritime ou y réaliser quelque aménagement ou quelque ouvrage que ce soit sous peine de leur démolition, de confiscation des matériaux et d'amende.

Nul ne peut en outre, sur ce domaine, procéder à des dépôts ou à des extractions, ni se livrer à des dégradations. – *[Ord. de la marine d'août 1681, art. 2.]*

Le Conseil d'État considère que les dispositions de cet article ne portent pas d'atteinte excessive à la liberté d'entreprendre et à la liberté du commerce et de l'industrie, auxquelles le législateur a, lorsqu'elles s'exercent sur le domaine public maritime, fixé des bornes justifiées au regard de l'exigence constitutionnelle, résidant dans les droits et libertés des personnes à l'usage desquelles il est affecté, qui s'attache à la protection de ce domaine et que met en œuvre la nécessité d'obtenir une autorisation, nécessairement temporaire, pour l'occuper ou l'utiliser dans des limites dépassant le droit d'usage appartenant à tous. Il refuse en conséquence de transmettre une question prioritaire de constitutionnalité au Conseil constitutionnel. • CE 6 oct.

2010, Muntoni, n° 341537 : *Lebon T. 763* ; *AJDA 2010. 1913* ; *AJCT 2010. 167, obs. Untermaier* ; *RJEP 2011, n° 10, note Delaunay* ; *JCP Adm. 2011. 2239, chron. Chamard-Heim*. ♦ V. également, refusant de transmettre une question prioritaire de constitutionnalité relative à la compatibilité de cette disposition législative avec les art. 2, 16 et 17 de la DDH. • CE 7 mars 2012, *Tomaselli*, n° 355009 : *Lebon T. 748* ; *JCP Adm. 2012. 210, obs. Erstein* ; *AJDA 2012. 517* ; *ibid 2013. 236, note Foulquier* ; *JCP Adm. 2012. 2325, chron. Chamard-Heim*. ♦ V., pour une solution identique à propos d'une QPC fondée sur l'art. 8 de la DDHC : • CE 30 mai 2012, *Bisogno*, n° 357694 : *Lebon T. 748* ; *AJDA 2012. 1084* ; *ibid. 2318, note Traoré* ; *JCP Adm. 2012. 389 obs. M. T.-D.* ; *ibid. 2013, n° 20, chron. Chamard-Heim*.

Art. L. 2132-3-1 *(L. n° 2010-788 du 12 juill. 2010, art. 32-III-1°)* Les installations ou les constructions non autorisées en cours de réalisation sur la zone des cinquante pas géométriques peuvent, sur autorisation administrative et après établissement d'un procès-verbal constatant l'état des lieux, faire l'objet d'une saisie des matériaux de construction en vue de leur destruction.

Art. L. 2132-4 Les atteintes à l'intégrité ou à l'utilisation du domaine public maritime des ports maritimes sont définies au titre III du livre III du code des ports maritimes. — *[C. ports mar., ecqc les atteintes à l'intégrité du domaine public maritime.]*

§ 2 DOMAINE PUBLIC FLUVIAL

Art. L. 2132-5 Tout travail exécuté ou toute prise d'eau pratiquée sur le domaine public fluvial sans l'autorisation du propriétaire du domaine mentionnée à l'article L. 2124-8 est puni d'une amende de 150 à 12 000 euros.

Le tribunal fixe, s'il y a lieu, les mesures à prendre pour faire cesser l'infraction ou en éviter la récidive et le délai dans lequel ces mesures devront être exécutées, ainsi qu'une astreinte dans les formes définies à l'article L. 437-20 du code de l'environnement. — *[C. dom. publ. fluv., art. 25, al. 2 et 3.]*

Pour des travaux de mise en cale sèche d'un bateau à l'aide d'un dock flottant, exécutés sur le domaine public fluvial sans que l'entreprise ne justifie de l'autorisation prévue par les dispositions de l'art. L. 2124-8. • CAA Versailles, 17 sept. 2015, *EURL Locaflu*, n° 13VE02836. ♦ L'opération consistant à lever un bateau pour le mettre en cale sèche au moyen d'un dock flottant ne constitue pas, en elle-même, un travail exécuté sur le domaine public fluvial au sens de l'art. L. 2132-5 CGPPP. • CE 26 janv. 2018, *VNF*, n° 402746 B : *AJDA 2018. 883* ; *Dr. voirie et dom. public 2018, n° 202, p. 67, concl. Victor* ; *JCP Adm. 2018, Actu. 115, obs. Touzeil-Divina*.

Art. L. 2132-6 Nul ne peut construire ou laisser subsister sur les rivières et canaux domaniaux ou le long de ces voies, des ouvrages quelconques susceptibles de nuire à l'écoulement des eaux ou à la navigation sous peine de démolition des ouvrages établis ou, à défaut, de paiement des frais de la démolition d'office par l'autorité administrative compétente.

Le contrevenant est également passible d'une amende de 150 à 12 000 euros. — *[C. dom. publ. fluv., art. 27.]*

Art. L. 2132-7 Nul ne peut, sous peine de devoir remettre les lieux en état ou, à défaut, de payer les frais de la remise en état d'office par l'autorité administrative compétente :

1° Jeter dans le lit des rivières et canaux domaniaux ou sur leurs bords des matières insalubres ou des objets quelconques ni rien qui puisse embarrasser le lit des cours d'eau ou canaux ou y provoquer des atterrissements ;

2° Y planter des pieux ;

3° Y mettre rouir des chanvres ;

4° Modifier le cours desdits rivières ou canaux par tranchées ou par quelque moyen que ce soit ;

5° Y extraire des matériaux ;

6° Extraire à moins de 11,70 mètres de la limite desdites rivières ou des bords desdits canaux, des terres, sables et autres matériaux.

Le contrevenant est également passible d'une amende de 150 à 12 000 euros. — *[C. dom. publ. fluv., art. 28.]*

Un déversement d'hydrocarbures en provenance d'une péniche dans les eaux de la Moselle canalisée est constitutif d'une contravention de grande voirie. • CAA Nancy, 10 mai 2007, *M. Wilfried X.*, n° 05NC01438. ♦ V. également • CAA Bordeaux, 4 oct. 2007, *M. Laurent X.*, n° 05BX00018.

Art. L. 2132-8 Nul ne peut :

1° Dégrader, détruire ou enlever les ouvrages construits pour la sûreté et la facilité de la navigation et du halage sur les cours d'eau et canaux domaniaux ou le long de ces dépendances ;

2° Causer de dommages aux ouvrages provisoires établis en vue de la construction ou de l'entretien des ouvrages mentionnés au 1° ;

3° Naviguer sous les arches des ponts qui seraient fermés à la navigation du fait de tels travaux.

Le contrevenant est passible d'une amende de 150 à 12 000 euros. Il doit supporter les frais de réparations et, en outre, dédommager les entrepreneurs chargés des travaux à dire d'experts nommés par les parties ou d'office. – *[C. dom. publ. fluv., art. 24.]*

Art. L. 2132-9 Les riverains, les mariniers et autres personnes sont tenus de faire enlever les pierres, terres, bois, pieux, débris de bateaux et autres empêchements qui, de leur fait ou du fait de personnes ou de choses à leur charge, se trouveraient sur le domaine public fluvial. Le contrevenant est passible d'une amende de 150 à 12 000 euros, de la confiscation de l'objet constituant l'obstacle et du remboursement des frais d'enlèvement d'office par l'autorité administrative compétente. – *[C. dom. publ. fluv., art. 29.]*

Le stationnement irrégulier d'une péniche sur la Seine constitue à lui seul un empêchement au sens des dispositions de l'art. L. 2132-9. • CAA Paris, 5 avr. 2007, *Port autonome de Paris*, n° 04PA030088. ♦ V. concernant la redevance majorée perçue sur les occupants irréguliers du domaine public fluvial, indépendamment des poursuites pour contraventions de grande voirie : art. L. 2125-8.

Art. L. 2132-10 Nul ne peut procéder à tout dépôt ni se livrer à des dégradations sur le domaine public fluvial, les chemins de halage et francs-bords, fossés et ouvrages d'art, sur les arbres qui les bordent, ainsi que sur les matériaux destinés à leur entretien.

Art. L. 2132-11 Les atteintes à l'intégrité ou à l'utilisation du domaine public fluvial des ports maritimes sont définies au titre III du livre III du code des ports maritimes.

§ 3 DOMAINE PUBLIC FERROVIAIRE

Art. L. 2132-12 Les atteintes à l'intégrité ou à l'utilisation du domaine public ferroviaire sont fixées par les articles *(Ord. n° 2010-1307 du 28 oct. 2010, en vigueur le 1er déc. 2010)* « L. 2231-2, L. 2232-1 et L. 2232-2 du code des transports. » – *V. App., v° Domaine public ferroviaire.*

§ 4 DOMAINE PUBLIC AÉRONAUTIQUE

Art. L. 2132-13 Les atteintes à l'intégrité du domaine public aéronautique sont fixées à l'article L. 282-14 du code de l'aviation civile. – *Art. recodifié à l'art. L. 6371-4 C. transp. par Ord. n° 2010-1307 du 28 oct. 2010.*

Code des transports

Art. L. 6371-4 *(Ord. n° 2010-1307 du 28 oct. 2010, en vigueur le 1er déc. 2010)* Lorsque des infractions portent atteinte à l'intégrité du domaine public ou à sa conservation, les autorités énumérées à l'article L. 6372-2 saisissent le tribunal administratif territorialement compétent.

....

§ 5 DOMAINE PUBLIC MILITAIRE

Art. L. 2132-14 Les atteintes à l'intégrité ou à la conservation du domaine public militaire sont fixées par les articles L. 5121-1 et L. 5121-2 du code de la défense.

Code de la défense

Art. L. 5121-1 Les contraventions aux dispositions du présent livre, ainsi que les atteintes à l'intégrité ou à la conservation du domaine public militaire, constituent des contraventions de grande voirie. Elles sont constatées par les personnels assermentés des services d'infrastructure du ministère de la défense, sans préjudice des compétences des officiers et agents de police judiciaire.

Art. L. 5121-2 Les contrevenants sont mis en demeure, dans un délai fixé par l'autorité militaire, de démolir les constructions indûment exécutées et de faire cesser les gênes mentionnées et de rétablir l'état des lieux, le tout à leurs frais.

SOUS-SECTION 3 **ATTEINTES AUX SERVITUDES**

§ 1er DOMAINE PUBLIC MARITIME

Art. L. 2132-15 Les atteintes aux servitudes établies au profit du domaine public maritime définies à l'article 1er de la loi n° 87-954 du 27 novembre 1987 sont réprimées conformément aux dispositions de l'article 6 de cette loi. – *[L. n° 87-954 du 27 nov. 1987, art. 1er et 6.]*

§ 2 DOMAINE PUBLIC FLUVIAL

Art. L. 2132-16 En cas de manquements aux dispositions de l'article L. 2131-2, les contrevenants sont tenus de remettre les lieux en état ou, à défaut, de payer les frais de la remise en état d'office à la personne publique propriétaire.

Le contrevenant est également passible de l'amende prévue à l'article L. 2132-26. – *[C. dom. publ. fluv., art. 15, al. 4.]*

Art. L. 2132-17 Les atteintes aux servitudes d'inondations établies au profit du domaine public fluvial définies aux articles 11, 12 et 15 de la loi n° 91-1385 du 31 décembre 1991 sont réprimées conformément aux dispositions de l'article 15 de cette loi. – *[L. n° 91-1385 du 31 déc. 1991, art. 15.]*

§ 3 DOMAINE PUBLIC FERROVIAIRE

Art. L. 2132-18 Les atteintes aux servitudes établies au profit du domaine public ferroviaire définies aux articles *(Ord. n° 2010-1307 du 28 oct. 2010, en vigueur le 1er déc. 2010)* « L. 2231-3, L. 2231-5 à L. 2231-7 du code des transports » sont réprimées conformément aux dispositions des articles *(Ord. n° 2010-1307 du 28 oct. 2010, en vigueur le 1er déc. 2010)* « L. 2232-1, L. 2232-2, L. 2241-1, L. 2241-4, L. 2241-7 et L. 2242-5 de ce code ».

§ 4 DOMAINE PUBLIC MILITAIRE

Art. L. 2132-19 Les atteintes aux servitudes établies au profit du domaine public militaire définies aux chapitres Ier à IV du titre Ier du livre Ier de la cinquième partie du code de la défense sont réprimées conformément aux dispositions de l'article L. 5121-2 de ce code.

SOUS-SECTION 4 **PROCÉDURE**

§ 1er DISPOSITIONS GÉNÉRALES

Art. L. 2132-20 La procédure des contraventions de grande voirie est régie par les dispositions du chapitre IV du titre VII du livre VII du code de justice administrative. – *[CJA, art. L. 774-1 à L. 774-13.]*

Art. L. 2132-21 Sous réserve de dispositions législatives spécifiques, les agents de l'État assermentés à cet effet devant le tribunal judiciaire *(L. n° 2016-1087 du 8 août 2016, art. 111)* « , les agents de police judiciaire » et les officiers de police judiciaire sont compétents pour constater les contraventions de grande voirie.

§ 2 DISPOSITIONS PARTICULIÈRES AU DOMAINE PUBLIC DES PORTS MARITIMES

Art. L. 2132-22 La répression des atteintes au domaine public des ports maritimes est opérée dans les conditions fixées par les dispositions du titre III du livre III du code des ports maritimes. – *[C. ports mar., ecqc la répression des atteintes au domaine public des ports maritimes.]*

§ 3 DISPOSITIONS PARTICULIÈRES AU DOMAINE PUBLIC FLUVIAL

Art. L. 2132-23 *(L. n° 2013-431 du 28 mai 2013, art. 25-I)* « Ont compétence pour constater concurremment les contraventions en matière de grande voirie définies aux articles L. 2132-5 à L. 2132-10, L. 2132-16 et L. 2132-17 :

« 1° Les fonctionnaires des collectivités territoriales et de leurs groupements ;

« 2° Les adjoints au maire et les gardes champêtres ;

« 3° Les personnels de Voies navigables de France sur le domaine qui lui a été confié, *(Ord. n° 2016-665 du 25 mai 2016, art. 1er-II)* « commissionnés par le directeur général de Voies navigables de France et assermentés devant le tribunal judiciaire, dans des conditions fixées par décret en Conseil d'État » ;

« 4° Les agents des ports autonomes fluviaux sur le domaine appartenant à ces ports ou qui leur a été confié, assermentés à cet effet devant le tribunal judiciaire ;

« 5° Les agents mentionnés à l'article L. 2132-21. »

(L. n° 2019-1428 du 24 déc. 2019, art. 134) « 6° Les personnels de l'établissement public Société du Canal Seine-Nord Europe sur le domaine public fluvial qu'il gère en application de l'article 14 de l'ordonnance n° 2016-489 du 21 avril 2016 relative à la Société du Canal Seine-Nord Europe, commissionnés par le président du directoire de cet établissement public et assermentés devant le tribunal de grande instance. »

Les fonctionnaires mentionnés ci-dessus qui n'ont pas prêté serment en justice le prêtent devant le préfet.

(L. n° 2006-1772 du 30 déc. 2006, art. 71) « Lorsqu'ils constatent une contravention en matière de grande voirie, les agents mentionnés *(L. n° 2013-431 du 28 mai 2013, art. 25-I)* « aux 1° à » *(L. n° 2019-1428 du 24 déc. 2019, art. 134)* « 6° » sont habilités à relever l'identité de l'auteur de la contravention. Si l'intéressé refuse ou se trouve dans l'impossibilité de justifier de son identité, ils en rendent compte à tout officier de police judiciaire territorialement compétent, qui peut ordonner au contrevenant de lui communiquer son identité. Lorsque l'officier de police judiciaire procède à une vérification d'identité dans les conditions prévues à l'article 78-3 du code de procédure pénale, le délai prévu au troisième alinéa du même article court à compter du relevé d'identité. »

Art. L. 2132-24 Le tribunal administratif statue sur les contraventions de grande voirie concernant la conservation du domaine public fluvial.

Ses décisions seront exécutoires et comportent hypothèque, nonobstant tout recours.

Il statue sans délai, tant sur les oppositions qui auraient été formées par les contrevenants que sur les amendes encourues par eux, nonobstant la réparation du dommage. – *[C. dom. publ. fluv., art. 43.]*

Art. L. 2132-25 Pour les contraventions en matière de grande voirie mentionnées à l'article L. 2132-23, l'autorité administrative compétente peut transiger tant qu'un jugement définitif n'est pas intervenu.

Après le jugement définitif, la transaction ne peut porter que sur les peines et réparations pécuniaires. – *[C. dom. publ. fluv., art. 44.]*

SOUS-SECTION 5 RÉGIME GÉNÉRAL DES PEINES

Art. L. 2132-26 Sous réserve des textes spéciaux édictant des amendes d'un montant plus élevé, l'amende prononcée pour les contraventions de grande voirie ne peut excéder le montant prévu par le 5° de l'article 131-13 du code pénal.

Dans tous les textes qui prévoient des peines d'amendes d'un montant inférieur ou ne fixent pas le montant de ces peines, le montant maximum des amendes encourues est celui prévu par le 5° de l'article 131-13.

Dans tous les textes qui ne prévoient pas d'amende, il est institué une peine d'amende dont le montant maximum est celui prévu par le 5° de l'article 131-13.

Le présent art. est applicable aux infractions commises postérieurement à l'entrée en vigueur de l'Ord. n° 2006-460 du 21 avr. 2006 (Ord. préc., art. 11, en vigueur le 1er juill. 2006).

Code pénal

Art. 131-13 *(L. n° 2005-47 du 26 janv. 2005, art. 9-II, en vigueur le 1er avr. 2005)*

« Constituent des contraventions les infractions que la loi punit d'une amende n'excédant pas 3 000 €. »

Le montant de l'amende est le suivant :

1° 38 € au plus pour les contraventions de la 1re classe ;

2° 150 € au plus pour les contraventions de la 2e classe ;

3° 450 € au plus pour les contraventions de la 3e classe ;

4° 750 € au plus pour les contraventions de la 4e classe ;

5° 1 500 € au plus pour les contraventions de la 5e classe, montant qui peut être porté à 3000 € en cas de récidive lorsque le règlement le prévoit *(L. n° 2003-495 du 12 juin 2003, art. 4)* « , hors les cas où la loi prévoit que la récidive de la contravention constitue un délit ».

Art. L. 2132-27 **Les contraventions définies par les textes mentionnés à l'article L. 2132-2, qui sanctionnent les occupants sans titre d'une dépendance du domaine public, se commettent chaque journée et peuvent donner lieu au prononcé d'une amende pour chaque jour où l'occupation est constatée, lorsque cette occupation sans titre compromet l'accès à cette dépendance, son exploitation ou sa sécurité.**

Le présent art. est applicable aux infractions commises postérieurement à l'entrée en vigueur de l'Ord. n° 2006-460 du 21 avr. 2006 (Ord. préc., art. 11, en vigueur le 1er juill. 2006).

Art. L. 2132-28 **Lorsqu'une amende réprimant une contravention de grande voirie peut se cumuler avec une sanction pénale encourue à raison des mêmes faits, le montant global des amendes éventuellement prononcées ne doit en aucun cas excéder le montant de la plus élevée des amendes encourues.**

SOUS-SECTION 6 DISPOSITIONS PARTICULIÈRES

Art. L. 2132-29 **Est poursuivie comme en matière de contraventions de grande voirie la réparation des dommages causés au domaine public dans les cas mentionnés par les dispositions des articles L. 218-31, L. 218-38, L. 218-47 et L. 218-62 du code de l'environnement.**

BIBL. ▸ **Encyclopédie :** Bachelier, *Rép. Contentieux administratif, Dalloz, 2006* (voirie, v° *Contraventions de grande voirie*). – Le Roux, Contraventions de voirie, *J.-Cl. Adm., fasc. 1170*. – Yolka et Deliancourt, *J.-Cl. Propriétés publiques, fasc. 64* (contraventions de grande voirie) ; *J.-Cl. Justice administrative, fasc. 70-21* (jugement, contraventions de grande voirie). – Yolka et Le Roux, Domaine public – Protection contre les occupants sans titre, *J.-Cl. Propriétés publiques, fasc. 68*.

▸ **Ouvrages, thèses :** Bonnard, *Bordeaux, 1904* (les contraventions de grande voirie). – Chevallier, *Nancy, 1925* (compétence juridictionnelle). – Giudicelli, *Paris, 1957* (contraventions de grande voirie). – Klein, *LGDJ, 1966* (police du domaine public). – Mourgeon, La répression administrative, *LGDJ, 1967*. – Lannes, Contraventions de grande voirie, *éd. Moniteur, 1971*. – Perret, Les contraventions de grande voirie, *PUF, Que sais-je ?, PUF, 1994, n° 2894*. – Dellis, Droit pénal et droit administratif, *LGDJ, 1997*. – Le Roux, Contravention de grande voirie, domaine public et protection pénale de l'environnement, *PU Septentrion, 2002*.

▸ **Articles, contributions :** Guillois, *RD publ. 1923. 303* (contraventions de grande voirie). – Gélard, *AJDA 1967. 140* (caractère mixte de la contravention de grande voirie). – Dutheillet de Lamothe et Robineau, *AJDA 1979. 3*. – Auby, *AJDA 1983. 507* (action domaniale). – Genevois, *RFDA 1988. 273* (autorité compétente). – Kouévi, *AJDA 2000. 393* (obligation de poursuite en matière de contravention de grande voirie). – Delacour, *BJCL 2004. 382* (le régime des contraventions de voirie). – Lecarpentier, *Rev. jur. env. 2004, n° spécial, p. 169* (protection des cours d'eau domaniaux au moyen de la contravention de grande voirie). – LE ROUX, *Rev. jur. envir. 2004. 157* (le juge administratif, l'environnement et la contravention de grande voirie). – MOREAU, *Mél. Colson, 2004, p. 559* (contraventions de grande voirie et procédure équitable). – SEGUIN, *Dr. envir. 2006, n° 136, p. 81* (la mise en œuvre de la contravention de grande voirie par le juge répressif). – DISANT, *in* Guérard (dir.), Réflexions sur le code général de la propriété des personnes publiques, *Litec, 2007, p. 97* (la codification des contraventions de grande voirie). – CAUDAL-SIZARET, *Mél. Morand-Deviller, Montchrestien, 2007, p. 735* (actualité des contraventions de grande voirie en matière de protection de l'environnement). – LE ROUX, *Mél. Hostiou, Litec, 2008, p. 339* (de Colbert à Nelly Olin : la contravention de grande voirie promue instrument de sauvegarde des espaces naturels). – YOLKA, *JCP Adm. 2009. 2152* (un archaïsme : le monopole préfectoral pour poursuivre les contraventions de grande voirie) ; *AJDA 2009. 2341* (le couteau de Lichtenberg. Remarques sur la protection pénale du domaine public). – LEDAIN, Une infraction pénale atypique : la contravention de grande voirie, *in* Niquège (dir.), L'infraction pénale en droit public, *L'Harmattan, 2010, p. 62*. – TRAORÉ, De la continuité juridique de la protection du domaine public et des contraventions de grande voirie, *BJCL 2011. 239*. – BANEL et BERNARDI, Distinguer les contraventions de petite et de grande voirie, *Gaz. cnes 26 mars 2012*. – HOFFMANN, *AJDA 2013. 1721* (pour une réforme de la procédure des contraventions de grande voirie) ; Le domaine des contraventions de grande voirie : trois pistes pour une réforme, *DMF 2013. 918*. – *Varii auctores*, Dossier Contraventions de grande voirie, *DMF 2013. 752*. – BLANC, *RD publ. 2014. 643* (confiscation et contraventions de grande voirie). – GIACUZZO, *JCP Adm. 2015. 2134* (les pouvoirs du juge de l'astreinte en matière de contraventions de grande voirie). – BRAUD, Repenser l'engagement des poursuites en matière de contravention de grande voirie, *RD publ. 2016. 131*. – LAVIALLE, Des rôles respectifs du préfet et du juge administratif dans la protection du domaine public maritime, *RFDA 2018. 77*.

COMMENTAIRE

Les biens du domaine public sont protégés, en raison de leur affectation publique, par un régime spécifique qui se manifeste notamment à travers l'existence d'une police spéciale de la conservation. A ce titre, les atteintes dont ils font, le cas échéant, l'objet sont sanctionnées par un dispositif répressif qui comporte deux branches (parfois abusivement confondues. Pour un exemple confondant, Rép. min. n° 02107 : *JO Sénat 22 août 2013, p. 2451 ; BJCP 2013. 395*) : une branche pénale, laquelle renvoie à des dispositions éparses du code pénal (applicables en cas de dégradation de bâtiments ou de mobilier administratifs, d'installations de communications électroniques, etc.) et du code de la voirie routière (C. voirie rout., art. L. 116-1 s. : contraventions de voirie routière pour les atteintes au domaine public routier. – V. comm. ss. art. L. 2132-1 CGPPP) ; une branche correspondant aux contraventions de grande voirie, répressive sans être proprement dite pénale (encore que le juge emploie parfois l'adjectif. – Par ex., CE 7 mars 2012, *Tomaselli : AJDA 2012. 517, obs. Grand*), puisque les condamnations sont prononcées par le juge administratif au titre du « contentieux administratif de la répression » (que l'on distingue, depuis Laferrière, des trois autres branches du contentieux administratif : annulation, pleine juridiction et interprétation. – Sur la distinction entre responsabilité à raison des contraventions de grande voirie et responsabilité pénale, CE 22 janv. 2014, *FNAUT : AJDA 2014. 1303 ; JCP Adm. 2014, n° 2251, obs. Giacuzzo*). Ces dispositifs, qui concernent la protection du domaine public, intéressent aussi – indirectement – sa valorisation, certains procédés contractuels (bail emphytéotique administratif, « partenariat HLM » : V. CGCT, art. L. 1311-2 ; L. n° 2009-179 du 17 févr. 2009, art. 7-III) étant exclus sur les biens protégés par le régime des contraventions de voirie.

La juridiction administrative est ainsi compétente pour sanctionner toute abstention ou tout agissement prévu par un texte spécial, qui viole l'obligation de respecter l'intégrité matérielle ou l'affectation du domaine public maritime, fluvial et de certaines dépendances – ferroviaires, aéronautiques, militaires – du domaine public terrestre. L'ordonnance n° 2006-460 du 21 avril 2006, qui abroge certaines dispositions obsolètes (par ex., L. du 29 floréal an X, relative aux contraventions en matière de grande voirie), ambitionne de codifier le droit de la grande voirie, qui n'était pas traité par le code du domaine de l'État. Selon le rapport au président de la République : « Les principales innovations consistent à donner une définition générale de la contravention de grande voirie et classer les atteintes à ce domaine selon que les textes qui les prévoient répriment une atteinte à l'intégrité ou à l'utilisation du domaine ou bien une atteinte à des servitudes de protection. En outre, la clarification des conditions d'application des amendes et le souci de prévoir leur revalorisation par alignement sur le montant des contraventions de cinquième classe prévu par le code pénal constituent un facteur de plus grande efficacité de l'action répressive à l'encontre des atteintes à l'intégrité du domaine public (CGPPP, art. L. 2132-26) ».

Le régime applicable aux contraventions de grande voirie est maintenant défini dans ses grandes lignes par les articles L. 2132-2 et suivants (et les art. L. 774-1 s. CJA : V. Appendice). Ces dispositions fixent le cadre juridique général des contraventions de grande voirie. Elles posent une définition de ces contraventions, assortie de dispositions communes, et les classent selon la nature de l'atteinte portée au domaine public (atteinte à l'intégrité ou à l'utilisation du domaine/atteinte aux servitudes instituées à son profit). Cette codification du droit des contraventions de grande voirie a vocation à rendre plus homogène une matière extrêmement complexe, même si le code laisse subsister d'anciens textes instituant ces contraventions (V. l'art. L. 2132-18 et les servitudes établies au profit du domaine public ferroviaire définies par la L. du 15 juill. 1845, par ex.) et si la matière est subsidiairement traitée dans d'autres codifications (V. par ex., outre les dispositions du CJA : C. défense, art. L. 5121-1 s. et R. 5121-1 s., pour la répression des infractions relatives aux servitudes militaires). La modernisation du droit de la grande voirie n'est cependant pas achevée. D'une part, le code reprend sous une numérotation nouvelle des dispositions anciennes dont la rédaction même atteste l'obsolescence (témoin l'art. L. 2132-7, évoquant le rouissage des chanvres). D'autre part, d'autres évolutions pourraient affecter la matière. Approuvé en Conseil des ministres (communiqué du 12 juill. 2006 : *AJDA 2006. 1470, obs. Aubert* ; *JCP Adm. 2006, n° 988* ; *JCP 2006. 1432*), un projet de loi de simplification du droit visait – entre autres – à permettre de réformer par ordonnance le régime de ces contraventions (par ex. en étendant l'amende forfaitaire « pénale » à toutes les atteintes au domaine public du fait d'un véhicule terrestre) ; s'il n'a pas encore connu de suites, il n'en est pas pour autant abandonné. Un second projet, en sommeil mais d'une ampleur considérable, consisterait à basculer dans un système de répression administrative, les contraventions étant infligées, non plus par le juge administratif, mais par l'administration sous son contrôle ; cette évolution « dégonflerait » un contentieux d'une ampleur pathologique, dont les nombreuses références citées à la suite du présent commentaire ne donnent qu'une faible idée.

I. CHAMP D'APPLICATION

A. DÉFINITION

Ces contraventions sont constituées par les atteintes, qui peuvent résulter d'une abstention (contravention par omission) ou d'un agissement (contravention par commission), portées à l'intégrité matérielle des dépendances protégées (ce qui renvoie à différentes dégradations ou détériorations d'installations sur le domaine public) ou à leur destination (violations de servitudes administratives mentionnées à l'art. L. 2131-1, occupations sans titre comme le stationnement sans autorisation) ; et ce, en violation de textes spéciaux qui ont pour finalité d'assurer la conservation des dépendances du domaine public maritime, fluvial ou terrestre (ferroviaire, aéronautique ou militaire) autres que la voirie routière (ces dernières dépendances étant protégées par le juge judiciaire au titre des contraventions de voirie routière, V. art. L. 2132-1)

B. FAITS CONSTITUTIFS

La contravention de grande voirie ne peut exister que si elle est prévue par un texte législatif ou réglementaire spécial. Concernant le domaine public maritime, la contravention peut être constituée par la réalisation d'aménagements et d'ouvrages (construction de murs de digue empiétant sur une partie du domaine), de dépôts, d'extractions sans autorisation (sable ou coraux, outre-mer) ou par la dégradation d'une dépendance (atteinte à la qualité des eaux ; V. art. L. 2132-3) ; l'existence de règles propres à la zone économique exclusive et au plateau continental ne fait pas obstacle, sur le domaine public maritime, à la poursuite de telles contraventions (Ord. n° 2016-1687 du 8 déc. 2016 relative aux espaces maritimes relevant de la souveraineté ou de la juridiction de la République française, art. 54-III). Sont aussi constitutifs d'une contravention de grande voirie – aux termes de l'article L. 2132-29 et des renvois qu'il opère au code de l'environnement – les dommages liés à la pollution par rejets des navires, par opération d'immersion et d'incinération. Pour les ports maritimes, la contravention peut résulter du non-enlèvement d'épaves, de l'absence de remise en état de bateaux, d'un stationnement irrégulier susceptible d'entraver la libre navigation, ou du fait de jeter des déchets ou des substances polluantes dans l'eau du port et de porter ainsi atteinte au bon état et à la propreté dudit port et de ses installations. Sur le domaine public fluvial, les contraventions de grande voirie peuvent viser tout travail ou toute prise d'eau pratiquée sans autorisation du propriétaire public (V. art. L. 2132-5) ; ou encore le fait de construire ou de laisser subsister sur les rivières et canaux domaniaux ou le long de ces voies d'eau des ouvrages susceptibles de nuire à l'écoulement des eaux ou à la navigation (V. art. L. 2132-6). Les articles L. 2132-7 et L. 2132-8 détaillent en conséquence une série de faits susceptibles de constituer une contravention de grande voirie (jeter dans le lit des rivières et canaux des matières insalubres, planter des pieux, modifier le cours des rivières et canaux par des tranchées, extraire des matériaux, dégrader les ouvrages construits pour la sécurité de la navigation, naviguer sous des arches et ponts fermés à la navigation...). S'agissant du domaine public ferroviaire, l'article L. 2132-12 ne faisait que renvoyer aux articles 2 et 11 de la loi du 15 juillet 1845 sur la police des chemins de fer afin de fixer les atteintes à l'intégrité ou à l'utilisation de ces dépendances ; quant à l'article L. 2132-18, il renvoyait aux articles 3 et 5 à 9 de la même loi en ce qui concerne la définition des atteintes aux servitudes (renvois désormais effectués vers le C. transp., les dispositions en cause ayant été abrogées par l'Ord. n° 2010-1307 du 28 oct. 2010 relative à la partie législative du code des transports). En toute hypothèse, les contraventions peuvent naître du déversement de détritus, d'eaux usées ou de tout autre objet sur l'emprise des lignes, de la chute d'arbres, de la dégradation d'un passage à niveau, etc. Le maintien de ce régime de protection dépendra pour une bonne part du sort du réseau ferroviaire national, qui sera réglé par voie d'ordonnance à la suite de la transformation des établissements publics du groupe SNCF en sociétés (L. du 27 juin 2018 pour un nouveau pacte ferroviaire). Le domaine public aéronautique peut également être l'objet de contraventions de grande voirie qui, de manière générale, consistent en une atteinte portée à l'intégrité de la dépendance ou à sa conservation (V. art. L. 2132-13, qui renvoie à l'art. L. 282-14 C. aviat. – La rédaction mériterait d'être actualisée, cette dernière disposition ayant été recodifiée à l'art. L. 6371-4 C. transp. par l'Ord. n° 2010-1307 du 28 oct. 2010). Constituent ainsi, plus précisément, des contraventions de grande voirie : la destruction d'immeubles ou d'installations destinés à assurer le contrôle de la circulation aérienne, les télécommunications aéronautiques, l'aide à la navigation aérienne ou l'assistance météorologique ; le trouble causé au fonctionnement de ces installations ; ou encore l'entrave à la navigation et à la circulation des aéronefs. Les articles L. 2132-14 et L. 2132-19 CGPPP renvoient aux dispositions des articles L. 5121-1 et L. 5121-2 du code de la défense pour identifier les faits constitutifs de contraventions de grande voirie sur le domaine public militaire. Enfin, l'ordonnance n° 2016-518 du 28 avril 2016 (art. 2) a étendu le champ des contraventions de grande voirie à la protection du domaine public hydroélectrique (C. énergie, art. L. 513-1 s.).

II. RÉGIME DES POURSUITES

Les articles L. 2132-20 et suivants règlent la procédure de constatation et de poursuite des contraventions de grande voirie. Conformément à ces dispositions, la procédure des contraventions de grande voirie est régie par les articles L. 774-1 à L. 774-9 du code de justice administrative (en dehors des infractions commises sur le Rhin et sur la Moselle, qui, par dérogation, relèvent respectivement des tribunaux pour la navigation du Rhin et de la Moselle).

A. CONSTAT DE L'INFRACTION

1° AUTORITÉS COMPÉTENTES

Le procès-verbal est établi par les officiers de police judiciaire, les agents de police judiciaire – ajoutés par l'article 111 de la loi n° 2016-1087 du 8 août 2016 pour la reconquête de la biodiversité, de la nature et des paysages (V. aussi art. 95, pour le domaine public maritime) – ou les agents assermentés (V. CGPPP, art. L. 2132-21. Notons l'abrogation d'anciennes dispositions, comme la loi du 13 mars 1928 habilitant les agents municipaux à constater les infractions en matière d'extraction de matériaux sur les rivages de la mer : L. n° 2019-1332 du 11 déc. 2019). Mais l'article L. 2132-21 se réfère aussi aux dérogations législatives habilitant d'autres autorités à établir de tels constats. Pour le domaine public maritime inclus dans le périmètre des ports, il pourra s'agir notamment des officiers du port, surveillants et autres agents des ports autonomes assermentés devant le tribunal de grande instance (V. art. L. 331-2 C. ports mar.). Pour le domaine public fluvial, l'article L. 2132-23 – dont la rédaction a été modernisée par l'ordonnance n° 2016-665 du 25 mai 2016 (V., pour son application, Décr. n° 2019-1232 du 26 nov. 2019 relatif au commissionnement des personnels de VNF) – dispose qu'en plus des agents cités à l'article L. 2132-21, les fonctionnaires des collectivités territoriales et de leurs groupements, les gardes champêtres et les adjoints au maire peuvent constater les infractions (V. aussi, C. transp., art. L. 4272-2 et Ord. n° 2016-665 du 25 mai 2016). En ce qui concerne le domaine public des aérodromes, le constat d'infraction est établi par les agents de police judiciaire, par les ingénieurs de l'aviation civile ou par les ingénieurs d'études et d'exploitation. Les contraventions intervenant sur le domaine public ferroviaire ne peuvent être constatées que par les agents assermentés visés par le code des transports (art. L. 2232-1, renvoyant aux art. L. 2111-9 et L. 2241-1). Quant au domaine public militaire, le constat ne peut être effectué que par les personnels assermentés des services d'infrastructures du ministère de la Défense, « sans préjudice des compétences des officiers et agents de police judiciaire » (V. art. L. 5121-1 C. défense. – V. Devillers, La protection du patrimoine militaire, *in* Chamard-Heim et Yolka, dir. : Patrimoine(s) et équipements militaires. Aspects juridiques, *Institut univ. Varenne/ Lextenso, 2018. 149*).

2° PROCÈS-VERBAL

Le procès-verbal fait foi jusqu'à preuve du contraire et constitue le préalable des poursuites. Son établissement échappe à une rigueur excessive qui ferait primer le formalisme sur l'impératif de protection du domaine public. Il n'est d'ailleurs pas exigé par le juge qu'il soit établi contradictoirement. C'est l'agent verbalisateur qui constate lui-même la matérialité des faits. Il en va différemment quand le contenu du procès-verbal est corroboré par des éléments de l'instruction ou d'autres pièces du dossier. La rédaction est somme toute assez brève. Le procès-verbal doit comporter notamment le nom du contrevenant, le lieu de la contravention, et viser les faits punissables. L'absence de signature du contrevenant ou de fondement juridique de la contravention n'a pas de conséquence sur la validité de l'acte. De même, certaines erreurs matérielles – concernant par exemple le type de dépendance domaniale irrégulièrement occupée – ne constituent pas des vices substantiels de nature à rendre la procédure illégale. Toutefois, l'absence de la date d'établissement du procès-verbal, de l'énonciation des faits ou de la signature de l'agent verbalisateur vicie l'ensemble de la procédure. De même, une rédaction trop tardive du procès-verbal par rapport à la date de commission de l'infraction est susceptible d'entraîner l'irrecevabilité de l'action publique.

3° TRANSMISSION ET NOTIFICATION

Une fois établi, le procès-verbal est transmis au préfet. Dans les dix jours qui suivent sa rédaction, celui-ci doit en faire notifier une copie au contrevenant (dans la forme administrative ou par lettre recommandée avec demande d'avis de réception). Ce délai n'est pas prescrit à peine de nullité, mais sa violation ne doit pas porter atteinte aux droits de la défense. Par ailleurs, la notification n'a pas à être motivée. Elle doit en revanche indiquer à la personne poursuivie qu'elle peut fournir des moyens de défense par écrit qui doivent être déposés dans un délai de quinze jours à compter de la notification (V. art. L. 774-2, al. 3, CJA).

B. ENGAGEMENT DES POURSUITES

1° AUTORITÉ HABILITÉE À POURSUIVRE

La répression des contraventions de grande voirie est assurée par la juridiction administrative, normalement saisie à titre exclusif par le préfet ou son délégataire (V. art. L. 774-2 CJA, App., v° *Contraventions de grande voirie [Procédure]*), sachant que la personne poursuivie n'est pas tenue de recourir au ministère d'un avocat (CJA, art. R. 431-3-1°), en dépit d'une tendance à le rendre obligatoire dans le contentieux domanial (Décr. n° 2016-1480 du 2 nov. 2016, art. 11 : *Rev. CMP 2016. Comm. 272, Clamour*). Il appartient en effet au représentant de l'État d'engager les poursuites en saisissant le président du tribunal administratif territorialement compétent du procès-verbal dont la contravention a fait l'objet (la jurisprudence admet toutefois qu'il puisse se désister). Mais ce principe de compétence exclusive (dont on a pu souligner le caractère archaïque dans une République décentralisée et dans un contexte de transfert de la propriété de grandes infrastructures aux collectivités territoriales) connaît aujourd'hui quelques dérogations. Le monopole préfectoral est d'abord écarté dans le secteur des transports. L'autorité exécutive de l'établissement public en cause est habilitée à engager les poursuites, une telle compétence s'exerçant selon deux modalités. Soit elle se substitue à celle du préfet, comme c'est le cas pour le directeur général de Voies navigables de France (C. transp., art. L. 4313-3, et CJA, art. L. 774-2, al. 2) ou pour le président du directoire de l'établissement public Société du Canal Seine-Nord Europe (L. n° 2019-1428 du 24 déc. 2019 d'orientation des mobilités, art. 134 II, Ord. n° 2016-489 du 21 avr. 2016, art. 14 *bis*) ; soit elle se cumule avec celle du préfet, ce qui est le cas pour certains ports autonomes (C. transp., art. L. 4322-13, et CJA, art. L. 774-2, al. 2), pour les ports maritimes locaux (C. transp., art. L. 5337-3-1, et CJA, art. L. 774-2, al. 2) les grands ports maritimes (C. transp., art. L. 5337-3-2, et CJA, art. L. 774-2, al. 2), les dépendances du domaine public fluvial appartenant aux collectivités territoriales et à leurs groupements (CJA, art. L. 774-2, al. 2 : L. n° 2019-1461, 27 déc. 2019, art. 56) et pour le réseau ferré (un tel cumul existait, lorsque le réseau ferroviaire était géré par RFF. La loi n° 2014-872 du 4 août 2014 portant réforme ferroviaire ne comportait aucune disposition explicite sur le sujet, mais la même solution devait logiquement jouer au bénéfice de SNCF Réseau. Les établissements publics du groupe SNCF ayant été transformés en sociétés par la L. du 27 juin 2018 pour un nouveau pacte ferroviaire, le statut du réseau ferroviaire sera fixé par ordonnance, ce qui déterminera le futur régime de protection de ces infrastructures, pour l'heure inconnu). Le monopole préfectoral est d'autre part écarté pour les atteintes au domaine public militaire (C. défense, art. L. 5121-1), à celui situé dans les réserves naturelles (C. envir., art. L. 332-22-1, R. 332-42-1 et R. 332-59-1), les parcs naturels marins (C. envir., art. L. 334-7 et R. 334-37), le Conservatoire du littoral (C. envir., art. L. 322-10-4 et R. 322-37-1), les parcs nationaux (C. envir., art. L. 331-19-1 et R. 331-35), ainsi que dans certaines collectivités ultramarines (CJA, art. L. 774-9 s.).

2° OBLIGATION DE POURSUIVRE

Conformément à l'impératif de protection du domaine public – et à la différence du régime de droit commun en matière répressive –, il n'existe pas de liberté de poursuivre (principe d'opportunité des poursuites) à propos des contraventions de grande voirie. Les autorités compétentes ont l'obligation de saisir la juridiction administrative des poursuites prévues par les textes dès lors qu'elles ont connaissance de faits constitutifs de contraventions de grande voirie. Toutefois, cette obligation de poursuivre trouve sa limite dans les autres intérêts généraux dont l'administration a la charge (intérêts de nature économique ou sociale, par exemple), entre autres dans les nécessités de l'ordre public, ainsi que lorsqu'un régime excluant celui des contraventions de grande voirie trouve à s'appliquer. En dehors de ces cas, les autorités compétentes ne sauraient légalement se soustraire aux poursuites, notamment pour des raisons de simple convenance administrative. Ce principe emporte plusieurs conséquences. D'abord, en dehors des hypothèses précédemment évoquées, le refus ou l'inaction de l'autorité compétente est considéré comme illégal et constitue une faute de nature à engager la responsabilité de la personne publique concernée, qui est généralement l'État (en principe pour faute lourde, mais une telle faute est rarement reconnue). Ensuite, le refus de poursuivre et de déférer au juge l'auteur d'une contravention de grande voirie peut faire l'objet d'un recours pour excès de pouvoir. Enfin, les poursuites pour contraventions de grande voirie ne sauraient être constitutives de voie de fait.

3° PERSONNE POURSUIVIE

L'imputabilité est déterminée largement et renvoie tant aux personnes physiques qu'aux personnes morales (de droit privé comme des entreprises ou des sociétés, ou de droit public, des communes ayant pu être condamnées pour la construction d'ouvrages sans autorisation) ; c'était d'ailleurs, traditionnellement, l'une des particularités de la police de la conservation par rapport au droit pénal (le principe de la responsabilité pénale des personnes morales n'a été introduit en droit français qu'à l'occasion de la rédaction du nouveau code pénal, entré en vigueur au printemps 1994). Dans tous les cas, les personnes doivent être objectivement responsables des dommages causés. La jurisprudence retient une formule générale, aux termes de laquelle la personne qui peut être poursuivie est « soit celle qui a commis ou pour le compte de laquelle a été commise l'action qui est à l'origine de l'infraction, soit celle sous la garde de laquelle se trouvait l'objet qui a été la cause de la contravention ». Dans un souci d'efficacité, le juge s'en tient à l'apparence et condamne le propriétaire de la chose, même si celle-ci n'a pas été la cause première de l'infraction, mais seulement son instrument. Quand il s'agit de la personne pour le compte de laquelle l'infraction a été commise, la solution peut varier selon la nature du lien juridique qui unit la personne à l'origine du dommage à celle pour le compte de laquelle elle agit. Enfin, si la personne poursuivie est celle qui avait la garde de la chose à l'origine de l'infraction, c'est généralement le propriétaire qui est condamné en tant que gardien (la présomption de garde qui pèse sur le propriétaire cédant seulement dans trois cas : vol – V. *infra* –, location, épaves).

4° EXONÉRATION

La contravention de grande voirie est une infraction purement matérielle, sans élément intentionnel. L'existence matérielle du fait punissable suffit à elle-même pour constituer la contravention. Par conséquent, si la personne poursuivie peut s'exonérer d'une partie de sa responsabilité, les causes d'exonération restent limitées et se réduisent à trois hypothèses. Il s'agit d'abord de la force majeure *stricto sensu*. L'existence d'un cas de force majeure doit répondre, traditionnellement, aux caractères d'imprévisibilité, d'irrésistibilité et d'extériorité : c'est, par exemple, le cas d'un événement naturel exceptionnel comme une inondation. Mais la jurisprudence ne retient que rarement cette cause exonératoire. Deuxième hypothèse : l'existence d'un fait de l'administration assimilable à un cas de force majeure. Cette faute lourde de l'administration doit avoir empêché le contrevenant de prévenir le dommage qui lui est imputé (fourniture d'indications erronées ou insuffisantes ; ouvrage public défectueux, etc.). La dernière hypothèse correspond au fait du tiers, susceptible d'entraîner l'exonération à condition d'être assimilé à la force majeure. L'hypothèse classique était celle des dommages causés par un véhicule volé. Après avoir admis la condamnation du propriétaire pour contravention de grande voirie, sauf s'il parvenait à établir qu'il avait pris toutes les mesures nécessaires pour éviter le vol, la jurisprudence a renversé cette présomption de faute en admettant que le propriétaire a perdu la garde du véhicule et ne peut être poursuivi au titre des contraventions de grande voirie pour les dommages causés par ce dernier. En tout état de cause, la nécessité d'une protection efficace du domaine public commande d'entendre de manière restrictive l'ensemble des causes d'exonération.

III. SANCTIONS ET RÉPARATION

Les contraventions de grande voirie présentent une double nature : civile, d'un côté, avec la réparation d'un dommage ; quasi pénale, de l'autre, en ce qu'elles se rattachent au contentieux administratif de la répression. Cette ambivalence se traduit par le fait qu'une amende les sanctionne, mais aussi que ces contraventions impliquent la réparation matérielle de la dépendance dégradée. L'action répressive côtoie ainsi l'action restauratrice.

A. POUVOIRS DU JUGE

Ses pouvoirs sont étendus. En premier lieu, rien n'interdit au représentant de l'administration gestionnaire du domaine de s'adresser au juge des référés pour que des mesures provisoires soient prescrites. Ainsi, le référé conservatoire ou mesures utiles peut permettre d'ordonner la cessation des atteintes au domaine public, comme l'arrêt provisoire de travaux ou l'évacuation d'une dépendance occupée illégalement. En second lieu, lorsque le juge de la contravention de grande voirie est saisi au fond, en principe par le préfet, la condamnation qu'il prononce éventuellement s'accompagne souvent d'une injonction, au besoin assortie d'une astreinte, dont il appartient au juge de liquider le montant (V. Giacuzzo, Les pouvoirs du juge de l'astreinte en matière de contraventions de grande voirie, *JCP Adm. 2015, n° 2134*). Enfin, et dans un souci d'efficacité, lorsque les faits invoqués ne constituent pas une infraction aux textes sur lesquels la poursuite est fondée, le juge recherche, au besoin d'office, si ces faits ne constituent pas une contravention à d'autres dispositions.

B. PRONONCÉ

Il revient notamment au juge administratif de la contravention de grande voirie, non seulement de prononcer les sanctions prévues par les textes (ceci, au titre de l'action répressive), mais aussi de condamner la personne contrevenante à réparer le dommage causé au domaine public (ceci, au titre de l'action dite « civile »). Un volet est donc d'ordre répressif (l'amende – et le remboursement des frais de procès-verbal, qui constitue généralement l'accessoire de l'amende ; très rarement, la confiscation), l'autre est d'ordre restitutif.

1° L'AMENDE

Conformément aux règles du droit pénal classique, son prononcé est subordonné aux principes de légalité, de nécessité et de proportionnalité. Elle doit donc être prévue par un texte et peut faire l'objet d'une amnistie. Le montant de l'amende est encadré par les dispositions de l'article L. 2132-26 CGPPP qui renvoie lui-même à l'article 131-13-5° du code pénal. Au regard de la nature spécifique des contraventions de grande voirie, le montant de l'amende est élevé, mais ne peut être aggravé en cas de récidive (contrairement à l'amende pénale). Au contraire du droit pénal encore, la règle traditionnelle selon laquelle un même fait ne peut donner lieu simultanément à deux condamnations (règle *non bis in idem*. V. dossier *RD publ. 2018/1*) ne s'applique pas aux contraventions de grande voirie. Les mêmes faits peuvent être poursuivis devant les deux ordres de juridiction lorsqu'ils constituent des infractions distinctes. Les peines peuvent alors se cumuler (le principe de confusion des peines n'existe pas en contentieux de grande voirie), et l'amende pour contravention de grande voirie peut se cumuler avec une sanction pénale liée à l'application d'une autre législation. En cas de contraventions multiples, l'auteur encourt autant d'amendes que d'infractions commises. Reste que, quand l'amende se cumule avec une sanction pénale encourue à raison des mêmes faits, le montant global des amendes ne peut excéder la plus élevée des amendes encourues (V. art. L. 2132-28). Enfin, aux termes de l'article L. 2132-27, lorsque l'amende sanctionne des occupants sans titre d'une dépendance du domaine public, les contraventions se commettant chaque journée, elles peuvent donner lieu au prononcé d'une amende chaque jour où l'occupation est constatée, si cette occupation sans titre compromet l'accès à la dépendance, son exploitation ou sa sécurité.

2° LA RÉPARATION DES DOMMAGES CAUSÉS AU DOMAINE PUBLIC

En vertu du principe de réparation par équivalent, quand les faits à l'origine de la contravention ont eu pour conséquence de modifier les lieux, le juge peut ordonner à l'auteur de l'infraction de remettre effectivement ces lieux en l'état (démolition de la construction illégale, évacuation des lieux occupés sans titre...), le cas échéant sous astreinte, ou condamner le contrevenant à des dommages et intérêts destinés à régler les frais de remise en état liés aux travaux réalisés par la personne publique. La détermination du montant des dommages et intérêts éventuels qui seront alloués à la personne publique gestionnaire ou concessionnaire doit correspondre aux frais à engager pour remettre le domaine en l'état (en incluant la TVA). La contestation de la somme en cause par le contrevenant est toujours possible, à condition d'en prouver le caractère excessif par rapport au coût réel de la remise en état. Cette action en réparation des dommages échappe à l'amnistie et ne connaît pas de prescription, l'imprescriptibilité de l'action domaniale étant classiquement justifiée par le principe d'imprescriptibilité du domaine public.

En conséquence, la question est de savoir si cette procédure atypique respecte les exigences de la Convention européenne des droits de l'homme. Si, quand le juge se prononce sur les poursuites exercées (aspect répressif), il statue bien sur des accusations en matière pénale au sens de l'article 6 § 3 de la Convention, l'action en réparation n'entre pas dans le champ de l'article 6 § 3. L'obligation de réparation n'a pas le caractère d'une sanction, au contraire des amendes, soumises au principe de la nécessité des peines (V. Moreau, Contraventions de grande voirie et procédure équitable, *in Mél. Colson, 2004, p. 559*).

C. RECOURS

L'article 1er de la loi du 31 décembre 1987 a transféré aux cours administratives d'appel le contentieux des appels contre les jugements rendus en matière de contraventions de grande voirie (V. art. L. 321-1 CJA). Le délai d'appel est de deux mois et court à compter du jour du jugement. La personne qui a déclenché les poursuites, tout comme la personne poursuivie, est en droit d'interjeter appel (sauf – pour cette dernière – si elle est relaxée), de même que les personnes condamnées par le tribunal administratif ou les personnes auxquelles le jugement fait grief. En vertu d'une jurisprudence ancienne et constante, l'appel incident est exclu en matière de contraventions de grande voirie, tant de la part de l'autorité qui a engagé les poursuites que de la part du contrevenant. C'est le particularisme du contentieux de la répression qui semble justifier cette incompatibilité avec l'appel incident (V. Chapus, Droit du contentieux administratif, *Domat Montchrestien, 13e éd., 2008, n° 1350*). Un recours en cassation devant le Conseil d'État est en revanche tout à fait possible dans un délai de deux mois, à compter de la notification de l'arrêt d'appel. Dans la plupart des cas, la Haute Juridiction règle elle-même le litige dans l'intérêt d'une bonne administration de la justice. ❑

I. INCRIMINATION

1. Contravention de grande voirie et occupation sans titre. L'occupation sans titre du domaine public n'est constitutive d'une contravention de grande voirie que si un texte le prévoit. Pour un rappel : • CAA Marseille, 23 déc. 2016, *Cne de Montpellier,* n° 15MA02118. ♦ C'est par exemple le cas sur le domaine public maritime ; le seul fait d'y maintenir sans autorisation des installations était constitutif d'une contravention de grande voirie. • CE 3 févr. 1965, *Duhart : AJDA 1965. 399, note Laporte.* ♦ Cela, sans qu'y fasse obstacle l'obtention d'un permis de construire, vu le principe d'indépendance des législations. • CAA Paris, 18 sept. 2014, *A. c/ Polynésie française,* n° 13PA01144. ♦ De même, en cas de maintien après l'expiration du titre. • CE 2 avr. 2003, *Saurin,* n° 237968 : *Lebon T. 774*. ♦ Le fait de laisser stationner, en infraction au règlement général de la police des ports maritimes adopté pour assurer un usage de ceux-ci conforme à leur destination, un véhicule au-delà du temps nécessaire à son chargement ou déchargement constitue une contravention de grande voirie. • CE 5 juill. 1968, *Min. Équip. c/ Le Rollé : Lebon 420.* ♦ Dans le même sens • CE 17 janv. 1986, *Mansuy : AJDA 1986. 185, note Rézenthel* • CAA Nantes, 31 août 2010, *X.,* n° 10NT00068. • CAA Marseille, 15 janv. 2007, *M. Lino X.,* n° 05MA01200 • CAA Paris, 22 mai 2008, *SARL Fool Moon Company,* n° 07PA00631. ♦ En se maintenant dans une maison cantonnière ou éclusière dépendant du domaine public fluvial après la résiliation de son bail, la requérante a commis une contravention de grande voirie. • CE 3 mars 1958, *Pitié : Lebon 142* • CAA Douai, 31 oct. 2018, n° 18DA00637. ♦ Constitue également une telle infraction le dépôt sans autorisation de minerais sur le quai d'un port. • CE 20 janv. 1960, *Min. Travaux publics c/ Sté des Mines et produits chimiques : Lebon 45* • CAA Nancy, 4 août 2006, *M. Miodrag X.,* n° 04NC00931. ♦ ... De sable sur une ligne ferroviaire. • TA Caen, 30 nov. 2010, *Assoc. Réseau vert de Basse-Normandie,* n° 0902272 : *JCP Adm. 2011. 2192 note Braud ; AJCT 2011. 96, note Stahl*. ♦ ... De pédalos sur une plage. • CE 29 mai 1974, *Muscinesi : Lebon 324.* ♦ ... D'installations non autorisées appartenant à des « plagistes » sur le domaine public maritime. • CAA Marseille, 21 avr. 2016, *SARL Hôtel Impérial Garoupe,* nos 14MA04236 et 14MA04238 • 21 avr. 2017, *SARL International Racing School,* n° 16MA00674 (installations illégales malgré l'obtention d'un permis de construire, qui ne sauraient en conséquence être qualifiées de biens de retour) • 13 juill. 2017, *Sté SDFI,* n° 16MA00147 • CAA Marseille, 28 juin 2019, *Min. Transition écologique,* n° 17MA04800. ♦ ... Ou dans une emprise portuaire communale. • CAA Marseille, 15 juin 2017, *SARL St-Pierre,* n° 15MA04255. ♦ ... D'installations de perliculture irrégulières dans un lagon polynésien. • CAA Paris, 11 mai 2017, *SCA Dream Pearls,* n° 16PA00838. ♦ ... De plates-formes de bois et d'un chemin d'accès illégalement aménagés sur le domaine public maritime. • CE 3 mars 2017, *A. c/ Min. de l'Environnement,* n° 390368. ♦ ... D'un carrelet de pêche sur le domaine public fluvial. • CAA Bordeaux, 5 févr. 2018, *Sté Château Lilian Ladouys,* n° 16BX02018. ♦ ... D'un ouvrage de franchissement non autorisé sur le bras d'une rivière relevant du domaine public fluvial outre-mer. • CAA Paris, 12 déc. 2019, *Nelle Calédonie,* n° 18PA02936. ♦ ... D'enrochements sur le domaine public maritime. • CAA Marseille, 13 oct. 2017 *A. c/ Min. Écologie,* n° 15MA04213. ♦ Dans ce dernier cas, le riverain ne peut se prévaloir de la DDHC de 1789 et du Prot. CEDH n° 1 pour soutenir que le mouvement naturel des flots porterait atteinte à son droit de propriété, notamment vu la déclaration de conformité à la Const. de l'art. L. 2111-4 CGPPP par le Cons. const. • Cons. const. 24 mai 2013, n° 2013-316 QPC • CE 22 sept. 2017, *SCI APS,* n° 400825 : *Lebon T ; AJDA 2017. 1807, obs. Pastor ; Rev. CMP 2018. Chron. 7, obs. Soler-Couteaux, Zimmer et Waltuch ; Dr. adm. 2018, comm. n° 9, note Éveillard ; JCP Adm. 2017. Actu. 431, obs. Touzeil-Divina ; ibid. 2308, note Hostiou ; JCP 2018. 625, chron. Éveillard ; JCP N 2018. 1173, note Delavaquerie ; RDI 2018. 104, obs. Foulquier*. – Sur cette même affaire, • CAA Marseille, 18 mai 2017, n° 15MA02436. ♦ ... D'une clôture sur le domaine public maritime, même au-dessus de la limite des flots les plus hauts, dès lors qu'étaient en cause des lais et relais. • CAA Marseille, 15 juin 2017, *E. et a.,* n° 17MA01149. ♦ ... D'une chaîne de mouillage et de cadenas reliant un navire à un « catway » dans un port de plaisance. • CAA Nantes, 7 févr. 2020 *D. c/ Préfet Côtes-d'Armor,* n° 19NT01615. ♦ Le juge, pour établir si la clôture est implantée illégalement, doit appliquer les critères fixés par l'art. L. 2111-4 CGPPP et n'est pas lié par les termes d'un arrêté, à caractère déclaratif, de délimitation du domaine public maritime. • CAA Marseille, 23 févr. 2018, *M. C.*, n° 17MA00003 • 11 mai 2018, *M. et Mme B.*, n° 17MA02034. ♦ Le fait de poser, sur des poteaux du réseau aérien de télécommunications de France Télécom (alors établissement public, propriétaire d'un domaine public), des câbles d'un réseau privé de télécommunications, constitue une contravention de grande voirie. • TA Nancy, 23 févr. 1993, *France Télécom c/ Schante : Lebon T. 763*. ♦ Il en va de même pour l'installation de panneaux publicitaires sur le domaine public fluvial sur le fondement d'une autorisation délivrée par une autorité incompétente. • TA Toulouse, 20 nov. 1997, *VNF c/ Giraudy : Droit et ville 1998. 189, note Bonfils.* ♦ Le fait de continuer à verser une redevance est sans influence sur la matérialité de la contravention. • CE 2 avr. 2003, *Saurin*, n° 237968 : *préc.* • CAA Paris, 22 mai 2008, *SARL Fool Moon Company : préc.* ♦ Une entreprise agricole cultivant des carottes sans autorisation sur des terrains appartenant au Conservatoire de l'espace littoral commet une contravention de grande voirie et doit être condamnée de ce chef (après la carotte, le bâton). • TA Caen, 23 janv. 2009, *Conservatoire du littoral c/ SCEA de La Bergerie : Dr. adm. 2009, n° 54, note Le Roux.* ♦ L'administration peut réprimer l'atteinte au domaine public commise par un occupant désormais dépourvu de titre selon la procédure de la contravention de grande voirie et ce dernier ne peut exciper des stipulations d'une convention d'occupation domaniale résiliée pour contester un état exécutoire relatif au coût des travaux de remise en état du domaine. • CE 11 déc. 2009, *Port autonome de Paris*, n° 298873 : *Lebon T. 739*. ♦ Pour une contravention de grande voirie résultant de l'empiètement d'une haie sur l'emprise d'une servitude de marchepied. • CAA Lyon, 26 avr. 2012, *Épx Lombard*, n° 11LY02328 : *AJDA 2012. 1653*. ♦ Le stationnement irrégulier d'un bateau sur le domaine public fluvial constitue à lui seul un empêchement au sens des dispositions de l'art. L. 2132-9. • CAA Marseille, 15 sept. 2017, *D. c/ VNF*, n° 16MA01250 • CAA Paris, 27 avr. 2017, *D. c/ VNF*, n° 15PA03990 • 5 avr. 2007, *Port autonome de Paris*, n° 04PA03088. – Auparavant, dans le même sens, • TA Paris, 19 mars 1986, *COREP de la Région Île-de-France c/ Sté Art Mécène : Lebon T. 525.* ♦ V. aussi • CAA Paris, 26 déc. 1995, *Krylyschin*, n° 95PA01518 : *Lebon T. 783.* ♦ Est constitutif de contravention de grande voirie le maintien d'une construction illégalement édifiée en bord de mer... • CAA Marseille, 28 sept. 2018, nos 18MA00438 et 18MA00518 • CAA Bordeaux, 13 févr. 2019 *E. c/ Conservatoire du littoral*, n° 18BX01376. ♦ ... Alors même qu'elle serait antérieure à l'intégration du terrain d'assiette dans le domaine public propre du Conservatoire du littoral. • CAA Bordeaux, 10 nov. 2015, *Mme E. c/ Préfet de région de la Martinique*, n° 13BX00341. ♦ En revanche, n'est pas constitutif d'une telle contravention l'établissement d'une passerelle surplombant de plusieurs mètres le domaine public maritime, dès lors que ne sont pas réprimées les implantations dans l'espace compris au-dessus dudit domaine, sauf si elles font obstacle à son utilisation. • CE 6 juin 2018, *Arditty*, n° 410651 : *AJDA 2018. 1193, obs. Pastor ; Rev. CMP 2018. Chron. 7, obs. Soler-Couteaux, Zimmer et Waltuch ; Dr. adm. 2018. Comm. n° 47, note Cornille ; JCP Adm. 2018. Actu. 523, obs. Touzeil-Divina ; ibid. 2220, note Moliner-Dubost.* ♦ *Contra*, à propos d'un garage à bateau surplombant en partie les eaux du lac d'Annecy. • CAA Lyon, 19 déc. 2019, *Sté HT Immo*, n° 19LY01395. ♦ V. aussi Fouquier, Les vol(ume)s au-dessus de la mer, *RDI 2019. 104.* ♦ Une juridiction, saisie au titre d'une procédure de contravention de grande voirie (installations piscicoles établies sur le domaine public maritime), ne peut légalement prendre en compte les analyses formulées par un *amicus curiae* qui aurait été saisi de questions n'étant pas d'ordre général et l'ayant conduit à porter une appréciation sur une pièce du dossier. • CE 6 mai 2015, *Caous : AJDA 2015. 959, obs. Poupeau ; ibid. 1545 ; BJCL 2015. 560, concl. Escaut ; Dr. adm. 2015. Comm. 66, note Éveillard ; JCP Adm. 2015. 2305, n° 43, chron. Le Bot ; JCP 2015. Actu. 630, obs. Langelier.* ♦ Un litige intéressant la mise en œuvre de l'art. L. 2125-8 CGPPP (sur la redevance due à raison des occupations sans titre du domaine public fluvial) n'entrant pas dans le champ de l'art. L. 774-1 CJA (sur les contraventions de grande voirie), il ne saurait être tranché à juge unique. • CAA Versailles, 23 juin 2016, *C. et B. c/ Port autonome de Paris*, n° 14VE01788.

2. Il avait été jugé par le passé que le fait de laisser stationner une embarcation sur la Seine ne constituait pas une contravention aux dispositions de l'art. 29 C. dom. publ. fluv. et donc une contravention de grande voirie, mais tout au plus une contravention de police. • TA Rouen, 9 janv. 1979, *Lanoy : Lebon 499.* ♦ Dans le même sens • CAA Bordeaux, 24 févr. 1994, *Secr. d'État à la Mer c/ Lemanach : Lebon T. 934*. ♦ Cette jurisprudence est aujourd'hui dépassée, le stationnement sans titre sur le domaine public fluvial – que VNF poursuit assez systématiquement désormais – étant presque toujours qualifié de contravention de grande voirie. ♦ *Contra* la solution Lanoy • CE 6 oct. 1982, *Taisne : Lebon T. 619* • CAA Paris, 20 juin 2003, *Port autonome de Paris*, n° 01PA00071 : *JCP Adm. 2004. 1047, note Deliancourt* • CAA Paris, 5 avr. 2007, *Port autonome de Paris*, n° 04PA03088. • CAA Versailles, 20 nov. 2014, *C. c/ VNF*, n° 12VE03097. ♦ Le fait de devoir déplacer un bateau occupant illégalement le domaine public fluvial ne porte pas une atteinte disproportionnée au droit de mener une vie familiale normale (art. 8 CEDH) ni au droit au domicile (C. civ., art. 102). • CE 12 oct. 2012, *VNF*, n° 338746 • CAA Versailles, 5 juin 2014, *C. c/ VNF*, n° 12VE00120 • CAA Versailles, 7 juill. 2016, *Mme D c/ VNF*, n° 14VE02760. ♦ Une personne poursuivie pour contravention de grande voirie liée à l'occupation irrégulière du domaine public fluvial par une péniche ne saurait se prévaloir des dispositions de la L. n° 2000-614 du 5 juill. 2000 relative à l'accueil des gens du voyage ? • TA Lyon, 21 janv. 2020, *VNF*, n° 180553 : *JCP Adm. 2020. Act. 76.*

3. L'occupant sans titre d'une parcelle n'appartenant plus – à la date à laquelle a été dressé le procès-verbal à l'origine des poursuites – au domaine public maritime ne peut être soumis au régime de répression des contraventions de grande voirie institué par l'Ord. de la marine d'août 1681 (abrogé par Ord. du 21 avr. 2006). A supposer que cette parcelle soit de nouveau soumise à un régime de domanialité publique, il ne saurait être poursuivi du fait d'une contravention de grande voirie, aucun autre texte n'étant applicable. • CE 27 mars 2000, *Min. Équip. c/ Sinigaglia : Lebon 136 ; CJEG 2000. 257, concl. Arrighi de Casanova ; RDI 2000. 158, obs. L. V.* • CAA Paris, 23 nov. 2006, *M. Roger X.*, n° 03PA02659. ♦ En l'absence de réalité matérielle d'un chemin de halage, l'existence d'une servitude de halage de nature à fonder une contravention de grande voirie ne peut être tenue pour établie. • CAA Paris, 18 mai 2000, *M. Armen Y.*, n° 99PA00938 : *Gaz. Pal. 1er juill. 2001, p. 44.*

4. Contraventions de grande voirie étrangères à une occupation sans titre. Une contravention de grande voirie est souvent constituée par un dommage causé à un élément du domaine public, sans qu'il y ait occupation sans titre. Il en va ainsi d'une pollution causée par un déversement d'hydrocarbures dans un port. • CE 5 déc. 1979, *Sté Agence maritime et fluviale Maurice-Pomme : Lebon 451* (ou dans un canal) • CAA Nancy, 10 mai 2007, *M. Wilfried X.*, n° 05NC01438. ♦ V. également • CAA Bordeaux, 4 oct. 2007, *M. Laurent X.*, n° 05BX00018. ♦ ... Du sectionnement de câbles téléphoniques ou électriques. • CE 7 févr. 1962, *Radomsky et Sté Les Travaux souterrains : Lebon 94* • CAA Paris, 18 oct. 2001, *Sté Sade CGTH*, n° 99PA01005 : *RFDA 2002. 415 ; CJEG 2003, n° 92, concl. Barbillon.* ♦ ... De la détérioration de la barrière d'un passage à niveau. • CE 19 avr. 1972, *Vacher : Lebon 298.* ♦ ... De l'extraction de matériaux sans autorisation. • CE 29 juill. 1983, *Adam : Lebon 343* • CAA Paris, 12 juin 2014, *Sté Nuiatea*, n° 13PA02140. ♦ ... De la dégradation de dépendances du domaine public maritime lors de travaux non agréés par l'autorité compétente. • CAA Nantes, 23 juill. 2018, *Sté Colas Centre Ouest*, n° 17NT01636. ♦ ... Ou lors de la création « sauvage » d'un sentier par un riverain. • CAA Nantes, 20 déc. 2019, *E. c/ Conservatoire de l'espace littoral et des rivages lacustres*, n° 18NT04498. ♦ Mais il appartient à l'autorité poursuivante d'apporter la preuve de la réalisation de travaux ayant porté atteinte à la consistance du domaine public. • CAA Nancy, 20 juill. 2017, *VNF*, n° 16NC02035. ♦ Les atteintes aux biens meubles ne sont pas constitutives de contravention de grande voirie. • CE 28 mai 2004, *Aéroports de Paris : AJDA 2004. 1214, obs. Biget ; BJCL 2004. 629, concl. Bachelier ; ibid. 633, obs. Degoffe ; Gaz. Pal. 12 oct. 2004, p. 42, note Véret et Vève ; JCP Adm. 2004, p. 1052, note Yolka ; JCP 2004. I. 165, chron. Levoyer ; ibid. IV. 2861, chron. Rouault ; LPA 15 févr. 2005, p. 3, chron. Morand-Deviller ; RFDA 2004. 855 ; RJEP 2004. 556, concl.* ♦ *Contra*, • CAA Douai, 17 sept. 2009, *Sté Delmas : AJDA 2010. 847, note Carpi-Petit.* ♦ Cassé par • CE 21 nov. 2011, *Sté Delmas*, n° 333900 : *AJDA 2012. 230 ; BJCL 2011. 879.* ♦ Jugé cependant que l'atteinte au portique mobile en cause était bien constitutive de contravention de grande voirie, ce qui revient à le qualifier implicitement d'immeuble. • CE 7 déc. 2015, *CMA CGM*, n° 362766 : *AJDA 2015. 2411, obs. Pastor.* ♦ Ne saurait être davantage constitutive d'une contravention de grande voirie l'atteinte à une dépendance du domaine privé, comme un chemin rural. • CAA Nantes, 20 mai 2016, *Cne de Grand-Auverné*, n° 15NT00341.

5. Compétence juridictionnelle. Dès lors que l'infraction constatée constitue, non une contravention à une disposition protectrice du domaine sanctionnée par le régime des contraventions de grande voirie, mais une contravention à une règle de police de la circulation, il ne s'agit pas d'une contravention de grande voirie, mais d'une contravention de police relevant du juge judiciaire. • CAA Bordeaux, 24 févr. 1994, *Secr. d'État à la mer c/ Lemanach : préc. note 2.* ♦ Dans le même sens • CE 5 juill. 1968, *Min. Équip. c/ Le Rollé : préc. note 1.* ♦ En revanche, si le requérant est poursuivi simultanément sur deux chefs d'inculpation, pour une occupation contraire à la fois aux règles de la circulation et aux dispositions du C. ports mar. (V. désormais C. transp.), le juge administratif est compétent pour statuer sur les poursuites liées à l'infraction à ces dernières, constitutive d'une contravention de grande voirie. • Même arrêt.

6. Les dispositions de la L. n° 85-98 du 25 janv. 1985 (V. art. L. 621-40 C. com.), d'où découle le principe de la suspension des actions individuelles des créanciers à compter du jugement d'ouverture de la procédure collective, ne comportent aucune dérogation aux prescriptions régissant les compétences respectives des deux ordres de juridiction. Il suit de là que le juge administratif est compétent pour statuer sur l'existence d'une créance invoquée par une personne publique et pour connaître des poursuites exercées par l'État pour une contravention de grande voirie. • TA Limoges, 22 mai 1990, *Préfet de la Corrèze c/ Transports Frédureux : Lebon T. 768*. ♦ Dans le même sens, pour des conclusions aux fins d'expulsion. • CAA Lyon, 20 oct. 1993, *Derat*, n° 92LY00893 : *Lebon T. 765*. ♦ La compétence de principe du juge administratif sur les contraventions de grande voirie ne fait pas obstacle à la saisine du juge judiciaire, après rejet de l'action intentée. • T. confl. 13 avr. 2015, *Province des Îles Loyauté : AJDA 2015. 786 ; Dr. adm. 2015. Comm. 51, note Éveillard ; JCP Adm. 2015. Actu. 397, obs. Langelier.*

7. Poursuites. Les autorités chargées de la conservation du domaine public maritime sont tenues, par application des principes régissant la domanialité publique, de veiller à l'utilisation normale des rivages de la mer et d'exercer à cet effet les pouvoirs qu'elles tiennent de la législation en vigueur, y compris celui de saisir le juge des contraventions de grande voirie, pour faire cesser (notamment) les occupations sans titre, ce qui n'exclut cependant pas la possibilité d'intenter une action en responsabilité. V., à propos de la dégradation de câbles sous-marins. • CAA Bordeaux, 2 juin 2015, *Sté Axa Corporate Solutions*, n° 13BX02013 : *AJDA 2015. 1464, note Katz*. ♦ Cette obligation de poursuite ne saurait concerner des faits qui ne sont pas constitutifs d'une contravention de grande voirie, par ex. des travaux limités et réversibles ne portant nulle atteinte à l'intégrité du domaine public ferroviaire. • CAA Lyon, 20 avr. 2017, *Collectif des usagers des transports publics du sud Ardèche*, n° 16LY00026. ♦ L'ouverture d'une procédure de liquidation judiciaire en application des dispositions du C. com. n'a pas pour effet de faire obstacle à la mise en œuvre des pouvoirs dont le préfet dispose en cas de contravention de grande voirie. • CAA Marseille, 26 janv. 2018, *SARL L'Abri côtier*, n° 16MA02672. ♦ L'obligation de poursuite trouve sa limite dans les autres intérêts généraux dont elles ont la charge et, notamment, dans les nécessités de l'ordre public. • CE, sect., 23 févr. 1979, *Assoc. Les amis des chemins de ronde : Lebon 75, concl. Bacquet ; AJDA 1979, n° 5, p. 83 et 96, chron. Dutheillet de Lamothe et Robineau ; D. 1979. 405, note Lombard ; D. 1979. Somm. 267, obs. Delvolvé ; GDDAB, 3e éd., 2018. Comm. 90, obs. Yolka ; RD publ. 1979. 1157, note Waline ; JCP 1980. II. 19329, note Davignon*. ♦ V. aussi • CE 6 févr. 1981, *Comité de défense des sites de la forêt de Fouesnant : JCP 1981. II. 19698, note Davignon* • CAA Paris, 18 nov. 1993, *Min. Équip. c/ Sté Sanara-Citerna : Lebon 482* • CAA Nantes, 4 févr. 1998, *Veau*, n° 97NT00437 : *Lebon T. 895 ; Gaz. Pal. 14-15 avr. 1999, p. 22* • CAA Nantes, 14 oct. 2003, *Cacheux : AJDA 2003. 2007, obs. Y. J. ; ibid. 2004. 85, note Coënt* • TA Grenoble, 20 oct. 2009, *Féd. nationale des assoc. d'usagers des transports : Dr. adm. 2010, n° 38, note Vallez-Thierry*. ♦ Le préfet du Finistère doit être regardé comme ayant fondé sur un motif d'intérêt général sa décision de ne pas faire dresser un procès-verbal de contravention de grande voirie lors de la pollution provoquée par le naufrage du pétrolier *Erika*, en estimant que la coopération avec la société Total devait être préservée pour assurer dans les meilleurs délais le traitement des conséquences du naufrage. • CE 30 sept. 2005, *Cacheux : Lebon 406 ; AJDA 2005. 1873, obs. Y. J. ; DMF 2007. 44, HS ; Dr. adm. 2005, comm. 156 ; Envir. nov. 2005, comm. 74, note Trouilly ; GADE, 1re éd., Dalloz, 2017, comm. 29, obs. Kalflèche ; JCP Adm. 2005. 622, chron. Rouault ; JCP 2005. IV. 3294 ; LPA 5-6 juin 2006. 12, étude Roche et Touzeil-Divina ; RFDA 2005. 1217, obs. Terneyre ; RJEP août-sept. 2006. 347, note Guettier*. ♦ V. Le Briero, Regard associatif sur la catastrophe de l'*Erika* : le naufrage de la contravention de grande voirie, *RJ envir. 2004, n° spécial, p. 185*. ♦ Autres applications. • CE 25 juill. 1980 : *Lebon 724 ; RD publ. 1981. 242* • CAA Paris, 18 nov. 1993, *Sté Sanara-Citerna : Lebon 482 ; LPA 4 nov. 1994, note Morand-Deviller*. ♦ V. aussi, indiquant qu'un prétendu « intérêt économique local » – en réalité, celui des contrevenants – ne constitue pas un obstacle à l'obligation de poursuivre, • CAA Marseille, 16 déc. 2003, *X.*, n° 02MA00795. ♦ Il appartient au seul préfet d'apprécier si une régularisation demeure possible et si la démolition de l'ouvrage public édifié sur le domaine public porterait, au regard de la balance des intérêts en présence, une atteinte excessive à l'intérêt général, soit avant d'engager la procédure de contravention de grande voirie en transmettant au juge le procès-verbal, soit après l'engagement de la procédure dont il peut se désister. • CE 23 déc. 2010, *MEDDTL*, n° 306544 : *Lebon 528 ; AJDA 2011. 6 ; JCP 2011. 892, chron. Éveillard ; JCP Adm. 2011. 2044, note Yolka ; ibid. 2239, chron. Chamard-Heim ; Dr. adm. 2011, n° 34, note Melleray ; RJEP 2011, n° 47, note Boussard ; RLCT avr. 2011. 33, note Caille ; AJDA 2011. 730, note Le Gars*. ♦ Conditionnant, de manière inédite, le désistement préfectoral à la remise en état du domaine. • TA Grenoble, 11 juill. 2017, *Préfet de l'Isère et FNAUT*, n° 1504252 : *AJDA 2017. 2266, note Braud ; Rev. CMP 2018. Chron. 7, obs. Soler-Couteaux, Zimmer et Waltuch*. ♦ Au rebours de la solution jurisprudentielle classique considérant qu'une personne publique puisse commettre une contravention de grande voirie et faire l'objet de poursuites, la CAA de Lyon avait déduit de l'art. 121-2 C. pén., qui prévoit que les collectivités territoriales ne sont responsables pénalement que des infractions commises dans l'exercice d'activités susceptibles de faire l'objet de conventions de délégation de service public, que cette disposition de portée générale est applicable aux contraventions de grande voirie à défaut de disposition législative particulière relative à la responsabilité pénale des collectivités territoriales en cas d'atteintes à l'intégrité du domaine public. • CAA Lyon, 7 avr. 2011, *RFF*, n° 09LY02914 : *JCP Adm. 2011. 2190, note Yolka ; ibid. 2012. 2170, chron. Chamard-Heim.* ♦ Cet arrêt a été cassé par le Conseil d'État. Dans une décision d'une grande importance théorique (pour la distinction entre contentieux administratif de la répression et contentieux pénal), la Haute Assemblée a considéré que le régime particulier des contraventions de grande voirie, qui permettent de sanctionner les atteintes portées au domaine public et qui ne sont pas des contraventions relevant du code pénal, est applicable aux collectivités territoriales et que les dispositions de l'art. 121-2 C. pén. n'y font pas obstacle. • CE 22 janv. 2014, *FNAUT*, n° 352202 : *AJDA 2014. 1303 ; JCP Adm. 2014. 2251, note Giacuzzo.* ♦ V., à la suite de cette cassation : • CAA Lyon, 25 sept. 2014, *RFF*, n° 14LY00377 : *AJDA 2015. 459, note Braud* (pour s'abstenir de poursuivre, l'autorité administrative ne peut se fonder sur des intérêts généraux dont elle n'a pas la charge). ♦ Demeure toutefois une tendance de certaines juridictions à se référer au C. pr. pén. (V. *infra* note 17) ou au C. pén. – Par ex., à propos du cumul de la responsabilité d'une personne morale et de celle de ses dirigeants, art. 121-2 al. 3 : • CAA Marseille, 28 août 2018, *SARL Porto-Vecchio marine*, n° 18MA03349.

8. Refus de poursuivre et responsabilité. Le refus de poursuivre est de nature à engager la responsabilité de l'État : pour faute lourde, en principe ; mais sans faute, s'il est justifié par des motifs d'intérêt général, comme l'atteste l'abondant contentieux relatif au blocage de voies d'eau ou de ports par des grévistes (Brameret, Grève et utilisation des biens publics, *in* Grève et droit public. 70 ans de reconnaissance, *PU Toulouse Capitole, 2017, p. 181*). • CE 20 mars 1974, *Navarra : Lebon 200, concl. Rougevin-Baville ; AJDA 1974. 303, chron. Franc et Boyon ; D. 1974. 481, note Gilli ; JCP 1974. II. 1752, note Liet-Veaux ; RD publ. 1974. 924, note de Soto* • 27 mai 1977, *SA Victor Delforge : Lebon 252 ; JCP 1978. II. 18778, note Pacteau ; Rev. adm. 1977. 488, note Darcy* • 7 déc. 1979, *Sté Les Fils de H. Ramel : Lebon 456 ; D. 1980. 303, concl. Genevois ; JCP 1981. II. 19500, note Pacteau* • 22 juin 1984, *Sté Sealink UK : Lebon 246 ; JCP 1985. II. 20444, note Pacteau* • 15 juin 1987, *Sté navale Delmas-Vieljeux : Lebon 216 ; RFDA 1988. 508, concl. Schrameck* • CAA Bordeaux, 13 nov. 2012, *Sté Photo Caraïbes*, n° 11BX00451. ♦ Même solution, s'agissant du blocage de ports, en cas de refus d'expulser les grévistes indépendant d'une procédure de contravention de grande voirie. • CE 30 sept. 2019, *Min. Int., c/ Cie méridionale de navigation*, n° 416615 : *Rev. CMP 2019, comm. 385, note Soler-Couteaux ; Dr. adm. 2020, comm. 5, note Eveillard ; Dr. voirie 2019, n° 211, p. 244, note Yolka.* ♦ Toutefois, compte tenu de la nature des compétences dévolues au préfet par la loi « Littoral » du 3 janv. 1986, la responsabilité de l'État peut être engagée pour toute faute – et pas seulement en cas de faute lourde – commise dans leur exercice. • CE 7 févr. 2003, *Secr. d'État au logement : AJDA 2003. 1238 ; RDI 2003. 381, obs. Soler-Couteaux* .

9. Compétence pour déclencher les poursuites. Seul le préfet (ou son délégataire) est compétent pour procéder à la notification du procès-verbal avec citation à comparaître. • CE 27 juin 1969, *Tilly : Lebon 348.* ♦ V. également • CAA Nantes, 20 déc. 1995, *Port autonome de Nantes : Lebon 562 ; Dr. adm. 1996, n° 223.* ♦ Le monopole préfectoral ne concerne pas les dépendances du seul domaine public de l'État ; il joue, alors même que la contravention porte sur une servitude attachée à une dépendance du domaine public départemental. • CAA Nantes, 29 mai 2015, *M. A.*, n° 14NT01878. ♦ ... Ou sur une dépendance portuaire communale. • CAA Marseille, 15 juin 2017, *SARL St-Pierre*, n° 15MA04255. ♦ En l'absence de notification par le préfet du procès-verbal de contravention de grande voirie au tribunal administratif, aucune poursuite ne peut être exercée contre l'intéressé. • CAA Paris, 14 févr. 2008, *Mme Marie-Ange X.*, n° 06PA01641. ♦ Selon le CE, il n'y a pas lieu de renvoyer au Cons. const., faute de caractère sérieux, une question prioritaire concernant la constitutionnalité de l'art. L. 774-2 CJA (qui pose le principe du monopole préfectoral). • CE 19 sept. 2016, *SARL Cassis Cap*, n° 401016 (solution jacobine et discutable dans un contexte de décentralisation, les procédures ouvertes aux personnes publiques autres que l'État devant le juge administratif n'ayant pas exactement les mêmes effets, à défaut de caractère répressif). – Sur les suites de l'affaire, • CAA Marseille, 13 juill. 2017, *SARL Cap Cassis*, n° 17MA01666 • 27 oct. 2017, *SARL Cap Cassis*, n° 17MA01634.

10. Les dispositions des III et IV de l'art. 1er de la loi du 31 déc. 1991 (V. aujourd'hui, C. transp., art. L. 4313-2 s.), ayant substitué l'établissement public Voies navigables de France à l'État dans l'exercice des pouvoirs dévolus à ce dernier pour la répression des atteintes à l'intégrité et à la conservation du domaine public qui lui est confié, donnent compétence au président de Voies navigables de France pour exercer les pouvoirs dévolus au préfet, qui en est dessaisi. • CE, sect. avis cont., 8 oct. 1993, *Lévy : Lebon 260 ; CJEG 1994. 129, concl. du Marais ; RFDA 1993. 1209.* ♦ Sur l'étendue de ces pouvoirs, V. par ex. • CAA Versailles, 9 mai 2016, nos 14VE02759 et 14VE02841. ♦ Sur leur combinaison avec ceux (cf. C. transp., art. L. 4244-1 et R. 4244-1) dont le préfet dispose pour procéder d'office au déplacement de bateaux occupant illégalement le domaine public fluvial. • CAA Versailles, 31 mars

2016, *A. c/ VNF,* n° 14VE01664. ♦ Le président de Voies navigables de France peut déléguer sa signature au directeur général, qui peut la subdéléguer aux chefs de services déconcentrés. En revanche, si l'action est introduite par l'adjoint d'un tel chef de service, le tribunal est irrégulièrement saisi. • CAA Paris, 5 juin 2008, *M. Y.,* n° 06PA03694 • CAA Paris, 20 déc. 2007, *Mme Sophie X.,* n° 06PA04284. ♦ Mais les mêmes dispositions, qui donnent compétence au directeur du Port autonome de Paris, en cas d'atteinte à l'intégrité et à la conservation du domaine confié à cet établissement, n'ont pas pour autant retiré au préfet le pouvoir de poursuivre les atteintes à l'intégrité et à la conservation du domaine confié au Port autonome de Paris, qui n'a pas été substitué à l'État dans l'exercice de ce pouvoir. • CE, sect. avis cont., 8 oct. 1993, *Chanthbouala : Lebon 259*. ♦ V. aussi • CE 16 juin 1995, *Entr. Paul Bastet : Lebon T. 784*. ♦ Illustrant la compétence dérogatoire du président de la Polynésie française (CJA, art. L. 774-11), V. par ex. : • CE 11 avr. 2018, *Sté Dream Pearls,* n° 413245 B : *AJDA 2018. 824, obs. Biget ; Rev. CMP 2018. Chron. 7, obs. Soler-Couteaux, Zimmer et Waltuch ; JCP Adm. 2018. Actu. 391, obs. Erstein ; JCP Adm. 2018, n° 43, p. 21, note Yolka* • CAA Paris, 29 nov. 2016, n° 15PA01737 • CAA Paris, 15 avr. 2016, n°s 15PA00585, 15PA00346, 14PA03021, 15PA00896 et 15PA00895. ♦ Illustrant les règles de compétence propres à la Nouvelle-Calédonie. • CAA Paris, 3 déc. 2015, *B. c/ Province Sud,* n° 13PA03674. ♦ ... Ou celles concernant les ports maritimes locaux. • CAA Nantes, 22 mars 2017, *D. c/ Synd. mixte régional des ports normands associés,* n° 16NT03856. ♦ La collectivité territoriale propriétaire peut s'associer aux conclusions préfectorales à fins de poursuites par voie d'intervention volontaire. • CAA Marseille, 27 oct. 2017, *SARL Cap Cassis,* n° 17MA01634. ♦ Compétence du directeur du Conservatoire du littoral et des rivages lacustres pour saisir le tribunal administratif... V. par ex. : • CAA Bordeaux, 29 nov. 2018, n° 16BX04172. ♦ ... Mais du préfet pour notifier au contrevenant le procès-verbal de contravention. • CAA Douai, 3 mai 2018, *M. C. c/ Conservatoire de l'espace littoral et des rivages lacustres,* n° 16DA02461. ♦ Il arrive également que le préfet poursuive une contravention commise dans un parc national, nonobstant la compétence du directeur de ce dernier. • CAA Marseille, 14 sept. 2018, n° 16MA03248 : *JCP A 2019, n° 4, p. 43, note Yolka.*

11. Est recevable la tierce opposition du concessionnaire qui n'est pas mis en cause devant le tribunal administratif et se prévaut d'un droit propre auquel préjudiciait le jugement attaqué. • CAA Nantes, 15 avr. 1993, *Port autonome du Havre : Lebon T. 765*. ♦ Irrecevabilité, en revanche, quand une entreprise avait été régulièrement appelée dans l'instance. • CAA Marseille, 1er juin 2017, *Sté Atlantic Chempharm,* n° 15MA03803.

12. Procès-verbal. En l'absence de procès-verbal, les conclusions dirigées contre une société pour réparation d'un dommage causé au domaine public fluvial ne sont pas liées à une procédure de poursuite pour contravention de grande voirie. En conséquence, le juge administratif est incompétent. • CE 18 janv. 1963, *Synd. de dessèchement de la vallée d'Airon : Lebon 30.* ♦ Le procès-verbal est au nombre des décisions visées par le second al. de l'art. 4 de la L. n° 2000-321 du 12 avr. 2000 relative aux droits des citoyens dans leurs relations avec les administrations, selon lequel « toute décision prise par l'une des autorités administratives mentionnées à l'art. 1er comporte, outre la signature de son auteur, la mention, en caractères lisibles, du prénom, du nom et de la qualité de celui-ci ». • CE 29 oct. 2012, *Huygues Despointes c/ Min. de l'Écologie,* n° 341357 : *Lebon T. 541 ; JCP Adm. 2013, n° 22, chron. Chamard-Heim.* ♦ En revanche, le procès-verbal n'a pas à être établi contradictoirement. • CAA Paris, 26 juin 2015, *SCI Ariitaua,* n° 13PA03417.

13. Un procès-verbal dressé par un agent n'ayant pas la qualité d'agent de la navigation intérieure est irrégulier. Il suit de là que la société requérante doit être relaxée. • CE 20 mars 1991, *SARL Les Sablières du pont de l'Allier : Lebon 92*. ♦ Un procès-verbal fondé sur des faits dont l'agent verbalisateur n'a pas été personnellement témoin ne peut servir de base à une condamnation que si ses énonciations sont corroborées par l'instruction. • CAA Bordeaux, 16 sept. 2010, *SIAEP,* n° 09BX00924. ♦ Aucune disposition du CGPPP ni aucun autre texte ou principe général du droit n'impose une publicité particulière de l'assermentation des agents. • CAA Marseille, 24 janv. 2020, *F. c/ Min. transition écologique,* n° 17MA03928.

14. La formalité substantielle de notification du procès-verbal au contrevenant doit être accomplie par l'autorité compétente. • CAA Versailles, 10 juin 2010, *A.,* n° 09VE02501. ♦ Le délai de dix jours fixé par l'art. L. 774 CJA pour la notification au contrevenant du procès-verbal par le préfet n'est pas prescrit à peine de nullité de la procédure. V. par ex., parmi une jurisprudence abondante. • CE 4 févr. 2008, *Peretti,* n° 292956 : *Lebon T. 735 ; RDI 2008. 342, note Févrot* • CE 21 juin 1993, *Entr. Plouzennec,* n° 112774 : *Lebon T. 969 ; Dr. adm. 1993, n° 401* • CAA Bordeaux, 12 juin 2014, *A. c/ Préfet Guadeloupe,* n° 14BX00330 • CAA Bordeaux, 10 nov. 2015, *Mme E. c/ Préfet région de la Martinique,* n° 13BX00341 • CAA Marseille, 15 juin 2017, *Sté ENTMV,* n° 15MA04328 • 15 juin 2017, *E. et a.,* n° 17MA01149. ♦ Mais la notification du procès-verbal ne doit pas, par son caractère tardif, porter atteinte aux droits de la défense, • CE 30 avr. 1997, *Sté de chauffe, de combustibles, de réparations et d'appareillages mécaniques,* n° 132753 : *Lebon 183* • CAA Marseille, 13 nov. 2012, *Julien B.,* n° 10MA03533 • CAA Marseille, 2 oct. 2012, *Sté Total raffinage marketing,* n° 10MA04047 : *AJDA 2012. 2383, concl. Deliancourt* • 15 déc. 2015, *B. c/ VNF,* n° 14MA02559 • CAA Douai, 31 oct. 2018, n° 18DA00637. ♦ Et le principe du contradictoire s'applique ensuite, bien sûr, en cours d'instance. • CE 22 sept. 2017, *Sté Libb 2,* n° 404068 • CAA Paris, 22 janv. 2019, *Sté Libb 2,* n°s 17PA03165 et 17PA03170.

15. Personnes poursuivies. Le locataire d'installations qui n'est pas responsable de leur implantation sur le domaine public, et qui, n'en étant pas propriétaire, ne peut être condamné à les démolir, ne saurait être poursuivi pour contravention de grande voirie. • CAA Paris, 24 sept. 1993, *SARL Socaco,* n° 90PA00831 : *Lebon T. 764* . ♦ Le directeur d'une société qui est compétent pour faire cesser une occupation sans titre peut être poursuivi personnellement. • CE 19 juin 1964, *Monneret : Lebon T. 1036* • CAA Marseille, 4 mai 2007, *M. Jean-Louis X.,* n° 05MA02532. ♦ En revanche, une entreprise ayant, pour le compte du propriétaire d'une parcelle, déposé des remblais, lesquels ont ultérieurement obstrué le domaine public ferroviaire, ne peut être regardée comme l'auteur du dommage. • CE 27 févr. 1998, *Sté Sogeba,* n° 169259 : *Lebon 66 ; RFDA 1998. 459 ; LPA 10 août 1998, concl. Arrighi de Casanova* (confirmant • CAA Bordeaux, 20 mars 1995, *Min. Équip.,* n° 93BX01090 : *Lebon T. 784*).

16. La personne qui peut être poursuivie pour contravention de grande voirie est soit celle qui a commis ou pour le compte de laquelle a été commise l'action à l'origine de l'infraction, soit celle sous la garde de laquelle se trouvait la chose qui a été la cause du dommage. Il s'ensuit que le propriétaire d'un véhicule volé, dès lors qu'il n'a plus la garde de ce véhicule, ne peut être tenu pour l'auteur de la contravention de grande voirie causée par ce véhicule. • CE, sect., 5 juill. 2000, *Min. Équip. c/ Chevallier,* n° 207526 : *Lebon 294 ; AJDA 2000. 800, chron. Guyomar et Collin ; CJEG 2000. 447, concl. Arrighi de Casanova, note Melleray ; Dr. adm. 2000, n° 209 ; JCP 2001. II. 10476, note Mankou ; RDI 2000. 549, obs. L. V.* ♦ Dans le même sens : • CE 18 mars 2004, *MACIF : LPA 15 févr. 2005.* ♦ Revirement d'une jurisprudence du Conseil d'État datant de 1965. • CE 12 févr. 1965, *Chotard-Chavanon : Lebon 109 ; RD publ. 1965. 488, note Waline.* ♦ Pour des applications du nouvel état du droit. • CAA Paris, 25 juin 2002, *M. Ligot : RFDA 2002. 1159 ; AJDA 2002. 706* • CAA Bordeaux, 10 sept. 2002, *M. C. : AJDA 2003. 198* • CAA Nancy, 1er mars 2007, *Jess X.,* n° 05NC00496 • CAA Nancy, 26 juin 2008, *Voies navigables de France,* n° 07NC00410 • CAA Marseille, 26 juin 2012, *Mme Dany,* n° 11MA01827. ♦ La personne revêtant la qualité d'affréteur à temps doit être regardée comme celle pour le compte de laquelle a été commise une infraction causée par une manœuvre du navire mis à sa disposition. • CE 19 sept. 2018, *Sté ENTMV,* n° 415044 : *Rev. CMP 2018. Chron. 7, obs. Soler-Couteaux, Zimmer et Waltuch ; Dr. voirie 2018, n° 205, p. 143 ; Dr. voirie 2019. 28, concl. Victor* • CAA Marseille, 15 juin 2017, *Sté ENTMV,* n° 17MA01149. ♦ La circonstance que l'objet qui constitue la cause de la contravention soit un bien immeuble ne fait pas obstacle à ce que soit légalement poursuivie la personne en ayant la garde. • CAA Nantes, 22 mars 2019, *Epx B.,* n° 17NT03840. ♦ Est considérée comme gardien la personne reconnaissant entretenir l'ouvrage, alors même qu'elle ne l'a pas construit. • CE 9 nov. 2011, *Duval,* n° 341399 : *Lebon T. 925 et 926 ; AJDA 2011. 2205, obs. Grand ; BJCL 2011. 834, concl. Escaut, p. 838, obs. Poujade ; RLCT févr. 2012, p. 46, obs. Glaser ; RDI 2012. 99, note Foulquier ; JCP Adm. 2012. 2325, chron. Chamard-Heim* • CAA Nantes, 28 nov. 2014, *Paulhac,* n° 13NT00202. ♦ Ne saurait être condamnée la personne n'ayant pas ou plus la garde effective de la chose. • CAA Marseille, 13 mars 2012, *Thierry A.,* n° 10MA02091 : *JCP Adm. 2012. 2183, concl. contr. Deliancourt* • CAA Lyon, 7 juill. 2016, *SARL Evans Marine International,* n° 16LY01323. ♦ Insistant sur le fait que le gardien doit disposer d'un pouvoir de direction et de contrôle sur les ouvrages et considérant en l'espèce que tel n'était pas le cas pour des blocs rocheux mis en place sur le domaine public maritime. • CAA Marseille, 28 janv. 2014, n° 11MA03403 : *AJDA 2014. 1208, concl. Deliancourt* . ♦ *Contra.* • CAA Marseille, 29 sept. 2017, *SCI Kbax,* n° 16MA01188 : *JCP Adm. 20170. 2262, obs. de Gaudemar.* ♦ Jugeant, dans le même sens, que ne sauraient être poursuivies des personnes qui ne sont ni propriétaires ni gérantes de la société dont les installations empiètent illégalement sur une plage. • CAA Marseille, 16 févr. 2016, *Magnan et a.,* n° 14MA04037. ♦ … Ou celle qui n'est ni propriétaire ni gardienne d'un affût de chasse. • CAA Marseille, 15 déc. 2015, *B. c/ VNF,* n° 14MA02559. ♦ … Ou celle qui n'a pas la garde effective d'un « port abri ». • CAA Marseille, 6 oct. 2016, *Sté Horacia SA,* n°s 15MA01251 et 15MA01252. ♦ … Ou celle dont le bateau a fait l'objet d'une saisie-exécution et se trouve sous la garde d'un huissier de justice. • CAA Versailles, 1er déc. 2016, *B. c/ VNF,* n° 14VE02510. – V. aussi, • CAA Paris, 28 sept. 2017, *Port autonome de Paris,* n° 16PA00591. ♦ … Ou celle qui n'avait pas la garde d'un véhicule ayant illégalement circulé sur un chemin de halage. • CAA Nancy, 30 mars 2017, *Sté Arval Luxembourg,* n° 16NC00419. ♦ Considérant toutefois que l'absence de publicité de la cession d'un navire la rend inopposable à VNF en matière de contravention de grande voirie : • CAA Marseille, 13 mars 2012, *M. D.*, n° 10MA02091 : *JCP Adm. 2012. 2183, concl. Deliancourt* • CAA Nancy, 13 déc. 2018, n° 17NC02926. ♦ Dans le cas d'une telle cession, la condamnation du précédent propriétaire ne saurait être assortie d'une mesure de confiscation, qui entraînerait pour l'acquéreur des conséquences difficilement réparables. • CAA Nancy, 24 oct. 2019, *B. c/ VNF*, n° 19NC02817. ♦ Aucune disposition du code de commerce ne fait obstacle à la poursuite du liquidateur, ès qualité, pour contravention de grande voirie. • CAA Marseille, 22 avr. 2014, *Cagna*, n° 12MA03097 : *BJCL. 2014. 408, concl. Deliancourt et obs. Poujade* • 15 mars 2016, *SARL La Playa Club*, n° 14MA04610. ♦ La personne poursuivie peut être une personne publique, dès lors qu'elle a la garde effective de la chose, quand bien même elle n'en serait pas maître d'ouvrage ou propriétaire. • CAA Nantes, 2 oct. 2017, *Brest Métropole Océane*, n° 16NT02536. ♦ Les seules circonstances que la société poursuivie n'aurait pas établi que l'usage d'un port-abri serait partagé avec d'autres personnes et qu'elle n'aurait pas contesté avoir l'usage exclusif d'autres ouvrages et installations ne suffisent pas à caractériser l'existence d'un pouvoir de direction et de contrôle permettant de la regarder comme ayant la garde de ces équipements. • CE 20 juin 2018, *SCI Cap Azur*, n° 410596.

17. Prescription de l'action publique. Il résulte des art. 7 et 9 C. pr. pén. que le délai de prescription d'un an de l'action publique (par ex., • TA Nancy, 29 nov. 2011, *VNF : AJDA 2012. 565*) a pour point de départ le dernier acte d'instruction ou de poursuite. • CAA Nantes, 29 mai 2015, *Mme B. c/ Préfet de la Loire-Atlantique*, n° 14NT00488. ♦ Il suit de là que, dans la mesure où aucun acte d'instruction n'a été ordonné dans l'année suivant le dépôt d'un mémoire par l'administration, l'action pénale est prescrite. • CE 4 nov. 1987, *Secr. d'État auprès du Min. Transports c/ Paz : Lebon 345.* ♦ V. également • CE 12 févr. 1965, *Cne de Thyl : Lebon 703* • CE, avis cont., 22 juill. 1994, *Préfet de la Région Nord-Pas-de-Calais : Lebon 360* • TA Nancy, 29 nov. 2011, *VNF*, n° 1001826 : *AJDA 2012. 565* • CAA Versailles, 19 nov. 2015, *C. c/ VNF*, n° 14VE00650. ♦ Seules peuvent être regardées comme des actes d'instruction ou de poursuite, en matière de contraventions de grande voirie, outre les jugements rendus par les juridictions et les mesures d'instruction prises par ces dernières, les mesures qui ont pour objet soit de constater régulièrement l'infraction, d'en connaître ou d'en découvrir les auteurs, soit de contribuer à la saisine du tribunal administratif ou à l'exercice par le ministre de sa faculté de faire appel ou de se pourvoir en cassation. • CAA Bordeaux, 7 juin 2018, *M. D.*, n° 16BX02711 : *Rev. CMP 2018. Comm. 191, obs. Hoepffner* • CAA Marseille, 11 mai 2018, *M. et Mme B.*, n° 17MA02034. ♦ Si la loi du 27 févr. 2017 portant réforme de la prescription en matière pénale a modifié la rédaction de l'art. 9 C. pr. pén. (aux termes duquel, désormais : « L'action publique des contraventions se prescrit par une année révolue à compter du jour où l'infraction a été commise » [et non plus à compter du dernier acte d'instruction ou de poursuite]), l'art. 4 de cette même loi prévoit que : « La présente loi ne peut avoir pour effet de prescrire des infractions qui, au moment de son entrée en vigueur, avaient valablement donné lieu à la mise en mouvement ou à l'exercice de l'action publique à une date à laquelle, en vertu des dispositions législatives alors applicables et conformément à leur interprétation jurisprudentielle, la prescription n'était pas acquise ». Si le recours à une expertise est le seul moyen de déterminer l'auteur d'une contravention de grande voirie, il ne résulte nullement des dispositions de l'art. 9 C. pr. pén. dans sa version applicable avant l'entrée en vigueur de la loi du 27 févr. 2017 que cette circonstance dispense les autorités de poursuites d'engager des mesures d'instruction tendant à la recherche de l'auteur d'une telle contravention. • TA Poitiers, 28 nov. 2017, *Préfet de Charente-Maritime*, n° 1602563. ♦ Dans le cas où le juge de premier ressort a prononcé la condamnation du contrevenant, la saisine du juge d'appel a pour effet de suspendre le cours de la prescription de l'action publique pendant le déroulement de cette instance. • CAA Paris, plén., 27 nov. 2008, *Wagner*, n° 06PA02533 : *Lebon T. 737 ; AJDA 2009. 421, concl. Bachini ; RDI 2009. 543, note Caille*. ♦ Les dispositions de l'art. L. 2132-27 font obstacle, tant que se poursuit l'occupation sans titre de la dépendance du domaine public, à la prescription de l'action publique et permettent de prononcer une peine d'amende pour chaque jour où l'infraction est constatée. • CE 9 nov. 2011, *Duval*, n° 341399 : *Lebon T. 925 et 926 ; RLCT févr. 2012. 46.*

18. La prescription de l'action publique engagée pour contravention de grande voirie constitue un moyen d'ordre public soulevé d'office par le juge. • CAA Nantes, 24 juin 1993, *Le Sausse : Lebon T. 765*.

19. Le préfet n'est pas obligé de présenter des conclusions expresses au tribunal et peut se contenter de transmettre le procès-verbal. • CE 2 juin 2010, *MEEDDM*, n° 320382 : *Lebon 179*.

20. La juridiction administrative, saisie d'un procès-verbal de contravention de grande voirie, est tenue, même d'office, de rechercher si les faits constatés par le procès-verbal transmis par le préfet sont constitutifs d'une infraction et de reconnaître les limites du domaine public naturel (pour un rappel, sur ce dernier point : • CAA Marseille, 12 juill. 2016, n° 15MA03656), afin de déterminer si les terrains sur lesquels ont été commis les faits en raison desquels le procès-verbal a été dressé se trouvent ou non compris dans ces limites (cassation, en conséquence, de l'arrêt d'appel qui méconnaît cette obligation : • CE 10 mars 2017, *B. et a.*, n° 391177). Aucune règle ni aucun texte législatif ou réglementaire n'impose au tribunal administratif saisi, d'ordonner une expertise, avant de statuer sur la demande du préfet. • CAA Bordeaux, 30 sept. 2010, *X.*, n° 10BX01075.

21. Le juge des contraventions de grande voirie, dès qu'il est saisi par une autorité compétente, doit se prononcer tant sur l'action publique que sur l'action domaniale, que lui soient ou non présentées des conclusions en ce sens. Eu égard aux particularités de son office, il doit vérifier, au besoin d'office, lorsqu'est soulevé un moyen tiré de l'irrégularité de la notification des poursuites, si la procédure n'a pas été régularisée par la saisine régulière du tribunal administratif par l'autorité compétente. • CE 21 nov. 2011, *Port autonome de Paris*, n° 329240 : *Lebon T. 926 ; AJDA 2011. 2321, obs. Brondel ; RDI 2012. 566, note Foulquier.*

22. Application du code dans le temps. Lorsque les faits relevés à l'encontre de l'auteur d'une contravention de grande voirie ont été commis avant l'entrée en vigueur, fixée au 1er juill. 2006, de la partie législative du CGPPP, les dispositions de ce code ne peuvent servir de fondement aux poursuites, alors même que le procès-verbal est rédigé postérieurement à cette entrée en vigueur, si elles constituent des dispositions nouvelles et ne se bornent pas à réitérer en le codifiant le droit existant antérieurement. • CE 21 nov. 2011, *Sté Delmas*, n° 333900 : *AJDA 2012. 230 ; BJCL 2011. 879.* ♦ V. égal., sur la même affaire, à propos de l'application de la loi dans le temps. • CE 7 déc. 2015, *CMA CGM*, n° 362766 : *AJDA 2015. 2411, obs. Pastor.*

II. RÉPRESSION

23. Amendes et frais du procès-verbal. Si le fait constaté constitue bien une contravention de grande voirie, en revanche les dispositions (violées) de l'ordonnance sur la marine d'août 1681 ne punissant d'aucune amende la contravention ainsi commise, le contrevenant – qui n'a par ailleurs causé aucun dommage par son stationnement illicite sur le domaine maritime – n'est passible que des frais du procès-verbal. • CE 5 juill. 1968, *Min. Équip. c/ Le Rollé : préc. note 1.* ♦ V. aussi • CE, sect., 21 févr. 1947, *Secr. d'État à la Production industrielle c/ Sieur Strina : Lebon 68.* ♦ La prescription de l'action répressive a pour effet d'exclure la condamnation au remboursement des frais du procès-verbal. • CE 4 nov. 1987, *Paz : Lebon 345.* ♦ Le juge est fondé à condamner un contrevenant à verser une somme à Voies navigables de France au titre des frais de traduction du procès-verbal de contravention de grande voirie. • CAA Douai, 2 mars 2006, *Mme Rosette X.*, n° 05DA00562. ♦ En revanche, le juge des contraventions de grande voirie n'a pas le pouvoir de réduire le quantum de l'amende en deçà du montant minimum fixé par les textes. • CAA Paris, 22 mai 2008, *Mlle Laurence X.*, n° 07PA01206. ♦ Mais ce juge, s'il est tenu d'infliger une amende lorsqu'il retient la qualification de contravention de grande voirie, dispose, alors même que les textes ne le prévoiraient pas, d'un pouvoir de modulation de l'amende, dans la limite du plafond prévu par la loi et du plancher que constitue le montant de la sanction directement inférieure, pour tenir compte de la gravité de la faute commise. V., sur cette extension du principe de proportionnalité : • CE 25 oct. 2017, *Margolle*, n° 392578 : *Lebon ; AJDA 2017. 2103, obs. Pastor ; ibid. 2018. 804, note Defoort ; Rev. CMP 2018. Chron. 7, obs. Soler-Couteaux, Zimmer et Waltuch ; Dr. adm. déc. 2017. 5 ; Dr. voirie et dom. public 2018, n° 200, p. 10, obs. Mondou et n° 201, p. 40, concl. Victor ; Gaz. cnes 20 nov. 2011, obs. Zignani ; JCP Adm. 2017. Actu. 532, obs. Erstein ; ibid. 2018. 2004, note Hansen.*

24. Amnistie. L'infraction est amnistiable. Par ex. • CE 8 avr. 1987, *Entr. Jean Lefebvre : Lebon 138.* ♦ V. également • CAA Paris, 26 déc. 1995, *Krylyschin : préc. note 1* • CE 2 avr. 2003, *M. Saurin*, n° 237968 : *préc. note 1* • CAA Paris, 5 avr. 2007, *M. Jean-Marc X.*, n° 04PA03074.

25. Force majeure : cause d'exonération. Une grève ne constitue une circonstance de force majeure susceptible d'entraîner la relaxe du capitaine d'un navire qui n'a pas déféré à l'ordre de l'officier du port que s'il est établi, comme c'est le cas en l'espèce, que cette grève a été imprévisible et a interdit de manière totale le mouvement prescrit. • CE 31 janv. 1986, *Payan : Lebon T. 526* (Brameret, Grève et utilisation des biens publics, *in* Grève et droit public. 70 ans de reconnaissance, *PU Toulouse Capitole, 2017, p. 181*). ♦ Une tempête d'une intensité sans précédent, à l'origine de la chute d'un arbre appartenant à un particulier et qui a détérioré deux câbles du réseau aérien de télécommunications, constitue un cas de force majeure de nature à exonérer l'intéressé de toute responsabilité. • CAA Paris, 18 mai 2000, *M. Nguyen Van Qui : JCP 1993. IV. 977.* ♦ Il en est de même de fortes précipitations d'un niveau non relevé depuis plus de cent ans. • Nancy, 12 janv. 2006, *Min. de l'Équipement*, n° 02NC00801. ♦ V., pour absence de force majeure. • CAA Douai, 17 sept. 2009, *Sté Delmas : AJDA 2010. 847, note Carpi-Petit.* ♦ Soulignant que, lorsque le juge administratif est saisi d'un procès-verbal de contravention de grande voirie, il ne peut légalement décharger le contrevenant de l'obligation de réparer les atteintes portées au domaine public qu'au cas où le contrevenant produit des éléments de nature à établir que le dommage est imputable, de façon exclusive, à un cas de force majeure ou à un fait de l'administration assimilable à un cas de force majeure. • CE 30 déc. 2011, *SNCF*, n° 336193 : *Lebon T. 925* et *1103 ; JCP Adm. 2012. Actu. 36, obs. C.-A. D. ; ibid. 2325, chron. Chamard-Heim ; BJCL 2012. 160 ; Dr. adm. 2012. 35, note Le Roux ; RJEP 2012. 31, note Ferrari.*

26. Situations assimilables à un cas de force majeure. L'Administration a commis une faute lourde assimilable à un cas de force majeure en communiquant un plan non mis à jour à l'entreprise, ce qui a été la cause de la détérioration de câbles souterrains. • CAA Nantes, 18 févr. 1993, *Sté Colas : Lebon T. 764*. ♦ ... En ne signalant pas la présence de câbles immergés dans une rivière. • CE 18 mai 1983, *Sté Lambert : Lebon T. 719 ; AJDA 1984. 45, note Moreau.* ♦ ... En prescrivant au capitaine d'un navire de s'amarrer à un poste dangereux d'où il a été drossé par la marée sur des installations portuaires. • CE 19 juin 1974, *Hauan et Cie Hagb Waage : Lebon 352*. ♦ Est également assimilable à un cas de force majeure l'hypothèse où la chose qui a endommagé le domaine a été volée à son propriétaire en dépit des précautions prises par celui-ci. • CE 15 mai 1987, *Delval : Lebon T. 728*. ♦ Pour un cas de force majeure lié à une fixation de normes de rejet insuffisantes à prévenir la pollution d'un cours d'eau, V. • TA Lille, 13 avr. 1995, *Voies navigables de France c/ Genton : Lebon T. 783.* ♦ L'insuffisance des défenses des installations portuaires constitue un fait assimilable à un cas de force majeure exonératoire de responsabilité. • TA Poitiers, 11 mars 1999, *Préfet de la Charente-Maritime c/ Delmas La Rochelle SA*, n° 971176. ♦ Le fait que la personne publique connaisse le danger, en l'espèce le risque d'éboulement d'un bloc de rocher provenant d'une propriété privée en surplomb de la voie ferrée, est une faute assimilable à un cas de force majeure de nature à exonérer le propriétaire riverain de sa responsabilité. • CAA Lyon, 26 nov. 2009, *Crouzet c/ SNCF*, n° 07LY00519 : *AJDA 2010. 973*. ♦ Ne saurait être assimilée à un cas de force majeure la caducité d'une autorisation d'occupation résultant du décès d'un ascendant, si la contravention ne trouve pas son origine dans ce décès, mais dans le maintien des installations sur le domaine public, malgré le refus de transfert de l'autorisation opposé par les personnes poursuivies. • CAA Marseille, 26 juin 2012, *Mme A. et Mme B.*, n° 10MA03095. ♦ Ne saurait non plus y être assimilée l'ouverture d'une procédure collective à l'encontre d'une société en infraction. • CAA Marseille, 16 juin 2016, *SCI Tideux*, n° 14MA05057. ♦ Ne peut être davantage invoquée la carence de l'autorité administrative à réaliser des travaux de protection des propriétés privées contre l'action des flots et des intempéries. • CAA Marseille, 26 juin 2012, *Juliette A.*, n° 10MA04206. ♦ ... Ou contre des chutes de pierres. • CE 11 déc. 2011, *SNCF*, n° 336193 : *AJDA 2012. 672 ; Dr. adm. 2012. Comm. 35, note Le Roux ; JCP Adm. 2012. Actu. 36, obs. Dubreuil ; ibid. 2325, n° 21, chron. Chamard-Heim.* ♦ ... Ou la présence d'oiseaux au sein d'une zone de protection spéciale, que les travaux de démolition d'un ouvrage illégalement construit auraient pour effet de perturber, ni les risques que les promeneurs encourraient de ce fait. • CAA Nantes, 10 juill. 2017, *A. et C. c/ Min. Transition écologique*, n° 17NT00583. ♦ Ne sont pas assimilables à un cas de force majeure, vu les circonstances de l'espèce (précédents faits d'inondation liés au sous-dimensionnement d'un réseau d'évacuation), des précipitations exceptionnelles ayant donné lieu à une déclaration de catastrophe naturelle. • CAA Nantes, 2 oct. 2017, *Brest Métropole Océane*, n° 16NT02536.

27. Relaxe (exemple). Dans les circonstances de l'espèce et dès lors que nul témoin direct n'a pu attester un lien entre le dommage et sa cause alléguée, la relaxe des fins de la poursuite doit être prononcée. • CAA Paris, 2 mai 2006, *Port autonome de Paris*, n° 02PA03255.

28. Démolition. La démolition des ouvrages litigieux rend sans objet l'action domaniale, mais pas l'action répressive. • CAA Marseille, 19 juin 2008, *Béghin-Moreuil*, n° 06MA02158. ♦ Outre-mer, une demande de cession de parcelle soumise à l'agence des cinquante pas géométriques après l'établissement d'un procès-verbal de contravention de grande voirie peut justifier un sursis à statuer, mais ne fait pas par principe obstacle à ce que le juge ordonne la destruction d'une maison établie sur cette parcelle. • CAA Bordeaux, 10 déc. 2015, *Guitteaud*, n° 15BX00696 : *AJDA 2016. 834, note Normand*.

29. Convention européenne des droits de l'homme. Lorsqu'il se prononce sur les poursuites exercées au titre des contraventions de grande voirie (et non sur une simple action en expulsion), le juge administratif statue sur des accusations « en matière pénale » au sens de la Convention, de sorte que les conditions posées par l'art. 6 § 3 doivent être respectées. C'est tout au moins le cas, s'agissant de l'aspect répressif de ces contraventions : le contrôle opéré au regard de l'art. 6 § 3 est, de ce point de vue, devenu chose banale. Par ex. : • CAA Nancy, 9 févr. 2012, *Johnny A.*, n° 11NC00503 • CAA Bordeaux, 17 févr. 2011, *SA Soprover Pld*, n° 10BX01446. ♦ Avec cette précision que la stipulation en cause s'applique non seulement à l'instance, mais également à la phase administrative des poursuites (préalable à la saisine du tribunal), compte tenu de l'interprétation extensive de l'art. 6 retenue par la Cour européenne et par le Conseil d'État. • CAA Nantes, 8 déc. 1999, *Depalle, Triboulet et Brosset-Pospisil*, n°s 97NT01274 et 97NT01395 : *Dr. adm. déc. 2001, hors-série, n°s 210 et 224.* ♦ Ne permet pas d'admettre le recours en cassation le moyen selon lequel la cour d'appel a violé les art. 6 § 1 et 13 Conv. EDH en se bornant à constater l'infraction constitutive d'une contravention de grande voirie et à la sanctionner sans rechercher si les circonstances de fait et de droit pouvaient être des causes d'exonération. • CE 28 févr. 2001, *Chavaribeyre : Dr. adm. déc. 2001, hors-série, n° 203.* ♦ *Contra* : • CE 23 mai 2003, *Min. Équip. c/ Cne de Chalon-sur-Saône : JCP Adm. 2003, n° 1771, note Moreau.*

III. ACTION DOMANIALE

30. Spécificité. L'action en réparation des dommages causés au domaine public ne constitue pas une accusation en matière pénale au sens des stipulations de l'art. 6 § 3 Conv. EDH. • CE, sect., 6 mars 2002, *Mmes Triboulet et Brosset-Pospisil : Lebon 76 ; LPA 15 déc. 2003, p. 9, chron. Morand-Deviller ; RFDA 2003. 60, note Hostiou* • CAA Lyon, 11 oct. 2012, *Sté Bertrand et fils*, n° 11LY02079 • CAA Marseille, 3 oct. 2011, *Ange A.*, n° 11MA01671 • 21 déc. 2015, *SARL La Gougouline*, n° 15MA02533. ♦ L'obligation de réparer les dommages causés au domaine public, qui a pour seul objet d'assurer le respect de son intégrité, ne présente pas le caractère d'une sanction. Il s'ensuit qu'elle ne peut méconnaître l'art. 8 de la DDH, ni l'art. 18 Conv. EDH. • Même arrêt. ♦ L'obligation de remise en l'état des lieux ne constitue pas une mesure prohibée par l'art. 1er du premier protocole additionnel à ladite convention ou par l'art. 17 de la DDH. • Même arrêt. ♦ Solution précédée par • CE, avis, 23 avr. 1997, *Préfet de la Manche : Lebon 153 ; D. 1997. IR 139 ; Dr. adm. 1997, n° 201, obs. Lavialle ; JCP 1997. IV. 2127, obs. Rouault ; Mon. TP 4 juill. 1997, p. 360 ; Quot. jur. 10 juill. 1997, p. 2 ; RDI 1997. 420, chron. Auby et Maugüé ; RFDA 1997. 658* • CAA Nancy, 30 sept. 1999, *Sté A 3 C*, n° 96NC02173 • CAA Paris, 18 janv. 2001, *Sté HLM Emmaüs*, n° 00PA00235 : *Dr. adm. 2001, n° 211, hors-série ; Dr. et patr. 11/2001. 119, chron. Jean-Pierre* • CAA Paris, 15 févr. 2001, *Sté SOLLAC*, n° 99PA00079 : *Dr. adm., n° hors série, déc. 2001, n° 211 ; Dr. et patr. 11/2001. 119, chron. Jean-Pierre.* ♦ Il a été jugé de manière discutable que l'art. 6, § 1, ne s'y applique pas. • CAA Paris, 14 mars 2002, *VNF : RFDA 2002. 838.* ♦ V. encore, excluant d'une façon générale l'application de l'article 6. • CAA Bordeaux, 29 avr. 2003, *Pillet*, n° 02BX01772 : *JCP Adm. 2003. 1769, note Moreau ; LPA 15 déc. 2003, chron. Morand-Deviller* • CAA Marseille, 16 déc. 2003, *X.*, n° 02MA00795.

31. Imprescriptibilité de l'action domaniale. L'action en réparation des dommages causés au domaine public est imprescriptible. Par ex. : • CE 2 nov. 1966, *Sté Poléna : Lebon 576.* ♦ V. aussi • CE 22 avr. 1988, *SA Entr. Dodin : Dr. adm. 1988, n° 303* • CAA Paris, 9 nov. 2006, *Port autonome de Paris*, n° 04PA03233 • CAA Marseille, 15 juin 2017, *Sté ENTMV*, n° 17MA01149.

32. Amnistie. L'action en réparation des dommages causés au domaine public échappe à l'amnistie. Par ex. : • CE 13 juill. 1966, *Parzy : Lebon 473* (sol. impl.). ♦ V. aussi : • CAA Bordeaux, 29 avr. 2003, *Pillet : JCP Adm. 2003, n° 1769, note Moreau* • CAA Nancy, 12 janv. 2006, *M. Charles X.*, n° 02NC00804 • CAA Versailles, 21 févr. 2008, *M. André X.*, n° 06MA01181.

33. Expulsion de l'occupant sans titre. La mise en œuvre d'une procédure de contravention de grande voirie n'interdit pas à l'autorité domaniale de saisir le juge administratif des référés afin que, sur le fondement de l'art. L. 521-3 CJA, il ordonne l'expulsion d'un occupant sans titre. • CE 26 juin 2002, *M. Everaert*, n° 231807 : *Lebon 225 ; AJDA 2002. 1030.* ♦ Et, bien entendu, le juge de la contravention de grande voirie peut lui-même ordonner l'expulsion de l'occupant sans titre (V. *supra*, notes 1 à 3).

34. Injonction et astreinte. Le juge administratif peut assortir sa décision d'expulsion d'une astreinte. • CAA Paris, 18 mai 2000, *Nguyen Van Qui*, n° 99PA02973 : *AJDA 2000. 1068* • CE 2 avr. 2003, *Saurin*, n° 237968 : *préc. note 1.* ♦ Saisi d'un procès-verbal de contravention de grande voirie accompagné ou non de conclusions de l'administration tendant à l'évacuation de cette dépendance, le juge administratif enjoint au contrevenant de libérer sans délai le domaine public et peut, s'il l'estime nécessaire, prononcer une astreinte en fixant lui-même, au titre de son pouvoir d'appréciation, le point de départ de cette astreinte, sans être lié par la demande de l'administration. • CE 25 sept. 2013, *Tomaselli*, n° 354677 : *Lebon T. 591 ; AJDA 2013. 2188, obs. M.-C. M. ; ibid. 2014. 290, note Duroy ; JCP Adm. 2013. 772, obs. L. E. ; Dr. adm. 2013. 81, note Giacuzzo ; Rev. CMP 2015. Chron. 2, obs. Llorens et Soler-Couteaux ; Procédures déc. 2013. 34, note Deygas.* ♦ La possibilité de décider qu'une part de l'astreinte ne sera pas versée au requérant mais affectée au budget de l'État, prévue à l'art. L. 911-8 CJA, ne s'applique qu'aux astreintes prononcées à l'encontre des personnes publiques et des organismes privés chargés de la gestion d'un service public. Elle ne s'applique en revanche pas lorsque le juge administratif, saisi par l'administration en vue de mettre fin à l'occupation irrégulière du domaine public, fait application du principe général selon lequel les juges ont la faculté de prononcer une astreinte en vue de l'exécution de leurs décisions. • CE 5 févr. 2014, *Voies navigables de France*, n° 364561 : *Lebon 19 ; AJDA 2014. 1170, note Ach ; Dr. adm. 2014, n° 30, note Éveillard ; JCP Adm. 2014. Actu. 148, obs. Touzeil-Divina ; ibid. 2014. 2197, note Chamard-Heim.* ♦ Lorsqu'il a prononcé une astreinte dont il a fixé le point de départ, le juge administratif doit se prononcer – sur demande ou d'office – sur la liquidation de l'astreinte. Pour des exemples de liquidation. • CE 1er avr. 2019, *SOAVAL*, nos 419375 et 418417. ♦ Il doit le faire en respectant le principe de contradiction : • CE 27 mai 2015, *CNR : AJDA 2015. 1072, obs. Biget*, en cas d'inexécution totale ou partielle ou d'exécution tardive et peut, le cas échéant, modérer l'astreinte provisoire ou la supprimer, même en cas d'inexécution de la décision juridictionnelle (pour des rappels, • CAA Marseille, 12 juill. 2016, no 15MA00661 • CAA Paris, 9 févr. 2017, *C. c/ VNF*, no 15PA03135). Il peut notamment la supprimer pour le passé et l'avenir, lorsque la personne qui a obtenu le bénéfice de l'astreinte n'a pas pris de mesure en vue de faire exécuter la décision d'injonction et ne manifeste pas l'intention de la faire exécuter ou lorsque les parties se sont engagées dans une démarche contractuelle révélant que la partie bénéficiaire de l'astreinte n'entend pas poursuivre l'exécution de la décision juridictionnelle, sous réserve qu'il ne ressorte pas des pièces du dossier qui lui est soumis qu'à la date de sa décision, la situation que l'injonction et l'astreinte avaient pour objet de faire cesser porterait gravement atteinte à un intérêt public ou ferait peser un danger sur la sécurité des personnes ou des biens. • CE 15 oct. 2014, *Voies navigables de France*, no 338746 : *Lebon T. 655 ; AJDA 2014. 2033, obs. Pastor ; ibid. 2015. 996, note Baldovani ; JCP Adm. 2014. Actu. 827, obs. Tesson* • CAA Marseille, 13 oct. 2015, *C. c/ Dpt des Bouches-du-Rhône*, no 14MA05134 • CAA Paris, 7 juill. 2016, no 15PA04007 • CAA Versailles, 29 juin 2017, *A. c/ Port autonome de Paris*, no 15VE03716 • CAA Marseille, 15 sept. 2017, *SARL Sté d'exploitation Le Calypso et M. B.*, no 16MA01421 • CAA Paris, 12 avr. 2018, *M. C.*, no 17PA03201. ♦ Si le juge de l'exécution saisi aux fins de liquidation d'une astreinte précédemment prononcée peut la modérer ou la supprimer, même en cas d'inexécution constatée, il n'a pas le pouvoir de remettre en cause les mesures décidées par le dispositif de la décision juridictionnelle dont l'exécution est demandée. • CAA Marseille, 19 déc. 2014, *D. c/ Préfet des Alpes-Maritimes*, no 13MA03661. ♦ Jugeant que la faculté reconnue aux juges, et notamment au juge administratif, de prononcer une astreinte à l'encontre d'un particulier, en vue de l'exécution de leurs décisions, a le caractère d'un principe général du droit. • CAA Marseille, 11 févr. 2014, no 12MA02132 : *AJDA 2014. 1165, concl. Deliancourt*. ♦ La renonciation du gestionnaire à la liquidation de l'astreinte sollicitée est sans effet sur les suites que le juge saisi doit donner à cette astreinte. • CAA Marseille, 15 mars 2016, *Synd. mixte ports Toulon Provence*, no 07MA05030 : *BJCL 2016. 287, concl. Deliancourt*. ♦ Cette faculté du juge de prononcer et de liquider des astreintes à l'encontre de personnes privées, qui existe sans texte, ne méconnaît pas les exigences de l'art. 1er du premier protocole additionnel à la Conv. EDH. • CE 6 mai 2015, *Torcheux*, no 377487 : *Lebon T. ; AJDA 2015. 1698, note Braud ; Rev. CMP 2015. Comm. 189, obs. Pietri ; ibid. 2016. 54, chron. Llorens et Soler-Couteaux ; JCP Adm. 2015. Actu. 445, obs. Tesson ; ibid. 2227, note Giacuzzo*.

35. Remise en état des lieux. Le juge peut ordonner la remise en état des lieux. Des travaux de surélévation sur les dépendances d'un port maritime ayant été réalisés sans autorisation, le juge administratif est compétent pour condamner l'auteur de cette contravention de grande voirie à démolir les constructions ainsi édifiées. • CE 7 juin 1961, *Gaggioli : Lebon 381*. ♦ V. aussi • CE 24 juin 1961, *Sté d'études et de constructions de garages : Lebon 436* • 8 mars 1968, *Stés L'industrielle commerciale et la SAMIC : Lebon 177* • 23 mai 1979, *Sté Durance-Concassage : Lebon 736* • 30 janv. 1980, *Richaud : Lebon 57 ; AJDA 1980. 426, note Lemasurier ; D. 1980. IR 300, obs. Delvolvé* • 3 févr. 1982, *Gaubert : Lebon 47* • 3 nov. 1982, *Mauran : RJ envir. 1983. 41* • CAA Paris, 3 avr. 1990, *Min. Transports c/ Andresz : Lebon 434 ; AJDA 1990. 647, obs. Prétot* • CE 20 sept. 1991, *Huchet : RD publ. 1992. 1181* • CAA Bordeaux, 14 mai 2002, *Egata Patche*, no 98BX00902 • CAA Marseille, 4 mars 2003, *SCP La Rade, SARL Auberge de la Rade : JCP Adm. 2003, no 1770, note Moreau* • TA Nice, 30 juin 1998, *Préfet du Var*, et • 25 févr. 2002, *Préfet des Alpes-Maritimes : LPA 31 mai 2002, chron. Morand-Deviller* • CAA Bordeaux, 15 mai 2008, *Mme Lucia X.*, no 06BX01874. ♦ Le juge administratif peut enjoindre, pour préserver l'intégrité du domaine public et à la demande de l'autorité chargée d'une mission de service public, d'enlever un bateau échoué à l'entrée d'un port fluvial. • CAA Lyon, 5 oct. 2004, *Assoc. Les amis de la batellerie : AJDA 2005. 287*. ♦ Il peut aussi autoriser l'administration à exécuter d'office cette remise en l'état aux frais de l'intéressé. • CAA Marseille, 27 févr. 2006, *M. Alain X.*, no 04MA01943 • 13 avr. 2007, *M. X.*, no 05MA02602 • CAA Marseille, 13 oct. 2015, *SAS Hôtel Casadelmar*, no 14MA01656 (le juge – qui doit se placer à la date à laquelle il statue pour fixer l'étendue de l'obligation de remise en état – ne saurait condamner le contrevenant à une remise en état des lieux excédant l'infraction commise) : *AJDA 2016. 390, note Deliancourt ; Rev. CMP mars 2017, chron. Llorens et Soler-Couteaux*. ♦ La délivrance à l'occupant en cours d'instance d'un titre régulier pour poursuivre une activité inchangée prive d'objet l'action domaniale portant sur les frais de remise en état du domaine. • CE 11 avr. 2018, *Sté Dream Pearls*, no 413245 B : *AJDA 2018. 824, obs. Biget ; Rev. CMP 2018. Chron. 7, obs. Soler-Couteaux, Zimmer et Waltuch ; JCP Adm. 2018.*

Actu. 391, obs. Erstein ; ibid. n° 43, p. 21, note Yolka. ♦ Le seul fait d'avoir provisoirement supprimé les installations litigieuses ne permet pas, dans les circonstances de l'espèce, de regarder l'implantation de nouvelles installations comme caractérisant un litige distinct. • CE 3 mars 2017, *A. c/ Min. Envir.*, n° 390368. ♦ En l'absence d'enlèvement d'office d'un bateau (occupant illégalement un emplacement dans un port fluvial, en dépit de décisions de justice ayant enjoint sous astreinte à son propriétaire de quitter les lieux) par les services de l'État, malgré les démarches effectuées auprès d'eux, la société gestionnaire du port est fondée à solliciter l'indemnisation des préjudices résultant pour elle de cette carence. • CAA Paris, 13 mars 2018, *Min. Envir. c/ Sté Fayolle Marine*, n° 16PA03727.

36. Cette remise en état des lieux ne pourra en revanche être ordonnée par le juge des référés, car cela préjudicierait au principal. Il ne serait compétent que pour décider, à raison de l'urgence, de l'arrêt des travaux. • CE, sect., 25 janv. 1980, *SOTEM : Lebon 49 ; AJDA 1980. 615, concl. Rougevin-Baville.* ♦ Le requérant est fondé, en l'espèce, à obtenir qu'il soit sursis à l'exécution d'un arrêt rendu en dernier ressort lui ordonnant de remettre en état les lieux qu'il occupait sur le domaine public maritime, dès lors que cette décision entraîne pour lui des conséquences difficilement réparables et qu'il invoque un moyen sérieux de nature à justifier, outre l'annulation de l'arrêt, l'infirmation de la solution retenue par les juges du fond. • CE 24 mai 2006, *M. Gérard A.*, n° 292371. ♦ Le juge ne peut pas non plus prescrire la remise en état des lieux si elle implique la démolition d'un ouvrage public irrégulièrement implanté sur le domaine public maritime qui entraînerait une atteinte excessive à l'intérêt général. • CAA Marseille, 13 avr. 2007, *Cne de Fréjus*, n° 05MA01246. ♦ Manifeste une réticence dolosive le vendeur qui, alors qu'il en avait connaissance, n'informe pas l'acheteur qu'un procès-verbal de contravention de grande voirie a été dressé sur des équipements attenant au bien cédé et qu'une remise en état du domaine public maritime a été ordonnée. • Com. 19 févr. 2008, n° 06-22.014.

37. Réparation du dommage causé au domaine public. Faute pour l'occupant d'enlever les installations établies sur le domaine public fluvial, l'Administration pourra y procéder d'office à ses frais et risques. • CE 20 sept. 1991, *Huchet : préc. note 35.* ♦ V. aussi • CE 2 avr. 2003, *Saurin*, n° 237968 : *préc. note 1.*

38. L'État n'est pas obligé de consacrer le montant de l'indemnité versée à la réparation du dommage. • CE 17 janv. 1962, *Sté Thierry, Gaulthier et Gibault : Lebon 38* • CAA Paris, 9 nov. 2006, *Port autonome de Paris : préc. note 31* • CAA Paris, 11 mai 2017, *SCA Dreams Pearls*, n° 16PA00838. ♦ Bien que le dommage ait été causé au domaine public de Réseau ferré de France (RFF), son auteur doit indemniser la SNCF, qui, en application d'une convention conclue avec RFF, a supporté les frais de réparation du dommage. • CAA Bordeaux, 15 oct. 2002, *Min. Équip., Transports et Logement : AJDA 2003. 350.* ♦ La réparation est exigible avant même que les travaux aient été réalisés. • CE 11 déc. 2009, *Port autonome de Paris : Lebon T. 740 ; Dr. Adm. 2010, n° 24.*

39. L'auteur d'une contravention de grande voirie n'est par ailleurs fondé à demander une réduction des frais mis à sa charge que dans le cas où le montant des dépenses engagées en vue de réparer les conséquences de la contravention révèle, par son caractère anormal, une faute lourde de l'Administration. • CE 7 févr. 1962, *Radomski : Lebon 94.* ♦ La vétusté de l'ouvrage ne peut être invoquée pour obtenir une telle réduction ? • CAA Lyon, 28 nov. 2019, *Sté Gavelle*, n° 18LY02621 : *Dr. voirie 2020, p. 47 ; JCP Adm. 2020, 2018, chron. Meurant.* ♦ Toutefois, le contrevenant peut contester le montant de la somme qui lui est réclamée au titre de la réparation du dommage causé au domaine public fluvial s'il produit un devis établi par une autre entreprise d'un montant inférieur à ce qui lui est réclamé. • CAA Douai, 2 mars 2006, *Mme Rosette X. : préc. note 23.* ♦ Les frais peuvent être réduits si le contrevenant démontre leur caractère exagéré. • CAA Douai, 20 sept. 2010, *Sté Interseeschiffahrtsgesellschaft GmbH et CO. KG*, n° 10DA00044 : *AJDA 2011. 2494.*

40. La TVA qui grève le coût de remise en état d'un ouvrage faisant partie du domaine public de l'État doit être incluse dans le montant de la réparation domaniale due par le contrevenant. • CE 18 juin 1997, *Min. Équip. c/ Galano : Lebon T. 810 et 1040 ; RDI 1998. 227* (infirmant • CAA Bordeaux, 30 déc. 1993, *Secr. d'État à la Mer c/ Galano : Lebon T. 765*) • CAA Nancy, 4 oct. 2018, n°s 17NC02164 et 17NC02531. ♦ Les condamnations tendant à la réparation des atteintes portées à l'intégrité du domaine public fluvial, dont Voies navigables de France (VNF) a la gestion, ainsi que, le cas échéant, les astreintes dont elles sont assorties doivent être prononcées et liquidées en la totalité à son profit. Le fonds de compensation de la TVA ne peut, en conséquence, bénéficier d'une part de celles-ci. ♦ La vétusté ne saurait donner lieu à un abattement déduit des frais de réparation ; en revanche, doivent être déduites les sommes versées par l'assureur du gestionnaire domanial. • TA Dijon, 29 janv. 2018, *VNF*, n° 1502583.

TITRE QUATRIÈME SORTIE DES BIENS DU DOMAINE PUBLIC

CHAPITRE PREMIER RÈGLES GÉNÉRALES

Art. L. 2141-1 Un bien d'une personne publique mentionnée à l'article L. 1, qui n'est plus affecté à un service public ou à l'usage direct du public, ne fait plus partie du domaine public à compter de l'intervention de l'acte administratif constatant son déclassement.

BIBL. ▸ **Encyclopédie :** CHAMARD-HEIM, *J.-Cl. Propriétés publiques, fasc. 53* (sortie du domaine public).

▸ **Thèses et ouvrages :** LEVENARD, De la délimitation du domaine public fluvial et maritime et de son déclassement, *Caen, 1899*. – BETTIO, La circulation des biens entre personnes publiques, *LGDJ, 2011*. – 109e Congrès des notaires de France, Propriétés publiques. Quels contrats pour quels projets ?, *ACNF, juin 2013*.

▸ **Articles :** DURAND, Désaffectation et déclassement des biens du domaine public, *RD publ. 1956. 233*. – AUBY, Illégalité d'une ZAC et déclassement du domaine public, note ss. CE 8 nov. 1993, *Ville de Paris, RDI 1994. 227* . – LAVIALLE, La désaffectation des biens domaniaux mis à la disposition des collectivités territoriales, *RFDA 1995. 655* . – ANDRIANTSIMBAZOVINA, La gestion du domaine public scolaire à l'épreuve de la décentralisation : désaffectation des bâtiments des collèges et lycées, *RF décentr. 1996. 164* . – DUROY, La sortie des biens du domaine public : le déclassement, *AJDA 1997. 819* . – BLIN, La désaffectation domaniale, *RDI 1999. 49* . – LE GALL, La désaffectation des biens mis à disposition. Le pouvoir des collectivités, *La lettre du cadre territorial 15 avr. 2002. 65*. – JEAN-PIERRE, Le déclassement des biens immobiliers de La Poste, *Dr. et patr. 2002. 103*. – RÉZENTHEL, Le déclassement du domaine public : une solution à la rigidité domaniale ?, *Ann. voirie sept. 2003. 79*. – DUFAU, Déclassement et désaffectation du domaine public, *JCP Adm. 2004. 1044*. – MOZOL, La désaffectation des biens du domaine public, *in* J.-M. Pontier (dir.), Le domaine et les collectivités territoriales, *PUAM 2004. 165*. – YOLKA, Le patrimoine immobilier de La Poste, *JCP Adm. 2005. 1269* ; ENA : une aliénation sans déclassement, *AJDA 2005. 2313* . – BRAUD, Le déclassement du domaine public ferroviaire. Veut-on simplifier la procédure par ordonnance ?, *Ann. voirie avr. 2005. 96*. – FATÔME, Désaffection et déclassement, *JCP Adm. 2006. 1247*. – RAPP, Entrée et sortie des biens du domaine public, *RFDA 2006. 916* . – SARAZIN, Désaffectation et déclassement, *JCP Adm. 2006. 1246*. – YOLKA, Déclassement des immeubles de l'État : pourquoi faire simple ?, *JCP Adm. 2008. 150* ; L'extension de la procédure de déclassement anticipé, *ibid. 2009. 292*. – SAUJOT, L'inaliénabilité reconnue aux collections muséales. Le recours à la procédure de déclassement doit être respecté, *JCP 2008. II. 10181*. – DUROY, Le déclassement des biens du domaine public. Évolutions récentes d'une exigence classique, *in* M. Conan et B. Thomas-Tual (ss. dir.), Les transformations du droit public, *Actes de la journée d'études à Brest 20 juin 2008, Éd. La mémoire du droit, 2010. 73*. – DUROY, Le déclassement des biens meubles et culturels. Réflexions sur la cause et les limites de leur inaliénabilité, *RD publ. 2011. 57*. – NGUYEN, Le sort de la convention d'occupation après déclassement du domaine public, *RLCT 2012. 38*. – YOLKA, Le sort des contrats domaniaux en cas de déclassement, *JCP Adm. 2013. 2011*. – MAUREY et TARRADE, Les transferts de propriété entre personnes publiques, *LPA 6 juin 2013. 113*. – MELLERAY, L'entrée et la sortie du domaine public dans le CGPPP, *LPA 6 juin 2013. 47*. – FARDET, Déclasser des biens affectés pour les échanger : brèves réflexions sur les articles L. 2141-3 et L. 3112-3 du CGPPP, *in* Les nouvelles orientations du droit de la propriété publique. Mél. en l'honneur du Professeur Philippe Godfrin, *Mare et Martin 2014, p. 153*. – AYNÈS, FATÔME et RAUNET, Les promesses de vente de biens du domaine public sous condition suspensive de déclassement, *AJDA 2014. 17*. – TARRADE, Les transferts de propriétés publiques, *RDI 2014. 81* . – YOLKA, Déclassement et vente d'immeuble du domaine public : deux délibérations valent mieux qu'une..., *JCP Adm. 2017. Actu. 386*. – FOULQUIER, Le déclassement anticipé du domaine public local, *RDI 2017. 184* . – JUAN, La désaffectation juridique d'une dépendance du domaine public affectée à un service public appelé à devenir un service privé, *BJCP 2017. 9*. – LEONETTI et COUASNON, Le déclassement par anticipation, *Bulletin Chevreux, août 2017, p. 15*. – CORNILLE, Déclassement et permis de construire. Une souplesse inspirée de la jurisprudence Comité d'intérêt de quartier Vallon des Auffres Corniche (CE 23 avr. 2003), *Constr.-Urb., fév. 2018. Étude no 2*. – MELLERAY, Les conditions de sortie du domaine public. Désaffectation et déclassement, note ss. CE 20 juin 1930, *Sieur Marrot, GDDAB, 3e éd., Dalloz, 2018. Comm. 84*. – YOLKA, Collectivités territoriales et ventes immobilières « complexes » : quelques (in)certitudes, *JCP A 2019. 2062*. – CHAMARD-HEIM, Le déclassement portant par lui-même désaffectation : plaidoyer pour un retour à l'orthodoxie domaniale, *JCP A 2019. 2178*. – FOULQUIER, Le déclassement ne vaut désaffectation que par exception, *AJDA 2019. 2315* .

COMMENTAIRE

Le domaine public n'est pas figé et les personnes publiques de l'article L. 1 ne sont pas contraintes d'y conserver éternellement toutes les dépendances qui s'y trouvent. Elles peuvent avoir besoin de les soumettre à un régime moins contraignant, tout en restant propriétaires de ces biens ; elles peuvent également vouloir les céder à des tiers. Mais, dans la mesure où la domanialité publique est un régime juridique très protecteur, il n'est pas facile d'en sortir.

Pour ce faire, les personnes publiques de l'article L. 1 doivent, en principe, suivre deux étapes qui peuvent être successives ou concomitantes : la désaffectation de la dépendance et, son déclassement constaté par un acte administratif. La désaffectation est le fait de revenir sur l'affectation du bien à l'usage direct du public ou à un service public ; c'est donc une opération qui consiste à ne plus utiliser ce bien conformément à son affectation initiale. Quant au déclassement, il permet de faire sortir le bien désaffecté du domaine public ; c'est l'acte administratif qui fait perdre à un bien son caractère de dépendance du domaine public. Ces formalités doivent notamment être effectuées, préalablement aux opérations d'aliénation. Il n'y a donc pas de symétrie entre l'incorporation dans le domaine public et la sortie du domaine public (V. CGPPP, art. L. 2111-3) : la première implique simplement une affectation de fait, tandis que la seconde est nettement plus lourde et formaliste. Le principe de l'article L. 2141-1 n'est pas nouveau, mais il n'avait jamais été consacré auparavant au plan législatif. La procédure de sortie du domaine public avait été initialement conçue par la jurisprudence. En revanche, la dérogation instaurée à l'article L. 2141-2 constitue une innovation.

I. LA DÉSAFFECTATION DES DÉPENDANCES DU DOMAINE PUBLIC

A. NOTION

1° PRINCIPE

La dépendance du domaine public doit faire l'objet d'une désaffectation dans les faits. Le bien n'est effectivement plus affecté à l'usage direct du public ou à un service public : le bâtiment est fermé, les voies ferrées ne sont plus praticables, l'équipement public est détruit, etc. Autrement dit, le bien ne satisfait plus à la condition essentielle de la domanialité publique, celle de l'affectation. Il n'existe pourtant pas de parallélisme des formes en la matière : si la présence d'une telle affectation de fait permet, à elle seule, d'incorporer le bien dans le domaine public, la suppression de ladite affectation ne permet pas de l'en faire sortir. Ainsi, une dépendance du domaine public désaffectée reste dans le domaine public, tant qu'un acte de déclassement n'est pas intervenu (V. *infra*).

La désaffectation est de l'ordre du fait, il s'agit d'une constatation. Seulement, bien souvent, la personne publique a pu prendre un acte administratif en amont pour signifier son intention de désaffecter le bien ou pour constater sa désaffectation. Parfois, une désaffectation formelle est même exigée : c'est le cas pour les édifices du culte (art. 13 de la L. du 9 déc. 1905). C'est aussi ainsi qu'il convient d'analyser la déclaration d'inutilité qui est l'acte administratif mettant un terme à l'affectation d'un bien du domaine public militaire ; c'est également cet acte administratif qui prononcera le déclassement (Instr. n° 302/DEF/SGA/DMPA/SDIE du 14 févr. 2013, relative à la politique immobilière du ministère de la défense, pt n° 2.4.3). Mais, quoi qu'il en soit, seule la désaffectation effective est susceptible de conduire le bien jusqu'à la procédure de déclassement et donc à sa sortie du domaine public.

2° DÉROGATION : LE DOMAINE PUBLIC FLUVIAL

Exceptionnellement, les éléments matériels de la désaffectation peuvent ne pas être requis. C'est le cas du domaine public fluvial. En effet, pendant longtemps, la domanialité publique fluviale fut déterminée à partir des critères de la navigabilité et de la flottabilité. Mais les difficultés de mise en œuvre de ces critères ont incité les pouvoirs publics à opter pour une autre méthode de détermination de la consistance du domaine public fluvial. A compter de l'entrée en vigueur de la loi n° 64-1245 du 16 décembre 1964 (*JO 18 déc. 1964, p. 11258*), le domaine public fluvial est en effet devenu un « domaine public par détermination de la loi », c'est-à-dire un domaine public dont la consistance est déterminée, non par des critères matériels comme pouvaient l'être ceux de la navigabilité et de la flottabilité, mais par un critère formel. Les cours d'eau, lacs (CGPPP, art. L. 2111-9), canaux ou plans d'eau (CGPPP, art. L. 2111-10) n'appartiennent au domaine public fluvial que dans la mesure où ils y ont été classés et que cette décision de classement répond à l'un des motifs d'intérêt général énoncés par l'article L. 2111-12 du code général de la propriété des personnes publiques. C'est ainsi que, contrairement à ce qui se passe pour les autres dépendances du domaine public, il existe un parallélisme des procédures pour le domaine public fluvial. Parce qu'un acte de classement suffit à faire entrer dans le domaine public fluvial les cours d'eau, les sections de cours d'eau, les canaux, lacs, plans d'eau et ports intérieurs, un acte de déclassement suffit à les en faire sortir. Les éléments matériels peuvent néanmoins jouer pour le domaine public fluvial, qu'il s'agisse du changement de lit d'un cours d'eau naturel (CGPPP, art. L. 3211-16) ou des variations engendrées par le *plenissimum flumen* quant aux berges des fleuves.

B. AUTORITÉ COMPÉTENTE

1° COMPÉTENCE DE PRINCIPE DU PROPRIÉTAIRE

La plupart du temps, c'est le propriétaire public lui-même qui est compétent pour retirer son affectation à une dépendance domaniale. Pour l'État, la décision de désaffectation sera prise, selon les cas par le préfet ou au niveau ministériel (pour le domaine public militaire, ce sera le commandant de la base de défense ou le chef du service parisien de soutien de l'administration centrale qui seront compétents, en fonction des biens concernés : Décr. n° 2012-1499 du 27 déc. 2012 relatif à la politique immobilière du ministère de la défense, *JO 29 déc. 2012*. – Arr. du 27 déc. 2012 modifiant diverses dispositions relative à la politique immobilière du ministère de la Défense, *JO 29 déc. 2012*. – Arr. du 27 déc. 2012 portant délégation des pouvoirs du ministre de la défense en matière domaniale, *JO 29 déc. 2012*. – V. Instr. du 14 févr. 2013, point n° 2.4.3. – C. défense, art. R. 5131-1 s.). Pour les collectivités territoriales, la désaffectation est décidée ou constatée par l'organe délibérant. La désaffectation (comme le déclassement et l'affectation) est en effet un attribut du droit de propriété des personnes publiques. Le bénéficiaire d'une mise à disposition ne peut donc désaffecter seul une dépendance du domaine public qui ne lui appartient pas (Rép. min. n° 01342 : *JO Sénat Q, 4 oct. 2007, p. 1781*).

2° DÉROGATIONS

Néanmoins, le propriétaire n'est pas toujours le seul habilité à désaffecter ses biens ; sa compétence est ainsi écartée, s'agissant des édifices du culte (L. 9 déc. 1905, art. 13. – Circ. min. Int., 29 juill. 2011, relative aux édifices du culte). L'État peut également intervenir dans la désaffectation de dépendances du domaine public local, non pas en se substituant à leur propriétaire, mais dans le cadre de l'exercice d'une compétence partagée. C'est ce qui se passe en matière scolaire.

II. LE DÉCLASSEMENT DES DÉPENDANCES DU DOMAINE PUBLIC

A. PROCÉDURE

Alors que la désaffectation est un fait, le déclassement doit être formalisé dans un acte, le plus souvent un acte administratif (décret, arrêté, délibération, décision ministérielle *ad hoc*. – Sur le choix entre un décret ou un arrêté du ministre de la Défense pour le domaine public militaire, Instr. n° 30403/DEF/DAAJ/MD/30, 9 juill. 1975, sur le classement et le déclassement de biens immobiliers militaires dans le domaine public militaire : *BOC, p. 2674*. – Pour un modèle de délibération portant déclassement d'un parking public, V. *BJCL juin 2018, p. 504*). Le déclassement doit être bien sûr suffisamment précis pour pouvoir identifier les parcelles et les immeubles concernés (sur le déclassement d'un bien accessoire à un bien du domaine public, Blaquière, La théorie de l'accessoire en droit administratif, *th. Paris II, 2018, p. 474* s.). Il doit être d'autant plus précis que c'est lui, et lui seul, qui permet au bien de sortir du domaine public. Lorsque le déclassement est réalisé par un acte administratif, il en suit alors le régime ; il peut donc faire l'objet d'une abrogation en respectant les conditions légales (par ex., Décis. n° 22452/ARM/SGA/DPMA/SDIE/BPOLD, 12 juill. 2017 sur l'abrogation du déclassement d'une batterie DCA). Le déclassement est un acte de gestion et non de disposition (Avis CE, ass. gén., 16 oct. 1980, n° 327.217).

Malgré tout, le déclassement n'a pas à être précédé d'une enquête publique (à propos des usoirs, Rép. à QE n° 5050, *JO Sénat Q, 25 avr. 2013, p. 1356*. – Rép. à QE n° 14776, *JOAN Q, 23 avr. 2013, p. 4530*). Néanmoins, si le déclassement du domaine public routier est en principe prononcé par une simple délibération de la collectivité dont relève la voie publique, cette délibération doit être prise après enquête publique préalable « lorsque l'opération envisagée a pour conséquence de porter atteinte aux fonctions de desserte ou de circulation assurées par la voie » (C. voirie rout., art. L. 131-4 et L. 141-3). De la même manière, pour le domaine public fluvial national, le déclassement ne peut être prononcé qu'après enquête publique par arrêté du préfet coordonnateur de bassin (CGPPP, art. R. 2142-1. – V. aussi, Circ. min. Écologie, 11 févr. 2013, relative à la feuille de route des services déconcentrés dans le domaine de l'eau, de la biodiversité et des paysages pour la période 2013-2014 : *BO Écologie, 10 mars 2013*). L'enquête publique se déroule selon les modalités applicables au classement du domaine public fluvial (CGPPP, art. R. 2142-2, renvoyant aux art. R. 2111-17 à R. 2111-20). Concernant le domaine fluvial des collectivités territoriales et leurs groupements, la compétence revient aux autorités exécutives, sous réserve de l'organisation d'une enquête publique dans les mêmes conditions que pour une expropriation (CGPPP, art. R. 2142-3), ainsi que de la consultation du comité du bassin et des assemblées délibérantes des autres collectivités locales sur le territoire desquelles se situe le domaine à déclasser. Dans tous les cas (État ou collectivités territoriales), le déclassement d'une dépendance du domaine public fluvial doit s'opérer dans le respect des droits des tiers et des riverains. Enfin, le décret n° 63-392 du 10 avril 1963 relatif à la procédure de déclassement des voies ferrées prévoyait que le déclassement d'une telle voie pouvait être réalisé sans enquête publique par décret. Il a été abrogé par le décret n° 2017-1556 du 10 novembre 2017 (art. 4) relatif au transfert de propriété du domaine public ferroviaire. Désormais, les voies ferrées peuvent être déclassées sur autorisation préalable de l'État, après avis du Conseil régional et du STIF en Île-de-France (C. transp., art. L. 2111-21 ; CGPPP, art. L. 3114-1 s. et R. 3114-1 s. ; Décr. n° 97-444 du 5 mai 1997, art. 50).

Il existe également un autre cas particulier, celui du déclassement du domaine public mobilier, qui peut être spécifique, notamment en matière de patrimoine archéologique mobilier (C. patr., art. L. 546-1 à L. 546-6. – Yolka et Tarlet, Domaine public mobilier, *J.-Cl. Propriétés publ., fasc. 45, n°s 69 s.*).

Le déclassement doit en principe être exprès (Rép. min. à quest. écrite n° 54176, *JOAN Q, 9 mars 2010, p. 2761*). Le déclassement ne peut donc être tacite ou implicite, résulter des circonstances ou se déduire de la désaffectation ou du simple non-usage. Ainsi, même si un bien ne remplit plus les critères du domaine public, soit en raison de sa désaffectation, soit en raison de l'évolution de ces critères, tant qu'un acte de déclassement n'est pas pris, le bien reste dans le domaine public.

L'acte de déclassement est obligatoire pour faire sortir un bien du domaine public, même si celui-ci est désaffecté. Mais, exceptionnellement, la sortie du domaine public peut être réalisée sans déclassement, comme c'est le cas des « délaissés » de la voirie routière : des modifications du tracé ou l'ouverture de routes nouvelles peuvent conduire à ce que certaines portions de voie soient délaissées. Le juge administratif se contente ainsi d'une désaffectation de fait, sans exiger un déclassement formel. Le caractère obligatoire de l'acte de déclassement s'oppose donc à ce que son absence soit ultérieurement régularisée. Le juge administratif est très strict à cet égard. Mais, devant les difficultés pratiques engendrées par cette règle (poussant d'ailleurs à une ultime solution, celle de la loi de validation, V. *infra*), le gouvernement a souhaité moderniser les règles régissant les transferts de propriété, et notamment d'ouvrir « aux autorités compétentes la possibilité de prendre des mesures, y compris de portée rétroactive, tendant à la régularisation de leurs actes de disposition » (art. 34, loi n° 2016-1691 du 9 décembre 2016 relative à la transparence, à la lutte contre la corruption et à la modernisation de la vie économique, dite « Sapin 2 ». Sur cette disposition, V. *RDI 2017. 98, chron. Foulquier* ; *JCP Adm. 2017. 2019, note de Gaudemar* ; *Rev. CMP 2017. Comm. 2, par Clamour* ; *Bull. Chevreux 2017, n° 84, p. 4, comm. Raunet et Leonetti* ; *JCP Adm. 2017. 2028, comm. Jourdan* ; *Dr. adm. 2017. Alerte 15, comm. Roux*). C'est ainsi que l'article 12 de l'ordonnance n° 2017-562 du 19 avril 2017 relative à la propriété des personnes publiques (V. comm. *in* Bibliographie générale du code) a prévu que « les biens des personnes publiques qui, avant l'entrée en vigueur de la présente ordonnance, ont fait l'objet d'un acte de disposition et qui, à la date de cet acte, n'étaient plus affectés à un service public ou à l'usage direct du public peuvent être déclassés rétroactivement par l'autorité compétente de la personne publique qui a conclu l'acte de disposition en cause, en cas de suppression ou de transformation de cette personne, de la personne venant aux droits de celle-ci ou, en cas de modification dans la répartition des compétences, de la personne nouvellement compétente ». Cette possibilité de régularisation rétroactive et transitoire doit être interprétée strictement : elle n'est ouverte que pour les opérations intervenues avant le 1er juillet 2017. Les actes potentiellement litigieux ne sont pas directement validés par cette disposition, mais ils peuvent l'être par un nouvel acte de déclassement rétroactif.

Le recours à la procédure du droit de priorité instauré à l'article L. 240-1 du code de l'urbanisme suppose que le bien de l'État a été au préalable désaffecté et déclassé (Rép. min. n° 13285, *JOAN 15 janv. 2019, p. 333 ; Dr. voirie 2019, p. 46, obs. Yolka ; JCP A 2019. 2111, obs. Roux ; JCP N 2019. Actu. 218*).

Enfin, il peut arriver que des propriétaires publics déclassent un bien qui ne faisait pourtant pas partie du domaine public, soit parce qu'ils ont commis une erreur sur sa qualification domaniale à l'origine, soit parce qu'ils en ont douté. Quoi qu'il en soit, ces déclassements superfétatoires sont sans conséquence juridique et ne modifient en rien le statut des biens. Les personnes publiques ne prennent aucun risque à déclasser un bien qui relève du domaine privé, au contraire.

B. AUTORITÉ COMPÉTENTE

1° COMPÉTENCE DE PRINCIPE DU PROPRIÉTAIRE

C'est en principe le propriétaire public qui est compétent pour prendre les actes de déclassement des dépendances de son domaine public, au titre de son droit de propriété. S'agissant d'un bien appartenant à l'État, l'autorité compétente sera, selon les cas, le préfet ou le ministre dont il relève. Le déclassement sera réalisé par décret ou par arrêté (Yolka, Déclassement des immeubles de l'État : pourquoi faire simple ?, *JCP Adm. 2008. Actu. 150*). Pour les biens des collectivités territoriales, l'organe délibérant devra intervenir. Les membres des organes délibérants doivent disposer des pièces et documents nécessaires à leur information sur le projet de déclassement dont ils sont saisis. Le non-respect de cette obligation d'information entache la délibération d'un vice de procédure substantiel, la rendant illégale.

Ce pouvoir de déclasser un bien est même, la plupart du temps, discrétionnaire, ce qui justifie un contrôle restreint de la part du juge administratif. La compétence de principe du propriétaire en matière de déclassement ne le dispense bien sûr pas de l'obligation de justifier sa décision par un motif d'intérêt général.

2° DÉROGATIONS

La liberté de déclasser un bien du domaine public n'existe pourtant pas dans tous les cas : il y a des hypothèses, que l'on peut rassembler en quatre catégories, dans lesquelles le déclassement ne dépendra pas de la seule volonté du propriétaire public.

La décision de déclassement peut, en premier lieu, s'imposer au propriétaire public, en résultant d'une injonction émanant du juge administratif.

En deuxième lieu, le pouvoir de déclasser des biens mis à disposition ou affectés à un service public relevant conjointement de deux personnes ressortit à la compétence de ces deux autorités. C'est ce qui se passe pour les biens constituant le réseau ferré national : ceux-ci sont déclassés après autorisation préalable des autorités de l'État et avis de la région (C. transp., art. L. 2111-21). L'initiative du déclassement appartient à la société SNCF Réseau ou à sa filiale mentionnée au 5° de l'article L. 2111-9 du code des transports (Décr. n° 2019-1516 du 30 déc. 2019, art. 3) qui consulte la région et, en Île-de-France, le Syndicat des transports d'Île-de-France, qui disposent d'un délai de deux mois à compter de la transmission du projet pour faire connaître leur avis sur le projet de déclassement. L'avis est réputé favorable en l'absence de réponse dans ce délai. La société concernée transmet avec ces avis le projet de déclassement au ministre chargé des transports, qui dispose d'un délai de deux mois à compter de la réception du projet pour l'autoriser. Le silence gardé par le ministre chargé des transports pendant ce délai vaut refus d'autorisation. La société concernée peut également transmettre le projet de déclassement au ministre chargé des transports simultanément à la consultation mentionnée au premier alinéa. Dans ce cas, elle transmet dans un second temps l'avis de la région et, le cas échéant, du Syndicat des transports d'Île-de-France au ministre chargé des transports, qui dispose d'un délai d'un mois à compter de la réception de ces avis pour autoriser le déclassement. Le silence gardé par le ministre chargé des transports pendant ce délai vaut refus d'autorisation. Lorsqu'il s'agit de biens relevant du domaine public ferroviaire et situés à proximité de voies ferrées exploitées, dans un périmètre défini par un arrêté du ministre chargé des transports pris après avis de l'Autorité de régulation des transports, la société concernée informe l'Autorité de régulation des transports de son projet de déclassement simultanément à la consultation mentionnée au premier alinéa. Une procédure spécifique est prévue pour les fermetures de lignes (Décr. n° 2019-1516 du 30 déc. 2019, art. 4).

Le propriétaire peut, en troisième lieu, être tenu de solliciter l'avis d'un organisme extérieur. C'est le cas pour le déclassement des biens constituant les collections des musées de France ; celui-ci doit être précédé de l'avis conforme de la commission scientifique nationale des collections comprenant des parlementaires, des représentants de l'État, des professionnels de la conservation des biens concernés et des personnalités qualifiées (C. patr., art. L. 451-5, al. 2. – Cette commission devrait être supprimée dans le cadre de la loi de simplification 2020, suite au 4e comité interministériel de la transformation publique, 15 nov. 2019). Cependant, les biens incorporés dans des collections publiques par dons ou legs ne peuvent pas être déclassés, de même que, pour les collections ne relevant pas de l'État, ceux qui ont été acquis avec l'aide de l'État (C. patr., art. L. 451-7). Enfin, en quatrième lieu, l'État peut intervenir dans le déclassement de biens du domaine public local ou d'établissements publics, dans le cadre des opérations d'aménagement foncier au sens de l'article L. 300-1 du code de l'urbanisme (C. urb., art. L. 318-1) ou dans l'exercice par le représentant de l'État de son pouvoir de substitution prévu à l'article 1er-II de la loi du 16 juillet 1980. Il peut également y avoir des « déclassements » législatifs : des dépendances figurant dans le domaine public en sortent par l'intervention du législateur. Ce fut le cas du patrimoine de La Poste (L. n° 2001-1168 du 11 déc. 2001, dite loi « Murcef », art. 22 : *JO 12 déc. 2001, p. 19703*), des immeubles de bureaux (Ord. n° 2004-825 du 19 août 2004 : *JO 21 août 2004, p. 14946*. – CGPPP, art. L. 2211-1), des biens immobiliers de Réseau ferré de France inutiles à ses missions de service public (L. fin. pour 2006 n° 2005-1719 du 30 déc. 2005, art. 63 : *JO 31 déc., p. 20597*) ou des biens transmis à Pôle Emploi (C. trav., art. L. 5312-13). Le déclassement peut en outre résulter de la validation législative d'un acte administratif dont la légalité est fragile ou douteuse (ex. L. n° 2014-878 du 4 août 2014, relative à la sécurisation des transactions relatives à la ZAC du Quartier de Gerland à Lyon). Ce n'est pas là la procédure habituelle, puisque le déclassement est en principe une compétence administrative.

III. L'ARTICULATION DES DEUX OPÉRATIONS

A. PRINCIPE : CUMUL DE LA DÉSAFFECTATION ET DU DÉCLASSEMENT

La jurisprudence administrative comme l'article L. 2141-1 du code général de la propriété des personnes publiques exigent à la fois une désaffectation de fait et un acte formel de déclassement. Un bien ne peut donc pas sortir du domaine public si le déclassement ne s'accompagne pas d'une désaffectation ou inversement. On ne peut cependant pas s'empêcher de noter un certain « laxisme » actuel de la jurisprudence administrative qui fait une interprétation très (trop) compréhensive de l'article L. 2141-1, en validant des déclassements sans désaffectation. Il serait souhaitable que le juge revienne à une conception plus orthodoxe de ces procédures.

De manière générale, il résulte de cet article qu'une décision de déclassement serait illégale si elle ne constatait ou ne réalisait pas une désaffectation de fait : il est impossible de déclasser un bien qui demeurerait affecté à l'utilité publique. Le déclassement serait pareillement illégal pour le cas où une personne publique désaffecterait un bien déterminé qu'elle entend réaffecter par la suite à une autre destination : la succession d'affectations publiques fait obstacle au déclassement. On parle, à cet égard, de principe de continuité de la domanialité publique. Inversement, le simple fait qu'une dépendance soit désaffectée, mais non déclassée, ne suffit pas à la faire sortir du domaine public.

L'acte de désaffectation est normalement distinct de celui qui prononce le déclassement et, en général, la désaffectation précède le déclassement. C'est d'ailleurs ce qui ressort de la rédaction de l'article L. 2141-1 du code général de la propriété des personnes publiques. Mais il est possible que les opérations ne se succèdent pas ainsi : la désaffectation et le déclassement peuvent être concomitants (V. par ex., décision 27 juin 2014, *BO Intérieur 1er août 2014, n° 2014-08*. – Arr. du 16 déc. 2015 concernant un bâtiment du campus Centrale Supélec, *JO 5 janv. 2016*. – Arr. du 20 févr. 2017 concernant des ensembles immobiliers situés à Châtenay-Malabry, *JO 4 mars*. – Min. Écologie, Décis. du 16 juin 2017 portant désaffectation, déclassement et remise en cession à la DRFIP d'un ensemble immobilier du domaine public de l'État, *BO Écologie, 25 juin 2017, n° 201711*). Le déclassement peut même être réalisé en premier, à condition qu'il soit immédiatement suivi d'une désaffectation de fait. On relève cependant une tendance de la jurisprudence à considérer que le déclassement vaut désaffectation.

B. DÉROGATIONS

Il existe néanmoins des cas de dissociation définitive ou temporaire de la désaffectation et du déclassement.

1° DISSOCIATION DÉFINITIVE DU DÉCLASSEMENT ET DE LA DÉSAFFECTATION

Au titre des hypothèses de dissociation définitive, on peut mentionner le cas des délaissés de la voirie routière ou de la sortie du domaine public fluvial (V. *supra*). L'article L. 2141-3 du CGPPP a également introduit la possibilité pour les personnes publiques de déclasser une dépendance du domaine public affectée à un service public dans le but de l'échanger contre un autre bien permettant d'améliorer les conditions d'exercice de ce service public. Ce nouveau bien qui sera échangé contre la dépendance du domaine public déclassée pourra être une propriété privée ou relever du domaine privé d'une autre personne publique. Cette opération se réalise dans les conditions fixées à l'article L. 3112-3 du même code, qui impose l'insertion dans l'acte de clauses destinées à préserver l'existence et la continuité du service public. Il y a bien, dans cette procédure, un déclassement sans désaffectation. De son côté, le législateur a pu intervenir de manière circonstancielle pour certaines catégories de biens, en prononçant leur déclassement, sans désaffectation, préalablement à un transfert de propriété (V., par ex., art. 124 de la loi du 30 déc. 2005 de finances rectificative pour 2005). Il existe enfin une situation particulière, celle de la transformation d'une personne publique en personne privée. Dans ce cas, il y a un transfert patrimonial et lorsque la personne publique transformée disposait d'un domaine public, ses biens doivent être déclassés pour pouvoir être transférés. Ils ne sont pourtant pas désaffectés. En effet, la personne privée qui succède à la personne publique est en charge du même service public auquel les biens transférés sont affectés. Ceux-ci ne peuvent donc pas être désaffectés puisqu'ils continuent d'être affectés à ce service public, à le supposer maintenu naturellement (V., par ex., au sujet de la transformation de l'établissement public des Thermes nationaux d'Aix-les-Bains en société anonyme, L. n° 2009-879 du 21 juill. 2009, portant réforme de l'hôpital et relative aux patients, à la santé et aux territoires, art. 134 : *JO 22 juill., p. 12184*).

2° DISSOCIATION TEMPORAIRE DU DÉCLASSEMENT ET DE LA DÉSAFFECTATION

Le déclassement et la désaffectation peuvent être dissociés de manière temporaire seulement. C'est le cas de la vente sous condition résolutoire, figurant à l'article L. 2141-2, autre apport du code général de la propriété des personnes publiques en matière de déclassement. Alors que normalement le déclassement succède à – ou entraîne – une désaffectation, le législateur a accepté de dissocier dans le temps le déclassement et la désaffectation effective, laquelle interviendra très postérieurement au premier (on parle ainsi de déclassement anticipé). Cette dissociation est d'autant plus nette que le déclassement peut aboutir à une vente ; la personne publique ne sera donc plus que le locataire du bien qui est nécessaire à son activité : bien qui a été vendu, mais qui n'a pas été désaffecté. Cette procédure a été réécrite et étendue sur le plan personnel et matériel par l'article 9 de l'ordonnance du 19 avril 2017. Des conditions ont été prévues.

Le champ d'application personnel du déclassement anticipé était assez étroit. L'article L. 2141-2 ne visait, initialement, que les immeubles « appartenant au domaine public artificiel de l'État ou de ses établissements publics et affecté*[s]* à un service public ». Cette dérogation a été étendue au domaine des établissements de santé (CSP, art. L. 6148-6 ; Yolka, L'extension de la procédure du déclassement anticipé, *JCP Adm. 2009. Actu. 292*). Mais elle était refusée aux collectivités territoriales (Rép. min. n° 57055 : *JOAN*

15 déc. 2009, p. 12056, le législateur considérant que « ces dispositions dérogatoires ont été adoptées afin de répondre aux enjeux spécifiques de valorisation du domaine de l'État et de ses établissements publics » ; Quest. orale sans débat, n° 215S : *JO Sénat Q, 8 nov. 2012*), en dépit de sollicitations variées (notamment celles des notaires, lors du 109e Congrès des notaires de France). Néanmoins, deux propositions de loi ont été déposées, visant à étendre aux collectivités territoriales le mécanisme de déclassement anticipé, prévu à l'article L. 2141-2 du code général de la propriété des personnes publiques (Prop. loi n° 2709, déposée le 8 avr. 2015, 1re lecture à l'AN le 28 avr. 2016, issue de la prop. n° 48 du 3e volet de prop. du Conseil de la simplification. – Prop. loi n° 520, déposée au Sénat le 30 mars 2016. – V. aussi La revue des dépenses, « Le patrimoine des collectivités territoriales », *mai 2016, prop. n° 7*). Elle a finalement été reprise à l'article 35 de la loi n° 2016-1691 du 9 décembre 2016 relative à la transparence, à la lutte contre la corruption et à la modernisation de la vie économique, dite loi « Sapin 2 » (sur les réf., V. *supra*), qui étend aux collectivités territoriales, à leurs groupements et leurs établissements publics le mécanisme de déclassement anticipé. Cette extension a été confirmée par l'article 9 de l'ordonnance du 19 avril 2017 qui vise, dans la nouvelle rédaction de l'article L. 2141-2, « les immeubles du domaine public artificiel des personnes publiques » et cette disposition s'applique dans les départements d'outre-mer et dans certains territoires ultramarins.

Les biens du domaine public pouvant faire l'objet de cette procédure sont également plus nombreux. Seuls les immeubles du domaine public artificiel, à l'exclusion du domaine public naturel, restent visés. Mais, initialement, le déclassement anticipé n'était prévu que pour les biens affectés à un service public. Désormais, tous les immeubles du domaine public artificiel peuvent en faire l'objet, même ceux qui sont affectés à l'usage de tous (l'exemple donné à chaque fois est celui des parkings).

Le déclassement anticipé doit respecter un certain nombre de conditions pour pouvoir être légal. La nouvelle version de l'article L. 2141-2 distingue les conditions générales et celles qui sont propres au secteur local.

Le déclassement anticipé ne peut se comprendre que si une opération juridique proscrite par la domanialité publique s'intercale entre le déclassement et la désaffectation (cessions, constitution de droits réels civils, voire conclusion d'un bail commercial). C'est précisément ce qui justifie le caractère anticipé et qui explique le caractère dérogatoire de cette procédure. Dès lors, si aucune opération juridique n'a lieu ou si celle-ci est réalisée postérieurement à la désaffectation, on retombe sur le droit commun qui suppose une chronologie classique (la désaffectation, le déclassement, puis l'opération juridique). V. en ce sens CAA Nantes, n° 18NT02901, 10 janv. 2020 : les dispositions de l'article L. 2141-2 « concernent la procédure de déclassement anticipé qui permet de céder des immeubles dans lesquels les services publics sont maintenus pour une durée limitée et d'utiliser le produit de la vente. En l'espèce, il est constant, ainsi qu'il ressort des énonciations de la délibération en litige et de ses visas, que le déclassement contesté concerne l'emprise de l'ancien parking à barrières "République" qui n'était plus affecté à l'usage du public et a été prononcé sur le fondement des dispositions de l'article L. 2411-1 du code général des collectivités territoriales. »

Pour être régulier, le déclassement anticipé doit naturellement débuter par un acte de déclassement, permettant de faire sortir le bien du domaine public. C'est cet acte qui fixe le délai dans lequel la désaffectation devra être effective. La décision de désaffecter le bien doit donc être prise dès l'acte de déclassement, mais ses effets sont reportés à une période ultérieure (d'où l'anticipation). Autrement dit, dans cette hypothèse, le législateur autorise des personnes publiques à incorporer dans leur domaine privé – et à les vendre – des biens qui sont encore nécessaires au service public ou à l'usage du public. L'acte de déclassement doit prévoir que la désaffectation interviendra dans un délai maximal de trois ans, qui reste le délai de droit commun et qui est désormais fixé par un texte législatif (V. aussi Décr. n° 2007-229 du 20 févr. 2007, relatif à la cession des immeubles de l'État ou de ses établissements publics et affectés à un service public. – Pour une application, V. Arr. min. Affaires étrangères du 7 mars 2007 : *JO 28 mars 2007*. – Codifié CGPPP, art. D. 2141-1). La loi n° 2009-928 du 29 juillet 2009 relative à la programmation militaire pour les années 2009 à 2014 (art. 16) a instauré un délai maximal spécifique de six ans pour les immeubles faisant partie du domaine public militaire figurant sur une liste fixée par arrêté, ce qui est particulièrement favorable au ministère de la Défense. Cette disposition s'applique à trois emprises situées à Paris (l'îlot Saint-Germain, la caserne de Reuilly et l'hôtel de la Marine). La loi Sapin 2 telle qu'adoptée par le Parlement prévoyait également un délai spécifique de six ans pour les immeubles appartenant ou mis à la disposition des établissements d'enseignement supérieur ou de recherche dans le cadre du Grand Paris (art. 36), mais cette disposition, qualifiée de « cavalier législatif », a été invalidée par le Conseil constitutionnel (Cons. const. 8 déc. 2016, n° 2016-741 DC). L'ordonnance du 19 avril 2017 instaure un nouveau délai, parallèlement au délai de droit commun : « lorsque la désaffectation dépend de la réalisation d'une opération de construction, restauration ou réaménagement, cette durée est fixée ou peut être prolongée par l'autorité administrative compétente en fonction des caractéristiques de l'opération, dans une limite de six ans à compter de l'acte de déclassement ». Quoi qu'il en soit, l'immeuble déclassé peut être vendu, mais il reste affecté à un service public ou à l'usage du public. Aussi la vente qui produit ses effets dès qu'elle est conclue doit être réalisée sous condition résolutoire (CGPPP, art. L. 2141-2, *in fine*). Il subsiste néanmoins une difficulté importante : que se passe-t-il si, au terme du délai fixé pour la désaffectation, le nouveau bien devant permettre le relogement des services n'est pas disponible ? La vente est-elle résolue, avec un risque de mise en jeu de la responsabilité de la personne publique si l'acquéreur peut démontrer une lenteur fautive ? Autant de questions qui n'ont pas encore été abordées par la jurisprudence, mais qui doivent être envisagées lors de la rédaction des clauses du contrat de vente. L'ordonnance du 19 avril 2017 rajoute une autre série de conditions liées à la protection de l'affectation qui est temporairement maintenue : « l'acte de vente comporte également des clauses relatives aux conditions de libération de l'immeuble par le service public ou de reconstitution des espaces affectés à l'usage direct du public, afin de garantir la continuité des services publics ou l'exercice des libertés dont le domaine est le siège ». A côté de ces conditions générales, redoutant les risques liés à l'aléa inhérent à cette procédure d'assouplissement, la loi Sapin 2 a encadré particulièrement la mise en œuvre du déclassement anticipé par les personnes publiques locales (art. L. 2141-2, al. 2 et 3) : d'une part, si ce déclassement anticipé débouche sur une cession, celle-ci devra être adoptée au terme d'une « délibération motivée de l'organe délibérant de la collectivité territoriale, du groupement de collectivités territoriales ou de l'établissement public local auquel appartient l'immeuble cédé » et donner lieu à « une étude d'impact pluriannuelle tenant compte de l'aléa ». D'autre part, « l'acte de vente doit, à peine de nullité, comporter une clause organisant les conséquences de la résolution de la vente ». Enfin, le législateur oblige les personnes publiques à provisionner les montants des pénalités inscrites dans la clause résolutoire de l'acte de vente. Il s'agit là de conditions relevant de la bonne gestion publique et on peut s'étonner qu'elles ne soient pas formellement opposables à l'État et à ses établissements (d'autant que les services de l'État recourent déjà à ce type d'analyse ou de provisions).

Au-delà des ventes sous condition suspensive résolutoire, la jurisprudence a parfois admis la validité de promesses de vente sous conditions suspensives. Cette solution est apparue assez hétérodoxe au regard des principes applicables au domaine public, et notamment de son inaliénabilité. En effet, la promesse de vente vaut vente dès qu'il y a consentement réciproque sur la chose et le prix (C. civ., art. 1589) ; même si une condition suspensive est stipulée, reportant son effet à la date de la désaffectation et du déclassement, elle risquait d'être analysée comme une condition potestative, et donc d'être considérée comme nulle (Gaudemet, Traité de droit administratif, *t. 2, 15ᵉ éd., 2014, nᵒˢ 252 et 252 bis* ; Omarjee, Les avant-contrats et le domaine public, *JCP N 2009, n° 1208* ; Une collectivité publique peut-elle consentir une promesse de vente sur une dépendance de son domaine public ?, *RLCT mai 2009. 42*). L'ordonnance du 19 avril 2017 est aussi intervenue (art. L. 3112-4) pour donner un cadre juridique à ces promesses de vente du domaine public (V. comm. ss. art. L. 3112-4). ❑

I. DÉSAFFECTATION

1. Élément factuel. Pour interdire l'accès d'une parcelle aux véhicules ou aux piétons, il convient de la clôturer physiquement par la pose de barrières, scellées de préférence. • CAA Nantes, 19 avr. 2013, *Cne de Plobannalec-Lesconil c/ Collin,* n° 11NT01905. ♦ Une voie routière sera considérée comme désaffectée si, située au bout d'une impasse, elle n'est plus utilisée par le public (bien qu'elle le soit exclusivement par un riverain) et n'est pas goudronnée, ni entretenue. • CAA Lyon, 5 janv. 2012, *Martinez c/ Cne de Mazeyrat-d'Allier,* n° 11LY00101. ♦ La désaffectation est irrégulière si elle ne résulte pas d'un état de fait. • CAA Nancy, 29 sept. 2011, *Cne de Lambach c/ Bour,* n° 11NC00405 (à propos d'un chemin réputé désaffecté, alors qu'il est toujours utilisé comme lieu de promenade et comme voie de circulation pédestre, cycliste, équestre et motorisée). ♦ Mais une désaffectation peut être décidée par la fermeture des locaux, alors même que les équipements étaient encore utilisés avant leur fermeture. • CAA Douai, 25 juin 2015, *Cne de Croix*, n° 14DA00398. ♦ La désaffectation d'un abattoir public ne peut pas résulter de la sortie de la liste des abattoirs publics. • CAA Douai, 2 juin 2016, *Cne de Forges-les-Eaux*, n° 14DA00557 : *Rev. CMP 2016. Comm. 217, obs. Hoepffner ; ibid. mars 2017. Chron. 2, par Llorens et Soler-Couteaux ; JCP Adm. 2016, n° 2181 ; Cah. CRIDON-Lyon 2017, n° 78, p. 12, comm. Trincal* • CAA Douai, 1er oct. 2019, *Groupe Bigard c/ Cne de Forges-les-Eaux*, n° 18DA01316 : *Rev. CMP 2019, comm. 387, obs. Muller.* ♦ Une délibération peut prévoir une entrée en vigueur de la désaffectation décidée qu'au terme d'un délai de trois mois à compter de la date à laquelle la délibération sera devenue définitive. Mais, dans ce cas, si la délibération fait l'objet d'un recours en annulation, elle n'est pas devenue définitive et ne peut pas produire ses effets, risquant de priver les justiciables du recours en référé-suspension. C'est la raison pour laquelle le juge administratif a estimé « que cette entrée en vigueur conditionnée par le caractère définitif de la délibération aurait pour effet de priver les justiciables de la voie de droit du référé-suspension ; que s'il est loisible à une administration de ne pas exécuter immédiatement, pour des raisons d'opportunité, un acte exécutoire, elle ne peut pour autant renoncer à la prérogative du caractère exécutoire de l'acte ; qu'en outre, si un acte administratif peut lui-même différer son entrée en vigueur à une date postérieure aux mesures d'information qui en conditionnent le caractère exécutoire, cette date doit alors être précisément déterminée ou déterminable en fonction d'éléments faisant l'objet d'une information équivalente aux mesures de publicité initiales ; que tel n'est pas le cas du caractère définitif de l'acte administratif qui ne fait l'objet d'aucune information spécifique notamment à l'égard des tiers, qui peut se produire inopinément et dont la détermination peut soulever des difficultés sérieuses ; que dans ces conditions, et en vertu du principe de sécurité juridique, la délibération litigieuse doit être considérée comme devant entrer en vigueur » au jour de l'audience publique devant le juge. • TA Versailles, ord., 12 oct. 2017, *Assoc. de défense et de développement du quartier du marché de Maisons-Laffitte*, n° 1706116. ♦ La même délibération peut inscrire un chemin au tableau des voies communales, reconnaissant ainsi son appartenance au domaine public routier communal, tout en engageant la procédure de déclassement d'une partie de ce chemin en vue de sa cession ultérieure. En effet, les dispositions de l'art. L. 2141-1 CGPPP ne subordonnent pas le déclassement d'une dépendance du domaine public routier à la condition que cette dépendance n'ait plus, antérieurement à ce déclassement, été affectée de fait aux besoins de la circulation terrestre ou à l'usage du public, • TA Nantes, 9 juill. 2019, n° 1603781.

2. Preuve. Afin de prouver la désaffectation, on peut produire des plans. • CAA Lyon, 21 févr. 2013, *Synd. copr. immeuble « Le signal » c/ Cne de Huez-en-Oisans*, n° 12LY01517. ♦ … Des photos, des délibérations, des attestations de riverains ou toute autre pièce utile.

3. Information de l'organe exécutif. Après une première délibération actant du déclassement d'une parcelle et adoptant le principe de la cession, qui ne fut pas suivie d'effet faute de désaffectation effective, la commune prit une seconde délibération constatant la désaffectation et confirmant la décision de déclassement et l'autorisation de la cession. Mais l'intitulé du projet de délibération joint à la convocation des membres du conseil municipal n'était pas de nature à les avoir suffisamment informés des motifs et des implications de la fermeture de l'accès ; le juge administratif a considéré que la seconde délibération s'en trouvait viciée. C'est en vain que la commune soutenait par ailleurs que cette seconde délibération était purement confirmative et n'était donc pas susceptible de recours, car elle constatait la fermeture d'un accès dont la première prévoyait le maintien : • CAA Nantes, 30 avr. 2019, *Cne Bayeux*, n° 17NT00432 : *Rev. CMP 2019, comm. 239, obs. Muller.* – Ni les dispositions de l'article L. 2121-13 CGCT, ni aucun principe n'impose au maire de communiquer aux conseillers municipaux les constats d'huissier du 30 décembre 2016 et du 13 avril 2017 portant sur la désaffectation du parking de la République préalablement à la séance du conseil municipal en l'absence d'une demande de leur part : • CAA Nantes, 10 janv. 2020, n° 18NT02901.

4. Édifice du culte. La délibération du conseil municipal ayant eu pour but d'entraîner la désaffectation du mur de clôture de l'église et d'une partie du terrain attenant à celle-ci en violation des dispositions des art. 13 de la loi du 9 déc. 1905 et 5 de la loi du 2 janv. 1907, qui exige l'édiction d'un décret de désaffectation, est en conséquence nulle de droit. • CE 23 juin 1934, *Abbé Badoual : Lebon 722.* ♦ V. également • TA Lille, 1er juill. 1954, *Abbé Dubois : RPDA 1954, n° 313.* ♦ Depuis le Décret n° 70-220 du 17 mars 1970, la désaffectation des édifices du culte a été déconcentrée. • TA Bordeaux, 20 déc. 2002, *M. Savary, Mgr Ricard, Assoc. église Saint-Éloi : AJDA 2003. 390, concl. Drommeau* • CE, réf., 30 déc. 2002, *Cne de Pont-Audemer*, n° 248787 : *Lebon T. 727 ; JCP Adm. 2003. 1112, note Moreau.* ♦ Une église ne peut être désaffectée qu'avec le consentement écrit du représentant du culte affectataire. • CAA Bordeaux,

27 avr. 2004, *Assoc. église Saint-Éloi*, n° 03BX00370 : *AJDA 2004. 949.*

5. *Sortie d'un bien du domaine public naturel.* Considérant qu'il est constant que cette parcelle, qui est située en bordure de l'étang de la commune de Gruissan, a été comprise dans le domaine public maritime par un décret de délimitation en date du 19 nov. 1878, mais était hors d'eau à la date de la décision attaquée ; qu'il ressort des pièces du dossier qu'elle a été exondée à une époque antérieure à l'entrée en vigueur de la loi du 28 nov. 1963 et que sa mise hors d'eau ne résulte pas de travaux réalisés par la commune ou des particuliers. Cette modification de la situation de fait de la parcelle en cause a eu pour effet de la faire sortir du domaine public maritime. • CE 19 févr. 1986, *Min. Urbanisme c/ Morata : AJDA 1986. 264, concl. Stirn.* ♦ V. aussi • Cass., ass. plén., 23 juin 1972, *Sté civile et agricole du They-de-Roustan : Rev. adm. 1972. 383, note Liet-Veaux ; D. 1972. 705, concl. Lindon ; JCP 1973. II. 17331, note Goubeaux et Jégouzo* • Civ. 3e, 30 juin 1999, n° 96-21.752 P : *RDI 1999. 628, obs. Lavialle.*

6. *Compétence de principe du propriétaire.* C'est le propriétaire qui constate la désaffectation lorsqu'elle résulte d'éléments circonstanciels, comme des phénomènes naturels. Ainsi, un chemin devenu impraticable à la suite de l'effondrement de son mur de soutènement n'est plus affecté à l'usage public et peut donc être déclassé. • CAA Bordeaux, 12 nov. 2009, *X c/ Cne d'Ussat*, n° 08BX00812. ♦ La désaffectation doit intervenir dans un but d'intérêt général et encourt l'annulation dans le cas contraire. • CAA Marseille, 27 févr. 2006, *Cne de Sartène*, n° 03MA01133. ♦ Et le juge administratif peut enjoindre l'administration à désaffecter sous astreinte lorsque c'est nécessaire à la résolution d'un litige. • CAA Marseille, 30 juill. 2013, *Assoc. Demain, c'est aujourd'hui c/ Cne d'Uchaux*, n° 12MA04828.

7. *Exceptions.* Mais le propriétaire n'est pas toujours le seul habilité à désaffecter ses biens. C'est le cas pour les décisions de fermeture des voies ferrées prises par Réseau ferré de France, mais auxquelles le ministre des Transports peut s'opposer pendant un délai de deux mois. • CE 27 févr. 2012, *FNAUT c/ RFF*, n° 346540. ♦ Dans le même esprit, les communes doivent obtenir l'autorisation du ministre de la Culture avant de changer l'affectation d'une salle de spectacle appartenant au domaine public communal (autorisation qui est prévue par l'art. 2 de l'Ord. n° 45-2339 du 13 oct. 1945) ; une telle exigence n'est *a priori* pas requise lorsque la commune envisage de faire sortir du domaine public ce type de salles, puisqu'il n'y a pas, au sens strict, de changement d'affectation, mais une désaffectation. Il en va autrement lorsque la désaffectation et le déclassement s'inscrivent dans un projet plus vaste dans lequel il est manifeste que l'affectation de la salle sera modifiée. Tel est par exemple le cas d'une délibération constatant la désaffectation d'un théâtre communal, prononçant son déclassement, et en autorisant la cession dans les conditions définies par un appel à projet se référant à la nouvelle affectation du lieu à une activité commerciale. • CAA Bordeaux, 27 oct. 2016, *M. B.*, n° 15BX01775 : *JCP Adm. 2016. Actu. 870 ; AJDA 2016. 2450, concl. Normand ; Rev. CMP mars 2017. Chron. 2, par Llorens et Soler-Couteaux.* ♦ C'est également le cas des biens mis à disposition d'une autre collectivité, pour la désaffectation de laquelle l'accord de l'affectataire est requis, • TA Amiens, 11 oct. 2019, *Association SOS Laon*, n° 1700865 : *JCP Adm. 2019. Actu. 672, obs. Erstein ; JCP Adm. 2020. 2019, obs. Meurant.*

8. *Domaine scolaire.* La désaffectation des écoles élémentaires doit être décidée par la commune, après avis du représentant de l'État intervenant en tant que responsable du service public de l'éducation nationale. • CE, ass., 2 déc. 1994, *Cne de Pulversheim : Lebon 531 ; LPA 21 juill. 1995. 16.* ♦ Il faut souligner que, pour les écoles désaffectées avant l'entrée en vigueur de la loi du 22 juill. 1983, l'avis du représentant de l'État n'était pas requis préalablement à la décision de les désaffecter. • CE 27 janv. 2010, *Cne de Mazayes-Basses*, n° 313247 : *Lebon T. 763 ; BJCL 2010. 3. 194, concl. Olléon ; JCP Adm. 2010. 2275, note Chamard-Heim ; AJDA 2010. 1282, note Legrand ; RLCT mai 2010, n° 1638. 44, note Traoré.* ♦ Pour les établissements d'enseignement du second degré, la désaffectation requiert une décision conjointe de l'État et de la région ou du département. • CE, ass., 2 déc. 1994, *Dpt Seine-Saint-Denis : Lebon 533 ; AJDA 1995. 40, concl. Schwartz ; RFDA 1995. 655, note Lavialle.*

9. *Désaffectation de biens mis à disposition.* Lorsqu'une collectivité territoriale décide de désaffecter des biens mis à disposition d'une autre collectivité, laquelle peut en faire l'acquisition s'ils ne font pas partie du domaine public (CGCT, art. L. 1321-3), la délibération adoptée pour ce faire n'est qu'une mesure préparatoire ; il ne s'agit pas d'un acte procédant au transfert de propriété. La délibération formalise simplement la demande d'acquisition du bien par la collectivité qui en avait la disposition. Il appartient ensuite à la collectivité propriétaire d'accepter cette demande et, le cas échéant, de prononcer le transfert souhaité. La délibération ne peut donc être contestée. • CE, ass., 15 avr. 1996, *Synd. CGT hospitaliers de Bedarieux*, n° 120273 A • TA Amiens, 11 oct. 2019, *Association SOS Laon :* n° 1700861 : *JCP Adm. 2019. Actu. 671, obs. Erstein ; JCP Adm. 2020. 2019, obs. Meurant.* ♦ Il n'est fait exception à cette règle qu'au profit du représentant de l'État, seul recevable à contester directement tous les actes des collectivités territoriales soumis à son contrôle, même s'ils ont un caractère préparatoire, en vertu d'une disposition législative (CGCT, art. L. 2131-6) le prévoyant expressément (CE, 5 avr. 2019, n° 418906, Min. Intérieur c/ Communauté de communes du pays de Fayence : Lebon T. 2019 ; JCP Adm. 2019. Actu. 272).

II. DÉCLASSEMENT

10. Acte administratif. L'acte de déclassement est un acte administratif qui n'est ni individuel, ni réglementaire. • CE 23 oct. 1995, *Cne de Moisselles,* n° 125961. ♦ L'acte de déclassement serait illégal s'il restait trop vague. • TA Nice, 22 janv. 2002, *Préfet des Alpes-Maritimes c/ Cne de Menton : JCP Adm. 2002. 1057, obs. Moreau* ♦ Il constitue de plus une manifestation des prérogatives de puissance publique : • Crim. 19 févr. 2019, n° 17-85.115 : *Bull. crim., à propos de l'Institut de France.*

11. Caractère exprès. Tant qu'une dépendance n'est pas expressément déclassée, elle reste soumise au régime de la domanialité publique. • CE 24 juin 2009, *Sté Centre parisien de recyclage : JCP Adm. 2009. Actu. 841* (à propos d'une gare ferroviaire) • 15 févr. 2012, *Sté TDLC c/ Ville de Paris,* n° 338059. ♦ Le déclassement ne peut donc être tacite ou implicite, ni résulter des circonstances ou se déduire de la désaffectation ou du simple non-usage. • CAA Marseille, 12 juin 2012, *Min. Écologie c/ Valentin,* n° 11MA02074. ♦ Le juge administratif a considéré qu'une parcelle appartenant au domaine public en application des critères jurisprudentiels en vigueur au moment de son incorporation ne peut sortir du domaine public en l'absence de décision expresse de déclassement, même si cette parcelle ne répond pas aux nouveaux critères légaux du domaine public. Autrement dit, l'entrée en vigueur du CGPPP n'a pas eu en tant que telle un effet de déclassement. • CE 3 oct. 2012, *Cne de Port-Vendres,* n° 353915 : *AJDA 2013. 471, note Fatôme, Raunet et Leonetti ; AJCT 2013. 42, obs. Grimaud* • CAA Lyon, 29 avr. 2008, *Sté boucherie André : AJDA 2008. 2338, note Andreani ; RDI 2008. 552, note Févrot* • CAA Paris, 31 juill. 2012, *Ch. arbitrale internationale Paris,* n° 12PA00616 • CAA Nantes, 18 juin 2019, *SARL Enez Gwenda Production,* n° 18NT00425 • CAA Lyon, 2 sept. 2019, *Assoc. MJC de Sens,* n° 17LY02937 : *Rev. CMP 2019, comm. 353, note Soler-Couteaux ; JCP A 2019, 2284, obs. Roux.* ♦ Il en est de même pour un bien de l'État, dont la gestion avait été confiée à la SNCF et qui avait alors été incorporé au domaine public ferroviaire ; la circonstance que ce bien n'était plus affecté au service public à la date de la création de l'établissement public SNCF en 1982 n'a pu avoir pour effet, en l'absence de toute mesure de déclassement intervenue, de faire sortir ce bien du domaine public. • CE 15 févr. 2012, *Sté TDLC c/ Ville Paris,* n° 338059. ♦ De même, un arrêté interministériel fixant les conditions d'implantation des abattoirs publics ainsi que les « listes des établissements publics et privés figurant au plan révisé n'a pu avoir pour effet, en transférant l'abattoir de Forges-les-Eaux de la liste des abattoirs publics à la liste des abattoirs privés (...) d'entraîner le déclassement d'un bien appartenant au domaine public communal (...) ainsi, en l'absence de toute décision expresse prononçant le déclassement de ces biens, et en dépit du fait que l'abattoir de Forges-les-Eaux n'aurait plus été géré directement par la commune depuis 1990 et n'aurait pas fait l'objet d'un contrat de concession de service public, ces biens n'ont pas cessé de constituer une dépendance du domaine public communal ». • CE 13 févr. 2015, *Sté Groupe Bigard c/ Cne de Forges-les-Eaux,* n° 376864 : *AJCT 2015. 282, note Otero* • CAA Douai, 2 juin 2016, *Cne de Forges-les-Eaux,* n° 14DA00557 : *préc. note 1* • CE 25 juin 2018, *Sté Groupe Bigard,* n° 402078 • CAA Douai, 1er oct. 2019, *Groupe Bigard c/ Cne de Forges-les-Eaux,* n° 18DA01316 : *Rev. CMP 2019, comm. 387, obs. Muller.* – Même solution à propos d'une loi de pays en Nouvelle-Calédonie. • CAA Paris, 8 févr. 2018, *SARL Le bout du monde,* n° 16PA03943 • CAA Bordeaux, 26 mai 2016, *SARL Le café de la gare c/ Cne de Saint-Pierre,* n° 15BX00611 (à propos d'une délibération par laquelle une commune a consenti à un particulier un bail commercial sur cet immeuble qui ne peut pas valoir décision de déclassement implicite). ♦ Concernant une statue faisant partie du domaine public, « les mesures prises pour l'application du décret de la Convention du 1er août 1793 ne peuvent être regardées comme manifestant la volonté des autorités publiques de procéder au déclassement du domaine public ». • TA Paris, 5 nov. 2015, *Sté P.B.,* n° 1430948. ♦ Le juge administratif a cependant admis qu'un déclassement pouvait résulter d'un acte juridique ayant un autre objet, mais présupposant nécessairement l'existence d'un déclassement. • CE 18 juin 1969, *Petit de Leudeville : Lebon 317* (s'agissant d'un procès-verbal de remise au service des Domaines en vue d'une aliénation). ♦ Dans le même esprit, le Conseil d'État a refusé d'annuler un déclassement implicite, résultant de délibérations portant désaffectation d'une portion de domaine public routier et engagement de l'enquête publique requise pour ce type d'opération. • CE 27 juin 2008, *Épx C.,* n° 293488 : *RLCT 2008. 51, note Mondou.*

12. Caractère obligatoire. L'acte exprès de déclassement est obligatoire pour faire sortir un bien du domaine public, même si celui-ci est désaffecté. Pour le domaine public maritime naturel, par exemple : • CAA Marseille, 5 mars 2013, *Vignal c/ Min. Écologie,* n° 11MA01988. ♦ Pour un logement dans une école : • CAA Nancy, 10 juin 2013, *SOCOGIM c/ Cne de Vandœuvre,* n° 12NC00341. ♦ Pour une caserne de gendarmerie, • CE 7 mai 2012, *SCP Mercadier* et Krantz, n° 342107 : *JCP 2012, n° 2125, chron. Chamard-Heim ; AJDA 2013. 1172, note Foulquier*. ♦ Ainsi, le maire qui refuse implicitement de vendre un bien désaffecté, mais non déclassé, ne commet aucune faute susceptible d'engager la responsabilité de sa commune. • CAA Nancy, 19 mai 2011, *D.*, n° 10NC01492. ♦ Considérant que le terrain visé comme constituant le lit du ruisseau de Lagrange a été classé comme chemin vicinal communal ; qu'il résulte des observations de l'Administration qu'aucune décision n'a ultérieurement déclassé ce chemin ; que, par suite, s'il est actuellement parcouru par un ruisseau, il n'en continue pas moins à faire partie du domaine public. • CE, sect., 20 juin 1930, *Marrot : Lebon 644*. ♦ La décision du ministre des Travaux publics de regrouper à la gare des Batignolles le service des messageries n'a pu avoir pour effet, en l'absence de toute mesure de déclassement, de faire sortir les locaux occupés par le service du domaine public. • CE 18 mars 1963, *Cellier : Lebon 189 ; AJDA 1963. 484, note Dufau*. – V. aussi • CE 19 nov. 2014, *Régie municipale « Espaces Cauterets »*, n° 366276 : *Rev. CMP 2015. Chron. 2, obs. Llorens et Soler-Couteaux* • CAA Marseille, 10 déc. 2014, n° 11MA02748 : *JCP Adm. 2014. 2282, concl. Deliancourt*. ♦ Pour des locaux appartenant à la ville de Paris et gérés par une CCI, • CAA Paris, 23 janv. 2018, *Sté Euro-Pak et alii*, n° 17PA01094 (plusieurs espèces). ♦ En revanche, la commune qui a vendu un bien du domaine public alors que le conseil municipal a refusé, ultérieurement, le déclassement, aurait dû en informer l'acquéreur et engage, à défaut, sa responsabilité. • Nîmes, 20 mars 2012, *SCI Maromel c/ Cne de L'Isle-sur-la-Sorgue*, n° 11/00994. ♦ En cas de contentieux, l'appréciation du déclassement se fait à la date du jugement. • CE 25 sept. 2013, *SARL Safran Port Édouard-Herriot*, n° 348587. ♦ L'absence de déclassement ne saurait être compensée par le fait que la délibération portant sur la désaffectation a été prise à l'unanimité. • CAA Nancy, 19 mai 2011, *D. : préc.* ♦ ... Ou que la dépendance ait été vendue par un contrat qualifiant le bien d'élément du domaine privé, V. à propos d'une gendarmerie, • CE 7 mai 2012, *SCP Mercadier et Krantz*, n° 342107 : *préc.* ♦ De même, l'utilisation privative qui est faite d'une dépendance n'est pas de nature à faire perdre à ce bien sa domanialité publique, faute de déclassement. • CE 13 sept. 2006, *SARL Le Dôme du Marais : BJCL 2007. 2, concl. Olléon*. ♦ La solution est identique à propos d'un règlement de copropriété, lequel ne peut soustraire un bien au domaine public en l'absence de déclassement. • Civ. 1re, 25 févr. 2009, *X. c/ Cne de Sospel*, n° 07-15.772 : *AJDA 2009. 1214 ; D. 2009. 733 ; JCP Adm. 2009. 2080, note Yolka ; JCP 2009. 337, chron. Périnet-Marquet ; JCP N 2009. 1305, chron. Périnet-Marquet ; Loyers et copr. 2009. Comm. 130, obs. Vigneron ; RDI juin 2009. 359, obs. Févrot ; Rev. Lamy droit civil oct. 2009. 72, obs. Perruchot-Triboulet*. ♦ Enfin, une clause d'un contrat de délégation de service public prévoyant le transfert à une personne privée d'un bien du domaine public, sans désaffectation ni déclassement préalable, présente un caractère illicite et doit être relevée d'office par le juge, y compris en cassation. • CE 4 mai 2011, *Cté de cnes du Queyras*, n° 340089 : *AJCT sept. 2011. 409, note Didriche ; AJDA 2011. 925, obs. de Montecler ; BJCP 2011. 353, concl. Dacosta ; ibid. 361, obs. Maugüé ; Rev. CMP 2011. Comm. 179, note Eckert ; JCP Adm. 2011. Actu. 355, obs. Sorbara ; JCP Adm. 2012. 2170, chron. Chamard-Heim*. ♦ Par ailleurs, pour pouvoir produire ses effets, la procédure de déclassement ne doit pas seulement avoir été lancée, il faut également qu'elle soit achevée (V. par ex. • Paris, 20 nov. 2013, *Assoc. de sauvegarde du patrimoine religieux et liturgique, Assoc. Sainte-Croix de Riaumont*, n° 13/19494 (à propos des cloches de la cathédrale de Notre-Dame de Paris). ♦ Le déclassement était aussi requis pour les cessions consenties entre personnes publiques antérieures à l'entrée en vigueur de l'art. L. 3112-1 CGPPP. • CAA Nantes, 10 nov. 2016, *Féd. nat. des assoc. d'usagers des transports Pays de la Loire*, n° 15NT00536. ♦ L'absence de déclassement constitue une irrégularité grave qui ne peut faire l'objet d'une mesure de régularisation au sens de la jurisprudence dite « *Béziers I* », mais l'intérêt public local – apprécié par le juge administratif – qui s'attache à la cession peut s'opposer à ce qu'il soit enjoint à la collectivité de résoudre le contrat ou de saisir le juge judiciaire du contrat. • CAA Versailles, 18 oct. 2018, *A. c/ Cne Levallois-Perret*, n° 17VE00406 : *Bull. CRIDON Paris avr. 2019, p. 12, note Bon ; Rev. CMP 2019, chron. 50, Soler-Couteaux, Zimmer et Waltuch ; JCP A 2019. 2063, note Yolka*. ♦ Absence de déclassement concernant le logement d'un instituteur, • CAA Bordeaux, 20 déc. 2018, *C. c/ Cne de Laruscade*, n° 16BX03266 : *Rev. CMP 2019. Comm. 93, obs. Soler-Couteaux*.

13. Déclassement vente. La possibilité pour une seule et même délibération de procéder au déclassement d'un bien du domaine public et d'autoriser la vente a été discutée en jurisprudence. Validant cette procédure : • TA Limoges, 24 nov. 2011, *Cne de Bessines-sur-Gartempe*, n° 1000190 : *AJDA 2012. 883, concl. Labouysse* • CE 11 mai 2011, *Cne de Vélizy-Villacoublay*, n° 324173 : *JCP Adm. 2011. Actu. 383, obs. Erstein ; ibid. 2282, note Dutrieux ; AJDA 2011. 989, obs. Brondel ; BJCL 2011, n° 6, p. 409, concl. Boulouis ; ibid. 412, obs. Poujade ; ibid. 293, concl. p. 296, obs. Maugüé ; Rev. CMP 2011, comm. 269, obs. Eckert ; RLCT juill.-août 2011 49, obs. Glaser*. – V. aussi • CE 15 juin 1998, *Wallerich*, n° 171328 • CAA Bordeaux, 22 juin 2017, *Mme A. c/ Cne de Rodelle*, n° 15BX01245 : *JCP Adm. 2017. Actu. 386, note*

Yolka. ♦ Le juge est allé (un peu loin sans doute) jusqu'à admettre la possibilité que le déclassement soit postérieur à l'acte approuvant le principe d'une cession, soulignant, qu'aucune disposition législative ni réglementaire n'impose qu'une décision de déclassement soit prise préalablement à la délibération du conseil municipal approuvant le principe d'une cession d'un bien immobilier appartenant au domaine public communal. • CAA Lyon, 14 nov. 2019, *B. c/ Cne de Lyon*, n° 18LY02795 : *JCP Adm. 2020. 2017, obs. Yolka ; Rev. CMP, févr. 2020, comm. 59, obs. Muller.*

14. *Absence exceptionnelle de déclassement.* Exceptionnellement, le juge administratif a pu admettre qu'un aqueduc, ayant été seulement désaffecté dans la première moitié du XIXe siècle ne faisait plus partie du domaine public et pouvait être aliéné, dans la mesure où un déclassement exprès n'était pas encore requis à cette époque. • CAA Paris, 25 mars 2004, *Assoc. Montsouris environnement*, n° 00PA02132. ♦ Concernant les « délaissés » de la voirie routière, le juge administratif a admis, depuis longtemps déjà, que ces portions délaissées de la voirie routière perdent leur caractère de dépendances du domaine public du simple fait qu'elles ne sont plus affectées à la circulation publique. • CE 20 mai 1898, *Patru : Lebon 412* • 29 mars 1901, *Roumy : Lebon 338, concl. Corneille* • 27 sept. 1989, *Mousson : Gaz. pal. 10 janv. 1990, p. 6* • TA Nice, 18 avr. 2017, *T. pol. d'Antibes*, n° 1700570 • CAA Lyon, 15 nov. 2018, n° 16LY04335.

15. *Déclassement superfétatoire.* Les déclassements inutiles de dépendances du domaine privé sont sans conséquence juridique et ne modifient en rien le statut des biens. • CE 11 juill. 1991, *Cne de Saint-Crépin*, n° 73948 • CAA Lyon, 14 févr. 2013, *Bouchet c/ Cne de Lubilhac*, n° 12LY02056. ♦ De même, des parcelles communales qui n'ont jamais été affectées à la circulation publique n'ont pas besoin d'être déclassées pour être vendues. • CAA Nancy, 26 oct. 2017, n° 16NC02658. ♦ V. aussi, • CAA Nancy, 6 juin 2019, n° 18NC01563.

16. *Compétence de principe du propriétaire.* Lorsqu'un bien du domaine public est mis à disposition d'un EPCI, le pouvoir de déclasser appartient toujours à la commune propriétaire dudit bien. • CAA Bordeaux, 5 mars 2009, *Cne de Labéjan*, n° 07BX02405 : *JCP Adm. 2009. 2247.* ♦ Pour le déclassement de locaux scolaires avant 1983, • CE 27 janv. 2010, *Cne de Mazayes-Basses*, n° 313247 : *préc. note 6.* ♦ Sur la transmission des informations aux membres de l'organe délibérant en amont de la séance comportant la délibération de déclassement à l'ordre du jour. • CAA Marseille, 26 mars 2013, *Assoc. PAIS c/ Cne de Gréoux-les-Bains*, n° 12MA02401. ♦ Le pouvoir de déclasser est soumis au contrôle restreint du juge administratif. • CE 9 nov. 1956, *Sté des Forges d'Hennebont : Lebon 667* • 26 oct. 1992, *Mouvement niçois pour la défense des sites et du patrimoine*, n° 94959. ♦ D'ailleurs, même si un bien n'est plus affecté à l'usage de tous ou à un service public, la personne publique n'est jamais tenue de le déclasser. • CAA Paris, 26 janv. 2012, *Sté KJM, KFC c/ RFF*, n° 11PA01199 (« aucune disposition législative ou réglementaire n'impose à la personne publique de déclasser un bien qui n'est plus affecté à un service public ou à l'usage direct du public ») • CAA Nancy, 9 févr. 2017, *Sté EURL Multi Print France*, n° 16NC00095. ♦ L'existence d'alternatives au déclassement reste sans incidence sur la légalité du déclassement. • CAA Marseille, 26 oct. 2012, *Sté Cinergie c/ Birgert*, n° 10MA02128 (à propos d'un transfert domanial). ♦ Mais le juge administratif peut enjoindre l'administration de déclasser sous astreinte lorsque c'est nécessaire à la résolution d'un litige. • CAA Marseille, 30 juill. 2013, *Assoc. Demain, c'est aujourd'hui c/ Cne d'Uchaux*, n° 12MA04828 • 6 oct. 2011, *Cne de Cucugnan*, n° 09MA03333. ♦ V. aussi • CAA Marseille, 4 déc. 2009, *Cne de Corconne*, n° 09MA03513. – Pour le déclassement d'une portion du domaine public maritime, qui relève du domaine public artificiel et non naturel, en dépit d'un exondement, la compétence appartient au préfet, sans que le fait que ces terrains aient fait l'objet d'une mise à disposition de la commune ne puisse avoir une incidence sur son pouvoir. • CAA Nantes, 12 févr. 2018, *Assoc. pour la protection des rives du port de Vannes, n° 16NT0364 : Dr. maritime fr., janv. 2019, n° 809, note Rézenthel.*

17. *Motif d'intérêt général.* La compétence de principe du propriétaire en matière de déclassement ne le dispense bien sûr pas de l'obligation de justifier sa décision par un motif d'intérêt général... • CE 23 mars 1923, *Mariole : Lebon 277* • CAA Marseille, 22 nov. 2011, *Cne de Saint-Jean-Cap-Ferrat*, n° 09MA03473. ♦ ... Comme celui d'assurer le développement économique de la commune et de sauvegarder l'emploi local. • CAA Douai, 29 janv. 2004, *SARL Artisanale Sambre Modelage : AJDA 2004. 1044*. ♦ A défaut, la décision de déclassement serait entachée de détournement de pouvoir. • CAA Marseille, 22 déc. 1999, *SARL Cystem : RFDA 2002. 645*. ♦ Le déclassement ne peut pas non plus être décidé dans le seul but de faire sortir du domaine public à titre de régularisation des biens qui ont fait l'objet d'une désaffectation de fait irrégulière. • CAA Marseille, 22 nov. 2011, *Cne de Saint-Jean-Cap-Ferrat : préc.* • CAA Bordeaux, 14 mars 2019, n° 17BX01144. ♦ Le déclassement d'une parcelle du domaine public pour la céder à un riverain qui avait empiété dessus depuis longtemps ne poursuit pas un but d'intérêt général dès lors que ce déclassement est justifié par des économies de dépenses d'entretien.

• TA Clermont-Ferrand, 5 déc. 2017, n° 1501595. ♦ L'acte de déclassement doit être motivé par un but d'intérêt général : • CE 19 déc. 2018, n° 407707 : *Rev. CMP 2019. Comm. 95, obs. Muller ; JCP A 2019. 2178, comm. Chamard-Heim.* ♦ Constitue un motif d'intérêt général la décision de déclasser un parking en vue de sa cession pour l'édification d'une halle commerçante, qui intègrera, outre des surfaces commerciales, une halle gourmande pour valoriser des produits locaux et la gastronomie normande, des espaces de « co-working » pour développer une nouvelle offre en matière tertiaire en centre-ville ainsi qu'un lieu atypique le « roof-top ». Ce projet, qui se situera en bordure de la place de la République, laquelle sera réaménagée, est destiné à redynamiser le centre-ville et le rendre plus attractif afin, notamment, d'attirer une nouvelle clientèle et d'assurer le développement de la commune tant sur le plan commercial, économique, touristique que d'agrément afin de faire face à la forte concurrence des commerces de périphérie et aux nouveaux modes de consommation alors que les surfaces susceptibles d'attirer en centre-ville de nouvelles « locomotives » commerciales sont actuellement difficiles à trouver. • CAA Nantes, 10 janv. 2020, n° 18NT02901.

18. *Indépendance des législations.* Le déclassement est indépendant des législations relatives aux autorisations de défricher figurant dans le Code forestier et de celles relatives aux espaces boisés classés relevant du Code de l'urbanisme. • CAA Nantes, 10 janv. 2020, n° 18NT02901.

19. *Domaine ferroviaire.* Le déclassement est réalisé après autorisation préalable des autorités de l'État et avis de la région. • CE 6 nov. 2000, *Comité Somport d'opposition totale à l'autoroute Caen-Rennes*, n° 180496 : *AJDA 2001. 574, note Braud ; Dr. adm. 2001. Comm. 42* • TA Lyon, 16 nov. 2010, *FNAUT*, n° 0806228 : *JCP Adm. 2011. Comm. 2216, note Braud* • CAA Lyon, 3 nov. 2011, *RFF*, n° 11LY00160. ♦ V. aussi • CE 27 févr. 2012, *FNAUT c/ RFF*, n° 346540 • 3 déc. 2012, *RFF c/ FNAUT*, n° 346841.

20. *Domaine routier.* Le déclassement d'une voie publique est dispensé d'enquête préalable, sauf lorsque l'opération envisagée a pour conséquence de porter atteinte aux fonctions de desserte ou de circulation assurées par la voie ; dès lors, le fait de ne pas réaliser une enquête publique, alors qu'il aurait fallu le faire, prive les administrés d'une garantie au sens de la jurisprudence *Danthony* et ceux-ci sont fondés à demander l'annulation de la délibération ayant prononcé le déclassement, celle-ci étant entachée d'un vice de procédure. • CAA Lyon, 7 juill. 2016, *Synd. des copropriétaires de l'immeuble « Le signal » et a. c/ Cne d'Huez-en-Oisans*, n° 15LY01962 : *préc. note 15, JCP Adm. 2016. 2264, obs. Untermaier-Kerléo ; Rev. CMP mars 2017. Chron. 2, par Llorens et Soler-Couteaux.* ♦ En ce sens, • CAA Marseille, 22 févr. 2019, n° 17MA00319. ♦ Sur le déclassement du domaine public routier, V. aussi, • CAA Douai, 8 déc. 2016, *M. B. c/ Cne de Hazebrouck*, n° 16DA00306. ♦ Un permis de construire délivré à titre précaire pour la réalisation d'un centre d'hébergement d'urgence dans le bois de Boulogne est irrégulier en l'absence de mise en œuvre d'une procédure de déclassement de la voirie, procédure qui s'imposait, le projet étant implanté sur une voie faisant partie du domaine public routier et affectée à la circulation. • TA Paris, 28 déc. 2018, *Synd. de copropriété des immeubles Walter et a.*, n°s 1604796, 1604898, 1607744 et 1607745.

21. *Compétence du législateur.* Les terrains et ouvrages dépendant du fort et de la batterie du phare de l'île Chausey ont été déclassés par la loi du 27 mai 1889 et ne font plus partie du domaine public de l'État. • CE 13 nov. 1987, *Secr. d'État chargé de la mer c/ Mme Amiot : Lebon 358 ; AJDA 1988. 296, obs. Prétot.*

22. *Incompétence du juge judiciaire.* Il n'appartient pas au juge judiciaire d'enjoindre à l'administration de déclasser un bien, même s'il apparaît effectivement que le bien était resté la propriété d'une personne privée, • Civ. 3e, 16 mai 2019, n° 17-26.210 P : *AJDA 2019. 1081 ; D. 2019. 1052 ; JCP A 2019. Actu. 356, obs. Touzeil-Divina ; Dr. adm. 2019, comm. 41 ; obs. Eveillard ; RD. rur. 2019, comm. 73, obs. Lochouarn ; RDI 2019. 446, obs. Bergel ; Dr. rur. oct. 2019, comm. 101, obs. Tifine.*

III. ARTICULATION ENTRE DÉSAFFECTATION ET DÉCLASSEMENT

23. *Pas de déclassement sans désaffectation.* Il est impossible de déclasser un bien qui demeurerait affecté à l'utilité publique. • CE 9 mai 1958, *Delort : AJDA 1958. II. 331, concl. Long* • 22 avr. 1977, *Michaud : AJDA 1977. 441, concl. Franc* • 14 oct. 1977, *Defforge : Dr. adm. 1977. Comm. 385* • 13 nov. 1987, *Secr. d'État mer : AJDA 1988. 296, note Prétot* • TA Nice, 6 févr. 1997, *Assoc. régionale des œuvres éducatives et de vacances de l'Éducation nationale de l'Académie de Versailles : RFDA 1997. 1182, concl. Poujade*. – V. aussi • CE 6 nov. 2000, *Comité Somport d'opposition totale à l'autoroute Caen-Rennes : préc. note 19* • 23 avr. 2003, *Assoc. Vivre à Endoume – Défense et environnement*, n° 249918 : *JCP Adm. 2003. 1310, note Billet* • CAA Versailles, 23 mars 2006, *Cne du Chesnay*, n° 05VE00070 : *AJDA 2006. 1404 ; JCP Adm. 2006. 80* • CAA Nancy, 29 sept. 2011, *Cne de Lambach*, n° 11NC00405. ♦ Des parcs de stationnement appartenant à une commune et exploités par une SEM ne peuvent être vendus à cette dernière dès lors qu'ils sont simplement déclassés, mais non désaffectés. • TA Marseille, ord., 18 janv. 2017, *Préfet des Bouches-du-Rhône*, n° 1610104. ♦ V., statuant sur cette promesse de vente, • CE 15 nov. 2017, *Cne d'Aix-en-Provence et SEMEPA*, n° 409728 B : *AJCT 2018. 168, obs. Hul ; BJCL 2017. 846, obs. Douteaud ; BJCP 2018. 32, concl. Henrard ; Rev. CMP 2018. Comm. 15, note Pietri ; ibid. Chron. 7, n° 19, obs. Soler-Couteaux, Zimmer et Waltuch ; Gaz. Pal. 9 janv. 2018, p. 19, obs. Leleu ; JCP Adm. 2017. Actu. 575, obs. Touzeil-Divina ; ibid. 2320. Comm. Chamard-Heim et Lichère ; RDI 2018. 106, obs. Foulquier*. ♦ Un déclassement ne peut pas être régulier dès lors qu'une première délibération avait prévu le maintien de l'accès et que la seconde constate, la veille de l'acte de vente, la désaffectation et confirme le déclassement ; en effet, dans la mesure où les membres du conseil municipal n'avaient pas été suffisamment informés sur les motifs et implications de cette fermeture, • CAA Nantes, 30 avr. 2019, *Cne de Bayeux*, n° 17NT00432 : *Rev. CMP 2019. 239, comm. Muller.*

24. Déclassement portant par lui-même désaffectation. On relève cependant parfois quelques arrêts dont les considérants sont surprenants : « une décision de déclassement porte par elle-même désaffectation ; par suite, la circonstance, à la supposer établie, que la place des Arènes (...) ne serait pas désaffectée de fait, est dépourvue d'influence sur la légalité du déclassement ». • CAA Marseille, 6 mai 2014, n° 12MA01889 : *Ann. loyers 2015. 109, concl. Deliancourt.* ♦ Dans le même sens, une décision de déclassement d'un élément du domaine public routier porte par elle-même désaffectation. Dans ces conditions, la circonstance que le déclassement n'a pas été précédé d'une désaffectation matérielle et effective est, par elle-même, sans incidence sur la légalité de la délibération en litige. • CAA Lyon, 20 juill. 2017, n° 15LY03753. ♦ V, sur ce point, considérant « que la décision de déclassement portant par elle-même désaffectation, la circonstance que les services techniques de la commune occupaient toujours la parcelle le 20 juill. 2010 est sans influence sur sa légalité ». • CAA Lyon, 16 nov. 2017, n° 16LY03824 : *Rev. CMP 2018. Comm. 17, obs. Hoepffner ; JCP Adm. 2017. 2327, obs. Roux* • CE 27 janv. 2010, n° 313247, *Cne de Mazayes-Basses* • 19 déc. 2018, *C. et D.*, n° 407707 : *Rev. CMP, 2019, comm. 95, obs. Muller ; JCP 2019. 2178, comm. Chamard-Heim.* - Utilisant toujours la même formulation contestable, • CAA Lyon, 4 juill. 2019, n° 17LY04242, à propos d'une voie publique, *AJDA 2019. 2315, note Foulquier*. – « Il ressort des pièces du dossier qu'afin de désaffecter la parcelle devant recevoir le programme immobilier envisagé, le terrain en litige, jusqu'alors accessible au public, a été clôturé par la pose de barrières ayant vocation à interdire l'accès et le stationnement. Par suite, la circonstance que, malgré la pose d'une clôture, le terrain a continué à être utilisé, après la décision attaquée, pour le stationnement de véhicules, est sans influence sur la légalité de cet arrêté, une décision de déclassement portant par elle-même désaffectation », • CAA Bordeaux, 6 juin 2019, n° 17BX01857 : *SAS Foncière Bordelaise VII.* – En ce sens, • CAA Nantes, 10 janv. 2020, n° 18NT02901.

25. Succession d'affectations publiques. La succession d'affectations publiques fait obstacle au déclassement. • CE 1er févr. 1995, *Préfet de la Meuse : Lebon 782 ; Dr. adm. 1995. Comm. 261 ; JCP 1995. IV. 1512 ; LPA 26 janv. 1996. 4, concl. Bachelier ; RD publ. 1996. 1217 ; RFDA 1995. 413* • CAA Bordeaux, 5 mars 2009, *Cne de Labéjan : préc. note 16* • CAA Marseille, 25 juin 2012, *Pelletier c/ CH La Palmosa*, n° 10MA00116 (à propos de bâtiments formant un ancien hospice, ayant « vocation à demeurer dans le domaine public » en raison d'une perspective d'affectation universitaire et, donc, ne pouvant être déclassés). – V. en ce sens également. • CAA Lyon, 16 févr. 2016, n° 15LY00348 , et matière du domaine public routier, • CAA Nancy, 9 févr. 2017, *Sté EURL Multi Print France*, n° 16NC00095.

26. Désaffectation sans déclassement. Le simple fait qu'une dépendance soit désaffectée, mais non déclassée, ne suffit pas à la faire sortir du domaine public. • CE 9 nov. 1956, *Sté des Forges d'Hennebont : Lebon 667* (à propos d'une voie ferrée désaffectée) • 18 mars 1963, *Cellier : AJDA 1963. 484* (à propos d'une gare) • 17 mars 1967, *Ranchon : RD publ. 1968. 180, note Waline* (pour une partie d'un hôtel de ville) • 22 nov. 1967, *Leclerc : Lebon 434* • 14 févr. 1969, *Sté des établissements Frenkiel : Lebon 100* • 6 avr. 1979, *Sté la Plage de la Forêt : Lebon 656* • 19 nov. 1986, *Cne de Port*, n° 32063 • 15 janv. 1988, *Cie française d'entreprise de garage : Dr. adm. 1988. Comm. 104* (concernant une ancienne gare) • 18 mars 1988, *Maron : RD publ. 1989. 1520 ; JCP 1988. II. 21152, note Davignon* (relatif à une sacristie démolie) • CAA Bordeaux, 19 mai 1994 : *Dr. adm. 1994. Comm. 448* (pour une usine électrique désaffectée) • CE, avis, 31 janv. 1995, n° 356960 : *EDCE 1995. 407 ; AJDA 1997. 126, note Fatôme et Terneyre ; GACE, 3e éd. 2008. 26* • CE 11 oct. 1995, *Tête : Dr. adm. 1995. Comm. 676* (concernant un parc de stationnement) • 30 déc. 2002, *Cne de Pont-Audemer : Dr. adm. 2003. Actu. 24* • CAA Lyon, 17 août 2010, *FNAUT*, n° 09LY02254 (à propos d'une ligne ferroviaire désaffectée) • 18 déc. 2014, *B. c/ Cne de Marandeuil*, n° 14LY00243 (à propos d'une route). ♦ La résiliation anticipée du bail consenti dans le cadre du service public de l'emploi et la mise d'un immeuble à disposition d'une association ne lui fait pas perdre son caractère de dépendance du domaine public, à défaut de déclassement exprès. • CE 28 juill. 2017, n° 395911 B : *AJDA 2017. 1594, obs. Pastor* ; *Rev. CMP 2018. Chron. 7, obs. Soler-Couteaux, Zimmer et Waltuch* ; *JCP Adm. 2017. Actu. 561, obs. Friedrich.*

27. Chronologie. L'acte de désaffectation est normalement distinct de celui qui prononce le déclassement et, en général, la désaffectation précède le déclassement. • CE 20 juin 1930, *Marot*, n° 96372 : *Lebon 644* ; *DP 1931, p. 31, concl. Rivet* ; *GDDAB, 3e éd., 2018. Comm. 84, note Melleray* • 11 juill. 2018, *Assoc. de défense et de développement du quartier de Maisons-Laffitte*, n° 415342 : *JCP Adm. 2018. 2292, obs. De Gaudemar.* ♦ Mais la désaffectation et le déclassement peuvent être concomitants. • CE 9 juill. 1997, *Assoc. défense de la forêt de Caboche*, n° 168852 • CAA Versailles, 23 mars 2006, *Cne du Chesnay* : *AJDA 2006. 1404* • CAA Nantes, 12 déc. 2014, n° 13NT01632 • CAA Douai, 25 juin 2015, *Cne de Croix*, n° 14DA00398. ♦ Pour un déclassement réalisé en premier, immédiatement suivi d'une désaffectation de fait. • CE 22 avr. 1977, *Michaud* : *AJDA 1977. 441, concl. Franc.* ♦ Pour une désaffectation, un déclassement et une vente concomitamment décidés. • TA Limoges, 24 nov. 2011, *Cne de Bessines-sur-Gartempe*, n° 1000190 : *AJDA 2012. 883, concl. Labouysse*.

28. Déclassement anticipé. Un déclassement anticipé est susceptible de permettre la régularisation d'un vice tiré de la méconnaissance des dispositions de l'art. R. 431-13 C. urb. (« Lorsque le projet de construction porte sur une dépendance du domaine public, le dossier joint à la demande de permis de construire comporte une pièce exprimant l'accord du gestionnaire du domaine pour engager la procédure d'autorisation d'occupation temporaire du domaine public ») : • CAA Marseille, 18 juill. 2019, *Syndicat des copropriétaires de la résidence « Le Central Park »*, n° 17MA00337 : *RDI 2019. 520, obs. Foulquier*.

29. Domaine public virtuel. Le juge administratif a ouvert des brèches dans les principes habituels. Le Conseil d'État a ainsi envisagé qu'un bien soit déclassé alors qu'il n'a jamais été affecté. • CE 8 avr. 2013, *Association ATLALR*, n° 363738 : *AJDA 2013. 764* ; *JCP Adm. 2013. 2172, comm. Chamard-Heim* ; *AJCT juill.-août 2013. 347, comm. Defiux* ; *Dr. adm. 2013, comm. 50, note Leleu* • T. confl. 14 nov. 2016, *Assoc. « Mieux vivre à Béziers et son agglomération, tourisme et loisirs »*, n° C-4068 : *Lebon T.* ; *AJCT 2017. 167, obs. Defix* ; *AJDA 2016. 2302, obs. Pastor* ; *ibid. 2017. 234, note Monot-Fouletier* ; *Rev. CMP 2017. Comm. 22, note Eckert* ; *ibid. mars 2017, chron. Llorens et Soler-Couteaux* ; *Dr. adm. 2017. 12* ; *JCP Adm. 2016. Actu. 936, obs. Erstein* ; *ibid. 2017. 2036, chron. Martin et Pellissier.*

30. Transformation d'une personne publique en personne privée. Le Conseil constitutionnel a considéré, dans ce cas, que l'inaliénabilité domaniale « s'oppose seulement à ce que des biens qui constituent ce domaine soient aliénés sans qu'ils aient été au préalable déclassés ». • Cons. const. 18 sept. 1986, n° 86-217, consid. 87 : *Rec. Cons. const. 141* ; *AJDA 1987. 110, note Wachsmann* ; *AIJC 1986. 430, obs. Genevois* ; *Dr. soc. 1986. 606, obs. Guyon* ; *D. 1987, somm. 381, obs. Maisl* ; *Rev. adm. 1986. 458 et 564, obs. Étien* (pour les biens faisant partie du domaine public de la Radio-télévision française transférés dans le patrimoine de la société privatisée TF1) • 23 juill. 1996, n° 96-380, consid. 5 : *D. 1998. 151, comm. Mélin-Soucramanien* ; *LPA 11 juin 1997. 70, comm. Verpeaux* ; *RFDC 1996. 832* (à propos des biens du domaine public des télécommunications remis à la SA France Télécom). ♦ V. aussi • Civ. 1re, 19 juin 2013, *SIEA c/ Sté France Télécom*, n° 12-18.979. ♦ Il a même précisé en 2005 que « le déclassement d'un bien appartenant au domaine public ne saurait avoir pour effet de priver de garanties légales les exigences constitutionnelles qui résultent de l'existence et de la continuité des services publics auxquels il reste affecté ». • Cons. const. 14 avr. 2005, n° 2005-513, consid. 4 : *AJDA 2006. 178, note Fatôme* ; *Dr. et patr. juill.-août 2005. 100, obs. Chamard-Heim* ; *Dr. adm. 2005. Comm. 86, note Fraisse* (à propos des biens d'Aéroports de Paris). – V. Dufau, Le changement de statut d'Aéroports de Paris, *JCP Adm. 2005. 1077* ; *GDDAB, 3e éd., 2018. Comm. 85, note Chamard-Heim.*

31. Promesses sous conditions suspensives. V. comm. ss. art. L. 3112-4.

32. Absence d'effet du déclassement sur la nature des contrats d'occupation en cours. Le déclassement d'une parcelle du domaine public n'a pas modifié, sans l'accord des parties, leurs obligations et la nature du contrat d'occupation conclu antérieurement à ce déclassement. • Versailles, 5 avr. 2011, *SA Western Restauration*, RG n° 10/00550 : *JCP Adm. 2012. 2170, chron. Chamard-Heim.* ♦ V., confirmant cette solution : • Civ. 1re, 17 oct. 2012, *Sté West Restauration*, n° 11-20.039 : *JCP Adm. 2013, n° 2011, note Yolka.* ♦ V. également, jugeant qu'un déclassement n'a pas pour effet de transformer en bail commercial une convention d'occupation domaniale : • Civ. 3e, 19 nov. 2014, *SCI Scirolius*, n° 13.20-089 : *Rev. CMP 2015. Chron. 2, obs. Llorens et Soler-Couteaux* ; *Rev. loyers 2015. 263, note Quément.*

33. Faculté de réaffecter un bien déclassé. Le gestionnaire du domaine public peut, dès lors que sa décision est justifiée par des considérations d'intérêt général, décider de réaffecter au service public un bien antérieurement déclassé. • CE 13 févr. 2015, *Sté Le Patio Lafayette*, n° 381412 : *AJDA 2015. 1432, note Deliancourt* ; *Rev. CMP mars 2016, p. 17, chron. Llorens et Soler-Couteaux* ; *ibid. avr. 2016, p. 27, chron. Llorens et Soler-Couteaux.*

34. Absence d'obligation de déclassement

pour que certains biens perdent la qualité d'ouvrage public. Alors qu'un bien immeuble antérieurement affecté à un service public continue de relever du domaine public, même s'il n'est plus affecté, tant qu'il n'a pas été déclassé, un tel bien perd la qualité d'ouvrage public du fait de cette désaffectation dans le cas où il s'agit d'un ouvrage implanté sur le domaine public qui a fait l'objet d'une convention d'occupation de ce domaine dont les stipulations prévoient expressément son affectation à une personne privée afin qu'elle y exerce une activité qui n'a pas le caractère d'un service public. • CE 27 mars 2015, *Titaua Ltd Company,* n° 361673 : *Lebon 124, concl. Escaut ; AJDA 2015. 664 ; AJCT 2015. 406, note Juilles ; Rev. CMP 2015, n° 128, note Eckert ; JCP Adm. 2015. Actu. 317, obs. Langelier ; ibid. 2101, concl. Escaut et note Hansen ; RDI 2015. 418, note Otero .*

35. Effet du déclassement sur la procédure d'expulsion du domaine public en cours. Lorsque le tribunal administratif a statué sur une demande tendant à l'expulsion d'occupants sans titre d'une dépendance du domaine public et que cette dépendance est déclassée alors qu'un appel est pendant contre son jugement, il appartient au juge d'appel, si le tribunal a rejeté la demande, de rejeter la requête dont il est saisi comme tendant à ce qu'il ordonne une mesure qui ne relève plus de la compétence du juge administratif. Si le tribunal a ordonné l'expulsion et que son jugement n'a pas été exécuté, le juge d'appel doit constater qu'il n'est plus susceptible de l'être et que la requête tendant à son annulation est, par suite, dépourvue d'objet. En revanche, si le jugement a été exécuté, le juge d'appel doit statuer sur la requête en appréciant le bien-fondé du jugement au regard de la situation de droit et de fait qui existait à la date à laquelle il a été rendu. • CE 28 juill. 2017, *Préfet de la Haute-Garonne,* n° 395911 : *Lebon T. ; AJDA 2017. 1594, obs. Pastor ; Rev. CMP 2018. Chron. 7, obs. Soler-Couteaux, Zimmer et Waltuch ; JCP Adm. 2017. Actu. 561, obs. Friedrich.*

36. Effet du déclassement sur les conventions d'occupation antérieurement conclues. Il n'y a pas de modification de ces conventions, qui restent précaires, du fait du déclassement. • Civ. 3e, 27 avr. 2017, n° 16-14.187 : *AJDI 2017. 517 .* – V. égal. comm. ss. art. L. 2122-3.

37. Effet du déclassement et de la désaffectation vis-à-vis du futur acquéreur. Lorsque des délibérations avaient pour portée d'autoriser la cession à une personne privée d'une dépendance du domaine public sous la réserve qu'il soit procédé préalablement à la désaffectation et au déclassement formel du bien en cause, il en résulte qu'elles ne sauraient être regardées comme conférant, par elles-mêmes, à la personne qu'elles désignent comme l'acquéreur, un droit à la réalisation de la vente ; le conseil municipal pouvait dès lors et sans y être tenu, tant que la désaffectation et le déclassement du bien n'étaient pas intervenus, légalement abroger à tout moment de telles délibérations dépourvues d'effet direct. • CE 25 juin 2018, *Sté Groupe Bigard,* n° 402078.

Art. L. 2141-2 *(Ord. n° 2017-562 du 19 avr. 2017, art. 9)* « Par dérogation à l'article L. 2141-1, le déclassement d'un immeuble appartenant au domaine public artificiel des personnes publiques et affecté à un service public ou à l'usage direct du public peut être prononcé dès que sa désaffectation a été décidée alors même que les nécessités du service public ou de l'usage direct du public justifient que cette désaffectation ne prenne effet que dans un délai fixé par l'acte de déclassement. Ce délai ne peut excéder trois ans. Toutefois, lorsque la désaffectation dépend de la réalisation d'une opération de construction, restauration ou réaménagement, cette durée est fixée ou peut être prolongée par l'autorité administrative compétente en fonction des caractéristiques de l'opération, dans une limite de six ans à compter de l'acte de déclassement. En cas de vente de cet immeuble, l'acte de vente stipule que celle-ci sera résolue de plein droit si la désaffectation n'est pas intervenue dans ce délai. L'acte de vente comporte également des clauses relatives aux conditions de libération de l'immeuble par le service public ou de reconstitution des espaces affectés à l'usage direct du public, afin de garantir la continuité des services publics ou l'exercice des libertés dont le domaine est le siège *[ancienne rédaction : par dérogation à l'article L. 2141-1, le déclassement d'un immeuble appartenant au domaine public artificiel de l'État, des collectivités territoriales, de leurs groupements ou de leurs établissements publics et affecté à un service public peut être prononcé dès que sa désaffectation a été décidée alors même que les nécessités du service public justifient que cette désaffectation ne prenne effet que dans un délai fixé par l'acte de déclassement. Ce délai ne peut être supérieur à une durée fixée par décret. Cette durée ne peut excéder trois ans. En cas de vente de cet immeuble, l'acte de vente stipule que celle-ci sera résolue de plein droit si la désaffectation n'est pas intervenue dans ce délai]* ».

(L. n° 2016-1691 du 9 déc. 2016, art. 35-2°) « Toute cession intervenant dans les conditions prévues au présent article donne lieu, sur la base d'une étude d'impact pluriannuelle tenant compte de l'aléa, à une délibération motivée de l'organe délibérant de la collectivité territoriale, du groupement de collectivités territoriales ou de l'établissement public local auquel appartient l'immeuble cédé.

« Pour les collectivités territoriales, leurs groupements et leurs établissements publics, l'acte de vente doit, à peine de nullité, comporter une clause organisant les conséquences de la résolution de la vente. Les montants des pénalités inscrites dans la clause résolutoire de l'acte de vente doivent faire l'objet d'une provision selon les modalités définies par le code général des collectivités territoriales. »

Pour les immeubles ou parties d'immeubles domaniaux mis à la disposition du ministère de la défense et dont la liste est fixée par un arrêté conjoint du ministre de la défense et du ministre chargé du domaine, la durée du délai prévu à l'art. L. 2141-2 est fixée à six ans (L. n° 2009-928 du 29 juill. 2009, art. 16).

V. Ord. n° 2017-562 du 19 avr. 2017, art. 12, ss. art. L. 3112-4.

COMMENTAIRE

Voir le commentaire sous l'article L. 2141-1. ❑

Art. L. 2141-3 Par dérogation à l'article L. 2141-1, le déclassement d'un bien affecté à un service public peut, afin d'améliorer les conditions d'exercice de ce service public, être prononcé en vue de permettre un échange avec un bien d'une personne privée ou relevant du domaine privé d'une personne publique. Cet échange s'opère dans les conditions fixées à l'article L. 3112-3.

COMMENTAIRE

Voir le commentaire sous l'article L. 2141-1. ❑

CHAPITRE II RÈGLES PARTICULIÈRES AU DOMAINE PUBLIC FLUVIAL

Art. L. 2142-1 Le déclassement d'un cours d'eau, d'une section de cours d'eau, d'un canal, lac, plan d'eau ou d'un port intérieur, faisant partie du domaine public fluvial de l'État est prononcé, après enquête publique *(L. n° 2010-788 du 12 juill. 2010, art. 242-VI)* « réalisée conformément au code de l'expropriation pour cause d'utilité publique », par décision de l'autorité administrative compétente, tous les droits des riverains et des tiers demeurant réservés.

Lorsqu'elle concerne le domaine public fluvial d'une collectivité territoriale ou d'un groupement, la décision de déclassement est prise par l'autorité exécutive de cette personne publique, après enquête publique *(L. n° 2010-788 du 12 juill. 2010, art. 242-VI)* « réalisée conformément au code de l'expropriation pour cause d'utilité publique » et consultation du comité de bassin ainsi que des assemblées délibérantes des autres collectivités territoriales sur le territoire desquelles se situe le domaine à déclasser, tous les droits des riverains et des tiers demeurant réservés.

Un décret en Conseil d'État fixe les conditions d'application du présent article *[V. art. R. 2142-1 à R. 2142-3]*. — *[C. dom. publ. fluv., art. 1er-5, ecqc le déclassement, et art. 4, al. 1er et 4.]*

COMMENTAIRE

Voir le commentaire sous l'article L. 2141-1. ❑

Art. L. 2142-2 Lorsqu'elles sont déclassées, les dépendances du domaine public fluvial mentionnées à l'article L. 2142-1 sont placées, pour les parties naturelles du lit, dans la catégorie des cours d'eau et lacs non domaniaux et, pour les autres parties, dans le domaine privé de la personne publique propriétaire. — *[C. dom. publ. fluv., art. 7.]*

COMMENTAIRE

Voir le commentaire sous l'article L. 2141-1. ❑

LIVRE DEUXIÈME BIENS RELEVANT DU DOMAINE PRIVÉ

TITRE PREMIER CONSISTANCE DU DOMAINE PRIVÉ

CHAPITRE PREMIER DISPOSITIONS GÉNÉRALES

Art. L. 2211-1 Font partie du domaine privé les biens des personnes publiques mentionnées à l'article L. 1, qui ne relèvent pas du domaine public par application des dispositions du titre Ier du livre Ier.

Il en va notamment ainsi des réserves foncières et des biens immobiliers à usage de bureaux, à l'exclusion de ceux formant un ensemble indivisible avec des biens immobiliers appartenant au domaine public. – *[C. dom. Ét., art. L. 2, al. 2.]*

CHAPITRE II DISPOSITIONS PARTICULIÈRES

Art. L. 2212-1 Font également partie du domaine privé :

1° Les chemins ruraux ;

2° Les bois et forêts des personnes publiques relevant du régime forestier.

RÉP. CIV. v° *Domaine privé de l'État*, par Lusson-Lerousseau.

BIBL. ▸ **Encyclopédie** : Yolka, Distinction du domaine public et du domaine privé, *J.-Cl. Propriétés publiques, fasc. 10.* – Chamard-Heim, Domaine privé. Forêts des collectivités publiques, *J.-Cl. Propriétés publiques, fasc. 47.* – Dufau et Deliancourt, Domaine privé de l'État, *J.-Cl. Propriétés publiques, fasc. 31.* – Duroy, Domaine privé : biens immobiliers et mobiliers, *J.-Cl. Propriétés publiques, fasc. 46.* – Lavialle et Lochouarn, Chemins ruraux, *J.-Cl. Propriétés publiques, fasc. 48.* – Luchaire, Domaine privé des collectivités territoriales, *J.-Cl. Propriétés publiques, fasc. 34.* – Malwé, Propriétés publiques immatérielles, *J.-Cl. Propriétés publiques, fasc. 49.* – Manson, Domaine des établissements publics - Offices publics de l'habitat, *J.-Cl. Propriétés publiques, fasc. 37.* – Sorbara et Joye, Biens communaux, *J.-Cl. Propriétés publiques, fasc. 34-20* ; Biens des sections de commune, *J-Cl. Propriétés publiques, fasc. 34-30.* – Lusson-Lerousseau, v° *Domaine privé de l'État, Rép. Civ. Dalloz.*

Ouvrages, rapports, dossiers : Chouquet, Le domaine privé des personnes publiques. Contribution à l'étude du droit des biens publics, *LGDJ, 2017.* – Gromitsari-Maragianni, Le droit forestier. Étude comparée de la France et de la Grèce, *Th. Paris 1, 2016.* – Les contrats liés aux activités de bureau (dossier), *CP-ACCP févr. 2015.* – Champauzac, Contrats publics et domaine privé, *Th. Montpellier 1, 2014.* – Maldent, Propriété et domanialité privée des personnes publiques, *Th. Aix-Marseille III, 2014.* – Fleury, Les chemins ruraux, *Éd. territoriales, 2012.* – C. Comptes, Le patrimoine immobilier des hôpitaux non affecté aux soins, *Rapp. publ. 2012, p. 941.* – ONF, Bilan patrimonial des forêts domaniales hors DOM, *éd. 2011.* – Mondou, Le domaine privé des collectivités territoriales, *Éd. territoriales, 2e éd., 2010.* – Cornu et *alii*, La forêt en France au XXIe siècle : enjeux politiques et juridiques, *L'Harmattan, 2004.* – Liagre, La forêt et le droit, *Éd. La Baule, 1997.* – Vital-Durand, Domaine privé, *First, 1996.* – Lemercier, La part du droit administratif dans la gestion du domaine privé de l'État, *Th. Paris II, 1990.* – Bourjol, Les biens communaux, *LGDJ, 1989.* – Lagarde, Un droit domanial spécial, le régime forestier. Contribution à la théorie du domaine, *Th. Toulouse, 1984.* – Lamarque, Recherches sur l'application du droit privé aux services publics administratifs, *LGDJ, 1960.* – Grimal, L'administration des biens communaux en France et de tous biens appartenant au domaine privé des communes, *Causse-Graille et Castelnau, 2e éd., 1936.* – Graffin, Du domaine privé de la commune, *Th. Poitiers, 1896.*

Articles, contributions : Jeanneney, Le détournement des réserves foncières à des fins mercantiles, *RFDA 2015. 937* ✎. – Lavialle, Remarques sur le classement des forêts publiques dans le domaine privé, *Mél. Bon, 2014, Dalloz, p. 945.* – Benoit-Cattin, Réserves foncières, *in* Jégouzo (dir.), Droit de l'urbanisme. Dictionnaire pratique, *Le Moniteur, 2013.* – Lavialle, Le droit d'usage dans les forêts publiques, *Envir. 2013, n° 5.* – Collectif, L'occupation du domaine privé des personnes publiques (dossier), *Actes prat. ing. immobilière juill.-sept. 2013.* – Debeaurain, La déspécialisation des chemins ruraux et des chemins d'exploitation, *RD rur. janv. 2012. 44.* – Morin, La continuité de la gestion des forêts françaises de l'Ancien régime à nos jours, ou comment l'État a-t-il pris en compte le long terme, *RFAP 2010. 233.* – Quiot, Considérations sur une curiosité juridique : l'existence en droit administratif d'un domaine privé des personnes publiques, *Mél. Rainaud, L'Harmattan, 2009, p. 339.* – Brouant, Les organismes d'HLM sont-ils propriétaires de leur patrimoine locatif ?, *Mél. Jégouzo, Dalloz, 2009.* – Carton, De certaines obligations communales quant à l'entretien et à la police des chemins ruraux, *RLCT févr. 2009, p. 27.* – Sorbara, Les biens communaux. Réminiscences actuelles d'une propriété collective d'Ancien régime, *RD publ. 2008. 1023.* – Chikhaoui, Domanialité forestière et protection de l'environnement, *Mél. Morand-Deviller, Montchrestien, 2007, p. 747.* – Hostiou et Struillou, Réserves foncières. La constitution de réserves foncières par voie d'expropriation et de préemption en droit français, *in* Gridauh, DAUH 2007, *Le Moniteur, 2007, p. 137.* – Yolka, Le mobilier administratif : questions d'actualité, *BJCL 2007, p. 459* ; Les meubles de l'administration, *AJDA 2007. 964* ; La condition juridique des ateliers-relais, *JCP Adm. 2005. Étude 1215.* – Roman-Sequense, Quel statut des biens à usage de bureaux des collectivités territoriales ?, *Rev. CMP nov. 2006, n° 11. Comm. 313.* – Fatôme, Le statut des immeubles à usage de bureaux des personnes publiques après l'ordonnance du 19 août 2004, *AJDA 2005. 584*. – Chamard-Heim, Les immeubles à usage de bureaux et la valorisation des patrimoines publics, *Dr. et patr. 1/2005. 111.* – Delacour, Le régime juridique du domaine privé des collectivités territoriales, *Coll. terr. juin 2004, n° 6, Étude 9.* – Ferreira et de La Burgade, La condition juridique ambiguë des chemins ruraux, *LPA 1er nov. 2002.* – Campels, Chemins ruraux, chemins et sentiers d'exploitation, *Dr. et patr. 3/2001. 46.* – Amadei, Sur la nature du droit de propriété du domaine privé, *RD publ. 1998. 505* ; Patrimoine immobilier des nouvelles entreprises publiques, domaine ou propriété privée ?, *AJPI 1998. 602.* – Lemée, Le domaine privé des collectivités locales, *Ét. fonc. 1996, n° 70, p. 22.* – Foulon, Le Mobilier national, *Administrer 4-6/1992, p. 101.* – Souchon, L'Office national des forêts, gestionnaire du domaine forestier de l'État, *Administrer 4-6/1992, p. 60.* – Lavialle, La fin des chemins ruraux ?, *Mél. Montané de la Roque, Presses IEP Toulouse, 1986.* – Boutelet, Un régime juridique pour les chemins de randonnée pédestre, *RJ envir. 1984. 291.* – De Malafosse-Notte, Les chemins ruraux et la pratique de la randonnée pédestre, *RD rur. 1984. 74.* – Lena, Une fausse innovation. Les politiques de réserves foncières en France, *Ét. foncières, vol. 1, 1978, p. 29.* – Pauc, Réserves foncières. L'aide aux collectivités locales, *Ét. foncières, vol. 2, 1978, p. 32.* – Lenoir, Les réserves foncières, *Doc. fr., coll. notes et études documentaires, 1977.* – Coupy, La politique des réserves foncières, *Droit et ville, 1976, n° 1, p. 183.* – Saint-Alary, La politique des réserves foncières, *Droit et ville, 1976, n° 1, p. 167.* – Auby, Contribution à l'étude du domaine privé de l'administration, *EDCE 1958, n° 12, p. 35.*

COMMENTAIRE

CONSISTANCE DU DOMAINE PRIVÉ

I. GÉNÉRALITÉS

A. DÉFINITION NÉGATIVE

C'est une approche classique du domaine privé que reprennent les articles L. 2211-1 et L. 2212-1 (qui auraient pu avantageusement n'en former qu'un, la distinction entre dispositions générales et particulières n'ayant ici guère de sens), en se substituant à l'article L. 2 du code du domaine de l'État (lequel, après avoir défini les dépendances du domaine public, disposait que « les autres biens constituent le domaine privé. Notamment, les biens immobiliers à usage de bureaux, propriété de l'État ou de ses établissements publics, à l'exclusion de ceux formant un ensemble indivisible avec des biens immobiliers appartenant au domaine public, font partie du domaine privé de ces personnes publiques »).

On retrouve dans le CGPPP (qui ne consacre que deux articles à sa consistance, contre dix-huit pour celle du domaine public) la même approche du domaine privé, défini *a contrario* par rapport au domaine public. Une telle approche « négative » est tout sauf inédite en droit administratif : un service public est administratif, sauf s'il remplit les critères justifiant qu'on le qualifie d'industriel ou commercial ; le contrat de droit privé conclu par une personne publique se définit comme celui qui ne remplit pas les conditions (législatives ou jurisprudentielles) justifiant qu'il soit qualifié de contrat administratif… Tous les biens qui ne font pas partie du domaine public relèvent donc du domaine privé, ce qui est logique puisque la domanialité publique est censée constituer un régime d'exception. Simplement, la formulation retenue par le CGPPP est un peu moins abrupte que celle du code du domaine de l'État ; elle se suffit à elle-même, aucune disposition réglementaire n'étant nécessaire pour préciser ces principes.

Cette définition « en creux » atteste que la domanialité privée doit – ou devrait – constituer le droit commun des biens publics. Dès qu'un bien devient la propriété d'une personne publique, il entre dans son domaine privé. Il y reste à défaut de satisfaire aux critères du domaine public. Et les biens déclassés du domaine public retournent dans le domaine privé. L'appartenance au domaine privé correspond donc à un principe, tandis que l'incorporation dans le domaine public reste l'exception. D'ailleurs, lorsque le domaine public a tendance à se restreindre, comme c'est le cas depuis l'entrée en vigueur de la partie législative du CGPPP, le domaine privé s'étoffe corrélativement et mécaniquement. Ce nonobstant, le domaine public représente en pratique la principale « masse » de biens publics (un exemple : 80 % des biens d'une ville comme Lyon sont dans le domaine public).

La définition et la composition du domaine privé sont articulées autour de deux propositions complémentaires : l'article L. 2211-1, alinéa 1er contient une définition générale du domaine privé, tandis que les articles L. 2211-1, alinéa 2, et L. 2212-1 posent les bases d'un domaine privé par détermination de la loi, qui reste cependant en pointillés.

B. DOMAINE PRIVÉ PAR DÉTERMINATION DE LA LOI

Le CGPPP intègre dans le domaine privé les réserves foncières, les immeubles de bureaux, les chemins ruraux et les bois et forêts publics soumis au régime forestier. Il ne s'agit pas d'une liste exhaustive : en témoigne le recours à l'adverbe « notamment ». Ainsi, l'ordonnance n° 2016-1519 du 10 novembre 2016 (C. trav., art. L. 5315-1 s.) – qui transforme l'Association pour la formation professionnelle des adultes (AFPA), jusqu'alors association loi de 1901, en établissement public à caractère industriel et commercial rattaché à l'État – lui transfère en pleine propriété les meubles et immeubles naguère mis à disposition de l'association (dont la propriété était à l'État) et précise que « les biens de l'établissement public relèvent de son domaine privé » (C. trav., art. L. 5315-7). La loi n° 2019-1461 du 27 décembre 2019 relative à l'engagement dans la vie locale et à la proximité de l'action publique place dans le domaine privé les biens acquis grâce au nouveau droit de préemption qu'elle institue pour la préservation des ressources en eau destinées à la consommation humaine (art. 118 : C. urb., art. L. 218-1 s.). Le législateur a également prévu que « les aménagements que l'établissement public Société du Canal Seine-Nord Europe, au titre de l'appui technique prévu au II de l'article 1er, serait susceptible de réaliser préalablement à la cession des terrains mentionnée au II du présent article n'ont ni pour objet, ni pour effet de soumettre lesdits terrains au régime de la domanialité publique préalablement à cette cession » (art. 134, L. n° 2019-1428, 24 déc. 2019 d'orientation des mobilités). Le législateur a aussi maintenu dans le domaine privé, même si le CGPPP ne le rappelle pas ici (ce qu'il est permis de regretter), certains lais et relais de la mer constitués antérieurement à l'entrée en vigueur de la loi du 28 novembre 1963 (V. CGPPP, art. L. 2111-4) et certains éléments de la zone des cinquante pas géométriques (V. CGPPP, art. L. 5111-4).

Cela signifie donc que, pour ces catégories de biens, nul n'est besoin de vérifier s'ils remplissent ou non les critères du domaine public. Ils font nécessairement partie du domaine privé, par la volonté du législateur. Et, même si l'on parvenait à démontrer que l'un de ces biens est effectivement affecté à l'usage du public ou à un service public, cela n'y changerait rien ; il resterait dans le domaine privé. Seule une disposition législative contraire serait susceptible de modifier sa domanialité.

C. DOMAINE PRIVÉ PAR DÉTERMINATION DE LA JURISPRUDENCE

En revanche, les biens qui font partie du domaine privé au titre de l'article L. 2211-1, alinéa 1er ne sont exclus du domaine public que parce qu'ils ne satisfont pas aux dispositions des articles L. 2111-1 et suivants. L'on note d'ailleurs que le codificateur a opté pour une formulation assez large ; en effet, il aurait pu renvoyer aux seuls critères du domaine public, notamment à l'élément tenant à l'affectation des biens. Or, le domaine privé comprend les biens « qui ne relèvent pas du domaine public par application des dispositions du titre 1er du livre 1er ». Il y a donc dans le domaine privé, non seulement les biens publics qui ne satisfont pas aux critères de l'article L. 2111-1, mais aussi les immeubles auxquels on ne peut pas appliquer la théorie de l'accessoire (art. L. 2111-2), la théorie de la domanialité publique globale ou encore la domanialité publique par détermination de la loi (art. L. 2111-4 s., à propos des domaines publics maritime, fluvial, routier, ferroviaire, aéronautique et hertzien) ainsi que les meubles qui ne répondent pas aux exigences de l'article L. 2112-1. Autrement dit, et contrairement au domaine privé par détermination de la loi, les biens auxquels on applique le premier alinéa de l'article L. 2211-1 ne sont pas prédéterminés : il faut commencer par utiliser tous les moyens permettant d'incorporer un bien dans le domaine public ; ce n'est qu'en cas d'échec que le bien sera considéré comme un élément du domaine privé.

D. ENJEUX

L'étendue du domaine privé résulte clairement de choix d'opportunité : elle dépend de l'idée que l'on se fait des fonctions essentielles des personnes publiques, fonctions auxquelles les dépendances du domaine public sont attachées. Elle est également associée à la volonté d'assumer l'intérêt financier des personnes publiques, propriétaires de biens (comme les actions ou les forêts) qu'il faut faire fructifier selon le mode le plus proche possible du droit privé : dans ce cas, l'incorporation dans le domaine privé repose sur l'idée que la domanialité publique est un régime juridique trop lourd pour permettre une gestion économique efficace. Enfin, le domaine privé peut s'accroître temporairement du fait du déclassement de biens que les propriétaires publics souhaitent vendre.

E. AFFECTATION ET DOMAINE PRIVÉ

Un raccourci, trop rapide pour être pertinent, voudrait que le domaine privé ne fût composé que de biens qui ne sont pas affectés à l'usage du public ou à un service public. Cela se justifierait notamment par le fait que le régime de la domanialité privée est moins protecteur que celui de la domanialité publique. Il est vrai qu'à l'origine, on considérait que les biens du domaine privé avaient seulement une fonction patrimoniale. Mais aujourd'hui, ce n'est plus exact. Depuis les années 1950, la doctrine (V. en particulier : Auby, *EDCE 1958, n° 12, p. 35*) et le juge admettent que ces biens publics peuvent aussi être affectés à l'utilité publique. Se trouvent effectivement dans le domaine privé de nombreux biens qui sont affectés à l'usage du public ou à un service public. La plupart du temps, ce sont des raisons de fond ou d'opportunité qui expliquent une telle qualification.

II. DÉPENDANCES DU DOMAINE PRIVÉ REMPLISSANT UNE FONCTION PATRIMONIALE

A. BIENS PUBLICS AYANT UNE VOCATION ESSENTIELLEMENT PATRIMONIALE OU ÉCONOMIQUE

Figurent d'abord dans le domaine privé les biens publics qui ont une vocation essentiellement patrimoniale ou économique. Ce sont des biens qui ne sont pas affectés à l'usage du public ou à un service public – ou alors de manière trop lointaine ou trop médiate – et qui font, au contraire, l'objet d'une exploitation proche de celle des biens privés. L'on trouve ainsi dans le domaine privé des immeubles bâtis, des immeubles non bâtis, des meubles corporels ou des biens incorporels.

B. IMMEUBLES BÂTIS OU NON BÂTIS (GÉNÉRALITÉS)

Un certain nombre de bâtiments publics font partie du domaine privé, à défaut de satisfaire aux critères du domaine public. Ainsi (outre les biens à propos desquels le législateur a choisi d'écarter l'application de la domanialité publique globale : art. 12, L. n° 2010-597 du 3 juin 2010, relative au Grand Paris), des immeubles « de rapport », des logements sociaux appartenant aux offices publics de l'habitat (cette qualification s'explique largement par la volonté de maintenir les rapports locatifs y afférents sous un régime de droit privé, alors même que la thèse d'une affectation au service public du logement social peut être défendue. – V., Manson, Domaine des établissements publics – Offices publics de l'habitat, *J.-Cl. Propriétés publiques, fasc. 37*), les logements de fonction des agents publics qui ne sont pas situés dans un immeuble affecté au service public et faisant l'objet d'un aménagement indispensable à son exécution (sur les concessions de logement, V. comm. ss. art. L. 2124-32) et, au-delà, les immeubles bâtis les plus divers (V. décisions citées note 4). De la même façon, de nombreux terrains nus font partie du domaine privé des personnes publiques, en raison de leur absence d'affectation publique (par exemple, les espaces naturels, notamment en zones de montagne : glaciers, pierriers, etc.) ou parce que, bien qu'affectés à un service public, ils n'ont pas fait l'objet d'aménagements indispensables – ou suffisants – à l'exécution de cette activité (V. décisions citées note 5).

C. RÉSERVES FONCIÈRES

Le régime juridique des réserves foncières est codifié aux articles L. 221-1 et suivants du code de l'urbanisme. Les réserves foncières sont des biens immobiliers acquis par les personnes publiques, le cas échéant par voie d'expropriation ou par l'exercice du droit de préemption urbain, en vue de permettre la réalisation future d'une action ou opération d'aménagement. Ces biens figurent dans le domaine privé, à défaut d'affectation publique. L'article L. 2211-1, alinéa 2, consacre ici une solution jurisprudentielle (V. décisions citées note 6).

D. BOIS ET FORÊTS PUBLICS RELEVANT DU RÉGIME FORESTIER

La loi d'orientation sur la forêt du 9 juillet 2001 offrait quelques arguments qui auraient pu permettre une intégration des forêts des personnes publiques dans le domaine public.

Les articles L. 121-1 et L. 121-3 du code forestier traitent, tout d'abord, de la fonction sociale des forêts : l'ouverture des forêts au public est qualifiée d'activité d'intérêt général et elle doit être recherchée le plus largement possible. Pourtant, on ne peut pas considérer que les forêts des personnes publiques ouvertes au public sont principalement affectées à l'usage du public ; c'est précisément ce qui les différencie des « promenades publiques » ou des bois urbains qui sont spécialement aménagés pour accueillir des promeneurs. Ces bois sont effectivement destinés à satisfaire un intérêt général qui est le besoin croissant des citadins en espaces verts, à l'exclusion de toute exploitation forestière. Mais ce ne sont plus alors des forêts et, le cas échéant, ces espaces sont distraits du régime forestier. Les forêts sont, au contraire, globalement affectées à l'exploitation économique, qui reste toujours prioritaire (à telle enseigne que la gestion de l'ONF, établissement public dont la situation financière apparaît critique, est régulièrement contestée de ce point de vue) ; la destination à l'usage du public est systématiquement secondaire. Ensuite, le code forestier a reconnu l'intérêt général qui s'attache aux activités de protection des forêts, de conservation des milieux et de prise en compte de la biodiversité, assignant aux forêts un rôle fondamental dans le développement durable (C. for., art. L. 121-3). L'existence d'un service public forestier de protection de l'environnement pourrait donc être admise et fonder, dès lors, l'appartenance au domaine public des forêts des personnes publiques. C'est d'ailleurs ce qu'avait essayé de démontrer, sans succès à l'époque, le commissaire du gouvernement Kahn, à propos de la gestion cynégétique de la forêt dont il considérait qu'elle est « une activité de service public, à laquelle on n'est pas habitué mais qui n'en est pas moins incontestable » (concl. sur CE 20 juill. 1971, *Cts Bolusset : cité note 7*) ; point de vue que la jurisprudence ultérieure devait indirectement valider, en considérant surtout à partir des années 1980 que les ACCA sont chargées d'une mission de service public. Le Conseil d'État et le tribunal des conflits ont ainsi commencé à admettre l'existence du service public de l'environnement à propos de fédérations départementales de chasseurs (CE 13 juin 1984, *Féd. dptale des chasseurs du Loiret : Lebon 208*), puis d'entreprises de dépollution (CE 16 déc. 1992, *SA international décor : Lebon 993*) ou de la politique départementale des espaces naturels sensibles qui peut s'exercer via l'acquisition d'un massif forestier dans lequel une grotte est incorporée (T. confl. 22 oct. 2007, *Doucedame* : cité note 5). Ils ne l'ont pas encore reconnue directement pour les forêts en tant que telles et il n'est pas certain qu'ils le fassent un jour. L'admettraient-ils, que cela ne remettrait pas en cause la domanialité privée des forêts, désormais fondée sur un texte législatif.

Il en résulte qu'en dépit de l'intérêt général incontestable qui s'attache tant à l'accueil du public qu'à la protection de l'environnement naturel, l'affectation principale des forêts publiques reste de nature économique, puisqu'elles ont toutes – peu ou prou – vocation à être exploitées. L'exploitation des forêts est nécessaire, d'une part pour assurer la pérennité de la ressource (coupes régénératrices, etc.), d'autre part pour financer la sylviculture (vente de coupes de bois, vente de forêts sur pied, droit de chasse, etc.). La gestion forestière implique la présence de règles de droit privé au sein même des dispositions du régime forestier. C'est la raison pour laquelle le juge comme le législateur refusent de classer les forêts dans le domaine public (ce qui entraînerait des difficultés pratiques considérables : imagine-t-on l'ONF vendre du bois inaliénable ?). Il reste toutefois possible d'incorporer dans le domaine public de l'État des forêts ou bois domaniaux soumis au régime forestier (art. R. 2111-2). Dans cette hypothèse, les parcelles doivent répondre aux critères du domaine public et être soustraites au régime forestier.

E. MEUBLES DU DOMAINE PRIVÉ

Les biens mobiliers appartenant aux personnes publiques relèvent de leur domaine privé, à l'exception des éléments du domaine public mobilier visés par l'article L. 2112-1. Le domaine privé comprend d'abord de très nombreux meubles corporels, comme le mobilier de bureau, le Mobilier national (Foulon, Le Mobilier national, *Administrer 4-6/1992*), le matériel informatique, celui des hôpitaux, les véhicules, etc. Plusieurs « cas limites » existent néanmoins : ainsi, des meubles des concessions de service public (Yolka, Autour de l'article L. 2112-1 du CGPPP : un détour par les « meubles de retour », *AJDA 2013. 974*) et du matériel militaire, au moins lorsqu'il est onéreux et très spécifique (chars, avions, navires…), à l'égard duquel la doctrine demeure partagée quant à la qualification domaniale à retenir (Tarlet, Les meubles militaires, *in* Chamard-Heim et Yolka, dir., Patrimoine[s] et équipements militaires, *Institut univ. Varenne, Lextenso, 2018. 293*). Le domaine privé comprend ensuite des meubles incorporels, parmi lesquels on trouve les actions et obligations des personnes publiques (Marchand, Recherche sur le régime des actions et participations financières publiques, *LGDJ, 2014* ; Sorbara, Les SPL et la propriété publique, *RFDA 2012-6. 1140*), la propriété industrielle (brevets, licences, etc.), les marques de fabrique, les œuvres de l'esprit protégées par le droit de la propriété littéraire et artistique, les bases de données, les signes distinctifs (nom commercial, marque), les sigles, logos, etc. (Malwé, La propriété publique incorporelle : au carrefour du droit administratif des biens et du droit public économique, *th. Nantes, 2008* ; *Propriétés publiques immatérielles, J.-Cl. Propriétés publiques, fasc. 49*). Sur les biens incorporels, voir le commentaire et les références sous l'article L. 1.

III. DÉPENDANCES DU DOMAINE PRIVÉ FAISANT L'OBJET D'UNE AFFECTATION PUBLIQUE

A. CAS NON EXPLICITEMENT PRÉVUS PAR LE CGPPP

Un immeuble du domaine privé peut faire l'objet d'un bail emphytéotique administratif pour l'exécution d'une mission de service public (CGCT, art. L. 1311-2). Les biens publics qui sont compris dans un immeuble placé sous le régime de la copropriété font nécessairement partie du domaine privé, même s'ils sont affectés à un service public (V. comm. ss. art. L. 2111-1).

Le domaine privé comprend aussi des biens affectés, non à un service public, mais à l'usage du public : notamment les biens dits « communaux » (au sens strict). Ce sont des propriétés communales sur lesquelles les habitants ont un droit d'usage (C. civ., art. 542) ; il en est ainsi des forêts, des landes, des pâturages ou des marais sur lesquels les habitants disposent d'un tel droit (droit de pâturage, droit de glandée, droit d'affouage, etc.). Le code général de la propriété des personnes publiques ne contient pas de dispositions relatives aux biens communaux ; cependant, l'ordonnance du 21 avril 2006 n'a pas modifié l'article 542 du code civil (alors qu'elle a abrogé les art. 538, 540 et 541). Et les biens des sections de commune, qui se rapprochent des biens communaux (à cela près qu'ils appartiennent à des établissements publics infra-communaux et que leur usage est réservé aux ayants droit de la section en cause) relèvent aussi du domaine privé (Sorbara, Joye, Biens communaux, *J.-Cl. Propriétés publiques, fasc. 34-20* ; Biens des sections de commune, *ibid. 34-30*). Font enfin partie du domaine privé certains biens religieux non affectés (comme les calvaires ou les presbytères).

B. CHEMINS RURAUX

Les chemins ruraux sont rangés dans le domaine public par détermination de la loi (CGPPP, art. L. 2212-1-1°. – C. voirie rout., art. L. 161-1). Ils appartiennent au domaine privé communal bien qu'ils soient affectés à la circulation publique, ce qui constitue une curiosité. Cette situation ambiguë est à l'origine d'une jurisprudence particulièrement abondante, relative – entre autres – aux conditions de circulation et d'entretien des chemins en question (Lavialle et Lochouarn, Chemins ruraux, *J.-Cl. Propriétés publiques, fasc. 48* ; Fleury, Les chemins ruraux, *Territorial éd., 2012*). On notera que plusieurs dispositions de la loi n° 2016-1087 du 8 août 2016 pour la reconquête de la biodiversité, de la nature et des paysages (art. 76 à 79) relatives à la protection des chemins ruraux ont été déclarées non conformes à la Constitution par la décision du Conseil constitutionnel n° 2016-737 DC du 4 août 2016 pour des motifs procéduraux.

C. IMMEUBLES À USAGE DE BUREAUX

Les immeubles de bureaux de l'administration étaient – traditionnellement et plus ou moins tacitement – considérés comme faisant partie de leur domaine public, en raison de leur affectation aux divers services publics, même si les aménagements qu'ils comportent ne sont pas spécifiques aux besoins de l'administration. Mais il est vrai que la jurisprudence sur ce point était rare et que cette domanialité avait pu être discutée en doctrine (Ducrocq, Berthélemy et, plus tard, de Laubadère, classaient les bâtiments administratifs dans le domaine privé). La situation a changé à partir de 2004 ; l'ordonnance n° 2004-825 du 19 août 2004 (*AJDA 2005. 584, note Fatôme* ; *Dr. et patr. 1/2005, n° 133, p. 111, comm. Chamard-Heim*) a procédé au déclassement général des « biens immobiliers à usage de bureaux, propriété de l'État ou de ses établissements publics, à l'exclusion de ceux formant un ensemble indivisible avec des biens immobiliers appartenant au domaine public », modifiant par là l'article L. 2 du code du domaine de l'État.

C'est ainsi que l'ensemble des bureaux appartenant à l'État ou à des établissements publics nationaux, qu'ils se trouvent en France ou à l'étranger et qu'ils soient affectés à des ministères ou à des services publics gérés par lesdits établissements, ont intégré le domaine privé, ce qui facilite leur gestion sous un régime proche du droit privé (V., dossier, Les contrats liés aux activités de bureau, *Contrats publics, févr. 2015*). Cette opération témoignait de la volonté du gouvernement de moderniser la gestion immobilière de l'État et de mener une politique ambitieuse de cession de son patrimoine ainsi que de celui de certains établissements publics. Le CGPPP reprend ce principe de la domanialité privée des immeubles de bureaux (art. L. 2211-1) et l'étend même à toutes les personnes publiques (Rép. min. n° 22569, *JO Sénat Q, 24 août 2006, p. 2190*).

Cette affirmation générale de la domanialité privée impose de préciser ce que recouvre exactement la notion d'immeubles à usage de bureaux. En première approche, ce sont les lieux de travail des personnels des administrations ; ils sont davantage destinés à être utilisés par les agents publics que par les usagers, même si ces derniers peuvent y avoir accès. Figurent dans cette catégorie aussi bien les bureaux des services centraux que les bureaux des services déconcentrés de l'État, ceux des collectivités territoriales et des établissements publics (quelle qu'en soit la nature), les cités administratives, etc. Mais la notion d'immeuble à usage de bureaux est moins claire qu'il n'y paraît. Avec la standardisation de l'immobilier administratif, nombre de bâtiments sont susceptibles d'être qualifiés de la sorte. Il ne faut dès lors pas s'étonner que le sujet ait suscité des questions parlementaires aux ministres (V. not., Rép. min. n° 22705, *JO Sénat Q, 24 août 2006, p. 2191* ; Rép. min. n° 22569, *JO Sénat Q, 24 août 2006, p. 2190*).

Le texte visant les biens immobiliers à usage de bureaux, il faut considérer que figurent dans le domaine privé d'une part les bâtiments entièrement dédiés à un tel usage, d'autre part des lots immobiliers de bureaux dans un ouvrage complexe, dès lors qu'il y a eu division en volumes (en ce sens, CE, 23 janv. 2020, *Sté JV Immobilier et a. c/ Cne de Bussy-Saint-Georges* : cité note 13, *infra*) Par exemple, une annexe de mairie peut être qualifiée d'immeuble de bureaux (relevant du domaine privé) ; mais une mairie ne saurait l'être. Elle reste dans le domaine public, puisque certains volumes ne constituent manifestement pas des bureaux (salle des mariages, notamment). En revanche, il faut, semble-t-il, exclure de cette catégorie les « bureaux spécialisés » (selon la terminologie employée par France Domaine), comme les tribunaux ou les commissariats de police. Au total, les immeubles à usage de bureaux sont donc des biens qui continuent à être affectés à des services publics, tout en n'étant plus protégés par le régime de la domanialité publique. D'ailleurs, ces immeubles de bureaux, lorsqu'ils appartiennent à l'État ou à un établissement public national, peuvent être aliénés alors qu'ils continuent à être utilisés par les services de la personne publique en cause. Dans ce cas, l'acte d'aliénation comporte des clauses permettant de préserver la continuité du service public (art. L. 3211-2 et L. 3211-13. – V. par ex., Dominati, Le « centre de Gouvernement ». Réussir la rationalisation du parc immobilier d'entités rattachées au Premier ministre, *Rapp. inf. Sénat, n° 774, 17 juill. 2013*).

Il existe néanmoins une limite à l'incorporation dans le domaine privé des bureaux des administrations, qui avait déjà été prévue par l'ordonnance du 19 août 2004 et qui est reprise à l'identique par l'article L. 2211-1. Les bureaux « formant un ensemble indivisible avec des biens immobiliers appartenant au domaine public » relèvent de ce dernier. Une telle solution est assez logique, quand on connaît la réticence du juge à faire une application parcellaire des régimes domaniaux (V., par ex., la théorie de la domanialité publique globale). Ainsi les bureaux compris dans l'enceinte d'un port, dans les universités ou dans un hôtel de ville continuent-ils à faire partie du domaine public. Cela étant, la solution présente aussi un aspect original, puisqu'en vertu de l'article L. 2111-2, l'application de la théorie de l'accessoire requiert normalement un lien physique (ensemble indivisible ou indissociable) et un lien d'utilité. Or, ici, le codificateur s'est fondé sur le seul lien physique pour admettre la domanialité publique des bureaux. La complexité apparaît alors inévitable pour les gestionnaires publics (qui devront notamment apprécier le caractère indivisible), puisque selon l'endroit où sont situés les bureaux, leur statut domanial variera. ❑

1. Domanialité privée des immeubles « de rapport ». Il s'agit de tous les immeubles appartenant aux personnes publiques – le plus souvent les communes, parfois les hôpitaux – qui sont loués à des personnes physiques au moyen de baux d'habitation de droit commun. Pour des illustrations, V., à propos de la ville de Paris. • CE 21 oct. 1974, *Lambourdière : Lebon T.* • 11 déc. 2008, *Mme Perreau-Polier et a.*, n° 309260 : *Lebon T. ; AJDA 2008. 2426, obs. Royer ; ibid. 2009. 828, note Févrot ; RJEP juin 2009, n° 27, p. 20, note Chamard-Heim ; RLCT avr. 2009. 42, obs. Mondou ; GDDAB, 3e éd., 2018, n° 7, comm. Chamard-Heim* • 15 nov. 2012, *Ville de Paris*, n° 346997 • Civ. 3e, 5 févr. 2013, *Crédit municipal de Paris*, n° 12-22.006 • 5 févr. 2013, *Cne de Marsal*, n° 12-13.558.

2. Domanialité privée des logements sociaux (offices publics de l'habitat, anciens OPHLM et OPAC). Pour des illustrations, V. • CE 23 févr. 1979, *Vildart : Dr. adm. 1979. Comm. 121* • Paris, 23 avr. 2013, *Mme B. c/ Cne de Saint-Geneviève-des-Bois*, n° 11/03307 : *Loyers et copr. 2013, n° 206, obs. Vial-Pedroletti.* ♦ Un doute existe cependant pour les logements à destination des étudiants. Certains arrêts ont tranché en faveur de leur domanialité privée : • CAA Paris, 3 mars 1992, *CROUS de Créteil*, n° 90PA00637 : *Lebon T. 833 ; Dr. adm. 1992, n° 238.* ♦ Le Tribunal des conflits, s'il retient la compétence du juge administratif pour le contentieux de l'expulsion, n'a pas tranché la question. • T. confl., 12 févr. 2018, *CROUS Paris*, n° 4112 : *Rev. CMP 2018. Comm. n° 92, note Devillers ; ibid. Chron. 4, obs. Pietri ; ibid. Chron. 7, obs. Soler-Couteaux, Zimmer et Waltuch ; LPA 23 avr. 2018, n° 81, p. 19, note Deliancourt ; Dr. adm. avr. 2018. 11 ; JCP Adm. 2018. Actu. 209, obs. Touzeil-Divina ; JCP Adm. 2018. 2179, note Moreau et Lambert ; JCP Adm. 2019, 2127, chron. Videlin.* – Pour l'arrêt de renvoi, • CE 18 oct. 2017, *CROUS Paris*, n° 408006 : *Rev. CMP 2017. Comm. 282, note Soler-Couteaux.* – Sur les suites de l'affaire : • CE 21 mars 2018, *CROUS de Paris*, n° 408006 : *AJDI 2018. 619, obs. de la Vaissière.* ♦ Considérant, dans le même sens, que toute la demande d'expulsion présentée par le CROUS vise à assurer le fonctionnement normal et la continuité du service public administratif et relève ainsi de la compétence de la juridiction administrative, quelle que soit la qualification domaniale du logement. • CE 16 avr. 2019, *Ben Amar*, n° 426074 : *B ; AJDA 2019. 844, obs. Maupin ; Rev. CMP 2019, Chron. 6 et 43, obs. Soler-Couteaux, Zimmer et Waltuch ; Dr. adm. juin 2019. 7 ; JCP Adm. 2019. 292, obs. Touzeil-Divina ; ibid. 2232, note Moreau et Lambert* • CAA Paris, 24 oct. 2019 *B. c/ CROUS Paris*, n° 17PA03403.

3. Domanialité privée de certains logements de fonction. Si la plupart des logements de fonction appartiennent au domaine public, certains relèvent du domaine privé (cas des volumes dissociables dans un ensemble immobilier, avec accès indépendant). V. par ex. • CE 11 mars 1987, *Nivose : AJDA 1987. 548, note Prétot ; CJEG 1988, p. 322, note Sablière* • 4 nov. 1987, *CCI de Bordeaux : CJEG 1988. 321, note Sablière ; Rev. adm. 1987. 549, note Terneyre* • 24 janv. 1990, *Boulier*, n° 101154 : *CJEG 1990. 238, note Sablière* • 11 déc. 2008, *Perreau-Polier*, n° 309260 : *Lebon T. 734 ; AJDA 2009. 828, note Févrot ; Dr. adm. 2009. 25 ; GDDAB, 3e éd., 2018. Comm. 7, obs. Chamard-Heim ; RJEP 2009. 20, note Chamard-Heim, RLCT avr. 2009. 42, obs. Mondou* • 15 nov. 2012, *Eldin c/ Ville de Paris*, n° 346997 • 7 mars 2019, *Cne de Valbonne*, n° 417629 : *AJCT 2019. 305, note Juilles ; AJDA 2019. 551, obs. de Montecler ; ibid. 980, chron. Malverti et Beaufils ; Rev. CMP 2019, comm. 167, note Soler-Couteaux ; Dr. adm. 2019, comm. 35, note Eveillard ; Dr. voirie 2019, p. 62, concl. Victor ; JCP A 2019. Actu. 178, obs. Erstein ; JCP A 2019, 2108, note Chamard-Heim.* ♦ V. aussi • CAA Paris, 18 mars 1999, *Région Île-de-France*, n° 97PA00803 : *RFDA 1999. 1069* • CAA Versailles, 20 juill. 2017, *D. c/ Dpt des Hauts-de-Seine*, n° 15VE03863 • 15 nov. 2012, *Eldin c/ Ville de Paris*, n° 346997. ♦ *Contra* : • CE 24 févr. 2011, *Maisons de retraite Neuilly-sur-Seine*, n° 342621. ♦ Même solution pour le cas particulier des logements en caserne : • CE 10 oct. 2003, *Meunier*, n° 250493 : *Lebon.* ♦ *Contra* : • CE 7 mai 2012, *SCP Mercadier et Krantz*, n° 342107 : *JCP Adm. 2013. Chron. 2125, obs. Chamard-Heim ; AJDA 2013. 1172, note Foulquier.*

4. Immeubles bâtis du domaine privé (variae). On compte dans le domaine privé des personnes publique divers biens immobiliers. V. par exemple : pour une cité appartenant à la SNCF et non affectée au service public ferroviaire, • CAA Douai, 30 oct. 2001, *M. Y. c/ SCNF*, n° 00DA00050. ♦ ...Pour une ferme dépendant du domaine de Chambord • TA Orléans, 8 juill. 1994, *Bélorgey : JCP 1995. IV. 1774.* ♦ ... Pour les (anciennes) cités minières des houillères.

• TA Lille, 28 nov. 1996, *Assoc. L'Après Charbon : Lebon T.* ♦ ... Pour une villa. • CE 21 avr. 1997, *Cne de Cabourg*, n° 161178 : *Lebon T.* ♦ ... Pour un château. • CE 13 févr. 1985, *Esteban : Lebon.* ♦ ... Pour une résidence hôtelière. • CE 8 juin 2011, *Cne de Divonne-les-Bains*, n° 327515 : *AJDA 2011. 1685, note Dreyfus ; BJCP 2011. 381, concl. Dacosta ; Rev. CMP 2011. Comm. 304, note Pietri ; Dr. adm. 2011. Comm. 74, note Brenet ; Rev. Lamy coll. terr. sept. 2011, p. 34, obs. Glaser.* ♦ ... Pour un atelier-relais. • CE 11 juin 2004, *Commune de Mantes-la-Jolie*, n° 261260 : *Lebon ; BJCL 2004. 635, concl. Glaser ; BJCP 2004. 490 ; Dr. adm. 2004, n° 144, obs. Glaser ; GDDAB, 3e éd., 2018. Comm. 74, note Yolka ; LPA 15 févr. 2005, p. 13, chron. Morand-Deviller* • 1er mars 2012, *SCI Stemo c/ Cne de Pézenas*, n° 346673 : *AJDA 2012. 462 ; BJCP 2012, p. 162, concl. Dacosta, obs. Nicinski ; JCP Adm. 2012. Actu. 189 ; JCP 2012. 550, obs. Touzeil-Divina.* ♦ ... Pour une pépinière d'entreprises. • CAA Nantes, 20 juin 2019, *SAS CIDE 14*, n° 18NT01536 : *Rev. CMP 2019, comm. 321, note Soler-Couteaux.* ♦ ... Pour une gare de départ d'une télécabine. • CE 9 mai 2012, *Cne d'Orcières c/ SARL Bernard Sports*, n° 340103 : *JCP Adm. 2012. Actu. 388, obs. Yolka.*

5. *Immeubles non bâtis du domaine privé (exemples).* Font partie du domaine privé des personnes publiques les terrains sans affectation publique. Pour des lots du domaine privé de l'État faisant partie de la « zone de sécurité » du polygone d'essais de l'établissement d'expériences techniques de Bourges, V. • CE 9 nov. 1979, *Leclert : Lebon.* ♦ Il s'agit souvent de terrains communaux : • CE 17 oct. 1980, *Gaillard : Lebon 378* • 10 mars 1995, *Cne de Digne : Lebon 123 ; AJDA 1995. 479 ; CJEG 1995. 192, concl. Savoie ; D. 1995. 541, note Davignon ; Dr. adm. 1995, n° 577 ; JCP 1995. I. 3987, chron. Petit ; ibid. IV. 2685, obs. Rouault ; RFDA 1996, p. 429 , concl.* • 6 mai 1996, *Formery : Lebon 149* • 3 nov. 1997, *Cne de Fougerolles : Lebon 391 ; AJDA 1997. 1010, note Richer ; CJEG 1998, p. 16, concl. Touvet ; D. 1997, inf. rap. p. 254 ; D. 1998. 131, note Davignon ; Dr. adm. 1997, n° 387, comm. L. T. ; Gaz. cnes. 8 déc. 1997, p. 36, concl. ; GDDAB, 3e éd., 2018, Comm. 97, note Yolka ; JCP E 1998, p. 270, note Chouvel ; JCP 1998. I. 165, chron. Petit ; ibid. II. 10007, note Piastra ; JCP N 1998, p. 64, note Bardon ; Mon. TP 28 nov. 1997, p. 74, note Dequéant ; LPA 6 févr. 1998, p. 13, note Calvo ; ibid. 7 oct. 1998, p. 24, chron. Morand-Deviller ; RDI 1998. 227, obs. Maugüé ; RFDA 1998, p. 12 , concl.* ♦ On peut y trouver : des parcelles plantées en vigne : • Civ. 3e, 12 déc. 2012, *Hôpital Nuits-Saint-Georges de Beaune*, n° 11-25.961 : *JCP Adm. 2013. Actu. 131 ; ibid., 2125, chron. Chamard-Heim ; JCP 2013, 301, note Barbieri ; AJDI 2014. 49, obs. Prigent ; RD rur. 2013. Comm. 2 et 3, note Crevel.* ♦ ... D'autres parcelles agricoles, • CE 21 janv. 2011, *Cne de Freybouse*, n° 330653 • CE 28 sept. 2011, *Cne de Vauvert et Dpt du Gard*, n° 343690. ♦ ... Des sites de pratique de sports de nature comme l'escalade ou le canyoning. • CE 11 déc. 2008, n° 307084 : *AJDA 2009. 371, note Lagarde ; JCP Adm. 2009, n° 7, p. 37, note Yolka ; RLCT mars 2009, p. 21, obs. Foulquier* • CAA Marseille, 14 sept. 2018, n° 17MA01609 : *Rev. CMP 2018. Comm. 254, obs. Hoepffner ; ibid. Chron. 7, obs. Soler-Couteaux, Zimmer et Waltuch ; JCP Adm. 2018, n° 43, p. 19, chron. Yolka* • CAA Lyon, 6 avr. 2006, n° 03LY02022 A • CAA Marseille, 4 juill. 2005, n° 03MA00612 conf. • TA Nice, 28 janv. 2003, n° 02-4036 : *JCP Adm. 2003, n° 1534, note Moreau* • CAA Marseille, 6 déc. 2004, n° 01MA00902 conf. • TA Marseille, 6 févr. 2001, n° 0004477 : *D. 2001. 1662, obs. Lagarde ; Dr. et patr. 4/2002. 109, chron. Jean-Pierre.* ♦ ... Des terrains à construire • CE 15 mai 2012, *Hayart*, n° 351416 : *RDI 2013. 274, obs. Foulquier ; RLCT juill.-août 2012, p. 50, note Yolka ; RTD imm. 4/2012, p. 52, note Chamard-Heim* • CAA Nantes, 30 juin 2000, *Préfet de Vendée*, n° 98NT01299 : *Dr. adm. 2001. Comm. 10.* ♦ Ces terrains peuvent être situés à proximité de dépendances du domaine public. Pour une parcelle du domaine privé de l'État, terrain déclassé d'une ancienne voie ferrée, V. • CE 4 nov. 1983, *Maurel : Lebon 449.* ♦ Pour des terrains situés en bordure d'un chemin départemental considérés comme des « excédents » appartenant au domaine privé des communes, V. • CE 12 févr. 1986, *Limbrassac : Lebon 527.* ♦ Pour des terrains réservés dans les cimetières, V. • CAA Marseille, 13 déc. 2004, *Épx Raymond X*, n° 02MA00840. ♦ Ceci, du moins, lorsque la délimitation est claire : • CAA Marseille, 15 déc. 2015, *Cté agglom. de Montpellier*, n° 14MA02488 : *AJDA 2016. 616, concl. Deliancourt .* ♦ Les terrains acquis par voie d'expropriation ou de préemption par une personne publique sont également considérés comme appartenant au domaine privé de cette dernière, en l'absence de concrétisation de l'affectation à l'utilité publique prévue. • CE 19 nov. 1993, *Mme Scherrer : Lebon 319 ; CJEG 1994, p. 227, concl. Denis-Linton.* ♦ Il en est de même des biens sans maître. • CE 20 janv. 1978, *Syre : Lebon 21* • 13 oct. 1978, *De Gabrielli : Lebon T. 810* • 28 déc. 2012, *Cne de Montsinéry-Tonnégrande*, n° 351361. – Sur ces biens, V. aussi comm. et notes ss. art. L. 2222-20.

6. *Domanialité privée des réserves foncières.* V. • CE 17 déc. 2007, *Cne de Pardies-Piétat : AJDA 2008. 215* • 17 mai 2013, *Sté Gutenberg-Aressy*, n° 361492 : *AJDA 2013. 2008 ; Dr. adm. 2013, comm 72, note Giacuzzo* • Civ. 3e, 20 juin 2007, *Cne de Saint-Denis-de-la-Réunion c/ Cts Mas : AJDA 2008. 407, note Hostiou* • CAA Bordeaux, 13 juill. 2017, *J. et a. c/ Région Réunion*, n° 15BX00006.

7. Domanialité privée des bois et forêts publics relevant du régime forestier. La domanialité publique est écartée, l'exploitation économique l'emportant sur la destination à l'usage public. • CE 28 nov. 1975 *ONF c/ Abamonte : Lebon p. 602 ; D. 1976. II. 355, note Auby ; AJDA 1976. 149, note Julien-Laferrière ; Rev. adm. 1976. 36, note Moderne ; RD publ. 1976. 1050, note Waline ; JCP 1976. II. 18467, note Boivin ; Rev. jur. env. 1976, p. 66, note Mescheriakoff ; GDDAB, 3e éd., 2018. Comm. 44, note Chamard-Heim.* – V. aussi, • CE 4 avr. 1884, *Barthes : Lebon 279* • 16 mai 1896, *Min. Agriculture c/ Vergès : Lebon 405* • 19 juill. 1907, *Bénard : Lebon 698* • 26 janv. 1951, *SA Minière : Lebon 49* • 20 juill. 1971, *Cts Bolusset : Lebon 546 ; AJDA 1971. 527, chron. Labetoulle et Cabanes* • 9 nov. 1979, *Min. Agriculture et Sté d'aménagement de la Côte de Monts : AJDA 1980. 362, concl. Labetoulle* • 2 oct. 1981, *Cne de Borcé : Lebon 642* • T. confl. 29 mai 1967, *Serrurier : Lebon 654* • 25 juin 1973, *ONF c/ Béraud et Entr. Machari : Lebon 847 ; AJDA 1974. 30, note Moderne.* ♦ Sur la domanialité privée des forêts utilisées par le ministère de la Défense et qui sont gérées par l'ONF : Instr. n° 1283/DEF/SGA/SDIE/ENV du 26 juill. 2012 relative à la gestion forestière des sites militaires par l'ONF. ♦ Sur celle d'une forêt de l'État, quand bien même le lieu appartiendrait à un site classé, serait inscrit en zone « Natura 2000 », en zone spéciale de conservation et en tant que « Grand site de France ». • CAA Marseille, 18 oct. 2018, n° 17MA00828. ♦ Sur celle d'une grotte située dans un massif forestier certes affecté aux besoins du service public de protection de l'environnement, mais avec des aménagements (panneaux d'information et balisage de sentiers) ne pouvant être considérés comme spécialement adaptés à l'exploitation du service public, V. • T. confl. 22 oct. 2007, n° C-3625 A : *AJDA 2007. 2453 ; ibid. 2008. 1145. Étude Canedo-Paris ; BJCL 2008. 276, concl. Duplat, obs. M. D. ; Dr. adm. 2008, n° 53 ; Envir., avr. 2008. Comm. 69 ; JCP Adm. 2008. Actu. 230 ; RLCT avr. 2008. 24, note Glaser ; GADE 2017. Comm. 3, obs. Naim-Gesbert ; GDDAB, 3e éd., Dalloz, 2018. Comm. 75, obs. Chamard-Heim ; RFDA 2008. 401.* ♦ En revanche, les espaces boisés aménagés en promenades publiques relèvent du domaine public. Pour le bois de Vincennes, V. • CE 14 juin 1972, *Eidel : Lebon 442 ; AJDA 1973. II. 95, note Dufau.* ♦ Pour une pinède communale, V. • CE 18 juin 1969, *Dme Vial : Lebon 315.* ♦ Pour le bois de Boulogne, V. • CE 23 févr. 1979, *Gourdain : Lebon 78* • CAA Paris, 6 juin 1989, *SA Le pavillon royal : CJEG 1989. 366.* – V. aussi Rolin, AJDA 2011. 241. ♦ Un espace forestier aménagé en promenade publique et non soumis au régime forestier relève du domaine public. • CAA Bordeaux, 13 nov. 2014, *B. c/ Cne d'Andernos-Les-Bains,* n° 12BX01247.

8. Domanialité privée des meubles corporels « ordinaires ». Pour des chevaux de l'armée, V. • Nîmes, 4 déc. 1944, *État français c/ Brun : D. 1946. 28, note Waline.* ♦ Pour du matériel roulant de la SNCF, V. • TA Paris, 3 mars 1981, *SNCF c/ RATP : Lebon 519.* ♦ Pour des véhicules de l'administration, V. • CAA Paris, 5 juin 2001, *UGAP,* n° 00PA02972. ♦ Pour des matériels de guerre, V. • CE 4 nov. 1955, *Sté transatlantique aérienne : Lebon 704* • 22 juill. 1977, *Sté Cantieri navali Santa Maria : Lebon 346.*

9. Domanialité privée des meubles incorporels. A propos de logiciels, V. • CE 28 mai 2004, *Aéroports de Paris,* n° 241304 : *Lebon 238 ; JCP Adm. 2004. 1509, note Yolka ; JCP 2004. I. 165, chron. Levoyer ; ibid. IV. 2861, chron. Rouault ; AJDA 2004. 1214, obs. Biget ; BJCL 2004. 629, concl. Bachelier ; Gaz. Pal. 12 oct. 2004, p. 42, note Veret et Vève ; LPA 15 févr. 2005, p. 3, obs. Morand-Deviller ; RFDA 2004. 855 ; RJEP 2004. 556, concl.* ♦ Concernant des marques de fabrique, V. • CE 23 mars 1960, *Sté Spiesshofer et Braun : Lebon 215.* ♦ V., à propos d'actions minoritaires dans une société d'autoroute, • TA Paris, 21 oct. 2011, *Sté APRR, Sté Eiffarie : AJDA 2012. 208, note Rohan et Leonetti* • Paris, 17 mars 2011, *Dpt de Saône-et-Loire,* n° 2010-18.633 : *AJDA 2011. 1376, note Rohan et Leonetti* • CE 4 juill. 2012, *Dpt de Saône-et-Loire,* n° 356168 : *Lebon 750 ; AJDA 2013. 522, note Éveillard ; JCP Adm. 2012. Actu. 550, obs. Dubreuil ; ibid. 2013. 2125, n° 30, chron. Chamard-Heim ; RJEP 2013. Comm. 4, note Eckert* • Com. 21 janv. 2014, *Dpt de Saône-et-Loire, n° 342621,* n° 12-29.475 : *AJDA 2014. 191, obs. de Montecler ; ibid. 460, note Yolka ; BMIS 2014. 229, obs. Delion ; ibid. 235, obs. Moulin ; Dr. adm. 2014, n° 26, note Giacuzzo ; JCP 2014, n° 1558, chron. Éveillard.*

10. Cas non explicitement prévus par le CGPPP. Les lots de copropriété appartenant aux personnes publiques relèvent de leur domaine privé. • CE 11 févr. 1994, *Cie d'assurance Préservatrice foncière,* n° 109564 : *Lebon 64 ; Dr. adm. 1994, n° 196 ; AJDA 1994. 548, note Dufau ; RFDA 1994. 502, concl. Toutée ; CJEG 1994. 197 et 208, note Sablière, concl. Toutée ; GDDAB, 3e éd., 2018. Comm. 5, note Yolka ; JCP 1994. II. 22338, note Rouault ; D. 1994. 493, note Davignon.* ♦ Dans le même sens, V. • CE 19 juill. 2016, *La Poste,* n° 370630 : *Rev. CMP 2016. Comm. 244, obs. Hoepffner ; ibid. avr. 2017. Chron. 3, obs. Llorens et Soler-Couteaux ; JCP Adm. 2016. 2260, obs. de Gaudemar ; ibid. 2017. 2131, chron.* • CE 9 mai 2012, *Cne d'Orcières,* n° 340103 : *JCP Adm. 2012. 388, obs. Yolka* • Civ. 1re, 25 févr. 2009 : *AJDA 2009. 1214 ; JCP Adm. 2009. 2080, note Yolka ; RDI 2009. 359, note Févrot ; RLCT juin 2009. 38, chron. Idoux.* ♦ V., pour les juridictions du fond : • CAA Paris, 5 juill. 2019, *Sté Locaclim,* n° 17PA20496 : *Rev. CMP 2019, comm. 328, obs. Muller ; Dr. voirie 2019, p. 210, note Yolka ; JCP A 21 oct. 2019, chron. Meurant* • CAA Bordeaux, 2 mai 1995,

Agence nat. pour l'emploi, n° 94BX00079 : *Dr. adm. 1995, n° 495.* • Grenoble, 21 mars 2011 : *JCP Adm. 2011. 2283, obs. Dutrieux.* ♦ Même solution, s'agissant des immeubles en indivision. • CE 11 juin 1999, *Cne de Saint-Michel,* n° 171200 : *Lebon T. 663 ; Gaz. Pal. 10 févr. 2000, p. 14.* ♦ Les « communaux » font partie du domaine privé des communes. • CAA Nantes, 9 déc. 2011 : *Cne de Tréguennec.* ♦ De même, certains biens religieux font partie du domaine privé. V. par exemple : pour un calvaire édifié sur un terrain qui n'est pas affecté à l'exercice d'un culte en particulier, • TA Amiens, 28 déc. 2011, *M. Margot,* n° 1002603 : *JCP Adm. 2012. Chron. n° 2325, obs. Chamard-Heim.* ♦ ... Pour les locaux à usage de presbytère appartenant aux communes, • T. confl. 14 mai 1990, *Cne de Bouyon c/ Battini : Lebon T. 769.* ♦ ... Pour une église, • CE 19 oct. 1990, *Assoc. Saint-Pie V et Saint-Pie X de l'Orléanais : Lebon 285 ; RDP 1990, p. 1085, concl. de La Verpillière.* ♦ Pour des locaux loués à une association cultuelle, • CE 7 mars 2019, *Cne Valbonne,* n° 417629 : *AJCT 2019. 305, note Juilles ; AJDA 2019. 551, obs. de Montecler ; ibid.. 980, chron. Malverti et Beaufils ; Rev. CMP 2019, comm. 167, note Soler-Couteaux ; Dr. adm. 2019, comm. 35, note Eveillard ; Dr. voirie 2019, p. 62, concl. Victor ; JCP A 2019, Actu. 178, obs. Erstein ; ibid. 2108, note crit. Chamard-Heim.* ♦ Un volume d'air situé à l'aplomb d'un parc de stationnement, qui n'en est pas l'accessoire, relève du domaine privé. • TA Dijon, 30 oct. 2018, n° 1702117 : *JCP Adm. 2019. 2029, obs. Roux.*

11. Domanialité privée des chemins ruraux. V. par ex. • CE 17 nov. 2010, *SCI Domaine de la Rivoire : JCP Adm. 2011, n° 2003, comm. Videlin et Yolka* • CAA Nancy, 8 nov. 2007, *Cne de Hauterive-la-Fresse,* n° 06NC00811 • Civ. 3e, 4 avr. 2007, *Cts Murat c/ Cne de Lissac-sur-Couze,* n° 06-12.078 : *AJDA 2007. 1428.* ♦ En vertu des dispositions de l'art. L. 161-3 C. rur., un chemin affecté à l'usage du public est présumé appartenir à la commune. • Civ. 3e, 15 nov. 2018, n° 17-25.865 • CAA Versailles, 20 nov. 2018, n° 16VE00503 • CAA Nantes, 30 mars 2018, *Cne de Cerdon-du-Loiret,* n° 16NT01529. ♦ Les chemins ruraux ne sont pas classés comme voies communales. • Civ. 3e, 19 déc. 2001, n° 99-21.117. ♦ Sauf décision de classement expresse, ils relèvent du domaine privé et non du domaine public. • T. confl. 21 juin 2004, *Belin c/ Cne de Vernet-la-Varenne,* n° C 3408 : *JCP N 2005. 898 ; JCP Adm. 2005, n° 10. Comm. 1121, note Rouault.* • CAA Nancy, 8 mars 2018, *A. c/ Cne de Vrigne-aux-Bois,* n° 17NC00223 • CAA Bordeaux, 15 mars 2018, *Cne de Garganvillar,* n° 16BX00201. ♦ Dans le même sens, à propos de chemins ruraux non ouverts à la circulation, V. • T. confl. 22 avr. 1985, *Mlle Alexandre : Lebon 628.*

12. Domanialité privée des immeubles à usage de bureaux (situation antérieure à la codification du CGPPP). Se prononçant *a contrario* sur l'appartenance au domaine public des bureaux des services publics, V. • CE 11 févr. 1994, *Cie d'assur. Préservatrice foncière,* n° 109564 : *préc. note 10.* ♦ Pour une décision explicite, V. • CAA Lyon, 6 juin 2013 : *Min. Agric.* (faits antérieurs à l'entrée en vigueur de l'ord. du 19 août 2004). ♦ Se prononçant incidemment sur la domanialité publique de bureaux administratifs, V. • CE 7 févr. 1975, *Ordre des avocats au barreau de Lille : Lebon 96* • 6 févr. 1981, *Min. Économie et Finances : Lebon 692* • 27 févr. 1987, *Sté Asiatique,* n° 55624. • CAA Paris, 16 avr. 1998, *Crédit industriel de Normandie,* n° 96PA00794. ♦ *Contra*, pour un immeuble à usage partiel de bureaux, • T. confl. 20 févr. 2008, *Courly,* n° C-3623. ♦ Le déclassement opéré par l'ordonnance du 19 août 2004 ne concerne pas les établissements publics locaux, comme les caisses de crédit municipal. • CE 13 déc. 2006, *SARL Le Dôme du Marais : Lebon T. ; AJDA 2007. 1092 ; BJCL 2/ 2007, p. 85, concl. Olléon ; BJCP 2007, p. 244 ; JCP Adm. 2006. 1700, obs. Rouault.*

13. Domanialité privée des immeubles à usage de bureaux (situation postérieure à la codification du CGPPP). Un contrat conclu pour la construction d'un immeuble à usage de bureaux est relatif à des biens immobiliers relevant, sur le fondement de l'art. L. 2211-1, du domaine privé et le contentieux y afférent appartient au juge judiciaire. • CAA Bordeaux, 19 févr. 2009, *Sté Vigier Génie civil Environnement,* n° 08BX02252 : *Rev. CMP 2009. Comm. 153, obs. Llorens.* ♦ En revanche, l'immeuble de la Bourse de commerce de Paris n'est pas un immeuble à usage de bureaux relevant du domaine privé, dès lors que les locaux à usage de bureaux qu'il comporte ne sont pas divisibles du reste du bâtiment, qui fait partie du domaine public. • CAA Paris, 31 juill. 2012, *Ch. arbitrale internationale de Paris : AJDA 2013. 2220, note Martin-Lavigne* • 31 juill. 2012, *Cie des courtiers de marchandises assermentés,* n° 12PA00584 • 31 juill. 2012, *Synd. général de la Bourse de commerce,* n° 12PA00617. ♦ Le juge administratif est compétent pour connaître de la demande d'expulsion de l'occupant d'un bureau situé dans le Palais de la Bourse de Lille, siège de la chambre de commerce et d'industrie de Lille Métropole, mais considéré comme indissociable du reste de l'immeuble, qui relève du domaine public. • TA Lille, ord., 7 juill. 2008, *CCI Grand Lille : Rev. CMP 2009. Comm. 168, note Platel et Colson.* ♦ Des lots de bureaux dans un ouvrage complexe comprenant des volumes publics et privés, qui sont à usage de mairie annexe, figurent dans le domaine privé ; ceci, sans qu'y fassent obstacle la mise à disposition de certains d'entre eux à des associations et l'existence d'un point d'accueil et d'orientation du public. • CE, 23 janv. 2020, *Sté JV Immobilier et a. c/*

Cne de Bussy-Saint-Georges, n°s 430192 et 430359 : *AJDA 2020. 199, obs. Pastor* ; *Dr. voirie 2020. 28, concl. Victor* ; *JCP Adm. 2020, 2039, note crit. Yolka* ; *JCP N 2020, Actu 211, obs. Giacuzzo.*

TITRE DEUXIÈME **UTILISATION DU DOMAINE PRIVÉ**

CHAPITRE PREMIER **DISPOSITIONS GÉNÉRALES**

Art. L. 2221-1 Ainsi que le prévoient les dispositions du second alinéa de l'article 537 du code civil, les personnes publiques mentionnées à l'article L. 1 gèrent librement leur domaine privé selon les règles qui leur sont applicables.

BIBL. ▶ **Thèses :** Lemercier, La part du droit administratif dans la gestion du domaine privé de l'État, *Paris II, 1988.* – Taillefait, L'évolution du droit et de la gestion des biens des collectivités territoriales, *Paris II, 1996.* – Chouquet, Le domaine privé des personnes publiques. Contribution du droit des biens publics, *LGDJ, 2017.* – Giacuzzo, La gestion des propriétés publiques en droit français, *LGDJ, 2014.* – Devillers, L'utilisation du bien d'autrui par une personne publique. Recherche sur le statut de personne publique locataire, *Mare et Martin, 2019, Bibliothèque des thèses.* – Caylet, L'ouvrage externalisé, *PU Toulouse 1, 2019.* – Falgas, Le dualisme juridictionnel en matière de propriété publique, *PU Toulouse, 2019.* – Trincal, Le patrimoine intercommunal, *Lyon 3, 2018.*

▶ **Ouvrages :** Lamarque, Recherches sur l'application du droit privé aux services publics administratifs, *LGDJ, 1960.* – Blier, Noël et Besombes, La gestion du patrimoine du secteur public local, *Berger-Levrault, 1992.* – Christophe, La location des terrains communaux, *Territorial, 2007.* – Lavigne, La gestion du patrimoine des collectivités locales, *Territorial, 2008.* – Christophe, La commune et ses baux commerciaux, *Territorial, 2008.* – C. comptes, L'immobilier des collectivités territoriales : vers une gestion plus dynamique, *Rapp. publ. 2013, p. 279.* – Champauzac, Contrats publics et domaine privé, *Montpellier 1, 2014.* – C. comptes, Bilan de la politique immobilière de l'État, *référé n° 71427, 19 mars 2015.* – Inspection générale d'administration et *alii*, Le patrimoine des collectivités territoriales, *Revue de dépenses, mai 2016.* – Bouvard et Carcenac, Sur l'avenir du compte d'affectation spéciale « Gestion du patrimoine immobilier de l'État », *Rapp. inf. Sénat, n° 570, 31 mai 2017.*

▶ **Articles :** Auby, Contribution à l'étude du domaine privé de l'administration, *EDCE 1958, n° 12, p. 35.* – Alibert, La gestion : essai de définition juridique, *LPA 26 févr. 1997, n° 25, p. 10.* – Dumas, La gestion immobilière de l'État : bilan et possibilité d'amélioration, *Regards sur l'actualité nov. 2004, n° 305, p. 81.* – Lavialle, L'acte de gestion domaniale, *Mél. Moderne, Dalloz, 2004, p. 265.* – Spitz, Les nouvelles méthodes de gestion des biens publics, *AJDA 2007. 954* . – Fatôme, Externalisation et protection des biens affectés au service public, *AJDA 2007. 959* . – Leufflen, Externalisation du domaine et protection du service public, *AJDA 2007. 962* . – Broussolle, Les particularismes de la gestion immobilière du domaine privé des collectivités publiques, *Administrer 11/2009. 35.* – Quiot, Considérations sur une curiosité juridique : l'existence en droit français d'un domaine privé des personnes publiques, *Mél. Rainaud, L'Harmattan, 2009, p. 339.* – Levoyer, L'imparfaite connaissance du patrimoine immobilier de l'État, *RDI 2009. 531* . – Reisman, La modernisation de la politique immobilière de l'État, *Gest. fin. publ. juin 2010. 400.* – Yolka, Les servitudes sur le domaine privé des collectivités territoriales, *RLCT, n° 59, juill. 2010. 54* ; L'usufruit administratif, *AJDA 2010. 423* . – Pélissier, Gestion du domaine privé des personnes publiques. Relations contractuelles et intérêts publics, *RJEP 2011. Comm. 13.* – Gisbrant-Boinon, Domaine privé et compétence du juge judiciaire, une question enfin réglée ?, *Gaz. Pal. 2011, n° 140, p. 40.* – Goutal et Bernardi, La gestion du patrimoine immobilier d'une collectivité, *Gaz. cnes 16 mai 2011, p. 68.* – Yolka, Les baux commerciaux sur le domaine privé, *RLCT juin 2012, p. 49.* – Hiault Spitzer, Domaine privé des collectivités : quelles conventions de gestion pour quel droit applicable, *ACCP 2012, n° 119.* – Lachaume et Pauliat, La gestion du domaine : une nécessaire protection, *JCP Adm. 2012, n° 2048.* – Chamard-Heim et de Gaudemar (dir.), L'externalisation des propriétés publiques : techniques, enjeux et résultats, Actes du colloque Lyon III, 23 sept. 2011, *JCP Adm. 2012, n° 17.* – Armand, La compétence du juge administratif pour connaître des contrats portant sur la gestion du domaine privé et des transactions de droit privé. À propos de TA Rouen, 29 janv. 2013, *JCP Adm. 2013, n° 2250.* – Chamard-Heim, Conseil municipal, maire : qui décide, qui signe ?, *LPA juin 2013, n° 113, p. 28.* – Yolka, Entre gestion et cession : le contentieux des refus de vendre les immeubles publics, *JCP Adm. 2013. Actu. 664.* – Mésa, Fautes de gestion du patrimoine des collectivités territoriales et risque pénal dans la jurisprudence récente, *RLCT mai 2014. 87.* – Bahougne, Le principe selon lequel « l'État est son propre assureur », *RFDA 2014. 1167* . – Martin, L'acte détachable de la gestion du domaine privé, une notion d'apparence fonctionnelle, *Mél. Godfrin, Mare et Martin,*

2014, p. 339. – Laidié, Gestion du domaine privé et dualisme juridictionnel : pour une simplification des règles de compétence, *JCP Adm. 2016. n° 2180.* – Chamard-Heim et Yolka, Immobilier de l'État : la « longue marche » (du Service des Domaines à la DIE), *JCP Adm. 2016, aperçu 797.* – Chamard-Heim, Le pouvoir de gestion du domaine privé. La gestion du domaine privé ne constitue pas une mission de service public, comm. ss. T. confl. 18 juin 2001, *M. Lelaidier c/ Cne de Strabourg, GDDAB, 3e éd., 2018, n° 45.* – Meurant, Le statut juridique des biens transférés aux métropoles, *RFDA 2018. 451*. – Bettio, L'intérêt patrimonial propre du propriétaire public local au regard du contentieux de la gestion de ses biens, *BJCL 2018. 720.*

COMMENTAIRE

L'article L. 2221-1 est l'équivalent, pour le domaine privé, de l'article L. 2123-1 (qui concerne le domaine public). La formulation est d'ailleurs très proche ; globalement, il apparaît même qu'il n'y a pas vraiment de différence entre le pouvoir de gestion du domaine privé et celui de gestion du domaine public, en ce sens qu'un tel pouvoir permet à la personne publique dans tous les cas, soit de gérer elle-même son bien, soit de le faire gérer par une autre personne. Dans les deux cas également, un principe général de gestion a été posé ; il se suffit à lui-même et n'a pas nécessité de dispositions réglementaires.

Dès lors, la définition de la gestion reste la même, qu'il s'agisse du domaine privé ou du domaine public. Il en résulte que la gestion du domaine privé doit s'entendre comme l'administration de ce domaine, que celle-ci soit le fait de la personne publique propriétaire ou d'un gestionnaire ; elle comprend la réalisation des actes normaux de conservation, d'exploitation et d'emploi des revenus des biens concernés. Il faut donc *a priori* en exclure les actes dont les conséquences sont les plus lourdes, comme les acquisitions, la constitution de droits réels ou les aliénations. Par ailleurs, le codificateur a placé l'article L. 2221-1 dans la partie « Gestion » et non dans celle consacrée à la « Cession ». La plus grande partie de la doctrine assimile de même la gestion du domaine privé à son utilisation par l'administration ou par des tiers, à la perception de ses fruits et aux règles qui s'appliquent en matière de responsabilité (V. par ex., Auby, Contribution à l'étude du domaine privé de l'administration, *EDCE 1958. 35*). Seuls quelques auteurs ont une conception extensive de la gestion du domaine privé, intégrant les différents modes de constitution et de cession (Lemercier, La part du droit administratif dans la gestion du domaine privé de l'État, *th. Paris II, 1990.* – Giacuzzo, La gestion des propriétés publiques en droit français, *LGDJ, 2014*).

Les actes de gestion des dépendances du domaine privé peuvent, classiquement, prendre la forme soit d'actes juridiques, soit d'actes matériels. Il peut s'agir d'actes relatifs à l'exploitation et à la mise en valeur des biens du domaine privé, comme les baux, les conventions d'occupation, les affectations, les concessions de logement et les occupations diverses. La gestion du domaine privé comprend également l'entretien, les réparations et l'assurance de ces biens, ainsi que la responsabilité incombant au gestionnaire ou au propriétaire du fait de ses dépendances. Surtout, les actes de gestion du domaine privé se manifestent au travers du recouvrement et de l'emploi des produits domaniaux.

Enfin, et parce qu'il s'agit de propriétaires publics, ceux-ci doivent respecter, dans la gestion de leurs biens (quelle qu'en soit la qualification domaniale), les principes généraux du droit, notamment le principe d'égalité, le principe de neutralité ou de laïcité et la liberté de réunion et de culte.

La gestion du domaine privé d'une personne publique fait intervenir plusieurs autorités. Les autorités compétentes, lorsqu'elles exercent leur pouvoir de gestion, ne remplissent aucune mission de service public : elles se comportent comme le représentant de n'importe quel propriétaire exerçant une activité patrimoniale. Cela explique, dès lors, que les actes de gestion du domaine privé soient, en principe, des actes de droit privé. A cet égard, le renvoi à l'article 537 du code civil est symptomatique et propre au domaine privé, puisqu'il ne figure pas à l'article L. 2123-1 CGPPP.

I. LES AUTORITÉS INTERVENANT EN MATIÈRE DE GESTION

Les personnes publiques peuvent, comme pour le domaine public, choisir de gérer elles-mêmes les dépendances de leur domaine privé ou préférer en confier la gestion à une autre personne. Il s'agit naturellement là d'une question d'opportunité, dont seul le propriétaire public est juge.

A. LA GESTION DU DOMAINE PRIVÉ EN RÉGIE

1° DOMAINE PRIVÉ DE L'ÉTAT

Sur la politique immobilière de l'État : Debains, Mission « Immobilier public », *Rapport au Premier ministre, 2003.* – Tron, La gestion et la cession du patrimoine immobilier de l'État et des établissements publics, *Rapp. d'information AN n° 2457, 2005.* – IGF, Rénovation du cadre institutionnel et modernisation des outils de la politique immobilière de l'État, *Rapp. n° 2015-M-032, nov. 2015.* – Circ. Premier ministre du 28 févr. 2007 relative à la modernisation de la gestion du patrimoine immobilier de l'État, *JO 3 mars.* – Deux Circ. Premier ministre du 16 janv. 2009 relatives à la politique immobilière de l'État, *JO 21 janv.* – Instr. n° 500052/DEF/SGA/DCSID du 6 janv. 2012 relative au maintien en condition du patrimoine immobilier de La Défense. – Décr. n° 2012-1499 du 27 déc. 2012 relative à la politique immobilière du ministère de la Défense. – Arr. min. Défense du 27 déc. 2012 modifiant diverses dispositions relatives à la politique immobilière du ministère de la Défense, *JO 29 déc., texte n° 56.* – Instr. n° 302/DEF/SGA/DMPA/SDIE du 14 févr. 2013 relative à la politique immobilière du ministère de la Défense. – Cour des comptes, Bilan de la politique immobilière de l'État, *Référé n° 71427 du 19 mars 2015.* – Circ. Premier ministre du 27 avr. 2016, NOR :PRMX1611631C, relative à la gouvernance de la politique immobilière de l'État. – Chamard-Heim et Yolka, Immobilier de l'État : la « longue marche » (du service des Domaines à la DIE), *JCP Adm. 2016. Aperçu 797.* – Circ. n° 5913-SG du 27 févr. 2017 dédiée à la gouvernance de la politique immobilière au niveau local. – Cour des comptes, Le regroupement immobilier des services centraux des ministères chargés de l'équipement, de l'environnement et du logement, *Rapp. publ. 2018, p. 291.* – Cour des comptes, L'enjeu immobilier au sein de l'établissement public du palais de la porte Dorée, Référé 29 mai 2019. – Direction de l'Immobilier de l'État, *Rapport d'activité 2018.* – V. également les circulaires budgétaires annuelles relative à l'organisation des conférences immobilières (par ex., pour 2017, Circ. 1BE-17-3602 du 14 févr. 2017, NOR : ECFB1704028C). On lira enfin utilement les différents documents accompagnant les lois de finances : les projets annuels de performance et les rapports annuels de performance relatifs à la mission (CAS) « Gestion du patrimoine immobilier de l'État » tout comme le document de politique transversale « Politique immobilière de l'État ». Il en est de même des notes d'analyse de l'exécution budgétaire du compte d'affectation spéciale « Gestion du patrimoine immobilier de l'État » rédigées par la Cour des comptes.

Les immeubles du domaine privé de l'État sont attribués aux ministères et services de l'État par le biais de conventions, qui pouvaient donner lieu à loyer budgétaire lorsqu'il s'agissait d'immeubles majoritairement à destination de bureaux (V. comm. ss. art. R. 2313-1 s.). Mais devant l'échec de ce dispositif (V. *JCP Adm. 2017. 2096, obs. Chamard-Heim*), la loi de finances pour 2019 y a mis un terme (V. *JCP Adm. 2019. 2034, obs. Chamard-Heim*). Les bénéficiaires de cette attribution assument toutes les charges d'aménagement, d'entretien et de réparation des dépendances du domaine privé de l'État qu'ils utilisent, au moyen des crédits mis à leur disposition à cet effet. Ils doivent également s'acquitter des taxes et contributions exigibles afférentes aux immeubles utilisés, sauf si ceux-ci sont productifs de revenus encaissés au profit du budget général. Au titre de leur pouvoir de gestion, les ministères doivent régler les questions de réparation des dommages dont l'État peut être reconnu responsable. Ils sont aussi compétents en matière d'expulsion des occupants sans titre. Ils sont enfin chargés de représenter l'État en justice, sauf pour certains contentieux qui nécessitent l'intervention de la Direction de l'immobilier de l'État, DIE (pour les immeubles du ministère de la Défense, Instr. n° 302/DEF/SGA/DMPA/SCDIE du 14 févr. 2013 relative à la politique immobilière du ministère de la Défense).

C'est le préfet qui est chargé de la gestion du patrimoine immobilier des services de l'État dans le département (Décr. n° 2004-374 du 29 avr. 2004, art. 19, relatif aux pouvoirs des préfets, à l'organisation et à l'action des services de l'État dans les régions et les départements : *JO 30 avr.* – Circ. n° 5913-SG du 27 févr. 2017 dédiée à la gouvernance de la politique immobilière au niveau local). Il dispose d'une compétence de principe en la matière, qui porte sur les programmations (pour les schémas pluriannuels de stratégie immobilière, V. Décr. n° 2010-146 du 16 févr. 2010), les localisations, les baux, les échanges, etc. Le préfet gère également, au nom de l'État, les cités administratives, avec, le cas échéant, l'assistance du directeur départemental des finances publiques (Instr.

DGCP n° 07-035-D8 du 19 juill. 2007 relative à la gestion des cités administratives. – Pour les locations, CGPPP, art. R. 2222-1, l'exception en matière de locations constitutives de droit réel au-delà d'une certaine valeur vénale, à l'égard desquelles le ministre était seul compétent, a été abrogée par le décret n° 2020-68 du 30 janv. 2020, art. 5). Il arrête la répartition de leurs locaux, leur règlement de coaffectation conformément au modèle approuvé par le ministre chargé du Domaine et, en sa qualité de syndic de ces cités, après avis du conseil de cité, l'état des charges de chacun des occupants.

Mais c'est surtout la DIE qui détient le pouvoir le plus important en matière de gestion patrimoniale, puisque chaque ministère doit passer une convention d'attribution avec elle pour pouvoir utiliser le domaine privé de l'État. La DIE, succédant à France Domaine, exploite le domaine privé de l'État et effectue les actes que les ministères et les services n'ont pas qualité pour accomplir, c'est-à-dire essentiellement les opérations juridiques et financières. Ainsi, la DIE est compétente pour établir les actes de location à des particuliers ou les conventions d'occupation précaire au nom de l'État ; c'est également elle qui fixe le montant des loyers ou redevances dont elle assure le recouvrement. La DIE assiste ensuite les ministères pour leurs relogements. C'est une responsable de programmes et, à ce titre, elle gère le compte d'affectation spéciale intitulé « Gestion du patrimoine immobilier de l'État », destiné à retracer dans le budget de l'État les opérations immobilières effectuées. Enfin, la DIE est chargée de tenir à jour l'inventaire physique des immeubles de l'État et des établissements publics nationaux à caractère administratif (V. de plus, Décr. n° 2009-563 du 19 mai 2009 relatif à l'inventaire des propriétés de l'État et de ses établissements publics administratifs, *JO 21 mai, p. 8514*. – CGPPP, art. R. 2312-5 et D. 2312-6. – V. data.gouv.fr). De manière générale, la DIE est chargée de la conception et du pilotage de la politique immobilière de l'État, qui concerne autant le domaine public que le domaine privé (Décr. n° 2016-1234 du 19 sept. 2016. – Arr. du 19 sept. 2016. – Chamard-Heim, Et si les Domaines quittaient la DGFIP ?, *JCP Adm. 2018. 2223*). V. le premier rapport d'activité de la DIE (2018).

2° DOMAINE PRIVÉ DES COLLECTIVITÉS TERRITORIALES

Il faut signaler à titre liminaire que le ministère de l'Intérieur semble considérer, de manière sans doute excessive, qu'il est impossible pour une collectivité territoriale d'instituer une régie au sens de l'article L. 1412-2 du code général des collectivités territoriales pour gérer les dépendances du domaine privé (Rép. min. n° 49323 : *JOAN Q, 11 août 2009, p. 7932*). Celles-ci doivent donc être gérées directement par leur propriétaire, qui doit imputer les coûts de gestion sur le budget général et non pas dans un budget annexe ; la gestion des dépendances du domaine privé ne pourrait donc pas être réalisée de manière individualisée.

Comme pour le domaine public (V. comm. ss. art. L. 2123-1), le pouvoir de gestion des dépendances du domaine privé des collectivités territoriales est partagé entre les assemblées délibérantes et les autorités exécutives : des délibérations sont requises pour les actes de gestion les plus importants, alors que les autorités exécutives peuvent décider seules de la gestion courante du domaine privé (109e Congrès des notaires de France de Lyon, juin 2013, Propriétés publiques. Quels contrats pour quels projets ?, *p. 69 s.*). Quoi qu'il en soit, les actes de droit privé relatifs à la gestion du domaine privé ne sont pas soumis à l'obligation de transmission (Circ. intermin. du 13 déc. 2010 relative au contrôle de légalité : *BOI 30 avr. 2011*).

Les prérogatives des organes délibérants des collectivités territoriales portent donc sur la détermination des modes de gestion des propriétés locales, l'échange de biens mobiliers et immobiliers du domaine privé, la conclusion de baux et contrats de location, quelle qu'en soit la durée, le changement de la destination des propriétés locales, l'assurance de ces biens ou la décision de réaliser des travaux sur les propriétés des collectivités territoriales (CGCT, art. L. 2121-29, al. 1er, L. 2241-1, L. 3213-1, L. 3215-1 et L. 4221-1). Il est vrai que, pour ce qui concerne les régions, le code général des collectivités territoriales ne contient qu'une disposition générale sur les délibérations relatives aux « affaires de la région » (CGCT, art. L. 4221-1. – *Idem* pour la Corse, CGCT, art. L. 4422-15, et pour la métropole de Lyon, art. L. 3642-1), sans expressément viser la gestion du domaine régional, ce qui n'est pas le cas pour les communes et les départements. On peut cependant supposer qu'il s'agit là d'un oubli du législateur et qu'il est préférable de raisonner par analogie avec les articles L. 2241-1 et L. 3213-1 du code général des collectivités territoriales.

Les autorités exécutives locales interviennent à trois titres dans la gestion du domaine privé. Elles sont tout d'abord chargées de la gestion courante des propriétés locales. Elles mettent ensuite en œuvre les délibérations de l'assemblée délibérante en signant les actes unilatéraux et les contrats à l'égard desquels elles ont reçu une habilitation. Elles sont enfin chargées de prendre certains actes d'administration par délégation de l'assemblée locale.

Ainsi, les maires, présidents de conseil départemental et présidents de conseil régional peuvent passer, seuls, les actes relatifs à la gestion courante du domaine privé de leur collectivité (pour les communes, CGCT, art. L. 2122-18. – Pour les départements, CGCT, art. L. 3221-4. – Pour les régions, CGCT, art. L. 4231-4). Pour la Corse, c'est bien le président du conseil exécutif et non le président de l'assemblée délibérante qui gère le patrimoine de la collectivité (CGCT, art. L. 4422-25). Les autorités exécutives sont donc concrètement chargées de l'aménagement, de l'entretien et de la conservation des propriétés locales. A ce titre d'ailleurs, le président du conseil départemental doit obligatoirement dresser un état de toutes les propriétés du département, productives de revenus ou improductives (CGCT, art. R. 3213-2), ainsi qu'un état et des inventaires du mobilier départemental (CGCT, art. R. 3213-3). Il n'existe pas de dispositions équivalentes dans le code général de la propriété des personnes publiques pour les communes et les régions. Mais, une telle obligation fait partie des exigences liées à la comptabilité publique et figure donc dans les différentes instructions budgétaires et comptables (dans les comptes de classe 2 pour les immobilisations). Font également partie de la gestion courante des propriétés communales incombant au maire, les décisions ou les refus de mise à disposition de salles municipales à des associations ou à des partis politiques.

Outre leurs pouvoirs propres, les autorités exécutives sont chargées d'exécuter les délibérations des assemblées relatives aux actes de gestion du domaine privé les plus importants. Ainsi, les autorités exécutives doivent-elles passer sur les propriétés locales les baux autorisés par l'assemblée délibérante (pour les communes, CGCT, art. L. 2122-21-6° et R. 2241-1. – Pour les départements, CGCT, art. L. 3221-1, al. 2, R. 3213-1 et R. 3221-1. – Pour les régions, CGCT, art. L. 4231-1 et R. 4221-1). Lorsque des baux sont passés en la forme administrative, le maire, le président du conseil départemental et le président du conseil régional sont ensuite habilités à les recevoir et à les authentifier, en vue de leur publication au service de la publicité foncière [ancien bureau des hypothèques] (CGCT, art. L. 1311-13. – V. CGPPP, art. L. 2222-3). Elles sont, de plus, chargées d'exécuter les délibérations relatives à la conservation et à l'administration du domaine privé et de faire en conséquence tous actes conservatoires des droits de la collectivité territoriale en cause (V., pour les communes, CGCT, art. L. 2122-21-1°). Il en résulte que les autorités exécutives ne peuvent pas décider de passer ou de refuser de passer ces actes de gestion du domaine privé, notamment les baux, en l'absence de délibération les autorisant à le faire (Rép. min. n° 14246 : *JOAN Q 5 mai 2003, p. 3538*).

Enfin, les autorités exécutives disposent du pouvoir de gérer le domaine privé local par délégation des assemblées délibérantes (pour les communes, CGCT, art. L. 2122-22-1°, 5° et 6°. – Pour les départements, CGCT, art. L. 3211-2, al. 2, et L. 3221-1. – Pour les régions, CGCT, art. L. 4221-5). Dans cette hypothèse, les décisions prises par les exécutifs en matière de gestion sont soumises aux mêmes règles que celles applicables aux délibérations des assemblées portant sur des objets identiques (V. par ex. CGCT, art. L. 2122-23). Naturellement, cette délégation de pouvoir ne saurait être permanente : l'assemblée délibérante peut toujours y mettre un terme. Ainsi, les autorités exécutives peuvent-elles, par délégation de pouvoir, modifier l'affectation des propriétés locales, décider de la conclusion de baux dont la durée est en général relativement courte (V. CGCT, art. L. 2122-22-5°), passer des contrats d'assurance ou prendre toute décision concernant la préparation, la passation, l'exécution et le règlement des marchés de travaux qui peuvent être passés sans formalités préalables en raison de leur montant, lorsque les crédits sont inscrits au budget (CGCT, art. L. 3221-11).

3° DOMAINE PRIVÉ DES ÉTABLISSEMENTS PUBLICS

Le conseil d'administration est compétent pour gérer les propriétés qui font partie du domaine privé des établissements publics : l'organe délibérant est donc chargé de prendre les actes de gestion les plus importants. Ainsi, le conseil de surveillance d'un établissement public de santé doit délibérer sur l'affectation des immeubles et sur les conditions des baux de plus de dix-huit ans (CSP, art. L. 6143-1. – V. sur ces questions, Cour des comptes, La gestion du patrimoine immobilier des CHU affecté aux soins, commentaire au Sénat, *juin 2013*).

Pour le reste – gestion courante et exécution des délibérations –, c'est l'organe exécutif qui intervient ; c'est la raison pour laquelle, par exemple, le directeur de l'établissement public de santé s'est vu attribuer une compétence en matière de gestion patrimoniale courante (CSP, art. L. 6143-7, al. 2).

B. LA GESTION DU DOMAINE PRIVÉ PAR UNE AUTRE PERSONNE

Comme pour le domaine public, les personnes publiques peuvent vouloir simplement externaliser la gestion de certaines dépendances ou aller au-delà, en transférant à une autre personne la gestion et l'usage de leurs biens relevant du domaine privé (sur cette distinction, V. comm. ss. art. L. 2123-1).

La gestion de certaines dépendances du domaine privé peut être confiée soit à des personnes publiques, le plus souvent des établissements publics, soit à des personnes privées.

1° GESTION PAR UNE PERSONNE PUBLIQUE

La gestion par des personnes publiques concerne aussi bien des propriétés de l'État que des propriétés locales. En cette matière, une assez grande latitude est laissée aux propriétaires publics qui peuvent recourir aux services d'une personne publique existante ou créer spécialement un nouvel établissement public qui sera chargé de gérer certains biens (CIE, Vers une gestion moderne de l'immobilier de l'État, *Rapp. 16 avr. 2008, p. 34* ; Cinq années de progrès dans la politique immobilière de l'État, *Rapp. 2006-2011, p. 9* ; Moderniser la politique immobilière de l'État, *30 janv. 2013*). Ainsi, l'État fait gérer certains de ses immeubles de logements par des offices publics de l'habitat (CCH, art. R. 421-2-1°. – CGPPP, art. R. 2222-16). Les immeubles du patrimoine national peuvent également faire l'objet de conventions de gestion conclues en faveur de collectivités territoriales ou d'établissements publics (CGPPP, art. L. 2222-10 et R. 2222-8 s.). Par ailleurs, la gestion des titres appartenant à l'État, qu'ils soient cotés ou non et quelle que soit leur forme, est assurée par la Caisse des dépôts et consignations (Arr. intermin. du 16 avr. 1942, *JO 19 mai, p. 1816*) et l'Agence des participations de l'État (Cour des comptes, L'État actionnaire, *Rapp. publ. thématique, janv. 2017*). Il convient de faire une place à part au domaine forestier national géré par l'Office national des forêts. L'État a confié à cet établissement public la gestion de nombreux biens par de multiples procédures : l'ONF s'est vu attribuer la gestion et l'équipement des forêts et terrains à boiser appartenant à l'État et soumis au régime forestier (C. for., art. L. 221-2) ; l'office peut également intervenir dans le cadre de conventions passées avec l'État pour la gestion des forêts et terrains non soumis au régime forestier et affectés à des départements ministériels (pour les forêts utilisées par le ministère de la Défense, Instr. n° 1283/DEF/SGA/SDIE/ENV du 26 juill. 2012 relative à la gestion forestière des sites militaires par l'ONF) ; enfin, des immeubles bâtis de l'État situés dans les forêts domaniales (maisons forestières) lui ont été attribués à titre de dotation (Arr. du 29 nov. 1973, *JO 13 déc., p. 13207*. – Arr. du 7 oct. 1980, *JO 11 nov., p. 9820*). Dans le domaine du logement des douaniers, l'État a remis en dotation à un établissement public national à caractère administratif, la masse des douanes, un parc de logements initialement destiné au casernement des douaniers. Ce mode de gestion des logements de l'État s'est avéré coûteux et peu rentable en terme de taux d'occupation, au point que la Cour des comptes en recommande la disparition (*Référé, 4 mai 2016*).

L'externalisation de la gestion du domaine privé peut tout aussi bien concerner les collectivités territoriales (V. aussi CGPPP, art. R. 2222-17. – CCH, art. R. 421-2-1°, pour les immeubles à usage principal d'habitation qui peuvent être confiés à des offices publics de l'habitat). C'est notamment le cas lorsque plusieurs communes possèdent des biens et droits indivis : un établissement public est alors créé pour leur gestion (CGCT, art. L. 5222-1).

Enfin, la tendance à la constitution de nouveaux établissements publics dans le seul but de gérer des biens publics se retrouve également à propos des dépendances du domaine privé (Berthier, La création d'un établissement public pour gérer des propriétés publiques, *JCP Adm. 2012, n° spéc., n° 2134*. – V. comm. ss. art. L. 2123-1).

2° GESTION PAR UNE PERSONNE PRIVÉE

En revanche, paraît davantage propre au domaine privé l'externalisation des biens publics en faveur de personnes privées, lesquelles vont gérer des dépendances du domaine privé pour le compte de leur propriétaire (sur cette question, V. par ex., Conseil de l'immobilier de l'État, Vers une gestion moderne de l'immobilier de l'État, *Rapp. préc., p. 32 s.*). En effet, ce mode de gestion ne semble pas forcément le plus approprié pour les dépendances du domaine public, si l'on excepte l'hypothèse de la convention de gestion prévue par l'article L. 2123-2 CGPPP. Cela vaut pour toutes les personnes publiques, sans distinction (Yché, La gestion des propriétés publiques par une personne privée, *JCP Adm. 2012, n° 2135*).

L'État fait ainsi gérer certains immeubles de logement lui appartenant par des sociétés privées. La gestion, l'entretien et le gardiennage des immeubles à destination de logement relevant d'un département ministériel civil peuvent en effet être confiés à une société anonyme d'habitation à loyer modéré ou à une société anonyme coopérative de production de telles habitations par un contrat de gérance passé par le préfet (CGPPP, art. R. 2222-16, al. 2). Il en est de même pour les immeubles de logement appartenant à une collectivité territoriale ou à un groupement de collectivités (CGPPP, art. R. 2222-17).

La gestion des immeubles à destination de logement affectés au ministère de la Défense peut être confiée à une société d'économie mixte par le biais de contrats de gérance établis à la diligence de la DIE. En application des dispositions de l'ancien article R. 76 du code du domaine de l'État, un arrêté interministériel du 31 décembre 1961 avait confié à la société d'économie mixte actuellement dénommée Société nationale immobilière (SNI), filiale de la Caisse des dépôts et consignations, la gestion des immeubles domaniaux à usage d'habitation détenus à un titre quelconque par le ministère de la Défense (V. Francina, Rapport d'information AN, n° 3591, sur les perspectives d'externalisation pour le ministère de la Défense, *17 janv. 2007*. – Rép. min. n° 44930 : *JOAN Q, 9 juin 2009, p. 5600*. – MEC, Rapport d'information AN n° 3624, Les externalisations dans le domaine de la défense, *5 juill. 2011*. – Giscard d'Estaing, Rapport d'information n° 3141, Le coût et les bénéfices attendus de l'externalisation au sein du ministère de la Défense, *2 févr. 2011*. – Cour des comptes, Un premier bilan des externalisations au sein du ministère de la Défense, *Rapp. public 2011, p. 489* ; Cession de biens domaniaux par l'État à la SNI, *Référé du 6 déc. 2013, GDDAB, 3e éd., 2018. Comm. 94, note Chamard-Heim*. – Krattinger et de Legge, Les externalisations en opérations extérieures, *Rapp. inf. Sénat n° 673, 2 juill. 2014*). Au-delà, la SNI gère également les logements pour les ministères de la Justice, de la Santé et de l'Éducation nationale.

Enfin, les immeubles du patrimoine national visés aux articles L. 2222-10 et R. 2222-8 CGPPP peuvent faire l'objet d'une convention de gestion passée entre les services compétents de l'État et des sociétés d'aménagement foncier, des conservatoires régionaux des espaces naturels et d'établissement rural et des associations ou fondations reconnues d'utilité publique que leurs statuts habilitent à accomplir ces missions. Compte tenu de l'objet des conventions, les biens remis en gestion à des SAFER seront le plus souvent des immeubles « dont le caractère naturel doit être préservé », mais également des immeubles à usage agricole « acquis en vue de la réalisation ultérieure d'opérations d'urbanisme ou d'aménagement de toute nature » (CGPPP, art. R. 2222-8).

Les collectivités territoriales ou leurs groupements peuvent aussi choisir ce mode de gestion de leur domaine privé, avec à la clef la création d'une société d'économie mixte. Pour les établissements publics propriétaires ou locataires d'un vaste parc immobilier, il est même possible, solution extrême, d'en confier la propriété et la gestion à une filiale. Les biens publics concernés deviennent alors des propriétés privées. C'est ainsi que La Poste a créé en juin 2004 une structure spécifique, la SA Poste Immo, pour gérer ses actifs immobiliers (Yolka, Le patrimoine immobilier de La Poste, *JCP Adm. 2005, p. 1138*. – Cour des comptes, La gestion immobilière de La Poste, *Rapp. part. mai 2015, rendu public le 18 févr. 2016*).

II. LA NATURE DE L'ACTE DE GESTION

L'acte de gestion du domaine privé est un acte de nature patrimoniale, ce qui exclut la qualification d'activité de service public ; c'est également – en principe – un acte de droit privé, ce qui devrait exclure la compétence du juge administratif. Malheureusement, la jurisprudence, notamment du Tribunal des conflits et du Conseil d'État, n'a pas permis de dégager un véritable bloc de compétence au profit du juge judiciaire.

A. LA NATURE PATRIMONIALE DE L'ACTE DE GESTION DU DOMAINE PRIVÉ

Lorsqu'une personne publique gère son domaine privé, elle n'exerce pas, ce faisant, une activité de service public. Elle se comporte comme n'importe quel gestionnaire de patrimoine. La gestion du domaine privé est donc une simple activité de droit privé.

La position du juge administratif et du Tribunal des conflits est claire et constante : ils refusent de considérer que l'activité de gestion du domaine privé constitue une activité de service public, que ce dernier soit administratif ou industriel et commercial.

Si certains auteurs ont nettement approuvé ce refus de la qualification d'activité de service public de gestion du domaine privé (V. par ex., de Laubadère, Traité élémentaire de droit administratif, *t. 2, LGDJ, 1968, 4e éd., n° 365*. – T. confl. 25 juin 1973, *ONF c/ Béraud : AJDA 1974. 29, note Moderne ; ibid. 1975. 241*. – Giacuzzo, La gestion des propriétés publiques en droit français, *LGDJ, 2014, p. 90 s.*), d'autres, au contraire, ont tenté de démontrer que les personnes publiques exercent bel et bien une activité de service public lorsqu'elles gèrent leur domaine privé. Certains y ont vu un service public à gestion privée (Auby, Contribution à l'étude du domaine privé de l'Administration, *EDCE 1958. 39*. – Eisenmann, Cours de droit administratif, *DES Droit public 1952-1953 : Les cours de droit, p. 16*. – Vedel, Remarques sur la notion de clause exorbitante, *in Mél. Mestre, Sirey, 1956, p. 542* ; Les bases constitutionnelles du droit administratif, *EDCE 1954, n° 8, p. 44*. – Gaudemet, Droit administratif des biens, *LGDJ, 15e éd., 2014, n° 621-622*). D'autres auteurs, de manière plus audacieuse, reconnaissent dans la gestion du domaine privé les caractéristiques d'un service public administratif (Chapus, Droit administratif général, *t. 2, 15e éd., 2001, n° 637*. – Lamarque, Recherches sur l'application du droit privé aux services publics administratifs, *LGDJ, 1960, p. 379*. – Lemercier, La part du droit administratif dans la gestion du domaine privé de l'État, *Thèse Paris II, 1988, p. 75*). A noter enfin qu'en droit de l'Union européenne, la qualification de SIEG n'a pas été souvent retenue à propos de la gestion domaniale (Roux, Propriété publique et droit de l'Union européenne, *LGDJ, 2015, p. 400*).

Il est vrai qu'à considérer la définition de la notion de service public, selon laquelle constitue une mission de service public toute activité d'intérêt général prise en charge par une personne publique et soumise à un régime juridique exorbitant, on pourrait légitimement admettre, à première vue, que la gestion du domaine privé constitue une activité de service public. Les personnes publiques poursuivent en effet nécessairement un intérêt général et le régime juridique applicable aux dépendances du domaine privé comprend indiscutablement quelques principes notoires propres aux biens publics (par ex., l'insaisissabilité). Par ailleurs, les personnes publiques ne gèrent pas leur patrimoine dans le but d'en tirer les meilleurs revenus, mais parce qu'il permet aux administrations de remplir leurs missions de service public. Ainsi, les bureaux ministériels, les logements de fonction, les chemins ruraux, les véhicules de service, les logements sociaux ou les biens communaux sont conservés et gérés par les différentes autorités compétentes parce que ces biens sont des moyens d'exécution des divers services publics, au même titre que les agents publics. La production de revenus est secondaire, voire absente. C'est bien dans un objectif d'intérêt général que les personnes publiques administrent leur domaine privé.

Ce n'est pas la finalité financière de la gestion du domaine privé qui exclut la qualification d'activité de service public, mais plutôt sa finalité patrimoniale. Il y a en effet une présomption de service public lorsque des personnes publiques prennent en charge des activités, puisque toutes sont réputées poursuivre des fins d'intérêt général ; mais cette présomption est renversée lorsque les personnes publiques poursuivent une finalité patrimoniale. Le domaine privé correspond aux biens que les personnes publiques possèdent comme tout propriétaire. Sa gestion est donc une activité d'ordre patrimonial, même si celle-ci doit s'exercer dans le cadre de l'intérêt général et même si les biens qui le composent sont un vecteur du service public. Cette « publicité » qui environne la gestion du domaine privé ne doit pas faire oublier sa nature éminemment patrimoniale. Il convient de bien distinguer le but d'une activité publique, l'intérêt général et sa nature intrinsèque (activité de police, activité de gestion, activité de service public, activité patrimoniale, etc.). Toutes les activités publiques tendent vers la satisfaction de l'intérêt général, mais elles empruntent pour cela des voies très différentes. Lorsqu'une personne publique gère son domaine privé, elle fait les mêmes choses et réalise les mêmes tâches qu'une personne privée administrant son patrimoine : elle l'entretient, elle fait des réparations, elle l'assure le cas échéant, elle paie les impôts et taxes afférents, elle en est responsable, elle le loue, elle vend les meubles périssables et elle en tire les fruits. Les personnes publiques n'accomplissent ici que des actes normaux de gestion de leur patrimoine. Il n'y a donc aucune raison d'ériger en service public cette activité patrimoniale qui est exercée, de la même façon, par les personnes privées. Ces dernières se comportent en la matière comme des administrateurs de biens, non comme des prescripteurs, des prestataires ou des protecteurs de l'ordre public. La nature patrimoniale de la gestion du domaine privé s'oppose donc à la qualification de service public.

Le ministre de l'Intérieur en déduit d'ailleurs que les communes ne peuvent pas instituer une régie municipale dans le but de gérer leurs actifs patrimoniaux relevant du domaine privé, car la régie suppose l'existence d'un service public (Rép. min. n° 49323 : *JOAN Q, 11 août 2009, p. 7932*).

Cela étant, il convient de bien distinguer la gestion du domaine privé en tant que telle et les activités qui sont exercées sur ces biens : la première activité ne constitue pas, en l'état actuel du droit, un service public, alors que les secondes peuvent être ainsi qualifiées en raison de l'intérêt général qui s'attache à leur réalisation. La gestion du domaine privé, conçue comme une activité de droit privé, n'empêche nullement l'existence de missions de service public sur les biens qui le composent.

La gestion du domaine privé étant une activité de droit privé et non de service public, elle est soumise aux principes qui caractérisent la gestion des patrimoines privés, notamment à l'exigence d'une gestion en bon père de famille (C. urb., art. L. 221-2, à propos des réserves foncières. – V. concl. Savoie sur CE 10 mars 1995, *Ville de Digne : CJEG 1995. 196*). Le code forestier évoque, quant à lui, la « sage gestion économique » (C. for., art. L. 112-2, repris pour Mayotte à l'art. L. 175-4). En conséquence, les personnes publiques se doivent, lorsqu'elles gèrent leur domaine privé, de faire preuve de prudence, de diligence et de soins. Elles ne peuvent pas, en principe, s'en désintéresser ni laisser les biens qui le composent se dégrader. Un comportement trop audacieux, voire hasardeux, en matière de gestion patrimoniale paraît également contraire à une telle obligation. Et, naturellement, les fautes de gestion ainsi que les négligences doivent être condamnées sur la base du modèle du bon père de famille. Par ailleurs, ce standard impose une bonne et juste exploitation des biens, selon leur destination et au prix du marché (V. par ex., en ce qui concerne les véhicules automobiles, Cour des comptes, Le parc automobile des services centraux de la police nationale, *Rapp. public 2010, p. 159*). En effet, la recherche de la rentabilité est un élément qui fait partie de la gestion en bon père de famille : les personnes publiques doivent donc servir les intérêts du contribuable et de la collectivité en gérant leur patrimoine, en évitant des choix économiquement médiocres.

Une bonne gestion du domaine privé passe également par sa rationalisation (CIE, Vers une gestion moderne de l'immobilier de l'État, *Rapp. 16 avr. 2008, préc.* ; Cinq années de progrès dans la politique immobilière de l'État, *Rapp. 2006-2011, préc.* ; CIE, *Rapp. d'activité 2011-2012* ; *Rapp. d'activité 2013-2014* ; *Rapp. d'activité 2015* ; *Rapport d'activité 2016* ; Vers un immobilier partagé et de service, Fiche thématique n° 5-2015, *disponible sur son site internet*. – Dominati, Le « Centre de Gouvernement ». Réussir la rationalisation du parc immobilier d'entités rattachées au Premier ministre, *Rapp. inf. Sénat, n° 774, 17 juill. 2013*. – Bouvard et Carcenac, L'avenir du compte d'affectation spéciale « Gestion du patrimoine immobilier de l'État, *Rapp. inf. Sénat, n° 570, 31 mai 2017*. – Cour des comptes, Le regroupement immobilier des services centraux des ministères chargés de l'équipement, de l'environnement et du logement, *Rapp. publ. 2018, p. 291*) et, surtout, par la valorisation de ce dernier. Il existe, sur cette question, de nombreux travaux (V. par ex., Gaudemet, Mandelkern et Deruy, Valorisation des propriétés publiques. Rapport du groupe de travail de l'Institut de la gestion déléguée, *LPA 23 juill. 2004, n° 147*. – Duprat, L'évolution des logiques de gestion du domaine de l'État, *AJDA 2005. 578* ✐. – Tron, La gestion et la cession du patrimoine immobilier de l'État et des établissements publics, *Rapp. inf. AN, n° 2457, 6 juill. 2005*. – Débat Sénat, 10 mai 2005 : *JO Sénat CR 10 mai 2005, p. 3628*. – Debains, Mission immobilier public, *Doc. fr., 2003*. – Dumas, La gestion immobilière de l'État : bilan et possibilité d'amélioration, *Regards sur l'actualité nov. 2004, n° 305, p. 81*. – de Gaudemar, La valorisation des patrimoines publics : quelle action pour les collectivités ?, *JCP Adm.*

2013, n° 2294. – Bouvard et Carcenac, L'avenir du compte d'affectation spéciale « Gestion du patrimoine immobilier de l'État, *Rapp. inf. Sénat, n° 570, 31 mai 2017*. – V. aussi les nombreux rapports et les fiches thématiques du CIE). Des propositions en sont ressorties, dont certaines ont d'ailleurs été traduites en droit positif (transformation du Service des Domaines en France Domaine, puis en Direction de l'immobilier de l'État, fin de l'affectation des biens de l'État aux ministères, mise à niveau des loyers, etc.).

B. LA NATURE JURIDIQUE DES ACTES DE GESTION DU DOMAINE PRIVÉ

1° SOUMISSION DE PRINCIPE AU DROIT PRIVÉ

Les actes que prend l'administration au titre de sa gestion du domaine privé sont des actes de droit privé ; ils relèvent du contrôle du juge judiciaire. L'administration agit en effet comme un simple propriétaire qui gère son bien. Le juge considère d'ailleurs que, ce faisant, la personne publique ne met en œuvre aucune prérogative de puissance publique distincte de l'exercice par un particulier de son droit de propriété.

Les personnes publiques sont soumises aux mêmes règles que les personnes privées lorsqu'elles gèrent les biens de leur domaine privé : la législation sur les baux civils ou commerciaux s'applique ; les obligations fiscales sont en principe identiques ; les contrats relatifs au domaine privé sont soumis au droit des obligations et la responsabilité des gestionnaires publics du domaine privé est appréciée dans les conditions des articles 1240 et suivants du code civil. Par ailleurs, les actes de droit privé passés pour la gestion du domaine privé, qu'il s'agisse d'actes unilatéraux ou de contrats, échappent au régime de publicité des actes administratifs des collectivités territoriales (CGCT, art. L. 2131-4, L. 3131-5 et L. 4141-5. – Circ. intermin. du 13 déc. 2010 relative au contrôle de légalité : *BOI 30 avr. 2011*). Ces actes n'ont donc pas à être publiés, affichés ou notifiés pour être exécutoires, encore moins à être transmis en préfecture. Ils demeurent régis par les dispositions du droit commun (acte sous seing privé ou acte notarié, enregistrement, inscription sur des registres, etc.). Ils ne sont donc pas librement accessibles, sauf à être qualifiés de documents administratifs communicables ou à être annexés à un tel document (Question écrite n° 17504 : *JO Sénat Q, 29 mars 2012, p. 786*). « Sauf disposition particulière et sous réserve de respecter le principe d'égalité, les collectivités territoriales déterminent librement les conditions d'occupation de leur domaine privé » (Rép. min. n° 5145 : *JO Sénat Q, 12 juill. 2018, p. 3471 ; JCP Adm. 2018. 2300, obs. Deliancourt*). Cela permet ainsi, dès lors que cela n'entraîne pas l'appauvrissement de la collectivité publique, la faculté pour celle-ci de « conclure un contrat de prêt à usage pour des terres agricoles sur le fondement de l'article 1875 du code civil sans qu'il soit qualifié de libéralité s'il poursuit un but d'intérêt général » (Rép. min. n° 5136 : *JO Sénat Q, 30 août 2018, p. 4479 ; JCP Adm. 2018. 2300, obs. Deliancourt*).

Le régime de droit privé se manifeste de diverses manières. Les contrats relatifs à la gestion du domaine privé sont des contrats de droit privé, dont le contentieux est judiciaire. Les décisions unilatérales prises par les représentants des propriétaires publics relativement à la gestion de leur domaine privé sont aussi des actes de droit privé qui relèvent de la compétence du juge judiciaire.

Par ailleurs, les travaux d'entretien, de réparation, d'extension ou d'aménagement sont des travaux privés qui sont décidés et réalisés dans les conditions du droit commun et dont le contentieux appartient au juge judiciaire.

Enfin, le juge judiciaire est compétent pour statuer sur la plupart des litiges relatifs à la gestion du domaine privé et la responsabilité des personnes publiques est alors mise en jeu dans les conditions du droit commun. Ce principe vaut pour les dommages subis par les personnes à raison du domaine privé ou pour les dommages causés à des bâtiments voisins.

Mais, dualité de juridictions oblige, un certain nombre d'actes environnant la gestion du domaine privé tombent dans l'escarcelle du juge administratif.

2° RÉGIME DÉROGATOIRE DE DROIT ADMINISTRATIF

Dans certains cas, les actes pris par les personnes publiques à propos de leur domaine privé ne peuvent plus être qualifiés d'actes de droit privé. Ils deviennent des actes administratifs relevant de la compétence du juge administratif. Deux situations illustrent un tel changement de nature.

C'est tout d'abord le cas lorsque les personnes publiques exécutent sur leur domaine privé des opérations administratives – c'est-à-dire un ensemble d'actes – qui sont distinctes, étrangères à l'opération de gestion de patrimoine. Constituent de telles opérations la passation de contrats administratifs et la réalisation de travaux ou d'ouvrages publics. Ces derniers sont exclus de la gestion du domaine privé en raison de leur affectation à l'intérêt général. Les personnes publiques n'agissent plus ici en tant que gestionnaires, mais en tant que titulaires de la puissance publique mettant en œuvre l'intérêt général.

D'autres actes peuvent être qualifiés d'actes administratifs. Il s'agit des actes des autorités publiques qui, tout en faisant partie de l'opération de gestion du domaine privé, s'en détachent et sont juridiquement traités de manière autonome (sur cette distinction, Guérard, La notion de détachabilité en droit administratif français, *th. Paris II, 1997, p. 11*). Il existe quatre catégories d'actes administratifs détachables de la gestion du domaine privé : les actes détachables des contrats de droit privé, les actes pris dans le cadre de services publics détachables de l'exploitation du domaine privé, les actes réglementaires et enfin les actes administratifs unilatéraux détachables des opérations extracontractuelles de gestion du domaine privé (V. comm. ss. art. L. 2331-1). ❑

1. Généralités. La distinction entre les actes d'administration et les actes de disposition concernant le domaine privé est appliquée par le juge administratif. • CE 26 avr. 1985, *Cne de Larrau,* n° 31752 : *Lebon 19 ; AJDA 1985. 431* • CAA Paris, 14 juin 2005, *Secr. d'Ét. à l'outre-mer,* n° 01PA02831 • CAA Bordeaux, 19 mars 2009, *Commission synd. de la vallée du Barèges,* n° 08BX00442. ♦ A propos de la constitution d'un droit d'usage au ski pour les habitants, qualifié de manière contestable par le juge d'acte de disposition et non d'administration. Le pouvoir de gestion des personnes publiques ne s'exerce naturellement que sur les propriétés de la collectivité territoriale concernée et non sur les propriétés privées, même contiguës. • CE 26 janv. 2005, *Dpt des Alpes-Maritimes : AJDA 2005. 1006, concl. Collin*. ♦ Visant l'art. 544 C. civ. et affirmant qu'une commune qui prête des locaux de son domaine privé pour une durée indéterminée peut toujours en reprendre la jouissance. • Civ. 1re, 3 juin 2010, n° 09-14.633 P : *D. 2010. 1554, obs Forrest ; AJDI 2011. 233, obs. de La Vaissière ; AJCT 2010. 84, obs. Le Chatelier ; RTD civ. 2010. 557, obs. Fages ; JCP Adm. 2010. 2230, note Yolka ; ibid. 2011. 2239, chron. Chamard-Heim.*

2. La jurisprudence administrative ne mobilise que très peu l'art. L. 2221-1. On trouve uniquement : • CAA Bordeaux, 21 mai 2015, n° 13BX03410 • CAA Marseille, 4 févr. 2019, n° 17MA01604 : *RDI 2019. 515* • CAA Lyon, 10 oct. 2019, n° 17LY02627, à propos de pistes de ski de fond. – La question de la compétence se pose parfois. Ainsi, VNF qui ne gère que les biens du domaine public fluvial de l'État est incompétent pour prendre un acte de gestion à propos du domaine privé fluvial : • CAA Marseille, 17 mai 2019, n° 17MA03215 : *Rev. CMP 2019, chron. 6, Soler-Couteaux, Zimmer et Waltuch, obs. 40.* ♦ Par ailleurs, les actes de gestion du domaine privé relèvent de l'obligation de communication des documents administratifs dès lors qu'ils présentent un lien suffisamment direct avec une mission de service public imparti à la collectivité. • CE, 24 oct. 2019, *Cne de Saint-Pierre-du-Perray,* n° 425546 : *JCP Adm. 2020. 2016, note Roux.* ♦ Pour une analyse des décisions de la CADA en la matière, V. *Dr. voirie sept.-oct. 2019, p. 218.*

3. Gestion des biens respectant les principes généraux du droit. Les propriétaires publics doivent respecter, dans la gestion de leurs biens (quelle qu'en soit la qualification domaniale), les principes généraux du droit. C'est notamment le cas du **principe d'égalité**. • CE 2 mars 1979, *Cne de Tourrettes-sur-Loup : Lebon 656* • 17 oct. 1980, *Gaillard,* n° 23226 : *Lebon 379 ; AJDA 1981. 312, concl. Labetoulle* • 31 mai 1989, *Mazaurin,* n° 82234 : *Lebon 137.* ♦ Du **principe de neutralité ou de laïcité**. • TA Lyon, 29 juin 2011, *Cne de Vaulx-en-Velin : site internet TA Lyon.* ♦ A propos de la décision du maire de suspendre le drapeau palestinien devant la mairie, en soutien avec le peuple palestinien. • CE 27 juill. 2005, *Cne de Sainte-Anne,* n° 259806. ♦ A propos d'un drapeau ayant une signification politique particulière en Martinique. • CAA Nantes, 4 févr. 1999, *Assoc. civique Joué Langueurs et a.,* n° 98NT00207 : *Lebon 498* • TA Pau, 13 avr. 2017, *Préfet des Landes,* n° 1602443 • TA Montreuil, ord., 9 mars 2018, *Préfète de la Seine-Saint-Denis,* n° 1801538 (à propos d'une banderole politique). ♦ Annulation de la délibération d'un conseil municipal qui refuse d'abroger sa décision d'apposer un crucifix dans la salle du conseil et de célébration des mariages. • TA Besançon, 20 déc. 2001, *Guillemot c/ Ville de Besançon : Quinzaine jur. 2002, p. 13* • TA Châlons-en-Champagne, 4 juill. 2017, *M. G.,* n° 1602096 (à propos des blasons communaux). ♦ Interdiction de signes extérieurs religieux sur les édifices publics. La question de l'installation d'une crèche dans les mairies ou les hôtels de département a reçu encore des réponses divergentes : possible pour les uns. • TA Montpellier, 16 juill. 2015, : *Ville de Béziers* (disponible sur le site internet du TA). A noter que le tribunal avait consulté en tant qu'*amicus curia* l'observatoire de la laïcité qui avait rendu son avis le 7 avr. 2015. • CAA Nantes, 13 oct. 2015, *Féd. de la libre pensée de Vendée*, n° 14NT03400. ♦ Interdite pour les autres. • CAA Paris, 8 oct. 2015, *Féd. dptale des libres penseurs de Seine-et-Marne*, n° 15PA00814. ♦ … Jusqu'à ce que le Conseil d'État se prononce à ce sujet, en distinguant les bâtiments publics des autres espaces publics et les crèches à caractère culturel, artistique ou festif de celles à caractère religieux. • CE, ass., 9 nov. 2016, *Féd. de la libre pensée de Vendée et Cne de Melun*, n°s 395223 et 395122 : *Lebon ; AJCT 2017. 90, obs. De la Morena et Yazi-Roman ; AJDA 2016. 2375, chron. Dutheillet de Lamothe et Odinet ; RFDA 2017. 127, note Morange ; Dr. adm. 2017, comm. 18, note Éveillard ; D. 2016. 2456, obs. Maus ; BJCL 2016. 728 et 740, concl. Bretonneau, note Degoffe ; JCP 2016. 1422, note Verpeaux ; JCP Adm. 2016. Actu. 853, libres propos Touzeil-Divina ; ibid. 2017. 2309, note Chifflot*. – Pour des applications de cette jurisprudence, • CAA Marseille, 3 avr. 2017, *David G. et Ligue des droits de l'homme*, n° 15MA03863 • TA Lyon, 5 oct. 2017, *Ligue française pour la défense des droits de l'homme et du citoyen*, n° 1609063 • 5 oct. 2017, *Féd. de la libre pensée et d'action sociale du Rhône*, n° 1701752 : *JCP Adm. 2017. Actu. 459, obs. Touzeil-Divina* • CAA Nantes, 6 oct. 2017, *Dpt de la Vendée*, n° 16NT03735 : *JCP Adm. 2017. Actu. 457, obs. Touzeil-Divina* • TA Montpellier, ord., 18 déc. 2017, *Préfet de l'Hérault*, n° 1705777 • TA Nîmes, 16 mars 2018, *Ligue française pour la défense des droits de l'homme et du citoyen*, n° 1600514 • 16 mars 2018, *Assoc. La libre pensée du Gard*, n° 1603919 • 16 mars 2018, *M. S.*, n° 1701159 • CE 7 févr. 2019, *Cne de Valbonne*, n° 417629 : *Lebon ; AJCT 2019. 305, note Juilles ; AJDA 2019. 551, obs. de Montecler ; ibid. 980, chron. Malverti et Beaufils ; Rev. CMP 2019, comm. 167, note Soler-Couteaux ; Dr. adm. 2019, comm. 35, note Eveillard ; Dr. voirie 2019, p. 62, concl. Victor ; JCP A 2019. Actu. 178, obs. Erstein ; JCP A 2019. 2108, note Chamard-Heim* (précisant que les collectivités territoriales peuvent donner à bail, et ainsi pour un usage exclusif et pérenne, à une association cultuelle un local existant de leur domaine privé sans méconnaître les dispositions des art. 1er et 2 et du dern. al. de l'art. 19 de la L. du 9 déc. 1905 dès lors que les conditions, notamment financières, de cette location excluent toute libéralité). ♦ Sur l'installation d'un drapeau arc-en-ciel sur la façade d'un hôtel de ville et sur du mobilier urbain, • TA Paris, 17 mai 2019, *Association Contribuables parisiens et franciliens et Association Aimer Paris*, n° 181383/4-1 : *JCP Adm. 2020. 2010, obs. Noual*. ♦ De la **liberté de réunion et de culte**. • TA Cergy-Pontoise, 23 oct. 2012, *Assoc. des musulmans de Saint-Gratien*, n° 1208379 : *AJDA 2013. 694, note Le Roux* • CE, ord., 26 août 2011, *Cne de Saint-Gratien*, n°s 352106 et 352107. ♦ Illégalité du refus d'une commune de mettre un local municipal à disposition d'une association musulmane pendant la période du Ramadan, quelques heures par semaine pendant un mois, pour des réunions et prières. – V. aussi, • CE, ass., 19 juill. 2011, *Cne de Montpellier*, n° 313518 : *JCP Adm. 2011. 2307 ; AJDA 2011. 1667*. ♦ Même si la référence à la liberté de culte n'est pas toujours faite, s'agissant des Témoins de Jéhovah. • CE 30 mars 2007, *Ville de Lyon*, n° 304053 : *AJDA 2007. 1242*. ♦ V. aussi • CE, réf., 6 mai 2008, *Bounemcha*, n° 315631 : *Lebon T. 734 ; AJDA 2008. 965*. ♦ Les collectivités territoriales peuvent donner à bail, et ainsi pour un usage exclusif et pérenne, à une association cultuelle un local existant de leur domaine privé sans méconnaître les dispositions de la loi du 9 décembre 1905 dès lors que les conditions, notamment financières, de cette location excluent toute libéralité, • CE 7 mars 2019, *Cne de Valbonne*, n° 417629 A : *AJDA 2019. 980, chron. Malverti et Beaufils ; JCP Adm. 2019. 2108, note Chamard-Heim*.

4. Gestion par les autorités locales. L'organe délibérant est compétent pour les actes de gestion relatif à une servitude bénéficiant à une commune. • CE 16 déc. 2005, *Cne d'Arpajon*, n° 273861 : *AJDA 2006. 12*. ♦ Les délibérations intervenant en matière de gestion peuvent parfois être qualifiées de mesures d'ordre intérieur, comme telles insusceptibles de faire l'objet d'un recours pour excès de pouvoir. • TA Caen, 22 févr. 2011, *M. Boissière*, n° 1001268 : *AJDA 2011. 1582*. ♦ Sur la compétence du conseil municipal pour la procédure d'adjudication des baux de chasse sur le domaine privé, • CAA Lyon, 20 févr. 2018, *Assoc. de chasse Rallye Saint-Hubert*, n° 16LY00642. ♦ Lorsque l'organe délibérant est compétent, les autorités exécutives ne peuvent pas décider de passer ou de refuser de passer ces actes de gestion du domaine privé, notamment les baux, en l'absence de délibération les autorisant à le faire. – Par analogie • CE 2 déc. 1994, *Gauthier*, n° 147539. relatif à la décision d'acquisition d'un bien par le maire en l'absence de décision préalable du conseil municipal. ♦ Concernant un refus de vente d'un terrain communal décidé par le seul maire, la jurisprudence en ce domaine est assez stricte puisque le juge administratif considère que le bail conclu par un maire sans délibération préalable est nul et que cette nullité ne peut pas être couverte par une délibération ultérieure du conseil municipal approuvant rétroactivement la conclusion dudit bail. • CE 10 mars 1995, *Ville de Digne*, n° 108753 : *Lebon 1124 ; AJDA 1995. 479 ; RFDA 1995. 627 ; JCP 1995. IV. 2685, note Rouault* • CAA Marseille, 31 déc. 2003, *Thès c/ Cne de Vaison-la-Romaine*, n° 99MA01583. ♦ La délibération doit de plus être aussi précise que possible ; et, s'agissant de la conclusion d'un bail, il convient que la délibération autorisant le maire à y procéder précise le montant du loyer prévu. • CE 30 oct. 1996, *Épx Selmi*, n° 123638 : *Lebon 752* * Rép. min. n° 66516 : *JOAN Q, 7 janv. 2002, p. 85 ; Coll. ter. 2002. Comm. 73.* ♦ Relèvent de la compétence des exécutifs locaux les décisions ou les refus de mise à disposition de salles municipales à des associations ou à des partis politiques. Le maire n'est donc pas « tenu, même en l'absence de réglementation de l'usage des salles fixée par le conseil municipal, de demander au préalable l'accord de ce dernier ». • CE 21 juin 1996, *Assoc. Saint Rome Demain*, n° 134243 : *Lebon 752.* ♦ Les mesures de police administrative, même si elles s'appliquent sur une dépendance du domaine privé, ne relèvent pas de la compétence de l'organe délibérant, mais de l'exécutif. ♦ En l'espèce, à propos de l'interdiction, illégalement édictée par un conseil municipal, de pratiques sportives sur le domaine privé communal. • CE 11 déc. 2008, *Féd. française de la montagne et de l'escalade*, n° 307084 : *AJDA 2009. 371, note Lagarde ; JCP Adm. 2009. 2029, note Yolka ; RLCT 2009. Actu. 1264, note Foulquier.*

5. Externalisation. Une réserve naturelle appartenant à une commune et un département peut être gérée par un syndicat mixte. • CE 8 juin 2005, *Synd. mixte pour la protection et la gestion de la Camargue gardoise*, n° 265227. ♦ Les chemins ruraux ouverts à la circulation du public peuvent être gérés par une association foncière de remembrement, établissement public administratif. • CAA Nancy, 5 août 2004, *M. X.*, n° 00NC00687. ♦ Lorsque plusieurs communes possèdent des biens et droits indivis, un établissement public est alors créé pour leur gestion (CGCT, art. L. 5222-1 s.). Par ex., • CAA Bordeaux, 19 mars 2009, *Commission syndicale de la vallée du Barèges*, n° 08BX00442.

6. Nature patrimoniale de l'acte de gestion du domaine privé. Le juge administratif refuse de considérer que l'activité de gestion du domaine privé constitue une activité de service public, que ce dernier soit administratif ou industriel et commercial. • CE 26 janv. 1951, *SA minière, métallurgique, industrielle, chimique et commerciale : Lebon 49* • 20 juill. 1971, *Bolusset*, n° 79259 : *Lebon 547 ; AJDA 1971. 547* • 28 nov. 1975, *ONF c/ Sieur Abamonte*, n° 79259 : *Lebon 602 ; D. 1976. II. 355, note Auby ; AJDA 1976. 149, note Julien-Laferrière ; Rev. adm. 1976, p. 36, note Moderne ; RD publ. 1976. 1050, note Waline ; JCP 1976. II. 18467, note Boivin ; Rev. jur. envir. 1976. 66, note Mescheriakoff* • 14 mai 1984, *Saunier : RD publ. 1985. 517* • 24 sept. 1986, *Herbelin : AJDA 1986. II. 714* (à propos des forêts domaniales) • 9 oct. 1991, *SARL Endless International : Dr. adm. 1991, n° 469* (à propos d'une usine appartenant à une commune et faisant l'objet d'une autorisation temporaire d'occupation). ♦ La même tendance se retrouve dans la jurisprudence du Tribunal des conflits, qui énonce avec constance que l'activité de gestion du domaine privé « n'est pas, par elle-même, constitutive d'une mission de service public ». • T. confl. 24 nov. 1894, *Loiseleur : Lebon 631 ; DP. 1896. 3. 3* • 10 janv. 1983, *Caule*, n° 2273 : *Lebon 758 ; D. 1983, IR 114* • 18 juin 2001, *Lelaidier : AJFP 2001, n° 6, p. 4, note Fortier ; GDDAB, 3e éd., 2018. Comm. 42, note Chamard-Heim* • 19 janv. 2004, *Michel Pierrat*, n° C-3375 : *Lebon 511.* ♦ Mais une brèche dans le refus d'admettre l'activité de service public pourrait néanmoins exister, à propos de certaines forêts ou de certaines activités. En effet, le Tribunal des conflits précise, dans l'arrêt *Lelaidier*, mais aussi dans son arrêt *Pierrat*, que ce n'est que « lorsqu'une personne publique gère son domaine forestier à seule fin de procéder à la vente de bois abattu et façonné » que l'activité de service public ne peut être reconnue. On comprend aisément que les ventes de coupes de bois, qui sont l'activité économique forestière par excellence, ne soient pas constitutives d'un service public. Mais d'autres activités peuvent exister relativement aux forêts et celles-ci pourraient sans doute recevoir le label d'intérêt général, voire de service public. La jurisprudence *Lelaidier*, du Tribunal des conflits ne s'y oppose pas. Seule la Cour de cassation a bien voulu reconnaître explicitement que les activités d'exploitation et d'entretien d'une forêt (tout à fait particulière, puisqu'il s'agissait d'une forêt périurbaine qui avait vocation à être classée en réserve naturelle), pouvaient être qualifiées de service public administratif. • Civ. 2e, 29 avr. 1998 : *D. 2000. 232, note Schmitt*. ♦ *Contra*, • Dijon, ch. soc., 22 sept. 2011, *Hôpital local de Nuits-Saint-Georges*, n° 10/00919. ♦ Dans un sens également un peu différent, à propos du statut du bûcheron chargé d'exploiter des espaces forestiers relevant du domaine privé. • Soc. 28 oct. 2015, *Cne de Strasbourg c/ X.*, n° 14-15.262 : *Dr. rur. 2016. Comm. 54, note Tauran.*

7. Gestion en bon père de famille. La gestion du domaine privé étant une activité de droit privé et non de service public, elle est soumise aux principes qui caractérisent la gestion des patrimoines privés, notamment à l'exigence d'une gestion en bon père de famille. • CE 21 janv. 1959, *Benzi : Lebon 50* • CAA Bordeaux, 19 mai 2005, *SARL La Talemelerie*, n° 01BX01863. ♦ V. concl. Savoie sur • CE 10 mars 1995, *Ville de Digne : CJEG 1995. 196.* ♦ Au regard de l'intérêt d'une bonne gestion par la commune de son domaine privé, le conseil municipal peut choisir de mettre en location le terrain litigieux et non de le vendre en se fondant sur le rendement insuffisant des placements financiers effectués par la commune et sur le montant des deux offres d'achat présentées, ne correspondant pas au prix du marché. • CAA Nantes, 20 mai 2011, *Heslouis c/ Cne de la Genevraie*, n° 10NT00404. ♦ Une bonne gestion du domaine privé passe également par sa rationalisation. • CAA Nantes, 27 mars 2007, *M. X.*, n° 05NT00521.

8. Régime de droit privé des actes de gestion. La délimitation du domaine privé est effectuée selon la procédure du bornage, qui traite les deux voisins à égalité. • CE 2 déc. 1910, *Cne de Saint-Sorlin : Lebon 865* • 21 oct. 1983, *Raphanel : Dr. adm. 1983, n° 403* • CAA Marseille, 21 janv. 2010, *Mlle A.*, n° 08MA01729 : *JCP Adm. 2010. Comm. 2253, note Yolka.* ♦ Le juge considère d'ailleurs que, ce faisant, la personne publique ne met en œuvre aucune prérogative de puissance publique distincte de l'exercice par un particulier de son droit de propriété. • T. confl. 24 oct. 1994, *Duperray*, n° 2922 : *Lebon 606 ; Dr. adm. 1995, n° 69 ; RFDA 1995. 408.* ♦ Les contrats relatifs à la gestion du domaine privé sont des contrats de droit privé, dont le contentieux est judiciaire. • T. confl. 24 janv. 1952, *Conservateur des Eaux et Forêts de la Corse : Lebon 613* • CE 15 mars 1957, *Sté Loiseau : AJDA 1957. 197* • 27 févr. 1976, *Dme Avocat : Dr. adm. 1976, n° 110* • T. confl. 30 mars 1992, *Sté Le joli bois : Quot. jur. 1er déc. 1992, p. 8, note Deguergue* • 11 mai 1992, *Sté Office maraîcher fruitier*, n° 2693 : *Lebon 485* • 13 janv. 1997, *Grasset*, n° 2979 • 11 juin 2004, *Cne de Mantes-la-Jolie*, n° 261260 • CAA Nancy, 30 avr. 2008, *M. X.*, n° 07NC00379 • CAA Bordeaux, 22 déc. 2017, n° 16BX00533 (à propos d'une mise à disposition gratuite d'un terrain pour la pratique du tir au pigeon par une association). ♦ Cela vaut également pour les conventions de location passées entre deux personnes publiques qui, eu égard à leur objet, ne font naître entre les parties que des rapports de droit privé. • CE 11 mai 1990, *Bureau d'aide sociale de Blénod-lès-Pont-à-Mousson*, n° 60247 : *AJDA 1990. 614, note Colly ; CJEG 1990. 347, concl. Hubert ; D. 1991. Somm. 141.* ♦ Le juge administratif est donc incompétent pour statuer sur la demande d'annulation d'un acte résiliant un tel contrat. • CE 24 mai 1938, *Moulin, administrateur de la succession Coty : Lebon 474.* ♦ ... Ou pour fixer le montant du loyer d'une dépendance du domaine privé faisant l'objet d'un bail. • CE 17 févr. 1965, *Sté des Éts Mausner : Lebon 874.* ♦ En ce sens, pour la décision de conclure un bail commercial, • CAA Lyon, 22 juin 2017, n° 15LY01254 • Civ. 1re, 4 juill. 2019, n° 18-20.842 P : *AJDA 2019. 2280 ; AJDI 2020. 114, obs. Prigent ; Rev. CMP 2019, chron. 49, Soler-Couteaux, Zimmer et Waltuch ; Dr. immob., oct. 2019, p. 4, obs. Bazaille ; Dr. voirie 2019, n° 210, p. 214, note Otero ; JCP Adm. 21 oct. 2019, chron. Yolka ; JCP E 2019, act. 495 ; JCP N 6 déc. 2019, p. 31, chron. Monéger ; Loyers et copr. oct. 2019, p. 18, note Vial-Pedroletti ; RDI 2019. 519 ; Dr. immo., oct. 2019, p. 4, obs. Bazaille.* ♦ Pour la convention portant gestion du Moulin d'A. Daudet, • CAA Marseille, 29 mai 2017, n° 16MA04745 : *Rev. CMP 2017. Comm. 216, note Eckert ; ibid. 2018. Chron. 7, obs. Soler-Couteaux, Zimmer et Waltuch* • CE 9 déc. 2016, *Cne de Fontvieille*, n° 396352 : *BJCP 2017. 117, concl. Pellissier, obs. Nicinski ; Dr. adm. avr. 2017. 38, note Hansen.* ♦ ... Ou pour statuer sur le recouvrement des indemnités d'occupation d'une dépendance du domaine privé. • CAA Versailles, 20 juill. 2017, *D. c/ Dpt des Hauts-de-Seine*, n° 15VE03863. ♦ Les décisions unilatérales prises par les représentants des propriétaires publics relativement à la gestion de leur domaine privé sont aussi des actes de droit privé qui relèvent de la compétence du juge judiciaire. • CE 20 janv. 1984, *Sté civ. du domaine du Bernet*, n° 16615 : *Lebon 12 ; RD publ. 1984. 1708.* ♦ A propos de l'autorisation d'occuper un chemin rural. • CAA Nancy, 3 juin 2004, *Assoc. pour la protection du site de la zone industrielle de Dommartin-lès-Remiremont*, n° 99NC00228 • TA Amiens, 15 mars 2011, *Sté Dewez*, n° 0800543 : *AJDA 2011. 1343.* ♦ Pour la délibération autorisant un maire à conclure un contrat de location. • CE 19 oct. 1990, *Assoc. Saint Pie V et Saint Pie X de l'Orléanais*, n° 90346 : *Lebon 285 ; AJDA 1991. 46, concl. de La Verpillière ; JCP 1991. II. n° 21649, note Davignon.* ♦ Concernant la décision de mettre fin à une occupation du domaine privé. • T. confl. 17 avr. 2000, *Pourquier : Dr. adm. 2000, n° 106* • 22 nov. 2010, *Sté Brasserie du Théâtre c/ Cne de Reims*, n° C-3764 : *AJDA 2010. 2423, chron. Botteghi et Lallet ; BJCP 2011. 55, concl. Collin et obs. Schwartz ; Rev. CMP janv. 2011. Comm. 26, note Devillers ; Dr. adm. 2011. Comm. 20, note Melleray ; RJEP mars 2011. Comm. 13, note Pellissier ; RLCT févr. 2011. 40, n° 1842, note Rouault ; JCP Adm. 2011, n° 2041, note Sorbara ; ibid., n° 27, p. 18, chron. Chamard-Heim ; JCP 2011. 891, chron. Éveillard ; GDDAB, 3e éd., 2018, Comm. 73, note Melleray* (à propos du refus de renouveler un bail). ♦ Pour une application. • CAA Douai, 17 févr. 2011, *Cne d'Acquigny*, n° 09DA01680 : *Rev. CMP juin 2011. Comm. 160, note Devillers* • CAA Lyon, 18 janv. 2011, *Cne de Givors*, n° 08LY01819 • CE 15 nov. 2012, *Eldin c/ Ville de Paris*, n° 346997 • 6 mai 1996, *Formery : Lebon 150 ; AJDA 1996. 551, concl. Arrighi de Casanova ; Dr. adm. 1996, n° 410 ; RFDA 1996. 836* • CAA Lyon, 12 janv. 2017, *Sté Sun Alpes limited*, n° 16LY02532 : *Rev. CMP mars 2017, n° 82, comm. Hoepffner ; ibid. Chron. 5, obs. Pietri* • CAA Paris, 31 mai 2018, n° 17PA00892 : *Rev. CMP août 2018. Comm. 197, obs. Pietri.* – Pour une résolution de bail commercial sur le domaine privé, la compétence est bien judiciaire : • Civ. 1re, 4 juill. 2019, *Cne de Boissezon*, n° 18-20.842 P : *D. 2019. 1451 ; AJDA 2019. 2280 ; Loyers et copr. 2019, comm. 173, note Vial-Pedroletti ; JCP Adm. 2019. 2283, obs. Yolka ; RDI 2019. 519, Foulquier ; Dr. voirie n° 210, p. 214, obs. Otero.* ♦ Concernant le refus d'autoriser un propriétaire à ouvrir un accès entre ses terres et une dépendance du domaine privé communal pour y faire passer ses engins d'exploitation forestière. • TA Amiens, 2 déc. 2008, *Froideval : AJDA 2009. 555*. ♦ A propos du refus de l'ONF de vendre ou de louer un logement de fonction concédé à l'un de ses agents. Il en est de même de la décision de réserver un terrain au pacage des animaux • CE 13 déc. 1997, *Pelissier : Lebon 811*. ♦ ... Ou du refus de consentir une servitude de passage sur le domaine privé. • T. confl. 24 oct. 1994, *Duperray et SCI Les Rochettes*, n° 2922 : *Lebon 606 ; RFDA 1995. 408 ; Dr. adm. 1995. Comm. 69*. ♦ ... Ou, au contraire, la décision d'accorder un droit de passage sur un chemin du domaine privé. • CE 20 avr. 1988, *Guaisnon : Lebon 147*. ♦ Par ailleurs, les travaux d'entretien, de réparation, d'extension ou d'aménagement sont des travaux privés qui sont décidés et réalisés dans les conditions du droit commun et dont le contentieux appartient au juge judiciaire. • T. confl. 25 juin 1973, *ONF c/ Sieur Béraud et Entr. de travaux agricoles Machari : Lebon 847 ; AJDA 1974. 29, note Moderne ; CJEG 1973. 229 ; D. 1975. 350, note Comte* • CAA Versailles, 31 déc. 2015, *Sté Buhr Ferrier Gosse*, n° 14VE03297. ♦ A propos des travaux effectués dans une forêt. • CE 23 juin 2004, *Assoc. éducative Arts, cultures et traditions populaires : Rev. CMP 2004. Comm. 210, note Pietri*. ♦ Pour les travaux réalisés afin d'agrandir une salle des fêtes faisant partie du domaine privé d'une commune. Le défaut d'entretien d'une dépendance du domaine privé entraîne la mise en œuvre de la responsabilité du propriétaire public selon les conditions du droit commun devant le juge judiciaire. • CE 13 oct. 1989 : *Cne de Baroches c/ Bissiana* • Civ. 1re, 3 févr. 2004, n° 00-14.077 • T. confl., 7 oct. 2019, n° 4163 : *Rev. CMP, 2019, comm. 386, obs. Muller ; AJCT 2020. 98*. ♦ Enfin, le juge judiciaire est compétent pour statuer sur la plupart des litiges relatifs à la gestion du domaine privé et la responsabilité des personnes publiques est alors mise en jeu dans les conditions du droit commun. Ce principe vaut pour les dommages subis par les personnes à raison du domaine privé. • T. confl. 24 mai 1884, *Vve Linas : Lebon 436 ; DP. 1885. 3. 110* • CE 7 déc. 1979, *Jacquel : RD publ. 1980. 882* • 26 avr. 1985, *Métrat : Dr. adm. 1985, n° 294* • T. confl. 22 oct. 2007, *Doucedame : Lebon T. 607 ; AJDA 2007. 2454 ; ibid. 2008. 1145, note Canedo-Paris ; BJCL 2008. 276, concl. Duplat, obs. M. D. ; Dr. adm. 2008, n° 53 ; Envir., avr. 2008, n° 4. Comm. 69, note Février ; JCP Adm. 2008. Actu. 230 ; RLCT avr. 2008. 24, note Glaser ; GADE 2017, Comm. 3, obs. Naïm-Gesbert ; GDDAB, 3e éd., 2018. Comm. 75, note Chamard-Heim ; RFDA 2008. 401*. ♦ Pour les dommages causés à des bâtiments voisins. • CE 15 févr. 1959, *Ville de Houilles : Dr. adm. 1979, n° 148* • 7 nov. 1986, *Magnier : JCP 1987. IV. 185* • T. confl. 18 mars 1991, *Mme Bartoli : RD publ. 1992. 257* • 2 juill. 1962, *Épx Cavat : Lebon 826* • 1er juill. 1982, *Cne de Beauregard-l'Évêque : RD publ. 1982. 1136* • T. confl. 12 oct. 2015, *Cne de Biarritz c/ M. T.*, n° 4030 : *Dr. adm. 2015, alerte 19, note Noguellou*. ♦ ... Ou pour les dommages causés à des cultures. • T. confl. 2 déc. 1968, *Toczé : Lebon 804 ; AJDA 1969. 297* • 29 mai 1967, *Serrurier : Lebon 654* • 6 janv. 1975, *Cts Apap : Lebon 792 ; AJDA 1975. 241, note Moderne*. ♦ ... Ou encore des nuisances causées aux voisins de la parcelle classée dans le domaine privé. • CAA Douai, 9 mars 2017, *M. A.*, n° 15DA01973. ♦ La compétence judiciaire s'étend également aux dommages causés par une décision illégale relative à la gestion du domaine privé. • CAA Lyon, 25 juin 1998, *Lichtenauer*, n° 95LY00238. ♦ ... Et pour l'injonction adressée à une personne publique de faire, sur son domaine privé, les travaux propres à supprimer la cause du dommage. • Civ. 2e, 9 avr. 1998 : *D. 1998. IR 139 ; Dr. adm. 1998, n° 309*. ♦ V. en ce sens égal., la dépréciation causée à des propriétés privées par la dégradation d'une falaise faisant partie du domaine privé dont elles sont riveraines : • T. confl. 12 oct. 2016, *Cne de Biarritz c/ M. T et Epx R.*, n° 4030 et 4031 : *AJDA 2016. 1406, étude Yolka ; Rev. CMP avr. 2017. Chron. 3, obs. Llorens et Soler-Couteaux ; JCP Adm. 2016. 2270, note Cornille*. ♦ Par ailleurs, le juge judiciaire est compétent lorsque c'est le domaine privé qui subit un dommage dont le propriétaire ou le gestionnaire demande réparation. • Civ. 1re, 10 avr. 2013, n° 12-13.902. ♦ C'est enfin le juge judiciaire qui connaît des demandes d'expulsion du domaine privé. • T. confl. 28 févr. 1977, *Cne de Chamonix-Mont-Blanc*, n° 2049 : *Lebon 740* • CE 29 janv. 1986, *Cne de Hartmannswiller*, n° 57844 : *Lebon 528* • 20 nov. 1989, *Cts Delouche*, n° 65695 : *Lebon 538* • T. confl. 19 janv. 2004, *ONF c/ Ibrahim*, n° C-3382 • CE 11 juin 2004, *Cne de Mantes-la-Jolie*, n° 261260 : *Lebon 249 ; BJCL 2004. 635, concl. Glaser ; BJCP 2004. 490 ; Dr. adm. 2004, n° 144, obs. Glaser ; LPA 15 févr. 2005, p. 13, chron. Morand-Deviller ; GDDAB, 3e éd., 2018. Comm. 74, note Yolka* • Civ. 1re, 25 janv. 2005, n° 00-17.233 • T. confl. 14 déc. 2009, *Synd. mixte de gestion du canal d'Orléans*, n° 3715 • CE 28 avr. 2017, n° 400054. ♦ ... Y compris si l'occupation sans titre résulte de la résiliation d'un contrat administratif. • Civ. 1re, 12 janv. 2011, n° 09-71.343 • TA Paris, 7 mai 2019, n° 1717274/6-2 : *AJDA 2019. 1650, concl. Marcus Rev. CMP. 2019, chron. 34 et 44, Soler-Couteaux, Zimmer et Waltuch ; Dr. voirie 2019, n° 210, p. 220, obs. Yolka*. ♦ En revanche, la décision d'une personne publique affectant le périmètre et la consistance de son domaine privé est détachable de la gestion de celui-ci et relève donc de la compétence du juge administratif. • T. confl. 15 mai 2017, *Sté Enedis c/ OPH de l'Aisne*, n° 4079 : *Rev. CMP 2017. 199, comm. Ubaud-Bergeron ; Rev. CMP 2018. Chron. 4, obs. Pietri* • CE, 7 févr. 2019, *Assoc. « Bien vivre à Garbejaire Valbonne »*, n° 417629 : *Lebon ; AJCT*

2019. 305, note Juilles ; AJDA 2019. 551, obs. de Montecler ; ibid. 980, chron. Malverti et Beaufils ; Rev. CMP 2019, comm. 167, note Soler-Couteaux ; Dr. adm. 2019, comm. 35, note Eveillard ; Dr. voirie 2019, p. 62, concl. Victor ; JCP A 2019. Actu. 178, obs. Erstein ; ibid. 2108, note Chamard-Heim (considérant toutefois que, si la contestation par une personne privée de l'acte, délibération ou décision du maire, par lequel une commune ou son représentant, gestionnaire du domaine privé, initie avec cette personne, conduit ou termine une relation contractuelle dont l'objet est la valorisation ou la protection de ce domaine et qui n'affecte ni son périmètre ni sa consistance relève de la compétence du juge judiciaire, la juridiction administrative est compétente pour connaître de la demande formée par un tiers tendant à l'annulation de la délibération d'un conseil municipal autorisant la conclusion d'une convention ayant pour objet la mise à disposition d'une dépendance du domaine privé communal et de la décision du maire de la signer). ♦ Il en est de même pour connaître de la contestation de l'acte administratif par lequel une personne publique refuse d'engager une relation contractuelle pour l'occupation du domaine privé (• T. confl., 5 mars 2012, *Dewailly*, n° 3833 : *JurisData n° 2012-003669 ; Rev. CMP 2012, comm. 143, note. P. Devillers ; AJDA 2012. 518 ; ibid. 1684, note Mokhtar ; RDI 2012. 159, obs. Foulquier ; JCP Adm. 2012. Actu. 202 ; ibid., 2180, note Martin ; GDDAB, 2018, 3e éd., n° 66)* : le juge administratif est compétent. Pour une illustration : • CAA Marseille, 17 mai 2019, n° 17MA03215 : *Rev. CMP 2019, comm. 282, obs. Muller.*

CHAPITRE II DISPOSITIONS PARTICULIÈRES

SECTION PREMIÈRE LOCATION, MISE À DISPOSITION ET AFFECTATION

SOUS-SECTION 1 DOMAINE IMMOBILIER

Art. L. 2222-1 Les préfets reçoivent les baux passés en la forme administrative par l'État et en assurent la conservation. Ils confèrent à ces actes l'authenticité en vue de leur publication au fichier immobilier lorsqu'elle est requise par les dispositions qui leur sont applicables. – *[C. dom. Ét., art. L. 76, ecqc les baux.]*

COMMENTAIRE

Le bail appartient à la catégorie générique des contrats de louage, dont le régime général est fixé par les articles 1708 et suivants du code civil. Ne sont ici visés par ces articles que les baux immobiliers conclus sur des dépendances du domaine privé, contrats en principe soumis au droit privé et relevant de la compétence judiciaire, mais qui peuvent, plus rarement, être administratifs et relever de la compétence du juge administratif s'ils répondent aux critères classiques du contrat administratif (V. le commentaire de l'art. L. 2331-1).

L'article L. 2222-1 s'inscrit dans la lignée de l'ancien article L. 76 du code du domaine de l'État, qui disposait que « les préfets reçoivent les actes intéressant le domaine privé immobilier de l'État, confèrent à ces actes l'authenticité et en assurent la conservation ». Le préfet est également l'autorité habilitée à consentir la location d'un immeuble du domaine privé de l'État, après fixation des conditions financières du contrat par le directeur départemental des finances publiques, sauf pour les locations constitutives de droits réelles portant sur un immeuble dont la valeur vénale est supérieure à un seuil fixé par le ministre chargé du domaine, ledit ministre étant alors compétent (V. art. R. 2222-1).

L'article L. 2222-2 vient combler un vide de l'ancien code qui ne prévoyait pas que les établissements publics de l'État puissent authentifier les baux conclus sur leur domaine privé.

L'article L. 1311-13 du code général des collectivités territoriales, auquel renvoie l'article L. 2222-3, attribue aux exécutifs locaux compétence pour recevoir et authentifier en vue de leur publication au service de la publicité foncière (ancien bureau des hypothèques) les actes concernant les droits réels immobiliers ainsi que les baux, passés en la forme administrative par ces collectivités et établissements publics. Il prévoit également, ajout opéré par l'article 97 de la loi n° 2009-526 du 12 mai 2009 de simplification et de clarification du droit et d'allégement des procédures, que la collectivité ou l'établissement est représenté, lors de la signature de l'acte, par un adjoint ou un vice-président dans l'ordre de leur nomination. En effet, cela permet que la même autorité (le maire, par exemple) ne signe pas le bail avant de l'authentifier. La compétence d'authentification ne pouvant être déléguée, le législateur a prévu que la collectivité serait représentée lors de la signature du bail.

L'article L. 1311-14 du code général des collectivités territoriales, auquel renvoie l'article L. 2222-4 et qui est issu de l'ordonnance n° 2006-460 du 21 avril 2006, étend aux collectivités et établissements locaux des trois départements en cause (Moselle, Bas-Rhin, Haut-Rhin) le principe de la réception et de l'authentification par leurs exécutifs respectifs des actes concernant les droits réels immobiliers ainsi que les baux, passés en la forme administrative par ces collectivités et établissements publics.

Ce dispositif d'authentification est calqué sur celui valable en matière d'acquisition. Il est donc possible de renvoyer au commentaire de l'article L. 1212-4.

Même si cette sous-section du code ne le prévoit pas, à l'inverse de l'article L. 1212-1 en matière d'acquisition, rien ne semble interdire que le bail soit conclu par acte notarié, le notaire étant alors chargé de l'authentification. ❑

Art. L. 2222-2 Les autorités des établissements publics de l'État qui sont habilitées par les statuts de ces établissements à signer les baux passés en la forme administrative par ces établissements les reçoivent et en assurent la conservation. Ces autorités confèrent à ces actes l'authenticité en vue de leur publication au fichier immobilier lorsqu'elle est requise par les dispositions qui leur sont applicables.

Art. L. 2222-3 La réception et l'authentification des baux passés en la forme administrative par les collectivités territoriales, leurs groupements et leurs établissements publics ont lieu dans les conditions fixées à l'article L. 1311-13 du code général des collectivités territoriales.

COMMENTAIRE

Voir le commentaire sous l'article L. 2222-1. ❑

Code général des collectivités territoriales

Art. L. 1311-13 Les maires, les présidents des conseils départementaux et les présidents des conseils régionaux, les présidents des établissements publics rattachés à une collectivité territoriale ou regroupant ces collectivités et les présidents des syndicats mixtes sont habilités à recevoir et à authentifier, en vue de leur publication *(Ord. n° 2010-638 du 10 juin 2010, art. 13-VIII)* « au fichier immobilier », les actes concernant les droits réels immobiliers ainsi que les baux, passés en la forme administrative par ces collectivités et établissements publics. *– [L. n° 82-213 du 2 mars 1982, art. 98-III.]*

(L. n° 2009-526 du 12 mai 2009, art. 97-I-1°) « Lorsqu'il est fait application de la procédure de réception et d'authentification des actes mentionnée au premier alinéa, la collectivité territoriale ou l'établissement public partie à l'acte est représenté, lors de la signature de l'acte, par un adjoint ou un vice-président dans l'ordre de leur nomination. » *– Applicable en Polynésie française (L. préc., art. 97-II).*

Art. L. 2222-4 La réception et l'authentification des baux passés en la forme administrative par les collectivités territoriales des départements de la Moselle, du Bas-Rhin et du Haut-Rhin, leurs groupements et leurs établissements publics ont lieu dans les conditions fixées à l'article L. 1311-14 du code général des collectivités territoriales.

COMMENTAIRE

Voir le commentaire sous l'article L. 2222-1. ❑

Code général des collectivités territoriales

Art. L. 1311-14 *(Ord. n° 2006-460 du 21 avr. 2006, art. 3-VII)* Les maires des communes et les présidents des conseils départementaux des départements de la Moselle, du Bas-Rhin et du Haut-Rhin, les présidents des établissements publics rattachés à une collectivité territoriale ou regroupant ces collectivités et les présidents des syndicats mixtes qui ont leur siège dans ces départements, le président du conseil régional d'Alsace ainsi que le président du conseil régional de Lorraine pour les actes soumis à publication dans le département de la Moselle sont habilités à recevoir et à authentifier, en vue de leur publication au livre foncier, les actes concernant les droits réels immobiliers ainsi que les baux passés, en la forme administrative, par ces collectivités et établissements publics. – *[L. n° 82-213 du 2 mars 1982, art. 98-IV.]*

Art. L. 2222-5 Les conditions dans lesquelles sont soumis au statut du fermage et du métayage les baux du domaine de l'État, des collectivités territoriales, de leurs groupements ainsi que des établissements publics, qui portent sur des biens ruraux constituant ou non une exploitation agricole complète, sont régies par les dispositions de l'article L. 415-11 du code rural et de la pêche maritime.

BIBL. ▸ **Encyclopédie :** YOLKA, Propriétés publiques - Baux ruraux, *J.-Cl. Propriétés publiques, fasc. 79-65*

Articles : YOLKA, Mise en concurrence des « baux ruraux administratifs » : la chèvre et le chou ?, *RD rur. 2019. 37* ; Les baux ruraux, *La Gazette.fr, Dossier à jour au 29 sept. 2015.* - CREVEL, Bail rural administratif, *Gaz. cnes 2012, n° 2111, p. 51.* - FOYER, L'État bailleur de baux ruraux, *RD rur. 2011. Repère 6.* - YOLKA, Baux ruraux des communes et droit de priorité des exploitants, *RD rur. 2009. Comm. 122* ; Le bail rural administratif, *JCP Adm. 2008, n° 47, p. 34.* - CHRISTOPHE, Les baux ruraux, *Territorial, 2008.* - LACHAUD, Statut du fermage et personne morale de droit public, *Ann. loyers mars 1999. 336.* - TOISON, Problèmes juridiques posés par la pratique agricole sur les terrains du Conservatoire du littoral, *RD rur. 1992. 274.* - MÉGRET, Les droits des agriculteurs sur les biens communaux en droit français, *Festschrift F. Schad, 1978, p. 358.* - CHARBONNIER, Les communes bailleresses rurales, *JCP N 1962. I. 1712.* - ESMEIN, L'application de la législation des baux ruraux aux Houillères nationales, *Rev. fermages 1948. 10.*

COMMENTAIRE

Les personnes publiques sont propriétaires de nombreux biens agricoles, qu'elles peuvent louer à des exploitants privés (V. par ex., à propos de baux ruraux consentis par des établissements publics de santé : Paris, 7 sept 2006, *AP-HP : JCP 2006. IV. 3081.* – Chambéry, 23 nov. 2004, *Chappelaz*, n° 04/00705). Ces contrats restent soumis au droit privé, mais ils dérogent partiellement au statut du fermage et du métayage (ceci justifiant que l'on emploie, à leur égard, l'expression *a priori* « oxymorique » de baux ruraux administratifs). L'article L. 2222-5 CGPPP renvoie à l'article L. 415-11 du code rural et de la pêche maritime. L'ordonnance n° 2006-460 du 21 avril 2006 (art. 3-III-3°) a modernisé la rédaction de cette dernière disposition (ainsi que, pour les départements d'outre-mer et Mayotte, de l'art. L. 461-26), sans modifier les règles antérieurement applicables. Toutes les personnes publiques sont désormais visées (l'État, les régions et les groupements de collectivités étant intégrés au dispositif), – sous la seule réserve des personnes publiques *sui generis* –, alors que l'ancienne version ne concernait explicitement que les départements, les communes et les établissements publics.

I. PÉRIMÈTRE DU BAIL RURAL ADMINISTRATIF

Biens en cause. Les collectivités publiques peuvent conclure des baux ruraux sur leur domaine privé, mais pas sur leur domaine public. Ces baux, d'une durée minimale de neuf ans, font en effet l'objet d'un renouvellement automatique (sauf motifs limitativement énumérés par le C. rur. : art. L. 411-31), qui apparaît contraire au principe de précarité des occupations du domaine public. Certaines dépendances du domaine privé ne sauraient davantage faire l'objet de tels baux : ainsi des réserves foncières (CGPPP, art. L. 2211-1), qui peuvent uniquement donner lieu à des concessions temporaires ne conférant au preneur aucun droit de renouvellement ni aucun droit à se maintenir dans les lieux lorsque l'immeuble est repris en vue de son utilisation définitive (V. C. urb., art. L. 221-2). De la même façon, échappent aux baux ruraux les forêts appartenant aux collectivités publiques, qui relèvent également du domaine privé. L'article L. 411-2 du code rural et de la pêche maritime exclut en effet du champ d'application du bail rural (notamment) les conventions portant sur l'utilisation de biens relevant du régime forestier. Or, les forêts publiques y sont presque systématiquement soumises (Chamard-Heim, Domaine privé – Forêts des collectivités publiques : *J.-Cl. Propriétés publiques, fasc. 47, n°s 54 à 59*). Ces forêts ne sauraient donc faire l'objet de baux ruraux, mais uniquement de conventions de pâturage mentionnées par l'article L. 137-1 du code forestier. Échappent encore à la législation sur les baux ruraux certaines réserves naturelles sous conventions de gestion (CGPPP, art.

R. 2222-8-4° et R. 2222-10) ainsi que les biens « communaux » – au sens strict – sur lesquels pèse un droit d'usage exclusif des habitants (Rép. min. n° 15924 : *JOAN Q, 10 févr. 2005, JO Sénat Q, 14 juill. 2005, p. 1909*).

Personnes en cause. Les communes ne sauraient louer à leurs élus des biens agricoles par bail rural. En dépit des propositions de loi visant à assouplir la législation, cette pratique tombe en effet sous le coup des dispositions relatives à la prise illégale d'intérêts, la conclusion de tels baux ne figurant pas au nombre des exceptions à cette incrimination prévues par l'article 432-12 du code pénal (sur le sujet, Circ. Chancellerie, 7 avr. 1998 : *BO Justice 30 juin, n° 70*. – Dobkine, Prise illégale d'intérêts et baux ruraux, *JCP N 1998. 1166*. – Rapport du groupe de travail relatif à la prévention du délit de prise illégale d'intérêts en matière de baux ruraux, *JCP N 1998. 1168*).

II. CONCLUSION DU BAIL RURAL ADMINISTRATIF

C'est aux assemblées délibérantes de statuer sur le principe de la conclusion du bail ; ensuite l'exécutif, chargé de mettre en œuvre les décisions prises, signera le contrat. L'assemblée doit se prononcer sur les caractéristiques essentielles de la convention ; sont illégales les délibérations se bornant à déterminer le montant du loyer, sans préciser la durée du bail ni son régime juridique (CE 5 déc. 2005, *Cne de Pontoy : Lebon 548 ; AJDA 2005. 2433, obs. Biget ; BJCP 2006. 151 ; Coll. terr. févr. 2006. 16, obs. Moreau ; Dr. adm. 2006. Comm. 30, note Glaser ; JCP Adm. 2005, p. 1845, obs. Rouault ; ibid. 2006, p. 81, concl. Glaser ; ibid., p. 912, chron. Glaser et Crépey ; JCP 2006. I. 120, n° 5, chron. Boiteau*). L'attribution du bail rural est réalisée soit à l'amiable, soit par adjudication (C. rur., art. L. 411-15). Quand le bail est conclu à l'amiable, le prix du fermage doit être compris entre les maxima et les minima prévus à l'article L. 411-11 du code rural (C. rur., art. L. 411-15, al. 2). Lorsqu'il est conclu par voie d'adjudication, les enchères sont arrêtées dès que le prix offert atteint le montant maximal fixé en application de la même disposition. Dans ce cas, tous les enchérisseurs peuvent se porter preneurs au prix maximal. Dans l'hypothèse d'une pluralité d'enchérisseurs à ce prix, le bailleur choisit le bénéficiaire du nouveau bail parmi eux, ou bien il procède par tirage au sort (C. rur., art. L. 411-15, al. 3). Enfin, certains exploitants bénéficient d'un droit de préférence pour l'attribution des baux ruraux des communes et des sections de commune (C. rur., art. L. 411-15, al. 4. – CGCT, art. L. 2411-10, al. 2).

III. RÉGIME DU BAIL RURAL ADMINISTRATIF

Les règles de fond habituelles, définies pour l'essentiel aux articles L. 411-1 et suivants du code rural et de la pêche maritime, s'appliquent à ces baux, qui sont ainsi soumis au statut du fermage et à la compétence du tribunal paritaire des baux ruraux (C. rur., art. L. 491-1). Toutefois, le juge administratif est compétent lorsque des textes particuliers le prévoient (C. envir., art. L. 211-13 ; C. rur., art. L. 411-79 ; CSP, art. L. 1321-2, al. 8 : contentieux des baux ruraux conclus sur des terrains appartenant à des personnes publiques et situés dans les zones de rétention temporaire des eaux de crue ou de ruissellement ou dans les zones de mobilité d'un cours d'eau ou encore dans les zones stratégiques pour la gestion de l'eau). L'article L. 411-27, alinéa 3, du code rural et de la pêche maritime dispose ensuite que des clauses visant au respect par le preneur de certaines pratiques culturales peuvent être incluses dans les baux, lors de leur conclusion ou de leur renouvellement, lorsque le bailleur est une personne morale de droit public (V. de plus, C. rur., art. R. 411-9-11-1, R. 411-9-11-2 à R. 411-9-11-4. – V. Bodiguel, Les clauses environnementales dans le statut du fermage, *Envir. 2011. Étude 10 ; JCP N 2011, n° 1226*. – Gilles, Le bail rural environnemental, *JCP N 2015. 1133*). Enfin, le régime du bail rural administratif s'écarte du droit commun à trois égards, en ce qui concerne la fin du contrat. En premier lieu, le preneur ne peut exercer – en cas d'aliénation du fonds – le droit de préemption dont il dispose d'ordinaire (V. C. rur., art. L. 412-1 s.), si l'aliénation est consentie à un organisme ayant un but d'intérêt public et si les biens vendus sont nécessaires à la réalisation de l'objectif poursuivi par l'organisme acquéreur (C. rur., art. L. 415-11, al. 2). En deuxième lieu, le bail peut, à tout moment, être résilié sur tout ou partie des biens loués lorsqu'ils sont nécessaires à la réalisation d'un projet déclaré d'utilité publique. Dans ce cas, le preneur a droit à une indemnité à raison du préjudice subi (C. rur., art. L. 415-11, al. 3. – Sur les conditions de résiliation du bail rural consenti par une commune souhaitant reprendre le terrain loué afin de planter une forêt : Rép. min. n° 111990 : *JOAN Q, 9 août 2011, p. 8546* ; Rép. min. n° 19105 : *JO Sénat Q, 11 août 2011, p. 2100*). En troisième lieu, « le preneur ne peut invoquer le droit de renouvellement du bail lorsque la collectivité, le groupement ou l'établissement public lui a fait connaître, dans un délai de dix-huit mois avant la fin du bail, sa décision d'utiliser les biens loués, directement et en dehors de toute aliénation, à une fin d'intérêt général » (C. rur., art. L. 415-11, al. 1er).

Cette description du droit positif doit être complétée par une interrogation prospective, le régime du bail rural administratif pouvant être déstabilisé par la perspective d'une mise en concurrence de l'attribution des contrats. On sait qu'à la suite du fameux arrêt « *Promoimpresa Srl* » (CJUE 14 juill. 2016 : *GDDAB, Dalloz, 3e éd., 2018, comm. 56, note Noguellou*), l'ordonnance n° 2017-562 du 19 avril 2017 relative à la propriété des personnes publiques a organisé une mise en concurrence des titres d'occupation du domaine public. Après la doctrine universitaire (Sudres, Occupation du domaine privé, ordonnance du 19 avril 2017 et mise en concurrence : *AJDA 2017. 2110*), la doctrine administrative a prescrit pour le domaine privé un alignement sur les règles applicables au domaine public (Rép. min. à QE n° 12868 : *JOAN Q, 29 janv. 2019, p. 861 ; Rev. CMP 2019, comm. 108, obs. Koebel ; Dr. adm. 2019, comm. 21, note Boul ; Dr. voirie 2019, p. 150, note Rollin ; JCP A 2019. 2081, obs. Emer ; JCP N 2019. Actu. 242 ; RD rur. mai 2019, p. 37, obs. Yolka*). C'est dire que dans un certain nombre de cas, à suivre cette réponse, les baux ruraux devraient être mis en concurrence, ce qui heurterait tout à la fois le droit au renouvellement du preneur et les droits de priorité prévus par les textes (C. rur., art. L. 411-15 ; CGCT, art. L. 2411-10 s. – V. Yolka, Occupation du domaine privé et mise en concurrence : le diable est dans les détails, *Dr. voirie 2019, n° 2*). ❑

1. Exclusions. Pas de baux ruraux sur le domaine public. • CE 15 nov. 1950, *Durel : Lebon 557* • CAA Lyon, 18 oct. 2011, *Club hippique des Alpes : Rev. CMP 2011. Comm. 355, obs. Llorens ; JCP Adm. 2012, n° 2325, chron. Chamard-Heim* • CAA Nancy, 14 juin 2013, *B. c/ Cne d'Avolsheim*, n° 13NC01090. ♦ Ni dans les réserves foncières. • Civ. 3e, 10 janv. 2007 P : *AJDA 2007. 1149 ; ibid. 488, obs. Rouquet ; JCP N 2007. 1235, note Roussel ; RD rur. 2007. Comm. 1, note Crevel.*

2. Droits de préférence. La violation des droits de préférence prévus par les textes (C. rur., art. L. 411-15, al. 4. – CGCT, art. L. 2411-10, al. 2) est sanctionnée par la nullité du bail. • Civ. 3e, 10 juin 2009 : *AJDA 2009. 1453 ; JCP N 2009. Actu. 481 ; RD rur. 2009. Comm. 122, note Yolka.* ♦ Elle engage également la responsabilité de la personne publique bailleresse. • CAA Nancy, 14 déc. 2017, *F. c/ Cne d'Eteimbes*, n° 16NC00388 • CAA Marseille, 12 févr. 2018, *E. c/ Sect. de cne de Montfalgoux*, n° 17MA02644. ♦ Le conseil municipal est tenu de vérifier que des exploitants disposant d'un droit de préférence ont pu présenter leur candidature. • CE 21 janv. 2011, *Kilbourg : JCP Adm. 2011. Actu. 81, obs. Dubreuil ; ibid., n° 14, p. 12, note Yolka ; JCP N 2011. Actu. 210 ; RD rur. 2011. Comm. 56, note Crevel.* ♦ Les délibérations décidant l'attribution d'un bail sans avoir examiné toutes les candidatures encourent l'annulation. • CAA Douai, 20 févr. 2007, *Marchand, CCAS Thenelles, Cne de Thenelles : AJDA 2007. 870*. ♦ Une candidature peut être écartée dès lors que l'attribution du bail aurait pour effet une extension de la taille de l'exploitation impliquant une autorisation préfectorale qui n'a pas été sollicitée. • CAA Bordeaux, 22 juin 2018, *L. c/ Cne de Prades-d'Aubrac*, nos 16BX01600 et 16BX01601. ♦ Une EARL peut bénéficier d'un tel droit de préférence. • CE, avis, 15 juin 2011, n° 345540 : *AJDA 2011. 1232, obs. Grand ; BJCL 2011. 596, concl. Geffray ; JCP Adm. 2011. Actu. 465, obs. Erstein.* ♦ Ce droit n'interdit pas l'attribution d'un lot au motif que le demandeur ne réside pas sur le territoire de la section ou n'y est pas exploitant. • CAA Marseille, 2 mai 2000, *Cne de Grand-Vals : Gaz. Pal. 29-31 juill. 2001, p. 30 ; RFDA 2002. 653*. ♦ Le droit de priorité n'est pas contraire aux exigences européennes. • CAA Lyon, 30 nov. 2006, *Christophe Y.*, n° 04LY01214 • CAA Nancy, 18 nov. 2004, *Cne de Freybouse*, nos 03NC00004, 03NC00024 et 03NC00029. ♦ En revanche, la question de sa constitutionnalité n'a pas été tranchée, le Conseil d'État ayant refusé de transmettre une QPC à ce sujet. • CE 7 oct. 2013, *Sect. de cne de Brousse-et-Selves : AJDA 2014. 194*.

3. Statut du fermage. Application des règles sur l'interdiction de modifier en cours de bail la forme de la chose louée. • Civ. 3e, 20 févr. 2008, *GAEC Dolbois Frères : JCP 2008. IV. 1542.* ♦ ... Ou la destination. • Civ. 3e, 17 mai 2005, n° 04-13.544. ♦ ... Ou sur l'attribution du droit de chasse au preneur (C. rur., art. L. 415-7), V. par ex. *a contrario* • CE 3 oct. 1986, *Féd. nationale des exploitants agricoles : Lebon 362.* ♦ Sur la prohibition de la sous-location. • Civ. 3e, 2 juill. 2013, n° 12-15.579. – V. • Montpellier, 5 janv. 2012, n° 11/06447 • Soc. 3 juin 1964 : *Bull. civ. IV, n° 474.* ♦ Ou encore, sur l'absence de libre cessibilité du bail (C. rur., art. L. 435-11). En ce sens

• Civ. 3e, 7 avr. 2004, n° 02-19.870 P : *JCP N 2005, n° 69, note Grimonprez.*

4. Compétence du TPBR (portée/limites). La compétence relative au contentieux des baux ruraux des collectivités publiques est celle du tribunal paritaire des baux ruraux. • CAA Lyon, 26 janv. 1995, *Cne de Chastel-sur-Murat,* n° 93LY00632. ♦ Il avait été considéré par le passé que le TPBR restait compétent pour trancher les litiges relatifs aux baux ruraux conclus sur le domaine privé, nonobstant la présence de clauses exorbitantes du droit privé. • T. confl. 22 nov. 1965, *Calmette : Lebon T. 818 ; D. 1966. 259, note Lenoir ; JCP 1965. II. 14427, note Sandevoir ; JCP 1966. II. 14483, concl. Lindon, obs. O. D.* • Civ. 1re, 2 mai 1996 : *Bull. civ. I, n° 258* • 16 juill. 1986 : *Bull. civ. I, n° 210 ; D. 1986. IR 378.* ♦ Indépendamment de la redéfinition de la notion de clause exorbitante. • T. confl. 13 oct. 2014, *Sté Axa France IARD : Lebon 471 ; AJDA 2014. 2180, chron. Lessi et Dutheillet de Lamotte ; Rev. CMP 2014, n° 322, note Eckert ; Dr. adm. 2015, n° 3, note Brenet.* ♦ Cette solution ne reflète plus la jurisprudence dominante. • T. confl. 17 nov. 1975, *Leclert : Lebon 800 ; D. 1976. 340, note Roche ; JCP 1976. II. 18480, note Ourliac et de Juglart ; JCP 1977. II. 18539, note Truchet* • 21 mai 2001, *Clément : Ann. loyers sept. 2001, n° 9, note Lachaud* • Soc. 26 janv. 1967 : *Bull. civ. IV, n° 83 ; D. 1967. 233* • Civ. 3e, 9 mars 2005 : *AJDI 2005. 583, obs. Prigent ; Dr. et patr. 9/2005. 106, obs. Barbieri* • CE 9 nov. 1979, *Leclert : Lebon 409* • CAA Nantes, 27 sept. 1989, *Boivin : Lebon 540 ; RFDA 1990. 389* . ♦ Et ce, en dépit de rares solutions hétérodoxes. • Civ. 1re, 16 oct. 2013, *Jullian : AJDA 2014. 409, note Yolka ; Ann. loyers 2014. 568, comm. Lachaud ; BJCP 2014. 230 ; Rev. CMP mars 2015. 20, chron. Llorens et Soler-Couteaux ; JCP N 13 déc. 2013, p. 47, chron. Barbieri ; RD rur. 2014. Comm. 64, obs. Sortais.* ♦ La compétence du TPBR cède toutefois face à celle du juge administratif en ce qui concerne le contentieux des actes détachables de la gestion du domaine privé (V. comm. ss. l'art. L. 2331-1), au moins s'agissant du litige né de la décision de refus de contracter. • T. confl. 5 mars 2012, *Dewailly,* n° 3833 : *Lebon 506 ; AJDA 2012. 518, obs. Brondel ; ibid. 1684, note Mokhtar ; BJCP 2012. 219 ; Rev. CMP 2012, n° 143, obs. Devillers ; GDDAB, 3e éd., 2018. Comm. 72, obs. Yolka ; JCP Adm. 2012. Actu. 202, obs. Dubreuil ; ibid., n° 2180, note Martin ; ibid., n° 2325, chron. Chamard-Heim* • CAA Marseille, 23 déc. 2016, *D. c/ Cne de Lunel,* n° 15MA01966 • CAA Nantes, 24 mai 2017, *EARL A. c/ Cne de Montmartin-en-Graignes,* n° 15NT02382. ♦ Dans le même sens, pour des conventions pluriannuelles de pâturage. • CAA Lyon, 21 oct. 2014, n° 13LY01991, *Cne de Champagny-en-Vanoise* • 22 oct. 2015, n° 15LY01012, *Desgranges.*

5. Fin du bail. L'art. L. 415-11, al. 1er, C. rur. n'impose pas que le congé donné en vue d'une utilisation des biens loués à une fin d'intérêt général précise « les conditions dans lesquelles l'objectif sera réalisé ». • Civ. 3e, 9 juill. 2003 : *Bull. civ. III, n° 151 ; Dr. et pr. nov.-déc. 2003, n° 6, p. 386 ; JCP 2003. IV. 2592.* ♦ En attribuant au maire le pouvoir de conclure le bail, le conseil municipal lui délègue nécessairement la faculté de ne pas le renouveler à son échéance ; en outre, aucune disposition n'oblige l'auteur du congé à mentionner, à peine de nullité, la délibération l'autorisant à le délivrer. • Civ. 3e, 15 févr. 2018, *X. et EARL Les écuries X.,* n° 16-18463 : *RD rur. 2018. Comm. 82, note Crevel.* ♦ L'autorisation prévue par l'art. L. 411-32 C. rur. ayant pour effet de priver le preneur du droit d'exploiter les parcelles dont le bailleur entend changer la destination, il appartient au préfet – avant de la délivrer – de s'assurer que la résiliation du bail ne porte pas une atteinte excessive à la situation du preneur. • CAA Douai, 8 févr. 2018, *GAEC D.,* n° 14DA01474. ♦ En revanche, elle n'entre dans aucune des catégories de décisions qui doivent être motivées en application de la L. du 11 juill. 1979. • CAA Nancy, 8 juin 2017 : *D. c/ Cne de Meistratzheim, n° 16NC00476.* ♦ Une commune exerce légalement son droit de reprise, lorsqu'elle agit en vue de permettre l'utilisation collective et rationnelle de terrains municipaux. • Civ. 3e, 24 févr. 1976 : *Bull. civ. III, n° 82.* ♦ V. aussi, pour la réalisation d'un programme de construction de logements sociaux pour des agents publics : • Civ. 3e, 15 avr. 1982 : *Bull. civ. III, n° 91.* ♦ En revanche, paraissent exclues les opérations de construction impliquant la vente préalable des terrains repris. • Soc. 3 juin 1964 : *Bull. civ. IV, n° 473* • 6 avr. 1965 : *Bull. civ. IV, n° 306* • 30 avr. 1965 : *Bull. civ. IV, n° 336* • Nîmes, 27 nov. 2007 : *RD rur. 2008, n° 47, note Crevel.* ♦ L'augmentation de ses ressources ne constitue pas, pour un établissement public, une utilisation de son bien à une fin d'intérêt général susceptible d'en justifier la reprise, pareil établissement ne pouvant non plus se prévaloir du droit de reprise réservé aux personnes morales à objet agricole. • Civ. 3e, 12 déc. 2012 : *AJDI 2014. 49, obs. Prigent ; JCP Adm. 2013, n° 2125, chron. Chamard-Heim ; JCP 2013, 301, note Barbieri ; RD rur. 2013. Comm. 2 et 3, note Crevel.*

Code rural et de la pêche maritime

Art. L. 415-11 Les baux du domaine de l'État, *(Ord. n° 2006-460 du 21 avr. 2006, art. 3-XII)* « des collectivités territoriales, de leurs groupements ainsi que des établissements publics, » lorsqu'ils portent sur des biens ruraux constituant ou non une exploitation agricole complète, sont soumis aux dispositions du présent titre. Toutefois, le preneur ne peut invoquer le droit au renouvellement du bail lorsque la collectivité *(Ord. n° 2006-460 du 21 avr. 2006, art. 3-XII)* « , le groupement » ou l'établissement public lui a fait connaître, dans un délai de dix-huit mois avant la fin du bail, sa décision d'utiliser les biens loués, directement et en dehors de toute aliénation, à une fin d'intérêt général.

En outre, en cas d'aliénation, le preneur ne peut exercer le droit de préemption si l'aliénation est consentie à un organisme ayant un but d'intérêt public et si les biens vendus sont nécessaires à la réalisation de l'objectif poursuivi par l'organisme acquéreur.

Enfin, le bail peut, à tout moment, être résilié sur tout ou partie des biens loués lorsque ces biens sont nécessaires à la réalisation d'un projet déclaré d'utilité publique ; dans ce cas, le preneur a droit à une indemnité à raison du préjudice qu'il subit.

. . . .

Art. L. 461-26 *(Ord. n° 2016-391 du 31 mars 2016, art. 6, en vigueur le 1er juill. 2016)* Le preneur ne peut faire apport de son droit au bail à une société civile d'exploitation agricole ou à un groupement de propriétaires ou d'exploitants qu'avec l'agrément personnel du bailleur et sans préjudice du droit de reprise de ce dernier.

En cas de contravention aux dispositions du premier alinéa, le propriétaire a le droit de rentrer en jouissance et le preneur est condamné aux dommages-intérêts résultant de l'inexécution du bail.

Ancien art. L. 461-26 *Les baux du domaine de l'État,* (Ord. n° 2006-460 du 21 avr. 2006, art. 3-XII) *« des collectivités territoriales, de leurs groupements, des établissements publics » et des organismes mentionnés à l'article L. 128-7* [abrogé] *du code rural* (Ord. n° 2012-789 du 31 mai 2012, art. 10-VII) *« et de la pêche maritime, ou à Mayotte, de l'opérateur foncier mentionné l'article L. 182-25, » lorsqu'ils portent sur des biens ruraux constituant ou non une exploitation agricole complète, sont soumis aux dispositions du présent chapitre.*

Toutefois, le preneur ne peut invoquer le droit au renouvellement du bail lorsque la collectivité (Ord. n° 2006-460 du 21 avr. 2006, art. 3-XII) *« , le groupement » ou l'établissement public lui a fait connaître, dans le congé, sa décision d'utiliser les biens loués, directement et en dehors de toute aliénation, à une fin d'intérêt général.*

En outre, en cas d'aliénation, le preneur ne peut exercer le droit de préemption si l'aliénation est consentie à un organisme ayant un but d'intérêt public et si les biens vendus sont nécessaires à la réalisation de l'objectif poursuivi par l'organisme acquéreur.

Enfin, le bail peut à tout moment être résilié sur tout ou partie des biens loués lorsque ces biens sont nécessaires à la réalisation d'un projet d'utilité publique ; dans ce cas, le preneur a droit à une indemnité, à raison du préjudice qu'il subit. — [Anc. art. 27 de la L. n° 63-1236 du 17 déc. 1963.]

Art. L. 2222-5-1 *(Ord. n° 2014-159 du 20 févr. 2014, art. 4-II)* **Un bien immobilier appartenant au domaine privé des collectivités territoriales, à leurs groupements ou à leurs établissements publics ainsi qu'aux établissements publics fonciers de l'État peut faire l'objet d'un bail réel immobilier prévu à l'article L. 254-1 du code de la construction et de l'habitation en vue de la location ou de l'accession temporaire à la propriété de logements relevant du régime du logement intermédiaire défini à l'article L. 302-16 du même code.**

BIBL. ▶ Coulon, De la cession des droits issus du bail réel solidaire, *JCP N 2019, p. 29.* – Coutant-Lapalus, Le bail réel solidaire, *JCP N 22 juin 2018. 48.* – Sardot et Teitgen, Le bail réel solidaire, un outil de mixité sociale, *ibid. 30 mars 2018. 23.* – Bail réel immobilier et bail réel solidaire : nouveaux dispositifs pour de nouveaux logements, *dossier in Actes pratiques et ingénierie immobilière 3/2017.* – Perruchot-Triboulet, Le bail réel immobilier de logements intermédiaires, *Ann. loyers juill. 2014. 1041.* – Wertenschlag, Le logement intermédiaire après l'ordonnance du 20 février 2014, *AJDI 2014. 509* ✐. – Poumarède, Le bail réel immobilier logement, *RDI 2014. 265* ✐. – Zalewski-Sicard, Contrat de bail réel immobilier. Formule, *Constr.-Urb. sept. 2014. 37.* – Louvel, Droit réel conféré aux opérateurs du logement social sur le domaine privé des personnes publiques, *Actes pratiques et ingénierie immobilière 3/2013, p. 32.* – Bail réel immobilier et bail réel immobilier administratif, *dossiers spéciaux in RDI 9/2013 ; RFDA 4/2013.*

COMMENTAIRE

L'ordonnance n° 2014-159 du 20 février 2014 relative au logement intermédiaire (art. 4. BIMP mars 2014, p. 5 ; *BJCP 2014. 232, obs. Terneyre ; Rev. CMP avr. 2014. 21, obs. Clamour ; D. 2014. 1320, obs. Cheuvreux* ; *Dr. et patr. 4/2015. 83, chron. Davignon et Poumarède ; JCP Adm. 2014, n° 2247, comm. Kan-Balivet ; JCP 2014. 519, obs. Cheuvreux, Leveneur et Leonetti ; Loyers et copr. 2014. 3, obs. Coutant-Lapalus ; RTDI 2014. 31, obs. Mallet-Bricout*) a créé un nouveau bail de longue durée, le bail réel immobilier, assorti d'une obligation de construction de logements ou de réhabilitation de logements existants. Ce contrat permet à un propriétaire de concéder des droits réels à un preneur en vue de la location ou de l'accession à la propriété de logements, sous des conditions de plafonds de ressources, de niveaux de loyers ou de prix de cession visant des ménages qui n'ont pas accès au logements locatif social et ont des difficultés à se loger sur le marché du logement libre. Initialement applicable dans 28 agglomérations et 7 communes représentant environ 22 millions d'habitants vivant dans des secteurs de marché tendus du logement définis dans l'ordonnance, ce bail pourrait concerner, à terme, 8 à 15 % du marché de la production de logements nouveaux, construits ou réhabilités desdites agglomérations, selon les termes de l'analyse des impacts de ce nouveau dispositif (Rép. min. n° 30407 : *JOAN Q, 9 déc. 2014, p. 10354*). L'ordonnance, complétée par le décret n° 2014-1102 du 30 septembre 2014 et modifiée par la loi « Macron » n° 2015-990 du 6 août 2015 (spéc. art. 73 et 77), est applicable au domaine privé – et non au domaine public, dont l'inaliénabilité exclut la constitution de droits réels civils — des collectivités territoriales, de leurs groupements ou de leurs établissements publics ainsi que des établissements publics fonciers de l'État. Cet outil, qui s'ajoute à d'autres instruments permettant d'attribuer des droits réels sur le domaine privé – baux à construction, baux emphytéotiques de droit privé ou de droit public, baux à réhabilitation – n'est donc pas mobilisable sur le domaine privé de l'État ou des établissements public nationaux autres que fonciers (VNF, etc.) ; il est permis de s'interroger sur les motifs d'une telle exclusion, qui paraît discutable.

Le décret n° 2016-855 du 27 juin 2016 relatif au bail réel immobilier (*JO 29 juin 2016 ; JCP Adm. 2016. Actu. 607 ; JCP N 2016. Actu 827, comm. Cheuvreux et Leonetti ; RDI 2016. 546, obs. Poumarède*) définit les modalités d'application des articles L. 254-1 et suivants du code de la construction et de l'habitation créées par l'article 4 de l'ordonnance n° 2014-159 du 20 février 2014 relative aux logements intermédiaires (V. ci-dessous). Il précise la méthode de calcul de la valeur des droits réels afférents aux logements, objets du bail, appliquée à chaque cession de ces droits. Il détermine les modalités de contrôle de l'affectation des logements et les sanctions liées à la méconnaissance de cette affectation. En outre, il précise les titulaires et les conditions d'exercice de l'action en nullité des contrats conclus en méconnaissance de l'article L. 254-1 précité.

A ce dispositif s'est ajouté depuis lors celui relatif au « bail réel solidaire » (Ord. n° 2016-985 du 20 juill. 2016 relative au bail réel solidaire : *JCP N 2016. Actu 925, obs. Roussel* ; Décr. n° 2017-1038 du 10 mai 2017 ; L. n° 2018-1021 du 23 nov. 2018, art. 12. – V. CCH, art. L. 255-1 s. et R. 255-1 s.), outil opérationnel entre les mains des organismes de foncier solidaire créés par l'article 164 de la loi n° 2014-366 du 24 mars 2014 pour l'accès au logement et un urbanisme rénové. Si les textes institutifs ne prévoyaient pas explicitement qu'il puisse porter sur des biens appartenant aux personnes publiques, l'évolution postérieure conduit à envisager cette hypothèse (qui n'était d'ailleurs pas expressément exclue par les textes en cause). Ainsi, l'article 23-II de la loi n° 2018-1021 du 23 novembre 2018 portant évolution du logement, de l'aménagement et du numérique, dite « ELAN » *(JCP A 2019. 2025, chron. Roux ; Rev. CMP 2019. Comm. 2, obs. Clamour)*, a modifié le dispositif de cession spécifique prévu à l'article L. 3211-7 du code général de la propriété des personnes publiques pour y intégrer les logements faisant l'objet d'un contrat de bail réel solidaire. Ce dernier est devenu un outil privilégié d'accession à la propriété, qui rencontre plus de succès que le « BRILO » (bail réel immobilier relatif au logement).

Reprenant une idée évoquée antérieurement, un rapport parlementaire et une proposition de loi ont plus récemment préconisé une fusion de différents dispositifs (baux emphytéotiques, réels solidaires, à construction), avec création à la clef d'un nouveau bail réel immobilier (Lagleize, La maîtrise des coûts du foncier dans les opérations de construction : rapp. au Premier min., nov. 2019, proposition 49. – Et prop. loi AN n° 357, 28 nov. 2019). ❑

Code de la construction et de l'habitation

Art. L. 254-1 Constitue un contrat dénommé "bail réel immobilier" le bail par lequel un propriétaire personne physique ou personne morale de droit privé *(Abrogé par L. n° 2015-990 du 6 août 2015, art. 73) « , dans le périmètre mentionné à l'article L. 302-16, »* consent, pour une longue durée, à un preneur, avec obligation de construire ou de réhabiliter des constructions existantes, des droits réels en vue de la location ou de l'accession temporaire à la propriété de logements :

1° Destinés, pendant toute la durée du contrat, à être occupés, à titre de résidence principale, par des personnes physiques dont les ressources n'excèdent pas des plafonds, fixés par décret en fonction de la typologie du ménage, de la localisation et du mode d'occupation du logement, lesquels ne sauraient être inférieurs, pour les logements donnés en location, aux plafonds prévus au chapitre unique du titre III du livre III ;

2° Dont, pendant toute la durée du contrat, le prix d'acquisition ou, pour les logements donnés en location, le loyer n'excède pas des plafonds fixés par décret en fonction de la localisation du logement, de son type et, le cas échéant, de son mode de financement, lesquels ne sauraient être inférieurs, pour les logements donnés en location, aux plafonds prévus au chapitre unique du titre III du livre III.

Ce contrat peut également être conclu par les collectivités territoriales, leurs groupements, leurs établissements publics ainsi que par les établissements publics fonciers de l'État.

Il est régi par les dispositions du présent chapitre.

Le bail réel immobilier est consenti pour une durée de dix-huit à quatre-vingt-dix-neuf ans par les personnes qui ont le droit d'aliéner. Il ne peut prévoir aucune faculté de résiliation unilatérale ni faire l'objet d'une tacite reconduction.

Le bail réel immobilier oblige le preneur à effectuer les travaux mentionnés aux trois premiers alinéas sur l'immeuble objet du bail, dans le respect des règles applicables à de telles opérations. Le preneur ne peut, sauf stipulations contraires, exécuter d'autres ouvrages ou travaux que ceux prévus initialement.

Les constructions et améliorations réalisées par le preneur demeurent sa propriété en cours de bail et deviennent la propriété du bailleur à son expiration. A l'issue du bail, le preneur ne peut réclamer, sauf stipulations contraires, d'indemnité au regard des améliorations qu'il a effectuées.

Le contrat de bail détermine, le cas échéant, les activités accessoires qui pourront être exercées dans l'immeuble objet du bail et subordonne à l'accord du bailleur tout changement d'activité.

Art. L. 254-2 Le preneur ne peut effectuer aucun changement qui diminue la valeur de l'immeuble et ne peut, sauf stipulation contraire, démolir en vue de les reconstruire les ouvrages existants ou qu'il a édifiés.

Le preneur peut jouir librement des constructions de l'immeuble et des installations ou constructions qu'il a édifiées ou rénovées, dès lors qu'il n'est pas porté atteinte à la destination de l'immeuble telle qu'elle est mentionnée à l'article L. 254-1, ou à l'état dans lequel il a été convenu que ces constructions seraient remises en fin de bail.

Le preneur peut céder son propre droit au bail, céder son droit de propriété temporaire sur les constructions édifiées et librement consentir des baux sur l'immeuble, dans les conditions prévues aux articles L. 254-4 à L. 254-6. Les baux s'éteignent à l'expiration du bail réel immobilier, sauf si le contrat de bail réel immobilier en prévoit la continuation par le bailleur, et sous réserve des dispositions prévues au troisième alinéa de l'article L. 254-4. Le droit de propriété temporaire constitué s'éteint à l'expiration du bail réel immobilier.

Le preneur peut acquérir des servitudes actives et consentir les servitudes passives indispensables à la réalisation des constructions et ouvrages édifiés en application du contrat de bail. Sauf accord du bailleur, il ne peut constituer des servitudes passives au-delà de la durée du bail.

Il doit maintenir en bon état d'entretien et de réparations les constructions existant lors de la conclusion du bail et celles qu'il réalise pendant la durée de celui-ci. Il est tenu des réparations de toute nature en ce qui concerne les constructions existant au moment du bail et celles qui auront été élevées, mais il n'est pas obligé de les reconstruire s'il prouve qu'elles ont été détruites par cas fortuit, force majeure, ou qu'elles ont péri par le vice de la construction antérieure au bail.

Le preneur est tenu de toutes les charges, taxes et impôts relatifs tant à l'immeuble donné à bail qu'aux constructions réalisées.

Art. L. 254-3 Le preneur s'acquitte du paiement d'une redevance dont le montant tient compte des conditions d'occupation des logements, objet *[objets]* du bail réel immobilier. Il ne peut se libérer de la redevance, ni se soustraire à l'exécution des conditions du bail réel immobilier en délaissant l'immeuble.

Le bail réel immobilier peut prévoir l'obligation pour le preneur de se libérer, par avance, du paiement de la redevance, pour tout ou partie de la durée du bail.

A défaut pour le preneur d'exécuter ses obligations contractuelles, notamment en cas de défaut de paiement de la redevance non régularisé six mois après une mise en demeure signifiée par acte extrajudiciaire, le bailleur peut demander la résiliation par le juge du bail réel immobilier. En cas de résiliation amiable ou par le juge, les baux d'habitation conclus par le preneur sont transférés de plein droit au bailleur.

Le droit réel issu du bail réel immobilier ainsi que les constructions édifiées ou réhabilitées sur le terrain donné à bail peuvent être cédés dans les conditions prévues par l'article L. 254-2 et hypothéqués. Ce droit peut être saisi dans les formes prescrites pour la saisie immobilière. Les parties peuvent librement convenir de la date d'échéance des sûretés qu'elles constituent. A défaut, celles-ci prennent fin au moment de la résiliation du contrat de bail.

Art. L. 254-4 Lorsque le titulaire des droits réels relatifs au logement, objet du bail réel immobilier, décide de le mettre en location, le contrat de location reproduit en caractères apparents, sous peine de nullité, les dispositions de l'article L. 254-1 et du troisième alinéa de l'article L. 254-2.

Dans les baux qu'il consent en application de la loi n° 89-462 du 6 juillet 1989 tendant à améliorer les rapports locatifs et portant modification de la loi n° 86-1290 du 23 décembre 1986 et des chapitres II et III du titre III du livre VI du présent code, le preneur mentionne, en caractères apparents, la date d'extinction du bail réel immobilier et son effet sur le contrat de bail en cours.

A défaut, et par dérogation aux dispositions du troisième alinéa de l'article L. 254-2, les bénéficiaires du droit au bail d'habitation consenti en application de la loi n° 89-462 du 16 juillet 1989 tendant à améliorer les rapports locatifs et portant modification de la loi n° 86-1290 du 23 décembre 1986 ont le droit de se maintenir dans les lieux pendant une durée de trente-six mois à compter de la date d'expiration du bail réel immobilier moyennant une indemnité d'occupation égale au dernier loyer d'habitation expiré et payable dans les mêmes conditions. Cette durée est réduite à douze mois pour les bénéficiaires de baux consentis en application des chapitres II et III du titre III du livre VI du présent code.

Art. L. 254-5 Pour tout projet de cession des droits réels afférents aux logements, objet du bail réel immobilier, l'acquéreur reçoit de la part du cédant une offre préalable d'acquisition mentionnant expressément, en caractères apparents, le caractère temporaire du droit réel, sa date d'extinction, et reproduisant en termes apparents les dispositions du présent chapitre.

Le cédant est tenu de maintenir son offre préalable pour une durée de trente jours minimum à compter de sa réception par l'acquéreur potentiel. Cette offre préalable ne peut être acceptée par l'acquéreur potentiel, par la signature d'une promesse de vente ou d'une vente, avant un délai de dix jours à compter de sa réception.

Les règles fixées aux alinéas précédents sont prescrites à peine de nullité de la vente.

La preuve du contenu et de la notification de l'offre pèse sur le cédant.

Art. L. 254-6 Les dispositions des articles L. 271-1 à L. 271-3 relatives à la protection de l'acquéreur sont applicables aux actes conclus en vue de l'acquisition des droits réels afférents aux logements, objet *[objets]* du bail réel immobilier.

Art. L. 254-7 Sans préjudice des articles 515-6, 763 et 764 du code civil et par dérogation à l'article L. 254-4, les conditions de ressources définies à l'article L. 302-16 ne sont applicables ni aux transmissions successorales des logements au conjoint survivant, quel que soit le régime matrimonial, ni au partenaire d'un pacte civil de solidarité, prévu aux articles 515-1 à 515-7-1 du code civil, quel que soit le régime de ce pacte, ni aux personnes mentionnées à l'article 14 de la loi n° 89-462 du 6 juillet 1989 tendant à améliorer les rapports locatifs et portant modification de la loi n° 86-1290 du 23 décembre 1986, ni au conjoint survivant cotitulaire du bail dans les conditions définies à l'article 1751 du code civil, lesquels pourront continuer à occuper les lieux.

Art. L. 254-8 Les contrats *(L. n° 2015-990 du 6 août 2015, art. 77)* « de bail réel immobilier » conclus en méconnaissance de l'article L. 254-1 sont frappés de nullité. Les titulaires et conditions d'exercice de l'action en nullité sont précisés par décret en Conseil d'État.

SOUS-SECTION 2 DOMAINE MOBILIER

Art. L. 2222-6 Les biens mobiliers du domaine privé de l'État peuvent être mis à la disposition d'un service de l'État ou donnés en location par l'autorité compétente.

Un décret en Conseil d'État détermine les conditions d'application du présent article *[V. art. R. 2222-6]*. – *[C. dom. Ét., art. L. 46, al. 1er.]*

COMMENTAIRE

Cet article prend la suite de l'alinéa 1er de l'ancien article L. 46 du code du domaine de l'État. Si son champ d'application est inchangé (il ne vaut que pour les biens mobiliers appartenant au domaine privé de l'État), sa rédaction est moins détaillée.

Alors que l'article L. 46 précisait que cette opération de location ou de mise à disposition était décidée par le service des domaines, l'article L. 2222-6 mentionne sans plus de précision l'autorité compétente, autorité qui a été précisée par l'article R. 2222-6 (la mise à disposition est consentie par le préfet après fixation des conditions financières par le directeur départemental des finances publiques). Ensuite, et peut-être surtout, l'article L. 46, alinéa 1er, indiquait que le service affectataire fixait les conditions techniques de l'opération, en accord avec le service des domaines qui en arrêtait les conditions financières. La partie réglementaire est muette sur ce point, ce qui semble signifier que le préfet est seul compétent pour prévoir lesdites conditions techniques. ❑

Art. L. 2222-7 Les opérations de mise à disposition ou de location ne peuvent être réalisées ni à titre gratuit, ni à un prix inférieur à la valeur locative. – *[C. dom. Ét., art. L. 46, al. 2.]*

COMMENTAIRE

Cette disposition reprend une exigence auparavant prévue par le second alinéa de l'article L. 46 du code du domaine de l'État.

Mais, alors que le précédent texte ne s'appliquait qu'aux biens du domaine privé mobilier de l'État, on ne sait pour l'instant si cet article vaut également pour les autres personnes publiques. En effet, contrairement à l'article L. 2222-6, il ne précise aucunement qu'il ne vaudrait que pour les biens de l'État et l'on pourrait en déduire que son champ d'application est dès lors général (et ce d'autant plus que rien ne semble justifier une différence de traitement).

Le ministre de l'intérieur s'est pourtant prononcé pour l'inapplicabilité de cette disposition aux collectivités territoriales : « En ce qui concerne l'article L. 2222-7 du code général de la propriété des personnes publiques, il ne vise quant à lui que les opérations de mise à disposition ou de location de biens mobiliers du domaine privé de l'État mentionnées à l'article L. 2222-6. En effet, il reprend sans modification de fond les dispositions du deuxième alinéa de l'article L. 46 du code du domaine de l'État et n'est pas au nombre de ceux dont l'extension à l'ensemble des personnes publiques a été décidée. Par conséquent, sous réserve de l'appréciation souveraine du juge, l'article L. 2222-7 du code général de la propriété des personnes publiques ne s'applique pas aux biens mobiliers du domaine privé des collectivités territoriales. Ces derniers sont, en revanche, concernés par l'article L. 2221-1 du code général de la propriété des personnes publiques, aux termes duquel les personnes publiques gèrent librement leur domaine privé selon les règles qui leur sont applicables. Sauf disposition particulière et sous réserve de respecter le principe d'égalité, les collectivités territoriales déterminent donc librement les conditions de mise à disposition des biens meubles de leur domaine privé. Il n'apparaît donc pas opportun de modifier ces dispositions, au demeurant récentes » (Rép. min. n° 02866 : *JO Sénat Q, 27 mars 2008, p. 620*). ❑

Art. L. 2222-8 **La location ou le prêt à usage des matériels nécessaires à la pratique du vol à voile et du parachutisme, prévus à l'article L. 510-1 du code de l'aviation civile, peuvent être réalisés gratuitement au profit d'associations aéronautiques agréées, par dérogation aux dispositions de l'article L. 2222-7. Dans l'un et l'autre cas, le contrat a pour effet de transférer auxdites associations la responsabilité des dommages causés par les matériels loués ou prêtés.**

COMMENTAIRE

Cette disposition reprend les dispositions de l'article L. 510-1 du code de l'aviation civile (devenu art. L. 6611-1 du code des transports sans que le présent code ne soit modifié en conséquence) en précisant qu'il est possible d'opérer à titre gratuit la location de ces matériels à des associations agréées.

Tout l'enjeu est ici de savoir si cet article vaut non seulement pour les aéroports appartenant à l'État, mais aussi, hypothèse évidemment très importante en pratique, pour les nombreux aéroports dont la propriété a été transférée par l'État aux collectivités territoriales et à leurs groupements. La logique voudrait sans doute que la réponse soit ici la même que pour l'application de l'article précédent. ❑

Art. L. 2222-9 **Les biens mobiliers dont, à l'occasion d'une procédure pénale, la propriété a été transférée à l'État suite à une décision judiciaire définitive peuvent être affectés, à titre gratuit, dans les conditions déterminées par arrêté interministériel, à des services de police, des unités de gendarmerie** *(L. nº 2019-773 du 24 juill. 2019, art. 4 et 24)* **« , des services de l'administration des douanes ou des services de l'Office français de la biodiversité » lorsque ces services ou unités effectuent des missions de police judiciaire.** — *[C. dom. Ét., art. L. 69-2.]*

Les dispositions introduites par la L. nº 2019-773 du 24 juill. 2019 s'appliquent, jusqu'au 31 déc. 2019, à l'Agence pour la biodiversité et à l'Office national de la chasse et de la faune sauvage (L. préc., art. 24).

COMMENTAIRE

Cet article reprend en substance les dispositions de l'ancien article L. 69-2 du code du domaine de l'État créé par la loi du 18 mars 2003 pour la sécurité intérieure (art. 110). La procédure d'affectation (demande préalable ; consultations ; décision) ainsi que la répartition de la charge des frais de stockage des biens en cause sont précisées par l'arrêté du 10 septembre 2004 pris pour l'application de l'article L. 69-2 du code du domaine de l'État et relatif à l'affectation de biens mobiliers confisqués (*JO* 25 sept.). ❑

SECTION II GESTION CONFIÉE À DES TIERS

SOUS-SECTION 1 GESTION CONFIÉE À DES TIERS PAR L'ÉTAT

§ 1er CONVENTION DE GESTION

Art. L. 2222-10 **La gestion d'immeubles dépendant du domaine privé de l'État peut être confiée, en vue d'assurer la conservation, la protection ou la mise en valeur du patrimoine national, à des collectivités territoriales ou à des établissements publics, à des sociétés d'aménagement foncier et d'établissement rural,** *(L. nº 2016-1087 du 8 août 2016, art. 83)* **« à des conservatoires régionaux d'espaces naturels agréés au titre de l'article L. 414-11 du code de l'environnement, » ainsi qu'à des associations ou fondations reconnues d'utilité publique que leurs statuts habilitent à accomplir ces missions.**

Les conditions et la durée de la gestion sont déterminées par une convention passée par l'État. Cette convention peut habiliter le gestionnaire à accorder des autorisations d'occupation ou à consentir des locations d'une durée n'excédant pas dix-huit ans. Elle peut l'autoriser à encaisser directement à son profit les produits de l'immeuble, à condition de supporter les charges correspondantes, de quelque nature qu'elles soient. Elle ne stipule pas l'exigibilité d'une redevance domaniale mais peut prévoir le versement périodique à l'État d'une partie des produits de la gestion.

En fin de gestion, le gestionnaire ne peut prétendre à aucune indemnité pour les améliorations apportées à l'immeuble.

Un décret en Conseil d'État détermine les conditions d'application du présent article. Ce décret définit notamment les catégories d'immeubles domaniaux auxquels peuvent s'appliquer les dispositions ci-dessus, les règles applicables au recouvrement des produits domaniaux et les obligations des gestionnaires du domaine, notamment en ce qui concerne les rapports financiers entre l'État et le gestionnaire ainsi que les modalités du contrôle technique et financier *[V. art. R. 2222-8 à R. 2222-15]*. — *[C. dom. Ét., art. L. 51-1, ecqc les immeubles appartenant au domaine privé.]*

V. obs. ss. l'art. L. 2123-2.

COMMENTAIRE

Il faut noter deux particularités qui intéressent les conventions de gestion portant sur le domaine privé, par rapport à celles portant sur le domaine public.

D'une part, l'article R. 2222-8 CGPPP précise, comme l'ancien article R. 128-1 du code du domaine de l'État, que les immeubles du domaine privé soumis au régime forestier ne peuvent pas faire l'objet d'une convention de gestion, conformément à la vocation patrimoniale des forêts domaniales.

D'autre part, les dispositions relatives à la délivrance des autorisations d'occupation du domaine public (CGPPP, art. R. 2123-3) sont naturellement remplacées par l'article R. 2222-10, relatif aux contrats de location qui peuvent être consentis par le gestionnaire. L'étendue du pouvoir dont dispose ce dernier en la matière est fixée par la convention de gestion. Celle-ci doit préciser s'il est habilité à passer, selon les cas, des baux d'habitation, des baux commerciaux ou des baux ruraux, ainsi que les parties d'immeuble dans lesquelles de telles locations peuvent être consenties. Dans tous les cas, la durée des locations consenties ne peut pas être supérieure à dix-huit ans, ni excéder le temps restant à courir jusqu'à la date de fin de la convention. Concernant les conditions financières de l'occupation (fixation ou révision), la convention peut les soumettre à l'approbation du directeur départemental des finances publiques (ou, pour les biens situés à l'étranger, du représentant du ministre chargé du Domaine). Ces deux autorités peuvent également être habilitées, par la convention et en cas d'inaction du gestionnaire, à se substituer à lui pour la révision des conditions financières de l'occupation.

Pour le reste, il n'y a pas de différence à opérer selon la domanialité du bien faisant l'objet d'une convention de gestion.

A propos d'une convention de gestion concernant une falaise du domaine privé : Toulouse, 21 janv. 2019, *FFME et Allianz Iard*, n° 16/02863 : *Dr. voirie 2019, n° 207, obs. Yolka ; JCP A 2019, n° 16, p. 40, note Yolka.* ❑

§ 2 CONTRAT DE GÉRANCE

Le présent paragraphe ne comprend pas de dispositions législatives.

SOUS-SECTION 2 GESTION CONFIÉE À DES TIERS PAR LES COLLECTIVITÉS TERRITORIALES, LEURS GROUPEMENTS ET LEURS ÉTABLISSEMENTS PUBLICS

La présente sous-section ne comprend pas de dispositions législatives.

SECTION III CONCESSIONS DE LOGEMENT

SOUS-SECTION 1 CONCESSIONS DE LOGEMENT DANS LES IMMEUBLES APPARTENANT À L'ÉTAT ET À SES ÉTABLISSEMENTS PUBLICS

La présente sous-section ne comprend pas de dispositions législatives.

SOUS-SECTION 2 CONCESSIONS DE LOGEMENT DANS LES IMMEUBLES APPARTENANT AUX COLLECTIVITÉS TERRITORIALES, À LEURS GROUPEMENTS ET À LEURS ÉTABLISSEMENTS PUBLICS

Art. L. 2222-11 **Les conditions d'attribution d'un logement de fonction par les collectivités territoriales, leurs groupements et leurs établissements publics sont régies par les dispositions de l'article 21 de la loi n° 90-1067 du 28 novembre 1990** *[V. ss. art. L. 2124-32]*.

COMMENTAIRE

Cet article est le symétrique de l'article L. 2124-32, l'un concernant les logements de fonction situés dans les immeubles du domaine public et l'autre ceux situés dans des immeubles du domaine privé. On renverra donc au commentaire de l'article L. 2124-32 tout en signalant que certains logements de fonction sont situés dans des immeubles privés et ainsi n'entrent pas dans le champ d'application de la présente partie du code. ❑

SECTION IV RÉVISION DES LIBÉRALITÉS ET RESTITUTION DE BIENS

BIBL. ▶ Boulanger, Commentaire de la loi du 4 juillet 1984 sur la révision des charges dans les libéralités, *JCP 1985. I. 3177.* – Dubois-Spaenle et Yang-Paya, La révision des conditions et charges grevant les dons et legs, *Actes pratiques et ingénierie immobilière, n° 3-2013, p. 42.* – Poujade, La révision des charges grevant les dons et legs faits aux collectivités territoriales, *in Mél. Godfrin, Mare et Martin 2014, p. 383.*

SOUS-SECTION 1 DONS ET LEGS

§ 1er DONS ET LEGS FAITS À L'ÉTAT ET À SES ÉTABLISSEMENTS PUBLICS

Art. L. 2222-12 Lorsque, par suite d'un changement de circonstances, l'exécution des conditions et charges grevant une donation ou un legs fait à l'État dans les conditions fixées aux articles L. 1121-1 et L. 1121-3 devient soit extrêmement difficile, soit sérieusement dommageable, il peut être procédé à la révision des conditions et charges ou à la restitution de ces libéralités dans les conditions fixées aux articles L. 2222-13 à L. 2222-18. – *[C. dom. Ét., art. L. 12 et R. 26, al. 1er.]*

COMMENTAIRE

Les dons et les legs sont des modes d'acquisition à titre gratuit (V. le commentaire de l'art. L. 1121-1) qui peuvent être assortis de conditions et de charges, étant précisé que les conditions impossibles, contraires aux lois ou immorales sont réputées non écrites (V. art. 900 C. civ.).

Les sept articles de cette sous-section qui sont applicables tant à l'État qu'à ses établissements publics reprennent des dispositions auparavant codifiées dans la partie législative mais également dans la partie réglementaire du code du domaine de l'État (ces dernières ayant logiquement été abrogées par l'ordonnance du 21 avril 2006 : art. L. 12, L. 14, L. 18, L. 21, R. 25, R. 26, R. 27 et R. 37).

La révision des conditions et charges ou la restitution des biens ne peut être réalisée que si leur exécution est devenue soit extrêmement difficile soit sérieusement dommageable à la suite d'un changement de circonstances (V. art. L. 2222-12, ces termes étant empruntés à l'art. L. 900-2 C. civ.). Autrement dit, cette révision ou restitution est en principe impossible lorsque ces conditions ou charges étaient, dès l'acceptation de la libéralité par l'État ou l'établissement public de l'État, extrêmement difficiles ou sérieusement dommageables.

Cette opération peut être réalisée à l'amiable, c'est-à-dire avec l'accord de l'auteur de la libéralité ou de ses ayants droit (V. art. L. 2222-14). La décision est prise pour l'État par arrêté conjoint (publié au *JORF* et notifié aux personnes intéressées dont l'adresse est connue, V. art. R. 2222-23) du ministre de la Justice, du ministre chargé du Domaine et du ministre ayant qualité pour exécuter les charges et conditions dont est assortie la libéralité. Lorsque la libéralité comporte des immeubles classés monuments historiques ou inscrits à l'inventaire supplémentaire desdits monuments ou des meubles classés, l'arrêté doit également être signé par le ministre chargé des monuments historiques (V. art. R. 2222-23).

La restitution doit porter sur l'intégralité des biens (V. art. L. 2222-15), sauf lorsque sont en cause des immeubles (et des meubles) classés monuments historiques ou des immeubles inscrits à l'inventaire supplémentaire desdits monuments (V. art. L. 2222-16).

A défaut d'accord, aucune restitution n'est possible mais une révision judiciaire est envisageable dans les conditions fixées par les articles 900-2 à 900-8 du code civil (V. art. L. 2222-13).

Ces articles précisent notamment que le gratifié peut demander la révision des conditions et charges (V. C. civ., art. 900-2) soit par voie principale, soit par voie reconventionnelle en réponse à l'action en exécution ou en révocation introduite par les héritiers du disposant (V. C. civ., art. 900-3). Le juge civil dispose, même d'office, d'une large palette de pouvoirs : réduction en quantité ou en périodicité des prestations ; modification de l'objet de la libéralité en s'inspirant de l'intention du disposant ; regroupement des prestations avec des prestations analogues résultant d'autres libéralités ; autorisation de l'aliénation de tout ou partie des biens faisant l'objet de la libéralité avec obligation d'emploi du prix à des fins en rapport avec la volonté du disposant ; prescription de mesures propres à maintenir l'appellation que le disposant avait entendu donner à sa libéralité (C. civ., art. 900-4).

La demande n'est en principe recevable que dix années après la mort du disposant (C. civ., art. 900-5).

Le jugement faisant droit à la demande en révision ne peut faire l'objet d'une tierce opposition qu'en cas de fraude imputable au donataire ou légataire et sa rétraction ou réformation n'ouvre droit à aucune action contre le tiers acquéreur de bonne foi (C. civ., art. 900-6).

Les héritiers ont la faculté de demander, si elle redevient possible postérieurement à la révision, l'exécution des conditions ou des charges initialement prévues (C. civ., art. 900-7).

Est enfin réputée non écrite toute clause par laquelle le disposant prive de la libéralité celui qui mettrait en cause la validité d'une clause d'inaliénabilité ou demanderait l'autorisation d'aliéner (C. civ., art. 900-8). ❑

1. *Compétence juridictionnelle.* Le juge administratif est compétent pour connaître d'un recours pour excès de pouvoir formé pour vice de forme, de procédure ou erreur de droit contre un acte prononçant la révision des charges, sans que la méconnaissance de la volonté du testateur puisse être utilement invoquée. • CE 4 juill. 1958, *Gayard : Lebon 413 ; RD publ. 1959. 578, note Waline.* ♦ V. également • CE 19 févr. 1990, 🏛 *Cne d'Éguilles : Lebon 42* ✎ *; AJDA 1990. 554, note Auby* ✎ *; JCP 1990. II. 21535, note Boulanger ; D. 1992. SC 231, obs. Grimaldi.*

2. Dès lors que le requérant conteste au fond la révision en soutenant qu'elle met en cause l'intention du donateur, ce n'est plus le juge de l'excès de pouvoir mais le juge judiciaire qui doit être saisi. • CE 20 oct. 1971, *d'Espinay : Lebon 615 ; RD publ. 1972. 955, note Waline.* ♦ V. également • CE 28 juill. 1952, *Chavaillon : Lebon 412* • TA Pau, 4 avr. 1973, *Académie internat. de musique Maurice-Ravel : Lebon ///* • CE 11 mai 1994, 🏛 *Fondation du bocage : Lebon 230* ✎ *; AJDA 1994. 912, obs. Prétot* ✎. ♦ Le juge judiciaire est également compétent pour une demande de révocation de la donation. • Civ. 1re, 19 nov. 2008, 🏛 *Dpt de la Nièvre,* n° 07-19.329.

3. *Révision des charges.* La donation d'un immeuble faite à une commune en 1855 à charge d'affecter le bien à une école doit être révoquée dès lors que la commune avait laissé les locaux vacants pendant les deux années ayant suivi la fermeture de l'école par décision administrative, dans la mesure où la commune ne justifiait d'aucune diligence pour exécuter ses obligations, notamment en ne proposant pas aux héritiers une nouvelle affectation en rapport avec la volonté du disposant. • Civ. 1re, 6 avr. 1994, 🏛 n° 92-12.844 P : *D. 1995. Somm. 49, obs. Grimaldi* ✎ • TGI Paris, 23 mars 1994 : *D. 1995. Somm. 49, obs. Grimaldi* ✎. ♦ Est appréciée souverainement par les juges du fond la révocation d'une donation avec charges d'un bâtiment, consentie en 1870 sous la condition d'y maintenir une école, du fait de la fermeture de cette école à l'initiative de la commune, le bâtiment étant ensuite donné en location en dehors de toute affectation pédagogique. • Civ. 1re, 12 déc. 2000, 🏛 *Cne de Lucq-de-Béarn,* n° 98-16.719.

Art. L. 2222-13 **La révision des conditions et charges grevant les dons et legs est autorisée par l'autorité administrative compétente si l'auteur de la libéralité ou ses ayants droit acceptent les mesures envisagées par cette autorité. Ces mesures sont celles fixées par l'article 900-4 du code civil.** – *V. art. R. 2222-23.*

A défaut d'accord entre l'État et l'auteur de la libéralité ou ses ayants droit, la révision est autorisée dans les conditions fixées aux articles 900-2 à 900-8 du code civil. – *[C. dom. Ét., art. L. 12 et R. 25.]*

COMMENTAIRE

Voir le commentaire sous l'article L. 2222-12. ❑

Art. L. 2222-14 La restitution des libéralités est autorisée par décision de l'autorité compétente si l'auteur de la libéralité ou ses ayants droit l'acceptent. – *[C. dom. Ét., art. L. 14, 1re phrase.]*

V. art. R. 2222-23.

COMMENTAIRE

Voir le commentaire sous l'article L. 2222-12.

Art. L. 2222-15 En cas de restitution des dons et legs faits à l'État, les fonds et les titres sont déposés à la Caisse des dépôts et consignations.

Les autres biens meubles et les immeubles peuvent, s'ils n'ont pas été repris par le donateur, le testateur ou leurs ayants droit à l'expiration d'un délai qui sera fixé par le décret en Conseil d'État prévu par l'article L. 2222-18, être aliénés, le produit de l'aliénation étant déposé à la Caisse des dépôts et consignations.

La restitution porte sur la totalité des biens originairement compris dans la libéralité qui se retrouvent en nature à la date de la décision administrative prévue à l'article L. 2222-14. Elle s'étend en outre au produit net des aliénations effectuées avant cette même date. Le disposant ou ses ayants droit reprennent les biens restitués en l'état où ils se trouvent. – *[C. dom. Ét., art. L. 14, 2e et 3e phrases, et R. 26, al. 2.]*

COMMENTAIRE

Voir le commentaire sous l'article L. 2222-12.

Art. L. 2222-16 Par dérogation au troisième alinéa de l'article L. 2222-15, la restitution peut ne pas porter sur les immeubles classés monuments historiques ou inscrits à l'inventaire supplémentaire prévu à l'article L. 621-25 du code du patrimoine ou sur les meubles classés en vertu de l'article L. 622-1 du même code. – *[C. dom. Ét., art. R. 27.]*

Ndlr. *L'Ord. n° 2017-651 du 27 avr. 2017 relative aux immeubles et objets mobiliers classés ou inscrits au titre des monuments historiques avait modifié le présent art. (art. 18-2°, JO 28 avr.). N'ayant pas été ratifiée dans les délais prévus, cette Ord. est « caduque » au 28 oct. 2017. L'art. L. 2222-16 est par conséquent ici reproduit dans sa rédaction antérieure à l'intervention de ladite Ord.*

COMMENTAIRE

Voir le commentaire sous l'article L. 2222-12.

Art. L. 2222-17 Les dispositions des articles L. 2222-12 à L. 2222-16 sont applicables aux demandes de révision ou de restitution de dons et legs faits aux établissements publics de l'État dans les conditions fixées aux articles L. 1121-2 et L. 1121-3, sous réserve, en ce qui concerne les établissements publics de santé, des dispositions de l'article L. 6145-10 du code de la santé publique. – *[C. dom. Ét., art. L. 18 et R. 37.]*

COMMENTAIRE

Voir le commentaire sous l'article L. 2222-12.

Art. L. 2222-18 Un décret en Conseil d'État détermine les modalités d'application des articles L. 2222-12 à L. 2222-16 et notamment les formalités propres à mettre les auteurs des libéralités ou leurs ayants droit en mesure de formuler leurs observations *[V. art. R. 2222-21 à R. 2222-32]*. – *[C. dom. Ét., art. L. 21.]*

COMMENTAIRE

Voir le commentaire sous l'article L. 2222-12.

§ 2 DONS ET LEGS FAITS AUX COLLECTIVITÉS TERRITORIALES ET À LEURS ÉTABLISSEMENTS PUBLICS

Art. L. 2222-19 La révision des conditions et charges grevant les dons et legs consentis au profit des collectivités territoriales et de leurs établissements publics est régie

par les dispositions de l'article L. 1311-17 du code général des collectivités territoriales. – *[L. n° 84-562 du 4 juill. 1984, art. 2, ecqc les collectivités territoriales et leurs établissements publics.]*

COMMENTAIRE

L'article L. 1311-17 du code général des collectivités territoriales dispose que la révision des conditions et charges grevant les donations ou legs consentis au profit des collectivités territoriales, de leurs groupements et de leurs établissements publics est régie par les articles 900-2 à 900-8 du code civil. Cette rédaction implique que seule une révision judiciaire des libéralités est envisageable à propos de ces personnes publiques. ❑

La modification des charges et conditions grevant un bien légué à une commune ou l'aliénation de ce bien ne peut avoir lieu que par décision de justice, dans les conditions et selon la procédure définies par les art. 900-2 à 900-8 du C. civ. • CE 8 janv. 2010, *Adrey*, n° 322389 : *Lebon T. 764 ; BJCL 2010. 128, concl. Escaut ; JCP Adm. 2010. 2141, note Taillefait.* ♦ Confirmant cette interprétation, V. * Rép. min. n° 02140 : *JO Sénat, 17 janv. 2019, p. 268 ; JCP N 2019. Actu. 220.*

Code général des collectivités territoriales

Art. L. 1311-17 *(Ord. n° 2006-460 du 21 avr. 2006, art. 3-VII)* La révision des conditions et charges grevant les donations ou legs consentis au profit des collectivités territoriales, de leurs groupements et de leurs établissements publics est régie par les articles 900-2 à 900-8 du code civil *(Abrogé par Ord. n° 2010-177 du 23 févr. 2010, art. 5-I-1°)* *« , sous réserve des dispositions de l'article L. 6145-10 du code de la santé publique ».*

L'art. L. 1311-17 est applicable à Saint-Pierre-et-Miquelon (Ord. n° 2006-460 du 21 avr. 2006, art. 6).

SOUS-SECTION 2 RESTITUTION DES IMMEUBLES SANS MAÎTRE

Art. L. 2222-20 **Lorsque la propriété d'un immeuble a été attribuée, dans les conditions fixées à l'article L. 1123-3, à une commune** *(L. n° 2014-366 du 24 mars 2014, art. 152-II-2°)* **« , à un établissement public de coopération intercommunale à fiscalité propre » ou, à défaut, à l'État** *(L. n° 2016-1087 du 8 août 2016, art. 109-II-3°-a)* **« , au Conservatoire de l'espace littoral et des rivages lacustres ou au conservatoire régional d'espaces naturels agréé au titre de l'article L. 414-11 du code de l'environnement », le propriétaire ou ses ayants droit sont en droit d'en exiger la restitution. Toutefois, il ne peut être fait droit à cette demande si le bien a été aliéné ou utilisé d'une manière s'opposant à cette restitution. Ils ne peuvent, dans ce cas, obtenir de la commune** *(L. n° 2014-366 du 24 mars 2014, art. 152-II-2°)* **« , de l'établissement public de coopération intercommunale à fiscalité propre »** *(L. n° 2016-1087 du 8 août 2016, art. 109-II-3°-a)* **« , de l'État, du Conservatoire de l'espace littoral et des rivages lacustres ou du conservatoire régional d'espaces naturels agréé » que le paiement d'une indemnité représentant la valeur de l'immeuble au jour de l'acte d'aliénation ou, le cas échéant, du procès-verbal constatant la remise effective de l'immeuble au service ou à l'établissement public utilisateur.**

A défaut d'accord amiable, l'indemnité est fixée par le juge compétent en matière d'expropriation pour cause d'utilité publique.

La restitution de l'immeuble, ou à défaut, le paiement de l'indemnité, est subordonné au paiement par le propriétaire ou ses ayants droit du montant des charges qu'ils ont éludées depuis le point de départ du délai de trois ans mentionné au deuxième alinéa de l'article L. 1123-3, ainsi que du montant des dépenses nécessaires à la conservation du bien engagées par la commune *(L. n° 2014-366 du 24 mars 2014, art. 152-II-2°)* **« , par l'établissement public de coopération intercommunale à fiscalité propre, »** *(L. n° 2016-1087 du 8 août 2016, art. 109-II-3°-b)* **« par l'État, par le Conservatoire de l'espace littoral et des rivages lacustres ou par le conservatoire régional d'espaces naturels agréé ».** – *[C. dom. Ét., art. L. 27 ter.]*

Le présent art. est applicable aux immeubles pour lesquels la décision administrative constatant la vacance est intervenue postérieurement à l'entrée en vigueur de l'Ord. n° 2006-460 du 21 avr. 2006 (Ord. préc., art. 11, en vigueur le 1er juill. 2006).

Pour son application à Mayotte, le présent art. est applicable aux immeubles pour lesquels la décision administrative constatant la vacance est intervenue postérieurement à l'entrée en vigueur de l'Ord. n° 2016-1255 du 28 sept. 2016 (Ord. préc., art. 11, en vigueur le 1er janv. 2017).

COMMENTAIRE

L'article L. 2222-20 reprend en substance les dispositions de l'article 27 *ter* du code du domaine de l'État dans sa rédaction issue de la loi du 13 août 2004 qui, comme l'on sait (V. le commentaire de l'art. L. 1123-1), a largement réformé le régime des biens sans maître.

Il prévoit que la restitution (au propriétaire ou à ses ayants droits) est possible sauf si le bien a été aliéné ou s'il est utilisé d'une manière s'opposant à cette restitution (formule qui inclut à tout le moins l'hypothèse où le bien appartient au domaine public).

Si la restitution ne peut être opérée, le propriétaire a droit à une indemnité fixée d'un commun accord avec l'Administration ou, à défaut, par le juge de l'expropriation. Cette indemnité est calculée, soit à la date de l'aliénation soit à la date du procès-verbal constatant la remise effective de l'immeuble à son utilisateur public.

La restitution ou l'indemnisation sont subordonnées au paiement par leur bénéficiaire du montant des charges éludées (depuis le point de départ d'un délai de trois ans) ainsi que des dépenses engagées par l'État, la commune, l'établissement public de coopération à fiscalité propre, le Conservatoire de l'espace littoral et des rivages lacustres ou le conservatoire régional d'espaces naturels agréé, pour la conservation de l'immeuble.

Voir aussi les commentaires sous les articles L. 1123-1 et suivants. ❑

Compétence résiduelle du juge administratif. Alors même que toute personne intéressée à le faire peut former une action en restitution devant le juge judiciaire du bien sans maître, et de son indemnisation éventuelle par le juge de l'expropriation en cas d'impossibilité de restitution, cela ne lui interdit pas de former devant le juge administratif un recours tendant à l'annulation pour excès de pouvoir d'un acte administratif incorporant le bien dans le domaine privé de la personne publique. • CAA Douai, 7 avr. 2016, n° 12DA00287.

SECTION V SOMMES ET VALEURS PRESCRITES

Art. L. 2222-21 Les agents désignés par l'autorité administrative compétente *[V. art. R. 2222-33]* **ont droit de prendre communication au siège des banques, établissements ou collectivités mentionnés aux** *(L. n° 2006-1772 du 30 déc. 2006, art. 18-I, 2°)* **« 1° à 5° » de l'article L. 1126-1, ou dans leurs agences ou succursales, de tous registres, délibérations et documents quelconques pouvant servir au contrôle des sommes ou titres à remettre à l'État.** — *[C. dom. Ét., art. L. 27, al. 7.]*

COMMENTAIRE

Les articles L. 2222-21 et L. 2222-22 sont issus des alinéas 7, 8 et 10 de l'article L. 27 du code du domaine de l'État, dont les principales dispositions sont désormais codifiées à l'article L. 1126-1.

L'amende, désormais d'un montant de 5 000 €, ne peut plus être assortie de l'astreinte auparavant prévue par le code du domaine de l'État. ❑

Art. L. 2222-22 Toute contravention aux dispositions des articles L. 1126-2 et L. 1126-3, et tout refus de communication dans le cadre des dispositions de l'article L. 2222-21 sont punis de l'amende prévue *(L. n° 2013-1117 du 6 déc. 2013, art. 20-III)* **« au premier alinéa de » l'article 1734 du code général des impôts.**

Les règles applicables en matière domaniale régissent le recouvrement de l'amende ainsi que la présentation, l'instruction et le jugement des réclamations. — *[C. dom. Ét., art. L. 27, al. 8 à 10.]*

L'art. 20 de la L. n° 2013-1117 du 3 déc. 2013 est applicable en Polynésie française, à Saint-Barthélemy, à Saint-Pierre-et-Miquelon, dans les îles Wallis-et-Futuna et en Nouvelle-Calédonie (L. préc., art. 72-I).

COMMENTAIRE

Voir le commentaire sous l'article L. 2222-21. ❑

SECTION VI **MISE EN VALEUR DES TERRES INCULTES OU MANIFESTEMENT SOUS-EXPLOITÉES**

Art. L. 2222-23 Les dispositions du chapitre V et de la section III du chapitre VIII du titre II du livre Ier du code rural et de la pêche maritime sont applicables aux terres incultes ou manifestement sous-exploitées attribuées à une commune ou à l'État en application du dernier alinéa de l'article L. 1123-3, conformément aux dispositions des articles L. 125-13 et L. 128-3 du même code.

BIBL. ▸ **Encyclopédie :** ROCHARD et KRAJESKI, Exploitation agricole – Terres incultes et manifestement sous-exploitées, *J.-Cl. Rural, fasc. 40 ; J.-Cl. Notarial Formulaire, fasc. 70*. – Terres incultes, DP entr. agric. – STRUILLOU, Terres incultes et bail rural, *Journal des fermiers et des métayers n° 486, mai 1999*. – LACHAUD, La législation des terres incultes, *Gaz. Pal. 1985. 2. Doctr. 710* ; Le régime des terres incultes après la loi du 9 janvier 1985, *Ann. loyers 1985. 686 et 1206*. – MÉGRET, Mise en valeur des terres incultes, *Gaz. Pal. 1979. I. Doctr. 207*.

COMMENTAIRE

L'article L. 2222-23, dont la rédaction n'est pas un modèle de clarté, se borne à rappeler l'application aux immeubles sans propriétaire connu et appréhendés par une commune (ou, à défaut, par l'État) du régime de mise en valeur des terres incultes ou manifestement sous-exploitées. Il renvoie, d'une part, au CGPPP (s'agissant de l'art. L. 1123-3, dernier al.), d'autre part, au code rural et de la pêche maritime (pour ce qui concerne les art. L. 1123-3 et L. 128-3. Le contenu de cette dernière disposition – aux termes de laquelle les art. L. 125-1 à L. 125-12 C. rur. ne sont pas applicables dans les départements d'outre-mer – ayant été déplacée à l'art. L. 181-4 du même code [Ord. n° 2011-864 du 22 juill. 2011, art. 3] puis à l'art. L. 181-14 [Ord. n° 2016-391 du 31 mars 2016, art. 3], la rédaction de l'art. L. 2222-23 CGPPP mériterait d'être mise à jour. L'actuel art. L. 128-3 est en effet relatif à la composition de la commission d'aménagement foncier de Corse…).

Le régime général de mise en valeur des terres incultes ou manifestement sous-exploitées est fixé par le code rural et de la pêche maritime, en ses articles L. 125-1 à L. 125-15, d'une part, et R. 125-1 à R. 125-14, d'autre part. Toute personne peut demander au préfet l'autorisation d'exploiter une parcelle susceptible d'une mise en valeur agricole ou pastorale et inculte ou manifestement sous-exploitée depuis au moins trois ans (deux ans en zone de montagne). Sur la demande du représentant de l'État, le président du conseil départemental saisit la commission départementale d'aménagement foncier, qui se prononce sur l'état de la parcelle. Cette décision fait l'objet d'une publicité, pour permettre à d'éventuels demandeurs de se faire connaître du propriétaire ou du préfet. Si l'état d'inculture ou de sous-exploitation manifeste est reconnu, le préfet met en demeure le propriétaire et – le cas échéant – le titulaire du droit d'exploitation, de procéder à la mise en valeur du fonds. En cas de refus ou de carence, il peut attribuer lui-même l'autorisation d'exploiter. ❑

Code rural et de la pêche maritime

Art. L. 125-13 *(Ord. n° 2006-460 du 21 avr. 2006, art. 3-XII)* Les dispositions du présent chapitre s'appliquent aux immeubles n'ayant pas de propriétaire connu et attribués à une commune ou à l'État en application du dernier alinéa de l'article L. 1123-3 du code général de la propriété des personnes publiques, un an après l'achèvement des procédures qui y sont prévues. – *[Anc. art. 44.]*

SECTION VII **ADMINISTRATION DU DOMAINE FORESTIER**

La présente section ne comprend pas de dispositions législatives.

LIVRE TROISIÈME DISPOSITIONS COMMUNES

TITRE PREMIER INSAISISSABILITÉ, IMPLANTATION ET ATTRIBUTION DES BIENS

CHAPITRE PREMIER INSAISISSABILITÉ

Art. L. 2311-1 Les biens des personnes publiques mentionnées à l'article L. 1 sont insaisissables.

BIBL. ► **Encyclopédie :** Yolka, Protection des propriétés publiques. Régime general, *J.-Cl. Propriétés publiques, fasc. 60*. – Yolka et Hourson, Sûretés – Droit administratif, *Lamy Droit des sûretés, fasc. 221*. – Gentili, Immunités d'exécution – Droit interne, *J.-Cl. Huissiers de justice, fasc. 10 ; J.-Cl. Voies d'exécution, fasc. 495*.

► **Articles :** Jacquignon, L'exécution forcée sur les biens des autorités et services publics, *AJDA 1958. 71*. – Delvolvé, L'exécution des décisions de justice contre l'administration, *EDCE 1983-1984, n° 35, p. 111*. – Gaudemet, La saisie des biens des établissements publics, *Gaz. Pal. 1984. II. 565* ; La domanialité publique, insaisissabilité, inarbitrabilité, *Mél. Drago, Economica, 1996, p. 259* ; L'hypothèque et domaines des personnes publique, *D. Affaires 1996. 33* ; Le retour sur l'insaisissabilité des biens des entreprises publiques, *RJEP août.-sept. 2007. 285* ; Revenir sur le principe d'insaisissabilité des biens des personnes publiques, *JCP 2007, n° hors-série, cahier 2, p. 32*. – Ducos-Ader, L'insaisissabilité : un principe applicable à tous les EPIC, *Gaz. Pal. 1986. 2. 474* . – Amselek, Les établissements publics sans comptable public et principe d'insaisissabilité, *JCP 1986. I. 3236* ; La compensation entre dettes et créances des personnes publiques, *RD publ. 1988. 1485*. – Nicod, Ll'immunité d'exécution en droit interne et international, *thèse, Paris II, 1986* ; L'immunités et insaisissabilité, *LPA 6 janv. 1993, p. 19*. – Delvolvé, Le droit de propriété et droit public, *Mél. Braibant, Dalloz, 1996, p. 159* . – Clamens, La remise en cause du principe d'insaisissabilité, *AJDA 2000. 767* . – Demangel, Les éléments pour une théorie de l'immunité de contrainte de l'État, *thèse, Strasbourg III, 2000*. – Yolka, L'insaisissabilité des biens publics. Regards sur un mouvement immobile, *JCP Adm. 2007. 2307* ; Le domaine local et cessions forcées, *RLCT juill. 2008. 60* ; Le retour sur l'apport en garantie des équipements publics, *Mél. Fatôme Dalloz 2011, p. 465* ; L'insaisissabilité des biens publics à l'épreuve de l'internationalisation du droit, *JCP Adm. 2012. 104*. – Gauthier, Les incidences du droit communautaire sur le droit des propriétés publiques, *CDE 2007. 381*. – Roux, L'insaisissabilité des biens des personnes publiques : vers la mise en place d'un critère fonctionnel ?, *Presses Lyon III, 2008*. – Blanc, L'insaisissabilité des biens des établissements publics industriels et commerciaux, éléments pour une évolution, *RD publ. 2009. 1553*. – Chevalier, L'immunité d'exécution attachée aux biens publics de l'État, *Just. et cass. 2015. 115*. – Roux, L'insaisissabilité des biens publics emportée par l'ELAN, *AJDA 2019. 601* .

COMMENTAIRE

Cette disposition vient consacrer un principe antérieurement affirmé par la jurisprudence et que l'on déduisait également en creux de l'article 1er, alinéa 3, de la loi du n° 91-650 du 9 juillet 1991 portant réforme des procédures civiles d'exécution (V. aujourd'hui, C. pr. exéc., art. L. 111-1), selon lequel l'exécution forcée et les mesures conservatoires ne sont pas applicables aux personnes qui bénéficient d'une immunité d'exécution. C'est dans la personnalité publique (plutôt que dans la continuité du service public) que le principe en cause trouve sa justification la plus solide. Les éléments couramment avancés pour expliquer l'insaisissabilité – monopole de la force et présomption de solvabilité – en découlent. Les procédures de saisie peuvent impliquer le recours à la contrainte ; or, il n'est pas possible de « brandir la hache de guerre contre l'autorité qui la porte à la ceinture » (Rivero, Le Huron au Palais-Royal, *D. 1962. Chron. VI, p. 37 s.*). L'insaisissabilité des propriétés publiques constitue la face patrimoniale de l'immunité d'exécution des personnes publiques (V., rappelant « l'immunité d'exécution dont bénéficie l'État, dont les biens et les créances sont insaisissables » : T. confl. 19 mars 2007, *Préfet de la Haute-Vienne : Lebon 593 ; AJDA 2007. 1093* ; *RD publ. 2008. 293, note Seyfritz*) : on ne saurait saisir les biens de qui échappe à l'exécution forcée. Elle représente aussi l'un des principaux « marqueurs » de la propriété publique, qui conduit à distinguer cette dernière de la propriété privée.

D'apparence simple et comme frappée au coin du bon sens (Hauriou écrivait ainsi que « la destinée des administrations publiques ne doit pas être à la merci de leurs créanciers ;

même quand elles sont au-dessous de leurs affaires, ceux-ci ne doivent pas pouvoir les faire mettre en liquidation, ce qui serait interrompre la gestion des services publics dont elles ont la charge et dont l'exécution régulière est une nécessité publique. D'ailleurs, les administrations publiques paieront toujours, ce n'est qu'une question de délai », Précis de droit administratif, *Sirey 1927. 901*), l'insaisissabilité appelle cependant un certain nombre de précisions, en ce qui concerne son périmètre, ses conséquences, les critiques dont elle fait l'objet et d'éventuelles perspectives d'évolution.

I. CHAMP D'APPLICATION DU PRINCIPE

L'article L. 2311-1 doit faire l'objet d'une lecture combinée avec les articles L. 1er et L. 2.

Cette disposition donne en effet une seconde vie au débat relatif à la question de savoir si le principe d'insaisissabilité vaut pour toutes les personnes publiques ou uniquement pour certaines d'entre elles. Alors que certains juges judiciaires avaient eu par le passé la velléité d'exclure les établissements publics et commerciaux du champ d'application du principe, la Cour de cassation a quant à elle opté pour une mise en œuvre résolument extensive de celui-ci, dégageant en 1987 « le principe général du droit suivant lequel les biens des personnes publiques sont insaisissables », sans distinguer entre ces personnes ; et affirmant que « les biens n'appartenant pas à des personnes privées sont administrés et aliénés dans les formes et suivant les règles qui leur sont particulières ; que, s'agissant des biens appartenant à des personnes publiques, même exerçant une activité industrielle et commerciale, le principe de l'insaisissabilité de ces biens ne permet pas de recourir aux voies d'exécution de droit privé » (Civ. 1re, 21 déc. 1987, *BRGM, cité infra, note 2*).

L'article L. 2311-1, renvoyant à l'article L. 1, ne vise par-là que les personnes publiques « classiques » (État ; collectivités locales ; établissements publics), ce qui avait fait naître quelque doute sur les règles applicables aux biens des personnes publiques *sui generis* (de Gaudemar, Un droit domanial spécial des personnes publiques spécifiques, *JCP Adm. 2006, n° 964*) : groupements d'intérêt public, autorités publiques indépendantes dotées de la personnalité morale, Institut de France, etc. Ces personnes spéciales sont visées par l'article L. 2, aux termes duquel le code s'y applique « dans les conditions fixées par les textes qui les régissent ». L'ordonnance n° 2006-460 du 21 avril 2006 (art. 3) a prévu l'insaisissabilité des biens de certaines d'entre elles, soit directement, soit par renvoi aux dispositions du CGPPP applicables aux établissements publics de l'État. En outre, la loi n° 2017-55 du 20 janvier 2017 portant statut général des autorités administratives indépendantes et des autorités publiques indépendantes (art. 20 : V. *JCP Adm. 2017. 2097, obs. Untermaier-Kerléo ; RDI 2017. 149, obs. Foulquier*) dispose que « les biens immobiliers appartenant aux autorités publiques indépendantes sont soumis aux dispositions du code général de la propriété des personnes publiques applicables aux établissements publics de l'État ». Quand il n'existe pas de dispositions propres aux biens d'une personne publique spéciale (sachant qu'il n'en existe guère, à l'heure actuelle), ceux-ci sont insaisissables, tant en vertu de l'article L. 2311-3 que du principe général dégagé par l'arrêt *BRGM*.

Seuls les biens des personnes publiques étant visés, l'insaisissabilité ne concerne pas les biens et deniers privés entre des mains publiques ; aussi une personne publique peut-elle se trouver en situation de tiers détenteur ou de tiers saisi (CE, avis, 30 janv. 1992 : *EDCE 1993. 401 ; GACE, n° 19, comm. Claisse*. – Concernant la saisie sur les rémunérations des agents publics, C. pr. exéc., art. R. 212-2 s.). Y échappent, en outre, les biens des personnes privées associées à l'action administrative (par ex., Civ. 3e, 15 févr. 1983 : *RTD civ. 1983. 601, obs. Perrot*. – Civ. 2e, 15 nov. 1995 : *Dr. adm. août-sept. 1996, nos 8-9, obs. Moysan*. – Versailles, 2 juin 1986 : *D. 1987. 86, note Prévault*).

II. EFFETS DU PRINCIPE

En premier lieu, la conséquence pratique la plus connue du principe d'insaisissabilité est évidemment l'interdiction d'utiliser les voies d'exécution du droit privé contre les personnes publiques. Elle concerne toutes les procédures civiles d'exécution et joue vis-à-vis de tous les créanciers, personnes privées ou publiques (par ex., Com. 9 juill. 1951 : *D. 1952. 141, note Blaevoët ; RTD com. 1951. 738, obs. Liet-Veaux ; S. 1952. 1. 125, note Drago*). En conséquence, la formule exécutoire inscrite sur les décisions des juridictions administratives ne prévoit le recours à ces procédures qu'à l'encontre des personnes privées (CJA, art. R. 751-1). Cette exclusion est en partie compensée par la mise en œuvre de ce que l'on nomme les « voies d'exécution administratives » (Teissier, concl. sur CE 17 juin 1904, *Hospice du Saint-Esprit : S. 1906. 3. 119*) ; ainsi, des règles issues de la loi n° 80-539 du 16 juillet 1980 relative aux astreintes prononcées en matière administrative et à l'exécution des jugements par les personnes morales de droit public (V. désormais les art. L. 911-4 s. CJA) ; ou encore, de celles procédant de la jurisprudence *Société fermière de Campoloro* (CE, sect., 18 nov. 2005, *cité infra, note 4*), qui ouvre au préfet la possibilité de procéder à la vente forcée de biens appartenant à une collectivité territoriale, dès lors que ceux-ci ne sont pas indispensables au bon fonctionnement des services publics dont cette dernière a la charge, afin de dégager les ressources permettant d'exécuter la chose jugée.

En deuxième lieu, les procédures collectives ne sont pas applicables aux personnes publiques. Les dispositions du code de commerce sur le redressement et la liquidation judiciaires ne visent que les personnes privées (C. com., art. L. 631-1 s. et L. 640-1 s.) ; les personnes publiques restent hors de leur champ d'application (Paris, 15 févr. 1991, *Centre national des bureaux régionaux de fret : AJDA 1991. 568, note Broussolle* ; TA Paris, 8 juill. 1997, *GARP : Dr. adm. 1998, n° 220*).

En troisième lieu, l'exclusion des sûretés réelles (hypothèque, nantissement) sur les propriétés publiques constitue le corollaire de l'exclusion des voies d'exécution. La réalisation de la sûreté suppose en effet de respecter les formes de la saisie ; or, cette dernière est exclue. Différentes dispositions du code exigent que les hypothèques sur un bien soient purgées avant qu'il ne devienne propriété publique (V. art. L. 1212-2, L. 1212-3, L. 2122-9 et L. 5422-1). Et les biens devenus propriétés publiques ne sauraient faire l'objet d'hypothèques – conventionnelles, légales ou judiciaires – ou encore de nantissement (CE, avis, 19 nov. 1995, n° 358447 : *GACE, 1re éd., 1997, Tables analytiques, p. 579*). Mais les biens publics peuvent supporter des sûretés réelles lorsque, à titre exceptionnel, le législateur l'a prévu ; ainsi les offices publics de l'habitat peuvent-ils accorder des sûretés réelles mobilières, hors sûretés réelles mobilières générales (L. n° 2018-1021 du 23 nov. 2018, art. 85, CCH, art. L. 421-4-1) ; il y a là une « entaille » remarquable dans le principe d'insaisissabilité (*JCP A 2019. 2025, chron. Roux*. – V. égal. Roux, L'insaisissabilité des biens publics emportée par l'ELAN, *AJDA 2019. 601*, *Propriétés publiques et loi ELAN : un léger vent de libération : Dr. voirie 2019, p. 51*). A cette hypothèse ne sauraient être assimilées les situations dans lesquelles les biens des personnes publiques se trouvent soumis à hypothèque – légale, en l'occurrence – par application de règles conçues pour ceux des personnes privées, sans que leur situation soit spécifiquement visée, car alors le principe Lex specialis ne s'applique pas. Il en va ainsi dans deux cas problématiques : celui des biens du domaine privé soumis au statut de la copropriété, d'une part (CE 11 févr. 1994, *Cie d'assurance Préservatrice foncière*, n° 109564 : *Lebon 64 ; Dr. adm. 1994, n° 196 ; AJDA 1994. 548, note Dufau* ; *RFDA 1994. 502, concl. Toutée* ; *CJEG 1994. 197 et 208, note Sablière, concl. Toutée ; GDDAB, 3e éd., 2018. Comm. 5, note Yolka ; JCP 1994. II. 22338, note Rouault ; D. 1994. 493, note Davignon*) ; celui des biens situés dans le périmètre d'associations syndicales de propriétaires, comme les associations foncières urbaines, d'autre part (CE 23 janv. 2020, *Sté JV Immobilier et a. c/ Cne de Bussy-Saint-Georges*, nos 430192 et 430359 : *AJDA 2020. 199, obs. Pastor* ; *Dr. voirie 2020. 28, concl. Victor ; JCP Adm. 2020. 2039, note crit. Yolka ; JCP N 2020, Actu. 211, obs. Giacuzzo*).

En quatrième lieu, découle de l'insaisissabilité la règle selon laquelle les débiteurs des personnes publiques ne peuvent compenser leurs dettes par les créances dont ils disposent à leur égard (pour un rappel, Civ. 1re, 10 déc. 2014, *SCI Clémentine : AJDA 2015. 614* ; *JCP Adm. 2015, n° 2038, note Halpern*). La compensation (C. civ., art. 1289 s.) s'analyse en effet comme une voie d'exécution, puisque le créancier se paie lui-même.

Enfin, l'insaisissabilité fait obstacle à ce qu'une personne privée invoque les dispositions de l'article 1948 du code civil et retienne des marchandises appartenant à une personne publique jusqu'au paiement des sommes dues au titre d'un marché public de dépôt (CAA Paris, 14 oct. 2008, *Fonds de développement des archipels, Sté EMGT : Rev. CMP*

2008. 17, note Eckert. – CAA Bordeaux, 9 févr. 2012, Laboratoire d'analyses et d'expertises en archéologie et œuvres d'art, n° 11BX00122).

III. CRITIQUES DU PRINCIPE

Le principe d'insaisissabilité est régulièrement mis en cause (tant dans son périmètre que dans son contenu) pour des raisons pratiques, mais aussi en regard des exigences du droit européen. Du premier point de vue, il est soutenu de manière largement convaincante que cette prérogative de protection peut dans les faits constituer une sujétion, dès lors qu'elle interdit aux personnes publiques de bénéficier de certaines techniques de financement (l'hypothèque, par exemple) puisqu'elles ne peuvent se servir de leurs biens comme garantie. Du second point de vue, le principe soulève certaines difficultés, tant au regard du droit à l'exécution des décisions de justice, composante du droit à un procès équitable au sens de l'article 6 § 1 de la Convention européenne des droits de l'homme (CEDH 19 mars 1997, *Hornsby c/ Grèce : AJDA 1997. 986, obs. Flauss ; JCP 1997. 22949, note Dugrip et Sudre*) – ce qui explique probablement la jurisprudence (préc.) *Société fermière de Campoloro* –, qu'au regard du droit communautaire de la concurrence (Roux, Propriété publique et droit de l'Union européenne, *LGDJ, 2015* ; Propriété publique et droit de l'Union européenne, *J.-Cl. Propriétés publiques, fasc. 7*). A ce dernier titre, l'insaisissabilité peut être analysée comme une forme d'aide d'État, dès lors qu'elle justifie l'inapplicabilité des procédures de redressement et de liquidation judiciaires des opérateurs économiques publics et leur permet de se financer à moindre coût (la prérogative de protection devient alors un atout de financement). Ainsi, l'impossibilité pour les EPIC de faire faillite est-elle assimilable à une garantie illimitée sur leurs engagements, qui constitue une aide contraire au droit de l'Union européenne (CJUE 3 avr. 2014, *France c/ Commission : AJDA 2014. 1155, chron. Aubert, Broussy et Cassagnabère,* *1242, chron. Lombard ; Dr. adm. 2014, n° 42, note Bazex ; JCP Adm. 2014, n° 2160, étude Eckert*). La Commission peut se prévaloir de la présomption selon laquelle la garantie implicite et illimitée de l'État découlant du statut d'EPIC doit être qualifiée d'aide d'État sans avoir à établir l'existence d'effets réels (CJUE, 19 sept. 2018, *Comm. c/ France et IFP*, n° C-438/16 P : *AJDA 2018. 1751, obs. Maupin* ; *ibid. 2484, chron. Nicinski* ; *Dr. adm. nov. 2018, p. 1, repère Plessix ; ibid. 43, note Lanneau ; JCP Adm. 2018. Actu. 765, obs. Erstein ; JCP Adm. 2019. 2059, chron. Karpenschif et Sauron ; JCP 2018. 1823, obs. Berlin*). L'orientation libérale de la mise en œuvre contemporaine du droit de l'Union européenne est ici nettement perceptible, puisque le Traité affirme expressément qu'il ne préjuge pas le régime de la propriété dans les États membres (actuel art. 345 TFUE, ex-art. 295 TCE). Cette orientation explique largement le phénomène de « sociétisation » d'EPIC nationaux, autrement dit leur transformation en personnes morales de droit privé (par ex. Moutouh, L'EPIC : chronique d'une mort annoncée ?, *in Mél. du Bois de Gaudusson, PU Bordeaux, 2014, p. 1307.* – Béroujon, Le recul de l'établissement public comme mode de gestion des services publics, *RFDA 2008. 26* . – Nicinski, La transformation des EPIC en sociétés, *RFDA 2008. 35* . – Bailleul, Vers la fin de l'EPIC ? A propos de la transformation des EPIC en sociétés, *RJEP 2006. 105*).

IV. PERSPECTIVES D'ÉVOLUTION

Comme l'évoquait le Conseil d'État dès les années 1980 (Réflexions sur l'orientation du droit des propriétés publiques, *EDCE, n° 38, 1987, p. 19*), une réduction du champ d'application du principe d'insaisissabilité aux seuls biens publics indispensables au service public pourrait être envisagée.

Un fort courant doctrinal, mobilisant à l'occasion le droit comparé (ou plutôt les références étrangères les plus favorables à cette thèse), a milité en ce sens et soutenu que cela permettrait de donner au principe un solide fondement constitutionnel, en l'occurrence le principe de continuité des services publics (qui semble, en toute hypothèse, exclure la suppression du principe d'insaisissabilité et simplement permettre la réduction de son champ de mise en œuvre). A titre d'exemple, une doctrine proche de la pratique notariale propose que seuls les biens affectés au service public soient insaisissables (Congrès des notaires de France, juin 2013, Lyon, 3e commission, 3e proposition). Mais faudrait-il alors admettre que les biens privés nécessaires à la continuité du service public sont également insaisissables ? Probablement pas. Il semble uniquement envisagé d'adjoindre au critère organique un critère matériel complémentaire réducteur, et non de substituer le second au premier.

Pourrait également être retenue une option légèrement différente, consistant à ne remettre en cause l'insaisissabilité que si deux conditions cumulatives sont réunies : le fait que le bien en cause ne soit pas indispensable à la continuité du service public, mais aussi le fait que la personne publique concernée exerce une activité économique. Et sans doute faudrait-il également réserver le cas particulier de l'État, qui n'est pas une personne publique comme les autres.

Que l'état du droit antérieur ait été cristallisé par le CGPPP ne fige donc pas la réflexion ; la conception française se trouve en effet en porte-à-faux par rapport au droit de l'Union européenne, mais aussi par rapport au droit international (les États et leurs émanations peuvent renoncer à l'immunité d'exécution ; et cette dernière ne concerne que les activités de puissance, pas les opérations commerciales. – V., pour un rappel concernant l'hypothèque, CIJ 3 févr. 2012, *Allemagne c/ Italie : AFDI 2012. 147, note Laval ; JDI 2014, n° 4. Chron. 8, comm. Geslin et Le Floch ; RGDIP 2012. 396, note Hoeffner*). ❑

1. *Caractère traditionnel du principe d'insaisissabilité.* La jurisprudence s'est régulièrement référée à l'insaisissabilité au cours du XIXe siècle (V. en particulier, pour les biens des établissements publics. • T. confl. 9 déc. 1899, *Assoc. synd. du canal de Gignac : Lebon 731 ; S. 1900. 3. 49, note Hauriou.* ♦ Évoquant un « principe absolu de droit » • Civ. 5 mai 1885, *Caratier-Terrasson : S. 1886. 1. 353, note Chavegrin)* ♦ De même, au cours du XXe siècle. V. par ex., • Req., 15 févr. 1938, *Grenouiller : DP 1938.1. 126, note Montsarrat ; S. 1938. 1. 151* • T. civ. Seine, 18 oct. 1933, *Office national du tourisme : DH. 1934. 2. 65, note Waline.*

2. *L'insaisissabilité, principe général du droit.* Il résulte de l'art. 537, al. 2, C. civ. que les biens n'appartenant pas à des personnes privées sont administrés et aliénés dans les formes et suivant les règles qui leur sont particulières. S'agissant des biens appartenant à des personnes publiques, même exerçant une activité industrielle et commerciale, le principe général du droit suivant lequel leurs biens sont insaisissables ne permet pas de recourir aux voies d'exécution du droit privé ; il appartient seulement au créancier bénéficiaire d'une décision juridictionnelle passée en force de chose jugée et condamnant une personne publique au paiement d'une somme d'argent de mettre en œuvre les règles particulières issues de la loi n° 80-539 du 16 juillet 1980. • Civ. 1re, 21 déc. 1987, *BRGM : Bull. civ. I, n° 348 ; GDDAB, 3e éd., 2018. Comm. 81, note Yolka ; CJEG 1988, n° 107, note Richer ; RFDA 1988. 771, concl. Charbonnier, note Pacteau ; RTD civ. 1989. 145, obs. Perrot ; JCP 1989. II. 21183, note Nicod.* ♦ V. aussi • Paris, 15 févr. 1991 : *AJDA 1991. 568, note Broussole* ✎ (inapplicabilité d'une procédure de règlement judiciaire). • CE, sect. finances avis, 30 janv. 1992, n° 350.083 : *Rapp. public 1992, EDCE n° 44, p. 401 ; GACE, 2008, n° 19, note Claisse.* ♦ L'arrêt de 1987 a mis un terme à une jurisprudence des juridictions judiciaires amorçant une remise en cause partielle du principe relativement aux EPIC, soumis en matière de gestion financière et comptable aux règles applicables aux entreprises commerciales et non à la comptabilité publique. • Paris, 11 juill. 1984 : *AJDA 1984. 625 et 615, obs. Bazex ; D. 1985. 174, note Denoix de Saint-Marc ; RFDA 1985. 85, note Delvolvé.* ♦ ... Et qui réservait simplement le cas d'atteinte à la continuité du service public. • Paris, 18 mars 1986 : *D. 1987. 310, note Nicod.* ♦ Dans le même sens • TGI Paris, 1er févr. 1984, *GDF : JCP 1984. II. 20294, note Prévault.*

3. *Biens en cause et compétence juridictionnelle.* Tous les biens des personnes publiques sont insaisissables, qu'ils soient corporels ou incorporels, meubles ou immeubles, monétaires (deniers publics) ou non ; qu'il s'agisse, surtout, d'éléments du domaine public. V., pour les biens de retour des concessions : • Civ. 2e, 26 mai 1965 : *CJEG 1966. 277.* ♦ ... Ou du domaine privé. • Civ. 2e, 16 déc. 1965 : *Bull. civ. II, n° 1038. 734 ; JCP 1966. IV., p. 14.* ♦ Le juge administratif apprécie les conséquences de l'insaisissabilité s'agissant des dépendances du domaine public, tandis que la juridiction judiciaire est compétente pour les apprécier à l'égard des biens du domaine privé. En ce sens, • CE 4 juill. 2012, *Dpt de Saône-et-Loire : Lebon T. 750 ; AJDA 2013. 522, note Éveillard* ✎ *; JCP Adm. 2012. Actu. 550, obs. Dubreuil ; ibid. 2013. 2125, n° 30, chron. Chamard-Heim ; RJEP 2013. Comm. 4, note Eckert* • Com. 21 janv. 2014, n° 12-29.475 : *AJDA 2014. 191, obs. de Montecler* ✎ *; AJDA 2014. 460, note Yolka* ✎ *; BMIS 2014. 229, obs. Delion ; ibid. 235, obs. Moulin ; Dr. adm. 2014, n° 26, note Giacuzzo ; JCP 2014, n° 1558, chron. Éveillard.*

4. *Limites de l'insaisissabilité.* L'insaisissabilité n'interdit pas, dans son principe, la cession forcée des biens publics, mais uniquement celle qui emprunte la forme d'une saisie. La cession forcée sans saisie reste donc possible à l'égard des biens du domaine privé (ceux du domaine public étant, pour leur part, inaliénables). En premier lieu, les anciens propriétaires d'immeubles expropriés qui n'ont pas reçu la destination prévue peuvent en obtenir la rétrocession, qui s'analyse comme un mode de cession forcée. • T. confl. 23 févr. 2004, *Cne d'Auribeau-sur-Siagne : Lebon*

512 ; AJDI 2004. 566, obs. Hostiou ; *GDDAB, 3e éd., 2018. Comm. 29, note Noguellou ; RDI 2004. 266, obs. Morel* . – Dutrieux, Expropriation et rétrocession, *JCP N 2013, n° 1021*). ♦ En deuxième lieu, les immeubles du domaine privé – et non ceux du domaine public, qui sont inaliénables (comm. ss. art. L. 3111-1) – peuvent faire l'objet d'une expropriation. • CE 27 nov. 1970, *Bizière : Lebon T. 1070 ; D. 1972. 25, note Taugourdeau*. – Yolka, L'expropriation des collectivités territoriales, *JCP Adm. 2008, n° 6, p. 32*. ♦ Ils sont, en troisième lieu, soumis à la prescription acquisitive, qu'il appartient à l'autorité judiciaire de constater le cas échéant. • Civ. 3e, 12 janv. 1982 : *D. 1982. 577, note Audouard* • 15 juin 1988 : *RDI 1988. 439, obs. Bergel* • CE, 7 sept. 2001, *René Y*, n° 207796 • 19 juill. 2016, *La Poste*, n° 370630 : *Rev. CMP 2016. Comm. 244, obs. Hoepffner ; ibid. avr. 2017. Chron. 3, obs. Llorens et Soler-Couteaux ; JCP A 2016, n° 2260, obs. de Gaudemar ; ibid. 2017. 2131* • CAA Marseille, 16 nov. 2018, n° 17MA01261 : *Rev. CMP. 2019, comm. 25, obs. Muller*. ♦ *Contra*, mais par erreur, • Civ. 3e, 28 nov. 2019, *M. et Mme P.*, n° 18-16012 : *Dr. voirie 2020, n° 212, p. 39, note Yolka*. ♦ En quatrième lieu, le transfert de la propriété d'une dépendance du domaine privé peut résulter, le cas échéant, d'une injonction prononcée par le juge (tandis que l'inaliénabilité du domaine public y fait obstacle, sauf dans les relations entre personnes publiques. V., pour une espèce où la question était posée. • CE 22 sept. 2010, *Région Centre*, n° 326332 : *AJDA 2010. 1969* . ♦ En cinquième lieu, les biens des personnes publiques secondaires peuvent faire l'objet d'une procédure administrative de cession forcée sans saisie (en cas de carence d'une collectivité territoriale à assurer l'exécution d'une décision juridictionnelle passée en force de chose jugée et après mise en demeure, le préfet a le pouvoir de se substituer aux organes de cette collectivité afin de dégager ou de créer les ressources nécessaires. Au nombre de ces mesures figure la possibilité de procéder à la vente de biens appartenant à la collectivité dès lors que ceux-ci ne sont pas indispensables au bon fonctionnement des services publics dont elle a la charge. • CE, sect., 18 nov. 2005, *Sté fermière de Campoloro*, n° 271898 : *Lebon 515 ; AJDA 2006. 137, chron. Landais et Lénica* ; *BJCL 2006. 43, concl. Boulouis ; GDDAB, 3e éd., 2018. Comm. 91, obs. Yolka ; JCP 2006. 10044, note de Moustier et Béatrix ; Dr. adm. 2006, n° 33, note Guettier ; RFDA 2006. 341, note Bon* . ♦ V. égal. sur cette question (déclassement forcé quand le bien à vendre fait partie du domaine public). • CE, sect. intérieur, avis, 25 mars 2008, n° 381088 : *EDCE 2009. 294*. ♦ En dernier lieu, certains procédés de cession forcée propres au droit des sociétés sont susceptibles de jouer à l'égard des valeurs mobilières détenues par les personnes publiques, qui appartiennent à leur domaine privé. C'est le cas de la procédure de retrait obligatoire prévue en cas d'offre publique de retrait. • Com. 21 janv. 2014 : *AJDA 2014. 460, note Yolka* ; *BMIS 2014. 229, obs. Delion, p. 235, obs. Moulin ; Dr. adm. 2014, n° 26, note Giacuzzo ; JCP 2014. 1558, chron. Éveillard*.

CHAPITRE II IMPLANTATION ET INVENTAIRE

SECTION PREMIÈRE BIENS SITUÉS À L'ÉTRANGER

Art. L. 2312-1 Les dispositions de l'article L. 1221-1 sont applicables aux opérations de gestion des biens mobiliers et immobiliers appartenant à une personne publique mentionnée à l'article L. 1 et situés hors du territoire de la République. – *V. art. R. 2312-1 à D. 2312-3.*

COMMENTAIRE

Voir le commentaire sous l'article L. 1221-1.

SECTION II BIENS SITUÉS EN FRANCE

La présente section ne comprend pas de dispositions législatives.

SECTION III INVENTAIRE

La présente section ne comprend pas de dispositions législatives.

CHAPITRE III ATTRIBUTION

Le présent chapitre ne comprend pas de dispositions législatives.

TITRE DEUXIÈME PRODUITS ET REDEVANCES DU DOMAINE

BIBL. GÉN. ▶ Badin et Untermaier-Kerléo, Redevances domaniales, *J.-Cl. Propriétés publiques, fasc. 59-10*. – Instruction n° 06-064-D61-P-R du 29 déc. 2006 relative aux redevances d'occupation du domaine public et privé de l'État *(BOCP déc. 2006)*. – Instruction du 14 mai 2007 relative aux redevances d'occupation du domaine public et privé de l'État.

CHAPITRE PREMIER CONSTATATION ET PERCEPTION

SECTION PREMIÈRE AUTORITÉS COMPÉTENTES

Art. L. 2321-1 I. — **Le recouvrement des produits et redevances du domaine de l'État et en général de toute somme, dont la perception incombe aux comptables publics chargés des recettes domaniales de l'État, s'opère dans les conditions fixées aux articles L. 252 et L. 252 A du livre des procédures fiscales.**

II. — **Dans le cas où une loi assortit du versement d'un produit la délivrance par l'État d'une autorisation de commerce constituant une source de profit pour son bénéficiaire ou lui apportant une plus-value patrimoniale, ce produit est perçu comme en matière domaniale.** — *[C. dom. Ét., art. L. 78 et L. 79.]*

COMMENTAIRE

On rappellera en préambule qu'une créance domaniale est une créance née de l'exploitation du domaine public (V. *infra note 2*).

Les trois articles composant cette section précisent les modalités de constatation et perception des produits et redevances du domaine (public ou privé) en distinguant trois cas de figures.

Le premier cas de figure est celui de l'État, le code renvoyant à deux articles du livre des procédures fiscales relatifs à la procédure de recouvrement de l'impôt. Le premier article consacre la compétence des comptables publics pour recouvrer les impôts et exercer les actions liées indirectement au recouvrement des créances fiscales (V. LPF, art. L. 252). Quant au second, il précise que les arrêtés, états, rôles, avis de mise en recouvrement, titres de perception ou de recettes constituent des états exécutoires que l'État, les collectivités territoriales ou les établissements publics dotés d'un comptable public délivrent pour le recouvrement des recettes de toute nature qu'ils sont habilités à recevoir (V. LPF, art. L. 252). Les articles R. 2321-1 et R. 2321-2 du code renvoient à différentes dispositions relatives aux recettes du décret n° 2012-1246 du 7 novembre 2012 relatif à la gestion budgétaire et comptable publique (art. 23 à 28 et art. 112 à 124).

Le deuxième cas de figure est celui des établissements publics de l'État, le recouvrement s'exerçant dans le cadre des textes organisant leur fonctionnement, et ceux dotés d'un comptable public pouvant émettre des états exécutoires. La partie réglementaire du code procède également à leur propos à un renvoi aux dispositions pertinentes du décret n° 2012-1246 (art. R. 2321-3).

Le troisième et dernier cas de figure est relatif aux collectivités territoriales et établissements publics locaux (établissements publics de coopération intercommunale inclus). Le code (qu'il s'agisse de l'art. L. 2321-3 ou des art. R. 2321-4 et D. 2321-5) renvoie à différentes dispositions du code général des collectivités territoriales. Ces créances ne sont mises en recouvrement que lorsqu'elles atteignent la somme de 5 euros (V. art. D. 1611-1 CGCT). Elles sont recouvrées par le comptable de la commune, du département ou de la région, qui est un comptable direct du Trésor ayant la qualité de comptable principal (V. art. L. 1611-5 CGCT). L'exécution forcée du titre de recette est possible sauf introduction d'un recours contestant son bien-fondé ou sa régularité formelle (V. art. L. 1617-5, 1° CGCT).

L'article L. 2321-1, comme les articles L. 2321-4 et L. 2321-5, est applicable aux redevances exigibles des concessionnaires de gisements en mer situés sur le plateau continental ou dans la zone économique exclusive (C. envir., art. L. 132-15-1). ❑

1. L'instauration d'un système de règlement d'une redevance d'utilisation du domaine public exclusivement au moyen d'une carte prépayée dans un souci d'intérêt public est régulière dès lors que cette carte peut-être acquise par tout moyen de paiement auprès des buralistes. • Crim. 28 avr. 2006, n° 06-80.263 P : *AJDA 2006. 1134* ✎ ; *ibid. 2011, note Lombard* ✎ ; *Dr. pén. 2006, n° 111, note Robert.*

2. N'est pas une créance domaniale la créance résultant des frais de remise en état du domaine public à la suite d'une atteinte portée non par un exploitant privatif mais par un tiers. • CE 25 sept. 2009, ⚖ *M. Torre*, n° 301909 : *Lebon T. 739* ✎ ; *BJCL 2009. 695, concl. Escaut.*

Art. L. 2321-2 Le recouvrement des produits et des redevances du domaine que sont habilités à recevoir les établissements publics de l'État s'opère dans les conditions fixées par les textes qui les créent et les régissent. — *V. art. R. 2321-3.*

L'article L. 252 A du livre des procédures fiscales s'applique au recouvrement de ces produits et redevances, lorsque ces établissements publics sont dotés d'un comptable public.

COMMENTAIRE

Voir le commentaire sous l'article L. 2321-1. ❑

Art. L. 2321-3 *(Ord. n° 2015-401 du 9 avr. 2015, art. 5-1°, en vigueur le 1er janv. 2018)* « Sauf dans le cas prévu à l'article L. 2323-7-1, » le recouvrement des produits et des redevances du domaine des collectivités territoriales, de leurs groupements et de leurs établissements publics, s'opère dans les conditions fixées aux articles L. 1611-5, L. 1617-1, L. 1617-4 ainsi qu'au 1° de l'article L. 1617-5 du code général des collectivités territoriales, et à l'article L. 252 A du livre des procédures fiscales. — *V. art. R. 2321-4.*

Les dispositions issues de l'Ord. n° 2015-401 du 9 avr. 2015 entrent en vigueur à la date prévue au V de l'art. 63 de la L. n° 2014-58 du 27 janv. 2014, soit le 1er janv. 2018 (Ord. préc., art. 7, et L. préc., 63-V, mod. par L. n° 2015-991 du 7 août 2015, art. 77, et L. n° 2015-1785 du 29 déc. 2015, art. 45-IV).

COMMENTAIRE

Voir le commentaire sous l'article L. 2321-1. ❑

Art. L. 2321-3-1 (Abrogé par Ord. n° 2015-401 du 9 avr. 2015, art. 5-2°, à compter du 1er janv. 2018) (L. n° 2014-58 du 27 janv. 2014, art. 63-VII-2°, en vigueur le 1er janv. 2018) ***L'article L. 2321-3 s'applique au recouvrement du forfait de post-stationnement prévu à l'article L. 2333-87 du code général des collectivités territoriales, sous réserve des modalités prévues aux trois derniers alinéas du présent article.***

Le ministre chargé du budget peut désigner un comptable public spécialement chargé du recouvrement du forfait de post-stationnement, après information préalable de l'organe exécutif de la commune, de l'établissement public de coopération intercommunale ou du syndicat mixte qui l'a institué.

Les deux derniers alinéas du 1° de l'article L. 1617-5 du code général des collectivités territoriales ne s'appliquent pas lorsque le titre de recettes concerne un forfait de post-stationnement de véhicule sur voirie. La contestation du titre devant la juridiction compétente ne suspend pas la force exécutoire du titre.

Pour l'application du premier alinéa du même 1°, la délivrance de l'avis de paiement du montant du forfait de post-stationnement vaut émission du titre de recettes à l'encontre du titulaire du certificat d'immatriculation du véhicule concerné.

Les dispositions issues de l'Ord. n° 2015-401 du 9 avr. 2015 entrent en vigueur à la date prévue au V de l'art. 63 de la L. n° 2014-58 du 27 janv. 2014, soit le 1er janv. 2018 (Ord. préc., art. 7, et L. préc., art. 63 V, mod. par L. n° 2015-991 du 7 août 2015, art. 77, et L. n° 2015-1785 du 29 déc. 2015, art. 45-IV).

BIBL. ▶ Défenseur des droits, La défaillance du forfait de post-stationnement : rétablir les droits des usagers, *janv. 2020.* – Fortin, Réforme du stationnement payant sur voirie : tout cela pour ça ?, *Dr. voirie 2019. 192.* – Gart/ Cerema, Réforme du stationnement payant sur voirie : premiers enseignements, *juill. 2019.* – Carcenac et Nougein, Le recouvrement des amendes de circulation et des forfaits de post-stationnement : un système grippé ?, *Sénat, Comm. finances, rapport n° 651, juill. 2019.* – Finon, Réforme du stationnement payant – Implications juridiques (1re partie), *AJCT 2017. 446* . – Petit, La dépénalisation du stationnement payant, *AJDA 2014. 1134* . – de Gaudemar, La dépénalisation du stationnement payant des véhicules sur la voie publique, *JCP Adm. 2014, n° 2055.* – Dreifuss, Quand la dépénalisation du stationnement payant sur voirie porte une juridiction administrative sur les fonts baptismaux. Genèse de la commission du contentieux du stationnement payant, *JCP Adm. 2015, n° 2061.* – Lavialle, Les métamorphoses du stationnement payant sur voirie et l'évolution de la domanialité publique, *RFDA 2015. 305* . – Cerema, Décentralisation du stationnement payant sur voirie, *Guide de recommandations à l'attention des collectivités locales, oct. 2015.*

SECTION II PRESCRIPTIONS

BIBL. GÉN. ▶ LATOURNERIE, *D. 2008. 2528* (la prescription administrative à l'épreuve de la réforme de la prescription en matière civile). – PLESSIX, *RFDA 2008. 1219* (la réforme de la prescription en matière civile et le droit administratif). – ECKERT et KOVAR, *LPA 2 avr. 2009. 25* (la réforme du droit de la prescription : aspect de droit public). – MOREAU, *JCP Adm. 2009. 2099* (les quarante ans de la prescription quadriennale). – FROGER, La prescription extinctive des obligations en droit public interne, *Dalloz, 2015*.

Art. L. 2321-4 **Les produits et redevances du domaine public ou privé d'une personne publique mentionnée à l'article L. 1** *(L. n° 2008-561 du 17 juin 2008, art. 21)* **« se prescrivent par cinq ans, quel que soit leur mode de fixation ».**

Cette prescription commence à courir à compter de la date à laquelle les produits et redevances sont devenus exigibles. – *[C. dom. Ét., art. L. 48.]*

COMMENTAIRE

Les prescriptions applicables aux administrations publiques sont pour certaines identiques ou très proches des prescriptions civiles et obéissent pour d'autres à un régime juridique spécifique.

La rédaction initiale de l'article L. 2321-4, qui renvoyait à l'ancien article 2277 du code civil, était une bonne illustration de la première hypothèse. Même si le législateur a supprimé cette mention à l'occasion de l'adoption de la loi n° 2008-561 du 17 juin 2008 portant réforme de la prescription en matière civile (V. art. 21), il n'en demeure pas moins que les produits et redevances des propriétés des personnes publiques « classiques » (celles entrant dans le champ d'application de l'article L. 1 du code) sont soumises à la prescription quinquennale, durée qui est désormais celle de droit commun en matière civile (V. art. 2224 C. civ.). Et le point de départ de cette prescription est la date à laquelle la créance est devenue exigible.

L'article L. 2321-4 étend aux collectivités territoriales et établissements publics une solution qui ne valait auparavant que pour l'État (V. art. L. 48 C. dom. Ét.) et non pour les collectivités territoriales (alors soumises à la prescription trentenaire du code civil, TA Cergy-Pontoise, 7 avr. 2005, *Sté d'édition de presse SEP., n° 02.01679 : BJCL 2005. 392, obs. Janicot* ; CAA Marseille, 6 nov. 2008, *SARL X-GRASSE*, n° 06MA02526).

L'article L. 2321-5 illustre à l'opposé la seconde hypothèse, précisant que la prescription quadriennale est applicable à l'action en restitution des créances domaniales indûment versées à l'État, aux départements, aux communes ainsi qu'aux établissements publics dotés d'un comptable public (c'est-à-dire en principe aux établissements publics administratifs). Cet article ne mentionne par contre pas les autres personnes publiques.

Ces deux prescriptions, si leurs champs d'application *ratione personae* divergent tout comme leur durée, ont pour trait commun d'être l'une et l'autre des prescriptions extinctives, autrement dit un mode d'extinction d'un droit résultant de l'inaction de son titulaire pendant un certain laps de temps (V. art. 2219 C. civ.). Faut-il s'étonner que la prescription intéressant les créances de l'administration (V. art. L. 2321-4) soit légèrement plus longue que celle relative aux créances sur l'administration (V. art. L. 2321-5) ? Et cette différence, compte tenu de son caractère limité, ne devrait pas poser problème au regard de la CEDH (CEDH, 23 juin 2009, *Zouboulidis c/ Grèce : Dr. adm. 2009, n° 131, note Froger*). ❑

1. Pour une application des dispositions de l'ancien art. 2277 C. civ. à des faits antérieurs à l'entrée en vigueur du présent code. • CE 29 oct. 2012, *Sté France Télécom*, n° 346610 : *Lebon T. 746 ; AJDA 2012. 2088 ; JCP Adm. 2012. 770, obs. Duranthon.* ♦ Pour une mise en œuvre de l'art. L. 2321-4 et jugeant que le délai de prescription d'une créance exigible le 1er juin 2010 avait été interrompue par la réception d'un titre exécutoire le 29 mai 2015. • CAA Lyon, 31 janv. 2019, *Sté Pim Participations*, n° 16LY02163.

2. Sur la détermination de la date à compter de laquelle les produits et redevances sont devenus exigibles et où la prescription quinquennale commence donc à courir. • TA Pau, 26 oct. 2017, n° 1502683 : *JCP Adm. 2017. Actu. 542, obs. Caubet-Hilloutou.*

3. Sur l'interuption du délai de prescription par une demande en justice, • TA Rouen, 11 avr. 2019, *Les jardins de Blainville*, n° 17.02019 : *JCP Adm. 2019. 2112, obs. Deliancourt.*

4. Sur la distinction entre délai de recours et délai de prescription prévu par l'art. L. 2321-5. • CAA Paris, 31 juill. 2019, *Sté Indiana République*, n° 18PA03058.

Art. L. 2321-5 **L'action en restitution des produits et redevances de toute nature du domaine de l'État, des départements, des communes et des établissements publics dotés d'un comptable public est soumise à la prescription quadriennale des créances prévue par la loi n° 68-1250 du 31 décembre 1968.** – *[C. dom. Ét., art. L. 49.]*

V. art. R. 2321-6.

COMMENTAIRE

Voir le commentaire sous l'article L. 2321-4. ❑

CHAPITRE II **PAIEMENT**

Art. L. 2322-1 **La liquidation des produits et redevances du domaine de l'État et des sommes de toute nature mentionnés à l'article L. 2321-1 est soumise aux dispositions** *(L. n° 2006-1771 du 30 déc. 2006, art. 115-I et XI, en vigueur le 1er janv. 2007)* **« de l'article 1724 » du code général des impôts.** – *[C. dom. Ét., art. L. 79, ecqc la liquidation des produits et redevances.]*

COMMENTAIRE

Il ressort des dispositions composant la version actualisée de ce chapitre, qui gagnerait d'ailleurs à être renuméroté depuis l'abrogation de l'article L. 2322-3 (qui prévoyait la possibilité d'acquitter les redevances dues pour l'occupation ou l'utilisation du domaine public de l'État par apposition d'un timbre fiscal sur le titre d'autorisation), que le montant des produits et redevances domaniaux est arrondi à l'euro le plus proche, la fraction d'euro égale à 0,50 étant comptée pour 1.

Et il peut être exigé des redevables entrant dans le champ d'application de l'article L. 2321-1-II (qui concerne certains titulaires d'autorisation de commerce) qu'ils versent des acomptes périodiques.

L'article L. 2322-1 et l'article L. 2322-4 sont applicables aux redevances exigibles des concessionnaires de gisements en mer situés sur le plateau continental ou dans la zone économique exclusive (C. envir., art. L. 132-15-1). ❑

Art. L. 2322-2 **Les redevables qui doivent acquitter le produit prévu au II de l'article L. 2321-1 peuvent être tenus au paiement d'acomptes périodiques dans les conditions déterminées par arrêté interministériel.** – *[C. dom. Ét., art. L. 78-1.]*

COMMENTAIRE

Voir le commentaire sous l'article L. 2322-1. ❑

Art. L. 2322-3 *Abrogé par L. n° 2006-1771 du 30 déc. 2006, art. 115-I et XI, à compter du 1er janv. 2007.*

Art. L. 2322-4 **Le montant des produits, des redevances et des sommes de toute nature mentionnés à l'article L. 2321-3 est arrondi à l'euro le plus proche. La fraction d'euro égale à 0,50 est comptée pour 1.**

COMMENTAIRE

Voir le commentaire sous l'article L. 2322-1. ❑

CHAPITRE III **ACTION EN RECOUVREMENT**

SECTION PREMIÈRE **PROCÉDURES DE RECOUVREMENT**

SOUS-SECTION 1 **MODALITÉS DE RECOUVREMENT ET MESURES PRÉALABLES AUX POURSUITES**

Art. L. 2323-1 *(L. n° 2006-1771 du 30 déc. 2006, art. 115-I et XI, en vigueur le 1er janv. 2007)* **Un titre de perception est adressé par le comptable public à tout redevable de produits, redevances et sommes de toute nature, mentionnés à l'article L. 2321-1, n'ayant pas fait l'objet d'un versement spontané à la date de leur exigibilité.**

Un décret en Conseil d'État fixe les modalités d'application du présent article. – *V. art. R. 2323-1 s.*

BIBL. ▶ Cliquennois, *AJDA 2009. 1763* (signature des titres exécutoires des collectivités territoriales).

COMMENTAIRE

Cette sous-section détaille les étapes antérieures au déclenchement d'éventuelles poursuites contre le débiteur récalcitrant de produits ou redevances domaniaux.

L'article L. 2323-1 prévoit ainsi l'envoi par le comptable public compétent d'un titre de perception en cas d'absence de versement spontané à la date d'exigibilité de la créance.

L'article L. 2323-2 envisage ensuite l'envoi par ce même comptable public d'une mise en demeure de payer.

L'article L. 2323-3 précise que l'autorité administrative compétente doit adresser, sous pli simple, au redevable une ampliation du titre de recettes individuel ou de l'extrait du titre collectif.

Afin de mettre un terme à une jurisprudence controversée, la loi n° 2009-526 du 12 mai 2009 de simplification et de clarification du droit et d'allégement des procédures a amendé l'article L. 1617-5 du code général des collectivités territoriales et précisé qu'en application de l'article 4 de la loi n° 2000-321 du 12 avril 2000 relative aux droits des citoyens dans leurs relations avec les administrations, le titre de recettes individuel ou l'extrait du titre de recettes collectif mentionne les nom, prénoms et qualité de la personne qui l'a émis ainsi que les voies et délais de recours. Et le législateur a ajouté que seul le bordereau de titre de recettes est signé pour être produit en cas de contestation.

L'article L. 2323-1 et l'article L. 2323-2 sont applicables aux redevances exigibles des concessionnaires de gisements en mer situés sur le plateau continental ou dans la zone économique exclusive (C. envir., art. L. 132-15-1). ❑

Art. L. 2323-2 *(L. n° 2006-1771 du 30 déc. 2006, art. 115-IV et XI, en vigueur le 1er janv. 2007)* **A défaut de paiement des** *(L. n° 2010-1658 du 29 déc. 2010, art. 55-I-C-1°)* **« produits, redevances et sommes de toute nature visés à l'article L. 2321-1 mentionnés » sur le titre de perception ou de la mise en jeu de l'article L. 2323-11, le comptable public compétent adresse au redevable une** *(L. n° 2010-1658 du 29 déc. 2010, art. 55-I-C-1°)* **« mise en demeure de payer » avant la notification du premier acte de poursuite devant donner lieu à des frais** *(L. n° 2010-1658 du 29 déc. 2010, art. 55-I-C-1°)* **« au sens de l'article 1912 du code général des impôts ».**

L'art. 55-I-C-1° de la L. n° 2010-1658 du 29 déc. 2010 entre en vigueur le 1er oct. 2011, y compris pour les procédures en cours à cette date, à l'exception de celles portant sur des créances étrangères à l'impôt et au domaine recouvrées comme en matière d'impôts directs, pour lesquelles la date d'entrée en vigueur est fixée par décret et au plus tard le 31 déc. 2012 (L. préc., art. 55-I-J).

COMMENTAIRE

Voir le commentaire sous l'article L. 2323-1. ❑

Art. L. 2323-3 Afin d'assurer le recouvrement des produits, redevances et sommes de toute nature *(Ord. n° 2015-401 du 9 avr. 2015, art. 5-3°-a, en vigueur le 1er janv. 2018)* **« régis par » l'article L. 2321-3, l'autorité administrative compétente adresse à chaque redevable, sous pli simple,** *(L. n° 2010-1658 du 29 déc. 2010, art. 55-I-C-2°)* **« une ampliation du titre de recettes individuel ou de l'extrait du titre collectif** *[ancienne rédaction : un titre de recettes individuel ou un extrait du titre de recettes collectif]* **» et met en œuvre les dispositions du 4° de l'article L. 1617-5 du code général des collectivités territoriales.**

(Abrogé par Ord. n° 2015-401 du 9 avr. 2015, art. 5-3°-b, à compter du 1er janv. 2018) (L. n° 2014-58 du 27 janv. 2014, art. 63-VII-3°, en vigueur le 1er janv. 2018) ***« Pour le recouvrement du forfait de post-stationnement mentionné à l'article L. 2333-87 du code général des collectivités territoriales, la copie de l'avis de paiement vaut ampliation du titre de recettes.***

« Les mentions prévues au deuxième alinéa du 4° de l'article L. 1617-5 du code général des collectivités territoriales sont remplacées par la désignation non nominative de l'agent ayant délivré l'avis de paiement et les coordonnées de la personne morale dont celui-ci relève. »

L'art. 55-I-C-2° de la L. n° 2010-1658 du 29 déc. 2010 entre en vigueur à une date fixée par décret et au plus tard le 31 déc. 2012, y compris pour les procédures en cours à cette date (L. préc., art. 55-I-J).

Les dispositions issues de l'Ord. n° 2015-401 du 9 avr. 2015 entrent en vigueur à la date prévue au V de l'art. 63 de la L. n° 2014-58 du 27 janv. 2014, soit le 1er janv. 2018 (Ord. préc., art. 7, et L. préc., 63-V, mod. par L. n° 2015-991 du 7 août 2015, art. 77, et L. n° 2015-1785 du 29 déc. 2015, art. 45-IV).

COMMENTAIRE

Voir le commentaire sous l'article L. 2323-1. ❑

SOUS-SECTION 2 EXERCICE DES POURSUITES

Art. L. 2323-4 *(L. n° 2010-1658 du 29 déc. 2010, art. 55-I-C-3°)* **Lorsque la mise en demeure de payer prévue à l'article L. 2323-2 n'a pas été suivie de paiement ou de l'application de l'article L. 2323-11, le comptable public compétent peut engager des poursuites dans les conditions prévues aux articles L. 257-0 A et L. 258 A du livre des procédures fiscales.**

L'art. 55-I-C-3° de la L. n° 2010-1658 du 29 déc. 2010 entre en vigueur le 1er oct. 2011, y compris pour les procédures en cours à cette date, à l'exception de celles portant sur des créances étrangères à l'impôt et au domaine recouvrées comme en matière d'impôts directs, pour lesquelles la date d'entrée en vigueur a été fixée au 1er janv. 2012 par le Décr. n° 2011-2036 du 29 déc. 2011 (L. préc., art. 55-I-J, et Décr. n° 2011-2036 du 29 déc. 2011, art. 4).

COMMENTAIRE

L'engagement des poursuites est opéré à la diligence du comptable public compétent. Les frais de poursuite sont calculés, conformément aux dispositions de l'article 1912 du code général des impôts (par renvoi de l'article L. 2323-2), par application d'un pourcentage qui ne peut excéder 5 % du montant total des créances dont le paiement leur est réclamé, dans la limite de 500 €.

Les poursuites peuvent être déclenchées à l'expiration d'un délai de trente jours suivant la notification de la mise en demeure.

Ces poursuites sont opérées dans des conditions détaillées par le livre des procédures fiscales (V. art. L. 257-0 A et L. 258 A) qui renvoie lui-même au code de procédure civile.

Le commandement interrompt la prescription de l'action en recouvrement.

Pour les collectivités territoriales et leurs groupements, le code renvoie également aux dispositions des 5° et 6° de l'article L. 1617-5 du code général des collectivités territoriales. Elles permettent le recouvrement des créances par voie d'opposition à tiers détenteur et en décrivent les modalités (5°). Elles habilitent également les comptables directs du Trésor à obtenir, sans que le secret professionnel puisse leur être valablement opposé, les informations et renseignements nécessaires à l'exercice de cette mission (6°).

La procédure a été modifiée depuis l'entrée en vigueur de la nouvelle rédaction de l'article L. 2323-4 et du nouvel article L. 2323-4-1 le 1er octobre 2011, ces dispositions ne s'appliquant toutefois pas aux procédures portant sur des créances étrangères à l'impôt et au domaine recouvrées comme en matière d'impôts directs pour lesquelles la date d'entrée en vigueur a été fixée par l'article 4 du décret n° 2011-2036 du 29 décembre 2011 au 1er janvier 2012.

L'article L. 2323-4 ainsi que les articles L. 2323-4-1 et L. 2323-6 sont applicables aux redevances exigibles des concessionnaires de gisements en mer situés sur le plateau continental ou dans la zone économique exclusive (C. envir., art. L. 132-15-1). ❑

Art. L. 2323-4-1 *(L. n° 2010-1658 du 29 déc. 2010, art. 55-I-C-4°)* **La mise en demeure de payer prévue à l'article L. 2323-2 est précédée d'une lettre de relance**

pour les produits, redevances et sommes de toute nature mentionnés à l'article L. 2321-1 d'un montant inférieur à 15 000 €. Dans ce cas, le comptable public compétent met en œuvre les dispositions du 2 de l'article L. 257-0 B et de l'article L. 258 A du livre des procédures fiscales.

L'art. 55-I-C-4° de la L. n° 2010-1658 du 29 déc. 2010 entre en vigueur le 1er oct. 2011, y compris pour les procédures en cours à cette date, à l'exception de celles portant sur des créances étrangères à l'impôt et au domaine recouvrées comme en matière d'impôts directs, pour lesquelles la date d'entrée en vigueur a été fixée au 1er janv. 2012 par le Décr. n° 2011-2036 du 29 déc. 2011 (L. préc., art. 55-I-J, et Décr. n° 2011-2036 du 29 déc. 2011, art. 4).

Art. L. 2323-5 *(L. n° 2010-1658 du 29 déc. 2010, art. 55-I-C-5°)* **A défaut de paiement des produits** *(Ord. n° 2015-401 du 9 avr. 2015, art. 5-4°-a, en vigueur le 1er janv. 2018)* **« régis par » l'article L. 2321-3, le comptable public compétent met en œuvre les 4° à 8° de l'article L. 1617-5 du code général des collectivités territoriales.**

(Abrogé par Ord. n° 2015-401 du 9 avr. 2015, art. 5-4°-b, à compter du 1er janv. 2018) (L. n° 2014-58 du 27 janv. 2014, art. 63-VII-4°, en vigueur le 1er janv. 2018) ***« Pour le paiement du montant du forfait de post-stationnement dû en application de l'article L. 2333-87 du code général des collectivités territoriales, la lettre de relance mentionnée au 6° de l'article L. 1617-5 du même code informe le titulaire du certificat d'immatriculation du véhicule concerné de la possibilité qui lui est ouverte de se libérer du versement de la somme qui lui est demandée s'il établit, dans les trente jours suivant la notification de la lettre, l'existence d'un événement de force majeure lors de la délivrance de l'avis de paiement du montant du forfait de post-stationnement. La même information est donnée par l'huissier de justice en cas de mise en œuvre d'une phase comminatoire.***

« La procédure d'opposition à tiers détenteur prévue au 7° du même article L. 1617-5 peut être mise en œuvre par le comptable public compétent chargé du recouvrement du forfait de post-stationnement dès lors que le montant dû est supérieur ou égal au montant du seuil prévu à l'article L. 1611-5 du même code, quelle que soit la qualité du tiers détenteur. »

Le présent art. est entré en vigueur le 1er janv. 2012 (Décr. n° 2011-2036 du 29 déc. 2011, art. 4).

Les dispositions issues de l'Ord. n° 2015-401 du 9 avr. 2015 entrent en vigueur à la date prévue au V de l'art. 63 de la L. n° 2014-58 du 27 janv. 2014, soit le 1er janv. 2018 (Ord. préc., art. 7, et L. préc., 63-V, mod. par L. n° 2015-991 du 7 août 2015, art. 77, et L. n° 2015-1785 du 29 déc. 2015, art. 45-IV).

COMMENTAIRE

Voir le commentaire sous l'article L. 2323-4. ❑

Art. L. 2323-6 *(L. n° 2006-1771 du 30 déc. 2006, art. 115-VI et XI, en vigueur le 1er janv. 2007)* **Les frais de poursuite sont mis à la charge des redevables des produits et redevances du domaine de l'État, des collectivités territoriales, de leurs groupements et de leurs établissements publics dans les conditions fixées à l'article 1912 du code général des impôts.**

COMMENTAIRE

Voir le commentaire sous l'article L. 2323-4. ❑

SOUS-SECTION 3 **MESURES PARTICULIÈRES**

Art. L. 2323-7 Lorsque, en cas de non-paiement des produits et redevances mentionnées à l'article L. 2321-1, il envisage de faire procéder à la vente d'un fonds de commerce, le comptable public compétent mentionné à l'article L. 2323-4 peut faire application des dispositions de l'article L. 268 du livre des procédures fiscales. – *[C. dom. Ét., art. L. 79, ecqc la procédure de vente de fonds de commerce.]*

COMMENTAIRE

Cette disposition permet au comptable public de déroger aux exigences du code de commerce en faisant ordonner par le président du tribunal de grande instance la vente d'un fonds de commerce dans les formes prévues pour les ventes de biens appartenant à des mineurs. ❑

Art. L. 2323-7-1 *(Ord. n° 2015-401 du 9 avr. 2015, art. 5-5°, en vigueur le 1er janv. 2018)* Par dérogation aux dispositions du présent titre relatives aux produits et redevances du domaine des collectivités territoriales, de leurs groupements et de leurs établissements publics, le recouvrement du forfait de post-stationnement impayé et de la majoration prévus à l'article L. 2333-87 du code général des collectivités territoriales est effectué selon les procédures, garanties et privilèges applicables au recouvrement des amendes pénales. Ce recouvrement est confié au comptable public désigné par arrêté du ministre du budget.

Lors de l'émission du titre exécutoire prévu à l'article L. 2333-87 mentionné ci-dessus, un avertissement est adressé au redevable titulaire du certificat d'immatriculation du véhicule, dont les mentions et modalités de délivrance sont précisées par arrêté du ministre de l'intérieur et du ministre chargé du budget. La notification de l'avertissement est réputée avoir été reçue cinq jours francs à compter du jour de l'envoi. L'envoi à l'adresse connue est justifié par tout moyen.

La prescription de l'action en recouvrement du titre exécutoire est de trois ans et court à compter de la signature du titre exécutoire par l'ordonnateur. Ce délai de trois ans est interrompu dans les conditions applicables au recouvrement des amendes pénales.

En cas de paiement volontaire du titre exécutoire dans le délai d'un mois à compter de l'envoi de l'avertissement, le montant des sommes dues est diminué de 20 %. Cette diminution s'impute sur la majoration prévue à l'article L. 2333-87 mentionné ci-dessus et ne peut lui être supérieure.

Cette majoration peut faire l'objet d'une remise totale ou partielle par le comptable public chargé du recouvrement, dans le cas où le redevable justifie de difficultés financières.

La contestation du titre exécutoire devant la commission du contentieux du stationnement payant prévue par l'article L. 2333-87 mentionné ci-dessus ne suspend pas sa force exécutoire.

La contestation de la régularité formelle des actes de poursuite devant le juge de l'exécution ne suspend pas l'effet de ces actes.

Lorsque les mentions du certificat d'immatriculation permettent l'identification d'un locataire, celui-ci est substitué au titulaire dudit certificat dans la mise en œuvre des dispositions prévues par le présent article. Lorsque, à la suite de la cession d'un véhicule, le système enregistrant les informations mentionnées à l'article L. 330-1 du code de la route mentionne un acquéreur qui n'est pas le titulaire du certificat d'immatriculation du véhicule, l'acquéreur est substitué au titulaire dudit certificat dans la mise en œuvre des mêmes dispositions.

Les dispositions issues de l'Ord. n° 2015-401 du 9 avr. 2015 entrent en vigueur à la date prévue au V de l'art. 63 de la L. n° 2014-58 du 27 janv. 2014, soit le 1er janv. 2018 (Ord. préc., art. 7, et L. préc., 63-V, mod. par L. n° 2015-991 du 7 août 2015, art. 77, et L. n° 2015-1785 du 29 déc. 2015, art. 45-IV).

V. les Arr. du 15 déc. 2016 relatifs au titre d'annulation prévu à l'art. L. 2333-87 du CGCT, aux mentions et modalités de délivrance du titre exécutoire et de l'avertissement émis en cas de forfait de post-stationnement impayé, aux informations devant être transmises à l'ordonnateur pour l'émission du titre exécutoire et du titre d'annulation prévus à l'art. L. 2333-87 du CGCT et aux modalités de transmission de ces informations (JO 31 déc.), mod. par Arr. du 7 déc. 2017 (JO 14 déc.) et par Arr. du 19 mars 2018 (JO 12 avr.).

SECTION II **PRESCRIPTION DE L'ACTION EN VUE DU RECOUVREMENT**

Art. L. 2323-8 *(L. n° 2006-1771 du 30 déc. 2006, art. 115-VII et XI, en vigueur le 1er janv. 2007)* Les comptables *(Ord. n° 2010-420 du 27 avr. 2010, art. 110)* « publics » chargés de recouvrer les produits, redevances et sommes de toute nature, mentionnés à l'article L. 2321-1, qui n'ont diligenté aucune poursuite contre un débiteur retardataire pendant quatre années consécutives à partir du jour de l'émission du titre de perception mentionné à l'article L. 2323-1, perdent leur recours et sont déchus de tout droit et de toute action contre ce débiteur.

Le délai de quatre ans mentionné au premier alinéa est interrompu par tous actes comportant reconnaissance de la part du débiteur ou par tous actes interruptifs de prescription.

COMMENTAIRE

L'action en recouvrement est soumise à un délai de prescription différent de celui valable pour la créance elle-même (cinq ans, V. art. L. 2321-4).

Le principe est en effet que l'inertie du comptable public éteint la créance au bout de quatre ans, sauf acte comportant reconnaissance de la part du débiteur ou tout acte interruptif de prescription, qu'il s'agisse des créances de l'État (V. art. L. 2323-8), de celles de ses établissements publics (V. art. L. 2323-9) ou de celles des collectivités territoriales et établissements publics locaux (V. art. L. 1617-5, 3° CGCT).

Ce délai de prescription était cependant porté à dix ans lorsqu'un EPIC conduisait les poursuites conformément aux usages du commerce. Le maintien de cette règle pouvait sembler curieux dès lors que l'article L. 110-4 du code de commerce, dans sa rédaction issue de la loi n° 2008-561 du 17 juin 2008, dispose désormais que les obligations nées à l'occasion de leur commerce entre commerçants ou entre commerçants et non-commerçants se prescrivent par cinq ans si elles ne sont pas soumises à des prescriptions spéciales plus courtes.

L'article L. 2323-9 a été modifié en conséquence par la loi n° 2014-1545 du 20 décembre 2014 et a substitué un délai de cinq ans à l'ancien délai de dix ans.

L'article L. 2323-8 est applicable aux redevances exigibles des concessionnaires de gisements en mer situés sur le plateau continental ou dans la zone économique exclusive (C. envir., art. L. 132-15-1). ❑

Art. L. 2323-9 L'action des comptables publics chargés de recouvrer les créances domaniales des établissements publics de l'État se prescrit par quatre ans à compter de la prise en charge du titre de recettes ou du document en tenant lieu. Toutefois, ce délai est porté à *(L. n° 2014-1545 du 20 déc. 2014, art. 50)* **« cinq » ans lorsqu'un établissement public national à caractère industriel et commercial conduit les poursuites conformément aux usages du commerce.**

Le délai de quatre ou de *(L. n° 2014-1545 du 20 déc. 2014, art. 50)* **« cinq » ans mentionné à l'alinéa précédent est interrompu par tous actes comportant reconnaissance de la part des débiteurs ou par tous actes interruptifs de prescription.**

COMMENTAIRE

Voir le commentaire sous l'article L. 2323-8. ❑

Art. L. 2323-10 La prescription de l'action en recouvrement des produits, des redevances et des sommes de toute nature *(Ord. n° 2015-401 du 9 avr. 2015, art. 5-6°-a, en vigueur le 1er janv. 2018)* **« régis par » l'article L. 2321-3 est** *(Ord. n° 2015-401 du 9 avr. 2015, art. 5-6°-b, en vigueur le 1er janv. 2018)* **« soumise aux » dispositions du 3° de l'article L. 1617-5 du code général des collectivités territoriales.**

Les dispositions issues de l'Ord. n° 2015-401 du 9 avr. 2015 entrent en vigueur à la date prévue au V de l'art. 63 de la L. n° 2014-58 du 27 janv. 2014, soit le 1er janv. 2018 (Ord. préc., art. 7, et L. préc., 63-V, mod. par L. n° 2015-991 du 7 août 2015, art. 77, et L. n° 2015-1785 du 29 déc. 2015, art. 45-IV).

COMMENTAIRE

Voir le commentaire sous l'article L. 2323-8. ❑

SECTION III CONTENTIEUX DU RECOUVREMENT

SOUS-SECTION 1 DISPOSITIONS APPLICABLES À L'ÉTAT

Art. L. 2323-11 *(L. n° 2006-1771 du 30 déc. 2006, art. 115-VIII et XI, en vigueur le 1er janv. 2007)* **Le redevable qui conteste l'existence de sa dette, son montant ou son exigibilité peut s'opposer à l'exécution du titre de perception mentionné à l'article L. 2323-1.**

Un décret en Conseil d'État détermine les modalités d'application du présent article. *— V. art. R. 2323-3.*

COMMENTAIRE

Le débiteur de l'État a la possibilité de s'opposer à l'exécution du titre de perception, la saisine du juge compétent (administratif si est en cause un produit du domaine public et judiciaire ; s'il s'agit d'un produit du domaine privé, le juge compétent étant, même pour les griefs de forme, celui compétent sur le fond de la créance) faisant obstacle à ladite exécution.

En cas de saisie mobilière d'un bien dont la propriété est revendiquée par un tiers, ce dernier peut s'opposer à la vente de ses biens en demandant leur restitution et assigner devant le juge de l'exécution, en cas de silence ou de refus de l'Administration, le comptable qui a fait procéder à la saisie.

Les articles L. 2323-11 à L. 2323-13 sont applicables aux redevances exigibles des concessionnaires de gisements en mer situés sur le plateau continental ou dans la zone économique exclusive (C. envir., art. L. 132-15-1). ❑

Art. L. 2323-12 *(L. n° 2006-1771 du 30 déc. 2006, art. 115-1 et XI, en vigueur le 1er janv. 2007)* **Le redevable qui conteste la validité en la forme d'un acte de poursuite émis à son encontre pour recouvrer les produits, redevances et sommes de toute nature, mentionnés à l'article L. 2321-1, peut s'opposer à son exécution. Cette opposition est présentée devant le juge compétent pour se prononcer sur le fond du droit.**

Un décret en Conseil d'État détermine les modalités d'application du présent article. *— V. art. R. 2323-4.*

COMMENTAIRE

Voir le commentaire sous l'article L. 2323-11. ❑

Art. L. 2323-13 **Le contentieux relatif aux demandes en revendication d'objets saisis est régi par les dispositions de l'article L. 283 du livre des procédures fiscales.** *— [C. dom. Ét., art. L. 79, ecqc la demande en revendication d'objets saisis.]*

COMMENTAIRE

Voir le commentaire sous l'article L. 2323-11. ❑

SOUS-SECTION 2 DISPOSITIONS APPLICABLES AUX ÉTABLISSEMENTS PUBLICS DE L'ÉTAT

La présente sous-section ne comprend pas de dispositions législatives.

SOUS-SECTION 3 DISPOSITIONS APPLICABLES AUX COLLECTIVITÉS TERRITORIALES, À LEURS GROUPEMENTS ET À LEURS ÉTABLISSEMENTS PUBLICS

Art. L. 2323-14 **Les contestations relatives au recouvrement des produits, des redevances et des sommes de toute nature mentionnés à l'article L. 2321-3 sont régies par les dispositions des 1° et 2° de l'article L. 1617-5 du code général des collectivités territoriales** *(L. n° 2014-58 du 27 janv. 2014, art. 63-VII-5°, en vigueur le 1er janv. 2018)* **« , sous réserve des dispositions spécifiques** *(Ord. n° 2015-401 du 9 avr. 2015, art. 5-7°, en vigueur le 1er janv. 2018)* **« prévues aux articles L. 2333-87 du code général des collectivités territoriales et L. 2323-7-1 du présent code relatives au recouvrement du forfait de post-stationnement impayé et de sa majoration » ».**

A compter de l'entrée en vigueur de l'art. 63-VII de la L. n° 2014-58 du 27 janv. 2014, aucune sanction, de quelque nature que ce soit, ne peut être établie ou maintenue en raison de l'absence ou de l'insuffisance de paiement de la redevance de stationnement des véhicules établie dans les conditions prévues à l'art. L. 2333-87 CGCT. La phrase précédente n'est applicable ni aux infractions liées à l'absence ou à l'insuffisance de paiement d'une redevance de stationnement constatées avant la date d'entrée en vigueur du présent article, ni aux procédures en cours à cette même date (L. préc., art. 63-V).

Les dispositions issues de l'Ord. n° 2015-401 du 9 avr. 2015 entrent en vigueur à la date prévue au V de l'art. 63 de la L. n° 2014-58 du 27 janv. 2014, soit le 1er janv. 2018 (Ord. préc., art. 7, et L. préc., 63-V, mod. par L. n° 2015-991 du 7 août 2015, art. 77, et L. n° 2015-1785 du 29 déc. 2015, art. 45-IV).

COMMENTAIRE

L'exécution forcée d'office de la créance de la collectivité territoriale ou de l'établissement public local n'est possible qu'en l'absence de contestation de cette dernière par le débiteur. La saisine du juge (qu'elle porte sur le fond ou même sur la forme du titre), administratif ou judiciaire suivant la nature de la créance, suspend en effet la force exécutoire du titre.

Le débiteur dispose d'un délai de deux mois pour contester le bien-fondé de la créance, ce délai étant déclenché par la réception du titre exécutoire ou, à défaut, du premier acte procédant de ce titre ou de la notification d'un acte de poursuite. La contestation de la régularité formelle de l'acte de poursuite n'est également possible que dans un délai de deux mois à compter de sa notification. ❑

Code général des collectivités territoriales

Art. L. 2333-87 *(L. n° 2014-58 du 27 janv. 2014, art. 63-I-3°-b et V, en vigueur le 1er janv. 2018) (Ord. n° 2015-401 du 9 avr. 2015, art. 1er-1° et 7, en vigueur le 1er janv. 2018)* « I. — » Sans préjudice de l'application des articles L. 2213-2 et L. 2512-14, le conseil municipal ou l'organe délibérant de l'établissement public de coopération intercommunale ou du syndicat mixte compétent pour l'organisation *(L. n° 2015-991 du 7 août 2015, art. 18-II-6°)* « de la mobilité au sens du titre III du livre II de la première partie du code des transports », lorsqu'il y est autorisé par ses statuts ou par une délibération prise dans les conditions de majorité prévues au II de l'article L. 5211-5, peut instituer une redevance de stationnement, compatible avec les dispositions du plan de déplacements urbains, s'il existe. Dans le cas où le domaine public concerné relève d'une autre collectivité, l'avis de cette dernière est requis. Si elle ne s'est pas prononcée dans un délai d'un mois à compter de sa saisine, cet avis est réputé favorable.

(L. n° 2019-1428 du 24 déc. 2019, art. 38) « En Île-de-France, dans les conditions énoncées au premier alinéa du présent I, les établissements publics de coopération intercommunale à fiscalité propre et les établissements publics territoriaux peuvent également instituer une redevance de stationnement, après accord de l'établissement public défini à l'article L. 1241-1 du code des transports et s'ils y sont autorisés par leurs statuts ou par une délibération prise dans les conditions de majorité prévues au II de l'article L. 5211-5 du présent code. »

La délibération institutive établit :

1° Le barème tarifaire de paiement immédiat de la redevance, applicable lorsque la redevance correspondant à la totalité de la période de stationnement est réglée par le conducteur du véhicule dès le début du stationnement ;

2° Le tarif du forfait de post-stationnement, applicable lorsque la redevance correspondant à la totalité de la période de stationnement n'est pas réglée dès le début du stationnement ou est insuffisamment réglée. Son montant ne peut être supérieur au montant de la redevance due pour la durée maximale de stationnement prévue, hors dispositifs d'abonnement, par le barème tarifaire de paiement immédiat en vigueur dans la zone considérée.

Le barème tarifaire de paiement immédiat est établi en vue de favoriser la fluidité de la circulation, la rotation du stationnement des véhicules sur voirie et l'utilisation des moyens de transport collectif ou respectueux de l'environnement *(L. n° 2019-1428 du 24 déc. 2019, art. 37)* « , en prenant en compte un objectif d'équité sociale ». Il tient compte de l'ensemble des coûts nécessaires à la collecte du produit de la redevance de stationnement.

Le barème tarifaire peut être modulé en fonction de la durée du stationnement, de la surface occupée par le véhicule ou de son impact sur la pollution atmosphérique. Il peut prévoir une tranche gratuite pour une durée déterminée ainsi qu'une tarification spécifique pour certaines catégories d'usagers, dont les résidents. *(L. n° 2019-1428 du 24 déc. 2019, art. 37)* « Il peut être réduit en fonction du niveau du revenu des usagers, de leur statut ou du nombre de personnes vivant au sein de leur foyer, en vue de favoriser l'égalité d'accès à la mobilité des personnes en situation de vulnérabilité économique ou sociale. »

(Ord. n° 2015-401 du 9 avr. 2015, art. 1er-2° et 7, en vigueur le 1er janv. 2018) « II. — » Le montant du forfait de post-stationnement dû, déduction faite, le cas échéant, du montant de la redevance de stationnement réglée dès le début du stationnement, est notifié par un avis de paiement délivré soit par son apposition sur le véhicule concerné par un agent assermenté de la commune, de l'établissement public de coopération intercommunale, du syndicat mixte ou du tiers contractant désigné pour exercer cette mission, soit par envoi postal au domicile

du titulaire du certificat d'immatriculation du véhicule concerné effectué par un établissement public spécialisé de l'État *(Ord. n° 2015-401 du 9 avr. 2015, art. 1er-2°, 3°, et 7, en vigueur le 1er janv. 2018)* « , soit transmis sous une forme dématérialisée par ce même établissement public aux personnes titulaires de certificats d'immatriculation ayant conclu avec lui une convention à cet effet. La notification est également réputée faite lorsque le titulaire du certificat d'immatriculation, averti par tout moyen, a pris connaissance de l'avis de paiement sous une forme dématérialisée au moyen d'un dispositif mis en place par la commune, l'établissement public de coopération intercommunale, le syndicat mixte ou le tiers contractant.

« Lorsque l'avis de paiement du forfait de post-stationnement est apposé sur le véhicule ou transmis par l'établissement public spécialisé sous une forme dématérialisée, le titulaire du certificat d'immatriculation est réputé en avoir reçu notification le jour-même. Dans le dernier cas mentionné au premier alinéa du présent II, la notification est réputée reçue à la date à laquelle le titulaire du certificat d'immatriculation a pris connaissance de l'avis de paiement.

« Lorsque cet avis de paiement est notifié par voie postale, la notification est réputée avoir été reçue par le titulaire du certificat d'immatriculation cinq jours francs à compter du jour de l'envoi. L'établissement public de l'État mentionné au premier alinéa du présent II justifie par tout moyen de l'envoi à l'adresse connue du titulaire du certificat d'immatriculation du véhicule. »

Les mentions portées sur l'avis de paiement du forfait de post-stationnement par l'agent assermenté font foi jusqu'à preuve contraire. *(Ord. n° 2015-401 du 9 avr. 2015, art. 1er-4°, 5°, et 7, en vigueur le 1er janv. 2018)* « Les mentions prévues par l'article 4 de la loi n° 2000-321 du 12 avril 2000 relative aux droits des citoyens dans leurs relations avec les administrations sont remplacées par la désignation non nominative de l'agent ayant délivré l'avis et les coordonnées de l'entité dont celui-ci relève.

« III. — » Le produit des forfaits de post-stationnement finance les opérations destinées à améliorer les transports en commun ou respectueux de l'environnement et la circulation. Si la commune, l'établissement public de coopération intercommunale ou le syndicat mixte qui a institué la redevance de stationnement est compétent en matière de voirie, une partie de ce produit peut être utilisée pour financer des opérations de voirie.

(L. n° 2015-991 du 7 août 2015, art. 73 et 134-I, en vigueur le 1er janv. 2018, applicable en Polynésie française) « Hors Île-de-France, les recettes issues des forfaits de post-stationnement sont perçues par la commune, l'établissement public de coopération intercommunale ou le syndicat mixte ayant institué la redevance. Celui-ci les reverse à la commune, à l'établissement public de coopération intercommunale ou au syndicat mixte compétent pour la réalisation des opérations mentionnées au premier alinéa du présent III, déduction faite des coûts de mise en œuvre des forfaits de post-stationnement. Un décret précise les modalités de reversement, en fonction des conditions d'organisation locale du stationnement payant sur voirie. »

Dans le cas particulier de la métropole de Lyon, les communes situées sur son territoire reversent le produit des forfaits de post-stationnement à la métropole de Lyon, déduction faite des coûts relatifs à la mise en œuvre de ces forfaits.

(Ord. n° 2015-401 du 9 avr. 2015, art. 1er-6° à 10°-a et 7, en vigueur le 1er janv. 2018) « IV. — Le forfait de post-stationnement doit être réglé en totalité dans les trois mois suivant la notification de l'avis de paiement prévu au II du présent article.

« A défaut, le forfait de post-stationnement est considéré impayé et fait l'objet d'une majoration dont le produit est affecté à l'État. Le forfait de post-stationnement impayé et la majoration sont dus par l'ensemble des titulaires du certificat d'immatriculation du véhicule, solidairement responsables du paiement.

« En vue du recouvrement du forfait de post-stationnement impayé et de la majoration, un titre exécutoire est émis, le cas échéant, sous une forme électronique, par un ordonnateur désigné par l'autorité administrative. Ce titre mentionne le montant du forfait de post-stationnement impayé et la majoration.

« Un titre d'annulation est émis par ce même ordonnateur lorsque, pour un motif autre qu'un paiement, tout ou partie du forfait de post-stationnement impayé n'est plus dû.

« Un décret en Conseil d'État détermine le montant et les modalités de la majoration du forfait de post-stationnement mentionnée au deuxième alinéa. Il précise les modalités d'émission du titre exécutoire et l'autorité chargée de désigner l'ordonnateur mentionnés au troisième alinéa et les modalités d'émission du titre d'annulation mentionné au quatrième alinéa ainsi que les informations transmises à l'ordonnateur par l'entité ayant délivré l'avis de paiement du forfait de post-stationnement pour permettre l'établissement du titre exécutoire et les modalités de cette transmission.

« V. — La perception et le recouvrement du forfait de post-stationnement impayé et de sa majoration sont régis par les dispositions de l'article L. 2323-7-1 du code général de la propriété des personnes publiques.

« Le produit de la redevance de stationnement et du forfait de post-stationnement, acquitté spontanément ou après émission d'un titre exécutoire, est reversé au comptable public assignataire de la commune, de l'établissement public de coopération intercommunale ou du syndicat mixte ayant institué la redevance. Les modalités d'application de ce reversement, notamment en cas de modification de la collectivité bénéficiaire, sont précisées par arrêté du ministre chargé du budget.

« VI. — Les litiges relatifs aux actes pris en application du présent article sont régis par l'article L. 2331-1 du code général de la propriété des personnes publiques.

« Les recours contentieux visant à contester l'avis de paiement du montant du forfait de post-stationnement dû font l'objet d'un recours administratif préalable obligatoire auprès de la commune, de l'établissement public de coopération intercommunale, du syndicat mixte ou du tiers contractant dont relève l'agent assermenté ayant établi ledit avis. Par dérogation aux dispositions de l'article 19 de la loi n° 2000-321 du 12 avril 2000 relative aux droits des citoyens dans leurs relations avec les administrations, l'avis de réception postale ou électronique adressé au demandeur par le représentant de l'entité chargée de statuer sur le recours administratif tient lieu de l'accusé de réception prévu par ces dispositions. Le délai à l'issue duquel le silence gardé sur le recours administratif préalable vaut décision de rejet court à compter de la date de réception du recours indiquée sur l'avis postal ou électronique. L'avis de paiement du forfait de post-stationnement mentionne cette dérogation, le délai au terme duquel est susceptible de naître une décision implicite de rejet à la suite de l'exercice du recours administratif préalable et ses conséquences contentieuses. »

(L. n° 2019-222 du 23 mars 2019, art. 40) « Si la décision rendue à l'issue du recours administratif est notifiée par voie postale, sa notification intervient dans les conditions prévues au troisième alinéa du II. »

(Ord. n° 2015-401 du 9 avr. 2015, art. 1er à 10, en vigueur le 1er janv. 2018) « La décision rendue à l'issue du recours administratif préalable contre l'avis de paiement du forfait de post-stationnement peut faire l'objet d'un recours devant la commission du contentieux du stationnement payant. Le titre exécutoire émis en cas d'impayé peut également faire l'objet d'un recours devant cette commission. Il se substitue alors à l'avis de paiement du forfait de post-stationnement impayé.

« VII. — Lorsque les mentions du certificat d'immatriculation permettent l'identification d'un locataire, celui-ci est substitué au titulaire dudit certificat dans la mise en œuvre des dispositions prévues aux II et IV du présent article. Lorsque, à la suite de la cession d'un véhicule, le système enregistrant les informations mentionnées à l'article L. 330-1 du code de la route mentionne un acquéreur qui n'est pas le titulaire du certificat d'immatriculation du véhicule, l'acquéreur est substitué au titulaire dudit certificat dans la mise en œuvre des dispositions prévues aux II et IV du présent article.

« VIII. — » Les modalités d'application du présent article, et notamment les conditions d'information des conducteurs sur le barème tarifaire et le forfait mentionnés aux 1° et 2°, les mentions devant figurer sur l'avis de paiement *(Ord. n° 2015-401 du 9 avr. 2015, art. 1er-10°-b et 7, en vigueur le 1er janv. 2018)* « en plus de celles précédemment indiquées » et les modalités de sa délivrance, les modalités permettant d'attester du paiement *(Ord. n° 2015-401 du 9 avr. 2015, art. 1er-10°-b et 7, en vigueur le 1er janv. 2018)* « spontané » de la redevance de stationnement due, ainsi que les obligations incombant au tiers contractant de la commune, de l'établissement public de coopération intercommunale ou du syndicat mixte, et à ses agents au titre de la collecte de la redevance de stationnement, sont déterminées par décret en Conseil d'État. Ce décret précise également les éléments devant figurer dans un rapport annuel établi par la personne chargée de statuer sur les recours administratifs préalables obligatoires, en vue de son examen par l'assemblée délibérante, qui en prend acte.

Les dispositions issues de l'Ord. n° 2015-401 du 9 avr. 2015 et de l'art. 73 de la L. n° 2015-991 du 7 août 2015 entrent en vigueur à la date prévue au V de l'art. 63 de la L. n° 2014-58 du 27 janv. 2014, soit le 1er janv. 2018 (Ord. préc., art. 7, L. n° 2015-991 préc., art. 73-II, et L. n° 2014-58 préc., art. 63-V, mod. par L. n° 2015-991 du 7 août 2015, art. 77, et L. n° 2015-1785 du 29 déc. 2015, art. 45-IV).

Sur la désignation du comptable public chargé du recouvrement du titre exécutoire prévu par le présent art. et de l'amende pour recours abusif instituée par le Décr. n° 2015-646 du 10 juin 2015 relatif à la commission du contentieux du stationnement payant, V. Arr. du 1er sept. 2016 (JO 13 oct., texte 12).

V. les Arr. du 15 déc. 2016 relatifs au titre d'annulation prévu à l'article L. 2333-87 CGCT, aux mentions et modalités de délivrance du titre exécutoire et de l'avertissement émis en cas de forfait de post-stationnement impayé, aux informations devant être transmises à l'ordonnateur pour l'émission du titre exécutoire et du titre d'annulation prévus à l'article L. 2333-87 CGCT et aux modalités de transmission de ces informations (JO 31 déc.), mod. par Arr. du 7 déc. 2017 (JO 14 déc.), par Arr. du 19 mars 2018 (JO 12 avr.) et par Arr. du 11 avr. 2018 (JO 16 avr.).

V. égal., Arr. du 19 janv. 2018 portant création d'un traitement automatisé de données à caractère personnel dénommé « système d'information de la commission du contentieux du stationnement payant » (SI CCSP), (JO 24 janv.).

S'agissant des dispositions réglementaires modifiées du CGCT relatives à la redevance de stationnement des véhicules sur voirie et à la commission du contentieux du stationnement payant, V. Décr. n° 2017-1525 du 2 nov. 2017.

TITRE TROISIÈME CONTENTIEUX

CHAPITRE UNIQUE

Art. L. 2331-1 **Sont portés devant la juridiction administrative les litiges relatifs :**

1° Aux autorisations ou contrats comportant occupation du domaine public, quelle que soit leur forme ou leur dénomination, accordées ou conclus par les personnes publiques ou leurs concessionnaires ;

2° Au principe ou au montant des redevances d'occupation ou d'utilisation du domaine public, quelles que soient les modalités de leur fixation ;

3° Aux contraventions de grande voirie, conformément à l'article L. 774-1 du code de justice administrative ;

4° A la location et à l'administration des établissements d'eaux minérales sur le domaine de l'État ;

5° Aux baux emphytéotiques passés par les collectivités territoriales, leurs groupements et leurs établissements publics, conformément au 4° de l'article L. 1311-3 du code général des collectivités territoriales ;

6° Aux baux emphytéotiques passés par les établissements publics de santé, conformément à l'article L. 6148-2 du code de la santé publique ; – *[C. dom. Ét., art. L. 84, ecqc l'État, ses établissements publics et leurs concessionnaires ; Décr. 17 juin 1938, art. 1er ; CJA, art. L. 774-1 ; CGCT, art. L. 1311-3-4 ; CSP, art. L. 6148-2.]*

(L. n° 2010-853 du 23 juill. 2010, art. 11-II) **« 7° Aux baux emphytéotiques passés par l'État ou ses établissements publics conformément à l'article L. 2341-1. »**

BIBL. ▸ **Encyclopédie :** Lavialle et Deliancourt, Contentieux des propriétés publiques, *J.-Cl. Propriétés publiques, fasc. 12.* – Chamard-Heim, Domaine privé - Gestion, *J.-Cl. Propriétés publiques, fasc. 58.* – Badin et Untermaier-Kerléo, Redevances domaniales, *J.-Cl. Propriétés publiques, fasc. 59-10.* – Yolka et Deliancourt, Contraventions de grande voirie, *J.-Cl. Propriétés publiques, fasc. 64.* – Yolka et Le Roux, Domaine public - Protection contre les occupants sans titre, *J.-Cl. Propriétés publiques, fasc. 68* ; Domaine privé - Protection contre les occupants irréguliers, *J.-Cl. Propriétés publiques, fasc. 69.* – Lafage et Deliancourt, Occupation privative du domaine public. Titres unilatéraux, *J.-Cl. Propriétés publiques, fasc. 78.* – Plessix, Contrats domaniaux, *J.-Cl. Propriétés publiques, fasc. 79.* – Eckert, Bail emphytéotique administratif, *J. Cl. Propriétés publiques, fasc. 79-40.* – Duroy, Occupations privatives du domaine privé, *J.-Cl. Propriétés publiques, fasc. 79-60.* – Gouttenoire, Gestion du domaine privé, *Lamy Collectivités territoriales Responsabilités, fasc. 153.* – Michel et Delvigne, Contentieux des occupations domaniales, *Rép. cont. adm. 2012.* – Bachelier, Contentieux du domaine public, *in* Pratique du contentieux administratif, *Dalloz professionnels, dossier n° 510.*

Ouvrages : Falgas, Le dualisme juridictionnel en matière de propriété publique, *PU Toulouse, 2019.* – Chouquet, Le domaine privé des personnes publiques. Contribution à l'étude du droit des biens publics, *LGDJ, 2017.* – Lemercier, La part du droit administratif dans la gestion du domaine privé de l'État, *th. Paris II, 1990.* – Le Tarnec, Le contentieux des contrats comportant occupation du domaine public, *Th. Paris, 1944.* – Besse-Lagrave, De la compétence administrative et judiciaire en matière domaniale, *th. Poitiers, 1924.*

Articles, contributions : Laidié, Gestion du domaine privé et dualisme juridictionnel : pour une simplification des règles de compétence, *JCP Adm. 2016, n° 2180.* – Martin, L'acte détachable de la gestion du domaine privé, une notion d'apparence fonctionnelle, *Mél. Godfrin, Mare et Martin 2014. 339.* – Deguergue, Domanialité privée et compétence administrative. Retour sur un contentieux « tourmenté », *Mél. Boivin, La Mémoire du droit 2012, p. 469.* – Fatôme, Les enjeux du contentieux des autorisations d'occupation du domaine public, *AJCT 2012. 186*. – Alonzo Garcia, Contentieux domaniaux et compétence juridictionnelle, *in* Réflexions sur le CGPPP, *Litec, 2007. 121.* – Yolka, Le juge administratif, gardien du domaine public, *RJEP 2002. 217.* – Lavialle, La compétence des juridictions judiciaires dans la détermination de la domanialité publique, *Mél. Cluseau, Toulouse, 1985, p. 341.*

V. également les références citées dans le commentaire ci-dessous.

COMMENTAIRE

L'article L. 2331-1 réunit un ensemble de dispositions législatives attribuant compétence au juge administratif à propos de la gestion des propriétés publiques, étant précisé qu'il faut y ajouter la compétence prévue par l'article L. 3231-1 (contentieux de la cession des immeubles de l'État) et que l'administration chargée des domaines – aujourd'hui, la Direction de l'immobilier de l'État (Décr. n° 2016-1234 du 19 sept. 2016. – V. Chamard-Heim et Yolka, Immobilier de l'État : la « longue marche » [du service des Domaines à la DIE], *JCP Adm. 2016. 797*) – joue un rôle essentiel de représentation de l'État en la matière (V. art. R. 2331-1 à R. 2331-5). L'article L. 2331-1 se veut ainsi nettement plus complet que son devancier immédiat, l'article L. 84 du code du domaine de l'État (qui s'inscrivait lui-même dans la lignée du décret du 17 juin 1938 étendant la compétence des conseils de préfecture), lequel ne concernait que les contrats comportant occupation du domaine public. Il a inspiré la rédaction de l'article 95 de la loi n° 2016-1087 du 8 août 2016 pour la reconquête de la biodiversité, de la nature et des paysages (L. n° 76-655 du 16 juill. 1976, art. 15 mod.), qui prévoit la compétence de la juridiction administrative pour le contentieux des utilisations privatives et des redevances intéressant le plateau continental et la zone exclusive de la France.

On regrettera le caractère insuffisamment synthétique de cette disposition, qui reprend (en les modernisant) des textes antérieurs, sans toutefois refléter l'étendue réelle de la compétence du juge administratif, laquelle reste pour partie déterminée par la jurisprudence (s'agissant, par exemple, de contentieux aussi importants que celui de la délimitation du domaine public, ou encore des occupations sans titre du domaine public non constitutives de contraventions de grande voirie). L'article L. 2331-1 n'est pas exhaustif dès lors que la jurisprudence entend beaucoup plus largement le champ de compétence du juge administratif, en se fondant notamment sur la notion d'acte administratif. La ligne de partage claire, suivant laquelle le juge administratif serait compétent pour régler les litiges relatifs à la gestion du domaine public (V. ainsi CE, sect., 26 mars 1999, *Sté EDA : Lebon 95, concl. Stahl, AJDA 1999. 427, note Bazex* : « il appartient (...) au juge de l'excès de pouvoir (...) d'apprécier la légalité des actes juridiques de gestion du domaine public ») et le juge judiciaire symétriquement compétent pour les litiges portant sur la gestion du domaine privé, n'est qu'imparfaitement confirmée par l'analyse jurisprudentielle. En effet, le juge administratif a étendu son champ de compétence au-delà de ce que semblait impliquer la logique même de la dualité domaniale ; et il arrive symétriquement que le juge judiciaire connaisse de litiges intéressant le domaine public, dès lors que le droit de propriété est contesté ou qu'une qualification pénale s'applique (V. par ex., à propos du vol de sable sur le domaine public maritime : Crim., 23 oct. 1980, n° 79-93655 P). Les tenants d'une franche césure entre domaine privé et domaine public s'en étonneront sans doute ; les partisans d'une analyse plus nuancée, en termes d'échelle de domanialité, seront moins surpris.

En réalité, le juge administratif apparaît comme le « gardien du domaine public », bien au-delà de ce que ce texte prévoit. C'est dire que le contentieux du domaine public est par principe administratif (ceci tenant à l'exorbitance de la matière), avec – entre autres conséquences – que, devant le juge judiciaire, les difficultés sérieuses relatives à la domanialité publique des biens donnent lieu à question préjudicielle. Certains textes d'ailleurs attestent la force de cette compétence administrative : ainsi, la loi n° 57-1424 du 31 décembre 1957 (art. 1er) prévoit une compétence judiciaire pour statuer sur les actions en responsabilité tendant à la réparation des dommages causés par les véhicules, mais en exclut les dommages au domaine public (al. 3). Et devant le juge administratif, les instances domaniales obéissent évidemment aux règles fixées par le code de justice administrative, qui vise parfois spécifiquement le domaine public (V., concernant la compétence territoriale des tribunaux administratifs, art. R. 312-7).

Cette compétence administrative connaît cependant certaines limites. Elle s'entend d'abord sous réserve de textes contraires. La compétence est ainsi judiciaire, s'agissant du contentieux des dommages causés au domaine public routier (C. voirie rout., art. L. 116-1. – V. *supra*, obs. ss. art. L. 2132-1). Elle l'est également lorsqu'il s'agit de statuer sur des actions pétitoires intéressant le domaine public, comme elle l'était jusqu'en 2015 à propos des actions possessoires (Viel, De l'emploi de l'action possessoire à l'occasion des dépendances du domaine public, *thèse, Toulouse, 1907*. V. aussi obs. Yolka, *JCP Adm. 2003, n° 1227*. – Actions supprimées, depuis lors : L. n° 2015-177, 16 févr. 2015, art. 9 : *Gaz. Pal. 2015, 19 mars 2015, p. 4, obs. Piedelièvre ; JCP 2015, n° 409, comm. Périnet-Marquet ; LPA 2015, n° 79, p. 4, obs. Marque*). En outre, les règles relatives à la liquidation judiciaire des entreprises l'emportent en cas de conflit, tout du moins selon la jurisprudence actuelle de la Cour de cassation (V. ci-dessous, n° 15). S'y ajoute que le juge judiciaire recouvre sa compétence pour apprécier les titres de propriété (V. comm. ss. art. L. 2111-1. – Lavialle, Le juge administratif et l'exception de propriété, *RFDA 2004. 497*) ainsi que par application des théories jurisprudentielles de l'emprise irrégulière et surtout de la voie de fait administrative (V., Lavialle, Voie de fait et domaine public, *RFDA 2000. 1041* ; Yolka, Sur un Janus : la voie de fait domaniale, *JCP Adm. 2003, n° 1227* ; L'évacuation d'office des immeubles publics, *ibid. 2006, n° 600* ; Une curiosité : la voie de fait entre personnes publiques, *ibid. 2007, n° 23*), dont le périmètre a cependant été revu à la baisse depuis 2013 (Martin, La compétence du juge judiciaire en matière de voie de fait, une peau de chagrin ?, *JCP 2014. 2379*).

Cela posé, l'homogénéité de l'article L. 2331-1 du CGPPP n'est qu'apparente : en effet, certains alinéas intéressent le seul domaine public (al. 1er à 3), tandis que d'autres visent le domaine sans exclusive (al. 4 à 7). En d'autres termes, si cette disposition concerne principalement le domaine public, elle touche accessoirement le domaine privé. C'est pourquoi, après avoir traité les chefs de compétence du juge administratif visés à propos du domaine public (I), on évoquera le contentieux du domaine privé (II), quitte à dépasser quelque peu la lettre de l'article L. 2331-1 pour donner au lecteur une vue d'ensemble du contentieux domanial.

I. COMPÉTENCE DE PRINCIPE DU JUGE ADMINISTRATIF À PROPOS DU CONTENTIEUX DE LA GESTION DU DOMAINE PUBLIC

A. COMPÉTENCE POUR LES LITIGES RELATIFS AUX AUTORISATIONS OU CONTRATS COMPORTANT OCCUPATION DU DOMAINE PUBLIC

Le 1° codifie, en en améliorant la rédaction, l'ancien article L. 84 du code du domaine de l'État.

Il en élargit le champ d'application personnel, s'appliquant aux personnes publiques en général (sans renvoi à l'article L. 1, ce qui inclut donc aussi les personnes publiques dites *sui generis*) et à leurs concessionnaires alors que l'article antérieur mentionnait uniquement l'État, les établissements publics ou leurs concessionnaires.

Il en précise également le champ matériel, évoquant de manière très ouverte les autorisations ou contrats comportant occupation du domaine public alors que son devancier ne mentionnait que les contrats (notons, s'agissant du contentieux concernant ces derniers, que la dispense de recours obligatoire au ministère d'un avocat antérieurement prévue a disparu de l'art. R. 431-3-1° CJA : Décr. n° 2016-1480 du 2 nov. 2016, art. 11, *Rev. CMP 2016. Comm. 272, Clamour*). Hier comme aujourd'hui, ce champ d'application est entendu sans formalisme, dès lors que l'objet de l'acte prime sur sa forme ou sa dénomination (en pratique, très variable).

Il résulte donc de cette disposition que tout litige relatif à la délivrance (ou au refus de délivrance) par une personne publique d'un titre habilitant à occuper une dépendance du domaine public, ou portant sur l'exécution de ce titre ou sur son terme, relève de la compétence du juge administratif par détermination de la loi ; et ce, quelle que soit la personne publique en cause, la nature du titre, sa dénomination, la nature des droits – réels ou non – attribués. Il y a là, finalement, une simple application du principe de liaison entre le fond et la compétence : l'occupation privative du domaine public ne se réalise jamais sur le fondement de titres de droit privé (les baux privés – d'habitation, commerciaux, attributifs de droit réel civil, etc. – étant systématiquement illégaux) ; elle s'effectue toujours sur la base de titres administratifs. On notera, au sein de l'ordre juridictionnel administratif, des règles de compétence qui peuvent être particulières. Par exemple, le décret n° 2018-1054 du 29 novembre 2018 (*Rev. CMP 2019. Comm. 4, obs. Clamour*) prévoit une compétence en premier et dernier ressort de la CAA dans le ressort de laquelle a son siège l'autorité administrative qui a pris la décision, pour le contentieux des AOT mentionnées à l'article R. 2122-1 du CGPPP (cf. installation d'éoliennes terrestres).

Mais la caractéristique la plus remarquable de cette disposition législative (le présent code n'innovant ici aucunement par rapport au dispositif issu de l'ancien décret-loi du 17 juin 1938) tient au fait qu'elle s'applique également aux titres délivrés par les concessionnaires (ou par leur mandataire), autrement dit qu'elle est susceptible d'aboutir à ce qu'un litige opposant deux personnes privées et portant sur ce que la doctrine nomme une « sous-concession domaniale » (dont les conditions d'attribution ne sont pas explicitement réglées par l'Ord. n° 2017-562 du 19 avr. 2017) relève de la compétence du juge administratif au motif qu'il a pour objet l'occupation du domaine public ; ceci, sauf loi contraire soumettant le sous-contrat au droit privé (V. ainsi, transformant les sous-concessions domaniales en sous-locations dans le périmètre de l'opération d'aménagement Gare du Nord 2024 : L. n° 2017-257 du 28 févr. 2017 relative au statut de Paris et à l'aménagement métropolitain, art. 67-III). La notion de concessionnaire est cependant entendue d'une façon restrictive, en ce qu'elle vise uniquement les occupants du domaine public chargés d'une mission de service public (V., autour du sujet, Plessix, Les sous-concessions domaniales : territoire d'un contentieux, *in Mél. Richer, Lextenso, 2013. 247* ; Jacquemet-Gauché, Recherches sur le contrat d'amodiation, *RFDA 2013. 237* ; Ubaud-Bergeron, Les sous-concessions domaniales, *in Contrats et propriété publics*, dir. Clamour, *LexisNexis, 2011. 111* ; Yolka, Les sous-concessions domaniales : cartographie d'un contentieux, *JCP Adm. 2007, n° 5, p. 24* ; Dufau, La sous-location du domaine public par les concessionnaires de service public, *ACCP juill.-août 2005. 30*). Parmi ceux-ci figurent le cas échéant des « primo-occupants » titulaires d'un marché de partenariat ou d'un contrat de concession, qui sont susceptibles de délivrer des autorisations attributives de droit réel sur le domaine public qu'ils occupent (Ord. du 23 juill. 2015, art. 86 ; Ord. du 29 janv. 2016, art. 51).

Cette hypothèse ne doit pas être confondue avec celle où la personne privée occupant le domaine public agit pour le compte de la personne publique. Dans ce cas de figure, qui constitue une application de la théorie de la transparence, le contrat est administratif même si la personne privée transparente ne gère pas un service public.

La compétence administrative n'est malgré tout pas sans limites (V. par ex., s'agissant du cas où l'action est engagée par un tiers sur le fondement d'une faute délictuelle ou quasi délictuelle : Civ. 1re, 4 janv. 1983, *Sté Decaux Paris, Sté Affichage Publicité Hude*, n° 81-16.014).

Ces limites sont, d'abord, prétoriennes. En effet, selon la jurisprudence, les contrats entre personnes privées passés à l'occasion de l'occupation du domaine public (pour l'essentiel, des « sous-locations ») relèvent de la juridiction judiciaire dès lors que l'occupant de premier rang n'est pas délégataire de service public. La compétence judiciaire s'étend au contentieux des contrats de crédit-bail (et des conventions tripartites qui en sont l'accessoire) conclus en vue de financer les ouvrages des entreprises installées sur le domaine public (Mouriesse et Bahougne, Crédit-bail, *J.-Cl. Propriétés publiques, fasc. 79-45* ; Yolka, Crédit-bail immobilier : quel juge pour le « ménage à trois » ?, *JCP Adm. 2008, n° 27, p. 31*). D'autre part, le bloc de compétence judiciaire intéressant les relations entre les services publics industriels et commerciaux et leurs usagers l'emporte sur la compétence administrative concernant l'occupation privative du domaine public ; ainsi voit-on, ce qui peut étonner, une construction jurisprudentielle prévaloir sur une règle de compétence à valeur législative.

Ces limites résultent, ensuite, de textes particuliers dérogeant à la compétence du juge administratif. Par exemple, le contentieux des baux de pêche sur le domaine public fluvial relève du juge judiciaire (C. envir., art. L. 435-3 : « Les contestations entre l'administration et les adjudicataires relatives à l'interprétation et à l'exécution des conditions des baux et adjudications et toutes celles qui s'élèvent entre l'administration ou ses cocontractants et des tiers intéressés à raison de leurs droits ou de leurs propriétés sont portées devant le tribunal de grande instance ». Pour une vue ancienne, de Laubadère, L'exercice de la pêche dans les cours d'eau du domaine public, *AJDA juill.-août 1965. 388*).

B. COMPÉTENCE POUR LES LITIGES RELATIFS AUX REDEVANCES D'OCCUPATION OU D'UTILISATION DU DOMAINE PUBLIC

La compétence du juge administratif s'impose aussi logiquement pour les litiges relatifs aux redevances d'occupation ou d'utilisation du domaine public, qu'ils portent sur leur principe ou sur leur montant et quelles que soient les modalités de leur fixation.

Les redevances pour occupation du domaine public sont à l'origine d'un contentieux administratif abondant, dont il ne saurait être question de rendre compte ici dans le détail (V., Badin et Untermaier-Kerléo, *J.-Cl. Propriétés publiques, fasc. 59-10*). Le CGPPP affecte à divers égards ces redevances (V. notes ss. art. L. 2321-1 s. et art. L. 2321-4. – V. Lamulle, Les redevances et les produits domaniaux, *in Réflexions sur le CGPPP, Litec, 2007. 77*). Le principe d'une compétence administrative résultait, avant l'entrée en vigueur du code, de la jurisprudence ; il est systématisé par le code en question, qui procède à une simplification – sinon à une unification complète – des compétences en la matière (CGPPP, art. L. 2323-12 et L. 2331-1-2°). La formulation compréhensive de l'article L. 2331-1, alinéa 2, conduit à retenir la compétence du juge administratif à l'égard du contentieux de toutes les redevances en lien direct avec l'occupation du domaine public, dès lors qu'elles ne peuvent être rangées ni parmi les contributions indirectes ni parmi les impôts directs et qu'elles ne constituent pas davantage des redevances pour service rendu. Et la dépénalisation du stationnement payant, réalisée par l'article 63 de la loi MAPTAM n° 2014-58 du 27 janvier 2014 *(AJDA 2014. 1134, étude Petit ; JCP Adm. 2014, n° 2055, étude de Gaudemar ; RFDA 2015. 305, étude Lavialle)*, a conduit à élargir encore cette sphère de compétence, en substituant au juge pénal une nouvelle juridiction administrative spécialisée : la commission du contentieux du stationnement payant, chargée de statuer sur les recours contre les avis de paiement du forfait de post-stationnement, après l'exercice d'un recours administratif préalable obligatoire (Ord. n° 2015-45 du 23 janv. 2015 et Ord. n° 2015-401 du 9 avr. 2015 : *JCP Adm. 2015. Actu. 351, obs. Pauliat ; ibid. 2127, comm. Dreifuss*. – V. CGCT, art. L. 2333-87-1 à L. 2333-87-11).

La compétence administrative ne vaut qu'à défaut de dispositions législatives contraires, qui peuvent concerner certaines recettes souvent considérées comme domaniales par les auteurs, mais qui ne sauraient être présentées ainsi qu'en retenant une définition *latissimo sensu* . En premier lieu, l'article 136 d'un décret du 17 mai 1809 relatif aux octrois municipaux attribue compétence aux tribunaux judiciaires pour statuer sur toutes les contestations qui pourraient s'élever entre les communes et leurs fermiers au sujet des droits de place dans les halles et marchés, droits auxquels l'article L. 2331-3 du code général des collectivités territoriales attribue un caractère fiscal. Les droits de place étant des taxes indirectes locales, la compétence judiciaire résulte historiquement de l'article 2 de la loi des 7-11 septembre 1790 qui attribue à la juridiction civile la connaissance des « actions civiles relatives à la perception des impôts indirects », et aujourd'hui de l'article L. 199 du livre des procédures fiscales, qui prévoit la compétence du TGI (pour le détail : Manson, *JCL Propriétés publiques, fasc. 72, n°s 79 et 80*). En second lieu, la juridiction judiciaire est compétente à l'égard du contentieux de la redevance d'équipement des ports de plaisance (C. transp., art. L. 5321-3), droit de port assimilé – pour des motifs peu évidents – aux droits perçus en matière de douanes ; il ne s'agit pas tant, au demeurant, d'une redevance réellement domaniale que d'une redevance pour service rendu (CE 29 déc. 1993, n° 135312). Mais, si les tribunaux de l'ordre judiciaire se prononcent sur les litiges relatifs à la perception des redevances d'équipement des ports de plaisance, les litiges relatifs à la contestation des états exécutoires visant à assurer le recouvrement de créances de nature administrative, telles que celles relatives aux redevances d'occupation du domaine public portuaire, doivent être portés devant la juridiction administrative.

Pour des illustrations jurisprudentielles de ces deux hypothèses, voir *infra*.

C. COMPÉTENCE POUR LE CONTENTIEUX DES OCCUPATIONS SANS TITRE DU DOMAINE PUBLIC

Même si le code ne le précise pas expressément, la compétence du juge administratif vaut bien sûr pour les litiges nés de l'occupation sans titre du domaine public, et en particulier pour l'expulsion des occupants irréguliers (dépourvus de titre *ab initio*, ou se maintenant dans les lieux après l'expiration de leur titre), qui suscite un contentieux pléthorique (Yolka et Le Roux, Domaine public – Protection contre les occupants sans titre, *J.-Cl. Propriétés publiques, fasc. 68*. – Dufour, Le blocage des universités : aspects de droit administratif, *Dr. adm. févr. 2019, p. 21*. – Hansen, La libération du domaine public occupé sans titre, *JCP Adm. 2016, n° 2088* ; Dufour, L'expulsion d'urgence des habitants des bidonvilles installés sur le domaine public. Illustration à partir de deux décisions du Conseil d'État du 5 mars 2014, *AJDA 2014. 2103* ; Virot-Landais, Un statut pluriel et lacunaire des occupants sans titre du domaine public, *RD publ. 2012. 563* ; Delicat, Améliorer le droit français de l'occupation irrégulière des propriétés publiques, *AJDA 2012. 23* ; Pastre-Belda, L'effectivité des garanties procédurales de l'occupant sans titre du domaine public, *AJDA 2011. 2325* ; Dufour, L'occupation des universités et la protection d'urgence du domaine public *Dr. adm. 2007, n° 8* ; Lavialle, L'occupation sans titre du domaine public, *AJDA 1981. 563*).

Alors que le juge judiciaire s'était anciennement reconnu une compétence concurrente, il est désormais acquis (depuis 2001) – selon la jurisprudence du Tribunal des conflits et malgré quelques décisions judiciaires dissidentes – que la compétence administrative est exclusive, sous réserve de dispositions législatives prévoyant l'intervention du juge judiciaire (V., sur les contraventions de voirie routière, C. voirie rout., art. L. 116-1 ; CGPPP, art. L. 2331-2), d'hypothèse de voie de fait administrative (rarissime) ou de contestation sérieuse touchant la propriété de l'immeuble occupé, ou encore de recours légal à l'exécution forcée (Yolka, L'évacuation d'office des immeubles publics, *JCP Adm. 2006, n° 600*. – V., pour la procédure administrative concernant les « gens du voyage » : L. n° 2007-297 du 5 mars 2007, art. 27 et L. n° 2018-957 du 7 nov. 2018, art. 3 s. ; L. n° 2000-614 du 5 juill. 2000, art. 9, mod. Disposition déclarée conforme à la Constitution : Cons. const. 9 juill. 2010, n° 2010-13 QPC, *AJDA 2010. 2324, note Aubin* ; *Constitutions 2010. 601, note Le Bot* ; *RFDC avr. 2011. 281, obs. Pena-Gaïa*. – V., Lamontagne et Deliancourt, L'expulsion des gens du voyage : juge compétent et procédure, *Gaz. cnes, 5 mai 2008. 52* ; Dyens, Évacuation forcée des camps illégaux : schéma de la procédure administrative, *AJCT 2010. 158*. – Muller-Quoy : L'accueil des gens du voyage et la lutte contre les installations illicites. A propos de la loi n° 2018-957 du 7 nov. 2018, V. *JCP A 2019. 2054*). Entre autres originalités, le juge administratif tend à exclure l'application de la « trêve hivernale » des expulsions (Yolka, Crève hivernale, *Dr. voirie 2020, n° 212, p. 1*).

Ce juge est saisi la plupart du temps en référé, au titre du référé conservatoire ou « mesures utiles » prévu par l'article L. 521-3 du code de justice administrative (lequel dispose qu'en cas d'urgence et sur simple requête recevable même en l'absence de décision préalable, le juge des référés peut ordonner toutes mesures utiles sans toutefois faire obstacle à l'exécution d'une décision administrative). L'enjeu principal est alors de savoir si la condition d'urgence – dont l'étude de la jurisprudence montre qu'elle fait l'objet d'un examen attentif – se trouve effectivement remplie (pour une vue ancienne : Yolka, Expulsion du domaine public et juge administratif des référés, *JCP Adm. 2004, n° 99*).

La loi n° 2019-1461 du 27 décembre 2019 relative à l'engagement dans la vie locale et à la proximité de l'action publique (*JCP Adm. 2020, 2008, comm. Magnaval ; JCP N 2020, Act. 152, comm. Pauliat*) marque une avancée de la répression administrative en la matière. Selon son article 53 (CGCT, art. L. 2212-2-1), peut en effet donner lieu à une amende tout manquement à un arrêté municipal présentant un risque pour la sécurité des personnes et ayant un caractère répétitif ou continu : « 2° Ayant pour effet de bloquer ou d'entraver la voie ou le domaine public, en y installant ou en y laissant sans nécessité ou sans autorisation tout matériel ou objet, ou en y déversant toute substance » ou encore « 3° Consistant, au moyen d'un bien mobilier, à occuper à des fins commerciales la voie ou le domaine public soit sans droit ni titre, lorsque celui-ci est requis en application de l'article L. 2122-1 du code général de la propriété des personnes publiques, soit de façon non conforme au titre délivré en application du même article L. 2122-1, lorsque cette occupation constitue un usage privatif de ce domaine public excédant le droit d'usage appartenant à tous » ; ceci, sous une réserve minime (« Ne peut faire l'objet de l'amende administrative prévue au premier alinéa du I le fait pour toute personne d'avoir installé sur la voie ou le domaine public les objets nécessaires à la satisfaction de ses besoins élémentaires »). Dans le périmètre défini par ce texte, un système de répression administrative est donc substitué, sous le contrôle du juge administratif (éventuellement saisi d'un recours de pleine juridiction contre la décision prononçant l'amende) au schéma traditionnel qui supposait en tout état de cause – sauf à ce que les conditions très restrictives de l'exécution d'office fussent réunies – la saisine dudit juge.

D. COMPÉTENCE POUR LE CONTENTIEUX DES CONTRAVENTIONS DE GRANDE VOIRIE

Les articles L. 774-1 et suivants du code de justice administrative détaillent les principales caractéristiques du régime contentieux des contraventions de grande voirie, définies par l'article L. 2132-2 du présent code et énumérées par les articles L. 2132-3 à L. 2132-19.

Il revient, sauf renvoi à une formation collégiale, au président du tribunal administratif (ou au magistrat qu'il délègue, qui doit être au moins un premier conseiller) d'apprécier le bien-fondé du procès-verbal de contravention transmis, sauf exception, par le préfet.

E. COMPÉTENCE POUR CONTENTIEUX DES BEA ET DES BEH

Le bail emphytéotique dit « ordinaire », dont le régime est détaillé par le code général des collectivités territoriales (V. art. L. 1311-2 s.) auquel le présent code se contente de renvoyer (V. l'art. L. 2122-20), est un contrat administratif par détermination de la loi. Il en va de même du bail emphytéotique administratif issu de la loi du 23 juillet 2010 relative aux réseaux consulaires, au commerce, à l'artisanat et aux services (sur ce « BEA valorisation », V. comm. ss. art. L. 2341-1).

Il n'est pas douteux que l'application des critères jurisprudentiels de la qualification d'un contrat conclu entre une personne publique et une personne privée aurait conduit au même résultat que les 5°, 6° et 7° de l'article L. 2331-1, dont la rédaction mériterait d'être revue.

En premier lieu, elle apparaît redondante par rapport aux dispositions du code général des collectivités territoriales : en effet, la compétence de la juridiction administrative à l'égard des baux emphytéotiques administratifs des collectivités et établissements publics locaux est prévue par l'article L. 1311-3-4° du CGCT. En deuxième lieu, tous les BEA nationaux ne sont pas visés (ainsi, aucune attribution de compétence n'est prévue pour le BEA HLM. – V. L. n° 2009-179 du 17 févr. 2009, art. 7). En troisième lieu, la référence au bail emphytéotique hospitalier n'a plus lieu d'être, l'article L. 6148-2 du code de la santé publique ayant été abrogé par l'ordonnance n° 2015-899 du 23 juillet 2015 (art. 102). On peut dès lors s'étonner que cet article continue de s'y référer, comme d'ailleurs l'article L. 2122-1 du CGPPP.

Il importerait donc de rédiger un alinéa unique, visant tous les BEA assis sur des dispositions législatives en vigueur ; alinéa qui n'aurait en tout état de cause d'intérêt qu'à l'égard des baux conclus sur le domaine privé, ceux conclus sur le domaine public relevant de la compétence du juge administratif en vertu du dispositif général de l'article L. 2331-1 du CGPPP (raison pour laquelle sans doute, si l'on cherche à comprendre la rédaction actuelle de l'article L. 2331-1, aucun alinéa ne vise spécifiquement les autres titres attributifs de droit réel).

II. ÉTENDUE DE LA COMPÉTENCE DU JUGE ADMINISTRATIF À PROPOS DU CONTENTIEUX DE LA GESTION DU DOMAINE PRIVÉ

A. COMPÉTENCE D'ORIGINE JURISPRUDENTIELLE

Le code est muet sur le champ de compétence du juge administratif à propos de la gestion du domaine privé (ce dernier étant, comme souvent, réduit à la portion congrue) ; ses rédacteurs n'ont, très probablement, pas jugé opportun de codifier les solutions dégagées par la jurisprudence. Pour autant, il convient de signaler que le champ d'intervention des juridictions administratives est significatif et s'est progressivement développé, même si un coup d'arrêt a été apporté en 2011 à cette jurisprudence extensive.

En effet, le principe traditionnel suivant lequel les actes de gestion du domaine privé sont, sauf exception ou disposition législative particulière, des actes de droit privé relevant de la compétence judiciaire (T. confl. 4 avr. 1884, *Barthe : Lebon 279*), a vu son champ d'application limité par la mise en œuvre de la technique – bien connue – de la détachabilité (V., Guérard, La notion de détachabilité en droit administratif, *Th. Paris II, 1997*).

Autrement dit, le juge administratif est compétent lorsque le litige porte sur un acte administratif considéré comme détachable de la gestion du domaine privé. Et la jurisprudence considérait ainsi, de manière indéniablement extensive, que « la juridiction administrative est seule compétente pour connaître des demandes d'annulation d'une délibération d'un conseil municipal ou d'un arrêté du maire, même si l'objet de ces décisions est d'autoriser ou de passer un contrat portant sur la gestion du domaine privé de la commune et n'impliquant aucun acte de disposition de celui-ci » (CE 5 déc. 2005, *Cne de Pontoy : Lebon 548 ; BJCL 2006. 96, concl. Glaser*). Une telle solution faisait prévaloir des considérations organiques sur le critère matériel antérieur qui réservait au juge administratif le contentieux des actes de disposition du domaine privé et au juge judiciaire celui des actes de gestion dudit domaine. Le Conseil d'État a eu l'occasion de renvoyer au Tribunal des conflits une question intéressant la pérennité de cette jurisprudence (CE 28 déc. 2009, *SARL Brasserie du Théâtre : Lebon 528 ; BJCP 2010. 125, concl. Olléon ; Dr. adm. 2010, n° 22, note Melleray ; AJDA 2010. 841, note Févrot ; Rev. CMP 2010, n° 190, note Touzeau ; JCP Adm 2010, n° 2197, note Chamard-Heim ; BJCL 2010. 274, note Martin*).

Le Tribunal des conflits a choisi de lui porter un coup d'arrêt en jugeant que « la contestation par une personne privée de l'acte, délibération ou décision du maire, par lequel une commune ou son représentant, gestionnaire du domaine privé, initie avec cette personne, conduit ou termine une relation contractuelle, quelle qu'en soit la forme, dont l'objet est la valorisation ou la protection de ce domaine et qui n'affecte ni son périmètre ni sa consistance, ne met en cause que des rapports de droit privé et relève, à ce titre, de la compétence du juge judiciaire ». Le Tribunal devait ajouter, dans un *obiter dictum*, qu'« il en va de même de la contestation concernant des actes s'inscrivant dans un rapport de voisinage » (T. confl. 22 nov. 2010, *SARL Brasserie du Théâtre :* V. note 24).

Cela signifie-t-il pour autant que le Tribunal aurait consacré une approche matérielle (selon laquelle la compétence juridictionnelle dépend de la nature de l'acte, le juge judiciaire étant compétent pour les actes de gestion courante et le juge administratif pour les actes de disposition) au détriment de l'approche organique (qui s'attache à l'auteur de l'acte et en vertu de laquelle est normalement administratif un acte unilatéral émanant d'une autorité administrative) ? On pourrait le penser en constatant qu'il a pris soin d'indiquer que l'acte (qu'il s'agisse d'une délibération du conseil municipal ou d'une décision du maire) de la commune – la solution étant très probablement transposable aux autres personnes publiques – par lequel elle initie, conduit ou met fin à une relation contractuelle portant sur la valorisation ou la protection d'une dépendance du domaine privé (en bref, portant sur sa gestion courante) relève de la compétence judiciaire, dès lors qu'il n'affecte ni le périmètre ni la consistance de ce domaine (autrement dit, dès lors qu'il ne s'agit pas d'un acte de disposition). Mais le Tribunal des conflits précise que cette compétence judiciaire vaut pour les litiges opposant l'administration à ses cocontractants (ainsi qu'aux voisins des dépendances du domaine privé) et exclut les tiers (V. ultérieurement, CE 7 mars 2019, Cne Valbonne : *V. note 24*). Dès lors, le bloc de compétence judiciaire paraît fondé sur le fait que la relation contractuelle (ou le rapport de voisinage) « met en cause des rapports de droit privé » et ne vaudrait donc pas hors de tels rapports avec l'administration gestionnaire. Le critère retenu est donc non seulement matériel, mais aussi personnel.

La notion d'acte détachable n'était en toute hypothèse pas sans limite auparavant, la délibération du conseil municipal autorisant le maire à engager une procédure d'expulsion devant le juge judiciaire ayant ainsi été considérée comme indissociable de cette procédure et par conséquent insusceptible de recours devant le juge administratif (CE 4 juin 2007, *Petitpas* : V. note 25).

De même, les contrats relatifs au domaine privé sont administratifs s'ils remplissent les critères jurisprudentiels de qualification de contrats administratifs (présence d'une ou plusieurs clauses exorbitantes ; ou lien étroit avec l'exécution d'un service public).

Dès lors, et comme cela n'a pas échappé aux meilleurs auteurs, c'est en ce qui concerne les litiges provoqués par des faits matériels que « le principe du caractère judiciaire du contentieux du domaine privé a le plus de réalité » (Chapus, Droit administratif général, tome 2, *Montchrestien, 2001, n° 650*). Ne relèvent ainsi du juge administratif que les litiges relatifs aux dommages causés par l'activité matérielle d'un service public administratif ou par des travaux et ouvrages publics.

B. COMPÉTENCES D'ORIGINE LÉGISLATIVE

Selon l'article L. 2331-1 du CGPPP, le juge administratif est d'abord compétent à l'égard du contentieux de la location et de l'administration des établissements d'eaux minérales sur le domaine (privé, en l'occurrence) de l'État. Ce titre de compétence est nettement moins général que les autres hypothèses énumérées par l'article L. 2331-1. Si les sources d'eaux minérales et thermales des collectivités publiques sont classiquement regardées comme des dépendances de leur domaine privé, le juge administratif a pourtant reçu compétence pour connaître du contentieux des contrats par lesquels l'État délègue l'exploitation de ses sources. C'est certainement, parmi les chefs de compétence du juge administratif à l'égard du domaine privé plongeant ses racines dans les textes, le moins connu (en même temps qu'une exception remarquable au principe selon lequel les « baux administratifs » passés sur le domaine privé de l'État relèvent du juge judiciaire). C'est également un titre de compétence contestable (le parallèle peut être fait avec l'attribution de compétence au juge administratif du contentieux de la cession des immeubles de l'État, aussi ancienne et discutable ; dans les deux cas, l'on mesure les limites de l'ambition réformatrice du CGPPP) ; le juge compétent varie, en somme, selon le propriétaire public de la source (pour l'essentiel, État ou communes).

L'ancienne doctrine considérait que cette compétence pour les baux d'eaux minérales et thermales consentis par l'État trouvait sa source dans un arrêté des consuls du 3 floréal an VIII (art. 2. Bull. XXII, n° 149. – V. not. Proudhon, Traité du domaine public, *Tarlier, 1835, t. II, n°s 1409 s.* – Répertoire Merlin, *t. 5, V° Eaux minérales.* – Dareste de la Chavanne, Des contrats passés par l'État en droit romain et en droit français, *Derenne, 1875, p. 169*). Il s'agissait d'une interprétation constructive, puisque ce texte prévoyait en réalité au profit des conseils de préfecture un pouvoir de résiliation des concessions de sources minérales appartenant à la République (sur ce point, V. par ex. Cormenin, Questions de droit administratif, *Tarlier, 5e éd., 1837, t. 1, p. 190.* – Leur compétence contentieuse était en revanche prévue *expressis verbis* par un arrêté du 6 nivôse an XI pour les litiges relatifs à la propriété des sources opposant la République et les communes).

Même si ce contentieux est à peu près tari aujourd'hui, la matière a donné lieu à maints procès par le passé (en particulier à partir de la fin du XIXe siècle, époque de « fièvre thermale » et de « guerre des sources » dépeinte par Maupassant dans Mont-Oriol. – V. Gerbod, Les « fièvres thermales » en France au XIXe siècle, *Revue Historique, 1987. 309*), et le juge a eu tendance à voir dans les contrats d'exploitation de sources des concessions de service public. Ces sources sont souvent exploitées par des délégataires privés de service public (par ex., la Compagnie fermière de Vichy). Contre-exemple remarquable, les Thermes nationaux d'Aix-les-Bains avaient un statut d'établissement public industriel et commercial ; ils ont été transformés en société anonyme (L. n° 2009-879 du 21 juill. 2009, art. 134. – Décr. n° 2009-1697 du 29 déc. 2009. – Arr. du 25 févr. 2011). Au-delà des sources, le statut domanial des équipements thermaux manque singulièrement de clarté. Ces installations ont été considérées selon les espèces comme des dépendances du domaine privé ou du domaine public. La seconde qualification paraît plus conforme aux critères de distinction entre domaines public et privé, mais une jurisprudence de principe sur le sujet fait défaut. – Sur l'évolution de la matière, V. Cour des comptes, Les interventions publiques dans le domaine du thermalisme : rapport particulier, *janv. 1995.* – Delomenie, Le thermalisme français : Rapport IGAS, *Doc. fr., 2000.* – Dossier, Thermalisme : retour aux sources du droit, *Tourisme et Droit 2008, n° 95.* – Cour des comptes, La gestion des Thermes nationaux d'Aix-les-Bains, *Rapport public 2008, p. 550* s. – Dord et Dubié, Rapport d'information sur l'évaluation du soutien public au thermalisme, *Ass. nat., n° 3811, 8 juin 2016.* – Cour des comptes, Thermalisme et collectivités territoriales, un système fragile : le cas occitan : Rapport public 2019, partie I, p. 433.

Au-delà, des textes législatifs épars, qui ne sont pas codifiés ou ne le sont pas dans le CGPPP (ce que l'on peut regretter), attribuent compétence au juge administratif pour certains litiges relatifs au domaine privé. Il en va ainsi des lois des 10 juin 1793 et 9 ventôse an XII et du décret impérial additionnel à celui du 9 ventôse an XII, sur le fondement desquels la juridiction administrative se déclare compétente, s'agissant des contestations qui peuvent s'élever en matière de partage et de jouissance des biens communaux et sectionnaux (Bourjol, Les biens communaux, *LGDJ, 1989.* – Marillia et

Beyssac, La section de commune, *Berger-Levrault, 1994*. – Marillia et Beyssac, Biens des communes et sections soumis au régime forestier : l'affouage, *Sirey, 1982*. – Sorbara, Les biens communaux. Réminiscences actuelles d'une propriété collective d'Ancien Régime, *RD publ. 2008. 1023 ; J.-Cl. Propriétés publiques, fasc. 32-5 et fasc. 32-6*). De même, un décret-loi du 29 juillet 1939 prévoit cette compétence à l'égard des litiges relatifs aux contrats, quelle que soit leur forme ou dénomination, passés par le Port autonome de Strasbourg. Des dispositions plus récentes, issues d'autres codes, attribuent également compétence au juge administratif, à titre exceptionnel, pour le contentieux de certains baux ruraux conclus sur le domaine privé (V., en matière de gestion de l'eau : C. envir., art. L. 211-13 ; C. rur., art. L. 411-79 ; CSP, art. L. 1321-2, al. 8). Il importe enfin de rappeler que, si la procédure administrative d'expulsion des « gens du voyage » (L. n° 2007-297 du 5 mars 2007, art. 27 et L. n° 2018-957 du 7 nov. 2018, art. 3 s., modifiant la L. n° 2000-614 du 5 juill. 2000, art. 9) s'applique – notamment – lorsque sont occupées des dépendances du domaine privé, le contentieux y afférent relève du juge administratif. ❑

Plan des annotations

I. CONTENTIEUX DE LA GESTION DU DOMAINE PUBLIC

A. CONTENTIEUX DES OCCUPATIONS PRIVATIVES

1. Principe de la compétence administrative. Le Décr. du 17 juin 1938 (devenu art. L. 84 C. dom. Ét.) *[art. L. 2332-1 CGPPP]* réserve au conseil de préfecture (devenu tribunal administratif) la compétence en premier ressort pour les litiges relatifs aux contrats comportant une occupation du domaine public. Les dispositions générales de ce texte englobent tous les litiges qui surgissent entre parties relativement à des contrats comportant occupation du domaine public et dérogent à la législation spéciale de 1933 et 1935 sur les loyers commerciaux. • T. confl. 12 déc. 1942, *Sté méditerranéenne des combustibles c/ Chambre de commerce d'Alger : S. 1943. III. 29, note Mestre ; DC 1944. 17, note Waline.* ♦ En vertu de l'art. L. 84 *[art. L. 2331-1 CGPPP]*, les litiges relatifs aux contrats comportant occupation du domaine public, quelle que soit leur forme ou dénomination, passés par l'État, les établissements publics ou leurs concessionnaires étant portés en premier ressort devant le tribunal administratif, il s'ensuit que la juridiction administrative est compétente pour connaître d'un litige entre les deux parties à une telle convention né à l'occasion de l'occupation du domaine public. • T. confl. 23 févr. 1981, *Sté Socamex c/ Sté des autoroutes du sud de la France : Lebon 501.* ♦ V. également • CE 19 févr. 1965, *Brangeon : Lebon 118 ; AJDA 1965. 398, note Laporte* (conception extensive) • 13 déc. 1972, *Cie d'assurances maritimes, aériennes et terrestres : Lebon 805* • CE 5 janv. 1977, *Sté Grand Garage du centre routier parisien : Lebon T. 825* • Civ. 1re, 19 févr. 1991, n° 89-13.371 P : *D. 1991. IR 74* • CE 29 déc. 2000, *Atlan*, n° 196810 : *Dr. adm. déc. 2001, hors-série n° 392* • CAA Lyon, 1er mars 2016, *C. et A.*, n° 14LY01042 • CAA Bordeaux, 20 déc. 2018, *C. c/ Cne Laruscade*, n° 16BX03266 : *Rev. CMP 2019, Comm. 93, obs. Soler-Couteaux.* ♦ Une conséquence particulière en résulte, s'agissant du contrôle juridictionnel des sentences arbitrales intéressant des opérations du commerce international auxquelles des personnes publiques françaises sont parties. En principe, les recours doivent être introduits devant le juge judiciaire, même si le contrat à l'origine du litige est administratif au sens du droit français. Toutefois, le juge administratif reste compétent pour contrôler les sentences arbitrales quand les recours les visant impliquent une vérification de leur conformité aux règles impératives du droit public français concernant notamment l'occupation du domaine public. • T. confl. 17 mai 2010, *INSERM*, n° 3754 : *AJDA 2010. 1564, étude Cassia ; BJCP 2010. 280, concl. Guyomar ; Cah. arb. 2010. 717, étude Foussard ; ibid. 877, note Ortscheidt ; Dr. adm. 2010, comm. 122, note Brenet et Melleray ; JCP Adm. 2011. 2040, varii auctores ; JCP 2010. 886, chron. Nourissat, obs.*

Gaillard ; ibid. 1205, chron. Ortscheidt ; ibid. 2084, chron. Plessix ; Rev. arb. 2/2010, note Audit ; RFDA 2010. 959, concl. Guyomar ; ibid. 971, note Delvolvé ; RJEP 2010. Comm. 678, note Paris • T. confl. 24 avr. 2017, *SMAC*, n° 4075 : *AJDA 2017. 839, obs. de Montecler ; ibid. 981, chron. Odinet et Roussel ; Rev. CMP 2017. Comm. 176, note Devillers ; JCP Adm. 2017. Actu. 316 ; ibid. 359, obs. Chahid-Nouraï et de Kersauson ; JCP 2017. Actu. 502.* ♦ Confirmant – hors droit de l'arbitrage – que l'art. L. 2331-1 du CGPPP fait partie des règles impératives du droit public français, cela justifiant la compétence du juge administratif français pour connaître du contentieux de la résiliation d'une convention d'occupation de locaux situés dans la Villa Médicis (Rome) et de la demande d'expulsion de l'occupant. • CAA Paris, 23 janv. 2020, *Sté Mezzi & Fonderia*, n° 19PA01312 s. ♦ Un litige portant sur un contrat conclu par une personne publique et relatif à l'utilisation d'un bien du domaine public relève du juge administratif, sauf à démontrer l'existence d'une voie de fait administrative. • Paris, 14e ch., 17 févr. 2006 : *AJDA 2006. 948*. ♦ Cassant un arrêt sur le fondement de l'art. L. 2331-1 au motif que le stationnement d'un navire sur une aire de carénage appartenant au domaine public constitue une occupation de cette dépendance domaniale et que l'action en réparation du dommage causé par un coup de vent qui avait déséquilibré ce navire relève donc du juge administratif : • Civ. 1re, 26 oct. 2011, *Cne de Fos-sur-Mer c/ Cie mutuelle de l'Allier et des Régions françaises : JCP Adm. 2012. 2181, note Renard-Payen ; ibid. 2325, chron. Chamard-Heim.*

2. La compétence du juge administratif demeure alors même que le contrat initial portant occupation du domaine public a pris fin. • CE 8 janv. 1960, *Lafon : Lebon 15 ; AJDA 1960. 183, note Gardiès.* ♦ Également • CE, sect., 25 mars 1960, *SNCF c/ Barbey : Lebon 222, concl. Heumann* • T. confl. 24 sept. 2001, *Sté B.E. Diffusion c/ RATP*, n° 3221 : *Lebon 747 ; BJCP 2002. 61, concl. Commaret ; ibid. 66, obs. Maugüé ; CJEG 2002. 217, note Yolka ; Coll. terr. déc. 2001. 13, note Moreau ; Rev. CMP 2001, n° 242, note Eckert ; D. 2002. IR 40 ; Gaz. Pal. 10-11 juill. 2002, p. 24 ; GDDAB, 3e éd., 2018. Comm. 89, note Yolka ; JCP 2002. IV. 2128, obs. Rouault ; JCP 2001. 1646 ; Procédures mars 2002. Comm. n° 62, obs. Deygas ; RFDA 2002. 425*. ♦ Sauf disposition législative contraire, la nature juridique d'un contrat – en l'occurrence, d'occupation du domaine public – s'apprécie à la date à laquelle il a été conclu ; le juge administratif reste en conséquence compétent, alors même que l'autorité contractante aurait perdu sa qualité de personne publique pendant son exécution. • T. confl. 4 juill. 2016, *Sté JSC Investissement, Sté SODEC*, n° 4055 : *BJCP 2016. 463, obs. Maugüé ; Rev. CMP 2016. Comm. 231, note Eckert ; ibid. mars 2017, chron. Llorens et Soler-Couteaux ; Dr. adm. août-sept. 2016, p. 10.* ♦ Il en va ainsi, par application de la L. du 20 avr. 2005, des contrats d'occupation d'emplacements aéroportuaires conclus par l'ancien établissement public Aéroports de Paris, transformé en société ; le juge administratif est compétent pour connaître des actions engagées par les tiers. • T. confl., 4 nov. 2019, *Stés Prologis*, n° C4172 B : *Rev. CMP 2020, comm. 19, note Soler-Couteaux ; Dr. adm. janv. 2020, p. 13 ; Dr. voirie 2020, p. 46 ; JCP Adm. 2020, 2030, n° 24, chron. Martin, Pellissier et Vila* ♦ Pour d'autres illustrations de la compétence du juge administratif, V. par ex., à propos d'une décharge sur le domaine public : • T. confl. 9 déc. 2013, *SARL Sanicorse*, n° 3929 : *JCP Adm. 2014. Actu. 89, obs. Tesson.* ♦ Concernant des contrats de concession pour l'exploitation d'un parc d'attraction pour enfants : • CAA Versailles, 17 nov. 2011, *Sté Rallye Parcs Loisirs*, n° 10VE01975. ♦ ... D'une base de loisirs. • CE 16 mars 2010, *A. et B. c/ SIAT du lac de Gurson : Rev. CMP 2010. Comm. 227, obs. Llorens ; JCP Adm. 2010. 37, chron. Chamard-Heim.* ♦ ... D'un plan d'eau. • CAA Marseille, 17 oct. 2016, *Féd. Française de Ski nautique et de Wakeboard*, n° 15MA01505 : *Rev. CMP 2016. Comm. 300, obs. Llorens.* ♦ D'un centre de plongée. • CAA Paris, 12 déc. 2019, *SARL Kuendu Dive Safari et M. D. c/ Cne de Touho*, n° 18PA00421. ♦ ... De locaux donnés à bail à l'intérieur d'une enceinte hospitalière. • Civ. 1re, 4 nov. 2010, *Sté ANTS, P : Rev. CMP 2011. Comm. 57, obs. Zimmer ; D. 2010. 2651 ; JCP Adm. 2011. 29. 16, chron. Logéat.* ♦ D'un immeuble départemental loué par l'État... • CAA Lyon, 6 juin 2013, *Min. de l'Agriculture et de l'Agroalimentaire*, n° 12LY01841. ♦ ... De la gare de Paris-Batignolles. • CE 15 févr. 2012, *SAS TDLC*, n° 338059. ♦ ... D'une dépendance du domaine public routier (rejet d'un référé suspension – faute d'urgence – contre l'autorisation d'installer une « grande roue » sur la place de la Concorde, à Paris) • TA Paris, 20 oct. 2017, *Sté pour la protection des paysages et de l'esthétique de la France*, n° 1715240/9 : *JCP Adm. 2017, Actu. 514.* ♦ ... D'un terrain du domaine public maritime faisant l'objet d'une promesse de vente sous conditions suspensive de déclassement. • Civ. 1re, 31 janv. 2018, *SCI Duprat-Adour*, n° 17-10.564. ♦ L'appel en garantie formé par une commune contre l'occupant du domaine public relève également du juge administratif (interprétation extensive de l'art. L. 2331-1). • CE 1er août 2012, *Cne de Strasbourg*, n° 348115 : *Rev. CMP 2012. Comm. 269, obs. Ubaud-Bergeron.* ♦ Sur la même affaire : • CAA Nancy, 22 nov. 2012, *Cne de Strasbourg*, n° 12NC01428. ♦ En cas de montage contractuel complexe, la compétence administrative s'étend aux conventions accessoires, dès lors qu'elles forment un ensemble indivisible avec le contrat d'occupation du domaine public. V., pour une convention de mise à disposition accessoire d'un BEA. • CAA Nantes, 7 déc. 2016, *Cté de cnes du pays de Saint-Gilles Croix de Vie*, n° 15NT03123. ♦ Jugé, au prix d'une interprétation extensive de l'art. L. 2331-1, que le juge administratif est compétent pour connaître des litiges entre une société concessionnaire d'un port de plaisance et ses actionnaires relatifs à l'application des statuts et du règlement intérieur de la première qui confèrent aux seconds des droits d'occupation du domaine public portuaire. • CAA Marseille, 22 nov. 2019, *Sté Paradis*, n° 17MA02160.

3. Champ d'application relativement aux concessionnaires. Les concessionnaires visés à l'art. 1er du décret-loi du 17 juin 1938 (devenu art. L. 84 C. dom. Ét.) [art. L. 2331-1 CGPPP] doivent s'entendre uniquement comme les concessionnaires de service public. • T. confl. 10 juill. 1956, *Sté des steeple-chases de France : Lebon 587 ; AJDA 1956. II. 352 ; CJEG 1957. 41, note Renaud ; S. 1956. 156, concl. Chardeau ; RD publ. 1957. 522, note Waline.* ♦ V. aussi • CE 24 janv. 1973, *Spiteri : Lebon 65 ; AJDA 1973. 496, note Dufau* • T. confl. 23 févr. 1981 : *préc. note 1* • 15 mars 1999, *Schmitt*, n° 3080 : *Lebon 444 ; Dr. adm. 1999, n° 171, obs. R. S. ; RDI 1999. 630, obs. Lavialle* • T. confl. 18 oct. 1999, *Martinetti : Lebon 48* • T. confl. 12 déc. 2005, *Assoc. sportive karting sémurois : Lebon 668 ; AJDA 2006. 4 ; BJCP 2006. 152 ; Gaz. Pal. 18-22 août 2006, p. 18 ; RFDA 2006. 409*. ♦ Également • CE, avis, 16 mai 2002 : *EDCE 2003. 201 ; JCP Adm. 2003. 1702, note Cazcarra* (à propos des sociétés concessionnaires d'autoroutes). ♦ *Contra* cependant, affirmant le caractère administratif d'un contrat passé entre deux personnes privées sur le domaine public : • Civ. 1re, 6 mars 2001, n° 98-23.120 P : *BJCP 2001. 359 ; Dr. adm. déc. 2001, hors-série, n° 394.* ♦ Dans la mesure où la société SEP gérait la dépendance du domaine public concédée sous le contrôle de la personne publique et dans le cadre d'une mission d'intérêt général d'animation culturelle en disposant de prérogatives de puissance publique, elle était concessionnaire de service public. Il s'ensuit que le contentieux avec des sous-occupants relève du juge administratif. • CE 11 déc. 2000, *Mme Agofroy*, n° 202971 : *Lebon 607 ; AJDA 2001. 193, note Raunet et Rousset ; RFDA 2001. 245 ; Rev. CMP 2001, n° 72, note Llorens.* ♦ Le Conseil d'État a renvoyé au Tribunal des conflits la question de savoir s'il ne convenait pas d'étendre cette jurisprudence et de l'appliquer à tout sous-occupant du domaine public, même lorsque l'occupant de premier rang n'est pas concessionnaire de service public. • CE, sect., 11 juill. 2011, *Mme Gilles c/ Ville de Paris*, n° 339409 : *Lebon 330 ; BJCP 2011. 341, concl. Boulouis ; AJDA 2011. 1949, chron. Domino ; JCP 2011. 1096, note Derouesné et Simonel ; Rev. CMP 2011, n° 300, note Eckert ; JCP Adm. 2012. 21, chron. Chamard-Heim ; RDI 2011. 508, note Foulquier ; RJEP 2012, n° 5, concl. Boulouis.* ♦ Le Tribunal des conflits a confirmé sa jurisprudence antérieure, en l'étendant des concessionnaires aux délégataires de service public. • T. confl., 14 mai 2012, *Mme Gilles*, n° 3836 : *AJDA 2012. 1031, obs. Grand ; RFDA 2012. 692, note Janicot ; RDI 2012. 629, note Foulquier ; JCP Adm. 2012. 2328, obs. Giacuzzo ; ibid. 2013. 2125, n° 15, chron. Chamard-Heim ; Rev. CMP 2012. 223, note Eckert ; RLCT sept. 2012, p. 38, note Rouault ; RJEP 2012. 55, note Pauliat* • T. confl. 9 déc. 2013, *EURL Aquagol c/ Assoc. réunionnaise de développement de l'aquaculture*, n° 3925 : *Rev. CMP 2014. 62, note Eckert ; Dr. adm. 2014. 18, note Giacuzzo ; BJCP 2014. 114, concl. Boccon-Gibod et obs. R. S. ; Rev. CMP 2015. Chron. 2, obs. Llorens et Soler-Couteaux.* ♦ V., pour des applications : • Civ. 1re, 16 avr. 2015, *Sté Cap c/ Sté des Trois Vallées*, n° 14-14.711 P : *AJDA 2015. 1620 ; Rev. CMP mars 2016. 57, chron. Llorens et Soler-Couteaux* • CE 30 avr. 2019, *Sté Total Marketing France*, n° 426698 B : *AJDA 2019. 965, obs. Maupin ; ibid. 2075, note Hasquenoph ; Rev. CMP 2019. Comm. 244, obs. Dietenhoeffer ; Rev. CMP 2020, Chron. 2, obs. Eckert ; JCP A 2019. 2206, note Lichère ; ibid. 2253, chron. Martin et Pellissier* • CAA Marseille, 3 févr 2015, *SARL Nice Fitness*, n° 13MA01990 : *Rev. CMP mars 2016. 58, chron. Llorens et Soler-Couteaux* • 19 mai 2015, *SARL Aménagement Services, Sté STEM*, n° 13MA01375 : *Rev. CMP mars 2016. 57, chron. Llorens et Soler-Couteaux* • CAA Paris, 5 févr. 2019, *Sté Les joies de Sofi, Sté Le jardin d'acclimatation*, n° 17PA01039 : *Rev. CMP 2019, comm. n° 130, note Soler-Couteaux ; Rev. CMP 2019, chron. 36 Soler-Couteaux, Zimmer et Waltuch ; Rev. CMP 2020, Chron. 2, obs. Eckert ; Dr. voirie 2019, p. 72, obs. Yolka* • TA Marseille, 15 janv. 2019, *Assoc. Kedge business school*, n° 1700902 : *Dr. voirie 2019, p. 72, obs. Yolka* • CAA Douai, 9 mai 2019, *Me D, mandataire liquidateur de la Sté Jetstream Aero*, n° 15DA01502. – Mais tendance marginale de certaines juridictions du fond à dévier en subordonnant le jeu de cette jurisprudence à l'existence d'une subdélégation de missions de service public. • CAA Marseille, 10 juill. 2017, *Sté imm. du port de Cap d'Ail*, n° 15MA02943 : *Rev. CMP 2018. Chron. 1, obs. Eckert ; ibid. Chron. 7, obs. Soler-Couteaux, Zimmer et Waltuch ; JCP Adm. 2017. 34, note Yolka.* ♦ De l'interprétation dominante de l'art. L. 2331-1 est déduite la compétence du juge administratif à l'égard de l'important contentieux des contrats de sous-amodiation – et non seulement d'amodiation – dans les ports de plaisance. • Civ. 1re, 8 févr. 2017, *Sté Rodriguez*, n° 15-18.844. ♦ V., sur ce point, Jacquemet-Gauché, Recherches sur le contrat d'amodiation, *RFDA 2013. 237.* ♦ Cette solution de principe ne vaut naturellement que si ce contrat a pour objet, par lui-même, l'occupation du domaine public ou peut être regardé comme l'accessoire d'un contrat ayant un tel objet. • T. confl. 7 juill. 2014, *Lamoine c/ SEMMARIS,* n° 3956 • CE 12 mars 2014, *Lamoine c/ SEMMARIS,* n° 368546 : *Rev. CMP 2014, n° 134, obs. Ubaud-Bergeron ; ibid. 2015. Chron. 2, obs. Llorens et Soler-Couteaux.* ♦ Compétence judiciaire, lorsqu'est en cause l'application du droit du travail. • Soc. 23 mars 2017, n° 15-21.183 P. ♦ La compétence est judiciaire pour le contentieux touchant la sous-occupation du domaine public, dès lors que le contrat de premier rang ne délègue pas une activité de service public. • CAA Paris, 15 déc. 2016, *Sté O Rêve,* n°s 15PA02991 et 15PA02992 • CAA Nancy, 9 févr. 2017, *SARL Salaisons Muller-Weber,* n° 16NC00397. ♦ Sur l'absence de droit à renouvellement et à indemnité du sous-concessionnaire : • CAA Marseille, 19 mai 2015, *SCI de Mauripierre,* n° 14MA00736 : *Rev. CMP mars 2016. 55, chron. Llorens et Soler-Couteaux.* ♦ Le concessionnaire domanial peut résilier une sous-concession pour faute, sans indemnité, à condition de respecter la contradiction et de procéder à une mise en demeure préalable. • CE 12 nov. 2015, *Sté Le jardin d'acclimatation,* n° 387660 : *AJDA 2015. 2172, obs Genty ; ibid. 2016. 908, note Roux ; ibid. 911, note Marcantoni ; Dr. adm. 2016. Comm. 22, obs. Cornille ; JCP Adm. 2015. Actu. 966, obs. Erstein ; Rev. CMP 2016. Comm. 16, obs. Ubaud-Bergeron ; ibid. 56. Chron. Llorens et Soler-Couteaux ; ibid. 2017. Chron. 1, obs. Eckert.* ♦ La personne publique qui résilie une délégation de service public au titre de laquelle le délégataire était autorisé à délivrer des autorisations attributives de droit réel est tenue d'indemniser le sous-occupant dans les conditions prévues par les textes relatifs auxdites autorisations. • CAA Paris, 27 nov. 2017, *Cne de La Ferté-Gaucher,* n° 16PA00448. ♦ Sur le sort des biens construits par le sous-occupant à l'expiration de son titre, • CAA Marseille, 15 mai 2017, *Sté Carilis,* n° 16MA04042 : *Rev. CMP 2018. Chron. 7, obs. Soler-Couteaux, Zimmer et Waltuch ; JCP Adm. 2017. 2182, note Roux.*

4. Cas du mandat. La compétence juridictionnelle est aussi administrative si le contrat portant occupation du domaine public est passé par une personne privée mandataire du concessionnaire de service public. • CE 8 janv. 1960, *Lafon : préc. note 2* • CAA Paris, 23 janv. 2018, *Sté Euro-Pak,* n° 17PA01093. ♦ Même si le mandat est implicite. • T. confl. 16 oct. 2006, *EURL Pharmacie de la gare Saint-Charles : Lebon 638 ; BJCP 2006. 453-456, concl. Stahl et obs. Schwartz ; CJEG 2007, n° 122, concl. Stahl ; Rev. CMP 2006, n° 320, note Zimmer ; JCP Adm. 2006. 1443, obs. Rouault ; RFDA 2007. 298, note Lavialle ; AJDA 2007. 226 .*

5. Contentieux des occupations sans titre du domaine public (*V. aussi comm. ss. art. L. 2122-1*). Situation antérieure à 2001 : compétences concurrentes. V., en faveur de la compétence du juge administratif, • CE, sect., 13 juill. 1961, *Cie fermière du casino municipal de Constantine : Lebon 487 ; AJDA 1961. 491, chron. Galabert et Gentot ; RD publ. 1961. 1087, concl. Bernard.* ♦ *Contra,* pour la compétence judiciaire, • Civ. 1re, 17 oct. 1978, *Abbé Coache : Bull. civ. I, n° 308* • 7 oct. 1980, *Assoc. des modélistes ferroviaires de la région parisienne : Bull. civ. I, n° 247* • 22 juin 1983, *Diot : Bull. civ. I, n° 185* • 4 nov. 1986, *Ville de Sèvres : Bull. civ. I, n° 251* • 15 mai 2001, *Sté Aqua Vendée : Bull. civ. I, n° 137.* ♦ Unification au profit du juge administratif : • T. confl. 24 sept. 2001, *Société BE Diffusion c/ RATP et Sté Promo Métro,* n° 3221 : *Lebon 747 ; BJCP 2002. 61, concl. Commaret ; ibid. 66, obs. Maugüé ; CJEG 2002. 217, note Yolka ; Coll. terr. déc. 2001. 13, note Moreau ; Rev. CMP 2001. 27, note Eckert ; D. 2002. IR 40 ; Gaz. Pal. 10-11 juill. 2002, p. 24 ; GDDAB, 3e éd., 2018. Comm. 89, note Yolka ; JCP 2002. IV. 2128, obs. Rouault ; JCP E 2001. 1646 ; Procédures mars 2002. Comm. n° 62, obs. Deygas ; RFDA 2002. 425 .* ♦ Relèvent de la compétence de la juridiction administrative, sous réserve de dispositions législatives spéciales, et sauf dans le cas de voie de fait ou dans celui où s'élève une contestation sérieuse en matière de propriété, les litiges nés de l'occupation sans titre du domaine public, que celle-ci résulte de l'absence de tout titre d'occupation ou de l'expiration, pour quelque cause que ce soit, du titre précédemment détenu (formule synthétique qui résume l'état du droit positif). • Civ. 1re, 8 févr. 2017, n° 15-18.844. ♦ V. par ex., parmi l'abondante jurisprudence illustrant cette compétence du juge administratif : • T. confl. 1er juill. 2019, *VNF,* n° 4161 • CE, 8 nov. 2019, *Assoc. Club seynois multisport,* n° 421491 B : *AJDA 2019. 2276, obs. Pastor ; BJCL 2019. 778, concl. Victor ; Rev. CMP 2020, comm. n° 20, obs. Soler-Couteaux ; Dr. voirie 2019. 246, concl. ; JCP Adm. 2019, Actu. 733, obs. Touzeil-Divina ; JCP Adm. 2020. 2030, chron. Martin, Pellissier et Vila* • CE 26 juill. 2018, n° 418417 : *JCP Adm. 2018. 2294, obs Moliner-Dubost.* ♦ Pour les juridictions du fond : • CAA Nancy, 7 mars 2019, *A. c/ VNF,* n° 18NC00342 • CAA Bordeaux, 14 mars 2019, *SOMIP,* n° 17BX03079, 17BX03081 • CAA Paris, 21 mars 2019, *Sté U Spuntinu,* n° 18PA00590 • CAA Nantes, 18 juin 2019, *SARL Enez Gwenda Production,* n° 18NT00425 • CAA Nancy, 22 oct. 2019, *B. c/ Dpt Doubs,* n° 18NC00225 • CAA Marseille, 13 déc. 2019, *E. c/ Cne St-Cyprien,* n° 19MA01171 • CAA Marseille, 13 déc. 2019, *E. c/ Cne St-Cyprien,* n° 19MA01171 • TA Paris, 11 avr. 2010, *Ville Paris : JCP A 2019. Actu. 2213, obs. Deliancourt.* ♦ Résistances : la jurisprudence montre cependant une tendance du juge judiciaire à statuer sans soulever le moyen (d'ordre public) tiré de son incompétence, dans des hypothèses concernant l'occupation de biens dont la domanialité publique est plausible, voire certaine. La question du statut domanial se dissout, en somme, dans celle de la protection des droits fondamentaux de « squatters » en situation de précarité. – V., illustrant parfaitement cette tendance : • Civ. 3e, 22 oct. 2015, *Ciuraret et a. c/ Ville de Paris*, n° 14-11.776 : *AJDA 2016. 132 ; JCP Adm. 2015. Actu. 918, obs. Laporte ; JCP 2016. 331 s., avis Sturlèse et note Gautier.* Voir aussi • Civ. 1re, 27 nov. 2019, *Cne d'Uzès*, n° 18-24994. ♦ Inapplicabilité de la « trêve hivernale » aux occupants sans titre. • CE 22 sept. 2017, *A. c/ CROUS Lyon*, n° 407031 : *Lebon T ; AJDA 2017. 1809, obs. Maupin ; JCP Adm. 2017. Actu. 432, obs. Touzeil-Divina ; ibid. 2281, concl. Victor* • CAA Nantes, 28 févr. 2002, *Rety*, n° 98NT01384. – Rappr., pour les lieux d'hébergement de demandeurs d'asile, • CE 21 avr. 2017, *Min. Intérieur*, n° 405164 : *Lebon ; AJDA 2017. 841 ; JCP Adm. 2017. 2293, note Marti.* ♦ *Contra*, considérant qu'une collectivité ne peut mettre fin en période hivernale à une autorisation d'occupation du domaine public quand les biens évacués seraient rapidement endommagés par des conditions climatiques rigoureuses, dès lors qu'aucun danger grave et imminent n'est caractérisé. • TA Grenoble, ord. 13 nov. 2019, *M. I et a.*, n° 1907066 s. ♦ Compétence judiciaire en cas de difficulté sérieuse concernant une question de propriété : pour un rappel, • CE 23 janv. 2012, *Dpt des Alpes-Maritimes : AJDA 2012. 124, obs. Grand ; JCP Adm. 2012. Actu. 75, obs. Touzeil-Divina.* ♦ Compétence judiciaire lorsque l'occupant irrégulier du domaine public est victime d'une voie de fait administrative : • T. confl., 4 juill. 1991, *Assoc. MJC Boris-Vian : Lebon 467 ; AJDA 1991. 697, chron. Maugüé et Schwartz .* ♦ La restriction jurisprudentielle de la théorie de la voie de fait administrative devrait rendre cette hypothèse encore moins fréquente qu'auparavant : • T. confl. 17 juin 2013, *Bergoend : Lebon 370 ; AJDA 2013. 1568, chron. Domino et Bretonneau ; Dr. adm. 2013, n° 86, note Gilbert ; RFDA 2013. 1041, note Delvolvé ; RJEP 2013. 17, note Seiller.* ♦ Le juge de l'expulsion doit, lorsqu'il fixe le délai laissé aux occupants sans titre pour évacuer les lieux, intégrer les exigences découlant des stipulations de la Conv. relative aux droits de l'enfant, signée à New-York le 26 janv. 1990. • CE 28 juill. 2017, *Min. Int.*, n° 395911 : *Lebon T. ; AJDA 2017. 1594, obs. Pastor ; Rev. CMP 2018. Chron. 7, obs. Soler-Couteaux, Zimmer et Waltuch ; JCP Adm. 2017. Actu. 561, obs. Friedrich.* ♦ Domanialité publique et office du juge administratif saisi : il incombe à ce dernier de se prononcer sur la domanialité publique de l'immeuble occupé, cela impliquant de contrôler qu'il est régulièrement entré dans le domaine public – en vertu des règles applicables à la date de son incorporation – et qu'il n'a pas été déclassé, à la date à laquelle le juge statue. • CE 25 sept. 2013, *SARL Safran Port Édouard-Herriot : Lebon T. 505 ; AJDA 2014. 290, note Duroy ; Rev. CMP 2013, n° 294, note Devillers ; JCP Adm. 2014, n° 2011, note de Gaudemar* • CAA Versailles, 23 mars 2017, *SARL Almeria*, n° 15VE03551 • 18 oct. 2018, nos 17VE02019 et 17VE02020 : *Rev. CMP 2019. Comm. 23, obs. Muller ; Dr. voirie 2018, n° 205, p. 145* • 18 oct. 2018, nos 17VE02023 et 17VE02024. ♦ L'occupant irrégulier peut, en l'absence de tout contrat, demander l'indemnisation du préjudice résultant de son éviction sur le fondement de la responsabilité quasi contractuelle ou quasi délictuelle du gestionnaire du domaine. • CE 19 juin 2015, *Sté imm. du port de Boulogne*, n° 369558 : *Lebon 207 ; AJCT 2015. 528, note Dreyfus ; AJDA 2015. 1413, chron. Lessi et Dutheillet de Lamothe ; Constitutions 2015. 397, note Giacuzzo ; Rev. CMP 2015. Repère 7, obs. Llorens et Soler-Couteaux ; ibid., n° 220, note Eckert ; Dr. adm. 2015. Comm. 61, note Brenet ; JCP Adm. 2015. Actu. 571, obs. Langelier ; ibid. 2243, note Hansen ; RDI 2015. 537, note Foulquier .* – Sur les suites de l'affaire, • CAA Douai, 2 juin 2016, n° 15DA01041 : *Rev. CMP 2016. Comm. 214, note Eckert ; ibid. 2017. 33, chron. Llorens et Soler-Couteaux.* ♦ Indemnité pour occupation sans titre, V., sur les conditions dans lesquelles les personnes publiques peuvent exiger des occupants sans titre du domaine public le versement d'une indemnité correspondant – sauf texte contraire (par ex., CGPPP, art. L. 2125-8 : majoration de 100 % sur le domaine public fluvial • CAA Douai, 25 avr. 2019, *SARL Ateliers de l'Oise*, n° 17DA01152) – à la redevance qu'aurait versée des occupants réguliers : • CE 16 mai 2011, *Cne de Moulins : Lebon 242 ; AJDA 2011. 1848, note Ach ; BJCL 2011. 531, concl. Legras, note Janicot ; BJCP 2011. 314, obs. Terneyre ; Dr. adm. 2011, n° 68, note Melleray ; JCP Adm. 2011, n° 2224, note Yolka ; JCP 2011, n° 2592, chron. Éveillard ; RLCT sept. 2011. 41, obs. Glaser.* ♦ Le Conseil constitutionnel a censuré une disposition prévoyant la possibilité pour les gestionnaires du domaine public portuaire d'instaurer une majoration de redevance en cas d'occupation irrégulière (L. n° 2018-1317, 28 déc. 2018 de finances pour 2019, art. 29), laquelle n'avait pas sa place dans une loi de finances (• Cons. const. 28 déc. 2018, n° 2018-777 DC : *Loi de finances pour 2019, Dr. voirie 2019, p. 73, obs. Yolka).* ♦ L'indemnité pour occupation sans titre est calculée selon les modalités ordinaires (pour un rappel • CAA Paris, 21 mars 2019, *Sté U Spuntinu*, n° 18PA00590), même quand l'emplacement est interdit. • CE 13 févr. 2015, *VNF : AJDA 2015. 314, obs. Pastor ; Rev. CMP 2015, n° 99, note Ubaud-Bergeron ; ibid. 2016. 54, chron. Llorens et Soler-Couteaux ; Dr. adm. 2015, n° 42, note Éveillard ; Énerg. Env. Infrastruct. 2015. 42, obs. Hübener ; JCP Adm. 2015. Actu. 182, obs. Langelier* • CAA Versailles,17 sept. 2015, *E. et B. c/ VNF*, nos 13VE00546 et 13V00604. • CAA 23 juin 2016,

C. et B. c/ Port autonome de Paris, n° 14VE01788. ♦ Censure d'une majoration sans base légale, par application du principe de proportionnalité. • CAA Nancy, 13 juin 2019, *D. et ANGVC*, n° 17NC03055. ♦ Synthétisant et précisant sa jurisprudence antérieure, le Conseil d'État a jugé que « le gestionnaire du domaine public est fondé à réclamer à l'occupant qui utilise de manière irrégulière le domaine une indemnité compensant les revenus qu'il aurait pu percevoir d'un occupant régulier pendant cette période. A cette fin, il doit rechercher le montant des redevances qui auraient été appliquées si l'occupant avait été placé dans une situation régulière, soit par référence à un tarif existant, lequel doit tenir compte des avantages de toute nature procurés par l'occupation du domaine public, soit, à défaut de tarif applicable, par référence au revenu, tenant compte des mêmes avantages, qu'aurait pu produire l'occupation régulière de la partie concernée du domaine public. La circonstance que l'occupation en cause serait irrégulière soit du fait qu'elle serait interdite, soit du fait que l'utilisation constatée de celui-ci contreviendrait aux termes de l'autorisation délivrée, n'empêche pas le gestionnaire du domaine de fixer le montant de l'indemnité due par l'occupant irrégulier par référence au montant de la redevance exigible, selon le cas, pour un emplacement similaire ou pour une utilisation procurant des avantages similaires ». • CE 1er juill. 2019, *Ville Paris c/ SAS Café Georges V*, n° 421403 : *AJDA 2019. 1371, obs. Pastor* ; *Rev. CMP 2019, comm. 323, note Soler-Couteaux ; Rev. CMP 2019, Chron. 6 et 31, obs. Soler-Couteaux, Zimmer et Waltuch ; Dr. voirie 2019, n° 209, p. 158, concl. Victor ; JCP A 2019. Actu. 488, obs. Friedrich ; Rev. CMP 2019, Chron. 31, obs. Soler-Couteaux, Zimmer et Waltuch.* ♦ Applications. • CAA Paris, 12 déc. 2019, *Sté Parc Auto*, n° 18PA03023 • CAA Marseille, 18 nov. 2019, *Sté Jesta Fontainebleau*, n° 17MA04707 : *Rev. CMP 2020, comm. 60, obs. Muller.* ♦ Cette indemnité est illégale quand ses modalités de calcul trahissent une sanction infligée à l'occupant irrégulier. • CAA Paris, 29 juill. 2016, n° 15PA01831. ♦ Lorsque l'occupation du domaine public procède de la construction sans autorisation d'un bâtiment sur le domaine public et que ce bâtiment est lui-même occupé par une personne autre que celle qui l'a édifié ou qui a acquis les droits du constructeur, le gestionnaire du domaine public est fondé à poursuivre l'indemnisation du préjudice résultant de l'occupation irrégulière auprès des occupants sans titre, mettant ainsi l'indemnisation soit à la charge exclusive de la personne ayant construit le bâtiment ou ayant acquis les droits du constructeur, soit à la charge exclusive de la personne qui l'occupe, soit à la charge de l'une et de l'autre en fonction des avantages respectifs qu'elles en ont retirés. • CE 15 mars 2017, *Cne de Cannes*, n° 388127 : *Lebon T. ; AJDA 2017. 600, obs. Biget ; BJCP 2017. 173, concl. Victor ; Rev. CMP 2017. Comm. 143, note Pietri ; ibid. 2018. Chron. 7, obs. Soler-Couteaux, Zimmer et Waltuch ; JCP Adm. 2017. Actu. 208, obs. Tesson ; ibid. 2133, note Hansen ; JCP N 2017. Actu. 402, obs. Tesson ; RDI 2017. 347, note Foulquier*. ♦ Sur les suites de l'affaire : • CAA Marseille, 2 oct. 2017, *Cne de Cannes*, n° 17MA01260 : *JCP Adm. 2017. 2324, obs. Roux ; RDI 2017. 347, note Foulquier*. ♦ Illustrant l'utilisation du référé provision, dès lors que la créance du gestionnaire domanial n'est pas sérieusement contestable. • CAA Marseille, 27 févr. 2018, *SARL Alligator*, n° 17MA04938. ♦ Référé « mesures utiles ». L'expulsion sera ordonnée, dès lors que les conditions posées par l'art. L. 521-3 CJA sont remplies. V., par ex., s'agissant du blocage de bâtiments universitaires par des grévistes portant atteinte au fonctionnement du service : • TA Montpellier, 18 avr. 2018, *Université Paul-Valéry-Montpellier III*, n° 1801733 • TA Toulouse, 2 mai 2018, *Assoc. nationale interuniversitaire et a.*, n° 1801960. ♦ Sur le sujet, Dufour, Le blocage des universités : aspects de droit administratif : *Dr. adm. févr. 2019, p. 21*. – Estève, La protection des établissements d'enseignement supérieur : *JCP Adm. 2019, n° 2058*. - Cassia : Pénaliser le blocage des sites universitaires ?, *D. 2018. 1689*. ♦ Concernant l'évacuation de locaux de bureaux occupés par des personnes sans domicile et destinés à accueillir des juridictions administratives, V. • TA Paris, 19 oct. 2018, nos 1817901 et 1817902. ♦ D'un square public occupé par des demandeurs d'asile. D'un gymnase et des terrains attenants par des migrants. • TA Lille, 4 sept. 2019, *Cne Grande-Synthe*, n° 1906898 : *Dr. env. sept. 2019, p. 356* • TA Lyon, ord. 2 mars 2017, n° 1701422 : *Rev. CMP 2018. Chron. 7, obs. Soler-Couteaux, Zimmer et Waltuch.* ♦ Au sujet de l'accès à une déchetterie intercommunale bloquée par des grévistes. • TA Grenoble, 3 oct. 2018, *Grenoble Alpes Métropole*, n° 1806181 : *JCP A 2019. 2027, chron. Deliancourt.* ♦ A propos de l'expulsion de manifestants, lors du mouvement dit des « Gilets jaunes ». • TA Nantes, ord. 10 janv. 2019, *Préfet Loire-Atlantique*, n° 1900069 : *AJCT 2019. 200* ; *Dr. voirie janv.-févr. 2019, p. 8 ; Rev. CMP 2019, chron. 33 et 34 Soler-Couteaux, Zimmer et Waltuch ; JCP A 2019. Actu. 64, obs. Touzeil-Divina* : le préfet peut saisir le tribunal administratif dans l'hypothèse où le préfet s'est abstenu de le faire. ♦ *Contra* cependant, retenant la compétence judiciaire pour expulser des « Gilets jaunes » occupant le domaine public routier. • TA Versailles, ord. 21 févr. 2019, *Préfet Yvelines*, n° 1901265. ♦ Sur le sujet, Yolka, « Gilets jaunes » : qui expulse ?, *JCP Adm. 2019, n° 10-11, p. 2*. ♦ Si la protection de la continuité du service public est fréquemment invoquée pour justifier les demandes d'expulsion, il arrive à titre exceptionnel – en particulier, en cas d'occupation du domaine public d'une personne publique par une autre – qu'elle le soit (dans l'exemple suivant, avec succès) pour faire obstacle à cette demande. • TA Montpellier, 6 juin 2019, *OPH Béziers Méditerranée Habitat*, n° 1703048 : *JCP A 2019. Actu. 414, obs. Touzeil-Divina.* ♦ L'administration doit justifier de façon détaillée l'urgence de la demande d'expulsion : • CE 1er févr. 2012, *Padureanu : AJDA 2012. 242, obs. Grand ; ibid. 1737, note Ach ; Rev. CMP 2012. Comm. 123, note Devillers ; JCP Adm. 2012, n° 2325, chron. Chamard-Heim ; RLCT mars 2012. 41, obs. Glaser.* ♦ ... Sauf quand la condition d'urgence n'est pas requise (en cas de requête relative à une occupation non autorisée de la zone des cinquante pas géométriques : CJA, art. L. 521-3-1). • CE 2 déc. 2016, *SPL Tamarun*, n° 399849 : *Rev. CMP mars 2017, chron. Llorens et Soler-Couteaux.* Dans ce dernier cas, s'impose néanmoins l'exigence d'utilité de la mesure. • CE 4 mai 2018, *Yvon M.*, n° 415002 B : *AJDA 2018. 947 ; Rev. CMP 2018. Comm. 168, obs. Eckert.* ♦ Pour des exemples attestant la réalité du contrôle du juge sur la condition d'urgence, • CE 18 sept. 2015, *Sté Prest'Air : Lebon T. ; AJDA 2016. 157, note Chamard-Heim ; Rev. CMP 2015. Comm. 271, obs. Pietri ; ibid. 2016. 53, chron. Llorens et Soler-Couteaux ; DA 2016. Comm. 3, note Éveillard ; GDDAB, Dalloz, 3e éd., 2018, comm. 61 ; JCP Adm. 2015. 2315, note Cornille* • CE 27 oct. 2016, *IFCE*, n° 397449 : *Rev. CMP 2016. Comm. 299, obs. Llorens ; ibid. mars 2017, chron. Llorens et Soler-Couteaux ; ibid. 2017, chron. 5, obs. Pietri* • CE 12 juill. 2017, *CHU Toulouse*, n° 404815 • CE, 22 mai 2019, *Assoc. Les Familles A...B...C...du Gard c/ Cne de Langlade*, n° 423230 : *AJDA 2019. 1134, obs. Maupin ; Rev. CMP 2019, comm. 278, obs. Soler-Couteaux ; Dr. voirie 2019, n° 209, p. 153, note Roux* • CAA Marseille, 23 déc. 2016, *Cne de Montpellier*, n° 15MA02118 • TA Paris, 30 juin 2017, n° 1706562/9 • TA Versailles, 7 déc. 2018, n° 1808597. ♦ Cassant pour dénaturation des faits une ordonnance qui avait dénié l'urgence et l'utilité de la mesure d'expulsion des migrants installés dans la « jungle » de Calais. • CE 12 oct. 2016, *Min. de l'Intérieur*, n° 402783 : *AJDA 2016. 2284, concl. Domino ; Rev. CMP 2017. Chron. 2, obs. Llorens et Soler-Couteaux ; JCP Adm. 2016. Actu. 786.* ♦ La demande d'expulsion ne doit se heurter à aucune contestation sérieuse ; l'occupant privé de titre peut se prévaloir de l'illégalité du retrait ou du non-renouvellement de son titre, dès lors que cette décision exécutoire n'est pas devenue définitive, étant entendu que l'appréciation du caractère sérieux de la contestation impose au juge de « tenir compte tant de la nature que du bien-fondé des moyens soulevés à l'encontre de la décision ». • CE, sect., 16 mai 2003, *SARL ICOMATEX : Lebon 228 ; AJDA 2003. 1157, chron. Donnat et Casas ; Rev. CMP 2003. 27, note Eckert ; JCP Adm. 2003. 758, obs. Broyelle ; ibid. 981, note Moreau ; JCP 2003. I. 168, chron. Levoyer ; ibid. IV. 2848, obs. Rouault.* ♦ S'il est possible d'invoquer à l'appui de la contestation d'une mesure d'expulsion du domaine public l'illégalité d'une décision de résiliation d'une convention d'occupation du domaine public, à condition qu'elle ne soit pas devenue définitive, il n'est opérant d'invoquer l'illégalité d'une décision de non-renouvellement qu'à la condition que la convention comprenne une clause de tacite reconduction (dont la légalité ferait, au reste, question). • CAA Marseille, 27 avr. 2018, *SARL Picolo Plaisance*, n° 16MA01959. ♦ Ne se heurte à aucune contestation sérieuse la demande d'expulsion d'un occupant sans titre invoquant l'illégalité d'un acte de gestion du domaine public, liée à l'expiration de la délégation de service public dont le gestionnaire bénéficiait. • CE 2 déc. 2016, *SPL Tamarun*, n° 399849 : *préc.* ♦ Commet une erreur de droit le juge des référés qui se fonde, pour considérer qu'il n'existe aucune contestation sérieuse, sur des décisions de l'administration refusant de prolonger un titre d'occupation qui ne sont pas assorties d'une mention des voies et délais de recours. Par ailleurs, il n'entre pas dans l'office du juge administratif d'autoriser une commune à demander à l'État, sur le fondement des dispositions du code des procédures civiles d'exécution, le concours de la force publique pour l'exécution d'une décision d'expulsion. • CE 5 oct. 2016, *Assoc. AAA*, n° 396143 : *Lebon T. ; AJDA 2016. 1897 ; Rev. CMP 2016. Comm. 294, note Pietri ; ibid. mars 2017, chron. Llorens et Soler-Couteaux ; JCP Adm. 2016. Actu. 785, obs. Touzeil-Divina.* ♦ Sauf stipulation contraire dans la convention qui les unit, le propriétaire d'une dépendance du domaine public ne peut s'opposer à ce que son gestionnaire saisisse le juge administratif des référés aux fins d'expulsion en cas d'occupation irrégulière. • CE 1er juin 2016, *SMART*, n° 394069 : *Lebon ; AJDA 2016. 1152, obs. Pastor ; ibid. 1693, note Videlin ; Rev. CMP 2016. Comm. 213, obs. Eckert ; ibid. 2017. Chron. 5, obs. Pietri ; ibid. mars 2017, chron. Llorens et Soler-Couteaux ; ibid. 2017. Chron. 1, obs. Eckert ; JCP Adm. 2016. Actu. 502, obs. Tesson ; JCP Adm. 2017. 2131, chron. ; RFDA 2016. 1119, note Lavialle .* ♦ Le juge du référé conservatoire n'a pas la possibilité de se livrer à un examen approfondi de la domanialité des dépendances occupées. C'est pourquoi le Conseil d'État considère qu'il doit simplement vérifier que ces biens ne sont pas « manifestement insusceptibles d'être qualifiés de dépendances du domaine public ». • CE 22 oct. 2010, *Pustwo : Lebon 420 ; AJDA 2011. 562, note Caille ; JCP Adm. 2011, nos 20-21, note de Gaudemar ; ibid., n° 27, chron. Chamard-Heim ; LPA 24 févr. 2011. 10, note Bonnefont et Defix ; RLCT déc. 2010. 37, obs. Glaser* • CE 16 févr. 2018, *Cne de St-Suliac*, nos 405305 et 402542. ♦ Motive insuffisamment son ordonnance le juge des référés qui se borne à relever que la parcelle occupée se trouvait incluse dans la zone des cinquante pas géométriques, sans répondre aux arguments tendant à établir qu'une partie était en réalité hors de ladite zone. • CE 28 févr. 2018, *A. et B. c/ Province Sud de Nouvelle-Calédonie*, n°s 404602 et 404604 : *JCP Adm. 2018. Actu. 241, obs. Touzeil-Divina.* ♦ Lorsqu'il estime la demande d'expulsion fondée, le juge prononce une injonction d'évacuer les lieux, éventuellement assortie d'une astreinte. Par ex. • CAA Marseille, 23 déc. 2016, *D. c/ Régie autonome du port de plaisance de Port-Camargue*, n° 15MA03613 • TA Grenoble, 3 oct. 2018, n° 1806181. ♦ Les effets de son ordonnance sont proches de ceux d'une décision rendue au fond ; c'est justement au regard de ce caractère quasiment irréversible – sachant que la juridiction saisie se prononce au surplus en dernier ressort, la loi du 30 juin 2000 ayant supprimé l'appel pour ne laisser subsister que la cassation – que le Conseil d'État impose la tenue d'une audience publique. • CE 24 nov. 2006, *Wuister : Lebon 494 ; Rev. CMP 2007. 30, note Pietri ; JCP Adm. 2007. 6, note Yolka ; JCP 2007. II. 10037, note Moreau ; RJEP 2007. 248, concl. Olléon* • 18 sept. 2015, *Sté Prest'Air*, n° 387315 B : *AJDA 2016. 157, note Chamard-Heim ; Rev. CMP 2015. Comm. 271, obs. Pietri ; Dr. adm. 2016. Comm. 3, note Éveillard ; JCP Adm. 2015. 2315, obs. Cornille* • CE 27 oct. 2016, *IFCE*, n° 397449 : *préc.* • CE 16 févr. 2018, *Sté Prest'Air*, n° 413617 • 4 mai 2018, *Yvon M.*, n° 415002 B : *AJDA 2018. 947 ; Rev. CMP 2018. Comm. 168, obs. Eckert* • 8 oct. 2018, n° 415952.

6. Caractère de droit privé d'un contrat de crédit-bail sur le domaine public. Un litige relatif à l'inexécution alléguée d'une convention de crédit-bail immobilier, qui n'a pas par elle-même pour objet l'occupation du domaine public, ne concerne que des rapports de droit privé et relève ainsi du juge judiciaire. • T. confl. 21 mars 2005, *Sté Slibail Énergie : Lebon T. 653 ; AJDA 2005. 1186, note Dreyfus ; BJCL 2005. 302, concl. Roul ; ibid. 305, obs. Poujade ; Rev. CMP 2005. 5, étude Tenailleau et Tixier ; Dr. adm. 2005, n° 115, note Ménéménis ; GDDAB, 3e éd., 2018. Comm. 62, obs. Yolka ; CJEG 2005. 293, concl. Roul.* ♦ V. aussi • CAA Versailles, 14 sept. 2006, *Sté Unifergie*, n° 04VE03502. ♦ Confirmant que la convention tripartite couplée à un contrat de crédit-bail conclu par un occupant du domaine public est un contrat de droit privé. • Civ. 1re, 28 mai 2008, n° 07-17.648 P : *BICC 15 oct. 2008, n° 1571 ; BJCP 2008. 382 ; D. 2008. 1627, obs. Delpech ; JCP Adm. 2008. 2166, note Yolka ; JCP Adm. 2008, n° 2285, note Renard-Payen.* ♦ Renvoyant cette question au Tribunal des conflits, • CE 18 nov. 2009, *Cne de Draveil*, n° 298867 : *AJDA 2009. 2484 ; Rev. CMP 2010, n° 21, obs. Llorens ; JCP Adm. 2010. 10, chron. Chamard-Heim.* ♦ Si le tribunal n'a pas pu régler l'affaire en cause, pour une raison de procédure, il semble probable qu'il aurait confirmé la compétence judiciaire. • T. confl. 18 oct. 2010, *Cne de Draveil*, n° 3762 : *AJDA 2010. 2369, concl. Guyomar ; Rev. CMP 2011. n° 69, obs. Llorens ; JCP Adm. 2011. 2239, chron. Chamard-Heim.* ♦ Dans cette affaire, le Conseil d'État a décliné la compétence de l'ordre juridictionnel administratif. • CE 27 janv. 2011, *Cne de Draveil : Rev. CMP 2011, n° 69, obs. Llorens.*

7. Relations SPIC/usagers. En cas de relations contractuelles entre un SPIC et un usager nouées sur le domaine public, la compétence judiciaire l'emporte, la relation commerciale étant réputée détachable de l'occupation domaniale. • T. confl. 17 nov. 1975, *Gamba : Lebon 801 ; AJDA 1976. 91 et 82, chron. Boyon et Nauwelaers* • 14 févr. 2005, *SA Maison de Domingo : Lebon 649 ; JCP Adm. 2005. 709, comm. Moreau ; RFDA 2005. 1055 ; RJEP 2005. 254, note Lénica* • 15 janv. 2007, *Cté urb. de Bordeaux*, n° 3529 : *Lebon T. 756 ; AJDA 2007. 494 ; BJCP 2007. 161, obs. Maugüé ; Rev. CMP 2007. 28, obs. Llorens et Soler-Couteaux ; JCP 2007, n°s 8-9, p. 8, obs. Rouault* • 17 nov. 2014, *Chambre de commerce et d'industrie de Perpignan et des Pyrénées-Orientales*, n° 3965 : *Lebon T. ; AJDA 2015. 250 ; Rev. CMP mars 2016. 58, chron. Llorens et Soler-Couteaux ; JCP Adm. 2014. Actu. 937 ; JCP 2014, Act. 1281, obs. Erstein* • 11 déc. 2017, *Sté Alcools Ryssen*, n° 4101 : *AJDA 2018. 662 ; BJCP 2018. 135 ; Rev. CMP 2018. Comm. 49, obs. Pietri ; ibid. Chron. 4, obs. Pietri ; JCP Adm. 2018. Actu. 26, obs. Touzeil-Divina* • Com. 16 juin 2015, *Grand Port maritime de Marseille*, n°s 13-24698 et 13-25742 • Civ. 1re, 30 nov. 2016, *X. c/ Régie des ports raphaëlois*, n° 15-25.516 P : *AJDA 2017. 88* • CAA Marseille, 6 mai 2014, *SARL Nautech*, n° 12MA01658 • CAA Versailles, 21 déc. 2017, *Cne de Bagnolet*, n° 16VE02342 (*a contrario*). • CAA Marseille, 11 avr. 2019, *MMA et Epx G c/ Métropole Aix-Marseille-Provence*, n° 17MA00503, 17MA02713, 17MA02714. ♦ En revanche, quand un accident subi par l'occupant privatif du domaine public se rattache à l'exécution même de la convention d'occupation, le juge administratif est compétent. • CE 13 déc. 1972, *Cie d'assurances maritimes, aériennes et terrestres : Lebon 805 ; JCP 1974. II. 17686, note Moderne.* ♦ Le juge administratif connaît également de l'action ouverte à la victime d'un dommage causé par le SPIC contre l'assureur de la personne publique responsable, dès lors que le contrat d'assurance présente le caractère d'un contrat administratif. • CAA Marseille, 15 déc. 2016, *D. c/ Cne de Marseillan et Sté MMA Iard Assurances Mutuelles*, n° 15MA01469. ♦ La qualification du service public présente un intérêt particulier lorsque la personne publique gestionnaire du domaine public gère des services de divers types, ce qui est le cas des établissements publics « à plusieurs visages » comme Voies navigables de France. La jurisprudence considère que

« lorsqu'un établissement public tient de la loi la qualité d'établissement public industriel et commercial, les litiges nés de ses activités relèvent de la compétence judiciaire, à l'exception de ceux relatifs à celles de ses activités qui, tels la réglementation, la police ou le contrôle, ressortissent par leur nature de prérogatives de puissance publique ». • T. confl. 29 déc. 2004, *Blanckeman : Dr. adm. 2005. Comm. 73, note Naud ; JCP Adm. 2007. Comm. 2077, note Plessix.* – V. Petit, L'établissement public industriel et commercial par détermination de la loi. À propos de la jurisprudence « Blanckeman », *Mél. Truchet, Dalloz, 2015.* ♦ Auparavant, • CE 2 févr. 2004, *Blanckeman : JCP Adm. 2004. 1345, note Rouault.* ♦ Depuis, • CE 31 mai 2013, *ONF : JCP Adm. 2014. 2109, note Pauliat* • T. confl. 7 avr. 2014, *SEVP*, n° C-3949 : *Lebon ; JCP 2014. 1557, chron. Éveillard* • Civ. 1re, 1er mars 2017, n° 15-28.664 P : *AJDA 2017. 498, obs. Pastor ; Dr. adm. 2017. Comm. 41, note critique Éveillard* • CAA Marseille, 18 oct. 2018, n° 17MA00828. ♦ La compétence est judiciaire en cas d'accident subi par un usager du domaine, même si le dommage est imputable à un vice dans la conception, la construction, l'entretien ou le fonctionnement de l'ouvrage public concourant à l'activité de l'EPIC. • T. confl. 12 déc. 2005, *EURL Croisières lorraines La Bergamote : Lebon T. 670 ; AJDA 2006. 1040, note Colly ; Dr. adm. 2006. Comm. 65, note Nicoud* • 20 mars 2006, *Calatayud : Lebon T. 626 ; RFDA 2006. 1142, note Delaloy*. ♦ Pour déterminer l'ordre juridictionnel compétent, la question de la nature du service public en cause l'emporte – comme il est de règle d'une façon générale – sur celle de l'occupation privative du domaine public. • CE 17 mai 2013, *Sté Eurobarges*, n° 356762 : *AJDA 2013. 1719 ; Rev. CMP 2013, n° 185, obs. Ubaud-Bergeron.* ♦ Cassation de : • CAA Versailles, 3 nov. 2011, *Sté Eurobarges : AJDA 2012. 230*. ♦ On notera que VNF a été transformé en établissement public administratif à compter du 1er janvier 2013 (L. n° 2012-77, 24 janv. 2012, art. 1 : V. C. transports, art. L. 4311-1).

Sur cette question, V. également obs. ss. art. L. 2122-1 et *Rev. CMP 2013. 26, chron. Llorens et Soler-Couteaux.*

B. CONTENTIEUX DES REDEVANCES DOMANIALES

Ndlr. V. aussi notes ss. art. L. 2321-1 s. – Badin et Untermaier-Kerléo, Redevances domaniales, *J.-Cl. Propriétés publiques, fasc. 59-10* (panorama pratiquement exhaustif).

8. Nécessité de recourir à l'état exécutoire. N'est pas recevable la requête d'un préfet à l'effet de faire déterminer la commune débitrice dans la mesure où il lui appartenait de délivrer un état de recouvrement contre celle-ci, sauf pour elle à faire opposition devant le juge administratif. • CE 30 mai 1913, *Préfet de l'Eure : Lebon 583.* ♦ Ce titre exécutoire doit mentionner de manière suffisamment précise la nature, le fondement et les bases de liquidation de la redevance pour le recouvrement de laquelle il a été émis. • CAA Marseille, 7 févr. 2011, *SARL Eldorado*, n° 08MA03586 : *JCP Adm. 2012. 2013, chron. Chamard-Heim.*

9. En dehors des cas où elles se prévalent de dispositions contractuelles, les personnes morales de droit public ne peuvent, en principe, renoncer à recouvrer les sommes qui leur sont dues en émettant un titre exécutoire ; il s'ensuit que la communauté urbaine était irrecevable à demander au juge des référés une provision à valoir sur cette créance. • CAA Lyon, 22 févr. 1994, *Cté urbaine de Lyon : Lebon 626*. ♦ Dans le même sens : • CE 18 mai 1988, *Ville de Toulouse : Lebon T. 939.* ♦ Cette faculté de choix vaut, semble-t-il, aussi en cas de conclusions à fin d'indemnités. • CE 20 févr. 1991, *Thomas : Lebon 55 ; Dr. adm. 1991, n° 178.* ♦ Également • CE 30 mars 1984, *SCI Marjenco : Lebon 142.* ♦ Pour une obligation de suivre la voie juridictionnelle. ♦ V. toutefois • CAA Douai, 24 avr. 2002, *Cne du Havre : AJDA 2002. 1020*.

10. Si les collectivités publiques ont le choix, en matière contractuelle, de constater elles-mêmes leur créance et de se délivrer un titre exécutoire, ou bien de s'adresser au juge, pour les mêmes fins, elles ne peuvent, toutefois, recourir au juge lorsqu'elles ont décidé, avant de le saisir, de faire usage du privilège du préalable qui leur appartient ; dans un tel cas, la décision attendue du juge aurait les mêmes effets que le titre émis antérieurement. Par suite, la demande, qui n'a pas d'objet, n'est pas recevable. • CAA Lyon, 11 juill. 1994, *SARL France Chauffage Service : Lebon 660*. ♦ V. aussi • CE, sect., 5 nov. 1982, *Sté Propétrol : Lebon 380.*

11. Le juge administratif, juge du fond dans le contentieux du recouvrement des redevances d'occupation du domaine public. Le juge administratif est compétent pour connaître d'une action en décharge d'une redevance d'occupation du domaine public maritime. • CE, sect., 22 déc. 1989, *CCI du Var : Lebon 268 ; RFDA 1990. 649, concl. Fouquet ; D. 1991. Somm. 142, obs. Soler-Couteaux et Llorens*. ♦ V. aussi • T. confl. 20 oct. 1997, *SA Papeteries Étienne c/ Voies navigables de France : Lebon 537 ; RFDA 1998. 452 ; RDI 1998. 226* • CE 11 avr. 1986, *Min. Budget c/ Sté Le Domaine des Embiez : Lebon 86.* ♦ Ce type de prélèvement ne peut être rangé ni parmi les contributions indirectes, ni parmi les impôts directs et ne constitue pas une redevance pour service rendu. • T. confl. 20 oct. 1997 : *préc.* ♦ V. aussi • Cons. const. 27 déc. 2001, n° 2001-456 DC • T. confl. 26 mai 2003, *ASA pour l'irrigation et la défense des eaux entre Rhône, Roubion et la RN 102*, n° 3347

• CAA Versailles, 17 nov. 2011, *Sté Eurobarges,* n° 10VE01934 : *AJDA 2012. 288*. ♦ *Contra* cependant : • CE 8 juill. 1996, *Mérie : Lebon 272* (assimilation à une redevance pour service rendu). ♦ Rappelant la compétence du juge administratif, s'agissant de redevances domaniales dues au titre de l'occupation d'installations aéroportuaires. • CAA Bordeaux, 19 mai 2016, *SA Aéroport de La Réunion Roland-Garros,* n° 15BX01130 : *Rev. CMP mars 2017, chron. Llorens et Soler-Couteaux.* ♦ ... Ou d'un bail emphytéotique. • CAA Marseille, 21 avr. 2016, *Cne de Mons-la-Trivalle,* n° 14MA01619.

12. Aux termes de l'art. L. 84 C. dom. Ét. [art. L. 2331-1 CGPPP], un litige relatif à la réclamation par la société concessionnaire de la redevance d'occupation du domaine public ne peut être dissocié de la convention d'occupation dudit domaine et relève des tribunaux de l'ordre administratif. • Civ. 1re, 4 févr. 1986 : *Bull. civ. I, n° 15.* ♦ V. dans le même sens : • CE 18 janv. 1988, *SA Yacht-Club international de Marina Baie des Anges : Lebon T. 779* • 7 mai 1980, *SA Les Marines de Cogolin : Lebon 215 ; D. 1980. Somm. 562, obs. Delvolvé* • CE, sect., 30 juin 1939, *Ville de Granville : Lebon 441* • Civ. 1re, 2 févr. 1999, n° 97-11.585 P : *D. 1999. IR 69*.

13. Les modalités de contestation des ordres de recette émis par une collectivité territoriale, quel que soit leur objet, ne sauraient être régies par l'art. L. 80 C. dom. Ét. Il s'ensuit que l'opposition formée devant le juge administratif contre un tel ordre émis pour recouvrer une redevance domaniale n'a pas à être précédé d'une réclamation préalable adressée au directeur des services fiscaux. • CAA Marseille, 6 déc. 2004, *M. Marin : AJDA 2005. 398*.

14. Dérogations. Le contentieux des redevances d'équipement des ports de plaisance est judiciaire dans la mesure où, en vertu de l'art. L. 5321-3 C. transp. (art. L. 211-4 C. ports marit. abrog.), elles sont perçues comme en matière douanière. • T. confl. 28 avr. 2003, *Debeaurain et Despurs : BJCL 2003, p. 568 ; Collectivités-Intercommunalité juill. 2003, p. 25, note Moreau ; Dr. adm. août-sept. 2003, p. 31, note Schwartz* • 26 avr. 2004, *X.,* nos C-3402 et C-3404. – V., pour des applications : • Com., 19 déc. 2018, nos 17-27.234 et 17-27.235 • Aix-en-Provence, 20 août 2008, *Monique X.,* n° 07/10062. ♦ Mais, si les tribunaux de l'ordre judiciaire se prononcent sur les litiges relatifs à la perception des redevances d'équipement des ports de plaisance, les litiges relatifs à la contestation des états exécutoires visant à assurer le recouvrement de créances de nature administrative, telles que celles relatives aux redevances d'occupation du domaine public portuaire, doivent être portés devant la juridiction administrative. • CAA Marseille, 6 nov. 2012, *Pierre Dominique B.,* n° 10MA02488 (à propos d'un titre de recettes émis à raison du seul stationnement d'un navire dans la zone publique de carénage du port de plaisance d'Ajaccio). ♦ En outre, « s'il appartient aux tribunaux de l'ordre judiciaire, lorsqu'ils sont saisis d'une contestation concernant le paiement d'une redevance constitutive du droit de port fondée sur une prétendue illégalité des textes instituant cette redevance et fixant son montant, de se prononcer sur leur légalité », le juge administratif doit répondre à la question préjudicielle posée par un juge judiciaire, en dépit de la plénitude de juridiction de ce dernier. • T. confl., 6 juill. 2015, n° C-4012. ♦ La compétence pour statuer sur toutes les contestations relatives aux droits de place perçus dans les halles et les marchés, qui sont des taxes indirectes, relève du juge judiciaire (cf. not. Décr. du 17 mai 1809, art. 136). • T. confl. 10 avr. 1995, *Cts Auguste-Géraud : Lebon p. 494 ; Dr. adm. 1995. Comm. 418 ; RFDA 1996. 149* • T. confl. 16 juin 1996, *Sté Les fils de Mme Géraud : RDI 1998. 226, chron. Maugüé* • T. confl. 23 avr. 2007, *Cne de Cabourg : AJDA 2007. 1316 ; ibid. 1711, note Distel ; BJCP 2007. 329 ; RTD com. 2008. 51, note Orsoni* • CE 16 nov. 1852 : *Lebon 861* • 26 mars 1990, *SA Comptoir lyonnais des viandes : Lebon T. 634 ; D. 1991. Somm. 141, obs. Llorens et Soler-Couteaux* • CAA Paris, 22 janv. 1998, n° 97PA01602 • CAA Versailles, 16 mars 2017, *Cie Axa France Iard,* n° 15VE03453 • Civ. 2e, 17 avr. 2008 : *n° 07-12.162.* ♦ Il revient donc à la seule autorité judiciaire, lorsqu'elle est saisie par une commune ou son fermier d'un litige relatif à l'exécution du contrat qui les lie, d'apprécier si elle doit écarter le contrat et renoncer à régler le litige sur le terrain contractuel, eu égard à l'irrégularité constatée ; il s'ensuit que le juge judiciaire reste compétent pour connaître d'une demande indemnitaire formée contre la commune par le fermier après l'annulation du contrat, alors même que cette demande ne peut plus être formée sur un fondement contractuel. • T. confl. 19 mai 2014, *Cne du Raincy : AJDA 2014. 1062, obs. Pastor ; Rev. CMP 2014. Comm. 200, note Pietri ; JCP Adm. 2014. Actu. 438, obs. Erstein.* ♦ Sur l'application par le juge judiciaire de la jurisprudence dite « *Béziers I* », s'agissant des contrats d'affermage des droits de place dans les halles et marchés : • Versailles, 10 mai 2012 • Caen, 3 avr. 2012 • Bourges, 22 mars 2012 : *Dr. adm. 2012. Comm. 71, note Distel.* ♦ Ce juge s'y réfère pour apprécier lui-même, en cas de besoin, la légalité du contrat administratif. • Civ. 1re, 22 mai 2019, n° 18-15.356 P : *AJDA 2019. 1135, obs. Maupin ; ibid. 2195, note Amilhat* • Civ. 1re, 24 avr. 2013, *Cne de Sancoins : AJDA 2013. 887, obs. Grand ; ibid. 1630, note Dreyfus ; Rev. CMP 2013, n° 177, obs. Ubaud-Bergeron ; Dr. adm. 2013, n° 57, note Distel ; JCP Adm. 2013. Actu. 439, obs. Erstein ; JCP Adm. 2014. 2013, note Renard-Payen.* ♦ Pour les suites de l'affaire • Civ. 1re, 14 déc. 2016, *Synd. mixte Parc des Grivelles,* nos 15-20.408 et 15-21.632. ♦ Sur l'application par le juge judiciaire de la jurisprudence administrative relative aux conséquences de l'illégalité de la clause de reconduction tacite contenue dans un contrat de délégation de service public conclu antérieurement à l'entrée en vigueur de la L. n° 93-122 du 29 janv. 1993 • Civ. 1re, 14 nov. 2018, n° 17-28.464 P : *JCP Adm. 2018. Actu. 873, obs. Erstein.* ♦ L'art. 136 du Décr. du 17 mai 1809 réserve la compétence administrative, sur renvoi préjudiciel des juridictions judiciaires, en ce qui concerne le sens et la légalité des clauses contestées des baux en cause. • T. confl., 25 mai 1950 A • 23 avr. 2007, n° 3567 • CE 16 juill. 1952 : *Lebon 379* • 13 mai 1959 : *AJDA 1959. 158* • 9 mai 2011, *Auguste : AJDA 2011. 1975*. ♦ Sur les suites de l'affaire, • Civ. 1re, 5 mars 2015, n° 14-10.188 P : *AJDA 2015. 478, obs Pastor ; Rev. CMP 2015. 32, chron. Llorens et Soler-Couteaux.* ♦ Sur la compétence administrative résiduelle à l'égard des actes détachables des relations contractuelles, V. par ex. : • CE 4 oct. 1989, *Sté Les Fils de Mme Géraud*, n° 54520 : *LPA 2 avr. 1990, p. 7, concl. de Guillenschmidt ; RDI 1998. 226, chron. Maugüé*. ♦ A propos du refus d'attribution de places. • CAA Nantes, 6 oct. 2017, *SARL Tizgui*, n° 16NT02641 • CAA Bordeaux, 20 juin 2019, *F. c/ Cne Ondres*, n° 17BX02431. ♦ Au sujet d'une sanction : • CAA Paris, 22 févr. 2001, n° 99PA01306 : *RFDA 2001. 941*. ♦ Relativement à leur fiscalité : • CAA Bordeaux, 16 févr. 2010, *Cne de Soumoulou : AJDA 2010. 1102*. ♦ A l'égard de la fixation, de l'indexation et de la révision des droits de place : • CE 8 juill. 1985, n° 46206 B : *RJF 1985, n° 1328* • 19 janv. 2011, *Auguste : AJDA 2011. 138, obs. Grand* • CE 17 oct. 2016, *Cne de Villeneuve-le-Roi*, n° 398131 : *Lebon T. ; AJDA 2016. 1954 ; ibid. 2017. 231, note Clamour ; ibid. 2016. 1954 ; AJCT 2017. 158, obs. Jacquemoire ; Rev. CMP 2016. Comm. 288, note Devillers* • CAA Marseille, 30 mai 2005, n° 02MA00116 • Civ. 1re, 14 nov. 2006, *Cne de Bondy : AJDA 2007. 141, note Dreyfuss ; BJCL 2007. 62, obs. Janicot.* ♦ V. aussi, Distel, Les clauses de révision des tarifs dans les contrats d'affermage des droits de place sur les halles et marchés, *BJCP juill. 2005. 263.* ♦ Mais incompétence du juge administratif pour connaître de recours contre les états exécutoires émis en cas d'occupation sans titre d'emplacements dans les halles et marchés : • CE 24 juin 2013, *SARL Eldorado : AJCT 2013. 585, obs. Giacuzzo ; AJDA 2013. 1306, obs. Khalid ; Rev. CMP 2013. Comm. 226, note Pietri ; ibid. Chron. 6, obs. Soler-Couteaux et Llorens ; Dr. adm. 2013. Comm. 73, note Éveillard ; JCP Adm. 2013. 2295, note Langelier.* ♦ Sur l'ensemble de la question, Guiavarc'h, Contrat administratif et compétence judiciaire. L'exemple atypique de la gestion déléguée des halles et marchés, *RFDA 2001. 93* ; Savignat, La gestion des halles et des marchés, *Gaz. cnes. 2011. 42* ; Sorbara, L'inadéquation du domaine public aux halles et marchés, *Droit et ville, 2019, n° 87, p. 65.*

C. VARIAE

15. Compétence du juge administratif. Pour l'indemnisation des dégâts causés par la faune sauvage. • T. confl. 13 mai 2013, *Féd. dptale des chasseurs des Landes : AJDA 2013. 1029, obs. Grand* • Civ. 1re, 19 févr. 2014, *Féd. dptale des chasseurs de la Gironde*, n° 13-10.311 • 10 juill. 2013, *Féd. dép. des chasseurs des Landes*, n° 12-14.607. ♦ Ou pour le contentieux des créances fondées sur l'obligation du bénéficiaire d'une autorisation d'occupation temporaire du domaine public de supporter les frais de déplacement des installations aménagées en vertu de cette autorisation en cas de travaux. • Civ. 1re, 29 mars 2017, n° 16-10.663 P : *Rev. CMP 2018. Chron. 7, obs. Soler-Couteaux, Zimmer et Waltuch.* ♦ Ou celui des baux emphytéotiques administratifs, *a fortiori* ceux conclus entre personnes publiques. • CE 4 avr. 2018, *OPHLM Mistral Habitat*, n° 408179 : *JCP Adm. 2018. Actu. 360, obs. Touzeil-Divina.* ♦ Devant le juge judiciaire, les difficultés sérieuses relatives à la domanialité publique des biens donnent lieu à question préjudicielle (V. aussi comm. ss. art. L. 2111-1). • CE 19 juin 2006, *Ville de Lyon : AJDA 2006. 1686* • Civ. 1re, 23 janv. 2007, *Jullian : Bull. civ. I, n° 39 ; JCP 2007. IV. 1410* • 13 déc. 2005, *Crédit municipal de Paris : AJDA 2005. 2435 ; AJDI 2006. 457, obs. Zalewski ; BJCL 3/2006. 192, avis Sainte-Rose, note Janicot ; Rev. CMP mars 2006, p. 23, note Eckert ; JCP Adm. 2006. 1680, note Renard-Payen ; JCP 2006. IV. 1108* • Civ. 3e, 9 mai 2001, *Dpt d'Indre-et-Loire : AJDI 2001. 640* • 10 mai 2001, *Cne de Nonette : AJDI 2001. 641*. ♦ Tribunal administratif territorialement compétent : V. par ex. • CE 12 juill. 1995, *Comité de défense des intérêts du quartier d'Orgemont*, n° 141298 • 15 juin 1971, *Klein : Lebon p. 974* • 14 mars 1958, *Min. Construction : Lebon p. 174.* ♦ S'il s'agit en principe de celui dans le ressort duquel est située la dépendance domaniale occupée, les parties peuvent convenir valablement, avant la naissance du litige, que leurs différends seront soumis à un autre tribunal administratif, dès lors que l'intérêt public ne s'y oppose pas. • CE 29 mars 1957, *Roger : Lebon 223 ; AJDA 1957. 205, concl. Grévisse.* – V. dans le même sens • CE 12 juin 1963, *Cts Pinse : Lebon 357.* ♦ Prévalence du droit des procédures collectives ? – Le CE estime que les dispositions de l'art. L. 622-21 C. com. ne font pas obstacle à ce que le juge administratif des référés statue sur une demande d'expulsion du domaine public. • CE 9 déc. 2015, *Sté La Perla Romana*, n° 391961 : *Lebon T ; AJDA 2015. 2415, obs. Poupeau ; RDI 2016. 87, note Foulquier ; Rev. CMP 2016. Comm. 44, obs. Eckert ; ibid. 53, chron. Llorens et Soler-Couteaux ; JCP Adm. 2016. Actu. 27, obs. Touzeil-Divina.* ♦ Confirmant que la situation de redressement judiciaire de l'occupant du domaine public ne fait pas obstacle à la compétence du juge administratif pour se prononcer sur la demande d'expulsion. • CAA Paris, 24 oct. 2019, *EURL Martin Dominique*, n° 17PA21078 : *Rev. CMP 2020, comm. 23, obs. Muller.* ♦ Les règles relatives à la liquidation judiciaire des entreprises l'emportent en cas de conflit, selon la Cour de cassation. V., jugeant que, lorsque le juge-commissaire est saisi d'un litige portant sur la résiliation de plein droit d'un contrat en cours prévue par l'art. L. 641-11-1, III-10, C. com., il est seul compétent pour en connaître, peu importe que le contrat ait été conclu par le délégataire d'un service public et comporte occupation du domaine public : • Com. 18 juin 2013, n°s 12-14.836 et 12-19.054 : *JCP N 13 sept. 2013, p. 51, n° 20, chron. Monéger.* ♦ V., renvoyant la question au Tribunal des conflits. • Com. 6 déc. 2016, n° 15-13.466. ♦ Selon le T. confl., lorsque le titulaire d'un contrat d'occupation du domaine public est une entreprise mise en liquidation judiciaire et que la résiliation contestée a été prononcée au motif que les conditions posées par l'art. L. 641-11-1 C. com. pour que le contrat soit résilié de plein droit étaient remplies, il incombe au juge administratif, en cas de difficulté sérieuse sur ce point, de saisir à titre préjudiciel le juge judiciaire avant de statuer sur la demande d'annulation ou d'indemnisation dont il a été saisi par le liquidateur ; si celui-ci se borne à demander qu'il soit déclaré que les conditions posées par l'art. L. 641-11-1 C. com. ne sont pas remplies, il lui appartient de saisir le juge judiciaire de sa demande. • T. confl. 24 avr. 2017, *Me Rogeau*, n° 4078 : *AJDA 2017. 843, obs. Pastor ; ibid. 1173, étude Yolka ; Rev. CMP 2017. Comm. 175, note Eckert ; ibid. 2018. Chron. 4, obs. Pietri.* ♦ Sur les suites de l'affaire, précisant les pouvoirs du juge administratif en matière de résiliation d'un contrat (ici, d'occupation du domaine public) passé entre une personne publique et une entreprise en liquidation judiciaire : • CE 8 déc. 2017, *Me Rogeau*, n° 390906 B : *AJDA 2017. 2444, obs. de Montecler ; BJCP 2018. 117, concl. Victor ; Rev. CMP 2018. Comm. 48, note Pietri ; JCP Adm. 2017. Actu. 837, obs. Tesson.* ♦ Le juge administratif n'est pas compétent pour statuer sur l'acte par lequel une personne morale de droit public déclare une créance au représentant des créanciers d'une entreprise en redressement judiciaire, dès lors qu'il appartient de façon exclusive à l'autorité judiciaire, en vertu des art. L. 624-2 à L. 624-4 C. com., de statuer sur l'admission ou le rejet des créances déclarées, puis au tribunal de commerce d'arrêter le plan de continuation par un jugement qui rend ce plan opposable à tous. En revanche, il l'est pour statuer sur l'existence et le montant d'une créance publique, notamment en prononçant une condamnation qui établit l'existence et le montant de cette créance, sans préjudice des suites que la procédure judiciaire est susceptible d'avoir sur le recouvrement de cette créance. • CAA Paris, 23 janv. 2020, *Sté Pharmacie de la gare Saint-Charles*, n° 19PA00744.

II. CONTENTIEUX DE LA GESTION DU DOMAINE PRIVÉ

A. COMPÉTENCE DE PRINCIPE DU JUGE JUDICIAIRE

16. Compétence de principe du juge judiciaire. Les litiges qui concernent la gestion du domaine privé ressortissent, sauf lorsqu'un texte législatif en dispose autrement, aux tribunaux de l'ordre judiciaire. Il n'appartient pas en conséquence à la juridiction administrative de connaître de la requête dirigée contre un état exécutoire déclarant le requérant débiteur. • CE 12 févr. 1954, *Simon : Lebon 97.* ♦ ... Contre une décision préfectorale fixant les loyers de dépendances du domaine privé occupées privativement. • CE 21 oct. 1974, *Lambourdière : Lebon T. 979.* ♦ ... Contre la décision d'augmenter le loyer d'un logement. • T. confl. 22 mai 1995, *Punter : Lebon T. 785*. ♦ ... Contre une décision prise par l'ONF en vue de l'exploitation des droits de chasse dans une forêt domaniale, visant notamment à instituer une réserve de chasse. • CE 28 juill. 2004, *Union cynégétique d'Alsace*, n° 240872 : *Lebon T. 630 ; AJDA 2004. 2180 ; JCP Adm. 2004, n° 212.* ♦ ... Contre le contrat passé entre deux gestionnaires de domaine skiable ayant pour objet la fixation d'un tarif. • Civ. 1re, 23 mars 2011, n° 09-71.694 P : *JCP Adm. 2011. Actu. 357, note Sorbara ; ibid. 2012. 2013, chron. Chamard-Heim.* ♦ ... Contre une décision de résiliation d'un bail d'un logement appartenant au domaine privé. • CE 6 avr. 2004, *M. X. : LPA 15 févr. 2005, p. 10.* ♦ ... Contre une délibération mettant fin à une convention tacite de mise à disposition d'une dépendance du domaine privé. • TA Nice, 4 mars 2014, *Assoc. communale de chasse d'Aiglun dite « l'Aiglenoise » : BJCL 2014. 274, concl. Laso, obs. Martin.* ♦ ... Contre la délibération d'un conseil municipal autorisant le maire à engager devant le juge judiciaire une procédure d'expulsion. • CE 4 juin 2007, *Petitpas*, n° 288948 : *Lebon 234 ; BJCL 2007. 774, concl. Glaser, Dr. adm. 2007, n° 121, note Février.* ♦ ... Contre une délibération s'opposant à la revendication par des particuliers de parcelles qu'ils estiment avoir usucapées. • CAA Marseille, 16 nov. 2018, *Épx A. c/ Cne Mireval-Lauragais*, n° 17MA01261 : *Rev. CMP 2019. Comm. 25, obs. Muller.* ♦ ... Contre des titres exécutoires émis pour le recouvrement d'une créance constituée à l'occasion de la gestion du domaine privé. • CAA Versailles, 20 juill. 2017, *D. c/ Dpt des Hauts-de-Seine*, n° 15VE03863 • CAA Bordeaux, 21 nov. 2019, *F. c/ ONF*, n° 18BX01007 : *Rev. CMP 2020, comm. 61, obs. Muller.* ♦ ... Contre les mesures prises par une collectivité pour libérer un immeuble du domaine privé acquis par voie de préemption de ses occupants. • CAA Paris, 31 mai 2018, *B. c/ Ville de Paris*, n° 17PA00892 : *Rev. CMP 2018. Comm. 197, obs. Pietri.* ♦ ... Contre le refus de saisir un tribunal à la suite de la dégradation d'un chemin rural. • CAA Nantes, 20 mai 2016, *Cne de Grand-Auverné*, n° 15NT00341. ♦ ... Ou d'une action tendant à obtenir l'exécution d'une convention qui, ayant trait à la gestion d'un bien faisant partie du domaine privé, présente un caractère de droit privé. • T. confl. 24 janv. 1952, *Conservateur des eaux et forêts de la Corse : Lebon 613* • 20 févr. 2008, *Verrière*, n° 03623 : *JCP Adm. 2008.2117, note Yolka ; Dr. adm. 2008, n° 64, note Melleray.* ♦ ... Ou d'une action visant à obtenir l'expulsion d'un occupant sans titre du domaine privé dès lors qu'il n'était pas lié à l'origine à l'administration par un contrat de droit public. • CE 29 janv. 1986, *Cne de Hartmannswiller : Lebon T. 444.* ♦ ... Ou d'une action par laquelle il était prétendu que le contrat d'occupation de nature administrative n'avait pas été signé. • CAA Paris, 26 sept. 1991, *Keller : Lebon T. 931*. ♦ Relève également du juge judiciaire la demande d'expulsion formée à l'encontre d'un occupant privatif du domaine privé, même si cette occupation était fondée sur un contrat le cas échéant administratif, dès lors que ce contrat a été résilié. • Civ. 1re, 12 janv. 2011 : *JCP Adm. 2012. 2013, chron. Chamard-Heim.* ♦ Le litige relatif aux opérations de bornage d'un chemin rural relève du juge judiciaire. • CAA Lyon, 17 mai 2018, *Grizard c/ Cne de Ponsas*, n° 16LY02633. ♦ Sur la compétence judiciaire pour le contentieux de l'expulsion des occupants irréguliers du domaine privé, V. encore • T. confl. 19 mai 2014, *Dpt du Nord : Lebon T.* • CE 11 juin 2004, *Cne de Mantes-la-Jolie*, n° 261260 : *Lebon 249 ; BJCL 2004. 635, concl. Glaser ; BJCP 2004. 490 ; Dr. adm. 2004, n° 144, obs. Glaser ; GDDAB, 3e éd., 2018. Comm. 74, note Yolka ; LPA 15 févr. 2005. 13, chron. Morand-Deviller* • CAA Bordeaux, 3 mars 2016, *Cne de St-Denis de La Réunion*, n° 14BX03415 • Rouen, 20 oct. 2016 : *JCP Adm. 2016. Actu. 896.* ♦ Dans le même sens, déniant la compétence du juge administratif pour statuer sur la demande d'expulsion de l'occupant d'un terrain demeuré dans le domaine privé, faute d'entrée en vigueur de la délibération le classant dans le domaine public. • CE 5 déc. 2016, *Conservatoire de l'espace littoral et des rivages lacustres*, n° 398659 : *AJDA 2016. 2354, obs. Pastor ; BJCP 2016. 765, concl. Pellissier ; Rev. CMP mars 2017, chron. Llorens et Soler-Couteaux ; JCP Adm. 2016. Actu. 962 ; JCP N 2016. Actu. 1352, obs. Erstein.* ♦ ... Ou faute de classement dans le domaine public et d'affectation à l'usage direct du public ou d'aménagement indispensable à l'exécution d'une mission de service public, s'agissant d'une base de loisirs exploitée privativement. • CAA Bordeaux, 16 mars 2017, *Cne de Saint-Béat*, n° 15BX00425. ♦ Le juge judiciaire du référé est régulièrement saisi sur le fondement de l'art. 849 al. 1er C. pr. civ., l'occupation sans droit ni titre d'un immeuble du domaine privé constituant – quelle que soit la situation de précarité des occupants – un trouble manifestement illicite. Par ex. : • Civ. 3e, 21 déc. 2017, *OPH Habitat Toulouse*, n° 16-25.469 P : *JCP 2018. 685, chron. Périnet-Marquet.* ♦ Refusant de transmettre une QPC relative à l'art. L. 412-1 al. 2 C. pr. exéc., dans une situation d'occupation sans titre du domaine privé. • Civ. 3e, 20 juin 2019, *Cne de Villeurbanne*, n° 19-40.010.

17. Le contentieux de la responsabilité engagée à raison des dépendances du domaine privé relève du juge judiciaire. C'est par exemple lui qui apprécie la responsabilité pouvant incomber à l'État ou à l'ONF dans la gestion du domaine privé forestier. • CE, sect., 28 nov. 1975, *ONF c/ Sieur Abamonte : Lebon 602 ; D. 1976. 355, note Auby ; AJDA 1976. 149, note Julien-Laferrière ; Rev. adm. 1976. 36, note Moderne ; RD publ. 1976. 1051, note Waline ; RJ envir. 1976. 66, note Meschériakoff ; JCP 1976. II. 18467, note Boivin.* ♦ V. aussi • CE, sect., 20 juill. 1971, *Bolusset : Lebon 547 ; AJDA 1971. 527 et 547, chron. Labetoulle et Cabanes* • T. confl. 2 juill. 1962, *Épx Cavat c/ Université de Grenoble : Lebon 826* • 5 juill. 1999, *Mme Menu*, n° 3149 : *Lebon 458* • 24 avr. 2006, *Sté Fraday*, n° 3500 • 22 oct. 2007, *Mlle Doucedame*, n° 3625 B : *AJDA 2007. 2454 ; ibid. 2008. 1145, étude Canedo-Paris ; BJCL 2008. 276, concl. Duplat, obs. M.D. ; Dr. adm. 2008, n° 53 ; Envir., n° 4, avr. 2008. Comm. 69 ; JCP Adm. 2008. Actu. 230 ; RLCT avr. 2008. 24, note Glaser ; GADE 2017. Comm. 3, obs. Naim-Gesbert ; RFDA 2008. 401 ; GDDAB, 3e éd., 2018. Comm. 75, obs. Chamard-Heim.* ♦ Même solution, s'agissant d'un dommage causé par des chutes de pierres en provenance de falaises du domaine privé. • T. confl. 12 oct. 2015, *Toledo*, n° 4030 : *AJDA 2016. 1406, étude Yolka ; Rev. CMP avr. 2017. Chron. 3, obs. Llorens et Soler-Couteaux ; JCP Adm. 2016. 2270, note Cornille* • Civ. 2e, 5 oct. 2017, *Cne de Breil-sur-Roya*, n° 16-23.864 (le juge du fond doit répondre aux conclusions faisant valoir que le caractère inaccessible d'une falaise prive la commune propriétaire de sa garde) • CAA Marseille, 15 juill. 2013, *Mme A.*, n° 11MA02303 : *DP sport, bull. oct. 2013. 19, obs. Cazanave.* ♦ ... Et, sur renvoi, après cassation par • CE 19 nov. 2014, n° 372221 : • CAA Marseille, 23 avr. 2015, n° 14MA04657 : *AJCT 2015. 475, obs. Didriche*. ♦ ... Ou par l'effondrement d'un bâtiment du domaine privé et les travaux consécutifs, quand bien même l'immeuble des requérants était frappé par un arrêté de péril. • T. confl., 7 oct. 2019, *A. et B. c/ Cne d'Eymet*, n° C4163 : *Rev. CMP 2019, Comm. 386, obs. Muller.* ♦ ... Ou encore, concernant les troubles de voisinage qui seraient liés à l'accueil de « gens du voyage » sur un terrain du domaine privé communal. • CAA

Douai, 9 mars 2017, *A. c/ Cne d'Amiens*, n° 15DA01973.

18. Compétence à l'égard des contrats d'occupation de droit privé. Les contrats de location du domaine privé sont des contrats de droit privé, dès lors qu'ils ne font pas participer le locataire à l'exécution d'un service public ou qu'ils ne comportent pas de clauses exorbitantes du droit commun. Les contentieux qu'ils suscitent relèvent, en conséquence, du juge judiciaire. • T. confl. 11 mai 1992, *Sté Office maraîcher fruitier*, n° 02696 : *Lebon 485 ; RFDA 1992. 766*. ♦ V. aussi • T. confl. 2 juin 1975, *Sieur Salas : Lebon 796* • CE 12 déc. 2003, *Cne de Lamentin*, n° 256561 : *Lebon T. 776 ; AJDA 2004. 613 ; BJCL 2004. 185, concl. Mitjavile* • CAA Paris, 18 sept. 2014, *Sté Euro Disney Associés Sca, Établissement public d'aménagement du secteur IV de Marne-la-Vallée (EPAFRANCE)*, n° 13PA03467 : *Rev. CMP 2014, n° 305, obs. Pietri* • CAA Bordeaux, 22 déc. 2017, *Cne de Malause*, n°s 16BX00533 et 16BX00546 : *Rev. CMP 2018. Chron. 7, obs. Soler-Couteaux, Zimmer et Waltuch.* ♦ Compétence judiciaire pour le contentieux de la résolution des baux commerciaux conclus sur le domaine privé • Civ. 1re, 4 juill. 2019, *Cne de Boissezon c/ Sté Terre d'Hautaniboule et a.*, n° 18-20.842 P : *AJDA 2019. 2280 ; AJDI 2020. 114, obs. Prigent ; Rev. CMP 2019, chron. 49, Soler-Couteaux, Zimmer et Waltuch ; Dr. imm. oct. 2019, p. 4, obs. Bazaille ; Dr. voirie 2019, n° 210, p. 214, note Otero ; JCP A 2019, n° 41, chron. Yolka ; JCP E 2019, act. 495 ; JCP N 6 déc. 2019, p. 31, chron. Monéger ; Loyers et copr. oct. 2019, p. 18, note Vial-Pedroletti ; RDI 2019. 519*. ♦ De même, pour celui intéressant une promesse de bail à construction sur le domaine privé de la commune de Paris pour la réalisation de la « Tour Triangle » • TA Paris, 6 mai 2019, *Assoc. SOS Paris et a.* : n° 1715536 et 1801863 : *AJCT 2019. 398, obs. Dreyfus ; RDI 2019. 453, note Noguellou* (V. aussi Guiraud : La triangulation du contentieux olympique, *AJDA 2019. 425*). ♦ Même solution, s'agissant des avant-contrats, pour un litige concernant une promesse synallagmatique de bail à construction : • T. confl. 7 juill. 2014 : *Mutuelle EOVI USMAR services et soins.* ♦ … Ou pour le refus de renouveler un contrat d'occupation du domaine privé. • CAA Bordeaux, 11 oct. 2016, *Cne de Naujac-sur-Mer*, n° 14BX01457. ♦ Le fait qu'une clause déroge au statut des baux commerciaux en conférant un caractère précaire au droit attribué à l'occupant ne suffit pas à lui seul à la faire qualifier de clause exorbitante du droit commun. • Civ. 3e, 2 févr. 2005, n° 03-18.199 P : *AJDA 2005. 1125, note Clamour*. ♦ Eu égard au caractère gratuit de la mise à disposition des biens, la clause autorisant la personne publique à mettre fin à tout moment à l'occupation n'est pas une clause exorbitante du droit commun. • CAA Versailles, 13 oct. 2005, *M. et Mme Bourjac : AJDA 2005. 2254*. ♦ Sont considérées comme ne présentant pas un caractère exorbitant des clauses prévoyant que le propriétaire public pourra procéder d'office aux réparations locatives après mise en demeure et recouvrer les frais avancés par état exécutoire, et interdisant au preneur de concéder la jouissance des lieux à qui que ce soit, sous quelque forme que ce soit, même à titre gratuit et précaire, ainsi que de céder son droit à la convention. • Douai, 31 janv. 2011, n° 10/06783 : *JCP Adm. 2012. 2013, chron. Chamard-Heim.* ♦ Une clause limitant le droit de cession du preneur n'est pas exorbitante. • Civ. 1re, 26 juill. 2011, *Sté Oséo financement c/ Ville de Tours*, n° 10-23.430 : *RDI 2011. 565, obs. Poumarède ; JCP Adm. 2012. 2023, note Renard-Payen ; ibid. 2170, chron. Chamard-Heim.* ♦ Une clause prévoyant un pouvoir de résiliation unilatérale pour les deux parties et une clause de réajustement du loyer en fonction de la tarification municipale générale ne sont pas exorbitantes. • T. confl. 12 déc. 2011, *Cne de Nouméa c/ Sté Lima*, n° 3824 : *AJDA 2011. 2502 ; BJCP 2012. 140 ; ibid. 218 ; Rev. CMP 2012, n° 73, note Eckert ; JCP Adm. 2012. 2325, chron. Chamard-Heim.* ♦ V. encore, déniant le caractère exorbitant d'une clause de résiliation unilatérale : • T. confl. 20 févr. 2008, *Verrière : Ann. voirie 2008, n° 125, obs. Deliancourt ; BJCL 2008. 453, concl. Gariazzo ; Rev. CMP 2008, p. 17, note Eckert ; Dr. adm. 2008, n° 64, note Melleray ; JCP Adm. 2008. 33, note Yolka ; RLCT sept. 2008. 41, obs. Glaser.*

19. Compétence judiciaire et limites à la théorie de la détachabilité. **Ndlr.** : Sur les actes détachables de la gestion, V. aussi. note 24.

N'a pas été considérée comme détachable d'un contrat de droit privé la décision d'un maire de dénoncer de manière anticipée la convention de gestion d'une dépendance du domaine privé communal conclue entre une commune et une association. • CE 21 avr. 1997, *Cne de Cabourg*, n° 161178 : *Lebon T. 738 ; RDI 1997. 421*. ♦ … Ou encore, de résilier un bail emphytéotique conclu avec une entreprise. • CAA Lyon, 12 janv. 2017, *Sté Sun Alpes Limited*, n° 16LY02532 : *Rev. CMP 2017. Comm. 82, obs. Hoepffner ; ibid. Chron. 5, obs. Pietri.* ♦ … De même, s'agissant de la décision par laquelle le conseil des ministres de Polynésie française a abrogé les délibérations ayant rendu possible la conclusion d'un bail emphytéotique sur une dépendance du domaine privé du territoire et a constaté le non-renouvellement de celui-ci. • CAA Paris, 24 avr. 2018, *Assoc. hippique et d'encouragement à l'élevage*, n° 16PA03401. ♦ La délibération par laquelle un conseil municipal autorise le maire d'une commune à conclure des baux commerciaux pour exploiter un immeuble du domaine privé ne mettant en œuvre aucune prérogative de puissance publique n'est pas détachable de la gestion de celui-ci et relève des seuls tribunaux de l'ordre judiciaire. • CE 3 juin 1998, *Cne de Saint-Palais-sur-Mer*, n° 173187 : *Lebon 897* • CAA Lyon, 22 juin 2017, *Mme C. c/ Cne de Savigny-en-Revermont*, n° 15LY01254. ♦ V. aussi, pour l'attribution d'un droit de passage (1re esp.) et d'une concession de source (2de esp.). • CE 6 mai 1996, *Formery*, n° 151818 : *Lebon 149 ; AJDA 1996. 551, concl. Arrighi de Casanova* • 14 janv. 1998, *Épx Formwald*, n° 159220 : *Lebon 817*. ♦ Le Tribunal des conflits a ensuite précisé que la juridiction administrative est compétente pour connaître de la contestation par l'intéressé de l'acte administratif par lequel une personne publique refuse d'engager avec lui une relation contractuelle ayant pour objet la valorisation ou la protection du domaine privé. • T. confl. 5 mars 2012, *Dewailly c/ CCAS de Caumont*, n° 3833 : *Lebon 506 ; AJDA 2012. 518 ; ibid. 1684, note Mokhtar ; Rev. CMP 2012, n° 143, note Devillers ; GDDAB 3e éd., 2018. Comm. 72, obs. Yolka ; JCP Adm. 2012. 202, obs. C.-A. D. ; ibid. 2180, note Martin ; ibid. 2325, chron. Chamard-Heim ; RDI 2013. 159, obs. Foulquier*. – Pour des applications, • CAA Marseille, 17 mai 2019, *M. B* : n° 17MA03215 : *Rev. CMP 2019, comm. 282, obs. Muller* • CAA Marseille, 23 déc. 2016, *D. c/ Cne de Lunel*, n° 15MA01966 • CAA Nantes, 24 mai 2017, *EARL A. c/ Cne de Montmartin-en-Graignes*, n° 15NT02382 • CAA Marseille, 6 déc. 2019, *SARL Rom*, n° 17MA01881 (application peu évidente, à propos du retrait d'une délibération approuvant le principe d'une cession) • TA Guyane, 22 nov. 2018, n° 1600538. ♦ Le juge judiciaire est compétent pour connaître des conséquences dommageables d'une décision préfectorale justifiée par la conservation du domaine privé de l'État en Guyane, ayant ordonné la conduite d'une opération armée contre des exploitants miniers, dès lors que les destructions occasionnées aux biens mobiliers de ces derniers s'analysent comme une voie de fait administrative. • CAA Bordeaux, 14 nov. 2017, *Sté Joly*, n° 15BX01641. ♦ *Contra*, considérant qu'il n'y avait pas voie de fait, la destruction étant fondée sur l'art. 140 du Code minier, mais que le juge judiciaire est bien compétent dès lors que les opérations se rattachaient directement à une procédure judiciaire : • T. confl. 11 mars 2019, n° 4152 : *AJDA 2019. 553, obs. de Montecler*.

B. COMPÉTENCE D'EXCEPTION DU JUGE ADMINISTRATIF

1° CHEFS DE COMPÉTENCE PRÉVUS PAR LA LOI

20. Sur le fondement d'un décret-loi du 29 juill. 1939, le juge administratif est compétent pour connaître des litiges relatifs aux contrats, quelle que soit leur forme ou dénomination, passés par le Port autonome de Strasbourg et comportant occupation des terrains, ouvrages, installations et outillages incorporés au domaine privé de cet établissement public. • CE 17 oct. 1952, *Sté des transports Citroën : Lebon 443*. ♦ De même, sur le fondement des lois des 10 juin 1793 et 9 ventôse an XII et du décret impérial additionnel à celui du 9 ventôse an XII, la juridiction administrative est compétente pour connaître des contestations qui peuvent s'élever en matière de partage et de jouissance des biens communaux et sectionnaux, par ex., • CE 22 sept. 2014, *GAEC d'Estèbe*, n° 369616. – V. pour d'autres exemples, Joye et Sorbara, Biens communaux, *J.-Cl. Propriétés publiques, fasc. 34-20* ; Biens des sections de commune, *J.-Cl. Propriétés publiques, fasc. 34-30*. ♦ Par application de l'art. L. 2331-1, le contentieux des baux emphytéotiques administratifs relève du juge administratif ; il en va ainsi, même lorsque ces baux concernent des dépendances du domaine privé, sachant que le contentieux est en tout état de cause administratif dès lors qu'il porte sur la délibération autorisant la conclusion du bail. • CAA Lyon, 21 mai 2015, *Sté Bobsleigh, Sté Casino distribution France*, n° 14LY01692 : *Rev. CMP 2015, comm. 183, obs. Eckert ; ibid. avr. 2016, p. 24, chron. Llorens et Soler-Couteaux*. ♦ Contentieux des baux d'eaux minérales. Comme indiqué plus haut (comm. ss. art. L. 2331-1, V. note 22 s.), les litiges relatifs aux baux d'eaux minérales du domaine (privé) de l'État relèvent du juge administratif (CGPPP, art. L. 2331-1-4°). Certains contrats d'exploitation de sources sont qualifiés de concessions de service public • Civ., 4 janv. 1922 : *D. 1922. 1. 45 ; S. 1923. 213*. • Cass., req., 14 janv. 1935 : *D. 1935. 1. 81, rapp. Pillon*. • T. confl. 6 nov. 1967, *Sebie : Lebon ; CJEG 1968. 215, concl. Dutheillet de Lamothe* • CE 28 juin 1918, *Sté générale thermale : Lebon*. ♦ V. également : • CE 25 oct. 1961, *Géronimi : Lebon* • 24 oct. 1969, *Dpt du Puy-de-Dôme : Lebon ; JCP 1970. II. 16206, concl. Dufour ; CJEG 1970. 203, note Fenet*. ♦ Mais cela n'est pas systématique ; il a ainsi pu être jugé que des concessions de sources communales sont des baux soumis au droit privé ainsi qu'à la compétence judiciaire, sous réserve du jeu de la théorie des actes détachables. • CE 14 janv. 1998, *Épx Formwald : LPA 7 oct. 1998. 2, chron. Morand-Deviller ; RDI 1998. 228, chron. Maugüé* • 8 juin 1998, *Maurice : Lebon ; Dr. adm. 1998. Comm. 281 ; RFDA 1998. 886*. ♦ Les flottements ne s'arrêtent pas là. Selon les arrêts, les équipements thermaux sont regardés comme des dépendances du domaine privé. • CE 20 juill. 1928, *Ville d'Aix-les-Bains : Lebon* • 26 janv. 1968, *Pecastaings : Lebon*. ♦ ... Ou du domaine public. • CAA Nancy, 2 mars 2000, *Sté des Eaux de Luxeuil-les-Bains : Gaz. Pal. 21-22 sept. 2001, p. 9*. ♦ A cela s'ajoute le fait que le jeu du référé liberté (CJA, art. L. 521-2) peut conduire le juge administratif à apprécier l'existence d'une atteinte grave et manifestement illégale à une liberté fondamentale à l'occasion d'une situation d'occupation sans titre du domaine privé. • CE, ord. 30 août 2018, *C. et D. c/ Cne de Canéjean et Cté de cnes Jalle-Eau Bourde*, n° 423240 • TA Toulouse, 28 mai 2019, *Union départementale des syndicats CGT du Tarn-et-Garonne*, n° 1902794 : *Rev. CMP 2019, Chron. 6, n° 28, obs. Soler-Couteaux, Zimmer et Waltuch ; JCP A 2019, n° 28, obs. Yolka.*

2° CHEFS DE COMPÉTENCE PRÉVUS PAR LA JURISPRUDENCE

21. Travaux publics et ouvrages publics. ♦ **Travaux publics.** Le juge administratif recouvre sa compétence si le litige trouve son origine dans des opérations présentant le caractère de travaux publics. • Civ. 1re, 20 févr. 2008, n° 06-21.835. ♦ Mais ne présentent pas un tel caractère des travaux de gestion forestière réalisés par l'ONF pour le compte d'une commune : • CE 9 nov. 2015, *Mme D. A. c/ ONF et Cne d'Allos*, n° 383791 : *AJDA 2016. 526 ; Rev. CMP avr. 2017. Chron. 3, obs. Llorens et Soler-Couteaux.* ♦ **Ouvrages publics**. Le juge administratif connaît également des dommages causés par les ouvrages publics relevant du domaine privé, par ex., les chemins ruraux : • CE 15 mars 1955, *Ville de Grasse : Lebon 161* • 20 nov. 1964, *Ville de Carcassonne : AJDA 1965. 183, concl. Bertrand* • 5 nov. 1975, *Pélissier : Lebon 537.* ♦ Ce qui n'est pas le cas, s'agissant d'un simple dépôt de matériaux où se sont établis des lapins de garenne à l'origine de dégâts causés à des fonds voisins. • CAA Douai, 24 sept. 2013, *C. c/ Dpt du Nord*, n° 12DA00572 : *AJDA 2014. 261* • 7 août 2013, *EARL Deltour*, n° 12DA00403 : *RLCT oct. 2013. 22, obs. Dordevic* (V. Sablière, Le lapin de garenne saisi par le droit, *AJDA 2006. 1642*). ♦ Même sol. pour les sangliers des forêts domaniales. • T. confl. 29 mai 1967, *Serrurier : Lebon* • 6 janv. 1975, *Apap : AJDA 1975. 241, note Moderne* (*Adde*, Charlez, Le sanglier et le droit, *Mél. de Malafosse, LexisNexis, 2016*). ♦ V. dans le même sens, pour les accidents causés par des cerfs sur une route, • CE 20 juill. 1971, *Bolusset : Lebon 547 ; AJDA 1971. 527 ; ibid. 547.*

22. Contentieux des titres unilatéraux d'occupation du domaine privé. V. par ex, pour les concessions de logement par nécessité de service : • CE 14 oct. 2009, *Azibert : JCP Adm. 2010. 10, chron. Chamard-Heim* • 2 juill. 2003 : *Barthes* • 9 févr. 2000, *Région de Bourgogne : Coll. terr. 2000, n° 109, note Moreau* • CAA Nantes, 8 juin 2006, *Lappert : AJDA 2006. 2412* • 12 juill. 2001, *CHRU Brest : AJDA 2001. 958, note Millet* . ♦ La juridiction administrative n'est pas manifestement incompétente pour connaître d'une demande d'expulsion d'un local occupé pour nécessité absolue de service présentée devant le juge des référés saisi sur le fondement de l'art. L. 521-3 CJA, y compris dans l'hypothèse où ce local fait partie du domaine privé. • CE 20 déc. 2017, *D. c/ Cne de Sélestat*, n° 402483 : *Lebon T ; JCP Adm. 2018, Actu. 49, obs. Touzeil-Divina.* ♦ Cette solution est toutefois limitée au cas où l'occupation résulte d'un titre administratif unilatéral en cours. En effet, relèvent du juge judiciaire les litiges relatifs à l'occupation, y compris par des agents publics, de logements appartenant au domaine privé des collectivités ou établissements publics lorsque cette occupation, même concédée pour nécessité absolue du service, est fondée sur un contrat dépourvu de toute clause exorbitante ou n'est fondée sur aucun titre, notamment dans les cas où l'agent s'est maintenu dans les lieux après qu'il a été mis fin à la concession. • CAA Paris, 14 nov. 2017, *Mme D c/ APHP*, nos 16PA02291 et 16PA02882. ♦ Si un litige qui concerne la gestion du domaine privé relève de la compétence du juge judiciaire, un litige concernant un avantage ou une prestation, même en nature, attribué par une collectivité publique à son agent et qui vient en supplément de la rémunération versée à ce dernier y échappe. • CAA Marseille, 21 févr. 2017, *D. c/ Cne de Narbonne*, n° 15MA01429. ♦ Tel est ainsi le cas de l'exonération de la redevance d'occupation d'un logement de fonction. • CAA Paris, 11 avr. 2018, *Mme A. c/ Province Sud Nouvelle-Calédonie*, n° 17PA00434. ♦ Pour d'autres ex., Taillefait, Logements de fonction, *J.-Cl. Propriétés publiques, fasc. 79-55.*

23. Contentieux des contrats administratifs d'occupation du domaine privé. Leur nature administrative peut résulter de la participation directe du preneur à l'exécution d'une mission de service public. • Civ. 1re, 19 avr. 1977, *MJC de Boulogne-Billancourt : Bull. civ. I, n° 174 ; D. 1979. 197, note Plouvin* • CE 4 juill. 1969, *Trouvé : Lebon 360* • CE 8 oct. 2010, *Sté d'HLM, Un toit pour tous : AJDA 2010. 1915, obs. Grand ; Rev. CMP 2011, n° 37, note Eckert ; Dr. adm. 2011, n° 4, note Billet ; JCP Adm. 2010. 2375, note Guigue* • CAA Lyon, 26 juin 1990, *Sté pour la mise en valeur des régions Auvergne et Limousin : AJDA 1991. 375, note Devès* • CAA Versailles, 21 juill. 2011, *Cne de Verrières-le-Buisson*, n° 10VE00774 : *AJDA 2011. 2105, chron. Kermorgant ; Rev. CMP 2011. Comm. 354, obs. Eckert.* ♦ Elle peut aussi tenir à la présence de clauses exorbitantes, désormais définies sans référence au droit commun : • T. confl. 13 oct. 2014, *Sté Axa France IARD : Lebon 471 ; AJDA 2014. 2180, chron. Lessi et Dutheillet de Lamothe ; Rev. CMP 2014, n° 322, note Eckert ; Dr. adm. 2015, n° 3, note Brenet ; JCP Adm. 2015. 2010, note Pauliat ; RD publ. 2015. 869, note Basset ; RFDA 2014. 1068, concl. Desportes ; ibid. 2015. 23, note Martin* . ♦ V. par ex. : • T. confl. 20 avr. 1959, *Sté nouvelle d'exploitation des plages, piscines et patinoires : Lebon 866 ; RD publ. 1959. 1059* • 28 mai 1962, *Sté immobilière et thermale pour le développement des stations françaises : RD publ. 1962. 1204, chron. Auby*

• T. confl. 12 févr. 2018, *SCI Ravisse, mandataire liquidateur judiciaire de la SARL The Congres House*, n° 4109 : *AJDA 2018. 1134 ; ibid. 1721, note Pontier ; BJCP 2018. 273, obs. Maugüé ; Rev. CMP 2018. Comm. n° 77, note Pietri ; JCP Adm. 2018. Actu. 176, obs. Tesson ; JCP A 2019. 2041, chron. Martin et Pellissier* (détour curieux, s'agissant d'une salle de spectacle communale ; la jurisprudence considère d'ordinaire que de telles dépendances relèvent du domaine public) • 2 juill. 1962, *Cazautets : Lebon 823 ; RD publ. 1962. 1203, chron. Auby* • Civ. 1re, 3 juin 1969, *Mas : JCP 1970. II. 16178, note Dufau* • Civ. 3e, 31 oct. 2000, *De la Varde et Rossi : Gaz. Pal. 15 mars 2001. 25, note Barbieri* • 13 mars 2002, *Haudoyer : D. 2002. 1550, obs. Rouquet* • CE 19 nov. 2010, *ONF : AJDA 2011. 281, note Dreyfus ; Rev. CMP 2011, n° 36, comm. Devillers ; BJCP 2011. 74, concl. Dacosta et note Schwartz ; JCP Adm. 2011, n° 2020, note Moreau ; Dr. adm. 2011, n° 19, note Brenet ; RJEP mars 2011, n° 12, concl.* • CAA Bordeaux, 9 juill. 2009, *Michel X. : Rev. CMP 2009, n° 311, obs. Llorens.* – V. sur le sujet, Boulisset, Les clauses exorbitantes dans les contrats de location consentis par des personnes publiques, *Ann. loyers 2000. 1590.* – Devillers, Prérogatives de puissance publique et baux privés : *RFDA 2018. 1175.* ♦ Même solution pour les contrats de vente de dépendances du domaine privé, par ex. : • CAA Lyon, 20 juin 2017, *SA Trigano*, n° 15LY02198. • CAA Bordeaux, 24 mai 2018, n° 15BX00402 : *AJDA 2018. 1540, chron. Normand ; Rev. CMP 2018. Chron. 7, obs. Soler-Couteaux, Zimmer et Waltuch ; JCP Adm. 2018. 2224, obs. Chamard-Heim.* ♦ … Y compris ceux conclus entre personnes publiques : • T. confl. 15 nov. 1999, *Cne de Bourisp : Lebon 478 ; BJCP n° 9, 2000. 148 ; Collectivités-Intercommunalité 2000, n° 73, note Moreau ; Dr. adm. 2000, n° 29, obs. R. S. ; Dr. adm. hors série, déc. 2001, comm. nos 37 et 147 ; Gaz. Pal. 13/17 août 2000, pan. dr. adm. 20 ; Gaz. Pal. 26/27 oct. 2001. 20 ; RDI 2000. 158, chron. Vallée ; RFDA 2000. 457 ; RGCT 2000. 12. 328* • T. confl. 6 juin 2016, *Cne d'Aragnouet*, n° 4051 : *AJCT 2017. 111, obs. Didriche ; AJDA 2016. 1749, note Yolka ; Rev. CMP 2016, n° 198, note Ubaud-Bergeron ; ibid. 2017, Chron. 5, obs. Pietri ; Dr. adm. 2016, comm. 52, obs. Cornille ; JCP Adm. 2016, n° 2194, obs. de Gaudemar ; ibid. 2131, chron. ; BJCP 2016. 373, concl. Girard et obs. Terneyre ; RDI 2016. 608, obs. Foulquier* ♦ Sur les suites de l'affaire, • CAA Bordeaux, 10 oct. 2016, *Cne d'Aragnouet*, n° 12BX02086 : *BJCP 2017. 70, chron. Maugüé ; Rev. CMP 2016. Comm. 297, obs. Llorens* • CAA Bordeaux, 2 déc. 2019, *Cne de Vignec*, n° 17BX01231. ♦ Interprétation *a contrario*, • T. confl. 4 juill. 2016, *Cne de Gélaucourt*, n° 4057 : *AJDA 2016. 1370, obs. Poupeau ; BJCP 2016. 452, concl. Bourgeois-Machureau, obs. Schwartz ; Rev. CMP 2016. Comm. 230, note Pietri ; ibid. 2017. Chron. 5, obs. Pietri ; ibid. avr. 2017, Chron. 3, obs. Llorens et Soler-Couteaux ; JCP Adm. 2017. 2036, chron. Martin et Pellissier* • CAA Nancy, 10 mars 2016, *Cne de Gélaucourt*, n° 15NC02569 : *Rev. CMP 2016. Comm. 132, note Pietri.* ♦ Au-delà des seuls contrats d'occupation, les contrats de gestion d'espaces relevant du domaine privé conclus entre personnes publiques sont administratifs, dès lors qu'ils font naître entre les parties des rapports de droit public. • CAA Douai, 29 sept. 2016, *Assoc. Les amis de la chasse et de la nature*, n° 15DA01200. ♦ Des clauses exorbitantes ont pour effet de dénaturer un bail rural en contrat administratif d'occupation du domaine privé échappant à la compétence judiciaire, y compris pour ce qui touche l'expulsion du preneur. V. en ce sens, • T. confl. 27 nov. 1975, *Leclert : Lebon 800 ; D. 1976. 340, note Roche ; JCP 1976. II. 18480, note Ourliac et de Juglart ; ibid. 1977. II. 18539, note Truchet* • 21 mai 2001, *Clément : BJCP 2001. 452* • Soc. 26 janv. 1967, *Dedieu : Bull. civ. IV, n° 83 ; D. 1967. 233* • Civ. 3e, 9 mars 2005, *Courtois : AJDA 2005. 853 ; AJDI 2005. 583, obs. Prigent ; Dr. et patr., sept. 2005. 106, obs. Barbieri* • CAA Nantes, 27 sept. 1989, *Boivin : Lebon 540 ; RFDA 1990. 389*. ♦ *Contra* cependant, pour une position atypique : • Civ. 1re, 16 oct. 2013, *Jullian*, n° 12-25.310 : *AJDA 2014. 409, note Yolka ; Rev. CMP 2015. Chron. 3, obs. Llorens et Soler-Couteaux ; Adde* Yolka, Expulsion du domaine privé et compétence juridictionnelle, *JCP Adm. 2005. 1517.* ♦ Le juge administratif est compétent pour connaître de la contestation de titres exécutoires émis pour le recouvrement de la redevance exigée à raison du maintien de l'occupant dans les lieux après l'expiration d'un bail comportant des clauses exorbitantes. V., pour une affaire soulevant la question des conditions de prescription d'une telle redevance, • TA Pau, 26 oct. 2017 : *JCP Adm. 2017. Actu. 542, obs. Caubet-Hilloutou.* ♦ La clause prévoyant une possibilité de résiliation unilatérale dans l'intérêt général au profit du bailleur public n'est plus aujourd'hui considérée, après l'avoir été par le passé, comme présentant un caractère exorbitant. • T. confl. 12 déc. 2011, *Cne de Nouméa préc. note 18* • 20 févr. 2008, *Verrière : préc. note 18.* ♦ *Contra*, cependant, • CAA Bordeaux, 18 avr. 2013, *EPAG*, n° 11BX02603. ♦ Compétence du juge administratif pour connaître d'une demande de suspension de la décision de résiliation et de reprise des relations contractuelles, dès lors qu'une convention d'occupation d'une parcelle forestière du domaine privé comporte des clauses la rendant administrative. • CE 29 mars 2017, *ONF*, n° 403257 : *Lebon T ; BJCL 2017. 460, obs. Chatelier ; BJCP 2017. 253, concl. Bohnert, obs. Schwartz ; Rev. CMP 2018. Chron. 4, obs. Pietri ; ibid. 2018. Chron. 7, obs. Soler-Couteaux, Zimmer et Waltuch.* ♦ Quand une parcelle du domaine public est déclassée, les conventions administratives d'occupation conclues antérieurement ne se transforment pas *ipso facto*, faute de novation expresse, en baux de droit privé. ♦ Comme les rapports contractuels de droit public se poursuivent sur le domaine privé, le juge administratif conserve sa compétence, par exemple à propos des demandes d'expulsion de l'occupant. • Com. 16 juin 1959, *Guillement : Bull. civ. III, n° 271* • Civ. 3e, 5 mars 1997, *Épx Durand : Bull. civ. III, n° 47 ; Defrénois 1997, art. 36684, obs. Honorat* • 13 mai 1997, *Les ateliers de la voûte : Dr. adm. hors série, déc. 2001, n° 454* • Civ. 1re, 17 oct. 2012, *Sté West Restauration : JCP Adm. 2013. 3, note Yolka* • 6 févr. 2013, *Sté Homebox*, n° 11-20.207 • Civ. 3e, 19 nov. 2014, *SCI Sciriolius : Rev. CMP févr. 2015. 21, chron. Llorens et Soler-Couteaux ; JCP 2014. Actu. 1245.* ♦ V. cependant • Civ. 3e, 23 juin 2015, n° 14-12.007. ♦ La compétence du juge administratif peut bien entendu résulter, indépendamment du jeu des critères jurisprudentiels, d'une simple application de textes la prévoyant, par exemple quand le contrat d'occupation est requalifié en marché public. • CAA Bordeaux, 2 févr. 2017, *Assoc. Savès-Accueil-Transparence*, nos 14BX02682 et 14BX02684. ♦ Tel n'est pas le cas, selon la Cour de cassation, lorsque sont en cause des travaux prévus par une promesse de bail à construction sur le domaine privé, qui ne devaient pas être réalisés sous la maîtrise d'ouvrage de la commune, ce dont il résultait que le contrat litigieux ne pouvait être qualifié de marché public de travaux au sens du CCP alors en vigueur. • Civ. 1re, 4 oct. 2017, *Cne de Dunkerque*, n° 16-21.693 P : *AJDA 2017. 1920, obs. Maupin*.

24. Actes détachables de la gestion. La décision par laquelle le ministre de l'Agriculture autorise, conformément aux dispositions du C. for., l'assiette des coupes de bois dans une forêt domaniale se rattache à l'exécution d'une mission de service public de protection de la forêt (présentant un caractère administratif) et constitue un acte administratif détachable des opérations de gestion du domaine privé. • CE 3 mars 1975, *Sieurs Courrière et a. : Lebon 165 ; AJDA 1975. 233 et 240, chron. Franc et Boyon.* ♦ V. encore, dans le même sens, pour les actes (ou l'absence d'actes) relevant d'opérations de protection et de surveillance des forêts domaniales. • T. confl. 3 nov. 1950, *Giudicelli : Lebon 534* • 9 juin 1986, *Cne de Kintzheim : RD publ. 1987. 492* • CE 25 mars 1994, *Cne de Kintzheim c/ ONF : D. 1996. Somm. 49, note Bon et Terneyre ; LPA 1994, n° 2, p. 9* • 18 nov. 1994, *Épx Sauvi : Lebon 503 ; AJDA 1995. 253*. ♦ V. aussi, relativement à l'adjudication de droits de chasse dans les forêts domaniales, • T. confl. 6 juill. 1981, *Eysseric c/ Préfet de la Drôme : Lebon 505* • CE 11 juill. 1986, *François : Lebon 202 ; AJDA 1986. 657* • CAA Lyon, 6 nov. 2003, *Sté de chasse La Nicéenne*, n° 02LY00442 : *AJDA 2004. 678*. ♦ Le refus par le maire du renouvellement d'une concession d'emplacement de chasse à la palombe a été lui-aussi considéré comme détachable. • CE 4 mars 1981, *Cne d'Azereix c/ Pescadère : Lebon T. 820.* ♦ Également, pour une autorisation préfectorale d'implantation de bâtiments industriels dans une forêt domaniale. • CE 12 mars 1999, *Comité de défense de Vingrau*, n° 171064. ♦ Compétence du juge administratif pour statuer sur la légalité d'une mesure de police (ou d'un refus de l'édicter) concernant un chemin rural. • CAA Lyon, 21 mars 2019, *Cne Rauret*, n° 17LY01365 • CAA Bordeaux, 26 mai 2016, *Cne de Brassac*, n° 14BX01824 : *AJDA 2016. 2098, chron. Normand ; Rev. CMP avr. 2017, Chron. 3, obs. Llorens et Soler-Couteaux.* ♦ Sont dans les mêmes conditions détachables les délibérations des assemblées des collectivités locales autorisant ou refusant la conclusion d'un bail emphytéotique. • CE 6 avr. 1998, *Cté urb. de Lyon*, n° 151752 : *Lebon 132.* ♦ V. aussi • CAA Nancy, 19 déc. 2002, *M. Christian Jacques : RFDA 2003. 616*. ♦ Même solution, s'agissant d'un bail emphytéotique sur le domaine privé de l'État en Guyane. • CAA Bordeaux, 7 avr. 2016, *A. c/ État*, n° 14BX03363. ♦ Compétence du juge administratif pour connaître du refus d'un bailleur social d'attribuer un logement dans le cadre du dispositif DALO. • T. confl. 9 mai 2016, *L. c/ OPH Vitry*, n° 4048 : *AJDA 2016. 1704, note Quilichini*. ♦ La juridiction administrative a un temps été seule compétente pour connaître des demandes d'annulation d'une délibération d'un conseil municipal ou d'un arrêté du maire, même si l'objet de ces décisions était d'autoriser ou de passer un contrat portant sur la gestion du domaine privé et n'impliquant aucun acte de disposition. • CE 5 déc. 2005, *Cne de Pontoy : Lebon 548 ; Dr. adm. 2006, n° 30 ; BJCL 2006. 96, concl. Glaser, obs. Poujade.* ♦ *Contra* : • CE 4 juin 2007, *Petitpas : préc. note 16.* ♦ Cette solution a été reconsidérée par le Tribunal des conflits qui a jugé, sur renvoi du Conseil d'État, que « la contestation par une personne privée de l'acte, délibération ou décision du maire, par lequel une commune ou son représentant, gestionnaire du domaine privé, initie avec cette personne, conduit ou termine une relation contractuelle, quelle qu'en soit la forme, dont l'objet est la valorisation ou la protection de ce domaine et qui n'affecte ni son périmètre ni sa consistance, ne met en cause que des rapports de droit privé et relève, à ce titre, de la compétence du juge judiciaire ». Cette solution vaut également à propos de « la contestation concernant des actes s'inscrivant dans un rapport de voisinage ». • T. confl. 22 nov. 2010, *SARL Brasserie du Théâtre*, n° 3764 : *Lebon 591 ; AJDA 2010. 2423, chron. Botteghi et Lallet ; Rev. CMP 2011, n° 26, note Devillers ; Dr. adm. 2011, n° 20, note Melleray ; GDDAB, 3e éd., 2018. Comm. 73, note Melleray ; JCP Adm. 2011. 2041, note Sorbara ; ibid. 2239, chron. Chamard-Heim ; BJCP 2011. 55, concl. Collin, note R. S. ; RJEP 2011, n° 13, note

Pellissier ; BJCL 2011. 439, note Martin. ♦ Cet arrêt de principe fixe désormais le droit positif et donne lieu à une jurisprudence d'application particulièrement fournie. V. par ex., en matière d'exploitation rurale… • CAA Lyon, 4 nov. 2011, *EARL A. Michel et Lucette,* n° 11LY01345 • 22 mai 2012, *A. c/ Cne de Malbo,* n° 12LY00060 • 21 oct. 2014, *Cne de Champagny-en-Vanoise,* n° 13LY01991. ♦ … Ou de vente de dépendances du domaine privé. • CE 15 mars 2017, *SARL Bowling du Hainaut, SARL Bowling de Saint-Amand-les-Eaux,* n° 393407 : *Lebon T. ; AJDA 2017. 598, obs. Pastor ; BJCL 2017. 197, concl. Victor ; ibid. 244, obs. Schwartz ; Rev. CMP 2017. Comm. 142, note Pietri ; Dr. adm. mai 2017. 11 ; JCP Adm. 2017. Actu. 209, obs. Touzeil-Divina ; JCP Adm. 2017. 2132, note Hansen* • CAA Marseille, 29 mars 2019, *Csts G c/ Cne Marseille,* n° 17MA02649 • CAA Nantes, 7 juin 2019, *D. c/ Dpt Manche,* n° 17NT04002 • CAA Marseille, 17 juin 2019, *EPF PACA,* n° 19MA00412 et n° 19MA00413 : *JCP Adm. 2019, 2312, obs. Linditch.* ♦ … Et plus largement de contrats ayant pour effet de porter atteinte à la substance du domaine privé, par ex. pour l'exploitation de carrières (contrats de fortage). • TA Toulouse, 22 nov. 2019, *Sté Dragages Garonnais,* n° 1705230 : *Dr. voirie 2020, n° 212, p. 46, obs. Yolka* ♦ Ou encore, s'agissant de la contestation de la décision d'un OPH d'abandonner la propriété de colonnes montantes d'électricité au concessionnaire. • T. confl. 15 mai 2017, *Sté ENEDIS,* n° 4079 : *AJDA 2017. 1596 ; Rev. CMP 2017. 199, note Ubaud-Bergeron ; Rev. CMP 2018. Chron. 4, obs. Pietri* (compétence administrative). ♦ De même, en ce qui concerne la contestation de la délibération ayant pour objet la signature d'un protocole d'accord prévoyant la reprise d'un bail de chasse. • CAA Nancy, 25 oct. 2018, n° 17NC01887. ♦ Cette solution n'intéresse cependant pas les contentieux engagés par les tiers (V. par ex., s'agissant du contentieux des droits de préférence pour l'attribution des baux ruraux sur le domaine privé, comm. ss. art. L. 2222-5). V. ainsi, illustrant la persistance de la compétence administrative dans cette dernière hypothèse : • CE 7 mars 2019, *Cne de Valbonne,* n° 417629 : *Lebon ; AJCT 2019. 305, note Juilles ; AJDA 2019. 551, obs. de Montecler. 980, chron. Malverti et Beaufils ; Rev. CMP 2019. Comm. 167, note Soler-Couteaux ; Rev. CMP 2019, Chron. 6, obs. Soler-Couteaux, Zimmer et Waltuch ; Dr. adm. 2019, comm. 35, note Eveillard ; Dr. voirie 2019. 62, concl. Victor ; JCP A 2019, Act. 178, obs. Erstein ; JCP A 2019, 2108, note Chamard-Heim ; JCP 2019. 1870, chron. Eveillard* • TA Montpellier, 17 mai 2011, *Mme Dunleavy, Assoc. Roc Paradet,* n° 0904600 : *AJDA 2011. 1682, note Clamour* • CAA Versailles, 21 juill. 2011, *Cne de Verrières-le-Buisson,* n° 10VE00770 : *JCP Adm. 2011. Actu. 653, obs. Sorbara ; Rev. CMP 2011, n° 354, note Eckert* • TA Rouen, 29 janv. 2013, *Bellanger et a.,* n° 1003539 : *JCP Adm. 2013. 2250, concl. Armand* • CAA Lyon, 20 févr. 2018, *Assoc. de chasse Rallye Saint-Hubert,* n° 16LY00642. ♦ Ou encore, pour le contentieux d'une délibération approuvant le choix de l'attributaire d'un appel à projet devant aboutir à la conclusion d'un bail à construction sur le domaine privé communal. • CAA Marseille, 8 oct. 2018, n° 17MA02103 : *Rev. CMP 2018. Comm. 280, note Ubaud-Bergeron.* ♦ Elle ne devrait pas non plus concerner, compte tenu de la rédaction de la décision du 22 nov. 2010, l'occupation du domaine privé autorisée par voie unilatérale. Certaines juridictions l'ont pourtant appliquée en la matière. • CAA Marseille, 14 sept. 2018, n° 17MA01609 : *Rev. CMP 2018. Comm. 254, obs. Hoepffner ; ibid. Chron. 7, obs. Soler-Couteaux, Zimmer et Waltuch ; JCP Adm. 2018, n° 43, p. 19, chron. Yolka.*

25. Divers. Le juge administratif peut être exceptionnellement juge du fond, relativement aux redevances d'occupation du domaine privé. Le contentieux des redevances dues pour l'occupation des logements mis à la disposition des étudiants par le CROUS relève ainsi de la compétence du juge administratif, nonobstant l'appartenance des locaux en cause au domaine privé. • CAA Paris, 3 mars 1992, *CROUS de Créteil,* n° 90PA00637 : *Lebon T. 833 ; Dr. adm. 1992, n° 238* (la gestion du service public administratif prime sur celle du domaine privé). ♦ De même, s'agissant de l'expulsion d'un occupant sans titre, quelle que soit la qualification domaniale du logement occupé par l'étudiant, au nom de la continuité du service public administratif. • T. confl. 12 févr. 2018, *CROUS Paris,* n° 4112 : *Rev. CMP 2018. Comm. 92, note Devillers ; ibid. Chron. 4, obs. Pietri ; ibid. Chron. 7, obs. Soler-Couteaux, Zimmer et Waltuch ; LPA 23 avr. 2018, n° 81, p. 19, note Deliancourt ; Dr. adm. avr. 2018, n° 11 ; JCP Adm. 2018. Actu. 209, obs. Touzeil-Divina ; JCP Adm. 2018. 2179, note Moreau et Lambert ; JCP Adm. 2019. 2127, chron. Videlin.* – Pour l'arrêt de renvoi, • CE 18 oct. 2017, *CROUS Paris,* n° 408006 : *Rev. CMP 2017. Comm. 282, note Soler-Couteaux* • TA Paris, 7 mai 2019, *CAS ville de Paris : AJDA 2019. 1650, concl. Marcus ; Rev. CMP 2019, Chron. 6 34 et 44, obs. Soler-Couteaux, Zimmer et Waltuch ; Dr. voirie 2019, n° 210, p. 220, obs. Yolka.* ♦ Compétence administrative pour statuer sur la légalité d'une délibération par laquelle un conseil municipal classe un chemin existant dans la catégorie des chemins ruraux, qui relèvent du domaine privé ? • CAA Marseille, 29 mars 2019, *Epx F. c/ Cne de Prades-sur-Vernazobre,* n° 16MA04842. ♦ Une personne publique peut, en référé, demander au juge administratif de prescrire le recours à la force publique pour évacuer des occupants sans titre du domaine privé qui se maintiennent dans les lieux malgré une ordonnance du président de tribunal de grande instance décidant leur expulsion. • CE, ord., 21 nov. 2002, *Gaz de France,* n° 251726 : *Lebon 408 ; AJDA 2002. 1368, note de Montecler ; JCP Adm. 2002. 383.* ♦ Compétence du juge administratif pour statuer sur la responsabilité de l'État en cas de refus du concours de la force publique pour expulser un occupant sans titre d'un local appartenant au domaine privé. • CE 19 oct. 2016, *Min. Int. c/ OP Valophis Habitat,* n° 383543 : *Lebon ; AJDA 2016. 2016, obs. Poupeau ; Rev. CMP 2018. Comm. 92, note Devillers ; ibid. Chron. 4, obs. Pietri ; Dr. adm. avr. 2018. 11 ; JCP Adm. 2016. Actu. 844 ; ibid. 2179, note Moreau et Lambert.*

Art. L. 2331-2 I. — Sont portés devant la juridiction judiciaire les litiges relatifs à la répression des infractions à la police de la conservation du domaine public routier, conformément à l'article L. 116-1 du code de la voirie routière. *—V. art. L. 2132-1.*

II. — Les contestations relatives à l'indemnité mentionnée à l'article L. 2131-5 en raison de l'établissement des servitudes de halage et de marchepied sont jugées par la juridiction compétente en matière d'expropriation pour cause d'utilité publique. — *[C. voirie rout., art. L. 116-1 ; C. dom. publ. fluv., art. 20.]*

Le I du présent art. est applicable à Mayotte à compter de la date d'entrée en vigueur de l'Ord. mentionnée à l'art. 78 de la L. n° 2015-1268 du 14 oct. 2015 (Ord. n° 2016-1255 du 28 sept. 2016, art. 12).

BIBL. ▶ LAVIALLE et DELIANCOURT, *J.-Cl. Propriétés publiques, fasc. 12* (contentieux des propriétés publiques). – DELIANCOURT, *J.-Cl. Propriétés publiques, fasc. 66* (contraventions de voirie routière) ; *Gaz. cnes 28 mai 2012. 54* (atteinte au domaine public : l'action contentieuse de la collectivité locale). – BESSE-LAGRAVE, De la compétence administrative et judiciaire en matière domaniale, *th. Poitiers, 1924.*

V. aussi réf. ss. art. L. 2131-2 s. et L. 2132-1.

COMMENTAIRE

Que le seul article du CGPPP relatif à la compétence du juge judiciaire dans le contentieux des propriétés publiques se borne à viser le contentieux des contraventions de voirie routière ainsi que celui de l'indemnisation des servitudes de halage et de marchepied souligne les lacunes du code au sujet de la répartition des compétences juridictionnelles en la matière (cette remarque valant pour les dispositions symétriques qui intéressent la compétence du juge administratif : CGPPP, art. L. 2331-1 et L. 3231-1). Les rédacteurs du code ont, de toute évidence, entendu laisser l'essentiel du sujet hors du droit écrit, se bornant à reprendre des solutions textuelles antérieures, comme si les questions de répartition des compétences juridictionnelles étaient rétives à toute entreprise de codification ; moyennant quoi, l'on a forcément une cote mal taillée. Il est en effet discutable de ne pas évoquer, à titre d'exemple, des points aussi importants que la compétence judiciaire pour le contentieux du domaine privé (V. comm. ss. art. L. 2331-1) ou pour l'appréciation des titres de propriété (V. comm. ss. art. L. 2111-1).

I. LES LITIGES RELATIFS AUX ATTEINTES AU DOMAINE PUBLIC ROUTIER

Cette hypothèse, qui correspond à un contentieux assez abondant, vise ce que l'on nommait jadis la « petite voirie » (par opposition à la « grande voirie », cette seconde expression s'étant maintenue dans le vocabulaire juridique à la différence de la précédente, qui reste parfois – encore que rarement – employée à tort : CAA Marseille, 8 févr. 2008, *Cne de Béziers : AJDA 2008. 1330, note de Montecler*), autrement dit, la voirie routière (ainsi que ses accessoires). Et cette matière relève du juge judiciaire, plus précisément du juge répressif. Un décret-loi du 28 décembre 1926, modifié par ordonnance du 27 décembre 1958 (C. voirie rout., art. L. 116-1), a en effet mis fin à la distinction entre grande et petite voiries, qui datait de 1790. Ce texte a confié la répression des anciennes contraventions de petite voirie (rebaptisées « contraventions de voirie routière ») aux tribunaux judiciaires (V. aussi comm. ss. art. L. 2132-1).

Ce dispositif est devenu doublement problématique. En premier lieu, dès lors que le juge pénal dispose d'une plénitude de juridiction en application de l'article 111-5 du code pénal (« Les juridictions pénales sont compétentes pour interpréter les actes administratifs, réglementaires ou individuels et pour en apprécier la légalité lorsque, de cet examen, dépend la solution du procès pénal qui leur est soumis »), on peut s'interroger sur la portée exacte de la disposition du code de la voirie routière précisant que cette compétence vaut « sous réserve des questions préjudicielles relevant de la compétence de la juridiction administrative » (V. art. L. 116-1 C. voirie rout., auquel renvoie l'art. L. 2132-1 CGPPP). En second lieu, cette attribution de compétence s'expliquait par une volonté d'unifier entre les mains du juge judiciaire l'ensemble du contentieux des infractions routières, qu'il s'agisse des atteintes au domaine public routier ou des infractions aux règles de circulation et de stationnement. Or, la loi n° 2014-58 du 27 janvier 2014 de modernisation de l'action publique territoriale et d'affirmation des métropoles (art. 63) a dépénalisé la répression du stationnement payant sur voirie, dorénavant confiée à une juridiction administrative spécialisée (L. n° 2014-58 du 27 janv. 2014, art. 63 : *AJDA 2014. 1134, étude Petit* ; *JCP Adm. 2014, n° 2055, étude de Gaudemar* ; *RFDA 2015. 305, étude Lavialle*. – Ord. n° 2015-45 du 23 janv. 2015 et Ord. n° 2015-401 du 9 avr. 2015 : *JCP Adm. 2015. Actu. 351, obs. Pauliat* ; *JCP Adm. 2015, n° 2127, comm. Dreifuss*. – Décr. n° 2015-557 du 20 mai 2015 : *AJDA 2015. 1014, obs. Pastor*. – Décr. n° 2015-646 du 10 juin 2015 – Décr. n° 2015-1474 du 12 nov. 2015. – Arr. du 1er sept. 2016). Le contentieux routier se trouve ainsi de nouveau éclaté entre les deux ordres de juridiction et, à ce compte, il ne semblerait pas hors de propos d'unifier le contentieux des atteintes au domaine public au profit du juge administratif (d'autant que celui-ci accueille assez régulièrement des requêtes visant l'expulsion d'occupants sans titre, mais non la poursuite d'une contravention de voirie routière. Par ex. TA Nantes, ord., 10 janv. 2019, *Préfet de la Loire-Atlantique*, n° 1900069 : *Dr. voirie janv.-févr. 2019, p. 8* ; *Rev. CMP 2019. Comm. 98, obs. Muller* ; *Rev. CMP 2019, Chron. 6 33 et 34, obs. Soler-Couteaux, Zimmer et Waltuch* ; *JCP Adm. 2019. Actu. 64, obs. Touzeil-Divina* ; *JCP Adm. 2019, nos 10-11, p. 2, obs. Yolka*).

II. LES LITIGES RELATIFS À L'INDEMNITÉ POUR SERVITUDES DE HALAGE ET DE MARCHEPIED

Le contentieux des servitudes de halage et de marchepied porte essentiellement sur l'existence des, ou sur les atteintes aux, servitudes en question (pour la jurisprudence, V. Gazzaniga, Ourliac, Larrouy-Castéra, Marc et Eaux – Régime juridique – Cours d'eau et droits de riveraineté : *J.-Cl. Rural, fasc. 21, nos 80* s.). Son intérêt est renouvelé par l'utilisation récréative des chemins établis le long des cours d'eau (chemins de randonnée, pistes cyclables), qui n'est pas nouvelle dans son principe (relire Proust, Du côté de chez Swann : Combray, II : charme romantique des chemins de halage le long de la Vivonne, en allant du côté de Guermantes…), mais qui dispose désormais d'une assise juridique (sur l'instauration de ces servitudes, CGPPP, art. L. 2131-2 : V. comm. et réf.).

L'article L. 2331-2-II trouve son origine dans l'article 19 du code du domaine public fluvial et de la navigation intérieure (abr., Ord. 21 avr. 2006, art. 7-II-4°), qui ne semble guère avoir sécrété de contentieux. L'origine de ces servitudes est, cependant, beaucoup plus ancienne (V., pour la servitude de halage, Girard, Manuel élémentaire de droit romain, *Dalloz, rééd. 2003, p. 262 et 279*). – Autour du sujet, Caudal, La domanialité publique comme instrument de protection de l'environnement, *AJDA 2009. 2329*. – Arzul, Le renouveau du domaine public fluvial, *Johanet, 2008, p. 197 s.* – Brovelli, Se promener le long des rivières publiques…, *Ann. voirie 2007. 189*. – Blin, La servitude de pêche, *JCP 1965, doctr. 1925*. ❑

1. *Nécessité que la contravention soit constituée.* L'attribution de compétence résultant de l'article L. 116-1 du code de la voirie routière ne concerne que les cas dans lesquels une contravention à la police de la conservation du domaine public routier est constituée, que cette contravention ait été poursuivie ou non. • T. confl. 24 avr. 2006, *Sté Bouygues Bâtiment : Lebon T. 627* ; *AJDA 2006. 1364, chron. Landais et Lenica* ; *JCP 2006. II. 10132, concl. Gariazzo.*

2. *Régime de poursuite des contraventions de voirie routière.* Ni l'absence de plan d'alignement ni l'illégalité de la situation des riverains au regard des règles d'urbanisme ne font obstacle à ce que le maire poursuive la contravention de voirie routière résultant des faits d'obstruction de la voirie communale qui empêchent l'accès à une propriété limitrophe. • CE 17 janv. 2011, *Cne de Clavans-en-Haut-Oisans*, n° 312310 : *Lebon T. 802, 926 et 1202* ; *JCP Adm. 2011. 2096, note Yolka* ; *AJDA 2011. 137* ; *AJCT 2011. 195, obs. Péchillon* ; *JCP Adm. 2012. 2013, chron. Chamard-Heim.*

3. *Obligation de poursuivre.* Transposant sa jurisprudence relative à la répression des contraventions de grande voirie, le Conseil d'État considère que les autorités chargées de la police et de la conservation du domaine public routier sont tenues, par application des principes régissant la domanialité publique, de veiller à l'utilisation normale de la voirie routière et d'exercer à cet effet les pouvoirs qu'elles tiennent de la législation en vigueur, y compris celui de saisir le juge compétent pour statuer sur la répression des atteintes portées à ce domaine, pour faire cesser les occupations sans titre et enlever les obstacles créés de manière illicite qui s'opposent à l'exercice par le public de son droit à l'usage du domaine. Il précise également que si l'obligation ainsi faite à ces autorités trouve sa limite dans les autres intérêts généraux dont elles ont la charge et, notamment, dans les nécessités de l'ordre public, elles ne sauraient légalement s'y soustraire pour des raisons de simple convenance administrative. • CE 21 nov. 2011, *Cne de Plonéour-Lanvern*, n° 311941 : *Lebon 578 ; AJDA 2011. 2267, obs. de Montecler ; ibid. 2012. 551, note Ach ; Ann. voirie 2012. 70, note Bozzi ; Gaz. cnes 28 mai 2012. 54, note Deliancourt ; JCP Adm. 2011. Actu. 750, obs. Sorbara ; ibid. 2012. 2325, chron. Chamard-Heim ; JCP 2012. 1191, chron. Éveillard ; RDI 2012. 349 ; RFDA 2012. 249, note Lavialle*. ♦ Pour la jurisprudence d'application, V. par ex. : • CAA Marseille, 15 juin 2017, *J. et a. c/ Cne de Portes*, n° 15MA04487 : *Rev. CMP 2018. Chron. 7, obs. Soler-Couteaux, Zimmer et Waltuch* (injonction de mettre le contrevenant en demeure et, le cas échéant, de poursuivre).

4. Compétence du juge administratif. S'il résulte de l'art. L. 116-6 C. voirie rout. que la compétence du juge judiciaire s'étend aux actions en réparation de l'atteinte portée par un tiers au domaine public routier, notamment à celles tendant à l'enlèvement par ce tiers des ouvrages qu'il a irrégulièrement édifiés sur ce domaine, il n'en va pas de même d'une action dirigée contre une commune et tendant à mettre en cause l'exercice, par le maire, de ses pouvoirs en matière de police de la conservation du domaine public routier et à obtenir de cette collectivité publique la réalisation de travaux qui, s'agissant de l'entretien d'une voie publique, ont le caractère de travaux publics. • T. confl. 17 déc. 2012, *Cne de Le Revest-les-Eaux*, n° 3884 : *Lebon 516 ; JCP Adm. 2013. 2125, note Éveillard ; ibid. 2125, n° 23, chron. Chamard-Heim.*

TITRE QUATRIÈME **VALORISATION DU PATRIMOINE IMMOBILIER**

(L. n° 2010-853 du 23 juill. 2010, art. 11-I)

Art. L. 2341-1 I. — Un bien immobilier appartenant à l'État ou à un établissement public mentionné au *(L. n° 2019-486 du 22 mai 2019, art. 40-IX)* « treizième » alinéa de l'article L. 710-1 du code de commerce, au premier alinéa de l'article 5-1 du code de l'artisanat ou à l'article L. 510-1 du code rural et de la pêche maritime peut faire l'objet d'un bail emphytéotique prévu à l'article L. 451-1 du même code, en vue de sa restauration, de sa réparation ou de sa mise en valeur. Ce bail est dénommé bail emphytéotique administratif.

Un tel bail peut être conclu même s'il porte sur une dépendance du domaine public. *(Ord. n° 2015-899 du 23 juill. 2015, art. 101-I)* « Il ne peut avoir pour objet l'exécution de travaux, la livraison de fournitures, la prestation de services, ou la gestion d'une mission de service public, avec une contrepartie économique constituée par un prix ou un droit d'exploitation, pour le compte ou pour les besoins d'un acheteur soumis à l'ordonnance n° 2015-899 du 23 juillet 2015 relative aux marchés publics ou d'une autorité concédante *(Ord. n° 2016-65 du 29 janv. 2016, art. 72, en vigueur le 1er avr. 2016)* « soumise à l'ordonnance n° 2016-65 du 29 janvier 2016 relative aux contrats de concession ».

« Dans le cas où un tel bail serait nécessaire à l'exécution d'un contrat de la commande publique, ce contrat prévoit, dans le respect des dispositions du présent code, les conditions de l'occupation du domaine. »

Il peut prévoir l'obligation pour le preneur de se libérer du paiement de la redevance d'avance, pour tout ou partie de la durée du bail.

II. — Lorsque le bien objet du bail emphytéotique fait partie du domaine public de la personne publique, le bail conclu en application du I satisfait aux conditions particulières suivantes :

1° Les droits résultant du bail ne peuvent être cédés, avec l'agrément de la personne publique propriétaire, qu'à une personne subrogée au preneur dans les droits et obligations découlant de ce bail et, le cas échéant, des conventions non détachables conclues pour la réalisation de l'opération ;

(Ord. n° 2017-562 du 19 avr. 2017, art. 6) « Par dérogation à l'alinéa précédent, les droits résultant du bail ne peuvent faire l'objet d'une cession lorsque le respect des obligations de publicité et de sélection préalables à la délivrance d'un titre, prévues à l'article L. 2122-1-1, s'y oppose. »

2° Le droit réel conféré au preneur et les ouvrages dont il est propriétaire ne peuvent être hypothéqués qu'en vue de garantir des emprunts contractés par le preneur pour financer la réalisation des obligations qu'il tient du bail ; le contrat constituant l'hypothèque doit, à peine de nullité, être approuvé par la personne publique propriétaire ;

3° Seuls les créanciers hypothécaires peuvent exercer des mesures conservatoires ou des mesures d'exécution sur les droits immobiliers résultant du bail. La personne publique propriétaire peut se substituer au preneur dans la charge des emprunts en résiliant ou en modifiant le bail et, le cas échéant, les conventions non détachables ;

4° Les modalités de contrôle de l'activité du preneur par la personne publique propriétaire sont prévues dans le bail ;

5° Les constructions réalisées dans le cadre de ce bail peuvent donner lieu à la conclusion de contrats de crédit-bail. Dans ce cas, le contrat comporte des clauses permettant de préserver les exigences du service public.

III. — L'une ou plusieurs de ces conditions peuvent également être imposées au preneur lorsque le bien fait partie du domaine privé de la personne publique.

L'Ord. nº 2015-899 du 23 juill. 2015 entre en vigueur à une date fixée par voie réglementaire. Le Décr. nº 2016-360 du 25 mars 2016 a fixé cette date au 1er avr. 2016 (Décr. préc., art. 188). Cette Ord. s'applique aux marchés publics ainsi qu'aux contrats qui relèvent de cette Ord. pour lesquels une consultation est engagée ou un avis d'appel public à la concurrence a été envoyé à la publication à compter du 1er janv. 2016 (Ord. préc., art. 103).

Le Décr. nº 2016-86 du 1er févr. 2016 fixe la date d'entrée en vigueur de la modification issue de l'Ord. nº 2016-65 du 29 janv. 2016 au 1er avr. 2016 (Décr. préc., art. 55). Cette Ord. s'applique aux contrats de concession pour lesquels une consultation est engagée ou un avis de concession est envoyé à la publication à compter de sa date d'entrée en vigueur (Ord. préc., art. 78).

Les dispositions issues de l'art. 6 de l'Ord. nº 2017-562 du 19 avr. 2017 sont applicables aux titres délivrés à compter du 1er juill. 2017 (Ord. préc., art. 15).

BIBL. ▸ **Articles :** Fatôme et Raunet, Naissance d'un nouveau bail emphytéotique administratif : le BEA de valorisation, *AJDA 2010. 2471*. – Clamour, La loi du 23 juillet 2010 relative aux réseaux consulaires, au commerce, à l'artisanat et aux services, *Rev. CMP 2010, nº 325* ; L'extension du « BEA-valorisation », *Rev. CMP 2011, nº 98*. – Terneyre, *BJCP 2010. 449*. – Yolka, Reconversion de l'hôtel de la Marine. Le bateau ivre ?, *AJDA 2011. 429*. – Foulquier, L'article L. 2341-1 du code général de la propriété des personnes publiques : le nouveau BEA valorisation, *RDI 2011. 112*.

▸ **Rapports :** Cour des comptes, Au sujet du BEA de valorisation de la Grande Arche, *Rapport public annuel pour 2018, p. 291 s.*

COMMENTAIRE

L'article L. 2341-1, issu d'un amendement présenté par le rapporteur à l'Assemblée nationale de la loi du 23 juillet 2010 relative aux réseaux consulaires, au commerce, à l'artisanat et aux services, élargit notablement le champ du BEA L'objet du texte est de permettre à l'État (il n'est probablement pas sans lien avec le projet très controversé relatif à l'Hôtel de la Marine, place de la Concorde) et à certains de ses établissements publics de recourir à une formule dont ledit rapporteur considère qu'elle a deux mérites : permettre de valoriser les patrimoines publics « en attirant des investisseurs privés » et « faire coexister l'intérêt de la dépendance du domaine public avec les intérêts privés » (C. Vautrin, A.N., *Rapport nº 2388, 24 mars 2010, p. 101*). Sans doute peut-on se réjouir que cette réforme du champ du BEA, contrairement à la précédente (l'art. 7 de la loi du 17 févr. 2009 pour l'accélération des programmes de construction et d'investissement publics et privés qui permet le recours au BEA sur le domaine de l'État en vue de la réalisation de logements sociaux), ait été insérée dans le présent code, et ce, même si l'intitulé du nouveau titre comportant cet unique article est inutilement grandiloquent tant la « valorisation du patrimoine immobilier » des personnes publiques ne se résume évidemment pas à cette seule hypothèse. Mais l'on ne peut que regretter que le régime juridique du BEA soit de plus en plus éclaté, ce « nouveau » BEA étant soumis à un régime juridique partiellement distinct de celui du BEA « local » et de celui du BEA « hospitalier ». Et l'on peut s'interroger sur la question de sa qualification en droit européen : marché, concession de travaux publics (Clamour) ?

Le législateur a saisi l'occasion de la discussion de la loi n° 2011-267 du 14 mars 2011 d'orientation et de programmation pour la performance de la sécurité intérieure pour modifier l'article L. 1311-2 du code général des collectivités territoriales afin de permettre à ces dernières et à leurs groupements et autres établissements publics de conclure de tels contrats.

I. CHAMP D'APPLICATION

Cette nouvelle hypothèse de BEA est, du point de vue de son champ d'application, doublement remarquable. Ce BEA est tout d'abord ouvert à l'État. Il est également utilisable par différents établissements publics de l'État, ceux composant respectivement le réseau des chambres de commerce et d'industrie (V. art. L. 710-1 C. com.), le réseau des chambres de métiers et de l'artisanat (V. art. L. 5-1 C. artisanat) et le réseau des chambres d'agriculture (V. art. L. 510-1 C. rur.). Rien ne justifie pourtant de traiter différemment ces établissements publics de l'État de leurs homologues.

Il est ensuite ouvert sur tout bien immobilier (qu'il appartienne au domaine public ou au domaine privé), l'article L. 2341-1 n'interdisant pas d'user de cette formule pour les dépendances du domaine public entrant dans le champ de la contravention de voirie, contrairement à ce que prévoit art. L. 1311-2 du code général des collectivités territoriales.

II. OBJET

Le BEA n'est ici envisageable que pour la restauration, la réparation ou la mise en valeur du bien immobilier objet du contrat. Cet objet semble plus limité (sauf à admettre que l'expression mise en valeur doive faire l'objet d'une interprétation extensive) que celui du BEA « local » (V. CGCT, art. L. 1311-2), et l'on comprend mal pourquoi le législateur, qui avait pour objectif revendiqué d'étendre à l'État une formule ayant fait ses preuves au niveau local, a limité le champ d'application de cette extension. Eu égard à la pauvreté des débats parlementaires, on ne dispose pour l'instant d'aucun élément d'explication.

III. CONDITIONS

Le législateur a pris soin de soumettre la conclusion de ce B.E.A. à cinq conditions, obligatoires si le bien immobilier objet du bail appartient au domaine public, facultatives si ce bien appartient au domaine privé. Elles s'inspirent très largement des règles applicables au BEA « local ».

Tout d'abord, les droits résultant du bail ne sont cessibles que dans les mêmes conditions que pour le BEA « local » (V. art. L. 1311-3, 1°, CGCT).

De même, l'hypothèque n'est envisageable, comme en matière locale (V. art. L. 1311-3, 2°, CGCT), qu'avec l'accord du propriétaire et si elle est réalisée pour garantir des emprunts contractés afin de financer l'exécution du contrat. Et les créanciers hypothécaires sont ici aussi les seuls à pouvoir exercer des mesures conservatoires ou d'exécution sur les droits immobiliers résultant du bail, la personne publique pouvant se substituer au preneur dans la charge des emprunts (V. également l'art. L. 1311-3, 3°, CGCT).

Le crédit-bail est possible pour financer les constructions réalisées dans le cadre du bail, et le contrat de crédit-bail doit comporter des clauses permettant de préserver les exigences du service public (V. dans le même sens l'art. L. 1311-3, 5°, CGCT).

Enfin, le BEA doit prévoir les modalités de contrôle de l'activité du preneur par la personne publique (à l'instar de ce qui est exigé pour la variante hospitalière du BEA, art. L. 6148-5-3 CSP).

Le BEA valorisation, à l'instar du BEA général réglé par le CGCT, a connu une réduction de son champ d'application avec l'entrée en vigueur, le 1er avril 2016, de l'ordonnance n° 2015-899 relative aux marchés publics. Désormais, le BEA « valorisation » « ne peut avoir pour objet l'exécution de travaux, la livraison de fournitures, la prestation de services, ou la gestion d'une mission de service public, avec une contrepartie économique constituée par un prix ou un droit d'exploitation, pour le compte ou pour les besoins d'un acheteur soumis à l'ordonnance n° 2015-899 du 23 juillet 2015 relative aux marchés publics ou d'une autorité concédante ». ❑

Art. L. 2341-2 *(L. nº 2017-1837 du 30 déc. 2017, art. 154)* **Les établissements publics d'enseignement supérieur relevant du ministre chargé de l'enseignement supérieur ou conjointement des ministres chargés de l'enseignement supérieur et de l'agriculture sont compétents pour assurer l'entretien et la gestion des biens immobiliers dont ils sont propriétaires ou qui sont mis à leur disposition par l'État ainsi que la valorisation immobilière de ces biens et les opérations immobilières d'aménagement des campus, hors cession des biens mis à leur disposition par l'État.**

Ils sont compétents pour délivrer sur ces biens des titres constitutifs de droits réels à un tiers et pour en fixer les conditions financières.

Cette délivrance est soumise à l'autorisation préalable de l'autorité administrative lorsqu'elle concerne des biens immobiliers mis à leur disposition par l'État et nécessaires à la continuité du service public.

BIBL. ▸ **Ouvrages :** Caisse des dépôts et consignations et Conférence des présidents d'université, Le transfert du patrimoine universitaire, *PUF, 2010, coll. Quadrige.*

▸ **Rapports :** Inspection générale des finances et Inspection générale de l'administration de l'éducation nationale et de la recherche, La dévolution du patrimoine immobilier aux universités, *2016*. – Cour des comptes, *Rapport public annuel pour 2018, p. 387 s.* (au sujet de l'opération Campus).

▸ **Articles :** Joyau, Transfert du patrimoine immobilier : les universités auront-elles (vraiment) le choix ?, *AJDA 2010. 2233*. – Dupont-Marilia, Des universités propriétaires et autonomes, *ibid. 2011. 753*. – Seban et Maitrier, Pour une valorisation du patrimoine universitaire, *Opérations immobilières, avr. 2011. 27*. – Raunet, Donniou et Leonetti, Valorisation du patrimoine universitaire, *in* Patrimoine public – Rebus sic stantibus ?, *Ét. fonc. nov.-déc. 2011, nº 254*. – Donniou et Leonetti, Immobilier universitaire : des modalités différentes d'octroi de droits réels selon l'origine des biens, *Bulletin Cheuvreux Notaires, nº 4-2012*. – Clamour, Élargissement du principe de spécialité des établissements publics d'enseignement supérieur à la valorisation de leurs biens immobiliers, *Rev. CMP 2018. Comm. 26*. – Videlin, chron. de droit public économique, *JCP Adm. 2018. 2147, nº 17*. – Gaudemar, Valorisation, gestion, occupation sans titre et expulsion... Actualités du patrimoine immobilier des établissements publics d'enseignement supérieur, *JCP Adm. 2018. 2157*.

COMMENTAIRE

L'article L. 2341-2 a été inséré dans le CGPPP par la loi de finances pour 2018 afin de regrouper certaines dispositions relatives au patrimoine immobilier universitaire, qui étaient alors dispersées dans plusieurs articles du code de l'éducation (Gaudemar, préc., *JCP Adm. 2018. 2157*). Il rappelle que les établissements publics d'enseignement supérieur sont compétents pour assurer l'entretien et la gestion des biens immobiliers dont ils sont propriétaires ou qui sont mis à leur disposition par l'État, ainsi que pour la valorisation immobilière de ces biens et les opérations immobilières d'aménagement des campus. Ces établissement sont également compétents pour délivrer des titres constitutifs de droits réels tant pour les biens dont ils sont propriétaires que pour ceux qui sont mis à leur disposition par l'État. ❑

TROISIÈME PARTIE CESSION

LIVRE PREMIER BIENS RELEVANT DU DOMAINE PUBLIC

TITRE UNIQUE INALIÉNABILITÉ ET IMPRESCRIPTIBILITÉ

CHAPITRE PREMIER PRINCIPE

Art. L. 3111-1 Les biens des personnes publiques mentionnées à l'article L. 1, qui relèvent du domaine public, sont inaliénables et imprescriptibles. — *[C. dom. Ét., art. L. 52 ; CGCT, art. L. 1311-1, al. 1er ; CSP, art. L. 6148-1, al. 1er.]*

BIBL. ▶ **Encyclopédie :** Chamard, Domaine public. Indisponibilité. Inaliénabilité. Imprescriptibilité, *J.-Cl. Propriétés publiques, fasc. 61.*

▶ **Thèses :** Jourdanne, De l'indisponibilité du domaine public en droit commun et en droit français, *Toulouse, 1881.* – Le Montagner, Le principe de l'inaliénabilité du domaine de la Couronne à la fin de l'Ancien Régime, *Mémoire DES, Paris, 1949.* – Vegting, Domaine public et *res extra commercium.* Étude historique du droit romain, français et néerlandais, *Sirey, 1947.* – Drevet, L'expropriation du domaine public, *Toulouse, 1923.* – Viel, De l'emploi de l'action possessoire à l'occasion des dépendances du domaine public, *Toulouse, 1907.* – Rousselet, La règle de l'inaliénabilité du domaine de la Couronne. Étude doctrinale de 1566 à la fin de l'Ancien Régime, *LGDJ, Panthéon-Assas, 1997.* – Chamard, La distinction des biens publics et des biens privés. Contribution à la définition de la notion de biens publics, *Dalloz, 2004.* – de Gaudemar, L'inaliénabilité du domaine public, *Paris II, 2006.* – Brissaud, Inaliénabilité et propriété des œuvres d'art sous la Révolution française. De la nationalisation des biens au Code civil, *th. Écoles des Chartes, 2012.* – Orlandini, La dénaturation des critères du domaine public, *Toulouse, 2018.*

▶ **Articles, rapports :** de Laubadère, Domanialité publique, propriété administrative et affectation, *RD publ. 1950. 24.* – Lavialle, L'imprescriptibilité du domaine public, *RFDA 1985. 27.* – Simonian-Gineste, Avenir du principe d'inaliénabilité du domaine public, *RDI 1989. 169.* – Juen, La compatibilité de principe de l'inaliénabilité avec la constitution de droits réels, *RDI 2000. 121* . – Gouron, L'inaliénabilité du domaine public : à l'origine du principe, *Compte rendu des séances de l'Académie des Inscriptions et Belles-Lettres, 2001, n° 2, p. 817.* – Fatôme, À propos des bases constitutionnelles du droit du domaine public, *AJDA 2003. 1200* . – Hubrecht, L'inaliénabilité, passé et avenir d'un principe de droit constitutionnel, *Mél. Lavroff, Dalloz 2005. 411.* – Costa, L'inaliénabilité et l'imprescriptibilité du domaine public à l'épreuve de la Convention européenne des droits de l'homme, *Mél. Fatôme, Dalloz 2011. 87.* – Delaloy, Faut-il supprimer le principe d'inaliénabilité du domaine public ?, *RD publ. 2006. 575.* – Kintz, Le domaine public est inaliénable et imprescriptible, *Droit et ville 2006, n° 61, p. 217.* – Douence, L'inaliénabilité du domaine public : de la nécessité de revoir la règle de l'indisponibilité des dépendances domaniales entre personnes publiques, *AJDA 2006. 238* . – Fatôme, Le régime juridique des biens affectés au service public. À propos de la décision du Conseil constitutionnel du 14 avril 2005, *ibid. 178* . – Papapolychroniou, Indisponibilité des biens affectés à une utilité publique, *RRJ 2007. 1415.* – de Gaudemar, L'intrigante copie de René Capitant au concours d'agrégation de droit public de 1930, *RFDA 2007. 1297* . – Fatôme, Les dérogations au principe d'inaliénabilité des biens du domaine public prévues par le Code général de la propriété des personnes publiques, *Cah. Dr. intercom. 2008. Étude 7* ; Bref regard sur le domaine public naturel après le Code général de la propriété des personnes publiques, *AJDA 2009. 2326* . – Yolka, Domaine local et cessions forcées, *RLCT juill. 2008* ; L'expropriation des collectivités territoriales, *JCP Adm. 2008. 2028* ; L'accès des personnes publiques à la copropriété, *Dr. et patr. 3/2009. 80.* – Rigaud, Réflexion sur la possibilité pour les opérateurs publics d'aliéner les œuvres de leurs collections, *Rapport 2008 remis au ministère de la Culture.* – Saujot, Inaliénabilité reconnue aux collections muséales : le recours à la procédure de déclassement doit être respecté, *JCP 2008. II. 10181* ; Faut-il atténuer le principe d'inaliénabilité des œuvres muséales ? À propos du rapport Rigaud, *ibid. I. 137.* – Amiel, L'aliénabilité n'est pas le bon remède à la respiration des collections publiques, *JCP Adm. 2008. Actu. 197.* – Saujot, Principe d'inaliénabilité du domaine public appliqué aux restes mortuaires appartenant à une collection muséale, *JCP 2008. II. 10041.* – Foulquier, Les servitudes sur le domaine public, *Dr. et patr. 3/2009. 69.* – de Gaudemar, L'inaliénabilité du domaine public, une nouvelle lecture, *Dr. et patr. 3/2009. 74.* – Pontier, Sur l'inaliénabilité des œuvres des musées de France, *Rev. adm. 2009, n° 368, p. 164.* – Omarjee, Les avant-contrats et le domaine public, *JCP N 2009, n° 1208* ; Une collectivité publique peut-elle consentir une promesse de vente sur une dépendance de son domaine public ?, *RLCT mai 2009. 42.* – Gaudemet, Les droits réels sur le domaine public, *Dr. et patr. 3/2009. 63.* – Noguellou, La protection du domaine public maritime devant la Cour européenne des droits de l'homme, *Dr. adm. 2010. Alerte 28.* – Bui-Xuan, L'inaliénabilité des collections en question, *AJDA 2010. 233* . – Pontier, Une restitution, d'autres suivront. Des têtes maories aux manuscrits Uigwe, *ibid. 1419* . – Saujot, La loi du 18 mai 2010 rend-elle enfin possible une certaine respiration des collections muséales ?, *JCP Adm. 2010, n° 2222.* – Duroy, Peut-on perdre la tête... maorie, dans le respect du droit ?, *AJDA 2011. 1225* . – Ballif, Restitution des têtes maories et déclassement du domaine public des biens culturels. À propos de la loi du 18 mai 2010, *Rev. adm. 2011, n° 380, p. 149.* – Richer, Les cent ans de la théorie des droits réels, Contrats et propriétés publics, *LexisNexis 2011. 101.* – Camus, Le domaine public et le temps, *Gaz. Pal. 2011, n° 140, p. 9.* – Costa, L'inaliénabilité et l'imprescriptibilité du domaine public à l'épreuve de la Convention européenne des droits de l'homme, *Mél. Fatôme, Dalloz. 2011. 87.* – Duroy, Le déclassement des biens meubles culturels et cultuels. Réflexions sur la cause et les limites de leur inaliénabilité, *RDP 2011. 57.* – Yang-Paya et Ziane, La prescription acquisitive en matière immobilière : l'accession à la propriété par la possession de l'immeuble, *Actes prat. et ingén. immob., sept. 2013, p. 19.* – Brissaud, L'élaboration du principe d'inaliénabilité pour les collections muséales et les biens du domaine public mobilier sous la Révolution française, *Livraisons d'histoire de l'architecture n° 26/ 2013. 141.* – Comellas, Interrogations sur le principe de prescriptibilité du domaine privé des personnes publiques, *JCP Adm. 2015. 2161.* – Ngampio-Obélé-Bélé, Les promesses de vente de biens immobiliers faites par les personnes publiques devant le juge administratif, *Dr. adm. févr. 2017. Étude 2.* – Roux, La circulation des biens publics affermie par ordonnance, *ibid. juin 2017. Alerte 86.* – Perrot, L'inaliénabilité des collections publiques au miroir de la restitution des œuvres d'art, *RD publ. 2017. 599.* – De Belval, De la question des clauses d'inaliénabilité dans les collections des Musées de France, *JAC 2017, n° 52, p. 22* . – Girard, La temporalité de l'imprescriptibilité en droit administratif, *RD publ. 2018. 739.* – Caillosse, Le principe d'inaliénabilité du domaine public, *Zbornik radova Pravnog fakulteta u Splitu, n° 55, 2018. 29.* – Savoy et Sarr, Rapport sur la restitution du patrimoine culturel africain, nov. 2018, http ://restitutionreport2018.com – Yolka, Collectivités territoriales et ventes immobilières « complexes » : quelques (in)certitudes, *JCP A 2019. 2062.* – Bompard, Prescriptions et propriétés publiques, *RDP 2019-4, p. 895.* – Hansen, Diallo Le-Camus, et Mac Donald, Les restitutions du patrimoine culturel africain à l'aune du droit de la propriété des personnes publiques, *JCP A. 2019. 2164.* – Dross, L'application de la maxime « En fait de meuble, possession vaut titre » au bien du domaine public mobilier, *RTD civ. 2019. 145* . – Dross, L'article 2276 et le domaine public : épisode 2, *RTD civ. 2019. 366* . – Murgue-Varoclier, La cession domaniale contre remise de locaux : un montage contractuel piégé, *RFDA 2019. 877* . – Yolka, Usucampion, *AJDA 2019. 2209* . – Foulquier, Les principes fondamentaux de la domanialité publique et le Conseil constitutionnel, *AJDA 2019. 1982* . – Marthinet, Questions sur les archives publiques : propriété, imprescriptibilité, revendication, accès, *RFDA 2019. 1085* . – Hansen, L'épilogue judiciaire de l'action en revendication de l'État portant sur le fragment du jubé de la cathédrale de Chartres, *JCP Adm. 2019. 2323.*

COMMENTAIRE

Le CGPPP consacre, dans ses articles L. 3111-1 et L. 3111-2 (V. *infra*), une règle classique et ancienne qui figurait déjà à l'article L. 52 du code du domaine de l'État (règle que l'on retrouve à l'article L. 1311-1 du code général des collectivités territoriales et à l'article L. 6148-1 du code de la santé publique). En effet, depuis l'avènement de la division domaniale au XIXe siècle, les biens du domaine public sont frappés d'indisponibilité, c'est-à-dire que le pouvoir de disposition des propriétaires publics ne s'exerce pas librement : ces biens sont inaliénables et imprescriptibles.

Les dispositions de l'article L. 3112-1 (V. *infra*) constituent, quant à elles, une véritable nouveauté, en réponse aux souhaits des gestionnaires publics.

Aucune disposition réglementaire n'est prévue.

I. LA CONSÉCRATION DES PRINCIPES CLASSIQUES D'INALIÉNABILITÉ ET D'IMPRESCRIPTIBILITÉ

Fondement. L'indisponibilité du domaine public a été instituée de manière à préserver l'affectation à l'usage du public ou à un service public des biens qui le composent. Ce n'est pas la nature des biens, mais leur destination et l'usage que l'on en fait qui rendent les biens du domaine public indisponibles. On considère en effet que cette affectation sera d'autant mieux protégée que le bien reste dans le patrimoine d'une personne publique.

Cela étant, il ne faut pas avoir une conception trop extensive de l'article L. 3111-1 : seuls les biens faisant partie du domaine public au sens de l'article L. 2111-1 sont ainsi protégés. En conséquence, les propriétés publiques qui sont affectées à un service public, mais qui restent classées dans le domaine privé (comme les immeubles de bureaux, par exemple), ne sont ni inaliénables ni imprescriptibles (*Contra*, Proposition de loi AN n° 2584, 13 oct. 2005, M. Merly, tendant à interdire la prescription acquisitive des immeubles du domaine privé des collectivités territoriales. – Proposition loi Sénat n° 292 du 16 janv. 2014, tendant à interdire la prescription acquisitive des immeubles du domaine privé des collectivités territoriales et à autoriser l'échange en matière de voies rurales, dont le texte a été adopté par le Sénat le 12 mars 2015).

Interdiction temporaire et contingente. Ce fondement explique que l'interdiction de vendre les dépendances du domaine public ne soit pas absolue. Dès lors que l'affectation à l'usage direct du public ou à un service public cesse, ces biens retournent dans le commerce et les transferts vers les patrimoines privés deviennent possibles. L'article L. 3111-1 n'empêche donc pas de manière définitive les personnes publiques de vendre leurs biens : cette impossibilité ne dure que tant que l'affectation est maintenue. Dès lors que cette affectation cesse, le bien redevient disponible.

C'est précisément ce qui se passe lorsqu'un propriétaire public désaffecte et déclasse l'une de ses dépendances (V. art. L. 2141-1, *supra*). Le bien public déclassé est à nouveau librement cessible et prescriptible, même au profit de personnes privées. Le déclassement est donc le préalable nécessaire à toute aliénation (V. par ex., pour l'aliénation des biens des concessions de transport de gaz : Arr. du 2 août 2002, *JO 10 août 2002, p. 13736*), même si la vente a été prescrite par un juge ou même si elle est effectuée d'office par le représentant de l'État dans le cadre de son pouvoir de substitution prévu à l'article 1er-II de la loi du 16 juillet 1980 ; celui-ci doit obligatoirement déclasser les biens du domaine public local qu'il envisage de vendre pour dégager des ressources permettant la pleine exécution d'une décision de justice passée en force de chose jugée. Ces « cessions forcées » doivent donc respecter le principe de l'inaliénabilité du domaine public.

Valeur législative. La valeur législative de l'inaliénabilité et de l'imprescriptibilité du domaine public est consacrée par le CGPPP. Cela signifie concrètement que le législateur est compétent pour y apporter des dérogations et décider librement l'aliénation de telle ou telle dépendance du domaine public, sans procéder à une désaffectation et un déclassement préalables. En revanche, ces principes s'imposent aux autorités administratives, qui ne sauraient se dispenser de désaffecter et de déclasser les biens avant de les aliéner. Le Conseil constitutionnel a jugé que l'article L. 3111-1 était bien conforme à la Constitution, même lorsqu'il s'applique à des acquéreurs de bonne foi de biens du domaine public mobilier (Cons. const. 26 oct. 2018, n° 2018-743 QPC, *Sté Brimo de Laroussilhe : JCP Adm. 2018. Actu. 829, obs. Touzeil-Divina ; AJDA 2018. 2103, obs. Maupin* ; *JCP 2018. 1216, obs. Noual ; JCP Adm. 2019. 2009, comm. Hansen ; JCP 2019. 212, note de Gaudemar ; Dr. adm. 2019, comm. 3, obs. Grabias ; Rev. CMP 2019. Comm. 21, obs. Soler-Couteaux ; Rev. CMP 2019, Chron. 6 et 21 obs. Soler-Couteaux, Zimmer et Waltuch ; Constitutions 2018. 533, note Bettio* ; *AJDA 2019. 1982, note Foulquier*. – V. aussi, Foulquier, Les principes fondamentaux de la domanialité publique et le Conseil constitutionnel, *AJDA 2019. 1982, note Foulquier*).

Cela étant, la formulation de cet article pas plus que la jurisprudence constitutionnelle ne permettent de clore le débat relatif à la supposée valeur constitutionnelle du principe d'indisponibilité du domaine public. Mais, si l'indisponibilité du domaine public n'a pas reçu en elle-même de consécration constitutionnelle, le principe plus général de protection du domaine public, quant à lui, tend à se voir reconnaître une telle valeur.

II. LES CONSÉQUENCES DES PRINCIPES D'INALIÉNABILITÉ ET D'IMPRESCRIPTIBILITÉ DU DOMAINE PUBLIC

Ces principes, qui protègent les biens du domaine public, constituent naturellement une entrave à leur libre circulation : les dépendances du domaine public ne peuvent pas être vendues, sauf exception, ni être l'objet d'une prescription acquisitive. Cependant, les conséquences de l'article L. 3111-1 vont au-delà de ces deux interdictions ; elles recouvrent, en principe, les différents modes d'aliénations volontaires et d'aliénations forcées. On constate que le CGPPP assouplit les règles relatives aux premiers, tandis qu'il reste inflexible sur les seconds.

A. L'INTERDICTION DES ALIÉNATIONS VOLONTAIRES, UN PRINCIPE DE PORTÉE VARIABLE

L'inaliénabilité des biens du domaine public est en fait surtout conçue pour empêcher leur appropriation privative tant que leur affectation à l'utilité publique est maintenue. Mais, même à l'égard des acquéreurs privés, le CGPPP prévoit quelques dérogations.

1° LES CONSÉQUENCES À L'ÉGARD DES PERSONNES PRIVÉES

Nullité des aliénations volontaires. Les personnes privées, même de bonne foi, ne peuvent pas acquérir à titre onéreux des dépendances du domaine public tant que celles-ci n'ont pas été régulièrement déclassées. Le feraient-elles que ces aliénations seraient frappées de nullité. L'inaliénabilité protège tant les immeubles du domaine public que les biens mobiliers faisant partie du domaine public. En raison de leur inaliénabilité, les acquéreurs, même de bonne foi, sont tenus de restituer les dépendances du domaine public ainsi acquises. Ils ne peuvent pas se prévaloir de l'article 2276 du code civil. Le prix qu'ils ont versé ne doit pas leur être restitué, mais l'acquéreur est en droit de se retourner contre celui qui lui a vendu les biens afin de récupérer les sommes qu'il a versées, de sorte que si la vente a été réalisée par la personne publique propriétaire, le principe de restitution gratuite ne s'appliquera pas. L'administration sera en outre tenue de dédommager l'acquéreur du préjudice que l'annulation de l'opération a pu lui causer.

L'action en nullité est en principe portée devant le juge judiciaire, qui applique les règles classiques de la prescription acquisitive en matière immobilière (C. civ., art. 2272). En revanche, le juge administratif reste compétent pour les questions préjudicielles d'appartenance au domaine public, pour statuer sur les actes détachables de l'aliénation ou lorsqu'il s'agit d'annuler la vente d'un immeuble de l'État (CGPPP, art. L. 3231-1). Cette action n'est, pour le juge administratif, enfermée dans aucune condition de délai, le domaine public étant imprescriptible.

Les tiers peuvent d'ailleurs se prévaloir de l'inaliénabilité du domaine public lorsque cette règle est nécessaire à la défense de leurs droits, ce qui n'a pas pour conséquence de rendre nulle la cession intervenue en méconnaissance de celle-ci, mais de la leur rendre inopposable : l'acquéreur privé ne peut exercer à leur égard les droits du propriétaire. Tout intéressé a également la possibilité d'attaquer par la voie du recours pour excès de pouvoir les actes détachables autorisant l'aliénation. L'inaliénabilité du domaine public est donc instituée autant dans l'intérêt des personnes publiques propriétaires que dans celui des personnes qui utilisent les dépendances du domaine public.

Les personnes publiques ne peuvent en principe pas plus échanger un bien du domaine public contre un autre bien appartenant à une personne privée. L'échange, en tant qu'il est assimilé à une aliénation volontaire (C. civ., art. 1707), est proscrit, sauf dérogation (CGPPP, art. L. 3112-2 et L. 3112-3).

Constitution de droits réels. La doctrine a déduit du principe d'inaliénabilité l'interdiction de constituer des droits réels sur le domaine public, au motif que ceux-ci constitueraient une aliénation partielle du domaine qualifiée de « démembrement de la propriété » ; les servitudes, l'usufruit, le droit d'usage et le droit d'habitation, le bail emphytéotique (Rép. min. n° 24366 : *JO Sénat Q, 25 janv. 2001, p. 256*), le bail à construction ou à réhabilitation, le droit de superficie, l'hypothèque ou le nantissement, sont, de ce fait, proscrits sur le domaine public. Le Conseil d'État a refusé, à de multiples reprises, la constitution de droits réels civils sur le domaine public. La jurisprudence judiciaire l'a admis de manière exceptionnelle lorsque l'occupation privative de la dépendance constituait le mode normal d'utilisation du domaine public : ainsi le titulaire d'une concession funéraire dispose-t-il d'un droit réel immobilier.

Les servitudes légales sont, dans tous les cas, insusceptibles de grever le domaine public. Et c'est précisément parce que les droits réels civils sont proscrits sur le domaine public qu'est apparue la « théorie des droits réels administratifs » (Hauriou et Rigaud), fondée sur la précarité et la révocabilité (CGPPP, art. L. 2122-3).

Enfin, le principe d'inaliénabilité du domaine public ne s'oppose pas à ce que l'occupant du domaine public soit considéré comme le propriétaire des ouvrages qu'il construit régulièrement et qu'il soit donc assujetti à la taxe foncière.

Assouplissements. Jusqu'à l'entrée en vigueur du CGPPP, l'inaliénabilité du domaine public allait jusqu'à interdire les ventes sous condition suspensive ou résolutoire de désaffectation. Or, l'article L. 2141-2 autorise désormais le déclassement d'un immeuble appartenant au domaine public artificiel, toujours affecté à un service public ou à l'usage direct du public, suivi de sa vente. A condition que le bien soit désaffecté dans un délai maximal de trois (ou six) ans et que la vente comporte quelques conditions comme une clause résolutoire relative à la désaffectation, n'importe qui, y compris une personne privée, peut acheter un bien du domaine public (V. *supra*, comm. ss. art. L. 2141-2).

De la même façon, bien que constituant des droits réels civils, les servitudes conventionnelles sont désormais autorisées sur le domaine public à condition d'être compatibles avec l'affectation de la dépendance (V. obs. ss. art. L. 2122-4. – Yolka, Servitudes sur les propriétés publiques : *J.-Cl. Propriétés publiques, Fasc. 55*. – Tixier, Les servitudes de l'article L. 2122-4 du Code général de la propriété des personnes publiques : quel emprunt au droit privé ?, *Mél. Fatôme, Dalloz, juin 2011, p. 443*).

Il faut enfin souligner que le gouvernement a souhaité moderniser les règles régissant les transferts de propriété (L. n° 2016-1691 du 9 déc. 2016 relative à la transparence, à la lutte contre la corruption et à la modernisation de la vie économique, dite « loi Sapin 2 », art. 34). C'est ainsi que l'article 12 de l'ordonnance n° 2017-562 du 19 avril 2017 relative à la propriété des personnes publiques a prévu que « les biens des personnes publiques qui, avant l'entrée en vigueur de la présente ordonnance, ont fait l'objet d'un acte de disposition et qui, à la date de cet acte, n'étaient plus affectés à un service public ou à l'usage direct du public peuvent être déclassés rétroactivement par l'autorité compétente de la personne publique qui a conclu l'acte de disposition en cause, en cas de suppression ou de transformation de cette personne, de la personne venant aux droits de celle-ci ou, en cas de modification dans la répartition des compétences, de la personne nouvellement compétente » (V. comm. ss. art. L. 2141-1). Dans cet esprit également, les promesses de vente sous condition suspensive de déclassement ont été légalisées par cette même ordonnance (V. art. L. 3112-4).

2° LES CONSÉQUENCES À L'ÉGARD DES PERSONNES PUBLIQUES

Aliénations volontaires sans déclassement. C'est là une des innovations majeures du CGPPP. Avant l'entrée en vigueur de son article L. 3112-1, la position des propriétaires publics désireux de vendre à d'autres personnes publiques des dépendances de leur domaine public était pour le moins inconfortable. Soit ils procédaient au seul déclassement du bien avant de le vendre, mais ils s'exposaient alors à voir la vente annulée si ce bien restait affecté à l'usage direct du public ou à un service public, soit ils vendaient la dépendance sans la déclasser et l'opération tombait sous le coup de l'inaliénabilité. Dans tous les cas, le transfert de propriété n'était pas possible et les propriétaires publics n'avaient finalement d'autre choix que de se rabattre sur les transferts domaniaux, comme les mises à disposition. Désormais, les dépendances du domaine public des personnes publiques mentionnées à l'article L. 1 peuvent être cédées « à l'amiable, sans déclassement préalable entre ces personnes publiques » (V. comm. ss. CGPPP, art. L. 3112-3). Cette disposition est même d'application rétroactive, de manière à permettre la régularisation des cessions de domaine public entre personnes publiques dont la légalité est fragile (Ord. n° 2017-562 du 19 avr. 2017, art. 12).

B. L'INTERDICTION DES ALIÉNATIONS FORCÉES, UN PRINCIPE ABSOLU

Cette interdiction est absolue car elle s'applique à tous les éventuels acquéreurs, quelle que soit leur nature, publique ou privée. Elle ne connaît, par ailleurs, pas d'exception.

Insaisissabilité. Les créanciers privés des personnes publiques ne peuvent pas saisir les biens du domaine public de leur débiteur en cas de défaillance de celui-ci (V. CGPPP, art. L. 2311-1). L'inaliénabilité du domaine public ne constitue qu'un fondement surabondant de l'interdiction de saisir des biens publics.

Imprescriptibilité du domaine public. Les articles 2219 et 2258 du code civil définissent la prescription extinctive comme « un mode d'extinction d'un droit résultant de l'inaction de son titulaire pendant un certain laps de temps » et la prescription acquisitive comme « un moyen d'acquérir un bien ou un droit par l'effet de la possession sans que celui qui l'allègue soit obligé d'en rapporter un titre ou qu'on puisse lui opposer l'exception déduite de la mauvaise foi ». La condition essentielle de la prescription acquisitive est la possession continue et non interrompue, paisible, publique, non équivoque et à titre de propriétaire d'un bien (C. civ., art. 2261). Mais nul ne peut envisager d'acquérir des dépendances du domaine public par leur détention à titre de propriétaire pendant un délai de dix ou trente ans (C. civ., art. 2272). En effet, le domaine public, comme tous les biens et droits qui ne sont pas dans le commerce (C. civ., art. 2260), est imprescriptible (CGPPP, art. L. 3111-1).

La jurisprudence est ancienne et constante sur ce point.

La portée de cette règle est extrêmement large. En effet, elle est opposable en premier lieu à toutes les personnes privées, notamment celles qui occupent le domaine public ou en sont riveraines. L'imprescriptibilité est en second lieu opposable aux personnes publiques. Il est habituel de rappeler que les biens du domaine public sont imprescriptibles pour éviter que la négligence des personnes publiques réduise à néant l'inaliénabilité du domaine public et que celles-ci soient dépossédées à leur insu. D'ailleurs, les personnes publiques ne peuvent pas renoncer à se prévaloir de l'imprescriptibilité. Mais la portée de cette règle va au-delà. En effet, la dérogation instituée à l'article L. 3112-1 ne s'applique qu'aux cessions amiables : autrement dit, et même si la situation n'est pas facile à envisager en pratique eu égard aux exigences de la possession, une personne publique ne peut pas acquérir par prescription un bien appartenant au domaine public d'une autre personne publique. Le domaine public est donc absolument imprescriptible, en toute circonstance et quelle que soit la nature, publique ou privée, du possesseur.

Cette règle protège les immeubles du domaine public mais aussi, et surtout, le domaine public mobilier, interdisant au possesseur de bonne foi d'opposer à l'action en revendication mobilière de l'administration le délai de trois ans prévu par l'article 2276, alinéa 2, du code civil. L'adage « En fait de meubles, possession vaut titre » ne saurait s'appliquer à une dépendance du domaine public. En outre, l'article L. 451-3 du code du patrimoine rend imprescriptibles les collections des musées de France. Cette mesure n'est pas directement liée à la domanialité des biens en question, puisqu'elle est aussi susceptible de s'appliquer aux collections des musées privés. Elle se surajoute, en quelque sorte, à l'imprescriptibilité domaniale. Ainsi, les biens mobiliers qui composent les collections des musées de France appartenant à des personnes publiques sont « doublement » imprescriptibles. Il en est de même des archives publiques (C. patr., art. L. 212-1) et des domaines nationaux (C. patr., art. L. 621-36). Une ordonnance du 5 juillet 2017 a renforcé les moyens dont disposent les personnes publiques pour agir en restitution des biens illégalement soustraits à leur domaine public, créant une infraction pénale sanctionnant le refus de restituer des biens du domaine public mobilier (V. C. patr., art. L. 111-3-1, L. 111-7-1 s., L. 112-22 s. et L. 114-2-1 nouv. issus de l'Ord. n° 2017-1134 du 5 juill. 2017, portant diverses dispositions communes à l'ensemble du patrimoine culturel).

Action en réparation et action possessoire. On rattache également de façon traditionnelle à l'imprescriptibilité du domaine public celle de l'action en réparation des dommages qui sont causés à ce dernier. Par ailleurs, parce que l'imprescriptibilité interdit toute possession utile, elle conduit à l'irrecevabilité des actions possessoires contre les personnes publiques. Cependant, en cas de dépossession violente, les particuliers qui exerçaient une détention matérielle et paisible sur un immeuble du domaine public peuvent engager une action en réintégration. Ainsi, lorsque l'administration se rend coupable d'une voie de fait, le juge de l'action possessoire peut réintégrer l'occupant privé dans la possession de la dépendance domaniale en attendant qu'il soit statué, le cas échéant, sur le droit de propriété. Pourtant, il n'est pas certain que le rejet des actions possessoires soit réellement fondé sur l'imprescriptibilité du domaine public. En effet, il semble être plutôt justifié par le fait que la protection possessoire ne peut être accordée au possesseur à l'encontre de la personne dont il tient son droit, autrement dit, la personne publique propriétaire (C. civ., art. 2282, al. 2). L'occupant a, en revanche, la possibilité d'exercer ces actions contre les tiers qui troubleraient sa possession (sur cette analyse, Lavialle, L'imprescriptibilité du domaine public, *RFDA 1985. 38* ; Voie de fait et domaine public, *RFDA 2000. 1041* . – V. aussi Yolka, Sur un Janus : la voie de fait domaniale, *JCP Adm. 2003, p. 1227*).

Interdiction de l'expropriation du domaine public. Traditionnellement, tant qu'un bien du domaine public n'a pas été désaffecté et déclassé, son expropriation pour cause d'utilité publique n'est pas envisageable. Le Conseil d'État avait ainsi jugé, dans son arrêt *Conseil de fabrique de l'église de Saint-Nicolas-des-Champs* du 21 novembre 1884 *(Rec. CE, p. 803, concl. Marguerie)*, que les immeubles affectés au service du culte compris dans le périmètre d'une déclaration d'utilité publique « ne peuvent être distraits du service religieux que si l'autorité compétente, pour prononcer leur désaffectation, a préalablement statué sur cette mesure et sur les conditions auxquelles elle peut être soumise ». L'interdiction de l'expropriation du domaine public vaut même si le bénéficiaire est une personne publique, ce qui est le cas le plus fréquent. Cette position classique n'a pas été remise en cause par le CGPPP. En effet, là encore, les dérogations au principe d'indisponibilité ne portent que sur des aliénations volontaires, et non pas sur des aliénations forcées. Les critiques sont nombreuses à l'encontre de cette interdiction (V. par ex., Rapport sur le droit des propriétés publiques adopté par la Section des rapports et études du Conseil d'État en juin 1986, *EDCE 1987. 17*), puisqu'elle offre paradoxalement aux dépendances du domaine public une protection inférieure à celles du domaine privé, qui sont susceptibles d'être normalement expropriées (V. par ex., CE 27 nov. 1970, *Bizière : Rec. CE, p. 1070 ; D. 1972, II, p. 25, note Taugourdeau*). En effet, pour permettre la réalisation des projets d'intérêt général, et ce malgré l'obstacle d'une collectivité territoriale ou d'un établissement public, les autorités de l'État peuvent recourir à la procédure des transferts de gestion pour un motif d'intérêt général qui ne fait intervenir aucun juge, qui n'est pas précédée d'une enquête publique et qui n'implique pas une indemnité de dépossession pour la personne publique privée de son bien (CGPPP, art. L. 2123-3 s.). ❑

A. CONSÉCRATION DU PRINCIPE D'INALIÉNABILITÉ

1. *Inaliénabilité et jurisprudence administrative.* Les auteurs de la Société du domaine des prés salés n'ont pu acquérir aucun droit de propriété sur ces parcelles qui, faisant partie du domaine public, étaient inaliénables et imprescriptibles. • CE, sect., 13 oct. 1967, *Cazeaux*, n° 58332 : *Lebon 368 ; RD publ. 1968. 887, note Waline.* ♦ V. aussi • CE 20 juin 1997, *Cts Rouzaud*, n° 145500 : *Lebon T. 808 ; RDI 1998. 222* • T. confl. 24 févr. 1992, *Couach*, n° 02685 : *Lebon 479 ; AJDA 1992. 327 et 365, chron. Maugüé et Schwartz ; JCP 1993. II. 21984, note Lavialle* • CE 1er mars 1989, *Béro : Dr. adm. 1989, n° 244* • 25 janv. 1985, *Ville de Grasse c/ Montlaur : D. 1985. 466, note Gilli ; JCP 1985. II. 20515, note Chenevoy* • 13 janv. 1984, *Cne de Thiais*, n° 35508 : *Lebon 6 ; D. 1984. 605, note Bon* • CE, sect., 15 juill. 1938, *Vial : Lebon 674.* ♦ La loi peut, sans porter atteinte à un principe de valeur constitutionnelle ni aux engagements internationaux de la France, transférer dans le domaine public de l'État une dépendance du domaine public d'une autre collectivité publique sans versement d'une indemnité représentative de la valeur vénale du bien cédé, pourvu que l'intérêt général le justifie et qu'il ne soit pas porté une atteinte excessive à la libre disposition de son domaine par la collectivité en cause. • CE, sect. intérieur avis, 26 juill. 2005 : *Dr. adm. 2006, n° 76.* ♦ Le principe d'inaliénabilité s'applique alors même que le bien en cause serait affecté à un service public géré par une collectivité publique différente de la collectivité publique qui en est le propriétaire. • CE 19 déc. 2007, *Cne de Mercy-le-Bas*, n° 288017 : *Lebon T. 841 ; RDI 2008. 100, note Foulquier*. ♦ A propos d'une marquise surplombant la voie publique, le juge rappelle que le principe d'inaliénabilité du domaine public exclut nécessairement l'existence de droits acquis en cas de délibération du conseil municipal autorisant sa cession. • CAA Marseille, 26 janv. 2018, nos 17MA03906 et 17MA03917.

2. *Inaliénabilité et jurisprudence judiciaire.* Attendu que, pour écarter la règle de l'inaliénabilité du domaine public, la cour d'appel a énoncé que seule la collectivité publique propriétaire peut se prévaloir de la nullité d'une aliénation du domaine public à l'exclusion des administrés acquéreurs et des tiers ; qu'en statuant ainsi elle a violé le texte susvisé. • Civ. 1re, 3 mai 1988, n° 86-13.931 P : *AJDA 1988. 679, note Dufau ; CJEG 1989. 37, note Delvolvé, rapp. Sargos ; JCP 1989. II. 21203, note Hervouët ; RDI 1988. 275, chron. Auby et Lavroff.* ♦ Un tableau acquis par la Réunion des Musées de France est tombé dans le domaine public et, comme tel, devenu inaliénable et imprescriptible. • Civ. 1re, 2 avr. 1963 : *AJDA 1963. 486, note Dufau.*

3. *Caractère d'ordre public.* Le juge judiciaire considère que l'appartenance d'un bien au domaine public ne constitue pas un moyen qu'elle doit soulever d'office. • Civ. 3e, 4 oct. 2000, n° 99-11.213. ♦ L'illicéité d'une clause contractuelle prévoyant le transfert à une personne privée d'une dépendance du domaine public est en revanche un moyen d'ordre public pour le juge administratif. • CE 4 mai 2011, *Cté de cnes du Queyras*, n° 340089 : *Lebon 200 ; BJCP 2011. 353, concl. Dacosta ; AJDA 2011. 925, obs. Montecler ; AJCT 2011. 409, obs. Didriche ; Rev. CMP 2011. Comm. 179, note Eckert ; JCP Adm. 2011. Actu. 355, obs. Sorbara ; ibid. 2012. 2170, chron. Chamard-Heim.* ♦ Le moyen relatif à de l'impossibilité d'accorder des droits réels sur le domaine public peut être invoqué à tout moment de la procédure. • CE 11 mai 2016, *Cté urb. Marseille-Provence-Métropole*, n° 390118 : *Rev. CMP 2016. Comm. 184, note Devillers ; BJCP 2016. 288, concl. Henrard, obs. R. S. ; AJDA 2016. 1145, tribune Yolka ; ibid. 1173, note Dutheillet de Lamothe et Odinet ; Rev. CMP mars 2017, chron. Llorens et Soler-Couteaux ; JCP Adm. 2017. 2131, chron.*

4. *Jurisprudence constitutionnelle.* Sans qu'il soit besoin de rechercher si le principe d'inaliénabilité du domaine public a valeur constitutionnelle, il suffit d'observer qu'il s'oppose seulement à ce que des biens qui constituent ce domaine soient aliénés sans qu'ils aient été au préalable déclassés. • Cons. const. 18 sept. 1986, n° 86-217 DC : *JO 19 sept. ; Rec. Cons. const. 141 ; AJDA 1987. 102, note Waschmann.* ♦ V. aussi dans le même sens • Cons. const. 21 juill. 1994, n° 94-346 DC : *JO 23 juill. ; AJDA 1994. 786, note Gondouin ; RFDC 1994. 814, note Bon ; RFDA 1994. 1106, note Lavialle ; ALD 1995. 93, note Pauliat* • 23 juill. 1996, n° 96-380 DC : *JO 27 juill. ; Rec. Cons. const. 107 ; RFDA 1996. 1124, note Lavialle .* ♦ Il incombe toutefois au législateur lorsqu'il modifie les dispositions relatives au domaine public de ne pas priver de garanties légales les exigences constitutionnelles qui résultent de l'existence et de la continuité des services publics auxquels il est affecté. • Cons. const. 21 juill. 1994, n° 94-346 DC : *JO 23 juill. ; Rec. Cons. const. 96* • 14 avr. 2005, n° 2005-513 DC : *Dr. adm. 2005, n° 86, note Fraisse.* ♦ Le droit au respect des biens des personnes publiques ne s'oppose pas à ce que le législateur procède au transfert gratuit de dépendances du domaine public entre personnes publiques • Cons. const. 3 déc. 2009, n° 2009-594 DC : *RFDA 2010. 62, Étude Barthélemy et Rubio ; AJDA 2010. 598, note Jeanneney ; RJEP 2010, n° 33, note Chamard-Heim.* – V. aussi sur cet arrêt, Hoffmann, *Dr. adm. 2010. Étude 16.* • Cons. const. 9 déc. 2010, n° 2010-618-DC : *JCP Adm. 2011. 2239, chron. Chamard-Heim.* ♦ Sur les exigences constitutionnelles qui s'attachent à la protection du domaine public. • Cons. const. 26 juin 2003, n° 2003-473 DC : *AJDA 2003. 1391, note Schoettl ; ibid.1404, note Fatôme ; RDP 2003. 1163, note Lichère ; JCP Adm. 2003. 1289, note Linditch ; RFD const. 2003. 772, note Fatôme et Richer* • CE 21 mars 2003, *Syndicat intercommunal de la périphérie de Paris pour l'électricité et les réseaux*, n° 189191 : *GDDAB, 3e éd., 2018, Comm. 54, obs. Chamard-Heim ; AJDA 2003. 1935, note Subra de Bieusses ; CJEG 2003. 341, concl. Austry ; Dr. adm. 2003. 29 ; JCP Adm. 2003. 666, obs. Moreau ; JCP 2004. 733 ; JCP 2004. I. 135, chron. Mathieu et Verpeaux ; 2003. 903, note Soulié.* ♦ L'art. L. 3111-1 est conforme à la Constitution, même lorsqu'il s'applique à des acquéreurs de bonne foi. • Cons. const. 26 oct. 2018, n° 2018-743 QPC, *Sté Brimo de Laroussilhe : JCP Adm. 2018. Actu. 829, obs. Touzeil-Divina ; AJDA 2018. 2103, obs. Maupin ; JCP 2018. 1216, obs. Noual ; JCP Adm. 2019. 2009, comm. Hansen ; JCP 2019. 212, note de Gaudemar ; Dr. adm. 2019, comm. 3, obs. Grabias ; Rev. CMP 2019. Comm. 21, obs. Soler-Couteaux ; Rev. CMP 2019, Chron. 6 et 21 obs. Soler-Couteaux, Zimmer et Waltuch ; Constitutions 2018. 533, note Bettio ; AJDA 2019. 1982, note Foulquier .*

5. *Jurisprudence européenne.* La CEDH considère, à propos de l'obligation de démolir un immeuble illégalement planté sur le domaine public maritime mais dont l'occupation avait fait l'objet d'autorisations d'occupation successives sur une très longue période, que « le refus de poursuivre les autorisations et la remise des lieux en l'état antérieur à l'édification de la maison à laquelle le requérant est condamné s'inscrivent dans un souci d'application cohérente et plus rigoureuse de la loi, au regard de la nécessité croissante de protéger le littoral et son usage par le public, mais aussi de faire respecter les règles d'urbanisme. Compte tenu de l'attrait des côtes et des convoitises qu'elles suscitent, la recherche d'une urbanisation contrôlée et du libre accès de tous aux côtes implique une politique plus ferme de gestion de cette partie du territoire ». • CEDH, gr. ch., 29 mars 2010, *Depalle c/ France : AJDA 2010. 977, tribune Sermet ; ibid. 1311, note Canedo-Paris ; GDDAB, 3e éd., 2018. Comm. 51, obs. Yolka ; JCP Adm. 2010. 2040, note Yolka ; RDI 2010. 236, obs. Vincent ; ibid. 389, note Foulquier ; RFDA 2010. 543, note Hostiou .* ♦ Elle semble ainsi valider, au moins pour le domaine public maritime, l'application rigoureuse des principes d'inaliénabilité et d'imprescriptibilité. ♦ La jurisprudence postérieure démontre, toutefois, que tout est question d'espèce : • CEDH, 23 sept. 2014, *Valle Pierimpiè Agricola S.p.a. c/ Italie : AJDA 2014. 2273, tribune Hostiou ; AJDA 2015. 152, chron. Burgorgue-Larsen ; RD publ. 2015. 621, étude Orlandini ; ibid. 857, chron. Sudre et al. ; Rev. foncière 2014. 40, chron. Haumont et Steichen ; RIDC 2016-3, p. 681, note Laffaille.*

B. DÉCLINAISONS DU PRINCIPE D'INALIÉNABILITÉ

6. *Nullité des ventes immobilières.* La délibération autorisant la vente d'une dépendance du domaine public est illégale. • CE 11 oct. 1995, *Tête*, n° 116544 : *Lebon T. 781 ; RD publ. 1996.1217 concl. Bachelier.* ♦ Illustrant la nullité des conventions de vente d'un bien relevant du domaine public : • TA Lyon, 2 févr. 2012, *Épx O.*, n° 0907116 : *AJDA 2012. 1248 .* ♦ Enfin, le transfert de propriété d'une dépendance du domaine public, sans désaffectation ni déclassement préalable, ne peut pas non plus résulter d'une clause d'un contrat de délégation de service public ; une telle clause serait illicite, son illégalité devant être relevée d'office par le juge, même en cassation. • CE 4 mai 2011, *Cté de cnes du Queyras*, n° 340089 : *AJCT 2011. 409, note Didriche ; AJDA 2011. 925, obs. de Montecler ; BJCP 2011, p. 353, concl. Dacosta ; ibid., p. 361, obs. Maugüé ; Rev. CMP juin 2011, n° 179, comm. Eckert ; JCP Adm. 2011. Actu. 355, obs. Sorbara ; ibid. 2012. 2170, chron. Chamard-Heim.* ♦ En cas de nullité de la vente, les acquéreurs, même de bonne foi, sont tenus de restituer les dépendances du domaine public ainsi acquises. • T. corr. Montluçon, 29 sept. 1965 : *D. 1965. 774* • Crim. 16 juin 1992 : *D. 1993. Somm. 35, obs. Robert*. ♦ Si la vente a été réalisée par la personne publique propriétaire, le principe de restitution gratuite ne s'appliquera pas. • TGI Rouen, 13 nov. 1961 : *Gaz. Pal. 1962, 1, p. 99.* ♦ L'administration sera en outre tenue de dédommager l'acquéreur du préjudice que l'annulation de l'opération a pu lui causer. • CE 1er mars 1989, *Béro : Dr. adm. 1989, n° 244.* ♦ Sur le partage de responsabilité entre la personne publique et le notaire. • Orléans, 2 oct. 2006, *R. et Cne de B.*, n° 05/01971 • CAA Nantes, 26 nov. 2018, n° 17NT03045. ♦ Lorsque des délibérations avaient pour portée d'autoriser la cession à une personne privée d'une dépendance du domaine public sous la réserve qu'il soit procédé préalablement à la désaffectation et au déclassement formel du bien en cause, il en résulte qu'elles ne sauraient être regardées comme conférant, par elles-mêmes, à la personne qu'elles désignent comme l'acquéreur, un droit à la réalisation de la vente ; le conseil municipal pouvait dès lors et sans y être tenu, tant que la désaffectation et le déclassement du bien n'étaient pas intervenus, légalement abroger à tout moment de telles délibérations dépourvues d'effet direct. • CE 25 juin 2018, *Sté Groupe Bigard*, n° 402078. ♦ L'absence de déclassement constitue une irrégularité grave qui ne peut faire l'objet d'une mesure de régularisation au sens de la jurisprudence dite « Béziers I », mais, étonnamment, le juge considère parfois qu'il résulte de l'instruction qu'au regard de l'intérêt qui s'attache pour la commune de Levallois-Perret à la vente de terrains éloignés géographiquement, et qui n'accueillaient plus à la date de leur vente de centre de vacances pour les enfants de la commune, et de l'intérêt que présente pour les finances communales le maintien de la vente réalisée en 2006, qu'il n'y a pas lieu d'enjoindre à la commune de Levallois-Perret de résoudre le contrat de vente du 2 mars 2006 ni de saisir le juge du contrat afin qu'il règle les modalités de cette résolution dans le cas où il l'estimerait appropriée. • CAA Versailles, 18 oct. 2018, *A. c/ Cne de Levallois-Perret*, n° 17VE00406 : *Bull. CRIDON Paris avr. 2019, p. 12, note Bon ; ; Rev. CMP 2019, chron. 50 Soler-Couteaux, Zimmer et Waltuch ; JCP A 2019. 2063, note Yolka.*

7. Cas des ventes de meubles. V. aussi comm. ss. art. L. 2112-1.

La cour d'appel ayant décidé que le tableau acquis par la Réunion des Musées de France était tombé dans le domaine public et comme tel devenu inaliénable et imprescriptible, en conséquence les requérants n'avaient pu en acquérir postérieurement la propriété. • Civ. 1re, 2 avr. 1963 : *préc. note 2.* ♦ Attendu que le domaine public étant inaliénable et imprescriptible, les objets mobiliers qui en font partie peuvent être l'objet d'une revendication perpétuelle. Il s'ensuit que c'est avec raison que l'arrêt attaqué a admis le droit de la commune de revendiquer, même contre un possesseur de bonne foi, les miniatures qui avaient été détachées vers 1850 du manuscrit « La Cité de Dieu » de Saint-Augustin. • Req. 17 juin 1896, *Bonnin : DP 1897. 1. 257, note Guénée.* ♦ V. également • TGI Rouen, 13 nov. 1961 : *Gaz. Pal. 1962. 99.* ♦ Pour un contentieux relatif à une « tête maorie » naturalisée, détenue par le Muséum d'histoire naturelle de Rouen. • CAA Douai, 24 juill. 2008, *Cne de Rouen*, n° 08DA00405 : *JCP 2008. II. 10181, comm. Saujot* • TA Rouen, 27 déc. 2007, *Préfet de la Seine-Maritime : JCP Adm. 2008, n° 2021, comm. Amiel ; JCP 2008. II. 10041, note Saujot.* ♦ V. aussi L. n° 2010-510, 18 mai 2010, visant à autoriser la restitution par la France des têtes maories à la Nouvelle-Zélande et relative à la gestion des collections et Savoy et Sarr, Rapport sur la restitution du patrimoine culturel africain, nov. 2018, http ://restitutionreport2018.com. ♦ Comme éléments du domaine public, des documents qualifiés d'archives publiques sont inaliénables et imprescriptibles et peuvent faire l'objet d'une revendication perpétuelle par l'État. • CE 9 nov. 2011, *Min. de la défense c/ Murat de Chasseloup-Laubat*, n° 331500 : *Lebon T. 922 , 938 et 1112 ; AJDA 2011. 2204 ; Dr. adm. 2012, n° 12, note Gilbert ; JCP Adm. 2011. Actu. 717, obs. Dubreuil ; ibid. 2012, n° 6, obs. Chamard-Heim.* ♦ Pour le « pleurant n° 17 » : • TA Paris, 5 nov. 2015, *Sté P. Bergé*, n° 1430948 : *AJDA 2016. 496, concl. P. Martin-Genier ; RFDA 2016. 313, note Lavialle ; JCP Adm. 2016, n° 2003, note Canat et Hansen* • CAA Paris, 13 janv. 2017, *SAS Pierre Bergé et a.*, n° 15PA04256 : *JCP Adm. 2017. 2154, concl. Oriol ; AJDA 2017. 865, chron. Sorin* • CE 21 juin 2018, *Sté Pierre Bergé*, n° 408822 B : *AJDA 2018. 1303 ; JCP Adm. 2018. Actu. 557, obs. Touzeil-Divina ; ibid. 2233, comm. Noual ; JCP 2019. 678, chron. Eveillard ; Rev. CMP 2018. Chron. 7, obs. Soler-Couteaux, Zimmer et Waltuch ; Dr. adm. 2019, comm. 2, note Éveillard ; RFDA 2018. 1057, note Giacuzzo*. ♦ A propos du jubé gothique détaché de la cathédrale de Chartes dit « fragment à l'aigle », le juge administratif considère que les fragments détachés des édifices culturels deviennent meubles mais continuent à appartenir au domaine public lorsqu'ils proviennent d'un édifice constituant une dépendance du domaine public et qu'ils présentent un intérêt public particulier ; ils sont dès lors inaliénables et imprescriptibles. Le ministère peut donc légalement s'opposer à leur exportation. • TA Paris, 29 juin 2017, *Galerie Brimo de Laroussilhe*, n° 0707297 : *JCP Adm. 2017, n° 2264, obs. Untermaier-Kerléo.* ♦ Saisi dans le cadre d'une question préjudicielle portant sur la question de la propriété de ce fragment, • Paris, 18 janv. 2018, *SARL Brimo de Laroussilhe c/ État,* n° 16/02315 : *JCP Adm. 2018. Actu. 204, obs. Hansen.* ♦ La Cour de cassation a transmis une QPC au Cons. const. sur l'éventuelle atteinte par l'art. L. 3111-1 CGPPP aux droits fondamentaux dans la mesure où il n'est pas prévu de dérogation à l'imprescriptibilité pour les biens mobiliers acquis de bonne foi. • Civ. 1re, 5 sept. 2018, n° 18-13.748 : *JCP Adm. 2018. Actu. 714, obs. Noual.* ♦ Le Conseil constitutionnel a considéré que cet art. était bien conforme à la Constitution, y compris lorsqu'il s'applique aux acquéreurs de bonne foi. • Cons. const. 26 oct. 2018, n° 2018-743 QPC, *Sté Brimo de Laroussilhe : JCP Adm. 2018. Actu. 829, obs. Touzeil-Divina ; AJDA 2018. 2103, obs. Maupin ; JCP 2018. 1216, obs. Noual ; ibid. 2019. 212, note de Gaudemar ; JCP 2019. 678, chron. Eveillard ; JCP Adm. 2019. 2009, comm. Hansen ; Dr. adm. 2019, comm. 3, obs. Grabias ; Rev. CMP 2019. Comm. 21, obs. Soler-Couteaux ; Rev. CMP 2019, Chron. 6 et 21 obs. Soler-Couteaux, Zimmer et Waltuch ; Constitutions 2018. 533, note Bettio*. – V., Foulquier, Les principes fondamentaux de la domanialité publique et le Conseil constitutionnel, *AJDA 2019. 1982.* ♦ La Cour de cassation valide dès lors définitivement l'action en revendication de l'État, étant la seule mesure de nature à permettre à l'État de recouvrer la plénitude de son droit de propriété et elle considère que l'ingérence que constituent l'inaliénabilité et l'imprescriptibilité ne saurait être disproportionnée eu égard au but légitime poursuivi : • Civ. 1re, 13 févr. 2019, n° 18-13.748 P : *AJCT 2019. 333, note Laugier ; Rev. CMP 2019, Chron. 6 et 13 ;, obs. Soler-Couteaux, Zimmer et Waltuch ; Dr. voirie 2019, p. 58, note Otero ; JCP 2019. 582, note Noual, p. 785, chron. Périnet-Marquet ; AJDA 2019. 366 ; Dr. Voirie 2019, p. 58, obs. Otero ; JCP A 2019, 2323, note Hansen ; LEDIU, 2019-4, p. 5, obs. Giordano ; JCP N 2019. Actu. 303, obs. Touzeil-Divina ; JCP A 2019, actu. 130 ; JCP A 2019. 2323, obs. Hansen.* – Confirmant dans cette affaire l'obligation de restitution et le refus du certificat d'exportation, • CAA Paris, 29 janv. 2019, *Brimo de Laroussilhe*, n° 17PA02928 : *AJDA 2019. 1380*.

8. Nullité des ventes. Le juge administratif reste compétent pour les questions préjudicielles d'appartenance au domaine public et pour statuer sur les actes détachables de l'aliénation. • CE 22 avr. 1904, *Nattan : Lebon 333.* ♦ Le juge administratif est compétent pour statuer sur la délibération autorisant une vente, laquelle a été jugée en l'occurrence légale car fondée sur un déclassement implicite. • CE 27 juin 2008, *Épx C.*, n° 293488 : *RLCT déc. 2008. 51, note Mondou.* ♦ Une cession sans déclassement rend la délibération la prononçant illégale et l'administration peut l'abroger à tout moment, sans qu'elle en ait l'obligation. • CE 25 juin 2018, *Sté Groupe Bigard*, n° 402078. ♦ Cassation de : • CAA Douai, 2 juin 2016, *SA Groupe Bigard*, n° 14DA00557 : *Rev. CMP 2016. Comm. n° 217, note Hoepffner ; JCP Adm. 2016, n° 2181, concl. Riou ; Cah. CRIDON-Lyon 2017, n° 78, p. 12, comm. Trincal.* ♦ Sur l'action des tiers : • CE 13 oct. 1967, *Cazeaux : Lebon 368 ; RD publ. 1968. 887, note Waline ; Rev. CMP mars 2017. Chron. 2, par Llorens et Soler-Couteaux* • Civ. 1re, 3 mai 1988, *Cts Renault c/ EDF : AJDA 1988. 679, note Dufau ; CJEG 1989. 37, note Delvolvé ; JCP 1989. II. 21203, note Hervouët* • TA Besançon, 21 mars 1996, *Di Filippo : Dr. adm. 1996, comm. 258* (pour un transfert dans un patrimoine privé à l'occasion d'un remembrement). ♦ Sur le recours pour excès de pouvoir des actes détachables autorisant l'aliénation. • CE 9 mai 1958, *Delort : AJDA 1958. 331, concl. Long* • 22 avr. 1964, *Nattan : préc.* • 25 janv. 1985, *Ville de Grasse : JCP 1985. II. 20515, note Chevenoy ; D. 1985, II, p. 466, note Gilli.* ♦ Faute d'engagement de mesures de régularisation, l'annulation de la décision de céder un bien appartenant au domaine public entraîne la résolution du contrat de vente. • CAA Nantes, 10 nov. 2016, *Féd. nat. des assoc. d'usagers des transports Pays de la Loire*, n° 15NT00536 : *Rev. CMP mars 2017. Chron. 2, par Llorens et Soler-Couteaux.* ♦ Pour une demande de suspension de la vente des éléments de décor de théâtre. • TA Rouen, réf., 12 déc. 2017, n° 1703633 : *JCP Adm. 2018. 2144, obs. Hansen ; Rev. CMP 2018. Chron. n° 7, obs. Soler-Couteaux, Zimmer et Waltuch.*

9. Promesses de vente. V. comm. ss art. L. 3112-4.

10. Nullité des échanges. Un conseil municipal n'a pu légalement décider d'échanger une partie du rez-de-chaussée d'un immeuble communal contre un autre bâtiment dans la mesure où le local en question est indissociable de l'immeuble qui fait partie du domaine public communal. La délibération qui a servi de base à l'aliénation est donc annulée. • CE 25 janv. 1985, *Ville de Grasse : JCP 1985. II. 20515, note Chenevoy.*

11. Nature de cette nullité. Attendu que toute personne est fondée à invoquer la règle de l'inaliénabilité du domaine public lorsque cette règle est nécessaire à la défense de ses droits ; qu'une telle action, lorsqu'elle est engagée par un tiers, n'a pas pour effet d'entraîner la nullité de la cession entre les parties à l'acte, mais de la rendre inopposable au tiers intéressé, vis-à-vis duquel le titulaire du droit de propriété ne pourra exercer les prérogatives de son droit. • Civ. 1re, 3 mai 1988 : *préc. note 2* • 3 avr. 2007, *Sté Cogedim*, n° 06-12.494 (a contrario). ♦ Anticipant cette solution, • CE 13 oct. 1967, *Cazeaux*, n° 58332 : *préc. note 1* • Civ. 3e, 12 févr. 1986, n° 84-10.128 P : *AJDA 1986. 391, obs. J.C.* ♦ *Contra* anciennement, • Req. 25 mars 1942, *Sté fr. des Charbonnages du Tonkin : S. 1942. 116.* ♦ L'attributaire d'une parcelle dans le cadre d'une opération de remembrement peut invoquer la règle d'inaliénabilité pour faire annuler la décision transférant celle-ci dès lors qu'elle fait partie du domaine public routier. • TA Besançon, 21 mars 1996, *Di Filippo : Dr. adm. 1996, n° 258.*

12. *Incompatibilité avec le régime des associations foncières urbaines libres.* Il découle de l'article L. 322-9 du code de l'urbanisme que le régime des associations foncières urbaines libres est incompatible avec celui de la domanialité publique, notamment avec le principe d'inaliénabilité. Par suite, des locaux acquis par une personne publique dans un immeuble inclus dans le périmètre d'une association foncière urbaine libre, fût-ce pour les besoins d'un service public, ne peuvent constituer des dépendances de son domaine public. • CE, 23 janv. 2020, *Commune de Bussy-Saint-Georges*, n° 430192 : *concl. Victor, Dr. Voirie 2020, n° 212, p. 28 ; JCP Adm. 2020. 2039, note Yolka ; JCP N 2020. Actu. 211, obs. Giacuzzo.*

13. *Vente « contrainte ».* Les ventes de biens du domaine public effectuées d'office par le représentant de l'État dans le cadre de son pouvoir de substitution prévu à l'art. 1er-II de la L. du 16 juill. 1980 sont soumises à l'inaliénabilité ; dès lors, celui-ci doit obligatoirement déclasser les biens du domaine public local qu'il envisage de vendre pour dégager des ressources permettant la pleine exécution d'une décision de justice passée en force de chose jugée. • CE, sect. intérieur, avis, 25 mars 2008, n° 381088 : *Rapport public 2009, p. 294.* ♦ De la même façon, un bâtiment acquis par une commune au moyen d'une décision de préemption et qui a ensuite été incorporé dans son domaine public doit être rétrocédé à son propriétaire originel lorsque la procédure de préemption a été annulée ; dans ce cas, le bâtiment doit obligatoirement être déclassé avant d'être proposé à la vente. • CAA Nancy, 13 janv. 2000, *Comité de défense du contribuable de Jeumont*, n° 99NC01209.

14. *Procédure de l'alignement.* Les terrains relevant du régime de la domanialité publique, en raison de leur caractère inaliénable, échappent à l'alignement et à ses conséquences permettant l'incorporation dans le domaine public routier des terrains non bâtis et frappant de servitude de reculement les terrains bâtis : V. le traitement actuel de cette question, J.-F. Joye, Voirie routière. Alignement, *J.-Cl. Propriétés publiques, fasc. n° 56, point 50 ;* • CAA Marseille, 13 mars 2012, *Cne Gourdon*, n° 10MA01849 : *Dr. voirie et domaine public, 2012, p. 114, concl. Deliancourt* • CE, sect. intérieur avis, 2 déc. 1914, n° 168221, *Museum d'histoire naturelle : JCP A 2019. 2032, obs. Chamard-Heim.*

15. *Caractère inexpropriable du domaine public.* L'arrêté préfectoral autorisant la commune à acquérir à l'amiable ou par voie d'expropriation un terrain dont il n'est pas contesté qu'il fait partie du domaine public maritime est irrégulier car l'inaliénabilité dudit domaine s'oppose à toute expropriation. • CE 2 juill. 1930, *Kersaho : Lebon 680* • CE, avis, 26 mai 1992, n° 351788 : *EDCE 1992. 431.* ♦ V. aussi : • CE 17 mai 2002, *Cne de Proville*, n° 238868. – V. aussi * Rép. min. n° 29762 : *JOAN Q, 5 juill. 1999, p. 4164* * Rép. min. n° 18057 : *JOAN Q, 3 juin 2008, p. 4699* * Rép. min. n° 3641 : *JO Sénat Q, 5 juin 2008* • CE 19 déc. 2007, *Cne de Mercy-Le-Bas*, n° 288017 : *Lebon T. 841, Dr. adm. 2008, n° 30, note Foulquier* • TA Besançon, 13 déc. 2007, *Assoc. du chemin de fer du Val-d'Amour : AJDA 2008. 529, concl. Tissot-Grosrieder.* ♦ A l'origine de cette position, V. • CE 21 nov. 1884, *Conseil de fabrique de l'église Saint-Nicolas-des-Champs : Lebon 804, concl. Marguerie.* ♦ Renversant • CE 15 mai 1858, *Dpt de la Gironde : Lebon 373.* ♦ Sur l'éventualité d'une expropriation « de fait ». • CAA Marseille, 13 oct. 2015, *Cne de Port-Vendres*, n° 13MA03400.

16. Le domaine public de l'État ne peut être exproprié sans déclassement préalable dès lors que cette opération a pour conséquence de le faire entrer dans les dépendances domaniales d'une collectivité publique autre que l'État. • CE, sect., 3 déc. 1993, *Ville de Paris c/ Parent*, n° 146710 : *Lebon 340 ; RFDA 1994. 583, concl. Bonichot ; D. 1994. Somm. 274, obs. Bon.* ♦ V. *a contrario* • CE, ass., 6 juill. 1973, *Michelin et Veyret*, n° 79752 : *Lebon 481 ; AJDA 1973. 587, chron. Franc et Boyon ; D. 1974. 370, note Homont.* ♦ En revanche, la déclaration d'utilité publique n'entraînant pas par elle-même transfert de propriété au profit de l'État, si des terrains relevant du domaine public communal se trouvent inclus dans l'emprise de l'opération projetée, à défaut d'accord de la collectivité locale propriétaire, leur changement d'affectation peut être prononcé sans déclassement préalable et sans transfert de propriété. • CE 13 janv. 1984, *Cne de Thiais*, n° 35508 : *préc. note 1* • TA Papeete, 29 mars 1988, *Cne de Papeete : Lebon 505* • CAA Marseille, 9 nov. 1999, *Cne de Morières-Lès-Avignon*, n° 96MA01826 : *AJDI 2000. 789, obs. Hostiou* • CE 23 juin 2004, *Cne de Proville*, n° 253419 : *Lebon 259 ; AJDA 2004. 2148, chron. Landais et Lenica ; Ann. voirie, déc. 2004. 227, note Chamard-Heim ; RFDA 2004. 858* • CAA Nantes, 28 mai 2018, *SARL Les Farfadets*, n° 17NT01704.

17. Le fait que, parmi les terrains compris dans le périmètre visé par la déclaration d'utilité publique, figurent des terrains appartenant au domaine public de l'État concédé à la SNCF n'est pas de nature à entacher d'illégalité la déclaration dès lors que le projet de réalisation de la zone dont s'agit n'implique pas nécessairement leur expropriation. • CE 22 déc. 1976, *Cts Roux et Pelenc*, n° 98880 : *Lebon T. 916.* ♦ V. cependant un arrêt admettant le recours à l'expropriation à l'encontre d'un ensemble de biens appartenant au domaine privé alors même qu'est incluse parmi ceux-ci une parcelle de faible dimension classée elle dans le domaine public. • CAA Paris, 22 nov. 1994, *Conservatoire de l'espace littoral et des rivages lacustres*, n° 93PA00864 : *Lebon T. 931* ; *RDI 1995. 302*.

18. *Impossibilité de constituer des droits réels civils sur le domaine public.* • CE 6 mai 1985, *Assoc. Eurolat*, n°s 41589 et 41699 : *Lebon 141* ; *AJDA 1985. 620, note Fatôme et Moreau* ; *GDDAB, 2e éd., 2015. Comm. 9, note Yolka* ; *RFDA 1986. 21, concl. Genevois* ; *LPA 23 oct. 1985, p. 4, note Llorens* • 11 mai 2016, *Cté urb. Marseille-Provence-Métropole*, n° 390118 : *préc. note 3.* ♦ Sur la constitution de servitudes (cas particulier), • CE 26 févr. 2016, *Synd. copr. immeuble Le Mercure*, n° 383935 : *AJDA 2016. 408, obs. de Montecler* ; *ibid. 1413, note Car* ; *Rev. CMP 2016. Comm. 140, note Pietri* ; *ibid. mars 2017, chron. Llorens et Soler-Couteaux* ; *JCP Adm. 2016. Actu. 201, obs. Erstein* ; *ibid. 2144, note de Gaudemar* ; *JCP N 2016. Actu. 368, obs. Erstein* ; *Rev. CMP mars 2017. Chron. 2, par Llorens et Soler-Couteaux.* – V. sur la même affaire • TA Nice, 15 juill. 2014, *Synd. copr. immeuble Le Mercure* : *BJCL 2014. 734, concl. Laso, obs. Poujade.*

19. *Formulation de la règle d'imprescriptibilité.* Qu'ainsi et alors même que, postérieurement au décret du 14 juin 1859, les autorités publiques ont autorisé sur ces parcelles divers travaux, renoncé à plusieurs reprises à revendiquer la domanialité desdites parcelles et confirmé des bornages anciens, les auteurs de la société n'ont pu, de même que ladite société, acquérir aucun droit de propriété sur ces parcelles qui, faisant partie du domaine public, étaient inaliénables et imprescriptibles. • CE 13 oct. 1967, *Cazeaux*, n° 58332 : *préc. note 1.* ♦ La circonstance qu'un arrêté préfectoral de délimitation soit devenu définitif ne faisait pas obstacle à ce que fût dressé à l'encontre de M. B. un procès-verbal de contravention de grande voirie pour occupation illégale du domaine public maritime compte tenu du caractère imprescriptible et inaliénable du domaine public et du caractère recognitif d'un tel arrêté. • CE 27 mai 1988, *Cts Brisse*, n° 67114 : *Lebon T. 777*. ♦ Du fait de l'imprescriptibilité et de l'inaliénabilité du domaine public, aucune possession utile ne peut être opposée à la libre disposition par l'autorité domaniale d'un élément de ce domaine. • T. confl. 24 févr. 1992, *Couach*, n° 02685 : *Lebon 479* ; *AJDA 1992. 327* et 365, *chron. Maugüé et Schwartz* ; *JCP 1993. II. 21984, note Lavialle.* ♦ V. aussi • CE 14 nov. 1941, *Guyon*, n° 64577 : *Lebon 192* • 27 mai 1959, *Secrétaire d'État aux transports publics c/ Baylaucq*, n° 40908 : *Lebon 323* • 2 nov. 1966, *Sté Poléna*, n° 65445 : *Lebon 576* • Civ. 3e, 12 janv. 1982, n° 80-15.859 P (*a contrario*) • CE 22 juill. 1994, *Carreau-Gaschereau*, n° 125201 : *Lebon 358* • 8 juin 2007, *Sté Magenta Développement*, n° 298920. ♦ Ne peuvent avoir un effet sur le droit de propriété de la personne publique, en raison de l'imprescriptibilité du domaine public, les circonstances tirées de ce que l'État, en s'abstenant de reprendre possession de ces parcelles, d'ordonner le démontage des installations qui y avaient été implantées ou de réclamer le versement d'une redevance, ne se serait jamais comporté en propriétaire, de ce que l'État avait accordé à son occupant des permis de construire sur ces parcelles et de ce que celui-ci avait été assujetti tant à des droits de mutation à titre onéreux à l'occasion de leur acquisition auprès d'une tierce société qu'à la taxe foncière sur propriétés bâties. • CE 20 mars 2017, *SARL B.*, n° 392916 : *JCP Adm. 2017. 2183* ; *Rev. CMP 2018. Chron. 7, obs. Soler-Couteaux, Wimmer et Waltuch.*

20. *Inapplicabilité de l'usucapion.* Des terrains conquis sur la mer à la suite de travaux d'endigage non autorisés selon les formes prévues pour les concessions d'endigage, alors même qu'ils ont été mis en culture ou bâtis depuis plus de trente ans, demeurent dans le domaine public maritime. • CE 13 oct. 1967, *Cazeaux*, n° 58332 : *préc. note 1.* ♦ V. dans le même sens • CE 26 mars 1982, *Sté Marine Côte d'Argent*, n° 96352 : *Lebon 132* ; *D. 1983. 139, note Rézenthel* • Fort-de-France, 20 juin 1997, *Rosine*, n° 581/95 • CAA Paris, 16 avr. 2008, *M. Thierry X.*, n° 05PA03197 • Paris, 22 nov. 2012, *Ville de Paris*, n° 11/15414 (à propos du domaine ferroviaire). ♦ Sur l'imprescriptibilité d'un bâtiment du domaine public communal, occupé par La poste, • CE 19 juill. 2016, *La Poste c/ Cne de Mandelieu-la-Napoule*, n° 370630 : *Rev. CMP 2016, n° 244, comm. Hoepffner* ; *ibid. avr. 2017, Chron. 3, obs. Llorens et Soler-Couteaux* ; *JCP Adm. 2016. 2260, obs. de Gaudemar* ; *ibid. 2017. 2131, chron.* ♦ Une statuette ayant orné les tombeaux des ducs de Bourgogne faisant partie du domaine public est imprescriptible, même si elle a fait partie du patrimoine privé d'une famille pendant deux siècles. • CAA Paris, 13 janv. 2017, *SAS Pierre Bergé et a.*, n° 15PA04256 : *préc. note 7* • CE 21 juin 2018, *Sté Pierre Bergé*, n° 408822 B : *AJDA 2018. 1303* ; *Rev. CMP 2018. Chron. 7, obs. Soler-Couteaux, Zimmer et Waltuch* ; *Dr. adm. 2019, comm. 2, note Éveillard* ; *JCP Adm. 2018. Actu. 557, obs. Touzeil-Divina* ; *ibid. 2233, comm. Noual* ; *JCP 2019. 678, chron. Eveillard* ; *RFDA 2018. 1057, note Giacuzzo*.

21. *Inapplicabilité de la prescription de l'action en revendication mobilière.* Attendu que le caractère de domanialité publique de pièces faisant partie du Musée national de céramique de Sèvres les rend imprescriptibles et inaliénables ; qu'en conséquence leur statut est exclusif des dispositions du code civil ; qu'il s'ensuit qu'elles peuvent être appréhendées par les collectivités publiques entre les mains des possesseurs de bonne foi sans que ces derniers aient à être remboursés. • T. corr. Montluçon, 29 sept. 1965 : *D. 1965. 774, note Delpech.* ♦ V. aussi

• Nîmes, 4 déc. 1944 : *D. 1946. 28, note Waline (a contrario).* ♦ A propos de pièces d'or provenant du trésor de Lava • CE, ass., 30 juill. 2014, n° 349789 : *Lebon T. ; JCP Adm. 2015. 2111, note Roux ; AJDA 2014, n° 37, note Pontier ; RFDA 2014, n° 6, note Lavialle* • Crim., 17 mars 2015, n° 13-87.87 : *JCP Adm. 2015. Actu. 409.* ♦ A propos d'une statue faisant partie du domaine public qui ne pouvait avoir fait l'objet d'une prescription acquisitive de la part d'une famille l'ayant en sa possession depuis 200 ans et pour laquelle l'État pouvait légalement refuser le certificat d'exportation, demander le retrait de la vente aux enchères et exiger le retour dans le patrimoine public. • TA Paris, 5 nov. 2015, *Sté Pierre Bergé et associés : AJDA 2016-9. 496, concl. Martin-Genier ; JCP Adm. 2016, n° 2003, note Canat et Hansen ; RFDA 2016. 313, note Lavialle* • CAA Paris, 13 janv. 2017, *SAS Pierre Bergé et a.*, n° 15PA04256 : *préc. note 7* • CE 21 juin 2018, *Sté Pierre Bergé*, n° 408822 B : *AJDA 2018. 1303 ; Rev. CMP 2018. Chron. 7, obs. Soler-Couteaux, Zimmer et Waltuch ; Dr. adm. 2019, comm. 2, note Éveillard ; JCP Adm. 2018. Actu. 557, obs. Touzeil-Divina ; ibid. 2233, comm. Noual ; JCP 2019. 678,chron. Eveillard ; RFDA 2018. 1057, note Giacuzzo* • TGI Paris, 26 nov. 2015, *Directeur régional de la Direction nationale des interventions domaniales agissant au nom de l'État c/ SARL Brimo de Laroussilhe*, n° 08/04103 : *JCP Adm. 2016, n° 2003, note Canat et Hansen* et V. note 7. ♦ A propos de tapuscrits du Maréchal Pétain, qualifiés d'archives publiques, • Civ. 1re, 22 févr. 2017, *Sté Librairie Jean-Claude Vrain c/ État français, Min. de la Culture*, n° 16-12.922 P : *JCP Adm. 2017. Actu. 178, obs. Canat et Hansen.*

22. *Irrecevabilité de la complainte contre les propriétaires ou affectataires du domaine public.* Attendu qu'il était reconnu par la demanderesse que le terrain sur lequel avait été commis le trouble prétendu lui avait appartenu et qu'elle en avait été expropriée en faveur de la Compagnie du Midi pour l'établissement du chemin de fer ; d'où le juge du fond a pu induire que le terrain litigieux, dépendance de la voie ferrée, n'était pas susceptible d'une possession privée utile postérieurement à l'expropriation qui avait eu pour effet de la réunir au domaine public, imprescriptible de par sa nature. • Req. 20 janv. 1868 : *DP 1868. 1. 133.* ♦ V. aussi • Req. 22 oct. 1900 : *DP 1903. 1. 117* • Civ. 1re, 6 mars 1968 : *Bull. civ. I, n° 89 ; D. 1968. Somm. 93* • Civ. 3e, 25 avr. 1990 : *Dr. adm. 1990, n° 441.*

23. *Imprescriptibilité de l'action domaniale.* La prescription de l'action publique en matière de contravention de grande voirie ne s'applique pas, en raison de l'imprescriptibilité du domaine public, à la réparation des dommages causés audit domaine. • CE 22 avr. 1988, *SA Entreprise Dodin : JCP 1989. II. 21166, note Hervouët.* ♦ V. également • CE 14 nov. 1941, *Guyon*, n° 64577 : *préc. note 19* • 19 avr. 1972, *Épx Vacher*, n° 82859 : *Lebon 298* • CAA Paris, 20 mars 2008, *Bergez*, n° 07PA00194 : *AJDA 2008.1341* • CAA Marseille, 3 juill. 2008, n° 07MA00154.

24. *Obstacle à la restitution d'objets placés sous main de justice.* Les principes d'imprescriptibilité et d'inaliénabilité font obstacle à la restitution d'objets placés sous main de justice lorsque ces objets apparaissent susceptibles d'appartenir au domaine public. • Crim. 17 mars 2015, n° 13-87.873 : *AJDP 2015. 329, obs. Otero ; JCP Adm. 2015. Actu. 409.*

25. En revanche, l'appropriation privative d'installations superficielles édifiées par le titulaire d'une autorisation d'occupation temporaire du domaine public n'est pas incompatible avec l'inaliénabilité de celui-ci, lorsque l'autorisation de l'occuper et d'y édifier des constructions n'a pas été accordée en vue de répondre aux besoins du service public auquel le domaine est affecté. • CAA Douai, 26 nov. 2015, *SEAR*, n° 15DA01166.

Art. L. 3111-2 **Le domaine public maritime et le domaine public fluvial sont inaliénables sous réserve des droits et des concessions régulièrement accordés avant l'édit de Moulins de février 1566 et des ventes légalement consommées de biens nationaux.** – *[C. dom. publ. fluv., art. 23.]*

BIBL. ▶ BUSSON, Les établissements de pêche et le domaine public maritime. *Aperçu historique, Paris, Baudouin, 1888.* – MAGNIER, Le droit des titulaires d'usine hydrauliques fondées en titre, *Sirey, 1937.* – ROUGEAUX, Les prises d'eau fondées en titre, *CJEG 1973. 55.* – BIENVENU, D'un droit l'autre. Sur le contentieux des biens nationaux, *in* Mél. R. Drago, *Economica, 1996, p. 193.* – GAONAC'H, Nature et régime des droits fondés en titre sur les cours d'eau non domaniaux, *Envir. 2010. Étude 1.* – GAUCHÉ, Le juge administratif et la survivance du droit féodal : l'exemple des moulins, *AJDA 2009. 1141*. – CABANNES, Les droits antérieurs à l'édit de Moulins de février 1566 et le domaine public, *in* Mél. Godfrin, Mare et Martin, *2014, p. 47.* – FROMAGEAU, Rémanence de l'Ancien Droit : les droits fondés en titre, *in* Mél. de Malafosse, *LexisNexis, 2016.*

COMMENTAIRE

Le fait que cette disposition figure dans le chapitre intitulé « Principe » et non dans celui intitulé « Dérogations » montre que les auteurs du code considèrent que ces règles, compte tenu de leur ancienneté, doivent être placées au même niveau que celles d'inaliénabilité et d'imprescriptibilité et ce, alors que d'un point de vue logique (mais pas chronologique), elles constituent des exceptions à ces dernières. Il existe en effet des biens qui faisaient partie du domaine et qui ont valablement pu être aliénés. Ces propriétés privées sont aujourd'hui « fondées en titre » en vertu de textes anciens qui font donc échec à l'application du principe de l'inaliénabilité.

L'article L. 3111-2 ne vise pourtant que le domaine public maritime et le domaine public fluvial. Mais il ne semble pas que ce soit les seuls biens qui puissent bénéficier de cette exception. En effet, la loi du 14 ventôse an VII a confirmé les aliénations antérieures à l'édit de Moulins de 1566, sans distinction ; il en est de même de la proclamation de l'irrévocabilité des ventes de biens nationaux décidées sous la Révolution française. Les hypothèses classiques de droits fondés en titre ne sont donc pas remises en cause par la formule de l'article L. 3111-2, lequel paraît simplement vouloir insister sur des dépendances domaniales plus fragiles et plus convoitées que les autres, sans exclure toutefois les autres biens. Cette disposition spécifique se justifie également par l'abrogation, par l'ordonnance du 21 avril 2006, de l'article 23 du code du domaine public fluvial et de la navigation intérieure qui énonçait que « le domaine public fluvial est inaliénable sous réserve des droits et concessions régulièrement accordées avant l'édit de Moulins de février 1566 et des ventes légalement consommées de biens nationaux », l'objectif étant de réunir les dispositions sur ce point dans le CGPPP.

Sont réunies dans cet article les deux grandes exceptions historiques au principe d'inaliénabilité, l'une et l'autre liées à deux grandes étapes de la formation du principe.

La première a trait aux concessions régulièrement accordées avant l'édit de Moulins de février 1566. La seconde, plus récente, concerne la vente légalement consommée de biens nationaux lors de la Révolution française.

Les hypothèses classiques de droits fondés en titre ne sont donc sans doute pas remises en cause par la formule de l'article L. 3111-2, lequel paraît simplement vouloir insister sur des dépendances domaniales plus fragiles et plus convoitées que les autres, sans exclure toutefois les autres biens. Se pose évidemment, dans le premier cas de figure et dans une moindre mesure dans le second cas, le problème d'apporter la preuve des titres de propriété. ❑

1. Droits fondés en titre constitués avant l'édit de Moulins. Dans la mesure où il a été établi que les terres et eaux formant l'étang du lac et ses dépendances appartenaient en pleine propriété à la requérante en vertu de titres antérieurs à l'édit de Moulins de février 1566 qui a édicté l'inaliénabilité du domaine public, l'arrêté de délimitation du préfet est entaché d'excès de pouvoir. • CE 31 juill. 1908, *Dame de Vallefond : Lebon 845.* ♦ V. aussi • CAA Nantes, 14 oct. 2003, *Min. Équip. c/ Louer,* n° 01NT01200 : *AJDA 2003. 2318, concl. Coënt.* ♦ Les lettres patentes antérieures à l'édit de Moulins de février 1566 produites par le requérant ne constatent aucun droit de propriété antérieur sur le rivage de la mer, ni ne concèdent aucun droit nouveau qui aurait relevé du domaine de la Couronne et que le roi aurait seul qualité pour concéder. • CE, sect., 10 juill. 1970, *SCI du domaine du Suroît,* n° 78339 : *Lebon 480.* ♦ V. dans le même sens • CE 8 oct. 1975, *SA Marine Côte d'Argent et Couach : RD publ. 1976. 379* • 9 mars 1984, *Min. budget c/ Cie des Salins du Midi,* n° 28319 : *Lebon 97 ; D. 1984. 480, note Rézenthel* • CAA Nantes, 22 oct. 1992, *SCI Rochefort,* n° 92NT00005 : *Lebon T. 958* • CE 15 nov. 1996, *Magnan,* n° 139573 : *Lebon 455 ; Gaz. Pal. 1998. 2. 503.* ♦ Également lorsque aucun élément probant de la construction d'un moulin avant 1566 n'est fourni. • CAA Bordeaux, 17 avr. 2008, *Sté Saint Léon,* n° 06BX01677. ♦ L'édit de Moulins n'a été rendu applicable dans les provinces où la règle d'inaliénabilité n'existait pas qu'à compter de leur rattachement à la France et non de façon rétroactive. V. *a contrario,* à propos de la Franche-Comté, réunie à la France en 1678, • CE 19 juin 1885, *de Buyer : Lebon 611* • CAA Marseille, 23 déc. 2013, *N et a.,* n° 12MA00513. ♦ Sur les modalités de calcul de la puissance maximale d'un ouvrage fondé en titre, • CAA Nantes, 29 sept. 2017, *Sté des Moulins d'Orval,* n° 16NT00251. – Cette exception ne peut pas être invoquée pour l'utilisation de la force hydraulique du Cher, dès lors que la prise d'eau bénéficiant d'un droit fondé en titre ne porte pas directement sur le barrage mais sur l'un de ses éléments seulement : • CAA Nantes, 5 mars 2019, *Sté Cymiphi et M. D,* n° 17NT03765.

2. Droits fondés en titre résultant de la vente de biens nationaux. Si le décret des 28 nov.-1er déc. 1790 a rendu possible, pendant qu'il était en vigueur, l'acquisition par prescription de droits réels sur le domaine, il résulte des dispositions combinées des art. 8 et 36 de ce décret que cette possibilité n'a été ouverte que pour les biens dont un décret formel du corps législatif sanctionné par le roi avait préalablement autorisé l'aliénation (droit, en l'espèce, non fondé). • CE, sect., 10 juill. 1970, *SCI du domaine du Suroît*, n° 78339 : *préc. note 1.* ♦ Le procès-verbal d'adjudication des biens nationaux du 16 mars 1791 n'établit pas, en l'absence de toute précision sur la contenance et les limites de cette propriété, que celle-ci s'étende à des parcelles recouvertes par la mer. • CE 9 mars 1984, *Min. Budget c/ Cie des Salins du Midi*, n° 28319 : *préc. note 1.* ♦ V. aussi • CE 20 juin 1997, *Cts Rouzaud*, n° 145500 : *Lebon T. 808* ; *RDI 1998. 222* • CAA Marseille, 27 nov. 2003, *Min. Équip., des Transports et du Logement*, n° 99MA01297 • Civ. 3e, 10 juin 1981 : *CJEG 1982. 21, note Pilate.*

3. Attendu que le juge constate que le moulin Saint-Joseph a fait l'objet le 2 pluviôse an VIII d'une vente de biens nationaux consentie à l'auteur d'EDF et que ses propriétaires ont toujours respecté son affectation ; qu'il en résulte que ledit moulin avait une existence légale au sens des art. 23 et 26 C. dom. publ. fluv. (abrogés par Ord. n° 2006-460 du 21 avr. 2006, art. 7-II) et de l'art. 29 de la loi du 16 oct. 1919 relative à l'utilisation de l'énergie hydraulique ; c'est dès lors à bon droit que les juges du fond ont reconnu au droit d'usage des eaux domaniales attaché à une usine ayant une existence légale le caractère d'un droit réel immobilier. • Civ. 3e, 10 juin 1981 : *CJEG 1982. 21, note Pilate.* ♦ V. aussi *a contrario* • CE 25 mai 1990, *Andrieu et Rattery* : *LPA 30 janv. 1991.* ♦ Une prise d'eau constitutive d'un droit fondé en titre issu d'une vente de bien national donne naissance à un droit d'usage et non de propriété. En conséquence ce droit ne se perd que lorsque la force motrice du cours d'eau n'est plus susceptible d'être utilisée par son détenteur. • CE 5 juill. 2004, *SA Laprade Énergie*, n° 246929 : *Lebon 294* ; *AJDA 2004. 2219, note Sablière* ; *JCP 2004. IV. 3342.* ♦ Un droit fondé en titre conserve toutefois la consistance qui était la sienne à l'origine. • Même arrêt. ♦ Sur une prise d'eau fondée en titre : • CAA Bordeaux, 25 sept. 2018, n° 15BX02580. ♦ On peut enfin assimiler à ces hypothèses le cas des aliénations de dépendances du domaine public consacrées par des décisions de justice définitives et qui, par conséquent, ne sont plus susceptibles d'être remises en cause. • Cass., 8 mai 1865 : *S. 1865. I. 293* • 20 déc. 1897 : *DP. 1899. I. 257.*

4. Compétence juridictionnelle en matière d'appréciation et d'interprétation des droits fondés en titre. La difficulté est naturellement d'apporter la preuve des titres de propriété invoqués. • CAA Marseille, 26 sept. 2000, *Temple-Boyer*, n° 97MA10911 • CE 19 mars 2003, *Cts Temple-Boyer*, n° 228229 : *Lebon T. 935* • 5 juill. 2004, *SA Laprade Énergie*, n° 246929 : *JCP Adm. 2004, n° 1846, note Rouault* (à propos d'une prise d'eau fondée en titre). ♦ Les lettres patentes émanant du roi agissant comme autorité souveraine dans l'exercice de son pouvoir administratif, le juge administratif est dès lors compétent pour les apprécier alors même qu'elles concerneraient des droits de propriété. • CE 26 mars 1982, *SA Marine Côte d'Argent*, n° 96352 : *Lebon 133* • 10 juill. 1970, *SCI du domaine du Suroit*, n° 78339 : *préc. note 1* • 12 nov. 1975, *Charneau*, n° 83846 : *Lebon T. 1043*. ♦ En application de l'art. 4 de la loi pluviôse an VIII, le juge administratif est compétent pour interpréter les actes de vente ou procès-verbaux des adjudications de biens nationaux. • CE 19 mars 2003, *Cts Temple-Boyer*, n° 228229 : *préc.* - Sur la compétence, selon que c'est un droit d'eau fondé en titre lui-même qu'il faut interpréter ou que le litige porte sur l'action de l'administration qui porte atteinte à ce droit. • Civ. 1re, 5 févr. 2020, n° 19-12.751.

5. Large pouvoir d'appréciation du juge. Ni les lettres patentes par lesquelles le roi aurait concédé le 17 mai 1462 à Jéhan de Foix la propriété utile des terres et seigneuries du captalat de Buch, ni la baillette à fief nouveau consentie le 23 mai 1550 par Frédéric de Foix ne constituent, par elles-mêmes, des titres établissant l'existence de droits de propriété régulièrement acquis antérieurement à l'édit de Moulins. • CE 8 oct. 1975, *SA Marine Côte d'Argent et Couach* : *préc. note 1.* ♦ Les lettres patentes royales du 17 mai 1462 ne peuvent être regardées comme constituant un titre susceptible d'être utilement opposé au décret de délimitation du domaine public maritime du 14 juin 1859. • CE 10 juill. 1970, *SCI du domaine du Suroît*, n° 78339 : *préc. note 1.* ♦ V. aussi • CE 20 juin 1997, *Cts Rouzaud*, n° 145500 : *préc. note 2.*

6. Caractère non définitif des droits fondés en titre. Nonobstant la circonstance que les parcelles formant « La Casse de la Belle Henriette » auraient été comprises dans une vente de biens nationaux, ces parcelles, qui ont été submergées postérieurement à la vente, constituaient dès lors une dépendance du domaine public maritime. • CE 29 nov. 1978, *Bessière*, n° 03863 : *Lebon 478* ; *JCP 1980. II. 19374, note Rézenthel et Caubert.* ♦ Les installations et ouvrages fondés en titre sur les cours d'eau peuvent perdre leur droit à l'usage de l'eau et ce, indépendamment de l'abrogation de l'autorisation susceptible d'être prononcée au titre de la police de l'eau : • CE 11 avr. 2019, n° 414211 A. ♦ Nonobstant la circonstance que le moulin dont IL s'agit aurait été fondé en titre, c'est à bon droit que le conseil de préfecture a rejeté la demande d'indemnité afférente à la privation de la force motrice dans la mesure où le requérant se servant dudit moulin à usage d'habitation, il ne justifie plus de ce chef un dommage actuel et certain. • CE 7 avr. 1943, *Morlot*, n° 62547 : *Lebon 89.* ♦ C'est en revanche à l'administration de fournir la preuve que le titulaire d'un droit fondé en titre a modifié la consistance de l'ouvrage y afférent, preuve qui sera le plus souvent très difficile à établir. • CAA Bordeaux, 17 févr. 2000, *Min. Aménag. terr.*, n° 96BX00290 : *RJ envir. 2000. 632.* ♦ En revanche, le droit d'eau fondé en titre ne peut se perdre que dans l'hypothèse où la force motrice du cours d'eau n'est plus susceptible d'être utilisée par son détenteur, du fait de la ruine ou du changement d'affectation des ouvrages essentiels destinés à utiliser la pente et le volume de ce cours d'eau : • CE 24 avr. 2019, *Min. Transition écologique*, n° 420764 B : *JCP Adm. 2019. 2242, comm. Halpern ; ibid. Actu. 307, obs. Tesson ; AJDA 2019. 907.*

CHAPITRE II **DÉROGATIONS**

Art. L. 3112-1 Les biens des personnes publiques mentionnées à l'article L. 1, qui relèvent de leur domaine public, peuvent être cédés à l'amiable, sans déclassement préalable, entre ces personnes publiques, lorsqu'ils sont destinés à l'exercice des compétences de la personne publique qui les acquiert et relèveront de son domaine public.

Les dispositions des art. L. 3112-1 et L. 3112-2 CGPPP sont applicables aux cessions et échanges entre personnes publiques réalisés antérieurement à l'entrée en vigueur de l'Ord. n° 2006-460 du 21 avr. 2006 (Ord. n° 2017-562 du 19 avr. 2017, art. 12, al. 2).

Art. L. 3112-2 En vue de permettre l'amélioration des conditions d'exercice d'une mission de service public, les biens mentionnés à l'article L. 3112-1 peuvent également être échangés entre personnes publiques dans les conditions mentionnées à cet article. L'acte d'échange comporte des clauses permettant de préserver l'existence et la continuité du service public.

Les dispositions des art. L. 3112-1 et L. 3112-2 CGPPP sont applicables aux cessions et échanges entre personnes publiques réalisés antérieurement à l'entrée en vigueur de l'Ord. n° 2006-460 du 21 avr. 2006 (Ord. n° 2017-562 du 19 avr. 2017, art. 12, al. 2).

Art. L. 3112-3 En vue de permettre l'amélioration des conditions d'exercice d'une mission de service public, les biens mentionnés à l'article L. 3112-1 peuvent être échangés, après déclassement, avec des biens appartenant à des personnes privées ou relevant du domaine privé d'une personne publique. L'acte d'échange comporte des clauses permettant de préserver l'existence et la continuité du service public.

BIBL. ▸ **Thèse :** Bettio, La circulation des biens entre personnes publiques, *LGDJ, 2011.*

▸ **Articles :** Peyrical, Transferts de biens entre collectivités publiques, *AJDA 2002. 1157.* – Baudeneau, Le transfert de biens du domaine public entre collectivités locales, *Gaz. cnes 24 mai 2004, n° 1743, p. 44.* – Bachelier, Les transferts de propriété entre personnes publiques, *JCP Adm. 2006. 1249.* – Douence, L'inaliénabilité du domaine public. De la nécessité de revoir la règle de l'indisponibilité des dépendances domaniales entre personnes publiques, *AJDA 2006. 238.* – Hubrecht et Melleray, Le code général de la propriété des personnes publiques, *Dr. adm. 2006. Étude 15.* – Noguellou, Les rapports domaniaux entre personnes publiques, *RFDA 2006. 957.* – Benchendikh, Le transfert de propriété des biens entre personnes publiques, consécration de la valorisation du patrimoine public de l'administration ?, *in* Réflexions sur le code général de la propriété des personnes publiques, *Litec, 2007, p. 61.* – Bosgiraud, Les transferts de propriétés entre personnes publiques, *JCP Adm. 2006, n° 1248.* – Ministère du Budget, Les transferts de propriété entre personnes publiques, avr. 2007 : http ://www.colloc.bercy.gouv.fr/. – Fatôme, Les dérogations au principe d'inaliénabilité des biens du domaine public prévues par le CGPPP, *Cah. dr. intercommunalité avr.-juin 2008, n° 2, p. 25.* – Maurey et Tarrade, Les transferts de propriété entre personnes publiques (les dérogations organisées par le CGPPP), *LPA 6 juin 2013, 113, n° spéc., p. 31.* – Augereau-Hue et Delorme, La cession amiable entre personnes publiques est-elle définitive ?, *LPA 6 juin 2013, 113, n° spéc., p. 38.* – Fardet, Déclasser des biens affectés pour les échanger : brèves réflexions sur les articles L. 2141-3 et L. 3112-3 CGPPP, *Mél. Godfrin, Mare et Martin, 2014, p. 153.* – Yolka, Les litiges domaniaux entre personnes publiques, *Dr. adm. août-sept. 2017, p. 45.*

COMMENTAIRE

Les dispositions de ce chapitre (auxquelles renvoient – pour les collectivités territoriales et leurs établissements publics – l'art. L. 1311-1, al. 2, CGCT ; et, pour les structures hospitalières, l'art. L. 6148-1, al. 2, CSP), contrairement à celles du précédent, sont innovantes et attestent une volonté de faciliter ce que l'on nomme communément, la « circulation » des propriétés publiques. Répondant aux besoins de la pratique, ces articles visent à écarter les lourdeurs du régime de la domanialité publique (qui impose en principe, pour qu'un bien puisse être cédé, qu'il soit auparavant désaffecté et déclassé : art. L. 2141-1), lesquelles rendaient problématiques – voire impossibles – certaines opérations d'intérêt général (en particulier, celles impliquant le transfert entre personnes publiques de biens affectés à telle ou telle mission de service public). Ce déverrouillage était rendu nécessaire par une application – aussi extensive qu'inadéquate – du principe d'inaliénabilité du domaine public que la jurisprudence administrative tendait à faire jouer à l'égard des transferts de propriété entre personnes publiques (CE 11 oct. 1995, *Tête : Lebon T. 781 ; Dr. adm. 1995, n° 676*. – CAA Douai, 25 mai 2004, *Cne d'Hersin-Coupigny : AJDA 2004. 1668* ; *Coll. terr. juill. 2004. 27, obs. Moreau ; ibid. août-sept. 2004. 25, obs. Dutrieux ; Dr. et patr. 1/2005. 109, obs. Chamard-Heim ; JCP Adm. 2004, p. 947, note Moreau*. – CAA Paris, 8 juill. 2004, *Région Île-de-France : AJDA 2004. 2013* ; *Dr. et patr. 1/2005. 109, obs. Chamard-Heim*). L'évolution – qui concerne toutes les personnes publiques classiques – est assurément bienvenue, même si le codificateur n'est pas allé au bout d'une logique qui aurait commandé, plutôt que d'admettre des exceptions au jeu de l'inaliénabilité, d'en écarter l'application dans les rapports entre personnes publiques.

Trois hypothèses, distinctes mais complémentaires, sont traitées par ce chapitre.

Les deux premières ne concernent que les relations entre personnes publiques.

La première – qui doit s'analyser comme une simple possibilité (Rép. min. n° 13064 : *JOAN Q, 4 mars 2008, p. 1883*) – est celle d'un transfert amiable de propriété d'un bien du domaine public à une autre personne publique. Ce transfert pourra être opéré sans déclassement préalable (déclassement impossible, dès lors que le bien demeure affecté). Le bien, qui sera destiné à l'exercice des compétences du nouveau propriétaire public (en application du principe de spécialité), relèvera de son domaine public. Autrement dit, il s'agit d'un transfert de propriété direct entre domaines publics, selon les cas avec maintien de l'affectation initiale (cas, par ex., du transfert de la propriété des édifices du culte des communes aux EPCI prévu par la L. n° 98-546 du 2 juill. 1998) ou changement d'affectation. Une proposition faite lors du 109e congrès des notaires de France (Lyon, 2013) avait pour objet de clarifier le dispositif de l'article L. 3112-1, muet sur des questions telles que la durée pendant laquelle le bien acquis doit rester dans le domaine public de l'acquéreur, les conséquences du non-respect de son affectation ou les modalités de la cession amiable. Le garde des Sceaux a cependant considéré qu'il n'y a pas lieu de le modifier (Rép. min. n° 38373 : *JOAN Q, 23 août 2016, p. 7525 ; JCP N 2016. Actu. 996*). Par ailleurs, le droit de priorité créé par la loi n° 2006-872 du 13 juillet 2006 portant engagement national pour le logement (et codifié aux art. L. 240-1 s. C. urb. – V., Gaudemet, Le droit de priorité des communes n'est pas un droit de préemption, *JCP N 2006. 1364*), qui permet aux communes et aux établissements publics de coopération intercommunale titulaires du droit de préemption urbain d'acquérir en priorité des immeubles appartenant à l'État, à des sociétés dont il détient la majorité du capital ou à certains établissements publics (comme VNF) en vue de la réalisation immédiate ou future d'opérations d'aménagement, ne saurait jouer en cas de transfert direct entre domaines publics au titre de l'article L. 3112-1 du CGPPP (Rép. min à QE n° 13285 : *JO AN Q, 15 janv. 2019, p. 333 ; Dr. voirie 2019, p. 46, obs. Yolka ; JCP A 2019, 2111, obs. Roux ; JCP N 2019. Actu. 218*). Les dispositions de l'article L. 3112-1 du CGPPP sont applicable aux cessions réalisées antérieurement à l'entrée en vigueur de l'ordonnance n° 2006-460 du 21 avril 2006 (Ord. n° 2017-562 du 19 avr. 2017, art. 12).

Le deuxième cas de figure vise uniquement l'hypothèse d'un échange entre personnes publiques. Il est soumis aux conditions précédemment mentionnées, auxquelles s'ajoutent deux exigences (l'art. L. 3112-2 étant plus contraignant que le précédent). L'échange apparaît davantage finalisé : il s'agit – comme au titre des articles L. 2141-3 et L. 3112-3 – de permettre l'amélioration des conditions d'exercice d'une mission de service public (c'est vague et l'on ne voit pas pourquoi les biens affectés à l'usage direct du public sont exclus), alors que la cession prévue par l'article L. 3112-1 intéresse juste l'exercice des compétences de la personne publique qui acquiert. En outre, est imposée l'insertion dans le contrat de clauses destinées à préserver l'existence et la continuité du service public auquel les biens sont affectés (est-ce vraiment utile ? Les biens, restant dans le domaine public, sont déjà protégés sous ce rapport). L'article 12 de l'ordonnance n° 2017-562 du 19 avril 2017 dispose que l'article L. 3112-2 du CGPPP est applicable aux échanges entre personnes publiques réalisés antérieurement à l'entrée en vigueur de l'ordonnance n° 2006-460 du 21 avril 2006.

La troisième hypothèse se distingue à plusieurs titres de la précédente. Elle a trait à l'échange d'une dépendance du domaine public avec des biens appartenant au domaine privé d'une autre personne publique ou à une personne privée. La dépendance du domaine public doit ici être déclassée préalablement à l'échange et l'acte organisant ce dernier doit comporter des stipulations préservant l'existence et la continuité du service public. Il s'agit donc d'un cas de déclassement avec maintien de l'affectation publique.

L'exigence commune aux deuxième et troisième hypothèses, relative à la pérennité de la mission de service public, n'est pas sans rappeler celle prévue par le législateur à différentes occasions (que certains auteurs ont qualifié de « quasi-domanialité publique ») : transformation de France Télécom en personne morale de droit privé (art. 4 de la L. n° 96-660 du 26 juill. 1996 relative à l'entreprise nationale France Télécom) ; déclassement des biens immobiliers de La Poste (art. 22 de la L. n° 2001-1168 du 11 déc. 2001 portant mesures urgentes de réformes à caractère économique et financier) à une époque où cette dernière avait encore la qualité de personne publique ; transformation d'Aéroports de Paris en personne morale de droit privé (art. 6 de la L. n° 2005-357 du 20 avr. 2005 relative aux aéroports), etc. Entérinée par le Conseil constitutionnel (V. ainsi, en particulier, Cons. const. 14 avr. 2005, n° 2005-513 DC, *consid. 4 et 5*), cette évolution révèle que l'affectation à l'utilité générale est finalement plus protégée que l'appartenance au domaine public en tant que telle (Plessix, L'éternelle jouvence du service public, *JCP Adm. 2005, p. 1613*).

Il faut noter que le droit du patrimoine prévoit une autre possibilité de transfert de propriété de dépendances du domaine public entre personnes publiques sans déclassement préalable, issue de l'ordonnance n° 2017-1134 du 5 juillet 2017 portant diverses dispositions communes à l'ensemble du patrimoine culturel (art. 1er) et dont on peut regretter qu'elle n'ait pas été davantage articulée avec le CGPPP. Selon l'article L. 125-1 du code du patrimoine : « Une personne publique, après approbation de l'autorité administrative compétente, peut transférer à titre gratuit à une autre personne publique, sans déclassement préalable, la propriété d'un bien culturel mobilier ou d'un ensemble de biens culturels appartenant à son domaine public au sens de l'article L. 2112-1 du code général de la propriété des personnes publiques, pour la meilleure conservation des biens ou pour un autre motif d'intérêt général. Ce transfert ne peut porter sur les archives publiques, les biens donnés ou légués à la personne publique lorsque le donateur ou le testateur s'est opposé dans l'acte de donation ou le testament à une substitution de gratifié ou les biens remis à l'État en application des articles 1131 et 1716 *bis* du code général des impôts. Lorsque le projet de transfert porte sur tout ou partie de collections affectées à un musée de France, il suit la procédure prévue à l'article L. 451-8. Le cessionnaire s'engage préalablement à affecter le bien ou l'ensemble de biens transférés dans son domaine public à un musée de France ou à un autre service public culturel accessible au public qu'il administre ou contrôle et à en assurer la conservation et la mise en valeur sous le contrôle scientifique et technique des services compétents de l'État. La procédure de transfert, l'autorité administrative compétente ainsi que les modalités du contrôle scientifique et technique sont définies par décret en Conseil d'État. ». L'article L. 451-8 du même code précise que « Le transfert à titre gratuit par une personne publique à une autre personne publique de la propriété de tout ou partie de collections affectées à un musée de France, effectué en application de l'article L. 125-1, est soumis à l'avis du Haut Conseil des musées de France. ». ❑

Contentieux des transferts directs entre domaines publics. Le déclassement reste requis pour les cessions consenties entre personnes publiques antérieures à l'entrée en vigueur de l'art. L. 3112-1 CGPPP. • CAA Nantes, 10 nov. 2016, *FNAUT Pays de la Loire*, n° 15NT00536. ♦ Jugeant – position rigoureuse, voire rigoriste – que seul l'acte en la forme administrative ou l'acte notarié entérinant une cession amiable de biens du domaine public entre personnes publiques au titre de l'art. L. 3112-1 CGPPP est créateur de droits, la délibération approuvant la cession ne l'étant pas par elle-même. • CAA Versailles, 6 déc. 2018, *Cne de Chevreuse*, n° 17VE00334 : *AJDA 2019. 792 ; Rev. CMP 2019, n° 20 ; chron. Soler-Couteaux, Zimmer et Waltuch ; Dr. voirie 2018. 146 ; JCP A 2019, n° 5, p. 35, note Yolka.*

Art. L. 3112-4 *(Ord. n° 2017-562 du 19 avr. 2017, art. 10)* **Un bien relevant du domaine public peut faire l'objet d'une promesse de vente ou d'attribution d'un droit réel civil dès lors que la désaffectation du bien concerné est décidée par l'autorité administrative compétente et que les nécessités du service public ou de l'usage direct du public justifient que cette désaffectation permettant le déclassement ne prenne effet que dans un délai fixé par la promesse.**

A peine de nullité, la promesse doit comporter des clauses précisant que l'engagement de la personne publique propriétaire reste subordonné à l'absence, postérieurement à la formation de la promesse, d'un motif tiré de la continuité des services publics ou de la protection des libertés auxquels le domaine en cause est affecté qui imposerait le maintien du bien dans le domaine public.

La réalisation de cette condition pour un tel motif ne donne lieu à indemnisation du bénéficiaire de la promesse que dans la limite des dépenses engagées par lui et profitant à la personne publique propriétaire.

BIBL. ▸ **Thèses et ouvrages :** Najjar, Le droit d'option. Contribution à l'étude du droit potestatif et de l'acte unilatéral, *th. Paris, 1967*. – Hubst, La promesse unilatérale de vente d'immeuble, *th. Aix, 1972*. – Taisne, La notion de condition dans les actes juridiques, *th. Lille II, t. I et II, 1976-1977*. – Bénac-Schmidt, Le contrat de promesse unilatérale de vente, *LGDJ, 1983*. – Collart-Dutilleul, Les contrats préparatoires à la vente d'immeuble, *Sirey, 1988*. – Grienenberger-Fass, Les avant-contrats administratifs, *Mém. Paris 2, 2009*. – Mousseron, Guibal et Mainguy, L'avant-contrat, *éd. F. Lefebvre, 2001*. – Guisiano, Les promesses de vente d'immeuble, *th. Toulon, 2009*. – Ringler, Existe-t-il une théorie générale de l'avant-contrat ?, *th. Toulouse 1, 2010*. – Bergel (dir.), Promesses de vente d'immeuble, *Lamy, 2012*. – Piedelièvre, Les promesses de vente et d'achat immobilière, *Defrénois, 1re éd., 2018*. – Quéau, Problématiques contractuelles des avant-contrats portant sur des biens dépendant du domaine public, *Mém. DSN, Lyon 3, 2018*.

Encyclopédies : Barret, v° Promesses de vente, *Répertoire de droit immobilier*. – Chamard-Heim, Sortie du domaine public, *J.-Cl. Propriétés publ., fasc. n° 53*. – Mignot, Vente. nature et forme. Modalités du contrat, *J.-Cl. Civ. Code, fasc., n° 30* ; Vente. Nature et forme. Promesse synallagmatique de vente, *J.-Cl. Civ. Code, art. 1589, fasc. n° 10*. – Raunet, Leonetti et *Alii*, Ventes et autres cessions des immeubles de l'État, *J.-Cl. Propriétés publ., fasc. n° 82*. – Yolka, Ventes d'immeubles des collectivités territoriales, *J.-Cl. Propriétés publ., fasc. n° 88*.

Articles : Boyer, Les promesses synallagmatiques de vente. Contribution à la théorie des avant-contrats, *RTD civ. 1949. 1*. – Ghestin, L'indétermination du prix de vente et la condition potestative, *D. 1973. 293* ; La notion de condition potestative au sens de l'article 1174 du Code civil, in Études dédiées à A. Weill, *Dalloz-Litec, Paris, 1983, p. 243*. – Saint-Alary-Houin, Réflexions sur le transfert différé de la propriété immobilière, *Mél. P. Raynaud, Dalloz-Sirey, 1985. 733*. – Schmidt-Szalewski, Le rôle de l'acte authentique dans la vente immobilière, *RDI 1989. 147*. – Schütz, L'exécution des promesses de vente, *Defrénois 1999, art. 37021*. – Coutant, La réitération des promesses synallagmatiques de vente, *AJDI 1999. 130*. – Schmidt Szalewski, La force obligatoire à l'épreuve des avant-contrats, *RTD civ. 2000. 25*. – Rochfeld, Les droits potestatifs accordés par le contrat, Études offertes à J. Ghestin, Le contrat au début du XXIe siècle, *LGDJ, Paris, 2001. 747*. – Meyssan et Radot, Les spécificités de la promesse synallagmatique de vente, *Defrénois 2003, art. 37789*. – Dross, L'introuvable nullité des conditions potestatives, *RTD civ. 2007. 701*. – Dondero, De la condition potestative licite, *RTD civ. 2007. 677*. – Omarjee, Les avant-contrats et le domaine public, *JCP N 2009. 1208* ; Une collectivité publique peut-elle consentir une promesse de vente sur une dépendance de son domaine public ?, *RLCT mai 2009. 42*. – Aynès, Fatôme et Raunet, Les promesses de vente de bien du domaine public sous condition suspensive de déclassement, *AJDA 2014. 961* ; Actes de la conférence-débats. Comment améliorer la pratique des avant-contrats ?, Les promesses de vente sous condition suspensive de déclassement, *Bull. Cheuvreux Hors série, janv. 2014. 17*. – Ngampio-Obélé-Bélé, Les promesses de vente de biens immobiliers faites par les personnes publiques devant le juge administratif, *Dr. adm. févr. 2017. 16*. – Poumarède, La vente immobilière au prisme de l'avant-projet de réforme du droit des contrats spéciaux, *RDI 2017. 560*. – Cornille, Déclassement et permis de construire. Une souplesse inspirée de la jurisprudence Comité d'intérêt de quartier Vallon des Auffres Corniche (CE 23 avr. 2003), *Constr.-Urb. févr. 2018. Étude 2*. – Murgue-Varoclier, La réforme en « clair-obscur » des promesses de vente sur le domaine public, *RFDA 2019. 67*. – Yolka, Collectivités territoriales et ventes immobilières « complexes » : quelques (in)certitudes, *JCP A 2019. 2062*. – Murgue-Varoclier, Les promesses de vente conclues sur le domaine public, *Cahier du Cridon Lyon, mars 2019, n° 83, p. 9*. – Murgue-Varoclier, La cession domaniale contre remise de locaux : un montage contractuel piégé, *RFDA 2019. 877*.

COMMENTAIRE

La complexité et la longueur des ventes immobilières nécessitent souvent de conclure au préalable un avant-contrat qui permettra aux parties de s'engager alors même que certaines conditions, économiques, administratives, juridiques, ne sont pas encore réunies. Parmi ces conditions, il en est une qui est particulière, celle du déclassement du domaine public. En effet, les propriétaires publics peuvent avoir besoin d'anticiper la cession d'un bien actuellement soumis au régime de la domanialité publique : bien sûr, il n'est pas question de le vendre tant que celui-ci n'aura pas été régulièrement déclassé (V. comm. ss. art. L. 2141-1) ; il s'agit seulement pour le propriétaire public et l'acquéreur intéressé de conclure une promesse de vente dont les effets seront suspendus et reportés au déclassement ultérieur (sur la qualification d'acte juridique pour une promesse, V. Ngambio-Obélé-Bélé, Les promesses de vente de biens immobiliers faites par les personnes publiques devant le juge administratif, *Dr. adm. févr. 2017. 16*). A cet égard, on distingue les promesses unilatérales de vente des promesses synallagmatiques, les premières supposant qu'une seule partie ait donné son consentement à la vente, tandis que les secondes impliquent que les deux parties aient donné le leur. Cela permet de marquer l'engagement de la ou des volonté(s), de sécuriser les investisseurs dans leur démarche et de déposer les demandes d'autorisation de construire, même si le bien n'est pas encore cessible. Une promesse de vente d'un bien du domaine public est donc conclue sous condition suspensive de déclassement.

Ce nouvel article L. 3112-4 (très inspiré des préconisations d'une partie de la doctrine et de la pratique notariale, V. not. Aynès, Fatôme et Raunet, Les promesses de vente de bien du domaine public sous condition suspensive de déclassement, *AJDA 2014. 961*) a été introduit par l'article 10 de l'ordonnance n° 2017-562 du 19 avril 2017 relative à la propriété des personnes publiques. Il permet de lever les doutes qui prévalaient alors, même si sa rédaction n'est pas pleinement satisfaisante.

I. L'ÉTAT DU DROIT ANTÉRIEUR

A. UNE JURISPRUDENCE INCERTAINE

Lorsqu'il était saisi de promesses de vente de biens du domaine public non déclassés et non désaffectés, le juge administratif les considérait habituellement comme contraires au principe d'inaliénabilité, et donc nulles. Mais, avant même que l'ordonnance domaniale de 2017 ait instauré cette possibilité, certains arrêts ont pu jeter un trouble en ne censurant pas certaines promesses. Il est vrai que la plupart de ces litiges sont intervenus pour habiliter les futurs acquéreurs à solliciter des autorisations de construction ou de démolition (C. urb, art. R. 431-13). Néanmoins, l'impression générale qui en ressortait se traduisait par un certain flottement de la jurisprudence et, pour certains auteurs, par une consécration implicite de ces promesses. Et finalement, le Conseil d'État semble avoir fait évoluer sa position en 2017.

B. UNE DOCTRINE HÉSITANTE

En l'absence de jurisprudence de principe et en dehors de tout cadre légal, la pratique a développé les promesses sous condition suspensive ; les personnes publiques étaient en réalité nombreuses à recourir à cette technique contractuelle de l'avant-contrat pour céder des dépendances de leur domaine public.

C'est à cette pratique que la doctrine a répondu, de manière un peu discordante, les « pro-promesses de vente » sur le domaine public avançant des arguments en réponse à ceux invoqués par d'autres auteurs qui considéraient au contraire que cette technique était illégale. Ainsi, pour certaines grandes plumes (V. par ex., Y. Gaudemet, Traité de droit administratif, T. 2, Droit administratif des biens, *15e éd., LGDJ, 2014, nos 252 et 252 bis*) et des praticiens reconnus (Propriétés publiques. Quels contrats pour quels projets ?, *Rapp. 109e Congrès des notaires de France, 2013, n° 2367*), admettre de manière générale la possibilité de conclure un compromis de vente d'un bien du domaine public sous condition suspensive de son déclassement à venir paraissait assez hétérodoxe au regard des principes domaniaux applicables, et notamment de son inaliénabilité. En effet, la promesse de vente vaut vente dès qu'il y a consentement réciproque des parties sur la chose et le prix (C. civ., art. 1589), ce qui correspond normalement à la date de la promesse de vente, même en présence d'une condition suspensive (Civ. 3e, 30 mars 2011, n° 10-13.756 P : *RDC 2011. 885, obs. Pimont*). La force du principe selon lequel la promesse de vente vaut vente est telle que l'exécution de la promesse de vente peut donner lieu à des mesures d'exécution forcée. C'est la raison pour laquelle la Cour de cassation considère que « les obligations contractuelles prennent naissance, sauf convention contraire, au jour de la conclusion du contrat et non au jour de leur exécution » (Civ. 1re, 16 juill. 1986, n° 84-12.990 P : *RTD civ. 1987. 748, note Mestre*). Or, au jour de la conclusion du compromis de vente, le bien relève toujours du domaine public et il ne peut être vendu dans la mesure où il n'est pas déclassé (V. comm. ss. art. L. 3111-1. – V. aussi Foulquier, Droit administratif des biens, *3e éd., LexisNexis, 2015, n° 597*). Cela étant, il est vrai que le « moment de la vente » était discuté en doctrine ; certains auteurs et praticiens non moins reconnus (Aynès, Fatôme et Raunet, Les promesses de vente de bien du domaine public sous condition suspensive de déclassement, *AJDA 2014. 961*) insistaient plutôt sur le caractère supplétif de la règle selon laquelle la vente existe au jour de la conclusion de la promesse : les parties peuvent donc y déroger en rendant essentielle une condition secondaire de la vente, comme par exemple la signature d'un acte authentique, en vue de retarder la formation même de la vente et non seulement ses effets (V. Mignot, *J.-Cl. Civ., fasc. n° 10*). De plus, le code civil permet de contracter au sujet d'une chose future (C. civ., art. 1163, anc. art. 1130, al. 1er. – Sur ce point, V. Aynès, Comment améliorer la pratique des avant-contrats ?, *Bull. Cheuvreux HS, janv. 2014, p. 23*). Dans cette hypothèse, la vente n'est réalisée qu'après le déclassement et n'est donc pas rétroactive au jour de la promesse.

Par ailleurs, les personnes publiques ne peuvent s'engager conventionnellement sur l'exercice à venir d'un pouvoir de décision unilatérale, les compétences étant indisponibles (Conseil d'État, Le contrat, mode d'action publique et de production de normes, *Rapp. public 2008, spéc. éditorial et p. 182*. – CREAM, L'indisponibilité des compétences, *éd. CREAM, 2013*. – Azouaou, L'indisponibilité des compétences en droit public interne, *Mare et Martin, 2016, Bibliothèque des thèses*) : la décision de déclasser un bien reste en effet un acte discrétionnaire et le propriétaire public peut à tout moment changer d'avis. Pour être légale, soulignaient les tenants du recours à la promesse de vente (Fatôme, Comment améliorer la pratique des avant-contrats ?, *Bull. Cheuvreux HS, janv. 2014, p. 21*), celle-ci ne doit donc pas contenir l'engagement de la personne publique de déclasser le bien du domaine public. A ce sujet, l'avis de la Section des travaux publics du Conseil d'État du 26 mai 1992 (CE, avis, 26 mai 1992, n° 351788 : *EDCE, 1993. 431 ; GDDAB, Dalloz, 3e éd., 2018. Comm. 82, note Yolka*) est invoqué. En effet, dans celui-ci, le Conseil d'État a expressément admis qu'une collectivité publique pouvait s'engager à l'égard d'une autre personne publique (ce qui n'est peut-être pas la même chose que vis-à-vis d'un acquéreur privé) à procéder au déclassement de dépendances du domaine public : « pour assurer à ces opérations (de création, dans le cadre d'une opération d'aménagement, en l'occurrence l'opération d'aménagement Seine-Rive Gauche, de plateformes au-dessus des voies ferrées, supportant des immeubles) une sécurité juridique et justifier la mise en œuvre d'une procédure d'expropriation, (l') accord (entre les collectivités publiques concernées), doit comporter, de la part des collectivités publiques compétentes, l'engagement de procéder en temps utile au déclassement des dépendances du domaine public nécessaires aux travaux (de création de plateformes) ».

En outre, la condition suspensive, reportant son effet à la date de la désaffectation et du déclassement, encourait la qualification de condition purement potestative (C. civ., art. 1304-2) et devait être considérée comme nulle (Gaudemet, *op. cit.* – Omarjee, Les avant-contrats et le domaine public, *JCP N 2009, n° 1208* ; Une collectivité publique peut-elle consentir une promesse de vente sur une dépendance de son domaine public ?, *RLCT mai 2009, p. 42*. – Rapp. 109e Congrès des notaires de France, *op. cit.*). La condition est potestative lorsque le débiteur peut se défaire du contrat par sa seule volonté ou conserve la faculté de ne pas l'exécuter (Civ. 1re, 9 janv. 1963, n° 58-11.685 P). Pour échapper à cet obstacle, il conviendrait alors d'apporter une attention particulière à la rédaction de cette clause qui pourrait être rédigée de manière à ce que le déclassement soit acquis, sauf si un événement de nature à y faire obstacle survenait et motivait le refus de déclasser.

Enfin, si la promesse de vente est signée par l'exécutif (de la collectivité territoriale ou de l'établissement public) seul, sans délibération préalable de l'assemblée, elle est nulle pour incompétence.

Cette pratique restait donc risquée sur le plan juridique, d'autant que si le compromis de vente rédigé par un notaire pouvait échapper à ces difficultés par une rédaction habile et complète, les promesses de vente contenues dans un acte administratif ne bénéficiaient pas forcément de la même attention, ni du même niveau de détail. Au final, en dépit du besoin des propriétaires publics de rassurer de futurs acquéreurs par le biais d'avant-contrats, la majeure partie de la doctrine – prudente – préférait considérer que ces derniers ne produisaient pas d'effets juridiques, surtout s'agissant des compromis de vente, la personne publique n'étant alors pas en mesure de s'engager. Ces avant-contrats relevaient davantage du protocole d'accord ou du *gentlemen agreement* (Rapp. 109e Congrès des notaires de France, *préc.*, n° 2368). La promesse unilatérale de vente devait être privilégiée, la levée de l'option n'intervenant qu'une fois le déclassement et la désaffectation prononcés.

II. LA LÉGALISATION DES PROMESSES DE VENTE SOUS CONDITION SUSPENSIVE DE DÉCLASSEMENT

Désormais, ce nouvel article L. 3112-4, qui fait partie des dérogations au principe d'inaliénabilité du domaine public figurant à l'article L. 3111-1, consacre au plan législatif les promesses de vente ou d'attribution de droit réel civil portant sur des biens relevant du domaine public, sous condition suspensive de déclassement.

A. UN CHAMP D'APPLICATION LARGE

Ces nouveaux avant-contrats peuvent concerner tout « bien du domaine public », qu'il s'agisse du domaine public immobilier ou mobilier, du domaine public artificiel ou naturel et du domaine public par affectation à l'usage direct du public ou à un service public. Le champ d'application de cet article est donc clairement plus vaste que celui des déclassements anticipés, lesquels ne concernent que des immeubles du domaine public artificiel (V. comm. ss. art. L. 2141-2).

Dans le même esprit, cette disposition n'est pas limitée au domaine public des personnes publiques de l'article L. 1 ; elle est applicable dès lors qu'un bien du domaine public est en jeu, quelle que soit la nature de son propriétaire public (y compris, donc, les « personnes publiques spéciales » ou « *sui generis* »).

La promesse peut en outre porter sur la vente d'un bien du domaine public ou sur la constitution de droits réels civils, lesquels sont classiquement illégaux en raison du principe d'inaliénabilité (V. comm. ss. art. L. 3111-1).

Enfin, le libellé de cet article laisse supposer qu'il s'appliquera aux promesses unilatérales et aux promesses synallagmatiques.

B. DES CONDITIONS PRÉCISES

Pour que la promesse relative au domaine public soit légale, elle doit respecter un certain nombre de conditions.

Tout d'abord, la désaffectation du bien doit avoir été décidée au jour de la promesse, à l'image du déclassement anticipé (V. comm. ss. art. L. 2141-2) ou de la domanialité publique par anticipation pour la décision d'affectation (V. comm. ss. art. L. 2111-1). En d'autres termes, une action sur l'affectation d'un bien permet d'anticiper soit sa sortie du domaine public, soit son entrée. Quoiqu'il en soit, si la désaffectation doit être décidée, ses effets sont reportés à l'issue d'un délai qui figure dans la promesse et au terme duquel le bien pourra être déclassé ; pendant ce temps, l'affectation reste préservée. Il n'existe pas de délai maximal imposé par le législateur, ce qui laisse une latitude importante aux parties. Cette décision de désaffectation est fondamentale car elle permet au propriétaire public de manifester sa volonté de faire cesser à plus ou moins court terme la domanialité publique.

Concernant la promesse elle-même, elle comprendra sans doute, outre le délai au terme duquel la désaffectation sera effective, une clause relative au déclassement à venir, même si ce point n'apparaît pas expressément à la lecture de l'article. Cette « omission » s'explique sans doute par la nécessité de ne pas tomber sous le coup du principe de l'indisponibilité des compétences, sujet qui n'est pas forcément épuisé par la formulation de cet article. Pour autant, ces promesses ne valent que si, d'une manière ou d'une autre, les personnes publiques s'engagent à déclasser… L'on suppose également que, pour que la promesse portant sur le domaine public soit valable, la condition suspensive du déclassement ne doit pas avoir d'effet rétroactif (pour échapper au principe selon lequel la promesse de vente vaut vente). Cela n'est pas précisé dans l'article, et aurait sans doute dû l'être. Il est d'ailleurs à noter que l'avant-projet de réforme du droit des contrats spéciaux remis le 26 juin 2017 par l'Association H. Capitant distingue désormais, à côté de la promesse valant vente, la promesse synallagmatique de vente qui « ne vaut pas vente lorsque les parties, quoique convenues du bien et du prix, subordonnent sa formation à un accord sur un autre élément ou à un accord passé dans une certaine forme » (art. 15. V. Zalewski-Sicard, L'avant-projet de réforme du droit des contrats spéciaux, *Constr.-Urb. 2017. Alerte 73.* – Poumarède, La vente immobilière au prisme de l'avant-projet de réforme du droit des contrats spéciaux, *RDI 2017. 560*).

Soulignons également que l'expression habituelle de « conditions suspensives » n'est pas reprise ici ; le report dans le temps dont les parties ont besoin découle simplement de la formule « cette désaffectation permettant le déclassement ne prenne effet que dans un délai fixé par la promesse ».

L'article L. 3112-4 n'évoque que les « clauses précisant que l'engagement de la personne publique propriétaire reste subordonné à l'absence, postérieurement à la formation de la promesse, d'un motif tiré de la continuité des services publics ou de la protection des libertés auxquels le domaine en cause est affecté qui imposerait le maintien du bien dans le domaine public ». Ce sont des clauses de protection du domaine public. Elles sont obligatoires à peine de nullité. Ce motif tiré de la continuité des services publics ou de la protection des libertés est justifié par la nécessité d'écarter le caractère purement potestatif de la clause, en ne retenant comme des motifs que des éléments qui seraient extérieurs à la volonté de la personne publique. Cela signifie donc que la vente est décidée et sera effective lors du déclassement et que seuls des motifs tirés de principes constitutionnels dont le domaine public est le support pourraient s'y opposer (et non un simple changement de volonté du propriétaire public). Il est donc impossible de revenir sur une promesse de vente ou de constitution d'un droit réel civil sur le domaine public pour d'autres motifs que ceux-ci. Les personnes publiques sont ainsi réellement liées par ces promesses. Cela étant, si l'on comprend bien la nécessité de voir s'éloigner le spectre du caractère purement potestatif de la condition, il reste qu'il est toujours difficile d'apprécier son caractère extérieur et le fait que l'appréciation des clauses de protection du domaine public continuera à relever du propriétaire public.

Demeure l'épineuse question de l'indemnisation du cocontractant pour le cas où la promesse ne déboucherait pas sur un déclassement, rendant dès lors la vente impossible. Tout d'abord, la nouvelle procédure ne prévoit pas (et cela est bien normal) d'indemnisation générale du cocontractant, en raison du principe du libre exercice de leurs compétences par les personnes publiques. Le versement d'indemnités est envisagé uniquement si la condition suspensive relative à la protection de la continuité du service public ou des libertés fondamentales dont le domaine public est le siège est réalisée (c'est-à-dire que le bien ne sera pas déclassé pour ces motifs). Cela permet d'éviter que les conséquences financières ne constituent, pour les personnes publiques, des freins à ce genre d'opérations. Ensuite, l'indemnisation n'est que partielle : le bénéficiaire de la promesse sera indemnisé, non du préjudice résultant de la non-conclusion de la vente, mais pour les dépenses qu'il avait engagées, à condition que celles-ci profitent à la personne publique, ce qui n'est pas sans rappeler la théorie de l'enrichissement sans cause. Dès lors que ces conditions seront remplies, l'indemnisation pourra avoir lieu, sans que l'on ait à rechercher l'existence d'une faute, contractuelle ou extracontractuelle, de la part de la personne publique.

Enfin, il faut indiquer que la pratique commence déjà à combiner cette procédure des promesses de vente sous conditions suspensives avec celle du déclassement anticipé qui figure à l'article L. 2141-2 du CGPPP (sur cette question, V. Murgue-Varoclier, La réforme en « clair-obscur » des promesses de vente sur le domaine public, *RFDA 2019. 67*). ❑

Promesses de vente antérieures à l'ordonnance du 19 avril 2017.

1. *Illégalité des promesses de vente sous condition suspensive de déclassement.* De tels avant-contrats sont en principe illégaux, puisqu'ils portent sur des biens inaliénables. Ainsi, le contrat de vente n'a pu être établi du fait que le terrain en cause s'est révélé faire partie du domaine public du département, et non du domaine privé comme l'avaient cru les autorités départementales, et que le contrat résultant de l'échange de consentements était nul comme contraire au principe de l'inaliénabilité du domaine public. • CE 1er mars 1989, *Béro, n° 71140 : Dr. adm. 1989. Comm. 244.* – Dans le même sens, la CAA de Nantes a considéré qu'aucune délibération du conseil municipal n'a explicitement prononcé le déclassement de l'atelier-relais préalablement à la promesse de vente de ce bien faite au profit de la société requérante ; que ce déclassement ne saurait résulter de la promesse de vente consentie. • CAA Nantes, 12 avr. 1995, *SA Parcel Transports,* n° 94NT00843. ♦ Ou encore, il a été jugé que l'acte qui a ainsi porté sur une dépendance du domaine public, ne pouvant, à raison de son inaliénabilité, faire l'objet d'une promesse de vente, est en conséquence nul et n'a pu faire naître aucun droit au profit du groupement de sociétés signataire. • CAA Lyon, 8 juill. 2004, *SCI Rue des Fleurs,* n° 99LY00595. – De même que la CAA de Versailles a considéré que le bien immobilier appartenant à la commune était encore occupé par la police nationale et par le centre technique municipal ; que dès lors, en l'absence d'une désaffectation de fait antérieure ou concomitante, il ne pouvait faire légalement l'objet d'une décision de déclassement du domaine public communal ; que si la commune soutient que le déclassement ne devait prendre effet qu'à la date où la désaffectation des lieux serait effective, il ressort, en tout état de cause, des termes mêmes de la délibération n° 14 qu'elle prononce le déclassement immédiat des terrains en cause ; que cette délibération est par suite entachée d'illégalité ; que c'est, par ailleurs, à juste titre que le tribunal a jugé que, faute de décision de déclassement régulièrement intervenue, les délibérations autorisant la conclusion d'une promesse de vente de ces terrains et autorisant les deux acquéreurs potentiels à déposer des demandes de permis de démolir et de construire étaient également illégales. • CAA Versailles, 23 mars 2006, *Cne du Chesnay,* n° 05VE00070. ♦ V. jugeant qu'une commune ne pouvait céder une parcelle sans méconnaître le principe d'inaliénabilité du domaine public et en déduisant que le compromis de vente conclu entre ladite commune et la société Socogim revêtait un caractère illicite affectant sa validité et s'opposait à ce que le litige né du défaut d'exécution de ce contrat puisse être réglé sur le terrain contractuel, • CAA Nancy, 10 juin 2013, *Socogim c/ Cne de Vandœuvre,* n° 12NC00341.

2. Jurisprudence ne censurant pas les promesses de vente. V. • TA Nantes, 10 mars 1993, *Cne de Guérande : Dr. envir. 1993, n° 19, p. 65, note Romi.* ♦ Le juge considère qu'en raison du fait que la personne publique venderesse, en l'espèce le conseil d'administration du centre hospitalier, n'a pris aucun engagement quant à la désaffectation de la dépendance en cause et qu'ayant, en outre, consenti à ce que l'établissement hospitalier s'oblige à signer le futur contrat de vente sous la condition que le bien ait été préalablement désaffecté puis déclassé, il a assorti la promesse de vente qui lui était soumise d'une condition suspensive afférente au régime domanial du bien et n'a pris aucun engagement sur la désaffectation de la dépendance. • CAA Lyon, 20 oct. 2011, *Sté Eiffage immobilier Centre Est,* n° 10LY01089 : *AJDA 2011. 2087*. ♦ Il n'y a aucune difficulté à envisager une promesse de vente, dès lors que les dépendances concernées ont été désaffectées et déclassées. • CAA Nancy, 28 mars 2013, *Sté Pacaje c/ Cne de Chaumont,* n° 12NC00267. ♦ Sur le fait que la promesse ne valait pas vente, le principe d'inaliénabilité ne fait pas obstacle à la conclusion d'une convention par laquelle une personne publique s'engage à céder à une personne privée une parcelle appartenant à son domaine public, même affectée à l'usage direct du public, sous une condition suspensive relative au déclassement préalable de cette parcelle, dès lors qu'une telle promesse de vente n'emporte pas, par elle-même, cession des droits réels immobiliers sur le domaine public. • TA Paris, 19 déc. 2011, *Assoc. Accomplir.,* nos 1100847 et 1100848. ♦ Dès lors que le protocole conclu par une personne privée avec le centre hospitalier constituait la première étape d'un processus contractuel ayant pour objectif final, ainsi qu'il était stipulé dans le protocole d'accord lui-même, la conclusion, par voie notariée, de la vente des biens immobiliers en cause, sur un site libéré au préalable de toute activité hospitalière et déclassé de telle manière à ressortir exclusivement du domaine privé du centre hospitalier, un tel protocole, conclu avec une société privée, dans le cadre d'un processus tendant à la vente par ledit centre hospitalier d'immeubles faisant partie, à la date de cette vente, de son domaine privé, et qui ne comporte pas de clause exorbitante du droit commun, présente le caractère d'un contrat de droit privé. • CAA Lyon, 7 juill. 2011, *CH région d'Annecy,* n° 10LY01138 : *Rev. juris. ALYODA, note de Gaudemar.* – V. aussi l'arrêt qui condamne la personne publique qui n'a pas prévu de condition suspensive de déclassement dans son compromis de vente, admettant donc implicitement que ce type de condition est possible, • CAA Nancy, 10 juin 2013, *Socogim c/ Cne de Vandœuvre,* n° 12NC00341. ♦ S'agissant de décisions qui concernent, non des promesses de vente, mais des promesses d'achat, V. • CAA Lyon, 4 juill. 2013, *Sté Apsys,* n° 12LY01556. ♦ Il en est de même de l'arrêt qui se contente d'énoncer que, si la promesse unilatérale de vente avait été signée, elle n'aurait pas emporté par elle-même le déclassement du domaine public des biens en cause. • CAA Lyon, 18 oct. 2011, *Club hippique des Alpes,* n° 11LY00780 : *Rev. CMP 2011. 355, comm. Llorens.* ♦ Et surtout, jugeant bien qu'il s'agisse d'un recours en cassation contre une demande de suspension d'une convention, « qu' aucune disposition du CGPPP ni aucun principe ne faisaient obstacle à ce que, antérieurement à l'entrée en vigueur de ces dispositions, des biens relevant du domaine public fassent l'objet d'une promesse de vente sous condition suspensive de leur déclassement, sous réserve que le déclassement soit précédé de la désaffectation du bien et que la promesse contienne des clauses de nature à garantir le maintien du bien dans le domaine public si un motif, tiré notamment de la continuité du service public, l'exigeait ; que, par suite, en jugeant que le moyen tiré de ce que la convention du 9 juin 2016 méconnaissait le principe d'inaliénabilité du domaine public était de nature à créer un doute sérieux sur sa légalité au seul motif qu'elle autorisait la cession anticipée d'un bien pour lequel la condition de désaffectation nécessaire et préalable à la sortie du bien du domaine public n'était pas remplie au moment de la conclusion de la convention, le juge des référés de la cour administrative d'appel de Marseille a commis une erreur de droit ». • CE 15 nov. 2017, n° 409728 B : *AJCT 2018. 168, obs. Hul ; BJCL 2017. 846, obs. Douteaud ; BJCP 2018. 32, concl. Henrard ; Rev. CMP 2018. Comm. n° 15, note Pietri ; JCP Adm. 2017. Actu. 575, obs. Touzeil-Divina ; ibid. 2017. 2320, Comm. Chamard-Heim et Lichère ; RDI 2018. 106, obs. Foulquier ; Gaz. Pal. 9 janv. 2018, p. 19, obs. Leleu ; AJCT 2018. 168, obs. Hul ; Rev. CMP 2018. Chron. n° 7, obs. Soler-Couteaux, Zimmer et Waltuch.* ♦ Une promesse de vente sous condition suspensive peut finalement être requalifiée en contrat d'occupation du domaine public lorsque le délai dans lequel était prévu la vente est dépassé depuis longtemps mais que le bénéficiaire de cette promesse se maintient dans les lieux. • Civ. 1re, 31 janv. 2018, n° 17-10.564 : *JCP Adm. 2018. 2164, obs. Chamard-Heim.*

3. Promesses de vente et autorisations d'urbanisme. Certaines décisions ont considéré de telles promesses de vente comme habilitant, au regard du droit de l'urbanisme, à solliciter des titres pour construire ou démolir. V. par ex. : • CE 26 janv. 2007, *Sté Logidis*, n° 278642 : *BJCL 2007. 80, concl. Keller et obs. Guyomar.* ♦ Pour un contentieux relatif à un permis de construire, alors que la délibération décidant le déclassement a été annulée, reposant dès lors sur la simple promesse de vente où le CE juge que si le moyen tiré, par la voie de l'exception, de l'illégalité d'une délibération portant déclassement ou changement d'affectation du domaine public ne peut être invoqué à l'encontre d'un permis de construire un bâtiment sur une parcelle du domaine public, il appartient au juge de l'excès de pouvoir, saisi d'une demande d'annulation du permis, de tirer toutes les conséquences qui s'attachent à l'annulation, prononcée par un jugement devenu définitif, d'une telle délibération. Or, le juge considère que l'annulation n'étant que partielle, elle est sans effet sur la délibération portant sur la promesse de vente qui peut donc toujours servir de titre habilitant à construire. • CE 23 avr. 2003, *Assoc. Vivre à Endoume*, n° 249918 : *JCP Adm. 2003. 1310, note Billet.* ♦ Sur le fait que le juge du permis de construire ne se prononce pas sur la question de la validité de la promesse de vente au regard du déclassement, • CAA Lyon, 18 déc. 2012, *Assoc. Lac d'Annecy Environnement*, n° 12LY00657.

4. Action en responsabilité contre la personne publique. Dès lors que le protocole conclu par une personne privée avec le centre hospitalier présente le caractère d'un contrat de droit privé, il n'appartient pas à la juridiction administrative de connaître d'une demande tendant à la mise en cause de la responsabilité du centre hospitalier à raison du non-respect dudit protocole d'accord, un tel litige relevant de la compétence des tribunaux judiciaires. • CAA Lyon, 7 juill. 2011, *CH région d'Annecy*, n° 10LY01138 : *préc. note 2.* ♦ Sur la mise en jeu de la responsabilité extracontractuelle de la personne publique et du cocontractant, • CAA Nancy, 10 juin 2013, *Socogim c/ Cne de Vandœuvre*, n° 12NC00341 • CAA Marseille, 1er avr. 2016, *Sté SMB*, n° 14MA03826 • CE 6 déc. 2017, *Dpt du Gard*, n° 400406.

5. Actes non créateurs de droits. Il résulte de la combinaison des art. 1101, 1134 et 1589 C. civ. que la rétractation par le promettant d'une promesse unilatérale de vente, lorsqu'elle intervient avant que le bénéficiaire ait levé l'option dans le délai stipulé dans le contrat, se résout, conformément aux dispositions de l'art. 1142 C. civ., en dommages et intérêts, à moins que les parties n'aient contractuellement décidé d'écarter l'application des dispositions de cet article ; cette délibération n'est, ainsi, pas créatrice de droits. • CE 2 avr. 2015, *Cne de Case-Pilote*, n° 364539 : *Lebon ; AJDA 2015. 719, obs. Biget ; AJCA 2015. 320, obs. Dubarry ; Rev. CMP avr. 2016, p. 28, chron. Llorens et Soler-Couteaux ; D. 2015. 869 ; Dr. adm. 2015. Comm. 50, note Éveillard ; JCP Adm. 2015. Actu. 334, obs. Langelier ; JCP 2015. 734 ; JCP N 2015, n° 16, p. 8, obs. Langelier ; JCP Adm. 2015. 2251, note Martin ; JCP N 4 mars 2016, p. 34, chron. critique Mekki* • TA Melun, 9 déc. 2016, *Stés Arthur Wilson et Fontenay Invest*, n° 1404675 : *AJDA 2017. 849*. – V. aussi, • CAA Marseille, 4 nov. 2013, *Tarayre c/ Cne Carnoux-en-Provence*, n° 11MA04646 • CE 13 févr. 2015, *Sté Le Patio Lafayette*, n° 381412. ♦ Confirmant le caractère non créateur de droits d'une délibération qui se borne à autoriser le maire à signer une promesse de vente, tout en confirmant l'annulation de celle en décidant le retrait pour un motif erroné. • CAA Nancy, 9 févr. 2017, *Cne de Mondelange*, n° 16NC00793 : *AJDA 2017. 859, chron. Favret*. ♦ *Contra*, auparavant, jugeant que la délibération décidant la vente d'un immeuble du domaine privé local à une personne déterminée est créatrice de droits. • CE 8 janv. 1982, *Épx Hostetter,* n° 21510 : *Lebon 619* • CAA Bordeaux, 16 oct. 2012, *Sté Gaia W. et Sté Cap Caraïbes, n° 11BX01601 : JCP Adm. 2012, n° 2374, note Yolka.* ♦ V. toutefois, lorsque la vente était subordonnée à une condition suspensive et cette dernière n'était pas remplie : • CAA Douai, 7 déc. 2000, *Assoc. des Flandres,* n° 97DA00601. – A propos du caractère créateur de droits d'une promesse de bail à construction sur le domaine public : • CAA Marseille, 6 mai 2013, *Sté GENERIM c/ Ville de Nice,* n° 10MA03198.

Ordonnance n° 2017-562 du 19 avril 2017,

Relative à la propriété des personnes publiques.

Art. 12 Les biens des personnes publiques qui, avant l'entrée en vigueur de la présente ordonnance, ont fait l'objet d'un acte de disposition et qui, à la date de cet acte, n'étaient plus affectés à un service public ou à l'usage direct du public peuvent être déclassés rétroactivement par l'autorité compétente de la personne publique qui a conclu l'acte de disposition en cause, en cas de suppression ou de transformation de cette personne, de la personne venant aux droits de celle-ci ou, en cas de modification dans la répartition des compétences, de la personne nouvellement compétente.

Les dispositions des articles L. 3112-1 et L. 3112-2 du code général de la propriété des personnes publiques sont applicables aux cessions et échanges entre personnes publiques réalisés antérieurement à l'entrée en vigueur de l'ordonnance du 21 avril 2006 susvisée.

....

Art. 14 I. — Le premier alinéa de l'article 12 de la présente ordonnance est applicable :

1° En Nouvelle-Calédonie et en Polynésie française, au domaine public des établissements publics de l'État, des communes, de leurs groupements et établissements publics ;

2° Aux îles Wallis-et-Futuna, au domaine public de l'État et de ses établissements publics.

II. — Pour l'application du second alinéa de l'article 12 de la présente ordonnance à Mayotte, en Nouvelle-Calédonie, en Polynésie française et dans les îles Wallis-et-Futuna, les mots : "l'ordonnance du 21 avril 2006 susvisée" sont remplacés par les mots : "l'ordonnance du 28 septembre 2016 susvisée".

CHAPITRE III TRANSFERT DE PROPRIÉTÉ DU DOMAINE PUBLIC FLUVIAL

Art. L. 3113-1 Les transferts de propriété du domaine public fluvial au profit d'une collectivité territoriale ou d'un groupement de collectivités territoriales de la part de l'État ou d'une autre personne publique peuvent être opérés à la demande de l'assemblée délibérante de la collectivité territoriale ou du groupement. Ils le sont à titre gratuit *(L. n° 2006-1772 du 30 déc. 2006, art. 3)* « et ne donnent lieu au paiement d'aucune indemnité, droit, taxe, » *(Ord. n° 2010-638 du 10 juin 2010, art. 9-VII, en vigueur le 1er janv. 2013)* « contribution prévue à l'article 879 du code général des impôts » *(L. n° 2006-1772 du 30 déc. 2006, art. 3)* « ou honoraires ». Toutefois, les parties de cours d'eau, canaux, lacs ou plans d'eau inclus dans le périmètre d'une concession accordée par l'État au titre de l'utilisation de l'énergie hydraulique ne peuvent pas faire l'objet d'un transfert de propriété au profit des collectivités territoriales ou de leurs groupements.

Ces transferts s'opèrent en priorité au profit de la région ou du groupement de régions territorialement compétent qui en fait la demande. Lorsque d'autres collectivités ou groupements de collectivités territorialement compétents souhaitent bénéficier d'un tel transfert, leurs demandes sont transmises pour avis à la région. Ils peuvent bénéficier de ce transfert si, à l'issue d'un délai de six mois à compter de la saisine pour avis, la région territorialement compétente n'a pas elle-même formulé la demande.

Le transfert est refusé si la cohérence hydraulique ne peut pas être assurée *(L. n° 2012-77 du 24 janv. 2012, art. 4-I)* « ou, dans le cas d'une demande de transfert portant sur un port intérieur situé sur une voie non transférable, s'il risque de compromettre le développement du transport de fret fluvial ».

La collectivité territoriale ou le groupement de collectivités territoriales bénéficiaire du transfert succède dans l'ensemble des droits et obligations à l'égard des tiers à la personne publique gestionnaire de ce domaine avant la date du transfert.

Pour l'application du présent article, le représentant de l'État dans le département communique aux collectivités territoriales ou groupements intéressés qui en font la demande toutes les informations dont il dispose sur le domaine public fluvial susceptible de leur être transféré dans un délai de six mois. Il assortit ces informations d'un diagnostic portant sur la faisabilité et le coût de l'enlèvement des sédiments, ainsi que d'une analyse sur leur nature. – *[C. dom. publ. fluv., art. 1er-1, al. 2 à 6.]*

BIBL. ▶ **Ouvrage :** Arzul, Le renouveau du droit du domaine public fluvial, *Johanet, 2008.*

▶ **Articles :** Dufau, Le domaine public fluvial des collectivités territoriales : des transferts de compétence aux transferts de propriété, *JCP Adm. 2005. 1069.* – Colly, Le nouveau domaine public fluvial des collectivités territoriales : une véritable chance ?, *RLCT juill. 2008. 64.* – Chamard-Heim, Domaine public naturel et décentralisation. Un patrimoine au service des missions de l'État, *AJDA 2009. 2335.*

COMMENTAIRE

Alors que la décentralisation opérée au début des années 1980 s'était contentée d'ouvrir aux régions la possibilité d'obtenir le transfert de gestion de voies navigables (art. 5 de la loi n° 83-663 du 22 juill. 1983 complétant la loi du 7 janv. 1983 relative à la répartition des compétences entre les communes, les départements, les régions et l'État), faculté dont elles n'ont d'ailleurs usé qu'avec modération, « l'acte II » de la décentralisation est allé plus loin en prévoyant la possibilité de réaliser des transferts de propriété (la collectivité succédant alors dans l'ensemble des droits et obligations à l'égard des tiers à la personne publique gérant antérieurement le domaine) et donc de constituer un domaine public fluvial local (art. 56 de la loi n° 2003-699 du 30 juill. 2003 relative à la prévention des risques technologiques et naturels et à la réparation des dommages). Ces nouvelles dispositions, initialement insérées dans le code du domaine public fluvial et de la navigation intérieure, sont désormais intégrées dans le présent code.

Contrairement au transfert de propriété des routes nationales, dont on sait qu'il a d'ailleurs suscité les résistances de nombreux départements (et qui a ensuite logiquement été suivi du transfert des biens des parcs de l'équipement, loi n° 2009-1291 du 26 oct. 2009 relative au transfert aux départements des parcs de l'équipement et à l'évolution de la situation des ouvriers des parcs et ateliers, *JCP Adm. 2009. 2297, étude Chamard-Heim*), la constitution du domaine public fluvial local est subordonnée à une demande de l'assemblée délibérante de la collectivité (ou du groupement) concernée.

Ce transfert de propriété, opéré à titre gratuit, et ne donnant lieu à aucuns paiement d'indemnité, droit, taxe, contribution prévue à l'article 873 du code général des impôts ou honoraires (précisions ajoutées par l'art. 3 de la loi n° 2006-1772 du 30 déc. 2006 sur l'eau et les milieux aquatiques et par l'art. 9 de l'ordonnance n° 2010-638 du 10 juin 2010 portant suppression du régime des conservateurs des hypothèques), ne peut porter ni sur les dépendances du domaine public fluvial situées à l'intérieur des limites administratives d'un port maritime, ni sur celles incluses dans le périmètre d'une concession accordée par l'État au titre de l'utilisation de l'énergie hydraulique, ni également sur celles dont la liste est annexée à l'article R. 3113-2, ni enfin sur les biens nécessaires à l'exercice des missions que l'État continue d'exercer.

Les régions (ou groupements de régions) disposent d'une option prioritaire sur ces transferts. Les demandes de transfert opérées par d'autres collectivités ou groupements sont en effet adressées à la région qui dispose alors d'un délai de six mois pour exercer cette option. C'est ensuite uniquement si la région n'a pas formulé de demande dans ce délai que les autres personnes publiques peuvent bénéficier d'un transfert de propriété. En toute hypothèse, ce transfert n'est jamais de droit, l'État devant le refuser s'il ne permet pas d'assurer la cohérence hydraulique. Ce droit de priorité reconnu aux régions ou groupements de région s'efface lorsqu'un syndicat mixte est compétent pour la gestion du domaine public fluvial. L'article L. 5721-6-1-II CGCT dispose en effet que l'article L. 3113-1 CGPPP ne s'applique pas au domaine public fluvial transféré à un syndicat mixte (transfert de propriété qui s'opère à titre gratuit et ne donne lieu au paiement d'aucune indemnité, droit, taxe, contribution prévue à l'art. 879 CGI).

Le représentant de l'État dans le département est, en revanche, dans l'obligation de fournir aux collectivités et groupements intéressés toutes les informations dont il dispose sur les dépendances susceptibles d'être transférées et d'y joindre un diagnostic relatif à la faisabilité et au coût de l'enlèvement des sédiments ainsi qu'une analyse de leur nature.

Afin de surmonter les réticences de collectivités territoriales craignant probablement de ne véritablement mesurer le coût réel du transfert qu'avec quelques années de recul, le législateur a instauré un dispositif expérimental permettant à la collectivité d'aménager et exploiter, sur la base d'une convention la liant à l'État, le domaine public fluvial sans en être encore propriétaire. Le transfert de propriété n'interviendra qu'au terme de cette période, et seulement si la collectivité n'y a pas renoncé six mois au moins avant la fin de cette expérimentation (durant laquelle elle pourra faire appel à l'établissement public administratif (V. L. n° 2012-77 du 24 janv. 2012 relative à Voies navigables de France) Voies navigables de France sur la base d'une convention tripartite la liant à ce dernier ainsi qu'à l'État).

Rares sont pour l'instant les collectivités territoriales ayant sollicité la mise en œuvre de ce dispositif. C. Chamard-Heim signale ainsi qu'« au final, le transfert de propriété n'a été souhaité que par la région Bretagne et huit départements (Aube, Charente, Charente-Maritime, Mayenne, Somme, Loire-Atlantique, Maine-et-Loire et Sarthe) ». Le transfert de la gestion du Lac du Bourget au profit de la communauté de communes du Grand-Lac est actuellement à l'étude.

Les dispositions du décret n° 2005-992 du 16 août 2005 relatif à la constitution et à la gestion du domaine public fluvial de l'État, des collectivités territoriales et de leurs groupements ont été abrogées par le décret n° 2011-1612 et codifiées aux articles R. 3113-1 à R. 3113-7. ❑

Loi n° 2012-77 du 24 janvier 2012,

Relative à Voies navigables de France.

Art. 6 A compter du 1er janvier 2013, les services ou parties de services de Voies navigables de France qui participent à l'exercice des compétences en matière de voies d'eau, transférées aux collectivités territoriales et à leurs groupements en application des articles L. 3113-1 et L. 3113-3 du code général de la propriété des personnes publiques, sont transférés à ces collectivités ou à leurs groupements selon les modalités prévues au titre V de la loi n° 2004-809 du 13 août 2004 relative aux libertés et responsabilités locales, sous réserve du second alinéa.

Les emplois pourvus au 31 décembre de l'année précédant l'année du transfert du ou des services ou parties de services de Voies navigables de France ou des services ou parties de services de l'État sont transférés aux collectivités territoriales ou à leurs groupements sous réserve que leur nombre global ne soit pas inférieur à celui constaté le 31 décembre de la deuxième année précédant le transfert du ou des services. Pour les collectivités territoriales engagées à la date de promulgation de la présente loi dans une expérimentation prévue à l'article L. 3113-2 du code général de la propriété des personnes publiques, la référence plancher est l'effectif d'emplois mis à disposition de la collectivité tel qu'il est fixé dans la convention d'expérimentation.

Code général des collectivités territoriales

Art. L. 5721-6-1 *(L. n° 99-586 du 12 juill. 1999) (L. n° 2019-1428 du 24 déc. 2019, art. 149)* « I. — » Le transfert de compétences à un syndicat mixte entraîne de plein droit l'application à l'ensemble des biens, équipements et services publics nécessaires à leur exercice, ainsi qu'à l'ensemble des droits et obligations qui leur sont attachés à la date du transfert :

1° Au moment de la création du syndicat : des dispositions des trois premiers alinéas de l'article L. 1321-1, des deux premiers alinéas de l'article L. 1321-2 et des articles L. 1321-3, L. 1321-4 et L. 1321-5.

Toutefois, lorsque le syndicat mixte est compétent en matière de zones d'activité économique, les conditions financières et patrimoniales du transfert des biens immobiliers nécessaires à l'exercice de cette compétence sont décidées par accord entre les collectivités territoriales et les établissements publics de coopération intercommunale qui participent à la création du syndicat. L'affectation des personnels est décidée dans les mêmes conditions.

Le syndicat mixte est substitué de plein droit, à la date du transfert des compétences, aux collectivités territoriales et établissements publics de coopération intercommunale dans toutes leurs délibérations et tous leurs actes. Les contrats sont exécutés dans les conditions antérieures jusqu'à leur échéance, sauf accord contraire des parties. La substitution de personne morale aux contrats conclus par les collectivités et établissements n'entraîne aucun droit à résiliation ou à indemnisation pour le cocontractant. La collectivité ou l'établissement qui transfère la compétence informe les cocontractants de cette substitution ;

2° En cas d'extension ultérieure des compétences ou du périmètre du syndicat : des dispositions des premier et dernier alinéas du 1° du présent article.

Toutefois, lorsque le syndicat mixte est compétent en matière de zones d'activité économique, les conditions financières et patrimoniales du transfert des biens immobiliers nécessaires à l'exercice de cette compétence sont décidées dans les conditions fixées par les statuts du syndicat et, à défaut, par délibérations concordantes du comité du syndicat mixte et des organes délibérants des collectivités et établissements publics de coopération intercommunale membres. L'affectation des personnels est décidée dans les mêmes conditions.

(L. n° 2019-1428 du 24 déc. 2019, art. 149) « II. — Lorsqu'un syndicat mixte est compétent pour la gestion du domaine public fluvial, les transferts de propriété du domaine public fluvial au syndicat mixte sont opérés à titre gratuit et ne donnent lieu au paiement d'aucune indemnité, droit, taxe, contribution prévue à l'article 879 du code général des impôts ou honoraires. La convention constitutive du syndicat mixte prévoit les conditions de retrait et de dissolution selon les principes fixés par les articles L. 5721-6-2, L. 5721-7 et L. 5721-7-1 du présent code, les principes du 1° de l'article L. 5211-25-1 s'appliquant également aux biens transférés en pleine propriété au syndicat mixte. L'article L. 3113-1 du code général de la propriété des personnes publiques ne s'applique pas au domaine public fluvial transféré en application du présent article. »

Art. L. 3113-1-1 *(L. n° 2019-1428 du 24 déc. 2019, art. 149)* **Pour la mise en œuvre de l'article L. 3113-1 du présent code et de l'article L. 5721-6-1 du code général des collectivités territoriales, Voies navigables de France peut bénéficier de la part de l'État d'un transfert de propriété du domaine public fluvial qui lui est confié.**

Art. L. 3113-2 **Une expérimentation peut être engagée pour une durée maximale de six ans pendant laquelle la collectivité ou le groupement de collectivités est compétent pour aménager et exploiter le domaine dont la propriété ne lui est pas transférée.**

Le transfert de propriété deviendra effectif à l'issue de cette période, sauf si la collectivité ou le groupement de collectivités a renoncé au transfert au moins six mois avant la clôture de l'expérimentation. Le transfert s'opère dans des conditions fixées par décret en Conseil d'État. — *V. art. R. 3113-4 s.*

L'État et la collectivité ou le groupement de collectivités ayant opté pour l'expérimentation déterminent conjointement les cours d'eau, canaux, ports intérieurs, lacs et plans d'eau concernés par le transfert. Ils signent une convention définissant les conditions et la durée de l'expérimentation. Durant cette période d'expérimentation, la collectivité territoriale ou le groupement de collectivités territoriales peut faire appel à Voies navigables de France selon des modalités qui seront définies par une convention tripartite entre l'État, les collectivités intéressées et l'établissement public. — *[C. dom. publ. fluv., art. 1er-2.]*

COMMENTAIRE

Voir le commentaire sous l'article L. 3113-1.

Ordonnance n° 2006-460 du 21 avril 2006,

Relative à la partie législative du code général de la propriété des personnes publiques.

Art. 4 Les cours d'eau et canaux ayant fait l'objet d'un transfert de compétence au profit de régions en application de la loi du 22 juillet 1983 susvisée avant la date d'entrée en vigueur de la loi du 13 août 2004 susvisée leur sont transférés de plein droit et en pleine propriété à leur demande ou, au plus tard, à l'expiration d'un délai de trois ans à compter de l'entrée en vigueur de la loi du 13 août 2004 précitée, sauf si celles-ci s'y sont opposées par délibération prise avec un préavis de six mois avant l'échéance de ce délai. Pendant cette période, les régions exercent les mêmes compétences que celles définies à l'article L. 3113-2 du code général de la propriété des personnes publiques.

Les régions ayant obtenu le transfert des cours d'eau et canaux peuvent déléguer, par convention, tout ou partie de leurs compétences à des collectivités territoriales qui en feraient la demande.

Ces transferts sont réalisés à titre gratuit et ne donnent lieu au paiement d'aucune indemnité, droit, taxe, *(Ord. n° 2010-638 du 10 juin 2010, art. 10-LI, en vigueur le 1er janv. 2013)* « contribution prévue à l'article 879 du code général des impôts *[ancienne rédaction : salaire]* » ou honoraires.

Toutefois, lorsqu'une partie du domaine public fluvial a été concédée avant le 1er janvier 2005 à une collectivité territoriale, cette dernière est prioritaire pour bénéficier du transfert de propriété.

Art. L. 3113-3 Un décret en Conseil d'État précise les conditions du transfert dans le domaine public d'une collectivité ou d'un groupement de collectivités et les modalités selon lesquelles les différentes personnes publiques ayant bénéficié du transfert de propriété et de compétences assurent la cohérence de la gestion du domaine public ayant fait l'objet du transfert. Ce décret fixe également la liste des cours d'eau, canaux et ports intérieurs d'intérêt national notamment utiles au transport de marchandises, qui ne peuvent faire l'objet d'un transfert *[V. art. R. 3113-1 s.]. – [C. dom. publ. fluv., art. 1er-3.]*

COMMENTAIRE

Voir le commentaire sous l'article L. 3113-1.

Art. L. 3113-4 Les dispositions du présent chapitre ne sont pas applicables au domaine public fluvial situé, le cas échéant, à l'intérieur des limites administratives d'un port maritime.

CHAPITRE IV TRANSFERT DE PROPRIÉTÉ DU DOMAINE PUBLIC FERROVIAIRE

(L. n° 2014-872 du 4 août 2014, art. 7, en vigueur le 1er janv. 2015)

Art. L. 3114-1 Des transferts de propriété d'infrastructures ferroviaires ou *(Ord. n° 2015-855 du 15 juill. 2015, art. 29)* « d'installations de service » appartenant à l'État *(Abrogé par Ord. n° 2019-552 du 3 juin 2019, art. 16 et 26, à compter du 1er janv. 2020)* ***« ou à l'un des établissements publics constituant le groupe public ferroviaire mentionné à l'article L. 2101-1 du code des transports »*** *[V. App., v° Domaine public ferroviaire]* peuvent être opérés au profit d'une *(L. n° 2015-991 du 7 août 2015, art. 16)* « collectivité territoriale ou d'un groupement de collectivités territoriales, compétent en matière de développement économique, à la demande de l'assemblée délibérante de celui-ci. »

Ces transferts concernent uniquement, sous réserve des besoins de la défense du pays, *(L. n° 2015-991 du 7 août 2015, art. 16)* « soit les lignes que la personne publique bénéficiaire » utilise ou envisage d'utiliser pour organiser des services de transport de personnes et qui sont séparées physiquement du reste du réseau ferré national *(L. n° 2015-991 du 7 août 2015, art. 16)* « , soit les lignes à faible trafic n'ayant pas été utilisées par des services de transport de personnes depuis plus de cinq ans ».

Art. L. 3114-2 Ces transferts ne donnent lieu ni au versement de la contribution prévue à l'article 879 du code général des impôts, ni à perception d'impôts, de droits ou de taxes de quelque nature que ce soit.

La *(L. n° 2015-991 du 7 août 2015, art. 16)* « personne publique » bénéficiaire du transfert est substituée *(Ord. n° 2019-552 du 3 juin 2019, art. 16 et 26, en vigueur le 1er janv. 2020)* « , à la société SNCF Réseau mentionnée à l'article L. 2111-9 du code des transports ou à la filiale mentionnée au 5° de cet article *[ancienne rédaction : à l'État ou aux établissements publics constituant le groupe public ferroviaire mentionné à l'article L. 2101-1 du code des transports]* » *[V. App., v° Domaine public ferroviaire]* dans l'ensemble des droits et obligations liés aux biens qui lui sont transférés, à l'exception de ceux afférents à des dommages constatés avant la date du transfert et à des impôts ou taxes dont le fait générateur est antérieur à cette même date.

Art. L. 3114-3 Les modalités d'application du présent chapitre sont précisées par décret en Conseil d'État *[V. art. R. 3114-1 à R. 3114-8]*.

LIVRE DEUXIÈME BIENS RELEVANT DU DOMAINE PRIVÉ

TITRE PREMIER MODES DE CESSION

BIBL. ▸ Rogers, La cession des patrimoines immobiliers des personnes publiques, *thèse Montpellier I, 2008.* – Francfort, La cession des propriétés publiques, *AJDA 2013. 558*. – Maugard, La rétraction du domaine, *Th. Toulouse I, 2014.* – Plateaux, La cession des biens publics, *Th. Paris IX, 2015.*

CHAPITRE PREMIER CESSIONS À TITRE ONÉREUX

SECTION PREMIÈRE VENTE

SOUS-SECTION 1 DOMAINE IMMOBILIER

BIBL. GÉN. ▸ **Ouvrages et thèses** : Plateaux, La cession des biens publics, *Th. Paris IX, 2015.* – Maugard, La rétraction du domaine, *Th. Toulouse I, 2014.* – Barbato, Les cessions de biens publics immobiliers : Publications Équipe droit public, *Lyon III, n° 18, 2012.* – *Lichère*, Les contrats publics de vente immobilière, *in* Contrats et propriété publics (dir. Clamour), *LexisNexis 2011, p. 101.* – Rogers, La cession des patrimoines immobiliers des personnes publiques, *Th. Montpellier I, 2008.*

Articles, dossiers : Cornille, Modalités de cession d'un bien immobilier par une personne publique, *Contrats-Marchés publ. avr. 2018. 39.* – Francfort, La cession des propriétés publiques, *AJDA 2013. 558*. – Dossier ACCP, Cessions immobilières et propriétés publiques, *déc. 2013.* – Leonetti, La cession des immeubles publics, *AJDA 2010. 2463*. – Colle, La vente du domaine privé de l'État et des collectivités territoriales, *JCP N 2006. 1094.*

§ 1er DISPOSITIONS APPLICABLES À L'ÉTAT

Art. L. 3211-1 **Lorsqu'ils ne sont plus utilisés par un service civil ou militaire de l'État ou un établissement public de l'État, les immeubles du domaine privé de l'État peuvent être vendus dans les conditions fixées par décret en Conseil d'État** *[V. art. R. 3211-1 s.]. — [C. dom. Ét., art. L. 53.]*

(L. n° 2018-607 du 13 juill. 2018, art. 46) **« Lorsque la cession de ces immeubles implique l'application des mesures prévues à l'article L. 541-2 du code de l'environnement ou, en fonction de l'usage auquel le terrain est destiné, la réalisation d'une opération de dépollution pyrotechnique, l'État peut subordonner la cession à l'exécution, par l'acquéreur, de ces mesures ou de ces travaux. Dans ce cas, les opérations de dépollution pyrotechnique sont exécutées conformément aux règles de sécurité définies par voie réglementaire. Le coût réel de ces mesures ou travaux s'impute sur le prix de vente à concurrence du montant fixé à ce titre dans l'acte de cession, déterminé par un expert indépendant choisi d'un commun accord par l'État et l'acquéreur. Cette expertise est contradictoire. Le diagnostic de pollution, le rapport d'expertise et le relevé des mesures de dépollution à réaliser sont annexés à l'acte de vente. Une fois la cession intervenue, l'acquéreur supporte les dépenses liées aux mesures supplémentaires de dépollution nécessaires à l'utilisation future de l'immeuble cédé. »**

Ancien art. L. 3211-1, al. 2 (L. n° 2008-776 du 4 août 2008, art. 126 ; L. n° 2009-928 du 29 juill. 2009, art. 8) *« Lorsque la cession de ces immeubles implique l'application des mesures prévues à l'article L. 541-2 du code de l'environnement ou l'élimination des pollutions pyrotechniques, l'État peut subordonner la cession à l'exécution, dans le cadre de la réglementation applicable, par l'acquéreur, de ces mesures ou de ces travaux, le coût de la dépollution s'imputant sur le prix de vente. Dans cette hypothèse, le coût de la dépollution peut être fixé par un organisme expert indépendant choisi d'un commun accord par l'État et l'acquéreur. »*

BIBL. ▸ **Encyclopédie :** Raunet, Leonetti et *alii*, Ventes et autres cessions des immeubles de l'État, *J.-Cl. Propriétés publiques, fasc. 82.* – Le Roux (dir.), La reconversion du patrimoine public monumental. L'exemple du Grand Hôtel Dieu de Lyon, *L'Harmattan, coll. Droit du patrimoine culturel et naturel, à paraître 2020.*

Rapports : Conseil de l'immobilier de l'État (rapports annuels) – Cour des comptes : SOVAFIM : un réexamen indispensable, *Rapp. public 2014, Partie I, p. 349.* – Les aides de l'État aux territoires concernés par les restructurations des armées, *Communication nov. 2014, spéc. p. 65 s.*

– La SOVAFIM : un intervenant sans utilité réelle, *Rapport public 2011, Partie I, p. 635*. – Les cessions de biens immobiliers de prestige par France Domaine, *Rapp. public 2009, Partie I, p. 83*. – L'Imprimerie nationale : le coût d'une réforme mal pilotée, *Rapp. public 2008, Partie I, p. 417*. – Assemblée nationale, Mission d'évaluation et de contrôle : Tron, Rapport d'information n° 2926 : le suivi de la Mission d'évaluation et de contrôle sur la gestion et la cession du patrimoine immobilier de l'État, *7 mars 2006* ; Rapport d'information n° 2457 : la gestion et la cession du patrimoine immobilier de l'État et des établissements publics, *6 juill. 2005*. – Sénat, Bricq, Rapport d'information n° 327 fait au nom de la Commission des finances : la cession de l'hippodrome de Compiègne, *mars 2011*.

Articles, contributions : Michallet, Domaine militaire, urbanisme et environnement, *in* Patrimoine(s) et équipements militaires : aspects juridiques, dir. Chamard-Heim et Yolka, *Inst. univ. Varenne, Lextenso, 2018. 173*. – Perez, Les cessions immobilières : enjeux et intervenants, *ibid. 359*. – Giacuzzo, Les règles applicables aux cessions immobilières, *ibid. 371*. – Chamard-Heim et Yolka, Immobilier de l'État : la « longue marche » [du service des Domaines à la DIE], *JCP Adm. 2016. 797*. – Francfort, La cession des propriétés publiques, *AJDA 2013. 558*. – Yolka, Compiègne : retour aux courses, *AJDA 2013. 73* ; Autour de la cession des sites militaires aux communes pour l'euro symbolique, *JCP Adm. 2012. 258*. – Tilli, Les ventes des immeubles relevant du domaine privé de l'État, *AJDA 2010. 714*. – Dutrieux, Cessions des casernes aux communes : mode d'emploi, *AJCT n° 127, mars 2009, p. 31*. – Yolka, Les ventes immobilières de l'État, *RD publ. 2009. 1049*. – Yolka, Un État sans domaine ?, *AJDA 2003. 1017*.

Web : https ://immobilier-etat.gouv.fr/

COMMENTAIRE

I. CESSION DES IMMEUBLES DE L'ÉTAT : GÉNÉRALITÉS

La question des conditions de vente des immeubles de l'État est d'autant plus importante que, depuis le début des années 2000 (ce mouvement n'étant pas sans lien avec l'entrée en vigueur de la LOLF du 1er août 2001, qui l'a favorisé en imposant un recensement des actifs), une politique de cession active s'est développée pour des raisons diverses (rationalisation d'un parc immobilier surdimensionné, désendettement, autofinancement, etc.). En deçà du seuil symbolique de 100 millions d'euros par an jusqu'en 2002, le montant des cessions d'immeubles de l'État a atteint 634 millions en 2005, 798 millions en 2006 et 820 millions en 2007 ; la loi de finances pour 2009 avait même prévu un objectif record (1,4 milliard d'euros, dont 1 milliard attendu des cessions d'immeubles militaires) qui n'a cependant pas été atteint. Depuis lors, les cessions d'immeubles de l'État se sont, en moyenne annuelle, stabilisées aux alentours de 500 à 600 millions d'euros (920 biens vendus en 2016, pour un montant total de 559,5 millions d'euros) ; le seuil symbolique des 500 millions n'a cependant pas été atteint en 2017 (339,6 millions d'euros) ni en 2018 (281,34 millions d'euros, soit le plus bas niveau depuis 2006, sur lequel la loi de finances pour 2020 aligne – à peu près – ses prévisions), les coûts de gestion du patrimoine de l'État dépassant le produit des ventes. Un changement de stratégie a été annoncé en 2018, l'État misant moins désormais sur les cessions et davantage sur la valorisation des immeubles dont il conserve la propriété.

Quoi qu'il en soit, depuis 2012, le service chargé des Domaines – devenu la Direction de l'immobilier de l'État (Décr. n° 2016-1234 du 19 sept. 2016 ; *JCP Adm. 2016. 797, étude Chamard-Heim et Yolka*) – a été doté d'un outil de suivi des cessions (OSC), destiné à fiabiliser les opérations et à simplifier le travail de ses services locaux ; cet instrument a été modernisé en 2016 (Arr. du 29 févr. 2016 portant création d'un traitement informatisé de suivi des cessions immobilières de l'État, *JO 19 avr.*). Une instance de coordination unique, chargée de rationaliser la politique immobilière de l'État (notamment, ce qui a trait aux cessions), a par ailleurs été mise en place en juin 2016. Dénommée Conférence nationale de l'immobilier public (CNIP), elle a remplacé un certain nombre d'instances qui existaient antérieurement (COMO, CPI, INEI, CNSIE, INESDIR).

L'article L. 3211-1 traite de la vente des seuls immeubles de l'État et de l'hypothèse de vente la plus simple et la moins contestable, celle où l'immeuble n'est plus utilisé par un service civil ou militaire de l'État ou par un établissement public national (le cas de la cession des immeubles à usage de bureau utilisés par le service public qui les occupe est traité par l'article suivant ; la cession des immeubles appartenant en pleine propriété aux établissements publics de l'État n'est pas traitée). Son premier alinéa se contente de prévoir le principe de cette aliénation, renvoyant à un décret en Conseil d'État la détermination des conditions de cette dernière (V. désormais les art. R. 3211-1 s.). Ces dispositions réglementaires prévoient en particulier que de telles aliénations doivent normalement être précédées de mesures de publicité et de mise en concurrence (le recours aux enchères a pu être contesté. V., J.-L. Lagleize, La maîtrise des coûts du foncier dans les opérations de construction, *Rapp. au Premier min., nov. 2019*) et qu'elles sont réalisées, soit par adjudication publique, soit à l'amiable (dans les hypothèses détaillées par l'art. R. 3211-7. – Proposant une systématisation pour lutter contre la hausse des prix du foncier, *prop. loi AN n° 357, 28 nov. 2019*). Elles fixent également les rôles respectifs du préfet et des services du ministère de l'Économie et des Finances (la fixation de la mise à prix, ou du prix de vente, est ainsi assurée par le directeur départemental des finances publiques). Elles précisent enfin le contenu et les modalités de publicité de l'avis de cession.

De toute évidence, ce dispositif – qui n'a pas marqué de progrès par rapport à la rédaction des dispositions correspondantes du code du domaine de l'État et laisse les établissements publics soumis au contrôle de l'État dans un angle mort (V., par ex., CE 6 avr. 2019, *Sté Sinfimmo*, n° 420876 : *Dr. voirie 2019, p. 212, note Yolka* ; CAA Lyon 22 mars 2018, *Stés Procedim et Sinfimmo*, n° 17LY01413) – n'est pas satisfaisant (V. notamment, avant l'entrée en vigueur de la partie réglementaire du CGPPP, Cour des comptes : *Rapp. public 2009, p. 83 s., spéc. p. 88-101*). Aucun texte ne garantit ni n'organise réellement l'égalité de traitement entre les candidats ainsi que les conditions de la négociation, de l'ouverture des plis, du rejet ou du complément des offres, etc. En l'absence de règles suffisamment précises, le contrôle des opérations et la sanction d'une atteinte à la transparence des procédures sont difficiles. Il est également permis de s'étonner, au moins dans certaines hypothèses, que les cessions amiables puissent être dispensées d'appel à concurrence (CGPPP, art. R. 3211-7) : *quid* des cas où « les conditions particulières d'utilisation de l'immeuble le justifient » (la question a notamment été posée, dans l'affaire de la cession de l'hippodrome de Compiègne, en 2010) ? Et que penser du fait que le statut d'établissement public industriel et commercial de l'acquéreur justifie pareille exemption ? Il y a, sur le terrain concurrentiel, un élément problématique.

Parmi les pistes envisagées pour moderniser la politique de ventes immobilières de l'État a été suggérée la création d'une agence de valorisation du patrimoine vacant de l'État et de sociétés foncières (J.-L. Lagleize, La maîtrise des coûts du foncier dans les opérations de construction, *Rapp. au Premier min., nov. 2019, proposition 38*).

II. CESSION DES IMMEUBLES POLLUÉS

Le ministère de la Défense est, historiquement, un acteur domanial de premier plan, premier affectataire des immeubles de l'État (Chamard-Heim et Yolka, dir., Patrimoine[s] et équipements militaires : aspects juridiques, *Inst. univ. Varenne, Lextenso, 2018*. – Bertout, Le domaine militaire. Étude de législation, de jurisprudence et de pratique administrative, *Rousseau, 1909*. – Le Moult, Le domaine militaire français, *thèse, Géographie, Metz, 1986*. – Estignard, Le domaine immobilier de la Gendarmerie nationale. Cadre juridique et pratique administrative, *Paris II, 1994*. – Coutant : Le domaine militaire, *Rev. adm. 1954, p. 282*. – V. aussi, plus anciennement, Montmey, Le domaine militaire aux colonies, *th. Dijon, 1938*). L'armée, engagée plus tôt que les autres services publics dans une logique de reconversion, est devenue un véritable laboratoire de la politique immobilière. Une structure dédiée aux cessions, la Mission de réalisation des actifs immobiliers (MRAI), a été instituée en 1987 ; cette « agence immobilière de l'armée » est rattachée à la Direction des patrimoines, de la mémoire et des archives (DPMA) du ministère de la Défense. Les procédures d'aliénation des actifs devenus inutiles au ministère de la Défense sont définies aux articles R. 3211-26 (mod. par Décr. n° 2018-933 du 30 oct. 2018) et R. 3211-27 CGPPP, sachant que les cessions militaires présentent de nombreuses originalités : possibilité pour le ministère de la Défense de conserver un pourcentage du produit de la vente supérieur à la moyenne ; possibilité de remettre au service chargé des Domaines pour cession – par dérogation à l'article L. 3211-1 – des immeubles qui n'ont pas encore été reconnus inutiles à l'État (L. n° 2013-1168 du 18 déc. 2013, art. 47, *Rev. CMP 2014. Comm. 35, obs. Clamour* ; L. n° 2018-607 du 13 juill. 2018, art. 45 ; *AJDA 2018. 1894, comm. Videlin* ; *Rev. CMP 2018. 214, obs. Clamour* ; *JCP Adm. 2018. 2299, chron. Chamard-Heim*. – Prorogation jusqu'au 31 déc. 2019, puis jusqu'au 31 déc. 2025, du dispositif initialement instauré par la L. n° 2009-928 du 29 juill. 2009 de programmation militaire 2009/2014, art. 7) ; ou encore, dispositif de cessions gratuites et avec complément de prix aux communes et aux EPCI fortement affectés par les restructurations militaires qui demandent à en bénéficier (L. n° 2008-1425 du 27 déc. 2008, art. 67 : *RDI 2009. 301, obs. Caille*, modifiée par L. n° 2014-366 du 24 mars 2014, art. 149, et L. n° 2014-1654 du 29 déc. 2014, art. 39. – Pour les listes de structures éligibles, Décr. n° 2009-829 du 3 juill. 2009, modifié ; Décr. n° 2015-1027 du 19 août 2015 (mod. par Décr. n° 2020-72 du 30 janv. 2020. – Pour un ex. de mise en œuvre, Décr. n° 2017-1424 du 2 oct. 2017).

Parmi les problèmes récurrents que soulèvent les opérations de cession et de reconversion des sites militaires – lesquelles peuvent être considérables et engager un véritable remodelage de l'espace urbain (V. aménagement des quartiers de La Part-Dieu à Lyon, Balard à Paris, de Bonne à Grenoble, etc.), figure celui de la dépollution des sites (V. plus généralement, Boivin, Defradas et Roger-Lacan, Sites et sols pollués : outils juridiques, méthodologiques et financiers, *Le Moniteur, 2013*. – Steichen, Les sites contaminés et le droit, *LGDJ, 1996*. – Sur la cession de sites militaires pollués aux communes, V. par ex. Rép. min. n° 20454 : *JO Sénat, 22 mars 2012, p. 745*).

Si le second alinéa de l'article L. 3211-1 concerne la cession des immeubles pollués de l'État, sans autre précision, il vise en pratique essentiellement le cas des sites militaires.

La loi n° 2009-928 du 29 juillet 2009 relative à la programmation militaire pour les années 2009 à 2014 et portant diverses dispositions concernant la défense (art. 8) avait corrigé la rédaction antérieure de cet alinéa, issue de l'article 126 de la loi n° 2008-776 du 4 août 2008 de modernisation de l'économie (Mourier, Remise en état des terrains militaires aliénables, la nouvelle donne introduite par la loi LME, *BDEI 2009/ 20*). Celle-ci pouvait en effet être interprétée comme conditionnant la vente du bien immobilier à la réalisation préalable de l'opération de dépollution. Pour permettre la cession avant la dépollution, l'article a été amendé.

Le second alinéa de l'article L. 3211-1 a été modifié de nouveau par la loi n° 2018-607 du 13 juillet 2018 relative à la programmation militaire pour les années 2019-2025 (art. 46 ; *AJDA 2018. 1894, comm. Videlin* ; *Rev. CMP 2018. 214, obs. Clamour* ; *JCP Adm. 2018. 2299, chron. Chamard-Heim*). D'une part, le recours à une expertise indépendante et contradictoire devient obligatoire. Le diagnostic de pollution, le rapport d'expertise et le relevé des mesures de dépollution à réaliser sont annexés à l'acte de vente. Il est, d'autre part, désormais prévu de façon explicite qu'après la date de la cession, l'acquéreur supporte les coûts de dépollution supplémentaires rendus nécessaires par l'utilisation future de l'immeuble.

Le dispositif a été complété par un volet réglementaire, originellement issu du décret n° 76-225 du 4 mars 1976 relatif aux chantiers de dépollution pyrotechnique (art. 5), modifié par le décret n° 2014-381 du 28 mars 2014. Voir également les articles R. 733-3 et suivants du code de la sécurité intérieure. Notons qu'un rapport parlementaire a, plus récemment, proposé la création d'un Fonds national pour la dépollution des friches (J.-L. Lagleize, La maîtrise des coûts du foncier dans les opérations de construction, *Rapp. au Premier min., nov. 2019, proposition 37*).

On consultera aussi, sur le contentieux de la cession des immeubles de l'État, le commentaire sous l'article L. 3231-1. ❑

1. Sur la liberté pour l'État de choisir entre les différentes procédures de cession immobilière prévues par les textes., V. par ex. • CE 12 mai 1948, *Durand : Lebon 204* • 13 oct. 1976, *Rossel-Calva*, n° 87155 : *Lebon 409* • CE, sect., 9 nov. 1979, *Min. Agriculture et Sté d'aménagement de la Côte de Monts*, n° 04428 : *Lebon 406 ; AJDA 1980. 362 ; Rev. adm. 1980. 274, note Lemasurier* • TA Châlons-en-Champagne, 2 juill. 2009, n° 0602384.

2. Sur le contrôle du prix de vente. Le fait que l'immeuble soit cédé à un prix inférieur à l'estimation du service des domaines n'entache pas nécessairement d'illégalité la décision en cause. • CE 12 mai 1948, *Durand : préc. note 1.* ♦ Le juge n'exerce ici qu'un contrôle minimum. • TA Châlons-en-Champagne, 2 juill. 2009, n° 0602384 : *préc. note 1.* ♦ Si la jurisprudence sur le sujet reste rare, les principes applicables paraissent les mêmes que ceux auxquels sont soumises les cessions des immeubles des collectivités territoriales (possibilité de cession au rabais s'il existe des motifs d'intérêt général et des contreparties suffisantes : V. comm. ss. art. L. 3211-14 et L. 3221-1 s.).

3. Vente de terrains pollués. V., sur les limites des obligations de l'État. • CAA Marseille, 13 mars 2017, *Sté SOLEAM*, n° 15MA00945.

4. Référés de la Cour des comptes. Bilan de la politique immobilière de l'État, *référé 30 déc. 2014*. – Cessions de biens domaniaux par l'État à la Société nationale immobilière, *référé 6 déc. 2013*.

Art. L. 3211-2 Les biens immobiliers à usage de bureaux mentionnés à l'article L. 2211-1, qui sont la propriété de l'État, peuvent être aliénés alors qu'ils continuent à être utilisés par les services de l'État. Dans ce cas, l'acte d'aliénation comporte des clauses permettant de préserver la continuité du service public. – *[C. dom. Ét., art. L. 54, al. 1er.]*

BIBL. ▸ **Encyclopédie :** RAUNET, LEONETTI et *alii*, Ventes et autres cessions des immeubles de l'État, *J.-Cl. Propriétés publiques, fasc. 82*.

Articles : CHAMARD-HEIM, Les immeubles à usage de bureaux et la valorisation des patrimoines publics, *Dr. et patr. 1/2005. 111*. – FATÔME, Le statut des immeubles à usage de bureaux des personnes publiques après l'ordonnance du 19 août 2004, *AJDA 2005. 584* ; Externalisation et protection des biens affectés au service public, *AJDA 2007. 959*. – Dossier, L'externalisation des propriétés publiques : techniques, enjeux et résultats, *JCP Adm. 2012, n° spéc. 17*.

COMMENTAIRE

Les immeubles de bureaux ont, de longue date, cristallisé les réflexions de la doctrine sur la recherche d'un critère réducteur du domaine public immobilier, les auteurs s'inquiétant à l'instar de Marcel Waline du fait qu'il suffise « qu'un modeste fonctionnaire ait installé son bureau dans un immeuble pour que ce dernier devienne domaine public et qu'à l'instant il bénéficie des privilèges de la domanialité publique » (Les mutations domaniales. Étude des rapports des administrations publiques à l'occasion de leurs domaines publics respectifs, *thèse Paris, Jouve, 1925*).

C'est pourquoi, avant même l'adoption de la partie législative du CGPPP, le législateur délégué avait décidé le déclassement des immeubles à usage de bureaux de l'État et de ses établissements publics, sauf lorsqu'ils formaient un ensemble indivisible avec des biens immobiliers appartenant au domaine public (V. Ord. n° 2004-825 du 19 août 2004 relative au statut des immeubles à usage de bureaux et des immeubles dans lesquels est effectué le contrôle technique des véhicules et modifiant le code du domaine de l'État. – V. le comm. ss. art. L. 2211-1).

L'aliénation de ces immeubles est ainsi possible alors même qu'ils continuent à être utilisés par les services publics. Mais, illustrant une nouvelle fois que l'affectation à l'utilité publique est – à certains égards – bien davantage protégée que le domaine public et la propriété publique (V. ainsi le comm. ss. art. L. 3112-1), cette cession est subordonnée à l'insertion dans l'acte d'aliénation de clauses permettant de préserver la continuité du service public.

L'article L. 3211-2 – qui doit être lu avec l'article L. 2211-1 (lequel affirme, élargissant le périmètre de l'ordonnance du 19 août 2004, la domanialité privée des immeubles de bureaux appartenant aux personnes publiques) – soulève d'assez nombreuses difficultés. Il est ainsi permis de s'interroger sur la portée exacte de la formule retenue, le terme de « déclassement » n'étant pas employé à propos des immeubles à usage de bureaux. Cette dernière notion est elle-même susceptible de donner lieu à des interprétations différentes (*quid* d'un simple volume de bureau ? D'un immeuble partiellement à usage de bureaux ? D'un ensemble immobilier composé de plusieurs unités dont certaines seulement correspondent à un tel usage ? etc.). Et le risque ne saurait être totalement exclu, qu'à l'occasion d'un éventuel contentieux, la jurisprudence en vienne à qualifier l'acte d'aliénation de contrat administratif (dès lors que les clauses de protection du service public pourraient être regardées comme exorbitantes et/ou que l'acquéreur se trouverait associé à l'exécution du service public).

Il faut enfin relever une incohérence, puisque cette possibilité d'aliénation des immeubles de bureaux encore affectés n'est prévue que pour l'État (s'agissant des immeubles affectés à ses propres services, ce qui semble d'ailleurs trop étroit) et ses établissements publics (V., sur ce dernier point, art. L. 3211-13), alors que les immeubles de bureaux de toutes les personnes publiques ont basculé dans le domaine privé à compter de l'entrée en vigueur du CGPPP. C'est dire que, si l'État et ses établissements publics peuvent assurément réaliser des opérations de cession-bail (*lease-back*), une incertitude existe pour les personnes publiques locales. Mais, dans un État libéral, tout ce qui n'est pas interdit est permis ; on incline donc à penser que le procédé est accessible aux acteurs locaux, dès lors que des clauses de préservation du service public sont insérées dans les actes de vente. La pratique va, au demeurant, dans ce sens. ❑

Art. L. 3211-3 Les immeubles de toute nature dont l'État est propriétaire en indivision avec d'autres personnes physiques ou morales, et qui sont insusceptibles de partage, sont vendus en totalité dans les formes et conditions fixées pour ceux qui lui appartiennent sans part d'autrui. Les indivisaires reçoivent leur part dans le prix, à la date du ou des paiements. – *[C. dom. Ét., art. L. 56.]*

Art. L. 3211-4 Peuvent être également vendus selon les modalités mentionnées à l'article L. 3211-3, avec l'accord des propriétaires intéressés, les immeubles appartenant divisément à l'État et à des personnes physiques ou morales, lorsque la part de chaque propriétaire ne peut être commodément isolée. – *[C. dom. Ét., art. L. 57.]*

BIBL. ▶ Chamard-Heim et Yolka, La cogestion de l'immobilier public, *RLCT avr. 2014, n° 100, p. 42.* – Hoffman, La propriété publique indivise, *Droit et ville juin 2014, p. 47.* – Yolka, Personnes publiques et propriété partagée, *LPA 2013, n° 113, p. 43.*

COMMENTAIRE

Issus du code du domaine de l'État (art. L. 56 et L. 57), les articles L. 3211-3 et L. 3211-4 permettent à l'État de vendre sa part indivise ou divise d'un bien immobilier, selon les formes prévues pour l'aliénation du domaine privé immobilier. Ils manifestent ainsi la prévalence des règles applicables à l'État sur le droit commun des ventes immobilières. ❑

Art. L. 3211-5 Les bois et forêts de l'État ne peuvent être aliénés qu'en vertu d'une loi.

Par dérogation aux dispositions du premier alinéa, l'État peut dans les conditions précisées par décret en Conseil d'État *[V. art. R. 3211-9]* **procéder à la vente des bois et forêts qui satisfont aux conditions suivantes :**

1° Être d'une contenance inférieure à 150 hectares ;

2° N'être nécessaires ni au maintien et à la protection des terrains en montagne, ni à la régularisation du régime des eaux et à la protection de la qualité des eaux, ni à l'équilibre biologique d'une région ou au bien-être de la population ;

3° Et dont les produits tirés de leur exploitation ne couvrent pas les charges de gestion.

Par dérogation aux dispositions du premier alinéa, les bois et forêts de l'État compris dans le périmètre d'une déclaration d'utilité publique sont cédés conformément aux dispositions *(Ord. n° 2014-1345 du 6 nov. 2014, art. 5-VII, en vigueur le 1er janv. 2015)* **« de l'article L. 222-4 » du code de l'expropriation pour cause d'utilité publique dans les conditions précisées par décret en Conseil d'État** *[V. art. R. 3211-10]*. – *[C. dom. Ét., art. L. 62.]*

(L. n° 2014-1170 du 13 oct. 2014, art. 72) **« Les bois et forêts acquis à l'État en application de l'article L. 1123-4 sont soumis au premier alinéa du présent article à compter de la date à laquelle le régime forestier de l'article L. 211-1 du code forestier leur est appliqué. »**

V. App., v° Bois et forêts.

BIBL. ▶ **Encyclopédie :** Lagarde, Le domaine forestier, *Rép. coll. loc., Dalloz.* – Chamard-Heim, Domaine privé. Forêts des collectivités publiques, *J.-Cl. Propriétés publiques, fasc. 47.*

▶ **Thèses :** Gromitsari-Maragianni, Le droit forestier. Étude comparée de la France et de la Grèce, *Th. Paris 1, 2016.* – Lagarde, Un droit domanial spécial, le régime forestier. Contribution à la théorie du domaine, *thèse Toulouse, 1984.* – Caron, De l'inaliénabilité des forêts domaniales et de l'agrandissement du domaine forestier de l'État, *Paris, 1910.*

▶ **Ouvrages :** Gizard, Droit et fiscalité forestiers, *PUF, 1996.* – Liagre, La forêt et le droit, *Éd. La Baule, 1997.* – Cornu et Fromageau (dir.), La forêt en France au XXIe siècle. Enjeux politiques et juridiques, *L'Harmattan, 2004.*

▶ **Articles :** Serrigny, De la prescriptibilité des bois de l'État, *Rev. crit. de législation et de jurisprudence 1852, T. II, p. 296.* – Decencière-Ferrandière, Domaine privé forestier de l'État, *Rev. Tré-*

sor 1978. 261. – Moderne, La forêt publique. Les principaux problèmes d'exploitation, *AJDA 1979. 26.* – Bissara, La forêt publique. La gestion des forêts soumises au régime forestier, *AJDA 1979. 20.* – Lagarde, De l'inaliénabilité des forêts domaniales. Commentaire de l'article L. 62 du code du domaine de l'État, *Rev. for. fr. 1984. 156* ; Une réforme récente et discrète de l'aliénation des forêts de l'État, *Dr. voirie avr. 2011. 58.* – Perron, De l'inaliénabilité du domaine forestier. Au-delà de l'absence de base légale d'une opération de cession du domaine forestier, *RDP 2011. 1137.* – Oliva, Biens départemento-domaniaux, *RRJ 1992. 655.* – Bricker, Le domaine forestier de l'État en péril ? A propos de l'inaliénabilité de plus en plus relative des forêts domaniales, *Envir. mai 2013. 17.* – Yolka, Compiègne : retour aux courses, *AJDA 2013. 73*.

COMMENTAIRE

Cet article s'inscrit dans la longue tradition des textes visant à protéger les forêts domaniales (Édit de Moulins de 1566 ; Ord. de 1669 sur les Eaux et Forêts ; Décr. des 6-23 août 1790 ; Décr. du 2 nivôse an IV...).

Il modernise la rédaction de l'ancien article L. 62 du code du domaine de l'État, lequel disposait antérieurement que les bois et forêts domaniaux ne peuvent être aliénés qu'en vertu d'une loi (pour des ex. de textes législatifs, L. fin. n° 2011-1977 du 28 déc. 2011, art. 161. – Corse : CGCT, art. L. 4422-45. – Outre-mer, CGPPP, art. L. 5143-1 ; CGCT, art. L.O. 6314-6). Toutefois, il peut être procédé, dans la forme ordinaire, à la vente des bois domaniaux d'une surface de moins de 150 hectares qui ne pourraient pas supporter les frais de garderie et qui ne sont pas nécessaires pour garantir les bords des fleuves, torrents et rivières et sont séparés et éloignés d'un kilomètre au moins des autres bois et forêts d'une grande étendue. Autrement dit, sous l'empire du présent code comme sous celui du précédent, sont uniquement protégées les forêts qui sont à la fois les plus importantes et qui appartiennent à l'État (sachant que les forêts publiques peuvent aussi appartenir aux communes et, subsidiairement, aux départements. Sauf dispositif législatif particulier – V. par ex., forêts appartenant au département de La Réunion : art. L. 173-2 C. for. –, les forêts des collectivités territoriales peuvent donc être aliénées suivant les règles ordinaires applicables au domaine privé local).

Les forêts les plus modestes (contenance inférieure à 150 hectares), dont la préservation n'est pas essentielle (au maintien et à la protection des terrains de montagne, ou à la régularisation du régime des eaux et à la protection de la qualité de ces dernières, ou encore à l'équilibre biologique d'une région ou au bien-être de sa population), et dont les charges de gestion sont supérieures aux produits de l'exploitation, peuvent être aliénées par adjudication publique ou à l'amiable – dans les conditions prévues aux articles R. 3211-2 et suivants du CGPPP.

Une question est de savoir si l'exigence d'une loi permet de parler d'inaliénabilité. Selon certains auteurs, ce n'est pas le cas, le code forestier indiquant que, lorsque des forêts de l'État sont aliénées dans des cas prévus par la loi, « le produit de l'opération est encaissé par le Trésor à titre de fonds de concours pour dépenses d'intérêt public en vue d'être employé à l'achat par l'État de terrains boisés ou à boiser » (C. for., art. L. 213-1, al. 2). En outre, et à l'inverse des biens appartenant au domaine public, les forêts peuvent faire l'objet d'une expropriation et sont en principe prescriptibles (sauf exceptions législatives. – V. outre-mer, C. for., art. L. 271-1, L. 273-1, L. 274-1, L. 275-2, L. 276-1 et L. 277-1). Selon d'autres auteurs, il existe en revanche bel et bien ici inaliénabilité, illustrant la théorie – développée successivement par les doyens bordelais Léon Duguit et Jean-Marie Auby – de l'« échelle de domanialité » (Melleray, L'échelle de domanialité, *Mél. Moderne, Dalloz, 2004, p. 28*) ; autrement dit, l'idée suivant laquelle la dichotomie domaine public/domaine privé serait largement réductrice et le droit positif serait bien davantage ordonné autour d'une gradation de situations. En effet, et alors même que l'inaliénabilité est présentée comme le principe cardinal de la domanialité publique et que le domaine privé est supposé être soumis à un régime juridique proche du droit privé, les bois et forêts de l'État appartiennent au domaine privé, mais bon nombre sont en principe inaliénables. Cette inaliénabilité est même mieux garantie que celle de la plupart des dépendances du domaine public, puisqu'une intervention législative est exigée pour permettre la vente, alors que pour la plupart des dépendances du domaine public, un acte administratif (en principe accompagné d'une désaffectation matérielle) suffit.

Le dernier alinéa de l'article L. 3211-5 codifie une solution déduite des textes antérieurs par la jurisprudence et permettant la cession, sans intervention législative, des forêts de l'État comprises dans le périmètre d'une déclaration d'utilité publique (V. aussi CGPPP, art. R. 3211-7).

Sur l'échange des bois et forêts de l'État, voir l'article L. 3211-21.

1. Il résulte des dispositions de l'art. L. 62 *[art. L. 3211-5 CGPPP]* que l'administration est tenue de rejeter une demande d'acquisition portant sur une parcelle appartenant au domaine forestier et dont aucune loi n'autorise l'aliénation. • CE 29 déc. 1993, *Edwige*, n° 124606 : *Lebon T. 766*.

2. Si l'art. L. 62 *[art. L. 3211-5 CGPPP]* dispose que les bois et forêts domaniaux ne peuvent être aliénés qu'en vertu d'une loi, l'art. 9 de l'ord. du 23 oct. 1958 (aujourd'hui codifié ss. C. expr., art. L. 12-4) prévoit que, pour une cession amiable de biens du domaine privé de l'État intervenant pour la réalisation d'une opération qui a été reconnue d'utilité publique, la vente peut être réalisée dans les conditions fixées à l'ancien art. L. 85 C. dom. Ét. (devenu art. R. 130 C. dom. Ét.). En conséquence, la disposition de l'ord. du 23 oct. 1958 déroge à la règle posée à l'art. L. 62 *[art. L. 3211-5 CGPPP]*. Dès lors, en procédant à la vente de parcelles relevant d'une forêt domaniale pour assurer la réalisation d'un projet d'aménagement touristique déclaré d'utilité publique selon la procédure instituée par l'art. R. 130, le ministre de l'Agriculture n'a pas méconnu l'art. L. 62 *[art. L. 3211-5 CGPPP]*. • CE, sect., 9 nov. 1979, *Min. Agriculture et Sté d'aménagement de la Côte de Monts c/ Assoc. pour la défense de l'environnement en Vendée*, n° 04428 : *Lebon 406 ; AJDA 1980. 362, concl. Labetoulle ; Rev. adm. 1980. 274, note Lemasurier ; D. 1980. IR 354, obs. Bon ; Rev. forest. franç. 2/1982, p. 143.* ♦ V. aussi, • TA Poitiers, 29 oct. 1975, *Dame Vve Beau de Loménie et a. : Lebon 766.*

3. ***Prescriptibilité des forêts publiques.*** • Cass. 27 juin 1854 : *D. 1855. 1. 261* • 25 janv. 1858 : *DP. 1858. 1. 108* • Civ. 3e, 28 nov. 1972 : *Bull. civ. III, n° 634* • 28 janv. 1987 : *Bull. civ. III, n° 12* • Pau, 23 mai 1990, *Carrère*, n° 043226.

4. Absence d'intérêt à agir des requérants contre l'arrêté autorisant la cession de l'hippodrome de Compiègne. • TA Paris, 7 juin 2013, *Synd. SNUPFEN, Berger : AJDA 2013. 1744, concl. contraires Weidenfeld*.

Art. L. 3211-5-1 *(L. n° 2012-1509 du 29 déc. 2012, art. 51-I-1°)* **I. — L'aliénation d'un immeuble relevant du patrimoine immobilier bâti de l'État situé sur un terrain mentionné au 1° de l'article L. 211-1 du code forestier** *[V. App., v° Bois et forêts]*, **ainsi que de son terrain d'assiette, n'est possible que si cet immeuble satisfait aux conditions suivantes :**

1° Il ne présente pas d'utilité pour atteindre les objectifs de gestion durable des bois et forêts conformément au chapitre Ier du titre II du livre Ier du code forestier ;

2° Il est desservi par l'une des voies mentionnées aux articles L. 111-1 et L. 161-1 du code de la voirie routière ou par un chemin forestier ouvert à la circulation publique.

Le terrain d'assiette pouvant être ainsi aliéné est limité à la superficie permettant un usage normal de l'immeuble bâti, comprenant notamment la cour, le jardin ou, le cas échéant, le parc qui lui est attaché. Un décret peut étendre cette superficie lorsque l'aliénation a pour objet de garantir la cohérence de la gestion forestière.

II. — La vente intervient dans la forme ordinaire des ventes des biens de l'État. La liste des immeubles pouvant être vendus dans les conditions mentionnées au présent article est fixée par décret pris sur le rapport conjoint des ministres chargés des forêts et du Domaine *[V. Décr. n° 2013-252 du 25 mars 2013, JO 27 mars, mod. par Décr. n° 2013-535 du 24 juin 2013, JO 26 juin, par Décr. n° 2014-514 du 20 mai 2014, JO 22 mai, par Décr. n° 2015-163 du 12 févr. 2015, JO 14 févr., par Décr. n° 2016-306 du 15 mars 2016, JO 17 mars, par Décr. n° 2016-922 du 5 juill. 2016, JO 7 juill., par Décr. n° 2017-525 du 11 avr. 2017, JO 13 avr., par Décr. n° 2018-678 du 30 juill. 2018, JO 1er août et par Décr. n° 2019-953 du 11 sept. 2019, JO 13 sept.]*.

BIBL. ▸ FOULQUIER, Mieux encadrer la vente dérogatoire des bois et forêts de l'État. Article L. 3211-5-1 du Code général de la propriété des personnes publiques, *RDI 2013. 535*. – CLAMOUR, *Rev. CMP 2013. 234*. – V. aussi réf. citées ss. l'art. L. 3211-5.

COMMENTAIRE

Cette disposition, issue de la loi de finances pour 2013, concerne les immeubles bâtis de l'État situés dans des bois et forêts lui appartenant ou sur lesquels il a des droits indivis. Elle précise leurs conditions d'aliénabilité (absence d'utilité pour atteindre les objectifs de gestion durable des bois et forêts ; modalités de desserte ; périmètre de la cession) et leurs modalités d'aliénation suivant la forme ordinaire de vente des biens de l'État (V. les art. R. 3211-2 s.). Elle a pu être présentée comme la réaction d'une nouvelle majorité politique, souhaitant durcir les conditions d'aliénation des immeubles de l'État situés sur des emprises forestières, à la suite de « l'affaire » de la cession de l'hippodrome de Compiègne, en 2010 (sur le sujet, Bricq, Rapport d'information n° 327 fait au nom de la Commission des finances : la cession de l'hippodrome de Compiègne, *Sénat, mars 2011*. – Yolka, Compiègne : retour aux courses, *AJDA 2013. 73*). En pratique, le texte intéresse essentiellement la cession des maisons forestières, l'État ayant entrepris de se défaire de bon nombre d'entre elles (V. liste établie par Décr. mod. n° 2013-252 du 25 mars 2013, *Rev. CMP 2013. Comm. 234, obs. Clamour*). ❑

Le CE a rejeté un recours contre le Décr. du 12 févr. 2015, pris en application de l'art. L. 3211-5-1, plaçant le Pavillon du Butard et deux maisons forestières attenantes (situés dans la forêt de Fausses-Reposes, à La Celle-Saint-Cloud) sur la liste des immeubles pouvant être aliénés sur le fondement de cet art. • CE 15 mars 2017, *Sté de protection des paysages et de l'esthétique de la France, Assoc. Yvelines Environnement*, n° 393610.

Art. L. 3211-6 **Les immeubles bâtis et non bâtis qui font partie du domaine privé de l'État peuvent être cédés à l'amiable en vue de la réalisation d'opérations d'aménagement ou de construction** *(L. n° 2017-86 du 27 janv. 2017, art. 151)* **« et pour les cessions réalisées dans les conditions prévues à l'article L. 3211-7 lorsqu'elles comptent plus de 50 % de logements sociaux », dans les conditions fixées par décret en Conseil d'État. Ce décret fixe notamment les règles applicables à l'utilisation des biens cédés.** – *V. art. R. 3211-11.*

(L. n° 2018-1021 du 23 nov. 2018, art. 23) **« Les immeubles bâtis et non bâtis qui font partie du domaine privé de l'État peuvent être cédés pour contribuer à la mise en œuvre des opérations d'aménagement définies à l'article L. 300-1 du code de l'urbanisme dont la réalisation est prévue par un contrat de projet partenarial d'aménagement mentionné à l'article L. 312-1 du même code. Ces terrains sont cédés à l'amiable à la collectivité territoriale ou à l'établissement public cocontractant à l'initiative de l'opération mentionné au même article L. 312-1 ou à l'opérateur désigné dans ce contrat. »**

COMMENTAIRE

Cette disposition est issue de l'ancien article L. 51 du code du domaine de l'État, qui intéressait également les opérations dans lesquelles des immeubles sont apportés au cocontractant de l'État pour réaliser les opérations d'urbanisme ou de construction (sur ce point, V. désormais CGPPP, art. L. 3211-24). Les conditions de cession des immeubles en cause sont précisées par l'article R. 3211-11 CGPPP. La loi n° 2017-86 du 27 janvier 2017 relative à l'égalité et à la citoyenneté (art. 151) y a ajouté une référence aux cessions réalisées dans les conditions prévues à l'article suivant et destinées à des programmes de construction comptant plus de 50 % de logements sociaux.

Enfin, la loi dite « ELAN » (L. n° 2018-1021 du 23 nov. 2018, art. 23-I : *Dr. voirie 2019/2, comm. Roux ; JCP A 2019, 2025, chron. Roux ; Rev. CMP 2019. Comm. 2, obs. Clamour*) a élargi le dispositif aux opérations d'aménagement dont la réalisation est prévue par un contrat de projet partenarial d'aménagement conclu entre l'État et certains établissements publics ou collectivités territoriales (L. préc., art. 1er. – V. C. urb., art. L. 312-1). ❑

Art. L. 3211-7 *(L. n° 2013-61 du 18 janv. 2013, art. 3)* **« I. — » L'État peut procéder à l'aliénation de terrains de son domaine privé à un prix inférieur à la valeur vénale lorsque ces terrains** *(L. n° 2013-61 du 18 janv. 2013, art. 3)* **« , bâtis ou non, » sont destinés à la réalisation de programmes** *(Abrogé par L. n° 2015-1785 du 29 déc. 2015, art. 54-1°-a) « de constructions »* **comportant** *(L. n° 2018-1021 du 23 nov. 2018, art. 23)* **« majoritairement** *[ancienne rédaction : essentiellement]* **» des logements dont une partie au moins est réalisée en logement social.** *(L. n° 2013-61 du 18 janv. 2013, art. 3)* **« Pour la part du programme destinée aux logements sociaux, la décote ainsi consentie, qui peut atteindre 100 % de la valeur vénale du terrain, est fixée en fonction de la catégorie à laquelle ces logements appartiennent. Elle prend notamment en considération les circonstances locales tenant à la situation du marché foncier et immobilier, à la situation financière de l'acquéreur du terrain, à la proportion et à la typologie des**

logements sociaux existant sur le territoire de la collectivité considérée et aux conditions financières et techniques de l'opération. La décote ne saurait excéder 50 % pour les logements financés en prêts locatifs sociaux *(L. n° 2018-1021 du 23 nov. 2018, art. 23)* « , pour les logements faisant l'objet d'un contrat de bail réel solidaire » et pour les logements en accession à la propriété bénéficiant des dispositifs mentionnés au VIII *(L. n° 2017-256 du 28 févr. 2017, art. 14-1°)* « , à l'exception des logements en accession à la propriété en Guadeloupe, en Guyane, en Martinique et à La Réunion qui bénéficient d'une aide destinée aux personnes physiques à faibles revenus, pour financer l'acquisition de logements évolutifs sociaux ». »

(L. n° 2015-990 du 6 août 2015, art. 97) « Pour les communes qui ne font pas l'objet d'un constat de carence, dans le cadre d'un programme de *(Abrogé par L. n° 2015-1785 du 29 déc. 2015, art. 54-1°-b) « construction de »* logements sociaux, dans les conditions fixées au présent article, une décote est possible pour la part du programme *(L. n° 2015-1785 du 29 déc. 2015, art. 54-1°-b)* « relative aux » équipements publics destinés en tout ou partie aux occupants de ces logements. La décote ainsi consentie est alignée sur la décote allouée pour la part du programme consacrée aux logements sociaux. Les modalités d'application du présent alinéa et la liste des équipements publics concernés sont fixées par décret en Conseil d'État. »

(L. n° 2013-61 du 18 janv. 2013, art. 3) « II. – Une décote est de droit lorsque les deux conditions suivantes sont satisfaites :

« 1° Les terrains sont cédés au profit d'une collectivité territoriale, d'un établissement public de coopération intercommunale à fiscalité propre, d'un établissement public mentionné aux chapitres Ier et IV du titre II du livre III du code de l'urbanisme, d'un organisme agréé mentionné à l'article L. 365-2 du code de la construction et de l'habitation, d'un organisme mentionné à l'article L. 411-2 du même code, d'une société d'économie mixte mentionnée à l'article L. 481-1 dudit code ou d'un opérateur lié à une collectivité ou un établissement public de coopération intercommunale à fiscalité propre par une concession d'aménagement dont l'objet prévoit notamment la réalisation de logement social *(L. n° 2017-256 du 28 févr. 2017, art. 14-2°)* « ou, en Guadeloupe, en Guyane, en Martinique et à La Réunion, d'un organisme agréé pour la réalisation de logements en accession à la propriété qui bénéficient d'une aide destinée aux personnes physiques à faibles revenus, pour financer l'acquisition de logements évolutifs sociaux » ;

« 2° Les terrains appartiennent à une liste de parcelles établie par le représentant de l'État dans la région, après avis, dans un délai de deux mois, du comité régional de l'habitat, du maire de la commune sur le territoire de laquelle les terrains se trouvent et du président de l'établissement public de coopération intercommunale compétent. Cette liste est mise à jour annuellement. Elle peut être complétée selon les mêmes modalités, à la demande de l'une des personnes morales mentionnées au 1°, sur présentation par cette dernière d'un projet s'inscrivant dans une stratégie de mobilisation du foncier destinée à satisfaire des besoins locaux en matière de logement.

« Les présentes dispositions ne s'appliquent aux organismes agréés mentionnés à l'article L. 365-2 du code de la construction et de l'habitation et aux sociétés d'économie mixte mentionnées à l'article L. 481-1 du même code que pour les cessions de terrains destinés à *(L. n° 2015-1785 du 29 déc. 2015, art. 54-2°)* « des programmes » de logements faisant l'objet de conventions régies par le chapitre III du titre V du livre III dudit code. »

(Abrogé par L. n° 2015-990 du 6 août 2015, art. 97) « Pour les communes qui ne font pas l'objet d'un constat de carence, dans le cadre d'un programme de construction de logements sociaux, dans les conditions fixées au présent article, une décote est également de droit pour la part du programme dont l'objet est la construction d'équipements publics destinés en tout ou partie aux occupants de ces logements. La décote ainsi consentie est alignée sur la décote allouée pour la part du programme consacrée aux logements sociaux. Les modalités d'application du présent alinéa et la liste des équipements publics concernés sont fixées par décret en Conseil d'État. »

(L. n° 2018-1317 du 28 déc. 2018, art. 274) « Lorsqu'une collectivité territoriale, un établissement public, une société ou un opérateur mentionnés au 1° du présent II dispose de réserves foncières propres et de biens susceptibles de permettre la réalisation d'un programme qui comporte la construction de logements sociaux, le taux de la

décote est calculé dans la limite d'un plafond établi en considération du coût moyen constaté pour la construction de logements sociaux à l'échelle de la commune ou de l'agglomération. Un décret en Conseil d'État fixe les conditions d'application du présent alinéa. »

(L. n° 2018-607 du 13 juill. 2018, art. 47) « II *bis*. – Jusqu'au 31 décembre 2025, la décote prévue aux I et II n'est applicable aux cessions de terrains occupés par le ministère des armées et situés dans des zones tendues, en particulier l'Île-de-France et la région Provence-Alpes-Côte d'Azur, que lorsque ces terrains, bâtis ou non, sont destinés à la réalisation de programmes de logements sociaux réservés au maximum aux trois quarts aux agents de ce ministère, à la demande de ce dernier. »

(L. n° 2013-61 du 18 janv. 2013, art. 3) « III. – L'avantage financier résultant de la décote est exclusivement et en totalité répercuté sur le prix de revient des logements locatifs sociaux.

« Cette décote est également répercutée sur le prix de cession des logements en accession à la propriété bénéficiant des dispositifs mentionnés au VIII du présent article.

« Le primo-acquéreur d'un logement qui souhaite le revendre dans les dix ans qui suivent l'acquisition consécutive à la première mise en vente du bien est tenu d'en informer le représentant de l'État dans la région. Ce dernier en informe les organismes mentionnés à l'article L. 411-2 du code de la construction et de l'habitation, qui peuvent se porter acquéreurs du logement en priorité. Le primo-acquéreur est tenu de verser à l'État une somme égale à la différence entre le prix de vente et le prix d'acquisition de son logement. Cette somme ne peut excéder le montant de la décote. Pour l'application du présent alinéa, les prix s'entendent hors frais d'acte et accessoires à la vente.

« Lorsque le primo-acquéreur d'un logement le loue dans les dix ans qui suivent l'acquisition consécutive à la première mise en vente du bien, le niveau de loyer ne doit pas excéder des plafonds fixés par le représentant de l'État dans la région. Ceux-ci sont arrêtés par référence au niveau des loyers qui y sont pratiqués pour des logements locatifs sociaux de catégories similaires.

« A peine de nullité, les contrats de vente comportent la mention des obligations visées aux troisième et quatrième alinéas du présent III et du montant de la décote consentie.

« IV. – Pour les programmes ayant bénéficié de la cession d'un terrain avec une décote dans les conditions du présent article :

« 1° Les conventions mentionnées à l'article *(Ord. n° 2019-770 du 17 juill. 2019, art. 8 et 23, en vigueur le 1er sept. 2019)* « L. 831-1 » du code de la construction et de l'habitation sont d'une durée au moins égale à vingt ans. Cette durée ne peut être inférieure à la période restant à courir pour l'amortissement du prêt. Le remboursement anticipé du prêt n'a pas d'incidence sur la durée de la convention ;

« 2° Le délai de dix ans mentionné au premier alinéa de l'article L. 443-7 du même code est porté à vingt ans. Cette disposition s'applique également aux opérations des organismes agréés mentionnés à l'article L. 365-2 dudit code.

« V. – Une convention conclue entre le représentant de l'État dans la région et l'acquéreur, jointe à l'acte d'aliénation, fixe les conditions d'utilisation du terrain cédé et détermine le contenu du programme de logements à réaliser.

« Les données dont l'État dispose sur le patrimoine naturel du terrain faisant l'objet de la cession sont annexées à cette convention.

« L'acte d'aliénation mentionne le montant de la décote consentie. Il prévoit, en cas de non-réalisation du programme de logements dans le délai de cinq ans, soit la résolution de la vente sans indemnité pour l'acquéreur et le versement du montant des indemnités contractuelles applicables, soit le versement du montant d'une indemnité préjudicielle pouvant atteindre le double de la décote consentie. Ce délai est suspendu en cas de recours devant la juridiction administrative contre une autorisation administrative requise pour la réalisation de ce programme, à compter de l'introduction du recours et jusqu'à la date à laquelle la décision de la juridiction devient définitive. Il est également suspendu si des opérations de fouilles d'archéologie préventive sont prescrites en application de l'article L. 522-2 du code du patrimoine pendant la durée de ces opérations.

« L'acte d'aliénation prévoit, en cas de réalisation partielle du programme de logements ou de réalisation dans des conditions différentes de celles prises en compte pour la fixation du prix de cession, le paiement d'un complément de prix correspondant à l'avantage financier indûment consenti. »

(L. n° 2014-366 du 24 mars 2014, art. 160-I) « Lorsque la cession d'un terrain, bâti ou non, du domaine privé de l'État s'inscrit dans une opération d'aménagement, au sens de l'article L. 300-1 du code de l'urbanisme, *(Abrogé par L. n° 2018-1021 du 23 nov. 2018, art. 23)* *« qui porte sur un périmètre de plus de cinq hectares, »* et après accord des ministres chargés du logement et du domaine, au vu du rapport transmis par le représentant de l'État dans la région, la convention conclue entre le représentant de l'État dans la région et l'acquéreur peut prévoir une réalisation de l'opération par tranches échelonnées sur une durée totale supérieure à cinq ans *(L. n° 2018-1021 du 23 nov. 2018, art. 23)* « , dont la première doit être réalisée dans un délai maximal de cinq ans, » et permettant chacune un contrôle du dispositif de décote, dans les conditions prévues aux troisième et quatrième alinéas du présent V. »

(L. n° 2013-61 du 18 janv. 2013, art. 3) « La convention peut prévoir, en outre, le droit de réservation d'un contingent plafonné à 10 % des logements sociaux *(L. n° 2015-1785 du 29 déc. 2015, art. 54-3°)* « du programme », au profit de l'administration qui cède son terrain avec décote, pour le logement de ses agents, au-delà du contingent dont dispose l'État. »

(Abrogé par L. n° 2018-1021 du 23 nov. 2018, art. 24) (L. n° 2017-257 du 28 févr. 2017, art. 50-II-1°-a) « V bis. — L'État peut céder à titre onéreux à la société mentionnée au deuxième alinéa du I de l'article 141 de la loi n° 2006-1771 du 30 décembre 2006 de finances rectificative pour 2006 la propriété de portefeuilles de terrains, bâtis ou non, de son domaine privé.

« Chacune de ces cessions fait l'objet d'une convention jointe à l'acte d'aliénation, conclue entre le ministre chargé du domaine et l'acquéreur, après avis du ministre chargé du logement, et au vu des rapports transmis par les représentants de l'État dans les régions concernées (Abrogé par L. n° 2018-699 du 3 août 2018, art. 82, à compter du 1er juill. 2022) « et de l'avis de la commission nationale mentionnée au VII ». Cette convention détermine les objectifs du programme de logements à réaliser. Elle peut prévoir une réalisation des opérations sur une durée totale supérieure à cinq ans. Elle prévoit les modalités permettant un contrôle de la réalisation des programmes et de l'application du dispositif de décote prévu au présent article.

« Le prix de cession est déterminé conformément au I. Il fait l'objet d'un versement en deux temps. Au moment de la cession, la société mentionnée au premier alinéa du présent V bis verse un acompte correspondant à 40 % de la valeur vénale cumulée des actifs du portefeuille. La valeur vénale retenue est la valeur vénale de marché du logement libre. Lors de l'obtention des autorisations d'urbanisme, ladite société effectue un second versement pour chaque actif sur le fondement du prix définitif arrêté par détermination de la décote prévue au présent article, en prenant en compte le programme de logement réalisé sur le bien et les circonstances locales. Si le prix définitif d'un actif est inférieur à 40 % de sa valeur vénale retenue dans le calcul de l'acompte, la somme à restituer par l'État s'impute sur les sommes que la société doit au titre de l'acquisition d'autres actifs du portefeuille. »

(L. n° 2013-61 du 18 janv. 2013, art. 3) « VI. — Le représentant de l'État dans la région, assisté du comité régional de l'habitat, contrôle l'effectivité de toute convention annexée à un acte d'aliénation et définie *(L. n° 2018-1021 du 23 nov. 2018, art. 24)* « au V » du présent article. A cet effet, l'acquéreur des terrains mentionnés au 2° du II rend compte de l'état d'avancement du programme *(Abrogé par L. n° 2015-1785 du 29 déc. 2015, art. 54-4°-a)* *« de constructions »* au comité régional de l'habitat ainsi qu'à la commune sur le territoire de laquelle se trouve le terrain cédé. Cette obligation prend fin au jour de la livraison effective du programme de logements ou au jour de la résiliation de la convention.

« En cas de manquements constatés aux engagements pris par un acquéreur dans la convention qui accompagne l'acte de cession, le représentant de l'État dans la région, assisté du comité régional de l'habitat, mène la procédure contradictoire pouvant aboutir à la résolution de la vente dans les conditions prévues au V.

« Le représentant de l'État dans la région établit chaque année un bilan qui dresse notamment la liste des terrains disponibles, des terrains cédés au cours de l'année écoulée, des modalités et des prix de cession ainsi que des logements sociaux mis en chantier *(L. n° 2015-1785 du 29 déc. 2015, art. 54-4°-b)* « ou livrés » sur les parcelles cédées. *(Abrogé par L. n° 2018-699 du 3 août 2018, art. 82, à compter du 1er juill. 2022)* *« Ce bilan est transmis à la commission nationale mentionnée au VII chargée d'établir, pour le compte du ministre chargé du logement, le rapport annuel au Parlement sur la mise en œuvre du dispositif, lequel fait l'objet d'un débat devant les commissions permanentes. »*

(Abrogé par L. n° 2018-699 du 3 août 2018, art. 82, à compter du 1er juill. 2022) *« VII. — Il est créé, auprès des ministres chargés du logement et de l'urbanisme, une Commission nationale de l'aménagement, de l'urbanisme et du foncier. Elle est composée de deux membres de l'Assemblée nationale et de deux membres du Sénat, de représentants de l'État dont notamment de représentants des ministres chargés du logement et de l'urbanisme, de représentants du ministre chargé du Domaine, de représentants des associations représentatives des collectivités locales, des organismes mentionnés aux articles* ***L. 365-1, L. 411-2*** *et* ***L. 481-1*** *du code de la construction et de l'habitation, des professionnels de l'immobilier (L. n° 2015-990 du 6 août 2015, art. 101) « , des professionnels de l'aménagement », des organisations de défense de l'environnement et des organisations œuvrant dans le domaine de l'insertion, et de personnalités qualifiées.*

« La commission nationale mentionnée au présent VII est chargée de suivre le dispositif de mobilisation du foncier public en faveur du logement. Elle est en particulier chargée de s'assurer que la stratégie adoptée par l'État et les établissements publics concernés est de nature à favoriser la cession de biens appartenant à leur domaine privé au profit de (L. n° 2015-1785 du 29 déc. 2015, art. 54-5°) « programmes » de logements sociaux. Le décret en Conseil d'État prévu au IX précise sa composition et fixe ses modalités de travail et de décision. »

« VIII. — Pour l'application du présent article, sont assimilés aux logements locatifs mentionnés aux 3° et 5° de l'article *(Ord. n° 2019-770 du 17 juill. 2019, art. 8 et 23, en vigueur le 1er sept. 2019)* « **L. 831-1** » du code de la construction et de l'habitation :

« 1° Les structures d'hébergement temporaire ou d'urgence bénéficiant d'une aide de l'État ;

« 2° Les aires permanentes d'accueil des gens du voyage mentionnées au *(Abrogé par L. n° 2017-86 du 27 janv. 2017, art. 147-VI)* *« premier alinéa du »* II de l'article 1er de la loi n° **2000-614** du 5 juillet 2000 relative à l'accueil et à l'habitat des gens du voyage *[V.* ***CCH****]* ;

« 3° Les logements-foyers dénommés résidences sociales, conventionnés dans les conditions définies au 5° de l'article **L. 351-2** du code de la construction et de l'habitation, ainsi que les places des centres d'hébergement et de réinsertion sociale mentionnées à l'article **L. 345-1** du code de l'action sociale et des familles ;

« 4° Les résidences de logement pour étudiants, dès lors qu'elles font l'objet d'une convention définie à l'article **L. 353-1** du code de la construction et de l'habitation ;

(L. n° 2017-256 du 28 févr. 2017, art. 14-3°) « 5° Les logements en accession à la propriété en Guadeloupe, en Guyane, en Martinique et à La Réunion qui bénéficient d'une aide destinée aux personnes physiques à faibles revenus, pour financer l'acquisition de logements évolutifs sociaux. »

« Outre les logements locatifs sociaux et assimilés mentionnés aux alinéas précédents, sont pris en compte pour le calcul de la décote prévue au présent article :

« *a)* Les logements occupés par des titulaires de contrats de location-accession mentionnés au 6° de l'article *(Ord. n° 2019-770 du 17 juill. 2019, art. 8 et 23, en vigueur le 1er sept. 2019)* « **L. 831-1** » du même code ;

« *b)* Les logements faisant l'objet d'une opération d'accession dans les conditions définies au *(L. n° 2018-1021 du 23 nov. 2018, art. 88)* « dixième » alinéa de l'article **L. 411-2** dudit code ;

(L. n° 2018-1021 du 23 nov. 2018, art. 23) « *c)* Les logements faisant l'objet d'un contrat de bail réel solidaire en application du chapitre V du titre V du livre II du même code. »

« IX. — Un décret en Conseil d'État précise les conditions d'application des I à VII *[nouvelle rédaction issue de la L. n° 2018-699 du 3 août 2018, art. 82, en vigueur le 1er juill. 2022 : « VI »]*. » — *V. art. R. 3211-13 s.*

BIBL. ▸ **Rapports :** MATTEI, Gestion du patrimoine immobilier de l'État, Commission de finances, *rapport n° 980, juin 2018. 13.* – Cour des comptes, Le dispositif de décote du foncier public en faveur du logement social, *Référé 26 oct. 2017.* – Repentin, La mise en œuvre du dispositif de mobilisation du foncier public en faveur du logement, *rapp. CNAUF, Min. Logement, 2014, 2015, 2016 et 2017.* – Deprost *et alii*, Évaluation de l'impact de la loi du 18 janvier 2013 relative à la mobilisation du foncier public en faveur du logement sur les établissements publics de santé, *IGF, IGAS, CGEDD, 2015.* – Linkenheld et Tétart, La mise en application de la loi n° 2013-61 du 18 janvier 2013 relative à la mobilisation du foncier public en faveur du logement et au renforcement des obligations de production de logement social, *Ass. nat., rapport n° 2406, nov. 2014.* – Cerdeau, Foncier public et production de logements : quelles alternatives ?, *Paris I, 2012.*

Articles : Bargeton et Dyens, Loi Duflot : mobiliser et protéger la propriété publique, *RLCT 2013, n°s 2432 et 2458.* – Clamour, Vente au rabais de terrains de l'État aux fins de logement social, *Rev. CMP 2013. 58.* – Coutant-Lapalus, La loi relative à la mobilisation du foncier public en faveur du logement et au renforcement des obligations de production de logement social a été adoptée, *Loyers et copr. mars 2013. Alerte 26.* – Kan-Balivet, Conditions de la cession des terrains du domaine privé de l'État, *RTDI avr. 2013. 66.* – Le Marchand, Cession avec décote de terrains du domaine privé de l'État en vue de produire du logement social. Nouvelles clauses obligatoires de l'acte de vente à compter du 17 avril 2013, *Constr.-Urb. juin 2013. 30.* – Noguellou, La loi Duflot, *RDI 2013. 292* ; Le « renforcement des obligations de production de logement social », *Dr. adm. 2013. Alerte 19.* – Foulquier et Brouant, La mobilisation du foncier public en faveur du logement, *AJDA 2013. 617* . – Zitouni, Un pacte anticrise : foncier public contre construction de logement, *JCP Adm. 2013. 2082* ; Les conditions d'aliénation des terrains publics : entre mobilisation et sécurisation. A propos du décret « Duflot » n° 2013-315 du 15 avril 2013, *ibid. 2176.*

COMMENTAIRE

Un dispositif de cession du foncier public aux fins de construction de logements sociaux s'est progressivement mis en place par la stratification de nombreux textes, essentiellement à partir du début des années 2000 : loi n° 2000-1208 du 13 décembre 2000 relative à la solidarité et au renouvellement urbains (art. 55), loi n° 2005-32 du 18 janvier 2005 de cohésion sociale ou loi n° 2009-323 du 25 mars 2009 de mobilisation pour le logement et la lutte contre l'exclusion. Issu de cet empilement normatif, l'article L. 3211-7 a ensuite été largement réécrit par la loi n° 2013-61 du 18 janvier 2013, dite « Duflot I », relative à la mobilisation du foncier public en faveur du logement et au renforcement des obligations de production de logement social. Preuve du caractère évolutif et politiquement sensible du sujet, la nouvelle mouture du texte a été amendée par l'article 160 de la loi n° 2014-366 du 24 mars 2014 pour l'accès au logement et un urbanisme rénové (dite « loi ALUR »), puis par les articles 97 et 101 de la loi n° 2015-990 du 6 août 2015 pour la croissance, l'activité et l'égalité des chances économiques (dite « loi Macron »), ainsi que par la loi n° 2015-1785 du 29 décembre 2015 de finances pour 2016 (art. 54 et 55), la loi n° 2017-86 du 27 janvier 2017 relative à l'égalité et à la citoyenneté (art. 116, 147 et 151), la loi n° 2017-257 du 28 février 2017 relative au statut de Paris et à l'aménagement métropolitain (art. 50), la loi n° 2018-607 du 13 juillet 2018 relative à la programmation militaire pour les années 2019-2025 (art. 47 ; *AJDA 2018. 1894, comm. Videlin* ; *Rev. CMP 2018. 214, obs. Clamour* ; *JCP Adm. 2018. 2299, chron. Chamard-Heim*), la loi n° 2018-1021 du 23 novembre 2018 portant évolution du logement, de l'aménagement et du numérique dite « ELAN » (art. 23-II : *Dr. voirie 2/ 2019, comm. Roux* ; *JCP Adm. 2019, 2025, chron. Roux* ; *Rev. CMP 2019. Comm. 2, obs. Clamour*. Pour l'application : Décr. n° 2019-423 du 9 mai 2019) et la loi n° 2018-1317 du 28 décembre 2018 de finances pour 2019 (art. 274. – Pour l'application : Décr. n° 2019-1460 du 26 déc. 2019).

Saisi de la future loi du 18 janvier 2013, le Conseil constitutionnel a considéré que le paragraphe III de l'article L. 3211-7 est conforme à la Constitution et il a ainsi écarté les griefs développés par les parlementaires saisissants, lesquels alléguaient que cette disposition violait le droit de propriété, la liberté contractuelle, et que le législateur méconnaissait sa compétence (Cons. const. 17 janv. 2013, n° 2012-660 DC : *AJDA 2013. 141, obs. Poupeau* ; *JCP Adm. 2013. 2083, note Eddazi*).

Ce dispositif touffu, notamment éclairé par le décret n° 2013-315 du 15 avril 2013 (V. *JCP Adm. 2013. Actu. 364*) et le décret n° 2016-1160 du 25 août 2016 (V. *Rev. CMP 2016. Comm. 227*) – qui clarifiait la notion d'« opération d'intérêt général » pouvant justifier la cession d'un immeuble à l'amiable sans mise en concurrence, substituait à la notion de « programme de construction » celle de « programme de logements » et élargissait la composition de la Commission nationale de l'aménagement, de l'urbanisme et du foncier (qui devrait être supprimée au 1er juill. 2022 : Décr. n° 2018-785 du 12 sept. 2018, art. 21, abrogeant les art. R. 3211-17-5 à R. 3211-17-9 CGPPP) –, a globalement évolué au fil du temps dans deux directions : d'une part, il a progressivement vu son champ s'élargir, intégrant les structures d'hébergement d'urgence, les aires d'accueil des gens du voyage, les résidences sociales, les résidences de logements pour étudiants ou encore certains logements neufs acquis au titre d'opérations d'accession à la propriété. D'autre part, la décote autorisée sur le prix de vente des terrains publics en vue de favoriser la construction de logements sociaux a évolué ; elle s'est d'abord sensiblement accrue, avant d'être plafonnée (V., pris pour l'application de la L. n° 2018-1317 du 28 déc. 2018 [art. 274], Décr. n° 2019-1460 du 26 déc. 2019, *JCP N 2019, Actu 110* : CGPPP, art. R. 3211-15-1).

L'état actuel du droit – très (trop) complexe – peut être sommairement résumé de la manière suivante. L'État et certains établissements publics nationaux (V. art. L. 3211-13-1, qui renvoie au pouvoir réglementaire. – Décr. n° 2013-937 du 18 oct. 2013. – Décr. n° 2014-1743 du 30 déc. 2014) – voire certaines sociétés du secteur public (Décr. n° 2019-1575 du 30 déc. 2019, pour SNCF Réseau et sa filiale chargée des gares) – se voient reconnaître la faculté d'aliéner des terrains du domaine privé, bâtis ou non, à un prix inférieur à leur valeur, la décote pouvant atteindre 100 % de la valeur vénale du terrain en cause dans certaines hypothèses (V., pour le détail, les art. R. 3211-13 à R. 3211-17. – Sur la réduction du champ d'application de cette décote dans les zones de tension aux immeubles des armées qui sont destinés à la réalisation de programmes de logements sociaux réservés au maximum aux trois quarts aux agents du ministère des Armées, à la demande de ce dernier, V. L. n° 2018-607 du 13 juill. 2018, art. 47. – Sur l'éligibilité des terrains bâtis, s'agissant d'opérations qui conduisent à un changement d'affectation d'immeubles de bureaux, moyennant des modifications importantes : * Rép. min n° 26077 : *JO AN Q 25 août 2015, p. 6518 ; JCP N 2015. Actu. 904*).

Cette faculté n'est envisageable que lorsque le programme de constructions prévu par l'acheteur comporte majoritairement des logements dont une partie au moins est réalisée en logements à caractère social, l'avantage financier qui résulte de la décote devant être intégralement répercuté sur le prix de revient des logements. Le législateur a prévu les modalités de calcul de la décote, laquelle doit prendre en considération les circonstances locales (situation du marché foncier et immobilier ; situation financière de l'acquéreur ; proportion et typologie des logements sociaux existant sur le territoire de la commune considérée ; conditions financières et techniques de l'opération).

Cette décote, plafonnée à 50 % dans nombre d'hypothèses (logements financés en prêts locatifs sociaux, certains logements en accession à la propriété, ceux faisant l'objet d'un bail réel solidaire), est de droit si deux conditions cumulatives sont réunies, l'une tenant à la qualité de l'acheteur (collectivités territoriales, EPCI à fiscalité propre, établissements publics fonciers et d'aménagement de l'État et établissements publics fonciers locaux, organismes agréés concourant aux objectifs de la politique d'aide au logement, organisations d'habitation à loyer modéré, sociétés d'économie mixte de construction et de gestion de logements sociaux, concessionnaires d'aménagement réalisant des logements sociaux), et l'autre à l'inscription des parcelles d'assiette de ces terrains sur une liste établie par le préfet de région après consultation, mise à jour chaque année.

Un enjeu essentiel du dispositif est évidemment de faire en sorte que les acquéreurs n'abusent pas de la décote, par exemple en réalisant une plus-value rapide et très substantielle. Pour éviter cette situation, où l'appauvrissement d'un patrimoine public n'aurait pas pour contrepartie la satisfaction d'un besoin d'intérêt général, mais uniquement l'enrichissement de personnes privées, et poserait ainsi un sérieux problème de constitutionnalité, le législateur a organisé un mécanisme de contrôle qui prévoit notamment un droit de priorité au bénéfice des organismes d'habitations à loyer modéré en cas de revente dans les dix ans suivant l'acquisition, le primo-acquéreur devant alors verser une somme égale à la différence entre le prix de vente et le prix d'acquisition (sans que cette somme puisse toutefois excéder le montant de la décote). De la même manière, la location du logement par le primo-acquéreur dans les dix ans suivant l'acquisition consécutive à la première mise en vente du bien est soumise à un plafonnement du loyer sur la base d'un barème fixé par le préfet de région.

Ce dispositif de contrôle a été validé par le Conseil constitutionnel, qui a considéré que, « en imposant au primo-acquéreur d'un logement qui souhaite le vendre dans un délai de dix ans suivant l'acquisition consécutive à la première mise en vente d'en informer le représentant de l'État dans le département, en conférant aux organismes d'habitation à loyer modéré un droit de priorité pour se porter acquéreur de ce logement et en imposant le reversement à l'État d'une somme égale à la différence entre le prix de vente et le prix d'acquisition du logement, dans la limite de la décote, les dispositions du troisième alinéa du paragraphe III de l'article L. 3211-7 du code général de la propriété des personnes publiques ont pour objet d'instituer des garanties appropriées pour assurer le respect des exigences constitutionnelles relatives à la propriété des personnes publiques qui résultent, d'une part, des articles 6 et 13 de la Déclaration de 1789 et, d'autre part, de ses articles 2 et 17 ; qu'il en va de même des dispositions du quatrième alinéa de ce même paragraphe III qui limitent le montant des loyers pendant la même durée de dix ans lorsque le bien est donné en location ; que les limites apportées à l'exercice, par les propriétaires, de leur droit de propriété et de leur liberté contractuelle sont proportionnées à la poursuite de cet objectif » (Décis. préc.).

De même, une convention liant l'État à l'acquéreur est jointe à l'acte d'aliénation et fixe les conditions d'utilisation du terrain ainsi que le contenu du programme de logements à réaliser. Ce programme doit être réalisé dans un délai assoupli par la loi ELAN du 23 novembre 2018 (de cinq ans maximum à une première tranche réalisée pendant ce laps de temps), sous peine de résolution de la vente sans indemnité ou de versement d'une indemnité préjudicielle à l'État. Le législateur a également prévu que cette convention règle les hypothèses de réalisation partielle du programme.

Un suivi des conventions est aussi prévu, à l'échelon local par le préfet de région ou au plan national par la Commission nationale de l'aménagement, de l'urbanisme et du foncier (CNAUF) créée par la loi du 18 janvier 2013 (V., sur sa composition et son fonctionnement, les art. R. 3211-17-6 à R. 3211-17-9). Le décret n° 2018-785 du 12 septembre 2018 a prévu sa suppression au 1er juillet 2022.

Pour mémoire, selon la CNAUF (3e rapp. sur la mise en œuvre du dispositif de mobilisation du foncier public d'État en faveur du logement, févr. 2017), 105 terrains appartenant à l'État ou à ses établissements publics ont été cédés, en 2016, à des collectivités ou à des opérateurs choisis par elle. 36 terrains ont été vendus avec une décote moyenne de 45 % de leur valeur vénale (soit 50 millions d'euros au total par l'État). Ils étaient 13 terrains à avoir bénéficié de la décote en 2013 et 2014, et 20 en 2015. Pour la première fois en 2016, ce taux a atteint 100 % pour deux terrains (à Lille et à Lyon). Depuis l'entrée en vigueur de la loi Duflot I, l'État et ses établissements publics ont consenti plus de 120 millions d'euros de rabais *via* le mécanisme de décote. La Cour des comptes, qui juge pour sa part le dispositif de décote insuffisamment utilisé (69 opérations entre 2013 et 2016, environ 6700 logements construits), peu efficient et aboutissant parfois à des aides disproportionnées, en a suggéré l'évolution (notamment, simplification, recentrage géographique, création de mécanismes de garantie et de contrôle ; V. Le dispositif de décote du foncier public en faveur du logement social, *Référé 26 oct. 2017*). Le système actuel a aussi fait l'objet de critiques parlementaires pointant des effets trop limités, voire contre-productifs (Mattei, Gestion du patrimoine immobilier de l'État, Commission de finances, *rapport n° 980, juin 2018, p. 13 s.*). On a là en réalité une « usine à gaz », qui conduit à céder des terrains publics au rabais pour des réalisations pouvant coûter très cher *in fine* (l'exemple des logements sociaux de la rue Saint-Dominique, à Paris, en constituant une bonne illustration), ceci dans des conditions qui ne sont pas forcément plus avantageuses ni plus efficaces qu'au titre d'opérations entièrement prises en charge par le secteur privé. Ce dispositif byzantin (dans sa partie législative, mais aussi dans son volet réglementaire : V. art. R. 3211-13 s. et art. R. 3211-32-1 s.) mériterait d'être complètement remis à plat. ❑

Art. L. 3211-7-1 (Abrogé par L. n° 2018-1021 du 23 nov. 2018, art. 24) (L. n° 2017-257 du 28 févr. 2017, art. 50-II-2°) ***Il est créé en faveur de la société mentionnée au deuxième alinéa du I de l'article 141 de la loi n° 2006-1771 du 30 décembre 2006 de finances rectificative pour 2006 un droit de priorité sur tout projet de cession d'actifs immobiliers d'une superficie de plus de 5 000 mètres carrés appartenant à l'État et destinés majoritairement à la réalisation de logements sociaux.***

Ce droit de priorité ne peut toutefois être exercé que lorsque le titulaire du droit de priorité défini à l'article L. 240-1 du code de l'urbanisme ou son délégataire n'a pas fait connaître son intention de se rendre acquéreur des actifs immobiliers ayant fait l'objet d'une décision d'intention d'aliéner, dans les conditions et délais définis à l'article L. 240-3 du même code.

COMMENTAIRE

Renforçant l'impression de pilotage à vue qui se dégage du dispositif précité relatif aux cessions aux fins de production de logements sociaux, la loi dite « ELAN » du 23 novembre 2018 (art. 24) a abrogé l'article L. 3211-7-1, créé moins de deux ans auparavant et qui prévoyait un droit de priorité au profit de la SOVAFIM (Société de valorisation foncière et immobilière, créée en 2006 et régulièrement critiquée par la Cour des comptes). Celle-ci doit à présent articuler son intervention avec celle de la Foncière publique solidaire (créée par la L. n° 2017-257 du 28 févr 2017 relative au statut de Paris et à l'aménagement métropolitain, art. 50. – V. Leonetti et Marion, La société foncière publique solidaire, nouvel acteur de la politique foncière de l'État, *Bull. Cheuvreux, oct. 2017, p. 20.* – Gonzalez-Gharbi, Exonérations en faveur du logement social – Un nouveau bénéficiaire des cessions exonérées : la société foncière solidaire, *Constr.-Urb. 2017, comm. 125*) et dont elle détient la moitié du capital pour le compte de l'État. Une telle évolution s'expliquerait par la volonté de promouvoir les cessions en faveur de la FPS (V. Roux, Léger Elan domanial en faveur du logement : *JCP A 2019. 2025*). ❑

Art. L. 3211-8 **Les immeubles à destination agricole qui sont devenus la propriété de l'État dans les conditions fixées au dernier alinéa de l'article L. 1123-3, peuvent être cédés à l'amiable dans les conditions précisées par décret en Conseil d'État.** – *V. art. R. 3211-18. – [L. n° 62-933 du 8 août 1962, art. 1er-II.]*

COMMENTAIRE

Cet article reprend un dispositif issu de l'article 1er-II de la loi n° 62-933 du 8 août 1962 complémentaire à la loi d'orientation agricole. Il intéresse les immeubles à destination agricole acquis par l'État au titre de la législation relative aux biens sans maître (V. comm. ss. les art. L. 1123-1 s.) ❑

Art. L. 3211-9 **L'État est autorisé à aliéner, dans la forme ordinaire des ventes des biens de l'État, les biens immobiliers provenant des successions en déshérence dont l'envoi en possession définitive a été prononcé par le tribunal judiciaire.**

Ces dispositions ne portent pas atteinte aux droits des tiers et spécialement aux droits des héritiers et légataires éventuels, qui sont admis à exercer leur action sur le prix net des biens vendus, dans les mêmes conditions et délais qu'ils eussent été fondés à l'exercer sur ces biens eux-mêmes. – *[C. dom. Ét., art. L. 74 et L. 75, ecqc les biens immobiliers.]*

COMMENTAIRE

Encore qu'il n'y ait guère de contentieux sur le sujet, il est permis de penser que ce principe de vente dans les formes ordinaires s'accompagne de celui de la compétence du juge administratif en cas de litige intéressant la vente (V. CGPPP, art. L. 3231-1), sachant que la question de la propriété de l'immeuble ne saurait pour sa part être tranchée que par l'autorité judiciaire.

Voir le commentaire sous l'article L. 1122-1. ❑

Art. L. 3211-10 **Les exondements réalisés avant le 3 janvier 1986, hors d'une concession régulièrement accordée, peuvent faire l'objet en tout ou partie d'une concession ayant pour effet de transférer légalement à son bénéficiaire la propriété des terrains définitivement sortis des eaux.**

Un décret en Conseil d'État fixe les conditions d'instruction et de délivrance de ces concessions translatives de propriété *[V. art. R. 3211-19 à R. 3211-23].* – *[C. dom. Ét., art. L. 64.]*

BIBL. ▸ **Thèse :** Dubois, Concessions d'endigage et créments futurs, *thèse Rennes, 1940.* – Rézenthel, Le droit de construire sur le domaine maritime, *thèse Lille, 1979.*

▶ **Ouvrages :** Gaudemet, Droit administratif des biens, *LGDJ, 2014, 15e éd., nos 533 s.* - Calderaro, Droit du littoral, *Éd. du Moniteur, 1993.* - Rapport de la Cour des comptes, *Doc. JO 3 juill. 1973.*

▶ **Articles :** Biasca, Concession d'endigage, *Gaz. Pal. 1973. 2. 502.* - Tavernier, Les concessions d'endigage, *AJDA 1973. 564.* - Lamson, Concessionnaires d'endigage et utilisation du domaine public maritime, *Gaz. Pal. 1978. 1. 312.* - Lebreton, Occupations du domaine public maritime, *AJDA 1978. 618.* - Mesnard, Circulaires, directives et protection du littoral, *AJDA 1978. 654.* - Blanc-Uchan, Évolution de la législation relative aux concessions d'endigage, *RD publ. 1983. 1601.* - Dufau, Les concessions de ports de plaisance, *JCP 1986. 3267.* - Becet, Protection de l'environnement, concessions d'endigage et port de plaisance, *Rev. jur. Ouest 1988, p. 26.* - Morand-Deviller, Les concessions de plage naturelle, *AJDA 2002. 481* . - Dufau, La concession d'utilisation du domaine public maritime, *Rev. CMP 2004. Étude 7.* - Lissouck, La rénovation des concessions d'utilisation du domaine public maritime, *AJDA 2005. 365* .

COMMENTAIRE

Cette disposition doit être lue en combinaison avec l'article L. 2124-2 du code qui indique que les exondements antérieurs au 3 janvier 1986 (date de promulgation de la loi n° 86-2 du 3 janv. 1986 relative à l'aménagement, la protection et la mise en valeur du littoral) demeurent régis par la législation antérieure.

Cette dernière, auparavant organisée par l'article L. 64 du code du domaine de l'État, repose sur l'idée suivant laquelle certaines conventions d'endigage pouvaient prévoir que les terres exondées entreraient dans le patrimoine du concessionnaire et non dans celui du concédant.

Par concession d'endigage on entend le contrat organisant l'« opération par laquelle une personne physique ou morale, privée ou publique, est autorisée à effectuer sur un terrain situé sur le rivage de la mer (éventuellement sur le sol de la mer territoriale) ou sur les rives d'un fleuve les travaux nécessaires pour le faire échapper à l'incursion des eaux » (Tavernier).

Cet article ne s'applique qu'à des exondements réalisés avant la promulgation de la loi dite littoral. Et il ne vise que ceux réalisés en dehors d'une concession régulièrement accordée, permettant la régularisation de la situation et le transfert de propriété des terrains définitivement sortis des eaux dans des conditions procédurales détaillées, par les articles R. 3211-19 à R. 3211-23. Ces articles précisent les conditions d'instruction des demandes de concession (prévoyant notamment le contenu du dossier établi par le demandeur, art. R. 3211-20) et posent le principe qu'il convient de mener une enquête publique.

La concession est signée par le préfet ou, dans l'hypothèse d'un avis défavorable du commissaire enquêteur ou de la commission d'enquête, doit être approuvée par décret en Conseil d'État (V. art. R. 3211-23). ❑

A. DIVERSITÉ DES CONCESSIONS DOMANIALES MARITIMES ET FLUVIALES

1. Concession de lais et relais. L'acte de concession par lequel l'État a mis à la disposition de la Société des courses de Nice des lais et relais de la mer ainsi que des atterrissements conquis sur le Var à la condition de maintenir à perpétuité ces terrains à usage de champ de courses n'a pu constituer, compte tenu de cette affectation, une concession de service public. • CE 8 janv. 1958, *Min. travaux publics c/ Sté des courses de la Côte d'Azur,* n° 38669 : *Lebon 13 ; AJDA 1958. II. 53, concl. Long.* ♦ Si l'acte dont il s'agit a été intitulé « acte de concession », il résulte de l'ensemble de ses dispositions qu'il constituait une vente. • Même arrêt.

2. Concession d'endigage sur le domaine public maritime. Par un contrat d'endigage passé avec l'État, la société requérante s'est engagée à effectuer des travaux d'endigage portant sur 427 ha de terrains maritimes situés dans le havre de Lessay destinés à lui revenir après qu'ils auront été soustraits dans leur totalité à l'action des eaux. • CE 18 mars 1988, *Sté civile des Néo-Polders,* n° 69723 : *Lebon 129 ; AJDA 1988. 549, obs. Auby ; RD publ. 1989. 505, note Llorens ; D. 1989. Somm. 17, obs. Terneyre.* ♦ V. également • CE 6 févr. 1981, *SCI de Kerambigorn,* n° 01331 : *Lebon 65* .

3. Les travaux autorisés concernant un droit d'endigage sur le domaine public n'étaient pas compatibles avec un plan d'urbanisme et étaient donc irréguliers. • CE, ass., 30 mars 1973, *Min. aménagement du territoire c/ Schwetzoff,* n° 88151 : *Lebon 264 ; AJDA 1973. 367, note Dufau ; Rev. adm. 1973. 511, concl. Guillaume et note Liet-Veaux ; JCP 1973. II. 17528, note*

Bréchon-Moulènes. ♦ Dans la mesure où aucune concession d'endigage ne leur a été régulièrement accordée, les requérants n'ont pu acquérir aucun droit de propriété sur ces parcelles qui, faisant partie du domaine public, étaient inaliénables et imprescriptibles. • CE, sect., 13 oct. 1967, *Cazeaux,* n° 58332 : *Lebon 368 ; RD publ. 1968. 887, note Waline.* ♦ V. aussi • CE 18 nov. 1977, *Bazin de Jessey,* n° 02510 : *Lebon 451* • 26 mars 1982, *SA Marine Côte d'Argent,* n° 96352 : *Lebon 132.*

4. *Concession de créments futurs.* La concession de créments futurs accordée à la société requérante dans la baie des Veys constitue un contrat administratif d'une nature spéciale qui n'est pas susceptible d'être assimilé à une vente domaniale. Les travaux d'endigage qu'elle comporte n'ont pas été exécutés pour le compte de l'administration et ne sauraient en conséquence avoir eux-mêmes le caractère de travaux publics. • CE 30 mars 1928, *Min. travaux publics : Lebon 497.*

B. CONCLUSION DES CONCESSIONS D'ENDIGAGE

5. *Compétence.* Le terrain des requérants étant compris dans les limites du domaine public maritime, ceux-ci n'auraient pu acquérir un droit de propriété sur eux que par l'effet d'une concession d'endigage accordée par décret en Conseil d'État (V. art. R. 146 C. dom. Ét., désormais codifié à l'art. R. 3211-23 CGPPP). Il s'ensuit que l'arrêté du préfet, en date du 23 mai 1860, ne pouvait avoir légalement pour effet de lui faire acquérir un droit de propriété sur ledit terrain. • CE 5 nov. 1975, *Épx Govys,* n° 95166 : *Lebon 541.* ♦ Dans le même sens • CE, sect., 10 juill. 1970, *SCI du Domaine de Suroit,* n° 78339 : *Lebon 484* • CE 13 oct. 1967 : *préc. note 3* • CE, sect., 15 juill. 1938, *Vial,* n° 54923 : *Lebon 674 (1re esp.).*

6. Les terrains litigieux qui sont situés à l'embouchure de la rivière Le Frémur ont fait l'objet d'un acte par lequel le Roi en son Conseil en a fait concession à titre de propriété incommutable à perpétuité à charge pour le bénéficiaire de dessécher et de mettre en valeur ces terrains grâce à la construction d'une digue. Par l'effet de cet acte, qui présente le caractère d'une concession d'endigage, et dès lors que les travaux ont été réalisés, les terrains soustraits à l'action du flot sont devenus la propriété du bénéficiaire et ont cessé d'appartenir au domaine public maritime. • CE, sect., 30 nov. 1979, *Fontaine,* n° 07919 : *Lebon 442 ; RD publ. 1980. 1465, concl. Théry.*

7. *Procédure.* Considérant qu'il ressort des pièces du dossier que l'ensemble des travaux concernant la création et l'aménagement du port de plaisance de Bormes-les-Mimosas, dont la réalisation était subordonnée à un endiguement, devait entraîner et a, effectivement, entraîné à la date de leur exécution une dépense d'un montant inférieur à vingt millions de francs. Il s'ensuit que le projet ne devait pas être soumis à la procédure d'instruction mixte réalisée à l'échelon central et réservée par l'art. 4 du décret du 4 août 1955 (devenu art. R. 145-1 C. dom. Ét.) au projet de grands travaux, y compris les endiguements, dont la réalisation est de nature à entraîner une dépense totale évaluée à vingt millions de francs au moins. • CE 5 nov. 1982, *Schwetzoff,* n° 16452 : *Lebon 369 ; AJDA 1983. II. 363, note Caubert et Rézenthel ; RD publ. 1983. 205, note Drago.* ♦ En revanche, le dépassement de ce seuil implique la réalisation à l'échelon central et non plus local de l'instruction mixte sous peine de l'annulation de la concession. • CE, ass., 29 déc. 1978, *Assoc. de défense de la Côte fleurie,* n° 16452 : *Lebon 533 ; JCP 1980. II. 19295, note Lemoyne de Forges.* ♦ L'absence de l'enquête instituée par l'art. R. 145 C. dom. Ét. et de la consultation de la commission départementale des rivages de la mer prévue par l'art. 6 du décret n° 66-413 du 17 juin 1966 (portant application de la loi n° 63-1178 du 28 nov. 1963 relative au domaine public maritime) rend irrégulière la concession. • CE 6 févr. 1981, *Comité de défense des sites de la Forêt-Fouesnant,* n° 18513 : *Lebon 64 ; Dr. adm. 1981, n° 81.*

8. *Légalité interne.* Considérant que le programme d'aménagement du quartier de La Favière, à Bormes-les-Mimosas, n'a prévu aucune installation sur les rives de la Méditerranée et a laissé ainsi le domaine public maritime entièrement affecté à l'usage, conforme à sa destination, que le public est normalement en droit d'y exercer, les travaux autorisés concernant la construction d'un port de plaisance et un droit d'endigage sur le domaine public maritime étaient donc irréguliers. • CE 30 mars 1973, *Min. aménagement du territoire c/ Schwetzoff,* n° 88151 : *préc. note 3.* ♦ V. également • CE 9 janv. 1980, *Gay et Min. équip. c/ Assoc. des amis des chemins de ronde,* n° 04458 : *Lebon 2.* ♦ V. aussi la limite apportée par la loi n° 86-2 du 3 janv. 1986, art. 27.

9. Le juge de l'excès de pouvoir contrôle si le préfet n'a pas commis une erreur manifeste d'appréciation en estimant que la concession d'endigage qu'il a approuvée pouvait donner lieu à une cession en pleine propriété. • CE 5 nov. 1982, *Schwetzoff,* n° 16452 : *préc. note 7.*

10. *Droit de préférence.* Si, aux termes du 2e al. de l'art. 1er de la loi n° 63-1178 du 28 nov. 1963 (abrogée par Ord. n° 2006-460 du 21 avr. 2006, art. 7-II), les collectivités locales ont un droit de préférence pour la concession d'endigage ainsi que de création et d'usage de plages artificielles, l'exercice de ce droit n'est légalement possible par application de ce texte que si les opérations d'endigage et de création de la plage étaient réalisées à leurs frais exclusifs. En rejetant la demande de concession présentée par la société requérante par le motif qu'une commune avait exercé son droit de préférence, sans subordonner sa décision à la prise en charge par ladite commune de l'ensemble des frais engagés pour créer et aménager la plage, le préfet du Var a commis une erreur de droit. • CE, sect., 25 févr. 1985, *Cie hôtelière maritime et balnéaire*, n° 40648 : *Lebon 53 ; AJDA 1985. 440, note Fatôme et Moreau ; JCP 1985. II. 20435, concl. Genevois.*

11. Régularisation d'une concession d'endigage. Le principe d'inaliénabilité du domaine public ne fait pas obstacle à ce que l'administration accorde une nouvelle concession d'endigage pour régulariser la situation de terrains exondés en vertu d'une concession annulée par le juge administratif. • CE 5 nov. 1982, *Schwetzoff*, n° 16452 : *préc. note 7.* ♦ Le principe d'inaliénabilité ne fait pas non plus obstacle à ce que la procédure de l'art. L. 64 *[art. L. 3211-10 et L. 3211-15 CGPPP]* puisse être légalement utilisée, en l'absence du déclassement prévu pour les lais et relais de la mer auxquels les terres exondées doivent être assimilées, afin de régulariser, par un bail emphytéotique, la situation de terrains irrégulièrement exondés. • CE 10 déc. 1982, *Union régionale du Sud-Est pour la sauvegarde de la vie, de la nature et de l'environnement*, n° 24032 : *Lebon T. 618 ; Gaz. Pal. 1983. 2. 681, note A. L.*

C. EFFETS DES CONCESSIONS D'ENDIGAGE

12. Concessions translatives de propriété. A supposer même qu'en 1908 cette parcelle ait été incorporée au domaine public maritime, il est constant que des travaux d'endigage régulièrement autorisés par un acte de concession ont eu pour effet de soustraire cette parcelle à l'action de la mer. Par suite, cette dernière a recouvré dès cette date son régime juridique antérieur de propriété privée. • CE 6 févr. 1981, *SCI de Kerambigorn*, n° 01331 : *préc. note 2.* ♦ V. également • CE 30 nov. 1979, *Fontaine : Lebon 443 ; D. 1980. 207, note Rézenthel et Caubert* • CAA Nantes, 14 oct. 2003, *Min. équip. c/ M. Yves Louer*, n° 01NT01200 : *AJDA 2003. 2318, concl. Coënt* . ♦ L'appréciation par le préfet qu'une concession d'endigage peut donner lieu à une cession en pleine propriété fait l'objet du contrôle de l'erreur manifeste. • CE 5 nov. 1982, *Schwetzoff*, n° 16452 : *préc. note 7.*

13. Des décisions qui ont pour effet non de confier à la commune la gestion d'une dépendance du domaine public maritime mais de transférer cette dépendance du domaine public de l'État au domaine public communal devaient être prises, non sur le fondement des art. L. 35 et R. 58 C. dom. Ét. relatifs aux simples transferts de gestion, non applicables en l'espèce, mais selon la procédure prévue pour les concessions d'endigage conformément tant aux prescriptions des art. L. 64 *[CGPPP, art. L. 3211-10 et L. 3211-15]* et R. 145 s. du même code que de l'art. 1er de la loi du 28 nov. 1963 (loi abrogée par Ord. n° 2006-460 du 21 avr. 2006, art. 7-II). • CE 6 févr. 1981, *SCI de Kerambigorn*, n° 01331 : *préc. note 8.*

14. Considérant qu'il ne ressort pas des pièces du dossier ni que les auteurs du requérant aient été en possession de titres antérieurs à l'édit de Moulins sur les parcelles en cause, ni qu'ils les aient acquis par vente d'un bien national, ni qu'ils aient fait l'objet à leur profit d'une concession d'endigage, il s'ensuit que l'étang de Montmarin fait partie du domaine public maritime. • CE 18 nov. 1977, *Bazin de Jessey*, n° 02510 : *préc. note 3.* ♦ V. aussi • CE, sect., 6 mars 2002, *Mmes Triboulet et Brosset-Pospisil*, n° 217646 : *RFDA 2003. 65, note Hostiou* • CE 26 mars 1982, *SA Marine Côte d'Argent*, n° 96352 : *préc. note 3* • 13 oct. 1967, *Cazeaux*, n° 58332 : *préc. note 3.* ♦ Un acte de concession d'endigage annulé n'a pu produire aucun effet juridique (en particulier translatif de propriété). Il s'ensuit que les terrains soustraits à l'action des flots ont été incorporés au domaine public maritime. • TA Rennes, 2 nov. 1978, *Comité de défense des sites de la Forêt-Fouesnant : RJ envir. 1978. 389.*

15. Restriction antérieure à la faculté de passation de cette catégorie de concessions. Si la circulaire interministérielle du 3 janv. 1973 *(JO 9 janv.)* a défini les orientations de la politique qui devait être suivie pour l'utilisation du domaine maritime et fluvial de l'État, et en particulier a donné pour directives aux autorités chargées de statuer sur les demandes de concessions d'endigage de ne pas aliéner la propriété des parcelles créées et de n'y accepter que l'implantation d'équipements à usage collectif, elle n'a pas édicté de règles de droit modifiant ou complétant les dispositions de l'art. L. 64 *[art. L. 3211-10 et L. 3211-15 CGPPP]* dont elle s'est bornée à faire application. Il s'ensuit que ladite circulaire intervenue dans un domaine où les autorités administratives compétentes disposent d'un pouvoir discrétionnaire est dépourvue de caractère réglementaire. • CE, sect., 18 nov. 1977, *SA Entreprise Marchand*, n° 00619 : *Lebon 442, concl. Franc ; AJDA 1978. 676.* ♦ Dans le même sens • CE 26 juin 1985, *Assoc. trinitaine de défense de la pêche à pied et de l'environnement*, n° 34305 : *Lebon 207 ; AJDA 1985. 746, note J.C.* ♦ V. également le décret n° 79-518 du 29 juin 1979, art. 1er, qui prévoit le maintien de la domanialité publique des terrains exondés « lorsque ces derniers doivent être affectés à l'usage du public, à un service public ou à une opération d'intérêt général ». Il ne saurait toutefois supprimer totalement la faculté de conclure de telles concessions reconnues par la loi du 28 nov. 1963.

16. Date du transfert de propriété. Les concessions de droit d'endigage transfèrent à ceux qui les obtiennent la propriété future de ces terrains à dater du jour et dans la mesure où, soit naturellement, soit par effet de travaux autorisés, ils seront définitivement sortis du lit du fleuve. • CE, avis, 11 mai 1881 : *cité par de Récy, Traité du domaine public, 2e éd., 1893, p. 452* • 29 juin 1881 : *ibid.* ♦ Dans le même sens implicitement • Civ. 1re, 29 mai 1963, *Cts Aubry : D. 1963. 493, note Juret* • CE 6 févr. 1981, *SCI de Kerambigorn*, n° 01331 : *préc. note 2.*

17. Réendigage. Les requérants, du fait de la submersion des parcelles litigieuses et faute par leur auteur d'avoir, dans les délais légaux ou conventionnels, remis en œuvre le droit d'endigage dont il était concessionnaire, ont perdu la propriété desdites parcelles. • Civ. 1re, 29 mai 1963 : *préc. note 16.* ♦ Il appartenait à la requérante d'exécuter sans autorisation les travaux nécessaires pour assurer la reconstruction des digues et la conservation des terrains dont elle était propriétaire. • CE 22 févr. 1907, *Dame Cuny c/ État : Lebon 181.* ♦ L'interdiction par l'administration desdits travaux engagerait sa responsabilité. • Même arrêt.

18. Une parcelle exondée à la suite d'une concession d'endigage demeure propriété privée dès lors que des travaux de réendigage réalisés et renouvelés à deux reprises l'ont soustraite à l'action du flot. • CE 30 nov. 1979, *Fontaine*, n° 07919 : *préc. note 6.* ♦ V. aussi • CE 6 févr. 1981, *SCI de Kerambigorn*, n° 01331 : *préc. note 2.*

19. Nature des travaux d'endigage. Si certains des travaux d'intérêt général que la société devait effectuer dans le cadre du contrat d'endigage sur des terrains destinés à lui revenir après qu'ils auraient été soustraits dans leur totalité à l'action des eaux ne pouvaient être regardés comme exécutés pour le compte d'une personne publique, les travaux d'édification des digues, lesquelles devaient après leur édification, appartenir au domaine public, étaient exécutés pour le compte de l'État. Le contrat unique afférent à ces deux séries d'opérations a, dans son ensemble, le caractère d'un marché de travaux publics. • CE 18 mars 1988, *Sté civile des Néo-Polders*, n° 69723 : *préc. note 2.* ♦ Dans le même sens, V. • CE 30 mars 1928, *Min. travaux publics : préc. note 4.*

Art. L. 3211-11 Ne peuvent prendre part aux adjudications publiques les personnes notoirement insolvables ou qui auront été exclues des ventes domaniales.

BIBL. ▸ Simon, Le marché des enchères publiques en France, *JORF, avis et rapports du Conseil économique et social, mars 2008.* – Mauger-Vielpeau, Les ventes aux enchères publiques, *Economica, 2002.*

COMMENTAIRE

Est ici codifiée une exigence qui n'était pas prévue par le code du domaine de l'État avant 2006 mais qui était déjà insérée dans les cahiers des charges des adjudications publiques organisées par l'administration des domaines. On notera que cette exclusion correspond partiellement à celle qui était visée plus généralement par l'ancien article 711 du code de procédure civile pour les enchères publiques (lequel posait l'interdiction d'enchérir pour toute personne notoirement insolvable, avec ce que l'adverbe comportait d'imprécis) ; disposition aujourd'hui abrogée (l'art. R. 322-41 C. pr. exéc. prévoit une caution bancaire), de sorte que les règles applicables aux adjudications domaniales sont maintenant sensiblement plus rigoureuses que le droit commun.

Si les adjudications dont il est question concernent les ventes d'immeubles de l'État (que vise la section dans laquelle l'art. L. 3211-11 est inséré), les personnes exclues le sont aussi – usuellement – d'autres adjudications organisées par le service chargé des domaines et/ou la Direction nationale des interventions domaniales (cette exclusion est, par exemple, prévue dans les cahiers des charges particulières relatifs à l'adjudication de la récolte des herbages et du droit de pacage sur les terrains militaires). Une telle exigence est aussi fréquemment reprise par les collectivités territoriales lorsque celles-ci décident d'organiser une adjudication pour la vente d'immeubles leur appartenant. ❑

Art. L. 3211-12 L'acquéreur qui n'a pas payé le prix aux échéances peut être déchu de la vente dans les conditions fixées par décret en Conseil d'État. – *V. art. R. 3211-8.*

Lorsqu'il a été déchu de la vente, il doit payer, à titre de dommages et intérêts, sans préjudice de la restitution des fruits, une amende égale au dixième de la somme exigible, sans que cette amende puisse être inférieure au vingtième du prix de la vente. Dans le cas de vente par adjudication, *(L. n° 2015-177 du 16 févr. 2015, art. 12-III)* **« il n'y a pas lieu à réitération des enchères ».** – *[C. dom. Ét., art. L. 55.]*

Les amendes prévues au second alinéa du présent art. sont applicables aux procédures de déchéance notifiées par l'autorité compétente postérieurement à l'entrée en vigueur de l'Ord. n° 2006-460 du 21 avr. 2006 (Ord. préc., art. 11, en vigueur le 1er juill. 2006).

COMMENTAIRE

Reprenant en substance l'ancien article L. 55 du code du domaine de l'État, cette disposition institue une procédure de déchéance administrative (dont le contentieux relève de la juridiction administrative) qui permet à l'État de reprendre possession des immeubles dont les acquéreurs se sont montrés défaillants à payer le prix. Ainsi l'économie d'une résolution judiciaire de la vente (C. civ., art. 1184) peut-elle être faite, comme celle d'interrogations sur sa compatibilité avec l'attribution du contentieux de la cession des immeubles de l'État au juge administratif (V. CGPPP, art. L. 3231-1). Cette reprise en possession ne saurait intervenir qu'un mois après le prononcé de la déchéance par décision préfectorale, l'acquéreur pouvant durant cette période acquitter sa dette. Sur ces points, les articles R. 132 à R. 134 du code du domaine de l'État ont été codifiés à l'article R. 3211-8 du présent code.

L'article L. 3211-12 prévoit également que l'acquéreur défaillant devra s'acquitter d'une amende égale au dixième de la somme exigible et ne pouvant être inférieure au vingtième du prix de la vente. Dès lors que ce nouveau régime diffère à la marge de celui antérieurement prévu par l'article L. 55 du code du domaine de l'État et peut s'avérer plus sévère, l'ordonnance du 21 avril 2006 (art. 11-III) a prévu – en application du principe de non-rétroactivité – qu'il ne s'appliquerait qu'aux déchéances notifiées à compter du 1er juillet 2006. ❑

1. Dans la mesure où il est constant que le requérant n'a pas acquitté le solde du prix de la vente avant l'expiration du délai d'un mois après la notification de la décision de déchéance prononcée par le préfet, délai pendant lequel, en vertu des art. R. 132, R. 133 et R. 134 C. dom. Ét., il était admis à payer la somme exigible en capital, intérêts et frais, l'État pouvait reprendre possession de l'immeuble. En conséquence, le directeur des services fiscaux a pu légalement demander à M. Esteban de remettre à sa disposition les clefs du château de Mailly. • CE 13 févr. 1985, *Esteban*, n° 48516 : *Lebon 44*.

2. Si l'art. 27 du cahier des charges de l'adjudication, qui constitue l'un des éléments du contrat, a pu, sans méconnaître les dispositions législatives, prévoir que les fruits seraient liquidés, sans égard pour le produit réel, en appliquant le taux de l'intérêt légal au prix de la vente, il ne pouvait en revanche les rendre exigibles selon ce mode forfaitaire à raison de la période courue entre la date de la déchéance de l'adjudicataire et celle de la reprise de possession des biens par l'État. En effet, la déchéance privant l'ancien adjudicataire de tout droit sur les fruits, leur éventuel accaparement par celui-ci ne saurait engager sa responsabilité que sur un fondement extra-contractuel, à raison de la preuve d'un tel agissement, et ne pourrait donner lieu à restitution que pour le montant réel des produits indûment perçus. • CAA Nancy, 16 juin 1994, *Constant*, n° 93NC00601 : *Lebon 645*.

3. V. par comparaison, sur le refus d'appliquer l'ancien art. 1184 C. civ. sur la résolution judiciaire à des contrats administratifs, • CAA Paris, 31 juill. 2012, *Abdeslam A. c/ SNCF et a.*, n° 11PA03379 • CAA Paris, 14 oct. 2010, *Manuela A. c/ Cne de Voh*, n° 09PA01213.

§ 2 DISPOSITIONS APPLICABLES AUX ÉTABLISSEMENTS PUBLICS DE L'ÉTAT, AUX SOCIÉTÉS DÉTENUES PAR L'ÉTAT ET À LEURS FILIALES APPARTENANT AU SECTEUR PUBLIC *(L. n° 2013-61 du 18 janv. 2013, art. 4).*

Art. L. 3211-13 Lorsqu'un établissement public, autre qu'un établissement public à caractère industriel et commercial, envisage de procéder à la cession d'un immeuble mentionné à l'article L. 2211-1, qui continue à être utilisé par ses services, il doit recueillir l'accord préalable de l'autorité administrative compétente. Dans ce cas, l'acte d'aliénation comporte des clauses permettant de préserver la continuité du service public. – *[C. dom. Ét., art. L. 54, al. 2.]*

V. art. R. 3211-31 et R. 3211-32.

BIBL. ▸ Chamard-Heim, Les immeubles à usage de bureaux et la valorisation des patrimoines publics, *Dr. et patr. 1/2005. 111.* – Chamard-Heim et de Gaudemar (dir.), L'externalisation des propriétés publiques : techniques, enjeux et résultats, *Dossier JCP Adm. 2012. 17.* – Fatôme, Le statut des immeubles à usage de bureaux des personnes publiques après l'ordonnance du 19 août 2004, *AJDA 2005. 584* ; Externalisation et protection des biens affectés au service public, *AJDA 2007. 959*. – Leufflen, Externalisation du domaine et protection du service public, *AJDA*

2007. 962. – Le Roux (dir.), La reconversion du patrimoine public monumental. L'exemple du Grand Hôtel Dieu de Lyon, *L'Harmattan, coll. Droit du patrimoine culturel et naturel, à paraître 2020.*

COMMENTAIRE

Cette disposition est la jumelle de l'article L. 3211-2 du code applicable à l'État. Elle vise à encadrer la cession par certains établissements publics de l'État de leurs immeubles de bureaux, alors même que ces derniers continueraient à être affectés à leurs services. Cette cession est doublement conditionnée : sur le fond, d'abord, l'acte d'aliénation devant organiser la préservation de la continuité du service public ; d'un point de vue procédural, ensuite, l'établissement public devant recueillir l'accord préalable de l'autorité administrative compétente. L'article R. 3211-31 précise qu'il s'agit en principe du ministre du Budget et du ministre de tutelle de l'établissement (mais, lorsque la cession porte sur un immeuble appartenant à un établissement public de santé, cet accord est donné par le directeur général de l'agence régionale de santé ; ceci confirmant d'ailleurs la transformation des hôpitaux en établissements publics de l'État. V. Vioujas, Les établissements publics de santé sont des établissements publics de l'État. Brèves considérations sur une révolution silencieuse, *JCP Adm. 2013. 2051*).

Le champ d'application de cette disposition peut être discuté. Pourquoi en exclure les établissements publics industriels et commerciaux (EPIC) ? Cela signifierait-il – sous couvert d'une liberté justifiée par les nécessités de la vie des affaires – que la continuité des services publics industriels et commerciaux est moins importante que celle des services publics administratifs ?

Enfin, la formule négative retenue (établissement public autre qu'un EPIC) permet d'inclure des établissements publics qui ne sont pas qualifiés d'EPA par le législateur, mais qui y sont tout de même assimilés d'un point de vue contentieux, comme les EPST (*contra* Calamarte-Doguet, Les établissements publics à caractère scientifique et technologique, *AJDA 2002. 569*).

Il faut comprendre que cet article ne prohibe évidemment pas l'externalisation, s'agissant des bureaux des établissements publics à caractère industriel et commercial de l'État, mais que le formalisme particulier qu'il institue ne s'impose qu'aux établissements publics administratifs. Cependant, au vu de la jurisprudence du Conseil constitutionnel relative à la continuité du service public, il semble nécessaire que les contrats de « cession-bail » d'immeubles de bureaux utilisés pour les activités de service public des EPIC soient également assortis de clauses de nature à garantir la continuité desdites activités. ❑

Art. L. 3211-13-1 *(L. n° 2013-61 du 18 janv. 2013, art. 4)* **I. — Nonobstant les dispositions législatives particulières applicables aux établissements publics de l'État** *(Ord. n° 2019-552 du 3 juin 2019, art. 16 et 26, en vigueur le 1er janv. 2020)* **« , à la société SNCF Réseau mentionnée à l'article L. 2111-9 du code des transports et à sa filiale mentionnée au 5° de cet article, » et aux sociétés mentionnées à l'article 141 de la loi n° 2006-1771 du 30 décembre 2006 de finances rectificative pour 2006,** *(L. n° 2018-1021 du 23 nov. 2018, art. 24)* **« l'article L. 3211-7 est applicable », dans des conditions fixées par décret en Conseil d'État, à l'aliénation des terrains, bâtis ou non, du domaine privé leur appartenant ou dont la gestion leur a été confiée par la loi** *[V. art. R. 3211-32-1 s.]*.

(Ord. n° 2019-552 du 3 juin 2019, art. 16 et 26, en vigueur le 1er janv. 2020) **« Le décret prévu au premier alinéa du présent I précise les conditions dans lesquelles la société SNCF Réseau mentionnée à l'article L. 2111-9 du code des transports et sa filiale mentionnée au 5° de cet article émettent un avis conforme à l'inscription des biens dont la gestion leur a été confiée sur la liste mentionnée au 2° du II de l'article L. 3211-7. »**

Le premier alinéa du présent I s'applique aux établissements publics dont la liste est fixée par décret *[V. Décr. n° 2013-937 du 18 oct. 2013, ci-dessous]*.

(L. n° 2017-86 du 27 janv. 2017, art. 116) **« Pour les sociétés mentionnées à l'article 141 de la loi n° 2006-1771 du 30 décembre 2006 de finances rectificative pour 2006, l'ensemble des cessions doit être réalisé en application** *(L. n° 2017-257 du 28 févr. 2017, art. 50-II-3°-b ; L. n° 2018-1021 du 23 nov. 2018, art. 24)* **« de l'article L. 3211-7 du présent code. »**

II. – Les décrets en Conseil d'État mentionnés au I du présent article peuvent adapter les modalités de détermination du prix de cession prévues *(L. n° 2018-1021 du 23 nov. 2018, art. 24)* **« à l'article L. 3211-7 » pour tenir compte de la situation de chaque établissement ou société et du volume des cessions envisagées. Ces décrets déterminent les cas dans lesquels les établissements publics ou les sociétés mentionnés au I du présent article sont substitués à l'État pour l'application** *(L. n° 2018-1021 du 23 nov. 2018, art. 24)* **« de l'article L. 3211-7 ».**

V. comm. et bibl. sous art. L. 3211-7.

COMMENTAIRE

Cette disposition est issue de l'article 4 de la loi n° 2013-61 du 18 janvier 2013 relative à la mobilisation du foncier public en faveur du logement (*AJDA 2013. 616, étude Foulquier et Brouant* ; *Rev. CMP 2013, n° 3. Comm. 58, obs. Clamour*). Comme l'État, certains établissements publics nationaux – dont la liste est fixée par le pouvoir réglementaire – se voient reconnaître la faculté d'aliéner des terrains du domaine privé, bâtis ou non, à un prix inférieur à leur valeur en vue de la production de logements sociaux (V. art. R. 3211-13 s.). Si le décret du 18 octobre 2013 a été actualisé par celui du 30 décembre 2014 (relatif aux hôpitaux), ce toilettage reste incomplet, son article 1er visant toujours Réseau ferré de France, supprimé depuis plusieurs années (L. n° 2014-872 du 4 août 2014 portant réforme ferroviaire).

Les sociétés mentionnées à l'article 141 de la loi n° 2006-1771 du 30 décembre 2006 (mod. par L. n° 2017-257 du 28 févr. 2017, art. 50) – qui interviennent dans le secteur du logement social – peuvent être détenues par l'État, la Caisse des dépôts et consignations ou – pour partie – par des sociétés qu'ils détiennent. ❑

Décret n° 2013-937 du 18 octobre 2013,

Établissant la liste des établissements publics de l'État mentionnée à l'article L. 3211-13-1 du code général de la propriété des personnes publiques.

Art. 1er La liste des établissements publics de l'État mentionnée au second alinéa du I de l'article L. 3211-13-1 du code général de la propriété des personnes publiques est établie comme suit :

1° La Société nationale des chemins de fer français ;
2° Réseau ferré de France ;
3° Voies navigables de France ;
4° La Régie autonome des transports parisiens ;
(Décr. n° 2014-1743 du 30 déc. 2014) « 5° Les établissements publics de santé. »

§ 3 DISPOSITIONS APPLICABLES AUX COLLECTIVITÉS TERRITORIALES, À LEURS GROUPEMENTS ET À LEURS ÉTABLISSEMENTS PUBLICS

Art. L. 3211-14 Les collectivités territoriales, leurs groupements et leurs établissements publics cèdent leurs immeubles ou leurs droits réels immobiliers, dans les conditions fixées par le code général des collectivités territoriales. – *V. art. R. 3211-33.*

BIBL. ▸ **Encyclopédie :** YOLKA, Vente d'immeubles des collectivités territoriales, *J.-Cl. Propriétés publ., fasc. 88.*

Ouvrages, rapports, dossiers : PLATEAUX, La cession des biens publics, *Th. Paris IX, 2015.* – MAUGARD, La rétraction du domaine, *Th. Toulouse 1, 2014.* – Congrès des notaires de France, Propriétés publiques. Quels contrats pour quels projets ?, *Actes du 109e congrès, Lyon, ACNF, 2013.* – Cessions immobilières et propriétés publiques, *dossier CP-ACCP déc. 2013.* – Cour des comptes, L'immobilier des collectivités territoriales. Vers une gestion plus dynamique, *Rapp. public 2013, p. 279* s. – Dossier, Externalisation des propriétés publiques : techniques, enjeux et résultats, *JCP Adm. 2012, n° 17.* – BARBATO, Les cessions de biens publics immobiliers, *Publications Équipe droit public Lyon III, n° 18, 2012.* – Dossier, Ventes immobilières, personnes publiques et droit de l'Union européenne, *JCP Adm. 2011, n° 47 ; JCP 2011, n° 47.* – ROGERS, La cession des patrimoines immobiliers des personnes publiques, *Thèse Montpellier I, 2008.* – CHRISTOPHE, Acquisition, vente, échange des biens immobiliers par les collectivités territoriales, *Éd. Ter-*

ritorial, 2015. – Markus, Les aides publiques indirectes aux entreprises, *Th. Paris II, 1993.* – Albouy et Cornille, Les opérations immobilières des collectivités locales, *Masson, 1993.*

Articles, contributions : Murgue-Varoclier, La cession domaniale contre remise de locaux : un montage contractuel « piégé », *RFDA 2019. 877* ; La réforme en « clair-obscur » des promesses de vente sur le domaine public, *RFDA 2019. 67*. – Yolka, Collectivités territoriales et ventes immobilières « complexes » : quelques (in)certitudes, *JCP Adm. 2019. 2062.* – Cornille, Modalités de cession d'un bien immobilier par une personne publique, *Rev. CMP avr. 2018. 39.* – Terneyre et Noguellou, Ordonnances domaniales : encore un effort pour les cessions !, *AJDA 2017. 1102*. – Ngampio-Obélé-Bélé, La nature juridique des contrats de vente des biens immobiliers conclus par les personnes publiques, *AJDA 2017. 327* ; Les promesses de vente de biens immobiliers faites par les personnes publiques devant le juge administratif, *Dr. adm. févr. 2017. 16.* – Fatôme et Richer, Contrats à objet immobilier et de travaux : le critère de l'objet principal, critère second, *AJDA 2015. 1577*. – Martel et Broussal, France Domaine : instrumentalisation politique ou fiction de la valeur vénale ?, *Actes pratiques et ingénierie immobilière 2015, n° 1.* – Aynès, Fatôme et Raunet, Les promesses de vente de bien du domaine public sous condition suspensive de déclassement, *AJDA 2014. 961*. – Didriche, Ventes avec charges et mise en concurrence, *AJCT 2014. 98*. – Tarrade, Sur les transferts de propriétés publiques, *RDI 2014. 81*. – Vandepoorter et Guillerm, Les cessions foncières avec charges, *Contrats publics juill.-août 2014. 65.* – Braud, Les ventes au rabais des immeubles des collectivités territoriales, *AJDA 2013. 1726*. – Devos, Duchange et Hollander-Vandenbossche, Projet public : un contrat peut en cacher un autre, *LPA 6 juin 2013, p. 12.* – Dubois-Spaenle et Couvreur, La pratique du mandat dans le cadre de la vente des biens appartenant au domaine privé des collectivités, *ACCP déc. 2013. 69.* – Ellie, Comment les collectivités territoriales peuvent-elles céder leurs biens ?, *RLCT 2013, n° 2413.* – Fleury, Acte notarié vs acte en la forme administrative : tordre le cou aux idées reçues à partir d'un exemple concret !, *JCP Adm. 2013. 2175.* – Francfort, La cession des propriétés publiques, *AJDA 2013. 558*. – Pottie, La cession du domaine public, *AJCT 2013. 75*. – Langelier, Les modalités de vente d'un bien public en-deçà de sa valeur réelle, *ACCP déc. 2013. 58.* – Rabier, De la cession amiable d'un bien immobilier à titre gratuit entre collectivités locales, *BJCL 2013. 82.* – Tarrade et Maurey, L'avis des Domaines : un dédale de textes, *JCP 2013. 1157.* – Yolka, L'article 1596 alinéa 4 du Code civil : un aggiornamento nécessaire, *JCP Adm. 2013. Actu. 637* ; Entre gestion et cession : le contentieux du refus de vendre les immeubles publics, *ibid. 664* ; Cessions immobilières des collectivités territoriales : quel(s) juge(s), quelle(s) responsabilité(s) ?, *Rev. Lamy coll. terr. sept. 2013.* – Vandepoorter, Montages immobiliers et droit de la commande publique, *Cah. dr. entr. 9-10/2013, p. 46* ; Mise en concurrence et cession domaniale « complexe », *ACCP mars 2012, p. 60.* – Bosgiraud, Les ventes à l'euro symbolique consenties par les personnes publiques, *JCP Adm. 2011. 2359.* – Lichère, Les contrats publics de vente immobilière (vente à une personne privée), *in* Contrats et propriété publics (dir. Clamour), *LexisNexis, 2011, p. 101.* – Leufflen, Préoccupations notariales à l'occasion des ventes publiques immobilières, in Contrats et propriété publics (dir. Clamour), *LexisNexis, 2011, p. 145.* – Gerbeau, Patrimoine immobilier public, conditions de cession, *Gaz. cnes, 10 déc. 2010.* – Leonetti, La cession des immeubles publics, *AJDA 2010. 2463*. – Fatôme et Terneyre, A propos des règles de passation des contrats publics à objet à la fois immobilier et de travaux – Retour sur l'arrêt Jean Auroux, *AJDA 2009. 1868*. – Omarjee, Les avant-contrats et le domaine public, *JCP N 2009, 1208* ; Une collectivité publique peut-elle consentir une promesse de vente sur une dépendance de son domaine public ?, *Rev. Lamy coll. terr. mai 2009, p. 42.* – Deliancourt, Les contrats de cession d'immeubles du domaine privé, *Gaz. cnes 27 oct. 2008, p. 56.* – Fatôme, Les dérogations au principe d'inaliénabilité des biens du domaine public prévues par le Code général de la propriété des personnes publiques, *Cahiers de droit de l'intercommunalité, n° 2, avr.-juin 2008, p. 25.* – Pierre-Vantol, L'avis du service des Domaines dans les transactions immobilières des collectivités territoriales, *Defrénois 2008. 625.* – Vandepoorter, Les contraintes attachées aux cessions domaniales « complexes », *Contrats publ. déc. 2008, p. 49.* – Mondou, De la sécurité juridique pour l'octroi des aides à l'immobilier, *Rev. Lamy coll. terr. déc. 2007, p. 15.* – Marchand et Mouriesse, La cession des immeubles des collectivités territoriales : une liberté en sursis ?, *Lamy Droit public des affaires, Bull. A n° 109, janv. 2007.* – Rivel, Les nouvelles modalités d'intervention des collectivités territoriales auprès des entreprises en matière immobilière, *JCP Adm. 2007, n° 40* ; *JCP 2007, n° 48.* – Colle, La vente du domaine privé de l'État et des collectivités territoriales, *JCP N 2006. 1094.* – De Froment, La vente d'un terrain pour l'euro symbolique, *Vie cnale et dptale mars 2006, n° 928, p. 81.* – Lalanne, Aide à l'immobilier : calculer les montants, *Cah. jur. coll. terr. mars 2006, p. 29.* – Ory, Aides des collectivités locales à l'investissement immobilier des entreprises : quels changements après le décret du 27 mai 2005 ?, *JCP Adm. 2005. 1071.* – Bourrachot, La liberté des personnes publiques de disposer de leurs biens, *RFDA 2003. 1110*. – Damarey, Le prix symbolique en droit public (cessions, ventes et locations à prix symbolique), *AJDA 2003. 2298*. – YOLKA, Collectivités locales et rescision pour lésion, *ibid. 1097*. – BUSSON, L'aliénation des chemins ruraux. Évolutions récentes, *AJDA 2002. 612*. – CAUDAL, Les aides immobilières des collectivités locales aux entreprises, *in* Les collectivités locales et l'entreprise (dir. Caudal et Sestier), *LGDJ, 2002, p. 85*. – MOREAU, L'immobilier d'entreprise, forme d'aide indirecte des collectivités locales, *Mél. Jeanneau, Dalloz, 2002, p. 599*. – LEROY et MALARD, Les ventes d'immeubles par les collectivités locales, *JCP 2001. 778*. – PRADAYROL et THIRIOT, La vente au franc ou à l'euro symbolique par une collectivité locale, *Defrénois 2001, nº 5, p. 273*. – DUTRIEUX, L'aliénation d'un immeuble par une commune, *JCP 2000. 679*. – CHOUVEL, Les aides des collectivités locales à l'immobilier d'entreprise, *AJDI 1998. 1045*. – DEVÈS, Les aides à l'immobilier d'entreprise, *JCP E 1998, nº 1, p. 24* ; *JCP N 1998, nºs 31-36, p. 1200*. – VAN DOORNE, Le contrôle des opérations immobilières des collectivités locales, *JCP N 1997. I. 3976*. – ROUSSET, Délégations de service public, marchés publics, opérations immobilières des collectivités publiques : les règles nouvelles imposées par la loi du 8 février 1995, *LPA 14 avr. 1995, p. 4*. – BOEHLER, L'article 432-12 du Nouveau Code pénal et l'interdiction faite aux maires et adjoints d'acquérir des biens de leur commune, *LPA 6 déc. 1993, p. 4* ; L'article 1596 alinéas 1er et 4 du Code civil, *LPA 17 juill. 1991, p. 14*. – LAVIALLE, Le prix de vente des biens du domaine privé, *Dr. adm. 1991, nº 4* ; *JCP 1991. I. 3519*.

COMMENTAIRE

Le code général de la propriété des personnes publiques n'encadre pas les cessions immobilières des collectivités territoriales (si ce n'est en amont, s'agissant du déclassement des biens du domaine public : V. comm. ss. art. L. 2141-1 s.) et ne fait sur ce point que renvoyer aux dispositions idoines du code général des collectivités territoriales (selon la distinction opérée par ses rédacteurs entre « code pilote » et « codes suiveurs »). Trois éléments se détachent en la matière : les règles de compétence, de fond et de répartition des compétences juridictionnelles.

I. PROCÉDURE DE VENTE

A. AVIS DES DOMAINES

La procédure de vente, essentiellement régie par les dispositions – intégrées au CGCT – d'une loi nº 95-127 du 8 février 1995 modifiée (*JCP N 1995. I. 3349, obs. Cliquennois ; LPA 14 avr. 1995, p. 4, obs. Rousset*), obéit à un formalisme réduit. Les collectivités locales, lorsqu'elles souhaitent aliéner des immeubles de leur domaine privé, doivent consulter le service chargé des domaines (V. aussi, comm. ss. art. L. 3221-1). La consultation est actuellement prévue par l'article L. 2241-1 du CGCT pour les communes de plus de 2000 habitants, par l'article L. 3213-2 du même code pour les départements, par l'article L. 4221-4 pour les régions, par l'article L. 5211-37 pour les établissements publics de coopération intercommunale et par l'article L. 5722-3 pour les syndicats mixtes. Les établissements publics fonciers sont également soumis à cette obligation (art. L. 3221-2). L'avis, qui porte sur le prix de vente, doit être rendu dans le mois de la saisine du service chargé des domaines (Direction de l'immobilier de l'État depuis le Décr. nº 2016-1234 du 19 sept. 2016). A défaut, l'organe compétent peut valablement délibérer sur l'opération de cession. Mais les collectivités et établissements concernés ne sont pas tenus de suivre cet avis, même s'ils ne sauraient trop s'en écarter (la pratique consacre une marge de manœuvre d'environ 10%), le juge administratif exerçant en la matière un contrôle de l'erreur manifeste d'appréciation et annulant les délibérations attaquées en cas de rabais excessif. Il a été proposé de moderniser l'évaluation foncière de la DIE (J.-L. Lagleize, La maîtrise des coûts du foncier dans les opérations de construction, Rapp. au Premier min., nov. 2019, propositions 2 à 4. - Prop. loi AN nº 357, 28 nov. 2019).

B. DÉLIBÉRATION MOTIVÉE

La cession est autorisée par une délibération motivée de l'assemblée (portant, d'après les dispositions du CGCT, « sur les conditions de la vente et ses caractéristiques essentielles »), que l'exécutif prépare (négociations) et qu'il met en œuvre (signature de l'acte. – Sur ces points, V. Ory, Ventes et acquisitions immobilières par les communes – Répartition des pouvoirs entre le maire et son conseil : des frontières incertaines, *Cah. CRIDON Lyon, nº 24-99*). La délibération décidant la vente est exécutoire de plein droit dès sa transmission au représentant de l'État (transmission dont le rédacteur de l'acte vérifie l'existence et qui doit comporter l'avis du service chargé des domaines ou les pièces établissant qu'il a été sollicité, mais n'a pas été obtenu).

C. ABSENCE DE PUBLICITÉ ET DE MISE EN CONCURRENCE OBLIGATOIRES

Contrairement à l'État – qui est astreint à une obligation de mise en concurrence, les collectivités territoriales ne sont pas soumises à de telles exigences. Ces dernières, qui furent un temps prévues par l'article 51 de la loi « Sapin » du 29 janvier 1993, ont été abrogées par l'article 16 de la loi du 9 février 1994 ; le Conseil constitutionnel n'a rien trouvé à y redire, estimant que « la transparence des activités publiques ou exercées pour le compte de personnes publiques ne constitue pas en elle-même un principe général à valeur constitutionnelle » et que, « si aux termes de l'article 14 de la Déclaration des droits de l'homme et du citoyen, tous les citoyens ont le droit de constater, par eux-mêmes ou par leurs représentants, la nécessité de la contribution publique, ... d'en suivre l'emploi..., l'abrogation par le législateur de la règle antérieurement prévue par l'article 51 de la loi ne porte pas à cette disposition d'atteinte de nature à la priver des garanties qu'elle comporte » (Cons. const., 21 janv. 1994, n° 93-335 DC, Loi portant diverses dispositions en matière d'urbanisme et de construction, consid. 27). Ainsi la libre administration des collectivités territoriales l'a-t-elle emporté sur la transparence des transactions publiques : les ventes peuvent donc avoir lieu à l'amiable, sans publicité ni mise en concurrence (ce qui est pour le moins contestable) ; ceci, sauf quand une personne publique locale s'y soumet volontairement ou lorsque l'opération de vente se trouve en réalité absorbée par un contrat de commande publique. Les ordonnances réformant la commande publique en 2015/2016 et l'ordonnance n° 2017-562 du 19 avril 2017 relative à la propriété des personnes publiques n'ont pas remis en cause cet état du droit, ce qui a pu être légitimement discuté (Terneyre et Noguellou, Ordonnances domaniales : encore un effort pour les cessions !, *AJDA 2017. 1102*. – V. aussi, Dieuleveult, Ordonnance n° 2017-562 du 19 avril 2017 : qu'en est-il des cessions foncières pures et simples ?, *AJDI 2017. 663*). Un nouveau projet d'ordonnance, préparé sur le fondement de l'habilitation prévue par la loi « Sapin 2 » du 9 décembre 2016 (art. 34-2°), qui prévoyait une publicité et une mise en concurrence, a été abandonné. Il s'était heurté à l'opposition des collectivités territoriales (relayée au ministère de l'Intérieur) devant lesquelles le Gouvernement n'a pas souhaité agiter un chiffon rouge, alors que les sujets de conflit ne manquent pas entre l'État et ces collectivités. Bien entendu, le code de la commande publique adopté en 2018 n'en parle pas non plus, le sujet n'entrant pas dans son périmètre. Reste un encadrement minimum : les biens des communes ne sauraient être cédés aux maires et aux adjoints que dans des conditions restrictives (C. civ., art. 1596 ; C. pén., art. 432-12) ; un acte authentique – en la forme administrative, ou notarié – est exigé ; et les cessions font l'objet d'un bilan annuel (incluant aussi les acquisitions) qui doit donner lieu à délibération de l'organe délibérant et être annexé au compte administratif de la collectivité.

II. PRIX DE VENTE

Au fond, la question essentielle est celle du prix, plus précisément celle des cessions de terrains et de bâtiments au rabais (par exemple, à l'euro symbolique). Refondu sous l'influence du droit communautaire (art. 107 TFUE, ex-art. 87 TCE ; Commission, Communication n° 97/C 209/03 – V., Roux, Propriété publique et droit de l'Union européenne, *LGDJ, 2015* ; Roux, *J.-Cl. Propriétés publiques, Fasc. 7* ; Cartier-Bresson, Valorisation du patrimoine des collectivités territoriales : la contrainte du droit des aides d'État, *RLCT terr. 2014, n° 2702*) et en application de la loi n° 2004-809 du 13 août 2004 par les décrets n° 2005-584 du 27 mai 2005, n° 2007-1282 du 28 août 2007, n° 2009-1717 du 30 décembre 2009 et n° 2016-733 du 2 juin 2016, le régime des aides immobilières locales aux entreprises se trouve régi par les articles R. 1511-4 et suivants du CGCT. Les cessions au rabais sont également encadrées par la jurisprudence administrative, qui exige qu'elles soient justifiées par des motifs d'intérêt général et comportent des contreparties suffisantes. Ces exigences concernent les cessions aux personnes privées, mais aussi aux personnes publiques, selon une jurisprudence du Conseil d'État qui contredit celle du Conseil constitutionnel, en vertu de laquelle l'exigence d'une cession à la valeur réelle ne concerne que les transferts de propriété réalisés au profit de personnes poursuivant des fins d'intérêt privé (Cons. const. 25 et 26 juin 1986, Décis. n° 86-207 DC : *GDDAB, 2e éd., 2015. Comm. 75, obs. Chamard-Heim*).

III. CONTENTIEUX DES VENTES

Ce contentieux est partagé entre les deux ordres de juridiction. Au juge judiciaire revient normalement le contentieux du contrat, contentieux civil (action en rescision pour lésion, appréciation du caractère parfait de la vente, responsabilité contractuelle, etc.) et parfois pénal (pour l'essentiel, en cas de prise illégale d'intérêts) ; ce qui ne saurait surprendre, s'agissant de contrats habituellement conclus selon un régime de droit privé, mais qui mérite tout de même d'être souligné, puisque le contentieux de la cession des immeubles de l'État est attribué pour sa part au juge administratif (art. L. 3231-1). Ce dernier, quant à lui, est compétent pour connaître des litiges concernant, d'une part les actes administratifs détachables des contrats de vente, d'autre part les contrats de vente qui présentent exceptionnellement un caractère administratif (en particulier, par l'effet de clauses exorbitantes ou parce qu'il s'agit en réalité de contrats de commande publique). Le principe d'une compétence judiciaire est donc assez nettement tempéré. ❑

1. *Avis du service chargé des Domaines.* Si les collectivités territoriales, leurs groupements et leurs établissements publics sont tenus de consulter ce service, il n'en va pas de même des établissements publics placés sous le contrôle de l'État. • CE 16 avr. 2019, *Sté Sinfimmo*, n° 420876 : *Dr. voirie 2019, p. 212, note Yolka* • CAA Lyon, 22 mars 2018, *Stés Procedim et Sinfimmo*, n° 17LY01413. ♦ La collectivité n'est pas tenue de respecter l'évaluation du service des Domaines et la vente n'est pas entachée d'illégalité du seul fait qu'elle est intervenue à un prix inférieur à cette estimation. • CE 28 févr. 2007, *Cne de Bourisp*, n° 279948 : *BJCL 2007. 394, concl. Collin* • TA Montpellier, 28 nov. 2001, *Assoc. Saint-Cyprien ma ville*, n° 971709. ♦ Pour autant, une vente consentie à un prix très inférieur à l'estimation du service des Domaines (environ 30 %) est en principe illégale. • CE 25 sept. 2009, *Cne de Courtenay*, n° 298918 : *Lebon T. 639 et 947 ; AJDA 2009. 1743, obs. Brondel ; ibid. 2179, note Ziani ; BJCP 2009. 503 ; Rev. CMP 2009, n° 366, note Eckert ; Dr. adm. 2009, n° 148, note Melleray ; JCP 2009. 1327, note Dutrieux ; GDDAB, 3e éd., 2018. Comm. 93, note Chamard-Heim ; RLCT janv. 2010. 53, note Bartmann.* ♦ V. aussi, illustrant ce contrôle de l'erreur manifeste d'appréciation, • CE 8 févr. 1999, *Ville de Lourdes*, n° 168043 • 8 févr. 1999, *Ville de Lourdes*, n° 168044 • 8 févr. 1999, *Ville de Lourdes*, n° 182641 • CAA Marseille, 2 juin 1998, *Assoc. Information et défense de Cannes*, n° 96MA02066 • CAA Nantes, 31 juill. 2001, *Goulay*, n° 99NT00266 • CAA Paris, 12 juin 2018, *Synd. copr. bd Suchet*, n° 17PA00494 : *JCP Adm. 2018, 2227, obs. de Gaudemar* • TA Lyon, 22 avr. 1998, *Préfet du Rhône : BJCP 1998. 88, concl. Klobert ; ibid., p. 94, obs. Terneyre* • TA Montpellier, 28 nov. 2001, *Assoc. Saint-Cyprien ma ville : préc.* ♦ La consultation du service des Domaines constituait classiquement une formalité substantielle dont la méconnaissance était de nature à entacher d'illégalité la délibération décidant la vente. • CAA Nantes, 1er mars 2013 : *Sté Euro Quality Project IV.* – V. aussi • CAA Bordeaux, 8 févr. 2010, *Cne de Villeneuve-de-Rivière*, n° 97BX01016. ♦ Comp., jugeant que la consultation de France Domaine (devenu la DIE) ne présente pas le caractère d'une garantie au sens de la jurisprudence *Danthony* et qu'elle ne justifie l'annulation de la délibération prise en méconnaissance de cette obligation que s'il s'avère que cette méconnaissance a une incidence sur le sens de la délibération : • CE, sect., 23 oct. 2015, *Sté CFA Méditerranée*, n° 369113 : *Lebon 357 ; AJDA 2015. 2007, obs. Pastor ; AJDA 2015. 2382, concl. Bohnert ; BJCP 2016. 54, concl. et obs. Nicinski ; Bull. Cheuvreux janv. 2016, p. 7, obs. Leonetti ; Rev. CMP 2015. Comm. 292, obs. Ubaud-Bergeron ; ibid. avr. 2016, p. 26, chron. Llorens et Soler-Couteaux ; JCP 2016. 475, chron. Éveillard ; JCP Adm. 2016, n° 2248, note Martin.* – Sur les suites de l'affaire, • CAA Marseille, 11 juill. 2016, n° 15MA04234. ♦ Dans le sens de l'absence de durée de validité de l'avis des Domaines. • TA Montpellier, 21 sept. 2017, *Assoc. Les amis de la maison de Jean Moulin*, n° 1600753 : *AJCT 2018. 39, obs. Dreyfus ; AJDA 2017. 2546, note de Dieuleveult ; Rev. CMP 2017. Comm. 262, note Eckert ; Rev. CMP 2018. Chron. 7, obs. Soler-Couteaux, Zimmer et Waltuch ; JCP Adm. 2017. 2253, note Chamard-Heim.*

2. *Information de l'assemblée délibérante.* La teneur de l'avis doit être portée utilement à la connaissance des membres du conseil municipal, ce qui n'implique pas la transmission du document lui-même. • CE 11 mai 2011, *Cne de Vélizy-Villacoublay*, n° 324173 : *Lebon T. 802 ; JCP Adm. 2011. Actu. 383, obs. Erstein ; Rev. CMP 2011, n° 269, note Eckert ; JCP Adm. 2011. 2282, note Dutrieux ; BJCL 2011. 409, concl. Boulouis.* ♦ Toutefois, dans le cas où des membres du conseil municipal demandent expressément à prendre connaissance de cet avis préalablement à la séance du conseil municipal, le refus de mettre le document à leur disposition en temps utile entache la procédure d'irrégularité. • CAA Marseille, 22 avr. 2014, *Cne de Sanary-sur-Mer*, n° 12MA00012 : *BJCL 2014. 391, concl. Deliancourt, obs. Poujade.* ♦ Une délibération autorisant une vente sans transmission préalable aux membres de l'organe délibérant de l'avis des services de l'État peut être régularisée, après transmission dudit avis, par une nouvelle délibération à effet rétroactif sans que soit invocable une forte augmentation des prix de l'immobilier entre la date de l'avis et celle de la délibération de régularisation. • CE 10 avr. 2015, *Cne de Levallois-Perret*, n° 370223 B : *AJDA 2015. 725 ; RDI 2015. 305, note Foulquier ; Rev. CMP 2015, n° 156, note Pietri ; ibid. avr. 2016, p. 27, chron. Llorens et Soler-Couteaux ; JCP Adm. 2015. Actu. 357, obs. Langelier.* ♦ Considérant que l'information délivrée est suffisante, V. • CE 8 juin 2011, *Cne de Divonne-les-Bains : AJDA 2011. 1685, note Dreyfus ; BJCP 2011, p. 381, concl. Dacosta ; Rev. CMP 2011. Comm. 304, note Pietri ; Dr. adm. 2011. Comm. 74, note Brenet ; Rev. Lamy coll. terr. sept. 2011, p. 34, obs. Glaser* • CAA Lyon, 21 févr. 2013 : *Synd. des copropriétaires des immeubles « Le Signal », « Le Belvédère », « Le Panoramic », « La Muzelle », « Les Chanses » et les « Hauts Lieux »*. – V. aussi, • CAA Lyon, 4 janv. 2010, *Pierre A. et a. c/ Cne d'Arbin*, n° 08LY02033 s. (11 arrêts) • CAA Marseille, 10 nov. 2010, *SCI Jasmin*, n° 09MA00054 • CAA Bordeaux, 15 mars 2011, *X et a. c/ Cne de Vignec*, n° 10BX01745 • CAA Douai, 25 oct. 2012, *Sté immob. Carrefour, Société d'études, développement et réalisation Loisinord II*, n° 11DA01951 : *AJDA 2013. 32, note Moreau ; Rev. CMP 2012. Comm. 344, note Zimmer ; JCP Adm. 2013. 2101, note Linditch* • CAA Marseille, 21 déc. 2012, *Assoc. pour la défense et la protection du patrimoine des Pélissannais*, n° 11MA00149 • CAA Nantes, 15 mars 2017, *Épx B. c/ Cne de Pluméliau*, n° 15NT01299 • CAA Versailles, 6 déc. 2018, *Cne de Chevreuse*, n° 17VE00334 : *AJDA 2019. 792 ; Rev. CMP 2019, n° 20, chron. Soler-Couteaux, Zimmer et Waltuch ; Dr. voirie 2018, p. 146 ; JCP A 2019, n° 5, p. 35, note Yolka* • TA Dijon, 30 oct. 2018, n° 1702117 : *JCP Adm. 2019, 2029, obs. Roux.* ♦ Comp., annulant une délibération du bureau de la communauté urbaine de Lyon qui autorisait la cession de terrains devant accueillir le futur stade de l'Olympique lyonnais, pour défaut d'information suffisante des membres de l'assemblée délibérante sur l'avis de France Domaine (devenu la DIE) : • TA Lyon, 10 janv. 2013, *Poet et a. : AJCT 2013. 301, obs. Grand ; AJDA 2013. 79, obs. Grand*. ♦ L'absence d'inscription à l'ordre du jour d'un conseil municipal de la délibération décidant le déclassement d'une emprise du domaine public – dont l'aliénation est prévue – prive les membres de cette assemblée d'une garantie au sens de la jurisprudence *Danthony*. • CAA Marseille, 15 déc. 2016, *C. c/ Cne de Saint-Paul-la-Coste*, n° 15MA02843.

3. Élus locaux. L'art. 1596 C. civ. est d'interprétation relativement large, même si le juge judiciaire la répute d'application stricte : • Civ. 1re, 19 févr. 1959 : *Bull. civ. I, n° 106* • Civ. 3e, 3 nov. 1981, *Boulay : JCP. 1982. IV. 34.* ♦ Il intéresse toute espèce de vente, et pas seulement les adjudications *stricto sensu*, c'est-à-dire les ventes aux enchères. • Paris, 12 nov. 1964, *Lepêtre : D. 1965. 415.* ♦ Il intéresse aussi les échanges. • CAA Paris, 20 janv. 2000, *Cne de Vieux-Champagne*, n° 97PA01947. ♦ Il ne touche toutefois que les cessions de propriété • CE 9 nov. 1917, n° 49773. ♦ V., pour le cas des adjoints : • CE 25 mars 1987, *Delerue : Lebon 106 ; D. 1987. IR 96 ; Dr. adm. 1987. Comm. 275 ; Rev. Trésor 1988. 543* • 22 mars 1989, *Comm. Rép. Gironde : Rev. communes 1991. 186* • TA Lyon, 5 oct. 1993, *Duperray : Gaz. Pal. 1994, 2. 117 ; RDI 1994. 431, obs. Auby*. ♦ Appliquant l'art. 1596 C. civ. en cas d'utilisation de structures-écrans, V. • CE 1er juill. 1994, *Beaujean : Gaz. Pal. 1994. 2. 664.* ♦ V. encore, pour d'autres applications de l'art. 1596 C. civ. • CE 23 avr. 1971, *Cne de Ris-Orangis : Lebon 289 ; AJPI 1971. 654, concl. Gentot* • CE 24 janv. 1994, *Laporte*, n° 127873 • TA Marseille, 30 janv. 1974, *Pelat : Lebon 679.* ♦ Jugeant que le maire qui s'abstient de passer un acte de vente d'un terrain municipal et permet l'occupation gratuite et non autorisée par le conseil municipal de ce terrain se rend coupable du délit de concussion, V. • Crim. 10 oct. 2012, *MM. P et T : D. 2012. 2606 ; AJCT 2013. 105, note Laval-Mader ; AJDA 2012. 2089 ; BJCL 2012, n° 12, p. 859 ; Dr. pén. 2013. Comm. 4 ; JCP Adm. 2012. 2394, note Mésa.* ♦ Pas de violation de l'art. L. 2131-11 CGCT, aux termes duquel « sont illégales les délibérations auxquelles ont pris part un ou plusieurs membres du conseil intéressés à l'affaire qui en a fait l'objet, soit en leur nom personnel, soit comme mandataire », dès lors qu'une élue locale ayant intérêt à la cession d'une parcelle communale n'a pas pris une part active au débat lors de la séance au cours de laquelle a été adoptée la délibération en litige, et n'a pas exercé une influence effective sur cette délibération, adoptée à l'unanimité. • CAA Marseille, 15 juin 2018, *C. c/ Cne Collet-de-Dèze*, n° 16MA02017.

4. Absence d'obligation de réaliser la vente au profit du plus offrant. Rappelant ce principe, V. • CE 27 janv. 2010, *Cne de Mazayes-Basses : AJDA 2010. 182, obs. Brondel ; ibid. 1282, note Legrand ; Dr. adm. 2010. Comm. 56 ; JCP Adm. 2010. Actu. 106, obs. Sorbara ; ibid., n° 37, p. 32, note Chamard-Heim.* – V. aussi. • CAA Douai, 25 oct. 2012, *Sté immob. Carrefour, Sté d'études, développement et réalisation Loisinord II*, n° 11DA01951 • CAA Nantes, 26 oct. 2012, *M. et Mme Jean X.*, n° 11NT01557. – V., auparavant, • TA Montpellier, 28 nov. 2001, *Assoc. Saint-Cyprien ma ville : préc. note 1* • CE 19 nov. 1986, *Ville de Douai : Lebon 444* (sol. *a contrario*) • CE 12 juin 1987, *Cne de Cestas : Lebon 629 ; Dr. adm. 1987. Comm. 413.* ♦ Mais, même si elle est libre de choisir l'acquéreur, la collectivité publique est tenue de respecter le principe de non-discrimination. • CAA Nancy, 24 oct. 2002, *Jacob*, n° 01NC00043 : *JCP Adm. 2002. 1328, note Taillefait* • CAA Versailles, 15 oct. 2009, *Chantebout c/ Cne de Palaiseau*, n° 08VE00072 : *JCP Adm. 2009. 2086, chron. Chamard-Heim* • CAA Marseille, 3 déc. 2018, *Cuttoli-Corticchiato*, n° 16MA03760 • TA Lyon, 8 nov. 2012, *Gamond*, n° 1004950 : *JCP Adm. 2013. 2041, concl. Béroujon.*

5. *Possibilité de cession au rabais.* Une personne publique ne peut céder un élément de son patrimoine à une personne privée, poursuivant des fins d'intérêt privé, à un prix inférieur à sa valeur (à laquelle l'évaluation du service chargé des Domaines est censée correspondre). • Cons. const. 26 juin 1986, n° 86-207 DC : *Rec. Cons. const. 61 ; AJDA 1986. 575, note Rivero ; GDDAB, Dalloz, 2e éd., 2015. Comm. 75, obs. Chamard-Heim ; RD publ. 1989. 399, chron. Favoreu* • Cons. const., QPC, 17 déc. 2010, *Région Centre et Région Poitou-Charentes*, n° 2010-67/86 : *JCP Adm. 2011. 2002, note Yolka ; ibid. 2239, chron. Chamard-Heim ; Dr. adm. 2011, n° 30, note Marchand ; RDI 2011. 114, note Leonetti et Rohan* • TA Limoges, 24 nov. 2011, *Syndicat CGT du personnel de l'abattoir de Bessines-sur-Gartempe et a. c/ Cne de Bessines-sur-Gartempe et sté Somafer*, n° 1000190 : *AJDA 2012. 883, concl. Labouysse* . ♦ Ce principe constitutionnel n'exclut pas qu'une collectivité territoriale prévoie la diminution du prix de vente consenti en contrepartie de l'exécution par l'acquéreur d'obligations qu'aucune disposition législative ou réglementaire n'interdit de mettre à sa charge, soit un paiement partiellement en nature : • CAA Nantes, 19 sept. 2014, *Cté de cnes de Vire*, n° 12NT02593 : *Rev. CMP 2015. Chron. 3, obs. Llorens et Soler-Couteaux.* ♦ ... N'interdit pas un rabais par rapport à la valeur de marché lorsque cette cession est justifiée par des motifs d''intérêt général et comporte des contreparties suffisantes. Pour les cessions aux entreprises, V. • CE 3 nov. 1997, *Cne de Fougerolles*, n° 169473 : *Lebon 391 ; AJDA 1997. 1010, note Richer ; CJEG 1998. 16, concl. Touvet ; D. 1997. IR 254 ; D. 1998. 131, note Davignon ; Dr. adm. 1997, n° 387, comm. L. T. ; Gaz. cnes 8 déc. 1997, p. 36, concl. ; GDDAB, 3e éd., 2018. Comm. 97, note Yolka ; JCP 1998. I. 165, chron. Petit ; ibid. II. 10007, note Piastra ; JCP E 1998. 270, note Chouvel ; JCP N 1998. 64, note Bardon ; LPA 6 févr. 1998, p. 13, note Calvo ; ibid. 7 oct. 1998, p. 24, chron. Morand-Deviller ; Mon. TP 28 nov. 1997. 74, note Dequéant ; RDI 1998. 227, chron. Maugüé ; RFDA 1998. 12, concl.* ♦ Pour les cessions aux associations, V. • CE 25 nov. 2009, *Cne de Mer*, n° 310208 : *Lebon 472 ; AJDA 2010. 51, note Yolka ; Rev. CMP 2010, n° 41, note Eckert ; Dr. adm. 2010, n° 23, note Melleray ; JCP Adm. 2010, n° 2031 ; JCP 2010, n° 597, note Chamard-Heim ; RDI 2010. 212, note Fonseca ; RFDA 2010. 216* . ♦ Pour des cessions aux personnes publiques, V. • CE 15 mai 2012, *Hayart : RDI 2013. 274, obs. Foulquier ; RLCT juill.-août 2012, p. 50, note Yolka ; RTD imm. 4/2012, p. 52, note Chamard-Heim.* • CAA Nancy, 15 déc. 2016, *Cne de Bulgnéville*, n° 16NC00528 • CAA Lyon, 9 juill. 2009, *X et a. c/ SDIS du Rhône*, n° 17LY00882 : *Dr. voirie 2019, p. 259, obs. Yolka ; JCP Adm. 2019. 2282, note Deliancourt.* ♦ Pour des cessions aux particuliers, V. • CE 14 oct. 2015, *Cne de Châtillon-sur-Seine*, n° 375577 : *Lebon 344 ; AJCT 2016. 116 ; AJDA 2016. 1125, note Foulquier ; Rev. CMP avr. 2016, p. 28, chron. Llorens et Soler-Couteaux ; Dr. adm. 2016. Comm. 9, note Éveillard ; JCP Adm. 2016. 2031, note Cornille ; JCP 2016. 476, chron. Éveillard ; LPA 23 févr. 2016, comm. Ziani.* ♦ Pour déterminer si la décision par laquelle une collectivité publique cède à une personne privée un élément de son patrimoine à un prix inférieur à sa valeur est, pour ce motif, entachée d'illégalité, il incombe au juge de vérifier si elle est justifiée par des motifs d'intérêt général. Si tel est le cas, il lui appartient ensuite d'identifier, au vu des éléments qui lui sont fournis, les contreparties que comporte la cession, c'est-à-dire les avantages que, eu égard à l'ensemble des intérêts publics dont la collectivité cédante a la charge, elle est susceptible de lui procurer, et de s'assurer, en tenant compte de la nature des contreparties et, le cas échéant, des obligations mises à la charge des cessionnaires, de leur effectivité. Il doit, enfin, par une appréciation souveraine, estimer si ces contreparties sont suffisantes pour justifier la différence entre le prix de vente et la valeur du bien cédé. • CE 14 oct. 2015, *Cne de Châtillon-sur-Seine : préc.* V., pour un ex. de contrôle des contreparties, s'agissant de la vente au rabais de logements HLM : • CAA Paris, 12 juin 2018, *Synd. copr. bd Suchet*, n° 17PA00494 : *préc. note 1.*

6. *Absence de publicité et de mise en concurrence obligatoires en cas de vente immobilière ordinaire. Principe.* V. par exemple, • CE 26 oct. 1994, *Monier : Lebon 826* • 8 févr. 1999, *Ville de Lourdes*, n° 168043 • CAA Douai, 15 févr. 2001, *Vasseur*, n° 97DA02203 : *Dr. et patr., déc. 2001, p. 118* • CAA Bordeaux, 26 nov. 2009, n° 08BX01655 : *René X c/ Cne de Benayes* • CAA Marseille, 25 févr. 2010, *Cne de Rognes : AJDA 2010. 1200, concl. Dieu* • CAA Versailles, 2 déc. 2010, *Philippe A. : AJDA 2011. 525* • CAA Bordeaux, 3 févr. 2011, *Jallois*, n° 10BX01818 • CAA Marseille, 15 mars 2016, *E. c/ Cne d'Olmi-Cappella*, n° 14MA05036 • CAA Bordeaux, 18 juill. 2016, *Sté Lory*, n° 15BX00192 : *Rev. CMP 2016. Comm. 243, obs. Hoepffner ; JCP Adm. 2016. 2262, obs. de Gaudemar* • TA Montpellier, 21 sept. 2017, *Assoc. Les amis de la maison de Jean Moulin : préc. note 1.* ♦ Jugeant inopérant le moyen tiré du défaut de publicité, V. • CAA Nancy, 22 juin 2000, *Assoc. Mieux vivre à Budange*, n° 99NC02321.

7. *Obligations de publicité et de mise en concurrence. Exceptions.* Le principe de publicité et de mise en concurrence s'impose, lorsque la vente immobilière se trouve en réalité absorbée dans une opération de commande publique (le plus souvent, la construction programmée d'un équipement public conçu en fonction des besoins du vendeur sur le terrain cédé) dont elle ne constitue qu'un élément accessoire. • CJCE 18 janv. 2007, *Jean Auroux : AJDA 2007. 409, note Fatôme et Terneyre ; ibid. 1124, chron. Broussy, Donnat et Lambert ; Dr. adm. 2007. Comm. 71, note Alonso Garcia ; Rev. CMP 2007. Comm. 38, note Zimmer ; GDDAB, 3e éd., 2018. Comm. 18, obs. Noguellou* • CJUE 25 mars 2010, *Helmut Müller,* aff. C-451/08 : *AJDA 2010. 937, chron. Aubert, Broussy et Donnat ; Rev. CMP 2010, Repère 5, obs. Llorens et Soler-Couteaux ; GDDAB, 3e éd., 2018. Comm. 92, obs. Noguellou ; RFDA 2011. 377, chron. Clément-Wilz, Martucci et Mayeur-Carpentier ; RTD eur. 2011. 433, obs. Durviaux ; RDI 2010. 383, note Noguellou .* ♦ Dans le même sens, V. • CAA Marseille, 25 févr. 2010, *Cne de Rognes : AJDA 2010. 1200, concl. Dieu* • TA Montpellier, 26 juin 2009, *Sarran : Rev. CMP 2009. Comm. 347, obs. Zimmer.* ♦ Le mandat de vente d'un immeuble du domaine privé communal est un marché public de service. • T. confl. 14 mai 2012, *Cne d'Égry, SARL La Musthyère : AJDA 2012. 1033, obs. Grand ; ibid. 1747, note Dreyfus ; BJCP 2012. 307 ; Rev. CMP 2012. Comm. 208, note Eckert ; JCP Adm. 2013. 2125, n° 28, chron. Chamard-Heim ; RDI 2013. 161, obs. Foulquier .* ♦ Le fait qu'une collectivité retire un intérêt économique direct de travaux réalisés par l'acquéreur de parcelles souhaitant y implanter un centre commercial ne suffit pas à faire entrer l'opération dans le champ de la commande publique en l'absence de spécification précise des ouvrages envisagés, de formalisation d'un projet d'accord sur ce point et de l'intérêt particulier de la société à leur réalisation pour l'exploitation d'un futur centre commercial. Ces travaux ne constituent pas en effet l'objet principal du contrat entre la commune et la société, lequel porte sur l'aliénation d'un immeuble, dont ils ne sont que l'accessoire. • CAA Douai, 25 oct. 2012, *Sté immob. Carrefour,* n° 11DA01951 : *AJDA 2013. 33, obs. Moreau ; Rev. CMP 2012. 344, note Zimmer ; RLCT 2013. 66, note Ellie ; JCP Adm. 2012. 2101, note Linditch.* – V. également : • CAA Lyon, 16 nov. 2017, *Mme H. et a. c/ Cne de Langlade,* n° 16LY03824 : *Rev. CMP 2018. Comm. 17, obs. Hoepffner ; JCP Adm. 2017. 2327, obs. Roux* • CAA Nantes, 19 sept. 2014, *Cté de cnes de Vire,* n° 12NT02593 : *Rev. CMP 2015. Chron. 3, obs. Llorens et Soler-Couteaux* • CAA Lyon, 4 juill. 2013, *Sté Apsys,* n° 12LY01556. ♦ De la même manière, une vente immobilière dont le prix est partiellement payé sous la forme du financement et de la réalisation par l'acquéreur de travaux de réhabilitation de l'immeuble dont une partie est rétrocédée à la collectivité venderesse ne constitue pas un contrat de commande publique. • TA Montpellier, 21 sept. 2017, *Assoc. Les amis de la maison de Jean Moulin : préc. note 1.* ♦ Une collectivité ou un établissement public doit respecter les règles de mise en concurrence qu'elle a volontairement décidé de mettre en œuvre, par application de l'adage « *Patere legem* ». • CE 16 avr. 2019, *Sté Sinfimmo,* n° 420876 : *Dr. voirie 2019, p. 212, note Yolka* • CE 27 mars 2017, *Stés Procedim et Sinfimmo,* n° 390347 : *Rev. CMP 2017. Comm. 144, obs. Hoepffner* • CAA Lyon, 22 mars 2018, *Stés Procedim et Sinfimmo,* n° 17LY01413.

8. Actes créateurs de droits. Il résulte de la combinaison des art. 1101, 1134 et 1589 C. civ. que la rétractation par le promettant d'une promesse unilatérale de vente, lorsqu'elle intervient avant que le bénéficiaire ait levé l'option dans le délai stipulé dans le contrat, se résout, conformément aux dispositions de l'art. 1142 C. civ., en dommages et intérêts, à moins que les parties n'aient contractuellement décidé d'écarter l'application des dispositions de cet article ; cette délibération n'est, ainsi, pas créatrice de droits. • CE 2 avr. 2015, *Cne de Case-Pilote,* n° 364539 : *Lebon ; AJDA 2015. 719, obs. Biget ; AJCA 2015. 320, obs. Dubarry ; Rev. CMP avr. 2016, p. 28, chron. Llorens et Soler-Couteaux ; D. 2015. 869 ; DA 2015. Comm. 50, note Éveillard ; JCP Adm. 2015. Actu. 334, obs. Langelier ; JCP 2015. 734 ; JCP N 2015, n° 16, p. 8, obs. Langelier ; JCP Adm. 2015. 2251, note Martin ; JCP N 4 mars 2016, p. 34, chron. critique Mekki* • TA Melun, 9 déc. 2016, *Stés Arthur Wilson et Fontenay Invest,* n° 1404675 : *AJDA 2017. 849 .* ♦ Confirmant le caractère non créateur de droits d'une délibération qui se borne à autoriser le maire à signer une promesse de vente, tout en confirmant l'annulation de celle en décidant le retrait pour un motif erroné. • CAA Nancy, 9 févr. 2017, *Cne de Mondelange,* n° 16NC00793 : *AJDA 2017. 859, chron. Favret .* ♦ *Contra*, auparavant, jugeant que la délibération qui décide la vente d'un immeuble du domaine privé local à une personne déterminée est créatrice de droits : • CE 8 janv. 1982, *Épx Hostetter,* n° 21510 : *Lebon 619* • CAA Bordeaux, 16 oct. 2012, *Sté Gaia W et Sté Cap Caraïbes,* n° 11BX01601 : *JCP Adm. 2012, n° 2374, note Yolka.* ♦ *Contra* aussi, pour une délibération décidant la cession à titre gratuit : • TA Amiens, 1er déc. 2009, *Bouix,* n° 0701138 : *AJDA 2010. 750 .* ♦ … Ou la cession à l'euro symbolique : • CAA Nancy, 15 déc. 2016, *Cne de Bulgnéville,* n° 16NC00528. ♦ La délibération n'est pas créatrice de droits lorsque la vente est subordonnée à une condition suspensive ou résolutoire et que cette dernière n'est pas remplie : • CE 15 mars 2017, *SARL Bowling du Hainaut, SARL Bowling de Saint-Amand-les-Eaux,* n° 393407 : *Lebon T. ; AJDA 2017. 598, obs. Pastor ; BJCL 2017. 197, concl. Victor ; ibid. 244, obs. Schwartz ; Rev. CMP 2017. Comm. 142, note Pietri ; Dr. adm. mai 2017. 11 ; JCP Adm.*

2017. Actu. 209, obs. Touzeil-Divina ; JCP Adm. 2017. 2132, note Hansen • CAA Douai, 7 déc. 2000, *Assoc. des Flandres,* n° 97DA00601 • CAA Lyon, 8 oct. 2013, *Cne Saint-Ours-les-Roches,* n° 12LY01918 • CAA Paris, 15 févr. 2018, *A. et D. c/ Cne de Fontainebleau,* n° 16PA01770 • CAA Bordeaux, 11 oct. 2018, n° 16BX04198. ♦ Elle n'est évidemment pas créatrice de droits si la cession concerne un bien – inaliénable – du domaine public : • CAA Marseille, 10 nov. 2015, *Malignon : AJDA 2016. 525* • CAA Marseille, 26 janv. 2018, *Cne Saint-Rémy-de-Provence,* n° 17MA03906 : *Annales des loyers mars 2018, p. 103, obs. Deliancourt.* ♦ Dans le cadre particulier de l'art. L. 3112-1 CGPPP (qui autorise les transferts directs entre domaines publics), il a été jugé que seul l'acte en la forme administrative ou l'acte notarié entérinant une cession amiable de biens du domaine public entre personnes publiques est créateur de droits, la délibération approuvant la cession ne l'étant pas par elle-même. • CAA Versailles, 6 déc. 2018, *Cne de Chevreuse,* n° 17VE00334 : *AJDA 2019. 792 ; Rev. CMP 2019, n° 20, chron. Soler-Couteaux, Zimmer et Waltuch ; Dr. voirie 2018, p. 146 ; JCP A 2019, n° 5, p. 35, note Yolka.* ♦ En revanche, lorsque les parties ont clairement marqué leur accord sur l'objet de la vente et le prix auquel elle devait s'effectuer, la délibération d'un conseil municipal autorisant la vente de parcelles du domaine privé communal à une société pour un prix donné, sans subordonner cet accord à aucune condition, a eu pour effet, en application des dispositions de l'art. 1583 C. civ., de parfaire la vente et de transférer à la société la propriété de ces parcelles. Il en résulte que le conseil municipal ne pouvait légalement, par des délibérations ultérieures, ni annuler cette première délibération, ni décider de céder les mêmes parcelles à une autre société. • CE 15 mars 2017, *SARL Bowling du Hainaut, SARL Bowling de Saint-Amand-les-Eaux,* n° 393407 : *Lebon T. ; AJDA 2017. 598, obs. Pastor ; BJCP 2017. 244, concl. Victor, obs. Schwartz ; BJCL 2017. 197 ; Rev. CMP 2017. Comm. 142, note Pietri ; Dr. adm. mai 2017. 11 ; JCP Adm. 2017. Actu. 209, obs. Touzeil-Divina ; ibid. 2132, note Hansen.* ♦ *Contra*, considérant que la vente ne saurait être considérée comme parfaite, à défaut de délibération sur ses conditions et les caractéristiques essentielles des parcelles en cause : • TA Guyane, 22 nov. 2018, n° 1600538.

9. *Principe de la compétence judiciaire pour le contentieux des contrats de vente.* En ce sens, V. • T. confl. 18 déc. 1933, *Berry-Crocs : S. 1934, 3, p. 36* • 9 juill. 1953, *Muletier : Lebon 589* • 7 déc. 1970, *Marie : Lebon 894 ; AJDA 1971. II. p. 291* • 27 avr. 1981, *Assoc. des propriétaires du lotissement de la Guichardois : Lebon 642* • 2 juill. 1984, *Wagner : JCP 1985. II. 20424* • TA Dijon, 30 oct. 2018, n° 1702117 : *JCP Adm. 2019, 2029, obs. Roux.* ♦ Dans le même sens, lorsque l'immeuble vendu a antérieurement été préempté. • T. confl. 10 mai 1993, *Miette et SNC Oliver : Lebon 399 ; Dr. adm. 1993. Comm. 334* • T. confl. 6 juin 2016, *Anli A. c/ Cons. dptal de Mayotte,* n° 4050 B : *Rev. CMP 2016. Comm. 216, obs. Hoepffner ; ibid. 2017. Chron. 5, obs. Pietri ; ibid. avr. 2017. Chron. 3, obs. Llorens et Soler-Couteaux ; JCP Adm. 2016, n° 2193, obs. de Gaudemar.* ♦ Dans le même sens encore, lorsque certains terrains ont été acquis par voie d'expropriation, V. • T. confl., 20 janv. 1986, *SA d'HLM CARPI : RD publ. 1986. 1721.* ♦ Rappelant la compétence judiciaire pour statuer sur la légalité des conventions de vente, V. : pour une promesse de vente, • CE 15 févr. 1980, *Lacombe : Lebon 941 ; AJDA 1980. 362 ; Dr. adm. 1980. Comm. 113.* ♦ ... L'exécution des engagements contractés, • CE 4 août 1864, *Bellinet : S. 1865. 2. 116* • 14 déc. 1910, *Durand : Lebon 943* • 16 mai 1944, *Sté Detroye : Lebon 139* • 8 févr. 1952, *Carel : S 1952. 3. 108* • 7 mai 1954, *Min. Fin. : Lebon 257* • 5 oct. 1960, *Mathivet : Dr. adm. 1960. Comm. 317* • 20 avr. 1966, *Loncq : Lebon 268* • 26 janv. 1968, *Pecastaings : Lebon 67* • 31 juill. 1992, *Cne d'Andlau : Lebon 806* • 31 juill. 1992, *Soulier,* n° 11160 • 29 oct. 2008, *Cne de Bois-Guillaume* n° 287584 • CAA Bordeaux, 14 févr. 2002, n° 99BX01557 • 26 nov. 2009, *René X c/ Cne de Benaye,* n° 08BX01655 • CAA Paris, 3 mars 2011, *SCI Faifaipua* n° 09PA06148 • CAA Nantes, 4 mars 2011, *SARL Moulin Marcille,* n° 10NT00190 : *AJDA 2011. 1285*. – V. aussi • TA Clermont-Ferrand, 22 mai 1981, *Cne de Saint-Martin-des-Olmes,* n° 9462. ♦ Le juge administratif n'est pas compétent : pour connaître de conclusions tendant à l'annulation d'un compromis de vente passé par le maire d'une commune en vue de l'aliénation d'un terrain du domaine privé communal. • TA Caen, 14 juin 2005, *Burel et Lesourd : AJDA 2005. 1917*. ♦ ... Pour trancher un litige relatif à un refus de réitération d'un compromis de vente portant sur la cession d'une dépendance du domaine privé, appartenant en l'occurrence à la Province Sud de Nouvelle-Calédonie. • CAA Paris, 18 déc. 2008, *Sté Gouaro Deva : AJDA 2009. 750, obs. Bachini*. ♦ Rappel de la compétence judiciaire, dès lors que le contrat de vente n'a pas pour objet l'exécution d'un service public et ne contient aucune clause impliquant, dans l'intérêt général, que le contrat relève du régime exorbitant des contrats administratifs : • T. confl. 4 juill. 2016, *Sté Generim,* n° 4052 : *AJCT 2017. 111, obs. Didriche ; BJCP 2016. 452, concl. Bourgeois-Machureau, obs. Schwartz ; Rev. CMP 2016. Comm. 229, note Pietri ; ibid. 2017. Chron. 5, obs. Pietri ; ibid. avr. 2017. Chron. 3, obs. Llorens et Soler-Couteaux ; JCP Adm. 2016. Actu. 627, obs. Erstein ; ibid. 2017, n° 2036, chron. Martin et Pellissier ; ibid. 2017. 2131, chron.* ♦ Pour l'arrêt de renvoi, • CE 10 févr. 2016, *Sté Generim : Rev. CMP 2016. Comm. 94, obs. Hoepffner.*

♦ Pour un second renvoi dans la même affaire. • CE 5 oct. 2016, *Sté Generim,* n° 373664 : *Rev. CMP 2016. Comm. 296, obs. Llorens.* ♦ Compétence judiciaire pour connaître de conclusions tendant à ce qu'il soit enjoint à la commune venderesse de régulariser la vente, quand bien même cette dernière interviendrait entre personnes publiques. • CAA Nancy, 23 nov. 2017, *Cté de cnes de Bulgnéville,* n° 17NC00110 : *Rev. CMP 2018. Comm. 21, obs. Hoepffner.*

10. Cas de compétence du juge administratif. Sur la compétence du juge administratif pour apprécier la légalité de décisions concernant la vente au regard de l'art. 432-12 C. pén., V. • CE 27 sept. 2010, *SCI Planet,* n° 320905 • CAA Marseille, 3 juill. 2008, *SCI Planet : BJCL 2009, p. 231, obs. Deliancourt ; JCP Adm. 2009, n° 22, p. 26, chron. Deliancourt.*

11. Juge administratif des référés. Jugeant que si la suspension de la décision de cession est possible sur la base de l'art. L. 521-1 CJA, cette décision, lorsqu'elle a pour seul objet la conclusion d'un acte de vente emportant transfert de propriété et non assorti de conditions suspensives, doit être regardée comme entièrement exécutée à compter de la conclusion de l'acte authentique de vente qu'elle avait pour objet d'autoriser. • CE 29 avr. 2013, *Synd. d'agglom. nouvelle du Val-d'Europe,* n° 364058 : *Lebon T. 592 ; AJDA 2013. 953, obs. Grand ; RDI 2013. 478, note N. F. ; JCP Adm. 2013. 2327, note Giacuzzo ; BJCL 2013. 532, concl. Escaut ; ibid. 537, obs. Martin ; ACCP déc. 2013, p. 62, note Tifine.* ♦ En raison du caractère difficilement réversible de la cession d'une parcelle du domaine privé, qui plus est assortie d'un permis de construire devenu définitif, l'urgence doit être présumée dans le cadre d'un référé-suspension dirigé contre une délibération portant désaffectation et déclassement d'une parcelle, approuvant sa cession et autorisant le maire à signer la vente. • TA Versailles, ord. 12 oct. 2017, *ADDQMML,* n° 1706116 : *JCP Adm. 2017. 2328, obs. de Gaudemar.* ♦ Cassé pour défaut d'urgence, vu les modalités de cession retenues en l'espèce • CE, 11 juill. 2018 : *Cne Maisons-Laffitte : JCP A 2018. 2292, obs. de Gaudemar.* ♦ Pour le rejet d'une requête tendant à ce qu'il soit enjoint à l'autorité compétente – au titre du « référé-suspension » – de surseoir à la signature d'une promesse de vente, V. • CE 29 avr. 2002, *Sté Apsys International : AJDA 2002. 419, chron. Guyomar et Collin ; Dr. adm. 2002. Comm. 121, note Ménéménis ; RFDA 2002. 661 .* ♦ Le refus d'accorder le concours de la force publique à une décision d'expulsion d'un immeuble du domaine privé que le propriétaire envisage de vendre porte une atteinte grave et manifestement illégale à une liberté fondamentale (la libre disposition des biens) au sens de l'art. L. 521-2 CJA. La procédure de « référé-liberté » peut donc être utilisée pour qu'injonction soit faite à l'État, sous astreinte, de prêter main-forte à l'exécution du jugement ordonnant l'expulsion. • CE, réf., 21 nov. 2002, *Gaz de France : Lebon 408 ; AJDA 2002. 1368, note de Montecler ; JCP Adm. 2002. 383.*

Ndlr : Consacrée à propos d'un établissement public national – depuis lors transformé en société –, cette solution s'applique logiquement aussi aux collectivités locales et à leurs établissements publics. • CE 9 oct. 2015, *Cne de Chambourcy : Lebon ; AJDA 2015. 1888, obs. Pastor ; ibid. 2388, note Foulquier ; Rev. CMP 2016. 37, chron. Llorens et Soler-Couteaux ; Dr. adm. 2016. Comm. 2, note Cornille ; JCP Adm. 2015. Actu. 845, obs. Touzeil-Divina ; ibid. 2360, note Pauliat ; JCP Adm. 2 mai 2016, p. 16, chron. Le Bot.* – V. aussi Le Bot, *AJDA 2016. 592 .*

12. Contentieux des actes détachables. Les actes unilatéraux relatifs à la vente de dépendances du domaine privé sont détachables de la gestion dudit domaine – dès lors qu'ils en affectent par hypothèse la consistance et le périmètre – et relèvent comme tels, au contentieux, de la juridiction administrative. Il s'agit, pour l'essentiel, des délibérations des assemblées locales qui – selon les espèces – « décident » ou « autorisent » la vente d'immeubles du domaine privé, ou encore « approuvent » les projets de vente. Pour des illustrations, V. • CE 17 nov. 1976, *Leduc-Moranval : Lebon 487* • 25 mai 1988, *Cne de Saint-Saturnin : RD publ. 1989. 257* • 19 févr. 1990, *Cne d'Éguilles : Lebon 42 ; RD publ. 1992. 1181* • 11 juill. 1991, *Cne de Saint-Crépin : RD publ. 1992. 1182* • 2 avr. 1993, *Buddeberg,* n° 97417 • 17 janv. 1994, *Georges,* n° 136669 • 18 févr. 1994, *Villard,* n° 112525 • 11 janv. 1995, *Thot,* n° 119144 • 11 oct. 1995, *Demange : RF décentr. janv. 1996, p. 97, note Giltard* • 17 janv. 1996, *Barratier,* n° 122214 • 5 oct. 1998, *Beaujean : Gaz. Pal. 28-29 avr. 1999, pan. dr. adm. p. 9 ; RGCT, n° 3, 1999, p. 89.* • 8 févr. 1999, *Ville de Lourdes,* n°s 168043 et 182641 • CAA Bordeaux, 17 nov. 1997, *Jouvet,* n° 97BX00533 • CAA Paris, 18 févr. 1999, *Fabre : Gaz. Pal. 9-10 févr. 2000, p. 13* • Bordeaux, 29 avr. 1999, *Assoc. Erromardi,* n° 96BX00343 • 17 avr. 2000, *Assoc. Amis chemins 46, Féd. fr. de randonnée pédestre,* n° 97BX01512 • CAA Nancy, 2 août 2001, *Quéguiner,* n° 97NC01854 : *Dr. et patr., n° 115, mai 2003, p. 120, chron. Jean-Pierre* • CAA Paris, 16 oct. 2008, *Cne de Koumac,* n° 06PA01255 • CAA Bordeaux, 26 nov. 2009, *X c/ Cne de Benayes,* n° 08BX01655 • CAA Marseille, 15 déc. 2016, *F. c/ Cne de Saint-Paul-la-Coste,* n° 15MA02836 • CAA Marseille, 29 mars 2019, *Csts G c/ Cne Marseille,* n° 17MA02649. ♦ Sont considérées comme des actes détachables de la gestion du domaine privé les décisions manifestant un refus de vente de la part des collectivités locales (alors même qu'en toute rigueur, elles n'affectent pas le périmètre ou la consistance du domaine privé, au sens de la jurisprudence

« Brasserie du Théâtre ». • T. confl. 22 nov. 2010, n° 3764 A : *AJDA 2010. 2423, chron. Botteghi et Lallet ; Rev. CMP 2011, n° 26, note Devillers ; Dr. adm. 2011, n° 20, note Melleray ; GDDAB, 3e éd., 2018. Comm. 73, note Melleray ; JCP Adm. 2011. 2041, note Sorbara ; ibid. 2239, chron. Chamard-Heim ; BJCP 2011. 55, concl. Collin, note R. S. ; RJEP 2011, n° 13, note Pellissier ; BJCL 2011. 439, note Martin.* ♦ Jurisprudence qui, sur ce point, n'a pas modifié l'état du droit). • CE 17 oct. 1980, *Gaillard : Lebon 378 ; AJDA 1981. 312, concl. Labetoulle* • 8 janv. 1982, *Hostetter : Lebon 619 ; Gaz. Pal. 1982, 2, pan. dr. adm. p. 261 ; RDP 1982, p. 1707* • 4 nov. 1983, *Maurel : Lebon 449 ; RDP 1984. 1083* • 10 mars 1995, *Ville de Digne : Lebon 124 ; AJDA 1995, p. 479 ; CJEG 1995, p. 192, concl. Savoie ; D. 1995, jurispr. p. 541, note Davignon ; Dr. adm. 1995. Comm. 577 ; JCP 1995, I, 3987, chron. Petit, n° 39 ; JCP 1995. IV. 2685, obs. Rouault ; RFDA 1996, p. 429, concl.* • CAA Douai, 1er févr. 2001, *Pogy*, n° 98DA01688 • CAA Lyon, 21 oct. 2010, *Cne de Selongey*, n° 09LY01953 • TA Guyane, 22 nov. 2018, n° 1600538 • CAA Nantes, 7 juin 2019, *D. c/ Dpt Manche*, n° 17NT04002 • CAA Marseille, 17 juin 2019, *Et. public foncier Provence-Alpes-Côte d'Azur*, n° 19MA00412 et 19MA00413. ♦ Même solution pour les décisions intéressant le retour dans le patrimoine d'une collectivité locale de biens illégalement cédés. • CAA Lyon, 31 mars 2016, *F. c/ Cne de Barcelonne*, n° 15LY01823. ♦ Pour une jurisprudence atypique, créant une véritable obligation d'attaquer l'acte détachable, en l'occurrence la délibération décidant la cession d'un chemin rural, V. • Civ. 3e, 11 mai 2017, n° 16-12.236 P : *AJDA 2017. 1026, obs. Pastor ; Constr.-Urb. 2017, Comm. n° 103 ; JCP Adm. 2017. Actu. 577 ; Rev. CMP 2018. Chron. 7, obs. Soler-Couteaux, Zimmer et Waltuch.* ♦ Une question classique est celle des effets de l'annulation de l'acte détachable sur le contrat de droit privé. Le juge administratif applique les mêmes principes que ceux transposés aux acquisitions immobilières des personnes publiques, à partir des solutions applicables aux contrats administratifs. • CE 29 déc. 2014, *Cne d'Uchaux*, n° 372477 A : *Lebon 2014, p. 416, concl. Daumas ; AJDA 2015. 4, obs. Pastor ; BJCL 2015. 308, concl., obs. Martin ; Rev. CMP févr. 2015. 63, note Pietri ; ibid. avr. 2016. 30, chron. Llorens et Soler-Couteaux ; JCP A 2015. Actu. 13, obs. Langelier ; ibid. 2015. 2115, note Langelier ; ibid. 2015. 16, p. 22, chron. Le Bot ; RDI 2015. 307, obs. Foulquier* • CE 25 janv. 2017, *Assoc. Avenir d'Alet : Lebon 2017, p. 752 ; BJCL 2017, p. 140, concl. Victor ; JCP A 2017. Actu. 94, obs. Erstein ; JCP A 5 févr. 2018, chron. Martin et Pellissier.* ♦ Sur l'absence de lien automatique entre annulation de l'acte détachable et résiliation du contrat : • CE 21 févr. 2011, n° 337349 A : *Lebon 2011, p. 54 ; AJDA 2011. 1739, note Vincent-Legoux ; BJCP 2011. 133, concl. Dacosta ; ibid. 145, note Dourlens et de Moustier ; Dr. adm. 2011, comm. 47, note Brenet ; Rev. CMP. 2011. Comm. 123, note Pietri ; JCP Adm. 2011. 2183. Comm. Busson ; RDI 2011. 277, obs. Noguellou .* ♦ L'annulation de l'acte détachable d'un contrat de droit privé peut n'emporter qu'un effet platonique, puisqu'elle n'impose pas nécessairement à la personne publique partie au contrat de saisir le juge du contrat afin qu'il tire les conséquences de cette annulation. Il appartient au juge de l'exécution de rechercher si l'illégalité commise peut être régularisée et, dans l'affirmative, d'enjoindre à la personne publique de procéder à cette régularisation. Lorsque l'illégalité commise ne peut être régularisée, il lui appartient d'apprécier si, eu égard à la nature de cette illégalité et à l'atteinte que l'annulation ou la résolution du contrat est susceptible de porter à l'intérêt général, il y a lieu d'enjoindre à la personne publique de saisir le juge du contrat, en l'espèce le juge judiciaire, afin qu'il tire les conséquences de l'annulation de l'acte détachable. ♦ L'absence, préalablement à l'autorisation donnée par le conseil municipal de procéder à la cession d'un bien immobilier de la commune, de délibération du conseil municipal prononçant le déclassement du bien en cause du domaine public, constitue une irrégularité dont la gravité exclut qu'elle puisse faire l'objet d'une mesure de régularisation. Mais vu l'intérêt qui s'attache pour la collectivité à la vente des immeubles considérés, il peut ne pas y avoir lieu de lui enjoindre de résoudre le contrat de vente ni de saisir le juge du contrat afin qu'il règle les modalités de cette résolution dans le cas où il l'estimerait appropriée. • CAA Versailles, 18 oct. 2018, *A. c/ Cne de Levallois-Perret*n° 17VE00406 : *Bull. CRIDON Paris avr. 2019, p. 12, note Bon ; Rev. CMP 2019, n° 50 chron. Soler-Couteaux, Zimmer et Waltuch ; JCP A 2019. 2063, note Yolka.*

13. Contentieux des contrats administratifs. – Contentieux administratif en présence de clauses exorbitantes. Notamment celles à vocation anti-spéculative : • Civ. 1re, 18 nov. 1992, *Cne de Pantin : JCP 1993. IV. 28* • CAA Paris, 3 déc. 2009, *Sté Étude Construction Montage Charpentes Métalliques*, n° 08PA02952 : *JCP Adm. 2010, 2086, chron. Chamard-Heim* ♦ Contra cependant, ne jugeant pas exorbitantes de telles clauses : • Civ. 3e, 23 sept. 2009, *Jaureguiberry et Berdoulat c/ Cne de Saint-Pée-sur-Nivelle : AJDA 2009. 1745 ; ibid. 2010. 685, note Bouyssou et Teisseyre ; Constr.-urb. 2009. Comm. 147, note Sizaire ; CCC. 2010. Comm. 2, note Leveneur ; JCP 2010. 619, chron. Périnet-Marquet ; ibid., 597, note Chamard-Heim ; JCP N 2009, n° 50, p. 18, note Pillet ; ibid. 2010, n° 1, p. 27, chron. Piedelièvre ; Rev. Lamy dr. civil juin 2010, p. 7, note Kenfack.* ♦ *Contra* aussi, pour un pacte de préférence : • CAA Lyon, 4 juill. 2013, *Sté Apsys,* nº 12LY01556 • TA Caen, 3 juin 2008, *Sté manufacture normande des métaux : AJDA 2008. 2085*. ♦ La présence ou l'absence de clauses exorbitantes détermine la nature des contrats de vente de dépendances du domaine privé des collectivités territoriales. Par ex. : • CAA Lyon, 20 juin 2017, *SA Trigano*, nº 15LY02198 • CAA Bordeaux, 24 mai 2018, *Indian Ocean Exploration Ltd*, nº 15BX00402 : *AJDA 2018. 1540, chron. Normand ; Rev. CMP 2018. Chron. 7, obs. Soler-Couteaux, Zimmer et Waltuch ; JCP Adm. 2018. 2224, obs. Chamard-Heim*. ♦ ... Y compris ceux conclus entre personnes publiques. • T. confl. 15 nov. 1999, *Cne de Bourisp*, nº 03144 : *Lebon 1999, p. 478 ; BJCP, nº 9, 2000. 148 ; Coll. terr. 2000, nº 73, note Moreau ; Dr. adm. 2000, nº 29, obs. R. S. ; Dr. adm. hors série, déc. 2001, comm. nºs 37 et 147 ; Gaz. Pal. 13/17 août 2000, pan. dr. adm. 20 ; Gaz. Pal. 26/27 oct. 2001. 20 ; RDI 2000. 158, chron. Vallée ; RFDA 2000. 457 ; RGCT 2000. 12* • T. confl. 6 juin 2016, *Cne d'Aragnouet*, nº 4051 : *AJCT 2017. 111, obs. Didriche ; AJDA 2016. 1749, note Yolka ; Rev. CMP 2016, nº 198, note Ubaud-Bergeron ; ibid. 2017, Chron. 5, obs. Pietri ; ibid. avr. 2017, Chron. 3, obs. Llorens et Soler-Couteaux ; Dr. adm. 2016, comm. 52, obs. Cornille ; JCP Adm. 2016, nº 2194, obs. de Gaudemar ; BJCP 2016. 373 concl. Girard et obs. Terneyre ; RDI 2016. 608, obs. Foulquier* – Sur les suites de l'affaire, • CAA Bordeaux, 10 oct. 2016, *Cne d'Aragnouet*, nº 12BX02086 : *BJCP 2017. 70, chron. Maugüé ; Rev. CMP 2016 comm. 297, obs. Llorens* • CAA Bordeaux, 2 déc. 2019, *Cne de Vignec*, nº 17BX01231. ♦ Dans le même sens, • T. confl., 4 juill. 2016, *Cne de Gélaucourt*, nº 4057 : *AJDA 2016. 1370, obs. Poupeau ; Rev. CMP 2016. Comm. 230, note Pietri ; ibid. 2017, Chron. 5, obs. Pietri ; ibid. avr. 2017, Chron. 3, obs. Llorens et Soler-Couteaux ; JCP Adm. 2017, nº 2036, chron. Martin et Pellissier* • CAA Nancy, 10 mars 2016, *Cne de Gélaucourt*, nº 15NC02569 : *Rev. CMP 2016. Comm. 132, note Pietri*.

14. Contentieux des contrats de commande publique. V. note 7.

15. Contentieux des contrats administratifs. – Autre cas. Un contrat de vente de dépendances du domaine privé d'une collectivité territoriale peut être administratif s'il a pour objet l'exécution d'un service public. Par ex., *a contrario*, • T. confl., 4 juill. 2016, *Cne de Gélaucourt*, nº 4057 : *préc. note 14*. ♦ Une clause prévoyant la cession d'une telle dépendance n'est pas détachable d'une convention administrative d'aménagement si elle a un caractère déterminant pour l'équilibre du montage ; elle ne constitue donc pas un contrat de droit privé distinct qui aurait pour objet une promesse de vente et le juge administratif est compétent pour connaître de la légalité de l'ensemble contractuel. • CE 25 oct. 2017, *SARL Objectif Développement*, nº 400274 • CAA Bordeaux, 31 mars 2016, *Sté Objectif Développement*, nº 14BX01094 : *Rev. CMP 2016. Comm. 165, note Eckert*.

16. Contentieux de la responsabilité administrative. V. par ex. • CE 1er mars 2012, *SCI STEMO : AJDA 2012. 462 ; BJCP 2012, p. 162, concl. Dacosta, obs. Nicinski ; JCP Adm. 2012. Actu. 189 ; JCP 2012. 550, obs. Touzeil-Divina* • CAA Marseille, 17 janv. 2008, *Assoc. Congrégation missionnaire de Notre-Dame des Vertus*, nº 06MA02732 • CAA Nantes, 16 févr. 2010, *Sté Parmentier Seans SA : JCP Adm. 2010, 2262, chron. Chamard-Heim* • CAA Nancy, 10 juin 2013, *Sté de construction et de gestion immobilière*, nº 12NC00341 • CAA Douai, 11 oct. 2018, nº 16DA01554 • CAA Nancy, 22 nov. 2018, nº 17NC02953.

17. Autorisations de plaider. V. par exemple, • CE 26 juin 1992, *Lepage-Huglo : Lebon 246 et 252, concl. Le Châtelier ; AJDA 1992. 477, chron. Maugüé et Schwartz ; AJDA 1992. 506, concl. ; Gaz. Pal. 25 mars 1993, p. 22* • 22 juill. 1992, *Grapin : Lebon 302 ; AJDA 1992. 649, chron. Maugüé et Schwartz ; Dr. adm. 1992. Comm. 434 ; Gaz. Pal. 18 mai 1993, p. 57 ; LPA 9 févr. 1993, p. 7, note Morand-Deviller* • 30 avr. 1997, *Cne de Cahors : Lebon 711 ; Quot. jur. 1997, nº 55, p. 4* • 11 oct. 2006, *Asselin : BJCL 2006, p. 846* • 5 mai 2010, *Asselin : AJDA 2010. 986, obs. de Montecler ; ibid. 1493, note Bonnefont ; JCP Adm. 2010. Actu. 384 ; ibid. 2208, note Bailleul ; Rev. Lamy coll. terr. juill. 2010, p. 26, obs. Glaser* • 24 sept. 2010, *Asselin : AJDA 2010. 1799, obs. Royer ; JCP Adm. 2010. Actu. 708, obs. Erstein* • 15 mai 2012, *Hayart*, nº 351416 : *RDI 2013. 274, obs. Foulquier ; RLCT juill.-août 2012. 50, note Yolka ; RTDI 4/2012. 52, note Chamard-Heim*.

Code général des collectivités territoriales

Art. L. 1511-3 *(L. nº 2015-991 du 7 août 2015, art. 3-I-3º-a et III, en vigueur le 1er janv. 2016)* « Dans le respect de l'article L. 4251-17, les communes, la métropole de Lyon et les établissements publics de coopération intercommunale à fiscalité propre sont seuls compétents pour définir les aides ou les régimes d'aides et décider de l'octroi de ces aides sur leur territoire en matière d'investissement immobilier des entreprises et de location de terrains ou d'immeubles.

« Ces aides revêtent la forme de subventions, de rabais sur le prix de vente, de location ou de location-vente de terrains nus ou aménagés ou de bâtiments neufs ou rénovés, de prêts, d'avances remboursables ou de crédit-bail à des conditions plus favorables que celles du marché. Le montant des aides est calculé par référence aux conditions du marché, selon des règles de plafond et de zone déterminées par voie réglementaire. Ces aides donnent lieu à l'établissement d'une convention et sont versées soit directement à l'entreprise bénéficiaire, soit au maître d'ouvrage, public ou privé, qui en fait alors bénéficier intégralement l'entreprise.

« La région peut participer au financement des aides et des régimes d'aides mentionnés au premier alinéa du présent article dans des conditions précisées par une convention passée avec la commune, la métropole de Lyon ou l'établissement public de coopération intercommunale à fiscalité propre.

« Les communes ou les établissements publics de coopération intercommunale à fiscalité propre peuvent, par voie de convention passée avec le département, lui déléguer la compétence d'octroi de tout ou partie des aides mentionnées au présent article. »

(L. n° 96-314 du 12 avr. 1996, art. 21) « Les commissions dues par les bénéficiaires de garanties d'emprunt accordées par les établissements de crédit *(Ord. n° 2013-544 du 27 juin 2013, art. 9-2° et 36, en vigueur le 1er janv. 2014)* « ou les sociétés de financement" peuvent être prises en charge, totalement ou partiellement, dans des conditions fixées par décret en Conseil d'État. Cette aide ne peut pas être cumulée, pour un même emprunt, avec la garantie ou le cautionnement accordé par une collectivité ou un groupement. »

(L. n° 2015-991 du 7 août 2015, art. 3-I-3°-b et III, en vigueur le 1er janv. 2016) « Les aides accordées sur le fondement du présent article ont pour objet la création ou l'extension d'activités économiques. »

V. CGCT, art. R. 1511-4 s.

Sur les zones d'aides à finalité régionale et les zones d'aide à l'investissement des petites et moyennes entreprises pour la période 2014-2020, V. Décr. n° 2014-758 du 2 juill. 2014 (JO 3 juill.), mod. par Décr. n° 2015-1391 du 30 oct. 2015 (JO 1er nov.).

....

Code civil

Art. 1596 Ne peuvent se rendre adjudicataires, sous peine de nullité, ni par eux-mêmes, ni par personnes interposées :

Les tuteurs, des biens de ceux dont ils ont la tutelle ;

Les mandataires, des biens qu'ils sont chargés de vendre ;

Les administrateurs, de ceux des communes ou des établissements publics confiés à leurs soins ;

Les officiers publics, des biens nationaux dont les ventes se font par leur ministère.

(L. n° 2007-211 du 19 févr. 2007, art. 17) « Les fiduciaires, des biens ou droits composant le patrimoine fiduciaire. »

Code pénal

Art. 432-12 Le fait, par une personne dépositaire de l'autorité publique ou chargée d'une mission de service public ou par une personne investie d'un mandat électif public, de prendre, recevoir ou conserver, directement ou indirectement, un intérêt quelconque dans une entreprise ou dans une opération dont elle a, au moment de l'acte, en tout ou partie, la charge d'assurer la surveillance, l'administration, la liquidation ou le paiement, est puni de cinq ans d'emprisonnement et *(L. n° 2013-1117 du 6 déc. 2013, art. 6-1°)* « d'une amende de 500 000 €, dont le montant peut être porté au double du produit tiré de l'infraction *[ancienne rédaction : de 75 000 € d'amende]* ».

Toutefois, dans les communes comptant 3 500 habitants au plus, les maires, adjoints ou conseillers municipaux délégués ou agissant en remplacement du maire peuvent chacun traiter avec la commune dont ils sont élus pour le transfert de biens mobiliers ou immobiliers ou la fourniture de services dans la limite d'un montant annuel fixé à *(Ord. n° 2000-916 du 19 sept. 2000)* « 16 000 € ».

En outre, dans ces communes, les maires, adjoints ou conseillers municipaux délégués ou agissant en remplacement du maire peuvent acquérir une parcelle d'un lotissement communal pour y édifier leur habitation personnelle ou conclure des baux d'habitation avec la commune pour leur propre logement. Ces actes doivent être autorisés, après estimation des biens concernés par le service des domaines, par une délibération motivée du conseil municipal.

Dans les mêmes communes, les mêmes élus peuvent acquérir un bien appartenant à la commune pour la création ou le développement de leur activité professionnelle. Le prix ne peut être inférieur à l'évaluation du service des domaines. L'acte doit être autorisé, quelle que soit la valeur des biens concernés, par une délibération motivée du conseil municipal.

Pour l'application des trois alinéas qui précèdent, la commune est représentée dans les conditions prévues par l'article L. 122-12 du code des communes *[devenu CGCT, art. L. 2122-26]* et le maire, l'adjoint ou le conseiller municipal intéressé doit s'abstenir de participer à la délibération du conseil municipal relative à la conclusion ou à l'approbation du contrat. En outre, par dérogation au deuxième alinéa de l'article L. 121-15 du code des communes *[devenu CGCT, art. L. 2121-18]*, le conseil municipal ne peut décider de se réunir à huis clos. *– Civ. 25 ; Dom. État L. 69 ; Élect. L. 7.*

V Circ. CRIM 98-03 G3 du 7 avr. 1998 (BOMJ n° 70, p. 140).

§ 4 DISPOSITIONS COMMUNES À L'ÉTAT, AUX COLLECTIVITÉS TERRITORIALES ET À LEURS GROUPEMENTS

Art. L. 3211-15 Les atterrissements des cours d'eau domaniaux, qui ne constituent pas une alluvion au sens de l'article 556 du code civil *[V. ss. art. L. 2111-13]*, **peuvent faire l'objet d'une concession ayant pour effet d'en transférer légalement à son bénéficiaire la propriété dès qu'ils sont définitivement sortis des eaux.**

Un décret en Conseil d'État fixe les conditions d'instruction et de délivrance de ces concessions translatives de propriété *[V. art. R. 3211-34]*. – *[C. dom. Ét., art. L. 64 ; C. dom. publ. fluv., art. 37.]*

COMMENTAIRE

Antérieurement traitées dans le même article du code du domaine de l'État (art. L. 64), la cession des exondements et celle des atterrissements sont désormais réglées par deux dispositions distinctes (V. respectivement l'art. L. 3211-10 et le présent article).

Seuls certains atterrissements, ceux qui ne constituent pas des alluvions (l'art. 556 C. civ. précisant qu'il faut entendre par alluvions les atterrissements et accroissements qui se forment successivement et imperceptiblement aux fonds riverains d'un cours d'eau et qui profitent au propriétaire riverain), peuvent faire l'objet d'une telle concession aboutissant à leur transfert de propriété une fois définitivement sortis des eaux. ❑

Art. L. 3211-16 Lorsqu'un cours d'eau domanial forme un nouveau cours en abandonnant son ancien lit ou lorsqu'à la suite de travaux légalement exécutés, des portions de l'ancien lit cessent de faire partie du domaine public, l'aliénation de cet ancien lit est régie par les dispositions de l'article 563 du code civil. – *[C. dom. publ. fluv., art. 11 et 13.]*

COMMENTAIRE

Cet article règle la question de l'abandon de son ancien lit par un cours d'eau domanial ou de la sortie de certaines portions de son ancien lit consécutive à des travaux légalement exécutés.

Il renvoie à l'article 563 du code civil, qui prévoit que les propriétaires riverains ont la faculté de se porter acquéreurs de cet ancien lit jusqu'à une ligne qu'on suppose tracée au milieu du cours d'eau. Il précise également que le prix est fixé par des experts désignés à la requête de l'autorité compétente nommés par le président du tribunal de la situation des lieux. En cas de refus d'achat par les riverains au prix fixé par les experts, le propriétaire public peut procéder à son aliénation à une autre personne.

Le prix provenant de la vente ne profitera en principe pas au vendeur puisqu'il doit être reversé aux propriétaires des fonds occupés par le nouveau cours à titre d'indemnité, et ce dans la proportion de la valeur du terrain enlevé à chacun d'eux. ❑

Code civil

Art. 563 *(L. 8 avr. 1898)* Si un *(Ord. n° 2006-460 du 21 avr. 2006, art. 3-III)* « cours d'eau domanial » forme un nouveau cours en abandonnant son ancien lit, les propriétaires riverains peuvent acquérir la propriété de cet ancien lit, chacun en droit soi, jusqu'à une ligne qu'on suppose tracée *(Ord. n° 2006-460 du 21 avr. 2006, art. 3-III)* « au milieu du cours d'eau ». Le prix de l'ancien lit est fixé par des experts nommés par le président du tribunal de la situation des lieux, à la requête *(Ord. n° 2006-460 du 21 avr. 2006, art. 3-III)* « de l'autorité compétente ».

A défaut par les propriétaires riverains de déclarer, dans les trois mois de la notification qui leur sera faite *(Ord. n° 2006-460 du 21 avr. 2006, art. 3-III)* « par l'autorité compétente », l'intention de faire l'acquisition aux prix fixés par les experts, il est procédé à l'aliénation de l'ancien lit selon les règles qui président aux aliénations du domaine *(Ord. n° 2006-460 du 21 avr. 2006, art. 3-III)* « des personnes publiques ».

Le prix provenant de la vente est distribué aux propriétaires des fonds occupés par le nouveau cours, à titre d'indemnité, dans la proportion de la valeur du terrain enlevé à chacun d'eux. — *Les dispositions issues de l'Ord. n° 2006-460 du 21 avr. 2006, art. 3-III, sont applicables à compter du 1er juill. 2006.*

SOUS-SECTION 2 DOMAINE MOBILIER

BIBL. GÉN. ▶ **Thèse :** TARLET, Les biens publics mobiliers, *Dalloz, 2017.*

▶ **Encyclopédie :** CHAMARD-HEIM, Cession des meubles publics. Droit commun, *J.-Cl. Propriétés publ., fasc. 84.* - YOLKA et TARLET, Domaine public mobilier, *J.-Cl. Propriétés publ., fasc. 45.* - DUROY, Domaine privé. Biens immobiliers et mobiliers, *J.-Cl. Propriétés publ., fasc. 46.* - JOYE et DELIANCOURT, Ventes mobilières domaniales. Régimes spéciaux, *J.-Cl. Propriétés publ., fasc. 86.*

▶ **Articles :** BARCELLA, Cession des matériels informatiques anciens, *Marchés publ. 1991, n° 258, p. 40.* - YOLKA, Le statut des biens mobiliers de l'administration : quelques observations, *JCP Adm. 2004. 1509* ; Les meubles de l'administration, *AJDA 2007. 964* ; Le mobilier administratif. Questions d'actualité, *BJCL 2007. 459.* - GRIMAUD et GRAU, Le régime des matériels de guerre de deuxième catégorie, *AJDA 2008. 2155*. - GRALL, Rapport d'information sur la fin de vie des équipements militaires, *AN 16 mars 2011, n° 3251.* - GOBERT et WOYMANT, Les contrats liés aux activités de bureaux : la cession de biens mobiliers, *CP-ACCP févr. 2015, p. 47.* - VIDELIN, Quelques leçons à tirer du projet - abandonné - de cession-location de matériels militaires, *JCP Adm. 2015, n° 2228.* - CHAMARD-HEIM et YOLKA, Immobilier de l'État : la « longue marche » (du service des Domaines à la DIE), *JCP Adm. 2016. 797.* - GODARD, La cession des équipements militaires : le cas des aéronefs, *in* Patrimoine(s) et équipements militaires : aspects juridiques, CHAMARD-HEIM et YOLKA (dir.), *Varenne-LGDJ, 2018. 393.*

Art. L. 3211-17 Lorsqu'ils ne sont plus utilisés par un service civil ou militaire de l'État ou un établissement public de l'État, les biens et droits mobiliers du domaine privé de l'État et de ses établissements publics peuvent être vendus dans les conditions fixées par décret en Conseil d'État. — *V. art. R. 3211-35 s.* — *[C. dom. Ét., art. L. 67, al. 1er.]*

Art. L. 3211-18 Les opérations d'aliénation du domaine mobilier de l'État ne peuvent être réalisées ni à titre gratuit, ni à un prix inférieur à la valeur vénale.

Lorsque les produits procurés par un immeuble ne sont pas aliénés et sont conservés pour son usage par un service de l'État non doté de l'autonomie financière, ce service doit verser au budget général la valeur de ces produits.

Un décret en Conseil d'État détermine les conditions d'application du présent article. — *[C. dom. Ét., art. L. 67, al. 6 et art. L. 69-1, al. 1er.]*

Art. L. 3211-19 Il n'est pas procédé à l'aliénation des objets de caractère historique, artistique ou scientifique appartenant à l'État et destinés à être placés dans les musées de l'État ou dans un établissement public de l'État ayant vocation à recevoir de tels objets ou dans un immeuble classé ou inscrit au titre des monuments historiques pour y être classés dans le domaine public ainsi que des œuvres contrefaisantes mentionnées par la loi du 9 février 1895 sur les fraudes en matière artistique.

Les œuvres contrefaisantes mentionnées par la loi du 9 février 1895 précitée et confisquées dans les conditions fixées par ses articles 3 et 3-1 sont soit détruites, soit

déposées dans les musées de l'État et de ses établissements publics, après avis de l'autorité compétente de l'État. – *[C. dom. Ét., art. L. 68.]*

Art. L. 3211-20 L'État est autorisé à aliéner, dans la forme ordinaire des ventes des biens de l'État, les biens mobiliers et les valeurs provenant des successions en déshérence dont l'envoi en possession définitive a été prononcé par le tribunal judiciaire.

Les inscriptions de rentes sur l'État, comme toutes les autres valeurs cotées, sont négociées à une bourse de valeurs.

Ces dispositions ne portent pas atteinte aux droits des tiers et spécialement aux droits des héritiers et légataires éventuels, qui sont admis à exercer leur action sur le prix net des biens vendus, dans les mêmes conditions et délais qu'ils eussent été fondés à l'exercer sur ces biens eux-mêmes. – *[C. dom. Ét., art. L. 74 et L. 75, ecqc les biens mobiliers.]*

COMMENTAIRE

Ces quatre articles constituent la reprise d'anciennes dispositions du code du domaine de l'État : l'article L. 67, alinéa 1er pour l'article L. 3217 ; les articles L. 67 et L. 69-1, pour l'article L. 3218 ; l'article L. 68, qui se retrouve aujourd'hui à l'article L. 3219 ; et les articles 74 et 75, codifiés au nouvel article L. 3220. La partie réglementaire est, quant à elle, bien plus substantielle qu'elle ne l'était dans le code du domaine de l'État, lequel ne comprenait qu'un seul article issu d'un décret (l'art. R. 149, qui ne concernait même pas les meubles de l'État), mais de nombreux articles résultant d'arrêtés (art. A. 105 à A. 117-4), ainsi que l'article L. 67, qui était pour partie de valeur législative et pour partie de valeur réglementaire. En revanche, des dispositions qui figuraient en partie législative du code du domaine de l'État (ex. : art. L. 69) n'ont pas été reprises dans sa partie législative par le CGPPP, mais dans la partie réglementaire (ex. : art. R. 3211-36).

I. CHAMP D'APPLICATION

Ces articles ont un champ d'application personnel bien délimité : seuls l'État et les établissements publics nationaux, quelle que soit la nature de leurs activités, sont concernés, à l'exclusion des collectivités territoriales et de leurs établissements publics. La rédaction ne laisse subsister, sur ce point, aucune ambiguïté. Cela étant, sous l'empire du code du domaine de l'État, des collectivités territoriales et des entreprises publiques pouvaient s'adresser au service des Domaines, afin qu'il procède à l'aliénation de meubles leur appartenant (C. dom. Ét., art. R. 149, aujourd'hui abrogé).

Presque tous les meubles de l'État et de ses établissements publics sont potentiellement concernés par une vente à titre onéreux. Ils doivent, cependant, ne plus être « utilisés par un service civil ou militaire de l'État ou un établissement public de l'État ». Cette exigence n'est pas nouvelle ; elle figurait déjà à l'article L. 67 du code du domaine de l'État. Seuls les meubles inutiles peuvent être vendus ; ceux qui sont encore utiles au fonctionnement des services publics nationaux ne seront pas cédés, sauf dérogation législative (par ex., dans les grands ports maritimes, à propos des outillages de caractère mobilier, notamment les grues, les portiques, les bigues et les bandes transporteuses, qui sont cédés aux opérateurs en pleine propriété : L. n° 2008-660 du 4 juill. 2008 portant réforme portuaire, art. 9). Il ne s'agit pas cependant d'une règle comparable à l'inaliénabilité du domaine public, dans la mesure où le principe formulé à l'article L. 3211-17 semble surtout être la traduction juridique d'une règle de bonne gestion patrimoniale : les meubles utiles sont conservés et les autres sont vendus. Par ailleurs, la rédaction de l'article n'est pas indifférente : le codificateur n'a pas écrit que les meubles utiles au fonctionnement des services publics ne sont pas aliénables, mais que les meubles qui ne sont plus utilisés peuvent être vendus.

Dès lors que cette condition est remplie, de très nombreux biens peuvent être aliénés : des meubles corporels (animaux, arbres, publications, armes, munitions et matériels de guerre. – V. L. n° 2011-702 du 22 juin 2011 relative au contrôle des importations et exportations de matériels de guerre. – Décr. n° 2011-1467 du 9 nov. 2011 sur les importations et exportations hors territoire de l'Union européenne de matériels de guerre), automobiles (pour les véhicules impropres à la circulation, Rép. min. n° 88808 : *JOAN Q, 3 mai 2011*), avions, bijoux, matériel informatique et bureautique, sable, graviers ou pierres, etc.) comme des meubles incorporels (droits, valeurs mobilières). Il en est de même des objets confisqués (rappr. Cons. const. 2 déc. 2011, n° 2011-203 QPC, *M. Wathik M.* – Sauf à être remis gratuitement aux services effectuant des missions de police judiciaire : V. CGPPP, art. L. 2222-9), préemptés ou provenant des « successions en déshérence dont l'envoi en possession définitive a été prononcé par le tribunal judiciaire » (art. L. 3211-20). Le codificateur a préféré la sobriété de la formule « biens et droits mobiliers » pour désigner les meubles susceptibles d'être vendus, plutôt que l'énumération, un peu surannée, de l'ancien article L. 68 du code du domaine de l'État (« tous meubles, effets, marchandises, matériels, matériaux et tous objets de nature mobilière ne dépendant pas du domaine public et détenus par un service de l'État qui n'en a plus l'emploi ou en a décidé la vente pour un motif quelconque, ainsi que tous objets de même nature acquis à l'État par droit de confiscation, préemption, déshérence, prise de guerre ou autrement »).

Trois catégories de biens mobiliers ne peuvent, en tout état de cause, pas être aliénées, même si ces derniers ne présentent pas d'utilité pour les services de l'État ou de ses établissements publics. Il s'agit, tout d'abord, « des objets de caractère historique, artistique ou scientifique appartenant à l'État et destinés à être placés dans les musées de l'État ou dans un établissement public de l'État ayant vocation à recevoir de tels objets ou dans un immeuble classé ou inscrit au titre des monuments historiques pour y être classés dans le domaine public » (art. L. 3211-19). Ce sont des meubles appartenant à l'État qui font encore partie de son domaine privé, alors qu'ils ont vocation à remplir les critères pour être classés dans son domaine public mobilier (CGPPP, art. L. 2112-1). Cette situation intermédiaire est, par exemple, envisageable pour des objets que l'État viendrait juste d'acquérir à titre onéreux ou pour des biens dont la propriété vient de lui être transmise par dation en paiement ou par succession. Parce que ces meubles vont à plus ou moins brève échéance faire partie du domaine public de l'État, ils ne peuvent pas être vendus. Cette interdiction, que le législateur a soigneusement évité de qualifier d'inaliénabilité, n'est pas sans rappeler la théorie de la « domanialité publique par anticipation » applicable aux immeubles destinés, de façon certaine, à être affectés et aménagés. Les mots ne trompent pas (« destinés à être placés dans les musées » ou « vocation à recevoir de tels objets ») et la chronologie est bien celle qui permettait le recours à cette théorie dont on a annoncé l'abandon, à tout le moins pour les immeubles publics : le meuble n'est pas classé dans le domaine public, mais il a vocation à l'être et, de ce fait-là, s'applique par anticipation le principe de l'inaliénabilité domaniale (CGPPP, art. L. 3111-1). Il faut enfin noter que le code du domaine de l'État, qui connaissait déjà cette exception (art. L. 68, al. 1er), ne la faisait jouer qu'à propos des meubles destinés à être placés dans les musées nationaux ; l'article L. 3211-19 CGPPP consacre cette possibilité et l'étend aux meubles destinés à être placés dans des établissements publics de l'État ou dans un monument historique.

Ne peuvent ensuite être aliénées les œuvres contrefaisantes mentionnées par la loi du 9 février 1895 sur les fraudes en matière artistique (copies d'œuvres d'art), lorsqu'elles sont confisquées. L'interdiction de la vente de la copie est justifiée, soit par sa destruction, soit par sa conservation dans les musées de l'État et de ses établissements publics, après avis de l'autorité compétente (CGPPP, art. L. 3211-19), en l'occurrence le ministère chargé de la culture (art. R. 3211-40).

Enfin, l'article R. 3211-35 reprend la liste des biens figurant à l'ancien article L. 67 du code du domaine de l'État, pour lesquels « l'obligation de remise ne s'applique pas », mais en étendant considérablement sa portée : au lieu des quatre exceptions prévues antérieurement, le CGPPP vise aujourd'hui huit catégories de biens qui n'ont pas à être remis pour vente à la Direction nationale d'interventions domaniales (DNID, relevant de la Direction de l'immobilier de l'État). On trouve, par exemple, les biens compris dans des marchés ayant pour objet exclusif de façonner des matières neuves non précédemment employées, de réparer ces biens ou d'en permettre une meilleure utilisation (4°, qui figurait déjà dans le code du domaine de l'État). Il y a aussi les biens invendables, parce qu'ils sont dépourvus de valeur marchande ou parce que les frais de vente seraient disproportionnés au regard de leur valeur vénale (1°), les biens qui sont confisqués et affectés à des services de police, douanes ou gendarmerie (3°) et les équipements électriques ou électroniques de plus de cinq ans (5°). Sont enfin dispensés de cette obligation les biens mobiliers qu'une autre administration est chargée de vendre (2°), en particulier l'administration militaire (6°, 7° et 8°. – Instr. n° 302/DEF/SGA/DMPA/SDIE du 14 févr.

2013, point 2.5. – Arr. min. Déf. du 27 juin 2011 relatif aux spécificités justifiant la cession par le ministère de la défense des matériels de guerre, armes et munitions : *JO 30 juin*. – Arr. du 21 juill. 2011 modifié, désignant les services chargés de réaliser la cession des matériels dont l'aliénation est à la charge du ministère de la Défense : *JO 29 juill.*). Au-delà de ces trois hypothèses reprises par le CGPPP, il reste d'autres meubles publics qui ne sont pas aliénables, même si aucune disposition particulière n'est ici prévue : les produits stupéfiants, les produits avariés, les matériels permettant la fraude ou les produits de contrefaçon saisis par les services des douanes ne peuvent, à l'évidence, pas être vendus. Ils sont conservés ou détruits (C. pr. pén., art. 41-5). On pourrait aussi rajouter les biens mobiliers contenant de l'amiante, leur cession étant interdite (Décr. n° 96-1133 du 24 déc. 1996, art. 1er ; Arr. 27 juin 2011, préc., art. 1er), exception faite des véhicules automobiles de collection (Décr. n° 2002-1528 du 24 déc. 2002, art. 1er) ; ces biens devenus inutiles pourraient être qualifiés de déchets et relever d'une législation contraignante en matière de vente et de désamiantage (V. par ex., CE 15 févr. 2006, *Assoc. Ban Asbestos et Comité anti-amiante Jussieu*, n° 288801 : *Lebon ; Dr. envir. 2006, n° 136, p. 53, étude Aguila et Iliopoulou ; RD publ. 2006. 1671, note Pontier ; AJDA 2006. 761, note Terneyre* ; *RFDA 2006. 421* ; *Dr. adm. n° 4, 2006, p. 36, note Braud et Moustardier ; Envir. 2006 n° 3, p. 14*). Dans le même esprit, ne sont pas aliénables les produits fabriqués en ivoire. La DNID interdit également les ventes contraires à l'éthique ou à la déontologie (comme le tabac ou les CD et DVD), de même que les ventes impossibles pour des raisons liées à la sécurité des personnes (casques de moto usagés, matériel d'alpinisme, cosmétiques et produits de beauté ou les denrées alimentaires périssables – sauf les alcools).

II. CONDITIONS DE LA VENTE MOBILIÈRE POUR L'ÉTAT ET SES ÉTABLISSEMENTS

Les conditions de la vente mobilière ont été précisées par les articles R. 3211-36 et suivants (sur ces conditions, Arr. 21 nov. 2017 relatif au cahier des clauses administratives générales des ventes des biens mobiliers par le Domaine, CCAG que l'on trouve, avec les conditions générales de vente, sur le site encheres-domaine.gouv.fr). Cela étant, quelques éléments notables résultaient déjà de la partie législative du CGPPP. Un premier élément est que le caractère obligatoire de la vente des meubles inutiles pour l'État ne figure plus dans une disposition législative. En effet, l'article L. 67 du code du domaine de l'État énonçait que « doivent » être remis au service des Domaines, aux fins d'aliénation, « spontanément ou sur sa demande », les meubles devenus inutiles ; il s'agissait donc d'une obligation, d'autant plus stricte d'ailleurs que l'administration domaniale pouvait requérir la remise pour vente. Désormais, l'article L. 3211-17 se contente d'une formulation qui évoque davantage la faculté que l'obligation (« peuvent être vendus »). Certes, l'article R. 3211-35, utilisant l'indicatif, précise que les biens « sont remis à l'administration chargée des domaines ». Il ne semble toutefois pas que cette formulation, qui doit surtout se comprendre à la lumière de la distinction entre les biens qui sont remis à la DNID et ceux qui ne le sont pas, soit susceptible de renverser l'impression qui résulte de l'article L. 3211-17. Précisons enfin qu'il existe un traitement automatisé du nom d'« Hermès » permettant la gestion de ces ventes par les Domaines (Arr. du 23 févr. 2018). Notons au passage que la nouvelle plateforme immobilier-etat.gouv.fr ouverte le 20 novembre 2019 consacre – paradoxalement – deux de ses trois onglets aux cessions mobilières (ventes mobilières et dons mobiliers).

Le second point est relatif aux conditions financières. Le principe retenu est limpide : « Les opérations d'aliénation du domaine mobilier de l'État ne peuvent être réalisées ni à titre gratuit, ni à un prix inférieur à la valeur vénale » (art. L. 3211-18, al. 1er. – Sur les frais de la vente, V. CGPPP, art. L. 3221-5). Il figurait déjà à l'article L. 69-1 du code du domaine de l'État. La rédaction est un peu maladroite : dans la mesure où le chapitre est uniquement consacré aux cessions à titre onéreux, la question des cessions à titre gratuit n'est pas ici à sa place. Les ventes mobilières de l'État doivent en principe être réalisées à titre onéreux et à un prix correspondant à la valeur du marché ; les ventes au rabais, et notamment les ventes à l'euro symbolique, sont proscrites. En matière de cession à titre onéreux, l'interdiction paraît incontournable car, s'il existe des dérogations à l'article L. 3211-18, ce n'est qu'à propos de cessions mobilières gratuites (V. CGPPP, art. L. 3212-2 et L. 3212-3). Le code du domaine de l'État ne connaissait qu'une seule dérogation, non présentée comme telle d'ailleurs : l'acquéreur d'un meuble de l'État pouvait bénéficier, sur le prix, d'une remise spéciale dont le taux variait entre 0,25 % et 0,75 %, lorsqu'il s'acquittait du prix du bien en obligations cautionnées à 3, 6 ou 9 mois d'échéance (C. dom. Ét., art. L. 73). Ce principe n'a pas été repris dans la partie législative, ni dans la partie réglementaire du CGPPP. Ce principe de l'onérosité est fondé sur la volonté de valoriser le patrimoine de l'État, notamment mobilier. On retrouve également cette idée de valorisation à propos des « produits procurés par un immeuble » (CGPPP, art. L. 3211-18, al. 2), c'est-à-dire les fruits naturels (bois des forêts domaniales, herbage, etc.) ou industriels – au sens du droit civil (amendements marins, sable, pierres, fruits, légumes, etc.) – engendrés par un bien immobilier, que celui-ci fasse d'ailleurs partie du domaine privé ou du domaine public (sur la distinction des types de fruits, C. civ., art. 583). Les fruits civils (loyers, etc.) paraissent exclus de ce dispositif, qui repose sur le fait que les fruits doivent être conservés pour leur usage par le service. Et, précisément, lorsque ces fruits ne sont pas vendus, mais sont « conservés pour son usage par un service de l'État non doté de l'autonomie financière, ce service doit verser au budget général la valeur de ces produits » : sont ici visés les ministères et leurs services, qui ne peuvent donc conserver gratuitement les fruits engendrés par les biens immobiliers appartenant à l'État qu'ils utilisent. L'expression de « service de l'État non doté de l'autonomie financière » exclut les établissements publics nationaux et, théoriquement, les services de l'État dotés d'un budget annexe (mais, s'agissant en fait seulement du service du contrôle aérien et des publications officielles, on ne voit pas très bien quels sont les fruits qu'ils pourraient conserver...). La procédure qui est instituée permet donc d'obliger les ministères à compenser financièrement l'absence de recettes, puisqu'il n'y a pas de vente mobilière ; en quelque sorte, ils achètent ces biens à l'État. Et ils ne bénéficient d'aucun rabais, puisqu'ils doivent verser une somme correspondant à la valeur des biens. On comprend très bien les raisons du principe de l'onérosité lorsque l'acquéreur des meubles de l'État est une personne privée, d'autant plus que, dans cette hypothèse, l'article L. 3211-18 rejoint la jurisprudence constitutionnelle. Le Conseil constitutionnel a en effet considéré en 1986, à propos d'actions appartenant à l'État, que « la Constitution s'oppose à ce que des biens ou des entreprises faisant partie des patrimoines publics soient cédés à des personnes poursuivant des fins d'intérêt privé pour des prix inférieurs à leur valeur » (Cons. const. 25-26 juin 1986, n° 86-207 DC, *Loi de privatisation : Rec. Cons. const., p. 61 ; AJDA 1986. 575, note Rivero ; RD publ. 1989. 399, obs. Favoreu.* – Cons. const. 18 sept. 1986, n° 86-217 DC, *Liberté de communication : Rec. Cons. const., p. 141 ; AJDA 1987. 110, note Wachsmann*). Lorsqu'une personne publique vend un bien lui appartenant à une personne privée à un prix inférieur à sa valeur vénale, elle porte atteinte au principe d'égalité et à son droit de propriété, dans sa dimension patrimoniale. En revanche, le principe posé par le Conseil constitutionnel ne devrait pas s'opposer à ce qu'une personne publique procède de la sorte avec une autre personne publique. Pourtant, l'article L. 3211-18 semble plutôt être d'application absolue et ne pas envisager l'hypothèse d'une vente mobilière en faveur d'une collectivité territoriale ou d'un établissement à un prix inférieur à la valeur du meuble. Les cessions mobilières de l'État et de ses services non dotés de la personnalité morale sont retracées dans un compte de commerce appelé « opérations commerciales des domaines » (compte spécial du Trésor, n° 907). Il faut également relever que les administrations peuvent avoir tendance à vouloir négocier des rabais lors de l'acquisition de parcs informatiques, contre la remise de matériels anciens dont la valeur vient en déduction du prix du matériel neuf ; or, il est impossible, selon le principe d'universalité budgétaire, de contracter le prix de vente et le prix d'achat qui doivent constituer deux opérations distinctes.

La partie réglementaire est venue préciser les éléments de procédure de vente de ces biens, au-delà des principes posés par le législateur. D'une part, et comme sous l'empire du code du domaine de l'État (art. L. 69), l'aliénation de biens et droits mobiliers de l'État est consentie avec publicité et mise en concurrence par adjudication publique ou par voie de marchés d'enlèvement (CGPPP, art. R. 3211-36. – V. le site encheres-domaine.gouv.fr). Tous les procédés permettant l'expression de la concurrence dans le cadre de l'adjudication sont possibles (CGPPP, art. R. 3211-37). Exceptionnellement (anc. art. L. 69, al. 3, C. dom. Ét.), la cession peut se faire selon des modalités particulières (pour les meubles relevant de l'administration militaire : CGPPP, art. R. 3211-36 *in fine*. – Instr. n° 7400/ARM/DCSCA/SDM/BLOG du 10 déc. 2018 fixant les modalités de cession et de transfert de gestion des biens mobiliers relevant du service du commissariat des armées, *BOC 10 janv. 2019, texte 3*). La procédure a été fixée par l'arrêté du

21 juillet 2011 (*JO 29 juill., p. 12940*), notamment à l'amiable : cette procédure est envisageable lorsque des dispositions législatives ou réglementaires permettent la cession du meuble au profit d'une catégorie d'acquéreurs déterminée ou lorsque l'intérêt général le justifie (CGPPP, art. R. 3211-38). Dans cette hypothèse, les cessions amiables sont consenties par le préfet et le prix est fixé, en principe, par le directeur départemental des finances publiques (CGPPP, art. R. 3211-39).

III. VENTES MOBILIÈRES DES COLLECTIVITÉS TERRITORIALES ET DE LEURS ÉTABLISSEMENTS PUBLICS

Les articles L. 3211-17 et suivants ne s'appliquent ni aux collectivités territoriales ni à leurs établissements publics. Cela signifie que leurs ventes mobilières sont libres ; ainsi, il n'y a pas ici d'interdiction absolue de vente à un prix inférieur à la valeur vénale. Les règles doivent donc être directement déduites de la jurisprudence constitutionnelle : les ventes mobilières doivent être réalisées aux conditions du marché lorsque l'acquéreur est une personne poursuivant des fins d'intérêt privé. En revanche, si l'acquéreur est une personne privée exerçant une activité d'intérêt général (comme certaines associations, par ex.), la vente mobilière pourra être effectuée à un prix inférieur à la valeur vénale des biens. Il en est de même lorsque l'acquéreur est une autre personne publique. La seule exception semble être la vente de coupes de bois, qui doit être réalisée par adjudication et, par conséquent, conclue avec la personne qui offre le meilleur prix (C. for., art. L. 214-6 s. et D. 214-22 s.). Cette différence de régime juridique entre les ventes mobilières de l'État et de ses établissements publics, d'une part, les ventes mobilières des autres personnes publiques, d'autre part, rompt une fois encore la cohérence du dispositif d'ensemble, sans que l'on en comprenne les raisons.

Il est simplement possible pour les collectivités territoriales, leurs groupements ou leurs établissements publics de demander à la DNID de procéder à l'aliénation, avec publicité et mise en concurrence, des biens et droits mobiliers qui leur appartiennent (CGPPP, art. R. 3211-41. – Reprise de l'anc. art. R. 149 C. dom. Ét.). Mais l'intervention de l'État ne peut se faire ici que sur demande des collectivités ou de leurs établissements. ❑

1. *Compétence juridictionnelle.* Les mutations de propriété relèvent en principe de la compétence des tribunaux judiciaires. En conséquence, aucune disposition législative n'ayant donné compétence à la juridiction administrative pour statuer sur les différends qui peuvent s'élever au sujet des procès-verbaux de ventes d'épaves maritimes rédigés par les administrateurs de l'inscription maritime en application de l'ordonnance sur la marine d'août 1681, le recours doit être rejeté. • CE, sect., 8 févr. 1952, *Carel*, n° 88126 : *Lebon 91 ; S. 1952. 3. 108.*

2. Les actes de vente d'objets mobiliers appartenant à l'État sont des contrats de droit commun dont il appartient aux tribunaux judiciaires de connaître. • CE 22 juill. 1977, *Sté Cantieri Navali Santa Maria*, n° 97448 : *Lebon 346 ; Dr. adm. 1977, n° 291.* ♦ V. aussi • CE 23 mars 1923, *Tristant : Lebon 307* • 22 déc. 1922, *Lassus : Lebon 984* • T. confl. 26 juill. 1911, *Souveyron c/ État : Lebon 878.*

3. Le contrat sera toutefois administratif s'il comporte des clauses exorbitantes. • CE 2 oct. 1981, *Cne de Borce*, n° 13097 : *Lebon T. 653.* ♦ Il en est ainsi d'un contrat ayant pour objet la vente du Clemenceau, classé matériel de guerre et soumis à un régime particulier contraignant. • Paris, 11 oct. 2005, *Ban Asbestos France : AJDA 2006. 45, note Dreyfus*. ♦ Le contrat est également administratif s'il est soumis à un régime exorbitant. Tel est le cas des ventes de produits réalisés par les élèves des lycées professionnels. • TA Lyon, 5 déc. 2013, *Mme Sauzet*, n° 1107984 : *BJCP 2014. 83, concl. Béroujon et obs. S. N.* ♦ C'est également le cas pour la vente d'un navire par les Terres australes et antarctiques françaises. • CAA Bordeaux, 24 mai 2018, *Sté IOE Ltd c/ TAAF*, n° 15BX00402 : *AJDA 2018. 1540, concl. Normand ; Rev. CMP 2018. Chron. 7, obs. Soler-Couteaux, Zimmer et Waltuch ; JCP Adm. 2018. 2224, obs. Chamard-Heim.*

4. Est par ailleurs une question préjudicielle relevant du juge administratif l'appréciation de la validité des formes de la vente et celle des faits constatés par le procès-verbal d'adjudication. • T. confl. 26 juill. 1911, *Souveyron c/ État : préc. note 2.* ♦ V. égal. • CE 16 mai 1944, *Sté Détroye, Giraud et Cie*, n° 71570 : *Lebon 139* • 2 oct. 1981, *Cne de Borce*, n° 13097 : *préc. note 3.*

5. Pour des considérations de défense nationale, d'utilité publique ou d'opportunité, des cessions amiables peuvent être consenties. Le service des Domaines a donc pu décider de céder de gré à gré en vue de leur démolition le croiseur « Montcalm » et le cuirassé « Jean-Bart » à la Société des chantiers navals varois « Les Abeilles ». • CE 22 juill. 1977, *Sté Cantieri Navali Santa Maria*, n° 97448 : *préc. note 2.*

6. L'offre de vente par la SNCF de voitures de voyageurs devenues inutilisables à des entreprises de recyclage de déchets n'entre pas dans le champ d'application des directives et des dispositions internes en matière de marchés publics, dès lors que le traitement des déchets vise à la satisfaction d'un objectif public d'intérêt général d'ordre environnemental dont il incombe à la SNCF d'assurer le respect et que les obligations que celle-ci met à la charge de ses cocontractants n'ont pas pour objet de satisfaire ses besoins, si ce n'est de réaliser à sa place la destruction des déchets, et ne lui apportent donc aucun intérêt économique direct. Le contrat passé entre la SNCF et l'entreprise de recyclage des déchets est un contrat mixte, regroupant une vente de chaudrons et le traitement de ces déchets, dont l'objet principal est la vente au mieux-disant des chaudrons ; si la SNCF, qui demeure responsable de la gestion des déchets jusqu'à leur élimination, tire un intérêt direct de la bonne réalisation de ce traitement, celui-ci vise à la satisfaction d'un objectif public d'intérêt général d'ordre environnemental, de sorte que les obligations que la SNCF met à la charge de ses cocontractants à cette fin, qui n'ont pas pour objet de satisfaire ses besoins, ne lui apportent aucun intérêt économique direct. • Com. 23 juin 2015, n° 14-12.419 P : *JCP Adm. 2015. Actu. 664.*

SECTION II **AUTRES MODES**

SOUS-SECTION 1 **ÉCHANGE**

BIBL. ▸ BRICKER, Le domaine forestier de l'État en péril ? A propos de l'inaliénabilité de plus en plus relative des forêts domaniales, *Envir. mai 2013. 17.* – V. Bibl. art. L. 1111-1.

Art. L. 3211-21 L'échange des biens et des droits à caractère immobilier qui appartiennent à l'État est consenti dans les conditions fixées par décret en Conseil d'État. – *V. art. R. 3211-43 s. – [C. dom. Ét., art. L. 41, ecqc les aliénations par voie d'échange.]*

(L. n° 2012-1509 du 29 déc. 2012, art. 51-I-2°) **« Les bois et forêts de l'État ne peuvent être échangés qu'avec des biens de même nature, après accord du ministre chargé des forêts. L'échange des immeubles mentionnés à l'article L. 3211-5-1 est subordonné aux mêmes conditions que leur aliénation. »**

COMMENTAIRE

L'alinéa 1er de l'article L. 3211-21 se borne à renvoyer vers des dispositions aujourd'hui codifiées aux articles R. 3211-43 et suivants, sachant que les cas des établissements publics de l'État n'est pas explicitement traité. Issu de la loi n° 2012-1509 du 29 décembre 2012, l'alinéa 2 intéresse le cas particulier des bois et forêts de l'État ; si l'article L. 3211-5, alinéa 1er CGPPP exige en principe l'intervention du législateur pour leur aliénation, l'échange est cependant possible par simple décision ministérielle. Cet assouplissement des règles ordinaires se trouve balancé par l'exigence d'une transaction entre biens de même nature (étant entendu que les surfaces échangées peuvent être très différentes, puisque l'Office national des forêts applique un coefficient multiplicateur variant de 3 à 5 en cas de demande d'échange de parcelles de forêts domaniales contre des parcelles privées : Rép. min. n° 16364 : *JO Sénat Q, 9 déc. 2010, p. 3189 ; JCP N 2011. Actu. 258*).

Voir le commentaire sous l'article L. 1111-1. ❑

Art. L. 3211-22 Lorsque le bien faisant l'objet du contrat d'échange est grevé d'inscriptions, la partie qui apporte le bien en échange est tenue d'en rapporter mainlevée et radiation dans un délai de trois mois à compter de la notification qui lui en aura été faite par l'autorité compétente, sauf clause contraire de ce contrat stipulant un délai plus long. A défaut, le contrat d'échange est résolu de plein droit. – *[C. dom. Ét., art. L. 43, ecqc les aliénations par voie d'échange.]*

COMMENTAIRE

Voir le commentaire sous l'article L. 1111-1. ❑

Art. L. 3211-23 Les collectivités territoriales, leurs groupements et leurs établissements publics peuvent céder des biens et des droits, à caractère mobilier et immobilier, par voie d'échange. Ces opérations d'échange s'opèrent dans les conditions fixées par le code général des collectivités territoriales ou par le code de la santé publique.

COMMENTAIRE

Voir le commentaire sous l'article L. 1111-1. ❑

SOUS-SECTION 2 APPORT

Art. L. 3211-24 Les dispositions de l'article L. 3211-6 sont applicables aux apports d'immeubles bâtis et non bâtis qui font partie du domaine privé de l'État en vue de la réalisation d'opérations d'aménagement ou de construction. – *[C. dom. Ét., art. L. 51.]*

V. art. R. 3211-47.

BIBL. ▸ Bettio, La circulation des biens entre personnes publiques, *LGDJ, 2011*.

COMMENTAIRE

Le CGPPP ne prévoit pas de dérogations expresses au principe de la cession des biens publics à leur valeur de marché (auquel son art. L. 3211-7 renvoie *a contrario*) dans les relations entre personnes publiques, alors que les transferts gratuits y sont à la fois fréquents et nécessaires. Il est vrai que cette exigence ne s'impose, selon la jurisprudence constitutionnelle, qu'à l'égard des cessions aux personnes poursuivant des fins d'intérêt privé (*J.-Cl. Propriétés publiques, fasc. 60*).

La seule « fenêtre » prévue est celle de l'apport domanial (CGPPP, art. L. 3211-24. – V. précédemment : C. dom. Ét., art. L. 51).

Elle est, en premier lieu, utilisée pour procéder à des transferts gratuits au profit de personnes privées (par ex., s'agissant de la société Thermes nationaux d'Aix-les-Bains : L. n° 2009-879 du 21 juill. 2009, art. 134-III. – Arr. du 14 janv. 2010. – Ou, concernant l'apport des biens de l'Agence de l'innovation industrielle à la SA OSEO Innovation : Décr. n° 2007-1629 du 19 nov. 2007). L'article 54 de la loi du 24 novembre 2009 relative à l'orientation et à la formation professionnelle tout au long de la vie, qui prévoyait un apport gratuit en pleine propriété à l'Association nationale pour la formation professionnelle des adultes (AFPA), au 1er avril 2010, des biens de l'État jusqu'alors mis à sa disposition, a été invalidé par le Conseil constitutionnel (Cons. const. 17 déc. 2010, n° 2010-67/86 QPC, *Région Centre et région Poitou-Charentes* : *AJDA 2010. 2455, obs. de Montecler* ; *Dr. adm. 2011. Comm. 30, note Marchand* ; *JCP Adm. 2011, n° 1, p. 24, note Yolka* ; *ibid., n° 27, p. 14, chron. Chamard-Heim* ; *RDI 2011. 114, note Leonetti* ; *RJEP 2011, n° 49, note Pauliat*. – V., pour les arrêts de renvoi : CE 22 sept. 2010, *Région Centre* : *AJDA 2010. 1969*. – CE 18 oct. 2010, *Région Poitou-Charentes, n° 342916*. – V., aussi, ayant ultérieurement refusé de considérer que le transfert des compétences en la matière aux régions impliquerait une obligation pour l'État de leur transférer les biens utilisés par l'AFPA en pleine propriété : CE 5 oct. 2011, *Région Centre, n° 326332*). La loi n° 2014-1545 du 20 décembre 2014 (art. 43. – V. C. com., art. L. 711-17. – *JCP Adm. 2015, p. 2065, comm. Devès*) a pour sa part prévu la possibilité d'apport en propriété des chambres de commerce et d'industrie aux établissements d'enseignement supérieur consulaire, moyennant un mécanisme d'opposition à cession.

L'apport domanial permet, en second lieu, de procéder à des transferts gratuits au profit de personnes publiques (V. pour les établissements publics : Décr. nos 2006-1280 et 2006-1281 du 19 oct. 2006, *Agence foncière et technique de la région parisienne*. – L. n° 2007-254 du 27 févr. 2007, art. 3, *établissement public de gestion du quartier d'affaires de La Défense*. – L. n° 2013-431 du 28 mai 2013, art. 27, *Voies navigables de France*. – Décr. n° 2006-381 du 30 mars 2006, n° 2007-1471 du 15 oct. 2007, n° 2009-310 du 19 mars 2009, n° 2015-171 du 13 févr. 2015, *établissement public d'insertion de la défense d'immeubles domaniaux*. – V. pour les collectivités locales : Décr. n° 2006-1282 du 19 oct. 2006, portant apport d'immeubles domaniaux à la commune d'Aulnay-sous-Bois).

Il est permis de s'interroger sur le sens de la notion d'apport – reprise du droit des sociétés (*J.-Cl. Sociétés traité, Théorie des apports, fasc. 10-10 à 10-50*. – Buchberger, Le contrat d'apport, *Panthéon-Assas, 2011*. – Régnault-Moutier, La notion d'apport en jouissance, *LGDJ, 1998*. – Pour un cas particulier, Sorbara, Les sociétés publiques locales et la propriété publique, *RFDA 2012. 1140*) – dans les relations entre l'État et les autres personnes publiques (V. par analogie, relevant cette ambiguïté à propos des apports des collectivités territoriales aux organismes d'HLM prévus par l'art. L. 431-4 CCH et l'art. L. 1523-5 CGCT : Leroy, Les notaires au service des collectivités territoriales : *RLCT juill. 2008, dossier spécial, Les collectivités territoriales et le*

CGPPP, p. 50). On notera que l'apport en propriété n'interdit pas le retour gratuit de l'immeuble à l'État (par ex. : Décr. n° 2008-1257 du 1er déc. 2008 pour l'établissement public d'insertion de la défense – Décr. n° 2009-1215 du 9 oct. 2009, Décr. du 4 oct. 2010 et Décr. n° 2012-651 du 4 mai 2012 pour l'établissement public d'insertion de la défense). C'est dire l'originalité de ce système d'apport, qui dément l'adage selon lequel « donner et retenir ne vaut ».

Pour l'heure, le dispositif demeure incomplet, les décrets en Conseil d'État prévus par les articles L. 3211-1 et L. 3211-21 n'étant pas encore intervenus. Le seul complément réglementaire correspond à l'article R. 3211-47, qui prolonge l'article L. 3211-24 (d'une part) et prévoit une réduction du prix des terrains en cas d'apport consenti au profit d'un organisme d'HLM (d'autre part). ❑

Contentieux de l'apport. La contestation d'un contrat d'apport transférant à une SEM les éléments d'actif et de passif figurant au bilan d'une régie, qui ne comporte aucune clause exorbitante, ressortit à la compétence de la juridiction judiciaire (solution retenue pour une commune, mais qu'aucune raison ne commande d'écarter – *mutatis mutandis* – pour l'État). • CAA Lyon, 31 janv. 2019, *G. et a.*, n° 16LY03180.

SOUS-SECTION 3 REMISE EN JOUISSANCE DES CASERNES

Art. L. 3211-25 Les casernes dont la nue-propriété appartient aux communes et dont l'usufruit a été réservé à l'État pour l'occupation par des corps de troupes sont remises pour la jouissance entière aux communes qui en font la demande, dans le cas où les troupes cessent, à titre définitif, d'utiliser ces casernes. – *[C. dom. Ét., art. L. 59.]*

BIBL. ▸ Chamard-Heim et Yolka (dir.), Patrimoine(s) et équipements militaires : aspects juridiques, *Inst. univ. Varenne, Lextenso, 2018.* – Le Moult, Le domaine militaire français, *thèse Géographie, Metz, 1986.* – Coutant, Le domaine militaire, *Rev. adm. 1954. 282.* – Montmey, Le domaine militaire aux colonies, *th. Dijon, 1938.* – Bertout, Le domaine militaire. Étude de législation, de jurisprudence et de pratique administrative, *Rousseau, 1909.*

COMMENTAIRE

Cette disposition tire ses origines lointaines d'un décret impérial du 23 avril 1810 et d'une ordonnance royale du 5 août 1818 (art. 13) – ensuite repris par le code du domaine de l'État (art. L. 93, puis art. L. 59). La référence aux notions de nue-propriété et d'usufruit ne doit pas être entendue à la lettre, la jurisprudence (V. notes *infra*) ayant eu l'occasion de rejeter l'application du code civil en la matière.

Il existe un autre cas d'usufruit en matière militaire. La loi de finances pour 2010 (L. n° 2009-1673 du 30 déc. 2009 : *JO 31 déc., p. 22856 ; BJCP 2010. 427, obs. Terneyre*) a prévu, en son article 61, que l'État peut céder l'usufruit de tout ou partie des systèmes de communication militaires par satellites, aux termes d'un contrat précisant les conditions qui permettent d'assurer la continuité du service public de la défense (V. aussi, Décr. n° 2010-675 du 18 juin 2010. – Pour des appréciations critiques, Yolka, L'usufruit administratif, *AJDA 2010. 423* ✎. – C. comptes : *Rapp. public 2011, p. 507*).

D'autres hypothèses d'usufruit impliquant des personnes publiques existent en droit positif, qui concernent le domaine privé (le domaine public ne pouvant être grevé, sauf loi contraire, d'un droit réel civil). Ainsi, dans les forêts dites « départemento (ou départementalo) – domaniales » outre-mer – qui sont gérées par l'ONF –, la nue-propriété du foncier reste au département, tandis que l'État en a l'usufruit (Arr. intermin. du 30 juin 1948). Et la jurisprudence donne à voir des cas de personnes privées usufruitières de biens publics (par ex. TA Amiens, 2 juill. 2019, *Assoc. Compagnie privilégiée des grands archers de St-Sébastien de Doullens* : *JCP Adm. 2019, 2306, étude Haïli*). En sens inverse, il arrive qu'une personne publique dispose de l'usufruit d'un immeuble dont une personne privée conserve la nue-propriété (V., à propos du mécanisme prévu par l'art. 5 de la L. n° 2013-61 du 18 janv. 2013 relative à la mobilisation du foncier public en faveur du logement et au renforcement des obligations de production de logement social, Durand-Pasquier, L'usufruit locatif social : une technique de création de logements sociaux rapide mais temporaire, *Constr.-Urb. 2012. Actu. 81.* – Clamour, L'État peut recourir au bail en convention d'usufruit en vue de la réalisation de logements sociaux, *Rev. CMP mars 2013, n° 3. Comm. 59*). On a, enfin, pu expliquer la situation juridique de la monnaie en recourant à la distinction entre usufruit et nue-propriété (Tarlet, Les biens publics mobiliers, *Dalloz, 2017*). ❑

Usufruit et nue-propriété des casernes. V., rejetant l'application des articles du C. civ. régissant les rapports entre usufruitier et nu-propriétaire : • CE 6 août 1907, *Min. Guerre : Lebon 787 ; S. 1910. 3. 10, note anonyme.* ♦ V. aussi : • CE 19 déc. 1952, *Ville de Toulouse : Lebon 590.* ♦ Saisie sur recours d'un contribuable, une juridiction d'appel a pu considérer que la commune recouvre la jouissance d'une caserne dont elle a conservé la nue-propriété, dès lors que ce bâtiment n'est plus occupé par l'armée depuis plusieurs décennies, sans qu'il soit besoin d'une désaffectation par l'État. • CAA Nantes, 28 juin 2005, *Hergas : AJDA 2005. 1966 ; BJCL 2005. 760, concl. Coënt et obs. Bonichot ; JCP Adm. 2005, p. 1476, n° 6, chron. Vandermeeren.* ♦ V. de plus, concernant la rétrocession à la commune du droit d'usufruit sur l'immeuble qui hébergeait jusque-là le Cercle mixte de garnison de Toulouse. • CAA Bordeaux, 29 déc. 2005, *X.*, n° 02BX02315.

CHAPITRE II CESSIONS À TITRE GRATUIT

SECTION PREMIÈRE DOMAINE IMMOBILIER

Art. L. 3212-1 Lorsque les monuments aux morts pour la France ou à la gloire des armes françaises ou des armes alliées sont édifiés sur des terrains faisant partie du domaine privé de l'État, l'autorité compétente *[V. art. R. 3212-1]* **peut consentir aux communes intéressées la cession gratuite de l'emplacement reconnu nécessaire à leur érection.** – *[C. dom. Ét., art. L. 65.]*

BIBL. ▶ https ://monumentsmorts.univ-lille.fr/blog/actualite/279/bibliographie-sur-les-monuments-aux-morts/ – Mesmin d'Estienne, L'État et la mort, *LGDJ, 2016.* – Touzeil-Divina, Bouteille-Brigant et Boudet (dir.), Traité des nouveaux droits de la mort, *L'Epitoge, 2014.* – Deliancourt et Lantero, Les maires et les monuments dédiés aux morts de la première guerre mondiale, *JCP Adm. 2011, n° 23, p. 13.* – Deliancourt, Les contrôles du maire sur l'érection d'un cénotaphe et les mentions qui y sont portées, *BJCL 2011. 154.* – Thorette (dir.), Rapport du groupe de travail « Monuments aux morts en opérations extérieures », *Doc. fr., 2011.* – X., Monuments aux morts. Modalités pour inscription de noms, *La vie cnale et dptale 2008, n° 915.* – Tainturier, Le monument aux morts face au principe de laïcité, concl. sur TA Dijon, 20 sept. 2007, Rossi : *AJDA 2007. 2195*. – Prost, Les monuments aux morts. Culte républicain. Culte civique ?, Culte patriotique ?, *in* Nora (dir.), Les lieux de mémoire, *Gallimard, 1997, t. 1, p. 199 s.* – Auby et Rials, Votre commune et la mort. Aspects juridiques, techniques, financiers, *Le Moniteur, 1981.*

COMMENTAIRE

Cette disposition reprend en substance l'article L. 65 du code du domaine de l'État, en vertu duquel le service des Domaines était autorisé à consentir aux communes la cession gratuite des terrains destinés à l'édification de monuments aux morts. Il y a là une dérogation législative traditionnelle au principe d'incessibilité des propriétés publiques sous leur valeur réelle, dont la portée symbolique n'est pas négligeable, même si les enjeux économiques sont limités (vu la faiblesse des surfaces en cause). L'article R. 3212-1 précise que l'autorité compétente est le préfet sur proposition du directeur départemental des finances publiques. La loi n° 2012-273 du 28 février 2012 (art. 2) a rendu obligatoire l'inscription, sur le monument aux morts de sa commune (de naissance ou de dernière domiciliation) ou sur une stèle voisine, du nom du défunt dont la mention « Mort pour la France » a été portée sur l'acte de décès. ❑

Les monuments aux morts sont parfois édifiés sur des terrains privés, V. en outre, jugeant qu'un calvaire édifié sur le domaine privé fait partie de ce dernier : • TA Amiens, 28 déc. 2011, *Margot : JCP Adm. 2012. 2325, n° 24, chron. Chamard-Heim.* ♦ Ce n'est pas un obstacle à l'appartenance de tels monuments au domaine public, la dissociation verticale entre propriété privée du terrain et propriété publique du monument étant admise, V., à propos de l'action possessoire d'une commune visant à faire libérer l'accès à un tel monument. • Besançon, 3 oct. 2001, *Pregaldiny : Juris-Data n° 153013.* ♦ Bien entendu, ces monuments ont la qualité d'ouvrage public. • CAA Bordeaux, 13 déc. 2005, *Mlle X. c/ Cne de Martignas-sur-Jalle*, n° 02BX01345 • CAA Lyon, 29 déc. 1989, *Fasolini*, n° 89LY00460 (sol. impl.) ♦ Et il appartient au maire d'en protéger l'affectation. • CE 28 juill. 1993, *Assoc. Laissez-les vivre-SOS futures mères*, n° 107990 : *Lebon 235.* ♦ Celle-ci n'exclut pas l'apposition d'une plaque commémorative en mémoire d'un officier de gendarmerie victime du terrorisme. • TA Poitiers, 19 déc. 2019, *B. c/ Cne Fontaine-le-Comte*, n° 1802123. ♦ La dissociation peut également jouer en sens inverse, V., pour un monument aux morts privé édifié dans un square appartenant au domaine public. • CAA Marseille, 10 juin 2011, *Féd. des combattants républicains*, n° 09MA01765.

SECTION II DOMAINE MOBILIER

SOUS-SECTION 1 DISPOSITIONS APPLICABLES À L'ÉTAT ET À SES ÉTABLISSEMENTS PUBLICS

Art. L. 3212-2 Par dérogation aux dispositions du premier alinéa de l'article L. 3211-18, peuvent être réalisées gratuitement :

1° Les cessions de biens meubles dont la valeur n'excède pas des plafonds fixés par l'autorité désignée par décret en Conseil d'État *[V. art. R. 3212-2]* à des États étrangers dans le cadre d'une action de coopération ;

2° Les cessions de biens meubles dont la valeur unitaire n'excède pas un plafond fixé comme il est dit au 1° à des associations relevant de la loi du 1er juillet 1901 relative au contrat d'association visées au 1 *b* de l'article 238 *bis* du code général des impôts et dont les ressources sont affectées à des œuvres d'assistance, notamment à la redistribution gratuite de biens meubles aux personnes les plus défavorisées. Ces associations ne peuvent procéder à la cession, à titre onéreux, des biens ainsi alloués à peine d'être exclues définitivement du bénéfice des présentes mesures ;

3° Les cessions des matériels informatiques dont les services de l'État ou de l'un de ses établissements publics n'ont plus l'emploi et dont la valeur unitaire n'excède pas un seuil fixé par décret *[V. art. D. 3212-3]* aux associations de parents d'élèves *(L. n° 2020-105 du 10 févr. 2020, art. 38)* « , aux associations de soutien scolaire, aux associations reconnues d'utilité publique » et aux associations d'étudiants. Les associations s'engagent par écrit à n'utiliser les matériels qui leur sont cédés que pour l'objet prévu par leurs statuts, à l'exclusion de tout autre. Elles ne peuvent procéder à la cession, à titre onéreux, des biens ainsi alloués, à peine d'être exclues du bénéfice des présentes mesures ;

4° Les cessions de matériels et d'équipements destinés à l'enseignement et à la recherche scientifiques, lorsqu'ils ont été remis, dans le cadre d'une convention de coopération, à un organisme assurant des missions de même nature ;

(L. n° 2009-526 du 12 mai 2009, art. 121-I) « 5° Les cessions des matériels informatiques et des logiciels nécessaires à leur utilisation, dont les services de l'État ou de l'un de ses établissements publics n'ont plus l'emploi et dont la valeur unitaire n'excède pas un plafond fixé par décret *[V. art. D. 3212-4]*, aux personnels des administrations concernées ; » — *[C. dom. Ét., art. L. 69-1, al. 2 à 4.]*

(L. n° 2009-928 du 29 juill. 2009, art. 17) « 6° Les cessions de biens meubles, dont le ministère de la défense n'a plus l'emploi, à des associations ou organismes agissant pour la préservation ou la mise en valeur du patrimoine militaire, ou contribuant au renforcement du lien entre la Nation et son armée ; »

(L. n° 2016-925 du 7 juill. 2016, art. 106) « 7° Les cessions des biens de scénographie dont l'État et ses établissements publics n'ont plus l'usage, au profit de toute personne agissant, à des fins non commerciales, dans le domaine culturel ou dans celui du développement durable » ;

(Ord. n° 2017-562 du 19 avr. 2017, art. 11) « 8° Les cessions au profit d'États étrangers de biens meubles du ministère de la défense, y compris de matériels de guerre et assimilés, lorsqu'elles contribuent à une action d'intérêt public, notamment diplomatique, d'appui aux opérations et de coopération internationale militaire. Les cessions peuvent concerner des biens acquis à cette fin ou des biens dont le ministère de la défense n'a plus l'emploi. La valeur des biens cédés ne peut dépasser un plafond annuel fixé par arrêté conjoint du ministre de la défense et du ministre des finances » ; — *V. Arr. du 27 févr. 2018 (JO 8 mars), fixant le plafond annuel à 50 000 000 euros.*

(Ord. n° 2017-1117 du 29 juin 2017, art. 2-2°) « 9° Les cessions des biens archéologiques mobiliers déclassés, dans les conditions prévues à l'article L. 546-6 du code du patrimoine. »

(L. n° 2020-105 du 10 févr. 2020, art. 52) « 10° Les cessions de constructions temporaires et démontables dont les services de l'État ou de l'un de ses établissements

publics n'ont plus l'emploi aux structures définies au II de l'article L. 3332-17-1 du code du travail relevant de l'économie sociale et solidaire dans le but d'en éviter la démolition, conformément aux objectifs mentionnés au II de l'article L. 541-1 du code de l'environnement. Préalablement à leur cession, les biens font l'objet d'une désaffectation et d'un déclassement conformément aux dispositions de l'article L. 2141-1 du présent code et de l'article L. 2241-1 du code général des collectivités territoriales. Les biens mentionnés au présent 10° sont proposés sur le site électronique de dons mis en ligne par la direction nationale d'interventions domaniales. »

BIBL. ▸ **Thèse :** Tarlet, Les biens publics mobiliers, *Dalloz, 2017*.

Encyclopédie : Yolka, Protection des propriétés publiques. Régime général, *J.-Cl. Propriétés publiques, fasc. 60*. – Chamard-Heim, Cession des meubles publics. Droit commun, *J.-Cl. Propriétés publiques, fasc. 84*. – Joye et Deliancourt, Ventes mobilières domaniales. Régimes spéciaux, *J.-Cl. Propriétés publiques, fasc. 86*.

Articles : Clamour, Décret du 30 décembre 2009 relatif aux cessions gratuites de matériels informatiques, *Rev. CMP 2010. Comm. 55*. – Gousseau, Une certaine générosité publique : les abandons de créances étatiques, *Mél. Lachaume, Dalloz, 2007, p. 591*. – Bazex, Les personnes publiques peuvent-elles faire des libéralités ?, *in* La gratuité, une question de droit ? (dir. Koubi et Guglielmi), *L'Harmattan, 2003, p. 151*. – Bourrachot, La liberté des personnes publiques de disposer de leurs biens, *RFDA 2003. 1110* . – Barcella, Cession des matériels informatiques anciens, *Marchés publ. 1991, n° 258, p. 40*. – Lavialle, Le prix de vente des biens du domaine privé, *JCP 1991. I. 3519*.

COMMENTAIRE

I. CHAMP D'APPLICATION

L'article L. 3212-2 concerne les ventes à titre gratuit des meubles de l'État et de ses établissements publics (V., auparavant : C. dom. Ét., art. L. 69-1), tandis que l'article L. 3212-3 est applicable aux collectivités territoriales, à leurs groupements et à leurs établissements publics.

Sont ici exclusivement concernées les cessions mobilières à titre gratuit, lesquelles sont présentées comme une exception au principe de cession à la valeur de marché posé par l'article L. 3211-18. Sur le plan de la méthode, l'articulation est un peu malheureuse, l'article L. 3211-18 figurant dans le chapitre relatif aux cessions à titre onéreux. Il eût été plus logique d'introduire ces articles L. 3212-2 et L. 3212-3 par une disposition générale, interdisant les cessions gratuites de meubles publics, et de les présenter comme une dérogation à cette interdiction générale.

Il y a au total, dans le CGPPP, dix dérogations au principe d'interdiction de la cession gratuite des meubles publics : six sont propres à l'État et ses établissements, quatre sont communes à toutes les personnes publiques. Elles sont toutes justifiées par un motif d'intérêt général. Mais d'autres dérogations peuvent subsister parallèlement à la codification ; ainsi, des attributions gratuites d'objets de Sèvres peuvent être effectuées par voie d'arrêtés signés du ministre chargé de la culture pour les cadeaux du président de la République (L. n° 54-405 du 10 avr. 1954, art. 8, *JO 11 avr.*).

II. DÉROGATIONS PROPRES À L'ÉTAT ET À SES ÉTABLISSEMENTS PUBLICS

L'État et les établissements publics nationaux peuvent tout d'abord céder, à titre gratuit, des biens meubles à des États étrangers dans le cadre d'actions de coopération (CGPPP, art. L. 3212-2-1°, et R. 3212-2. – Pour un ex. à propos de matériels de l'Établissement français du sang cédés gratuitement à l'ANTS du Bénin, Min. aff. soc., Décis. n° D 2017-03 du 2 févr. 2017 portant cession gratuite de biens meubles à un État étranger au titre d'actions de coopération, *BO Santé, 18 avr. 2017*). Pour ce faire, la valeur unitaire des biens donnés doit être inférieure à des plafonds qui sont fixés par arrêté ministériel ; il n'existe à ce jour qu'un seul plafond qui est, depuis 2002, de 1 500 € (Arr. du 3 sept. 2001, art. 1er, *JO 11 sept.* – Art. A. 115-1 C. dom. Ét.). Il n'y a pas eu de nouvel arrêté depuis l'adoption de la partie réglementaire du CGPPP (V. art. R. 3212-2). A l'origine, le code du domaine de l'État réservait cette possibilité aux « biens autres que les véhicules automobiles » (art. L. 69-1, al. 2). L'exclusion des véhicules automobiles a été levée par le CGPPP : désormais, tous les meubles de l'État et de ses établissements publics, à condition qu'ils soient aliénables, peuvent être cédés à titre gratuit à des États étrangers (matériel de bureau et informatique, machines, véhicules, logiciels, etc.). Dès qu'un ministère souhaite, dans le cadre d'un accord de coopération, apporter une aide matérielle à un État, il doit en informer le service compétent (il s'agissait jusqu'en 2016 de France Domaine, devenu la Direction de l'immobilier de l'État. On peut supposer que ce service est aujourd'hui la Direction nationale d'interventions domaniales). L'ordonnance du 19 avril 2017 (art. 11), insérant un 8° à cet article, a également prévu le cas particulier de la cession de biens meubles du ministère de la défense au profit d'États étrangers (et non de factions armées). Ces cessions sont possibles dès lors qu'elles contribuent à une « action d'intérêt public, notamment, diplomatique, d'appui aux opérations et de coopération internationale militaire ». N'importe quel bien mobilier des armées peut ainsi être cédé, « y compris de matériels de guerre et assimilés ». Il peut s'agir de biens dont le ministère de la défense n'a plus l'emploi (au terme par exemple d'une opération extérieure de l'armée française) ou de biens acquis par l'État français aux fins de cession au profit d'États étrangers. La valeur des biens cédés dans ce cadre ne peut dépasser un plafond annuel fixé par arrêté conjoint du ministre de la Défense et du ministre des Finances qui s'élève à 50 millions d'euros par an (Arr. du 27 févr. 2018, *JO 8 mars*. – Instr. n° 16821/ARM/SGA/DAF/RFC3 du 22 juin 2018, relative à la détermination de la valeur des biens meubles cédés gratuitement au titre du 8° de l'art. L. 3212-2 CGPPP et n'ayant pas le statut de matériels de guerre et assimilés).

L'État et les établissements publics nationaux peuvent aussi transférer gratuitement la propriété de biens meubles à des personnes privées, et notamment à des associations reconnues d'utilité publique ayant un caractère philanthropique, social ou humanitaire, ainsi qu'à des associations cultuelles ou de bienfaisance (CGI, art. 238 *bis*, 1 *b*). Plusieurs conditions sont posées afin que la cession gratuite soit légale (CGPPP, art. L. 3212-2-2° et R. 3212-2) : la valeur unitaire des biens meubles doit être inférieure à un plafond (qui est depuis 2002 de 300 € : Arr. du 3 sept. 2001, art. 1er : *JO 11 sept*. – Art. A. 115-1 C. dom. Ét.), les ressources de l'association doivent être affectées à des œuvres d'assistance, notamment la redistribution gratuite de biens meubles aux personnes les plus défavorisées et, enfin, les associations ne peuvent pas revendre à titre onéreux les biens que l'État ou les établissements publics nationaux leur ont donnés. Tous les meubles peuvent désormais être ainsi donnés, y compris les véhicules automobiles (*contra*, auparavant : C. dom. Ét., art. L. 69-1, al. 3). C'est un moyen pour l'État de donner son matériel informatique obsolète (Circ. secr. d'Ét. budget du 1er déc. 2000 : *JO 20 janv. 2001, p. 1056*), mais aussi des biens de première nécessité (vêtements, mobilier, petit électroménager). En revanche, les autres associations, comme les associations caritatives ou humanitaires, ne peuvent pas relever de ce dispositif (QE n° 18553, *JOAN 13 août 2019, p. 7470*).

Une autre dérogation au principe de cession à la valeur de marché a été apportée par le CGPPP (art. L. 3212-2-4°) : l'État et ses établissements publics peuvent céder à titre gratuit des meubles à des organismes d'enseignement et à des organismes de recherche scientifique (qu'ils soient publics ou privés, semble-t-il). Cette fois-ci, aucun plafond n'est institué, mais tous les meubles nationaux ne sont pas visés : cette disposition est réservée aux matériels et équipements destinés à l'enseignement et à la recherche scientifique, à condition qu'ils aient déjà été remis à l'organisme dans le cadre d'une convention de coopération.

La loi n° 2009-928 du 29 juillet 2009 relative à la programmation militaire pour les années 2009 à 2014 a ajouté une nouvelle dérogation (CGPPP, art. L. 3212-2-6°). Le ministère de la Défense peut céder à titre gratuit les biens meubles, dont il n'a plus l'emploi, à des associations ou organismes agissant pour la préservation ou la mise en valeur du patrimoine militaire ou contribuant au renforcement du lien entre la Nation et son armée. Cette nouvelle possibilité permet par exemple au ministère de la Défense de céder un véhicule terrestre, une embarcation ou un aéronef à une association ou une collectivité locale qui s'engagerait à le remettre en état et à le conserver ou l'exposer ; de donner des tenues et uniformes pour enrichir la collection d'une association à vocation muséale ; de céder des équipements divers ou des instruments de musique permettant l'organisation d'un événement sportif ou d'une prestation musicale par un centre culturel ; ou encore de céder à titre gratuit des engins de travaux publics, des matériels ou des fournitures courantes favorisant une action éducative ou de formation organisée par un lycée professionnel ou l'action d'un centre de formation pour adultes. Il faut noter que le législateur n'a fixé aucun plafond (plus généralement, pour l'ensemble des cessions à titre gratuit de biens meubles du ministère de la Défense, Instr. n° 302/DEF/SGA/DMPA/SDIE du 14 févr. 2013, pt 2.5 et Instr. n° 7400/ARM/DCSCA/SDM/BLOG du 10 déc. 2018 fixant les modalités de cession et de transfert de gestion des biens mobiliers relevant du service du commissariat des armées, BOC, 10 janv. 2019, texte 3).

Enfin, l'article 52 de la loi n° 2020-105 du 10 février 2020 relative à la lutte contre le gaspillage et à l'économie circulaire a instauré une dernière possibilité : l'État et ses établissements publics peuvent céder à titre gratuit les constructions temporaires et démontables devenus inutiles (structures modulaires) au bénéfice des entreprises solidaires d'utilité sociale définies au II de l'article L. 3332-17-1 du code du travail. Le but de cette cession à titre gratuit est d'éviter la démolition, conformément aux objectifs mentionnés au II de l'article L. 541-1 du code de l'environnement (réduction des déchets, recyclage et valorisation des déchets, économie circulaire, etc.). Lorsque ces installations sont protégées par le régime de la domanialité publique, elles doivent faire l'objet d'une désaffectation et d'un déclassement conformément aux dispositions de l'article L. 2141-1 du présent code et de l'article L. 2241-1 du code général des collectivités territoriales. Si l'on comprend le but de ces cessions à titre gratuit, la motivation figurant dans l'amendement dont est issue cette disposition n'apparaît pas en adéquation avec celle-ci : « Il serait pertinent d'inciter les entités publiques à donner les biens en bon état dont elles n'ont plus l'usage (biens amortis tels que livres, mobiliers, matériels électriques et électroniques, équipements divers), au profit de structures relevant de l'économie sociale et solidaire sans obligation de passer par la DNID, mais sous condition que le bien meuble ait préalablement été désaffecté et déclassé. La désaffectation et le déclassement sont indispensables à la cession d'un bien meuble détenu par une entité publique. Tous deux nécessitent une délibération des organes de décision au sein des entités publiques concernées. La systématisation de ces procédures administratives pour des structures modulaires en fin d'usage contribuerait à réduire les gaspillages observés. » En effet, les biens visés ne correspondent pas tous à la notion de « constructions temporaires et démontables », loin s'en faut. La DNID ne semble pas non plus nécessairement court-circuitée. Enfin, l'exigence de désaffectation et de déclassement est justifiée en présence de structures modulaires qui relèveraient du domaine public. Mais cette qualification est loin d'être évidente : s'il s'agit de biens mobiliers (ce qui semble d'autant plus cohérent que cet article se situe dans la partie du CGPPP consacrée aux ventes mobilières), les critères de l'article L. 2112-1 semblent difficiles à satisfaire pour des constructions temporaires et démontables ; les critères classiques de l'article L. 2111-1 peuvent être plus probants, à la condition que le caractère immobilier de ces structures soit reconnu. Or, ce caractère est loin d'être acquis pour des structures modulaires (pour un parallèle avec la notion d'ouvrage public : CE 29 nov. 2019, *M. A c/ École nationale des Beaux-Arts*, n° 410689 – *Contra* : CE 14 déc. 1984, *Assoc. Les amis du puits aux images*, n° 41065). Autre signe d'un problème dans la rédaction de ce 10° : il est un peu étrange que cette exigence de la désaffectation et du déclassement apparaisse uniquement ici, alors qu'elle est absente pour le reste des ventes mobilières. Cela aurait dû alerter les parlementaires…

L'État a mis en place un site Internet (dons.encheres-domaine.gouv.fr) permettant aux services de l'État et à ses établissements publics de déposer leurs offres de dons de biens non valorisables, au profit d'autres administrations d'État ou d'associations ou organismes à but non lucratif dans les conditions fixées par le Code général de la propriété des personnes publiques. Les biens mobiliers figurant au 10° pourront relever de cette procédure. Lorsqu'elles recherchent un bien, les administrations ou les associations pourront ainsi consulter le site, contacter l'administration qui a déposé l'annonce et se voir attribuer le bien si elles remplissent les conditions d'éligibilité aux dons. Pour assurer la totale transparence des opérations de dons de l'État, les noms des administrations ou des associations bénéficiaires seront publiés sur le site Internet. Le site Internet est accessible à tous les citoyens qui veulent s'informer sur les dons des biens mobiliers de l'État (Ministère de l'Économie, communiqué, 15 nov. 2019 ; *JCP Adm. 2019. Actu. 742 ; Rev. CMP, 2020, alerte 5, obs. Linditch*).

III. DÉROGATIONS COMMUNES À TOUTES LES PERSONNES PUBLIQUES. CESSIONS DE MATÉRIEL INFORMATIQUE

Il existe quatre autres types de dérogation au principe de cession à la valeur de marché posé par l'article L. 3211-18, qui s'appliquent à toutes les personnes publiques et qui concernent le matériel informatique public, le patrimoine archéologique mobilier déclassé et les biens de scénographie.

Les personnes publiques peuvent donner les matériels informatiques qu'elles n'utilisent plus à des associations de parents d'élèves, à des associations de soutien scolaire ou à des associations d'étudiants (CGPPP, art. L. 3212-2-3° et L. 3212-3, al. 1er. – V. Circ. 1er déc. 2000, *JO 20 janv. 2001, p. 1054. – BOI 9 C-1-01, n° 8 du 11 janv. 2001*). Le matériel informatique public ne peut être ainsi donné que si sa valeur unitaire est inférieure à 300 € (art. D. 3212-3 et D. 3212-5. – L'art. L. 69-1, al. 4, C. dom. Ét. avait fixé ce seuil à 152 €, référence qui est restée en vigueur jusqu'à la publication de la partie réglementaire du CGPPP). En contrepartie, les associations bénéficiaires s'engagent par écrit à n'utiliser le matériel donné que dans le cadre de leurs activités statutaires ; elles ne peuvent pas, non plus, céder à titre onéreux ce matériel. Cette dérogation n'est pas nouvelle, puisqu'elle figurait déjà à l'article L. 69-1 du code du domaine de l'État, lequel s'appliquait étrangement aux « services de l'État, *[aux]* collectivités territoriales et *[à]* leurs établissements publics ». Les seules nouveautés résident dans l'extension du dispositif aux associations d'étudiants et dans la légère augmentation de la valeur vénale du matériel donné (qui reste tout de même modeste).

Une autre possibilité, annoncée dès 2007 (Rép. min. n° 04323 : *JO Sénat Q, 19 mars 2009, p. 703*), a été introduite par l'article 121 de la loi n° 2009-526 du 12 mai 2009 de simplification et de clarification du droit (CGPPP, art. L. 3212-2-5° et L. 3212-3, al. 2) : les personnes publiques peuvent donner le matériel informatique (comprenant les logiciels), dont elles n'ont plus l'utilité à leurs personnels. La seule condition prévue est celle de la valeur vénale unitaire qui doit être inférieure à 300 € (art. D. 3212-4 et D. 3212-6, issus du Décr. n° 2009-1751 du 30 déc. 2009 relatif aux cessions gratuites de matériels informatiques : *Rev. CMP 2010. Comm. 55, obs. Clamour*). En revanche, rien n'est prévu concernant l'utilisation par le bénéficiaire du matériel ainsi obtenu ou l'interdiction de le revendre. En effet, devant l'impossibilité de contrôler le respect de telles dispositions, il est préférable de ne pas les instaurer. Ce dispositif permettra aux agents de bénéficier, comme n'importe quel salarié, de l'exonération de l'impôt sur le revenu et de l'exclusion de l'assiette des cotisations sociales de l'avantage en nature résultant de la remise gratuite par son employeur de matériel informatique et de logiciels entièrement amortis (CGI, art. 81, 31 *bis*. – Rép. min. n° 04323 : *JO Sénat 19/03/2009, p. 703*). Cet avantage est substantiel, car le seul parc bureautique de l'État représente environ un million de postes ; leur durée de vie moyenne est de cinq ans (V. par ex. l'actuel renouvellement du parc informatique de 220 000 ordinateurs du ministère de la Défense en raison de son déménagement à Balard).

L'ordonnance n° 2017-1117 du 29 juin 2017 relative aux règles de conservation, de sélection et d'étude du patrimoine archéologique mobilier a créé une dernière hypothèse de cessions gratuites commune à toutes les personnes publiques (9°) : les biens archéologiques mobiliers déclassés peuvent être cédés gratuitement « pour les besoins de la recherche, de l'enseignement, de l'action culturelle, de la muséographie, de la restauration de monuments historiques ou de la réhabilitation de bâti ancien » (C. patr., art. L. 546-6).

Enfin, l'article 106 de la loi n° 2016-925 du 7 juillet 2016 relative à la liberté de la création, à l'architecture et au patrimoine (*JO 8 juill.*) a enrichi les possibilités de cession gratuite des biens de l'État et de ses établissements publics (7°) aux biens de scénographie devenus inutiles aux personnes agissant, à des fins non commerciales, dans le domaine culturel [ce que l'on comprend bien, mais qui risque de poser certains problèmes de périmètre, nombre d'activités culturelles (festivals, etc.) étant à la limite du commerce] ou dans celui du développement durable (ce qui est un peu moins évident). L'article 53 de la loi n° 2020-105 du 10 février 2020 relative à la lutte contre le gaspillage et à l'économie circulaire a étendu cette disposition aux personnes publiques du secteur local (CGPPP, art. L. 3212-3, dernier alinéa). ❑

SOUS-SECTION 2 DISPOSITIONS APPLICABLES AUX COLLECTIVITÉS TERRITORIALES, À LEURS GROUPEMENTS ET À LEURS ÉTABLISSEMENTS PUBLICS

Art. L. 3212-3 Les collectivités territoriales, leurs groupements et leurs établissements publics sont autorisés à céder gratuitement les matériels informatiques dont ils n'ont plus l'emploi aux mêmes conditions que celles fixées pour l'État au 3° de l'arti-

cle L. 3212-2. — *[C. dom. Ét., art. L. 69-1, al. 4, ecqc les collectivités territoriales, leurs groupements et leurs établissements publics.]*

(L. nº 2009-526 du 12 mai 2009, art. 121-I) « Ils peuvent également céder gratuitement à leurs personnels les matériels informatiques et les logiciels nécessaires à leur utilisation dont ils n'ont plus l'emploi, aux mêmes conditions que celles fixées pour l'État ou l'un de ses établissements publics au 5º de l'article L. 3212-2 *(Ord. nº 2017-1117 du 29 juin 2017, art. 2-3º)* « ainsi que les biens archéologiques mobiliers dans les conditions prévues à l'article L. 546-6 du code du patrimoine ».

(L. nº 2020-105 du 10 févr. 2020, art. 53) « Ils peuvent également céder gratuitement les biens de scénographie dont ils n'ont plus l'usage, aux mêmes conditions que celles fixées pour l'État au 7º de l'article L. 3212-2 du présent code. »

COMMENTAIRE

Voir le commentaire sous l'article L. 3212-2. ❑

Code du patrimoine

Art. L. 546-6 *(Ord. nº 2017-1117 du 29 juin 2017, art. 1er)* Après décision valant déclassement du domaine public, la personne publique peut décider de vendre ou de détruire le bien archéologique mobilier. Elle peut aussi décider de le céder à titre gratuit pour les besoins de la recherche, de l'enseignement, de l'action culturelle, de la muséographie, de la restauration de monuments historiques ou de la réhabilitation de bâti ancien.

TITRE DEUXIÈME PROCÉDURES DE CESSION ET D'ÉCHANGE

CHAPITRE PREMIER VENTES

SECTION PREMIÈRE DOMAINE IMMOBILIER

SOUS-SECTION 1 DISPOSITIONS APPLICABLES À L'ÉTAT ET À SES ÉTABLISSEMENTS PUBLICS

La présente sous-section ne comprend pas de dispositions législatives.

SOUS-SECTION 2 DISPOSITIONS APPLICABLES AUX COLLECTIVITÉS TERRITORIALES, À LEURS GROUPEMENTS ET À LEURS ÉTABLISSEMENTS PUBLICS

Art. L. 3221-1 L'avis de l'autorité compétente de l'État sur les projets de cessions d'immeubles ou de droits réels immobiliers poursuivis par les collectivités territoriales, leurs groupements et leurs établissements publics est donné dans les conditions fixées aux articles L. 2241-1, L. 3213-2, L. 4221-4, L. 5211-37 et L. 5722-3 du code général des collectivités territoriales. — *V. art. R. 3221-6.*

BIBL. ▸ **Encyclopédie :** Brun et Deliancourt, Services gestionnaires, *J.-Cl. Propriétés publiques, fasc. 50.* – Yolka, Ventes d'immeubles des collectivités territoriales, *J.-Cl. Propriétés publiques, fasc. 88.*

Articles, contributions : Noël, Le rôle et la mission du service des domaines, *Administration avr.-juin 1992. 49.* – Huyghe, Les Domaines au service des collectivités, *Ét. fonc., nº 69, déc. 1995. 12.* – Bourgeois, Avis des Domaines préalable à l'aliénation par la commune, *JCP N 1999, nº 6, p. 308* ; Intervention de l'administration des Domaines dans les opérations immobilières des personnes publiques, *Dr. et patr. 6/1999. 54.* – Jacoby, Mutations de biens ou droits immobiliers : rôles respectifs des services des Domaines et des notaires en matière d'évaluation, *LPA 14 mai 2001, p. 66.* – Dubost, Le Domaine au Trésor public, *Rev. Trésor 2007. 34.* – Gazave, France Domaine et les collectivités territoriales, *RLCT nov. 2007. 45.* – Pierre-Vantol, L'avis du service des Domaines dans les transactions immobilières des collectivités territoriales, *Defrénois 2008. 625.* – Tarrade et Maurey, L'avis des Domaines : un dédale de textes, *JCP N 2013. 1157.* – Martel et Broussal, France Domaine : instrumentalisation politique ou fiction de la valeur vénale ?, *Actes pratiques et ingénierie immobilière 2015, nº 1.* – Chamard-Heim et Yolka, Immobilier de l'État : la « longue marche » [du service des Domaines à la DIE], *JCP Adm. 2016. 797.*

COMMENTAIRE

Prévoyant l'avis de l'autorité compétente de l'État préalablement aux cessions immobilières des collectivités territoriales *lato sensu*, le CGPPP a repris une obligation traditionnelle (Décr. du 5 juin 1940 ; L. du 1er déc. 1942), notamment prévue par l'importante loi n° 95-127 du 8 février 1995 (dont les dispositions pertinentes ont été intégrées dans le CGCT, aux articles cités ci-dessous) ; il s'est également inspiré des dispositions applicables aux achats immobiliers des collectivités locales (même si, dans ce cas, la consultation du service compétent n'est exigée qu'au-dessus d'un montant fixé par décret : V. le comm. ss. art. L. 1211-1).

L'ordonnance n° 2006-460 du 21 avril 2006 a remplacé, dans les articles L. 2241-1, L. 3213-2, L. 4221-4, L. 5211-37 et L. 5722-3 du code général des collectivités territoriales, les mots : « du service des domaines » par les mots : « de l'autorité compétente de l'État ». Cette consultation a correspondu, de 2007 à 2016, à celle du service France Domaine, service à compétence nationale qui dépendait du ministère de l'Économie et des Finances, devenu la Direction de l'immobilier de l'État (Décr. n° 2016-1234 du 19 sept. 2016. – V. aussi, Arr. du 19 sept. 2016 et du 7 oct. 2016 : V. *JCP Adm. 2016. 797*). La référence au service des Domaines dans les commentaires qui suivent doit donc s'entendre comme renvoyant désormais à la DIE. Devaient être interprétées en ce sens les dispositions de la partie réglementaire du code général de la propriété des personnes publiques (CGPPP, art. R. 3221-6 s.), qui prévoient l'avis du directeur départemental des finances publiques (France Domaine était rattaché à la direction générale des finances publiques).

Les assemblées des collectivités et des établissements publics locaux délibèrent sur les ventes au vu de l'avis du service chargé des Domaines, supposé fixer la valeur réelle du bien, qui sert d'indicateur aux parties et de référence au contrôle juridictionnel en cas de contentieux (alors même que la fiabilité de cette expertise apparaît médiocre : manque de moyens humains, le service chargé des Domaines ayant été littéralement raboté par la « Révision générale des politiques publiques » sous la présidence Sarkozy ; difficulté à s'écarter des souhaits de responsables locaux, qui entendent vendre à un prix donné, etc. – Repoussant cependant l'idée d'une évaluation notariale, Rép. min. n° 41384 : *JOAN Q, 8 avr. 2014, p. 3175 ; JCP Adm. 2014. Actu. 360*).

La consultation est actuellement prévue par l'article L. 2241-1 du code général des collectivités territoriales pour les communes de plus de 2000 habitants (à l'exception de celles d'Alsace-Moselle : CGCT, art. L. 2542-26), par l'article L. 3213-2 du même code pour les départements, par l'article L. 4221-4 pour les régions, par l'article L. 5211-37 pour les établissements publics de coopération intercommunale et par l'article L. 5722-3 pour les syndicats mixtes. Elle doit être considérée comme systématique (V. par ex., Rép. min. n° 43949 : *JOAN Q, 30 nov. 2004, p. 9443 ; BJCP, n° 39, mars 2005. 166 ; JCP Adm. 2004, n° 1684*. – Rép. min. n° 15149 : *JO Sénat Q, 13 janv. 2005, p. 105 ; BJCP, n° 40, mai 2005, p. 254 ; Rev. CMP 2005. Comm. 138*). Les autres personnes publiques locales peuvent solliciter l'avis du service chargé des Domaines (par ex., les communes de moins de 2 000 habitants : Rép. min. n° 70022 : *JOAN Q, 11 mars 2002, p. 1408 ; Rev. CMP mai 2002, p. 33*), mais il ne s'agit pas d'une obligation (sur la pratique des « consultations officieuses », Rép. min n° 36227 : *JOAN Q, 26 févr. 2001, p. 1229*). Ainsi les petites communes peuvent-elles bénéficier d'une expertise immobilière qui, pour l'heure, ne donne pas lieu à facturation (Rép. min. n° 6560 : *JO Sénat Q, 10 juill. 2003, p. 2224*).

Cet avis doit être rendu dans le mois qui suit la saisine du service des Domaines, le délai courant à réception d'un dossier complet. Faute de réponse dans le délai imparti, l'organe compétent peut valablement délibérer sur l'opération de cession. Dans la plupart des cas, l'avis est effectivement rendu (les résultats des services locaux du Domaine dans la production, sous ce délai d'un mois, des avis domaniaux représentaient en 2011 92,99 % des avis domaniaux sollicités, Rép. min. n° 01336 : *JO Sénat Q, 17 janv. 2013, p. 168 ; JCP N 2013. Actu. 199*).

L'avis du service chargé des Domaines ne lie pas les collectivités, qui peuvent toujours – compte tenu du principe de libre administration – décider de passer outre (par ex., TA Montpellier, 28 nov. 2001, *Assoc. Saint-Cyprien ma ville, n° 971709*), la pratique, administrative et, notariale, retient une marge de variation de l'ordre de 10%. Ainsi la vente peut-elle avoir lieu à moindre prix, en fonction d'intérêts généraux variés (développement économique, logement social, etc.). Une collectivité s'écartant de l'évaluation des services de l'État doit donc pouvoir sérieusement justifier cette différence d'appréciation. C'est pourquoi la doctrine administrative, suivie par l'ensemble des auteurs, considère qu'il s'agit d'un avis simple (par ex., Rép. min. n° 8957 : *JOAN Q, 9 mars 1998, p. 1378 ; JCP N 1998. 465*). Ce point de vue, s'il peut être retenu en première approche, gagne à être nuancé. L'évaluation des Domaines sert, en effet, de point d'appui aux contrôles qu'exercent les autorités de l'État sur les opérations de vente : ainsi du préfet, du juge des comptes, et surtout des autres juridictions administratives, auxquelles il appartient de vérifier que le prix n'est pas trop bas (le contrôle exercé appellerait sans doute une stabilisation prétorienne, l'exercice habituel d'un contrôle minimum n'excluant pas de temps à autre un contrôle normal, qui paraît – par comparaison – s'être imposé symétriquement pour les acquisitions immobilières des personnes publiques).

Compte tenu du principe constitutionnel d'incessibilité des biens publics sous leur valeur réelle (V. Cons. const. 25-26 juin 1986, n° 86-207 DC, *Loi de privatisation : GDDAB, 2e éd., 2015. Comm. 75, obs. Chamard-Heim*), la cession de biens publics au rabais – *i.e.* en dessous de cette valeur, que l'avis du service chargé des Domaines est censé déterminer – n'est possible que dans des hypothèses limitées : aides immobilières des collectivités territoriales aux entreprises (CGCT, art. R. 1511-4 s.) ; cession de terrains pour le logement social (CGPPP, art. L. 3211-7 et R. 3211-13 s.) ; cessions au rabais outre-mer (CGPPP, art. L. 5112-4 s., L. 5141-1, L. 5151-1, L. 5241-6 et L. 5342-13) ; reconversion des sites militaires (L. n° 2008-1425 du 27 déc. 2008, art. 67 : *RDI 2009. 301, obs. Caille*) ; ou, plus anecdotiquement, cession gratuite de l'État aux communes des terrains nécessaires à l'édification des monuments aux morts (CGPPP, art. L. 3212-1 et R. 3212-1). En tout état de cause, la jurisprudence exige que les cessions au rabais soient justifiées par des motifs d'intérêt général et qu'elles comportent des contreparties suffisantes.

A contrario, la cession peut être réalisée au prix le plus élevé, pour autant qu'il n'y ait pas d'atteinte aux droits des tiers (V., considérant que la CEDH impose d'indemniser un propriétaire dont le bien – cédé à la commune au titre du droit dit de délaissement prévu par le C. urb., – a été revendu par cette dernière 40 fois plus cher que le prix de cession : Civ. 3e, 18 avr. 2019, *X. c/ Cne de St-Tropez*, n° 18-11.414 : *AJDA 2019. 903, obs. de Montecler* ; *D. 2019. 1801, obs. Strickler* ; *Dr. voirie 2019, n° 208, p. 120 ; JCP 2019. 1190, avis Burgaud, p. 1193, note Struillou ; ibid. 1979, chron. Périnet-Marquet ; RDI 2019. 190, note Hostiou*).

Voir le commentaire sous l'article L. 3211-14.

1. Caractère systématique de la consultation du service des domaines pour les personnes publiques visées. La consultation est obligatoire, quel que soit le montant de la vente envisagée (aucun seuil financier n'est prévu, Rép. min. n° 6067 : *JOAN Q, 16 févr. 1998, p. 872*). Les ventes au rabais – ou de peu d'importance – y sont soumises comme les autres, V. à propos d'une sente rurale. • TA Amiens, 18 sept. 2007, *Bawol : AJDA 2007. 2333*. ♦ Même s'il n'en avait pas toujours été jugé ainsi par le passé, pour la cession d'une parcelle de faible valeur sur le fondement de l'arrêté interministériel du 1er sept. 1955. • CE 17 nov. 1976, *Leduc-Moranval : Lebon 487*. ♦ La consultation doit porter sur le bien en cause : une estimation récente, concernant des terrains qui bénéficient d'un même classement au plan d'occupation des sols – aujourd'hui, plan local d'urbanisme – ne suffit pas. • TA Amiens, 18 sept. 2007, *Bawol : préc.* ♦ La modification des paramètres de l'opération de cession envisagée impose une nouvelle consultation de France Domaine (devenu DIE) ; ainsi, quand le conseil municipal modifie le prix et la surface initiaux. • CAA Marseille, 31 mars 2008, *Cne de Fleury-d'Aude : BJCL 2008. 560, concl. Paix, obs. Poujade*. ♦ La consultation s'impose à l'égard de toutes les opérations aboutissant à une vente effective, même lorsque celles-ci se combinent avec des formules de location pour la location avec promesse de vente d'ateliers-relais communaux. • TA Lyon, 22 avr. 1998, *Préfet du Rhône : BJCP 1998. 88, concl. Klobert, p. 94, obs. Terneyre.*

2. Consultation non obligatoire pour les autres personnes publiques. Par ex., illustrant cette absence d'obligation, • CAA Lyon, 21 févr. 2013, *Synd. des copropriétaires des immeubles Le Signal, Le Belvédère, Le Panoramic, La Muzelle, Les Chanses et les Hauts Lieux*, n° 12LY01517. ♦ V. aussi • CAA Bordeaux, 4 mars 2010, *Mme X., Assoc. pour la sauvegarde du Gers en Gascogne*, n° 09BX00218. ♦ Saisi d'une question relative à la constitutionnalité de l'art. L. 2241-1 CGCT, qui n'impose cette formalité qu'aux communes de plus de 2 000 habitants (sachant qu'il y a là une rupture d'égalité assez contestable), le Conseil d'État a refusé de la transmettre au Conseil constitutionnel, puisque celui-ci avait déjà été saisi directement de la loi avant sa promulgation (Décis. n° 95-361 DC du 2 févr. 1995) et l'avait déclarée constitutionnelle. • CE 22 mai 2013, *D. et Assoc. Roc Paradet*, n° 366494. ♦ Une Charte de l'évaluation du Domaine a été élaborée en 2016 par la DGFiP ; elle encadre les conditions dans lesquelles il est possible, pour les collectivités locales, de solliciter une évaluation facultative de la DIE (www.collectivites-locales.gouv.fr/files/files/Domaine/charte_domaine.pdf).

3. Délai et durée de validité de l'avis. Il arrive que certains avis prévoient une durée de validité limitée. • CE 10 avr. 2015, *Cne de Levallois-Perret*, n° 370223 : *Lebon T. 545 ; BJCP 2015. 294, concl. Bohnert ; RFDA 2015. 926, concl. ; ibid. 907, comm. Delvolvé ; AJDA 2015. 725, obs. de Montecler ; RDI 2015. 305, obs. Foulquier ; AJCT 2015. 394, obs. Didriche ; Rev. CMP 2015. Comm. 156, note Pietri ; ibid. avr. 2016, p. 27, chron. Llorens et Soler-Couteaux ; JCP Adm. 2015. Actu. 357, obs. Langelier* • CAA Nantes, 1er mars 2013, *Sté Euro Quality Project IV*, n° 11NT01889. ♦ V. aussi • CAA Marseille, 11 juill. 2011, *ASPIQ*, n° 09MA01120. ♦ Quand c'est le cas, l'assemblée délibérante ne peut valablement se prononcer après son terme sans qu'un nouvel avis ait été sollicité. • CAA Versailles, 28 mars 2013, *Cne de Levallois-Perret*, n° 11VE02279. ♦ A défaut, les textes ne fixent aucun délai de péremption ; raison pour laquelle une jurisprudence se référant à ce dernier • CAA Marseille, 2 oct. 2012, *R.*, n° 10MA04292 a été discutée (Congrès des notaires de France : Propriétés publiques. Quels contrats pour quels projets ? Actes du 109e congrès : *Lyon, ACNF, 2013, nos 2136 s.*). ♦ La vraie question n'est sans doute pas tant celle de la péremption que celle de la modification des conditions de fait ou de droit au vu desquelles l'avis a été rendu, laquelle peut entraîner une modification de la valeur de l'immeuble et imposer, en conséquence, une nouvelle consultation de France Domaine (aujourd'hui, DIE) préalablement au vote de l'assemblée délibérante. • CAA Marseille, 31 mars 2008, *Cne de Fleury d'Aude : préc. note 1.* ♦ Plus récemment, il a été jugé que l'avis des Domaines n'a pas de durée de validité. • TA Montpellier, 21 sept. 2017, *Assoc. Les amis de la maison de Jean Moulin*, n° 1600753 : *AJCT 2018, p. 39, obs. Dreyfus ; AJDA 2017. 2546, note de Dieuleveult ; Rev. CMP 2017. Comm. 262, note Eckert ; ibid. 2018, Chron. 7, nos 52 et 53, obs. Soler-Couteaux, Zimmer et Waltuch ; JCP A 2017. 2253, note Chamard-Heim.*

4. Information de l'assemblée délibérante. Lorsque l'avis des domaines est requis, sa teneur doit être portée à la connaissance des membres de l'assemblée afin qu'ils délibèrent utilement sur la vente (mais il n'est pas obligatoire de l'annexer à la délibération, Rép. min. n° 109049 : *JOAN Q, 16 janv. 2007, p. 562*). ♦ Jugé que, si le contenu de l'avis de France Domaine (maintenant, DIE) doit, préalablement à la séance du conseil municipal durant laquelle la délibération relative à la décision de cession sera votée, être portée utilement à la connaissance de ses membres, notamment par la note de synthèse jointe à la convocation qui leur est adressée, les dispositions du code général des collectivités territoriales n'imposent pas que le document lui-même établi par le service des Domaines soit remis aux membres du conseil municipal avant la séance sous peine d'irrégularité de la procédure d'adoption de cette délibération. V. par ex., parmi une jurisprudence abondante, • CE 11 mai 2011, *Cne de Vélizy-Villacoublay : AJDA 2011. 989, obs. Brondel ; BJCL 2011. 409, concl. Boulouis ; ibid. 412, obs. Poujade ; BJCP 2011. 293, concl., p. 296, obs. Maugüé ; Rev. CMP 2011. Comm. 269, obs. Eckert ; JCP Adm. 2011. Actu. 383, obs. Erstein ; ibid. 2282, note Dutrieux ; RLCT juill.-août 2011. 49, obs. Glaser.* ♦ Contra, auparavant. • CAA Versailles, 15 mai 2008, *Ville de Versailles*, n° 06VE01131. ♦ V., annulant une délibération du bureau de la communauté urbaine de Lyon qui autorisait la cession de terrains devant accueillir le futur stade de l'Olympique lyonnais, pour défaut d'information suffisante des membres de l'assemblée délibérante sur l'avis de France Domaine (actuelle DIE). • TA Lyon, 10 janv. 2013, *Poet et a. : AJCT 2013. 301 ; AJDA 2013. 79, obs. Grand ; BJCP 2013. 236.* ♦ V. aussi, pour la vente du théâtre de Poitiers, • CAA Bordeaux, 27 oct. 2016, *Biven et a. : AJDA 2016. 2450, concl. Normand ; JCP A 2016. Actu. 870.*

5. Formalité substantielle ou non ? La consultation de France Domaine était classiquement tenue (dans le champ de l'art. L. 3221-1) pour une formalité substantielle dont la méconnaissance entachait d'illégalité la décision de vente. V. par ex., en ce sens, Circ. du 11 mars 2009 relative à la consultation obligatoire du service des Domaines (ou France Domaine) en matière d'opérations immobilières. • CAA Nantes, 1er mars 2013, *Sté Euro Quality Project IV*, n° 11NT01889 • CAA Marseille, 2 oct. 2012, *R.*, n° 10MA04292 : *préc. note 5* • CAA Bordeaux, 8 févr. 2010, *Cne de Villeneuve-de-Rivière*, n° 97BX01016. ♦ Mais le Conseil d'État considère désormais que cette consultation ne présente pas le caractère d'une garantie au sens de la jurisprudence *Danthony*. • CE 23 déc. 2011, *Danthony*, n° 335033 : *Lebon 649.* ♦ C'est dire que le défaut de consultation n'est plus de nature à entraîner l'annulation de la délibération que s'il a eu une incidence sur le sens de cette délibération. • CE 23 oct. 2015, *Sté CFA Méditerranée*, n° 369113 : *Lebon 357 ; AJDA 2015. 2382, concl. Bohnert ; BJCP 2016. 54, concl. Bohnert et obs. Nicinski ; Bull. Cheuvreux janv. 2016,* *p. 7, obs. Leonetti ; Rev. CMP 2015. Comm. 292, obs. Ubaud-Bergeron ; ibid. avr. 2016, p. 26, chron. Llorens et Soler-Couteaux ; JCP 2016. 475, chron. Éveillard ; JCP Adm. 2016, n° 2248, note Martin* (solution dégagée à propos de la cession d'immeubles ou de droits réels immobiliers par une commune de plus de 2 000 habitants, mais qui paraît valoir dans toutes les hypothèses visées par l'article commenté). – Sur les suites de l'affaire, • CAA Marseille, 11 juill. 2016, n° 15MA04234.

6. *Communicabilité.* Les avis par lesquels le service chargé des Domaines évalue un actif constituent des documents administratifs communicables au titre de la L. n° 78-753 du 17 juill. 1978 portant diverses mesures d'amélioration des relations entre l'administration et le public et diverses dispositions d'ordre administratif, social et fiscal après que la transaction de vente ou d'achat a été conclue ou que la collectivité y a définitivement renoncé, y compris lorsque la commune vend un élément de son domaine privé. Par ex. : • CADA 22 sept. 2011, *Président de la Cté d'agglomération Sicoval*, n° 20113476).

7. *Contrôle de l'erreur manifeste d'appréciation.* La collectivité n'est pas tenue de respecter l'évaluation opérée par les services de l'État et la vente n'est pas entachée d'illégalité du seul fait qu'elle est intervenue à un prix inférieur à cette estimation. • CE 28 févr. 2007, *Cne de Bourisp*, n° 279948 : *BJCL 2007. 394, concl. Collin ; AJDA 2007. 1204*. ♦ Pour autant, un prix manifestement trop faible est constitutif d'une erreur manifeste d'appréciation et vicie la décision de vendre l'immeuble. • CE 8 févr. 1999, *Ville de Lourdes*, n° 168043 • CAA Marseille, 2 juin 1998, *Assoc. Information et défense de Cannes*, n° 96MA02066 • CAA Nantes, 31 juill. 2001, *Goulay*, n° 99NT00266 • CAA Lyon, 13 déc. 2012, *Cne de Moirans*, n° 11LY02787 • CAA Bordeaux, 20 févr. 2014, *B.*, n° 12BX01464 • TA Lyon, 22 avr. 1998, *Préfet du Rhône : BJCP, n° 1, 1998, p. 88, concl. Klobert, p. 94, obs. Terneyre* • TA Montpellier, 28 nov. 2001, *Assoc. Saint-Cyprien ma ville*, n° 971709. ♦ Ainsi, une vente consentie à un prix très inférieur à l'estimation du service des Domaines (environ 30 %) est en principe illégale. • CE 25 sept. 2009, *Cne de Courtenay*, n° 298918 : *Lebon T. 639 ; AJDA 2009. 1743, obs. Brondel ; ibid. 2179, note Ziani ; BJCP 2009. 503 ; Rev. CMP 2009. Comm. 366, note Eckert ; Dr. adm. 2009. Comm. 148, note Melleray ; GDDAB, 3e éd., 2018. Comm. 93, obs. Chamard-Heim ; JCP Adm. 2009. Actu. 1112 ; JCP N 2009. Actu. 66, et Comm. 1327, note Dutrieux ; RLCT janv. 2010. 57, note Bartmann*, sauf à ce qu'un rabais ait pu être valablement consenti pour un motif d'intérêt général (V. le comm. ss. art. L. 3211-14).

8. *Prix de cession inférieur à l'évaluation du service chargé des Domaines.* La cession d'un bien public à un prix inférieur à l'estimation du service chargé des Domaines (ex. : France Domaine, désormais DIE) est possible, si elle est justifiée par des motifs d'intérêt général et comporte des contreparties suffisantes. Pour les cessions aux entreprises. • CE 3 nov. 1997, *Cne de Fougerolles*, n° 169473 : *Lebon 391 ; AJDA 1997. 1010, note Richer ; CJEG 1998. 16, concl. Touvet ; D. 1997. IR 254 ; D. 1998. 131, note Davignon ; Dr. adm. 1997, n° 387, comm. L. T. ; Gaz. cnes 8 déc. 1997, p. 36, concl. ; GDDAB, 3e éd., 2018. Comm. 93, note Yolka ; JCP 1998. I. 165, n° 34, chron. Petit ; ibid. II. 10007, note Piastra ; JCP E 1998. 270, note Chouvel ; JCP N 1998. 64, note Bardon ; LPA 6 févr. 1998, p. 13, note Calvo ; ibid. 7 oct. 1998, p. 24, chron. Morand-Deviller ; Mon. TP 28 nov. 1997. 74, note Dequéant ; RDI 1998. 227, chron. Maugüé ; RFDA 1998. 12, concl.* ♦ Pour les cessions aux associations • CE 25 nov. 2009, *Cne de Mer*, n° 310208 : *Lebon 472 ; AJDA 2010. 51, note Yolka ; Rev. CMP 2010, n° 41, note Eckert ; Dr. adm. 2010, n° 23, note Melleray ; JCP Adm. 2010, n° 2031 ; JCP 2010, n° 597 note Chamard-Heim ; RDI 2010. 212, note Fonseca ; RFDA 2010. 216*. ♦ Pour les cessions aux personnes publiques. • CE 15 mai 2012, *Hayart : RDI 2013. 274, obs. Foulquier ; RLCT juill.-août 2012. 50, note Yolka ; RTDI 4/2012. 52, note Chamard-Heim* • CAA Nancy, 15 déc. 2016, *Cne de Bulgnéville*, n° 16NC00528 • CAA Lyon, 9 juill. 2009, *X et a. c/ SDIS du Rhône*, n° 17LY00882 : *Dr. voirie 2019, p. 259, obs. Yolka ; JCP A 2019. 2282, note Deliancourt*. ♦ Mais une cession public/ public ne saurait formellement être effectuée à titre gratuit sur le fondement de l'art. L. 1321-3 CGCT, qui prévoit un prix correspondant à la valeur vénale • TA Amiens, 11 oct. 2019, *Assoc. SOS Laon et a. : Dr. voirie 2019. 258 ; JCP Adm 2020, 2019, chron. Meurant*. ♦ Pour les cessions aux particuliers. • CE 14 oct. 2015, *Châtillon-sur-Seine*, n° 375577 : *Lebon 344 ; AJCT 2016. 116 ; AJDA 2016. 1125, note Foulquier ; Rev. CMP avr. 2016, p. 28, chron. Llorens et Soler-Couteaux ; Dr. Adm. 2016, Comm. 9, note Éveillard ; JCP Adm. 2016. 2031, note Cornille ; JCP 2016. 476, chron. Éveillard ; LPA 23 févr. 2016, comm. Ziani*. ♦ *Vade-mecum* : pour déterminer si la décision par laquelle une collectivité publique cède à une personne privée un élément de son patrimoine à un prix inférieur à sa valeur est, pour ce motif, entachée d'illégalité, il incombe au juge de vérifier si elle est justifiée par des motifs d'intérêt général. Si tel est le cas, il lui appartient ensuite d'identifier, au vu des éléments qui lui sont fournis, les contreparties que comporte la cession, c'est-à-dire les avantages que, eu égard à l'ensemble des intérêts publics dont la collectivité cédante a la charge, elle est susceptible de lui procurer, et de s'assurer, en tenant compte de la nature des contreparties et, le cas échéant, des obligations mises à la charge des cessionnaires, de leur effectivité. Il doit, enfin, par une appréciation souveraine, estimer si ces contreparties sont suffisantes pour justifier la différence entre le prix de vente et la valeur du bien cédé. • CE 14 oct. 2015, *Châtillon-sur-Seine*, n° 375577 : *préc.*

SOUS-SECTION 3 DISPOSITIONS APPLICABLES AUX ÉTABLISSEMENTS PUBLICS FONCIERS LOCAUX

Art. L. 3221-2 **L'avis de l'autorité compétente de l'État** *[V. art. R. 3221-8]* **sur les projets de cessions d'immeubles ou de droits réels immobiliers poursuivis par les établissements publics fonciers locaux mentionnés à l'article L. 324-1 du code de l'urbanisme est donné dans les conditions fixées à l'article 7-1 de la loi n° 72-619 du 5 juillet 1972 ou à l'article 45-1 de la loi n° 82-213 du 2 mars 1982 ou au II de l'article 11 de la loi n° 95-127 du 8 février 1995.** – *[C. urb., art. L. 324-1 ; L. n° 72-619 du 5 juill. 1972, art. 7-1 ; L. n° 82-213 du 2 mars 1982, art. 45-1 ; L. n° 95-127 du 8 févr. 1995, art. 11-II.]*

COMMENTAIRE

Cet article, qui impose la consultation du directeur départemental des finances publiques (V. art. R. 3221-8), s'applique aux établissements publics fonciers locaux, établissements publics locaux à caractère industriel et commercial instaurés par la loi d'orientation pour la ville du 13 juillet 1991 et qui se sont développés grâce à la loi SRU du 13 décembre 2000 (V. actuellement, sur les EPFL, C. urb., art. L. 324-1). Ils sont composés d'établissements publics de coopération intercommunale mais aussi, le cas échéant, de communes, de départements et de régions.

Les trois textes auxquels renvoie l'article L. 3221-2 disposent que l'avis des Domaines est réputé donné à l'issue d'un délai d'un mois à compter de la saisine des services de l'État. ❑

Loi n° 72-619 du 5 juillet 1972,

Portant création et organisation des régions.

Art. 7-1 *(L. n° 95-127 du 8 févr. 1995, art. 11-III ; L. n° 96-142 du 21 févr. 1996, art. 5-IV)* Toute cession d'immeubles ou droits réels immobiliers envisagée par l'un des établissements visés à l'article L. 324-1 du code de l'urbanisme donne lieu à délibération motivée de l'organe délibérant portant sur les conditions de la vente et ses caractéristiques essentielles. La délibération est prise au vu de l'avis *(Ord. n° 2006-460 du 21 avr. 2006, art. 3-XVI)* « de l'autorité compétente de l'État ». Cet avis est réputé donné à l'issue d'un délai d'un mois à compter de la saisine de ce service. Lorsque cette opération est envisagée dans le cadre d'une convention avec une région, copie de cette délibération est transmise à la région concernée dans les deux mois suivant son adoption.

Loi n° 82-213 du 2 mars 1982,

Relative aux droits et libertés des communes, des départements et des régions.

Art. 45-1 *(L. n° 95-127 du 8 févr. 1995, art. 11-III ; L. n° 96-142 du 21 févr. 1996, art. 5-III)* Toute cession d'immeubles ou de droits réels immobiliers envisagée par l'un des établissements visés à l'article L. 324-1 du code de l'urbanisme donne lieu à délibération motivée de l'organe délibérant portant sur les conditions de la vente et ses caractéristiques essentielles. La délibération est prise au vu de l'avis *(Ord. n° 2006-460 du 21 avr. 2006, art. 3-XVI)* « de l'autorité compétente de l'État ». Cet avis est réputé donné à l'issue d'un délai d'un mois à compter de la saisine de ce service. Lorsque cette opération est envisagée dans le cadre d'une convention avec un département, copie de cette délibération est transmise au département concerné dans les deux mois suivant son adoption.

Les dispositions introduites par l'Ord. n° 2006-460 du 21 avr. 2006 sont applicables à compter de la publication des dispositions réglementaires prises pour leur application (Ord. préc., art. 9).

Loi n° 95-127 du 8 février 1995,

Relative aux marchés publics et délégations de service public.

Art. 11-II *(L. n° 96-142 du 21 févr. 1996, art. 5)* Toute cession d'immeubles ou de droits réels immobiliers envisagée par l'un des établissements publics visés à l'article L. 324-1 du code de l'urbanisme donne lieu à délibération motivée de l'organe délibérant portant sur les conditions de la vente et ses caractéristiques essentielles. La délibération est prise au vu de l'avis de l'autorité compétente de l'État. Cet avis est réputé donné à l'issue d'un délai de un mois à compter de la saisine de ce service. Lorsque cette opération est envisagée dans le cadre d'une convention avec une commune, copie de cette délibération est transmise à la commune concernée dans les deux mois suivant son adoption.

Les cessions d'immeubles ou de droits réels immobiliers de l'un des établissements visés à l'article L. 324-1 du code de l'urbanisme font l'objet d'une inscription sur un tableau récapitulatif annexé au compte administratif de l'établissement. Cette inscription précise la nature du bien, sa localisation, l'origine de propriété, l'identité du cédant et du cessionnaire ainsi que les conditions de cession.

SOUS-SECTION 4 DISPOSITIONS APPLICABLES AUX ÉTABLISSEMENTS PUBLICS D'HABITATIONS À LOYER MODÉRÉ

Art. L. 3221-3 L'avis de l'autorité compétente de l'État *[V. art. R. 3221-9]* **sur les projets de cessions immobilières poursuivis par les établissements publics d'habitations à loyer modéré est donné dans les conditions fixées par les dispositions des articles L. 443-12 ou L. 451-5 du code de la construction et de l'habitation** *[V. App., v° Gestion du domaine]***.**

COMMENTAIRE

De la même manière qu'ils doivent consulter le directeur départemental des finances publiques préalablement à une acquisition immobilière (V. l'art. L. 1211-2), les établissements publics d'habitations à loyer modéré doivent recueillir cet avis (V. art. R. 3221-9) en cas de cession immobilière sauf pour les opérations entreprises en vue de l'accession à la propriété.

L'article R. 451-10 du code de la construction et de l'habitation précise que cet avis porte sur la valeur vénale du bien et doit être formulé dans le délai d'un mois à compter de la date de la réception de la demande. ❑

SOUS-SECTION 5 DISPOSITIONS APPLICABLES AUX BIENS SITUÉS À L'ÉTRANGER

Art. L. 3221-4 Les dispositions de l'article L. 1221-1 sont applicables aux aliénations de biens immobiliers appartenant à une personne publique mentionnée à l'article L. 1 et situés hors du territoire de la République.

V. art. R. 3221-10 à D. 3221-12.

COMMENTAIRE

Dès lors que cet article procède, dans une logique de parallélisme des formes et des procédures, à un renvoi aux dispositions consacrées à l'acquisition de biens à l'étranger, il est également possible de renvoyer au commentaire de l'article L. 1221-1. On signalera simplement que la jurisprudence considérait classiquement que les dispositions du code du domaine de l'État déterminant la compétence et les autorisations nécessaires pour réaliser une aliénation d'un bien immobilier étaient applicables, quel que soit le lieu où était situé le bien (CE 13 oct. 1976, *Rossel-Calva*, n° 87155 : *Lebon 408*).

Il convient également de relever que l'avis de la commission interministérielle est exigé pour les biens immobiliers de l'État, quelle que soit leur valeur (art. D. 3221-12).

Voir le commentaire sous l'article L. 1221-1. ❑

SECTION II **DOMAINE MOBILIER**

Art. L. 3221-5 **Le produit net des ventes de biens et droits mobiliers des services de l'État dotés de l'autonomie financière ou des établissements publics de l'État fait l'objet, à titre de frais de régie, d'un prélèvement déterminé dans les conditions définies par décret en Conseil d'État** *[V. art. R. 3221-13]*. **Le produit recouvré restant à reverser est augmenté de la part de la taxe forfaitaire instituée pour tenir lieu de frais de vente, dans la mesure où cette part excède le montant des droits de timbre et d'enregistrement.** – *[C. dom. Ét., art. L. 70, al. 1er, phrase 2, et L. 72.]*

Aucune taxe locale ne peut être perçue à l'occasion de ces opérations.

Art. L. 3221-6 **Sous les sanctions encourues pour le délit de prise illégale d'intérêts prévu par l'article 432-12 du code pénal, les agents préposés aux ventes de toute nature ne peuvent s'immiscer directement ni indirectement dans l'achat, ni accepter aucune rétrocession des objets dont la vente leur est confiée.** – *[C. dom. Ét., art. L. 69, al. 4.]*

Art. L. 3221-7 **Les dispositions de l'article L. 1221-1 sont applicables aux aliénations de biens mobiliers appartenant à une personne publique mentionnée à l'article L. 1 et situés hors du territoire de la République.**

BIBL. ▸ **Thèse :** Tarlet, Les biens publics mobiliers, *Dalloz, 2017*.

Encyclopédie : Chamard-Heim, Cession des meubles publics. Droit commun, *J.-Cl. Propriétés publiques, fasc. 84*. – Joye et Deliancourt, Ventes mobilières domaniales. Régimes spéciaux, *J.-Cl. Propriétés publiques, fasc. 86*. – Muller, Prise illégale d'intérêts, *J.-Cl. Pénal Code, fasc. 20*.

Articles : Yolka, L'article 1596, alinéa 4, du Code civil : un aggiornamento nécessaire, *JCP Adm. 2013. Actu. 637*. – Brigant, Affaires, conflits d'intérêts, probité... Cachez cette prise illégale d'intérêt que je ne saurais voir !, *Dr. pén. janv. 2012. Étude 3*. – Gousseau, Une certaine générosité publique : les abandons de créances étatiques, *Mél. Lachaume, Dalloz, 2007, p. 591*. – Bazex, Les personnes publiques peuvent-elles faire des libéralités ?, *in* La gratuité, une question de droit ? (dir. Koubi et Guglielmi), *L'Harmattan, 2003, p. 151*. – Bourrachot, La liberté des personnes publiques de disposer de leurs biens, *RFDA 2003. 1110* . – Maillot, La notion d'élu « intéressé » dans le droit des collectivités territoriales, *JCP 2000. I. 242*. – Fatôme et Moreau, Prise illégale d'intérêts et conseiller intéressé, *Coll. terr. 2000. Chron. 6*. – Boehler, L'article 432-12 du Nouveau Code pénal et l'interdiction faite aux maires et adjoints d'acquérir des biens de leur commune, *LPA 6 déc. 1993, p. 4*. – Barcella, Cession des matériels informatiques anciens, *Marchés publ. 1991, n° 258, p. 40*. – Lavialle, Le prix de vente des biens du domaine privé, *JCP 1991. I. 3519*.

COMMENTAIRE

Ces trois articles sont les seuls qui traitent de la procédure des ventes mobilières en tant que telle, alors qu'il y en avait cinq dans le code du domaine de l'État (art. L. 69, L. 70 à L. 73). Certaines de ces dispositions ont été déclassées pour être intégrées dans la partie réglementaire. On ne retrouve ainsi pas dans la partie législative du CGPPP la compétence de principe de la Direction nationale des interventions domaniales (DNID) pour les meubles de l'État, ni le principe de l'adjudication publique, mais ces principes figurent aux articles R. 3211-35 et R. 3211-36 CGPPP. La partie réglementaire a précisé la procédure de ventes mobilières de l'État (CGPPP, art. R. 3221-13 à R. 3221-15 et D. 3221-16 à D. 3221-17). Les grandes articulations n'ont pas été remises en cause ; en témoigne le report de l'abrogation de certaines dispositions des articles L. 67, L. 69 et L. 70 du code du domaine de l'État à la publication des dispositions réglementaires correspondantes : ainsi, reste consacrée la compétence de principe de la DNID au titre du régime général des ventes mobilières (CGPPP, art. R. 3211-35. – Sur la délégation de compétence, art. D. 3221-16. – V. le site encheres-domaine.gouv.fr), alors qu'il existe parallèlement de très nombreuses exceptions constituant des régimes spéciaux (ventes de bois par l'Office national des forêts, ventes d'outillage dans les grands ports maritimes, ventes du ministère de la Défense [art. D. 3221-17] ou de l'administration des Douanes, ventes des produits fabriqués dans les établissements pénitentiaires, etc.). Le principe de la vente avec publicité et mise en concurrence (adjudication publique et appel d'offres) est aussi maintenu (CGPPP, art. R. 3211-36), la procédure étant conduite par la DNID (sur les nouvelles conditions de vente des biens mobiliers applicables à compter du 1er janv. 2018, V. Arr. 21 nov. 2017, NOR CPAE1732606A relatif au cahier des clauses administratives générales des ventes de biens mobiliers par le Domaine) ou éventuellement par des sociétés de ventes volontaires de meubles aux enchères publiques (C. com., art. L. 321-36). Cependant, des possibilités de cessions amiables sont réservées (CGPPP, art. R. 3211-38). Il faut souligner les difficultés de lisibilité du code auxquelles conduit la structure adoptée par le codificateur en la matière, opposant les modes de cession et les procédures de cession. Si cette opposition conservait une certaine logique dans la partie législative, les dispositions se contentant d'énoncer les grands principes des cessions à titre onéreux ou gratuit, ainsi que ceux relatifs aux procédures de vente, cette lisibilité est remise en cause par la partie réglementaire. En effet, il était permis de penser que les dispositions réglementaires relatives à la procédure de vente des meubles (adjudication, vente à l'amiable, rôle de l'administration domaniale, etc.) figureraient dans le titre II (consacré aux procédures de cession) ; elles se trouvent finalement dans le titre Ier relatif aux modes de cession. Dès lors, cette distinction entre les modes et la procédure de cession apparaît très artificielle, au moins pour ce qui concerne les meubles, et le codificateur a sans doute manqué ici une occasion de rationaliser l'ancien chapitre II du code du domaine de l'État concernant le domaine mobilier, lequel ne disposait d'aucune structuration. Nous renvoyons donc au commentaire sous les articles L. 3211-17 et suivants.

Un cas particulier doit aussi être distingué pour les ventes de biens mobiliers situés à l'étranger (CGPPP, art. L. 3221-7) : dans cette hypothèse, le respect des procédures normales de ventes mobilières (adjudication, etc.) n'est pas toujours approprié au droit du pays de la situation des biens ou aux circonstances locales. La règle de l'article L. 1221-1 (possibilité de déroger par acte administratif aux formes ordinairement prescrites) peut donc s'appliquer et les services de l'État peuvent alors s'écarter de la procédure normale pour vendre les meubles (art. R. 3221-15). Par ailleurs, la vente ne sera pas consentie, comme c'est le cas normalement, par le préfet, mais par l'ambassadeur ou l'autorité ayant reçu délégation de la part de ce dernier (art. R. 3221-14).

I. VENTES MOBILIÈRES DES COLLECTIVITÉS TERRITORIALES ET DE LEURS ÉTABLISSEMENTS PUBLICS

Concernant les ventes mobilières des collectivités territoriales et de leurs établissements publics, la procédure est déterminée par le code général des collectivités territoriales. La vente doit, tout d'abord, être décidée par une délibération, avant d'être exécutée par l'autorité exécutive (CGCT, art. L. 2122-21, 7°, L. 3213-1, L. 4221-1, R. 3213-1, al. 1er et R. 4221-1, al. 1er). L'avis de l'administration domaniale (DNID) n'est pas nécessaire, puisqu'il n'est requis qu'en matière immobilière. L'autorité exécutive peut procéder à la vente de gré à gré des meubles dont la valeur est inférieure à 4 600 € (CGCT, art. L. 2122-22, 10°, L. 3211-2, 10° et L. 4221-5, 9°) : dans ce cas, l'exécutif local agit par délégation de l'assemblée et il n'y a donc pas de délibération prise préalablement à chaque vente. En dehors de cette hypothèse, les collectivités territoriales peuvent aussi vendre leurs biens mobiliers aux enchères publiques. Cette vente peut être réalisée soit par l'intermédiaire d'une société de ventes volontaires de meubles aux enchères publiques agréée dans les conditions prévues à l'article L. 321-5 du code du commerce et choisie dans le respect des règles du code des marchés publics, soit par l'intermédiaire de la DNID, qui peut y procéder elle-même (CGPPP, art. R. 3211-41) ou, à son tour, recourir à une société de ventes volontaires de meubles. Mais aucune disposition de nature législative ou réglementaire n'oblige la collectivité à faire précéder la vente d'une publicité et d'une mise en concurrence entre les acquéreurs potentiels (CE 12 juin 1987, *Cne de Cestas : Lebon 629 ; Dr. adm. 1987, n° 413*. – CE 26 oct. 1994, *Monier : Lebon 826*, à propos d'immeubles). L'adjudication n'est obligatoire que pour la vente de coupes de bois (C. for., art. L. 213-6 s.).

II. PRISE ILLÉGALE D'INTÉRÊTS

Les ventes d'objets mobiliers de l'État et de ses établissements publics sont, en principe, effectuées par des agents assermentés de la DNID. Pour les collectivités territoriales et leurs établissements publics, ce sont des élus ou des agents publics qui interviennent (comme des agents des domaines : CGPPP, art. R. 3211-41).

Dans tous les cas, les élus et les agents publics chargés de vendre les meubles des personnes publiques doivent faire preuve de la plus grande intégrité. Ils n'ont pas le droit de s'immiscer directement ou indirectement dans l'achat, en prenant, recevant ou conservant un intérêt, notamment un avantage pécuniaire ; il leur est interdit, par exemple, de se porter acquéreurs des meubles vendus, eux-mêmes ou par l'intermédiaire d'un tiers. Ils ne peuvent pas, non plus, accepter la rétrocession des objets qu'ils ont vendus. Dans ces cas, ils se rendraient coupables d'un délit pénal, la prise illégale d'intérêts, puni de cinq ans d'emprisonnement et de 500 000 € d'amende (C. pén., art. 432-12). Par ailleurs, la nullité de l'opération de vente, dans laquelle le fonctionnaire s'est immiscé, n'est pas de nature à faire disparaître le délit.

Les agents et élus doivent donc se contenter d'instrumenter la vente. Cette interdiction, qui était prévue à l'identique à l'article L. 69, alinéa 4, du code du domaine de l'État et qui se trouve aujourd'hui prévue par l'article L. 3221-6 CGPPP, s'applique à tous les agents publics chargés de vendre les meubles des personnes publiques, que ce soit des agents nationaux ou territoriaux ou encore des élus. S'il est interdit aux maires et conseillers municipaux en exercice d'acquérir des biens communaux, notamment des biens mobiliers, il existe une dérogation dans les communes de moins de 3 500 habitants. Dans ces petites communes, les maires, adjoints ou conseillers municipaux délégués ou agissant en remplacement du maire peuvent chacun traiter avec la commune dont ils sont élus pour le transfert de propriété de biens mobiliers ou immobiliers dans la limite d'un montant annuel de 16 000 € (C. pén., art. L. 432-12, al. 2). Dans ces mêmes communes, lesdits élus peuvent également acquérir un bien appartenant à la commune pour la création ou le développement de leur activité professionnelle. Le prix de cette cession ne peut être inférieur à l'évaluation du bien concerné par la DNID. Cet acte doit être autorisé par une délibération motivée du conseil municipal à laquelle ne doit pas participer l'élu intéressé.

III. PRODUIT DES VENTES DE MEUBLES

Le produit des ventes de meubles appartenant à l'État était encaissé par un comptable spécialisé du Domaine qui était un comptable public autonome (anc. Instr. n° 07-008-D4 du 19 janv. 2007 relative à la procédure d'encaissement du produit des ventes mobilières. – Instr. n° 07-007-D1-V du 19 janv. 2007 relative aux principes généraux de l'organisation des services consécutive au transfert du Domaine à la DGCP), rôle qui appartient désormais à la DNID (Décr. n° 2017-1827 du 28 déc. 2017 relatif à la direction nationale d'interventions domaniales. – Arr. du 28 déc. 2017, précisant la compétence du comptable spécialisé du Domaine en matière de recettes et de dépenses de l'État, *JO 30 déc.*). Ces produits sont imputés en recettes au budget général de l'État ou, le cas échéant, sur un compte d'affectation spéciale, comme celui consacré aux participations financières de l'État (qui comprend le produit des cessions des actions de l'État). Tous les ministères cédants, et non plus seulement les ministères de l'Intérieur et de la Défense, bénéficient du produit de la vente de l'ensemble de leurs biens mobiliers, par la procédure d'attribution de produits (L. org. n° 2001-692 du 1er août 2001 relative aux lois de finances, art. 17, III). Cette extension permet d'intéresser les administrations à la qualité de leur gestion et à la dynamisation du patrimoine mobilier de l'État (Décr. n° 2006-1004 du 10 août 2006, *JO 11 août*).

La DNID procède également à la vente des meubles appartenant à des services dotés de l'autonomie financière (contrôle aérien et publications administratives) et à des établissements publics nationaux. Elle en perçoit donc le prix, avant de le rétrocéder au service ou à l'établissement concerné, c'est-à-dire au budget annexe ou au budget autonome. Cette intervention est, en quelque sorte, « facturée » au propriétaire du bien mobilier vendu, puisque la DNID prélève, sur ce prix, des frais de régie (CGPPP, art. L. 3221-5). Ces frais, dont le montant ne peut dépasser 12 % (art. R. 3221-13, renvoyant à l'art. R. 2321-9), permettent de compenser le coût, pour la DNID, de la mise en œuvre de la procédure de vente (publicité, expertise, frais des agents des commissariats aux ventes, etc.). Ils sont encaissés sur le compte de commerce n° 907, « Opérations commerciales des domaines », qui était tenu par un comptable autonome ayant la qualité de comptable spécialisé du Domaine (Instr. n° 07-003-D621-P-R du 15 janv. 2007 relative aux modalités de gestion financière et comptable du compte de commerce n° 907. – Instr. n° 07-008-D4 du 19 janv. 2007, relative à la gestion des ventes mobilières), charge qui échoit désormais à la DNID (Décr. n° 2017-1827 du 28 déc. 2017 préc. – Arr. du 28 déc. 2017, préc.). Ainsi l'État a-t-il prévu de vendre sur ce compte de commerce en 2019 pour 25 millions d'euros de meubles et 27,5 millions d'euros en 2020 (chiffres constants).

Tout acquéreur d'un meuble appartenant à l'État ou à l'un de ses établissements publics est, en plus, redevable de frais de vente, sous la forme d'une taxe forfaitaire, dont le taux est fixé par arrêté du ministre des Finances (il est actuellement de 11 % pour les ventes effectuées avec publicité et mise en concurrence, de 6 % pour les cessions amiables). Cette taxe forfaitaire est censée couvrir les éventuels droits d'enregistrement, ainsi que les autres frais de vente. En effet, la vente mobilière peut être assujettie aux droits de timbre et aux droits d'enregistrement. Si la vente a été réalisée à l'amiable, il n'y a aucun impôt à supporter, sauf si la vente est présentée volontairement à l'enregistrement ou si elle est constatée par un acte notarié. Dans ces deux hypothèses, la vente mobilière donne lieu au droit fixe de 125 €. Lorsque la vente a été réalisée avec publicité et mise en concurrence (essentiellement par adjudication aux enchères publiques), elle donne lieu à l'établissement d'un procès-verbal qui constitue un acte authentique rédigé par la DNID ; cet acte doit être enregistré et il est alors imposable à un taux de 1,20 % si la vente portait sur un meuble incorporel. Pour un meuble corporel, la vente échappe aux droits d'enregistrement, sauf à y être présenté volontairement. Dans ce cas, elle supportera le droit fixe de 125 € prévu à l'article 680 du CGI. Puisque la taxe forfaitaire doit couvrir les droits d'enregistrement, il faut rapporter les seconds à la première pour savoir s'il existe un solde positif pour le service ou l'établissement vendeur. Lorsque cette taxe forfaitaire excède le montant des droits d'enregistrement, la différence est reversée, avec le prix, au service de l'État doté d'une autonomie financière ou à l'établissement public propriétaire du meuble vendu. Au total, le reversement au profit du budget annexe ou du budget autonome porte donc sur le prix de la vente et sur l'excédent de la taxe forfaitaire quand il existe. La technique est la même lorsque le vendeur du bien est un service de l'État non doté de l'autonomie financière : l'excédent de taxe forfaitaire est imputé en recettes dans le compte de commerce « Opérations commerciales des domaines ». ❑

1. Les agents et élus doivent être d'autant plus prudents qu'il n'est même pas nécessaire que le coupable ait retiré de l'opération prohibée un bénéfice quelconque, ni que la collectivité ait souffert quelque préjudice. • Poitiers, 3 mai 1952 : *D. 1952 J. 501.*

2. Il importe peu aussi que la convention par laquelle s'est traduite l'ingérence ait été exécutée ou non : ce n'est pas l'achèvement matériel de l'opération qui est incriminé par la loi, mais seulement la prise d'intérêts, c'est-à-dire la mise en place du lien matériel ou juridique dont le prévenu espère ensuite tirer avantage. • Crim. 5 juin 1890 : *Bull. crim., n° 117 ; DP 1891. 1. 42.*

CHAPITRE II ÉCHANGE

SECTION PREMIÈRE DISPOSITIONS APPLICABLES À L'ÉTAT ET À SES ÉTABLISSEMENTS PUBLICS

Art. L. 3222-1 **Tous les frais engagés lors de la procédure d'échange sont dus par le cocontractant, lorsque :**

1° Le projet d'acte a été abandonné par le fait du tiers revendiquant la propriété de l'immeuble offert à l'État ou à un établissement public ;

2° Le contrat a été résolu dans les conditions fixées à l'article L. 1111-3 ;

3° L'État ou un établissement public a été évincé dans les conditions fixées aux articles 1704 et 1705 du code civil.

Dans tous les autres cas, les frais engagés lors de la procédure de l'échange sont dus par le cocontractant, même si l'échange n'est pas réalisé, sauf convention contraire justifiée par l'intérêt de l'État. Les droits d'enregistrement et taxes perçus sur la soulte payable à l'État sont toujours à la charge du cocontractant. – *[C. dom. Ét., art. L. 44, ecqc les aliénations par voie d'échange.]*

COMMENTAIRE

L'article L. 3222-1 reproduit, sans nécessité évidente, les dispositions de l'article L. 1212-8 (V. comm. ss. cet art.). ❑

SECTION II DISPOSITIONS APPLICABLES AUX COLLECTIVITÉS TERRITORIALES, À LEURS GROUPEMENTS ET À LEURS ÉTABLISSEMENTS PUBLICS

Art. L. 3222-2 **L'avis de l'autorité compétente de l'État** *[V. art. R. 3222-3]* **sur les projets d'échanges d'immeubles ou de droits réels immobiliers poursuivis par les collectivités territoriales, leurs groupements et leurs établissements publics est donné dans les conditions fixées aux articles L. 2241-1, L. 3213-2, L. 4221-4, L. 5211-37 et L. 5722-3 du code général des collectivités territoriales.**

COMMENTAIRE

L'avis du service chargé des Domaines (ex. France Domaine, désormais DIE) obéit en matière d'échange au même régime juridique qu'en matière de vente (V. comm. art. L. 3221-1). ❑

SECTION III DISPOSITIONS APPLICABLES AUX ÉTABLISSEMENTS PUBLICS FONCIERS LOCAUX

Art. L. 3222-3 **L'avis de l'autorité compétente de l'État** *[V. art. R. 3222-4]* **sur les projets d'échanges d'immeubles ou de droits réels immobiliers poursuivis par les établissements publics fonciers locaux mentionnés à l'article L. 324-1 du code de l'urbanisme est donné dans les conditions fixées à l'article 7-1 de la loi n° 72-619 du 5 juillet 1972 ou à l'article 45-1 de la loi n° 82-213 du 2 mars 1982 ou au II de l'article 11 de la loi n° 95-127 du 8 février 1995.** – *[C. urb., art. L. 324-1 ; L. n° 72-619 du 5 juill. 1972, art. 7-1 ; L. n° 82-213 du 2 mars 1982, art. 45-1 ; L. n° 95-2127 du 8 févr. 1995, art. 11-II.]*

COMMENTAIRE

Cet avis est délivré dans les mêmes conditions qu'en matière de vente (V. comm. ss. art. L. 3221-2). ❑

TITRE TROISIÈME CONTENTIEUX

CHAPITRE UNIQUE

Art. L. 3231-1 **Sont portés devant la juridiction administrative les litiges relatifs aux cessions des biens immobiliers de l'État.** – *L'art. L. 3231-1 est l'ancien art. L. 3331-1, renuméroté par la L. n° 2009-526 du 12 mai 2009, art. 121-I.*

BIBL. ▶ **Encyclopédie :** Lavialle et Deliancourt, Contentieux des propriétés publiques, *J.-Cl. Propriétés publiques, fasc. 12.* – Raunet, Leonetti *et alii*, Ventes et autres cessions des immeubles de l'État, *J.-Cl. Propriétés publiques, fasc. 82.*

Ouvrages, thèses : Plateaux, La cession des biens publics, *Paris IX, 2015.* – Maugard, La rétraction du domaine, *Toulouse I, 2014.* – Barbato, Les cessions de biens publics immobiliers, *Publications Équipe droit public Lyon III, n° 18, 2012.* – Rogers, La cession des patrimoines immobiliers des personnes publiques, *Montpellier I, 2008.* – de Laubadère, Moderne et Delvolvé, Traité des contrats administratifs, *LGDJ, 2e éd., 1983, t. I, nos 99 s.*

Articles, contributions : Ngampio-Obélé-Bélé, La nature juridique des contrats de vente des biens immobiliers conclus par les personnes publiques, *AJDA 2017. 327* ✎. – Francfort, La cession des propriétés publiques, *AJDA 2013. 558* ✎. – Yolka, Cession d'immeubles publics et compétence juridictionnelle, *CP-ACCP déc. 2013, p. 33* ; Entre gestion et cession : le contentieux du refus de vendre les immeubles publics, *JCP Adm. 2013. 2.* – Dossier, Ventes immobilières, personnes publiques et droit de l'Union européenne, *JCP Adm. 2011, n° 47, p. 23 s. ; JCP N 2011, n° 47, p. 17 s.* – Lichère, Les contrats publics de vente immobilière (vente à une personne privée), *in* Contrats et propriété publics (dir. Clamour), *LexisNexis, 2011, p. 101.* – Leufflen, Préoccupations notariales à l'occasion des ventes publiques immobilières, *in* Contrats et propriété publics (dir. Clamour), *LexisNexis, 2011, p. 145.* – Leonetti, La cession des immeubles publics, *AJDA 2010. 2463* ✎. – Tilli, Les ventes des immeubles relevant du domaine privé de l'État, *AJDA 2010. 714* ✎. – Yolka, Les ventes immobilières de l'État, *RD publ. 2009. 1049* ; Pavane pour une étoile éteinte : la loi du 28 pluviôse an VIII, *JCP Adm. 2009, n° 29, p. 3.* –

Alonso Garcia, Contentieux domaniaux et compétence juridictionnelle, *in* Réflexions sur le code général de la propriété des personnes publiques, dir. Guérard, *Litec, 2007, p. 121.* – Colle, La vente du domaine privé de l'État et des collectivités territoriales, *JCP N 2006. 1094.* – Yolka, Un État sans domaine ?, *AJDA 2003. 1017*. – Bienvenu, D'un droit l'autre. Sur le contentieux des biens nationaux, *Mél. Drago, Économica, 1996, p. 193.*

COMMENTAIRE

I. ORIGINES HISTORIQUES DE LA COMPÉTENCE DU JUGE ADMINISTRATIF

La compétence du juge administratif trouve indirectement son origine dans la vague de nationalisations de la Révolution française (Bodinier et Teyssier, L'événement le plus important de la Révolution : la vente des biens nationaux [1789-1867] en France et dans les territoires annexés, *CTHS, 2000*). L'expression « biens (ou domaines) nationaux » a désigné les propriétés nationalisées par l'effet de lois promulguées entre décembre 1789 et nivôse an II (biens du clergé, des corporations, du roi, des communes et des émigrés, pour l'essentiel). La vente de ces biens devait permettre tout à la fois de combattre la crise financière et monétaire qui sévissait à l'époque et de gagner à la cause de la Révolution une nouvelle classe de propriétaires fonciers (par ex. Déprez, Les opérations de la vente des biens nationaux. Organisation générale et direction centrale, *Rev. histoire moderne et contemporaine 1906. 489.* – Lecarpentier, La vente des biens ecclésiastiques pendant la Révolution française, *Alcan, 1908.* – Lefebvre, Les recherches relatives à la vente des biens nationaux, *Rev. histoire moderne et contemporaine 1928. 188.* – Bodinier, Profils et tactiques de spéculateurs en biens nationaux, *Mél. Vovelle, Sté des Études Robespierristes 1997. 371.* – Bodinier, La vente des biens nationaux : essai de synthèse, *Annales historiques Révolution fr. 1999/ 315. 7.* – Jollet, La vente des biens nationaux : l'impact social de l'évènement dans le temps court du processus révolutionnaire, *ibid. 29*). Considéré comme trop sensible pour être abandonné au juge ordinaire (le spectre d'une restitution menaçait les acquéreurs de biens nationalisés), le contentieux des biens nationaux lui fut soustrait par des textes de l'époque révolutionnaire, avant d'être confié sous Napoléon aux nouveaux conseils de préfecture par la loi du 28 pluviôse an VIII (art. 4). Cette disposition a constitué, jusqu'à l'entrée en vigueur de l'ordonnance n° 2006-460 du 21 avril 2006 (qui l'a entièrement abrogée, de façon inconsidérée), le fondement de la compétence du juge administratif à l'égard du contentieux de la vente des immeubles de l'État (sachant qu'est bien sûr en cause ici le seul contentieux devant les juridictions administratives ordinaires, mais que les juridictions financières connaissent aussi du sujet. Par ex. : C. comptes, réf., 6 déc. 2013, sur les cessions de biens domaniaux par l'État à la SNI : *GDDAB, 3e éd., 2018. Comm. 94, obs. Chamard-Heim.* Ou, moins directement, pour les activités de la SOVAFIM, CDBF 17 juin 2014 : *AJDA 2014. 1603 ; RLC 2014, n° 41, p. 2636, obs. Brameret*). Sur cette base s'est développé, pour l'essentiel jusqu'aux années 1850, un important contentieux administratif des domaines nationaux (qui mériterait une étude d'ampleur).

II. ÉTENDUE DE LA COMPÉTENCE DU JUGE ADMINISTRATIF

L'article 4 de la loi du 28 pluviôse an VIII disposant que « Le conseil de préfecture prononcera [...] sur le contentieux des domaines nationaux », l'attribution de compétence concernait uniquement – sous son empire – le contentieux des biens nationalisés lors de la Révolution. Pourtant, le juge administratif devait livrer de cette disposition une interprétation extensive, aux termes de laquelle sa compétence portait, d'une façon beaucoup plus générale, sur le contentieux de la vente des immeubles du domaine privé de l'État. Même s'il ne faut pas surestimer les effets pratiques d'une telle jurisprudence (puisque ce sont en général les tiers qui souhaitent remettre en cause les opérations de vente : le jeu de la théorie des actes détachables aboutit à un résultat proche, le juge administratif connaissant des recours contre les actes unilatéraux précédant les contrats de vente), cette lecture « politique » de la loi de l'an VIII a fait l'objet depuis le XIXe siècle, et à juste titre, de vives critiques (par ex. : *Dalloz, jurispr. gén., V° Vente administrative, spéc. n° 295.* – de Laubadère, Moderne et Delvolvé, Traité des contrats administratifs, *LGDJ, 2e éd., 1983, t. I, n° 99*), y compris de la « doctrine organique » (Laferrière, Traité de la juridiction administrative et des recours contentieux, *Berger-Levrault, 2e éd., 1896, t. I, p. 556 s.*). Si l'on pouvait attendre qu'elle fût remise en cause par le CGPPP, c'est tout le contraire qui s'est produit. Certes, l'ordonnance du 21 avril 2006 (art. 7-IV-11°) a formellement abrogé l'article 4 de la loi du 28 pluviôse an VIII. Mais l'article L. 3231-1 (art. L. 3331-1 dans la version d'origine, mod. par L. n° 2009-526 du 12 mai 2009 de simplification et de clarification du droit et d'allègement des procédures, art. 121-I-7° : *Rev. CMP 2009. Comm. 176, obs. Clamour*) attribue désormais à la juridiction administrative le contentieux des cessions immobilières (et non plus seulement des ventes d'immeubles) de l'État. Les litiges relatifs aux échanges d'immeubles de l'État quittent donc la sphère judiciaire, alors qu'ils relevaient jusque-là du juge judiciaire (par ex., CE 6 nov. 1822, *Rambourg : Lebon 276*. – CE 27 mars 1885, *Hutel, Garnier et a. : Lebon 361*). Une telle extension atteste la volonté de contrôler ce contentieux (quelle que soit la forme des cessions), les aliénations d'immeubles de l'État s'étant intensifiées à partir du début des années 2000. Moyennant quoi, si l'on a pu par exemple s'interroger sur le caractère administratif – en raison de leur objet – des contrats procédant à des cessions de terrains de l'État au rabais pour la réalisation de logements sociaux (V. CGPPP, art. L. 3211-7. – V. Clamour, Commentaire de la loi « Duflot » n° 2013-61 du 18 janvier 2013, *Contrats-Marchés publ. 2013, comm. n° 58*), le contentieux de ces cessions est de toute façon administratif par application de l'article L. 3231-1 du CGPPP. Demeurent cependant des cas limites, que la jurisprudence n'a pas encore eu l'occasion d'éclaircir (compétence pour statuer, par ex., sur des échanges entre l'État et d'autres personnes publiques, ou sur le transfert direct de la propriété d'immeubles du domaine public de l'État, sans déclassement. – V. CGPPP, art. L. 3112-1 s.). ❑

1. Portée de la compétence du juge administratif. Pour des rappels de cette compétence. • CE 24 juill. 1925, *Cne de Villes-sur-Auzon : Lebon 732* • Civ. 1re, 16 oct. 1963 : *Bull. I, n° 439* • CE 5 févr. 1971, *Ganache*, n° 78386 : *Lebon 108* • 8 nov. 1974, *Figueras*, n° 83517 : *Lebon 545*. ♦ V., moins anciennement • T. confl. 6 juin 2011, *Préfet Seine-et-Marne : AJDA 2011. 1172 ; BJCP 2011. 481* • CE 13 févr. 1985, *Esteban*, n° 48516 : *Lebon 43* • 16 juin 1993, *Constant*, n° 128792 : *Lebon 767* • CAA Bordeaux, 30 déc. 1993, *X.*, n° 93BX00365 • CAA Nancy, 16 juin 1994, *Constant : Lebon 645* • CAA Bordeaux, 8 juin 1998, *X*, n° 96BX01396 • CAA Lyon, 27 avr. 2010, *Cuissinat : JCP Adm. 2011, n° 27, p. 19, chron. Chamard-Heim* • CAA Bordeaux, 5 mars 2015, *B. et D.*, n° 06BX00768. ♦ Pour la vente d'immeubles situés à l'étranger. • CE 13 oct. 1976, *Rossel-Calva : Lebon 409*. ♦ Pour la vente d'immeubles vacants et sans maître devenus la propriété de l'État. • CAA Marseille, 12 juill. 2016, *Épx. B.*, n° 15MA00371 : *Rev. CMP avr. 2017, Chron. 3, obs. Llorens et Soler-Couteaux ; JCP Adm. 2016. 2261, obs. de Gaudemar*. ♦ Admettant en l'espèce l'application de l'ancien code des marchés publics. • CAA Paris, 18 mars 2008, *Sté Vivauto PL : Rev. CMP 2008. Comm. 96 et 98, obs. Llorens et Soler-Couteaux*. ♦ La juridiction administrative retient sa compétence pour trancher les litiges relatifs au transfert de la propriété des immeubles de l'État intervenant de plein droit par application de dispositions législatives, qui ne sont pas des ventes. Impl., sur le fondement de l'art. 22 de la loi du 2 juill. 1990, pour des cessions au bénéfice de La Poste. • CAA Bordeaux, 16 mai 2013, *Dpt de Guyane*, nos 12BX00083, 12BX00084, 12BX00085 et 12BX00086. ♦ Cette compétence s'étend encore à la résolution des difficultés sérieuses d'interprétation des actes de vente. • T. confl. 18 mars 1991, *Préfet de La Réunion : D. 1991 IR 186 ; Quot. jur. 13 juin 1991, p. 11, note Rouault*. ♦ Aux actions en résolution • CE 24 juin 1936, *Sté Glace et Oxygène d'Amiens : S. 1937. 3, p. 65, note Mestre*. ♦ Aux recours en garantie formés par les acquéreurs et à toutes les actions en responsabilité contractuelle. • CE 25 juill. 1947, *Sté l'Alfa : Lebon 344*. ♦ Elle intéresse bien sûr aussi les actes détachables des contrats de vente. • CAA Bordeaux, 29 mai 2008, *M.et Mme Z.*, n° 06BX00309. ♦ Le juge administratif connaît des refus de vente, qui – selon les arrêts – sont tenus pour des actes détachables du contrat de vente ou pour des actes non détachables de l'opération administrative. • CE 4 nov. 1983, *Maurel*, n° 45617 : *Lebon 449* • 15 févr. 1989, *Vandal*, n° 65301 : *Lebon 56 ; D. 1989. IR 85 ; LPA 13 juin 1990, p. 17, note Llorens ; RDI 1989. 195, obs. Lavroff* • 24 oct. 2014, *Lanfranchi, SCI Colibri : Rev. CMP mars 2015. 17 et p. 20, chron. Llorens et Soler-Couteaux ; Dr. adm. 2015, n° 6, note Giacuzzo ; JCP Adm. 2014. Actu. 858, obs. Tesson* • CAA Bordeaux, 20 déc. 2012, *Cne de Rémire-Montjoly : AJDA 2013. 776* • 18 avr. 2013, *EPAG*, n° 11BX02603 • 4 févr. 2016, *GAEC de Gusomani*, n° 14BX01515 • 3 mars 2016, *M. C.*, n° 14BX01217 : *Rev. CMP avr. 2017. Chron. 3, obs. Llorens et Soler-Couteaux* • 31 mars 2016, *C. c/ État*, n° 14BX01309. ♦ Le juge administratif n'impose pas que la décision de refus de vente soit motivée au titre de l'art. L. 211-2 CRPA, dès lors que la cession ne constitue pas un droit. • CAA Bordeaux, 8 juin 2017, *M. G.*, n° 15BX01306 • 26 avr. 2018, *Mme A. c/ Cne de Rémire-Montjoly*, n° 16BX02019.

2. Limites de la compétence du juge administratif. La compétence administrative ne concerne pas les meubles. • CE 7 mai 1954, *Min. Finances : Lebon 257*. ♦ Elle n'intéresse que les biens appartenant à l'État, ce qui exclut ceux placés sous séquestre, V. à propos de la vente des biens d'une société allemande après la Seconde guerre mondiale. • CE 29 mai 1968, *Sté des Anciens Éts Barbier, Benard et Turenne : Lebon 340*.

♦ V. aussi : • T. confl. 12 déc. 2011, *Épx Libis c/ SNCF : JCP Adm. 2012, n° 3, p. 16, note Yolka ; ibid. 2325, n° 28, chron. Chamard-Heim.* ♦ Auparavant • CE 25 févr. 2011, *Libis c/ SNCF*, n° 327686. ♦ Elle ne concerne pas les biens d'autres collectivités publiques. • T. confl. 29 juill. 1889, *Jumel : Lebon 882* • CE 12 avr. 1940, *Ballot et Masmonteil : Lebon 140* • 26 janv. 1968, *Pécastaings : Lebon 67* • T. confl. 7 déc. 1970, *Marie : Lebon 894.* ♦ Elle ne joue pas à l'égard des établissements publics nationaux, V., *a contrario* • T. confl. 20 juin 2005, *SNC Sté hôtelière guyanaise : AJDA 2005. 1700 ; BJCP 2005. 422, concl. Glaser ; Coll. terr. nov. 2005. 14, note Moreau ; Rev. CMP oct. 2005. 18, obs. Llorens ; JCP Adm. 2005, p. 1087, chron. Rouault ; RFDA 2005. 1055.* ♦ Sur cette affaire, V. aussi : • CAA Bordeaux, 8 janv. 2008, *SNC Sté hôtelière guyanaise : CP-ACCP mai 2008, p. 16.* ♦ Ceci, sauf quand le contrat de vente n'est pas dissociable d'un ensemble contractuel unique dominé par un contrat administratif. V., pour une convention de terminal portuaire : • T. confl. 13 nov. 2017, *Sté Bordeaux Atlantique Terminal*, n° 4099 : *Lebon T. ; Rev. CMP 2018. Comm. 18, note Pietri ; ibid. Comm. 29, note Eckert ; ibid. Chron. 4, obs. Pietri.* ♦ Elle ne porte pas non plus sur les suites de la vente. • CE 22 juin 1962, *Varsa : Lebon 215.* ♦ C'est ainsi au juge judiciaire d'apprécier les conditions d'application de la théorie de la propriété apparente, s'agissant d'ouvrages construits sur d'anciennes parcelles distraites de la zone des « cinquante pas géométriques ». • Civ. 3e, 30 mars 2017, n° 15-21.790 P : *Dr. adm. mai 2017. 11 ; JCP 2017. 1958, chron. Périnet-Marquet.* ♦ Échappe également au juge administratif le contentieux des cessions d'immeubles de l'État préalablement transférés à la Société de valorisation foncière et immobilière. • Civ. 3e, 13 nov. 2014, n° 13-21.371. ♦ Mais non celui des actes administratifs y afférents (par ex., la décision d'une commune exerçant un droit de priorité à l'occasion d'une vente. • CAA Nancy, 1er juill. 2010, *SOVAFIM*, n° 09NC00773. ♦ La compétence est en outre judiciaire, lorsqu'elle est prévue par un texte spécial. Ainsi, à Mayotte, de l'art. 81 du Décr. du 28 sept. 1926. • T. confl. 6 juin 2016, *Anli A. c/ Cons. dptal de Mayotte*, n° 4050 B : *Rev. CMP 2016. Comm. 216, obs. Hoepffner ; ibid. 2017. Chron. 5, obs. Pietri ; ibid. avr. 2017. Chron. 3, obs. Llorens et Soler-Couteaux ; JCP Adm. 2016, n° 2193, obs. de Gaudemar.*

QUATRIÈME PARTIE AUTRES OPÉRATIONS IMMOBILIÈRES DES PERSONNES PUBLIQUES

LIVRE PREMIER RÉALISATION DES OPÉRATIONS IMMOBILIÈRES

BIBL. ▶ **Thèse :** Devillers, L'utilisation du bien d'autrui par une personne publique. Recherche sur le statut de personne publique locataire, *Mare et Martin, 2019, Bibliothèque des thèses.*

▶ **Rapports, ouvrages :** Bricq, L'État locataire, une gestion à bâtir, Commission des finances du Sénat, *Rapp. inf. Sénat, n° 5, 10 juill. 2009.* – Agence judiciaire du Trésor, Les relations de l'État locataire avec ses bailleurs, propriétaires privés, *Min. Budget 1994.*

▶ **Articles :** Chamard-Heim, Les contrats publics de location immobilière, *in* Clamour (dir.), Contrats et propriété publics, *LexisNexis, 2011. 81* ; Les personnes publiques locataires, *JCP Adm. 2012. 2139.* – Deliancourt, Les tribulations de l'État locataire, *JCP A 2012. 2050.* – Marty et Voisin, Des administrations locataires. Principes et enjeux de la nouvelle gestion du domaine immobilier public, *RLCT avr. 2006. 5.*

COMMENTAIRE

Par leur objet, les articles L. 4111-1 à L. 4121-1 dépassent le champ des propriétés publiques puisqu'ils régissent les prises à bail de biens publics ou privés par des personnes publiques (Titre 1er) et les situations de détention en jouissance de biens publics ou privés par l'État (Titre 2e). En toute logique, ces dispositions ne devraient pas avoir leur place dans un code de la propriété des personnes publiques puisqu'elles renvoient précisément à des hypothèses dans lesquelles les biens loués ou détenus en jouissance peuvent ne pas être la propriété d'une personne publique. C'est pour limiter cette incohérence, mais aussi pour éviter que ces dispositions ne soient pas codifiées ou insérées dans un autre code (le code général des collectivités territoriales, notamment), que les articles L. 4111-1 à L. 4121-1 ont été insérés dans une quatrième partie du CGPPP qui est intitulée « Autres opérations immobilières des personnes publiques ». ❑

TITRE PREMIER PRISES À BAIL

CHAPITRE PREMIER BIENS SITUÉS EN FRANCE

SECTION PREMIÈRE CONSULTATION PRÉALABLE

SOUS-SECTION 1 DISPOSITIONS APPLICABLES À L'ÉTAT ET À SES ÉTABLISSEMENTS PUBLICS

La présente sous-section ne comprend pas de dispositions législatives.

SOUS-SECTION 2 DISPOSITIONS APPLICABLES AUX COLLECTIVITÉS TERRITORIALES, À LEURS GROUPEMENTS ET À LEURS ÉTABLISSEMENTS PUBLICS

Art. L. 4111-1 La consultation de l'autorité compétente de l'État préalable aux baux, accords amiables et conventions quelconques ayant pour objet la prise en location d'immeubles poursuivies par les collectivités territoriales, leurs groupement et leurs établissements publics a lieu dans les conditions fixées à la section III du chapitre unique du titre Ier du livre III de la première partie du code général des collectivités territoriales.

COMMENTAIRE

Cet article est, à propos des baux et autres locations d'immeubles par les personnes publiques locales, l'équivalent de l'article L. 1211-1 en matière d'acquisitions immobilières.

Il prévoit que, dès lors que le loyer annuel est, charges comprises, supérieur à un montant fixé par arrêté (actuellement 12 000 €, Arr. du 17 janv. 2001, *JO 1er déc. 2002*), la conclusion du contrat doit être précédée de la consultation du directeur départemental des finances publiques (V. art. R. 4111-7). Cet avis, simple, est réputé donné si ce service de la direction générale de la comptabilité publique garde le silence pendant un mois sur cette demande.

Pour les collectivités territoriales, leurs groupements et leurs établissements publics, voir les articles R. 1311-3 à R. 1311-5 du code général des collectivités territoriales.

Pour l'État et ses établissements publics, on se reportera aux articles R. 4111-2 à R. 4111-6 du présent code. ❑

SECTION II PASSATION DES ACTES

Art. L. 4111-2 Les personnes publiques mentionnées à l'article L. 1 ont qualité pour passer en la forme administrative leurs actes de prise en location d'immeubles et de droits réels immobiliers ou de fonds de commerce.

Ces personnes publiques peuvent également procéder à ces prises en location par acte notarié.

COMMENTAIRE

De la même manière qu'elles peuvent acquérir des immeubles soit en la forme administrative soit par acte notarié, les personnes publiques dites classiques (celles mentionnées à l'article L. 1 du code) peuvent user de l'une ou l'autre de ces options en matière de location. Pour les achats, on se reportera au commentaire de l'article L. 1212-1. ❑

SECTION III RÉCEPTION ET AUTHENTIFICATION DES ACTES

Art. L. 4111-3 Les préfets reçoivent les actes de prise en location passés en la forme administrative par l'État et en assurent la conservation. Ils confèrent à ces actes l'authenticité en vue de leur publication au fichier immobilier lorsqu'elle est requise par les dispositions qui leur sont applicables. – *[C. dom. Ét., art. L. 76, ecqc les prises à bail.]*

COMMENTAIRE

Voir le commentaire sous l'article L. 1212-4. ❑

Art. L. 4111-4 Les autorités des établissements publics de l'État qui sont habilitées par les statuts de ces établissements à signer les actes de prise en location passés en la forme administrative par ces établissements les reçoivent et en assurent la conservation. Ces autorités confèrent à ces actes l'authenticité en vue de leur publication au fichier immobilier lorsqu'elle est requise par les dispositions qui leur sont applicables.

COMMENTAIRE

Voir le commentaire sous l'article L. 1212-4. ❑

Art. L. 4111-5 La réception et l'authentification des actes de prise en location passés en la forme administrative par les collectivités territoriales, leurs groupements et leurs établissements publics ont lieu dans les conditions fixées à l'article L. 1311-13 du code général des collectivités territoriales.

COMMENTAIRE

Voir le commentaire sous l'article L. 1212-4. ❑

Art. L. 4111-6 La réception et l'authentification des actes de prise en location passés en la forme administrative par les collectivités territoriales des départements de la Moselle, du Bas-Rhin et du Haut-Rhin, leurs groupements et leurs établissements publics ont lieu dans les conditions fixées à l'article L. 1311-14 du code général des collectivités territoriales.

COMMENTAIRE

Voir le commentaire sous l'article L. 1212-4. ❑

CHAPITRE II BIENS SITUÉS À L'ÉTRANGER

Art. L. 4112-1 Les dispositions de l'article L. 1221-1 sont applicables aux opérations de prise à bail de biens situés hors du territoire de la République, poursuivies par une personne publique mentionnée à l'article L. 1.

COMMENTAIRE

Voir le commentaire sous l'article L. 1221-1. ❑

TITRE DEUXIÈME DISPOSITIONS APPLICABLES AUX BIENS DÉTENUS EN JOUISSANCE PAR L'ÉTAT

CHAPITRE UNIQUE

Art. L. 4121-1 Les immeubles dont l'État a la jouissance ou qu'il détient à un titre quelconque sans en avoir la propriété sont, à l'exception de ceux qu'il gère pour le compte de tiers ou qui dépendent de patrimoines séquestrés ou en liquidation, soumis aux dispositions législatives ou réglementaires qui régissent les locations de biens appartenant à l'État, les attributions d'immeubles domaniaux et les concessions de logement dans ces immeubles. – *[C. dom. Ét., art. L. 37.]*

V. art. R. 4121-1 s.

LIVRE DEUXIÈME CONTRÔLE DES OPÉRATIONS IMMOBILIÈRES

TITRE UNIQUE CONTRÔLE DE L'UTILISATION DES IMMEUBLES DE L'ÉTAT ET DE SES ÉTABLISSEMENTS PUBLICS

CHAPITRE UNIQUE

(L. n° 2018-699 du 3 août 2018, art. 15)

Art. L. 4211-1 I. – Le Conseil de l'immobilier de l'État comprend parmi ses membres deux députés et deux sénateurs.

II. – Les missions, la composition, l'organisation et le fonctionnement du conseil sont précisés par décret.

CINQUIÈME PARTIE DISPOSITIONS RELATIVES À L'OUTRE-MER

BIBL. GÉN. ▸ **Ouvrages, thèses et rapports :** Imbart de la Tour, La question du domaine et l'organisation de la propriété dans les colonies françaises, *Paris, Challamel, 1900.* – Institut colonial international, Le régime foncier aux colonies. *Documents officiels, t. 6, Colonies françaises, Bruxelles, Institut colonial international, 1905.* – Coquet, Le domaine public colonial. Essai d'une théorie rationnelle, *Th. Poitiers, 1905.* – Boudillon, Organisation du domaine dans les colonies et territoires, *éd. Larose, 1907.* – Direction des domaines, Recueil relatif à l'application du régime domanial, Colonie de Madagascar et dépendances, *éd. Paoli, 1929.* – Rolland et al., Législation et finances coloniales, *Sirey, 1930.* – Gasse, Le régime foncier outre-mer et son évolution depuis l'indépendance, *LGDJ, 1971.* – Faberon (dir.), La mer, Outre-mer, *L'Harmattan, 2001* ; Les Outre-mer entre décentralisation, intégration européenne et mondialisation, *RFAP, n° 101, 2002/1.* – Chan-Kui, Un aspect particulier de la départementalisation : les biens de l'ancien domaine colonial, *Mém. Master 1 droit public, Réunion, 2005.* – Juniel, L'applicabilité des normes outre-mer, *Th. droit public, Montpellier 1, 2009.* – Stahl, Le droit de la protection de la nature et de la diversité biologique dans les collectivités françaises d'outre-mer, *Th. droit public, Lyon 3, 2009.* – IEDOM, L'habitat dans les outre-mer français : progrès, enjeux, disparités, *Note IEDOM févr. 2010.* – Boutrin, Droit de l'aménagement du territoire et statuts constitutionnels des outre-mer français : contribution à la recherche d'une efficience optimale, *Th. droit public, Antilles-Guyane, 2012.* – Fuligni, Tour du monde des terres françaises oubliées, *Éd. du Trésor, 2e éd., 2016.* – Magras, Domaines public et privé de l'État outre-mer. 30 propositions pour mettre fin à une gestion jalouse et stérile, *Rapp. inf. Sénat n° 538, 18 juin 2015.* – Gustan, La sécurité juridique et les plages, *th. droit public, Antilles-Guyane, 2015.* – Magras, Une sécurisation du lien à la terre respectueuse des identités foncières. 30 propositions au service du développement des territoires, *Rapp. inf. Sénat, n° 721, 23 juin 2016.* – Mohamed Soilihi, Grémillet et Karam, Les conflits d'usage et la planification foncière dans les outre-mer, *Rapp. inf. Sénat, n° 616, 6 juill. 2017.* – Letchimy, Sortir de l'indivision successorale et relancer la politique du logement en outre-mer, *Rapp. AN n° 547, 10 janv. 2018.*

▸ **Articles :** Oliva, Contribution à l'étude du domaine : les biens départemento-domaniaux, *RRJ 1992. 655.* – Tesoka, Le CG3P et les collectivités territoriales de l'outre-mer, *RLCT juill. 2011, p. 69.* – Sermet, L'habitat informel, de la nécessité à la loi, *AJDA 2011. 1289.* – Chamard-Heim, Contraintes juridiques du droit foncier ultramarin, Entreprises et dynamiques sectorielles du Pacifique, Conf. économique 25 juin 2015, *Rapp. inf. n° 567, 26 juin 2015, p. 22* ; L'État et le Code général de la propriété des personnes publiques outre-mer : une politique de Gribouille, *AJDA 2016. 1810* ; Réforme du CGPPP outre-mer : des avancées, mais la complexité est encore de mise, *JCP Adm. 2016. 2268.* – de Montecler, Le CGPPP outre-mer : la fin d'une politique de Gribouille ?, *AJDA 2016. 1841.* – Berthier, L'adaptation du droit, la clé de voûte du droit des outre-mer, *Rev. adm., n° 256, janv. 2018, p. 61.* – Magras, La différenciation territoriale, clé du développement des outre-mer, *Rev. adm. n° 256, janv. 2018, p. 68.* – Chamard-Heim, Le cas particulier du patrimoine militaire outre-mer, *in* Patrimoine(s) et équipements militaires. Aspects juridiques, Chamard-Heim et Yolka (dir.), *Varenne/Lextenso, 2018. 89* ; Le domaine public ultramarin, *note ss. Cons. const. 9 avr. 1996, LO portant statut d'autonomie de la Polynésie française, GDDAB, 3e éd., 2018. Comm. 32.*

COMMENTAIRE

Ordonnance du 28 septembre 2016. L'ordonnance n° 2016-1255 du 28 septembre 2016 modifiant les dispositions du CGPPP relatives à l'outre-mer (accompagnée de son rapport au Président, tous deux publiés au JO du 29 sept., l'ordonnance ayant seulement pour l'instant fait l'objet d'un projet de loi de ratification n° 2016-1255 du 28 sept. 2016, qui n'a pas encore abouti) réforme en profondeur le droit domanial outre-mer. D'une part, sur le plan formel, la cinquième partie du CGPPP relative à l'outre-mer sera restructurée pour une meilleure cohérence : au lieu de l'actuelle division en trois livres (l'un pour les quatre premiers DOM, l'autre pour Saint-Pierre-et-Miquelon et le dernier relatif à Mayotte), on trouvera sept livres (soit pour les cinq DOM, Saint-Barthélemy, Saint-Martin, Saint-Pierre-et-Miquelon, la Nouvelle-Calédonie, la Polynésie française et Wallis-et-Futuna).

D'autre part, sur le fond, l'objectif est d'appliquer autant que possible le droit métropolitain des biens publics, tout en tenant compte des règles propres à chaque collectivité ; certaines choses ont alors évolué, notamment à Mayotte dont le droit des biens publics se rapproche enfin de celui d'un vrai département d'outre-mer. C'est ainsi, par exemple, que les communes et les intercommunalités mahoraises vont pouvoir bénéficier du régime des biens sans maître ou des droits réels sur le domaine public. Des spécificités seront maintenues, comme le régime domanial des eaux ou le paiement du droit fixe en sus de la redevance domaniale (CGPPP, art. L. 5163-7).

Le CGPPP est officiellement applicable, dans les collectivités de l'article 74 et en Nouvelle-Calédonie, au minimum aux biens de l'État, ce qui n'est pas complètement nouveau, mais a le mérite d'être explicitement posé. La lecture du droit applicable aux biens publics ultramarins reste néanmoins complexe. En effet, l'ordonnance s'inscrit nécessairement dans le respect du principe de spécialité législative qui régit ces collectivités et de la répartition des compétences entre l'État et les COM opérée dans les différentes lois organiques. C'est ainsi que le CGPPP s'applique à Saint-Barthélemy et à Saint-Martin, mais uniquement pour le domaine national et celui des établissements publics nationaux. En Nouvelle-Calédonie, le CGPPP est étendu aux biens de l'État et de ses établissements publics, ainsi qu'aux biens des communes, de leurs groupements et leurs établissements publics (CGPPP, art. L. 5511-3 et L. 5511-4), même si des renvois au code des communes de la Nouvelle-Calédonie continuent être faits (V. par ex. CGPPP, art. L. 5521-1). En revanche, il ne s'applique pas à la collectivité de Nouvelle-Calédonie, ni aux Provinces. En Polynésie française, le CGPPP est rendu applicable au domaine public de niveau national et local, mais pas au domaine privé. Si toutes ces modulations s'expliquent par les différents statuts des COM, il n'en demeure pas moins que le droit public ultramarin reste très hétérogène en dépit des efforts de l'ordonnance pour l'unifier. Celle-ci est entrée en application le 1er janvier 2017. ❑

Les dispositions de l'Ord. n° 2016-1255 du 28 sept. 2016 modifiant les dispositions du CGPPP relatives à l'outre-mer sont entrées en vigueur le 1er janv. 2017 (Ord. préc., art. 14).

Les art. L. 5322-1, L. 5322-3, L. 5322-4, L. 5322-10, L. 5351-1 et L. 5351-3 du présent code, dans leur rédaction antérieure à la date d'entrée en vigueur de l'Ord. précitée, demeurent en vigueur à Mayotte en tant qu'ils concernent l'État et ses établissements publics. V. CGPPP, ***éd. 2016 et sur le site Dalloz.fr*** *(Ord. préc., art. 13).*

LIVRE PREMIER **DISPOSITIONS PARTICULIÈRES À LA GUADELOUPE, À LA GUYANE, À LA MARTINIQUE, À LA RÉUNION ET À MAYOTTE** *(Ord. n° 2016-1255 du 28 sept. 2016, art. 3-I, en vigueur le 1er janv. 2017).*

BIBL. GÉN. ▸ **Relative aux DOM :** Pour Mayotte, V. ss. art. L. 5161-1.

Ouvrages, thèses et rapports : Jodin, Le régime foncier à Madagascar, *Th. droit, Paris, 1904.* – Gasse, Le régime foncier à Madagascar et en Afrique, *Librairie autonome, 1959.* – Blanchet, L'application du droit de l'action foncière publique en France métropolitaine et dans les DOM. Étude comparative sur l'effectivité et l'efficacité de dispositifs juridiques dans des espaces différents de réception des normes, *Th. droit public, Antilles-Guyane, 1998.* – Geode Caraïbe, La question de la terre dans les colonies et départements français d'Amérique 1848-1998, *Karthala 2000.* – Constant-Pujar, Gestion responsable du foncier et développement durable outre-mer : contribution à une approche critique de l'espace martiniquais, *Th. droit public, Antilles-Guyane, 2011.* – Davy et Filoche, Zones de droits d'usages collectifs, concessions et cessions en Guyane française : bilan et perspectives 25 ans après, *CNRS, Cayenne, 2014.* – Sence, Délimitation du patrimoine routier de la région Réunion, *Mém. INSA-topographe, Strasbourg, 2014.* – Baietto-Beysson *et al.*, Rapport relatif aux problématiques foncières et au rôle des différents opérateurs aux Antilles, *IGA et CGEDD, juill. 2014.*

Articles : Guichon, Le régime domanial des forêts des nouveaux départements des Antilles françaises, *Rev. forest. fr. 1951. 432.* – Oliva, Contribution à l'étude du domaine : les biens départemento-domaniaux, *RRJ 1992. 655.* – Giacuzzo, Domaine privé de l'État et réserves foncières guyanaises, *Dr. adm. 2015, comm. 6.*

Art. L. 5100-1 *(Ord. n° 2016-1255 du 28 sept. 2016, art. 3-I, en vigueur le 1er janv. 2017)* **Les dispositions des quatre premières parties du présent code sont applicables de plein droit en Guadeloupe, en Guyane, à la Martinique, à La Réunion et à Mayotte, sous la seule réserve des adaptations prévues au présent livre.**

TITRE PREMIER ZONE DES CINQUANTE PAS GÉOMÉTRIQUES ET TERRAINS EXONDÉS RELEVANT DU DOMAINE PUBLIC MARITIME

CHAPITRE PREMIER DISPOSITIONS COMMUNES À LA GUADELOUPE, À LA GUYANE, À LA MARTINIQUE ET À LA RÉUNION *(Ord. nº 2016-1255 du 28 sept. 2016, art. 3-II, en vigueur le 1er janv. 2017).*

Art. L. 5111-1 La zone comprise entre la limite du rivage de la mer et la limite supérieure de la zone dite des cinquante pas géométriques définie à l'article L. 5111-2 fait partie du domaine public maritime de l'État. – *[C. dom. Ét., art. L. 87, al. 1er, 1re phrase.]*

Art. L. 5111-2 La réserve domaniale dite des cinquante pas géométriques est constituée par une bande de terrain délimitée dans les départements de La Réunion, de la Guadeloupe et de la Martinique. Elle présente dans le département de la Guyane une largeur de 81,20 mètres comptée à partir de la limite du rivage de la mer tel qu'il a été délimité en application de la législation et de la réglementation en vigueur à la date de cette délimitation. – *[C. dom. Ét., art. L. 86.]*

Art. L. 5111-3 Les dispositions de l'article L. 5111-1 s'appliquent sous réserve des droits des tiers à la date du 5 janvier 1986. Les droits des tiers résultent :

1° Soit de titres reconnus valides par la commission prévue par les dispositions de l'article 10 du décret nº 55-885 du 30 juin 1955 ;

2° Soit de ventes ou de promesses de vente consenties par l'État postérieurement à la publication de ce décret et antérieurement à la date du 5 janvier 1986 ;

3° Soit, dans le département de La Réunion, des éventuelles prescriptions acquises à la date du 3 janvier 1986. – *[C. dom. Ét., art. L. 87, al. 1er, 2e phrase, et L. 88.]*

Art. L. 5111-4 Les dispositions de l'article L. 5111-1 ne s'appliquent pas :

1° Aux parcelles appartenant en propriété à des personnes publiques ou privées qui peuvent justifier de leur droit ;

2° Aux immeubles qui dépendent soit du domaine public autre que maritime, soit du domaine privé de l'État affecté aux services publics ;

3° Aux terrains domaniaux gérés par l'Office national des forêts en application de l'article L. 121-2 du code forestier *[art. recodifié à l'art. L. 121-2 C. for. par Ord. nº 2012-92 du 26 janv. 2012]*.

Un décret en Conseil d'État fixe les conditions dans lesquelles est prononcé le déclassement de ceux des terrains mentionnés à l'article L. 5111-1 qui ne seraient plus utiles à la satisfaction des besoins d'intérêt public. – *[C. dom. Ét., art. L. 87, al. 2 à 5.]*

La recodification du code forestier, issue de l'Ord. nº 2012-92 du 26 janv. 2012, entre en vigueur en même temps que la partie réglementaire du nouveau code forestier et au plus tard le 1er juill. 2012 (Ord. préc., art. 8-I).

Art. L. 5111-5 Une commune peut obtenir, après déclassement, la cession à son profit de terrains de la zone des cinquante pas géométriques susceptibles d'aménagement et situés sur son territoire.

Cette cession ne peut concerner que des terrains classés en zone urbaine par un plan d'occupation des sols opposable aux tiers ou un plan local d'urbanisme approuvé et inclus dans un périmètre géré par la commune en vertu d'une convention de gestion prévue à l'article L. 2123-2.

La cession doit avoir pour but la réalisation d'opérations d'aménagement conformes au code de l'urbanisme et notamment aux objectifs définis *(Ord. nº 2015-1174 du 23 sept. 2015, art. 9-XI, en vigueur le 1er janv. 2016)* « à son article L. 121-48 ».

Le paiement du prix de cession peut être échelonné ou différé, sur la demande de la commune, dans un délai ne pouvant excéder la date d'achèvement de chaque tranche de travaux ou à la date d'utilisation ou de commercialisation des terrains si elle est antérieure. Dans ce cas, il est actualisé à la date du ou des règlements.

Un décret en Conseil d'État fixe les conditions d'application du présent article. – *[C. dom. Ét., art. L. 89.]*

BIBL. ▶ **Thèse et mémoire :** Wilhem, La réserve des cinquante pas du roi depuis ses origines jusqu'en 1825, *Paris, 1966*. – Mippi, La zone des cinquante pas géométriques et la protection de l'environnement, *Mém. DEA droit, Bordeaux I, 1984*. – Bambara, La zone des cinquante pas géométriques dans les départements d'outre-mer, *Mém. DESS droit des activités maritimes, Brest, 1987*. – Porry, Le notaire face aux cinquante pas géométriques, *Mém. DSN, Bordeaux 4, 2010*. – Bonere, La gestion du domaine public maritime naturel à La Réunion : les problèmes juridiques soulevés par la zone des cinquante pas géométriques, *Mém. La Réunion, 2012*. – Gustan, La sécurité juridique et les plages, *th. droit public, Antilles-Guyane, 2015*. – Orlandini, La dénaturation des critères du domaine public, *th. Toulouse, 2018*.

▶ **Encyclopédie :** Liet-Veaux, Littoral, *J.-Cl. Adm., fasc 444-20*. – Rézenthel, Domaine public maritime, *J.-Cl. Propriétés publ., fasc. 44*.

▶ **Ouvrages :** Rougon, Les Cinquante pas du Roi dans les colonies françaises, *Berger-Levrault, 1877*. – Guibert, Étude sur les cinquante pas géométriques, *Colin, 1911*. – le Boucher, Étude sur les cinquante pas géométriques dans les colonies françaises, *Challamel, 1918*. – Baude, Étude sur les cinquante pas géométriques, *Fort-de-France, Deslandes, 1918*. – Larcher, La solution définitive sur la question des cinquante pas géométriques aux Antilles, *Fort-de-France, 1949*. – Douence, La loi littoral dans les départements d'outre-mer, *in* La loi littoral, *Economica, 1987, p. 37*. – Gouyé, Les 50 pas géométriques : origines et histoire d'un mythe, *Fort-de-France, 1998*. – Le Cornec, Vers la désagrégation de la domanialité publique : l'évolution du statut domanial de la zone des cinquante pas géométriques, *in* Faberon (dir.), La mer, Outre-mer, *L'Harmattan, 2001, p. 161*. – Rosier, L'enracinement créole : chronique de l'extinction du régime colonial aux Antilles françaises : la zone des cinquante pas géométriques, *L'Harmattan, 2006*.

▶ **Rapports :** Agence de l'urbanisme et d'aménagement de la Martinique, Les cessions dans la zone des cinquante pas géométriques suite à la signature des conventions de transfert de gestion : *1992-1996, Martinique, 1997*. – Delamarre et Hugodot, L'intervention du Conservatoire du littoral pour la protection des espaces naturels sur la zone des cinquante pas géométriques en Guadeloupe, *Rapp. Inspection générale de l'environnement, juin 2001*. – Bougrier et Bersani, Rapport sur les cinquante pas géométriques en Guadeloupe et en Martinique, *Rapp. Inspection générale de l'administration et Conseil général des ponts et chaussées, janv. 2004*. – Magras, Domaines public et privé de l'État outre-mer. 30 propositions pour mettre fin à une gestion jalouse et stérile, *Rapp. inf. Sénat n° 538, 18 juin 2015*. – Clément et Morin, Les cinquante pas géométriques naturels des outre-mer, *CGEDD et CGAAER, nov. 2015*.

▶ **Articles :** Rougon, Les cinquante pas du roy dans les colonies françaises, *Rev. maritime et coloniale, 1872. 772*. – Chemillier-Gendreau, La réserve des cinquante pas géométriques en Martinique, *Annales des Antilles, 1960, n° 8, p. 3* ; Équipement touristique et zone des cinquante pas géométriques, *Bull. des chambres de commerce de la Martinique, 1974, p. 36*. – Luce, La réserve domaniale dite des cinquante pas géométriques, *AJDA 1982. 236*. – Jaccoulet, Sur les traces des cinquante pas du roy, *La voix du Palais 1984, n° 10, p. 18*. – Fontaine, La zone des cinquante pas géométriques en outre-mer, *LPA 12 mai 1989, p. 7* ; La gestion du domaine public maritime en outre-mer, *LPA 14 mars 1990, p. 11*. – Dufau, La zone des cinquante pas géométriques dans les départements d'outre-mer, *AJDA 1990. 444*. – Orsat, Les 50 pas du Roy et la loi Littoral, *Rev. Espaces 1992, n° 119, p. 35*. – Larrieu, Le changement de statut de la zone des « cinquante pas du roi » dans les DOM, *LPA 12 déc. 1997, p. 8*. – Mozar, Vers la normalisation des cinquante pas géométriques, *Ét. fonc. sept. 1997, n° 76*. – Priet, Nouveau régime de la zone des cinquante pas géométriques dans les départements d'outre-mer, *RFDA 1997. 1166*. – Le Cornec, La loi sur les cinquante pas géométriques dans les DOM, *Dr. envir. 1997, n° 48, p. 8* ; La loi relative à l'aménagement, la protection et la mise en valeur de la zone des 50 pas géométriques dans les départements d'outre-mer, *DMF 1997. 418*. – Keïta, Le juge administratif et le contentieux de l'urbanisme littoral aux Antilles, *RJ envir. 1998. 61*. – Rouault, La zone des cinquante pas géométriques, *Mél. E. Longavant, L'Harmattan, 1999, p. 371*. – Larrieu, Du nouveau à propos des « cinquante pas géométriques » dans les départements d'outre-mer, *LPA 6 janv. 1999, p. 8*. – Virassamy, Les particuliers et la réforme du régime des cinquante pas géométriques, *Mél. B. Vonglis, L'Harmattan, 2000, p. 355*. – le Cornec, Spécificité juridique des espaces insulaires, droit de l'urbanisme et droit de l'environnement, *RJ envir. mars 2000. 31*. – Douence, La loi « littoral » et les départements d'outre-mer, *in* Faberon (dir.), La mer, Outre-mer, *L'Harmattan, 2001*. – Le Cornec, Vers la désagrégation de la domanialité publique : l'évolution du statut domanial de la zone des cinquante pas géométriques dans les DOM, *in* Faberon (dir.), La mer, Outre-mer, *L'Harmattan, 2001 p. 161*. – Pellet, La réserve domaniale des cinquante pas géométriques dans les DOM, *D. 2003. 563*. – Rives-Langes, La zone des cinquante pas, *Mél. Decoq, Litec, 2004*. – Lavialle, Vicissitudes du droit de propriété sur la réserve domaniale aux Antilles, *RFDA 2006. 251*. – Tesoka, Le CGPPP et les collectivités territoriales de l'outre-mer, *RLCT juill. 2008. 69*. – Caudal, La domanialité publique comme instrument de protection de l'environnement, *AJDA 2009. 2329*. – STAHL, *Fugit irreparable tempus* ou l'extension aux départements d'outre-mer des servitudes de passage des piétons sur le littoral, *JCP Adm. 2010, n° 2356.* – KHAIR, Les titres d'occupation de la zone des « cinquante pas géométriques » : du droit français au droit de la Convention européenne des droits de l'homme, *RFDA 2012. 1159*. – RÉZENTHEL, Le droit de propriété à l'épreuve du régime de la zone des cinquante pas géométriques, *Ann. dr. maritime et océanique, 2014. 95.* – LAVIALLE, La réserve des cinquante pas du Roi ou la naissance du domaine public, *RFDA 2014. 451*. – CHAMARD-HEIM, Contraintes juridiques du droit foncier ultramarin, Entreprises et dynamiques sectorielles du Pacifique, *Conf. économique 25 juin 2015, Rapp. inf. n° 567, 26 juin 2015, p. 22.* – GOLIARD, Zone des 50 pas géométriques – Un espace littoral ultramarin au statut juridique très spécifique, *Juris Tourisme, 2016, n° 191, p. 42.* – CLÉMENT et MORIN, Les 50 pas géométriques naturels des outre-mer. Présentation de la biodiversité et maîtrise foncière, *Rapp. Min. Écologie, avr. 2016.* – RÉZENTHEL, La zone des cinquante pas géométriques et l'ancien domaine colonial : des vestiges de la colonisation, *Dr. de la voirie et du domaine public, nov.-déc. 2017, p. 161.*

COMMENTAIRE

Les articles L. 5111-1 à L. 5111-5 confirment la domanialité publique de la zone des cinquante pas géométriques instituée en vue, notamment, de freiner l'urbanisation galopante et de favoriser la protection du littoral outre-mer en empêchant l'octroi de permis de construire sur les terrains situés dans cette zone. Reprenant le contenu des dispositions des articles 86, 87 et 89 du code du domaine de l'État, ils fixent le régime juridique de cette dernière.

I. NOTION

A. DÉFINITION

La zone des cinquante pas géométriques, anciennement qualifiée « zone des cinquante pas du roi » parce que constituant une réserve domaniale au profit de la Couronne, semble être d'origine coutumière. Des textes du XVIIe siècle y font néanmoins référence mais simplement en constatant son existence et non en consacrant sa création. Elle est en tout cas historiquement instituée aux Antilles, semble-t-il, dans un triple intérêt : celui de la défense des possessions françaises en outre-mer contre les pirates, les flibustiers et les armées ennemies en supportant notamment la construction de fortifications militaires, celui de la navigation, et enfin dans un intérêt économique. Cette zone des cinquante pas est en fait une zone contiguë au rivage de la mer, constitutive d'une extension du domaine public maritime national à l'intérieur des terres puisqu'elle occupe une bande de terrain de 81,20 mètres de large en bordure du rivage de la mer (V. art. L. 5111-1 et L. 5111-2).

B. CHAMP D'APPLICATION TERRITORIAL

Deux questions se posent. Il y a d'abord la question de la soumission des collectivités d'outre-mer au code général de la propriété des personnes publiques. De là découle la portée de l'application sur ces territoires de la règle des cinquante pas géométriques.

1° SOUMISSION AU CODE

L'article 10 de l'ordonnance du 21 avril 2006 exclut du champ d'application du code les anciens territoires d'outre-mer de la Nouvelle-Calédonie, Wallis-et-Futuna, la Polynésie française ainsi que les Terres australes et antarctiques françaises. En vertu de leurs compétences propres, ceux-ci peuvent produire leurs propres règles d'utilisation du domaine public. Il en va de même pour Saint-Martin et Saint-Barthélemy, nouvelles collectivités d'outre-mer en vertu de la loi du 21 février 2007. Les quatre départements d'outre-mer initiaux relèvent normalement du CGPPP et se voient appliquer le droit commun de la zone des cinquante pas. Quant à Mayotte, le CGPPP lui est désormais applicable, sous certaines réserves, mais la zone des cinquante pas mahoraise relèvent de dispositions spécifiques (Chap. IV).

2° APPLICATION DE LA RÈGLE DES CINQUANTE PAS GÉOMÉTRIQUES

Si la zone des cinquante pas géométriques s'applique sans ambiguïté aux départements d'outre-mer en vertu de l'article L. 5111-2 (Guadeloupe, Guyane, Martinique et Réunion), le principe de spécialité législative dont disposent les collectivités de l'article 74 de la

Constitution ne rend pas le principe applicable de plein droit sur leur territoire. Ainsi, à Mayotte, en l'état actuel du droit, la zone des cinquante pas géométriques est instituée avec une réglementation un peu adaptée (V. art. L. 5331-4 et L. 5331-5). Elle y est de 81,20 mètres à compter du rivage de la mer en l'absence d'opération de délimitation de ladite zone par l'autorité préfectorale. La situation de Saint-Martin est encore différente. Le régime des cinquante pas géométriques existe car la collectivité, bénéficiaire de la compétence domaniale transférée par l'article LO 6314-6 du code général des collectivités territoriales, a décidé de maintenir l'application des règles antérieures à la loi organique du 21 février 2007. Le même article transfère à la collectivité la propriété de la zone. En revanche, à Saint-Barthélemy, la zone des cinquante pas géométriques n'est pas instituée, et c'est la collectivité qui est propriétaire du domaine public maritime. L'article L. 5211-1 ne s'applique pas non plus à Saint-Pierre-et-Miquelon, mais l'État y reste pour autant propriétaire de son domaine public maritime, conformément à l'article L. 2111-4. En Nouvelle-Calédonie, la réserve domaniale des cinquante pas géométriques existe par décision de la collectivité, bénéficiaire du transfert des compétences domaniales ; elle appartient au domaine public des provinces et non plus à l'État, en vertu de l'article 45 de la loi organique du 19 mars 1999. Enfin, en Polynésie française, le régime de la zone des cinquante pas géométriques s'applique uniquement aux îles Marquises.

C. RÉGIME

Cette réserve des cinquante pas géométriques a connu divers statuts. Pour la Guyane et les Antilles, et sur la base de deux ordonnances royales du 9 février 1827 (« aucune portion des cinquante pas géométriques réservés sur le littoral ne peut être échangée ou aliénée ») et du 27 août 1828, cette zone ressortissait aux dépendances du domaine public maritime de l'État dans la mesure où le principe d'inaliénabilité était consacré. A la Réunion, c'est d'abord un arrêté du 5 mai 1807, puis un décret du 5 août 1839 qui consacrent le principe de l'inaliénabilité de la réserve des cinquante pas géométriques. Toutefois, la domanialité publique de cette zone comportait diverses exceptions notamment liées à la topographie des lieux et aux phénomènes de « squattérisation » qui ont vu le jour aux abords des rivages dès le début de la colonisation (J. Larrieu, Le changement de statut de la zone des "50 pas du Roi" dans les DOM, *LPA 12 déc. 1997*). Ainsi, par dérogation au régime de la domanialité et pour faire face aux multiples empiétements de la population, les décrets du 21 mars 1882 pour la Guadeloupe, du 4 juin 1887 pour la Martinique et du 15 septembre 1901 pour la Guyane ont pu autoriser le transfert de propriétés de terrains bâtis dans la zone des cinquante pas géométriques sans pour autant remettre en cause le principe d'imprescriptibilité de la zone. Pour la Réunion, le décret du 13 janvier 1922 (art. 4) avait en réalité une portée plus étendue que les trois autres puisqu'il prévoyait la possibilité de mettre aux enchères publiques les terrains non bâtis dépendant de la zone des cinquante pas géométriques. La Cour de cassation a en conséquence conclu au déclassement de la zone des cinquante pas géométriques et donc à son rattachement au domaine privé dans ce département. Ce sera alors le décret-loi du 30 juin 1955 qui unifiera le régime applicable aux différents DOM (notamment en vue de permettre son utilisation à des fins agricoles, commerciales ou industrielles) en poursuivant l'entreprise du décret de 1922 et en déclassant la zone des cinquante pas géométriques pour l'ensemble des DOM. Cette dernière ressortit donc au domaine privé de l'État, à l'exclusion des parcelles appartenant en toute propriété à des particuliers en vertu de titres qui pourraient être validés par une commission de vérification créée par ce décret-loi, et sous réserve des immeubles qui, par leur nature ou leur destination, appartiennent au domaine public (V. art. L. 5111-3 et L. 5111-4). Enfin, dans un mouvement de balancier contraire, la loi du 3 janvier 1986 relative au littoral procède à l'extension du domaine public maritime en reclassant la zone des cinquante pas géométriques. Cette dernière est réincorporée au domaine, sous réserve de certaines exceptions, telles celles qui sont relatives au droit de propriété des tiers. En conséquence, les principes structurants de la domanialité publique que sont l'inaliénabilité et l'imprescriptibilité s'appliquent à cette réserve. En dépit des exceptions consacrées par décret au profit de la Guadeloupe, de la Martinique ou de la Guyane (V. *supra*), le principe d'inaliénabilité s'applique strictement depuis l'entrée en vigueur de la loi littoral. Quant à l'imprescriptibilité, le décret de 1955 ne devait rendre la prescription acquisitive possible au profit des occupants de la zone des cinquante pas géométriques devenue propriété privée qu'à compter de la date de clôture des opérations de délimitation de la réserve qui devait intervenir par arrêté interministériel. Reste qu'à la Réunion le décret du 13 janvier 1922 a eu pour conséquence de rendre possible l'aliénation des terrains de cette zone devenus prescriptibles. Le régime domanial de la zone des cinquante pas géométriques n'a donc pu s'appliquer que sous réserve des prescriptions acquises avant l'entrée en vigueur de la loi du 3 janvier 1986.

II. DÉLIMITATION

A. LOI DU 30 DÉCEMBRE 1996

S'il est acquis aux termes de l'article L. 5111-2 que la réserve des cinquante pas géométriques est une bande de terre d'une largeur de 81,20 mètres à compter de la limite du rivage de la mer (en réalité la laisse de haute mer), l'article dispose aussi que cette définition du périmètre résulte de l'application de la législation et de la réglementation en vigueur à la date de ladite délimitation. Ainsi la délimitation doit-elle prendre en compte les exceptions au principe d'inaliénabilité portées par les décrets de la fin du XIXe siècle ; tout comme elle doit prendre en considération les déclassements consécutifs au décret-loi de 1955. De surcroît, face à un régime protecteur visant à limiter l'urbanisation de la zone littorale, les occupations sans titre de terrains situés dans la zone des cinquante pas géométriques se sont multipliées. C'est alors pour tenter de remédier à la fois au développement des occupations sans titre dans la zone protégée tout en préservant les exceptions à la domanialité publique maritime héritées de l'histoire que le législateur a proposé plusieurs solutions dans la loi du 30 décembre 1996. Premièrement, la loi prévoit une délimitation différenciée au sein de la zone des cinquante pas géométriques en distinguant les zones naturelles d'une part et les espaces urbains et secteurs occupés par une urbanisation diffuse d'autre part. Deuxièmement, des mécanismes de cession à des personnes publiques ou privées installées sur la zone sont institués. Troisièmement, la loi donne aux préfets la compétence pour délimiter les rivages de la mer et ainsi achever les démarches de délimitation par arrêtés. Quatrièmement, dans le but de mettre fin aux situations précaires d'occupation de la zone, de faciliter la régularisation des occupations privatives et de valider les titres correspondants, elle met en place en Guadeloupe et en Martinique une commission départementale de vérification des titres (V. art. L. 5112-3). Enfin, la création de deux agences en Guadeloupe et en Martinique pour la mise en valeur des espaces urbains – « Agences pour la mise en valeur des espaces urbanisés de la zone dite des cinquante pas géométriques » (art. 4 de la loi du 30 déc. 1996) – et qui doivent notamment conduire le processus de régularisation des occupations sans titre des terrains qui ressortissent aux espaces urbains et aux secteurs occupés par une urbanisation diffuse, s'est accompagnée, avec la loi du 12 juillet 2010 portant engagement national en faveur de l'environnement, d'une extension de leurs missions et compétences (art. 5 modifié de la loi du 30 déc. 1996) et d'une diversification de leurs ressources (nouvel art. 7 de la loi du 30 déc. 1996).

Face à l'augmentation de l'activité de ces agences, la loi n° 2010-788 du 12 juillet 2010 (*JO* 13 juill. V. : *JCP Adm. 2010. 2237, note Ph. Billet*) a créé les établissements publics fonciers d'État (EPF) pour assurer la mission de régularisation foncière sur la zone des cinquante pas géométriques. Mais ces EPF n'étant toujours pas mis en œuvre, la loi n° 2013-922 du 17 octobre 2013 (*JO* 18 oct. – V. : *JCP Adm. 2013. Actu. 851*) prévoit notamment de prolonger de deux ans la durée de vie des agences des cinquante pas géométriques, soit jusqu'au 1er janvier 2016 (art. 1er). L'article 2 de la loi, qui en découle, reporte au 1er janvier 2015 la date limite de dépôt des demandes de régularisation laissant plus de temps pour trouver des solutions applicables aux citoyens ayant construit leur habitation sur un terrain ne leur appartenant pas. Enfin, l'article 3 porte sur les titres de propriété en outre-mer de manière plus générale. Finalement, la loi n° 2015-1268 du 14 octobre 2015 d'actualisation du droit des outre-mer (art. 27), reporte au 1er janvier 2021 la fin de ces agences des cinquante pas géométriques.

B. DÉROGATIONS

Les articles L. 5111-3 et L. 5111-4 écartent dans un certain nombre de cas le régime de la domanialité publique de la zone des cinquante pas géométriques. Soit parce que les tiers détiennent des droits de propriété reconnus par le code qui y font échec (V. art. L. 5111-3) ; soit parce que certaines parcelles normalement incluses dans cette zone y échappent toujours en raison de leur nature ou de leur destination (V. art. L. 5111-4). L'article L. 5111-1 s'applique d'abord sous réserve des droits des tiers. Ces droits peuvent résulter de titres valides en vertu des dispositions de l'article 10 du décret du

30 juin 1955. L'existence de titres (antérieurs à l'entrée en vigueur du décret de 1955) susceptibles d'écarter l'application des règles relatives à la zone des cinquante pas géométriques doit être dûment justifiée et démontrée. Il ne suffit pas d'affirmer qu'ils ont été validés par la commission de vérification. En l'absence de preuves matérielles tangibles (et un témoignage ne suffit pas, par exemple, à établir une telle preuve), un particulier ne peut arguer de la détention d'un droit de propriété sur une parcelle du domaine public maritime. Ainsi, le titre présenté doit émaner de l'État et non procéder d'une cession entre particuliers. La commission n'accepte de valider que les titres découlant d'une transaction passée originellement avec l'État, car, ce dernier étant le propriétaire de la zone des cinquante pas géométriques, seules les cessions auxquelles il a été partie peuvent valablement fonder le titre. Les titres doivent avoir été présentés à la commission dans un délai d'un an avant l'entrée en vigueur du décret sous peine de prescription. Les droits des tiers peuvent aussi résulter de ventes ou de promesses de vente consenties ultérieurement par l'État. Cette prescription acquisitive, postérieure à l'entrée en vigueur du décret de 1955 mais antérieure à la date du 5 janvier 1986, n'a pas pu être possible car elle était subordonnée, aux termes de l'article 5 du décret de 1955, à une date fixée par un arrêté interministériel de clôture des opérations de délimitation de la zone géométrique. Or cet arrêté n'a jamais été publié. Certains auteurs en déduisent que les dépendances de la zone sont demeurées imprescriptibles (J. Dufau, La zone des 50 pas géométriques dans le DOM, *AJDA 1990. 444*). Les droits des tiers résultent enfin, pour le département de la Réunion, des éventuelles prescriptions acquises à la date de promulgation de la loi n° 86-2 du 3 janvier 1986. Cette prescription a en effet été possible à la Réunion sur le fondement de l'article 4 du décret du 13 janvier 1922 qui dispose que, dans cette île, les terrains non bâtis dépendant de la zone des cinquante pas géométriques seront mis aux enchères publiques dans les formes prévues pour la vente des immeubles de l'État. Il s'ensuit donc que les terrains de cette zone pouvaient être aliénés et étaient devenus prescriptibles. En revanche, l'application de l'article L. 5111-1 est expressément écartée par le législateur dans les cas suivants (énumérés à l'art. L. 5111-4, reprenant les anciennes dispositions de l'article 87, al. 2 à 5, du code du domaine de l'État) : si les parcelles appartiennent en propriété à des personnes publiques ou privées qui peuvent justifier de leur droit ; face à des immeubles qui dépendent soit du domaine public autre que maritime, soit du domaine privé de l'État affecté aux services publics ; et face à des terrains domaniaux gérés par l'Office national des forêts en application de l'article L. 212-2 du code forestier, lequel les intègre au domaine privé de l'État. Une application de la règle de l'article L. 5111-1 aurait pour conséquence de leur conférer un statut juridique différencié selon qu'ils sont situés dans ou en dehors de la zone des cinquante pas géométriques et d'en compliquer la gestion.

Reste l'hypothèse de l'article L. 5111-5, qui concerne la cession de terrains compris dans la zone des cinquante pas géométriques au profit de la commune et en vue de réaliser une opération d'aménagement et d'urbanisme conforme aux exigences de l'article L. 156-3 du code de l'urbanisme. Sous réserve de la préservation des plages, des espaces boisés, des parcs ou des jardins publics, et de la prise de mesures compensatoires pour permettre le maintien de l'équilibre du milieu marin et terrestre, ces terrains une fois déclassés peuvent être affectés à des services publics, des équipements collectifs, des opérations de réaménagement de quartier, de logement à caractère social et de résorption de l'habitat insalubre, des commerces, des structures artisanales, des équipements touristiques et hôteliers ainsi qu'à toute autre activité économique dont la localisation à proximité de la mer est justifiée par son usage ou par une nécessité économique de desserte par voie maritime. Levier d'une politique urbaine et de l'habitat social, cet article, dont la mise en œuvre doit être corrélée avec les dispositions des articles L. 5112-4 à L. 5112-7, doit permettre de retisser un maillage social et économique sur des territoires largement abandonnés à l'habitat spontané ainsi qu'aux constructions irrégulières et ne bénéficiant pas des conditions de salubrité minimale (équipement en eau, électricité ou assainissement). ❑

1. Domanialité publique de la réserve domaniale. Les terrains qui correspondent à des lais et relais de la mer appartenaient en principe, dans les départements d'outre-mer, au domaine privé de l'État avant l'intervention de la loi n° 86-2 du 3 janvier 1986 ; ils relèvent toutefois du domaine public dès lors qu'ils ont été utilisés comme plage publique et ont fait l'objet d'aménagements à l'usage du public. • CAA Paris, 23 juill. 1991, *Mme Foucque : Lebon T. 926*.

2. En vertu de l'art. L. 87 [V. art. L. 5111-1, L. 5111-3 et L. 5111-4 CGPPP] dans sa rédaction issue de la loi du 3 janv. 1986, la zone dite des cinquante pas géométriques, d'une largeur de 81,20 m comptés à partir du rivage, appartient au domaine public. • CE 22 juill. 1994, *Mme Carreau-Gaschereau : Lebon 358* • CAA Bordeaux, 15 oct. 2002, *M. Dabreton : AJDA 2003. 300*. ♦ Et ceci alors même que cette zone avait été placée antérieurement à l'intervention de la loi du 3 janv. 1986 dans le domaine privé de l'État. • CAA Bordeaux, 10 mai 1999, *Dominique Bénard*, n° 97BX01971 : *RJ envir. 2000. 254, obs. Brobenko.* ♦ Il n'en irait autrement que si les parcelles incluses dans cette zone appartenaient en propriété à des personnes publiques ou privées pouvant justifier de leur droit. • CAA Bordeaux, 15 oct. 2002 : *préc.* • CAA Bordeaux, 15 mai 2008, *Mme Lucia X.*, n° 06BX01874. ♦ Le transfert de propriété de terrains bâtis de la zone des cinquante pas géométriques en Guadeloupe, Martinique et Guyane ne remet pas en cause l'application du principe d'imprescriptibilité dans la zone. • Civ. 3e, 20 sept. 2006, n° 05-13.831 P : *AJDA 2006. 2244*. ♦ En revanche, tel n'est pas le cas du décret du 13 janvier 1922 à La Réunion qui, en raison de sa portée, conduit au déclassement de la zone des cinquante pas géométriques et à son incorporation au domaine privé. • Civ. 3e, 12 janv. 1982 : *D. 1982. 577, note Audouard.* ♦ Sur le déclassement par arrêté préfectoral de parcelles relevant de la zone des cinquante pas géométriques à la Martinique, • CAA Bordeaux, 1er oct. 2015, *Cne de Robert*, n° 14BX02763.

3. Seul le littoral de la Martinique fait partie, sur une profondeur de 81,20 mètres à partir du rivage, de la zone des cinquante pas géométriques. • Fort-de-France, 7 déc. 1990 : *D. 1992. 17, note Larrieu*. ♦ V. aussi • CE 16 juin 1982, *Guiraud : Lebon 237* • CAA Bordeaux, 10 mai 1999, *Dominique Bénard*, n° 97BX01971 : *préc. note 2.*

4. Les statuts de l'association, dont l'activité s'exerce dans tout le département de la Martinique, lui donnent notamment pour but « de défendre et de protéger les cinquante pas géométriques ». Cet objet social suffit à lui conférer un intérêt de nature à lui donner qualité pour demander l'annulation du permis de construire qui autorise une construction sur un terrain situé dans la réserve domaniale dite des cinquante pas géométriques. • CAA Paris, 5 avr. 1994, *Cne du Robert, Sté Romak c/ Assoc. pour la sauvegarde du patrimoine martiniquais : AJDA 1994. 478, concl. Mendras.*

5. La zone des cinquante pas géométriques a existé et existe toujours sur l'île de Saint-Martin. • Civ. 3e, 7 juill. 2004, n° 02-16.288 P : *JCP 2005. I. 119, note Périnet-Marquet ; AJDI 2004. 914*.

6. Question prioritaire de constitutionnalité. Sur le refus de renvoyer au Cons. const. une QPC portant sur l'art. L. 5111-3, le requérant soutenant que cette disposition méconnaissait, d'une part, l'étendue de la compétence du législateur prévue à l'art. 34 de la Const. en ce que cet art. renvoie à l'autorité réglementaire le soin de fixer les conditions d'application de la prescription acquisitive trentenaire prévue par les dispositions des art. 2262 et 2265 C. civ., alors en vigueur, sur le domaine privé de l'État lorsque les cinquante pas géométriques en faisaient partie entre 1955 et 1986 et, d'autre part, les art. 2 et 17 DDH relatifs à la protection du droit de propriété en ce qu'il exclut rétroactivement le département de la Martinique du champ d'application de cette prescription durant cette même période. • CE 14 sept. 2015, *M. B.*, n° 391245.

7. Droits des tiers. Conformité du décret n° 55-885 du 30 juin 1955 à la loi d'habilitation du 2 avril 1955 en ce qu'il institue une procédure de vérification des droits de propriété, droits réels ou de jouissance sur les terrains dépendant de la zone des cinquante pas géométriques par des commissions à caractère juridictionnel et un délai de forclusion pour leur présentation. • CE, ass., 13 juin 1975, *Pajaniandy : Lebon 350 ; D. 1977. 74, note Bidégaray.*

8. Opposabilité de ces droits. Si, aux termes de l'art. 10 du décret n° 55-885 du 30 juin 1955, la commission de vérification, créée pour déterminer dans le département de la Guadeloupe les droits que les particuliers et les collectivités locales pourraient avoir sur les terrains dépendant de la zone des cinquante pas géométriques, est chargée d'apprécier la validité des titres, elle ne peut opposer à l'État que les titres délivrés par celui-ci, lequel était le seul à pouvoir procéder, selon les formes légales, au déclassement d'un terrain faisant originairement partie du domaine public national et à sa cession à un particulier ou à une collectivité locale. • Civ. 1re, 2 févr. 1965 : *Bull. civ. I, n° 94.* ♦ Même solution pour la Martinique. • Civ. 1re, 2 févr. 1965 : *Bull. civ. I, n° 95* • Civ. 3e, 16 nov. 2005, n° 04-12.917 P : *RFDA 2006. 251, note Lavialle.* ♦ V. aussi • CE 22 juill. 1994, *Mme Carreau-Gaschereau : préc. note 2* • Civ. 3e, 13 déc. 2006 : *Bull. civ. III, n° 252.* ♦ La possession du titre ne peut pas être seulement constatée, sa régularité juridique doit être justifiée. • CE 24 nov. 1997, *Cts Gallet de Saint Aurin*, n° 151598. ♦ Le titre doit procéder de l'État et non d'une cession entre particuliers. • Civ. 3e, 16 nov. 2005, n° 04-12.917 P : *RFDA 2006. 251 note Lavialle* • Civ. 1re, 2 févr. 1965 : *Bull. civ. I, n° 94.* ♦ N'a pas donné de base légale à sa décision la cour d'appel qui ordonne la démolition des bâtiments construits sur une parcelle dépendant de la zone des cinquante pas géométriques sans rechercher, comme il lui était demandé, si lors de son acquisition de la propriété bâtie, l'acquéreur était de bonne foi et pouvait ainsi se prévaloir d'une erreur commune. • Civ. 3e, 30 mars 2017, *ONF c/ M. X.*, n° 15-21.790 P : *Dr. adm. 2017. Alerte 77.* ♦

L'Agence des 50 pas géométriques ne peut pas refuser la cession de parcelles situées dans la zone de ces 50 pas au seul motif que la parcelle dépasserait le plafond prévu mais sans avoir vérifié que toute les portions de celles-ci sont bien utilisables. • TA Martinique, 7 nov. 2019, *M. X*, n° 1800753.

9. Prescription acquisitive. Des requérants ne sont pas fondés à se prévaloir d'une acquisition par prescription antérieure à l'entrée en vigueur du décret n° 55-885 du 30 juin 1955 qui a seul mis fin à l'imprescriptibilité de cette zone. • CE 22 juill. 1994 : *préc. note 2* • Civ. 3e, 20 sept. 2006, n° 05-13.931 P : *AJDA 2006. 2244*. ♦ La prescription acquisitive possible dans les conditions du droit commun au bénéfice des occupants de la zone des cinquante pas géométriques devenue domaine privé par l'effet du décret de 1955 ne commence à courir qu'à partir de la date de clôture des opérations de délimitation de la réserve. • CAA Paris, 23 juill. 1992, *Félicité*, n° 91PA00272. ♦ Aux termes de l'ancien art. L. 88 (abrogé), les prescriptions des art. 2262 et 2265 C. civ. ne peuvent commencer à courir dans les départements d'outre-mer au profit des occupants de la zone des cinquante pas géométriques qu'à partir de la date de clôture des opérations de délimitation de la réserve fixée par arrêté ministériel (jamais pris pour les Antilles et la Guyane). • Fort-de-France, 7 déc. 1990 : *préc. note 3* • Civ. 3e, 16 nov. 2005, n° 04-13.926 P : *RFDA 2006. 251, note Lavialle ; AJDA 2005. 2266*. ♦ Dans le même sens, malgré une rédaction ambigüe, • Civ. 3e, 11 mars 1992, n° 90-15.946 P : *D. 1993. 33, note Larrieu*. ♦ En revanche, la prescription a été possible (avant l'entrée en vigueur de la loi n° 86-2 du 3 janv. 1986) à la Réunion sur le fondement de l'art. 4 du décret du 13 janv. 1922 qui dispose que, dans cette île, les terrains non bâtis dépendant de la zone des cinquante pas géométriques seront mis aux enchères publiques dans les formes prévues pour la vente des immeubles de l'État. Il s'ensuit que les terrains de cette zone pouvaient être aliénés et étaient devenus prescriptibles. • Civ. 3e, 12 janv. 1982 : *D. 1982. 577, note Audouard*.

10. Appartiennent toutefois au domaine privé de l'État, en vertu de ce même article, des parcelles gérées par l'ONF et comprises dans la zone des cinquante pas géométriques, dès lors qu'elles figuraient, antérieurement à l'entrée en vigueur de ladite loi, sur la liste des forêts et terrains à boiser ou à restaurer appartenant à l'État, dont la gestion et l'équipement sont confiés à l'ONF. • CAA Paris, 22 nov. 1994, *Conservatoire de l'espace littoral et des rivages lacustres : Lebon T. 935*. ♦ V. aussi • T. confl. 19 janv. 2004, *ONF*, n° C3382 : *BJCL 2004. 417, concl. Bachelier, obs. Bonichot*.

11. Règle contentieuse spécifique. L'art. L. 521-3-1 CJA précise notamment que la condition d'urgence prévue à l'art. L. 521-3 n'est pas requise en cas de requête relative à une occupation non autorisée de la zone des cinquante pas géométriques. Mais lorsque l'expulsion demandée porte sur l'occupation sans titre d'une parcelle du domaine public provenant pour partie seulement de cette zone, la condition d'urgence demeure requise pour la partie de la parcelle qui n'est pas comprise dans cette zone. • CE 3 déc. 2014, *Province Sud de Nouvelle-Calédonie*, n° 375364 : *Lebon T. ; AJDA 2015. 430* • 2 déc. 2016, *SPL Tamarun*, n° 399849 : *Rev. CMP mars 2017, chron. Llorens et Soler-Couteaux*. ♦ Pour une expulsion en référé de la zone des cinquante pas géométriques et ses conditions, V. : • CE 4 mai 2018, n° 415002 B : *AJDA 2018. 947 ; Rev. CMP juill. 2018. Comm. 168, obs. Eckert ; JCP Adm. 2018. Actu. 453, obs. Touzeil-Divina ; DMF 2018. 664, note Bordereaux*.

CHAPITRE II **DISPOSITIONS PARTICULIÈRES À LA GUADELOUPE ET À LA MARTINIQUE**

Art. L. 5112-1 *(L. n° 2015-1268 du 14 oct. 2015, art. 27-II)* « L'État délimite par décret en Conseil d'État, au plus tard le *(L. n° 2020-734 du 17 juin 2020, art. 27)* « 1er juillet 2021 », après avis des collectivités territoriales ou de leurs groupements », à l'intérieur de la zone des cinquante pas géométriques, d'une part, les espaces urbains et les secteurs occupés par une urbanisation diffuse, d'autre part, les espaces naturels. *(L. n° 2015-1268 du 14 oct. 2015, art. 27-II)* « Cette délimitation prend en compte l'état d'occupation du sol et les orientations du document stratégique d'aménagement et de mise en valeur de la zone des cinquante pas géométriques prévu au IV de l'article 27 de la loi n° 2015-1268 du 14 octobre 2015 d'actualisation du droit des outre-mer *[V. ci-dessous]* ».

Le schéma d'aménagement régional prévu à l'article L. 4433-7 du code général des collectivités territoriales, les schémas directeurs, les schémas de cohérence territoriale, les plans d'occupation des sols et les plans locaux d'urbanisme prévus par le code de l'urbanisme sont pris en compte.

Pour l'application des dispositions du présent article, la présence de constructions éparses ne peut faire obstacle à l'identification d'un secteur comme espace naturel. – *[C. dom. Ét., art. L. 89-1, I, III, IV.]*

Loi n° 96-1241 du 30 décembre 1996,

Relative à l'aménagement, la protection et la mise en valeur de la zone dite des cinquante pas géométriques dans les départements d'outre-mer.

....

Art. 4 Dans chacun des départements de la Guadeloupe et de la Martinique, il est créé, pour une durée *(L. n° 2015-1268 du 14 oct. 2015, art. 27-I)* « qui ne peut excéder le 1er janvier » *(L. n° 2020-734 du 17 juin 2020, art. 27)* « 2022 », un établissement public d'État dénommé "Agence pour la mise en valeur des espaces urbains de la zone dite des cinquante pas géométriques". *(L. n° 2015-1268 du 14 oct. 2015, art. 27-I)* « Un décret en Conseil d'État précise les conditions de la dissolution de ces agences et prononce, le cas échéant, le transfert des biens, droits et obligations des agences après concertation entre les agences, l'État et le bénéficiaire. »

Ces agences constituent un instrument de coopération entre l'État et les communes. Leurs relations avec ces collectivités territoriales peuvent faire l'objet de conventions spécifiques.

Le domaine de compétence de chaque agence s'étend aux espaces urbains et aux secteurs occupés par une urbanisation diffuse de la zone dite des cinquante pas géométriques délimités selon les modalités prévues à l'article *(L. n° 2010-788 du 12 juill. 2010, art. 32-II-2°)* « L. 5112-1 du code général de la propriété des personnes publiques.

« A titre exceptionnel, après autorisation du représentant de l'État dans le département, les agences peuvent également exercer leurs missions dans les zones immédiatement contiguës à ces territoires. »

Il s'étend également aux espaces urbains et aux secteurs occupés par une urbanisation diffuse identifiés sur des terrains soustraits artificiellement à l'action du flot et sur des lais et relais de la mer dépendant du domaine public maritime de l'État, formés avant le 1er janvier 1995, et délimités selon les modalités fixées à l'article L. 5112-2 du code général de la propriété des personnes publiques.

Art. 5 *(L. n° 2010-788 du 12 juill. 2010, art. 32-II-3°)* Les agences mentionnées à l'article 4 conduisent prioritairement le processus de régularisation des occupations sans titre des terrains ressortissant aux espaces urbains et aux secteurs occupés par une urbanisation diffuse délimités selon les modalités prévues aux articles L. 5112-1 et L. 5112-2 du code général de la propriété des personnes publiques.

Dans ce cadre, les agences :

1° Contribuent à l'observation et au suivi des occupations des terrains ;

2° Établissent, après consultation de la ou des communes concernées, des programmes d'équipement en voirie et réseaux divers des terrains mentionnés au premier alinéa et mis gratuitement à leur disposition par l'État ;

3° Recherchent les occupants éligibles à la régularisation et les assistent dans leurs démarches de demande de cession ;

4° Établissent toutes formalités et documents nécessaires à la cession des terrains ;

5° Contribuent à la libération des terrains dont l'occupation sans titre ne peut être régularisée et au relogement de leurs occupants.

A titre secondaire, elles peuvent réaliser les travaux de voies d'accès, de réseaux d'eau potable et d'assainissement lorsque les communes n'en assurent pas la conduite. Dans ce cas, les voies et réseaux divers peuvent être cédés à la commune sur le territoire de laquelle ils sont situés. Une convention établie entre l'agence et la commune précise le programme d'équipement en voies et réseaux divers des terrains situés dans un périmètre qu'elle délimite ; cette convention prévoit également les mesures techniques, juridiques et financières nécessaires pour rendre les opérations de cession et d'équipement possibles. Elle fixe les contributions financières respectives de l'agence et de la commune nécessaires à la réalisation des opérations prévues.

Les agences sont consultées sur la compatibilité entre les projets de cession envisagés en application des articles L. 5112-4 à L. 5112-6 du même code et les programmes d'équipement des terrains en voirie et réseaux divers qu'elles ont établis dans le cadre de leur rôle de coordination avec les collectivités territoriales.

Le préfet peut, à la demande des communes ou des établissements de coopération intercommunale compétents en matière d'urbanisme et d'aménagement, délimiter des quartiers où l'état des constructions à usage d'habitation et d'activités annexes justifie leur traitement par une opération publique comportant la division foncière, la démolition, la reconstruction ou l'amélioration de l'habitat au bénéfice des personnes qui les occupent ou les donnent à bail à titre de résidence principale, ou qui y exercent une activité professionnelle, ainsi que la réalisation des travaux de voirie et réseaux divers nécessaires à l'équipement du quartier.

Pour la réalisation de ces opérations, l'article L. 5112-4 du même code est applicable.

Dans les opérations publiques répondant aux conditions mentionnées au dixième alinéa, l'article L. 5112-4-1, le troisième alinéa de l'article L. 5112-5, le quatrième alinéa de l'article L. 5112-6 et l'article L. 5112-6-1 du même code ne sont pas applicables. — *Pour Mayotte, V. art. L. 5331-6-2-1.*

Art. 6 Les agences mentionnées à l'article 4 sont administrées par un conseil d'administration dont le président est désigné par décret.

Leur conseil d'administration se compose de représentants des services de l'État dans le département, de représentants élus de la région, du département, des communes ainsi que de représentants de l'agence d'urbanisme et d'aménagement et de personnes choisies en raison de leur compétence dans le domaine de l'urbanisme et de leur connaissance du littoral.

Elles sont dirigées par un directeur nommé par décret, après avis du conseil d'administration.

Un décret en Conseil d'État précise les conditions d'application du présent article. — *V. Décr. nº 98-1081 du 30 nov. 1998 (JO 1er déc.), mod. par Décr. nº 2005-436 du 9 mai 2005 (JO 10 mai).*

Art. 7 Les ressources des agences mentionnées à l'article 4 se composent :

1° Des subventions de la Communauté européenne, de l'État et des collectivités territoriales ;

2° Des redevances d'occupation du domaine public de l'État dues au titre des parcelles des espaces urbains ou des secteurs occupés par une urbanisation diffuse, délimités selon les modalités de l'article *(L. nº 2010-788 du 12 juill. 2010, art. 32-II-4º)* « L. 5112-1 du code général de la propriété des personnes publiques » ;

3° Des produits des cessions intervenues en application des articles *(L. nº 2010-788 du 12 juill. 2010, art. 32-II-4º)* « L. 5112-4, L. 5112-4-1, L. 5112-5 et L. 5112-6 du code général de la propriété des personnes publiques » pour la part restant à la charge des bénéficiaires des cessions, après application, le cas échéant, de l'aide exceptionnelle prévue à l'article 3 de la présente loi *[V. ss. art. L. 5112-6]* ;

4° Des produits respectifs de la taxe spéciale d'équipement prévue par les articles 1609 C et 1609 D du code général des impôts ;

(L. nº 2010-788 du 12 juill. 2010, art. 32-II-4º) « 5° D'une part, déterminée par arrêté, des produits des cessions intervenues en application du dernier alinéa de l'article L. 5111-4 du code général de la propriété des personnes publiques *[V. Arr. du 30 oct. 2012, JO 9 nov.]* ;

« 6° Des produits de la participation prévue à l'article L. 5112-6-1 du même code. »

Loi nº 2015-1268 du 14 octobre 2015,

D'actualisation du droit des outre-mer.

Art. 27 III. — Au plus tard le 1er janvier *(L. nº 2020-734 du 17 juin 2020, art. 27)* « 2022 », et après consultation des collectivités territoriales concernées :

1° Les espaces urbains et les secteurs occupés par une urbanisation diffuse de la zone des cinquante pas géométriques de la Guadeloupe, délimités en application du premier alinéa de l'article L. 5112-1 du code général de la propriété des personnes publiques, sont transférés, par arrêté du représentant de l'État, en pleine propriété dans le domaine public du conseil régional de la Guadeloupe, à l'exclusion des emprises affectées par l'État à l'exercice de ses missions. Ce transfert s'opère à titre gratuit et ne donne lieu ni au versement de la contribution prévue à l'article 879 du code général des impôts ni à la perception d'impôts, de droits ou de taxes de quelque nature que ce soit. A cette même date, la région de la Guadeloupe est substituée à l'État dans l'ensemble des droits et obligations afférents aux biens qui lui sont transférés ainsi que pour l'exercice des compétences foncières associées à ces biens et de la faculté mentionnée au huitième alinéa de l'article 5 de la loi n° 96-1241 du 30 décembre 1996 relative à l'aménagement, la protection et la mise en valeur de la zone des cinquante pas géométriques dans les départements d'outre-mer ;

2° Les espaces urbains et les secteurs occupés par une urbanisation diffuse de la zone des cinquante pas géométriques de la Martinique, délimités en application du premier alinéa de l'article L. 5112-1 du code général de la propriété des personnes publiques, sont transférés, par arrêté du représentant de l'État, en pleine propriété dans le domaine public de la collectivité territoriale de Martinique. Ce transfert s'opère à titre gratuit et ne donne lieu ni au versement de la contribution prévue à l'article 879 du code général des impôts, ni à la perception d'impôts, de droits ou de taxes de quelque nature que ce soit. A cette même date, la collectivité territoriale de Martinique est substituée à l'État dans l'ensemble des droits et obligations afférents aux biens qui lui sont transférés, ainsi que pour l'exercice des compétences foncières associées à ces biens et de la faculté mentionnée au huitième alinéa de l'article 5 de la loi n° 96-1241 du 30 décembre 1996 précitée.

(Abrogé par L. n° 2020-734 du 17 juin 2020, art. 27) « IV. — Au plus tard le 1er janvier 2018, en vue du transfert prévu au III du présent article, l'État et le conseil régional de la Guadeloupe, d'une part, et l'État et la collectivité territoriale de Martinique, d'autre part, adoptent, pour chaque territoire, en concertation avec les collectivités territoriales concernées, un document stratégique d'aménagement et de mise en valeur de la zone des cinquante pas géométriques. »

V. — Au plus tard le 1er janvier *(L. n° 2020-734 du 17 juin 2020, art. 27)* « 2021 », en vue du transfert prévu au III, le représentant de l'État remet au président du conseil régional de la Guadeloupe, d'une part, et au président de la collectivité territoriale de Martinique, d'autre part, un rapport comportant un état des cessions et des enjeux d'aménagement qui y sont liés, une évaluation des charges liées à ce transfert ainsi qu'un bilan de l'activité de chacune des deux agences pour la mise en valeur des espaces urbains de la zone des cinquante pas géométriques.

Art. L. 5112-2 L'autorité compétente délimite après consultation des communes, à l'intérieur des terrains soustraits artificiellement à l'action du flot et des lais et relais de la mer dépendant du domaine public maritime de l'État formés avant le 1er janvier 1995 et situés hors de la zone des cinquante pas géométriques, d'une part, les espaces urbains et les secteurs occupés par une urbanisation diffuse, d'autre part, les espaces naturels. La décision administrative portant délimitation de ces espaces constate l'état d'occupation du sol.

Le schéma d'aménagement régional prévu à l'article L. 4433-7 du code général des collectivités territoriales, les schémas directeurs, les schémas de cohérence territoriale, les plans d'occupation des sols et les plans locaux d'urbanisme prévus par le code de l'urbanisme sont pris en compte.

Pour l'application des dispositions du présent article, la présence de constructions éparses ne peut faire obstacle à l'identification d'un secteur comme espace naturel.

Art. L. 5112-3 Les droits des tiers détenteurs de titres qui n'ont pas été examinés par la commission prévue par les dispositions de l'article 10 du décret n° 55-885 du 30 juin 1955 sont appréciés dans les conditions particulières suivantes.

La commission départementale de vérification des titres, créée dans chacun des départements de la Guadeloupe et de la Martinique par le I de l'article 1er de la loi n° 96-1241 du 30 décembre 1996, apprécie la validité de tous les titres antérieurs à l'entrée en vigueur de ce décret, établissant les droits de propriété, réels ou de jouissance sur les terrains précédemment situés sur le domaine de la zone des cinquante pas géométriques dont la détention par la personne privée requérante n'était contrariée par aucun fait de possession d'un tiers à la date du 1er janvier 1995.

Sous peine de forclusion, seuls les titres présentés dans un délai de deux ans à compter de la constitution de la commission départementale de vérification des titres sont examinés.

Les personnes privées qui ont présenté un titre ne peuvent déposer une demande de cession à titre onéreux pour les mêmes terrains, dans les conditions fixées aux articles L. 5112-5 et L. 5112-6 tant que la commission n'a pas statué sur la validation de ce titre.

Les personnes privées qui ont déposé un dossier de demande de cession à titre onéreux dans les conditions fixées aux articles L. 5112-5 et L. 5112-6 ne peuvent saisir la commission en vue de la validation d'un titre portant sur les mêmes terrains tant que la demande de cession n'a pas fait l'objet d'une décision de l'État. – *[C. dom. Ét., art. L. 89-2.]*

1. Validation des titres. Un droit de jouissance sur une parcelle de la zone des cinquante pas géométriques peut être établi, alors que l'acte notarié de 1724 le constituant a disparu, par les mentions d'un inventaire y faisant référence et par celles d'un procès-verbal de réunion d'un conseil de fabrique relatant les circonstances de la perte de l'acte. • Comm. de vérification des titres de la Martinique, 17 sept. 2001, *Assoc. diocésaine de la Martinique : D. 2002. 2977, note Larrieu* .

2. La commission examine l'ensemble des titres antérieurs à l'entrée en vigueur du décret du 30 juin 1955, que les titres aient été ou non régulièrement délivrés. • Civ. 3e, 27 nov. 2007, nº 06-16.826.

3. Selon l'art. L. 89-2 [art. L. 5112-3 CGPPP], seuls les titulaires de titres apportant la preuve qu'ils occupaient la parcelle revendiquée au 1er janv. 1995 pouvaient prétendre les faire valider. • Civ. 3e, 16 nov. 2005, nº 04-16.936 P : *Dr. adm. 2006, nº 43 ; RFDA 2006. 251, note Lavialle* • Civ. 3e, 27 juin 2007, nº 06-14.113 P. ♦ En l'absence de preuve de l'existence matérielle d'un titre la cour d'appel a justifié légalement sa décision de l'écarter et en conséquence de ne pas reconnaître le transfert de propriété. • Civ. 3e, 13 déc. 2006, nº 05-19.808 P. ♦ Les titres doivent été établis par l'État. • Civ. 3e, 8 févr. 2006, nº 04-18.916 • CE 22 juill. 1994, *Carreau-Gaschereau*, nº 125201 : *Lebon 358* . ♦ ... Ou avoir été transmis par héritage. • Civ. 3e, 16 nov. 2005, nº 04-12.917 P : *AJDA 2005. 2266, obs. Jégouzo ; Dr. adm. 2006, nº 43 ; RFDA 2006. 251, note Lavialle.*

4. La Cour de cassation a renvoyé au Conseil constitutionnel une question prioritaire de constitutionnalité relative à l'art. L. 5112-3. • Civ. 3e, QPC, 30 nov. 2010 : *AJDA 2010. 2340* . ♦ Le Conseil constitutionnel a jugé l'art. L. 5112-3 conforme à la Constitution. • Cons. const., QPC, 4 févr. 2011, nº 2010-96 QPC, *M. Jean-Louis L. : JCP Adm. 2012. 2013, chron. Chamard-Heim.*

5. La Cour de cassation considère que l'art. L. 5112-3 n'est pas contraire aux exigences de l'article 1er du Protocole additionnel nº 1 à la Conv. EDH dès lors que le refus de la validation d'un titre portant sur une parcelle de la zone domaniale des cinquante pas géométriques, au motif que ce titre émane d'une personne privée et n'établit pas que l'État ait entendu soustraire le bien de son domaine public, ne caractérise pas une privation du bien au sens de cet article, mais relève d'une réglementation, justifiée par l'intérêt général, de l'usage des biens du domaine public maritime de l'État, n'entraîne pas une discrimination illicite et ne traduit pas une ingérence prohibée dans la vie privée et familiale. • Civ. 3e, 4 mai 2011, *Depaz-Hayot c/ Préfet région Martinique*, nº 09-70.161 : *JCP Adm. 2012. 2170, chron. Chamard-Heim.* ♦ N'a pas donné de base légale à sa décision la cour d'appel qui ordonne la démolition des bâtiments construits sur une parcelle dépendant de la zone des cinquante pas géométrique sans rechercher, comme il lui était demandé, si lors de son acquisition de la propriété bâtie, l'acquéreur était de bonne foi et pouvait ainsi se prévaloir d'une erreur commune. • Civ. 3e, 30 mars 2017, *ONF c/ M. François X.*, nº 15-21.790 P : *Dr. adm. 2017. Alerte 77.*

Art. L. 5112-4 **L'État peut consentir aux communes** *(L. nº 2018-1021 du 23 nov. 2018, art. 199)* **« , aux organismes » ayant pour objet la réalisation d'opérations d'habitat social** *(L. nº 2018-1021 du 23 nov. 2018, art. 199)* **« et, sur proposition des communes, aux organismes agréés exerçant les activités mentionnées à l'article L. 365-1 du code de la construction et de l'habitation », après déclassement, la cession gratuite à leur profit de terrains dépendant du domaine public maritime de l'État.**

Cette cession gratuite ne peut concerner que des terrains situés dans les espaces urbains et les secteurs occupés par une urbanisation diffuse, délimités conformément aux articles L. 5112-1 et L. 5112-2 *(L. nº 2018-1021 du 23 nov. 2018, art. 199)* **« du présent code ».**

Elle doit avoir pour but la réalisation par la commune d'opérations d'aménagement à des fins d'utilité publique *(L. nº 2018-1021 du 23 nov. 2018, art. 199)* **« , la réalisation » par les organismes compétents d'opérations d'habitat social** *(L. nº 2018-1021 du 23 nov. 2018, art. 199)* **« ou la réalisation, par les organismes agréés mentionnés au premier alinéa du présent article, d'activités mentionnées à l'article L. 365-1 du code de la construction et de l'habitation ».**

Toutefois, lorsque les terrains ont été équipés par l'agence pour la mise en valeur des espaces urbains de la zone dite des cinquante pas géométriques, la cession est faite au prix correspondant au coût des aménagements réalisés sur les terrains cédés, et financés par l'agence.

Lorsqu'ils n'ont pas été utilisés dans un délai de dix ans à compter de la date de la cession conformément à l'objet qui l'a justifiée, les terrains cédés reviennent dans le patrimoine de l'État, à charge pour celui-ci de rembourser, le cas échéant, aux cessionnaires le coût des aménagements qu'ils auront acquitté.

Un décret en Conseil d'État fixe les conditions dans lesquelles les terrains autres que ceux libres de toute occupation peuvent être cédés aux communes *(L. n° 2018-1021 du 23 nov. 2018, art. 199)* **« , aux organismes » d'habitat social** *(L. n° 2018-1021 du 23 nov. 2018, art. 199)* **« ou aux organismes agréés mentionnés au premier alinéa du présent article ».** – *[C. dom. Ét., art. L. 89-3.]*

COMMENTAIRE

L'article 199 de la loi n° 2018-1021 du 23 novembre 2018 portant évolution du logement, de l'aménagement et du numérique (ELAN), introduit lors de la première lecture devant le Sénat, permet à l'État de céder gratuitement les terrains de son domaine public maritime en Guadeloupe et en Martinique à des organismes agréés identifiés par les communes et exerçant des activités en faveur du logement et de l'hébergement des personnes défavorisées.

En effet, propriétés de la puissance publique depuis l'édit de Saint-Germain-en-Laye de 1674, les zones des cinquante pas géométriques font partie du domaine public maritime de l'État (art. L. 5111-1). Elles bénéficient, à ce titre, des garanties d'inaliénabilité et d'imprescriptibilité : sauf procédure de déclassement préalable, elles ne peuvent pas être cédées à une personne privée et ne font pas l'objet de prescriptions acquisitives. A partir de la fin du XVIIIe siècle, une partie des zones des cinquante pas géométriques a été occupée par des personnes ne disposant pas de titre de propriété. En réponse à cette situation, la loi n° 96-1241 du 30 décembre 1996, relative à l'aménagement, la protection et la mise en valeur de la zone dite des cinquante pas géométriques dans les départements d'outre-mer, a lancé un processus de régularisation de la situation foncière des occupants sans titre des zones urbanisées au sein des zones des cinquante pas de Guadeloupe et de la Martinique. Elle a créé deux dispositifs complémentaires :

– la cession à titre gratuit aux communes et aux organismes de logements sociaux des terrains pour mener des opérations d'aménagement à des fins d'utilité publique ou la réalisation par les organismes compétents d'opérations d'habitat social (art. L. 5112-4) ;

– la cession à titre onéreux de terrains au bénéfice des occupants qui ont construit un édifice à titre professionnel ou personnel dans la zone des cinquante pas avant le 1er janvier 1995 (art. L. 5112-5 et L. 5112-6). Les dossiers correspondants doivent être déposés auprès du préfet avant le 1er janvier 2020, sous peine de forclusion de la procédure de régularisation.

Cependant, il est apparu que les espaces qui sont urbanisables au sein de la zone des cinquante pas géométriques sont souvent de petite dimension, de sorte que les organismes d'habitat social ne se positionnent pas pour y construire. A l'inverse, des organismes agréés exerçant des activités en faveur du logement et de l'hébergement des personnes défavorisées, au sens du décret n° 2009-1684 du 30 décembre 2009, peuvent souhaiter y proposer des logements évolutifs sociaux. C'est la raison pour laquelle la loi ELAN a introduit la possibilité pour l'État de décider de cessions gratuites au bénéfice d'organismes agréés et sur proposition des communes concernées en vue d'améliorer les conditions de logement dans la zone des cinquante pas géométriques, s'agissant d'une mesure permettant de répondre à un véritable besoin. ❑

Art. L. 5112-4-1 *(L. n° 2009-594 du 27 mai 2009, art. 43)* **Sous réserve des dispositions** *(Ord. n° 2015-1174 du 23 sept. 2015, art. 9-XI, en vigueur le 1er janv. 2016)* **« des articles L. 121-43, L. 121-47 et L. 121-48 » du code de l'urbanisme, les terrains libres de toute occupation situés dans les espaces urbains et les secteurs occupés par une urbanisation diffuse, délimités selon les modalités prévues aux articles L. 5112-1 et L. 5112-2 du présent code, peuvent être déclassés aux fins de cession à titre onéreux à des personnes physiques ou morales dès lors que les acquéreurs potentiels visés à l'article L. 5112-4 n'en ont pas demandé la cession dans un délai de six mois à compter de la mise en demeure adressée par l'autorité administrative. Le prix de cession est alors fixé selon les règles applicables à l'aliénation des immeubles du domaine privé.**

Art. L. 5112-5 **Les terrains situés dans les espaces urbains et les secteurs occupés par une urbanisation diffuse, délimités conformément aux articles L. 5112-1 et L. 5112-2, peuvent être déclassés aux fins de cession à titre onéreux aux occupants qui y ont édifié ou fait édifier avant le 1er janvier 1995, ou à leurs ayants droit, des constructions affectées à l'exploitation d'établissements à usage professionnel.** *(L. n° 2009-594 du*

27 mai 2009, art. 44) « La cession à une personne morale est soumise pour avis à la collectivité territoriale ou au groupement de collectivités territoriales concerné, qui dispose de trois mois pour faire connaître son avis. »

(L. n° 2010-788 du 12 juill. 2010, art. 32-III-2°) « Les demandes de cession faites en application du présent article doivent, sous peine de forclusion, être déposées avant le 1er janvier *(L. n° 2020-734 du 17 juin 2020, art. 27)* « **2021** ».

Le prix de cession est déterminé d'après la valeur vénale du terrain nu à la date du dépôt de la demande de cession. Il est fixé selon les règles applicables à l'aliénation des immeubles du domaine privé.

La superficie cédée est ajustée en fonction des nécessités de l'équipement du secteur en voirie et réseaux divers et des conditions de cession des fonds voisins. Elle ne peut excéder de plus de la moitié la superficie occupée par l'emprise au sol des bâtiments et installations édifiés avant le 1er janvier 1995. – *[C. dom. Ét., art. L. 89-4.]*

(L. n° 2015-1268 du 14 oct. 2015, art. 28) « La cession du terrain à des personnes privées ne peut être effectuée lorsque la construction est située dans une zone exposée à un risque naturel grave et prévisible menaçant des vies humaines. »

Art. L. 5112-6 Les terrains situés dans les espaces urbains et les secteurs occupés par une urbanisation diffuse, délimités conformément aux articles L. 5112-1 et L. 5112-2, peuvent être déclassés aux fins de cession à titre onéreux aux personnes ayant édifié ou fait édifier avant le 1er janvier 1995, ou à leurs ayants droit, des constructions à usage d'habitation *(Abrogé par L. n° 2010-788 du 12 juill. 2010, art. 32-III-3°)* ***« qu'elles occupent à titre principal ou qu'elles donnent à bail en vue d'une occupation principale »***.

A défaut d'identification des personnes mentionnées à l'alinéa précédent, ces terrains peuvent être déclassés aux fins de cession à titre onéreux aux occupants de constructions affectées à leur habitation *(Abrogé par L. n° 2010-788 du 12 juill. 2010, art. 32-III-3°)* ***« principale et »*** édifiées avant le 1er janvier 1995.

(L. n° 2010-788 du 12 juill. 2010, art. 32-II-3°) « Les demandes de cession faites en application du présent article doivent, sous peine de forclusion, être déposées avant le 1er janvier *(L. n° 2020-734 du 17 juin 2020, art. 27)* « **2021** ».

Le prix de cession est déterminé d'après la valeur vénale du terrain nu à la date du dépôt de la demande de cession. Il est fixé selon les règles applicables à l'aliénation des immeubles du domaine privé.

La superficie cédée est ajustée en fonction des nécessités de l'équipement du secteur en voirie et réseaux divers et des conditions de cession des fonds voisins. Elle ne peut excéder un plafond fixé par décret.

(L. n° 2015-1268 du 14 oct. 2015, art. 28) « La cession du terrain à des personnes privées ne peut être effectuée lorsque la construction est située dans une zone exposée à un risque naturel grave et prévisible menaçant des vies humaines. » – *[C. dom. Ét., art. L. 89-5.]*

Art. L. 5112-6-1 *(L. n° 2010-788 du 12 juill. 2010, art. 32-II-4°)* Les bénéficiaires des cessions visées aux articles L. 5112-4-1, L. 5112-5 et L. 5112-6 sont redevables d'une participation en vue de financer tout ou partie des équipements publics programmés dans les secteurs correspondants de la zone dite des cinquante pas géométriques.

Sont exemptés de cette participation les bénéficiaires des cessions qui sont éligibles à l'aide exceptionnelle prévue à l'article 3 de la loi n° 96-1241 du 30 décembre 1996 relative à l'aménagement, la protection et la mise en valeur de la zone dite des cinquante pas géométriques dans les départements d'outre-mer, pour l'achat de leur terrain.

Au vu du programme d'équipements établi pour un secteur, le préfet arrête la part du coût des travaux qui est mise à la charge des bénéficiaires de la cession. Il ne peut être mis à la charge de ces bénéficiaires que le coût des équipements publics à réaliser pour répondre aux besoins des habitants ou usagers de ces secteurs ou, lorsque la capacité des équipements programmés excède ces besoins, la fraction du coût proportionnelle à ceux-ci.

Le montant de la participation est égal au produit de cette part et du rapport entre la surface du terrain cédé et la surface de l'ensemble des terrains desservis.

L'arrêté précité prévoit également les délais et les modalités de versement de la participation.

La participation est recouvrée comme en matière de contributions directes.

La participation est remboursée, totalement ou partiellement, lorsque le programme des équipements publics n'a pas été réalisé dans un délai de dix ans à compter de la cession.

Lorsque la cession intervient après la publication de l'arrêté du préfet prévu au troisième alinéa, l'acte de cession mentionne le montant et les conditions de versement de la participation.

Lorsque la cession intervient avant la publication de l'arrêté du préfet, l'acte de cession mentionne le fait qu'une participation est exigée à compter de cette publication. Il précise que le montant et les conditions de versement de la participation sont notifiés au bénéficiaire de la cession par le préfet.

Les équipements financés par la participation prévue par le présent article ne peuvent faire l'objet des participations prévues aux articles L. 311-4 *(Abrogé par L. n° 2010-1658 du 29 déc. 2010, art. 28-III-G, à compter du 1er mars 2012)* « , L. 332-9 » *(Abrogé par L. n° 2014-1655 du 29 déc. 2014, art. 44-VI)* « , L. 332-11-1 » et L. 332-11-3 du code de l'urbanisme.

Le produit de la participation est versé à l'agence pour la mise en valeur des espaces urbains de la zone dite des cinquante pas géométriques. Les sommes correspondantes font l'objet d'une affectation exclusive au financement des programmes d'équipements au titre desquels elles ont été perçues.

Un décret en Conseil d'État précise, en tant que de besoin, les conditions d'application du présent article.

Loi n° 96-1241 du 30 décembre 1996,

Relative à l'aménagement, la protection et la mise en valeur de la zone dite des cinquante pas géométriques dans les départements d'outre-mer.

Art. 3 Les cessions visées à l'article *(L. n° 2010-788 du 12 juill. 2010, art. 32-II-1°)* « L. 5112-6 du code général de la propriété des personnes publiques » font l'objet d'une aide exceptionnelle de l'État lorsque *(L. n° 2010-788 du 12 juill. 2010, art. 32-II-1°)* « les constructions à usage d'habitation mentionnées par cet article sont occupées à titre principal et que » les personnes qui demandent à en bénéficier remplissent des conditions de ressources, d'ancienneté d'occupation et de rapport entre le revenu et le nombre des membres du foyer fiscal, définies par décret en Conseil d'État.

En cas de mutation totale ou partielle à titre onéreux du bien acquis dans les conditions prévues à l'article *(L. n° 2010-788 du 12 juill. 2010, art. 32-II-1°)* « L. 5112-6 du code général de la propriété des personnes publiques », réalisée dans un délai de dix ans à compter de la date de l'acte ayant donné lieu à l'attribution de l'aide prévue ci-dessus, le montant de l'aide est reversé à l'État.

Pour garantir le reversement de l'aide mentionnée aux alinéas précédents, le Trésor possède sur le bien acquis une hypothèque légale.

L'inscription de l'hypothèque est requise par le receveur des impôts du lieu de situation des biens, concomitamment au dépôt aux fins de publication à la conservation des hypothèques de l'acte de cession par l'État.

La cession par l'État, l'inscription et la radiation de l'hypothèque légale ne donnent lieu à aucune indemnité ou perception d'impôts, droits ou taxes.

Art. L. 5112-7 Un terrain ne peut être cédé à une personne privée tant qu'il n'a pas été délimité et que les servitudes et usages dont il fait l'objet après sa cession n'ont pas été intégralement précisés.

(Abrogé par L. n° 2010-788 du 12 juill. 2010, art. 32-III-5°) « ***Toutefois, dans les quartiers d'habitat spontané, les cessions font l'objet de la délivrance d'un titre accompagné d'un plan de bornage extrait de la division parcellaire.*** » — *[C. dom. Ét., art. L. 89-6.]*

Art. L. 5112-8 Les espaces naturels délimités conformément aux articles L. 5112-1 et L. 5112-2 sont remis en gestion au Conservatoire de l'espace littoral et des rivages lacustres pour être gérés dans les conditions fixées aux articles L. 322-1 à L. 322-10 du code de l'environnement *[V. App., v° Gestion du domaine (Littoral)]*. En cas de refus du conservatoire, la gestion de ces espaces naturels peut être confiée à une collectivité territoriale ou un groupement de collectivités territoriales en vertu d'une convention de gestion prévue à l'article L. 2123-2, passée après accord du Conservatoire de l'espace littoral et des rivages lacustres. – *[C. dom. Ét., art. L. 89-7.]*

Art. L. 5112-9 Pendant un délai de six mois à compter de la date de l'enregistrement ou de l'accomplissement de la formalité fusionnée, les communes et, à défaut, les agences pour la mise en valeur des espaces urbains de la zone dite des cinquante pas géométriques peuvent exercer un droit de préemption lors de la vente de terrains ayant été cédés en application des articles L. 5112-5 et L. 5112-6 en offrant de verser à l'acquéreur ou à ses ayants droit une indemnité égale au prix de cession du terrain par l'État majoré du coût des aménagements réalisés par le propriétaire. Il est tenu compte de l'évolution du coût de la construction pour l'évaluation de ces aménagements.

Aucune vente, aucune promesse de vente ni aucune promesse d'achat ne peut être valablement conclue avant que celui qui souhaite acquérir n'ait été informé par le vendeur du montant de l'indemnité de préemption prévue à l'alinéa précédent.

Le droit de préemption prévu au premier alinéa ne s'exerce que si la vente porte sur des terrains cédés depuis moins de dix ans. – *[C. dom. Ét., art. L. 89-8.]*

Art. L. 5112-10 Un décret en Conseil d'État fixe les conditions d'application des dispositions du présent chapitre. – *[C. dom. Ét., art. L. 89-9.]*

CHAPITRE III DISPOSITIONS PARTICULIÈRES À LA GUYANE ET À LA RÉUNION

Art. L. 5113-1 Dans les départements de la Guyane et de La Réunion, les espaces naturels situés à l'intérieur de la zone définie à l'article L. 5111-1 sont remis en gestion au Conservatoire de l'espace littoral et des rivages lacustres pour être gérés dans les conditions fixées aux articles L. 322-1 à L. 322-10 du code de l'environnement. En cas de refus du conservatoire, la gestion de ces espaces naturels peut être confiée à une collectivité territoriale ou un groupement de collectivités territoriales en vertu d'une convention de gestion prévue à l'article L. 2123-2, passée après accord du Conservatoire de l'espace littoral et des rivages lacustres. – *[C. dom. Ét., art. L. 88-1, ecqc les départements de la Guyane et de La Réunion.]*

Art. L. 5113-2 La commission départementale de vérification des titres créée dans le département de la Guyane par le II de l'article 1er de la loi n° 96-1241 du 30 décembre 1996 est régie par les dispositions qui s'appliquent aux commissions départementales de vérification des titres de la Guadeloupe et de la Martinique, à l'exception des quatrième et cinquième alinéas de l'article L. 5112-3. – *[C. dom. Ét., art. L. 88-2.]*

CHAPITRE IV DISPOSITIONS PARTICULIÈRES APPLICABLES À MAYOTTE *(Ord. n° 2016-1255 du 28 sept. 2016, art. 3-III, en vigueur le 1er janv. 2017)*

A compter du 1er janv. 2017, les articles L. 5331-4 à L. 5331-7 deviennent les articles L. 5114-1 à L. 5114-11 (Ord. n° 2016-1255 du 28 sept. 2016, art. 3-III).

Art. L. 5114-1 La réserve domaniale dite zone "des cinquante pas géométriques" est constituée, à défaut de délimitation de cette réserve, par une bande de terrain présentant une largeur de 81,20 mètres à compter de la limite haute du rivage de la mer. – *[C. dom. Ét. coll. publ., art. L. 213-1.] – Ancien art. L. 5331-4 (Ord. n° 2016-1255 du 28 sept. 2016, art. 3-III, en vigueur le 1er janv. 2017).*

Art. L. 5114-2 La zone comprise entre la limite haute du rivage de la mer et la limite supérieure de la zone des cinquante pas géométriques définie à l'article L. 5331-4 *[L. 5114-1]* fait partie du domaine public maritime de l'État.

Ces dispositions ne s'appliquent pas :

1° Aux parcelles appartenant en propriété à des personnes privées ou à des personnes publiques autres que l'État qui peuvent justifier de leur droit ;

2° Aux immeubles qui dépendent soit du domaine public autre que maritime, soit du domaine privé de l'État affecté aux services publics ;

3° Aux terrains domaniaux relevant de plein droit du régime forestier, conformément aux dispositions de l'article L. 111-1 du code forestier applicable à Mayotte *[art. recodifié aux art. L. 211-1 et L. 211-2 C. for. par Ord. n° 2012-92 du 26 janv. 2012]*.

Lors de la disparition de l'affectation justifiant que les immeubles mentionnés aux 2° et 3° ci-dessus ne fassent pas partie du domaine public maritime, les immeubles sont incorporés de plein droit à ce domaine.

Les droits des tiers, autres que le droit de propriété, existant à la date du 1er juillet 1993 sur des immeubles déclassés antérieurement à cette date et incorporés au domaine public maritime en application du premier alinéa sont expressément réservés.

Le déclassement des immeubles appartenant au domaine public maritime en application du premier alinéa est prononcé aux fins d'aliénation dans les conditions fixées par décret en Conseil d'État. – *[C. dom. Ét. coll. publ., art. L. 213-2.] – Ancien art. L. 5331-5 (Ord. n° 2016-1255 du 28 sept. 2016, art. 3-III, en vigueur le 1er janv. 2017).*

La recodification du code forestier, issue de l'Ord. n° 2012-92 du 26 janv. 2012, entre en vigueur en même temps que la partie réglementaire du nouveau code forestier et au plus tard le 1er juill. 2012 (Ord. préc., art. 8-I).

Pour son application à Mayotte, l'art. L. 211-1 est rédigé selon les termes de l'art. L. 275-1 du nouveau code forestier (Ord. préc.).

En l'absence de titre de propriété opposable, la parcelle en cause fait partie du domaine public maritime, compte tenu de sa situation. • CAA Bordeaux, 12 juin 2008, *Min. de l'Écologie, du Développement et de l'Aménagement durable*, n° 06BX01255. ♦ Contrairement à ce qui a été le cas dans les départements d'outre-mer où le décret du 30 juin 1955 a déclassé ces terrains dans le domaine privé avant de les reclasser en 1986 dans le domaine public, la bande des cinquante pas géométriques est restée à Mayotte dans le domaine public. • TA Mayotte, 6 oct. 2011, *M. D'Achery c/ Préfet de Mayotte*, n° 1000048 : *Rev. jurid. Océan indien, oct. 2012, n° 15, p. 199, note Aoustin.*

Art. L. 5114-3 Les terrains situés dans la zone définie à l'article L. 5331-5 *[L. 5114-2]* et inclus dans une zone urbaine au plan d'occupation des sols ou au plan local d'urbanisme peuvent également être déclassés pour être affectés à des services publics, à des activités exigeant la proximité immédiate de la mer ou à des opérations de rénovation des quartiers ainsi qu'à l'amélioration, l'extension ou la réhabilitation des constructions existantes.

Les dispositions du premier alinéa sont également applicables aux terrains situés dans une zone à urbaniser à la condition qu'ils fassent l'objet d'un projet d'aménagement en vue de leur urbanisation.

Les terrains ainsi déclassés doivent être soit utilisés par l'État, soit aliénés au profit de la collectivité départementale ou d'une commune.

Les terrains maintenus dans le domaine public peuvent être transférés en gestion au profit de la collectivité départementale ou d'une commune pour satisfaire aux objectifs de préservation des sites et paysages remarquables ou caractéristiques du patrimoine naturel et culturel, notamment ceux prévus aux articles L. 121-23 et L. 121-50 du code de l'urbanisme. – *[C. dom. Ét. coll. publ., art. L. 213-3.] – Ancien art. L. 5331-6 (Ord. n° 2016-1255 du 28 sept. 2016, art. 3-III, en vigueur le 1er janv. 2017).*

Art. L. 5114-4 Le représentant de l'État détermine, après consultation des communes, à l'intérieur de la zone définie à l'article L. 5331-5 *[L. 5114-2]*, d'une part les espaces urbains et d'urbanisation future, d'autre part les espaces naturels.

La décision administrative portant délimitation de ces espaces tient compte de l'état effectif de l'occupation des sols et, lorsque ceux-ci sont approuvés, du plan d'aménagement et de développement durable de Mayotte, des plans d'occupation des sols, des plans locaux d'urbanisme ou des cartes communales.

Pour l'application du présent article, la présence de constructions éparses ne peut faire obstacle à l'identification d'un secteur comme espace naturel. – *Ancien art. L. 5331-6-1 (Ord. n° 2016-1255 du 28 sept. 2016, art. 3-III, en vigueur le 1er janv. 2017).*

Art. L. 5114-5 Les terrains situés dans la zone définie à l'article L. 5331-5 *[L. 5114-2]* et inclus dans une zone classée, en application de l'article L. 5331-6-1 *[L. 5114-4]*, en espaces urbains et d'urbanisation future peuvent être déclassés aux fins de cession à titre gratuit aux collectivités territoriales ou à leurs groupements ainsi qu'aux organismes ayant pour objet la réalisation d'opérations d'habitat social.

Cette cession doit avoir pour but la réalisation par les collectivités concernées de constructions ou d'opérations d'aménagement visées à l'article L. 121-48 du code de l'urbanisme ou la construction, par les organismes compétents, de logements subventionnés par l'État.

Tout projet d'aménagement d'ensemble doit être compatible avec le plan d'aménagement et de développement durable de Mayotte approuvé et avec les documents d'urbanisme applicables à Mayotte. Il doit prendre en compte les risques naturels et technologiques connus. Ce projet d'aménagement prévoit, le cas échéant, les conditions de relogement des occupants des constructions éparses mentionnées à l'article L. 5331-6-1 *[L. 5114-4]*.

Lorsqu'ils n'ont pas été utilisés dans un délai de dix ans à compter de la date de cession conformément à l'objet qui l'a justifiée, les terrains cédés reviennent dans le patrimoine de l'État, à charge pour celui-ci de rembourser, le cas échéant, aux cessionnaires le coût des aménagements qu'ils ont acquitté, minoré du montant des subventions éventuellement reçues de l'État.

Un décret en Conseil d'État fixe les conditions dans lesquelles les terrains non libres d'occupation peuvent être cédés aux collectivités territoriales ou aux organismes ayant pour objet la réalisation d'opérations d'habitat social. – *Ancien art. L. 5331-6-2 (Ord. nº 2016-1255 du 28 sept. 2016, art. 3-III, en vigueur le 1er janv. 2017).*

Art. L. 5114-6 Le représentant de l'État dans le département peut, après avis des communes ou des établissements publics de coopération intercommunale compétents en matière de logement ou d'urbanisme, délimiter, à l'intérieur de la zone définie à l'article L. 5331-5 *[L. 5114-2]*, des quartiers inclus dans une zone classée, en application de l'article L. 5331-6-1 *[L. 5114-4]*, en espaces urbains et d'urbanisation future où l'état des constructions à usage d'habitation et d'activités annexes justifie leur traitement par une opération publique comportant la division foncière, la démolition, la reconstruction ou l'amélioration de l'habitat, au bénéfice des personnes qui les occupent ou les donnent à bail, à titre de résidence principale, ou qui y exercent une activité professionnelle, ainsi que la réalisation des travaux de voirie et réseaux divers nécessaires à l'équipement du quartier.

Pour la réalisation de ces opérations, le premier alinéa de l'article L. 5331-6-2 *[L. 5114-5]* est applicable.

Dans les opérations publiques mentionnées au premier alinéa du présent article, les articles L. 5331-6-3 et L. 5331-6-4 *[L. 5114-7 et L. 5114-8]* ne sont pas applicables. – *Ancien art. L. 5331-6-2-1 (Ord. nº 2016-1255 du 28 sept. 2016, art. 3-III, en vigueur le 1er janv. 2017).*

Art. L. 5114-7 Les terrains situés dans la zone définie à l'article L. 5331-5 *[L. 5114-2]* et inclus dans une zone classée, en application de l'article L. 5331-6-1 *[L. 5114-4]*, en espaces urbains et d'urbanisation future peuvent être déclassés aux fins de cession à titre onéreux aux personnes physiques ayant édifié ou fait édifier avant le 1er janvier 2007 des constructions à usage d'habitation qu'elles occupent à titre principal ou qu'elles donnent à bail en vue d'une occupation principale, ou à leurs ayants droit.

A défaut d'identification des personnes mentionnées à l'alinéa précédent, ces terrains peuvent être déclassés aux fins de cession à titre onéreux aux occupants de constructions affectées à leur habitation principale et édifiées avant le 1er janvier 2007.

A la date de leur demande de cession, ces personnes physiques doivent :

1° Avoir leur domicile fiscal à Mayotte ;

2° Être ressortissantes d'un État membre de l'Union européenne.

Le prix de cession est déterminé d'après la valeur vénale du terrain nu à la date du dépôt de la demande de cession. Il est fixé selon les règles applicables à l'aliénation des immeubles du domaine privé.

Lorsque la cession concerne un immeuble à usage d'habitation principale personnellement occupé par le demandeur, elle peut intervenir à un prix inférieur à la valeur vénale en fonction de l'ancienneté de l'occupation, des ressources du bénéficiaire et du nombre de personnes vivant au foyer, dans des conditions fixées par décret *[V. Décr.*

n° 2009-1105 du 9 sept. 2009, mod. par Décr. n° 2018-334 du 3 mai 2018]. (L. n° 2017-256 du 28 févr. 2017, art. 115-I) **« Ce décret fixe les conditions de cette décote, qui peut atteindre 95 % de la valeur vénale du bien considéré** *[ancienne rédaction : Ce décret détermine notamment le plafond que la différence entre la valeur vénale et le prix de cession ne peut pas dépasser]*. »

La superficie cédée est ajustée en fonction des nécessités de l'équipement du secteur en voirie et réseaux divers et des conditions de cession des fonds voisins. Elle ne peut excéder un plafond fixé par arrêté du représentant de l'État. — *Ancien art. L. 5331-6-3 (Ord. n° 2016-1255 du 28 sept. 2016, art. 3-III, en vigueur le 1er janv. 2017).*

Art. L. 5114-7-1 *(L. n° 2017-256 du 28 févr. 2017, art. 115-II)* Lorsqu'une acquisition a été réalisée dans le cadre de l'article L. 5114-7, l'acquéreur qui souhaite revendre son bien dans les dix ans qui suivent l'acquisition est tenu d'en informer le représentant de l'État, qui peut se porter acquéreur en priorité.

L'acquéreur ayant acquis son bien à un prix inférieur à l'évaluation faite par le service des domaines et l'ayant vendu dans les dix ans suivant cette acquisition est tenu de verser à l'État une somme égale à la différence entre le prix de vente et le prix d'acquisition. Cette somme ne peut excéder l'écart constaté entre l'évaluation faite par le service des domaines lors de l'acquisition et le prix d'acquisition.

Ces prix s'entendent hors frais d'acte et accessoires à la vente.

Lorsque l'acquéreur a acquis son bien à un prix inférieur à l'évaluation faite par le service des domaines et qu'il le loue dans les dix ans qui suivent l'acquisition, le niveau de loyer ne doit pas excéder des plafonds fixés par le représentant de l'État.

A peine de nullité, le contrat de vente entre l'acquéreur et l'État comporte la mention de ces obligations.

Art. L. 5114-8 Les terrains situés dans la zone définie à l'article L. 5331-5 *[L. 5114-2]* et inclus dans une zone classée, en application de l'article L. 5331-6-1 *[L. 5114-4]*, en espaces urbains et d'urbanisation future peuvent être déclassés aux fins de cession à titre onéreux aux personnes physiques ayant édifié ou fait édifier avant le 1er janvier 2007 des constructions affectées à l'exploitation d'établissements à usage professionnel, ou à leurs ayants droit.

A la date de leur demande de cession, ces personnes physiques doivent :

1° Avoir leur domicile fiscal à Mayotte ;

2° Être ressortissantes d'un État membre de l'Union européenne.

Le prix de cession est déterminé d'après la valeur vénale du terrain nu à la date du dépôt de la demande de cession. Il est fixé selon les règles applicables à l'aliénation des immeubles du domaine privé.

La superficie cédée est ajustée en fonction des nécessités de l'équipement du secteur en voirie et réseaux divers et des conditions de cession des fonds voisins. Elle ne peut excéder de plus de la moitié la superficie occupée par l'emprise au sol des bâtiments et installations édifiés avant le 1er janvier 2007. — *Ancien art. L. 5331-6-4 (Ord. n° 2016-1255 du 28 sept. 2016, art. 3-III, en vigueur le 1er janv. 2017).*

Art. L. 5114-9 Pendant un délai de six mois à compter de la date de l'enregistrement de l'acte de cession, les communes et le Département de Mayotte peuvent exercer un droit de préemption lors de la vente de terrains ayant été cédés en application des articles L. 5331-6-3 et L. 5331-6-4 *[L. 5114-7 et L. 5114-8]* en offrant de verser à l'acquéreur ou à ses ayants droit une indemnité égale au prix de cession du terrain par l'État majoré du coût des aménagements réalisés par le propriétaire. Il est tenu compte de l'évolution du coût de la construction pour l'évaluation de ces aménagements.

Aucune vente, aucune promesse de vente ni aucune promesse d'achat ne peut être valablement conclue avant que celui qui souhaite acquérir n'ait été informé par le vendeur du montant de l'indemnité de préemption prévue à l'alinéa précédent.

Le droit de préemption prévu au premier alinéa ne s'exerce que si la vente porte sur des terrains cédés depuis moins de quinze ans. — *Ancien art. L. 5331-6-5 (Ord. n° 2016-1255 du 28 sept. 2016, art. 3-III, en vigueur le 1er janv. 2017).*

Art. L. 5114-10 Un décret en Conseil d'État fixe les modalités d'application des articles L. 5331-6-2 à L. 5331-6-5 *[L. 5114-5 à L. 5114-9] [V. Décr. n° 2009-1104 du 9 sept.*

2009, JO 11 sept.] — Ancien art. L. 5331-6-6 (Ord. nº 2016-1255 du 28 sept. 2016, art. 3-III, en vigueur le 1er janv. 2017).

Art. L. 5114-11 **Les espaces naturels situés à l'intérieur de la zone définie à l'article L. 5331-5** *[L. 5114-2]* **sont remis en gestion au Conservatoire de l'espace littoral et des rivages lacustres pour être gérés dans les conditions fixées aux articles L. 322-1 à L. 322-10 du code de l'environnement. En cas de refus du conservatoire, la gestion des espaces naturels peut être confiée à une collectivité territoriale ou un groupement de collectivités territoriales en vertu d'une convention de gestion prévue à l'article L. 2123-2, passée après accord du Conservatoire de l'espace littoral et des rivages lacustres.** — *[C. dom. Ét., art. L. 88-1.] — Ancien art. L. 5331-7 (Ord. nº 2016-1255 du 28 sept. 2016, art. 3-III, en vigueur le 1er janv. 2017).*

TITRE DEUXIÈME **RÉGIME DOMANIAL DES EAUX**

CHAPITRE PREMIER **DISPOSITIONS PARTICULIÈRES APPLICABLES EN GUADELOUPE, EN GUYANE, EN MARTINIQUE ET À LA RÉUNION**

(Ord. nº 2016-1255 du 28 sept. 2016, art. 3-IV, en vigueur le 1er janv. 2017).

Art. L. 5121-1 *(L. nº 2006-1772 du 30 déc. 2006, art. 18-I)* **Dans les départements de la Guadeloupe, de la Guyane, de la Martinique et de La Réunion, sous réserve des droits régulièrement acquis par les usagers et propriétaires riverains à la date du 6 avril 1948 et validés avant le 6 avril 1953 :**

1° Les sources et, par dérogation à l'article 552 du code civil, les eaux souterraines font partie du domaine public de l'État ;

2° Les cours d'eau et lacs naturels, sous réserve de leur déclassement, font partie du domaine public fluvial défini à l'article L. 2111-7 du présent code.

BIBL. ▸ **Encyclopédie :** ARZUL, , Domaine public fluvial, *J.-Cl. Propriétés publ., fasc. 43.*

▸ **Thèse :** BADY, La protection des cours d'eau et domanialité publique fluviale, *Pau, 1979.* – FARINETTI, La protection juridique des cours d'eau, *Th. droit public, Lyon 3, 2010.* – CHIU, La protection de l'eau en droit public, *Toulon, 2014.*

▸ **Articles :** GRÉGUT, Vers un nouveau régime juridique des ravines à La Réunion ?, *Mél. J. Mas, Economica, 1996, p. 109.* – DUFAU, Les cours d'eau des DOM appartiennent au domaine public, *AJDA 2007. 1756.* – GRAEFFLY, Étendue du domaine public fluvial en Martinique, *AJDI 2008. 48.*

COMMENTAIRE

L'article L. 5121-1 définit le domaine public fluvial des DOM et précise sa consistance par référence à l'article L. 2111-7, qui dispose que le domaine public fluvial naturel est constitué « des cours d'eau et des lacs appartenant aux collectivités territoriales ou à leurs groupements et classés dans le domaine public fluvial ».

Le contenu du domaine public fluvial outre-mer a évolué sur la base de législations successives reposant toutes sur l'idée que l'eau peut devenir un bien si précieux que toutes les eaux stagnantes ou courantes doivent finir par faire partie du domaine public de l'État. D'abord le décret du 31 mars 1948 relatif au régime des eaux dans les départements de la Guadeloupe, de la Guyane française, de la Martinique et de La Réunion procédait à une protection généralisée des eaux des départements d'outre-mer en considérant que, sous réserve des droits acquis à la date de sa publication, toutes les eaux stagnantes et courantes, les cours d'eau, qu'ils soient navigables et/ou flottables ou non, qu'ils soient naturels ou artificiels, étaient des dépendances du domaine public. Puis la loi du 28 juin 1973 vint modifier l'article L. 90 du code du domaine de l'État en précisant que font partie du domaine public de l'État, sous réserve des droits régulièrement acquis par les usagers et propriétaires riverains à la date du 6 avril 1948 : toutes les eaux stagnantes ou courantes, à l'exception des eaux pluviales même lorsqu'elles sont accumulées artificiellement – ce qui est le cas d'un étang formé d'eaux pluviales ruisselant de collines voisines ou d'une ravine facilitant l'écoulement des eaux pluviales ; tous les cours d'eau, navigables, flottables ou non, naturels ou artificiels ; les sources ; et, par dérogation à l'article 552 du code civil, les eaux souterraines. Enfin, dans sa rédaction issue de la loi du 30 décembre 2006 sur l'eau et les milieux aquatiques, l'article L. 5121-1 dispose désormais que le domaine public fluvial naturel outre-mer comprend les sources, les eaux souterraines, les cours d'eau et les lacs naturels, sauf s'ils ont été déclassés (là où l'art. L. 2111-7 pose le principe de la domanialité publique à condition de classement).

Concernant notamment les cours d'eau, la jurisprudence admet depuis le XIXe siècle leur appartenance au domaine public. Tel est le cas d'un cours d'eau qui a une source et un écoulement permanent sur la majeure partie de son cours : il est considéré comme une rivière au sens de l'article L. 5121-1, et ce, alors même que son débouché sur la mer n'est qu'intermittent. Il en va normalement de même concernant les accessoires des cours d'eau, sauf s'ils sont établis privativement et sans autorisation administrative. Ainsi un canal d'amenée d'eau en provenance d'une rivière est-il considéré comme constituant avec le cours d'eau un tout indissociable, ressortissant en conséquence au domaine public. Les eaux pluviales ont pu soulever quelques difficultés d'appréciation. Elles se définissent par opposition aux eaux provenant d'une source car elles résultent de l'accumulation de précipitations. Leur mention, qui figurait dans l'article L. 90 du code du domaine de l'État, a disparu dans la nouvelle rédaction de l'article L. 5121-1 issue de la loi du 30 décembre 2006. En conséquence, les étangs qui se formeraient par des eaux pluviales provenant d'un ruissellement et non par des eaux de source ne peuvent être considérés comme faisant partie du domaine public fluvial. Pas plus qu'une ravine qui faciliterait l'écoulement des eaux pluviales ne saurait être regardée comme un cours d'eau au sens de l'article L. 5121-1 et ressortir, par conséquent, au domaine public fluvial. En revanche, si on entend par « ravine » non pas le sillon creusé par les eaux de pluie mais au sens réunionnais, comme un torrent, alors celle-ci appartient au domaine public fluvial (P. Crégut, Mél. dédiés à Jean Mas, Droit et anthropologie de la complexité, *Economica, 1996, p. 109*). Enfin un étang, autrefois salé, fait bien partie du domaine public de l'État en application des dispositions du décret du 31 mars 1948. ❑

1. Parmi les eaux stagnantes ou courantes visées par le décret du 31 mars 1948 (devenu art. L. 90 C. dom. Ét. puis l'art. L. 5121 CGPPP) figurent nécessairement les sources qui alimentent ces eaux ; elles faisaient en conséquence partie du domaine public de l'État avant même l'entrée en vigueur de la loi n° 73-550 du 28 juin 1973 (actuel art. L. 90 C. dom. Ét. [art. L. 5121-1 CGPPP]). A défaut d'avoir demandé, dans les délais institués par ledit décret, la validation des droits que le requérant prétendait détenir sur la source contestée, ceux-ci, à supposer qu'ils aient existé, ont disparu. • CE 4 oct. 1967, *Butel : AJDA 1968. 587, obs. J. D.* ♦ Cette procédure de validation s'applique aussi aux bénéficiaires de concessions de prise d'eau. • TA Saint-Denis de La Réunion, 16 avr. 1980, *Mme Kichenin : AJDA 1980. 486.* ♦ Un étang, autrefois salé, sis à la Martinique, fait aussi partie du domaine public de l'État en application des dispositions du décret du 31 mars 1948. • Civ. 1re, 16 juin 1966 : *JCP 1966. II. 14876, note Dufau (1re esp.).*

2. L'art. L. 90 (issu de l'art. 1er de la loi n° 73-550 du 28 juin 1973) [art. L. 5121-1 CGPPP] qui a exclu du domaine public de l'État les eaux pluviales, même lorsqu'elles sont accumulées artificiellement, n'a pu avoir pour effet de faire renaître des droits sur la parcelle litigieuse au profit du requérant. • CE 6 avr. 1992, *Bertimon : Lebon 151 ; RFDA 1992. 601 ; Dr. adm. 1992, n° 239.* ♦ Le juge judiciaire est seul compétent pour apprécier si le requérant peut par ailleurs se prévaloir du bénéfice de la prescription. • Même arrêt.

3. Un étang qui n'est pas formé d'eaux en provenance de sources ou de cours d'eau mais d'eaux pluviales ruisselant de collines voisines ne fait pas partie du domaine public. • CE 5 juill. 1985, *Min. Budget c/ Magras : Lebon 222 ; Dr. adm. 1985, n° 410.* ♦ Une ravine facilitant, à La Réunion, l'écoulement d'eaux pluviales ne peut être regardée comme un cours d'eau. Par suite, ne lui est pas applicable l'art. 4 du décret du 31 mars 1948 imposant aux riverains des cours d'eau domaniaux de laisser libre le long des berges un espace de dix mètres de largeur. • CAA Paris, 6 déc. 1994, *Min. Envir. c/ Mme Hoarau : Lebon T. 942 ; RDI 1995. 301 .*

4. En revanche, un cours d'eau qui a une source et un écoulement permanent sur la majeure partie de son cours est une rivière au sens de l'art. L. 90 C. dom. Ét. [art. L. 5121-1 CGPPP] et non une ravine facilitant l'écoulement des eaux pluviales, et ce même, si son débouché sur la mer n'est en eau que de façon intermittente. • TA Saint-Denis de La Réunion, 10 déc. 1997, *Cojonde : Lebon T. 808 .* ♦ Fait également partie du domaine public sur le fondement de ce texte un canal d'amenée d'eau en provenance d'une rivière dans la mesure où il s'applique à tous les cours d'eau, qu'ils soient naturels ou artificiels. • Civ. 3e, 3 mai 2007, n° 06-16.705 P : *AJDA 2007. 1756, note Dufau ; AJDI 2008. 48, note Graëffly ; JCP. 2007. IV. 2138.*

Art. L. 5121-2 Les prélèvements d'eau sont soumis à autorisation et au versement d'une redevance domaniale.

Toutefois, tout propriétaire peut, sans autorisation, utiliser l'eau provenant de sources situées ou de puits creusés sur son fonds pour l'usage domestique. Un décret en Conseil d'État définit les critères de l'usage domestique, et notamment le volume d'eau en deçà duquel le prélèvement d'eau est assimilé à un tel usage.

Dans le département de la Guyane, l'usage des eaux mentionnées au deuxième alinéa à des fins d'irrigation n'est pas soumis à autorisation domaniale.

Les prélèvements mentionnés aux deuxième et troisième alinéas ne sont pas soumis au paiement d'une redevance domaniale. – *[C. dom. Ét., art. L. 90, al. 6.]*

L'utilisation des eaux du domaine public est soumise à autorisation préalable et paiement d'une redevance. A ce titre, un pont privé enjambant un cours d'eau en Martinique constitue une occupation du domaine public. • CAA Paris, 18 févr. 1993, *Cne de Saint-Esprit,* n° 91PA00671.

Art. L. 5121-3 à L. 5121-5 *Abrogés par L. n° 2006-1772 du 30 déc. 2006, art. 101-1-3°.*

CHAPITRE II DISPOSITIONS PARTICULIÈRES APPLICABLES À MAYOTTE *(Ord. n° 2016-1255 du 28 sept. 2016, art. 3-IV, en vigueur le 1er janv. 2017).*

Art. L. 5122-1 Font partie du domaine public du Département de Mayotte, sous réserve des droits régulièrement acquis par les usagers et propriétaires riverains à la date du 1er juillet 1993 :

1° Toutes les eaux stagnantes ou courantes, à l'exception des eaux pluviales même lorsqu'elles sont accumulées artificiellement ;

2° Tous les cours d'eau navigables, naturels ou artificiels ;

3° Les sources ;

4° Par dérogation aux dispositions de l'article 552 du code civil, les eaux souterraines. – *[C. dom. Ét. coll. publ., art. L. 112-2, al. 1er à 5.]*

L'Ord. n° 2016-1255 du 28 sept. 2016 a renuméroté l'art. L. 5331-8 qui devient le présent art. L. 5122-1 à compter du 1er janv. 2017 (Ord. préc. art. 3-IV).

Art. L. 5122-2 Les prélèvements d'eau sont soumis à autorisation et au versement d'une redevance domaniale.

Toutefois, tout propriétaire peut, sans autorisation ni paiement d'une redevance domaniale, utiliser, dans les limites fixées par décision du conseil départemental, l'eau provenant de sources situées ou de puits creusés sur son fonds pour l'usage domestique ou pour les besoins de l'exploitation agricole.

L'usage des eaux mentionnées au deuxième alinéa à des fins d'irrigation est soumis à autorisation domaniale.

TITRE TROISIÈME CONCESSIONS DE LOGEMENT

CHAPITRE UNIQUE

Le présent chapitre ne comprend pas de dispositions législatives.

TITRE QUATRIÈME DISPOSITIONS PARTICULIÈRES AU DOMAINE PRIVÉ DE L'ÉTAT EN GUYANE

CHAPITRE PREMIER CONCESSIONS ET CESSIONS POUR L'AMÉNAGEMENT ET LA MISE EN VALEUR AGRICOLE DES TERRES DOMANIALES

BIBL. ▸ YOLKA, Protection des propriétés publiques. Régime général, *J.-Cl. Propriétés publ., fasc. 60.* – MÉNARD et MORIN, Foncier et installation en agriculture en Guyane, *Min. Agric., mars 2013.*

COMMENTAIRE

Il est à noter que l'établissement public d'aménagement en Guyane est devenu l'établissement public foncier et d'aménagement de la Guyane avec une représentation paritaire État/collectivités territoriales au sein de son conseil d'administration, par un décret n° 2016-1865 du 23 décembre 2016. Pour assurer une continuité juridique et de missions entre les deux établissements, ce texte prévoit la reprise par la nouvelle entité des droits, obligations, ainsi que du personnel de l'établissement actuel. ❑

Art. L. 5141-1 Dans le département de la Guyane, les terres dépendant du domaine privé de l'État peuvent faire l'objet en vue de leur mise en valeur agricole et de la réalisation de travaux d'aménagement rural :

1° De cessions gratuites à l'expiration de concessions en vue de la culture ou de l'élevage consenties dans les conditions fixées par décret en Conseil d'État ;

2° De cessions gratuites aux titulaires de baux emphytéotiques à vocation agricole ;

3° De cessions gratuites à des agriculteurs installés ;

4° De conventions passées en application du second alinéa de l'article L. 5141-6 avec l'établissement public mentionné audit article, en vue de faire bénéficier cet établissement de concessions et de cessions gratuites. – *[C. dom. Ét., art. L. 91-1, al. 1er, et R. 170-31, 2°, 5° et 6°.]*

Art. L. 5141-2 Les cessions gratuites de terres à usage agricole mentionnées au 1° de l'article L. 5141-1 peuvent être consenties aux titulaires de concessions accordées par l'État en vue de la culture et de l'élevage, qui ont satisfait aux conditions fixées par le décret en Conseil d'État prévu au 1° du même article. Le cessionnaire doit s'engager à maintenir l'usage agricole des biens cédés pendant trente ans à compter de la date du transfert de propriété, cette période de trente ans étant réduite de la durée effective de la période probatoire.

A compter de la date du 6 janvier 2006, les dispositions du présent article ne sont pas applicables dans les zones identifiées pour l'intérêt de leur patrimoine naturel dans le cadre de l'inventaire prévu à l'article *(L. n° 2016-1087 du 8 août 2016, art. 149-II)* « L. 411-1 A *[ancienne rédaction : L. 411-5]* » du code de l'environnement ou les terres faisant l'objet des mesures de protection fixées aux articles L. 331-1 et suivants, L. 332-1 et suivants, L. 341-1 et suivants, et L. 411-2 et suivants du même code. – *[C. dom. Ét., art. L. 91-1, al. 1er et 2, ecqc les cessions gratuites aux titulaires de concessions.]*

Art. L. 5141-3 A compter de la date du 6 janvier 2006 et à l'exception des zones mentionnées au dernier alinéa de l'article L. 5141-2, les cessions gratuites de terres à usage agricole mentionnées au 2° de l'article L. 5141-1 peuvent être consenties aux titulaires de baux emphytéotiques à vocation agricole depuis plus de dix ans.

Le cessionnaire doit s'engager à maintenir l'usage agricole des biens cédés pendant trente ans à compter de la date du transfert de propriété, cette période de trente ans étant réduite de la période de mise en valeur antérieure. – *[C. dom. Ét., art. L. 91-1, al. 1er et 2, ecq les concessions gratuites aux titulaires de baux emphytéotiques.]*

Art. L. 5141-4 Les cessions gratuites de terres à usage agricole mentionnées au 3° de l'article L. 5141-1 peuvent être consenties aux personnes se livrant à une activité essentiellement agricole qui, depuis leur installation, antérieure à la date du 4 septembre *(L. n° 2011-1977 du 28 déc. 2011, art. 136)* « 2008 » et pendant une période d'au moins cinq ans, ont réalisé l'aménagement et la mise en valeur des terres mises à leur disposition par l'État, les ont exploitées directement à des fins exclusivement agricoles et qui s'engagent à les maintenir à cet usage pendant trente ans à compter de la date de transfert de propriété. Pour bénéficier, dans les mêmes conditions, des dispositions du présent alinéa, les mêmes personnes qui exploitent ces terres sans titre régulier doivent présenter une demande *(L. n° 2010-874 du 27 juill. 2010, art. 96)* « avant le 31 décembre 2016 ».

Lorsque la demande est présentée par une personne morale dont l'objet est essentiellement agricole, son capital doit être détenu à plus de 50 % par des personnes physiques qui remplissent à titre individuel les conditions fixées aux 1°, 2° et 3° de l'article L. 5141-5. Elle comporte l'engagement de maintenir l'usage agricole du bien cédé pendant trente ans. – *[C. dom. Ét., art. L. 91-1, al. 3 et 4.]*

Art. L. 5141-5 I. – Les cessions gratuites de terres à usage agricole mentionnées au 3° de l'article L. 5141-1 peuvent être consenties aux agriculteurs et aux personnes morales mentionnées au second alinéa de l'article L. 5141-4 qui détiennent des titres d'occupation autres que les concessions.

II. – Lorsque le demandeur de la cession est une personne physique, il doit :

1° Être de nationalité française ou être ressortissant d'un État membre de l'Union européenne, d'un autre État partie à l'accord sur l'Espace économique européen ou de la Confédération suisse ou être titulaire d'une carte de résident ;

2° Justifier de son installation antérieurement à la date du 4 septembre *(L. n° 2011-1977 du 28 déc. 2011, art. 136)* « 2008 » ;

3° Avoir exercé pendant la période prévue à l'article L. 5141-4 la profession d'agriculteur à titre principal et exploité personnellement les terres dont la cession est demandée. Est réputée exploitation personnelle celle qui est faite par le demandeur exploitant les terres avec sa famille ou par un ouvrier cultivant les terres sous la direction du demandeur et aux frais de ce dernier.

La demande de cession présentée par une personne physique comporte son engagement de maintenir l'usage agricole du bien cédé pendant trente ans.

III. – Lorsque la demande est présentée par une personne morale, elle doit répondre aux conditions fixées au dernier alinéa de l'article L. 5141-4. – *[C. dom. Ét., art. R. 170-46-1.]*

Art. L. 5141-6 Lorsqu'il est créé en application du chapitre Ier du titre II du livre III du code de l'urbanisme un établissement public d'aménagement, celui-ci peut se voir confier par convention la passation, au nom de l'État, des contrats de concession et cession mentionnées à l'article L. 5141-1.

L'établissement public d'aménagement mentionné à l'alinéa précédent peut, pour réaliser des travaux d'aménagement rural, bénéficier par convention avec l'État de concessions et de cessions gratuites de terres, selon les mêmes procédures que les personnes physiques. Cette convention définit les conditions et les modalités de concession ou de vente des terres qui ont fait l'objet des travaux d'aménagement. – *[C. dom. Ét., art. L. 91-1-1.]*

Le juge administratif est compétent pour connaître d'un litige portant sur la résolution d'un acte de cession à titre gratuit d'un terrain appartenant au domaine privé de l'État en Guyane dès lors qu'il comporte des clauses exorbitantes du droit commun. Les clauses résolutoires d'un acte de cession à titre gratuit sont des clauses exorbitantes. • CAA Paris, 29 sept. 1995, *Domput : Lebon T. 785*.

CHAPITRE II CONCESSIONS ET CESSIONS D'IMMEUBLES DOMANIAUX À DES COLLECTIVITÉS TERRITORIALES, À LEURS GROUPEMENTS ET AUX ÉTABLISSEMENTS PUBLICS EN GUYANE *(L. n° 2015-1268 du 14 oct. 2015, art. 19).*

BIBL. ▸ Connaissance et gestion de la forêt guyanaise, *Rev. forest. franç. 2003, n° spéc.* – BLANCODINI et TABARLY, La forêt guyanaise française : entre valorisation et protection, *Géoconfluence, 2005.* – NAÏM-GESBERT, Le parc national de la Guyane, un facteur de nouvelles solidarités territoriales, *AJDA 2007. 1226*. – DEMAZE, Le parc amazonien de Guyane française : un exemple du difficile compromis entre protection de la nature et développement, *Cybergeo mars 2008.* – UNTERMAIER, Le parc amazonien de Guyane, huitième parc national français (Décr. n° 2007-266 du 27 févr. 2007), *RJ envir. 2008. 135.* – BONDIL, Le Parc amazonien de Guyane et l'exploitation des ressources naturelles. Réflexions juridiques à la lumière de la première charte du Parc, *RJ envir. 2014. 615.* – SARRASIN *et al.*, Le parc amazonien de Guyane française et la mise en tourisme de la nature. L'intégration de la cogestion adaptative. *Études caribéennes avril-août 2016.*

Art. L. 5142-1 Dans le département de la Guyane, les immeubles domaniaux compris dans un plan d'occupation des sols opposable aux tiers, un plan d'urbanisme approuvé ou un document d'urbanisme en tenant lieu, peuvent faire l'objet :

1° De concessions gratuites aux collectivités territoriales *(L. n° 2009-594 du 27 mai 2009, art. 48)* « et à leurs groupements » lorsqu'ils sont destinés à être affectés à l'aménagement d'équipements collectifs, à la construction de logements à vocation très sociale et locatifs aidés ou à des services ou usages publics ;

2° De cessions gratuites aux titulaires des concessions mentionnées au 1° ci-dessus ;

3° *(L. n° 2009-594 du 27 mai 2009, art. 48)* **« De cessions gratuites aux collectivités territoriales** *(L. n° 2018-1021 du 23 nov. 2018, art. 25)* **« ou à leurs groupements » en vue de constituer sur le territoire d'une commune des réserves foncières dans les conditions fixées aux articles L. 221-1 et L. 221-2 du code de l'urbanisme, à condition que les biens soient libres de toute occupation ou ne soient pas confiés en gestion à des tiers. La superficie globale cédée en une ou plusieurs fois ne peut excéder sur chaque commune une superficie de référence égale à dix fois la superficie des parties agglomérées de la commune de situation des biens cédés** *(L. n° 2010-1657 du 29 déc. 2010, art. 169-V)* **« pour chaque période de dix années à compter de la date de la première cession gratuite ». Lorsque les cessions gratuites sont consenties à un** *(L. n° 2009-594 du 27 mai 2009, art. 48)* **« autre acquéreur que la commune », elles doivent faire l'objet d'un accord préalable de la commune de situation des biens cédés ;**

(L. n° 2018-1021 du 23 nov. 2018, art. 25) **« 3°** ***bis*** **De cessions gratuites à l'établissement public foncier et d'aménagement de Guyane créé en application de l'article L. 321-36-1 du même code. Ces cessions doivent faire l'objet d'un accord préalable de la commune de situation des biens cédés ; »**

(L. n° 2015-1268 du 14 oct. 2015, art. 19) **« 4° De cessions gratuites au grand port maritime de la Guyane, pour l'accomplissement de ses missions de service public. »**

Peuvent également être cédés gratuitement aux collectivités territoriales *(L. n° 2009-594 du 27 mai 2009, art. 48)* **« et à leurs groupements » les immeubles dépendant du domaine privé de l'État dont l'expropriation a été déclarée d'utilité publique en vue de réaliser l'un des objectifs mentionnés au 1° ci-dessus.**

Les concessions et cessions mentionnées au présent article peuvent faire l'objet de prescriptions particulières visant à préserver l'environnement. Le non-respect de ces prescriptions peut entraîner l'abrogation de l'acte de concession ou de cession par le représentant de l'État dans le département. – *[C. dom. Ét., art. L. 91-2.]*

COMMENTAIRE

L'article 25 de la loi n° 2018-1021 du 23 novembre 2018 portant évolution du logement, de l'aménagement et du numérique (ELAN), introduit par la Commission mixte paritaire, permet de faciliter les conditions de cession gratuite d'immeubles de l'État en faveur de l'établissement public foncier et d'aménagement de la Guyane (EPFAG). Désormais, le 3° *bis* de l'article L. 5142-1 est consacré à cette hypothèse. Ces cessions ne relèvent plus des conditions spécifiques fixées au 3°, tenant à l'utilisation des biens (libres de toute occupation ou non confiés en gestion à des tiers) et à leur superficie (ne pouvant excéder sur chaque commune une superficie de référence égale à dix fois la superficie des parties agglomérées de la commune de situation des biens cédés pour chaque période de dix ans). Ces cessions d'immeubles domaniaux à l'EPFAG sont simplifiées puisqu'elles ne sont assujetties qu'à l'accord préalable de la commune de situation des biens cédés. ❑

Art. L. 5142-2 **En Guyane, les forêts dépendant du domaine privé de l'État et relevant du régime forestier en application de l'article L. 172-2 du code forestier** *[art. recodifié à l'art. L. 272-2 C. for. par Ord. n° 2012-92 du 26 janv. 2012]* **peuvent faire l'objet de cessions gratuites aux collectivités territoriales sur le territoire desquelles elles sont situées en raison du rôle social ou environnemental que ces forêts jouent au plan local.**

La collectivité territoriale bénéficiaire de la cession est substituée à l'État dans l'ensemble de ses droits et obligations à l'égard des tiers et, notamment, des droits des communautés d'habitants qui tirent traditionnellement leurs moyens de subsistance de la forêt reconnus en application de l'article L. 5143-1 ou en application de l'article L. 172-4 du code forestier *[art. recodifié aux art. L. 272-4 à L. 272-7 C. for. par Ord. n° 2012-92 du 26 janv. 2012]*. – *[C. dom. Ét., art. L. 91-2-1.]*

V. C. dom. Ét., art. R. 170-55-1 s.

La recodification du code forestier, issue de l'Ord. n° 2012-92 du 26 janv. 2012, entre en vigueur en même temps que la partie réglementaire du nouveau code forestier et au plus tard le 1er juill. 2012 (Ord. préc., art. 8-I).

Lorsqu'une commune du département de la Guyane demande à l'État, qui n'est pas tenu de faire droit à une telle demande, de lui céder à titre gratuit des parcelles de son domaine privé aux fins de se constituer des réserves foncières, elle n'est pas tenue d'avoir défini les caractéristiques précises du projet en vu duquel elle constitue ces réserves, ni sa date de réalisation. Elle doit, par contre, être en mesure d'indiquer le projet d'action ou l'opération d'aménagement répondant aux objets mentionnés à l'art. L. 300-1 C. urb. qui justifie sa demande. • CE 20 oct. 2014, n° 366966 • CE 24 oct. 2014, *SCI Colibri*, n° 366994 : *Lebon T. ; Dr. Adm. 2015. 6, note Giacuzzo ; AJDA 2015. 82 ; Rev. CMP 2015. Chron. 3, obs. Llorens et Soler-Couteaux.*

CHAPITRE III CONCESSIONS ET CESSIONS À DES COMMUNAUTÉS D'HABITANTS

Art. L. 5143-1 Dans le département de la Guyane, les immeubles domaniaux dépendant du domaine privé de l'État peuvent être cédés ou concédés gratuitement à des personnes morales en vue de leur utilisation par les communautés d'habitants qui tirent traditionnellement leurs moyens de subsistance de la forêt. – *[C. dom. Ét., art. L. 91-3.]*

CHAPITRE IV CESSIONS DE TERRAINS DOMANIAUX NE RELEVANT PAS DES DISPOSITIONS DES CHAPITRES Ier, II ET III

Art. L. 5144-1 A l'intérieur de zones délimitées par l'autorité administrative après consultation des communes et en tenant compte tant des documents d'urbanisme en vigueur que de l'état effectif d'occupation des sols, les terrains peuvent faire l'objet de cessions gratuites à des personnes physiques dans les conditions fixées au présent chapitre. – *[C. dom. Ét., art. L. 91-4.]*

Art. L. 5144-2 Peuvent bénéficier de cessions gratuites les personnes physiques occupant, à la date du 4 septembre 1998, sur les terrains mentionnés à l'article précédent, des constructions principalement affectées à leur habitation.

Ces personnes ne doivent pas être déjà, directement ou par personnes interposées, propriétaires d'un bien immobilier ou titulaires d'un droit réel immobilier, à moins que ce droit n'entre dans le champ d'application des dispositions de *(Ord. n° 2011-91 du 20 janv. 2011, art. 7, en vigueur le 1er mars 2011)* « l'article L. 611-17 du code minier ».

A la date de leur demande de cession, les mêmes personnes doivent :

1° Avoir leur domicile fiscal en Guyane ;

2° Être ressortissantes d'un État membre de l'Union européenne, d'un autre État partie à l'accord sur l'espace économique européen ou de la Confédération suisse ou être titulaire d'une carte de résident. – *[C. dom. Ét., art. L. 91-5.]*

Art. L. 5144-3 La cession gratuite ne peut porter que sur un seul terrain, dont la superficie ne doit pas excéder un plafond déterminé par décret.

Ce terrain ne peut faire l'objet, à peine de nullité de la cession, d'une aliénation volontaire pendant une durée de quinze ans à compter de son acquisition. – *[C. dom. Ét., art. L. 91-6.]*

CHAPITRE V DISPOSITIONS COMMUNES ET DIVERSES

Art. L. 5145-1 Lorsqu'ils ne sont pas utilisés conformément à l'objet qui a justifié leur cession gratuite en application des dispositions des articles L. 5141-1, L. 5142-1 et L. 5143-1, les immeubles cédés reviennent gratuitement dans le patrimoine de l'État à moins que le cessionnaire ne soit autorisé à en conserver la propriété contre le paiement d'un prix correspondant à leur valeur vénale.

Les dispositions du premier alinéa sont également applicables aux cessions de forêts dépendant du domaine privé de l'État consenties en application des dispositions de l'article L. 5142-2. – *[C. dom. Ét., art. L. 91-7.]*

Art. L. 5145-2 Un décret en Conseil d'État fixe les formes et conditions des concessions, des cessions et des conventions mentionnées au présent titre. – *[C. dom. Ét., art. L. 91-8.]*

TITRE CINQUIÈME DISPOSITIONS PARTICULIÈRES AU DOMAINE PRIVÉ DE L'ÉTAT EN GUADELOUPE, EN MARTINIQUE, À LA RÉUNION ET À MAYOTTE *(Ord. n° 2016-1255 du 28 sept. 2016, art. 3-V, en vigueur le 1er janv. 2017).*

(L. n° 2010-1657 du 29 déc. 2010, art. 169-I)

CHAPITRE UNIQUE

Art. L. 5151-1 *(Ord. n° 2016-1255 du 28 sept. 2016, art. 3-VI, en vigueur le 1er janv. 2017)* **« En Guadeloupe, en Martinique, à La Réunion et à Mayotte** *[ancienne rédaction : Dans les départements de la Guadeloupe, de la Martinique et de La Réunion]* **», l'État peut procéder à l'aliénation de terrains de son domaine privé à un prix inférieur à la valeur vénale par application d'une décote lorsque ces terrains sont destinés à la réalisation de programmes de construction comportant essentiellement des logements, dont 50 % au moins de logements sociaux tels que définis au II de l'article 87 de la loi n° 2005-32 du 18 janvier 2005 de programmation pour la cohésion sociale. Le montant de la décote est fixé à 100 % de la valeur vénale du terrain.**

L'avantage financier résultant de la décote est exclusivement et en totalité répercuté sur le prix de revient des logements locatifs sociaux réalisés sur le terrain aliéné.

L'État peut également procéder à l'aliénation de terrains de son domaine privé à un prix inférieur à la valeur vénale par application d'une décote lorsque ces terrains sont destinés à l'aménagement d'équipements collectifs. Le montant de la décote est fixé à 100 % de la valeur vénale du terrain.

L'acte d'aliénation prévoit, en cas de non-réalisation du programme de logements locatifs sociaux ou de l'aménagement d'équipements collectifs dans le délai de cinq ans à compter de l'aliénation, la résolution de la vente sans indemnité pour l'acquéreur ainsi que le montant des indemnités contractuelles applicables.

Un décret en Conseil d'État précise les conditions d'application du présent article. — *V. art. R. 5151-1 s.*

TITRE SIXIÈME DISPOSITIONS PARTICULIÈRES APPLICABLES À MAYOTTE

(Ord. n° 2016-1255 du 28 sept. 2016, art. 3-VII, en vigueur le 1er janv. 2017)

BIBL. ▶ **Ouvrages, thèses et rapports :** Geode Caraïbe, La question de la terre dans les colonies et départements français d'Amérique 1848-1998, *Karthala 2000.* – Mouriapregassin-Payet, L'actualisation du droit applicable en matière d'état civil et de propriété foncière à Mayotte en 2001, *Mém. DEA droit, La Réunion, 2002.* – Barthès, L'État et le monde rural à Mayotte, *Karthala, 2003.* – Askandari, L'évolution du marché foncier à Mayotte de 1841 à nos jours, *L'Harmattan, 2006.* – Saïd, Foncier et société aux Comores : le temps de la refondation, *Paris, Karthala, 2009.* – Pons, L'authentification des actes de vente sous seing privé à Mayotte depuis le 1er janvier 2008 : une problématique notariale spécifique, *Mém. Master Droit notarial, La Réunion, 2010.* – Fortin, Étude de l'impact de la départementalisation de Mayotte sur son système foncier, *Mém. CNAM, 2013.* – Lazergues, Mise en œuvre de l'aménagement foncier à Mayotte, *Min. Agric., mars 2013.* – Cottanceau, Les occupations du sol sans titre en Guadeloupe et à l'île de Saint-Martin, *Mém. CNAM, Le Mans, 2016.* – Saïd, Les Comores, à qui la terre ? Sous les conflits de propriété, les réalités de la gestion en commun, *Paris, Karthala, 2016.* – Cour des comptes, La départementalisation de Mayotte, *Rapp. publ. thématique, janv. 2016* ; Le port de Longoni, *Référé 16 oct. 2017.*

▶ **Articles :** Robert, La gestion et la valorisation du domaine public dans les Hauts de l'île de La Réunion, *Ann. géo., 1998, p. 487.* – Kalflèche, La problématique de la maîtrise des sols par les personnes publiques à Mayotte, *Rev. juridique de l'océan Indien, oct. 2011, p. 65.* – de Gaudemar, Compétence du juge judiciaire pour connaître d'un litige relatif à la vente d'une parcelle du domaine privé à Mayotte, *JCP Adm 2016. Comm. 2193.*

COMMENTAIRE

Concrétisant l'entrée progressive dans le droit commun des DOM, l'ordonnance n° 2017-378 du 23 mars 2017 porte extension et adaptation à Mayotte du code de la voirie routière. Cette disposition est la conséquence de l'article 78 de la loi n° 2015-

1268 du 14 octobre 2015 d'actualisation du droit des outre-mer. Le code de la voirie routière comporte au titre VII « Dispositions particulières » un chapitre II « Dispositions relatives aux départements d'outre-mer » qui prévoit l'exclusion, en Guyane et à La Réunion, des articles L. 114-7 et L. 114-8 relatifs à la gestion forestière et aux opérations de débroussaillement des abords des voies publiques. L'extension de la partie législative du code de la voirie routière à Mayotte nécessite également quelques mesures d'adaptation mineures introduites dans ce chapitre II dont l'intitulé devient « Dispositions particulières à la Guadeloupe, la Guyane, la Martinique, La Réunion et Mayotte » et qui portent essentiellement sur les références au Département de Mayotte et au directeur de l'environnement, de l'aménagement et du logement et excluant l'application de l'article L. 162-6 relatif à l'assainissement des voies privées.

Par ailleurs, le décret n° 2017-341 du 15 mars 2017 définit la composition, les règles de fonctionnement et le régime applicable à l'établissement public foncier et d'aménagement de Mayotte créé par la loi du 14 octobre 2015 dont les dispositions ont été codifiées aux articles L. 321-36-1 et suivants du code de l'urbanisme. Ce décret fixe une représentation paritaire de l'État et des collectivités territoriales au sein de son conseil d'administration et prévoit une désignation du président de ce conseil par décret parmi les représentants de l'État. Il prévoit également que le directeur général de l'établissement sera nommé par arrêté conjoint des ministres chargés de l'urbanisme et de l'outre-mer, après consultation du préfet et du président du conseil d'administration.

Enfin, le décret reprend pour partie les dispositions communes intégrées dans les statuts des établissements publics d'aménagement, ayant trait notamment à la durée du mandat des administrateurs et aux modalités de consultation par écrit du conseil d'administration ou de sa réunion au moyen de la visioconférence. Ce décret entre en vigueur le 1er avril 2017. ❑

CHAPITRE PREMIER **DISPOSITIONS GÉNÉRALES**

Art. L. 5161-1 **Ne sont pas applicables à Mayotte :**

1° L'article L. 1127-3 ;

2° Les deux derniers alinéas de l'article L. 2111-5, les articles L. 2111-7 à L. 2111-12, le 7° de l'article L. 2112-1, L. 2124-6 à L. 2124-13, L. 2124-15, L. 2124-31, L. 2125-7, L. 2125-8, L. 2131-2 à L. 2131-6, L. 2132-5 à L. 2132-11, L. 2132-16, L. 2132-17, L. 2132-23 à L. 2132-25, le II de l'article L. 2331-2 ;

3° Les articles L. 3113-1 à L. 3113-4, L. 3211-5, L. 3211-5-1, L. 3221-2 et L. 3222-3.

Art. L. 5161-2 **Pour leur application à Mayotte, les dispositions du présent code sont ainsi adaptées :**

1° Les références au département ou à la région sont remplacées par la référence au Département de Mayotte ;

2° La référence au président du conseil régional est remplacée par la référence au président du conseil départemental ;

3° Les références aux sociétés d'aménagement foncier et rural sont remplacées par des références à l'opérateur foncier mentionné à l'article L. 181-49 du code rural et de la pêche maritime ;

4° La soumission à enquête publique est remplacée par la procédure prévue à l'article L. 651-3 du code de l'environnement.

CHAPITRE II **ACQUISITION**

Art. L. 5162-1 **Pour l'application à Mayotte de l'article L. 1123-4, après les mots : "prévu à l'article L. 211-1 du code forestier" sont insérés les mots : "dans sa rédaction applicable à Mayotte".**

Art. L. 5162-2 **Pour son application à Mayotte, l'article L. 1212-4 est ainsi rédigé :**

Art. L. 1212-4 Le représentant de l'État reçoit les actes intéressant les actes d'acquisitions immobilières passés en la forme administrative par l'État et en assure la conservation. Il confère à ces actes l'authenticité en vue de leur immatriculation ou de leur inscription lorsqu'elle est requise par les dispositions qui leur sont applicables.

Art. L. 5162-3 Pour son application à Mayotte, l'article L. 1212-5 est ainsi rédigé :

Art. L. 1212-5 Les autorités des établissements publics de l'État qui sont habilitées par les statuts de ces établissements à signer les actes d'acquisitions immobilières passés en la forme administrative par ces établissements les reçoivent et en assurent la conservation. Ces autorités confèrent à ces actes l'authenticité en vue de leur immatriculation ou de leur inscription lorsqu'elle est requise par les dispositions qui leur sont applicables.

CHAPITRE III GESTION

SECTION PREMIÈRE BIENS RELEVANT DU DOMAINE PUBLIC

Art. L. 5163-1 Pour l'application à Mayotte de l'article L. 2111-4, le neuvième alinéa est ainsi rédigé :

"4° La zone bordant le littoral définie à l'article L. 5114-2 dans le Département de Mayotte ;".

Art. L. 5163-2 Pour son application à Mayotte, l'article L. 2122-19 est ainsi rédigé :

Art. L. 2122-19 Les dispositions du paragraphe 1 ne sont applicables, en ce qui concerne les autorisations et conventions en cours à la date du *(date d'entrée en vigueur de la présente ordonnance)*, qu'aux ouvrages, constructions et installations que le permissionnaire ou concessionnaire réaliserait après renouvellement ou modification de son titre. Toutefois, lorsque le permissionnaire ou le concessionnaire réalise des travaux ou constructions réhabilitant, étendant ou modifiant de façon substantielle les ouvrages, constructions et installations existants, il peut lui être délivré un nouveau titre conférant un droit réel sur ces ouvrages, constructions et installations, lorsqu'ils ont été autorisés par le titre d'occupation.

Les dispositions du présent article sont applicables, le cas échéant, sur les dépendances du domaine public de l'État définies au premier alinéa de l'article L. 2122-17 et de l'article L. 2122-18, aux autorisations ou conventions en cours à la date d'entrée en vigueur du décret en Conseil d'État pris pour l'application de ces articles.

Art. L. 5163-3 Pour l'application à Mayotte de l'article L. 2124-2, le deuxième alinéa est ainsi rédigé :

"Toutefois, les exondements déjà réalisés à la date du 1er juillet 1993 demeurent régis par la réglementation antérieure".

Art. L. 5163-4 Pour son application à Mayotte, l'article L. 2124-27 est ainsi rédigé :

Art. L. 2124-27 L'autorisation domaniale nécessaire pour la recherche et l'exploitation des substances minérales autres que celles mentionnées à l'article L. 111-1 du code minier lorsqu'elles sont contenues dans les fonds marins du domaine public est délivrée en application des règles fixées aux articles L. 611-29 et L. 611-31 à L. 611-33 du même code.

Art. L. 5163-5 Pour son application à Mayotte, l'article L. 2124-28 est ainsi rédigé :

Art. L. 2124-28 Le titulaire de l'autorisation de prospections préalables ou du titre de recherche et d'exploitation est, en cas de retrait ou de réduction de l'assiette de l'autorisation domaniale mentionnée à l'article L. 2124-27, soumis aux obligations fixées par les articles L. 123-6 et L. 133-8 du code minier, conformément aux dispositions de l'article L. 611-29 du même code.

Art. L. 5163-6 Pour son application à Mayotte, l'article L. 2124-32 est ainsi rédigé :

Art. L. 2124-32 Les conditions d'attribution d'un logement de fonction par le Département de Mayotte, les communes, leurs groupements et leurs établissements publics sont régies par les dispositions applicables localement ayant le même objet que l'article 21 de la loi n° 90-1067 du 28 novembre 1990 relative à la fonction publique territoriale et portant modification de certains articles du code des communes.

Art. L. 5163-7 Outre la redevance prévue à l'article L. 2125-1, la délivrance des autorisations de voirie sur le domaine public du Département de Mayotte et des communes donne lieu au paiement d'un droit fixe correspondant aux frais exposés par la collectivité propriétaire, perçu à son profit et recouvré selon les règles fixées par les dispositions du titre II du livre III de la deuxième partie.

Le montant du droit est fixé par l'autorité compétente de la collectivité propriétaire.

SECTION II BIENS RELEVANT DU DOMAINE PRIVÉ

Art. L. 5163-8 Pour son application à Mayotte, l'article L. 2222-1 est ainsi rédigé :

Art. L. 2222-1 Le représentant de l'État reçoit les baux passés en la forme administrative par l'État et en assure la conservation. Il confère à ces actes l'authenticité en vue de leur immatriculation ou de leur inscription lorsqu'elle est requise par les dispositions qui leur sont applicables.

Art. L. 5163-9 Pour son application à Mayotte, l'article L. 2222-2 est ainsi rédigé :

Art. L. 2222-2 Les autorités des établissements publics de l'État qui sont habilitées par les statuts de ces établissements à signer les baux passés en la forme administrative par ces établissements les reçoivent et en assurent la conservation. Ces autorités confèrent à ces actes l'authenticité en vue de leur immatriculation ou de leur inscription lorsqu'elle est requise par les dispositions qui leur sont applicables.

Art. L. 5163-10 Les terres dépendant du domaine privé peuvent faire l'objet, au profit des personnes physiques, en vue de leur mise en valeur agricole :

1° De concessions gratuites en vue de la culture et de l'élevage ;

2° De baux emphytéotiques en vue de la culture et de l'élevage.

A compter de l'accomplissement de la dernière des mesures de publicité exigées à l'occasion de toute demande de concession ou de location, les personnes intéressées disposent d'un délai de six mois pour faire valoir leur titre d'occupation, et notamment les droits individuels ou collectifs n'ayant pas fait l'objet d'une transcription.

Art. L. 5163-11 Les immeubles du domaine privé de l'État et du Département de Mayotte compris dans un plan d'occupation des sols opposable ou un plan local d'urbanisme approuvé peuvent faire l'objet de concessions gratuites aux communes lorsqu'ils sont destinés à être affectés à l'aménagement d'équipements collectifs, à des services ou usages publics.

Art. L. 5163-12 Pour son application à Mayotte, l'article L. 2222-5 est ainsi rédigé :

Art. L. 2222-5 Les conditions dans lesquelles sont soumis au statut du fermage et du métayage les baux du domaine de l'État, des collectivités territoriales, de leurs groupements ainsi que des établissements publics, qui portent sur des biens ruraux constituant ou non une exploitation agricole complète, sont régies par les dispositions de l'article L. 461-24 du code rural et de la pêche maritime.

Art. L. 5163-13 Pour son application à Mayotte, l'article L. 2222-11 est ainsi rédigé :

Art. L. 2222-11 Les conditions d'attribution d'un logement de fonction par le Département de Mayotte, les communes, leurs groupements et leurs établissements publics sont régies par les dispositions applicables localement ayant le même objet que l'article 21 de la loi n° 90-1067 du 28 novembre 1990 relative à la fonction publique territoriale et portant modification de certains articles du code des communes.

Art. L. 5163-14 Pour son application à Mayotte, l'article L. 2222-23 est ainsi rédigé :

Art. L. 2222-23 Les dispositions de la section III du chapitre Ier du titre VIII du livre Ier du code rural et de la pêche maritime sont applicables aux terres incultes ou manifestement sous-exploitées, attribuées à une commune ou à un établissement public de coopération intercommunale ou à l'État en application du dernier alinéa de l'article L. 1123-3.

Art. L. 5163-15 Le montant des sommes et produits de toute nature recouvrés par les comptables publics du Département de Mayotte compétents en matière domaniale pour le compte des services et établissements dotés de la personnalité civile ou seulement de l'autonomie financière, ainsi que pour le compte de tiers, peut donner lieu à l'application d'un prélèvement au profit du Département de Mayotte pour frais d'administration, de vente et de perception.

Le taux de ce prélèvement est fixé par décision du conseil départemental, dans la limite de 8 %.

CHAPITRE IV CESSION *(Ord. n° 2016-1255 du 28 sept. 2016, art. 3-VII-2°, en vigueur le 1er janv. 2017).*

Art. L. 5164-1 *(Ord. n° 2016-1255 du 28 sept. 2016, art. 3-VII-2°-a, en vigueur le 1er janv. 2017).* **Pour son application à Mayotte, l'article L. 3211-19 est ainsi rédigé :**

Art. L. 3211-19 Il n'est pas procédé à l'aliénation des objets de caractère historique, artistique ou scientifique appartenant à l'État et destinés à être placés dans les musées de l'État ou dans un établissement public de l'État ayant vocation à recevoir de tels objets ou dans un immeuble classé ou inscrit au titre des monuments historiques pour y être classés dans le domaine public.

Art. L. 5164-2 *(Ord. n° 2016-1255 du 28 sept. 2016, art. 3-VII-2°-a, en vigueur le 1er janv. 2017).* **Pour l'application à Mayotte de l'article L. 3211-21, la dernière phrase du second alinéa est supprimée.**

Art. L. 5164-3 Les terres dépendant du domaine privé peuvent faire l'objet, au profit des personnes physiques, en vue de leur mise en valeur agricole :

1° De cessions gratuites aux titulaires des concessions mentionnées au 1° de l'article L. 5332-5 *[ndlr : art. abrogé par l'Ord. n° 2016-1255 du 28 sept. 2016 à compter du 1er janv. 2017, mais dont les dispositions semblent avoir été reprises à l'actuel art. L. 5164-10]* qui ont réalisé leur programme de mise en valeur à l'issue d'une période probatoire de cinq ans, prorogeable d'une ou plusieurs années dans la limite de cinq années supplémentaires ;

2° De cessions gratuites aux exploitants ayant réalisé depuis au moins cinq ans avant la date du 1er juillet 1993 une mise en valeur des terres dont ils ont obtenu la jouissance ;

Les conditions de la mise en valeur des terres prévue au 2° ci-dessus sont appréciées suivant des critères fixés par arrêté du représentant de l'État. En cas de litige il est statué par les juridictions judiciaires.

A compter de l'accomplissement de la dernière des mesures de publicité exigées à l'occasion de toute demande d'acquisition, les personnes intéressées disposent d'un délai de six mois pour faire valoir leur titre d'occupation, et notamment les droits individuels ou collectifs n'ayant pas fait l'objet d'une transcription. — *[C. dom. Ét. coll. publ., art. L. 321-6, ecqc les cessions.]*

Les art. L. 5342-9 à L. 5342-12 et L. 5342-14 deviennent les art. L. 5164-3 à L. 5164-7 à compter du 1er janv. 2017 (Ord. n° 2016-1255 du 28 sept. 2016, art. 3-VII-2°-b, en vigueur le 1er janv. 2017).

Art. L. 5164-4 Le cessionnaire doit s'engager à maintenir l'usage agricole des biens cédés pendant trente ans à compter de la date de transfert de propriété, cette période étant réduite de la durée effective de la période probatoire. — *[C. dom. Ét. coll. publ., art. L. 321-7.]*

V. note ss. art. L. 5164-3.

Art. L. 5164-5 Les immeubles du domaine privé de l'État et *(L. n° 2010-1487 du 7 déc. 2010, art. 36)* « du Département de Mayotte » compris dans un plan d'occupation des sols opposable ou un plan local d'urbanisme approuvé peuvent faire l'objet de cessions gratuites aux titulaires des concessions mentionnées à l'article L. 5163-10.

Peuvent également être cédés gratuitement aux communes les immeubles dépendant du domaine privé de l'État ou du Département de Mayotte dont l'expropriation a été déclarée d'utilité publique en vue de réaliser l'un des objectifs mentionnés à l'article L. 5163-11. — *[C. dom. Ét. coll. publ., art. L. 321-8, ecqc les cessions.]*

V. note ss. art. L. 5164-3.

Art. L. 5164-6 Lorsqu'elles ne sont pas utilisées conformément à l'objet qui a justifié leur cession gratuite en application des articles L. 5342-9 et L. 5342-11 *[L. 5164-3 et*

L. 5164-5], les terres cédées reviennent gratuitement dans le patrimoine de la collectivité propriétaire à moins que le cessionnaire ne soit autorisé à en conserver la propriété contre le paiement d'un prix correspondant à la valeur vénale. – *[C. dom. Ét. coll. publ., art. L. 321-9.]*

V. note ss. art. L. 5164-3.

Art. L. 5164-7 Le produit des ventes des biens et droits mobiliers est porté en recette au budget de la personne anciennement propriétaire, à moins de dispositions légales contraires, sous déduction, le cas échéant, des frais d'administration, de vente et de perception. – *[C. dom. Ét. coll. publ., art. L. 322-4.]*

V. note ss. art. L. 5164-3.

Loi n° 2010-1657 du 29 décembre 2010,

De finances pour 2011.

Art. 169 *(Abrogé par Ord. n° 2016-1255 du 28 sept. 2016, art. 10-2°, à compter du 1er janv. 2017)* *« II. — A Saint-Barthélemy et à Saint-Martin, l'État peut procéder à l'aliénation de terrains de son domaine privé à un prix inférieur à la valeur vénale par application d'une décote lorsque ces terrains sont destinés à la réalisation de programmes de construction comportant essentiellement des logements, dont 50 % au moins sont réalisés en logements à vocation sociale tels qu'ils sont définis par la réglementation locale en vigueur, ou à la réalisation d'aménagement d'équipements collectifs. Le montant de la décote est fixé à 100 % de la valeur vénale du terrain.*

« L'avantage financier résultant de la décote est exclusivement et en totalité répercuté sur le prix de revient des logements locatifs sociaux réalisés sur le terrain aliéné.

« L'acte d'aliénation prévoit, en cas de non-réalisation du programme de logements locatifs sociaux ou de l'aménagement d'équipements collectifs dans le délai de cinq ans à compter de l'aliénation, la résolution de la vente sans indemnité pour l'acquéreur ainsi que le montant des indemnités contractuelles applicables. »

III. — En Nouvelle-Calédonie, en Polynésie française et dans les îles Wallis-et-Futuna, l'État peut procéder à l'aliénation de terrains de son domaine privé à un prix inférieur à la valeur vénale par application d'une décote lorsque ces terrains sont destinés à la réalisation de programmes de construction comportant essentiellement des logements, dont 50 % au moins sont réalisés en logements à vocation sociale tels qu'ils sont définis par la réglementation locale en vigueur, ou à la réalisation d'aménagement d'équipements collectifs. Le montant de la décote est fixé à 100 % de la valeur vénale du terrain.

L'avantage financier résultant de la décote est exclusivement et en totalité répercuté sur le prix de revient des logements locatifs sociaux réalisés sur le terrain aliéné.

L'acte d'aliénation prévoit, en cas de non-réalisation du programme de logements locatifs sociaux ou de l'aménagement d'équipements collectifs dans le délai de cinq ans à compter de l'aliénation, la résolution de la vente sans indemnité pour l'acquéreur ainsi que le montant des indemnités contractuelles applicables.

(L. n° 2015-1268 du 14 oct. 2015, art. 23) « En Nouvelle-Calédonie, les terrains mentionnés au premier alinéa du présent III appartiennent à une liste de parcelles établie par le haut-commissaire de la République, après avis, dans un délai de deux mois, du maire de la commune sur le territoire de laquelle les terrains se trouvent, du président de l'assemblée de province concernée et du président du gouvernement de la Nouvelle-Calédonie. Cette liste est complétée, selon les mêmes modalités, à la demande de l'une de ces personnes ou d'un organisme ayant pour objet la réalisation d'opérations d'habitat social, sur présentation d'un projet s'inscrivant dans une stratégie de mobilisation du foncier destinée à satisfaire des besoins locaux en matière de logement. » – *En tant qu'il s'applique en Nouvelle-Calédonie et à Wallis-et-Futuna, le III de l'art. 169 de la L. n° 2010-1657 du 29 déc. 2010 est abrogé à compter du 1er janv. 2017 (Ord. n° 2016-1255 du 28 sept. 2016, art. 10-2° et 14).*

(Abrogé par Ord. n° 2016-1255 du 28 sept. 2016, art. 10-2°, à compter du 1er janv. 2017) *« IV. — Un décret en Conseil d'État précise les conditions d'application des II et III du présent article. »* – *V., ci-dessous, Décr. n° 2011-2076 du 29 déc. 2011, art. 13 à 24.*

Décret n° 2011-2076 du 29 décembre 2011,

Pris pour l'application des articles L. 5151-1, L. 5241-6 et L. 5342-13 du code général de la propriété des personnes publiques et du IV de l'article 169 de la loi n° 2010-1657 du 29 décembre 2010 de finances pour 2011.

CHAPITRE III. *DISPOSITIONS APPLICABLES À MAYOTTE*

Art. 9 A Mayotte, l'aliénation des terrains du domaine privé de l'État destinés à la réalisation des programmes de construction ou aux aménagements mentionnés à l'article L. 5342-13 *[ndlr : art. abrogé par l'Ord. n° 2016-1255 du 28 sept. 2016, à compter du 1er janv. 2017, mais dont les dispositions semblent avoir été reprises en partie à l'actuel art. L. 5151-1]* du code général de la propriété des personnes publiques est consentie dans les conditions prévues aux articles 10 à 12.

Art. 10 Dans le cas où le projet d'aliénation porte sur des terrains destinés à la réalisation de programmes de construction, la décote prévue à l'article L. 5342-13 *[ndlr : art. abrogé par l'Ord. n° 2016-1255 du 28 sept. 2016, à compter du 1er janv. 2017, mais dont les dispositions semblent avoir été reprises en partie à l'actuel art. L. 5151-1]* du code général de la propriété des personnes publiques peut être consentie dès lors que 50 % au moins de la *(Décr. n° 2011-2054 du 29 déc. 2011, art. 6, en vigueur le 1er mars 2012)* « surface de plancher » projetée est affectée au logement locatif social.

Cette décote est pondérée par le rapport de la *(Décr. n° 2011-2054 du 29 déc. 2011, art. 6, en vigueur le 1er mars 2012)* « surface de plancher » affectée au logement locatif social à la *(Décr. n° 2011-2054 du 29 déc. 2011, art. 6, en vigueur le 1er mars 2012)* « surface de plancher » totale du programme immobilier.

Art. 11 Dans tous les cas, le préfet décide du principe de la décote.

Il adresse au directeur départemental des finances publiques un dossier comprenant selon le cas :

1° Le programme de logements locatifs sociaux à réaliser et un document précisant les conditions financières de réalisation de ce programme ainsi que l'impact attendu de la répercussion intégrale de la décote sur le prix de revient des logements locatifs sociaux bénéficiaires ;

2° La liste des équipements collectifs à aménager et un document précisant les conditions financières de l'opération.

Le montant de la décote est calculé et arrêté par le directeur départemental des finances publiques à partir de ces éléments.

Art. 12 L'acte d'aliénation comporte, outre les mentions prévues au quatrième alinéa de l'article L. 5342-13 *[ndlr : art. abrogé par l'Ord. n° 2016-1255 du 28 sept. 2016, à compter du 1er janv. 2017, mais dont les dispositions semblent avoir été reprises en partie à l'actuel art. L. 5151-1]* du code général de la propriété des personnes publiques, la valeur vénale établie par le directeur départemental des finances publiques, le programme de logements locatifs sociaux devant être réalisé ou la liste des équipements collectifs devant être aménagés, les conditions de l'opération et le montant de la décote.

Lorsque l'acquéreur du terrain objet de la décote n'est pas une personne bénéficiant des subventions et prêts prévus à l'article R. 372-3 du code de la construction et de l'habitation, l'acte d'aliénation précise, en sus des informations et engagements mentionnés à l'alinéa précédent, les conditions et modalités générales du transfert au bailleur des logements locatifs sociaux construits ou des droits et obligations afférents aux logements locatifs sociaux à construire compris dans le programme.

CHAPITRE IV. *DISPOSITIONS APPLICABLES À SAINT-BARTHÉLEMY*

Art. 13 A Saint-Barthélemy, l'aliénation des terrains du domaine privé de l'État destinés à la réalisation des programmes de construction ou aux aménagements mentionnés au II de l'article 169 de la loi du 29 décembre 2010 susvisée est consentie dans les conditions prévues aux articles 14 à 16.

Art. 14 Dans le cas où le projet d'aliénation porte sur des terrains destinés à la réalisation de programmes de construction, la décote prévue au II de l'article 169 de la loi du 29 décembre 2010 susvisée peut être consentie dès lors que 50 % au moins de la *(Décr.*

n° 2011-2054 du 29 déc. 2011, art. 6, en vigueur le 1er mars 2012) « surface de plancher » projetée est affectée au logement locatif social.

Cette décote est pondérée par le rapport de la *(Décr. n° 2011-2054 du 29 déc. 2011, art. 6, en vigueur le 1er mars 2012)* « surface de plancher » affectée au logement locatif social à la *(Décr. n° 2011-2054 du 29 déc. 2011, art. 6, en vigueur le 1er mars 2012)* « surface de plancher » totale du programme immobilier.

Art. 15 Dans tous les cas, le représentant de l'État décide du principe de la décote.

Il adresse au directeur local des finances publiques un dossier comprenant selon le cas :

1° Le programme de logements locatifs sociaux à réaliser et un document précisant les conditions financières de réalisation de ce programme ainsi que l'impact attendu de la répercussion intégrale de la décote sur le prix de revient des logements locatifs sociaux bénéficiaires ;

2° La liste des équipements collectifs à aménager et un document précisant les conditions financières de l'opération.

Le montant de la décote est calculé et arrêté par le directeur local des finances publiques à partir de ces éléments.

Art. 16 L'acte d'aliénation comporte, outre les mentions prévues au troisième alinéa du II de l'article 169 de la loi du 29 décembre 2010 susvisée, la valeur vénale établie par le directeur local des finances publiques, le programme de logements locatifs sociaux devant être réalisé ou la liste des équipements collectifs devant être aménagés, les conditions de l'opération et le montant de la décote.

Lorsque l'acquéreur du terrain objet de la décote n'est pas un organisme ayant pour objet la réalisation d'opérations d'habitat social, l'acte d'aliénation précise, en sus des informations et engagements mentionnés à l'alinéa précédent, les conditions et modalités générales du transfert au bailleur des logements locatifs sociaux construits ou des droits et obligations afférents aux logements locatifs sociaux à construire compris dans le programme.

CHAPITRE V. *DISPOSITIONS APPLICABLES À SAINT-MARTIN*

Art. 17 A Saint-Martin, l'aliénation des terrains du domaine privé de l'État destinés à la réalisation de programmes de construction ou aux aménagements mentionnés au II de l'article 169 de la loi du 29 décembre 2010 susvisée est consentie dans les conditions prévues aux articles 18 à 20.

Art. 18 Dans le cas où le projet d'aliénation porte sur des terrains destinés à la réalisation de programmes de construction, la décote prévue au II de l'article 169 de la loi du 29 décembre 2010 susvisée peut être consentie dès lors que 50 % au moins de la *(Décr. n° 2011-2054 du 29 déc. 2011, art. 6, en vigueur le 1er mars 2012)* « surface de plancher » projetée est affectée au logement locatif social.

Cette décote est pondérée par le rapport de la *(Décr. n° 2011-2054 du 29 déc. 2011, art. 6, en vigueur le 1er mars 2012)* « surface de plancher » affectée au logement locatif social à la *(Décr. n° 2011-2054 du 29 déc. 2011, art. 6, en vigueur le 1er mars 2012)* « surface de plancher » totale du programme immobilier.

Art. 19 Dans tous les cas, le représentant de l'État décide du principe de la décote.

Il adresse au directeur local des finances publiques un dossier comprenant selon le cas :

1° Le programme de logements locatifs sociaux à réaliser et un document précisant les conditions financières de réalisation de ce programme ainsi que l'impact attendu de la répercussion intégrale de la décote sur le prix de revient des logements locatifs sociaux bénéficiaires ;

2° La liste des équipements collectifs à aménager et un document précisant les conditions financières de l'opération.

Le montant de la décote est calculé et arrêté par le directeur local des finances publiques à partir de ces éléments.

Art. 20 L'acte d'aliénation comporte, outre les mentions prévues au troisième alinéa du II de l'article 169 de la loi du 29 décembre 2010 susvisée, la valeur vénale établie par le directeur local des finances publiques, le programme de logements locatifs sociaux devant être réalisé ou la liste des équipements collectifs devant être aménagés, les conditions de l'opération et le montant de la décote.

Lorsque l'acquéreur du terrain objet de la décote n'est pas une personne bénéficiant des subventions et prêts prévus à l'article R. 372-3 du code de la construction et de l'habitation, l'acte d'aliénation précise, en sus des informations et engagements mentionnés à l'alinéa précédent, les conditions et modalités générales du transfert au bailleur des logements locatifs sociaux construits ou des droits et obligations afférents aux logements locatifs sociaux à construire compris dans le programme.

CHAPITRE VI. *DISPOSITIONS APPLICABLES EN NOUVELLE-CALÉDONIE, EN POLYNÉSIE FRANÇAISE ET DANS LES ÎLES WALLIS-ET-FUTUNA*

Art. 21 En Nouvelle-Calédonie, en Polynésie française et dans les îles Wallis-et-Futuna, l'aliénation des terrains du domaine privé de l'État destinés à la réalisation des programmes de construction ou aux aménagements mentionnés au III de l'article 169 de la loi du 29 décembre 2010 susvisée est consentie dans les conditions prévues aux articles 22 à 24.

Art. 22 Dans le cas où le projet d'aliénation porte sur des terrains destinés à la réalisation de programmes de construction, la décote prévue au III de l'article 169 de la loi du 29 décembre 2010 susvisée peut être consentie dès lors que 50 % au moins de la *(Décr. n° 2011-2054 du 29 déc. 2011, art. 6, en vigueur le 1er mars 2012)* « surface de plancher » projetée est affectée au logement locatif social.

Cette décote est pondérée par le rapport de la *(Décr. n° 2011-2054 du 29 déc. 2011, art. 6, en vigueur le 1er mars 2012)* « surface de plancher » affectée au logement locatif social à la *(Décr. n° 2011-2054 du 29 déc. 2011, art. 6, en vigueur le 1er mars 2012)* « surface de plancher » totale du programme immobilier.

Art. 23 Dans tous les cas, le principe de la décote est arrêté par :

1° Le haut-commissaire de la République en Nouvelle-Calédonie pour les projets d'aliénation de terrains situés en Nouvelle-Calédonie ;

2° Le haut-commissaire de la République en Polynésie française pour les projets d'aliénation de terrains situés en Polynésie française ;

3° L'administrateur supérieur des îles Wallis-et-Futuna pour les projets d'aliénation de terrains situés dans les îles Wallis-et-Futuna.

Le représentant de l'État adresse au directeur local des finances publiques un dossier comprenant selon le cas :

1° Le programme de logements locatifs sociaux à réaliser et un document précisant les conditions financières de réalisation de ce programme ainsi que l'impact attendu de la répercussion intégrale de la décote sur le prix de revient des logements locatifs sociaux bénéficiaires ;

2° La liste des équipements collectifs à aménager et un document précisant les conditions financières de l'opération.

Le montant de la décote est calculé et arrêté par le directeur local des finances publiques à partir de ces éléments.

Art. 24 L'acte d'aliénation comporte, outre les mentions prévues au troisième alinéa du III de l'article 169 de la loi du 29 décembre 2010 susvisée, la valeur vénale établie par le directeur local des finances publiques, le programme de logements locatifs sociaux devant être réalisé ou la liste des équipements collectifs devant être aménagés, les conditions de l'opération et le montant de la décote.

Lorsque l'acquéreur du terrain objet de la décote n'est pas un organisme ayant pour objet la réalisation d'opérations d'habitat social, l'acte d'aliénation précise, en sus des informations et engagements mentionnés à l'alinéa précédent, les conditions et modalités générales du transfert au bailleur des logements locatifs sociaux construits ou des droits et obligations afférents aux logements locatifs sociaux à construire compris dans le programme.

CHAPITRE V AUTRES OPÉRATIONS IMMOBILIÈRES DES PERSONNES PUBLIQUES

Art. L. 5165-1 Pour son application à Mayotte, l'article L. 4111-3 est ainsi rédigé :

Art. L. 4111-3 Le représentant de l'État reçoit les actes de prise en location passés en la forme administrative par l'État et en assure la conservation. Il confère à ces actes l'authenticité en vue de leur immatriculation ou de leur inscription lorsqu'elle est requise par les dispositions qui leur sont applicables.

Art. L. 5165-2 Pour son application à Mayotte, l'article L. 4111-4 est ainsi rédigé :

Art. L. 4111-4 Les autorités des établissements publics de l'État qui sont habilitées par les statuts de ces établissements à signer les actes de prise en location passés en la forme administrative par ces établissements les reçoivent et en assurent la conservation. Ces autorités confèrent à ces actes l'authenticité en vue de leur immatriculation ou de leur inscription lorsqu'elle est requise par les dispositions qui leur sont applicables.

Ordonnance n° 2006-460 du 21 avril 2006,

Relative à la partie législative du code général de la propriété des personnes publiques.

Art. 5 I. — A Mayotte, les projets d'opérations immobilières mentionnés au III doivent être précédés avant toute entente amiable d'une demande d'avis du chef de service de l'administration financière de l'État lorsqu'ils sont poursuivis par :

1° Les offices et les concessionnaires de l'État ;

2° Les sociétés dans lesquelles l'État, ses établissements publics et les personnes mentionnées au 1° détiennent ensemble ou séparément la majorité du capital, lorsque ces sociétés ont pour objet des activités immobilières ou poursuivent un but d'aménagement. — *V. note ss. le présent art.*

II. — A Mayotte, les projets d'opérations immobilières mentionnés au III doivent être précédés avant toute entente amiable d'une demande d'avis du directeur des services fiscaux lorsqu'ils sont poursuivis par :

1° Les offices et les concessionnaires de la collectivité départementale et des communes ;

2° Les sociétés dans lesquelles la collectivité départementale, les communes, leurs établissements publics et les personnes mentionnées au 1° détiennent ensemble ou séparément la majorité du capital, lorsque ces sociétés ont pour objet des activités immobilières ou poursuivent un but d'aménagement.

III. — Ces projets comprennent :

1° Les baux, accords amiables et conventions quelconques ayant pour objet la prise en location d'immeubles de toute nature ou de fonds de commerce ;

2° Les acquisitions à l'amiable, par adjudication, par exercice du droit de préemption ou poursuivies par voie d'expropriation pour cause d'utilité publique, de droits immobiliers, de fonds de commerce et de droits sociaux donnant vocation à l'attribution en pleine propriété d'immeubles ou de parties d'immeubles. — *V. note ss. le présent art.*

IV. — L'avis du chef du service de l'administration financière de l'État *(Abrogé par Ord. n° 2008-858 du 28 août 2008, art. 1er-III-1°)* « *ou du directeur des services fiscaux* » porte sur les conditions financières de l'opération.

Pour les opérations autres que celles réalisées par l'exercice du droit de préemption dans les conditions prévues par le code de l'urbanisme, l'avis doit être formulé dans le délai de trois mois à compter de la date de réception d'une demande d'avis.

Ce délai peut être prolongé d'un commun accord si la difficulté de localisation des immeubles ou le nombre, la complexité ou la diversité des évaluations le nécessitent. *(Ord. n° 2008-858 du 28 août 2008, art. 1er-III-1°)* « Lorsque la personne consultante envisage de poursuivre l'opération en retenant un montant supérieur à l'évaluation, elle doit justifier d'une décision motivée de passer outre prise par le représentant de l'État ».

Pour les opérations réalisées par l'exercice du droit de préemption dans les conditions prévues par le code de l'urbanisme, l'avis doit être formulé dans le délai d'un mois à compter de la date de réception d'une demande d'avis. En cas de non-respect du délai d'un mois, il peut être procédé librement à la réalisation de l'opération. Il ne peut être passé outre à un avis défavorable que par décision motivée de l'organe délibérant de la personne morale titulaire du droit de préemption. — *V. note ss. le présent art.*

V. — Lorsqu'une des personnes morales mentionnées aux I et II poursuit un projet d'opération immobilière défini au VII, elle doit au préalable demander l'avis de la commission d'aménagement foncier.

Lorsque l'avis du chef de service de l'administration financière de l'État ou du directeur des services fiscaux est requis, la commission ne peut être valablement saisie qu'après réception de cet avis ou après l'expiration du délai de trois mois ou du délai prorogé prévus au IV.

VI. — La commission d'aménagement foncier est présidée par le représentant de l'État qui peut se faire représenter. Elle comprend en outre :

1° Quatre représentants de la collectivité départementale désignés par le conseil départemental ;

2° Deux représentants des communes, deux représentants des services de l'État et trois représentants des services techniques de la collectivité départementale, désignés par le représentant de l'État.

VII. — Les projets d'opérations immobilières mentionnés au V comprennent :

1° Les baux, accords amiables et conventions quelconques ayant pour objet la prise en location d'immeubles de toute nature ou de fonds de commerce ;

2° Les acquisitions à l'amiable, par adjudication, ou poursuivies par voie d'expropriation pour cause d'utilité publique, de droits immobiliers, de fonds de commerce et de droits sociaux donnant vocation à l'attribution en pleine propriété d'immeubles ou de parties d'immeubles ;

3° Les aliénations d'immeubles domaniaux et les opérations constitutives de droits réels portant sur de tels immeubles.

VIII. — La commission d'aménagement foncier émet un avis sur la concordance des projets qui lui sont soumis avec les plans et programmes de développement et d'aménagement, sur les conditions de leur insertion dans l'environnement et, en ce qui concerne les projets des services publics et d'intérêt public, en s'assurant qu'ils sont adaptés aux besoins définis par les autorités compétentes et constituent une bonne utilisation des moyens financiers qui leur sont affectés.

IX. — L'avis porte, en outre, sur les conditions financières des opérations autres que les acquisitions par voie d'expropriation pour cause d'utilité publique et les cessions par adjudication publique :

1° Lorsque l'avis du chef du service de l'administration financière de l'État ou du directeur des services fiscaux n'est pas exigé ou n'est pas produit dans le délai imparti ;

2° Lorsque la personne morale envisage de poursuivre l'une des opérations mentionnées aux 1° et 2° du VII, en retenant un coût de location ou d'acquisition supérieur à l'évaluation immobilière.

X. — L'avis de la commission doit intervenir dans le délai de trois mois à compter de la réception de la demande d'avis. Passé ce délai, son avis est réputé favorable.

Il ne peut être passé outre à un avis défavorable que par décision motivée de l'organe délibérant de la personne morale intéressée ou, en ce qui concerne l'État, par une décision motivée du représentant de l'État.

XI. — Lorsque l'opération immobilière entre dans le champ d'application des I à *(Ord. n° 2008-858 du 28 août 2008, art. 1er-III-2°)* « IV », il est fait défense aux comptables publics d'effectuer les règlements correspondants si la personne morale qui poursuit cette opération ne justifie pas :

1° Pour les opérations réalisées par l'exercice du droit de préemption dans les conditions prévues par le code de l'urbanisme, de l'avis et, le cas échéant, de la décision de passer outre mentionnés au IV ;

2° Pour les autres opérations, de l'avis sur les conditions financières *(Abrogé par Ord. n° 2008-858 du 28 août 2008, art. 1er-III-2°)* « *et, le cas échéant, de la décision de passer outre mentionnée au X* ». — *V. note ss. le présent art.*

Cet art. n'est abrogé qu'à compter de la publication des dispositions réglementaires correspondantes, pour ce qui concerne le paragraphe I ; et pour les paragraphes III, IV et XI, en tant qu'ils concernent les offices et les concessionnaires de l'État ainsi que les sociétés dans lesquelles l'État, ses établissements publics, ses offices et ses concessionnaires détiennent ensemble ou séparément la majorité du capital, lorsque ces sociétés ont pour objet des activités immobilières ou poursuivent un but d'aménagement (Ord. n° 2008-858 du 28 août 2008, art. 1er).

LIVRE DEUXIÈME DISPOSITIONS RELATIVES À SAINT-BARTHÉLEMY

(Ord. n° 2016-1255 du 28 sept. 2016, art. 5, en vigueur le 1er janv. 2017)

TITRE PREMIER DISPOSITIONS GÉNÉRALES

CHAPITRE UNIQUE

Art. L. 5211-1 En application de l'article L.O. 6213-1 du code général des collectivités territoriales, les dispositions des quatre premières parties du présent code sont applicables de plein droit à Saint-Barthélemy au domaine de l'État ou de ses établissements publics, sous la seule réserve des adaptations prévues par le présent livre.

Toutefois, n'y sont pas applicables celles qui interviennent dans les matières qui relèvent de la compétence de la collectivité, en application de l'article L.O. 6214-3 du code général des collectivités territoriales.

Art. L. 5211-2 Les références faites, par des dispositions du présent code, à d'autres articles de ce code ne concernent que les articles rendus applicables dans la collectivité avec les adaptations mentionnées dans les titres ci-dessous.

Art. L. 5211-3 En l'absence d'adaptation, les références faites par des dispositions du présent code à des dispositions qui ne sont pas applicables à la collectivité sont remplacées par des références ayant le même objet applicables localement.

Art. L. 5211-4 Pour leur application à Saint-Barthélemy, les dispositions du présent code sont ainsi adaptées :

1° Les références à la commune, au département ou à la région sont remplacées par des références à la collectivité de Saint-Barthélemy ;

2° Les références au maire, au président du conseil départemental et au président du conseil régional sont remplacées par la référence au président du conseil territorial ;

3° Les références au code général des impôts, au livre des procédures fiscales, au code de la construction et de l'habitation, au code de l'environnement, au code de la voirie routière et au code de l'urbanisme sont remplacées par des références aux textes applicables localement et ayant le même objet.

TITRE DEUXIÈME ACQUISITION

Le présent titre ne comprend pas de dispositions législatives.

TITRE TROISIÈME GESTION

CHAPITRE PREMIER BIENS RELEVANT DU DOMAINE PUBLIC

Art. L. 5231-1 Pour leur application à Saint-Barthélemy, les deux premiers alinéas de l'article L. 2122-18 sont ainsi rédigés :

"Les dispositions du paragraphe 1 sont applicables sur le domaine public de l'État compris dans les limites administratives des ports qui relèvent de la compétence de la collectivité de Saint-Barthélemy, mis à disposition de cette collectivité ou ayant fait l'objet à son profit d'un transfert de gestion.

"Les autorisations, décisions et agréments mentionnés aux articles L. 2122-6 à L. 2122-10 sont pris ou accordés, après consultation du représentant de l'État, par le président du conseil territorial. Ils peuvent également être pris ou accordés par le concessionnaire, lorsque les termes de la concession le prévoient".

Art. L. 5231-2 Pour l'application à Saint-Barthélemy de l'article L. 2125-2, les mots : "les collectivités territoriales et leurs groupements" sont remplacés par les mots : "la collectivité de Saint-Barthélemy".

CHAPITRE II BIENS RELEVANT DU DOMAINE PRIVÉ

Art. L. 5232-1 Pour son application à Saint-Barthélemy, l'article L. 2222-5 est ainsi rédigé :

Art. L. 2222-5 Les conditions dans lesquelles sont soumis au statut du fermage et du métayage les baux du domaine de l'État et de ses établissements publics, qui portent sur des biens ruraux constituant ou non une exploitation agricole complète, sont régies par les dispositions de l'article L. 461-24 du code rural et de la pêche maritime.

TITRE QUATRIÈME **CESSION**

CHAPITRE UNIQUE

Art. L. 5241-1 Le septième alinéa de l'article L. 3211-5 ne s'applique pas à Saint-Barthélemy.

Art. L. 5241-2 L'État peut procéder à l'aliénation de terrains de son domaine privé à un prix inférieur à la valeur vénale par application d'une décote lorsque ces terrains sont destinés à la réalisation de programmes de construction comportant essentiellement des logements, dont 50 % au moins sont réalisés en logements à vocation sociale tels qu'ils sont définis par la réglementation locale en vigueur, ou à la réalisation d'aménagement d'équipements collectifs. Le montant de la décote est fixé à 100 % de la valeur vénale du terrain.

L'avantage financier résultant de la décote est exclusivement et en totalité répercuté sur le prix de revient des logements locatifs sociaux réalisés sur le terrain aliéné.

L'acte d'aliénation prévoit, en cas de non-réalisation du programme de logements locatifs sociaux ou de l'aménagement d'équipements collectifs dans le délai de cinq ans à compter de l'aliénation, la résolution de la vente sans indemnité pour l'acquéreur ainsi que le montant des indemnités contractuelles applicables.

Un décret en Conseil d'État détermine les conditions d'application du présent article.

TITRE CINQUIÈME **AUTRES OPÉRATIONS IMMOBILIÈRES DES PERSONNES PUBLIQUES**

Le présent titre ne comprend pas de dispositions législatives.

TITRE SIXIÈME **RÉGIME DOMANIAL DES EAUX**

CHAPITRE UNIQUE

Art. L. 5261-1 Sous réserve des droits régulièrement acquis par les usagers et propriétaires riverains à la date du 6 avril 1948 et validés avant le 6 avril 1953 :

1° Les sources et, par dérogation à l'article 552 du code civil, les eaux souterraines font partie du domaine public de l'État ;

2° Les cours d'eau et lacs naturels, sous réserve de leur déclassement, font partie du domaine public fluvial défini à l'article L. 2111-7 du présent code.

Art. L. 5261-2 Les prélèvements d'eau sont soumis à autorisation et au versement d'une redevance domaniale.

Toutefois, tout propriétaire peut, sans autorisation ni redevance, utiliser l'eau provenant de sources situées ou de puits creusés sur son fonds pour l'usage domestique. Un décret en Conseil d'État définit les critères de l'usage domestique, et notamment le volume d'eau en deçà duquel le prélèvement d'eau est assimilé à un tel usage.

LIVRE TROISIÈME DISPOSITIONS RELATIVES À SAINT-MARTIN

(Ord. n° 2016-1255 du 28 sept. 2016, art. 6, en vigueur le 1er janv. 2017)

BIBL. ▸ COTTANCEAU, Les occupations du sol sans titre en Guadeloupe et à l'île de Saint-Martin, *Mém. CNAM, Le Mans, 2016.*

TITRE PREMIER DISPOSITIONS GÉNÉRALES

CHAPITRE UNIQUE

Art. L. 5311-1 En application de l'article L.O. 6313-1 du code général des collectivités territoriales, les dispositions des quatre premières parties du présent code sont applicables de plein droit à Saint-Martin au domaine de l'État ou de ses établissements publics, sous la seule réserve des adaptations prévues par le présent livre.

Toutefois, n'y sont pas applicables celles qui interviennent dans les matières qui relèvent de la compétence de la collectivité, en application de l'article L.O. 6314-3 du code général des collectivités territoriales.

Art. L. 5311-2 Les références faites, par des dispositions du présent code, à d'autres articles de ce code ne concernent que les articles rendus applicables dans la collectivité avec les adaptations mentionnées dans les titres ci-dessous.

Art. L. 5311-3 En l'absence d'adaptation, les références faites par des dispositions du présent code à des dispositions qui ne sont pas applicables à la collectivité sont remplacées par des références ayant le même objet applicables localement.

Art. L. 5311-4 Pour leur application à Saint-Martin, les dispositions du présent code sont ainsi adaptées :

1° Les références à la commune, au département ou à la région sont remplacées par des références à la collectivité de Saint-Martin ;

2° Les références au maire, au président du conseil départemental et au président du conseil régional sont remplacées par la référence au président du conseil territorial ;

3° Les références au code général des impôts, au livre des procédures fiscales, au code de la construction et de l'habitation, au code de l'environnement, au code de la voirie routière et au code de l'urbanisme sont remplacées par des références aux textes applicables localement et ayant le même objet.

TITRE II ACQUISITION

Le présent titre ne comprend pas de dispositions législatives.

TITRE III GESTION

CHAPITRE PREMIER BIENS RELEVANT DU DOMAINE PUBLIC

Art. L. 5331-1 Pour son application à Saint-Martin, les deux premiers alinéas de l'article L. 2122-18 sont ainsi rédigés :

"Les dispositions du paragraphe 1 sont applicables sur le domaine public de l'État compris dans les limites administratives des ports qui relèvent de la compétence de la collectivité de Saint-Martin, mis à disposition de cette collectivité ou ayant fait l'objet à son profit d'un transfert de gestion.

"Les autorisations, décisions et agréments mentionnés aux articles L. 2122-6 à L. 2122-10 sont pris ou accordés, après consultation du représentant de l'État, par le président du conseil territorial. Ils peuvent également être pris ou accordés par le concessionnaire, lorsque les termes de la concession le prévoient".

Art. L. 5331-2 Pour l'application à Saint-Martin de l'article L. 2125-2, les mots : "les collectivités territoriales et leurs groupements" sont remplacés par les mots : "la collectivité de Saint-Martin".

CHAPITRE II BIENS RELEVANT DU DOMAINE PRIVÉ

Art. L. 5332-1 Pour son application à Saint-Martin, l'article L. 2222-5 est ainsi rédigé :

Art. L. 2222-5 Les conditions dans lesquelles sont soumis au statut du fermage et du métayage les baux du domaine de l'État, et de ses établissements publics, qui portent sur des biens ruraux constituant ou non une exploitation agricole complète, sont régies par les dispositions de l'article L. 461-24 du code rural et de la pêche maritime.

TITRE IV CESSION

CHAPITRE UNIQUE

Art. L. 5341-1 Le septième alinéa de l'article L. 3211-5 ne s'applique pas à Saint-Martin.

Art. L. 5341-2 L'État peut procéder à l'aliénation de terrains de son domaine privé à un prix inférieur à la valeur vénale par application d'une décote lorsque ces terrains sont destinés à la réalisation de programmes de construction comportant essentiellement des logements, dont 50 % au moins sont réalisés en logements à vocation sociale tels qu'ils sont définis par la réglementation locale en vigueur, ou à la réalisation d'aménagement d'équipements collectifs. Le montant de la décote est fixé à 100 % de la valeur vénale du terrain.

L'avantage financier résultant de la décote est exclusivement et en totalité répercuté sur le prix de revient des logements locatifs sociaux réalisés sur le terrain aliéné.

L'acte d'aliénation prévoit, en cas de non-réalisation du programme de logements locatifs sociaux ou de l'aménagement d'équipements collectifs dans le délai de cinq ans à compter de l'aliénation, la résolution de la vente sans indemnité pour l'acquéreur ainsi que le montant des indemnités contractuelles applicables.

Un décret en Conseil d'État détermine les conditions d'application du présent article.

TITRE CINQUIÈME AUTRES OPÉRATIONS IMMOBILIÈRES DES PERSONNES PUBLIQUES

Le présent titre ne comprend pas de dispositions législatives.

TITRE SIXIÈME RÉGIME DOMANIAL DES EAUX

CHAPITRE UNIQUE

Art. L. 5361-1 Sous réserve des droits régulièrement acquis par les usagers et propriétaires riverains à la date du 6 avril 1948 et validés avant le 6 avril 1953 :

1° Les sources et, par dérogation à l'article 552 du code civil, les eaux souterraines font partie du domaine public de l'État ;

2° Les cours d'eau et lacs naturels, sous réserve de leur déclassement, font partie du domaine public fluvial défini à l'article L. 2111-7 du présent code.

Art. L. 5361-2 Les prélèvements d'eau sont soumis à autorisation et au versement d'une redevance domaniale.

Toutefois, tout propriétaire peut, sans autorisation ni redevance, utiliser l'eau provenant de sources situées ou de puits creusés sur son fonds pour l'usage domestique. Un décret en Conseil d'État définit les critères de l'usage domestique, et notamment le volume d'eau en deçà duquel le prélèvement d'eau est assimilé à un tel usage.

LIVRE QUATRIÈME DISPOSITIONS APPLICABLES À SAINT-PIERRE-ET-MIQUELON

A compter du 1er janv. 2017, le livre II de la cinquième partie du CGPPP devient le livre IV avec le même intitulé (Ord. nº 2016-1255 du 28 sept. 2016, art. 4-I).

TITRE PREMIER DISPOSITIONS GÉNÉRALES

CHAPITRE UNIQUE

BIBL. ► Perez, Statut maritime de Saint-Pierre-et-Miquelon, *Th. Aix-Marseille III, 1990.* – Rioux, La délimitation des espaces maritimes entre la France et le Canada aux îles Saint-Pierre-et-Miquelon, *Thèse, Paris I, 1993.*

A compter du 1er janv. 2017, les art. L. 5211-1 à L. 5261-2 deviennent les art. L. 5411-1 à L. 5461-2 (Ord. nº 2016-1255 du 28 sept. 2016, art. 4-II, en vigueur le 1er janv. 2017).

Art. L. 5411-1 *(Ord. nº 2016-1255 du 28 sept. 2016, art. 4-II et III, en vigueur le 1er janv. 2017)* **Ne sont pas applicables à Saint-Pierre-et-Miquelon les articles :**

1º L. 1111-5, L. 1211-2 et L. 1212-7 ;

2º L. 2111-15, L. 2124-16 à L. 2124-25, L. 2124-27, L. 2124-28, L. 2124-31, L. 2132-12, L. 2132-18, L. 2141-2, L. 2141-3, L. 2222-4 et L. 2222-23 ;

3º L. 3111-2, L. 3211-7, L. 3221-2, L. 3221-3 et L. 3222-3 ;

4º L. 4111-6. — *Ancien art. L. 5211-1 (Ord. nº 2016-1255 du 28 sept. 2016, art. 4-II, en vigueur le 1er janv. 2017).*

Art. L. 5411-2 **Les références faites, par des dispositions du présent code, à d'autres articles du présent code ne concernent que les articles rendus applicables dans la collectivité avec les adaptations mentionnées dans les titres ci-dessous.** — *Ancien art. L. 5211-2 (Ord. nº 2016-1255 du 28 sept. 2016, art. 4-II, en vigueur le 1er janv. 2017).*

Art. L. 5411-3 **En l'absence d'adaptation, les références faites par des dispositions du présent code à des dispositions qui ne sont pas applicables à la collectivité sont remplacées par des références aux dispositions ayant le même objet applicables localement.** — *Ancien art. L. 5211-3 (Ord. nº 2016-1255 du 28 sept. 2016, art. 4-II, en vigueur le 1er janv. 2017).*

Art. L. 5411-4 *(Ord. nº 2016-1255 du 28 sept. 2016, art. 4-IV, en vigueur le 1er janv. 2017)* **Pour leur application à Saint-Pierre-et-Miquelon, les dispositions du présent code sont ainsi adaptées :**

1º Les références au département ou à la région sont remplacées par des références à la collectivité de Saint-Pierre-et-Miquelon ;

2º Les références au président du conseil départemental et au président du conseil régional sont remplacées par la référence au président du conseil territorial ;

3º Les références au tribunal de grande instance sont remplacées par des références au tribunal de première instance.

TITRE DEUXIÈME ACQUISITIONS

CHAPITRE PREMIER MODES D'ACQUISITION

SECTION PREMIÈRE *[ABROGÉE]* ACQUISITIONS À TITRE ONÉREUX

(Abrogée par L. nº 2014-1545 du 20 déc. 2014, art. 50)

La présente section ne comprend pas de dispositions législatives.

SECTION II ACQUISITIONS À TITRE GRATUIT

SOUS-SECTION 1 *[ABROGÉE]* DONS ET LEGS

(Abrogée par L. nº 2014-1545 du 20 déc. 2014, art. 50)

La présente sous-section ne comprend pas de dispositions législatives.

SOUS-SECTION 2 BIENS PRÉSUMÉS SANS MAÎTRE

Art. L. 5421-3 Pour l'application du troisième alinéa de l'article L. 1123-3, les mots : "les dispositions de l'article 1657 du code général des impôts" sont remplacés par les mots : "les dispositions du code des impôts applicables localement". – *Ancien art. L. 5221-3 (Ord. n° 2016-1255 du 28 sept. 2016, art. 4-II, en vigueur le 1er janv. 2017).*

CHAPITRE II PROCÉDURES D'ACQUISITION

SECTION PREMIÈRE PURGE DES PRIVILÈGES ET HYPOTHÈQUES ET REMISE DES FONDS

Art. L. 5422-1 Pour l'application de l'article L. 1212-3, la référence à l'article L. 5211-27-2 est supprimée. – *Ancien art. L. 5222-1 (Ord. n° 2016-1255 du 28 sept. 2016, art. 4-II, en vigueur le 1er janv. 2017).*

SECTION II *[ABROGÉE]* RÉCEPTION ET AUTHENTIFICATION DES ACTES

(Abrogée par L. n° 2014-1545 du 20 déc. 2014, art. 50)

La présente section ne comprend pas de dispositions législatives.

TITRE TROISIÈME GESTION

CHAPITRE PREMIER BIENS RELEVANT DU DOMAINE PUBLIC

Art. L. 5431-1 A l'article L. 2111-4, le huitième alinéa est remplacé par les dispositions suivantes :

"Pour l'application des *a* et *b* ci-dessus, la date à retenir est celle du 30 septembre 1977." – *Ancien art. L. 5231-1 (Ord. n° 2016-1255 du 28 sept. 2016, art. 4-II, en vigueur le 1er janv. 2017).*

Art. L. 5431-2 Le 7° de l'article L. 2112-1 est supprimé. – *Ancien art. L. 5231-2 (Ord. n° 2016-1255 du 28 sept. 2016, art. 4-II, en vigueur le 1er janv. 2017).*

CHAPITRE II BIENS RELEVANT DU DOMAINE PRIVÉ

Art. L. 5432-2 Pour l'application de l'article L. 2222-22, les mots : "à l'article 1734 du code général des impôts" sont remplacés par les mots : "par les dispositions du code des impôts applicables localement". – *Ancien art. L. 5232-2 (Ord. n° 2016-1255 du 28 sept. 2016, art. 4-II, en vigueur le 1er janv. 2017).*

CHAPITRE III RECOUVREMENT

Art. L. 5433-1 Pour l'application des dispositions du titre II du livre III de la deuxième partie, les références au code général des impôts et au livre des procédures fiscales sont remplacées par les références au code des impôts et au livre des procédures fiscales applicables localement et ayant le même objet. – *Ancien art. L. 5233-1 (Ord. n° 2016-1255 du 28 sept. 2016, art. 4-II, en vigueur le 1er janv. 2017).*

CHAPITRE IV CONTENTIEUX

Art. L. 5434-1 Le II de l'article L. 2331-2 est supprimé. – *Ancien art. L. 5234-1 (Ord. n° 2016-1255 du 28 sept. 2016, art. 4-II, en vigueur le 1er janv. 2017).*

TITRE QUATRIÈME CESSIONS

CHAPITRE PREMIER MODES DE CESSION

SECTION PREMIÈRE CESSIONS À TITRE ONÉREUX

SOUS-SECTION 1 VENTE

§ 1er DOMAINE IMMOBILIER

Art. L. 5441-1 L'avant-dernier alinéa de l'article L. 3211-5 est supprimé. – *Ancien art. L. 5241-1 (Ord. nº 2016-1255 du 28 sept. 2016, art. 4-II, en vigueur le 1er janv. 2017).*

§ 2 DOMAINE MOBILIER

Art. L. 5441-3 L'article L. 3211-19 est ainsi modifié :

1° Au premier alinéa, les mots : "ainsi que des œuvres contrefaisantes mentionnées par la loi du 9 février 1895 sur les fraudes en matière artistique" sont supprimés ;

2° Le second alinéa est supprimé. – *Ancien art. L. 5241-3 (Ord. nº 2016-1255 du 28 sept. 2016, art. 4-II, en vigueur le 1er janv. 2017).*

SOUS-SECTION 2 *[ABROGÉE]* AUTRES MODES

(Abrogée par L. nº 2014-1545 du 20 déc. 2014, art. 50)

La présente sous-section ne comprend pas de dispositions législatives.

SECTION II CESSIONS À TITRE GRATUIT

Art. L. 5441-5 Pour l'application de l'article L. 3212-2, les mots : "au 1 *b* de l'article 238 *bis* du code général des impôts" sont remplacés par les mots : "par les dispositions du code des impôts applicables localement". – *Ancien art. L. 5241-5 (Ord. nº 2016-1255 du 28 sept. 2016, art. 4-II, en vigueur le 1er janv. 2017).*

Art. L. 5441-6 A Saint-Pierre-et-Miquelon, l'État peut procéder à l'aliénation de terrains de son domaine privé à un prix inférieur à la valeur vénale par application d'une décote lorsque ces terrains sont destinés à la réalisation de programmes de construction comportant essentiellement des logements, dont 50 % au moins de logements sociaux tels que définis au II de l'article 87 de la loi nº 2005-32 du 18 janvier 2005 de programmation pour la cohésion sociale. Le montant de la décote est fixé à 100 % de la valeur vénale du terrain.

L'avantage financier résultant de la décote est exclusivement et en totalité répercuté sur le prix de revient des logements locatifs sociaux réalisés sur le terrain aliéné.

L'État peut également procéder à l'aliénation de terrains de son domaine privé à un prix inférieur à la valeur vénale par application d'une décote lorsque ces terrains sont destinés à l'aménagement d'équipements collectifs. Le montant de la décote est fixé à 100 % de la valeur vénale du terrain.

L'acte d'aliénation prévoit, en cas de non-réalisation du programme de logements locatifs sociaux ou de l'aménagement d'équipements collectifs dans le délai de cinq ans à compter de l'aliénation, la résolution de la vente sans indemnité pour l'acquéreur ainsi que le montant des indemnités contractuelles applicables.

Un décret en Conseil d'État précise les conditions d'application du présent article. – *V. art. R. 5241-6 s. – Ancien art. L. 5241-6 (Ord. nº 2016-1255 du 28 sept. 2016, art. 4-II, en vigueur le 1er janv. 2017).*

CHAPITRE II PROCÉDURES DE CESSION ET D'ÉCHANGE

Art. L. 5442-1 Pour l'application des articles L. 3221-1 et L. 3222-2, la référence à l'article L. 5211-37 est supprimée. – *Ancien art. L. 5242-1 (Ord. nº 2016-1255 du 28 sept. 2016, art. 4-II, en vigueur le 1er janv. 2017).*

TITRE CINQUIÈME AUTRES OPÉRATIONS IMMOBILIÈRES DES PERSONNES PUBLIQUES

CHAPITRE UNIQUE *[ABROGÉ]*

(Abrogé par L. n° 2014-1545 du 20 déc. 2014, art. 50)

Le présent chapitre ne comprend pas de dispositions législatives.

TITRE SIXIÈME RÉGIME DOMANIAL DES EAUX

CHAPITRE UNIQUE

Art. L. 5461-1 Sous réserve des droits régulièrement acquis par les usagers et les propriétaires à la date du 30 septembre 1977 et validés avant le 30 septembre 1982 :

1° Les sources et, par dérogation à l'article 552 du code civil, les eaux souterraines font partie du domaine public de l'État ;

2° Les cours d'eau et lacs naturels, sous réserve de leur déclassement, font partie du domaine public fluvial défini à l'article L. 2111-7 du présent code. — *Ancien art. L. 5261-1 (Ord. n° 2016-1255 du 28 sept. 2016, art. 4-II, en vigueur le 1er janv. 2017).*

Art. L. 5461-2 Les prélèvements d'eau sont soumis à autorisation et au versement d'une redevance domaniale.

Toutefois, tout propriétaire peut, sans autorisation, utiliser l'eau provenant de sources situées ou de puits creusés sur son fonds pour l'usage domestique. Un décret en Conseil d'État définit les critères de l'usage domestique, et notamment le volume d'eau en deçà duquel le prélèvement d'eau est assimilé à un tel usage.

Le prélèvement mentionné au deuxième alinéa n'est pas soumis au paiement d'une redevance domaniale. — *Ancien art. L. 5261-2 (Ord. n° 2016-1255 du 28 sept. 2016, art. 4-II, en vigueur le 1er janv. 2017).*

LIVRE CINQUIÈME DISPOSITIONS RELATIVES À LA NOUVELLE-CALÉDONIE

(Ord. n° 2016-1255 du 28 sept. 2016, art. 7, en vigueur le 1er janv. 2017)

BIBL. ▸ **Ouvrages, thèses et rapports :** Evenas, Domaine colonial de la Nouvelle-Calédonie, *Imprimerie nouméenne, 1892.* – Cudenet, La question du domaine en Nouvelle-Calédonie, *Chevalier-Maresq, 1894.* – Guiart, Un problème foncier exemplaire en Nouvelle-Calédonie, *Monde non chrétien, n° 55-56, Paris, juill. 1960.* – Saussol, L'héritage : essai sur un problème foncier mélanésien en Nouvelle-Calédonie, *Paris, Société des océanistes, 1979.* – Dauphiné, Aspects de la colonisation française en Nouvelle-Calédonie, *Th. histoire, Aix-Marseille, 1990.* – Naepels, Conflits fonciers et rapports sociaux dans la région de Houaïlou, *Th. ethno. 1996.* – Deckker et Faberon, L'outre-mer français dans le Pacifique, *L'Harmattan, 2003.* – Magras, Domaines public et privé de l'État outre-mer. 30 propositions pour mettre fin à une gestion jalouse et stérile, *Rapp. inf. Sénat, n° 538, 18 juin 2015.* – Havard, L'État associé. Recherches sur une nouvelle forme de l'État dans le Pacifique sud, *Th. Bordeaux, 2016.* – Magras, Une sécurisation du lien à la terre respectueuse des identités foncières. 30 propositions au service du développement des territoires, *Rapp. inf. Sénat, n° 721, 23 juin 2016.* – Herrenschmidt, Politique foncière et dynamiques coutumières en Nouvelle-Calédonie et dans le Pacifique, *IRD Nouméa, DL 2016.* – Mohamed Soilihi, Grémillet et Karam, Les conflits d'usage et la planification foncière dans les outre-mer, *Rapp. inf. Sénat, n° 616, 6 juill. 2017.*

▸ **Articles :** Naepels, Réforme foncière et propriété dans la région de Houaïlou, *Études rurales 2006, 177, p. 43.* – Weber, La Cour de cassation française et le droit coutumier de Nouvelle-Calédonie, *in* Droit foncier et gouvernance judiciaire dans le Pacifique sud, Angelo *et al.* (dir.), *Tahiti, Rev. jur. polynésienne, 2011, p. 29.* – Chamard-Heim, Contraintes juridiques du droit foncier ultramarin, Entreprises et dynamiques sectorielles du Pacifique, *Conf. économique 25 juin 2015, Rapp. inf. n° 567, 26 juin 2015, p. 22.* ; L'État et le Code général de la propriété des personnes publiques outre-mer : une politique de Gribouille, *AJDA 2016. 1810* ; Réforme du CGPPP outre-mer : des avancées, mais la complexité est encore de mise, *JCP Adm. 2016. 2268.* – de Montecler, Le CGPPP outre-mer : la fin d'une politique de Gribouille ?, *AJDA 2016. 1841*. – Chamard-Heim, Le domaine public ultramarin, note ss. Cons. const. 9 avr. 1996, LO portant statut d'autonomie de la Polynésie française, *GDDAB, 3e éd., Dalloz, 2018. Comm. 32.*

TITRE PREMIER DISPOSITIONS GÉNÉRALES

CHAPITRE UNIQUE

Art. L. 5511-1 En application de l'article 6-2 de la loi organique n° 99-209 du 19 mars 1999 et sous la seule réserve des adaptations prévues par le présent livre, les dispositions des quatre premières parties du présent code sont applicables de plein droit en Nouvelle-Calédonie au domaine public de l'État.

Art. L. 5511-2 Sous la seule réserve des adaptations prévues par le présent livre et sauf mention contraire dans le tableau ci-après, les dispositions suivantes sont applicables en Nouvelle-Calédonie au domaine public des établissements publics de l'État, dans leur rédaction résultant de l'ordonnance n° 2006-460 du 21 avril 2006.

Mod. par Ord. n° 2017-562 du 19 avr. 2017, art. 13-I et par L. n° 2017-1837 du 30 déc. 2017, art. 154.

DISPOSITIONS APPLICABLES	DANS LEUR RÉDACTION
Dans la deuxième partie :	
L. 2111-1 à L. 2111-3, L. 2111-15, L. 2111-16, L. 2112-1 à L. 2121-1	
L. 2122-1, L. 2122-1-1 à L. 2122-1-4 et L. 2122-2	Résultant de l'ordonnance n° 2017-562 du 19 avril 2017
L. 2122-3 à L. 2122-5	

DISPOSITIONS APPLICABLES	DANS LEUR RÉDACTION
L. 2122-6	Résultant de l'ordonnance n° 2016-65 du 29 janvier 2016
L. 2122-7	Résultant de l'ordonnance n° 2017-562 du 19 avril 2017
L. 2122-8 à L. 2122-12	
L. 2122-13	Résultant de la loi n° 2009-526 du 12 mai 2009
L. 2122-14, L. 2122-19, premier alinéa, L. 2123-1, L. 2123-3 et L. 2123-6 à L. 2123-8	
L. 2124-1	Résultant de la loi n° 2016-1087 du 8 août 2016
L. 2124-2 et L. 2124-3	
L. 2124-32-1 à L. 2124-35	Résultant de la loi n° 2014-626 du 18 juin 2014
L. 2125-1	Résultant de l'ordonnance n° 2017-562 du 19 avril 2017
L. 2125-3 à L. 2125-6, L. 2131-1, L. 2132-2, L. 2132-3, L. 2132-12 à L. 2132-14 et L. 2132-18 à L. 2132-20	
L. 2132-21	Résultant de la loi n° 2016-1087 du 8 août 2016
L. 2132-26 à L. 2132-29 et L. 2141-1	
L. 2141-2	Résultant de l'ordonnance n° 2017-562 du 19 avril 2017
L. 2141-3, L. 2311-1 et L. 2312-1	
L. 2321-4	Résultant de la loi n° 2008-561 du 17 juin 2008
L. 2321-5	
L. 2331-1	Résultant de la loi n° 2010-853 du 23 juillet 2010
L. 2341-2	Résultant de la loi n° 2017-1837 du 30 décembre 2017 de finances pour 2018
Dans la troisième partie :	
L. 3111-1 et L. 3112-1 à L. 3112-3	
L. 3112-4	Résultant de l'ordonnance n° 2017-562 du 19 avril 2017

Art. L. 5511-3 Sous la seule réserve des adaptations prévues par le présent livre et sauf mention contraire dans le tableau ci-après, les dispositions suivantes sont applicables en Nouvelle-Calédonie au domaine public des communes, de leurs groupements et de leurs établissements publics, dans leur rédaction résultant de l'ordonnance n° 2006-460 du 21 avril 2006.

Mod. par Ord. n° 2017-562 du 19 avr. 2017, art. 13-I.

DISPOSITIONS APPLICABLES	DANS LEUR RÉDACTION
Dans la deuxième partie :	
L. 2111-1 à L. 2111-3, L. 2111-15, L. 2111-16, L. 2112-1 et L. 2121-1	
L. 2122-1, L. 2122-1-1 à L. 2122-1-4 et L. 2122-2	Résultant de l'ordonnance n° 2017-562 du 19 avril 2017

DISPOSITIONS APPLICABLES	DANS LEUR RÉDACTION
L. 2122-3, L. 2122-4, L. 2123-1, L. 2123-3, L. 2123-6, première phrase, L. 2123-7 et L. 2123-8	
L. 2124-32-1 à L. 2124-35	Résultant de la loi n° 2014-626 du 18 juin 2014
L. 2125-1	Résultant de l'ordonnance n° 2017-562 du 19 avril 2017
L. 2125-3 à L. 2125-6, L. 2131-1, L. 2132-2 et L. 2132-20	
L. 2132-21	Résultant de la loi n° 2016-1087 du 8 août 2016
L. 2132-26 à L. 2132-29 et L. 2141-1	
L. 2141-2	Résultant de l'ordonnance n° 2017-562 du 19 avril 2017
L. 2141-3, L. 2311-1, L. 2312-1 et L. 2321-3	
L. 2321-4	Résultant de la loi n° 2008-561 du 17 juin 2008
L. 2321-5 et L. 2322-4	
L. 2323-3 et L. 2323-5	Résultant de la loi n° 2010-1658 du 29 décembre 2010 jusqu'à l'entrée en vigueur des dispositions de la loi n° 2014-58 du 27 janvier 2014
L. 2323-10	
L. 2323-14	Résultant de l'ordonnance n° 2006-460 du 21 avril 2006 jusqu'à l'entrée en vigueur des dispositions de la loi n° 2014-58 du 27 janvier 2014
L. 2331-1	Résultant de la loi n° 2010-853 du 23 juillet 2010
Dans la troisième partie :	
L. 3111-1 et L. 3112-1 à L. 3112-3	
L. 3112-4	Résultant de l'ordonnance n° 2017-562 du 19 avril 2017

Art. L. 5511-4 **Sous la seule réserve des adaptations prévues par le présent livre et sauf mention contraire dans le tableau ci-après, sont applicables en Nouvelle-Calédonie, les dispositions suivantes au domaine privé de l'État ou de ses établissements publics ainsi que celui des communes, de leurs groupements et de leurs établissements publics, dans leur rédaction résultant de l'ordonnance n° 2006-460 du 21 avril 2006.**

Mod. par Ord. n° 2017-562 du 19 avr. 2017, art. 13-I, par L. n° 2017-1837 du 30 déc. 2017, art. 154, et par L. n° 2018-607 du 13 juill. 2018, art. 64.

DISPOSITIONS APPLICABLES	DANS LEUR RÉDACTION
Dans la première partie :	
L. 1111-1 à L. 1111-3, L. 1111-4, L. 1112-1, L. 1112-2, L. 1112-7, L. 1112-9 et L. 1121-1 à L. 1121-2	
L. 1121-3	Résultant de la loi n° 2014-1545 du 20 décembre 2014

DISPOSITIONS APPLICABLES	DANS LEUR RÉDACTION
L. 1121-4 et L. 1124-1	
L. 1125-1	Résultant de la loi n° 2014-640 du 20 juin 2014
L. 1127-1, L. 1212-1, L. 1212-2, L. 1212-4 à L. 1212-6, L. 1212-8 et L. 1221-1	
Dans la deuxième partie	
L. 2211-1, L. 2212-1, L. 2221-1, L. 2222-1, à L. 2222-3, L. 2222-6, L. 2222-7 et L. 2222-9	
L. 2222-10	Résultant de la loi n° 2016-1087 du 8 août 2016
L. 2222-12 à L. 2222-14, L. 2222-17, L. 2222-18, L. 2311-1, L. 2312-1 et L. 2321-3	
L. 2321-4	Résultant de la loi n° 2008-561 du 17 juin 2008
L. 2321-5 et L. 2322-4	
L. 2323-3 et L. 2323-5	Résultant de la loi n° 2010-1658 du 29 décembre 2010 jusqu'à l'entrée en vigueur des dispositions de la loi n° 2014-58 du 27 janvier 2014
L. 2323-10	
L. 2323-14	Résultant de l'ordonnance n° 2006-460 du 21 avril 2006 jusqu'à l'entrée en vigueur des dispositions de la loi n° 2014-58 du 27 janvier 2014
L. 2331-1	Résultant de la loi n° 2010-853 du 23 juillet 2010
L. 2341-2	Résultant de la loi n° 2017-1837 du 30 décembre 2017 de finances pour 2018
Dans la troisième partie :	
L. 3211-1	Résultant de la loi n° 2018-607 du 13 juillet 2018 relative à la programmation militaire pour les années 2019 à 2025 et portant diverses dispositions intéressant la défense
L. 3211-2 à L. 3211-4	
L. 3211 5	Résultant de l'ordonnance n° 2014-1345 du 6 novembre 2014
L. 3211-6, L. 3211-10 et L. 3211-11	
L. 3211-12	Résultant de la loi n° 2015-177 du 16 février 2015
L. 3211-13, L. 3211-14, L. 3211-17 à L. 3211-19	
L. 3211-21	Résultant de la loi n° 2012-1509 du 29 décembre 2012
L. 3211-22 à L. 3211-25 et L. 3212-1	
L. 3212-2	Résultant de l'ordonnance n° 2017-562 du 19 avril 2017
L. 3212-3	Résultant de la loi n° 2009-526 du 12 mai 2009

DISPOSITIONS APPLICABLES	DANS LEUR RÉDACTION
L. 3221-4 à L. 3221-6, L. 3221-7 et L. 3222-1	
L. 3231-1	Résultant de la loi n° 2009-526 du 12 mai 2009
Dans la quatrième partie :	
L. 4111-2 à L. 4111-5, L. 4112-1 et L. 4121-1	

Art. L. 5511-5 Les références faites, par les dispositions du présent code, à d'autres articles de ce code ne concernent que les articles rendus applicables en Nouvelle-Calédonie avec les adaptations mentionnées au présent livre.

Art. L. 5511-6 En l'absence d'adaptation, les références faites, par des dispositions du présent code applicables en Nouvelle-Calédonie, à des dispositions qui n'y sont pas applicables sont remplacées par les références ayant le même objet applicables localement.

Art. L. 5511-7 Pour leur application en Nouvelle-Calédonie, les dispositions du présent code sont ainsi adaptées :

1° Les références au département et à la région sont remplacées par des références à la Nouvelle-Calédonie ;

2° Les références aux préfets et au représentant de l'État sont remplacées par des références au représentant de l'État en Nouvelle-Calédonie ;

3° La référence au tribunal de grande instance est remplacée par la référence au tribunal de première instance ;

4° Les références au fichier immobilier sont remplacées par des références au service chargé de la publicité foncière ;

5° Les montants exprimés en euros sont applicables en Nouvelle-Calédonie sous réserve de leur contre-valeur en monnaie locale.

TITRE II ACQUISITION

CHAPITRE UNIQUE

Art. L. 5521-1 Pour l'application en Nouvelle-Calédonie de l'article L. 1121-4, les mots : "aux articles L. 2242-1 à L. 2242-5 du code général des collectivités territoriales" sont remplacés par les mots : "aux articles L. 312-1 à L. 312-4 du code des communes de la Nouvelle-Calédonie".

Art. L. 5521-2 L'article L. 1127-1 est applicable en Nouvelle-Calédonie en tant qu'il concerne les biens relevant du domaine public maritime de l'État.

TITRE III GESTION

CHAPITRE PREMIER BIENS RELEVANT DU DOMAINE PUBLIC

Art. L. 5531-1 Pour son application en Nouvelle-Calédonie, l'article L. 2112-1 est ainsi modifié :

1° Les 2°, 4°, 6° et 7° ne s'appliquent pas ;

2° Le 5° est remplacé par les dispositions suivantes :

"5° Les biens culturels maritimes de nature mobilière au sens du chapitre 2 du titre III du livre V du code du patrimoine, en tant qu'ils concernent les biens situés dans le domaine public maritime de l'État ;".

Pour une expulsion en référé de la zone des cinquante pas géométriques et ses conditions, V. : • CE 4 mai 2018, n° 415002 B : *AJDA 2018. 947* ; *Rev. CMP juill. 2018. Comm. 168, obs. Eckert* ; *JCP Adm. 2018. Actu. 453, obs. Touzeil-Divina* ; *DMF 2018. 664, note Bordereaux.*

Art. L. 5531-2 Pour l'application en Nouvelle-Calédonie de l'article L. 2123-2, les mots : "à des sociétés d'aménagement foncier et d'établissement rural" sont supprimés.

Art. L. 5531-3 Pour l'application en Nouvelle-Calédonie de l'article L. 2123-6, les mots : "Le transfert de gestion prévu aux articles L. 2123-3 à L. 2123-5" sont remplacés par les mots : "Le transfert de gestion prévu aux articles L. 2123-3 et L. 2123-4".

Art. L. 5531-4 Pour l'application en Nouvelle-Calédonie de l'article L. 2132-29, après les mots : "du code de l'environnement" sont ajoutés les mots : "et dans les conditions fixées par l'article L. 612-1 du même code".

CHAPITRE II BIENS RELEVANT DU DOMAINE PRIVÉ

Art. L. 5532-1 Pour l'application en Nouvelle-Calédonie de l'article L. 2222-9, les mots : "par arrêté interministériel" sont remplacés par les mots : "par le haut-commissaire de la République".

Art. L. 5532-2 Pour l'application en Nouvelle-Calédonie de l'article L. 2222-10, les mots : "à des sociétés d'aménagement foncier et d'établissement rural," sont supprimés.

Art. L. 5532-3 Pour son application en Nouvelle-Calédonie, l'article L. 2222-17 est ainsi rédigé :

Art. L. 2222-17 Les dispositions des articles L. 2222-12 à L. 2222-15 sont applicables aux demandes de révision ou de restitution de dons et legs faits aux établissements publics de l'État dans les conditions fixées aux articles L. 1121-2 et L. 1121-3.

Art. L. 5532-4 Pour l'application en Nouvelle-Calédonie de l'article L. 2222-18, les mots : "des articles L. 2222-12 à L. 2222-16" sont remplacés par les mots : "des articles L. 2222-12 à L. 2222-15".

CHAPITRE III DISPOSITIONS COMMUNES

Art. L. 5533-1 Le recouvrement des produits et redevances du domaine de l'État ou de ses établissements publics et en général de toute somme, dont la perception incombe aux comptables publics chargés des recettes domaniales de l'État, s'opère dans les conditions fixées par la réglementation financière et comptable applicable en Nouvelle-Calédonie.

Art. L. 5533-2 Pour son application en Nouvelle-Calédonie, l'article L. 2321-3 est ainsi rédigé :

Art. L. 2321-3 Le recouvrement des produits et des redevances du domaine des communes, de leurs groupements et de leurs établissements publics s'opère dans les conditions fixées aux articles L. 231-4 et L. 231-5 du code des communes de la Nouvelle-Calédonie.

Art. L. 5533-3 Pour son application en Nouvelle-Calédonie, l'article L. 2323-3 est ainsi rédigé :

Art. L. 2323-3 Afin d'assurer le recouvrement des produits, redevances et sommes de toute nature régis par l'article L. 2321-3, l'autorité administrative compétente adresse à chaque redevable, sous pli simple, un titre de recettes individuel ou un extrait du titre de recettes collectif et met en œuvre les dispositions du 4° de l'article L. 231-5 du code des communes de la Nouvelle-Calédonie.

Art. L. 5533-4 Pour son application en Nouvelle-Calédonie, l'article L. 2323-5 est ainsi rédigé :

Art. L. 2323-5 Si, pour les produits et redevances régis par l'article L. 2321-3, la lettre de rappel n'a pas été suivie de paiement, le comptable public compétent peut, à l'expiration d'un délai de vingt jours suivant cette formalité, engager des poursuites, dans les conditions fixées par les 5° et 6° de l'article de l'article L. 231-5 du code des communes de la Nouvelle-Calédonie.

Art. L. 5533-5 Pour son application en Nouvelle-Calédonie, l'article L. 2323-10 est ainsi rédigé :

Art. L. 2323-10 La prescription de l'action en recouvrement des produits, des redevances et des sommes de toute nature régis par l'article L. 2321-3 est soumise aux dispositions du 3° de l'article L. 231-5 du code des communes de la Nouvelle-Calédonie.

Art. L. 5533-6 Pour son application en Nouvelle-Calédonie, l'article L. 2323-14 est ainsi rédigé :

Art. L. 2323-14 Les contestations relatives au recouvrement des produits, des redevances et des sommes de toute nature régis par l'article L. 2321-3 sont soumises aux dispositions des 1° et 2° de l'article L. 231-5 du code des communes de la Nouvelle-Calédonie.

Art. L. 5533-7 Les 5°, 6° et 7° de l'article L. 2331-1 ne s'appliquent pas en Nouvelle-Calédonie.

TITRE IV CESSION

CHAPITRE UNIQUE

Art. L. 5541-1 Pour l'application en Nouvelle-Calédonie de l'article L. 3211-1, les mots : "l'application des mesures prévues à l'article L. 541-2 du code de l'environnement ou" sont supprimés.

Art. L. 5541-2 Le septième alinéa de l'article L. 3211-5 ne s'applique pas en Nouvelle-Calédonie.

Art. L. 5541-3 L'État peut procéder à l'aliénation de terrains de son domaine privé à un prix inférieur à la valeur vénale par application d'une décote lorsque ces terrains sont destinés à la réalisation de programmes de construction comportant essentiellement des logements, dont 50 % au moins sont réalisés en logements à vocation sociale tels qu'ils sont définis par la réglementation locale en vigueur, ou à la réalisation d'aménagement d'équipements collectifs. Le montant de la décote est fixé à 100 % de la valeur vénale du terrain.

L'avantage financier résultant de la décote est exclusivement et en totalité répercuté sur le prix de revient des logements locatifs sociaux réalisés sur le terrain aliéné.

L'acte d'aliénation prévoit, en cas de non-réalisation du programme de logements locatifs sociaux ou de l'aménagement d'équipements collectifs dans le délai de cinq ans à compter de l'aliénation, la résolution de la vente sans indemnité pour l'acquéreur ainsi que le montant des indemnités contractuelles applicables.

Les terrains mentionnés au premier alinéa appartiennent à une liste de parcelles établie par le haut-commissaire de la République, après avis, dans un délai de deux mois, du maire de la commune sur le territoire de laquelle les terrains se trouvent, du président de l'assemblée de province concernée et du président du gouvernement de la Nouvelle-Calédonie. Cette liste est complétée, selon les mêmes modalités, à la demande de l'une de ces personnes ou d'un organisme ayant pour objet la réalisation d'opérations d'habitat social, sur présentation d'un projet s'inscrivant dans une stratégie de mobilisation du foncier destinée à satisfaire des besoins locaux en matière de logement.

Un décret en Conseil d'État précise les conditions d'application du présent article.

Art. L. 5541-4 Pour son application en Nouvelle-Calédonie, l'article L. 3211-19 est ainsi rédigé :

Art. L. 3211-19 Il n'est pas procédé à l'aliénation des objets de caractère historique, artistique ou scientifique appartenant à l'État et destinés à être placés dans les musées de l'État ou dans un établissement public de l'État ayant vocation à recevoir de tels objets ou dans un immeuble classé ou inscrit au titre des monuments historiques pour y être classés dans le domaine public.

Art. L. 5541-5 Pour l'application en Nouvelle-Calédonie de l'article L. 3211-21, la dernière phrase est supprimée.

LIVRE SIXIÈME DISPOSITIONS RELATIVES À LA POLYNÉSIE FRANÇAISE

(Ord. nº 2016-1255 du 28 sept. 2016, art. 8, en vigueur le 1er janv. 2017)

BIBL. ▸ **Ouvrages, thèses et rapports :** Ravault, Le régime foncier en Polynésie française, *Papeete, ORSTOM, 1979.* – Deckker et Faberon, L'outre-mer français dans le Pacifique, *L'Harmattan, 2003.* – Ewart, La voirie routière en Polynésie française, *Mém. Master 2, Papeete, 2005.* – Bazile, La propriété publique en Polynésie française, *Th. Papeete, 2008.* – Bambridge (ss. dir.), Le foncier en Polynésie française, colloque organisé par l'Association de juristes en Polynésie, *éd. Univers polynésiens, 2009.* – Sage, Droit foncier en Polynésie française, *Comparative Law Journal of the Pacific, 2013.* – Magras, Domaines public et privé de l'État outre-mer. 30 propositions pour mettre fin à une gestion jalouse et stérile, *Rapp. inf. Sénat, nº 538, 18 juin 2015.* – Havard, L'État associé. Recherches sur une nouvelle forme de l'État dans le Pacifique sud, *Th. Bordeaux, 2016.* – Magras, Une sécurisation du lien à la terre respectueuse des identités foncières. 30 propositions au service du développement des territoires, *Rapp. inf. Sénat, nº 721, 23 juin 2016.* – Mohamed Soilihi, Grémillet et Karam, Les conflits d'usage et la planification foncière dans les outre-mer, *Rapp. inf. Sénat, nº 616, 6 juill. 2017.*

▸ **Articles :** Vidal, Les problèmes juridiques soulevés par la pollution du lagon en Polynésie française, *RJ envir. 96/3, p. 293.* – Brard, Le domaine public maritime outre-mer : le cas de la Polynésie française, *in* Faberon (ss. dir.) La mer outre-mer, *L'Harmattan, 2001, p. 215.* – Hélin, Le régime des concessions à charge de remblai sur le lagon en Polynésie française. L'autonomie contre la protection des milieux ?, *Mél. Morand-Deviller, Montchrestien 2007, p. 555.* – Cazalet, Droit des lagons de Polynésie française, *RJ envir. 2008. 391.* – Bazile, La « loi du pays » et le droit de la propriété publique, *in* Debène et Pastorel (ss. dir.), La « loi du pays » en Polynésie française, *L'Harmattan, 2011, p. 163.* – Sage, Droit foncier en Polynésie française : et si comparaison était (un peu) raison ?, *in* Angelo *et al.* (ss. dir.), Droit foncier et gouvernance judiciaire dans le Pacifique sud, *Tahiti, Rev. jur. polynésienne, 2011, p. 59.* – Vannier, Les litiges fonciers à Tahiti : examen critique des problèmes, *in* Droit foncier et gouvernance judiciaire dans le Pacifique sud, *ibid. p. 81.* – Chamard-Heim, Le projet de Code de la propriété publique en Polynésie française : si loin, si proche, *AJDA 2013. 979* ; Contraintes juridiques du droit foncier ultramarin, Entreprises et dynamiques sectorielles du Pacifique, Conf. économique 25 juin 2015, *Rapp. inf. nº 567, 26 juin 2015, p. 22* ; L'État et le Code général de la propriété des personnes publiques outre-mer : une politique de Gribouille, *AJDA 2016. 1810.* – de Gaudemar, Rapport d'observations de la Cour des comptes sur la gestion de la Polynésie française (affaires foncières), *JCP Adm. 2016. 2195.* – Chamard-Heim, Réforme du CGPPP outre-mer : des avancées, mais la complexité est encore de mise, *ibid. 2268.* – de Montecler, Le CGPPP outre-mer : la fin d'une politique de Gribouille ?, *AJDA 2016. 1841.* – Chamard-Heim, Le domaine public ultramarin, note ss. Cons. const. 9 avr. 1996, LO portant statut d'autonomie de la Polynésie française, *GDDAB, 3e éd., Dalloz, 2018. Comm. 32.* – Yolka, Le jeu des perles [de mer] : des règles flottantes, *JCP A 2018, nº 43, p. 21.*

TITRE PREMIER DISPOSITIONS GÉNÉRALES

CHAPITRE UNIQUE

Art. L. 5611-1 **En application de l'article 7 de la loi organique nº 2004-192 du 27 février 2004 et sous la seule réserve des adaptations prévues par le présent livre, les dispositions des quatre premières parties du présent code sont applicables de plein droit en Polynésie française au domaine public de l'État.**

Art. L. 5611-2 **Sous la seule réserve des adaptations prévues par le présent livre et sauf mention contraire dans le tableau ci-après, les dispositions suivantes sont applicables en Polynésie française au domaine public des établissements publics de l'État, dans leur rédaction résultant de l'ordonnance nº 2006-460 du 21 avril 2006.**

Mod. par Ord. nº 2017-562 du 19 avr. 2017, art. 13-I et par L. nº 2017-1837 du 30 déc. 2017, art. 154.

DISPOSITIONS APPLICABLES	DANS LEUR RÉDACTION
Dans la deuxième partie :	
L. 2111-1 à L. 2111-3, L. 2111-15, L. 2111-16, L. 2112-1 et L. 2121-1	

DISPOSITIONS APPLICABLES	DANS LEUR RÉDACTION
L. 2122-1, L. 2122-1-1 à L. 2122-1-4 et L. 2122-2	Résultant de l'ordonnance n° 2017-562 du 19 avril 2017
L. 2122-3 à L. 2122-5	
L. 2122-6	Résultant de l'ordonnance n° 2016-65 du 29 janvier 2016
L. 2122-7	Résultant de l'ordonnance n° 2017-562 du 19 avril 2017
L. 2122-8 à L. 2122-12	
L. 2122-13	Résultant de la loi n° 2009-526 du 12 mai 2009
L. 2122-14, L. 2122-19, premier alinéa, L. 2123-1, L. 2123-3 et L. 2123-5 à L. 2123-8	
L. 2124-1	Résultant de la loi n° 2016-1087 du 8 août 2016
L. 2124-2 et L. 2124-3	
L. 2124-32-1 à L. 2124-35	Résultant de la loi n° 2014-626 du 18 juin 2014
L. 2125-1	Résultant de l'ordonnance n° 2017-562 du 19 avril 2017
L. 2125-3 à L. 2125-6, L. 2131-1, L. 2132-2, L. 2132-3, L. 2132-12 à L. 2132-14 et L. 2132-18 à L. 2132-20	
L. 2132-21	Résultant de la loi n° 2016-1087 du 8 août 2016
L. 2132-26 à L. 2132-29 et L. 2141-1	
L. 2141-2	Résultant de l'ordonnance n° 2017-562 du 19 avril 2017
L. 2141-3, L. 2311-1 et L. 2312-1	
L. 2321-4	Résultant de la loi n° 2008-561 du 17 juin 2008
L. 2321-5	
L. 2331-1	Résultant de la loi n° 2010-853 du 23 juillet 2010
L. 2341-2	Résultant de la loi n° 2017-1837 du 30 décembre 2017 de finances pour 2018
Dans la troisième partie :	
L. 3111-1 et L. 3112-1 à L. 3112-3	
L. 3112-4	Résultant de l'ordonnance n° 2017-562 du 19 avril 2017

Art. L. 5611-3 Sous la seule réserve des adaptations prévues par le présent livre et sauf mention contraire dans le tableau ci-après, les dispositions suivantes sont applicables en Polynésie française, au domaine public des communes, de leurs groupements et de leurs établissements publics, dans leur rédaction résultant de l'ordonnance n° 2006-460 du 21 avril 2006.

Mod. par Ord. n° 2017-562 du 19 avr. 2017, art. 13-I.

DISPOSITIONS APPLICABLES	DANS LEUR RÉDACTION
Dans la deuxième partie :	
L. 2111-1 à L. 2111-3, L. 2111-15, L. 2111-16, L. 2112-1 et L. 2121-1	
L. 2122-1, L. 2122-1-1 à L. 2122-1-4 et L. 2122-2	Résultant de l'ordonnance n° 2017-562 du 19 avril 2017
L. 2122-3 et L. 2122-4	
L. 2123-1, L. 2123-3, L. 2123-6, première phrase, L. 2123-7 et L. 2123-8	
L. 2124-32-1 à L. 2124-35	Résultant de la loi n° 2014-626 du 18 juin 2014
L. 2125-1	Résultant de l'ordonnance n° 2017-562 du 19 avril 2017
L. 2125-3 à L. 2125-6, L. 2131-1, L. 2132-2 et L. 2132-20	
L. 2132-21	Résultant de la loi n° 2016-1087 du 8 août 2016
L. 2132-26 à L. 2132-29 et L. 2141-1	
L. 2141-2	Résultant de l'ordonnance n° 2017-562 du 19 avril 2017
L. 2141-3, L. 2311-1, L. 2312-1 et L. 2321-3	
L. 2321-4	Résultant de la loi n° 2008-561 du 17 juin 2008
L. 2321-5 et L. 2322-4	
L. 2323-3 et L. 2323-5	Résultant de la loi n° 2010-1658 du 29 décembre 2010 jusqu'à l'entrée en vigueur des dispositions de la loi n° 2014-58 du 27 janvier 2014
L. 2323-10	
L. 2323-14	Résultant de l'ordonnance n° 2006-460 du 21 avril 2006 jusqu'à l'entrée en vigueur des dispositions de la loi n° 2014-58 du 27 janvier 2014
L. 2331-1	Résultant de la loi n° 2010-853 du 23 juillet 2010
Dans la troisième partie :	
L. 3111-1 et L. 3112-1 à L. 3112-3	
L. 3112-4	Résultant de l'ordonnance n° 2017-562 du 19 avril 2017

Art. L. 5611-4 Les références faites, par les dispositions du présent code, à d'autres articles de ce code ne concernent que les articles rendus applicables en Polynésie française avec les adaptations mentionnées au présent livre.

Art. L. 5611-5 En l'absence d'adaptation, les références faites, par des dispositions du présent code applicables en Polynésie française, à des dispositions qui n'y sont pas applicables sont remplacées par les références ayant le même objet applicables localement.

Art. L. 5611-6 Pour leur application en Polynésie française, les dispositions du présent code sont ainsi adaptées :

1° Les références au département sont remplacées par des références à la Polynésie française ;

2° Les références aux préfets et au représentant de l'État sont remplacées par des références au haut-commissaire de la République en Polynésie française ;

3° La référence au tribunal de grande instance est remplacée par la référence au tribunal de première instance ;

4° Les montants exprimés en euros sont applicables en Polynésie française sous réserve de leur contre-valeur en monnaie locale.

TITRE II ACQUISITION

Le présent titre ne comprend pas de dispositions législatives.

TITRE III GESTION

CHAPITRE PREMIER BIENS RELEVANT DU DOMAINE PUBLIC

Art. L. 5631-1 Pour son application en Polynésie française, l'article L. 2112-1 est ainsi modifié :

1° Les 1°, 2°, 4°, 6° et 7° ne s'appliquent pas ;

2° Le 5° est remplacé par les dispositions suivantes :

"5° Les biens culturels maritimes de nature mobilière au sens du chapitre II du titre III du livre V du code du patrimoine, en tant qu'ils concernent les biens situés dans le domaine public maritime de l'État ;".

Art. L. 5631-2 Pour l'application en Polynésie française de l'article L. 2123-2, les mots : "à des sociétés d'aménagement foncier et d'établissement rural" sont supprimés.

Art. L. 5631-3 Pour l'application en Polynésie française de l'article L. 2123-6, les mots : "Le transfert de gestion prévu aux articles L. 2123-3 à L. 2123-5" sont remplacés par les mots : "Le transfert de gestion prévu aux articles L. 2123-3 et L. 2123-4".

Art. L. 5631-4 Pour l'application en Polynésie française de l'article L. 2132-29, après les mots : "du code de l'environnement" sont ajoutés les mots : "et dans les conditions fixées par l'article L. 622-1 du même code".

CHAPITRE II BIENS RELEVANT DU DOMAINE PRIVÉ

Le présent chapitre ne comprend pas de dispositions législatives.

CHAPITRE III DISPOSITIONS COMMUNES

Art. L. 5633-1 Le recouvrement des produits et redevances du domaine de l'État ou de ses établissements publics et en général de toute somme, dont la perception incombe aux comptables publics chargés des recettes domaniales de l'État, s'opère dans les conditions fixées par la réglementation financière et comptable applicable en Polynésie française.

Art. L. 5633-2 Pour son application en Polynésie française, l'article L. 2321-3 est ainsi rédigé :

Art. L. 2321-3 Le recouvrement des produits et des redevances du domaine des communes, de leurs groupements et de leurs établissements publics, s'opère dans les conditions fixées aux articles L. 1611-5, L. 1617-1, ainsi qu'au 1° de l'article L. 1617-5 du code général des collectivités territoriales dans leur rédaction applicable en Polynésie française et à l'article L. 1874-2 du même code. Les dispositions de l'article 711-2 du code des impôts de Polynésie française sont également applicables au recouvrement de ces produits et redevances.

Art. L. 5633-3 Pour son application en Polynésie française, l'article L. 2323-3 est ainsi rédigé :

Art. L. 2323-3 Afin d'assurer le recouvrement des produits, redevances et sommes de toute nature régis par l'article L. 2321-3, l'autorité administrative compétente adresse à chaque redevable, sous pli simple, une ampliation du titre de recettes individuel ou de l'extrait du titre collectif et met en œuvre les dispositions du 4°

de l'article L. 1617-5 du code général des collectivités territoriales dans leur rédaction applicable en Polynésie française.

Art. L. 5633-4 **Pour son application en Polynésie française, l'article L. 2323-5 est ainsi rédigé :**

Art. L. 2323-5 A défaut de paiement des produits régis par l'article L. 2321-3, le comptable public compétent met en œuvre les 4° à 8° de l'article L. 1617-5 du code général des collectivités territoriales dans leur rédaction applicable en Polynésie française.

Art. L. 5633-5 **Pour son application en Polynésie française, l'article L. 2323-10 est ainsi rédigé :**

Art. L. 2323-10 La prescription de l'action en recouvrement des produits, des redevances et des sommes de toute nature régis par l'article L. 2321-3 est soumise aux dispositions du 3° de l'article L. 1617-5 du code général des collectivités territoriales dans leur rédaction applicable en Polynésie française.

Art. L. 5633-6 **Pour son application en Polynésie française, l'article L. 2323-14 est ainsi rédigé :**

Art. L. 2323-14 Les contestations relatives au recouvrement des produits, des redevances et des sommes de toute nature régis par l'article L. 2321-3 sont soumises aux dispositions des 1° et 2° de l'article L. 1617-5 du code général des collectivités territoriales dans leur rédaction applicable en Polynésie française.

Art. L. 5633-7 **Les 5°, 6° et 7° de l'article L. 2331-1 ne s'appliquent pas en Polynésie française.**

COMMENTAIRE

Cadre normatif. Le cas de la Polynésie française est un peu spécifique sur le plan domanial, au sein des outre-mers. Initialement, seul l'État était propriétaire du domaine public polynésien et notamment du domaine public maritime. La domanialité publique est en effet intimement liée à la souveraineté de l'État. Cela étant, la propriété de l'État s'est heurtée aux droits coutumiers ou traditionnels des habitants de ces territoires, le rapport au foncier étant plutôt jusqu'alors familial et dépourvu de titre. L'opposabilité et la régularisation de ces droits coutumiers prendront la forme, en Polynésie française, d'un tribunal foncier qui a été instauré (L. n° 2015-177 du 16 févr. 2015, art. 23. – V. aussi Magras, Une sécurisation du lien à la terre respectueuse des identités foncières, *Sénat, Rapp. infor. n° 721, 23 juin 2016*. – Magras, Conflits d'usage en outre-mer. Un foncier disponible rare et sous tension, *Sénat, Rapp. infor. n° 616, 6 juill. 2017*. – De Gaudemar, Rapport d'observations de la Cour des comptes sur la gestion de la Polynésie française (affaires foncières), *JCP A 2016. 2195*).

La situation change radicalement à partir de 1977 (L. n° 77-772 du 12 juill. 1977 relative à l'organisation de la Polynésie française) avec la première reconnaissance d'un domaine public du territoire polynésien. Si l'État conserve ses droits de souveraineté et de propriété sur son domaine public et privé, terrestre, maritime et aérien, la Polynésie française devient compétente pour exploiter les richesses naturelles maritimes et reçoit dans son domaine public « la propriété inaliénable de la bande côtière dite des cinquante pas géométriques » aux Marquises (art. 62 ; Délib. ass. Polynésienne, n° 78-128 du 3 août 1978, *JOPF 31 oct. 1978, p. 1072*). Puis, allant au-delà de la simple zone des cinquante pas géométriques, les lois organiques de 1996 (L. org. n° 96-312 du 12 avr. 1996, art. 7, validé par Cons. const., 9 avril 1996, n° 96-373 DC : *Rec. Cons. const. 13 ; AJDA 1996. 371, comm. Schrameck* ; *LPA 4 déc. 1996, p. 5, comm. Turpin ; RD publ. 1996. 953, comm. Luchaire ; RFDC 1996. 587, comm. Trémeau ; ibid. 589, comm. Roux ; Rev. adm. 1996. 313, note Pontier*) et 2004 (L. org. n° 2004-192 du 27 fév. 2004, portant statut d'autonomie de la Polynésie française, art. 46 et 47) ont toutes deux attribué à la Polynésie française le domaine public maritime appartenant jusqu'alors à l'État.

Propriétés de l'État en Polynésie française. Même dans les collectivités d'outre-mer les plus autonomes en matière domaniale, l'État continue d'être propriétaire de biens soumis au code général de la propriété des personnes publiques et relevant, le cas échéant, de son domaine public ou de son domaine privé. On retrouve ce principe formulé à l'article 7 de la loi organique de 1996 selon lequel « l'État et le territoire exercent, chacun en ce qui le concerne, leur droit de propriété sur leur domaine public et leur domaine privé » et le transfert de propriété se fait « à l'exception des emprises affectées à la date de la publication de la loi à l'exercice des compétences de l'État ». Ce principe est repris par la loi organique n° 2004-192 du 27 février 2004, portant statut d'autonomie, article 7, 3° et article 14, 11°, modifiée par la loi organique n° 2019-706 du 5 juillet 2019, article 5. Seulement, dans ces hypothèses, les biens appartenant à l'État et soumis à la domanialité publique ne font pas partie du domaine public maritime, lequel a fait l'objet d'un transfert en faveur du territoire. Ce sont des biens relevant d'une autre catégorie de domaine public. Ces biens figurent dans l'inventaire du patrimoine immobilier de l'État (disponible sur le site data.gouv.fr), sur lequel on relève des bâtiments et installations abritant des aérodromes, des palais de justice, des ports, des bases militaires ou des écoles en Polynésie française. Pour l'instant également, les atolls de Mururoa et Fangataufa restent dans le domaine public de l'État, au titre du passé militaire, s'agissant d'un ancien centre d'expérimentation (Chamard-Heim, Le cas particulier du patrimoine militaire outre-mer, *in Patrimoine(s) et équipements militaires. Aspects juridiques, Chamard-Heim et Yolka (dir.), Varenne-LGDJ, 2018, coll. Colloques et essais*). La Polynésie française en demande néanmoins la restitution (Sénat, prop. L. n° 105, 10 nov. 2010, transmise le 18 janv. 2012 à l'Assemblée nationale, sans suite pour l'instant). C'est d'ailleurs ainsi qu'il faut entendre la réserve de souveraineté qui a été posée par le Conseil constitutionnel dans sa décision du 9 avril 1996 : les transferts de compétence et de biens aux collectivités ultramarines ne peuvent pas « affecter l'exercice de sa souveraineté par l'État ». Tant qu'une collectivité n'est pas totalement indépendante, il est logique que l'État y préserve ses intérêts et certains de ses biens.

En Polynésie française et contrairement aux autres collectivités de l'article 74 ou à la Nouvelle-Calédonie, le CGPPP est seulement rendu applicable au domaine public de l'État, mais pas au domaine privé.

Propriétés de la Polynésie française. La Polynésie française s'est vu reconnaître la compétence en matière domaniale et l'État lui a transféré massivement des biens alors classés dans son domaine public. C'est ainsi que l'ensemble du domaine public maritime naturel a été transféré à la Polynésie française en 1996. Le Conseil constitutionnel a d'ailleurs eu à s'interroger sur le fait de savoir si ce transfert ne portait pas atteinte à la souveraineté de l'État ; il a considéré que l'attribution au « territoire de la Polynésie française d'un domaine public maritime ne saurait en aucun cas affecter l'exercice de sa souveraineté par l'État » (décis. n° 96-373 DC). En effet, dès lors que l'autonomie est très avancée, les collectivités ultramarines se voient attribuer des compétences étatiques. Simplement, pour être valable, un tel transfert lié à la souveraineté doit être décidé expressément (CE 19 mai 2000, *Province Sud, Mon. TP 30 juin 2000. 115*). En 2004, saisi à nouveau du statut d'autonomie de la même collectivité, le Conseil constitutionnel a tout simplement considéré que les articles reprenant un dispositif identique « relatifs à la domanialité, n'appellent aucune critique de constitutionnalité » (Cons. const. 12 févr. 2004, n° 2004-490 DC, consid. 63). C'est ainsi que la zone des cinquante pas géométriques, lorsqu'elle existe – c'est-à-dire uniquement dans les îles Marquises –, a été transférée à la Polynésie française (CAA Paris, 28 mars 2000, n° 98PA02923). Il en est de même des rivages de la mer ou du sol et sous-sol de la mer territoriale.

Le CGPPP n'est pas applicable de plein droit aux biens de la Polynésie française, son statut lui donnant compétence pour se prononcer elle-même sur leur régime domanial : seul le domaine public local polynésien (communes, groupements et établissements publics locaux) peut-être régi par le CGPPP et non celui de la collectivité elle-même (délib. n° 2004-34 APF du 12 févr. 2004 portant composition et administration du domaine public en Polynésie française, *JOPF 19 févr. 2004, p. 574*. – Art. L. 5611-3, CGPPP). La Polynésie française avait d'ailleurs pour projet de rédiger son propre Code de la propriété publique (art. LP 31 et LP 32 du projet de code ; Avis Conseil économique, social et culturel n° 115, 7 nov. 2011, *JOPF 24 nov. 2011, p. 6222*), mais celui-ci n'a toujours pas vu le jour, en grande partie en raison de l'épineuse question des terres coutumières.

Ainsi, en Polynésie française, le domaine public « comprend toutes les choses qui sont affectées à l'usage du public ou affectées à un service public par la nature même du bien ou par un aménagement spécial et, par suite, ne sont pas susceptibles de propriété privée » (art. 1er, délib. n° 2004-34 APF, préc. Une nouvelle définition figure dans le projet de code de la propriété publique). On reconnaît ici l'influence de la jurisprudence administrative métropolitaine antérieure au code général de la propriété des personnes publiques et de l'article L. 2 du code du domaine de l'État. Cette définition évolue quelque peu dans le projet de code de la propriété publique polynésien : l'article LP 33 énonce que « sous réserves de dispositions législatives spéciales, le domaine public immobilier est constitué des biens appartenant à la Polynésie française ou l'un de ses établissements publics qui sont soit affectés à l'usage direct du public, soit affectés à un service public pourvu qu'en ce cas, il fasse l'objet d'un aménagement spécial à l'exécution des missions de ce service public ». ❑

1. Consistance du domaine public naturel. Le sol et le sous-sol des eaux intérieures, en particulier les rades et les lagons ont été affectés, par le législateur organique, au domaine public maritime de la Polynésie française. • CAA Paris, 22 janv. 2019, *SARL Libb 2,* n° 17PA03165 et 17PA03170.

2. Consistance du domaine public artificiel. La délimitation du domaine public, comme d'ailleurs son déclassement, dépend, en Polynésie française, des autorités locales. • CE 20 mai 1998, *M. Francis Z. et a.,* n° 165232. ♦ La route, ouverte à la circulation générale et maintenue de tout temps dans cette affectation à l'usage du public avec l'accord tacite des propriétaires des parcelles de terrain concernées par l'assiette de la voie, est un élément du domaine public routier de la collectivité territoriale de Polynésie française. • CE 11 juin 1999, *M. Ken Sao Lee X.,* n° 182178. ♦ Une parcelle de terrain incorporée au port et aménagée à cet effet appartient au domaine public portuaire. • CE 8 mars 1993, *MM. Jean et Jean-Jacques X. et SARL Villedieu pneus,* n° 119801. ♦ Sur l'incorporation de voies publiques communales dans le domaine public routier de la Polynésie française. • CE 30 mai 2018, *Association syndicale libre des propriétaires du lotissement Te Maru Ata,* n° 417577. ♦ En revanche, et contrairement aux collectivités territoriales de métropole, les aérodromes de l'État n'ont pas fait l'objet d'un transfert en faveur des collectivités polynésiennes. • CE 18 nov. 2015, *Cne de Faa'a,* n° 373336 B : *JCP A 2015. Actu. 991, obs. Erstein ; Rev. CMP 2016. Comm. 22, note Pietri.*

3. Gestion des biens. Est coupable du délit de détournement de biens publics, la personne qui, alors que l'assemblée de ce territoire avait voté deux délibérations fixant les travaux autorisés par un programme d'engagement de dépenses publiques, à savoir, d'une part le bétonnage de la route de l'aérogare jusqu'à un village, d'autre part, l'aménagement et la réhabilitation des berges d'une île, leur a substitué d'autres aménagements. • Crim. 24 oct. 2018, n° 17-87.077 P.

4. Occupation privative. Depuis la loi organique du 12 avril 1996 portant statut d'autonomie de la Polynésie française, ce sont les autorités locales qui sont compétentes pour fixer les règles d'utilisation du domaine public maritime de ce territoire. • CAA Paris, 28 mars 2000, *Territoire de la Polynésie française,* n° 98PA02923. ♦ Est régulièrement délivrée une autorisation d'occupation du domaine public routier permettant à sa bénéficiaire d'obtenir une alimentation en eau de sa propriété à partir du moment où cette autorisation est compatible avec les usages conformes à la destination de ce domaine. • CAA Paris, 6 nov. 2009, *Assoc. syndicale des propriétaires du lotissement Punavai Montagne,* n° 08PA02951. ♦ Délivrance d'une autorisation d'occupation du domaine public routier constitutive de détournement de pouvoir. • CAA Paris, 10 févr. 2009, *Territoire de la Polynésie française,* n° 07PA01224. ♦ S'il appartient à l'autorité administrative affectataire de dépendances du domaine public de gérer celles-ci tant dans l'intérêt du domaine et de son affectation que dans l'intérêt général, il lui incombe en outre, lorsque, conformément à l'affectation de ces dépendances, celles-ci sont le siège d'activités de production, de distribution ou de services, de prendre en considération le principe de liberté du commerce et de l'industrie ainsi que les règles de concurrence dans le cadre desquelles s'exercent ces activité. • CAA Paris, 4 déc. 2003, *Sté d'équipement de Tahiti et des îles (SETIL),* n° 00PA02740. ♦ Un contrat, chargeant une personne privée d'une mission de service public avec le droit d'occuper un emplacement du domaine public aéroportuaire pour exercer ce service d'accueil des passagers, emporte contrat d'occupation du domaine public. • CAA Paris, 20 févr. 1996, *Sté d'équipement de Tahiti et des îles (SETIL),* n° 93PA00980. ♦ **Concernant le contentieux de l'occupation**, compétence judiciaire contestable pour une affaire où le bénéficiaire d'une autorisation d'occupation du domaine public avait largement outrepassé les termes et conditions de celle-ci. • Civ. 3e, 19 févr. 2003, *Consorts X.,* n° 01-15.557. ♦ Le juge administratif est compétent pour connaître d'une décision accordant un emplacement sur le domaine public. Le contentieux de l'utilisation, même privative, du domaine public est administratif. • CE, 16 mars 2001, *Mme Élisabeth B.,* n° 215.507. ♦ L'acte de passation d'une convention visant à mettre à disposition d'une association de forains un équipement du domaine public communal en vue d'y organiser une fête traditionnelle, est un acte détachable de cette convention et par suite susceptible de recours pour excès de pouvoir. • CAA Paris, 11 avr. 2006, *Commune de Papeete*, n° 02PA03952. ♦ Un référé-liberté n'est pas accordé lorsque l'atteinte supposée de l'administration consiste à avoir retiré une salle mise à disposition d'une association de parents d'élèves, et ce, sans obligation légale, et de lui en proposer une autre à la place. • CE, 16 avr. 2003, *Lycée polyvalent du Taaone*, n° 256.002. ♦ L'acte par lequel le conseil des ministres a abrogé les délibérations de la collectivité ayant rendu possible la conclusion d'un bail portant sur le domaine privé et a constaté le non-renouvellement de celui-ci, n'est pas détachable de la gestion du domaine privé et relève de la compétence du juge judiciaire dès lors que la convention en cause ne comportait aucune clause exorbitante. • CAA Paris, 24 avr. 2018, n° 16PA03401. ♦ **Concernant la fin de l'occupation**, n'est pas indemnisable le préjudice commercial résultant de la résiliation d'un tel contrat permettant à une société l'occupation d'une partie domaine public portuaire, spécialement lorsque ce contrat d'occupation a expressément exclu toute forme d'indemnisation pour un tel cas de figure et qui plus est pour ce type précis de préjudice. • CAA Paris, 29 janv. 2009, *M. Y. X.*, n° 05PA04293. ♦ **Sur le montant de la redevance domaniale,** « considérant qu'une redevance pour service rendu, pour être légalement établie, doit essentiellement trouver une contrepartie directe dans la prestation fournie par le service ou le cas échéant l'utilisation d'un ouvrage public, et par conséquent doit correspondre à la valeur de la prestation ou du service ; que, si l'objet du paiement que l'administration peut réclamer à ce titre est en principe de couvrir les charges de service public, il n'en résulte pas nécessairement que le montant de la redevance ne puisse excéder le coût de la prestation fournie ; qu'il s'ensuit que le respect de la règle d'équivalence entre le tarif d'une redevance et la valeur de la prestation ou du service peut être assuré non seulement en retenant le prix de revient de ce dernier, mais aussi en fonction des caractéristiques du service, en tenant compte de la valeur économique de la prestation pour son bénéficiaire ; que, dans tous les cas, le tarif doit être établi selon des critères objectifs et rationnels, dans le respect du principe d'égalité entre les usagers du service public et des règles de la concurrence ». • CE, 7 oct. 2009, *Sté d'équipement de Tahiti et des îles*, n° 309499. ♦ V. aussi, • CAA Paris, 30 déc. 2009, *M. Wilfrid A.*, n° 08PA01448. ♦ L'institution de redevances d'occupation (privative) du domaine public n'est légale qu'à la condition que leur tarif ne soit pas exagéré, qu'il soit proportionné aux services rendus par le concédant aux usagers et qu'il n'entrave pas le bon fonctionnement du service public confié au concessionnaire. • CAA Paris, 4 déc. 2003, *Port autonome de Papeete*, n° 00PA02632.

5. Occupation sans titre. Compétence du juge judiciaire pour connaître d'une demande d'expulsion et de remise en état des lieux concernant une parcelle appartenant à l'État et occupée sans titre régulier de propriété par la personne poursuivie, en dépit d'une prescription trentenaire. • Civ. 1re, 14 juin 2000, *M. Orbeck et a.*, n° 98-19.899. ♦ Le juge des référés est compétent pour connaître d'une demande d'injonction de quitter les lieux à l'encontre d'un occupant sans titre du domaine public, et ce, même sous astreinte. • CE, 23 sept. 2005, *Port autonome de Papeete*, n° 270475. ♦ Sur l'absence d'urgence à procéder à l'expulsion. • CE, 7 mai 2002, *Sté d'équipements de Tahiti et des îles (SETIL)*, n° 240529.

6. Contravention de grande voirie. Sont passibles d'une contravention de grande voirie la réalisation sur le domaine public maritime d'un remblai avec enrochement. • CAA Paris, 10 nov. 2010, *M. Gérard A.*, n° 09PA06008. ♦ ... La réalisation de travaux d'extraction de matériaux coralliens sur le domaine public maritime, consistant dans le dragage d'un bassin • CAA Paris, 22 janv. 2019, *M. B.*, n° 17PA03165. ♦ ... La réalisation sur le domaine public maritime d'un ponton • CAA Paris, 10 nov. 2010, *M. Manuarii A.*, n° 09PA04012. ♦ ... ou la réalisation sur le domaine public maritime d'installations de perliculture • CAA Paris, 30 déc. 2009, *SELARL Quinquis Jurispol*, n° 08PA05873. ♦ Concernant le domaine public fluvial, est passible d'une telle contravention l'extraction des matériaux du lit d'un cours d'eau. • CAA Paris, 30 mai 2000, *M. Hubert X.*, nos 99PA01200 et 03137 • CAA Paris, 25 mai 1993, *M. Roger X.*, n° 91PA00904. ♦ Les faits susceptibles d'une contravention de grande voirie sont ceux qui sont de nature à porter atteinte à des biens soumis au régime de la protection de grande voirie en vertu d'un texte spécial. Par suite, toute contravention de grande voirie non fondée sur un tel texte est irrégulière. • CAA Paris, 23 nov. 2006, *M. Y. X.*, n° 03PA03405. ♦ De même, toute contravention de grande voirie fondée sur tel texte, mais irrégulièrement édictée, est aussi illégale. • CAA Paris, 29 sept. 1995, *M. X.*, n° 93PA00707. ♦ Dans le même esprit, en l'absence d'un texte spécial, protégeant le domaine public au titre des contraventions de grande voirie, l'autorité administrative compétente ne peut pas engager une procédure de contravention de grande voirie, même en cas d'atteinte avérée au domaine public ; sa décision de refus de mettre en œuvre une telle procédure est, en de telles circonstances, légale. • CAA Paris, 28 mars 2006, *Association Atuatu Te Natura*, n° 02PA00768. ♦ Sur les autorités compétentes, l'art. L. 774-11 CJA précise que le Président de la Polynésie française est compétent pour engager les poursuites et notifier les procès-verbaux de contravention de grande voirie réprimant les atteintes au domaine public de Polynésie française. • CAA Paris, 4 juill. 2008, *M. Y. et Mme X.*, n° 07PA03925. ♦ Le contrevenant ne peut utilement soutenir devant le juge des contraventions de grande voirie que l'atteinte qu'il a portée au domaine public serait justifiée par la satisfaction d'un besoin d'intérêt général faisant obstacle à l'engagement des poursuites à son encontre. Dès lors, le contrevenant ne pouvait utilement soutenir, pour contester les poursuites engagées à son encontre, que les ouvrages qu'il a réalisés sur le domaine public répondaient aux besoins de la population, ni en tout état de cause qu'il va devoir mettre fin à l'activité de son entreprise et licencier le personnel. • CE, 23 mars 2018, n° 401542. ♦ En revanche, et de manière assez contestable, le Conseil d'État a estimé que la délivrance à l'occupant, en cours d'instance, d'un titre domanial régulier pour continuer la même activité rend sans objet l'action domaniale portant sur les frais de remise en état des dépendances antérieurement utilisées de manière illégale. • CE, 11 avr. 2018, *Sté Dream Pearls*, n° 413245 : *Lebon T. 2018 ; JCP A 2018. Actu. 391, obs. Erstein ; AJDA 2018. 824, obs. Biget ; JCP A 2018. 2291, obs. Yolka.*

7. Cessions. Le contentieux d'un contrat d'échange concernant entre autres un bien du domaine privé relève, comme en principe l'ensemble du contentieux dudit domaine, du seul juge judiciaire. • CAA Paris, 28 mars 1995, *Mme Z., veuve X.*, n°s 93PA00795 et 93PA00796.

8. Inaliénabilité et imprescriptibilité. Est irrecevable une revendication d'un droit de propriété privée sur une parcelle comprise dans la zone des 50 pas géométriques, parce qu'en Polynésie française, cette zone a toujours constitué un domaine public, donc une propriété par essence imprescriptible et inaliénable. • Civ. 3e, 19 janv. 2000, *M. Franck Tehabe*, n° 97-20.598. ♦ Une parcelle de la zone des 50 pas géométriques ne peut pas, en principe, être acquise par prescription trentenaire. C'est au juge judiciaire qu'il appartient de connaître de la détermination du détenteur du droit de propriété sur un immeuble. • Civ. 3e, 29 oct. 2008, *Territoire de la Polynésie française*, n° 07-13.931.

LIVRE SEPTIÈME DISPOSITIONS RELATIVES AUX ÎLES WALLIS-ET-FUTUNA

(Ord. n° 2016-1255 du 28 sept. 2016, art. 9, en vigueur le 1er janv. 2017)

BIBL. ▶ Deckker et Faberon, L'outre-mer français dans le Pacifique, *L'Harmattan, 2003.* – Lotti, Le statut de 1961 de Wallis-et-Futuna, *Th. histoire, Bordeaux 3, 2008.* – Aimot et Tamole, Traitement coutumier des problèmes fonciers à Wallis, *in* Angelo *et al.* (dir.), Droit foncier et gouvernance judiciaire dans le Pacifique sud, *Tahiti, Rev. jur. polynésienne, 2011, p. 49.* – Chamard-Heim, Contraintes juridiques du droit foncier ultramarin, Entreprises et dynamiques sectorielles du Pacifique, Conf. économique 25 juin 2015, *Rapp. inf. n° 567, 26 juin 2015, p. 22.*

TITRE PREMIER DISPOSITIONS GÉNÉRALES

CHAPITRE UNIQUE

Art. L. 5711-1 Sous la seule réserve des adaptations prévues par le présent livre et sauf mention contraire dans le tableau ci-après, les dispositions suivantes sont applicables à Wallis-et-Futuna au domaine public de l'État ou de ses établissements publics dans leur rédaction résultant de l'ordonnance n° 2006-460 du 21 avril 2006.

Mod. par Ord. n° 2017-562 du 19 avr. 2017, art. 13-I et par L. n° 2017-1837 du 30 déc. 2017, art. 154.

DISPOSITIONS APPLICABLES	DANS LEUR RÉDACTION
Dans la deuxième partie :	
L. 2111-1 à L. 2111-3, L. 2111-14, L. 2111-16, L. 2111-17, L. 2112-1 et L. 2121-1	
L. 2122-1, L. 2122-1-1 à L. 2122-1-4 et L. 2122-2	Résultant de l'ordonnance n° 2017-562 du 19 avril 2017
L. 2122-3 et L. 2122-5	
L. 2122-6	Résultant de l'ordonnance n° 2016-65 du 29 janvier 2016
L. 2122-7	Résultant de l'ordonnance n° 2017-562 du 19 avril 2017
L. 2122-8 à L. 2122-12	
L. 2122-13	Résultant de la loi n° 2009-526 du 12 mai 2009
L. 2122-14, L. 2122-19, premier alinéa*[,]* et L. 2123-1	
L. 2123-2	Résultant de la loi n° 2016-1087 du 8 août 2016
L. 2123-7 et L. 2123-8	
L. 2124-26	
L. 2124-27 et L. 2124-28	Résultant de la loi n° 2014-1545 du 20 décembre 2014
L. 2124-29	
L. 2124-32-1 à L. 2124-35	Résultant de la loi n° 2014-626 du 18 juin 2014
L. 2125-1	Résultant de l'ordonnance n° 2017-562 du 19 avril 2017
L. 2125-2	Résultant de la loi n° 2006-1772 du 30 décembre 2006
L. 2125-3 à L. 2125-6, L. 2131-1, L. 2132-2, L. 2132-13, L. 2132-14, L. 2132-19 et L. 2132-20	
L. 2132-21	Résultant de la loi n° 2016-1087 du 8 août 2016

DISPOSITIONS APPLICABLES	DANS LEUR RÉDACTION
L. 2132-26 à L. 2132-29 et L. 2141-1	
L. 2141-2	Résultant de l'ordonnance n° 2017-562 du 19 avril 2017
L. 2141-3, L. 2311-1 et L. 2312-1	
L. 2321-4	Résultant de la loi n° 2008-561 du 17 juin 2008
L. 2321-5	
L. 2331-1	Résultant de la loi n° 2010-853 du 23 juillet 2010
L. 2341-2	Résultant de la loi n° 2017-1837 du 30 décembre 2017 de finances pour 2018
Dans la troisième partie :	
L. 3111-1 et L. 3112-1 à L. 3112-3	
L. 3112-4	Résultant de l'ordonnance n° 2017-562 du 19 avril 2017

Art. L. 5711-2 Sous la seule réserve des adaptations prévues par le présent livre et sauf mention contraire dans le tableau ci-après, les dispositions suivantes sont applicables à Wallis-et-Futuna au domaine privé de l'État ou de ses établissements publics, dans leur rédaction résultant de l'ordonnance n° 2006-460 du 21 avril 2006.

Mod. par Ord. n° 2017-562 du 19 avr. 2017, art. 13-I, par L. n° 2017-1837 du 30 déc. 2017, art. 154 et par L. n° 2018-607 du 13 juill. 2018, art. 64.

DISPOSITIONS APPLICABLES	DANS LEUR RÉDACTION
Dans la première partie :	
L. 1111-1 à L. 1111-3, L. 1112-1, L. 1112-7 à L. 1112-9, L. 1121-1 et L. 1121-2	
L. 1121-3	Résultant de la loi n° 2014-1545 du 20 décembre 2014
L. 1122-1 et L. 1124-1	
L. 1125-1	Résultant de la loi n° 2014-640 du 20 juin 2014
L. 1127-1, L. 1127-2 et L. 1221-1	
Dans la deuxième partie :	
L. 2211-1, L. 2221-1, L. 2222-6 à L. 2222-9	
L. 2222-10	Résultant de la loi n° 2016-1087 du 8 août 2016
L. 2222-12 à L. 2222-15, L. 2222-17 et L. 2222-18	
L. 2222-21 et L. 2222-22	Résultant de la loi n° 2006-1640 du 21 décembre 2006
L. 2311-1 et L. 2312-1	
L. 2321-4	Résultant de la loi n° 2008-561 du 17 juin 2008
L. 2321-5	
L. 2331-1	Résultant de la loi n° 2010-853 du 23 juillet 2010
L. 2341-2	Résultant de la loi n° 2017-1837 du 30 décembre 2017 de finances pour 2018

DISPOSITIONS APPLICABLES	DANS LEUR RÉDACTION
Dans la troisième partie :	
L. 3211-1	Résultant de la loi n° 2018-607 du 13 juillet 2018 relative à la programmation militaire pour les années 2019 à 2025 et portant diverses dispositions intéressant la défense
L. 3211-2 à L. 3211-4, L. 3211-6, L. 3211-9, L. 3211-11	
L. 3211-12	Résultant de la loi n° 2015-177 du 16 février 2015
L. 3211-13, L. 3211-15, L. 3211-16, L. 3211-17, L. 3211-18, L. 3211-20, L. 3211-24, L. 3212-1	
L. 3212-2	Résultant de l'ordonnance n° 2017-562 du 19 avril 2017
L. 3221-4 à L. 3221-7	
L. 3231-1	Résultant de la loi n° 2009-526 du 12 mai 2009
Dans la quatrième partie :	
L. 4112-1 et L. 4121-1	

Art. L. 5711-3 Les références faites, par les dispositions du présent code, à d'autres articles de ce code ne concernent que les articles rendus applicables à Wallis-et-Futuna avec les adaptations mentionnées au présent livre.

Art. L. 5711-4 En l'absence d'adaptation, les références faites, par des dispositions du présent code applicables à Wallis-et-Futuna, à des dispositions qui n'y sont pas applicables sont remplacées par les références ayant le même objet applicables localement.

Art. L. 5711-5 Pour l'application à Wallis-et-Futuna des dispositions du présent code, la référence au tribunal de grande instance est remplacée par la référence au tribunal de première instance.

TITRE II **ACQUISITION**

CHAPITRE UNIQUE

Art. L. 5721-1 Pour son application à Wallis-et-Futuna, l'article L. 1122-1 est ainsi rédigé :

Art. L. 1122-1 Par application des dispositions de l'article 539 du code civil, l'État peut prétendre aux successions des personnes qui décèdent sans héritiers ou aux successions qui sont abandonnées, à moins qu'il ne soit disposé autrement des biens successoraux par des lois particulières.

Conformément à l'article 724 du code civil, l'État doit demander l'envoi en possession selon les modalités fixées à l'article 811 du même code.

TITRE III **GESTION**

CHAPITRE PREMIER **BIENS RELEVANT DU DOMAINE PUBLIC**

Art. L. 5731-1 Pour l'application à Wallis-et-Futuna de l'article L. 2112-1, les 4°, 6° et 7° ne s'appliquent pas.

Art. L. 5731-2 Pour l'application à Wallis-et-Futuna de l'article L. 2123-2, les mots : "à des sociétés d'aménagement foncier et d'établissement rural," sont supprimés.

Art. L. 5731-3 Pour l'application à Wallis-et-Futuna de l'article L. 2132-29, après les mots : "du code de l'environnement" sont ajoutés les mots : "et dans les conditions fixées par l'article L. 632-1 du même code".

CHAPITRE II BIENS RELEVANT DU DOMAINE PRIVÉ

Art. L. 5732-1 Pour l'application à Wallis-et-Futuna de l'article L. 2222-8, les mots : "prévus à l'article L. 510-1 du code de l'aviation civile" sont remplacés par les mots : "prévus à l'article L. 6786-1 du code des transports".

Art. L. 5732-2 Pour l'application à Wallis-et-Futuna de l'article L. 2222-9, les mots : "par arrêté interministériel" sont remplacés par les mots : "par l'administrateur supérieur des îles Wallis-et-Futuna".

Art. L. 5732-3 Pour l'application à Wallis-et-Futuna de l'article L. 2222-10, les mots : ", à des sociétés d'aménagement foncier et d'établissement rural, " sont supprimés.

Art. L. 5732-4 Pour l'application à Wallis-et-Futuna de l'article L. 2222-18, les mots : "des articles L. 2222-12 à L. 2222-16" sont remplacés par les mots : "des articles L. 2222-12 à L. 2222-15".

CHAPITRE III DISPOSITIONS COMMUNES

Art. L. 5733-1 Le recouvrement des produits et redevances du domaine de l'État ou de ses établissements publics et en général de toute somme, dont la perception incombe aux comptables publics chargés des recettes domaniales de l'État, s'opère dans les conditions fixées par la réglementation financière et comptable applicable à Wallis-et-Futuna.

Art. L. 5733-2 Les 5°, 6° et 7° de l'article L. 2331-1 ne s'appliquent pas à Wallis-et-Futuna.

TITRE IV CESSION

CHAPITRE UNIQUE

Art. L. 5741-1 L'État peut procéder à l'aliénation de terrains de son domaine privé à un prix inférieur à la valeur vénale par application d'une décote lorsque ces terrains sont destinés à la réalisation de programmes de construction comportant essentiellement des logements, dont 50 % au moins sont réalisés en logements à vocation sociale tels qu'ils sont définis par la réglementation locale en vigueur, ou à la réalisation d'aménagement d'équipements collectifs. Le montant de la décote est fixé à 100 % de la valeur vénale du terrain.

L'avantage financier résultant de la décote est exclusivement et en totalité répercuté sur le prix de revient des logements locatifs sociaux réalisés sur le terrain aliéné.

L'acte d'aliénation prévoit, en cas de non-réalisation du programme de logements locatifs sociaux ou de l'aménagement d'équipements collectifs dans le délai de cinq ans à compter de l'aliénation, la résolution de la vente sans indemnité pour l'acquéreur ainsi que le montant des indemnités contractuelles applicables.

Un décret en Conseil d'État précise les conditions d'application du présent article.

DEUXIÈME PARTIE : RÉGLEMENTAIRE

(Décr. n° 2011-1612 du 22 nov. 2011)

Les dispositions abrogées en vertu de l'art. 3 du Décr. n° 2011-1612 du 22 nov. 2011 restent en vigueur en tant qu'elles s'appliquent à Saint-Barthélemy, à Saint-Martin, à Mayotte, à Saint-Pierre-et-Miquelon, en Polynésie française, dans les îles Wallis-et-Futuna, dans les Terres australes et antarctiques françaises et en Nouvelle-Calédonie, sous réserve des compétences en matière domaniale de ces collectivités au 25 nov. 2011 (Décr. préc., art. 19).

Décret n° 2013-938 du 18 octobre 2013,

Portant application de la loi n° 2013-403 du 17 mai 2013 relative à l'élection des conseillers départementaux, des conseillers municipaux et des conseillers communautaires, et modifiant le calendrier électoral.

Art. 1er Dans l'ensemble des dispositions réglementaires :

1° Les mots : "conseils généraux", "conseiller général" et "conseillers généraux" sont remplacés, respectivement, par les mots : "conseils départementaux", "conseiller départemental" et "conseillers départementaux" ;

2° Les mots : "conseil général" lorsqu'ils s'appliquent à l'organe mentionné à l'article L. 3121-1 du code général des collectivités territoriales sont remplacés par les mots : "conseil départemental".

. . . .

Art. 71 I. — Le titre Ier, à l'exception des articles 15 à 20 et de l'article 24, s'applique à compter du prochain renouvellement général des conseils généraux suivant la publication du présent décret.

. . . .

PREMIÈRE PARTIE ACQUISITION

LIVRE PREMIER MODES D'ACQUISITION

TITRE PREMIER ACQUISITIONS À TITRE ONÉREUX

CHAPITRE PREMIER ACQUISITIONS À L'AMIABLE

SECTION PREMIÈRE ÉCHANGE

Art. R. 1111-1 La demande d'échange d'un bien ou d'un droit à caractère immobilier appartenant à l'État est adressée au directeur départemental des finances publiques du lieu de situation de cet élément immobilier ou de sa part la plus importante.

La partie proposant l'échange accompagne sa demande des titres établissant ses droits sur le bien ou le droit à caractère immobilier qu'elle apporte en échange à l'État.

Le directeur départemental des finances publiques recueille, s'il y a lieu, l'avis du département ministériel ou du service gestionnaire du bien ou droit détenu par l'État. – *[C. dom. Ét., art. R. 77 et R. 79.]*

Art. R. 1111-2 L'échange d'un bien ou d'un droit mentionné à l'article R. 1111-1 est autorisé par le préfet, après avis du directeur départemental des finances publiques.

Le directeur départemental des finances publiques détermine la valeur vénale des biens dont l'échange est envisagé et fixe, s'il y a lieu, le montant de la soulte.

La notification à la partie qui apporte le bien ou le droit en échange, prévue à l'article L. 1111-3, est faite par le préfet. – *[C. dom. Ét., art. L. 43, mots "le service des domaines" et R. 78.]*

SECTION II DATION EN PAIEMENT

Art. R. 1111-3 La remise, au titre de la dation en paiement prévue par le code général des impôts, est effectuée selon la procédure fixée par les articles 384 A, 384 A *bis*, 384 A *ter* *(Abrogé par Décr. n° 2014-132 du 17 févr. 2014, art. 33-II)* ***« et 384 A quater »*** de l'annexe II de ce même code pour les catégories de biens suivantes :

1° Les œuvres d'art, livres, objets de collection et documents, de haute valeur artistique ou historique ;

2° Les immeubles situés dans une zone d'intervention du Conservatoire de l'espace littoral et des rivages lacustres ;

3° Les immeubles en nature de bois et forêts ou espaces naturels pouvant être incorporés au domaine forestier de l'État ;

(Abrogé par Décr. n° 2013-420 du 23 mai 2013, art. 11) ***« 4° Les blocs de titres de sociétés cotées, les titres d'organismes de placement collectif en valeurs mobilières investis en titres de sociétés cotées ou en obligations négociables et les obligations négociables. »***

***Ndlr** : Le Décr. n° 2013-420 du 23 mai 2013 mentionnait, à notre sens à tort, le 4° de l'art. R. 111-1-3 du CGPPP, mais l'intitulé de l'art. 11 de ce Décr. ne laissait aucun doute sur les dispositions réellement abrogées.*

CHAPITRE II ACQUISITIONS SELON DES PROCÉDÉS DE CONTRAINTE

SECTION PREMIÈRE DROIT DE PRÉEMPTION IMMOBILIER

Art. R. 1112-1 Le droit de préemption de l'État est exercé dans les conditions fixées :

1° En ce qui concerne les espaces naturels sensibles, aux articles *(Décr. n° 2015-1783 du 28 déc. 2015, art. 9-VII-1°, en vigueur le 1er janv. 2016)* « R. 215-9 et suivants du code de l'urbanisme » ;

2° En ce qui concerne le droit de préemption urbain, les zones d'aménagement différé et les périmètres provisoires, aux articles R. 212-1 à R. 212-6 et R. 213-1 à R. 213-26 du même code.

Art. R. 1112-2 Le droit de préemption des établissements publics de l'État est exercé dans les conditions fixées :

1° En ce qui concerne les espaces naturels sensibles, aux articles *(Décr. n° 2015-1783 du 28 déc. 2015, art. 9-VII-2°, en vigueur le 1er janv. 2016)* « R. 215-9 et suivants du code de l'urbanisme » ;

2° En ce qui concerne le droit de préemption urbain, les zones d'aménagement différé et les périmètres provisoires, aux articles R. 212-1 à R. 212-6 et R. 213-1 à R. 213-26 du même code.

Lorsque, en application *(Décr. n° 2015-1783 du 28 déc. 2015, art. 9-VII-2°, en vigueur le 1er janv. 2016)* « de l'article L. 113-25 du code de l'urbanisme », un établissement public de l'État est chargé de procéder aux acquisitions foncières destinées à la protection et à la mise en valeur des espaces agricoles et naturels périurbains, les dispositions des articles R. 143-15 à R. 143-23 du code rural et de la pêche maritime régissant l'intervention de la société d'aménagement foncier et d'établissement rural lui sont applicables.

Art. R. 1112-3 Le droit de préemption des collectivités territoriales, de leurs groupements et de leurs établissements publics est exercé dans les conditions fixées :

1° En ce qui concerne les espaces naturels sensibles, aux articles *(Décr. n° 2015-1783 du 28 déc. 2015, art. 9-VII-3°, en vigueur le 1er janv. 2016)* « R. 215-9 et suivants du code de l'urbanisme » ;

2° En ce qui concerne le droit de préemption urbain, les zones d'aménagement différé et les périmètres provisoires, aux articles R. 211-1 à R. 211-8, R. 212-1 à R. 212-6 et R. 213-1 à R. 213-26 du même code ;

3° En ce qui concerne les fonds artisanaux, les fonds de commerce, les baux commerciaux et les terrains faisant l'objet de projets d'aménagement commercial, aux articles R. 214-1 à R. 214-16 du même code.

Les articles R. 143-15 à R. 143-23 du code rural et de la pêche maritime régissant l'intervention de la société d'aménagement foncier et d'établissement rural sont applicables aux collectivités territoriales et à leurs groupements lorsqu'ils sont chargés de procéder aux acquisitions foncières destinées à la protection et à la mise en valeur des espaces agricoles et naturels périurbains.

Art. R. 1112-4 Le droit de préemption des établissements publics fonciers locaux est exercé dans les conditions fixées :

1° En ce qui concerne les espaces naturels sensibles, aux articles *(Décr. n° 2015-1783 du 28 déc. 2015, art. 9-VII-4°, en vigueur le 1er janv. 2016)* « R. 215-9 et suivants du code de l'urbanisme » ;

2° En ce qui concerne le droit de préemption urbain, les zones d'aménagement différé et les périmètres provisoires, aux articles R. 211-1 à R. 211-8, R. 212-1 à R. 212-6 et R. 213-1 à R. 213-26 du même code.

Lorsque, en application *(Décr. n° 2015-1783 du 28 déc. 2015, art. 9-VII-4°, en vigueur le 1er janv. 2016)* « de l'article L. 113-25 du code de l'urbanisme », un établissement public foncier local est chargé de procéder aux acquisitions foncières destinées à la protection et à la mise en valeur des espaces agricoles et naturels périurbains, les dispositions des articles R. 143-15 à R. 143-23 du code rural et de la pêche maritime régissant l'intervention de la société d'aménagement foncier et d'établissement rural lui sont applicables.

SECTION II DROIT DE PRÉEMPTION MOBILIER

(Décr. n° 2018-630 du 17 juill. 2018, art. 6)

Art. R. 1112-5 Le droit de préemption de l'État à l'égard des biens culturels est exercé dans les conditions fixées aux articles R. 123-1 à R. 123-8 du code du patrimoine. — *[V. App., v° Droit de préemption.]*

Art. R. 1112-6 Le droit de préemption de la Bibliothèque nationale de France à l'égard des biens culturels est exercé dans les conditions fixées aux articles R. 123-1 à R. 123-8 du code du patrimoine. — *[V. App., v° Droit de préemption.]*

Art. R. 1112-7 L'État, à la demande et pour le compte des collectivités territoriales, exerce le droit de préemption à l'égard des biens culturels dans les conditions fixées aux articles R. 123-1 à R. 123-8 du code du patrimoine. — *[V. App., v° Droit de préemption.]*

SECTION II *[ANCIENNE]* DROIT DE PRÉEMPTION MOBILIER

Ancien art. R. 1112-5 *Le droit de préemption de l'État est exercé dans les conditions fixées :*

1° En ce qui concerne les œuvres d'art, aux articles R. 123-1 à R. 123-8 du code du patrimoine [V. App., v° Droit de préemption] *;*

2° En ce qui concerne les archives privées, aux articles R. 212-91 et R. 212-92 du même code [V. App., v° Droit de préemption].

Ancien art. R. 1112-6 *Le droit de préemption de la Bibliothèque nationale de France à l'égard des archives privées est exercé dans les conditions fixées par les articles R. 212-91 et R. 212-92 du code du patrimoine.* — V. ces art., App., v° Droit de préemption.

Ancien art. R. 1112-7 *L'État, à la demande et pour le compte des collectivités territoriales, exerce le droit de préemption dans les conditions fixées :*

1° En ce qui concerne les œuvres d'art, aux articles R. 123-1 à R. 123-8 du code du patrimoine [V. App., v° Droit de préemption] *;*

2° En ce qui concerne les archives privées, aux articles R. 212-91 et R. 212-92 du même code [V. App., v° Droit de préemption].

TITRE DEUXIÈME ACQUISITIONS À TITRE GRATUIT

CHAPITRE PREMIER DONS ET LEGS

SECTION PREMIÈRE DISPOSITIONS APPLICABLES À L'ÉTAT ET À SES ÉTABLISSEMENTS PUBLICS

Art. R. 1121-1 L'acceptation des dons et legs faits à l'État est prononcée par arrêté ministériel, dans les conditions fixées aux articles R. 1121-2, R. 1121-3 et R. 1121-5.

Lorsque la libéralité consentie à l'État est assortie de charges ou conditions, le ministre compétent pour prendre l'arrêté prévu au premier alinéa est celui qui a qualité pour exécuter les charges ou conditions ou, si l'exécution de ces charges ou conditions ne relève d'aucun autre ministre, le ministre chargé du domaine. – *[C. dom. Ét., art. L. 11, les mots "par le ministre compétent, qui statue par voie d'arrêté" et R. 24.]*

Art. R. 1121-2 Tout notaire constitué dépositaire d'un testament contenant des libéralités en faveur de l'État est tenu, aussitôt après l'ouverture du testament, d'adresser au préfet du département du lieu d'ouverture de la succession la copie intégrale de ces dispositions.

Lorsque le lieu d'ouverture de la succession est situé à l'étranger, ladite copie est adressée au préfet de Paris. – *[C. dom. Ét., art. R. 22 et R. 43, phrase 1.]*

Art. R. 1121-3 La réclamation concernant un legs en faveur de l'État, formulée par les héritiers légaux, est recevable auprès du ministre compétent dans un délai de six mois à compter de l'ouverture du testament. Elle comporte les nom, prénoms et adresse des réclamants, leur ordre et degré de parenté vis-à-vis du défunt ainsi que les motifs de la réclamation.

Le ministre délivre au réclamant un accusé de réception.

Lorsque la réclamation est formulée après l'expiration du délai mentionné au premier alinéa ou émane de personnes autres que les héritiers légaux, l'accusé de réception fait mention de son irrecevabilité.

L'autorité compétente statue sur l'acceptation ou le refus du legs dans les douze mois suivant la transmission par le notaire prévue à l'article R. 1121-2. Le silence gardé par l'autorité compétente au-delà du délai défini au présent alinéa vaut refus de la libéralité. – *[C. dom. Ét., art. R. 23.]*

Le dernier al. est applicable aux successions ouvertes à compter du 25 nov. 2011 (Décr. n° 2011-1612 du 22 nov. 2011, art. 18). A Saint-Pierre-et-Miquelon, il est applicable aux successions ouvertes à compter du 23 août 2014 (Décr. n° 2014-930 du 19 août 2014, art. 11).

Art. R. 1121-4 Les dispositions des articles R. 1121-2 et R. 1121-3 sont applicables aux legs faits en faveur des établissements publics de l'État.

Le notaire dépositaire d'un testament contenant des libéralités au profit d'établissements publics de l'État est en outre tenu de faire parvenir auxdits établissements une copie du document qu'il envoie au préfet du département du lieu d'ouverture de la succession.

L'autorité compétente pour accepter le legs est déterminée par le statut de l'établissement public. Dans le silence de ce texte, la décision revient à l'instance délibérante de l'établissement. – *[C. dom. Ét., art. R. 36.]*

Art. R. 1121-5 Si un même testament contient des libéralités distinctes en faveur de plusieurs des personnes morales mentionnées à la présente section, les autorités qualifiées se prononcent séparément sur l'acceptation de chaque libéralité lorsque les héritiers n'ont formulé aucune réclamation dans le délai de six mois mentionné au premier alinéa de l'article R. 1121-3.

Dans le cas contraire, un même décret en Conseil d'État statue sur l'acceptation des diverses libéralités. Le délai prévu au quatrième alinéa de l'article R. 1121-3 est alors porté à quatorze mois. – *[C. dom. Ét., art. R. 40.]*

SECTION II **DISPOSITIONS APPLICABLES AUX COLLECTIVITÉS TERRITORIALES ET À LEURS ÉTABLISSEMENTS PUBLICS**

Art. R. 1121-6 Les dispositions des articles R. 2242-1 et R. 2242-2 du code général des collectivités territoriales *[V. App., v° Dons et legs]* sont applicables aux dons et legs consentis aux communes et à leurs établissements publics.

Art. R. 1121-7 Les dispositions des articles R. 3213-9 et R. 3213-10 du code général des collectivités territoriales *[V. App., v° Dons et legs]* sont applicables aux dons et legs consentis aux départements et à leurs établissements publics.

Art. R. 1121-8 Les dispositions des articles R. 4221-8 et R. 4221-9 du code général des collectivités territoriales sont applicables aux dons et legs consentis aux régions et à leurs établissements publics.

CHAPITRE II SUCCESSIONS EN DÉSHÉRENCE

Art. R. 1122-1 L'administration chargée des domaines demande l'envoi en possession de la succession d'une personne qui décède sans héritiers ou d'une succession abandonnée dans les formes et conditions prévues par l'article 1354 du code de procédure civile.

CHAPITRE III BIENS SANS MAÎTRE

Art. R. 1123-1 L'arrêté du maire, mentionné au deuxième alinéa de l'article L. 1123-3, est pris après avis de la commission communale des impôts directs. – *[C. dom. Ét., art. L. 27 bis, les mots "après avis de la commission communale des impôts directs".]*

Art. R. 1123-2 Lorsque la propriété d'un bien qui n'a pas de maître est attribuée à l'État dans les conditions prévues au cinquième alinéa de l'article L. 1123-3, le transfert de ce bien dans le domaine de l'État est constaté par arrêté préfectoral.

CHAPITRE IV BIENS CONFISQUÉS

Le présent chapitre ne comprend pas de dispositions réglementaires.

CHAPITRE V OBJETS PLACÉS SOUS MAIN DE JUSTICE

Le présent chapitre ne comprend pas de dispositions réglementaires.

CHAPITRE VI SOMMES ET VALEURS PRESCRITES

Art. R. 1126-1 Le transfert des titres acquis à l'État dans les conditions prévues à l'article L. 1126-1 a lieu par virement de compte à compte pour les titres inscrits en compte et par production des titres pour ceux matériellement créés.

Chaque transfert est accompagné de tout document de nature à certifier les droits de l'État. – *[C. dom. Ét., art. L. 27, 6e al.]*

Art. R. 1126-2 *(Décr. nº 2015-1092 du 28 août 2015, art. 4-I, en vigueur le 1er janv. 2016)* La remise des sommes et valeurs mentionnées aux 1º, 3º et 4º de l'article L. 1126-1 a lieu auprès du comptable spécialisé du domaine, dans les vingt premiers jours du mois de janvier de chaque année. Elle comprend l'ensemble des dépôts et avoirs qui ont été atteints par la prescription au cours de l'année précédente.

Ancien art. R. 1126-2 *La remise des sommes et valeurs mentionnées aux 1º, 2º, 3º et 4º de l'article L. 1126-1 a lieu auprès du comptable de la direction générale des finances publiques du siège du déposant, dans les vingt premiers jours du mois de janvier de chaque année. Elle comprend l'ensemble des dépôts et avoirs qui ont été atteints par la prescription au cours de l'année précédente.*

Les banques ou établissements qui possèdent des agences ou succursales dont les écritures comptables ne sont pas centralisées à l'établissement principal effectuent la remise auprès du comptable de la direction générale des finances publiques du siège de l'agence ou de la succursale détenant les sommes et valeurs dues. – [C. dom. Ét., art. R. 47 et R. 48.]

Art. R. 1126-3 (Abrogé par Décr. nº 2015-1092 du 28 août 2015, art. 4-II, à compter du 1er janv. 2016) *La remise des sommes dues au titre de contrats d'assurance sur la vie, mentionnées au 5º de l'article L. 1126-1, a lieu selon les modalités prévues au premier alinéa de l'article R. 1126-2 auprès du directeur départemental des finances publiques du département du siège du déposant.*

Les banques ou établissements qui possèdent des agences ou succursales dont les écritures comptables ne sont pas centralisées à l'établissement principal effectuent la remise auprès du directeur départemental des finances publiques du département de l'agence ou de la succursale détenant les sommes dues.

Toutefois, lorsque le déposant a son siège dans la région d'Île-de-France, la remise prescrite par le présent article s'effectue auprès du comptable spécialisé du domaine. – V., sur le comptable spécialisé du domaine, Décr. nº 2006-1795 du 23 déc. 2006, JO 31 déc., mod. par Décr. nº 2011-2078 du 30 déc. 2011, JO 31 déc. et abrogé par Décr. nº 2017-1827 du 28 déc. 2017, JO 30 déc.

Art. R. 1126-4 *(Décr. nº 2015-1092 du 28 août 2015, art. 4-III, en vigueur le 1er janv. 2016)* Les sommes et valeurs quelconques dues par des sociétés ou établissements à caractère commercial mentionnées au 2° de l'article L. 1126-2 peuvent être déposées à la Caisse des dépôts et consignations lorsqu'elles n'ont fait l'objet de la part des titulaires d'aucune réclamation au terme du délai de dix ans fixé par le premier alinéa de l'article 2 de la loi n° 77-4 du 3 janvier 1977 modifiant l'article 189 *bis* du code de commerce concernant la prescription en matière commerciale.

Six mois avant de procéder à ces dépôts, les sociétés ou les établissements mentionnés au premier alinéa en informent les titulaires par lettre recommandée à leur dernier domicile connu.

Ancien art. R. 1126-4 *Les sommes et valeurs quelconques dues par des sociétés ou établissements à caractère commercial mentionnés au 2° de l'article L. 1126-2 peuvent être déposées à la Caisse des dépôts et consignations lorsqu'elles n'ont fait l'objet de la part des ayants droit d'aucune réclamation au terme du délai de dix ans fixé par le troisième alinéa de l'article 2 de la loi n° 77-4 du 3 janvier 1977 modifiant l'article 189 bis du code de commerce concernant la prescription en matière commerciale.* — V. C. com., ss. art. L. 110-4. — **C. com.**

Les fonds et titres mentionnés à l'article L. 1126-3 ayant donné lieu, de la part des établissements dépositaires, à la clôture de compte prévue au premier alinéa de l'article 2 de la loi susmentionnée sont déposés à la Caisse des dépôts et consignations.

Six mois avant de procéder à ce dépôt, les sociétés ou établissements mentionnés aux deux alinéas précédents en informent les ayants droit par lettre recommandée adressée à leur dernier domicile connu. — [C. dom. Ét., art. R. 47-1, al. 1er à 4.]

Art. R. 1126-5 La Caisse des dépôts et consignations remet au Trésor public, lorsqu'elles sont atteintes par la prescription trentenaire ou conventionnelle, les sommes et valeurs déposées auprès d'elle en application de l'article R. 1126-4.

La gestion de ces avoirs peut donner lieu à perception de droits et de frais dans les conditions fixées par arrêté conjoint des ministres chargés de l'économie et du budget. — *[C. dom. Ét., art. R. 47-1, al. 5 et 7.]*

Art. R. 1126-6 Chaque versement de sommes et valeurs au Trésor public en application des dispositions du présent chapitre est accompagné des relevés faisant ressortir distinctement suivant le cas :

1° La désignation précise et détaillée des coupons, intérêts et dividendes compris dans le versement, l'indication de leur montant, la date de leur exigibilité, ainsi que la date d'échéance de la prescription quinquennale ou conventionnelle ;

2° La désignation précise et détaillée et le montant des sommes ou valeurs quelconques, y compris les lots et les primes, mises en paiement à la suite d'opérations telles que rachat, amortissement, remboursement total ou partiel d'actions, parts de fondateur, obligations et autres valeurs mobilières et atteintes par la prescription trentenaire ou conventionnelle, avec l'indication de la date d'échéance de la prescription ;

3° Le nom et la qualité du déposant, ainsi que la nature et le montant des dépôts ou avoirs en espèces versés au Trésor public, la date de la dernière opération dont ils ont fait l'objet et la date d'échéance de la prescription ;

4° Le nom et la qualité du déposant, ainsi que la désignation précise et détaillée des titres qui font l'objet de la remise, l'indication de leur valeur nominale, la nature et la date de la dernière opération à laquelle ils ont donné lieu, ainsi que la date d'échéance de la prescription.

Ces relevés sont certifiés véritables par les directeurs, gérants ou dirigeants des sociétés, établissements financiers, organismes d'assurance et autres entités privées, tant pour leur établissement principal que pour leurs agences ou succursales. Si le détenteur des sommes et valeurs était une collectivité territoriale ou un établissement public, la certification émane de son organe exécutif.

Les dispositions qui précèdent sont applicables aux versements faits à la Caisse des dépôts et consignations en vertu de l'article R. 1126-4. Les versements doivent être accompagnés de toutes indications relatives à l'identité, à l'adresse et à la qualité du titulaire du compte. — *[C. dom. Ét., art. R. 49.]*

CHAPITRE VII **DISPOSITIONS DIVERSES**

Art. R. 1127-1 Les mesures de publicité préalables à l'acquisition par l'État d'un bien culturel maritime mentionné au deuxième alinéa de l'article L. 532-2 du code du patrimoine sont énoncées à l'article R. 532-5 du même code.

LIVRE DEUXIÈME PROCÉDURES D'ACQUISITION

TITRE PREMIER BIENS SITUÉS EN FRANCE

CHAPITRE PREMIER CONSULTATION PRÉALABLE

SECTION PREMIÈRE DISPOSITIONS APPLICABLES À L'ÉTAT ET À SES ÉTABLISSEMENTS PUBLICS

Art. R. 1211-1 Les projets d'opérations immobilières mentionnés à l'article R. 1211-2 doivent être précédés, avant toute entente amiable, d'une demande d'avis du directeur départemental des finances publiques lorsqu'ils sont poursuivis par l'État et ses établissements publics.

Ces dispositions ne sont pas applicables aux établissements de crédit *(Décr. n° 2014-1315 du 3 nov. 2014, art. 14)* « ou aux sociétés de financement ». – *[Décr. n° 86-455 du 14 mars 1986, art. 3, ecqc les projets d'acquisitions poursuivis par l'État et ses établissements publics.]*

Art. R. 1211-2 Les projets d'opérations immobilières mentionnés à l'article R. 1211-1 comprennent les acquisitions à l'amiable, par adjudication ou par exercice du droit de préemption, d'immeubles, de droits réels immobiliers, de fonds de commerce et de droits sociaux donnant vocation à l'attribution en pleine propriété d'immeubles ou partie d'immeubles, d'une valeur totale égale ou supérieure à un montant fixé par arrêté du ministre chargé du domaine, ainsi que les tranches d'acquisition d'un montant inférieur, mais faisant partie d'une opération d'ensemble d'un montant égal ou supérieur. – *[Décr. n° 86-455 du 14 mars 1986, art. 5, ecqc les projets d'acquisitions poursuivis par l'État et ses établissements publics.]*

V. Arr. du 5 déc. 2016 relatif aux opérations d'acquisitions et de prises en location immobilières poursuivies par les collectivités publiques et divers organismes (JO 11 déc.).

Art. R. 1211-3 En cas d'acquisition poursuivie par voie d'expropriation pour cause d'utilité publique, l'expropriant est tenu de demander l'avis du directeur départemental des finances publiques :

1° Pour produire, au dossier de l'enquête mentionnée à l'article *(Décr. n° 2014-1635 du 26 déc. 2014, art. 4-VI, en vigueur le 1er janv. 2015)* « L. 110-1 » du code de l'expropriation pour cause d'utilité publique, l'estimation sommaire et globale des biens dont l'acquisition est nécessaire à la réalisation *(Décr. n° 2014-1635 du 26 déc. 2014, art. 4-VI, en vigueur le 1er janv. 2015)* « des opérations prévues aux articles R. 112-4 et R. 112-5 du même code » ;

2° Avant de procéder aux notifications des offres amiables prévues à l'article *[aux articles]* *(Décr. n° 2014-1635 du 26 déc. 2014, art. 4-VI, en vigueur le 1er janv. 2015)* « L. 311-4 et R. 311-4 » du code de l'expropriation pour cause d'utilité publique et des propositions prévues à l'article *(Décr. n° 2014-1635 du 26 déc. 2014, art. 4-VI, en vigueur le 1er janv. 2015)* « R. 311-6 » du même code ;

3° Avant l'intervention des accords amiables mentionnés *(Décr. n° 2014-1635 du 26 déc. 2014, art. 4-VI, en vigueur le 1er janv. 2015)* « au deuxième alinéa de l'article L. 321-3 et au quatrième alinéa de l'article R. 311-20 » du code de l'expropriation pour cause d'utilité publique. – *[Décr. n° 86-455 du 14 mars 1986, art. 6, ecqc les projets d'acquisitions poursuivis par l'État et ses établissements publics.]*

Art. R. 1211-4 L'avis du directeur départemental des finances publiques porte sur les conditions financières de l'opération.

Dans le cas des acquisitions immobilières poursuivies par l'État ou ses établissements publics à caractère administratif, il porte, en outre, sur le choix des emplacements et des constructions existantes ou à édifier et sur les possibilités d'utilisation d'immeubles domaniaux qui seraient disponibles ou susceptibles d'un meilleur aménagement. – *[Décr. n° 86-455 du 14 mars 1986, art. 7, ecqc les projets d'acquisitions poursuivis par l'État et ses établissements publics.]*

Art. R. 1211-5 L'avis du directeur départemental des finances publiques doit être formulé dans le délai d'un mois à compter de la date de la réception d'une demande d'avis en état. Si, en raison de l'importance de la superficie du projet, du nombre ou de la diversité des biens à évaluer, de la complexité particulière de l'opération, ce délai ne peut être respecté, le directeur départemental des finances publiques doit, avant l'expiration de ce délai, en informer le service consultant en vue d'arrêter d'un commun accord un calendrier de déroulement de l'opération.

En cas de non-respect du délai d'un mois ou du calendrier fixé, l'avis est réputé donné et il peut être procédé à la réalisation de l'opération. – *[Décr. nº 86-455 du 14 mars 1986, art. 8, ecqc les projets d'acquisitions poursuivis par l'État et ses établissements publics.]*

Art. R. 1211-6 Lorsque l'État ou l'un de ses établissements publics envisage de passer un des actes mentionnés à l'article R. 1211-2 ou d'accomplir une des formalités prévues aux 2° et 3° de l'article R. 1211-3, en retenant un montant supérieur à l'évaluation domaniale, il doit au préalable prendre une décision motivée de passer outre.

Cette décision est prise par le ministre responsable de l'opération ou l'autorité de tutelle de l'établissement public, après accord du ministre chargé du domaine. Toutefois, le préfet est compétent pour prendre la décision de passer outre lorsque le montant de ces projets ne dépasse pas une somme, en valeur vénale, fixée par arrêté du ministre chargé du domaine. – *Somme fixée à 300 000 euros par Arr. du 6 août 2012, JO 18 août.*

La décision de passer outre est adressée au directeur départemental des finances publiques du département de la situation du bien.

Lorsque le bien ou l'ensemble foncier dont l'estimation donne lieu à une décision de passer outre s'étend sur plusieurs départements, cette décision est prise conjointement par les préfets de chacun des départements concernés et adressée aux directeurs départementaux des finances publiques compétents. – *[Décr. nº 86-455 du 14 mars 1986, art. 9, ecqc les projets d'acquisitions poursuivis par l'État et ses établissements publics.]*

Art. R. 1211-7 S'il n'est pas justifié de l'avis du directeur départemental des finances publiques et, le cas échéant, de la décision de passer outre mentionnée à l'article R. 1211-6, il est fait défense, d'une part, aux membres du corps du contrôle général économique et financier de viser toutes pièces d'engagement de dépenses, toutes ordonnances de paiement ou de délégations et tous mandats relatifs à un projet d'acquisition poursuivi par l'État ou ses établissements publics et, d'autre part, aux comptables publics d'effectuer les règlements correspondants. – *[Décr. nº 86-455 du 14 mars 1986, art. 12, ecqc les projets d'acquisitions poursuivis par l'État et ses établissements publics.]*

Art. R. 1211-8 *(Décr. nº 2020-133 du 18 févr. 2020, art. 8)* « Les opérations immobilières qualifiées d'opérations sensibles intéressant la défense nationale en application de l'article L. 2391-1 du code de la défense et les servitudes qui leur sont associées, poursuivies par voie d'expropriation pour cause d'utilité publique par les services publics relevant du ministre de la défense ou placés sous sa tutelle, sont soumises à la commission mentionnée à l'article R. 122-5 du code de l'expropriation pour cause d'utilité publique. »

L'avis du directeur départemental des finances publiques prévu à l'article R. 1211-3 du présent code figure au dossier soumis à la commission. – *[C. dom. Ét., art. R. 21-1 et R. 21-3.]*

SECTION II **DISPOSITIONS APPLICABLES AUX COLLECTIVITÉS TERRITORIALES, À LEURS GROUPEMENTS ET À LEURS ÉTABLISSEMENTS PUBLICS**

Art. R. 1211-9 La consultation du directeur départemental des finances publiques préalable aux acquisitions immobilières poursuivies par les collectivités territoriales, leurs groupements et leurs établissements publics a lieu dans les conditions fixées aux articles *(Décr. nº 2011-2065 du 30 déc. 2011, art. 2)* « R. 1311-3, R. 1311-4 et R. 1311-5 » du code général des collectivités territoriales. – *V. App., vº Gestion du domaine.*

Art. R. 1211-10 L'avis du directeur départemental des finances publiques préalable aux acquisitions immobilières poursuivies par les offices publics de l'habitat est formulé selon les règles fixées à l'article R. 451-10 du code de la construction et de l'habitation.

CHAPITRE II ACTES

SECTION PREMIÈRE PASSATION DES ACTES

Art. R. 1212-1 Lorsqu'un acte d'acquisition d'immeubles, de droits immobiliers ou de fonds de commerce est établi en la forme administrative, l'administration chargée des domaines est seule habilitée à le passer pour le compte des services civils ou militaires de l'État. Elle est assistée en tant que de besoin par un représentant du ministère ou du service intéressé.

Toutefois, et sous réserve des dispositions des articles R. 1212-9 à R. 1212-21, ces dispositions ne sont pas applicables aux acquisitions poursuivies par voie d'expropriation pour cause d'utilité publique et pour lesquelles le juge de l'expropriation fixe le montant de l'indemnité et prononce le transfert de propriété. – *[C. dom. Ét., art. R. 18, ecqc la passation des actes d'acquisition.]*

Art. R. 1212-2 Lorsque l'acte d'échange d'un bien appartenant à l'État est établi en la forme administrative, il est passé dans le département de situation de ce bien ou de sa part la plus importante. – *[C. dom. Ét., art. R. 80.]*

SECTION II PURGE DES PRIVILÈGES ET HYPOTHÈQUES ET REMISE DES FONDS

Art. R. 1212-3 Dans les cas prévus à l'article L. 1212-2, les comptables publics sont déchargés de toute responsabilité par la remise des fonds au notaire rédacteur de l'acte. – *[C. dom. Ét., art. L. 10, phrase 1 et R. 8, al. 1er.]*

Art. R. 1212-4 Lorsque le prix des acquisitions d'immeubles, de droits réels immobiliers ou de fonds de commerce réalisées selon les règles du droit commun par l'État et ses établissements publics donne lieu à remploi en immeuble, les comptables publics remettent les fonds au notaire rédacteur de l'acte portant mutation de l'immeuble acquis en remploi.

La remise des fonds a lieu sur la demande du vendeur et sur production d'une attestation du notaire certifiant la mission de remploi qui lui a été confiée.

Cette attestation comporte obligatoirement l'identité des parties ainsi que la désignation de l'immeuble conformément aux dispositions du premier alinéa de l'article 5, du 1 de l'article 6 et de l'article 7 du décret n° 55-22 du 4 janvier 1955 portant réforme de la publicité foncière et mentionne le prix d'acquisition *[V. C. civ., ss. art. 2488. –* **C. civ.***]*. – *[Décr. n° 62-1352 du 14 nov. 1962, art. 2, ecqc l'État et ses établissements publics.]*

Art. R. 1212-5 Lorsque le prix d'une des acquisitions mentionnées à l'article R. 1212-4 donne lieu à remploi en valeurs mobilières, les comptables publics remettent les fonds au prestataire de services d'investissement *(Décr. n° 2017-1253 du 9 août 2017, art. 13 et 20, en vigueur le 3 janv. 2018)* « autre qu'une société de gestion de portefeuille » désigné par le vendeur, par contrat ou par autorité de justice, pour procéder à l'achat et requérir l'immatriculation des titres acquis en remploi.

La remise des fonds a lieu sur production d'une attestation du prestataire de services d'investissement certifiant la mission de remploi qui lui a été confiée. – *[Décr. n° 62-1352 du 14 nov. 1962, art. 3, ecqc l'État et ses établissements publics.]*

Art. R. 1212-6 Pour les acquisitions immobilières passées en la forme administrative par l'État et ses établissements publics, un acompte peut être payé au vendeur, dès l'expiration des délais ouverts pour prendre les inscriptions ayant un effet rétroactif, dans la limite maximum des trois quarts de la différence entre le prix stipulé et celui des charges et accessoires.

Cet acompte est payé après autorisation du directeur départemental des finances publiques lorsque les actes sont rédigés par l'administration chargée des domaines et, dans les autres cas, après autorisation de l'autorité habilitée à recevoir l'acte administratif. – *[C. dom. Ét., art. R. 8, al. 2 et 3.]*

Art. R. 1212-7 Le prix des acquisitions immobilières faites à l'amiable suivant les règles du droit civil ou après exercice du droit de préemption pour le compte de l'État ou de ses établissements publics peut être payé au vendeur, après publication de l'acte au fichier immobilier, sans l'accomplissement des formalités de purge des privilèges et hypothèques inscrits lorsqu'il n'excède pas un montant fixé par arrêté du ministre chargé du domaine. – *[C. dom. Ét., art. R. 9.]*

Art. R. 1212-8 La purge des privilèges et hypothèques et la remise des fonds concernant les acquisitions immobilières réalisées à l'amiable suivant les règles du droit civil ou après exercice du droit de préemption, par les communes et leurs établissements publics, les départements et leurs établissements publics, les régions et leurs établissements publics ainsi que par les groupements de ces collectivités territoriales ont lieu dans les conditions fixées respectivement aux articles R. 2241-3 à R. 2241-7, R. 3213-4 à R. 3213-8, R. 4221-3 à R. 4221-7, R. 5211-13-2 à R. 5211-13-6 et R. 5212-1-1-1 du code général des collectivités territoriales.

SECTION III RÉALISATION PAR L'ADMINISTRATION CHARGÉE DES DOMAINES D'ACQUISITIONS FONCIÈRES POUR LE COMPTE DES COLLECTIVITÉS PUBLIQUES

Décret n° 2011-1612 du 22 novembre 2011,

Relatif aux première, deuxième, troisième et quatrième parties réglementaires du code général de la propriété des personnes publiques.

Art. 4 Dans les départements désignés dans les conditions prévues à l'article R. 1212-17 du code général de la propriété des personnes publiques, l'administration chargée des domaines peut, sur leur demande, apporter son concours aux sociétés d'économie mixte dans lesquelles l'État, des départements, des communes ou des établissements publics détiennent, ensemble ou séparément, la majorité du capital, pour poursuivre pour leur compte, à l'amiable ou par voie d'expropriation, les acquisitions d'immeubles, de droits réels immobiliers ou de fonds de commerce entrant dans des catégories d'opérations définies par arrêtés du Premier ministre, du ministre chargé du domaine et des ministres intéressés. Ce concours s'exerce selon les modalités fixées aux articles R. 1212-10 à R. 1212-16 et R. 1212-18 du même code.

Art. 5 Dans la région d'Île-de-France, les sociétés d'économie mixte dans lesquelles l'État ou ses établissements publics détiennent, ensemble ou séparément, la majorité du capital peuvent solliciter le concours du service spécialisé mentionné à l'article R. 1212-19 du code général de la propriété des personnes publiques en vue des opérations d'acquisitions et de cessions immobilières, définies aux articles R. 1212-19 et R. 3221-1 du même code, qu'elles poursuivent. Ce concours peut consister à faire procéder pour leur compte aux levés de plans des immeubles, à conduire les négociations préalables aux acquisitions et aux aliénations et à agir en leur nom devant les juridictions compétentes en ce qui concerne la fixation des indemnités en matière d'expropriation.

Art. 6 L'administration chargée des domaines peut, à la demande des sociétés nationales et entreprises publiques mentionnées aux 2 et 3 de l'article 1er de la loi du 26 juillet 1983 susvisée *[loi n° 83-675 du 26 juill. 1983 modifiée relative à la démocratisation du secteur public]*, procéder à l'aliénation des immeubles qui leur appartiennent, lorsque celles-ci en ont décidé la vente et qu'il doit être fait appel à la concurrence. Le prix obtenu est reversé à la société ou à l'entreprise sous réserve de l'application du prélèvement prévu à l'article R. 2321-9 du code général de la propriété des personnes publiques.

SOUS-SECTION 1 DISPOSITIONS APPLICABLES À L'ÉTAT ET À SES ÉTABLISSEMENTS PUBLICS

§ 1er DISPOSITIONS GÉNÉRALES

Art. R. 1212-9 Dans les départements désignés dans les conditions prévues à l'article R. 1212-17, l'administration chargée des domaines est seule habilitée à poursuivre les acquisitions d'immeubles, de droits réels immobiliers ou de fonds de commerce, à l'amiable et par voie d'expropriation, pour le compte des services civils ou militaires de l'État. — *[C. dom. Ét., art. R. 176.]*

Art. R. 1212-10 Dans les mêmes départements, l'administration chargée des domaines peut, sur leur demande, apporter son concours aux établissements publics de l'État, pour poursuivre, pour leur compte, à l'amiable ou par voie d'expropriation, les acquisitions d'immeubles, de droits réels immobiliers ou de fonds de commerce entrant dans des catégories d'opérations définies par arrêtés du Premier ministre, du ministre chargé du domaine et des ministres intéressés.

La demande est transmise par l'intermédiaire du préfet.

L'administration chargée des domaines ne peut apporter son concours dans les cas prévus ci-dessus que si elle est chargée, comme mandataire de l'établissement, de négocier avec les propriétaires et autres ayants droit et de représenter ses mandants dans les contrats conclus. Il peut être mis fin à ce mandat à tout moment par décision du mandant, transmise dans les mêmes formes que la demande. — *[C. dom. Ét., art. R. 177, ecqc les établissements publics de l'État.]*

Art. R. 1212-11 Dans les procédures d'expropriation dont elle est chargée en application des articles R. 1212-9 et R. 1212-10, l'administration chargée des domaines accomplit, au nom de l'expropriant, tous les actes incombant à celui-ci, sous réserve des dispositions des articles R. 1212-12 et R. 1212-13. — *[C. dom. Ét., art. R. 178, ecqc l'État et ses établissements publics.]*

Art. R. 1212-12 Pour la fixation des indemnités d'expropriation, le directeur départemental des finances publiques peut désigner des fonctionnaires placés sous son autorité pour agir devant les juridictions de l'expropriation au nom des services expropriants de l'État.

Les fonctionnaires ainsi désignés agissent également au nom des établissements mentionnés à l'article R. 1212-10, si ceux-ci l'ont demandé.

Les désignations prévues au présent article ne peuvent porter sur les agents mentionnés *(Décr. n° 2014-1635 du 26 déc. 2014, art. 4-VI, en vigueur le 1er janv. 2015)* « aux articles R. 212-1 et R. 311-24 du code de l'expropriation pour cause d'utilité publique ». — *[C. dom. Ét., art. R. 179, ecqc l'État et ses établissements publics.]*

Art. R. 1212-13 Le service ou l'établissement public acquéreur accomplit lui-même les actes et formalités incombant à l'expropriant et relatifs à la déclaration d'utilité publique, à la consultation du directeur départemental des finances publiques prévue à l'article R. 1211-3 ainsi qu'à l'enquête parcellaire lorsque celle-ci est effectuée en même temps que l'enquête préalable à la déclaration d'utilité publique. — *[C. dom. Ét., art. R. 180, ecqc l'État et ses établissements publics.]*

Art. R. 1212-14 Pour les opérations à la réalisation desquelles elle apporte son concours, l'administration chargée des domaines accomplit les mesures de publicité prévues par la loi en matière d'acquisition d'immeubles, de droits réels immobiliers ou de fonds de commerce.

Le coût en est supporté par les services ou les établissements intéressés. — *[C. dom. Ét., art. R. 181, ecqc l'Etat et ses établissements publics.]*

Art. R. 1212-15 L'administration chargée des domaines peut, sur leur demande, assister les services ou les établissements publics intéressés dans la recherche des immeubles nécessaires à la satisfaction de leurs besoins, lorsqu'il s'agit d'opérations pour lesquelles elle prête son concours. Elle en informe le préfet. — *[C. dom. Ét., art. R. 183, ecqc l'État et ses établissements publics.]*

Art. R. 1212-16 L'intervention, dans les conditions prévues par le présent paragraphe, de l'administration chargée des domaines au profit des établissements mentionnés à l'article R. 1212-10 donne lieu, sauf en ce qui concerne les évaluations des biens, à une rémunération dégressive perçue au profit du budget général de l'État et calculée selon des modalités fixées par arrêté conjoint du ministre chargé du budget et du ministre de l'intérieur.

Indépendamment de cette rémunération, l'administration chargée des domaines est remboursée des frais résultant de l'application de dispositions légales ou réglementaires et qu'elle a réellement exposés. Les autres dépenses, frais ou honoraires exposés avec l'accord de l'établissement qui fait appel à son concours lui sont remboursés dans les mêmes conditions. – *[C. dom. Ét., art. R. 184, ecqc les établissements publics de l'État.]*

Art. R. 1212-17 Les dispositions du présent paragraphe s'appliquent dans les départements désignés par arrêtés conjoints du Premier ministre, du ministre de l'intérieur et du ministre chargé du domaine.

Ces arrêtés précisent pour chaque département la date à partir de laquelle commence cette application. Seules sont prises en charge par l'administration chargée des domaines les expropriations qui, à cette date, n'ont pas encore fait l'objet d'une déclaration d'utilité publique. – *[C. dom. Ét., art. R. 185, ecqc l'État et ses établissements publics.]*

Art. R. 1212-18 Des arrêtés conjoints du Premier ministre, du ministre chargé du domaine et du ministre intéressé peuvent rendre les dispositions du présent paragraphe applicables, dans d'autres départements, aux acquisitions nécessaires à une ou plusieurs opérations déterminées. – *[C. dom. Ét., art. R. 186, ecqc l'État et ses établissements publics.]*

§ 2 DISPOSITIONS APPLICABLES DANS LA RÉGION D'ÎLE-DE-FRANCE

Art. R. 1212-19 Dans la région d'Île-de-France, un service spécialisé, placé sous l'autorité du directeur général des finances publiques, est chargé de participer, dans les conditions prévues aux articles R. 1212-20 à R. 1212-23, à la réalisation des acquisitions amiables d'immeubles, de droits réels immobiliers et de fonds de commerce ainsi que des acquisitions par voie d'expropriation pour cause d'utilité publique d'immeubles et de droits réels immobiliers, lorsque ces opérations sont poursuivies au nom de l'État, en vue :

1° De la construction d'ensembles immobiliers à usage d'habitation et de leurs installations annexes ou de la création de lotissements destinés à l'habitation ou à l'industrie ;

2° De la réalisation progressive et suivant des plans d'ensemble des zones affectées à l'habitation ou à l'industrie par des plans locaux d'urbanisme approuvés. – *[C. dom. Ét., art. R. 171, ecqc les acquisitions.]*

Art. R. 1212-20 Le service spécialisé est habilité à procéder au lieu et place de l'administration chargée des domaines dans les départements d'Île-de-France :

1° Aux estimations des biens à acquérir aux fins prévues à l'article R. 1212-19 ;

2° Aux négociations avec les propriétaires ou ayants droit sur les conditions financières des opérations à réaliser ;

3° A la passation des contrats d'acquisition correspondants. – *[C. dom. Ét., art. R. 172, ecqc les acquisitions.]*

Art. R. 1212-21 Le chef du service spécialisé fait procéder à la demande du préfet de la région d'Île-de-France aux levés de plans des immeubles.

Il reçoit délégation permanente du ministre chargé de l'urbanisme en vue de la fixation des indemnités en matière d'expropriation. A cet effet, il est habilité à agir au nom de l'État devant les juridictions compétentes. – *[C. dom. Ét., art. R. 173.]*

Art. R. 1212-22 Dans la région d'Île-de-France, les établissements publics de l'État peuvent, pour les projets d'acquisition mentionnés à l'article R. 1212-19 qu'ils poursuivent, demander au chef du service spécialisé :

1° De faire procéder pour leur compte aux levés de plans des immeubles ;

2° De conduire les négociations préalables aux acquisitions ;

3° D'agir en leur nom devant les juridictions compétentes en ce qui concerne la fixation des indemnités en matière d'expropriation. – *[C. dom. Ét., art. R. 174, ecqc les projets d'acquisition poursuivis par les établissements publics de l'État.]*

SOUS-SECTION 2 DISPOSITIONS APPLICABLES AUX COLLECTIVITÉS TERRITORIALES, À LEURS GROUPEMENTS ET À LEURS ÉTABLISSEMENTS PUBLICS

§ 1er DISPOSITIONS GÉNÉRALES

Art. R. 1212-23 Les conditions dans lesquelles l'administration chargée des domaines apporte son concours à la réalisation d'opérations d'acquisitions immobilières poursuivies par les collectivités territoriales ou leurs établissements publics sont fixées par le décret n° 67-568 du 12 juillet 1967 relatif à la réalisation d'acquisitions foncières pour le compte des collectivités publiques dans certains départements. – *V. App., v° Gestion du domaine (Cessions et acquisitions).*

§ 2 DISPOSITIONS APPLICABLES DANS LA RÉGION D'ÎLE-DE-FRANCE

Art. R. 1212-24 Les conditions dans lesquelles les collectivités territoriales et leurs établissements publics peuvent, pour des opérations d'acquisitions immobilières réalisées dans la région d'Île-de-France, recourir au service spécialisé mentionné à l'article R. 1212-19, sont fixées par le décret n° 59-795 du 4 juillet 1959 instituant ce service.

SECTION IV **DÉLÉGATIONS ET REPRÉSENTATIONS**

Art. D. 1212-25 Dans la limite des compétences domaniales qui leur sont propres en matière d'acquisition, le fonctionnaire chargé d'un service à compétence nationale de la direction générale des finances publiques et le directeur départemental des finances publiques peuvent, dans les conditions fixées par le directeur général des finances publiques, déléguer leur signature aux agents placés sous leur autorité et ayant au moins le grade de contrôleur. – *[C. dom. Ét., art. R. 150-2, ecqc les acquisitions.]*

Art. D. 1212-26 Aux armées en opérations, les compétences attribuées en matière d'acquisition de biens mobiliers et immobiliers au directeur départemental des finances publiques par le présent code ou par des textes particuliers sont exercées par les agents de la trésorerie aux armées. – *[C. dom. Ét., art. R. 152, al. 1er et 2, ecqc les opérations d'acquisition de biens mobiliers ou immobiliers.]*

TITRE DEUXIÈME **BIENS SITUÉS À L'ÉTRANGER**

CHAPITRE UNIQUE

Art. R. 1221-1 A l'étranger, les compétences attribuées en matière d'acquisition de biens mobiliers et immobiliers au préfet ou au directeur départemental des finances publiques par le présent code ou par des textes particuliers sont exercées par l'ambassadeur ou par l'autorité ayant reçu de lui délégation à cet effet. – *[C. dom. Ét., art. R. 152, al. 4, ecqc les opérations d'acquisition de biens mobiliers ou immobiliers à l'étranger.]*

Art. R. 1221-2 La dispense prévue à l'article L. 1221-1 est accordée, soit pour chaque acquisition, à titre exceptionnel lorsqu'elle est justifiée par les circonstances locales, soit pour une période déterminée ou à titre permanent, en cas d'incompatibilité entre la législation domaniale française et le droit du pays de la situation des biens.

Pour les projets d'acquisition poursuivis par l'État, la dispense est accordée, après avis de la commission interministérielle instituée aux articles D. 1221-3 et suivants, par décision conjointe du ministre des affaires étrangères, du ministre chargé du domaine et, le cas échéant, du ministre intéressé.

Pour les projets d'acquisition poursuivis par les collectivités territoriales, leurs groupements ou les établissements publics, la dispense est accordée, selon le cas, par l'organe exécutif de la collectivité ou du groupement ou par l'autorité régulièrement habilitée à signer les actes d'acquisition.

Art. D. 1221-3 Une commission interministérielle est chargée d'émettre un avis sur les conditions de réalisation des opérations d'acquisition ou d'échange poursuivies à l'étranger par l'État, d'immeubles, dont la valeur vénale est égale ou supérieure à un montant fixé par arrêté du ministre chargé du domaine et du ministre des affaires étrangères.

Il ne peut être passé outre à son avis défavorable que par décision conjointe du ministre chargé du domaine, du ministre des affaires étrangères et, le cas échéant, du ministre intéressé.

Lorsqu'il n'est pas justifié de l'avis de la commission ou, le cas échéant, de la décision de passer outre mentionnée à l'alinéa précédent, il est fait défense, d'une part, aux membres du corps de contrôle général économique et financier de viser toutes pièces d'engagement de dépenses, toutes ordonnances de paiement ou de délégation et tous mandats relatifs à un projet d'acquisition ou d'échange et, d'autre part, aux comptables d'effectuer les règlements correspondants. – *[C. dom. Ét., art. D. 36, ecqc les projets d'acquisition de biens immobiliers.]*

Art. D. 1221-4 La commission interministérielle a son siège au ministère des affaires étrangères.

Elle est présidée par un conseiller maître à la Cour des comptes nommé par arrêté du ministre de l'économie et des finances et du ministre des affaires étrangères.

Elle comprend les membres suivants :

1° Le secrétaire général du ministère des affaires étrangères ou son représentant ;

2° Le directeur général de l'administration au ministère des affaires étrangères ou son représentant ;

3° L'inspecteur général des affaires étrangères ou son représentant ;

4° Le directeur des relations internationales de la direction générale du Trésor ou son représentant ;

5° Le secrétaire général de la direction générale du Trésor ou son représentant ;

6° Le directeur du budget au ministère des finances ou son représentant ;

7° Le directeur général des finances publiques au ministère des finances ou son représentant.

Les ministres qui ne sont pas représentés par un membre permanent peuvent, pour les affaires intéressant leur département, désigner un représentant pour prendre part aux séances de la commission avec voix délibérative.

La commission délibère valablement dès que cinq membres au moins sont présents. Elle peut déléguer ses pouvoirs à une sous-commission, qui délibère valablement dès que trois membres au moins sont présents. Les décisions sont prises à la majorité des voix. En cas de partage, celle du président de la commission ou de la sous-commission est prépondérante. *[C. dom. Ét., art. D. 37.]*

Art. D. 1221-5 La commission interministérielle peut recueillir l'avis de toute personne qualifiée en raison de sa compétence ou de ses fonctions. – *[C. dom. Ét., art. D. 38.]*

Art. D. 1221-6 Le secrétariat de la commission est assuré par le ministère des affaires étrangères. – *[C. dom. Ét., art. D. 39.]*

DEUXIÈME PARTIE GESTION

LIVRE PREMIER BIENS RELEVANT DU DOMAINE PUBLIC

TITRE PREMIER CONSISTANCE DU DOMAINE PUBLIC

CHAPITRE PREMIER DOMAINE PUBLIC IMMOBILIER

SECTION PREMIÈRE RÈGLES GÉNÉRALES

Art. R. 2111-1 L'incorporation dans le domaine public artificiel d'un immeuble dépendant du domaine privé de l'État, prévue à l'article L. 2111-3, est autorisée par le préfet, après avis du directeur départemental des finances publiques. — *[C. dom. Ét., art. R. 1, al. 1er.]*

Art. R. 2111-2 L'incorporation est gratuite. Toutefois, il est fait exception à cette règle :

1° Lorsque les services ou les établissements publics qui détiennent ou auxquels doivent être remis les immeubles à incorporer sont dotés de l'autonomie financière ;

2° Lorsque l'incorporation porte sur les immeubles mentionnés au 1° de l'article L. 111-1 du code forestier *[art. recodifié à l'art. L. 211-1 C. for. par Ord. nº 2012-92 du 26 janv. 2012]. — V. C. rur., App., vº Forêts.*

L'indemnité, égale à la valeur vénale de l'immeuble, est fixée par le directeur départemental des finances publiques.

Elle est encaissée au profit du budget du service ou de l'établissement public dessaisi lorsque celui-ci est doté de l'autonomie financière. Elle est encaissée au profit du budget général lorsqu'un service ou un établissement public non doté de l'autonomie financière se dessaisit au profit d'un service ou d'un établissement doté de cette autonomie.

Toutefois, lorsque l'incorporation porte sur des immeubles mentionnés au 1° de l'article L. 111-1 du code forestier, l'indemnité, déterminée par le directeur départemental des finances publiques, est imputée dans les conditions prévues à l'article L. 131-1 du même code *[art. recodifié à l'art. L. 211-1 C. for. par Ord. nº 2012-92 du 26 janv. 2012]. — [C. dom. Ét., art. R. 1, al. 2.]*

La recodification du code forestier, issue de l'Ord. nº 2012-92 du 26 janv. 2012, entre en vigueur en même temps que la partie réglementaire du nouveau code forestier et au plus tard le 1er juill. 2012 (Ord. préc., art. 8-I).

Art. R. 2111-3 L'incorporation dans le domaine public artificiel des collectivités territoriales, de leurs établissements publics ou de leurs groupements d'immeubles de leur domaine privé prévue à l'article L. 2111-3, est prononcée par l'organe délibérant.

SECTION II DOMAINE PUBLIC MARITIME

Art. R. 2111-4 Conformément aux dispositions de l'article 1er de la loi nº 71-1060 du 24 décembre 1971 relative à la délimitation des eaux territoriales françaises *[App., vº Gestion du domaine (domaine public maritime)]*, le sol et le sous-sol de la mer territoriale qui sont compris dans le domaine public maritime naturel de l'État en vertu du 1° de l'article L. 2111-4 s'étendent à douze milles marins comptés à partir des lignes de base. — *[Décr. nº 66-413 du 17 juin 1966, art. 1er.]*

Art. R. 2111-5 La procédure de délimitation du rivage de la mer, des lais et relais de la mer et des limites transversales de la mer à l'embouchure des fleuves et rivières est conduite, sous l'autorité du préfet, par le service de l'État chargé du domaine public maritime.

Lorsque la délimitation à opérer s'étend sur plus d'un département, un préfet chargé de coordonner l'instruction et la publicité est désigné dans les conditions prévues à l'article 69 du décret nº 2004-374 du 29 avril 2004 relatif aux pouvoirs des préfets, à l'organisation et à l'action des services de l'État dans les régions et départements. — *V. CGCT, App., vº Répartition des comptes entre l'État et les collectivités locales.* — **CGCT**.

Les procédés scientifiques auxquels il est recouru pour la délimitation sont les traitements de données topographiques, météorologiques, marégraphiques, houlographiques, morpho-sédimentaires, botaniques, zoologiques, bathymétriques, photographiques, géographiques, satellitaires ou historiques. – *[Décr. n° 2004-309 du 29 mars 2004, art. 1er.]*

Art. R. 2111-6 Le service de l'État chargé du domaine public maritime établit le dossier de délimitation qui comprend :

1° Une note exposant l'objet de la délimitation ainsi que les étapes de la procédure ;

2° Un plan de situation ;

3° Le projet de tracé ;

4° Une notice exposant tous les éléments contribuant à déterminer la limite, et notamment le résultat des observations opérées sur les lieux ou les informations fournies par les procédés scientifiques définis au troisième alinéa de l'article R. 2111-5 ;

5° En cas de délimitation de lais et relais de la mer, la situation domaniale antérieure ;

6° En cas de délimitation du rivage de la mer et de lais et relais de la mer, la liste des propriétaires riverains établie notamment à l'aide d'extraits des documents cadastraux délivrés par le service du cadastre ou à l'aide de renseignements délivrés par le conservateur des hypothèques au vu du fichier immobilier. – *[Décr. n° 2004-309 du 29 mars 2004, art. 2.]*

Art. R. 2111-7 Le dossier de délimitation est transmis pour avis au maire des communes sur le territoire desquelles a lieu la délimitation.

En cas de délimitation du rivage de la mer ou de ses limites transversales à l'embouchure des fleuves et rivières, le préfet consulte le préfet maritime ou le délégué du Gouvernement pour l'action de l'État en mer.

L'absence de réponse dans un délai de deux mois vaut avis favorable. – *[Décr. n° 2004-309 du 29 mars 2004, art. 3.]*

Art. R. 2111-8 Le dossier de délimitation auquel sont annexés, le cas échéant, les avis prévus à l'article R. 2111-7 est soumis à enquête publique.

Cette enquête est menée dans les formes prévues aux articles R. 123-1 à *(Décr. n° 2011-2018 du 29 déc. 2011, art. 11-1°, en vigueur le 1er juin 2012)* « R. 123-27 » du code de l'environnement et aux articles R. 2111-9 et R. 2111-10 du présent code.

Lorsque les procédures de délimitation du rivage de la mer, des lais et relais de la mer et des limites transversales de la mer à l'embouchure des fleuves et rivières sont conduites simultanément sur le même site, il est procédé à une enquête unique. – *[Décr. n° 2004-309 du 29 mars 2004, art. 4.]*

Les dispositions du Décr. n° 2011-2018 du 29 déc. 2011 sont applicables aux enquêtes publiques dont l'arrêté d'ouverture et d'organisation est publié à compter du 1er juin 2012 (Décr. préc., art. 17).

Art. R. 2111-9 L'arrêté prévu à l'article *(Décr. n° 2011-2018 du 29 déc. 2011, art. 11-2°, en vigueur le 1er juin 2012)* « R. 123-9 *[ancienne rédaction : R. 123-13]* » du code de l'environnement fixe, en outre, la date de la ou des réunions sur les lieux faisant l'objet de la délimitation, organisées par le service de l'État chargé du domaine public maritime.

Sont convoqués à ces réunions le commissaire enquêteur ou les membres de la commission d'enquête, les services intéressés et les maires des communes sur le territoire desquelles a lieu la délimitation. En cas de délimitation du rivage de la mer et de lais et relais de la mer, le préfet adresse à chacun des propriétaires mentionnés dans le dossier une notification individuelle de l'arrêté d'ouverture de l'enquête publique, du dépôt du dossier à la mairie ainsi qu'une convocation aux réunions prévues au premier alinéa. – *[Décr. n° 2004-309 du 29 mars 2004, art. 5.]*

Les dispositions du Décr. n° 2011-2018 du 29 déc. 2011 sont applicables aux enquêtes publiques dont l'arrêté d'ouverture et d'organisation est publié à compter du 1er juin 2012 (Décr. préc., art. 17).

Art. R. 2111-10 A l'issue des réunions prévues à l'article R. 2111-9, le service de l'État chargé du domaine public maritime dresse le procès-verbal des observations recueillies et l'adresse au commissaire enquêteur ou au président de la commission d'enquête avant la clôture de l'enquête publique. – *[Décr. n° 2004-309 du 29 mars 2004, art. 6.]*

Art. R. 2111-11 La délimitation est constatée par arrêté préfectoral.

Toutefois, cette délimitation est constatée par décret en Conseil d'État si l'avis du commissaire enquêteur ou de la commission d'enquête est défavorable. Dans ce cas, le représentant de l'État dans le département transmet le ou les dossiers d'enquête, avec son avis, au ministre chargé de la mer.

Lorsque la délimitation concerne la limite transversale de la mer à l'embouchure d'un fleuve ou d'une rivière constituant une frontière entre États, l'arrêté ou le décret est pris après avis du ministre des affaires étrangères. – *[Décr. n° 2004-309 du 29 mars 2004, art. 7.]*

Art. R. 2111-12 L'arrêté préfectoral ou le décret constatant la délimitation est publié au recueil des actes administratifs de la préfecture. Si la délimitation fait l'objet d'un décret, celui-ci est également publié au *Journal officiel* de la République française.

L'arrêté préfectoral ou le décret est notifié au maire de chaque commune intéressée qui procède à son affichage pendant un mois. – *[Décr. n° 2004-309 du 29 mars 2004, art. 8.]*

Art. R. 2111-13 En cas de délimitation du rivage de la mer et de lais et relais de la mer, l'arrêté préfectoral ou le décret constatant la délimitation est publié au bureau des hypothèques de la situation des immeubles et notifié à la chambre départementale des notaires. La limite constatée est reportée sur un plan cadastral adressé au directeur départemental des finances publiques.

Dans le même cas, le préfet notifie à chacun des propriétaires mentionnés dans le dossier une attestation indiquant la limite du rivage ou des lais et relais de la mer au droit de leur propriété.

Lorsqu'est opérée la délimitation de lais et relais de la mer et qu'il est procédé au bornage du domaine public et des propriétés privées, les propriétaires riverains sont convoqués à ces opérations. – *[Décr. n° 2004-309 du 29 mars 2004, art. 9.]*

Art. R. 2111-14 Les opérations de délimitation du domaine public maritime sont à la charge de l'État.

Toutefois, les propriétaires riverains, les associations syndicales de propriétaires, les collectivités territoriales ou les organismes qui demandent à l'État une délimitation peuvent participer au financement de ces opérations en concluant à cette fin une convention avec l'État. – *[Décr. n° 2004-309 du 29 mars 2004, art. 10.]*

SECTION III **DOMAINE PUBLIC FLUVIAL**

Art. R. 2111-15 Les limites du domaine public fluvial sont fixées, conformément aux dispositions du premier alinéa de l'article L. 2111-9, par arrêté du préfet de département pour le domaine de l'État et par arrêté de l'autorité compétente de la collectivité propriétaire pour le domaine des collectivités territoriales et de leurs groupements.

(Décr. n° 2014-1635 du 26 déc. 2014, art. 4-VI, en vigueur le 1er janv. 2015) « A défaut d'accord des propriétaires sur la délimitation proposée, l'arrêté est pris après une enquête publique organisée dans les conditions prévues *(Décr. n° 2016-308 du 17 mars 2016, art. 6-V)* « par le chapitre IV du titre III du livre Ier du code des relations entre le public et l'administration *[ancienne rédaction : pour les enquêtes publiques relevant de l'article L. 110-2 du code de l'expropriation pour cause d'utilité publique régies par le titre Ier du livre Ier du même code]* ». »

Art. R. 2111-16 Pour l'application des dispositions de l'article L. 2111-12, le classement dans le domaine public fluvial est prononcé par arrêté du préfet coordonnateur de bassin, dans chaque bassin défini en application de l'article L. 212-1 du code de l'environnement.

Le préfet coordonnateur de bassin peut déléguer cette compétence, pour les sous-bassins ou fractions de sous-bassins, à un préfet de région ou de département. – *[Décr. n° 2005-992 du 16 août 2005, art. 1er, ecqc le classement.]*

Art. R. 2111-17 Les enquêtes publiques prévues au deuxième alinéa de l'article L. 2111-12 se déroulent dans les conditions fixées par les articles R. 123-1 à *(Décr.*

n° 2011-2018 du 29 déc. 2011, art. 12-2°, en vigueur le 1er juin 2012) « R. 123-27 » du code de l'environnement. – *[Décr. n° 2005-992 du 16 août 2005, art. 2.]*

Les dispositions du Décr. n° 2011-2018 du 29 déc. 2011 sont applicables aux enquêtes publiques dont l'arrêté d'ouverture et d'organisation est publié à compter du 1er juin 2012 (Décr. préc., art. 17).

Art. R. 2111-18 Le dossier mis à l'enquête comprend :

1° Un plan de situation à une échelle d'au moins 1/100 000 ;

2° Un plan des emprises domaniales à une échelle d'au moins 1/25 000 ;

3° Une notice comprenant :

a) Une description des principales caractéristiques géographiques et hydrologiques du domaine ;

b) La liste des communes sur le territoire desquelles s'étend ce domaine ;

c) La liste des infrastructures et installations publiques de l'État, des collectivités territoriales ou de leurs groupements, qui sont implantées sur ce domaine ;

d) Une présentation des conditions envisagées pour la gestion et l'aménagement du domaine et la justification de leur compatibilité avec les orientations des schémas directeurs d'aménagement et de gestion des eaux ;

4° La décision de l'assemblée délibérante de la collectivité territoriale ou du groupement demandant le classement lorsque ce dernier ne relève pas de l'État. – *[Décr. n° 2005-992 du 16 août 2005, art. 3.]*

Art. R. 2111-19 Le dossier mis à l'enquête est soumis par le préfet compétent pour prononcer le classement à l'avis des collectivités territoriales sur le territoire desquelles s'étend le domaine à classer et des autorités gestionnaires des infrastructures et installations publiques qui sont implantées sur ce domaine, ainsi que, le cas échéant, de l'établissement public territorial de bassin et de la commission locale de l'eau.

Ces avis sont réputés favorables s'ils ne sont pas émis dans un délai de trois mois à compter de la transmission du projet de classement. – *[Décr. n° 2005-992 du 16 août 2005, art. 4.]*

Art. R. 2111-20 Le dossier mis à l'enquête, complété par les conclusions du commissaire enquêteur et les avis émis en application de l'article R. 2111-19, est soumis par le préfet compétent à l'avis du comité de bassin. L'avis de ce comité est réputé favorable s'il n'intervient pas dans un délai de trois mois à compter de la transmission du projet de classement. – *[Décr. n° 2005-992 du 16 août 2005, art. 5.]*

CHAPITRE II DOMAINE PUBLIC MOBILIER

Art. R. 2112-1 *(Décr. n° 2020-195 du 4 mars 2020, art. 4)* L'identification d'un exemplaire de chacun des documents prévus au 1° de l'article L. 2112-1 incombe aux organismes responsables du dépôt légal mentionnés à l'article L. 132-3 du code du patrimoine.

Pour les documents imprimés, graphiques et photographiques, l'identification porte sur l'exemplaire déposé par l'éditeur auprès de la Bibliothèque nationale de France et conservé par celle-ci. En l'absence de dépôt par l'éditeur, cette identification porte sur l'exemplaire déposé par l'imprimeur auprès de l'une des bibliothèques habilitées à recevoir le dépôt de l'imprimeur et conservé par celle-ci.

TITRE DEUXIÈME UTILISATION DU DOMAINE PUBLIC

Décret n° 2011-1612 du 22 novembre 2011,

Relatif aux première, deuxième, troisième et quatrième parties réglementaires du code général de la propriété des personnes publiques.

Art. 16 I. — L'utilisation des immeubles domaniaux qui ont fait l'objet d'une procédure d'affectation ou d'une attribution à titre de dotation antérieurement à la date du 1er janvier 2009 donne lieu à la conclusion d'une convention mentionnée à l'article R. 2313-1 du code général de la propriété des personnes publiques dans un délai de *(Décr. n° 2014-808 du*

16 juill. 2014, art. 1er) « huit ans *[ancienne rédaction : cinq ans]* » à compter de cette date selon un échéancier fixé par le ministre chargé du domaine.

II. — Les dispositions des articles R. 81 à R. 91 du code du domaine de l'État, dans leur rédaction en vigueur à la date du 1er janvier 2009, demeurent applicables aux immeubles domaniaux qui ont fait l'objet d'une procédure d'affectation ou d'une attribution à titre de dotation antérieurement à cette date jusqu'à la conclusion de la convention mentionnée au I du présent article.

Art. 17 Les immeubles du domaine privé de l'État qui ont fait l'objet d'une procédure d'affectation ou de remise en dotation, avant le 1er janvier 2009, au profit d'un service civil ou militaire de l'État ou d'un établissement public de l'État et pour lesquels une convention d'utilisation n'a pas été conclue sont remis à l'administration chargée des domaines lorsqu'ils ne sont plus utilisés par ce service ou cet établissement.

Lorsque ces immeubles sont aliénés dans les conditions prévues aux articles R. 3211-1 à R. 3211-8 du code général de la propriété des personnes publiques, le prix est recouvré dans les conditions fixées par les articles R. 2321-1, R. 2321-2, R. 2321-6, D. 2321-7, R. 2321-9 et R. 2323-1 de ce code.

CHAPITRE PREMIER UTILISATION CONFORME À L'AFFECTATION

Le présent chapitre ne comprend pas de dispositions réglementaires.

CHAPITRE II UTILISATION COMPATIBLE AVEC L'AFFECTATION

SECTION PREMIÈRE RÈGLES GÉNÉRALES D'OCCUPATION

Art. R. 2122-1 L'autorisation d'occupation ou d'utilisation du domaine public peut être consentie, à titre précaire et révocable, par la voie d'une décision unilatérale ou d'une convention.

En application du 4° du I de l'art. 21 de la L. n° 2000-321 du 12 avr. 2000, le silence gardé par l'administration, au terme d'un délai de deux mois, vaut rejet pour les demandes d'autorisation d'occupation ou d'utilisation du domaine public maritime ou fluvial (V. Décr. n° 2014-1273 du 30 oct. 2014, applicable aux demandes formulées à compter du 12 nov. 2014).

Art. R. 2122-2 La demande d'autorisation est adressée à la personne publique propriétaire. Pour l'occupation ou l'utilisation du domaine public de l'État, elle est adressée au préfet ou, si elle concerne le domaine public militaire, à l'autorité militaire.

Toutefois, lorsque la personne publique propriétaire a confié la gestion de ce domaine à un établissement public ou à un autre organisme gestionnaire, la demande est adressée à cet établissement ou organisme, s'il tient expressément du texte qui lui confie ou concède la gestion du domaine le pouvoir d'y délivrer des titres d'occupation.

Art. R. 2122-3 Pour l'occupation ou l'utilisation du domaine public de l'État ou de l'un de ses établissements publics, le dossier de la demande, adressé par pli recommandé avec demande d'avis de réception ou déposé contre décharge, comporte notamment :

1° Les nom, prénoms, qualité, domicile du demandeur ou, si la demande émane d'une personne morale, les précisions suivantes : nature, dénomination, siège social et objet de la personne morale, ainsi que les nom, prénoms, qualité, pouvoirs du signataire de la demande et, le cas échéant, du ou des représentants habilités auprès de l'administration ;

2° Une note précisant :

a) La localisation, les caractéristiques et la superficie de la dépendance domaniale concernée ainsi que la durée pour laquelle l'occupation est sollicitée ;

b) La nature de l'activité envisagée et, le cas échéant, des investissements prévus.

Art. R. 2122-4 L'autorisation est délivrée par la personne publique propriétaire.

Pour l'occupation ou l'utilisation du domaine public de l'État, l'autorisation est délivrée par le préfet, agissant en qualité de représentant des ministres chargés de la gestion du domaine public de l'État dans le département, sous réserve des dispositions particulières qui attribuent compétence à d'autres autorités administratives, notamment à l'autorité militaire.

Pour l'occupation ou l'utilisation du domaine public des collectivités territoriales, l'autorisation est délivrée dans les conditions prévues respectivement aux seconds alinéas des articles R. 2241-1, R. 3213-1 et R. 4221-1 du code général des collectivités territoriales.

L'autorisation d'occupation ou d'utilisation du domaine public propre des établissements publics est délivrée par l'autorité de l'établissement à laquelle cette compétence est attribuée par son statut. Dans le silence de celui-ci, l'autorisation est délivrée par l'organe délibérant. – *[C. dom. Ét., art. R. 53.]*

En application du 4° du I de l'art. 21 de la L. n° 2000-321 du 12 avr. 2000, le silence gardé par l'administration, au terme d'un délai de deux mois, vaut rejet pour les demandes d'autorisation d'occupation ou d'utilisation du domaine public de l'État ou du domaine public propre des établissements publics de l'État (V. Décr. n° 2014-1282 du 23 oct. 2014, applicable aux demandes formulées à compter du 12 nov. 2014). De même, le silence gardé par l'administration, au terme d'un délai de deux mois, vaut rejet pour les demandes d'autorisation d'occupation ou d'utilisation du domaine public militaire (V. Décr. n° 2014-1285 du 23 oct. 2014, applicable aux demandes formulées à compter du 12 nov. 2014).

Art. R. 2122-5 Lorsqu'un établissement public de l'État tient expressément du texte qui lui confie ou concède la gestion d'un élément du domaine public le pouvoir d'y délivrer des titres d'occupation, la décision d'autorisation est prise par l'autorité compétente de l'établissement déterminée ainsi qu'il est prévu au quatrième alinéa de l'article R. 2122-4. Les mêmes dispositions s'appliquent aux organismes gestionnaires du domaine ne détenant pas le statut d'établissement public.

En application du 4° du I de l'art. 21 de la L. n° 2000-321 du 12 avr. 2000, le silence gardé par l'administration, au terme d'un délai de deux mois, vaut rejet pour les demandes d'autorisation d'occupation ou d'utilisation du domaine public de l'État (V. Décr. n° 2014-1282 du 23 oct. 2014, applicable aux demandes formulées à compter du 12 nov. 2014).

Art. R. 2122-6 Le titre fixe la durée de l'autorisation et les conditions juridiques et financières de l'occupation ou de l'utilisation du domaine public.

Art. R. 2122-7 En cas d'inobservation de ses clauses et conditions ou pour un motif d'intérêt général, il peut être mis fin à l'autorisation d'occupation ou d'utilisation temporaire du domaine public par les autorités compétentes mentionnées aux articles R. 2122-4 et R. 2122-5. – *[C. dom. Ét., art. A. 26, al. 1er, A. 27 et A. 28.]*

Art. R. 2122-8 Les prestations portant sur des biens et droits mobiliers de l'État ou de ses établissements publics entrant dans l'une des catégories définies à l'article 2 du décret n° 2009-151 du 10 février 2009 relatif à la rémunération de certains services rendus par l'État consistant en une valorisation de son patrimoine immatériel ne sont pas régies par les dispositions de la présente section.

SECTION II RÈGLES PARTICULIÈRES À CERTAINES OCCUPATIONS

Art. R. 2122-9 La présente section fixe les conditions de constitution, sur tout ou partie de la dépendance domaniale dont l'occupation est autorisée, du droit réel prévu par les articles L. 2122-6 à L. 2122-19 ainsi que les conditions de transmission totale ou partielle de ce droit. – *[C. dom. Ét., art. R. 57-1.]*

SOUS-SECTION 1 DISPOSITIONS COMMUNES

Art. R. 2122-10 Dans le cas où l'occupation du domaine public de l'État ou du domaine propre d'un établissement public de l'État a pour fondement une concession de service public, d'outillage public ou d'installations portuaires de plaisance, cette concession peut être constitutive de droit réel pour son titulaire dans la mesure et aux conditions prévues par le cahier des charges et sous réserve que les dispositions correspondantes du cahier des charges aient reçu l'accord *(Décr. n° 2020-68 du 30 janv. 2020, art. 2 et 42, en vigueur le 1er févr. 2020)* « du préfet *[ancienne rédaction :, selon que le montant des travaux mis à la charge du concessionnaire est inférieur ou supérieur à 3 millions d'euros hors taxes, du préfet ou du ministre chargé du domaine et du ministre intéressé]* ». – *[C. dom. Ét., art. R. 57-2-I.]*

COMMENTAIRE

Conformément à l'article 42 du décret n° 2020-68 du 30 janvier 2020, ces dispositions entrent en vigueur le 1er février 2020. Les demandes de décisions administratives individuelles présentées avant cette date demeurent soumises aux dispositions applicables à la date de leur présentation. ❑

Art. R. 2122-11 Dans les cas autres que celui prévu à l'article R. 2122-10, la délivrance d'un titre d'occupation, quelle que soit sa forme, constitutif de droit réel, sur le domaine public de l'État ou d'un établissement public de l'État est régie par les articles R. 2122-12 à R. 2122-16. – *[C. dom. Ét., art. R. 57-2-II.]*

§ 1er PRÉSENTATION DE LA DEMANDE DE TITRE D'OCCUPATION CONSTITUTIF DE DROIT RÉEL

Art. R. 2122-12 La demande de titre d'occupation constitutif de droit réel sur le domaine public de l'État est adressée au préfet ou, si elle concerne le domaine public militaire, à l'autorité militaire.

Toutefois, lorsque la personne publique propriétaire a confié la gestion de ce domaine à un établissement public ou à un autre organisme gestionnaire, la demande est adressée à cet établissement ou organisme, s'il tient expressément du texte qui lui confie ou concède la gestion du domaine ou d'une disposition réglementaire générale le pouvoir de délivrer des titres constitutifs de droits réels sur ce domaine.

La demande de titre d'occupation constitutif de droit réel sur le domaine public propre d'un établissement public de l'État est adressée à l'autorité compétente de l'établissement. – *[C. dom. Ét., art. R. 57-3-I.]*

Art. R. 2122-13 Le dossier de la demande, adressé par pli recommandé avec demande d'avis de réception ou déposé contre décharge, comporte :

1° Les nom, prénoms, qualité, nationalité et domicile du demandeur ou, si la demande émane d'une personne morale, les précisions suivantes : nature, dénomination, siège social et objet de la personne morale ainsi que les nom, prénoms, qualité, pouvoirs du signataire de la demande et, le cas échéant, du ou des représentants habilités auprès de l'administration ;

2° Une note précisant :

a) La localisation, les caractéristiques et la superficie de la dépendance domaniale concernée et la durée pour laquelle l'occupation est sollicitée ;

b) La nature de l'activité envisagée ainsi que la nature, l'estimation, le calendrier et les modalités de financement des investissements prévus et, le cas échéant, la localisation et le montant global des investissements à financer par crédit-bail ;

3° Un extrait de plan cadastral représentant la dépendance domaniale dont l'occupation est demandée et, le cas échéant, un projet de document modificatif du parcellaire ;

4° Un plan masse faisant apparaître l'emplacement des ouvrages, constructions et installations de caractère immobilier prévus et une fiche descriptive de ces ouvrages, constructions et installations ;

5° Des justifications de la capacité technique et financière du demandeur à entreprendre et mener à leur terme les travaux projetés. – *[C. dom. Ét., art. R. 57-3-II.]*

§ 2 DÉLIVRANCE DU TITRE D'OCCUPATION CONSTITUTIF DE DROIT RÉEL

Art. R. 2122-14 Dans le cas prévu au premier alinéa de l'article R. 2122-12, et sauf en ce qui concerne le domaine public militaire, la décision relève, après instruction par le chef du service déconcentré de l'État compétent, de la compétence du préfet.

(Abrogé par Décr. n° 2020-68 du 30 janv. 2020, art. 3 et 42, à compter du 1er févr. 2020) « Toutefois, si l'instruction de la demande, qui comporte obligatoirement la consultation du directeur départemental des finances publiques et, le cas échéant, de l'établissement public ou organisme gestionnaire du domaine public en cause, fait apparaître que tout ou partie des ouvrages, constructions et installations de caractère immobilier dont la réalisation est envisagée sont nécessaires à la continuité du service public auquel est affectée la dépendance du domaine public concernée par la demande, la décision ne relève de la compétence du préfet que lorsque le montant des travaux projetés est inférieur à 3 millions d'euros hors taxes.

« Dans le cas contraire, elle relève de la compétence conjointe du ministre intéressé et du ministre chargé du domaine auxquels le préfet transmet la demande accompagnée de son avis ».

Lorsque la demande concerne le domaine public militaire, la décision relève dans tous les cas de la compétence du ministre de la défense, sous réserve des compétences dévolues au directeur départemental des finances publiques par l'article R. 2125-1. – *[C. dom. Ét., art. R. 57-4-I.]*

En application du 4° du I de l'art. 21 de la L. n° 2000-321 du 12 avr. 2000, le silence gardé par l'administration, au terme d'un délai de deux mois, vaut rejet pour les demandes de titre d'occupation constitutif de droits réels sur le domaine public de l'État (V. Décr. n° 2014-1282 du 23 oct. 2014, applicable aux demandes formulées à compter du 12 nov. 2014).

Les demandes de décisions administratives individuelles présentées avant le 1er févr. 2020 demeurent soumises aux dispositions applicables à la date de leur présentation (Décr. n° 2020-68 du 30 janv. 2020, art. 42).

Art. R. 2122-15 La décision relative à une autorisation constitutive de droit réel sur le domaine propre d'un établissement public de l'État est prise par l'autorité compétente de cet établissement déterminée ainsi qu'il est prévu au quatrième alinéa de l'article R. 2122-4.

Il en va de même de la décision sur la demande d'autorisation soumise à un établissement public de l'État qui tient expressément du texte qui lui confie ou concède la gestion d'un élément du domaine public le pouvoir d'y délivrer des titres d'occupation constitutifs de droits réels.

Les dispositions des deux alinéas précédents s'appliquent aux organismes gestionnaires du domaine ne détenant pas le statut d'établissement public.

Toutefois, s'il apparaît à cette autorité que tout ou partie des ouvrages, constructions et installations de caractère immobilier dont la réalisation est envisagée sont nécessaires à la continuité du service public auquel est affectée la dépendance du domaine public concernée par la demande, il ne peut y être fait droit que sur accord préalable *(Abrogé par Décr. n° 2020-68 du 30 janv. 2020, art. 4 et 42, à compter du 1er févr. 2020)* ***« du ministre de tutelle et du ministre chargé du domaine, ou »*** du préfet après avis du directeur départemental des finances publiques *(Abrogé par Décr. n° 2020-68 du 30 janv. 2020, art. 4 et 42, à compter du 1er févr. 2020)* ***« , selon que le montant des travaux projetés est ou non supérieur à 3 millions d'euros hors taxes ».***

Faute d'obtention de cet accord préalable dans un délai de deux mois à compter de la saisine du préfet *(Abrogé par Décr. n° 2020-68 du 30 janv. 2020, art. 4 et 42, à compter du 1er févr. 2020)* ***« ou de quatre mois à compter de la saisine des ministres »***, l'autorité compétente de l'établissement public ou de l'organisme gestionnaire du domaine est tenue de refuser le caractère constitutif de droit réel au titre d'occupation demandé. – *[C. dom. Ét., art. R. 57-4-II.]*

En application du 4° du I de l'art. 21 de la L. n° 2000-321 du 12 avr. 2000, le silence gardé par l'administration, au terme d'un délai de deux mois (ce délai étant porté à 4 mois en cas de compétence des ministres), vaut rejet pour les demandes de titre d'occupation constitutif de droits réels sur le domaine public de l'État ou sur le domaine public propre d'un établissement public (V. Décr. n° 2014-1282 du 23 oct. 2014, applicable aux demandes formulées à compter du 12 nov. 2014).

Les demandes de décisions administratives individuelles présentées avant le 1er févr. 2020 demeurent soumises aux dispositions applicables à la date de leur présentation (Décr. n° 2020-68 du 30 janv. 2020, art. 42).

Art. R. 2122-16 Lorsque des règlements soumettent les titres habilitant à occuper une dépendance du domaine public mentionnés à l'article L. 2122-1 à des procédures de délivrance ou d'approbation particulières, ces procédures demeurent applicables pour la délivrance d'autorisations constitutives de droit réel dans la mesure où elles ne sont pas contraires aux dispositions des articles R. 2122-14 et R. 2122-15. – *[C. dom. Ét., art. R. 57-4-III.]*

Art. R. 2122-17 Le titre d'occupation constitutif de droit réel comporte la détermination précise de la consistance de ce droit et de la durée pour laquelle il est conféré ainsi que toutes autres mentions nécessaires à la publicité foncière.

Il comporte aussi l'énoncé des conditions auxquelles ce droit est conféré, à savoir :

1° Les ouvrages, constructions et installations de caractère immobilier à édifier et, le cas échéant, la liste de ceux qui doivent être maintenus en état jusqu'à l'expiration de la durée de validité du titre ;

2° Le montant et les modalités de paiement de la redevance domaniale ;

3° Le cas échéant, les obligations de service public imposées au titulaire de l'autorisation.

Il peut également préciser les règles de détermination de l'indemnité couvrant le préjudice direct, matériel et certain causé par son retrait avant le terme prévu pour un motif autre que l'inexécution de ses conditions. – *[C. dom. Ét., art. R. 57-5.]*

§ 3 RETRAIT DU TITRE D'OCCUPATION CONSTITUTIF DE DROIT RÉEL

Art. R. 2122-18 Dans le cas où l'autorité qui a délivré le titre constitutif de droit réel envisage, pour quelque motif que ce soit, de le retirer en totalité ou en partie avant le terme fixé, le titulaire du titre à cette date en est informé par pli recommandé avec demande d'avis de réception, deux mois au moins avant le retrait, sauf respect, en cas de concession, du délai particulier prévu par le contrat.

Dans le cas où le retrait envisagé a pour motif l'inexécution des clauses et conditions de l'autorisation, l'autorité qui l'a délivrée en informe les créanciers régulièrement inscrits, selon les mêmes modalités, deux mois au moins avant le retrait. – *[C. dom. Ét., art. R. 57-6.]*

§ 4 TRANSMISSION OU CESSION DES OUVRAGES, CONSTRUCTIONS ET INSTALLATIONS PRÉVUS PAR LE TITRE D'OCCUPATION ET TRANSFERT DU DROIT RÉEL Y ATTACHÉ

Art. R. 2122-19 Préalablement à la signature de tout contrat ayant pour objet ou pour effet la transmission entre vifs, totale ou partielle, du droit réel conféré par le titre d'occupation et des immeubles mentionnés à l'article L. 2122-7, la personne qui, par l'effet de ce contrat, se trouve totalement ou partiellement substituée au titulaire de ce titre est agréée par l'autorité qui l'a délivré. Il en va de même pour tout contrat produisant le même effet à la suite d'une fusion, absorption ou scission de sociétés. – *[C. dom. Ét., art. R. 57-7-I.]*

Art. R. 2122-20 La demande d'agrément est adressée à cette autorité par pli recommandé avec demande d'avis de réception. Elle comporte :

1° Les nom, prénoms, profession, nationalité et domicile du demandeur ou, si la demande émane d'une personne morale, les précisions suivantes : nature, dénomination, siège social et objet de la personne morale ainsi que les nom, prénoms, qualité, pouvoirs du signataire de la demande et, le cas échéant, du ou des représentants habilités auprès de l'administration ;

2° Les documents nécessaires à l'identification de l'immeuble et du titulaire du titre d'occupation ;

3° Des justifications de la capacité technique et financière du demandeur à respecter, pour ce qui concerne l'immeuble, les conditions auxquelles le titre d'occupation a conféré un droit réel ;

4° Une copie du projet de contrat de cession ou de transmission totale ou partielle du droit réel et de l'immeuble et, le cas échéant, si la cession envisagée a pour but de permettre le financement d'investissements par crédit-bail, une copie du projet de contrat de crédit-bail ;

5° L'engagement de payer la redevance domaniale correspondant au droit réel et à l'immeuble cédés ; en cas de cession partielle de ce droit, l'engagement doit porter sur la quote-part de redevance contractuellement mise à la charge du cessionnaire.

Si le demandeur envisage de modifier l'utilisation de l'immeuble, sa demande en fait état avec toutes justifications appropriées, notamment compte tenu de l'affectation de cet immeuble au domaine public.

Le silence gardé pendant un délai de trois mois à compter de la date de réception de la demande par l'autorité compétente vaut agrément de la cession du droit réel aux conditions convenues entre les parties.

Toutefois, seul un agrément exprès peut autoriser le cessionnaire à modifier l'utilisation de l'immeuble faisant l'objet du contrat.

En cas de cession partielle, l'avis de l'autorité qui a fixé la redevance est recueilli sur la répartition de cette redevance prévue par les parties et l'agrément peut être refusé en cas de disproportion manifeste entre cette répartition et l'importance relative de l'immeuble sur lequel porte le droit réel objet du contrat par rapport à celui ou ceux conservés par le cédant. – *[C. dom. Ét., art. R. 57-7-II et III.]*

Art. R. 2122-21 Le contrat prévu à l'article R. 2122-19, qui doit porter mention de l'agrément exprès ou tacite du cessionnaire, emporte à sa date substitution de ce dernier dans les droits et obligations afférents au titre d'occupation sous réserve, le cas échéant, des dispositions de la décision d'agrément autorisant une modification ultérieure de l'utilisation de l'immeuble.

En cas de cession partielle, le contrat emporte soustraction de l'immeuble cédé du titre d'occupation du cédant. – *[C. dom. Ét., art. R. 57-7-V, ecqc la cession amiable.]*

Art. R. 2122-21-1 *(Décr. nº 2016-1435 du 25 oct. 2016, art. 1er)* La demande préalable mentionnée au deuxième alinéa de l'article L. 2122-7 est adressée par le titulaire de l'autorisation d'occupation temporaire à l'autorité gestionnaire, par pli recommandé avec demande d'avis de réception.

Elle comporte :

1° Les éléments d'identification et les caractéristiques principales de la personne susceptible d'être substituée dans les droits et obligations du titulaire du titre d'occupation ;

2° Une copie du titre d'occupation et des autres documents nécessaires à l'identification de l'immeuble ;

3° Les justifications de la capacité technique et financière de la personne susceptible d'être substituée dans les droits et obligations du titulaire à respecter, pour ce qui concerne l'immeuble, les conditions auxquelles le titre d'occupation conférant un droit réel a été délivré, notamment le paiement de la redevance domaniale correspondant au droit réel et à l'immeuble cédés.

Les dispositions des articles L. 231-1 et L. 232-3 du code des relations entre le public et l'administration s'appliquent à la demande. La décision implicite d'acceptation fait également l'objet, à la demande de la personne susceptible d'être substituée dans les droits et obligations du titulaire, d'une attestation délivrée par l'autorité compétente.

En cas de décision expresse d'acceptation ou de rejet, celle-ci est notifiée par l'autorité compétente au titulaire du titre d'occupation, auteur de la demande, et, s'il y a lieu, à la personne susceptible de lui être substituée dans ses droits et obligations.

Art. R. 2122-22 La transmission à l'héritier des immeubles mentionnés à l'article L. 2122-7 et du droit réel sur le domaine public dont était titulaire une personne physique est subordonnée à l'agrément du pétitionnaire par l'autorité qui a délivré ce titre. – *[C. dom. Ét., art. R. 57-8-I.]*

Art. R. 2122-23 La demande de l'agrément prévu à l'article R. 2122-22 est adressée à cette autorité compétente par pli recommandé avec demande d'avis de réception dans un délai de six mois à compter du décès. Elle comporte :

1° Les nom, prénoms, profession, nationalité et domicile du demandeur ;

2° Les documents établissant la consistance du droit réel sur le domaine public dont le défunt était titulaire à la date de son décès ;

3° Un acte de notoriété établissant la qualité du demandeur ;

4° Le cas échéant, un acte notarié ou enregistré établissant l'absence d'opposition des autres héritiers à la demande d'agrément ;

5° Des justifications de la capacité technique et financière du demandeur à être substitué au défunt dans les droits et obligations que ce dernier tenait, à la date de son décès, du droit réel dont il était titulaire à cette date.

Si le demandeur envisage de modifier l'utilisation de l'immeuble, sa demande en fait état avec toutes justifications appropriées, notamment compte tenu de l'affectation de cet immeuble au domaine public.

Le silence gardé, pendant un délai de trois mois à compter de la date de réception de la demande, par l'autorité compétente vaut agrément de la transmission du droit réel dont le défunt était titulaire à la date de son décès et, le cas échéant, de l'immeuble.

Toutefois, seul un agrément exprès peut autoriser le demandeur à modifier ultérieurement l'utilisation de l'immeuble. – *[C. dom. Ét., art. R. 57-8-II et III.]*

Art. R. 2122-24 L'acte constatant le transfert en application de l'article R. 2122-22 du droit réel et, le cas échéant, de l'immeuble, qui doit porter mention de l'agrément exprès ou tacite, emporte transmission au jour du décès des droits et obligations afférents au titre du défunt, sous réserve, le cas échéant, des dispositions de la décision d'agrément autorisant une modification ultérieure de l'utilisation de l'immeuble. – *[C. dom. Ét., art. R. 57-8-IV.]*

Art. R. 2122-25 Dans le cas où, sur le fondement du deuxième alinéa de l'article L. 2122-8, un créancier du titulaire du droit réel entend provoquer la cession de tout ou partie de ce droit, il est procédé de la manière décrite aux alinéas qui suivent.

I. – Le créancier poursuivant avertit l'autorité qui a délivré le titre d'occupation constitutif de droit réel de la publication du commandement de payer valant saisie.

II. – Par exception aux délais prévus aux articles R. 322-23, R. 322-31 et R. 322-32 du code des procédures civiles d'exécution, lorsque le juge ordonne la vente forcée, il fixe la date de l'audience à laquelle il y sera procédé dans un délai compris entre quatre et six mois à compter du prononcé de sa décision et la vente est annoncée à l'initiative du créancier poursuivant dans un délai compris entre trois et quatre mois avant l'audience d'adjudication.

En l'absence d'enchère, le créancier poursuivant est déclaré adjudicataire s'il bénéficie d'un agrément préalable par l'autorité qui a délivré le titre d'occupation du domaine public constitutif de droit réel ; dans le cas contraire, le juge peut autoriser la vente amiable du droit réel dans les conditions prévues par le code susmentionné, telles qu'adaptées au III du présent article, remettre immédiatement le bien en vente sur baisses successives du montant de la mise à prix ou reporter l'adjudication ; en cas de défaut persistant d'enchère, le juge déclare caduc le commandement valant saisie immobilière.

III. – Par exception aux délais prévus à l'article R. 322-21 du code mentionné ci-dessus, lorsque le juge autorise la vente amiable, le délai dans lequel l'audience à laquelle l'affaire sera rappelée ne peut excéder sept mois et le délai supplémentaire pouvant être accordé pour conclure la vente en application du quatrième alinéa de cet article est porté à six mois.

IV. – Les avis que le créancier poursuivant fait diffuser en application des articles R. 322-31 et R. 322-32 du code mentionné au II sont complétés par les indications suivantes :

1° La durée de validité du titre d'occupation restant à courir et les références de ce titre ;

2° Le montant et les modalités de paiement de la redevance domaniale fixée par ce titre ou, si le droit réel porte également sur d'autres immeubles que l'immeuble saisi, la quote-part de cette redevance afférente à l'immeuble saisi, laquelle doit être déterminée après avis de l'autorité qui a fixé la redevance ;

3° La mention que la participation à l'adjudication et, le cas échéant, à la surenchère est subordonnée à l'agrément préalable du postulant par l'autorité qui a délivré le titre d'occupation du domaine public constitutif de droit réel ;

4° L'indication de la date limite et de l'adresse à laquelle doit lui être adressée la demande d'agrément par pli recommandé avec demande d'avis de réception et du contenu du dossier à joindre à la demande. Ce dossier comporte les éléments énumérés aux 1°, 2°, 3° et, le cas échéant, au septième alinéa de l'article R. 2122-20 ainsi que l'engagement de payer la redevance domaniale mentionnée dans l'avis publié.

V. – Dans le cas prévu au II, le silence gardé pendant un délai de deux mois à compter de la date de réception de la demande par l'autorité compétente vaut agrément du postulant. Toutefois seul un agrément exprès peut l'autoriser à modifier ultérieurement l'utilisation de l'immeuble.

VI. – Lorsque le droit réel porte également sur d'autres immeubles que l'immeuble saisi, l'autorité compétente pour délivrer l'agrément notifie à l'avocat du créancier poursuivant, en vue de son insertion dans le cahier des conditions de vente prévu à l'article R. 322-10 du code mentionné au II, le montant et les modalités de paiement de la quote-part de la redevance domaniale afférente à l'immeuble saisi. – *[C. dom. Ét., art. R. 57-7-IV.]*

Art. R. 2122-26 Le contrat de vente ou le titre d'adjudication prévu à l'article R. 2122-25, qui doit porter mention de l'agrément exprès ou tacite du cessionnaire, emporte à sa date substitution de ce dernier dans les droits et obligations afférents au titre d'occupation sous réserve, le cas échéant, des dispositions de la décision d'agrément autorisant une modification ultérieure de l'utilisation de l'immeuble.

En cas de cession partielle, le contrat de vente ou le titre d'adjudication emporte soustraction de l'immeuble cédé du titre d'occupation du cédant. – *[C. dom. Ét., art. R. 57-7-V, ecqc la cession forcée]*

§ 5 FINANCEMENT DES OUVRAGES, CONSTRUCTIONS ET INSTALLATIONS PRÉVUS PAR LE TITRE D'OCCUPATION CONSTITUTIF DE DROIT RÉEL

Art. R. 2122-27 Les ouvrages, constructions et installations de caractère immobilier prévus par un titre d'occupation du domaine public constitutif de droit réel peuvent être financés par crédit-bail dans les conditions prévues au premier alinéa de l'article L. 2122-13 et sans préjudice de l'application des dispositions des articles R. 2122-19 à R. 2122-21, R. 2122-25 et R. 2122-26.

En outre, lorsque le titulaire ou demandeur du titre d'occupation du domaine public constitutif de droit réel est un organisme entrant dans le champ d'application du deuxième alinéa de l'article L. 2122-13, la signature du contrat du crédit-bail est subordonnée à un agrément préalable selon les modalités fixées aux alinéas suivants :

1° La demande d'agrément comporte les éléments suivants :

a) Copie du titre d'occupation ou de la demande de titre, le cas échéant ;

b) Statuts de l'organisme demandeur et liste de ses principaux actionnaires ou associés ;

c) Désignation, description et valeur des biens dont le financement en crédit-bail est envisagé ;

d) Copie du projet de contrat de crédit-bail et, le cas échéant, du projet de cession totale ou partielle au crédit-bailleur du droit réel attaché au titre d'occupation du domaine public ;

e) Statuts du crédit-bailleur ;

f) Modalités de financement du crédit-bailleur ;

g) Comptes prévisionnels du crédit-bailleur se rapportant à l'opération ;

h) Avis du contrôleur budgétaire placé auprès de l'organisme demandeur.

2° Sous réserve des dispositions du 3°, le dossier mentionné au 1° est adressé pour agrément au ministre du budget par pli recommandé avec demande d'avis de réception.

3° Lorsque le montant global de l'investissement financé par crédit-bail est inférieur à 3 millions d'euros hors taxes, le dossier est adressé, dans les mêmes formes, au directeur départemental des finances publiques du lieu de situation de l'investissement projeté qui est compétent pour délivrer l'agrément.

4° A défaut de notification d'une décision contraire, l'agrément est réputé accordé à l'expiration d'un délai de quatre mois à compter de la réception de la demande par l'autorité compétente. Ce délai est réduit à deux mois dans le cas prévu au 3°. – *[C. dom. Ét., art. R. 57-9.]*

SOUS-SECTION 2 *[ABROGÉE]* RÈGLES PARTICULIÈRES À CERTAINES OPÉRATIONS DE CONSTRUCTION

(Abrogée par Décr. n° 2016-360 du 25 mars 2016, art. 187-2°, à compter du 1er avr. 2016)

§ 1er *[ABROGÉ]* DISPOSITIONS GÉNÉRALES

Art. R. 2122-28 *L'autorité administrative compétente agissant au nom de l'État peut conclure avec le titulaire d'une autorisation d'occupation temporaire du domaine public une convention de bail portant sur des bâtiments et installations à construire par le bailleur pour les besoins de la justice, de la police nationale, de la gendarmerie nationale, des armées ou des services du ministère de la défense.*

La convention de bail comporte, au profit de l'État, une option lui permettant d'acquérir, avant le terme qu'elle fixe, les ouvrages ainsi édifiés.

Elle peut également mettre à la charge du bailleur l'entretien et la maintenance des bâtiments et installations. — [Décr. n° 2004-18 du 6 janv. 2004, art. 1er.]

Art. R. 2122-29 *La convention de bail n'est pas soumise au code des marchés publics à l'exception de ses articles 39 à 40-1, 43 à 46, 50 à 53, 55, 62, 80, 82, 83, 85 et 85-1* [V. **C. marchés**] *dont il est fait application dans les cas prévus aux articles R. 2122-35 à R. 2122-37, R. 2122-43 et R. 2122-47.* — [Décr. n° 2004-18 du 6 janv. 2004, art. 2.]

Art. R. 2122-30 *Tout projet de bail d'un loyer annuel supérieur à un million d'euros hors taxes conclu sur le fondement de l'article L. 2122-15 est soumis à la réalisation de l'évaluation préalable prévue à l'article 48 de la loi n° 2008-735 du 28 juillet 2008 relative aux contrats de partenariat* [V. cet art. ss. art. L. 2122-15]. — [Décr. n° 2004-18 du 6 janv. 2004, art. 2-1.]

Art. R. 2122-30-1 (Décr. n° 2012-1093 du 27 sept. 2012, art. 2) *Tout projet de bail soumis à la réalisation d'une évaluation préalable en application de l'article R. 2122-30 donne lieu à une étude réalisée par l'autorité administrative visant à évaluer l'ensemble des conséquences de l'opération sur les finances publiques et la disponibilité des crédits ainsi que sa compatibilité avec les orientations de la politique immobilière de l'État.*

L'étude est réalisée concomitamment à l'évaluation préalable.

Elle est transmise au contrôleur budgétaire et aux ministres chargés de l'économie, du budget et du domaine ainsi qu'à l'organisme expert mentionné à l'article 2 de l'ordonnance n° 2004-559 du 17 juin 2004 sur les contrats de partenariat.

Elle est actualisée sur demande du ministre chargé du budget ou si le projet connaît des évolutions significatives.

Les dispositions du présent art. sont applicables aux projets en vue desquels une consultation est engagée ou un avis d'appel public à la concurrence envoyé à la publication, à compter du 1er nov. 2012 (Décr. n° 2012-1093 du 27 sept. 2012, art. 5-II).

Art. R. 2122-31 *Le loyer est fixé en fonction du montant de l'investissement consenti par le bailleur et du mode de financement de l'opération et comprend une part correspondant à l'amortissement du capital investi. Il tient également compte, le cas échéant, des prestations de services d'entretien et de maintenance des bâtiments et installations qui devront être assurées par le bailleur.* — [Décr. n° 2004-18 du 6 janv. 2004, art. 4.]

Art. R. 2122-32 *La convention de bail peut être conclue sous forme d'un contrat comportant une tranche ferme et une ou plusieurs tranches conditionnelles. Le contrat définit la consistance, le loyer et les modalités d'exécution des prestations de chaque tranche. Les prestations de la tranche ferme doivent constituer un ensemble cohérent. Il en est de même des prestations de chaque tranche conditionnelle, compte tenu des prestations de toutes les tranches antérieures. L'exécution de chaque tranche conditionnelle est subordonnée à une décision de l'autorité administrative notifiée au titulaire dans les conditions fixées au contrat.*

L'État ne peut renoncer à une tranche conditionnelle que pour des motifs impérieux d'ordre économique, technique ou financier. S'il décide une telle renonciation, il peut, à titre d'indemnisation, modifier le montant du loyer versé au titulaire de la convention de bail à raison de la tranche ferme, dans les conditions prévues dans le cahier des charges ou le règlement de la consultation. — [Décr. n° 2004-18 du 6 janv. 2004, art. 4-1.]

Art. R. 2122-33 *La convention comporte une clause autorisant l'État à résilier le bail à tout moment, notamment si le bailleur ne se conforme pas à ses obligations ou, si du fait de ce dernier, la continuité du service public ne peut plus être assurée.*

Lorsqu'elle est motivée par un manquement du bailleur à ses obligations, la mise en œuvre de la clause mentionnée à l'alinéa précédent emporte retrait de l'autorisation d'occupation temporaire consentie au bailleur. Ce retrait est notifié selon les modalités prévues à l'article R. 2122-18.

Le bail fixe les conditions dans lesquelles les bâtiments et installations entrent dans le patrimoine de l'État, selon le cas, à la date de la résiliation de la convention de bail lorsqu'elle emporte retrait de l'autorisation d'occupation temporaire, ou au terme de cette autorisation.

Le bail prend fin de plein droit lorsque l'autorisation d'occupation temporaire cesse de produire effet ou fait l'objet d'une résiliation avant le terme fixé. — [Décr. n° 2004-18 du 6 janv. 2004, art. 5.]

§ 2 *[ABROGÉ]* PROCÉDURE DE PASSATION DE DROIT COMMUN

Art. R. 2122-34 *La conclusion de la convention de bail est précédée d'une procédure de publicité et de mise en concurrence.*

Dès que l'autorité administrative a fait son choix pour une candidature ou une offre, elle notifie à tous les autres candidats le rejet de leur candidature ou de leur offre, en leur indiquant les motifs de ce rejet.

Cette notification précise le nom de l'attributaire et les motifs qui ont conduit au choix de son offre aux candidats ayant soumis une offre et à ceux n'ayant pas encore reçu communication du rejet de leur candidature.

Un délai d'au moins seize jours est respecté entre la date d'envoi de la notification prévue aux alinéas précédents et la date de conclusion du marché. Ce délai est réduit à au moins onze jours en cas de transmission électronique de la notification à l'ensemble des candidats intéressés.

La notification de l'attribution du marché ou de l'accord-cadre comporte l'indication de la durée du délai de suspension que le pouvoir adjudicateur s'impose, eu égard notamment au mode de transmission retenu.

Le candidat retenu se voit délivrer une autorisation d'occupation temporaire du domaine public constitutive de droits réels dans des conditions définies aux articles R. 2122-12, R. 2122-13, R. 2122-19 à R. 2122-21, R. 2122-25 et R. 2122-26.

La procédure de mise en concurrence peut également porter sur un ensemble d'opérations à réaliser sur des sites distincts, qui nécessite la délivrance de plusieurs autorisations d'occupation temporaire du domaine public. Dans ce cas, il peut être fait application des dispositions de l'article R. 2122-32.

La consultation du directeur départemental des finances publiques s'effectue avant la signature de la convention de bail dans les conditions prévues aux articles R. 4111-1 à R. 4111-6. — [Décr. n° 2004-18 du 6 janv. 2004, art. 3.]

Art. R. 2122-35 *L'autorité administrative fait connaître son intention de conclure une convention de bail régie par la présente sous-section au moyen d'un avis d'appel public à concurrence inséré dans une publication habilitée à recevoir des annonces légales et dans une publication spécialisée correspondant au secteur économique intéressé ainsi que, dans le cas où le montant du contrat est supérieur à un montant défini par arrêté du ministre chargé de l'économie, dans le Journal officiel de l'Union européenne.* — Montant fixé, à compter du 1er janv. 2016, à 135 000 € HT pour les prestations de services et à 5 225 000 € HT pour les travaux par Arr. du 30 déc. 2015 (JO 31 déc.).

Cet avis précise le délai dans lequel les candidats ou groupes de candidats peuvent présenter leur candidature. Ce délai ne peut être inférieur à trente-sept jours à compter de la date d'envoi à la publication.

L'avis indique également les modalités de présentation des candidatures, les critères de sélection des offres et, le cas échéant, les objectifs poursuivis et les performances attendues. Ces critères sont pondérés. Si l'autorité administrative démontre qu'une telle pondération est objectivement impossible, ils sont alors hiérarchisés. Parmi les critères de sélection figurent notamment l'adéquation des solutions proposées aux prescriptions du cahier des charges, la valeur actualisée de l'offre, la qualité technique et architecturale des bâtiments et installations, le délai de réalisation ainsi que, s'il y a lieu, la qualité des prestations de services prévues au troisième alinéa de l'article R. 2122-28 au regard des besoins du service public.

Les articles 39 à 40-1 et 50 du code des marchés publics [V. **C. marchés**] *sont applicables à la publicité relative à la conclusion d'une convention de bail.* — [Décr. n° 2004-18 du 6 janv. 2004, art. 6.]

Les dispositions de l'Arr. du 30 déc. 2015 sont applicables aux contrats pour lesquels un avis d'appel public à la concurrence est envoyé à la publication postérieurement à sa date d'entrée en vigueur, fixée au 1er janv. 2016 (Arr. préc., art. 4 s.).

Art. R. 2122-36 *L'autorité administrative établit la liste des candidats admis à présenter une offre après examen de leurs garanties professionnelles et financières, selon les règles fixées aux articles 43 à 45, 51 et 52 du code des marchés publics.* — V. **C. marchés**.

Elle adresse à chacun des candidats, dans les conditions prévues à l'article 62 du même code, une lettre de consultation. Cette lettre comprend notamment, outre les indications mentionnées au I de cet article, un cahier des charges énonçant le programme applicable à l'immeuble à construire et, le cas échéant, les caractéristiques essentielles des prestations de service attendues du bailleur en application du troisième alinéa de l'article R. 2122-28 du présent code.

Le délai de réception des offres ne peut être inférieur à quarante jours à compter de la date d'envoi de la lettre de consultation. — [Décr. n° 2004-18 du 6 janv. 2004, art. 7.]

Art. R. 2122-37 *La convention de bail est conclue avec le candidat ayant présenté l'offre économiquement la plus avantageuse au regard des critères figurant dans l'avis d'appel public à la concurrence, en conformité avec les I, II et III de l'article 53 et l'article 55 du code des marchés publics* [V. **C. marchés**]. — [Décr. n° 2004-18 du 6 janv. 2004, art. 8.]

§ 3 *[ABROGÉ]* CAS DE RECOURS À LA PROCÉDURE NÉGOCIÉE

Art. R. 2122-38 *Par dérogation aux articles R. 2122-36, R. 2122-37 et R. 2122-41 à R. 2122-43, la convention de bail peut être librement négociée par l'État dans les conditions définies aux articles R. 2122-39 et R. 2122-40, à condition que l'avis de publicité ait mentionné les critères d'attribution du bail, le nombre minimal de candidats au moins égal à trois, que l'État prévoit d'inviter à soumissionner et, le cas échéant, le nombre maximal.*

Les critères d'attribution sont pondérés. Si l'autorité administrative démontre qu'une telle pondération est objectivement impossible, ils sont alors hiérarchisés. — [Décr. n° 2004-18 du 6 janv. 2004, art. 9.]

Art. R. 2122-39 *Lorsque le montant du loyer prévu par la convention est déterminé principalement par le montant des travaux à réaliser et que celui de l'opération est inférieur à un montant fixé par arrêté du ministre chargé de l'économie, les offres sont librement négociées par l'État sur la base des critères de sélection figurant dans l'avis d'appel public à concurrence.* — Montant fixé à 5 225 000 € HT pour les travaux à réaliser, à compter du 1er janv. 2016, par l'Arr. du 30 déc. 2015 (JO 31 déc.).

Il en va de même lorsque le montant du loyer prévu par la convention de bail est déterminé principalement par le montant des prestations de services attendues du bailleur et que celui de l'opération est inférieur à un montant fixé par arrêté du ministre chargé de l'économie. — Montant fixé à 135 000 € HT, à compter du 1er janv. 2016, par l'Arr. du 30 déc. 2015 (JO 31 déc.). — [Décr. n° 2004-18 du 6 janv. 2004, art. 10.]

Les dispositions de l'Arr. du 30 déc. 2015 sont applicables aux contrats pour lesquels un avis d'appel public à la concurrence est envoyé à la publication postérieurement à sa date d'entrée en vigueur, fixée au 1er janv. 2016 (Arr. préc., art. 4 s.).

Art. R. 2122-40 *Quel que soit le montant des travaux ou des prestations de services, la convention de bail peut être librement négociée par l'État sur la base des critères de sélection figurant dans l'avis d'appel public à concurrence lorsque l'appel d'offres est déclaré infructueux. Un nouvel avis d'appel public à la concurrence doit alors être publié au préalable.* — [Décr. n° 2004-18 du 6 janv. 2004, art. 11.]

§ 4 *[ABROGÉ]* PROCÉDURE DE DIALOGUE COMPÉTITIF

Art. R. 2122-41 *Si, compte tenu de la complexité du projet, l'autorité administrative est objectivement dans l'impossibilité de définir les moyens techniques pouvant répondre à ses besoins ou d'établir le montage juridique ou financier du projet, la procédure du dialogue compétitif peut être utilisée pour passer la convention de bail.* — [Décr. n° 2004-18 du 6 janv. 2004, art. 12-I.]

Art. R. 2122-42 *Dans le cas mentionné à l'article R. 2122-41, un avis d'appel public à la concurrence est publié dans les conditions prévues à l'article R. 2122-35.*

Cet avis indique qu'il sera recouru à une phase de dialogue dans les conditions décrites aux articles R. 2122-43 à R. 2122-45 et précise les critères de sélection des candidats admis à participer au dialogue.

Par dérogation au troisième alinéa de l'article R. 2122-35, les critères de sélection des offres peuvent être définis dans le règlement de la consultation et non dans l'avis d'appel public à la concurrence. Parmi ces critères figurent nécessairement le coût global de l'offre et des objectifs de performance définis en fonction de l'objet du contrat. D'autres critères peuvent être retenus, notamment la valeur technique et le caractère innovant de l'offre, le délai de réalisation des ouvrages ou équipements, leur qualité esthétique ou fonctionnelle. – [Décr. n° 2004-18 du 6 janv. 2004, art. 12-II.]

Art. R. 2122-43 *La personne publique établit la liste des candidats admis à participer au dialogue en application des critères de sélection des candidatures mentionnés dans l'avis d'appel public à la concurrence, selon les règles fixées aux articles 43 à 45, 51 et 52 du code des marchés publics* [V. **C. marchés**].

Le nombre de ces candidats ne peut être inférieur à trois sous réserve d'un nombre suffisant de candidats. – [Décr. n° 2004-18 du 6 janv. 2004, art. 12-III.]

Art. R. 2122-44 *Sur la base du programme fonctionnel qu'elle a établi, l'autorité administrative engage avec chacun des candidats un dialogue, portant sur l'ensemble des aspects du contrat, dont l'objet est de définir les moyens techniques et le montage juridique et financier les mieux à même de répondre à ses besoins.*

Chaque candidat est entendu dans des conditions de stricte égalité.

L'autorité administrative ne peut donner à certains candidats des informations susceptibles de les avantager par rapport à d'autres. Elle ne peut, sans l'accord d'un candidat, révéler à ses concurrents des solutions proposées ou des informations confidentielles communiquées par lui dans le cadre de la discussion.

L'autorité administrative poursuit les discussions avec les candidats jusqu'à ce qu'elle s'estime en mesure d'identifier la ou les solutions, au besoin après les avoir comparées, susceptibles de répondre à ses besoins.

Elle peut prévoir que les discussions se déroulent en phases successives au terme desquelles seules sont retenues les propositions répondant le mieux aux critères d'attribution fixés dans l'avis d'appel public à la concurrence ou dans le règlement de consultation. Le recours à cette possibilité doit avoir été indiqué dans l'avis d'appel public à la concurrence ou dans le règlement de consultation. – [Décr. n° 2004-18 du 6 janv. 2004, art. 13, al. 1er à 5.]

Art. R. 2122-45 *Lorsqu'elle estime que la discussion est arrivée à son terme, l'autorité administrative en informe les candidats qui ont participé à toutes les phases de la consultation. Elle invite les candidats à remettre leur offre finale sur la base de la ou des solutions présentées et spécifiées au cours du dialogue dans un délai qui ne peut être inférieur à un mois. Elle définit les conditions d'exécution de la convention de bail, y compris de celles de ses clauses qui prévoient une évolution, pendant la durée de la convention, des droits et obligations du bailleur, et, le cas échéant, précise les critères d'attribution de la convention de bail définis dans l'avis d'appel public à la concurrence ou le règlement de la consultation. Elle s'efforce de maintenir jusqu'à ce stade une concurrence réelle.*

Ces offres comprennent tous les éléments nécessaires à l'exécution du contrat.

L'autorité administrative peut demander des clarifications, des précisions et des perfectionnements ou compléments sur les offres déposées par les candidats, ainsi que la confirmation de certains des engagements, notamment financiers, qui y figurent. Cependant, ces demandes ne peuvent avoir pour effet de modifier les éléments fondamentaux de l'offre ou des caractéristiques essentielles de la convention de bail.

Il peut être prévu qu'une prime sera allouée à tous les candidats ou à ceux dont les offres ont été les mieux classées. – [Décr. n° 2004-18 du 6 janv. 2004, art. 13, al. 6 à 9.]

Art. R. 2122-46 *A la suite de la phase de dialogue prévue par les articles R. 2122-43 à R. 2122-45, la convention de bail est attribuée au candidat qui a présenté l'offre économiquement la plus avantageuse, par application des critères définis dans l'avis d'appel public à la concurrence ou le règlement de la consultation et le cas échéant précisés dans les conditions prévues au premier alinéa de l'article R. 2122-45.* – [Décr. n° 2004-18 du 6 janv. 2004, art. 14.]

§ 5 *[ABROGÉ]* CONCLUSION ET MODIFICATIONS ULTÉRIEURES DU CONTRAT

Art. R. 2122-47 *L'achèvement de la procédure de passation des conventions de bail régies par la présente sous-section respecte les dispositions des articles 80 à 82 du code des marchés publics* [V. **C. marchés**]. – [Décr. n° 2004-18 du 6 janv. 2004, art. 15.]

Art. R. 2122-48 *Sauf sujétion technique imprévue, un avenant ne peut bouleverser l'économie de la convention de bail, ni en changer l'objet.* — [Décr. n° 2004-18 du 6 janv. 2004, art. 16-I.]

Art. R. 2122-49 *Postérieurement à la conclusion de la convention de bail, l'autorité administrative peut, en recourant à la procédure négociée sans publicité préalable, confier au bailleur la réalisation de travaux ou prestations complémentaires qui ne figuraient pas dans le projet initialement envisagé ni dans le contrat initial et qui, à la suite d'une circonstance imprévue, sont devenus nécessaires au parfait achèvement de l'ouvrage ou du service tel qu'il est décrit dans le contrat initial :*

1° Lorsque ces travaux ou prestations complémentaires ne peuvent être techniquement ou économiquement séparés du contrat initial sans inconvénient majeur pour l'autorité administrative ;

2° Ou lorsque ces travaux ou prestations, quoique séparables de l'exécution du contrat initial, sont néanmoins strictement nécessaires à la réalisation de son objet. — [Décr. n° 2004-18 du 6 janv. 2004, art. 16-II.]

SOUS-SECTION 3 RÈGLES PARTICULIÈRES AU DOMAINE PUBLIC DE L'ÉTAT COMPRIS DANS LES LIMITES ADMINISTRATIVES DES PORTS RELEVANT DE LA COMPÉTENCE DES COLLECTIVITÉS TERRITORIALES

§ 1er COMPÉTENCE DU DÉPARTEMENT

Art. R. 2122-50 Le titre d'occupation, quelle que soit sa forme, constitutif de droit réel sur le domaine public de l'État compris dans les limites administratives des ports qui relèvent de la compétence des départements est délivré, après consultation du préfet, par le président du conseil départemental ou par le concessionnaire lorsque les termes de la concession le prévoient expressément.

Toutefois, dans le cas prévu au deuxième alinéa de l'article R. 2122-15, le concessionnaire ne peut décider de faire droit à la demande de titre d'occupation constitutif de droit réel sur le domaine public que sur l'accord préalable du président du conseil départemental délivré après consultation du préfet. Faute d'avoir obtenu cet accord, le concessionnaire est tenu de refuser le caractère constitutif de droit réel au titre d'occupation sollicité du domaine public.

Si, dans les deux mois de sa saisine, le préfet n'a pas fait connaître son avis, celui-ci est réputé favorable. — *[C. dom. Ét., art. R. 57-10.]*

Art. R. 2122-51 La demande de titre d'occupation constitutif de droit réel mentionné à l'article R. 2122-50 est adressée au président du conseil départemental ou, lorsque les termes de la concession le prévoient expressément, au concessionnaire.

Elle est instruite par le service du département chargé de la gestion des ports ou, si cette gestion lui a été confiée, par le service déconcentré compétent de l'État.

Le dossier de la demande est constitué dans les conditions prévues à l'article R. 2122-13.

Lorsque des règlements soumettent les autorisations d'occupation du domaine public délivrées en application de l'article L. 2122-1 à des procédures de délivrance ou d'approbation particulières, ces procédures demeurent applicables pour la délivrance d'autorisations constitutives de droit réel dans la mesure où elles ne sont pas contraires aux dispositions du présent article et des articles R. 2122-50 et R. 2122-54. — *[C. dom. Ét., art. R. 57-12.]*

§ 2 COMPÉTENCE DE LA COMMUNE ET DES GROUPEMENTS DE COLLECTIVITÉS TERRITORIALES *(Décr. n° 2015-1789 du 28 déc. 2015, art. 1er-III-1°).*

Art. R. 2122-52 Le titre d'occupation, quelle que soit sa forme, constitutif de droit réel sur le domaine public de l'État compris dans les limites administratives des ports qui relèvent de la compétence des communes *(Décr. n° 2015-1789 du 28 déc. 2015, art. 1er-III-2°-a)* « ou de groupements de collectivités territoriales » est délivré, après consultation du préfet, par le maire *(Décr. n° 2015-1789 du 28 déc. 2015, art. 1er-III-2°-a)* « , par le président de l'organe délibérant du groupement de collectivités territoriales » ou par le concessionnaire lorsque les termes de la concession le prévoient expressément.

Toutefois, dans le cas prévu au deuxième alinéa de l'article R. 2122-15, le concessionnaire ne peut décider de faire droit à la demande de titre d'occupation constitutif de droit réel sur le domaine public que sur l'accord préalable du maire *(Décr. n° 2015-1789 du 28 déc. 2015, art. 1er-III-2°-b)* « ou du président de l'organe délibérant du groupement de collectivités territoriales » délivré après consultation du préfet. Faute d'avoir obtenu cet accord, le concessionnaire est tenu de refuser le caractère constitutif de droit réel au titre d'occupation sollicité du domaine public.

Si, dans les deux mois de sa saisine, le préfet n'a pas fait connaître son avis, celui-ci est réputé favorable. – *[C. dom. Ét., art. R. 57-14.]*

Art. R. 2122-53 La demande de titre d'occupation constitutif de droit réel mentionné à l'article R. 2122-52 est adressée au maire *(Décr. n° 2015-1789 du 28 déc. 2015, art. 1er-III-3°)* « , au président de l'organe délibérant du groupement de collectivités territoriales » ou, lorsque les termes de la concession le prévoient expressément, au concessionnaire.

Le dossier de la demande est constitué dans les conditions prévues à l'article R. 2122-13.

Lorsque des règlements soumettent les autorisations d'occupation du domaine public délivrées en application de l'article L. 2122-1 à des procédures de délivrance ou d'approbation particulières, ces procédures demeurent applicables pour la délivrance d'autorisations constitutives de droit réel dans la mesure où elles ne sont pas contraires aux dispositions du présent article et des articles R. 2122-52 et R. 2122-54. – *[C. dom. Ét., art. R. 57-16.]*

§ 3 COMPÉTENCE DE LA RÉGION

(Décr. n° 2015-1789 du 28 déc. 2015, art. 1er-III-4°)

Art. R. 2122-53-1 Le titre d'occupation, quelle que soit sa forme, constitutif de droit réel sur le domaine public de l'État compris dans les limites administratives des ports qui relèvent de la compétence des régions est délivré, après consultation du préfet, par le président du conseil régional ou par le concessionnaire lorsque les termes de la concession le prévoient expressément.

Toutefois, dans le cas prévu au deuxième alinéa de l'article R. 2122-15, le concessionnaire ne peut décider de faire droit à la demande de titre d'occupation constitutif de droit réel sur le domaine public que sur l'accord préalable du président du conseil régional délivré après consultation du préfet. Faute d'avoir obtenu cet accord, le concessionnaire est tenu de refuser le caractère constitutif de droit réel au titre d'occupation sollicité du domaine public.

Si, dans les deux mois de sa saisine, le préfet n'a pas fait connaître son avis, celui-ci est réputé favorable.

Art. R. 2122-53-2 La demande de titre d'occupation constitutif de droit réel mentionné à l'article R. 2122-53-1 est adressée au président du conseil régional ou, lorsque les termes de la concession le prévoient expressément, au concessionnaire.

Elle est instruite par le service de la région chargé de la gestion des ports ou, si cette gestion lui a été confiée, par le service déconcentré compétent de l'État.

Le dossier de la demande est constitué dans les conditions prévues à l'article R. 2122-13.

Lorsque des règlements soumettent les autorisations d'occupation du domaine public délivrées en application de l'article L. 2122-1 à des procédures de délivrance ou d'approbation particulières, ces procédures demeurent applicables pour la délivrance d'autorisations constitutives de droit réel dans la mesure où elles ne sont pas contraires aux dispositions du présent article et des articles R. 2122-53-1 et R. 2122-54.

§ 4 DISPOSITIONS COMMUNES *(Décr. n° 2015-1789 du 28 déc. 2015, art. 1er-III-4°).*

Art. R. 2122-54 Les dispositions des articles R. 2122-17 à R. 2122-27 sont applicables aux titres délivrés en application des articles R. 2122-50 *(Décr. n° 2015-1789 du*

28 déc. 2015, art. 1er-III-5°) « , R. 2122-52 et R. 2122-53-1 ». – *[C. dom. Ét., art. R. 57-13 et 57-17.]*

SOUS-SECTION 4 RÈGLES PARTICULIÈRES AUX TITRES EN COURS

Art. R. 2122-55 Les titres d'occupation du domaine public constitutifs de droit réel délivrés en application de l'article L. 2122-19, autres que ceux mentionnés aux deux alinéas suivants, sont soumis aux dispositions des articles R. 2122-9 à R. 2122-27.

Les titres d'occupation constitutifs de droit réel sur le domaine public de l'État délivrés en application de l'article L. 2122-19 et compris dans les limites administratives des ports qui relèvent de la compétence *(Décr. n° 2015-1789 du 28 déc. 2015, art. 1er-III-6°-a)* « des régions ou » des départements, mis à la disposition *(Décr. n° 2015-1789 du 28 déc. 2015, art. 1er-III-6°-a)* « de ces régions ou » de ces départements ou ayant fait l'objet à leur profit d'un transfert de gestion sont soumis aux dispositions des articles R. 2122-50, R. 2122-51, *(Décr. n° 2015-1789 du 28 déc. 2015, art. 1er-III-6°-a)* « R. 2122-53-1, R. 2122-53-2, » R. 2122-54 et R. 2125-15.

Le titulaire d'un titre d'occupation du domaine public de l'État délivré avant le 8 novembre 2003 et compris dans les limites administratives d'un port qui relève de la compétence d'une commune *(Décr. n° 2015-1789 du 28 déc. 2015, art. 1er-III-6°-b)* « ou d'un groupement de collectivités territoriales » peut demander, dans les conditions prévues à l'article R. 2122-53, que ce titre soit déclaré constitutif de droit réel sur le domaine public de l'État. – *[Décr. n° 95-595 du 6 mai 1995, art. 2, n° 2000-475 du 29 mai 2000, art. 2, n° 2003-1054 du 30 oct. 2003, art. 2.]*

CHAPITRE III MODALITÉS DE GESTION

SECTION PREMIÈRE CONVENTION DE GESTION

Art. R. 2123-1 Pour l'application des dispositions de l'article L. 2123-2, peuvent faire l'objet d'une convention de gestion, dans les conditions prévues par la présente section, les immeubles dépendant du domaine public de l'État qui appartiennent à l'une des catégories suivantes :

1° Immeubles classés ou inscrits au titre des monuments historiques ;

2° Monuments naturels, sites ou immeubles faisant partie des domaines et palais nationaux ;

3° Immeubles situés à l'étranger et dont la conservation présente un intérêt général au point de vue artistique, historique ou culturel ;

4° Immeubles classés en réserve naturelle ou dont le caractère naturel doit être préservé ;

5° Immeubles compris dans la zone définie à l'article L. 5111-1, dans les conditions prévues aux articles R. 169 à R. 169-3 du code du domaine de l'État ;

6° Immeubles militaires compris dans un site ayant fait l'objet d'une décision de restructuration prise par le ministre de la défense lorsque leur cession à la valeur estimée par le directeur départemental des finances publiques n'est pas possible. – *[C. dom. Ét., art. R. 128-1, al. 1er à 4, 6 et 7, ecqc les conventions de gestion portant sur des immeubles dépendant du domaine public de l'État.]*

Art. R. 2123-2 La convention de gestion est passée par l'administration chargée des domaines.

Lorsqu'elle porte sur un ou plusieurs immeubles situés dans un seul département, elle est signée au nom de l'État par le préfet, agissant en qualité de représentant du ministre chargé du domaine, et sur proposition du responsable dans le département du service gestionnaire. *(Abrogé par Décr. n° 2020-68 du 30 janv. 2020, art. 5 et 42, à compter du 1er févr. 2020)* ***« Il ne peut être signé de convention d'une durée supérieure à dix-huit ans qu'avec l'autorisation du ministre chargé du domaine. »***

Lorsqu'elle porte sur des immeubles situés dans plusieurs départements ou à l'étranger, la convention de gestion est signée au nom de l'État par le ministre chargé du domaine, sur proposition du ministre gestionnaire. Dans ce cas, la convention peut prévoir que des conventions annexes seront signées par le représentant du ministre chargé du domaine dans les départements ou pays où sont situés les immeubles.

Lorsqu'elle porte sur un immeuble militaire mentionné au 6° de l'article R. 2123-1, la convention de gestion est également signée par le ministre de la défense ou son représentant. – *[C. dom. Ét., art. L. 51-1, mots "passée par le service des domaines, sur la proposition du ministre affectataire ou gestionnaire de l'immeuble", ecqc les conventions de gestion portant sur des immeubles dépendant du domaine public de l'État, R. 128-3, ecqc les conventions de gestion portant sur des immeubles dépendant du domaine public de l'État.]*

Les demandes de décisions administratives individuelles présentées avant le 1er févr. 2020 demeurent soumises aux dispositions applicables à la date de leur présentation (Décr. n° 2020-68 du 30 janv. 2020, art. 42).

Art. R. 2123-3 La convention précise les conditions dans lesquelles le gestionnaire peut, en application de l'article L. 2123-2, accorder des autorisations d'occupation non constitutives de droits réels et être substitué à l'État pour l'application des dispositions des articles L. 2122-1, L. 2125-3, L. 2125-5, R. 2122-4, R. 2125-1 et R. 2125-3.

Les indemnités éventuellement dues à l'expiration, pour quelque cause que ce soit, de la convention de gestion restent à la charge du gestionnaire si la convention n'en dispose pas autrement. – *[C. dom. Ét., art. R. 128-4-II et III, ecqc les conventions de gestion portant sur des immeubles dépendant du domaine public de l'État.]*

Art. R. 2123-4 La convention précise les obligations d'ordre technique qui incombent au gestionnaire, notamment en ce qui concerne l'entretien ou l'aménagement de l'immeuble et les travaux à réaliser.

Le représentant du ministre compétent pour assurer la surveillance de la gestion contrôle l'exécution de ces obligations et approuve les programmes de travaux envisagés par le gestionnaire. Il approuve également les tarifs des droits d'entrée et des droits d'usage perçus sur le public. – *[C. dom. Ét., art. R. 128-5, ecqc les conventions de gestion portant sur des immeubles dépendant du domaine public de l'État.]*

Art. R. 2123-5 Les revenus de toute nature produits par les immeubles énumérés aux 1° à 5° de l'article R. 2123-1 mentionnés dans la convention et que le gestionnaire est autorisé à percevoir sont affectés, par ordre de priorité, aux seules opérations suivantes :

1° Acquitter, dans la mesure où ils ont été mis à sa charge par la convention, les dépenses de gestion ou d'aménagement afférentes aux immeubles ainsi que les impôts et taxes qui les grèvent ou qui sont dus à raison de leur exploitation ;

2° Payer les dépenses ou rembourser les emprunts relatifs aux travaux réalisés en application des programmes approuvés ;

3° Constituer des provisions et un fonds de réserve dans les limites fixées par la convention.

Le solde est versé chaque année à l'État. – *[C. dom. Ét., art. R. 128-6-I, ecqc les conventions de gestion portant sur des immeubles dépendant du domaine public de l'État.]*

Art. R. 2123-6 Les revenus de toute nature produits par les immeubles militaires mentionnés au 6° de l'article R. 2123-1 et que le gestionnaire est autorisé à percevoir sont affectés, par ordre de priorité, aux opérations suivantes :

1° Acquitter les dépenses de conservation de l'immeuble ;

2° Régler les impôts et taxes qui le grèvent ou qui sont dus à raison de son exploitation ;

3° Rechercher des possibilités de réutilisation de l'immeuble dans l'intérêt de l'économie locale ;

4° Réaliser les opérations, non énumérées ci-dessus, mais mentionnées à l'article R. 2123-5.

Le solde est versé chaque année à l'État. – *[C. dom. Ét., art. R. 128-6-II, ecqc les conventions de gestion portant sur des immeubles dépendant du domaine public de l'État.]*

Art. R. 2123-7 Le gestionnaire remet au représentant du ministre chargé du domaine un compte rendu de gestion établi dans les conditions prévues par la convention et tient à sa disposition les pièces justificatives jugées nécessaires. Pour les immeubles militaires mentionnés au 6° de l'article R. 2123-1, le compte rendu de gestion est également remis au représentant du ministre de la défense. – *[C. dom. Ét., art. R. 128-6-III, ecqc les conventions de gestion portant sur des immeubles dépendant du domaine public de l'État.]*

Art. R. 2123-8 La gestion se termine à la date prévue par la convention, qui ne peut être renouvelée par tacite reconduction. Toutefois, il peut y être mis fin avant cette date par les autorités mentionnées à l'article R. 2123-2, soit dans les conditions prévues par la convention, soit pour inexécution par le gestionnaire de ses obligations, soit pour des motifs d'intérêt général.

Dans ce dernier cas, le titulaire est indemnisé pour la partie non amortie des constructions ou installations qu'il aura édifiées avec l'accord du ministre compétent pour confier la gestion ou de son représentant. – *[C. dom. Ét., art. R. 128-7, ecqc les conventions de gestion portant sur des immeubles dépendant du domaine public de l'État.]*

SECTION II TRANSFERT DE GESTION LIÉ À UN CHANGEMENT D'AFFECTATION

Art. R. 2123-9 Pour l'application des dispositions de l'article L. 2123-3, la décision d'opérer le transfert de gestion d'un immeuble dépendant du domaine public de l'État est prise, après avis du directeur départemental des finances publiques, par le préfet ou, si elle concerne le domaine public militaire, par l'autorité militaire.

Lorsque la décision de transférer la gestion porte sur un immeuble dépendant du domaine public propre d'un établissement public de l'État, la décision est prise par l'autorité compétente de l'établissement déterminée ainsi qu'il est prévu au quatrième alinéa de l'article R. 2122-4.

Le transfert de gestion peut donner lieu à la passation d'une convention, qui fixe en tant que de besoin les règles de gestion applicables et les modalités techniques et financières de l'opération. – *[C. dom. Ét., art. R. 58, al. 1er.]*

Art. R. 2123-10 La décision d'opérer le transfert de gestion d'un immeuble dépendant du domaine public d'une collectivité territoriale, d'un groupement de collectivités territoriales ou d'un de leurs établissements publics est prise par délibération de l'organe délibérant de la personne publique concernée.

Art. R. 2123-11 Lorsque le transfert de gestion prend fin dans les conditions prévues à l'article L. 2123-3, la fin de l'affectation puis le retour de l'immeuble à la personne publique propriétaire sont constatés de façon contradictoire par les représentants des personnes publiques intéressées.

Art. R. 2123-12 Pour l'application de l'article L. 2123-4, lorsqu'il envisage de modifier l'affectation d'une dépendance du domaine public, le préfet saisit de son intention la collectivité territoriale, le groupement de collectivités territoriales ou l'établissement public propriétaire de cette dépendance.

Le dossier communiqué précise l'objet, les motifs et les caractéristiques essentielles du projet, de façon à établir que le changement d'affectation du domaine public qui est demandé répond à un motif d'intérêt général.

Le dossier fait état également des procédures préalables suivies par l'autorité qui demande le transfert pour permettre la réalisation de l'opération envisagée. La personne publique propriétaire dispose d'un délai de quatre mois à compter de la date de réception du projet pour accepter ou refuser le transfert de gestion.

L'absence de réponse dans ce délai vaut refus de consentir au transfert de gestion.

Art. R. 2123-13 En l'absence d'accord constaté dans les conditions prévues à l'article R. 2123-12, le préfet notifie sa décision à la personne publique propriétaire du domaine public. Cette décision est publiée au recueil des actes administratifs dans le département.

Art. R. 2123-14 Lorsque le transfert de gestion d'un immeuble dépendant du domaine public de l'État donne lieu à indemnisation en application de l'article L. 2123-6, le directeur départemental des finances publiques fixe le montant de l'indemnité mise à la charge de la personne publique bénéficiaire. – *[C. dom. Ét., art. R. 58, al. 2.]*

SECTION III SUPERPOSITION D'AFFECTATIONS

Art. R. 2123-15 Pour l'application des dispositions de l'article L. 2123-7, la convention de superposition d'affectations sur un immeuble dépendant du domaine public de l'État est passée, après avis du directeur départemental des finances publiques, par le préfet ou, si elle concerne le domaine public militaire, par l'autorité militaire.

Lorsque la superposition d'affectations porte sur un immeuble dépendant du domaine public dont l'État a confié ou concédé la gestion à l'un de ses établissements publics, la convention est passée, après avis du propriétaire, par l'autorité compétente de l'établissement déterminée ainsi qu'il est prévu au quatrième alinéa de l'article R. 2122-4 sauf disposition contraire du texte qui lui en confie ou concède la gestion.

Lorsque la superposition d'affectations porte sur un immeuble dépendant du domaine public propre d'un établissement public de l'État, la décision est prise par l'autorité compétente de l'établissement déterminée ainsi qu'il est prévu au quatrième alinéa de l'article R. 2122-4.

Art. R. 2123-16 Lorsque la convention de superposition d'affectations porte sur un immeuble dépendant du domaine public d'une collectivité territoriale, d'un groupement de collectivités territoriales ou de l'un de leurs établissements publics, elle est conclue, après délibération de l'organe délibérant, par son organe exécutif.

Art. R. 2123-17 Lorsque la superposition d'affectations sur un immeuble dépendant du domaine public de l'État donne lieu à indemnisation en application de l'article L. 2123-8, le directeur départemental des finances publiques fixe le montant de l'indemnité mise à la charge de la personne publique bénéficiaire.

SECTION V RÉTABLISSEMENT DE VOIES DE COMMUNICATION RENDU NÉCESSAIRE PAR LA RÉALISATION D'UNE INFRASTRUCTURE DE TRANSPORT

(Décr. n° 2017-299 du 8 mars 2017, art. 1er)

Art. R. 2123-18 La notice explicative du dossier d'enquête préalable à la déclaration d'utilité publique d'une nouvelle infrastructure de transport, mentionnée au 1° de l'article R. 112-4 du code de l'expropriation pour cause d'utilité publique, ou, à défaut, une note annexée au dossier d'enquête publique prévu à l' article R. 123-8 du code de l'environnement précise :

1° Les voies susceptibles d'être interrompues ;

2° Les personnes publiques qui en sont propriétaires et leurs gestionnaires ;

3° Les éléments permettant d'apprécier la nécessité de rétablir ou non les voies mentionnées au 1°, notamment au regard de leur fréquentation, des possibilités de déviation de la circulation et des caractéristiques et du coût de l'ouvrage d'art de rétablissement susceptible d'être construit.

Les dispositions du présent art. sont applicables aux enquêtes publiques dont l'arrêté d'ouverture et d'organisation est publié à compter du premier jour du sixième mois suivant celui de la publication du Décr. n° 2017-299 du 8 mars 2017, soit le 1er sept. 2017 (Décr. préc., art. 2).

Art. R. 2123-19 La convention mentionnée au II de l'article L. 2123-9 prévoit la répartition, entre ses parties, des dépenses liées à la surveillance de l'ouvrage d'art de rétablissement, à son entretien courant et spécialisé, notamment pour la réfection et le renouvellement de son étanchéité, à ses réparations et sa reconstruction.

Elle prévoit, sauf accord contraire des parties, l'application du principe de référence défini au troisième alinéa du II de l'article L. 2123-9, lorsque la personne publique propriétaire de la voie rétablie ou, le cas échéant, l'établissement public de coopération intercommunale compétent en matière de voirie ou d'infrastructures de transport dispose d'un potentiel fiscal, tel que défini aux articles L. 2334-4, L. 3334-6 et L. 5211-30 du code général des collectivités territoriales, inférieur à 10 millions d'euros à la date de la conclusion de la convention.

La personne publique propriétaire ou le gestionnaire de la voie rétablie prend en charge, selon le cas, la chaussée, les trottoirs et les équipements routiers, les voies et équipements ferroviaires ou la voie d'eau ainsi que les coûts induits par des demandes spécifiques de la personne publique propriétaire portant sur l'amélioration des performances de la voie rétablie ou l'architecture de l'ouvrage d'art de rétablissement.

La convention fixe les modalités de versement à la personne publique propriétaire ou, le cas échéant, au gestionnaire de la voie rétablie des coûts mis à la charge du gestionnaire de la nouvelle infrastructure de transport.

La convention est signée avant la mise en service de la voie rétablie. Elle comprend, en annexe, un dossier d'ouvrage d'art constitué par la personne qui en a réalisé la construction et mis à jour par la personne qui en assure l'entretien.

Art. R. 2123-20 *(Décr. nº 2017-1277 du 9 août 2017, art. 1er)* Pour la mise en œuvre de la médiation prévue à l'article L. 2123-10, les parties communiquent au préfet tout élément permettant de porter une appréciation de leurs capacités financières ainsi que leurs propositions quant à la répartition des charges liées à la structure de l'ouvrage d'art.

Le préfet saisit la chambre régionale des comptes et lui transmet ces éléments ainsi que, le cas échéant, sa propre proposition de répartition des charges.

Dans un délai de deux mois à compter de sa saisine, la chambre régionale des comptes rend un avis motivé sur l'économie générale des propositions qui lui ont été transmises par le préfet et leurs conséquences financières sur la situation des parties.

CHAPITRE IV DISPOSITIONS PARTICULIÈRES

SECTION PREMIÈRE UTILISATION DU DOMAINE PUBLIC MARITIME

SOUS-SECTION 1 CONCESSIONS D'UTILISATION DU DOMAINE PUBLIC MARITIME EN DEHORS DES PORTS

Art. R. 2124-1 Pour l'application des dispositions de l'article L. 2124-3, les dépendances du domaine public maritime situées hors des limites administratives des ports peuvent faire l'objet de concessions d'utilisation en vue de leur affectation à l'usage du public, à un service public ou à une opération d'intérêt général. Les biens ainsi concédés ne sont pas soustraits au domaine public.

Ces concessions sont conclues pour une durée qui ne peut excéder trente ans.

(Décr. nº 2016-9 du 8 janv. 2016, art. 2) « Les concessions relatives aux ouvrages de production d'énergie renouvelable en mer et leurs ouvrages connexes ainsi qu'aux ouvrages des réseaux publics d'électricité dont l'assiette est située sur le domaine public maritime sont conclues pour une durée qui ne peut excéder quarante ans. »

Les dispositions de la présente sous-section ne s'appliquent ni aux concessions de plage, ni aux autorisations d'exploitation de cultures marines, ni aux ouvrages et installations soumis à l'octroi d'un titre minier. – *[Décr. nº 2004-308 du 29 mars 2004, art. 1er.]*

La modification issue du Décr. nº 2016-9 du 8 janv. 2016 s'applique aux décisions prises à compter de la date de publication (JO 10 janv.) dudit décret (Décr. préc., art. 6-II).

Art. R. 2124-2 La demande de concession est adressée au préfet. Elle est accompagnée d'un dossier comportant les renseignements suivants :

1° Nom, prénoms, qualité, domicile du demandeur ou, si la demande émane d'une personne morale, les précisions suivantes : nature, dénomination, siège social et objet de la personne morale ainsi que les nom, prénoms, qualité, pouvoirs du signataire de la demande et, le cas échéant, du ou des représentants habilités auprès de l'administration ;

2° Situation, consistance et superficie de l'emprise qui fait l'objet de la demande ;

3° Destination, nature et coût des travaux, endigages projetés s'il y a lieu ;

4° Cartographie du site d'implantation et plans des installations à réaliser ;

5° Calendrier de réalisation de la construction ou des travaux et date prévue de mise en service ;

6° Modalités de maintenance envisagées ;

7° Modalités proposées, à partir de l'état initial des lieux, de suivi du projet et de l'installation et de leur impact sur l'environnement et les ressources naturelles ;

8° Le cas échéant, nature des opérations nécessaires à la réversibilité des modifications apportées au milieu naturel et au site, ainsi qu'à la remise en état, la restauration ou la réhabilitation des lieux en fin de titre ou en fin d'utilisation.

Un résumé non technique, accompagné éventuellement d'une représentation visuelle, est joint à la demande.

S'il y a lieu, le demandeur fournit également l'étude d'impact ou la notice d'impact établies dans les conditions prévues par les articles R. 122-1 à R. 122-16 du code de l'environnement. — *[Décr. n° 2004-308 du 29 mars 2004, art. 2.]*

En application du 4° du I de l'art. 21 de la L. n° 2000-321 du 12 avr. 2000, le silence gardé par l'administration, au terme d'un délai de deux mois, vaut rejet pour les demandes de concession d'utilisation du domaine public maritime en dehors des ports (V. Décr. n° 2014-1282 du 23 oct. 2014, applicable aux demandes formulées à compter du 12 nov. 2014).

Art. R. 2124-3 Lorsque la demande intéresse plusieurs départements, un préfet chargé de coordonner l'instruction et la publicité est désigné dans les conditions prévues à l'article 69 du décret n° 2004-374 du 29 avril 2004 relatif aux pouvoirs des préfets, à l'organisation et à l'action des services de l'État dans les régions et départements *[V.* **CGCT**, *App., v° Répartition des comptes entre l'État et les collectivités locales.]*. — *[Décr. n° 2004-308 du 29 mars 2004, art. 3.]*

Art. R. 2124-4 *(Décr. n° 2020-677 du 4 juin 2020, art. 2)* Dès qu'il est saisi de la demande, le préfet la soumet à l'avis du préfet maritime ou du délégué du Gouvernement pour l'action de l'État en mer.

Cet avis est joint au dossier soumis à l'instruction administrative et à l'enquête publique mentionnées aux articles R. 2124-6 et R. 2124-7.

Les dispositions introduites par le Décr. n° 2020-677 du 4 juin 2020 s'appliquent, y compris en cas de renouvellement, aux demandes de concession ou d'autorisation déposées après sa publication (JO 6 juin), ainsi qu'aux autorisations qui en résultent (Décr. préc., art. 20).

Art. R. 2124-5 Avant ouverture de l'instruction administrative prévue à l'article R. 2124-6, le préfet procède à une publicité préalable consistant en un avis publié dans deux journaux à diffusion locale ou régionale habilités à recevoir des annonces légales diffusées dans le ou les départements intéressés. Si l'importance du projet le justifie, le préfet procède à la même publication dans deux journaux à diffusion nationale.

L'avis mentionne les caractéristiques principales de la demande.

Les frais de publicité sont à la charge du demandeur. — *[Décr. n° 2004-308 du 29 mars 2004, art. 5.]*

Art. R. 2124-6 *(Décr. n° 2020-677 du 4 juin 2020, art. 3)* « La demande fait l'objet d'une instruction administrative conduite par le service gestionnaire du domaine public maritime qui consulte les administrations civiles ainsi que les autorités militaires intéressées. »

Le service gestionnaire du domaine public maritime recueille l'avis du directeur départemental des finances publiques qui est chargé de fixer les conditions financières de la concession.

Le projet est soumis à l'avis de la commission nautique locale ou de la grande commission nautique conformément aux dispositions des articles 1er à 3 du décret n° 86-606 du 14 mars 1986 relatif aux commissions nautiques. *(Abrogé par Décr. n° 2020-677 du 4 juin 2020, art. 3)* ***« L'avis du préfet maritime ou du délégué du Gouvernement pour l'action de l'État en mer est joint au dossier soumis à consultation. »***

(Décr. n° 2020-677 du 4 juin 2020, art. 3) « Le projet est soumis pour avis aux communes et établissements publics de coopération intercommunale intéressés. »

L'absence de réponse dans le délai de deux mois vaut avis favorable.

A l'issue de l'instruction administrative, le service gestionnaire du domaine public maritime transmet le dossier au préfet avec sa proposition et, si le projet paraît pouvoir être accepté, un projet de convention. — *[Décr. n° 2004-308 du 29 mars 2004, art. 6.]*

V. note ss. art. R. 2124-4, supra.

Art. R. 2124-7 Le projet fait l'objet, préalablement à son approbation, d'une enquête publique menée dans les formes prévues *(Décr. n° 2014-1510 du 15 déc. 2014, art. 3)* « aux articles R. 123-2 à R. 123-27 du code de l'environnement ».

Le dossier soumis à l'enquête comprend obligatoirement :

1° Le projet de convention ;

2° Les pièces énumérées à l'article R. 2124-2 du présent code ;

3° L'avis du préfet maritime ou du délégué du Gouvernement pour l'action de l'État en mer ;

4° Les avis recueillis lors de l'instruction administrative ;

5° L'avis du service gestionnaire du domaine public maritime qui a clos l'instruction administrative.

A l'issue de l'enquête publique, la convention est approuvée par arrêté du préfet. En cas d'avis défavorable du commissaire enquêteur ou de la commission d'enquête, le préfet peut néanmoins approuver la convention par arrêté motivé.

Dans le cas où le projet intéresse plusieurs départements, la convention est approuvée par arrêté conjoint des préfets intéressés.

Le préfet adresse copie de la convention au directeur départemental des finances publiques. — *[Décr. n° 2004-308 du 29 mars 2004, art. 7.]*

En application du 4° du I de l'art. 21 de la L. n° 2000-321 du 12 avr. 2000, le silence gardé par l'administration, au terme d'un délai de deux mois, vaut rejet pour les demandes de concession d'utilisation du domaine public maritime en dehors des ports (V. Décr. n° 2014-1282 du 23 oct. 2014, applicable aux demandes formulées à compter du 12 nov. 2014).

Les dispositions du Décr. n° 2011-2018 du 29 déc. 2011 sont applicables aux enquêtes publiques dont l'arrêté d'ouverture et d'organisation est publié à compter du 1er juin 2012 (Décr. préc., art. 17).

Art. R. 2124-8 Lorsque le titulaire est une personne physique ou une personne morale de droit privé, la convention peut prévoir, afin d'assurer la réversibilité effective des modifications apportées au milieu naturel, la constitution de garanties financières ou une consignation auprès de la Caisse des dépôts et consignations, dont le montant est établi compte tenu du coût estimé des opérations de remise en état, de restauration ou de réhabilitation du site.

La convention précise les conditions dans lesquelles le préfet met en œuvre ces garanties, notamment en cas de défaut d'exécution par le titulaire des opérations de remise en état, de restauration ou de réhabilitation du site, ou en cas de disparition juridique du titulaire.

Le montant des garanties financières peut être modifié en cas de constatation, dans le suivi de l'état initial des lieux, d'une modification des impacts sur le milieu naturel. — *[Décr. n° 2004-308 du 29 mars 2004, art. 8.]*

Art. R. 2124-9 La concession n'est pas constitutive de droit réel au sens des articles L. 2122-5 à L. 2122-14.

Elle n'entre pas dans la définition du bail commercial énoncée aux articles L. 145-1 à L. 145-3 du code de commerce *[V.* **C. *baux*]** et ne confère pas la propriété commerciale aux titulaires ou aux sous-traitants.

La convention indique que la mise en œuvre par le préfet des mesures indispensables à la conservation du domaine public maritime n'ouvre pas droit à indemnité au profit du titulaire.

Elle peut comporter, en cas de révocation pour un motif d'intérêt général, une clause d'indemnisation des investissements non encore amortis. L'amortissement est réputé effectué par annuités égales sur la durée normale d'utilisation. — *[Décr. n° 2004-308 du 29 mars 2004, art. 9.]*

Art. R. 2124-10 Lorsque le titulaire est une entité de droit privé dont le capital est réparti en parts ou actions, il doit informer le préfet de toute modification de son actionnariat ayant pour effet une modification du contrôle au sens de l'article L. 233-3 du code de commerce. — *[Décr. n° 2004-308 du 29 mars 2004, art. 10.]*

Art. R. 2124-11 L'arrêté approuvant la convention de concession est publié au recueil des actes administratifs de la préfecture. La convention de concession peut être consultée en préfecture.

L'arrêté est également publié dans les mêmes conditions que celles prévues à l'article R. 2124-5 et par voie d'affichage pendant une durée de quinze jours en mairie de la ou des communes qui ont été consultées sur le projet. L'accomplissement de cette dernière mesure de publicité est certifié par le maire. — *[Décr. n° 2004-308 du 29 mars 2004, art. 11.]*

Art. R. 2124-12 Si la concession se situe à l'intérieur de la circonscription d'un grand port maritime ou d'un port autonome, le directoire du grand port maritime ou le directeur du port autonome agit en tant qu'autorité concédante, en appliquant les dispositions des articles R. 2124-1 à R. 2124-11.

Le directoire du grand port maritime ou le conseil d'administration du port autonome fixe les conditions financières de la concession. – *[Décr. n° 2004-308 du 29 mars 2004, art. 12.]*

SOUS-SECTION 2 CONCESSIONS DE PLAGE

§ 1er RÈGLES D'OCCUPATION DES PLAGES FAISANT L'OBJET D'UNE CONCESSION

Art. R. 2124-13 L'État peut accorder sur le domaine public maritime des concessions ayant pour objet l'aménagement, l'exploitation et l'entretien de plages.

Le concessionnaire est autorisé à occuper une partie de l'espace concédé, pour y installer et exploiter des activités destinées à répondre aux besoins du service public balnéaire. Ces activités doivent avoir un rapport direct avec l'exploitation de la plage et être compatibles avec le maintien de l'usage libre et gratuit des plages, les impératifs de préservation des sites et paysages du littoral et des ressources biologiques ainsi qu'avec la vocation des espaces terrestres avoisinants.

La durée de la concession ne peut excéder douze ans. – *[Décr. n° 2006-608 du 26 mai 2006, art. 1er-I.]*

Art. R. 2124-14 Le concessionnaire peut confier à un ou plusieurs sous-traitants, par des conventions d'exploitation, tout ou partie des activités mentionnées à l'article R. 2124-13 ainsi que la perception des recettes correspondantes. Dans ce cas, le concessionnaire demeure personnellement responsable, tant envers l'État qu'envers les tiers, de l'accomplissement de toutes les obligations de surveillance, d'équipement, de conservation et d'entretien que lui impose le contrat de concession.

La date d'échéance des conventions d'exploitation ne doit pas dépasser celle de la concession. – *[Décr. n° 2006-608 du 26 mai 2006, art. 1er-II.]*

Art. R. 2124-15 Aucune autorisation d'occupation temporaire ne peut être délivrée sur les plages concédées, dans les limites communales, pour une ou des activités ayant un rapport direct avec l'exploitation de la plage. – *[Décr. n° 2006-608 du 26 mai 2006, art. 1er-III.]*

Art. R. 2124-16 Les concessions accordées sur les plages doivent respecter, outre les principes énoncés à l'article L. 321-9 du code de l'environnement, les règles de fond précisées aux alinéas suivants.

Un minimum de 80 % de la longueur du rivage, par plage, et de 80 % de la surface de la plage, dans les limites communales, doit rester libre de tout équipement et installation. Dans le cas d'une plage artificielle, ces limites ne peuvent être inférieures à 50 %. La surface à prendre en compte est la surface à mi-marée.

Seuls sont permis sur une plage les équipements et installations démontables ou transportables ne présentant aucun élément de nature à les ancrer durablement au sol et dont l'importance et le coût sont compatibles avec la vocation du domaine et sa durée d'occupation. Les équipements et installations implantés doivent être conçus de manière à permettre, en fin de concession, un retour du site à l'état initial. Leur localisation et leur aspect doivent respecter le caractère des sites et ne pas porter atteinte aux milieux naturels. Toutefois, les installations sanitaires publiques et les postes de sécurité peuvent donner lieu à des implantations fixes, sauf dans un espace remarquable au sens de l'article *(Décr. n° 2015-1783 du 28 déc. 2015, art. 9-VII-5°, en vigueur le 1er janv. 2016)* « L. 121-23 du code de l'urbanisme ».

Les installations autorisées sont déterminées en fonction de la situation et de la fréquentation de la plage ainsi que du niveau des services offerts dans le proche environnement.

La surface de la plage concédée doit être libre de tout équipement et installation démontable ou transportable en dehors d'une période, définie dans la concession, qui ne peut excéder six mois, sous réserve des dispositions des articles R. 2124-17 à R. 2124-19 du présent code. – *[Décr. n° 2006-608 du 26 mai 2006, art. 2.]*

Art. R. 2124-17 Dans les stations classées au sens des articles R. 133-37 à R. 133-41 du code du tourisme, la période définie dans la concession peut, si la commune d'implantation de la concession s'y est déclarée favorable par une délibération motivée au regard de la fréquentation touristique, être étendue au maximum à huit mois par an. – *[Décr. n° 2006-608 du 26 mai 2006, art. 3-I.]*

Art. R. 2124-18 Sur le territoire des stations classées mentionnées à l'article R. 2124-17, disposant depuis plus de deux ans d'un office de tourisme classé 4 étoiles au sens de l'article D. 133-20 du code du tourisme et justifiant de l'ouverture par jour, en moyenne sur une période comprise entre le 1er décembre et le 31 mars, de plus de 200 chambres d'hôtels classés au sens de l'article L. 311-6 du même code, le concessionnaire peut demander au préfet un agrément, valable pour la durée de la concession, pour autoriser le maintien en place, au-delà de la période d'exploitation définie dans la concession, des établissements de plage démontables ou transportables remplissant les conditions énumérées à l'article R. 2124-19 du présent code.

Le préfet peut délivrer cet agrément après que la commune d'implantation de la concession s'est déclarée favorable par une délibération motivée, dans les deux mois suivant la date de dépôt d'un dossier dont le contenu est défini par arrêté du ministre chargé de la gestion du domaine public maritime. – *[Décr. n° 2006-608 du 26 mai 2006, art. 3-II.]*

Art. R. 2124-19 Les concessionnaires qui ont reçu du préfet l'agrément prévu à l'article R. 2124-18 délivrent, au cas par cas et après avis conforme du préfet, des autorisations annuelles spéciales permettant le maintien sur la plage, en dehors de la période définie dans la concession, des établissements de plage démontables ou transportables situés en dehors d'un espace classé remarquable au sens de l'article *(Décr. n° 2015-1783 du 28 déc. 2015, art. 9-VII-5°, en vigueur le 1er janv. 2016)* « L. 121-23 du code de l'urbanisme » et qui remplissent les conditions suivantes :

1° Respecter une durée d'ouverture au moins égale à quarante-huit semaines consécutives dans l'année, quatre jours par semaine ;

2° Avoir déposé une demande accompagnée des pièces justificatives au plus tard trois mois avant la fin de la période d'exploitation définie dans la concession ;

3° Présenter, à la première demande, un dossier sur les caractéristiques techniques des aménagements et les conditions d'insertion paysagère dans l'environnement ;

4° Justifier la compatibilité du maintien de l'installation ou de l'équipement, en dehors de la période d'exploitation, avec l'action de la mer et du vent.

Le concessionnaire transmet le dossier au préfet qui donne son avis dans les deux mois. – *[Décr. n° 2006-608 du 26 mai 2006, art. 3-III.]*

Art. R. 2124-20 Les concessions et les conventions d'exploitation mentionnent qu'elles ne sont pas constitutives de droit réel au sens des articles L. 2122-5 à L. 2122-14.

Les concessions et les conventions d'exploitation n'entrent pas dans la définition du bail commercial énoncée aux articles L. 145-1 à L. 145-3 du code de commerce *[V. C.* ***baux****]* et ne confèrent pas la propriété commerciale à leurs titulaires.

Le concessionnaire et les sous-traitants éventuels prennent le domaine public concédé dans l'état où il se trouve le jour de la signature des conventions. Il est précisé dans ces conventions que ni le concessionnaire ni les sous-traitants ne peuvent réclamer d'indemnité à l'encontre de l'État en cas de modification de l'état de la plage ou de dégâts occasionnés aux installations du fait de l'action de la mer ou d'un autre phénomène naturel.

Les concessions et les conventions d'exploitation indiquent que la mise en œuvre par le préfet des mesures indispensables à la conservation du domaine public maritime n'ouvre pas droit à indemnité au profit du titulaire.

Les concessions ou conventions d'exploitation peuvent comporter une clause prévoyant, en cas de résiliation pour un motif d'intérêt général, l'indemnisation des investissements non encore amortis. L'amortissement est réputé effectué par annuités égales pendant la durée normale d'utilisation. – *[Décr. n° 2006-608 du 26 mai 2006, art. 4.]*

§ 2 ATTRIBUTION DES CONCESSIONS DE PLAGE

Art. R. 2124-21 Lorsque le préfet envisage de concéder une plage ou de renouveler une concession de plage ou est saisi d'une demande n'émanant pas de la commune ou du groupement de communes compétent, il informe la collectivité ou le groupement de communes intéressé, qui dispose d'un délai de deux mois à compter de cette notification pour faire valoir son droit de priorité. – *[Décr. n° 2006-608 du 26 mai 2006, art. 5-I.]*

Art. R. 2124-22 La commune ou le groupement de communes, qui a fait connaître dans ce délai sa décision d'exercer son droit de priorité dispose alors d'un délai de six mois pour adresser au préfet un dossier comportant :

1° Un plan de situation ;

2° Un plan d'aménagement de la concession délimitant notamment les espaces réservés à l'implantation d'activités exploitées directement par le concessionnaire ou confiés à des tiers par une convention d'exploitation, les réseaux et les accès ;

3° Une note exposant les modalités de mise en œuvre des principes énoncés à l'article R. 2124-16 et proposant une durée pour la période en dehors de laquelle la plage doit être libre de tout équipement et installation ;

4° Une note exposant les investissements devant être réalisés ainsi que les conditions financières d'exploitation annuelle ;

5° Une note exposant les aménagements prévus pour permettre l'accès sur la plage des personnes handicapées ou, si la commune ou le groupement de communes, invoquent l'impossibilité matérielle de satisfaire à cette exigence, l'exposé des motifs techniques le justifiant ;

6° Le dispositif matériel envisagé pour porter à la connaissance du public la concession de plage et les sous-traités d'exploitation éventuels. – *[Décr. n° 2006-608 du 26 mai 2006, art. 5-II.]*

Art. R. 2124-23 Le dossier est soumis à l'avis prévu à l'article R. 2124-25, puis fait l'objet d'une instruction administrative et d'une enquête publique dans les conditions prévues aux articles R. 2124-26 et R. 2124-27. – *[Décr. n° 2006-608 du 26 mai 2006, art. 5-III.]*

Art. R. 2124-24 Si la commune ou le groupement de communes ne fait pas valoir son droit de priorité ou ne donne pas suite à sa décision d'exercer ce droit, l'attribution de la concession de plage est soumise à la procédure prévue à l'article 38 de la loi n° 93-122 du 29 janvier 1993 relative à la prévention de la corruption et à la transparence de la vie économique et des procédures publiques. – *V.* ***C. marchés****, v° Délégations de services publics et concessions de travaux publics.*

Les candidats admis à présenter une offre adressent au préfet un dossier comportant les informations indiquées à l'article R. 2124-22.

Le projet choisi par le préfet est soumis à l'avis prévu à l'article R. 2124-25 puis à la procédure d'instruction administrative et à l'enquête publique prévues aux articles R. 2124-26 et R. 2124-27. Il est, en outre, soumis à l'avis de la commune ou du groupement de communes compétent lors de l'instruction administrative.

Lorsque le concessionnaire est une personne morale de droit privé, il désigne une personne physique responsable de l'exécution de la concession. S'il s'agit d'une entité dont le capital est réparti en parts ou actions, elle informe le préfet dans un délai d'un mois de toute modification dans son actionnariat ayant pour effet une modification du contrôle au sens de l'article L. 233-3 du code de commerce. – *[Décr. n° 2006-608 du 26 mai 2006, art. 6.]*

Art. R. 2124-25 Dès qu'il est saisi d'une demande de concession de plage, le préfet soumet cette demande à l'avis du préfet maritime ou du délégué du Gouvernement pour l'action de l'État en mer.

Cet avis est joint au dossier soumis à l'instruction administrative et à l'enquête publique prévues aux articles R. 2124-26 et R. 2124-27. – *[Décr. n° 2006-608 du 26 mai 2006, art. 7.]*

Art. R. 2124-26 Le projet de concession fait l'objet d'une instruction administrative conduite par le service chargé de la gestion du domaine public maritime.

Le service gestionnaire du domaine public maritime recueille l'avis du directeur départemental des finances publiques qui est en outre chargé de fixer les conditions financières de la concession.

Le préfet soumet le projet pour avis à la commission consultative départementale de sécurité et d'accessibilité lorsque la commune ou le groupement de communes invoque une impossibilité matérielle ne permettant pas l'accessibilité de tout ou partie de la plage et de ses installations ou équipements aux personnes handicapées ou qu'il estime que le projet n'apporte pas de réponse satisfaisante à l'obligation d'accès des personnes handicapées.

Le délai imparti pour rendre l'avis prévu à l'alinéa précédent est de deux mois. L'absence de réponse dans ce délai vaut avis favorable.

A l'issue de l'instruction administrative, le service gestionnaire du domaine public maritime transmet le dossier au préfet avec sa proposition et, le cas échéant, un projet de contrat de concession.

Lorsque le projet est situé dans un espace remarquable au sens de l'article *(Décr. n° 2015-1783 du 28 déc. 2015, art. 9-VII-5°, en vigueur le 1er janv. 2016)* « L. **121-23** du code de l'urbanisme », il ne peut être autorisé qu'après avis de la commission départementale compétente en matière de nature, paysages et sites. — *[Décr. n° 2006-608 du 26 mai 2006, art. 8.]*

Art. R. 2124-27 Le projet de concession ou le renouvellement d'une concession existante fait l'objet, préalablement à son approbation, d'une enquête publique menée dans les formes prévues par les articles R. 123-1 à *(Décr. n° 2011-2018 du 29 déc. 2011, art. 13)* « R. 123-27 » du code de l'environnement. Le dossier soumis à l'enquête comprend obligatoirement :

1° Le projet de concession ;

2° Les pièces énumérées à l'article R. 2124-22 du présent code ;

3° Les conditions financières de la concession fixées par le directeur départemental des finances publiques ;

4° L'avis du préfet maritime ou du délégué du Gouvernement pour l'action de l'État en mer ;

5° Les avis recueillis lors de l'instruction administrative ;

6° L'avis du service gestionnaire du domaine public maritime qui a clos cette instruction. — *[Décr. n° 2006-608 du 26 mai 2006, art. 9.]*

Les dispositions du Décr. n° 2011-2018 du 29 déc. 2011 sont applicables aux enquêtes publiques dont l'arrêté d'ouverture et d'organisation est publié à compter du 1er juin 2012 (Décr. préc., art. 17).

Art. R. 2124-28 A l'issue de l'enquête publique, le préfet se prononce sur la demande de concession. S'il décide, nonobstant l'avis défavorable du commissaire enquêteur ou de la commission d'enquête, d'accorder la concession, son arrêté doit être motivé.

Le préfet adresse copie de la concession au directeur départemental des finances publiques. — *[Décr. n° 2006-608 du 26 mai 2006, art. 10.]*

En application du 4° du I de l'art. 21 de la L. n° 2000-321 du 12 avr. 2000, le silence gardé par l'administration, au terme d'un délai de deux mois, vaut rejet pour les demandes de concession de plage (V. Décr. n° 2014-1282 du 23 oct. 2014, applicable aux demandes formulées à compter du 12 nov. 2014).

Art. R. 2124-29 Le concessionnaire présente chaque année à l'État, dans les formes prévues à l'article 40-1 de la loi n° 93-122 du 29 janvier 1993 relative à la prévention de la corruption et à la transparence de la vie économique et des procédures publiques *[V. **C. marchés**, v° V. Délégations de services publics et concessions de travaux publics]*, un rapport comportant notamment les comptes financiers tant en investissement qu'en fonctionnement, retraçant les opérations afférentes à la concession de la plage ainsi qu'une analyse du fonctionnement de la concession, en particulier au regard de l'accueil du public et de la préservation du domaine. Il comporte également, le cas échéant, les rapports mentionnés aux articles R. 2124-31 et R. 2124-32. — *[Décr. n° 2006-608 du 26 mai 2006, art. 11.]*

Art. R. 2124-30 Si la concession de plage se situe à l'intérieur de la circonscription d'un grand port maritime ou d'un port autonome, le directoire du grand port maritime ou le directeur du port autonome agit en tant qu'autorité concédante. Le directoire du grand port maritime ou le conseil d'administration du port autonome fixe les conditions financières de la concession. – *[Décr. nº 2006-608 du 26 mai 2006, art. 12.]*

§ 3 ATTRIBUTION DES SOUS-TRAITÉS D'EXPLOITATION

Art. R. 2124-31 Lorsque le concessionnaire est une collectivité territoriale ou un groupement de collectivités territoriales et qu'il décide de faire usage de la possibilité prévue à l'article R. 2124-14, il soumet les conventions d'exploitation à la procédure décrite aux articles L. 1411-1 à L. 1411-10 et L. 1411-13 à L. 1411-18 du code général des collectivités territoriales.

Lorsque le concessionnaire dresse la liste des candidats admis à présenter une offre, il examine, outre leurs garanties professionnelles et financières, leur aptitude à assurer l'accueil du public pendant la période d'exploitation ainsi que la préservation du domaine.

Les projets de convention d'exploitation sont soumis pour accord au préfet préalablement à leur signature par le concessionnaire. L'absence de réponse du préfet dans un délai de deux mois vaut accord.

Le rapport prévu à l'article L. 1411-3 du code général des collectivités territoriales précise notamment les conditions d'accueil du public et de préservation du domaine. – *[Décr. nº 2006-608 du 26 mai 2006, art. 13.]*

Art. R. 2124-32 Lorsque le concessionnaire est une personne autre qu'une collectivité territoriale ou un groupement de collectivités territoriales et qu'il décide de faire usage de la possibilité prévue à l'article R. 2124-14, il soumet les conventions d'exploitation à une procédure de publicité permettant la présentation de plusieurs offres concurrentes.

Cette exigence de publicité est satisfaite par l'insertion d'une mention dans une publication habilitée à recevoir des annonces légales diffusée localement et dans une publication spécialisée correspondant au secteur économique concerné. Elle précise la date limite de présentation des offres de candidature, les modalités de présentation de ces offres et mentionne les caractéristiques essentielles des conventions d'exploitation envisagées.

Lorsque le concessionnaire dresse la liste des candidats admis à présenter une offre, il examine, outre leurs garanties professionnelles et financières, leur aptitude à assurer l'accueil du public pendant la durée d'ouverture autorisée ainsi que la préservation du domaine.

Les offres ainsi présentées sont librement négociées par le concessionnaire qui, au terme de ces négociations, procède au choix d'un sous-traitant.

Les projets de convention d'exploitation sont soumis pour accord au préfet préalablement à leur signature par le concessionnaire. L'absence de réponse du préfet dans un délai de deux mois vaut accord.

Les conventions d'exploitation précisent que les sous-traitants adressent chaque année au concessionnaire un rapport qui comporte notamment les comptes financiers tant en investissement qu'en fonctionnement afférents à la convention d'exploitation de la plage ainsi qu'une analyse du fonctionnement de cette convention, en particulier au regard de l'accueil du public et de la préservation du domaine. – *[Décr. nº 2006-608 du 26 mai 2006, art. 14.]*

Art. R. 2124-33 Le sous-traitant de plage peut être une personne morale, de droit public ou de droit privé, ou une personne physique ainsi que, le cas échéant, un groupe de personnes physiques détenant en indivision les équipements ou installations de plage et limité aux conjoints ou aux personnes unies par un pacte civil de solidarité ainsi qu'à leurs ascendants et descendants directs.

Lorsque le sous-traitant de plage est une personne morale de droit privé, il désigne une personne physique responsable de l'exécution de la convention d'exploitation. S'il s'agit d'une entité dont le capital est réparti en parts ou actions, elle informe le concessionnaire et le préfet dans un délai d'un mois de toute modification dans son actionnariat ayant pour effet une modification du contrôle au sens de l'article L. 233-3 du code de commerce.

Lorsque le sous-traitant de plage est un groupe de personnes physiques, ce dernier désigne, en son sein, une personne responsable de l'exécution de la convention d'exploitation. – *[Décr. nº 2006-608 du 26 mai 2006, art. 15.]*

Art. R. 2124-34 Le concessionnaire peut préciser dans la convention d'exploitation de plage que le sous-traitant de plage, personne physique, peut transférer la convention d'exploitation à son conjoint ou à la personne à laquelle il est lié par un pacte civil de solidarité ou à l'un de ses descendants ou ascendants pour la durée de la convention restant à courir. Tout transfert doit faire l'objet d'un accord préalable du concessionnaire.

La convention d'exploitation peut également prévoir qu'en cas de décès du sous-traitant de plage personne physique, son conjoint, ses ascendants et descendants peuvent, dans un délai de six mois et à condition d'en faire la demande au concessionnaire, s'entendre pour transférer à l'un ou plusieurs d'entre eux la convention d'exploitation pour la durée restant à courir. Faute d'accord entre eux, à l'issue de ce délai, le concessionnaire déclare la vacance de la convention d'exploitation.

La convention d'exploitation précise que le concessionnaire, dans tous les cas nécessitant son accord, dispose d'un délai de deux mois pour faire connaître son assentiment. L'absence de réponse dans ce délai vaut accord.

Le concessionnaire informe le préfet de toute modification de la convention d'exploitation initiale et, le cas échéant, de son refus du changement sollicité en vertu des alinéas précédents par le sous-traitant ou ses ayants droit. – *[Décr. nº 2006-608 du 26 mai 2006, art. 16.]*

§ 4 RÉSILIATION DES CONCESSIONS ET DES CONVENTIONS D'EXPLOITATION

Art. R. 2124-35 Les concessions de plage peuvent être résiliées sans indemnité à la charge de l'État par décision motivée du préfet, après mise en demeure et après que le concessionnaire a été mis en mesure de présenter ses observations, en cas de manquement du concessionnaire à ses obligations, et notamment :

1° En cas de non-respect des stipulations de la concession, notamment des clauses relatives au paiement d'une redevance domaniale ;

2° En cas d'infraction aux lois et règlements en vigueur, notamment à la réglementation générale relative à l'occupation du domaine public maritime, à l'urbanisme, à la construction, à la protection des sites et à la sécurité ;

3° Si l'emplacement concédé est resté inexploité ou insuffisamment exploité, au regard des conditions de délivrance de la concession, pendant deux années consécutives ;

4° En cas de refus de résiliation des sous-traités d'exploitants dont les installations ne sont pas démontées alors que la durée minimale d'ouverture annuelle de quarante-huit semaines n'est pas respectée.

Lorsque l'infraction est grave, la concession de plage peut être résiliée sans mise en demeure, après que le concessionnaire a été mis en mesure de présenter ses observations.

La résiliation de la concession entraîne la résiliation de plein droit des conventions d'exploitation. – *[Décr. nº 2006-608 du 26 mai 2006, art. 17.]*

Art. R. 2124-36 Les conventions d'exploitation peuvent être résiliées sans indemnité à la charge du concessionnaire par décision motivée de ce dernier, après mise en demeure et après que le sous-traitant a été mis en mesure de présenter ses observations, en cas de manquement du sous-traitant à ses obligations, et notamment :

1° En cas de non-respect des stipulations de la convention d'exploitation, notamment des clauses financières ;

2° En cas d'infraction aux lois et règlements en vigueur, notamment à la réglementation générale relative à l'occupation du domaine public maritime, à l'urbanisme, à la construction, à la protection des sites et à la sécurité ;

3° Si l'emplacement de la convention d'exploitation est resté inexploité ou insuffisamment exploité, au regard des conditions de délivrance de la convention, pendant une période d'un an ;

4° En cas de non-démontage de l'installation à la date prévue dans la concession, lorsque le sous-traitant ne bénéficie pas d'une autorisation annuelle spéciale ;

5° En cas de non-respect de la durée minimale d'ouverture annuelle de quarante-huit semaines, lorsque le sous-traitant bénéficie d'une autorisation annuelle spéciale.

Lorsque l'infraction est grave, les conventions d'exploitation peuvent être résiliées sans mise en demeure, après que le sous-traitant a été mis en mesure de présenter ses observations.

Le concessionnaire informe le préfet des cas de résiliation de conventions d'exploitation. – *[Décr. n° 2006-608 du 26 mai 2006, art. 18.]*

Art. R. 2124-37 Le préfet peut, après mise en demeure et après que le concessionnaire a été mis en mesure de présenter ses observations, se substituer à celui-ci pour assurer l'exécution de la convention d'exploitation. Le préfet peut, en particulier, résilier les conventions d'exploitation des sous-traitants dans les cas prévus à l'article R. 2124-36. – *[Décr. n° 2006-608 du 26 mai 2006, art. 19.]*

Art. R. 2124-38 Les dispositions de la présente sous-section s'appliquent, pour les plages concédées à la date du 28 mai 2006, à l'expiration des concessions en cours et, pour les sous-traités, à l'expiration de la convention d'exploitation.

Pour les installations ou équipements liés à l'exploitation de la plage et bénéficiant à la date du 28 mai 2006 d'une autorisation d'occupation temporaire du domaine public maritime, ses dispositions s'appliquent à l'expiration de l'autorisation. – *[Décr. n° 2006-608 du 26 mai 2006, art. 20, al. 1er et 2.]*

SOUS-SECTION 3 AUTORISATIONS D'OCCUPATION TEMPORAIRE CONCERNANT LES ZONES DE MOUILLAGES ET D'ÉQUIPEMENTS LÉGERS SUR LE DOMAINE PUBLIC MARITIME

Art. R. 2124-39 L'occupation temporaire du domaine public maritime, en dehors des limites *(Décr. n° 2020-677 du 4 juin 2020, art. 4)* « administratives » des ports, en vue de l'aménagement, *(Abrogé par Décr. n° 2020-677 du 4 juin 2020, art. 4) « de »* l'organisation et la gestion des zones de mouillages et d'équipements légers destinées à l'accueil et au stationnement des *(Décr. n° 2020-677 du 4 juin 2020, art. 4)* « navires et bateaux tels que définis par le code des transports, » fait l'objet d'une autorisation *(Décr. n° 2020-677 du 4 juin 2020, art. 4)* « délivrée » dans les conditions fixées par les dispositions de la présente sous-section et des articles D. 341-2, R. 341-4 et R. 341-5 du code du tourisme. – *[Décr. n° 91-1110 du 22 oct. 1991, art. 1er.]*

En application du 4° du I et du II de l'art. 21 de la L. n° 2000-321 du 12 avr. 2000, le silence gardé par l'administration, au terme d'un délai de six mois, vaut rejet pour les demandes d'autorisation d'occupation temporaire du domaine public maritime pour l'aménagement de zones de mouillage et d'équipement léger (V. Décr. n° 2014-1273 du 30 oct. 2014, applicable aux demandes formulées à compter du 12 nov. 2014).

V. note ss. art. R. 2124-4, supra.

Art. R. 2124-40 *(Décr. n° 2020-677 du 4 juin 2020, art. 5)* Dans les zones de mouillages et d'équipements légers, les travaux et équipements réalisés ne doivent en aucun cas entraîner l'affectation irréversible du site. En particulier, seuls sont admis les équipements et installations destinés exclusivement à l'amarrage ou la mise à l'eau des navires et bateaux et les équipements et installations mobiles et relevables, dont la nature et l'importance sont compatibles avec l'objet de l'autorisation, sa durée et l'obligation de démolition prévue à l'article R. 2124-51.

V. note ss. art. R. 2124-4, supra.

Art. R. 2124-41 *(Décr. n° 2020-677 du 4 juin 2020, art. 6)* « La demande d'autorisation, adressée au préfet, est accompagnée d'un dossier comportant :

« 1° Un rapport de présentation du projet et de ses incidences potentielles sur l'environnement et sur le patrimoine archéologique immergé ;

« 2° Un devis des dépenses envisagées ;

« 3° Une notice descriptive des installations prévues ;

« 4° Un plan de situation et un plan détaillé de la zone, faisant ressortir l'organisation des mouillages ainsi que des installations et des équipements légers annexes au mouillage ;

« 5° Une copie du dossier d'examen au cas par cas transmis à l'autorité environnementale au titre de l'article L. 122-1 du code de l'environnement.

« Cette demande d'autorisation peut être transmise par voie électronique. »

Le rapport de présentation indique les modalités de prise en compte de la vocation et des activités de la zone concernée et des terrains avoisinants, des impératifs de sécurité des personnes et des biens notamment du point de vue de la navigation, des conditions de préservation des sites et paysages du littoral et des milieux naturels aquatiques ainsi que des contraintes relatives à l'écoulement et à la qualité des eaux. – *[Décr. nº 91-1110 du 22 oct. 1991, art. 3.]*

V. note ss. art. R. 2124-4, supra.

Art. R. 2124-42 Lorsqu'une commune ou un groupement de communes compétent sur le territoire desquels l'implantation est prévue le demandent, l'autorisation leur est accordée par priorité. Ils déposent leur demande selon les modalités prévues à l'article R. 2124-41.

(Décr. nº 2020-677 du 4 juin 2020, art. 7) « Lorsque la demande d'autorisation émane d'une autre personne publique ou privée, elle est immédiatement notifiée par le préfet à la commune ou au groupement de communes compétent, qui dispose alors d'un délai de deux mois à compter de cette notification pour faire valoir le droit de priorité prévu à l'article L. 2124-5. La commune ou le groupement de communes qui a fait connaître dans ce délai sa décision d'exercer son droit de priorité dispose d'un délai de six mois pour déposer sa propre demande. En l'absence de réponse ou en cas de renonciation explicite de la commune ou du groupement de communes à son droit de priorité dans ce délai et lorsque la demande d'autorisation émanant d'une autre personne publique ou privée est formulée en vue d'une exploitation économique, le préfet organise librement une procédure de sélection ou de publicité préalable dans les conditions prévues aux articles L. 2122-1-1 et L. 2122-1-4. »

Ce droit de priorité *(Décr. nº 2020-677 du 4 juin 2020, art. 7)* « de la commune ou du groupement de communes compétent » peut être exercé à chaque délivrance d'une nouvelle autorisation, sous réserve, s'il y a lieu, de l'indemnisation du précédent titulaire dans le cas prévu au dernier alinéa de l'article R. 2124-48. – *[Décr. nº 91-1110 du 22 oct. 1991, art. 4.]*

V. note ss. art. R. 2124-4, supra.

Art. R. 2124-43 *(Décr. nº 2020-677 du 4 juin 2020, art. 8)* I. — La demande d'autorisation est instruite sous l'autorité du préfet, en liaison avec le préfet maritime ou le délégué du Gouvernement pour l'action de l'État en mer.

II. — Elle est soumise pour avis aux services et organismes intéressés, notamment :

1° A la commission départementale de la nature, des paysages et des sites, lorsque le projet est situé dans un espace remarquable au sens de l'article L. 121-23 du code de l'urbanisme ;

2° A la commission nautique locale prévue par le décret nº 86-606 du 14 mars 1986 relatif aux commissions nautiques ;

3° A l'organe délibérant de la commune ou du groupement de communes compétent, lorsqu'il a renoncé au droit de priorité prévu à l'article L. 2124-5 ;

4° Au directeur départemental des finances publiques, qui fixe en outre le montant de la redevance domaniale ;

5° A l'organe délibérant de l'établissement public du parc national, lorsque la demande d'autorisation concerne l'aire maritime adjacente au cœur du parc national, au sens des articles L. 331-1 et suivants du code de l'environnement ;

6° A l'organe délibérant de l'Office français de la biodiversité ou, par délégation, au conseil de gestion du parc, lorsque la demande d'autorisation concerne un parc naturel marin, au sens de l'article L. 334-4 du code de l'environnement, et pour avis conforme lorsque cette demande est susceptible d'altérer de façon notable le milieu marin conformément à l'article L. 334-5 du même code ;

7° A l'organe délibérant du syndicat mixte de gestion du parc naturel régional, lorsque la demande d'autorisation concerne les zones du parc ou son périmètre d'étude, au sens de l'article L. 333-1 du code l'environnement.

III. — Lorsque l'occupation est projetée sur le domaine relevant du Conservatoire de l'espace littoral et des rivages lacustres, au sens de l'article L. 322-9 du code de l'environnement, la demande d'autorisation est soumise à l'avis conforme du directeur de cet établissement ou, par délégation, du délégué de rivage territorialement compétent.

IV. — Lorsque l'occupation est projetée dans le périmètre d'une réserve naturelle en projet, au sens de l'article L. 332-6 du code de l'environnement, la demande d'autorisation est soumise à l'avis conforme de l'autorité administrative compétente pour autoriser spécialement une modification de l'état des lieux de la réserve ou de leur aspect.

V. — Lorsque l'occupation est projetée dans le périmètre d'une réserve naturelle classée, au sens de l'article L. 332-1 du code de l'environnement, la demande d'autorisation est soumise à l'avis conforme :

1° Du préfet de région, après avis du conseil scientifique régional du patrimoine naturel compétent mentionné au III de l'article L. 411-1 A du code de l'environnement, du comité consultatif de la réserve et du ou des conseils municipaux intéressés, si la demande d'autorisation concerne une réserve naturelle nationale ou une réserve naturelle de Corse classée par l'État ;

2° Du conseil régional compétent, après avis du conseil scientifique régional du patrimoine naturel compétent mentionné au III de l'article L. 411-1 A du code de l'environnement, du comité consultatif de la réserve et du ou des conseils municipaux intéressés, si la demande d'autorisation concerne une réserve naturelle régionale ;

3° De l'Assemblée de Corse, après avis du comité consultatif de la réserve et du ou des conseils municipaux intéressés, si la demande d'autorisation concerne une réserve naturelle classée par la collectivité territoriale de Corse. Si cette réserve a été classée à la demande de l'État, l'avis du préfet de Corse est également requis.

VI. — Faute de réponse dans un délai de deux mois à compter de la transmission de la demande, les avis mentionnés au présent article, à l'exception de celui du directeur départemental des finances publiques, sont réputés favorables ou conformes.

V. note ss. art. R. 2124-4, supra.

Art. R. 2124-44 Dans le cas où l'autorisation demandée entraîne un changement substantiel dans l'utilisation du domaine public maritime, le dossier est soumis par le préfet à une enquête publique selon les modalités prévues *(Décr. n° 2014-1510 du 15 déc. 2014, art. 3)* « aux articles R. 123-2 à R. 123-27 du code de l'environnement ». Le dossier est complété par le demandeur à cet effet. — *[Décr. n° 91-1110 du 22 oct. 1991, art. 6.]*

Art. R. 2124-45 *(Décr. n° 2020-677 du 4 juin 2020, art. 9)* L'autorisation est accordée par la voie d'une convention qui fixe les conditions et modalités d'occupation du domaine public maritime aux fins de l'aménagement, l'organisation et la gestion de la zone de mouillages et d'équipements légers.

Cette convention est approuvée par arrêté du préfet pris conjointement avec le préfet maritime ou le délégué du Gouvernement pour l'action de l'État en mer. Elle comporte la délimitation de la zone et définit les conditions de son aménagement et de son fonctionnement en prenant en compte les impératifs et objectifs mentionnés à l'article R. 2124-41. Elle énonce notamment les prescriptions nécessaires pour assurer la sécurité des personnes et des biens et la protection de l'environnement.

Elle fixe la période annuelle d'exploitation de la zone ainsi que la proportion des postes de mouillage réservés aux associations et aux navires et bateaux de passage. La proportion des postes réservés, qui ne peut être nulle, est fixée par le préfet, sur proposition du demandeur, en fonction du contexte et des caractéristiques de la navigation locale.

Elle précise les modalités selon lesquelles le titulaire de l'autorisation présente annuellement le bilan de sa gestion, à la fois matérielle et financière, ainsi que le projet de budget pour l'année suivante.

La convention précise si l'utilisation des mouillages est subordonnée au règlement par l'usager d'une redevance pour service rendu.

En application du 4° du I de l'art. 21 de la L. n° 2000-321 du 12 avr. 2000, le silence gardé par l'administration, au terme d'un délai de deux mois, vaut rejet pour les demandes d'autorisation d'occupation temporaire concernant les zones de mouillages et d'équipements légers sur le domaine public maritime (V. Décr. n° 2014-1282 du 23 oct. 2014, applicable aux demandes formulées à compter du 12 nov. 2014).

V. note ss. art. R. 2124-4, supra.

Art. R. 2124-46 *(Décr. n° 2020-677 du 4 juin 2020, art. 10)* La convention est conclue pour une durée maximale de quinze ans.

Elle peut être reconduite, à la demande du bénéficiaire, après instruction administrative menée selon les modalités fixées aux articles R. 2124-41 à R. 2124-45.

Elle fixe les modalités de sa modification à la demande du bénéficiaire ainsi que celles d'une dénonciation par l'administration, avant l'expiration du terme, pour des motifs d'intérêt général ou dans l'intérêt du domaine occupé selon les modalités prévues à l'article R. 2124-48.

V. note ss. art. R. 2124-4, supra.

Art. R. 2124-47 (Abrogé par Décr. n° 2020-677 du 4 juin 2020, art. 11) *Lorsque l'autorisation est modifiée en cours de validité à la demande du bénéficiaire et que cette modification donne lieu à la délivrance d'un nouveau titre d'autorisation, celui-ci indique, le cas échéant, le montant des dépenses non amorties exposées en vertu du titre antérieur.* – [Décr. n° 91-1110 du 22 oct. 1991, art. 9.]

Art. R. 2124-48 *(Abrogé par Décr. n° 2020-677 du 4 juin 2020, art. 11)* *« L'autorisation peut être retirée, en totalité ou en partie, avant l'expiration du terme fixé, pour des motifs d'intérêt général ou dans l'intérêt du domaine occupé. »*

L'indemnité à laquelle peut prétendre le titulaire évincé est égale, sous déduction de l'amortissement calculé dans les conditions fixées par le titre d'autorisation, au montant des dépenses exposées pour la réalisation des équipements et installations expressément autorisés, dans la mesure où ceux-ci subsistent à la date du retrait.

Ce montant est fixé sur la base des dépenses réelles justifiées à l'administration. Celles-ci sont déterminées à partir du devis joint à la demande d'autorisation, rectifié au plus tard dans les six mois de l'achèvement des travaux ou de chaque tranche de travaux.

L'amortissement des équipements et installations édifiés par l'occupant ne peut pas être pratiqué sur une période excédant la validité du titre restant à courir.

Lorsque les travaux de démolition et de remise en état des lieux sont effectués dans les conditions prévues à l'article R. 2124-51, le titulaire de l'autorisation est remboursé d'une quote-part des frais exposés pour ces travaux et préalablement agréées par l'administration, directement proportionnelle à la durée d'amortissement dont il a été privé.

Lorsqu'une nouvelle autorisation est accordée à une autre personne, cette dernière est substituée à l'État pour indemniser le précédent titulaire des investissements qu'il a réalisés, sous les réserves et dans les conditions prévues par le présent article. – *[Décr. n° 91-1110 du 22 oct. 1991, art. 10.]*

Art. R. 2124-49 *(Décr. n° 2020-677 du 4 juin 2020, art. 12)* La convention peut être résiliée sans indemnité s'il n'a pas été fait usage de l'autorisation d'occupation du domaine public maritime à l'expiration d'un délai d'un an à compter de la signature de la convention, sauf stipulation contraire de celle-ci.

Elle peut également être résiliée en cas de liquidation judiciaire, de décès du titulaire ou de dissolution s'il s'agit d'une personne morale.

La résiliation est notifiée par lettre recommandée avec demande d'avis de réception.

V. note ss. art. R. 2124-4, supra.

Art. R. 2124-50 En cas d'inexécution des obligations fixées par les dispositions de la présente sous-section, par celles des articles D. 341-2, R. 341-4 et R. 341-5 du code du tourisme et par *(Décr. n° 2020-677 du 4 juin 2020, art. 13)* « la convention », il peut être mis fin à celle-ci sans indemnité, le titulaire entendu.

(Décr. n° 2020-677 du 4 juin 2020, art. 13) « La résiliation est prononcée » après mise en demeure et expiration d'un délai qui ne peut être inférieur à un mois. Sa notification est effectuée dans les mêmes conditions que celles prévues à l'article R. 2124-49 du présent code. – *[Décr. n° 91-1110 du 22 oct. 1991, art. 12.]*

V. note ss. art. R. 2124-4, supra.

Art. R. 2124-51 Les équipements et installations établis par le titulaire de l'autorisation sur la zone de mouillages et d'équipements légers ou utilisés pour son exploitation doivent être démolis à la fin de l'autorisation et les lieux remis en l'état. Ces opérations sont effectuées aux frais du titulaire. Celui-ci en informe le préfet au moins deux mois avant le début des travaux.

Il n'est pas procédé à cette démolition :

(Abrogé par Décr. nº 2020-677 du 4 juin 2020, art. 14) *« 1º En cas de renouvellement de l'autorisation ; »*

1º Si une autorisation nouvelle est accordée *(Décr. nº 2020-677 du 4 juin 2020, art. 14)* « dans le but de poursuivre l'exploitation de la zone de mouillages et d'équipements légers », auquel cas l'obligation de démolition et de remise en l'état afférente à l'autorisation précédente est transférée sur le nouveau titulaire ;

2º Si le préfet notifie au titulaire de l'autorisation qu'il exige le maintien de tout ou partie des équipements et installations, auquel cas l'État se trouve, à compter de cette notification, subrogé dans tous les droits du titulaire sur ces équipements et installations qui doivent lui être remis en l'état sans qu'il y ait lieu à indemnité à ce titre ni à passation d'un acte.

En cas de non-exécution des travaux de démolition, il peut y être pourvu d'office aux frais du titulaire de l'autorisation, après mise en demeure restée sans effet dans le délai qu'elle a fixé.

Le titulaire de l'autorisation demeure responsable des ouvrages et installations jusqu'à leur démolition complète ou leur remise à l'administration. – *[Décr. nº 91-1110 du 22 oct. 1991, art. 13.]*

Le 2º est devenu le 1º et le 3º est devenu le 2º (Décr. nº 2020-677 du 4 juin 2020, art. 14). – V. note ss. art. R. 2124-4, supra.

Art. R. 2124-52 Les dispositifs des mouillages et des équipements légers sont réalisés et disposés conformément aux conditions mentionnées dans l'autorisation et maintenus en bon état sous la responsabilité du titulaire, à ses frais ou à ceux des tiers mentionnés à l'article R. 2124-53. Ces dispositifs ne doivent apporter aucune gêne à la navigation dans les chenaux, ni aux mouillages voisins autorisés.

Le titulaire de l'autorisation assure par des moyens appropriés la sécurité et la salubrité des lieux, et notamment l'évacuation des déchets et des effluents de toute nature, conformément à la législation en vigueur.

Toute modification apportée doit être signalée au chef du service chargé de la gestion du domaine public intéressé. – *[Décr. nº 91-1110 du 22 oct. 1991, art. 15.]*

Art. R. 2124-53 Le titulaire de l'autorisation peut, avec l'accord du préfet, confier à un tiers la gestion de tout ou partie de la zone de mouillages et d'équipements légers ainsi que de certains services connexes et la perception de redevances correspondantes. Il demeure toutefois seul responsable vis-à-vis de cette autorité. – *[Décr. nº 91-1110 du 22 oct. 1991, art. 16.]*

(Décr. nº 2020-677 du 4 juin 2020, art. 15) « Dans ce cas, le titulaire de l'autorisation adresse préalablement sa demande au préfet et y joint le projet de contrat qu'il entend passer avec son sous-traitant. Le silence gardé pendant deux mois par le préfet sur la demande vaut décision d'acceptation. »

V. note ss. art. R. 2124-4, supra.

Art. R. 2124-54 Les rapports du titulaire de l'autorisation ou du gestionnaire et des usagers sont régis par des contrats dont les conditions générales sont affichées, accompagnées des tarifs en vigueur, aux lieux où l'on accède normalement aux zones de mouillages et d'équipements légers. – *[Décr. nº 91-1110 du 22 oct. 1991, art. 17.]*

(Décr. nº 2020-677 du 4 juin 2020, art. 16) « Ces contrats précisent notamment que l'attribution et l'utilisation des postes de mouillage dans le périmètre de la zone considérée sont conditionnées à la présentation annuelle d'une attestation d'assurance couvrant la responsabilité civile et les frais de retirement du navire ou du bateau, en particulier en cas d'atteinte à la conservation ou à l'utilisation normale du domaine public maritime ou à la sécurité du public. »

V. note ss. art. R. 2124-4, supra.

Art. R. 2124-55 *(Décr. n° 2020-677 du 4 juin 2020, art. 17)* Les compétences attribuées au préfet par les dispositions de la présente sous-section et par celles de l'article D. 341-2, des cinquièmes à septième alinéas de l'article R. 341-4 et de l'article R. 341-5 du code du tourisme sont exercées :

1° Par le directoire du grand port maritime ou le directeur du port autonome lorsque la demande d'autorisation concerne une implantation située à l'intérieur de la circonscription d'un grand port maritime ou d'un port autonome ;

2° Par le directeur du Conservatoire de l'espace littoral et des rivages lacustres, à l'exception des règles de police du mouillage mentionnées à l'article R. 341-4 du code du tourisme, lorsque la demande d'autorisation concerne une implantation située dans le périmètre d'immeubles affectés au conservatoire, au sens de l'article L. 322-6 du code de l'environnement ;

3° Par le directeur du Conservatoire de l'espace littoral et des rivages lacustres, sous réserve d'y être habilité par la convention d'attribution passée avec l'État, lorsque la demande d'autorisation concerne une implantation située dans le périmètre d'immeubles attribués au conservatoire, au sens de l'article L. 322-6-1 du code de l'environnement.

V. note ss. art. R. 2124-4, supra.

SOUS-SECTION 4 DISPOSITIONS COMMUNES

Art. R. 2124-56 Les avis conformes du préfet maritime ou du délégué du Gouvernement pour l'action de l'État en mer et de l'autorité militaire compétente doivent être demandés pour les autorisations relatives à la formation d'établissement de quelque nature que ce soit sur la mer ou sur ses rivages.

L'autorité militaire compétente est, en métropole, le commandant de zone maritime et, outre-mer, l'officier général commandant supérieur des forces armées. — *[C. dom. Ét., art. R. 152-1.]*

SECTION II UTILISATION DU DOMAINE PUBLIC FLUVIAL

SOUS-SECTION 1 RÈGLES GÉNÉRALES

Art. R. 2124-57 Les concessions du domaine public fluvial de l'État sont accordées par arrêté du préfet coordonnateur de bassin, dans chaque bassin défini en application de l'article L. 212-1 du code de l'environnement.

Le préfet coordonnateur de bassin peut déléguer cette compétence, pour les sous-bassins ou fractions de sous-bassins, à un préfet de région ou de département.

L'arrêté de concession est pris après avis :

1° De Voies navigables de France, des services civils de l'État, des collectivités territoriales et des groupements compétents de collectivités territoriales sur le territoire desquels se trouve le projet ainsi que des chambres de commerce et d'industrie de région et territoriales dans le ressort desquelles il est situé ;

2° Lorsque le cours d'eau ou le canal est fréquenté par la navigation ou utilisé pour le flottage ou a cessé de l'être depuis moins de deux ans, des organisations professionnelles de la batellerie.

L'absence de réponse des institutions énumérées aux alinéas précédents dans le délai de trois mois à compter de leur saisine par le préfet vaut avis favorable. — *[Décr. n° 2005-992 du 16 août 2005, art. 1er, ecqc la concession du domaine public fluvial de l'État et C. dom. fluv., art. 5, en tant qu'il prévoit les modalités de la consultation par l'autorité administrative.]*

SOUS-SECTION 2 AUTORISATIONS D'OCCUPATION TEMPORAIRE CONCERNANT LES ZONES DE MOUILLAGES ET D'ÉQUIPEMENTS LÉGERS SUR LE DOMAINE PUBLIC FLUVIAL

Art. R. 2124-58 En application de l'article L. 2124-14, les règles relatives à l'occupation temporaire du domaine public fluvial en vue de l'aménagement, de l'organisation et de la gestion de zones de mouillages et d'équipements légers sont fixées par les dispositions des articles R. 2124-39 à R. 2124-55.

Pour l'application de ces dispositions au domaine public fluvial de l'État, les fonctions imparties au préfet maritime et au chef du service déconcentré chargé des affaires maritimes sont exercées respectivement par le préfet du département et par le chef du service de la navigation ou, si cette fonction n'est pas pourvue, par le directeur départemental des territoires.

En application du 4° du I de l'art. 21 de la L. n° 2000-321 du 12 avr. 2000, le silence gardé par l'administration, au terme d'un délai de deux mois, vaut rejet pour les demandes d'autorisation d'occupation temporaire concernant les zones de mouillages et d'équipements légers sur le domaine public fluvial (V. Décr. n° 2014-1282 du 23 oct. 2014, applicable aux demandes formulées à compter du 12 nov. 2014).

SOUS-SECTION 3 DISPOSITIONS RELATIVES AU CANAL DU MIDI

Art. R. 2124-59 Pour l'application du second alinéa de l'article L. 2124-24, le préfet est compétent pour mettre en demeure les propriétaires intéressés de procéder à l'arrachage des arbres et broussailles dans le lit des rigoles d'entrée ou de sortie, les contre-canaux et les anciens dépendant du domaine public fluvial du canal du Midi. – *[C. dom. fluv., art. 244, les mots "par le préfet".]*

SECTION III UTILISATION DU DOMAINE PUBLIC HERTZIEN

Art. R. 2124-60 Le régime de l'autorisation d'utilisation des fréquences radioélectriques est régi par les dispositions des articles R. 20-44-5 à R. 20-44-9-12 du code des postes et des communications électroniques.

SECTION IV EXPLOITATION DES RESSOURCES NATURELLES

Art. R. 2124-61 Le régime de l'autorisation domaniale nécessaire pour la recherche et l'exploitation des substances minérales mentionnées à l'article L. 2124-27 est défini par le décret n° 2006-798 du 6 juillet 2006 relatif à la prospection, à la recherche et à l'exploitation de substances minérales ou fossiles contenues dans les fonds marins du domaine public et du plateau continental métropolitains.

Art. R. 2124-62 L'autorisation d'exploitation des cultures maritimes sur le domaine public maritime ou fluvial, naturel ou artificiel, géré directement par l'État, mentionnée à l'article L. 2124-29, est délivrée dans les conditions prévues par le décret n° 83-228 du 22 mars 1983 fixant le régime de l'autorisation des exploitations de cultures marines.

Art. R. 2124-63 L'autorisation d'occupation du domaine public maritime portuaire relevant de la compétence des collectivités territoriales ou de leurs groupements, mentionnée au second alinéa de l'article L. 2124-30, est délivrée dans les conditions prévues à l'article R. 5314-33 du code des transports.

SECTION V CONCESSIONS DE LOGEMENT

Sur la mise en œuvre du Décr. n° 2012-752 du 9 mai 2012 portant réforme du régime des concessions de logement, V. Circ. du 6 févr. 2013, NOR : BUDE1203205C.

SOUS-SECTION 1 CONCESSIONS DE LOGEMENT DANS LES IMMEUBLES APPARTENANT À L'ÉTAT ET À SES ÉTABLISSEMENTS PUBLICS

(Décr. n° 2012-752 du 9 mai 2012)

§ 1er CONCESSIONS DE LOGEMENT DANS LES IMMEUBLES APPARTENANT À L'ÉTAT

Art. R. 2124-64 Dans les immeubles dépendant de son domaine public, l'État peut accorder à ses agents civils ou militaires une concession de logement par nécessité absolue de service ou une convention d'occupation précaire avec astreinte, dans les conditions prévues au présent paragraphe.

Art. R. 2124-65 Une concession de logement peut être accordée par nécessité absolue de service lorsque l'agent ne peut accomplir normalement son service, notamment

pour des raisons de sûreté, de sécurité ou de responsabilité, sans être logé sur son lieu de travail ou à proximité immédiate.

Des arrêtés conjoints du ministre chargé du domaine et des ministres intéressés fixent la liste des fonctions qui peuvent ouvrir droit à l'attribution d'une concession de logement par nécessité absolue de service.

V. Arr. du 19 déc. 2012 pour les services de l'État du ministère de l'Intérieur (JO 23 déc.) et son correctif (JO 12 janv. 2013) ; Arr. du 19 déc. 2012 pour les services de l'État du ministère de la Défense (JO 28 déc.) et son rectificatif (JO 9 mars), mod. par. Arr. du 17 juin 2014 (JO 2 juill.) ; Arr. du 19 déc. 2012 pour les établissements publics du ministère de la Défense (JO 28 déc.) et son rectificatif (JO 9 mars) ; Arr. du 19 déc. 2012 pour les établissements publics (organismes de recherche) du ministère de l'Enseignement supérieur et de la Recherche (JO 28 déc.), mod. par Arr. du 10 juin 2014 (JO 20 juin) ; Arr. du 19 déc. 2012 pour les établissements publics du ministère de l'Éducation nationale et les établissements d'enseignement restés à la charge de l'État (JO 28 déc.) ; Arr. du 14 janv. 2013 pour les établissements publics du ministère du Travail, de l'Emploi, de la Formation professionnelle et du Dialogue social (JO 24 janv.) ; Arr. du 14 déc. 2012 pour les services de l'État du ministère de l'Agriculture, de l'Agroalimentaire et de la Forêt (JO 21 févr. 2013) ; Arr. du 24 mai 2013 pour les services de l'État du ministère de la Justice (JO 28 mai), mod. par Arr. du 10 juin 2014 (JO 17 juill.) ; Arr. du 4 juill. 2013 pour les services du Premier ministre (JO 6 juill.), mod. par Arr. du 2 juill. 2015 (JO 4 juill.) et par Arr. du 1er févr. 2017 (JO 3 févr.), lui-même mod. par Arr. du 24 févr. 2017 (JO 26 févr.) ; Arr. du 23 juill. 2013 pour les établissements publics relevant du ministère des Sports (JO 2 août) ; Arr. du 9 févr. 2015 pour l'Office national des forêts (JO 26 févr.) ; Arr. du 19 oct. 2015 pour l'établissement public de l'Opéra national de Paris sous tutelle du ministère de la Culture et de la Communication (JO 30 déc.) ; Arr. du 19 oct. 2015 pour le domaine national de Chambord sous tutelle du ministère de la Culture et de la Communication (JO 30 déc.) ; Arr. du 19 oct. 2015 pour les établissements publics du ministère de la Culture et de la Communication (JO 30 déc.) ; Arr. du 19 oct. 2015 pour les services de l'État du ministère de la Culture et de la Communication (JO 30 déc.) ; Arr. du 2 nov. 2015 pour les services de l'État du ministère de l'Éducation nationale, de l'Enseignement supérieur et de la Recherche (JO 9 déc.) ; Arr. du 2 nov. 2015 pour les établissements publics du ministère chargé de l'éducation nationale et des établissements d'enseignement restés à la charge de l'État (JO 9 déc.) ; Arr. du 30 nov. 2015 pour les établissements publics du ministère de l'Écologie, du Développement durable et de l'Énergie (JO 9 déc.) ; Arr. du 30 nov. 2015 pour les services de l'État du ministère de l'Écologie, du Développement durable et de l'Énergie (JO 9 déc.), mod. par Arr. du 21 juill. 2017 (JO 4 août) et Arr. du 3 nov. 2017 (JO 25 nov.) ; Arr. du 9 déc. 2015 pour le Centre national des œuvres universitaires et scolaires et dans les centres régionaux des œuvres universitaires et scolaires (JO 19 déc.), mod. par Arr. du 4 août 2017 (JO 6 sept.) ; Arr. du 11 déc. 2015 pour les services de l'État du ministère de l'Agriculture, de l'Agroalimentaire et de la Forêt (JO 17 déc.), mod. par Arr. du 10 avr. 2017 (JO 15 avr.) ; Arr. du 11 déc. 2015 pour l'Office national des forêts (JO 19 déc.) ; Arr. du 14 déc. 2015 et 25 avr. 2016 pour les établissements publics (hors Office national des forêts) du ministère de l'Agriculture, de l'Agroalimentaire et de la Forêt (JO 23 déc. et 11 mai), mod. par Arr. du 9 août 2017 (JO 19 août) ; Arr. du 14 déc. 2015 pour les établissements publics (organismes de recherche) du ministère de l'Enseignement supérieur et de la Recherche (JO 23 déc.) ; Arr. du 15 déc. 2015 pour les services de l'État du ministère de l'Intérieur (JO 19 déc.), mod. par Arr. du 29 déc. 2017 (JO 31 déc.) ; Arr. du 18 déc. 2015 pour les services du Premier ministre (JO 20 déc.), mod. par Arr. du 1er févr. 2017 (JO 3 févr.) ; Arr. du 21 déc. 2015 pour les établissements publics relevant du ministère de la Décentralisation et de la Fonction publique (JO 26 déc.) ; Arr. du 22 déc. 2015 pour les services de l'État du ministère du Travail, de l'Emploi, de la Formation professionnelle et du Dialogue social (JO 30 déc.) ; Arr. du 22 déc. 2015 pour les établissements publics du ministère du Travail, de l'Emploi, de la Formation professionnelle et du Dialogue social (JO 30 déc.) ; Arr. du 22 déc. 2015 pour les services de l'État du ministère des Outre-mer (JO 26 déc.), mod. par Arr. du 17 juill. 2017 (JO 21 juill.) ; Arr. du 23 déc. 2015 et du 31 juill. 2017 pour les établissements publics nationaux relevant du ministère des Sports (JO 29 déc.) ; Arr. du 23 déc. 2015 pour les établissements d'enseignement supérieur du ministère de l'Éducation nationale, de l'Enseignement supérieur et de la Recherche (JO 29 déc.) ; Arr. du 23 déc. 2015 et du 31 juill. 2017 pour les services de Voies navigables de France (JO 29 déc. et 5 août), mod. par Arr. du 20 avr. 2018 (JO 8 mai) ; Arr. du 5 nov. 2018 pour les services de l'État du ministère de la Justice (JO 14 nov.) ; Arr. du 4 août 2017 pour les services de l'État du ministère de l'Europe et des Affaires étrangères (JO 17 août) ; Arr. du 24 août 2017 pour les services de l'État et des établissements publics relevant du périmètre de compétence des ministères économiques et financiers (JO 6 oct.) ; Arr. du 3 janv. 2018 pour les établissements publics du ministère de la Transition écologique et solidaire (JO 23 févr.).

La décision refusant l'octroi d'une concession de logement pour nécessité absolue de service ne peut être justifiée par l'absence de logement vacant. • CAA Marseille, 8 janv. 2019, n° 18MA02357.

Art. R. 2124-66 Les concessions de logement sont accordées, après avis du directeur départemental des finances publiques au nom du ministre chargé du domaine et du ministre sous l'autorité duquel se trouve placé l'agent bénéficiaire, par arrêté pris par le préfet et, pour les agents civils et militaires du ministère de la défense, par arrêté du ministre de la défense ou de son représentant.

Sous réserve des dispositions de l'article D. 2124-75, ces arrêtés sont nominatifs et indiquent la localisation, la consistance et la superficie des locaux mis à la disposition des intéressés, le nombre et la qualité des personnes à charge occupant le logement ainsi que les conditions financières, les prestations accessoires et les charges de la concession.

Les dispositions des art. R. 2124-66 et R. 2124-67 ne sont pas applicables au logement des fonctionnaires régis par les dispositions des Décr. n° 64-260 du 14 mars 1964 et n° 64-805 du 29 juill. 1964, qui sont affectés sur un poste territorial, ou de ceux occupant des emplois mentionnés aux 1° et 3° de l'art. 2 du Décr. n° 2007-1488 du 17 oct. 2007 et à l'art. 5 du Décr. n° 2009-360 du 31 mars 2009. Ces fonctionnaires bénéficient de concessions de logement par nécessité absolue de service. La gratuité du logement ainsi accordé s'étend aux meubles et à la fourniture du chauffage, de l'eau, du gaz et de l'électricité (Décr. n° 2012-752 du 9 mai 2012, art. 10).

Art. R. 2124-67 La concession de logement accordée par nécessité absolue de service comporte la gratuité de la prestation du logement nu. Elle est accordée par priorité dans des immeubles appartenant à l'État.

V. note ss. art. R. 2124-66.

Art. R. 2124-68 Lorsqu'un agent est tenu d'accomplir un service d'astreinte mais qu'il ne remplit pas les conditions ouvrant droit à la concession d'un logement par nécessité absolue de service, une convention d'occupation précaire avec astreinte peut lui être accordée. Elle est accordée par priorité dans des immeubles appartenant à l'État.

Une redevance est mise à la charge du bénéficiaire de cette convention. Elle est égale à 50 % de la valeur locative réelle des locaux occupés.

Des arrêtés conjoints du ministre chargé du domaine et des ministres intéressés fixent la liste des fonctions comportant un service d'astreinte qui peuvent ouvrir droit à l'attribution d'une convention d'occupation précaire.

V. Arr. du 19 déc. 2012 pour les services de l'État du ministère de l'Intérieur (JO 23 déc.) et son correctif (JO 12 janv. 2013) ; Arr. du 19 déc. 2012 pour les services de l'État du ministère de la Défense (JO 28 déc.) et son rectificatif (JO 9 mars), mod. par Arr. du 17 juin 2014 (JO 2 juill.) ; Arr. du 19 déc. 2012 pour les établissements publics du ministère de la Défense (JO 28 déc.) et son rectificatif (JO 9 mars) ; Arr. du 19 déc. 2012 pour les établissements publics (organismes de recherche) du ministère de l'Enseignement supérieur et de la Recherche (JO 28 déc.), mod. par Arr. du 10 juin 2014 (JO 20 juin) ; Arr. du 19 déc. 2012 pour les établissements publics du ministère de l'Éducation nationale et les établissements d'enseignement restés à la charge de l'État (JO 28 déc.) ; Arr. du 14 janv. 2013 pour les établissements publics du ministère du Travail, de l'Emploi, de la Formation professionnelle et du Dialogue social (JO 24 janv.) ; Arr. du 24 mai 2013 pour les services de l'État du ministère de la Justice (JO 28 mai), mod. par Arr. du 10 juin 2014 (JO 17 juill.) ; Arr. du 4 juill. 2013 pour les services du Premier ministre (JO 6 juill.), mod. par Arr. du 2 juill. 2015 (JO 4 juill.) et par Arr. du 1er févr. 2017 (JO 3 févr.), lui-même mod. par Arr. du 24 févr. 2017 (JO 26 févr.) ; Arr. du 23 juill. 2013 pour les établissements publics relevant du ministère des Sports (JO 2 août) ; Arr. du 9 févr. 2015 pour l'Office national des forêts (JO 26 févr.) ; Arr. du 19 oct. 2015 pour le domaine national de Chambord sous tutelle du ministère de la Culture et de la Communication (JO 30 déc.) ; Arr. du 19 oct. 2015 pour les établissements publics du ministère de la Culture et de la Communication (JO 30 déc.), Arr. du 19 oct. 2015 pour les services de l'État ministère de la Culture et de la Communication (JO 30 déc.) ; Arr. du 2 nov. 2015 pour les services de l'État du ministère de l'Éducation Nationale, de l'Enseignement supérieur et de la Recherche (JO 9 déc.) ; Arr. du 2 nov. 2015 pour les établissements publics du ministère chargé de l'éducation nationale et des établissements d'enseignement restés à la charge de l'État (JO 9 déc.) ; Arr. du 30 nov. 2015 pour les établissements publics du ministère de l'Écologie, du Développement durable et de l'Énergie (JO 9 déc.) ; Arr. du 30 nov. 2015 pour les services de l'État du ministère de l'Écologie, du Développement durable et de l'Énergie (JO 9 déc.), mod. par Arr. du 21 juill. 2017 (JO 4 août) et Arr. du 3 nov. 2017 (JO 25 nov.) ; Arr. du 9 déc. 2015 pour le Centre national des œuvres universitaires et scolaires et dans les centres régionaux des œuvres universitaires et scolaires (JO 19 déc.), mod. par Arr. du 4 août 2017 (JO 6 sept.) ; Arr. du 11 déc. 2015 pour les services de l'État du ministère de l'Agriculture, de l'Agroalimentaire et de la Forêt (JO 17 déc.), mod. par Arr. du 10 avr. 2017 (JO 15 avr.) ; Arr. du 11 déc. 2015 pour l'Office national des forêts (JO 19 déc.) ; Arr. du 14 déc. 2015 et 25 avr. 2016 pour les établissements publics (hors Office national des forêts) du ministère de l'Agriculture, de l'Agroalimentaire et de la Forêt (JO 23 déc. et 11 mai), mod. par Arr. du 9 août 2017 (JO 19 août) ; Arr. du 14 déc. 2015 pour les établissements publics (organismes de recherche) du ministère de l'Enseignement supérieur et de la Recherche (JO 23 déc.) ; Arr. du 15 déc. 2015 pour les services de l'État du ministère de l'Intérieur (JO 19 déc.), mod. par Arr. du 29 déc. 2017 (JO 31 déc.) ; Arr. du 18 déc. 2015 pour les services du Premier ministre (JO 20 déc.), mod. par Arr. du 1er févr. 2017 (JO 3 févr.) ; Arr. du 22 déc. 2015 pour les établissements publics du ministère du Travail, de l'Emploi, de la Formation professionnelle et du Dialogue social (JO 30 déc.) ; Arr. du 22 déc. 2015 pour les services de l'État du ministère des Outre-mer (JO 26 déc.), mod. par Arr. du 17 juill. 2017 (JO 21 juill.) ; Arr. du 23 déc. 2015 pour les établissements publics nationaux relevant du ministère des Sports (JO 29 déc.) ; Arr. du 23 déc. 2015 pour les établissements d'enseignement supérieur du ministère de l'Éducation nationale, de l'Enseignement supérieur et de la Recherche (JO 29 déc.) ; Arr. du 23 déc. 2015 et du 31 juill. 2017 pour les services de Voies navigables de France (JO 29 déc. et 5 août), mod. par Arr. du 20 avr. 2018 (JO 8 mai) ; Arr. du 5 nov. 2018 pour les services de l'État du ministère de la Justice (JO 14 nov.) ; Arr. du 4 août 2017 pour les services de l'État du ministère de l'Europe et des Affaires étrangères (JO 17 août) ; Arr. du 24 août 2017 pour les services de l'État et des établissements publics relevant du périmètre de compétence des ministères économiques et financiers (JO 6 oct.) ; Arr. du 3 janv. 2018 pour les établissements publics du ministère de la Transition écologique et solidaire (JO 23 févr.).

Art. R. 2124-69 Les conventions d'occupation précaire avec astreinte sont passées, après avis du directeur départemental des finances publiques, au nom du ministre chargé du domaine et du ministre sous l'autorité duquel se trouve placé l'agent bénéficiaire, par le préfet et, pour les agents civils et militaires du ministère de la défense, par le ministre de la défense ou son représentant.

Art. R. 2124-70 Le directeur départemental des finances publiques *(Décr. nº 2019-793 du 26 juill. 2019, art. 1er)* « ou l'autorité militaire, lorsque l'immeuble est mis à disposition du ministère de la défense » est compétent pour déterminer la redevance prévue à l'article R. 2124-68 et pour la réviser ou la modifier.

La redevance due commence à courir à compter de la date de l'occupation des locaux.

La redevance et, s'il y a lieu, les remboursements à la charge de l'occupant font l'objet d'un précompte mensuel, dans des conditions définies par arrêté du ministre chargé du budget, sur la rémunération de l'agent bénéficiaire.

Art. R. 2124-71 Le bénéficiaire d'une concession de logement par nécessité absolue de service ou d'une convention d'occupation précaire avec astreinte supporte l'ensemble des réparations locatives et des charges locatives afférentes au logement qu'il occupe, déterminées conformément à la législation relative aux loyers des locaux à usage d'habitation, ainsi que les impôts ou taxes qui sont liés à l'occupation des locaux. Il souscrit une assurance contre les risques dont il doit répondre en qualité d'occupant.

Art. R. 2124-72 Un arrêté du ministre chargé du domaine précise les modalités selon lesquelles le nombre de pièces du logement auquel peut prétendre l'agent est déterminé en fonction de sa situation familiale.

Arrêté du 22 janvier 2013,

Relatif aux concessions de logement accordées par nécessité absolue de service et aux conventions d'occupation précaire avec astreinte pris pour l'application des articles R. 2124-72 et R. 4121-3-1 du code général de la propriété des personnes publiques (JO 30 janv.).

Art. 1er Le nombre de pièces prévu à l'article R. 2124-72 du code susvisé s'établit comme suit, hors locaux affectés à des fonctions de représentation :

NOMBRE DE PERSONNES OCCUPANTES	NOMBRE DE PIÈCES
1 ou 2	3
3	4
4-5	5
6-7	6
Au-delà de 7	Une pièce supplémentaire par personne à charge

Toutefois, lorsque la consistance et la localisation des immeubles disponibles appartenant à l'État ne permettent pas de loger l'agent dans le respect des limites prévues ci-dessus, une concession de logement par nécessité absolue de service ou une convention d'occupation précaire avec astreinte peut être accordée, en retenant un nombre de pièces supérieur à celui auquel correspond la situation de l'agent, selon les modalités financières suivantes.

Dans le cas où le logement fait l'objet d'une concession de logement par nécessité absolue de service, la gratuité de la prestation du logement nu vaut quel que soit le nombre de pièces du logement et le nombre de personnes occupantes.

Dans le cas où le logement fait l'objet d'une convention d'occupation précaire avec astreinte, la redevance mise à la charge de l'agent bénéficiaire est calculée en retenant le nombre de pièces auquel l'agent a droit en application du tableau ci-dessus.

Art. R. 2124-73 Les concessions de logement et les conventions d'occupation précaire avec astreinte sont, dans tous les cas, accordées à titre précaire et révocable. Leur durée est limitée à celle pendant laquelle les intéressés occupent effectivement les emplois qui les justifient et dans les conditions fixées par l'arrêté mentionné à l'article R. 2124-72. Elles prennent fin, en toute hypothèse, en cas de changement d'utilisation ou d'aliénation de l'immeuble.

Elles ne peuvent être renouvelées que dans les mêmes formes et conditions.

Lorsque les titres d'occupation viennent à expiration, pour quelque motif que ce soit, l'agent est tenu de libérer les lieux sans délai sous peine de se voir appliquer les sanctions prévues à l'article R. 2124-74.

Art. R. 2124-74 L'occupant qui ne peut justifier d'un titre est susceptible de faire l'objet d'une mesure d'expulsion.

En outre, pour toute la période pendant laquelle il occupe les locaux sans titre, notamment dans le cas où son titre est venu à expiration, il est astreint au paiement d'une redevance fixée par le directeur départemental des finances publiques, égale à la valeur locative réelle des locaux occupés. Cette redevance est majorée de 50 % pour les six premiers mois, de 100 % au-delà.

Art. D. 2124-75 Les personnels de tous grades de la gendarmerie nationale en activité de service et logés dans des casernements ou des locaux annexés aux casernements bénéficient d'une concession de logement par nécessité absolue de service.

Art. D. 2124-75-1 La gratuité du logement accordé en application de l'article D. 2124-75 s'étend à la fourniture de l'eau, à l'exclusion de toutes autres fournitures.

§ 2 CONCESSIONS DE LOGEMENT DANS LES IMMEUBLES APPARTENANT AUX ÉTABLISSEMENTS PUBLICS DE L'ÉTAT

Art. R. 2124-76 Les dispositions des articles R. 2124-64 à D. 2124-75-1 sont applicables aux personnels civils ou militaires de l'État et aux personnels des établissements publics de l'État qui occupent un logement dans un immeuble dépendant du domaine public de l'un de ces établissements, sous réserve des modalités fixées par le présent paragraphe.

Les établissements mentionnés au premier alinéa sont les établissements publics dont les opérations financières et comptables sont effectuées par un agent comptable soumis à la juridiction de la Cour des comptes.

Les concessions de logement et les conventions d'occupation précaire avec astreinte sont accordées, par l'organe compétent de l'établissement et en conformité avec les dispositions statutaires propres à ce dernier, aux agents qui occupent les fonctions définies par les arrêtés prévus au dernier alinéa de l'article R. 2124-65 et au dernier alinéa de l'article R. 2124-68. La redevance prévue à l'article R. 2124-68 est déterminée, modifiée ou révisée par l'organe compétent de l'établissement.

Les sommes de toute nature dues en vertu du titre d'occupation sont prises en charge par le comptable de l'établissement qui en assure le recouvrement dans les conditions prévues par les textes applicables à cet établissement.

Décret n° 2012-752 du 9 mai 2012,

Portant réforme du régime des concessions de logement.

Art. 8 I. — En Guadeloupe, en Martinique, en Guyane, à La Réunion et à Mayotte, les dispositions du code du domaine de l'État et du code général de la propriété des personnes publiques dans leur rédaction antérieure au présent décret demeurent applicables aux concessions de logement, accordées au plus tard jusqu'au 1er septembre 2013, aux agents civils ou militaires du ministère de la défense et aux militaires des corps de soutien de la gendarmerie nationale.

II. — Dans ces mêmes collectivités, la mise à disposition d'un logement par l'État au moyen soit d'une convention d'occupation précaire avec astreinte mentionnée à l'article R. 2124-68 du code général de la propriété des personnes publiques, soit d'une autorisation d'occupation précaire ou d'un bail mentionnés aux articles R. 2124-79 et R. 2222-4-1 du même code, au bénéfice des agents civils ou militaires du ministère de la défense et aux militaires des corps de soutien de la gendarmerie nationale, donne lieu à compter du 1er septembre 2013 au plus tard à une retenue forfaitaire précomptée chaque mois sur le traitement ou la solde, dans les conditions fixées par décret.

Art. 9 En l'absence de changement dans la situation ayant justifié leur attribution, les agents civils ou militaires auxquels il a été accordé une concession de logement antérieurement à la date d'entrée en vigueur du présent décret en conservent le bénéfice *(Décr. n° 2015-1582 du 3 déc. 2015)* « jusqu'au premier jour du cinquième mois suivant la publication des arrêtés, prévus aux articles R. 2124-65 et R. 2124-68 du code général de la propriété des personnes publiques, qui ne sont pas encore intervenus à la date de publication du décret n° 2015-1582 du 3 décembre 2015 et devront être publiés avant le 31 décembre 2015 ». Ces concessions demeurent régies par les dispositions du code du domaine de l'État et du code général de la propriété des personnes publiques, dans leur rédaction antérieure à la date d'entrée en vigueur du présent décret.

Les redevances et, s'il y a lieu, les remboursements à la charge de l'occupant, dus au titre d'une de ces concessions peuvent faire l'objet d'un précompte mensuel, dans les conditions définies par arrêté du ministre chargé du budget, sur la rémunération de l'agent bénéficiaire s'il a été institué avant la même date.

....

Art. 11 Les dispositions du présent décret ne sont pas applicables à Saint-Pierre-et-Miquelon, en Polynésie française, dans les îles Wallis-et-Futuna, dans les Terres australes et antarctiques françaises et en Nouvelle-Calédonie.

SOUS-SECTION 2 CONCESSIONS DE LOGEMENT DANS LES IMMEUBLES APPARTENANT AUX COLLECTIVITÉS TERRITORIALES, À LEURS GROUPEMENTS ET À LEURS ÉTABLISSEMENTS PUBLICS

Art. R. 2124-77 *(Décr. n° 2016-152 du 11 févr. 2016, art. 3-I, en vigueur le 1er mars 2016)* Les conditions d'attribution de concessions de logement par les régions aux personnels de l'État employés dans les centres de ressources, d'expertise et de performance sportive sont fixées par les dispositions des articles R. 114-42 à R. 114-56 du code du sport.

Art. R. 2124-78 Les conditions d'attribution de concessions de logement par les régions, les départements et, le cas échéant, les communes et les groupements de communes aux personnels de l'État employés dans les établissements publics locaux d'enseignement sont fixées par les dispositions des articles R. 216-4 à R. 216-19 du code de l'éducation.

SECTION VI **AUTRES UTILISATIONS DU DOMAINE PUBLIC**

(Décr. nº 2012-752 du 9 mai 2012)

Art. R. 2124-79 Sans préjudice des dispositions de l'article R. 2124-64, les immeubles du domaine public de l'État peuvent faire l'objet d'autorisations d'occupation précaire en vue de fournir un logement à ses agents civils et militaires sans que l'occupation de ce logement ne soit liée à des considérations de service. Dans ce cas, une redevance est mise à la charge de l'agent. Elle est égale, sauf disposition spéciale liée à l'usage social de l'immeuble, à la valeur locative réelle des locaux occupés, déduction faite d'un abattement de 15 % destiné à tenir compte de la précarité de l'occupation mentionnée dans l'autorisation.

(Décr. nº 2019-793 du 26 juill. 2019, art. 2) « Le taux de l'abattement mentionné à l'alinéa précédent peut être porté jusqu'à 50 % pour les militaires ainsi que pour les agents civils en activité au sein du ministère de la défense et des établissements publics placés sous sa tutelle, occupant un immeuble mis à disposition du ministère de la défense. Un arrêté conjoint du ministre de la défense et du ministre chargé du domaine établit un classement du territoire national en zones géographiques en tenant compte du déséquilibre entre l'offre et la demande de logements et définit le taux d'abattement applicable à chacune de ces zones. Pour l'application du présent alinéa, la valeur locative réelle des locaux occupés est fixée par l'autorité militaire, par dérogation à l'article R. 2125-1. »

V. Décr. nº 2012-752 du 9 mai 2012, art. 11, ss. art. R. 2124-76.

Pour l'application du Décr. nº 2012-752 du 9 mai 2012 aux agents civils ou militaires auxquels il a été accordé une concession de logement antérieurement au 10 mai 2012 et en Guadeloupe, en Martinique, en Guyane, à La Réunion et à Mayotte, V. art. 8 et 9 du Décr. préc., ss. art. R. 2124-76.

CHAPITRE V **DISPOSITIONS FINANCIÈRES**

SECTION PREMIÈRE **DISPOSITIONS GÉNÉRALES**

Art. R. 2125-1 Sous réserve des dispositions réglementaires particulières qui déterminent au plan national le tarif des redevances pour certaines catégories d'occupation ou d'utilisation du domaine public de l'État, le directeur départemental des finances publiques fixe les conditions financières des titres d'occupation ou d'utilisation du domaine public de l'État, après avis du service gestionnaire du domaine public.

Le service gestionnaire dispose d'un délai de deux mois à compter de la demande qui lui est faite par le directeur départemental des finances publiques pour se prononcer sur les conditions financières de l'occupation ou de l'utilisation du domaine public. L'absence de réponse dans ce délai vaut avis favorable.

Les conditions financières de l'occupation ou de l'utilisation du domaine public de l'État confié en gestion à un établissement public de l'État sont fixées, sauf si son statut en dispose autrement, par l'autorité compétente de l'établissement gestionnaire dès lors que celui-ci tient expressément du texte qui lui confie ou concède la gestion du domaine le pouvoir d'y délivrer des titres d'occupation. – *[C. dom. Ét., art. L. 30 et R. 55.]*

Art. R. 2125-2 La redevance due pour l'occupation ou l'utilisation du domaine public d'une personne publique mentionnée à l'article L. 1 commence à courir, soit à compter de la date de notification de l'autorisation, soit à compter de la date de l'occupation du domaine public si elle est antérieure. – *[C. dom. Ét., art. A. 18.]*

Art. R. 2125-3 La révision des conditions financières des titres d'occupation ou d'utilisation du domaine public de l'État a lieu selon les modalités prévues par l'article R. 2125-1.

Sur le domaine public d'une personne publique mentionnée à l'article L. 1, la révision des conditions financières peut intervenir à l'expiration de chaque période fixée pour le paiement de la redevance.

Lorsque la redevance a été payée d'avance, ces dispositions sont applicables pour la part de la redevance correspondant à la période restant à courir.

La redevance nouvelle entre en vigueur un mois après le jour où elle a été notifiée au titulaire de l'autorisation, sauf si le titre d'occupation en dispose autrement. – *[C. dom. Ét., art. L. 33 et R. 57.]*

Art. R. 2125-4 Sous réserve des dispositions réglementaires qui déterminent le tarif des redevances pour certaines catégories d'occupation ou d'utilisation du domaine public propre d'un établissement public de l'État, les conditions financières de l'occupation ou de l'utilisation de ce domaine sont fixées et révisées par l'autorité qui y est habilitée par le statut de cet établissement et, dans le silence de ce statut, par son organe délibérant.

Art. R. 2125-5 Lorsque l'autorisation d'occupation ou d'utilisation du domaine public est retirée, avant l'expiration du terme fixé, pour un motif d'intérêt général, le titulaire évincé peut prétendre, outre à la restitution de la partie de la redevance versée d'avance et correspondant à la période restant à courir, à une indemnité égale, sous déduction de l'amortissement calculé dans les conditions fixées par le titre d'autorisation, au montant des dépenses exposées pour la réalisation des équipements et installations expressément autorisés, dans la mesure où ceux-ci subsistent à la date du retrait.

Ce montant est fixé sur la base des dépenses réelles justifiées à l'autorité qui a délivré le titre. Celles-ci sont déterminées à partir du devis joint à la demande d'autorisation, rectifié au plus tard dans les six mois de l'achèvement des travaux ou de chaque tranche de travaux.

L'amortissement des équipements et installations édifiés par l'occupant ne peut pas être pratiqué sur une période excédant la validité du titre restant à courir. – *[C. dom. Ét., art. A. 26, al. 2 et 3.]*

Art. R. 2125-6 Les prestations portant sur des biens et droits mobiliers de l'État ou de ses établissements publics entrant dans l'une des catégories définies à l'article 2 du décret n° 2009-151 du 10 février 2009 relatif à la rémunération de certains services rendus par l'État consistant en une valorisation de son patrimoine immatériel ne sont pas régies par les dispositions de la présente section.

SECTION II DISPOSITIONS PARTICULIÈRES AU DOMAINE PUBLIC FLUVIAL

Art. R. 2125-7 La redevance annuelle que les titulaires d'autorisations de prise d'eau sur le domaine public fluvial sont assujettis à payer à l'État, en application du premier alinéa de l'article L. 2125-7, est calculée d'après les bases suivantes :

1° Pour les autorisations d'utiliser la force motrice, la redevance est fixée à un taux compris entre un minimum de 0,54 euro et un maximum de 2,15 euros par kilowatt de puissance normale brute, en tenant compte :

a) De la régularité de l'énergie disponible ;

b) Des difficultés plus ou moins grandes de l'aménagement ;

c) De l'ancienneté des installations.

Lorsqu'il s'agit d'une chute nouvellement aménagée, la redevance est réduite de moitié pendant dix ans à partir de la date fixée pour la mise en service de l'usine ;

2° Pour toutes les autres autorisations de prise d'eau, la redevance est calculée d'après le nombre de mètres cubes pouvant être prélevés annuellement par la prise, compte tenu de la durée normale d'utilisation des installations.

Sous réserve d'un minimum de perception de 8,84 euros, le taux est fixé à :

a) 0,21 euro *(Décr. n° 2014-930 du 19 août 2014, art. 4)* « par centaine ou fraction de centaine de mètres cubes » pour le débit correspondant au fonctionnement à plein de l'installation pendant 1 000 heures et 0,14 euro *(Décr. n° 2014-930 du 19 août*

2014, art. 4) « par centaine ou fraction de centaine de mètres cubes » pour le débit correspondant aux 2 000 heures suivantes.

Lorsque la durée du fonctionnement dépasse 3 000 heures, le taux de la redevance est fixé à 0,09 euro pour le débit correspondant aux heures excédant 3 000.

Les taux des redevances fixées au *a* peuvent être réduits jusqu'au dixième de leur montant dans les cas et conditions déterminés par arrêté du ministre chargé de la gestion du domaine public fluvial et du ministre chargé du domaine et, le cas échéant, des autres ministres intéressés ;

b) Lorsque l'eau est restituée au cours d'eau par le permissionnaire au voisinage de la prise d'eau au moyen d'une canalisation spéciale autre que les collecteurs publics, le taux est fixé à 0,04 euro *(Décr. n° 2014-930 du 19 août 2014, art. 4)* « par centaine ou fraction de centaine de mètres cubes » pour les cours d'eau qui sont utiles à la navigation et à 0,02 euro *(Décr. n° 2014-930 du 19 août 2014, art. 4)* « par centaine ou fraction de centaine de mètres cubes » pour les autres cours d'eau ;

c) Lorsque l'eau est destinée à alimenter les distributions publiques, le taux est fixé à 0,02 euro *(Décr. n° 2014-930 du 19 août 2014, art. 4)* « par centaine ou fraction de centaine de mètres cubes » non seulement pour l'eau distribuée au public mais aussi pour l'eau nécessaire au fonctionnement des installations.

Toutefois, lorsque la redevance ainsi calculée excède soit 2 239 euros soit, dans les cas déterminés par arrêté du ministre chargé de la gestion du domaine public fluvial, du ministre chargé du domaine et des ministres intéressés, le chiffre fixé par cet arrêté, le permissionnaire peut obtenir qu'elle soit annuellement réduite d'après le nombre de mètres cubes réellement prélevés à charge pour lui de fournir les justifications qui seront définies dans l'autorisation.

Lorsque cette faculté est accordée, le permissionnaire verse d'avance, à titre de provision, au début de chaque période d'exigibilité, une redevance égale au montant de la redevance due pour l'année précédente d'après le puisage réel. Pour la première année d'exploitation, ou pour la première année d'admission au bénéfice du paiement de la redevance d'après le puisage réel, cette redevance est calculée suivant le régime normal de la prise d'eau.

Si, pour l'année écoulée, la consommation d'eau fait ressortir une redevance exigible supérieure au montant de la provision ainsi constituée, l'excédent de la redevance est versé en même temps que la provision afférente à l'année en cours, sans préjudice de l'application des mesures autres dont le permissionnaire serait passible pour abus de l'autorisation.

Dans le cas contraire, l'excédent du versement fait à titre de provision qui n'est pas absorbé par le règlement de la redevance afférente à l'année écoulée sert à constituer, à due concurrence, la provision due pour l'année nouvelle et, s'il y a lieu, pour les années suivantes, sans que ce règlement puisse donner lieu à remboursement de la part du Trésor.

La redevance annuelle ne peut être inférieure à la somme de 2 239 euros ou à celle fixée par l'arrêté interministériel prévu au *a* du 2° ci-dessus.

A l'expiration de l'autorisation, les sommes versées au Trésor par le permissionnaire, à titre de provision lui restent intégralement acquises, sans préjudice du versement de la redevance complémentaire qui pourrait être éventuellement exigible. – *[Décr. n° 48-1698 du 2 nov. 1948, art. 1er, al. 1er à 24.]*

Art. R. 2125-8 Les tarifs pour les autorisations de prise d'eau sur les canaux sont égaux au double de ceux prévus à l'article R. 2125-7. – *[Décr. n° 74-535 du 17 mai 1974, art. 2.]*

Art. R. 2125-9 Le montant de la redevance due par le titulaire d'une autorisation de prise d'eau sur le domaine public fluvial de l'État est fixé par le directeur départemental des finances publiques dans les conditions prévues à l'article R. 2125-1. – *[Décr. n° 48-1698 du 2 nov. 1948, art. 3.]*

Art. R. 2125-10 La redevance dont les bases sont fixées à l'article R. 2125-7 est indépendante de celles qui sont exigibles, le cas échéant, à raison de l'occupation temporaire du domaine public du fait des installations de prises d'eau ou d'utilisation des eaux ainsi que des contributions qui peuvent être demandées en application de l'article L. 2124-11.

Toutefois le concessionnaire assujetti pour la même prise d'eau au paiement de plusieurs redevances ou contributions peut, à titre exceptionnel, et sur avis favorable préalablement obtenu du service dont relève l'activité au bénéfice de laquelle la concession a été accordée, obtenir une réduction de la redevance lorsqu'il apparaît que l'avantage retiré de la prise d'eau est hors de proportion avec les charges résultant de ces diverses contributions et redevances. – *[Décr. n° 48-1698 du 2 nov. 1948, art. 2.]*

Art. R. 2125-11 Dans le cas où une autorisation de prise d'eau sert à assurer un service public qui bénéficie gratuitement à tous, l'exonération des redevances prévues à l'article R. 2125-7 est accordée, sur la proposition du service gestionnaire, dans la mesure où l'eau ou l'énergie est affectée à un tel service.

Est dispensé de toute redevance le prélèvement par les collectivités humaines de l'eau indispensable aux besoins ordinaires de la vie, sous réserve des redevances qui seraient dues pour l'occupation du domaine public. – *[Décr. n° 48-1698 du 2 nov. 1948, art. 4 et 1er, al. 25.]*

Art. R. 2125-12 Les dispositions des articles R. 2125-7 à R. 2125-11 ne sont pas applicables aux prises d'eau qui concernent un ouvrage hydroélectrique concédé en application de la loi du 16 octobre 1919 relative à l'utilisation de l'énergie hydraulique. – *[Décr. n° 48-1698 du 2 nov. 1948, art. 1er, ecqc les ouvrages concédés au titre de la loi du 16 oct. 1919.]*

Art. R. 2125-13 La redevance annuelle prévue au deuxième alinéa de l'article L. 2125-7 que peut instituer une collectivité territoriale ou un groupement pour les autorisations de prises d'eau sur son domaine public fluvial est fixée dans la limite de 7 euros par millier de mètres cubes prélevables ou rejetables dans l'année.

Cette redevance s'ajoute à la redevance d'occupation temporaire du domaine.

La collectivité territoriale ou le groupement applique un abattement en cas de prise d'eau destinée aux usages suivants :

– usage agricole : abattement compris entre 50 % et 97 % ;
– usage industriel : abattement compris entre 0 % et 30 % ;
– alimentation en eau d'un canal de navigation : abattement compris entre 97 % et 99 %.

La collectivité territoriale ou le groupement peut prévoir des abattements particuliers dans le cas de prises d'eau ou de rejets d'eau destinés à d'autres usages d'intérêt public.

Lorsque les autorisations de prises d'eau concernent un ouvrage hydroélectrique autorisé en application de la loi du 16 octobre 1919 relative à l'utilisation de l'énergie hydraulique, cette redevance est égale au produit de la puissance maximale brute autorisée de la chute par un taux de base ne pouvant dépasser 18,3 euros par kilowatt. L'ensemble des redevances pour prise d'eau et pour occupation du domaine ne doit pas dépasser un montant égal à 3 % du chiffre d'affaires annuel procuré par l'ouvrage l'année précédant l'année d'imposition. – *[Décr. n° 2005-992 du 16 août 2005, art. 16.]*

SECTION III **DISPOSITIONS PARTICULIÈRES À CERTAINES OCCUPATIONS**

Art. R. 2125-14 Dans le cas où l'occupation du domaine public de l'État ou du domaine propre d'un établissement public de l'État est constitutive d'un droit réel au profit du titulaire de l'autorisation, la redevance est, sous réserve des règlements particuliers, fixée dans les conditions prévues aux articles L. 2125-3 et R. 2125-1 à R. 2125-3. – *[C. dom. Ét., art. 57-2-III.]*

Art. R. 2125-15 Dans le cas où l'occupation d'une dépendance du domaine public de l'État comprise dans les limites administratives d'un port relevant de la compétence *(Décr. n° 2015-1789 du 28 déc. 2015, art. 1er-III-7°-a)* « de la région ou » du département, mis à sa disposition ou ayant fait l'objet à son profit d'un transfert de gestion, est constitutive d'un droit réel au profit du titulaire de l'autorisation, la redevance est, sous réserve des règlements particuliers, fixée par le président *(Décr. n° 2015-1789 du 28 déc. 2015, art. 1er-III-7°-b)* « du conseil régional ou » du conseil départemental en application des règles définies par *(Décr. n° 2015-1789 du 28 déc. 2015, art. 1er-III-7°-c)* « le conseil régional ou » le conseil départemental. – *[C. dom. Ét., art. 57-11.]*

Art. R. 2125-16 Dans le cas où l'occupation d'une dépendance du domaine public de l'État comprise dans les limites administratives d'un port relevant de la compétence de la commune *(Décr. n° 2015-1789 du 28 déc. 2015, art. 1er-III-8°)* « ou d'un groupement de collectivités territoriales » mis à sa disposition ou ayant fait l'objet à son profit d'un transfert de gestion est constitutive d'un droit réel au profit du titulaire de l'autorisation, le régime de la redevance d'occupation correspondante est fixé par le conseil municipal *(Décr. n° 2015-1789 du 28 déc. 2015, art. 1er-III-8°)* « ou l'organe délibérant du groupement de collectivités territoriales ». – *[C. dom. Ét., art. 57-15.]*

TITRE TROISIÈME **PROTECTION DU DOMAINE PUBLIC**

CHAPITRE PREMIER **SERVITUDES ADMINISTRATIVES**

Le présent chapitre ne comprend pas de dispositions réglementaires.

CHAPITRE II **POLICE DE LA CONSERVATION**

SECTION PREMIÈRE **CONTRAVENTIONS DE VOIRIE ROUTIÈRE**

Art. R. 2132-1 Les infractions à la police de la conservation du domaine public routier sont constatées et sanctionnées dans les conditions prévues aux articles R. 116-1 et R. 116-2 du code de la voirie routière.

COMMENTAIRE

Voir le commentaire sous l'article L. 2132-1. ❑

SECTION II **CONTRAVENTIONS DE GRANDE VOIRIE**

Art. R. 2132-2 *(Décr. n° 2019-1232 du 26 nov. 2019, art. 4)* Les personnels de Voies navigables de France, mentionnés à l'article L. 2132-23, compétents pour constater les contraventions de grande voirie définies aux articles L. 2132-5 à L. 2132-10, L. 2132-16 et L. 2132-17 sont commissionnés, de manière individuelle, par le directeur général de Voies navigables de France et assermentés devant le tribunal judiciaire dans les conditions prévues par les articles R. 2132-3 à R. 2132-5.

Le directeur général de Voies navigables de France peut déléguer ses pouvoirs en matière de commissionnement aux directeurs des services territoriaux de l'établissement.

Art. R. 2132-3 *(Décr. n° 2019-1232 du 26 nov. 2019, art. 4)* Pour délivrer le commissionnement, le directeur général de Voies navigables de France vérifie que l'agent présente les capacités et les garanties requises au regard des missions qui lui sont confiées. Il tient compte notamment de l'affectation de l'agent, de son niveau de formation et de son expérience professionnelle.

Art. R. 2132-4 *(Décr. n° 2019-1232 du 26 nov. 2019, art. 4)* Les personnels de Voies navigables de France mentionnés à l'article L. 2132-23 ne peuvent entrer en fonctions qu'après avoir prêté serment devant le tribunal de grande instance de leur résidence administrative.

La formule du serment est la suivante : "Je jure et promets de bien et loyalement remplir mes fonctions et d'observer en tout les devoirs qu'elles m'imposent. Je jure également de ne rien révéler ou utiliser de ce qui sera porté à ma connaissance à l'occasion de l'exercice de mes fonctions".

Un titre de commissionnement est délivré à l'agent qui a prêté serment. Il porte mention de la prestation de serment apposée par le greffier du tribunal de grande instance qui reçoit le serment. La prestation de serment n'est pas à renouveler en cas de changement du lieu d'affectation du commissionné dès lors que sa résidence administrative demeure dans le ressort territorial du tribunal où il a prêté serment.

Le commissionnement fixe le ressort territorial dans lequel l'agent exerce ses fonctions, lorsque celui-ci excède le ressort de son service d'affectation.

Art. R. 2132-5 *(Décr. n° 2019-1232 du 26 nov. 2019, art. 4)* Le commissionnement prend fin de plein droit lorsque son titulaire n'exerce plus les fonctions à raison desquelles il a été commissionné. Il peut également être retiré soit pour des raisons de service, soit parce que le titulaire ne remplit plus les conditions fixées à l'article R. 2132-3, soit en raison de son comportement dans l'exercice de ses fonctions. Dans ce dernier cas, l'intéressé est préalablement informé des motifs et de la nature de la mesure envisagée et mis à même de présenter des observations.

TITRE QUATRIÈME SORTIE DES BIENS DU DOMAINE PUBLIC

CHAPITRE PREMIER RÈGLES GÉNÉRALES

Art. D. 2141-1 En cas de vente, dans les conditions prévues à l'article L. 2141-2, d'un immeuble appartenant au domaine public artificiel de l'État ou de ses établissements publics et affecté à un service public, la durée maximale séparant l'acte de déclassement de la désaffectation de l'immeuble est fixée à trois ans. – *[Décr. n° 2007-229 du 20 févr. 2007, art. 1er.]*

CHAPITRE II RÈGLES PARTICULIÈRES AU DOMAINE PUBLIC FLUVIAL

Art. R. 2142-1 Pour l'application des dispositions du premier alinéa de l'article L. 2142-1, le déclassement du domaine public fluvial de l'État est prononcé par arrêté du préfet coordonnateur de bassin, dans chaque bassin défini en application de l'article L. 212-1 du code de l'environnement.

Le préfet coordonnateur de bassin peut déléguer cette compétence, pour les sous-bassins ou fractions de sous-bassins, à un préfet de région ou de département. – *[Décr. n° 2005-992 du 16 août 2005, art. 1er, ecqc le déclassement.]*

Art. R. 2142-2 *(Décr. n° 2011-2018 du 29 déc. 2011, art. 12)* L'enquête publique prévue en matière de déclassement par l'article L. 2142-1 du code général de la propriété des personnes publiques se déroule dans les conditions fixées par le code de l'expropriation pour cause d'utilité publique. Dans le cas d'un déclassement du domaine public fluvial d'une collectivité territoriale ou d'un groupement, la procédure d'enquête est menée par la collectivité. – *[Décr. n° 2005-992 du 16 août 2005, art. 6, phrase 1, ecqc le domaine public fluvial de l'État.]*

Les dispositions du Décr. n° 2011-2018 du 29 déc. 2011 sont applicables aux enquêtes publiques dont l'arrêté d'ouverture et d'organisation est publié à compter du 1er juin 2012 (Décr. préc., art. 17).

Art. R. 2142-3 L'enquête publique en matière de déclassement du domaine public fluvial d'une collectivité territoriale ou d'un groupement prévue au second alinéa de l'article L. 2142-1 se déroule dans les conditions fixées par l'article *(Décr. n° 2011-2065 du 30 déc. 2011, art. 2)* « R. 1311-8 » du code général des collectivités territoriales. – *V. cet art., App., v° Gestion du domaine.*

LIVRE DEUXIÈME BIENS RELEVANT DU DOMAINE PRIVÉ

TITRE PREMIER CONSISTANCE DU DOMAINE PRIVÉ

Le présent titre ne comprend pas de dispositions réglementaires.

TITRE DEUXIÈME UTILISATION DU DOMAINE PRIVÉ

CHAPITRE PREMIER DISPOSITIONS GÉNÉRALES

Le présent chapitre ne comprend pas de dispositions réglementaires.

CHAPITRE II DISPOSITIONS PARTICULIÈRES

SECTION PREMIÈRE LOCATION, MISE À DISPOSITION ET AFFECTATION

SOUS-SECTION 1 DOMAINE IMMOBILIER

Art. R. 2222-1 La location d'un immeuble du domaine privé de l'État est consentie par le préfet, après fixation par le directeur départemental des finances publiques des conditions financières du contrat.

(Abrogé par Décr. n° 2020-68 du 30 janv. 2020, art. 5 et 42, à compter du 1er févr. 2020) ***« Toutefois, les locations constitutives de droits réels sont autorisées par le ministre chargé du domaine lorsque la valeur vénale de l'immeuble, déterminée par le directeur départemental des finances publiques, est supérieure au montant fixé par l'arrêté du ministre chargé du domaine mentionné au dernier alinéa de l'article R. 3211-6. »*** – *[C. dom. Ét., art. R. 66.]*

Art. R. 2222-2 Les dispositions de l'article R. 2222-1 sont applicables aux immeubles du domaine privé de l'État confiés en gestion à un établissement public de l'État, sauf si le statut de l'établissement en dispose autrement.

Art. R. 2222-3 Les baux forestiers domaniaux sont passés dans les conditions prévues à l'article R. 2222-36. – *[C. dom. Ét., art. R. 67.]*

Art. R. 2222-4 Les terrains de l'État peuvent être loués pour une durée supérieure à dix-huit ans sur la proposition du ministre compétent, après avis favorable du ministre chargé de l'urbanisme, en vue de la réalisation d'opérations d'urbanisme ou de construction.

Leur utilisation est soumise aux conditions prévues au second alinéa de l'article R. 3211-11. – *[C. dom. Ét., art. R. 69.]*

Art. R. 2222-4-1 *(Décr. n° 2012-752 du 9 mai 2012)* Sans préjudice des dispositions de l'article R. 2222-18, les immeubles du domaine privé de l'État peuvent faire l'objet de baux en vue de fournir un logement à ses agents civils et militaires sans que l'occupation de ce logement ne soit liée à des considérations de service. Dans ce cas, un loyer est mis à la charge de l'agent. Il est égal, sauf disposition spéciale liée à l'usage social de l'immeuble, à la valeur locative réelle des locaux occupés, déduction faite d'un abattement de 15 % destiné à tenir compte de la précarité de l'occupation mentionnée dans le bail.

(Décr. n° 2019-793 du 26 juill. 2019, art. 3) « Le taux de l'abattement mentionné à l'alinéa précédent peut être porté jusqu'à 50 % pour les militaires ainsi que pour les agents civils en activité au sein du ministère de la défense et des établissements publics placés sous sa tutelle, occupant un immeuble mis à disposition du ministère de la défense. Un arrêté conjoint du ministre de la défense et du ministre chargé du domaine établit un classement du territoire national en zones géographiques en tenant compte du déséquilibre entre l'offre et la demande de logements et définit le taux d'abattement applicable à chacune de ces zones. Pour l'application du présent alinéa, la valeur locative réelle des locaux occupés est fixée par l'autorité militaire, par dérogation à l'article R. 2222-1. »

V. Décr. n° 2012-752 du 9 mai 2012, art. 11, ss. art. R. 2124-76.

Pour l'application du Décr. n° 2012-752 du 9 mai 2012 aux agents civils ou militaires auxquels il a été accordé une concession de logement antérieurement au 10 mai 2012 et en Guadeloupe, en Martinique, en Guyane, à La Réunion et à Mayotte, V. art. 8 et 9 du Décr. préc., ss. art. R. 2124-76.

Art. R. 2222-5 Les baux des communes, des départements et des régions sont passés dans les conditions prévues respectivement au premier alinéa des articles R. 2241-1, R. 3213-1 et R. 4221-1 du code général des collectivités territoriales.

SOUS-SECTION 2 DOMAINE MOBILIER

Art. R. 2222-6 La mise à disposition et la location amiable des biens mobiliers du domaine privé de l'État, mentionnées à l'article L. 2222-6, sont consenties par le préfet et constatées, selon le cas, au moyen d'un procès-verbal ou d'un bail approuvés par le préfet, après fixation des conditions financières par le directeur départemental des finances publiques. – *[C. dom. Ét., art. A. 102 et A. 103.]*

Art. R. 2222-7 Les prestations portant sur des biens et droits mobiliers de l'État ou de ses établissements publics entrant dans l'une des catégories définies à l'article 2 du décret n° 2009-151 du 10 février 2009 relatif à la rémunération de certains services rendus par l'État consistant en une valorisation de son patrimoine immatériel ne sont pas régies par les dispositions de la présente sous-section.

SECTION II GESTION CONFIÉE À DES TIERS

SOUS-SECTION 1 GESTION CONFIÉE À DES TIERS PAR L'ÉTAT

§ 1er CONVENTION DE GESTION

Art. R. 2222-8 Pour l'application des dispositions de l'article L. 2222-10, peuvent faire l'objet d'une convention de gestion, dans les conditions prévues par le présent paragraphe, les immeubles dépendant du domaine privé de l'État, ne relevant pas du régime forestier, qui appartiennent à l'une des catégories suivantes :

1° Immeubles classés ou inscrits au titre des monuments historiques ;

2° Monuments naturels ou sites et immeubles faisant partie des domaines et des palais nationaux ;

3° Immeubles situés à l'étranger et dont la conservation présente un intérêt général au point de vue artistique, historique ou culturel ;

4° Immeubles classés en réserve naturelle ou dont le caractère naturel doit être préservé ;

5° Immeubles acquis en vue de la réalisation ultérieure d'opérations d'urbanisme ou d'aménagement de toute nature ;

6° Immeubles militaires compris dans un site ayant fait l'objet d'une décision de restructuration prise par le ministre de la défense, lorsque leur cession à la valeur estimée par le directeur départemental des finances publiques n'est pas possible. – *[C. dom. Ét., art. R. 128-1, al. 1er à 5 et 7, ecqc les conventions de gestion portant sur des immeubles dépendant du domaine privé de l'État.]*

Art. R. 2222-9 La convention de gestion est passée par l'administration chargée des domaines.

Lorsqu'elle porte sur un ou plusieurs immeubles situés dans un seul département, elle est signée au nom de l'État par le préfet agissant en qualité de représentant du ministre chargé du domaine et sur proposition du responsable dans le département du service gestionnaire. *(Abrogé par Décr. n° 2020-68 du 30 janv. 2020, art. 5 et 42, à compter du 1er févr. 2020)* ***« Il ne peut être signé de convention d'une durée supérieure à dix-huit ans qu'avec l'autorisation du ministre chargé du domaine. »***

Lorsqu'elle porte sur des immeubles situés dans plusieurs départements ou à l'étranger, la convention de gestion est signée au nom de l'État par le ministre chargé du domaine, sur proposition du ministre gestionnaire. Dans ce cas, la convention peut prévoir que des conventions annexes seront signées par le représentant du ministre chargé du domaine dans les départements ou pays où sont situés les immeubles.

Lorsqu'elle porte sur un immeuble militaire mentionné au 6° de l'article R. 2222-8, la convention de gestion est également signée par le ministre de la défense ou son représentant. — *[C. dom. Ét., art. R. 128-3, ecqc les conventions de gestion portant sur des immeubles dépendant du domaine privé de l'État et L. 51-1, mots "passée par le service des domaines, sur la proposition du ministre affectataire ou gestionnaire de l'immeuble", ecqc les conventions de gestion portant sur des immeubles dépendant du domaine privé de l'État.]*

Les demandes de décisions administratives individuelles présentées avant le 1er févr. 2020 demeurent soumises aux dispositions applicables à la date de leur présentation (Décr. nº 2020-68 du 30 janv. 2020, art. 42).

Art. R. 2222-10 La convention de gestion ou la convention annexe prévue au deuxième alinéa de l'article R. 2222-9 définit la nature et la durée des contrats que le gestionnaire est autorisé à conclure ainsi que l'étendue des droits qu'il peut consentir ; elle précise, en particulier, s'il est habilité à passer des baux d'habitation ou, dans les cas autres que ceux mentionnés au 4° de l'article R. 2222-8, des baux commerciaux ou des baux ruraux. Elle détermine, le cas échéant, les parties de l'immeuble dans lesquelles de telles locations peuvent être consenties.

La convention peut soumettre la fixation et la révision des conditions financières des occupations de toute nature à l'approbation préalable du directeur départemental des finances publiques ou, à l'étranger, du représentant du ministre chargé du domaine. Elle peut également, en cas d'inaction du gestionnaire, habiliter le directeur départemental des finances publiques ou, à l'étranger, le représentant du ministre chargé du domaine, à se substituer à lui pour la révision des conditions financières ; elle prescrit en ce cas l'insertion dans les baux d'une clause signalant cette possibilité de substitution.

La durée des locations consenties par le gestionnaire ne peut ni être supérieure à dix-huit ans ni excéder le temps restant à courir jusqu'à la date prévue pour la fin de la gestion.

Les indemnités éventuellement dues à l'expiration, pour quelque cause que ce soit, de la convention de gestion restent à la charge du gestionnaire si la convention n'en dispose pas autrement. — *[C. dom. Ét., art. R. 128-4-I et III, ecqc les conventions de gestion portant sur les immeubles dépendant du domaine privé de l'État.]*

Art. R. 2222-11 La convention précise les obligations d'ordre technique qui incombent au gestionnaire, notamment en ce qui concerne l'entretien ou l'aménagement de l'immeuble et les travaux à réaliser.

Le représentant du ministre compétent pour assurer la surveillance de la gestion contrôle l'exécution de ces obligations et approuve les programmes de travaux envisagés par le gestionnaire. Il approuve également les tarifs des droits d'entrée et des droits d'usage perçus sur le public. — *[C. dom. Ét., art. R. 128-5, ecqc les conventions de gestion portant sur les immeubles dépendant du domaine privé de l'État.]*

Art. R. 2222-12 Les revenus de toute nature produits par les immeubles énumérés aux 1° à 5° de l'article R. 2222-8 mentionnés dans la convention et que le gestionnaire est autorisé à percevoir sont affectés, par ordre de priorité, aux seules opérations suivantes :

1° Acquitter, dans la mesure où ils ont été mis à sa charge par la convention, les dépenses de gestion ou d'aménagement afférentes aux immeubles ainsi que les impôts et taxes qui les grèvent ou qui sont dus à raison de leur exploitation ;

2° Payer les dépenses ou rembourser les emprunts relatifs aux travaux réalisés en application des programmes approuvés ;

3° Constituer des provisions et un fonds de réserve dans les limites fixées par la convention.

Le solde est versé chaque année à l'État. — *[C. dom. Ét., art. R. 128-6-I, ecqc les conventions de gestion portant sur des immeubles dépendant du domaine privé de l'État.]*

Art. R. 2222-13 Les revenus de toute nature produits par les immeubles militaires mentionnés au 6° de l'article R. 2222-8 et que le gestionnaire est autorisé à percevoir sont affectés, par ordre de priorité, aux opérations suivantes :

1° Acquitter les dépenses de conservation de l'immeuble ;

2° Régler les impôts et taxes qui le grèvent ou qui sont dus à raison de son exploitation ;

3° Rechercher des possibilités de réutilisation de l'immeuble dans l'intérêt de l'économie locale ;

4° Réaliser les opérations non énumérées ci-dessus mais mentionnées à l'article R. 2222-12.

Le solde est versé chaque année à l'État. – *[C. dom. Ét., art. R. 128-6-II, ecqc les conventions de gestion portant sur les immeubles relevant du domaine privé de l'État.]*

Art. R. 2222-14 Le gestionnaire remet au représentant du ministre chargé du domaine un compte rendu de gestion établi dans les conditions prévues par la convention et tient à sa disposition les pièces justificatives jugées nécessaires. Pour les immeubles militaires mentionnés au 6° de l'article R. 2222-8, le compte rendu de gestion est également remis au représentant du ministre de la défense. – *[C. dom. Ét., art. R. 128-6-III, ecqc les conventions de gestion portant sur les immeubles dépendant du domaine privé de l'État.]*

Art. R. 2222-15 La gestion se termine à la date prévue par la convention, qui ne peut être renouvelée par tacite reconduction. Toutefois, il peut y être mis fin avant cette date, soit dans les conditions prévues par la convention, soit pour inexécution par le gestionnaire de ses obligations, soit pour des motifs d'intérêt général, par l'autorité compétente mentionnée à l'article R. 2222-9.

Dans le dernier cas, le titulaire est indemnisé pour la partie non amortie des constructions ou installations qu'il aura édifiées avec l'accord du ministre compétent pour assurer la gestion ou de son représentant. – *[C. dom. Ét., art. R. 128-7, ecqc les conventions de gestion portant sur les immeubles dépendant du domaine privé de l'État.]*

§ 2 CONTRAT DE GÉRANCE

Art. R. 2222-16 Les offices publics de l'habitat sont habilités à gérer les immeubles à usage principal d'habitation appartenant à l'État conformément aux dispositions du 1° de l'article R. 421-2 du code de la construction et de l'habitation.

De même, les sociétés anonymes d'habitations à loyer modéré et les sociétés anonymes coopératives de production d'habitations à loyer modéré sont habilitées à gérer de tels immeubles conformément aux clauses de leurs statuts type annexés aux articles R. 422-1 ou R. 422-6 du même code.

Le préfet passe à cet effet des conventions avec les offices ou les sociétés intéressés. – *[C. dom. Ét., art. R. 75.]*

SOUS-SECTION 2 GESTION CONFIÉE À DES TIERS PAR LES COLLECTIVITÉS TERRITORIALES, LEURS GROUPEMENTS ET LEURS ÉTABLISSEMENTS PUBLICS

Art. R. 2222-17 Les offices publics de l'habitat sont habilités à gérer les immeubles à usage principal d'habitation appartenant à une collectivité territoriale ou à un groupement de collectivités territoriales conformément aux dispositions du 1° de l'article R. 421-2 du code de la construction et de l'habitation.

De même, les sociétés anonymes d'habitations à loyer modéré et les sociétés anonymes coopératives de production d'habitations à loyer modéré sont habilitées à gérer de tels immeubles conformément aux clauses de leurs statuts type annexés aux articles R. 422-1 ou R. 422-6 du même code.

SECTION III CONCESSIONS DE LOGEMENT

SOUS-SECTION 1 CONCESSIONS DE LOGEMENT DANS LES IMMEUBLES APPARTENANT À L'ÉTAT ET À SES ÉTABLISSEMENTS PUBLICS

(Décr. n° 2012-752 du 9 mai 2012, art. 2)

§ 1er CONCESSIONS DE LOGEMENT DANS LES IMMEUBLES APPARTENANT À L'ÉTAT

Art. R. 2222-18 Dans les immeubles dépendant de son domaine privé, l'État peut accorder à ses agents civils ou militaires une concession de logement par nécessité absolue de service ou une convention d'occupation précaire avec astreinte, dans les conditions prévues aux articles R. 2124-65 à D. 2124-75-1.

V. Décr. n° 2012-752 du 9 mai 2012, art. 11, ss. art. R. 2124-76.

Pour l'application du Décr. n° 2012-752 du 9 mai 2012 aux agents civils ou militaires auxquels il a été accordé une concession de logement antérieurement au 10 mai 2012 et en Guadeloupe, en Martinique, en Guyane, à La Réunion et à Mayotte, V. art. 8 et 9 du Décr. préc., ss. art. R. 2124-76.

§ 2 CONCESSIONS DE LOGEMENT DANS LES IMMEUBLES APPARTENANT AUX ÉTABLISSEMENTS PUBLICS DE L'ÉTAT

Art. R. 2222-19 Un logement peut être accordé aux personnels civils ou militaires de l'État et aux personnels civils des établissements publics de l'État dans un immeuble dépendant du domaine privé de l'un de ces établissements publics, dans les conditions fixées à l'article R. 2124-76.

V. notes ss. art. R. 2222-18.

SOUS-SECTION 2 CONCESSIONS DE LOGEMENT DANS LES IMMEUBLES APPARTENANT AUX COLLECTIVITÉS TERRITORIALES, À LEURS GROUPEMENTS ET À LEURS ÉTABLISSEMENTS PUBLICS

Art. R. 2222-20 Les dispositions de l'article R. 2124-78 sont applicables aux concessions de logement dans un immeuble dépendant du domaine privé des régions, des départements et, le cas échéant, des communes et des groupements de communes.

SECTION IV RÉVISION DES LIBÉRALITÉS ET RESTITUTION DE BIENS

SOUS-SECTION 1 DISPOSITIONS APPLICABLES À L'ÉTAT

Art. R. 2222-21 La révision ou la restitution de dons et legs faits à l'État n'est possible qu'après que le disposant ou, s'il est décédé, ses ayants droit ont été informés du projet et ont reçu communication d'une note précisant le montant des revenus des libéralités et de celui des charges correspondantes depuis l'origine de la libéralité si celle-ci remonte à moins de dix ans ou, dans le cas contraire, pendant les dix dernières années, ainsi que les conditions dans lesquelles sont envisagées la restitution ou la révision. — *[C. dom. Ét., art. R. 28.]*

Art. R. 2222-22 Les communications prévues à l'article R. 2222-21 sont adressées par le préfet du département du dernier domicile ou de la dernière résidence connus en France du disposant ou, à défaut, celui d'un des lieux où les biens donnés ou légués sont situés ou détenus.

Lorsque le disposant n'a pas eu de résidence en France et que les biens donnés ou légués sont situés à l'étranger, elles sont adressées par le préfet de Paris. — *[C. dom. Ét., art. R. 29 et R. 43, phrase 2.]*

Art. R. 2222-23 Pour l'application du premier alinéa de l'article L. 2222-13 et de l'article L. 2222-14, la révision des conditions et charges grevant un don ou legs fait à l'État ou la restitution de cette libéralité est autorisée par arrêté conjoint du ministre de la justice, du ministre chargé du domaine et du ministre qui a qualité pour exécuter les charges ou conditions dont est assortie la libéralité. Lorsque la libéralité comporte des biens mentionnés à l'article L. 2222-16, les arrêtés sont également signés par le ministre chargé des monuments historiques.

Ces arrêtés sont publiés au *Journal officiel* de la République française. Ils sont en outre notifiés individuellement aux personnes intéressées dont l'adresse est connue. — *[C. dom. Ét., art. R. 30, L. 12, mots, "par arrêté interministériel" et L. 14, mots, "par arrêté interministériel".]*

Art. R. 2222-24 La restitution des biens compris dans une libéralité faite à l'État est constatée par un procès-verbal établi par le directeur départemental des finances publiques du département de situation des immeubles donnés ou légués. Toutefois, lorsque ces immeubles sont situés dans des départements différents ou lorsque la libéralité ne comporte que des biens meubles, le directeur départemental des finances publiques compétent est spécialement désigné par le ministre chargé du domaine.

Ce procès-verbal est signé par le préfet du département et par le disposant ou ses ayants droit qui acceptent la restitution. Il y est annexé un inventaire des biens restitués et un état des sommes et titres versés à la Caisse des dépôts et consignations en application du premier alinéa de l'article L. 2222-15.

S'il y a plusieurs ayants droit, les biens sont restitués à celui ou à ceux d'entre eux qui en acceptent la remise. – *[C. dom. Ét., art. R. 32.]*

Art. R. 2222-25 Si le disposant n'a pu être retrouvé, si, au cas où il est décédé, tous ses ayants droit sont restés inconnus ou inactifs, s'ils ont refusé de signer le procès-verbal de restitution ou, si malgré cette signature, les meubles n'ont pu faire l'objet d'une remise effective la gestion des biens est confiée au directeur départemental des finances publiques mentionné à l'article R. 2222-24, par une ordonnance rendue à la requête du préfet par le président du tribunal judiciaire dans le ressort duquel se trouve le siège du service de l'administration chargée des domaines appelé à gérer les biens.

La requête est introduite au plus tard six mois après la date de publication au *Journal officiel* de la République française de l'arrêté de restitution.

L'ordonnance du président du tribunal est signifiée au disposant ou à ses ayants droit dont l'adresse est connue. Dans le cas contraire, la signification est faite conformément aux dispositions de l'article 659 du code de procédure civile ; en outre, l'ordonnance est publiée par extrait au *Journal officiel* de la République française.

La remise des biens à l'administration chargée des domaines par l'administration détentrice est constatée par un procès-verbal dressé contradictoirement. – *[C. dom. Ét., art. R. 33.]*

Art. R. 2222-26 A l'expiration d'un délai d'un an à compter de la signification de l'ordonnance du président du tribunal, l'administration chargée des domaines vend, dans les formes prévues au premier alinéa de l'article 810-3 du code civil, les biens dont la gestion lui a été confiée.

Le délai prévu au premier alinéa est porté à deux ans dans le cas où l'adresse du disposant ou de l'un de ses ayants droit est inconnue.

En cas d'urgence, le directeur départemental des finances publiques chargé de la gestion des biens peut toutefois demander au président du tribunal l'autorisation de vendre avant l'expiration des délais prévus ci-dessus certains biens sujets à dépérissement ou dispendieux à conserver. Il avise de sa demande, selon le cas, le disposant ou ses ayants droit dont l'adresse est connue, par lettre recommandée avec demande d'avis de réception.

Le disposant ou ses ayants droit peuvent, jusqu'à la veille du jour fixé pour la vente, demander la remise des biens confiés à l'administration chargée des domaines.

En ce cas, la restitution est constatée dans les conditions indiquées à l'article R. 2222-24 du présent code mais est subordonnée au paiement préalable par le disposant ou ses ayants droit des dépenses assumées par l'État, y compris, le cas échéant, celles déjà engagées pour parvenir à la vente des biens. – *[C. dom. Ét., art. R. 34.]*

Art. R. 2222-27 Le produit net de la vente, après règlement des frais et dépenses et déduction du prélèvement prévu à l'article R. 2321-9, est versé à la Caisse des dépôts et consignations, au compte ouvert au nom du disposant ou de sa succession conformément aux dispositions du deuxième alinéa de l'article L. 2222-15.

Sont également versés à ce compte, sous les mêmes retenues, les revenus de la libéralité échus depuis la date de l'arrêté de restitution et, plus généralement, toutes sommes encaissées par l'administration chargée des domaines pour le compte des bénéficiaires de la restitution.

Le directeur départemental des finances publiques compétent rend compte au tribunal de l'accomplissement de sa mission. – *[C. dom. Ét., art. R. 35.]*

SOUS-SECTION 2 DISPOSITIONS APPLICABLES AUX ÉTABLISSEMENTS PUBLICS DE L'ÉTAT

Art. R. 2222-28 Les demandes de révision ou de restitution de dons et legs faits aux établissements publics de l'État doivent être formulées par l'autorité compétente pour accepter les libéralités au nom de l'établissement.

Elles sont adressées au préfet du département dans lequel est situé l'établissement gratifié.

Le préfet accomplit, s'il y a lieu, les formalités prévues à l'article R. 2222-22. Lorsqu'il fait procéder aux publications prévues à l'article R. 2222-31, une affiche doit en outre être apposée à la mairie du lieu de situation de l'établissement.

Les dispositions de l'article R. 2222-23 sont applicables aux demandes de révision ou de restitution mentionnées à l'article L. 2222-17. Le ministre intéressé est le ministre chargé de la tutelle de l'établissement public gratifié. – *[C. dom. Ét., art. R. 38.]*

Art. R. 2222-29 Les dispositions des articles R. 2222-24 à R. 2222-27 sont applicables aux restitutions de libéralités faites à des établissements publics de l'État.

Toutefois, le procès-verbal prévu à l'article R. 2222-24 est établi par le représentant de l'établissement gratifié et signé par lui, conjointement avec le préfet, sauf dans le cas où la remise des biens aux bénéficiaires de la restitution intervient postérieurement à la signification de l'ordonnance confiant la gestion de ces biens à l'administration chargée des domaines.

La requête au président du tribunal est, s'il y a lieu, présentée par le préfet du département dans lequel est situé l'établissement gratifié. – *[C. dom. Ét., art. R. 39.]*

SOUS-SECTION 3 DISPOSITIONS COMMUNES À L'ÉTAT ET À SES ÉTABLISSEMENTS PUBLICS

Art. R. 2222-30 Lorsqu'une libéralité est assortie d'une charge stipulée au profit d'un tiers personnellement désigné, celui-ci est consulté, si son adresse est connue, dans les mêmes conditions que l'auteur de la libéralité sur tout projet de révision de la charge dont il bénéficie ou de restitution de la libéralité. – *[C. dom. Ét., art. R. 41.]*

Art. R. 2222-31 Lorsque l'adresse du disposant ou l'adresse ou l'identité de certains de ses ayants droit sont inconnues, une affiche est apposée pendant un mois, à la diligence du préfet compétent, à la mairie du dernier domicile ou de la dernière résidence connus en France du disposant ainsi qu'à la mairie du lieu de situation des immeubles donnés ou légués. Les maires adressent au préfet un certificat constatant l'affichage.

Le préfet fait en outre procéder à l'insertion d'un avis dans un journal paraissant dans le ou les départements dont dépendent les communes où a été effectué l'affichage.

Après accomplissement de ces formalités, l'avis est publié au *Journal officiel* de la République française. Lorsque le disposant n'avait en France ni domicile ni résidence connus, une seconde publication est faite au *Journal officiel* de la République française un mois après la première. – *[C. dom. Ét., art. R. 42, al. 1er à 3.]*

Art. R. 2222-32 Les avis et affiches énoncent sommairement la révision ou la restitution envisagée. Ils indiquent que pendant un délai de trois mois à compter de la dernière publication au *Journal officiel* de la République française, le disposant ou ses ayants droit peuvent prendre connaissance du dossier à la préfecture, exprimer leur adhésion ou leur opposition et formuler leurs observations écrites. – *[C. dom. Ét., art. R. 42, al. 4.]*

SECTION V SOMMES ET VALEURS PRESCRITES

Art. R. 2222-33 Les agents chargés de mettre en œuvre le droit de communication prévu à l'article L. 2222-21 sont désignés par arrêté du ministre chargé du domaine.

Art. R. 2222-34 Les règles applicables en matière domaniale régissent le recouvrement des sommes et la remise des titres mentionnés aux articles R. 1126-1 à R. 1126-4 ainsi que la présentation, l'instruction et le jugement des réclamations correspondantes. – *[C. dom. Ét., art. R. 50.]*

SECTION VI MISE EN VALEUR DES TERRES INCULTES OU MANIFESTEMENT SOUS-EXPLOITÉES

Art. R. 2222-35 Les dispositions des articles R. 125-1 à R. 125-14 et R. 128-1 à R. 128-10 du code rural et de la pêche maritime sont applicables aux terres incultes ou manifestement sous-exploitées attribuées à une commune ou à l'État en application du dernier alinéa de l'article L. 1123-3 du présent code.

SECTION VII ADMINISTRATION DU DOMAINE FORESTIER

Art. R. 2222-36 *(Décr. n° 2015-1584 du 4 déc. 2015, art. 1er)* L'Office national des forêts est compétent pour établir et passer les actes, contrats et conventions qui ont pour objet l'utilisation ou l'occupation des bois et forêts de l'État ou sur lesquels l'État a des droits de propriété indivis, dont il assure la gestion et l'équipement conformément au second alinéa de l'article L. 221-2 du code forestier. Il fixe en outre les conditions financières de ces actes, contrats et conventions.

Toutefois, dans le cas où ces actes, contrats ou conventions sont constitutifs de droits réels, ils sont passés par l'administration chargée des domaines, pour le compte de l'Office et les conditions financières sont fixées par le directeur départemental des finances publiques, sur proposition du représentant de l'Office.

Ancien art. R. 2222-36 *L'Office national des forêts a tous pouvoirs techniques et financiers d'administration sur les forêts et terrains à boiser ou à restaurer du domaine privé de l'État dont la gestion et l'équipement lui sont confiés en application de l'article L. 121-2 du code forestier* [art. recodifié à l'art. L. 121-2 C. for. par Ord. n° 2012-92 du 26 janv. 2012]. — V. **C. rur.**, App., v° Forêts.

L'administration chargée des domaines établit et passe en la forme administrative, pour le compte de l'office, les actes, contrats et conventions qui confèrent aux bénéficiaires des droits privatifs sur ces forêts et terrains. Toutefois, les actes de concession de pâturage d'une durée n'excédant pas neuf ans sont passés par l'office, suivant un contrat type approuvé par le ministre chargé des forêts et le ministre chargé du domaine. Lorsque leur durée est supérieure à trois ans, ces actes sont approuvés par le directeur départemental des finances publiques territorialement compétent.

Dans les bois, forêts et terrains à boiser du domaine privé de l'État autres que ceux mentionnés au premier alinéa, les baux forestiers sont proposés et leurs conditions techniques fixées respectivement par les directeurs régionaux ou le directeur général de l'office selon les modalités fixées par arrêté du ministre chargé des forêts. — [C. dom. Ét., art. R. 105-1.]

La recodification du code forestier, issue de l'Ord. n° 2012-92 du 26 janv. 2012, entre en vigueur en même temps que la partie réglementaire du nouveau code forestier et au plus tard le 1er juill. 2012 (Ord. préc., art. 8-I).

LIVRE TROISIÈME DISPOSITIONS COMMUNES

TITRE PREMIER INSAISISSABILITÉ, IMPLANTATION ET ATTRIBUTION DES BIENS

CHAPITRE PREMIER INSAISISSABILITÉ

Le présent chapitre ne comprend pas de dispositions réglementaires.

CHAPITRE II IMPLANTATION ET INVENTAIRE

SECTION PREMIÈRE BIENS SITUÉS À L'ÉTRANGER

Art. R. 2312-1 A l'étranger, les compétences attribuées en matière de gestion de biens mobiliers et immobiliers au préfet ou au directeur départemental des finances publiques par le présent code ou par des textes particuliers sont exercées par l'ambassadeur ou par l'autorité ayant reçu de lui délégation à cet effet. – *[C. dom. Ét., art. R. 152, al. 4, ecqc les opérations de gestion de biens mobiliers et immobiliers.]*

Art. R. 2312-2 Les dispositions de l'article R. 1221-2 sont applicables aux opérations de gestion des biens mobiliers et immobiliers appartenant à l'État, aux collectivités territoriales, à leurs groupements ou aux établissements publics et situés hors du territoire de la République.

Art. D. 2312-3 La commission interministérielle mentionnée aux articles D. 1221-3 à D. 1221-6 est chargée d'émettre un avis sur les projets de mises à disposition et de locations d'immeubles situés à l'étranger et appartenant à l'État.

La commission est également habilitée à examiner, sur proposition de l'un de ses membres, toute question concernant la gestion par les services utilisateurs des biens immobiliers appartenant à l'État.

Il ne peut être passé outre à son avis défavorable que par décision conjointe du ministre chargé du domaine, du ministre des affaires étrangères et, le cas échéant, du ministre intéressé. – *[C. dom. Ét., art. D. 36, al. 1er, 3 et 4, ecqc les opérations de gestion de biens immobiliers à l'étranger.]*

SECTION II BIENS SITUÉS EN FRANCE

Art. R. 2312-4 L'implantation immobilière des services civils de l'État dans le département est soumise aux dispositions de l'article 42 du décret n° 2004-374 du 29 avril 2004 relatif aux pouvoirs des préfets, à l'organisation et à l'action des services de l'État dans les régions et départements.

SECTION III INVENTAIRE

SOUS-SECTION 1 DOMAINE IMMOBILIER

Art. R. 2312-5 Il est établi et tenu à jour un état des immeubles appartenant à l'État ou aux établissements publics nationaux à caractère administratif. Cet état constitue un inventaire physique. – *[C. dom. Ét., art. R. 52, ecqc les biens appartenant à l'État ou à ses établissements publics administratifs.]*

Art. D. 2312-6 L'établissement et la tenue à jour de l'état des immeubles mentionné à l'article R. 2312-5 sont réalisés par l'administration chargée des domaines à partir des informations qui lui sont adressées par les services de l'État ou par les établissements publics intéressés.

SOUS-SECTION 2 DOMAINE MOBILIER

Art. R. 2312-7 Les chefs des services déconcentrés de l'État et l'autorité compétente du ministère de la défense établissent, aux fins de récolement, et tiennent à jour un inventaire descriptif des biens mobiliers que l'État met à disposition des fonctionnaires et des agents publics pour les besoins de leurs fonctions. – *[C. dom. Ét., art. R. 111 et R. 112.]*

SECTION IV **DÉLÉGATIONS ET REPRÉSENTATIONS**

Art. D. 2312-8 Dans la limite des compétences domaniales qui leur sont propres en matière de gestion, le fonctionnaire chargé d'un service à compétence nationale de la direction générale des finances publiques et le directeur départemental des finances publiques peuvent, dans les conditions fixées par le directeur général des finances publiques, déléguer leur signature aux agents placés sous leur autorité et ayant au moins le grade de contrôleur. – *[C. dom. Ét., art. R. 150-2, ecqc les opérations de gestion.]*

Art. D. 2312-9 Aux armées en opérations, les compétences attribuées en matière de gestion de biens mobiliers et immobiliers au directeur départemental des finances publiques par le présent code ou par des textes particuliers sont exercées par les agents de la trésorerie aux armées. – *[C. dom. Ét., art. R. 152, al. 1er et 2, ecqc les opérations de gestion.]*

CHAPITRE III **ATTRIBUTION**

Art. R. 2313-1 Les immeubles qui appartiennent à l'État sont mis à la disposition des services civils ou militaires de l'État et de ses établissements publics afin de leur permettre d'assurer le fonctionnement du service public dont ils sont chargés, dans les conditions prévues par une convention dont le modèle est fixé par arrêté du ministre chargé du domaine. – *[C. dom. Ét., art. R. 128-12, ecqc les biens appartenant à l'État.]*

S'agissant du modèle de convention mentionné au présent art., V. Arr. du 6 nov. 2018 (JO 11 nov.).

Art. R. 2313-2 L'autorité compétente du service ou de l'établissement public qui souhaite obtenir la mise à disposition d'un immeuble domanial adresse sa demande au préfet dans le département sur le territoire duquel l'immeuble est situé. Le préfet procède à l'instruction de la demande.

Dans les cas mentionnés au second alinéa de l'article R. 2313-3, la demande est adressée au ministre chargé du domaine.

Le dossier de la demande comporte la désignation précise de l'immeuble ainsi que l'utilisation projetée. – *[C. dom. Ét., art. R. 128-13, ecqc les biens appartenant à l'État.]*

Art. R. 2313-3 La convention est passée entre le préfet, le représentant du service ou de l'établissement utilisateur et le représentant de l'administration chargée des domaines.

Toutefois, la convention est passée entre le ministre chargé du domaine et le ministre sous l'autorité duquel se trouve le service ou l'établissement qui est appelé à utiliser l'immeuble lorsqu'elle intéresse une administration centrale ou lorsqu'il s'agit d'une opération de caractère confidentiel intéressant la défense nationale. – *[C. dom. Ét., art. R. 128-14, ecqc les biens appartenant à l'État.]*

Art. R. 2313-4 La convention précise le service à l'usage duquel l'immeuble est destiné, l'utilisation qui en sera faite, les obligations des parties et les sanctions de leur non-respect. Elle prévoit notamment les conditions financières de la mise à disposition de l'immeuble, telles que fixées par le directeur départemental des finances publiques. Elle détermine les obligations incombant au service ou à l'établissement utilisateur, notamment en ce qui concerne l'entretien ou l'aménagement de l'immeuble et les travaux à réaliser.

La convention est conclue pour une durée maximale de neuf ans lorsqu'elle s'applique à un immeuble à usage de bureaux. Pour les immeubles qui sont affectés aux besoins du service public pénitentiaire, de la défense nationale et de la sécurité civile, la convention peut être conclue pour une durée supérieure à neuf ans.

Pour les autres immeubles, la durée est librement fixée par la convention. – *[C. dom. Ét., art. R. 128-15, ecqc les biens appartenant à l'État.]*

Art. R. 2313-5 La mise à disposition de l'immeuble prend fin à la date prévue par la convention.

Toutefois, il peut y être mis fin avant cette date par les autorités mentionnées à l'article R. 2313-3 dans les cas prévus par la convention ou lorsque l'intérêt public l'exige.

Le renouvellement de la convention se fait dans les mêmes formes que sa conclusion. Elle ne peut être renouvelée par tacite reconduction. – *[C. dom. Ét., art. R. 128-16, ecqc les biens appartenant à l'État.]*

Art. R. 2313-6 Lorsqu'un immeuble ou une catégorie d'immeubles appartenant à l'État est affecté, attribué ou confié en gestion à un service de l'État ou à un établissement public de l'État en application de dispositions spéciales, les dispositions des articles R. 2313-1 à R. 2313-5 ne lui sont applicables que sur décision conjointe du ministre chargé du domaine et du ministre concerné. Cette décision précise les modalités juridiques et financières de la convention d'utilisation à conclure. – *[Décr. n° 2008-1248 du 1er déc. 2008, art. 5.]*

BIBL. ▸ **Encyclopédie :** Chamard-Heim, Transferts domaniaux, *J.-Cl. Propriétés publ., fasc. 52* ; Domaine privé – Gestion, *J.-Cl. Propriétés publ., fasc. 58.*

Thèse : Hourson, Les conventions d'administration, *LGDJ, 2014.*

Articles : Marty et Voisin, Des administrations locataires. Principes et enjeux de la nouvelle gestion du domaine immobilier public, *RLCT avr. 2006. 5.* – CIE, Quelles évolutions pour l'espace de travail du service public ? Fiches thématiques, site internet CIE ; Responsabilisation de l'occupant sur la base d'un coût à l'occupant ou au service, *ibid.*

Rapports : Cour des comptes, Bilan de la politique immobilière de l'État, *référé n° 71427, 30 déc. 2014.* – Bouvard et Carcenac, L'avenir du compte d'affectation spéciale « Gestion du patrimoine immobilier de l'État, *Rapp. infor. Sénat n° 570, 31 mai 2017.* – Direction de l'Immobilier de l'État, *Rapport d'activité 2018, p. 44 s.*

COMMENTAIRE

I. MULTIPLICITÉ DES PROCÉDURES

Les articles R. 2313-1 à R. 2313-6 apportent une simplification bienvenue aux changements d'affectation des biens de l'État. Jusqu'alors, lorsque l'État voulait mettre à disposition un immeuble à un de ses services ou de ses établissements publics, plusieurs procédures étaient envisageables, sans que l'on saisisse toujours nettement la différence entre les unes et les autres : le changement d'affectation au sein d'un même département ministériel (C. dom. Ét., art. R. 84, al. 1er), le changement d'affectation de biens du domaine public (s'appuyant sur le transfert de gestion des art. L. 35 et R. 58 C. dom. Ét.) ou du domaine privé (C. dom. Ét., art. R. 81 s.) entre des services de l'État, l'affectation de biens du domaine public à des établissements publics nationaux (sans fondement direct dans le C. dom. l'Ét.), l'affectation d'immeubles du domaine privé à des établissements publics administratifs nationaux (C. dom. Ét., art. R. 81 s.) ou la dotation en faveur d'établissements publics (C. dom. Ét., art. R. 81, *in fine*).

Les immeubles de bureaux appartenant à l'État ont cristallisé l'évolution des procédures, dans le cadre de la réforme des ministères affectataires et de l'instauration des conventions d'occupation conclues par ceux-ci avec le service chargé des Domaines (Debains, Mission « immobilier public », *Rapp. au Premier min., déc. 2003*).

Jusqu'en 2008 en effet, les biens du domaine privé de l'État étaient affectés aux différents ministères qui en avaient l'usage, selon la procédure de l'article R. 81 du code du domaine de l'État, aujourd'hui abrogé. Cette affectation pouvait être, selon les cas, définitive ou provisoire. Quoi qu'il en soit, la procédure instaurée était essentiellement fondée sur la demande du département ministériel et l'affectation était prononcée par un arrêté préfectoral après avis du directeur des services fiscaux ou par un arrêté conjoint du ministre chargé du domaine et du ministre sous l'autorité duquel se trouvait placé le service, notamment lorsque l'affectation intéressait une administration centrale (C. dom. Ét., art. R. 83). Cette procédure gratuite de l'affectation ne tenait pas réellement compte des besoins des ministères et ne permettait pas à l'État « d'orienter » les demandes des différents services.

Or, avec la nécessité de rationaliser la gestion des propriétés immobilières de l'État (Tron, La gestion et la cession du patrimoine immobilier de l'État et des établissements publics, *Rapp. d'information AN n° 2457, 2005.* – Circ. Premier ministre du 28 févr. 2007 relative à la modernisation de la gestion du patrimoine immobilier de l'État : *JO 3 mars.* – 2 Circ. Premier ministre du 16 janv. 2009 relatives à la politique immobilière de l'État : *JO 21 janv.*), et notamment des bureaux des ministères qui relèvent du domaine privé (Ord. n° 2004-825 du 19 août 2004. – CGPPP, art. L. 2212-1), la technique de l'affectation à tendance « inflationniste » devait nécessairement évoluer.

C'est ainsi que les propriétés de l'État ont été confiées pour gestion au service chargé des Domaines, au sein de la Direction générale des finances publiques, sous l'autorité du ministre chargé du budget et de la réforme de l'État, représenté par le préfet au plan local (Instr. DGCP n° 07-007-D1 du 19 janv. 2007 relative au transfert de la gestion du domaine à la DGCP). Désormais, pour pouvoir utiliser des biens de l'État, les ministères doivent conclure avec le service chargé des Domaines des conventions d'occupation, qui donnent lieu au paiement de loyers budgétaires par les administrations centrales depuis le 1er janvier 2009, dès lors qu'il s'agit d'immeubles majoritairement de bureaux (Décr. n° 2008-1248 du 1er déc. 2008 relatif à l'utilisation des immeubles domaniaux par les services de l'État et ses établissements publics, qui abroge les art. R. 81 s. C. dom. Ét. et crée à la place les art. R. 128-12 à R. 128-17. – Arr. min. Budget du 21 avr. 2009 : *JO 12 mai, p. 7877*. – Circ. min. Intérieur du 1er juill. 2011 relative à la mise en place des conventions d'utilisation des immeubles domaniaux par les services de l'État et de ses établissements publics, n° 80000/GEND/SF). Ces loyers étaient perçus par le service chargé des Domaines. Les immeubles qui avaient été attribués à des ministères par le biais de la procédure de l'affectation doivent faire l'objet d'une convention d'occupation dans un délai de cinq ans (Décr. n° 2008-1248, art. 6. – CGPPP, art. L. 2313-1 s.).

C'est donc le décret du 1er décembre 2008 qui a réalisé la fusion des multiples procédures jusque-là applicables. Ce dispositif a été repris et codifié dans le code général des propriétés des personnes publiques aux articles R. 2313-1 à R. 2313-6, sous le nom de procédure d'attribution. Elle s'accompagne aussi d'une contrainte mise sur les services de l'État et de ses établissements publics en matière de surface de bureaux occupée. Le Premier ministre avait fixé un ratio de 12 m^2 par agent (2 Circ. du 16 janv. 2009). Or, l'Assemblée nationale a constaté à la fin de l'année 2016 que cette norme plafond de 12 m^2 par poste de travail n'était toujours pas respectée et que les surfaces n'avaient que peu diminué (3% selon la Cour des comptes, dans son référé du 30 déc. 2014 sur la politique immobilière de l'État), sans rapport avec la diminution des effectifs. Dès lors, pour contraindre effectivement l'État et ses opérateurs à respecter cette règle, l'Assemblée nationale a décidé d'introduire par amendement, et en dépit de l'avis défavorable du Gouvernement, une disposition devenue l'article 133 de la loi de finances pour 2017 ; cette dernière fixe des plafonds pour 2017 des surfaces immobilières de type « bureau » pour l'État et ses opérateurs. Le plafond pour l'État est fixé à 16 091 milliers de mètres carrés, les trois plus gros « consommateurs » étant le ministère de l'Intérieur, celui de l'Économie et celui de la Défense. De même, le document de politique transversale « Politique immobilière de l'État », prévu à l'article 128 de la loi de finances rectificative pour 2005, comportera désormais des bilans, explications et mesures relatifs au respect de ces plafonds. Néanmoins, au vu de l'échec de ce mécanisme, qui n'est pas parvenu à réduire les surfaces occupées, la loi de finances pour 2019 a prévu d'abandonner le système des loyers budgétaires (V. *JCP Adm. 2019. 2034, obs. Chamard-Heim*).

II. CHAMP D'APPLICATION

La procédure de la convention d'attribution instaurée par les articles R. 2313-1 et suivants s'applique à tous les immeubles appartenant à l'État, qu'il s'agisse de son domaine public ou de son domaine privé. Le transfert de gestion des articles L. 35 et R. 58 du code du domaine de l'État (qui ont été abrogés par le nouveau code) ne peut plus être utilisé, de même que l'affectation de l'article R. 81 (qui a subi le même sort).

L'État est propriétaire de très nombreux biens soumis à la domanialité publique et, naturellement, l'affectation de chacune de ses dépendances n'est pas figée. L'évolution des besoins publics peut conduire l'État à utiliser un immeuble administratif pour en faire un commissariat de police, une colonie de vacances pour créer un centre médico-social, les berges d'un fleuve pour les affecter à la promenade ou à un jardin public (CE 5 mai 1944, *Sté auxiliaire d'entreprise : Lebon 131 ; S. 1945. 3. 18*) ou une partie du rivage de la mer pour réaliser la déviation d'une route nationale (CE 7 oct. 1977, *Synd. Paludiers et a. : Lebon*). Dans toutes ces hypothèses, le bien change de destination et de service gestionnaire, tout en restant utilisé par l'État. Le Conseil d'État avait admis, bien avant le code général de la propriété des personnes publiques, la validité du changement d'affectation de dépendances du domaine public entre les services de l'État en énonçant que « le principe d'inaliénabilité du domaine public posé par l'article L. 52 du code du domaine de l'État ne fait pas obstacle à l'utilisation du domaine public maritime pour l'aménagement des routes nationales et de leurs dépendances » (CE 7 oct. 1977, *Synd. paludiers et a. : préc.*). Si l'État dispose de toute latitude pour gérer au mieux la destination des biens de son domaine public, la procédure à suivre est désormais celle de la convention d'attribution.

Il en est de même pour les biens de l'État relevant de son domaine privé dont il peut modifier l'attribution au gré des besoins, selon la même procédure. Il peut s'agir de terrain (Décr. n° 2012-1039 du 10 sept. 2012, art. 4). Les immeubles de bureaux relèvent toutefois d'un dispositif spécifique, en raison du loyer budgétaire qui est mis à la charge des utilisateurs de ces biens et de la durée de la convention. Pour le reste, la convention d'occupation d'immeubles de bureaux est alignée sur le régime de la convention d'attribution.

La procédure unique de convention d'attribution doit être appliquée, qu'il s'agisse d'un changement d'affectation au sein des services de l'État, c'est-à-dire entre les ministères (en administration centrale ou déconcentrée), y compris celui de la Défense nationale, ou d'un changement d'affectation réalisé au profit de l'un de ses établissements publics, quelle que soit sa nature. On commence d'ailleurs à voir, dans les textes récents, la référence au dispositif des conventions d'attribution ou d'utilisation pour certains établissements publics, notamment des EPIC (par exemple, pour l'éphémère Maison de l'histoire de France, Décr. n° 2011-1928 du 22 déc. 2011, art. 5. – Pour l'établissement public du Centre national de la danse, Décr. n° 2012-399 du 22 mars 2012, art. 6. – Pour la villa Médicis à Rome, Décr. n° 2012-823 du 26 juin 2012, art. 4. – Pour Voies navigables de France, Décr. n° 2012-1083 du 25 sept. 2012, art. 1er : *CMP 2012, n° 11. Comm. 302, obs. Clamour*. – Pour le Musée des civilisations de l'Europe et de la Méditerranée, MuCEM, Décr. n° 2013-157 du 21 févr. 2013, art. 7. – Pour l'École nationale supérieure de création industrielle, Décr. n° 2013-291 du 5 avr. 2013, art. 22) ou pour les établissements scientifiques, d'enseignement et de recherche (Décr. n° 2919-1360 du 13 déc. 2019 portant création de l'université Gustave Eiffel, art. 7).

Cette procédure s'applique aussi aux immeubles dont l'État a la jouissance (CGPPP, art. R. 4121-2). C'est par exemple le cas des immeubles de bureaux mis à disposition de l'État par les collectivités territoriales dans le cadre des lois de décentralisation.

Il existe néanmoins une limite quant aux biens de l'État pouvant ainsi être attribués : ceux-ci doivent permettre aux attributaires « d'assurer le fonctionnement du service public dont ils sont chargés » (CGPPP, art. R. 2313-1). Cette condition est conforme à l'esprit des transferts domaniaux qui sont des mouvements réalisés au sein des patrimoines publics, dans un but d'intérêt général et qui permettent à un propriétaire de répartir ses biens entre les services publics qui relèvent de sa compétence. Les biens suivent en quelque sorte les services publics et ils s'adaptent aux évolutions de ceux-ci. Cette exigence rappelle que les propriétés de l'État ne sont que des moyens des services publics *lato sensu*.

Certains biens sont exclus de cette procédure. C'est le cas des immeubles pris à bail lorsqu'un représentant du ministère utilisateur comparaît à l'acte aux côtés du service chargé des Domaines (CGPPP, art. R. 4121-2, al. 2). Ce pourrait aussi être le cas des immeubles domaniaux qui, compte tenu de leur nature, ne faisaient pas l'objet d'une procédure d'affectation ou de remise en dotation (ex. : plages, berges du domaine public fluvial, etc. – En ce sens, Instr. n° 302/DEF/SGA/DMPA/SDIE du 14 févr. 2013 relative à la politique immobilière du ministère de la Défense, ann. IV, p. 57).

III. CONCLUSION DE LA CONVENTION

Les biens de l'État sont désormais mis à la disposition de ses services civils ou militaires ou de ses établissements publics par le biais d'une unique procédure, celle de la convention d'attribution (CGPPP, art. R. 2313-1).

Certes, lorsqu'il s'agit d'une attribution en faveur d'un service de l'État ou ministère, il ne saurait s'agir d'un véritable contrat, les autorités compétentes de l'État concluant cette convention avec des ministères ou des directions déconcentrées qui sont dépourvus de la personnalité juridique (Delcros, L'unité de la personnalité juridique de l'État, *LGDJ, 1976*. – Sur cette question, V. Hourson, Les conventions d'administration, *LGDJ, 2014*). Les conventions d'attribution conclues avec des établissements publics nationaux posent moins de problème de ce point de vue, s'agissant de contrats passés entre deux personnes publiques (sur cette question abondamment traitée par la doctrine, V. *AJDA dossier spéc. 2013, n° 15*, Les contrats entre personnes publiques. – Devillers, Les contrats entre personnes publiques, *Mém. M2 Droit public fondamental, 2013, Équipe de droit public de Lyon, n° 20, collec. des mémoires de l'Équipe de droit public de Lyon*).

L'évolution n'est pas ici simplement symbolique. Ces conventions sont conçues sur le modèle des baux privés et formalisent les engagements de l'État-propriétaire et du bénéficiaire. Le recours à la technique de la convention permet ainsi de rompre avec l'idée selon laquelle l'affectation des biens de l'État au sein de ses services était purement unilatérale, comme c'était le cas jusque-là avec les procédures des articles R. 58 et R. 81 et suivants du code du domaine de l'État. Juridiquement, cette convention n'en est pas une, mais recourir à un processus présenté comme conventionnel révèle la volonté de l'État de répartir ses moyens patrimoniaux entre les différents ministères et établissements publics au terme d'une certaine négociation ou d'un accord entre les « parties ». La procédure perd donc de son caractère autoritaire et s'inscrit, en cela, dans les évolutions contemporaines des modes d'action de la sphère publique. Mais, il ne faut pas non plus se cacher que le caractère conventionnel présentait une autre vertu, celle de permettre à l'État, lorsqu'il s'agit d'immeubles de bureaux, de percevoir un loyer, que le bien soit attribué à un service de l'État ou à un de ses établissements publics.

Lorsqu'un service déconcentré de l'État ou un établissement public national a besoin d'une propriété de l'État pour exercer ses compétences, il doit adresser une demande de mise à disposition au préfet dans le département sur le territoire duquel l'immeuble est situé (CGPPP, art. R. 2313-2, al. 1er). Lorsque cette demande émane d'une administration centrale ou lorsque l'opération présente un caractère confidentiel intéressant la défense nationale (qu'elle provienne du ministère de la Défense nationale, voire d'un autre ministère ou de l'officier dirigeant la zone de défense), elle doit être adressée au ministre chargé du domaine (CGPPP, art. R. 2313-2, al. 2. – Sur les autorités compétentes pour signer ces conventions en matière militaire, Arr. du 27 déc. 2012 portant délégation des pouvoirs du ministre de la Défense en matière domaniale : *JO 29 déc., texte n° 57*. – Instr. n° 302/DEF/SGA/DMPA/SDIE du 14 févr. 2013 relative à la politique immobilière du ministère de la Défense, p. 16 et ann. IV).

Le dossier de demande doit comporter la désignation précise de l'immeuble, ainsi que l'utilisation projetée (CGPPP, art. R. 2313-2, al. 3). La demande est instruite, selon les cas, par le préfet ou le ministre chargé du domaine, qui examineront vraisemblablement la disponibilité de l'immeuble (c'est-à-dire, sa non-utilisation par un autre service ou établissement public) et le besoin invoqué par le demandeur.

La convention est ensuite en principe conclue entre le préfet, le représentant du service ou de l'établissement utilisateur et un représentant du service chargé des Domaines (CGPPP, art. R. 2313-3, al. 1er). Ce n'est que si la convention intéresse une administration centrale ou si l'opération revêt un caractère confidentiel intéressant la défense nationale que la convention sera conclue entre le ministre chargé du domaine et le ministre sous l'autorité duquel se trouve le service ou l'établissement qui est appelé à utiliser l'immeuble (CGPPP, art. R. 2313-3, al. 2).

IV. CONTENU DE LA CONVENTION

Un modèle de convention vient enfin d'être fixé par arrêté du ministre chargé du domaine (CGPPP, art. R. 2313-1. – Arr. du 6 nov. 2018, *JO 11 nov. 2018, texte n° 23*). Auparavant, c'était l'arrêté du 21 avril 2009 relatif au modèle de convention mentionné à l'article R. 128-12 du code du domaine de l'État (*JO 12 mai, texte n° 13*) qui faisait référence. Quant aux conventions d'attribution concernant le ministère de la Défense, l'instruction du 14 février 2013 (préc.) contient un modèle très détaillé avec un guide d'utilisation (ann. IV, p. 56 s.).

Cette convention doit préciser la désignation et la localisation de l'immeuble, le service à l'usage duquel l'immeuble est destiné, l'utilisation qui en sera faite, les obligations des parties et les sanctions de leur non-respect (CGPPP, art. R. 2313-4, al. 1er). Cela signifie que le bien devra être utilisé conformément à l'usage pour lequel il a été attribué. On peut donc supposer que la convention devra évoluer si l'utilisation change. A défaut, le bénéficiaire de la mise à disposition commettrait une faute. La mention des obligations des parties est essentielle, notamment celles incombant au service utilisateur. C'est en principe ce dernier qui est en charge de l'entretien ou de l'aménagement de l'immeuble (CGPPP, art. R. 2313-4, al. 1er), avec ses propres dotations, ou les dotations du compte d'affectation spéciale « Gestion du patrimoine immobilier de l'État ». Un état des lieux doit être dressé contradictoirement entre le propriétaire et l'utilisateur, à l'entrée et à la sortie de ce dernier. Par ailleurs, s'il s'agit d'un immeuble majoritairement de bureaux, la convention doit prévoir son ratio d'occupation (le ratio-cible étant de 12 m^2 par agent). La convention peut également prévoir les conditions dans lesquelles l'utilisateur pourra autoriser des occupations par des tiers de cet immeuble.

La convention doit enfin prévoir les conditions financières de la mise à disposition de l'immeuble de l'État. Celles-ci relèvent de la compétence du directeur départemental des finances publiques (CGPPP, art. R. 2313-4, al. 1er). La gratuité est sans doute envisageable, dans les mêmes conditions qu'elle pouvait l'être dans le cadre de la procédure d'affectation. Elle était toutefois exclue s'il s'agissait d'immeubles de bureaux. Désormais, l'article 11 de l'arrêté du 6 novembre 2018 qui fixe le modèle de ces conventions dispose que « le coût d'occupation domaniale hors charges de l'immeuble désigné à l'article 2 est de *[à compléter]*. Il constitue une valeur de référence pour l'utilisateur. Ce coût sera actualisé annuellement et ne donne pas lieu à facturation ». L'article 10 dudit arrêté prévoit également que : « Dans le cadre des objectifs poursuivis au titre de la Politique immobilière de l'État et tels qu'exposés au sein des schémas directeurs immobiliers régionaux (SDIR) et des schémas pluriannuels de stratégie immobilière (SPSI), l'utilisateur s'engage à améliorer la performance immobilière de l'immeuble désigné à l'article 2 de la présente convention. L'utilisateur devra notamment veiller à assurer une diminution du ratio d'occupation tel que constaté à l'article 5 de la présente convention. Le propriétaire est susceptible de demander communication à tout moment des éléments permettant de déterminer le ratio d'occupation ». Enfin, la convention mettra en principe à la charge de l'utilisateur l'ensemble des taxes et contributions afférentes à l'immeuble attribué.

La durée de l'attribution varie en fonction du type de bien attribué (CGPPP, art. R. 2313-4, al. 2). La durée est en principe librement fixée par la convention. Mais si l'attribution porte sur un immeuble à usage de bureaux, la convention doit être conclue pour une durée maximale de neuf ans.

En revanche, l'article R. 2313-4, alinéa 2, précise que, s'agissant d'immeubles affectés aux besoins du service public pénitentiaire, de la défense nationale et de la sécurité civile, la durée de la convention peut être supérieure à neuf ans. Cette dernière précision n'est pas d'une extrême clarté dans son libellé. Elle semble être une dérogation à la règle des neuf ans pour les immeubles à usage de bureaux et donc ne s'appliquer qu'aux bureaux affectés aux services publics pénitentiaires, de la défense nationale et de la sécurité civile. Mais, alors, pourquoi ne pas avoir rédigé cette phrase de manière plus simple (comme par ex., « la convention est conclue pour une durée maximale de neuf ans lorsqu'elle s'applique à un immeuble à usage de bureaux, sauf s'ils sont affectés aux besoins du service public pénitentiaire, etc. ») ? Si cette phrase ne se rapporte pas seulement aux immeubles de l'État à usage de bureaux, quel est son intérêt puisqu'elle prévoit que la convention peut être conclue pour une durée supérieure à neuf ans, alors qu'il est précisé que « pour les autres immeubles, la durée est librement fixée par la convention » ? Inscrire une durée précise ne présente un intérêt que si celle-ci est un plafond ou un plancher, ce qui n'est pas le cas à propos des immeubles affectés à ces trois services publics. Concernant les biens de la Défense, l'instruction du 14 février 2013 évoque une durée de 15 ans pour tous les immeubles qui ne sont pas à usage majoritaire de bureaux et 99 ans pour les cimetières et nécropoles.

Quoi qu'il en soit, la mise à disposition de l'immeuble prend fin à la date prévue par la convention (CGPPP, art. R. 2313-5, al. 1er) ou en cas de cession du bien. Mais il est naturellement possible d'y mettre fin avant cette date. Les motifs justifiant la fin anticipée de la convention peuvent être prévus par celle-ci (comme le non-paiement du loyer lorsqu'il y en avait un) et, au-delà de ces « clauses », l'intérêt public est toujours susceptible de motiver une telle décision (CGPPP, art. R. 2313-5, al. 1er). Les autorités compétentes pour mettre un terme à la convention sont celles qui l'avaient conclue, c'est-à-dire le représentant de l'État, le représentant du service des Domaines ou le représentant du service ou de l'établissement bénéficiaire de l'attribution (CGPPP, art. R. 2313-3). Un préavis pourra être respecté.

Enfin, le renouvellement de la convention se fait dans les mêmes formes que sa conclusion et ne peut jamais être tacite (CGPPP, art. R. 2313-5, al. 2). ❑

TITRE DEUXIÈME PRODUITS ET REDEVANCES DU DOMAINE

CHAPITRE PREMIER CONSTATATION ET PERCEPTION

SECTION PREMIÈRE AUTORITÉS COMPÉTENTES

Art. R. 2321-1 Le recouvrement des produits, redevances et sommes de toute nature mentionnés à l'article L. 2321-1 est opéré *(Décr. nº 2012-1247 du 7 nov. 2012, art. 11)* « conformément aux dispositions fixées aux articles 23 à 28 du décret nº 2012-1246 du 7 novembre 2012 relatif à la gestion budgétaire et comptable publique, par les comptables publics mentionnés à l'article 77 de ce décret ».

Art. R. 2321-2 Le titre de perception mentionné à l'article L. 2323-1 est émis et rendu exécutoire dans les conditions fixées aux articles *(Décr. nº 2012-1247 du 7 nov. 2012, art. 11)* « 112 à 124 du décret nº 2012-1246 du 7 novembre 2012 relatif à la gestion budgétaire et comptable publique ».

Art. R. 2321-3 Le recouvrement des produits et redevances du domaine mentionnés à l'article L. 2321-2 que sont habilités à recevoir les établissements publics de l'État s'opère dans les conditions fixées aux articles *(Décr. nº 2012-1247 du 7 nov. 2012, art. 33 et 289, en vigueur le 1er janv. 2013)* « 23 à 28, 187, 192 et 193 du décret nº 2012-1246 du 7 novembre 2012 relatif à la gestion budgétaire et comptable publique », lorsque ces établissements sont dotés d'un agent comptable.

Art. R. 2321-4 Les produits, redevances et les sommes de toute nature mentionnés à l'article L. 2321-3 sont recouvrés dans les conditions prévues aux articles R. 2342-1, R. 3341-1 et R. 4341-1 du code général des collectivités territoriales en vertu des actes exécutoires mentionnés aux premiers alinéas des articles R. 2342-4, R. 3342-8-1 et R. 4341-4 de ce même code.

Art. D. 2321-5 Les opérations de recette afférentes aux produits et aux redevances du domaine des collectivités territoriales, de leurs groupements et de leurs établissements publics sont justifiées au comptable dans les conditions fixées par l'article D. 1617-21 et par le premier alinéa de l'article D. 1617-23 du code général des collectivités territoriales.

Les modalités selon lesquelles la signature du bordereau récapitulant les titres de recettes rend exécutoires les titres qui y sont joints et emporte attestation du caractère exécutoire des pièces justifiant les recettes en cause sont prévues par le troisième alinéa de l'article D. 1617-23 de ce même code.

SECTION II PRESCRIPTIONS

Art. R. 2321-6 Les conditions de mise en œuvre par l'État de la prescription quadriennale opposable à l'action en restitution des produits et redevances du domaine mentionnés à l'article L. 2321-5 sont fixées par le décret nº 98-81 du 11 février 1998 modifiant la loi nº 68-1250 du 31 décembre 1968 relative à la prescription des créances sur l'État, les départements, les communes et les établissements publics et relatif aux décisions prises par l'État en matière de prescription quadriennale. — *V. ce texte au* ***CJA***.

SECTION III SEUIL DE MISE EN RECOUVREMENT

Art. D. 2321-7 Les ordonnateurs des recettes correspondant aux créances relatives aux produits, redevances et sommes de toute nature mentionnés à l'article L. 2321-1 et aux créances relatives aux produits et redevances du domaine mentionnés à l'article L. 2321-2 que sont habilités à recevoir les établissements publics de l'État à caractère administratif sont autorisés à ne pas émettre les ordres correspondants lorsque le montant initial en principal de ces créances n'atteint pas le seuil *(Décr. n° 2012-1247 du 7 nov. 2012, art. 33 et 289, en vigueur le 1er janv. 2013)* « fixé selon les modalités prévues à l'article 192 du décret n° 2012-1246 du 7 novembre 2012 relatif à la gestion budgétaire et comptable publique ».

Art. D. 2321-8 Les créances relatives aux produits, redevances et sommes de toute nature mentionnés à l'article L. 2321-3 ne sont mises en recouvrement que lorsqu'elles atteignent le seuil mentionné à l'article D. 1611-1 du code général des collectivités territoriales.

SECTION IV PRÉLÈVEMENT POUR FRAIS D'ADMINISTRATION, DE VENTE ET DE RECOUVREMENT

Art. R. 2321-9 Le montant des produits, redevances et sommes de toute nature recouvré par les comptables publics chargés des recettes domaniales de l'État pour le compte des services et établissements dotés de la personnalité civile ou seulement de l'autonomie financière ainsi que pour le compte des tiers donne lieu à l'application d'un prélèvement au profit du Trésor pour frais d'administration, de vente et de recouvrement.

Le taux de ce prélèvement est fixé par arrêté du ministre chargé du domaine dans la limite de 12 % du montant des recouvrements. – *[C. dom. Ét., art. L. 77, al. 1er et 2.]*

CHAPITRE II PAIEMENT

Le présent chapitre ne comprend pas de dispositions réglementaires.

CHAPITRE III ACTION EN RECOUVREMENT

SECTION PREMIÈRE EXERCICE DES POURSUITES

Art. R. 2323-1 Les poursuites en vue du recouvrement des produits, redevances et sommes de toute nature mentionnés à l'article L. 2321-1 s'opèrent dans les conditions prévues à *(Décr. n° 2012-1247 du 7 nov. 2012, art. 11)* « l'article 113 du décret n° 2012-1246 du 7 novembre 2012 relatif à la gestion budgétaire et comptable publique ».

Art. R. 2323-2 Les poursuites relatives aux produits et redevances mentionnés à l'article L. 2321-3 s'opèrent dans les conditions prévues aux articles R. 1617-22, R. 1617-24, R. 2342-4, R. 3342-8-1 et R. 4341-4 du code général des collectivités territoriales.

SECTION II CONTENTIEUX DU RECOUVREMENT

SOUS-SECTION 1 DISPOSITIONS APPLICABLES À L'ÉTAT

Art. R. 2323-3 Les conditions dans lesquelles il est statué sur l'opposition à l'exécution du titre de perception mentionné à l'article L. 2323-1 *[L. 2323-11]* sont fixées *(Décr. n° 2012-1247 du 7 nov. 2012, art. 11)* « aux articles 117 à 119 du décret n° 2012-1246 du 7 novembre 2012 relatif à la gestion budgétaire et comptable publique ».

Art. R. 2323-4 Les conditions dans lesquelles il est statué sur l'opposition à un acte de poursuite émis pour recouvrer les produits, redevances et sommes de toute nature mentionnés à l'article L. 2321-1 sont fixées *(Décr. n° 2012-1247 du 7 nov. 2012, art. 11)* « aux articles 117 à 119 du décret n° 2012-1246 du 7 novembre 2012 relatif à la gestion budgétaire et comptable publique ».

Art. R. 2323-5 L'instruction des demandes en revendication d'objets saisis est régie par les dispositions de l'article R. 283-1 du livre des procédures fiscales.

SOUS-SECTION 2 DISPOSITIONS APPLICABLES AUX ÉTABLISSEMENTS PUBLICS DE L'ÉTAT

La présente sous-section ne comprend pas de dispositions réglementaires.

SOUS-SECTION 3 DISPOSITIONS APPLICABLES AUX COLLECTIVITÉS TERRITORIALES, À LEURS GROUPEMENTS ET À LEURS ÉTABLISSEMENTS PUBLICS

Art. R. 2323-6 Les conditions dans lesquelles il est statué sur l'opposition à un acte de poursuite émis pour recouvrer les produits et redevances mentionnés à l'article L. 2321-3 sont fixées au dernier alinéa des articles R. 2342-4, R. 3342-8-1 et R. 4341-4 du code général des collectivités territoriales.

SECTION III RECOUVREMENT DU FORFAIT DE POST-STATIONNEMENT IMPAYÉ

(Décr. n° 2015-557 du 20 mai 2015, art. 3)

Le Décr. n° 2015-557 du 20 mai 2015 entre en vigueur à la date prévue au V de l'art. 63 de la L. n° 2014-58 du 27 janv. 2014 de modernisation de l'action publique territoriale et d'affirmation des métropoles tel que modifié par l'art. 45-VI-1° de la L. n° 2015-1785 du 29 déc. 2015 de finances pour 2016, soit le 1er janv. 2018 (Décr. préc., art. 6).

Art. R. 2323-7 Le recouvrement du forfait de post-stationnement impayé et de la majoration prévus à l'article L. 2333-87 du code général des collectivités territoriales est effectué selon les procédures, garanties et privilèges prévus par le décret n° 64-1333 du 22 décembre 1964 relatif au recouvrement des amendes et condamnations pécuniaires par les comptables de la direction générale des finances publiques.

L'avertissement prévu à l'article L. 2323-7-1 mentionne la faculté pour le redevable qui aurait acquitté le forfait de post-stationnement dans les trois mois qui lui étaient impartis d'en justifier sans délai auprès de l'entité ayant adressé l'avertissement.

TITRE TROISIÈME CONTENTIEUX

CHAPITRE UNIQUE

SECTION PREMIÈRE EXERCICE DES FONCTIONS DE CONTENTIEUX AU SEIN DE L'ÉTAT

Art. R. 2331-1 L'administration chargée des domaines a seule qualité pour suivre les instances de toute nature relatives :

1° Aux biens mobiliers et immobiliers de l'État qui ne sont pas utilisés ou mis à la disposition d'un service ou d'un établissement public de l'État ;

2° Aux biens dépendant de patrimoines privés dont l'administration ou la liquidation lui sont confiées, et aux conditions dans lesquelles elle assure la gestion de ces patrimoines ;

3° A l'assiette et au recouvrement des produits et redevances du domaine de l'État ainsi qu'au recouvrement de toute somme dont la perception incombe aux comptables publics chargés des recettes domaniales de l'État. – *[C. dom. Ét., art. R. 158.]*

Art. R. 2331-2 L'administration chargée des domaines a seule qualité pour suivre les instances intéressant les biens de l'État autres que ceux mentionnés à l'article R. 2331-1, dès lors que le litige porte sur :

1° La détermination du caractère de domanialité publique ou de domanialité privée de ces biens ;

2° Le droit de propriété de l'État ou tous autres droits réels dont peuvent faire l'objet les biens mobiliers ou immobiliers du domaine de l'État, l'étendue ou les conditions d'exercice de ces droits ;

3° La validité ou l'interprétation des titres et des conventions relatives à l'acquisition, à l'utilisation et à la gestion des biens de l'État et de tous autres titres et conventions dont l'établissement entre dans ses attributions ;

4° L'application des conditions financières des titres et des conventions mentionnés au 3°. – *[C. dom. Ét., art. R. 158-1, al. 1er à 3 et al. 4 et 5, ecqc les instances portant sur la validité ou l'interprétation des conventions relatives à l'acquisition, à l'utilisation et à la gestion des biens de l'État et l'application des conditions financières de ces conventions.]*

Art. R. 2331-3 L'administration chargée des domaines est appelée à l'instance dès lors que le litige porte directement ou indirectement sur les droits et obligations dont il lui appartient, aux termes des articles R. 2331-1, R. 2331-2, R. 3231-1 et R. 4111-11 d'assurer la défense ou de demander l'exécution en justice. – *[C. dom. Ét., art. R. 159.]*

Art. R. 2331-4 Sous réserve de l'application du 3° de l'article R. 2331-1 et de l'article R. 2331-3, le ministre de la défense a seul qualité pour suivre les instances intéressant le domaine militaire. – *[C. dom. Ét., art. R. 160.]*

Art. R. 2331-5 La représentation de l'État devant le tribunal administratif est réglée par les dispositions des articles R. 431-1 à R. 431-10-1 du code de justice administrative.

La représentation de l'État devant la cour administrative d'appel est réglée par les dispositions de l'article R. 811-10 du même code.

Devant ces juridictions, les instances mentionnées au 3° de l'article R. 2331-1 du présent code sont suivies par le directeur départemental des finances publiques ou le comptable public compétent.

La représentation de l'État devant le Conseil d'État est réglée par les dispositions de l'article R. 432-4 du code de justice administrative. – *[C. dom. Ét., art. R. 163, al. 1er à 4 et 8, ecqc la représentation de l'État devant les juridictions administratives.]*

Art. R. 2331-6 Devant les juridictions judiciaires autres que la Cour de cassation, l'État est représenté par le préfet du département dans lequel le litige a pris naissance.

Devant ces juridictions, les instances mentionnées au 2° de l'article R. 2331-1 sont suivies par le préfet du département sous l'autorité duquel est géré le patrimoine privé concerné ou, dans la région d'Île-de-France, par le chef du service chargé de la gestion des patrimoines privés.

Les instances mentionnées au 3° de l'article R. 2331-1 sont suivies par le directeur départemental des finances publiques ou le comptable public compétent.

Devant la Cour de cassation, l'État est représenté par le ministre chargé du domaine. – *[C. dom. Ét., art. R. 163, al. 1er à 4 et 8, ecqc la représentation de l'État devant les juridictions judiciaires.]*

BIBL. ▸ Chamard-Heim et Yolka, Immobilier de l'État : la « longue marche » [du service des Domaines à la DIE], *JCP Adm. 2016. 797.*

Illustrant que seule l'administration des domaines a compétence pour suivre les instances intéressant le droit de propriété et les droits réels de l'État : • Civ. 3e, 24 sept. 2014, *Brunel, Chauvet, Hillaire c/ Min. de la Culture et de la Communication et agent judiciaire de l'État,* n° 12.21-978 : *AJDA 2015. 59, avis Petit.*

SECTION II PROCÉDURES CONTENTIEUSES

SOUS-SECTION 1 PROCÉDURE DEVANT LA JURIDICTION ADMINISTRATIVE

Art. R. 2331-7 Lorsqu'elles sont portées devant une juridiction administrative, les instances mentionnées aux articles R. 2331-1 à R. 2331-3, R. 3231-1 et R. 4111-11 auxquelles l'État est partie sont soumises aux dispositions du code de justice administrative.

SOUS-SECTION 2 PROCÉDURE DEVANT LA JURIDICTION JUDICIAIRE

Art. R. 2331-8 Lorsqu'elles sont portées devant une juridiction judiciaire, les instances mentionnées aux articles R. 2331-1 à R. 2331-3, R. 3231-1 et R. 4111-11 auxquelles l'État est partie sont soumises aux dispositions du code de procédure civile, sous réserve des dispositions particulières prévues par la présente sous-section.

Art. R. 2331-9 A peine d'irrecevabilité, toute action judiciaire dirigée contre l'État en application des articles R. 2331-1, R. 2331-2, R. 3231-1 et R. 4111-11 est précédée de l'envoi par lettre recommandée avec demande d'avis de réception ou de la remise contre un récépissé d'un recours administratif contre l'administration chargée des domaines. – *[C. dom. Ét., art. R. 161.]*

Art. R. 2331-10 Devant le tribunal judiciaire, l'instruction des instances mentionnées aux articles R. 2331-1 à R. 2331-3, R. 3231-1 et R. 4111-11 auxquelles l'État est partie se fait par simples mémoires.

Les parties ne sont pas tenues de constituer avocat.

Elles peuvent présenter des explications orales. – *[C. dom. Ét., art. R. 162, ecqc les instances devant les tribunaux de grande instance.]*

Art. R. 2331-11 Devant la cour d'appel, la procédure est sans représentation obligatoire.

Toutefois, l'instruction des instances mentionnées aux articles R. 2331-1 à R. 2331-3, R. 3231-1 et R. 4111-11 auxquelles l'État est partie se fait par simples mémoires.

Les parties ne sont pas tenues de constituer avocat.

Les parties peuvent présenter des explications orales. – *[C. dom. Ét., art. R. 162, ecqc les instances devant les cours d'appel.]*

TITRE QUATRIÈME VALORISATION DU PATRIMOINE

Le présent titre ne comprend pas de dispositions réglementaires.

TROISIÈME PARTIE CESSION

LIVRE PREMIER BIENS RELEVANT DU DOMAINE PUBLIC

TITRE UNIQUE INALIÉNABILITÉ ET IMPRESCRIPTIBILITÉ

CHAPITRE PREMIER PRINCIPE

Le présent chapitre ne comprend pas de dispositions réglementaires.

CHAPITRE II DÉROGATIONS

Le présent chapitre ne comprend pas de dispositions réglementaires.

CHAPITRE III TRANSFERT DE PROPRIÉTÉ DU DOMAINE PUBLIC FLUVIAL

Art. R. 3113-1 Pour l'application des dispositions de l'article L. 3113-1, les décisions relevant de la compétence de l'État en matière de transfert du domaine public fluvial sont prises par le préfet coordonnateur de bassin, dans chaque bassin défini en application de l'article L. 212-1 du code de l'environnement.

Le préfet coordonnateur de bassin peut déléguer cette compétence, pour les sous-bassins ou fractions de sous-bassins, à un préfet de région ou de département. – *[Décr. nº 2005-992 du 16 août 2005, art. 1er, ecqc les transferts de propriété.]*

Art. R. 3113-2 La propriété des éléments du domaine public fluvial de l'État peut être transférée aux collectivités territoriales ou à leurs groupements, à l'exception des cours d'eau, canaux et ports intérieurs d'intérêt national dont la liste est annexée au présent code et des sections incluses dans le périmètre d'une concession accordée au titre de l'utilisation de l'énergie hydraulique.

Le transfert s'applique aux biens meubles et immeubles dépendant du domaine transféré, à l'exception de ceux qui sont nécessaires à l'exercice des missions que l'État continue d'exercer. – *[Décr. nº 2005-992 du 16 août 2005, art. 10.]*

ANNEXE

LISTE DES COURS D'EAU, CANAUX ET PORTS INTÉRIEURS D'INTÉRÊT NATIONAL NON TRANSFÉRABLES AUX COLLECTIVITÉS TERRITORIALES ET À LEURS GROUPEMENTS

Art. R. 3113-2. – Annexe

A. Rivières non transférables (*)

NOM DE LA VOIE	ORIGINE	EXTRÉMITÉ
Aa à grand gabarit.	Saint-Omer, jonction avec le canal de Neufossé.	Le West.
Aisne canalisée.	Vailly.	Confluent de l'Oise.
Escaut.	Cambrai, jonction avec le canal de Saint-Quentin.	Frontière franco-belge.
Garonne.	Aval de sa confluence avec le Tarn.	Limite transversale de la mer.
Ill canalisée.	Pont ferroviaire Strasbourg-Kehl.	Confluence avec le Rhin.
Loire.	Bec d'Allier.	Limite transversale de la mer.
Lys mitoyenne.	Aire-sur-la-Lys.	Halluin.
Marne.	Hautvilliers.	Confluence avec la Seine.
Marque urbaine.	Jonction avec la Deule.	Écluse de Marcq.

NOM DE LA VOIE	ORIGINE	EXTRÉMITÉ
Meuse ou canal de l'Est, branche Nord.	Jonction avec le canal des Ardennes-Pont-à-Bar.	Frontière belge.
Moselle.	Neuves-Maisons.	Apach.
Oise.	Janville.	Seine à Conflans-Sainte-Honorine.
Rhin (y compris grand canal d'Alsace).	Bâle, frontière franco-suisse.	PK 352.055 près de Lauterbourg (rive gauche), frontière franco-allemande.
Rhône.	Frontière suisse.	Arles.
Grand Rhône.	Arles.	Embouchure avec la mer.
Petit Rhône.	Arles.	Saint-Gilles.
Saône.	Corre, jonction avec le canal des Vosges, anciennement canal de l'Est, branche Sud.	Lyon, confluent avec le Rhône.
Scarpe supérieure.	Corbehem.	Jonction avec la liaison Dunkerque-Escaut.
Scarpe (dérivation autour de Douai).	Douai.	Courchelettes.
Seine.	Marcilly.	Limite transversale de la mer.
Yonne.	Pont Colbert à Auxerre.	Confluent avec la Seine.

(*) En dehors de la Loire et de la Garonne, ne sont visées dans le tableau que les sections sur lesquelles s'effectue officiellement la navigation, à l'exclusion des boucles court-circuitées, bras..., non utilisés par la navigation de commerce ou dépourvus d'ouvrages (barrages, prise d'eau), indispensables à la gestion de son niveau d'eau.

B. Canaux non transférables

NOM DE LA VOIE	ORIGINE	EXTRÉMITÉ
Canal d'Aire.	Bauvin.	Aire-sur-la-Lys.
Canal de l'Aisne à la Marne.	Berry-au-Bac, jonction avec le canal latéral à l'Aisne.	Condé-sur-Marne, jonction avec le canal latéral à la Marne.
Canal latéral à l'Aisne.	Berry-au-Bac.	Celles, jonction avec l'Aisne.
Canal des Ardennes.	Berry-au-Bac.	Pont-à-Bar.
Canal de Bourbourg.	Liaison avec le canal de la Colme.	Écluse du jeu de mail.
Dérivation de Mardick.	Liaison avec la dérivation de la Colme.	Bassins Ouest du port de Dunkerque.
Canal de Calais.	Le West, jonction avec la rivière Aa.	Calais, pont Mollien.
Canal et dérivation de la Colme.	Holque.	Jonction avec le canal de Bourbourg.
Canal de la Deûle.	Douai.	Deûlémont.

NOM DE LA VOIE	ORIGINE	EXTRÉMITÉ
Canal du Loing.	Buges, jonction avec canal de Briare.	Saint-Mammès, jonction avec la Seine.
Canal entre Champagne et Bourgogne (anciennement canal de la Marne à la Saône).	Vitry-le-François, jonction avec le canal de la Marne au Rhin.	Heuilley.
Canal latéral à la Marne.	Vitry-le-François, jonction avec les canaux de la Marne à la Saône et de la Marne au Rhin.	Hautvilliers, jonction avec la Marne canalisée.
Canal de la Marne au Rhin y compris l'embranchement d'Houdelaincourt.	Vitry-le-François.	Toul.
	Frouard.	Strasbourg ; jonction avec le Rhin.
Canal de Pommerœul à Condé.	Saint-Aybert ; frontière franco-belge.	Condé, jonction avec l'Escaut.
Canal de Neufossé.	Aire, jonction avec le canal d'Aire.	Holque, jonction avec la rivière Aa.
Canal du Nord.	Arleux, jonction avec le canal de la Sensée.	Pont-l'Evêque, jonction avec le canal latéral à l'Oise.
Canal latéral à l'Oise.	Chauny, jonction avec le canal de Saint-Quentin.	Longueil-Annel, jonction avec l'Oise canalisée.
Canal de l'Oise à l'Aisne.	Abbécourt, jonction avec le canal latéral de l'Oise.	Bourg-et-Comin, jonction avec le canal à l'Aisne.
Canal du Rhône à Fos.	Jonction avec le Rhône.	Écluse de dessalage.
Canal du Rhône au Rhin.	Niffer.	Mulhouse.
Canal du Rhône à Sète, y compris l'embranchement ouest d'Aigues-Mortes.	Saint-Gilles.	Sète.
Canal de Saint-Quentin.	Cambrai, jonction avec l'Escaut.	Chauny, jonction avec le canal latéral à l'Oise.
Canal de la Sensée.	Écluse de Pont-Malin, jonction avec l'Escaut.	Courchelettes, jonction avec la Scarpe et la dérivation de la Scarpe.
Canal de Tancarville.	Écluse de Tancarville.	Pont n° 8 dans la circonscription du Port autonome du Havre.
Canal du Rhône au Rhin, branche Nord.	Erstein.	Strasbourg.
Canal de la Sambre à l'Oise.	Travecy.	Au confluent de l'Oise.
Canal des Vosges (anciennement canal de l'Est branche Sud).	Corre.	Neuves-Maisons.

C. Ports intérieurs non transférables

Port autonome de Paris.

Port autonome de Strasbourg.

Art. R. 3113-3 Le préfet compétent pour statuer sur le transfert transmet aux régions ainsi qu'aux autres collectivités et groupements qui en font la demande une description du domaine public fluvial à transférer et de ses dépendances, notamment de celles qui sont nécessaires à la gestion hydraulique.

Le préfet définit les sections indivisibles de l'ensemble à transférer et transmet les règlements d'eau définissant les conditions d'exploitation des ouvrages ayant un impact sur le domaine en cause. Ces règlements précisent, le cas échéant, les conditions permettant d'assurer la cohérence de la gestion hydraulique du bassin ou du sous-bassin. – *[Décr. n° 2005-992 du 16 août 2005, art. 11.]*

Art. R. 3113-4 Lorsqu'une collectivité autre que la région a formulé une demande de transfert de propriété d'un élément du domaine public fluvial, le préfet la transmet pour avis à la région intéressée. Celle-ci dispose d'un délai de six mois à compter de la date de saisine pour faire connaître son refus d'exercer son droit prioritaire au transfert ou pour déposer sa propre demande. L'absence de réponse dans le délai de six mois vaut refus implicite de la région d'exercer son droit de priorité.

Lorsqu'une demande de transfert d'une voie d'eau émane d'une collectivité titulaire d'une concession au titre de l'article L. 2124-7 du code général de la propriété des personnes publiques, l'acceptation de la demande est subordonnée à son engagement d'accepter la résiliation de la concession à la date d'effet de la décision de transfert à son profit. – *[Décr. n° 2005-992 du 16 août 2005, art. 12.]*

Art. R. 3113-5 Une convention entre l'État et la collectivité précise les modalités du transfert de propriété et sa date d'effet.

Le transfert est constaté par arrêté du préfet territorialement compétent. Cet arrêté vise la convention prévue à l'alinéa précédent. Il indique la nature, la situation, la contenance et la désignation cadastrale du bien. Il fixe la date de mise en œuvre effective du transfert. Il fait l'objet d'une publication au fichier immobilier tenu par les services de la publicité foncière.

Le transfert de propriété du domaine public fluvial de l'État à une collectivité territoriale ou à un groupement emporte subrogation dans tous les droits et obligations afférents au domaine transféré à l'égard des tiers et, notamment, des concessionnaires ou des bénéficiaires d'une autorisation d'occupation temporaire ou d'exploitation des droits relatifs au domaine. – *[Décr. n° 2005-992 du 16 août 2005, art. 13.]*

Art. R. 3113-6 Lorsque la collectivité territoriale ou le groupement candidat au transfert souhaite bénéficier de l'expérimentation prévue à l'article L. 3113-2 du code général de la propriété des personnes publiques, une convention passée entre l'État et la collectivité ou le groupement fait apparaître la nature, la situation, la contenance et la désignation cadastrale du lieu ainsi que la durée de cette expérimentation et les conditions de mise à disposition de services déconcentrés de l'État.

Lorsque l'élément du domaine public fluvial de l'État est une voie navigable jusqu'alors confiée à Voies navigables de France et que la collectivité territoriale ou le groupement envisage de faire appel à cet établissement pour la gestion de la voie, la convention est conclue entre l'État, l'établissement public et la collectivité ou le groupement. Elle précise les conditions, notamment financières, dans lesquelles l'établissement exploite le domaine, ainsi que les modalités de mise à disposition de services déconcentrés de l'État. – *[Décr. n° 2005-992 du 16 août 2005, art. 14.]*

Art. R. 3113-7 A l'issue de la période d'expérimentation, le transfert de propriété s'opère dans les conditions prévues à l'article R. 3113-5.

Si la collectivité renonce au transfert de propriété, elle en informe le préfet au moins six mois avant le terme prévu de l'expérimentation. – *[Décr. n° 2005-992 du 16 août 2005, art. 15.]*

CHAPITRE IV TRANSFERT DE PROPRIÉTÉ DU DOMAINE PUBLIC FERROVIAIRE

(Décr. n° 2017-1556 du 10 nov. 2017, art. 1er)

SECTION PREMIÈRE OBJET ET BÉNÉFICIAIRE DU TRANSFERT DE PROPRIÉTÉ

Art. R. 3114-1 Les infrastructures et installations de service susceptibles d'être transférées en application de l'article L. 3114-1 sont celles nécessaires à l'exploitation de la ligne concernée, compte tenu des circulations attendues ou envisagées à l'issue du transfert.

Art. R. 3114-2 Peut bénéficier d'un transfert de propriété dans les conditions prévues à l'article L. 3114-1 toute personne publique mentionnée au premier alinéa de cet article sur le territoire de laquelle est situé l'ensemble des biens objet de la demande de transfert.

Art. R. 3114-3 Au sens du présent chapitre, sont regardés comme concernés par la demande de transfert :

– l'État, si des biens à transférer lui appartiennent ou s'il doit prendre des mesures à l'occasion du transfert ;

– chacun des établissements du groupe ferroviaire mentionné à l'article L. 2101-1 du code des transports *[V. App., v° Domaine public ferroviaire]*, dès lors qu'il est propriétaire ou gestionnaire de biens à transférer ou de biens devant être utilisés pour l'exploitation de la ligne concernée ou raccordés à cette ligne.

SECTION II PROCÉDURE

Art. R. 3114-4 La personne publique qui demande le transfert de propriété mentionné au premier alinéa de l'article L. 3114-1 transmet au ministre chargé des transports et aux établissements publics constituant le groupe public ferroviaire mentionné à l'article L. 2101-1 du code des transports *[V. App., v° Domaine public ferroviaire]* un dossier précisant :

– la ligne objet de la demande, en justifiant de son rattachement à l'une des catégories mentionnées au deuxième alinéa de l'article L. 3114-1 ;

– les infrastructures ferroviaires et, le cas échéant, les installations de service dont le transfert est souhaité, ainsi que le périmètre approximatif de leur terrain d'assiette ;

– les principales caractéristiques des trafics et circulations attendus ou envisagés.

Si d'autres personnes publiques sont susceptibles de demander le transfert des mêmes biens, la personne publique qui demande le transfert recueille préalablement leur avis et le joint au dossier.

Art. R. 3114-5 Le ministre chargé des transports prend position sur le principe du transfert après avoir recueilli l'avis des établissements publics mentionnés à l'article L. 2101-1 du code des transports *[V. App., v° Domaine public ferroviaire]*. En l'absence de réponse de ces établissements dans un délai de trois mois, leur avis est réputé rendu.

Le ministre s'assure que le transfert de propriété ne présente pas d'inconvénient au regard des impératifs de défense. Il apprécie l'opportunité de ce transfert au regard des orientations de la politique nationale des transports. Au plus tard quatre mois à compter de la réception du dossier mentionné à l'article R. 3114-4, il notifie sa position motivée sur la demande de transfert à la personne publique demanderesse et, s'ils sont concernés, aux établissements constituant le groupe public ferroviaire. L'absence de réponse du ministre dans ce délai vaut opposition au transfert de propriété.

Art. R. 3114-6 Lorsque le principe du transfert de propriété recueille l'accord des personnes mentionnées à l'article R. 3114-3, celles-ci transmettent à la personne publique demanderesse, au plus tard trois mois après la notification d'une position favorable du ministre chargé des transports en application de l'article R. 3114-5, l'ensemble des informations et documents administratifs, financiers et techniques dont elles disposent sur la ligne, et qui sont nécessaires à l'établissement de la convention mentionnée à l'article R. 3114-7. Les autres informations et documents dont elles disposent sur la ligne sont remis à la personne publique bénéficiaire du transfert dans les conditions convenues entre les parties.

Art. R. 3114-7 La réalisation du transfert de propriété et l'intégration des biens transférés dans le domaine public de la personne bénéficiaire sont subordonnées à la conclusion d'une convention entre, d'une part, la personne publique bénéficiaire et, d'autre part, s'ils sont concernés, l'État, représenté dans les conditions prévues par l'article 59 du décret n° 2004-374 du 29 avril 2004 relatif aux pouvoirs des préfets, à l'organisation et à l'action des services de l'État dans les régions et départements, et les établissements publics constituant le groupe public ferroviaire mentionné à l'article L. 2101-1 du code des transports *[V. App., v° Domaine public ferroviaire]*.

Cette convention détermine les modalités du transfert, notamment la date à laquelle celui-ci intervient, la nature des biens transférés et les parcelles cadastrales correspondantes, les éventuels droits de propriété intellectuelle consentis, les limites de gestion et d'entretien et les conditions financières et techniques du transfert. Le cas échéant, elle précise les modalités de coordination entre la personne publique bénéficiaire et SNCF Réseau, en particulier s'agissant du raccordement de la ligne transférée au réseau ferré national.

SECTION III CONSÉQUENCES DU TRANSFERT DE PROPRIÉTÉ

Art. R. 3114-8 Dans le cas où le transfert de propriété concerne une ligne du réseau ferré national mentionné à l'article L. 2111-1 du code des transports, cette ligne ne fait plus partie de ce réseau à compter de la date du transfert.

LIVRE DEUXIÈME BIENS RELEVANT DU DOMAINE PRIVÉ

TITRE PREMIER MODES DE CESSION

CHAPITRE PREMIER CESSIONS À TITRE ONÉREUX

SECTION PREMIÈRE VENTE

SOUS-SECTION 1 DOMAINE IMMOBILIER

§ 1er DISPOSITIONS APPLICABLES À L'ÉTAT

SOUS-§ 1er *DISPOSITIONS GÉNÉRALES*

Art. R. 3211-1 Pour l'application de l'article L. 3211-1, les immeubles du domaine privé de l'État mis, par convention, à la disposition d'un service civil ou militaire de l'État ou d'un établissement public de l'État peuvent être aliénés lorsque cette mise à disposition prend fin dans les conditions prévues par l'article R. 2313-5.

Lorsque ces immeubles sont aliénés dans les conditions prévues au présent paragraphe, le prix est recouvré dans les conditions fixées par les articles R. 2321-1, R. 2321-2, R. 2321-6, D. 2321-7, R. 2321-9 et R. 2323-1. – *[C. dom. Ét., art. L. 53 et L. 54, al. 3.]*

Art. R. 3211-2 L'aliénation d'un immeuble du domaine privé de l'État est consentie avec publicité et mise en concurrence, soit par adjudication publique, soit à l'amiable.

Ces procédures ne sont pas applicables aux cessions d'immeubles mentionnées à l'article R. 3211-7.

Le ministre chargé du domaine établit le cahier des charges type fixant les conditions générales des aliénations et détermine les modalités générales de la publicité préalable aux adjudications. Ces prescriptions ne sont pas applicables aux aliénations dont l'État confie la réalisation à des professionnels habilités. – *[C. dom. Ét., art. R. 129 et R. 129-1, al. 2.]*

Art. R. 3211-3 L'adjudication publique est autorisée par le préfet après avis du directeur départemental des finances publiques. La mise à prix est fixée par le directeur départemental des finances publiques. – *[C. dom. Ét., art. R. 129-1, al. 1er.]*

Art. R. 3211-4 La cession amiable est annoncée par avis du préfet. Cet avis est inséré dans une publication à diffusion locale, nationale ou internationale habilitée à recevoir des annonces légales ou dans une publication spécialisée dans le secteur de l'immobilier, ou encore publié par voie électronique. Le choix des modalités de publication est fonction, notamment, de la nature et de l'importance de l'immeuble dont la cession est envisagée.

L'avis précise notamment :

1° La localisation et les caractéristiques essentielles de l'immeuble ;

2° L'adresse du service auprès duquel le cahier des charges de la vente peut, s'il y a lieu, être demandé ou consulté ;

3° Les modalités de présentation des offres par les acquéreurs potentiels ;

4° Les modalités d'organisation des visites de l'immeuble. – *[C. dom. Ét., art. R. 129-2.]*

Art. R. 3211-5 Les critères de sélection des offres prennent notamment en compte les conditions financières proposées ainsi que les garanties de bonne fin et de solvabilité présentées. – *[C. dom. Ét., art. R. 129-3.]*

Art. R. 3211-6 La cession est consentie par le préfet, au prix convenu entre les parties et selon les modalités financières fixées par le directeur départemental des finances publiques.

Lorsque la valeur vénale de l'immeuble excède un montant fixé par arrêté du ministre chargé du domaine, la cession est autorisée par le ministre chargé du domaine. – *[C. dom. Ét., art. R. 129-4.]*

*(Abrogé par Décr. n° 2019-1379 du 18 déc. 2019, art. 13 et 19, à compter du 1er janv. 2020) « (Décr. n° 2012-203 du 10 févr. 2012, art. 5, en vigueur le 1er mars 2012) « **Préa-***

lablement à l'autorisation mentionnée à l'alinéa précédent, la commission pour la transparence et la qualité des opérations immobilières de l'État émet un avis sur le projet de cession lorsque ce dernier prévoit une cession dans les conditions mentionnées à l'article R. 3211-7. L'avis porte sur le respect des règles figurant à l'article R. 3211-7 et sur la qualité des procédures envisagées. A cette fin, le directeur général des finances publiques adresse à la commission le dossier du projet, accompagné d'un rapport de présentation. Cette procédure ne s'applique pas en cas d'exercice du droit de priorité prévue à l'article L. 240-1 du code de l'urbanisme. La commission émet son avis dans le délai d'un mois à compter de la réception du dossier. Ce délai peut être prorogé une fois par le ministre chargé du domaine. » »

COMMENTAIRE

Un décret n° 2012-203 du 10 février 2012 avait créé la commission pour la transparence et la qualité des opérations immobilières de l'État (Pauliat, La commission pour la transparence et la qualité des opérations immobilières de l'État : retouche ou altération du CGPPP ?, *JCP Adm. 2012. Actu. 124*). Celle-ci émettait un avis sur les projets de cession à réaliser dans les conditions mentionnées à l'article R. 3211-7 (art. R. 3211-6 al. 3, abr.). Elle a été supprimée par le décret n° 2019-1379 du 18 décembre 2019 portant suppression de commissions administratives à caractère consultatif (art. 13). ❑

Art. R. 3211-7 La cession d'un immeuble peut être faite à l'amiable sans appel à la concurrence :

1° Lorsque des dispositions législatives ou réglementaires spéciales impliquent la cession de l'immeuble au profit d'un acquéreur ou d'une catégorie d'acquéreurs déterminés, auquel cas le prix est fixé par le directeur départemental des finances publiques et l'aliénation est consentie par le préfet, quelle que soit la valeur des immeubles cédés et, à défaut d'accord amiable, le prix est fixé comme en matière d'expropriation pour cause d'utilité publique ;

2° Lorsque des dispositions législatives ou réglementaires spéciales permettent la cession de l'immeuble au profit d'un acquéreur ou d'une catégorie d'acquéreurs déterminés ;

3° Lorsque l'adjudication publique a été infructueuse ;

4° Lorsque l'immeuble est nécessaire à l'accomplissement d'une mission de service public ou à la réalisation d'une opération d'intérêt général par une personne exclue du bénéfice d'une convention d'utilisation mentionnée à l'article R. 2313-1 ou par un établissement public de l'État à caractère industriel et commercial ;

(Décr. n° 2016-1160 du 25 août 2016, art. 1er) « Est considérée comme une opération d'intérêt général, au sens du présent 4°, l'aliénation des immeubles, bâtis ou non bâtis, du domaine privé de l'État lorsqu'elle est nécessaire à la réalisation d'une opération immobilière comportant plus de 70 % de la surface totale de plancher affectée aux logements appartenant aux catégories mentionnées au II de l'article R. 3211-15, qu'elle est effectuée au profit d'un organisme mentionné à l' article L. 411-2 du code de la construction et de l'habitation, d'une société d'économie mixte mentionnée aux articles L. 472-1-1 ou L. 481-1 du même code ou d'un organisme agréé mentionné à l'article L. 365-2 dudit code, et lorsqu'elle est réalisée dans les communes pour lesquelles les dispositions de la section II du chapitre II du titre préliminaire du livre III du code de la construction et de l'habitation sont applicables. »

5° Lorsque les conditions particulières d'utilisation de l'immeuble le justifient ;

6° Lorsque l'immeuble fait l'objet d'une convention d'utilisation mentionnée à l'article R. 2313-1 ou est confié en gestion à un établissement public à caractère industriel et commercial qui souhaite l'acquérir.

Dans les cas prévus aux 2°, 3°, 4°, 5° et 6°, la cession est consentie selon les modalités prévues à l'article R. 3211-6. – *[C. dom. Ét., art. R. 129-5.]*

Art. R. 3211-8 Pour l'application de l'article L. 3211-12, le préfet notifie à l'acquéreur défaillant, à ses ayants cause s'ils sont connus, au détenteur et aux créanciers inscrits sur l'immeuble, par lettre recommandée avec demande d'avis de réception, que la déchéance pourra être prononcée à l'expiration d'un délai d'un mois à compter de la date de réception de la notification, à défaut de paiement, dans ce délai, de la somme exigible en capital, intérêts et frais.

Les personnes mentionnées au premier alinéa sont admises pendant ce délai d'un mois à payer la somme exigible. Celles qui ont effectué le paiement sont subrogées par la quittance aux droits du Trésor pour leur remboursement.

A défaut de régularisation à l'expiration du délai mentionné aux premier et deuxième alinéas, le préfet, sur proposition du directeur départemental des finances publiques, prononce la déchéance de l'acquéreur défaillant et l'administration chargée des domaines reprend possession de l'immeuble. — *[C. dom. Ét., art. R. 132 à 134.]*

SOUS-§ 2 *DISPOSITIONS PARTICULIÈRES*

Art. R. 3211-9 La cession des bois et forêts de l'État qui satisfont aux conditions fixées aux 1°, 2° et 3° de l'article L. 3211-5 est réalisée selon les modalités prévues aux articles R. 3211-2 à R. 3211-7.

Art. R. 3211-10 Pour l'application des dispositions du dernier alinéa de l'article L. 3211-5, la cession des bois et forêts de l'État compris dans le périmètre d'une déclaration d'utilité publique est réalisée selon les modalités prévues au 1° de l'article R. 3211-7.

Art. R. 3211-11 Les immeubles bâtis ou non bâtis appartenant à l'État mentionnés à l'article L. 3211-6 peuvent être cédés à l'amiable dans les conditions prévues à l'article R. 3211-6, après avis favorable du ministre chargé du logement, lorsqu'ils sont destinés à être utilisés pour la réalisation d'opérations d'urbanisme ou de construction.

Les conditions de l'utilisation des immeubles par les cessionnaires sont définies dans des cahiers des charges établis par l'administration chargée des domaines avec le concours des services du ministère chargé du logement. Ces cahiers des charges fixent les modalités de résiliation des cessions au cas d'inexécution des obligations du cessionnaire. — *[C. dom. Ét., art. L. 51, les mots "sur la proposition du ministre intéressé et avec l'avis favorable du ministre chargé de la construction" et R. 139.]*

Art. R. 3211-12 Les cahiers des charges mentionnés au second alinéa de l'article R. 3211-11 peuvent prévoir notamment de réserver un pourcentage de logements au profit des agents civils ou militaires de l'État dans les immeubles d'habitation dont la construction doit être réalisée.

Lorsque la cession est consentie au profit d'un organisme d'habitation à loyer modéré qui bénéficie, pour cette construction, des financements prévus à l'article R. 431-3 du code de la construction et de l'habitation, le prix des terrains cédés peut être réduit dans une proportion correspondant au pourcentage des logements réservés. — *[C. dom. Ét., art. R. 140.]*

Art. R. 3211-13 *(Décr. n° 2013-315 du 15 avr. 2013)* L'aliénation des terrains, bâtis ou non bâtis, du domaine privé de l'État mentionnés à l'article L. 3211-7 peut être consentie à un prix inférieur à la valeur vénale déterminée par le directeur départemental des finances publiques, par application d'une décote dans les conditions prévues aux articles R. 3211-14 à R. 3211-17-4.

(Abrogé par Décr. n° 2016-1160 du 25 août 2016, art. 2) *« Les terrains bâtis mentionnés à l'alinéa précédent s'entendent de ceux dont les constructions existantes sont destinées à être démolies ou restructurées en vue de permettre la réalisation des programmes de construction. »*

Art. R. 3211-14 *(Décr. n° 2013-315 du 15 avr. 2013)* La décote prévue à l'article L. 3211-7 peut être appliquée lorsqu'un terrain mentionné à l'article R. 3211-13 est aliéné en vue de recevoir *(Décr. n° 2019-423 du 9 mai 2019, art. 1er)* « plus de 50 % » de surface de plancher affectée au logement et comportant des logements locatifs sociaux mentionnés aux 3° et 5° de l'article *(Décr. n° 2019-772 du 24 juill. 2019, art. 10 et 34, en vigueur le 1er sept. 2019)* « L. 831-1 » du code de la construction et de l'habitation, des logements assimilés aux logements locatifs sociaux ou des logements en accession à la propriété mentionnés au VIII de l'article L. 3211-7 du présent code *(Décr. n° 2019-423 du 9 mai 2019, art. 1er)* « ou faisant l'objet d'un bail réel solidaire ».

Art. R. 3211-15 *(Décr. n° 2013-315 du 15 avr. 2013)* I. — Pour l'application du I de l'article L. 3211-7, la décote est accordée en vue de contribuer à l'équilibre financier de l'opération. A cet effet, un taux et un montant de décote sont calculés pour chacune des catégories de logements mentionnées au II prévues dans le programme de *(Décr. n° 2016-1160 du 25 août 2016, art. 3-1°)* « logements *[ancienne rédaction : construction]* », en prenant en compte les circonstances locales définies au III et au IV, ainsi que la part du programme correspondant à chaque catégorie, selon les modalités prévues au V. Le taux global et le montant total de décote sur la valeur vénale du terrain cédé sont déterminés selon les dispositions du VI.

II. — Les catégories de logements pour lesquelles une décote peut être consentie sont les suivantes :

1° Catégorie 1 : les logements locatifs financés en prêt locatif aidé d'intégration, les structures d'hébergement temporaire ou d'urgence bénéficiant d'une aide de l'État, les aires permanentes d'accueil des gens du voyage mentionnées au premier alinéa du II de l'article 1er de la loi n° 2000-614 du 5 juillet 2000 relative à l'accueil et à l'habitat des gens du voyage, les logements-foyers dénommés résidences sociales, conventionnés dans les conditions définies au 5° de l'article *(Décr. n° 2019-772 du 24 juill. 2019, art. 10 et 34, en vigueur le 1er sept. 2019)* « L. 831-1 » du code de la construction et de l'habitation ainsi que les places des centres d'hébergement et de réinsertion sociale mentionnées à l'article L. 345-1 du code de l'action sociale et des familles ;

2° Catégorie 2 : les logements locatifs ou les résidences de logement pour étudiants financés en prêt locatif à usage social ;

3° Catégorie 3 : les logements locatifs ou les résidences de logement pour étudiants financés en prêt locatif social, les logements occupés par les titulaires de contrats de location-accession *(Décr. n° 2019-423 du 9 mai 2019, art. 2)* « , les logements faisant l'objet d'un bail réel solidaire lorsqu'ils ne font pas partie des catégories 1 ou 2 mentionnées au 1° et au 2° du présent II » et ceux faisant l'objet d'une opération d'accession mentionnés au VIII de l'article L. 3211-7.

III. — Dans les limites fixées au IV, la décote est d'autant plus élevée que les critères suivants sont satisfaits :

1° L'existence d'une forte tension du marché foncier et immobilier qui s'apprécie principalement au regard du déséquilibre entre l'offre et la demande de logements dans la commune et de l'écart, sur le marché local, entre les charges foncières pour le logement libre et les charges foncières pour les différentes catégories de logements ;

(Décr. n° 2016-1160 du 25 août 2016, art. 3-2°-a) « 2° L'insuffisance du financement du programme de logements pour en assurer l'équilibre, compte tenu des capacités financières de l'acquéreur et des aides et subventions dont le programme peut bénéficier ; en fonction de la nature de l'acquéreur, ses capacités financières s'apprécient, notamment, au regard du potentiel financier de la collectivité ou de l'établissement public de coopération intercommunale, des ressources de l'opérateur d'aménagement ou des fonds propres de l'opérateur en charge des logements ; »

3° La contribution *(Décr. n° 2016-1160 du 25 août 2016, art. 3-2°-b)* « du programme *[ancienne rédaction : de l'opération de construction]* » de logements à la réalisation des objectifs assignés, le cas échéant, à la commune, en application des dispositions de l'article L. 302-5 du code de la construction et de l'habitation ;

4° La contribution *(Décr. n° 2016-1160 du 25 août 2016, art. 3-2°-b)* « du programme *[ancienne rédaction : de l'opération de construction]* » de logements à la réponse aux besoins de la commune pour chaque catégorie de logements, notamment dans un objectif d'amélioration de la mixité sociale et de densification urbaine ;

5° L'existence de difficultés techniques particulières pesant sur la réalisation du programme *(Abrogé par Décr. n° 2016-1160 du 25 août 2016, art. 3-2°-c) « de construction »* de logements, notamment au regard des contraintes de dépollution du terrain à céder.

IV. — Pour chaque catégorie de logements et en fonction des circonstances locales prises en considération, le taux de décote est fixé à l'intérieur des fourchettes établies ci-dessous, qui tiennent compte de la zone géographique mentionnée par l'article R. 304-1 du code de la construction et de l'habitation dans laquelle se situe la commune de situation du terrain aliéné :

	ZONE C	ZONE B2	ZONES A ET B1
Catégorie 1	Entre 0 et 50 %	Entre 0 et 75 %	Entre 0 et 100 %
Catégorie 2	Entre 0 et 35 %	Entre 0 et 50 %	Entre 0 et 75 %
Catégorie 3	Entre 0 et 25 %	Entre 0 et 35 %	Entre 0 et 50 %

V. – Pour chaque catégorie de logements, le taux de décote est pondéré par le rapport entre la surface de plancher affectée à la catégorie de logements considérée et la surface totale de plancher du programme *(Abrogé par Décr. n° 2016-1160 du 25 août 2016, art. 3-3°)* « *de construction* » auquel est destiné le terrain aliéné. Le taux ainsi pondéré est ensuite appliqué à la valeur vénale du terrain pour obtenir le montant de la décote accordée par catégorie de logements.

VI. – Le montant total de la décote accordée sur la valeur vénale du terrain aliéné est égal à la somme des montants de décote consentis par catégorie de logements. Le taux global de cette décote est égal au rapport entre le montant total de la décote et le montant de la valeur vénale du terrain.

Art. R. 3211-15-1 *(Décr. n° 2019-1460 du 26 déc. 2019, art. 1er)* I. – Pour l'application du dernier alinéa du II de l'article L. 3211-7, le taux de décote défini au VI de l'article R. 3211-15 appliqué aux opérations comprenant une part de logements sociaux est plafonné de façon à ce que le montant global de la décote rapporté à la surface totale de plancher des logements sociaux du programme ne puisse excéder les valeurs suivantes :

1° 1 000 €/m² si le coût moyen hors taxes mentionné au II de l'article L. 3211-7 est inférieur à 2 500 €/m² de surface utile ;

2° 1 400 €/m² si le coût moyen hors taxes mentionné au II de l'article L. 3211-7 est compris entre 2 500 et 3 000 €/m² de surface utile ;

3° 2 000 €/m² si le coût moyen hors taxes mentionné au II de l'article L. 3211-7 est supérieur à 3 000 €/m² de surface utile.

La surface utile est celle définie à l'article D. 331-10 du code de la construction et de l'habitation.

II. – Le coût moyen constaté pour la construction de logements sociaux correspond au coût moyen au mètre carré de surface utile des opérations de construction de logements sociaux sur les cinq dernières années, situées sur le territoire de la commune où se situe le terrain. Si le nombre d'opérations est inférieur à trois, ce coût moyen est calculé sur le territoire de l'établissement public de coopération intercommunale ou, à défaut, sur le périmètre de l'agglomération au sens de l'article R. 2334-7 du code général des collectivités territoriales.

III. – Les réserves foncières propres ou les biens susceptibles de permettre la réalisation d'un programme mentionnés au dernier alinéa du II de l'article L. 3211-7 sont ceux susceptibles de permettre la réalisation d'un programme de logements sociaux d'une surface de plancher au moins égale à la surface de plancher totale des logements sociaux du programme envisagé par le demandeur.

Par dérogation à l'alinéa précédent, lorsque le programme comporte plus de cent logements sociaux, peuvent être considérés comme des réserves foncières propres ou des biens répondant aux conditions mentionnées au même alinéa un ensemble d'au maximum deux réserves foncières ou biens dont les capacités de constructibilité additionnées peuvent permettre la réalisation d'un programme de logements sociaux d'une surface de plancher au moins égale à la surface de plancher totale des logements sociaux du programme envisagé par le demandeur.

Les réserves foncières et les biens à prendre en considération sont situés sur le territoire de la commune où se situe le terrain. Ils doivent être constructibles et libres d'occupation non précaire au moment de la réalisation du programme envisagé par le demandeur.

La constructibilité des réserves foncières et des biens résulte de l'application des règles d'urbanisme en vigueur au moment de l'envoi par le préfet du dossier mentionné au premier alinéa et applicables à l'unité foncière pour la réalisation d'opérations de logements.

Ne sont pas pris en considération les terrains situés dans le périmètre des quartiers prioritaires de la politique de la ville mentionnés à l'article 5 de la loi n° 2014-173 du 21 février 2014 de programmation pour la ville et la cohésion urbaine.

IV. – L'indisponibilité de réserves foncières propres ou de biens mentionnés au dernier alinéa du II de l'article L. 3211-7 est établie par une attestation produite par la commune, par l'établissement public de coopération intercommunale ou, le cas échéant, par la métropole de Lyon, et par chaque société ou opérateur mentionnés au

1° du même II agissant sur le territoire de la commune. Ces attestations sont transmises au préfet à sa demande.

Art. R. 3211-16 *(Décr. n° 2013-315 du 15 avr. 2013)* I. – La liste mentionnée au 2° du II de l'article L. 3211-7 énumère des terrains destinés à être cédés pour *(Décr. n° 2016-1160 du 25 août 2016, art. 4)* « des programmes de » logements, dont les logements mentionnés au II de l'article R. 3211-15. Le préfet de région établit cette liste à partir notamment des propositions qui lui sont communiquées par le préfet du département du lieu de situation des terrains concernés.

Préalablement à l'inscription d'un terrain sur cette liste, le préfet de région recueille, dans un délai de deux mois, les avis du comité régional de l'habitat, du maire de la commune et du président de l'établissement public de coopération intercommunale concernés.

En l'absence de réponse dans ce délai, l'avis est réputé favorable.

Cette liste est publiée au recueil des actes administratifs de la préfecture de région.

II. – Lorsque l'une des personnes morales mentionnées au 1° du II de l'article L. 3211-7 demande que cette liste soit complétée, elle adresse au préfet de région du lieu de situation du terrain concerné un dossier comportant un projet s'inscrivant dans une stratégie de mobilisation du foncier destinée à satisfaire des besoins locaux en matière de logement dont le contenu permet d'établir que le terrain de l'État dont l'inscription sur la liste est demandée est susceptible d'être cédé et de bénéficier de la décote prévue à l'article L. 3211-7.

Le préfet de région complète la liste selon les modalités prévues au I, après avoir recueilli l'avis du préfet de département concerné.

En cas de refus d'inscription sur la liste, le préfet de région notifie sa décision motivée au demandeur.

L'absence de réponse au demandeur dans le délai de quatre mois à compter de la saisine du préfet de région vaut refus implicite de la demande d'inscription.

Art. R. 3211-17 *(Décr. n° 2013-315 du 15 avr. 2013)* I. – Les équipements publics éligibles à l'application d'une décote *(Abrogé par Décr. n° 2016-1160 du 25 août 2016, art. 5-1°)* *« de droit »* pour la part du programme *(Décr. n° 2016-1160 du 25 août 2016, art. 5-1°)* « relative aux *[ancienne rédaction : dont l'objet est la construction de ces]* » équipements appartiennent à l'une des catégories suivantes :

1° Les équipements nécessaires à la petite enfance, notamment les crèches et les garderies ;

2° Les équipements nécessaires à l'enseignement scolaire ;

3° Les équipements à caractère social ;

4° Les équipements à caractère sportif ;

5° Les équipements à caractère culturel.

II. – Ces équipements publics sont des équipements de proximité nécessaires en tout ou partie aux habitants des logements mentionnés au II de l'article R. 3211-15 *(Décr. n° 2016-1160 du 25 août 2016, art. 5-2°)* « du programme », à l'exclusion des équipements d'infrastructure.

III. – La décote sur la part du programme *(Décr. n° 2016-1160 du 25 août 2016, art. 5-3°)* « relative aux *[ancienne rédaction : dont l'objet est la construction de ces]* » équipements s'applique exclusivement sur la fraction du programme réalisée dans l'intérêt des occupants des logements appartenant aux catégories définies au II de l'article R. 3211-15.

Le taux de cette décote est égal au montant total de la décote accordée selon les modalités prévues au VI de l'article R. 3211-15, rapporté à la valeur vénale du terrain correspondant aux seules surfaces de plancher des logements énumérés au II du même article. Ce taux est appliqué à la fraction du programme mentionnée à l'alinéa précédent.

Cette décote s'ajoute au montant total et augmente le taux global de décote définis au VI de l'article R. 3211-15.

Art. R. 3211-17-1 *(Décr. n° 2013-315 du 15 avr. 2013)* La personne qui souhaite acquérir un terrain du domaine privé de l'État éligible à la décote prévue à l'article L. 3211-7 adresse un dossier de demande au préfet du département du lieu de situation de ce terrain. Ce dossier comporte :

1° Le programme *(Abrogé par Décr. n° 2016-1160 du 25 août 2016, art. 6-1°)* *« des constructions »* à réaliser sur ce terrain et indiquant la surface de plancher totale de logements, la surface de plancher affectée à chaque catégorie de logements mentionnée au II de l'article R. 3211-15, le cas échéant, la surface de plancher d'équipements publics et la liste de ces équipements, ainsi que la surface de plancher de tout autre élément du programme ;

2° Une estimation du prix de revient des logements locatifs sociaux ou assimilés réalisée aux conditions économiques en vigueur à la date de remise de la proposition de prix ainsi que du prix de vente des logements en accession à la propriété mentionnés au VIII de l'article L. 3211-7 *(Décr. n° 2019-423 du 9 mai 2019, art. 3)* « ou faisant l'objet d'un bail réel solidaire » ;

3° Un plan de financement de la part du programme destinée aux logements mentionnés au II de l'article R. 3211-15 précisant les contributions financières attendues de l'État et, le cas échéant, d'autres financeurs ;

4° Un échéancier prévisionnel détaillé de l'opération qui indique les conditions dans lesquelles l'obligation de réalisation du programme dans un délai de cinq ans sera respectée ;

5° Le cas échéant, les éléments nécessaires à l'application d'une décote pour la part du programme consacrée aux équipements publics dans les conditions prévues à l'article R. 3211-17.

Lorsque le candidat acquéreur n'est pas une personne bénéficiant des subventions et prêts prévus à l'article R. 331-14 du code de la construction et de l'habitation, le dossier précise en outre les conditions et modalités générales du transfert au bailleur des logements sociaux *(Abrogé par Décr. n° 2016-1160 du 25 août 2016, art. 6-2°)* *« construits »* ou des droits et obligations afférents aux logements sociaux *(Abrogé par Décr. n° 2016-1160 du 25 août 2016, art. 6-2°)* *« à construire »* compris dans le programme.

Art. R. 3211-17-2 *(Décr. n° 2013-315 du 15 avr. 2013)* I. — Lorsque les conditions prévues aux 1° et 2° du II de l'article L. 3211-7 sont remplies, une décote est applicable de droit sur la valeur vénale du terrain pour la part de logements à réaliser mentionnés au II de l'article R. 3211-15, ainsi que, le cas échéant, pour la part d'équipements publics destinés en tout ou partie aux occupants de ces logements.

Dans le cas contraire, le préfet de département décide du principe de la décote applicable à la part des logements à réaliser mentionnés au II de l'article R. 3211-15 *(Décr. n° 2016-1160 du 25 août 2016, art. 7)* « , ainsi que, le cas échéant, à la part d'équipements publics destinés en tout ou partie aux occupants de ces logements ».

II. — Le préfet de département adresse au directeur départemental des finances publiques un dossier comprenant, outre les éléments mentionnés à l'article R. 3211-17-1, un document précisant les conditions financières de réalisation de ce programme ainsi que, selon le cas, l'impact attendu de la répercussion intégrale de la décote sur le prix de revient des logements locatifs sociaux et assimilés ou sur le prix de cession des logements en accession à la propriété. *(Décr. n° 2019-1460 du 26 déc. 2019, art. 2)* « Ce document précise également s'il y a lieu d'appliquer le plafonnement de la décote défini au dernier alinéa du II de l'article L. 3211-7 et, dans ce cas, le coût moyen constaté pour la construction de logements sociaux. »

III. — Le montant de la décote sur la valeur vénale du terrain à céder est fixé par le directeur départemental des finances publiques, sur la base des éléments transmis par le préfet de département.

IV. — L'ensemble du dossier est transmis au préfet de région, aux fins d'établissement de la convention mentionnée au V de l'article L. 3211-7.

V. — L'acte d'aliénation est signé par le préfet de département.

Art. R. 3211-17-3 *(Décr. n° 2013-315 du 15 avr. 2013)* L'acte d'aliénation comporte, outre les mentions prévues au V de l'article L. 3211-7 :

1° La valeur vénale établie par le directeur départemental des finances publiques ;

2° Un récapitulatif du contenu du programme *(Abrogé par Décr. n° 2016-1160 du 25 août 2016, art. 8-1°)* *« de construction »* à réaliser, dont le programme de logements fixé par la convention prévue au V de l'article L. 3211-7, ainsi que, le cas échéant, la liste des équipements publics *(Abrogé par Décr. n° 2016-1160 du 25 août 2016, art. 8-1°)* *« à construire »* ;

3° Le prix de cession faisant apparaître la décote consentie pour chacune des parts du programme correspondant à une catégorie de logements définie au II de l'article R. 3211-15 et, le cas échéant, la décote consentie pour la réalisation d'équipements publics ;

4° Le montant total et le taux global de décote, tels que définis au VI de l'article R. 3211-15, en tenant compte, le cas échéant, des dispositions du dernier alinéa du III de l'article R. 3211-17 relatif aux équipements publics.

Lorsque l'acquéreur du terrain objet de la décote n'est pas une personne bénéficiant des subventions et prêts prévus à l'article R. 331-14 du code de la construction et de l'habitation, l'acte d'aliénation précise, en outre, les conditions et modalités générales du transfert au bailleur des logements locatifs sociaux *(Abrogé par Décr. n° 2016-1160 du 25 août 2016, art. 8-2°)* *« construits »* ou des droits et obligations afférents aux logements locatifs sociaux *(Abrogé par Décr. n° 2016-1160 du 25 août 2016, art. 8-2°)* *« à construire »* compris dans le programme.

Art. R. 3211-17-4 *(Décr. n° 2013-315 du 15 avr. 2013)* Pour l'exercice du contrôle de la mise en œuvre de toute convention annexée à un acte d'aliénation et définie au V de l'article L. 3211-7, l'acquéreur d'un terrain de l'État rend compte annuellement de l'état d'avancement du programme *(Abrogé par Décr. n° 2016-1160 du 25 août 2016, art. 9)* *« de construction »* au préfet de région et au préfet du département du lieu de situation du terrain cédé. Cette obligation prend fin au jour de la livraison effective du programme de logements ou au jour de la résiliation de la convention.

Art. R. 3211-17-5 (Abrogé par Décr. n° 2018-785 du 12 sept. 2018, art. 21, à compter du 1er juill. 2022) (Décr. n° 2013-315 du 15 avr. 2013) *L'organisation et le fonctionnement de la Commission nationale de l'aménagement, de l'urbanisme et du foncier, mentionnée au VII de l'article L. 3211-7, relèvent du décret n° 2006-672 du 8 juin 2006 relatif à la création, à la composition et au fonctionnement de commissions administratives à caractère consultatif.*

Art. R. 3211-17-6 (Abrogé par Décr. n° 2018-785 du 12 sept. 2018, art. 21, à compter du 1er juill. 2022) (Décr. n° 2013-315 du 15 avr. 2013) *Cette commission est composée, outre son président, de* (Décr. n° 2016-1160 du 25 août 2016, art. 10-1°) *« vingt-trois » membres :*

1° Deux députés, désignés par l'Assemblée nationale ;

2° Deux sénateurs, désignés par le Sénat ;

3° Cinq membres représentant l'État :

a) Le directeur général de l'aménagement, du logement et de la nature ;

b) Le directeur général des finances publiques ;

c) Le directeur du budget ;

d) Le délégué à l'action foncière et immobilière ;

e) Le secrétaire général du ministère de l'intérieur ;

4° Le président du Conseil immobilier de l'État ;

5° Deux élus locaux, nommés sur proposition, respectivement, du président de l'Association des maires de France et du président de l'Association des communautés de France ;

6° Deux représentants des associations œuvrant dans le domaine du logement des personnes défavorisées, sur proposition du Conseil national de l'habitat ;

7° Le président de l'Union sociale pour l'habitat ou son représentant ;

8° Deux représentants d'associations agréées pour la protection de l'environnement ;

9° Deux représentants des organisations œuvrant dans le domaine de l'insertion ;

10° Deux personnalités qualifiées désignées en raison de leurs compétences dans les domaines de l'aménagement, de l'urbanisme et du foncier ;

(Décr. n° 2016-1160 du 25 août 2016, art. 10-2°) *« 11° Deux représentants des professionnels de l'aménagement. »*

Un représentant de chacun des départements ministériels non mentionnés au 3° prend part aux débats avec voix délibérative lorsqu'ils concernent son département ainsi que des établissements publics dont il a la tutelle.

Un représentant de chaque établissement public ou société mentionnés à l'article L. 3211-13-1, dont la liste est fixée par décret en application de cet article, désigné par son organe de direction, assiste aux séances de la commission et prend part aux débats avec voix délibérative lorsque ceux-ci concernent cet établissement ou cette société.

Les membres qui ne sont pas désignés par l'institution dont ils dépendent sont nommés par arrêté des ministres chargés du logement et de l'urbanisme.

Art. R. 3211-17-7 (Abrogé par Décr. n° 2018-785 du 12 sept. 2018, art. 21, à compter du 1er juill. 2022) (Décr. n° 2013-315 du 15 avr. 2013) *Le président de la commission est nommé par arrêté des ministres chargés du logement et de l'urbanisme.*

Art. R. 3211-17-8 (Abrogé par Décr. n° 2018-785 du 12 sept. 2018, art. 21, à compter du 1er juill. 2022) (Décr. n° 2013-315 du 15 avr. 2013) *La commission se réunit sur convocation de son président au moins une fois par an.*

Sur proposition de son président, elle adopte son règlement intérieur, qui est soumis à l'approbation des ministres chargés du logement et de l'urbanisme.

Le secrétariat de la commission est assuré par les services des ministres chargés du logement et de l'urbanisme. Les frais de fonctionnement sont pris en charge par ces mêmes services.

Les membres de la commission exercent leurs fonctions à titre gratuit. Toutefois, leurs frais de transport et de séjour peuvent être remboursés dans les conditions prévues par la réglementation applicable aux personnels civils de l'État, suivant les dispositions du décret n° 2006-781 du 3 juillet 2006 fixant les conditions et les modalités de règlement des frais occasionnés par les déplacements temporaires des personnels civils de l'État.

Art. R. 3211-17-9 (Abrogé par Décr. n° 2018-785 du 12 sept. 2018, art. 21, à compter du 1er juill. 2022) (Décr. n° 2013-315 du 15 avr. 2013) *La commission est chargée :*

1° De suivre le dispositif de mobilisation du foncier public en faveur du logement ;

2° De s'assurer que la stratégie adoptée par l'État et les établissements publics concernés est de nature à favoriser la cession de biens appartenant à leur domaine privé au profit (Décr. n° 2016-1160 du 25 août 2016, art. 11) *« de programmes » de logements sociaux ;*

3° D'élaborer le rapport annuel au Parlement sur la mise en œuvre du dispositif, lequel fait l'objet d'un débat devant les commissions permanentes conformément aux dispositions de l'article L. 3211-7.

Sur son initiative ou à la demande des ministres chargés du logement, de l'urbanisme ou du domaine, la commission peut examiner toute question relative à la mobilisation du foncier public en faveur du développement de l'offre de logement et à la cession d'immeubles domaniaux en vue de la réalisation de programmes de logement social.

Art. R. 3211-18 La cession des immeubles à destination agricole mentionnés à l'article L. 3211-8 est consentie par le préfet, quelle que soit la valeur du bien cédé, après avis de la commission départementale d'aménagement foncier. – *[L. n° 62-933 du 8 août 1962, art. 1er, les mots "après avis de la commission départementale d'aménagement foncier".]*

Art. R. 3211-19 La demande de concession portant sur les exondements prévus à l'article L. 3211-10 fait l'objet d'une instruction administrative et, le cas échéant, d'une enquête publique, dans les conditions prévues aux articles R. 3211-20 à R. 3211-22. – *[C. dom. Ét., art. R. 145, ecqc les concessions translatives de propriété relatives au domaine public maritime.]*

Art. R. 3211-20 La demande de concession est adressée au chef du service gestionnaire du domaine public maritime. Elle est accompagnée d'un dossier établi aux frais du demandeur et comportant :

1° La description des terrains qui font l'objet de la demande et des travaux envisagés ;

2° Les plans vérifiés et approuvés par le service gestionnaire du domaine public maritime ;

3° S'il y a lieu, l'étude d'impact ou la notice d'impact prévue par les dispositions des articles R. 122-1 à R. 122-16 du code de l'environnement. – *[C. dom. Ét., art. R. 145-1, al. 1er à 3, ecqc les concessions translatives de propriété relatives au domaine public maritime.]*

Art. R. 3211-21 Le service gestionnaire du domaine public maritime recueille dans tous les cas l'avis du directeur départemental des finances publiques.

La demande est également soumise pour avis au commandant de zone maritime et au chef du service déconcentré chargé des affaires maritimes. L'absence de réponse dans le délai de deux mois vaut avis favorable.

Dans les départements d'outre-mer, l'avis du commandant de zone maritime est donné par l'officier général commandant supérieur des forces armées.

La demande est notifiée aux communes sur le territoire desquelles les travaux doivent être réalisés, aux groupements de communes compétents pour les opérations envisagées et aux départements.

Ces personnes sont invitées à faire connaître au préfet, dans un délai maximum de six mois, si elles désirent faire valoir leur droit de préférence.

Le silence gardé pendant plus de six mois à compter de cette notification vaut renonciation au droit de préférence.

Les collectivités peuvent être déchues de leur droit de préférence si elles ne présentent pas d'avant-projet d'exécution dans un délai de douze mois à compter de la date à laquelle elles ont fait connaître leur intention de s'en prévaloir. Cette déchéance est également encourue à défaut d'acceptation dans les six mois des conditions techniques et financières fixées par les ministres compétents.

La déchéance est prononcée par arrêté préfectoral.

Le droit de préférence des collectivités intéressées pour l'acquisition des parcelles de lais et relais déclassés s'exerce dans les conditions prévues au présent article. – *[C. dom. Ét., art. R. 145-1, al. 4, 5, 7 et 10, ecqc les concessions translatives de propriété relatives au domaine public maritime.]*

Art. R. 3211-22 Le dossier de la demande de concession est ensuite soumis à une enquête publique menée selon la procédure applicable à l'opération envisagée. – *[C. dom. Ét., art. R. 145-2, ecqc les concessions translatives de propriété relatives au domaine public maritime.]*

Art. R. 3211-23 *(Décr. nº 2020-68 du 30 janv. 2020, art. 6 et 42, en vigueur le 1er févr. 2020)* « Les concessions accordées en application de l'article L. 3211-10 sont consenties par le préfet, au prix convenu entre les parties, selon les modalités financières fixées par le directeur départemental des finances publiques *[ancienne rédaction : Les dispositions de l'article R. 3211-6 sont applicables aux concessions accordées en application de l'article L. 3211-10]*. »

Toutefois, lorsque l'opération a donné lieu à une enquête publique, la concession est approuvée par décret en Conseil d'État en cas d'avis défavorable du commissaire enquêteur ou de la commission d'enquête. – *[C. dom. Ét., art. R. 146, ecqc les concessions translatives de propriété portant sur le domaine public maritime.]*

Les demandes de décisions administratives individuelles présentées avant le 1er févr. 2020 demeurent soumises aux dispositions applicables à la date de leur présentation (Décr. nº 2020-68 du 30 janv. 2020, art. 42).

Art. R. 3211-24 Pour l'application des dispositions de l'article L. 142-7 du code rural et de la pêche maritime, les immeubles appartenant à l'État peuvent, quelle que soit leur valeur, être cédés à l'amiable aux sociétés d'aménagement foncier et d'établissement rural, dans les conditions prévues au 1º de l'article R. 3211-7.

Lorsqu'il s'agit de fonds incultes, les cessions peuvent être consenties dans les mêmes formes au profit des organismes mentionnés à l'article L. 112-8 du code rural et de la pêche maritime. – *[C. dom. Ét., art. R. 147-1.]*

Art. R. 3211-25 *(Décr. nº 2020-68 du 30 janv. 2020, art. 7 et 42, en vigueur le 1er févr. 2020)* « Les cessions amiables de servitudes constituées au profit de l'État sont consenties par le préfet, après avis du directeur départemental des finances publiques, qui fixe les conditions financières *[ancienne rédaction : Les cessions amiables de servitudes constituées au profit de l'État sont consenties par le préfet, après avis du directeur départemental des finances publiques, dans les conditions prévues à l'article R. 3211-6]*. »

Le projet de cession est préalablement affiché à la mairie de la commune de situation des lieux et soumis à une enquête d'une durée de dix jours. – *[C. dom. Ét., art. R. 148.]*

Les demandes de décisions administratives individuelles présentées avant le 1er févr. 2020 demeurent soumises aux dispositions applicables à la date de leur présentation (Décr. nº 2020-68 du 30 janv. 2020, art. 42).

Art. R. 3211-26 *(Décr. nº 2018-933 du 30 oct. 2018, art. 1er et 4, en vigueur le 1er nov. 2018)* « L'aliénation des immeubles domaniaux reconnus inutiles par le ministre de la défense a lieu avec publicité et mise en concurrence, soit par adjudication publique, soit à l'amiable. La cession amiable est précédée d'une publicité, adaptée à la nature et à l'importance de l'immeuble dont la cession est envisagée, permettant une mise en concurrence, dans les conditions mentionnées aux articles R. 3211-4 et R. 3211-5. »

Toutefois, la cession peut être consentie à l'amiable, sans appel à la concurrence dans les cas suivants :

1° Lorsque la valeur vénale de l'immeuble n'excède pas 150 000 euros ;

2° Lorsqu'une précédente adjudication a été infructueuse ;

3° Lorsque la commune sur le territoire de laquelle est situé l'immeuble, le département ou la région de la situation du bien ou encore un établissement public de coopération intercommunale agissant dans le cadre de ses compétences s'engage à acquérir l'immeuble et à en payer le prix dans un délai fixé en accord avec le ministre de la défense ;

4° Lorsque l'occupant de l'immeuble, exerçant une activité en rapport avec les besoins de la défense nationale, s'engage à l'acquérir et à en payer le prix, dans un délai fixé en accord avec le ministre de la défense.

Le préfet du département de la situation de l'immeuble autorise la vente par adjudication publique ou consent à la cession amiable, sur proposition du directeur départemental des finances publiques qui fixe, selon le cas, la mise à prix ou le prix. – *[C. dom. Ét., art. R. 148-3.]*

COMMENTAIRE

L'article 48 de la loi de programmation militaire du 18 décembre 2013 avait prévu un dispositif temporaire d'aliénation des immeubles domaniaux reconnus inutiles par le ministre de la Défense, qui devait s'achever au 31 décembre 2019. Ce dispositif a été abrogé par l'article 57 de la loi de programmation militaire du 13 juillet 2018, un décret devant déterminer la date de cette abrogation. Le décret n° 2018-933 du 30 octobre 2018 l'a fixée au 1er novembre 2018, tout en pérennisant le régime spécifique de cession des immeubles du domaine de l'État reconnus inutiles par le ministre de la Défense. Ce texte a modifié l'article R. 3211-26 du code général de la propriété des personnes publiques ainsi que l'article R. 148-3 du code du domaine de l'État. ❑

Art. R. 3211-27 Les dispositions des articles R. 3211-2 et R. 3211-6 ne sont pas applicables aux aliénations des immeubles domaniaux mentionnés à l'article R. 3211-26. – *[C. dom. Ét., art. R. 148-4.]*

Art. R. 3211-28 L'aliénation d'un immeuble acquis ou aménagé par le fonds national de l'aménagement foncier et de l'urbanisme, par le fonds pour l'aménagement de l'Île-de-France ou par le ministère chargé de l'urbanisme sur des crédits budgétaires ouverts pour la réalisation d'opérations d'aménagement d'intérêt national est consentie par le préfet, quelle que soit la valeur de l'immeuble cédé. L'aliénation peut intervenir avant achèvement des travaux d'aménagement.

En cas de cession de gré à gré, celle-ci résulte d'une décision d'attribution prise par le ministre chargé de l'urbanisme. Pour les immeubles acquis ou aménagés par le fonds national de l'aménagement foncier et de l'urbanisme, la décision d'attribution comporte fixation du prix après avis du directeur départemental des finances publiques sur la valeur vénale des immeubles.

Pour les immeubles acquis ou aménagés par le ministère chargé de l'urbanisme sur les crédits budgétaires mentionnés au premier alinéa ou par le fonds pour l'aménagement de l'Île-de-France, la décision d'attribution comporte indication du prix fixé par le directeur départemental des finances publiques. – *[C. dom. Ét., art. R. 143.]*

Art. D. 3211-29 Lorsqu'un immeuble mentionné à l'article R. 3211-28 est cédé à un établissement public d'aménagement d'une ville nouvelle, le prix de cession peut être déterminé en appliquant au coût d'acquisition de l'immeuble par l'État un taux de réévaluation fixé par le ministre de l'économie et le ministre chargé du budget.

Un délai n'excédant pas huit ans peut être accordé à l'établissement public pour le paiement de ce prix ; dans ce cas, il est perçu un intérêt dont le taux est fixé par le ministre de l'économie et le ministre chargé du budget.

En cas de revente par un établissement public d'aménagement d'une ville nouvelle de tout ou partie d'un immeuble acquis de l'État, dans les conditions prévues à l'article R. 3211-28, l'administration chargée des domaines peut à la demande de l'établissement public ou de ses ayants droit renoncer, pour la partie de l'immeuble revendue, à prononcer la déchéance prévue à l'article L. 3211-12 et à exercer l'action résolutoire établie par l'article 1654 du code civil. Elle peut en outre donner mainlevée de l'inscription du privilège du vendeur prise au profit de l'État, dans la mesure où cette inscription grève la partie de l'immeuble revendue. — *[C. dom. Ét., art. D. 17-1.]*

Art. D. 3211-30 Les établissements de recherches de caractère aéronautique, ou les biens acquis en remplacement, attribués à l'Office national d'études et de recherches aérospatiales par le décret du 13 novembre 1954 portant attribution d'immeubles domaniaux à l'Office national d'études et de recherches aéronautiques dont la valeur vénale, estimée par le directeur départemental des finances publiques, excède un seuil fixé par arrêté du ministre chargé du domaine et du ministre de la défense ne peuvent être aliénés qu'après accord de ces ministres. — *[C. dom. Ét., art. D. 18.]*

§ 2 DISPOSITIONS APPLICABLES AUX ÉTABLISSEMENTS PUBLICS DE L'ÉTAT*[,]* AUX SOCIÉTÉS DÉTENUES PAR L'ÉTAT ET À LEURS FILIALES APPARTENANT AU SECTEUR PUBLIC *(Décr. n° 2019-1575 du 30 déc. 2019, art. 1er et 2, en vigueur le 1er janv. 2020).*

SOUS-§ 1er *DISPOSITIONS APPLICABLES AUX ÉTABLISSEMENTS PUBLICS DE L'ÉTAT (Décr. n° 2019-1575 du 30 déc. 2019, art. 1er et 2, en vigueur le 1er janv. 2020).*

Art. R. 3211-31 Pour l'application de l'article L. 3211-13, l'accord préalable que doit recueillir l'établissement public qui envisage de céder un immeuble continuant à être utilisé par ses services est donné par le ministre chargé du budget et le ministre de tutelle de l'établissement.

Lorsque la cession porte sur un immeuble qui appartient à un établissement public de santé, l'accord préalable est donné par le directeur général de l'agence régionale de santé. — *[C. dom. Ét., art. L. 54, les mots "du ministre chargé du budget et du ministre de tutelle".]*

Art. R. 3211-32 L'administration chargée des domaines peut, à la demande des établissements publics de l'État, procéder à l'aliénation des immeubles qui leur appartiennent, lorsque ceux-ci en ont décidé la vente et qu'il doit être fait appel à la concurrence. Le prix obtenu est reversé à l'établissement sous réserve de l'application des dispositions de l'article R. 2321-9. — *[C. dom. Ét., art. R. 135, ecqc les établissements publics de l'État.]*

Art. R. 3211-32-1 L'aliénation des terrains, bâtis ou non bâtis, du domaine privé des établissements publics de l'État ou dont la gestion leur a été confiée par la loi à laquelle l'article L. 3211-7 est applicable dans les conditions fixées à l'article L. 3211-13-1 peut être consentie à un prix inférieur à leur valeur vénale, par application d'une décote dans les conditions prévues aux articles R. 3211-32-2 à R. 3211-32-9.

(Abrogé par Décr. n° 2016-1160 du 25 août 2016, art. 12) ***« Les terrains bâtis mentionnés à l'alinéa précédent s'entendent de ceux dont les constructions existantes sont destinées à être démolies ou restructurées en vue de permettre la réalisation des programmes de construction. »***

Art. R. 3211-32-2 *(Décr. n° 2013-936 du 18 oct. 2013, art. 1er)* La décote prévue à l'article L. 3211-7 peut être appliquée lorsqu'un terrain mentionné à l'article R. 3211-32-1 est aliéné en vue de recevoir *(Décr. n° 2019-423 du 9 mai 2019, art. 4)* « plus de 50 % » de surface de plancher affectée au logement et comportant des logements locatifs sociaux mentionnés aux 3° et 5° de l'article *(Décr. n° 2019-772 du 24 juill. 2019, art. 10 et 34, en vigueur le 1er sept. 2019)* « L. 831-1 » du code de la construction et de l'habitation, des logements assimilés aux logements locatifs sociaux ou des logements en accession à la propriété mentionnés au VIII de l'article L. 3211-7 du présent code *(Décr. n° 2019-423 du 9 mai 2019, art. 4)* « ou faisant l'objet d'un bail réel solidaire ».

Art. R. 3211-32-3 *(Décr. n° 2014-1741 du 30 déc. 2014, art. 1er)* Les dispositions de l'article R. 3211-15 sont applicables à l'aliénation des terrains mentionnés à l'article R. 3211-32-1.

Toutefois, conformément au II de l'article L. 3211-13-1, les modalités de détermination du prix de cession qui résulterait de l'application de ces dispositions sont adaptées dans les conditions suivantes :

(Abrogé par Décr. nº 2014-1741 du 30 déc. 2014, art. 6, à compter du 1er janv. 2017) *« 1º Pour Réseau ferré de France, le taux global de décote, tel que défini au VI de l'article R. 3211-15, applicable lors de la cession de terrains répondant aux critères de l'article R. 3211-14, est plafonné à 30 %. »*

2º Pour les établissements publics de santé, ce taux global de décote est plafonné à 30 % dès que la situation financière de l'établissement concerné présente un endettement répondant à l'un au moins des trois critères fixés par l'article D. 6145-70 du code de la santé publique. Cet endettement est apprécié à partir du compte financier du dernier exercice clos antérieur à la date de la signature de la promesse de vente ou de l'acte de cession.

Art. R. 3211-32-4 *(Décr. nº 2013-936 du 18 oct. 2013, art. 1er)* Il est procédé à l'inscription des terrains mentionnés à l'article R. 3211-32-1 sur la liste prévue au II de l'article L. 3211-7 dans les conditions fixées à l'article R. 3211-16. Toutefois, cette inscription ne peut avoir lieu qu'après avis conforme de l'organe compétent *(Décr. nº 2014-1741 du 30 déc. 2014, art. 2)* « de l'établissement public concerné, et, dans le cas des établissements publics de santé, du directeur général de l'Agence régionale de santé. »

Art. R. 3211-32-5 *(Décr. nº 2013-936 du 18 oct. 2013, art. 1er)* Les dispositions de l'article R. 3211-17 sont applicables à l'aliénation des terrains mentionnés à l'article R. 3211-32-1.

Art. R. 3211-32-6 *(Décr. nº 2013-936 du 18 oct. 2013, art. 1er)* Les modalités prévues à l'article R. 3211-17-1 s'appliquent à la personne qui souhaite acquérir un terrain mentionné à l'article R. 3211-32-1 en bénéficiant de la décote prévue à l'article L. 3211-7.

Art. R. 3211-32-7 *(Décr. nº 2013-936 du 18 oct. 2013, art. 1er)* I. — Lorsque les conditions prévues aux 1º et 2º du II de l'article L. 3211-7 sont remplies, une décote est applicable de droit sur la valeur vénale du terrain pour la part de logements à réaliser mentionnés au II de l'article R. 3211-15 ainsi que, le cas échéant, pour la part d'équipements publics destinés en tout ou partie aux occupants de ces logements.

Dans le cas contraire, le préfet de département décide du principe de la décote applicable à la part des logements à réaliser mentionnés au II de l'article R. 3211-15, *(Décr. nº 2016-1160 du 25 août 2016, art. 13)* « ainsi que, le cas échéant, à la part d'équipements publics destinés en tout ou partie aux occupants de ces logements*[,]* » après avis conforme de l'organe compétent de l'établissement public concerné.

Le préfet de département établit un rapport précisant les conditions financières de réalisation de ce programme ainsi que, selon le cas, l'impact attendu de la répercussion intégrale de la décote sur le prix de revient des logements locatifs sociaux et assimilés ou sur le prix de cession des logements en accession à la propriété.

II. — Le montant de la décote sur la valeur vénale du terrain à céder est fixé sur la base de ce rapport. *(Décr. nº 2014-1741 du 30 déc. 2014, art. 3)* « Dans le cas des établissements publics de santé, ce montant de décote fait l'objet d'un avis du directeur général de l'agence régionale de santé. Cet avis est réputé favorable dans un délai d'un mois suivant la transmission par l'établissement concerné du montant de la décote. » Sauf renonciation à vendre de l'établissement public concerné, la cession est réalisée dans ces conditions.

III. — L'ensemble du dossier est transmis au préfet de région, aux fins d'établissement de la convention mentionnée au V de l'article L. 3211-7.

(Décr. nº 2019-1460 du 26 déc. 2019, art. 3) « IV. — Le plafonnement prévu au dernier alinéa du II de l'article L. 3211-7 est mis en œuvre dans les conditions fixées aux articles R. 3211-15, R. 3211-15-1 et R. 3211-17-2. »

Art. R. 3211-32-8 *(Décr. nº 2013-936 du 18 oct. 2013, art. 1er)* L'acte d'aliénation comporte, outre les mentions prévues au V de l'article L. 3211-7 :

1º La valeur vénale ;

2º Un récapitulatif du contenu du programme *(Abrogé par Décr. nº 2016-1160 du 25 août 2016, art. 14-1º)* *« de construction »* à réaliser, dont le programme de logements fixé par la convention prévue au V de l'article L. 3211-7 ainsi que, le cas échéant, la liste des équipements publics *(Abrogé par Décr. n° 2016-1160 du 25 août 2016, art. 14-1°)* *« à construire »* ;

3° Le prix de cession faisant apparaître la décote consentie pour chacune des parts du programme correspondant à une catégorie de logements définie au II de l'article R. 3211-15 et, le cas échéant, la décote consentie pour la réalisation d'équipements publics ;

4° Le montant total et le taux global de décote, tels que définis au VI de l'article R. 3211-15, en tenant compte, le cas échéant, des dispositions du dernier alinéa du III de l'article R. 3211-17 relatif aux équipements publics.

Lorsque l'acquéreur du terrain objet de la décote n'est pas une personne bénéficiant des subventions et prêts prévus à l'article R. 331-14 du code de la construction et de l'habitation, l'acte d'aliénation précise, en outre, les conditions et modalités générales du transfert au bailleur des logements locatifs sociaux *(Abrogé par Décr. n° 2016-1160 du 25 août 2016, art. 14-2°)* *« construits »* ou des droits et obligations afférents aux logements locatifs sociaux *(Abrogé par Décr. n° 2016-1160 du 25 août 2016, art. 14-2°)* *« à construire »* compris dans le programme.

Art. R. 3211-32-9 *(Décr. n° 2013-936 du 18 oct. 2013, art. 1er)* Pour l'exercice du contrôle de la mise en œuvre de toute convention annexée à un acte d'aliénation et définie au V de l'article L. 3211-7, l'acquéreur d'un terrain mentionné à l'article R. 3211-32-1 rend compte annuellement de l'état d'avancement du programme *(Abrogé par Décr. n° 2016-1160 du 25 août 2016, art. 15)* *« de construction »* au préfet de région et au préfet du département du lieu de situation du terrain cédé ainsi *(Décr. n° 2014-1741 du 30 déc. 2014, art. 4)* « qu'à l'établissement public concerné et, dans le cas des établissements publics de santé, au directeur général de l'Agence régionale de santé ». Cette obligation prend fin au jour de la livraison effective du programme de logements ou au jour de la résiliation de la convention.

SOUS-§ 2 *DISPOSITIONS APPLICABLES À LA SOCIÉTÉ SNCF RÉSEAU ET À SA FILIALE MENTIONNÉE AU 5° DE L'ARTICLE L. 2111-9 DU CODE DES TRANSPORTS*

(Décr. n° 2019-1575 du 30 déc. 2019, art. 1er et 2, en vigueur le 1er janv. 2020)

Art. R. 3211-32-10 Pour l'application de l'article L. 3211-7, la société SNCF Réseau ou sa filiale mentionnée au 5° de l'article L. 2111-9 du code des transports peut procéder à l'aliénation, à un prix inférieur à leur valeur vénale, par application d'une décote, des terrains bâtis ou non bâtis dont la gestion leur a été confiée en vertu des articles L. 2111-20 et suivants du code des transports et qui ont fait l'objet de la procédure de déclassement prévue à l'article L. 2111-20-2 de ce code, dans les conditions prévues aux articles R. 3211-32-2 à R. 3211-32-9, sous réserve des dispositions du présent article.

L'inscription des terrains mentionnés à l'alinéa précédent sur la liste prévue au 2° du II de l'article L. 3211-7 est subordonnée à l'avis conforme de la société concernée. La société transmet ses propositions au préfet de région sur le territoire de laquelle se trouvent les terrains ou, si elle est sollicitée à cet effet par le préfet de région, dans un délai de deux mois suivant la sollicitation.

Lorsque les conditions prévues aux 1° et 2° du II de l'article L. 3211-7 ne sont pas remplies, le préfet du département sur le territoire duquel se trouvent les terrains décide du principe de la décote applicable à la part des logements à réaliser mentionnés au II de l'article R. 3211-15, ainsi que, le cas échéant, à la part d'équipements publics destinés en tout ou partie aux occupants de ces logements, après avis conforme de la société concernée.

Le montant de la décote est fixé par la société concernée sur la base du rapport mentionné au dernier alinéa du I de l'article R. 3211-32-7. Sauf renonciation à vendre de la société, la cession est réalisée dans ces conditions.

Pour l'exercice du contrôle de la mise en œuvre de toute convention annexée à un acte d'aliénation et définie au V de l'article L. 3211-7, l'acquéreur d'un terrain mentionné au premier alinéa du présent article rend compte annuellement de l'état d'avancement du programme au préfet de région et au préfet du département sur le territoire duquel se trouve le terrain cédé ainsi qu'à la société concernée. Cette obligation prend

fin au jour de la livraison effective du programme de logements ou au jour de la résiliation de la convention.

COMMENTAIRE

Cet article tire les conséquences des évolutions de l'article L. 3211-13-1 du CGPPP issues de l'article 16-II de l'ordonnance n° 2019-552 du 3 juin 2019 portant diverses dispositions relatives au groupe SNCF (*AJDA 2019. 1920, chron. Nicinski* ; *Dr. adm. oct. 2019, p 16, étude Levallois* ; *Dr. voirie 2019, n° 209, p. 141, étude Devillers*), dont les entités ont été transformées en sociétés. Le décret n° 2019-1575 du 30 déc. 2019, dont il est issu, élargit en conséquence l'intitulé du présent paragraphe. Le nouvel article R. 3211-32-10 organise les modalités d'application de la décote, pour la nouvelle société « SNCF Réseau » et sa filiale chargée des gares. Il apporte également des précisions sur les modalités de l'avis conforme de l'une ou l'autre de ces sociétés préalables à l'inscription d'un terrain qu'elle gère sur la liste régionale, dite « décote de droit », prévue au 2° du II de l'article L. 3211-7 du CGPPP, ou à l'application d'une décote sur la valeur vénale d'un terrain non inscrit sur cette liste. Il indique que le montant de la décote est fixé par la société concernée par la cession du terrain et précise enfin les obligations de l'acquéreur en matière de compte-rendu d'avancement de la réalisation du programme prévu sur le terrain acquis. ❑

§ 3 DISPOSITIONS APPLICABLES AUX COLLECTIVITÉS TERRITORIALES, À LEURS GROUPEMENTS ET À LEURS ÉTABLISSEMENTS PUBLICS

Art. R. 3211-33 **Pour l'application des dispositions de l'article L. 142-7 du code rural et de la pêche maritime, les immeubles appartenant aux collectivités territoriales, à leurs groupements ou à l'un de leurs établissements publics peuvent être cédés, dans les conditions prévues aux articles R. 142-9 et R. 142-11 du même code, aux sociétés d'aménagement foncier et d'établissement rural.**

§ 4 DISPOSITIONS COMMUNES À L'ÉTAT, AUX COLLECTIVITÉS TERRITORIALES ET À LEURS GROUPEMENTS

Art. R. 3211-34 Les dispositions des articles R. 3211-19 à R. 3211-23 sont applicables aux demandes de concession portant sur les atterrissements prévus à l'article L. 3211-15, sous réserve des adaptations suivantes :

1° L'instruction est conduite par l'autorité compétente de la personne publique propriétaire. Lorsqu'elle intéresse l'État, cette instruction relève du chef du service gestionnaire du domaine fluvial ;

2° L'avis du général commandant la zone terre est demandé. L'absence de réponse dans un délai de deux mois vaut avis favorable. Dans les départements d'outre-mer, cet avis est donné par l'officier général commandant supérieur des forces armées. — *[C. dom. Ét., art. R. 145 à R. 145-2 et R. 146, ecqc les concessions portant sur le domaine fluvial.]*

SOUS-SECTION 2 DOMAINE MOBILIER

Art. R. 3211-35 Pour leur vente, les biens et droits mobiliers du domaine privé de l'État, mentionnés à l'article L. 3211-17 qui ne sont pas utilisés par un service civil ou militaire de l'État sont remis à l'administration chargée des domaines.

L'obligation de remise ne s'applique pas :

1° Aux biens manifestement invendables, soit parce qu'ils sont totalement dépourvus de valeur marchande, soit parce que les frais de vente seraient manifestement disproportionnés au regard de leur valeur vénale ;

2° Aux biens et droits mobiliers pour l'aliénation desquels des dispositions particulières attribuent compétence à une autorité autre que l'administration chargée des domaines ;

3° Aux biens mobiliers affectés à des services de police, des unités de gendarmerie ou des services de l'administration des douanes effectuant des missions de police judiciaire, mentionnés à l'article L. 2222-9 ;

4° Aux biens mobiliers qui peuvent être compris dans des marchés ayant pour objet exclusif ou bien de façonner des matières neuves non précédemment employées, ou bien de réparer ces biens ou d'en permettre une meilleure utilisation sous la même forme ;

5° Aux équipements électriques et électroniques acquis depuis plus de cinq ans et aux déchets qui en sont issus, mentionnés à l'article R. 543-172 du code de l'environnement ;

(Décr. n° 2018-1195 du 20 déc. 2018, art. 23 et 48, en vigueur le 1er juill. 2019) « 6° Aux matériels de guerre et matériels assimilés destinés à être vendus à l'exportation, mentionnés au second alinéa de l'article L. 2335-2 du code de la défense, aux produits liés à la défense et matériels destinés à être vendus dans le cadre d'un transfert, mentionnés au second alinéa de l'article L. 2335-9 et au I de l'article L. 2335-18 du même code et à ceux qui leur sont indissociablement liés pour leur mise en œuvre *[ancienne rédaction : 6° Aux matériels de guerre et assimilés destinés à être vendus à l'exportation, mentionnés au 1° de l'article L. 2335-3 du code de la défense, et à ceux qui leur sont indissociablement liés pour leur mise en œuvre]* » ;

7° Aux matériels de guerre, armes, *(Décr. n° 2018-1195 du 20 déc. 2018, art. 23 et 48, en vigueur le 1er juill. 2019)* « munitions et à leurs éléments de toute catégorie mentionnés à l'article R. 311-2 du code de la sécurité intérieure *[ancienne rédaction : éléments d'armes, munitions, éléments de munitions, mentionnés à l'article L. 2331-1 du code de la défense]* », dont les spécificités justifient que la cession soit à la charge du ministère de la défense et qui sont inscrits sur une liste arrêtée conjointement par le ministre de la défense et le ministre chargé du domaine ;

8° Aux biens et matériaux issus des opérations de démantèlement réalisées par le ministère de la défense et portant sur les biens mentionnés au 7°. – *[C. dom. Ét., art. L. 67, al. 1er à 9 et L. 70, al. 1, 1re phrase.]*

V. Arr. du 31 mai 2018 désignant les services chargés de réaliser la cession de certains matériels du ministère des armées et fixant les modalités de leur cession (JO 3 juin).

Art. R. 3211-36 L'aliénation d'un bien ou d'un droit mobilier du domaine privé de l'État est consentie avec publicité et mise en concurrence soit par adjudication publique, soit par voie de marchés d'enlèvement.

Le choix des modalités de la publicité est fonction, notamment, de la nature du bien ou du droit mobilier dont la cession est envisagée.

Toutefois, les modalités de cession des biens et matériels mentionnés aux 6°, 7° et 8° de l'article R. 3211-35 sont fixées par le ministre de la défense, qui désigne les services chargés de les réaliser. – *[C. dom. Ét., art. L. 67, al. 10 et L. 69, al. 2.]*

Art. R. 3211-37 L'adjudication publique a lieu aux enchères verbales, par voie d'offres écrites, par combinaison des enchères verbales et d'offres écrites ou par tout autre procédé permettant l'expression de la concurrence. – *[C. dom. Ét., art. A. 108, al. 1er.]*

Art. R. 3211-38 Par dérogation aux dispositions de l'article R. 3211-36, l'aliénation peut être faite à l'amiable soit lorsque des dispositions législatives ou réglementaires spéciales permettent la cession du bien ou du droit mobilier au profit d'un acquéreur ou d'une catégorie d'acquéreurs déterminés, soit pour des motifs d'intérêt général. – *[C. dom. Ét., art. L. 69, al. 3.]*

Art. R. 3211-39 Les cessions amiables mentionnées à l'article R. 3211-38 sont consenties par le préfet. Le prix est fixé par le directeur départemental des finances publiques ou, en région d'Île-de-France, par le chef du service à compétence nationale chargé des ventes mobilières. – *[C. dom. Ét., art. A. 115.]*

Art. R. 3211-40 L'autorité de l'État compétente pour donner un avis sur l'opportunité de procéder à la destruction ou au dépôt dans les musées de l'État et de ses établissements publics des œuvres contrefaisantes mentionnées à l'article L. 3211-19 est le ministre chargé de la culture. – *[C. dom. Ét., art. L. 68, les mots "avis du ministre chargé de la culture".]*

Art. R. 3211-41 L'administration chargée des domaines peut procéder, dans les conditions prévues à l'article L. 3221-5, à l'aliénation, avec publicité et concurrence, des biens et droits mobiliers qui appartiennent soit aux établissements publics de l'État, soit aux collectivités territoriales, à leurs groupements ou à leurs établissements publics, sur demande de ces collectivités ou de ces établissements. – *[C. dom. Ét., art. L. 70, al. 2, et R. 149.]*

Art. R. 3211-42 Les prestations portant sur des biens et droits mobiliers de l'État ou de ses établissements publics entrant dans l'une des catégories définies à l'article 2 du décret n° 2009-151 du 10 février 2009 relatif à la rémunération de certains services rendus par l'État consistant en une valorisation de son patrimoine immatériel ne sont pas régies par les dispositions de la présente sous-section.

SECTION II AUTRES MODES

SOUS-SECTION 1 ÉCHANGE

Art. R. 3211-43 La demande d'échange d'un bien ou d'un droit à caractère immobilier appartenant à l'État est adressée au directeur départemental des finances publiques du lieu de situation de cet élément immobilier ou de sa part la plus importante.

La partie proposant l'échange accompagne sa demande des titres établissant ses droits sur le bien ou le droit à caractère immobilier qu'elle apporte en échange à l'État.

Le directeur départemental des finances publiques recueille, s'il y a lieu, l'avis du département ministériel ou du service gestionnaire du bien ou droit détenu par l'État. – *[C. dom. Ét., art. R. 77 et R. 79.]*

Art. R. 3211-44 L'échange d'un bien ou d'un droit mentionné à l'article R. 3211-43 est autorisé par le préfet, après avis du directeur départemental des finances publiques.

Le directeur départemental des finances publiques détermine la valeur vénale des biens dont l'échange est envisagé et fixe, s'il y a lieu, le montant de la soulte.

La notification à la partie qui apporte le bien ou le droit en échange, prévue à l'article L. 3211-22, est faite par le préfet. – *[C. dom. Ét., art. L. 43, la mention "le service des domaines" et R. 78.]*

Art. R. 3211-45 Lorsque l'acte d'échange est établi en la forme administrative, il est passé dans le département de situation du bien domanial ou de sa part la plus importante. – *[C. dom. Ét., art. R. 80.]*

Art. R. 3211-46 Les dispositions des articles R. 3211-43 à R. 3211-45 sont applicables aux échanges intéressant le domaine de l'État mentionnés aux articles L. 3112-2 et L. 3112-3.

SOUS-SECTION 2 APPORT

Art. R. 3211-47 Pour l'application des dispositions de l'article L. 3211-24, les cahiers des charges mentionnés au dernier alinéa de l'article R. 3211-11 peuvent prévoir notamment la réservation d'un pourcentage de logements au profit des agents civils ou militaires de l'État, dans les immeubles d'habitation dont la construction doit être réalisée.

Lorsque l'apport est consenti au profit d'un organisme d'habitation à loyer modéré qui bénéficie, pour cette construction, des financements prévus à l'article R. 431-3 du code de la construction et de l'habitation, le prix des terrains apporté peut être réduit dans une proportion correspondant au pourcentage des logements réservés. – *[C. dom. Ét., art. R. 140, ecqc les apports.]*

CHAPITRE II CESSIONS À TITRE GRATUIT

SECTION PREMIÈRE DOMAINE IMMOBILIER

Art. R. 3212-1 La cession des terrains servant à l'édification des monuments aux morts pour la France ou à la gloire des armes françaises ou des armes alliées, mentionnés à l'article L. 3212-1, est consentie par le préfet, sur proposition du directeur départemental des finances publiques. – *[C. dom. Ét., art. L. 65, les mots "service des domaines".]*

SECTION II DOMAINE MOBILIER

SOUS-SECTION 1 DISPOSITIONS APPLICABLES À L'ÉTAT ET À SES ÉTABLISSEMENTS PUBLICS

Art. R. 3212-2 Pour l'application des dispositions des 1° et 2° de l'article L. 3212-2, les plafonds des cessions de biens meubles qui peuvent être réalisées gratuitement sont fixés par arrêté du ministre chargé du domaine. – *[C. dom. Ét., art. L. 69-1, les mots "par arrêté du ministre chargé du domaine".]*

Art. D. 3212-3 Pour l'application des dispositions du 3° de l'article L. 3212-2, la valeur unitaire des matériels informatiques qui peuvent être cédés gratuitement aux associations de parents d'élèves, aux associations de soutien scolaire et aux associations d'étudiants ne peut excéder 300 euros. – *[C. dom. Ét., art. L. 69-1, le montant de 152 euros, ecqc l'État et ses établissements publics.]*

Art. D. 3212-4 Pour l'application des dispositions du 5° de l'article L. 3212-2, la valeur unitaire des matériels informatiques qui peuvent être cédés gratuitement aux personnels des administrations concernées ne peut excéder 300 euros. – *[Décr. nº 2009-1751 du 30 déc. 2009, art. 1er.]*

SOUS-SECTION 2 DISPOSITIONS APPLICABLES AUX COLLECTIVITÉS TERRITORIALES, À LEURS GROUPEMENTS ET À LEURS ÉTABLISSEMENTS PUBLICS

Art. D. 3212-5 Les dispositions de l'article D. 3212-3 sont applicables aux cessions gratuites de matériels informatiques réalisées par les collectivités territoriales, leurs groupements et leurs établissements publics conformément aux dispositions du premier alinéa de l'article L. 3212-3. – *[C. dom. Ét., art. L. 69-1, le montant de 152 euros, ecqc les collectivités territoriales leurs groupements et leurs établissements publics.]*

Art. D. 3212-6 Les dispositions de l'article D. 3212-4 sont applicables aux cessions gratuites de matériels informatiques réalisées par les collectivités territoriales, leurs groupements et leurs établissements publics conformément aux dispositions du second alinéa de l'article L. 3212-3. – *[Décr. nº 2009-1751 du 30 déc. 2009, art. 2.]*

TITRE DEUXIÈME PROCÉDURES DE CESSION ET D'ÉCHANGE

CHAPITRE PREMIER VENTES

SECTION PREMIÈRE DOMAINE IMMOBILIER

SOUS-SECTION 1 DISPOSITIONS APPLICABLES À L'ÉTAT ET À SES ÉTABLISSEMENTS PUBLICS

§ 1er RÉALISATION PAR L'ADMINISTRATION CHARGÉE DES DOMAINES DE CESSIONS POUR LE COMPTE DES SERVICES ET DES ÉTABLISSEMENTS PUBLICS DE L'ÉTAT

Art. R. 3221-1 Dans la région d'Île-de-France, le service spécialisé mentionné à l'article R. 1212-19 est chargé de participer, dans les conditions prévues aux articles R. 3221-2 et R. 3221-3, aux cessions, réalisées conformément aux dispositions *(Décr. nº 2014-1635 du 26 déc. 2014, art. 4-VI, en vigueur le 1er janv. 2015)* « des articles L. 411-1 à L. 411-5, L. 422-1 et L. 422-2 du code de l'expropriation pour cause d'utilité publique », des immeubles acquis dans les conditions prévues par l'article R. 1212-19 précité. – *[C. dom. Ét., art. R. 171, ecqc les opérations de cessions immobilières.]*

Art. R. 3221-2 Le service spécialisé est habilité à procéder au lieu et place de l'administration chargée des domaines des départements d'Île-de-France aux estimations des biens à aliéner aux fins prévues à l'article R. 1212-19, aux négociations sur les conditions financières des opérations à réaliser et à la passation des contrats de cession correspondants. – *[C. dom. Ét., art. R. 172, ecqc les opérations de cessions immobilières.]*

Art. R. 3221-3 Dans la région d'Île-de-France, les établissements publics de l'État peuvent, pour les projets de cessions mentionnés à l'article R. 3221-1 qu'ils poursuivent, demander au chef du service spécialisé de faire procéder pour leur compte aux levés de plans des immeubles et de conduire les négociations préalables aux aliénations. – *[C. dom. Ét., art. R. 174, ecqc les projets de cessions immobilières poursuivis par les établissements publics de l'État.]*

§ 2 DÉLÉGATIONS ET REPRÉSENTATIONS

Art. D. 3221-4 Dans la limite des compétences domaniales qui leur sont propres en matière de cession de biens immobiliers, le fonctionnaire chargé d'un service à compétence nationale de la direction générale des finances publiques et le directeur départemental des finances publiques peuvent, dans les conditions fixées par le directeur général des finances publiques, déléguer leur signature aux agents placés sous leur autorité et ayant au moins le grade de contrôleur. – *[C. dom. Ét., art. R. 150-2, ecqc les opérations de cessions immobilières.]*

Art. D. 3221-5 Aux armées en opérations, les compétences attribuées en matière de cession de biens immobiliers au directeur départemental des finances publiques par le présent code ou par des textes particuliers sont exercées par les agents de la trésorerie aux armées. – *[C. dom. Ét., art. R. 152, al. 1er et 2, ecqc les opérations de cessions immobilières.]*

SOUS-SECTION 2 DISPOSITIONS APPLICABLES AUX COLLECTIVITÉS TERRITORIALES, À LEURS GROUPEMENTS ET À LEURS ÉTABLISSEMENTS PUBLICS

Art. R. 3221-6 Les projets de cessions d'immeubles ou de droits réels immobiliers poursuivis par les collectivités territoriales, leurs groupements et leurs établissements publics mentionnés à l'article L. 3221-1, donnent lieu à avis du directeur départemental des finances publiques conformément aux dispositions des articles R. 2241-2, R. 3213-1-1, R. 4221-2, R. 5211-13-1 et R. 5722-2 du code général des collectivités territoriales.

Art. R. 3221-7 Les conditions dans lesquelles les collectivités territoriales et leurs établissements publics peuvent, pour des opérations de cessions immobilières réalisées dans la région d'Île-de-France, recourir au service spécialisé mentionné à l'article R. 1212-19 sont fixées par le décret n° 59-795 du 4 juillet 1959 instituant ce service.

SOUS-SECTION 3 DISPOSITIONS APPLICABLES AUX ÉTABLISSEMENTS PUBLICS FONCIERS LOCAUX

Art. R. 3221-8 Le directeur départemental des finances publiques est l'autorité compétente de l'État mentionnée à l'article L. 3221-2 chargée d'émettre un avis sur les projets de cessions d'immeubles ou de droits réels immobiliers poursuivis par les établissements publics fonciers locaux. – *[Décr. n° 2006-1792 du 23 déc. 2006, art. 13 à 15, ecqc les projets de cessions de biens immobiliers.]*

SOUS-SECTION 4 DISPOSITIONS APPLICABLES AUX ÉTABLISSEMENTS PUBLICS D'HABITATIONS À LOYER MODÉRÉ

Art. R. 3221-9 L'avis du directeur départemental des finances publiques préalable aux cessions immobilières poursuivies par les offices publics de l'habitat est émis selon les règles fixées à l'article R. 451-10 du code de la construction et de l'habitation.

SOUS-SECTION 5 DISPOSITIONS APPLICABLES AUX BIENS SITUES À L'ÉTRANGER

Art. R. 3221-10 A l'étranger, les compétences attribuées en matière d'aliénations de biens immobiliers au préfet ou au directeur départemental des finances publiques par le présent code ou par des textes particuliers sont exercées par l'ambassadeur ou l'autorité ayant reçu de lui délégation à cet effet. – *[C. dom. Ét., art. R. 152, al. 4, ecqc les aliénations de biens immobiliers à l'étranger.]*

Art. R. 3221-11 Les dispositions de l'article R. 1221-2 sont applicables aux projets d'aliénations de biens immobiliers appartenant à l'État, aux collectivités territoriales, à leurs groupements ou aux établissements publics et situés hors du territoire de la République.

Art. D. 3221-12 La commission interministérielle mentionnée aux articles D. 1221-3 à D. 1221-6 est chargée d'émettre un avis sur les projets d'aliénations de biens immobiliers, quelle que soit leur valeur, situés à l'étranger et appartenant à l'État. *(Décr.*

n° 2017-456 du 29 mars 2017, art. 10-1°) « Lorsque le bien immobilier présente une valeur historique ou culturelle particulière, la commission interministérielle se prononce au vu de l'avis de la Commission nationale du patrimoine et de l'architecture mentionné à l'article L. 611-1 du code du patrimoine ».

Il ne peut être passé outre à *(Décr. n° 2017-456 du 29 mars 2017, art. 10-2°)* « l'avis défavorable de la commission interministérielle » que par décision conjointe du ministre chargé du domaine, du ministre des affaires étrangères et, le cas échéant, du ministre intéressé. – *[C. dom. Ét., art. D. 36, ecqc les aliénations de biens immobiliers à l'étranger.]*

SECTION II DOMAINE MOBILIER

Art. R. 3221-13 Les modalités de détermination du prélèvement sur le produit des ventes mobilières, prévu à l'article L. 3221-5, sont fixées par les dispositions de l'article R. 2321-9.

Art. R. 3221-14 A l'étranger, les compétences attribuées en matière d'aliénations de biens et droits mobiliers au préfet ou au directeur départemental des finances publiques par le présent code ou par des textes particuliers sont exercées par l'ambassadeur ou l'autorité ayant reçu de lui délégation à cet effet. – *[C. dom. Ét., art. R. 152, al. 4, ecqc les aliénations de biens et droits mobiliers à l'étranger.]*

Art. R. 3221-15 Les dispositions de l'article R. 1221-2 sont applicables aux projets d'aliénations de biens et de droits mobiliers appartenant à l'État, aux collectivités territoriales, à leurs groupements ou aux établissements publics et situés hors du territoire de la République.

Art. D. 3221-16 Dans la limite des compétences domaniales qui leur sont propres en matière de cession de biens et droits mobiliers, le fonctionnaire chargé d'un service à compétence nationale de la direction générale des finances publiques et le directeur départemental des finances publiques peuvent, dans les conditions fixées par le directeur général des finances publiques, déléguer leur signature aux agents placés sous leur autorité et ayant au moins le grade de contrôleur. – *[C. dom. Ét., art. R. 150-2, ecqc les aliénations de biens et droits mobiliers.]*

Art. D. 3221-17 Aux armées en opérations, les compétences attribuées en matière de cession de biens et de droits mobiliers au directeur départemental des finances publiques par le présent code ou par des textes particuliers sont exercées par les agents de la trésorerie aux armées. – *[C. dom. Ét., art. R. 152, al. 1er et 2, ecqc les opérations de cessions de biens et droits mobiliers.]*

CHAPITRE II ÉCHANGE

SECTION PREMIÈRE DISPOSITIONS APPLICABLES À L'ÉTAT ET À SES ÉTABLISSEMENTS PUBLICS

Art. D. 3222-1 Dans la limite des compétences domaniales qui leur sont propres en matière d'échanges, le fonctionnaire chargé d'un service à compétence nationale de la direction générale des finances publiques et le directeur départemental des finances publiques peuvent, dans les conditions fixées par le directeur général des finances publiques, déléguer leur signature aux agents placés sous leur autorité et ayant au moins le grade de contrôleur. – *[C. dom. Ét., art. R. 150-2, ecqc les opérations d'échanges immobiliers.]*

Art. D. 3222-2 Aux armées en opérations, les compétences attribuées en matière d'échanges de biens immobiliers au directeur départemental des finances publiques par le présent code ou par des textes particuliers sont exercées par les agents de la trésorerie aux armées. – *[C. dom. Ét., art. R. 152, al. 1er et 2, ecqc les opérations d'échanges de biens immobiliers.]*

SECTION II DISPOSITIONS APPLICABLES AUX COLLECTIVITÉS TERRITORIALES, À LEURS GROUPEMENTS ET À LEURS ÉTABLISSEMENTS PUBLICS

Art. R. 3222-3 Les projets d'échanges d'immeubles ou de droits réels immobiliers poursuivis par les collectivités territoriales, leurs groupements et leurs établissements publics mentionnés à l'article L. 3222-2 donnent lieu à avis du directeur départemental des finances publiques conformément aux dispositions des articles R. 2241-2, R. 3213-1-1, R. 4221-2, R. 5211-13-1 et R. 5722-2 du code général des collectivités territoriales.

SECTION III DISPOSITIONS APPLICABLES AUX ÉTABLISSEMENTS PUBLICS FONCIERS LOCAUX

Art. R. 3222-4 Le directeur départemental des finances publiques est l'autorité compétente de l'État mentionnée à l'article L. 3222-3, chargée d'émettre un avis sur les projets d'échanges d'immeubles ou de droits réels immobiliers poursuivis par les établissements publics fonciers locaux. – *[Décr. nº 2006-1792 du 23 déc. 2006, art. 13 à 15, ecqc les projets d'échanges.]*

TITRE TROISIÈME CONTENTIEUX

Art. R. 3231-1 L'administration chargée des domaines a seule qualité pour suivre les instances intéressant les biens de l'État autres que ceux mentionnés à l'article R. 2331-1, dès lors que le litige porte sur la validité ou l'interprétation des conventions relatives à la cession des biens de l'État ou sur l'application des conditions financières de ces conventions. – *[C. dom. Ét., art. R. 158-1, al. 1er, 4 et 5, ecqc les instances portant sur la validité ou l'interprétation des conventions relatives à la cession des biens de l'État et l'application des conditions financières de ces conventions.]*

Art. R. 3231-2 Les règles relatives à la représentation de l'État devant la juridiction administrative, mentionnées à l'article R. 2331-5, sont applicables aux instances prévues à l'article R. 3231-1.

QUATRIÈME PARTIE AUTRES OPÉRATIONS IMMOBILIÈRES DES PERSONNES PUBLIQUES

LIVRE PREMIER RÉALISATION DES OPÉRATIONS IMMOBILIÈRES

TITRE PREMIER PRISES À BAIL

CHAPITRE PREMIER BIENS SITUÉS EN FRANCE

SECTION PREMIÈRE CONSULTATION PRÉALABLE

Art. R. 4111-1 Les projets d'opérations immobilières soumis à la présente section comprennent les baux, accords amiables et conventions quelconques ayant pour objet la prise en location d'immeubles de toute nature ou de fonds de commerce d'un loyer annuel, charges comprises, égal ou supérieur à un montant fixé par arrêté du ministre chargé du domaine. – *[Décr. n° 86-455 du 14 mars 1986, art. 5, ecqc les projets de prise en location poursuivis par l'État et ses établissements publics.]*

V. Arr. du 5 déc. 2016 relatif aux opérations d'acquisitions et de prises en location immobilières poursuivies par les collectivités publiques et divers organismes (JO 11 déc.).

SOUS-SECTION 1 DISPOSITIONS APPLICABLES À L'ÉTAT ET À SES ÉTABLISSEMENTS PUBLICS

Art. R. 4111-2 Les projets d'opérations immobilières mentionnés à l'article R. 4111-1 poursuivis par l'État et ses établissements publics doivent être précédés, avant toute entente amiable, d'une demande d'avis du directeur départemental des finances publiques.

Ces dispositions ne sont pas applicables aux établissements de crédit *(Décr. n° 2014-1315 du 3 nov. 2014, art. 14)* « ou aux sociétés de financement ». – *[Décr. n° 86-455 du 14 mars 1986, art. 3, ecqc les projets de prise en location poursuivis par l'État et ses établissements publics.]*

Art. R. 4111-3 L'avis du directeur départemental des finances publiques porte sur les conditions financières de l'opération.

Il porte en outre, pour les prises en location d'immeubles poursuivies par l'État ou ses établissements publics à caractère administratif, sur le choix des emplacements et des constructions existantes ou à édifier et sur les possibilités d'utilisation d'immeubles domaniaux ou d'immeubles pris à bail par l'État qui seraient disponibles ou susceptibles d'un meilleur aménagement. – *[Décr. n° 86-455 du 14 mars 1986, art. 7, ecqc les projets de prise en location poursuivis par l'État et ses établissements publics.]*

Art. R. 4111-4 L'avis du directeur départemental des finances publiques doit être formulé dans le délai d'un mois à compter de la date de la réception d'une demande d'avis en état. Si, en raison de l'importance de la superficie du projet, du nombre ou de la diversité des biens à évaluer, de la complexité particulière de l'opération, ce délai ne peut être respecté, le directeur départemental des finances publiques doit, avant l'expiration de ce délai, en informer le service consultant en vue d'arrêter d'un commun accord un calendrier de déroulement de l'opération.

En cas de non-respect du délai d'un mois ou du calendrier fixé, l'avis est réputé donné et il peut être procédé à la réalisation de l'opération. – *[Décr. n° 86-455 du 14 mars 1986, art. 8, ecqc les projets de prise en location poursuivis par l'État et ses établissements publics.]*

Art. R. 4111-5 Lorsque l'État ou l'un de ses établissements publics envisage de passer un des actes mentionnés à l'article R. 4111-1 en retenant un montant supérieur à l'évaluation domaniale, il doit au préalable prendre une décision motivée de passer outre.

Cette décision est prise par le ministre responsable de l'opération ou l'autorité de tutelle de l'établissement public, après accord du ministre chargé du domaine. Toutefois, le préfet est compétent pour prendre la décision de passer outre lorsque le montant de ces projets ne dépasse pas une somme, en valeur locative, fixée par arrêté du ministre chargé du domaine. – *Somme fixée à 30 000 euros par Arr. du 6 août 2012, JO 18 août.*

La décision de passer outre est adressée au directeur départemental des finances publiques du département de la situation du bien.

Lorsque le bien ou l'ensemble foncier dont l'estimation donne lieu à une décision de passer outre s'étend sur plusieurs départements, cette décision est prise conjointement par les préfets de chacun des départements concernés et adressée aux directeurs départementaux des finances publiques compétents. – *[Décr. n° 86-455 du 14 mars 1986, art. 9, ecqc les projets de prise en location poursuivis par l'État et ses établissements publics.]*

Art. R. 4111-6 S'il n'est pas justifié de l'avis du directeur départemental des finances publiques et, le cas échéant, de la décision de passer outre mentionnée à l'article R. 4111-5, il est fait défense, d'une part, aux membres du corps du contrôle général économique et financier de viser toutes pièces d'engagement de dépenses, toutes ordonnances de paiement ou de délégations et tous mandats relatifs à un projet d'opération relevant de l'article R. 4111-1 poursuivi par l'État ou ses établissements publics et, d'autre part, aux comptables publics d'effectuer les règlements correspondants. – *[Décr. n° 86-455 du 14 mars 1986, art. 12, ecqc les projets de prise en location poursuivis par l'État et ses établissements publics.]*

SOUS-SECTION 2 DISPOSITIONS APPLICABLES AUX COLLECTIVITÉS TERRITORIALES, À LEURS GROUPEMENTS ET À LEURS ÉTABLISSEMENTS PUBLICS

Art. R. 4111-7 La consultation du directeur départemental des finances publiques préalable aux baux, accords amiables et conventions quelconques ayant pour objet la prise en location d'immeubles poursuivis par les collectivités territoriales, leurs groupements et leurs établissements publics a lieu dans les conditions fixées aux articles *(Décr. n° 2011-2065 du 30 déc. 2011, art. 2)* « R. 1311-3 à R. 1311-5 » du code général des collectivités territoriales. – *V. cet art., App., v° Gestion du domaine.*

SECTION II PASSATION DES ACTES

Art. R. 4111-8 Lorsqu'un acte de prise en location d'immeubles, de droits immobiliers ou de fonds de commerce est établi en la forme administrative, seule l'administration chargée des domaines, assistée en tant que de besoin par un représentant du ministère ou du service intéressé, est habilitée à le passer pour le compte des services civils ou militaires de l'État. – *[C. dom. Ét., art. R. 18, ecqc la passation des actes de prise en location.]*

SECTION III DÉLÉGATIONS ET REPRÉSENTATIONS

Art. D. 4111-9 Dans la limite des compétences domaniales qui leur sont propres en matière de prise en location, le fonctionnaire chargé d'un service à compétence nationale de la direction générale des finances publiques et le directeur départemental des finances publiques peuvent, dans les conditions fixées par le directeur général des finances publiques, déléguer leur signature aux agents placés sous leur autorité et ayant au moins le grade de contrôleur. – *[C. dom. Ét., art. R. 150-2, ecqc les prises en location.]*

Art. D. 4111-10 Aux armées en opérations, les compétences attribuées en matière de prise en location d'immeubles, de droits immobiliers ou de fonds de commerce au directeur départemental des finances publiques par le présent code ou par des textes particuliers sont exercées par les agents de la trésorerie aux armées. – *[C. dom. Ét., art. R. 152, al. 1er et 2, ecqc les opérations de prise en location.]*

SECTION IV CONTENTIEUX

Art. R. 4111-11 L'administration chargée des domaines a seule qualité pour suivre les instances portant sur la validité et les conditions financières des actes de prise à bail passés par elle pour le compte des services civils ou militaires de l'État conformément à l'article R. 4111-8. – *[C. dom. Ét., art. R. 158-1, al. 6.]*

CHAPITRE II **BIENS SITUÉS À L'ÉTRANGER** *(Décr. nº 2012-752 du 9 mai 2012, art. 5).*

Art. R. 4112-1 A l'étranger, les compétences attribuées en matière de prise à bail de biens au préfet ou au directeur départemental des finances publiques par le présent code ou par des textes particuliers sont exercées par l'ambassadeur ou l'autorité ayant reçu de lui délégation à cet effet. – *[C. dom. Ét., art. R. 152, al. 4, ecqc les opérations de prise à bail de biens.]*

Art. R. 4112-2 Les dispositions de l'article R. 1221-2 sont applicables aux opérations de prise à bail de biens poursuivies par l'État, les collectivités territoriales, leurs groupements ou les établissements publics et situés hors du territoire de la République.

Art. D. 4112-3 La commission interministérielle mentionnée aux articles D. 1221-3 à D. 1221-6 est chargée d'émettre un avis sur les projets de prise à bail d'immeubles poursuivis à l'étranger par l'État lorsque le montant du loyer annuel, charges comprises, est égal ou supérieur à un montant fixé par arrêté du ministre chargé du domaine et du ministre des affaires étrangères.

Il ne peut être passé outre à son avis défavorable que par décision conjointe du ministre chargé du domaine, du ministre des affaires étrangères et, le cas échéant, du ministre intéressé.

Lorsqu'il n'est pas justifié de l'avis de la commission ou, le cas échéant, de la décision de passer outre mentionnée au deuxième alinéa, il est fait défense, d'une part, aux membres du corps de contrôle général économique et financier de viser toutes pièces d'engagement de dépenses, toutes ordonnances de paiement ou de délégation, tous mandats relatifs à des prises à bail et, d'autre part, aux comptables d'effectuer les règlements correspondants. – *[C. dom. Ét., art. D. 36, ecqc les prises à bail d'immeubles à l'étranger.]*

TITRE DEUXIÈME **DISPOSITIONS APPLICABLES AUX BIENS DÉTENUS EN JOUISSANCE PAR L'ÉTAT** *(Décr. nº 2012-752 du 9 mai 2012).*

CHAPITRE UNIQUE

SECTION PREMIÈRE **MISE EN LOCATION**

Art. R. 4121-1 Pour l'application des dispositions de l'article L. 4121-1, la mise en location des immeubles dont l'État a la jouissance ou qu'il détient à un titre quelconque sans en avoir la propriété est consentie dans les conditions prévues à l'article R. 2222-1.

Art. R. 4121-1-1 *(Décr. nº 2012-752 du 9 mai 2012)* Sans préjudice des dispositions de l'article R. 4121-3, les immeubles dont l'État a la jouissance ou qu'il détient à un titre quelconque peuvent faire l'objet de baux en vue de fournir un logement à ses agents civils et militaires sans que l'occupation de ce logement ne soit liée à des considérations de service. Dans ce cas, un loyer est mis à la charge de l'agent. Il est égal, sauf disposition spéciale liée à l'usage social de l'immeuble, à la valeur locative réelle des locaux occupés, déduction faite d'un abattement de 15 % destiné à tenir compte de la précarité de l'occupation mentionnée dans le bail.

V. Décr. nº 2012-752 du 9 mai 2012, art. 11, ss. art. R. 2124-76.

Pour l'application du Décr. nº 2012-752 du 9 mai 2012 aux agents civils ou militaires auxquels il a été accordé une concession de logement antérieurement au 10 mai 2012 et en Guadeloupe, en Martinique, en Guyane, à La Réunion et à Mayotte, V. art. 8 et 9 du Décr. préc., avant art. R. 2124-64.

SECTION II **ATTRIBUTION**

Art. R. 4121-2 Pour l'application des dispositions de l'article L. 4121-1, les immeubles dont l'État a la jouissance ou qu'il détient à un titre quelconque sans en avoir la propriété sont mis à la disposition des services civils ou militaires de l'État et de ses établissements publics par voie de conventions afin de leur permettre d'assurer le fonctionnement du service public dont ils sont chargés, dans les conditions prévues aux articles R. 2313-1 à R. 2313-5.

Toutefois, ces conventions ne sont pas applicables aux immeubles pris à bail par l'État, lorsqu'un représentant du ministère utilisateur comparaît à l'acte. – *[C. dom. Ét., art. R. 128-15 et R. 128-16, ecqc les biens détenus en jouissance par l'État et R. 128-17.]*

SECTION III CONCESSIONS DE LOGEMENT

(Décr. n° 2012-752 du 9 mai 2012)

Art. R. 4121-3 *(Décr. n° 2012-752 du 9 mai 2012)* Pour l'application des dispositions de l'article L. 4121-1, l'État peut accorder à ses agents civils ou militaires une concession de logement par nécessité absolue de service ou une convention d'occupation précaire avec astreinte, dans les conditions prévues aux articles R. 2124-65 à D. 2124-75-1, sous réserve des modalités prévues au présent article et à l'article R. 4121-3-1.

Ces dispositions sont également applicables aux personnels civils ou militaires de l'État et aux personnels des établissements publics de l'État qui occupent un logement dans un immeuble détenu par l'un de ces établissements publics à un titre quelconque dans les conditions fixées à l'article R. 2124-76.

Toutefois, lorsque le logement est situé dans un immeuble appartenant à l'État mis à la disposition d'un établissement public, le directeur départemental des finances publiques est compétent pour déterminer la redevance prévue à l'article R. 2124-68 et pour la réviser ou la modifier.

Le directeur de l'établissement adresse au directeur départemental des finances publiques, chaque année avant le 31 mars, l'état détaillé des concessions de logement par nécessité absolue de service et des conventions d'occupation précaire avec astreinte ainsi que des autorisations d'occupation précaire ou des baux qu'il a accordés au cours de l'année civile précédente.

V. Décr. n° 2012-752 du 9 mai 2012, art. 11, ss. art. R. 2124-76.

Pour l'application du Décr. n° 2012-752 du 9 mai 2012 aux agents civils ou militaires auxquels il a été accordé une concession de logement antérieurement au 10 mai 2012 et en Guadeloupe, en Martinique, en Guyane, à La Réunion et à Mayotte, V. art. 8 et 9 du Décr. préc., avant art. R. 2124-64.

Art. R. 4121-3-1 *(Décr. n° 2012-752 du 9 mai 2012)* A l'exception des cas où le logement est situé dans un immeuble appartenant à l'État et mis à la disposition d'un établissement public, la concession de logement ou la convention d'occupation précaire avec astreinte est accordée dans la limite d'une superficie déterminée par arrêté du ministre chargé du domaine.

Lorsque la superficie des locaux occupés est supérieure à cette limite, le loyer correspondant à la superficie excédentaire est mis à la charge du bénéficiaire.

V. Décr. n° 2012-752 du 9 mai 2012, art. 11, ss. art. R. 2124-76.

Pour l'application du Décr. n° 2012-752 du 9 mai 2012 aux agents civils ou militaires auxquels il a été accordé une concession de logement antérieurement au 10 mai 2012 et en Guadeloupe, en Martinique, en Guyane, à La Réunion et à Mayotte, V. art. 8 et 9 du Décr. préc., avant art. R. 2124-64.

Arrêté du 22 janvier 2013,

Relatif aux concessions de logement accordées par nécessité absolue de service et aux conventions d'occupation précaire avec astreinte pris pour l'application des articles R. 2124-72 et R. 4121-3-1 du code général de la propriété des personnes publiques (JO 30 janv.).

Art. 2 La limite de superficie prévue à l'article R. 4121-3-1 du code susvisé est fixée à 80 mètres carrés par bénéficiaire.

Elle est augmentée de 20 mètres carrés par personne à charge du bénéficiaire au sens des articles 196, 196 A *bis* et 196 B du code général des impôts.

SECTION IV **INVENTAIRE**

Art. R. 4121-4 Il est établi et tenu à jour un état des immeubles dont l'État ou les établissements publics nationaux à caractère administratif ont la jouissance ou qu'ils détiennent à un titre quelconque sans en avoir la propriété, à l'exception des biens gérés pour le compte de tiers ou qui dépendent de patrimoines séquestrés ou en liquidation. Cet état constitue un inventaire physique. – *[C. dom. Ét., art. R. 52, ecqc les biens détenus en jouissance par l'État et ses établissements publics administratifs.]*

Art. D. 4121-5 L'inventaire mentionné à l'article R. 4121-4 est établi et tenu à jour par l'administration chargée des domaines dans les conditions prévues à l'article D. 2312-6.

SECTION V **BIENS SITUÉS À L'ÉTRANGER**

Art. D. 4121-6 La commission interministérielle mentionnée aux articles D. 1221-3 à D. 1221-6 est chargée d'émettre un avis sur les projets de mises à disposition d'immeubles situés à l'étranger détenus par l'État à un titre quelconque.

La commission est également habilitée à examiner, sur proposition de l'un de ses membres, toute question concernant la gestion par les services utilisateurs des biens immobiliers dont l'État a la jouissance.

Il ne peut être passé outre à son avis défavorable que par décision conjointe du ministre chargé du domaine, du ministre des affaires étrangères et, le cas échéant, du ministre intéressé. – *[C. dom. Ét., art. D. 36, ecqc les projets d'attribution des immeubles situés à l'étranger et détenus par l'État à un titre quelconque.]*

LIVRE DEUXIÈME CONTRÔLE DES OPÉRATIONS IMMOBILIÈRES

TITRE UNIQUE CONTRÔLE DE L'UTILISATION DES IMMEUBLES DE L'ÉTAT ET DE SES ÉTABLISSEMENTS PUBLICS

CHAPITRE UNIQUE

(Décr. nº 2020-454 du 20 avr. 2020, art. 1er)

Art. D. 4211-1 Le Conseil de l'immobilier de l'État est placé auprès du ministre chargé du domaine.

Le conseil suit et évalue pour le compte du ministre chargé du domaine l'avancement de la démarche de modernisation et l'évolution du parc immobilier de l'État.

A ce titre, il adresse au ministre chargé du domaine des recommandations stratégiques et des avis pour améliorer la politique immobilière de l'État et de ses opérateurs.

Le conseil invite régulièrement la direction de l'immobilier de l'État à lui présenter l'avancement de la démarche de modernisation. Un bilan lui est présenté chaque année.

Afin qu'il puisse se prononcer sur leur conformité aux orientations stratégiques de la politique immobilière de l'État, le conseil peut être saisi pour avis, par le ministre chargé du domaine, des projets immobiliers importants.

Le conseil établit chaque année un rapport d'activité à l'attention du ministre chargé du domaine.

Dans le cadre de ses compétences, il peut procéder aux auditions de tout représentant de l'État et de ses établissements publics.

Au moins une fois par an, le président de la commission interministérielle chargée d'émettre un avis sur les opérations immobilières de l'État à l'étranger lui rend compte de l'activité de l'instance qu'il préside.

Le Conseil de l'immobilier de l'État mentionné à l'article D. 4211-1 du CGPPP exerce ses missions jusqu'au 27 oct. 2021 (Décr. nº 2020-454 du 20 avr. 2020, art. 3).

Art. D. 4211-2 Le président et les membres du Conseil de l'immobilier de l'État sont désignés par le ministre chargé du domaine.

Outre son président, ainsi que les deux députés et les deux sénateurs mentionnés à l'article L. 4211-1, le conseil comprend :

1° Un représentant de la chambre des notaires de Paris ;

2° Deux personnalités qualifiées désignées en raison de leurs compétences dans le domaine de l'immobilier, issues du secteur public et des entreprises privées ;

3° Deux personnalités qualifiées désignées en raison de leurs compétences dans le domaine de l'immobilier, issues du secteur public ou du secteur privé, l'une désignée sur proposition du président de l'Assemblée nationale, l'autre désignée sur proposition du président du Sénat ;

4° Une personnalité qualifiée désignée en raison de ses compétences dans le domaine du logement ;

5° Une personnalité qualifiée désignée en raison de ses compétences dans le domaine de la transition écologique et solidaire ;

6° Une personnalité qualifiée désignée en raison de ses compétences dans le domaine de la transformation numérique ;

7° Une personnalité qualifiée désignée en raison de ses compétences dans le domaine du patrimoine.

Le président et les membres sont soumis à une obligation de confidentialité à l'égard des informations auxquelles ils ont accès et des délibérations auxquelles ils participent.

Art. D. 4211-3 Le Conseil de l'immobilier de l'État dispose d'un secrétariat général.

Le secrétaire général est désigné par arrêté du ministre chargé du domaine.

Le secrétariat général prépare les travaux du conseil et en assure le suivi. Il diffuse aux membres toutes informations utiles à l'activité du conseil. Il présente en outre les conclusions des discussions qu'il conduit avec les administrations en charge de l'immobilier de l'État.

Le secrétaire général soumet au ministre chargé du domaine les propositions et orientations formulées par le conseil, en liaison avec le président.

Pour l'exercice de ses missions, le secrétaire général dispose du concours des services du ministère de l'action et des comptes publics et, en tant que de besoin, des services des autres ministères concernés.

Les moyens de fonctionnement du secrétariat général sont pris en charge par le ministère de l'action et des comptes publics.

CINQUIÈME PARTIE DISPOSITIONS RELATIVES À L'OUTRE-MER

(Décr. n° 2014-930 du 19 août 2014)

LIVRE PREMIER DISPOSITIONS SPÉCIFIQUES À LA GUADELOUPE, LA GUYANE, LA MARTINIQUE ET LA RÉUNION

TITRE PREMIER ZONE DES CINQUANTE PAS GÉOMÉTRIQUES ET TERRAINS EXONDÉS RELEVANT DU DOMAINE PUBLIC MARITIME

CHAPITRE PREMIER DISPOSITIONS COMMUNES

Art. R. 5111-1 Une dépendance du domaine public maritime comprise dans la zone définie à l'article L. 5111-1 ne peut être déclassée qu'en vue de son aliénation.

Le déclassement est prononcé par arrêté du préfet. Toutefois, lorsque la dépendance à déclasser comprend des terrains ayant le caractère de lais et relais de la mer, le déclassement est prononcé par arrêté conjoint du ministre chargé de la mer et du ministre chargé du domaine.

Le déclassement prend effet à la date du transfert de propriété.

L'acte opérant le transfert de propriété vise l'arrêté prévu au présent article.

Art. R. 5111-2 Les terrains, compris dans la zone définie à l'article L. 5111-1 et occupés en vertu d'un titre administratif de jouissance ou sur lesquels des constructions ont été édifiées antérieurement à la date du 5 janvier 1986, peuvent être déclassés aux fins de cession aux occupants lorsque ceux-ci ont souscrit aux conditions contenues dans une offre de cession qui leur est notifiée par le directeur régional des finances publiques. Cette offre est caduque à l'expiration d'un délai de six mois à compter de la notification, si l'occupant n'a pas souscrit dans ce délai aux conditions qu'elle spécifie.

Le transfert de propriété ne peut avoir lieu qu'après l'entière exécution des conditions mises à la cession. Le prix est fixé selon les dispositions applicables à l'aliénation des immeubles du domaine privé de l'État.

Art. R. 5111-3 Une dépendance du domaine public maritime comprise dans la zone définie à l'article L. 5111-1 ne peut être mise à la disposition d'un service de l'État ou d'un établissement public de l'État que par arrêté conjoint du ministre chargé du domaine, du ministre chargé de la mer et du ministre sous l'autorité duquel se trouve le service ou l'établissement public appelé à en bénéficier.

Art. R. 5111-4 Si une dépendance du domaine public maritime comprise dans la zone définie à l'article L. 5111-1, mise à la disposition d'un service de l'État ou d'un établissement public de l'État, cesse d'être utile au bénéficiaire sans être mise concomitamment à la disposition d'un autre bénéficiaire dans les conditions prévues à l'article R. 5111-3, elle fait l'objet d'un procès-verbal de remise en gestion au service gestionnaire du domaine public maritime. Le procès-verbal est dressé, contradictoirement entre le représentant de ce service et celui du département ministériel ou de l'établissement antérieurement gestionnaire, par le représentant de l'administration chargée des domaines.

Art. R. 5111-5 Les projets d'aliénation ou de transfert de gestion sont soumis à l'avis d'une commission des cinquante pas géométriques constituée dans le département.

Art. D. 5111-6 La commission mentionnée à l'article R. 5111-5 est présidée par le préfet ou son représentant. Elle comprend les membres suivants :

1° Quatre représentants des services de l'État désignés par le préfet ;

2° Un représentant du conseil régional et un représentant du conseil départemental désignés par ces assemblées.

Le maire de la commune sur le territoire de laquelle est situé l'immeuble dont l'aliénation ou le transfert sont envisagés siège avec voix délibérative.

En cas de partage égal des voix, celle du président est prépondérante.

Le président peut inviter aux séances de la commission, avec voix consultative, toute personne dont l'avis lui paraît utile.

Art. R. 5111-7 Les conventions de gestion conclues au profit des communes en application des articles L. 2123-2 et L. 5111-5 sont consenties par le préfet, dans les conditions prévues à l'article R. 2123-2, pour une durée qui ne peut excéder dix-huit ans.

Elles ne peuvent porter que sur l'ensemble de la zone définie à l'article L. 5111-1 située sur le territoire de la commune à l'exclusion des immeubles confiés en gestion à des services ou établissements publics de l'État. Peuvent en être exclus des périmètres comprenant ces immeubles ou des secteurs dont l'État conserve la gestion.

Les conventions déterminent les secteurs dont la commune devient propriétaire au plus tard à l'expiration de la convention. Elles peuvent en exclure des immeubles dont l'État conserve la propriété.

Art. R. 5111-8 Les dispositions des articles R. 2123-3 à R. 2123-8 demeurent applicables au domaine inclus dans les conventions conclues conformément à l'article R. 5111-7.

Toutefois, les revenus mentionnés à l'article R. 2123-5 sont affectés aux charges et opérations énumérées à cet article et concernant les secteurs non cessibles de la zone.

Art. R. 5111-9 Le directeur régional des finances publiques fixe le prix des terrains cédés en vertu de l'article L. 5111-5 en déduisant de leur valeur vénale déterminée par ses soins la plus-value résultant des améliorations apportées par la commune qui n'ont pas été financées par des subventions de l'État.

Lorsque la cession porte sur des terrains déterminés par un avenant à la convention initiale, la déduction retient la plus-value résultant d'améliorations qui n'ont été financées ni par subvention de l'État ni en application de l'article R. 2123-5.

Art. R. 5111-10 Toute cession d'une dépendance du domaine public maritime comprise dans la zone définie à l'article L. 5111-1 et incluse dans le périmètre d'une convention de gestion conclue en application des articles L. 2123-2 et L. 5111-5 distrait de plein droit cette dépendance du champ de cette convention.

CHAPITRE II **DISPOSITIONS PARTICULIÈRES À LA GUADELOUPE ET À LA MARTINIQUE**

SECTION PREMIÈRE **DÉLIMITATION DES ESPACES URBAINS ET NATURELS**

Art. R. 5112-1 L'autorité compétente pour procéder aux opérations de délimitation mentionnées aux articles L. 5112-1 et L. 5112-2 est le préfet.

SECTION II **CESSION DE TERRAINS PRÉVUE PAR L'ARTICLE L. 5112-4**

Art. R. 5112-2 La demande de cession prévue par l'article L. 5112-4 est adressée au préfet par lettre recommandée avec demande d'avis de réception ou par dépôt dans les services de la préfecture contre délivrance d'un récépissé.

Un registre spécial et public tenu par les services de la préfecture porte mention de la réception ou du dépôt de la demande.

En application du 4° du I de l'art. 21 de la L. n° 2000-321 du 12 avr. 2000, le silence gardé par l'administration, au terme d'un délai de deux mois, vaut rejet pour les demandes de cession de terrains du domaine public maritime aux communes ou aux organismes ayant pour objet la réalisation d'opérations d'habitat social, prévue à l'art. L. 5112-4 (V. Décr. n° 2014-1282 du 23 oct. 2014, applicable aux demandes formulées à compter du 12 nov. 2014).

Art. R. 5112-3 La demande mentionnée à l'article R. 5112-2 comporte :

1° Le projet descriptif et le programme de l'opération ;

2° Une copie de la délibération du conseil municipal ou de la décision de l'organe délibérant de l'organisme ayant pour objet la réalisation d'opérations d'habitat social, sollicitant de l'État l'acquisition du terrain ;

3° Un plan de situation du terrain, établi par un géomètre expert ou par une personne remplissant les conditions prévues à l'article 30 de la loi n° 46-942 du 7 mai 1946 modifiée instituant l'ordre des géomètres experts. Ce plan mentionne la surface sur laquelle porte la demande. Il peut être établi un plan de situation commun à plusieurs demandes de cession. Chaque demande comporte une copie de ce plan ;

4° Des extraits du règlement du plan d'occupation des sols ou du plan local d'urbanisme de la commune mis en conformité avec les dispositions *(Décr. n° 2015-1783 du 28 déc. 2015, art. 9-VII-6°, en vigueur le 1er janv. 2016)* « aux *[des]* articles L. 121-47 à L. 121-49 du code de l'urbanisme », se rapportant à la zone où est situé le terrain dont la cession est demandée.

Art. R. 5112-4 Lorsqu'il est saisi d'une demande de cession, le préfet en avertit, dans le délai d'un mois, le secrétariat de la commission départementale de vérification des titres qui, à l'expiration du délai prévu au troisième alinéa de l'article L. 5112-3, l'informe des demandes de vérification des titres concernant les terrains sur lesquels porte la demande de cession.

Les demandes de cession ne peuvent être examinées qu'à l'expiration de ce délai.

Art. R. 5112-5 Toute demande portant sur un terrain mis à la disposition de l'agence pour la mise en valeur des espaces urbains de la zone dite des cinquante pas géométriques est transmise par le préfet à celle-ci pour recueillir son avis sur la compatibilité du projet de cession avec le programme d'équipement mentionné au quatrième alinéa de l'article 5 de la loi n° 96-1241 du 30 décembre 1996 relative à l'aménagement, la protection et la mise en valeur de la zone dite des cinquante pas géométriques dans les départements d'outre-mer.

Art. R. 5112-6 Lorsque la demande de cession porte sur des terrains qui ont été équipés par l'agence pour la mise en valeur des espaces urbains de la zone dite des cinquante pas géométriques, celle-ci fait connaître, au préfet et au directeur régional des finances publiques, le montant détaillé du coût des aménagements qu'elle a réalisés et financés. Le prix de la cession, fixé par le directeur régional des finances publiques, est égal à ce coût.

Art. R. 5112-7 Le transfert de propriété ne peut avoir lieu qu'après déclassement du terrain prononcé dans les conditions prévues à l'article R. 5111-1.

Lorsqu'une demande de vérification de titres concernant ce terrain a été déposée, le transfert ne peut intervenir qu'après que cette demande a fait l'objet d'un refus devenu définitif.

Art. R. 5112-8 Lorsque la demande porte sur des terrains qui ne sont pas libres de toute occupation, elle comporte, en plus des éléments définis à l'article R. 5112-3, la liste des occupants de chaque immeuble.

Art. R. 5112-9 I. – Le demandeur procède à un affichage indiquant :

1° Les terrains dont la cession est demandée ;

2° La liste des occupants de ces terrains ;

3° La possibilité qui leur est offerte d'en demander la cession dans les conditions et délais fixés aux articles R. 5112-14 à R. 5112-18 et R. 5112-20 à R. 5112-23 ;

4° L'obligation qui lui est faite de présenter, dans les conditions fixées à l'article R. 5112-10, une offre de relogement à ceux des occupants qui remplissent les conditions fixées aux articles L. 5112-5 et L. 5112-6 ;

5° La faculté pour ceux des occupants des terrains dont la cession est demandée et qui ne figurent pas sur la liste mentionnée à l'article R. 5112-8 de se faire connaître du demandeur.

II. – Cet affichage intervient selon les modalités suivantes :

1° Dès le dépôt de la demande et pendant toute la durée de l'instruction, sur le terrain dont la cession est demandée, de manière visible de l'extérieur ;

2° Dans les huit jours du dépôt de la demande, à la mairie de la commune de rattachement administratif du terrain dont la cession est demandée.

En outre, dans les huit jours du dépôt de la demande, un avis comportant les indications mentionnées à l'article R. 5112-8 est publié en caractères apparents dans deux journaux régionaux ou locaux diffusés dans tout le département.

Art. R. 5112-10 L'offre de relogement est adressée aux intéressés par lettre recommandée avec demande d'avis de réception.

Elle porte sur un local compatible avec leurs besoins, leurs ressources et, le cas échéant, leur activité antérieure et répond aux conditions techniques définies par application de l'article L. 472-1 du code de la construction et de l'habitation.

Chacun des occupants fait connaître son acceptation ou son refus dans un délai de deux mois à compter de la date d'avis de réception. A défaut de réponse ou en cas de refus de l'offre, une deuxième offre de relogement est adressée dans les mêmes conditions ; le destinataire de cette lettre fait connaître son acceptation ou son refus dans un délai de deux mois à compter de la date de l'avis de réception, faute de quoi il est réputé avoir accepté l'offre.

Le demandeur transmet au préfet une copie des lettres qu'il a adressées et des réponses qui lui sont parvenues.

Art. R. 5112-11 Le préfet peut autoriser la cession au vu de l'intérêt public de l'opération envisagée, après avoir pris en considération les conditions de relogement des occupants et examiné les autres demandes de cession, présentées en application de l'article L. 5112-4 ou sur le fondement des articles L. 5112-5 et L. 5112-6, portant sur tout ou partie des mêmes terrains.

Art. R. 5112-12 Lorsque les terrains cédés à des communes et à des organismes ayant pour objet la réalisation d'opérations d'habitat social n'ont pas été utilisés à l'expiration du délai de dix ans à compter de la date de l'acte de cession, mentionné à l'article L. 5112-4, le préfet met en demeure le cessionnaire, par lettre recommandée avec demande d'avis de réception, de procéder sans délai à la réalisation ou à l'achèvement des opérations d'aménagement qui ont justifié la cession.

Le préfet invite le cessionnaire à participer à une visite contradictoire des lieux ou à s'y faire représenter. Cette visite donne lieu à l'établissement d'un procès-verbal. Si le cessionnaire ou son représentant ne participe pas à cette visite ou s'il refuse de signer le procès-verbal, un constat de carence est dressé.

Lorsque la mise en demeure mentionnée au premier alinéa est restée infructueuse, le préfet prononce le retour du terrain dans le patrimoine de l'État. Toutefois, cette décision peut ne pas inclure une partie du terrain sur laquelle l'aménagement, même partiellement réalisé, peut être utilisé conformément à la réglementation en vigueur. Le préfet notifie cette décision au cessionnaire ou à son représentant.

Le montant de l'indemnité prévue à l'article L. 5112-4 est fixé par le directeur régional des finances publiques.

SECTION III CESSION DE TERRAINS PRÉVUE PAR L'ARTICLE L. 5112-4-1

Art. R. 5112-13 La mise en demeure prévue à l'article L. 5112-4-1 est adressée par le préfet aux acquéreurs potentiels par lettre recommandée avec demande d'avis de réception.

Le transfert de propriété ne peut avoir lieu qu'après déclassement du terrain prononcé dans les conditions prévues à l'article R. 5111-1.

Le directeur régional des finances publiques fixe le prix des terrains cédés.

SECTION IV CESSION DE TERRAINS PRÉVUE PAR L'ARTICLE L. 5112-5

Art. R. 5112-14 La demande de cession prévue par l'article L. 5112-5 est adressée au préfet par lettre recommandée avec demande d'avis de réception.

Le registre prévu à l'article R. 5112-2 porte mention de sa réception.

En application du 4° du I de l'art. 21 de la L. n° 2000-321 du 12 avr. 2000, le silence gardé par l'administration, au terme d'un délai de deux mois, vaut rejet pour les demandes de cession de terrains du domaine public maritime aux occupants de constructions à usage professionnel, prévue à l'art. L. 5112-5 (V. Décr. n° 2014-1282 du 23 oct. 2014, applicable aux demandes formulées à compter du 12 nov. 2014).

Art. R. 5112-15 La demande de cession comporte :

1° La dénomination de l'entreprise et la nature de l'activité professionnelle ;

2° Un plan de situation de l'immeuble, établi suivant les modalités prévues à l'article R. 5112-3 ;

3° Tous documents permettant d'établir que le demandeur a lui-même édifié ou fait édifier sur le terrain, avant le 1er janvier 1995, une ou plusieurs constructions affectées à l'exploitation d'établissements à usage professionnel, ou qu'il est un des ayants droit de celui qui a édifié ou fait édifier, avant le 1er janvier 1995, la ou les constructions en cause.

Art. R. 5112-16 Lorsque les occupants d'un terrain peuvent en demander la cession au titre de la présente section et que ce même terrain fait l'objet d'une demande sur le fondement de l'article L. 5112-4, ils disposent, pour présenter leur demande, d'un délai de six mois à compter de l'affichage sur le terrain mentionné à l'article R. 5112-9.

Art. R. 5112-17 Lorsque le préfet est saisi d'une demande de cession, il en informe sans délai le secrétariat de la commission départementale de vérification des titres, pour l'application du dernier alinéa de l'article L. 5112-3.

Lorsque la demande porte sur un terrain mis à la disposition de l'agence pour la mise en valeur des espaces urbains de la zone dite des cinquante pas géométriques, le préfet la lui transmet pour recueillir son avis sur la compatibilité du projet de cession avec le programme d'équipement établi.

L'agence joint à son avis, le cas échéant, des propositions d'ajustement de la surface de terrain dont la cession est demandée.

Lorsque la demande de cession provient d'une personne morale, le préfet la transmet également pour avis à l'autorité exécutive de la collectivité territoriale ou du groupement de collectivités territoriales concerné.

Art. R. 5112-18 La superficie à céder est ajustée par le préfet conformément aux dispositions du dernier alinéa de l'article L. 5112-5, compte tenu, le cas échéant, des propositions présentées par le président du conseil d'administration de l'agence pour la mise en valeur des espaces urbains de la zone dite des cinquante pas géométriques.

Art. R. 5112-19 Le directeur régional des finances publiques fixe le prix du terrain nu à la date du dépôt de la demande de cession.

Le préfet notifie au demandeur une offre de cession et l'invite à souscrire aux conditions de celle-ci.

L'offre est caduque à l'expiration d'un délai de six mois à compter de la notification si l'occupant n'a pas souscrit, dans ce délai, aux conditions de celle-ci.

Le transfert de propriété ne peut avoir lieu qu'après l'entière exécution des conditions mises à la cession et après déclassement du terrain dans les conditions prévues à l'article R. 5111-1.

SECTION V CESSION DE TERRAINS PRÉVUE PAR L'ARTICLE L. 5112-6

Art. R. 5112-20 La demande de cession prévue par l'article L. 5112-6 est adressée au préfet par lettre recommandée avec demande d'avis de réception.

Le registre prévu à l'article R. 5112-2 porte mention de sa réception.

En application du 4° du I de l'art. 21 de la L. n° 2000-321 du 12 avr. 2000, le silence gardé par l'administration, au terme d'un délai de deux mois, vaut rejet pour les demandes de cession de terrains du domaine public maritime aux occupants de constructions à usage d'habitation, prévue à l'art. L. 5112-6 (V. Décr. n° 2014-1282 du 23 oct. 2014, applicable aux demandes formulées à compter du 12 nov. 2014).

Art. R. 5112-21 La demande comporte :

1° Les nom, prénoms, qualité et domicile du demandeur ;

2° Un plan de situation de l'immeuble, établi suivant les modalités prévues à l'article R. 5112-3 ;

3° Tous documents permettant d'établir que le demandeur a lui-même édifié ou fait édifier, avant le 1er janvier 1995, les constructions qui se trouvent sur le terrain sollicité, ou qu'il est un des ayants droit de celui qui a édifié ou fait édifier, avant le 1er janvier 1995, ces constructions ;

4° Tous documents permettant d'établir que le demandeur occupe la construction à titre d'habitation ou l'a donnée à bail à une personne qui l'occupe à titre d'habitation.

A défaut d'identification des personnes mentionnées au premier alinéa de l'article L. 5112-6, la demande doit comporter tous justificatifs permettant d'établir que la construction que le demandeur occupe est affectée à son habitation et qu'elle a été édifiée depuis une date antérieure au 1er janvier 1995.

Art. R. 5112-22 Les dispositions de l'article R. 5112-16 et des quatre premiers alinéas de l'article R. 5112-17 sont applicables aux demandes de cession présentées au titre de la présente section.

Art. R. 5112-23 La superficie à céder est ajustée par le préfet dans les conditions fixées à l'article L. 5112-6 compte tenu le cas échéant des propositions présentées par le président du conseil d'administration de l'agence pour la mise en valeur des espaces urbains de la zone des cinquante pas géométriques.

Art. D. 5112-24 La superficie prévue au dernier alinéa de l'article L. 5112-6 est fixée à 500 mètres carrés.

Toutefois, lorsque la compatibilité entre les projets de cessions prévues à l'article L. 5112-6 et le programme d'équipement des terrains situés dans les espaces urbains et les espaces occupés par une urbanisation diffuse aboutit à l'identification de portions de terrains inutilisées, le préfet peut procéder à leur répartition entre les personnes mentionnées à ce même article et, à cet effet, à la cession d'un terrain de superficie supérieure à 500 mètres carrés.

Art. R. 5112-25 Le directeur régional des finances publiques fixe le prix du terrain nu à la date du dépôt de la demande de cession.

Le préfet notifie au demandeur une offre de cession et l'invite à souscrire aux conditions de celle-ci.

L'offre est caduque à l'expiration d'un délai de six mois à compter de la notification si l'occupant n'a pas souscrit, dans ce délai, aux conditions de celle-ci. Toutefois, si le demandeur a sollicité le bénéfice de l'aide exceptionnelle de l'État prévue à l'article 3 de la loi n° 96-1241 du 30 décembre 1996 relative à l'aménagement, la protection et la mise en valeur de la zone dite des cinquante pas géométriques dans les départements d'outre-mer, le délai de six mois ne commence à courir qu'à compter du jour de la notification par le préfet au demandeur du montant de l'aide susceptible d'être accordée ou du refus opposé à sa demande. Une copie de cette notification est adressée au directeur régional des finances publiques.

Le transfert de propriété ne peut avoir lieu qu'après l'entière exécution des conditions mises à la cession et après déclassement du terrain dans les conditions prévues à l'article R. 5111-1.

SECTION VI DISPOSITIONS RELATIVES À L'APPLICATION DE L'ARTICLE L. 5112-9

Art. R. 5112-26 Dès sa publication, tout acte de vente portant sur un terrain soumis au droit de préemption institué par l'article L. 5112-9 fait l'objet d'une déclaration par le vendeur ou ses ayants droit au maire de la commune sur le territoire de laquelle se trouve le terrain. Cette déclaration est faite par lettre recommandée avec demande d'avis de réception ou déposée contre récépissé, en trois exemplaires.

Elle comporte :

1° L'indication du nom des parties ;

2° L'indication de la situation et de la désignation du bien ;

3° Les éléments de calcul du prix de cession mentionnés à l'article L. 5112-9 ;

4° Le montant de l'indemnité de préemption susceptible d'être allouée, calculée dans les conditions fixées par le premier alinéa de l'article L. 5112-9.

Dès réception de la déclaration, le maire en transmet sans délai un exemplaire au directeur régional des finances publiques et un exemplaire au président du conseil d'administration de l'agence pour la mise en valeur des espaces urbains de la zone dite des cinquante pas géométriques en indiquant la date de l'avis de réception ou du récépissé de cette déclaration.

La date de l'enregistrement ou de l'accomplissement de la formalité fusionnée est communiquée sans délai par le directeur régional des finances publiques au maire et au président du conseil d'administration de l'agence.

Art. R. 5112-27 Dans le délai de quatre mois à compter de la date de l'avis de réception ou du récépissé de la déclaration, le maire notifie au propriétaire la décision prise par la commune et en adresse sans délai une copie au président du conseil d'administration de l'agence.

Lorsque la commune a renoncé à l'exercice du droit de préemption, l'agence notifie sa propre décision au propriétaire avant l'expiration du délai de six mois mentionné au premier alinéa de l'article L. 5112-9.

L'agence adresse sans délai une copie de sa décision au maire de la commune.

Art. R. 5112-28 La préemption devient caduque si le règlement total, par la commune ou l'agence, du montant de l'indemnité de préemption à son bénéficiaire n'intervient pas avant la fin du douzième mois suivant la date de l'enregistrement ou de l'accomplissement de la formalité fusionnée.

SECTION VII **DISPOSITIONS RELATIVES À L'APPLICATION DE L'ARTICLE L. 5112-3**

Art. R. 5112-29 Chacune des commissions départementales de vérification des titres instituée en Guadeloupe et en Martinique par l'article L. 5112-3 comprend les membres suivants :

1° Un magistrat du siège en activité, ou un magistrat honoraire de l'ordre judiciaire, qui assure la présidence, résidant dans le département, proposé par le premier président de la cour d'appel, après avis de l'assemblée des magistrats du siège de la cour d'appel dans le ressort de laquelle se situe le département ;

2° Un magistrat de la chambre régionale des comptes de Guadeloupe, Guyane, Martinique proposé par le président de celle-ci ;

3° Une personnalité qualifiée en droit de la propriété proposée par le préfet du département.

Ces membres sont nommés par arrêté conjoint du garde des sceaux, ministre de la justice, et du ministre chargé du domaine.

Art. R. 5112-30 Sont associés aux travaux de la commission départementale de vérification des titres :

1° Un notaire inscrit sur la liste des notaires du département, désigné par le président de la commission sur présentation de la chambre départementale des notaires ;

2° Un représentant du directeur de l'environnement, de l'aménagement et du logement ;

3° Un représentant du directeur régional des finances publiques.

Art. R. 5112-31 La commission départementale de vérification des titres siège à la cour d'appel dans le ressort de laquelle se situe le département.

Le président de la commission peut toutefois décider de tenir des audiences au siège des tribunaux *(Décr. n° 2019-913 du 30 août 2019, art. 15 et 36, en vigueur le 1er janv. 2020)* « judiciaires du département ou, le cas échéant, au siège de leurs chambres de proximité *[ancienne rédaction : d'instance ou des tribunaux de grande instance du département]*. »

Le secrétariat de la commission est assuré par le greffe de la cour d'appel.

Art. R. 5112-32 La procédure devant la commission est régie par les dispositions du livre Ier du code de procédure civile, sous réserve des dispositions des articles R. 5112-33 à R. 5112-45.

Art. R. 5112-33 Les titres soumis à la vérification de la commission en application du deuxième alinéa de l'article L. 5112-3 sont soit déposés au secrétariat de celle-ci contre délivrance d'un reçu, soit adressés au secrétariat par lettre recommandée avec demande d'avis de réception.

Les titres et, le cas échéant, les documents joints sont fournis en quatre exemplaires, dont l'un au moins est certifié conforme à l'original.

Un registre spécial tenu par le secrétariat de la commission porte mention du dépôt ou de la réception des titres. Un arrêté du préfet du département précise les modalités suivant lesquelles ces mentions sont portées à la connaissance du public.

Art. R. 5112-34 Le délai mentionné à l'article L. 5112-3 court à compter de la publication au *Journal officiel* de l'arrêté interministériel mentionné à l'article R. 5112-29.

Art. R. 5112-35 Les requérants peuvent présenter leurs explications à la commission et ont la faculté de se faire assister ou représenter dans les conditions fixées à l'article *(Décr. n° 2019-1333 du 11 déc. 2019, art. 23 et 55, en vigueur le 1er janv. 2020)* « 762 » du code de procédure civile.

Les dispositions introduites par l'art. 23 du Décr. n° 2019-1333 du 11 déc. 2019 s'appliquent aux instances en cours à compter du 1er janv. 2020 (Décr. préc., art. 55).

Art. R. 5112-36 Dans le délai d'un mois à compter de la date de dépôt ou de la réception mentionné à l'article R. 5112-33, un exemplaire des titres et documents est adressé, par lettre recommandée avec demande d'avis de réception, par le secrétariat de la commission au directeur régional des finances publiques. Celui-ci vérifie si les archives de la commission, créée en application de l'article 10 du décret n° 55-885 du 30 juin 1955 relatif à l'introduction, dans les départements de la Guadeloupe, de la Guyane française, de la Martinique et de La Réunion, de la législation et de la réglementation métropolitaines concernant le domaine public maritime et l'exécution des travaux mixtes, et modifiant le statut de la zone dite "des cinquante pas géométriques" existant dans ces départements contiennent des pièces relatives au titre en cause.

Le directeur régional des finances publiques rend compte à la commission et adresse à celle-ci les documents figurant dans lesdites archives.

Il présente, s'il le juge utile, ses observations, qui sont communiquées aux parties par le secrétariat de la commission.

La commission ne peut examiner la demande avant l'expiration d'un délai de trois mois à compter de la date de réception de la transmission mentionnée au premier alinéa par le directeur régional des finances publiques, sauf si la réponse de celui-ci lui est parvenue avant l'expiration de ce délai.

Art. R. 5112-37 Un exemplaire des titres et documents est adressé, dans le délai d'un mois, par le secrétariat de la commission au préfet pour l'application du dernier alinéa de l'article L. 5112-3.

Art. R. 5112-38 Le président de la commission désigne, au sein de celle-ci, un rapporteur pour chacune des demandes présentées à la commission. Le rapporteur est chargé d'entendre le requérant ou son représentant et toute personne dont il juge l'audition utile.

Le rapport expose l'objet de la demande et les moyens des parties ; il précise les questions de fait et de droit soulevées par la requête et fait mention des éléments propres à éclairer le débat.

Le magistrat chargé du rapport peut, si les parties ne s'y opposent pas, tenir seul l'audience pour entendre les plaidoiries. Il en rend compte à la commission dans son délibéré.

Art. R. 5112-39 Le président convoque les membres de la commission et les personnes mentionnées à l'article R. 5112-30. La convocation mentionne les noms des requérants, les titres dont la vérification est demandée, la localisation des immeubles sur lesquels portent ces titres et la date du dépôt ou de réception de la demande.

Art. R. 5112-40 Le procureur de la République près le tribunal judiciaire dans le ressort duquel la commission a son siège reçoit copie de la convocation adressée aux membres de la commission.

Il peut intervenir pour faire connaître son avis sur l'application de la loi.

Art. R. 5112-41 Le requérant, ou son représentant est avisé au moins un mois à l'avance et par lettre recommandée avec demande d'avis de réception, du lieu, du jour et de l'heure à laquelle les titres en sa possession seront examinés par la commission.

Art. R. 5112-42 Après avoir entendu, au cours de l'audience publique, le rapport du rapporteur et les observations du requérant ou de son représentant et, le cas échéant, des autres parties, la commission se prononce sur la validité des titres présentés. Les personnes mentionnées à l'article R. 5112-30 ne participent pas à ses délibérations.

Art. R. 5112-43 Les décisions de la commission sont motivées. Les décisions concernant les titres examinés sans que le notaire ait pu prêter son concours aux travaux de la commission, pour avoir exercé ses fonctions dans une étude ayant eu à connaître d'un des actes relatifs aux droits établis par ces titres, en portent mention.

Art. R. 5112-44 La décision est notifiée au requérant ou à son représentant, aux autres parties à l'instance, au préfet du département et au procureur de la République, par le secrétariat de la commission, par lettre recommandée avec demande d'avis de réception.

Art. R. 5112-45 Les décisions de la commission peuvent faire l'objet, dans les deux mois de leur notification, d'un recours devant la cour d'appel dans le ressort de laquelle siège la commission.

L'appel est formé et jugé selon la procédure avec représentation obligatoire.

CHAPITRE III DISPOSITIONS PARTICULIÈRES À LA GUYANE ET À LA RÉUNION

Art. R. 5113-1 Il est fait application à la commission départementale de vérification des titres instituée en Guyane par l'article L. 5113-2 des dispositions des articles R. 5112-29 à R. 5112-36 et R. 5112-38 à R. 5112-45, sous réserve des modifications suivantes :

A l'article R. 5112-32, les mots : "des articles R. 5112-33 à R. 5112-45" sont remplacés par les mots : "des articles R. 5112-33 à R. 5112-36 et R. 5112-38 à R. 5112-45".

TITRE DEUXIÈME RÉGIME DOMANIAL DES EAUX

CHAPITRE UNIQUE

Art. R. 5121-1 Pour l'application des dispositions du second alinéa de l'article L. 5121-2, les critères du prélèvement d'eau à usage domestique sont définis à l'article R. 214-5 du code de l'environnement.

TITRE TROISIÈME CONCESSIONS DE LOGEMENT

CHAPITRE UNIQUE

Le présent chapitre ne comprend pas de dispositions réglementaires.

TITRE QUATRIÈME DISPOSITIONS PARTICULIÈRES AU DOMAINE PRIVÉ DE L'ÉTAT EN GUYANE

CHAPITRE PREMIER CONCESSIONS ET CESSIONS POUR L'AMÉNAGEMENT ET LA MISE EN VALEUR AGRICOLE DES TERRES DOMANIALES

Art. R. 5141-1 En Guyane, les terres dépendant du domaine privé de l'État peuvent faire l'objet en vue de leur mise en valeur agricole et de la réalisation de travaux d'aménagement rural :

1° De concessions en vue de la culture ou de l'élevage dans les conditions prévues aux articles R. 5141-2 à R. 5141-14 ;

2° De baux emphytéotiques à vocation agricole dans les conditions prévues aux articles R. 5141-17 et R. 5141-18 ;

3° De baux agricoles dans les conditions prévues à l'article R. 5141-19 ;

4° De conventions de mise en valeur passées avec une collectivité territoriale dans les conditions prévues à l'article R. 5141-20.

Art. R. 5141-2 Les concessions mentionnées au 1° de l'article R. 5141-1 sont accordées sur des terres d'une superficie maximale de cinq hectares et pour une période probatoire de cinq ans. Pendant cette période, le concessionnaire est tenu, sur la totalité de la superficie concédée exploitable, de réaliser un programme de travaux de mise en valeur agricole.

Si les travaux de mise en valeur ne sont pas réalisés dans les délais fixés, des délais supplémentaires peuvent être accordés au concessionnaire sur sa demande. L'octroi de ces délais entraîne une prorogation de la durée de la concession, sans que la durée totale de celle-ci puisse excéder dix ans.

A l'expiration de la concession, le concessionnaire qui n'y a pas renoncé ou n'en a pas été déchu peut bénéficier, en application de l'article L. 5141-2, sur sa demande, du transfert de propriété de l'immeuble concédé dans les conditions prévues à l'article R. 5141-15. S'il renonce à demander le transfert de propriété ou s'il ne remplit pas les conditions pour l'obtenir, la concession prend fin dans les conditions prévues aux articles R. 5141-12 à R. 5141-14.

Art. R. 5141-3 Lorsqu'elles sont accordées en vue de la culture sur abattis à caractère itinérant, les concessions mentionnées au 1° de l'article R. 5141-1 portent sur des terres d'une superficie maximale de vingt hectares. Elles sont conclues pour une durée de cinq ans renouvelable par tacite reconduction dans la limite d'une durée totale de vingt ans à compter de la concession initiale.

Ces concessions sont accordées sur le territoire des communes dont la liste est fixée par arrêté conjoint du ministre chargé de l'agriculture et du ministre chargé de l'outre-mer, au sein de périmètres délimités par arrêté préfectoral dans les zones où, à la date du 22 octobre 2007, se pratique la culture sur abattis à caractère itinérant et en tenant compte des enjeux d'environnement et de la nécessaire préservation d'autres activités économiques après avis du conseil municipal de la commune concernée et de l'Office national des forêts.

Pendant la durée de la concession, le concessionnaire est tenu de réaliser, de façon progressive, la mise en valeur agricole de la superficie concédée exploitable. Le service de l'État chargé de l'agriculture procède tous les cinq ans à un contrôle de l'effectivité de la mise en valeur agricole.

A l'expiration de la concession, le concessionnaire qui n'a pas renoncé à la concession ou n'en a pas été déchu peut bénéficier, sur sa demande, en application de l'article L. 5141-2, du transfert de propriété des terres concédées qu'il a effectivement exploitées dans les conditions prévues à l'article R. 5141-15. Aucune cession ne peut intervenir tant que la superficie minimale à exploiter fixée dans l'acte de concession, égale au moins à un quart de la superficie concédée, n'a pas été mise en valeur.

Lorsque la cession porte, en application de l'alinéa précédent, sur une partie des terres concédées, la concession initiale peut être renouvelée sur les terres non cédées.

Art. R. 5141-4 Peuvent bénéficier d'une concession les personnes physiques qui, lors de la demande, remplissent les conditions suivantes :

1° Être majeur ;

2° Être de nationalité française ou être ressortissant d'un État membre de l'Union européenne, d'un autre État partie à l'accord sur l'Espace économique européen ou de la Confédération suisse ou être titulaire d'une carte de résident ;

3° S'engager à exercer la profession d'agriculteur à titre principal et à exploiter personnellement l'immeuble dont la concession est demandée. Est réputée exploitation personnelle celle qui est faite par le demandeur exploitant les terres avec sa famille ou sauf dans le cas des concessions en vue de la pratique de l'agriculture sur abattis à caractère itinérant, par un ouvrier cultivant les terres sous la direction du demandeur et aux frais de ce dernier.

Peuvent également bénéficier d'une concession les personnes morales mentionnées au second alinéa de l'article L. 5141-4 dont plus de 50 % du capital social est détenu par des personnes physiques remplissant à titre individuel les conditions mentionnées au premier alinéa. Les dispositions du présent alinéa ne sont pas applicables aux concessions en vue de la pratique de l'agriculture sur abattis à caractère itinérant.

Dans tous les cas, l'administration apprécie s'il y a lieu d'attribuer la concession.

Art. R. 5141-5 L'acte de concession fixe le lieu et la nature de l'exploitation, le programme de travaux et, lorsqu'il s'agit d'une concession prévue à l'article R. 5141-3, la superficie minimale à exploiter, les conditions et délais de sa réalisation par tranches et les conditions d'occupation des immeubles bâtis et non bâtis.

L'acte de concession est complété par un cahier des charges conforme à un modèle établi par arrêté conjoint des ministres chargés de l'outre-mer, du domaine et de l'agriculture, qui détermine les clauses et conditions générales des concessions et notamment :

1° La composition des dossiers de demande de concession ;

2° Les conditions dans lesquelles les concessionnaires s'acquittent des obligations générales et des obligations propres à certains types d'exploitation et spécialement en matière de délimitation de l'immeuble concédé et de participation du concessionnaire à des associations foncières ou d'irrigation ;

3° Les modalités du contrôle sur le terrain de l'exécution des travaux ;

4° Les modalités de délivrance et de prorogation du titre de concession ;

5° Les modalités de liquidation, de perception et de révision de la redevance domaniale, de remboursement des taxes foncières et autres impôts auxquels est, ou pourrait être, assujetti l'immeuble concédé ainsi que les modalités de liquidation des intérêts de retard.

Un état des lieux établi contradictoirement est annexé à l'acte de concession.

Art. R. 5141-6 La demande de concession est établie sur un formulaire, selon un modèle type agréé par le préfet. Elle comporte notamment :

1° L'identité, la profession et l'adresse du demandeur. Si la demande émane d'une personne morale, elle est accompagnée d'une copie des statuts et précise les indications suivantes : dénomination, forme juridique, adresse du siège social, objet social, capital social, numéro d'immatriculation au registre du commerce et des sociétés, nom, prénom usuel et domicile des personnes ayant le pouvoir d'engager la personne morale envers les tiers, nom, prénom usuel et part de capital social détenue par les personnes physiques associées mentionnées au cinquième alinéa de l'article R. 5141-4 ;

2° La situation exacte et la superficie du terrain demandé ;

3° Le programme technique et économique de l'exploitation envisagée et les moyens auxquels le demandeur aura recours pour sa mise en œuvre. Pour les concessions foncières en vue de la pratique de l'agriculture sur abattis à caractère itinérant, le programme technique et économique intègre des mesures environnementales.

La demande comporte l'engagement prévu au 3° de l'article R. 5141-4. Elle est adressée au préfet, qui fait procéder à son instruction, sauf lorsqu'il est fait application de la convention prévue au premier alinéa de l'article L. 5141-6. Dans ce cas, la demande est adressée à l'établissement public, qui procède à son instruction.

En application du II de l'art. 21 de la L. n° 2000-321 du 12 avr. 2000, le silence gardé par l'administration, au terme d'un délai de deux mois, vaut rejet pour les demandes de concession en vue de la culture ou de l'élevage (V. Décr. n° 2014-1280 du 23 oct. 2014, applicable aux demandes formulées à compter du 12 nov. 2014).

Art. D. 5141-7 Une commission est chargée d'émettre un avis sur les demandes de concession.

Le dossier soumis à la commission est constitué par la demande, les pièces versées par le pétitionnaire et par les éléments recueillis par l'administration ou par l'Établissement public d'aménagement en Guyane.

Cette commission est présidée par le préfet ou son représentant.

Elle comprend les membres suivants :

1° Trois fonctionnaires de l'État désignés par le préfet ;

2° Le président de la chambre d'agriculture ou son représentant ;

3° Deux représentants des organismes de coopération, de la mutualité et de crédit désignés par le préfet sur proposition de la chambre d'agriculture ;

4° Le maire de chacune des communes sur le territoire de laquelle se situe le terrain demandé.

En cas de partage égal des voix, celle du président est prépondérante. Le président de la commission peut inviter toute personne dont l'audition lui paraîtrait utile à comparaître devant la commission afin d'y être entendue.

Art. R. 5141-8 La concession ne peut être accordée qu'après que la demande a fait l'objet d'une publication par extrait, aux frais du demandeur, dans un journal diffusé dans le département.

La demande, accompagnée d'un plan de situation, fait également l'objet d'un affichage pendant trente jours à la mairie de chacune des communes sur le territoire de laquelle se situe le terrain demandé.

Les ayants droit de tout ou partie du terrain demandé disposent d'un délai de quinze jours à compter de la dernière des publicités mentionnées aux alinéas précédents pour faire opposition entre les mains du directeur régional des finances publiques. Les réclamations qui seraient formulées après ce délai ne sont pas recevables.

Art. R. 5141-9 La concession est accordée à titre personnel. Toute convention par laquelle le concessionnaire sous-louerait ou céderait tout ou partie de ses droits sur tout ou partie du terrain ou des locaux d'exploitation ou d'habitation, y compris ceux dont la construction est autorisée, est réputée nulle.

En cas de décès ou d'impossibilité définitive du concessionnaire d'exploiter, son conjoint ou ses descendants ou ascendants ainsi que leurs conjoints peuvent, dans les quatre mois du décès ou de la cessation de l'exploitation, demander la transmission à l'un d'entre eux du bénéfice de la concession. Il est statué sur la demande par le préfet, sans qu'il y ait lieu de recueillir préalablement l'avis de la commission prévue à l'article D. 5141-7, ni de procéder aux formalités de publicité prévues à l'article R. 5141-8.

Un avenant à l'acte initial constate la substitution de concessionnaire. L'avenant ne modifie pas la durée de la concession. Toutefois, si la durée restant à courir est inférieure à trois ans, la concession est prorogée de telle sorte que le nouveau concessionnaire ne puisse prétendre au transfert de propriété à son profit de l'immeuble concédé qu'après l'avoir exploité personnellement pendant une période d'au moins trois ans. L'avenant peut, en outre, fixer, en fonction de la demande présentée, de nouvelles conditions de mise en valeur agricole.

Dans le cas des concessions foncières destinées à la culture sur abattis à caractère itinérant, la transmission de la concession peut être demandée par les collatéraux du concessionnaire dès lors que ceux-ci ont, antérieurement à cette transmission, participé à la mise en valeur de la surface concédée et que le conjoint ou les descendants ou les ascendants du concessionnaire ou leurs conjoints ne demandent pas cette transmission en application du deuxième alinéa. La durée de ces concessions n'est pas prorogée en cas de transmission quelle que soit la durée de concession restant à courir.

En application du II de l'art. 21 de la L. n° 2000-321 du 12 avr. 2000, le silence gardé par l'administration, au terme d'un délai de deux mois, vaut rejet pour les demandes de transmission de concession (V. Décr. n° 2014-1280 du 23 oct. 2014, applicable aux demandes formulées à compter du 12 nov. 2014).

Art. R. 5141-10 Les personnes morales concessionnaires informent le préfet des modifications concernant les détenteurs et la répartition du capital social, ainsi que l'objet statutaire.

Lorsqu'une personne morale concessionnaire cesse de remplir les conditions fixées au second alinéa de l'article L. 5141-4, le préfet la met en demeure par lettre recommandée avec demande d'avis de réception de régulariser la situation dans un délai maximum de douze mois. Lorsque la mise en demeure est restée infructueuse, ou à défaut de régularisation dans ce délai, le concessionnaire est déchu de ses droits par le préfet. Dans le cas où l'arrêté de déchéance n'a pu être notifié à la personne morale ou à son représentant, il est affiché en mairie pendant un délai de quinze jours.

Art. R. 5141-11 Le concessionnaire est tenu de verser une redevance annuelle. Celle-ci est liquidée par le directeur régional des finances publiques, après avis du chef du service déconcentré de l'État chargé de l'agriculture, sur la base de tarifs fixés forfaitairement chaque année pour chaque commune et par hectare selon la nature des cultures ou de l'élevage.

La redevance ainsi déterminée est, le cas échéant, majorée pour tenir compte des constructions et aménagements existants à la date de la concession.

La redevance est payable d'avance. A défaut de paiement dans les délais prévus par l'acte de concession, la déchéance peut être prononcée dans les conditions prévues à l'article R. 5141-12.

Art. R. 5141-12 A défaut de réalisation des travaux dans les délais fixés ou en cas d'inexécution des autres charges et conditions de la concession par le concessionnaire, le préfet met en demeure le concessionnaire, par lettre recommandée avec demande d'avis de réception, de se conformer à ses obligations et l'invite à participer à une visite contradictoire des lieux ou à s'y faire représenter.

Si la mise en demeure n'a pu être notifiée au concessionnaire ou à son représentant, elle est affichée en mairie pendant un délai de quinze jours.

La visite donne lieu à l'établissement d'un procès-verbal. Si, pour quelque raison que ce soit, le concessionnaire ou son représentant ne participe pas à la visite ou s'il refuse de signer le procès-verbal, un constat de carence est dressé. Lorsque la mise en demeure est restée infructueuse, le concessionnaire est déchu de ses droits par le préfet. Dans le cas où l'arrêté de déchéance n'a pu être notifié au concessionnaire ou à son représentant, il est affiché en mairie pendant un délai de quinze jours.

Art. R. 5141-13 La concession est déclarée vacante dans les cas suivants :

1° Renonciation du concessionnaire à la concession ;

2° Décès ou impossibilité définitive du concessionnaire d'exploiter lorsque le décès ou le défaut d'exploitation n'est pas suivi d'une transmission du bénéfice de la concession dans les conditions prévues aux deuxième, troisième et quatrième alinéas de l'article R. 5141-9 ;

3° Dissolution ou cessation d'activité de la personne morale ;

4° Déchéance du concessionnaire.

La vacance est déclarée par le préfet. Elle fait l'objet des mesures de publicité prévues à l'article R. 5141-8.

Art. R. 5141-14 Lorsqu'une concession est déclarée vacante, le concessionnaire n'a droit à aucune indemnité pour les constructions et aménagements réalisés sur la concession.

La déclaration de vacance entraîne pour le bénéficiaire de la concession ou ses ayants droit obligation d'enlever le matériel, le cheptel et les produits existants.

La déclaration précise si la démolition des bâtiments est exigée des intéressés. Elle indique les délais à l'issue desquels, faute par eux d'avoir enlevé les récoltes, le matériel et le cheptel, chacun de ces éléments de l'exploitation est considéré comme abandonné et peut être vendu par l'État.

Art. R. 5141-15 Les terres qui ont fait l'objet de concessions mentionnées au 1° de l'article R. 5141-1 peuvent, hors des zones protégées mentionnées au second alinéa de l'article L. 5141-2, être cédées aux titulaires de ces concessions si ceux-ci se sont acquittés de l'ensemble de leurs obligations et notamment de l'exécution du programme des travaux.

La demande de cession est formulée par le preneur auprès du préfet six mois au plus tard avant l'expiration de la concession.

En l'absence de décision du préfet à la date d'expiration de la concession, cette dernière est prorogée de plein droit.

En application du II de l'art. 21 de la L. n° 2000-321 du 12 avr. 2000, le silence gardé par l'administration, au terme d'un délai de six mois, vaut rejet pour les demandes de cession de terres du domaine privé en Guyane au bénéfice du titulaire d'une concession en vue de la culture ou de l'élevage (V. Décr. n° 2014-1280 du 23 oct. 2014, applicable aux demandes formulées à compter du 12 nov. 2014).

Art. R. 5141-16 En application des dispositions du 1° de l'article L. 5141-1, le transfert de propriété a lieu à titre gratuit.

Lorsque la cession porte sur des terres situées dans une zone régie par une convention passée en application de l'article R. 5141-20, le cessionnaire est tenu de verser pendant une période maximale de dix ans une redevance annuelle. Le montant de la redevance prend en compte les dépenses d'aménagement et d'entretien de la zone par la collectivité. Il est fixé selon des modalités définies dans l'acte de concession.

Le transfert de propriété est consenti sous la condition résolutoire que l'immeuble soit exploité à des fins agricoles par le cessionnaire, ses héritiers ou ses ayants cause, pendant trente ans à compter de la date de la cession, déduction faite de la période de mise en valeur antérieure.

Si le préfet constate que l'immeuble cédé n'est plus exploité à des fins agricoles, il met en demeure le cessionnaire, ses héritiers ou ses ayants cause de régulariser la situation dans un délai maximum de douze mois. Lorsque la mise en demeure est restée infructueuse ou à défaut de régularisation dans ce délai, le préfet demande à l'intéressé de restituer l'immeuble cédé ou l'autorise à en conserver la propriété dans les conditions fixées à l'article R. 5145-7.

Art. R. 5141-17 Les terres qui font l'objet de baux emphytéotiques à vocation agricole depuis plus de dix ans peuvent, hors des zones protégées mentionnées au second alinéa de l'article L. 5141-2, être cédées aux titulaires de ces baux si ceux-ci se sont acquittés de l'ensemble de leurs obligations et dans la limite des superficies qu'ils ont effectivement et personnellement mises en valeur.

La demande de cession est formulée par le preneur auprès du préfet six mois au plus tard avant l'expiration du bail. En l'absence de décision du préfet à la date d'expiration du bail, ce dernier est prorogé de plein droit pour une durée d'un an.

En application du II de l'art. 21 de la L. n° 2000-321 du 12 avr. 2000, le silence gardé par l'administration, au terme d'un délai de six mois, vaut rejet pour les demandes de cession de terres du domaine privé en Guyane au bénéfice du titulaire d'un bail emphytéotique à vocation agricole (V. Décr. n° 2014-1280 du 23 oct. 2014, applicable aux demandes formulées à compter du 12 nov. 2014).

Art. R. 5141-18 En application des dispositions du 2° de l'article L. 5141-1, le transfert de propriété a lieu à titre gratuit.

Le transfert de propriété est consenti sous la condition résolutoire que l'immeuble soit exploité à des fins agricoles par le cessionnaire, ses héritiers ou ses ayants cause, pendant trente ans à compter de la date de la cession, déduction faite de la période de mise en valeur antérieure.

Si le préfet constate que l'immeuble cédé n'est plus exploité à des fins agricoles, il met en demeure le cessionnaire, ses héritiers ou ses ayants cause de régulariser la situation dans un délai maximum de douze mois. Lorsque la mise en demeure est restée infructueuse ou à défaut de régularisation dans ce délai, le préfet demande à l'intéressé de restituer l'immeuble cédé ou l'autorise à en conserver la propriété dans les conditions fixées à l'article R. 5145-7.

Art. R. 5141-19 Les baux agricoles mentionnés au 3° de l'article R. 5141-1 sont régis par les dispositions du code rural et de la pêche maritime.

Toutefois, les formalités prévues par les articles R. 5141-6 et R. 5141-8 pour les demandes de concession sont applicables à la passation des baux.

Art. R. 5141-20 L'État peut passer avec la région, le département ou une commune de Guyane une convention en vue de réaliser dans une zone déterminée des équipements destinés à la mise en valeur agricole des terres domaniales. Ces terres peuvent faire l'objet de concessions par l'État suivies de cessions dans les conditions prévues au 1° de l'article R. 5141-1 et au 1° de l'article L. 5141-1 ou de baux passés par la collectivité au nom de l'État pendant une période qui ne peut excéder cinq ans à compter de l'achèvement des travaux d'équipement de la zone.

La convention définit les obligations de la collectivité territoriale et les modalités de contrôle de l'opération. Cette opération est faite sous la responsabilité de la collectivité territoriale et à ses frais. Elle fixe les délais d'exécution des travaux à la charge de la collectivité.

La convention détermine celles des terres de la zone qui font l'objet d'une concession et celles pour lesquelles la collectivité est habilitée à passer des baux. Elle fixe, dans la limite de dix-huit ans, en ce qui concerne les terres concédées, les délais pendant lesquels une fraction de la redevance payée par les concessionnaires est reversée à la collectivité et, en ce qui concerne les terres louées, les délais pendant lesquels la collectivité percevra directement le loyer. La convention précise, en outre, les délais pendant lesquels l'État reversera à la collectivité la redevance prévue au deuxième alinéa de l'article R. 5141-16.

Art. R. 5141-21 Les demandes de cession mentionnées à l'article L. 5141-4 sont faites sur un formulaire établi par le préfet.

Elles comportent :

1° L'identité, la profession et l'adresse du demandeur. Si la demande émane d'une personne morale, elle est accompagnée d'une copie des statuts et précise les indications suivantes : dénomination, forme juridique, adresse du siège social, objet social, capital social, numéro d'immatriculation au registre du commerce et des sociétés, nom, prénom usuel et domicile des personnes ayant le pouvoir d'engager la personne morale envers les tiers, nom, prénom usuel et part de capital social détenue par les personnes physiques associées mentionnées au dernier alinéa de l'article L. 5141-4 ;

2° La situation et la superficie du terrain demandé ;

3° La date de début, les conditions et la durée de la mise en valeur agricole continue, paisible et publique ainsi qu'un descriptif sommaire de cette mise en valeur ;

4° Le cas échéant, la preuve par tout moyen de la mise à disposition par l'État.

En application du II de l'art. 21 de la L. n° 2000-321 du 12 avr. 2000, le silence gardé par l'administration, au terme d'un délai de deux mois, vaut rejet pour les demandes de cession gratuite de terres à usage agricole (V. Décr. n° 2014-1280 du 23 oct. 2014, applicable aux demandes formulées à compter du 12 nov. 2014).

Art. R. 5141-22 La cession mentionnée à l'article R. 5141-21 est consentie par le préfet, en tenant compte du schéma directeur départemental des structures agricoles. Elle est subordonnée à la condition que l'immeuble soit exploité à des fins agricoles par le cessionnaire, ses héritiers ou ses ayants cause, pendant trente ans à compter de la date de cession.

Si la superficie demandée excède le quadruple de la surface minimum d'installation pondérée, le préfet recueille l'avis du directeur de l'alimentation, de l'agriculture et de la forêt et du directeur régional des finances publiques.

Si le préfet constate que l'immeuble cédé n'est plus exploité à des fins agricoles, il met en demeure le concessionnaire ou ses héritiers ou ses ayants cause de régulariser la situation dans un délai maximum de douze mois. Lorsque la mise en demeure est restée infructueuse ou à défaut de régularisation dans ce délai, le préfet demande à l'intéressé de restituer l'immeuble cédé ou l'autorise à en conserver la propriété dans les conditions fixées à l'article R. 5145-7.

Art. R. 5141-23 La convention conclue en application du premier alinéa de l'article L. 5141-6 précise les modalités de mise en œuvre des procédures d'instruction des demandes et de rédaction des actes par l'établissement public d'aménagement mentionné au même article.

Les contrats de concession et de cession passés par cet établissement public sont régis par les dispositions des articles L. 5141-5, R. 5141-20 à R. 5141-22 et R. 5145-1 à R. 5145-7.

Art. R. 5141-24 La convention mentionnée au second alinéa de l'article L. 5141-6 prévoit :

1° L'identification des terres domaniales pour lesquelles le bénéfice d'une ou plusieurs concessions gratuites est demandé ;

2° Le programme des travaux à réaliser par l'établissement public d'aménagement ainsi que les modalités de leur contrôle et de leur financement ;

3° Les délais d'exécution des travaux à la charge de l'établissement public ;

4° Les sujétions particulières en matière de respect de l'environnement imposées s'il y a lieu à l'établissement public et à ses concessionnaires ;

5° Les conditions dans lesquelles l'établissement public concessionnaire peut, après réalisation des travaux d'aménagement rural, bénéficier d'une cession gratuite ;

6° Les conditions dans lesquelles les terres cédées gratuitement par l'État à l'établissement public sont concédées à des tiers, notamment celles dont l'inobservation peut entraîner la déchéance du concessionnaire ;

7° Les conditions dans lesquelles les terres cédées gratuitement par l'État à l'établissement public sont cédées à des tiers, notamment celles dont l'inobservation peut entraîner la résolution de la cession.

Le projet de convention est adressé au préfet qui le soumet à la commission prévue par l'article D. 5141-7.

Art. R. 5141-25 Lorsque l'établissement public bénéficie d'une concession gratuite en vue de la réalisation de travaux d'aménagement rural ou d'une cession gratuite des terrains aménagés dans le cadre d'une concession, la concession ou la cession est soumise aux dispositions de l'article R. 5141-8 et des articles R. 5145-2 à R. 5145-6.

CHAPITRE II CONCESSIONS ET CESSIONS D'IMMEUBLES DOMANIAUX À DES COLLECTIVITÉS TERRITORIALES ET À L'ÉTABLISSEMENT PUBLIC D'AMÉNAGEMENT EN GUYANE

Art. R. 5142-1 Les concessions prévues au 1° de l'article L. 5142-1 sont consenties pour une durée de cinq ans, prorogeable d'une ou plusieurs années, dans la limite de cinq années supplémentaires.

Les concessions sont gratuites. Toutefois, lorsque le département, la région ou un groupement de collectivités territoriales souhaite s'assurer la maîtrise d'un ensemble d'immeubles qui ne sont pas tous destinés à recevoir une affectation justifiant la gratuité, une concession peut lui être accordée pour la même durée dans le but de constituer une réserve foncière ; dans ce cas, l'acte de concession prévoit le paiement d'une redevance annuelle établie à titre prévisionnel et payable d'avance. Le montant définitif de la redevance est fixé six mois avant la date d'expiration de la concession.

Art. R. 5142-2 La collectivité territoriale ou le groupement de collectivités territoriales concessionnaire peut, par avenant à l'acte de concession, être autorisé à donner aux immeubles concédés une affectation différente de celle qui était prévue initialement.

Si la nouvelle affectation ne justifie pas la gratuité de la concession prévue au 1° de l'article L. 5142-1 ou n'autorise pas une cession gratuite en application du 3° du même article, l'avenant prévoit le paiement de la redevance correspondante à compter de l'année au cours de laquelle il est intervenu.

Si la nouvelle affectation justifie la gratuité de la concession, l'avenant prévoit la dispense du paiement de la redevance pour les années postérieures à son intervention.

Si la nouvelle affectation ouvre vocation à cession gratuite, les immeubles peuvent, lorsque les conditions à la cession sont remplies, être distraits de la concession et cédés à la commune, sur sa demande.

Art. R. 5142-3 En cours de concession, la collectivité territoriale ou le groupement de collectivités territoriales concessionnaire peut demander que les immeubles lui soient cédés ou soient cédés à des tiers. En cas de cession de la totalité des immeubles concédés, la concession se trouve résolue de plein droit. En cas de cession partielle, les immeubles cédés sont distraits de la concession.

Dans le cas où la cession des immeubles ou partie d'immeubles concédés a lieu au bénéfice d'un tiers, l'État reverse à la collectivité territoriale ou au groupement de collectivités territoriales concessionnaire la plus-value procurée par les travaux que la collectivité ou le groupement a pu exécuter sur les biens cédés et qui a été mise à la charge du cessionnaire par l'acte de cession. Cette plus-value est déterminée par le directeur régional des finances publiques, déduction faite des subventions accordées par l'État pour ces travaux.

Art. R. 5142-4 Les immeubles concédés doivent recevoir, sous peine de déchéance de la concession, la destination prévue dans l'acte de concession éventuellement modifié en application des dispositions de l'article R. 5142-2.

Au plus tard six mois avant la date d'expiration de la concession éventuellement prorogée, la collectivité territoriale ou le groupement de collectivités territoriales bénéficiaire justifie auprès du préfet que les immeubles ont reçu la destination prévue dans l'acte de concession et, le cas échéant, ses avenants. Des délais supplémentaires dans la limite totale de deux ans peuvent être accordés par le préfet à la collectivité territoriale ou au groupement de collectivités territoriales bénéficiaire. Jusqu'à ce que le préfet se prononce sur l'exécution du programme, la concession est prorogée de plein droit.

A défaut de justifications présentées dans les délais ou en cas de non-paiement de la redevance prévue au second alinéa de l'article R. 5142-1 aux dates fixées dans l'acte de concession et ses avenants, le préfet prononce la déchéance de la concession. L'arrêté prononçant la déchéance est notifié à la collectivité territoriale ou au groupement de collectivités territoriales concerné.

Art. R. 5142-5 Lorsque la déchéance de la concession est prononcée, la collectivité territoriale ou le groupement de collectivités territoriales concessionnaire ne peut prétendre au versement par l'État d'aucune indemnité.

Dans ce cas, aucun des actes ayant pour objet ou pour effet d'engager la responsabilité de la collectivité territoriale ou du groupement de collectivités territoriales vis-à-vis des tiers en sa qualité de concessionnaire n'est opposable à l'État. Aucune indemnité ne peut être réclamée à l'État par des tiers envers lesquels la collectivité ou le groupement de collectivités serait débiteur.

Art. R. 5142-6 La reprise de possession des immeubles par l'État ne peut avoir lieu que deux mois après la publication au recueil des actes administratifs de la préfecture de la Guyane et la publication, par extrait, dans un journal diffusé dans le département de l'arrêté du préfet prononçant la déchéance.

Art. R. 5142-7 Si la déchéance de la concession n'a pas été prononcée, le transfert de propriété a lieu de plein droit à l'expiration de la concession, dans les conditions prévues par l'acte de concession et, le cas échéant, par ses avenants.

Art. R. 5142-8 Lorsque les immeubles entrent dans l'une des catégories mentionnées à l'article L. 5142-1, le transfert de propriété a lieu à titre gratuit.

Les cessions qui ne bénéficient pas de la gratuité donnent lieu au paiement d'un prix correspondant à la valeur vénale des immeubles, compte tenu de leur consistance à la date de prise d'effet de la concession. Le prix est fixé dans les conditions prévues au 1° de l'article R. 3211-7.

La superficie de référence mentionnée au 3° de l'article L. 5142-1 est arrêtée par le préfet, lors de la première demande de cession gratuite, sur proposition du directeur régional des finances publiques et après avis de la commission prévue à l'article D. 5142-10 pour une période de dix années. Elle est modifiée dans les mêmes conditions et pour la même durée lors des demandes ultérieures de cession gratuite intervenant au début de chaque nouvelle période de dix années à compter de la date de la première cession gratuite.

Art. R. 5142-9 Les cessions consenties en application du présent chapitre sont constatées par un acte auquel est annexé un extrait du plan cadastral. Cet acte indique la consistance et la destination des immeubles ainsi que les délais et les conditions dans lesquels les immeubles cédés à la collectivité territoriale, au groupement de collectivités territoriales ou à l'établissement public d'aménagement en Guyane peuvent faire l'objet d'une aliénation à des tiers.

L'acte mentionne également la superficie de référence et le total des superficies déjà cédées gratuitement, lorsque la cession a lieu en application des dispositions du 3° de l'article L. 5142-1, et la date de la déclaration d'utilité publique, lorsque la cession est consentie en application des dispositions du cinquième alinéa du même article.

Art. D. 5142-10 Une commission est chargée d'émettre un avis sur les demandes de concession, sur l'exécution des obligations mises à la charge de la collectivité ou du groupement de collectivités par l'acte de concession et sur les demandes de cessions gratuites, pour constituer des réserves foncières, présentées par les collectivités territoriales, par leurs groupements ou par l'Établissement public d'aménagement en Guyane.

Cette commission est présidée par le préfet ou son représentant.

Elle comprend les membres suivants :

1° Un membre du conseil régional élu par celui-ci ;

2° Trois membres du conseil départemental élus par celui-ci ;

3° Le maire de la commune sur le territoire de laquelle se situent les immeubles ;

4° Cinq fonctionnaires de l'État désignés par le préfet.

En cas de partage égal des voix, celle du président est prépondérante. Le président de la commission peut inviter toute personne dont l'audition lui paraîtrait utile à comparaître devant la commission afin d'y être entendue.

Art. R. 5142-11 La demande de cession gratuite d'une forêt dépendant du domaine privé de l'État et relevant du régime forestier en application de l'article L. 5142-2 est adressée au préfet par la collectivité territoriale.

Le préfet examine, après avis du représentant de l'Office national des forêts et du directeur de l'alimentation, de l'agriculture et de la forêt si le rôle social ou environnemental que la forêt dont la cession est demandée joue au plan local justifie ou non la cession.

Le préfet se prononce sur la demande de cession dans un délai de quatre mois à compter de sa réception.

Art. R. 5142-12 Les cessions mentionnées à l'article R. 5142-11 sont constatées par un acte indiquant la localisation, la consistance et la destination des immeubles.

L'acte mentionne également que la forêt cédée relève du régime forestier dans les conditions prévues à l'article L. 211-1 du code forestier.

CHAPITRE III CONCESSIONS ET CESSIONS À DES COMMUNAUTÉS D'HABITANTS

Art. R. 5143-1 Le préfet constate au profit des communautés d'habitants qui tirent traditionnellement leurs moyens de subsistance de la forêt l'existence sur les terrains domaniaux de la Guyane de droits d'usage collectifs pour la pratique de la chasse, de la pêche et, d'une manière générale, pour l'exercice de toute activité nécessaire à la subsistance de ces communautés.

Cette constatation est faite par arrêté, pris après avis du directeur régional des finances publiques. L'arrêté détermine la situation, la superficie et la consistance des terrains, rappelle l'identité et la composition de la communauté d'habitants bénéficiaires et précise la nature des droits d'usage dont l'exercice est reconnu.

L'arrêté est publié au recueil des actes administratifs de la préfecture de la Guyane.

Lorsque la communauté bénéficiaire n'exerce plus ses droits d'usage, sur tout ou partie des terrains, le préfet le constate par un arrêté pris et publié dans les mêmes formes.

Art. R. 5143-2 Les droits d'usage mentionnés à l'article R. 5143-1 ne peuvent être exercés que sous réserve de l'application des dispositions relatives à la recherche et à l'exploitation de substances minières et des dispositions relatives à la protection de la nature et des espèces animales et à la défense de l'environnement. Ils ne font pas obstacle à la réalisation de travaux d'aménagement ou d'équipement collectifs.

Art. R. 5143-3 Les communautés d'habitants mentionnées à l'article R. 5143-1, constituées en associations ou en sociétés, peuvent demander à bénéficier d'une concession à titre gratuit des terrains domaniaux situés dans une zone déterminée en vue de la culture ou de l'élevage ou pour pourvoir à l'habitat de leurs membres.

La concession ne peut être accordée que pour une durée limitée. Elle est renouvelable. L'arrêté de concession est publié au recueil des actes administratifs de la préfecture de la Guyane.

En application du II de l'art. 21 de la L. n° 2000-321 du 12 avr. 2000, le silence gardé par l'administration, au terme d'un délai de deux mois, vaut rejet pour les demandes de concession à titre gratuit de terrains domaniaux aux communautés d'habitants (V. Décr. n° 2014-1280 du 23 oct. 2014, applicable aux demandes formulées à compter du 12 nov. 2014).

Art. R. 5143-4 La concession peut être retirée, lorsque les membres de l'association ou de la société ont cessé définitivement de résider dans la zone, lorsque l'association ou la société est dissoute, si elle se trouve dans l'impossibilité de remplir les obligations mises à sa charge par l'acte de concession ou si ses activités sont contraires à la destination prévue par cet acte.

La concession peut faire l'objet d'un retrait partiel si, sur une partie des terrains de la zone, les membres de l'association ou de la société ont cessé définitivement de résider, s'ils ne remplissent pas les obligations mises à la charge de l'association ou de la société ou s'ils exercent des activités contraires à la destination prévue.

Art. R. 5143-5 Avant l'expiration de la concession et selon les modalités prévues par l'acte de concession, l'association ou la société concessionnaire peut demander que les terrains lui soient cédés à titre gratuit en vue de la culture ou de l'élevage ou pour pourvoir à l'habitat de ses membres.

Le transfert de propriété est consenti par l'État sous la condition résolutoire d'une résidence effective des intéressés dans la zone pendant un délai de dix ans et du maintien pendant le même délai de la destination prévue dans l'acte de cession.

L'acte de cession indique les délais et les conditions dans lesquels les immeubles cédés peuvent faire l'objet d'une aliénation.

La dissolution de l'association ou de la société cessionnaire dans les dix ans de l'acte de cession entraîne, de plein droit, la résolution de la cession.

En application du II de l'art. 21 de la L. n° 2000-321 du 12 avr. 2000, le silence gardé par l'administration, au terme d'un délai de deux mois, vaut rejet pour les demandes de concession à titre gratuit de terrains domaniaux aux concessionnaires (V. Décr. n° 2014-1280 du 23 oct. 2014, applicable aux demandes formulées à compter du 12 nov. 2014).

Art. D. 5143-6 Une commission est chargée d'émettre un avis sur les opérations prévues aux articles R. 5143-2 à R. 5143-5.

Cette commission est présidée par le préfet ou son représentant. Elle comprend les membres suivants :

1° Le maire de chacune des communes sur le territoire de laquelle se situent les terrains ;

2° Quatre personnalités qualifiées désignées par le préfet ;

3° Deux membres de l'association ou de la société appartenant aux organes de direction de celle-ci.

En cas de partage égal des voix, celle du président est prépondérante. Le président de la commission peut inviter toute personne dont l'audition lui paraîtrait utile à comparaître devant la commission afin d'y être entendue.

CHAPITRE IV CESSIONS DE TERRAINS DOMANIAUX NE RELEVANT PAS DES DISPOSITIONS DES CHAPITRES Ier, II ET III

Art. R. 5144-1 Le préfet délimite les zones dans lesquelles des terrains peuvent faire l'objet de cessions gratuites mentionnées à l'article L. 5144-1.

Par convention signée par le préfet au nom de l'État, les terrains inclus dans les zones mentionnées au premier alinéa sont mis à disposition de l'Établissement public d'aménagement en Guyane, aux fins d'aménagement. L'établissement public se voit également confier, par convention, l'instruction des demandes de cession gratuite portant sur ces mêmes terrains.

Art. R. 5144-2 La demande de cession est adressée à l'établissement public. Elle comporte :

1° Les nom, prénoms, nationalité et domicile du demandeur ;

2° Un plan de situation du terrain demandé ;

3° Une copie de l'avis d'impôt sur le revenu du demandeur ;

4° Une preuve de la nationalité française du demandeur ou de sa qualité de ressortissant d'un État membre de l'Union européenne, d'un État partie à l'accord sur l'Espace économique européen ou de la Confédération suisse ou une copie de la carte de résident ;

5° La preuve par tout moyen que le terrain supporte une construction affectée, à la date du 4 septembre 1998, pour les trois quarts au moins de sa superficie totale, à l'habitation ;

6° L'engagement de ne pas procéder à l'aliénation volontaire de l'immeuble cédé pendant quinze ans à compter de la date de cession.

En application du II de l'art. 21 de la L. n° 2000-321 du 12 avr. 2000, le silence gardé par l'administration, au terme d'un délai de deux mois, vaut rejet pour les demandes de cession à titre gratuit de terrains à des personnes physiques occupant des constructions principalement affectées à leur habitation (V. Décr. n° 2014-1280 du 23 oct. 2014, applicable aux demandes formulées à compter du 12 nov. 2014).

Art. R. 5144-3 L'établissement public adresse après instruction le dossier de demande au préfet, accompagné de son avis et, le cas échéant, de ses propositions d'ajustement de la superficie du terrain dont la cession est demandée, pour tenir compte de l'équipement de celui-ci en voirie et réseaux divers et des conditions de cession des fonds voisins.

Lorsque l'établissement public a réalisé et financé des travaux d'aménagement en vue de la cession, il détermine le coût de ces aménagements bénéficiant à l'immeuble à céder et en recouvre le montant à son profit auprès du demandeur.

La cession est consentie par le préfet.

En cas de méconnaissance de l'obligation mentionnée au second alinéa de l'article L. 5144-3, le préfet prononce la nullité de la cession.

Les dispositions de l'article R. 5145-5, du premier alinéa de l'article R. 5145-6 et, le cas échéant, de l'article R. 5145-3 sont applicables aux cessions prévues par le présent chapitre.

Art. D. 5144-4 Le plafond de superficie prévu au premier alinéa de l'article L. 5144-3 est fixé à 2 500 mètres carrés.

CHAPITRE V **DISPOSITIONS COMMUNES ET DIVERSES**

Art. R. 5145-1 Le directeur régional des finances publiques est compétent pour fixer la valeur des immeubles et les modalités financières des opérations prévues au présent titre.

Art. R. 5145-2 Après avoir, s'il y a lieu, établi le bornage à ses frais, le bénéficiaire d'une concession, d'un bail emphytéotique à vocation agricole ou d'une cession est tenu de payer les frais d'établissement, d'expédition et de publication de l'acte de concession, du bail ou de l'acte de cession, ainsi que les frais de publication au fichier immobilier.

Art. R. 5145-3 Les actes portant sur des immeubles gérés par l'Office national des forêts sont pris après avis du représentant de l'office. L'avis est réputé donné, s'il n'a pas été transmis par le représentant de l'office dans les deux mois de sa saisine.

Sauf dispositions contraires de l'acte, les opérations suivantes mettent fin à la gestion de l'office sur les immeubles mentionnés au premier alinéa :

1° Cessions mentionnées aux articles L. 5141-1, L. 5142-1, L. 5143-1 et L. 5144-1 ;
2° Concessions mentionnées au 1° de l'article R. 5141-1 ;
3° Baux emphytéotiques à vocation agricole mentionnés au 2° de l'article R. 5141-1 ;
4° Baux agricoles mentionnés au 3° de l'article R. 5141-1 ;
5° Conventions mentionnées au 4° de l'article R. 5141-1 ;
6° Reconnaissance des droits d'usage mentionnée à l'article R. 5143-1.

Art. R. 5145-4 Les concessions et les baux emphytéotiques à vocation agricole prévus au présent titre ne peuvent faire obstacle ni à l'exécution par l'État d'opérations tendant à la recherche de substances minières et à leur exploitation, ni à l'exécution de travaux d'aménagement ou d'équipement collectif. Les troubles de jouissance qui pourraient en résulter pour le bénéficiaire de la concession ou du bail ne peuvent donner lieu à une indemnité à la charge de l'État.

L'acte de concession ou le bail mentionne, à peine de nullité, les dispositions du présent article.

Art. R. 5145-5 Lorsque les immeubles ont donné lieu à une cession à titre gratuit, les dispositions du premier alinéa de l'article R. 5145-4 sont applicables au cessionnaire pendant un délai de trente ans à compter de la cession. Pendant le même délai, il est interdit au cessionnaire de procéder sur ces immeubles à la recherche ou à l'exploitation de substances minières. En cas de découverte de substances minières, le cessionnaire en avise le préfet.

L'acte de cession et, dans le cas de bail ou de concession suivis de cessions à titre gratuit prévues à l'article R. 5142-1, le bail ou l'acte de concession mentionnent, à peine de nullité, les dispositions du présent article.

Art. R. 5145-6 Tout acte de cession mentionne les conditions auxquelles le transfert de propriété est consenti et notamment celles des conditions dont l'inobservation entraîne la résolution de la cession.

Les concessions prévues à l'article R. 5142-1 mentionnent les conditions auxquelles le transfert de propriété sera consenti et notamment celles des conditions dont l'inobservation entraîne la résolution de la cession.

Art. R. 5145-7 Pour l'application de l'article L. 5145-1, l'autorisation de conserver l'immeuble est accordée par le préfet, après fixation par le directeur régional des finances publiques de la valeur vénale de l'immeuble et des modalités financières de l'opération.

Art. R. 5145-8 Pour l'application en Guyane de la partie réglementaire du présent code, les références au "département" et au "département d'outre-mer", les références au "conseil départemental" et au "conseil régional", les références au "président du conseil départemental" et au "président du conseil régional" sont remplacées respectivement par la référence à "la collectivité territoriale de Guyane", la référence à "l'assemblée de Guyane" et la référence au "président de l'assemblée de Guyane".

TITRE CINQUIÈME DISPOSITIONS PARTICULIÈRES AU DOMAINE PRIVÉ DE L'ÉTAT EN GUADELOUPE, EN MARTINIQUE ET À LA RÉUNION

CHAPITRE UNIQUE

Art. R. 5151-1 En Guadeloupe, en Martinique et à La Réunion, l'aliénation des terrains du domaine privé de l'État destinés à la réalisation des programmes de construction ou aux aménagements mentionnés à l'article L. 5151-1 est consentie dans les conditions prévues aux articles R. 5151-2 à R. 5151-4.

Art. R. 5151-2 Dans le cas où le projet d'aliénation porte sur des terrains destinés à la réalisation de programmes de construction, la décote prévue à l'article L. 5151-1 peut être consentie dès lors que 50 % au moins de la surface de plancher projetée est affectée au logement locatif social.

Cette décote est pondérée par le rapport de la surface de plancher affectée au logement locatif social à la surface de plancher totale du programme immobilier.

Art. R. 5151-3 Dans tous les cas, le préfet décide du principe de la décote.

Le directeur régional des finances publiques calcule et arrête le montant de la décote à partir des éléments d'un dossier que lui adresse le préfet et qui comprend selon le cas :

1° Le programme de logements locatifs sociaux à réaliser et un document précisant les conditions financières de réalisation de ce programme ainsi que l'impact attendu de la répercussion intégrale de la décote sur le prix de revient des logements locatifs sociaux bénéficiaires ;

2° La liste des équipements collectifs à aménager et un document précisant les conditions financières de l'opération.

Art. R. 5151-4 L'acte d'aliénation comporte, outre les mentions prévues au quatrième alinéa de l'article L. 5151-1, la valeur vénale établie par le directeur régional des finances publiques, le programme de logements locatifs sociaux devant être réalisé ou la liste des équipements collectifs devant être aménagés, les conditions de l'opération et le montant de la décote.

Lorsque l'acquéreur du terrain objet de la décote n'est pas une personne bénéficiant des subventions et prêts prévus à l'article R. 372-3 du code de la construction et de l'habitation, l'acte d'aliénation précise, en sus des informations et engagements mentionnés à l'alinéa précédent, les conditions et modalités générales du transfert au bailleur des logements locatifs sociaux construits ou des droits et obligations afférents aux logements locatifs sociaux à construire compris dans le programme.

Art. R. 5151-5 Pour l'application en Martinique de la partie réglementaire du présent code, les références au "département" et au "département d'outre-mer", les références au "conseil départemental" et au "conseil régional", les références au "président du conseil départemental" et au "président du conseil régional" sont remplacées respectivement par la référence à "la collectivité territoriale de Martinique", la référence à "l'assemblée de Martinique", la référence au "président du conseil exécutif de Martinique" pour les attributions dévolues à l'autorité exécutive de la collectivité et par la référence au "président de l'assemblée de Martinique" pour les attributions liées à la présidence de l'assemblée délibérante.

LIVRE DEUXIÈME DISPOSITIONS APPLICABLES À SAINT-PIERRE-ET-MIQUELON

TITRE PREMIER DISPOSITIONS GÉNÉRALES

CHAPITRE UNIQUE

Art. R. 5211-1 Ne sont pas applicables à Saint-Pierre-et-Miquelon :

1° Les articles R. 1111-3, R. 1211-10, R. 1212-9 à R. 1212-22 et R. 1212-24 ;

2° Les articles R. 2124-3, R. 2124-12, R. 2124-17 à R. 2124-19, R. 2124-30, R. 2124-55, R. 2124-59, R. 2124-61, R. 2124-63, R. 2124-64 à R. 2124-74, D. 2124-75, D. 2124-75-1, R. 2124-76, R. 2124-79, R. 2125-12, R. 2125-13 (huitième alinéa), D. 2141-1, R. 2222-4-1, R. 2222-16, R. 2222-17, R. 2222-18, R. 2222-19, R. 2222-35 et R. 2321-4 ;

3° Les articles R. 3113-6 (deuxième alinéa), R. 3211-10, R. 3211-13 à R. 3211-17-9, R. 3211-24, R. 3211-28, D. 3211-29, D. 3211-30, R. 3211-32-1 à R. 3211-32-9, R. 3211-33, R. 3211-40, R. 3221-1 à R. 3221-3, R. 3221-7 à R. 3221-9 et R. 3222-4 ;

4° Les articles R. 4121-1-1, R. 4121-3 et R. 4121-3-1 ;

5° Le livre Ier de la cinquième partie.

Art. R. 5211-2 Les références faites, par des dispositions du présent code applicables à Saint-Pierre-et-Miquelon, à d'autres articles du présent code, ne concernent que les articles rendus applicables dans la collectivité avec les adaptations mentionnées dans les titres ci-dessous.

Art. R. 5211-3 En l'absence d'adaptation, les références faites par des dispositions du présent code applicables à Saint-Pierre-et-Miquelon, à des dispositions qui n'y sont pas applicables, sont remplacées par les références aux dispositions ayant le même objet applicables localement.

Art. R. 5211-4 Pour l'application du présent code à Saint-Pierre-et-Miquelon, les références aux termes énumérés ci-après sont ainsi remplacés :

1° "Département" et "région" par "collectivité territoriale" ;

2° "Président du conseil départemental" par "président du conseil territorial" ;

3° "Conseil départemental" par "conseil territorial" ;

4° "tribunal judiciaire" par "tribunal de première instance" ;

5° "cour d'appel" par "tribunal supérieur d'appel" ;

6° "préfet de département" et "préfet de région" par "préfet" ;

7° "directeur départemental des finances publiques" par "directeur local des finances publiques" ;

(Décr. n° 2020-677 du 4 juin 2020, art. 18) « 8° "conseil scientifique régional du patrimoine naturel" par "conseil scientifique territorial du patrimoine naturel" ;

« 9° "commission départementale de la nature, des paysages et des sites" par "commission territoriale de la nature, des paysages et des sites". »

V. note ss. art. R. 2124-4, supra.

TITRE DEUXIÈME ACQUISITIONS

CHAPITRE PREMIER MODES D'ACQUISITION

Art. R. 5221-1 Pour l'application à Saint-Pierre-et-Miquelon de l'article R. 1123-1, les mots : "commission communale" sont remplacés par les mots : "commission locale".

CHAPITRE II PROCÉDURES D'ACQUISITION

Art. R. 5222-1 Pour son application à Saint-Pierre-et-Miquelon, l'article R. 1211-6 est modifié ainsi qu'il suit :

1° Le troisième alinéa est remplacé par les dispositions suivantes :

"La décision de passer outre est adressée au directeur local des finances publiques." ;

2° Le quatrième alinéa n'est pas applicable.

Art. R. 5222-2 Pour l'application à Saint-Pierre-et-Miquelon de l'article R. 1212-8, les références aux articles R. 5211-13-2 à R. 5211-13-6 du code général des collectivités territoriales et la référence à l'article R. 5212-1-1-1 du même code ne s'appliquent pas.

TITRE TROISIÈME GESTION

CHAPITRE PREMIER BIENS RELEVANT DU DOMAINE PUBLIC

Art. R. 5231-1 Le deuxième alinéa de l'article R. 2111-5 ne s'applique pas à Saint-Pierre-et-Miquelon.

Art. R. 5231-2 (Abrogé par Décr. n° 2016-360 du 25 mars 2016, art. 187-2°, à compter du 1er avr. 2016) *Pour l'application à Saint-Pierre-et-Miquelon de l'article R. 2122-29, les mots : "de ses articles 39 à 40-1, 43 à 46, 50 à 53, 55, 62, 80, 82, 83, 85 et 85-1" sont remplacés par les mots : "de son article 293".*

Art. R. 5231-3 (Abrogé par Décr. n° 2016-360 du 25 mars 2016, art. 187-2°, à compter du 1er avr. 2016) *Pour l'application à Saint-Pierre-et-Miquelon du premier alinéa de l'article R. 2122-35, les mots : "ainsi que, dans le cas où le montant du contrat est supérieur à un montant défini par arrêté du ministre chargé de l'économie, dans le Journal officiel de l'Union européenne" sont supprimés.*

Art. R. 5231-4 Le 5° de l'article R. 2123-1 ne s'applique pas à Saint-Pierre-et-Miquelon.

Art. R. 5231-5 Pour l'application à Saint-Pierre-et-Miquelon du premier alinéa de l'article R. 2123-5, les mots : "aux 1° à 5°" sont remplacés par les mots : "aux 1° à 4°".

Art. R. 5231-6 Pour son application à Saint-Pierre-et-Miquelon, le quatrième alinéa de l'article R. 2124-57 est rédigé ainsi qu'il suit :

"1° Des services civils de l'État, des collectivités territoriales et des groupements compétents de collectivités territoriales sur le territoire desquels se trouve le projet ainsi que de la chambre d'agriculture, de commerce, d'industrie, de métiers et de l'artisanat dans le ressort de laquelle il est situé ;".

Art. R. 5231-7 Pour son application à Saint-Pierre-et-Miquelon, l'article R. 2124-58 est modifié ainsi qu'il suit :

1° Au premier alinéa, les mots : "des articles R. 2124-39 à R. 2124-55" sont remplacés par les mots : "des articles R. 2124-39 à R. 2124-54" ;

2° Au second alinéa, les mots : "par le chef du service de la navigation ou, si cette fonction n'est pas pourvue, par le directeur départemental des territoires" sont remplacés par les mots : "par le directeur des territoires, de l'alimentation et de la mer".

CHAPITRE II BIENS RELEVANT DU DOMAINE PRIVÉ

Le présent chapitre ne comprend pas de dispositions réglementaires.

CHAPITRE III RECOUVREMENT

Art. R. 5233-1 Pour l'application à Saint-Pierre-et-Miquelon des dispositions du titre II du livre III de la deuxième partie, les références au livre des procédures fiscales sont remplacées par des références aux dispositions applicables localement et ayant le même objet.

Art. R. 5233-2 A Saint-Pierre-et-Miquelon, les produits, redevances et les sommes de toute nature mentionnés à l'article L. 2321-3 sont recouvrés, selon le cas, dans les conditions prévues à l'article 2 du décret n° 93-1433 du 31 décembre 1993 relatif au régime budgétaire et comptable applicable dans la collectivité territoriale de Saint-Pierre-et-Miquelon ou à l'article R. 2342-1 du code général des collectivités territoriales, en vertu des actes exécutoires mentionnés au premier alinéa de l'article R. 2342-4, R. 3342-8-1 et R. 4341-4 de ce même code.

CHAPITRE IV **CONTENTIEUX**

Le présent chapitre ne comprend pas de dispositions réglementaires.

TITRE QUATRIÈME **CESSIONS**

CHAPITRE PREMIER **MODES DE CESSION**

SECTION PREMIÈRE **CESSIONS À TITRE ONÉREUX**

SOUS-SECTION 1 **VENTE**

Art. R. 5241-1 Pour l'application à Saint-Pierre-et-Miquelon de l'article R. 3211-12, les mots : "d'habitation à loyer modéré qui bénéficie, pour cette construction, des financements prévus à l'article R. 431-3 du code de la construction et de l'habitation" sont remplacés par les mots : "ayant pour objet la réalisation d'opérations d'habitat social".

Art. R. 5241-2 Pour l'application à Saint-Pierre-et-Miquelon de l'article R. 3211-18, les mots : "la commission départementale d'aménagement foncier" sont remplacés par les mots : "la commission locale d'aménagement foncier".

Art. R. 5241-3 Pour son application à Saint-Pierre-et-Miquelon, l'article R. 3211-21 est modifié ainsi qu'il suit :

1° Au deuxième alinéa, les mots : "commandant de zone maritime" sont remplacés par les mots : "commandant de la zone maritime de l'Atlantique" ;

2° Le troisième alinéa est supprimé.

Art. R. 5241-4 Le 2° de l'article R. 3211-34 ne s'applique pas à Saint-Pierre-et-Miquelon.

SOUS-SECTION 2 **AUTRES MODES**

Art. R. 5241-5 Pour l'application à Saint-Pierre-et-Miquelon de l'article R. 3211-47, les mots : "d'habitation à loyer modéré qui bénéficie, pour cette construction, des financements prévus à l'article R. 431-3 du code de la construction et de l'habitation" sont remplacés par les mots : "ayant pour objet la réalisation d'opérations d'habitat social".

SECTION II **CESSIONS À TITRE GRATUIT**

Art. R. 5241-6 A Saint-Pierre-et-Miquelon, l'aliénation des terrains du domaine privé de l'État destinés à la réalisation des programmes de construction ou aux aménagements mentionnés à l'article L. 5241-6 est consentie dans les conditions prévues aux articles R. 5241-7 à R. 5241-9.

Art. R. 5241-7 Dans le cas où le projet d'aliénation porte sur des terrains destinés à la réalisation de programmes de construction, la décote prévue à l'article L. 5241-6 peut être consentie dès lors que 50 % au moins de la surface de plancher projetée est affectée au logement locatif social.

Cette décote est pondérée par le rapport de la surface de plancher affectée au logement locatif social à la surface de plancher totale du programme immobilier.

Art. R. 5241-8 Dans tous les cas, le préfet décide du principe de la décote.

Le directeur local des finances publiques calcule et arrête le montant de la décote à partir des éléments d'un dossier que lui adresse le préfet et qui comprend selon le cas :

1° Le programme de logements locatifs sociaux à réaliser et un document précisant les conditions financières de réalisation de ce programme ainsi que l'impact attendu de la répercussion intégrale de la décote sur le prix de revient des logements locatifs sociaux bénéficiaires ;

2° La liste des équipements collectifs à aménager et un document précisant les conditions financières de l'opération.

Art. R. 5241-9 L'acte d'aliénation comporte, outre les mentions prévues au quatrième alinéa de l'article L. 5241-6, la valeur vénale établie par le directeur local des finances publiques, le programme de logements locatifs sociaux devant être réalisé ou la liste des équipements collectifs devant être aménagés, les conditions de l'opération et le montant de la décote.

Lorsque l'acquéreur du terrain objet de la décote n'est pas un organisme ayant pour objet la réalisation d'opérations d'habitat social, l'acte d'aliénation précise, en sus des informations et engagements mentionnés à l'alinéa précédent, les conditions et modalités générales du transfert au bailleur des logements locatifs sociaux construits ou des droits et obligations afférents aux logements locatifs sociaux à construire compris dans le programme.

CHAPITRE II PROCÉDURES DE CESSION ET D'ÉCHANGE

Art. R. 5242-1 Pour l'application à Saint-Pierre-et-Miquelon des articles R. 3221-6 et R. 3222-3, la référence à l'article R. 5211-13-1 du code général des collectivités territoriales ne s'applique pas.

TITRE CINQUIÈME AUTRES OPÉRATIONS IMMOBILIÈRES DES PERSONNES PUBLIQUES

CHAPITRE UNIQUE

Art. R. 5251-1 Pour son application à Saint-Pierre-et-Miquelon, l'article R. 4111-5 est modifié ainsi qu'il suit :

1° Le troisième alinéa est remplacé par les dispositions suivantes :

"La décision de passer outre est adressée au directeur local des finances publiques." ;

2° Le quatrième alinéa n'est pas applicable.

TITRE SIXIÈME RÉGIME DOMANIAL DES EAUX

CHAPITRE UNIQUE

Art. R. 5261-1 Pour l'application à Saint-Pierre-et-Miquelon des dispositions du deuxième alinéa de l'article L. 5261-2, les critères du prélèvement d'eau à usage domestique sont définis à l'article R. 214-5 du code de l'environnement.

CODE DU DOMAINE DE L'ÉTAT

(Décr. nos 62-298, 62-299 et 62-300 du 14 mars 1962)

La partie législative du C. dom. Ét. a été codifiée au CGPPP par l'Ord. n° 2006-460 du 21 avr. 2006, en vigueur le 1er juill. 2006.

DEUXIÈME PARTIE : RÈGLEMENTS D'ADMINISTRATION PUBLIQUE ET DÉCRETS EN CONSEIL D'ÉTAT

La partie réglementaire du C. dom. Ét. a été abrogée par le Décr. n° 2011-1612 du 22 nov. 2011, art. 3-I, à l'exception de l'art. R. 104, en tant qu'il s'applique en dehors du territoire métropolitain, et du titre IV du livre IV.

Les dispositions abrogées en vertu de cet art. 3 restent néanmoins en vigueur en tant qu'elles s'appliquent à Saint-Barthélemy, à Saint-Martin, à Mayotte, à Saint-Pierre-et-Miquelon, en Polynésie française, dans les îles Wallis-et-Futuna, dans les Terres australes et antarctiques françaises et en Nouvelle-Calédonie, sous réserve des compétences en matière domaniale de ces collectivités à la date d'entrée en vigueur dudit décret, soit le 25 nov. 2011 (Décr. préc., art. 19).

Ces dispositions ne sont pas reproduites dans le présent code.

LIVRE DEUXIÈME *[ABROGÉ]* ADMINISTRATION DES BIENS DOMANIAUX

(Abrogé par Décr. n° 2011-1612 du 22 nov. 2011, art. 3-I)

TITRE DEUXIÈME *[ABROGÉ]* DOMAINE PRIVÉ

CHAPITRE PREMIER *[ABROGÉ]* DOMAINE IMMOBILIER

SECTION VI *[ABROGÉE]* CONCESSIONS DE LOGEMENTS DANS LES IMMEUBLES DOMANIAUX OU DÉTENUS EN JOUISSANCE PAR L'ÉTAT

Art. R.* 104 Peuvent être soumises par décret aux règles prévues à la présente section, les occupations de logement par des personnels militaires ou dans les bâtiments situés en dehors du territoire de la France métropolitaine. — *Le présent art. demeure en vigueur en tant qu'il s'applique en dehors du territoire métropolitain (Décr. n° 2011-1612 du 22 nov. 2011, art. 3-I), mais est abrogé en tant qu'il s'applique aux départements d'outre-mer et à Saint-Martin et à Saint-Barthélemy (Décr. n° 2012-752 du 9 mai 2012, art. 12-1°)*

LIVRE QUATRIÈME *[ABROGÉ]* DISPOSITIONS DIVERSES

(Abrogé par Décr. n° 2011-1612 du 22 nov. 2011, art. 3-I)

Le livre IV est abrogé par Décr. n° 2011-1612 du 22 nov. 2011, art. 3-I, à l'exception de son titre IV (Décr. préc., art. 3-I).

TITRE QUATRIÈME DISPOSITIONS SPÉCIALES AUX DÉPARTEMENTS D'OUTRE-MER

Le présent titre est abrogé mais reste en vigueur en tant qu'il s'applique à Saint-Barthélemy et à Saint-Martin, sous réserve des compétences en matière domaniale de ces collectivités au 23 août 2014 (Décr. n° 2014-930 du 19 août 2014, art. 3 et 9).

CHAPITRE PREMIER ZONE DES CINQUANTE PAS GÉOMÉTRIQUES

Art. R.* 164 *(Décr. n° 89-734 du 13 oct. 1989)* **Une dépendance du domaine public maritime comprise dans la zone définie à l'article L. 87** *[CGPPP, art. L. 5111-1, L. 5111-3 et L. 5111-4]* **ne peut être déclassée qu'en vue de son aliénation.**

Le déclassement est prononcé par arrêté du préfet. Toutefois, lorsque la dépendance à déclasser comprend des terrains ayant le caractère de lais et relais de la mer, le déclassement est prononcé par arrêté conjoint du ministre chargé de la mer et du ministre chargé du domaine.

Le déclassement prend effet à la date du transfert de propriété.

L'acte opérant le transfert de propriété vise l'arrêté prévu au présent article.

Il résulte des dispositions combinées des art. R. 130 et R. 164 que le prix de l'aliénation de terrains dépendant de la zone des cinquante pas géométriques est fixé par le directeur départemental des impôts chargé du domaine et que l'aliénation est consentie par le préfet. En revanche, le refus d'aliénation peut être opposé par le directeur départemental. • CE 15 févr. 1989, *Vandal : Lebon 56*.

Art. R.* 165 *(Décr. n° 89-734 du 13 oct. 1989)* **Les terrains compris dans la zone définie à l'article L. 87 et occupés en vertu d'un titre administratif de jouissance ou sur lesquels des constructions ont été édifiées antérieurement à l'entrée en vigueur de la loi n° 86-2 du 3 janvier 1986 relative à l'aménagement, la protection et la mise en valeur du littoral peuvent être déclassés aux fins de cession aux occupants lorsque ceux-ci ont souscrit aux conditions contenues dans une offre de cession qui leur est notifiée par le directeur des services fiscaux. Cette offre est caduque à l'expiration d'un délai de six mois à compter de la notification si l'occupant n'a pas souscrit dans ce délai aux conditions qu'elle spécifie.**

Le transfert de propriété ne peut avoir lieu qu'après l'entière exécution des conditions mises à la cession. Le prix est fixé selon les dispositions applicables à l'aliénation des immeubles du domaine privé.

Art. R.* 166 *(Décr. n° 89-734 du 13 oct. 1989)* **Une dépendance du domaine public maritime comprise dans la zone définie à l'article L. 87** *[CGPPP, art. L. 5111-1, L. 5111-3 et L. 5111-4]* **ne peut être mise à la disposition d'un département ministériel ou d'un établissement public de l'État que par arrêté conjoint du ministre chargé du domaine, du ministre chargé de la mer et du ministre sous l'autorité duquel se trouve le service ou l'établissement public appelé à en bénéficier.**

Art. R.* 167 *(Décr. n° 89-734 du 13 oct. 1989)* **Si une dépendance du domaine public maritime comprise dans la zone définie à l'article L. 87, mise à la disposition d'un département ministériel ou d'un établissement public de l'État, cesse d'être utile au bénéficiaire sans être mise concomitamment à la disposition d'un autre bénéficiaire dans les conditions prévues à l'article R.* 166, elle fait l'objet d'un procès-verbal de remise en gestion au service maritime. Le procès-verbal est dressé, contradictoirement entre le représentant de ce service et celui du département ministériel ou de l'établissement antérieurement gestionnaire, par le représentant du service des domaines.**

Art. R.* 168 *(Décr. n° 89-734 du 13 oct. 1989)* **Les projets d'aliénation et de transfert de gestion sont soumis à l'avis de la commission des cinquante pas géométriques constituée dans le département.**

Cette commission est présidée par le préfet ou son représentant et comprend :

1° Quatre représentants des services de l'État désignés par le préfet ;

2° Un représentant du conseil régional et un représentant du conseil départemental désignés par ces assemblées.

Le maire de la commune sur le territoire de laquelle est situé l'immeuble dont l'aliénation ou le transfert sont envisagés siège avec voix délibérative.

En cas de partage égal des voix, celle du président est prépondérante.

Le président peut inviter aux séances de la commission, avec voix consultative, toute personne dont l'avis lui paraît utile.

Art. R.* 169 *(Décr. n° 89-734 du 13 oct. 1989)* Les conventions de gestion conclues au profit des communes en application des articles **L. 51-1** *[CGPPP, art. L. 2123-2 et L. 2222-10]* et **L. 89** *[CGPPP, art. L. 5111-5]* sont consenties par le préfet, dans les conditions prévues à l'article R.* 128-3, pour une durée qui ne peut excéder dix-huit ans.

Elles ne peuvent porter que sur l'ensemble de la zone définie à l'article L. 87 *[CGPPP, art. L. 5111-1, L. 5111-3 et L. 5111-4]* située sur le territoire de la commune à l'exclusion des immeubles confiés en gestion à des services ou établissements publics de l'État. Peuvent en être exclus des périmètres comprenant ces immeubles ou des secteurs dont l'État conserve la gestion.

Elles déterminent les secteurs dont la commune deviendra propriétaire au plus tard à l'expiration de la convention. Elles peuvent en exclure des immeubles dont l'État conservera la propriété.

Art. R.* 169-1 *(Décr. n° 89-734 du 13 oct. 1989)* Les dispositions des articles R.* 128-4 (II et III) et R.* 128-5 à R.* 128-7 restent applicables au domaine inclus dans les conventions conclues conformément à l'article R.* 169.

Toutefois, les revenus mentionnés à l'article R.* 128-6 sont affectés aux charges et opérations énumérées à cet article et concernant les secteurs non cessibles de la zone.

Art. R.* 169-2 *(Décr. n° 89-734 du 13 oct. 1989)* Le directeur des services fiscaux fixe le prix des terrains cédés en vertu de l'article **L. 89** *[CGPPP, art. L. 5111-5]* en déduisant de leur valeur vénale déterminée par ses soins la plus-value résultant des améliorations apportées par la commune qui n'ont pas été financées par des subventions de l'État.

Lorsque la cession porte sur des terrains déterminés par un avenant à la convention initiale, la déduction retient la plus-value résultant d'améliorations qui n'ont été financées ni par subvention de l'État ni en application de l'article R.* 128-6.

Art. R.* 169-3 *(Décr. n° 89-734 du 13 oct. 1989)* Toute cession d'une dépendance du domaine public maritime comprise dans la zone définie à l'article L. 87 *[CGPPP, art. L. 5111-1, L. 5111-3 et L. 5111-4]* et incluse dans le périmètre d'une convention de gestion conclue en application des articles **L. 51-1** *[CGPPP, art. L. 2123-2 et L. 2222-10]* et **L. 89** *[CGPPP, art. L. 5111-5]* distrait de plein droit cette dépendance du champ de cette convention.

Art. R.* 169-4 *(Décr. n° 98-836 du 14 sept. 1998)* Il est fait application à la commission départementale de vérification des titres instituée dans le département de la Guyane par l'article L. 88-2 *[CGPPP, art. L. 5113-2]* des dispositions des articles L. 170-11 à R. 170-18 et R. 170-20 à R. 170-27, sous réserve des modifications suivantes :

– le premier alinéa de l'article R. 170-13 est remplacé par les dispositions suivantes : "La commission départementale de vérification des titres siège à Cayenne auprès de la chambre détachée de la cour d'appel de Fort-de-France" ;

– à l'article R. 170-14, les mots : "des articles R. 170-15 à R. 170-27" sont remplacés par les mots : "des articles R. 170-15 à R. 170-18 et R. 170-20 à R. 170-27" ;

– à l'article R. 170-14, les mots : "devant la cour d'appel dans le ressort de laquelle siège la commission" sont remplacés par : "devant la chambre détachée de la cour d'appel de Fort-de-France qui siège à Cayenne".

CHAPITRE PREMIER *BIS* DISPOSITIONS SPÉCIALES AUX DÉPARTEMENTS DE LA GUADELOUPE ET DE LA MARTINIQUE

(Décr. n° 98-836 du 14 sept. 1998)

SECTION PREMIÈRE CESSION DE TERRAINS PRÉVUE PAR L'ARTICLE L. 89-3 *[CGPPP, art. L. 5112-4]*.

(Décr. n° 2000-345 du 18 avr. 2000)

Art. R. 170 I. – La demande de cession prévue par l'article L. 89-3 *[CGPPP, art. L. 5112-4]* est adressée au préfet par lettre recommandée avec demande d'avis de réception ou par dépôt dans les services de la préfecture contre délivrance d'un récépissé.

Un registre spécial et public tenu par les services de la préfecture porte mention de la réception ou du dépôt de la demande.

II. – La demande comporte :

– le projet descriptif et le programme de l'opération ;

– une copie de la délibération du conseil municipal ou de la décision de l'organe délibérant de l'organisme ayant pour objet la réalisation d'opérations d'habitat social, sollicitant de l'État l'acquisition du terrain ;

– un plan de situation du terrain, établi par un géomètre expert ou par une personne remplissant les conditions prévues à l'article 30 de la loi n° 46-942 du 7 mai 1946 modifiée instituant l'ordre des géomètres experts. Ce plan doit mentionner la surface sur laquelle porte la demande. Il peut être établi un plan de situation commun à plusieurs demandes de cession. Chaque demande doit comporter une copie de ce plan ;

– des extraits du règlement du plan d'occupation des sols de la commune mis en conformité avec les dispositions des articles L. 156-3 et L. 156-4 du code de l'urbanisme, se rapportant à la zone où est situé le terrain dont la cession est demandée.

III. – Lorsqu'il est saisi d'une demande de cession, le préfet en avertit, dans le délai d'un mois, le secrétariat de la commission départementale de vérification des titres qui, à l'expiration du délai prévu au troisième alinéa de l'article L. 89-2 *[CGPPP, art. L. 5111-3]*, l'informe des demandes de vérification des titres concernant les terrains sur lesquels porte la demande de cession.

Les demandes de cession ne peuvent être examinées qu'à l'expiration de ce délai.

IV. – Toute demande portant sur un terrain mis à la disposition de l'agence pour la mise en valeur des espaces urbains de la zone dite des cinquante pas géométriques est transmise par le préfet à celle-ci pour recueillir son avis sur la compatibilité du projet de cession avec le programme d'équipement mentionné au premier alinéa de l'article 5 de la loi n° 96-1241 du 30 décembre 1996 relative à l'aménagement, la protection et la mise en valeur des espaces urbains de la zone dite des cinquante pas géométriques dans les départements d'outre-mer *[V. ss. CGPPP, art. L. 5112-1]*.

V. – Lorsque la demande de cession porte sur des terrains qui ont été équipés par l'agence, celle-ci fait connaître au préfet et au directeur des services fiscaux le montant détaillé du coût des aménagements qu'elle a réalisés et financés. Le prix de la cession, fixé par le directeur des services fiscaux, est égal à ce coût.

Art. R. 170-1 Le transfert de propriété ne peut avoir lieu qu'après déclassement du terrain prononcé dans les conditions prévues à l'article R. 164.

S'il a été déposé une demande de vérification de titres concernant ce terrain, le transfert ne peut intervenir que lorsqu'un refus a été opposé à la demande et qu'il est devenu définitif.

Art. R. 170-2 I. – Lorsque la demande porte sur des terrains qui ne sont pas libres de toute occupation, elle doit comporter, en sus des éléments définis au II de l'article R. 170, la liste des occupants de chaque immeuble.

II. – Le demandeur doit procéder à un affichage indiquant :

– les terrains dont la cession est demandée ;

– la liste des occupants de ces terrains ;

– la possibilité qui leur est offerte d'en demander la cession dans les conditions et délais fixés aux articles R. 170-4 et R. 170-6 ;

– l'obligation qui lui est faite de présenter, dans les conditions fixées au III du présent article, une offre de relogement à ceux des occupants qui remplissent les conditions fixées aux articles L. **89-4** *[CGPPP, art. L. 5112-5]* et L. **89-5** *[CGPPP, art. L. 5112-6]* ;

– la faculté pour ceux des occupants des terrains dont la cession est demandée et qui ne figurent pas sur la liste mentionnée au I de se faire connaître du demandeur.

Cet affichage intervient selon les modalités suivantes :

– dès le dépôt de la demande et pendant toute la durée de l'instruction, sur le terrain dont la cession est demandée, de manière visible de l'extérieur ;

– dans les huit jours du dépôt de la demande, à la mairie de la commune de rattachement administratif du terrain dont la cession est demandée.

En outre, dans les huit jours du dépôt de la demande, un avis comportant les indications mentionnées au premier alinéa est publié en caractères apparents dans deux journaux régionaux ou locaux diffusés dans tout le département.

III. – L'offre de relogement est adressée aux intéressés par lettre recommandée avec demande d'avis de réception.

Elle doit porter sur un local compatible avec leurs besoins, leurs ressources et, le cas échéant, leur activité antérieure et répondre aux conditions techniques définies selon le cas, par application soit du troisième alinéa de l'article L. 322-1 du code de la construction et de l'habitation, soit de l'article L. 472-1 du même code.

Chacun des occupants doit faire connaître son acceptation ou son refus dans un délai de deux mois à compter de la date d'avis de réception. A défaut de réponse ou en cas de refus de l'offre, une deuxième offre de relogement est adressée dans les mêmes conditions ; le destinataire de cette lettre doit faire connaître son acceptation ou son refus dans un délai de deux mois à compter de la date de l'avis de réception, faute de quoi il est réputé avoir accepté l'offre.

Le demandeur transmet au préfet une copie des lettres qu'il a adressées et des réponses qui lui sont parvenues.

IV. – Le préfet peut autoriser la cession au vu de l'intérêt public de l'opération envisagée, après avoir pris en considération les conditions de relogement des occupants et examiné les autres demandes de cession présentées en application de l'article L. **89-3** *[CGPPP, art. L. 5112-4]*ou sur le fondement des articles L. **89-4** *[CGPPP, art. L. 5112-5]* et L. **89-5** *[CGPPP, art. L. 5112-6]*, portant sur tout ou partie des mêmes terrains.

Art. R. 170-3 Lorsque les terrains cédés à des communes et à des organismes ayant pour objet la réalisation d'opérations d'habitat social n'ont pas été utilisés à l'expiration du délai de dix ans à compter de la date de l'acte de cession, mentionné à l'article L. **89-3** *[CGPPP, art. L. 5112-4]*, le préfet met en demeure le cessionnaire, par lettre recommandée avec demande d'avis de réception, de procéder sans délai à la réalisation ou à l'achèvement des opérations d'aménagement qui ont justifié la cession.

Il invite le cessionnaire à participer à une visite contradictoire des lieux ou à s'y faire représenter. Cette visite donne lieu à l'établissement d'un procès-verbal. Si le cessionnaire ou son représentant ne participe pas à cette visite ou s'il refuse de signer le procès-verbal, un constat de carence est dressé.

Lorsque la mise en demeure mentionnée au premier alinéa est restée infructueuse, le préfet prononce le retour du terrain dans le patrimoine de l'État. Toutefois, cette décision peut ne pas inclure une partie du terrain sur laquelle l'aménagement, même partiellement réalisé, peut être utilisé conformément à la réglementation en vigueur. Le préfet notifie cette décision au cessionnaire ou à son représentant.

Le montant de l'indemnité prévue à l'article L. **89-3** *[CGPPP, art. L. 5112-4]* est fixé par le directeur des services fiscaux.

SECTION II **CESSION DE TERRAINS PRÉVUE PAR L'ARTICLE L. 89-4** *[art. L. 5112-5 CGPPP]*.

(Décr. n° 2000-345 du 18 avr. 2000)

Art. R. 170-4 I. – La demande de cession prévue par l'article L. **89-4** *[CGPPP, art. L. 5112-5]* est adressée au préfet par lettre recommandée avec demande d'avis de réception.

Le registre prévu au I de l'article R. 170 porte mention de la réception des demandes.

II. – La demande comporte :

– la dénomination de l'entreprise et la nature de l'activité professionnelle ;

– un plan de situation de l'immeuble, établi suivant les modalités prévues au II de l'article R. 170 ;

– tous documents permettant d'établir que le demandeur a lui-même édifié ou fait édifier sur le terrain, avant le 1er janvier 1995, une ou plusieurs constructions affectées à l'exploitation d'établissements à usage professionnel *(Décr. n° 2005-519 du 19 mai 2005, art. 1er)* « , ou qu'il est un des ayants droit de celui qui a édifié ou fait édifier, avant le 1er janvier 1995, la ou les constructions en cause ».

III. – Lorsque les occupants d'un terrain peuvent en demander la cession au titre de la présente section et que ce même terrain fait l'objet d'une demande sur le fondement de l'article L. 89-3 *[CGPPP, art. L. 5112-4]*, ils disposent, pour présenter leur demande, d'un délai de six mois à compter de l'affichage sur le terrain mentionné au II de l'article R. 170-2.

IV. – Dès que le préfet est saisi d'une demande de cession, il en informe sans délai le secrétariat de la commission départementale de vérification des titres, pour l'application du neuvième alinéa de l'article L. 89-2 *[CGPPP, art. L. 5111-3]*.

Lorsque la demande porte sur un terrain mis à la disposition de l'agence pour la mise en valeur des espaces urbains de la zone dite des cinquante pas géométriques, le préfet la lui transmet, pour recueillir son avis sur la compatibilité du projet de cession avec le programme d'équipement établi.

L'agence joint à son avis, le cas échéant, des propositions d'ajustement de la surface de terrain dont la cession est demandée.

V. – La superficie à céder est ajustée par le préfet conformément aux dispositions du dernier alinéa de l'article L. 89-4 *[CGPPP, art. L. 5112-5]*, compte tenu le cas échéant des propositions présentées par le président du conseil d'administration de l'agence.

Art. R. 170-5 Le directeur des services fiscaux fixe le prix du terrain nu à la date du dépôt de la demande de cession.

Le préfet notifie au demandeur une offre de cession et l'invite à souscrire aux conditions de celle-ci.

L'offre est caduque à l'expiration d'un délai de six mois à compter de la notification si l'occupant n'a pas souscrit, dans ce délai, aux conditions de celle-ci.

Le transfert de propriété ne peut avoir lieu qu'après l'entière exécution des conditions mises à la cession et après déclassement du terrain dans les conditions prévues à l'article R. 164.

SECTION III **CESSION DE TERRAINS PRÉVUE PAR L'ARTICLE L. 89-5** *[CGPPP, art. L. 5112-6]*.

(Décr. n° 2000-345 du 18 avr. 2000)

Art. R. 170-6 I. – La demande de cession prévue par l'article L. 89-5 *[CGPPP, art. L. 5112-6]* est adressée au préfet par lettre recmmandée avec demande d'avis de réception.

Le registre prévu au I de l'article R. 170 porte mention de la réception des demandes.

II. – La demande comporte :

– les nom, prénoms, qualité et domicile du demandeur ;

– un plan de situation de l'immeuble, établi suivant les modalités prévues au II de l'article R. 170 ;

– tous documents permettant d'établir que le demandeur a lui-même édifié ou fait édifier, avant le 1er janvier 1995, les constructions qui se trouvent sur le terrain sollicité, ou qu'il est un des ayants droit de celui qui a édifié ou fait édifier, avant le 1er janvier 1995, ces constructions ;

– tous documents permettant d'établir que le demandeur occupe la construction à titre d'habitation principale ou l'a donnée à bail à une personne qui l'occupe à titre d'habitation principale.

A défaut d'identification des personnes mentionnées au premier alinéa de l'article L. 89-5 *[CGPPP, art. L. 5112-6]*, la demande doit comporter tous justificatifs permettant d'établir que la construction que le demandeur occupe est affectée à son habitation principale et qu'elle a été édifiée depuis une date antérieure au 1er janvier 1995.

III. – Les dispositions des III et IV de l'article R. 170-4 sont applicables.

IV. – La superficie à céder est ajustée par le préfet dans les conditions fixées à l'article L. 89-5 *[CGPPP, art. L. 5112-6]*, compte tenu le cas échéant des propositions présentées par le président du conseil d'administration de l'agence.

Art. R. 170-7 Le directeur des services fiscaux fixe le prix du terrain nu à la date du dépôt de la demande de cession.

Le préfet notifie au demandeur une offre de cession et l'invite à souscrire aux conditions de celle-ci.

L'offre est caduque à l'expiration d'un délai de six mois à compter de la notification si l'occupant n'a pas souscrit, dans ce délai, aux conditions de celle-ci. Toutefois, si le demandeur a sollicité le bénéfice de l'aide exceptionnelle de l'État prévue à l'article 3 de la loi n° 96-1241 du 30 décembre 1996 relative à l'aménagement, la protection et la mise en valeur des espaces urbains de la zone dite des cinquante pas géométriques dans les départements d'outre-mer, le délai de six mois ne commence à courir qu'à compter du jour de la notification par le préfet au demandeur du montant de l'aide susceptible d'être accordée ou du refus opposé à sa demande. Une copie de cette notification est adressée au directeur des services fiscaux.

Le transfert de propriété ne peut avoir lieu qu'après l'entière exécution des conditions mises à la cession et après déclassement du terrain dans les conditions prévues à l'article R. 164.

SECTION IV **DISPOSITIONS RELATIVES À L'APPLICATION DE L'ARTICLE L. 89-8** *[CGPPP, art. L. 5112-9].*

(Décr. n° 2000-345 du 18 avr. 2000)

Art. R. 170-8 Dès sa publication, tout acte de vente portant sur un terrain soumis au droit de préemption institué par l'article L. 89-8 *[CGPPP, art. L. 5112-9]* doit faire l'objet d'une déclaration par le vendeur ou ses ayants droit au maire de la commune sur le territoire de laquelle se trouve le terrain. Cette déclaration est faite par lettre recommandée avec demande d'avis de réception ou déposée contre récépissé, en trois exemplaires. Elle comporte l'indication du nom des parties, de la situation et de la désignation du bien, des éléments de calcul du prix de cession mentionnés à l'article L. 89-8 *[CGPPP, art. L. 5112-9]* ainsi que le montant de l'indemnité de préemption susceptible d'être allouée, calculée comme il est dit au premier alinéa de l'article L. 89-8 *[CGPPP, art. L. 5112-9]*.

Dès réception de la déclaration, le maire en transmet sans délai un exemplaire au directeur des services fiscaux et un exemplaire au président du conseil d'administration de l'agence pour la mise en valeur des espaces urbains de la zone dite des cinquante pas géométriques en indiquant la date de l'avis de réception ou du récépissé de cette déclaration.

La date de l'enregistrement ou de l'accomplissement de la formalité fusionnée est communiquée sans délai par le directeur des services fiscaux au maire et au président du conseil d'administration de l'agence.

Art. R. 170-9 Dans le délai de quatre mois à compter de la date de l'avis de réception ou du récépissé de la déclaration, le maire notifie au propriétaire la décision prise par la commune et en adresse sans délai une copie au président du conseil d'administration de l'agence.

Lorsque la commune a renoncé à l'exercice du droit de préemption, l'agence notifie sa propre décision au propriétaire avant l'expiration du délai de six mois mentionné au premier alinéa de l'article L. 89-8 *[CGPPP, art. L. 5112-9]*.

L'agence adresse sans délai une copie de sa décision au maire de la commune.

Art. R. 170-10 La préemption devient caduque si le règlement total, par la commune ou l'agence, du montant de l'indemnité de préemption à son bénéficiaire n'intervient pas avant la fin du douzième mois suivant la date de l'enregistrement ou de l'accomplissement de la formalité fusionnée.

SECTION V **DISPOSITIONS RELATIVES À L'APPLICATION DE L'ARTICLE L. 89-3** *[CGPPP, art. L. 5112-4].*

(Décr. nº 2000-345 du 18 avr. 2000)

Art. R. 170-11 Chacune des commissions départementales de vérification des titres instituées dans les départements de la Guadeloupe et de la Martinique par l'article L. 89-2 *[CGPPP, art. L. 5112-3]* comprend :

– un magistrat du siège en activité, ou un magistrat honoraire de l'ordre judiciaire, résidant dans le département, proposé par le premier président de la cour d'appel, après avis de l'assemblée des magistrats du siège de la cour d'appel dans le ressort de laquelle se situe le département ;

– un magistrat de la chambre régionale des comptes des Antilles et de la Guyane proposé par le président de celle-ci ;

– *(Décr. nº 2006-665 du 7 juin 2006, art. 56)* « une personnalité qualifiée en droit de la propriété proposée par le préfet du département. »

Ces membres sont nommés par arrêté conjoint du garde des sceaux, ministre de la justice, et du ministre de l'économie, des finances et de l'industrie.

Art. R. 170-12 Sont associés aux travaux de la commission départementale de vérification des titres :

– un notaire inscrit sur la liste des notaires du département, désigné par le président de la commission sur présentation de la chambre départementale des notaires ;

– un représentant du directeur départemental de l'équipement ;

– un représentant du directeur des services fiscaux.

Art. R. 170-13 La commission départementale de vérification des titres siège à la cour d'appel dans le ressort de laquelle se situe le département.

Le président de la commission peut toutefois décider de tenir des audiences au siège des tribunaux d'instance ou des tribunaux de grande instance du département.

Art. R. 170-14 La procédure devant la commission est régie par les dispositions du livre Ier du code de procédure civile, sous réserve des dispositions des articles R. 170-15 à R. 170-27.

Art. R. 170-15 Les titres soumis à la vérification de la commission en application du deuxième alinéa de l'article L. 89-2 *[CGPPP, art. L. 5112-3]* sont soit déposés au secrétariat de celle-ci contre délivrance d'un reçu, soit adressés audit secrétariat par lettre recommandée avec demande d'avis de réception.

Les titres et, le cas échéant, les documents joints sont fournis en quatre exemplaires dont l'un au moins est certifié conforme à l'original.

Un registre spécial tenu par le secrétariat de la commission porte mention du dépôt ou de la réception des titres. Un arrêté du préfet du département précise les modalités suivant lesquelles ces mentions sont portées à la connaissance du public.

Art. R. 170-16 Le délai mentionné à l'article L. 89-2 *[CGPPP, art. L. 5112-3]* court à compter de la publication au *Journal officiel* de l'arrêté interministériel mentionné à l'article R. 170-11.

Art. R. 170-17 Les requérants peuvent présenter leurs explications à la commission et ont la faculté de se faire assister ou représenter dans les conditions fixées à l'article *(Décr. nº 2019-1333 du 11 déc. 2019, art. 18 et 55, en vigueur le 1er janv. 2020)* « **762** » du code de procédure civile.

Les dispositions introduites par l'art. 18 du Décr. nº 2019-1333 du 11 déc. 2019 s'appliquent aux instances en cours à compter du 1er janv. 2020 (Décr. préc., art. 55).

Art. R. 170-18 Dans le délai d'un mois à compter de la date de dépôt ou de la réception mentionné à l'article R. 170-15, un exemplaire des titres et documents est adressé par lettre recommandée, avec demande d'avis de réception, par le secrétariat de la commission au directeur des services fiscaux. Celui-ci consulte les archives de la commission créée en application de l'article 10 du décret nº 55-885 du 30 juin 1955 pour vérifier si elles contiennent des pièces relatives aux titres en cause.

Le directeur des services fiscaux rend compte à la commission et adresse à celle-ci les documents figurant dans lesdites archives.

Il présente, s'il le juge utile, ses observations, qui sont communiquées aux parties par le secrétariat de la commission.

La commission ne peut examiner la demande avant l'expiration d'un délai de trois mois à compter de la date de réception de la transmission mentionnée au premier alinéa par le directeur des services fiscaux, sauf si la réponse de celui-ci lui est parvenue avant l'expiration de ce délai.

Art. R. 170-19 Un exemplaire des titres et documents est adressé, dans le délai d'un mois, par le secrétariat de la commission au préfet pour l'application du huitième alinéa de l'article L. 89-2 *[CGPPP, art. L. 5112-3]*.

Art. R. 170-20 Le président de la commission désigne, au sein de celle-ci, un rapporteur pour chacune des demandes présentées à la commission. Le rapporteur est chargé d'entendre le requérant ou son représentant et toute personne dont il juge l'audition utile.

Le rapport expose l'objet de la demande et les moyens des parties ; il précise les questions de fait et de droit soulevées par la requête et fait mention des éléments propres à éclairer le débat.

Le magistrat chargé du rapport peut, si les parties ne s'y opposent pas, tenir seul l'audience pour entendre les plaidoiries. Il en rend compte à la commission dans son délibéré.

Art. R. 170-21 Le président convoque les membres de la commission et les personnes mentionnées à l'article R. 170-12. La convocation mentionne les noms des requérants, les titres dont la vérification est demandée, la localisation des immeubles sur lesquels portent ces titres et la date du dépôt ou de réception de la demande.

Art. R. 170-22 Le procureur de la République près le tribunal de grande instance dans le ressort duquel la commission a son siège reçoit reçoit copie de la convocation adressée aux membres de la commission.

Il peut intervenir pour faire connaître son avis sur l'application de la loi.

Art. R. 170-23 Le requérant, ou son représentant, est avisé au moins un mois à l'avance et par lettre recommandée, avec demande d'avis de réception, du lieu, du jour et de l'heure à laquelle les titres en sa possession seront examinés par la commission.

Art. R. 170-24 Après avoir entendu, au cours de l'audience publique, le rapport du rapporteur et les observations du requérant ou de son représentant et, le cas échéant, des autres parties, la commission se prononce sur la validité des titres présentés. Les personnes visées à l'article R. 170-12 ne participent pas à ses délibérations.

Art. R. 170-25 Les décisions de la commission sont motivées. Les décisions concernant les titres examinés sans que le notaire ait pu prêter son concours aux travaux de la commission, en application de la deuxième phrase du cinquième alinéa de l'article L. 89-2 *[CGPPP, art. L. 5112-3]*, en portent mention.

Art. R. 170-26 La décision est notifiée au requérant ou à son représentant, aux autres parties à l'instance, au préfet du département et au procureur de la République, par le secrétariat de la commission, par lettre recommandée avec demande d'avis de réception.

Art. R. 170-27 Les décisions de la commission peuvent faire l'objet, dans les deux mois de leur notification, d'un recours devant la cour d'appel dans le ressort de laquelle siège la commission.

L'appel est formé et jugé selon la procédure avec représentation obligatoire.

CHAPITRE II **DOMANIALITÉ PUBLIQUE DES EAUX**

Néant.

CHAPITRE III DISPOSITIONS SPÉCIALES AU DOMAINE PRIVÉ DE L'ÉTAT EN GUYANE

(Décr. nº 87-267 du 14 avr. 1987)

SECTION PREMIÈRE CONCESSIONS ET CESSIONS POUR L'AMÉNAGEMENT ET LA MISE EN VALEUR AGRICOLE DES TERRES DOMANIALES *(Décr. nº 96-955 du 31 oct. 1996).*

(Décr. nº 87-267 du 14 avr. 1987)

Art. R. 170-31 Dans le département de Guyane, les terres dépendant du domaine privé de l'État peuvent faire l'objet en vue de leur mise en valeur agricole et de la réalisation de travaux d'aménagement rural :

1° De concessions en vue de la culture ou de l'élevage dans les conditions prévues aux articles R. 170-32 à R. 170-42 ;

(Décr. nº 2007-1507 du 19 oct. 2007) « 2° De baux emphytéotiques à vocation agricole dans les conditions prévues aux articles R. 170-44-1 et R. 170-44-2 ; »

3° De baux agricoles dans les conditions prévues à l'article R. 170-45 ;

4° De conventions de mise en valeur passées avec une collectivité locale conformément aux dispositions de l'article R. 170-46.

Art. R. 170-31-1 *(Décr. nº 96-955 du 31 oct. 1996)* La convention conclue en application du premier alinéa de l'article L. 91-1-1 *[CGPPP, art. L. 5141-6]* précise les modalités de mise en œuvre des procédures d'instruction des demandes et de rédaction des actes par l'établissement public.

(Décr. nº 2000-225 du 10 mars 2000) « Les contrats de concession et de cession *[passés]* par l'établissement public sont régis par les dispositions des articles R. 170-46-1 à R. 170-46-4 et R. 170-65 à R. 170-71. »

Art. R. 170-32 *(Décr. nº 2007-1507 du 19 oct. 2007)* « I. – » Les concessions mentionnées au 1° de l'article R. 170-31 sont accordées sur des terres d'une superficie maximale de cinq hectares et pour une période probatoire de cinq ans. Pendant cette période, le concessionnaire est tenu, sur la totalité de la superficie concédée exploitable, de réaliser un programme de travaux de mise en valeur agricole.

Si les travaux de mise en valeur ne sont pas réalisés dans les délais fixés, des délais supplémentaires peuvent être accordés au concessionnaire sur sa demande. L'octroi de ces délais entraîne une prorogation de la durée de la concession, sans que la durée totale de celle-ci puisse excéder dix ans.

A l'expiration de la concession, le concessionnaire qui n'y a pas renoncé ou n'en a pas été déchu *(Décr. nº 2000-225 du 10 mars 2000)* « peut bénéficier, en application de l'article L. 91-1 *[CGPPP, art. L. 5141-1 à L. 5141-4]*, » sur sa demande, du transfert de propriété de l'immeuble concédé dans les conditions prévues à l'article R. 170-43. S'il renonce à demander le transfert de propriété ou s'il ne remplit pas les conditions pour l'obtenir, la concession prend fin en application des dispositions des articles R. 170-40 à R. 170-42.

(Décr. nº 2007-1507 du 19 oct. 2007) « II. – Toutefois, les concessions foncières en vue de la culture sur abattis à caractère itinérant portent sur des terres d'une superficie maximale de vingt hectares et sont conclues pour une durée de cinq ans renouvelable par tacite reconduction dans la limite d'une durée totale de vingt ans à compter de la concession initiale.

« Ces concessions sont accordées sur le territoire des communes dont la liste est fixée par arrêté conjoint du ministre chargé de l'agriculture et du ministre chargé de l'outre-mer, au sein de périmètres délimités par arrêté préfectoral dans les zones où, à la date d'entrée en vigueur du décret nº 2007-1507 du 19 octobre 2007, se pratique la culture sur abattis à caractère itinérant et en tenant compte des enjeux d'environnement et de la nécessaire préservation d'autres activités économiques après avis du conseil municipal de la commune concernée et de l'Office national des forêts.

« Pendant la durée de la concession, le concessionnaire est tenu de réaliser, de façon progressive, la mise en valeur agricole de la superficie concédée exploitable. Le service de l'État chargé de l'agriculture procède tous les cinq ans à un contrôle de l'effectivité de la mise en valeur agricole.

« A l'expiration de la concession, le concessionnaire qui n'a pas renoncé à la concession ou n'en a pas été déchu peut bénéficier, sur sa demande, en application de l'article L. 5141-2 du code général de la propriété des personnes publiques, du transfert de propriété des terres concédées qu'il a effectivement exploitées dans les conditions prévues à l'article R. 170-43. Aucune cession ne peut intervenir tant que la superficie minimale à exploiter fixée dans l'acte de concession, égale au moins à un quart de la superficie concédée, n'a pas été mise en valeur.

« Lorsque la cession porte, en application de l'alinéa précédent, sur une partie des terres concédées, la concession initiale peut être renouvelée sur les terres non cédées. »

Art. R. 170-33 *(Décr. n° 2000-225 du 10 mars 2000)* Peuvent bénéficier d'une concession les personnes physiques qui, lors de la demande, remplissent les conditions suivantes :

1° Être majeur ;

2° Être de nationalité française ou être ressortissant d'un État membre de la Communauté européenne ou d'un État partie à l'accord sur l'Espace économique européen ou être titulaire d'une carte de résident ;

3° S'engager à exercer la profession d'agriculteur à titre principal et à exploiter personnellement l'immeuble dont la concession est demandée. Est réputée exploitation personnelle celle qui est faite par le demandeur exploitant les terres avec sa famille ou *(Décr. n° 2007-1507 du 19 oct. 2007)* « sauf dans le cas des concessions en vue de la pratique de l'agriculture sur abattis à caractère itinérant, » par un ouvrier cultivant les terres sous la direction du demandeur et aux frais de ce dernier.

Peuvent également bénéficier d'une concession les personnes morales mentionnées au quatrième alinéa de l'article L. **91-1** *[CGPPP, art. L. 5141-1 à L. 5141-4]* dont plus de 50 % du capital social est détenu par des personnes physiques remplissant à titre individuel les conditions mentionnées au premier alinéa. *(Décr. n° 2007-1507 du 19 oct. 2007)* « Les dispositions du présent alinéa ne sont pas applicables aux concessions en vue de la pratique de l'agriculture sur abattis à caractère itinérant. »

Dans tous les cas l'administration apprécie s'il y a lieu d'attribuer la concession.

Art. R. 170-34 L'acte de concession fixe le lieu et la nature de l'exploitation, le programme de travaux *(Décr. n° 2007-1507 du 19 oct. 2007)* « et, lorsqu'il s'agit d'une concession prévue au II de l'article R. 170-32, la superficie minimale à exploiter », les conditions et délais de sa réalisation par tranches et les conditions d'occupation des immeubles bâtis et non bâtis.

L'acte de concession est complété par un cahier des charges conforme à un modèle établi par arrêté conjoint des ministres chargés des départements d'outre-mer, du domaine et de l'agriculture, qui détermine les clauses et conditions générales des concessions et notamment :

1° La composition des dossiers de demande de concession ;

2° Les conditions dans lesquelles les concessionnaires s'acquittent des obligations générales et des obligations propres à certains types d'exploitation et spécialement en matière de délimitation de l'immeuble concédé et de participation du concessionnaire à des associations foncières ou d'irrigation ;

3° Les modalités du contrôle sur le terrain de l'exécution des travaux ;

4° Les modalités de délivrance et de prorogation du titre de concession ;

5° Les modalités de liquidation, de perception et de révision de la redevance domaniale, de remboursement des taxes foncières et autres impôts auxquels est, ou pourrait être, assujetti l'immeuble concédé ainsi que les modalités de liquidation des intérêts de retard.

Un état des lieux établi contradictoirement est annexé à l'acte de concession.

Art. R. 170-35 *(Décr. n° 96-955 du 31 oct. 1996)* Les formulaires de demande de concession sont établis par le préfet ou, le cas échéant, par l'Établissement public d'aménagement en Guyane, selon un modèle type agréé par le préfet. La demande indique notamment :

1° *(Décr. n° 2000-225 du 10 mars 2000)* « L'identité, la profession et l'adresse du demandeur. Si la demande émane d'une personne morale, elle doit être accompagnée d'une copie des statuts et comporter les indications suivantes : dénomination, forme juridique, adresse du siège social, objet social, capital social, numéro d'immatriculation au registre du commerce et des sociétés, nom, prénom usuel et domicile des personnes ayant le pouvoir d'engager la personne morale envers les tiers, nom, prénom usuel et part de capital social détenue par les personnes physiques associées mentionnées au deuxième alinéa de l'article R. 170-33 ; »

2° La situation exacte et la superficie du terrain demandé ;

3° Le programme technique et économique de l'exploitation envisagée et les moyens auxquels le demandeur aura recours pour sa mise en œuvre. *(Décr. n° 2007-1507 du 19 oct. 2007)* « Pour les concessions foncières en vue de la pratique de l'agriculture sur abattis à caractère itinérant, le programme technique et économique intègre des mesures environnementales. »

La demande comporte l'engagement prévu au deuxième alinéa de l'article R. 170-33. Elle est adressée au préfet, qui fait procéder à son instruction, sauf lorsqu'il est fait application de la convention prévue au premier alinéa de l'article L. 91-1-1 *[CGPPP, art. L. 5141-6]*. Dans ce cas, la demande est adressée à l'établissement public, qui procède à son instruction.

Art. R. 170-36 Le dossier constitué par la demande, par les pièces versées par le pétitionnaire et par les éléments recueillis par l'administration *(Décr. n° 96-955 du 31 oct. 1996)* « ou par l'Établissement public d'aménagement en Guyane » est soumis à une commission chargée d'émettre un avis sur le projet.

Cette commission est présidée par le commissaire de la République ou son représentant et comprend :

1° Trois fonctionnaires de l'État désignés par le commissaire de la République ;

2° Le président de la chambre d'agriculture ou son représentant ;

3° Deux représentants des organismes de coopération, de la mutualité et de crédit désignés par le commissaire de la République sur proposition de la chambre d'agriculture ;

4° Le maire de chacune des communes sur le territoire de laquelle se situe le terrain demandé.

En cas de partage égal des voix, celle du président est prépondérante. Le président de la commission peut inviter toute personne dont l'audition lui paraîtrait utile à comparaître devant la commission afin d'y être entendue.

Art. R. 170-37 La concession ne peut être accordée qu'après que la demande a fait l'objet d'une publication par extrait, aux frais du demandeur, dans un journal diffusé dans le département.

La demande, accompagnée d'un plan de situation, fait également l'objet d'un affichage de trente jours à la mairie de chacune des communes sur le territoire de laquelle se situe le terrain demandé.

Les ayants droit éventuels sur tout ou partie du terrain ont quinze jours à compter de la dernière des publicités prescrites pour faire opposition entre les mains du directeur des services fiscaux ; les réclamations qui seraient formulées après ce délai ne sont pas prises en compte.

Art. R. 170-38 *(Décr. n° 2000-225 du 10 mars 2000)* « I. – » La concession est accordée à titre personnel. Toute convention par laquelle le concessionnaire souslouerait ou céderait tout ou partie de ses droits sur tout ou partie du terrain ou des locaux d'exploitation ou d'habitation, y compris ceux dont la construction est autorisée, est réputée nulle.

En cas de décès ou d'impossibilité définitive du concessionnaire d'exploiter, son conjoint ou ses descendants ou ascendants ainsi que leurs conjoints peuvent, dans les quatre mois du décès ou de la cessation de l'exploitation, demander la transmission à l'un d'entre eux du bénéfice de la concession. Il est statué sur la demande par le commissaire de la République, sans qu'il y ait lieu de recueillir préalablement l'avis de la commission prévue à l'article R. 170-36, ni de procéder aux formalités de publicité prévues à l'article R. 170-37.

Un avenant à l'acte initial constate la substitution de concessionnaire. L'avenant ne modifie pas la durée de la concession. Toutefois, si la durée restant à courir est inférieure à trois ans, la concession est prorogée de telle sorte que le nouveau concessionnaire ne puisse prétendre au transfert de propriété à son profit de l'immeuble concédé qu'après l'avoir exploité personnellement pendant une période d'au moins trois ans.

L'avenant peut, en outre, fixer, en fonction de la demande présentée, de nouvelles conditions de mise en valeur agricole.

(Décr. nº 2007-1507 du 19 oct. 2007) « Dans le cas des concessions foncières destinées à la culture sur abattis à caractère itinérant, la transmission de la concession peut être demandée par les collatéraux du concessionnaire dès lors que ceux-ci ont, antérieurement à cette transmission, participé à la mise en valeur de la surface concédée et que le conjoint ou les descendants ou les ascendants du concessionnaire ou leurs conjoints ne demandent pas cette transmission en application du deuxième alinéa. La durée de ces concessions n'est pas prorogée en cas de transmission quelle que soit la durée de concession restant à courir. »

(Décr. nº 2000-225 du 10 mars 2000) « II. – Les personnes morales concessionnaires doivent informer le préfet des modifications concernant les détenteurs et la répartition du capital social, ainsi que l'objet statutaire.

« Lorsqu'une personne morale concessionnaire cesse de remplir les conditions fixées au quatrième alinéa de l'article L. **91-1** *[CGPPP, art. L. 5141-1 à L. 5141-4]*, le préfet la met en demeure par lettre recommandée avec demande d'avis de réception de régulariser la situation dans un délai maximum de douze mois. Lorsque la mise en demeure est restée infructueuse, ou à défaut de régularisation dans ce délai, le concessionnaire est déchu de ses droits par le préfet. Dans le cas où l'arrêté de déchéance n'a pu être notifié à la personne morale ou à son représentant, il est affiché en mairie pendant un délai de quinze jours. »

Art. R. 170-39 Le concessionnaire est tenu de verser une redevance annuelle. Celle-ci est liquidée sur la base de tarifs fixés forfaitairement chaque année pour chaque commune et par hectare selon la nature des cultures ou de l'élevage par le directeur des services fiscaux après avis du chef du service de l'État chargé de l'agriculture.

La redevance ainsi déterminée est, le cas échéant, majorée pour tenir compte des constructions et aménagements existants à la date de la concession.

La redevance est payable d'avance. A défaut de paiement dans les délais prévus par l'acte de concession, la déchéance peut être prononcée dans les conditions prévues à l'article R. 170-40.

Art. R. 170-40 A défaut de réalisation des travaux dans les délais fixés ou en cas d'inexécution des autres charges et conditions de la concession par le concessionnaire, le commissaire de la République met en demeure le concessionnaire, par lettre recommandée avec demande d'avis de réception, de se conformer à ses obligations et l'invite à participer à une visite contradictoire des lieux ou à s'y faire représenter.

Si la mise en demeure n'a pu être notifiée *(Décr. nº 2000-225 du 10 mars 2000)* « au concessionnaire ou à son représentant », elle est affichée en mairie pendant un délai de quinze jours.

La visite donne lieu à l'établissement d'un procès-verbal. Si, pour quelque raison que ce soit, le concessionnaire ou son représentant ne participe pas à la visite ou s'il refuse de signer le procès-verbal, un constat de carence est dressé. Lorsque la mise en demeure est restée infructueuse, le concessionnaire est déchu de ses droits par le commissaire de la République. Dans le cas où l'arrêté de déchéance n'a pu être notifié *(Décr. nº 2000-225 du 10 mars 2000)* « au concessionnaire ou à son représentant », il est affiché en mairie pendant un délai de quinze jours.

Art. R. 170-41 La concession est déclarée vacante dans les cas suivants :

1° Renonciation du concessionnaire à la concession ;

2° Décès ou impossibilité définitive du concessionnaire d'exploiter lorsque le décès ou le défaut d'exploitation n'est pas suivi d'une transmission du bénéfice de la concession dans les conditions prévues aux *(Décr. nº 2007-1507 du 19 oct. 2007)* « deuxième, troisième et quatrième alinéas de l'article R. 170-38 ; »

3° *(Décr. nº 2000-225 du 10 mars 2000)* « Dissolution ou cessation d'activité de la personne morale ;

« 4° Déchéance du concessionnaire. »

La vacance est déclarée par le commissaire de la République. Elle fait l'objet des mesures de publicité prévues à l'article R. 170-37.

Art. R. 170-42 Lorsqu'une concession est déclarée vacante, le concessionnaire n'a droit à aucune indemnité pour les constructions et aménagements réalisés sur la concession.

La déclaration de vacance entraîne pour le bénéficiaire de la concession ou ses ayants droit obligation d'enlever le matériel, le cheptel et les produits existants.

La déclaration précise si la démolition des bâtiments est exigée des intéressés. Elle indique les délais à l'issue desquels, faute par eux d'avoir enlevé les récoltes, le matériel et le cheptel, chacun de ces éléments de l'exploitation sera considéré comme abandonné et vendu par l'État.

Art. R. 170-43 *(Décr. n° 2007-1507 du 19 oct. 2007)* « La cession ne peut intervenir qu'en dehors des zones protégées mentionnées au deuxième alinéa de l'article L. 5141-2 du code général des propriétés des personnes publiques et si l'intéressé s'est acquitté de l'ensemble de ses obligations et notamment si le programme des travaux a été exécuté. »

La demande de cession doit parvenir six mois avant l'expiration de la concession.

Il est statué avant l'expiration de celle-ci, faute de quoi la concession est prorogée de plein droit.

Art. R. 170-44 Le transfert de propriété a lieu à titre gratuit. *(Abrogé par Décr. n° 92-46 du 16 janv. 1992)* *« Le cessionnaire est cependant tenu de payer les frais d'établissement, d'expédition et de publication de l'acte de cession, ainsi que les frais de transcription à la conservation des hypothèques. »*

Lorsque la cession porte sur des terres situées dans une zone régie par une convention passée en application de l'article R. 170-46, le cessionnaire est tenu de verser pendant une période maximale de dix ans une redevance annuelle. Le montant de la redevance prend en compte les dépenses d'aménagement et d'entretien de la zone par la collectivité. Il est fixé selon des modalités définies dans l'acte de concession.

(Décr. n° 92-46 du 16 janv. 1992) « Le transfert de propriété est consenti sous la condition résolutoire que l'immeuble soit exploité à des fins agricoles par le cessionnaire, ses héritiers ou ses ayants cause, pendant trente ans à compter de l'octroi de la concession et sous réserve de l'application des dispositions de l'article » *(Décr. n° 2000-225 du 10 mars 2000)* « R. 170-69 ».

Art. R. 170-44-1 *(Décr. n° 2007-1507 du 19 oct. 2007)* Les terres qui font l'objet de baux emphytéotiques à vocation agricole depuis plus de dix ans peuvent, hors des zones protégées mentionnées au deuxième alinéa de l'article L. 5141-2 du code général des propriétés des personnes publiques, être cédées aux titulaires de ces baux si ceux-ci se sont acquittés de l'ensemble de leurs obligations et dans la limite des superficies qu'ils ont effectivement et personnellement mises en valeur.

La demande de cession est formulée par le preneur auprès du préfet six mois au plus tard avant l'expiration du bail. En l'absence de décision du préfet à la date d'expiration du bail, ce dernier est prorogé de plein droit pour une durée d'un an.

Art. R. 170-44-2 *(Décr. n° 2007-1507 du 19 oct. 2007)* Le transfert de propriété a lieu à titre gratuit.

Les dispositions des articles R. 170-66, R. 170-67, R. 170-68, R. 170-69 et du premier alinéa de l'article R. 170-70 sont applicables aux baux emphytéotiques et aux cessions de terres faisant l'objet de tels baux.

Le transfert de propriété est consenti sous la condition résolutoire que l'immeuble soit exploité à des fins agricoles par le cessionnaire, ses héritiers ou ses ayants cause, pendant trente ans à compter de la date de la cession, déduction faite de la période de mise en valeur antérieure.

Si le préfet constate que l'immeuble cédé n'est plus exploité à des fins agricoles, il met en demeure le cessionnaire, ses héritiers ou ses ayants cause de régulariser la situation dans un délai maximum de douze mois. Lorsque la mise en demeure est restée infructueuse ou à défaut de régularisation dans ce délai, le préfet demande à l'intéressé de restituer l'immeuble cédé ou l'autorise à en conserver la propriété dans les conditions fixées à l'article R. 170-71.

Art. R. 170-45 Les baux agricoles mentionnés au 3° de l'article R. 170-31 sont régis par les dispositions du code rural et de la pêche maritime.

Toutefois, les formalités prévues par les articles R. 170-35 et R. 170-37 pour les demandes de concession sont applicables à la passation des baux.

Art. R. 170-46 L'État peut passer avec la région, le département ou une commune de Guyane une convention en vue de réaliser dans une zone déterminée des équipements destinés à la mise en valeur agricole des terres domaniales. Ces terres peuvent faire l'objet de concessions par l'État suivies de cessions dans les conditions prévues aux 1° et 2° de l'article R. 170-31 ou de baux passés par la collectivité au nom de l'État pendant une période qui ne peut excéder cinq ans à compter de l'achèvement des travaux d'équipement de la zone.

La convention définit les obligations de la collectivité territoriale et les modalités de contrôle de l'opération. Cette opération est faite sous la responsabilité de la collectivité territoriale et à ses frais. Elle fixe les délais d'exécution des travaux à la charge de la collectivité.

La convention détermine celles des terres de la zone qui font l'objet d'une concession et celles pour lesquelles la collectivité est habilitée à passer des baux. Elle fixe, dans la limite de dix-huit ans, en ce qui concerne les terres concédées, les délais pendant lesquels une fraction de la redevance payée par les concessionnaires est reversée à la collectivité et, en ce qui concerne les terres louées, les délais pendant lesquels la collectivité percevra directement le loyer. La convention précise, en outre, les délais pendant lesquels l'État reversera à la collectivité la redevance prévue au deuxième alinéa de l'article R. 170-44.

Art. R. 170-46-1 *Abrogé par Ord. n° 2006-460 du 21 avr. 2006, art. 7-II.*

Art. R. 170-46-2 *(Décr. n° 2006-1227 du 4 oct. 2006)* Les cessions gratuites de terres à usage agricole prévues au premier alinéa de l'article L. 5141-4 du code général de la propriété des personnes publiques peuvent être consenties aux agriculteurs et aux personnes morales mentionnés aux premier et deuxième alinéas du même article qui exploitent sans titre régulier des terres domaniales, s'ils en font la demande avant le 31 décembre 2006.

Art. R. 170-46-3 *(Décr. n° 2000-225 du 10 mars 2000)* La demande, faite sur un formulaire établi par le préfet, indique :

1° L'identité, la profession et l'adresse du demandeur. Si la demande émane d'une personne morale, elle doit être accompagnée d'une copie des statuts et comporter les indications suivantes : dénomination, forme juridique, adresse du siège social, objet social, capital social, numéro d'immatriculation au registre du commerce et des sociétés, nom, prénom usuel et domicile des personnes ayant le pouvoir d'engager la personne morale envers les tiers, nom, prénom usuel et part de capital social détenue par les personnes physiques associées mentionnées au quatrième alinéa de l'article R. 170-46-1 ;

2° La situation et la superficie du terrain demandé ;

3° La date de début, les conditions et la durée de la mise en valeur agricole continue, paisible et publique ainsi qu'un descriptif sommaire de cette mise en valeur ;

4° Le cas échéant, la preuve par tout moyen de la mise à disposition par l'État.

Art. R. 170-46-4 *(Décr. n° 2000-225 du 10 mars 2000)* La cession est consentie par le préfet, en tenant compte du schéma directeur départemental des structures agricoles. Elle est subordonnée à la condition que l'immeuble soit exploité à des fins agricoles par le cessionnaire, ses héritiers ou ses ayants cause, pendant trente ans à compter de la date de cession.

Si la superficie demandée excède le quadruple de la surface minimum d'installation pondérée, le préfet recueille l'avis du directeur de l'agriculture et de la forêt et du directeur des services fiscaux.

Les dispositions des articles R. 170-66 et R. 170-69, du premier alinéa de l'article R. 170-70 et, le cas échéant, de l'article R. 170-67 sont applicables.

Si le préfet constate que l'immeuble cédé n'est plus exploité à des fins agricoles, il met en demeure le concessionnaire ou ses héritiers ou ses ayants cause de régulariser la situation dans un délai maximum de douze mois. Lorsque la mise en demeure est restée infructueuse ou à défaut de régularisation dans ce délai, le préfet demande à l'intéressé de restituer l'immeuble cédé ou l'autorise à en conserver la propriété dans les conditions fixées à l'article R. 170-71.

Art. R. 170-46-5 *(Décr. nº 96-955 du 31 oct. 1996)* La convention mentionnée au deuxième alinéa de l'article L. **91-1-1** *[CGPPP, art. L. 5141-6]* du code du domaine de l'État prévoit :

L'identification des terres domaniales pour lesquelles le bénéfice d'une ou plusieurs concessions gratuites est demandé ;

Le programme des travaux à réaliser par l'établissement public d'aménagement ainsi que les modalités de leur contrôle et de leur financement ;

Les délais d'exécution des travaux à la charge de l'établissement public ;

Les sujétions particulières en matière de respect de l'environnement imposées s'il y a lieu à l'établissement public et à ses concessionnaires ;

Les conditions dans lesquelles l'établissement public concessionnaire peut, après réalisation des travaux d'aménagement rural, bénéficier d'une cession gratuite ;

Les conditions dans lesquelles les terres cédées gratuitement par l'État à l'établissement public sont concédées à des tiers, notamment celles dont l'inobservation peut entraîner la déchéance du concessionnaire ;

Les conditions dans lesquelles les terres cédées gratuitement par l'État à l'établissement public sont cédées à des tiers, notamment celles dont l'inobservation peut entraîner la résolution de la cession.

Le projet de convention est adressé au préfet qui le soumet à la commission prévue par l'article R. **170-36**. – *[Anc. art. R. 170-46-1]*.

Art. R. 170-46-6 *(Décr. nº 96-955 du 31 oct. 1996)* Lorsque l'établissement public bénéficie d'une concession gratuite en vue de la réalisation de travaux d'aménagement rural ou d'une cession gratuite des terrains aménagés dans le cadre d'une concession, la concession ou la cession est soumise aux dispositions de l'article R. **170-37** et des articles *(Décr. nº 2000-225 du 10 mars 2000)* « R. **170-66** à R. **170-70**. » – *[Anc. art. R. 170-46-2]*.

SECTION II **CONCESSIONS ET CESSIONS D'IMMEUBLES DOMANIAUX AUX COLLECTIVITÉS TERRITORIALES ET À L'ÉTABLISSEMENT PUBLIC D'AMÉNAGEMENT EN GUYANE** *(Décr. nº 96-955 du 31 oct. 1996)*.

(Décr. nº 87-267 du 14 avr. 1987)

Art. R. 170-47 *(Décr. nº 92-46 du 16 janv. 1992)* « Les concessions prévues à l'article L. **91-2** *[CGPPP, art. L. 5142-1]* sont consenties pour une durée de cinq ans, prorogeable d'une ou plusieurs années, dans la limite de cinq années supplémentaires. »

Les concessions sont gratuites. Toutefois, lorsque *(Décr. nº 92-46 du 16 janv. 1992)* « le département ou la région » souhaite s'assurer la maîtrise d'un ensemble d'immeubles qui ne sont pas tous destinés à recevoir une affectation justifiant la gratuité, une concession peut lui être accordée pour la même durée dans le but de constituer une réserve foncière ; dans ce cas, l'acte de concession prévoit le paiement d'une redevance annuelle établie à titre prévisionnel et payable d'avance ; le montant définitif de la redevance est fixé six mois avant la date d'expiration de la concession.

Art. R. 170-48 *(Décr. nº 92-46 du 16 janv. 1992)* La collectivité concessionnaire peut, par avenant à l'acte de concession, être autorisée à donner aux immeubles concédés une affectation différente de celle qui était prévue initialement. Si la nouvelle affectation ne justifie pas la gratuité de la concession prévue au 1° du premier alinéa de l'article L. 91-2 *[CGPPP, art. L. 5142-1]* ou n'autorise pas une cession gratuite en application du 3° de la même disposition, l'avenant prévoit le paiement de la redevance correspondante à compter de l'année au cours de laquelle l'avenant est intervenu ; si la nouvelle affectation justifie la gratuité de la concession, l'avenant prévoit la dispense du paiement de la redevance pour les années postérieures à son intervention. Si la nouvelle affectation ouvre vocation à cession gratuite, les immeubles peuvent, lorsque les conditions à la cession sont remplies, être distraits de la concession et cédés à la commune, sur sa demande.

Art. R. 170-49 En cours de concession, la collectivité concessionnaire peut demander que les immeubles lui soient cédés ou soient cédés à des tiers. En cas de cession de la totalité des immeubles concédés, la concession se trouve résolue de plein droit. En cas de cession partielle, les immeubles cédés sont distraits de la concession.

Dans le cas où la cession des immeubles ou partie d'immeubles concédés a lieu au bénéfice d'un tiers, l'État reverse à la collectivité concessionnaire la plus-value qui, éventuellement conférée par les travaux que la collectivité a pu exécuter sur les biens cédés a été mise à la charge du cessionnaire par l'acte de cession ; cette plus-value est déterminée par le directeur des services fiscaux, déduction faite des subventions accordées par l'État pour ces travaux.

Art. R. 170-50 Les immeubles concédés doivent recevoir, sous peine de déchéance de la concession, la destination prévue dans l'acte de concession éventuellement modifié en application des dispositions de l'article R. 170-48.

Au plus tard six mois avant la date d'expiration de la concession éventuellement prorogée, la collectivité bénéficiaire doit justifier auprès du commissaire de la République que les immeubles ont reçu la destination prévue dans l'acte de concession et ses avenants. Des délais supplémentaires dans la limite totale de deux ans peuvent être accordés par le commissaire de la République à la collectivité. Jusqu'à ce qu'il ait été statué par le commissaire de la République sur l'exécution du programme, la concession est prorogée de plein droit.

A défaut de justifications présentées dans les délais ou en cas de non-paiement de la redevance prévue *(Décr. n° 2000-225 du 10 mars 2000)* « au second alinéa » de l'article R. 170-47 aux dates fixées dans l'acte de concession et ses avenants, le commissaire de la République prononce la déchéance de la concession. L'arrêté prononçant la déchéance est notifié à la collectivité.

Art. R. 170-51 En cas de déchéance de la collectivité concessionnaire, celle-ci ne peut prétendre au versement par l'État d'aucune indemnité.

Dans ce cas, les marchés passés par la collectivité en qualité de concessionnaire, les locations ou occupations par elle consenties en cette qualité et, d'une façon générale, tous les actes, ayant pour objet ou pour effet d'engager la responsabilité de la collectivité vis-à-vis des tiers ne sont pas opposables à l'État. Aucune indemnité ne peut être réclamée à ce dernier par des tiers envers lesquels la collectivité serait débitrice.

Art. R. 170-52 La reprise de possession des immeubles par l'État ne peut avoir lieu que deux mois après la publication au bulletin des actes administratifs de la Guyane et la publication, par extrait, dans un journal diffusé dans le département de l'arrêté du commissaire de la République prononçant la déchéance.

Art. R. 170-53 *(Décr. n° 92-46 du 16 janv. 1992)* Si la déchéance de la concession n'a pas été prononcée, le transfert de propriété a lieu de plein droit à l'expiration de la concession, dans les conditions prévues à l'acte de concession et ses avenants.

Art. R. 170-54 Lorsque les immeubles entrent dans une des catégories mentionnées *(Décr. n° 92-46 du 16 janv. 1992)* « à l'article L. 91-2 *[CGPPP, art. L. 5142-1]* », le transfert de propriété a lieu à titre gratuit.

(Décr. n° 92-46 du 16 janv. 1992) « Les cessions qui ne bénéficient pas de la gratuité ont » lieu moyennant le paiement d'un prix correspondant à la valeur vénale des immeubles, compte tenu de leur consistance à la date de prise d'effet de la concession. Le prix est fixé dans les conditions prévues à l'article R. 130.

(Décr. n° 92-46 du 16 janv. 1992) « La superficie de référence prévue au 3° du premier alinéa de l'article L. 91-2 *[CGPPP, art. L. 5142-1]* est arrêtée par le préfet lors de la première demande de cession gratuite, sur proposition du directeur des services fiscaux et après avis de la commission prévue à l'article R. 170-55. »

Art. R. 170-54-1 *(Décr. n° 92-46 du 16 janv. 1992)* Les cessions consenties en application de la présente section sont constatées par un acte auquel est annexé un extrait du plan cadastral. Cet acte indique la consistance et la destination des immeubles ainsi que les délais et les conditions dans lesquels les immeubles cédés à la collectivité *(Décr. n° 96-955 du 31 oct. 1996)* « ou par l'Établissement public d'aménagement en Guyane » peuvent faire l'objet d'une aliénation à des tiers.

L'acte mentionne également la superficie de référence et le total des superficies déjà cédées gratuitement, lorsque la cession a lieu en application des dispositions du 3° du premier alinéa de l'article L. 91-2, et la date de la déclaration d'utilité publique, lorsque la cession est consentie en application des dispositions du second alinéa de l'article L. 91-2 *[CGPPP, art. L. 5142-1]*.

Art. R. 170-55 *(Décr. n° 92-46 du 16 janv. 1992 ; Décr. n° 96-955 du 31 oct. 1996)* « Une commission est chargée d'émettre un avis sur les demandes de concession, sur l'exécution des obligations mises à la charge de la collectivité par l'acte de concession et sur les demandes de cessions gratuites, pour constituer des réserves foncières, présentées par les communes ou par l'Établissement public d'aménagement en Guyane. »

Cette commission est présidée par le commissaire de la République ou son représentant et comprend :

1° Un membre du conseil régional élu par celui-ci ;

2° Trois membres du conseil départemental élus par celui-ci ;

3° Le maire de la commune sur le territoire de laquelle se situent les immeubles ;

4° Cinq fonctionnaires de l'État désignés par le commissaire de la République.

En cas de partage égal des voix, celle du président est prépondérante. Le président de la commission peut inviter toute personne dont l'audition lui paraîtrait utile à comparaître devant la commission afin d'y être entendue.

Art. R. 170-55-1 *(Décr. n° 2008-1180 du 14 nov. 2008, art. 7)* La demande de cession gratuite d'une forêt dépendant du domaine privé de l'État et relevant du régime forestier en application de l'article L. 5142-2 du code général de la propriété des personnes publiques est adressée au préfet par la collectivité territoriale.

Le préfet examine, après avis du représentant de l'Office national des forêts et du directeur de l'agriculture et de la forêt, si le rôle social ou environnemental que la forêt dont la cession est demandée joue au plan local justifie ou non la cession.

Le préfet se prononce sur la demande de cession dans les quatre mois de son dépôt.

Art. R. 170-55-2 *(Décr. n° 2008-1180 du 14 nov. 2008, art. 7)* Les cessions mentionnées à l'article R. 170-55-1 sont constatées par un acte indiquant la localisation, la consistance et la destination des immeubles.

L'acte mentionne également que la forêt cédée relève du régime forestier dans les conditions prévues à l'article L. 111-1 du code forestier.

SECTION III DROITS DES COMMUNAUTÉS D'HABITANTS TIRANT TRADITIONNELLEMENT LEURS MOYENS DE SUBSISTANCE DE LA FORÊT

(Décr. n° 87-267 du 14 avr. 1987)

Art. R. 170-56 Le commissaire de la République constate au profit des communautés d'habitants qui tirent traditionnellement leurs moyens de subsistance de la forêt l'existence sur les terrains domaniaux de la Guyane de droits d'usage collectifs pour la pratique de la chasse, de la pêche et, d'une manière générale, pour l'exercice de toute activité nécessaire à la subsistance de ces communautés.

Cette constatation est faite par arrêté, pris après avis du directeur des services fiscaux. L'arrêté détermine la situation, la superficie et la consistance des terrains, rappelle l'identité et la composition de la communauté d'habitants bénéficiaires et précise la nature des droits d'usage dont l'exercice est reconnu.

L'arrêté est publié au bulletin des actes administratifs de la Guyane.

Lorsque la communauté bénéficiaire n'exerce plus ses droits d'usage, sur tout ou partie des terrains, le commissaire de la République le constate par un arrêté pris et publié dans les mêmes formes.

Art. R. 170-57 Les droits d'usage mentionnés à l'article R. 170-56 ne peuvent être exercés que sous réserve de l'application des dispositions relatives à la recherche et à l'exploitation de substances minières et des dispositions relatives à la protection de la nature et des espèces animales et à la défense de l'environnement. Ils ne font pas obstacle à la réalisation de travaux d'aménagement ou d'équipement collectifs.

Art. R. 170-58 Les communautés d'habitants mentionnées à l'article R. 170-56, constituées en associations ou en sociétés, peuvent demander à bénéficier d'une concession à titre gratuit des terrains domaniaux situés dans une zone déterminée en vue de la culture ou de l'élevage ou pour pourvoir à l'habitat de leurs membres.

La concession ne peut être accordée que pour une durée limitée. Elle est renouvelable. L'arrêté de concession est publié au bulletin des actes administratifs de la Guyane.

Art. R. 170-59 La concession peut être retirée, lorsque les membres de l'association ou de la société ont cessé définitivement de résider dans la zone, lorsque l'association ou la société est dissoute, si elle se trouve dans l'impossibilité de remplir les obligations mises à sa charge par l'acte de concession ou si ses activités sont contraires à la destination prévue par cet acte.

La concession peut faire l'objet d'un retrait partiel si, sur une partie des terrains de la zone, les membres de l'association ou de la société ont cessé définitivement de résider, s'ils ne remplissent pas les obligations mises à la charge de l'association ou de la société ou s'ils exercent des activités contraires à la destination prévue.

Art. R. 170-60 Avant l'expiration de la concession et selon les modalités prévues par l'acte de concession, l'association ou la société concessionnaire peut demander que les terrains lui soient cédés à titre gratuit en vue de la culture ou de l'élevage ou pour pourvoir à l'habitat de ses membres.

Le transfert de propriété est consenti par l'État sous la condition résolutoire d'une résidence effective des intéressés dans la zone pendant un délai de dix ans et du maintien pendant le même délai de la destination prévue dans l'acte de cession.

L'acte de cession indique les délais et les conditions dans lesquels les immeubles cédés peuvent faire l'objet d'une aliénation.

La dissolution de l'association ou de la société cessionnaire dans les dix ans de l'acte de cession entraîne, de plein droit, la résolution de la cession.

Art. R. 170-61 Une commission est chargée d'émettre un avis sur les opérations prévues aux articles R. 170-57 à R. 170-60.

Cette commission est présidée par le commissaire de la République ou son représentant et comprend :

1° Le maire de chacune des communes sur le territoire de laquelle se situent les terrains ;

2° Quatre personnalités qualifiées désignées par le commissaire de la République ;

3° Deux membres de l'association ou de la société appartenant aux organes de direction de celle-ci.

En cas de partage égal des voix, celle du président est prépondérante. Le président de la commission peut inviter toute personne dont l'audition lui paraîtrait utile à comparaître devant la commission afin d'y être entendue.

SECTION IV **CESSIONS DE TERRAINS DOMANIAUX N'ENTRANT PAS DANS LES CATÉGORIES RÉGIES PAR LES SECTIONS I, II ET III**

(Décr. n° 2000-225 du 10 mars 2000)

Art. R. 170-62 Le préfet délimite les zones dans lesquelles des terrains peuvent faire l'objet de cessions gratuites mentionnées à l'article L. 91-4 *[CGPPP, art. L. 5144-1]*.

Par convention signée par le préfet au nom de l'État, les terrains inclus dans les zones mentionnées au premier alinéa sont mis à disposition de l'Établissement public d'aménagement en Guyane, aux fins d'aménagement. L'établissement public se voit également confier, par convention, l'instruction des demandes de cession gratuite portant sur ces mêmes terrains.

Art. R. 170-63 La demande de cession est adressée à l'établissement public. Elle comporte :

1. Les nom, prénoms, nationalité et domicile du demandeur ;
2. Un plan de situation du terrain demandé ;
3. Une copie de l'avis d'imposition du demandeur à l'impôt sur le revenu ;
4. Une preuve de la nationalité française du demandeur ou de sa qualité de ressortissant d'un État membre de la Communauté européenne ou d'un État partie à l'accord sur l'Espace économique européen ou une copie d'un titre de séjour d'une durée supérieure à un an ;
5. La preuve par tout moyen que le terrain supporte une construction affectée, à la date de publication de l'ordonnance n° 98-777 du 2 septembre 1998 *[portant disposi-*

tions particulières aux cessions à titre gratuit des terres appartenant au domaine privé de l'État en Guyane et modifiant le code du domaine de l'État, JO 4 sept.], pour les trois quarts au moins de sa superficie totale, à l'habitation ;

6. L'engagement de ne pas procéder à l'aliénation volontaire de l'immeuble cédé pendant quinze ans à compter de la date de cession.

Art. R. 170-64 L'établissement public adresse après instruction le dossier de demande au préfet, accompagné de son avis et, le cas échéant, de ses propositions d'ajustement de la superficie du terrain dont la cession est demandée, pour tenir compte de l'équipement de celui-ci en voirie et réseaux divers et des conditions de cession des fonds voisins.

Lorsque l'établissement public a réalisé et financé des travaux d'aménagement en vue de la cession, il détermine le coût de ces aménagements bénéficiant à l'immeuble à céder et en recouvre le montant à son profit auprès du demandeur.

La cession est consentie par le préfet.

En cas de méconnaissance de l'obligation mentionnée au deuxième alinéa de l'article L. 91-6 *[CGPPP, art. L. 5144-3]*, le préfet fait prononcer la nullité de la cession.

Les dispositions de l'article R. 170-69, du premier alinéa de l'article R. 170-70 et, le cas échéant, de l'article R. 170-67 sont applicables aux cessions prévues par la présente section.

SECTION V **DISPOSITIONS COMMUNES ET DIVERSES**

(Décr. n° 87-267 du 14 avr. 1987)

Art. R. 170-65 Le directeur des services fiscaux, compétent pour fixer la valeur des immeubles, est également compétent pour fixer les modalités financières des opérations prévues au présent chapitre. – *[Anc. art. R. 170-62].*

Art. R. 170-66 *(Décr. n° 92-46 du 11 janv. 1992)* Après avoir, s'il y a lieu, établi le bornage à ses frais, le concessionnaire ou le cessionnaire est tenu de payer les frais d'établissement, d'expédition et de publication de l'acte de concession ou de cession, ainsi que les frais de transcription à la conservation des hypothèques. – *[Anc. art. R. 170-62-1].*

Art. R. 170-67 Les actes portant sur des immeubles gérés par l'Office national des forêts sont pris après avis du représentant de l'Office. L'avis est réputé donné, s'il n'a pas été transmis par le représentant de l'office dans les deux mois de sa saisine.

La concession, la cession, le bail et la convention mentionnée au 4° de l'article R. 170-31 ainsi que la reconnaissance des droits d'usage mentionnée à l'article R. 170-56, sur des immeubles qui dépendent de l'Office national des forêts, mettent fin à la gestion de l'office sur ces immeubles, sauf dispositions contraires de l'acte relatif à ces opérations. – *[Anc. art. R. 170-63].*

Art. R. 170-68 Les concessions prévues au présent chapitre ne peuvent faire obstacle ni à l'exécution par l'État d'opérations tendant à la recherche de substances minières et à leur exploitation, ni à l'exécution de travaux d'aménagement ou d'équipement collectif. Les troubles de jouissance qui pourraient en résulter pour le bénéficiaire de la concession ne peuvent donner lieu à une indemnité à la charge de l'État.

L'acte de concession doit, à peine de nullité, mentionner les dispositions du présent article. – *[Anc. art. R. 170-64].*

Art. R. 170-69 Lorsque les immeubles ont donné lieu à une cession à titre gratuit, les dispositions du premier alinéa de l'article *(Décr. n° 2000-225 du 10 mars 2000)* « R. 170-68 » sont applicables au cessionnaire pendant un délai de trente ans à compter de la cession. Pendant le même délai, il est interdit au cessionnaire de procéder sur ces immeubles à la recherche ou à l'exploitation de substances minières ; en cas de découverte de substances minières, le cessionnaire est tenu d'en aviser le commissaire de la République.

L'acte de cession et, dans le cas de concessions suivies de cessions à titre gratuit prévues à l'article R. 170-47, l'acte de concession doivent, à peine de nullité, mentionner les dispositions du présent article. – *[Anc. art. R. 170-65].*

Art. R. 170-70 *(Décr. n° 92-46 du 16 janv. 1992)* « Tout acte de cession mentionne les conditions auxquelles le transfert de propriété est consenti et notamment celles des conditions dont l'inobservation entraîne la résolution de la cession. »

Les concessions prévues à l'article R. 170-47 doivent mentionner les conditions auxquelles le transfert de propriété sera consenti et notamment celles des conditions dont l'inobservation entraîne la résolution de la cession. – *[Anc. art. R. 170-66].*

Constituent des clauses exorbitantes du droit commun dans un acte de cession, à titre gratuit, d'un terrain appartenant au domaine privé de l'État en Guyane les clauses résolutoires prévues par les art. R. 170-64 et R. 170-65, al. 1er. • CAA Paris, 29 sept. 1995, *Domput,* n° 94PA01530 B.

Art. R. 170-71 Pour l'application *(Décr. n° 92-46 du 16 janv. 1992 ; Décr. n° 2000-225 du 10 mars 2000)* « de l'article L. 91-7 *[CGPPP, art. L. 5145-1]* », l'autorisation de conserver l'immeuble est accordée par le commissaire de la République, après fixation par le directeur des services fiscaux de la valeur vénale de l'immeuble et des modalités financières de l'opération. – *[Anc. art. R. 170-67].*

TROISIÈME PARTIE : DÉCRETS SIMPLES

La partie réglementaire du C. dom. Ét. a été abrogée par le Décr. n° 2011-1612 du 22 nov. 2011, art. 3-I, à l'exception des art. D. 14 et D. 15, en tant qu'ils s'appliquent en dehors du territoire métropolitain, et du titre IV du livre IV.

LIVRE DEUXIÈME *[ABROGÉ]* ADMINISTRATION DES BIENS DOMANIAUX

(Abrogé par Décr. n° 2011-1612 du 22 nov. 2011, art. 3-I)

TITRE DEUXIÈME *[ABROGÉ]* DOMAINE PRIVÉ

CHAPITRE PREMIER *[ABROGÉ]* DOMAINE IMMOBILIER

SECTION VI *[ABROGÉE]* CONCESSIONS DE LOGEMENTS DANS LES IMMEUBLES DOMANIAUX OU DÉTENUS EN JOUISSANCE PAR L'ÉTAT

Art. D. 14 Les personnels de tous grades de la gendarmerie nationale en activité de service et logés dans des casernements ou des locaux annexés aux casernements, tant en métropole que dans les territoires et départements situés en dehors du territoire de la France métropolitaine, bénéficient d'une concession de logement par nécessité absolue de service. — *Le présent art. demeure en vigueur en tant qu'il s'applique en dehors du territoire métropolitain (Décr. n° 2011-1612 du 22 nov. 2011, art. 3-I). Il est abrogé en tant qu'il s'applique en Guadeloupe, en Guyane, en Martinique et à La Réunion mais est maintenu en vigueur, dans sa rédaction en vigueur au 9 mai 2012, en tant qu'il s'applique sur ces mêmes territoires en ce qui concerne les concessions de logement accordées jusqu'au 1er sept. 2013 aux militaires des corps de soutien de la gendarmerie nationale (Décr. n° 2014-930 du 19 août 2014, art. 3 et 10).*

Art. D. 15 La gratuité du logement accordée en application de l'article D. 14 s'étend à la fourniture de l'eau, à l'exclusion de toutes autres fournitures. — *V. note ss. art. D. 14.*

LIVRE QUATRIÈME *[ABROGÉ]* DISPOSITIONS DIVERSES

(Abrogé par Décr. nº 2011-1612 du 22 nov. 2011, art. 3-I)

TITRE QUATRIÈME DISPOSITIONS SPÉCIALES AUX DÉPARTEMENTS D'OUTRE-MER

Le présent titre est abrogé mais reste en vigueur en tant qu'il s'applique à Saint-Barthélemy et à Saint-Martin, sous réserve des compétences en matière domaniale de ces collectivités au 23 août 2014 (Décr. nº 2014-930 du 19 août 2014, art. 3 et 9).

CHAPITRE PREMIER *BIS* DISPOSITIONS SPÉCIALES AUX DÉPARTEMENTS DE LA GUADELOUPE ET DE LA MARTINIQUE

(Décr. nº 2000-375 du 27 avr. 2000)

Art. D. 20 La superficie plafond prévue au dernier alinéa de l'article L. 89-5 est fixée à 500 mètres carrés.

Toutefois, lorsque la compatibilité entre les projets de cessions prévues à l'article L. 89-5 *[CGPPP, art. L. 5112-6]* et le programme d'équipement des terrains situés dans les espaces urbains et les espaces occupés par une urbanisation diffuse aboutit à l'identification de portions de terrains inutilisées, le préfet peut procéder à leur répartition entre les personnes mentionnées audit article et consentir à cet effet la cession d'un terrain de superficie supérieure à 500 mètres carrés.

CHAPITRE II DOMANIALITÉ PUBLIQUE DES EAUX

Néant.

CHAPITRE III CONCESSIONS DOMANIALES EN GUYANE

Anciens art. D. 19 à D. 32 *Abrogés par Décr. nº 87-267 du 14 avr. 1987.*

SECTION IV CESSIONS DE TERRAINS DOMANIAUX N'ENTRANT PAS DANS LES CATÉGORIES RÉGIES PAR LES SECTIONS I, II ET III

(Décr. nº 2000-226 du 10 mars 2000)

Art. D. 21 Le plafond de superficie prévu au premier alinéa de l'article L. 91-6 *[CGPPP, art. L. 5144-3]* est fixé à 2500 mètres carrés.

CHAPITRE IV DOMANIALITÉ DES TERRES VACANTES ET SANS MAÎTRE EN GUYANE

Art. D. 33 Les terres vacantes et sans maître du département de la Guyane, ainsi que celles qui n'ont pas été reconnues comme étant propriétés privées individuelles ou collectives en vertu des dispositions du décret nº 46-80 du 16 janvier 1946, font partie du domaine de l'État.

Toutefois, restent opposables à l'État, bien qu'ils n'aient pas fait l'objet d'une demande de validation dans les délais et conditions prévus au décret précité du 16 janvier 1946 :

– les titres réguliers de concession définitive délivrés par l'État ;

– les titres de propriété antérieurs au 1er janvier 1948 transcrits à la conservation des hypothèques de Cayenne avant le 1er avril 1950.

Art. D. 34 Par dérogation aux dispositions de l'article D. 33, les Bonis et les tribus indiennes autochtones, à qui des droits d'usage collectifs sont reconnus sur le domaine de l'État, continuent à jouir de ces droits d'une manière effective et continue jusqu'à l'intervention de dispositions domaniales en leur faveur qui seront prises par décret conjoint du ministre chargé des départements et territoires d'outre-mer, du ministre des finances, du ministre de l'agriculture et du secrétaire d'État aux finances.

Cette jouissance ne confère, toutefois, aux tribus qui en bénéficient aucun droit nouveau susceptible d'être opposé à l'État.

CHAPITRE V CONCESSIONS DE LOGEMENTS DANS LES DÉPARTEMENTS D'OUTRE-MER

Art. D. 35 *Abrogé par Décr. n° 2012-752 du 9 mai 2012, art. 12-2°.*

QUATRIÈME PARTIE : ARRÊTÉS

La quatrième partie du code du domaine de l'État relative aux arrêtés réglementaires n'a pas été formellement abrogée lors de la publication du Décr. nº 2011-1612 du 22 nov. 2011 relatif aux première, deuxième, troisième et quatrième parties réglementaires du code général de la propriété des personnes publiques.

LIVRE PREMIER COMPOSITION DU DOMAINE

TITRE PREMIER DISPOSITIONS GÉNÉRALES

Néant.

TITRE DEUXIÈME ORIGINE DES BIENS

CHAPITRE PREMIER DOMAINE PUBLIC

Néant.

CHAPITRE II DOMAINE PRIVÉ

SECTION PREMIÈRE PRISES À BAIL, ACQUISITIONS ET CONSTRUCTIONS RÉALISÉES PAR L'ÉTAT

§ 1er DISPOSITIONS GÉNÉRALES

Art. A. 01 *(Arr. du 11 déc. 1970)* Les chiffres limites visés aux articles R. 3 à R. 5 sont fixés comme il suit :

	Euros
1° Article R. 3	4 500
2° Article R. 4	15 000
3° Article R. 5	15 000

Art. A. 02 *(Arr. du 2 mars 1976, art. 1er et 2, en vigueur le 1er avr. 1976)* Les directeurs des services fiscaux sont compétents pour émettre au nom de l'administration, sans limitation de sommes et quelle que soit la nature des biens, les avis prévus par les articles R. 3 à R. 5.

Art. A. 03 *(Arr. du 11 févr. 1981)* I. — Les limites minimales de consultation des commissions départementales pour l'examen des projets visés à l'article R. 10 sont fixées comme il suit, sous réserve des dispositions du II ci-après :

	Euros
1° Article R. 10 (1°)	4 500
2° Article R. 10 (2°)	15 000
3° Article R. 10 (3°)	15 000

	Euros
4° Article R. 10 (4°) : *a*) Projets concernant les établissements d'enseignement des premier et second degrés, les écoles normales et les écoles nationales de perfectionnement *b*) Projets concernant les équipements sportifs et socio-éducatifs *c*) Tous autres projets, à l'exception de ceux visés à l'article A. 04 (4° [*a* et *b*]) qui relèvent uniquement de la compétence des commissions régionales	 300 000 300 000 750 000

II. – Pour les projets dont la réalisation est poursuivie sur le territoire de la ville de Paris, les limites minimales fixées au I sont portées aux chiffres suivants :

	Euros
1°	6 000
2° et 3°	60 000

III. – *Abrogé par Arr. du 11 févr. 1981.*

Art. A. 04 *(Arr. du 11 févr. 1981)* I. – Les limites minimales de consultation des commissions régionales pour l'examen des projets visés à l'article R. 10 sont fixées aux chiffres suivants :

	Euros
1° Article R. 10 (1°)	45 000
2° Article R. 10 (2°)	450 000
3° Article R. 10 (3°)	450 000
4° Article R. 10 (4°)	
a) Projets relevant du ministère de la défense	1 500 000
b) Projets poursuivis par le secrétariat d'État aux postes et télécommunications et à la télédiffusion lorsqu'ils concernent les ouvrages de commutation et de transmission du trafic, de transport et de distribution de voies de télécommunication	1 500 000
c) Tous autres projets, à l'exception de ceux visés à l'article A. 03 (4° [*a* et *b*]) qui relèvent, quel que soit leur montant, des commissions départementales	1 500 000

II. – *Abrogé par Arr. du 1er févr. 1981.*

§ 2 DISPOSITIONS SPÉCIALES

Art. A. 1 *(Arr. du 11 déc. 1970 ; Arr. du 2 juin 1975, art. 4)* I. – Sont dispensés de l'examen des commissions visées à l'article R. 10 :

1° Lorsque l'avis de la commission d'enquête ou du commissaire enquêteur émis dans les formes prévues par le décret n° 59-701 du 6 juin 1959 est favorable, qu'aucune opposition n'a été formulée avant la déclaration d'utilité publique par les divers services de l'État intéressés et que l'accord est réalisé entre le service acquéreur et le service des domaines en ce qui concerne le montant desdites acquisitions :

– Les acquisitions immobilières nécessaires à l'exécution des travaux d'amélioration du réseau routier national, des cours d'eau du domaine public et des réseaux de canaux de navigation, de voies ferrées et de canalisations destinées au transport du gaz combustibles construites sous le régime du décret n° 64-81 du 23 janvier 1964 et au transport des hydrocarbures construites sous les régimes de la loi n° 49-1060 du 2 août 1949 et de la loi n° 58-336 du 29 mars 1958 ;

– Les acquisitions immobilières nécessaires à la modification ou à l'extension des ports maritimes et fluviaux, des réservoirs d'alimentation des canaux de navigation, des gares de triage, dépôts et entrepôts ferroviaires, des installations de stockage de gaz combustibles et d'hydrocarbures, des postes de transformation et de distribution d'électricité, des installations liées à la production ou au développement de l'énergie atomique et électrique, à la condition que ces acquisitions n'augmentent pas de plus de 30 % la superficie des terrains déjà utilisés.

2° Sous réserve que leur coût n'excède pas l'évaluation effectuée par le service des domaines, les acquisitions poursuivies par l'État :

a) De bois, forêts, parcs ou terrains à boiser en vue de leur sauvegarde et de leur aménagement à l'usage du public ;

b) D'immeubles en vue de la constitution de réserves foncières telles qu'elles sont visées à l'article L. 221-1 du code de l'urbanisme.

3° Les acquisitions poursuivies par l'État en vertu de l'article R. 105.

4° Lorsque l'accord sur leur montant est réalisé avec le service des domaines, les opérations immobilières poursuivies par Électricité de France :

a) Soit à l'amiable ;

b) Soit par voie d'expropriation en vue de la construction des ouvrages de production, de transport et de distribution d'électricité, à la condition que l'avis de la commission d'enquête ou du commissaire enquêteur, émis dans les formes prévues par le décret n° 59-701 du 6 juin 1959, soit favorable et qu'aucune opposition n'ait été formulée avant la déclaration d'utilité publique par les divers services de l'État intéressés.

5° Lorsque l'accord sur leur montant est réalisé avec le service des domaines, les opérations immobilières poursuivies par Gaz de France :

a) Soit à l'amiable ;

b) Soit par voie d'expropriation en vue de la construction des ouvrages de production, de transport et de distribution de gaz, à la condition que l'avis de la commission d'enquête ou du commissaire enquêteur, émis dans les formes prévues par le décret n° 59-701 du 6 juin 1959 soit favorable et qu'aucune opposition n'ait été formulée avant la déclaration d'utilité publique par les divers services de l'État intéressés.

6° Les acquisitions d'immeubles, de droits immobiliers et de droits sociaux donnant vocation à l'attribution en pleine propriété d'immeubles ou de parties d'immeuble poursuivies par la caisse centrale de réassurance et le fonds de garantie institué par l'article 15 de la loi n° 51-1508 du 31 décembre 1951 au profit des victimes d'accidents automobiles, à la condition qu'il soit attesté par le ministre de l'économie et des finances (direction des assurances) :

1. Que ces acquisitions sont faites en vue de représenter, par des immeubles, les provisions techniques de ces entreprises ;

2. Qu'elles n'ont pas pour objet principal d'assurer l'installation et le fonctionnement de leurs services ou de tout autre service public ou d'intérêt public.

7° Les acquisitions par les établissements publics d'aménagement de villes nouvelles, pour l'accomplissement de leur mission à l'intérieur de leur périmètre d'intervention, d'immeubles acquis ou aménagés, directement ou par l'intermédiaire d'établissements publics spécialisés, par le Fonds national de l'aménagement foncier et de l'urbanisme, ou par le ministère de l'équipement sur les crédits budgétaires ouverts à cet effet, à la condition qu'il soit attesté par ce ministère qu'elles n'ont pas pour objet, même à titre accessoire, d'assurer l'installation et le fonctionnement des services de ces établissements publics.

8° Les opérations immobilières ci-après énumérées poursuivies par la Société nationale des chemins de fer français :

a) Les locations et acquisitions amiables sous réserve que leur coût n'excède pas l'évaluation effectuée par le service des domaines ;

b) Les acquisitions par voie d'expropriation concernant les installations et aménagements ferroviaires nécessaires à l'amélioration et à l'exploitation de son réseau, lorsque l'avis de la commission d'enquête ou du commissaire enquêteur émis dans les formes prévues par le décret n° 59-701 du 6 juin 1959 est favorable, qu'aucune opposition n'a été formulée avant la déclaration d'utilité publique par les divers services de l'État intéressés et que leur coût n'excède pas, dans le cas où il n'est pas fixé par la juridiction de l'expropriation, l'évaluation effectuée par le service des domaines.

9° Lorsque l'avis des conseils municipaux intéressés est favorable, les acquisitions immobilières ci-après énumérées poursuivies par le conservatoire de l'espace littoral et des rivages lacustres dans les cantons côtiers et dans les communes riveraines des lacs et plans d'eau d'une superficie au moins égale à 1 000 hectares en vue d'assurer la sauvegarde de l'espace littoral, le respect des sites naturels et l'équilibre écologique :

a) Les acquisitions amiables sous réserve que leur coût n'excède pas l'évaluation effectuée par le service des domaines ;

b) Les acquisitions par voie d'expropriation, lorsque l'avis de la commission d'enquête ou du commissaire enquêteur, émis dans les formes prévues par le décret n° 59-701 du 6 juin 1959, est favorable, qu'aucune opposition n'a été formulée avant la déclaration d'utilité publique par les divers services de l'État intéressés et que leur coût n'excède pas, dans le cas où il n'est pas fixé par la juridiction de l'expropriation, l'évaluation effectuée par le service des domaines.

10° Les acquisitions immobilières ci-après énumérées, poursuivies par le secrétariat d'État aux postes et télécommunications en vue de la construction des ouvrages de commutation et de transmission du trafic, de transport et de distribution de voies de télécommunications :

a) Les acquisitions amiables, sous réserve que leur coût n'excède pas l'évaluation effectuée par le service des domaines ;

b) Les acquisitions par voie d'expropriation, lorsque l'avis de la commission d'enquête ou du commissaire enquêteur est favorable, qu'aucune opposition n'a été formulée avant la déclaration d'utilité publique par les divers services de l'État intéressés et que leur coût n'excède pas, dans le cas où il n'est pas fixé par la juridiction de l'expropriation, l'évaluation effectuée par le service des domaines.

II. — Sont exclus du champ d'application de l'article R. 10 (4°) les travaux de restauration, de réparation et de mise en valeur à exécuter dans les édifices classées au titre de la législation sur les monuments historiques dans les conditions prévues par cette législation.

Art. A. 2 *(Arr. du 11 déc. 1970 ; Arr. du 11 févr. 1981)* Les limites minimales de consultation des commissions visées à l'article R. 10 sont portées aux chiffres suivants en ce qui concerne les projets d'opérations immobilières dont la réalisation est poursuivie par les établissements publics nationaux à caractère industriel ou commercial dans le cadre de leurs activités d'entreprise publique :

1° Projets visés à l'article R. 10 (1°) : 49 546 euros.

2° Projets visés à l'article R. 10 (2°) : 495 460 euros.

Ces dispositions ne s'appliquent pas lorsque les établissements susvisés :

— Bénéficient d'un monopole légal pour la production, le transport, la commercialisation, l'importation ou l'exportation de produits ou services ;

— Ou sont concessionnaires de l'État pour des services publics ou des travaux publics ;

— Ou reçoivent à titre permanent le concours financier de l'État pour la réalisation de leurs opérations immobilières ou de construction.

Art. A. 3 *(Arr. du 11 déc. 1970 ; Arr. du 2 juin 1975, art. 2)* Sont dispensées de l'examen des commissions visées à l'article R. 10, sous réserve que leur prix n'excède pas l'évaluation effectuée par le service des domaines ou qu'il soit fixé comme en matière d'expropriation :

a) Les acquisitions poursuivies par exercice du droit de préemption dans les zones à urbaniser en priorité, les zones d'aménagement différé et à l'intérieur des périmètres provisoires de zones d'aménagement différé ;

b) Les acquisitions en vue de l'application du droit de délaissement prévu par l'article L. 212-3 du code de l'urbanisme ;

c) Les acquisitions effectuées en application du droit de substitution prévu par l'article L. 211-3 du code de l'urbanisme ;

d) Les acquisitions de terrains effectuées dans les conditions prévues par l'article L. 123-9 du code de l'urbanisme.

II. – Les projets ou parties de projets de constructions, de transformations ou de restaurations générales d'immeubles ayant le caractère confidentiel au sens de l'article D. 2 ne sont pas soumis aux dispositions de l'article R. 10.

Art. A. 4 *(Arr. du 11 déc. 1970 ; Arr. du 2 juin 1975 ; Arr. du 15 mars 1978)* La commission départementale des opérations immobilières et de l'architecture est compétente, dès lors que leur montant excède les limites minimales de consultation fixées par l'article A. 03-I, à l'égard des projets d'acquisition autres que ceux dispensés de son examen en vertu de l'article A. 3-I, effectués par l'État, même sur les ressources du fonds national d'aménagement foncier et d'urbanisme, et les établissements publics de l'État, dans les conditions prévues aux paragraphes *a, b, c* et *d* dudit article.

La commission nationale, les commissions régionales et départementales des opérations immobilières ont été supprimées par le Décr. n° 86-455 du 14 mars 1986, art. 1er.

Art. A. 5 *(Arr. du 11 déc. 1970)* I. – Lorsqu'un projet d'échange intéressant l'État ou un établissement public national et portant sur des biens situés dans la même région relève à la fois de la compétence soit de la commission régionale et d'une commission départementale, soit de deux commissions départementales, l'ensemble de l'opération est examiné par la commission régionale.

Si le projet porte sur des biens situés dans deux régions différentes, l'ensemble de l'opération est examiné par la commission régionale dans le ressort de laquelle sont situés les biens appartenant à la personne, service ou collectivité qui en a pris l'initiative.

II. – *Abrogé par Arr. du 15 mars 1978.*

Art. A. 6 *Abrogé par Arr. du 15 mars 1978.*

SECTION II DONS ET LEGS

Néant.

SECTION III DROIT DE PRÉEMPTION DE L'ÉTAT

Néant.

SECTION IV SUCCESSIONS EN DÉSHÉRENCE

Néant.

TITRE TROISIÈME INVENTAIRE DES BIENS

Art. A. 7 Le service des domaines procède à la refonte du tableau général des propriétés de l'État, lequel comprend – classés par service ou organisme utilisateur et par département géographique, territoire ou pays – les immeubles du domaine public et du domaine privé de l'État ainsi que les établissements publics nationaux à caractère administratif.

En ce qui concerne les bâtiments provisoires en dur et les immeubles d'habitation à caractère définitif visés par l'ordonnance n° 45-2064 du 8 septembre 1945, le nombre par commune est seul indiqué.

En outre, le service des domaines dresse la liste des immeubles dont les services de l'État ou les établissements visés au premier alinéa du présent article ont la jouissance à quelque titre que ce soit, à l'exception des biens gérés pour le compte de tiers ou qui dépendent de patrimoines séquestrés ou en liquidation et qui ne sont pas occupés par ces services ou établissements.

Art. A. 8 En vue de la confection des documents visés à l'article A. 7, les départements ministériels adressent spontanément au service central des domaines la liste des immeubles bâtis ou non bâtis, gérés, détenus ou occupés par eux ou par les établissements publics administratifs soumis à leur tutelle.

(Arr. du 11 déc. 1970) « Cette liste est établie en triple exemplaire, pour chaque département géographique, territoire ou pays et par service ou établissement utilisateur, conformément au modèle fixé par le service des domaines. » En outre, elle fait ressortir distinctement les immeubles du domaine public national, ceux du domaine privé de l'État, ainsi que ceux prix *[pris]* à bail, réquisitionnés ou occupés à un titre quelconque.

Art. A. 9 *(Arr. du 14 janv. 1974)* Les départements ministériels doivent informer la direction générale des impôts (service des domaines), dans les vingt premiers jours de chaque trimestre, de tout changement survenu au cours du trimestre précédent soit dans la consistance matérielle, soit dans l'utilisation des immeubles visés à l'article A. 8, au moyen d'un relevé établi en double exemplaire et conforme au modèle fixé par le service des domaines.

Art. A. 10 Le service des domaines effectue la tenue à jour des documents établis, au vu des renseignements visés à l'article précédent ainsi que d'après les actes d'acquisition, d'aliénation, d'échange, d'affectation ou autres passés par ses soins ou parvenus à sa connaissance.

Il détermine lui-même les conditions dans lesquelles sont dressés et mis à jour le tableau général des propriétés de l'État, la liste des immeubles pris à bail ou réquisitionnés par l'État ainsi que les documents d'ordre intérieur s'y rapportant.

Art. A. 11 Les services départementaux du ministère chargé de la construction prêtent leur concours au service des domaines pour l'établissement et la tenue à jour des documents visés aux articles A. 7 et A. 10 et ils lui communiquent les plans et autres pièces qu'ils détiennent.

LIVRE DEUXIÈME ADMINISTRATION DES BIENS DOMANIAUX

TITRE PREMIER DOMAINE PUBLIC

CHAPITRE PREMIER OCCUPATION TEMPORAIRE

SECTION PREMIÈRE DÉLIVRANCE DES AUTORISATIONS

A) ARRÊTÉS INDIVIDUELS

Art. A. 12 *(Arr. du 11 déc. 1970)* « Les autorisations d'occuper temporairement, sur les routes, rivières et canaux et toutes autres dépendances du domaine public fluvial et terrestre, des emplacements qui peuvent sans inconvénients être soustraits momentanément à l'usage de tous pour être affectés à un usage privatif ou privilégié, sont accordées par le ministère chargé de l'équipement. »

Il en est de même pour les autorisations concernant les rivages de la mer, les ports, havres et rades et toutes autres dépendances du domaine public maritime, lorsque ces autorisations n'ont pas pour objet l'exploitation d'établissements de pêche régis par le décret-loi du 9 janvier 1852 et les décrets des 21 décembre 1915 et 28 mars 1919 modifiés.

Art. A. 13 Toute demande d'occupation temporaire doit indiquer l'objet et la durée de cette occupation.

Al. 2 abrogé par Arr. du 11 déc. 1970.

(Arr. du 11 déc. 1970) « S'il résulte de l'examen de la demande que celle-ci ne peut être prise en considération, la décision de rejet est prise par l'autorité désignée à l'article R. 53.

« Si le chef du service de l'équipement compétent estime que la demande peut être accueillie, il formule les conditions à imposer au permissionnaire dans l'intérêt du service qui lui est confié. Il présente en outre des propositions relativement à la redevance. Il joint un plan à son rapport. »

Lorsqu'il s'agit de portions du domaine public dont l'occupation temporaire est de nature à intéresser la défense du territoire ou le service de la marine, les avis des administrations intéressées sont pris conformément aux règlements existants.

Le directeur des douanes est également consulté s'il y a lieu.

(Arr. du 11 déc. 1970) « En cet état de l'instruction, les pièces sont envoyées au directeur des services fiscaux qui fixe, conformément aux dispositions de l'article R. 55, le chiffre de la redevance, les époques des paiements, au besoin, l'obligation de fournir caution et toutes les autres conditions d'intérêt financier. Il formule toutes propositions utiles au sujet des conditions d'ordre domanial à imposer au pétitionnaire. »

Art. A. 14 Les conditions financières de l'autorisation étant réglées, *(Arr. du 11 déc. 1970, art. 2)* « le directeur des services fiscaux » se fait remettre par la partie une soumission portant acceptation de ces conditions. Cette soumission est souscrite sur papier timbré par le pétitionnaire et, le cas échéant, par la caution ; si l'un ou l'autre ne sait pas signer, il peut, à son choix, ou faire constater son engagement par le maire de son domicile, ou le faire souscrire en son nom par une personne solvable se portant fort pour lui. Dans tous les cas, une copie de la soumission certifiée par le directeur des services fiscaux est jointe au dossier.

Art. A. 15 *(Arr. du 11 déc. 1970)* Si le chef du service de l'équipement estime que, dans un intérêt public, la quotité de la redevance, telle qu'elle a été fixée, doit être diminuée, ou même que l'autorisation demandée doit être accordée gratuitement, il présente à cet égard des propositions motivées.

Art. A. 16 *(Arr. du 26 avr. 1973)* Lorsqu'il y a accord entre les représentants de tous les services intéressés, l'occupation temporaire demandée est permise par un arrêté de l'autorité désignée à l'article R. 53.

Si la redevance exigible est payée par apposition de timbres fiscaux dans les conditions prévues à l'article A. 39, une ampliation de l'arrêté, revêtue des timbres dûment oblitérés nécessaires au paiement tant de la redevance que du droit fixe prévu à l'article L. 29, est remise au pétitionnaire. Une seconde ampliation, émargée d'une mention constatant la date et le montant du paiement ainsi effectué, est adressée au directeur des services fiscaux ; celui-ci transmet cette ampliation au comptable des impôts compétent, lorsqu'il y a lieu de poursuivre le recouvrement d'échéances ultérieures.

Si la redevance exigible n'est pas payée par apposition de timbres fiscaux, une ampliation de l'arrêté, portant la mention de la date de la notification au pétitionnaire, est adressée au directeur des services fiscaux ; celui-ci transmet cette ampliation au comptable des impôts chargé de poursuivre le recouvrement de la créance domaniale.

Art. A. 17 *(Arr. du 11 déc. 1970)* « Lorsqu'il n'y a pas accord entre les autorités administratives intéressées sur les conditions de l'autorisation, l'affaire est soumise à l'administration supérieure, pour y être statué *[statuée]* par le ministre des finances et le ministre chargé de l'équipement, selon leur compétence respective. »

En cas de dissentiment entre ces ministres sur la question de savoir si l'autorisation doit être gratuite ou soumise à redevance, l'avis du Conseil d'État est préalablement recueilli.

L'autorisation est ensuite accordée dans les formes tracées par l'article précédent.

Art. A. 18 La redevance commence à courir à compter soit de la notification de l'arrêté de concession, soit de l'occupation du terrain si elle a eu lieu antérieurement.

Art. A. 19 *(Arr. du 11 déc. 1970)* Lorsque le directeur des services fiscaux demande que la concession soit faite aux enchères et que le chef du service de l'équipement n'y voit pas d'inconvénient du point de vue de son service, il est procédé à l'adjudication, devant l'autorité compétente, en présence d'un agent du service des domaines, aux conditions déterminées par un arrêté pris ainsi qu'il est dit à l'article A. 16.

B) ARRÊTÉS GÉNÉRAUX

Art. A. 20 Des arrêtés pris ainsi qu'il est dit à l'article A. 16 déterminent, quand il y a lieu, pour les occupations du domaine public terrestre, fluvial ou maritime, d'une même nature, les conditions spéciales moyennant lesquelles ces occupations peuvent être autorisées, soit dans l'étendue du département, soit seulement dans des localités désignées. Ces arrêtés sont pris après une instruction suivie dans les formes ci-après.

Art. A. 21 *(Arr. du 11 déc. 1970)* Lorsque le chef de service de l'équipement estime qu'un arrêté général peut réglementer une catégorie d'occupations temporaires du domaine public, il indique les conditions techniques auxquelles ces occupations doivent être soumises. Il présente, en outre, des propositions relativement aux redevances à appliquer, par unité de longueur ou de surface ou à la pièce, et il fait connaître les occupations qui peuvent être autorisées gratuitement.

L'avis du département des armées ainsi que celui des administrations de la marine marchande et des douanes sont demandés, le cas échéant, conformément aux règlements existants.

Les pièces sont ensuite envoyées au directeur des services fiscaux qui fixe les redevances à appliquer et toutes autres conditions d'intérêt financier, détermine les occupations qui ne donnent lieu à aucune redevance et formule toutes propositions utiles au sujet des conditions d'ordre domanial à imposer aux pétitionnaires.

Quand l'accord s'est établi entre les autorités administratives intéressées, et après que les maires aient été, s'il y a lieu, consultés par application de l'article 98 du code de l'administration communale, l'autorité désignée à l'article R. 53 prend un arrêté et en adresse ampliation au directeur des services fiscaux.

Art. A. 22 Sous réserve de l'application des dispositions de l'article L. 33 relatives à la révision des redevances afférentes aux occupations temporaires du domaine public, les arrêtés généraux relatifs auxdites occupations peuvent être révisés tous les cinq ans, en tout ou en partie, sur la proposition d'un des services intéressés. La révision a lieu après une instruction faite ainsi qu'il est prévu l'article A. 21.

Elle ne peut être opposable aux concessionnaires que si elle a été faite et notifiée aux intéressés trois mois au moins avant l'échéance de la période quinquennale en cours.

Art. A. 23 *(Arr. du 26 avr. 1973)* I. – Lorsque l'occupation temporaire demandée donne ouverture à une redevance domaniale par application d'un arrêté général pris en vertu de l'article A. 20, l'agent des services de l'équipement localement responsable se fait remettre par le pétitionnaire une soumission timbrée portant acceptation des conditions financières telles qu'elles résultent des dispositions de l'arrêté général. Il rédige un récépissé reproduisant intégralement le texte de cet arrêté et indiquant en outre les dispositions spéciales à l'autorisation, la date à partir de laquelle court la redevance, l'époque du paiement de chaque terme.

Si la redevance exigible est payée par apposition de timbres fiscaux dans les conditions prévues à l'article A. 39, l'agent des services de l'équipement localement responsable remet directement au pétitionnaire le récépissé revêtu des timbres dûment oblitérés nécessaires au paiement tant de la redevance que du droit fixe prévu à l'article L. 29, et adresse au directeur des services fiscaux la soumission et une ampliation du récépissé émargée d'une mention constatant la date et le montant du paiement ainsi effectué ; le directeur des services fiscaux transmet ces pièces au comptable des impôts compétent, lorsqu'il y a lieu de poursuivre le recouvrement d'échéances ultérieures.

Si la redevance exigible n'est pas payée par apposition de timbres fiscaux, l'agent des services de l'équipement localement responsable adresse la soumission, le récépissé et son ampliation au directeur des services fiscaux ; celui-ci transmet ces pièces au comptable des impôts compétent qui remet le récépissé au pétitionnaire après paiement par ce dernier de la redevance ou du premier terme de celle-ci.

II. – Lorsque l'occupation demandée ne donne lieu, en vertu de l'arrêté général, à aucune redevance, l'agent des services de l'équipement localement responsable délivre directement au pétitionnaire le récépissé reproduisant intégralement le texte de cet arrêté et contenant les dispositions spéciales à l'autorisation.

Art. A. 24 Lorsqu'une demande a pour objet l'autorisation d'installer dans les dépendances du domaine public, situées dans une ou plusieurs localités, un réseau de canalisation *[canalisations]* d'eau et d'établir à l'avenir toutes les conduites utiles à l'extension de ce réseau, les conditions spéciales moyennant lesquelles l'occupation du domaine public est autorisée sont fixées après une instruction faite conformément aux règles édictées dans l'article A. 21.

(Arr. du 11 déc. 1970) « Quand l'arrêté général d'autorisation a été pris *(Arr. du 26 avr. 1973)* « l'agent des services de l'équipement localement responsable » fait souscrire par le pétitionnaire une soumission timbrée portant engagement d'acquitter au début de chaque année, pour toutes les canalisations existant à la fin de l'année précédente, une redevance calculée d'après le tarif fixé par l'arrêté. Il remet directement au pétitionnaire un récépissé portant autorisation de commencer les travaux. Ce récépissé reproduit intégralement le texte de l'arrêté. *(Arr. du 26 avr. 1973)* « L'agent des services de l'équipement localement responsable » adresse la soumission et une ampliation du récépissé au directeur des services fiscaux qui les transmet au comptable des impôts compétent.

« A la fin de chaque année, le chef du service de l'équipement adresse au directeur des services fiscaux un relevé des canalisations existant à cette époque. » La redevance est calculée, pour l'année entière, sur ces canalisations et encaissée par le comptable des impôts au vu du relevé qui doit indiquer dans une colonne spéciale les canalisations ne donnant pas lieu à redevance.

Toutes les fois que le permissionnaire veut obtenir la gratuité pour une canalisation, en dehors des cas prévus par l'arrêté d'autorisation, sa demande est adressée à l'agent des services de l'équipement localement responsable avant l'exécution des travaux, et elle fait l'objet d'une autorisation spéciale.

Art. A. 25 *(Arr. du 11 déc. 1970)* Les demandes d'occupation temporaire peuvent être adressées directement à *(Arr. du 26 avr. 1973)* « l'agent des services de l'équipement localement responsable ».

Lorsque l'occupation ne rentre dans aucune des catégories prévues par un arrêté général d'autorisation, *(Arr. du 26 avr. 1973)* « l'agent des services de l'équipement localement responsable » transmet la demande, avec ses propositions, au chef du service de l'équipement, pour être statué après l'instruction réglementaire dans les formes prévues aux articles A. 12 à A. 19.

C) DISPOSITIONS COMMUNES

Art. A. 26 L'autorisation d'occupation temporaire du domaine public est toujours accordée à titre précaire et révocable, sans indemnité, à la première réquisition de l'administration ; elle est retirée ou révoquée dans les conditions prévues aux articles A. 27 et A. 28.

Toutefois, lorsque l'édification de constructions ou d'installations par le bénéficiaire de l'autorisation est, eu égard à la destination d'intérêt général de celles-ci, expressément agréée par l'État ou la collectivité gestionnaire ou concessionnaire du domaine public, le retrait de l'autorisation pour un motif d'intérêt général avant l'expiration du terme fixé peut donner lieu à indemnisation du bénéficiaire évincé, à la condition que cette possibilité ait été prévue dans le titre d'autorisation.

L'indemnité visée à l'alinéa précédent est à la charge de la collectivité au profit de laquelle est opéré le retrait ; elle est égale, sous déduction de l'amortissement calculé dans les conditions fixées par le titre d'autorisation, au montant des dépenses prévues dans le même titre et que les bénéficiaires ont effectivement exposées pour la réalisation des constructions et installations expressément autorisées, dans la mesure où celles-ci subsistent toujours à la date du retrait.

Art. A. 27 *(Arr. du 11 déc. 1970)* Le retrait des autorisations est prononcé par l'autorité désignée à l'article R. 53.

Lorsque, en application des dispositions dudit article, le préfet a compétence pour prononcer le retrait, sa décision est prise sur proposition du chef du service de l'équipement.

Toutefois, en cas de désaccord entre autorités administratives intéressées, la décision de retrait est prise par le ministre chargé de l'équipement.

Art. A. 28 *(Arr. du 11 déc. 1970)* « L'autorisation peut être révoquée, soit à la demande du directeur des services fiscaux, en cas d'inexécution des conditions financières, soit à l'initiative du chef du service de l'équipement, en cas d'inexécution des autres conditions, sans préjudice, s'il y a lieu, des poursuites pour contravention de grande voirie. »

A partir du jour où la révocation a été notifiée à la partie, la redevance cesse de courir, mais la portion de cette redevance afférente au temps écoulé devient immédiatement exigible.

Art. A. 29 Le concessionnaire ne peut renoncer au bénéfice de la concession avant l'époque fixée pour la révision des conditions financières.

Art. A. 30 Le paiement du droit fixe établi par l'article L. 29 pour la délivrance des autorisations de voirie sur le domaine public national est constaté, dans le cas prévu au deuxième alinéa de l'article R. 54, au moyen de l'apposition de timbres fiscaux de la série unique.

Les timbres mobiles sont fournis par les titulaires des autorisations et apposés sous la responsabilité des autorités chargées de la délivrance des titres.

Ils sont immédiatement oblitérés dans les conditions fixées par *(Arr. du 11 déc. 1970)* « l'article 405 F de l'annexe III du code général des impôts ».

SECTION II **FIXATION DES REDEVANCES**

Art. A. 31 Les acomptes mensuels dont le versement est prévu à l'article L. 31 (1er alinéa) sont dus pour toute redevance dont le montant excède 37 000 euros et ne peut être déterminé exactement qu'en fin d'année, au vu de relevés, d'états ou de tous autres renseignements fournis par un service de l'État ou par le titulaire de l'autorisation ou de la concession.

Art. A. 32 Pour toute autorisation ou concession donnant lieu à la délivrance d'un titre nouveau, celui-ci indique le montant des acomptes mensuels qui devront être versés au cours de la première année. Ce montant est calculé sur la base d'une liquidation évaluative de la redevance afférente à la première période de paiement, faite, suivant le cas, par le service chargé de l'instruction de la demande d'autorisation ou de concession ou par le pétitionnaire ; chaque acompte mensuel est égal à 7 % de la somme résultant, pour une année entière, de ladite déclaration ; il est arrondi à l'unité de francs inférieure.

Art. A. 33 Pour les autorisations ou concessions dont le titre est en cours au 1er janvier de l'année du versement des acomptes et nonobstant toute clause de ce titre, le montant de ces acomptes est déterminé d'après les résultats de la liquidation définitive de la redevance afférente à l'année précédente, lorsque cette redevance excède le chiffre limite fixé par l'article A. 31 ci-dessus ; chaque acompte mensuel est égal à 7 % du montant de la même redevance ; il est arrondi à l'unité de franc inférieure.

Les acomptes continuent d'être versés dans les mêmes conditions qu'au cours de l'année précédente jusqu'à ce que la liquidation définitive, lorsqu'elle est effectuée par un service technique, ou les renseignements nécessaires pour procéder à cette liquidation aient été notifiés au service des domaines.

Si la liquidation concerne exceptionnellement une période inférieure à une année, l'acompte mensuel est égal à 7 % de la somme qui résulterait pour une année entière de cette liquidation.

Art. A. 34 Les acomptes sont payables sans avertissement préalable, à la caisse du domaine désignée dans le titre de l'autorisation ou de la concession, au plus tard le 10 de chaque mois.

Dans le cas visé à l'article A. 32, le titulaire doit verser, le 10 du mois qui suit celui au cours duquel le titre lui a été délivré, le montant du ou des acomptes exigibles depuis la date à laquelle l'autorisation ou la concession a pris effet.

Dans le cas visé à l'article A. 33, le titulaire de l'autorisation ou de la concession doit verser, dans les quinze jours de la notification faite par le service des domaines :

1° Le montant de la redevance afférente à l'année précédente, après déduction, s'il y a lieu, du montant global des acomptes versés au cours de la même année ;

2° Le montant du ou des acomptes afférents à chacun des mois écoulés de l'année en cours, après déduction, s'il y a lieu, du montant total des acomptes déjà versés depuis le 1er janvier dans les conditions indiquées au deuxième alinéa de l'article A. 33 et, éventuellement, de l'excédent des acomptes versés au cours de l'année antérieure sur le montant de la redevance afférente à cette même année.

Art. A. 35 Le montant de chaque acompte non payé aux époques indiquées à l'article précédent est majoré de l'intérêt moratoire prévu à l'article L. 32 *[CGPPP, art. L. 2125-5]*, lorsque le retard est au moins d'un mois entier.

Art. A. 36 Les titulaires d'autorisation ou de concession peuvent, sur leur demande, être autorisés à se libérer des acomptes au moyen de versements trimestriels ou semestriels. Chaque versement est égal au montant cumulé des acomptes mensuels se rapportant à la période trimestrielle ou semestrielle considérée ; il est effectué d'avance au début de cette période, à l'époque indiquée à l'article A. 34.

Art. A. 37 Les titulaires d'autorisation ou de concession, tenus au versement d'acomptes, peuvent, sur avis favorable du service technique compétent, être autorisés à cesser ce versement en cours d'année s'ils justifient de circonstances permettant de prévoir que la redevance afférente à l'année entière n'excédera pas le montant des acomptes déjà versés ou n'atteindra pas le chiffre limite visé à l'article A. 31.

Art. A. 38 En cas de cessation de l'autorisation ou de la concession, l'excédent des acomptes versés sur la redevance afférente à la dernière époque de paiement, s'il y a lieu, est restitué au titulaire après que la redevance a été régulièrement liquidée, que l'occupation du domaine public a effectivement pris fin et que l'occupant a satisfait à toutes les charges et obligations résultant du titre de l'autorisation ou de la concession.

Art. A. 39 *(Arr. du 26 avr. 1973)* I. — Les redevances domaniales fixes dont le montant annuel, déterminé préalablement à l'octroi d'une autorisation temporaire d'occupation du domaine public, n'excède pas 76 euros sont acquittées d'avance soit pour toute la durée de la concession lorsque cette durée n'excède pas cinq ans, soit par périodes triennales dans le cas contraire.

II. — Le paiement de la redevance, s'il intervient en une seule fois, ou celui du premier terme triennal peut être effectué au moyen de timbres fiscaux fournis par le titulaire de l'autorisation et apposés, sous la responsabilité de l'autorité chargée de sa délivrance, sur le titre qui lui est remis.

Ces timbres sont immédiatement oblitérés dans les conditions fixées par l'article 405 F de l'annexe III du code général des impôts.

Mention de la date et du montant de ce paiement est faite par l'autorité chargée de la délivrance du titre sur l'ampliation destinée au directeur des services fiscaux.

La procédure du paiement par timbres fiscaux n'est applicable qu'aux redevances dont le recouvrement incomberait aux comptables des impôts chargés des recettes domaniales si ce mode de paiement n'était pas utilisé.

CHAPITRE II TRANSFERT DE GESTION

Néant.

CHAPITRE III EXTRACTIONS SUR LE DOMAINE PUBLIC

SECTION PREMIÈRE EXTRACTIONS SUR LE DOMAINE PUBLIC MARITIME, DES SABLES, PIERRES ET AUTRES MATÉRIAUX NON CONSIDÉRÉS COMME AMENDEMENTS MARINS ET, DANS LE LIT DES COURS D'EAU DOMANIAUX, DES SABLES, GRAVIERS, PIERRES ET TOUS AUTRES MATÉRIAUX *(Arr. du 11 déc. 1970).*

A) ARRÊTÉS INDIVIDUELS

Art. A. 40 *(Arr. du 11 déc. 1970)* Les demandes pour extractions sur le domaine public maritime de sables, terres, pierres, galets ou de tous matériaux et produits autres que les amendements marins sont soumises à une première instruction de la part du chef du service maritime.

(Arr. du 18 janv. 1977) « Les demandes pour extractions dans le lit des cours d'eau domaniaux de sables, graviers, pierres ou de tous autres matériaux sont soumises à une première instruction de la part du chef du service chargé de la police des eaux de ces cours d'eau. »

Ces chefs de service examinent si les permissions sollicitées peuvent être accordées sans inconvénient. Dans la négative, la décision de rejet est prise par l'autorité définie à l'article R. 53.

(Arr. du 18 janv. 1977) « Dans l'affirmative, et pour les extractions dans le lit des cours d'eau domaniaux, les chefs de service recueillent :

« L'avis du directeur départemental de l'agriculture s'il s'agit d'un cours d'eau non canalisé et si le chef de service chargé de la police des eaux est un chef de service de la navigation ou un directeur départemental de l'équipement ;

« L'avis du directeur départemental de l'équipement ou du chef du service de la navigation si le chef de service chargé de la police des eaux est le directeur départemental de l'agriculture ;

« Les chefs de service chargés de la première instruction formulent les conditions à prescrire au point de vue de la conservation et de la police du domaine public maritime ou fluvial comme à celui de toute autre convenance du service qui leur est confié. »

Ils présentent en outre des propositions relativement aux prix qu'il conviendrait de fixer.

Lorsqu'ils estiment que les extractions doivent être favorables soit à la conservation du rivage ou au maintien des passes d'entrée aux ports, soit au maintien du chenal, ou à tout autre intérêt public dont la sauvegarde leur est confiée, ils examinent si ces extractions ne doivent pas être autorisées moyennant un prix réduit ou à titre gratuit. Ils présentent des propositions motivées à cet égard.

Dans les cas prévus par les règlements sur les travaux mixtes, les chefs de service se conforment aux prescriptions de ces règlements.

Art. A. 41 *(Arr. du 11 déc. 1970)* Le dossier est alors communiqué au directeur des services fiscaux pour décision en ce qui concerne l'exigibilité d'un prix de vente et la détermination de sa quotité. Toutefois, lorsque le prix fixé par le directeur excède

152 449 euros, l'opération doit être soumise à l'approbation du ministre chargé du domaine.

Le dossier est ensuite transmis, s'il y a lieu, pour avis au préfet maritime.

Art. A. 42 *(Arr. du 11 déc. 1970)* Lorsqu'il y a accord entre les représentants de tous les services intéressés, l'autorisation d'opérer les extractions est accordée par l'autorité définie à l'article R. 53.

(Arr. du 18 janv. 1977) « Lorsque cet accord n'existe pas, l'affaire est soumise à l'administration supérieure pour y être statué par le ministre de l'économie et des finances et par le ministre de l'équipement ou/et le ministre de l'agriculture, selon leur compétence respective. »

Art. A. 43 *(Arr. du 11 déc. 1970)* En cas de dissentiment entre ces ministres sur la question de savoir si des extractions doivent ou non être autorisées à titre gratuit, l'avis du Conseil d'État est recueilli.

Art. A. 44 *(Arr. du 11 déc. 1970)* Le prix fixé, augmenté de la taxe forfaitaire prévue par l'article A. 113, est payable avant tout commencement des extractions.

B) ARRÊTÉS GÉNÉRAUX

Art. A. 45 *(Arr. du 11 déc. 1970)* Pour faciliter l'instruction des demandes d'extractions, l'autorité définie à l'article R. 53 peut, sur proposition et avis des chefs de service intéressés, fixer, par un règlement de police, les conditions auxquelles ces extractions doivent être soumises sur les différentes parties du domaine public maritime ou des cours d'eau domaniaux, soit au point de vue de leur conservation, soit à l'égard des intérêts de la navigation ou de la pêche, soit enfin sous le rapport des prix à exiger.

Le directeur des services fiscaux est obligatoirement consulté, ainsi que, s'il y a lieu, le directeur départemental de l'équipement, le directeur départemental de l'agriculture, le préfet maritime et le directeur du génie.

Cet arrêté indique :

1° Les parties du domaine public où les extractions sont interdites ;

2° Celles où elles ne sont autorisées qu'à charge de payer un prix dont les éléments sont fixés réglementairement ;

3° Celles où elles sont gratuites, mais soumises à des autorisations spéciales ;

4° Celles où les extractions sont gratuites et libres aux conditions déterminées par les circonstances locales ;

5° Les quantités maximales de matériaux au-delà desquelles toute demande doit faire l'objet d'un arrêté particulier d'autorisation.

Si le volume des matériaux à extraire doit être limité dans l'intérêt de la conservation du domaine public, de la navigation ou de la pêche, le règlement fixe soit les volumes des matériaux de chaque nature pouvant être extraits annuellement, soit les niveaux au-dessous desquels le relief de la plage ou le fond des fouilles ne doit jamais être abaissé.

A défaut d'accord entre les autorités administratives intéressées pour la préparation du règlement de police prévu au présent article, il est procédé comme il est dit aux articles A. 42 (2e alinéa) et A. 43 pour les autorisations particulières. Le règlement est toujours susceptible d'être révisé sur demande faite par l'un des chefs de service intéressés.

Art. A. 46 *(Arr. du 18 janv. 1977)* « Lorsque les demandes en autorisation d'extraction entrent dans les prévisions du règlement de police pris en exécution de l'article précédent, le service chargé de la première instruction visé à l'article A. 40 le constate, » *(Arr. du 11 déc. 1970)* « sans consultation préalable des autres services, par la délivrance d'un récépissé où sont reproduits *in extenso* les prix et conditions générales fixés par ledit règlement et les conditions particulières applicables dans l'espèce.

« Ce récépissé est rédigé en double exemplaire : le premier est adressé immédiatement au directeur des services fiscaux, l'autre au comptable des impôts chargé de le remettre, après paiement du prix stipulé et de la taxe forfaitaire, à l'intéressé qui peut alors seulement commencer les extractions. »

(Arr. du 18 janv. 1977) « Le service chargé de la première instruction informe l'intéressé de la transmission du récépissé au comptable des impôts auprès duquel il l'invite à retirer cette pièce.

« Avis de la délivrance du récépissé est donné à l'administration des affaires maritimes en cas d'extraction sur le domaine public maritime et, dans les autres cas, s'il y a lieu, à ce même fonctionnaire, au directeur départemental de l'équipement, au directeur départemental de l'agriculture et au directeur du génie. »

C) DISPOSITIONS COMMUNES

Art. A. 47 *(Arr. du 18 janv. 1977)* « Les autorisations d'extraire des matériaux du domaine public maritime ou fluvial sont accordées après appel à la concurrence chaque fois que le directeur des services fiscaux estime, sur avis technique conforme du chef du service chargé de la première instruction, que cette procédure est favorable à une meilleure exploitation du lot considéré. L'opération a lieu selon les règles tracées par les articles A. 107 et A. 116. »

(Arr. du 11 déc. 1970) « Les conditions d'exploitation imposées à l'acquéreur sont énoncées dans un cahier des charges particulières. »

Art. A. 48 *(Arr. du 11 déc. 1970)* Les autorisations auxquelles s'appliquent les articles A. 40 à A. 47 sont accordées à titre précaire et elles sont révocables, sans indemnité, à la première réquisition de l'administration.

(Arr. du 18 janv. 1977) « Le retrait des permissions est prononcé par l'autorité définie à l'article R. 53. Dans le cas où cette décision est de la compétence du préfet, elle est prise sur proposition du chef du service chargé de la première instruction visée à l'article A. 40. Toutefois, en cas de désaccord entre les services intéressés, la décision est prise par le ministre de l'équipement ou le ministre de l'agriculture.

« La révocation des permissions peut être prononcée soit à la demande du directeur des services fiscaux pour inexécution des conditions financières, soit à la demande du chef du service chargé de la première instruction visée à l'article A. 40 en cas d'inexécution de toutes autres conditions, sans préjudice, s'il y a lieu, des poursuites pour contravention de grande voirie. »

SECTION II EXTRACTIONS SUR LE RIVAGE DE LA MER DES SABLES COQUILLIERS ET AUTRES MATÉRIAUX CONSTITUANT DES AMENDEMENTS MARINS

Art. A. 49 Les demandes tendant à obtenir l'autorisation d'extraire, sur le rivage de la mer, des sables coquilliers et autres matériaux considérés comme amendements marins sont adressées au directeur des affaires maritimes, qui fait examiner par les fonctionnaires du service des affaires maritimes si l'autorisation sollicitée peut être accordée sans inconvénient.

Art. A. 50 Si ces fonctionnaires se prononcent pour l'affirmative, ils formulent les conditions à imposer au pétitionnaire, au point de vue de leur service, et, dans les cas où ils estiment que les extractions doivent être favorisées comme étant utiles à la conservation du rivage, au maintien des passes d'entrée aux ports, ou à tout autre intérêt public dont la sauvegarde est confiée à l'administration des affaires maritimes, ils fournissent des explications motivées sur le point de savoir s'il ne conviendrait pas que la concession fût faite à prix réduit ou même à titre absolument gratuit.

Art. A. 51 *(Arr. du 11 déc. 1970, art. 2)* « Le service compétent de l'équipement », le préfet maritime et le préfet sont appelés, à leur tour, à donner leur avis.

Le directeur du génie et le directeur des douanes sont également consultés, quand il y a lieu.

Art. A. 52 En cet état de l'instruction, les pièces sont transmises au *(Arr. du 11 déc. 1970, art. 2)* « directeur des services fiscaux », qui fixe ou fait fixer par qui de droit, suivant les directions établies dans l'article A. 53, le prix à exiger, les époques des paiements, au besoin l'obligation de fournir caution, et toutes les autres conditions financières de la concession.

Art. A. 53 *(Arr. du 11 déc. 1970)* Les prix des matières à extraire, quand ils ne sont pas établis d'après un tarif réglementaire, sont fixés par le directeur des services fiscaux. Toutefois, lorsque le prix fixé par le directeur excède 152 449 euros, l'opération doit être soumise à l'approbation du ministre chargé du domaine.

Art. A. 54 Si le directeur des affaires maritimes n'a pas d'objection à faire contre le prix qui a été fixé, il statue, sur la demande de concession, par un arrêté qui règle, conformément aux propositions des services intéressés, les diverses conditions de cette concession.

Si, au contraire, il estime que les intérêts du service des affaires maritimes exigent impérieusement que le prix fixé soit diminué, ou même que la concession soit entièrement gratuite, il en réfère au ministre chargé des transports (secrétariat général de la marine marchande). S'il partage cet avis, celui-ci se concerte avec le ministre des finances pour la solution de la difficulté.

Art. A. 55 Dans le cas où l'accord ne peut s'établir entre les deux ministres, l'avis du Conseil d'État est préalablement recueilli.

Art. A. 56 Les autorisations ne sont accordées qu'à titre précaire ; elles sont toujours révocables sans indemnité.

Le retrait des autorisations est prononcé par le *(Arr. du 11 déc. 1970, art. 2)* « directeur des affaires maritimes », lorsqu'elles ont été accordées par ce fonctionnaire, dans le cas prévu par l'alinéa premier de l'article A. 54, et par le *(Arr. du 11 déc. 1970, art. 2)* « ministre chargé des transports (secrétariat général de la marine marchande) » dans les autres cas.

Art. A. 57 L'autorisation peut être révoquée soit à la demande du directeur des services fiscaux, en cas d'inexécution des conditions financières de la concession, soit à la demande ou des *(Arr. du 11 déc. 1970, art. 2)* « fonctionnaires du service des affaires maritimes ou du service compétent de l'équipement », pour toute autre cause, sans préjudice, s'il y a lieu, des poursuites pour contraventions de grande voirie.

Art. A. 58 Afin de faciliter l'instruction des demandes d'extractions les directeurs des affaires maritimes peuvent arrêter, par un règlement de police, les conditions auxquelles les extractions doivent être soumises sur les différentes parties du rivage, soit au point de vue de sa conservation, soit dans l'intérêt de la navigation ou de la pêche côtière, soit enfin sous le rapport des prix à exiger.

Cet arrêté réglementaire, pris sur les propositions des chefs des services intéressés, détermine :

1° Les parties du rivage où les extractions sont interdites ;

2° Celles où elles ne sont autorisées qu'à charge de payer un prix ;

3° Celles où elles sont gratuites, mais soumises à des autorisations spéciales ;

4° Enfin, celles où elles sont gratuites et libres, aux conditions nécessitées par les circonstances locales.

A défaut d'accord entre les chefs des services intéressés pour la préparation de ce règlement de police, il est procédé comme il est dit aux articles A. 54, deuxième alinéa, et A. 55, pour les autorisations particulières.

Art. A. 59 Les dispositions des articles A. 49 à A. 58 ne sont pas applicables à la récolte des herbes marines, quel que soit le mode employé, non plus qu'aux extractions d'amendements marins opérées au moyen de bateaux.

Ces opérations sont régies par la réglementation qui leur est propre et qui ne comporte pas l'intervention du service des domaines.

CHAPITRE IV **EXPLOITATION DU DROIT DE PÊCHE DE L'ÉTAT DANS LES EAUX DU DOMAINE PUBLIC FLUVIAL ET DANS CERTAINES VOIES D'EAU NON DOMANIALES**

(Arr. du 28 août 1987)

Art. A. 60 Lorsque le droit de pêche de l'État mentionné à l'article R. 63 est loué par voie d'adjudication, le *(Décr. n° 88-199 du 29 févr. 1988, art. 1er)* « préfet » choisit, après avis du directeur des services fiscaux, un des modes d'adjudication prévus aux articles A. 61 à A. 63 ci-après.

Art. A. 61 L'adjudication aux enchères, avec ou sans extinction de feux, a lieu sur la mise à prix annoncée par le président du bureau d'adjudication, les enchères devant être exprimées à haute voix.

Les enchères ne peuvent être moindres de 3 euros pour les mises à prix de 76 euros et au-dessous, de 8 euros pour celles de 77 euros à 150 euros, de 15 euros pour celles de 151 euros à 1500 euros, de 30 euros pour celles au-dessus de 1500 euros.

L'adjudication n'est prononcée qu'autant qu'une enchère au moins a été portée sur le montant de la mise à prix. Elle est tranchée au profit de l'enchérisseur le plus offrant, après que deux bougies se sont éteintes successivement sur la dernière enchère ou que deux appels se sont succédés *[succédé]* sans qu'une nouvelle enchère ait été portée.

Art. A. 62 En cas d'adjudication sur soumissions cachetées, les offres, distinctes pour chaque lot et rédigées conformément au modèle arrêté par l'administration, sont remises, sous enveloppe cachetée portant les références du lot de pêche, au président du bureau d'adjudication avant l'ouverture de la séance. Elles peuvent être adressées par pli recommandé au président et au lieu de l'adjudication, sous double enveloppe, l'enveloppe intérieure portant la seule inscription "Soumission pour l'adjudication du ..., lot de pêche n°...".

Les enveloppes contenant les soumissions sont ouvertes aussitôt après l'énoncé, par le représentant du domaine, du chiffre limite au-dessous duquel les offres ne sont pas retenues.

Les soumissions ne peuvent être retirées, ni modifiées, après l'ouverture de la séance d'adjudication.

L'adjudication est prononcée au profit du soumissionnaire dont l'offre, régulière en la forme et au moins égale au prix limite, est la plus élevée. En cas d'égalité entre les offres, le lot est tiré au sort entre les concurrents, selon le mode fixé par le président du bureau d'adjudication, à moins que, tous étant présents ou représentés, l'un ne réclame la mise aux enchères ; le concours est alors ouvert entre eux seuls, dans les conditions prévues à l'article A. 61.

Art. A. 63 En cas d'adjudication par combinaison des enchères verbales et des soumissions cachetées, ces dernières doivent être rédigées et remises ou adressées au président du bureau d'adjudication dans les conditions prévues à l'article A. 62. Elles ne peuvent être ni retirées ni modifiées après l'ouverture de la séance d'adjudication.

Il est procédé en premier lieu aux enchères verbales puis à l'ouverture des enveloppes contenant les soumissions cachetées.

L'adjudication est prononcée au profit de l'enchérisseur ou du soumissionnaire le plus offrant sous réserve, s'il s'agit du soumissionnaire, que son offre soit supérieure à la mise à prix. En cas d'égalité d'offres, il est procédé conformément aux dispositions du dernier alinéa de l'article A. 62.

Art. A. 64 Le droit de préférence prévu au troisième alinéa de l'article 19 du décret mentionné à l'article R. 83 doit être exercé dès le prononcé de l'adjudication.

Art. A. 65 La minute du procès-verbal d'adjudication est signée sur-le-champ par le président et par les membres du bureau. Elle est également signée par les adjudicataires ou leurs fondés de pouvoirs, s'ils se présentent ; dans le cas contraire, mention est faite de leur absence et notification est faite, par lettre recommandée avec demande d'avis de réception, aux soumissionnaires dont les offres sont acceptées.

TITRE DEUXIÈME **DOMAINE PRIVÉ**

CHAPITRE PREMIER **DOMAINE IMMOBILIER**

SECTION PREMIÈRE **LOCATIONS**

Néant.

SECTION II BÂTIMENTS PROVISOIRES ÉDIFIÉS PAR L'ÉTAT – CONVENTIONS D'OCCUPATION

Art. A. 73 Les demandes d'attribution des locaux dans les bâtiments provisoires visés à l'article R. 71 sont adressées au maire (service du logement s'il y a lieu) de la commune où sont implantés ces bâtiments. Elles doivent faire état de la situation de famille du postulant et être appuyées des justifications utiles.

Art. A. 74 L'attribution des locaux est décidée par le préfet sur la proposition du *(Arr. du 11 déc. 1970, art. 2)* « directeur départemental de l'équipement » et, dans les communes dotées d'un service du logement, sur avis de ce service.

Dans le cas où la gérance des bâtiments provisoires est confiée à un office public d'habitations à loyer modéré, l'attribution des locaux dans ces bâtiments est décidée par le préfet sur proposition de l'office gérant.

La décision d'attribution est portée à la connaissance du bénéficiaire par les soins du maire de la situation du bâtiment provisoire, qui l'invite à souscrire un engagement d'occupation par lequel l'intéressé déclare accepter les modalités financières de l'opération et se soumettre, pour le surplus, aux conditions générales prévues par un cahier des charges.

L'engagement d'occupation et le cahier des charges sont conformes à un modèle type.

Faute par l'attributaire de souscrire l'engagement prévu au premier alinéa du présent article dans un délai de dix jours à compter de la notification, la décision d'attribution devient caduque.

Art. A. 78 Dans les communes classées dans une zone comportant un abattement du salaire fixé par la réglementation en vigueur, les maxima visés à l'article A. 75 sont diminués d'un pourcentage égal à une fois et demi *[demie]* l'abattement correspondant à cette zone.

Art. A. 79 En vue de la détermination des redevances applicables aux bâtiments provisoires, les maxima visés aux articles A. 75 et A. 78 sont affectés, le cas échéant, des coefficients de réduction suivants :

– coefficient de vétusté (révisable pour tenir compte de l'état d'entretien de la construction) ; 0 à 20 %.

– logement ne comportant pas de w-c individuel ; 5 %.

– logement ne comportant pas de poste d'eau ; 5 %.

– logement ne comportant pas d'installation d'électricité ; 5 %.

Art. A. 80 Les occupants ayant la qualité de réfugié ou de sinistré bénéficient d'une réduction de 30 % sur le montant de la redevance déterminée dans les conditions prévues par les articles ci-dessus.

Cette réduction cesse d'être applicable aux occupants qui ne se sont pas réinstallés dans le local reconstruit en remplacement de l'immeuble détruit dont ils étaient propriétaires ainsi que, à partir du moment où leur renonciation est devenue effective, à ceux qui n'ont pas usé de la possibilité de report du bail prévue en leur faveur par l'article 70 de la loi du 1er septembre 1948 ou par l'article 1er de la loi du 2 août 1949.

Art. A. 81 Les taux de redevances résultant des dispositions de l'arrêté interministériel du 30 mai 1948 demeurent applicables aux personnes titulaires de la carte instituée par l'article 162 du code de la famille et de l'aide sociale.

Art. A. 82 Les constructions provisoires qui, en raison de leur qualité insuffisante et de leur état de vétusté, ne présentent pas les conditions d'habitabilité jugées satisfaisantes par le représentant départemental du ministre chargé de la construction demeurent également, jusqu'à exécution des travaux nécessaires à leur amélioration, soumises, en ce qui concerne le taux des redevances, au régime institué par le même arrêté interministériel du 30 mai 1948.

Art. A. 83 Si la redevance pratiquée au 30 juin 1952 est supérieure au maximum *[du taux]* de redevances qui résulterait de l'application des dispositions ci-dessus, elle est maintenue au taux pratiqué.

Art. A. 84 Les circonstances de lieu à retenir, en exécution de l'article R. 72, troisième alinéa, pour le calcul des redevances applicables aux bâtiments provisoires à usage professionnel, industriel, commercial ou agricole sont déterminées par le service des domaines qui recherche notamment, à cet effet, des bases de comparaison parmi les immeubles de la commune, des communes voisines ou de la région affectés à un pareil usage.

Lorsqu'un logement constitue l'accessoire de locaux à usage professionnel, industriel ou commercial, la redevance y afférente est fixée d'après les mêmes règles et non d'après les dispositions des articles A. 75 à A. 83.

Art. A. 85 Les redevances d'occupation peuvent être acquittées mensuellement.

Art. A. 86 La prime d'assurance (incendie) due à l'État en application de l'article 3 du cahier des charges prévu à l'article A. 74, troisième et quatrième alinéas, est fixée forfaitairement à 5 % du montant de la redevance d'occupation calculé dans les conditions prévues par les articles A. 75 à A. 84.

Art. A. 87 Les occupants sont tenus de rembourser à l'État le montant des taxes locatives qu'il peut supporter en qualité de propriétaire de ces bâtiments, et notamment la taxe de déversement à l'égout et la taxe d'enlèvement des ordures ménagères.

Art. A. 88 Indépendamment des réductions prévues par les articles A. 79 et A. 80, des dégrèvements peuvent, dans des cas exceptionnels, être accordés par une commission spéciale placée sous la présidence du préfet et comprenant *(Arr. du 11 déc. 1970, art. 2)* « le directeur des services fiscaux, le directeur départemental de l'équipement » et le représentant local du ministère des anciens combattants et victimes de guerre.

Art. A. 89 Les actions intentées contre les occupants des bâtiments provisoires qui ne remplissent pas leurs obligations d'ordre financier sont suivies dans les formes prévues par la législation domaniale.

Les occupants sans titre qui refusent de signer l'engagement d'occupation qui leur est présenté sont assignés directement devant les tribunaux compétents, suivant la procédure prévue aux articles L. 84 et R. 158 à R. 163, en vue de fournir à l'administration un titre exécutoire.

Cette assignation est précédée de l'établissement, par un fonctionnaire des domaines assermenté, d'un constat précisant la date à laquelle remonte l'occupation irrégulière ; ce constat est versé au dossier de la procédure.

SECTION III INTERVENTION D'ORGANISMES D'HABITATIONS À LOYER MODÉRÉ OU D'ORGANISMES SPÉCIALISÉS DANS LA GESTION D'IMMEUBLES DOMANIAUX

Art. A. 90 Les conditions dans lesquelles les immeubles ou parties d'immeubles d'habitation à caractère définitif construits par l'État en application des dispositions de l'ordonnance n° 45-2064 du 8 septembre 1945 et des textes qui l'ont prorogée et complétée peuvent être donnés en gérance à des offices publics d'habitations à loyer modéré sont précisées aux articles A. 94 à A. 99.

SECTION IV ÉCHANGES

Néant.

SECTION V AFFECTATION D'IMMEUBLES DOMANIAUX OU DÉTENUS EN JOUISSANCE PAR L'ÉTAT

Néant.

SECTION VI CONCESSIONS DE LOGEMENTS DANS LES IMMEUBLES DOMANIAUX OU DÉTENUS EN JOUISSANCE PAR L'ÉTAT

Art. A. 91 *(Arr. du 11 déc. 1970)* Conformément à l'article R. 95 (2e alinéa), les préfets ont délégation permanente à l'effet de signer, au nom du ministre des finances, tous arrêtés portant concession de logement.

Art. A. 92 L'abattement prévu au troisième alinéa de l'article R. 100 est fixé à une quote-part de la valeur locative.

Cette quote-part est égale à la somme de trois pourcentages déterminés, dans chaque cas particulier, par le service des domaines de la manière suivante :

1° Pourcentage tenant compte de l'obligation faite aux fonctionnaires de loger dans les locaux concédés : 5 % de la valeur locative.

Ce chiffre peut être porté à 10 % lorsque l'agent est tenu d'assurer, en dehors des heures normales de service, des fonctions qui ne comportent aucune rémunération supplémentaire.

Une majoration de 3 % est susceptible d'être ajoutée aux pourcentages précédents lorsque l'immeuble dans lequel se trouvent les locaux concédés est particulièrement éloigné du centre de la localité ;

2° Pourcentage tenant compte de la précarité même de l'occupation : 15 % de la valeur locative ;

3° Pourcentage tenant compte des charges anormales que la concession de logement ferait supporter à son bénéficiaire eu égard à sa situation personnelle : 0 à 18 % de la valeur locative.

Ce troisième pourcentage est toujours nul lorsque le nombre de pièces principales du logement concédé est inférieur à quatre.

Au-delà de ce chiffre et pour les locaux comportant un nombre de pièces principales supérieur à celui des personnes qui y ont effectivement leur résidence principale, augmenté d'une unité pour chacune des deux premières personnes, le pourcentage est égal à 5 % par pièce excédentaire sans pouvoir dépasser 18 % au total.

Ne sont pas considérées comme pièces principales, au sens des précédentes dispositions, les pièces effectivement utilisées pour l'exercice de la fonction (cabinet de travail notamment), ainsi que les cuisine, cabinet de toilette, salle de bains, antichambre, etc., et, d'une manière générale, toutes pièces qui ne sont pas regardées comme habitables au sens des dispositions du règlement sanitaire.

Art. A. 93 Les dispositions de l'article A. 92 sont applicables dans les cas visés à l'article D. 12.

Art. A. 93-1 *(Arr. du 11 déc. 1970)* Les établissements visés à l'article D. 13 sont tous les établissements publics nationaux à caractère administratif et les établissements publics nationaux à caractère industriel et commercial dont les opérations financières et comptables sont effectuées par un agent comptable soumis à la juridiction de la Cour des comptes.

Art. A. 93-2 *(Arr. du 11 déc. 1970)* Lorsque l'occupation exercée par les personnels visés à l'article D. 13 est étrangère à toute considération de service, elle doit faire l'objet :

– d'un bail administratif dans les formes prévues à l'article L. 36 s'il s'agit d'un immeuble domanial affecté à un établissement public à caractère administratif, conformément aux règles définies par les articles R. 81 à R. 89 ou d'un immeuble remis en dotation par l'État à un établissement public national, quel que soit le caractère de cet établissement ;

– d'un bail établi dans les conditions du droit commun et en conformité des textes organiques, pour les autres immeubles gérés par un établissement public national.

Art. A. 93-3 *(Arr. du 11 déc. 1970)* Lorsque l'occupation répond à une nécessité absolue ou est utile pour le service conformément aux dispositions de l'article R. 94, elle doit faire l'objet d'une concession par voie de décision prise dans les conditions et formes prévues aux articles A. 93-4 à A. 93-8.

Art. A. 93-4 *(Arr. du 28 févr. 1980, art. 1er)* Les concessions de logement sont accordées par le directeur de l'établissement après avis conforme du conseil d'administration et avis du directeur des services fiscaux. Les décisions indiquent la situation et la consistance des locaux mis à la disposition des intéressés ainsi que les conditions financières de la concession.

Elles doivent être contresignées :

1° Par le préfet territorialement compétent lorsqu'il s'agit d'un immeuble domanial mis à la disposition de l'établissement public dans les conditions visées au deuxième alinéa de l'article A. 93-2 ;

2° Dans tous les cas, par le représentant local du ministre sous l'autorité duquel se trouve placé le bénéficiaire lorsque celui-ci n'appartient pas au personnel de l'établissement.

Art. A. 93-5 *(Arr. du 28 févr. 1980, art. 1er)* I. — Les décisions concédant les logements par utilité de service peuvent être établies à titre individuel ou collectif et concerner impersonnellement les bénéficiaires en visant leurs emplois ou les postes occupés.

II. — Les décisions concédant les logements par nécessité de service sont toujours individuelles. En cas d'avis défavorable du directeur des services fiscaux, elles ne peuvent être prises qu'après avis de la commission départementale des opérations immobilières et de l'architecture ou, dans les départements d'outre-mer, de la commission départementale des opérations immobilières, de l'architecture et des espaces protégés. Lorsque, s'agissant d'un immeuble visé au dernier alinéa de l'article A. 93-2*[,]* l'avis de cette commission n'est pas suivi par le conseil d'administration et le directeur de l'établissement, le *(Décr. n° 2005-436 du 9 mai 2005, art. 19)* « membre du corps du contrôle général économique et financier » placé auprès de l'établissement peut s'opposer à l'intervention de la décision.

La commission nationale, les commissions régionales et départementales des opérations immobilières sont supprimées (Décr. n° 86-455 du 14 mars 1986, art. 1er).

Art. A. 93-6 *(Arr. du 11 déc. 1970)* Pour l'octroi des concessions de logement par utilité ou par nécessité de service, les établissements se conforment aux dispositions des articles R. 98 à R. 100.

Pour le calcul de l'abattement prévu à l'article R. 100, ils appliquent les dispositions de l'article A. 92. Toutefois, les pourcentages d'abattement sont déterminés, dans chaque cas particulier, par le directeur des services fiscaux, pour les concessions soumises au contre-seing du préfet, par le *(Décr. n° 2005-436 du 9 mai 2005, art. 19)* « membre du corps du contrôle général économique et financier ou le membre du corps du contrôle général économique et financier » pour les autres concessions, dans la limite des pourcentages fixés par l'article A. 92.

Art. A. 93-7 *(Arr. du 11 déc. 1970)* Le directeur des services fiscaux, lorsqu'il s'agit d'un immeuble domanial visé au deuxième alinéa de l'article A. 93-2, ou le directeur de l'établissement pour les autres immeubles, sont chargés de la détermination de la redevance prévue à l'article R. 100 et de sa révision ou de sa modification conformément à la législation sur les loyers des locaux à usage d'habitation.

Les redevances de toute nature dues en vertu d'un bail administratif ou de droit commun ou d'une concession sont prises en charge par le comptable de chaque établissement qui en assure le recouvrement dans les conditions prescrites par les textes applicables à l'établissement intéressé.

Les attestations annuelles de recette, par logement, sont adressées par le comptable de l'établissement au comptable des impôts lorsque l'immeuble occupé a été remis en dotation par l'État à un établissement public ou affecté à un établissement public administratif.

Toutefois, le recouvrement est effectué directement par le service des domaines, pour le compte de l'établissement, lorsque le bénéficiaire de la concession est étranger à l'établissement et que l'immeuble a été mis à la disposition de celui-ci dans les conditions visées à l'alinéa précédent.

Art. A. 93-8 *(Arr. du 11 déc. 1970)* Les occupants qui ne peuvent justifier ni d'une décision de concession prise en leur faveur ni d'un acte de location sont susceptibles de faire l'objet de mesures d'expulsion, à la requête du directeur de l'établissement.

En outre, pour toute la période pendant laquelle ils continuent d'occuper les locaux après l'expiration de la concession ou de la location, ils sont astreints au paiement de la redevance fixée dans les conditions prévues à l'article A. 93-7. Cette redevance sera majorée de 50 % pour les trois premiers mois, de 100 % du quatrième au sixième mois, de 200 % du septième au douzième mois, et de 500 % au-delà.

SECTION VII GESTION DES IMMEUBLES D'HABITATION DE CARACTÈRE DÉFINITIF CONSTRUITS DIRECTEMENT PAR L'ÉTAT

Art. A. 94 La location, l'entretien et, le cas échéant, le gardiennage des immeubles ou parties d'immeubles d'habitation à caractère définitif construits par l'État en application des dispositions de l'ordonnance n° 45-2064 du 8 septembre 1945 et des textes qui l'ont prorogée et complétée et dont la cession n'a pas encore été réalisée, ainsi que des terrains domaniaux attenant aux constructions, sont confiés par le ministre chargé de la construction, après accord du ministre des finances (service des domaines), aux offices publics d'habitations à loyer modéré. Ils donnent lieu à la conclusion d'un contrat de gérance dans les conditions prévues aux articles A. 95 à A. 99.

La gestion des immeubles ou parties d'immeubles d'habitation à caractère définitif dont la gérance n'est pas confiée aux offices publics d'habitations à loyer modéré fait l'objet d'une décision particulière prise en accord avec le ministre des finances (service des domaines).

Art. A. 95 Les locaux des immeubles considérés sont attribués à titre précaire par décision de l'office gérant à des personnes choisies parmi celles dont la présence a été reconnue nécessaire par le préfet pour la reconstruction et la reprise de l'activité économique, après avis du maire et, le cas échéant, sur proposition du service municipal ou intercommunal du logement.

En l'absence de candidats présentés dans ces conditions l'office gérant est autorisé à attribuer les logements vacants à des personnes choisies par lui conformément aux règles en vigueur pour l'attribution des habitations à loyer modéré.

Art. A. 96 Toute occupation donne lieu, avant l'entrée dans les lieux, à l'établissement d'un acte par lequel le bénéficiaire s'engage à verser une redevance dont le montant est fixé, selon le cas, par l'office gérant après accord du directeur départemental de l'équipement ou par le ministre chargé de la construction, en accord avec le ministre des finances (service des domaines).

Le taux de la redevance, des charges et des prestations afférentes aux locaux d'habitation est déterminé par référence aux loyers applicables aux habitations à loyer modéré construites après le 3 septembre 1947. Ces maxima sont affectés, s'il y a lieu, de coefficients pouvant varier de 0,80 à 1,20, le coefficient retenu dans chaque cas particulier étant déterminé par l'office d'habitation à loyer modéré, après accord du directeur départemental de l'équipement ou par le ministre chargé de la construction, en accord avec le ministre des finances (services des domaines).

Le taux des redevances afférentes aux locaux à usage professionnel, industriel, commercial ou agricole, est fixé suivant les circonstances de lieux ; celles-ci sont déterminées, selon les cas, par l'office gérant après accord du directeur départemental de l'équipement ou par le ministre chargé de la construction en accord avec le ministre des finances (service des domaines), qui recherche, notamment à cet effet, des bases de comparaison parmi les immeubles de la commune, des communes voisines ou de la région, affectés à un pareil usage.

Lorsqu'un logement constitue l'accessoire de locaux à usage professionnel, industriel ou commercial, la redevance y afférente est fixée d'après les dispositions de l'alinéa précédent.

Les redevances sont recouvrées par l'office gérant.

Art. A. 97 L'office gérant ouvre un compte spécial de gestion des immeubles dont la gestion lui est confiée, faisant apparaître les dépenses et les recettes de toute nature résultant de la gestion, de l'entretien et du gardiennage desdits immeubles.

Un contrat de gérance conforme à un contrat type détermine les conditions financières de la gestion, notamment le pourcentage des redevances d'occupation, charges et prestations non comprises, qui sera alloué à l'office en rémunération de sa gestion.

Art. A. 98 L'office gérant présente chaque année au directeur départemental de l'équipement le compte spécial de gestion visé à l'article A. 97, premier alinéa.

Art. A. 99 Le contrat de gérance peut être résilié à la volonté réciproque des parties, moyennant un préavis de trois mois.

Il cesse également de s'appliquer, de plein droit et sans indemnité, aux immeubles ou parties d'immeubles aliénés par l'État, dès la notification de l'aliénation à l'office gérant.

Art. A. 100 Sont désignés pour représenter l'État au sein du syndicat des copropriétaires d'un immeuble visé à l'article A. 94 non encore affecté en totalité à des sinistrés :

(Arr. du 11 déc. 1970) « Le directeur départemental de l'équipement » ayant compétence pour la liquidation des dommages de guerre du lieu de situation de l'immeuble, ou son représentant ;

Le trésorier-payeur général du département dans lequel est situé l'immeuble, ou son représentant ;

(Arr. du 11 déc. 1970) « Le directeur des services fiscaux » de ce département, ou son représentant.

SECTION VIII **ACHAT, GESTION ET VENTE D'IMMEUBLES CONSTRUITS OU RÉPARÉS À L'AIDE DES PRÊTS PRÉVUS PAR LA LOI N° 46-2389 DU 28 OCTOBRE 1946 ET PAR L'ARTICLE 266 DU CODE DE L'URBANISME ET DE L'HABITATION**

Néant.

CHAPITRE II **DOMAINE IMMOBILIER**

Art. A. 101 Le service des domaines est seul chargé de procéder à la location à des particuliers ou à la mise à la disposition d'un service autre que le service affectataire des objets et matériels momentanément inutilisés par ce dernier.

Art. A. 102 *(Arr. du 6 févr. 1969)* La location amiable de biens mobiliers du domaine privé est constatée par une convention préparée par le directeur des services fiscaux, qui fixe les conditions financières de l'opération. Cette convention est conclue par le préfet.

Art. A. 103 *(Arr. du 6 févr. 1969)* La mise des biens mobiliers du domaine privé à la disposition d'un service autre que le service affectataire est constatée par un procès-verbal dressé par le directeur des services fiscaux, qui fixe les conditions financières de l'opération. Ce procès-verbal est approuvé par le préfet.

Art. A. 104 La consommation, par le service affectataire lui-même ou par tout autre service, des produits excrus sur un immeuble donne lieu au versement au service des domaines de la valeur desdits produits. Cette valeur est déterminée au moyen d'une estimation contradictoire ou par expertise.

TITRE TROISIÈME **DISPOSITIONS COMMUNES**

Néant.

LIVRE TROISIÈME ALIÉNATION DES BIENS DOMANIAUX

TITRE PREMIER INALIÉNABILITÉ ET IMPRESCRIPTIBILITÉ DES BIENS DU DOMAINE PUBLIC

Néant.

TITRE DEUXIÈME ALIÉNATION DES BIENS DU DOMAINE PRIVÉ

CHAPITRE PREMIER DOMAINE IMMOBILIER

Art. A. 104-1 Pour l'application des dispositions de l'article R. 129-4, la valeur vénale des immeubles dont la cession doit être autorisée par le ministre chargé du domaine est fixée à *(Arr. du 24 oct. 2005)* « 2 000 000 euros ».

CHAPITRE II DOMAINE MOBILIER

Art. A. 105 Le service des domaines est seul chargé de procéder à l'aliénation des objets mobiliers et matériels du domaine privé de l'État, lorsque le service détenteur n'en a plus l'emploi ou en a décidé la vente pour un motif quelconque.

Art. A. 106 L'aliénation est précédée de la remise effectuée au domaine par le service affectataire ; cette remise est constatée par un procès-verbal dressé par les représentants qualifiés de ces deux services. A moins de dispositions contraires prises par le service des domaines, les objets restent jusqu'à la vente dans les lieux où ils se trouvent et à la garde de ceux qui en sont chargés.

Les frais antérieurs à la vente sont à la charge du service affectataire, à l'exception des frais de vente proprement dits qui sont supportés par le service des domaines.

Art. A. 107 Toute adjudication est précédée d'une publicité en rapport avec l'importance des objets ou matériels à aliéner.

Exception faite pour les denrées périssables, les objets dont l'enlèvement immédiat s'impose ou les objets de minime valeur, l'adjudication est annoncée dix jours au moins avant sa date dans un bulletin publié périodiquement par le service des domaines *(Arr. du 15 févr. 2006)* « ou par tout autre moyen approprié, notamment par voie électronique ».

Le service de ce bulletin est assuré gratuitement aux administrations de l'État, aux chambres de commerce et aux bourses de commerce qui en font la demande. Des abonnements payants peuvent être souscrits à ce bulletin par les particuliers ; le prix de l'abonnement est fixé par le service des domaines.

Les adjudications sont portées à la connaissance du public par voie d'affiches et d'annonces dans la presse toutes les fois que le service des domaines le juge utile.

Art. A. 108 L'adjudication a lieu aux enchères verbales, par voie de soumissions cachetées, par combinaison des enchères verbales et des soumissions cachetées ou par tout autre procédé comportant la concurrence.

Pour des motifs de défense nationale, d'utilité publique ou d'opportunité, la concurrence peut être limitée dans des conditions à déterminer d'accord entre le service des domaines et le service technique intéressé.

Art. A. 109 L'adjudication ne peut être prononcée à un prix inférieur au prix minimum préalablement fixé. Ce prix est arrêté par le service des domaines, d'après l'estimation du service d'où proviennent les objets à aliéner ou d'après tous autres renseignements, et, le cas échéant, après expertise faite par des gens de l'art.

Si le prix minimum n'est pas atteint par les enchères ou offres écrites, le préposé des domaines prononce l'ajournement de la vente.

Art. A. 110 Lorsqu'il s'agit de matières nécessitant des enlèvements successifs portant sur une certaine période, les clauses et conditions particulières à imposer à l'adjudicataire ou soumissionnaire sont arrêtées d'accord entre le service des domaines et le service technique intéressé.

Art. A. 111 Le service des domaines fixe la date et le lieu de l'adjudication en tenant compte notamment de la nature, des quantités et de l'emplacement des objets et matériels à vendre.

Il est procédé à l'adjudication soit au lieu où sont situés lesdits objets et matériels, soit dans des centres spécialement choisis par le service des domaines, d'après la situation géographique et l'importance économique de la région. Dans ce dernier cas, les objets sont vendus soit sans déplacement, soit après transport effectif, soit sur échantillons.

Les objets à vendre sont, en principe, triés et groupés par catégories identiques ou analogues.

Art. A. 112 L'adjudication est effectuée par l'agent spécialement chargé des ventes mobilières dans la circonscription où l'opération a lieu ou, à défaut, par l'agent désigné par le directeur des services fiscaux.

Art. A. 113 Pour tenir lieu de frais de vente, une taxe forfaitaire, dont le taux est fixé par arrêté du ministre des finances, est perçue en sus du prix des adjudications et des cessions amiables effectuées par le service des domaines.

Le montant de cette taxe est, dans tous les cas, intégralement versé par l'acquéreur, dès que l'adjudication est prononcée ou la soumission approuvée.

(Arr. du 11 déc. 1970) « Les droits de timbre et d'enregistrement sont prélevés sur le produit de cette perception par les soins de l'agent chargé de l'encaissement du prix d'adjudication. »

Dans le cas où ce produit est inférieur au montant des droits de timbre et d'enregistrement exigibles, la différence est admise en non-valeur.

(Arr. du 11 déc. 1970) « Dans le cas où ce produit est supérieur au montant des droits de timbre et d'enregistrement exigibles, l'excédent est :

« – soit transféré dans les mêmes conditions que le prix principal de la vente lorsque le service qui était détenteur des objets aliénés est doté d'un budget annexe ou d'un budget autonome ;

« – soit imputé en recettes au compte spécial du Trésor "Opérations commerciales des domaines", subdivision *(Arr. du 15 févr. 2006)* « "ventes mobilières et patrimoines privés" », lorsque le service qui était détenteur des objets aliénés relève du budget général.

« Sont imputés au même compte spécial du Trésor et à la même subdivision le produit des abonnements et de la publicité afférents au bulletin visé à l'article A. 107 ainsi que les frais de régie prévus aux articles L. 70 et L. 77. »

(Arr. du 15 févr. 2006) « Les frais liés aux opérations qu'elle retrace sont, après vérification et à l'exception des dépenses de personnel et des dépenses immobilières, imputés en dépense sur cette subdivision. »

Art. A. 114 *(Arr. du 15 févr. 2006)* Le taux de la taxe forfaitaire visée au premier alinéa de l'article A. 113 est fixé à 11 % en cas de ventes avec publicité et concurrence et à 6 % en cas de cession amiable.

Art. A. 115 *(Arr. du 6 févr. 1969)* La cession amiable, dans le cas où elle est autorisée par l'article L. 69 (3e alinéa), est constatée au moyen d'une soumission, approuvée par le préfet. Le prix est fixé par le directeur des services fiscaux.

Al. 2 abrogé par Arr. du 15 févr. 2006.

Art. A. 115-1 Pour l'application des dispositions de l'article L. 69-1 *[CGPPP, art. L. 3212-2]*, deuxième et troisième alinéas, la valeur vénale unitaire des biens mobiliers pouvant être cédés gratuitement est fixée respectivement à 1 500 et à 300 euros.

Art. A. 116 *(Arr. du 6 févr. 1969)* La cession de matériel à un autre service de l'État est constatée par un procès-verbal dressé par le directeur des services fiscaux, qui fixe le prix de cession sur estimation contradictoire ou après expertise. Le procès-verbal, signé par les représentants des services cédants et cessionnaires, est approuvé par le préfet.

(Arr. du 22 janv. 1992) « Lorsque le prix de cession excède 2 000 000 F *[304 898 €]*, l'opération doit être approuvée par le ministre chargé du domaine. »

Art. A. 116-1 *(Arr. du 6 févr. 1969)* Les pouvoirs conférés aux préfets par les articles A. 102, A. 103, A. 115 et A. 116 sont exercés par le *(Arr. du 11 déc. 1970, art. 2)* « directeur régional chargé de la direction nationale d'interventions domaniales », dans les départements sur lesquels s'étend la compétence de ce service.

Art. A. 117 Lorsqu'un trésor de monnaies aura été remis au domaine, ce service devra aviser simultanément de cette remise *(Décr. n° 2007-259 du 27 févr. 2007, art. 8)* « l'établissement public La Monnaie de Paris » et l'administration de la Bibliothèque nationale.

En ce qui concerne les objets remis au domaine à Paris, cette notification sera directement faite aux services intéressés par le *(Arr. du 11 déc. 1970, art. 2)* « directeur régional chargé de la direction nationale d'interventions domaniales », et, pour ceux remis dans les départements, par les directeurs locaux, par l'intermédiaire du préfet.

Si, dans les deux mois de cette notification, les services intéressés n'ont pas fait connaître leurs décisions, le service des domaines pourra procéder aux opérations de vente.

Art. A. 117-1 à A. 117-4 *Abrogés par Arr. du 15 févr. 2006.*

CHAPITRE III DISPOSITIONS COMMUNES AU DOMAINE IMMOBILIER ET AU DOMAINE MOBILIER – BIENS DÉPENDANT DE SUCCESSIONS EN DÉSHÉRENCE

Art. A. 118 Les titres nominatifs ou inscriptions de rentes sur l'État, dépendant de successions en déshérence dont l'État a été envoyé en possession définitive et gérés par la Caisse des dépôts et consignations conformément à l'article 3 de l'arrêté du 16 avril 1942, peuvent être conservés par cet établissement sans être mutés au profit du service des domaines. Ils peuvent également être versés au compte courant collectif de rentes sur l'État ouvert au profit de la Caisse des dépôts et consignations.

Les transferts nécessaires pour réaliser ces versements sont opérés dans les mêmes conditions que les transferts prévus à l'article A. 119.

Art. A. 119 La mutation au profit du service des domaines des inscriptions nominatives ou mixtes de rentes sur l'État, dépendant de successions en déshérence dont l'État a été envoyé en possession définitive, peut être effectuée au vu d'un certificat administratif établi en forme de certificat de propriété soit par le directeur des services fiscaux compétent, soit par le directeur général de la Caisse des dépôts et consignations ou son délégué.

Art. A. 120 Les aliénations autorisées par l'article 7 de la loi de finances du 30 décembre 1903 sont réalisées par l'intermédiaire du Conseil des bourses de valeurs de Paris. Les ordres de vente sont donnés et les transferts sont signés valablement pour le compte du service des domaines par le caissier général de la Caisse des dépôts et consignations ou son suppléant.

Dans le cas où le titre négocié n'est pas immatriculé au nom du service des domaines, il est joint au transfert, pour justifier les droits de l'État, soit un certificat de propriété notarié, soit un certificat administratif établi dans les conditions prévues à l'article A. 119.

LIVRE QUATRIÈME DISPOSITIONS DIVERSES

TITRE PREMIER DISPOSITIONS GÉNÉRALES

Néant.

TITRE DEUXIÈME PROCÉDURE — INSTANCES

Néant.

TITRE TROISIÈME DISPOSITIONS SPÉCIALES AU DOMAINE FORESTIER DANS LES DÉPARTEMENTS DU BAS-RHIN, DU HAUT-RHIN ET DE LA MOSELLE

Néant.

TITRE QUATRIÈME DISPOSITIONS SPÉCIALES AUX DÉPARTEMENTS D'OUTRE-MER

CHAPITRE PREMIER ZONE DES CINQUANTE PAS GÉOMÉTRIQUES

Néant.

CHAPITRE II DOMANIALITÉ PUBLIQUE DES EAUX

Néant.

CHAPITRE III DISPOSITIONS SPÉCIALES AU DOMAINE PRIVÉ DE L'ÉTAT EN GUYANE

Néant.

CHAPITRE IV DOMANIALITÉ DES TERRES VACANTES ET SANS MAÎTRE EN GUYANE

Néant.

CHAPITRE V CONCESSIONS DE LOGEMENTS

Art. A. 120-1 *(Arr. du 1er juin 1983)* Les dispositions de l'article A. 92 sont applicables dans les cas visés à l'article D. 35.

Toutefois, pour les personnels militaires, le pourcentage d'abattement tenant compte de l'obligation de loger dans les locaux concédés est fixé dans tous les cas à 10 % de la valeur locative, sans préjudice de la majoration de 3 % applicable lorsque les locaux sont particulièrement éloignés du centre de la localité.

En outre, pour les mêmes personnels, le pourcentage d'abattement tenant compte des charges anormales que la concession fait supporter à son bénéficiaire comprend, outre le pourcentage de 0 à 18 % prévu à l'article A. 92, un pourcentage supplémentaire de 20 % lorsque l'obligation faite à l'agent logé de rejoindre son lieu d'affectation sans son mobilier le contraint à conserver un logement dans la métropole ou à placer ce mobilier dans un garde-meubles.

L'abattement total ne peut toutefois, en aucun cas, excéder 50 % de la valeur locative.

Art. A. 121 *(Arr. du 1er juin 1983)* Les dispositions des articles A. 93-1 à A. 93-8 sont applicables dans les départements de la Guadeloupe, de la Guyane française, de la Martinique et de la Réunion.

Toutefois, pour le calcul de l'abattement prévu à l'article R. 100, il est fait application, en ce qui concerne les personnels militaires, des dispositions des deuxième, troisième et quatrième alinéas de l'article A. 120-1.

TITRE CINQUIÈME DISPOSITIONS PARTICULIÈRES ET FINALES

Art. A. 122 Pour l'application de l'article D. 36, les limites minimales dont le dépassement rend obligatoire la consultation de la commission interministérielle sont fixées à :

300 000 euros pour la valeur vénale des immeubles acquis à l'étranger ;

18 000 euros pour le loyer annuel, charges comprises, des immeubles pris à bail dans les pays étrangers.

GUIDE PRATIQUE

Guide pratique d'utilisation du code général de la propriété des personnes publiques (DGCL – 25 avr. 2007)

Le code général de la propriété des personnes publiques (CGPPP), pris par l'ordonnance n° 2006-460 du 21 avril 2006 relative à la partie législative du code général de la propriété des personnes publiques, et entré en vigueur au 1er juillet 2006, regroupe l'ensemble des dispositions législatives afférentes à la gestion du domaine public et privé des personnes publiques.

Le présent guide a donc pour finalité de présenter les innovations majeures apportées par ce nouveau code. Il s'articule, à l'image de l'organisation tripartite du code général de la propriété des personnes publiques, autour de trois thèmes principaux, à savoir les modalités de gestion des biens des collectivités territoriales, de leurs établissements publics et de leurs groupements, les procédures d'acquisition de ces biens et enfin leurs modes de cession.

INTRODUCTION

Le code général de la propriété des personnes publiques (CGPPP), pris par l'ordonnance n° 2006-460 du 21 avril 2006 relative à la partie législative du code général de la propriété des personnes publiques, regroupe l'ensemble des dispositions législatives afférentes à la gestion du domaine des personnes publiques et confère un fondement législatif aux jurisprudences successives, en permettant ainsi aux personnes publiques de bénéficier d'un document de référence, destiné à les aider dans la gestion domaniale de leur patrimoine.

Le droit domanial s'est fortement diversifié et complexifié au gré des modifications de l'environnement juridique et économique. Or, si le code du domaine de l'État a été créé en 1957, les règles applicables aux collectivités territoriales lui sont par définition étrangères et celles régissant les établissements publics sont fragmentaires et empiriques. Par conséquent, il a été proposé de rassembler, dans un code général, l'ensemble des règles afférentes à la domanialité publique et privée des personnes publiques.

Il était donc nécessaire de *« redonner cohérence et unicité au droit domanial, dans le souci de conformité au principe à valeur constitutionnelle d'accessibilité au droit et de lisibilité des normes »* *[Extrait du rapport au président de la République relatif à la partie législative du code général de la propriété des personnes publiques]*.

L'article 48 de la loi n° 2005-842 du 26 juillet 2005 pour la confiance et la modernisation de l'économie, qui habilite le Gouvernement à modifier et compléter les règles applicables au patrimoine privé et public des personnes publiques, a donc pour objectif premier de rassembler les règles communes aux biens publics et privés de l'État, des collectivités territoriales et des établissements publics dans un code général.

Le code général de la propriété des personnes publiques regroupe l'ensemble des dispositions législatives afférentes à la gestion du domaine des personnes publiques, en intégrant les dispositions domaniales du code du domaine de l'Etat, du code du domaine public fluvial et de la navigation intérieure, mais également les dispositions afférentes au domaine maritime, routier et ferroviaire.

Il s'organise, à l'image du code civil, autour de trois notions principales, à savoir les procédures d'acquisition, de gestion et de cession des biens des personnes publiques.

Le Gouvernement a été habilité à moderniser les règles de la gestion domaniale, en les modifiant, *[en]* les complétant, mais également en créant de nouveaux dispositifs juridiques.

Certaines de ces innovations méritent tout particulièrement d'être soulignées.

Le code général de la propriété des personnes publiques confère désormais un fondement législatif à définition jurisprudentielle du domaine public mobilier et immobilier. A cette occasion, le Gouvernement a souhaité restreindre le champ d'application de ce domaine, afin de permettre aux collectivités territoriales de s'affranchir des règles très protectrices applicables au domaine public (inaliénabilité et imprescriptibilité), pour valoriser plus aisément leur patrimoine, en recourant à des modalités de gestion souples et innovantes.

Désormais, font partie du domaine public les biens appartenant à une personne publique et qui sont :
– soit affectés à l'usage direct du public ;
– soit affectés à un service public pourvu qu'en ce cas ils fassent l'objet d'un aménagement indispensable à l'exécution des missions de ce service public.

Cette nouvelle définition a pour conséquence de priver d'effet la théorie de la domanialité publique virtuelle.

De plus, le code donne une définition *a contrario* du domaine privé des personnes publiques, tout en précisant que quatre catégories de biens relèvent désormais de ce domaine par détermination de la loi : les réserves foncières, les biens immobiliers à usage de bureau qui ne forment pas un bien indivisible avec ceux relevant du domaine public, les chemins ruraux et les bois et forêt soumis au régime forestier.

Enfin, la DGCL a eu pour ligne directrice la volonté de permettre une gestion optimale du domaine public des collectivités territoriales, en s'appuyant sur le principe de libre administration et en valorisant le développement de l'intercommunalité. Pour ce faire, le code général de la propriété des personnes publiques autorise désormais, par dérogation au principe d'inaliénabilité du domaine public, les cessions et les échanges de propriétés publiques relevant du domaine public, entre personnes publiques, sans déclassement préalable.

Ces mesures sont notamment de nature à permettre une simplification des cessions de biens entre les collectivités territoriales et leurs groupements, notamment dans le cadre de l'intercommunalité.

Le code général de la propriété des personnes publiques comporte donc des dispositions ayant un impact direct sur les collectivités territoriales, leurs groupements et leurs établissements publics et par conséquent sur le code général des collectivités territoriales (CGCT), dans lequel figurent déjà des dispositions relatives aux biens des collectivités, mais qui sont empiriques et fragmentaires.

Ainsi, à titre d'exemple, le régime des autorisations d'occupation temporaire du domaine public constitutives de droits réels (AOT) a été étendu aux collectivités territoriales.

Le régime d'inaliénabilité et d'insaisissabilité de la propriété publique constitue un frein au développement du financement privé des ouvrages et des infrastructures publiques. A l'origine, le législateur a autorisé deux dérogations à ces principes. D'une part, les collectivités territoriales peuvent conclure des baux emphytéotiques administratifs (BEA), dont la définition est désormais consacrée à l'article L. 1311-2 du CGCT *[V. App., v^o Contrats (Bail emphytéotique administratif)]*. D'autre part, l'État est autorisé à conférer des autorisations d'occupation temporaire du domaine public constitutives de droits réels (AOT). Il est désormais prévu d'étendre ce régime aux collectivités territoriales, ce qui permettra de recourir au financement privé pour la construction d'infrastructures, sur l'intégralité du domaine public.

De même, antérieurement à la publication du code général de la propriété des personnes publiques, le CGCT prévoyait des dispositions relatives à l'acceptation des dons et legs uniquement pour les communes et les départements. Désormais, cette possibilité sera également ouverte aux régions (art. L. 4221-6 CGCT).

Il était donc souhaitable, en raison de l'importance pour les collectivités territoriales de ces réformes, de présenter les innovations majeures apportées par ce nouveau code.

A l'image de l'organisation tripartite du code, cette présentation s'articulera également autour de trois thèmes principaux, à savoir les modalités de gestion des biens des collectivités territoriales, de leurs établissements publics et de leurs groupements, les procédures d'acquisition de ces biens et enfin leurs modes de cession.

Il convient de noter que le code général de la propriété des personnes publiques a pour vocation de regrouper l'ensemble des dispositions générales afférentes à la gestion du domaine public et privé des personnes publiques. Dès lors, les dispositions domaniales particulières et dérogatoires demeurent contenues au sein des codes techniques (code de l'éducation, code de la voirie routière, code des ports maritimes, code rural, code forestier...).

V. CGPPP, art. L. 1.

CHAPITRE PREMIER ***Gestion***

Les collectivités territoriales, leurs établissements publics et leurs groupements disposent, comme toute personne juridique, d'un patrimoine destiné à leur permettre de fonctionner, de remplir les missions qui leur sont dévolues et de gérer leurs investissements. Ce patrimoine, qui regroupe l'ensemble des biens appartenant à la personne publique, est d'ailleurs appelé à se développer avec l'essor de la décentralisation, qui confère de nouvelles compétences aux collectivités territoriales et nécessite pour elles de jouir de biens plus nombreux et mieux adaptés aux besoins évolutifs des administrés.

Les biens qui composent ce patrimoine sont extrêmement diversifiés. A l'image de celui des personnes privées, on y recense des biens corporels et incorporels, meubles et immeubles.

Les biens peuvent donc être « incorporels » (droits) ou « corporels » (objets matériels). Ces derniers se déclinent eux-mêmes en deux catégories, à savoir les biens immeubles, qui sont fixes et ne peuvent être transportés sans être altérés, comme les constructions fixées au sol, et les biens meubles, qui par opposition peuvent être déplacés.

SECTION I *Les biens relevant du domaine public*

TITRE PREMIER La consistance du domaine public

V. CGPPP, art. L. 2111-1 et L. 2111-2.

Le code général de la propriété des personnes publiques confère désormais un fondement législatif à la définition jurisprudentielle du domaine public mobilier et immobilier. A cette occasion, le Gouvernement a souhaité restreindre le champ d'application de ce domaine, afin de permettre aux collectivités territoriales de s'affranchir des règles très protectrices applicables au domaine public (inaliénabilité et imprescriptibilité), pour valoriser plus aisément leur patrimoine, en recourant à des modalités de gestion souples et innovantes.

I. *Le domaine public immobilier*

Les bien immobiliers des communes peuvent appartenir au domaine public immobilier général ou à des domaines publics spécifiques (maritime, fluvial, routier...) qui correspondent à des catégories de biens déterminées par la loi.

A. Les règles générales

a) Les critères de la définition

Désormais, font partie du domaine public les biens **appartenant à une personne publique** et qui sont :
– soit affectés à l'**usage direct du public** ;
– soit affectés à **un service public** pourvu qu'en ce cas ils fassent l'objet d'un **aménagement indispensable** à l'exécution des missions de ce service public.

Cette définition repose tout d'abord sur un critère permanent, à savoir celui de l'appartenance du bien à une personne publique. En effet, un bien appartenant à une commune et qui fait l'objet d'une copropriété avec des personnes privées ne peut être soumis au régime de la domanialité publique *(CE 11 févr. 1994, Cie d'assurance Préservatrice foncière).*

En outre, elle prévoit également deux critères alternatifs qui reposent sur l'affectation du bien, soit à l'usage direct du public, soit à un service public.

Dans le premier cas, il convient de ne pas confondre l'affectation à l'usage du public avec l'ouverture à l'usage du public. Ainsi, le fait qu'une plage ou une forêt soit ouverte au public ne suffit pas pour la faire dépendre du domaine public.

De plus, l'affectation du bien à l'**usage** du public doit être **directe**, en d'autres termes seuls sont considérés comme affectés à l'usage du public les biens des personnes publiques que les usagers peuvent utiliser directement.

Ainsi, le caractère direct de l'affectation est écarté lorsque l'affectation à l'usage du public est la conséquence indirecte ou accessoire d'une location. Dans son arrêt du 19 octobre 1990, *« Association Saint-Pie V et Saint-Pie X de l'Orléanais »*, le Conseil d'État a estimé qu'un édifice cultuel, acquis par une commune en 1970 et qui a fait l'objet d'une convention de mise à disposition au profit d'une association cultuelle pour célébrer son culte, ne constituait pas un critère suffisant pour faire entrer cet édifice dans le domaine public communal, alors même que le public avait la possibilité d'y accéder librement lors des offices.

En effet, le caractère provisoire de l'affectation et le fait que l'ouverture de l'édifice au public ne soit qu'une conséquence indirecte et accessoire de sa location à l'association cultuelle ne permettaient pas de répondre au critère de l'usage direct au public.

Il convient de noter que cette jurisprudence n'a pas pour conséquence de remettre en cause la nature des édifices affectés à l'exercice du culte par la loi du 2 janvier 1907 *[V. App., v° Culte]*.

Dans le deuxième cas, le critère de l'**aménagement indispensable** retenu pour l'affectation des biens au service public conduit à un resserrement du périmètre de la domanialité publique. En effet, à l'origine, le critère de l'aménagement spécial avait été retenu comme un critère réducteur du champ du domaine public.

Or, la jurisprudence administrative a fini par retenir une conception très souple de ce critère et le juge a eu tendance à déduire de façon quasi systématique que le régime de la domanialité publique s'appliquait dès lors que le moindre aménagement était opéré.

Ainsi, le Conseil d'État a considéré, dans son arrêt d'assemblée du 11 mai 1959, « *Dauphin* », que l'allée des Alyscamps, appartenant à la ville d'Arles, était affectée à un service public culturel et touristique et faisait l'objet d'un aménagement spécial, en vue de cet usage, du fait de l'installation de deux poteaux et d'une chaîne empêchant l'accès des automobiles.

De même, la Haute Assemblée a estimé, dans son arrêt de section du 30 mai 1975, « *Dame Gozzoli* », qu'une plage constituait une dépendance du domaine public communal au motif qu'elle était occupée par un plagiste et donc faisait l'objet d'un aménagement spécial au titre de son entretien. En l'occurrence, cet entretien consistait en de simples travaux, à savoir le nettoiement de la plage, l'enlèvement des algues et des détritus ou encore le nivellement du sable, que le plagiste était tenu d'exécuter en vertu du contrat d'occupation conclu avec la commune.

Désormais, cet aménagement devra représenter un caractère indispensable pour l'exécution des missions de service public, un simple aménagement spécial n'étant plus suffisant.

b) Le domaine public virtuel

La théorie de la domanialité publique virtuelle permettait de placer sous le régime de la domanialité publique des biens acquis en vue de la réalisation d'une mission de service public, même si l'effectivité de cette affectation n'était pas encore accomplie.

Il suffisait :

– soit que l'incorporation du bien dans le domaine public ait été prévue ;

Dans l'affaire « *Eurolat-Crédit foncier de France* », le Conseil d'État a indiqué qu'un terrain, relevant à l'origine du domaine privé d'une personne publique, en l'occurrence un syndicat intercommunal, devait relever du domaine public au motif qu'il était destiné à un service public, à savoir la création prochaine d'un foyer-logement pour personnes âgées et qu'il ferait donc, à cette occasion, l'objet d'un aménagement spécial.

– soit que des opérations d'aménagement aient été prévues *(avis du Conseil d'État du 31 janv. 1995* et *CE 1er févr. 1995, Préfet de la Meuse)* ; Dans le cas d'espèce, un immeuble désaffecté avait reçu une nouvelle affectation, à savoir le siège de l'hôtel du département. Or, bien que le département ait sollicité la délivrance d'un permis de construire et désigné les organismes chargés d'exécuter les travaux, les aménagements envisagés pour adapter ce bâtiment aux besoins du service public n'avaient pas débuté. Or, le Conseil d'État a malgré tout considéré que ce bâtiment relevait du domaine public départemental.

La nouvelle définition du domaine public prévue à l'article L. 2111-1 du code général de la propriété des personnes publiques a pour conséquence de priver d'effet cette théorie de la domanialité publique virtuelle.

En effet, la nouvelle disposition exige que les biens affectés à un service public fassent désormais l'objet d'un **aménagement indispensable** à l'exécution des missions de ce service public. Les travaux relatifs à ces aménagements devront donc être **réalisés de façon certaine et effective**, sans pour autant être nécessairement achevés.

c) La règle de l'accessoire

L'application de la règle de l'accessoire permet d'étendre le régime de la domanialité publique aux biens immobiliers des personnes publiques qui constituent des éléments accessoires ou annexes des dépendances du domaine public.

Les nombreuses décisions jurisprudentielles qui sont venues consacrer cette règle admettaient deux types de liens unissant les dépendances domaniales entre elles :

– soit un lien d'ordre purement **matériel ou physique** (critère de situation) : peuvent être considérés comme faisant partie du domaine public les biens qui sont situés au-dessus ou au-dessous d'un autre bien relevant déjà de ce domaine.

Ainsi, dans son arrêt du 4 novembre 1994, « *Société Hélianthal* », le Conseil d'État a estimé que la dalle de béton destinée à couvrir un parc public de stationnement souterrain relevait également du domaine public.

– soit un lien **fonctionnel**, entre le bien principal et le bien accessoire (critère de l'utilité) : peuvent être considérés comme faisant partie du domaine public les biens qui sont indispensables, nécessaires ou plus simplement utiles à l'usage du bien principal. En d'autres termes, il doit exister une relation minimale d'objet et d'utilité entre la dépendance domaniale et le bien auquel il s'agit d'étendre la domanialité.

Ainsi, le Conseil d'État, dans son arrêt du 9 décembre 1959, « *Gaz de France* », a estimé que l'établissement, sous une route, d'un réseau d'égouts collecteurs et de canalisations d'eaux usées, constituait un travail entrepris dans l'intérêt de la voirie et un aménagement complémentaire de la voie conforme à son affectation.

Toutefois, au fil des années, cette théorie jurisprudentielle a souvent eu pour conséquence d'entraîner automatiquement l'intégration au domaine public d'ouvrages qui ne présentaient pas de lien fonctionnel avec ce domaine ou qui n'étaient pas toujours nécessaires à l'usage du domaine public. Des installations établies sur ou sous des dépendances du domaine public étaient considérées comme relevant du domaine public, alors même qu'elles étaient utilisées à des fins exclusivement privées *(CE 28 janv. 1970, Philip-Bingisser)*.

Le code général de la propriété des personnes publiques a donc souhaité encadrer juridiquement l'application de cette théorie afin que, désormais, elle puisse être appliquée aux seuls biens qui concourent véritablement à l'utilisation des dépendances du domaine public et qui en constituent un accessoire **indissociable**.

B. Les règles spécifiques

Le code général de la propriété des personnes publiques précise également la consistance du domaine public maritime, fluvial, aéronautique, routier et ferroviaire.

a) Le domaine public maritime

- ***Le domaine public maritime naturel***

V. CGPPP, art. L. 2111-4.

Le **domaine public maritime naturel** tire son origine de phénomènes naturels. Il est principalement compris entre la limite haute du rivage, côté terre (hauteur de haute mer sans perturbations météorologiques) et la limite de la mer territoriale, côté large.

– **le rivage de la mer** : la partie du littoral alternativement couverte et découverte par la marée, entre ses plus hautes et ses plus basses eaux, constitue le rivage de la mer *(CE 12 oct. 1973, Kreitmann)*. Cette partie du littoral est parfois appelé l'**estran**.

– **le sol et le sous-sol de la mer territoriale** : les eaux territoriales sont limitées à douze milles marins à partir des lignes de base *[Les travaux commencés en 1973 par l'Assemblée générale des Nations unies se sont achevés en 1982 par la signature, à Montego Bay, de la Convention des Nations unies sur le droit de la mer. Celle-ci est entrée en vigueur le 16 novembre 1994, après ratification ou adhésion de 60 États. La Convention précise un certain nombre de notions apparues dans le droit coutumier, comme la mer territoriale, et définit les principes généraux de l'exploitation des ressources de la mer.]*.

La ligne de base est constituée par la laisse de basse mer (limite des zones toujours couvertes par la mer quelle que soit la marée, en l'absence de phénomènes météo-océanographiques exceptionnels).

Dans certains cas, notamment lorsque la côte est très découpée, la laisse de basse mer peut être remplacée par une ligne de base droite, composée de segments ne s'écartant pas de la direction générale de la côte et joignant des points situés sur la laisse de basse mer.

– **les lais et relais de la mer** : ces dépôts alluvionnaires sont constitués par les terrains que la mer laisse à découvert en se retirant et qui ne sont plus recouverts par les plus hauts flots (dépendances du domaine privé jusqu'à la loi n° 63-1178 du 23 nov. 1963).

– **les étangs salés** : lorsqu'ils sont en communication permanente avec la mer ces étangs peuvent relever du domaine public s'ils contiennent des eaux salées et des poissons de mer et s'ils communiquent directement et naturellement avec la mer.

Le domaine public maritime naturel appartient au domaine public de l'État. En application des dispositions de l'article L. 3111-2 du code général de la propriété des personnes publiques, issues de l'Édit de Moulins de 1556 et de l'ordonnance de la marine d'août 1681 de Colbert et de, il est inaliénable et imprescriptible.

Toutefois, selon la jurisprudence du Conseil d'État du 20 février 1981, « *Saint-Quay-Portrieux* », la mer territoriale fait partie du « territoire » des communes littorales, qui s'étend jusqu'à **douze milles marins**.

En revanche, les dépendances incluses dans ces limites demeurent la propriété de l'État, car le territoire d'une commune sert à déterminer le cadre dans lequel elle exerce ses compétences, sans qu'il y ait lieu de prendre en considération la nature ou le régime juridique des biens de ce territoire.

Il convient de noter que les eaux territoriales sont non domaniales. En effet, un bien n'appartient au domaine public que s'il appartient à une personne publique. Or l'eau de mer est une chose commune, c'est-à-dire à l'usage de tous (art. 714 C. civ.).

- ***Le domaine public maritime artificiel***

V. CGPPP, art. L. 2111-6.

Le **domaine public maritime artificiel** comprend :
– **les ports maritimes, militaires, de commerce ou de pêche**, ainsi que leurs dépendances (digues, jetées, postes d'amarrage, grues, écluses, hangars, terrains compris dans l'enceinte de ports...) ;
– **les havres et les rades** (ports naturels non aménagés) ;
– **les ouvrages établis dans l'intérêt de la navigation**, même lorsqu'ils sont situés en dehors des limites des ports maritimes, tels que les feux flottants, balises et bouées en mer, les phares et leurs dépendances... ;
– **les plages situées au-delà du rivage**, dès lors qu'elles sont affectées à l'usage du public. Il convient, en application de la nouvelle définition de la domanialité publique, de ne pas confondre l'affectation à l'usage du public avec l'ouverture au public. Ainsi, le fait qu'une plage soit ouverte au public ne suffit pas pour la faire dépendre du domaine public ;
– **les plages artificielles soustraites à l'action du flot** en vertu d'une autorisation administrative (exemple : concessions de plage accordées à des personnes privées ou à des collectivités publiques) ;
– **les ouvrages de protection** (exemple : les digues garantissant les propriétés du littoral contre les atteintes de la mer).

b) Le domaine public fluvial

• *Le domaine public fluvial naturel*

V. CGPPP, art. L. 2111-7 à L. 2111-9.

Le **domaine public fluvial naturel** est composé plus précisément :
– **des cours d'eau navigables ou flottables**, depuis le point où ils commencent à être navigables, jusqu'à leur embouchure ;
– **les lacs navigables ou flottables** (lac Léman pour sa partie française, lac du Bourget, lac d'Annecy...) ;
– **les cours d'eau et lacs classés dans le domaine public en vue d'assurer l'alimentation en eau** des voies navigables, les besoins en eau de l'agriculture et de l'industrie, l'alimentation des populations ou la protection contre les inondations ;
– **les bras même non navigables** ou flottables s'ils prennent naissance au-dessous du point où les cours d'eau deviennent navigables ou flottables.

• *Le domaine public fluvial artificiel*

V. CGPPP, art. L. 2111-10.

Le **domaine public fluvial artificiel** comprend :
– **les ports situés sur les voies navigables et leurs dépendances** telles que les terrains compris dans les emprises des ports fluviaux, les caves de berges et les plates-formes aménagées situées dans ces ports, les quais affectés au trafic fluvial, les outillages de manutention à caractère immobilier et les terre-pleins aménagés pour les besoins de l'exploitation des ports ;
– **les rivières canalisées**, les canaux de navigation, étangs ou réservoirs d'alimentation ;
– **les dérivations ou prises d'eau** artificielles et les retenues établies sur les cours d'eau ;
– **les ouvrages publics** construits dans le lit ou sur le bord des voies navigables ou flottables pour la sûreté et la facilité de la navigation ou du halage (remblais, balises, maisons éclusières, chemin de halage appartenant à une personne publique...) ;

c) Le domaine public routier

V. CGPPP, art. L. 2111-14.

L'article L. 111-1 du code de la voirie routière *[V. App., v° Voirie]* définit le **domaine public routier** comme comprenant « *l'ensemble des biens du domaine public [...] des communes affectés aux besoins de la circulation terrestre à l'exception des voies ferrées* ».

Cette définition a été complétée par la doctrine administrative qui a défini l'emprise de la route comme correspondant à la surface du terrain appartenant à la personne publique et affectée à la route ainsi qu'à ses dépendances.

L'emprise recouvre donc « l'assiette » de la route *stricto sensu*, à savoir la chaussée mais également la « plate-forme » qui est la surface de la route comprenant la ou les chaussées, les accotements (espace entre la chaussée et le fossé) et éventuellement le terre-plein central (séparation de deux chaussées).

La notion de dépendances a été précisée par la jurisprudence en vertu de la théorie de l'accessoire. Il a été jugé que la notion de « dépendances de la route » était constituée des éléments autres que la chaussée qui sont nécessaires à la conservation et à l'exploitation de la route ainsi qu'à la sécurité des usagers *(TA Clermont-Ferrand, 2 déc. 1960, Toupel c/ Maire de Mauriac)*.

Constituent ainsi des dépendances des voies publiques :
– **Le sous-sol de voies publiques** : selon le principe civiliste, la propriété du sol emporte la propriété de dessous et de dessus (art. 552 C. civ.). Sur ce fondement, la jurisprudence a considéré que le sous-sol des voies publiques est soumis aux même règles que ces dernières et appartient par présomption légale à la collectivité territoriale propriétaire de la voie *(CE 15 juill. 1957, Dayre)*.
Cependant, des ouvrages, tels que des galeries ou des caves, situés à une grande profondeur sous la voie publique ne sont pas considérés comme des éléments de cette voirie *(CE 17 déc. 1971, Véricel et a. : note 5 ss. art. L. 2111-2 CGPPP ; CAA Lyon, 28 janv. 1993, Sté française de brasserie)*.
– **Les talus** : les talus d'une route font de plein droit partie du domaine routier dès lors qu'ils sont nécessaires au soutien ou à la protection de la chaussée *(CE 9 mars 1956, Cabot)*. Les talus de remblai constituent une dépendance du domaine de la voirie dès lors qu'ils sont nettement délimités et que leur existence résulte du travail de l'homme *(CE 3 juill. 1935, Enjolras)*. Les talus de déblai font partie du domaine routier lorsqu'ils ont été compris dans les limites de la route au moment de leur construction *(CE 29 oct. 1934, De Chillaz)*.
– **Accotements et fossés** : les accotements constituent des dépendances de la voirie *(CE 29 nov. 1961, Dpt des Bouches-du-Rhône)*. Les fossés, dès lors qu'ils assurent l'écoulement des eaux de la chaussée, relèvent également du domaine routier *(CE 26 mai 1965, Cne de Livron)*.
– **Murs de soutènement, clôtures et murets** : les murs de soutènement édifiés afin de maintenir la chaussée ou pour protéger les usagers font partie des dépendances de la voirie dès lors qu'ils sont édifiés sur le domaine public *(CE 3 mars 1926, Ville de Pontivy)*.
– **Les trottoirs** : les trottoirs doivent être considérés comme des dépendances de la voie. Ils font donc partie intégrante de l'emprise du domaine public routier *(CE 28 janv. 1910, Robert ; CE 14 mars 1975, Chatard)*.
– **Les pistes cyclables** : elles font corps avec la chaussée en bordure de laquelle elles ont été établies *(Civ., 16 déc. 1965, Caisse de sécurité sociale de Saint-Nazaire)*.
– **Les arbres et les espaces verts** : les arbres et plantations situés en bordure des voies publiques constituent des accessoires du domaine public routier *(CE 7 mars 1986, Mme Richou ; CE 28 juill. 1999, Cne de Chalou-Moulineux)*.

En revanche, les espaces verts sans lien fonctionnel avec la voirie, et qui n'ont pas un caractère nécessaire ou indispensable au bon fonctionnement ou à l'entretien de la voie publique considérée, ne sont pas des dépendances du domaine public routier. Ils représentent des aménagements d'embellissement qui ne contribuent ni à la conservation ni à l'exploitation de la route.
– **Les égouts** : les ouvrages qui sont destinés à l'évacuation des eaux usées et des eaux pluviales des immeubles limitrophes de la voie constituent une dépendance de cette voirie *(CE 1er déc. 1937, Cne d'Antibes)*.
– **Les installations implantées dans l'emprise des voies publiques** : une jurisprudence abondante est venue préciser l'appartenance au domaine routier d'un certain nombre d'ouvrages ou d'installations érigés sur le domaine public. La jurisprudence a considéré que relèvent du domaine public les bornes, les panneaux de signalisation *(CE 18 déc. 1959, Épx Blanc)*, les pylônes, candélabres *(CE 12 nov. 1955, Cazauran)* et les appareils de signalisation *(CE 2 avr. 1996, Ville de Marseille)*. Par ailleurs, ont également été considérés comme relevant de la dépendance du domaine routier un terre-plein central de la chaussée formant un îlot directionnel *(CE 9 févr. 1977, Cté urbaine de Lyon)* et un bac à fleurs situé au centre d'un carrefour *(T. confl. 19 avr. 1982, Ville de La Roche-sur-Yon)*.
– **Les ouvrages d'art** : la notion d'ouvrage d'art recouvre les ponts, les tunnels, les bacs et passages d'eau. La jurisprudence considère les ponts comme faisant partie de la voie dont ils assurent la continuité *(CE 26 sept. 2001, Dpt de la Somme)*. Le Conseil d'État a jugé en effet que les ponts ne constituaient pas des éléments accessoires au cours d'eau qu'ils traversent mais qu'ils relevaient du domaine routier *(CE 27 mai 1964, Chervet)*. Les tunnels, tout comme les ponts, font partie du domaine public routier.
– **Les parkings situés sur et sous la voie publique** : les parcs publics de stationnement, aménagés en surface ou sous la voie publique, font partie du domaine routier *(CE 18 oct. 1995, Cne de Brive-la-Gaillarde)*.

En revanche, ne font pas partie des dépendances des voies publiques :
– Les espaces verts sans lien fonctionnel avec la voirie ;
– Les réseaux d'assainissement, d'eau, d'électricité, de télécommunications.

d) Le domaine public ferroviaire

V. CGPPP, art. L. 2111-15.

En préambule, il convient de noter que les « *transports guidés* » incluent :
– les appareils de transports publics guidés urbains de personnes (métros, tramways sur fer ou sur pneus et autres systèmes de transports guidés urbains) ;
– les systèmes de transports publics guidés non urbains de personnes à vocation touristique ou historique, à l'exception de ceux relevant du réseau ferré national (chemins de fer touristiques ou historiques, draisines à pédales et autres systèmes de transports guidés à vocation touristique ou historique) ;

Toutefois, les dispositions de l'article L. 2111-15 du CGPPP indiquent que font partie du domaine public ferroviaire les biens qui sont affectés exclusivement aux services de transports publics guidés le long de leur parcours, **à l'exception de ceux compris dans l'emprise du domaine public routier**.

Or, le Conseil d'État, dans un arrêt du 23 février 2000, « *Société de distribution de chaleur de Saint-Denis* », indique que « *les travaux de construction d'une ligne de tramway en site propre sur la voirie communale ayant pour objet d'améliorer la circulation sur le domaine public routier constituent un aménagement réalisé dans l'intérêt du service et conforme à la destination du domaine public routier* ».

Par conséquent, lorsque les transports publics guidés en site propre, tels qu'une ligne de tramway, sont situés sur une emprise du domaine public routier, ils ne relèvent pas du domaine public ferroviaire mais du domaine public routier.

Il convient par ailleurs de souligner que les remontées mécaniques, c'est-à-dire « *les appareils de transports publics de personnes par chemin de fer funiculaire ou à crémaillère, par téléphérique, par téléskis ou par tout autre engin utilisant des câbles porteurs ou tracteurs* », font l'objet d'un régime spécifique, dont les dispositions sont notamment régies par le code du tourisme *[V. C. tourisme, art. L. 342-7 à L. 342-9]*.

Le **domaine public ferroviaire** comprend :
– **les voies ferrées** (rails, traverses, ballast et les terrains sur lesquels ils sont implantés), les ouvrages d'art qui font partie intégrante de ces voies (tunnels, ponts, viaducs) et les ouvrages qui servent à la protection des voies (terrassements, fossés...) et à sa conservation (canalisation d'évacuation des eaux de ruissellement...) ;
– **les bâtiments affectés à la réception et au transport des voyageurs et des marchandises** (gares de voyageurs, de marchandises, garages servant à l'entrepôt des véhicules, emplacements liés aux dépôts de marchandises, boutiques, buffets de gare, les cours et les places de gare, ainsi que les voies d'accès qui ne sont pas classées dans le domaine public routier...) ;
– **les ouvrages utilisés pour l'exploitation technique de la voie ferrée** (caténaires, installations de signalisation, passages à niveau, maisons des gardes-barrières, etc.).

Il est intéressant de rappeler que la consistance du réseau ferré national a été sensiblement modifiée à la suite de la création de Réseau ferré de France (RFF) par la loi n° 97-135 du 13 février 1997 *[V. App., v° Domaine ferroviaire]*.

Les actifs transférés de la Société nationale des chemins de fer (SNCF) à RFF englobent la totalité des voies principales des lignes du réseau ferré national, ainsi que des installations de télécommunications et des bâtiments (postes d'aiguillage, sous-stations électriques, quais de gare, etc.).

Les biens non transférés à RFF sont gérés par la SNCF, chargée de l'exploitation du réseau ferroviaire.

Il existe également un domaine public, géré par la Régie autonome des transports publics (RATP), composé de l'ensemble des voies ferrées, des bâtiments et des ouvrages nécessaires à l'exploitation du réseau souterrain et du réseau de surface. La majeure partie de ces dépendances domaniales ne sont pas la propriété de la RATP. Il convient, en effet, de distinguer parmi les biens immobiliers qui lui sont affectés :
– les biens appartenant à l'État, constitués par les voies ferrées d'intérêt général et leurs annexes, qui composent le réseau régional (RER). Il est à noter que la plus grande partie des lignes RER faisait partie antérieurement du réseau de la SNCF ;
– les biens appartenant au Syndicat des transports parisiens, qui sont constitués, d'une part, par les biens de l'ancien département de la Seine et de la ville de Paris, et dont le transfert au Syndicat a été opéré en application de l'article 19 de la loi n° 64-707 du 10 juillet 1964 et, d'autre part, par les prolongements des lignes du métro urbain réalisées après le 1er janvier 1968. Les lignes du métro urbain construites avant le 1er janvier 1968 relèvent de la

première catégorie, ainsi que des bâtiments et ouvrages d'exploitation des réseaux souterrains et de surface ;
– les biens appartenant à la RATP, acquis ou construits par celle-ci, pour son propre compte.

e) Le domaine public aéronautique

V. CGPPP, art. L. 2111-16.

Les aérodromes sont des terrains spécialement aménagés pour le décollage, l'atterrissage, et les manœuvres des aéronefs (c'est-à-dire un appareil capable d'évoluer au sein de l'atmosphère terrestre). Ils font partis du **domaine public aéronautique** dès lors qu'ils appartiennent à une personne publique (État ou collectivités territoriales).

Le domaine public aéronautique comprend :
– les pistes d'envol, les aérogares et les installations annexes utilisées pour les besoins du trafic ;
– les parcelles comprises dans l'enceinte aéroportuaire (notamment les locaux à vocation commerciale, qui font l'objet d'autorisation d'occupation temporaire du domaine public).

II. *Le domaine public mobilier*

V. CGPPP, art. L. 2112-1.

Le code général de la propriété des personnes publiques (art. L. 2112-1) donne une définition du domaine public mobilier non pas générale mais au contraire orientée vers les biens mobiliers à vocation culturelle.

Cette définition est principalement issue de l'article 14 de la loi du 31 décembre 1913 relative aux monuments historiques. Elle vise les biens présentant un intérêt public pour l'histoire, l'archéologie, la science ou la technique et établit corrélativement une liste de biens non exhaustive, à l'image des archives publiques ou des collections de musées.

TITRE II L'utilisation du domaine public

V. CGPPP, art. L. 2121-1.

L'utilisation du domaine public peut être commune, c'est-à-dire collective ou privative. En effet, par définition, le domaine public doit bénéficier à l'ensemble des citoyens dans les mêmes conditions (circulation des piétons et des automobilistes sur la voie publique, navigation sur les cours d'eau...). Toutefois, certaines dépendances du domaine public peuvent être soustraites à cet usage commun au profit d'un particulier déterminé (terrasses de café, kiosque à journaux, canalisations d'eau ou de gaz...).

– L'utilisation commune du domaine public

L'usage commun du domaine public est anonyme et impersonnel et bénéficie à des administrés qui ne sont pas juridiquement individualisés et qui sont dotés de la qualité d'usager commun par le seul fait qu'ils utilisent le domaine public. Cet usage ne peut être que temporaire et doit être conforme à la destination particulière de la dépendance domaniale considérée et compatible avec son affectation. En conclusion, cette utilisation est en principe libre, gratuite et égale pour tous.

– L'utilisation privative du domaine public

L'usage privatif du domaine public est personnel. Il suppose l'octroi d'un titre d'occupation délivré par le propriétaire ou le gestionnaire de la dépendance domaniale occupée. Ce titre confère à son titulaire un droit exclusif (il est seul à pouvoir utiliser l'emplacement qui lui a été réservé sur le domaine public) et permanent. En effet, bien que les autorisations d'occupation du domaine public soient délivrées à titre précaire et révocable, l'usager privatif peut occuper l'emplacement qui lui a été attribué jusqu'à la fin la révocation de son titre. Enfin, l'occupation privative est soumise au paiement d'une redevance, en contrepartie des avantages spéciaux consentis à l'occupant.

Les autorisations d'occupation du domaine public peuvent revêtir différentes formes. Parmi les autorisations dites « classiques », telles que les autorisations d'occupation temporaire (AOT), on distingue également les permis de stationnement et les permissions de voirie, qui sont le plus généralement octroyées pour l'occupation des dépendances du domaine public routier.

Le permis de stationnement est une occupation du domaine public sans emprise au sol, qui ne modifie pas l'assiette du domaine public (ex. : terrasses de café installées sur les trottoirs, emplacements réservés aux taxis, points d'arrêt des véhicules de transport en commun, présentoirs de journaux...).

La permission de voirie est une occupation du domaine public avec une emprise au sol, qui implique l'exécution de travaux ayant pour conséquence de modifier l'assiette du domaine public (établissement de canalisations dans le sol, installation de mobiliers urbains...).

I. *Le régime juridique de l'occupation privative du domaine public*

En règle générale, l'occupation du domaine public par une personne privée est conditionnée par l'obtention d'une autorisation délivrée par le propriétaire ou le gestionnaire de la dépendance domaniale occupée. Cette autorisation est délivrée à titre temporaire, précaire et révocable.

Depuis l'entrée en vigueur du code général de la propriété des personnes publiques, les personnes publiques peuvent, en parallèle de la délivrance des autorisations d'occupation du domaine public, établir sur ce domaine des servitudes par voie conventionnelle.

Toute occupation privative du domaine public est soumise au paiement d'une redevance.

A. Les règles générales d'occupation

a) Les principes généraux

V. CGPPP, art. L. 2122-1 à L. 2122-3.

Les articles L. 2122-1 et suivants du code général de la propriété des personnes publiques prévoient que nul ne peut occuper une dépendance du domaine public sans disposer **d'un titre l'y autorisant**, ni utiliser ce domaine en dépassant les limites du **droit d'usage** qui appartient à tous.

Il convient de rappeler que le droit d'usage commun du domaine public doit être conforme à la destination particulière de la dépendance domaniale considérée et compatible avec son affectation et ce que le public est en droit d'y exercer *(CE 3 mai 1963, Min. Équipement c/ Cne de Saint-Brévin-les-Pins ; CE 28 avr. 2004, Assoc. pour le respect du site du Mont-Blanc ; CE 30 sept. 2005, M. Henri X.)*.

Ainsi, à titre d'exemple, les autorisations d'occupation temporaire du domaine public délivrées par les maires ne doivent pas empêcher l'utilisation des voies publiques par les usagers *(CE 17 déc. 1975, Foucaud)*.

En outre, la gestion du domaine public, et donc la délivrance des autorisations d'occupation temporaire du domaine public, doit se concilier avec le principe constitutionnel de liberté du commerce et de l'industrie. Cette obligation a été rappelée par le Conseil d'État dans son arrêt du 24 mars 1999, *« Société EDA »*.

Cette occupation ou cette utilisation privative du domaine public doit être :

– **temporaire** : l'autorisation d'occupation doit toujours être délivrée pour une durée déterminée et n'est généralement pas renouvelée tacitement. L'occupant ne peut se prévaloir d'un droit à renouvellement de l'autorisation qui lui avait été délivrée *(CE 17 déc. 1975, Sté Letourneur Frères ; CE 19 janv. 1998, Noblet ; CE 19 nov. 2004, SCI Barria ; CE 23 mars 2005, Sté San Luis)* ;

– **précaire et révocable** : l'autorisation d'occupation peut toujours être révoquée, le plus souvent pour des motifs d'intérêt général, quelle que soit la durée d'occupation qui a été fixée initialement, sans que la personnes publique soit contrainte de verser des indemnités au profit du permissionnaire évincé *(CE 24 nov. 1993, SA Atlantique bâtiments constructions ; CE 29 mars 2000, M. Jean-Louis Isas ; CE 23 avr. 2001, Synd. intercommunal pour l'assainissement de la vallée de la Bièvre)*.

Enfin, les autorisations d'occupation temporaire du domaine public sont délivrées à titre strictement **personnel** et ne sont pas transmissibles à des tiers *(CE 17 juill. 1998, Voliotis ; CE 6 nov. 1998, Assoc. amicale des bouquinistes des quais de Paris)*.

b) Les servitudes

V. CGPPP, art. L. 2122-4.

La servitude est définie par l'article 637 du code civil comme une charge qui grève un bien immobilier (le « fond servant ») au profit d'un autre immeuble (« le fond dominant »).

Une servitude constitue donc un démembrement de la propriété puisqu'elle porte atteinte à l'exclusivité du propriétaire sur son bien.

Il convient de noter qu'une servitude ne peut grever un bien meuble. Elle est perpétuelle et constitue un droit réel [***Définition des droits réels :*** *la constitution de droits réels permet de conférer à un preneur des prérogatives et des obligations dévolues ordinairement au propriétaire. Les droits réels peuvent découler notamment des démembrements de la propriété (droits réels sur la chose d'autrui, tels que l'usufruit, droits d'usage et d'habitation), de droit de superficie (propriété sur les plantations et constructions), de l'établissement de servitudes (charge d'exploitation d'un fond par un autre), de la qualité d'emphytéose (droit de jouissance de longue durée sur un bien, baux emphytéotiques, baux à construction et à réhabilitation...).*].

L'article 639 du code civil distingue trois grandes catégories de servitudes :
– les servitudes dérivant de la **situation naturelle des lieux**, qui sont liées à la terre (écoulement des eaux, irrigation, bornage, clôture...) ;
– les servitudes **imposées par la loi** soit pour l'utilité publique (« servitudes administratives », à l'image des servitudes d'urbanisme ou de passage des piétons sur le littoral), soit pour l'utilité privée (notamment les servitudes de passage en cas d'enclave ou de distance pour les plantations par rapport au voisinage...) ;
– les servitudes **établies par le fait de l'homme** (par exemple une convention entre deux voisins).

A l'origine, le domaine public, qui est inaliénable et imprescriptible, ne pouvait être assujetti à des servitudes au sens des articles du code civil susmentionnés. Toutefois, la jurisprudence administrative avait admis que de telles servitudes pouvaient être établies sur le domaine public à condition qu'elles soient préexistantes à l'incorporation du bien dans ce domaine.

Désormais, dans son article L. 2122-4, le code général de la propriété des personnes publiques prévoit une innovation majeure, en permettant la constitution de servitudes conventionnelles sur le domaine public existant, à condition qu'elles soient compatibles avec l'affectation du bien qu'elles grèvent.

Cette nouvelle disposition permettra aux collectivités territoriales de bénéficier, dans le cadre d'opérations immobilières complexes et notamment lors des divisions en volumes, d'une sécurité juridiquement accrue.

c) Les dispositions financières : le régime des redevances

Les articles L. 2125-1 et suivants du code général de la propriété des personnes publiques codifient la jurisprudence et indiquent que l'occupation ou l'utilisation du domaine public donne lieu au paiement d'une redevance, sous réserve des exceptions prévues par la loi, notamment lorsque l'occupation de ce domaine est la condition naturelle et forcée de l'exécution de travaux ou lorsque cette occupation contribue directement à assurer la conservation du domaine.

Ces redevances sont calculées et recouvrées en application des articles L. 2125-3 à L. 2125-5 et L. 2321-1 à L. 2323-14 du code général de la propriété des personnes publiques.

• *Le régime juridique de droit commun et dispositions dérogatoires. – V. CGPPP, art. L. 2125-1 et L. 2125-2.*

En contrepartie de l'occupation privative de leur domaine public, les personnes publiques perçoivent des redevances domaniales. En effet, cette occupation privative est subordonnée à une autorisation préalable et à une compensation financière, dont le caractère onéreux procède d'un souci de bonne gestion patrimoniale, mais également du fait que cette occupation porte atteinte au droit d'accès de tous les usagers au domaine.

La redevance constitue en fait la contrepartie des avantages individuels conférés au bénéficiaire de l'autorisation d'occupation *(CE 10 févr. 1978, Min. Économie et Finances c/ Scudier)*.

L'occupation privative du domaine public des collectivités territoriales est donc soumise à un principe général de non-gratuité *(CE 11 févr. 1998, Ville de Paris c/ Assoc. pour la défense des droits des artistes peintres sur la place du Tertre ; CAA Marseille, 6 déc. 2004, Cne de Nice)*.

Toutefois, d'une manière générale, la gratuité se conçoit lorsque l'occupation est la condition naturelle et forcée de l'exécution de travaux intéressant un service public qui bénéficie gratuitement à tous (sécurité et salubrité publiques) et lorsque l'occupation contribue à assurer la conservation du domaine public lui-même (canalisations d'égouts, d'eaux pluviales ou ménagères...).

Par ailleurs, l'article L. 2125-2 du CGPPP (issu de l'art. L. 34 C. dom. Ét.) prévoit une exonération pour les communes qui gèrent elles-mêmes leur service d'eau potable, s'agissant des redevances qu'elles devraient acquitter en raison de l'occupation du domaine public d'autres collectivités publiques par leurs canalisations ou réservoirs. Il convient de noter que cette disposition a fait l'objet de deux modifications : désormais, elle concerne également les services d'assainissement et son champ d'application est étendu au profit des groupements de communes.

• *Les modalités de calcul du montant des redevances. – V. CGPPP, art. L. 2125-3.*

Sauf texte législatif spécifique, il appartient à l'autorité chargée de la gestion du domaine public de définir, selon les règles de droit commun, les modalités de la redevance d'usage du domaine public.

Pour les collectivités territoriales, cette compétence est en principe reconnue à l'organe délibérant *(CE 30 juin 1939, Cne de Granville ; CE 27 juill. 1984, Cne de La Teste-de-Buch)*.

A l'origine, la jurisprudence prévoyait que la redevance, à l'instar d'un loyer, devait être uniquement proportionnelle à la surface occupée.

Or, le Conseil d'État, dans son arrêt du 12 décembre 1923, « *Peysson* », a considéré « *qu'il appartenait au conseil municipal, sous l'autorité du préfet, de fixer le tarif de ces redevances, ainsi qu'il l'a fait et tenant compte, par des dispositions ayant un caractère général, du mode d'usage et de la situation des emplacements occupés, ainsi que de la nature des commerces exercés* ».

La jurisprudence a donc reconnu que le niveau de la redevance devait tenir compte de l'usage fait de la dépendance du domaine public, de la nature des commerces exercés et des conditions d'exploitation et de rentabilité de la concession d'occupation *(CE 7 mai 1980, SA Les marines de Cogolin ; CE 10 févr. 1978, Min. Économie et Finances c/ Scudier).*

La Haute Juridiction a d'ailleurs récemment rappelé, dans son arrêt du 21 mars 2003, « *Sipperec* », que « *les redevances imposées à un occupant du domaine public doivent être calculées non seulement en fonction de la valeur locative d'une propriété privée comparable à la dépendance du domaine public pour laquelle la permission est délivrée, [...] mais aussi en fonction de l'avantage procuré par cette jouissance privative du domaine public* » *[CE 21 mars 2003, Syndicat intercommunal de la périphérie de Paris pour l'électricité et les réseaux : note 14 ss. art. L. 2122-1 CGPPP].*

Le code général de la propriété des personnes publique consacre en partie cette jurisprudence dans son article L. 2125-3. Ainsi, le montant des redevances est donc fixé par l'assemblée délibérante de la collectivité territorialement compétente, en fonction d'une part fixe, qui correspond à la valeur locative d'une propriété privée comparable à la dépendance du domaine public occupée, et d'une part variable, déterminée selon les avantages retirés par le titulaire du titre d'occupation du domaine public.

Il convient de s'assurer que le montant de la redevance fixé par l'assemblée délibérante de la collectivité territoriale n'est pas disproportionné au regard de ces deux critères, afin que la délibération ne puisse pas être entachée d'une erreur manifeste d'appréciation et censurée comme telle par le juge administratif.

Néanmoins, des différences de traitement peuvent être établies, à condition qu'elles puissent être justifiées par des considérations d'intérêt général. En effet la détermination du montant des redevances pour l'occupation du domaine public doit prendre en considération le principe de l'égalité des usagers du domaine public.

Par conséquent, les collectivités territoriales peuvent fixer librement, en tenant compte des dispositions précitées mais également de l'intérêt public local, le montant des redevances dues pour l'occupation de leur domaine public.

Dans le cas des associations, dont l'activité est désintéressée et concourt à la satisfaction d'un intérêt général, l'avantage économique induit par l'occupation du domaine public est extrêmement faible.

Dès lors, les collectivités peuvent leur octroyer des titres d'occupation en compensation d'une redevance, qui tiendra compte uniquement de la part fixe relative à la valeur locative du bien occupé et dont le montant pourra être, au vu de l'appréciation de la collectivité territoriale, minimal, voire symbolique.

En outre, les dispositions de l'article L. 2144-3 du code général des collectivités territoriales, qui n'ont pas été modifiées par le code général de la propriété des personnes publiques, prévoient que « *des locaux communaux peuvent être utilisés par les associations, syndicats ou partis politiques qui en font la demande. Le maire détermine les conditions dans lesquelles ces locaux peuvent être utilisés, compte tenu des nécessités de l'administration des propriétés communales, du fonctionnement des services et du maintien de l'ordre public. Le conseil municipal fixe, en tant que de besoin, la contribution due à raison de cette utilisation* ».

Enfin, les collectivités disposent d'une grande latitude dans la révision du montant de la redevance, puisque la jurisprudence admet que son relèvement puisse être opéré dans un but exclusivement financier *(CE 15 déc. 1923, Peysson).*

• *Les modalités de paiement des redevances. – V. CGPPP, art. L. 2125-4 à L. 2125-6.*

En général, la redevance est payable d'avance et annuellement. Toutefois, le bénéficiaire peut également :

– payer par **acompte** ;

– verser la **totalité du montant** de la redevance due pour les titres d'occupation qui n'excèdent pas cinq ans ;

– payer un montant de redevance **quinquennale**, lorsque l'autorisation est délivrée pour une durée supérieure à cinq ans.

• *Les modalités de perception et de recouvrement des redevances*

• Les principes généraux. – *V. CGPPP, art. L. 2321-3.*

Cet article renvoie aux modalités prévues par le code général des collectivités territoriales pour le recouvrement des produits domaniaux des collectivités territoriales.

Les créances qui naissent au profit d'une collectivité territoriale, d'un établissement public local ou d'un groupement sont constatées par un titre qui matérialise ses droits. Ce document peut revêtir plusieurs formes. Il peut s'agir, selon le cas, d'un jugement exécutoire, d'un contrat ou la plupart du temps d'un acte pris, émis, et rendu exécutoire par l'ordonnateur de la collectivité et qui prend la forme de titres de recettes, d'arrêtés, d'états de recouvrement ou de rôles.

Le décret n° 66-624 du 19 août 1966 (modifié par le décret n° 81-362 du 13 avril 1981) relatif au recouvrement des produits des collectivités locales et des établissements publics locaux a conféré un privilège exorbitant du droit commun aux personnes publiques pour le recouvrement de leurs créances. Ainsi, les titres des collectivités publiques sont exécutoires de plein droit et sont recouvrés *« comme en matière de contributions directes »*. Ce décret est désormais codifié aux articles R. 2342-4 et R. 2342-11 du code général des collectivités territoriales.

De plus, le caractère exécutoire de plein droit des titres émis par les collectivités et établissements publics locaux a été consacré par l'article L. 252 A du livre des procédures fiscales.

• La prescription. – *V. CGPPP, art. L. 2321-4 et L. 2321-5.*

La **prescription** désigne la perte d'un droit lorsque celui-ci n'a pas été exercé pendant un délai fixé par la loi.

L'article L. 2321-4 du code général de la propriété des personnes publiques prévoit, pour le recouvrement des produits domaniaux, l'application de la prescription quinquennale prévue à l'article 2277 du code civil.

Cette disposition, qui a pour effet de réduire le délai de prescription des créances des collectivités territoriales de trente ans à **cinq ans**, s'inscrit dans l'objectif de réduction de la durée de prescription applicable aux comptables publics, qui a été ramenée respectivement de trente ans à dix ans, puis à six ans par les lois de finances rectificatives de 2001 et 2004.

Le point de départ de cette prescription quinquennale est fixé à la date à laquelle la redevance est devenue exigible.

• Les paiement et recouvrement des créances. – *V. CGPPP, art. L. 2322-4, L. 2323-3, L. 2323-4, L. 2323-6, L. 2323-10 et L. 2323-14.*

Les règles de paiement des redevances et de l'action en recouvrement sont énoncées aux articles L. 2322-4, L. 2323-3 à L. 2323-6, L. 2323-10 et L. 2323-14 du code général de la propriété des personnes publiques.

B. Les autorisations d'occupation du domaine public constitutives de droits réels

V. CGPPP, art. L. 2122-20.

Les autorisations d'occupation du domaine public peuvent être assorties de droits réels.

Désormais (art. L. 2122-20 CGPPP), les collectivités territoriales, leurs établissements publics et leurs groupements peuvent conclure sur leur domaine public :

– soit des **baux emphytéotiques administratifs** (BEA), dont le régime juridique est codifié au sein des articles L. 1311-2 à L. 1311-4-1 du CGCT ;

– soit des **autorisations d'occupation temporaire** (AOT) du domaine public constitutives de droits réels, dont les modalités d'application sont régies par les articles L. 1311-5 à L. 1311-8 du CGCT.

Cette extension des dispositions déjà applicables à l'État doit permettre d'assurer la création d'infrastructures, par un financement privé, sur l'ensemble du domaine public communal et notamment sur le domaine public routier, jusqu'alors exclu du champ d'application du BEA.

En effet, malgré l'intérêt de cette formule, qui permet de donner des garanties aux investisseurs privés tout en conservant les règles essentielles de la domanialité publique, elle demeure inapplicable sur le domaine public routier, mais aussi sur les dépendances du domaine public maritime, portuaire, aéroportuaire et fluvial couvert par les régimes de contraventions de grande voirie.

Le développement des investissements se trouvait dès lors limité. Il convenait donc d'apporter des solutions juridiques à cette problématique.

Par ailleurs, il convient de noter que le champ d'application du BEA est également élargi puisque, désormais, ce bail pourra être passé en vue de l'affectation à une association cultuelle d'un édifice du culte ouvert au public (art. L. 1311-2 CGCT). Cette disposition a été considérée par le Conseil d'État comme étant conforme au principe, défini par la loi, portant séparation de l'Église et de l'État.

En outre, il est explicitement prévu la possibilité de recourir au crédit-bail pour financer les constructions réalisées dans le cadre de ces baux (art. L. 1311-3 CGCT).

a) Le bail emphytéotique administratif (BEA)

L'arrêt du Conseil d'État « *Association Eurolat-Crédit foncier de France* », de 1985, interdisait la constitution d'un bail emphytéotique sur le domaine public des collectivités territoriales, ce dispositif étant jugé incompatible avec les règles de domanialité publique.

Le législateur, en réponse à la rigueur de cette position, a introduit, par voie d'amendement (amendement Larcher, déposé au Sénat), dans l'article 13 de la loi n° 88-13 du 5 janvier 1988 d'amélioration de la décentralisation, une disposition qui ouvre aux collectivités, à leurs établissements publics et à leurs groupements la possibilité de passer des baux emphytéotiques sur leur domaine, à la condition expresse que ce soit dans le cadre de l'exercice d'une mission de service public ou de la réalisation d'une opération d'intérêt général relevant de leur compétence.

Ces baux peuvent être conclus sur les dépendances du domaine privé ou public de la collectivité, exception faite des dépendances comprises dans le champ d'application de la contravention de voirie, à savoir principalement le domaine public routier.

Les dispositions régissant le bail emphytéotique administratif (BEA) ont été codifiées au sein des articles L. 1311-2 et suivants du code général des collectivités territoriales.

Il est intéressant de noter que la rédaction du code général de la propriété des personnes publiques a été l'occasion de consacrer juridiquement la dénomination du bail emphytéotique administratif (art. L. 1311-2 CGCT).

• *Le champ d'application du BEA*

Le BEA peut être conclu par une collectivité territoriale, un de ses établissements publics ou un de ses groupements, qui donne à bail une dépendance immobilière de son domaine privé ou public, à condition que cette dépendance demeure hors du champ d'application de la contravention de voirie, à un preneur dénommé « emphytéote », pour la réalisation d'opérations définies par la loi *[V. CGCT, art. L. 1311-2, L. 1311-4 et L. 1311-8]*.

Le BEA peut être conclu en vue :

– de l'accomplissement, pour le compte d'une collectivité territoriale, **d'une mission de service public** ;

– de la réalisation d'une **opération d'intérêt général** entrant dans les compétences de la collectivité intéressée ;

– de **l'affectation à une association cultuelle** d'un édifice du culte ouvert au public.

Cette nouvelle disposition ouvre la possibilité pour les collectivités territoriales de délivrer des baux emphytéotiques sur leur domaine, afin de faciliter la construction d'édifices du culte ouverts au public.

En effet, à l'origine, les dispositions de l'article L. 1311-2 du CGCT restreignaient le recours au BEA pour les seules opérations d'intérêt général relevant de la compétence des collectivités.

Cet article a donc été modifié pour autoriser de manière incontestable le recours à ces baux dans le but de construire des édifices du culte affectés à une association cultuelle.

Le BEA peut également être conclu en vue *[V. CGCT, art. L. 1311-4-1]* :

– d'opérations liées aux besoins de la **justice, de la police ou de la gendarmerie** nationales ainsi que d'un établissement public de santé ou d'une structure de coopération sanitaire dotée de la personnalité morale publique, jusqu'au 31 décembre 2007 ;

– d'opérations liées aux besoins d'un **service départemental d'incendie et de secours**, jusqu'au 31 décembre 2010.

• *Le régime juridique du BEA. – V. CGCT, art. L. 1311-3.*

Le BEA s'inspire des dispositions relatives à l'article L. 451-1 du code rural susmentionnées. Ainsi, à l'image des dispositions applicables au bail emphytéotique de droit commun :

– sa durée est de **18 à 99 ans** au plus, renouvelable ;

– il doit obligatoirement être établi par un **notaire** ;

– il ne peut porter que sur des **immeubles** ;

– le locataire bénéficie d'un **droit réel** sur son titre, et sur les ouvrages et installations de caractère immobilier ; en d'autres termes il peut hypothéquer les immeubles, les louer ou les sous-louer ; il doit assumer toutes les charges et les grosses réparations et payer une redevance qui est révisable dans les mêmes conditions que le loyer des baux commerciaux ;

– le bail peut être **résilié** par le tribunal en cas de non-paiement de la redevance pendant deux ans ou pour non-respect des obligations contractuelles.

Ce bail confère des droits réels au preneur sur le bien immobilier appartenant déjà à la collectivité territoriale et sur les constructions qu'il réalise dans le cadre du bail :

– ces droits sont **cessibles**, avec l'autorisation de la collectivité publique, à une personne subrogée au preneur initial dans les droits et obligations découlant du bail ;

– ces droits peuvent être **hypothéqués**, après autorisation de la collectivité territoriale concernée, pour garantir des emprunts contractés en vue de financer la réalisation des ouvrages situés sur le bien loué. Le contrat constituant l'hypothèque doit, sous peine de nul-

lité, être approuvé par la collectivité ;
– la collectivité territoriale a la faculté de se substituer au preneur dans la charge des **emprunts** en résiliant ou en modifiant le bail ;
– les constructions réalisées dans le cadre de ces baux peuvent donner lieu à la conclusion de contrats de **crédit-bail**. Dans ce cas, le contrat comporte des clauses permettant de préserver les exigences du service public.

NB : *Le crédit-bail :*

En droit privé, il s'agit d'une forme de contrat de financement d'équipement. Le principe est de permettre à une personne qui ne dispose pas des fonds nécessaires à l'acquisition d'un bien meuble de l'utiliser pendant une période de temps déterminée, moyennant une contrepartie financière et par l'intermédiaire d'un tiers auquel elle le louera. A l'issue de ce contrat, l'utilisateur bénéficie d'une option d'achat sur le bien, c'est-à-dire que celui-ci pourra être acheté par le locataire pour un montant fixé dès l'origine. Ce contrat fait donc intervenir trois parties :

– Le vendeur : c'est lui qui fournit le bien (il vend l'équipement à un acheteur qui n'est autre que le bailleur) ;

– Le bailleur : il s'agit de la personne qui est propriétaire du bien d'équipement et qui attribue au « preneur » le droit d'utilisation de ce bien en contrepartie d'un loyer, et ce pendant toute la durée du bail ;

– Le preneur : il est l'utilisateur du bien d'équipement loué par le bailleur.

Ce montage tripartite peut être également appliqué aux constructions publiques : la personne publique loue un ouvrage avec option d'achat, cet ouvrage ayant été construit par un entrepreneur privé pour le compte d'un organisme financier (bailleur) qui s'engage à vendre les biens qu'il a ainsi financés à l'issue du contrat de location souscrit avec la collectivité publique.

A l'expiration du BEA, l'ouvrage réalisé devient la propriété de la collectivité bailleresse, sans qu'elle ait à verser une indemnité au preneur.

• *Le BEA et principe de mise en concurrence*

Actuellement, le droit interne ne prévoit pas d'obligation particulière de publicité ou de mise en concurrence préalable pour le choix, par la collectivité territoriale, de son cocontractant, dans le cadre d'un bail emphytéotique administratif (BEA).

En effet, lors de la conclusion d'un tel contrat, la collectivité territoriale n'assure pas la maîtrise d'ouvrage des projets de construction et n'est donc pas soumise aux règles du code des marchés publics ni à celles prévues par la loi n° 85-704 du 12 juillet 1985, relative à la maîtrise d'ouvrage publique.

En revanche, en droit communautaire, la directive 2004/18/CE du 31 mars 2004 indique, dans son article 2 b, que les marchés publics de travaux « *sont des marchés publics ayant pour objet soit l'exécution, soit conjointement la conception et l'exécution de travaux [...], soit la réalisation, par quelque moyen que ce soit, d'un ouvrage répondant aux besoins précisés par le pouvoir adjudicateur* ».

Cette directive permet donc d'inclure dans la définition des marchés de travaux publics, d'une part, ceux qui sont réalisés sous maîtrise d'ouvrage publique et, d'autre part, ceux qui sont réalisés sous maîtrise d'ouvrage privée, dès lors qu'ils répondent aux besoins d'une collectivité publique.

En application de la directive précitée, les BEA sont donc soumis à des règles de publicité et de mise en concurrence, dès lors que leur montant dépasse le seuil communautaire de 5 278 000 euros HT.

Pour les marchés d'un montant inférieur à ce seuil, la Cour de justice des Communautés européennes (CJCE) a eu l'occasion de préciser qu'il y avait lieu de se conformer aux normes fondamentales résultant directement des règles et principes du traité CE *(CJCE, aff. C-59/00, Bent Mousten Vestergaard et aff. C 264/03, Commission c/ France)*.

Ainsi les principes d'égalité de traitement et de non-discrimination sur la base de la nationalité impliquent une obligation de transparence qui « *consiste à garantir, en faveur de tout soumissionnaire potentiel, un degré de publicité adéquat permettant une ouverture du marché à la concurrence ainsi que le contrôle de l'impartialité des procédures d'adjudication* » *(CJCE, aff. C-324/98, Telaustria et aff. C-458/03, Parking Brixen)*.

Dans une communication interprétative (2006/C 179/2) publiée au *Journal officiel de l'Union européenne* le 1er août 2006, la Commission européenne a défini un certain nombre de préconisations pour assurer le respect des principes ci-dessus rappelés, auxquelles il peut être utile de se référer.

Par ailleurs, le code des marchés publics peut également servir de référence dans la mesure où celui-ci prend en considération les principes énoncés par la jurisprudence communautaire. C'est notamment à ce titre qu'une procédure adaptée a été définie pour les marchés d'un montant inférieur aux seuils.

En conséquence, il est conseillé aux collectivités territoriales de définir des mesures de publicité et de mise en concurrence pour passer leurs BEA. La mise en œuvre des dispositions du code des marchés publics offre à cet égard la sécurité juridique maximale pour ce type de montage ; il y a donc lieu de conseiller aux collectivités territoriales de s'en inspirer.

b) L'autorisation d'occupation temporaire (AOT) du domaine public constitutive de droits réels

Les dispositions relatives au bail emphytéotique administratif n'étant pas applicables au domaine de l'État, la loi n° 94-631 du 25 juillet 1994, complétant le code du domaine de l'État, a institué le régime des autorisations d'occupation temporaire créatrices de droits réels sur le domaine public national. Ces droits ne peuvent être conférés qu'à des occupants qui réalisent des ouvrages, des constructions ou des installations de caractère immobilier sur le domaine artificiel de l'État.

Or, les transferts de compétences prévus par la loi n° 2004-809 du 13 août 2004 relative aux libertés et responsabilités locales, en matière, notamment, de voirie et d'équipement (aérodromes, ports...) risquaient de soulever des difficultés juridiques, puisque l'on passerait de l'application du régime domanial de l'État à celui des collectivités territoriales.

Par conséquent, le dispositif découlant de la loi de 1994 étant, par ailleurs, déjà appliqué sur le domaine public de certaines collectivités, à l'image des ports autonomes de Bastia et d'Ajaccio, qui ont été transférés à la collectivité territoriale de Corse (art. L. 4424-22 CGCT), il a été décidé de procéder à une unification des régimes juridiques des droits réels, dans le cadre du projet de code général de la propriété des personnes publiques.

• ***Le champ d'application de l'AOT constitutive de droits réels.*** – *V. CGCT, art. L. 1311-5 et L. 1311-8.*

Les autorisations d'occupation temporaires du domaine public constitutives de droits réels peuvent être délivrées par une collectivité territoriale, un de ses établissements publics ou un de ses groupements, sur leur propre domaine public ou sur celui qui leur est mis à disposition, exclusivement en vue de :

– l'accomplissement pour le compte de ces collectivités territoriales d'une **mission de service public** ;

– la réalisation d'une **opération d'intérêt général** relevant de la compétence de ces personnes publiques.

Il convient de souligner que, dans le cas particulier des ports et des aéroports, les activités ayant trait à leur exploitation ou qui sont de nature à contribuer à leur animation ou à leur développement sont considérées comme des activités satisfaisant à la condition d'intérêt public.

Enfin, les autorisations d'occupation temporaires du domaine public constitutives de droits réels peuvent être délivrées uniquement sur les dépendances du domaine public artificiel des collectivités territoriales. Le domaine public naturel, notamment maritime, étant plus fragile, il nécessite une protection accrue incompatible avec l'octroi de droits réels.

• ***Le régime juridique de l'AOT constitutive de droits réels.*** – *V. CGCT, art. L. 1311-6 à L. 1311-7 ; Cons. const. 21 juill. 1994, n° 94-346 DC.*

Les dispositions applicables aux collectivités territoriales s'inspirent des mesures déjà prévues pour l'État :

– les AOT peuvent être délivrées pour une durée qui doit être déterminée en fonction de la nature de l'activité et de celle des ouvrages dont la construction a été autorisée et compte tenu de l'importance de ces derniers.

Cette durée ne peut excéder **soixante-dix ans**, y compris son éventuelle prorogation. Cette durée, suffisante pour permettre l'amortissement des investissements les plus lourds, ne saurait être allongée sans remettre en cause l'imprescriptibilité du domaine public.

Il convient de noter qu'au terme de cette période, l'occupant pourra obtenir un autre titre d'occupation qui ne sera pas constitutif de droits réels *[V. la Décis. du Conseil constitutionnel n° 94-346 DC du 21 juill. 1994]* ;

– le titulaire de l'AOT possède un **droit réel sur les ouvrages**, constructions et installations de caractère immobilier qu'il réalise dans le cadre de l'exercice de son activité. Ce droit réel lui confère, pour la durée de l'autorisation et dans les conditions spécifiées par la loi, les prérogatives et les obligations du propriétaire ;

– le droit réel conféré par l'autorisation est **cessible ou transmissible** uniquement à une personne agréée par les collectivités territoriales, en vue d'une utilisation compatible avec l'affectation du domaine occupé ;

– lors du **décès du titulaire** du titre d'occupation, celui-ci peut être transmis aux héritiers, sous réserve de l'accord de la collectivité territoriale ;

– le droit réel sur le titre, les ouvrages, constructions et installations peut être **hypothéqué** pour garantir les emprunts contractés par le titulaire de l'autorisation, en vue de financer la réalisation, la modification ou l'extension des ouvrages, constructions et installations immobilières situés sur la dépendance domaniale occupée ; les **hypothèques s'éteignent** à l'expi-

ration des titres d'occupation ;
– les créanciers chirographaires dont la créance est née de l'exécution des travaux peuvent pratiquer des **mesures conservatoires** ou des mesures d'exécution forcées sur les droits et les biens ;
– à **l'issue du titre d'occupation**, les ouvrages doivent être démolis soit par le titulaire de l'autorisation, soit à ses frais, sauf si leur maintien a été prévu dans le titre d'occupation ou si l'autorité compétente renonce à leur démolition. Les ouvrages deviennent alors de plein droit et gratuitement la propriété des collectivités territoriales ;
– en cas de **retrait de l'autorisation** avant le terme prévu, pour un motif autre que l'inexécution de ses clauses et conditions, le titulaire doit être indemnisé du préjudice.

Tableau comparatif du régime juridique des autorisations d'occupation du domaine public constitutives de droits réels

Baux emphytéotiques administratifs (BEA) Articles L. 1311-2 à L. 1311-4-1 du CGCT *(L. n° 88-13 du 5 janv. 1988)*	**Autorisations d'occupation temporaire du domaine public créatrices de droits réels** (AOT) Articles L. 1311-5 à L. 1311-8 du CGCT (L. n° 94-631 du 25 juill. 1994 ; Décr. n° 95-695 du 6 mai 1995 ; Décr. n° 96-1058 du 2 déc. 1996)
Dispositions similaires	
Conditions de réalisation : Les BEA sont notamment conclus, en vue de l'accomplissement, pour le compte de la collectivité territoriale, d'une mission de service public ou de la réalisation d'une opération d'intérêt général relevant de sa compétence.	Les AOT sont conclus par les collectivités territoriales dans le cadre de la réalisation d'ouvrages, de constructions ou d'installations immobilières en vue de l'accomplissement, pour leur compte, d'une mission de service public ou en vue de la réalisation d'une opération d'intérêt général relevant de leur compétence.
Cession de droits réels : Les droits ne peuvent être cédés qu'avec l'agrément de la collectivité territoriale, à une personne subrogée au preneur dans les droits et obligations découlant du bail.	Les droits ne peuvent être cédés qu'avec l'agrément de l'autorité publique, pour la durée de validité du titre restant à courir, en vue d'une utilisation compatible avec l'affectation du domaine public occupé.
Hypothèque : Les droits, ouvrages et constructions peuvent être hypothéqués uniquement pour la garantie des emprunts contractés par le preneur, en vue de financer la réalisation ou l'amélioration des ouvrages situés sur le bien loué. Le contrat constituant l'hypothèque doit être approuvé par la collectivité Seuls les créanciers hypothécaires peuvent exercer des mesures conservatoires ou des mesures conservatoires ou des mesures d'exécution sur les droits immobiliers résultant du bail.	Les droits, ouvrages et constructions peuvent être hypothéqués uniquement pour garantir des emprunts contractés par le preneur, en vue de financer la réalisation, la modification, ou l'extension des ouvrages situés sur la dépendance domaniale occupée. Ces titres d'occupation s'éteignent au plus tard à l'expiration des titres d'occupation délivrés. Les créanciers chirographaires autres que ceux dont la créance est née de l'exécution des travaux financés par l'hypothèques ne peuvent pratiquer des mesures conservatoires ou des mesures d'exécution forcée sur les ouvrages réalisés.
Crédit-bail : Les constructions réalisées dans le cadre de ces baux peuvent donner lieu à la conclusion de contrats de crédit-bail. Dans ce cas, le contrat comporte des clauses permettant de préserver les exigences du service public.	Les constructions peuvent donner lieu à la conclusion de contrats de crédit-bail. Dans ce cas le contrat comporte des clauses permettant de préserver les exigences du service public.

Dispositions distinctes	
Durée : De 18 à 99 ans.	70 ans maximum, sans durée minimale.
Champ d'application : Le domaine public des collectivités territoriales, à l'exception des dépendances soumises à l'application de la contravention de voirie (notamment domaine public routier).	Le domaine public artificiel des collectivités.
Fin du contrat : Pas de dispositions particulières, application du régime de droit commun : à l'issue du titre d'occupation, la collectivité devient propriétaires des biens qui ont été construits sur son terrain.	A l'issue du titre d'occupation, les ouvrages existant sur la dépendance domaniale doivent être démolis, par le titulaire de l'autorisation ou à ses frais, à moins que la collectivité ait prévu expressément de devenir propriétaire du bien gratuitement et quittes de tous privilèges et hypothèques.
Indemnités : Pas de dispositions particulières, en cas de retrait de l'autorisation, la collectivité doit indemniser le titulaire des droits réels.	En cas de retrait de l'autorisation avant le terme prévu, pour un motif autre que l'inexécution des clauses et conditions de l'autorisation, le titulaire est indemnisé du préjudice.
Dispositions particulières : Les BEA sont également conclus, en vue de – l'affectation à une association cultuelle d'un édifice du culte ouvert au public, – de la réalisation d'opérations liées aux besoins de la justice, de la police ou de la gendarmerie nationales ainsi que d'un établissement public de santé ou d'une structure de coopération sanitaire dotée de la personnalité morale publique, jusqu'au 31 décembre 2007 ; – de la réalisation d'opérations liées aux besoins d'un service départemental d'incendie et de secours, jusqu'au 31 décembre 2010.	Dans les ports et les aéroports, des AOT peuvent être délivrées en vue de l'accomplissement ou de la réalisation d'opérations ayant trait à des activités liées à l'exploitation du port ou de l'aéroport ou qui sont de nature à contribuer à leur animation ou à leur développement.

II. *Les modalités de gestion : les changements d'affectation*

V. CGPPP, art. L. 2123-3.

En dehors de toute disposition législative spécifique, les biens relevant du domaine public des collectivités territoriales peuvent faire l'objet de changements d'affectation. Ce changement peut intervenir notamment lorsque la destination d'un bien du domaine public est modifiée sans qu'il y ait besoin d'un acte de déclassement préalable ou d'un transfert de propriété *[Il convient de noter que le régime des changements d'affectation découlant des dispositions législatives spécifiques, telles que les mises à disposition liées aux transferts de compétences, ne sera pas développé dans cette partie.]*.

Les changements d'affectation peuvent avoir lieu soit au sein d'une même personne publique, soit concerner plusieurs personnes publiques. Les collectivités territoriales, en tant que propriétaire et donc gestionnaire de leur domaine, sont libres de modifier l'affectation domaniale de leurs biens, pour un motif tiré d'une bonne gestion de ces biens ou pour des nécessités d'ordre public. Ainsi, par exemple, une commune peut décider d'affecter à ses propres services un immeuble précédemment affecté à une association *(CE 30 oct. 1987, Cne de Levallois-Perret)*.

Le changement d'affectation se caractérise par :
– **une modification de l'affectation** : un bien d'une personne publique affecté à la satisfaction d'un besoin déterminé est mis à la disposition d'une autre personne publique afin que celle-ci puisse assurer une nouvelle mission de service public ;
– **une soumission du bien au régime de la domanialité publique** : le changement d'affectation n'entraîne pas de mesure de déclassement. Par conséquent, le bien dont l'affectation

est modifiée doit demeurer une dépendance du domaine public et ne peut relever du domaine privé ;
– **une continuité de la propriété** : le changement d'affectation d'un bien n'est pas corrélativement translatif de propriété.

Les changements d'affectation sans transfert de propriété peuvent être opérés soit par transfert de gestion soit par superposition d'affectation.

A. Le transfert de gestion

V. CGPPP, art. L. 2123-3 à L. 2123-6.

• *Le régime général applicable au transfert de gestion*

A l'origine, la procédure de transfert de gestion des biens était réservée aux immeubles dépendant du domaine public de l'État (anciens art. L. 35 et R. 58 C. dom. Ét.). L'opération pouvait se faire entre les services de l'État ou au profit d'une collectivité territoriale, sur décision administrative du préfet *(CE 20 févr. 1981, Assoc. pour la protection du site du vieux Pornichet)*.

Désormais, les collectivités territoriales peuvent opérer, entre elles ou avec les autres personnes publiques, un transfert de gestion des immeubles dépendant de leur domaine public, en vue de permettre au bénéficiaire de ce transfert de gérer ces immeubles en fonction de leur affectation (V. art. L. 2123-3 CGPPP).

La collectivité territoriale demeure propriétaire du bien transféré et le récupère, gratuitement, dès qu'il n'est plus utilisé conformément à son affectation. Elle aura alors la possibilité soit d'aliéner ce bien, soit de le réintégrer dans son domaine public.

De plus, elle conserve la maîtrise de l'affectation de ce bien et peut mettre fin au transfert, sous réserve du paiement d'une indemnité (qui prend en compte l'amortissement et si besoin les frais de remise en état du bien acquittés par le propriétaire), à condition que la convention de transfert ne prévoie pas de dispositions contraires et lorsque le transfert ne découle pas d'un arrêté de cessibilité pris dans le cadre d'une déclaration d'utilité publique.

En effet, il convient de noter que le transfert de gestion peut également découler de l'application des dispositions de l'article L. 11-8 du code de l'expropriation pour cause d'utilité publique, qui prévoit que les biens du domaine public des collectivités territoriales, de leurs groupements ou de leurs établissements publics peuvent être inclus dans le périmètre d'une déclaration d'utilité publique et que, dans ce cas, l'arrêté de cessibilité emporte, en cas de changement d'affectation du bien, transfert de gestion au profit de l'autorité bénéficiaire de la déclaration d'utilité publique.

• *La théorie des mutations domaniales*

Le changement d'affectation d'un bien peut être opéré autoritairement par l'État. En effet, la théorie des mutations domaniales est issue d'une jurisprudence constante du Conseil d'État. Dans son arrêt de principe du 16 juillet 1909, « *Ville de Paris c/ Chemins de fer d'Orléans* », la Haute Assemblée indique que l'État peut changer autoritairement l'affectation des dépendances du domaine public des collectivités locales, sans déclassement et sans indemnités puisqu'en l'absence de transfert de propriété la collectivité n'est privée que de la jouissance de son bien, ce qui ne constitue pas un préjudice.

Cette interprétation a été confirmée par de nombreux arrêts *(CE 13 janv. 1984, Cne de Thiais ; CE 3 déc. 1993, Ville de Paris c/ M. Parent ; CE 23 juin 2004, Cne de Proville)*.

Désormais, la théorie des mutations domaniales, issue des principes jurisprudentiels susmentionnés, a été codifiée au sein du code général de la propriété des personnes publiques (V. art. L. 2123-4 CGPPP).

Cette procédure autorise donc l'État, en cas d'opposition d'une collectivité territoriale, d'un de ses groupements ou de ses établissements publics et lorsqu'un motif d'intérêt général le justifie, à modifier l'affectation des dépendances du domaine public de ces personnes publiques, pour la durée de la nouvelle affectation.

• *L'octroi des indemnisations*

Désormais, en application de l'article L. 2123-6 du CGPPP, les transferts de gestion donneront lieu à une indemnisation de la collectivité territoriale propriétaire du bien transféré. Le montant de ces indemnités sera calculé en fonction :
– soit des **dépenses** qui devront être engagées par la collectivité dessaisie ;
– soit, *a contrario*, de la **privation de revenus** qui résulterait du transfert.

B. Les superpositions d'affectations

V. CGPPP, art. L. 2123-7 et L. 2123-8.

La superposition d'affectations (parfois appelée superposition de gestions) est une procédure qui permet de donner à une dépendance immobilière du domaine public une destination nouvelle **tout en lui conservant sa destination d'origine**.

Il convient de noter que si le bien ne peut conserver sa destination première, il devra être procédé à un transfert de gestion.

A titre d'exemple, les superpositions d'affectations sont généralement utilisées sur les dépendances du domaine public ferroviaire. Ainsi, les passages à niveau font l'objet d'une double affectation, à la fois à la voie publique routière et à la voie ferrée *(CE 8 déc. 1950, Cie générale des eaux)*. Cette dernière affectation revêt toutefois un caractère prédominant, même si la route a préexisté au chemin de fer.

Les superpositions d'affectations se rencontrent également sur les chemins de halage, les digues et les berges qui sont à la fois des dépendances du domaine public fluvial et du domaine public routier.

La mise en œuvre d'une procédure de superposition d'affectations s'opère par le biais d'une **convention** entre les personnes publiques gestionnaires des domaines. Cette convention, dont le contenu réglementaire et les conditions d'application seront déterminés par décret, devra porter sur les **modalités techniques et financières** qui permettront d'assurer la double gestion de la dépendance domaniale.

A l'image des transferts de gestion, les superpositions d'affectations donnent lieu à une indemnisation.

III. *Les dispositions particulières*

La création du code général de la propriété des personnes publiques a été l'occasion de regrouper les dispositions spécifiques à l'utilisation des dépendances du domaine public maritime, fluvial, cultuel, mais également les dispositions relatives à l'exploitation des ressources et à l'octroi des concessions de logement.

A. L'utilisation du domaine public maritime

V. CGPPP, art. L. 2124-1 à L. 2124-5.

Les concessions de plage

L'article L. 321-9 du code de l'environnement prévoit que l'« *accès des piétons aux plages est libre sauf si des motifs justifiés par des raisons de sécurité, de défense nationale ou de protection de l'environnement nécessitent des dispositions particulières* » et que « *l'usage libre et gratuit par le public constitue la destination fondamentale des plages au même titre que leur affectation aux activités de pêche et de cultures marines* ».

En l'absence de mesures réglementaires d'application, la délivrance des titres d'occupation des plages manquait d'un encadrement juridique clair. En effet, seul un régime défini par des circulaires permettait de clarifier les modalités d'installation des équipements et des activités.

Pour remédier à cette carence juridique, le décret n° 2006-608 du 26 mai 2006 relatif aux concessions de plage a donc fixé les règles d'occupation des plages faisant l'objet d'une concession.

L'économie générale du texte repose sur le principe du démontage systématique des équipements et installations de plage et fixe une période de référence d'exploitation recouvrant la saison balnéaire, qui ne peut excéder six mois, sauf dans certains cas limitatifs.

• *Les modalités procédurales des concessions de plage*

Le législateur reconnaît aux communes ou groupements de communes un droit de priorité pour l'attribution des concessions de plage.

Lorsqu'il n'est pas fait usage de ce droit, l'attribution des concessions est soumise aux dispositions des articles L. 1411-2 et suivants du CGCT, issues de la loi n° 93-122 du 29 janvier 1993 relative à la prévention de la corruption et à la transparence de la vie économique et des procédures publiques.

Les candidats doivent présenter au préfet de département un dossier détaillé comportant notamment un plan d'aménagement de la concession, une note exposant les modalités de mise en œuvre des aménagements et du respect des contraintes imposées par le démontage des installations à la fin de chaque saison touristique, une note sur les investissements et les conditions financières d'exploitation.

Le projet choisi par le préfet est soumis à l'avis du préfet maritime, ainsi qu'à celui de la commune ou du groupement de communes concerné. Le trésorier-payeur général, également consulté, fixe les conditions financières de la concession.

Il convient de noter que, lorsque le projet se situe dans un espace remarquable au sens du code de l'urbanisme, il ne pourra être autorisé qu'avec l'accord de la commission départementale des sites, perspectives et paysages et après soumission à une enquête publique.

Le concessionnaire peut accorder des sous-traités d'exploitation :
– **si le concessionnaire est une collectivité territoriale**, il doit respecter les règles d'attribution des délégations de service public fixées par les articles L. 1411-1 et suivants du CGCT ;
– **si le concessionnaire est une personne autre qu'une collectivité**, il doit soumettre les conventions d'exploitation à une procédure de publicité permettant la présentation de plusieurs offres. Cette exigence de publicité peut être satisfaite par l'insertion d'une mention dans une publication habilitée à recevoir des annonces légales diffusées localement et dans une publication spécialisée. Le choix des sous-traitants doit être opéré en fonction des garanties professionnelles et financières du candidat, de son aptitude à assurer l'accueil du public et à préserver le domaine.

• *Les conditions d'exploitation des plages*

Le périmètre de la concession : afin de respecter le principe de liberté et de gratuité d'accès aux plages, le décret n° 2006-608 du 26 mai 2006 relatif aux concessions de plage limite rigoureusement le périmètre de la concession et précise « *qu'un minimum de 80 % de la longueur du rivage, par plage, et de 80 % de la surface de plage, dans les limites communales doit rester libre de tout équipement et installation. Dans le cas d'une plage artificielle, ces limites ne peuvent être inférieures à 50 %. La surface à prendre en compte est la surface à mi-marée* ».

Les activités proposées : le concessionnaire peut exercer des activités répondant aux besoins du service public balnéaire, en rapport avec l'exploitation de la plage et compatibles avec l'usage gratuit des plages et les impératifs de préservation du littoral.

Les contraintes imposées aux exploitants : les installations doivent être démontables ou transportables et donc sans ancrage au sol durable. La surface concédée doit être libre de tout équipement en dehors d'une période définie dans la concession, qui ne peut excéder six mois (le délai peut être de huit mois pour les stations balnéaires classées, voire de douze mois sous réserve de l'obtention d'une autorisation annuelle spéciale).

Le transfert du contrat de sous-traitance : les concessionnaires ne peuvent bénéficier de droits réels sur leurs installations, celles-ci étant situées sur le domaine public maritime naturel. Toutefois, il est possible de prévoir, dans la convention d'exploitation, et en accord avec le concessionnaire, que le sous-traitant a la possibilité de transférer le contrat à son conjoint ou à l'un de ses ascendants ou descendants pour la durée de la convention restant à courir.

La résiliation sans indemnités : cette situation peut être rencontrée lorsque les conditions de la convention n'ont pas été respectées, lorsque des infractions aux lois et règlements ont été commises (notamment en matière d'occupation du domaine public, d'urbanisme, de protection des sites et de sécurité) ou lorsque la concession est inexploitée.

La durée de la concession : elle ne peut excéder douze ans.

B. L'utilisation du domaine public fluvial

V. CGPPP, art. L. 2124-6 à L. 2124-15.

Les articles L. 2124-16 à L. 2124-18 et L. 2124-20 à L. 2124-25 sont relatifs aux règles applicables à la Loire et au canal du Midi, qui appartiennent au domaine public fluvial de l'État.

C. L'exploitation des ressources naturelles

V. CGPPP, art. L. 2124-27 à L. 2124-30.

D. Les édifices affectés aux cultes

V. CGPPP, art. L. 2124-31.

E. Les concessions de logement

V. CGPPP, art. L. 2124-32.

La liste des emplois pour lesquels un logement de fonction peut être attribué en raison des contraintes liées à l'exercice de cet emploi par une collectivité territoriale, un de ses groupements et un de ses établissements publics, est fixée par l'organe délibérant de cette personne publique, en application des dispositions de l'article 21 de la loi n° 90-1067 du 28 novembre 1990 relative à la fonction publique territoriale. Cette délibération devra préciser les avantages qui sont liés à cette concession de logement.

TITRE III La protection du domaine public

Les règles protectrices applicables au domaine public ont pour finalité de préserver les biens qui, dépendant de ce domaine, sont inaliénables et imprescriptibles.

L'utilisation du domaine est tout d'abord protégée par l'établissement, à son profit, de **servitudes** pesant sur les propriétés riveraines. Par ailleurs, l'intégrité matérielle du domaine public et le respect de son affectation sont assurés par l'exercice de la **police de la conservation**.

I. *Les servitudes administratives*

Une servitude est définie par l'article 637 du code civil comme une charge qui grève un bien immobilier (le « fond servant ») au profit d'un autre immeuble (« le fond dominant »). Une servitude constitue donc un démembrement de la propriété puisqu'elle porte atteinte à l'exclusivité du propriétaire sur son bien. Il convient de noter qu'une servitude ne peut grever un bien meuble. Elle est perpétuelle et constitue un droit réel.

A. Les dispositions générales

V. CGPPP, art. L. 2131-1.

Les servitudes administratives, souvent appelées servitudes d'utilité publique, relèvent du droit administratif et du droit de l'urbanisme et sont établies par la loi.

Elles grèvent les propriétés voisines du domaine public et sont créées dans un but d'intérêt général, au profit du public ou d'un service public auquel le domaine public est affecté.

Les contrevenants à ces servitudes sont le plus souvent frappés de sanctions pénales, à la différence des manquements aux servitudes de droit privé qui font l'objet de sanctions civiles.

Les servitudes administratives sont opposables directement aux administrés, sans formalités de publicité préalable. Elles bénéficient de l'inaliénabilité et de l'imprescriptibilité et ne peuvent s'éteindre par le non-usage et la prescription.

B. Les dispositions applicables au domaine public fluvial

V. CGPPP, art. L. 2131-2 à L. 2131-6.

II. *La police de la conservation*

L'intégrité matérielle et le respect de l'affectation des dépendances du domaine public font l'objet d'une protection spécifique qui repose sur l'exercice de la police de la conservation du domaine.

Cette police se distingue de la police administrative générale dont le but est le maintien de l'ordre public, de la sécurité, de la tranquillité et de la salubrité publiques et qui s'applique à l'ensemble des biens publics et privés.

La police de la conservation, qui protège l'intégrité matérielle et l'affectation des biens, se limite aux biens relevant du domaine public. L'autorité publique qui exerce cette police spéciale peut donc édicter toutes mesures, réglementaires ou individuelles, pour préserver l'intégrité de l'ensemble des biens faisant partie de son domaine public.

Les infractions à la police de la conservation sont réprimées par les contraventions de voirie qui se répartissent sous deux grandes rubriques, à savoir, d'une part, **les contraventions de voirie routière dont le contentieux relève du juge judiciaire** et, d'autre part, **les contraventions de grande voirie dont le contentieux relève du juge administratif**.

Ces contraventions de voirie revêtent, d'une part, un caractère répressif, puisque les faits portant atteinte à l'intégrité du domaine constituent des infractions assorties d'une amende pénale et, d'autre part, un caractère restitutif, le contrevenant devant réparer les dommages causés au domaine public.

A. Les contraventions de voirie routière

V. CGPPP, art. L. 2132-1, C. voirie rout., art. L. 116-1 à L. 116-8.

Les contraventions de voirie routière sanctionnent les atteintes à l'intégrité du domaine public routier.

L'article L. 116-2 du code de la voirie routière indique que les officiers et agents de la police judiciaire, mais aussi les gardes champêtres et les gardes particuliers, peuvent constater ces infractions en établissant un procès-verbal. Ce dernier sera transmis au procureur de la République et, pour information, au maire.

En application des articles L. 116-1 et L. 116-4 du code précité, ces contraventions sont poursuivies, à la requête du chef de service intéressé, devant les tribunaux judiciaires. Ainsi, le tribunal de police peut infliger à l'auteur de l'infraction et aux personnes civilement responsables une amende de la cinquième classe et une peine d'emprisonnement en cas de récidive.

Il convient de noter que les infractions à la police de la conservation des chemins ruraux ne constituent pas des contraventions de voirie. Elles ne peuvent être sanctionnées que sur la base de l'article R. 610-5 du code pénal punissant de l'amende prévue pour les contraventions de la première classe la violation des interdictions édictées par les décrets et arrêtés de police.

B. Les contraventions de grande voirie

V. CGPPP, art. L. 2132-2.

Les contraventions de grande voirie s'appliquent aux atteintes portées à l'intégrité des dépendances du domaine public, mais également aux atteintes portées à l'utilisation de ce domaine, notamment dans les cas d'occupation sans titre du domaine public.

En application du principe « *nullum crimen, nulla poena sine lege* », ces contraventions ne peuvent être établies que si elles sont expressément établies par un texte spécial.

a) Les atteintes à l'intégrité ou à l'utilisation du domaine

Les faits constitutifs d'une contravention de grande voirie sont divers et nombreux.

• ***Le domaine public maritime.*** *– V. CGPPP, art. L. 2132-3 et L. 2132-4.*

• Le domaine public maritime naturel

L'article de l'ordonnance de Colbert du 3 août 1681, selon lequel « *faisons défenses à toutes personnes de bâtir sur les rivages de la mer, d'y planter aucuns pieux ni faire aucuns ouvrages qui puissent porter préjudice à la navigation, à peine de démolition des ouvrages, confiscation des matériaux et d'amende arbitraire* », a été codifié au sein de l'article L. 2123-3 du code général de la propriété des personnes publiques.

A titre d'exemple, on peut citer les infractions suivantes :

• l'exécution sans autorisation de travaux (irrégularité de la construction d'un mur sur le rivage en l'absence d'autorisation, *CE 12 oct. 1973, Kreitmann*) ;

• l'exécution de travaux qui excèdent ceux prévus par l'acte d'autorisation (plagistes qui construisent des installations durables alors que l'autorisation ne porte que sur des installations provisoires) ;

• le refus de retirer les ouvrages et installations alors que l'occupant du domaine a vu son autorisation expirer ;

• l'extraction de sables et galets en l'absence d'autorisation ;

• le dépôt d'objets divers qui compromet l'intégrité ou l'affectation du domaine public ;

• Le domaine public maritime artificiel

Issus des dispositions de l'ordonnance de Colbert du 3 août 1681, les articles L. 321-1 à L. 323-4 et R. 322-1 à R. 323-10 du code des ports maritimes régissent l'ensemble des contraventions de grande voirie pouvant survenir à l'intérieur des ports maritimes.

Ces contraventions peuvent concerner le refus d'obtempérer aux ordres donnés par les officiers de surveillance des ports, le stationnement de véhicules sur les quais et les terre-pleins, l'abandon d'épaves ou de navires échoués, le rejet ou l'écoulement de substances polluantes ou déchets dans les eaux du port, etc.

• ***Le domaine public fluvial.*** *– V. CGPPP, art. L. 2132-5 à L. 2132-11.*

Les dispositions relatives aux contraventions de grande voirie sur le domaine public fluvial sont issues, quasiment à droit constant, du code du domaine public fluvial et de la navigation intérieure.

Ces contraventions peuvent notamment être consécutives aux implantations de clôtures ou de digues pour la protection des propriétés riveraines et qui empiètent sur le domaine privé, aux stationnements non autorisés de péniches, aux déversements de résidus polluants dans le lit d'une rivière, etc.

• ***Le domaine public ferroviaire.*** *– V. CGPPP, art. L. 2132-12.*

Les contraventions applicables au domaine public ferroviaire peuvent naître, le plus souvent, du déversement de détritus ou d'eaux usées sur les emprises des voies ferrées, de chutes d'arbres ou d'éboulement de roches sur les lignes de chemin de fer ou encore de la dégradation de passages à niveau.

• ***Le domaine public aéronautique.*** *– V. CGPPP, art. L. 2132-13.*

b) Les atteintes aux servitudes

Les manquements aux servitudes administratives entraînent des sanctions pénales qui sont prononcées soit par le juge judiciaire au titre des contraventions de voirie routière, soit par le juge administratif au titre des contraventions de grande voirie.

• ***Le domaine public maritime.*** *– V. CGPPP, art. L. 2132-15.*

• ***Le domaine public fluvial.*** *– V. CGPPP, art. L. 2132-16 et L. 2132-17.*

• ***Le domaine public ferroviaire.*** *– V. CGPPP, art. L. 2132-18, L. 2132-20 à L. 2132-28.*

c) La procédure et le régime des peines

Les contraventions de grande voirie sanctionnent les atteintes portées aux dépendances du domaine public autres que les voies publiques terrestres.

L'infraction est constatée par un procès-verbal, établi par des officiers de la police judiciaire ou par des agents habilités à constater les contraventions sur certaines dépendances du domaine public. Le procès-verbal est transmis au maire, mais, en application des articles L. 774-2 et suivants du code de justice administrative, c'est le préfet qui doit le notifier au contrevenant, en l'accompagnant d'une citation à comparaître devant le tribunal administratif.

Les sanctions encourues par l'auteur de l'infraction sont le paiement d'une amende de la cinquième classe et des frais du procès-verbal et la réparation des dommages causés au domaine public.

TITRE IV La sortie des biens du domaine public

Pour sortir du domaine public et ainsi relever du patrimoine privé d'une collectivité territoriale, un bien doit être **désaffecté**, puis **déclassé**.

I. *Les règles générales de déclassement*

V. CGPPP, art. L. 2141-1 à L. 2141-3.

A. La définition du déclassement

La **désaffectation** est l'opération qui consiste à ne plus utiliser un bien à l'usage direct du public ou en vue de l'accomplissement d'une mission de service public.

Le **déclassement** est un acte administratif qui fait perdre à un bien son caractère de dépendance du domaine public.

Ces deux notions, qui peuvent paraître similaires, sont en fait deux conditions nécessaires à la sortie d'un bien du domaine public, le déclassement étant l'acte qui constate la fin de l'affectation du bien à l'usage du public ou d'un service public.

En revanche, elles ne sont pas toujours appliquées de manière concomitante : si la désaffectation n'est pas obligatoirement antérieure à l'acte de déclassement, en revanche, la décision de déclassement doit toujours être suivie d'une désaffectation de fait.

Par ailleurs, en l'absence d'un acte juridique de déclassement, un bien faisant partie du domaine public conserve ce caractère quand bien même il ne serait plus affecté à l'usage du public ou à un service public.

B. La procédure du déclassement

a) La procédure de droit commun

Lorsqu'un bien n'est plus affecté à un service public ou à l'usage direct du public, il ne relève plus du domaine public à compter de l'intervention de l'acte administratif constatant son déclassement (V. art. L. 2141-1 CGPPP).

En effet, la sortie d'un bien du domaine public des personnes publiques est conditionnée, d'une part, par une désaffectation matérielle du bien et, d'autre part, par une décision, en l'occurrence une délibération pour les collectivités territoriales, constatant cette désaffectation et portant déclassement du bien.

Il existe un parallélisme entre la sortie d'un bien du domaine public et son entrée dans ce domaine. L'acte de déclassement doit donc, sous peine d'illégalité, être pris par les mêmes autorités et selon les mêmes procédures que l'acte de classement. Cet acte doit toujours revêtir la forme d'une décision expresse.

En cas de contentieux, les actes de déclassement sont assujettis au contrôle de légalité du juge administratif, qui a pour mission de vérifier notamment le but de l'opération. En effet, si le propriétaire du bien dispose d'un large pouvoir d'appréciation pour autoriser le déclassement de ses biens, il ne peut méconnaître la nécessité de répondre à un but d'intérêt général (cette condition pouvant être appréciée de manière très extensive par le juge).

b) Les dispositions particulières propres aux échanges

L'article L. 2141-3 du code général de la propriété des personnes publiques permet aux personnes publiques de déclasser des biens, qui sont toujours affectés à un service public, en vue de les échanger avec d'autres biens relevant de personnes privées ou du domaine privé de personnes publiques, à la condition expresse que cet échange améliore les conditions de l'exercice du service public concerné.

Cette disposition déroge aux principes posés par l'article L. 2141-1 du code précité, qui précise que les biens peuvent être déclassés dès lors que ces biens ne sont plus affectés à un service public, dans le but de simplifier les modalités de cession et d'acquisition des biens.

c) Les effets de la sortie d'un bien du domaine public

Il convient de noter que la procédure de déclassement n'a pas d'effet sur la propriété du bien, qui demeure dans le patrimoine de la collectivité propriétaire. Seule la condition juridique du bien est modifiée puisque ce dernier, en incorporant le domaine privé, devient aliénable et prescriptible.

NB : *L'art. L. 2141-2 CGPPP a introduit un facteur de souplesse, en autorisant, sous certaines conditions, le déclassement par anticipation d'immeubles encore affectés à un service public, en vue de leur cession. Toutefois, cette dérogation au principe fondamental selon lequel une mesure de déclassement est illégale sans une désaffectation préalable est seulement réservée aux immeubles de l'État.*

II. *Les règles particulières*

V. CGPPP, art. L. 2142-1 et L. 2142-2.

SECTION II *Les biens relevant du domaine privé*

TITRE PREMIER La consistance du domaine privé

V. CGPPP, art. L. 2211-1 et L. 2212-1.

Le code général de la propriété des personnes publiques donne une définition *a contrario* du domaine privé des personnes publiques, à savoir que les biens n'appartenant pas au domaine public relèvent du domaine privé.

De plus, quatre catégories de biens relèvent désormais du domaine privé par détermination de la loi :

– Les réserves foncières

Les collectivités territoriales, leurs établissements publics et leurs groupements peuvent acquérir des terrains en anticipant sur les besoins qui seront induits par des projets d'aménagement, par la protection de l'intégrité de certains espaces naturels et par la prévention de risques naturels ou technologiques (art. L. 221-1 C. urb.). Ces terrains, qui ne sont pas encore affectés de manière effective à une mission de service public ou à l'usage du public, relèvent du domaine privé de la personne publique propriétaire.

– Les biens immobiliers à usage de bureau

Il s'agit des biens immobiliers à usage de bureau qui ne forment pas un bien indivisible avec ceux relevant du domaine public (par exemple, un immeuble indépendant, situé en face d'un hôtel de ville et qui regroupe exclusivement des bureaux de la commune, relève du domaine privé communal) ;

– Les chemins ruraux

L'ordonnance n° 59-115 du 7 janvier 1959 relative à la voirie des collectivités territoriales distingue, d'une part, les voies routières appartenant au domaine public communal (art. L. 141-1 C. voirie rout.) et, d'autre part, les chemins ruraux, qui appartiennent aux communes, sont affectés à l'usage du public mais qui n'ayant pas fait l'objet d'un classement, relèvent du domaine privé communal (art. L. 161-1 C. rur.).

– Les bois et forêts soumis au régime forestier

L'article L. 2212-1 du code a inclus expressément les bois et les forêts relevant du régime forestier dans le domaine privé des personnes publiques.

Cette disposition a été souhaitée dans un souci de sécurité juridique. En effet, l'article L. 380-1 du code forestier, dont les dispositions sont issues de la loi d'orientation agricole du 9 juillet 2001, indique que les forêts relevant du régime forestier doivent être ouvertes au public le plus largement possible.

La jurisprudence constante du Conseil d'État a toujours affirmé que ces aménagement très accessoires n'étaient pas de nature à faire dépendre ces forêts du domaine public *(CE 28 nov. 1975, ONF c/ Abamonte)*.

Toutefois, la crainte de voir qualifier ces forêts de dépendances du domaine public, à l'image de ce qui a déjà été admis par le Conseil d'État pour le bois de Vincennes et le bois de Boulogne, qui constituent des parcs spécialement aménagés pour l'usage du public et donc relèvent du domaine public de la ville de Paris *(CE 14 juin 1972, Eidel ; CE 23 févr. 1979, Gourdain ; CE 10 juin 1988, Sté d'exploitation du Touring-Club de Paris)*, a justifié le choix de fixer, par la loi, leur régime domanial.

TITRE II L'utilisation du domaine privé

Les biens relevant du domaine privé des personnes publiques sont gérés en application des règles du droit privé. Toutefois, ils peuvent également être soumis à des règles exorbitantes du droit commun.

I. *Les dispositions générales*

V. CGPPP, art. L. 2221-1.

– *Les communes et établissements publics communaux*

• **Compétence de l'organe délibérant** : en application de l'article L. 2241-1 du CGCT, *« le conseil municipal délibère sur la gestion des biens et les opérations immobilières effectuées par la commune, sous réserve, s'il s'agit de biens appartenant à une section de commune, des dispositions des articles L. 2411-1 à L. 2411-19 ».*

• **Règles de publicité** : les actes pris par les autorités communales sont exécutoires de plein droit, dès qu'il a été procédé soit à leur publication, soit à leur affichage, soit à leur notification aux intéressés et lorsqu'ils ont été transmis au représentant de l'État dans le département (art. L. 2131-1 et L. 2131-3 CGCT).

Les délibérations des conseils municipaux sont inscrites par ordre de date et signées par tous les membres présents lors de la séance (art. L. 2121-23 CGCT).

Elles sont inscrites sur un registre coté et paraphé par le préfet (art. R. 2121-9 CGCT).

Le compte rendu de la séance du conseil municipal est affiché, dans la huitaine, par extraits, à la porte de la mairie (art. L. 2121-25 et R. 2121-11 CGCT).

– *Les départements et établissements publics départementaux*

• **Compétence de l'organe délibérant** : en application de l'article L. 3213-1 du CGCT, le conseil général statue notamment sur le mode de gestion des propriétés départementales, ainsi que sur le changement de destination des propriétés et des édifices départementaux.

• **Règles de publicité** : les actes réglementaires pris par les autorités départementales sont exécutoires de plein droit dès qu'il a été procédé soit à leur publication, soit à leur affichage, soit à leur notification aux intéressés et lorsqu'ils ont été transmis au représentant de l'État dans le département (art. L. 3131-1 et L. 3131-2 CGCT).

En vertu des articles L. 3121-17 et R. 3131-1 du CGCT, les délibérations du conseil général sont publiées dans un recueil des actes administratifs du département ayant une périodicité d'au moins un mois.

– *Les régions et les établissements publics régionaux*

• **Compétence de l'organe délibérant** : en application de l'article L. 4221-1 du CGCT, *« le conseil régional règle par ses délibérations les affaires de la région. Il a compétence pour promouvoir le développement économique, social, sanitaire, culturel et scientifique de la région et l'aménagement de son territoire et pour assurer la préservation de son identité, dans le respect de l'intégrité, de l'autonomie et des attributions des départements et des communes. Il peut engager des actions complémentaires de celles de l'État, des autres collectivités territoriales et des établissements publics situés dans la région, dans les domaines et les conditions fixés par les lois déterminant la répartition des compétences entre l'État, les communes, les départements et les régions ».*

Sous réserve d'une délégation de signature, *« le président du conseil régional gère le domaine de la région »* (art. L. 4231-4 CGCT).

Désormais, les articles L. 1311-9 à L. 1311-11 du CGCT prévoient expressément que le conseil régional délibère sur les projets d'opérations immobilières (baux, location...).

• **Règles de publicité** : les actes réglementaires pris par les autorités régionales sont exécutoires de plein droit dès qu'il a été procédé soit à leur publication, soit à leur affichage, soit à leur notification aux intéressés et lorsqu'ils ont été transmis au représentant de l'État dans le département (art. L. 4141-1 et L. 4141-2 CGCT).

En vertu des articles L. 4132-16 et R. 4141-1 du CGCT, les délibérations du conseil régional sont publiées dans un recueil des actes administratifs de la région ayant une périodicité d'au moins un mois.

– *Les établissements publics de coopération intercommunale*

• **Compétence de l'organe délibérant** : en application de l'article L. 5211-6 du CGCT, *« l'établissement public de coopération intercommunale est administré par un organe délibérant composé de délégués élus par les conseils municipaux des communes membres. Toute commune associée issue d'une fusion en application de l'article L. 2113-1 est représentée au sein de l'organe délibérant de l'établissement public de coopération intercommunale, avec voix consultative, par le maire délégué ou un représentant qu'il désigne au sein du conseil ou de la commission consultative ».*

L'organe délibérant des EPCI étant soumis au principe de spécialité, il n'a pas de compétence générale. Néanmoins, les dispositions de l'article L. 5211-6 du CGCT susmentionné investissent l'organe délibérant des EPCI d'une **fonction générale de gestion des activités** de l'EPCI, qui obéit aux règles d'administration communale.

De plus, désormais, les articles L. 1311-9 à L. 1311-11 du CGCT prévoient l'organe délibérant des EPCI délibère sur les projets d'opérations immobilières (baux, location...).

• **Règles de publicité** : les dispositions du CGCT relatives au conseil municipal sont applicables au fonctionnement de l'organe délibérant des EPCI (art. L. 5211-1 CGCT).

Les dispositions du CGCT relatives au contrôle de légalité et au caractère exécutoire des actes des communes sont applicables aux établissements publics de coopération intercommunale (art. L. 5211-3 CGCT).

II. *Les dispositions particulières*

Les actes de gestion du domaine privé peuvent être soumis à des dispositions particulières.

A. La location et la mise à disposition

V. CGPPP, art. L. 2222-1, L. 2222-3 à L. 2222-5.

La location consiste à mettre à la disposition d'une personne, l'occupant, un bien mobilier ou immobilier, en contrepartie du paiement d'un loyer (location simple, bail à usage d'habitation...). Il existe également des opérations de location complexes, ayant pour finalité l'acquisition du bien initialement loué (crédit-bail, location financement, avec option d'achat...).

Les organes délibérants des collectivités territoriales, de leurs établissements publics et de leurs groupements délibèrent sur les décisions relatives à la gestion des biens immobiliers, notamment la passation des baux, accords amiables et conventions ayant pour finalité la location de ces biens, au vu de l'avis du service des domaines. Cet avis est réputé donné à l'issue d'un délai d'un mois à compter de la saisine de cette autorité.

Il convient de noter que ces dispositions, issues de l'article 23 de la loi n° 2001-1168 du 11 décembre 2001 portant mesures urgentes de réformes à caractère économique et financier, n'avaient pas été codifiées.

Désormais, l'ordonnance n° 2006-460 du 21 avril 2006 relative à la partie législative du code général de la propriété des personnes publiques prévoit cette codification dans une section III de la première partie du code général des collectivités territoriales, intitulée « Consultation de l'État », aux articles L. 1311-9 et suivants.

B. La révision des libéralités et la restitution des biens

a) La révision des libéralités

V. CGPPP, art. L. 2222-19.

Le legs est une gratification testamentaire qui, en général, porte dérogation aux règles légales de la dévolution successorale. Le but du testateur est soit d'attribuer tout ou partie de sa succession à une personne qui n'y était pas normalement appelée, soit d'attribuer à un de ses héritiers légaux une part d'un montant excédant la part d'héritage que la loi lui réserve.

Le don ou la donation constituent la transmission d'un bien ou d'un droit, consentis par une personne au profit d'une autre. Cette transmission peut être exécutée du vivant du donateur, on parle alors d'une « transmission entre vifs ». Elle peut être décidée par le stipulant sous la condition que lui survive la personne qu'il désigne pour être celle qui sera bénéficiaire de cette libéralité, dite le donataire ou le légataire.

La révision des conditions et charges grevant les donations consenties au profit des communes et de ses établissements publics est régie, en application de l'article L. 1311-17 du CGCT, par les articles 900-2 à 900-8 du code civil, sous réserve des dispositions dérogatoires prévues pour les établissements publics communaux de santé à l'article L. 6145-10 du code de la santé publique.

b) La restitution des biens

V. CGPPP, art. L. 2222-20.

Désormais, en application de l'article 713 du code civil et de l'article L. 1123-1 du CGPPP, **les biens qui n'ont pas de maître appartiennent à la commune** sur le territoire de laquelle ils sont situés. Toutefois, si la commune renonce à exercer ce droit, l'État en devient propriétaire.

Le régime de droit commun prévoit que, dans le cas où le propriétaire initial du bien ou ses ayants droit se manifestent postérieurement à la date d'acquisition de ce bien par les personnes publiques, celles-ci ont l'obligation de le restituer, en son état d'origine.

Tel serait le cas des immeubles acquis de plein droit par la commune (ou subsidiairement par l'État) en application de l'article L. 1123-2 du CGPPP.

En revanche, par exception à ce régime de droit commun, l'article L. 2222-20 du CGPPP a expressément prévu que, lorsque la propriété d'un immeuble a été attribuée à une commune (ou à défaut à l'État), à l'issue de la procédure décrite à l'article L. 1123-3 du même code, l'ancien propriétaire n'est plus en droit d'en exiger la restitution si :
– ce bien a été aliéné, c'est-à-dire s'il a déjà été vendu par la personne publique à un tiers ;
– ce bien a été utilisé d'une manière ne permettant pas cette restitution, c'est-à-dire s'il a été aménagé, notamment à des fins d'intérêt général.

Néanmoins, il peut obtenir, de la commune ou de l'État, une indemnité égale à la valeur de l'immeuble au jour de son utilisation ou de son aliénation. Pour ce faire, l'ancien propriétaire devra adresser sa demande à la personne publique qui a acquis le bien, à savoir la commune sur le territoire de laquelle il est situé ou, à défaut, l'État représenté par le préfet du département.

En application des dispositions de la loi n° 2000-321 du 12 avril 2001 relative aux droits des citoyens dans leurs relations avec les administrations, l'autorité compétente devra accuser réception de la demande de l'intéressé, lui communiquer les coordonnées postales, téléphoniques et électroniques du service chargé de l'instruction de sa demande et lui indiquer le délai au terme duquel le silence conservé par ce service vaudra décision implicite de rejet ou d'acceptation, ainsi que les délais et voies de recours contre cette décision.

A défaut d'accord amiable, l'indemnité sera fixée par le juge compétent en matière d'expropriation pour cause d'utilité publique.

Il convient de noter que la restitution du bien ou le paiement de l'indemnité est subordonné au paiement, par le propriétaire ou ses ayants droit, du montant :
– des charges qu'ils ont éludées depuis le point de départ du délai de trois ans mentionné au dernier alinéa de l'article L. 1123-3 et notamment les taxes foncières ;
– des dépenses engagées nécessairement par la commune ou par l'État, au titre, notamment, de la conservation de ce bien.

SECTION III *Les dispositions communes*

TITRE PREMIER L'insaisissabilité des biens

V. CGPPP, art. L. 2311-1.

L'**insaisissabilité** des biens implique que ces derniers ne sont pas saisissables et ne peuvent faire l'objet d'une mesure conservatoire. Ainsi, un créancier ne pourra faire procéder à l'appréhension d'un bien appartenant à une personne publique, même si cette dernière est son débiteur.

Cet article consacre donc le principe général d'insaisissabilité des biens publics ou privés relevant du patrimoine des personnes publiques y compris celles qui exercent une activité industrielle et commerciale *(Civ., 21 déc. 1987, Bureau de recherches géologiques et minières ; avis du Conseil d'État du 30 janv. 1992)*.

Toutefois, il convient de souligner que par son arrêt du 18 novembre 2005, *« Société fermière de Campoloro »*, le Conseil d'État a souhaité apporter une atténuation à ce principe.

En effet, par cet arrêt de section, la Haute Assemblée, en application de l'article 1 de la loi n° 80-539 du 16 juillet 1980 relative aux astreintes prononcées en matière administrative et à l'exécution des jugements par les personnes morales de droit public, a affirmé que le préfet, a *« en cas de carence d'une collectivité territoriale à assurer l'exécution d'une décision juridictionnelle passée en force de chose jugée et, après mise en demeure à cet effet, le pouvoir de se substituer aux organes de cette collectivité afin de dégager ou de créer des ressources permettant l'exécution de ce jugement »*.

Par conséquent, dans le cas d'espèce, le préfet se trouve dans l'obligation de procéder d'office à l'aliénation de certains biens appartenant au domaine de la commune, afin de pouvoir assurer l'exécution de la décision précitée.

TITRE II Les biens situés à l'étranger

V. CGPPP, art. L. 2312-1.

Ce dispositif permet de clarifier la situation juridique des biens domaniaux qui sont situés hors du territoire national (ambassades, consulats...), en faisant expressément entrer ces dépendances dans le champ d'application du droit de la domanialité publique.

TITRE III Les contentieux

V. CGPPP, art. L. 2331-1 et L. 2331-2.

Résumé : Les modalités de gestion des biens

Les communes, leurs établissements publics et leurs groupements disposent d'un patrimoine destiné à leur permettre de remplir les missions qui leur sont dévolues et de gérer leurs investissements et leur avenir, notamment dans le cadre de la décentralisation.

Les biens qui composent ce patrimoine peuvent être incorporels (droits) ou corporels (objets matériels), immobiliers ou mobiliers.

Le régime juridique de ces biens varie selon qu'ils appartiennent soit au domaine privé communal et relèvent du droit civil, soit au domaine public de la commune et relèvent du droit administratif.

TITRE PREMIER Les biens relevant du domaine public

SECTION I *La consistance du domaine public*

Le domaine public est composé du :

– *domaine public immobilier général* : font partie du domaine public les biens appartenant à une personne publique et qui sont soit affectés à l'usage direct du public, soit affectés à un service public pourvu qu'en ce cas ils fassent l'objet d'un aménagement indispensable à l'exécution des missions de ce service public.

– *domaines publics spécifiques* (maritime, fluvial, routier, ferroviaire, aéroportuaire...) qui correspondent à des catégories de biens déterminés par la loi.

– *domaine public mobilier* : les biens présentant un intérêt public pour l'histoire, l'archéologie, la science ou la technique et établit corrélativement une liste de biens non exhaustive, à l'image des archives publiques ou des collections de musées.

SECTION II *L'utilisation du domaine public*

I. *Le régime juridique de l'occupation du domaine public*

Les articles L. 2122-1 et suivants du CGPPP prévoient que nul ne peut occuper une dépendance du domaine public sans disposer d'un titre l'y autorisant, ni utiliser ce domaine en dépassant les limites du droit d'usage qui appartient à tous. Cette occupation ou cette utilisation est temporaire, précaire et révocable. Elle est soumise au paiement d'une redevance.

– *Les autorisations d'occupation du domaine public (BEA et AOT)*

Les autorisations d'occupation du domaine public peuvent toutefois être assorties de droits réels. Désormais, (art. L. 2122-20 CGPPP), les communes et les autres collectivités territoriales peuvent conclure sur leur domaine public soit des baux emphytéotiques administratifs (BEA), dont le régime juridique est codifié au sein des articles L. 1311-2 à L. 1311-4-1 du CGCT, soit des autorisations d'occupation temporaire (AOT) du domaine public constitutives de droits réels, dont les modalités d'application sont régies par les articles L. 1311-5 à L. 1311-8 du CGCT.

– *L'établissement de servitudes*

A l'origine, les servitudes établies sur le domaine public devaient être préexistantes à l'incorporation du bien dans ce domaine. Désormais, il est possible de constituer des servitudes sur le domaine public existant, à condition qu'elles soient compatibles avec l'affectation du bien qu'elles grèvent.

II. *Les modalités de gestion*

– *Le transfert de gestion entre personnes publiques*

Les collectivités territoriales peuvent opérer, entre elles ou avec les autres personnes publiques, un transfert de gestion des immeubles dépendant de leur domaine public, en vue de permettre au bénéficiaire de ce transfert de gérer ces immeubles en fonction de leur affectation.

– *La modification d'affectation d'un bien par l'État*

Cette procédure autorise l'État, en cas d'opposition de la commune et lorsqu'un motif d'intérêt général le justifie, à modifier l'affectation des dépendances du domaine public d'une commune, pour la durée de la nouvelle affectation. Dans ce cas, la commune peut prétendre à l'octroi, par l'État, d'une indemnisation.

SECTION III *Sortie des biens du domaine public*

Lorsqu'un bien n'est plus affecté à un service public ou à l'usage direct du public, il ne relève plus du domaine public à compter de l'intervention de l'acte administratif constatant son déclassement.

TITRE II Biens relevant du domaine privé

SECTION I *Consistance du domaine privé*

Les biens n'appartenant pas au domaine public relèvent du domaine privé. De plus, quatre catégories de biens relèvent désormais de ce domaine par détermination de la loi : les réserves foncières, les biens immobiliers à usage de bureau qui ne forment pas un bien indivisible avec ceux relevant du domaine public, les chemins ruraux et les bois et forêts soumis au régime forestier.

SECTION II *Utilisation du domaine privé*

Les biens relevant du domaine privé communal sont gérés en application des règles du droit privé.

CHAPITRE II *Acquisition*

Les personnes publiques peuvent accroître leur patrimoine, en faisant l'acquisition de biens ou de droits mobiliers ou immobiliers.

Ces acquisitions peuvent être réalisées selon deux modalités :
– soit à titre onéreux, selon des procédés de droit privé, à savoir l'achat et l'échange, ou des procédés de droit public, à savoir l'expropriation et le droit de préemption ;
– soit à titre gratuit, par le biais des dons et legs ou des biens sans maître.

SECTION I *Les acquisitions à titre onéreux*

Les collectivités territoriales, leurs groupements et leurs établissements publics peuvent acquérir des biens, mobiliers ou immobiliers, selon quatre modes :
– l'achat ;
– l'échange ;
– l'expropriation ;
– le droit de préemption.

L'achat et l'échange sont des modes d'acquisition relevant du droit privé. En revanche, l'expropriation et le droit de préemption relèvent du droit public.

Le code général de la propriété des personnes publiques ne prévoit pas de mesures nouvelles relatives à ces modes d'acquisition, et renvoie aux dispositions déjà prévues au sein du code civil et du code général des collectivités territoriales (CGCT) pour l'achat et l'échange et à celles prévues par le code de l'expropriation pour cause d'utilité publique et le code de l'urbanisme pour l'expropriation et le droit de préemption.

TITRE PREMIER Les acquisitions relevant du droit privé

Les collectivités territoriales, leurs établissements publics et leurs groupements qui font partie des personnes publiques mentionnées à l'article L. 1, peuvent acquérir des biens meubles ou immeubles, selon deux procédés de droit privé : l'achat et l'échange.

I. *L'achat*

V. CGPPP, art. L. 1111-1.

A. La définition

L'achat est une opération commerciale qui consiste à acheter des biens ou des droits. Il représente l'acquisition d'un bien en échange du règlement comptant ou à terme du coût correspondant.

B. La procédure

Les acquisitions à l'amiable d'immeubles ou de meubles, poursuivies à titre onéreux, font l'objet de contrats civils, dont la passation est assujettie à des formalités administratives.

Toute acquisition d'immeuble fait tout d'abord l'objet d'une décision prise par l'organe délibérant de la collectivité territoriale, de son groupement ou de son établissement public.

Puis l'acte d'achat est passé par l'autorité exécutive, soit dans la forme administrative, soit dans la forme notariée. Les acquisitions opérées sur le territoire de ces personnes publiques sont soumises à l'avis du service des domaines.

a) Le rôle décisionnaire de l'organe délibérant

L'acquisition d'un bien par le biais de l'achat est conditionnée par une décision de l'organe délibérant de la collectivité territoriale, de son groupement ou de son établissement public.

Cette décision doit, en application du droit commun, être portée à la connaissance des administrés intéressés par l'effet d'une publicité adaptée, qui dernière conditionne le caractère exécutoire de l'acte pris par la personne publique.

• *Les communes et établissements publics communaux*

• **Compétence de l'organe délibérant** : en application de l'article L. 2241-1 du CGCT, *« le conseil municipal délibère sur la gestion des biens et les opérations immobilières effectuées par la commune, sous réserve, s'il s'agit de biens appartenant à une section de commune, des dispositions des articles L. 2411-1 à L. 2411-19.*

« Le bilan des acquisitions et cessions opérées sur le territoire d'une commune de plus de 2 000 habitants par celle-ci, ou par une personne publique ou privée agissant dans le cadre d'une convention avec cette commune, donne lieu chaque année à une délibération du conseil municipal. Ce bilan est annexé au compte administratif de la commune. Toute cession d'immeubles ou de droits réels immobiliers par une commune de plus de 2 000 habitants donne lieu à délibération motivée du conseil municipal portant sur les conditions de la vente et ses caractéristiques essentielles [...] ».

• **Règles de publicité** : les actes pris par les autorités communales sont exécutoires de plein droit, dès qu'il a été procédé soit à leur publication, soit à leur affichage, soit à leur notification aux intéressés et lorsqu'ils ont été transmis au représentant de l'État dans le département (art. L. 2131-1 et L. 2131-3 CGCT).

Il convient de noter que les actes de droit privé pris par les communes ne font pas l'objet d'un contrôle de légalité. Dès lors, les contrats d'achat de terrains délivrés par le maire n'ont pas à être transmis au représentant de l'État dans le département *(CE 30 déc. 1998, Assoc. pour la protection du site de la zone industrielle de Dommartin-lès-Remiremont)*. En revanche, la délibération du conseil municipal autorisant l'acquisition d'un bien, en tant qu'acte administratif *(CE 6 avr. 1998, Cté urbaine de Lyon)*, doit être soumise au contrôle de légalité.

Les délibérations des conseils municipaux sont inscrites par ordre de date et signées par tous les membres présents lors de la séance (art. L. 2121-23 CGCT), sur un registre coté et paraphé par le préfet (art. R. 2121-9 CGCT). Le compte rendu de la séance du conseil municipal est affiché, dans la huitaine, par extraits, à la porte de la mairie (art. L. 2121-25 et R. 2121-11 CGCT).

Il convient de noter que lorsque le maire a reçu délégation du conseil municipal, les décisions qu'il prend en vertu de l'article L. 2122-22 du CGCT sont soumises aux mêmes règles que celles applicables aux délibérations des conseils municipaux portant sur les mêmes objets (art. L. 2122-23 CGCT).

• *Les départements et les établissements publics départementaux*

• **Compétence de l'organe délibérant** : en application de l'article **L. 3213-1** du CGCT, le conseil général statue notamment sur l'acquisition, l'aliénation et l'échange des propriétés départementales mobilières ou immobilières, ainsi que sur le changement de destination des propriétés et des édifices départementaux.

• **Règles de publicité** : les actes pris par les autorités départementales sont exécutoires de plein droit dès qu'il a été procédé soit à leur publication, soit à leur affichage, soit à leur notification aux intéressés et lorsqu'ils ont été transmis au représentant de l'État dans le département (art. L. 3131-1 et L. 3131-2 CGCT).

Il convient de noter que les actes de droit privé pris par les départements ne font pas l'objet d'un contrôle de légalité. Dès lors, les contrats d'achat de terrains délivrés par le président du conseil général n'ont pas à être transmis au représentant de l'État dans le département *(CE 30 déc. 1998, Assoc. pour la protection du site de la zone industrielle de Dommartin-lès-Remiremont)*. En revanche, la délibération du conseil général autorisant l'acquisition d'un bien, en tant qu'acte administratif *(CE 6 avr. 1998, Cté urbaine de Lyon)*, doit être soumise au contrôle de légalité.

En vertu des articles L. 3121-17 et R. 3131-1 du CGCT, les délibérations du conseil général sont publiées dans un recueil des actes administratifs du département ayant une périodicité d'au moins un mois.

• *Les régions et les établissements publics régionaux*

• **Compétence de l'organe délibérant** : en application de l'article L. 4221-1 du CGCT, *« le conseil régional règle par ses délibérations les affaires de la région. Il a compétence pour promouvoir le développement économique, social, sanitaire, culturel et scientifique de la région et l'aménagement de son territoire et pour assurer la préservation de son identité, dans le respect de l'intégrité, de l'autonomie et des attributions des départements et des communes. Il peut engager des actions complémentaires de celles de l'État, des autres collectivités territoriales et des établissements publics situés dans la région, dans les domaines et les conditions fixés par les lois déterminant la répartition des compétences entre l'État, les communes, les départements et les régions ».*

Par ailleurs, sous réserve d'une délégation de signature, *« le président du conseil régional gère le domaine de la région »* (art. L. 4231-4 CGCT).

Désormais, les articles L. 1311-9 à L. 1311-11 du CGCT prévoient explicitement que le conseil régional délibère sur les acquisitions à l'amiable.

• **Règles de publicité** : les actes pris par les autorités régionales sont exécutoires de plein droit dès qu'il a été procédé soit à leur publication, soit à leur affichage, soit à leur notification aux intéressés et lorsqu'ils ont été transmis au représentant de l'État dans le département (art. L. 4141-1 et L. 4141-2 CGCT).

Il convient de noter que les actes de droit privé pris par les régions ne font pas l'objet d'un contrôle de légalité. Dès lors, les contrats d'achat de terrains délivrés par le président du conseil régional n'ont pas à être transmis au représentant de l'État dans le département *(CE 30 déc. 1998, Assoc. pour la protection du site de la zone industrielle de Dommartin-lès-Remiremont)*. En revanche, la délibération du conseil régional autorisant l'acquisition d'un bien, en tant qu'acte administratif *(CE 6 avr. 1998, Cté urbaine de Lyon)*, doit être soumise au contrôle de légalité.

En vertu des articles L. 4132-16 et R. 4141-1 du CGCT, les délibérations du conseil régional sont publiées dans un recueil des actes administratifs de la région ayant une périodicité d'au moins un mois.

• *Les établissements publics de coopération intercommunale*

• **Compétence de l'organe délibérant** en application de l'article L. 5211-6 du CGCT, *« l'établissement public de coopération intercommunale est administré par un organe délibérant composé de délégués élus par les conseils municipaux des communes membres. Toute commune associée issue d'une fusion en application de l'article L. 2113-1 est représentée au sein de l'organe délibérant de l'établissement public de coopération intercommunale, avec voix consultative, par le maire délégué ou un représentant qu'il désigne au sein du conseil ou de la commission consultative »*.

L'organe délibérant des EPCI étant soumis au principe de spécialité, il n'a pas de compétence générale. Néanmoins, les dispositions de l'article L. 5211-6 du CGCT susmentionné investissent l'organe délibérant des EPCI d'une **fonction générale de gestion des activités** de l'EPCI, qui obéit aux règles d'administration communale.

De plus, désormais, les articles L. 1311-9 à L. 1311-11 du CGCT prévoient que l'organe délibérant des EPCI délibère sur les acquisitions à l'amiable.

• **Règles de publicité** : les dispositions du CGCT relatives au conseil municipal sont applicables au fonctionnement de l'organe délibérant des EPCI (art. L. 5211-1 CGCT).

Les dispositions du CGCT relatives au contrôle de légalité et au caractère exécutoire des actes des communes sont applicables aux établissements publics de coopération intercommunale (art. L. 5211-3 CGCT).

b) La consultation du service des domaines

V. CGPPP, art. L. 1211-1 et L. 1211-2.

Les collectivités territoriales, leurs établissements publics et leurs groupements délibèrent sur les décisions relatives aux acquisitions à l'amiable de biens immobiliers, au vu de l'avis du service des domaines. Cet avis est réputé donné à l'issue d'un délai d'un mois à compter de la saisine de cette autorité.

Cet avis ne lie pas la collectivité territoriale. L'organe délibérant peut décider de procéder à l'acquisition d'un bien en retenant un prix différent de celui évalué par les services fiscaux de l'État.

Toutefois, le préfet, dans le cadre de l'exercice de son contrôle de légalité des actes, sera amené à vérifier que l'estimation retenue par la commune n'est pas disproportionnée par rapport à la valeur vénale du bien.

En effet, le montant de l'acquisition du bien doit être déterminé en fonction, d'une part, de sa valeur foncière et, d'autre part, de l'intérêt public local que revêt son acquisition pour la collectivité.

Lorsqu'une commune souhaite acquérir un bien dont la valeur est supérieure au prix estimé par le service des domaines, elle se trouve dans l'obligation de justifier cette décision, au regard, notamment, de l'intérêt public local représenté par cette acquisition. Si la commune n'est pas en mesure de justifier sa décision, celle-ci pourra être considérée comme entachée d'une erreur manifeste d'appréciation, et censurée comme telle par le juge administratif.

Ainsi, dans un jugement du 6 mai 1998, « *Ferrand* », le tribunal administratif de Grenoble a estimé que le conseil municipal s'était trompé dans l'appréciation des faits qui avaient motivé sa décision d'acquérir des terrains pour un montant dix fois supérieur à l'estimation réalisée par le service des domaines. Le juge administratif a donc annulé la délibération du conseil municipal relative à l'acquisition de ces terrains, au motif que cet achat était entaché d'une erreur manifeste d'appréciation.

Il convient de noter que ces dispositions, issues de l'article 23 de la loi n° 2001-1168 du 11 décembre 2001 portant mesures urgentes de réformes à caractère économique et financier, n'avaient pas été codifiées.

Désormais, l'ordonnance n° 2006-460 du 21 avril 2006 relative à la partie législative du code général de la propriété des personnes publiques prévoit cette codification dans une section III de la première partie du code général des collectivités territoriales, intitulée « Consultation de l'État », aux articles L. 1311-9 et suivants.

c) Le rôle de l'exécutif de la collectivité

Après délibération, au vu de l'avis du service des domaines, l'exécutif des collectivités territoriales, de leurs établissements publics et de leurs groupements est chargé d'appliquer la décision permettant l'acquisition du bien.

Pour ce faire, ces personnes publiques ont qualité pour passer l'acte d'acquisition en la forme administrative, le réceptionner et l'authentifier, sous réserve de la purge des privilèges et hypothèques grevant le bien.

• *La passation des actes en la forme administrative. – V. CGPPP, art. L. 1212-1.*

Le maire, le président du conseil général, le président du conseil régional, le président de l'établissement public local ou le président du groupement de collectivité peuvent passer un acte en la forme administrative lorsque la collectivité dont il dépend acquiert ou vend pour son propre compte un terrain, que celui-ci soit situé sur le territoire de la collectivité ou sur celui d'une autre collectivité.

Ces dispositions confèrent au pouvoir exécutif des attributions « d'ordre notarial », puisqu'elles permettent qu'un acte soit passé en la forme administrative au lieu de prendre la forme notariée.

• *La purge des privilèges et hypothèques. – V. CGPPP, art. L. 1212-3.*

Toutefois, avant que l'acte d'achat ne soit réceptionné et authentifié par le pouvoir exécutif de la collectivité acquéreur, le bien doit, le cas échéant, être purgé de ses hypothèques et de ses privilèges par un notaire.

Il convient de noter qu'à l'origine, ces dispositions étaient prévues exclusivement au profit des communes (art. L. 2241-3 CGCT).

Désormais, le code général de la propriété des personnes publiques prévoit une extension de ces mesures aux départements, aux régions, ainsi qu'à l'ensemble des établissements publics locaux et des groupements de collectivités territoriales (art. L. 3213-2-1, L. 4221-4-1, L. 5211-27-2 et L. 5722-9 CGCT).

L'hypothèque constitue la mise en gage officielle d'un bien immobilier par son propriétaire afin d'obtenir des facilités financières de la part de son créancier. En cas de défaillance du débiteur, l'hypothèque constitue une garantie de remboursement pour le créancier hypothécaire.

La mise en hypothèque ne dépossède pas le propriétaire de son bien, tant que celui-ci honore ses obligations financières. La mise en hypothèque est inscrite officiellement par le conservateur d'hypothèques, ainsi que l'ordre de paiement des créanciers hypothécaires, s'il y en a plusieurs, en cas de vente, du bien immobilier hypothéqué.

Les privilèges sont constitués lorsque le résultat d'une vente judiciaire (licitation), faite après poursuite et saisie du débiteur de plusieurs créanciers et répartie entre eux en proportion du montant de leurs créances respectives, ne permet pas de désintéresser tous les créanciers, un calcul du pourcentage existant entre le montant des créances et le montant à distribuer est réalisé. Chacun des créanciers reçoit alors un pourcentage du montant de sa créance. Ce même pourcentage est appliqué à toutes les créances.

Le législateur a considéré qu'en raison de la qualité de certaines créances il est inéquitable que des personnes subissent le concours des autres créanciers et qu'elles se trouvent contraintes à ne recevoir qu'une partie de ce qui leur est dû. Les dispositions du code civil ont donc établi des priorités. Ces créances sont dénommées « créances privilégiées ».

A contrario, les créanciers qui ne disposent pas d'un privilège sont dits « chirographaires » et doivent se partager les sommes qui restent après que les créanciers privilégiés ont été désintéressés.

La purge des privilèges et hypothèques signifie que la charge qui pèse sur les immeubles grevés d'hypothèques et de privilèges est levée, par suite, par exemple, du désintéressement des créanciers.

• *La réception et l'authentification des actes. – V. CGPPP, art. L. 1212-6 et L. 1212-7.*

Le maire, le président du conseil général, le président du conseil régional, le président de l'établissement public local ou le président du groupement de collectivité a, comme il est dit précédemment à l'article L. 1212-1 du code général de la propriété des personnes publiques, qualité pour passer, en la forme administrative, les actes relatifs aux droits réels immobiliers et notamment ceux relatifs aux acquisitions d'immeubles, de droits réels immobiliers ou de fond de commerce, sous réserve que cet acte, recevable par les conservateurs des hypothèques, réponde aux exigences du décret n° 55-22 du 4 janvier 1955 portant réforme de la publicité foncière.

En application des articles L. 1311-13 et L. 1311-14 du code général des collectivités territoriales, les représentants du pouvoir exécutif des collectivités territoriales peuvent également recevoir et authentifier ces actes, en vue de leur publication au fichier des hypothèques.

Cette faculté pour les collectivités de recourir à un acte authentique en la forme administrative ne leur est toutefois ouverte que dans la mesure où elles y sont parties. L'habilitation à recevoir et à authentifier de tels actes étant un pouvoir propre qui ne peut être délégué, il importe, pour la passation de l'acte, que l'organe délibérant de la collectivité territoriale partie à l'acte désigne, par délibération, un adjoint pour signer cet acte en même temps que le cocontractant et en présence de l'autorité administrative habilitée à procéder elle-même à l'authentification.

Toutefois, il convient de préciser que la mise en œuvre de cette procédure **n'est qu'une faculté du pouvoir exécutif**. En effet, en principe, l'authentification suppose l'intervention d'un officier public ayant la qualité de tiers par rapport aux contractants, qui assure la liberté de leurs consentements et la régularité de l'opération.

Les collectivités territoriales peuvent donc toujours recourir à un notaire, notamment lorsqu'elles n'ont pas la possibilité matérielle de rédiger l'acte ou encore lorsque des difficultés particulières sont à craindre dans la rédaction de l'acte (origine de propriété incertaine ou encore lorsque le cocontractant, le plus souvent une personne privée, fait de la rédaction de l'acte par un notaire une condition de la vente, etc.).

II. *L'échange*

V. CGPPP, art. L. 1111-4.

A. La définition

En application des articles 1702 et 1703 du code civil, « *l'échange est un contrat par lequel les parties se donnent respectivement une chose pour une autre [...] et s'opère par le seul consentement, de la même manière que la vente* ».

B. La procédure

Les acquisitions par voie d'échange sont poursuivies dans les mêmes conditions que les acquisitions par achat.

Les échanges à l'amiable d'immeubles ou de meubles font l'objet de contrats civils, dont la passation est assujettie à des formalités administratives.

Tout échange d'immeuble fait tout d'abord l'objet d'une décision motivée prise par l'organe délibérant de la collectivité territoriale, de son groupement ou de son établissement public.

Puis l'acte d'échange est passé par l'autorité exécutive, soit dans la forme administrative, soit dans la forme notariée. Les échanges opérés sur le territoire de ces personnes publiques sont soumis à l'avis du service des domaines.

TITRE II Les acquisitions relevant du droit public

L'expropriation et le droit de préemption, qui opérèrent un transfert de biens privés au sein du patrimoine d'une personne publique, sont le plus souvent qualifiés de mode d'acquisition forcée.

I. *L'expropriation*

V. CGPPP, art. L. 1112-2.

A. La définition

Le droit d'exproprier est issu de l'article 17 de la déclaration des droits de l'homme et du citoyen qui indique que « *la propriété étant un droit inviolable et sacré, nul ne peut en être privé, si ce n'est lorsque la nécessité publique, légalement constatée, l'exige évidemment et sous la condition d'une juste et préalable indemnité* ».

Ce principe a été confirmé par les dispositions de l'article 545 du code civil, qui édicte que « *nul ne peut être contraint de céder sa propriété, si ce n'est pour cause d'utilité publique et moyennant une juste et préalable indemnité* ».

Actuellement, les textes régissant les règles de droit commun relatives à l'expropriation sont codifiés au sein du code de l'expropriation pour cause d'utilité publique.

L'expropriation pour cause d'utilité publique est donc une procédure à la fois administrative et judiciaire, par laquelle **l'État** peut contraindre une personne privée (ou une personne publique en ce qui concerne son domaine privé) à céder, à une autre personne publique ou privée, la propriété de tout ou partie d'un bien immobilier ou de tout autre droit réel immobilier, en raison d'exigences liées à l'utilité publique et l'intérêt général, mais en contrepartie d'une indemnisation.

B. La procédure

a) La phase administrative

Par exemple, lorsqu'une commune souhaite réaliser une opération d'intérêt général, le conseil municipal doit délibérer afin :
– de décider, après approbation du projet, de réaliser cette opération ;
– d'envisager le recours à l'expropriation en cas de refus d'une cession à l'amiable des terrains nécessaires au projet ;
– d'autoriser le maire à mener cette procédure au nom de la commune ;
– de solliciter le préfet de prescrire une enquête préalable à la déclaration d'utilité publique et à la cessibilité des immeubles dont l'acquisition est souhaitée.

Ainsi, afin de débuter la procédure d'expropriation, l'expropriant doit adresser à l'autorité administrative compétente, à savoir le préfet, un dossier, qui sera soumis à une enquête publique, au terme de laquelle le préfet se prononcera sur la déclaration d'utilité publique du projet, ouvrira une enquête parcellaire et prendra, le cas échéant, un arrêté de cessibilité.

• *La constitution du dossier d'enquête (art. R. 11-3 C. expr.)*

Ce dossier doit être adressé par l'expropriant au préfet afin d'être soumis à enquête. Il permet à l'expropriant de présenter les caractéristiques majeures de son projet et de justifier le recours à l'expropriation.

L'article R. 11-3 du code de l'expropriation dresse la liste des pièces qui doivent obligatoirement figurer au dossier. La composition du dossier varie en fonction du type d'opération envisagée.

• *Le déroulement de l'enquête publique (art. L. 11-1 et R. 11-4 à R. 11-14 C. expr.)*

L'enquête préalable est obligatoire. Elle a pour objet d'informer les administrés concernés par les projets de l'autorité expropriante. Deux types d'enquêtes sont applicables : l'enquête de droit commun et celle relative aux projets susceptibles de porter atteinte à l'environnement.

Cette procédure, préalable à la déclaration d'utilité publique, s'applique aux opérations d'expropriation. Elle est donc régie par les articles L. 11-1 et R. 11-4 à R. 11-14 du code de l'expropriation.

• L'ouverture de l'enquête

L'enquête publique de droit commun est ouverte par arrêté préfectoral. Par conséquent, lorsqu'une commune souhaite acquérir un terrain par voie d'expropriation, le conseil municipal, par délibération, doit demander au préfet d'ouvrir l'enquête.

L'arrêté préfectoral d'ouverture d'enquête doit contenir :

– **l'objet de l'enquête** *(art. R. 11-4 C. expr.)*
Il correspond à la description de l'ensemble du projet pour lequel l'expropriant a demandé le recours à la procédure d'expropriation. Il convient de noter que la déclaration d'utilité publique, prise ultérieurement, ne pourra porter que sur le projet en question, toute modification substantielle nécessitant l'ouverture d'une nouvelle enquête.

– **la durée de l'enquête** *(art. R. 11-4 C. expr.)*
La durée de l'enquête ne peut être inférieure à quinze jours. En revanche, il n'existe pas de durée maximale prévue par les textes.

– **le lieu et les horaires de l'enquête** *(art. R. 11-7, R. 11-13 et R. 11-14 C. expr.)*
Le lieu de l'enquête est l'endroit où est déposé le dossier mis à l'enquête, où le public peut le consulter, où siège le commissaire enquêteur, et où est ouvert le registre d'enquête. En principe, il s'agit, selon la volonté du préfet, soit de la préfecture, soit d'une sous-préfecture, soit d'une mairie. Toutefois, lorsque l'opération est réalisée pour le compte d'une seule commune, l'enquête doit être ouverte à la mairie de cette commune. Dans ce cas, le maire doit mettre à la disposition du public des locaux où les personnes pourront venir consulter le dossier d'enquête, rencontrer le commissaire enquêteur et consigner leurs observations sur le registre d'enquête. Les horaires d'ouverture de ces locaux pourront correspondre aux horaires de travail des services administratifs.

– **les observations du public** *(art. R. 11-8 C. expr.)*
Les observations du public peuvent être soit consignées sur le registre d'enquête, soit adressées par écrit au lieu de dépôt du dossier, soit recueillies directement par le commissaire enquêteur.

Un avis informant le public de l'ouverture d'une enquête doit, huit jours au moins avant le début de l'enquête, être affiché et publié dans deux journaux locaux par le préfet. De plus, dans les communes concernées par l'enquête publique, le maire est chargé d'afficher et de publier cet avis.

• La désignation du commissaire enquêteur (art. R. 11-5 et R. 11-6 C. expr.)

L'enquête publique est menée par un commissaire enquêteur ou, pour les opérations importantes, par une commission d'enquête. Le commissaire ou les membres de la commission sont désignés par le président du tribunal administratif ou par un membre du tribunal délégué dans les conditions prévues par le code de l'environnement. Le montant de leurs indemnités est fixé par arrêté du préfet, sur justificatifs.

Les personnes intéressées à l'opération à titre personnel ou en raison de leur fonction ne peuvent être désignées comme commissaire enquêteur.

• La clôture de l'enquête et les conclusions du commissaire enquêteur (art. R. 11-9 à R. 11-13 C. expr.)

A l'expiration du délai d'enquête, le registre d'enquête est clos et signé, selon le lieu de son dépôt, par le préfet, le sous-préfet ou le maire, puis transmis, dans les vingt-quatre heures, avec le dossier d'enquête, au commissaire enquêteur. Ce dernier rédige ensuite, dans un délai de six mois maximum après l'ouverture de l'enquête, des conclusions motivées ainsi qu'un avis, favorable ou non, sur le projet envisagé par l'expropriant.

Les conclusions et le dossier sont enfin transmis à la préfecture. Une copie du rapport est communiquée aux communes sur le territoire desquelles s'est déroulée l'enquête.

Lorsque l'opération porte sur un projet communal et que les conclusions du commissaire enquêteur sont défavorables à l'adoption de ce projet, le conseil municipal est appelé à émettre son avis par une délibération motivée, qui est communiquée au sous-préfet, puis transmise au préfet. Il convient de noter que faute d'une délibération prise dans un délai de trois mois à compter de la transmission du dossier au maire, le conseil municipal est considéré comme ayant renoncé à son projet *(C. expr., art. R. 11-13)*.

NB : *Il convient de noter que lorsqu'une opération d'expropriation est également susceptible de porter atteinte à l'environnement, l'enquête publique se déroule en application des articles L. 123-1 et suivants du code de l'environnement et R. 11-14-1 à R. 11-14-15 du code de l'expropriation. Les dispositions applicables à cette procédure sont majoritairement issues des règles régissant les enquêtes préalables aux déclaration d'utilité publique (V. titre II). Toutefois, des spécificités issues des dispositions du code de l'environnement ont également été prévues :*

• *Amélioration de l'information du public (C. expr., art. R. 11-14-7 et R. 11-14-15)*

L'avis informant le public de l'ouverture d'une enquête doit être publié, dans des journaux locaux, quinze jours au moins avant le début de l'enquête. De plus, le rapport du commissaire enquêteur est tenu à la disposition du public durant un an à compter de la clôture de l'enquête.

• *Durée de l'enquête (C. expr., art. R. 11-14-15).*

La durée de l'enquête ne peut être inférieure à un mois ni supérieure à deux mois, sous réserve d'une prorogation de quinze jours maximum à la demande du commissaire enquêteur.

• *Renforcement de l'impartialité et du rôle du commissaire enquêteur (C. expr., art. R. 11-14-3 à R. 11-14-5 et R. 11-14-10 à R. 11-14-12)*

Le commissaire enquêteur ou les membres de la commission sont désignés par le président du tribunal administratif dans le ressort duquel doit être réalisée l'opération. Le montant de leurs indemnités est également fixé par le président du tribunal administratif. En outre, les pouvoirs du commissaire enquêteur sont étendus : il est consulté sur l'arrêté d'ouverture d'enquête et dispose notamment de nombreuses initiatives dans le cadre du déroulement de l'enquête.

• ***L'adoption de la déclaration d'utilité publique (art. L. 11-2 et L. 11-5 C. expr.)***

Lorsque l'enquête publique est achevée, le dossier incluant le rapport du commissaire enquêteur est transmis à l'autorité compétente pour prendre l'acte de déclaration d'utilité publique (DUP).

• La nature juridique de la déclaration d'utilité publique

La déclaration d'utilité publique est une procédure permettant de constater l'intérêt général d'un projet. Elle n'est pas créatrice de droits et peut donc être retirée à tout moment.

• Les autorités compétentes pour adopter la déclaration d'utilité publique

A l'origine, les déclarations d'utilité publique étaient prises par décret en Conseil d'État. Désormais, l'article L. 11-2 du code de l'expropriation, modifié par les dispositions de la loi n° 2002-276 du 27 février 2002 relative à la démocratie de proximité, indique que les DUP sont prononcées généralement par arrêté préfectoral et parfois par arrêté ministériel. Seules certaines catégories de travaux ou d'opérations (tels que la création d'autoroutes, ou de certaines catégories d'aérodromes...), dont la liste est fixée par l'article R. 11-2 du code de l'expropriation, font toujours l'objet d'une DUP prise par décret en Conseil d'État.

Les autorités compétentes disposent d'un pouvoir discrétionnaire et peuvent mettre un terme à la procédure d'expropriation, alors même que les conclusions du commissaire enquêteur sont favorables, ou *a contrario* décider de poursuivre la procédure malgré les conclusions défavorables du commissaire enquêteur.

• L'objet de la déclaration d'utilité publique

La déclaration d'utilité publique doit indiquer le but de l'opération poursuivie, le bénéfice de cette opération, la nature des travaux et leur délai de réalisation.

Il convient de souligner que la notion « d'utilité publique », qui n'est pas définie par la loi, a été précisée par une jurisprudence constante dite du « bilan coût-avantages », qui expose qu'une opération peut être légalement déclarée d'utilité publique si les atteintes à la propriété privée, le coût financier et éventuellement les inconvénients d'ordre social qu'elle comporte ne sont pas excessifs eu égard à l'intérêt qu'elle représente *(CE 20 oct. 1972, Sté civile Sainte-Marie de l'Assomption)*.

• Le délai pour prononcer la déclaration d'utilité publique

L'acte déclarant l'utilité publique doit être pris au plus tard un an après la clôture de l'enquête préalable. Ce délai est majoré de six mois lorsque la DUP est prononcée par décret en Conseil d'État. Au-delà de ces délais, il devra être procédé à une nouvelle enquête (art. L. 11-5 C. expr.).

• La durée de validité et prorogation de la déclaration d'utilité publique

Lorsque la DUP est prise par arrêté ministériel ou préfectoral, elle doit être prononcée dans un délai maximum de cinq ans (dix pour certaines opérations d'aménagement) et prorogée une fois pour cinq ans au plus. Lorsque la DUP est prise par décret en Conseil d'État, l'administration est libre de fixer le délai de validité et donc de prorogation (art. L. 11-5 C. expr.).

• *L'enquête parcellaire (art. R. 11-19 à R. 11-26 C. expr.)*

Après avoir reconnu l'utilité publique du projet, l'enquête parcellaire permet de déterminer les parcelles ou les droits réels à exproprier, ainsi que l'identité des bénéficiaires de l'indemnisation.

• Le dossier d'enquête

L'expropriant adresse au préfet, pour être soumis à enquête dans chacune des communes où sont situés les biens à exproprier, un plan parcellaire, ainsi que la liste des propriétaires concernés.

Il a l'obligation de notifier à ces propriétaires ou à leurs mandataires le dépôt en mairie de ce dossier. Si le propriétaire est inconnu, la notification est faite au maire (art. R. 11-19 C. expr.).

• Le déroulement de l'enquête

L'enquête est ouverte par un arrêté préfectoral, qui doit contenir l'objet de l'enquête, sa durée, les jours et lieux de consultation du dossier, le nom du commissaire enquêteur désigné par le préfet, le délai à l'issue duquel ce dernier doit rendre ses conclusions. Ce délai ne peut excéder un mois.

L'arrêté fait l'objet d'une double publicité, par voie d'affichage et par publication dans un journal départemental (art. R. 11-20 C. expr.).

• Le registre d'enquête

Pendant la durée de l'enquête, les intéressés peuvent consigner leurs observations sur un registre d'enquête. Les observations orales ne sont pas prises en compte.

Une fois clôturé, après signature du maire, le registre est transmis au commissaire enquêteur, qui dresse un procès-verbal et donne son avis sur l'emprise foncière des opérations (art. R. 11-24 à R. 11-26 C. expr.). Le dossier d'enquête est ensuite adressé au préfet.

Il convient de noter que l'enquête parcellaire peut être menée conjointement avec l'enquête publique, à condition qu'il soit possible de déterminer dès le début de l'opération la liste des parcelles à exproprier (art. R. 11-21 C. expr.).

• *L'arrêté de cessibilité (art. L. 11-8 et R. 11-19 à R. 11-20 C. expr.)*

L'arrêté de cessibilité a pour objet de décrire avec précision les biens dont la cession est reconnue nécessaire à la réalisation de l'opération déclarée d'utilité publique.

• L'autorité compétente

Le préfet détermine par arrêté la liste des parcelles ou des droits réels à exproprier. Cette décision individuelle doit être notifiée aux propriétaires concernés. Elle n'a pas à être motivée.

• Le contenu de l'arrêté

Il contient, d'une part, la désignation des parcelles cessibles (nature, consistance, désignation cadastrale...) et, d'autre part, l'identité des propriétaires concernés (état civil, domicile, profession...).

Il convient de noter que le préfet peut réduire l'emprise de l'opération envisagée, en déclarant non cessibles certaines parcelles. *A contrario*, cette emprise ne peut être augmentée.

• Durée de validité de l'arrêté

Cette durée est de six mois. Un nouvel arrêté peut être repris dans le délai de validité de la déclaration d'utilité publique.

• Le transfert de gestion

L'arrêté de cessibilité n'a pas pour effet de transférer la propriété des parcelles à exproprier. En revanche, en application des dispositions de l'article 145-III de la loi n° 2002-276 du 27 février 2002 relative à la démocratie de proximité, codifié à l'article L. 11-8 du code de l'expropriation, cet arrêté emporte transfert de gestion des dépendances du domaine public des personnes publiques, pour le compte du bénéficiaire de la déclaration d'utilité publique, dans le cadre d'une procédure d'expropriation.

La mise en œuvre d'une procédure d'expropriation n'étant pas applicable aux parcelles relevant du domaine public des personnes publiques et les collectivités ne pouvant utiliser la procédure des mutations domaniales réservée à l'État, cette disposition permet à une collectivité territoriale d'imposer à une autre collectivité de transférer à son profit uniquement la gestion d'un bien de son domaine public, dans le cadre de la réalisation d'un projet reconnu d'utilité publique.

Dans ce cas d'espèce, le préfet doit prendre un arrêté de cessibilité, sur le modèle de ce qui se fait déjà pour la procédure d'expropriation (art. R. 11-19 et R. 11-20 C. expr.). Cet arrêté emportera le transfert de gestion des dépendances du domaine de la collectivité territoriale au profit d'une autre collectivité.

Il conviendra donc par ailleurs que :

– l'expropriant adresse au préfet un plan parcellaire des terrains et immeubles relevant du domaine public des collectivités territoriales, nécessaires à la réalisation du projet, ainsi que la liste de ces collectivités (établie à l'aide des documents cadastraux ou du fichier immobilier) ;

– le préfet informe la collectivité propriétaire des parcelles concernées par le projet de la procédure en cours ;

– le préfet prenne un arrêté de cessibilité qui emportera transfert de gestion, au profit de la personne publique bénéficiaire de la déclaration d'utilité publique.

En cas de désaccord entre le bénéficiaire du transfert de gestion et la personne propriétaire, le juge de l'expropriation fixe les modalités de répartition des charges de gestion entre ces personnes, ainsi que la réparation du préjudice éventuellement subi par le propriétaire. Le juge est saisi dans les conditions fixées par l'article L. 13-4 du code de l'expropriation, par la personne publique bénéficiaire de l'affectation ou par la personne publique propriétaire des dépendances du domaine public.

Il convient de noter que le bien transféré au profit du bénéficiaire de la déclaration d'utilité publique demeurera la propriété de la collectivité territoriale. En effet, cette dernière perd uniquement le droit de disposer de son bien tant que ce dernier demeure affecté à un projet reconnu d'utilité publique.

b) La phase judiciaire

La seconde phase de l'expropriation, qui relève des juridictions judiciaires, se déroule en deux phases : d'une part, le transfert de propriété des immeubles ou des droits réels est opéré soit par voie de cession amiable, soit à la suite d'une ordonnance d'expropriation prononcée par le juge et, d'autre part, la fixation de l'indemnisation.

• *Le transfert de propriété (art. L. 12-1 à L. 12-6 C. expr.)*

En application de l'article L. 12-1 du code de l'expropriation, le transfert de propriété peut se faire :

– **soit à l'amiable** : la cession est volontaire. Elle recueille l'accord des deux parties et se réalise à titre onéreux. Elle ne constitue pas une expropriation mais un contrat de droit commun ;

– **soit par ordonnance prise par le juge de l'expropriation** (art. L. 12-1 à L. 12-6 C. expr.).

A défaut d'accord amiable, le transfert de propriété doit être prononcé par le juge de l'expropriation par voie d'ordonnance.

Au terme de la procédure administrative, le préfet transmet au juge territorialement compétent un dossier comprenant obligatoirement les copies de la déclaration d'utilité publique, du plan parcellaire et l'arrêté d'ouverture de ce plan et le procès-verbal établi à la suite de cet arrêté. Ces pièces doivent être visées dans l'ordonnance d'expropriation.

Le juge a quinze jours pour statuer à compter de la réception du dossier complet. Son contrôle est uniquement formel, il ne peut apprécier la légalité de la DUP ou de l'arrêté de cessibilité. Par conséquent, il ne pourra refuser de prononcer l'expropriation que si le dossier est incomplet ou que la DUP ou l'arrêté de cessibilité est caduque.

L'ordonnance précise la désignation des immeubles à exproprier, l'identité de leur propriétaire et celle du bénéficiaire de l'expropriation.

L'ordonnance a pour effet de transférer la propriété du patrimoine de l'exproprié vers celui de l'expropriant et de faire disparaître les droits réels existants sur l'immeuble. Elle permet également d'envoyer en possession l'expropriant. Le droit à indemnité prend effet à la date de l'ordonnance.

Il convient de noter que si les immeubles expropriés n'ont pas reçu dans un délai de cinq ans la destination prévue, les anciens propriétaires peuvent en demander la rétrocession.

• *L'indemnisation (art. L. 13-1 s. C. expr.)*

En application des articles L. 13-1 et suivants du code de l'expropriation, les indemnités sont fixées, à défaut d'accord amiable par le juge de l'expropriation. Cette procédure est écrite et contradictoire. Les indemnités doivent couvrir l'intégralité du préjudice direct, matériel et certain, causé par l'expropriation.

II. *Le droit de préemption*

V. CGPPP, art. L. 1112-3, L. 1112-6 et L. 1112-9.

A. La définition

Le droit de préemption permet à une collectivité publique d'acquérir par priorité un bien qui lui est nécessaire pour mener sa politique d'aménagement. C'est un outil d'intervention foncière plus souple que l'expropriation, permettant de mener une politique d'acquisition publique tout en ayant une maîtrise du marché foncier.

Il convient de distinguer le droit de préemption à des fins d'aménagement urbain (droit de préemption urbain et droit de préemption dans les zones d'aménagement différé) et le droit de préemption mis en œuvre dans les espaces naturels sensibles des départements, dont la vocation est de renforcer la protection des espaces naturels contre les excès de l'urbanisation.

Le droit de préemption est un droit qui permet à son titulaire d'acquérir par priorité un bien mis en vente par son propriétaire. Ce droit a été attribué aux collectivités publiques pour leur permettre d'intervenir sur le marché foncier dans certaines zones sensibles.

La loi du 18 juillet 1985 distingue deux droits de préemption en fonction des zones d'application : le droit de préemption exercé dans les zones d'aménagement différé (ZAD), le droit de préemption urbain (DPU).

B. La procédure

a) Le droit de préemption exercé dans les zones d'aménagement différé (ZAD)

L'article L. 212-1 du code de l'urbanisme autorise la création des zones d'aménagement différé dans toutes les communes, dotées ou non d'un plan d'occupation des sols ou d'un plan local d'urbanisme (POS/PLU), y compris dans les zones urbaines (U) et les zones d'urbanisation future (Na) de ces plans.

Dans ce dernier cas, la loi consacre la primauté de la ZAD sur le DPU. Le titulaire du droit de préemption exercé dans une ZAD est désigné dans l'acte de création de la zone. Il peut le déléguer à l'État, une collectivité territoriale, un établissement public ou une société d'économie mixte.

b) Le droit de préemption urbain (DPU)

• *Le champ d'application du droit de préemption urbain (DPU)*

Seules les communes dotées d'un POS/PLU sont autorisées à instituer, par délibération du conseil municipal, un droit de préemption urbain sur tout ou partie des zones U et Na délimitées par le plan, ainsi que des secteurs couverts par un plan d'aménagement de zone approuvé ou par un plan de sauvegarde et de mise en valeur approuvé.

Le cadre légal confère aux communes un très large pouvoir d'appréciation pour décider ou non d'instituer le droit de préemption urbain, ainsi que pour déterminer son étendue.

En application de l'article L. 210-1 du code de l'urbanisme, le droit de préemption urbain est exercé en vue de la réalisation des actions ou opérations répondant aux objets définis à l'article L. 300-1 du même code qui énumère de manière large les actions en opérations d'aménagement.

• *Les titulaires du droit de préemption urbain (DPU)*

Les titulaires du droit de préemption urbain (DPU) sont déterminés par les articles L. 211-1 et L. 211-2 du code de l'urbanisme.

Il s'agit d'abord de la commune, puis des EPCI à la double condition qu'en vertu de la loi ou de leurs statuts, ils soient compétents à la fois pour l'élaboration des documents d'urbanisme et pour la réalisation de zones d'aménagement concerté. La compétence « documents d'urbanisme » inclut l'élaboration des plans d'occupation des sols ou des plans locaux d'urbanisme (POS/PLU) et des schémas directeurs ou des schémas de cohérence territoriale (SD/SCOT). Il en découle une compétence de plein droit des communautés urbaines.

Ainsi, le DPU peut être institué par un établissement public de coopération intercommunale (EPCI) soit de plein droit, soit par transfert de la compétence par la commune, en application des dispositions des articles L. 211-2, alinéa 1er, du code de l'urbanisme.

Les périmètres du DPU sont alors fixés par délibération concordante de la ou des communes concernées.

• *La délégation du droit de préemption urbain (DPU)*

Les dispositions de l'article L. 213-3 du code de l'urbanisme permettent au titulaire du droit de préemption urbain (et du droit de préemption exercé dans les ZAD) de le déléguer à l'État, à une collectivité territoriale, à un établissement public y ayant vocation (à l'instar des EPF) ou à une société d'économie mixte à participation majoritaire et titulaire d'une concession d'aménagement.

Cette délégation peut porter sur une ou plusieurs zones concernées ou être accordée au coup par coup à l'occasion de l'aliénation d'un bien.

La délégation est une faculté pour le titulaire : rien ne l'empêche de préférer préempter puis céder le terrain à la collectivité compétente pour réaliser l'opération *(CE 14 janv. 1998, M. et Mme Vaniscotte)*.

Par ailleurs, l'article L. 2122-22 du CGCT permet également au conseil municipal, lorsque la commune est titulaire du droit de préemption, de déléguer au maire le pouvoir de déléguer ce droit à l'un des délégataires énumérés à l'article L. 213-3 du code de l'urbanisme. Cette délégation ne peut s'exercer qu'à l'occasion de l'aliénation d'un bien déterminé.

SECTION II *Les acquisitions à titre gratuit*

Les acquisitions de biens à titre gratuit sont opérées soit par l'acceptation des dons et legs, soit par la mise en œuvre de la procédure d'acquisition des biens sans maître.

TITRE PREMIER Les dons et legs

Le legs est une gratification testamentaire qui, en général, porte dérogation aux règles légales de la dévolution successorale.

Le but du testateur est soit d'attribuer tout ou partie de sa succession à une personne qui n'y était pas normalement appelée, soit d'attribuer à un de ses héritiers légaux une part d'un montant excédant la part d'héritage que la loi lui réserve.

Le don ou la donation constitue la transmission d'un bien ou d'un droit, consentie par une personne au profit d'une autre. Cette transmission peut être exécutée du vivant du donateur, on parle alors d'une « transmission entre vifs ». Elle peut être décidée par le stipulant sous la condition que lui survive la personne qu'il désigne pour être celle qui sera bénéficiaire de cette libéralité, dite le donataire ou le légataire.

I. *Les communes*

V. CGPPP, art. L. 1121-4.

En application de l'article L. 2242-1 du code général des collectivités territoriales, le conseil municipal a compétence pour statuer sur l'acceptation des dons et legs. Toutefois, le maire peut, à titre conservatoire, accepter des dons et legs, avant cette autorisation. Dans ce cas, la délibération du conseil municipal, qui intervient donc ultérieurement, prend effet le jour de cette acceptation (art. L. 2242-4 CGCT).

Les établissements publics communaux sont soumis au même régime juridique que les communes (art. L. 2242-3 CGCT).

Les établissements publics de santé sont soumis à des dispositions spécifiques prévues au sein du code de la santé publique (art. L. 2242-5 CGCT).

Il convient de noter que le code général des collectivités territoriales ne prévoit pas actuellement d'étendre ce dispositif relatif à l'acceptation des dons et legs au profit des établissements publics de coopération intercommunale.

II. *Les départements*

V. CGPPP, art. L. 1121-5.

En application de l'article L. 3213-6 du code général des collectivités territoriales, le conseil général a compétence pour statuer sur l'acceptation des dons et legs.

III. *Les régions*

V. CGPPP, art. L. 1121-6.

Désormais, depuis la réforme de l'ordonnance n° 2006-460 du 21 avril 2006 relative au CGPPP, le conseil général a compétence pour statuer sur l'acceptation des dons et legs.

TITRE II Les biens sans maître

V. CGPPP, art. L. 1123-1 à L. 1123-3.

Désormais, en application de l'article 713 du code civil et de l'article L. 1123-1 du CGPPP, **les biens qui n'ont pas de maître appartiennent à la commune** sur le territoire de laquelle ils sont situés. Toutefois, si la commune renonce à exercer ce droit, l'État en devient propriétaire.

Dès lors, il convient de définir les biens sans maître puis d'indiquer les modalités de leur acquisition par les communes ou, subsidiairement, par l'État.

I. *La définition*

Il ressort des termes de l'article 713 du code civil, qui vise des biens situés sur le territoire d'une commune, et de l'article L. 1123-3 du code général de la propriété des personnes publiques relatif à des immeubles soumis à des contributions foncières que le législateur a entendu appliquer ces textes à des **biens immobiliers**.

Les communes peuvent acquérir les biens immobiliers dont le propriétaire est inconnu ou dont le propriétaire est connu mais décédé depuis plus de trente ans, sans héritier, ou en laissant des héritiers n'ayant pas accepté la succession.

En revanche, les biens immobiliers issus des successions en déshérence demeurent, en application de l'article 539 du code civil, la propriété de l'État.

Enfin, il convient également de distinguer les biens sans maître d'autres catégories d'immeubles non entretenus, telles que les parcelles en état d'abandon manifeste (art. L. 2243-1 à L. 2243-4 CGCT) et les terrains ayant fait l'objet d'un abandon au profit de la commune (art. 1401 CGI).

A. Les biens dont le propriétaire est inconnu

a) Les biens dont le propriétaire a disparu

Il s'agit des biens immobiliers qui appartenaient à une personne identifiée, disparue sans laisser de représentant (biens ayant appartenu à une personne connue mais dont la date du décès n'a pu être déterminée à l'issue des recherches effectuées par la personne publique), et qui ne sont pas devenus la propriété d'une autre personne (en particulier, les immeubles pouvant être devenus la propriété d'une autre personne par l'effet de la prescription acquisitive). Dès lors, il est impossible de déterminer l'identité de l'actuel propriétaire de ces biens.

b) Les biens dont le propriétaire est inconnu

Il s'agit des biens immobiliers pour lesquels il n'existe aucun titre de propriété publié au fichier immobilier de la conservation des hypothèques ou au livre foncier (y compris une attestation immobilière dressée à la suite de la mise en œuvre de la prescription acquisitive), ni aucun document cadastral susceptible d'apporter des renseignements quant à l'identité du propriétaire.

B. Les biens dont le propriétaire est connu mais décédé

a) Les biens dont le propriétaire est connu et décédé depuis plus de trente ans, sans héritier, ou en laissant des héritiers n'ayant pas accepté la succession

Il s'agit des biens immobiliers dont le propriétaire, identifié, est décédé depuis plus de trente ans, sans héritier, ou dont les héritiers n'ont pas accepté la succession, expressément ou tacitement, pendant cette période.

Par conséquent, ces héritiers ne peuvent plus recueillir les biens en cause en application du principe de la prescription trentenaire en matière de succession (art. 789 C. civ.). Ces biens n'ont plus de propriétaire et sont donc sans maître.

Il convient de noter que le décès (ou « l'absence » qui produit les mêmes effets que le décès en application de l'art. 128 C. civ.) doit être établi avec certitude, afin que la commune puisse faire valoir ses droits à l'égard des biens dont il s'agit.

b) Les biens issus des successions en déshérence

A la différence des biens relevant des catégories énumérées ci-dessus, qui reviennent à la commune, les biens immobiliers individualisés des personnes qui sont décédées depuis moins de trente ans, sans héritiers ou dont les héritiers ont refusé la succession, appartiennent à l'État.

En application de l'article 539 du code civil, les successions abandonnées qui consistent en une universalité et non en un bien immobilier isolé, et qui proviennent de personnes ne laissant, à la date de leur décès, aucun héritier ou seulement des héritiers au degré non successible (art. 745 C. civ.) et n'ayant pas consenti de legs universel, sont dites en déshérence. Elles appartiennent à l'État quelle que soit la date du décès des personnes considérées.

Dans ce cas, ces successions sont appréhendées selon les modalités prévues par les articles 811 et 811-1 du code civil. Les services du domaine demandent donc l'envoi en possession de l'État au tribunal de grande instance dans le ressort duquel la succession est ouverte.

II. *La procédure*

Les biens sans maître sont acquis par la commune (ou, subsidiairement, par l'État) :
– **soit de plein droit**, en application des articles 713 du code civil et L. 1123-2 du CGPPP, lorsqu'ils font partie d'une succession ouverte depuis plus de trente ans et pour laquelle aucun successible ne s'est présenté ;
– **soit à l'issue de la procédure décrite à l'article L. 1123-3 du CGPPP**, lorsque ce sont des immeubles qui n'ont pas de propriétaire connu et pour lesquels depuis plus de trois ans les taxes foncières n'ont pas été acquittées ou ont été acquittées par un tiers. Il convient cependant, préalablement, qu'une enquête relative à la propriété desdits biens ait été diligentée par la commune.

A. L'enquête préalable

Il convient d'inviter les communes qui souhaitent exercer leur droit de propriété sur des biens sans maître à s'assurer préalablement que les biens considérés peuvent effectivement être qualifiés de biens sans maître.

Des éléments d'information peuvent être recueillis en se rapprochant des services déconcentrés du ministère de l'Économie, des Finances et de l'Industrie (cadastre, publicité foncière, recouvrement des taxes foncières) et des notaires, en consultant les registres d'état civil, mais également en effectuant des enquêtes de voisinage.

Le cas échéant, les communes peuvent prendre l'attache du service du domaine afin de conforter, au vu des résultats de l'enquête, leur analyse eu égard, notamment, à l'imbrication des droits des communes et de ceux de l'État. Il importe, en effet, de s'assurer que les communes n'appréhendent pas des biens revenant à l'État, sur le fondement du régime juridique des biens en déshérence précité (art. 539 C. civ.).

B. La mise en œuvre de la procédure d'acquisition

a) Acquisition de plein droit en application des articles 713 du code civil et L. 1123-2 du CGPPP

Il convient d'inviter les assemblées délibérantes communales, en vertu des dispositions de l'article L. 2121-29 du code général des collectivités territoriales, à prendre une délibération autorisant l'acquisition, par le maire, d'un bien sans maître revenant de plein droit à la commune.

Cette prise de possession est constatée par un procès-verbal, affiché en mairie, selon les modalités de l'article L. 2131-1 du code général des collectivités territoriales. Ce procès-verbal qui n'est pas créatif de droits n'a pas à être publié au fichier immobilier.

Dans le cas où la commune renonce à exercer son droit de propriété, elle en informe, par courrier, la préfecture, qui constatera, par un arrêté préfectoral, le transfert du bien dans le domaine de l'État. Une copie de l'arrêté est transmise au service du Domaine.

Enfin, il convient de préciser que si une commune peut renoncer à la propriété de biens identifiés (notamment par leurs références cadastrales), elle n'est pas en droit de renoncer, par une décision de **principe et par avance, à l'ensemble des biens sans maître qui pourraient lui échoir à l'avenir**.

b) Acquisition par l'application de l'article L. 1123-3 du CGPPP

Afin d'incorporer des biens immeubles dans son domaine, au titre des biens présumés sans maître, la commune dispose de la procédure instituée par l'article L. 1123-3 du CGPPP, qui comporte deux phases distinctes : la commune doit tout d'abord constater que le bien est effectivement sans maître, avant de l'incorporer dans son domaine.

• *Procédure constatant que le bien est présumé sans maître*

Lorsqu'un immeuble n'a plus de propriétaire connu et que les **contributions foncières** n'ont pas été acquittées depuis plus de **trois ans**, cette situation est constatée par un arrêté du maire, pris après avis de la commission communale des impôts directs.

Il convient de souligner que l'absence du paiement des contributions foncières depuis trois ans constitue une des conditions cumulatives permettant à une commune d'entamer la procédure d'acquisition d'un bien sans maître. C'est en fait un indice de l'absence de titre permettant l'identification du propriétaire. **En aucun cas il ne s'agit pour les communes d'acquérir les biens dont les contributions foncières n'ont pas été acquittées depuis plus de trois ans mais dont le propriétaire est connu.**

De plus, l'article L. 1123-3 du CGPPP indique que la procédure constatant qu'un bien est présumé sans maître peut également être mise en place lorsque, d'une part, les contributions foncières ont été acquittées par un tiers et, d'autre part, lorsque ces contributions font l'objet d'une exonération ou ne sont pas mises en recouvrement. Ces nouvelles dispositions visent notamment à permettre aux communes d'appréhender les biens sans maître lorsque la taxe foncière a été payée à tort par une personne qui se croyait détentrice d'un titre de propriété, notamment en cas d'erreur de la matrice cadastrale.

Le maire, qui souhaite acquérir ce bien, doit respecter la procédure suivante :

– une publication et un affichage de cet arrêté, selon les modalités de l'article L. 2131-1 du code général des collectivités territoriales ;
– une notification de l'arrêté aux derniers domicile et résidence connus du propriétaire ;
– une notification de l'arrêté à l'habitant ou exploitant, si l'immeuble est habité ou exploité ;
– une notification de l'arrêté au représentant de l'État dans le département.

Dans le cas où le propriétaire ne s'est pas fait connaître dans un délai de six mois, à dater de l'accomplissement de la dernière des mesures de publicité prévues ci-dessus, l'immeuble est présumé sans maître et peut être acquis par la commune.

• *Procédure d'incorporation du bien présumé sans maître dans le domaine communal*

L'incorporation du bien présumé sans maître dans le domaine communal est décidée par une délibération du conseil municipal et constatée par arrêté du maire.

Il est important de noter que la délibération du conseil municipal doit être prise dans un délai de six mois, courant à compter de la date à laquelle il a été constaté que le bien est présumé sans maître.

A défaut de délibération prise dans le délai précité, la commune devra, au terme de ce délai, informer, par courrier, les services de la préfecture de son refus d'appréhender le bien sans maître. La propriété du bien sera alors attribuée à l'État et son transfert dans le domaine de l'État sera constaté par un arrêté préfectoral.

Résumé : Modalités d'acquisition des biens

Les communes, leurs établissements publics et leurs groupements peuvent acquérir des biens, mobiliers ou immobiliers, selon deux modalités :

– soit à titre onéreux, selon des procédés de droit privé, à savoir l'achat et l'échange, ou des procédés de droit public, à savoir l'expropriation et le droit de préemption ;

– soit à titre gratuit, par le biais de l'acceptation de dons et legs ou de l'acquisition de biens sans maître.

Il convient de rappeler qu'en application des dispositions prévues aux articles L. 2241-1 et L. 5211-6 CGCT, le conseil municipal ou l'organe délibérant de l'établissement public communal ou intercommunal, délibèrent sur la gestion des biens et sur les opérations immobilières effectuées par la commune ou l'un de ses établissements publics.

De plus, les articles L. 1311-9 à L. 1311-1 CGCT ajoutent que l'organe délibérant des personnes publiques susmentionnées délibère sur les acquisitions faites à l'amiable, par exercice du droit de préemption ou encore par voie d'expropriation pour cause d'utilité publique, au vu de l'avis du service des domaines.

CHAPITRE III *Cession*

Les cessions des biens relevant du domaine public des collectivités territoriales sont normalement illégales, le domaine public étant inaliénable et imprescriptible. Toutefois, le code général de la propriété des personnes publiques, dans un souci de simplification de la gestion des biens publics, a prévu une dérogation à ce principe.

Les cessions des biens relevant du domaine privé des collectivités territoriales relèvent du droit commun, ces biens étant aliénables et prescriptibles.

SECTION I *Biens relevant du domaine public*

Le code général de la propriété des personnes publiques (art. L. 3111-1) reprend les dispositions de l'article L. 1311-1 du CGCT, qui indiquent que les biens du domaine public sont inaliénables et imprescriptibles. Toutefois, des dérogations visant à permettre une gestion plus souple ont été prévues.

TITRE PREMIER **Règles générales**

V. CGPPP, art. L. 3111-1 et L. 3111-2.

I. *Le principe de l'inaliénabilité*

A. La définition

Le principe de l'**inaliénabilité** est à l'origine une loi fondamentale du royaume, consacrée par l'édit de Moulins de février 1566, qui imposait cette règle aux biens relevant du domaine de la Couronne, dans le but d'éviter la dilapidation du patrimoine du roi.

Ce principe interdit de céder, vendre et même exproprier les biens incorporés naturellement ou volontairement au domaine public.

La cession d'un bien appartenant au domaine public d'une collectivité locale se heurte, par conséquent, à ce principe, qui interdit la vente d'une dépendance du domaine public tant que celle-ci n'a pas été au préalable déclassée *(Cons. const., nº 86-217 du 18 sept. 1986)*.

Le **déclassement** est un acte administratif qui fait perdre à un bien son caractère de dépendance du domaine public.

La **désaffectation** est l'opération qui consiste à ne plus utiliser un bien à l'usage direct du public ou en vue de l'accomplissement d'une mission de service public.

Ces deux notions, qui peuvent paraître similaires, sont en fait deux conditions nécessaires et cumulatives avant la cession d'un bien qui relevait du domaine public, le déclassement étant l'acte qui constate la fin de l'affectation du bien à l'usage du public ou d'un service public.

L'équation est la suivante :

Domaine public = affectation à l'utilité publique = inaliénabilité
Fin de l'affectation = fin de la nécessité de protection
= fin de la règle de l'inaliénabilité
= autorisation de déclasser et de céder le bien

La collectivité territoriale devra donc, pour céder légalement un bien de son domaine public, le **déclasser** préalablement, afin de l'incorporer dans son domaine privé. Dans le cas contraire, les biens ne pourront être cédés ni à l'amiable ni par le biais d'une procédure d'expropriation *(CE 3 déc. 1993, Ville de Paris c/ Parent)*.

B. L'exception des droits fondés en titre

Les exceptions au principe d'inaliénabilité du domaine public sont étroitement limitées et le plus souvent justifiées par des circonstances historiques. Il s'agit des hypothèses où les riverains du domaine public sont fondés à opposer à l'administration des « droits fondés en titre », en d'autres termes un titre de propriété régulier délivré notamment dans les cas suivants :

– les pêcheries maritimes créées avant 1544 ;
– les dunes acquises par des particuliers avant 1963 ;
– les aliénations consenties sur les biens de la Couronne avant la publication de l'Édit de Moulins de 1566 ;
– les aliénations des biens nationaux acquis en application de la loi des 22 novembre et 1er décembre 1790.

II. *Le principe de l'imprescriptibilité*

Le principe d'**imprescriptibilité**, posé par un édit de Colbert d'avril 1667, interdit d'acquérir par prescription, c'est-à-dire par possession prolongée, la propriété d'une dépendance du domaine public ou de tout autre droit réel grevant un de ces biens.

Ce principe, qui ne souffre aucune exception, est destiné à garantir l'affectation du domaine, en s'opposant aux revendications des particuliers qui s'établissent sans posséder de titre les y autorisant sur des parcelles du domaine public *(CE 13 oct. 1967, Cazeaux : des particuliers s'étaient établis sur des terrains bordant le littoral du bassin d'Arcachon et n'ont pu acquérir, en dépit d'une installation prolongée, la propriété des parcelles)*.

Le principe de l'imprescriptibilité s'applique aux actions en revendication des biens irrégulièrement aliénés, aux actions en réparation des dommages causés au domaine (contravention de voirie) et aux œuvres d'art faisant partie du domaine public mobilier.

TITRE II Les règles particulières

I. *Les dispositions dérogatoires générales*

V. CGPPP, art. L. 3112-1 à L. 3112-3.

Les dispositions des articles L. 3111-1 et suivants du code général de la propriété des personnes publiques autorisent désormais, par dérogation au principe d'inaliénabilité du domaine public évoqué précédemment, les cessions et les échanges de propriétés publiques relevant du domaine public, entre personnes publiques, sans déclassement préalable.

En d'autres termes, il n'est plus désormais nécessaire de déclasser un bien avant de le transférer d'une personne publique à une autre, dans la mesure où ce bien doit rester affecté à l'usage direct du public ou d'un service public.

Ces mesures sont de nature à permettre une simplification des cessions de biens entre les collectivités territoriales et leurs groupements, notamment dans le cadre de l'intercommunalité.

NB : Toutefois, il convient de rappeler que dans le cadre du transfert de compétence d'une collectivité territoriale au profit d'un groupement, **le régime de droit commun est celui de la mise à disposition des biens** nécessaires à l'exercice de cette compétence. La possibilité de céder les biens en pleine propriété relève d'un régime dérogatoire et suppose que la collectivité territoriale et son groupement trouve un accord amiable afin de conclure la cession d'un bien qui relève du domaine public.

En effet, les articles L. 1321-1 et suivants du CGCT prévoient que « *le transfert d'une compétence entraîne de plein droit la mise à la disposition de la collectivité bénéficiaire des biens meubles et immeubles utilisés, à la date de ce transfert, pour l'exercice de cette compétence. [...]. La collectivité bénéficiaire de la mise à disposition assume l'ensemble des obligations du propriétaire. Elle possède tous pouvoirs de gestion [...]* ».

La mise à disposition permet à l'EPCI d'exercer pleinement ses compétences avec et sur les moyens matériels utiles à ses fins. Ce transfert ne constitue pas un transfert en pleine propriété, mais simplement la transmission des droits et obligations du propriétaire.

Le bénéficiaire se substitue au propriétaire en matière contractuelle, financière et contentieuse dans la prise de possession du bien. Seul le droit d'aliéner n'est pas transmis à l'EPCI en vertu du régime de protection du domaine public. De la même manière, la collectivité propriétaire conserve sa compétence pour consentir un bail emphytéotique.

La mise à disposition ne donne lieu à aucun indemnité, droit, taxe, salaire ou honoraire puisqu'il n'y a pas de transfert de propriété. La loi ne prévoit pas davantage que les biens du domaine des communes puissent faire l'objet d'un contrat de location entre les communes et l'EPCI.

Les articles L. 3112-1 et suivants du code général de la propriété des personnes publiques, qui prévoient la possibilité de céder des biens du domaine public, à l'amiable, entre personnes publiques, sans déclassement préalable, **ne remettent pas en cause l'application du principe de droit commun de mise à disposition.**

Ils constituent uniquement **une faculté** pour les collectivités et leurs groupements de déroger, dans le cadre d'un accord à l'amiable, au principe d'inaliénabilité des biens relevant du domaine public sans un déclassement préalable.

II. *Les dispositions applicables au domaine public fluvial*

V. CGPPP, art. L. 3113-1 à L. 3113-4.

SECTION II *Les biens relevant du domaine privé*

TITRE PREMIER Les cessions à titre onéreux

Le domaine privé des collectivités territoriales est soumis à un régime de droit privé. Dès lors, les biens qui le constituent sont aliénables et prescriptibles.

I. *La vente*

V. CGPPP, art. L. 3113-14 à L. 3113-16.

A. La définition

La **vente** est une opération commerciale, par laquelle une personne, « le vendeur », cède, à une autre personne, « l'acheteur », ses droits de propriété sur une chose ou une valeur lui appartenant, moyennant le paiement d'un prix correspondant à la valeur de ce bien.

B. La procédure

Les cessions à l'amiable d'immeubles ou de meubles, poursuivies à titre onéreux, font l'objet de contrats civils, dont la passation est assujettie à des formalités administratives.

Toute cession d'immeuble fait tout d'abord l'objet d'une décision prise par l'organe délibérant de la collectivité territoriale, de son groupement ou de son établissement public.

L'acte de vente est passé par l'autorité exécutive, soit dans la forme administrative, soit dans la forme notariée.

Les acquisitions opérées sur le territoire de ces personnes publiques sont soumises à l'avis du service des domaines.

a) Le rôle décisionnaire de l'organe délibérant

La cession d'un bien par le biais de l'achat est conditionnée par une décision de l'organe délibérant de la collectivité territoriale, de son groupement ou de son établissement public.

Cette décision doit, en application du droit commun, être portée à la connaissance des administrés intéressés par l'effet d'une publicité adaptée, qui dernière conditionne le caractère exécutoire de l'acte pris par la personne publique.

• *Les communes et les établissements publics communaux*

• **Compétence de l'organe délibérant** : en application de l'article L. 2241-1 du CGCT, *« le conseil municipal délibère sur la gestion des biens et les opérations immobilières effectuées par la commune, sous réserve, s'il s'agit de biens appartenant à une section de commune, des dispositions des articles L. 2411-1 à L. 2411-19.*

« Le bilan des acquisitions et cessions opérées sur le territoire d'une commune de plus de 2 000 habitants par celle-ci, ou par une personne publique ou privée agissant dans le cadre d'une convention avec cette commune, donne lieu chaque année à une délibération du conseil municipal. Ce bilan est annexé au compte administratif de la commune.

« Toute cession d'immeubles ou de droits réels immobiliers par une commune de plus de 2 000 habitants donne lieu à délibération motivée du conseil municipal portant sur les conditions de la vente et ses caractéristiques essentielles [...] ».

• **Règles de publicité** : les actes pris par les autorités communales sont exécutoires de plein droit, dès qu'il a été procédé soit à leur publication, soit à leur affichage, soit à leur notification aux intéressés et lorsqu'ils ont été transmis au représentant de l'État dans le département (art. L. 2131-1 et L. 2131-3 CGCT).

Il convient de noter que les actes de droit privé pris par les communes ne font pas l'objet d'un contrôle de légalité. Dès lors, les contrats de vente de terrains délivrés par le maire n'ont pas à être transmis au représentant de l'État dans le département *(CE 30 déc. 1998, Assoc. pour la protection du site de la zone industrielle de Dommartin-lès-Remiremont)*. En revanche, la délibération du conseil municipal autorisant l'aliénation d'un bien, en tant qu'acte administratif *(CE 6 avr. 1998, Cté urbaine de Lyon)*, doit être soumise au contrôle de légalité.

Les délibérations des conseils municipaux sont inscrites par ordre de date et signées par tous les membres présents lors de la séance (art. L. 2121-23 CGCT) sur un registre coté et paraphé par le préfet (art. R. 2121-9 CGCT).

Le compte rendu de la séance du conseil municipal est affiché, dans la huitaine, par extraits, à la porte de la mairie (art. L. 2121-25 et R. 2121-11 CGCT).

• *Les départements et les établissements publics départementaux*

• **Compétence de l'organe délibérant** : en application de l'article L. 3213-1 du CGCT, le conseil général statue notamment sur l'aliénation et l'échange des propriétés départementales mobilières ou immobilières, ainsi que sur le changement de destination des propriétés et des édifices départementaux.

En vertu des dispositions de l'article L. 3213-2 du CGCT, *« toute cession d'immeubles ou de droits réels immobiliers par un département donne lieu à une délibération motivée du conseil général portant sur les conditions de vente et ses caractéristiques essentielles [...] »*. La délibération portant sur le bilan annuel de ces cessions est annexée au compte administratif.

• **Règles de publicité** : les actes réglementaires pris par les autorités départementales sont exécutoires de plein droit dès qu'il a été procédé soit à leur publication, soit à leur affichage, soit à leur notification aux intéressés et lorsqu'ils ont été transmis au représentant de l'État dans le département (art. L. 3131-1 et L. 3131-2 CGCT).

Il convient de noter que les actes de droit privé pris par les départements ne font pas l'objet d'un contrôle de légalité. Dès lors, les contrats de vente de terrains, délivrés par le président du conseil général, n'ont pas à être transmis au représentant de l'État dans le département *(CE 30 déc. 1998, Assoc. pour la protection du site de la zone industrielle de Dommartin-lès-Remiremont)*. En revanche, la délibération du conseil général autorisant l'aliénation d'un bien, en tant qu'acte administratif *(CE 6 avr. 1998, Cté urbaine de Lyon)*, doit être soumise au contrôle de légalité.

En vertu des articles L. 3121-17 et R. 3131-1 du CGCT, les délibérations du conseil général sont publiées dans un recueil des actes administratifs du département ayant une périodicité d'au moins un mois.

• *Les régions et les établissements publics régionaux*

• **Compétence de l'organe délibérant** : en application de l'article L. 4221-1 du CGCT, *« le conseil régional règle par ses délibérations les affaires de la région. Il a compétence pour promouvoir le développement économique, social, sanitaire, culturel et scientifique de la région et l'aménagement de son territoire et pour assurer la préservation de son identité, dans le respect de l'intégrité, de l'autonomie et des attributions des départements et des communes. Il peut engager des actions complémentaires de celles de l'État, des autres collectivités territoriales et des établissements publics situés dans la région, dans les domaines et les conditions fixés par les lois déterminant la répartition des compétences entre l'État, les communes, les départements et les régions »*.

Par ailleurs, sous réserve d'une délégation de signature, *« le président du conseil régional gère le domaine de la région »* (art. L. 4231-4 CGCT).

En vertu des dispositions de l'article L. 4221-4 du CGCT, *« toute cession d'immeubles ou de droits réels immobiliers par une région donne lieu à une délibération motivée du conseil régional portant sur les conditions de vente et ses caractéristiques essentielles [...] »*. La délibération portant sur le bilan annuel de ces cessions est annexée au compte administratif.

• **Règles de publicité** : les actes réglementaires pris par les autorités régionales sont exécutoires de plein droit dès qu'il a été procédé soit à leur publication, soit à leur affichage, soit à leur notification aux intéressés et lorsqu'ils ont été transmis au représentant de l'État dans le département (art. L. 4141-1 et L. 4141-2 CGCT).

Il convient de noter que les actes de droit privé pris par les régions ne font pas l'objet d'un contrôle de légalité. Dès lors, les contrats de vente de terrains, délivrés par le président du conseil régional, n'ont pas à être transmis au représentant de l'État dans le département *(CE 30 déc. 1998, Assoc. pour la protection du site de la zone industrielle de Dommartin-lès-Remiremont)*. En revanche, la délibération du conseil régional autorisant l'aliénation d'un bien, en tant qu'acte administratif *(CE 6 avr. 1998, Cté urbaine de Lyon)*, doit être soumise au contrôle de légalité.

En vertu des articles L. 4132-16 et R. 4141-1 du CGCT, les délibérations du conseil régional sont publiées dans un recueil des actes administratifs de la région ayant une périodicité d'au moins un mois.

• *Les établissements publics de coopération intercommunale*

• **Compétence de l'organe délibérant** en application de l'article L. 5211-6 du CGCT, *« l'établissement public de coopération intercommunale est administré par un organe délibérant composé de délégués élus par les conseils municipaux des communes membres. Toute commune associée issue d'une fusion en application de l'article L. 2113-1 est représentée au sein de l'organe délibérant de l'établissement public de coopération intercommunale, avec voix consultative, par le maire délégué ou un représentant qu'il désigne au sein du conseil ou de la commission consultative »*.

L'organe délibérant des EPCI étant soumis au principe de spécialité, il n'a pas de compétence générale. Néanmoins, les dispositions de l'article L. 5211-6 du CGCT susmentionné investissent l'organe délibérant des EPCI d'une **fonction générale de gestion des activités** de l'EPCI, qui obéit aux règles d'administration communale.

Par ailleurs, en application de l'article L. 5211-37 du CGCT, *« [...] toute cession d'immeubles ou de droits réels immobiliers envisagée par un établissement public de coopération intercommunale donne lieu à délibération motivée de l'organe délibérant portant sur les conditions de la vente et ses caractéristiques essentielles [...] »*.

La délibération portant sur le bilan annuel de ces cessions est annexée au compte administratif.

• **Règles de publicité** : les dispositions du CGCT relatives au conseil municipal sont applicables au fonctionnement de l'organe délibérant des EPCI (art. L. 5211-1 CGCT).

Les dispositions du CGCT relatives au contrôle de légalité et au caractère exécutoire des actes des communes sont applicables aux établissements publics de coopération intercommunale (art. L. 5211-3 CGCT).

b) La consultation du service des domaines

V. CGPPP, art. L. 3221-1 et L. 3221-2.

Les collectivités territoriales, leurs établissements publics et leurs groupements délibèrent sur les décisions relatives aux cessions à l'amiable de biens immobiliers, au vu de l'avis du service des domaines. Cet avis est réputé donné à l'issue d'un délai d'un mois à compter de la saisine de cette autorité.

Cet avis ne lie pas la collectivité territoriale. L'organe délibérant peut décider de procéder à l'acquisition d'un bien en retenant un prix différent de celui évalué par les services fiscaux de l'État.

Toutefois, le préfet, dans le cadre de l'exercice de son contrôle de légalité des actes, sera amené à vérifier que l'estimation retenue par la commune n'est pas disproportionnée par rapport à la valeur vénale du bien.

En effet, le montant de l'acquisition du bien doit être déterminé en fonction, d'une part, de sa valeur foncière et, d'autre part, de l'intérêt public local que revêt son acquisition pour la collectivité.

Lorsqu'une commune souhaite acquérir un bien dont la valeur est supérieure au prix estimé par les services fiscaux de l'État, elle se trouve dans l'obligation de justifier cette décision, au regard, notamment, de l'intérêt public local représenté par cette acquisition. Si la commune n'est pas en mesure de justifier sa décision, celle-ci pourra être considérée comme entachée d'une erreur manifeste d'appréciation, et censurée comme telle par le juge administratif.

Ainsi, dans un jugement du 6 mai 1998, « *Ferrand* », le tribunal administratif de Grenoble a estimé que le conseil municipal s'était trompé dans l'appréciation des faits qui avaient motivé sa décision d'acquérir des terrains pour un montant dix fois supérieur à l'estimation réalisée par les services des domaines. Le juge administratif a donc annulé la délibération du conseil municipal relative à l'acquisition de ces terrains, au motif que cet achat était entaché d'une erreur manifeste d'appréciation.

c) Le rôle de l'exécutif de la collectivité

Après délibération, au vu de l'avis du service des domaines, l'exécutif des collectivités territoriales, de leurs établissements publics et de leurs groupements est chargé d'appliquer la décision permettant la cession du bien.

Pour ce faire, ces personnes publiques ont qualité pour passer l'acte de cession en la forme administrative, le réceptionner et l'authentifier, sous réserve de la purge des privilèges et hypothèques grevant le bien.

En effet, le maire, le président du conseil général, le président du conseil régional, le président de l'établissement public local ou le président du groupement de collectivités peuvent passer un acte en la forme administrative lorsque la collectivité dont il dépend acquiert ou vend pour son propre compte un terrain, que celui-ci soit situé sur le territoire de la collectivité ou sur celui d'une autre collectivité.

Ces dispositions confèrent au pouvoir exécutif des attributions « d'ordre notarial », puisqu'elles permettent qu'un acte soit passé en la forme administrative au lieu de prendre la forme notariée.

II. *Les autres modes de cession*

A. L'échange

V. CGPPP, art. L. 3113-23.

a) La définition

En application des articles 1702 et 1703 du code civil, « *l'échange est un contrat par lequel les parties se donnent respectivement une chose pour une autre [...] et s'opère par le seul consentement, de la même manière que la vente* ».

b) La procédure

Les cessions par voie d'échange sont poursuivies dans les mêmes conditions que les cessions réalisées par le biais de la vente, dont la procédure est décrite ci-dessus.

B. La vente aux enchères

Les collectivités territoriales peuvent aliéner les biens mobiliers de leur patrimoine privé en ayant recours au procédé de la vente aux enchères publiques, tel que prévu aux articles L. 321-1 à L. 321-38 du code du commerce. Cette vente peut être réalisée soit par l'intermédiaire d'une société de ventes volontaires de meubles aux enchères publiques, agréée dans les conditions prévues à l'article L. 321-5 du code du commerce et choisie dans le respect des règles du code des marchés publics, soit par l'intermédiaire du service des domaines de l'État, qui peut y procéder lui-même ou, à son tour, recourir à une société de ventes volontaires de meubles.

C. La remise en jouissance de casernes

V. CGPPP, art. L. 3113-25.

TITRE II Les cessions à titre gratuit

• *Les cessions au profit des personnes privées*

Les dispositions de l'article L. 1511-3 du code général des collectivités territoriales relatif aux aides indirectes qui peuvent être accordées par les collectivités territoriales et leurs groupements dans le cadre de la vente ou de la location de bâtiments ont été modifiées par la loi n° 2004-809 du 13 août 2004 relative aux libertés et responsabilités locales qui a abrogé l'alinéa relatif à la liberté d'octroi des aides indirectes.

Or, le Conseil d'État, dans son arrêt *« commune de Fougerolles »*, du 3 novembre 1997, avait admis la légalité d'une telle cession, dans la mesure où la contrepartie était suffisante en terme d'intérêt général, sur le fondement de cet alinéa.

Par conséquent, désormais, les cessions à titre gratuit ou à un prix inférieur à la valeur du bien sont illégales. Les collectivités territoriales peuvent uniquement consentir des rabais sur le prix de vente ou sur la location de biens immobiliers, en application des dispositions prévues aux articles R. 1511-1 à R. 1511-23 du CGCT.

• *Les cessions au profit des personnes publiques*

Si les dispositions du code général des collectivités territoriales sont explicites concernant la cession des biens à titre gratuit ou à un prix inférieur à leur valeur estimée au profit des personnes privées, elles sont moins précises concernant ces mêmes cessions au profit des autres personnes publiques.

La jurisprudence actuelle semble admettre la possibilité pour des personnes publiques de céder des biens à titre gratuit ou à un prix inférieur à leur valeur, lorsque cette cession est justifiée par des motifs d'intérêt général.

I. *Le domaine immobilier*

V. CGPPP, art. L. 3212-1.

II. *Le domaine mobilier*

V. CGPPP, art. L. 3212-3.

Résumé : Les modalités de cession des biens

TITRE PREMIER Les biens relevant du domaine public

SECTION I *Règles générales*

Le code général de la propriété des personnes publiques (art. L. 1311-1) reprend les dispositions de l'article L. 1311-1 du code général des collectivités territoriales, qui indiquent que les biens du domaine public sont inaliénables et imprescriptibles.

Par conséquent, les collectivités territoriales devront, pour céder un bien de leur domaine public, le **désaffecter** et le **déclasser** préalablement, afin de l'incorporer dans leur domaine privé.

SECTION II *Règles particulières*

Les dispositions des articles L. 1311-1 et suivants du code général de la propriété des personnes publiques autorisent désormais, par dérogation au principe d'inaliénabilité du domaine public évoqué précédemment, les cessions et les échanges de propriétés publiques relevant du domaine public, entre personnes publiques, sans déclassement préalable.

Ces mesures sont de nature à permettre une simplification des cessions de biens entre les collectivités territoriales et leurs groupements, notamment dans le cadre de l'intercommunalité.

TITRE II Les biens relevant du domaine privé

SECTION I *Les cessions à titre onéreux*

Le domaine privé des collectivités territoriales est soumis à un régime de droit privé. Dès lors, les biens qui le constituent sont **inaliénables** *[aliénables]* et **prescriptibles**.

Les cessions à l'amiable d'immeubles ou de meubles, poursuivies à titre onéreux, font l'objet de contrats civils, dont la passation est assujettie à des formalités administratives. Toute cession d'immeuble fait tout d'abord l'objet d'une décision prise par l'organe délibérant de la collectivité territoriale, de son groupement ou de son établissement public. L'acte de vente est passé par l'autorité exécutive, soit dans la forme administrative, soit dans la forme notariée. Les acquisitions opérées sur le territoire de ces personnes publiques sont soumises à l'avis du service des domaines.

SECTION II *Les cessions à titre gratuit*

Les dispositions de l'article L. 1511-3 du code général des collectivités territoriales relatif aux aides indirectes qui peuvent être accordées par les collectivités territoriales et leurs groupements dans le cadre de la vente ou de la location de bâtiments, ont été modifiées par la loi n° 2004-809 du 13 août 2004 relative aux libertés et responsabilités locales, qui a abrogé l'alinéa relatif à la liberté d'octroi des aides indirectes.

Or, le Conseil d'État, dans son arrêt *« commune de Fougerolles »*, du 3 novembre 1997, avait admis la légalité d'une telle cession, dans la mesure où la contrepartie était suffisante en terme d'intérêt général, sur le fondement de cet alinéa.

Par conséquent, désormais, les cessions à titre gratuit ou à un prix inférieur à la valeur du bien sont illégales. Les collectivités territoriales peuvent uniquement consentir des rabais sur le prix de vente ou sur la location de biens immobiliers, en application des dispositions prévues aux articles R. 1511-1 à R. 1511-23 CGCT.

APPENDICE

BOIS ET FORÊTS

Code forestier

PREMIÈRE PARTIE : ***LÉGISLATIVE***

(Ord. n° 2012-92 du 26 janv. 2012, en vigueur le 1er juill. 2012)

LIVRE II **Bois et forêts relevant du régime forestier**

TITRE PREMIER **Régime forestier**

CHAPITRE PREMIER *Champ d'application*

Art. L. 211-1 I. – Relèvent du régime forestier, constitué des dispositions du présent livre, et sont administrés conformément à celui-ci :

1° Les bois et forêts qui appartiennent à l'État, ou sur lesquels l'État a des droits de propriété indivis ;

2° Les bois et forêts susceptibles d'aménagement, d'exploitation régulière ou de reconstitution qui appartiennent aux collectivités et personnes morales suivantes, ou sur lesquels elles ont des droits de propriété indivis, et auxquels ce régime a été rendu applicable dans les conditions prévues à l'article L. 214-3 :

a) Les régions, la collectivité territoriale de Corse, les départements, les communes ou leurs groupements, les sections de communes ;

b) Les établissements publics ;

c) Les établissements d'utilité publique ;

d) Les sociétés mutualistes et les caisses d'épargne.

II. – Cessent de relever du régime forestier les bois et forêts de l'État mis à disposition d'une administration de l'État ou d'un établissement public national pour l'exercice de leurs missions.

Art. L. 211-2 Relèvent également du régime forestier et sont gérés conformément au présent livre :

1° En Corse, les bois et forêts qui faisaient partie du domaine privé de l'État, ou sur lesquels l'État avait des droits de propriété indivis, dont la propriété a été transférée à la collectivité territoriale de Corse par la loi n° 2002-92 du 22 janvier 2002 relative à la Corse et selon des modalités réglées par une convention conclue entre l'État, la collectivité territoriale de Corse et l'Office national des forêts ;

2° Les bois et forêts remis en dotation au domaine national de Chambord ;

(L. n° 2014-1170 du 13 oct. 2014, art. 69-II-1°) « 3° Les forêts de Chantilly et de Chaalis appartenant à l'Institut de France. »

....

CHAPITRE III *Bois et forêts de l'État*

SECTION I *Acquisition, affectation et aliénation*

Art. L. 213-1 Conformément aux dispositions de l'article L. 3211-5 du code général de la propriété des personnes publiques, les bois et forêts de l'État ne peuvent être aliénés qu'en vertu d'une loi ou, par dérogation, dans les cas et conditions définis au même article.

Art. L. 213-1-1 *(L. n° 2014-1170 du 13 oct. 2014, art. 69-II-2°)* « En cas d'aliénation de biens relevant » du régime forestier en vertu du 1° du I de l'article L. 211-1, le produit de l'opération est encaissé par le Trésor à titre de fonds de concours en vue d'être employé à l'achat par l'État de terrains boisés ou à boiser.

Le présent art. est l'ancien al. 2 de l'art. L. 213-1, renuméroté par la L. n° 2014-1170 du 13 oct. 2014, art. 69-II-2°.

Art. L. 213-2 Lorsque des biens cessent de relever du régime forestier, dans le cas prévu au II de l'article L. 211-1 et conformément aux dispositions du code général de la propriété des personnes publiques, des indemnités déterminées dans des conditions fixées par décret en Conseil d'État sont mises à la charge du service ou de l'établissement bénéficiaire.

Ces indemnités sont versées au Trésor public par voie de fonds de concours. Dans le cas où le bénéficiaire est un service de l'État, elles font l'objet d'un rattachement de crédits au sens de l'article 17 de la loi n° 2001-692 du 1er août 2001 organique relative aux lois de finances, pour être employées à l'achat de terrains boisés ou à boiser.

Art. L. 213-3 Les dispositions de l'article *(L. n° 2014-1170 du 13 oct. 2014, art. 69-II-3°)* « L. 213-1-1 » sont applicables aux soultes en argent attribuées à l'État dans les échanges immobiliers intéressant le domaine forestier de l'État.

SECTION II *Délimitation et bornage*

Art. L. 213-4 La séparation entre les bois et forêts de l'État et les propriétés riveraines peut faire l'objet soit d'une délimitation générale selon une procédure définie par décret, soit d'une délimitation partielle.

La séparation par délimitation partielle est requise soit par l'Office national des forêts agissant pour le compte de l'État, soit par les propriétaires riverains, et l'action est intentée dans les formes de droit commun en matière de délimitation des propriétés riveraines.

Il est sursis à statuer sur cette action si l'Office national des forêts offre, dans le délai de quatre mois, d'ouvrir la procédure de délimitation générale.

....

CHAPITRE IV *Bois et forêts des collectivités territoriales et de certaines personnes morales*

SECTION I *Dispositions générales*

Art. L. 214-1 La propriété des bois communaux ne peut jamais donner lieu à partage entre les habitants.

Art. L. 214-2 Lorsque deux ou plusieurs communes possèdent un bois en indivision, chacune conserve le droit d'en provoquer le partage.

Art. L. 214-3 Dans les bois et forêts des collectivités territoriales et des autres personnes morales mentionnées au 2° du I de l'article L. 211-1 susceptibles d'aménagement, d'exploitation régulière ou de reconstitution, l'application du régime forestier est prononcée par l'autorité administrative compétente de l'État, après avis de la collectivité ou de la personne morale intéressée. En cas de désaccord, la décision est prise par arrêté du ministre chargé des forêts.

Art. L. 214-4 Les dispositions applicables aux bois et forêts de l'État définies aux sections 2 à 6 du chapitre III du présent titre sont applicables aux bois et forêts des collectivités et autres personnes morales mentionnées au 2° du I de l'article L. 211-1 sous réserve des dispositions particulières définies au présent chapitre.

....

CHAPITRE V *Bois et forêts indivis relevant du régime forestier*

Art. L. 215-1 Les frais de délimitation et de garde des bois et forêts indivis sont supportés par les indivisaires, chacun dans la proportion de ses droits.

Art. L. 215-2 Aucun indivisaire ne peut, à peine de nullité de la vente, effectuer de coupe, d'exploitation ou de vente dans les bois et forêts indivis.

Art. L. 215-3 Les indivisaires des bois et forêts indivis ont, dans les restitutions et dommages-intérêts, la même part que dans le produit des ventes, chacun dans la proportion de ses droits.

....

DEUXIÈME PARTIE : ***RÉGLEMENTAIRE***

(Décr. nº 2012-836 du 29 juin 2012, en vigueur le 1er juill. 2012)

LIVRE II Bois et forêts relevant du régime forestier

TITRE PREMIER Régime forestier

CHAPITRE III *Bois et forêts de l'État*

SECTION I *Acquisition, affectation et aliénation*

Art. R. 213-1 Les achats de terrains au nom de l'État prévus à l'article L. 213-3 sont décidés par le ministre chargé des forêts.

Art. R. 213-2 La dation en paiement d'un immeuble en nature de bois et forêts pouvant être incorporé au domaine forestier de l'État en application de l'article 1716 *bis* du code général des impôts vaut remise de cet immeuble aux services du ministre chargé des forêts.

SECTION II *Délimitation et bornage*

SOUS-SECTION 1 *Délimitation générale*

Art. R. 213-3 Un projet de délimitation générale et de bornage de bois et forêts de l'État est annoncé deux mois à l'avance par un arrêté du préfet, publié et affiché dans les communes limitrophes et notifié au domicile des propriétaires riverains ou au domicile de leurs fermiers, gardes ou agents. Cette notification est faite par tout moyen permettant d'établir date certaine.

L'arrêté indique le jour fixé pour le commencement des opérations et le point de départ de la délimitation.

Art. D. 213-4 Le maire des communes où doit être affiché l'arrêté destiné à annoncer les opérations de délimitation générale adresse au préfet un certificat constatant la publication et l'affichage dans la commune.

Art. R. 213-5 A la date fixée pour le commencement des opérations, compte tenu du délai de publicité prévu à l'article R. 213-3, les agents de l'Office national des forêts procèdent à la délimitation tant en présence qu'en l'absence des propriétaires riverains.

Art. R. 213-6 Le procès-verbal de délimitation générale est rédigé par les experts suivant l'ordre dans lequel l'opération a été faite. Il est divisé en autant d'articles qu'il y a de propriétés riveraines et chacun des articles est clos séparément et signé par les parties intéressées.

Si les propriétaires riverains sont absents ou ne se font pas représenter par un fondé de pouvoir, ou s'ils ne peuvent ou ne veulent pas signer le procès-verbal, il en est fait mention à chacun des articles qui les concernent.

SOUS-SECTION 2 *Délimitation partielle*

Art. R. 213-7 Les demandes en délimitation partielle et bornage entre les bois et forêts de l'État et les propriétés riveraines sont adressées au directeur départemental des finances publiques ou à l'Office national des forêts.

Le préfet, par arrêté pris sur proposition du directeur départemental des finances publiques et sur l'avis de l'Office national des forêts, nomme un ou plusieurs ingénieurs de cet office comme experts dans l'intérêt de l'État.

SOUS-SECTION 3 *Dispositions communes*

Art. R. 213-8 Chaque fois que la rectification du périmètre de bois et forêts entraîne l'abandon d'une portion de sol forestier, le procès-verbal doit énoncer les motifs de cette rectification, même en l'absence de toute contestation à ce sujet entre les experts.

En cas de difficultés sur la fixation des limites, les réquisitions, dires et observations contradictoires sont consignés au procès-verbal.

Art. R. 213-9 Le procès-verbal de la délimitation est immédiatement déposé à la préfecture et par extrait à la sous-préfecture en ce qui concerne chaque arrondissement. Il en est donné avis par un arrêté du préfet, publié et affiché dans les communes limitrophes. Les intéressés peuvent en prendre connaissance et former leur opposition dans le délai de quatre mois à dater du jour où l'arrêté a été publié.

Art. R. 213-10 Les intéressés peuvent requérir des extraits certifiés conformes du procès-verbal de délimitation en ce qui concerne leurs propriétés. Les frais d'expédition de ces extraits sont à la charge des requérants et réglés conformément aux tarifs en vigueur.

Art. D. 213-11 Les réclamations que les propriétaires peuvent former avant l'expiration du délai d'opposition prévu à l'article R. 213-9 sont adressées au préfet qui les communique pour observation à l'Office national des forêts et au directeur départemental des finances publiques.

Art. R. 213-12 Au terme du délai de quatre mois prévu à l'article R. 213-9, le préfet approuve ou refuse d'homologuer en tout ou en partie le procès-verbal de délimitation.

Sa décision est publiée dans les conditions mentionnées au même article.

Art. R. 213-13 Si, au terme du délai de quatre mois mentionné à l'article R. 213-9, il n'a été élevé aucune réclamation par les propriétaires riverains contre le procès-verbal de délimitation et si le préfet n'a pas refusé d'homologuer les articles concernant ces mêmes propriétaires, l'opération est définitive à leur égard.

Art. R. 213-14 En cas de contestations élevées soit pendant les opérations, soit par suite d'oppositions formées par les riverains, celles-ci sont portées par les parties intéressées devant les tribunaux compétents et il est sursis à l'abornement jusque après leur décision définitive.

SOUS-SECTION 4 *Bornage*

Art. R. 213-15 Le bornage des propriétés ainsi délimitées doit s'effectuer dans le mois suivant la date où la délimitation est devenue définitive. L'Office national des forêts y procède en présence ou en l'absence des parties intéressées dûment convoquées par un arrêté du préfet, publié et signifié dans les conditions prévues aux articles R. 213-3 et D. 213-4.

En cas de refus de la part de l'Office national des forêts de procéder au bornage, les propriétaires riverains peuvent saisir les tribunaux compétents.

Art. R. 213-16 Lorsque la séparation est effectuée par un simple bornage, elle est faite à frais communs.

Les fossés et tous autres types de clôture sont exécutés aux frais de la partie requérante et pris en entier sur son terrain.

Art. R. 213-17 L'état des frais de délimitation et de bornage, établi par articles séparés pour chaque propriété riveraine, est arrêté par l'Office national des forêts et rendu exécutoire par le préfet. Il est remis au comptable public chargé des recettes domaniales de l'État qui poursuit le recouvrement des sommes mises à la charge des riverains, sauf en cas d'opposition devant les tribunaux.

Art. R. 213-18 Conformément aux dispositions du décret n° 55-22 du 4 janvier 1955 portant réforme de la publicité foncière, la minute du procès-verbal de bornage est déposée au rang des minutes des actes de l'État par acte administratif passé, à la diligence du directeur départemental des finances publiques, par devant le préfet et présenté à la formalité de la publicité foncière par les soins de ce directeur et aux frais de l'État.

....

CHAPITRE IV *Bois et forêts des collectivités territoriales et de certaines personnes morales*

SECTION I *Dispositions générales*

Art. R. 214-1 Les dispositions des sections II à VI et VIII du chapitre III du présent titre sont applicables aux terrains relevant du régime forestier qui appartiennent aux collectivités et aux personnes morales mentionnées au 2° du I de l'article L. 211-1, sous réserve des dispositions particulières définies au présent chapitre.

....

SECTION II *Délimitation et bornage*

Art. R. 214-10 En cas de délimitation tant partielle que générale, l'avis de l'Office national des forêts et celui du maire ou du représentant des collectivités propriétaires ou administrateurs est transmis au préfet qui nomme le ou les ingénieurs de l'Office national des forêts chargés d'opérer comme experts dans l'intérêt de la collectivité ou personne morale propriétaire.

Art. R. 214-11 Le maire de la commune ou l'un des représentants de la collectivité ou administrateurs de la personne morale propriétaire peut assister à toutes les opérations aux côtés de l'ingénieur de l'Office national des forêts nommé expert.

Ses observations ou oppositions sont consignées au procès-verbal.

Le conseil régional, l'assemblée de Corse, le conseil départemental, le conseil municipal ou le conseil d'administration sont appelés à délibérer sur les conclusions du procès-verbal avant qu'il soit soumis à l'homologation du préfet.

Art. R. 214-12 En cas de contestation ou d'opposition, les collectivités ou personnes morales propriétaires intentent l'action judiciaire ou y défendent dans les formes ordinaires.

Art. R. 214-13 Lorsque les délimitations ou les bornages, partiels ou généraux, ont été entrepris à l'initiative de la collectivité ou personne morale propriétaire, celle-ci règle directement et intégralement aux ayants droit et à l'Office national des forêts les frais des opérations et recouvre ensuite, auprès des propriétaires riverains, les quotes-parts de ces frais mises à leur charge.

Lorsque la délimitation et le bornage partiels ont été requis par les riverains, la collectivité ou personne morale propriétaire peut faire l'avance des frais des opérations. Si elle n'en fait pas l'avance, le règlement de ces frais incombe à chacune des parties et leur recouvrement est assuré, dans les conditions prévues à l'article R. 214-14, à la diligence du comptable de la collectivité ou personne morale propriétaire.

Art. R. 214-14 Dans tous les cas, l'état des frais de délimitation et de bornage, dressé par l'ingénieur de l'Office national des forêts nommé expert, est remis au comptable de la collectivité ou personne morale propriétaire, qui poursuit le recouvrement des sommes mises à la charge des riverains par toutes voies de droit au profit et pour le compte de ceux à qui ces frais sont dus.

S'il y a lieu, l'état des frais mis en recouvrement au profit des collectivités et établissements publics est rendu exécutoire dans les conditions prévues par la réglementation propre à ces collectivités et établissements publics.

.....

CHAPITRE V *Bois et forêts indivis relevant du régime forestier*

Art. R. 215-1 En cas d'indivision entre les bois et forêts d'une collectivité mentionnée au 2° du I de l'article L. 211-1 et ceux de particuliers, telle que mentionnée à l'article L. 215-1, il est fait application du chapitre IV du présent titre ainsi que des autres dispositions réglementaires régissant les bois et forêts relevant du 2° du I de l'article L. 211-1.

Art. R. 215-2 Lorsqu'il y a lieu d'effectuer des travaux non prévus par l'aménagement pour l'amélioration des bois indivis, l'Office national des forêts communique aux indivisaires les propositions et projets de travaux.

Art. R. 215-3 Lorsque le partage de bois et forêts indivis entre l'État et d'autres propriétaires peut être effectué sans inconvénient, la décision est prise sur proposition du directeur général de l'Office national des forêts, par décision conjointe du ministre chargé des forêts et du ministre chargé du domaine. L'action est intentée et suivie par le directeur départemental des finances publiques, conformément au droit commun et dans les formes ordinaires.

S'il y a lieu de nommer des experts à la demande des parties, ceux-ci sont nommés :

1° Dans l'intérêt de l'État, parmi les ingénieurs en service à l'Office national des forêts, par le directeur départemental des finances publiques, sur proposition de l'Office national des forêts ;

2° Dans l'intérêt des communes, par le maire après délibération du conseil municipal ;

3° Dans l'intérêt des autres collectivités et personnes morales, par le président de l'exécutif de ces collectivités, après accord de l'assemblée délibérante, ou par les administrateurs.

Autorisation d'occupation du domaine public constitutive de droits réels

Code général des collectivités territoriales

PREMIÈRE PARTIE : ***LÉGISLATIVE***

PREMIÈRE PARTIE **Dispositions générales**

LIVRE III **Biens des collectivités territoriales, de leurs établissements et de leurs groupements** *(L. n° 2002-276 du 27 févr. 2002, art. 135, mod. par Ord. n° 2003-902 du 19 sept. 2003, art. 1er).*

TITRE PREMIER **Régime général**

CHAPITRE UNIQUE

SECTION II ***Autorisation d'occupation du domaine public constitutive de droits réels***

Art. L. 1311-5 I. – Les collectivités territoriales peuvent délivrer sur leur domaine public des autorisations d'occupation temporaire constitutives de droits réels *(Abrogé par Ord. n° 2015-899 du 23 juill. 2015, art. 101-II)* « *, en vue de l'accomplissement, pour leur compte, d'une mission de service public* » *(Abrogé par Ord. n° 2018-1074 du 26 nov. 2018, art. 6)* « *ou* » en vue de la réalisation d'une opération d'intérêt général relevant de leur compétence. Le titulaire de ce titre possède un droit réel sur les ouvrages, constructions et installations de caractère immobilier qu'il réalise pour l'exercice de cette activité.

Ce droit réel confère à son titulaire, pour la durée de l'autorisation et dans les conditions et les limites précisées dans la présente section, les prérogatives et obligations du propriétaire.

Le titre fixe la durée de l'autorisation, en fonction de la nature de l'activité et de celle des ouvrages autorisés, et compte tenu de l'importance de ces derniers, sans pouvoir excéder soixante-dix ans.

Ces dispositions sont applicables aux groupements et aux établissements publics des collectivités territoriales, tant pour leur propre domaine public que pour celui mis à leur disposition.

II. – Dans les ports et les aéroports, sont considérées comme satisfaisant à la condition d'intérêt public local mentionnée au premier alinéa du I les activités ayant trait à l'exploitation du port ou de l'aéroport ou qui sont de nature à contribuer à leur animation ou à leur développement.

(Ord. n° 2015-899 du 23 juill. 2015, art. 101-II) « III. – Les collectivités territoriales ne peuvent utiliser ces autorisations d'occupation temporaire constitutives de droits réels pour l'exécution de travaux, la livraison de fournitures, la prestation de services, ou la gestion d'une mission de service public, avec une contrepartie économique constituée par un prix ou un droit d'exploitation, pour leur compte ou pour leurs besoins.

« Dans le cas où une autorisation d'occupation temporaire constitutive de droits réels serait nécessaire à l'exécution d'un contrat de la commande publique, ce contrat prévoit, dans le respect des dispositions du I et du code général de la propriété des personnes publiques, les conditions de l'occupation du domaine. »

IV. – Les constructions mentionnées au présent article peuvent donner lieu à la conclusion de contrats de crédit-bail. Dans ce cas, le contrat comporte des clauses permettant de préserver les exigences du service public.

L'Ord. n° 2015-899 du 23 juill. 2015 entre en vigueur à une date fixée par voie réglementaire et au plus tard le 1er avr. 2016. Sous réserve de ces modalités d'entrée en vigueur, cette Ord. s'applique aux marchés publics ainsi qu'aux contrats qui relèvent de cette Ord. pour lesquels une consultation est engagée ou un avis d'appel public à la concurrence a été envoyé à la publication à compter du 1er janv. 2016 (Ord. préc., art. 103).

Art. L. 1311-6 Le droit réel conféré par le titre, les ouvrages, constructions et installations de caractère immobilier ne peuvent être cédés, ou transmis dans le cadre de mutations entre vifs ou de fusion, absorption ou scission de sociétés, pour la durée de validité du titre restant à courir, y compris dans le cas de réalisation de la sûreté portant sur lesdits droits et biens et dans les cas prévus aux premier et deuxième alinéas de l'article L. 1311-6-1, qu'à une personne agréée par les collectivités territoriales, leurs groupements et leurs établissements publics, en vue d'une utilisation compatible avec l'affectation du domaine public occupé.

Lors du décès d'une personne physique titulaire d'un titre d'occupation constitutif de droit réel, celui-ci peut être transmis, dans les conditions prévues à l'alinéa précédent, au conjoint survivant ou aux héritiers sous réserve que le bénéficiaire, désigné par accord entre eux, soit présenté à l'agrément de l'autorité compétente dans un délai de six mois à compter du décès.

Art. L. 1311-6-1 Le droit réel sur le titre, les ouvrages, constructions et installations ne peuvent être hypothéqués que pour garantir les emprunts contractés par le titulaire de l'autorisation en vue de financer la réalisation, la modification ou l'extension des ouvrages, constructions et installations de caractère immobilier situés sur la dépendance domaniale occupée.

Les créanciers chirographaires autres que ceux dont la créance est née de l'exécution des travaux mentionnés à l'alinéa précédent ne peuvent pratiquer des mesures conservatoires ou des mesures d'exécution forcée sur les droits et biens mentionnés au présent article.

Les hypothèques sur lesdits droits et biens s'éteignent au plus tard à l'expiration des titres d'occupation délivrés en application de l'article L. 1311-5, quels qu'en soient les circonstances et le motif.

Art. L. 1311-7 A l'issue du titre d'occupation, les ouvrages, constructions et installations de caractère immobilier existant sur la dépendance domaniale occupée doivent être démolis, soit par le titulaire de l'autorisation, soit à ses frais, à moins que leur maintien en l'état n'ait été prévu expressément par le titre d'occupation ou que l'autorité compétente ne renonce en tout ou partie à leur démolition.

Les ouvrages, constructions et installations de caractère immobilier dont le maintien à l'issue du titre d'occupation a été accepté deviennent de plein droit et gratuitement la propriété des collectivités territoriales, de leurs groupements et de leurs établissements publics, francs et quittes de tous privilèges et hypothèques.

Toutefois, en cas de retrait de l'autorisation avant le terme prévu, pour un motif autre que l'inexécution de ses clauses et conditions, le titulaire est indemnisé du préjudice direct, matériel et certain né de l'éviction anticipée. Les règles de détermination de l'indemnité peuvent être précisées dans le titre d'occupation. Les droits des créanciers régulièrement inscrits à la date du retrait anticipé sont reportés sur cette indemnité.

Deux mois au moins avant la notification d'un retrait pour inexécution des clauses et conditions de l'autorisation, les créanciers régulièrement inscrits sont informés des intentions de l'autorité compétente à toutes fins utiles, et notamment pour être mis en mesure de proposer la substitution d'un tiers au permissionnaire défaillant ou de s'y substituer eux-mêmes.

Art. L. 1311-8 Les dispositions des articles L. 1311-5 à L. 1311-7 ne sont pas applicables au domaine public naturel.

.....

Code du tourisme

PREMIÈRE PARTIE : ***LÉGISLATIVE***

LIVRE III **Équipements et aménagements**

TITRE IV **Aménagements et réglementation des espaces à vocation touristique**

CHAPITRE PREMIER *Littoral*

SECTION II *Ports de plaisance et zones de mouillages*

.....

Art. L. 341-8 *(Ord. n° 2006-460 du 21 avr. 2006, art. 3-XV-1°)* Les règles relatives aux autorisations d'occupation temporaire du domaine public qui peuvent être accordées pour l'aménagement, l'organisation et la gestion de zones de mouillages et d'équipement léger sont fixées à l'article L. 2124-5 du code général de la propriété des personnes publiques.

Art. L. 341-9 Le bénéficiaire d'une telle autorisation peut être habilité à percevoir des usagers une redevance pour services rendus.

Art. L. 341-10 *(Ord. n° 2006-640 du 21 avr. 2006, art. 3-XV-2°)* Les infractions à la police du mouillage sont constatées par les officiers et agents de police judiciaire et par les fonctionnaires et agents de l'État habilités à constater les infractions à la police des ports maritimes, à la police de la navigation et à la police de la conservation du domaine public maritime et fluvial. Elles peuvent également, lorsque le bénéficiaire de l'autorisation est une collectivité territoriale, être constatées par des fonctionnaires et agents de ces collectivités, assermentés et commissionnés à cet effet par le président du conseil régional, le président du conseil départemental ou le maire, selon le cas.

Art. L. 341-11 *(Ord. n° 2006-640 du 21 avr. 2006, art. 3-XV-3°)* Les règles relatives aux autorisations d'occupation temporaire qui peuvent être accordées pour l'aménagement, l'organisation et la gestion de zones de mouillages et d'équipement léger sur le domaine public fluvial sont fixées à l'article L. 2124-14 du code général de la propriété des personnes publiques.

Les dispositions prévues aux articles L. 341-9 et L. 341-10 s'appliquent aux mouillages et équipements légers réalisés sur le domaine public fluvial même lorsqu'il n'est pas situé dans les communes définies par l'article L. 321-2 *(L. n° 2009-526 du 12 mai 2009, art. 121-III)* « du code de l'environnement ».

Art. L. 341-12 Les droits de ports et autres redevances perçus dans les ports de plaisance peuvent être affectés à l'aménagement et à l'exploitation de mouillages ou d'équipements isolés pour l'accueil et l'exercice de la navigation de plaisance dans le cadre de leur bassin de navigation de plaisance.

Art. L. 341-13 Les conditions d'application des articles L. 341-8 à L. 341-12 sont fixées par décret en Conseil d'État. Ce décret définit notamment les règles générales de la police et de l'exploitation de ces mouillages.

Art. L. 341-13-1 *(L. n° 2006-1172 du 30 déc. 2006, art. 43)* Afin d'assurer la protection de la santé publique et du milieu aquatique, les navires de plaisance, équipés de toilettes et construits après le 1er janvier 2008, qui accèdent aux ports maritimes et fluviaux ainsi qu'aux zones de mouillages et d'équipement léger sont munis d'installations permettant soit de stocker, soit de traiter les eaux usées de ces toilettes.

Ces dispositions s'appliquent également aux établissements flottants recevant du public, construits après le 1er janvier 2008 et stationnant de façon habituelle et prolongée sur le domaine public fluvial. A compter du 1er janvier 2010, elles s'appliquent à l'ensemble de ces établissements, quelle que soit leur date de construction.

....

DEUXIÈME PARTIE : *RÉGLEMENTAIRE*

(Décr. nos 2006-1228 et 2006-1229 du 6 oct. 2006)

LIVRE III **Équipements et aménagements**

TITRE IV **Aménagements et réglementation des espaces à vocation touristique**

CHAPITRE PREMIER *Littoral*

SECTION II *Ports de plaisance et zones de mouillages*

Art. D. 341-2 Les règles relatives à l'occupation temporaire du domaine public maritime, en dehors des limites *(Décr. n° 2020-677 du 4 juin 2020, art. 19)* « administratives » des ports, en vue de l'aménagement, *(Abrogé par Décr. n° 2020-677 du 4 juin 2020, art. 19)* *« de »* l'organisation et la gestion des zones de mouillages et d'équipements légers destinées à l'accueil et au stationnement des *(Décr. n° 2020-677 du 4 juin 2020, art. 19)* « navires et bateaux tels que définis par le code des transports », sont fixées *(Décr. n° 2011-1612 du*

22 nov. 2011, art. 12) « par les articles R. 2124-39 à R. 2124-55 du code général de la propriété des personnes publiques ».

V. note ss. art. R. 2124-4, supra.

Art. D. 341-3 *(Décr. n° 2011-1612 du 22 nov. 2011, art. 12)* Les règles relatives à l'occupation du domaine public fluvial en vue de l'aménagement, de l'organisation et de la gestion des zones de mouillages et d'équipements légers sont fixées à la présente section et à l'article R. 2124-58 du code général de la propriété des personnes publiques.

Art. R. 341-4 *(Décr. n° 2011-1612 du 22 nov. 2011, art. 12)* Les règles générales de la police du mouillage mentionnées à l'article L. 341-13, applicables au domaine public fluvial et au domaine public maritime, sont définies dans un règlement de police établi, selon le cas, par arrêté du préfet ou par un arrêté conjoint du préfet et du préfet maritime, pris après consultation du titulaire de l'autorisation. Ce règlement définit les chenaux d'accès et les règles de navigation dans ces chenaux et au voisinage de la zone, les mesures à prendre pour le balisage de la zone de mouillages, les prescriptions relatives à la conservation du domaine, la sécurité des personnes et des biens, la prévention et la lutte contre les accidents et les incendies et contre les pollutions de toute nature.

Un mois au plus tard après la notification qui lui est faite de cet arrêté, le titulaire de l'autorisation ou le gestionnaire adresse au chef du service compétent les consignes précisant à l'égard des usagers les conditions d'utilisation des ouvrages, outillages, installations et services, les règles prises pour la lutte contre l'incendie ainsi que les mesures relatives à la conservation et la propreté du plan d'eau et à la protection des navires et embarcations.

Le titulaire affiche ces consignes, les porte à la connaissance des usagers et met en place les panneaux nécessaires.

Lorsque la zone de mouillages n'est pas accessible par voie de terre aux véhicules spécialisés d'incendie et de secours, le titulaire de l'autorisation en informe les usagers au moyen de marques apparentes visibles de terre et du plan d'eau.

L'autorisation ne fait pas obstacle à l'adoption par l'autorité compétente de toute mesure relative à la police de la conservation et de l'utilisation du domaine public, à la police de la navigation, à la police des eaux et de la pêche et aux règles de sécurité.

Le balisage de la zone de mouillages et de ses accès est réalisé et entretenu à ses frais par le titulaire de l'autorisation selon les instructions de l'autorité compétente.

Le titulaire est tenu d'informer sans délai le service chargé de la signalisation maritime ou fluviale de tout changement constaté dans la situation du balisage.

Art. R. 341-5 *(Décr. n° 2011-1612 du 22 nov. 2011, art. 12)* Indépendamment des infractions relatives à la conservation du domaine public qui demeurent soumises au régime de la contravention de grande voirie, les infractions aux dispositions des règlements de police du mouillage mentionnés à l'article R. 341-4 seront punies des peines d'amende prévues pour les contraventions de la 2e classe.

En cas de récidive, il sera fait application des peines d'amende prévues pour les contraventions de la 3e classe.

Sera puni des peines d'amende prévues pour les contraventions de la 4e classe quiconque aura refusé d'exécuter les ordres donnés par les fonctionnaires et agents compétents en matière de police du mouillage concernant les mouvements des navires, bateaux et autres embarcations ou le respect des dispositions des règlements de police du mouillage mentionnés à l'article R. 341-4.

En cas de récidive, il sera fait application des peines d'amende prévues pour les contraventions de la 5e classe.

Art. D. 341-6 Les règles relatives aux servitudes de passage affectant les propriétés privées riveraines du domaine public maritime sont fixées par les dispositions des articles *(Décr. n° 2015-1783 du 28 déc. 2015, art. 9-XIII-5°, en vigueur le 1er janv. 2016)* « R. 121-9 et suivants » du code de l'urbanisme. — *Le présent art. est l'ancien art. D. 341-3 renuméroté par le Décr. n° 2011-1612 du 22 nov. 2011, art. 12.*

Loi n° 2008-735 du 28 juillet 2008,

Relative aux contrats de partenariat.

....

Art. 48 A compter du 1er janvier 2009, tout projet de bail présenté par l'État ou par un établissement public de l'État conclu dans le cadre d'une autorisation d'occupation temporaire constitutive de droit réel du domaine public, défini à l'article L. 2122-15 du code général de la propriété des personnes publiques, dont le loyer est supérieur à un montant fixé par décret en Conseil d'État, est soumis à la réalisation d'une évaluation préalable dans les conditions définies à l'article 2 de l'ordonnance n° 2004-559 du 17 juin 2004 sur les contrats de partenariat.

Cette évaluation a pour but de permettre le choix, parmi les contrats de la commande publique, de celui qui présente un bilan entre les avantages et les inconvénients plus favorable, compte tenu soit des caractéristiques du projet, soit des exigences du service public dont la personne publique est chargée, soit des insuffisances et difficultés observées dans la réalisation de projets comparables, que ceux d'autres contrats de la commande publique.

Les conditions de saisine pour avis des organismes experts visés à l'article 2 de l'ordonnance n° 2004-559 du 17 juin 2004 précitée sont fixées par décret.

Décret n° 2004-18 du 6 janvier 2004,

Pris pour l'application de l'article L. 34-3-1 du code du domaine de l'État (Abrogé par Décr. n° 2011-1612 du 22 nov. 2011, art. 3).

Les art. du Décr. n° 2004-18 du 6 janv. 2004, abrogés en vertu de l'art. 3 du Décr. n° 2011-1612 du 22 nov. 2011, restent en vigueur en tant qu'ils s'appliquent à Saint-Barthélemy, à Saint-Martin, à Mayotte, à Saint-Pierre-et-Miquelon, en Polynésie française, dans les îles Wallis-et-Futuna, dans les Terres australes et antarctiques françaises et en Nouvelle-Calédonie, sous réserve des compétences en matière domaniale de ces collectivités à la date d'entrée en vigueur dudit décret (Décr. préc. du 22 nov. 2011, art. 19).

TITRE PREMIER *[ABROGÉ]* Dispositions générales

Art. 1er *L'autorité administrative compétente agissant au nom de l'État peut conclure avec le titulaire d'une autorisation d'occupation temporaire du domaine public une convention de bail portant sur des bâtiments et installations à construire par le bailleur pour les besoins de la justice, de la police nationale, de la gendarmerie nationale, des armées ou des services du ministère de la défense.*

La convention de bail comporte, au profit de l'État, une option lui permettant d'acquérir, avant le terme qu'elle fixe, les ouvrages ainsi édifiés.

Elle peut également mettre à la charge du bailleur l'entretien et la maintenance des bâtiments et installations.

Art. 2 *La convention de bail n'est pas soumise au code des marchés publics* (Décr. n° 2004-732 du 26 juill. 2004, art. 2 ; Décr. n° 2009-1456 du 27 nov. 2009, art. 28 et 33, applicable aux contrats pour lesquels une consultation est engagée à partir du 1er déc. 2009) *« à l'exception de ses articles 39, 40, 40-1, 43 à 46, 50 à 53, 55, 62, 80, 82, 83, 85 et 85-1 dont il est fait application dans les cas prévus aux articles 6, 7, 8, 12 et 15 du présent décret ».*

Art. 2-1 (Décr. n° 2009-242 du 2 mars 2009, art. 2) *Le montant prévu à l'article 48 de la loi n° 2008-735 du 28 juillet 2008 relative aux contrats de partenariat est fixé, pour le loyer annuel du bail, à un million d'euros hors taxes.*

Art. 3 *La conclusion de la convention de bail est précédée d'une procédure de publicité et de mise en concurrence.*

(Décr. n° 2009-1456 du 27 nov. 2009, art. 29 et 33, applicable aux contrats pour lesquels une consultation est engagée à partir du 1er déc. 2009) *« Dès que l'autorité administrative a fait son choix pour une candidature ou une offre, elle notifie à tous les autres candidats le rejet de leur candidature ou de leur offre, en leur indiquant les motifs de ce rejet.*

« Cette notification précise le nom de l'attributaire et les motifs qui ont conduit au choix de son offre aux candidats ayant soumis une offre et à ceux n'ayant pas encore reçu communication du rejet de leur candidature.

« Un délai d'au moins seize jours est respecté entre la date d'envoi de la notification prévue aux alinéas précédents et la date de conclusion du marché. Ce délai est réduit à au moins onze jours en cas de transmission électronique de la notification à l'ensemble des candidats intéressés.

« La notification de l'attribution du marché ou de l'accord-cadre comporte l'indication de la durée du délai de suspension que le pouvoir adjudicateur s'impose, eu égard notamment au mode de transmission retenu. »

(Décr. n° 2004-732 du 26 juill. 2004, art. 3-I et II) *« Le candidat retenu se voit délivrer une autorisation d'occupation temporaire du domaine public constitutive de droits réels dans des conditions définies aux articles R. 57-3 et R. 57-7 du code du domaine de l'État.*

« La procédure de mise en concurrence peut également porter sur un ensemble d'opérations à réaliser sur des terrains distincts, qui nécessite la délivrance de plusieurs autorisations d'occupation temporaire du domaine public. Dans ce cas, il peut être fait application des dispositions de l'article 4-1. »

La consultation du service des domaines s'effectue avant la signature de la convention de bail dans les conditions prévues par le décret du 14 mars 1986 susvisé.

Art. 4 *Le loyer est fixé en fonction du montant de l'investissement consenti par le bailleur et du mode de financement de l'opération et comprend une part correspondant à l'amortissement du capital investi. Il tient également compte, le cas échéant, des prestations de services d'entretien et de maintenance des bâtiments et installations qui devront être assurées par le bailleur.*

Art. 4-1 (Décr. n° 2004-732 du 26 juill. 2004, art. 4) *La convention de bail peut être conclue sous forme d'un contrat comportant une tranche ferme et une ou plusieurs tranches conditionnelles. Le contrat définit la consistance, le loyer et les modalités d'exécution des prestations de chaque tranche. Les prestations de la tranche ferme doivent constituer un ensemble cohérent. Il en est de même des prestations de chaque tranche conditionnelle, compte tenu des prestations de toutes les tranches antérieures. L'exécution de chaque tranche conditionnelle est subordonnée à une décision de l'autorité administrative notifiée au titulaire dans les conditions fixées au contrat.*

L'État ne peut renoncer à une tranche conditionnelle que pour des motifs impérieux d'ordre économique, technique ou financier.

Lorsque l'État renonce à affermir une tranche conditionnelle, il peut, à titre d'indemnisation, modifier le montant du loyer versé au titulaire de la convention de bail à raison de la tranche ferme, dans les conditions prévues dans le cahier des charges ou le règlement de la consultation.

Art. 5 *La convention comporte une clause autorisant l'État à résilier le bail à tout moment, notamment si le bailleur ne se conforme pas à ses obligations ou si* [,] *du fait de ce dernier, la continuité du service public ne peut plus être assurée.*

Lorsqu'elle est motivée par un manquement du bailleur à ses obligations, la mise en œuvre de la clause mentionnée à l'alinéa précédent emporte retrait de l'autorisation d'occupation temporaire consentie au bailleur. Ce retrait est notifié selon les modalités prévues aux I et II de l'article R. 57-6 [R. 57-6-1] *du code du domaine de l'État.*

Le bail fixe les conditions dans lesquelles les bâtiments et installations entrent dans le patrimoine de l'État, selon les cas à la date de la résiliation de la convention de bail lorsqu'elle emporte retrait de l'autorisation d'occupation temporaire, ou au terme de cette autorisation.

Le bail prend fin de plein droit lorsque l'autorisation d'occupation temporaire cesse de produire effet ou fait l'objet d'une résiliation avant le terme fixé.

TITRE II *[ABROGÉ]* Procédure de passation de droit commun

Art. 6 *L'autorité administrative fait connaître son intention de conclure une convention de bail au moyen d'un avis d'appel public à concurrence inséré dans une publication habilitée à recevoir des annonces légales et dans une publication spécialisée correspondant au secteur économique concerné ainsi que, le cas échéant, dans le Journal officiel de l'Union européenne, lorsque le montant du contrat est supérieur à un montant défini par arrêté du ministre chargé de l'économie.*

Cet avis précise le délai dans lequel les candidats ou groupes de candidats peuvent présenter leur candidature. Ce délai ne peut être inférieur à trente-sept jours à compter de la date d'envoi à la publication.

Cet avis indique également les modalités de présentation des candidatures, les critères de sélection des offres et, le cas échéant, les objectifs poursuivis et les performances attendues. (Décr. n° 2004-732 du 26 juill. 2004, art. 5-I) *« Ces critères sont pondérés. Si l'autorité administrative démontre qu'une telle pondération est objectivement impossible, ils sont alors hiérarchisés. » Parmi les critères de sélection figurent notamment l'adéquation des solutions proposées aux prescriptions du cahier des charges, la valeur actualisée de l'offre, la qualité technique et architecturale des bâtiments et installations, le délai de réalisation ainsi que, s'il y a lieu, la qualité des prestations de services au regard des besoins du service public.*

(Décr. n° 2004-732 du 26 juill. 2004, art. 5-II ; Décr. n° 2009-1456 du 27 nov. 2009, art. 30 et 33, applicable aux contrats pour lesquels une consultation est engagée à partir du 1er déc. 2009) *« Les articles 39, 40, 40-1, et 50 du code des marchés publics sont applicables. »*

Art. 7 (Décr. n° 2004-732 du 26 juill. 2004, art. 6) *« L'autorité administrative établit la liste des candidats admis à présenter une offre après examen de leurs garanties professionnelles et financières, selon les règles fixées aux articles 43 à 45, 51 et 52 du code des marchés publics.*

« Elle adresse à chacun des candidats, dans les conditions prévues à l'article 62 du code des marchés publics, une lettre d'invitation à présenter une offre. Cette lettre comprend notamment, outre

les indications mentionnées (Décr. n° 2009-1456 du 27 nov. 2009, art. 31 et 33, applicable aux contrats pour lesquels une consultation est engagée à partir du 1er déc. 2009) *« au I » de l'article 62 dudit code, un cahier des charges énonçant le programme applicable à l'immeuble à construire et, le cas échéant, les caractéristiques essentielles des prestations de service attendues du bailleur. »*

La lettre d'invitation indique également le délai de réception des offres qui ne peut être inférieur à quarante jours à compter de la date d'envoi de la lettre d'invitation.

Art. 8 (Décr. n° 2004-732 du 26 juill. 2004, art. 7) *La convention de bail est conclue avec le candidat ayant présenté l'offre économiquement la plus avantageuse au regard des critères figurant dans l'avis d'appel public à la concurrence, en conformité avec les articles 53 et 55 du code des marchés publics.*

TITRE III *[ABROGÉ]* Procédure négociée

Art. 9 (Décr. n° 2004-732 du 26 juill. 2004, art. 8) *Par dérogation aux articles 7, 8 et 12 du présent décret, la convention de bail peut être librement négociée par l'État dans les conditions définies aux articles 10 et 11, à condition toutefois que l'avis de publicité ait mentionné les critères d'attribution du bail, le nombre minimal de candidats que l'État prévoit d'inviter à soumissionner et qui ne saurait être inférieur à trois et, le cas échéant, le nombre maximum. Les critères d'attribution sont pondérés. Si l'autorité administrative démontre qu'une telle pondération est objectivement impossible, ils sont alors hiérarchisés.*

Art. 10 *Lorsque le montant du loyer prévu par la convention est déterminé principalement par le montant des travaux à réaliser et que celui de l'opération est inférieur à un montant fixé par arrêté du ministre chargé de l'économie, les offres sont librement négociées par l'État sur la base des critères de sélection figurant dans l'avis d'appel public à concurrence.*

Il en va de même lorsque le montant du loyer prévu par la convention de bail est déterminé principalement par le montant des prestations de services attendues du bailleur et que celui de l'opération est inférieur à un montant fixé par arrêté du ministre chargé de l'économie.

Art. 11 *Quel que soit le montant des travaux ou des prestations de services, la convention de bail peut être librement négociée par l'État sur la base des critères de sélection figurant dans l'avis d'appel public à concurrence lorsque l'appel d'offres est déclaré infructueux. Un nouvel avis d'appel public à la concurrence doit alors être publié au préalable.*

TITRE IV *[ABROGÉ]* Procédure de dialogue compétitif

(Décr. n° 2004-732 du 26 juill. 2004, art. 9-III)

Art. 12 *I. — Si, compte tenu de la complexité du projet, l'autorité administrative est objectivement dans l'impossibilité de définir les moyens techniques pouvant répondre à ses besoins ou d'établir le montage juridique ou financier du projet, la procédure du dialogue compétitif peut être utilisée pour passer la convention de bail.*

II. — Dans ce cas, un avis d'appel public à la concurrence est publié selon les règles prévues à l'article 6. Il indique qu'il sera recouru à une phase de dialogue dans les conditions décrites au présent titre et précise les critères de sélection des candidats admis à participer au dialogue. Par dérogation au troisième alinéa de l'article 6, les critères de sélection des offres peuvent ne pas être définis dans l'avis d'appel public à la concurrence, mais dans le règlement de la consultation. Parmi ces critères figurent nécessairement le coût global de l'offre et des objectifs de performance définis en fonction de l'objet du contrat. D'autres critères peuvent être retenus, notamment la valeur technique et le caractère innovant de l'offre, le délai de réalisation des ouvrages ou équipements, leur qualité esthétique ou fonctionnelle.

III. — La personne publique établit la liste des candidats admis à participer au dialogue en application des critères de sélection des candidatures mentionnés dans l'avis d'appel public à la concurrence, selon les règles fixées aux articles 43 à 45, 51 et 52 du code des marchés publics. Le nombre de ces candidats ne peut être inférieur à trois sous réserve d'un nombre suffisant de candidats.

Art. 13 *Sur la base du programme fonctionnel qu'elle a établi, l'autorité administrative engage un dialogue avec chacun des candidats, dont l'objet est de définir les moyens techniques et le montage juridique et financier les mieux à même de répondre à ses besoins.*

L'autorité administrative peut discuter avec les candidats de tous les aspects du contrat.

Chaque candidat est entendu dans les conditions de stricte égalité. L'autorité administrative ne peut donner à certains candidats des informations susceptibles de les avantager par rapport à d'autres. Elle ne peut révéler aux autres candidats des solutions proposées ou des informations confidentielles communiquées par un candidat dans le cadre de la discussion sans l'accord de celui-ci.

L'autorité administrative poursuit les discussions avec les candidats jusqu'à ce qu'elle soit en mesure d'identifier la ou les solutions, au besoin après les avoir comparées, qui sont susceptibles de répondre à ses besoins.

Elle peut prévoir que les discussions se déroulent en phases successives au terme desquelles seules sont retenues les propositions répondant le mieux aux critères d'attribution fixés dans l'avis d'appel public à la concurrence ou dans le règlement de consultation. Le recours à cette possibilité doit avoir été indiqué dans l'avis d'appel public à la concurrence ou dans le règlement de consultation.

Lorsqu'elle estime que la discussion est arrivée à son terme, l'autorité administrative en informe les candidats qui ont participé à toutes les phases de la consultation. Elle invite les candidats à remettre leur offre finale sur la base de la ou des solutions présentées et spécifiées au cours du dialogue dans un délai qui ne peut être inférieur à un mois. Elle définit les conditions d'exécution de la convention de bail, y compris de celles de ses clauses qui prévoient une évolution, pendant la durée de la convention, des droits et obligations du bailleur, et, le cas échéant, précise les critères d'attribution de la convention de bail définis dans l'avis d'appel public à la concurrence ou le règlement de la consultation. Elle s'efforce de maintenir jusqu'à ce stade une concurrence réelle.

Ces offres comprennent tous les éléments nécessaires à l'exécution du contrat.

L'autorité administrative peut demander des clarifications, des précisions et des perfectionnements ou compléments concernant les offres déposées par les candidats, ainsi que la confirmation de certains des engagements, notamment financiers, qui y figurent. Cependant, ces demandes ne peuvent avoir pour effet de modifier les éléments fondamentaux de l'offre ou des caractéristiques essentielles de la convention de bail.

Il peut être prévu qu'une prime sera allouée à tous les candidats ou à ceux dont les offres ont été les mieux classées.

Art. 14 *La convention de bail est attribuée au candidat qui a présenté l'offre économiquement la plus avantageuse, par application des critères définis dans l'avis d'appel public à la concurrence ou le règlement de la consultation et le cas échéant précisés dans les conditions prévues au sixième alinéa de l'article 13.*

TITRE V *[ABROGÉ]* Dispositions finales *(Décr. n° 2004-732 du 26 juill. 2004, art. 9-I).*

Art. 15 (Décr. n° 2004-732 du 26 juill. 2004, art. 10) *Les articles* (Décr. n° 2009-1456 du 27 nov. 2009, art. 32 et 33, applicable aux contrats pour lesquels une consultation est engagée à partir du 1er déc. 2009) *« 80 à 82 » du code des marchés publics sont applicables aux conventions de bail régies par le présent décret.*

Art. 16 (Décr. n° 2004-732 du 26 juill. 2004, art. 11) *I. — Sauf sujétion technique imprévue, un avenant ne peut bouleverser l'économie de la convention de bail, ni en changer l'objet.*

II. — Postérieurement à la conclusion de la convention de bail, l'autorité administrative peut, en recourant à la procédure négociée sans publicité préalable, confier au bailleur la réalisation de travaux ou prestations complémentaires qui ne figuraient pas dans le projet initialement envisagé ni dans le contrat initial et qui sont devenus nécessaires, à la suite d'une circonstance imprévue, à l'exécution de l'ouvrage ou du service tel qu'il est décrit dans le contrat initial :

— lorsque ces travaux ou prestations complémentaires ne peuvent être techniquement ou économiquement séparés du contrat initial sans inconvénient majeur pour l'autorité administrative ;

— ou lorsque ces travaux ou prestations, quoiqu'ils soient séparables de l'exécution du contrat initial, sont néanmoins nécessaires à la réalisation de son objet.

Toutefois, le montant cumulé des marchés passés pour les travaux ou prestations complémentaires ne doit pas dépasser 50 % du montant initial du contrat.

Pour la détermination du plafond mentionné à l'alinéa précédent, le montant initial du contrat est actualisé.

Bail emphytéotique administratif

Code général des collectivités territoriales

PREMIÈRE PARTIE : ***LÉGISLATIVE***

PREMIÈRE PARTIE **Dispositions générales**

LIVRE III **Biens des collectivités territoriales, de leurs établissements et de leurs groupements** *(L. n° 2002-276 du 27 févr. 2002, art. 135, mod. par Ord. n° 2003-902 du 19 sept. 2003, art. 1er).*

TITRE PREMIER **Régime général**

CHAPITRE UNIQUE

SECTION I *Bail emphytéotique administratif*

Les art. L. 1311-2 à L. 1311-4-1 sont applicables à Saint-Pierre-et-Miquelon (Ord. n° 2006-460 du 21 avr. 2006, art. 6).

Art. L. 1311-2 *(Ord. n° 2015-899 du 23 juill. 2015, art. 101-II)* Un bien immobilier appartenant à une collectivité territoriale peut faire l'objet d'un bail emphytéotique prévu à l'article L. 451-1 du code rural et de la pêche maritime en vue de la réalisation d'une opération d'intérêt général relevant de sa compétence ou en vue de l'affectation à une association cultuelle d'un édifice du culte ouvert au public. Ce bail emphytéotique est dénommé bail emphytéotique administratif.

Un tel bail peut être conclu même si le bien sur lequel il porte, en raison notamment de l'affectation du bien résultant soit du bail ou d'une convention non détachable de ce bail, soit des conditions de la gestion du bien ou du contrôle par la personne publique de cette gestion, constitue une dépendance du domaine public, sous réserve que cette dépendance demeure hors du champ d'application de la contravention de voirie.

Un tel bail ne peut avoir pour objet l'exécution de travaux, la livraison de fournitures, la prestation de services, ou la gestion d'une mission de service public, avec une contrepartie économique constituée par un prix ou un droit d'exploitation, pour le compte ou pour les besoins *(Ord. n° 2018-1074 du 26 nov. 2018, art. 6)* « d'un acheteur ou d'une autorité concédante soumis au code de la commande publique ».

Dans le cas où un tel bail serait nécessaire à l'exécution d'un contrat de la commande publique, ce contrat prévoit, dans le respect des dispositions du présent code, les conditions de l'occupation du domaine.

Les dispositions issues de l'Ord. n° 2018-1074 du 26 nov. 2018 s'appliquent aux marchés publics ainsi qu'aux contrats relevant de l'Ord. n° 2015-899 du 23 juill. 2015 relative aux marchés publics pour lesquels une consultation est engagée ou un avis d'appel à la concurrence est envoyé à la publication à compter du 1er avr. 2019 (Ord. n° 2018-1074 du 26 nov. 2018, art. 20-I).

Elles s'appliquent également aux contrats de concession pour lesquels une consultation est engagée ou un avis de concession est envoyé à la publication à compter du 1er avr. 2019 (Ord. préc., art. 20-II).

BIBL. ▶ ARRIGHI DE CASANOVA, La compatibilité de la domanialité publique et du bail emphytéotique (concl. sur CE 25 févr. 1994, SA SOFAP-Marignan Immobilier), *RFDA 1994. 510*. – J.-B. AUBY, Le bail emphytéotique sur le domaine public, *CJEG, oct. 1991, p. 67 (numéro hors série)*. – DESMOTS, Bail emphytéotique et droit rural, *Journ. not. 1988. 825, art. 59425 ; ibid. 1988. 905, art. 59448 (rect. p. 1170)*. – OURLIAC, *J.-Cl. Baux ruraux, fasc. 62, nos 118 à 175*. – LEUFFLEN, CAMOZ et SARAZIN, Les investissements immobiliers des collectivités locales : le bail emphytéotique administratif, *JCP N 2001. 739*. – PONTIER, La commune ne peut être responsable du fait de l'emphytéote, note ss. CE 16 février 2005, Mme Bechtel, *AJDA 2005. 1073 et 1076*. – VIATTE, Du bail emphytéotique et de sa distinction du bail ordinaire à longue durée, *Rev. loyers 1973. 302*. – YOLKA, Le BEA nouveau est arrivé, *JCP Adm. 2009. 254*.

Art. L. 1311-3 Les baux passés en application de l'article L. 1311-2 satisfont aux conditions particulières suivantes :

1° Les droits résultant du bail ne peuvent être cédés, avec l'agrément de la collectivité territoriale, qu'à une personne subrogée au preneur dans les droits et obligations découlant de ce bail et, le cas échéant, des conventions non détachables conclues pour l'exécution du service public ou la réalisation de l'opération d'intérêt général ;

(Ord. n° 2017-562 du 19 avr. 2017, art. 8) « Par dérogation à l'alinéa précédent, les droits résultant du bail ne peuvent faire l'objet d'une cession lorsque le respect des obligations de publicité et de sélection préalables à la délivrance d'un titre, prévues à l'article L. 2122-1-1 du code général de la propriété des personnes publiques, s'y oppose. »

2° Le droit réel conféré au titulaire du bail de même que les ouvrages dont il est propriétaire sont susceptibles d'hypothèque uniquement pour la garantie des emprunts contractés par le preneur en vue de financer la réalisation ou l'amélioration des ouvrages situés sur le bien loué.

Ces emprunts sont pris en compte pour la détermination du montant maximum des garanties et cautionnements qu'une collectivité territoriale est autorisée à accorder à une personne privée.

Le contrat constituant l'hypothèque doit, à peine de nullité, être approuvé par la collectivité territoriale ;

3° Seuls les créanciers hypothécaires peuvent exercer des mesures conservatoires ou des mesures d'exécution sur les droits immobiliers résultant du bail.

La collectivité territoriale a la faculté de se substituer au preneur dans la charge des emprunts en résiliant ou en modifiant le bail et, le cas échéant, les conventions non détachables. Elle peut également autoriser la cession conformément aux dispositions du 1° ci-dessus ;

4° Les litiges relatifs à ces baux sont de la compétence des tribunaux administratifs ; – *[L. n° 88-13 du 5 janv. 1988, art. 13-III.]*

(Ord. n° 2006-460 du 21 avr. 2006, art. 3-VII) « 5° Les constructions réalisées dans le cadre de ces baux peuvent donner lieu à la conclusion de contrats de crédit-bail. Dans ce cas, le contrat comporte des clauses permettant de préserver les exigences du service public ; »

(L. n° 2008-735 du 28 juill. 2008, art. 38-I) « 6° Lorsqu'une rémunération est versée par la personne publique au preneur, cette rémunération distingue, pour son calcul, les coûts d'investissement, de fonctionnement et de financement. »

Les modifications introduites par la loi n° 2008-735 du 28 juill. 2008 sont applicables aux projets de contrat de partenariat pour lesquels un avis d'appel public à la concurrence a été envoyé à la publication antérieurement à la date de publication de la loi précitée (L. préc., art. 52, JO 29 juill.).

Les modifications introduites par l'Ord. n° 2017-562 du 19 avr. 2017 sont applicables aux titres délivrés à compter du 1er juill. 2017 (Ord. préc., art. 15).

Art. L. 1311-4 Les dispositions des articles L. 1311-2 et L. 1311-3 sont applicables aux établissements publics des collectivités territoriales et aux groupements de ces collectivités.

Art. L. 1311-4-1 *(L. n° 2002-1094 du 29 août 2002, art. 3-III)* Jusqu'au 31 décembre *(L. n° 2017-1837 du 30 déc. 2017, art. 170)* « **2020** », les collectivités territoriales et les établissements publics de coopération intercommunale peuvent construire, y compris sur les dépendances de leur domaine public, acquérir ou rénover des bâtiments destinés à être mis à la disposition de l'État pour les besoins de la justice, de la police ou de la gendarmerie nationales *(Abrogé par L. n° 2011-267 du 14 mars 2011, art. 96-I) (Ord. n° 2003-850 du 4 sept. 2003, art. 21-II-1°)* ***« ou d'un établissement public de santé ou d'une structure de coopération sanitaire dotée de la personnalité morale publique »***.

(L. n° 2005-1720 du 30 déc. 2005, art. 125-II ; L. n° 2011-267 du 14 mars 2011, art. 96-I) « Jusqu'au 31 décembre *(L. n° 2017-1837 du 30 déc. 2017, art. 170)* « **2020** », les conseils départementaux peuvent construire, y compris sur les dépendances de leur domaine public, acquérir ou rénover des bâtiments destinés à être mis à la disposition des services départementaux d'incendie et de secours. »

Une convention entre l'État *(Abrogé par L. n° 2011-267 du 14 mars 2011, art. 96-I) (Ord. n° 2003-850 du 4 sept. 2003, art. 21-II-2°)* ***« ou l'établissement public de santé ou la structure de coopération sanitaire mentionnée au premier alinéa »*** et la collectivité ou l'établissement propriétaire précise notamment les engagements financiers des parties, le lieu d'implantation de la ou des constructions projetées et le programme technique de construction. Elle fixe également la durée et les modalités de la mise à disposition des constructions.

Les constructions mentionnées au présent article *(Ord. n° 2004-559 du 17 juin 2004, art. 14)* « ainsi que celles qui sont réalisées dans le cadre de » *(Ord. n° 2018-1074 du 26 nov. 2018, art. 6)* « marchés de partenariat » peuvent donner lieu à la conclusion de contrats de crédit-bail. Dans ce cas, le contrat comporte des clauses permettant de préserver les exigences du service public.

(Abrogé par L. n° 2011-267 du 14 mars 2011, art. 96-I) (Ord. n° 2003-850 du 4 sept. 2003, art. 21-II-3°) ***« Les opérations mentionnées aux alinéas précédents respectent, lorsqu'elles répondent aux besoins d'un établissement public de santé ou d'une structure de coopération sanitaire dotée de la personnalité morale publique, les dispositions*** *(Ord. n° 2006-406 du 21 avr. 2006, art. 3-VII)* ***« de l'article L. 6148-4 » du code de la santé publique. »***

Les dispositions de la L. n° 2011-267 du 14 mars 2011 ne sont pas applicables aux îles Wallis-et-Futuna, à la Polynésie française et à la Nouvelle-Calédonie (L. préc., art. 125).

Code rural et de la pêche maritime

PREMIÈRE PARTIE : ***LÉGISLATIVE***

LIVRE IV **Baux ruraux**

TITRE V **Bail emphytéotique**

Art. L. 451-1 Le bail emphytéotique de biens immeubles confère au preneur un droit réel susceptible d'hypothèque ; ce droit peut être cédé et saisi dans les formes prescrites pour la saisie immobilière.

Ce bail doit être consenti pour plus de dix-huit années et ne peut dépasser quatre-vingt-dix-neuf ans ; il ne peut se prolonger par tacite reconduction.

Loi n° 2009-179 du 17 février 2009,

Pour l'accélération des programmes de construction et d'investissement publics et privés.

....

Art. 7 I. – Un bien immobilier appartenant à l'État ou à ses établissements publics peut faire l'objet du bail emphytéotique prévu à l'article L. 451-1 du code rural et de la pêche maritime *(L. n° 2013-61 du 18 janv. 2013, art. 5)* « ou du bail prévu au chapitre Ier du titre V du livre II du code de la construction et de l'habitation » en vue de la réalisation de logements sociaux. Ce bail emphytéotique est dénommé bail emphytéotique administratif.

Un tel bail peut être conclu même si le bien sur lequel il porte, en raison notamment de l'affectation du bien résultant soit du bail ou d'une convention non détachable de ce bail, soit des conditions de la gestion du bien ou du contrôle par la personne publique de cette gestion, constitue une dépendance du domaine public, sous réserve que cette dépendance demeure hors du champ d'application de la contravention de voirie.

(L. n° 2013-61 du 18 janv. 2013, art. 5) « Le prix d'un bail conclu par l'État ou l'un de ses établissements publics est fixé par référence à la valeur vénale du bien bénéficiant, le cas échéant, de la décote prévue aux articles L. 3211-7 et L. 3211-13-1 du code général de la propriété des personnes publiques. »

II. – Les baux passés en application du I satisfont aux conditions particulières suivantes :

1° Les droits résultant du bail ne peuvent être cédés, avec l'agrément de la personne publique, qu'à une personne subrogée au preneur dans les droits et obligations découlant de ce bail et, le cas échéant, des conventions non détachables conclues pour la réalisation de l'opération mentionnée au I ;

2° Le droit réel conféré au titulaire du bail de même que les ouvrages dont il est propriétaire sont susceptibles d'hypothèque uniquement pour la garantie des emprunts contractés par le preneur en vue de financer la réalisation ou l'amélioration des ouvrages situés sur le bien loué.

Le contrat constituant l'hypothèque doit, à peine de nullité, être approuvé par la personne publique propriétaire ;

3° Seuls les créanciers hypothécaires peuvent exercer des mesures conservatoires ou des mesures d'exécution sur les droits immobiliers résultant du bail.

La personne publique a la faculté de se substituer au preneur dans la charge des emprunts en résiliant ou en modifiant le bail et, le cas échéant, les conventions non détachables. Elle peut également autoriser la cession conformément au 1° ;

4° Les litiges relatifs à ces baux sont de la compétence des tribunaux administratifs ;

5° Les constructions réalisées dans le cadre de ces baux peuvent donner lieu à la conclusion de contrats de crédit-bail.

III. – Un bien immobilier appartenant à l'État ou à ses établissements publics peut faire l'objet d'un contrat de partenariat défini par l'ordonnance n° 2004-559 du 17 juin 2004 en vue de la réalisation de logements sociaux. Un tel contrat peut être conclu même si le bien sur lequel il porte, en raison notamment de l'affectation du bien, constitue une dépendance du domaine public sous réserve que cette dépendance demeure hors du champ d'application de la contravention de voirie.

(Ord. n° 2015-899 du 23 juill. 2015, art. 101-V) « IV. – Un tel bail ne peut avoir pour objet l'exécution de travaux, la livraison de fournitures, la prestation de services, ou la gestion d'une mission de service public, avec une contrepartie économique constituée par un prix ou un droit d'exploitation, pour le compte ou pour les besoins d'un acheteur soumis à l'ordonnance n° 2015-899 du 23 juillet 2015 relative aux marchés publics ou d'une autorité concédante. »

L'Ord. n° 2015-899 du 23 juill. 2015 entre en vigueur à une date fixée par voie réglementaire. Le Décr. n° 2016-360 du 25 mars 2016 a fixé cette date au 1er avr. 2016 (Décr. préc., art. 188). Cette Ord. s'applique aux marchés publics ainsi qu'aux contrats qui relèvent de cette Ord. pour lesquels une consultation est engagée ou un avis d'appel public à la concurrence a été envoyé à la publication à compter du 1er janv. 2016 (Ord. préc., art. 103).

Bail emphytéotique hospitalier

Code de la santé publique

PREMIÈRE PARTIE : *LÉGISLATIVE*

SIXIÈME PARTIE Établissements et services de santé

LIVRE PREMIER Établissements de santé

TITRE IV Établissements publics de santé

CHAPITRE VIII *Domaine et investissement immobilier des établissements de santé*

BIBL. ▸ Blémont, Nouveaux contrats pour construire et moderniser à l'hôpital, *BJCP 2004. 2.* – Cazaban, Bail emphytéotique hospitalier et contrat de partenariat hospitalier : véritables options ou regrettables doublons contractuels ?, *Rev. dr. et santé 2007, n° 18, p. 497.* – Charat, La passation d'un BEH ou les nouvelles contrariétés des directeurs d'établissement public de santé, *Gest. hosp. 2005, n° 445, p. 308.* – Delacour, Naissance du « BEA hospitalier », *Rev. CMP, oct. 2003. Comm. 167.* – Esper et autres, Hôpital 2007, nouvelles modalités d'investissement des établissements de santé, *Gest. hosp., févr. 2004, p. 94.* – Rayssac, La délégation de maîtrise d'ouvrage dans le plan hôpital 2007, *Actualités JuriSanté, n° 44-45, déc. 2003, p. 39.* – Terneyre, Utilisation du bail emphytéotique par et pour les établissements publics de santé, *BJCP 2004. 70.* – Yolka, Le bail emphytéotique administratif : aspects hospitaliers, *JCP N 2004. 1460* ; Établissements publics de santé et bail emphytéotique administratif, *JCP Adm. 2004, n° 1364* ; Les partenariats hospitaliers (observations critiques), *RGDM 2007, n° spécial, p. 137.* – Le bail emphytéotique hospitalier, *Actualités JuriSanté, déc. 2005-janv. 2006, n° 52.* – Le domaine public, *Actualités JuriSanté, avr. 2006, n° 53.*

Art. L. 6148-2 (Abrogé par Ord. n° 2015-899 du 23 juill. 2015, art. 102) (Ord. n° 2003-850 du 4 sept. 2003, art. 21-III) ***Un bien immobilier appartenant à un établissement public de santé ou à une structure de coopération sanitaire dotée de la personnalité morale publique peut faire l'objet d'un bail emphytéotique prévu à l'article L. 451-1 du code rural et de la pêche maritime, en vue de l'accomplissement, pour le compte de l'établissement ou de la structure, d'une mission concourant à l'exercice du service public dont ils sont chargés ou en vue de la réalisation d'une opé-***

ration d'intérêt général relevant de leur compétence. (Ord. n° 2006-460 du 21 avr. 2006, art. 3-XIII) *« Ce bail emphytéotique est dénommé bail emphytéotique administratif. »*

Un tel bail peut être conclu même si le bien sur lequel il porte, en raison notamment de l'affectation du bien résultant soit du bail ou d'une convention non détachable de ce bail, soit des conditions de la gestion du bien ou du contrôle par la personne publique de cette gestion, constitue une dépendance du domaine public, sous réserve que cette dépendance demeure hors du champ d'application de la contravention de voirie.

Un bien immobilier appartenant à un établissement public de santé ou à une structure de coopération sanitaire dotée de la personnalité morale publique peut également faire l'objet d'un bail emphytéotique en vue de la réalisation d'une opération répondant aux besoins d'un autre établissement public de santé avec lequel ils conduisent une action de coopération.

Préalablement à la conclusion d'un des baux mentionnés aux précédents alinéas, l'établissement public de santé ou, le cas échéant, la structure de coopération sanitaire dotée de la personnalité morale publique définit dans un programme (L. n° 2004-806 du 9 août 2004, art. 153-I) ***« fonctionnel » les besoins que le preneur à bail doit s'engager à satisfaire.***

Ces baux satisfont aux conditions particulières énumérées à l'article L. 1311-3 du code général des collectivités territoriales. Ils peuvent comporter une clause permettant à l'établissement public de santé ou, le cas échéant, la structure de coopération sanitaire dotée de la personnalité morale publique d'acquérir, avant le terme fixé par le bail, les installations rénovées ou édifiées par le titulaire.

Le financement des constructions dans le cadre des baux emphytéotiques mentionnés au présent article (Ord. n° 2004-559 du 17 juin 2004, art. 22) ***« ainsi que de celles qui sont réalisées dans le cadre de contrats de partenariat » peut donner lieu à la conclusion de contrats de crédit-bail. Dans ce cas, le contrat comporte des clauses permettant de préserver les exigences du service public.***

L'Ord. n° 2015-899 du 23 juill. 2015 entre en vigueur à une date fixée par voie réglementaire. Le Décr. n° 2016-360 du 25 mars 2016 a fixé cette date au 1er avr. 2016 (Décr. préc., art. 188). Cette Ord. s'applique aux marchés publics ainsi qu'aux contrats qui relèvent de cette Ord. pour lesquels une consultation est engagée ou un avis d'appel public à la concurrence a été envoyé à la publication à compter du 1er janv. 2016 (Ord. préc., art. 103).

Art. L. 6148-3 (Abrogé par L. n° 2011-267 du 14 mars 2011, art. 96-II) (Ord. n° 2003-850 du 4 sept. 2003, art. 21-III) ***Un bail emphytéotique passé par une collectivité territoriale, dans les conditions prévues à l'article L. 1311-2 du code général des collectivités territoriales, pour répondre aux besoins d'un établissement public de santé ou d'une structure de coopération sanitaire dotée de la personnalité morale publique est obligatoirement accompagné d'une convention liant le titulaire du bail, propriétaire des équipements, et l'établissement public de santé ou la structure de coopération sanitaire. Cette convention fixe les engagements respectifs du propriétaire et de l'établissement public de santé ou de la structure de coopération sanitaire dotée de la personnalité morale publique et, notamment, la durée et les modalités de la location et les conditions dans lesquelles le loyer est révisé, les obligations respectives des parties en matière d'entretien et d'adaptations éventuelles des locaux au respect des conditions techniques de fonctionnement des établissements de santé ainsi que le régime de responsabilité des parties.***

Préalablement à la conclusion du bail emphytéotique mentionné au précédent alinéa, la collectivité territoriale et l'établissement public de santé ou, le cas échéant, la structure de coopération sanitaire dotée de la personnalité morale publique définissent dans un programme (L. n° 2004-806 du 9 août 2004, art. 153-I) ***« fonctionnel » les besoins que le preneur à bail doit s'engager à satisfaire.***

Les dispositions de la L. n° 2011-267 du 14 mars 2011 ne sont pas applicables aux îles Wallis-et-Futuna, à la Polynésie française et à la Nouvelle-Calédonie (L. préc., art. 125).

Art. L. 6148-4 *(Ord. n° 2003-850 du 4 sept. 2003, art. 21-III ; Ord. n° 2004-559 du 17 juin 2004, art. 23)* Les opérations mentionnées *(Abrogé par L. n° 2011-267 du 14 mars 2011, art. 96-II)* ***« aux articles L. 1311-2 et L. 1311-4-1 du code général des collectivités territoriales, lorsqu'elles répondent aux besoins d'un établissement public de santé ou d'une structure de coopération sanitaire dotée de la personnalité morale publique, celles mentionnées »*** à l'article L. 6148-2, ainsi que les contrats de partenariat conclus en application du titre Ier de l'ordonnance n° 2004-559 du 17 juin 2004 respectent, lorsqu'ils concernent les missions prévues *(Ord. n° 2010-177 du 23 févr. 2010, art. 1er, 24°)* « à l'article L. 6111-1 », les objectifs du *(Ord. n° 2018-21 du 17 janv. 2018, art. 1er)* « schéma régional ou interrégional de santé ».

Les dispositions de la L. n° 2011-267 du 14 mars 2011 ne sont pas applicables aux îles Wallis-et-Futuna, à la Polynésie française et à la Nouvelle-Calédonie (L. préc., art. 125).

Art. L. 6148-5 (Abrogé par Ord. n° 2015-899 du 23 juill. 2015, art. 102) (L. n° 2004-806 du 9 août 2004, art. 153-I-5°) *Les contrats passés en application de l'article L. 6148-2, respectent les dispositions du présent article et des articles L. 6148-5-1 à L. 6148-5-3.*

La passation d'un contrat visé au premier alinéa est soumise aux principes de liberté d'accès, d'égalité de traitement des candidats et d'objectivité des procédures. Elle est précédée d'une publicité permettant la présentation de plusieurs offres concurrentes dans les conditions prévues au dernier alinéa de l'article 3 de l'ordonnance n° 2004-559 du 17 juin 2004 sur les contrats de partenariat [V. **C. marchés publ.**].

Ne peuvent soumissionner à un contrat visé au premier alinéa les personnes mentionnées à l'article 4 de l'ordonnance n° 2004-559 du 17 juin 2004 précitée.

Les dispositions des articles 6 et 9, à l'exception du quatrième alinéa, de ladite ordonnance sont applicables aux contrats visés au premier alinéa.

Si, compte tenu de la complexité du projet, la personne publique est objectivement dans l'impossibilité de définir les moyens techniques pouvant répondre aux besoins et aux objectifs poursuivis ou d'établir le montage juridique ou financier du projet, elle indique dans l'avis qu'il sera recouru à une phase de dialogue dans les conditions prévues au I de l'article 7 de l'ordonnance n° 2004-559 du 17 juin 2004 précitée.

Si tel n'est pas le cas, elle indique dans l'avis qu'il sera recouru à une procédure d'appel d'offres dans les conditions prévues par le II de l'article 7 de l'ordonnance n° 2004-559 du 17 juin 2004 précitée.

La personne publique peut restreindre le nombre de candidats appropriés qu'elle invitera à participer au dialogue défini au I de l'article 7 ou à la procédure mentionnée au II du même article de l'ordonnance n° 2004-559 du 17 juin 2004 précitée, à condition qu'un nombre suffisant de candidats appropriés soit disponible. Elle indique alors dans l'avis de marché les critères ou règles objectifs et non discriminatoires qu'elle prévoit d'utiliser, le nombre minimal de candidats qu'elle prévoit d'inviter et, le cas échéant, le nombre maximal. En tout état de cause, le nombre de candidats invités doit être suffisant pour assurer une concurrence réelle.

L'Ord. n° 2015-899 du 23 juill. 2015 entre en vigueur à une date fixée par voie réglementaire. Le Décr. n° 2016-360 du 25 mars 2016 a fixé cette date au 1er avr. 2016 (Décr. préc., art. 188). Cette Ord. s'applique aux marchés publics ainsi qu'aux contrats qui relèvent de cette Ord. pour lesquels une consultation est engagée ou un avis d'appel public à la concurrence a été envoyé à la publication à compter du 1er janv. 2016 (Ord. préc., art. 103).

Les dispositions de la L. n° 2011-267 du 14 mars 2011 ne sont pas applicables aux îles Wallis-et-Futuna, à la Polynésie française et à la Nouvelle-Calédonie (L. préc., art. 125).

Art. L. 6148-5-1 (Abrogé par Ord. n° 2015-899 du 23 juill. 2015, art. 102) (L. n° 2004-806 du 9 août 2004, art. 153-I-6°) *Le contrat est attribué au candidat qui a présenté l'offre économiquement la plus avantageuse, par application des critères définis dans l'avis d'appel public à la concurrence ou le règlement de la consultation et, le cas échéant, précisés dans les conditions prévues à l'article 7 de l'ordonnance n° 2004-559 du 17 juin 2004 précitée.*

Les critères d'attribution sont pondérés. Si la personne publique démontre qu'une telle pondération est objectivement impossible, ils sont hiérarchisés.

Parmi les critères d'attribution figurent nécessairement le coût global de l'offre et des objectifs de performance définis en fonction de l'objet du contrat. La personne publique peut, en outre, faire figurer la part du contrat que le titulaire attribuera à des architectes, des concepteurs, des petites ou moyennes entreprises et des artisans.

Le contrat peut également prévoir que la personne publique contrôle les conditions dans lesquelles cette part sera attribuée et l'exécution des contrats qui s'y rattachent.

L'Ord. n° 2015-899 du 23 juill. 2015 entre en vigueur à une date fixée par voie réglementaire. Le Décr. n° 2016-360 du 25 mars 2016 a fixé cette date au 1er avr. 2016 (Décr. préc., art. 188). Cette Ord. s'applique aux marchés publics ainsi qu'aux contrats qui relèvent de cette Ord. pour lesquels une consultation est engagée ou un avis d'appel public à la concurrence a été envoyé à la publication à compter du 1er janv. 2016 (Ord. préc., art. 103).

Art. L. 6148-5-2 (Abrogé par Ord. n° 2015-899 du 23 juill. 2015, art. 102) (L. n° 2004-806 du 9 août 2004, art. 153-I) *La répartition des risques entre chacune des parties aux baux et conventions doit être clairement identifiée.*

L'Ord. n° 2015-899 du 23 juill. 2015 entre en vigueur à une date fixée par voie réglementaire. Le Décr. n° 2016-360 du 25 mars 2016 a fixé cette date au 1er avr. 2016 (Décr. préc., art. 188). Cette Ord. s'applique aux marchés publics ainsi qu'aux contrats qui relèvent de cette Ord. pour lesquels une consultation est engagée ou un avis d'appel public à la concurrence a été envoyé à la publication à compter du 1er janv. 2016 (Ord. préc., art. 103).

Art. L. 6148-5-3 (Abrogé par Ord. n° 2015-899 du 23 juill. 2015, art. 102) (L. n° 2004-806 du 9 août 2004, art. 153-I) *Les baux doivent, à peine de nullité, comporter des clauses portant sur :*

– leur durée, strictement adaptée à l'objet du contrat ;

– la transparence et les règles de contrôle relatives aux modalités et aux éléments de calcul de l'assiette de la rémunération de l'emphytéote et leur évolution, en distinguant l'investissement, le fonctionnement et le coût financier ;

– le montage financier et les garanties financières prévues ;

– le contrôle de la qualité et le lien entre cette qualité et la rémunération du cocontractant, ainsi que les conditions d'application d'éventuelles sanctions ;

– les modalités de contrôle des opérations ;

– les moyens d'assurer la continuité du service.

L'Ord. n° 2015-899 du 23 juill. 2015 entre en vigueur à une date fixée par voie réglementaire. Le Décr. n° 2016-360 du 25 mars 2016 a fixé cette date au 1er avr. 2016 (Décr. préc., art. 188). Cette Ord. s'applique aux marchés publics ainsi qu'aux contrats qui relèvent de cette Ord. pour lesquels une consultation est engagée ou un avis d'appel public à la concurrence a été envoyé à la publication à compter du 1er janv. 2016 (Ord. préc., art. 103).

Art. L. 6148-6 *(L. n° 2009-179 du 17 févr. 2009, art. 19)* **L'article L. 2141-2 du code général de la propriété des personnes publiques s'applique au domaine des établissements publics de santé.**

Art. L. 6148-7 (Abrogé par Ord. n° 2015-899 du 23 juill. 2015, art. 102) (Ord. n° 2003-850 du 4 sept. 2003, art. 21-III) *Par dérogation aux dispositions des articles 7 et 18 de la loi n° 85-704 du 12 juillet 1985 relative à la maîtrise d'ouvrage publique et à ses rapports avec la maîtrise d'œuvre privée, un établissement public de santé* (L. n° 2009-879 du 21 juill. 2009, art. 125) *« , un organisme visé à l'article L. 124-4 du code de la sécurité sociale gérant des établissements de santé » ou une structure de coopération sanitaire dotée de la personnalité morale publique peut confier à une personne ou à un groupement de personnes, de droit public ou privé, une mission portant à la fois sur la conception, la construction, l'aménagement, l'entretien et la maintenance de bâtiments ou d'équipements affectés à l'exercice de ses missions ou sur une combinaison de ces éléments. L'offre des candidats identifie la qualification et la mission de chacun des intervenants en charge d'un ou de plusieurs de ces éléments ; pour la conception, elle fait apparaître la composante architecturale du projet. L'exécution de cette mission résulte d'un marché passé entre l'établissement public de santé* (L. n° 2009-879 du 21 juill. 2009, art. 125) *« , un organisme visé à l'article L. 124-4 du code de la sécurité sociale gérant des établissements de santé » ou la structure de coopération sanitaire et la personne ou le groupement de personnes selon les procédures prévues par le code des marchés publics. Si le marché est alloti, les offres portant simultanément sur plusieurs lots peuvent faire l'objet d'un jugement global. Parmi les critères d'attribution, l'établissement public de santé peut faire figurer la part du contrat que le titulaire attribuera à des architectes, des concepteurs, des petites et moyennes entreprises et des artisans ainsi que les modalités de contrôle des engagements pris par le titulaire à cet effet. Le contrat distingue, au sein de son montant global, les parts respectives de l'investissement, du fonctionnement et des coûts financiers.*
– Les dispositions issues de la L. n° 2009-879 du 21 juill. 2009 entrent en vigueur au plus tard le 1er juill. 2010 (L. préc., art. 131-I).

L'Ord. n° 2015-899 du 23 juill. 2015 entre en vigueur à une date fixée par voie réglementaire. Le Décr. n° 2016-360 du 25 mars 2016 a fixé cette date au 1er avr. 2016 (Décr. préc., art. 188). Cette Ord. s'applique aux marchés publics ainsi qu'aux contrats qui relèvent de cette Ord. pour lesquels une consultation est engagée ou un avis d'appel public à la concurrence a été envoyé à la publication à compter du 1er janv. 2016 (Ord. préc., art. 103).

Art. L. 6148-7-1 *(L. n° 2016-41 du 26 janv. 2016, art. 105-I)* **Les établissements publics de santé et les structures de coopération sanitaire dotées de la personnalité morale publique ne peuvent conclure directement les contrats de crédit-bail, au sens des articles L. 313-7 à L. 313-11 du code monétaire et financier qui ont pour objet la réalisation, la modification ou la rénovation d'ouvrages immobiliers répondant à un besoin précisé par la collectivité publique et destinés à être mis à sa disposition ou à devenir sa propriété.**

Cette interdiction ne s'applique pas aux projets dont l'avis d'appel public à la concurrence a été publié avant le 1er janvier 2015.

Art. L. 6148-7-2 *(L. n° 2016-41 du 26 janv. 2016, art. 105-I)* **L'État peut conclure, pour le compte d'une personne publique mentionnée à l'article L. 6148-7-1, les contrats de crédit-bail mentionnés au même article, sous réserve que l'opération soit soutenable au regard de ses conséquences sur les finances publiques et sur la situation financière de la personne publique.**

Art. L. 6148-8 *(Ord. n° 2003-850 du 4 sept. 2003, art. 21-III)* **Des décrets en Conseil d'État fixent les modalités d'application des dispositions du présent chapitre.**

CONTRAVENTIONS DE GRANDE VOIRIE

Domaine public maritime

Code des transports

CINQUIÈME PARTIE : ***Transports et navigation maritimes***
(Ord. n° 2010-1307 du 28 oct. 2010, applicable le 1er déc. 2010)

LIVRE III **Les ports maritimes**

TITRE III Police des ports maritimes

CHAPITRE VII *Police de la grande voirie*

SECTION I *Constatation des contraventions de grande voirie*

Art. L. 5337-1 Sans préjudice des sanctions pénales encourues, tout manquement aux dispositions du chapitre V du présent titre, à celles du présent chapitre et aux dispositions réglementant l'utilisation du domaine public, notamment celles relatives aux occupations sans titre, constitue une contravention de grande voirie réprimée dans les conditions prévues par les dispositions du présent chapitre. – *[C. ports mar., art. L. 331-1.]*

Art. L. 5337-2 Ont compétence pour constater les contraventions de grande voirie prévues par les dispositions du présent titre et les textes pris pour leur application :
1° Les officiers de port et officiers de port adjoints ;
2° Les surveillants de port mentionnés à l'article L. 5331-13 ;
3° Les auxiliaires de surveillance mentionnés à l'article L. 5331-14 pour ce qui concerne la police de l'exploitation et de la conservation ;
4° Les agents du ministère chargé des ports maritimes assermentés à cet effet devant le tribunal judiciaire ;
5° Les agents des grands ports maritimes et des ports autonomes assermentés à cet effet devant le tribunal judiciaire ;
6° Les agents des collectivités territoriales et de leurs groupements assermentés à cet effet devant le tribunal judiciaire ;
7° Les officiers et agents de police judiciaire. – *[C. ports mar., art. L. 331-2.]*

Art. L. 5337-3 Lorsqu'ils constatent une contravention en matière de grande voirie, les officiers de port, officiers de port adjoints, surveillants de port et auxiliaires de surveillance sont habilités à relever, dans les conditions définies par l'article L. 5336-7, l'identité de l'auteur de la contravention. – *[C. ports mar., art. L. 331-3.]*

Art. L. 5337-3-1 *(L. n° 2015-991 du 7 août 2015, art. 23-II)* Dans les ports maritimes relevant des collectivités territoriales et de leurs groupements mentionnés *(L. n° 2016-816 du 20 juin 2016, art. 30-I-1°)* « au 3° de l'article L. 5331-5 *[ancienne rédaction : aux 3° et 4° de l'article L. 5331-6]* », dans le cas où une contravention de grande voirie a été constatée, le président de l'organe délibérant de la collectivité ou du groupement saisit le tribunal administratif territorialement compétent, dans les conditions et suivant les procédures prévues au chapitre IV du titre VII du livre VII du code de justice administrative, sans préjudice des compétences dont dispose le préfet en la matière. Il peut déléguer sa signature à un vice-président.

Art. L. 5337-3-2 *(L. n° 2016-816 du 20 juin 2016, art. 30-I-2°)* Dans les grands ports maritimes mentionnés au 1° de l'article L. 5331-5, dans le cas où une contravention de grande voirie a été constatée, le président du directoire du grand port maritime saisit le tribunal administratif territorialement compétent dans les conditions et suivant les procédures prévues au chapitre IV du titre VII du livre VII du code de justice administrative, sans préjudice des compétences dont dispose le préfet en la matière. Il peut déléguer sa signature à un autre membre du directoire.

SECTION II *Atteintes à la conservation du domaine public*

Art. L. 5337-4 Est puni de 3 750 € d'amende le fait, pour le propriétaire ou la personne responsable qui en a la garde :

1° De laisser séjourner des marchandises au-delà du délai prévu par l'article L. 5335-3 ;

2° De laisser stationner ou de déposer sans autorisation des véhicules, objets, matériaux ou autres en violation de l'article L. 5335-4.

En cas de nouveau manquement commis moins de cinq ans après le prononcé d'une première condamnation, l'amende peut être portée au double. – *[C. ports mar., art. L. 333-1, al. 1er et 4, ecqc l'amende.]*

SECTION III *Usage du plan d'eau*

Art. L. 5337-5 Le fait, pour un capitaine, maître ou patron d'un navire, d'un bateau ou de tout autre engin flottant de ne pas obtempérer aux signaux ou aux ordres conformément aux dispositions de l'article L. 5334-5 est passible d'une amende calculée comme suit :

1° Pour le navire, bateau ou autre engin flottant d'une longueur hors tout inférieure ou égale à 20 mètres : 500 € ;

2° Pour le navire, bateau ou autre engin flottant d'une longueur hors tout supérieure à 20 mètres et inférieure ou égale à 100 mètres : 8 000 € ;

3° Pour le navire, bateau ou autre engin flottant d'une longueur hors tout supérieure à 100 mètres : 20 000 €.

En cas de nouveau manquement commis moins de cinq ans après le prononcé d'une première condamnation, l'amende peut être portée au double. – *[C. ports mar., art. L. 334-1, al. 2 à 5, ecqc l'amende.]*

Procédure

Code de justice administrative

PREMIÈRE PARTIE : *LÉGISLATIVE*

LIVRE VII **Le jugement**

TITRE VII **Dispositions spéciales**

CHAPITRE IV *Les contraventions de grande voirie*

Art. L. 774-1 Le président du tribunal administratif ou le magistrat qu'il désigne à cette fin et ayant atteint au moins le grade de premier conseiller statue sur les difficultés qui s'élèvent en matière de contravention de grande voirie, à défaut de règles établies par des dispositions spéciales.

Art. L. 774-2 Dans les dix jours qui suivent la rédaction d'un procès-verbal de contravention *(Abrogé par Ord. nº 2003-1216 du 18 déc. 2003, art. 7)* « ***, et son affirmation quand elle est exigée*** », le préfet fait faire au contrevenant notification de la copie du procès-verbal *(Abrogé par Ord. nº 2003-1216 du 18 déc. 2003, art. 7)* « ***ainsi que de l'affirmation*** ».

(L. nº 2012-77 du 24 janv. 2012, art. 3) « Pour le domaine public défini à l'article L. 4314-1 du code des transports, l'autorité désignée à l'article L. 4313-3 du même code est substituée au représentant de l'État dans le département. *(L. nº 2019-1461 du 27 déc. 2019, art. 56)* « Pour le domaine public fluvial défini aux articles L. 2111-7 à L. 2111-11 du code général de la propriété des personnes publiques appartenant aux collectivités territoriales et à leurs groupements, le président de l'organe délibérant de la collectivité territoriale ou du groupement est compétent concurremment avec le représentant de l'État dans le département. » *(L. nº 2019-1428 du 24 déc. 2019, art. 134)* « Pour le domaine public fluvial qu'il gère en application de l'article 14 de l'ordonnance nº 2016-489 du 21 avril 2016 relative à la Société du Canal Seine-Nord Europe, le président du directoire de cet établissement public est substitué au représentant de l'État dans le département. » Pour le domaine public défini à l'article L. 4322-2 dudit code, l'autorité désignée à l'article L. 4322-13 du même code est compétente concurremment avec le représentant de l'État dans le département. » *(L. nº 2015-991 du 7 août 2015, art. 23-I)* « Pour les contraventions de grande voirie mention-

nées au chapitre VII du titre III du livre III de la cinquième partie dudit code, *(L. nº 2016-816 du 20 juin 2016, art. 30-II)* « les autorités mentionnées aux articles L. 5337-3-1 et L. 5337-3-2 du même code sont compétentes *[ancienne rédaction : l'autorité désignée à l'article L. 5337-3-1 du même code est compétente]* » concurremment avec le représentant de l'État dans le département. » *(L. nº 2019-773 du 24 juill. 2019, art. 22)* « Pour le domaine public défini à l'article L. 322-9 du code de l'environnement, l'autorité désignée à l'article L. 322-10-4 du même code est substituée au représentant de l'État dans le département. »

La notification est faite dans la forme administrative, mais elle peut également être effectuée par lettre recommandée avec demande d'avis de réception.

La notification indique à la personne poursuivie qu'elle est tenue, si elle veut fournir des défenses écrites, de les déposer dans le délai de quinzaine à partir de la notification qui lui est faite.

Il est dressé acte de la notification ; cet acte doit être adressé au tribunal administratif et y être enregistré comme les requêtes introductives d'instance.

Art. L. 774-3 La communication à l'administration compétente du mémoire en défense produit par la personne poursuivie et la communication à la personne poursuivie de la réponse faite par l'administration sont effectuées, s'il y a lieu, par le président du tribunal administratif ou par le greffier en chef agissant au nom et par ordre du président.

Toutefois, le président peut, s'il le juge utile, faire régler ces communications par le tribunal.

Art. L. 774-4 Toute partie doit être avertie du jour où l'affaire sera appelée à l'audience.

Cet avertissement est notifié dans la forme administrative. Il peut être donné par lettre recommandée avec demande d'avis de réception.

Art. L. 774-5 La partie acquittée est relaxée sans dépens.

Art. L. 774-6 *(L. nº 2012-77 du 24 janv. 2012, art. 3-II-2º)* Le jugement est notifié aux parties, à leur domicile réel, dans la forme administrative par les soins des autorités mentionnées à l'article L. 774-2, sans préjudice du droit de la partie de le faire signifier par acte d'huissier de justice.

Art. L. 774-7 Le délai d'appel est de deux mois. Il court contre l'administration du jour du jugement et, contre la partie poursuivie, du jour de la notification du jugement à cette partie.

Art. L. 774-8 Le recours contre les jugements des tribunaux administratifs en matière de contraventions aux lois et règlements sur la grande voirie et autres contraventions dont la répression appartient au tribunal administratif peut avoir lieu sans l'intervention d'un avocat.

Art. L. 774-9 Pour l'application des articles L. 774-1 à L. 774-8 en Nouvelle-Calédonie :

1º Dans l'article L. 774-2, le mot : "préfet" est remplacé par les mots : "haut-commissaire" ;

2º Le délai de quinze jours prévu à l'article L. 774-2 est porté à un mois ;

3º Le délai d'appel de deux mois prévu à l'article L. 774-7 est porté à trois mois.

Le président du gouvernement de la Nouvelle-Calédonie, pour le domaine public de la Nouvelle-Calédonie, et le président de l'assemblée de province, pour le domaine public de la province, exercent respectivement les attributions dévolues au haut-commissaire dans les conditions prévues par le présent article.

Pour l'application de l'alinéa précédent, à l'article L. 774-2, le mot : "préfet" est remplacé par les mots : "président du gouvernement ou le président de l'assemblée de province".

Art. L. 774-10 *(Ord. nº 2003-923 du 26 sept. 2003, art. 4-II)* Pour l'application des articles L. 774-1 à L. 774-8 dans les îles Wallis-et-Futuna :

1º A l'article L. 774-2, le mot : "préfet" est remplacé par les mots : "administrateur supérieur" ;

2º Le délai de quinze jours prévu à l'article L. 774-2 est porté à un mois ;

3º Le délai d'appel de deux mois prévu à l'article L. 774-7 est porté à trois mois.

Art. L. 774-11 *(L. nº 2004-193 du 27 févr. 2004, art. 16-9º)* Pour l'application des articles L. 774-1 à L. 774-8 en Polynésie française :

1º Dans l'article L. 774-2, le mot : "préfet" est remplacé par les mots : "haut-commissaire" ;

2º Le délai de quinze jours prévu à l'article L. 774-2 est porté à un mois ;

3º Le délai d'appel de deux mois prévu à l'article L. 774-7 est porté à trois mois.

Le président de la Polynésie française, pour le domaine public de la Polynésie française, exerce les attributions dévolues au haut-commissaire dans les conditions prévues par le présent article.

Pour l'application de l'alinéa précédent, à l'article L. 774-2, le mot : "préfet" est remplacé par les mots : "président de la Polynésie française".

Art. L. 774-12 *(Ord. n° 2009-536 du 14 mai 2009, art. 16-IV)* Pour l'application des articles L. 774-1 à L. 774-8 à Saint-Barthélemy, le mot : "préfet" est remplacé par les mots : "représentant de l'État".

Le président du conseil territorial de Saint-Barthélemy, pour le domaine public de la collectivité de Saint-Barthélemy, exerce les attributions dévolues au représentant de l'État dans les conditions prévues par le présent article.

Pour l'application de l'alinéa précédent, à l'article L. 774-2, le mot : "préfet" est remplacé par les mots : "président du conseil territorial de Saint-Barthélemy".

Art. L. 774-13 *(Ord. n° 2009-536 du 14 mai 2009, art. 16-IV)* Pour l'application des articles L. 774-1 à L. 774-8 à Saint-Martin, le mot : "préfet" est remplacé par les mots : "représentant de l'État".

Le président du conseil territorial de Saint-Martin, pour le domaine public de la collectivité de Saint-Martin, exerce les attributions dévolues au représentant de l'État dans les conditions prévues par le présent article.

Pour l'application de l'alinéa précédent, à l'article L. 774-2, le mot : "préfet" est remplacé par les mots : "président du conseil territorial de Saint-Martin".

Loi du 9 décembre 1905,

Concernant la séparation des Églises et de l'État.

....

Art. 4 Dans le délai d'un an, à partir de la promulgation de la présente loi, les biens mobiliers et immobiliers des menses, fabriques, conseils presbytéraux, consistoires et autres établissements publics du culte seront, avec toutes les charges et obligations qui les grèvent et avec leur affectation spéciale, transférés par les représentants légaux de ces établissements aux associations qui, en se conformant aux règles d'organisation générale du culte dont elles se proposent d'assurer l'exercice, se seront légalement formées, suivant les prescriptions de l'article 19, pour l'exercice de ce culte dans les anciennes circonscriptions desdits établissements.

Art. 5 Ceux des biens désignés à l'article précédent qui proviennent de l'État et qui ne sont pas grevés d'une fondation pieuse créée postérieurement à la loi du 18 germinal an X feront retour à l'État.

Les attributions de biens ne pourront être faites par les établissements ecclésiastiques qu'un mois après la promulgation du décret en Conseil d'État prévu à l'article 43. Faute de quoi la nullité pourra en être demandée devant le tribunal judiciaire par toute partie intéressée ou par le ministère public.

En cas d'aliénation par l'association cultuelle de valeurs mobilières ou d'immeubles faisant partie du patrimoine de l'établissement public dissous, le montant du produit de la vente devra être employé en titres de rente nominatifs ou dans les conditions prévues au paragraphe 2 de l'article 22.

L'acquéreur des biens aliénés sera personnellement responsable de la régularité de cet emploi.

Les biens revendiqués par l'État, les départements ou les communes ne pourront être aliénés, transformés ni modifiés jusqu'à ce qu'il ait été statué sur la revendication par les tribunaux compétents.

....

Art. 7 Les biens mobiliers ou immobiliers grevés d'une affectation charitable ou d'une toute autre affectation étrangère à l'exercice du culte seront attribués, par les représentants légaux des établissements ecclésiastiques, aux services ou établissements publics ou d'utilité publique, dont la destination est conforme à celle desdits biens. Cette attribution devra être approuvée par le préfet du département où siège l'établissement ecclésiastique. En cas de non-approbation, il sera statué par décret en Conseil d'État.

Toute action en reprise, qu'elle soit qualifiée en revendication, en révocation ou en résolution, concernant les biens dévolus en exécution du présent article, est soumise aux règles prescrites par l'article 9.

....

Art. 9 1. Les biens des établissements ecclésiastiques, qui n'ont pas été réclamés par des associations cultuelles constituées dans le délai d'un an à partir de la promulgation de la loi du 9 décembre 1905, seront attribués par décret à des établissements communaux de bienfaisance ou d'assistance situés dans les limites territoriales de la circonscription ecclésiastique intéressée, ou, à défaut d'établissement de cette nature, aux communes ou sections de communes, sous la condition d'affecter aux services de bienfaisance ou d'assistance tous les revenus ou produits de ces biens, sauf les exceptions ci-après :

1° Les édifices affectés au culte lors de la promulgation de la loi du 9 décembre 1905 et les meubles les garnissant deviendront la propriété des communes sur le territoire desquelles ils sont situés, s'ils n'ont pas été restitués ni revendiqués dans le délai légal ;

2° Les meubles ayant appartenu aux établissements ecclésiastiques ci-dessus mentionnés qui garnissent les édifices désignés à l'article 12, paragraphe 2, de la loi du 9 décembre 1905, deviendront la propriété de l'État, des départements et des communes, propriétaires desdits édifices, s'ils n'ont pas été restitués ni revendiqués dans le délai légal ;

3° Les immeubles bâtis, autres que les édifices affectés au culte, qui n'étaient pas productifs de revenus lors de la promulgation de la loi du 9 décembre 1905 et qui appartenaient aux menses archiépiscopales et épiscopales, aux chapitres et séminaires, ainsi que les cours et jardins y attenant, seront attribués par décret, soit à des départements, soit à des communes, soit à des établissements publics pour des services d'assistance ou de bienfaisance ou des services publics ;

4° Les biens des menses archiépiscopales et épiscopales, chapitres et séminaires, seront, sous réserve de l'application des dispositions du paragraphe précédent, affectés dans la circonscription territoriale de ces anciens établissements au paiement du reliquat des dettes régulières ou légales de l'ensemble des établissements ecclésiastiques compris dans ladite circonscription, dont les biens n'ont pas été attribués à des associations cultuelles, ainsi qu'au paiement de tous frais exposés et de toutes dépenses effectuées relativement à ces biens par le séquestre, sauf ce qui est dit au paragraphe 13 de l'article 3 ci-après. L'actif disponible après l'acquittement de ces dettes et dépenses sera attribué par décret à des services départementaux de bienfaisance ou d'assistance.

En cas d'insuffisance d'actif il sera pourvu au paiement desdites dettes et dépenses sur l'ensemble des biens ayant fait retour à l'État, en vertu de l'article 5 ;

5° Les documents, livres, manuscrits et œuvres d'art ayant appartenu aux établissements ecclésiastiques et non visés au 1° du présent paragraphe pourront être réclamés par l'État, en vue de leur dépôt dans les archives, bibliothèques ou musées et lui être attribués par décret ;

6° Les biens des caisses de retraite et maisons de secours pour les prêtres âgés ou infirmes seront attribués par décret à des sociétés de secours mutuels constituées dans les départements où ces établissements ecclésiastiques avaient leur siège.

Pour être aptes à recevoir ces biens, lesdites sociétés devront être approuvées dans les conditions prévues par la loi du 1er avril 1898, avoir une destination conforme à celle desdits biens, être ouvertes à tous les intéressés et ne prévoir dans leurs statuts aucune amende ni aucun cas d'exclusion fondés sur un motif touchant à la discipline ecclésiastique.

Les biens des caisses de retraite et maisons de secours qui n'auraient pas été réclamés dans le délai de dix-huit mois à dater de la promulgation de la présente loi par des sociétés de secours mutuels constituées dans le délai d'un an de ladite promulgation seront attribués par décret aux départements où ces établissements ecclésiastiques avaient leur siège, et continueront à être administrés provisoirement au profit des ecclésiastiques qui recevaient des pensions ou secours ou qui étaient hospitalisés à la date du 15 décembre 1906.

Les ressources non absorbées par le service de ces pensions ou secours seront employées au remboursement des versements que les ecclésiastiques ne recevant ni pension ni secours justifieront avoir faits aux caisses de retraites.

Le surplus desdits biens sera affecté par les départements à des services de bienfaisance ou d'assistance fonctionnant dans les anciennes circonscriptions des caisses de retraite et maisons de secours.

2. En cas de dissolution d'une association, les biens qui lui auront été dévolus en exécution des articles 4 et 8 seront attribués *(Ord. n° 2015-904 du 23 juill. 2015, art. 13)* « par délibérations concordantes des associations ou établissements concernés », soit à des associations analogues dans la même circonscription ou, à leur défaut, dans les circonscriptions les plus voisines, soit aux établissements visés au paragraphe 1er du présent article.

3. Toute action en reprise, qu'elle soit qualifiée en revendication, en révocation ou en résolution doit être introduite dans le délai ci-après déterminé.

Elle ne peut être exercée qu'en raison de donations, de legs ou de fondations pieuses, et seulement par les auteurs et leurs héritiers en ligne directe.

Les arrérages de rentes dues aux fabriques pour fondations pieuses ou cultuelles et qui n'ont pas été rachetées cessent d'être exigibles.

Aucune action d'aucune sorte ne pourra être intentée à raison de fondations pieuses antérieures à la loi du 18 germinal an X.

4. L'action peut être exercée contre l'attributaire ou, à défaut d'attribution, contre le directeur général des domaines représentant l'État en qualité de séquestre.

5. Nul ne pourra introduire une action, de quelque nature qu'elle soit, s'il n'a déposé deux mois auparavant un mémoire préalable sur papier non timbré entre les mains du directeur général des domaines qui en délivrera un récépissé daté et signé.

6. Au vu de ce mémoire, et après avis du directeur des domaines, le préfet pourra en tout état de cause, et quel que soit l'état de la procédure, faire droit à tout ou partie de la demande par un arrêté...

7. L'action sera prescrite si le mémoire préalable n'a pas été déposé dans les dix mois à compter de la publication au *Journal officiel* de la liste des biens attribués ou à attribuer avec les charges auxquelles lesdits biens seront ou demeureront soumis, et si l'assignation devant la juridiction ordinaire n'a pas été délivrée dans les trois mois de la date du récépissé.

Parmi ces charges, pourra être comprise celle de l'entretien des tombes.

8. Passé ces délais, les attributions seront définitives et ne pourront plus être attaquées de quelque matière ni pour quelque cause que ce soit.

Néanmoins, toute personne intéressée pourra poursuivre devant le Conseil d'État statuant au contentieux l'exécution des charges imposées par les décrets d'attribution.

9. Il en sera de même pour les attributions faites après solution des litiges soulevés dans le délai.

10. Tout créancier, hypothécaire, privilégié ou autre, d'un établissement dont les biens ont été mis sous séquestre, devra, pour obtenir le paiement de sa créance, déposer préalablement à toute poursuite un mémoire justificatif de sa demande, sur papier non timbré, avec les pièces à l'appui au directeur général des domaines qui en délivrera un récépissé daté et signé.

11. Au vu de ce mémoire et sur l'avis du directeur des domaines, le préfet pourra en tout état de cause, et quel que soit l'état de la procédure, décider, par un arrêté pris en conseil de préfecture, que le créancier sera admis, pour tout ou partie de sa créance, au passif de la liquidation de l'établissement supprimé.

12. L'action du créancier sera définitivement éteinte si le mémoire préalable n'a pas été déposé dans les six mois qui suivront la publication au *Journal officiel* prescrite par le paragraphe 7 du présent article, et si l'assignation devant la juridiction ordinaire n'a pas été délivrée dans les neuf mois de ladite publication.

13. Dans toutes les causes auxquelles s'appliquent les dispositions de la présente loi, le tribunal statue comme en matière sommaire, conformément au titre XXIV du livre II du code de procédure civile.

Les frais exposés par le séquestre seront, dans tous les cas, employés en frais privilégiés sur le bien séquestré, sauf recouvrement contre la partie adverse condamnée aux dépens, ou, sur la masse générale des biens recueillis par l'État.

Le donateur et les héritiers en ligne directe soit du donateur, soit du testateur ayant, dès à présent, intenté une action en revendication ou en révocation devant les tribunaux civils, sont dispensés des formalités de procédure prescrites par les paragraphes 5, 6 et 7 du présent article.

14. L'État, les départements, les communes et les établissements publics ne peuvent remplir ni les charges pieuses ou cultuelles, afférentes aux libéralités à eux faites ou, aux contrats conclus par eux, ni les charges dont l'exécution comportait l'intervention soit d'un établissement public du culte, soit de titulaires ecclésiastiques.

Ils ne pourront remplir les charges comportant l'intervention d'ecclésiastiques pour l'accomplissement d'actes non cultuels que s'il s'agit de libéralités autorisées antérieurement à la promulgation de la présente loi, et si, nonobstant l'intervention de ces ecclésiastiques, ils conservent un droit de contrôle sur l'emploi desdites libéralités.

Les dispositions qui précèdent s'appliquent au séquestre.

Dans les cas prévus à l'alinéa 1er du présent paragraphe, et en cas d'inexécution des charges visées à l'alinéa 2, l'action en reprise, qu'elle soit qualifiée en revendication, en révocation ou en résolution, ne peut être exercée que par les auteurs des libéralités et leurs héritiers en ligne directe.

Les paragraphes précédents s'appliquent à cette action sous les réserves ci-après :

Le dépôt du mémoire est fait au préfet, et l'arrêté du préfet en conseil de préfecture est pris, s'il y a lieu, après avis de la commission départementale pour le département, du conseil municipal pour la commune et de la commission administrative pour l'établissement public intéressé.

En ce qui concerne les biens possédés par l'État, il sera statué par décret.

L'action sera prescrite si le mémoire n'a pas été déposé dans l'année qui suivra la promulgation de la présente loi, et l'assignation devant la juridiction ordinaire délivrée dans les trois mois de la date du récépissé.

15. Les biens réclamés, en vertu du paragraphe 14, à l'État, aux départements, aux communes et à tous les établissements publics ne seront restituables, lorsque la demande ou l'action sera admise, que dans la proportion correspondant aux charges non exécutées, sans qu'il y ait lieu de distinguer si lesdites charges sont ou non déterminantes de la libéralité ou du contrat de fondation pieuse et sous déduction des frais et droits correspondants payés lors de l'acquisition des biens.

16. Sur les biens grevés de fondations de messes, l'État, les départements, les communes et les établissements publics possesseurs ou attributaires desdits biens devront, à défaut des restitutions à opérer en vertu du présent article, mettre en réserve la portion correspondant aux charges ci-dessus visées.

Cette portion sera remise aux sociétés de secours mutuels constituées conformément au paragraphe 1er, 6°, de l'article 9 de la loi du 9 décembre 1905, sous la forme de titres de rente nominatifs, à charge par celles-ci d'assurer l'exécution des fondations perpétuelles de messes.

Pour les fondations temporaires, les fonds y afférents seront versés auxdites sociétés de secours mutuels, mais ne bénéficieront pas du taux de faveur prévu par l'article 21 de la loi du 1er avril 1898.

Les titres nominatifs seront remis et les versements faits à la société de secours mutuels qui aura été constituée dans le département, ou à son défaut dans le département le plus voisin.

A l'expiration du délai de dix-huit mois prévu au paragraphe 1er, 6°, ci-dessus visé, si aucune des sociétés de secours mutuels qui viennent d'être mentionnées n'a réclamé la remise des titres ou le versement auquel elle a droit, l'État, les départements, les communes et les établissements publics seront définitivement libérés et resteront propriétaires des biens par eux possédés ou à eux attribués, sans avoir à exécuter aucune des fondations et messes grevant lesdits biens.

La portion à mettre en réserve, en vertu des dispositions précédentes, sera calculée sur la base des tarifs indiqués dans l'acte de fondation, ou, à défaut, sur la base des tarifs en vigueur au 9 décembre 1905.

....

Art. 12 Les édifices qui ont été mis à la disposition de la nation et qui, en vertu de la loi du 18 germinal an X, servent à l'exercice public des cultes ou au logement de leurs ministres (cathédrales, églises, chapelles, temples, synagogues, archevêchés, évêchés, presbytères, séminaires), ainsi que leurs dépendances immobilières et les objets mobiliers qui les garnissaient au moment où lesdits édifices ont été remis aux cultes, sont et demeurent propriétés de l'État, des départements *(L. n° 98-546 du 2 juill. 1998, art. 94)* « , des communes et des établissements publics de coopération intercommunale ayant pris la compétence en matière d'édifices des cultes ».

Pour ces édifices, comme pour ceux postérieurs à la loi du 18 germinal an X, dont l'État, les départements et les communes seraient propriétaires, y compris les facultés de théologie protestante, il sera procédé conformément aux dispositions des articles suivants.

Art. 13 Les édifices servant à l'exercice public du culte, ainsi que les objets mobiliers les garnissant, seront laissés gratuitement à la disposition des établissements publics du culte, puis des associations appelées à les remplacer auxquelles les biens de ces établissements auront été attribués par application des dispositions du titre II.

La cessation de cette jouissance, et, s'il y a lieu, son transfert seront prononcés *(Ord. n° 2015-904 du 23 juill. 2015, art. 13)* « par arrêté préfectoral », sauf recours au Conseil d'État statuant au contentieux :

1° Si l'association bénéficiaire est dissoute ;

2° Si, en dehors des cas de force majeure, le culte cesse d'être célébré pendant plus de six mois consécutifs ;

3° Si la conservation de l'édifice ou celle des objets mobiliers classés en vertu de la loi de 1887 et de l'article 16 de la présente loi est compromise par insuffisance d'entretien, et après mise en demeure dûment notifiée du conseil municipal ou, à son défaut, du préfet ;

4° Si l'association cesse de remplir son objet ou si les édifices sont détournés de leur destination ;

5° Si elle ne satisfait pas soit aux obligations de l'article 6 ou du dernier paragraphe du présent article, soit aux prescriptions relatives aux monuments historiques.

(Ord. n° 2015-904 du 23 juill. 2015, art. 13) « Dans les cinq cas ci-dessus prévus, la désaffectation des édifices cultuels communaux ainsi que des objets mobiliers les garnissant pourra être prononcée par décret en Conseil d'État. Toutefois cette désaffectation pourra être prononcée par arrêté préfectoral, à la demande du conseil municipal, lorsque la personne physique ou morale ayant qualité pour représenter le culte affectataire aura donné par écrit son consentement à la désaffectation.

« En dehors de ces cas, la désaffectation ne pourra être prononcée que par une loi. »

Les immeubles autrefois affectés aux cultes et dans lesquels les cérémonies du culte n'auront pas été célébrées pendant le délai d'un an antérieurement à la présente loi, ainsi que ceux qui ne seront pas réclamés par une association cultuelle dans le délai de deux ans après sa promulgation, pourront être désaffectés par décret.

Il en est de même pour les édifices dont la désaffectation aura été demandée antérieurement au 1er juin 1905.

Les établissements publics du culte, puis les associations bénéficiaires, seront tenus des réparations de toute nature, ainsi que des frais d'assurance et autres charges afférentes aux édifices et aux meubles les garnissant.

L'État, les départements *(L. nº 98-546 du 2 juill. 1998, art. 94)* « , les communes et les établissements publics de coopération intercommunale » pourront engager les dépenses nécessaires pour l'entretien et la conservation des édifices du culte dont la propriété leur est reconnue par la présente loi.

Art. 14 Les archevêchés, évêchés, les presbytères et leurs dépendances, les grands séminaires et facultés de théologie protestante seront laissés gratuitement à la disposition des établissements publics du culte, puis des associations prévues à l'article 13, à savoir : les archevêchés, et évêchés pendant une période de deux années, les presbytères dans les communes où résidera le ministre du culte, les grands séminaires et facultés de théologie protestante, pendant cinq années à partir de la promulgation de la présente loi.

Les établissements et associations sont soumis, en ce qui concerne ces édifices, aux obligations prévues par le dernier paragraphe de l'article 13. Toutefois, ils ne seront pas tenus des grosses réparations.

La cessation de la jouissance des établissements et associations sera prononcée dans les conditions et suivant les formes déterminées par l'article 13. Les dispositions des paragraphes 3 et 5 du même article sont applicables aux édifices visés par le paragraphe 1er du présent article.

La distraction des parties superflues des presbytères laissés à la disposition des associations cultuelles pourra, pendant le délai prévu au paragraphe 1er, être prononcée pour un service public par décret rendu en Conseil d'État.

A l'expiration des délais de jouissance gratuite, la libre disposition des édifices sera rendue à l'État, aux départements ou aux communes.

Ceux de ces immeubles qui appartiennent à l'État pourront être, par décret, affectés ou concédés gratuitement, dans les formes prévues par l'ordonnance du 14 juin 1833, soit à des services publics de l'État, soit à des services publics départementaux ou communaux.

Les indemnités de logement incombant actuellement aux communes, à défaut de presbytère, par application de l'article 136 de la loi du 5 avril 1884, resteront à leur charge pendant le délai de cinq ans.

Elles cesseront de plein droit en cas de dissolution de l'association.

Art. 15 Dans les départements de la Savoie, de la Haute-Savoie et des Alpes-Maritimes, la jouissance des édifices antérieurs à la loi du 18 germinal an X, servant à l'exercice des cultes ou au logement de leurs ministres, sera attribuée par les communes sur le territoire desquelles ils se trouvent aux associations cultuelles, dans les conditions indiquées par les articles 12 et suivants de la présente loi. En dehors de ces obligations, les communes pourront disposer librement de la propriété de ces édifices.

Dans ces mêmes départements, les cimetières resteront la propriété des communes.

Art. 16 Il sera procédé à un classement complémentaire des édifices servant à l'exercice public du culte (cathédrales, églises, chapelles, temples, synagogues, archevêchés, évêchés, presbytères, séminaires), dans lequel devront être compris tous ceux de ces édifices représentant, dans leur ensemble ou dans leurs parties, une valeur artistique ou historique.

Les objets mobiliers ou les immeubles par destination mentionnés à l'article 13, qui n'auraient pas encore été inscrits sur la liste de classement dressée en vertu de la loi du 30 mars 1887, sont, par l'effet de la présente loi, ajoutés à ladite liste. Il sera procédé par le ministre compétent, dans le délai de trois ans, au classement définitif de ceux de ces objets dont la conservation présenterait, au point de vue de l'histoire ou de l'art, un intérêt suffisant. A l'expiration de ce délai, les autres objets seront déclassés de plein droit.

En outre, les immeubles et les objets mobiliers, attribués en vertu de la présente loi aux associations, pourront être classés dans les mêmes conditions que s'ils appartenaient à des établissements publics.

Il n'est pas dérogé, pour le surplus, aux dispositions de la loi du 30 mars 1887.

Les archives ecclésiastiques et bibliothèques existant dans les archevêchés, évêchés, grands séminaires, paroisses, succursales et leurs dépendances, seront inventoriées et celles qui seront reconnues propriété de l'État lui seront restituées.

Art. 17 Les immeubles par destination classés en vertu de la loi du 30 mars 1887 ou de la présente loi sont inaliénables et imprescriptibles.

Dans le cas où la vente ou l'échange d'un objet classé serait autorisé par le ministre compétent, un droit de préemption est accordé : 1° aux associations cultuelles ; 2° aux communes ; 3° aux départements ; 4° aux musées et sociétés d'art et d'archéologie ; 5° à l'État. Le prix sera fixé par trois experts que désigneront le vendeur, l'acquéreur et le président du tribunal judiciaire.

Si aucun des acquéreurs visés ci-dessus ne fait usage du droit de préemption, la vente sera libre ; mais il est interdit à l'acheteur d'un objet classé de le transporter hors de France.

La visite des édifices et l'exposition des objets mobiliers classés seront publiques : elles ne pourront donner lieu à aucune taxe ni redevance.

Loi du 2 janvier 1907,

Concernant l'exercice public des cultes.

Art. 1er Dès la promulgation de la présente loi, l'État, les départements et les communes recouvreront à titre définitif la libre disposition des archevêchés, évêchés, presbytères et séminaires qui sont leur propriété et dont la jouissance n'a pas été réclamée par une association constituée dans l'année qui a suivi la promulgation de la loi du 9 décembre 1905, conformément aux dispositions de ladite loi.

Cesseront de même, s'il n'a pas été établi d'associations de cette nature, les indemnités de logement incombant aux communes, à défaut de presbytère.

La location des édifices ci-dessus dont les départements ou les communes sont propriétaires devra être approuvée par l'administration préfectorale. En cas d'aliénation par le département, il sera procédé comme dans les cas prévus par l'article 48, paragraphe 1er, de la loi du 10 août 1871.

Art. 2 Les biens des établissements ecclésiastiques qui n'ont pas été réclamés par des associations constituées dans l'année qui a suivi la promulgation de la loi du 9 décembre 1905, conformément aux dispositions de ladite loi, seront attribués à titre définitif, dès la promulgation de la présente loi, aux établissements communaux d'assistance ou de bienfaisance dans les conditions déterminées par l'article 9, premier paragraphe, de ladite loi, sans préjudice des attributions à opérer par application des articles 7 et 8, en ce qui concerne les biens grevés d'une affectation étrangère à l'exercice du culte.

....

Art. 5 A défaut d'associations cultuelles, les édifices affectés à l'exercice du culte, ainsi que les meubles les garnissant, continueront, sauf désaffectation dans les cas prévus par la loi du 9 décembre 1905, à être laissés à la disposition des fidèles et des ministres du culte pour la pratique de leur religion.

La jouissance gratuite en pourra être accordée soit à des associations cultuelles constituées conformément aux articles 18 et 19 de la loi du 9 décembre 1905, soit à des associations formées en vertu des dispositions précitées de la loi du 1er juillet 1901 pour assurer la continuation de l'exercice public du culte, soit aux ministres du culte dont les noms devront être indiqués dans les déclarations prescrites par l'article 25 de la loi du 9 décembre 1905.

La jouissance ci-dessus prévue desdits édifices et des meubles les garnissant sera attribuée, sous réserve des obligations énoncées par l'article 13 de la loi du 9 décembre 1905, au moyen d'un acte administratif dressé par le préfet pour les immeubles placés sous séquestre et ceux qui appartiennent à l'État et aux départements, par le maire pour les immeubles qui sont la propriété des communes.

Les règles sus-énoncées s'appliquent aux édifices affectés au culte qui, ayant appartenu aux établissements ecclésiastiques, auront été attribués par décret aux établissements communaux d'assistance ou de bienfaisance par application de l'article 9, paragraphe 1er, de la loi du 9 décembre 1905.

Circulaire du 29 juillet 2011,

Relative aux édifices du culte : propriété, construction, réparation et entretien, règles d'urbanisme, fiscalité.

NOR : IOC/D/11/21246C

Par circulaire du 25 mai 2009, des informations vous ont été apportées sur le droit applicable dans le domaine de l'immobilier cultuel aux fins de répondre aux questions sur l'entretien et la réparation de bâtiments cultuels construits avant ou après 1905, sur la construction de lieu de culte, la mise à disposition de locaux communaux à des fins cultuelles, l'utilisation d'édifice cultuel à des fins non cultuelles, etc.

L'évolution de la jurisprudence administrative, notamment les décisions du Conseil d'État du 19 juillet 2011, rend nécessaire d'apporter quelques modifications ou compléments à certaines parties de cette circulaire.

Tel est l'objet de la présente circulaire qui annule et remplace les circulaires des 15 octobre 2003 concernant la réparation des édifices du culte ouverts au public et 14 février 2005 concernant la construction d'édifices du culte.

Sommaire

Préambule

La question de l'immobilier cultuel tient une place importante dans le droit des cultes. Il ne peut y avoir de liberté de culte s'il n'y a pas libre disposition de locaux adaptés aux célébrations publiques d'un culte. Le régime juridique français des biens cultuels est un produit de l'histoire qui garantit l'affectation cultuelle des biens attribués aux associations cultuelles par la loi du 9 décembre 1905 concernant la séparation des Églises et de l'État et des biens qui étaient avant 1905 ou sont devenus, par application de l'article 1er de la loi du 13 avril 1908, la propriété d'une personne publique (État, communes). Les difficultés rencontrées dans le domaine immobilier peuvent concerner tant les édifices du culte qui ont fait l'objet d'une affectation légale par la loi du 9 décembre 1905 que ceux qui ont été édifiés postérieurement à cette loi. Les cultes qui étaient peu présents, voire absents, en 1905 se trouvent confrontés à des difficultés importantes, notamment pour l'acquisition de terrain en vue de la construction d'un édifice du culte ou pour la location de locaux pouvant être utilisés comme lieu de culte.

L'affectation cultuelle des édifices du culte construits avant 1905, réglée par les dispositions de l'article 13 de la loi du 9 décembre 1905 et de l'article 5 de la loi du 2 janvier 1907, donne des prérogatives importantes aux affectataires qui sont pour les cultes protestants et israélite, les présidents des associations cultuelles qui peuvent être, le cas échéant, ministres du culte et, pour le culte catholique, le curé desservant nommé par l'évêque du diocèse territorialement compétent et chargé de régler l'usage des lieux de manière à assurer aux fidèles la pratique de leur religion.

Parallèlement, les personnes publiques propriétaires d'édifices du culte (État et communes) doivent faire face à des obligations, notamment en matière de sécurité des bâtiments recevant du public dont font partie les édifices du culte, ou en matière de protection du patrimoine, en particulier lorsque les biens meubles ou immeubles sont classés ou inscrits au titre des monuments historiques.

Les édifices du culte qui ne bénéficient pas de cette affectation légale sont protégés par le droit de la propriété privée qui constitue une sérieuse garantie puisque, en principe, nul ne peut être contraint de céder sa propriété, sauf pour cause d'utilité publique (art. 545 du code civil).

Le régime fiscal applicable aux édifices du culte, qui accorde un certain nombre d'exonérations à leur propriétaire ou à leur affectataire, conduit les contribuables intéressés et l'administration fiscale à poser la question du périmètre de la notion d'édifice du culte. Aucune définition n'a été donnée dans les textes législatifs ou réglementaires, mais les juridictions administratives ont été amenées, à plusieurs reprises, à en préciser les contours.

En matière d'urbanisme, si les associations exerçant un culte peuvent bénéficier de certains avantages en vue de la construction d'un édifice du culte (garanties d'emprunt, baux emphytéotiques), elles peuvent se heurter à des difficultés dans le cadre de l'application des règles communes du droit de l'urbanisme, par exemple lorsqu'il est fait un usage abusif du droit de préemption. Aussi convient-il de rappeler les règles dans ce domaine afin que les droits de chaque partie soient respectés et que l'exercice du culte puisse être pratiqué dans les meilleures conditions possibles.

Enfin, il existe des régimes particuliers applicables en Alsace-Moselle et dans les départements et collectivités d'outre-mer. Les dispositions législatives et réglementaires relatives aux édifices du culte dans les départements et collectivités d'outre-mer feront l'objet d'une circulaire distincte. Toutes ces questions sont développées ci-après à la lumière de la jurisprudence la plus récente.

1. L'affectation légale des édifices du culte

Il résulte de l'application des articles 12 et 13 de la loi du 9 décembre 1905 une différenciation du régime de propriété des édifices du culte établie selon la date de construction de ces édifices.

1.1. *La propriété des édifices du culte*

Ceux qui, en 1789, ont été constitués « biens de la Nation » lors de la nationalisation des biens du clergé sont la propriété de l'État, des départements et des communes. Ils font partie de leur domaine public. Compte tenu de l'histoire, ce sont, dans leur quasi-totalité, des édifices du culte catholique (sauf en Alsace et au pays de Montbéliard).

Les édifices des cultes reconnus, construits entre la loi du 18 germinal an X (8 avril 1802) et celle du 9 décembre 1905, étaient la propriété, soit des établissements publics du culte, soit des communes. En vertu du principe selon lequel « la propriété du sol emporte la propriété du dessus et du dessous » (art. 552 du code civil), les édifices qui ont été construits pendant cette période aux frais des fidèles sur des terrains communaux ont été intégrés dans le domaine public des communes. A l'inverse, ceux édifiés sur des terrains appartenant aux établissements publics du culte (menses, fabriques, conseils presbytéraux ou consistoires) étaient la propriété de ces derniers.

La loi de séparation des Églises et de l'État (art. 2) a prononcé la dissolution de ces établissements publics et a prescrit le transfert des biens mobiliers et immobiliers (art. 4) aux associations cultuelles dont elle définissait les principes constitutifs (art. 18 et 19).

Le culte protestant et le culte israélite ont accepté les principes posés par la loi du 9 décembre 1905. Les édifices du culte appartenant à leurs établissements publics sont donc devenus la propriété des associations cultuelles qu'ils ont mises en place.

En revanche, l'Église catholique a refusé la constitution d'associations cultuelles. Ses édifices du culte n'ont donc pas pu être attribués à de telles associations. Deux dispositions ont permis de régler le sort de ces édifices :

– d'une part, l'article 5 de la loi du 2 janvier 1907 prévoit qu'« à défaut d'associations cultuelles, les édifices affectés à l'exercice du culte, ainsi que les meubles les garnissant, continueront, sauf désaffectation dans les cas prévus par la loi du 9 décembre 1905, à être laissés à la disposition des fidèles et des ministres du culte pour la pratique de leur religion » ;

– d'autre part, l'article 1er de la loi du 13 avril 1908 est venu compléter ce dispositif en modifiant le paragraphe 1 de l'article 9 de la loi du 9 décembre 1905, précisant ainsi que par exception au régime des attributions de biens par décret, les édifices affectés au culte lors de la promulgation de la loi du 9 décembre 1905 et les meubles les garnissant deviendront la propriété des communes sur le territoire desquelles ils sont situés s'ils n'ont été ni restitués, ni revendiqués dans le délai légal.

Ainsi, les églises construites avant 1905 sont devenues, dans leur très grande majorité, la propriété des communes.

A ce jour, l'État est propriétaire, en métropole, de quatre-vingt-sept cathédrales. Aux quatre-vingt-quatre cathédrales figurant sur la liste des édifices classés au titre des monuments historiques qui ont été confiés, par le décret du 4 juillet 1912, au service d'administration des beaux-arts (devenu ministère de la culture et de la communication), se sont ajoutées les cathédrales de Metz et de Strasbourg puis la basilique de Saint-Denis, devenue cathédrale en 1966 et qui était propriété de l'État avant cette date. L'État est également propriétaire de la basilique Saint-Nazaire à Carcassonne et de l'église Saint-Julien à Tours. Les cathédrales des diocèses qui ont été supprimés en 1790 (il existait cent quarante évêchés sous l'Ancien Régime) ont conservé leur titre par attachement des populations locales. La cathédrale d'Ajaccio a été transférée à la collectivité territoriale de Corse par décret du 18 novembre 2003. La propriété des cathédrales s'étend à l'ensemble des dépendances immobilières et à la totalité des immeubles par destination et des meubles les garnissant.

Certaines églises, construites avant 1905, ont été érigées en cathédrale lors de la création de nouveaux diocèses dans les années 1960. C'est le cas de l'église Sainte-Geneviève-et-Saint-Maurice de Nanterre (1961), de l'église Saint-Maclou de Pontoise (1966), de l'église Saint-Spire de Corbeil-Essonnes (1961). Ces édifices devenus cathédrales sont néanmoins restés la propriété des communes d'implantation.

Les édifices du culte acquis ou construits après 1905 sont la propriété des seules personnes privées qui les ont acquis ou construits, lesquelles sont généralement des associations cultuelles (ou des associations diocésaines) ou des associations régies par la loi du 1er juillet 1901.

En outre, la propriété de l'édifice emporte non seulement celle des immeubles par destination que sont les meubles fixés à l'édifice (tableaux, stalles, orgues, cloches, statues, etc.), mais aussi celle des objets mobiliers qu'il renferme. Si les objets mobiliers garnissant l'édifice du culte avant 1905 appartiennent au propriétaire de l'édifice, ils restent grevés de l'affectation cultuelle, de sorte que la collectivité publique propriétaire ne peut en faire un autre usage que celui réservé à la pratique de la religion.

Un édifice grevé de l'affectation légale au culte appartenant à une personne publique (État, département ou commune) relève de son domaine public, non parce qu'il est affecté à un service public (les cultes n'ont plus cette qualité depuis 1905), mais parce qu'il est réservé à l'exercice d'un culte ouvert à tous et à la disposition des fidèles par détermination de la loi (CE 18 nov. 1949, *sieur Carlier*). Les immeubles et objets mobiliers appartenant au domaine public des collectivités publiques sont inaliénables et imprescriptibles et ni leur propriétaire, ni leur affectataire ne peuvent en disposer librement sauf désaffectation prononcée conformément aux dispositions de l'article 13 de la loi du 9 décembre 1905.

En revanche, le Conseil d'État a refusé, dans sa décision du 19 octobre 1990, *Association Saint-Pie V et Saint-Pie X de l'Orléanais*, de reconnaître un caractère de domanialité publique aux lieux de culte qui ne faisaient pas l'objet d'une affectation à l'exercice public du culte lors de la publication de la loi de 1905. Il a estimé que la convention de mise à disposition d'une église acquise par la ville en 1977 au bénéfice d'une association pour y célébrer le culte ne peut être regardée comme ayant entraîné l'affectation de cet édifice à l'usage direct du public et par suite ne l'a pas fait entrer à ce titre dans le domaine public communal. Une telle acquisition conduit à faire entrer l'édifice dans le domaine privé de la commune.

1.2. *Le périmètre des édifices du culte et leurs dépendances*

En l'absence de dispositions législatives ou réglementaires permettant de dire si un bien immeuble peut être considéré comme un édifice du culte ou une dépendance de cet édifice, c'est par la jurisprudence administrative qu'une doctrine a peu à peu été établie. Le juge a été amené à se prononcer sur la nature d'un bien immobilier et son affectation légale au culte à l'occasion de différents recours portant, par exemple, sur la vente d'un bien considéré comme non détachable d'un édifice du culte ou sur l'attribution d'une subvention pour travaux de réparation ou de conservation d'un bien immobilier considéré comme une dépendance d'un édifice légalement affectée au culte.

Ont ainsi été considérés par le juge comme des dépendances d'un édifice du culte :

– la sacristie qui lui est attenante (CE 18 mars 1988, *Albert Maron*) ;

– la chapelle située sous l'abside de l'église (TA Paris, 8 juin 1971, *Ville de Paris c/ Kergo*) ;

– les abords immédiats quand ils sont nécessaires à la tranquillité et à la dignité des célébrations ou quand ils ont toujours été eux-mêmes utilisés à des fins cultuelles (TA Lille, 1er juillet 1954, *Cne de Wasquehal c/ Abbé Dubois* ; CE 20 nov. 1936, *Abbé Rivière et a.*, au sujet d'un terrain utilisé pour assainir l'église qui lui est contiguë) ;

– un calvaire, se trouvant associé à l'exercice du culte lors de processions (CE 1er avr. 1938, *Abbé Laplanche-Coudert et autres*) ;

– le mobilier en place (stalles, orgues, etc.) dans les édifices du culte en 1905 (CE 17 févr. 1932, *Cne de Barran*).

En revanche, les presbytères qui ont été attribués aux communes en application de l'article 14 de la loi du 9 décembre 1905 et des articles 1er et 2 de la loi du 2 janvier 1907 ne sont pas considérés comme des dépendances des édifices affectés au culte et font donc partie du domaine privé communal (T. confl. 14 mai 1990, *Cne de Bouyon c/ Battini*). Ils peuvent être loués ou aliénés mais ils ne peuvent être mis gratuitement à disposition d'un ministre du culte.

La notion de dépendance d'un édifice du culte qui est définie ici comme un élément non détachable de l'édifice du culte affecté légalement au culte ne correspond pas totalement à la notion de dépendance retenue en matière de fiscalité directe locale (V. paragraphe 7).

1.3. *Jouissance gratuite, exclusive et perpétuelle des édifices du culte*

En vertu des dispositions de l'article 13 de la loi du 9 décembre 1905 et de l'article 5 de la loi du 2 janvier 1907, l'affectation des édifices servant à l'exercice public du culte, ainsi que les objets mobiliers les garnissant, est gratuite, exclusive et perpétuelle. Il ne peut être mis fin à la jouissance des biens, et, s'il y a lieu, à leur transfert que selon la procédure de désaffectation présentée ci-dessous au paragraphe 1.6.

Le caractère perpétuel de l'affectation cultuelle des édifices du culte existant en 1905 concerne les édifices restés ou devenus la propriété d'une personne publique mais aussi les édifices du culte transférés aux associations cultuelles.

Ainsi les associations cultuelles protestantes et israélites qui se sont constituées dans les délais impartis par la loi du 9 décembre 1905 et qui ont reçu l'attribution des biens qui appartenaient aux anciens établissements publics du culte dissous en application de l'article 4 de ladite loi doivent respecter, en leur qualité d'affectataire, l'affectation cultuelle des édifices dans les mêmes conditions que celles appliquées aux édifices demeurés propriété des personnes publiques. Cette obligation est transmise aux associations cultuelles issues de regroupements d'associations cultuelles attributaires.

Pour l'Église catholique, en application des textes susvisés et des règles d'organisation propres à ce culte, l'affectataire est le curé desservant l'église (ou les églises) de la paroisse, nommé par l'évêque du diocèse territorialement compétent et chargé de régler l'usage des lieux de manière à assurer aux fidèles la pratique de leur religion. Ne peut être considéré comme légitime affectataire de l'édifice que le desservant régulièrement nommé par les autorités de son culte et en communion avec la hiérarchie de celui-ci (CE 23 janv. 1920, *Abbé Barraud et a.* ; TA Amiens, 16 sept. 1986, *Labille*). Par ailleurs, le Conseil d'État a jugé que « la loi du 9 décembre 1905 n'a pas rendu aux communes le droit de disposer des églises dont elles sont propriétaires » (CE 1er mars 1912, *Cne de Saint-Dézéry*).

1.4. *Les prérogatives de l'affectataire*

L'affectation cultuelle signifie que l'édifice du culte doit être utilisé à des fins cultuelles et, en premier lieu, aux célébrations du culte. Si la loi du 9 décembre 1905 n'apporte pas d'indication sur la nature précise des activités qui peuvent être conduites dans les édifices du culte, elle prévoit en revanche deux type d'interdictions : celle d'y tenir des réunions politiques (art. 26) et celle de prononcer un discours ou d'afficher ou distribuer un écrit contenant des propos outrageants ou diffamatoires à l'égard d'un citoyen chargé d'un service public, ou incitant les citoyens à résister à l'exécution des lois ou encore dressant les citoyens les uns contre les autres (art. 34 et 35).

Le ministre du culte (pour les églises catholiques) ou le président de l'association affectataire (pour les autres cultes) est le garant du bon usage de l'édifice conformément à la destination cultuelle qui lui a été donnée par la loi. Le Conseil d'État l'a confirmé à plusieurs reprises. Il a ainsi jugé que le conseil municipal de Baume-les-Messieurs a porté atteinte aux droits du desservant qui n'avait pas été consulté sur l'institution d'un droit de visite des objets mobiliers classés exposés dans l'église de la commune (CE, sect., 4 nov. 1994, *Abbé Chalumey*). Plus récemment, il a considéré que l'organisation de manifestations commémoratives (exposition et conférence) dans une chapelle communale sans l'accord du desservant est une atteinte grave à l'une des composantes de la liberté de culte qualifiée de liberté fondamentale, même si aucune célébration d'un office religieux n'était prévue aux dates fixées pour les manifestations commémoratives (CE 25 août 2005, ordonnance du juge des référés, *Cne de Massat*).

Le ministre du culte ou le président de l'association est chargé de la police à l'intérieur de l'édifice dont il a reçu l'affectation. Dans l'arrêt du 19 juillet 1966, *SNCF et Dame Vautier c/ Chanoine Rebuffat*, la Cour de cassation a rappelé que le pouvoir de police du ministre du culte n'a pour but que de lui permettre d'assurer l'exercice du culte et, qu'à ce titre, il lui appartient de fixer les horaires des cérémonies religieuses, d'organiser les services religieux et d'en régler la tenue, tout en respectant le libre droit des fidèles de pénétrer dans l'église et de participer au culte. En revanche, la Cour a considéré, dans ce même arrêt, que le ministre du culte n'assure aucune obligation de caractère matériel à l'intérieur de l'église, telle qu'une obligation de sécurité qui tendrait à l'assimiler à l'exploitant d'un lieu ouvert au public ou à une collectivité publique administrant un bien du domaine public (V. parag. 6.1).

Le ministre du culte, desservant légitime a, seul, autorité dans l'édifice pour procéder aux aménagements intérieurs, notamment en ce qui concerne le mobilier liturgique (CE 4 août 1916, *Abbé Prudhommeaux*). S'il s'agit de travaux de restauration, de réparation, de modification, de mise aux normes de sécurité portant sur un édifice du culte classé ou un objet classé, une autorisation de l'autorité administrative compétente est exigée (V. parag. 2.3).

Le curé desservant pour l'Église catholique, ou le président ou le directeur de l'association cultuelle pour les autres cultes affectataires, détient les clés de l'édifice du culte dont celle permettant l'accès au clocher. Le maire dispose également d'une clé permettant l'accès au clocher, étant précisé qu'il ne peut en faire usage que dans deux cas, pour les sonneries civiles visées à l'article 51 du décret du 16 mars 1906 et pour assurer l'entretien de l'horloge publique (art. 52 du décret du 16 mars 1906). Dans l'arrêt du 24 mai 1938, *Abbé Touron*, le Conseil d'État a considéré que la remise au maire d'une clé de la porte de l'église n'est nécessaire que si l'accès au clocher n'est pas indépendant de celui de l'église.

S'agissant des sonneries de cloches, l'article 27 de la loi du 9 décembre 1905 et les articles 50 et 51 du décret du 16 mars 1906 prévoient que les sonneries de cloches tant civiles que religieuses sont réglées par arrêté municipal ou, en cas de désaccord entre le maire et les responsables religieux, par arrêté préfectoral. En vertu des dispositions de l'article 51 du décret précité, l'emploi des cloches d'un édifice cultuel à des fins civiles est légal, lorsque, notamment, les sonneries sont autorisées par les usages locaux. Le caractère d'usage local peut être reconnu même lorsque les sonneries de cloches ont été interrompues pendant plusieurs années (CE 11 mai 1994, *Larcena*). Un maire peut également autoriser les sonneries de cloches même lorsque l'émergence sonore en résultant excède le seuil défini par les articles R. 48-1 et suivants du code de la santé publique, à condition toutefois qu'elle présente un caractère d'usage local et que les sonneries soient brèves et n'engendrent pas d'atteinte sérieuse à la tranquillité publique (CAA Bordeaux, 19 juin 2007, *Cne de Biran c/ M. C.* ; CAA Douai, 26 mai 2005, *Cne de Férin c/ Époux Duavrant*).

Si le juge administratif a admis que des sonneries de cloches pouvaient intervenir à l'occasion de fêtes nationales, il a, en revanche, estimé qu'elles ne pouvaient être ordonnées par le maire pour un enterrement civil ou marquer l'ouverture et la clôture d'un scrutin électoral (CE 24 mai 1938, *Abbé Touron*). Le maire ne peut pas non plus s'opposer aux sonneries religieuses sauf pour des motifs tenant à l'ordre public ou lorsque la vétusté du clocher en rendrait l'usage dangereux pour la sécurité publique (CE 12 févr. 1909, *Abbé Rambaud* ; CE 22 avr. 1910, *Abbé Piment*).

Enfin, le maire ne peut procéder à la fermeture de l'édifice du culte sans porter atteinte au libre exercice du culte, sauf circonstance exceptionnelle justifiant une telle décision (CE 8 févr. 1908, *Abbé Déliard*) notamment lorsque l'édifice menace de s'effondrer (CE 26 mai 1911, *Sieurs Ferry et a.*). Une telle décision doit être provisoire et ne concerner que certaines parties de l'édifice. En effet, si le maire peut faire usage de ses pouvoirs de police, ceux-ci doivent se limiter à des mesures strictement nécessaires dès lors que l'édifice est affecté au culte. Ainsi, a été annulé un arrêté du maire d'Orléans ordonnant la démolition de la vieille tour de l'église Saint-Paterne d'Orléans, le Conseil d'État ayant estimé que l'exercice des pouvoirs de police du maire se trouve limité, tant que la désaffectation de l'édifice du culte n'a pas été prononcée par l'autorité compétente, à la prescription et à l'exécution de mesures absolument indispensables pour assurer la sécurité publique (CE 26 déc. 1913, *Sieur Lhuillier et a.*).

1.5. *Utilisation des édifices du culte à des fins compatibles avec l'affectation cultuelle*

Ces dernières années, dans le cadre de la valorisation du patrimoine cultuel, le problème s'est souvent posé de l'utilisation des édifices du culte à des fins culturelles (exposition, concert, visite, etc.).

Si le caractère cultuel de ces édifices est primordial du fait de leur affectation légale, le législateur a néanmoins considéré qu'ils font partie du patrimoine public et que leur intérêt architectural et artistique ainsi que la valeur des objets mobiliers qu'ils contiennent peuvent conduire à leur classement (art. 16 de la loi du 9 décembre 1905). L'article 17 de cette loi et l'article 29 du décret du 16 mars 1906 disposent que les visites des édifices et l'exposition des objets mobiliers classés sont publiques, aux jours et horaires prévus à cet effet par l'affectataire, sous réserve de l'approbation du préfet. L'article 17 de la loi précise que « la visite de ces édifices et l'exposition des objets mobiliers classés ne peuvent donner lieu à aucune taxe ou redevance ».

Ce principe de gratuité a subi très tôt un aménagement. En vertu des dispositions de l'article 25 de la loi du 31 décembre 1913 (codifié à l'art. L. 622-9 du code du patrimoine), l'État et les collectivités territoriales ont été chargés d'assurer la garde et la conservation des objets mobiliers classés dont ils sont propriétaires, affectataires ou dépositaires, les dépenses induites par ces mesures faisant partie des dépenses obligatoires des collectivités territoriales. Pour compenser la prise en charge de ces dépenses, le quatrième alinéa de l'article 25 de la loi de 1913 prévoyait que les départements et les communes pouvaient être autorisés à établir un droit de visite. Ainsi, cette disposition ne concernait que les églises communales et uniquement la visite des objets mobiliers classés. La perception des droits de visites dans les cathédrales se trouvait dépourvue de base légale.

Le législateur a introduit dans le code général de la propriété des personnes publiques (créé par l'ordonnancen° 2006-460 du 21 avril 2006) une disposition, entrée en vigueur le 1er juillet 2006, qui clarifie les conditions de l'utilisation des édifices du culte relevant du domaine public. Cette disposition, codifiée à l'article L. 2124-31, donne une base légale unifiée à la perception de droits aussi bien dans les églises communales que dans les cathédrales, tant pour les visites d'objets mobiliers classés ou inscrits que pour toute activité compatible avec l'affectation légale au culte.

Cet article précise que « lorsque la visite de parties d'édifice affectées au culte, notamment de celles où sont exposés des objets mobiliers classés ou inscrits, justifie des modalités particulières d'organisation, leur accès est subordonné à l'accord de l'affectataire. Il en va de même en cas d'utilisation de ces édifices pour des activités compatibles avec l'affectation cultuelle. L'accord précise les conditions et les modalités de cet accès ou de cette utilisation. Cet accès ou cette utilisation donne lieu, le cas échéant, au versement d'une redevance domaniale dont le produit peut être partagé entre la collectivité propriétaire et l'affectataire ».

La circulaire interministérielle intérieur/culture du 21 avril 2008 (publiée au *Bulletin officiel* du ministère de la culture et de la communication n° 166 en avril 2008) relative à l'utilisation des édifices du culte appartenant à l'État à des fins non cultuelles précise les modalités d'application de cette disposition législative.

Les principes énoncés par cette circulaire ont vocation à inspirer la pratique suivie pour les édifices cultuels appartenant tant à des collectivités territoriales qu'aux associations cultuelles.

1.6. *La désaffectation des édifices cultuels (construits avant 1905)*

1.6.1. La procédure

L'affectation au culte d'un édifice qui appartenait à une personne publique au moment de l'entrée en vigueur de la loi du 9 décembre 1905 est perpétuelle, tant que la désaffectation n'a pas été prononcée dans les conditions prévues par l'article 13 de cette loi et quelle que soit l'évolution de la situation patrimoniale de l'édifice. La désaffectation de ces édifices est décidée par décret en Conseil d'État, dans les seuls cas énoncés à cet article. En dehors de ces cas, la désaffectation ne peut résulter que d'une loi.

Conformément aux dispositions de l'article 13 susmentionné, la cessation de la jouissance des biens affectés, et s'il y a lieu son transfert, ne peut être prononcée que dans l'un des cas suivants :

1. L'association bénéficiaire est dissoute ;
2. Le culte cesse d'être célébré pendant plus de six mois consécutifs, en dehors des cas de force majeure ;
3. La conservation de l'édifice ou des objets mobiliers classés est compromise par l'insuffisance d'entretien et après mise en demeure dûment notifiée du conseil municipal ou, à son défaut, du préfet ;
4. L'association cesse de remplir son objet ou lorsque les édifices sont détournés de leur destination ;
5. L'association ne respecte pas les obligations prescrites à l'article 6 et à l'avant-dernier alinéa de l'article 13 de la loi du 9 décembre 1905 ainsi que celles relatives aux monuments historiques.

1.6.2. Les édifices du culte appartenant aux communes

Une procédure de déconcentration des décisions de désaffectation a été mise en place pour les édifices cultuels communaux. Elle résulte du décret n° 70-220 du 17 mars 1970 qui dispose, dans son article 1er, que les édifices cultuels communaux et les objets mobiliers les garnissant peuvent, dans les cas énoncés du troisième alinéa au septième alinéa de l'article 13 de la loi du 9 décembre 1905, être désaffectés par arrêté préfectoral, à la demande du conseil municipal, sous réserve du consentement écrit de la personne physique ou morale ayant qualité pour représenter le culte affectataire (le curé desservant avec l'accord de l'évêque du diocèse où se situe l'église pour l'Église catholique, le président de l'association cultuelle pour les autres cultes).

Si les conditions de la désaffectation d'un édifice cultuel communal sont réunies, le préfet procède à l'instruction de la demande de désaffectation sur la base d'un dossier réunissant les pièces suivantes :

– le titre de propriété ou l'extrait de la matrice cadastrale ;

– le consentement écrit de l'autorité ayant qualité pour représenter le culte affectataire de l'édifice ;

– la délibération du conseil municipal de la commune concernée ;

– l'avis du directeur régional des affaires culturelles sur le projet de désaffectation accompagné d'un rapport précisant si l'édifice est inscrit ou classé au titre des monuments historiques et apportant toutes informations utiles sur l'état de l'édifice et des objets mobiliers, sur les prescriptions ou servitudes d'urbanisme concernant l'édifice, et le cas échant, sur l'opportunité de prévoir la protection de l'édifice et des objets mobiliers au titre des monuments historiques et le transfert d'éléments mobiliers d'intérêt historique ou artistique aux fins de sauvegarde ;

– le plan des abords de l'édifice, avec éventuellement des photographies de celui-ci.

Les cas de désaffectation d'édifice du culte sont peu nombreux. Il s'agit, généralement, d'édifices qui ne sont plus, depuis longtemps, utilisés pour l'exercice du culte ou d'édifices menaçant ruine.

1.6.3. Les édifices du culte appartenant aux associations cultuelles

La désaffectation des édifices du culte, construits avant 1905, appartenant aux associations cultuelles (protestantes et israélites) ne peut être prononcée que si l'association se trouve confrontée à l'une des cinq situations évoquées au paragraphe 1.6.1.

Dans le cas de la dissolution d'une association (qui correspond à la première situation), le législateur a réglé le sort des biens affectés. Il est en effet prévu, au paragraphe 2 de l'article 9 de la loi du 9 décembre 1905 qu'« en cas de dissolution d'une association, les biens qui lui ont été dévolus en exécution des articles 4 et 8 de la même loi seront attribués par décret rendu en Conseil d'État à des associations analogues dans la même circonscription ou, à leur défaut, dans les circonscriptions les plus voisines ». La désaffectation n'est généralement pas prononcée, car la personne physique ou morale ayant qualité pour représenter l'association affectataire demande que les biens soient dévolus à l'association appelée à regrouper les activités cultuelles au sein d'un même secteur géographique. Les regroupements d'associations cultuelles qui entraînent la dissolution d'une ou plusieurs associations et le transfert d'édifices cultuels nécessitent également un décret en Conseil d'État.

1.7. *Aliénation, mise à disposition ou transfert de propriété des édifices du culte*

1.7.1. Les édifices du culte appartenant aux communes

Un édifice du culte appartenant au domaine public d'une commune et les objets mobiliers le garnissant ne peuvent être aliénés ou mis à disposition sans désaffectation et déclassement préalables (*cf.* paragraphe 1.6). Le juge administratif a ainsi censuré une délibération du conseil municipal de Bordeaux mettant à la disposition d'une association un édifice légalement affecté au culte catholique, sans désaffectation préalable de cet édifice (CAA Bordeaux, 27 avril 2004, *Association église Saint-Éloi*).

Après désaffectation d'un édifice du culte, la commune propriétaire peut décider :

– soit de prendre une décision de déclassement du bien, pour le faire sortir du domaine public communal et entrer dans son domaine privé. Elle pourra alors le gérer selon les règles de droit commun, par exemple en l'aliénant, en l'utilisant pour ses besoins propres ou ceux de ses administrés ou en établissant un contrat de location à un particulier ou à une association ;

– soit d'attribuer au bien une nouvelle affectation qui le maintienne dans le domaine public communal, mais avec un usage autre que cultuel. Pour continuer à constituer une dépendance du domaine public communal, le bien doit pouvoir répondre à la définition du domaine public fixée aux articles L. 2111-1 et L. 2111-2 du code général de la propriété des personnes publiques (CGPPP). Dans le cas contraire, le bien relèvera du domaine privé, qui est quant à lui défini aux articles L. 2211-1 et L. 2212-1 du CGPPP.

Si l'édifice n'est affecté à aucun service public et est mis à la disposition d'une association à des fins cultuelles, la convention de mise à disposition ne peut avoir pour effet d'entraîner l'affectation de cet édifice à l'usage direct du public et de le faire entrer dans le domaine public communal (CE 19 oct. 1990, *Association Saint-Pie V et Saint-Pie X de l'Orléanais*).

1.7.2. Les édifices du culte appartenant à une association cultuelle

L'association propriétaire d'un édifice du culte qui était affecté à l'exercice public du culte avant 1905 et qui a fait l'objet d'une désaffectation prononcée par décret, conformément aux instructions données au paragraphe 1.6, peut disposer de l'immeuble comme elle l'entend. Cependant, en tant qu'association cultuelle régie par le titre IV de la loi du 9 décembre 1905, elle ne pourra conserver l'immeuble que s'il est « destiné à son administration et à la réunion de ses membres » ou s'il est « strictement nécessaire à l'accomplissement du but qu'elle se propose » (art. 6 de la loi du 1er juillet 1901).

Pour les édifices du culte qui n'ont pas été affectés à l'exercice public du culte en 1905 et pour ceux qui ont été acquis ou construits après 1905, l'association cultuelle propriétaire peut en disposer comme elle l'entend puisqu'ils ne sont pas grevés de l'affectation cultuelle légale. Il n'y a donc pas de procédure de désaffectation cultuelle. L'association peut les aliéner, les mettre à disposition selon les règles de droit commun.

Si, par le passé, quelques édifices du culte appartenant à une personne privée ont été acquis ou reçus en donation par une collectivité territoriale avec maintien de l'affectation cultuelle, aujourd'hui un tel transfert de propriété ne semble plus possible.

La question s'est posée, à plusieurs reprises, de savoir si une collectivité locale pouvait acquérir par donation un édifice du culte tout en maintenant son affectation au culte. C'est la question qui a été posée au tribunal administratif de Grenoble à propos des deux délibérations du conseil municipal acceptant la donation par l'Association diocésaine de Grenoble de l'église de Moirans (Isère), construite en 1911, et approuvant une convention de mise à disposition de l'église à la paroisse (TA Grenoble, 26 oct. 2005, *Fédération de l'Isère de la Fédération nationale de la libre pensée française, M. Bernard Dequier, préfet*). Le juge a annulé les deux délibérations en considérant, notamment, que la commune n'a pas à supporter les dépenses d'entretien, de conservation et de réparation afférentes à cet édifice dont l'acquisition est postérieure à 1905 et que les circonstances que la convention de mise à disposition prévoit que la paroisse assumera les frais courants d'entretien, que les travaux à effectuer sur l'église sont d'intérêt général et que la commune enrichit son patrimoine, sont sans effet sur l'application des dispositions des articles 2, 13 et 19 de la loi du 9 décembre 1905.

Dans l'arrêt du 19 février 2008, *Cne de Moirans*, la cour administrative d'appel de Lyon a rejeté la requête de la commune de Moirans en considérant, notamment, que celle-ci ne pouvait légalement accepter la donation de l'église et approuver concomitamment la convention de mise à disposition à la paroisse dudit édifice qui comportait, outre une clause d'affectation du bien au culte, une clause par laquelle ladite commune s'engageait à la reconstruction de l'édifice en cas de destruction de celui-ci.

Ainsi, si une commune peut faire entrer dans son patrimoine un édifice cultuel appartenant à une personne privée et l'affecter à un usage public qui ressort de sa compétence, comme par exemple un service public de caractère culturel (CE 21 juill. 1989, *M. Gindre*), en revanche, elle ne peut pas affecter cet édifice à « un service public de caractère cultuel » et le culte précédemment affectataire ne saurait prétendre à ce que l'édifice soit grevé de la charge de l'affectation cultuelle légale dont bénéficient les édifices cultuels régis par les articles 12 et 13 de la loi du 9 décembre 1905.

1.7.3. Possibilité de transfert de compétence à un EPCI

De nombreux édifices du culte construits avant 1905 nécessitent aujourd'hui des travaux d'entretien et de conservation importants et certaines communes propriétaires souhaitent en confier la charge, et éventuellement la propriété, à un établissement public de coopération communale (EPCI) afin de pouvoir assurer cette charge de manière plus rationnelle et plus économique.

L'article 94 de la loi n° 98-546 du 2 juillet 1998 [*Art. 94 de la L n° 98-546 du 2 juillet 1998 portant diverses dispositions d'ordre économique et financier :*

« I. – A l'article 12 de la loi du 9 décembre 1905 concernant la séparation des Églises et de l'État, après les mots : "des départements", la fin du premier alinéa est ainsi rédigée : ", des communes et des établissements publics de coopération intercommunale ayant pris la compétence en matière d'édifices des cultes." »

« II. – Dans le dernier alinéa de l'article 13 de la même loi, les mots : "et les communes" sont remplacés par les mots : ", les communes et les établissements publics de coopération intercommunale." »] portant diverses dispositions d'ordre économique et financier a introduit dans la loi du 9 décembre 1905, aux articles 12 et 13, la possibilité d'intervention d'un EPCI en matière « d'édifices du culte ». L'EPCI qui s'est doté de cette compétence reçoit de plein droit la disposition de ces édifices du culte et doit être regardé comme étant propriétaire de ces biens au sens des articles 12 et 13 modifiés de la loi du 9 décembre 1905.

Un EPCI peut se doter de cette compétence facultative soit lors de sa création, soit à tout moment, en se conformant aux règles fixées par les articles L. 5211-5 et L. 5211-17 du CGCT. S'il prend cette compétence, il peut :

– soit disposer des biens meubles et immeubles, sans transfert de propriété, dans les conditions prévues aux trois premiers alinéas de l'article L. 1321-1 du CGCT ;

– soit devenir propriétaire des biens meubles et immeubles en application des dispositions de l'article L. 3112-1 du CGPPP.

En cas de transfert de la compétence « Édifices du culte » emportant de plein droit la mise à disposition des édifices du culte, l'article L. 1321-1 du CGCT prévoit que « le procès-verbal, établi contradictoirement entre les représentants de la collectivité antérieurement compétente et de la collectivité bénéficiaire... précise la consistance, la situation juridique, l'état des biens et l'évaluation de la remise en état de ceux-ci ».

Compte tenu de l'affectation perpétuelle des édifices du culte et des biens mobiliers cultuels prononcée lors de la promulgation de la loi du 9 décembre 1905 et des droits particuliers des affectataires sur les biens meubles et immeubles, le procès-verbal devra prendre toutes les précautions nécessaires de nature à préserver ces droits, en particulier dans les cas où le regroupement paroissial ne coïncide pas avec le périmètre de l'EPCI. Pour éviter tout risque de conflits de compétence et de contentieux, il est souhaitable de le soumettre préalablement à l'avis des affectataires concernés.

Le Conseil d'État a jugé que « la loi du 9 décembre 1905 sur la séparation des Églises et de l'État n'a pas rendu aux communes le droit de disposer des églises dont elles sont propriétaires » et que la loi « a maintenu, au contraire, en termes exprès, leur affectation à l'exercice du culte » (CE 1er mars 1912, *Commune de Saint-Dézéry*). En l'absence d'un décret mettant fin à l'affectation cultuelle légale, celle-ci ne saurait être remise en cause à l'occasion d'un transfert de la compétence « Édifices du culte » à un EPCI. Les édifices du culte mis à la disposition d'un EPCI ou dont la propriété a été transférée à un EPCI ne peuvent être désaffectés qu'en respectant les dispositions de l'article 13 de la loi du 9 décembre 1905.

Comme le précise le dernier alinéa de l'article L. 1321-2 du CGCT, « la collectivité bénéficiaire de la mise à disposition est également substituée à la collectivité antérieurement compétente dans les droits et obligations découlant pour celle-ci à l'égard des tiers de l'octroi de concessions ou d'autorisations de toute nature sur tout ou partie des biens remis ou de l'attribution de ceux-ci en dotation ». A ce titre, un EPCI qui a pris la compétence « Édifices du culte » peut, conformément aux dispositions du dernier alinéa de l'article 13 de la loi du 9 décembre 1905, participer aux dépenses d'entretien et de conservation des édifices du culte mis à sa disposition. Si, en application de l'article 19 de la loi du 9 décembre 1905, l'État, les départements et les communes peuvent apporter leur concours financier aux associations cultuelles pour les travaux de réparation des édifices affectés au culte public appartenant à ces dernières, il n'en va pas de même, en l'état actuel de la législation, pour les EPCI.

En ce qui concerne la cession de biens appartenant au domaine public des collectivités territoriales et de leurs groupements, l'article L. 1311-1 du CGCT mentionne que, conformément aux dispositions de l'article L. 3111-1 du code général de la propriété des personnes publiques (CGPPP), « les propriétés qui relèvent du domaine public des collectivités territoriales, de leurs établissements publics et de leurs groupements sont inaliénables et imprescriptibles. Toutefois, les propriétés qui relèvent de ce domaine peuvent être cédées dans les conditions fixées à l'article L. 3112-1 du CGPPP ou échangées dans les conditions fixées aux articles L. 3112-2 et L. 3112-3 du même code ».

En application des dispositions de l'article L. 3112-1 du CGPPP, les édifices du culte appartenant à une personne publique (État, départements, communes, établissement public de coopération intercommunale ...) peuvent être cédés à l'amiable, sans déclassement préalable, entre ces personnes publiques, lorsqu'ils sont destinés à l'exercice des compétences de la personne publique qui les acquiert. Comme dans le cas d'une mise à disposition, la mise en œuvre de ces dispositions doit tenir compte des dispositions de l'article 13 de la loi du 9 décembre 1905 qui garantit la gratuité et la perpétuité de l'affectation des édifices à l'exercice public du culte.

La possibilité d'échange de biens entre personnes publiques prévue à l'article L. 3112-2 du CGPPP ne peut être appliquée aux biens affectés à l'exercice public du culte puisque ces dispositions ne peuvent être envisagées que pour permettre l'amélioration des conditions d'exercice d'une mission de service public.

Toutefois, bien que la possibilité de cession d'un édifice du culte existe, le transfert de la compétence « Édifices du culte » à un EPCI, accompagné d'une simple mise à disposition des édifices, semble être la solution la plus adaptée compte tenu des dispositions de la loi du 9 décembre 1905 qui garantit aux affectataires un droit de jouissance exclusif et perpétuel des édifices du culte et qui, par son article 2, interdit à toute collectivité publique de participer aux dépenses financières de nature cultuelle, à l'exception des cas prévus par les articles 2, 13 et 19 de la loi du 9 décembre 1905.

2. Entretien et réparation des édifices du culte

Si la loi du 9 décembre 1905 pose, en son article 2, le principe de l'interdiction de subventionner les cultes, le législateur a autorisé, dans le texte voté en 1905 puis ultérieurement, des exceptions à cette interdiction. Les articles 13 et 19 de la loi du 9 décembre 1905 autorisent les collectivités publiques à participer financièrement à certains types de travaux (entretien, conservation et réparation) en fonction de l'appartenance des édifices du culte à une personne publique ou à une association cultuelle.

Lorsque les édifices du culte, les objets mobiliers et les orgues sont classés au titre des monuments historiques, tous les travaux et aménagements les concernant sont soumis aux dispositions des articles L. 621-9 et L. 622-7 du code du patrimoine.

2.1. *Les édifices du culte appartenant à une personne publique (art. 13 de la loi de 1905)*

La loi du 13 avril 1908 (art. 5) a ajouté un dernier alinéa à l'article 13 de la loi du 9 décembre 1905, qui permet à l'État, aux départements et aux communes d'engager les dépenses nécessaires pour les seuls travaux d'entretien et de conservation des édifices du culte dont la propriété leur a été reconnue par la loi du 9 décembre 1905.

Depuis la loi n° 98-546 du 2 juillet 1998 portant diverses dispositions d'ordre économique et financier, cette possibilité est également offerte aux établissements publics de coopération intercommunale (EPCI) qui ont choisi d'exercer la compétence « Entretien et conservation des édifices du culte ».

Bien que ces dépenses ne soient pas obligatoires pour les collectivités propriétaires, l'état des édifices du culte construits avant 1905 exige bien souvent que ces dernières entreprennent des travaux pour éviter que leur responsabilité soit engagée en cas de dommage (CE 10 juin 1921, *Cne de Monségur*). La question de la responsabilité des propriétaires d'un édifice du culte est développée au paragraphe 6.1. Réalisés par la personne publique propriétaire, les travaux d'entretien et de conservation des édifices du culte sont soumis aux règles du code des marchés publics.

La loi n'ayant pas donné d'indication précise sur la nature de ces dépenses, le juge a été conduit, à plusieurs reprises, à vérifier si les travaux envisagés relevaient bien des dépenses d'entretien ou de conservation. Ainsi, ont été notamment admis, au titre des travaux d'entretien et de conservation, les travaux de ravalement, chauffage, éclairage et peintures.

S'agissant des dépenses d'installation électrique, le Conseil d'État a considéré, dans un avis du 11 décembre 1928, que celles-ci peuvent être prises en charge par la collectivité publique propriétaire si elles sont justifiées soit par la conservation de l'édifice et des objets le garnissant, soit par la sécurité des visiteurs.

La même analyse peut être appliquée aux dépenses d'installation de chauffage dès lors que le chauffage participe à la conservation de l'édifice. En revanche, les dépenses de combustibles engagées pour l'usage de l'édifice à des fins cultuelles (cérémonies, réunions pastorales...) sont à la charge de l'affectataire.

S'agissant des orgues qui étaient installés dans les édifices du culte avant la mise en vigueur des dispositions de l'article 12 de la loi du 9 décembre 1905, ils sont considérés comme des biens immeubles par destination (art. 525 du code civil) et sont donc grevés de l'affectation cultuelle comme le sont les édifices dans lesquels ils sont installés. Les travaux d'entretien des orgues, comme ceux effectués sur les cloches, sont assimilés à des travaux de grosses réparations incombant à la commune propriétaire.

Par ailleurs, il n'est pas interdit à une commune d'acquérir et d'installer un orgue dans un édifice du culte lorsque cette opération revêt un caractère d'intérêt public communal. Ainsi, le Conseil d'État a jugé que les dispositions de la loi du 9 décembre 1905 et celles de la loi du 2 janvier 1907 garantissant un droit de jouissance exclusive, libre et gratuite des édifices cultuels et des meubles les garnissant ne font pas obstacle à ce qu'une commune qui a acquis, afin notamment de développer l'enseignement artistique et d'organiser des manifestations culturelles dans un but d'intérêt public communal, un orgue ou tout autre objet comparable, convienne avec l'affectataire d'un éditice cultuel dont elle est propriétaire ou, lorsque cet édifice n'est pas dans son patrimoine, avec son propriétaire, que cet orgue sera installé dans cet édifice et y sera utilisé par elle dans le cadre de sa politique culturelle et éducative et, le cas échéant, par le desservant, pour accompagner l'exercice du culte. Le Conseil d'État a subordonné une telle opération à la conclusion d'engagements. Ces engagements, qui peuvent prendre la forme d'une convention, sont destinés à garantir une utilisation de l'orgue par la commune conforme à ses besoins et une participation financière du desservant, dont le montant doit être proportionné à l'utilisation qu'il pourra faire de l'orgue afin d'exclure toute libéralité et, par suite, toute aide à un culte. Ils peuvent également comporter des dispositions sur leur actualisation ou leur révision, sur les modalités de règlement d'éventuels différends ainsi que sur les conditions dans lesquelles il peut être mis un terme à leur exécution et, le cas échéant, à l'installation de l'orgue à l'intérieur de l'édifice de culte (CE 19 juill. 2011, *Cne de Trélazé, n° 308544*).

Une collectivité publique propriétaire d'un édifice du culte peut prendre en charge les frais de réparation ou de reconstruction de l'édifice existant ou même de construction d'un nouvel édifice en remplacement de l'ancien, sous réserve que les dépenses à sa charge n'excèdent pas les frais de réfection qu'aurait nécessités la remise en état de l'édifice initial (CE 22 janv. 1937, *Cne de Condé-sur-Noireau* ; CE 21 juill. 1939, *Sieurs Bordier et a.*).

Lorsque les collectivités publiques refusent d'effectuer des travaux nécessaires sur des édifices leur appartenant ou n'en ont pas les moyens, des offres de concours peuvent être constituées par les fidèles et lesdites collectivités ne peuvent s'y opposer dès lors que les sommes correspondantes ont été réunies (CE 26 oct. 1945, *Chanoine Vaucanu et a.*). Dans cette hypothèse, les travaux sont entièrement réalisés par la personne publique propriétaire qui en assume la responsabilité compte tenu de leur nature de travaux publics.

2.2. *Les édifices du culte appartenant à une association cultuelle ou diocésaine*

En application de l'avant-dernier alinéa de l'article 13 de la loi du 9 décembre 1905, les associations affectataires d'édifices du culte sont « tenues des réparations de toute nature, ainsi que des frais d'assurance et autres charges afférentes aux édifices et aux meubles les garnissant ».

Mais, par la loi du 25 décembre 1942, le législateur a ajouté une disposition au dernier alinéa de l'article 19 de la loi du 9 décembre 1905, permettant aux collectivités publiques (État, départements, communes) de participer aux frais de « réparation des édifices affectés au culte public, qu'ils soient ou non classés monuments historiques » appartenant aux associations cultuelles qui assurent, elles-mêmes, la maîtrise d'ouvrage de ces travaux.

Cette faculté est cependant limitée, d'une part, aux seules « associations cultuelles » se conformant aux dispositions des articles 18 à 21 de la loi du 9 décembre 1905 (dont les associations diocésaines qui, aux termes d'un échange de lettres en 1923-1924 entre la France et le Saint-Siège, sont une forme d'association cultuelle), et, d'autre part, aux dépenses de « réparations » qui correspondent aux travaux nécessaires à la conservation de l'édifice (maintien hors d'eau, mises en sécurité de l'édifice, etc.).

2.3. *Les travaux sur les édifices du culte ou les objets classés ou inscrits*

Pour les édifices du culte et objets classés au titre des monuments historiques, tous les travaux de modification, de réparation et de restauration les concernant nécessitent, en vertu des dispositions des articles L. 621-9 et L. 622-7 du code du patrimoine, l'autorisation préalable de l'autorité administrative compétente (le préfet ou le ministre chargé de la culture). La procédure doit être instruite conformément aux dispositions des articles 19 à 29 du décret n° 2007-487 du 30 mars 2007 relatif aux monuments historiques et aux zones de protection du patrimoine architectural, urbain et paysager *[V. désormais C. patr., art. R. 621-11 à R. 621-48]*.

L'article 19 de ce décret précise que sont soumis à autorisation en application de l'article L. 621-9 du code du patrimoine « les constructions ou travaux, de quelque nature que ce soit, qui sont de nature soit à affecter la consistance ou l'aspect de la partie classée de l'immeuble, soit à compromettre la conservation de cet immeuble ». Il énumère, de manière non exhaustive, les travaux pour lesquels une autorisation est obligatoire en précisant toutefois que « ne sont pas soumis à autorisation les travaux d'entretien et les réparations courantes ».

En vertu des dispositions du décret n° 69-131 du 6 février 1969, les travaux d'entretien et réparation que nécessite la conservation des édifices du culte classés ou inscrits à l'inventaire supplémentaire des monuments historiques peuvent faire l'objet d'une subvention de l'État.

En application des dispositions de la loi n° 2004-809 du 13 août 2004 relative aux libertés et responsabilités locales (art. 99-IV) et du décret n° 2005-837 du 20 juillet 2005, les dépenses relatives à la conservation du patrimoine rural non protégé sont désormais prises en charge par les départements et non plus par l'État.

2.4. *Les aides accordées au titre de l'intérêt général et de l'intérêt public local*

Le Conseil d'État a jugé que le principe de laïcité n'interdit pas, par lui-même, l'octroi de subvention à des organismes ou à des activités liés aux cultes dès lors que le projet envisagé présente un caractère d'intérêt général ou local, que la subvention n'est pas destinée à l'exercice du culte ou à une association cultuelle et qu'il soit garanti, notamment par voie contractuelle, que la participation de la collectivité est exclusivement affectée au financement du projet.

Ainsi, dans sa décision du 16 mars 2005, *Ministre de l'outre-mer*, le Conseil d'État a considéré que « le principe constitutionnel de laïcité qui s'applique en Polynésie française et implique neutralité de l'État et des collectivités territoriales de la République et traitement égal des différents cultes, n'interdit pas, par lui-même l'octroi, dans l'intérêt général et dans les conditions définies par la loi, de certaines subventions à des activités ou équipements dépendant des cultes, que la loi du 9 décembre 1905 dont l'article 2 interdit le subventionnement aux cultes n'a pas été rendue applicable en Polynésie française et que les subventions accordées le cas échéant par une collectivité territoriale à une personne privée doivent concourir à la satisfaction d'un objectif d'intérêt général pour le territoire dont elle a la charge ». Aussi a-t-il jugé que l'octroi, par le Gouvernement de la Polynésie française, d'une subvention d'équipement à l'Église évangélique de Polynésie française, pour la reconstruction d'un bâtiment (en l'espèce un presbytère) détruit par un cyclone en 1998 correspondait à un objectif d'intérêt général en raison du rôle de cet édifice dans de nombreuses activités socio-éducatives et pour la protection des victimes de cyclones.

Dans sa décision du 19 juillet 2011, *Fédération de la libre pensée et d'action sociale du Rhône*, n° 308817, concernant l'octroi d'une subvention de la ville de Lyon en vue du financement des travaux de construction d'un ascenseur destiné à faciliter l'accès des personnes à mobilité réduite à la basilique de Fourvière, le Conseil d'État a jugé que les dispositions de la loi du 9 décembre 1905 ne s'opposent pas à ce qu'une collectivité finance ou subventionne des travaux en rapport à un édifice du culte à la triple condition :

– que l'équipement ou l'aménagement envisagé présente un intérêt public local, lié notamment à l'importance de l'édifice pour le rayonnement culturel ou le développement touristique et économique de son territoire ;

– que cet équipement ne soit pas destiné à l'exercice du culte ;

– et que soit garanti, notamment par voie contractuelle, que la participation de la collectivité n'est pas versée à une association cultuelle et qu'elle est exclusivement affectée au financement du projet.

A ces conditions, cet équipement ainsi subventionné peut bénéficier, à titre subsidiaire, aux personnes pratiquant leur culte dans cet édifice.

3. Mise à disposition d'un espace public pour un usage cultuel

L'article L. 2144-3 du code général des collectivités territoriales permet aux collectivités territoriales de mettre les locaux communaux à disposition « d'associations, de syndicats ou de partis politiques qui en font la demande ». Les deuxième et troisième alinéas de cet article précisent les compétences du maire et du conseil municipal pour la mise à disposition de locaux communaux. Il appartient au maire de « déterminer les conditions dans lesquelles ces locaux peuvent être utilisés, compte tenu des nécessités de l'administration des propriétés communales, du fonctionnement des services et du maintien de l'ordre public » et au conseil municipal « de fixer, en tant que de besoin, la contribution due à raison de cette utilisation ».

Jusqu'à la date d'entrée en vigueur de la loi n° 92-125 du 6 février 1992, en particulier de son article 27 d'où est issu l'article L. 2144-3 du CGCT, le conseil municipal avait compétence pour définir les conditions générales de mise à disposition des locaux communaux. Ainsi un conseil municipal a pu refuser la location d'une salle communale aux associations, groupements et organismes à caractère politique ou organisant des offices religieux afin de mettre l'utilisation des locaux communaux à l'abri des querelles politiques ou religieuses, « ce refus n'étant pas fondé sur un critère étranger à l'intérêt de la gestion du domaine public communal et n'introduisant pas de discrimination non justifiée par l'intérêt général » (CE 21 mars 1990, *Cne de La Roque-d'Anthéron*).

Cependant, l'absence de délibérations réglementaires sur l'utilisation des locaux communaux n'empêchait pas le maire de statuer sur les demandes de location de salles (CE 2 oct. 1994, *Cne de Thun-l'Évêque*). Aujourd'hui, cette analyse jurisprudentielle reste applicable : un maire peut se prononcer sur une demande individuelle sans être tenu d'établir, préalablement, une réglementation générale définissant les modalités d'utilisation des locaux communaux.

A Paris, Lyon et Marseille, en application des dispositions des articles L. 2511-21 et L. 2144-3 du CGCT, la réglementation concernant l'utilisation par les associations, syndicats et partis politiques des équipements gérés par le conseil d'arrondissement ne peut être fixée que par une commission mixte composée d'un nombre égal de représentants du maire d'arrondissement et du maire de la commune. En revanche, le maire est compétent pour statuer sur les demandes individuelles de mise à disposition sur la base du règlement établi par la commission mixte. C'est au conseil municipal et non au conseil d'arrondissement qu'il revient de fixer la contribution financière de la mise à disposition du local.

Depuis 1992, la référence à l'intérêt général ou communal est généralement absente des motifs de refus retenus par la jurisprudence qui s'en tient aux motifs tirés « des nécessités de l'administration des propriétés communales, du fonctionnement des services et du maintien de l'ordre public » énoncés à l'article L. 2144-3 du CGCT. Toutefois, dans un arrêt du 2 novembre 2004, *Commune de Corbeil-Essonnes*, la cour administrative de Versailles a réintroduit le motif d'intérêt général aux côtés des motifs précités, sans toutefois le retenir dans les motifs justifiant sa décision de rejet de la requête de la Commune de Corbeil-Essonnes.

En revanche, le Conseil d'État faisant une interprétation stricte des motifs énoncés à l'article L. 2144-3 du CGCT a considéré que le motif tiré de ce que l'association demandeuse présenterait un caractère politique n'était pas de nature à fonder légalement le refus du maire de mettre à disposition une salle communale (CE 30 avr. 1997, *Cne de Montsoult*).

L'évolution de la jurisprudence tend à privilégier l'exercice de la liberté de réunion garantie par l'article 11 de la Convention européenne des droits de l'homme et des libertés fondamentales. Dans une ordonnance récente (CE, ord., 30 mars 2007, *Ville de Lyon*), le Conseil d'État a considéré que le refus opposé par le maire à l'association cultuelle en cause pour la location d'une salle communale aux fins d'organiser, pendant une soirée, une manifestation religieuse portait une atteinte grave et manifestement illégale à la liberté de réunion qui est une liberté fondamentale, dès lors que la Ville de Lyon ne faisait état d'aucune menace grave à l'ordre public. Il a aussi jugé que le prix acquitté pour cette location ne saurait être regardé comme une subvention (prohibée par l'art. 2 de la loi du 9 décembre 1905) au motif que les tarifs des salles municipales seraient plus avantageux que ceux des salles privées, la Ville de Lyon n'ayant pas établi que l'association avait la possibilité de louer une salle privée au jour et aux heures qu'elle avait déterminés.

En application des dispositions de la loi du 9 décembre 1905 et des articles précités du code général des collectivités territoriales, une association cultuelle constituée conformément au titre IV de cette loi peut bénéficier de la mise à disposition de locaux communaux ou d'un espace public pour un usage exclusivement cultuel ou, selon la jurisprudence, pour un usage non cultuel à titre accessoire et occasionnel, sous réserve toutefois que cette mise à disposition ne soit pas consentie à titre gratuit ou dans des conditions préférentielles ou pour une durée indéterminée afin d'éviter qu'elle ne soit assimilée à une aide interdite par l'article 2 de la loi du 9 décembre 1905.

Cette solution a été confirmée par une décision du Conseil d'État (CE 19 juill. 2011, *Cne de Montpellier*, n° 313518). Le Conseil d'État rappelle ainsi qu'une commune « ne peut rejeter une demande d'utilisation d'un (...) local [lui appartenant] au seul motif que cette demande lui est adressée par une association dans le but d'exercer un culte ». Elle peut, à l'inverse, « autoriser, dans le respect du principe de neutralité à l'égard des cultes et du principe d'égalité, l'utilisation d'un local qui lui appartient pour l'exercice d'un culte par une association, dès lors que les conditions financières de cette autorisation excluent toute libéralité et, par suite, toute aide à un culte ». Toutefois, cette mise à disposition ne saurait s'opérer *« de façon exclusive et pérenne »*, ce qui aurait pour effet de conférer à ce local le caractère d'édifice cultuel et serait contraire aux dispositions de la loi du 9 décembre 1905.

En vertu de la loi du 2 janvier 1907, une association régie par la loi 1901 peut demander à utiliser un espace public pour un usage cultuel.

En tout état de cause, la mise à disposition d'un local communal doit respecter le principe d'égalité de traitement entre les associations, syndicats, partis politiques ou autres organismes qui en font la demande, tant dans la décision d'octroi ou de refus qu'en matière de contribution financière fixée pour cette occupation.

S'il s'agit d'un local appartenant au domaine public de la collectivité territoriale, la mise à disposition prend la forme d'une occupation privative du domaine public qui est subordonnée à la délivrance d'une autorisation délivrée par l'autorité compétente (art. L. 2122-1 du code général de la propriété des personnes publiques – CGPPP). L'occupation ne peut être que temporaire et l'autorisation est précaire et révocable à tout moment (art. L. 2122-2 et L. 2122-3 du CGPPP).

Les dispositions de l'article L. 2125-1 du CGPPP autorisant la mise à disposition dudit local à titre gratuit lorsque celle-ci ne présente pas un objet commercial ne sont pas applicables aux associations qui souhaiteraient utiliser les locaux à des fins cultuelles, la mise à disposition à titre gratuit ou même préférentiel étant contraire aux dispositions de l'article 2 de la loi du 9 décembre 1905.

S'il s'agit d'un local appartenant au domaine privé de la collectivité territoriale, son utilisation ou son occupation repose généralement sur un contrat de location de droit privé, sauf si apparaît un critère permettant de le transformer en un contrat administratif (présence de clause exorbitante de droit commun).

Certains établissements publics ou organismes recevant du public (tels que les aéroports) peuvent mettre à disposition du public un local servant de lieu de culte ou de prière. Aucune disposition légale ou réglementaire n'existe sur cette faculté qui reste à la discrétion de leurs dirigeants.

4. Aumônerie et lieux de culte dans les établissements fermés

4.1. *Aumônerie et lieux de culte dans les établissements scolaires*

La loi du 28 mars 1882 qui a rendu l'enseignement primaire obligatoire et a supprimé l'enseignement religieux des programmes scolaires a prévu, en son article 2 (dont les dispositions sont reprises aux art. L. 141-3 et L. 141-4 du code de l'éducation), que les écoles primaires publiques vaqueront un jour par semaine, en outre du dimanche, afin de permettre aux parents de faire donner, s'ils le désirent, à leurs enfants, l'instruction religieuse en dehors des édifices scolaires.

Puis en 1905, le législateur a introduit une exception au principe d'interdiction de subventionner les cultes en permettant aux collectivités publiques (État, départements, communes) de financer « les dépenses relatives à des services d'aumônerie destinées à assurer le libre exercice des cultes dans les établissements publics tels que les lycées, collèges, écoles, hospices, asiles et prisons » (2ᵉ alinéa de l'art. 2 de la loi du 9 décembre 1905).

Les premier et troisième alinéas de l'article 1ᵉʳ de la loi du 31 décembre 1959 sur les rapports entre l'État et les établissements d'enseignement privés (repris à l'art. L. 141-2 du code de l'éducation) imposent à l'État « d'assurer aux enfants et adolescents dans tous les établissements publics d'enseignement la possibilité de recevoir un enseignement conforme à leurs aptitudes dans un égal respect de toutes les croyances » et de prendre « toutes dispositions utiles pour assurer aux élèves de l'enseignement public la liberté des cultes et de l'instruction religieuse ». Ces dispositions législatives sont complétées par les dispositions réglementaires contenues dans le code de l'éducation (art. R. 141-1 à R. 141-8). Une circulaire du 22 avril 1988 du ministre de l'éducation nationale a précisé les conditions dans lesquelles les aumôneries peuvent être créées et les modalités de leur fonctionnement.

Dans les écoles primaires, il n'est pas prévu d'aumônerie, l'enseignement religieux étant donné à l'extérieur des locaux scolaires et en dehors des heures de classe et sous la responsabilité des parents.

Dans les établissements publics d'enseignement du second degré, la création d'une aumônerie est liée à l'existence d'une demande émanant des familles. Dans les établissements comportant un internat, l'institution du service d'aumônerie est de droit dès qu'elle a été demandée et un local doit être mis à la disposition de l'aumônier et des élèves inscrits à l'aumônerie. Dans les établissements ne comportant pas d'internat, un service d'aumônerie peut être organisé sur décision du recteur au sein ou à l'extérieur de l'établissement, en fonction du nombre de demandes reçues pour chaque culte et des contraintes de l'établissement. Le conseil d'administration de l'établissement doit fournir au recteur un avis sur les conditions de fonctionnement de l'aumônerie.

Dans la décision du 7 mars 1969, *Ville de Lille*, le Conseil d'État s'est fondé sur la combinaison des textes précités pour reconnaître à l'administration le droit de prendre toutes mesures utiles pour assurer le libre exercice des cultes au sein d'un établissement scolaire du second degré dès lors que ni la liberté de conscience ni l'intérêt de l'ordre public n'y font obstacle et que les dépenses mises à la charge de la collectivité publique n'excèdent pas celles prévues à l'article 2 de la loi de 1905. Dans le cas d'espèce, il a considéré que le ministre de l'éducation nationale était en droit d'inclure dans le programme de construction d'une cité scolaire (comprenant un internat) l'édification d'un pavillon cultuel affecté à la célébration de différents cultes, les frais de construction étant pris en charge par une offre de concours de l'Association pour le soutien des aumôneries de lycées.

Dans les établissements d'enseignement supérieur et les résidences universitaires gérées par les centres régionaux des œuvres universitaires et scolaires (CROUS), comme dans tout établissement public ou organisme privé recevant du public visé au dernier alinéa du paragraphe 3 ci-dessus, un local peut être mis à disposition des étudiants à des fins cultuelles, sans qu'aucune disposition légale ou réglementaire n'existe sur cette faculté. Dans l'ordonnance de référé-liberté du 6 mai 2008, *M. Mouhamed Bounemcha*, le Conseil d'État a constaté l'absence de disposition législative et réglementaire spécifique à la pratique des cultes dans les résidences universitaires et a considéré que la fermeture d'une salle utilisée par les étudiants à des fins cultuelles n'a porté aucune atteinte manifestement illégale aux libertés fondamentales de culte et de réunion.

En ce qui concerne les chapelles qui existaient dans certains établissements scolaires au moment de la mise en vigueur de la loi du 9 décembre 1905, la question peut se poser de savoir si elles sont grevés d'une affectation cultuelle au même titre que les édifices du culte ouverts au public. En vertu de cette loi, les chapelles qui appartenaient à l'État, aux départements, aux communes ou aux établissements publics du culte et qui servaient à l'exercice public du culte en 1905 bénéficient depuis cette date du régime de l'affectation cultuelle.

En revanche, l'affectation cultuelle n'a pas été reconnue à la chapelle de la Sorbonne car tous les bâtiments de la Sorbonne, y compris la chapelle, étaient affectés exclusivement au service de l'enseignement universitaire pendant le Concordat (TA Paris, 26 févr. 1957, *Évêque auxiliaire de Paris et a.*).

4.2. *Aumônerie dans les établissements hospitaliers, militaires et pénitentiaires*

Sur le fondement des articles 1er et 2 de la loi du 9 décembre 1905, des services d'aumônerie sont organisés dans les établissements de santé, les maisons de retraite, les établissements pénitentiaires et les casernes ou campements militaires aux fins de permettre aux personnes qui y vivent de pouvoir exercer leur culte librement. La liste de ces établissements n'est pas exhaustive. Le service d'aumônerie et les cérémonies cultuelles y sont organisés soit dans un édifice du culte existant au sein de l'établissement, soit dans une salle polyvalente mise à la disposition à cet effet.

En l'absence de disposition spécifique sur les modalités de financement des lieux de culte nécessaires au fonctionnement de ces services d'aumônerie, ce sont les dispositions du deuxième alinéa de l'article 2 de la loi du 9 décembre 1905 qui s'appliquent. Les dépenses d'investissement et de fonctionnement des lieux de culte ou locaux mis à la disposition des services d'aumônerie sont à la charge des établissements avec la participation éventuelle des collectivités publiques.

En ce qui concerne les chapelles d'hôpitaux, un jugement d'un tribunal administratif (TA Grenoble, 31 mars 1992, *Assoc. Saint Pie V Dauphiné-Ardèche*) a tranché la question de leur affectation. Le juge a considéré que le titre III de la loi du 9 décembre 1905 ne s'applique pas aux édifices qui étaient destinés à assurer le libre exercice du culte dans les établissements publics et que, par conséquent, la chapelle d'un hôpital n'est pas affectée au culte public au sens des articles 12 et 13 de la loi du 9 décembre 1905.

Pour déterminer si une chapelle doit faire l'objet d'une procédure de désaffectation telle que prévue à l'article 13 de la loi du 9 décembre 1905, il faut donc vérifier sa date de construction, son titre de propriété puis rechercher qui était gestionnaire de la chapelle avant 1905.

Si elle était gérée par un « établissement public du culte » avant 1905, elle a alors été affectée au culte gestionnaire (art. 12 et 13 de la loi du 9 déc. 1905 et art. 5 de la loi du 2 janv. 1907), avec les objets mobiliers la garnissant, et ne peut être privée de son affectation cultuelle que selon la procédure rappelée au paragraphe 1-6 de la présente circulaire. Cette procédure nécessite notamment le consentement écrit de l'autorité ayant qualité pour représenter le culte affectataire de l'édifice. Si, en revanche, elle n'était pas gérée par un « établisscment public du culte » mais par l'établissement au sein duquel elle se situe (hôpital, hospice, lycée, etc.), elle n'a pas reçu d'affectation cultuelle au sens de l'article 13 de la loi du 9 décembre 1905, même si des cérémonies du culte y étaient célébrées et ont continué à l'être, parfois jusqu'à aujourd'hui. La désaffectation ne requiert alors aucune procédure particulière au regard du droit des cultes.

Dans tous les cas de figure, le propriétaire de l'édifice devra, avant changement de destination ou de vente de la chapelle, s'assurer que l'édifice et les objets mobiliers qu'il contient ne font pas l'objet d'une mesure de protection au titre des monuments historiques et, le cas échéant, restituer à leurs propriétaires les objets mobiliers qui garnissent l'édifice et qui ont pu être apportés ou achetés par d'autres personnes physiques ou morales.

5. Construction des édifices du culte

5.1. *Les règles d'urbanisme*

Pour la construction des lieux de cultes, les associations se heurtent à un certain nombre de difficultés, d'une part pour l'acquisition du terrain destiné à la construction de l'édifice et d'autre part pour la construction de l'édifice, le projet devant satisfaire aux règles législatives et réglementaires définies notamment :

– au chapitre I du code de l'urbanisme concernant les règles générales d'urbanisme (art. L. 111-1 et suivants et art. R. 111-1 et suivants) ;

– aux articles L. 123-1 à L. 123-20 et R*. 123-1 à R*. 123-14 du code de l'urbanisme pour les plans locaux d'urbanisme qui ont été instaurés par la loi du 13 décembre 2000 relative à la solidarité et au renouvellement urbain en remplacement des plans d'occupation des sols ;

– aux articles L. 123-1 à L. 123-4 et R. 123-1 à R. 123-55 du code de la construction et de l'habitation pour les règles de sécurité et de lutte contre l'incendie dans les établissements recevant du public.

Si une commune peut, par délibération, instituer un droit de préemption urbain sur tout ou partie des zones urbaines et des zones d'urbanisation future, elle ne peut exercer ce droit que dans certaines conditions et dans le respect des dispositions des articles L. 210-1 à L. 211-7, L. 213-1 à L. 213-18, R*. 211-1 à R*. 211-8 du code de l'urbanisme. Toute décision de préemption doit mentionner l'objet pour lequel ce droit est exercé et être suffisamment motivée. Ainsi le juge administratif et le juge judiciaire ont annulé à plusieurs reprises des décisions de préemption en raison du défaut ou de l'insuffisance de motivation rendue obligatoire par l'article L. 210-1 du code de l'urbanisme *[Art. L. 210-1, mod. par la L. n° 2006-872 du 13 juill. 2006 :*

Les droits de préemption institués par le présent titre sont exercés en vue de la réalisation, dans l'intérêt général, des actions ou opérations répondant aux objets définis à l'article L. 300-l, à l'exception de ceux visant à sauvegarder ou à mettre en valeur les espaces naturels, ou pour constituer des réserves foncières en vue de permettre la réalisation desdites actions ou opérations d'aménagement.

Toute décision de préemption doit mentionner l'objet pour lequel ce droit est exercé. Toutefois, lorsque le droit de préemption est exercé à des fins de réserves foncières dans le cadre d'une zone d'aménagement différé, la décision peut se référer aux motivations générales mentionnées dans l'acte créant la zone.] (CA Rouen, 23 févr. 1994, *Association locale des Témoins de Jéhovah d'Elbeuf* ; CE 30 juill. 1997, *Cne de Montreuil-sous-Bois*).

Le maire, seul qualifié pour délivrer le permis de construire déposé pour la construction d'un édifice du culte, ne peut assortir sa décision de considérations étrangères aux règles d'urbanisme, sinon il commettrait un détournement de pouvoir sanctionné comme tel par les juridictions administratives saisies de la légalité de son refus.

Il convient d'appeler l'attention des maires sur le risque important de voir leurs décisions de refus de permis de construire portées devant le juge administratif, si celles-ci s'avèrent non justifiées ou insuffisamment motivées alors que toutes les règles d'urbanisme sont respectées (CAA Marseille, 12 févr. 2004, *Cne de Saint-Laurent-de-la-Salanque c/ Assoc. cultuelle salanquaise musulmane et apolitique*).

Le Conseil d'État a aussi considéré que le projet de construction d'une mosquée dans une zone résidentielle n'était pas, au vu des pièces du dossier, de « nature à porter atteinte au caractère résidentiel de la zone, à la sécurité, à la salubrité et à la tranquillité publiques » (CE 3 févr. 1992, *Mme Raymonde E. et a. c/ Assoc. culturelle lyonnaise islamo-française*). Il est donc possible d'implanter un lieu de culte dans une zone résidentielle ou commerciale sans en altérer la nature d'ensemble.

En revanche, certains projets de construction de lieux de culte n'ont pu voir le jour ou ont été retardés car ils ne respectaient pas certaines dispositions du règlement ou des annexes du plan local d'urbanisme. Ainsi, la méconnaissance de la destination d'un terrain classé (CE 31 oct. 1986, *Assoc. culturelle lyonnaise islamo-française*), l'insuffisance de places de parking (CAA Nantes, 24 mars 1999, *Ville d'Hérouville-Saint-Clair c/ Assoc. de la zone artisanale de la Grande-Delle*) ou la trop grande hauteur des immeubles sont autant de cas dans lesquels le permis de construire peut être refusé à bon droit.

Enfin, il paraît utile de rappeler aux maires que les communes peuvent, dans un souci de prévoyance et de bonne gestion, réserver dans le plan local d'urbanisme un espace destiné à la construction d'un édifice du culte dans la zone prévue pour les installations d'intérêt général mentionnées au 8° de l'article L. 123-1 du code de l'urbanisme, dès lors que le financement reste à la charge du constructeur. Dans sa décision du 25 septembre 1996, *Synd. des copropriétaires de l'immeuble sis 75-77, rue Dutot à Paris c/ Ville de Paris*, le Conseil d'État a considéré qu'un plan d'occupation des sols peut prévoir la réservation d'un terrain pour l'implantation d'un lieu de culte qui présente le caractère d'une installation d'intérêt général au sens du 8° de l'article L. 123-1 du code de l'urbanisme.

5.2. *Les aides à la construction des lieux de culte*

5.2.1. Les garanties d'emprunt

En vertu des dispositions des articles L. 2252-4 et L. 3231-5 du code général des collectivités territoriales (CGCT), les communes et départements « peuvent garantir les emprunts contractés pour financer, dans les agglomérations en voie de développement, la construction, par des groupements locaux ou par des associations cultuelles, d'édifices répondant à des besoins collectifs de caractère religieux ».

La notion d'« agglomération en voie de développement » doit être comprise comme étant une zone urbanisée dont la population augmente de manière significative.

5.2.2. Les baux emphytéotiques

Il est possible de recourir, en vue de la construction d'un édifice du culte ouvert au public, au bail emphytéotique (non administratif) prévu par l'article L. 451-1 du code rural. Dans ce cas, le bail ne peut porter que sur un bien appartenant au domaine privé de la collectivité territoriale propriétaire. C'est ce type de bail qui a été utilisé à partir des années 1930 pour la construction d'édifices du culte sans contrevenir au principe de laïcité fixé par l'article 2 de la loi du 9 décembre 1905 concernant la séparation des Églises et de l'État.

Afin de rendre possible la conclusion d'un bail emphytéotique en vue de la construction d'un édifice du culte sur un terrain appartenant au domaine public d'une collectivité territoriale, le législateur a complété l'article L. 1311-2 du CGCT (art. 3 de l'Ord. n° 2006-460 du 21 avril 2006).

Désormais, « un bien immobilier appartenant à une collectivité territoriale peut faire l'objet d'un bail emphytéotique prévu à l'article L. 451-1 du code rural, en vue de l'accomplissement, pour le compte de la collectivité territoriale, d'une mission de service public ou en vue de la réalisation d'une opération d'intérêt général relevant de sa compétence ou en vue de l'affectation à une association cultuelle d'un édifice du culte ouvert au public... ». Ce bail, dénommé « bail emphytéotique administratif » (BEA), peut porter sur un bien relevant du domaine privé ou public de la collectivité territoriale propriétaire, à condition que ce bien soit hors du champ d'application de la contravention de voirie, c'est-à-dire que ce bien ne fasse pas partie de la voirie terrestre. Selon les termes de l'article L. 1311-2 du CGCT, un BEA ne peut être accordé, pour un édifice du culte ouvert au public, qu'aux seules associations cultuelles régies par la loi du 9 décembre 1905.

Le Conseil d'État a précisé le régime juridique de ce dispositif législatif créé par le législateur en 2006. Le Conseil juge ainsi que « l'ordonnance précitée du 21 avril 2006, a ouvert aux collectivités territoriales la faculté, dans le respect du principe de neutralité à l'égard des cultes et du principe d'égalité, d'autoriser un organisme qui entend construire un édifice du culte ouvert au public à occuper pour une longue durée une dépendance de leur domaine privé ou de leur domaine public, dans le cadre d'un bail emphytéotique, dénommé bail emphytéotique administratif [...] avec pour contreparties, d'une part, le versement, par l'emphytéote, d'une redevance qui, eu égard à la nature du contrat et au fait que son titulaire n'exerce aucune activité à but lucratif, ne dépasse pas, en principe, un montant modique, d'autre part, l'incorporation dans leur patrimoine, à l'expiration du bail, de l'édifice construit, dont elles n'auront pas supporté les charges de conception, de construction, d'entretien ou de conservation » (CE 19 juill. 2011, *Mme V. : nº 320796*).

Le Conseil d'État juge, ce faisant, que le législateur a *« dérogé aux dispositions [...] de la loi du 9 décembre 1905 »* et que, sous réserve du respect du principe de neutralité et du principe d'égalité, il est possible, sous le contrôle du juge administratif, d'utiliser ce dispositif même avec une redevance modique.

6. La sécurité et la sûreté dans les édifices du culte

6.1. *La réglementation des ERP et la responsabilité des propriétaires et des affectataires*

Les édifices du culte ouverts au public sont des établissements recevant du public (ERP) au sens de l'article R.* 123-2 du code de la construction et de l'habitation *[Art. R.* 123-2 CCH : « Pour l'application du présent chapitre, constituent des établissements recevant du public tous bâtiments, locaux et enceintes dans lesquels des personnes sont admises, soit librement, soit moyennant une rétribution ou une participation quelconque, ou dans lesquels sont tenues des réunions ouvertes à tout venant ou sur invitation, payantes ou non.*

« Sont considérées comme faisant partie du public toutes les personnes admises dans l'établissement à quelque titre que ce soit en plus du personnel. »]. Ils doivent à ce titre satisfaire aux règles générales régissant les établissements recevant du public telles que définies aux articles L. 123-1 à L. 123-4 et R. 123-1 à R. 123-55 du code de la construction et de l'habitation. Il est parfois difficile, voire impossible, de trouver une solution permettant de rendre l'édifice conforme aux normes de sécurité en raison de sa construction très ancienne. Si une tolérance est admise, il paraît néanmoins utile de rappeler aux maires et aux présidents d'association cultuelle que leur responsabilité peut être engagée si un accident se produit par défaut d'entretien de l'édifice du culte (Grenoble, 2e ch. civ., 15 janv. 2008, *Mutuelle Saint-Christophe assurances c/ CPAM de Grenoble*).

Par ailleurs, la circulaire interministérielle nº DGS/EA2/DSC/2008/391 du 30 décembre 2008 relative à la prévention des intoxications collectives au monoxyde de carbone rappelle les mesures à mettre en œuvre pour améliorer la prévention des intoxications collectives au monoxyde de carbone qui se produisent dans certains établissements recevant du public tels que les lieux de spectacle ou de culte. Les cultes ont également été invités par le ministère de la santé et le ministère de l'intérieur à respecter les consignes données par les pouvoirs publics en ce domaine.

Pour les monuments historiques protégés appartenant à l'État, c'est l'architecte des Bâtiments de France, conservateur du monument, qui est le référent en matière de sécurité pour tous les travaux et aménagements divers ainsi que pour toutes les manifestations ayant lieu dans l'édifice. C'est lui qui délivre un avis sur le respect des normes de sécurité. Il est le responsable unique de la sécurité mais chaque exploitant ou utilisateur est considéré comme responsable de la sécurité pour l'activité qu'il organise sous l'autorité du conservateur.

L'arrêté interministériel du 15 septembre 2006 (*JO* 28 sept. 2006) relatif à la protection contre les risques d'incendie et de panique dans les établissements recevant du public relevant du ministère chargé de la culture et la circulaire nº 2008-002 du 21 avril 2008 relative à l'utilisation à des fins non cultuelles des édifices de culte appartenant à l'État précisent ces dispositions.

Pour les monuments historiques protégés n'appartenant pas à l'État, il appartient au propriétaire, le maire ou le président de l'association cultuelle concerné de consulter la commission de sécurité compétente. Si l'état d'un édifice classé nécessite des travaux de mise aux normes de sécurité, une demande d'autorisation doit être adressée à la direction régionale des affaires culturelles territorialement compétente (art. 19 du décret du 30 mars 2007).

Dans l'arrêt du 10 juin 1921, *Commune de Monségur*, le Conseil d'État a jugé que les travaux exécutés dans une église pour le compte d'une personne publique, dans un but d'utilité générale, conservent le caractère de travaux publics et que le défaut d'entretien des églises peut entraîner la responsabilité de la collectivité territoriale en cause. Sur le fond, cependant, le Conseil d'État a considéré que la chute du bénitier provoquée par un enfant qui s'y était suspendu n'était pas de nature à engager la responsabilité de la commune. D'autres décisions peuvent être citées sur cette question concernant la responsabilité du propriétaire : CE 18 janv. 1946, *Époux Fouchy* ; CE 7 mars 1947, *Lapeyre et a.*

Toutefois, le respect des conditions de sécurité ou de risque d'incendie ne doit pas avoir pour conséquence de limiter ou d'interdire l'exercice du culte. Ainsi le Conseil d'État a considéré dans son arrêt du 14 mai 1982, Association internationale pour la conscience de Krishna, que « s'il appartenait au préfet de police d'interdire les manifestations et réunions publiques dans des locaux impropres à cet usage et s'il avait également le pouvoir de veiller, par des mesures appropriées, au respect de la tranquillité publique par les adeptes du culte krisnaïte, il ne pouvait, sans porter une atteinte illégale à la liberté des cultes, interdire toute cérémonie et tout office religieux organisés dans l'ancien hôtel d'Argenson... ».

S'agissant des ministres du culte qui assurent la police des cultes à l'intérieur des édifices du culte, ils ont l'obligation de respecter le libre droit des fidèles de pénétrer dans l'édifice du culte et de participer aux cérémonies mais ils ont le droit de faire expulser des perturbateurs. Ils n'ont pas d'obligation de sécurité qui tendrait à les assimiler à l'exploitant d'un lieu ouvert au public ou à une collectivité publique administrant un bien du domaine public. Ainsi un curé desservant n'est pas tenu responsable d'une chute d'une personne à l'intérieur de l'église (Civ., 19 juill. 1966, *SNCF et Dame Vaultier c/ Chanoine Rebuffat*).

En revanche, la responsabilité du ministre du culte peut être engagée si le propriétaire de l'édifice établit à son encontre que le dommage tel que la détérioration ou la destruction de l'édifice du culte a été causé par une faute, une négligence ou une imprudence qui lui est imputable (Civ., 5 janvier 1921, *Abbé Lasset c/ La Mutuelle de l'Indre*). Ainsi la plus grande prudence doit être recommandée aux ministres du culte, d'une part, sur les risques d'incendie dû au mauvais positionnement des bougies ou aux feux allumés trop près de l'édifice, et, d'autre part, sur les risques d'intoxication au monoxyde de carbone due au mode de chauffage défectueux.

Dans le cadre de manifestations organisées dans les édifices du culte, il appartient aux organisateurs de veiller à ce que leurs activités soient conformes aux prescriptions générales de sécurité de l'édifice. A cet effet, il est vivement conseillé d'établir, pour tout édifice du culte, un règlement interne de sécurité élaboré de manière concertée entre le propriétaire et, le cas échéant, l'affectataire, faisant ensuite l'objet d'une acceptation expresse par l'organisateur. En cas de sinistre, un tel document peut être utilement produit auprès de l'assureur car il est de nature à clarifier les responsabilités de chacune des parties.

6.2. *La souscription de polices d'assurance*

L'avant-dernier alinéa de l'article 13 de la loi du 9 décembre 1905 prévoit que les associations qui ont été attributaires d'un édifice du culte en 1905 « sont tenues des réparations de toute nature ainsi que des frais d'assurance et autres charges afférentes aux édifices et aux meubles les garnissant ». La loi du 13 avril 1908 a complété l'article 13 de la loi de 1905 par une disposition qui donne la possibilité aux collectivités publiques (État, départements et communes) d'engager les dépenses nécessaires pour l'entretien et la conservation des édifices du culte dont la propriété leur est reconnue par la loi.

Au vu des responsabilités que les collectivités publiques ou les associations encourent en qualité de propriétaires d'un ou de plusieurs édifices du culte et des risques de se voir exposer à des frais importants en cas de sinistre, il est indispensable qu'elles souscrivent, d'une part un contrat d'assurance couvrant les dommages concernant les bâtiments et les biens mobiliers qu'ils contiennent (incendie, dégâts des eaux, bris de glace, vol, vandalisme, catastrophes naturelles, etc.), et d'autre part une police de responsabilité civile pour les dommages éventuels pouvant atteindre des tiers et leurs biens.

Si l'association est locataire des bâtiments ou locaux utilisés pour l'exercice du culte, elle doit souscrire une police sur ses « risques locatifs » qui permet de couvrir les dommages susceptibles de concerner les biens immobiliers et mobiliers qu'elle loue mais aussi ceux pouvant toucher des tiers ou leurs biens.

Pour les édifices du culte qui étaient ou qui sont devenus propriété communale et qui ont été mis à disposition du culte catholique conformément aux dispositions de l'article 13 de la loi du 9 décembre 1905 et de l'article 5 de la loi du 2 janvier 1907, la responsabilité de l'affectataire peut être engagée si la faute est établie à son encontre. Il lui est donc conseillé de souscrire une police de responsabilité civile, en tant qu'affectataire, pour couvrir les risques d'incendie, explosion, dégâts des eaux, etc., qui pourraient endommager les biens immobiliers et mobiliers dont il est affectataire.

Dans le cas d'une utilisation non cultuelle d'un lieu de culte, le propriétaire ou l'affectataire du lieu de culte doit s'entourer de multiples précautions en fonction du programme de la manifestation présenté par l'organisateur. Il doit notamment exiger la preuve de la souscription d'une assurance de responsabilité civile couvrant tous les risques susceptibles de survenir pendant la durée de la manifestation.

6.3. *La sûreté des édifices du culte*

A la suite d'intrusions et d'occupations indues dans des établissements ouverts au public, des mesures ont été prises pour punir de tels agissements. Le décret n° 2008-1412 du 19 décembre 2008 institue une contravention d'intrusion dans les lieux historiques ou culturels, les immeubles classés ou inscrits étant les premiers visés. Toute intrusion et *[tout]* maintien non autorisé dans les édifices du culte classés ou inscrits au titre des monuments historiques sont punis de l'amende prévue pour les contraventions de la 5e classe.

6.4. *Le gardiennage des églises communales*

Depuis très longtemps, de nombreuses communes assurent le gardiennage des églises dont elles sont propriétaires. Ce gardiennage est une prestation facultative effectuée par la commune à des fins de protection de certains éléments de son patrimoine et ne fait pas partie des activités liées à l'exercice du culte. Cette prestation est donc placée sous la responsabilité du maire qui désigne, par arrêté, la personne qui lui paraît présenter les garanties nécessaires pour l'assurer.

Cependant, dans un souci de bonne coordination entre les tâches confiées au gardien et les activités cultuelles, notamment en ce qui concerne les horaires d'ouverture de l'église, les horaires des cérémonies, etc., qui relèvent de la responsabilité du curé affectataire, il apparaît souhaitable que le maire saisisse ce dernier afin d'obtenir son accord écrit sur la désignation et les missions du gardien. Il s'agit là d'une formalité non obligatoire mais qui peut se révéler utile. Le tribunal administratif d'Amiens, dans un jugement du 16 septembre 1986, *Abbé Labille*, a ainsi annulé un arrêté du maire et une délibération du conseil municipal de Villeneuve-Saint-Germain désignant, malgré l'avis contraire de l'évêque, une association chargée d'assurer l'entretien et le gardiennage de l'église, alors que l'association n'observait pas le principe de soumission à la hiérarchie catholique.

La dépense afférente à cette tâche est à la charge de la commune. Dans un arrêt du 13 décembre 1912, *Commune de Montlaur*, le Conseil d'État a considéré que les dépenses engagées par les communes pour assurer le gardiennage des églises et de leur mobilier ne sont pas des dépenses relatives à l'exercice d'un culte mais des dépenses liées à l'entretien des biens leur appartenant légalement. Ces dépenses sont légalement autorisées en application des dispositions de l'article 13 de la loi du 9 décembre 1905 modifié par l'article 5 de la loi du 13 avril 1908.

Dans une circulaire du 20 mai 1921, le ministre de l'intérieur a donné aux préfets des recommandations sur le calcul et le montant de l'indemnité versée au gardien en insistant sur le fait qu'une indemnité trop élevée pouvait être assimilée à une subvention déguisée versée au gardien, celui-ci étant bien souvent le curé de la paroisse.

Une circulaire du ministre de l'intérieur adressée chaque année aux préfets, indique le taux de revalorisation à appliquer aux indemnités de gardiennage des églises et fixe, en conséquence, le plafond indemnitaire applicable pour la rémunération de cette tâche.

Certaines communes peuvent préférer assurer la garde de leurs églises en utilisant des moyens plus modernes de détection d'intrusion tels que la pose d'une alarme électronique. La prise en charge par la commune de la dépense afférente aux installations de protection contre le vol ou le vandalisme liée à la protection d'éléments du patrimoine communal et non à l'exercice du culte, de même nature que les frais de gardiennage, n'est pas illégale et relève de sa responsabilité liée au maintien de la sécurité dans l'édifice dont elle est propriétaire.

7. Le régime fiscal applicable aux édifices du culte

7.1. *Taxe foncière sur les propriétés bâties (art. 1382-4° du CGI)*

Aux termes de l'article 1382-4° du code général des impôts, sont exonérés de la taxe foncière sur les propriétés bâties « les édifices affectés à l'exercice du culte appartenant à l'État, aux départements ou aux communes, ou attribués, en vertu des dispositions de l'article 4 de la loi du 9 décembre 1905, aux associations ou unions prévues par le titre IV de la même loi ainsi que ceux attribués en vertu des dispositions de l'article 112 de la loi du 29 avril 1926 aux associations visées par cet article et ceux acquis ou édifiés par lesdites associations ou unions ; les édifices affectés à l'exercice du culte qui, dans les départements du Bas-Rhin, du Haut-Rhin et de la Moselle, appartiennent à des associations ayant pour objet exclusif l'exercice d'un culte non reconnu ».

Les édifices du culte et les logements des ministres des cultes reconnus en Alsace-Moselle sont également exonérés de la taxe foncière sur les propriétés bâties en application de dispositions relevant du droit local (V. parag. 8.2).

Pour bénéficier de cette exonération, les biens doivent donc être la propriété de l'État, d'un département, d'une commune ou d'une association cultuelle répondant aux caractéristiques définies au titre IV de la loi du 9 décembre 1905 et les locaux doivent être affectés à l'exercice du culte.

Le Conseil d'État a précisé les critères de reconnaissance du caractère cultuel d'une association (CE, avis, ass., 24 oct. 1997, *Assoc. locale pour le culte des Témoins de Jéhovah de Riom* ; CE 23 juin 2000, *Min. de l'économie, des finances et de l'industrie c/ Assoc. locale pour le culte des Témoins de Jéhovah de Clamecy* ; CE 23 juin 2000, *Min. de l'économie, des finances et de l'industrie c/ Assoc. locale pour le culte des Témoins de Jéhovah de Riom*) :

– elle doit avoir exclusivement pour objet l'exercice public d'un culte ;

– elle ne peut mener que des activités en relation avec cet objet ;

– elle ne doit pas porter atteinte à l'ordre public.

Dans une décision récente, le Conseil d'État a considéré que l'exonération s'applique « aux seuls locaux utilisés pour la célébration de cérémonies organisées en vue de l'accomplissement, par des personnes réunies par une même croyance religieuse, de certains rites ou de certaines pratiques, ainsi qu'aux dépendances immédiates de ces locaux nécessaires à cet exercice » (CE 4 févr. 2008, *Assoc. de l'Église néo-apostolique de France*). Ainsi a pu être exonéré de cette taxe un local faisant partie intégrante d'un bâtiment affecté au culte et utilisé pour l'accueil des enfants pendant les offices pour y suivre une cérémonie religieuse adaptée à leur âge (CAA Lyon, 12 juin 2003, *Assoc. Centre évangélique*).

En revanche, sont soumis à la taxe foncière sur les propriétés bâties :

– les édifices servant au logement des ministres des cultes (CE 2 févr. 1910, *Assoc. cultuelle dite Église réformée évangélique d'Albias*) ;

– les séminaires ;

– les salles d'enseignement qui ne sont pas utilisées pour la célébration de cérémonies, rites ou pratiques cultuelles (CE 4 févr. 2008, *Assoc. de l'Église néo-apostolique de France*) ;

– les locaux communs ou salles sans lien direct avec l'exercice du culte tels que les salles de réunions, bureaux de l'association, vestiaires, sanitaires, cuisines, réfectoires, salles de repos, chambres... (CAA Bordeaux, 14 oct. 2004, *Assoc. Assemblées de Dieu de la Gironde* ; CAA Bordeaux, 14 oct. 2004, *Assoc. islamique de Lot-et-Garonne*).

7.2. *Taxe d'habitation (art. 1407 du CGI)*

L'article 1407-I-2° du code général des impôts soumet à la taxe d'habitation « les locaux meublés conformément à leur destination et occupés à titre privatif par les sociétés, associations ou organismes privés et qui ne sont pas retenus pour l'établissement de la taxe professionnelle ».

Combinant ces dispositions avec l'article 4 de la loi du 2 janvier 2007 et l'article 25 de la loi du 9 décembre 1905, le Conseil d'État a estimé que les salles du Royaume des Témoins de Jéhovah ne peuvent être regardées comme occupées à titre privatif dès lors qu'il s'agit de locaux affectés exclusivement à l'exercice public d'un culte et gérés selon les modalités prévues par les dispositions législatives précitées (CE 13 janv. 1993, *Min. du Budget c/ Congrégation chrétienne des Témoins de Jéhovah du Puy* ; CE 13 janv. 1993, *Min. du Budget c/ Association Agape*).

Dans ces deux décisions, le Conseil d'État a considéré que des locaux dans lesquels se déroulent des « enseignements et des débats sur des thèmes bibliques ainsi que des cérémonies qui revêtent un caractère religieux » et dont l'accès n'est pas réservé aux seuls membres de l'association en cause doivent regardés comme exclusivement affectés à l'exercice public d'un culte et peuvent bénéficier de l'exonération de la taxe d'habitation.

Le Conseil d'État a confirmé les arrêts des cours administratives d'appel de Lyon et de Nantes (CAA Lyon, 18 janv. 1990, *Congrégation chrétienne des Témoins de Jéhovah du Puy* ; CAA Nantes, 11 oct. 1989, *Min. de l'Économie, des Finances et de la Privatisation c/ Assoc. Agape*) en estimant que chacune des cours s'est livrée à une appréciation souveraine des faits. Dans ces deux arrêts, les cours administratives d'appel ont considéré que, malgré l'existence d'une cooptation ou d'un agrément et du paiement d'une cotisation à l'association en cause et nonobstant la fermeture du local, pour des motifs de sécurité, en dehors de heures d'utilisation (affichées à l'extérieur du bâtiment), ledit local ne peut être regardé comme occupé à titre privatif dès lors qu'il est affecté exclusivement à l'exercice public du culte et qu'il est ouvert à toute personne étrangère à l'association aux heures d'ouverture.

En revanche, les locaux appartenant à une association cultuelle qui ne sont pas affectés à l'exercice du culte et qui, réservés à ses membres, ne sont pas accessibles au public, doivent être regardés comme occupés à titre privatif (CE 14 mai 1986, *Min. du Budget c/ Communauté israélite de Mulhouse* ; CAA Paris, 15 juin 1999, *Assoc. Église orthodoxe française et M. Chalvet de Récy* ; CAA Nancy, 3 nov. 2005, *Assoc. évangélique baptiste « La Bonne Nouvelle »*).

7.3. *Taxe locale d'équipement (art. 1585 C [du CGI] et art. 317 bis de l'annexe II du CGI)*

En application du 1° du I de l'article 1585 C du code général des impôts et des 3° et 4° de l'article 317 *bis* de l'annexe II au même code, sont exonérées de la taxe locale d'équipement (TLE) d'une part les constructions édifiées par les associations cultuelles (régies par le titre IV de la loi du 9 décembre 1905), ou par leurs unions ou par les établissements publics du culte d'Alsace-Moselle, et d'autre part, les constructions, quel que soit leur constructeur, destinées à être affectées exclusivement à l'exercice du culte.

7.4. *Droit de mutation à titre onéreux d'immeubles (art. 682 du CGI)*

En application des dispositions de l'article 682 du code général des impôts, *« à défaut d'acte, les mutations à titre onéreux d'immeubles ou de droits immobiliers sont soumises aux droits d'enregistrement selon le taux prévu pour les opérations de même nature donnant lieu au paiement de la taxe de publicité foncière »*.

Ainsi, sont perçus au profit des départements (art. 1594 A du CGI) :

1° les droits d'enregistrement ou la taxe de publicité foncière exigibles sur les mutations à titre onéreux d'immeubles ou de droits immobiliers situés sur leur territoire ;

2° la taxe de publicité foncière perçue en application de l'article 663 du CGI lorsque les inscriptions, décisions, actes, attestations ou documents mentionnés à cet article concernent des immeubles ou des droits immobiliers situés sur leur territoire.

A ces droits et taxes s'ajoutent une taxe communale de 1,20 % (art. 1584 et 1595 *bis* du CGI) et des frais d'assiette et de recouvrement de 2,37 % calculé sur le montant du droit départemental (art. 1647-V du CGI), soit un taux global de 5,09 %.

8. Les édifices du culte en Alsace-Moselle

La spécificité du droit local des religions repose sur l'existence de cultes dits « reconnus », c'est-à-dire organisés juridiquement sous forme de véritables statuts de droit public qui contiennent notamment des dispositions relatives au régime juridique des édifices affectés à l'exercice de ces cultes. Les autres cultes peuvent s'organiser sous la forme associative dans un environnement juridique qui n'interdit pas le soutien financier des collectivités publiques à la construction des lieux de culte.

8.1. *Les édifices du culte affectés à l'exercice des cultes reconnus*

Le régime juridique des édifices du culte, à savoir, les lieux de culte et les logements des ministres du culte, applicable dans le Bas-Rhin, le Haut-Rhin et la Moselle correspond à celui qui prévalait sur l'ensemble du territoire national avant l'entrée en vigueur de la loi du 9 décembre 1905. Il se caractérise par l'existence d'établissements publics du culte, recréés pour le culte catholique et créés pour les cultes protestants par la loi du 18 germinal an X, puis par le décret du 17 mars 1808 pour le culte israélite.

Ces établissements publics du culte ont en charge l'entretien des immeubles nécessaires à l'exercice du culte, que ces édifices soient leur propriété ou qu'ils appartiennent aux communes, cette dernière situation patrimoniale étant la plus répandue. Dans l'un ou l'autre cas, le lieu de culte relève du domaine public et répond à la définition de l'ouvrage public, un régime domanial identique s'appliquant aux presbytères à la différence de la règle en vigueur hors Alsace-Moselle (CE, avis, 26 avr. 1994 et TA Strasbourg, 28 août 1987, *M. Codet c/ Cne de Vatimont*).

L'établissement public en charge de cette gestion pour le culte catholique est la fabrique, dont les règles d'organisation et de fonctionnement sont fixées par le décret du 30 décembre 1809. La fabrique est administrée par un conseil de fabrique composé de membres élus et de deux membres de droit que sont le prêtre de la paroisse et le maire de la commune chef-lieu de la paroisse.

L'organisation des cultes protestants se caractérise par l'existence de deux types d'établissements publics du culte qui interviennent concurremment dans l'administration des biens qu'ils possèdent : le consistoire créé par les articles organiques des cultes protestants du 18 germinal an X et le conseil presbytéral créé par le décret du 26 mars 1852, en charge de l'administration des biens de la paroisse et de l'entretien des édifices religieux.

Pour le culte israélite, il n'existe qu'un seul établissement public cultuel, le consistoire départemental qui a en charge l'administration des édifices du culte en vertu de l'article 19 de l'ordonnance royale du 25 mai 1844.

Toutes les églises catholiques restituées en 1802 ont été remises à la disposition des évêques en application de l'article 12 du Concordat et par-delà aux curés et desservants placés respectivement sous l'autorité de l'évêque et du curé (art. organiques 30, 31 et 75 du culte catholique). Elles sont grevées d'une servitude d'affectation cultuelle qui ne peut être levée qu'à l'issue d'une procédure de désaffectation. Celle-ci est prononcée, en application du décret du 23 novembre 1994, par le préfet en cas d'accord de l'autorité religieuse ou par décret à défaut de cet accord.

La procédure de désaffectation prévue par le décret du 23 novembre 1994 s'appliquant expressément à l'ensemble des lieux de culte catholiques, protestants et israélites, aux objets mobiliers les garnissant et aux presbytères communaux, il y a lieu de considérer que l'exclusivité de l'affectation cultuelle de ces immeubles concerne tous les édifices du culte quelle que soit leur date d'édification.

8.2. *L'entretien et les travaux sur les édifices du culte (cultes reconnus)*

Il incombe au premier chef aux établissements publics du culte d'assurer l'entretien et les travaux sur les lieux de culte, quelle que soit la personne publique propriétaire de ces édifices. Cette charge s'étend également, pour le culte catholique, aux travaux réalisés par la fabrique sur le presbytère (art. 37 du décret du 30 décembre 1809 sur les fabriques des églises). Par ailleurs, le conseil de fabrique ne peut ordonner des travaux qui excéderaient un montant de 30 500 euros qu'après avoir obtenu l'autorisation de l'évêque (art. 42 du décret du 30 décembre 1809).

En cas d'insuffisance de ressources de l'établissement public du culte, les communes pourvoient aux charges d'entretien des édifices du culte en application de l'article L. 2543-3-3° du code général des collectivités territoriales. Une telle dépense constitue une dépense obligatoire pour la commune qui, s'agissant du culte catholique, doit assurer la maîtrise d'ouvrage de l'opération, si elle assume le financement principal des travaux (article 94 du décret précité). Ces travaux sont alors éligibles au fond de compensation de la TVA pour la seule partie des dépenses constituant la charge obligatoire des communes.

Les travaux réalisés sur les édifices du culte l'étant pour le compte de l'établissement public du culte, personne publique, et dans un but d'utilité générale, ils constituent dans tous les cas, des travaux publics en application de la jurisprudence *Commune de Monségur*.

Sur le plan fiscal, l'exonération de la taxe foncière sur les propriétés bâties des cultes reconnus relève des dispositions codifiées par le décret du 27 décembre 1934 à l'article 4 du chapitre I du titre I du code des impôts directs et taxes assimilées en Alsace-Moselle (CE 6 nov. 1991, *Assoc. L'Assemblée de Dieu*).

Ces dispositions exonèrent :

– les bâtiments consacrés au service religieux public des cultes reconnus et les séminaires diocésains ;

– les bâtiments destinés à l'habitation officielle des évêques, des curés et des autres personnes investies de fonctions ecclésiastiques, ainsi que des ministres des cultes reconnus, à la condition que ces bâtiments ne soient pas pris en location.

Dans les départements de la Moselle, du Bas-Rhin et du Haut-Rhin, le législateur a renforcé la coopération intercommunale dans le domaine cultuel en permettant aux communautés de communes et aux communautés d'agglomération de choisir, parmi les compétences optionnelles, la compétence « Construction et entretien des bâtiments affectés aux cultes dont les ministres sont salariés par l'État » :

– l'article L. 5812-1 (créé par la loi n° 96-142 du 21 février 1996) complète les dispositions de l'article L. 5214-16 relatives aux compétences optionnelles des communautés de communes en y ajoutant la compétence « Construction et entretien des bâtiments affectés aux cultes dont les ministres sont salariés par l'État » ;

– l'article L. 5814-1 (modifié par la loi n° 99-586 du 12 juillet 1999, art. 3) complète les dispositions de l'article L. 5216-5 relatives aux compétences optionnelles des communautés d'agglomération en y ajoutant la compétence « Construction et entretien des bâtiments affectés aux cultes dont les ministres sont salariés par l'État ».

8.3. *Les édifices des cultes non reconnus*

L'organisation statutaire publique ne s'applique pas aux autres cultes qui peuvent se constituer sous forme d'associations en application des articles 21 à 72-III du code civil local. L'autorité administrative ne peut s'opposer à l'inscription d'une telle association que pour des motifs tenant aux nécessités de l'ordre public (CE 25 juill. 1980, *Ministère de l'Intérieur c/ Église évangélique baptiste de Colmar*).

La loi du 9 décembre 1905 n'étant pas applicable en Alsace-Moselle, ces associations peuvent recevoir des subventions publiques dont la régularité s'apprécie au regard des critères de droit commun, d'une part de respect du principe d'égalité, d'autre part de l'existence d'un intérêt général suffisant. En particulier, les cultes peuvent se voir attribuer des aides financières par les communes, pour financer les lieux de culte sur le fondement de l'article L. 2541-12 (10°) du code général des collectivités territoriales disposant que le conseil municipal délibère sur l'allocation de subventions à des fins d'intérêt général et de bienfaisance (TA Strasbourg, 13 décembre 2006, *Haar*, au sujet d'une subvention communale octroyée en vue de l'édification d'une mosquée).

En matière fiscale, aux fins de supprimer les inégalités de traitement entre les associations à objet cultuel de droit local et les associations cultuelles régies par le titre IV de la loi du 9 décembre 1905, le législateur a ajouté, en 1994, à l'article 1382-4° du code général des impôts, une disposition qui exonère de la taxe foncière sur les propriétés bâties « les édifices affectés à l'exercice du culte qui, dans les départements du Bas-Rhin, du Haut-Rhin et de la Moselle, appartiennent à des associations ayant pour objet exclusif l'exercice d'un culte non reconnu ».

***

Le rappel de ces dispositions, éclairées par la jurisprudence administrative et judiciaire, doit vous permettre d'apporter toutes informations utiles à la connaissance des maires et des associations cultuelles, notamment celles ayant des projets de construction ou de restauration de lieux de culte, afin d'éviter la survenance de situations litigieuses.

Vous voudrez bien me faire part, sous le présent timbre (direction des libertés publiques et des affaires juridiques, sous-direction des libertés publiques, bureau central des cultes) de toutes les difficultés rencontrées dans l'application de la présente instruction.

DOMAINE PUBLIC FERROVIAIRE

Code des transports

PREMIÈRE PARTIE : *LÉGISLATIVE*

DEUXIÈME PARTIE **TRANSPORT FERROVIAIRE OU GUIDÉ**

LIVRE II **Interopérabilité, sécurité, sûreté des transports ferroviaires ou guidés**

TITRE III Protection du domaine public ferroviaire

CHAPITRE PREMIER *Mesures relatives à la conservation*

Art. L. 2231-1 La consistance du domaine public ferroviaire est définie à l'article L. 2111-15 du code général de la propriété des personnes publiques.

Art. L. 2231-2 Tout dépôt de terre et autres objets quelconques, ainsi que le pacage des bestiaux, est interdit sur l'étendue du domaine public ferroviaire. – *[L. du 15 juill. 1845 sur la police des chemins de fer, art. 2, ecqc les interdictions.]*

Art. L. 2231-3 Sont applicables aux propriétés riveraines du domaine public ferroviaire les servitudes imposées par les lois et règlements sur la grande voirie, et qui concernent :

1° L'alignement ;

2° L'écoulement des eaux ;

3° L'occupation temporaire des terrains en cas de réparation ;

4° La distance à observer pour les plantations et l'élagage des arbres plantés ;

5° Le mode d'exploitation des mines, minières, tourbières et sablières, dans la zone déterminée à cet effet.

Sont également applicables à la confection et à l'entretien des chemins de fer les lois et règlements sur l'extraction des matériaux nécessaires aux travaux publics. – *[L. du 15 juill. 1845 sur la police des chemins de fer, art. 3, al. 1er à 6, ecqc les interdictions.]*

Art. L. 2231-4 Les riverains des voies ferrées peuvent être contraints de respecter les règles de gestion forestière prévues par *(Ord. n° 2012-92 du 26 janv. 2012, art. 3)* « les articles L. 131-16 et L. 134-12 » du code forestier.

La recodification du C. for., issue de l'Ord. n° 2012-92 du 26 janv. 2012, entre en vigueur en même temps que la partie réglementaire du nouveau code forestier et au plus tard le 1er juill. 2012 (Ord. préc., art. 8-I).

Art. L. 2231-5 Aucune construction autre qu'un mur de clôture ne peut être établie dans une distance de deux mètres d'un chemin de fer.

Lorsque la sécurité et l'intérêt du service ferroviaire le permettent, cette distance peut être réduite en vertu d'une autorisation délivrée par l'autorité administrative.

Les constructions existantes lors de l'établissement d'un nouveau chemin de fer, qui ne respectent pas les dispositions du premier alinéa et dont l'état a été constaté dans des conditions déterminées par décret peuvent être entretenues dans cet état. – *[L. du 15 juill. 1845 sur la police des chemins de fer, art. 5 (al. 1, 3 et 4) et 9.]*

Art. L. 2231-6 Dans les localités où le chemin de fer se trouve en remblai de plus de trois mètres au-dessus du terrain naturel, il est interdit aux riverains de pratiquer, sans autorisation préalable, des excavations dans une zone de largeur égale à la hauteur verticale du remblai, mesurée à partir du pied du talus.

L'autorité administrative accorde cette autorisation après avis de l'exploitant et, pour le réseau ferré national, de *(L. n° 2014-872 du 4 août 2014, art. 24, en vigueur le 1er janv. 2015)* « SNCF Réseau » ou, le cas échéant, du titulaire d'un des contrats mentionnés aux articles L. 2111-11 et L. 2111-12. – *[L. du 15 juill. 1845 sur la police des chemins de fer, art. 6.]*

Art. L. 2231-7 Dans une distance de moins de cinq mètres d'un chemin de fer, aucun dépôt de quelque matière que ce soit ne peut être établi sans autorisation préalable de l'autorité administrative.

Lorsque la sécurité et l'intérêt du service ferroviaire le permettent, cette distance peut être réduite en vertu d'une autorisation délivrée par l'autorité administrative.

Cette autorisation est révocable.

L'autorisation n'est pas nécessaire :

1° Pour former, dans les localités où le chemin de fer est en remblai, des dépôts de matières non inflammables dont la hauteur n'excède pas celle du remblai du chemin ;

2° Pour former des dépôts temporaires d'engrais et autres objets nécessaires à la culture des terres. – *[L. du 15 juill. 1845 sur la police des chemins de fer, art. 8.]*

Art. L. 2231-8 Lors de la construction d'une nouvelle voie ferrée, si la sécurité ou l'intérêt du service ferroviaire l'exigent, l'autorité administrative peut faire supprimer les constructions, plantations, excavations ou amas de quelque matière que ce soit, existant dans les zones mentionnées aux articles L. 2231-2 à L. 2231-7, moyennant une indemnité.

L'indemnité est réglée conformément aux dispositions du code de l'expropriation pour cause d'utilité publique. – *[L. du 15 juill. 1845 sur la police des chemins de fer, art. 10.]*

Art. L. 2231-8-1 (Abrogé par L. n° 2015-1267 du 14 oct. 2015, art. 18-II) (L. n° 2014-872 du 4 août 2014, art. 18, en vigueur le 1er janv. 2015) ***Tout propriétaire ou exploitant d'une installation radioélectrique s'assure que celle-ci ne porte pas atteinte au bon fonctionnement des circulations ferroviaires, et que les prescriptions ferroviaires établies par arrêté des ministres chargés des transports et de l'industrie sont respectées.***

Art. L. 2231-9 Les conditions d'application du présent chapitre sont fixées par décret en Conseil d'État.

CHAPITRE II *Contraventions de grande voirie*

Art. L. 2232-1 Les infractions aux dispositions du chapitre Ier sont constatées, poursuivies et réprimées comme en matière de grande voirie.

(Ord. n° 2019-552 du 3 juin 2019, art. 10 et 26, en vigueur le 1er janv. 2020) « La société SNCF Réseau mentionnée à l'article L. 2111-9 et sa filiale mentionnée au 5° de cet article exercent concurremment avec l'État, et sous son contrôle, les pouvoirs dévolus à ce dernier pour la répression des atteintes à l'intégrité et à la conservation des biens du domaine public de l'État qui leur sont attribués *[ancienne rédaction : SNCF Réseau exerce concurremment avec l'État les pouvoirs dévolus à ce dernier pour la répression des atteintes à l'intégrité et à la conservation de son domaine public]* ».

Les infractions aux dispositions du chapitre Ier peuvent en outre être constatées par les agents assermentés énumérés au I de l'article L. 2241-1 *(L. n° 2013-431 du 28 mai 2013, art. 6)* « et par les agents assermentés des personnes agissant pour le compte de *(L. n° 2014-872 du 4 août 2014, art. 24, en vigueur le 1er janv. 2015)* « SNCF Réseau » ou ayant conclu une convention avec *(L. n° 2014-872 du 4 août 2014, art. 24, en vigueur le 1er janv. 2015)* « SNCF Réseau » en application de l'article L. 2111-9 ». – *[L. du 15 juill. 1845 sur la police des chemins de fer, art. 11 (al. 1er) et 2, ecqc les infractions aux servitudes jouxtant le domaine public ferroviaire ; art. 23 (al. 1er), ecqc les atteintes à l'intégrité et à la conservation dudit domaine ; L. n° 97-135 du 13 févr. 1997, art. 11 (al. 1er).]*

Art. L. 2232-2 Les personnes qui contreviennent aux dispositions du présent chapitre sont condamnées à supprimer, dans le délai déterminé par le juge administratif, les ouvrages ou dépôts faits contrairement à ces dispositions.

La suppression a lieu d'office, et le montant de la dépense est recouvré contre eux par voie de contrainte, comme en matière de contributions publiques, s'ils ne se conforment pas à ce jugement. – *[L. du 15 juill. 1845 sur la police des chemins de fer, art. 11, al. 2 (phrase 2) et 3.]*

Loi du 15 juillet 1845,

Sur la police des chemins de fer.

. . . .

Art. 11 (Abrogé par Ord. n° 2010-1307 du 28 oct. 2010, à compter du 1er déc. 2010) ***Les contraventions aux dispositions du présent titre seront constatées, poursuivies et réprimées comme en matière de grande voirie.***

Elles seront punies d'une amende de 7,5 à 150 euros, sans préjudice, s'il y a lieu, des peines portées au code pénal et au titre III de la présente loi. Les contrevenants seront, en outre, condamnés à supprimer, dans le délai déterminé par l'arrêté du conseil de préfecture, les excavations, couvertures, meules ou dépôts faits contrairement aux dispositions précédentes.

A défaut, par eux, de satisfaire à cette condamnation dans le délai fixé, la suppression aura lieu d'office, et le montant de la dépense sera recouvré contre eux par voie de contrainte, comme en matière de contributions publiques. – [Art. codifié par l'Ord. n° 2010-1307 du 28 oct. 2010 aux art. L. 2232-1 et L. 2232-2 C. transp.]

La 1re phrase du deuxième alinéa du présent art. est abrogée par l'Ord. n° 2010-1307 du 28 oct. 2010 à compter de la publication des dispositions réglementaires du code des transports correspondantes (Ord. préc., art. 9-6°).

Loi n° 97-135 du 13 février 1997,

Portant création de l'établissement public "Réseau ferré de France" en vue du renouveau du transport ferroviaire.

Art. 1er *Abrogé par Ord. n° 2015-855 du 15 juill. 2015, art. 19.*

Code des transports

Art. L. 2101-1 *(L. n° 2014-872 du 4 août 2014, art. 1er, en vigueur le 1er janv. 2015) (L. n° 2018-515 du 27 juin 2018, art. 1er, en vigueur le 1er janv. 2020)* « La société nationale à capitaux publics SNCF et ses filiales *(Ord. n° 2019-552 du 3 juin 2019, art. 1er et 26, en vigueur le 1er janv. 2020)* « directes et indirectes » constituent un groupe public unifié qui remplit des missions de service public dans le domaine du transport ferroviaire et de la mobilité et exerce des activités de logistique et de transport ferroviaire de marchandises, dans un objectif de développement durable, de lutte contre le réchauffement climatique, d'aménagement du territoire et d'efficacité économique et sociale. La société nationale SNCF peut également exercer, directement ou à travers ses filiales, d'autres activités prévues par ses statuts.

« Le capital de la société nationale SNCF est intégralement détenu par l'État. Ce capital est incessible.

« La société nationale SNCF est soumise aux dispositions législatives applicables aux sociétés anonymes.

« La société nationale SNCF détient l'intégralité du capital de la société SNCF Réseau mentionnée à l'article L. 2111-9 et de la société SNCF Mobilités mentionnée à l'article L. 2141-1. Le capital de ces deux sociétés est incessible. »

(Ord. n° 2019-552 du 3 juin 2019, art. 1er et 26, en vigueur le 1er janv. 2020) « La société SNCF Réseau mentionnée à l'article L. 2111-9 et sa filiale mentionnée au 5° du même article font partie du périmètre de consolidation par intégration globale de la société nationale SNCF. »

(L. n° 2018-515 du 27 juin 2018, art. 1er, en vigueur le 1er janv. 2020) « Sous réserve des dispositions prévues par la loi, la société nationale SNCF définit l'organisation du groupe public qu'elle constitue avec ses filiales afin d'assurer ses missions.

« Au sein du système de transport ferroviaire national mentionné à l'article L. 2100-1, le groupe public est notamment chargé :

« 1° D'exploiter et de développer, de façon transparente et non discriminatoire, le réseau ferré national conformément aux principes du service public et dans le but de promouvoir le transport ferroviaire en France ;

« 2° D'exploiter et de développer, de façon transparente et non discriminatoire, les gares de voyageurs et d'autres installations de service reliées au réseau ferré national ;

« 3° D'exercer des missions transversales nécessaires au bon fonctionnement du système de transport ferroviaire national au bénéfice de l'ensemble des acteurs de ce système, notamment en matière de préservation de la sûreté des personnes, des biens et du réseau ferroviaire ;

« 4° D'assurer des services de transport ferroviaire de voyageurs et de marchandises, nationaux et internationaux. »

Le chapitre II du titre II du livre II de la première partie est applicable *(L. n° 2018-515 du 27 juin 2018, art. 1er, en vigueur le 1er janv. 2020)* « à la société nationale SNCF et à ses filiales. » Pour son application à la SNCF et à SNCF Réseau, l'autorité organisatrice au sens du même chapitre II s'entend comme étant l'État.

Ancien art. L. 2101-1 (L. n° 2014-872 du 4 août 2014, art. 1er, en vigueur le 1er janv. 2015) *La SNCF, SNCF Réseau et SNCF Mobilités constituent le groupe public ferroviaire au sein du système ferroviaire national. Ces trois entités ont un caractère indissociable et solidaire. Le groupe remplit une mission, assurée conjointement par chacun des établissements publics dans le cadre des compétences qui leur sont reconnues par la loi, visant à exploiter le réseau ferré national et à fournir au public un service dans le domaine du transport par chemin de fer. Il remplit* *des missions de service de transport public terrestre régulier de personnes, des missions de transport de marchandises et des missions de gestion de l'infrastructure ferroviaire, dans une logique de développement durable et d'efficacité économique et sociale.*

Le chapitre II du titre II du livre II de la première partie est applicable aux trois établissements du groupe public ferroviaire. Pour son application à la SNCF et à SNCF Réseau, l'autorité organisatrice au sens du même chapitre II s'entend comme étant l'État.

Art. L. 2101-1-1 *(L. n° 2018-515 du 27 juin 2018, art. 20, en vigueur le 1er janv. 2020)* Un membre du conseil de surveillance, du conseil d'administration ou un dirigeant de SNCF Réseau ou de sa filiale mentionnée au 5° de l'article L. 2111-9 ne peut être simultanément membre du conseil de surveillance, du conseil d'administration ou dirigeant mandataire social d'une entreprise exerçant, directement ou par l'intermédiaire d'une de ses filiales, une activité d'entreprise ferroviaire ou d'une entreprise filiale d'une entreprise exerçant une activité d'entreprise ferroviaire.

Art. L. 2101-1-2 *(Ord. n° 2019-552 du 3 juin 2019, art. 1er et 26, en vigueur le 1er janv. 2020)* La deuxième phrase du premier alinéa et le dernier alinéa des articles L. 225-40 et L. 225-88 du code de commerce ne s'appliquent ni aux conventions conclues entre l'État et la société nationale SNCF, la société SNCF Voyageurs, la société SNCF Réseau ou sa filiale mentionnée au 5° de l'article L. 2111-9, ni aux conventions conclues entre ces sociétés.

....

Art. L. 2111-9 *(L. n° 2018-515 du 27 juin 2018, art. 1er, en vigueur le 1er janv. 2020)* « La société SNCF Réseau a pour mission d'assurer, de façon transparente et non discriminatoire, directement ou par l'intermédiaire de filiales, conformément aux principes du service public et dans le but de promouvoir le transport ferroviaire en France dans un objectif de développement durable, d'aménagement du territoire et d'efficacité économique et sociale *[ancienne rédaction : L'établissement public national à caractère industriel et commercial dénommé "SNCF Réseau" a pour missions d'assurer, conformément aux principes du service public et dans le but de promouvoir le transport ferroviaire en France dans une logique de développement durable]* : »

1° L'accès à l'infrastructure ferroviaire du réseau ferré national, comprenant la répartition des capacités et la tarification de cette infrastructure ;

2° La gestion opérationnelle des circulations sur le réseau ferré national ;

3° La maintenance, comprenant l'entretien et le renouvellement, de l'infrastructure du réseau ferré national ;

4° Le développement, l'aménagement, la cohérence et la mise en valeur du réseau ferré national ;

(L. n° 2018-515 du 27 juin 2018, art. 1er, en vigueur le 1er janv. 2020) « 5° La gestion unifiée des gares de voyageurs, à travers une filiale dotée d'une autonomie organisationnelle, décisionnelle et financière *[ancienne rédaction : 5° La gestion des installations de service dont il est propriétaire et leur mise en valeur]* ; »

(L. n° 2018-515 du 27 juin 2018, art. 1er, en vigueur le 1er janv. 2020) « 6° La gestion et la mise en valeur d'installations de service ;

« 7° Des missions transversales nécessaires au bon fonctionnement du système de transport ferroviaire national, au bénéfice de l'ensemble des acteurs de ce système, notamment en matière de gestion de crise et de coordination des acteurs pour la mise en accessibilité du système de transport ferroviaire national aux personnes handicapées ou à mobilité réduite ;

« 8° Des missions répondant aux besoins de la défense dans le cadre de la stratégie de sécurité nationale.

« La société SNCF Réseau est soumise aux dispositions législatives applicables aux sociétés anonymes.

« A l'exception de la couverture de leurs besoins propres, la société SNCF Réseau et ses filiales ne peuvent assurer d'activités de transport ferroviaire. »

SNCF Réseau est le gestionnaire du réseau ferré national. Sa gestion vise à une utilisation optimale du réseau ferré national, dans des objectifs de sécurité, de qualité de service et de maîtrise des coûts et *(Ord. n° 2015-855 du 15 juill. 2015, art. 2-1°)* « dans les conditions fixées à l'article L. 2122-4-3 ».

(L. n° 2019-1428 du 24 déc. 2019, art. 172, en vigueur le 1er janv. 2020) « Dans les conditions fixées à l'article L. 2122-4-3-2 et uniquement pour des lignes d'intérêt local ou régional, SNCF Réseau peut déléguer par convention certaines de ses missions mentionnées aux 1° à 4° du présent article à toute personne, selon les objectifs et principes de gestion qu'elle définit *[ancienne rédaction : (Ord. n° 2018-1135 du 12 déc. 2018, art. 1er) « Dans les conditions*

fixées par l'article L. 2122-4-3-2, » pour des lignes à faible trafic ainsi que pour les (Ord. n° 2015-855 du 15 juill. 2015, art. 2-1°) « installations » de service, SNCF Réseau peut confier par convention certaines de ses missions, à l'exception de celles mentionnées au 1°, à toute personne, selon les objectifs et principes de gestion qu'il définit] ».

Art. L. 2111-9-1 A *(L. n° 2019-1428 du 24 déc. 2019, art. 172, en vigueur le 1er janv. 2020)* Par dérogation au 1° de l'article L. 2101-1 et à l'article L. 2111-9, pour des lignes d'intérêt local ou régional à faible trafic du réseau ferré national faisant l'objet d'investissements de renouvellement ou de développement majoritairement financés par une autorité organisatrice des transports ferroviaires, et à la demande de son assemblée délibérante, certaines missions de gestion de l'infrastructure mentionnées aux 3° et 4° de l'article L. 2111-9 peuvent lui être transférées par la société SNCF Réseau, sous réserve de l'accord préalable du ministre chargé des transports et après avis de SNCF Réseau.

L'autorité organisatrice des transports ferroviaires peut confier à toute personne la pleine responsabilité de tout ou partie des missions de gestion de l'infrastructure qui lui ont été transférées.

Une convention technique est établie entre la société SNCF Réseau, l'autorité organisatrice des transports ferroviaires et les personnes responsables de la réalisation des missions transférées. En cas de transfert de missions relatives au renouvellement d'infrastructures du réseau ferré national, cette convention prévoit notamment que les circulations ferroviaires doivent être interrompues sur les lignes concernées lors de la réalisation d'opérations de renouvellement.

Ce transfert de missions fait l'objet d'une transaction financière visant à compenser les impacts économiques, positifs ou négatifs, qui en résultent pour la société SNCF Réseau.

Les modalités d'application du présent article, notamment les catégories de lignes susceptibles d'être concernées, les modalités selon lesquelles il peut être mis fin au transfert de missions et les modalités de détermination et de versement de la compensation financière prévue à l'avant-dernier alinéa, sont déterminées par décret en Conseil d'État.

Art. L. 2111-9-1 *(L. n° 2018-515 du 27 juin 2018, art. 1er, en vigueur le 1er janv. 2020)* La filiale mentionnée au 5° de l'article L. 2111-9 a pour mission d'assurer, conformément aux principes du service public, la gestion unifiée des gares de voyageurs. A ce titre, elle est notamment chargée :

1° D'assurer aux entreprises de transport ferroviaire un service public de qualité en leur fournissant, de façon transparente et non discriminatoire, les services et prestations en gares mentionnés à l'article L. 2123-1 ;

2° De favoriser la complémentarité des modes de transports individuels et collectifs ainsi que leur coopération, conformément à l'article L. 1211-3 ;

3° De contribuer au développement équilibré des territoires, notamment en veillant à la cohérence de ses décisions d'investissement avec les politiques locales en matière d'urbanisme et en assurant une péréquation adaptée des ressources et des charges entre les gares qu'elle gère.

Elle est soumise aux dispositions législatives applicables aux sociétés anonymes.

Art. L. 2111-9-2 *(L. n° 2018-515 du 27 juin 2018, art. 1er, en vigueur le 1er janv. 2020)* Les redevances perçues pour la fourniture aux entreprises de transport ferroviaire de services en gare incitent le gestionnaire des gares à améliorer ses performances. Elles peuvent être établies sur une période pluriannuelle ne pouvant pas excéder cinq ans.

Art. L. 2111-9-3 *(L. n° 2018-515 du 27 juin 2018, art. 1er, en vigueur le 1er janv. 2020)* La gestion des grandes gares ou ensembles pertinents de gares de voyageurs est suivie par un comité de concertation. Ce comité est notamment composé de représentants du gestionnaire des gares, des autorités organisatrices de transport concernées, des autorités organisatrices de la mobilité et des autres collectivités territoriales concernées, des entreprises de transport ferroviaire et des usagers. Il est notamment consulté sur les projets d'investissement dans et autour de la gare, les services en gare, la coordination des offres et la multimodalité, l'information des voyageurs, la qualité de service et, de façon générale, sur toute question relative aux prestations rendues dans la gare.

Les conditions d'application du présent article sont fixées par décret.

Art. L. 2111-9-4 *(Ord. n° 2019-552 du 3 juin 2019, art. 4 et 26, en vigueur le 1er janv. 2020)* Sont des contrats administratifs les contrats suivants conclus par la société SNCF Réseau pour l'exécution de ses missions prévues à l'article L. 2111-9 :

1° Contrats conclus en application du code de la commande publique ;

2° Contrats portant occupation du domaine public.

Les contrats portant occupation du domaine public conclus par la filiale mentionnée au 5° de l'article L. 2111-9 pour l'exécution de ses missions prévues au même article sont des contrats administratifs.

Art. L. 2111-10 *(L. n° 2014-872 du 4 août 2014, art. 6, en vigueur le 1er janv. 2015)* SNCF Réseau conclut avec l'État un contrat d'une durée de dix ans, actualisé tous les trois ans pour une durée de dix ans. *(Abrogé par Ord. n° 2019-183 du 11 mars 2019, art. 2)* « *Le projet de contrat et les projets d'actualisation sont soumis pour avis à l'Autorité de régulation des activités ferroviaires et routières.* »

(Ord. n° 2019-183 du 11 mars 2019, art. 2) « Préalablement à l'élaboration de ce contrat ou à son actualisation, le ministre chargé des transports invite *(Ord. n° 2019-761 du 24 juill. 2019, art. 1er, en vigueur le 1er oct. 2019)* « l'Autorité de régulation des transports » à formuler toute recommandation qu'elle juge utile quant à son contenu, afin que les orientations retenues en matière de gestion de l'infrastructure concourent au bon fonctionnement du système de transport ferroviaire.

« Le projet de contrat et les projets d'actualisation sont soumis pour avis à *(Ord. n° 2019-761 du 24 juill. 2019, art. 1er, en vigueur le 1er oct. 2019)* « l'Autorité de régulation des transports », qui émet un avis motivé sur l'ensemble des composantes du contrat. »

(Ord. n° 2018-1135 du 12 déc. 2018, art. 1er) « Les candidats et, sur leur demande, les candidats potentiels, sont informés par SNCF Réseau, dans des conditions fixées par voie réglementaire, du contenu du projet de contrat, en ce qui concerne les principes de base et paramètres mentionnés à l'annexe V à la directive 2012/34/UE du 21 novembre 2012, et des projets d'actualisation dans des conditions leur permettant d'exprimer leur avis sur ces projets avant leur signature. »

Le projet de contrat et les projets d'actualisation ainsi que l'avis de *(Ord. n° 2019-761 du 24 juill. 2019, art. 1er, en vigueur le 1er oct. 2019)* « l'Autorité de régulation des transports » sont transmis au Parlement.

SNCF Réseau rend compte chaque année, dans son rapport d'activité, de la mise en œuvre du contrat mentionné au premier alinéa. Ce rapport est soumis à l'avis de *(Ord. n° 2019-761 du 24 juill. 2019, art. 1er, en vigueur le 1er oct. 2019)* « l'Autorité de régulation des transports ». Le rapport d'activité et l'avis de l'autorité sont adressés au Parlement et au Haut Comité du système de transport ferroviaire.

Le Haut Comité du système de transport ferroviaire délibère annuellement sur des recommandations d'actions et des propositions d'évolution du contrat. Le résultat de ses délibérations est rendu public et transmis au Parlement avec le rapport stratégique d'orientation mentionné à l'article L. 2100-3.

Le contrat mentionné au premier alinéa du présent article met en œuvre la politique de gestion du réseau ferroviaire et la stratégie de développement de l'infrastructure ferroviaire dont l'État définit les orientations. Il *(Abrogé par Ord. n° 2019-183 du 11 mars 2019, art. 2)* « *s'applique à l'intégralité du réseau ferré national et* » détermine notamment :

1° Les objectifs de performance, de qualité et de sécurité *(Ord. n° 2019-183 du 11 mars 2019, art. 2)* « fixés à SNCF Réseau » ;

2° Les orientations en matière d'exploitation, d'entretien et de renouvellement du réseau ferré national *(Abrogé par Ord. n° 2019-183 du 11 mars 2019, art. 2)* « *et les indicateurs d'état et de productivité correspondants* » ;

(Ord. n° 2019-183 du 11 mars 2019, art. 2) « 2° *bis* Les indicateurs de suivi de l'état du réseau, de sa performance, de l'activité et de la productivité de SNCF Réseau, ainsi que, le cas échéant, les objectifs fixés à SNCF Réseau en termes de valeurs cibles associées à ces indicateurs ; »

3° La trajectoire financière de SNCF Réseau et, dans ce cadre :

a) Les moyens financiers alloués aux différentes missions de SNCF Réseau ;

b) Les principes qui seront appliqués pour la détermination de la tarification *(Ord. n° 2019-183 du 11 mars 2019, art. 2)* « de l'infrastructure, et l'évolution prévisionnelle des redevances d'utilisation de l'infrastructure » ;

c) L'évolution des dépenses de gestion de l'infrastructure, comprenant les dépenses d'exploitation, *(Ord. n° 2019-183 du 11 mars 2019, art. 2)* « d'entretien, de renouvellement et de développement, dont les dépenses de modernisation, » ainsi que les mesures prises pour maîtriser ces dépenses et les objectifs de productivité retenus ;

d) La chronique de taux de couverture par les ressources de SNCF Réseau du coût complet à atteindre annuellement ainsi que la trajectoire à respecter du rapport entre la dette nette de SNCF Réseau et sa marge opérationnelle *(Ord. n° 2019-183 du 11 mars 2019, art. 2)* « , au sens de l'article L. 2111-10-1 » ;

4° Les mesures correctives que SNCF Réseau prend si une des parties manque à ses obligations contractuelles et les conditions de renégociation de celles-ci lorsque des circonstances exceptionnelles ont une incidence sur la disponibilité des financements publics ou sur la trajectoire financière de SNCF Réseau.

L'avis de *(Ord. n° 2019-761 du 24 juill. 2019, art. 1er, en vigueur le 1er oct. 2019)* « l'Autorité de régulation des transports » porte notamment sur le niveau et la soutenabilité de l'évolution de la tarification de l'infrastructure pour le marché du transport ferroviaire et sur l'adéquation du niveau des recettes prévisionnelles avec celui des dépenses projetées, au regard des 1°, 2° et *c* du 3° du présent article, tant en matière d'entretien et de renouvellement que de développement, de façon à *(Ord. n° 2019-183 du 11 mars 2019, art. 2)* « permettre le respect des dispositions prévues par l'article L. 2122-7-1-1 et à améliorer la couverture du coût complet ».

(Abrogé par Ord. n° 2019-183 du 11 mars 2019, art. 2) « *Pour l'application du présent article, le coût complet correspond, pour un état donné du réseau, à l'ensemble des charges de toute nature supportées par SNCF Réseau liées à la construction, à l'exploitation, à la maintenance et à l'aménagement de l'infrastructure, y compris l'amortissement des investissements et la rémunération des capitaux investis par SNCF Réseau.* »

SNCF Réseau établit la méthode d'imputation du coût complet aux différentes catégories de services offerts aux entreprises ferroviaires.

(Ord. n° 2015-855 du 15 juill. 2015, art. 2) « SNCF Réseau s'assure de la cohérence de son plan d'entreprise mentionné à l'article L. 2122-7-1 avec les dispositions du contrat. Il aligne la période du plan d'entreprise avec celle d'exécution du contrat. »

Les conditions d'application du présent article *(Ord. n° 2019-183 du 11 mars 2019, art. 2)* « , notamment le délai imparti à *(Ord. n° 2019-761 du 24 juill. 2019, art. 1er, en vigueur le 1er oct. 2019)* « l'Autorité de régulation des transports » pour formuler ses recommandations, puis pour rendre son avis sur le projet de contrat ou le projet d'actualisation du contrat, » sont fixées par un décret en Conseil d'État.

. . . .

Art. 5 Les biens constitutifs de l'infrastructure et les immeubles non affectés à l'exploitation des services de transport appartenant à l'État et gérés par la Société nationale des chemins de fer français sont, à la date du 1er janvier 1997, apportés en pleine propriété à Réseau ferré de France. Les biens constitutifs de l'infrastructure comprennent les voies, y compris les appareillages fixes associés, les ouvrages d'art et les passages à niveau, les quais à voyageurs et à marchandises, les triages et les chantiers de transport combiné, les installations de signalisation, de sécurité, de traction électrique et de télécommunications liées aux infrastructures, les bâtiments affectés au fonctionnement et à l'entretien des infrastructures.

Sont exclus de l'apport, d'une part, les biens dévolus à l'exploitation des services de transport, qui comprennent les gares, les entrepôts et cours de marchandises ainsi que les installations d'entretien du matériel roulant, et, d'autre part, les ateliers de fabrication, de maintenance et de stockage des équipements liés à l'infrastructure, ainsi que les immeubles administratifs. Il en est de même des biens affectés au logement social ou au logement des agents de la Société nationale des chemins de fer français par nécessité de service et de ceux affectés aux activités sociales, des filiales et des participations financières.

Les modalités de détermination de ces biens sont fixées par décret en Conseil d'État.

Art. 6 Réseau ferré de France est substitué à la Société nationale des chemins de fer français pour les droits et obligations liés aux biens qui lui sont apportés, à l'exception de ceux afférents à des dommages constatés avant le 1er janvier 1997 et à des impôts ou taxes dont le fait générateur est antérieur à cette même date.

Un décret en Conseil d'État précise, en tant que de besoin et compte tenu des missions respectives des deux établissements, les droits et obligations résultant des actes ou conventions passés par la Société nationale des chemins de fer français qui sont transférés à Réseau ferré de France.

. . . .

Art. 9 I. — Pour le calcul de la valeur locative des immobilisations industrielles dont la propriété est transférée au 1er janvier 1997 à Réseau ferré de France, le prix de revient visé à l'article 1499 du code général des impôts s'entend de la valeur brute pour laquelle ces immobilisations sont inscrites au 31 décembre 1996 dans le bilan de la Société nationale des chemins de fer français.

....

Art. 11 *Abrogé par Ord. nº 2010-1307 du 28 oct. 2010, à compter du 1er déc. 2010.*

Code des transports

(Ord. nº 2010-1307 du 28 oct. 2010, en vigueur le 1er déc. 2010)

Art. L. 2111-20 *(Ord. nº 2019-552 du 3 juin 2019, art. 9 et 26, en vigueur le 1er janv. 2020)* I. — La société SNCF Réseau et sa filiale mentionnée au 5° de l'article L. 2111-9 exercent tous pouvoirs de gestion sur les biens immobiliers qui leur sont attribués par l'État ou qu'elles acquièrent au nom de l'État.

Elles peuvent notamment accorder des autorisations d'occupation et consentir des baux, constitutifs de droits réels ou non, fixer et encaisser à leur profit le montant des redevances, loyers et produits divers.

Elles peuvent également procéder à des cessions et échanges en vertu des articles L. 3112-1 à L. 3112-3 du code général de la propriété des personnes publiques, ainsi que conclure des conventions de transfert de gestion et de superposition d'affectations prévues aux articles L. 2123-1 à L. 2123-8 du même code.

Elles peuvent procéder à tous travaux de construction ou de démolition.

Elles assument toutes les obligations du propriétaire.

Elles agissent et défendent en justice aux lieu et place de l'État.

II. — Les biens immobiliers acquis par la société SNCF Réseau ou sa filiale mentionnée au 5° de l'article L. 2111-9 le sont au nom de l'État.

Toute nouvelle attribution par l'État au profit de SNCF Réseau ou de sa filiale mentionnée au 5° de l'article L. 2111-9 de biens lui appartenant déjà est réalisée moyennant le versement par la société concernée d'une indemnité correspondant à la valeur vénale du bien. Ces nouvelles attributions sont approuvées par décret.

III. — La société SNCF Réseau et sa filiale mentionnée au 5° de l'article L. 2111-9 peuvent acquérir les biens nécessaires à la réalisation de leurs missions par la voie de l'expropriation.

La déclaration d'utilité publique mentionnée à l'article L. 122-1 du code de l'expropriation pour cause d'utilité publique tient lieu de déclaration de projet prévue aux articles L. 126-1 du code de l'environnement et L. 2111-28 du code des transports, si l'expropriation est poursuivie au profit de SNCF Réseau ou sa filiale mentionnée au 5° de l'article L. 2111-9.

Par dérogation à l'article L. 122-7 du code de l'expropriation pour cause d'utilité publique, lorsque les travaux ou les opérations à réaliser intéressent plusieurs personnes publiques, l'acte déclarant l'utilité publique peut prévoir que ces sociétés sont chargées de conduire la procédure d'expropriation pour le compte des personnes publiques concernées.

IV. — Le montant des prix de cession et des indemnités perçus par la société SNCF Réseau ou sa filiale mentionnée au 5° de l'article L. 2111-9 en application de la présente sous-section sont utilisés pour l'aménagement et le développement des biens immobiliers qui leur sont attribués par l'État. Une comptabilité spéciale retrace cette utilisation.

Ancien art. L. 2111-20 *Les biens immobiliers utilisés pour la poursuite des missions de* (L. nº 2014-872 du 4 août 2014, art. 6, en vigueur le 1er janv. 2015) *« SNCF Réseau » peuvent être cédés à l'État ou à des collectivités territoriales* (L. nº 2014-872 du 4 août 2014, art. 6, en vigueur le 1er janv. 2015) *« ou à des groupements de collectivités territoriales » pour des motifs d'utilité publique, moyennant le versement d'une indemnité égale à la valeur de reconstitution.* — [L. nº 97-135 du 13 févr. 1997, art. 11, al. 2.]

Art. L. 2111-20-1 *(Ord. nº 2019-552 du 3 juin 2019, art. 9 et 26, en vigueur le 1er janv. 2020)* Les biens immobiliers attribués à la société SNCF Réseau et à sa filiale mentionnée au 5° de l'article L. 2111-9, utilisés par ces dernières pour l'accomplissement de leurs missions respectives, peuvent être repris par l'État ou cédés à des collectivités territoriales ou à des groupements de collectivités territoriales pour des motifs d'utilité publique, moyennant le versement d'une indemnité égale à la valeur de reconstitution.

Art. L. 2111-20-1-1 *(L. nº 2019-1428 du 24 déc. 2019, art. 172, en vigueur le 1er janv. 2020)* I. — Par dérogation aux dispositions de l'article L. 2123-6 du code général de la propriété des personnes publiques, le transfert de gestion de biens immobiliers attribués à la société SNCF

Réseau ou à sa filiale mentionnée au 5° de l'article L. 2111-9 du présent code, dans les conditions prévues à l'article L. 2111-1-1, donne lieu à une transaction financière entre, d'une part, ces sociétés, en tant que le transfert porte sur des biens qui leur sont attribués, et, d'autre part, l'autorité organisatrice de transport ferroviaire concernée, visant à compenser les impacts économiques, positifs ou négatifs, qui en résultent pour ces sociétés.

II. — Le transfert de propriété de biens immobiliers attribués à la société SNCF Réseau ou à sa filiale mentionnée au 5° de l'article L. 2111-9 du présent code, dans les conditions prévues aux articles L. 3114-1 à L. 3114-3 du code général de la propriété des personnes publiques, donne lieu à une transaction financière entre, d'une part, ces sociétés, en tant que le transfert porte sur des biens qui leur sont attribués, et, d'autre part, la collectivité territoriale ou le groupement de collectivités territoriales concerné, visant à compenser les impacts économiques, positifs ou négatifs, qui en résultent pour ces sociétés.

III. — Les modalités d'application du présent article sont déterminées par décret en Conseil d'État.

Art. L. 2111-20-2 *(Ord. n° 2019-552 du 3 juin 2019, art. 9 et 26, en vigueur le 1er janv. 2020)* I. — Les biens immobiliers antérieurement utilisés par la société SNCF Réseau ou la filiale mentionnée au 5° de l'article L. 2111-9 qui cessent d'être affectés à la poursuite de leurs missions peuvent, après déclassement, être aliénés par ces sociétés et à leur profit.

II. — Lorsque la reprise d'un bien immobilier mentionné au I est réalisée au profit de l'État, elle s'effectue à la valeur vénale du bien diminuée de la part non amortie des subventions qu'il a éventuellement versées.

Lorsque l'acquéreur est une collectivité territoriale, le prix de cession est égal à la valeur vénale du bien diminuée de la part non amortie des subventions versées par ladite collectivité territoriale. Pour l'application de l'article L. 3211-7 du code général de la propriété des personnes publiques, la décote peut s'appliquer, le cas échéant, au prix de cession ainsi défini.

Art. L. 2111-21 Les déclassements *(Abrogé par L. n° 2014-872 du 4 août 2014, art. 6, à compter du 1er janv. 2015)* « *affectant la consistance du réseau ferré national* » sont soumis à l'autorisation préalable de l'État, après avis de la région.

(Ord. n° 2019-552 du 3 juin 2019, art. 9 et 26, en vigueur le 1er janv. 2020) « La présence en tréfonds d'un bien immobilier, d'un ouvrage, de réseaux ou le maintien en surface dudit bien d'un passage revêtant une utilité pour le fonctionnement d'un service public situé sur un fonds contigu ne fait pas obstacle au déclassement et à la vente dudit bien dès lors que ce dernier est grevé de servitudes, conformément à l'article 639 du code civil, établies au profit du fonds contigu appartenant au gestionnaire du service public. » — *[L. n° 97-135 du 13 févr. 1997, art. 11, al. 3.]*

Art. L. 2111-22 *(Ord. n° 2019-552 du 3 juin 2019, art. 9 et 26, en vigueur le 1er janv. 2020)* Les règles de gestion domaniale applicables à la société SNCF Réseau et à sa filiale mentionnée au 5° de l'article L. 2111-9, notamment les conditions juridiques et financières des opérations de déclassements mentionnées à l'article L. 2111-21, de changement d'utilisation ou d'aliénation, sont fixées par décret en Conseil d'État.

.....

Ancien art. L. 2111-22 *Les règles de gestion domaniale applicables à* (L. n° 2014-872 du 4 août 2014, art. 6, en vigueur le 1er janv. 2015) « *SNCF Réseau* », *notamment les modalités des déclassements mentionnés à l'article L. 2111-21, sont fixées par décret en Conseil d'État.* — [L. n° 97-135 du 13 févr. 1997, art. 11, al. 4.]

Art. L. 2232-1 Les infractions aux dispositions du chapitre Ier sont constatées, poursuivies et réprimées comme en matière de grande voirie.

(Ord. n° 2019-552 du 3 juin 2019, art. 10, en vigueur le 1er janv. 2020) « La société SNCF Réseau mentionnée à l'article L. 2111-9 et sa filiale mentionnée au 5° de cet article exercent concurremment avec l'État, et sous son contrôle, les pouvoirs dévolus à ce dernier pour la répression des atteintes à l'intégrité et à la conservation des biens du domaine public de l'État qui leur sont attribués *[ancienne rédaction : SNCF Réseau exerce concurremment avec l'État les pouvoirs dévolus à ce dernier pour la répression des atteintes à l'intégrité et à la conservation de son domaine public]*. »

Les infractions aux dispositions du chapitre Ier peuvent en outre être constatées par les agents assermentés énumérés au I de l'article L. 2241-1 *(L. n° 2013-431 du 28 mai 2013, art. 6)* « et par les agents assermentés des personnes ayant conclu une convention avec Réseau ferré de France en application de l'article L. 2111-9 ». — *[L. du 15 juill. 1845 sur la police des che-*

mins de fer, art. 11 (al. 1er) et 2, ecqc les infractions aux servitudes jouxtant le domaine public ferroviaire ; art. 23 (al. 1er), ecqc les atteintes à l'intégrité et à la conservation dudit domaine ; L. no 97-135 du 13 févr. 1997, art. 11, al. 1er.]

Art. L. 2232-2 Les personnes qui contreviennent aux dispositions du présent chapitre sont condamnées à supprimer, dans le délai déterminé par le juge administratif, les ouvrages ou dépôts faits contrairement à ces dispositions.

La suppression a lieu d'office, et le montant de la dépense est recouvré contre eux par voie de contrainte, comme en matière de contributions publiques, s'ils ne se conforment pas à ce jugement. — *[L. du 15 juill. 1845 sur la police des chemins de fer, art. 11, al. 2 (phrase 2) et 3.]*

....

Art. 13 *Abrogé par Ord. no 2010-1307 du 28 oct. 2010, à compter du 1er déc. 2010.*

Code des transports

(Ord. no 2010-1307 du 28 oct. 2010, en vigueur le 1er déc. 2010)

Art. L. 2111-24 Les ressources de *(Ord. no 2019-552 du 3 juin 2019, art. 4 et 26, en vigueur le 1er janv. 2020)* « la société » *(L. no 2014-872 du 4 août 2014, art. 6, en vigueur le 1er janv. 2015)* « SNCF Réseau » *(Ord. no 2019-552 du 3 juin 2019, art. 4 et 26, en vigueur le 1er janv. 2020)* « notamment » sont constituées par :

1° Les redevances *(Ord. no 2015-855 du 15 juill. 2015, art. 2)* « d'infrastructure » liées à l'utilisation du réseau ferré national ;

(Ord. no 2019-552 du 3 juin 2019, art. 4 et 26, en vigueur le 1er janv. 2020) « 2° Les concours financiers de l'État, eu égard à la contribution des infrastructures ferroviaires à la vie économique et sociale de la nation, au rôle qui leur est imparti dans la mise en œuvre du droit au transport et à leurs avantages en ce qui concerne l'environnement, la sécurité et l'énergie ;

« 3° Le produit des dotations qui lui sont versées directement ou indirectement par la société nationale SNCF » ;

« 4° Tous autres concours publics » ;

(Abrogé par Ord. no 2019-552 du 3 juin 2019, art. 4 et 26, à compter du 1er janv. 2020) « 5° Tous autres concours publics.

« (Abrogé par Ord. no 2019-1067 du 21 oct. 2019, art. 22) « SNCF Réseau » peut procéder à une offre au public de titres financiers et émettre tout titre représentatif d'un droit de créance. »

(L. no 2019-1479 du 28 déc. 2019, art. 58, en vigueur le 1er janv. 2020) « Les dotations versées indirectement par la société nationale SNCF sont engagées dans l'intérêt de cette société et ont la nature d'aide à caractère commercial au sens du 13 de l'article 39 du code général des impôts. » — *[L. no 97-135 du 13 févr. 1997, art. 13, al. 1er à 5 et 7.]*

Art. L. 2111-25 *(L. no 2018-515 du 27 juin 2018, art. 6)* « Le calcul des redevances d'infrastructure mentionnées au 1° de l'article L. 2111-24 tient notamment compte du coût de l'infrastructure, de la situation du marché des transports et des caractéristiques de l'offre et de la demande, des impératifs de l'utilisation optimale du réseau ferré national et de l'harmonisation des conditions de la concurrence intermodale ; il tient également compte de la nécessité de tenir les engagements de desserte par des trains à grande vitesse pris par l'État dans le cadre de la construction des lignes à grande vitesse et de permettre le maintien ou le développement de dessertes ferroviaires pertinentes en matière d'aménagement du territoire ; enfin, il tient compte, lorsque le marché s'y prête, et sur le segment de marché considéré, de la soutenabilité des redevances et de la valeur économique, pour l'attributaire de la capacité d'infrastructure, de l'utilisation du réseau ferré national et respecte les gains de productivité réalisés par les entreprises ferroviaires. Tant que le coût complet du réseau n'est pas couvert par l'ensemble de ses ressources, SNCF Réseau conserve le bénéfice des gains de productivité qu'il réalise. Les principes et montants des redevances *(Ord. no 2019-183 du 11 mars 2019, art. 1er)* « sont fixés de façon pluriannuelle, sur une période de trois ans. La tarification pluriannuelle de ces redevances est élaborée de manière à ce qu'elle s'applique à compter de l'horaire de service suivant l'entrée en vigueur du contrat prévu à l'article L. 2111-10, ou de son actualisation. »

« En vue d'assurer les dessertes ferroviaires pertinentes en matière d'aménagement du territoire, le niveau des redevances ne saurait exclure l'utilisation de l'infrastructure sur certains segments de marché par des opérateurs qui peuvent au moins acquitter le coût directement imputable à l'exploitation du service ferroviaire sur ces segments, plus un taux de rentabilité si le marché s'y prête.

« Pour les services de transport ferroviaire faisant l'objet d'un contrat de service public, la soutenabilité des redevances est évaluée selon des modalités permettant de prendre en compte les spécificités de tels services, en particulier l'existence d'une contribution financière des autorités organisatrices à leur exploitation, en vue d'assurer, le cas échéant, que les majorations sont définies sur la base de principes efficaces, transparents et non discriminatoires. » *(Ord. n° 2019-183 du 11 mars 2019, art. 1er)* « Ces modalités consistent à s'assurer que le montant total des redevances à la charge de ces services n'excède pas la part de coût complet de gestion du réseau qui leur est imputable et que l'équilibre économique des entreprises ferroviaires est respecté en tenant compte des compensations de service public dont elles bénéficient. »

Tout projet de modification des modalités de fixation de ces redevances fait l'objet d'une consultation et d'un avis de la ou des régions concernées *(L. n° 2014-872 du 4 août 2014, art. 6, en vigueur le 1er janv. 2015)* « et de l' » *(Ord. n° 2019-761 du 24 juill. 2019, art. 1er, en vigueur le 1er oct. 2019)* « Autorité de régulation des transports ».

Les règles de détermination de ces redevances sont fixées par décret en Conseil d'État. — *[L. n° 97-135 du 13 févr. 1997, art. 13, al. 6.]*

Décret n° 97-445 du 5 mai 1997,

Portant constitution du patrimoine initial de l'établissement public Réseau ferré de France.

Art. 1er Les biens apportés en pleine propriété à Réseau ferré de France, ci-après appelé RFF, en application de l'article 5 de la loi du 13 février 1997 susvisée, sont répartis en quatre catégories qui figurent en annexe au présent décret.

Art. 2 RFF et la Société nationale des chemins de fer français, ci-après appelée SNCF, établissent, dans un délai de six mois à compter de la publication du présent décret, la liste des biens entrant dans les catégories énumérées en annexe au présent décret et pour lesquels les formalités de transfert à RFF ne nécessitent pas de découpage parcellaire ou en volume ; cette liste est soumise pour approbation aux ministres chargés des transports et du domaine.

Art. 3 Lorsque le transfert à RFF de biens entrant dans les catégories énumérées en annexe nécessite un découpage parcellaire ou en volume des biens gérés par la SNCF au 31 décembre 1996, une convention de gestion des biens concernés est conclue entre RFF et la SNCF. Cette convention prévoit un partage des charges et des recettes relatives à ces biens entre les deux établissements publics. Elle fixe également les servitudes d'accès et d'utilisation réciproques des biens nécessaires aux missions de chacun des établissements.

Toutefois, dès lors que l'État, RFF ou la SNCF le demande, les deux établissements procèdent au découpage parcellaire ou en volume du bien considéré.

Art. 4 Des conventions conclues entre RFF et la SNCF précisent les servitudes d'accès et d'utilisation instituées au bénéfice de chaque établissement sur les biens gérés par l'autre établissement ou lui appartenant. Dans l'attente de la signature de ces conventions, chaque établissement garantit à l'autre les accès nécessaires à l'exercice de ses missions.

Art. 5 Il est créé une commission nationale de répartition des actifs entre RFF et la SNCF. Elle est présidée par un membre du Conseil d'État et comprend au moins un représentant du ministre chargé des transports et un représentant du ministre chargé du domaine. Un arrêté des ministres chargés des transports et du domaine fixe sa composition et les modalités de son fonctionnement.

Cette commission peut être saisie par RFF ou la SNCF de toute difficulté relative à l'application des dispositions du présent décret. A défaut d'accord entre RFF et la SNCF sur le découpage parcellaire ou en volume d'un bien, ou sur une convention de gestion entre ces deux établissements pour ce bien, la commission propose aux ministres chargés des transports et du domaine un découpage du bien considéré entre RFF et la SNCF sur la base de l'annexe mentionnée à l'article 1er. Les ministres arrêtent la répartition de ce bien entre RFF et la SNCF.

La commission peut faire appel, en tant que de besoin, aux services déconcentrés de l'État pour instruire les dossiers dont elle est saisie. A cette fin, le président de la commission saisit le préfet du département où est situé le bien concerné.

ANNEXE

Détermination des actifs transférés de la SNCF à RFF

A. Voies

A. 1. La totalité des voies principales des lignes du réseau ferré national, qu'elles soient actuellement ouvertes au trafic ou non, fermées à tout trafic, déposées, mais non déclassées à la date du 1er janvier 1997.

A. 2. Toutes les voies de service, y compris les voies des triages et des chantiers de transport combiné, à l'exception de celles :

— situées dans les emprises des ateliers-magasins de fabrication, de maintenance et de stockage des équipements de voies ;

— situées dans les emprises des ateliers du matériel roulant et des dépôts d'engins moteurs ;

— sur lesquelles sont effectuées les opérations de nettoyage intérieur ou extérieur, ainsi que les opérations d'entretien des niveaux 2 et 3 au sens de la norme NF X 60.010 (examens, visites, dépannages, ...) sur du matériel roulant. Ces voies sont caractérisées par la présence d'installations nécessaires à ces opérations (fosse de visite, machine à laver, éclairage, alimentation électrique basse tension, dispositif de protection du personnel, passerelle d'intervention sur toitures, ...) ;

— situées dans des installations destinées au chargement ou au déchargement du fret (par exemple : voies des halles d'entreposage), ou équipées de fosses de déchargement, de ponts-bascules, ...

A. 3. Les voies des lignes ou sections de lignes déclassées au 1er janvier 1997 mais non encore cédées à cette date.

A. 4. Ces voies (A1 ou A2 ou A3) comprennent les éléments suivants :

— corps et plate-forme de la voie, notamment remblais, tranchées, drains, rigoles, fossés maçonnés, aqueducs, murs de revêtement, plantations de protection des talus, etc. ;

— accotements et pistes, murs de clôture, haies vives, palissades, bandes protectrices contre le feu, dispositifs pour le réchauffage des appareils de voie, écrans pare-neige, écrans antibruit ;

— ouvrages d'art : ponts, ponceaux et autres ponts-rails, tunnels, tranchées couvertes et ponts-routes, murs de soutènement et ouvrages de protection contre les avalanches, les chutes de pierre, etc., y compris les passages souterrains et les passerelles voyageurs ; ne sont pas inclus dans les actifs de Réseau ferré de France les dalles de bâtiments voyageurs ayant une fonction de passerelle ni les passages souterrains larges ayant une fonction de bâtiments voyageurs ;

— passages à niveau, y compris les installations destinées à assurer la sécurité de la circulation routière ;

— superstructure, notamment : rails, rails à gorge et contre-rails, traverses et longrines, petit matériel d'assemblage, ballast y compris gravillon et sable, appareils de voie, freins de voie ;

— installations de sécurité et de signalisation (y compris installations de production, de transformation et de distribution de courant électrique pour le service de la signalisation et des télécommunications ferroviaires) ;

— installations de transformation et de transport de courant électrique pour la traction des trains : sous-stations, lignes d'alimentation entre les sous-stations et les lignes de contact, caténaires et supports, troisième rail avec supports ;

— autres réseaux liés à ces voies.

Lorsqu'une même plate-forme comporte des voies relevant de Réseau ferré de France, de la Société nationale des chemins de fer français ou de tiers :

— les appareils de voie, de protection, ou de signalisation donnant accès aux voies de Réseau ferré de France appartiennent à Réseau ferré de France,

— les sols, sous-sols et sur-sols sont répartis en fonction de l'affectation des voies et installations qu'ils supportent.

A. 5. Les appareils de voie raccordant les embranchements particuliers aux voies relevant des paragraphes A 1, A 2 ou A 3, y compris les appareils de protection ou de signalisation correspondants et les caténaires associées.

B. Installations de télécommunications

— les lignes aériennes ;

— les équipements, les installations et les câbles dédiés à l'infrastructure, quel que soit le lieu où il se trouvent :

— radio sol-train partie "sol" (y compris les postes d'émission-réception situés dans les postes de commandement et les postes d'aiguillage) ;

— téléphonie ferroviaire ;

— réseau radio MIT (maintenance-incident-travaux) de la Société nationale des chemins de fer français ;

— les autres câbles et les installations de transmission associées, affectés au moins partiellement à l'infrastructure et situés en partie hors d'un bâtiment non transféré à Réseau ferré de France.

C. Bâtiments et installations

— les bâtiments des sections, des districts, des brigades et des centres régionaux d'engins de maintenance et tous bâtiments nécessaires à la maintenance situés en pleine voie, avec les terrains associés ;
— les postes d'aiguillage ainsi que les bâtiments abritant des installations de sécurité ou de passages à niveau desservant les voies définies en A, à l'exception de ceux situés dans les bâtiments des gares et les bâtiments administratifs de la Société nationale des chemins de fer français ;
— les bâtiments des sous-stations électriques.
Dans les gares :
— les quais y compris leurs ouvrages de couverture et les plates-formes (à l'exception des plates-formes d'extrémité des gares terminus), les escaliers, rampes et ascenseurs des quais (à l'exception de ceux donnant accès aux bâtiments voyageurs), les passages souterrains, passerelles, sous réserve du A 4 (troisième tiret) ci-dessus ;
— les accès routiers voyageurs (à l'exception de ceux appartenant à d'autres gestionnaires et à l'exception des zones de stationnement) ;
— l'éclairage de l'ensemble des installations ci-dessus, ainsi que les installations d'éclairage des voies de service qui relèvent de Réseau ferré de France en application du A ci-dessus ;
— les installations autres que les bâtiments, appartenant à des postes d'aiguillage ou de régulation/circulation, à des sous-stations, à des centraux de sous-stations ou nécessaires à la sécurité des circulations, situées dans les bâtiments de la Société nationale des chemins de fer français ;
— les cours des chantiers de transport combiné.

D. Autres actifs

— terrains supportant les voies citées en A et les bâtiments cités en C ;
— terrains et bâtiments non liés à l'exploitation des services de transport, à l'exception de ceux affectés au logement social ou au logement des agents de la Société nationale des chemins de fer français par nécessité de service et de ceux affectés aux activités sociales.

Décret n° 97-446 du 5 mai 1997,

Relatif aux redevances d'infrastructure liées à l'utilisation du réseau ferré national perçues par SCNF Réseau (Décr. n° 2017-1325 du 7 sept. 2017, art. 1er ; Décr. n° 2018-462 du 7 juin 2018, art. 1er).

Art. 1er *(Décr. n° 2018-462 du 7 juin 2018, art. 1er)* **Le présent décret a pour objet de préciser les modalités suivant lesquelles SNCF Réseau perçoit les redevances mentionnées au** *[nouvelle rédaction issue du Décr. n° 2019-940 du 9 sept. 2019, art. 1er et 3, en vigueur pour l'horaire de service 2021 : « détermine les redevances en application de l'article L. 2111-25 du code des transports et les perçoit en application du »]* **1° de l'article L. 2111-24 du code des transports en contrepartie des prestations minimales mentionnées au I de l'article 3 du décret n° 2003-194 du 7 mars 2003 relatif à l'utilisation du réseau ferroviaire.**

SNCF Réseau est chargé d'établir ces redevances conformément aux règles définies dans le présent décret et dans le décret du 7 mars 2003 mentionné ci-dessus et rappelées dans le document de référence du réseau prévu par l'article 17 de ce dernier décret.

Les dispositions du Décr. n° 2018-462 du 7 juin 2018 entrent en vigueur pour l'horaire de service 2019 (Décr. préc., art. 3).

Ancien art. 1er (Décr. n° 2006-1534 du 6 déc. 2006, art. 34) *« Le présent décret a pour objet de définir les modalités suivant lesquelles SNCF Réseau perçoit à son profit, en application de l'article 13 de la loi du 13 février 1997 susvisée et, lorsqu'il a conclu un contrat de partenariat, en application de l'article 1er-1 de la même loi, des redevances »* (Décr. n° 2008-1204 du 20 nov. 2008) *« en contrepartie, d'une part, de l'accès au réseau ferré national de la réservation de capacités d'infrastructure et de la circulation sur ce réseau, d'autre part, des prestations complémentaires fournies sur ce réseau ».* (Décr. n° 2006-1534 du 6 déc. 2006, art. 34) *« Le régime des redevances pour les conventions de délégation de service public conclues sur le fondement des articles 1er-1 et 1er-2 de la loi susmentionnée et les contrats de partenariats conclus par l'État sur le fondement de l'article 1er-2 de la même loi est fixé aux articles 26 et 31 du décret n° 2006-1534 du 6 décembre 2006. »*

(Décr. n° 2003-194 du 7 mars 2003, art. 30) *« SNCF Réseau est chargé d'établir et de percevoir les redevances conformément aux règles définies dans le présent décret et le décret n° 2003-*

194 du 7 mars 2003 relatif à l'utilisation du réseau ferré national et rappelées dans le document de référence du réseau prévu par l'article 17 de ce dernier décret. Il doit être en mesure de justifier les redevances facturées. Il affecte le produit des redevances au financement de ses activités.

« Il respecte la confidentialité des informations commerciales qui lui sont communiquées pour l'application de ces dispositions. »

Art. 2 (Abrogé par Décr. n° 2018-462 du 7 juin 2018, art. 1er) *Les redevances mentionnées ci-dessus* (Décr. n° 2008-1204 du 20 nov. 2008) *« tiennent notamment compte des coûts » de l'infrastructure du réseau ferré national, de la situation du marché des transports et des caractéristiques de l'offre et de la demande, des impératifs de l'utilisation optimale du réseau*[,] (Décr. n° 2003-194 du 7 mars 2003, art. 30) *« du coût des effets sur l'environnement de l'exploitation des trains » et de l'harmonisation des conditions de la concurrence intermodale.* (Décr. n° 2008-1204 du 20 nov. 2008) *« Elles tiennent compte, lorsque le marché s'y prête, de la valeur économique tirée de l'utilisation du réseau ferré national. »*

V. note ss. art. 1er.

Art. 3 (Abrogé par Décr. n° 2018-462 du 7 juin 2018, art. 1er) *Pour le calcul des redevances, les sections élémentaires composant le réseau ferré national sont regroupées en catégories correspondant à des caractéristiques de trafic :*

– lignes périurbaines ;
– grandes lignes interurbaines ;
– lignes à grande vitesse ;
– autres lignes.

Les sections composant les catégories peuvent être regroupées en sous-catégories correspondant à des niveaux de trafic.

(Décr. n° 2008-1204 du 20 nov. 2008) *« Sans préjudice des dispositions de l'article 5, les redevances dues pour l'utilisation du réseau ferré national sont égales à la somme des redevances dues pour chaque section élémentaire. »*

V. note ss. art. 1er.

Art. 4 *(Décr. n° 2018-462 du 7 juin 2018, art. 1er)* La redevance de circulation, *(Abrogé par Décr. n° 97-940 du 9 sept. 2019, art. 1er et 3, à compter de l'horaire de service 2021)* ***« la redevance due par tout candidat au titre des coûts de traitement des demandes de création ou de modification de sillons, »*** la redevance due pour l'utilisation du système ferroviaire d'alimentation électrique pour le courant de traction et la redevance concernant la couverture des pertes des systèmes électriques depuis les sous-stations jusqu'aux points de captage des trains sont destinées à couvrir le coût directement imputable à l'exploitation du service ferroviaire.

(Abrogé par Décr. n° 97-940 du 9 sept. 2019, art. 1er et 3, à compter de l'horaire de service 2021) ***« La redevance au titre des coûts de traitement des demandes de création ou de modification de sillons est due par tout candidat, au sens de l'article L. 2122-11 du code des transports, à la suite du traitement de ses demandes. »*** Les *(Abrogé par Décr. n° 97-940 du 9 sept. 2019, art. 1er et 3, à compter de l'horaire de service 2021)* ***« autres »*** redevances mentionnées à l'alinéa précédent sont dues par toute entreprise ferroviaire utilisant le réseau ferré national ou par tout autre candidat, attributaire d'un sillon ayant fait l'objet d'une circulation effective ou réputée avoir été effectuée.

Les dispositions du 4° de l'art. 1er du Décr. n° 2018-462 du 7 juin 2018 relatives à l'établissement d'une redevance due par tout candidat au titre des coûts de traitement des demandes de création ou de modification de sillons entrent en vigueur pour le traitement des demandes de création ou de modification de sillons de l'horaire de service 2020 (Décr. préc., art. 3).

Ancien art. 4 (Décr. n° 2008-1204 du 20 nov. 2008) *L'accès au réseau ferré national des services publics de transport de voyageurs pour une période déterminée donne lieu à la perception d'une redevance dans les conditions prévues à l'article 5.*

Pour chaque section élémentaire, l'utilisation de l'infrastructure donne lieu à la perception d'une redevance correspondant à la réservation d'une capacité d'infrastructure, exigible même si cette capacité n'est pas utilisée, et d'une redevance correspondant à la circulation effective sur cette section.

Un arrêté précise les modalités d'application des présentes dispositions, conformément aux articles ci-après.

Art. 5 *(Décr. n° 2018-462 du 7 juin 2018, art. 1er)* Lorsqu'il définit la liste des segments de marché en application du 2° de l'article 31 du décret n° 2003-194 du 7 mars 2003 relatif à l'utilisation du réseau ferroviaire, SNCF Réseau distingue au moins un segment par autorité organisatrice de transports pour les services de transport de passagers dans le cadre d'un contrat de service public. Il peut procéder à une différenciation plus poussée que la liste minimale prévue par ces dispositions en prenant en compte l'origine ou la destination du service de transport ainsi que les critères énoncés au 1° de cet article.

V. note ss. art. 1er.

Nouvel art. 5 (Décr. n° 2019-940 du 9 sept. 2019, art. 1er et 3, en vigueur pour l'horaire de service 2021) *Lorsqu'il définit la liste des segments de marché en application de l'article 31 du décret n° 2003-194 du 7 mars 2003 relatif à l'utilisation du réseau ferroviaire, SNCF Réseau distingue au moins un segment par autorité organisatrice de transport pour les services de transport de passagers dans le cadre d'un contrat de service public.*

Les segments de marché des services de transport de voyageurs librement organisés regroupent des liaisons partageant des caractéristiques économiques, commerciales ou géographiques communes.

Ancien art. 5 (Décr. n° 2008-1204 du 20 nov. 2008) *L'accès au réseau ferré national des services publics de transport de voyageurs assurés en exécution d'un contrat conclu par une autorité organisatrice de transports donne lieu au versement d'une redevance d'accès.*

En contrepartie de cette redevance, SNCF Réseau met à la disposition des services organisés par cette autorité des capacités d'infrastructure conformément aux règles définies à l'article 17 du décret n° 2003-194 du 7 mars 2003 relatif à l'utilisation du réseau ferré national.

Le montant de la redevance d'accès est destiné à couvrir la quote-part des charges fixes d'exploitation et de maintenance des lignes autres que les lignes à grande vitesse pour la mise à disposition des capacités offertes aux services mentionnés au deuxième alinéa. Sauf en Île-de-France, où il est dû par le Syndicat des transports d'Île-de-France, ce montant est dû par l'État.

Art. 6 *(Décr. n° 2018-462 du 7 juin 2018, art. 1er)* La redevance de marché est une majoration de redevance d'infrastructure, au sens de l'article 31 du décret n° 2003-194 du 7 mars 2003 relatif à l'utilisation du réseau ferroviaire, fixée par SNCF Réseau dans le document de référence du réseau prévu à l'article 17 du décret n° 2003-194 du 7 mars 2003 relatif à l'utilisation du réseau ferroviaire. Son montant peut tenir compte *[nouvelle rédaction issue du Décr. n° 2019-940 du 9 sept. 2019, art. 1er et 3, en vigueur pour l'horaire de service 2021 : « Elle est établie sur la base d'unités d'œuvre liées à l'utilisation de l'infrastructure. Au sein des segments de marché, son montant peut être modulé en fonction »]* :

1° Des performances offertes par l'infrastructure ferroviaire, telles que la vitesse ou la puissance du système électrique ;

2° De la qualité de l'offre de services de SNCF Réseau, tels que les engagements sur le délai d'acheminement, le délai entre la demande et la date prévue pour l'utilisation de la capacité ou la régularité horaire des trains ;

3° De la densité d'usage d'une ligne ou section de ligne, pour des périodes horaires ou calendaires déterminées ; *[nouvelle rédaction issue du Décr. n° 2019-940 du 9 sept. 2019, art. 1er et 3, en vigueur pour l'horaire de service 2021 : « 3° Pour les services de transport de voyageurs conventionnés, de l'évolution du trafic par rapport à un ou plusieurs seuils de trafic définis dans le document de référence du réseau ; »]*

4° Des caractéristiques intrinsèques des services de transport assurés, telles que l'emport *[nouvelle rédaction issue du Décr. n° 2019-940 du 9 sept. 2019, art. 1er et 3, en vigueur pour l'horaire de service 2021 : « la capacité d'emport »]* des trains ou les sujétions spéciales à certaines catégories de trains.

(Décr. n° 2019-940 du 9 sept. 2019, art. 1er et 3, en vigueur pour l'horaire de service 2021) « 5° De l'horaire programmé de départ ou d'arrivée des trains.

« S'agissant des services de transport de voyageurs librement organisés, la tarification est soutenable pour un segment de marché donné si elle permet à une entreprise efficacement gérée d'exploiter l'ensemble des services de ce segment de marché en dégageant un bénéfice raisonnable. »

La redevance de marché est due par toute entreprise ferroviaire utilisant le réseau ferré national ou par tout autre candidat, au sens de l'article L. 2122-11 du code des transports, attributaire d'un sillon. Elle n'est pas due en cas d'indisponibilité complète du sillon du fait de SNCF Réseau.

V. note ss. art. 1er.

Ancien art. 6 (Décr. n° 2003-194 du 7 mars 2003, art. 30 ; Décr. n° 2008-1204 du 20 nov. 2008) *La redevance de réservation est destinée à couvrir tout ou partie des coûts du capital investi.*

Elle est calculée à partir d'un prix kilométrique fixé par catégorie ou par sous-catégorie de section élémentaire et appliqué à toute la longueur de la section. Ce prix kilométrique peut être nul pour les catégories ou sous-catégories de lignes faiblement fréquentées.

Ce prix kilométrique peut être modulé dans des conditions non discriminatoires pour tenir compte :

a) De l'origine ou de la destination du trajet ;

b) De la période horaire d'utilisation de la section élémentaire ;

c) Du type de convoi, notamment de sa capacité d'emport, ou du type de services ;

d) De la qualité des sillons proposés ;

e) De la rareté des capacités d'une ligne ou section de ligne saturée, y compris en gare ;

f) Du caractère limité des capacités d'une ligne ou section de ligne donnée ;

g) Des coûts environnementaux, des coûts liés aux accidents et des coûts d'infrastructure non couverts dans les modes de transport concurrents ;

h) Des engagements sur le délai d'acheminement ;

i) De la régularité d'utilisation par le demandeur ;

j) Du délai entre la demande et la date prévue pour l'utilisation de la capacité d'infrastructure.

Elle peut être majorée, lorsque le marché s'y prête, dans des conditions respectant les principes d'efficacité, de transparence et de non-discrimination.

La redevance de réservation est due par toute entreprise ferroviaire utilisant le réseau ferré national.

Une somme d'un montant égal à la redevance de réservation est due à titre de garantie financière par l'attributaire d'un sillon qui n'est pas une entreprise ferroviaire. Lorsqu'une entreprise ferroviaire utilise le sillon mis à sa disposition par cet attributaire, cette somme est réputée avoir été versée en paiement de la redevance de réservation due par cette entreprise.

Art. 6-1 *(Décr. n° 2018-462 du 7 juin 2018, art. 1er)* L'accès au réseau ferré national des services publics de transport de voyageurs assurés en exécution d'un contrat conclu par une autorité organisatrice de transports donne lieu au versement d'une redevance dite "redevance d'accès".

En contrepartie de cette redevance, qui représente une majoration de redevance d'infrastructure au sens de l'article 31 du décret n° 2003-194 du 7 mars 2003 relatif à l'utilisation du réseau ferroviaire, SNCF Réseau met à la disposition des services organisés par cette autorité des capacités d'infrastructure conformément aux règles définies à l'article 17 du décret n° 2003-194 du 7 mars 2003 mentionné ci-dessus.

Pour les services de transport de voyageurs conventionnés dont il est l'autorité organisatrice de transports, cette redevance est payée par le Syndicat des transports d'Île-de-France. Pour les autres services de transport de voyageurs conventionnés, cette redevance est payée par l'État.

V. note ss. art. 1er.

Art. 7 *(Décr. n° 2018-462 du 7 juin 2018, art. 1er)* En application de l'article 32 du décret n° 2003-194 du 7 mars 2003 relatif à l'utilisation du réseau ferroviaire, et par dérogation aux articles précédents, des redevances adaptées peuvent être fixées ou maintenues lorsqu'à la demande d'un tiers public ou privé des aménagements particuliers sont réalisés pour améliorer les performances offertes par le réseau ferré national, ou pour répondre aux besoins du demandeur.

V. note ss. art. 1er.

Ancien art. 7 (Décr. n° 2008-1204 du 20 nov. 2008) *La redevance de circulation est destinée à couvrir la part variable des charges d'exploitation et de maintenance du réseau supportées par SNCF Réseau. Elle est calculée compte tenu d'un prix kilométrique fixé par catégorie ou sous-catégorie de section élémentaire et appliqué à la distance parcourue sur la section.*

Ce prix peut être modulé, dans des conditions non discriminatoires, selon le type de convoi ou de trafic, du tonnage, du mode de traction ou de l'inclusion, dans un convoi, de matériels roulants ou de marchandises entraînant des contraintes particulières.

La redevance de circulation est due par toute entreprise ferroviaire utilisant le réseau ferré national.

Art. 7-1 (Abrogé par Décr. n° 2018-462 du 7 juin 2018, art. 1er) (Décr. n° 2003-194 du 7 mars 2003, art. 30) ***SNCF Réseau ne peut percevoir la majoration de redevances prévue au e de l'article 6 s'il n'a pas présenté le plan de renforcement des capacités mentionné à l'article 26 du***

décret n° 2003-194 du 7 mars 2003 relatif à l'utilisation du réseau ferré national ou s'il n'en respecte pas le calendrier d'exécution.

V. note ss. art. 1er.

Art. 8 *(Décr. n° 2018-462 du 7 juin 2018, art. 1er)* Les trains effectuant des mesures, les convois techniques de maintenance du réseau ferré national ainsi que les trains à vide effectuant la reconnaissance des lignes à grande vitesse sont exonérés des redevances d'utilisation de l'infrastructure prévues aux articles 4, 6 et 7 du présent décret.

V. note ss. art. 1er.

Ancien art. 8 (Décr. n° 2010-1023 du 1er sept. 2010, art. 32) *« Sans préjudice des dispositions des articles 10 et 11 ci-après, SNCF Réseau arrête : »*

— les conditions de modulation (Décr. n° 2008-1204 du 20 nov. 2008) *« des redevances de réservation et de circulation ; »*

— les conditions de paiement, de remboursement ou d'exonération en cas de renonciation à une réservation de capacité d'infrastructure permettant la réutilisation de celle-ci.

Art. 9 *(Décr. n° 2018-462 du 7 juin 2018, art. 1er)* Les trains d'approvisionnement de chantiers et d'acheminement de matériel en dehors des zones de chantiers, c'est-à-dire des sections de voie du réseau ferré national pour lesquelles il n'est pas offert de capacités commerciales pour cause de travaux, doivent s'acquitter des redevances d'utilisations de l'infrastructure prévues aux articles 4, 6 et 7 du présent décret.

V. note ss. art. 1er.

Art. 10 *(Décr. n° 2010-1023 du 1er sept. 2010, art. 32) (Décr. n° 2018-462 du 7 juin 2018, art. 1er)* « Au plus tard un an avant l'entrée en vigueur de l'horaire de service prévu à l'article 21 du décret n° 2003-194 du 7 mars 2003 relatif à l'utilisation du réseau ferroviaire, SNCF Réseau établit un projet de tarification de l'infrastructure ferroviaire comprenant la liste des segments de marché prévus à l'article 5, et l'ensemble des barèmes des redevances d'infrastructure décrites dans les articles 4, 6, 6-1 et 7 du présent décret.

« Ce projet de tarification est publié dans le document de référence du réseau prévu à l'article 17 du décret n° 2003-194 du 7 mars 2003 mentionné ci-dessus, accompagné d'une mention précisant que son caractère exécutoire est subordonné à l'avis conforme de l'Autorité de régulation des activités ferroviaires et routières, conformément à l'article L. 2133-5 du code des transports. L'autorité rend son avis dans un délai de deux mois suivant la publication du document de référence du réseau.

« Trois mois au moins avant l'entrée en vigueur de l'horaire annuel de service prévu à l'article 21 du décret n° 2003-194 du 7 mars 2003 mentionné ci-dessus, SNCF Réseau publie la tarification de l'infrastructure ferroviaire conforme à l'avis de l'autorité qui est alors exécutoire. »

(Décr. n° 2017-1325 du 7 sept. 2017, art. 1er-2°-b) « En l'absence d'avis conforme de l'Autorité à cette échéance au titre de l'horaire de service 2018, la dernière tarification appliquée est reconduite en actualisant les barèmes des redevances prévues par le présent décret selon les évolutions prévues dans le contrat mentionné à l'article L. 2111-10 du code des transports. Pour les éventuelles sections élémentaires ajoutées au document de référence du réseau il est appliqué une tarification identique à celle appliquée à des sections de lignes comparables. » *[Anc. art. 9, renuméroté par Décr. n° 2018-462 du 7 juin 2018, art. 1er.]*

V. note ss. art. 1er.

Nouvel art. 10 (Décr. n° 2019-940 du 9 sept. 2019, art. 1er et 3, en vigueur pour l'horaire de service 2021) *I. — Au plus tard un an avant l'entrée en vigueur du premier horaire de service du projet de tarification pluriannuelle ou du projet de tarification élaboré en application du dernier alinéa de l'article L. 2133-5 du code des transports, SNCF Réseau publie dans le document de référence du réseau, prévu à l'article 17 du décret n° 2003-194 du 7 mars 2003 relatif à l'utilisation du réseau ferroviaire, un projet de tarification de l'infrastructure ferroviaire portant sur l'ensemble des horaires de service concernés, accompagné d'une mention précisant que son caractère exécutoire est subordonné à l'avis conforme de l'Autorité de régulation des activités ferroviaires et routières, conformément à l'article L. 2133-5 du code des transports. L'Autorité rend son avis, qui porte sur l'ensemble des horaires de service du projet de tarification, dans un délai de deux mois suivant la publication du document de référence du réseau.*

II. — Lorsque l'Autorité de régulation des activités ferroviaires et routières s'est prononcée défavorablement sur un projet de tarification en application du I, SNCF Réseau dispose, pour l'application du IV de l'article L. 2133-5 du code des transports, d'un délai de trois mois pour publier un nouveau projet de tarification, accompagné d'une mention précisant que son caractère exécutoire est subordonné à l'avis conforme de l'autorité. L'autorité rend son avis, qui porte sur l'ensemble des horaires de service du nouveau projet de tarification, dans un délai de deux mois suivant la publication du nouveau projet de tarification.

III. — SNCF Réseau publie pour chaque horaire de service dans le document de référence du réseau, conformément aux dispositions de l'article 17 du décret n° 2003-194 du 7 mars 2003 relatif à l'utilisation du réseau ferroviaire, la tarification ayant fait l'objet d'un avis conforme de l'Autorité de régulation des activités ferroviaires et routières dans les conditions prévues au I ou au II du présent article et qui est alors exécutoire.

IV. — En l'absence d'un avis favorable de l'Autorité de régulation des activités ferroviaires et routières trois mois avant l'entrée en vigueur de l'horaire de service, SNCF Réseau détermine et publie la tarification applicable dans les conditions prévues par le V de l'article L. 2133-5 du code des transports. Cette tarification est alors exécutoire.

Ancien art. 10 *Pour permettre le financement de certaines infrastructures, un arrêté des ministres chargés des transports, de l'économie et du budget pris sur proposition de SNCF Réseau décide, par dérogation aux dispositions précédentes, des conditions particulières de fixation des redevances sur une période ne pouvant excéder la durée d'amortissement des investissements considérés, en contrepartie d'un engagement d'utilisation de ces infrastructures sur cette période.*

(Décr. n° 2008-1204 du 20 nov. 2008) *« Les dispositions du présent article ne peuvent avoir pour effet de faire obstacle à l'accès à l'infrastructure d'une entreprise ferroviaire. L'établissement SNCF Réseau veille à ce que la tarification de cette infrastructure soit établie et appliquée de façon non discriminatoire ».*

Art. 11 (Abrogé par Décr. n° 2018-462 du 7 juin 2018, art. 1er) (Décr. n° 2008-1204 du 20 nov. 2008) *Pour la période 2010-2015, afin de faciliter le développement du réseau ferré national et pour tenir compte de la valeur économique tirée de l'utilisation des lignes à grande vitesse de ce réseau, les règles d'évolution des prix kilométriques de la redevance de réservation de ces lignes sont fixées par un arrêté des ministres chargés des transports, de l'économie et du budget, pris sur proposition de SNCF Réseau.*

V. note ss. art. 1er.

Art. 12 (Abrogé par Décr. n° 2018-462 du 7 juin 2018, art. 1er) (Décr. n° 2012-70 du 20 janv. 2012, art. 12) *Le stationnement prolongé sur certaines voies, l'utilisation de certaines lignes actuellement fermées au trafic et toute prestation complémentaire font l'objet, le cas échéant, de facturations complémentaires par SNCF Réseau.*

V. note ss. art. 1er.

....

Décret n° 2017-1325 du 7 septembre 2017,

Modifiant le décret n° 97-446 du 5 mai 1997 relatif aux redevances d'utilisation du réseau ferré national perçues au profit de Réseau ferré de France.

Art. 1er Le décret du 5 mai 1997 susvisé est ainsi modifié :

1° Dans l'intitulé et aux articles 1er, 5, 7, 7-1, 8, 9, 10, 11 et 12, les mots : "Réseau ferré de France" sont remplacés par les mots : "SNCF Réseau" ;

....

DOMAINE PUBLIC FLUVIAL

Code du domaine public fluvial et de la navigation intérieure

(L. n° 64-1245 du 16 déc. 1964 ; Décr. n° 56-1033 du 13 oct. 1956)

Nota : les art. 1er à 16, 18 à 29, 33 à 41, 43, 44, 55 à 61, 227 et 236 à 245 ont été abrogés.

LIVRE PREMIER **Du domaine public fluvial**

TITRE PREMIER **Consistance, classement, déclassement du domaine public fluvial**

Art. 5 (Abrogé par Ord. n° 2006-460 du 21 avr. 2006, art. 7-II, et par Ord. n° 2010-1307 du 28 oct. 2010, à compter du 1er déc. 2010) ***Les décrets de concession sont pris après avis des ministres chargés respectivement des finances, de l'agriculture, de l'industrie et du commerce et du ministre chargé de la tutelle de l'organisme concessionnaire. Ces avis sont sollicités par le ministre des travaux publics, après accomplissement des formalités ci-après :***

a) Consultation de l'office national de la navigation et des services civils, départements et chambres de commerce intéressés ;

b) Si la voie considérée n'a pas cessé d'être fréquentée par la navigation ou utilisée pour le flottage depuis plus de deux ans, consultation des organisations professionnelles de la batellerie.

Les avis non fournis dans le délai d'un mois, au titre des consultations prévues ci-dessus, sont réputés favorables.

Dans (L. n° 64-1245 du 16 déc. 1964) ***« les cours d'eau et les lacs concédés en exécution du présent article », le droit de pêche reste exercé au profit de l'État en exécution de l'article 403 du code rural et de la pêche maritime*** [C. rur., art. L. 235-1]. — Cette abrogation ne prendra effet qu'à compter de la publication des dispositions réglementaires correspondantes du code général de la propriété des personnes publiques, en tant qu'il prévoit les modalités de la consultation par l'autorité administrative des établissements, des collectivités territoriales et des organisations professionnelles mentionnés aux *a* et *b* du présent article.

. . . .

TITRE III **Conservation et gestion du domaine public fluvial**

SECTION I ***Dispositions d'ordre général***

Art. 30 *Abrogé par Ord. n° 2010-1307 du 28 oct. 2010, à compter du 1er déc. 2010.*

Code des transports

(Ord. n° 2010-1307 du 28 oct. 2010, en vigueur le 1er déc. 2010)

Art. L. 1612-1 Un dossier préliminaire est adressé à l'autorité compétente, avant l'engagement des travaux. *(Ord. n° 2015-1682 du 17 déc. 2015, art. 8, en vigueur le 1er janv. 2016)* « Il est accompagné d'un rapport sur la sécurité établi, hormis pour le transport ferroviaire et le transport guidé, soit par un expert, soit par un organisme qualifié, agréé, qui précise, notamment, les conditions d'exploitation au regard des risques naturels ou technologiques susceptibles d'affecter le système *[ancienne rédaction : Il est accompagné d'un rapport sur la sécurité établi soit par un expert, soit par un organisme qualifié, agréé qui précise, notamment, les conditions d'exploitation au regard des risques naturels ou technologiques susceptibles d'affecter le système]*.

« Pour le transport ferroviaire, le rapport sur la sécurité est établi par un organisme *(Ord. n° 2019-397 du 30 avr. 2019, art. 1er et 7, en vigueur le 16 juin 2019)* « d'évaluation de l'analyse des risques au sens du règlement d'exécution (UE) 402/2013 de la Commission du 30 avril 2013 concernant la méthode de sécurité commune relative à l'évaluation et à l'appréciation des risques et abrogeant le règlement (CE) n° 352/2009 *[ancienne rédaction : qualifié, accrédité]* ». Pour le transport guidé, ce rapport est établi par un organisme qualifié, agréé ou accrédité.

Art. L. 1612-2 L'obligation posée par l'article L. 1612-1 s'applique :

1° Aux travaux de construction ou de modification substantielle de tout système de transport faisant appel à des technologies nouvelles ou comportant des installations multimodales à l'exclusion de ceux dont les conditions de construction ou d'exploitation sont régies par des conventions internationales, des ouvrages d'infrastructure de navigation intérieure ou portuaire dont l'exploitation présente des risques particuliers pour la sécurité des personnes ;

2° Aux travaux de construction, d'extension ou de modification substantielle des infrastructures aéroportuaires dont l'exploitation présente des risques particuliers pour la sécurité des usagers et des populations riveraines ;

(Ord. n° 2019-397 du 30 avr. 2019, art. 1er et 7, en vigueur le 16 juin 2019) « 3° Aux travaux de construction, de renouvellement ou de réaménagement, tels que définis à l'article L. 2201-1, nécessitant une nouvelle autorisation prévue à l'article L. 1613-1, dans des conditions fixées par décret en Conseil d'État, d'un système de transport public ferroviaire, à l'exclusion de ceux relatifs aux véhicules de ces systèmes de transport *[ancienne rédaction : Aux travaux de construction ou de modification substantielle d'un système de transport public ferroviaire ou guidé y compris celui destiné au transport de personnels, à l'exclusion des travaux de construction ou de modification substantielle des véhicules de ces systèmes de transport]* ». — *[C. dom. publ. fluv., art. 30, al. 1er, ecqc le champ d'application du dossier.]*

(Ord. n° 2019-397 du 30 avr. 2019, art. 1er et 7, en vigueur le 16 juin 2019) « 4° Aux travaux de construction ou de modification substantielle d'un système de transport public guidé, y compris celui destiné au transport de personnels, à l'exclusion de ceux relatifs aux véhicules de ces systèmes de transport. »

....

Art. L. 1612-2-1 *(L. n° 2019-1428 du 24 déc. 2019, art. 129)* Pour le transport guidé, les véhicules mentionnés au 4° du L. 1612-2 font l'objet d'un dossier de conception soumis à l'approbation de l'autorité compétente au début de la phase de conception détaillée. Ce dossier est accompagné d'un rapport sur la sécurité établi par un organisme qualifié, agréé ou accrédité.

Art. L. 1612-4 L'engagement des travaux est subordonné, pour les opérations mentionnées aux 1° et 2° de l'article L. 1612-2, à l'avis de l'autorité compétente sur le dossier préliminaire. Faute d'avis, les travaux peuvent être engagés à l'expiration d'un délai fixé par décret en Conseil d'État. — *[C. dom. publ. fluv., art. 30, al. 1er et 2, ecqc l'avis.]*

....

Art. L. 1613-1 La mise en service des ouvrages, infrastructures et systèmes de transport mentionnés aux *(Ord. n° 2019-397 du 30 avr. 2019, art. 1er et 7, en vigueur le 16 juin 2019)* « 1°, 3° et 4° *[ancienne rédaction : 1° et 3°]* » de l'article L. 1612-2 *(L. n° 2019-1428 du 24 déc. 2019, art. 129)* « ou consacrés exclusivement aux activités de cyclo-draisine et la mise en service des véhicules mentionnés à l'article L. 1612-2-1 sont subordonnées » à une autorisation délivrée par l'autorité compétente, en fonction des garanties de sécurité offertes par les caractéristiques et les modalités d'exploitation de ces ouvrages, systèmes ou infrastructures.

Cette autorisation peut être assortie de conditions restrictives d'utilisation. — *[C. dom. publ. fluv., art. 30, al. 3, ecqc la mise en service.]*

Art. L. 1613-2 L'autorisation prévue par l'article L. 1613-1 vaut approbation :

1° Des prescriptions d'exploitation établies par le maître d'ouvrage et applicables à chaque ouvrage ou infrastructure, pour les ouvrages, infrastructures et systèmes mentionnés au 1° de l'article L. 1612-2. Ces prescriptions d'exploitation comportent, au moins, un examen périodique de sécurité par un expert ou par un organisme qualifié, agréé ;

2° Du règlement de sécurité de l'exploitation ou sa modification pour les systèmes de transport mentionnés au *(Ord. n° 2019-397 du 30 avr. 2019, art. 1er et 7, en vigueur le 16 juin 2019)* « 4° *[ancienne rédaction : 3°]* » de l'article L. 1612-2 ; — *[C. dom. publ. fluv., art. 30, al. 3 et 4, ecqc l'autorisation.]*

(L. n° 2019-1428 du 24 déc. 2019, art. 129) « 3° De la modification du règlement de sécurité dans le cas mentionné à l'article L. 1612-2-1. »

....

Art. L. 1614-1 L'autorité compétente peut prescrire l'établissement d'un diagnostic, des mesures restrictives d'exploitation ou, en cas de danger immédiat, ordonner la fermeture au public de l'ouvrage d'infrastructure maritime portuaire ou de navigation fluviale déjà en service et qui présentent des risques particuliers pour la sécurité des personnes, ou l'interruption du système de transport public ferroviaire ou guidé, y compris celui destiné au transport de personnels, déjà en service.

(L. n° 2019-1428 du 24 déc. 2019, art. 125) « Le gestionnaire de voirie, en coordination avec le gestionnaire d'infrastructures ferroviaires, réalise et met à jour un diagnostic de sécurité routière des passages à niveau ouverts à la circulation ferroviaire, routière ou piétonne situés à l'intersection de leurs réseaux respectifs, qui peut comporter des recommandations. La structure ainsi que les modalités d'exécution et de mise à disposition de ces diagnostics sont déterminées par voie réglementaire. » – *[C. dom. publ. fluv., art. 30, al. 5, ecqc l'exploitation.]*

DONS ET LEGS

Code civil

LIVRE III Des différentes manières dont on acquiert la propriété

TITRE II Des libéralités *(L. n° 2006-728 du 23 juin 2006).*

CHAPITRE PREMIER *Dispositions générales*

Art. 893 *(L. n° 2006-728 du 23 juin 2006)* La libéralité est l'acte par lequel une personne dispose à titre gratuit de tout ou partie de ses biens ou de ses droits au profit d'une autre personne.

Il ne peut être fait de libéralité que par donation entre vifs ou par testament. – *Entrée en vigueur le 1er janv. 2007.*

Art. 894 La donation entre vifs est un acte par lequel le donateur se dépouille actuellement et irrévocablement de la chose donnée en faveur du donataire qui l'accepte.

Art. 895 Le testament est un acte par lequel le testateur dispose, pour le temps où il n'existera plus, de tout ou partie de ses biens *(L. n° 2006-728 du 23 juin 2006, en vigueur le 1er janv. 2007)* « ou de ses droits » et qu'il peut révoquer.

Art. 896 *(L. n° 2006-728 du 23 juin 2006)* La disposition par laquelle une personne est chargée de conserver et de rendre à un tiers ne produit d'effet que dans le cas où elle est autorisée par la loi. – *Entrée en vigueur le 1er janv. 2007.*

....

Art. 900-2 *(L. n° 84-562 du 4 juill. 1984)* Tout gratifié peut demander que soient révisées en justice les conditions et charges grevant les donations ou legs qu'il a reçus, lorsque, par suite d'un changement de circonstances, l'exécution en est devenue pour lui soit extrêmement difficile, soit sérieusement dommageable.

Art. 900-3 *(L. n° 84-562 du 4 juill. 1984)* La demande en révision est formée par voie principale ; elle peut l'être aussi par voie reconventionnelle, en réponse à l'action en exécution ou en révocation que les héritiers du disposant ont introduite.

Elle est formée contre les héritiers ; elle l'est en même temps contre le ministère public s'il y a doute sur l'existence ou l'identité de certains d'entre eux ; s'il n'y a pas d'héritier connu, elle est formée contre le ministère public.

Celui-ci doit, dans tous les cas, avoir communication de l'affaire.

Art. 900-4 *(L. n° 84-562 du 4 juill. 1984)* Le juge saisi de la demande en révision peut, selon les cas et même d'office, soit réduire en quantité ou périodicité les prestations grevant la libéralité, soit en modifier l'objet en s'inspirant de l'intention du disposant, soit même les regrouper, avec des prestations analogues résultant d'autres libéralités.

Il peut autoriser l'aliénation de tout ou partie des biens faisant l'objet de la libéralité en ordonnant que le prix en sera employé à des fins en rapport avec la volonté du disposant.

Il prescrit les mesures propres à maintenir, autant qu'il est possible, l'appellation que le disposant avait entendu donner à sa libéralité.

Art. 900-5 *(L. n° 84-562 du 4 juill. 1984)* La demande n'est recevable que dix années après la mort du disposant ou, en cas de demandes successives, dix années après le jugement qui a ordonné la précédente révision.

La personne gratifiée doit justifier des diligences qu'elle a faites, dans l'intervalle, pour exécuter ses obligations.

Art. 900-6 *(L. n° 84-562 du 4 juill. 1984)* La tierce-opposition à l'encontre du jugement faisant droit à la demande en révision n'est recevable qu'en cas de fraude imputable au donataire ou légataire.

La rétractation ou la réformation du jugement attaqué n'ouvre droit à aucune action contre le tiers acquéreur de bonne foi.

Art. 900-7 *(L. n° 84-562 du 4 juill. 1984)* Si, postérieurement à la révision, l'exécution des conditions ou des charges, telle qu'elle était prévue à l'origine, redevient possible, elle pourra être demandée par les héritiers.

Art. 900-8 *(L. n° 84-562 du 4 juill. 1984)* Est réputée non écrite toute clause par laquelle le disposant prive de la libéralité celui qui mettrait en cause la validité d'une clause d'inaliénabilité ou demanderait l'autorisation d'aliéner.

. . . .

CHAPITRE IV *Des donations entre vifs*

SECTION I *De la forme des donations entre vifs*

Art. 931 Tous actes portant donation entre vifs seront passés devant notaires, dans la forme ordinaire des contrats ; et il en restera minute, sous peine de nullité.

Art. 931-1 *(Ord. n° 2016-131 du 10 févr. 2016, art. 5-5°, en vigueur le 1er oct. 2016)* En cas de vice de forme, une donation entre vifs ne peut faire l'objet d'une confirmation. Elle doit être refaite en la forme légale.

Après le décès du donateur, la confirmation ou exécution volontaire d'une donation par les héritiers ou ayant*[s]* cause du donateur emporte leur renonciation à opposer les vices de forme ou toute autre cause de nullité.

Les dispositions issues de l'Ord. n° 2016-131 du 10 févr. 2016 entrent en vigueur le 1er oct. 2016. Les contrats conclus avant cette date demeurent soumis à la loi ancienne.

Lorsqu'une instance a été introduite avant l'entrée en vigueur de ladite ordonnance, l'action est poursuivie et jugée conformément à la loi ancienne. Cette loi s'applique également en appel et en cassation (Ord. préc., art. 9).

Code général des collectivités territoriales

PREMIÈRE PARTIE : ***LÉGISLATIVE***

DEUXIÈME PARTIE **La commune**

LIVRE II **Administration et services communaux**

TITRE IV **Biens de la commune**

CHAPITRE II *Dons et legs*

Art. L. 2242-1 Le conseil municipal statue sur l'acceptation des dons et legs faits à la commune.

V. art. R. 2242-1 à R. 2242-6.

Art. L. 2242-2 *(L. n° 2013-428 du 27 mai 2013, art. 19)* Lorsqu'un don ou un legs est fait à un hameau ou à un quartier qui ne constitue pas une section de commune, le conseil municipal statue sur l'acceptation de cette libéralité.

En cas d'acceptation, la commune gère le bien dans l'intérêt du hameau ou du quartier concerné.

Art. L. 2242-3 Les établissements publics communaux acceptent et refusent les dons et legs qui leur sont faits.

Art. L. 2242-4 Le maire peut toujours, à titre conservatoire, accepter les dons et legs et former, avant l'autorisation, toute demande en délivrance.

Les établissements publics communaux peuvent également, sans autorisation préalable, accepter provisoirement ou à titre conservatoire les legs qui leur sont faits.

La délibération du conseil municipal ou de la commission administrative, qui intervient ultérieurement, a effet du jour de cette acceptation.

Art. L. 2242-5 (Abrogé par Ord. n° 2010-177 du 23 févr. 2010, art. 27-II) (Ord. n° 2006-460 du 21 avr. 2006, art. 3-VII) *Dans les établissements publics de santé communaux, les dons et legs sont acceptés ou refusés par le directeur dans les conditions fixées à l'article L. 6143-7 du code de la santé publique.*

Les établissements publics sociaux et médico-sociaux communaux acceptent et refusent les dons et legs dans les conditions déterminées par l'article L. 315-12 du code de l'action sociale et des familles.

....

DEUXIÈME PARTIE : ***RÉGLEMENTAIRE***

DEUXIÈME PARTIE **La commune**

LIVRE II **Administration et services communaux**

TITRE IV **Biens de la commune**

CHAPITRE II *Dons et legs*

SECTION I *Procédure applicable en matière de libéralités*

Art. R. 2242-1 Tout notaire constitué dépositaire d'un testament contenant un legs en faveur d'une commune ou d'un établissement public communal est tenu, dès l'ouverture du testament, d'adresser au maire ou au représentant de l'établissement légataire *(Abrogé par Décr. n° 2002-449 du 2 avr. 2002, art. 7)* *« ainsi qu'au préfet du département du lieu de l'ouverture de la succession »* la copie intégrale des dispositions testamentaires *(Abrogé par Décr. n° 2002-449 du 2 avr. 2002, art. 7)* *« et un état des héritiers dont l'existence lui a été révélée, avec leurs nom, prénoms, profession, degré de parenté et adresse ».*

La copie est écrite sur papier libre, et il est délivré récépissé des pièces transmises.

Art. R. 2242-2 *(Décr. n° 2002-449 du 2 avr. 2002, art. 8)* Les réclamations concernant les legs en faveur d'une commune ou d'un établissement public communal, formulées par les héritiers légaux, sont recevables auprès du ministre de l'intérieur, dans un délai de six mois à compter de l'ouverture du testament. Elles comportent les nom, prénoms et adresse des réclamants, leur ordre et degré de parenté vis-à-vis du défunt, ainsi que les motifs de la réclamation.

Le ministre de l'intérieur informe le maire de la commune ou le représentant de l'établissement légataire de ces réclamations et délivre aux réclamants un accusé de réception.

Lorsque les réclamations sont formulées après l'expiration du délai mentionné au premier alinéa ou émanent de personnes autres que les héritiers légaux, l'accusé de réception fait mention de leur irrecevabilité.

SECTION II *Contrôle de l'administration de biens légués ou donnés*

Art. R. 2242-3 Tout notaire dépositaire d'un testament contenant un legs en faveur d'une commune ou d'un établissement public communal est tenu, dès l'ouverture du testament, d'en donner avis au comptable de la commune ou de l'établissement.

La même obligation est imposée à tout notaire ayant reçu un acte portant donation au profit d'une commune ou d'un établissement public communal.

Art. R. 2242-4 Tout mandat conféré, postérieurement à la délivrance ou à l'envoi en possession d'un legs, par le représentant légal d'une commune ou d'un établissement public communal, en vue d'administrer ou de liquider les biens dépendant de ce legs, est porté à la connaissance du comptable.

Il en est de même des instructions données au mandataire tant en matière de recettes que de dépenses.

Art. R. 2242-5 Les avis ou documents destinés au comptable de la commune ou de l'établissement public communal sont adressés par l'intermédiaire du receveur particulier des finances dont dépend ce comptable.

Art. R. 2242-6 A partir de la délivrance ou de l'envoi en possession, les opérations de recettes ou de dépenses qui affectent les biens légués à une commune ou à un établissement public communal sont faites sous le contrôle du comptable de la commune ou de l'établissement public et reprises dans ses comptes de gestion.

A cet effet, toute personne chargée de l'administration ou de la liquidation de ces biens, à la fin de chaque année civile et au plus tard le 31 janvier suivant, adresse au receveur un relevé des opérations de l'année, appuyé des pièces justificatives.

Les relevés annuels et les pièces à l'appui, ainsi que le compte final de liquidation, sont soumis à l'approbation de l'ordonnateur et transmis au juge des comptes.

Les notaires sont dispensés de l'envoi des pièces originales mais, sur demande de l'ordonnateur ou du comptable, ils sont tenus d'en fournir des copies certifiées.

....

TROISIÈME PARTIE **Le département**

LIVRE II **Administration et services départementaux**

TITRE PREMIER **Compétences du conseil départemental**

CHAPITRE III *Gestion du patrimoine*

SECTION IV *Dons et legs*

Art. L. 3213-6 *(L. nº 2009-526 du 12 mai 2009, art. 83-2º)* Sous réserve des dispositions de l'article L. 3211-2, le conseil départemental statue sur l'acceptation des dons et legs faits au département.

Art. L. 3213-7 (Abrogé par Ord. nº 2010-177 du 23 févr. 2010, art. 27-II) (Ord. nº 2006-460 du 21 avr. 2006, art. 3-VII) *Dans les établissements publics de santé départementaux, les dons et legs sont acceptés ou refusés par le directeur dans les conditions fixées à l'article L. 6143-7 du code de la santé publique.*

Les établissements publics sociaux et médico-sociaux départementaux acceptent et refusent les dons et legs dans les conditions déterminées par l'article L. 315-12 du code de l'action sociale et des familles.

....

TROISIÈME PARTIE **Le département**

LIVRE II **Administration et services départementaux**

TITRE PREMIER **Compétences du conseil départemental**

CHAPITRE III *Gestion du patrimoine*

SECTION IV *Dons et legs*

SOUS-SECTION 1 *Procédures applicables en matière de libéralités*

Art. R. 3213-9 Tout notaire constitué dépositaire d'un testament contenant un legs en faveur d'un département ou d'un établissement public départemental est tenu, dès l'ouverture du testament, d'adresser au président du conseil départemental ou au représentant de l'établissement légataire *(Abrogé par Décr. nº 2002-449 du 2 avr. 2002, art. 7)* *« ainsi qu'au préfet du département du lieu de l'ouverture de la succession »*, la copie intégrale des dispositions testamentaires *(Abrogé par Décr. nº 2002-449 du 2 avr. 2002, art. 7)* *« et un état des héritiers dont l'existence lui a été révélée, avec leurs nom, prénoms, profession, degré de parenté et adresse ».*

La copie est écrite sur papier libre et il est délivré récépissé des pièces transmises. – *[Décr. du 1er févr. 1896, art. 1er.]*

Art. R. 3213-10 *(Décr. nº 2002-449 du 2 avr. 2002, art. 9)* Les réclamations concernant les legs en faveur d'un département ou d'un établissement public départemental, formulées par les héritiers légaux, sont recevables auprès du ministre de l'intérieur, dans un délai de six mois à compter de l'ouverture du testament. Elles comportent les nom, prénoms et adresse des réclamants, leur ordre et degré de parenté vis-à-vis du défunt, ainsi que les motifs de la réclamation.

Le ministre de l'intérieur informe le président du conseil départemental ou le représentant de l'établissement légataire de ces réclamations et délivre aux réclamants un accusé de réception.

Lorsque les réclamations sont formulées après l'expiration du délai mentionné au premier alinéa ou émanent de personnes autres que les héritiers légaux, l'accusé de réception fait mention de leur irrecevabilité.

....

QUATRIÈME PARTIE **La région**

LIVRE II **Attributions de la région**

TITRE II Compétences du conseil régional

CHAPITRE UNIQUE *Dispositions générales*

....

Art. L. 4221-5 Le conseil régional peut déléguer une partie de ses attributions à sa commission permanente, à l'exception de celles relatives au vote du budget, à l'approbation du compte administratif et aux mesures de même nature que celles visées à l'article L. 1612-15. – *[L. n° 72-619 du 5 juill. 1972, art. 12, al. 1er.]*

(Ord. n° 2005-1027 du 26 août 2005, art. 24, en vigueur à compter de l'exercice 2006) « Dans les limites qu'il aura fixées, le conseil régional peut également déléguer à son président le pouvoir :

« 1° De procéder à la réalisation des emprunts destinés au financement des investissements prévus par le budget, et aux opérations financières utiles à la gestion des emprunts, y compris les opérations de couverture des risques de taux et de change, et de passer à cet effet les actes nécessaires ;

« 2° De réaliser des lignes de trésorerie sur la base d'un montant maximum autorisé par le conseil régional ;

« 3° De prendre les décisions mentionnées au III de l'article L. 1618-2 et au *a* de l'article L. 2221-5-1, sous réserve des dispositions du *c* de ce même article ; »

(L. n° 2009-526 du 12 mai 2009, art. 83-4°) « 4° D'arrêter et modifier l'affectation des propriétés de la collectivité utilisées par ses services publics ;

« 5° De décider de la conclusion et de la révision du louage de choses pour une durée n'excédant pas douze ans ;

« 6° D'accepter les indemnités de sinistre afférentes aux contrats d'assurance ;

« 7° De créer *(L. n° 2015-991 du 7 août 2015, art. 126)* « , modifier ou supprimer » les régies comptables nécessaires au fonctionnement des services de la collectivité ;

« 8° D'accepter les dons et legs qui ne sont grevés ni de conditions ni de charges, sans préjudice des dispositions de l'article L. 4231-7 qui lui permettent de le faire à titre conservatoire, quelles que soient les conditions et charges ;

« 9° De décider l'aliénation de gré à gré de biens mobiliers jusqu'à 4 600 € ;

« 10° Sans préjudice des dispositions de l'article L. 4221-4, de fixer, dans les limites de l'estimation des services fiscaux (domaines), le montant des offres de la collectivité à notifier aux expropriés et de répondre à leurs demandes ; »

(L. n° 2009-526 du 12 mai 2009, art. 100-II-3°) « 11° De prendre les décisions mentionnées aux articles L. 523-4 et L. 523-5 du code du patrimoine relatives à la réalisation de diagnostics d'archéologie préventive prescrits pour les opérations d'aménagement ou de travaux sur le territoire de la région ; »

(L. n° 2011-525 du 17 mai 2011, art. 79-III) « 12° D'autoriser, au nom de la région, le renouvellement de l'adhésion aux associations dont elle est membre ; »

(L. n° 2014-58 du 27 janv. 2014, art. 78-IV) « 13° De procéder, après avis du comité régional de programmation, à l'attribution et à la mise en œuvre des subventions liées à la gestion des fonds européens dont la région est l'autorité de gestion » ;

(L. n° 2015-991 du 7 août 2015, art. 12) « 14° De demander à l'État ou à d'autres collectivités territoriales, dans les conditions fixées par le conseil régional, l'attribution de subventions. »

(L. n° 2017-86 du 27 janv. 2017, art. 85-3°) « 15° De procéder, dans les limites fixées par le conseil régional, au dépôt des demandes d'autorisations d'urbanisme relatives à la démolition, à la transformation ou à l'édification des biens de la région. »

(Ord. n° 2005-1027 du 26 août 2005, art. 24, en vigueur à compter de l'exercice 2006) « Le président informe le conseil des actes pris dans le cadre de ces délégations. »

(L. n° 2014-58 du 27 janv. 2014, art. 92) « Les délégations consenties en application du 1° du présent article prennent fin dès l'ouverture de la campagne électorale pour le renouvellement du conseil régional. »

Les dispositions introduites par la L. n° 2011-525 du 17 mai 2011 sont applicables en Polynésie française (L. préc., art. 200).

Art. L. 4221-6 *(L. n° 2009-526 du 12 mai 2009, art. 83-5°)* Sous réserve des dispositions de l'article L. 4221-5, le conseil régional statue sur l'acceptation des dons et legs faits à la région.

....

DEUXIÈME PARTIE : ***RÉGLEMENTAIRE***

QUATRIÈME PARTIE **La région**

LIVRE II **Attributions de la région**

TITRE II **Compétences du conseil régional**

CHAPITRE PREMIER *Dispositions générales*

(Décr. n° 2011-1612 du 22 nov. 2011, art. 9)

Art. R. 4221-8 Tout notaire constitué dépositaire d'un testament contenant un legs en faveur d'une région ou d'un établissement public régional est tenu, dès l'ouverture du testament, d'adresser au président du conseil régional ou au représentant de l'établissement légataire la copie intégrale des dispositions testamentaires.

La copie est écrite sur papier libre et il est délivré récépissé des pièces transmises.

Art. R. 4221-9 Les réclamations concernant les legs en faveur d'une région ou d'un établissement public régional, formulées par les héritiers légaux, sont recevables auprès du ministre de l'intérieur, dans un délai de six mois à compter de l'ouverture du testament. Elles comportent les nom, prénoms et adresse des réclamants, leur ordre et degré de parenté vis-à-vis du défunt, ainsi que les motifs de la réclamation.

Le ministre de l'intérieur informe le président du conseil régional ou le représentant de l'établissement légataire de ces réclamations et délivre aux réclamants un accusé de réception.

Lorsque les réclamations sont formulées après l'expiration du délai mentionné au premier alinéa ou émanent de personnes autres que les héritiers légaux, l'accusé de réception fait mention de leur irrecevabilité.

DROIT DE PRÉEMPTION

Archives privées

Code du patrimoine

(Ord. n° 2004-178 du 20 févr. 2004,
ratifiée par L. n° 2004-1343 du 9 déc. 2004, art. 78-XIV, JO 10 déc.)

PREMIÈRE PARTIE : ***LÉGISLATIVE***

LIVRE II **Archives**

TITRE PREMIER **Régime général des archives**

CHAPITRE II *Collecte, conservation et protection*

SECTION II *Archives privées*

SOUS-SECTION 3 *[ABROGÉE]* *Droit de préemption* *(Abrogée par Ord. n° 2017-1134 du 5 juill. 2017, art. 3-2°, à compter du 1er janv. 2018)*

Art. L. 212-30 (Abrogé par Ord. n° 2017-1134 du 5 juill. 2017, art. 3-2°, à compter du 1er janv. 2018) ***Le régime des archives en cas de liquidation judiciaire d'une entreprise est fixé à l'article L. 642-23 du code de commerce ci-après reproduit :***

Art. L. 642-23 Avant toute vente ou destruction des archives du débiteur, le liquidateur informe l'autorité administrative compétente pour la conservation des archives. Cette autorité dispose d'un droit de préemption.

(L. n° 2005-845 du 26 juill. 2005, art. 116) « La destination des archives du débiteur soumis au secret professionnel est déterminée par le liquidateur en accord avec l'ordre professionnel ou l'autorité compétente dont il relève. »

Art. L. 212-31 (Abrogé par Ord. n° 2017-1134 du 5 juill. 2017, art. 3-2°, à compter du 1er janv. 2018) ***Tout officier public ou ministériel chargé de procéder à la vente publique d'archives privées ayant ou non fait l'objet d'une décision de classement au titre des archives historiques ou*** (L. n° 2011-850 du 20 juill. 2011, art. 47-II-1° et 50, en vigueur le 1er sept. 2011) ***« tout opérateur mentionné aux articles L. 321-4 et L. 321-24 du code de commerce habilité » à organiser une telle vente doit en donner avis à l'administration des archives au moins quinze jours à l'avance et accompagne cet avis de toutes indications utiles sur ces documents. Cet avis précise l'heure et le lieu de la vente. L'envoi d'un catalogue avec mention du but de cet envoi tiendra lieu d'avis.***

En cas de vente judiciaire, si le délai fixé à l'alinéa précédent ne peut être observé, l'officier public ou ministériel, aussitôt qu'il est désigné pour procéder à la vente, fait parvenir à l'administration des archives les indications ci-dessus énoncées.

(L. n° 2011-850 du 20 juill. 2011, art. 47-II-2° et 50, en vigueur le 1er sept. 2011) ***« L'opérateur habilité mentionné aux mêmes articles L. 321-4 et L. 321-24 »*** (L. n° 2008-696 du 15 juill. 2008, art. 14) ***« à procéder à la vente de gré à gré de documents d'archives privées dans les conditions prévues au dernier alinéa de l'article L. 321-9 du code de commerce notifie sans délai la transaction à l'administration des archives, avec toutes indications utiles concernant lesdits documents. »***

Art. L. 212-32 (Abrogé par Ord. n° 2017-1134 du 5 juill. 2017, art. 3-2°, à compter du 1er janv. 2018) (L. n° 2008-696 du 15 juill. 2008, art. 13) ***S'il l'estime nécessaire à la protection du patrimoine d'archives, l'État exerce, sur tout document d'archives privées mis en vente publique ou vendu de gré à gré dans les conditions prévues au dernier alinéa de l'article L. 321-9 du code de commerce, un droit de préemption par l'effet duquel il se trouve subrogé à l'adjudicataire ou à l'acheteur.***

La déclaration par l'administration des archives qu'elle envisage d'user de son droit de préemption est faite, à l'issue de la vente, entre les mains de l'officier public ou ministériel dirigeant les adjudications ou de (L. n° 2011-850 du 20 juill. 2011, art. 47-III et 50, en vigueur le 1er sept.

2011) *« l'opérateur mentionné aux articles L. 321-4 et L. 321-24 du code de commerce habilité » à organiser la vente publique ou la vente de gré à gré. La décision de l'autorité administrative doit, à peine de nullité, intervenir dans un délai de quinze jours à compter de la vente publique ou de la notification de la transaction de gré à gré.*

Art. L. 212-33 (Abrogé par Ord. n° 2017-1134 du 5 juill. 2017, art. 3-2°, à compter du 1er janv. 2018) *L'État exerce également le droit de préemption prévu à l'article L. 212-32 à la demande et pour le compte des collectivités territoriales* (L. n° 2008-696 du 15 juill. 2008, art. 13) *« , de la Nouvelle-Calédonie » et des fondations reconnues d'utilité publique. Le même droit est exercé par la Bibliothèque nationale de France pour son propre compte.*

En cas de demandes concurrentes, l'autorité administrative détermine le bénéficiaire.

Art. L. 212-34 (Abrogé par Ord. n° 2017-1134 du 5 juill. 2017, art. 3-2°, à compter du 1er janv. 2018) *Le conseil municipal peut émettre des vœux tendant à ce qu'il soit fait usage par l'État, au profit de la commune, du droit de préemption établi par la loi sur les documents d'archives classés et non classés.*

Il peut déléguer l'exercice de cette compétence au maire dans les conditions prévues à l'article L. 2122-23 du code général des collectivités territoriales.

Art. L. 212-35 (Abrogé par Ord. n° 2017-1134 du 5 juill. 2017, art. 3-2°, à compter du 1er janv. 2018) *Le conseil départemental statue sur l'exercice du droit de préemption prévu par la législation sur les archives.*

Art. L. 212-36 (Abrogé par Ord. n° 2017-1134 du 5 juill. 2017, art. 3-2°, à compter du 1er janv. 2018) *Le conseil régional et* (Ord. n° 2016-1562 du 21 nov. 2016, art. 32-4°, en vigueur le 1er janv. 2018) *« l'Assemblée de Corse* [ancienne rédaction : l'assemblée territoriale de Corse] *» ou, en dehors de leurs sessions, leur commission permanente, se prononcent sur l'opportunité de faire jouer au profit de la région ou de la collectivité territoriale de Corse le droit de préemption prévu par la législation sur les archives.*

Art. L. 212-37 (Abrogé par Ord. n° 2017-1134 du 5 juill. 2017, art. 3-2°, à compter du 1er janv. 2018) *Les modalités d'application des articles L. 212-1 à L. 212-5, L. 212-15 à L. 212-29 et L. 212-31 à L. 212-33 sont fixées par décret en Conseil d'État.* — V. C. patr., art. R. 212-91 s.

DEUXIÈME PARTIE : ***RÉGLEMENTAIRE***

(Décr. n° 2011-574 du 24 mai 2011)

LIVRE II **Archives**

TITRE PREMIER **Régime général des archives**

CHAPITRE II ***Collecte, conservation et protection***

SECTION II ***Archives privées***

SOUS-SECTION 3 *[ABROGÉE]* *Droit de préemption*

(Abrogée par Décr. n° 2018-630 du 17 juill. 2018, art. 3)

Art. R. 212-91 *Lorsque le ministre chargé de la culture entend exercer sur des archives privées passant en vente publique le droit de préemption défini par l'article L. 212-32, son représentant doit, aussitôt prononcée l'adjudication des archives mises en vente, en faire la déclaration à l'officier public ou ministériel* (Décr. n° 2014-119 du 11 févr. 2014, art. 4-IV) *« ou à l'opérateur de vente volontaire chargé de procéder à la vente publique des biens ».*

En cas de vente aux enchères publiques à distance par voie électronique, (Décr. n° 2014-119 du 11 févr. 2014, art. 4-V) *« l'officier public ou ministériel ou l'opérateur de vente volontaire organisateur de la vente » procède, à la clôture de la vente, à l'information du ministre chargé de la culture sur la désignation des biens adjugés, leur prix d'adjudication, le jour et l'heure de la clôture de la vente. Le représentant du ministre chargé de la culture doit, dans un délai de quatre heures à compter de la réception du résultat de l'adjudication, faire par tous moyens appropriés la déclaration prévue à l'alinéa précédent à* (Décr. n° 2014-119 du 11 févr. 2014, art. 4-V) *« l'officier public ou ministériel ou l'opérateur de vente volontaire organisateur de la vente ».*

Dans tous les cas, il est fait mention de cette déclaration au procès-verbal de la vente.

Art. R. 212-92 *En cas de vente aux enchères publiques à distance par voie électronique, l'avis mentionné au premier alinéa de l'article L. 212-31 peut être adressé au ministre chargé de la culture sur support électronique.*

Cet avis comporte les renseignements relatifs à l'auteur, au contenu, à l'origine et à la date des archives mises en vente, ainsi qu'à la nature et aux dimensions de leur support. Il mentionne la date et l'heure prévues pour l'ouverture et la clôture des enchères ainsi que, le cas échéant, la possibilité de prolonger leur durée.

Art. R. 212-93 *Le droit de préemption prévu par l'article L. 212-32 est exercé par le ministre des affaires étrangères en ce qui concerne les archives de son ministère, après en avoir averti le ministre chargé de la culture.*

. . . .

SECTION III *Transfert de propriété d'archives entre personnes publiques*

(Décr. n° 2018-630 du 17 juill. 2018, art. 3)

Art. R. 212-95 Pour l'application de l'article L. 125-1, lorsque le bien culturel est une archive d'origine privée appartenant au domaine public, le ministre chargé de la culture exerce les compétences dévolues au préfet de région par les articles R. 125-1 à R. 125-3.

Œuvres d'art

Code du patrimoine

PREMIÈRE PARTIE : ***LÉGISLATIVE***

LIVRE PREMIER **Dispositions communes à l'ensemble du patrimoine culturel**

TITRE II **Acquisition de biens culturels**

CHAPITRE III ***Préemption des biens culturels*** *(Ord. n° 2017-1134 du 5 juill. 2017, art. 2-7°, en vigueur au plus tard le 1er janv. 2018).*

Art. L. 123-1 *(Ord. n° 2017-1134 du 5 juill. 2017, art. 2-8°, en vigueur au plus tard le 1er janv. 2018)* I. — L'État peut exercer, sur toute vente publique ou vente de gré à gré de biens culturels réalisée dans les conditions prévues par l'article L. 321-9 du code de commerce, un droit de préemption par l'effet duquel il se trouve subrogé à l'adjudicataire ou à l'acheteur.

La déclaration par l'autorité administrative qu'elle entend éventuellement user de son droit de préemption est faite, à l'issue de la vente, entre les mains de l'officier public ou ministériel dirigeant les adjudications ou de l'opérateur mentionné aux articles L. 321-4 et L. 321-24 du code de commerce habilité à organiser la vente publique ou la vente de gré à gré.

II. — L'officier public ou ministériel chargé de procéder à la vente publique des biens culturels définis par décret en Conseil d'État ou l'opérateur mentionné aux articles L. 321-4 et L. 321-24 du code du *[de]* commerce habilité à organiser une telle vente en donne avis à l'autorité administrative au moins quinze jours à l'avance, avec toutes indications utiles sur lesdits biens. Il informe en même temps l'autorité administrative du jour, de l'heure et du lieu de la vente. L'envoi d'un catalogue avec mention du but de cet envoi tient lieu d'avis.

En cas de vente judiciaire, si le délai de quinze jours ne peut être observé, l'officier public ou ministériel, aussitôt qu'il est désigné pour procéder à la vente, fait parvenir à l'autorité administrative les indications utiles sur les biens culturels proposés à la vente.

L'opérateur mentionné aux articles L. 321-4 et L. 321-24 habilité à procéder à la vente de gré à gré des biens culturels notifie sans délai la transaction à l'autorité administrative, avec toutes indications utiles sur lesdits biens.

III. — La décision de l'autorité administrative intervient dans les quinze jours qui suivent la vente publique ou la notification de la transaction de gré à gré.

Ancien art. L. 123-1 *L'État peut exercer, sur toute vente publique d'œuvres d'art ou sur toute vente de gré à gré d'œuvres d'art réalisée dans les conditions prévues par l'article L. 321-9 du code de commerce, un droit de préemption par l'effet duquel il se trouve subrogé à l'adjudicataire ou à l'acheteur.*

La déclaration, faite par l'autorité administrative, qu'elle entend éventuellement user de son droit de préemption, est formulée, à l'issue de la vente, entre les mains de l'officier public ou ministériel dirigeant les adjudications ou de (L. n° 2011-850 du 20 juill. 2011, art. 47-I-1° et 50, en vigueur le 1er sept. 2011) *« l'opérateur mentionné aux articles L. 321-4 et L. 321-24 du code de commerce habilité » à organiser la vente publique ou la vente de gré à gré.*

L'officier public ou ministériel chargé de procéder à la vente publique des biens mentionnés au premier alinéa ou (L. n° 2011-850 du 20 juill. 2011, art. 47-I-2° et 50, en vigueur le 1er sept. 2011) *« l'opérateur habilité mentionné aux mêmes articles L. 321-4 et L. 321-24 » à organiser une telle vente en donne avis à l'autorité administrative au moins quinze jours à l'avance, avec toutes indications utiles concernant lesdits biens. L'officier public ou ministériel ou* (L. n° 2011-850 du 20 juill. 2011, art. 47-I-2° et 50, en vigueur le 1er sept. 2011) *« l'opérateur » informe en même temps l'autorité administrative du jour, de l'heure et du lieu de la vente. L'envoi d'un catalogue avec mention du but de cet envoi peut tenir lieu d'avis.* (L. n° 2011-850 du 20 juill. 2011, art. 47-I-2° et 50, en vigueur le 1er sept. 2011) *« L'opérateur habilité mentionné aux mêmes articles L. 321-4 et L. 321-24 » à procéder à la vente de gré à gré des biens mentionnés au premier alinéa notifie sans délai la transaction à l'autorité administrative, avec toutes indications utiles concernant lesdits biens.*

La décision de l'autorité administrative doit intervenir dans le délai de quinze jours après la vente publique ou après la notification de la transaction de gré à gré.

Art. L. 123-2 *(Ord. n° 2017-1134 du 5 juill. 2017, art. 2-9°, en vigueur au plus tard le 1er janv. 2018)* Le droit de préemption des archives en cas de liquidation judiciaire d'une entreprise est fixé à l'article L. 642-23 du code de commerce.

Ancien art. L. 123-2 *L'État peut également exercer ce droit de préemption à la demande et pour le compte d'une collectivité territoriale ou d'une personne morale de droit privé sans but lucratif propriétaire de collections affectées à un musée de France.*

Art. L. 123-3 *(Ord. n° 2017-1134 du 5 juill. 2017, art. 2-9°, en vigueur au plus tard le 1er janv. 2018)* L'État peut également exercer le droit de préemption prévu aux articles L. 123-1 et L. 123-2 à la demande et pour le compte d'une collectivité territoriale, d'un groupement de collectivités territoriales, d'un établissement public local, d'une personne morale de droit privé sans but lucratif propriétaire d'une collection affectée à un musée de France ou d'une fondation reconnue d'utilité publique propriétaire d'un fonds d'archives.

La Bibliothèque nationale de France peut exercer ce droit à l'égard des biens culturels susceptibles d'entrer dans les collections et fonds dont elle a la garde.

Ancien art. L. 123-3 *Les conditions d'application des articles L. 123-1 et L. 123-2 sont fixées par décret en Conseil d'État.*

Art. L. 123-4 *(Ord. n° 2017-1134 du 5 juill. 2017, art. 2-9°, en vigueur au plus tard le 1er janv. 2018)* Les conditions d'application des articles L. 123-1 à L. 123-3 sont fixées par décret en Conseil d'État.

DEUXIÈME PARTIE : *RÉGLEMENTAIRE*

(Décr. n° 2011-574 du 24 mai 2011)

LIVRE PREMIER **Dispositions communes à l'ensemble du patrimoine culturel**

TITRE II **Acquisition de biens culturels**

CHAPITRE III *Préemption des biens culturels* (*Décr. n° 2018-630 du 17 juill. 2018, art. 2*).

Art. R. 123-1 Le ministre chargé de la culture est l'autorité compétente pour exercer le droit de préemption prévu à l'article L. 123-1.

(Décr. n° 2018-630 du 17 juill. 2018, art. 2) « Par dérogation à l'alinéa précédent, le ministre chargé des affaires étrangères et le ministre des armées exercent le droit de préemption en ce qui concerne les archives relevant de leur ministère.

« Lorsque la Bibliothèque nationale de France entend exercer le droit de préemption prévu au deuxième alinéa de l'article L. 123-3, elle en informe le ministre chargé de la culture.

« En cas de demandes concurrentes, le ministre chargé de la culture détermine la collection publique ou l'institution publique au bénéfice de laquelle s'exerce le droit de préemption. »

Art. R. 123-2 Sont considérés comme *(Décr. n° 2018-630 du 17 juill. 2018, art. 2)* « biens culturels » pour l'application des articles L. 123-1 et L. 123-2 relatifs au droit de préemption les biens appartenant à l'une des catégories suivantes :

1° Objets archéologiques ayant plus de cent ans d'âge provenant de fouilles et découvertes terrestres et sous-marines, de sites archéologiques ou de collections archéologiques ;

2° Éléments de décor provenant du démembrement d'immeubles par nature ou par destination ;

3° Peintures, aquarelles, gouaches, pastels, dessins, collages, estampes, affiches et leurs matrices respectives ;

4° Photographies positives ou négatives quels que soient leur support et le nombre d'images sur ce support ;

5° Œuvres cinématographiques et audiovisuelles ;

6° Productions originales de l'art statuaire ou copies obtenues par le même procédé et fontes dont les tirages ont été exécutés sous le contrôle de l'artiste ou de ses ayants droit et limités à un nombre inférieur ou égal à huit épreuves, plus quatre épreuves d'artistes, numérotées ;

7° Œuvres d'art contemporain non comprises dans les catégories citées aux 3° à 6° ;

8° Meubles et objets d'art décoratif ;

9° Manuscrits, incunables, livres et autres documents imprimés ;

10° Collections et spécimens provenant de collections de zoologie, de botanique, de minéralogie, d'anatomie, collections et biens présentant un intérêt historique, paléontologique, ethnographique ou numismatique ;

11° Moyens de transport ;

(Décr. n° 2018-630 du 17 juill. 2018, art. 2) « 12° Archives ;

« 13° Tout autre objet d'antiquité non compris dans les catégories citées aux 1° à 12°. »

Art. R. 123-3 En cas de vente judiciaire, si le délai de quinze jours prévu au troisième alinéa de l'article L. 123-1 ne peut être observé, l'officier public ou ministériel, aussitôt qu'il est désigné pour procéder à la vente, fait parvenir au ministre chargé de la culture les indications relatives à la vente mentionnées au troisième alinéa de l'article précité.

Art. R. 123-4 En cas de vente aux enchères publiques à distance par voie électronique, l'avis mentionné au troisième alinéa de l'article L. 123-1 peut être adressé au ministre chargé de la culture sur support électronique.

Art. R. 123-5 L'avis mentionné à l'article R. 123-4 comporte les renseignements relatifs à l'auteur, la nature, la composition, les dimensions, l'origine et l'ancienneté des biens mis en vente. Il mentionne également le jour et l'heure de la vente aux enchères, la date et l'heure prévues pour la clôture des enchères ainsi que la possibilité de modification de la durée initialement fixée pour les enchères.

Art. R. 123-6 Si le ministre chargé de la culture entend se réserver la faculté d'user du droit de préemption prévu aux articles L. 123-1 et L. 123-2, son représentant *(Décr. n° 2018-630 du 17 juill. 2018, art. 2)* « , dûment commissionné à cet effet ou, pour les biens préemptés dans les conditions prévues au deuxième alinéa de l'article R. 123-1, la Bibliothèque nationale de France » doit, aussitôt prononcée l'adjudication *(Décr. n° 2018-630 du 17 juill. 2018, art. 2)* « du bien » mis en vente, en faire la déclaration à l'officier public ou ministériel *(Décr. n° 2014-119 du 11 févr. 2014, art. 4-IV)* « ou à l'opérateur de vente volontaire chargé de procéder à la vente publique des biens ».

Art. R. 123-7 En cas de vente aux enchères publiques à distance par voie électronique, *(Décr. n° 2014-119 du 11 févr. 2014, art. 4-V)* « l'officier public ou ministériel ou l'opérateur de vente volontaire organisateur de la vente » procède, à la clôture de la vente, à l'information du ministre chargé de la culture sur la désignation des biens adjugés, leur prix d'adjudication, le jour et l'heure de la clôture de la vente. Le représentant du ministre chargé de la culture doit, dans un délai de quatre heures à compter de la réception du résultat de l'adjudication, faire par tous moyens appropriés la déclaration prévue à l'article R. 123-6 à *(Décr. n° 2014-119 du 11 févr. 2014, art. 4-V)* « l'officier public ou ministériel ou l'opérateur de vente volontaire organisateur de la vente ».

Art. R. 123-8 Dans les cas prévus aux articles R. 123-6 et R. 123-7, il est fait mention de cette déclaration au procès-verbal de la vente.

ENQUÊTE PUBLIQUE

Code de l'environnement

PREMIÈRE PARTIE : ***LÉGISLATIVE***

LIVRE PREMIER **Dispositions communes**

TITRE II **Information et participation des citoyens**

CHAPITRE III ***Participation du public aux décisions ayant une incidence sur l'environnement*** *(Ord. n° 2016-1060 du 3 août 2016, art. 3-1°).*

(L. n° 2010-788 du 12 juill. 2010, art. 236)

Les dispositions de l'Ord. n° 2016-1060 du 3 août 2016 entrent en vigueur à une date fixée par décret et au plus tard le 1er janv. 2017. Elles ne sont applicables qu'aux décisions pour lesquelles une participation du public a été engagée postérieurement à cette date (Ord. préc., art. 8, JO 5 août).

La référence à l'autorité administrative de l'État compétente en matière d'environnement est remplacée par une référence à l'autorité environnementale dans toutes les dispositions législatives en vigueur (Ord. n° 2016-1058 du 3 août 2016, art. 2-I).

Art. L. 123-1-A *(Ord. n° 2016-1060 du 3 août 2016, art. 3-2°)* Le chapitre III s'applique à la participation du public :

– pour les projets mentionnés à l'article L. 122-1, après le dépôt de la demande d'autorisation ;

– pour les plans et programmes mentionnés à l'article L. 122-4, avant la phase finale de leur adoption ou de leur approbation ;

– à d'autres décisions qui ont une incidence sur l'environnement.

Cette participation prend la forme :

1° D'une enquête publique en application des articles L. 123-1 et suivants ;

2° D'une participation du public pour les plans, programmes et projets en application de l'article L. 123-19 qui s'effectue par voie électronique ;

3° D'une participation du public hors procédure particulière en application des articles L. 123-19-1 et suivants.

SECTION I ***Enquêtes publiques relatives aux projets, plans et programmes ayant une incidence sur l'environnement*** *(Ord. n° 2016-1060 du 3 août 2016, art. 3-3°).*

SOUS-SECTION 1 *Champ d'application et objet de l'enquête publique (Ord. n° 2016-1060 du 3 août 2016, art. 3-4°).*

Art. L. 123-1 L'enquête publique a pour objet d'assurer l'information et la participation du public ainsi que la prise en compte des intérêts des tiers lors de l'élaboration des décisions susceptibles d'affecter l'environnement mentionnées à l'article L. 123-2. Les observations et propositions *(Ord. n° 2016-1060 du 3 août 2016, art. 3-5°)* « parvenues pendant le délai » de l'enquête sont prises en considération par le maître d'ouvrage et par l'autorité compétente pour prendre la décision.

Art. L. 123-2 I. – Font l'objet d'une enquête publique soumise aux prescriptions du présent chapitre préalablement à leur autorisation, leur approbation ou leur adoption :

1° Les projets de travaux, d'ouvrages ou d'aménagements exécutés par des personnes publiques ou privées devant comporter une *(Ord. n° 2016-1058 du 3 août 2016, art. 2-II)* « évaluation environnementale » en application de l'article L. 122-1 à l'exception :

– des projets de *(Abrogé par L. n° 2018-1021 du 23 nov. 2018, art. 6) « création d'une »* zone d'aménagement concerté ;

– des projets de caractère temporaire ou de faible importance dont la liste est établie par décret en Conseil d'État ;

(L. n° 2014-1545 du 20 déc. 2014, art. 12-II) « – des demandes de permis de construire et de permis d'aménager portant sur des projets de travaux, de construction ou d'aménagement donnant lieu à la réalisation d'une *(Ord. n° 2016-1058 du 3 août 2016, art. 2-II)* « éva-

luation environnementale » après un examen au cas par cas effectué par l'autorité environnementale. Les dossiers de demande pour ces permis » *(Ord. n° 2016-1060 du 3 août 2016, art. 3-6°)* « font l'objet d'une procédure de participation du public par voie électronique selon les modalités prévues à l'article L. **123-19** » ;

(L. n° 2016-1087 du 8 août 2016, art. 94) « — des projets d'îles artificielles, d'installations, d'ouvrages et d'installations connexes sur le plateau continental ou dans la zone économique exclusive ; »

2° Les plans, schémas, programmes et autres documents de planification *(Ord. n° 2016-1060 du 3 août 2016, art. 3-6°)* « faisant l'objet d' une évaluation environnementale en application des articles L. 122-4 à L. 122-11 du présent code, ou L. 104-1 à L. 104-3 » du code de l'urbanisme, pour lesquels une enquête publique est requise en application des législations en vigueur ;

3° Les projets de création d'un parc national, d'un parc naturel marin, les projets de charte d'un parc national ou d'un parc naturel régional, les projets d'inscription ou de classement de sites et les projets de classement en réserve naturelle et de détermination de leur périmètre de protection mentionnés au livre III du présent code ;

4° Les autres documents d'urbanisme et les décisions portant sur des travaux, ouvrages, aménagements, plans, schémas et programmes soumises par les dispositions particulières qui leur sont applicables à une enquête publique dans les conditions du présent chapitre.

II. — Lorsqu'un projet, plan ou programme mentionné au I est subordonné à une autorisation administrative, cette autorisation ne peut résulter que d'une décision explicite.

III. — Les travaux ou ouvrages exécutés en vue de prévenir un danger grave et immédiat sont exclus du champ d'application du présent chapitre.

(L. n° 2013-1168 du 18 déc. 2013, art. 50-1° et 2°) (Abrogé par Ord. n° 2020-7 du 6 janv. 2020, art. 4) ***« III bis. — Sont exclus du champ d'application du présent chapitre afin de tenir compte des impératifs de la défense nationale :***

« 1° Les installations réalisées dans le cadre d'opérations secrètes intéressant la défense nationale ainsi que, le cas échéant, les plans de prévention des risques technologiques relatifs à ces installations ;

« 2° Les installations et activités nucléaires intéressant la défense *(Ord. n° 2014-792 du 10 juill. 2014, art. 16-III)* ***« mentionnées à l'article L. 1333-15 du code de la défense », sauf lorsqu'il en est disposé autrement par décret en Conseil d'État s'agissant des autorisations de rejets d'effluents ;***

« 3° Les aménagements, ouvrages ou travaux protégés par le secret de la défense nationale ;

« 4° Les aménagements, ouvrages ou travaux intéressant la défense nationale déterminés par décret en Conseil d'État, ainsi que l'approbation, la modification ou la révision d'un document d'urbanisme portant exclusivement sur l'un d'eux. »

IV. — La décision prise au terme d'une enquête publique organisée dans les conditions du présent chapitre n'est pas illégale du seul fait qu'elle aurait dû l'être dans les conditions définies par le code de l'expropriation pour cause d'utilité publique.

(L. n° 2013-1168 du 18 déc. 2013, art. 50-3°) « V. — L'enquête publique s'effectue dans le respect *(Abrogé par Ord. n° 2020-7 du 6 janv. 2020, art. 4)* ***« du secret de la défense nationale, »*** du secret industriel et de tout secret protégé par la loi. Son déroulement ainsi que les modalités de sa conduite peuvent être adaptés en conséquence. »

Les dispositions de l'Ord. n° 2016-1058 du 3 août 2016 s'appliquent aux projets relevant d'un examen au cas par cas pour lesquels la demande d'examen au cas par cas est déposée à compter du 1er janv. 2017 ; aux projets faisant l'objet d'une évaluation environnementale systématique pour lesquels la première demande d'autorisation est déposée à compter du 16 mai 2017 ; aux plans et programmes pour lesquels l'arrêté d'ouverture et d'organisation de l'enquête publique ou l'avis sur la mise à disposition du public est publié après le premier jour du mois suivant la publication de ladite ordonnance, soit après le 1er sept. 2016 (Ord. préc., art. 6, JO 5 août).

Les décisions de classement en opérations secrètes délivrées sur le fondement de l'art. L. 123-2 C. envir. ou de l'art. L. 122-4 C. expr. pour cause d'utilité publique, intervenues avant la date d'entrée en vigueur de l'Ord. n° 2020-7 du 6 janv. 2020, soit le 8 janv. 2020, demeurent régies, jusqu'à la fin des opérations auxquelles elles s'appliquent, par les dispositions des articles dans leur rédaction antérieure à ladite ordonnance (Ord. préc., art. 13, JO du 7 janv.).

SOUS-SECTION 2 *Procédure et déroulement de l'enquête publique (Ord. n° 2016-1060 du 3 août 2016, art. 3-7°).*

Art. L. 123-3 L'enquête publique est ouverte et organisée par l'autorité compétente pour prendre la décision en vue de laquelle l'enquête est requise.

Lorsque l'enquête publique porte sur le projet, plan, programme ou autre document de planification d'une collectivité territoriale, d'un établissement public de coopération intercommunale ou d'un des établissements publics qui leur sont rattachés, elle est ouverte par le président de l'organe délibérant de la collectivité ou de l'établissement. Toutefois, lorsque l'enquête est préalable à une déclaration d'utilité publique, la décision d'ouverture est prise par l'autorité de l'État compétente pour déclarer l'utilité publique.

Art. L. 123-4 Dans chaque département, une commission présidée par le président du tribunal administratif ou le conseiller qu'il délègue établit une liste d'aptitude des commissaires enquêteurs. Cette liste est rendue publique et fait l'objet d'au moins une révision annuelle. Peut être radié de cette liste tout commissaire enquêteur ayant manqué aux obligations définies à l'article L. 123-15.

L'enquête est conduite, selon la nature et l'importance des opérations, par un commissaire enquêteur ou une commission d'enquête choisi par le président du tribunal administratif ou le conseiller délégué par lui à cette fin parmi les personnes figurant sur les listes d'aptitude. Son choix n'est pas limité aux listes des départements faisant partie du ressort du tribunal. *(Ord. n° 2016-1060 du 3 août 2016, art. 3-8°)* « Dans le cas où une concertation préalable s'est tenue sous l'égide d'un garant conformément aux articles L. 121-16 à L. 121-21, le président du tribunal administratif peut désigner ce garant en qualité de commissaire enquêteur si ce dernier est inscrit sur l'une des listes d'aptitude de commissaire enquêteur. En cas d'empêchement d'un commissaire enquêteur, le président du tribunal administratif ou le conseiller délégué par lui ordonne l'interruption de l'enquête, désigne un commissaire enquêteur remplaçant et fixe la date de reprise de l'enquête. Le public est informé de ces décisions. »

Art. L. 123-5 Ne peuvent être désignées commissaire enquêteur ou membre de la commission d'enquête les personnes intéressées au projet à titre personnel *(L. n° 2019-1461 du 27 déc. 2019, art. 81)* « , en raison de leurs fonctions électives exercées sur le territoire concerné par l'enquête publique, » ou en raison de leurs fonctions, notamment au sein de la collectivité, de l'organisme ou du service qui assure la maîtrise d'ouvrage, la maîtrise d'œuvre ou le contrôle de l'opération soumise à enquête.

Les dispositions du premier alinéa peuvent être étendues, dans les conditions fixées par décret en Conseil d'État, à des personnes qui ont occupé ces fonctions.

Art. L. 123-6 *(Ord. n° 2016-1060 du 3 août 2016, art. 3-9°)* « I. — Lorsque la réalisation d'un projet, plan ou programme est soumise à l'organisation de plusieurs enquêtes publiques dont l'une au moins en application de l'article L. 123-2, il peut être procédé à une enquête unique régie par la présente section dès lors que les autorités compétentes pour prendre la décision désignent d'un commun accord celle qui sera chargée d'ouvrir et d'organiser cette enquête. A défaut de cet accord, et sur la demande du maître d'ouvrage ou de la personne publique responsable, le représentant de l'État, dès lors qu'il est compétent pour prendre l'une des décisions d'autorisation ou d'approbation envisagées, peut ouvrir et organiser l'enquête unique.

« Dans les mêmes conditions, il peut également être procédé à une enquête unique lorsque les enquêtes de plusieurs projets, plans ou programmes peuvent être organisées simultanément et que l'organisation d'une telle enquête contribue à améliorer l'information et la participation du public.

« La durée de l'enquête publique ne peut être inférieure à la durée minimale de la plus longue prévue par l'une des législations concernées.

« Le dossier soumis à enquête publique unique comporte les pièces ou éléments exigés au titre de chacune des enquêtes initialement requises et une note de présentation non technique du ou des projets, plans ou programmes. »

Cette enquête unique fait l'objet d'un rapport unique du commissaire enquêteur ou de la commission d'enquête ainsi que de conclusions motivées au titre de chacune des enquêtes publiques initialement requises.

II. — En cas de contestation d'une décision prise au terme d'une enquête publique organisée dans les conditions du présent article, la régularité du dossier est appréciée au regard des règles spécifiques applicables à la décision contestée.

Art. L. 123-7 Lorsqu'un projet de travaux, d'ouvrages ou d'aménagements est susceptible d'avoir des incidences notables sur l'environnement d'un autre État, membre de la Communauté européenne ou partie à la convention du 25 février 1991 sur l'évaluation de l'impact sur l'environnement dans un contexte transfrontière signée à Espoo, les renseignements permettant l'information et la participation du public sont transmis aux autorités de cet État, à la demande de celles-ci ou à l'initiative des autorités françaises. Les autorités de l'État intéressé sont invitées à participer à l'enquête publique prévue à l'article L. 123-1 ou à la procédure de *(Ord. n° 2016-1060 du 3 août 2016, art. 3-10°)* « participation du public par voie électronique prévue à l'article L. 123-19 ».

Art. L. 123-8 Lorsqu'un projet de travaux, d'ouvrages ou d'aménagements susceptible d'avoir en France des incidences notables sur l'environnement est transmis pour avis aux autorités françaises par un État, le public est consulté par une enquête publique réalisée conformément au présent chapitre. L'enquête publique est ouverte et organisée par arrêté du préfet du département concerné. Après la clôture de l'enquête, le préfet transmet son avis aux autorités de l'État sur le territoire duquel est situé le projet. Cet avis est accompagné du rapport et de l'avis du commissaire enquêteur ou de la commission d'enquête. La décision prise par l'autorité compétente de l'État sur le territoire duquel le projet est situé est mise à disposition du public à la préfecture du ou des départements dans lesquels l'enquête a été organisée.

Art. L. 123-9 *(Ord. n° 2016-1060 du 3 août 2016, art. 3-11°)* La durée de l'enquête publique est fixée par l'autorité compétente chargée de l'ouvrir et de l'organiser. Elle ne peut être inférieure à trente jours pour les projets, plans et programmes faisant l'objet d'une évaluation environnementale.

La durée de l'enquête peut être réduite à quinze jours pour un projet, plan ou programme ne faisant pas l'objet d'une évaluation environnementale.

Par décision motivée, le commissaire enquêteur ou le président de la commission d'enquête peut prolonger l'enquête pour une durée maximale de quinze jours, notamment lorsqu'il décide d'organiser une réunion d'information et d'échange avec le public durant cette période de prolongation de l'enquête. Cette décision est portée à la connaissance du public, au plus tard à la date prévue initialement pour la fin de l'enquête, dans les conditions prévues au I de l'article L. 123-10.

Art. L. 123-10 *(Ord. n° 2016-1060 du 3 août 2016, art. 3-11°)* I. — Quinze jours au moins avant l'ouverture de l'enquête et durant celle-ci, l'autorité compétente pour ouvrir et organiser l'enquête informe le public. L'information du public est assurée par voie dématérialisée et par voie d'affichage sur le ou les lieux concernés par l'enquête, ainsi que, selon l'importance et la nature du projet, plan ou programme, par voie de publication locale.

Cet avis précise :

— l'objet de l'enquête ;

— la ou les décisions pouvant être adoptées au terme de l'enquête et des autorités compétentes pour statuer ;

— le nom et les qualités du commissaire enquêteur ou des membres de la commission d'enquête ;

— la date d'ouverture de l'enquête, sa durée et ses modalités ;

— l'adresse du ou des sites internet sur lequel le dossier d'enquête peut être consulté ;

— le (ou les) lieu(x) ainsi que les horaires où le dossier de l'enquête peut être consulté sur support papier et le registre d'enquête accessible au public ;

— le ou les points et les horaires d'accès où le dossier de l'enquête publique peut être consulté sur un poste informatique ;

— la ou les adresses auxquelles le public peut transmettre ses observations et propositions pendant le délai de l'enquête. S'il existe un registre dématérialisé, cet avis précise l'adresse du site internet à laquelle il est accessible.

L'avis indique en outre l'existence d'un rapport sur les incidences environnementales, d'une étude d'impact ou, à défaut, d'un dossier comprenant les informations environnementales se rapportant à l'objet de l'enquête, et l'adresse du site internet ainsi que du ou des lieux où ces documents peuvent être consultés s'ils diffèrent de l'adresse et des lieux où le dossier peut être consulté. *(Ord. n° 2017-80 du 26 janv. 2017, art. 2-2°, en vigueur le 1er mars 2017)* « Il fait état, lorsqu'ils ont été émis, de l'existence de l'avis de l'autorité environnementale mentionné au V de l'article L. 122-1 et à l'article L. 122-7 du présent code ou à l'article L. 104-6 du code de l'urbanisme, et des avis des collectivités territoriales et de leurs groupements mentionnés au V de l'article L. 122-1 du présent code, ainsi que du lieu ou des lieux où ils peuvent être consultés et de l'adresse des sites internet où ils peuvent être consultés si elle diffère de celle mentionnée ci-dessus. »

II. — La personne responsable du projet assume les frais afférents à ces différentes mesures de publicité de l'enquête publique.

Art. L. 123-11 Nonobstant les dispositions du titre Ier *(Ord. n° 2016-1060 du 3 août 2016, art. 3-12°)* « du livre III du code des relations entre le public et l'administration », le dossier d'enquête publique est communicable à toute personne sur sa demande et à ses frais, avant l'ouverture de l'enquête publique ou pendant celle-ci.

Art. L. 123-12 *(Ord. n° 2016-1060 du 3 août 2016, art. 3-13°)* Le dossier d'enquête publique est mis en ligne pendant toute la durée de l'enquête. Il reste consultable, pendant cette même durée, sur support papier en un ou plusieurs lieux déterminés dès l'ouverture de l'enquête publique. Un accès gratuit au dossier est également garanti par un ou plusieurs postes informatiques dans un lieu ouvert au public.

Si le projet, plan ou programme a fait l'objet d'une procédure de débat public organisée dans les conditions définies aux articles L. 121-8 à L. 121-15, ou d'une concertation préalable organisée dans les conditions définies aux articles L. 121-16 et L. 121-16-1, ou de toute autre procédure prévue par les textes en vigueur permettant au public de participer effectivement au processus de décision, le dossier comporte le bilan de cette procédure ainsi que la synthèse des observations et propositions formulées par le public. Lorsqu'aucune concertation préalable n'a eu lieu, le dossier le mentionne.

Art. L. 123-13 I. — *(Ord. n° 2016-1060 du 3 août 2016, art. 3-14°)* « Le commissaire enquêteur ou la commission d'enquête conduit l'enquête de manière à permettre au public de disposer d'une information complète sur le projet, plan ou programme, et de participer effectivement au processus de décision. Il ou elle permet au public de faire parvenir ses observations et propositions pendant la durée de l'enquête par courrier électronique de façon systématique ainsi que par toute autre modalité précisée dans l'arrêté d'ouverture de l'enquête. Les observations et propositions *(L. n° 2018-148 du 2 mars 2018, art. 2)* « transmises par voie électronique » sont accessibles sur un site internet désigné par voie réglementaire. »

II. — Pendant l'enquête, le commissaire enquêteur ou le président de la commission d'enquête reçoit le maître d'ouvrage de l'opération soumise à l'enquête publique à la demande de ce dernier. Il peut en outre :

— recevoir toute information et, s'il estime que des documents sont utiles à la bonne information du public, demander au maître d'ouvrage de communiquer ces documents au public ;

— visiter les lieux concernés, à l'exception des lieux d'habitation, après en avoir informé au préalable les propriétaires et les occupants ;

— entendre toutes les personnes concernées par le projet, plan ou programme qui en font la demande et convoquer toutes les personnes dont il juge l'audition utile ;

— organiser, sous sa présidence, toute réunion d'information et d'échange avec le public en présence du maître d'ouvrage.

A la demande du commissaire enquêteur ou du président de la commission d'enquête et lorsque les spécificités de l'enquête l'exigent, le président du tribunal administratif ou le conseiller qu'il délègue peut désigner un expert chargé d'assister le commissaire enquêteur ou la commission d'enquête. Le coût de cette expertise *(Ord. n° 2016-1060 du 3 août 2016, art. 3-14°)* « complémentaire » est à la charge du responsable du projet.

Art. L. 123-14 I. — Pendant l'enquête publique, si la personne responsable du projet, plan ou programme visé au I de l'article L. 123-2 estime nécessaire d'apporter à celui-ci *(Ord. n° 2016-1060 du 3 août 2016, art. 3-15°)* « , à l'étude d'impact ou au rapport sur les incidences environnementales afférent, » des modifications substantielles, l'autorité compétente pour ouvrir et organiser l'enquête peut, après avoir entendu le commissaire enquêteur ou le président de la commission d'enquête, suspendre l'enquête pendant une durée maximale de six mois. Cette possibilité de suspension ne peut être utilisée qu'une seule fois.

Pendant ce délai, le nouveau projet, plan ou programme, accompagné de l'étude d'impact ou du *(Ord. n° 2016-1058 du 3 août 2016, art. 1er-21° ; Ord. n° 2016-1060 du 3 août 2016, art. 3-15°)* « rapport sur les incidences environnementales » intégrant ces modifications, est transmis pour avis à l'autorité environnementale prévue, selon les cas, aux articles L. 122-1 et L. 122-7 du présent code et à l'article *(Ord. n° 2015-1174 du 23 sept. 2015, art. 9-VI-4° ; Ord. n° 2016-1060 du 3 août 2016, art. 3-15°)* « L. 104-6 » du code de l'urbanisme *(Ord. n° 2016-1058 du 3 août 2016, art. 1er-21°)* « ainsi que, le cas échéant, aux collectivités territoriales et à leurs groupements consultés en application du V de l'article L. 122-1 ». A l'issue de ce délai et après que le public a été informé des modifications apportées dans les conditions définies à l'article L. 123-10 du présent code, l'enquête est prolongée d'une durée d'au moins trente jours.

II. — Au vu des conclusions du commissaire enquêteur ou de la commission d'enquête, la personne responsable du projet, plan ou programme visé au I de l'article L. 123-2 peut, si elle estime souhaitable d'apporter à celui-ci des changements qui en modifient l'économie générale, demander à l'autorité organisatrice d'ouvrir une enquête complémentaire portant sur les avantages et inconvénients de ces modifications pour le projet et pour l'environnement. Dans le cas des projets d'infrastructures linéaires, l'enquête complémentaire peut n'être organisée que sur les territoires concernés par la modification.

Dans le cas d'enquête complémentaire, le point de départ du délai pour prendre la décision après clôture de l'enquête est reporté à la date de clôture de la seconde enquête.

(Ord. n° 2016-1058 du 3 août 2016, art. 1er-21° ; L. n° 2018-727 du 10 août 2018, art. 62) « Avant l'ouverture de l'enquête publique complémentaire, le nouveau projet, plan ou programme, accompagné de l'étude d'impact ou du rapport sur les incidences environnementales intégrant ces modifications, est transmis pour avis à l'autorité environnementale conformément, selon les cas, aux articles L. 122-1 et L. 122-7 du présent code et à l'article L. 104-6 du code de l'urbanisme et aux collectivités territoriales et à leurs groupements consultés en application du V de l'article L. 122-1. »

S'agissant de l'application des dispositions de l'Ord. n° 2016-1058 du 3 août 2016, V. note ss. art. L. 123-2.

Art. L. 123-15 Le commissaire enquêteur ou la commission d'enquête rend son rapport et ses conclusions motivées dans un délai de trente jours à compter de la fin de l'enquête. Si ce délai ne peut être respecté, un délai supplémentaire peut être accordé à la demande du commissaire enquêteur ou de la commission d'enquête par l'autorité compétente pour organiser l'enquête, après avis du responsable du projet.

Le rapport doit faire état des *(Ord. n° 2016-1060 du 3 août 2016, art. 3-16°)* « observations et propositions qui ont été produites pendant la durée de » l'enquête ainsi que des réponses éventuelles du maître d'ouvrage.

Le rapport et les conclusions motivées sont rendus publics *(Ord. n° 2016-1060 du 3 août 2016, art. 3-16°)* « par voie dématérialisée sur le site internet de l'enquête publique et sur le lieu où ils peuvent être consultés sur support papier ».

Si, à l'expiration du délai prévu au premier alinéa, le commissaire enquêteur ou la commission d'enquête n'a pas remis son rapport et ses conclusions motivées, ni justifié d'un motif pour le dépassement du délai, l'autorité compétente pour organiser l'enquête peut, avec l'accord du maître d'ouvrage et après une mise en demeure du commissaire enquêteur ou de la commission d'enquête restée infructueuse, demander au président du tribunal administratif ou au conseiller qu'il délègue de dessaisir le commissaire enquêteur ou la commission d'enquête et de lui substituer *(Abrogé par Ord. n° 2016-1060 du 3 août 2016, art. 3-16°)* ***« son suppléant, »*** un nouveau commissaire enquêteur ou une nouvelle commission d'enquête ; celui-ci doit, à partir des résultats de l'enquête, remettre le rapport et les conclusions motivées dans un maximum de trente jours à partir de sa nomination.

Le nouveau commissaire enquêteur ou la nouvelle commission d'enquête peut faire usage des prérogatives prévues par l'article L. 123-13.

(Ord. n° 2016-1060 du 3 août 2016, art. 3-16°) « L'autorité compétente pour prendre la décision peut organiser, en présence du maître d'ouvrage, une réunion publique afin de répondre aux éventuelles réserves, recommandations ou conclusions défavorables du commissaire enquêteur ou de la commission d'enquête. Elle est organisée dans un délai de deux mois après la clôture de l'enquête. Le commissaire enquêteur ou la commission d'enquête sont informés de la tenue d'une telle réunion. »

Art. L. 123-16 Le juge administratif des référés, saisi d'une demande de suspension d'une décision prise après des conclusions défavorables du commissaire enquêteur ou de la commission d'enquête, fait droit à cette demande si elle comporte un moyen propre à créer, en l'état de l'instruction, un doute sérieux quant à la légalité de celle-ci.

Il fait également droit à toute demande de suspension d'une décision prise sans que l'enquête publique requise par le présent chapitre *(L. n° 2018-148 du 2 mars 2018, art. 2)* « ou que la participation du public prévue à l'article L. 123-19 » ait eu lieu.

(Abrogé par L. n° 2018-148 du 2 mars 2018, art. 2) ***« L'alinéa précédent s'applique dans les mêmes conditions en cas d'absence de*** *(Ord. n° 2016-1060 du 3 août 2016, art. 3-17°)* ***« participation du public par voie électronique pour les documents mentionnés à l'article L. 123-19 ». »***

Tout projet d'une collectivité territoriale ou d'un établissement public de coopération intercommunale ayant donné lieu à des conclusions défavorables du commissaire enquêteur ou de la commission d'enquête doit faire l'objet d'une délibération motivée réitérant la demande d'autorisation ou de déclaration d'utilité publique de l'organe délibérant de la collectivité ou de l'établissement de coopération concerné.

Art. L. 123-17 Lorsque les projets qui ont fait l'objet d'une enquête publique n'ont pas été entrepris dans un délai de cinq ans à compter de la décision, une nouvelle enquête doit être conduite, à moins qu'une prorogation de cinq ans au plus ne soit décidée avant l'expiration de ce délai dans des conditions fixées par décret en Conseil d'État. — *V. art. R. 123-24.*

Art. L. 123-18 Le responsable du projet, plan ou programme prend en charge les frais de l'enquête, notamment l'indemnisation du commissaire enquêteur ou de la commission d'enquête.

(Ord. n° 2016-1060 du 3 août 2016, art. 3-18°) « Sur demande motivée du ou des commissaires enquêteurs, le président du tribunal administratif ou le conseiller délégué à cet effet peut demander au responsable du projet de verser une provision. Le président ou le conseiller en fixe le montant et le délai de versement. »

SECTION II *Participation du public pour les plans, programmes et projets non soumis à enquête publique*

(Ord. n° 2016-1060 du 3 août 2016, art. 3-20°)

Art. L. 123-19 I. – La participation du public s'effectue par voie électronique. Elle est applicable :

1° Aux projets qui font l'objet d'une évaluation environnementale et qui sont exemptés d'enquête publique en application du 1° du I de l'article L. 123-2 ;

2° Aux plans et programmes qui font l'objet d'une évaluation environnementale en application des articles L. 122-4 à L. 122-11 ou des articles L. 104-1 à L. 104-3 du code de l'urbanisme et pour lesquels une enquête publique n'est pas requise en application des dispositions particulières qui les régissent.

Par exception à l'alinéa précédent, les schémas directeurs d'aménagement et de gestion des eaux, les plans de gestion des risques inondations et les plans d'action pour le milieu marin sont soumis à des dispositions spécifiques de participation du public.

La participation du public par voie électronique est ouverte et organisée par l'autorité compétente pour autoriser ces projets ou approuver ces plans et programmes.

II. – Le dossier soumis à la présente procédure comprend les mêmes pièces que celles prévues à l'article L. 123-12. Il est mis à disposition du public par voie électronique et, sur demande présentée dans des conditions prévues par décret, mis en consultation sur support papier dans les préfectures et les sous-préfectures en ce qui concerne les décisions des autorités de l'État, y compris les autorités administratives indépendantes, et des établissements publics de l'État, ou au siège de l'autorité en ce qui concerne les décisions des autres autorités. Lorsque le volume ou les caractéristiques du projet de décision ou du dossier de demande ne permettent pas sa mise à disposition par voie électronique, la note de présentation précise l'objet de la procédure de participation, les lieux et horaires où l'intégralité du projet ou du dossier de demande peut être consultée.

Le public est informé par un avis mis en ligne ainsi que par un affichage en mairie ou sur les lieux concernés *(L. n° 2018-727 du 10 août 2018, art. 57)* « et, selon l'importance et la nature du projet, par voie de publication locale » quinze jours avant l'ouverture de la participation électronique du public pour les plans, programmes et projets. Cet avis mentionne :

1° Le projet de plan ou programme ou la demande d'autorisation du projet ;

2° Les coordonnées des autorités compétentes pour prendre la décision, celles auprès desquelles peuvent être obtenus des renseignements pertinents, celles auxquelles des observations ou questions peuvent être adressées ainsi que des précisions sur les conditions dans lesquelles elles peuvent être émises ;

3° La ou les décisions pouvant être adoptées au terme de la participation et des autorités compétentes pour statuer ;

4° Une indication de la date à laquelle et du lieu où les renseignements pertinents seront mis à la disposition du public et des conditions de cette mise à disposition ;

5° L'adresse du site internet sur lequel le dossier peut être consulté ;

6° Le fait que le plan ou programme ou le projet soit soumis à évaluation environnementale et que, le cas échéant, il est susceptible d'avoir des incidences notables sur l'environnement d'un autre État membre dans les conditions prévues à l'article L. 123-7 et le lieu où ce rapport ou cette étude d'impact peuvent être consultés ;

7° Lorsqu'il a été émis, l'avis de l'autorité environnementale mentionné à l'article L. 122-7 ou à l'article L. 104-6 du code de l'urbanisme ainsi que du ou des lieu(x) où il peut être consulté.

(L. n° 2018-727 du 10 août 2018, art. 57) « Les dépenses relatives à l'organisation matérielle de cette participation sont à la charge du maître d'ouvrage ou de la personne publique responsable du plan ou du programme. »

Les observations et propositions du public, déposées par voie électronique, doivent parvenir à l'autorité administrative concernée dans un délai qui ne peut être inférieur à trente jours à compter de la date de début de la participation électronique du public.

III. — Sont applicables aux participations du public réalisées en vertu du présent article les dispositions des trois derniers alinéas du II de l'article L. 123-19-1, ainsi que les dispositions des articles L. 123-19-3 à L. 123-19-5.

....

SECTION IV *Protection des intérêts de la défense nationale*

(Ord. n° 2020-7 du 6 janv. 2020, art. 4)

Art. L. 123-19-8 Sont exclus du champ d'application de toutes les formes de participation du public aux décisions ayant une incidence sur l'environnement régies par le présent chapitre :

1° Les opérations ayant reçu la qualification d'opération sensible intéressant la défense nationale en application de l'article L. 2391-1 du code de la défense ainsi que les servitudes et, le cas échéant, les plans de prévention des risques technologiques qui leur sont associés ;

2° Les opérations relatives aux installations et activités nucléaires intéressant la défense énumérées à l'article L. 1333-15 du code de la défense, sous réserve des dispositions de l'article L. 123-19-10 ;

3° Les aménagements, ouvrages, installations et travaux lorsque tout ou partie des informations qui s'y rapportent sont soumises à des règles de protection du secret de la défense nationale et que ces informations sont essentielles à la compréhension du dossier ;

4° L'approbation, la modification ou la révision d'un document d'urbanisme, lorsque cette approbation, cette modification ou cette révision a pour objet exclusif de permettre la réalisation d'une opération entrant dans le champ d'application du présent article.

Art. L. 123-19-9 Ne peuvent figurer dans un dossier soumis à enquête publique, ni être communiqués, mis à disposition du public ou soumis à consultation ou à participation du public :

1° Des éléments soumis à des règles de protection du secret de la défense nationale ;

2° Des éléments nécessaires à la sauvegarde des intérêts de la défense nationale.

Art. L. 123-19-10 Par exception à l'exemption énoncée au 2° de l'article L. 123-19-8, les demandes d'autorisation de rejets d'effluents dans le milieu ambiant, formées lors de la création d'une installation nucléaire de base secrète mentionnée au 1° de l'article L. 1333-15 du code de la défense ou lors de modifications ultérieures de cette installation, susceptibles d'accroître, de manière significative, les effets des rejets sur la sécurité, la santé et la salubrité publiques ou sur la protection de la nature et de l'environnement, sont soumises à l'accomplissement d'une enquête publique réalisée conformément aux dispositions du présent chapitre.

SECTION V *Dispositions finales*

(Ord. n° 2020-7 du 6 janv. 2020, art. 4)

Art. L. 123-19-11 Un décret en Conseil d'État précise les conditions d'application du présent chapitre.

DEUXIÈME PARTIE : *RÉGLEMENTAIRE*

LIVRE PREMIER **Dispositions communes**

TITRE II **Information et participation des citoyens**

CHAPITRE III *Participation du public aux décisions ayant une incidence sur l'environnement* *(Décr. n° 2017-626 du 25 avr. 2017, art. 4-1°)*.

SECTION I *Champ d'application de l'enquête publique*

(Décr. n° 2011-2018 du 29 déc. 2011, art. 2)

Les dispositions du Décr. n° 2011-2018 du 29 déc. 2011 sont applicables aux enquêtes publiques dont l'arrêté d'ouverture et d'organisation est publié à compter du 1er juin 2012. Les dispositions des II et III de l'art. R. 123-1, dans sa rédaction résultant du décret précité, sont applicables aux demandes d'autorisation déposées à compter du 1er juin 2012 (Décr. préc., art. 17).

Art. R. 123-1 I. – Pour l'application du 1° du I de l'article L. 123-2, font l'objet d'une enquête publique soumise aux prescriptions du présent chapitre les projets de travaux, d'ouvrages ou d'aménagements soumis de façon systématique à la réalisation d'une étude d'impact en application des II et III de l'article R. 122-2 et ceux qui, à l'issue de l'examen au cas par cas prévu au même article, sont soumis à la réalisation d'une telle étude.

II. – Ne sont toutefois pas soumis à l'obligation d'une enquête publique *(Décr. n° 2017-626 du 25 avr. 2017, art. 4-2°-a)* « , conformément au troisième alinéa du 1° du I de l'article L. 123-2 : »

(Abrogé par Décr. n° 2017-626 du 25 avr. 2017, art. 4-2°-b) « 1° Les projets de création d'une zone d'aménagement concerté ; »

1° Les créations de zones de mouillages et d'équipements légers, sauf si cette implantation entraîne un changement substantiel d'utilisation du domaine public maritime conformément au décret n° 91-1110 du 22 octobre 1991 relatif aux autorisations d'occupation temporaire concernant les zones de mouillages et d'équipements légers sur le domaine public maritime ; *– Décr. désormais codifié au CGPPP, art. R. 2124-39 à R. 2124-55.*

2° Les demandes d'autorisation temporaire mentionnées à l'article R. 214-23 ;

3° Les demandes d'autorisation d'exploitation temporaire d'une installation classée pour la protection de l'environnement mentionnées à l'article R. 512-37 ;

4° *(Décr. n° 2019-190 du 14 mars 2019, art. 6)* « Les demandes d'autorisation de création de courte durée d'une installation nucléaire de base régies par la section XVII du chapitre III du titre IX du livre V » ;

5° Les défrichements mentionnés aux articles L. 311-1 et L. 312-1 du code forestier *[art. respectivement recodifiés aux art. L. 341-1 et L. 341-3, et L. 214-13 C. for. par Ord. n° 2012-92 du 26 janv. 2012]* et les premiers boisements soumis à autorisation en application de l'article L. 126-1 du code rural *[et de la pêche maritime]*, lorsqu'ils portent sur une superficie inférieure à 10 hectares.

(Abrogé par Décr. n° 2020-133 du 18 févr. 2020, art. 4) (Décr. n° 2015-159 du 11 févr. 2015, art. 10) « III. – En application du III bis de l'article L. 123-2, ne sont pas soumis à enquête publique, afin de tenir compte des impératifs de la défense nationale :

« 1° Les installations classées pour la protection de l'environnement constituant un élément de l'infrastructure militaire et réalisées dans le cadre d'opérations secrètes intéressant la défense nationale, mentionnées à l'article R. 517-4 ;

« 2° Les projets de plans de prévention des risques technologiques mentionnés au III de l'article R. 515-50 ;

« 3° Les opérations, travaux ou activités concernant des installations ou enceintes relevant du ministre de la défense et entrant dans le cadre d'opérations secrètes intéressant la défense nationale, mentionnés (Décr. n° 2017-81 du 26 janv. 2017, art. 2-3°, en vigueur le 1er mars 2017) « au III de l'article R. 181-55 » ;

« 4° Les opérations mentionnées à l'article R. 123-44. »

IV. – Sauf disposition contraire, les travaux d'entretien, de maintenance et de grosses réparations, quels que soient les ouvrages ou aménagements auxquels ils se rapportent, ne sont pas soumis à la réalisation d'une enquête publique.

Suite à l'abrogation du 1° du II du présent art. par le Décr. n° 2017-626 du 25 avr. 2017, les 2° à 6° sont respectivement renumérotés de 1° à 5° (Décr. préc., art. 4-2°-b).

Les dispositions issues de l'Ord. n° 2012 92 du 26 janv. 2012 entrent en vigueur en même temps que la partie réglementaire du nouveau code forestier et au plus tard le 1er juill. 2012 (Ord. préc., art. 8-I).

SECTION II *Procédure et déroulement de l'enquête publique*

(Décr. n° 2011-2018 du 29 déc. 2011, art. 3)

Les dispositions du Décr. n° 2011-2018 du 29 déc. 2011 sont applicables aux enquêtes publiques dont l'arrêté d'ouverture et d'organisation est publié à compter du 1er juin 2012 (Décr. préc., art. 17).

Art. R. 123-2 Les projets, plans, programmes ou décisions mentionnés à l'article L. 123-2 font l'objet d'une enquête régie par les dispositions du présent chapitre préalablement à l'intervention de la décision en vue de laquelle l'enquête est requise, ou, en l'absence de dispositions prévoyant une telle décision, avant le commencement de la réalisation des projets concernés.

SOUS-SECTION 1 *Ouverture et organisation de l'enquête*

Art. R. 123-3 I. — Lorsque la décision en vue de laquelle l'enquête est requise relève d'une autorité nationale de l'État, sauf disposition particulière, l'ouverture et l'organisation de l'enquête sont assurées par le préfet territorialement compétent.

II. — Lorsque la décision en vue de laquelle l'enquête est requise relève d'un établissement public de l'État comportant des échelons territoriaux dont le préfet de région ou de département est le délégué territorial en vertu de l'article 59-1 du décret n° 2004-374 du 29 avril 2004 *[V. cet art. au* **CGCT***]*, l'organe exécutif de l'établissement peut déléguer la compétence relative à l'ouverture et à l'organisation de l'enquête à ce préfet.

III. — Lorsque le projet porte sur le territoire de plusieurs communes, départements ou régions, l'enquête peut être ouverte et organisée par une décision conjointe des autorités compétentes pour ouvrir et organiser l'enquête. Dans ce cas, cette décision désigne l'autorité chargée de coordonner l'organisation de l'enquête et d'en centraliser les résultats.

SOUS-SECTION 2 *Personnes susceptibles d'exercer les fonctions de commissaire enquêteur*

Art. R. 123-4 Ne peuvent être désignés *[désignées]* comme *(Décr. n° 2017-626 du 25 avr. 2017, art. 4-3°)* « commissaire enquêteur ou membre d'une commission d'enquête » les personnes intéressées au projet, plan ou programme soit à titre personnel, soit en raison des fonctions qu'elles exercent ou ont exercées depuis moins de cinq ans, notamment au sein de la collectivité, de l'organisme ou du service qui assure la maîtrise d'ouvrage, la maîtrise d'œuvre ou le contrôle du projet, plan ou programme soumis à enquête, ou au sein d'associations ou organismes directement concernés par cette opération.

Avant sa désignation, chaque *(Décr. n° 2017-626 du 25 avr. 2017, art. 4-3°)* « commissaire enquêteur ou membre d'une commission d'enquête » indique au président du tribunal administratif les activités exercées au titre de ses fonctions précédentes ou en cours qui pourraient être jugées incompatibles avec les fonctions de commissaire enquêteur en application de l'article L. 123-5, et signe une déclaration sur l'honneur attestant qu'il n'a pas d'intérêt personnel au projet, plan ou programme.

Le manquement à cette règle constitue un motif de radiation de la liste d'aptitude de commissaire enquêteur.

SOUS-SECTION 3 *Désignation du commissaire enquêteur ou d'une commission d'enquête*

Art. R. 123-5 L'autorité compétente pour ouvrir et organiser l'enquête saisit, en vue de la désignation d'un commissaire enquêteur ou d'une commission d'enquête *[,]* le président du tribunal administratif dans le ressort duquel se situe le siège de cette autorité et lui adresse une demande qui précise l'objet de l'enquête ainsi que la période d'enquête proposée, et comporte le résumé non technique ou la note de présentation mentionnés respectivement aux 1° et 2° de l'article R. 123-8 *(Décr. n° 2017-626 du 25 avr. 2017, art. 4-4°-a)* « ainsi qu'une copie de ces pièces sous format numérique ».

Le président du tribunal administratif ou le magistrat délégué par lui à cette fin désigne dans un délai de quinze jours un commissaire enquêteur ou les membres, en nombre impair, d'une commission d'enquête parmi lesquels il choisit un président. *(Abrogé par Décr. n° 2017-626 du 25 avr. 2017, art. 4-4°-b et c)* *« Il nomme également un ou plusieurs suppléants au commissaire enquêteur ou aux membres de la commission d'enquête qui remplace le titulaire en cas d'empêchement et exerce alors ses fonctions jusqu'au terme de la procédure.*

« Hormis le cas du remplacement d'un titulaire défaillant par un suppléant, le suppléant n'intervient pas dans la conduite de l'enquête ni pour l'élaboration du rapport et des conclusions qui restent de la seule compétence du commissaire enquêteur ou des membres de la commission titulaires. »

(Décr. n° 2019-1352 du 12 déc. 2019, art. 10) « Avant signature de l'arrêté d'ouverture d'enquête », l'autorité compétente pour ouvrir et organiser l'enquête adresse *(Décr. n° 2019-1352 du 12 déc. 2019, art. 10)* « au commissaire enquêteur ou à chacun des commissaires enquêteurs » *(Décr. n° 2017-626 du 25 avr. 2017, art. 4-4°-d et e)* « une copie du dossier complet soumis à enquête publique en format papier et en copie numérique. Il en sera de même *(Décr. n° 2019-1352 du 12 déc. 2019, art. 10)* « après » désignation d'un commissaire enquêteur remplaçant par le président du tribunal administratif.

« En cas d'empêchement du commissaire enquêteur désigné, l'enquête est interrompue. Après qu'un commissaire enquêteur remplaçant a été désigné par le président du tribunal administratif ou le conseiller délégué par lui et que la date de reprise de l'enquête a été fixée, l'autorité compétente pour organiser l'enquête publie un arrêté de reprise d'enquête dans les mêmes conditions que l'arrêté d'ouverture de l'enquête. »

SOUS-SECTION 4 *[ABROGÉE]* *Durée de l'enquête*

(Abrogée par Décr. n° 2017-626 du 25 avr. 2017, art. 4-5°)

Art. R. 123-6 *La durée de l'enquête publique est fixée par l'autorité compétente pour ouvrir et organiser l'enquête. Cette durée ne peut être inférieure à trente jours et ne peut excéder deux mois, sauf le cas où les dispositions des articles R. 123-22 ou* (Décr. n° 2012-616 du 2 mai 2012, art. 5-1°) *« R. 123-23 » sont mises en œuvre.*

Toutefois, par décision motivée, le commissaire enquêteur ou le président de la commission d'enquête peut, après information de l'autorité compétente pour ouvrir et organiser l'enquête, prolonger celle-ci pour une durée maximale de trente jours, notamment lorsqu'il décide d'organiser une réunion d'information et d'échange avec le public durant cette période de prolongation de l'enquête.

Sa décision doit être notifiée à l'autorité compétente pour ouvrir et organiser l'enquête au plus tard huit jours avant la fin de l'enquête. Elle est portée à la connaissance du public, au plus tard à la date prévue initialement pour la fin de l'enquête, par un affichage réalisé dans les conditions de lieu prévues au II de l'article R. 123-11 ainsi que, le cas échéant, par tout autre moyen approprié.

Lorsqu'il est fait application des dispositions des deux précédents alinéas du présent article, l'accomplissement des formalités prévues à l'article R. 123-18 est reporté à la clôture de l'enquête ainsi prorogée.

SOUS-SECTION 5 *Enquête publique unique*

Art. R. 123-7 Lorsqu'en application de l'article L. 123-6 une enquête publique unique est réalisée, l'arrêté d'ouverture de l'enquête précise, s'il y a lieu, les coordonnées de chaque maître d'ouvrage responsable des différents éléments du projet, plan ou programme soumis à enquête et le dossier soumis à enquête publique est établi sous la responsabilité de chacun d'entre eux.

(Abrogé par Décr. n° 2017-626 du 25 avr. 2017, art. 4-6°-a) *« Le dossier soumis à enquête publique unique comporte les pièces ou éléments exigés au titre de chacune des enquêtes initialement requises, et une note de présentation non technique du projet, plan ou programme.*

« La durée de l'enquête unique ne peut être inférieure à la durée minimale la plus longue prévue par l'une des réglementations. »

L'enquête unique fait l'objet d'un registre d'enquête unique *(Abrogé par Décr. n° 2017-626 du 25 avr. 2017, art. 4-6°-b)* *« , d'un rapport unique du commissaire enquêteur ou de la commission d'enquête, ainsi que de conclusions motivées au titre de chacune des enquêtes publiques initialement requises ».*

L'autorité chargée d'ouvrir et d'organiser l'enquête adresse, dès leur réception, copie du rapport et des conclusions du commissaire enquêteur ou de la commission d'enquête à chacune des autorités compétentes pour prendre les décisions en vue desquelles l'enquête unique a été organisée, au président du tribunal administratif et *(Décr. n° 2017-626 du 25 avr. 2017, art. 4-6°-c)* « au maître d'ouvrage de chaque » projet, plan ou programme.

SOUS-SECTION 6 *Composition du dossier d'enquête*

Art. R. 123-8 Le dossier soumis à l'enquête publique comprend les pièces et avis exigés par les législations et réglementations applicables au projet, plan ou programme.

Le dossier comprend au moins :

(Décr. n° 2017-626 du 25 avr. 2017, art. 4-7°-a) « 1° Lorsqu'ils sont requis, l'étude d'impact et son résumé non technique, le rapport sur les incidences environnementales et son résumé non technique, et, le cas échéant, la décision prise après un examen au cas par cas par l'autorité *(Abrogé par Décr. n° 2020-844 du 3 juill. 2020, art. 11)* *« environnementale »* mentionnée au IV de l'article L. 122-1 ou à l'article L. 122-4, *(Abrogé par Décr. n° 2019-1352 du 12 déc. 2019, art. 11)* *« ainsi que »* l'avis de l'autorité environnementale mentionné au III de l'article L. 122-1 et à l'article L. 122-7 du présent code ou à l'article L. 104-6 du code de l'urbanisme *(Décr. n° 2019-1352 du 12 déc. 2019, art. 11)* « , ainsi que la réponse écrite du maître d'ouvrage à l'avis de l'autorité environnementale » ; »

2° En l'absence *(Décr. n° 2017-626 du 25 avr. 2017, art. 4-7°-b)* « d'évaluation environnementale le cas échéant, *(Décr. n° 2020-844 du 3 juill. 2020, art. 11)* « la décision prise après un examen au cas par cas » ne soumettant pas le projet, plan ou programme à évaluation environnementale et, lorsqu'elle est requise, l'étude d'incidence environnementale mentionnée à l'article L. 181-8 et son résumé non technique *[ancienne rédaction : d'étude d'impact ou d'évaluation environnementale]* », une note de présentation précisant les coordonnées du maître d'ouvrage *(Décr. n° 2017-626 du 25 avr. 2017, art. 4-7°-b)* « ou de la personne publique responsable » du projet, plan ou programme, l'objet de l'enquête, les caractéristiques les plus importantes du projet, plan ou programme et présentant un résumé des principales raisons pour lesquelles, notamment du point de vue de l'environnement, le projet, plan ou programme soumis à enquête a été retenu ;

3° La mention des textes qui régissent l'enquête publique en cause et l'indication de la façon dont cette enquête s'insère dans la procédure administrative relative au projet, plan ou programme considéré, ainsi que la ou les décisions pouvant être adoptées au terme de l'enquête et les autorités compétentes pour prendre la décision d'autorisation ou d'approbation ;

4° Lorsqu'ils sont rendus obligatoires par un texte législatif ou réglementaire préalablement à l'ouverture de l'enquête, les avis émis sur le projet, plan ou programme. *(Abrogé par Décr. n° 2017-626 du 25 avr. 2017, art. 4-7°-c)* ***« Dans le cas d'avis très volumineux, une consultation peut en être organisée par voie électronique dans les locaux de consultation du dossier ; »***

(Décr. n° 2017-626 du 25 avr. 2017, art. 4-7°-d) « 5° Le bilan de la procédure de débat public organisée dans les conditions définies aux articles L. 121-8 à L. 121-15, de la concertation préalable définie à l'article L. 121-16 ou de toute autre procédure prévue par les textes en vigueur permettant au public de participer effectivement au processus de décision. Il comprend également l'acte prévu à l'article L. 121-13. Lorsque aucun débat public ou lorsque aucune concertation préalable n'a eu lieu, le dossier le mentionne ; »

6° La mention des autres autorisations nécessaires pour réaliser le projet *(Décr. n° 2017-626 du 25 avr. 2017, art. 4-7°-e)* « dont le ou les maîtres d'ouvrage ont connaissance ».

(Décr. n° 2017-81 du 26 janv. 2017, art. 2-4°, en vigueur le 1er mars 2017) « L'autorité administrative compétente disjoint du dossier soumis à l'enquête et aux consultations prévues ci-après les informations dont la divulgation est susceptible de porter atteinte aux intérêts mentionnés au I de l'article L. 124-4 et au II de l'article L. 124-5. »

Les dispositions issues de l'Ord. n° 2012-92 du 26 janv. 2012 entrent en vigueur en même temps que la partie réglementaire du nouveau code forestier et au plus tard le 1er juill. 2012 (Ord. préc., art. 8-I).

SOUS-SECTION 7 *Organisation de l'enquête*

Art. R. 123-9 *(Décr. n° 2017-626 du 25 avr. 2017, art. 4-8°)* I. — L'autorité compétente pour ouvrir et organiser l'enquête précise par arrêté les informations mentionnées à l'article L. 123-10, quinze jours au moins avant l'ouverture de l'enquête et après concertation avec le commissaire enquêteur ou le président de la commission d'enquête. Cet arrêté précise notamment :

1° Concernant l'objet de l'enquête, les caractéristiques principales du projet, plan ou programme ainsi que l'identité de la ou des personnes responsables du projet, plan ou programme ou de l'autorité auprès de laquelle des informations peuvent être demandées ;

2° En cas de pluralité de lieux d'enquête, le siège de l'enquête, où toute correspondance postale relative à l'enquête peut être adressée au commissaire enquêteur ou au président de la commission d'enquête ;

3° L'adresse du site internet comportant un registre dématérialisé sécurisé auxquelles *[à laquelle]* le public peut transmettre ses observations et propositions pendant la durée de l'enquête. En l'absence de registre dématérialisé, l'arrêté indique l'adresse électronique à laquelle le public peut transmettre ses observations et propositions ;

4° Les lieux, jours et heures où le commissaire enquêteur ou la commission d'enquête, représentée par un ou plusieurs de ses membres, se tiendra à la disposition du public pour recevoir ses observations ;

5° Le cas échéant, la date et le lieu des réunions d'information et d'échange envisagées ;

6° La durée, le ou les lieux, ainsi que le ou les sites internet où *[,]* à l'issue de l'enquête, le public pourra consulter le rapport et les conclusions du commissaire enquêteur ou de la commission d'enquête ;

7° L'information selon laquelle, le cas échéant, le dossier d'enquête publique est transmis à un autre État, membre de l'Union européenne ou partie à la convention sur l'évaluation de l'impact sur l'environnement dans un contexte transfrontière, signée à Espoo le 25 février 1991, sur le territoire duquel le projet est susceptible d'avoir des incidences notables ;

8° L'arrêté d'ouverture de l'enquête précise, s'il y a lieu, les coordonnées de chaque maître d'ouvrage ou de la personne publique responsable des différents éléments du ou des projets, plans ou programmes soumis à enquête.

II. – Un dossier d'enquête publique est disponible en support papier au minimum au siège de l'enquête publique.

Ce dossier est également disponible depuis le site internet mentionné au II de l'article R. 123-11.

SOUS-SECTION 8 *Jours et heures de l'enquête*

Art. R. 123-10 Les jours et heures, ouvrables ou non, où le public pourra consulter *(Décr. n° 2017-626 du 25 avr. 2017, art. 4-9°-a)* « gratuitement le *[l']* » exemplaire du dossier et présenter ses observations *(Décr. n° 2017-626 du 25 avr. 2017, art. 4-9°-a)* « et propositions » sont fixés de manière à permettre la participation de la plus grande partie de la population, compte tenu notamment de ses horaires normaux de travail. Ils comprennent au minimum les jours et heures habituels d'ouverture au public de chacun des lieux où est déposé le dossier ; ils peuvent en outre comprendre des heures en soirée ainsi que plusieurs demi-journées prises parmi les samedis, dimanches et jours fériés.

(Décr. n° 2017-626 du 25 avr. 2017, art. 4-9°-b) « Lorsqu'un registre dématérialisé est mis en place, il est accessible sur internet durant toute la durée de l'enquête. »

SOUS-SECTION 9 *Publicité de l'enquête*

Art. R. 123-11 I. – Un avis portant les indications mentionnées à l'article R. 123-9 à la connaissance du public est publié en caractères apparents quinze jours au moins avant le début de l'enquête et rappelé dans les huit premiers jours de celle-ci dans deux journaux régionaux ou locaux diffusés dans le ou les départements concernés. *(Décr. n° 2017-626 du 25 avr. 2017, art. 4-10°-a)* « Pour les projets d'importance nationale et les plans et programmes de niveau national, » cet avis est, en outre, publié dans deux journaux à diffusion nationale quinze jours au moins avant le début de l'enquête.

(Décr. n° 2017-626 du 25 avr. 2017, art. 4-10°-b et c) « II. – L'avis mentionné au I est publié sur le site internet de l'autorité compétente pour ouvrir et organiser l'enquête. Si l'autorité compétente ne dispose pas d'un site internet, cet avis est publié, à sa demande, sur le site internet des services de l'État dans le département. Dans ce cas, l'autorité compétente transmet l'avis par voie électronique au préfet au moins un mois avant le début de la participation, qui le met en ligne au moins quinze jours avant le début de la participation.

« III. – » L'autorité compétente pour ouvrir et organiser l'enquête désigne *(Décr. n° 2017-626 du 25 avr. 2017, art. 4-10°-c)* « le ou » les lieux où cet avis doit être publié par voie d'affiches et, éventuellement, par tout autre procédé.

Pour les projets, sont au minimum désignées toutes les mairies des communes sur le territoire desquelles se situe le projet *(Décr. n° 2017-626 du 25 avr. 2017, art. 4-10°-c)* « ainsi que celles dont le territoire est susceptible d'être affecté par le projet ». Pour les plans et programmes de niveau départemental ou régional, sont au minimum désignées les préfectures et sous-préfectures.

Cet avis est publié quinze jours au moins avant l'ouverture de l'enquête et pendant toute la durée de celle-ci.

Lorsque certaines de ces communes sont situées dans un autre département, l'autorité chargée de l'ouverture de l'enquête prend l'accord du préfet de ce département pour cette désignation. Ce dernier fait assurer la publication de l'avis dans ces communes selon les modalités prévues à l'alinéa précédent.

(Abrogé par Décr. n° 2017-626 du 25 avr. 2017, art. 4-10°-c) ***« L'avis d'enquête est également publié sur le site internet de l'autorité compétente pour ouvrir et organiser l'enquête, lorsque celle-ci dispose d'un site. »***

(Décr. n° 2017-626 du 25 avr. 2017, art. 4-10°-d) « IV. – » En outre, dans les mêmes conditions de délai et de durée, et sauf impossibilité matérielle justifiée, le responsable du projet procède à l'affichage du même avis sur les lieux prévus pour la réalisation du projet.

Ces affiches doivent être visibles et lisibles de la ou, s'il y a lieu, des voies publiques, et être conformes à des caractéristiques et dimensions fixées par arrêté du ministre chargé de l'environnement.

SOUS-SECTION 10 *Information des communes*

Art. R. 123-12 Un exemplaire du dossier soumis à enquête est adressé *(Décr. n° 2017-626 du 25 avr. 2017, art. 4-11)* « sous format numérique » pour information, dès l'ouverture de l'enquête, au maire de chaque commune sur le territoire de laquelle le projet est situé et dont la mairie n'a pas été désignée comme lieu d'enquête.

Cette formalité est réputée satisfaite lorsque les conseils municipaux concernés ont été consultés en application des réglementations particulières, ou lorsque est communiquée à la commune l'adresse du site internet où l'intégralité du dossier soumis à enquête peut être téléchargé. Un exemplaire du dossier est adressé *(Décr. n° 2017-626 du 25 avr. 2017, art. 4-11)* « sous format numérique » à chaque commune qui en fait la demande expresse.

SOUS-SECTION 11 *Observations et propositions du public (Décr. n° 2017-626 du 25 avr. 2017, art. 4-12°).*

Art. R. 123-13 *(Décr. n° 2017-626 du 25 avr. 2017, art. 4-13°)* I. — Pendant la durée de l'enquête, le public peut consigner ses observations et propositions sur le registre d'enquête, établi sur feuillets non mobiles, coté et paraphé par le commissaire enquêteur ou un membre de la commission d'enquête, tenu à sa disposition dans chaque lieu d'enquête ou sur le registre dématérialisé si celui-ci est mis en place.

En outre, les observations et propositions écrites et orales du public sont également reçues par le commissaire enquêteur ou par un membre de la commission d'enquête, aux lieux, jours et heures qui auront été fixés et annoncés dans les conditions prévues aux articles R. 123-9 à R. 123-11.

Les observations et propositions du public peuvent également être adressées par voie postale ou par courrier électronique au commissaire enquêteur ou au président de la commission d'enquête.

II. — Les observations et propositions du public transmises par voie postale, ainsi que les observations écrites mentionnées au deuxième alinéa du I, sont consultables au siège de l'enquête. Pour les enquêtes publiques dont l'avis d'ouverture est publié à compter du 1er mars 2018, ces observations et propositions sont consultables sur le site internet mentionné au II de l'article R. 123-11.

Les observations et propositions du public transmises par voie électronique sont consultables sur le registre dématérialisé ou, s'il n'est pas mis en place, sur le site internet mentionné au II de l'article R. 123-11 dans les meilleurs délais.

Les observations et propositions du public sont communicables aux frais de la personne qui en fait la demande pendant toute la durée de l'enquête.

SOUS-SECTION 12 *Communication de documents à la demande du commissaire enquêteur*

Art. R. 123-14 Lorsqu'il entend faire compléter le dossier par des documents utiles à la bonne information du public dans les conditions prévues à l'article L. 123-13, le commissaire enquêteur ou le président de la commission d'enquête en fait la demande au responsable du projet, plan ou programme ; cette demande ne peut porter que sur des documents en la possession de ce dernier.

Les documents ainsi obtenus ou le refus motivé du responsable du projet, plan ou programme sont versés au dossier tenu au siège de l'enquête *(Décr. n° 2017-626 du 25 avr. 2017, art. 4-14°)* « et sur le site internet dédié ».

Lorsque de tels documents sont ajoutés en cours d'enquête, un bordereau joint au dossier d'enquête mentionne la nature des pièces et la date à laquelle celles-ci ont été ajoutées au dossier d'enquête.

SOUS-SECTION 13 *Visite des lieux par le commissaire enquêteur*

Art. R. 123-15 Lorsqu'il a l'intention de visiter les lieux concernés par le projet, plan ou programme, à l'exception des lieux d'habitation, le commissaire enquêteur en informe au moins quarante-huit heures à l'avance les propriétaires et les occupants concernés, en leur précisant la date et l'heure de la visite projetée.

Lorsque ceux-ci n'ont pu être prévenus, ou en cas d'opposition de leur part, le commissaire enquêteur ou la commission d'enquête en fait mention dans le rapport d'enquête.

SOUS-SECTION 14 *Audition de personnes par le commissaire enquêteur*

Art. R. 123-16 Dans les conditions prévues à l'article L. 123-13, le commissaire enquêteur ou le président de la commission d'enquête peut auditionner toute personne ou service qu'il lui paraît utile de consulter pour compléter son information sur le projet, plan ou programme soumis à enquête publique. Le refus éventuel, motivé ou non, de demande d'information ou l'absence de réponse est mentionné par le commissaire enquêteur ou le président de la commission d'enquête dans son rapport.

SOUS-SECTION 15 *Réunion d'information et d'échange avec le public*

Art. R. 123-17 Sans préjudice des cas prévus par des législations particulières, lorsqu'il estime que l'importance ou la nature du projet, plan ou programme ou les conditions de déroulement de l'enquête publique rendent nécessaire l'organisation d'une réunion d'information et d'échange avec le public, le commissaire enquêteur ou le président de la commission d'enquête en informe l'autorité en charge de l'ouverture et de l'organisation de l'enquête ainsi que le responsable du projet, plan ou programme en leur indiquant les modalités qu'il propose pour l'organisation de cette réunion.

Le commissaire enquêteur ou le président de la commission d'enquête définit, en concertation avec l'autorité en charge de l'ouverture et de l'organisation de l'enquête et le responsable du projet, plan ou programme, les modalités d'information préalable du public et du déroulement de cette réunion.

En tant que de besoin, la durée de l'enquête peut être prolongée dans les conditions prévues à l'article *(Décr. n° 2017-626 du 25 avr. 2017, art. 4-15°-a)* « L. **123-9** » pour permettre l'organisation de la réunion publique.

A l'issue de la réunion publique, un compte rendu est établi par le commissaire enquêteur ou par le président de la commission d'enquête et adressé dans les meilleurs délais au responsable du projet, plan ou programme, ainsi qu'à l'autorité en charge de l'ouverture et de l'organisation de l'enquête. Ce compte rendu, ainsi que les observations éventuelles du responsable du projet, plan ou programme sont annexés par le commissaire enquêteur ou par le président de la commission d'enquête au *(Décr. n° 2017-626 du 25 avr. 2017, art. 4-15°-b)* « rapport d'enquête ».

Le commissaire enquêteur ou le président de la commission d'enquête peut, aux fins d'établissement de ce compte rendu, procéder à l'enregistrement audio ou vidéo de la réunion d'information et d'échange avec le public. Le début et la fin de tout enregistrement doit être clairement notifié aux personnes présentes. Ces enregistrements sont transmis, exclusivement et sous sa responsabilité, par le commissaire enquêteur ou le président de la commission d'enquête avec son *(Décr. n° 2017-626 du 25 avr. 2017, art. 4-15°-b)* « rapport d'enquête » à l'autorité en charge de l'ouverture et de l'organisation de l'enquête.

Les frais d'organisation de la réunion publique sont à la charge du responsable du projet, plan ou programme.

(Décr. n° 2017-626 du 25 avr. 2017, art. 4-15°-c) « Dans l'hypothèse où le maître d'ouvrage du projet ou la personne publique responsable du plan ou programme refuserait de participer à une telle réunion ou de prendre en charge les frais liés à son organisation, le commissaire enquêteur ou le président de la commission d'enquête en fait mention dans son rapport. »

SOUS-SECTION 16 *Clôture de l'enquête*

Art. R. 123-18 A l'expiration du délai d'enquête, le registre d'enquête est mis à disposition du commissaire enquêteur ou du président de la commission d'enquête et clos par lui. En cas de pluralité de lieux d'enquête, les registres sont transmis sans délai au commissaire enquêteur ou au président de la commission d'enquête et clos par lui.

(Décr. n° 2017-626 du 25 avr. 2017, art. 4-16°) « Après clôture du registre d'enquête, le commissaire enquêteur ou le président de la commission d'enquête rencontre, dans un délai de huit jours, le responsable du projet, plan ou programme et lui communique les observations écrites et orales consignées dans un procès-verbal de synthèse. Le délai de huit jours court à compter de la réception par le commissaire enquêteur ou le président de la commission d'enquête du registre d'enquête et des documents annexés. Le responsable du projet, plan ou programme dispose d'un délai de quinze jours pour produire ses observations.

« Lorsque l'enquête publique est prolongée en application de l'article L. 123-9, l'accomplissement des formalités prévues aux deux alinéas précédents est reporté à la clôture de l'enquête ainsi prolongée. »

SOUS-SECTION 17 *Rapport et conclusions*

Art. R. 123-19 Le commissaire enquêteur ou la commission d'enquête établit un rapport qui relate le déroulement de l'enquête et examine les observations recueillies.

Le rapport comporte le rappel de l'objet du projet, plan ou programme, la liste de l'ensemble des pièces figurant dans le dossier d'enquête, une synthèse des observations du public, une analyse des propositions *(Abrogé par Décr. n° 2017-626 du 25 avr. 2017, art. 4-17°-a) « et contre-propositions »* produites durant l'enquête et, le cas échéant, les observations du responsable du projet, plan ou programme en réponse aux observations du public.

Le commissaire enquêteur ou la commission d'enquête consigne, dans *(Décr. n° 2017-626 du 25 avr. 2017, art. 4-17°-b)* « une présentation séparée », ses conclusions motivées, en précisant si elles sont favorables, favorables sous réserves ou défavorables au projet.

Le commissaire enquêteur ou le président de la commission d'enquête transmet à l'autorité compétente pour organiser l'enquête l'exemplaire du dossier de l'enquête déposé au siège de l'enquête, accompagné du ou des registres et pièces annexées, avec le rapport et les conclusions motivées. Il transmet simultanément une copie du rapport et des conclusions motivées au président du tribunal administratif.

Si, dans un délai de trente jours à compter de la date de clôture de l'enquête, le commissaire enquêteur n'a pas remis son rapport et ses conclusions motivées, ni présenté à l'autorité compétente pour organiser l'enquête, conformément à la faculté qui lui est octroyée à l'article L. 123-15, une demande motivée de report de ce délai, il est fait application des dispositions du quatrième alinéa de l'article L. 123-15.

Art. R. 123-20 A la réception des conclusions du commissaire enquêteur ou de la commission d'enquête, l'autorité compétente pour organiser l'enquête, lorsqu'elle constate une insuffisance ou un défaut de motivation de ces conclusions susceptible de constituer une irrégularité dans la procédure, peut en informer le président du tribunal administratif ou le conseiller délégué par lui dans un délai de quinze jours, par lettre d'observation.

Si l'insuffisance ou le défaut de motivation est avéré, le président du tribunal administratif ou le conseiller qu'il délègue dispose de quinze jours pour demander au commissaire enquêteur ou à la commission d'enquête de compléter ses conclusions. *(Décr. n° 2017-626 du 25 avr. 2017, art. 4-18°-a)* « Il en informe simultanément l'autorité compétente. » En l'absence d'intervention de la part du président du tribunal administratif ou du conseiller qu'il délègue dans ce délai de quinze jours, la demande est réputée rejetée. La décision du président du tribunal administratif ou du conseiller qu'il délègue n'est pas susceptible de recours.

Dans un délai de quinze jours à compter de la réception des conclusions du commissaire enquêteur ou de la commission d'enquête, le président du tribunal administratif ou le conseiller qu'il délègue peut également intervenir de sa propre initiative auprès de son auteur pour qu'il les complète, lorsqu'il constate une insuffisance ou un défaut de motivation de ces conclusions susceptible de constituer une irrégularité dans la procédure. *(Décr. n° 2017-626 du 25 avr. 2017, art. 4-18°-b)* « Il en informe l'autorité compétente. »

Le commissaire enquêteur ou la commission d'enquête est tenu de remettre ses conclusions complétées à l'autorité compétente pour organiser l'enquête et au président du tribunal administratif dans un délai *(Décr. n° 2017-626 du 25 avr. 2017, art. 4-18°-c)* « de quinze jours ».

Art. R. 123-21 L'autorité compétente pour organiser l'enquête adresse, dès leur réception, copie du rapport et des conclusions au responsable du projet, plan ou programme.

Copie du rapport et des conclusions est également adressée à la mairie de chacune des communes où s'est déroulée l'enquête et à la préfecture de chaque département concerné pour y être sans délai tenue à la disposition du public pendant un an à compter de la date de clôture de l'enquête.

(Décr. n° 2017-626 du 25 avr. 2017, art. 4-19°) « L'autorité compétente pour organiser l'enquête publie le rapport et les conclusions du commissaire enquêteur ou de la commission d'enquête sur le site internet où a été publié l'avis mentionné au I de l'article R. 123-11 et le tient à la disposition du public pendant un an. »

SOUS-SECTION 18 *Suspension de l'enquête*

Art. R. 123-22 *(Décr. n° 2017-626 du 25 avr. 2017, art. 4-20°)* L'enquête publique poursuivie à la suite d'une suspension autorisée par arrêté, dans les conditions prévues au I de l'article L. 123-14, ou à la suite d'une interruption ordonnée par le président du tribunal administratif constatant l'empêchement d'un commissaire enquêteur dans les conditions prévues à l'article L. 123-4, est menée, si possible, par le même commissaire enquêteur ou la même commission d'enquête. Elle fait l'objet d'un nouvel arrêté fixant son organisation, de nouvelles mesures de publicité, et, pour les projets, d'une nouvelle information des communes conformément à l'article R. 123-12.

Le dossier d'enquête initial est complété dans ses différents éléments, et comprend notamment :

1° Une note expliquant les modifications substantielles apportées au projet, plan, programme, à l'étude d'impact ou au rapport sur les incidences environnementales ;

2° Lorsqu'ils sont requis, l'étude d'impact ou le rapport sur les incidences environnementales intégrant ces modifications, ainsi que l'avis de l'autorité environnementale mentionné aux articles L. 122-1 et L. 122-7 du présent code ou à l'article L. 104-6 du code de l'urbanisme portant sur cette étude d'impact ou cette évaluation environnementale actualisée et les avis des collectivités territoriales et de leurs groupements consultés en application du V de l'article L. 122-1.

SOUS-SECTION 19 *Enquête complémentaire*

Art. R. 123-23 Lorsqu'une enquête complémentaire est organisée conformément au II de l'article L. 123-14, elle porte sur les avantages et inconvénients des modifications pour le projet et pour l'environnement. L'enquête complémentaire, d'une durée *(Abrogé par Décr. n° 2017-626 du 25 avr. 2017, art. 4-21°-a)* « ***minimale*** » de quinze jours, est ouverte dans les conditions fixées aux articles R. 123-9 à R. 123-12.

Le dossier d'enquête initial est complété dans ses différents éléments, et comprend notamment :

1° Une note expliquant les modifications substantielles apportées au projet, plan ou programme *(Décr. n° 2017-626 du 25 avr. 2017, art. 4-21°-b et c)* « , à l'étude d'impact, l'étude d'incidence environnementale mentionnée à l'article L. 181-1 ou au rapport sur les incidences environnementales ;

« 2° Lorsqu'ils sont requis, l'étude d'impact, l'étude d'incidence environnementale mentionnée à l'article L. 181-1 ou le rapport sur les incidences environnementales intégrant ces modifications, ainsi que, le cas échéant, l'avis de l'autorité environnementale mentionné aux articles L. 122-1 et L. 122-7 du présent code ou à l'article L. 104-6 du code de l'urbanisme portant sur cette évaluation environnementale actualisée et les avis des collectivités territoriales et de leurs groupements consultés en application du V de l'article L. 122-1. »

L'enquête complémentaire est clôturée dans les conditions prévues à l'article R. 123-18.

Dans un délai de quinze jours à compter de la date de clôture de l'enquête complémentaire, le commissaire enquêteur ou la commission d'enquête joint au rapport principal communiqué au public à l'issue de la première enquête un rapport complémentaire et des conclusions motivées au titre de l'enquête complémentaire. Copies des rapports sont mises conjointement à la disposition du public dans les conditions définies à l'article R. 123-21.

SOUS-SECTION 20 *Prorogation de la durée de validité d'une enquête publique*

Art. R. 123-24 Sauf disposition particulière, lorsque les projets qui ont fait l'objet d'une enquête publique n'ont pas été entrepris dans un délai de cinq ans à compter de l'adoption de la décision soumise à enquête, une nouvelle enquête doit être conduite, à moins que, avant l'expiration de ce délai, une prorogation de la durée de validité de l'enquête ne soit décidée par l'autorité compétente pour prendre la décision en vue de laquelle l'enquête a été organisée. Cette prorogation a une durée de cinq ans au plus. La validité de l'enquête ne peut être prorogée si le projet a fait l'objet de modifications substantielles ou lorsque des modifications de droit ou de fait de nature à imposer une nouvelle consultation du public sont intervenues depuis la décision arrêtant le projet.

SOUS-SECTION 21 *Indemnisation du commissaire enquêteur*

Art. R. 123-25 Les commissaires enquêteurs et les membres des commissions d'enquête ont droit à une indemnité, à la charge de la personne responsable du projet, plan ou programme, qui comprend des vacations et le remboursement des frais qu'ils engagent pour l'accomplissement de leur mission.

Un arrêté conjoint des ministres chargés de l'environnement, du budget et de l'intérieur fixe les modalités de calcul de l'indemnité.

Le président du tribunal administratif ou le conseiller délégué par lui à cette fin qui a désigné le commissaire enquêteur ou les membres de la commission d'enquête détermine le nombre de vacations allouées au commissaire enquêteur sur la base du nombre d'heures que le commissaire enquêteur déclare avoir consacrées à l'enquête depuis sa nomination jusqu'au rendu du rapport et des conclusions motivées, en tenant compte des difficultés de l'enquête ainsi que de la nature et de la qualité du travail fourni par celui-ci.

Il arrête, sur justificatifs, le montant des frais qui seront remboursés au commissaire enquêteur.

Le président du tribunal administratif ou le conseiller délégué par lui à cette fin fixe par ordonnance le montant de l'indemnité. Cette ordonnance est exécutoire dès son prononcé, et peut être recouvrée contre les personnes privées ou publiques par les voies du droit commun.

Dans le cas d'une commission d'enquête, il appartient au président de la commission de présenter, sous son couvert, le nombre d'heures consacrées à l'enquête et le montant des frais de chacun des membres de la commission, compte tenu du travail effectivement réalisé par chacun d'entre eux.

Le commissaire enquêteur dessaisi de l'enquête publique est uniquement remboursé des frais qu'il a engagés.

Cette ordonnance est notifiée au commissaire enquêteur, au responsable du projet, plan ou programme, et au fonds d'indemnisation des commissaires enquêteurs prévu à l'article R. 123-26.

La personne responsable du projet, plan ou programme verse sans délai au fonds d'indemnisation les sommes dues, déduction faite du montant de la provision versée dans les conditions définies à l'article R. 123-27. Le fonds verse les sommes perçues au commissaire enquêteur.

Dans un délai de quinze jours suivant la notification, le commissaire enquêteur et la personne responsable du projet, plan ou programme peuvent contester cette ordonnance en formant un recours administratif auprès du président du tribunal administratif concerné. Il constitue un préalable obligatoire à l'exercice d'un recours contentieux, à peine d'irrecevabilité de ce dernier. Le silence gardé sur ce recours administratif pendant plus de quinze jours vaut décision de rejet. La décision issue de ce recours administratif peut être contestée, dans un délai de quinze jours à compter de sa notification, devant la juridiction à laquelle appartient son auteur. La requête est transmise sans délai par le président de la juridiction à un tribunal administratif conformément à un tableau d'attribution arrêté par le président de la section du contentieux du Conseil d'État. Le président de la juridiction à laquelle appartient l'auteur de l'ordonnance est appelé à présenter des observations écrites sur les mérites du recours.

Art. R. 123-26 Il est créé un fonds, dénommé fonds d'indemnisation des commissaires enquêteurs, chargé de verser à ceux-ci, dans les conditions prévues par le présent chapitre, les indemnités mentionnées à l'article L. 123-18 du présent code et à l'article *(Décr. n° 2014-1635 du 26 déc. 2014, art. 4-IV, en vigueur le 1er janv. 2015)* « R. 111-5 » du code de l'expropriation pour cause d'utilité publique.

La personne responsable du projet, plan ou programme verse au fonds d'indemnisation des commissaires enquêteurs les sommes et provisions destinées à couvrir les indemnités qui sont à sa charge en application de ces articles.

La Caisse des dépôts et consignations assure la gestion comptable et financière du fonds dans les conditions définies par une convention conclue avec l'État, représenté par le ministre chargé de l'environnement, et soumise à l'approbation du ministre chargé des finances. Cette convention précise, notamment, les modalités d'approvisionnement, de gestion et de contrôle du fonds.

Art. R. 123-27 *(Abrogé par Décr. n° 2017-626 du 25 avr. 2017, art. 4-22°)* ***« Dès la nomination du ou des commissaires enquêteurs, le responsable du projet, plan ou programme verse une provision, dont le montant et le délai de versement sont fixés par le président du tribunal administratif ou le conseiller délégué à cet effet. »***

La personne responsable du projet, plan ou programme peut s'acquitter des obligations résultant de *(Décr. n° 2017-626 du 25 avr. 2017, art. 4-22°)* « l'article L. 123-18 » en versant annuellement au fonds d'indemnisation des commissaires enquêteurs un acompte à valoir sur les sommes dues et en attestant, à l'ouverture de chaque enquête effectuée à sa demande, que cet acompte garantit le paiement de celles-ci.

Le président du tribunal administratif ou le conseiller délégué par lui à cette fin peut, soit au début de l'enquête, soit au cours de celle-ci ou après le dépôt du rapport d'enquête, accorder au commissaire enquêteur, sur sa demande, une allocation provisionnelle. Cette décision ne peut faire l'objet d'aucun recours. L'allocation est versée par le fonds d'indemnisation des commissaires enquêteurs dans la limite des sommes perçues de la personne responsable du projet, plan ou programme.

SECTION III *Enquêtes publiques portant sur des projets localisés sur le territoire d'un autre État et susceptibles d'avoir en France des incidences notables sur l'environnement*

Les dispositions du Décr. n° 2011-2018 du 29 déc. 2011 sont applicables aux enquêtes publiques dont l'arrêté d'ouverture et d'organisation est publié à compter du 1er juin 2012 (Décr. préc., art. 17).

Art. R. 123-27-1 *(Décr. n° 2011-2018 du 29 déc. 2011, art. 1er-1°)* L'enquête publique est effectuée conformément aux articles R. 123-4, *(Abrogé par Décr. n° 2017-626 du 25 avr. 2017, art. 4-23°)* *« R. 123-6, »* R. 123-9, R. 123-10, R. 123-13, R. 123-17, au premier alinéa de l'article R. 123-18 et à l'article R. 123-19, ainsi que selon les dispositions de la présente section. Les articles R. 123-25 à R. 123-27 relatifs à la rémunération du commissaire enquêteur s'appliquent sous réserve de l'article R. 123-28.

SOUS-SECTION 1 *Composition du dossier d'enquête*

Art. R. 123-27-2 Le dossier soumis à l'enquête publique transmis par l'État sur le territoire duquel le projet est localisé comprend les pièces suivantes, qui peuvent être regroupées en tant que besoin :

1° Une notice explicative indiquant l'objet de l'enquête ainsi que les caractéristiques les plus importantes, notamment celles relatives aux ouvrages projetés, de l'opération soumise à enquête ;

2° Une évaluation environnementale ;

3° Le plan de situation ;

4° Le plan général des travaux ;

(Décr. n° 2011-2018 du 29 déc. 2011, art. 1er-2°) « 5° Tout autre élément d'information pertinent relatif au projet, fourni par l'État sur le territoire duquel ce projet est localisé. » — *L'art. R. 123-27-2 est l'ancien art. R. 123-25, al. 1er à 5, renuméroté par Décr. n° 2011-2018 du 29 déc. 2011, art. 1er-2°.*

SOUS-SECTION 2 *Autorité chargée d'organiser l'enquête*

Art. R. 123-27-3 L'enquête publique est ouverte et organisée par arrêté du préfet du département concerné.

Toutefois, lorsque le projet est susceptible d'affecter plusieurs départements, l'enquête est ouverte et organisée par un arrêté conjoint des préfets des départements intéressés qui précise le préfet chargé de coordonner l'organisation de l'enquête et d'en centraliser les résultats. — *Le présent art. est l'ancien art. R. 123-26, renuméroté par Décr. n° 2011-2018 du 29 déc. 2011, art. 1er-3°.*

SOUS-SECTION 3 *Désignation du commissaire enquêteur ou d'une commission d'enquête*

Art. R. 123-27-4 Le préfet saisit, en vue de la désignation d'un commissaire enquêteur ou d'une commission d'enquête, le président du tribunal administratif dans le ressort duquel le projet est susceptible d'avoir les incidences les plus notables et lui adresse, à cette fin, une demande précisant l'objet de l'enquête ainsi que la période d'enquête retenue.

Le président du tribunal administratif ou le membre du tribunal délégué par lui à cet effet désigne dans un délai de quinze jours un commissaire enquêteur ou les membres, en nombre impair, d'une commission d'enquête parmi lesquels il choisit un président.

(Décr. n° 2017-626 du 25 avr. 2017, art. 4-24°) « En cas d'empêchement du commissaire enquêteur désigné, l'enquête est interrompue. Après qu'un commissaire enquêteur remplaçant a été désigné par le président du tribunal administratif ou le conseiller délégué par lui et que la date de reprise de l'enquête a été fixée, l'autorité compétente pour organiser l'enquête publie un arrêté de reprise d'enquête dans les mêmes conditions que l'arrêté d'ouverture de l'enquête. » — *L'art. R. 123-27-4 est l'ancien art. R. 123-27, al. 1er et 2, renuméroté par Décr. n° 2011-2018 du 29 déc. 2011, art. 1er-4°.*

SOUS-SECTION 4 *Prise en charge des frais de l'enquête*

Art. R. 123-28 *(Décr. n° 2006-578 du 22 mai 2006, art. 2-IV)* A défaut d'accords bilatéraux en disposant autrement, les frais de l'enquête, notamment l'indemnisation des commissaires enquêteurs et des membres de la commission d'enquête, d'éventuels frais de traduction ainsi que les frais qui sont entraînés par la mise à disposition du commissaire enquêteur ou de la commission d'enquête des moyens matériels nécessaires à l'organisation et au déroulement de la procédure d'enquête sont pris en charge par l'État.

SOUS-SECTION 5 *Publicité de l'enquête*

Art. R. 123-29 Un avis portant à la connaissance du public les indications figurant dans l'arrêté d'organisation de l'enquête est, par les soins du préfet, publié en caractères apparents quinze jours au moins avant le début de l'enquête et rappelé dans les huit premiers jours de celle-ci dans deux journaux régionaux ou locaux diffusés dans le ou les départements concernés. Pour les opérations susceptibles d'affecter l'ensemble du territoire national, ledit avis est, en outre, publié dans deux journaux à diffusion nationale quinze jours au moins avant le début de l'enquête.

Quinze jours au moins avant l'ouverture de l'enquête et durant toute la durée de celle-ci, cet avis est publié par voie d'affiches et, éventuellement, par tous autres procédés, à la préfecture du département où se déroulera l'enquête, le cas échéant à la préfecture des autres départements concernés et, s'il y a lieu, dans chacune des communes désignées par le préfet. *(Décr. n° 2011-2018 du 29 déc. 2011, art. 1er-5°)* « Cet avis est également publié sur le site internet de la préfecture de département. »

SOUS-SECTION 6 *Visite des lieux par le commissaire enquêteur*

Art. R. 123-30 Lorsqu'il a l'intention de visiter les lieux où le projet est envisagé, le commissaire enquêteur en informe le préfet qui sollicite l'accord des autorités de l'État sur le territoire duquel le projet est situé.

SOUS-SECTION 7 *Communication de documents à la demande du commissaire enquêteur*

Art. R. 123-31 Lorsqu'il entend faire compléter le dossier par un document, dans les conditions prévues à l'article *(Décr. n° 2011-2018 du 29 déc. 2011, art. 1er-6°)* « R. 123-13 », le commissaire enquêteur, ou le président de la commission d'enquête, en fait la demande au préfet qui sollicite l'accord des autorités de l'État sur le territoire duquel le projet est localisé, à charge pour elles de l'obtenir du maître d'ouvrage.

Cette demande ne peut porter que sur des documents en la possession du maître d'ouvrage. Le document ainsi obtenu ou le refus motivé du maître d'ouvrage est versé au dossier tenu au siège de l'enquête.

SOUS-SECTION 8 *Publicité du rapport et des conclusions*

Art. R. 123-32 Après la clôture de l'enquête, le préfet transmet son avis aux autorités de l'État sur le territoire duquel le projet est situé. Cet avis est accompagné du rapport et de l'avis du commissaire enquêteur ou de la commission d'enquête.

La décision prise par l'autorité compétente de l'État sur le territoire duquel le projet est situé est mise à la disposition du public à la préfecture du ou des départements dans lesquels l'enquête publique a été organisée.

Art. R. 123-33 Les dispositions du présent chapitre sont sans influence sur le régime de validité d'une déclaration d'utilité publique tel que défini *(Décr. n° 2014-1635 du 26 déc. 2014, art. 4-IV, en vigueur le 1er janv. 2015)* « aux articles L. 121-2, L. 121-4 et L. 121-5 » du code de l'expropriation pour cause d'utilité publique, lequel reste applicable pour les seuls effets que ce code attache à une telle déclaration.

SECTION IV ***Établissement des listes d'aptitude aux fonctions de commissaire enquêteur***

SOUS-SECTION 1 *Commission départementale chargée d'établir la liste d'aptitude aux fonctions de commissaire enquêteur*

Art. R. 123-34 *(Décr. n° 2011-1236 du 4 oct. 2011, art. 2, en vigueur le 1er janv. 2012)* I. — La commission départementale chargée d'établir la liste d'aptitude aux fonctions de commissaire enquêteur, mentionnée à l'article L. 123-4, est présidée par le président du tribunal administratif ou le magistrat qu'il délègue.

II. — Elle comprend en outre :

1° Quatre représentants de l'État désignés par le préfet du département, dont le directeur de la direction départementale des territoires ou de la direction départementale des territoires et de la mer ou de l'unité territoriale de la direction régionale et interdépartementale de l'équipement et de l'aménagement d'Île-de-France, le directeur régional de l'environnement, de l'aménagement et du logement ou le directeur régional et interdépartemental de l'environnement et de l'énergie d'Île-de-France ou, dans les départements d'outre-mer, le directeur de l'environnement, de l'aménagement et du logement, ou leurs représentants ;

2° Un maire d'une commune du département, désigné par l'association départementale des maires ou, à défaut d'association ou lorsqu'il en existe plusieurs, élu par le collège des maires du département convoqué à cet effet par le préfet ; le vote peut avoir lieu par correspondance ;

3° Un conseiller départemental du département désigné par le conseil départemental ;

4° Deux personnalités qualifiées en matière de protection de l'environnement désignées par le préfet du département après avis du directeur régional chargé de l'environnement ;

Une personne inscrite sur une liste d'aptitude aux fonctions de commissaire enquêteur, désignée par le préfet du département après avis du directeur régional chargé de l'environnement assiste, en outre, avec voix consultative aux délibérations de la commission.

Art. D. 123-35 Les membres de la commission départementale chargée d'établir la liste d'aptitude aux fonctions de commissaire enquêteur, autres que les représentants des administrations publiques, sont désignés pour *(Décr. n° 2017-626 du 25 avr. 2017, art. 4-25°)* « quatre » ans. Leur mandat est renouvelable.

(Abrogé par Décr. n° 2011-1236 du 4 oct. 2011, art. 3, à compter du 1er janv. 2012) « Les membres titulaires et suppléants de la commission mentionnés aux 6° et 7° du II de l'article D. 123-34 qui perdent la qualité au titre de laquelle ils y siègent perdent la qualité de membre. Ils sont alors remplacés dans les conditions prévues à l'article D. 123-34, pour la durée restant à courir de leur mandat.

« La liste des membres de la commission, nominative pour les membres titulaires et suppléants désignés en application des 6°, 7° et 8° du II de l'article D. 123-34 est arrêtée par le préfet et publiée au Recueil des actes administratifs de la préfecture et peut être consultée à la préfecture ainsi qu'au greffe du tribunal administratif. »

Art. D. 123-36 *(Décr. n° 2011-1236 du 4 oct. 2011, art. 4, en vigueur le 1er janv. 2012)* Le fonctionnement de la commission est régi par les articles *(Décr. n° 2016-308 du 17 mars 2016, art. 2)* « R. 133-3 à R. 133-13 du code des relations entre le public et l'administration ».

Les membres de la commission respectent la confidentialité des débats auxquels ils ont participé.

Art. D. 123-37 *(Décr. n° 2011-1236 du 4 oct. 2011, art. 5, en vigueur le 1er janv. 2012)* Le préfet désigne le service de l'État chargé du secrétariat de la commission.

SOUS-SECTION 2 *Liste d'aptitude aux fonctions de commissaire enquêteur*

Art. D. 123-38 La liste départementale d'aptitude est arrêtée par la commission pour chaque année civile.

La liste départementale est publiée au Recueil des actes administratifs de la préfecture et peut être consultée à la préfecture ainsi qu'au greffe du tribunal administratif. *(Décr. n° 2011-1236 du 4 oct. 2011, art. 6, en vigueur le 1er janv. 2012)* « Seuls sont mentionnés les noms et qualités des inscrits. »

Art. D. 123-39 Nul ne peut être inscrit sur une liste d'aptitude aux fonctions de commissaire enquêteur si des condamnations ou décisions sont mentionnées au bulletin n° 2 de son casier judiciaire.

Art. D. 123-40 I. — Les demandes d'inscription *(Décr. n° 2011-1236 du 4 oct. 2011, art. 7)* « ou de réinscription » sur les listes départementales d'aptitude aux fonctions de commissaire enquêteur sont adressées, avant le 1er septembre *(Décr. n° 2011-1236 du 4 oct. 2011, art. 7)* « de l'année précédant l'année de validité de la liste », accompagnées de toutes pièces justificatives, par lettre recommandée avec avis de réception postal à la préfecture du département dans lequel le postulant a sa résidence principale ou sa résidence administrative, s'il s'agit d'un fonctionnaire ou d'un agent public en activité.

(Décr. n° 2011-1236 du 4 oct. 2011, art. 7) « II. — La demande est assortie de toutes précisions utiles, et notamment des renseignements suivants :

« 1° Indication des titres ou diplômes du postulant, de ses éventuels travaux scientifiques, techniques et professionnels, des différentes activités exercées ou fonctions occupées dans un cadre professionnel ou associatif ;

« 2° Indication sur sa disponibilité et, éventuellement, sur les moyens matériels de travail dont il dispose, notamment le véhicule et les moyens bureautiques et informatiques ;

« 3° Pour les demandes de réinscription, indication des formations suivies. »

III. — Les commissaires enquêteurs sont inscrits sur la liste de leur département de résidence.

Décret n° 2011-1236 du 4 octobre 2011,

Modifiant les dispositions de la partie réglementaire du code de l'environnement relatives à l'établissement des listes d'aptitude aux fonctions de commissaire enquêteur.

Art. 9 L'inscription des commissaires enquêteurs inscrits sur une liste d'aptitude prend fin :
— le 31 décembre 2011 pour les commissaires enquêteurs inscrits avant le 1er janvier 2000 ;
— le 31 décembre 2012 pour les commissaires enquêteurs inscrits entre le 1er janvier 2000 et le 31 décembre 2004 ;
— le 31 décembre 2013 pour les commissaires enquêteurs inscrits entre le 1er janvier 2005 et le 31 décembre 2008 ;
— le 31 décembre 2014 pour les commissaires enquêteurs inscrits entre le 1er janvier 2009 et le 31 décembre 2010.

Art. 10 Par dérogation aux dispositions du premier alinéa de l'article D. 123-40 du code de l'environnement, les demandes d'inscription et de réinscription sur les listes départementales d'aptitude aux fonctions de commissaire enquêteur arrêtées pour l'année 2012 peuvent être adressées jusqu'au 31 octobre 2011.

Art. R. 123-41 *(Décr. n° 2011-1236 du 4 oct. 2011, art. 8)* La commission assure l'instruction des dossiers. Elle vérifie que le postulant remplit les conditions requises et procède à l'audition des candidats à l'inscription ou à la réinscription. La commission arrête la liste des commissaires enquêteurs choisis, en fonction notamment de leur compétence et de leur expérience, parmi les personnes qui manifestent un sens de l'intérêt général, un intérêt pour les préoccupations d'environnement, et témoignent de la capacité d'accomplir leur mission avec objectivité, impartialité et diligence.

Nul ne peut être maintenu sur la liste d'aptitude plus de quatre ans sans présenter une nouvelle demande.

(Décr. n° 2017-626 du 25 avr. 2017, art. 4-26°) « Dès son inscription sur une liste d'aptitude et pendant tout le temps de son maintien sur celle-ci, le commissaire enquêteur est tenu de suivre les formations organisées en vue de l'accomplissement de ses missions. »

Il est procédé à une révision annuelle de la liste pour s'assurer notamment que les commissaires enquêteurs inscrits remplissent toujours les conditions requises pour exercer leur mission.

La radiation d'un commissaire enquêteur peut, toutefois, être prononcée à tout moment, par décision motivée de la commission, en cas de manquement à ses obligations. La commission doit, au préalable, informer l'intéressé des griefs qui lui sont faits et le mettre à même de présenter ses observations.

Art. D. 123-42 Les décisions de la commission sont notifiées à chacun des postulants.

Art. R. 123-43 Les dispositions de la présente section ne sont pas applicables à la collectivité territoriale de Saint-Pierre-et-Miquelon.

SECTION V ***Modalités de sauvegarde des intérêts de la défense nationale dans les enquêtes publiques*** *(Décr. n° 2020-133 du 18 févr. 2020, art. 4).*

Art. R. 123-44 (Abrogé par Décr. n° 2020-133 du 18 févr. 2020, art. 4) *I. — Pour assurer le respect du secret de la défense nationale, ne donnent pas lieu à l'enquête publique prévue par les dispositions des articles L. 123-1 à L. 123-16 :*

1° Les aménagements, ouvrages ou travaux portant sur les centres de transmission, les établissements d'expérimentation et de fabrication de matériels militaires et de munitions, les entrepôts de réserve générale, les dépôts de munitions, les bases de fusées, les stations radiogoniométriques et les centres radioélectriques de surveillance ;

2° Les aménagements, ouvrages ou travaux qui doivent être exécutés à l'intérieur des arsenaux de la marine, des aérodromes militaires et des grands camps figurant sur la liste prévue (Décr. n° 2007-18 du 5 janv. 2007, art. 18-III, en vigueur le 1er juill. 2007) *« au b de l'article R. 421-8 du code de l'urbanisme » ;*

3° Les aménagements, ouvrages ou travaux dont le caractère secret a été reconnu par décision de portée générale ou particulière du Premier ministre ou du ministre compétent ;

4° L'approbation, la modification ou la révision d'un document d'urbanisme, lorsque cette approbation, cette modification ou cette révision a pour objet exclusif de permettre la réalisation d'une opération entrant dans le champ d'application défini aux 1°, 2° et 3° ci-dessus.

II. — Toutefois, en ce qui concerne les installations classées pour la protection de l'environnement relevant du ministre de la défense ou soumises à des règles de protection du secret de la défense nationale, les dispositions ci-dessus ne font pas obstacle à l'application du décret n° 80-813 du 15 octobre 1980 relatif aux installations classées pour la protection de l'environnement relevant du ministre de la défense ou soumises à des règles de protection du secret de la défense nationale [C. envir., art. R. 517-1 s.].

Art. R. 123-45 (Abrogé par Décr. n° 2020-133 du 18 févr. 2020, art. 4) *Lors d'une enquête publique organisée en application des dispositions des articles L. 123-1 et suivants, les éléments qui seraient de nature à entraîner la divulgation de secrets de la défense nationale ne peuvent ni figurer au dossier soumis à l'enquête ni être communiqués en application du 4e alinéa de l'article L. 123-9.*

Art. R. 123-46 Lors d'une enquête publique organisée en application des dispositions des articles L. 123-1 à L. 123-16, le commissaire enquêteur ou le président et les membres de la commission d'enquête ne peuvent pénétrer dans les établissements, installations *(Décr. n° 2020-133 du 18 févr. 2020, art. 4)* « , terrains ou ports militaires mentionnés par l'article 413-5 du code pénal » ou dans les zones protégées créées en application *(Décr. n° 2020-133 du 18 févr. 2020, art. 4)* « de l'article 413-7 du code pénal et des dispositions réglementaires prises pour son application » que s'ils sont titulaires d'une autorisation délivrée dans les conditions prévues par ces dispositions.

SECTION VI *Participation du public par voie électronique pour les plans, programmes et projets non soumis à enquête publique*

(Décr. n° 2017-626 du 25 avr. 2017, art. 4-27°)

Art. R. 123-46-1 I. — L'avis mentionné à l'article L. 123-19 est mis en ligne sur le site de l'autorité compétente pour autoriser le projet ou élaborer le plan ou programme. Si l'autorité compétente ne dispose pas d'un site internet, cet avis est publié, à sa demande, sur le site internet des services de l'État dans le département. Dans ce cas, l'autorité compétente transmet l'avis par voie électronique au préfet au moins un mois avant le début de la participation, qui le met en ligne au moins quinze jours avant le début de la participation.

(Décr. n° 2018-1217 du 24 déc. 2018, art. 2) « Cet avis est en outre publié dans deux journaux régionaux ou locaux diffusés dans le ou les départements concernés et affiché dans les locaux de l'autorité compétente pour élaborer le plan ou programme ou autoriser le projet. Pour les projets d'importance nationale et les plans et programmes de niveau national, cet avis est, en outre, publié dans un journal à diffusion nationale. »

Pour les projets, l'avis est également publié par voie d'affichage dans les mairies des communes dont le territoire est susceptible d'être affecté par le projet. Pour les plans et programmes, l'avis est publié par voie d'affichage dans les locaux de l'autorité responsable de leur élaboration.

II. — A l'issue de la participation du public, la personne publique responsable du plan ou programme ou l'autorité compétente pour autoriser le projet rend public l'ensemble des documents exigés en application du dernier alinéa du II de l'article L. 123-19-1 sur son site internet.

Pour les projets, ces documents sont adressés au maître d'ouvrage.

III. — Le maître d'ouvrage ou la personne publique responsable assume les frais afférents *(Décr. n° 2018-1217 du 24 déc. 2018, art. 2)* « à l'organisation matérielle de la participation du public ».

IV. — La demande de mise en consultation sur support papier du dossier, prévu au II de l'article L. 123-19, se fait dans les conditions prévues à l'article D. 123-46-2.

SECTION VII *Participation du public hors procédure particulière*

(Décr. n° 2017-626 du 25 avr. 2017, art. 4-27°)

Art. D. 123-46-2 La demande de mise en consultation sur support papier d'un projet de décision et de sa note de présentation, prévue au II de l'article L. 123-19-1, est présentée sur place, dans la préfecture ou l'une des sous-préfectures du ou des départements dont le territoire est compris dans le champ d'application de la décision.

La demande est présentée au plus tard le quatrième jour ouvré précédant l'expiration du délai de consultation fixé par l'autorité administrative conformément au quatrième alinéa du II de l'article L. 123-19-1.

Les documents sont mis à disposition du demandeur aux lieu et heure qui lui sont indiqués au moment de sa demande. Cette mise à disposition intervient au plus tard le deuxième jour ouvré suivant celui de la demande.

GESTION DU DOMAINE

Cessions et acquisitions

Code civil

LIVRE II **Des biens et des différentes modifications de la propriété**

TITRE PREMIER **De la distinction des biens**

CHAPITRE III *Des biens dans leurs rapports avec ceux qui les possèdent*

Art. 537 Les particuliers ont la libre disposition des biens qui leur appartiennent, sous les modifications établies par les lois.

Les biens qui n'appartiennent pas à des particuliers sont administrés et ne peuvent être aliénés que dans les formes et suivant les règles qui leur sont particulières.

Sur la consistance du domaine public, V. CGPPP (Ord. n° 2006-460 du 21 avr. 2006, JO 22 avr.), art. L. 2111-1 s.

Sur la consistance du domaine privé des personnes publiques, V. CGPPP, art. L. 2211-1 et L. 2212-1.

BIBL. ▸ SIMONIAN-GINESTE, *RDI 1989. 169* (avenir du principe d'inaliénabilité du domaine public).

▸ **Commentaires de la loi du 25 juillet 1994 relative à la constitution de droits réels sur le domaine public :** DE DAVID BEAUREGARD-BERTHIER, *JCP 1995. I. 3812.* – DUFAU, *JCP N 1995. Prat. 3210.* – FOURNIER et JACQUOT, *ibid. 3489. ; JCP N, 1996. I. 1231, n° spécial.*

▸ **Droits réels sur le domaine public :** COMBE, *JCP N 2002. 1295 ; ibid. 1307.*

....

Code de la construction et de l'habitation

PREMIÈRE PARTIE : ***LÉGISLATIVE***

LIVRE IV **Habitations à loyer modéré**

TITRE IV **Rapports des organismes d'habitations à loyer modéré et des bénéficiaires**

CHAPITRE III *Accession à la propriété et autres cessions*

SECTION II *Dispositions applicables aux cessions, aux transformations d'usage et aux démolitions d'éléments du patrimoine immobilier*

SOUS-SECTION 1 *Dispositions applicables aux éléments du patrimoine immobilier autres que les logements-foyers*

Art. L. 443-12 *(L. n° 2018-1021 du 23 nov. 2018, art. 97)* Lorsque le logement est vendu à des bénéficiaires prévus au III de l'article L. 443-11, l'organisme vend, par ordre de priorité défini au même article L. 443-11, à l'acheteur qui le premier formule l'offre qui correspond à ou qui est supérieure au prix évalué en application dudit article L. 443-11 ou, si l'offre est inférieure au prix évalué, qui en est la plus proche, dans des conditions définies par décret.

....

TITRE V **Contrôle, redressement des organismes et garantie de l'accession sociale à la propriété**

CHAPITRE PREMIER ***Contrôle*** *(L. n° 2000-1208 du 13 déc. 2000, art. 162-II).*

Art. L. 451-5 *(L. n° 95-127 du 8 févr. 1995, art. 11-VIII)* L'avis *(Ord. n° 2006-460 du 21 avr. 2006, art. 3-IV)* « de l'autorité compétente de l'État » est requis par les organismes d'habitations à loyer modéré *(L. n° 2018-1021 du 23 nov. 2018, art. 82)* « et les sociétés d'économie mixte de construction et de gestion de logements sociaux agréées en application de l'article L. 481-1 » préalablement à leurs acquisitions ou cessions immobilières à l'exception de celles relatives aux opérations entreprises en vue de l'accession à la propriété *(L. n° 2011-525 du 17 mai 2011, art. 129)* « et de celles intervenant entre deux organismes d'habitations à loyer modéré » *(L. n° 2018-1021 du 23 nov. 2018, art. 82)* « ou sociétés d'économie mixte de construction et de gestion de logements sociaux agréées en application du même article L. 481-1 ».

Selon l'art. L. 451-6 issu de la L. n° 2018-1021 du 23 nov. 2018, le présent art. n'est pas applicable aux cessions ni aux acquisitions régies par le chapitre III du titre IV du livre IV du CCH (L. préc., art. 97).

Code général des collectivités territoriales

DEUXIÈME PARTIE **La commune**

LIVRE II **Administration et services communaux**

TITRE IV **Biens de la commune**

CHAPITRE PREMIER ***Dispositions générales***

Art. L. 2241-1 Le conseil municipal délibère sur la gestion des biens et les opérations immobilières effectuées par la commune, sous réserve, s'il s'agit de biens appartenant à une section de commune, des dispositions des articles L. 2411-1 à L. 2411-19.

Le bilan des acquisitions et cessions opérées sur le territoire d'une commune de plus de 2 000 habitants par celle-ci, ou par une personne publique ou privée agissant dans le cadre d'une convention avec cette commune, donne lieu chaque année à une délibération du conseil municipal. Ce bilan est annexé au compte administratif de la commune. – *[C. communes, art. L. 311-1, al. 1er et 2.]*

Toute cession d'immeubles ou de droits réels immobiliers par une commune de plus de 2 000 habitants donne lieu à délibération motivée du conseil municipal portant sur les conditions de la vente et ses caractéristiques essentielles. Le conseil municipal délibère au vu de l'avis *(Ord. n° 2006-460 du 21 avr. 2006, art. 3-VII)* « de l'autorité compétente de l'État ». Cet avis est réputé donné à l'issue d'un délai d'un mois à compter de la saisine de *(L. n° 2009-526 du 12 mai 2009, art. 121-II)* « cette autorité ».

Les dispositions introduites par l'Ord. n° 2006-460 du 21 avr. 2006 sont applicables à compter de la publication des dispositions réglementaires prises pour leur application (Ord. préc., art. 9).

Art. L. 2241-2 *Abrogé par Ord. n° 2005-1027 du 26 août 2005, art. 26, à compter de l'exercice 2006.*

Art. L. 2241-3 Lorsque les communes et leurs établissements publics procèdent à des acquisitions immobilières à l'amiable suivant les règles du droit civil, ou lorsque l'acquisition a lieu sur licitation, le notaire rédacteur de l'acte procède s'il y a lieu, sous sa responsabilité, à la purge de tous privilèges et hypothèques.

Les fonds qui lui sont remis sont alors considérés comme reçus en raison de ses fonctions. – *[C. communes, art. L. 311-2.]*

V. art. R. 2241-1.

Art. L. 2241-4 Les communes sont, sur proposition des vendeurs, autorisées à acquérir, moyennant le paiement d'une rente viagère, les immeubles qui leur sont nécessaires pour des opérations de restauration immobilière, d'aménagement ou d'équipement.

Lorsqu'un immeuble ainsi aliéné est occupé en tout ou partie par le vendeur, le contrat de vente viagère doit comporter à son profit et à celui de son conjoint habitant avec lui, à la date de l'acte de vente, la réserve d'un droit d'habiter totalement ou partiellement ledit immeuble leur vie durant. – *[C. communes, art. L. 311-3, issu de la L. n° 75-1328 du 31 déc. 1975, art. 50.]*

Art. L. 2241-5 Les délibérations par lesquelles les commissions administratives chargées de la gestion des établissements publics communaux changent en totalité ou en partie l'affectation des locaux ou objets immobiliers ou mobiliers appartenant à ces établissements, dans l'intérêt d'un service public ou privé quelconque, ou mettent ces locaux et objets à la disposition, soit d'un autre établissement public ou privé, soit d'un particulier, ne sont exécutoires qu'après accord du conseil municipal.

Les délibérations par lesquelles les conseils d'administration *(Abrogé par Ord. nº 2010-177 du 23 févr. 2010, art. 5-I, 3º)* ***« des établissements publics communaux de santé et »*** des établissements publics communaux d'hébergement des personnes âgées se prononcent sur l'affectation des immeubles sont régies *(Abrogé par Ord. nº 2010-177 du 23 févr. 2010, art. 5-I-3º)* ***« par les dispositions des*** *(Ord. nº 2003-1212 du 18 déc. 2003, art. 3-IX)* ***« articles L. 6143-1 et L. 6143-4 du code de la santé publique » et »*** par l'article L. 315-12 du code de l'action sociale et des familles.

Art. L. 2241-6 Lorsque le maire procède à une adjudication publique pour le compte de la commune, il est assisté de deux membres du conseil municipal désignés d'avance par le conseil ou, à défaut de cette désignation, appelés dans l'ordre du tableau.

Le receveur municipal est appelé à toutes les adjudications.

Toutes les difficultés qui peuvent s'élever sur les opérations préparatoires de l'adjudication sont résolues, séance tenante, par le maire et les deux assistants, à la majorité des voix, sauf le recours de droit. – *[C. communes, art. L. 313-1 issu de L. 5 avr. 1884, art. 89, al. 1er et 2.]*

Art. L. 2241-7 Lorsque l'adjudication a lieu pour le compte d'un centre communal d'action sociale, le président du conseil d'administration y procède, assisté de deux membres du conseil désignés par celui-ci ou, à défaut de cette désignation, appelés par ordre d'ancienneté.

Le receveur de l'établissement est appelé à l'adjudication. – *[C. communes, art. L. 313-2 issu de L. 5 avr. 1884, art. 89, al. 3.]*

. . . .

DEUXIÈME PARTIE **La commune**

LIVRE II **Administration et services communaux**

TITRE IV **Biens de la commune**

CHAPITRE PREMIER ***Dispositions générales***

(Décr. nº 2011-1612 du 22 nov. 2011, art. 9-2º)

Art. R. 2241-1 Les baux et les actes de vente sont passés par le maire au nom de la commune.

Les autorisations d'occupation ou d'utilisation du domaine public communal sont délivrées par le maire.

Art. R. 2241-2 L'autorité compétente de l'État mentionnée à l'article L. 2241-1 est le directeur départemental des finances publiques.

Art. R. 2241-3 Dans les cas prévus à l'article L. 2241-3, les comptables publics sont déchargés de toute responsabilité par la remise des fonds au notaire rédacteur de l'acte.

Art. R. 2241-4 Lorsque le prix des acquisitions d'immeubles, de droits réels immobiliers ou de fonds de commerce réalisées selon les règles du droit commun par les communes et leurs établissements publics donne lieu à remploi en immeuble, les comptables publics remettent les fonds au notaire rédacteur de l'acte portant mutation de l'immeuble acquis en remploi.

La remise des fonds a lieu sur la demande du vendeur et sur production d'une attestation du notaire certifiant l'accomplissement de la mission de remploi qui lui a été confiée.

Cette attestation comporte obligatoirement l'identité des parties, ainsi que la désignation de l'immeuble conformément aux dispositions du premier alinéa de l'article 5 du 1 de l'article 6 et de l'article 7 du décret nº 55-22 du 4 janvier 1955 portant réforme de la publicité foncière *[V. ces art. au **C. civ.**, ss. art. 2488]*, et mentionne le prix d'acquisition.

Art. R. 2241-5 Lorsque le prix d'une des acquisitions mentionnées à l'article R. 2241-4 donne lieu à remploi en valeurs mobilières, les comptables publics remettent les fonds au prestataire de service d'investissement *(Décr. n° 2017-1253 du 9 août 2017, art. 14 et 20, en vigueur le 3 janv. 2018)* « autre qu'une société de gestion de portefeuille » désigné par le vendeur, par contrat ou par autorité de justice, pour procéder à l'achat et requérir l'immatriculation des titres acquis en remploi.

La remise des fonds a lieu sur production d'une attestation du prestataire de service d'investissement certifiant l'accomplissement de la mission de remploi qui lui a été confiée.

Art. R. 2241-6 Pour les acquisitions immobilières passées en la forme administrative par les communes et leurs établissements publics, il peut être payé au vendeur, dès l'expiration des délais ouverts pour prendre les inscriptions ayant un effet rétroactif, un acompte dans la limite maximum des trois quarts de la différence entre le prix stipulé et celui des charges et accessoires.

Cet acompte est payé après autorisation de l'autorité habilitée à recevoir l'acte administratif.

Art. R. 2241-7 Le prix des acquisitions immobilières faites à l'amiable suivant les règles du droit civil ou après exercice du droit de préemption pour le compte des communes et de leurs établissements publics peut être payé au vendeur, après publication de l'acte au fichier immobilier, sans l'accomplissement des formalités de purge des privilèges et hypothèques inscrits lorsqu'il n'excède pas un montant fixé par arrêté du ministre chargé du domaine et du ministre de l'intérieur.

....

TROISIÈME PARTIE **Le département**

LIVRE II **Administration et services départementaux**

TITRE PREMIER **Compétences du conseil départemental**

CHAPITRE III *Gestion du patrimoine*

SECTION I *Domaine*

Art. L. 3213-1 Le conseil départemental statue sur les objets suivants :

1° Acquisition, aliénation et échange des propriétés départementales mobilières ou immobilières ;

2° Mode de gestion des propriétés départementales ;

3° Baux de biens donnés ou pris à ferme ou à loyer, quelle qu'en soit la durée ;

4° Changement de destination des propriétés et des édifices départementaux ;

5° Assurances des bâtiments départementaux. – *[L. 10 août 1871, art. 46 (1° à 4° et 14°).]*

Art. L. 3213-2 Toute cession d'immeubles ou de droits réels immobiliers par un département donne lieu à délibération motivée du conseil départemental portant sur les conditions de la vente et ses caractéristiques essentielles. Le conseil départemental délibère au vu de l'avis *(Ord. n° 2006-460 du 21 avr. 2006, art. 3-VII)* « de l'autorité compétente de l'État ». Cet avis est réputé donné à l'issue d'un délai d'un mois à compter de la saisine de *(L. n° 2009-526 du 12 mai 2009, art. 121-II)* « cette autorité ».

Le bilan des acquisitions et cessions opérées sur le territoire d'un département par celui-ci ou par une personne publique ou privée agissant dans le cadre d'une convention avec ce département donne lieu chaque année à une délibération du conseil départemental. Ce bilan est annexé au compte administratif du département.

Les dispositions introduites par l'Ord. n° 2006-460 du 21 avr. 2006 sont applicables à compter de la publication des dispositions réglementaires prises pour leur application (Ord. préc., art. 9).

Art. L. 3213-2-1 *(Ord. n° 2006-460 du 21 avr. 2006, art. 3-VII)* Lorsque les départements, leurs groupements et leurs établissements publics procèdent à des acquisitions immobilières à l'amiable suivant les règles du droit civil, ou lorsque l'acquisition a lieu sur licitation, le notaire rédacteur de l'acte procède s'il y a lieu, sous sa responsabilité, à la purge de tous privilèges et hypothèques.

Les fonds qui lui sont remis sont alors considérés comme reçus en raison de ses fonctions.

....

TROISIÈME PARTIE **Le département**

LIVRE II **Administration et services départementaux**

TITRE PREMIER **Compétences du conseil départemental**

CHAPITRE III *Gestion du patrimoine*

SECTION I *Domaine*

(Décr. n° 2011-1612 du 22 nov. 2011, art. 9-3°)

Art. R. 3213-1 Les baux et les actes de vente sont passés par le président du conseil départemental au nom du département.

Les autorisations d'occupation ou d'utilisation du domaine public départemental sont délivrées par le président du conseil départemental.

Art. R. 3213-1-1 L'autorité compétente de l'État mentionnée à l'article L. 3213-2 est le directeur départemental des finances publiques.

Art. R. 3213-2 L'état de toutes les propriétés du département, productives de revenus ou improductives, est dressé par le président du conseil départemental. Une copie en est délivrée par le président du conseil départemental au comptable du département.

Ce comptable reçoit par la même voie une expédition en la forme de tous les titres de propriété, titres de rente et autres actes concernant le domaine du département et établissant ses droits, ainsi que les inscriptions de privilèges et hypothèques prises pour sûreté des créances du département. Il donne récépissé de ces expéditions, qui sont conservées et mentionnées par lui sur un registre.

Art. R. 3213-3 Le président du conseil départemental dresse l'état du mobilier départemental.

Des inventaires sont établis pour chaque partie du mobilier départemental ; ils constatent les entrées et les sorties.

Le président du conseil départemental prescrit tout récolement nécessaire et dresse, s'il y a lieu, un état des objets susceptibles d'être réformés.

Art. R. 3213-4 Dans les cas prévus à l'article L. 3213-2-1, les comptables publics sont déchargés de toute responsabilité par la remise des fonds au notaire rédacteur de l'acte.

Art. R. 3213-5 Lorsque le prix des acquisitions d'immeubles, de droits réels immobiliers ou de fonds de commerce réalisées selon les règles du droit commun par les départements et leurs établissements publics donne lieu à remploi en immeuble, les comptables publics remettent les fonds au notaire rédacteur de l'acte portant mutation de l'immeuble acquis en remploi.

La remise des fonds a lieu sur la demande du vendeur et sur production d'une attestation du notaire certifiant l'accomplissement de la mission de remploi qui lui a été confiée.

Cette attestation comporte obligatoirement l'identité des parties, ainsi que la désignation de l'immeuble conformément aux dispositions du premier alinéa de l'article 5, du 1 de l'article 6 et de l'article 7 du décret n° 55-22 du 4 janvier 1955 portant réforme de la publicité foncière, et mentionne le prix d'acquisition.

Art. R. 3213-6 Lorsque le prix d'une des acquisitions mentionnées à l'article R. 3213-5 donne lieu à remploi en valeurs mobilières, les comptables publics remettent les fonds au prestataire de service d'investissement *(Décr. n° 2017-1253 du 9 août 2017, art. 14 et 20, en vigueur le 3 janv. 2018)* « autre qu'une société de gestion de portefeuille » désigné par le vendeur, par contrat ou par autorité de justice, pour procéder à l'achat et requérir l'immatriculation des titres acquis en remploi.

La remise des fonds a lieu sur production d'une attestation du prestataire de service d'investissement certifiant l'accomplissement de la mission de remploi qui lui a été confiée.

Art. R. 3213-7 Pour les acquisitions immobilières passées en la forme administrative par les départements et leurs établissements publics, il peut être payé au vendeur, dès l'expiration des délais ouverts pour prendre les inscriptions ayant un effet rétroactif, un acompte dans la limite maximale des trois quarts de la différence entre le prix stipulé et celui des charges et accessoires.

Cet acompte est payé après autorisation de l'autorité habilitée à recevoir l'acte administratif.

Art. R. 3213-8 Le prix des acquisitions immobilières faites à l'amiable suivant les règles du droit civil ou après exercice du droit de préemption pour le compte des départements et de leurs établissements publics peut être payé au vendeur, après publication de l'acte au fichier immobilier, sans l'accomplissement des formalités de purge des privilèges et hypothèques inscrits lorsqu'il n'excède pas un montant fixé par arrêté du ministre chargé du domaine et du ministre de l'intérieur.

.....

QUATRIÈME PARTIE **La région**

LIVRE II **Attributions de la région**

TITRE II Compétences du conseil régional

CHAPITRE UNIQUE *Dispositions générales*

Art. L. 4221-4 Toute cession d'immeubles ou de droits réels immobiliers par une région donne lieu à délibération motivée du conseil régional portant sur les conditions de la vente et ses caractéristiques essentielles. Le conseil régional délibère au vu de l'avis *(Ord. n° 2006-460 du 21 avr. 2006, art. 3-VII)* « de l'autorité compétente de l'État ». Cet avis est réputé donné à l'issue d'un délai d'un mois à compter de la saisine de *(L. n° 2009-526 du 12 mai 2009, art. 121-II)* « cette autorité ».

(Abrogé par Ord. n° 2009-1400 du 17 nov. 2009, à compter de l'exercice 2010) ***« Toute cession d'immeubles ou de droits réels immobiliers intervenue sur le territoire d'une région est inscrite sur un tableau récapitulatif annexé au compte administratif de la région concernée lorsque l'opération a été conclue par la région elle-même ou par une personne publique ou privée agissant dans le cadre d'une convention avec cette région. Cette inscription précise la nature du bien, sa localisation, l'origine de propriété, l'identité du cédant et du cessionnaire ainsi que les conditions de la cession. »***

(Ord. n° 2009-1400 du 17 nov. 2009, en vigueur à compter de l'exercice 2010) « Les acquisitions et cessions opérées par une région ou par une personne publique ou privée agissant dans le cadre d'une convention avec cette région donnent lieu chaque année à un état de variation du patrimoine, annexé au compte administratif de la région. »

.....

QUATRIÈME PARTIE **La région**

LIVRE II **Attributions de la région**

TITRE II Compétences du conseil régional

CHAPITRE PREMIER *Dispositions générales*

(Décr. n° 2011-1612 du 22 nov. 2011, art. 9-4°)

Art. R. 4221-1 Les baux et les actes de vente sont passés par le président du conseil régional au nom de la région.

Les autorisations d'occupation ou d'utilisation du domaine public régional sont délivrées par le président du conseil régional.

Art. R. 4221-2 L'autorité compétente de l'État mentionnée à l'article L. 4221-4 est le directeur départemental des finances publiques.

Art. R. 4221-3 Dans les cas prévus à l'article L. 4221-4-1, les comptables publics sont déchargés de toute responsabilité par la remise des fonds au notaire rédacteur de l'acte.

Art. R. 4221-4 Lorsque le prix des acquisitions d'immeubles, de droits réels immobiliers ou de fonds de commerce réalisées selon les règles du droit commun par les régions et leurs établissements publics donne lieu à remploi en immeuble, les comptables publics remettent les fonds au notaire rédacteur de l'acte portant mutation de l'immeuble acquis en remploi.

La remise des fonds a lieu sur la demande du vendeur et sur production d'une attestation du notaire certifiant l'accomplissement de la mission de remploi qui lui a été confiée.

Cette attestation comporte obligatoirement l'identité des parties, ainsi que la désignation de l'immeuble conformément aux dispositions du premier alinéa de l'article 5, du 1 de l'article 6 et de l'article 7 du décret n° 55-22 du 4 janvier 1955 portant réforme de la publicité foncière *[V. ces art. au* ***C. civ.****, ss. art. 2488]*, et mentionne le prix d'acquisition.

Art. R. 4221-5 Lorsque le prix d'une des acquisitions mentionnées à l'article R. 4221-4 donne lieu à remploi en valeurs mobilières, les comptables publics remettent les fonds au prestataire de service d'investissement *(Décr. n° 2017-1253 du 9 août 2017, art. 14 et 20, en vigueur le 3 janv. 2018)* « autre qu'une société de gestion de portefeuille » désigné par le vendeur, par contrat ou par autorité de justice, pour procéder à l'achat et requérir l'immatriculation des titres acquis en remploi.

La remise des fonds a lieu sur production d'une attestation du prestataire de service d'investissement certifiant l'accomplissement de la mission de remploi qui lui a été confiée.

Art. R. 4221-6 Pour les acquisitions immobilières passées en la forme administrative par les régions et leurs établissements publics, il peut être payé au vendeur, dès l'expiration des délais ouverts pour prendre les inscriptions ayant un effet rétroactif, un acompte dans la limite maximum des trois quarts de la différence entre le prix stipulé et celui des charges et accessoires.

Cet acompte est payé après autorisation de l'autorité habilitée à recevoir l'acte administratif.

Art. R. 4221-7 Le prix des acquisitions immobilières faites à l'amiable suivant les règles du droit civil pour le compte des régions et de leurs établissements publics peut être payé au vendeur, après publication de l'acte au fichier immobilier, sans l'accomplissement des formalités de purge des privilèges et hypothèques inscrits lorsqu'il n'excède pas un montant fixé par arrêté du ministre chargé du domaine et du ministre de l'intérieur.

....

CINQUIÈME PARTIE **La coopération locale**

LIVRE II **La coopération intercommunale**

TITRE PREMIER **Établissements publics de coopération intercommunale**

CHAPITRE PREMIER *Dispositions communes*

SECTION VI *Dispositions financières* *(L. n° 99-586 du 12 juill. 1999)*.

SOUS-SECTION 3 *Démocratisation et transparence*

Art. L. 5211-37 Le bilan des acquisitions et cessions opérées par les établissements publics de coopération intercommunale est soumis chaque année à délibération de l'organe délibérant. Ce bilan est annexé au compte administratif de l'établissement concerné.

Toute cession d'immeubles ou de droits réels immobiliers envisagée par un établissement public de coopération intercommunale donne lieu à délibération motivée de l'organe délibérant portant sur les conditions de la vente et ses caractéristiques essentielles. La délibération est prise au vu de l'avis *(Ord. n° 2006-460 du 21 avr. 2006, art. 3-VII)* « de l'autorité compétente de l'État ». Cet avis est réputé donné à l'issue d'un délai d'un mois à compter de la saisine de *(L. n° 2009-526 du 12 mai 2009, art. 121-II)* « cette autorité ». Lorsque cette opération est envisagée dans le cadre d'une convention avec une commune, copie de cette délibération est transmise à la commune concernée dans les deux mois suivant son adoption.

Les dispositions introduites par l'Ord. n° 2006-460 du 21 avr. 2006 sont applicables à compter de la publication des dispositions réglementaires prises pour leur application (Ord. préc., art. 9).

. . . .

CINQUIÈME PARTIE **La coopération locale**

LIVRE II **La coopération intercommunale**

TITRE PREMIER **Établissements publics de coopération intercommunale**

CHAPITRE PREMIER ***Dispositions communes***

SECTION VI ***Dispositions financières***

SOUS-SECTION 3 *Démocratisation et transparence*

§ 1er *Dispositions générales (R)*

. . . .

Art. R. 5211-13-1 *(Décr. n° 2011-1612 du 22 nov. 2011, art. 9)* L'autorité compétente de l'État mentionnée à l'article L. 5211-37 est le directeur départemental des finances publiques.

Art. R. 5211-13-2 *(Décr. n° 2011-1612 du 22 nov. 2011, art. 9)* Dans les cas prévus à l'article L. 2241-3, les comptables publics sont déchargés de toute responsabilité par la remise des fonds au notaire rédacteur de l'acte.

Art. R. 5211-13-3 *(Décr. n° 2011-1612 du 22 nov. 2011, art. 9)* Lorsque le prix des acquisitions d'immeubles, de droits réels immobiliers ou de fonds de commerce réalisées selon les règles du droit commun par les établissements publics de coopération intercommunale donne lieu à remploi en immeuble, les comptables publics remettent les fonds au notaire rédacteur de l'acte portant mutation de l'immeuble acquis en remploi.

La remise des fonds a lieu sur la demande du vendeur et sur production d'une attestation du notaire certifiant l'accomplissement de la mission de remploi qui lui a été confiée.

Cette attestation comporte obligatoirement l'identité des parties, ainsi que la désignation de l'immeuble conformément aux dispositions du premier alinéa de l'article 5, du 1 de l'article 6 et de l'article 7 du décret n° 55-22 du 4 janvier 1955 portant réforme de la publicité foncière *[V. ces art. au* ***C. civ.****, ss. art. 2488]*, et mentionne le prix d'acquisition.

Art. R. 5211-13-4 *(Décr. n° 2011-1612 du 22 nov. 2011, art. 9)* Lorsque le prix d'une des acquisitions mentionnées à l'article R. 5211-13-3 donne lieu à remploi en valeurs mobilières, les comptables publics remettent les fonds au prestataire de service d'investissement *(Décr. n° 2017-1253 du 9 août 2017, art. 14 et 20, en vigueur le 3 janv. 2018)* « autre qu'une société de gestion de portefeuille » désigné par le vendeur, par contrat ou par autorité de justice, pour procéder à l'achat et requérir l'immatriculation des titres acquis en remploi.

La remise des fonds a lieu sur production d'une attestation du prestataire de service d'investissement certifiant l'accomplissement de la mission de remploi qui lui a été confiée.

Art. R. 5211-13-5 *(Décr. n° 2011-1612 du 22 nov. 2011, art. 9)* Pour les acquisitions immobilières passées en la forme administrative par les établissements publics de coopération intercommunale, il peut être payé au vendeur, dès l'expiration des délais ouverts pour prendre les inscriptions ayant un effet rétroactif, un acompte dans la limite maximum des trois quarts de la différence entre le prix stipulé et celui des charges et accessoires.

Cet acompte est payé après autorisation de l'autorité habilitée à recevoir l'acte administratif.

Art. R. 5211-13-6 *(Décr. n° 2011-1612 du 22 nov. 2011, art. 9)* Le prix des acquisitions immobilières faites à l'amiable suivant les règles du droit civil ou après exercice du droit de préemption pour le compte des établissements publics de coopération intercommunale peut être payé au vendeur, après publication de l'acte au fichier immobilier, sans l'accomplissement des formalités de purge des privilèges et hypothèques inscrits lorsqu'il n'excède pas un montant fixé par arrêté du ministre chargé du domaine et du ministre de l'intérieur.

....

LIVRE VII **Syndicat mixte**

TITRE II **Syndicat mixte associant des collectivités territoriales, des groupements de collectivités territoriales et d'autres personnes morales**

CHAPITRE II *Dispositions financières*

Art. L. 5722-3 Le bilan des acquisitions et cessions opérées par les syndicats mixtes est soumis chaque année à délibération de l'organe délibérant. Ce bilan est annexé au compte administratif de l'établissement concerné.

Toute cession d'immeubles ou de droits réels immobiliers envisagée par un syndicat mixte donne lieu à délibération motivée de l'organe délibérant portant sur les conditions de la vente et ses caractéristiques essentielles. La délibération est prise au vu de l'avis *(Ord. n° 2006-460 du 21 avr. 2006, art. 3-VII)* « de l'autorité compétente de l'État ». Cet avis est réputé donné à l'issue d'un délai d'un mois à compter de la saisine de *(L. n° 2009-526 du 12 mai 2009, art. 121-II)* « cette autorité ». Lorsque cette opération est envisagée dans le cadre d'une convention avec une commune, copie de cette délibération est transmise à la commune concernée dans les deux mois suivant son adoption.

Les dispositions introduites par l'Ord. n° 2006-460 du 21 avr. 2006 sont applicables à compter de la publication des dispositions réglementaires prises pour leur application (Ord. préc., art. 9).

....

Art. R. 5722-2 *(Décr. n° 2011-1612 du 22 nov. 2011, art. 9)* L'autorité compétente de l'État mentionnée à l'article L. 5722-3 est le directeur départemental des finances publiques.

Décret n° 67-568 du 12 juillet 1967,

Relatif à la réalisation d'acquisitions foncières pour le compte des collectivités publiques dans certains départements (D. 1967. 287 ; BLD 1967. 493).

Le présent décret a été abrogé en tant qu'il concerne l'État et les établissements publics de l'État et ses dispositions intégrées dans le code du domaine de l'État, art. R. 176 à R. 186 (Décr. n° 70-1160 du 11 déc. 1970, art. 1er et 3, D. et BLD 1970. 320).

Art. 1er Dans les départements désignés comme il est dit à l'article 10, la direction départementale des impôts chargée du domaine est seule habilitée à poursuivre les acquisitions d'immeubles, de droits immobiliers ou de fonds de commerce, à l'amiable ou par voie d'expropriation, pour le compte de tous les services publics, civils ou militaires de l'État.

Art. 2 Dans les mêmes départements, la direction départementale des impôts chargée du domaine peut, sur leur demande, apporter son concours aux départements, aux communes, aux établissements publics et aux sociétés d'économie mixte dans lesquelles l'État, des départements, des communes ou des établissements publics détiennent ensemble ou séparément la majorité du capital, pour poursuivre, pour leur compte, à l'amiable ou par voie d'expropriation, les acquisitions d'immeubles, de droits immobiliers ou de fonds de commerce entrant dans des catégories d'opérations définies par arrêtés du Premier ministre, du ministre de l'économie et des finances et des ministres intéressés. – *V. Arr. du 4 mars 1969.*

Les demandes formulées à cet effet sont transmises par l'intermédiaire des préfets.

La direction départementale des impôts chargée du domaine ne peut apporter son concours dans les cas prévus ci-dessus que si elle est chargée, comme mandataire des collectivités, établissements ou sociétés intéressés, de négocier avec les propriétaires et autres ayants droit et de représenter ses mandants dans les contrats conclus. Il peut être mis fin à ce mandat à tout moment par décision de la collectivité, de la société ou de l'établissement intéressé, transmise dans les mêmes formes que la demande.

....

Art. 10 Les dispositions du présent décret s'appliquent dans les départements désignés par arrêtés conjoints du Premier ministre, du ministre de l'intérieur et du ministre de l'économie et des finances. – *V. Arr. du 24 nov. 1972 (JO 26 nov.) ; Arr. du 29 janv. 1973 (JO 7 févr.).*

Ces arrêtés précisent pour chaque département la date à partir de laquelle commence cette application. Seules sont prises en charge par la direction départementale des impôts chargée du domaine les expropriations qui, à cette date, n'ont pas encore fait l'objet d'une déclaration d'utilité publique.

Art. 11 Des arrêtés conjoints du Premier ministre, du ministre de l'économie et des finances et du ministre intéressé peuvent rendre les dispositions du présent décret applicables, dans d'autres départements, aux acquisitions nécessaires à une ou plusieurs opérations déterminées.

Arrêté du 4 mars 1969,

Portant application de l'article 2 (1er alinéa) du décret n° 67-568 du 12 juillet 1967 relatif à la réalisation d'acquisitions foncières pour le compte des collectivités publiques dans certains départements (JO 12 mars).

Art. 1er Les opérations pour lesquelles la direction départementale des impôts chargée du domaine peut apporter son concours, en vertu de l'article 2 (1er alinéa) du décret précité, comprennent les acquisitions poursuivies en vue :

De la construction d'ensembles immobiliers à usage d'habitation et de leurs installations annexes ou de la création de lotissements destinés à l'habitation ou à l'industrie ;

De la réalisation de zones affectées à l'habitation ou à l'industrie par des projets d'aménagement approuvés, des plans d'urbanisme ou des plans d'occupation des sols rendus publics ou approuvés ;

De la réalisation des programmes de travaux routiers ;

De la réalisation des réserves foncières ;

De la réalisation des programmes de constructions scolaires et universitaires ainsi que des programmes concernant les équipements culturels, sportifs ou hospitaliers.

L'Arr. du 26 juill. 1976 (JO 30 juill.) ajoute à cette énumération la réalisation de travaux ferroviaires.

Domaine public maritime

Loi n° 71-1060 du 24 décembre 1971 *[Abrogée]*,

Relative à la délimitation des eaux territoriales françaises (Abrogé par Ord. n° 2016-1687 du 8 déc. 2016, art. 57-1°).

Art. 1er *Les eaux territoriales françaises s'étendent jusqu'à une limite fixée à 12 milles marins à partir des lignes de base.*

Les lignes de base sont la laisse de basse mer ainsi que les lignes de base droites et les lignes de fermeture des baies qui sont déterminées par décret.

La souveraineté de l'État français s'étend à l'espace aérien ainsi qu'au lit et au sous-sol de la mer dans la limite des eaux territoriales.

Art. 2 *Sauf convention particulière, la largeur des eaux territoriales ne s'étend pas au-delà d'une ligne médiane dont tous les points sont équidistants des points les plus proches des lignes de base des côtes françaises et des côtes des pays étrangers qui font face aux côtes françaises ou qui leur sont limitrophes.*

Art. 3 *Lorsque la distance entre les lignes de base des côtes françaises et celles des côtes d'un État étranger qui leur font face est égale ou inférieure à 24 milles ou ne permet plus l'existence d'une zone de haute mer suffisante pour la navigation, des dispositions pourront être prises en vue d'assurer la libre navigation maritime et aérienne, dans le respect des conventions internationales et, s'il y a lieu, après accord avec les États intéressés.*

Art. 4 *Les dispositions de la présente loi ne portent pas atteinte à l'exercice des droits de pêche accordés à certains navires étrangers dans les conditions prévues par les accords internationaux et le droit interne français.* — Art. désormais codifié à l'art. L. 911-4 C. rur.

Sur l'institution d'une zone économique au large des côtes du territoire de la République, V. L. n° 76-655 du 16 juill. 1976 (D. et BLD 1976. 317, abrogée par Ord. n° 2016-1687 du 8 déc. 2016, art. 57-1°), mod. par L. n° 85-542 du 22 mai 1985, art. 7 (D. et ALD 1985. 315), par L. n° 2003-346 du 15 avr. 2003, art. 1er (JO 16 avr.) et par L. n° 2016-1087 du 8 août 2016, art. 95 (JO 9 août) ; C. rech., art. L. 251-1 ; Décr. n° 77-130 du 11 févr. 1977 (JO 12 févr.), mod. par Décr. n° 90-94 du 25 janv. 1990, art. 25 (D. et ALD 1990. 127).

Décret n° 72-879 du 19 septembre 1972,

Portant modification de la loi n° 63-1178 du 28 novembre 1963 relative au domaine public maritime et fixant les procédures d'incorporation et de déclassement des lais et relais de la mer.

Art. 2 L'incorporation au domaine public maritime des lais et relais de la mer ayant fait partie du domaine privé de l'État à la date de promulgation de la loi susvisée du 28 novembre 1963 est prononcée par arrêté préfectoral, après avis du directeur des services fiscaux et du directeur départemental de l'équipement ou de l'ingénieur en chef du service maritime.

Art. 3 Le déclassement de lais et relais de la mer incorporés au domaine public maritime est prononcé par arrêté conjoint du ministre de l'aménagement du territoire, de l'équipement, du logement et du tourisme et du ministre de l'économie et des finances. L'arrêté est publié au *Journal officiel*.

Sur le domaine public maritime, V. désormais CGPPP, art. L. 2111-4 s.

Littoral

Code de l'environnement

PREMIÈRE PARTIE : ***LÉGISLATIVE***

LIVRE III **Espaces naturels**

TITRE II **Littoral**

CHAPITRE II *Conservatoire de l'espace littoral et des rivages lacustres*

SECTION I *Dispositions générales*

Art. L. 322-1 I. – Le Conservatoire de l'espace littoral et des rivages lacustres est un établissement public de l'État à caractère administratif qui a pour mission de mener, après avis des conseils municipaux *(L. n° 2002-276 du 27 févr. 2002, art. 160)* « et en partenariat avec les collectivités territoriales » intéressés, une politique foncière *(L. n° 2016-1087 du 8 août 2016, art. 107-I-1°)* « ayant pour objets la sauvegarde du littoral, le respect des équilibres écologiques et la préservation des sites naturels ainsi que celle des biens culturels qui s'y rapportent : »

1° Dans les cantons côtiers délimités au 10 juillet 1975 ;

2° Dans les communes riveraines des mers, des océans, des étangs salés ou des plans d'eau intérieurs d'une superficie supérieure à 1 000 hectares ;

3° Dans les communes riveraines des estuaires et des deltas lorsque tout ou partie de leurs rives sont situées en aval de la limite de salure des eaux ;

4° *Abrogé par L. n° 2005-157 du 23 févr. 2005, art. 133-II.*

II. – *(Abrogé par L. n° 2016-1087 du 8 août 2016, art. 107-I-2°)* *« Il peut présenter aux collectivités publiques toutes suggestions en rapport avec sa mission. Il peut notamment proposer les mesures propres à éviter toute construction des terrains contigus au domaine public maritime. »*

(L. n° 2002-276 du 27 févr. 2002, art. 160) « Afin de promouvoir une gestion plus intégrée des zones côtières, le Conservatoire de l'espace littoral et des rivages lacustres peut également exercer ses missions sur le domaine public maritime qui lui est affecté ou confié. »

III. – *(L. n° 2005-157 du 23 févr. 2005, art. 133-I)* « Son intervention peut être étendue par arrêté préfectoral et après avis de son conseil d'administration à des secteurs géographiquement limitrophes des cantons et des communes mentionnés au I et constituant avec eux une unité écologique ou paysagère ainsi qu'aux zones humides situées dans les départements côtiers. »

(L. n° 2016-1087 du 8 août 2016, art. 107-I-3°) « IV. – Il peut présenter aux collectivités publiques toutes suggestions en rapport avec ses missions, notamment en matière d'aménagement du littoral ou de gestion de l'interface terre-mer. » – *V. C. envir., art. R. 322-3.* – ***C. envir.***

Art. L. 322-2 Des décrets en Conseil d'État déterminent les conditions d'application du présent chapitre. – *V. C. envir., art. R. 322-1 s.* – ***C. envir.***

SECTION II *Patrimoine du Conservatoire*

SOUS-SECTION 1 *Constitution et aliénations*

Art. L. 322-3 Pour la réalisation des objectifs définis à l'article L. 322-1, le Conservatoire de l'espace littoral et des rivages lacustres peut procéder à toutes opérations foncières. Toutefois les aliénations d'immeubles de son domaine propre ne peuvent être consenties qu'après autorisation donnée par décret en Conseil d'État, pris sur proposition du conseil d'administration statuant à la majorité des trois quarts des membres présents ou représentés.

Art. L. 322-4 Le Conservatoire de l'espace littoral et des rivages lacustres peut exproprier tous droits immobiliers et exercer, à défaut du département, le droit de préemption prévu à l'article *(Ord. n° 2015-1174 du 23 sept. 2015, art. 9-VI, en vigueur le 1er janv. 2016)* « L. 215-5 *[ancienne rédaction : L. 142-3]* » du code de l'urbanisme.

Art. L. 322-5 Lorsque le Conservatoire de l'espace littoral et des rivages lacustres acquiert par voie amiable des biens grevés de servitudes instituées par application du code de l'urbanisme, le prix d'acquisition est apprécié par rapport à la valeur des biens compte tenu des servitudes existantes, lesdites servitudes ne pouvant ouvrir droit à aucun supplément de prix.

Art. L. 322-6 Le Conservatoire de l'espace littoral et des rivages lacustres peut être affectataire, à titre gratuit, d'immeubles dépendant du *(L. n° 2002-276 du 27 févr. 2002, art. 160)* « domaine public ou privé de l'État ». Toutefois, lorsque le service précédemment affectataire est doté de l'autonomie financière, l'immeuble est affecté à titre onéreux à l'établissement public ou lui est cédé dans les formes du droit commun.

Le Conservatoire de l'espace littoral et des rivages lacustres est substitué à l'État dans la gestion des immeubles qui lui sont affectés : il passe toutes conventions les concernant, notamment celles visées à l'article L. 322-9, perçoit à son profit tous leurs produits et supporte les charges y afférentes, de quelque nature qu'elles soient. Ces dispositions sont applicables aux immeubles domaniaux remis à l'établissement à titre de dotation.

Les biens domaniaux qui lui sont affectés ou remis en dotation ne peuvent être désaffectés ou retirés que dans les conditions prévues pour les aliénations du domaine propre.

Art. L. 322-6-1 *(Ord. n° 2006-460 du 21 avr. 2006, art. 3-VI)* Pour la réalisation des objectifs fixés à l'article L. 322-1, le Conservatoire de l'espace littoral et des rivages lacustres peut se voir attribuer par convention des immeubles relevant du domaine public de l'État pour une durée n'excédant pas trente ans. Le renouvellement de la convention se fait dans les mêmes formes que la passation.

Cette convention d'attribution peut habiliter le conservatoire, ou le gestionnaire tel que défini à l'article L. 322-9, à accorder des autorisations d'occupation temporaire non constitutives de droits réels et à percevoir les produits à son profit, à condition qu'il supporte les charges correspondantes.

La gestion est réalisée dans les mêmes conditions que celles fixées à l'article L. 322-9.

Un décret en Conseil d'État précise les conditions d'application du présent article, en particulier pour ce qui concerne les règles applicables au recouvrement des produits et redevances du domaine. – *V. C. envir., art. R. 322-8-1 s.* – ***C. envir.***

Art. L. 322-6-2 *(L. n° 2010-788 du 12 juill. 2010, art. 136-I)* Dans les départements d'outre-mer et à Mayotte, les espaces naturels situés dans la zone des cinquante pas géométriques dont la gestion est assurée par le Conservatoire de l'espace littoral et des rivages lacustres en application des articles L. 5112-8, L. 5113-1 et L. 5331-7 du code général de la propriété des personnes publiques lui sont affectés conformément à l'article L. 322-6 du présent code, après accord de son conseil d'administration.

Art. L. 322-7 Les acquisitions et échanges d'immeubles situés dans les zones définies à l'article L. 322-1 et faits par le Conservatoire de l'espace littoral et des rivages lacustres sont exonérés du droit de timbre de dimension, des droits d'enregistrement et de la taxe de publicité foncière.

Art. L. 322-8 *(L. n° 2016-1087 du 8 août 2016, art. 107-II)* Les dons et legs d'immeubles faits au profit du Conservatoire de l'espace littoral et des rivages lacustres sont exonérés des droits de mutation à titre gratuit.

Lorsque ces immeubles sont situés en dehors des zones définies à l'article L. 322-1, l'établissement procède à leur cession dans les meilleurs délais.

V. art. R. 322-4 s.

SOUS-SECTION 2 *Gestion*

Art. L. 322-9 *(L. n° 2002-276 du 27 févr. 2002, art. 161)* Le domaine relevant du Conservatoire de l'espace littoral et des rivages lacustres comprend les biens immobiliers acquis ainsi que ceux qui lui sont affectés, attribués, confiés ou remis en gestion par l'État. Le domaine propre du Conservatoire est constitué des terrains dont il est devenu propriétaire et qu'il décide de conserver afin d'assurer sa mission définie à l'article L. 322-1. Le domaine relevant du Conservatoire du littoral et des rivages lacustres est du domaine public à l'exception des terrains acquis non classés dans le domaine propre. Dans la limite de la vocation et de la fragilité de chaque espace, ce domaine est ouvert au public.

Les immeubles du domaine relevant du Conservatoire de l'espace littoral et des rivages lacustres peuvent être gérés par les collectivités locales ou leurs groupements, ou les établissements publics ou les fondations et associations spécialisées agréées qui en assurent les charges et perçoivent les produits correspondants. Priorité est donnée, si elles le demandent, aux collectivités locales sur le territoire desquelles les immeubles sont situés. Les conventions signées à ce titre entre le Conservatoire et les gestionnaires prévoient expressément l'usage à donner aux terrains, cet usage devant obligatoirement contribuer à la réalisation des objectifs définis à l'article L. 322-1 *(L. n° 2016-1087 du 8 août 2016, art. 107-III-1°)* « , ainsi que le reversement périodique au conservatoire du surplus des produits qui n'ont pas été affectés à la gestion du bien ».

Le Conservatoire et le gestionnaire peuvent autoriser par voie de convention un usage temporaire et spécifique des immeubles dès lors que cet usage est compatible avec la mission poursuivie par le conservatoire, telle que définie à l'article L. 322-1.

Dans le cas d'un usage de ce domaine public associé à une exploitation agricole, priorité est donnée à l'exploitant présent sur les lieux au moment où les immeubles concernés sont entrés dans le domaine relevant du conservatoire. En l'absence d'exploitant présent sur les lieux, le conservatoire, et le gestionnaire le cas échéant, consultent les organismes professionnels pour le choix de l'exploitant. La convention avec celui-ci fixe les droits et obligations de l'exploitant en application d'une convention-cadre approuvée par le conseil d'administration et détermine les modes de calcul des redevances.

(L. n° 2016-1087 du 8 août 2016, art. 107-III-2°) « Les terrains appartenant au domaine relevant du Conservatoire de l'espace littoral et des rivages lacustres ne peuvent figurer dans le plan départemental des espaces, sites et itinéraires relatifs aux sports de nature prévu à l'article L. 311-3 du code du sport qu'avec l'accord exprès du conservatoire. Celui-ci peut en demander le retrait si cette inscription fait obstacle à la bonne exécution des missions qui lui sont confiées à l'article L. 322-1 du présent code. La commission départementale des espaces, sites et itinéraires relatifs aux sports de nature est consultée sur cette demande. Le retrait de l'inscription n'entraîne, pour le conservatoire, aucune charge financière et matérielle de mesures compensatoires. »

Art. L. 322-10 *(L. n° 2002-276 du 27 févr. 2002, art. 162)* L'aménagement et la réalisation des travaux portant sur des immeubles relevant du Conservatoire de l'espace littoral et des rivages lacustres peuvent être confiés, en vue d'assurer la conservation, la protection et la mise en valeur des biens, à l'une des personnes publiques ou privées désignées à l'article L. 322-9 dans le cadre d'une convention d'occupation n'excédant pas trente ans. Les missions confiées doivent être conformes à la mission poursuivie par le conservatoire. Cette convention peut habiliter le bénéficiaire à accorder des autorisations d'occupation non constitutives de droits réels d'une durée n'excédant pas celle de la convention.

Le bénéficiaire est autorisé à encaisser directement à son profit les produits de l'immeuble. Dans ce cas, il doit procéder au reversement périodique au conservatoire du surplus des produits qui n'ont pas été affectés à la mise en valeur et à la gestion du bien. Le bénéficiaire est choisi librement. En fin de convention d'occupation, le gestionnaire ne peut prétendre à aucune indemnité pour les améliorations apportées à l'immeuble.

(L. n° 2005-157 du 23 févr. 2005, art. 134) « Le Conservatoire peut prendre en charge une partie du coût des missions visées au premier alinéa dès lors que celle-ci est inférieure à celle du bénéficiaire de la convention, selon des modalités précisées par celle-ci. »

Art. L. 322-10-1 *(L. n° 2002-276 du 27 févr. 2002, art. 162) (L. n° 2016-1087 du 8 août 2016, art. 164-I-9°)* « I. — Les personnes physiques chargées par les gestionnaires mentionnés à l'article L. 322-9 d'assurer la garderie du domaine administré par le Conservatoire de l'espace littoral et des rivages lacustres reçoivent l'appellation de gardes du littoral.

« Les gardes du littoral sont commissionnés par l'autorité administrative et assermentés pour rechercher et constater les infractions relevant de leur habilitation, dans des conditions fixées par décret en Conseil d'État. »

Les gardes du littoral et les agents visés à l'*(L. n° 2003-591 du 2 juill. 2003, art. 31-III)* « article L. 332-20 » du présent code constatent par procès-verbal les contraventions aux arrêtés municipaux ou préfectoraux relatifs à l'accès aux terrains concernés ou à leurs usages, ainsi qu'à ceux pris en application des articles L. 2213-2, L. 2213-4, L. 2213-23, L. 2215-1 et L. 2215-3 du code général des collectivités territoriales, lorsqu'ils concernent le domaine administré par le Conservatoire de l'espace littoral et des rivages lacustres.

Les gardes du littoral peuvent également constater par procès-verbal les contraventions aux dispositions du présent titre et à celles du code du domaine de l'État sur le domaine administré par le Conservatoire de l'espace littoral et des rivages lacustres.

(L. n° 2019-773 du 24 juill. 2019, art. 4) « Ils sont également habilités à relever l'infraction d'obstacle aux fonctions prévue à l'article L. 173-4 du présent code. »

(Ord. n° 2012-34 du 11 janv. 2012, art. 6-1°, en vigueur le 1er juill. 2013) « II. – Les gardes du littoral *(Abrogé par L. n° 2019-773 du 24 juill. 2019, art. 4)* ***« ayant la qualité de fonctionnaire ou d'agent public »*** sont habilités à constater dans la zone maritime du domaine relevant du Conservatoire de l'espace littoral et des rivages lacustres les infractions aux réglementations intéressant la protection de cette zone et les infractions à la police des rejets définies aux articles L. 218-11 à L. 218-19 et à l'article L. 218-73 du présent code.

« III. – Les gardes du littoral exercent leurs compétences sur l'ensemble du domaine relevant du Conservatoire de l'espace littoral et des rivages lacustres dans le département de leur résidence administrative.

« Pour l'exercice de leur mission de police judiciaire, les gardes du littoral qui n'ont pas la qualité de fonctionnaire ou d'agent public disposent des pouvoirs prévus aux articles L. 172-7, L. 172-8, L. 172-12 et L. 172-16. Ils sont compétents pour constater les infractions en quelque lieu qu'elles soient commises, sans pouvoir accéder aux locaux et aux moyens de transport. »

Art. L. 322-10-2 *(L. n° 2002-276 du 27 févr. 2002, art. 162)* Les contrevenants aux dispositions mentionnées à l'article précédent sont punis de l'amende prévue par les contraventions de la 4e classe.

Art. L. 322-10-3 *(Abrogé par Ord. n° 2012-34 du 11 janv. 2012, art. 6-2°, à compter du 1er juill. 2013) (L. n° 2002-276 du 27 févr. 2002, art. 162)* ***« Les procès-verbaux dressés par les gardes du littoral font foi jusqu'à preuve contraire. Ils sont remis ou envoyés directement au procureur de la République, cinq jours francs après celui où la contravention a été constatée, à peine de nullité. »***

Les contraventions peuvent donner lieu à la procédure de l'amende forfaitaire, conformément aux dispositions des articles 529 à 529-2 du code de procédure pénale.

Art. L. 322-10-4 *(L. n° 2006-436 du 14 avr. 2006, art. 19-I)* Sans préjudice des sanctions pénales encourues, toute atteinte à l'intégrité et à la conservation du domaine public relevant du Conservatoire de l'espace littoral et des rivages lacustres, ou de nature à compromettre son usage, constitue une contravention de grande voirie constatée, réprimée et poursuivie par voie administrative.

Elle est constatée par les agents visés à l'article L. 322-10-1, sans préjudice des compétences des officiers et agents de police judiciaire et des autres agents spécialement habilités.

Les personnes condamnées sont tenues de réparer ces atteintes et encourent les amendes prévues pour les contraventions de cinquième classe et les cas de récidive. Elles supportent les frais des mesures provisoires et urgentes que le Conservatoire de l'espace littoral et des rivages lacustres a pu être amené à prendre pour faire cesser le trouble apporté au domaine public par les infractions constatées.

Le directeur du Conservatoire de l'espace littoral et des rivages lacustres et, sur délégation, les délégués des rivages du conservatoire, ont compétence pour saisir le tribunal administratif, dans les conditions et suivant les procédures prévues par le code de justice administrative.

V. art. R. 322-10 s.

BIBL. ▶ CAUDAL-SIZARET, Actualité des contraventions de grande voirie en matière de protection de l'environnement, *in Confluences, Mél. en l'honneur de J. Morand-Deviller, Montchrestien 2007.*

DEUXIÈME PARTIE : ***RÉGLEMENTAIRE***

LIVRE III **Espaces naturels**

TITRE II **Littoral**

CHAPITRE II *Conservatoire de l'espace littoral et des rivages lacustres*

SECTION II *Patrimoine du Conservatoire*

SOUS-SECTION 1 *Constitution et aliénations*

Art. R. 322-4 Le Conservatoire procède aux acquisitions nécessaires de terrains ou de droits immobiliers soit par entente amiable, *(Décr. n° 2017-1170 du 17 juill. 2017, art. 3)* « soit par préemption, » soit par voie d'expropriation. – *[Anc. art. R. 243-3.]*

Art. R. 322-5 Lorsque le conservatoire exerce directement le droit de préemption en application *(Décr. n° 2015-1783 du 28 déc. 2015, art. 9-V-7°, en vigueur le 1er janv. 2016)* « de l'article L. 215-2 du code de l'urbanisme, les attributions confiées au président du conseil départemental sont » exercées par le directeur du conservatoire. – *[Anc. art. R. 243-4.]*

Art. R. 322-6 Le Conservatoire ne peut se livrer à aucune opération de promotion immobilière en vue de la vente ou de la location de locaux ou de terrains.

Art. R. 322-7 Le domaine propre du Conservatoire, mentionné à l'article L. 322-3, est constitué des terrains dont il est devenu propriétaire et qu'il décide de conserver et de classer afin d'assurer la sauvegarde du littoral, le respect des sites naturels et l'équilibre écologique.

Le conseil d'administration du Conservatoire classe dans son domaine propre, mentionné à l'article L. 322-9, les biens immobiliers qui lui appartiennent lorsqu'ils constituent un ensemble permettant l'établissement d'un plan de gestion conformément à l'article R. 322-13. Il procède dans les meilleurs délais à la cession des immeubles qui n'ont pas vocation à être classés dans son domaine propre.

Art. R. 322-8 Le patrimoine immobilier administré par le conservatoire comporte, outre les biens qui sont sa propriété, les biens qui lui sont affectés ou remis en dotation par l'État, ainsi que les biens dont la gestion lui est confiée provisoirement par ce dernier, cet ensemble constituant le domaine relevant du Conservatoire mentionné à l'article L. 322-9.

Art. R. 322-8-1 *(Décr. n° 2011-1612 du 22 nov. 2011, art. 8)* La convention d'attribution prévue à l'article L. 322-6-1 définit les conditions, et notamment les modalités de suivi, de l'utilisation des immeubles du domaine public de l'État attribués au Conservatoire de l'espace littoral et des rivages lacustres.

Elle est signée au nom de l'État par le préfet agissant en qualité de représentant du ministre chargé du domaine et sur proposition du chef du service gestionnaire du domaine public concerné.

Elle précise les conditions dans lesquelles le Conservatoire de l'espace littoral et des rivages lacustres ou l'organisme gestionnaire peuvent, en application de l'article L. 322-6-1, accorder des autorisations d'occupation non constitutives de droits réels et être substitués à l'État pour l'application des dispositions des articles L. 2122-1, L. 2125-5, R. 2122-4, R. 2125-1 et R. 2125-3 du code général de la propriété des personnes publiques.

Les autorisations d'occupation sont contresignées par le préfet dans les cas où leur terme excède celui de la convention d'attribution.

La convention d'attribution et la convention de gestion mentionnent expressément qu'elles ne sont pas constitutives de droits réels.

A compter de la signature de la convention d'attribution, le Conservatoire de l'espace littoral et des rivages lacustres est substitué de plein droit à l'État pour la responsabilité, les charges et impôts de toute nature afférents aux immeubles en cause.

Il peut être mis fin par le préfet à la convention d'attribution avant la date prévue par celle-ci soit dans les cas prévus par la convention, soit pour inexécution des obligations par l'attributaire, soit pour des motifs d'intérêt général.

Les indemnités éventuellement dues à l'expiration, pour quelque cause que ce soit, de la convention d'attribution restent à la charge du Conservatoire de l'espace littoral et des rivages lacustres sauf dans les cas où la convention en dispose autrement.

Art. R. 322-8-2 *(Décr. n° 2011-1612 du 22 nov. 2011, art. 8)* La convention de gestion conclue entre le Conservatoire de l'espace littoral et des rivages lacustres et l'organisme gestionnaire du domaine attribué au conservatoire en application de l'article L. 322-6-1 est transmise pour approbation au préfet. Cette approbation est considérée comme acquise en l'absence de réponse dans le délai de deux mois à compter de la saisine du préfet.

Art. R. 322-8-3 *(Décr. n° 2011-1612 du 22 nov. 2011, art. 8)* Les revenus de toute nature produits par les immeubles attribués au Conservatoire de l'espace littoral et des rivages lacustres sont, dans les conditions prévues par la convention d'attribution et la convention de gestion, directement perçus et recouvrés par les organismes gestionnaires ou, à défaut de gestionnaire, par l'établissement public attributaire.

Art. R. 322-8-4 *(Décr. n° 2011-1612 du 22 nov. 2011, art. 8)* Le Conservatoire de l'espace littoral et des rivages lacustres adresse chaque année au préfet un bilan des actions qu'il mène sur les immeubles attribués. Lorsque la gestion des immeubles est confiée à un organisme mentionné à l'article L. 322-9, celui-ci adresse au Conservatoire de l'espace littoral et des rivages lacustres un compte rendu de gestion *(Abrogé par Décr. n° 2017-1170 du 17 juill. 2017, art. 4)* ***« établi selon des modalités approuvées par le conseil d'administration du conservatoire ».***

Art. R. 322-9 La dation en paiement d'un immeuble en application de l'article 1716 *bis* du code général des impôts vaut affectation de cet immeuble au ministère chargé de la protection de la nature et attribution à titre de dotation au Conservatoire de l'espace littoral et des rivages lacustres, à la condition que le ministre et l'établissement public aient donné leur accord à la dation en paiement, dans la procédure régie par l'article 384 A *bis* de l'annexe II au code général des impôts.

SOUS-SECTION 2 *Gestion*

Art. R. 322-10 La gestion du domaine relevant du Conservatoire de l'espace littoral et des rivages lacustres est réalisée dans les conditions prévues aux articles L. 322-9 et L. 322-10.

Art. R. 322-11 La convention de gestion signée entre le conservatoire et le gestionnaire définit notamment, en application de l'article L. 322-9, les obligations et les responsabilités des parties, les modalités de suivi de la gestion par le conservatoire, sa durée et son mode de résiliation.

La gestion des immeubles relevant de l'établissement public comprend au moins l'entretien et le gardiennage de ceux-ci ainsi que l'accueil du public le cas échéant.

Les conventions d'usage mentionnées à l'article L. 322-9 sont signées conjointement par le Conservatoire et le gestionnaire. Elles peuvent avoir une durée supérieure à celle de la convention de gestion. Dans ce cas, le gestionnaire n'est lié au titulaire de la convention d'usage que jusqu'à l'échéance de la convention de gestion.

Art. R. 322-12 La convention d'occupation mentionnée à l'article L. 322-10 est renouvelable par décision expresse. Toutefois, le Conservatoire peut y mettre fin avant sa date d'expiration soit dans des conditions prévues par la convention, soit pour inexécution par le bénéficiaire de ses obligations, soit pour des motifs d'intérêt général. Dans ce dernier cas, le bénéficiaire est indemnisé pour la partie non amortie des aménagements et les travaux qu'il aura réalisés avec l'accord du Conservatoire.

Art. R. 322-13 Lorsque les immeubles relevant du conservatoire constituent un site cohérent au regard des objectifs poursuivis, un plan de gestion est élaboré par le conservatoire en concertation avec le gestionnaire et les communes concernées. A partir d'un bilan écologique et patrimonial ainsi que des protections juridiques existantes, le plan de gestion définit les objectifs et les orientations selon lesquels ce site doit être géré.

Le plan de gestion peut comporter des recommandations visant à restreindre l'accès du public et les usages des immeubles du site ainsi que, le cas échéant, leur inscription éventuelle dans les plans départementaux des espaces, sites et itinéraires de sports de nature *(Décr. n° 2017-1170 du 17 juill. 2017, art. 5-1°)* « mentionnés à l'article L. 311-3 du code du sport. »

Approuvé par le directeur du conservatoire, le plan de gestion est *(Abrogé par Décr. n° 2017-1170 du 17 juill. 2017, art. 5-2°)* ***« annexé à la convention de gestion. Il est »*** transmis au maire de la commune, au préfet de département et au préfet de région.

Art. R. 322-14 Dans le cadre des orientations fixées par le conseil d'administration et en application de l'article L. 322-9, l'accès au domaine du Conservatoire ainsi que les activités qui peuvent y être exercées peuvent être limités.

Art. R. 322-15 *(Décr. n° 2017-1170 du 17 juill. 2017, art. 17)* Les gardes du littoral chargés des missions prévues à l'article L. 322-10-1 sont commissionnés par le ministre chargé de l'environnement et assermentés dans les conditions définies aux articles R. 172-2 à R. 172-7.

Dans l'exercice de leurs missions de police, ils portent la plaque ou l'écusson de police de l'environnement ainsi qu'un uniforme selon les modalités définies par un arrêté du ministre chargé de l'environnement.

Art. R. 322-15-1 *(Décr. n° 2006-1100 du 30 août 2006, art. 2)* Les gardes du littoral qui assurent la surveillance du domaine administré par le Conservatoire du littoral et des rivages lacustres en qualité de garde particulier sont commissionnés par le directeur du Conservatoire. Ils sont agréés, assermentés et exercent leurs fonctions dans les conditions fixées aux articles R. 15-33-24 à R. 15-33-29-2 du code de procédure pénale. Les dispositions des deuxième et quatrième alinéas de l'article R. 15-33-29-1 du code de procédure pénale ne leur sont pas applicables.

Art. R. 322-16 *(Décr. n° 2017-1170 du 17 juill. 2017, art. 6)* Les bois, les forêts et les terrains à boiser appartenant au domaine relevant du Conservatoire de l'espace littoral et des rivages lacustres sont gérés dans le respect des articles L. 322-1 et L. 322-9.

Les bois et forêts susceptibles d'aménagement, d'exploitation régulière ou de reconstitution et les terrains à boiser acquis par le conservatoire relèvent du régime forestier dans les conditions prévues par le code forestier, notamment par ses articles L. 211-1 et L. 214-3. Ils peuvent être identifiés, dans le document d'aménagement prévu à l'article L. 212-2 de ce code, comme réserves biologiques au sens de l'article L. 212-2-1 de ce même code.

Prises à bail

Code général des collectivités territoriales

PREMIÈRE PARTIE : ***LÉGISLATIVE***

PREMIÈRE PARTIE **Dispositions générales**

LIVRE III **Biens des collectivités territoriales, de leurs établissements et de leurs groupements**

TITRE PREMIER **Régime général**

CHAPITRE UNIQUE

SECTION III *Consultation de l'État*

(Ord. n° 2006-460 du 21 avr. 2006, art. 3-VII)

Art. L. 1311-9 Les projets d'opérations immobilières mentionnés à l'article L. 1311-10 doivent être précédés, avant toute entente amiable, d'une demande d'avis de l'autorité compétente de l'État lorsqu'ils sont poursuivis par les collectivités territoriales, leurs groupements et leurs établissements publics.

Les dispositions du premier alinéa ne sont pas applicables aux établissements publics locaux *(Ord. n° 2013-544 du 27 juin 2013, art. 9, en vigueur le 1er janv. 2014)* « agréés pour réaliser des opérations » de crédit et aux associations foncières de remembrement et à leurs unions.

Art. L. 1311-10 Ces projets d'opérations immobilières comprennent :

1° Les baux, accords amiables et conventions quelconques ayant pour objet la prise en location d'immeubles de toute nature d'un loyer annuel, charges comprises, égal ou supérieur à un montant fixé par l'autorité administrative compétente ;

2° Les acquisitions à l'amiable, par adjudication ou par exercice du droit de préemption, d'immeubles, de droits réels immobiliers, de fonds de commerce et de droits sociaux donnant vocation à l'attribution, en pleine propriété, d'immeubles ou de parties d'immeubles, d'une valeur totale égale ou supérieure à un montant fixé par l'autorité administrative compétente, ainsi que les tranches d'acquisition d'un montant inférieur, mais faisant partie d'une opération d'ensemble d'un montant égal ou supérieur ;

3° Les acquisitions poursuivies par voie d'expropriation pour cause d'utilité publique.

Art. L. 1311-11 Les personnes mentionnées au premier alinéa de l'article L. 1311-9 délibèrent au vu de l'avis de l'autorité compétente de l'État.

Art. L. 1311-12 L'avis de l'autorité compétente de l'État est réputé donné à l'issue d'un délai d'un mois à compter de la saisine de cette autorité.

SECTION IV *Dispositions diverses* *(Ord. nº 2006-460 du 21 avr. 2006, art. 3-VII).*

Art. L. 1311-13 Les maires, les présidents des conseils départementaux et les présidents des conseils régionaux, les présidents des établissements publics rattachés à une collectivité territoriale ou regroupant ces collectivités et les présidents des syndicats mixtes sont habilités à recevoir et à authentifier, en vue de leur publication *(Ord. nº 2010-638 du 10 juin 2010)* « au fichier immobilier », les actes concernant les droits réels immobiliers ainsi que les baux, passés en la forme administrative par ces collectivités et établissements publics.

(L. nº 2009-526 du 12 mai 2009, art. 97-I-1º) « Lorsqu'il est fait application de la procédure de réception et d'authentification des actes mentionnée au premier alinéa, la collectivité territoriale ou l'établissement public partie à l'acte est représenté, lors de la signature de l'acte, par un adjoint ou un vice-président dans l'ordre de leur nomination. » — *Applicable en Polynésie française (L. préc., art. 97-II).*

Art. L. 1311-14 Les maires des communes et les présidents des conseils départementaux des départements de la Moselle, du Bas-Rhin et du Haut-Rhin, les présidents des établissements publics rattachés à une collectivité territoriale ou regroupant ces collectivités et les présidents des syndicats mixtes qui ont leur siège dans ces départements, le président du conseil régional d'Alsace ainsi que le président du conseil régional de Lorraine pour les actes soumis à publication dans le département de la Moselle sont habilités à recevoir et à authentifier, en vue de leur publication au livre foncier, les actes concernant les droits réels immobiliers ainsi que les baux passés, en la forme administrative, par ces collectivités et établissements publics.

....

DEUXIÈME PARTIE : ***RÉGLEMENTAIRE***

PREMIÈRE PARTIE **Dispositions générales**

LIVRE III **Biens des collectivités territoriales, de leurs établissements et de leurs groupements**

TITRE PREMIER **Régime général**

CHAPITRE UNIQUE

(Décr. nº 2011-2065 du 30 déc. 2011, art. 1er)

BIBL. ▶ Brenet, Précisions relatives aux règles de passation des baux emphytéotiques administratifs « sécurité », *JCP Adm. 2012. 2057.* – Clamour, Règles de passation des baux emphytéotiques administratifs, *Rev. CMP 2012, nº 35.*

SECTION I *Bail emphytéotique administratif*

Art. R. 1311-1 Le montant annuel du loyer, au-delà duquel tout projet de bail emphytéotique administratif présenté pour la réalisation d'une opération d'intérêt général liée aux besoins de la justice, de la police ou de la gendarmerie nationales est soumis à la réalisation d'une évaluation préalable en vertu du troisième alinéa de l'article L. 1311-2, est fixé à un million d'euros hors taxes.

Les modalités de financement du coût de l'évaluation mentionnée à l'alinéa précédent sont fixées par une convention conclue entre l'État et la collectivité territoriale, le groupement ou l'établissement public propriétaire du bien faisant l'objet du bail emphytéotique administratif.

Le présent art. est applicable aux projets de bail en vue desquels une consultation est engagée ou un avis de publicité est envoyé à la publication, à compter du 1er févr. 2012 (Décr. n° 2011-2065 du 30 déc. 2011, art. 3).

Art. R. 1311-2 (Abrogé par Décr. n° 2016-360 du 25 mars 2016, art. 187-1°, à compter du 1er avr. 2016) ***Lorsque l'un des baux emphytéotiques administratifs mentionnés à l'article L. 1311-2 est accompagné d'une convention non détachable constituant un marché public au sens de l'article 1er du code des marchés publics,*** (Abrogé par Décr. n° 2016-86 du 1er févr. 2016, art. 38-a, à compter du 1er avr. 2016) ***« une délégation de service public au sens de l'article L. 1411-1 du présent code », un contrat de partenariat au sens de l'article L. 1414-1 ou un contrat de concession*** (Décr. n° 2016-86 du 1er févr. 2016, art. 38-b, en vigueur le 1er avr. 2016) ***« au sens des articles 5 et 6 de l'ordonnance n° 2016-65 du 29 janvier 2016 relative aux contrats de concession*** [ancienne rédaction : de travaux publics au sens de l'article L. 1415-1] ***», sa conclusion est précédée des mesures de publicité et de mise en concurrence prévues par les dispositions applicables à ce contrat.***

L'obligation mentionnée à l'alinéa précédent s'applique également aux baux qui comportent des clauses s'analysant comme une convention non détachable présentant les caractéristiques des contrats mentionnés à cet alinéa.

SECTION II *Autorisation d'occupation du domaine public constitutive de droits réels*

La présente section ne comprend pas de dispositions réglementaires.

SECTION III *Consultation de l'État*

Art. R. 1311-3 L'autorité compétente de l'État mentionnée aux articles L. 1311-9, L. 1311-11 et L. 1311-12 est le directeur départemental des finances publiques.

Art. R. 1311-4 Les montants mentionnés aux 1° et 2° de l'article L. 1311-10 sont fixés par arrêté du ministre chargé du domaine.

Art. R. 1311-5 Dans le cas des acquisitions poursuivies par voie d'expropriation pour cause d'utilité publique, les dispositions de l'article R. 1211-3 du code général de la propriété des personnes publiques sont applicables.

SECTION IV *Dispositions diverses*

Art. R. 1311-6 Les collectivités territoriales et leurs groupements dont relèvent des canaux ou cours d'eau contigus au réseau des voies confiées par l'État à l'établissement public Voies navigables de France informent ce dernier des périodes et horaires d'ouverture de leur réseau à la navigation.

Art. R. 1311-7 L'autorité compétente de l'État recueille l'avis de la collectivité propriétaire du domaine avant de délivrer les autorisations et les récépissés de déclaration au titre des différentes polices relevant de ses attributions.

Les cours d'eau, canaux, lacs et plan *[plans]* d'eau du domaine public fluvial territorial ouverts à la navigation doivent faire l'objet d'un règlement particulier de police de la navigation pris par le représentant de l'État, sur proposition de la collectivité conformément *(Décr. n° 2013-253 du 25 mars 2013, art. 6-II)* « à l'article R. 4241-66 du code des transports ».

Art. R. 1311-8 Dans le cas d'un déclassement du domaine public fluvial d'une collectivité territoriale ou d'un groupement de collectivités territoriales, la procédure d'enquête publique prévue au deuxième alinéa de l'article L. 2142-1 du code général de la propriété des personnes publiques est menée par la collectivité dans les conditions *(Décr. n° 2014-1635 du 26 déc. 2014, art. 4-VII, en vigueur le 1er janv. 2015)* « prévues *(Décr. n° 2016-308 du 17 mars 2016, art. 6-IV)* « par le chapitre IV du titre III du livre Ier du code des relations entre le public et l'administration *[ancienne rédaction : pour les enquêtes publiques relevant de l'article L. 110-2 du code de l'expropriation pour cause d'utilité publique régies par le titre Ier du livre Ier du même code]* ». »

Terres incultes ou manifestement sous-exploitées

Code rural et de la pêche maritime

PREMIÈRE PARTIE : ***LÉGISLATIVE***

LIVRE PREMIER **L'aménagement et l'équipement de l'espace rural**

TITRE II **L'aménagement foncier rural**

CHAPITRE V *La mise en valeur des terres incultes ou manifestement sous-exploitées*

Art. L. 125-1 Sans préjudice de l'application des dispositions des articles 188-1 à 188-10 *[recodifiés au C. rur., art. L. 312-1, L. 312-5, L. 313-1 s., L. 314-3 et L. 331-1 s.]* du code rural et de la pêche maritime relatives au contrôle des structures des exploitations agricoles, toute personne physique ou morale peut demander au préfet l'autorisation d'exploiter une parcelle susceptible d'une mise en valeur agricole ou pastorale et inculte ou manifestement sous-exploitée depuis au moins trois ans par comparaison avec les conditions d'exploitation des parcelles de valeur culturale similaire des exploitations agricoles à caractère familial situées à proximité, lorsque, dans l'un ou l'autre cas, aucune raison de force majeure ne peut justifier cette situation. Le délai de trois ans mentionné ci-dessus est réduit à deux ans en zone de montagne.

(L. nº 2005-157 du 23 févr. 2005, art. 91 et 95, en vigueur le 1er janv. 2006) « A la demande du préfet, le président du conseil départemental » saisit la commission départementale d'aménagement foncier qui se prononce, après procédure contradictoire, sur l'état d'inculture ou de sous-exploitation manifeste du fonds ainsi que sur les possibilités de mise en valeur agricole ou pastorale de celui-ci. Cette décision fait l'objet d'une publicité organisée *(Abrogé par Ord. nº 2010-461 du 6 mai 2010, art. 5)* ***« par décret en Conseil d'État »*** afin de permettre à d'éventuels demandeurs de se faire connaître du propriétaire ou du préfet.

BIBL. ▶ MÉGRET, *Gaz. Pal. 1979. 1. Doctr. 207* (mise en valeur des terres incultes).

Art. L. 125-2 A la demande du préfet, le juge compétent de l'ordre judiciaire peut désigner un mandataire chargé de représenter, dans la procédure tendant à la mise en valeur des terres incultes ou manifestement sous-exploitées, le propriétaire ou les indivisaires dont l'identité ou l'adresse n'a pu être déterminée. S'il ne peut désigner un indivisaire comme mandataire, le juge peut confier ces fonctions à toute autre personne physique ou morale. Il peut à tout moment remplacer le mandataire ou mettre fin à sa mission.

Art. L. 125-3 Si l'état d'inculture ou de sous-exploitation manifeste a été reconnu et que le fonds en cause ne fait pas partie des biens dont le défrichement est soumis à autorisation, le propriétaire et, le cas échéant, le titulaire du droit d'exploitation sont mis en demeure par le préfet de mettre en valeur le fonds.

Dans un délai de deux mois à compter de la notification de la mise en demeure, le propriétaire ou le titulaire du droit d'exploitation fait connaître au préfet qu'il s'engage à mettre en valeur le fonds inculte ou manifestement sous-exploité dans un délai d'un an ou qu'il renonce. L'absence de réponse vaut renonciation. S'il s'engage à mettre en valeur le fonds, il doit joindre à sa réponse un plan de remise en valeur.

Lorsque le fonds est loué, le propriétaire peut en reprendre la disposition, sans indemnité, pour le mettre lui-même en valeur ou le donner à bail à un tiers si le titulaire du droit d'exploitation a renoncé expressément ou tacitement, ou s'il n'a pas effectivement mis en valeur le fonds dans le délai d'un an mentionné ci-dessus. Le propriétaire dispose, pour exercer cette reprise, d'un délai de deux mois à compter de la date du fait qui lui en a ouvert le droit.

Le fonds repris doit être effectivement mis en valeur dans l'année qui suit la date de la reprise par le propriétaire.

(L. nº 2005-157 du 23 févr. 2005, art. 91 et 95, en vigueur le 1er janv. 2006) « Pendant les délais susmentionnés, tout boisement est soumis à l'autorisation du président du conseil départemental prévue à l'article L. 121-19 sauf dans les zones à vocation forestière définies en application de l'article L. 126-1. »

Lorsque le propriétaire et, le cas échéant, le titulaire du droit d'exploitation ont fait connaître qu'ils renonçaient ou lorsque le fonds n'a pas effectivement été mis en valeur dans les délais prévus au présent article, le préfet le constate par une décision prévue dans un délai défini par décret *(Abrogé par Ord. n° 2010-461 du 6 mai 2010, art. 2)* *« en Conseil d'État ».*

La décision prévue à l'alinéa précédent est notifiée au propriétaire, aux demandeurs qui doivent confirmer leur demande en adressant un plan de remise en valeur et, en zone de montagne, à la société d'aménagement foncier et d'établissement rural.

Art. L. 125-4 Le préfet peut attribuer l'autorisation d'exploiter, après avis *(L. n° 2005-157 du 23 févr. 2005, art. 91 et 95, en vigueur le 1er janv. 2006)* « de la commission départementale d'orientation de l'agriculture » sur le plan de remise en valeur. En cas de pluralité de demandes, cette autorisation est attribuée en priorité à un agriculteur qui s'installe ou, à défaut, à un exploitant agricole à titre principal. A défaut d'accord amiable entre le demandeur désigné par le préfet et le propriétaire, ainsi que lorsqu'un mandataire a été désigné en application de l'article L. 125-2, le tribunal paritaire des baux ruraux fixe les conditions de jouissance et le montant du fermage conformément aux dispositions du titre Ier du livre IV nouveau du code rural et de la pêche maritime qui sont applicables de plein droit, le propriétaire ayant la faculté de demander qu'il soit fait application des dispositions des articles L. 416-1 à L. 416-9. Le tribunal peut ordonner l'exécution provisoire.

Sous peine de résiliation, le fonds doit être mis en valeur dans le délai d'un an à compter de la date à laquelle la décision est devenue exécutoire.

Lorsque l'autorisation d'exploiter porte sur un fonds inclus dans une exploitation appartenant à un même propriétaire et faisant l'objet d'un bail unique, cette autorisation ne peut, sauf accord des parties, être donnée que pour une période n'excédant pas la durée du bail.

Si l'autorisation d'exploiter porte sur un fonds donné à bail, ledit bail prend fin sans indemnité à la date de notification à l'ancien titulaire du droit d'exploitation de l'autorisation donnée au nouveau. La cessation du bail s'effectue dans les conditions de droit commun.

Le bénéficiaire de l'autorisation prend le fonds dans l'état où il se trouve. Le propriétaire est déchargé de toute responsabilité du fait des bâtiments.

Nonobstant les dispositions de l'article L. 411-32, il ne peut être accordé d'indemnité au preneur évincé lorsque l'autorisation d'exploiter ayant porté sur des parcelles dont la destination agricole pouvait être changée en vertu de documents d'urbanisme rendus publics ou approuvés, la résiliation intervient avant la fin de la troisième année du bail.

Lorsque le bien faisant l'objet d'une autorisation d'exploiter est indivis, chaque indivisaire reçoit la part du fermage correspondant à ses droits dans l'indivision, établis par le titre de propriété, les énonciations cadastrales ou, à défaut, par tous moyens de preuve. Le montant du fermage dû aux ayants droit dont l'identité ou l'adresse est demeurée inconnue est déposé par le mandataire qui leur a été désigné chez un dépositaire agréé pour recevoir les capitaux appartenant à des mineurs.

Art. L. 125-5 *(L. n° 2005-157 du 23 févr. 2005, art. 91 et 95, en vigueur le 1er janv. 2006)* « Le conseil départemental, de sa propre initiative ou à la demande du préfet » *(L. n° 2006-11 du 5 janv. 2006, art. 94)* « ou de la chambre d'agriculture » *(L. n° 2014-1170 du 13 oct. 2014, art. 25-IV)* « ou d'un établissement public de coopération intercommunale, charge la commission départementale d'aménagement foncier, sur la base de l'inventaire des terres considérées comme des friches prévu à l'article L. 112-1-1, de proposer le périmètre dans lequel il serait d'intérêt général de remettre en valeur des parcelles incultes ou manifestement sous-exploitées depuis plus de trois ans sans raison de force majeure. Ce délai est réduit à deux ans en zone de montagne. Le président du conseil départemental présente, pour avis, au préfet, aux établissements publics de coopération intercommunale concernés et à la chambre d'agriculture le rapport de la commission départementale d'aménagement foncier et le conseil départemental arrête le ou les périmètres dans lesquels sera mise en œuvre la procédure de mise en valeur des terres incultes ou manifestement sous-exploitées. »

Lorsque le périmètre a été arrêté en application de l'alinéa précédent ou des dispositions de l'article L. 121-14, la commission communale ou intercommunale d'aménagement foncier dresse l'état des parcelles dont elle juge la mise en valeur agricole, pastorale ou forestière possible ou opportune. La commission communale ou intercommunale formule éventuellement des propositions sur les interdictions ou réglementations de plantations et semis d'essences forestières susceptibles d'être ordonnées sur ces parcelles par le *(L. n° 2005-157 du 23 févr. 2005, art. 91 et 95, en vigueur le 1er janv. 2006)* « conseil départemental ».

Les intéressés, propriétaires ou exploitants, sont entendus comme en matière d'aménagement foncier agricole et forestier.

Le *(L. n° 2005-157 du 23 févr. 2005, art. 91 et 95, en vigueur le 1er janv. 2006)* « conseil départemental » arrête cet état après avis de la commission départementale d'aménagement foncier. Il est révisé tous les trois ans et publié dans les communes intéressées.

Un extrait est notifié pour ce qui le concerne à chaque propriétaire et, s'il y a lieu, à chaque titulaire du droit d'exploitation.

La notification *(L. n° 2005-157 du 23 févr. 2005, art. 91 et 95, en vigueur le 1er janv. 2006)* « par le préfet » de l'extrait vaut mise en demeure dans les conditions prévues à l'article L. 125-3. Lorsque l'identité ou l'adresse du propriétaire ou des indivisaires n'a pu être déterminée, les dispositions de l'article L. 125-2 sont appliquées.

Le préfet procède, en outre *(Abrogé par Ord. n° 2010-461 du 6 mai 2010, art. 5)* « ***, dans les conditions déterminées par décret en Conseil d'État*** », à une publicité destinée à faire connaître aux bénéficiaires éventuels la faculté qui leur est offerte de demander l'attribution d'une autorisation d'exploiter. Si une ou plusieurs demandes d'attribution ont été formulées, le préfet en informe le propriétaire et, dans les zones de montagne, la société d'aménagement foncier et d'établissement rural.

Art. L. 125-6 Lorsque le propriétaire et, le cas échéant, le titulaire du droit d'exploitation ont renoncé expressément ou tacitement à exploiter le fonds, ou lorsque celui-ci n'a pas effectivement été mis en valeur dans les délais prévus à l'article L. 125-3, le préfet le constate par décision administrative dans un délai déterminé par décret *(Abrogé par Ord. n° 2010-461 du 6 mai 2010, art. 2)* « ***en Conseil d'État*** ».

Le préfet peut dès lors attribuer, après avis de la *(L. n° 2005-157 du 23 févr. 2005, art. 91-II et 95, en vigueur le 1er janv. 2006)* « commission départementale d'orientation de l'agriculture », l'autorisation d'exploiter à l'un des demandeurs ayant présenté un plan de remise en valeur.

L'autorisation d'exploiter emporte de plein droit l'existence d'un bail à ferme soumis aux dispositions du titre Ier du livre IV nouveau du code rural et de la pêche maritime sans permettre la vente sur pied de la récolte d'herbe ou de foin. A défaut d'accord amiable, le tribunal paritaire des baux ruraux fixe les conditions de la jouissance et le prix du fermage, le propriétaire ayant la faculté de demander qu'il soit fait application des articles L. 416-1 à L. 416-8 du code rural et de la pêche maritime. Le fonds doit être mis en valeur dans un délai d'un an, sous peine de résiliation.

Les dispositions des troisième à septième alinéas de l'article L. 125-4 sont applicables.

Art. L. 125-7 Le préfet peut aussi provoquer l'acquisition amiable ou, à défaut et après avis *(L. n° 2005-157 du 23 févr. 2005, art. 91 et 95, en vigueur le 1er janv. 2006)* « de la commission départementale d'orientation de l'agriculture », l'expropriation des fonds mentionnés au premier alinéa de l'article L. 125-6, au profit de l'État, des collectivités et établissements publics, afin notamment de les mettre à la disposition des sociétés d'aménagement foncier et d'établissement rural dans le cadre des dispositions de l'article L. 142-7.

Art. L. 125-8 Dans les zones de montagne, la société d'aménagement foncier et d'établissement rural territorialement compétente peut demander à bénéficier de l'autorisation d'exploiter prévue aux articles L. 125-1 à L. 125-7.

Cette demande ne peut être effectuée qu'à la condition qu'une collectivité publique se soit engagée à devenir titulaire du bail dans les délais prévus à l'alinéa suivant, à défaut de candidats. Cette collectivité peut librement céder le bail ou sous-louer, nonobstant les dispositions de l'article L. 411-35.

Si cette autorisation lui est accordée, cette société doit, nonobstant les dispositions de l'article L. 411-35, céder le bail dans les délais prévus aux articles L. 142-4 et L. 142-5. Cependant, le délai de cession est ramené à deux ans si le bail est conclu en application des dispositions des articles L. 125-1 à L. 125-4.

La cession de bail ou la sous-location mentionnées ci-dessus doit intervenir, en priorité, au profit d'un agriculteur qui s'installe ou, à défaut, d'un agriculteur à titre principal.

Art. L. 125-9 La durée pendant laquelle le fonds doit être resté inculte ou manifestement sous-exploité peut être réduite, sans aller en deçà d'un an, pour les communes et pour les natures de cultures pérennes, notamment la vigne et les arbres fruitiers, dont la liste aura été arrêtée par le *(L. n° 2005-157 du 23 févr. 2005, art. 91 et 95, en vigueur le 1er janv. 2006)* « conseil départemental » après avis de la commission départementale d'aménagement foncier.

Art. L. 125-10 Les propriétaires de parcelles reconnues incultes ou manifestement sous-exploitées, en application des dispositions des articles L. 125-5 et L. 125-9, et dont la mise en valeur forestière a été jugée possible et opportune doivent réaliser cette mise en valeur dans un délai fixé par la commission communale, compte tenu de l'importance de l'opération, et selon un plan soumis à l'agrément du préfet après avis du *(Ord. n° 2009-1369 du 6 nov. 2009, art. 2-V)* « Centre national de la propriété forestière ».

La présentation par le propriétaire de l'une des *(Ord. n° 2012-92 du 6 nov. 2009, art. 4-6°)* « garanties de gestion durable mentionnées à l'article L. **124-1** » du code forestier satisfait à l'obligation de mise en valeur.

Dans le cas où la mise en valeur n'est pas réalisée dans le délai fixé, la commission communale avertit les propriétaires, ou leurs ayants droit, soit par notification, soit, à défaut d'identification, par affichage en mairie et par publication, qu'ils ont l'obligation de réaliser les travaux de mise en valeur ou de présenter l'une des *(Ord. n° 2012-92 du 26 janv. 2012, art. 4-6°)* « garanties de gestion durable mentionnées à l'article L. **124-1** » du code forestier dans un délai maximum de douze mois après l'expiration du délai initial. A défaut, les terrains pourront être expropriés au profit de la commune pour relever du régime forestier ou pour être apportés, par la commune, à un groupement forestier ou à une association syndicale de gestion forestière dans les conditions respectivement fixées à l'article *(Ord. n° 2012-92 du 26 janv. 2012, art. 4-6°)* « L. **331-6** » et *(Ord. n° 2012-92 du 26 janv. 2012, art. 4-6°)* « à l'article L. **332-1** » du code forestier. Les formes de l'expropriation, les règles d'évaluation de l'indemnité ainsi que les conditions et délais de paiement sont fixés conformément aux dispositions du code de l'expropriation pour cause d'utilité publique.

Les dispositions issues de l'Ord. n° 2012-92 du 26 janv. 2012 entrent en vigueur en même temps que la partie réglementaire du nouveau code forestier et au plus tard le 1er juill. 2012 (Ord. préc., art. 8-I).

Art. L. 125-11 L'État, les collectivités et établissements publics, les sociétés agréées d'aménagement foncier et d'établissement rural peuvent, dans les conditions prévues aux articles L. 151-36 à L. 151-38, faire participer les personnes appelées à bénéficier des travaux de mise en valeur des terres incultes qu'ils entreprennent aux dépenses desdits travaux.

Art. L. 125-12 Les contestations relatives à la constatation de l'état d'inculture ou de sous-exploitation manifeste prévue aux articles L. 125-1 à L. 125-4 sont portées devant le tribunal paritaire des baux ruraux.

Les contestations relatives à l'état des fonds incultes ou manifestement sous-exploités dressé en application des articles L. 125-5 à L. 125-7 et à l'autorisation d'exploiter accordée par le préfet en vertu de ces mêmes articles sont portées devant la juridiction administrative. Celle-ci peut ordonner le sursis à l'exécution.

Art. L. 125-13 *(Ord. n° 2006-460 du 21 avr. 2006, art. 3-XII)* Les dispositions du présent chapitre s'appliquent aux immeubles n'ayant pas de propriétaire connu et attribués à une commune ou à l'État en application du dernier alinéa de l'article L. 1123-3 du code général de la propriété des personnes publiques, un an après l'achèvement des procédures qui y sont prévues.

Art. L. 125-14 Le régime spécial d'enregistrement et de timbre applicable est celui régi par l'alinéa premier de l'article 1025 du code général des impôts ci-après reproduit :

"Les contrats de concession, certificats, procès-verbaux et, d'une façon générale, tous actes se rapportant au classement ou à la concession des terres incultes ou manifestement sous-exploitées visés aux articles L. 125-1 à L. 125-13 du code rural et de la pêche maritime sont exonérés *(Abrogé par L. n° 2004-1485 du 30 déc. 2004, art. 95-I-D-2 et IV)* *« de timbre et, »* sous réserve des dispositions de l'article 1020, des droits d'enregistrement. »

Ces dispositions seront étendues par décret *(Ord. n° 2016-391 du 31 mars 2016, art. 3-1°, en vigueur le 1er juill. 2016)* « en Guadeloupe, en Guyane, en Martinique, à La Réunion et à Mayotte *[ancienne rédaction : aux départements d'outre-mer]* »."

Bien que l'art. L. 125-14 C. rur. ne renvoie qu'à l'al. 1er de l'art. 1025 CGI, il semblerait que le législateur ait implicitement considéré que c'est l'ensemble de l'art. qui doit régir le régime spécial d'enregistrement et de timbre lorsqu'il a pris l'Ord. n° 2016-391 du 31 mars 2016.

Art. L. 125-15 Les conditions d'application des articles L. 125-1 à L. 125-14 sont fixées *(Abrogé par Ord. n° 2010-461 du 6 mai 2010, art. 7)* *« , en tant que de besoin, »* par décret en Conseil d'État.

DEUXIÈME PARTIE : ***RÉGLEMENTAIRE***

LIVRE PREMIER **L'aménagement et l'équipement de l'espace rural**

TITRE II **L'aménagement foncier rural**

CHAPITRE V *La mise en valeur des terres incultes ou manifestement sous-exploitées*

SECTION I *Demandes individuelles*

Art. R. 125-1 Les demandes présentées au préfet en application de l'article L. 125-1 doivent indiquer notamment la désignation cadastrale du fonds, les nom, qualité et domicile du demandeur et du propriétaire et, si le propriétaire n'est pas le titulaire du droit d'exploitation, les nom, qualité et domicile de ce dernier. Si le demandeur ne connaît pas les nom, qualité et domicile du propriétaire et du titulaire du droit d'exploitation, il doit justifier des recherches faites pour les connaître.

Ces demandes doivent comporter en outre toutes précisions de nature à établir l'état d'inculture ou de sous-exploitation manifeste du fonds.

Art. R. 125-2 Dans les huit jours suivant la date de réception de la demande, *(Décr. n° 2006-394 du 30 mars 2006)* « le préfet demande au président du conseil départemental de saisir » la commission départementale d'aménagement foncier qui, dans les trois mois, se prononce sur l'état d'inculture ou de sous-exploitation manifeste du fonds et donne son avis sur la possibilité d'une mise en valeur agricole ou pastorale du fonds.

La commission désigne une délégation composée d'au moins deux de ses membres, chargée de constater, sur les lieux mêmes, l'état du fonds. Le ou les demandeurs, le propriétaire et, s'il y a lieu, le titulaire du droit d'exploitation sont convoqués à la visite des lieux, quinze jours au moins avant la date de cette visite. La délégation peut entendre toute personne susceptible d'éclairer son information.

La commission se prononce sur le rapport de la délégation et, après avoir entendu les intéressés, s'ils l'ont demandé par lettre adressée au président.

Art. R. 125-3 Dans le délai de quinze jours suivant son intervention, la décision de la commission départementale d'aménagement foncier, prise conformément à l'article L. 125-1 et relative à l'état d'inculture ou de sous-exploitation manifeste d'un fonds, est affichée un mois durant à la mairie de la commune où est situé le fonds ainsi qu'à la mairie de chacune des communes limitrophes.

A la décision précitée est annexé un avis, reproduisant le texte des articles L. 125-1 à L. 125-4 et précisant le nom et le domicile du propriétaire ou du mandataire, afin de permettre à tout candidat à l'exploitation du fonds de se faire connaître du propriétaire, du mandataire ou du préfet du département.

Art. R. 125-4 Lorsqu'il est appelé à intervenir en application de l'article L. 125-4, le tribunal paritaire des baux ruraux est saisi par la partie la plus diligente.

Tout jugement portant sur les conditions de jouissance et le montant du fermage est notifié au demandeur, au propriétaire, au mandataire et à l'attributaire du droit d'exploitation. Si l'identité ou le domicile de l'un ou de l'autre est inconnu, ou s'il n'a pas été désigné de mandataire, le jugement est notifié au maire de la commune de la situation du fonds. Cette notification vaut notification à partie. Le maire doit procéder à l'affichage du jugement pendant une durée d'un an.

SECTION II *Initiatives publiques*

Art. R. 125-5 *(Décr. n° 2006-394 du 30 mars 2006)* La délibération du conseil départemental prise en application de l'article L. 125-5 est publié au Recueil des actes administratifs du département et fait l'objet d'un affichage en mairie de chacune des communes intéressées pendant une durée d'un mois et d'une insertion dans un journal diffusé dans le département.

Art. R. 125-6 Le projet d'état des fonds incultes ou manifestement sous-exploités dressé par la commission communale ou intercommunale d'aménagement foncier est soumis *(Décr. n° 2006-394 du 30 mars 2006)* « à une consultation des propriétaires et exploitants. Le dossier comprend : »

Un plan parcellaire portant indication des parcelles ou parties de parcelles dont l'inscription à l'état des fonds incultes ou manifestement sous-exploités est proposée ;

Un état parcellaire, avec la désignation cadastrale de chaque parcelle ou partie de parcelle ;

Un mémoire justificatif.

(Décr. n° 2006-394 du 30 mars 2006) « La consultation, d'une durée d'un mois, est organisée selon les modalités et les formes prévues aux articles R. 123-6 et R. 123-7 *(Abrogé par Décr. n° 2017-1246 du 7 août 2017, art. 3-19°) « du présent code »*. »

A l'issue *(Décr. n° 2006-394 du 30 mars 2006)* « de la consultation, la commission prend connaissance des réclamations et observations, » entend les intéressés s'ils l'ont demandé par lettre adressée à son président et arrête l'état définitif.

Ce dernier est affiché en mairie et transmis au préfet *(Décr. n° 2006-394 du 30 mars 2006)* « et au conseil départemental » avec l'ensemble du dossier.

Art. R. 125-7 *(Décr. n° 2006-394 du 30 mars 2006)* « Le président du conseil départemental » soumet l'état dressé par la commission communale ou intercommunale à la commission départementale d'aménagement foncier.

Les intéressés peuvent présenter à la commission départementale leurs observations et réclamations. La commission départementale entend les intéressés s'ils l'ont demandé par lettre adressée à son président. Elle peut convoquer ceux des intéressés qu'elle juge devoir être entendus. Les observations et réclamations adressées par écrit à la commission sont inscrites sur un registre d'ordre et il en est donné récépissé. Il est tenu procès-verbal des dires des intéressés.

L'avis de la commission départementale est transmis au préfet *(Décr. n° 2006-394 du 30 mars 2006)* « et au conseil départemental.

« L'état des fonds susceptibles d'une remise en valeur, arrêté par délibération du conseil départemental, est affiché à la mairie des communes intéressées accompagné du plan parcellaire des fonds et fait l'objet d'une insertion au recueil des actes administratifs du département et dans un journal diffusé dans le département. »

Art. R. 125-8 La révision triennale de l'état des fonds incultes ou manifestement sous-exploités, prévue au quatrième alinéa de l'article L. 125-5, a lieu dans les mêmes conditions que l'établissement de l'état initial. Toutefois, le propriétaire ou le titulaire du droit d'exploitation peut, si un fonds inculte ou manifestement sous-exploité déterminé a été mis en valeur, demander la radiation de ce fonds.

Le préfet constate la réalité de la mise en culture et *(Décr. n° 2006-394 du 30 mars 2006)* « demande au conseil départemental de prononcer » la radiation après avis de la commission départementale.

Art. R. 125-9 Chaque extrait de l'état des fonds incultes ou manifestement sous-exploités, prévu au cinquième alinéa de l'article L. 125-5, est notifié à chaque propriétaire et, s'il y a lieu, à chaque titulaire du droit d'exploitation, et fait en outre l'objet de la publicité dont les conditions sont déterminées au premier alinéa de l'article R. 125-3, la durée de l'affichage étant toutefois portée à deux mois.

A chaque extrait publié est joint un avis reproduisant les dispositions des articles L. 125-1 à L. 125-7 et indiquant à tout candidat éventuel la faculté qui lui est offerte de demander au préfet l'autorisation d'exploiter le fonds inculte ou manifestement sous-exploité.

SECTION III *Dispositions communes*

Art. R. 125-10 La demande de désignation d'un mandataire, en application de l'article L. 125-2 ou du sixième alinéa de l'article L. 125-5, est adressée par le préfet au juge du tribunal judiciaire du lieu de la situation des biens. Elle est formée soit par assignation, si l'identité et l'adresse de certains indivisaires sont connues, soit par requête.

L'ordonnance désignant un mandataire est notifiée à la diligence du préfet, par lettre recommandée avec demande d'avis de réception, au mandataire désigné, ainsi qu'aux indivisaires dont l'identité et l'adresse sont connues et, s'il y a lieu, au notaire chargé du règlement de la succession. L'ordonnance n'est exécutoire qu'après ces notifications.

Art. R. 125-11 Les demandes, notifications et communications prévues aux articles L. 125-1 à L. 125-7, ainsi qu'à l'article R. 125-1, sont faites par lettre recommandée avec demande d'avis de réception.

Art. D. 125-12 Les délais dans lesquels le préfet doit prendre l'arrêté constatant la non-remise en valeur, prévu à l'avant-dernier alinéa de l'article L. 125-3 et au premier alinéa de l'article L. 125-6, sont fixés l'un et l'autre à un mois.

L'art. R. 125-12 devient l'art. D. 125-12 (Décr. n° 2017-1246 du 7 août 2017, art. 3-23°).

Art. R. 125-13 A l'expiration du délai d'un an défini aux articles L. 125-3, L. 125-4 et L. 125-6, le préfet, *(Décr. n° 2006-394 du 30 mars 2006)* « après avoir demandé au président du conseil départemental de recueillir », selon les cas, l'avis de la commission départementale d'aménagement foncier ou celui de la commission communale ou intercommunale d'aménagement foncier constate la remise en valeur du fonds.

La commission désigne une délégation composée d'au moins deux de ses membres chargée de vérifier sur les lieux mêmes de l'exploitation la remise en valeur du fonds.

Le propriétaire, le mandataire ou, s'il y a lieu, le titulaire du droit d'exploitation est convoqué quinze jours au moins avant la date prévue pour la visite des lieux. La délégation peut en outre entendre toute personne pouvant compléter son information.

L'état du fonds est apprécié, d'une part, par rapport au plan de remise en valeur prescrit, d'autre part, par comparaison avec les conditions d'exploitation des parcelles de valeur culturale similaire des exploitations agricoles à caractère familial situées à proximité.

Art. R. 125-14 La notification ou la publication prévues au troisième alinéa de l'article L. 125-10 est faite soit par lettre recommandée soit, à défaut d'identification des propriétaires ou de leurs ayants droit, par voie d'affichage en mairie de la situation des biens et par publication dans un journal d'annonces du département.

La juridiction administrative mentionnée au deuxième alinéa de l'article L. 125-12 est le tribunal administratif.

HABITAT INFORMEL

Loi n° 2011-725 du 23 juin 2011,

Portant dispositions particulières relatives aux quartiers d'habitat informel et à la lutte contre l'habitat indigne dans les départements et régions d'outre-mer.

SECTION I *Dispositions relatives aux quartiers d'habitat informel situés dans les départements et régions d'outre-mer et à Saint-Martin*

Art. 1er I. – Lorsque la réalisation d'une opération d'aménagement ou d'équipements publics rend nécessaire la démolition de locaux à usage d'habitation édifiés sans droit ni titre sur la propriété d'une personne publique ou de son concessionnaire, la personne publique à l'initiative de l'opération ou son concessionnaire peut verser aux occupants une aide financière visant à compenser la perte de domicile si les conditions suivantes sont remplies :

1° Les occupants, leurs ascendants ou leurs descendants sont à l'origine de l'édification de ces locaux ;

2° Ces locaux constituent leur résidence principale ;

3° Les occupants justifient d'une occupation continue et paisible de ces locaux depuis plus de dix ans à la date de la délibération de la collectivité publique ayant engagé l'opération, à celle de l'ouverture de l'enquête publique préalable à la réalisation des travaux ou, en l'absence d'enquête publique, à celle de la décision de la personne publique maître d'ouvrage ;

4° Ils n'ont pas fait l'objet d'une ordonnance d'expulsion au cours de la période mentionnée au 3°.

Le relogement ou l'hébergement d'urgence des personnes concernées est assuré par la personne publique ayant engagé l'opération ou par son concessionnaire. L'offre de relogement peut être constituée par une proposition d'accession sociale à la propriété compatible avec les ressources de ces personnes.

Le barème de l'aide financière mentionnée au présent I est fixé par arrêté des ministres chargés du logement, de l'outre-mer et du budget en fonction de l'état technique et sanitaire de la construction, de la valeur des matériaux, de la surface des locaux et de la durée d'occupation. Il tient compte de la situation de la construction au regard des risques naturels.

A défaut de publication de l'arrêté mentionné au septième alinéa du présent I au premier jour du cinquième mois suivant la promulgation de la présente loi, le montant de l'aide financière est fixé par la convention visée au III.

II. – Lorsque la réalisation d'une opération d'aménagement ou d'équipements publics rend nécessaire la démolition de locaux affectés à l'exploitation d'établissements à usage professionnel édifiés sans droit ni titre sur la propriété d'une personne publique ou de son concessionnaire, la personne publique à l'initiative de l'opération ou son concessionnaire peut verser aux exploitants une aide financière liée aux conséquences de cette opération si les conditions suivantes sont remplies :

1° Ces exploitants sont à l'origine de l'édification de ces locaux ;

2° Ils exercent leur activité dans ces locaux de façon continue depuis plus de dix ans à l'une des dates mentionnées au 3° du I ;

3° Ils exercent leur activité dans le respect de leurs obligations légales ;

4° Ils n'ont pas fait l'objet d'une ordonnance d'expulsion au cours de la période mentionnée au 2° du présent II.

Le relogement des exploitants évincés est assuré par la personne publique à l'initiative de l'opération ou de son concessionnaire. Il est satisfait par une offre d'attribution de locaux compris dans l'opération lorsque l'activité considérée est compatible avec le plan local d'urbanisme ou le document d'urbanisme en tenant lieu, ou en dehors de cette opération en cas contraire.

Le barème de l'aide financière mentionnée au présent II est fixé par arrêté des ministres chargés du logement, de l'outre-mer et du budget en fonction de l'état technique de la construction, de la valeur des matériaux, de la surface des locaux et de la durée d'occupation. Il tient compte de la situation de la construction au regard des risques naturels. L'aide financière s'ajoute à l'indemnité due pour cessation d'activité.

A défaut de publication de l'arrêté mentionné au septième alinéa du présent II au premier jour du cinquième mois suivant la promulgation de la présente loi, le montant de l'aide financière est fixé par la convention visée au III.

III. – Les conditions de versement des aides financières prévues aux I et II font l'objet d'une convention entre la personne publique maître d'ouvrage des équipements publics ou à l'initiative de l'opération d'aménagement, ou son concessionnaire, et la personne bénéficiaire. Ces aides financières sont versées à la libération des locaux.

....

Art. 3 Lorsque la réalisation d'une opération d'aménagement ou d'équipements publics rend nécessaire la démolition de locaux à usage d'habitation édifiés sans droit ni titre sur un terrain appartenant à une personne publique ou privée et donnés à bail par les personnes les ayant édifiés ou fait édifier, la personne publique à l'initiative de l'opération ou son concessionnaire peut verser à ces personnes une aide financière liée aux conséquences de cette opération si les conditions suivantes sont remplies :

1° Ces personnes justifient d'une occupation ou de la location continue des locaux concernés depuis plus de dix ans à l'une des dates mentionnées au 3° du I de l'article 1er ;

2° La location est effectuée dans le respect de leurs obligations locatives ou de bonne foi ;

3° Ces personnes n'ont pas fait l'objet d'une ordonnance d'expulsion au cours de la période mentionnée au 1° du présent article.

Le relogement des occupants de bonne foi est effectué par le bailleur dans un logement décent correspondant à leurs ressources et à leurs besoins.

En cas de défaillance du bailleur, le relogement ou l'hébergement d'urgence est effectué par la personne publique maître d'ouvrage des équipements publics ou à l'initiative de l'opération d'aménagement ou par son concessionnaire. Le bailleur verse alors une participation équivalente à six mois du nouveau loyer ou à six fois le coût mensuel de l'hébergement. L'offre de relogement peut être constituée par une proposition d'accession sociale à la propriété compatible avec les ressources des occupants.

Le barème de l'aide financière prévue au premier alinéa est fixé par arrêté des ministres chargés du logement, de l'outre-mer et du budget en fonction de l'état technique et sanitaire de la construction, de la valeur des matériaux, de la surface des locaux loués et de la durée de location. Il tient compte de la situation de la construction au regard des risques naturels. Est déduite de l'aide la participation du bailleur mentionnée au sixième alinéa.

Les conditions de versement de l'aide financière prévue au premier alinéa font l'objet d'une convention entre la personne publique maître d'ouvrage des équipements publics ou à l'initiative de l'opération d'aménagement, ou son concessionnaire, et la personne bénéficiaire. L'aide financière est versée après le relogement ou l'hébergement d'urgence des occupants de bonne foi.

Art. 4 I. — En vue de la fixation des aides financières mentionnées aux articles 1er à 3, la personne publique à l'initiative de l'opération ou son concessionnaire notifie aux personnes en cause soit l'avis d'ouverture de l'enquête publique préalable à la réalisation des travaux, soit sa décision d'engager des travaux d'équipements publics, soit l'acte déclarant l'utilité publique, soit l'arrêté de cessibilité, soit l'ordonnance d'expropriation.

Les personnes en cause sont tenues d'appeler et de faire connaître à la personne publique ou à son concessionnaire les éventuels locataires des locaux devant être démolis.

Après avis du service des domaines, la personne publique ou son concessionnaire notifie le montant de ses offres aux personnes en cause et les invite à lui faire connaître leurs observations.

II. — Les personnes sans droit ni titre peuvent bénéficier des aides financières mentionnées aux articles 1er à 3 si elles rapportent tout élément de preuve de leur situation ou de leur bonne foi.

Ne sont pas considérées comme sans droit ni titre les personnes qui ont édifié, fait édifier ou se sont installées sur des terrains en application d'un contrat de location, d'une convention ou d'une autorisation du propriétaire foncier. Le présent II ne fait pas obstacle au respect par les personnes en cause des conditions résultant des contrats, conventions ou concessions passés, notamment avec des personnes publiques, ou d'autorisations temporaires d'occupation du domaine public.

Art. 5 L'aide financière mentionnée à l'article 3 ne peut être versée aux personnes qui ont mis à disposition des locaux frappés d'une mesure de police prise en application du I des articles 9, 10 et 11 de la présente loi ou des articles L. 1331-22 à L. 1331-25 du code de la santé publique.

L'aide financière mentionnée au II de l'article 1er et au deuxième alinéa de l'article 2 ne peut être versée aux exploitants d'établissements à usage professionnel frappés d'un arrêté du maire pris en application de l'article 11.

Art. 6 L'autorité administrative ayant ordonné la démolition de locaux à usage d'habitation édifiés sans droit ni titre dans une zone exposée à un risque naturel prévisible menaçant gravement des vies humaines peut verser une aide financière visant à compenser la perte de domicile aux occupants de bonne foi à l'origine de l'édification de ces locaux si les conditions suivantes sont remplies :

1° Ces locaux constituent leur résidence principale ;

2° Les occupants justifient d'une occupation continue et paisible depuis plus de dix ans à la date d'ouverture de l'enquête publique mentionnée au dernier alinéa de l'article L. 562-3 du code de l'environnement ;

3° Ils n'ont pas fait l'objet d'une ordonnance d'expulsion au cours de la période mentionnée au 2° du présent article.

L'aide financière et les frais de démolition sont imputés sur le fonds de prévention des risques naturels majeurs mentionné à l'article L. 561-3 du code de l'environnement. L'aide financière est versée à la libération des locaux.

Le barème de l'aide financière mentionnée au premier alinéa du présent article est fixé par arrêté des ministres chargés du logement, de l'outre-mer et du budget en fonction de l'état technique et sanitaire de la construction, de la valeur des matériaux, de la surface des locaux et de la durée d'occupation.

(L. n° 2014-366 du 24 mars 2014, art. 95) « Les conditions de versement de l'aide financière font l'objet d'une convention entre l'autorité compétente et la personne bénéficiaire. »

Le propriétaire foncier est tenu de prendre toutes mesures pour empêcher toute occupation future des terrains ainsi libérés. En cas de défaillance du propriétaire, le représentant de l'État dans le département procède d'office, après mise en demeure restée sans effet dans le délai fixé, aux mesures nécessaires aux frais du propriétaire. La créance publique est récupérable comme en matière de contributions directes ; elle est garantie par une hypothèque légale sur le terrain d'assiette.

(L. n° 2015-1268 du 14 oct. 2015, art. 24) « Afin de préserver la sécurité des personnes occupant les locaux d'habitation mentionnés au premier alinéa du présent article, le maire et le représentant de l'État dans le département identifient conjointement, à l'initiative de l'un ou de l'autre, les situations justifiant la démolition des locaux concernés. Dans les zones ainsi identifiées, le maire ordonne la démolition des locaux considérés. En cas de défaillance du maire, le représentant de l'État dans le département ordonne la démolition. Le présent alinéa ne fait pas obstacle aux pouvoirs du maire mentionnés à l'article L. 2212-2 du code général des collectivités territoriales. »

Art. 7 I. — La présente section est applicable en Guadeloupe, en Guyane, à Mayotte, en Martinique, à La Réunion et à Saint-Martin.

II. — Pour l'application de l'article 6 à Saint-Martin, la référence au représentant de l'État dans le département est remplacée par la référence au représentant de l'État à Saint-Martin.

……………………………………………………………………………………………

MINES

Code minier

PARTIE LÉGISLATIVE

(Ord. n° 2011-91 du 20 janv. 2011, art. 1er, en vigueur le 1er mars 2011)

LIVRE PREMIER **Le régime légal des mines**

TITRE II La recherche

CHAPITRE III *La recherche en mer*

SECTION I *La recherche de toute substance minérale ou fossile sur le plateau continental et dans la zone économique exclusive*

Art. L. 123-1 Sous réserve des dispositions applicables de *(Ord. n° 2016-1687 du 8 déc. 2016, art. 62-I-1°-a)* « l'ordonnance n° 2016-1687 du 8 décembre 2016 relative aux espaces maritimes relevant de la souveraineté ou de la juridiction de la République française » et des textes pris pour son application, la recherche et le transport par canalisations de l'ensemble des substances minérales ou fossiles contenues dans le sous-sol du *(Ord. n° 2016-1687 du 8 déc. 2016, art. 62-I-1°-b)* « plateau continental défini à l'article 14 de ladite ordonnance » dans le fond de la mer et le sous-sol *(Ord. n° 2016-1687 du 8 déc. 2016, art. 62-I-1°-c)* « de la zone économique exclusive définie à l'article 11 de ladite ordonnance », ou existant à leur surface, sont soumis au régime applicable en vertu du présent livre aux substances de mine.

Art. L. 123-2 L'instruction des demandes de permis exclusifs en vue de la recherche de substances minérales ou fossiles énumérées à l'article L. 111-1 et portant en totalité ou en partie sur le plateau continental et dans la zone économique exclusive s'effectue conformément à l'article L. 122-3.

Lorsque le permis exclusif est demandé en vue de la recherche de substances minérales autres que celles énumérées à l'article L. 111-1, son instruction comporte, le cas échéant, l'enquête publique prévue à l'article L. 123-8 et la concertation préalable prévue à l'article L. 123-10.

Art. L. 123-2-1 *(L. n° 2015-1567 du 2 déc. 2015, art. 1er)* Sans préjudice de l'article L. 122-2, un permis exclusif de recherches d'hydrocarbures liquides ou gazeux ne peut être délivré si le demandeur n'a pas fourni la preuve qu'il a pris les dispositions adéquates pour assumer les charges qui découleraient de la mise en jeu de sa responsabilité en cas d'accident majeur et pour assurer l'indemnisation rapide des dommages causés aux tiers. Ces dispositions, qui peuvent prendre la forme de garanties financières, sont valides et effectives dès l'ouverture des travaux.

Lors de l'évaluation des capacités techniques et financières d'un demandeur sollicitant un permis exclusif de recherches d'hydrocarbures liquides ou gazeux, une attention particulière est accordée aux environnements marins et côtiers écologiquement sensibles, en particulier aux écosystèmes qui jouent un rôle important dans l'atténuation du changement climatique et l'adaptation à ce dernier, tels que :

1° Les marais salants ;

2° Les prairies sous-marines ;

3° Les zones marines protégées, comme les zones spéciales de conservation et les zones de protection spéciale au sens de l'article L. 414-1 du code de l'environnement et les zones marines protégées convenues par l'Union européenne ou les États membres concernés dans le cadre d'accords internationaux ou régionaux auxquels ils sont parties.

Un décret en Conseil d'État fixe les conditions d'application du présent article et détermine notamment la nature des garanties financières et les règles de fixation du montant desdites garanties.

Art. L. 123-3 Outre les permis exclusifs de recherches, des autorisations de prospections préalables peuvent être accordées pour la recherche sur le plateau continental et dans la zone économique exclusive de toute substance minérale ou fossile, mentionnée ou non à l'article L. 111-1, dans des conditions fixées par décret en Conseil d'État. L'instruction des demandes d'autorisation de prospections préalables s'effectue dans les conditions prévues par l'article L. 123-15.

Art. L. 123-4 Les dispositions de la présente section ne s'appliquent pas dans les zones de protection écologique créées par les autorités françaises en application des pouvoirs qui leur sont reconnus *(Ord. n° 2016-1687 du 8 déc. 2016, art. 62-I-2°)* « par l'article 13 de l'ordonnance n° 2016-1687 du 8 décembre 2016 relative aux espaces maritimes relevant de la souveraineté ou de la juridiction de la République française ».

SECTION II *La recherche des substances de carrière dans les fonds marins du domaine public*

SOUS-SECTION 1 *Dispositions générales*

Art. L. 123-5 Sans préjudice des dispositions relatives au domaine public maritime et sous réserve des dispositions de la présente section, la recherche de substances minérales autres que celles mentionnées à l'article L. 111-1 est soumise, lorsqu'elles sont contenues dans les fonds marins du domaine public, au régime applicable à la recherche des substances de mine.

Art. L. 123-6 En cas de retrait ou de réduction de l'assiette de l'autorisation domaniale nécessaire à l'exploration des fonds marins du domaine public, le titulaire du titre de recherches de substances minérales définies à l'article L. 123-5 ou de l'autorisation de prospections préalables prévue à la sous-section 3 doit, selon le cas, soit suspendre toute activité, soit la limiter aux zones qui demeurent couvertes par l'autorisation domaniale.

Art. L. 123-7 La procédure d'instruction des demandes de titres miniers en vue de la recherche de substances minérales autres que celles mentionnées à l'article L. 111-1, et contenues dans les fonds marins du domaine public, des autorisations de prospections préalables ainsi que des demandes d'autorisations domaniales est fixée par décret en Conseil d'État.

SOUS-SECTION 2 *Information et participation du public*

Art. L. 123-8 Lorsque la demande de permis exclusif de recherches est présentée en même temps que la demande d'autorisation nécessaire à l'ouverture des travaux, l'instruction de la demande de permis donne lieu à une enquête publique unique réalisée conformément à l'article L. 162-7 sous réserve des dispositions particulières énoncées aux articles L. 123-9 et L. 123-10.

Art. L. 123-9 Le dossier unique soumis à l'enquête publique ne comporte pas les informations couvertes par le droit d'inventeur ou de propriété industrielle du demandeur qui ne doivent pas être rendues publiques.

Art. L. 123-10 La demande de titre minier est soumise à une concertation locale durant laquelle le demandeur est entendu. Y participent notamment des représentants des collectivités territoriales concernées et des associations agréées de protection de la nature et de défense de l'environnement mentionnées à l'article L. 141-1 du code de l'environnement.

Art. L. 123-11 Lorsque le dépôt de la demande de permis exclusif et celui de la demande d'autorisation d'ouverture des travaux ne sont pas simultanés, le processus permettant l'information et la participation du public est accompli lors de l'instruction de la demande d'autorisation de travaux, conformément aux articles L. 162-8 et L. 162-9.

Art. L. 123-12 Les modalités d'application de la présente section, notamment les dispositions permettant la mise en œuvre des conditions d'information et de participation du public qui y sont prévues, sont fixées par décret en Conseil d'État.

SOUS-SECTION 3 *Dispositions propres aux autorisations de prospections préalables*

Art. L. 123-13 Outre les permis exclusifs de recherches, des autorisations de prospections préalables peuvent être accordées pour la recherche sur les fonds marins du domaine public de substances minérales autres que celles mentionnées à l'article L. 111-1.

Art. L. 123-14 L'autorisation de prospections préalables donne à son titulaire, pour une durée qui ne peut excéder deux ans, le droit non exclusif d'exécuter tous travaux de recherches, à l'exclusion des sondages dépassant une profondeur de 300 mètres à partir du fond de la mer, et sans pouvoir disposer du produit des recherches, à l'exception d'échantillons ou de prélèvements sans valeur commerciale.

Art. L. 123-15 L'autorisation de prospections préalables est accordée par l'autorité administrative compétente sans mise en concurrence, ni enquête publique et sans qu'ait été préalablement effectuée la concertation prévue à l'article L. 123-10.

....

TITRE III L'exploitation

CHAPITRE II *Les concessions*

SECTION I *Octroi des concessions*

Art. L. 132-1 Nul ne peut obtenir une concession de mines s'il ne possède les capacités techniques et financières nécessaires pour mener à bien les travaux d'exploitation et assumer les obligations mentionnées dans des décrets pris pour préserver les intérêts mentionnés à l'article L. 161-1 et aux articles L. 161-1, L. 161-2 et L. 163-1 à L. 163-9. Un décret en Conseil d'État définit les critères d'appréciation de ces capacités, les conditions d'attribution des titres ainsi que la procédure d'instruction des demandes.

Art. L. 132-2 La concession est accordée par décret en Conseil d'État sous réserve de l'engagement pris par le demandeur de respecter des conditions générales complétées, le cas échéant, par des conditions spécifiques faisant l'objet d'un cahier des charges. Les conditions générales et, le cas échéant, spécifiques de la concession, sont définies par décret en Conseil d'État et préalablement portées à la connaissance du demandeur.

Art. L. 132-3 La concession est accordée après une enquête publique réalisée conformément au chapitre III du titre II du livre Ier du code de l'environnement.

Art. L. 132-4 La concession est accordée après une mise en concurrence sauf dans les cas où la concession est octroyée sur le fondement de l'article L. 132-6. Les demandes de concession suscitées par l'appel à concurrence sont soumises à l'enquête publique prévue à l'article L. 132-3.

Art. L. 132-5 Une concession peut être accordée conjointement à plusieurs sociétés commerciales.

Art. L. 132-6 Sans préjudice des dispositions de l'article L. 142-4, pendant la durée de validité d'un permis exclusif de recherches, son titulaire peut seul obtenir une concession portant, à l'intérieur du périmètre de ce permis, sur des substances mentionnées par celui-ci. Le titulaire d'un permis exclusif de recherches a droit, s'il en fait la demande avant l'expiration de ce permis, à l'octroi de concessions sur les gisements exploitables découverts à l'intérieur du périmètre de ce permis pendant la validité de celui-ci.

Art. L. 132-7 Lorsqu'un inventeur n'obtient pas la concession d'une mine, le décret en Conseil d'État accordant celle-ci fixe, après qu'il a été invité à présenter ses observations, l'indemnité qui lui est due par le concessionnaire.

SECTION II *Effets des concessions*

Art. L. 132-8 L'institution d'une concession, même au profit du propriétaire de la surface, crée un droit immobilier distinct de la propriété de la surface. Ce droit n'est pas susceptible d'hypothèque.

Art. L. 132-9 Le concessionnaire a le droit de disposer, pour les besoins de son exploitation, des substances non concessibles dont ses travaux entraînent nécessairement l'abattage. Le propriétaire du sol peut réclamer la disposition de celles de ces substances qui ne seraient pas utilisées dans ces conditions, moyennant paiement à l'exploitant de la mine d'une indemnité correspondant aux frais normaux qu'aurait entraînés l'extraction directe.

Art. L. 132-10 L'étendue de la concession est déterminée par l'acte de concession. Elle est limitée par la surface engendrée par les verticales indéfiniment prolongées en profondeur et s'appuyant sur un périmètre défini en surface.

Art. L. 132-11 La durée de la concession est fixée par l'acte de concession. La durée initiale ne peut excéder cinquante ans.

Toutefois, les concessions à durée illimitée accordée antérieurement au 17 juin 1977 continuent de courir jusqu'à la date fixée à l'article L. 144-4.

Art. L. 132-12 L'institution de la concession entraîne l'annulation du permis exclusif de recherches pour les substances mentionnées et à l'intérieur du périmètre institué par cette concession, mais le laisse subsister à l'extérieur de ce périmètre.

Toutefois, le droit exclusif du titulaire d'effectuer tous travaux de recherches à l'intérieur du périmètre de cette concession est maintenu.

Art. L. 132-12-1 *(L. n° 2017-1839 du 30 déc. 2017, art. 4)* Cinq ans avant la fin de sa concession et dans des conditions prévues par décret en Conseil d'État, l'exploitant remet à l'autorité administrative un dossier présentant le potentiel de reconversion de ses installations ou de leur site d'implantation pour d'autres usages du sous-sol, notamment la géothermie, ou pour d'autres activités économiques, en particulier l'implantation d'énergies renouvelables.

Dans un délai d'un mois à compter de la promulgation de la L. n° 2017-1839 du 30 déc. 2017, les demandes en cours d'instruction de titres d'exploration et d'exploitation d'hydrocarbures liquides et gazeux, les titres d'exploration et d'exploitation d'hydrocarbures liquides et gazeux en cours de validité, les caractéristiques principales de ces demandes et titres ainsi qu'une carte présentant leur périmètre sur le territoire national sont mis à la disposition du public sous forme électronique dans un standard ouvert librement réutilisable et exploitable. Ces informations sont actualisées tous les trimestres (L. préc., art. 11).

Art. L. 132-13 En fin de concession et dans des conditions prévues par décret en Conseil d'État :

1° Le gisement fait retour gratuitement à l'État, après la réalisation des travaux prescrits pour l'application du présent code ;

2° Les dépendances immobilières peuvent être remises gratuitement ou cédées à l'État lorsque le gisement demeure exploitable ;

3° En cas de disparition ou de défaillance de l'exploitant, l'ensemble des droits et obligations du concessionnaire est transféré à l'État.

SECTION III *Rejet des demandes de concession*

Art. L. 132-14 Le rejet des demandes de concession est prononcé par l'autorité administrative selon des modalités définies par décret en Conseil d'État.

SECTION IV *Redevances*

Art. L. 132-15 L'acte de concession fixe le montant de la redevance tréfoncière due par le titulaire aux propriétaires de la surface.

Art. L. 132-15-1 *(L. n° 2016-1087 du 8 août 2016, art. 95-II)* Pour les gisements en mer situés sur le plateau continental ou dans la zone économique exclusive, les titulaires de concessions autres que celles de mines d'hydrocarbures liquides ou gazeux sont tenus de payer annuellement une redevance calculée sur la production. Cette redevance est due au jour de la première vente de la ou des substances extraites à l'intérieur du périmètre qui délimite la concession et est affectée à l'Agence française pour la biodiversité.

Le calcul de la redevance tient compte des avantages de toute nature procurés au titulaire de la concession, de l'impact environnemental des activités concernées ainsi que du risque pour l'environnement, de la nature des produits, du continent au large duquel est situé le gisement, de la profondeur d'eau, de la distance du gisement par rapport à la côte du territoire concerné et du montant des dépenses consenties pendant la période d'exploration et de développement. Cette redevance est majorée si les activités concernées s'exercent dans le périmètre d'une aire marine protégée au sens de l'article L. 334-1 du code de l'environnement.

Les articles L. 2321-1, L. 2321-4, L. 2321-5, L. 2322-1, L. 2322-4, L. 2323-1, L. 2323-2, L. 2323-4, L. 2323-4-1, L. 2323-6, L. 2323-8 et L. 2323-11 à L. 2323-13 du code général de la propriété des personnes publiques, relatifs à la constatation, à la prescription, au paiement et au recouvrement des redevances du domaine, s'appliquent à cette redevance.

Un décret fixe les modalités de calcul, de répartition, d'affectation et d'utilisation du produit de cette redevance. — *V. Décr. n° 2017-32 du 12 janv. 2017.*

Art. L. 132-16 Les titulaires de concessions de mines d'hydrocarbures liquides ou gazeux *(Abrogé par L. n° 2019-1479 du 28 déc. 2019, art. 21) « , à l'exception des gisements en mer, »* sont tenus de payer annuellement à l'État une redevance à taux progressif et calculée sur la production. *(L. n° 2019-1479 du 28 déc. 2019, art. 21)* « Pour les gisements en mer situés dans la limite du plateau continental, à l'exception des gisements en mer exploités à partir d'installations situées à terre, le paiement de la redevance se fait à 50 % à l'État et à 50 % à la région dont le point du territoire est le plus proche du gisement. » Cette redevance est due rétroactivement au jour de la première vente des hydrocarbures extraits à l'intérieur du périmètre qui délimite la concession. 28,5% du produit de cette redevance est versé à la caisse autonome nationale de sécurité sociale dans les mines.

Le barème de la redevance est fixé comme suit :

Nature des produits, *(Abrogé par L. n° 2017-1775 du 28 déc. 2017, art. 41) « productions anciennes et nouvelles en »* pourcentage de la valeur de la production au départ du champ.

Huile brute :

Par tranche de production annuelle (en tonnes) :

PRODUCTION	TAUX
Inférieure à 1 500	0 %
Égale ou supérieure à 1 500	8 %

Gaz :

Par tranche de production annuelle (en millions de mètres cubes) :

PRODUCTION	TAUX
Inférieure à 150	0 %
Égale ou supérieure à 150	30 %

Le recouvrement de la redevance instituée au présent article, dont la perception incombe aux comptables publics chargés des recettes domaniales de l'État, s'opère dans les conditions prévues en matière domaniale à l'article L. 2321-1 du code général de la propriété des personnes publiques.

Un décret en Conseil d'État contresigné par les ministres chargés respectivement des hydrocarbures et du budget précise les modalités d'application du présent article, notamment les garanties assurées au titulaire du titre d'exploitation en ce qui concerne la détermination de la base de calcul de la redevance.

Les tableaux des 6e et 9e alinéas ont été modifiés par la L. n° 2017-1775 du 28 déc. 2017 (L. préc., art. 41).

Art. L. 132-16-1 (Abrogé par L. n° 2019-1479 du 28 déc. 2019, art. 21) (L. n° 2011-1978 du 28 déc. 2011, art. 52-I) *Pour les gisements en mer situés dans les limites du plateau continental, à l'exception des gisements en mer exploités à partir d'installations situées à terre, les titulaires de concessions de mines d'hydrocarbures liquides ou gazeux sont tenus de payer annuellement à l'État, au profit de ce dernier et des régions, une redevance à taux progressif et calculée sur la production. Cette redevance est due au jour de la première vente des hydrocarbures extraits à l'intérieur du périmètre qui délimite la concession.*

La redevance est calculée en appliquant un taux à la fraction de chaque tranche de production annuelle. Ce taux est progressif et fixé par décret en fonction de la nature des produits, du continent au large duquel est situé le gisement, de la profondeur d'eau, de la distance du gisement par rapport à la côte du territoire concerné et du montant des dépenses consenties pendant la période d'exploration et de développement, dans la limite de 12 %. Il s'applique à la valeur de la production au départ du champ.

Le produit de la taxe est affecté à 50 % à l'État et à 50 % à la région dont le point du territoire est le plus proche du gisement.

Le recouvrement de la redevance instituée au présent article, dont la perception incombe aux comptables publics chargés des recettes domaniales de l'État, s'opère dans les conditions prévues en matière domaniale à l'article L. 2321-1 du code général de la propriété des personnes publiques.

Un décret précise les modalités d'application du présent article, notamment les garanties assurées au titulaire du titre d'exploitation en ce qui concerne la détermination de la base de calcul de la redevance.

Le présent art. s'applique aux ventes d'hydrocarbures réalisées à compter du 1er janv. 2014 (L. nº 2011-1978 du 28 déc. 2011, art. 52-II).

SECTION V *Dispositions diverses*

Art. L. 132-17 Les concessions accordées sous le régime institué par la loi du 9 septembre 1919 modifiant la loi du 21 avril 1810 sur les mines en ce qui concerne la durée des concessions et la participation de l'État aux bénéfices et maintenues sous ce régime restent soumises aux conditions du cahier des charges annexé à l'acte qui les a instituées.

Les périmètres d'exploitation d'hydrocarbures liquides ou gazeux institués en application de la loi du 18 juillet 1941 relative à la recherche et à l'exploitation des hydrocarbures en Aquitaine sont soumis aux dispositions du livre Ier du présent code relatives aux concessions de mines d'hydrocarbures liquides ou gazeux. Les actes qui les ont institués valent concession sans changement de leur durée de validité.

Art. L. 132-18 Les modalités d'application du présent chapitre, notamment la procédure d'instruction des demandes de concession, sont fixées par décret en Conseil d'État.

SOCIÉTÉS À PARTICIPATION PUBLIQUE

Ordonnance n° 2014-948 du 20 août 2014,

Relative à la gouvernance et aux opérations sur le capital des sociétés à participation publique.

TITRE PREMIER Dispositions générales

Art. 1er La présente ordonnance est applicable aux sociétés commerciales dans lesquelles l'État ou ses établissements publics détiennent seuls ou conjointement, directement ou indirectement, une participation au capital.

Ces sociétés sont soumises aux dispositions du code de commerce et des autres lois générales ou particulières qui les régissent dans la mesure où ces dispositions ne sont pas contraires à la présente ordonnance.

Art. 2 I. – Pour l'application de la présente ordonnance :

1° Constitue une participation toute fraction du capital d'une société, quel que soit son montant ;

2° Sont regardées comme des sociétés dont plus de la moitié du capital est détenue indirectement par l'État ou ses établissements publics, seuls ou conjointement, celles dont plus de la moitié du capital est détenue par des sociétés placées dans une même chaîne ininterrompue de participations majoritaires ;

3° Les effectifs des salariés sont pris en compte conformément aux dispositions de l'article L. 2322-6 du code du travail. La présente ordonnance est applicable aux salariés employés sur le territoire français même s'ils sont détachés à l'étranger à titre temporaire ;

4° Sont assimilés au chiffre d'affaires les revenus d'activité des sociétés ne disposant pas de chiffre d'affaires.

II. – Il n'est pas tenu compte pour l'application du 2° du I :

1° Des participations prises par les compagnies financières mentionnées au titre III de la loi du 11 février 1982 susvisée, par des établissements financiers, des sociétés de financement ou des établissements de crédit y compris à statut légal spécial, en contrepartie de l'abandon ou de la consolidation financière de créances ou de l'abandon ou de la mise en jeu de garanties, ni des participations prises par les entités mentionnées ci-dessus dans des sociétés dont l'actif net comptable au dernier bilan précédant la prise de participation ou au premier bilan suivant est inférieur au capital ;

2° Des actions détenues par des organismes ou sociétés ayant pour objet principal de concourir au financement d'entreprises industrielles et commerciales sous forme d'apports en fonds propres, d'avances d'actionnaires ou d'obligations convertibles ou de faciliter le recours de ces entreprises à l'épargne, l'élargissement de leur capital ou son reclassement ;

3° Des actions inscrites en titres de placement dans les comptes de leur détenteur ;

4° Des actions détenues et gérées individuellement ou collectivement pour le compte de personnes, sociétés ou organismes autres que ceux mentionnés à l'article 1er ;

5° Des actions détenues par les sociétés d'assurance en garantie d'engagements pris envers les tiers, sauf lorsqu'il s'agit d'actions d'établissements de crédit, d'établissements financiers, de sociétés d'assurance ou de sociétés concourant à la gestion des sociétés d'assurance ;

6° Des actions de préférence sans droit de vote, des actions à dividende prioritaire ou des certificats d'investissement, mentionnés aux articles L. 228-11, L. 228-30 et L. 228-35-2 du code de commerce.

(L. n° 2015-990 du 6 août 2015, art. 182) « III. – Les articles 1er et 2, le IV de l'article 22 et les articles 23 à 31 de la présente ordonnance sont seuls applicables aux opérations par lesquelles la Caisse des dépôts et consignations transfère au secteur privé la majorité du capital des sociétés dans lesquelles elle détient, directement ou indirectement, une participation. »

TITRE II Gouvernance

CHAPITRE PREMIER *Conseils d'administration et de surveillance*

SECTION 1 *Composition des conseils*

Art. 3 Sont susceptibles de siéger comme membres du conseil d'administration, du conseil de surveillance ou de l'organe délibérant en tenant lieu des sociétés mentionnées à l'article 1er :

1° L'État, représenté dans les conditions prévues à la section 2 ;

2° Des membres désignés par l'organe compétent de la société, le cas échéant proposés par l'État, dans les conditions prévues à la section 3 ;

3° Des représentants des salariés, dans les conditions prévues à la section 4.

SECTION 2 *Représentant désigné par l'État*

Art. 4 I. – L'État désigne un représentant dans les conseils d'administration, les conseils de surveillance ou les organes délibérants en tenant lieu des sociétés dont il détient directement, seul ou conjointement avec ses établissements publics, plus de la moitié du capital. Il peut également désigner un représentant dans les organes délibérants des autres sociétés dont il détient directement à lui seul plus de 10 % du capital.

L'État peut en outre, sur sa proposition ou avec son accord, être nommé par les organes compétents comme membre du conseil d'administration, du conseil de surveillance ou de l'organe délibérant en tenant lieu des autres sociétés dans lesquelles l'État ou ses établissements publics industriels ou commerciaux détiennent, directement ou indirectement, une participation. L'État désigne alors son représentant.

Les conditions de désignation du représentant de l'État sont fixées par décret en Conseil d'État.

II. – Les participations détenues par toute société ayant pour objet principal la détention de titres et dont la totalité du capital appartient à l'État sont assimilées, pour l'application du I, à des participations détenues directement par l'État.

Art. 5 Le représentant de l'État siège et agit avec les mêmes droits et les mêmes pouvoirs que les autres membres du conseil d'administration, du conseil de surveillance ou de l'organe délibérant en tenant lieu.

Il est notamment soumis aux mêmes règles que les autres membres quant au nombre maximum de mandats susceptibles d'être exercés simultanément.

Toute rémunération qu'il perçoit à raison de l'exercice de son mandat est toutefois versée au budget de l'État.

Ce représentant est pris en compte pour l'application du premier alinéa de l'article L. 225-18-1 et du premier alinéa de l'article L. 225-69-1 du code de commerce.

Les dispositions des articles L. 225-25 et L. 225-72 du code de commerce ne lui sont pas applicables.

SECTION 3 *Membres désignés par l'organe compétent de la société*

Art. 6 I. – Au sein du conseil d'administration ou de surveillance ou de l'organe délibérant en tenant lieu des sociétés dont l'État détient seul directement de 10 % à 50 % du capital, un ou plusieurs sièges, dans la limite d'un nombre proportionnel à sa participation, sont réservés à des membres que l'État peut proposer. Le nombre de sièges réservés est au moins égal à deux dans les sociétés pour lesquelles le nombre de membres du conseil d'administration, du conseil de surveillance ou de l'organe délibérant en tenant lieu est supérieur à dix.

Si l'organe compétent de la société refuse la ou les personnes proposées en vertu de l'alinéa précédent, l'État peut nommer par lettre adressée à la société un ou plusieurs membres pour exercer à titre provisoire les fonctions de ceux dont la nomination a été refusée. Ces nominations sont soumises à la ratification de la plus prochaine assemblée générale ordinaire. A défaut de ratification, les délibérations prises et les actes accomplis antérieurement par le conseil ou l'organe délibérant demeurent valables. Le remplacement du membre dont la nomination n'a pas été ratifiée est assuré dans les conditions prévues au présent I.

Pour la détermination du nombre de sièges mentionnés au premier alinéa du présent I, il n'est pas tenu compte des représentants élus par le personnel salarié en application de la présente ordonnance ou des articles L. 225-27, L. 225-27-1, L. 225-79 ou L. 225-79-2 du code de commerce.

Lorsqu'un représentant de l'État a été désigné en application de l'article 4 de la présente ordonnance, son siège est déduit de ceux réservés à l'État en application du premier alinéa du présent I.

Les participations détenues par toute société ayant pour objet principal la détention de titres et dont la totalité du capital appartient à l'État sont assimilées à des participations détenues directement par l'État pour l'application du présent I.

II. – Dans les sociétés dans lesquelles l'État ou ses établissements publics industriels ou commerciaux, seuls ou conjointement, détiennent directement ou indirectement une participation, l'État peut, dans des conditions précisées par voie réglementaire, proposer aux organes compétents de ces sociétés la nomination d'un ou plusieurs membres du conseil d'administration, du conseil de surveillance ou de l'organe délibérant en tenant lieu.

III. – Les membres proposés par l'État en application du I ou du II du présent article peuvent, nonobstant *(L. n° 2016-483 du 20 avr. 2016, art. 10-II-N)* « le 2° du I de l'article 25 *septies* » de la loi du 13 juillet 1983 susvisée, avoir la qualité d'agents publics de l'État. Ils sont soumis aux mêmes règles que les autres membres, notamment celles issues du code de commerce. Ils représentent les intérêts de l'État en sa qualité d'actionnaire.

IV. – Sans préjudice des dispositions législatives et réglementaires qui leur sont applicables, les membres mentionnés au présent article peuvent bénéficier dans l'exercice de leur mandat d'une protection organisée dans les conditions prévues à l'article 11 de la loi du 13 juillet 1983 susvisée.

V. – Toute rémunération perçue par les membres désignés en vertu du présent article ayant la qualité d'agent public de l'État est versée au budget de l'État. Il en va de même de la rémunération perçue par les autres membres désignés en vertu du présent article dépassant un plafond fixé par arrêté du ministre chargé de l'économie. – *V. Arr. du 18 déc. 2014 (JO 30 déc.).*

VI. – Les dispositions des articles L. 225-25 et L. 225-72 du code de commerce ne leur sont pas applicables.

SECTION 4 *Représentants des salariés*

Art. 7 I. – Dans les sociétés dont l'État détient directement plus de la moitié du capital et dont le nombre de salariés employés en moyenne au cours des vingt-quatre derniers mois est au moins égal à cinquante, le conseil d'administration, le conseil de surveillance ou l'organe délibérant en tenant lieu comprend *(L. n° 2015-990 du 6 août 2015, art. 179)* « au moins » un tiers de représentants des salariés.

Il en va de même dans les autres sociétés anonymes dans lesquelles l'État ou, lorsque la majorité de leur personnel est soumise aux règles du droit privé, ses établissements publics industriels et commerciaux ou ses autres établissements publics qui assurent tout à la fois une mission de service public à caractère administratif et à caractère industriel et commercial détiennent directement ou indirectement plus de 50 % du capital et dont le nombre de salariés employés en moyenne au cours des vingt-quatre derniers mois est au moins égal à deux cents. Dans ces sociétés dont l'effectif est compris entre deux cents et mille salariés, le nombre de ces représentants est au maximum de trois.

II. – Dans les autres sociétés relevant de la présente ordonnance, les représentants des salariés sont désignés, le cas échéant, selon les modalités prévues par le code de commerce et sont alors soumis aux dispositions de ce code.

III. – Les sociétés mentionnées au I restent soumises aux dispositions des articles L. 225-23, L. 225-27, L. 225-71 et L. 225-79 du code de commerce. Les membres du conseil d'administration ou du conseil de surveillance nommés sur leur fondement sont compris dans le tiers des membres du conseil d'administration, du conseil de surveillance ou de l'organe délibérant en tenant lieu.

Art. 8 *(L. n° 2015-990 du 6 août 2015, art. 179)* « I. – » Les représentants des salariés mentionnés au I de l'article 7 sont soumis, pour leur élection et leur statut, aux mêmes dispositions que celles prévues, pour les représentants des salariés des entreprises relevant de la loi du 26 juillet 1983 susvisée, aux chapitres II et III du titre II de cette loi.

(L. n° 2015-990 du 6 août 2015, art. 179) « II. – Les représentants des salariés sont élus :

« 1° Dans chacune des filiales détenues, à lui seul, par l'un des établissements publics mentionnés au second alinéa du I de l'article 7 ou par l'une des sociétés mentionnées au premier alinéa du même I, par les salariés qui remplissent les conditions requises pour être électeur au comité d'entreprise ;

« 2° Dans les autres filiales mentionnées au second alinéa dudit I ou dans les sociétés mentionnées au premier alinéa du même I, par les salariés qui remplissent les conditions requises pour être électeur au comité d'entreprise ou à l'organe en tenant lieu soit dans la société elle-même, soit dans l'une de ses filiales comprenant des représentants des salariés en application dudit I, dont le siège social est situé sur le territoire français.

« III. – » Les dispositions mentionnées au *(L. n° 2015-990 du 6 août 2015, art. 179)* « présent article » ne s'appliquent qu'aux sociétés remplissant les conditions fixées au I de l'article 7 depuis plus de six mois. Toutefois, si les statuts de la société prévoient que les dispositions de la présente section s'appliquent immédiatement, le conseil d'administration ou le conseil de surveillance ou l'organe délibérant en tenant lieu peut valablement siéger avant l'élection des représentants des salariés.

En cas de modification pour quelque raison que ce soit entraînant une augmentation ou une réduction du nombre des représentants des salariés, il est procédé à une nouvelle nomination de ces représentants sauf si la modification intervient dans les six mois précédant la fin de leur mandat.

Art. 9 Les membres représentant les salariés ne sont pas pris en compte pour l'application du premier alinéa de l'article L. 225-18-1 et du premier alinéa de l'article L. 225-69-1 du code de commerce.

La durée du mandat d'administrateur élu par les salariés ou désigné en application de la présente section est déterminée par les statuts, sans pouvoir excéder six ans. Le mandat est renouvelable, sauf stipulation contraire des statuts.

SECTION 5 *Fonctionnement des conseils*

Art. 10 Les dispositions de la présente section s'appliquent aux sociétés dont plus de la moitié du capital est détenu par l'État et ses établissements publics, seuls ou conjointement, directement ou indirectement.

Les statuts peuvent déroger à tout ou partie des dispositions des articles 11 à 13 par une mention expresse en ce sens.

Art. 11 Dès lors que les désignations et nominations ont été faites en vertu des dispositions de la section 2 et de la section 3, le conseil d'administration, le conseil de surveillance ou l'organe délibérant en tenant lieu est réputé pouvoir siéger et délibérer valablement, sous réserve des règles de quorum.

Le caractère irrégulier de ces désignations et nominations ou des désignations mentionnées à la section 4 est sans incidence sur la validité des délibérations auxquelles a pris part l'administrateur ou le membre du conseil irrégulièrement nommé ou désigné.

Art. 12 Le conseil d'administration, le conseil de surveillance ou l'organe délibérant en tenant lieu se réunit en séance ordinaire sur convocation du président. Il examine toute question inscrite à l'ordre du jour par le président ou le conseil statuant à la majorité simple.

Il se réunit également sur convocation de plus d'un tiers de ses membres sur un ordre du jour et dans un lieu déterminés dans la convocation. Le directeur général peut demander au président de le convoquer sur un ordre du jour déterminé.

Art. 13 En cas de vacance par décès ou par démission d'un ou plusieurs membres nommés par l'assemblée générale, le conseil d'administration ou de surveillance peut procéder à des nominations à titre provisoire dans les conditions des articles L. 225-24 et L. 225-78 du code de commerce.

Art. 14 L'assemblée générale peut révoquer à tout moment les membres du conseil d'administration, du conseil de surveillance ou de l'organe délibérant en tenant lieu qu'elle a nommés.

Dans le cas où des dissensions graves entravent l'administration de la société, la révocation prononcée par l'assemblée générale en vertu du premier alinéa peut s'étendre aux représentants des salariés. Une telle mesure de révocation ne peut être prise de nouveau avant l'expiration d'un délai d'un an.

SECTION 6 *Autres dispositions*

Art. 15 Dans les sociétés dans lesquelles il dispose d'un représentant en application de l'article 4, l'État peut désigner, dans des conditions fixées par voie réglementaire, un commissaire du Gouvernement.

Sans préjudice des dispositions particulières le régissant, le commissaire du Gouvernement assiste, avec voix consultative, aux séances du conseil d'administration, du conseil de surveillance ou de l'organe délibérant en tenant lieu de la société. Le cas échéant, il expose la politique du Gouvernement dans le secteur d'activité de celle-ci.

Art. 16 Le conseil d'administration ou le directoire, après avis du conseil de surveillance, fixe les modalités de consultation des institutions représentatives du personnel sur les plans établis par l'entreprise en vue de la conclusion d'un contrat de plan élaboré en application de la loi du 29 juillet 1982 susvisée ou d'un contrat d'entreprise élaboré en application de l'article 140 de la loi du 15 mai 2001 susvisée.

Les actes par lesquels l'État fixe des missions de service public, notamment les contrats d'entreprise mentionnés à l'article 140 de la loi du 15 mai 2001 susvisée, ne sont pas considérés comme des conventions au sens des articles L. 225-38 à L. 225-40 du code de commerce *(L. n° 2015-990 du 6 août 2015, art. 179)* « ou des autres dispositions équivalentes du même code ». Ces actes doivent néanmoins être soumis à l'avis préalable du conseil d'administration ou de surveillance ou de l'organe délibérant en tenant lieu.

CHAPITRE II *Présidence et direction générale*

Art. 17 En cas de vacance ou dans les sociétés dont le capital est détenu en totalité par l'État, le président du conseil d'administration, du conseil de surveillance ou de l'organe délibérant en tenant lieu peut notamment être choisi parmi les agents publics de l'État qui ont été nommés membres du conseil.

Dans les sociétés ayant pour objet principal la détention de titres et dont la totalité du capital appartient à l'État constituées sous forme de sociétés par action simplifiées, l'État peut être désigné président ou dirigeant mandataire social de la société. Il est alors représenté par une personne désignée dans les conditions prévues à l'article 4.

Art. 18 Dans les sociétés anonymes à conseil d'administration dont plus de la moitié du capital est détenu par l'État et ses établissements publics, seuls ou conjointement, directement ou indirectement, le conseil choisit entre les deux modalités d'exercice de la direction générale mentionnées au premier alinéa de l'article L. 225-51-1 du code de commerce.

Les statuts peuvent déroger aux dispositions du présent article par une mention expresse en ce sens.

Art. 19 I. – Dans les sociétés dont plus de la moitié du capital est détenue directement par l'État, les dirigeants mandataires sociaux sont nommés par celui-ci dans les conditions suivantes :

1° Dans les sociétés anonymes à conseil d'administration, lorsque le président assure la direction générale, celui-ci est nommé parmi les membres du conseil et sur proposition de ce dernier, par décret ; dans les autres cas, le directeur général est nommé par décret sur proposition du conseil d'administration ;

2° Dans les sociétés anonymes à directoire et conseil de surveillance, le président du directoire ou le directeur général unique sont nommés sur proposition du conseil de surveillance, par décret ;

3° Dans les autres sociétés, les personnes qui, quel que soit leur titre, exercent des fonctions équivalentes à celles mentionnées aux alinéas précédents sont nommées par décret.

II. – Les participations détenues par toute société ayant pour objet principal la détention de titres et dont la totalité du capital appartient à l'État sont assimilées, pour l'application du I, à des participations détenues directement par l'État.

Art. 20 Les personnes nommées dans les conditions prévues à l'article 19 peuvent être révoquées par décret.

Art. 21 En cas de vacance de l'un des postes mentionnés à l'article 19, l'État peut désigner la personne chargée d'assurer l'intérim jusqu'à la désignation d'un nouveau dirigeant, par lettre adressée à la société faisant l'objet d'une publicité. Jusqu'à la nomination de la personne chargée d'assurer l'intérim, les titulaires d'une délégation donnée par le précédent titulaire des fonctions sont compétents pour agir dans le cadre de cette délégation.

TITRE III Opérations sur le capital

CHAPITRE PREMIER *Autorisation des opérations*

Art. 21-1 *(L. n° 2015-990 du 6 août 2015, art. 180)* Sans préjudice des dispositions particulières de l'article 31-1, toute opération de cession par l'État au secteur privé conduisant à transférer la majorité du capital d'une société s'accompagne des garanties nécessaires à la préservation des intérêts essentiels de la Nation dans les domaines concernés. Le cas échéant, le cahier des charges de l'appel d'offres portant cession du capital intègre cette exigence.

SECTION 1 *Opérations de cession*

Art. 22 I. – Les opérations par lesquelles l'État transfère au secteur privé la majorité du capital d'une société ne peuvent être décidées par décret qu'après avoir été autorisées par la loi :

1° Lorsque l'État détient directement, depuis plus de cinq ans, plus de la moitié du capital social de la société et si l'une des deux conditions suivantes est remplie :

a) Ses effectifs, augmentés de ceux de ses filiales dans lesquelles elle détient directement ou indirectement plus de la moitié du capital social, sont supérieurs à *(L. n° 2015-990 du*

6 août 2015, art. 183) « cinq cents » personnes au 31 décembre de l'année précédant le transfert ;

b) Son chiffre d'affaires consolidé avec celui de ses filiales, telles qu'elles viennent d'être définies, est supérieur à *(L. nº 2015-990 du 6 août 2015, art. 183)* « 75 millions d'euros » à la date de clôture de l'exercice précédant le transfert ;

2° Lorsque la société est entrée dans le secteur public en application d'une disposition législative.

II. — Les opérations de cession de participations *(L. nº 2015-990 du 6 août 2015, art. 179)* « au secteur privé » par l'État qui n'entrent pas dans les cas énumérés au I sont décidées par décret :

1° Lorsqu'elles entraînent le transfert au secteur privé de la majorité du capital de la société ;

2° Lorsque la participation de l'État est supérieure au tiers du capital, si la cession a pour conséquence de la ramener en dessous de ce seuil ;

3° Lorsque la participation de l'État est supérieure aux deux tiers du capital, si la cession a pour conséquence de la ramener en dessous de ce seuil.

III. — Les autres opérations de cession de participations par l'État sont décidées par le ministre chargé de l'économie.

IV. — Les opérations par lesquelles un établissement public de l'État ou une société dont l'État ou ses établissements publics détiennent directement ou indirectement, seuls ou conjointement, plus de la moitié du capital transfère au secteur privé la majorité du capital d'une société réalisant un chiffre d'affaires supérieur à 150 millions d'euros ou employant plus de mille personnes *(L. nº 2015-990 du 6 août 2015, art. 179)* « , appréciés sur une base consolidée, » font l'objet d'une autorisation préalable par arrêté du ministre chargé de l'économie.

V. — Pour l'application du présent *(L. nº 2015-990 du 6 août 2015, art. 179)* « titre » :

a) Toute opération de cession d'un actif susceptible d'une exploitation autonome représentant plus de 50 % de l'actif net comptable ou du chiffre d'affaires ou des effectifs, appréciés sur une base consolidée, d'une société détenue à plus de 50 % par l'État est assimilée à la cession de cette société ;

b) Les participations détenues par toute société ayant pour objet principal la détention de titres et dont la totalité du capital appartient à l'État sont assimilées à des participations détenues directement par l'État ;

c) Est assimilée à une opération de cession toute opération de transfert de propriété de tout ou partie du capital ou toute opération d'augmentation de capital d'une société relevant de l'article 1er produisant le même effet ;

(L. nº 2015-990 du 6 août 2015, art. 179 et 191-I) « *d)* Les participations détenues par un établissement public de l'État ayant pour objet principal la détention de titres sont assimilées à des participations détenues directement par l'État.

« VI. — Les opérations par lesquelles l'État transfère au secteur privé la majorité du capital d'une société exploitant une infrastructure de transport aéroportuaire ou autoroutière dans le cadre d'une concession accordée par l'État sont autorisées par la loi. »

Art. 23 Ne sont pas soumises *(L. nº 2015-990 du 6 août 2015, art. 179)* « au présent titre », sauf lorsqu'elles ont pour effet de transférer au secteur privé la majorité du capital de la société, les opérations suivantes :

1° Les prises de participation au capital d'une société dont les titres sont admis aux négociations sur un marché réglementé réalisées en application de la section IV du chapitre II du titre III du livre III de la troisième partie du code du travail ou de la sous-section 2 de la section IV du chapitre V du titre II du livre II du code de commerce *(L. nº 2015-990 du 6 août 2015, art. 179)* « ainsi que les opérations assimilées réalisées simultanément à de telles prises de participation en faveur des salariés situés à l'étranger » ;

2° Les opérations résultant de l'exercice d'options de souscription ou d'acquisitions attachées à des titres cédés à l'occasion d'une opération de cession antérieure ;

3° Les prises de participation du secteur privé dans le capital d'une société résultant de l'exercice par ses actionnaires de l'option prévue à l'article L. 232-18 du code de commerce ;

4° Les opérations, décidées par l'assemblée générale des sociétés dont l'État ou ses établissements publics détiennent moins d'un tiers du capital, ayant pour effet ou pouvant avoir pour effet de diminuer la participation de l'État ou de ses établissements publics.

SECTION 2 *Opérations d'acquisition*

Art. 24 Les opérations par lesquelles l'État se porte acquéreur d'une participation sont décidées par décret lorsqu'elles entraînent le transfert de la majorité du capital d'une société au secteur public.

Les autres opérations d'acquisition par l'État sont décidées par le ministre chargé de l'économie.

(L. n° 2015-990 du 6 août 2015, art. 179) « Est assimilée à une opération d'acquisition toute opération de constitution d'une société. »

CHAPITRE II *Contrôle patrimonial des opérations*

SECTION 1 *La Commission des participations et des transferts*

Art. 25 I. – La Commission des participations et des transferts est composée de sept membres, dont un président, nommés par décret pour *(L. n° 2015-990 du 6 août 2015, art. 187)* « six ans non renouvelables *[ancienne rédaction : cinq ans]* » et choisis en fonction de leur compétence et de leur expérience en matière économique, financière ou juridique.

En cas de vacance pour quelque cause que ce soit, un remplaçant est nommé pour la durée restant à courir du mandat de son prédécesseur. *(L. n° 2015-990 du 6 août 2015, art. 187)* « Un mandat exercé depuis moins de deux ans n'est pas pris en compte pour la règle de non-renouvellement fixée au premier alinéa. » Les membres de la commission sont astreints au secret professionnel.

(L. n° 2015-990 du 6 août 2015, art. 187) « La commission comporte autant de femmes que d'hommes parmi les membres autres que le président. »

II. – Les fonctions de membre de la commission sont incompatibles avec tout mandat de membre du conseil d'administration, du directoire ou du conseil de surveillance d'une société commerciale par actions ou toute activité rétribuée au service d'une telle société de nature à les rendre dépendants des acquéreurs éventuels. Dès leur nomination et pendant la durée de leur mandat, les membres de la commission informent le président des activités professionnelles qu'ils exercent, des mandats sociaux qu'ils détiennent ou des intérêts qu'ils représentent.

Le membre de la commission qui a manqué aux obligations définies au présent II est déclaré démissionnaire d'office par la commission statuant à la majorité de ses membres. En cas de partage égal des suffrages, la voix du président est prépondérante.

III. – Les membres de la commission des participations et des transferts ne peuvent, sous peine de l'application des sanctions prévues par l'article 432-13 du code pénal, pendant un délai de cinq ans à compter de la cessation de leurs fonctions, devenir membres d'un conseil d'administration, d'un directoire ou d'un conseil de surveillance d'une entreprise qui s'est portée acquéreur de participations antérieurement détenues par l'État, ou d'une de ses filiales, ou exercer une activité rétribuée par de telles entreprises.

(L. n° 2015-990 du 6 août 2015, art. 187) « IV. – Le régime indemnitaire des membres de la commission est fixé par décret. »

Art. 26 I. – La Commission des participations et des transferts est saisie par le ministre chargé de l'économie, lorsqu'elles sont réalisées selon les procédures des marchés financiers :

1° Des opérations qui emportent le transfert par l'État de la majorité du capital de la société au secteur privé ;

2° Des opérations qui emportent transfert par l'État au secteur privé d'au moins 0,5 % du capital des sociétés concernées calculé sur une période de six mois consécutifs, dont l'effectif augmenté de celui de leurs filiales dépasse mille personnes ou le chiffre d'affaires consolidé *(L. n° 2015-990 du 6 août 2015, art. 184)* « 75 millions d'euros » ;

3° Des opérations par lesquelles un établissement public de l'État ou une société dont l'État ou ses établissements publics détiennent directement ou indirectement, seuls ou conjointement, plus de la moitié du capital transfère au secteur privé la majorité du capital d'une société réalisant un chiffre d'affaires supérieur à *(L. n° 2015-990 du 6 août 2015, art. 184)* « 75 millions d'euros » ou employant plus de *(L. n° 2015-990 du 6 août 2015, art. 184)* « cinq cents » personnes.

II. – La Commission des participations et des transferts est saisie par le ministre chargé de l'économie de toute opération de cession au secteur privé mentionnée à l'article 22 réalisée en dehors des procédures des marchés financiers.

III. – La commission peut être saisie par le ministre chargé de l'économie de toute autre opération de cession par l'État ainsi que sur toute opération d'acquisition par l'État.

SECTION 2 *Procédures d'évaluation*

Art. 27 I. — La Commission des participations et des transferts est saisie par le ministre chargé de l'économie préalablement à chacune des opérations mentionnées à l'article 26.

La commission détermine la valeur de la société ou, s'il y a lieu, des éléments faisant l'objet de l'opération. Toutefois, en cas de remise d'actifs en paiement des titres cédés ou d'augmentation de capital contre apport en nature, l'évaluation porte sur la parité ou le rapport d'échange.

Ces évaluations sont conduites selon les méthodes objectives couramment pratiquées en matière de cession totale ou partielle d'actifs de sociétés en tenant compte des conditions de marché à la date de l'opération et, selon une pondération appropriée à chaque cas, de la valeur des actifs, des bénéfices réalisés, de l'existence des filiales et des perspectives d'avenir et, le cas échéant, de la valeur boursière des titres et des éléments optionnels qui y sont attachés.

La commission peut demander aux commissaires aux comptes des entreprises faisant l'objet des opérations pour lesquelles elle est saisie tout renseignement sur l'activité et la situation financière desdites entreprises. Les commissaires aux comptes sont alors déliés à son égard du secret professionnel.

II. — Lorsqu'elle est saisie sur le fondement du II de l'article 26, la commission émet, en outre, un avis sur les modalités de la procédure, qui doit respecter les intérêts du secteur public, puis sur le choix du ou des acquéreurs et les conditions de la cession proposés par le ministre chargé de l'économie.

La commission tient notamment compte de la valeur de la société, des droits statutaires ou contractuels de toute nature accordés au secteur public, de la nature de l'opération, du prix, des caractéristiques des acquéreurs en cause et du projet industriel et stratégique afférent à l'opération.

Le décret, l'arrêté ou la décision autorisant ou décidant l'opération concernée est conforme à cet avis.

III. — Les évaluations et avis de la commission sont rendus publics à l'issue de l'opération.

Art. 28 Pour les opérations de transfert au secteur privé n'ayant pas fait l'objet d'une évaluation en application des articles 26 et 27, la valeur de l'entreprise est évaluée selon les méthodes objectives couramment pratiquées en matière de cession totale ou partielle d'actifs de sociétés.

CHAPITRE III *Réalisation des opérations*

Art. 29 La propriété de tout ou partie du capital des sociétés mentionnées au présent titre ne peut être cédée à des personnes du secteur privé pour des prix inférieurs à leur valeur.

Les prix d'offre, les prix de cession ou d'acquisition ainsi que les parités d'échange des opérations décidées ou autorisées par l'État sont fixés, le cas échéant sous forme de fourchettes, par arrêté du ministre chargé de l'économie. Dans les autres cas, le prix est fixé par l'organe compétent de l'organisme cédant.

Lorsque la Commission des participations et des transferts a été consultée en application de l'article 26, les prix et parités fixés par le ministre chargé de l'économie ne peuvent être inférieurs à son évaluation et l'acte les fixant ne peut intervenir dans un délai de plus de trente jours à compter de leur formulation, sauf lorsqu'un délai plus long a été admis par la commission eu égard aux conditions particulières de l'opération.

Art. 30 La réalisation des cessions ou acquisitions mentionnées au présent titre peut intervenir dès la date de la signature de l'acte qui en fixe les conditions.

Toute opération de transfert au secteur privé réalisée sans avoir fait l'objet de l'autorisation prévue à l'article 22 est réputée nulle et de nul effet.

Art. 31 Les statuts de toute société dont le transfert de tout ou partie du capital a été décidé en application du présent titre sont, le cas échéant, modifiés par une assemblée générale extraordinaire tenue dans les six mois du transfert afin de les rendre conformes, le cas échéant, au droit commun des sociétés commerciales ou à la présente ordonnance.

A défaut de modification des statuts à l'issue du délai prévu, toute clause contraire au droit commun des sociétés commerciales ou à la présente ordonnance est réputée non écrite.

Art. 31-1 *(L. n° 2019-486 du 22 mai 2019, art. 154)* « I. — Les dispositions du présent article s'appliquent aux sociétés dont une activité relève de celles mentionnées au I de l'article L. 151-3 du code monétaire et financier et qui satisfont l'une des conditions suivantes :

« *a)* La société est mentionnée à l'annexe du décret n° 2004-963 du 9 septembre 2004 portant création du service à compétence nationale Agence des participations de l'État dans sa rédaction en vigueur au 1er janvier 2018 ;

« *b)* Ses titres sont admis aux négociations sur un marché réglementé et une participation d'au moins 5 % de son capital est détenue, directement ou indirectement, au 1er janvier 2018, par la société anonyme Bpifrance ou ses filiales directes ou indirectes ou par un fonds d'investissement géré et souscrit majoritairement par elles.

« Si la protection des intérêts essentiels du pays en matière d'ordre public, de santé publique, de sécurité publique ou de défense nationale exige qu'une action ordinaire de l'État soit transformée en une action spécifique assortie de tout ou partie des droits définis aux 1° à 4° du présent I, un décret en Conseil d'État prononce cette transformation et en précise les effets. La société est préalablement informée.

« Dans le cas mentionné au *b*, l'État acquiert une action ordinaire préalablement à sa transformation en action spécifique.

« S'agissant des sociétés mentionnées aux *a* ou *b* et qui n'auraient pas leur siège social en France, les dispositions du présent article s'appliquent à leurs filiales ayant leur siège social en France, après que l'État a acquis une de leurs actions. »

Les droits pouvant être attachés à une action spécifique, définis dans chaque cas de façon à être nécessaires, adéquats et proportionnés aux objectifs poursuivis, sont les suivants :

1° La soumission à un agrément préalable du ministre chargé de l'économie du franchissement, par une personne agissant seule ou de concert, d'un ou de plusieurs des seuils prévus au I de l'article L. 233-7 du code de commerce, précisés dans le décret qui institue l'action spécifique. Un seuil particulier peut être fixé pour les participations prises par des personnes étrangères ou sous contrôle étranger, au sens de l'article L. 233-3 du même code, agissant seules ou de concert. Cet agrément ne peut être refusé que si l'opération en cause est de nature à porter atteinte aux intérêts essentiels du pays qui ont justifié la création de l'action spécifique ;

2° La nomination au conseil d'administration, au conseil de surveillance ou au sein de l'organe délibérant en tenant lieu, selon le cas, d'un représentant de l'État sans voix délibérative, désigné dans les conditions fixées par le décret qui institue l'action spécifique ;

(L. n° 2019-486 du 22 mai 2019, art. 154) « 3° Le pouvoir de s'opposer, dans des conditions fixées par voie réglementaire, aux décisions qui seraient de nature à porter atteinte aux intérêts essentiels du pays, ayant pour effet, directement ou indirectement, de :

« — céder, apporter ou transmettre, sous quelque forme que ce soit, y compris par dissolution ou fusion, des actifs ou types d'actifs de la société ou de ses filiales ;

« — modifier les conditions d'exploitation des actifs ou types d'actifs de la société ou de ses filiales ou d'en changer la destination ;

« — affecter ces actifs ou types d'actifs à titre de sûreté ou garantie ;

« 4° La communication au ministre chargé de l'économie des informations nécessaires à l'exercice des droits prévus aux 1° et 3°, notamment les informations relatives à l'intégrité, à la pérennité et au maintien sur le territoire national des actifs ou types d'actifs mentionnés au 3°. »

L'institution d'une action spécifique produit ses effets de plein droit. *(Abrogé par L. n° 2019-486 du 22 mai 2019, art. 154) « Hormis les cas où l'indépendance nationale est en cause, l'action spécifique peut à tout moment être définitivement transformée en action ordinaire par décret. »*

II. — Lorsque des prises de participation ont été effectuées en méconnaissance du 1° du I, les détenteurs des participations acquises irrégulièrement ne peuvent exercer les droits de vote correspondants tant que la prise de participation n'a pas fait l'objet d'un agrément par le ministre chargé de l'économie.

Le ministre chargé de l'économie informe de l'irrégularité de ces prises de participation le président du conseil d'administration ou le président du directoire de l'entreprise ou l'organe délibérant en tenant lieu, selon le cas, qui en informe la prochaine assemblée générale des actionnaires.

En outre, s'agissant des entreprises dont l'activité relève des intérêts essentiels de la défense nationale ou de ceux mentionnés à l'article 346 du traité sur le fonctionnement de l'Union européenne, les détenteurs de participations acquises irrégulièrement doivent céder ces titres dans un délai de trois mois à compter de la privation de leurs droits de vote.

A l'expiration de ce délai, s'il est constaté que les titres acquis irrégulièrement n'ont pas été cédés, le ministre chargé de l'économie fait procéder à la vente forcée de ces titres, selon des modalités prévues par décret en Conseil d'État. Il en informe le président du conseil d'administration, le président du conseil de surveillance ou le président de l'organe délibérant en tenant lieu.

Le produit net de la vente des titres est tenu à la disposition de leurs anciens détenteurs.

(L. n° 2019-486 du 22 mai 2019, art. 154) « III. — Aussi souvent que nécessaire et au moins tous les cinq ans, l'État apprécie si les droits attachés à l'action spécifique sont nécessaires, adéquats et proportionnés à l'objectif de protection des intérêts essentiels du pays mentionnés au quatrième alinéa du I.

« Au terme de cette appréciation, les droits attachés à l'action spécifique peuvent, après que la société a été informée, être modifiés par décret en Conseil d'État et, le cas échéant, excéder les droits qui préexistaient. Hormis les cas où l'indépendance nationale est en cause, l'action spécifique peut également être transformée en action ordinaire par décret en Conseil d'État.

« IV. — Lorsqu'une société dans laquelle a été instituée une action spécifique fait l'objet d'une scission ou d'une fusion ou cède, apporte ou transmet sous quelque forme que ce soit tout ou partie d'un actif de la société ou de ses filiales mentionné au 3° du I, une action spécifique peut, après que la société a été informée, être instituée, nonobstant les dispositions des trois premiers alinéas du même I, dans toute société qui, à l'issue de l'opération, exerce l'activité ou détient les actifs au titre desquels la protection a été prévue. »

Art. 31-2 *(L. n° 2019-486 du 22 mai 2019, art. 168)* I. — En cas de cession au secteur privé d'une participation significative de l'État au capital d'une société dont il détient plus de 10 % du capital, 10 % des titres cédés sont proposés aux salariés de l'entreprise, à ceux des filiales dans lesquelles elle détient, directement ou indirectement, la majorité du capital à la date de l'offre, ainsi qu'aux anciens salariés ayant conservé des avoirs dans le plan d'épargne de l'entreprise ou ses filiales et justifiant d'un contrat ou d'une activité rémunérée d'une durée accomplie d'au moins cinq ans avec l'entreprise ou ses filiales. Les titres sont proposés dans le cadre d'un plan d'épargne d'entreprise, conformément aux dispositions du code du travail dont bénéficient les personnes éligibles mentionnées ci-dessus.

La participation cédée est significative au sens du premier alinéa du présent I si elle est supérieure à des seuils exprimés à la fois en pourcentages du capital de la société et en montants.

Si la capacité de souscription des personnes éligibles est insuffisante au regard du nombre de titres proposés, ce nombre peut être réduit.

Un décret en Conseil d'État fixe les conditions d'application du présent I, notamment les seuils mentionnés au deuxième alinéa.

II. — Les titres proposés par l'État sont cédés directement aux personnes mentionnées au I ou, avec l'accord de celle-ci, à l'entreprise dont les titres sont cédés, à charge pour elle de les rétrocéder à ces mêmes personnes selon l'une des modalités suivantes :

1° Soit l'entreprise acquiert auprès de l'État le nombre de titres déterminé en application du I et les rétrocède dans un délai d'un an. Durant ce délai, ces titres ne sont pas pris en compte pour déterminer le plafond de 10 % prévu à l'article L. 225-210 du code de commerce et les droits de vote ainsi détenus par la société sont suspendus ;

2° Soit l'entreprise, après avoir proposé aux personnes mentionnées au I du présent article les titres qui leur sont destinés et recensé le nombre de titres qu'elles ont réservés, acquiert auprès de l'État les titres correspondants et les rétrocède sans délai. L'État peut prendre en charge une partie des coûts supportés par l'entreprise au titre de ces opérations, dans des conditions fixées par décret.

III. — Dans le cadre d'une cession par l'entreprise, le prix de cession et, le cas échéant, les rabais applicables sont fixés conformément aux dispositions de la section IV du chapitre II du titre III du livre III de la troisième partie du code du travail.

IV. — Tout rabais sur le prix de cession ou tout autre avantage consenti aux salariés est supporté par l'entreprise. Par exception, lorsque la cession a pour effet de transférer au secteur privé la majorité du capital de la société, un rabais peut être pris en charge par l'État, dans la limite de 20 % et dans le respect des dispositions de l'article 29 de la présente ordonnance. Si un rabais a été consenti par l'État, les titres acquis ne peuvent être cédés avant deux ans, ni avant paiement intégral.

A l'exception du rabais pris en charge par l'État, les avantages consentis sont fixés par le conseil d'administration, le directoire ou l'organe délibérant en tenant lieu.

V. — La Commission des participations et des transferts est saisie de l'offre directe de titres par l'État ou de leur cession à l'entreprise si cette offre ou cette cession interviennent en dehors de la durée de validité, prévue à l'article 29, de l'avis relatif à la cession par l'État de sa participation.

VI. — Un arrêté du ministre chargé de l'économie précise à l'occasion de chaque cession mentionnée au I du présent article le nombre de titres proposés aux personnes éligibles et le prix de cession à ces dernières ou à l'entreprise ainsi que, le cas échéant, la durée de l'offre, les modalités d'ajustement de l'offre si la demande est supérieure à l'offre, le rabais et la partie des coûts pris en charge par l'État en application du 2° du II.

TITRE IV Dispositions diverses

Art. 32 *(L. n° 2016-563 du 10 mai 2016, art. 3-III)* Le second alinéa de l'article L. 225-1 du code de commerce n'est pas applicable aux sociétés dont l'État détient la majorité ou la totalité du capital.

Le présent art. est considéré comme étant ainsi rédigé depuis le 12 sept. 2015 (L. n° 2016-563 du 10 mai 2016, art. 3-III).

Art. 32-1 *(L. n° 2015-990 du 6 août 2015, art. 188)* Les participations détenues par toute société ayant pour objet principal la détention de titres et dont la totalité du capital appartient à l'État sont assimilées, pour l'application des dispositions législatives prévoyant que la participation de l'État au capital d'une société est supérieure à un seuil, à des participations détenues directement par l'État.

Art. 33 Les conditions d'application de la présente ordonnance sont précisées par décret en Conseil d'État.

Art. 34 I. – Le conseil d'administration, le conseil de surveillance ou l'organe délibérant en tenant lieu des sociétés mentionnées à l'article 1er fixe la date d'application des dispositions du titre II de la présente ordonnance, à l'exception de celles des articles 17 et 21. Cette date ne peut être postérieure au lendemain de la première assemblée générale ordinaire qui suit le 1er janvier 2017. Jusqu'à cette date, les dispositions mentionnées à l'article 37, à l'article 38, au V, *(L. n° 2015-990 du 6 août 2015, art. 179)* « au *[aux]* *a* à *c* du VI », au VII, au VIII, au XI, aux *a* et *b* du XII, au XIII et au XV de l'article 39 ainsi qu'aux 1°, 8° et 9° du I de l'article 41 restent applicables dans leur rédaction antérieure à l'entrée en vigueur de la présente ordonnance.

Sont joints à l'ordre du jour de l'assemblée générale appelée à statuer sur la nomination des membres du premier conseil d'administration, du premier conseil de surveillance ou du premier organe délibérant en tenant lieu constitué en application de la présente ordonnance les noms et qualités des membres que l'État entend nommer ou proposer en vertu des dispositions du titre II.

(L. n° 2015-990 du 6 août 2015, art. 179) « L'assemblée générale, saisie dans les conditions prévues au deuxième alinéa du présent I, peut statuer également sur la composition de l'ensemble du conseil d'administration, du conseil de surveillance ou de l'organe délibérant en tenant lieu, notamment sur la nomination ou le maintien en fonction des membres qu'il lui appartient de désigner. »

Dans les sociétés dont l'État détient directement moins de la moitié du capital, le conseil d'administration ou de surveillance ou l'organe délibérant en tenant lieu peut proposer à l'État de mettre fin aux mandats de ses représentants nommés sur le fondement des dispositions applicables avant l'entrée en vigueur de la présente ordonnance afin de les remplacer, à titre provisoire, par des membres désignés en application de celle-ci, jusqu'à la date à laquelle son titre II s'appliquera à la société. Dans ce cas, l'État peut désigner un représentant en vertu de l'article 4 de la présente ordonnance et proposer au conseil d'administration ou de surveillance ou à l'organe délibérant en tenant lieu des personnes appelées à être désignées en vertu de son article 6. Les nominations effectuées sont soumises à ratification de la plus prochaine assemblée générale ordinaire. A défaut de ratification, les délibérations prises et les actes accomplis antérieurement par le conseil n'en demeurent pas moins valables.

II. – Les statuts des sociétés régies par la présente ordonnance sont mis en conformité avec les dispositions de celle-ci au plus tard lors de l'assemblée générale mentionnée au premier alinéa du I.

Nonobstant toute disposition contraire, ces modifications ainsi que toute modification ultérieure des statuts sont décidées par l'organe compétent de la société sans être soumises à l'approbation de l'autorité administrative.

(L. n° 2015-990 du 6 août 2015, art. 179) « Après la date limite fixée pour la mise en conformité, toute clause des statuts contraire à la présente ordonnance est réputée non écrite. »

Art. 35 Lorsqu'une société entre, pour quelque cause que ce soit, dans le champ d'application de la présente ordonnance, les dispositions du titre II sont applicables dans un délai maximum de six mois.

Toutefois, les statuts de la société peuvent prévoir que les dispositions de ce même titre s'appliquent immédiatement.

Art. 36 Les dispositions de la présente ordonnance n'entraînent aucune remise en cause des autorisations dont sont titulaires les sociétés qui en relèvent.

Elles n'entraînent aucune remise en cause des contrats en cours d'exécution, quelle que soit leur qualification juridique, conclus par ces mêmes sociétés et ne sont de nature à justifier ni leur résiliation, ni la modification de l'une quelconque de leurs clauses, ni, le cas échéant, le remboursement anticipé des dettes qui en sont l'objet.

....

Décret n° 2014-949 du 20 août 2014,

Portant application de l'ordonnance n° 2014-948 du 20 août 2014 relative à la gouvernance et aux opérations sur le capital des sociétés à participation publique.

CHAPITRE PREMIER *Champ d'application*

Art. 1er Le présent décret est applicable aux sociétés commerciales et opérations régies par l'ordonnance du 20 août 2014 susvisée.

CHAPITRE II *Gouvernance*

Art. 2 Le représentant mentionné à l'article 4 de l'ordonnance du 20 août 2014 susvisée est désigné par le ministre chargé de l'économie parmi les agents publics de l'État de catégorie A ou d'un niveau équivalent, en activité, ayant au moins cinq années d'expérience professionnelle.

Il est nommé pour une durée égale à celle du mandat des membres du conseil d'administration, du conseil de surveillance ou de l'organe délibérant en tenant lieu. Il cesse ses fonctions par démission ou s'il perd la qualité en vertu de laquelle il a été nommé. Il peut être remplacé à tout moment pour la durée du mandat restant à courir.

Art. 3 Lorsque l'organe compétent de la société entend proposer à l'État la désignation d'un représentant de ce dernier en vertu du deuxième alinéa du I de l'article 4 de l'ordonnance du 20 août 2014 susvisée, cet organe adresse une demande motivée au ministre chargé de l'économie. Le silence gardé sur cette demande au terme d'un délai de deux mois vaut décision de refus.

Les propositions de l'État mentionnées à l'article 4 et à l'article 6 de l'ordonnance du 20 août 2014 susvisée, ainsi que la nomination à titre provisoire par l'État d'un ou plusieurs membres en vertu de l'article 6, sont adressées à la société par le ministre chargé de l'économie.

Art. 4 La protection mentionnée au IV de l'article 6 de l'ordonnance du 20 août 2014 susvisée est accordée aux intéressés par le ministre chargé de l'économie.

Art. 5 Les commissaires du Gouvernement mentionnés à l'article 15 de l'ordonnance du 20 août 2014 susvisée sont nommés par les ministres intéressés après consultation du ministre chargé de l'économie.

Art. 6 Le dirigeant intérimaire mentionné à l'article 21 de l'ordonnance du 20 août 2014 susvisée est désigné par le ministre chargé de l'économie.

Le ministre en informe la société, qui assure sans délai la publicité de cette désignation.

CHAPITRE III *Opérations sur le capital*

Art. 7 Lorsqu'une société dont l'État ou ses établissements publics détiennent directement ou indirectement, seuls ou conjointement, plus de la moitié du capital entend transférer au secteur privé la majorité du capital d'une société relevant du IV de l'article 22 de l'ordonnance du 20 août 2014 susvisée, celle-ci adresse une demande motivée au ministre chargé de l'économie. Le silence gardé sur cette demande au terme d'un délai de deux mois vaut décision de refus.

CHAPITRE IV *Dispositions diverses*

Art. 8 Sont approuvées par le ministre chargé du budget :

1° La dotation des établissements publics de l'État ;

2° Les opérations de reprise de dotation, totale ou partielle, de ces établissements publics.

Art. 9 Lorsqu'il entend proposer à l'État de mettre fin aux mandats de ses représentants nommés sur le fondement des dispositions applicables avant l'entrée en vigueur de l'ordonnance du 20 août 2014 susvisée afin de les remplacer, à titre provisoire, par des membres désignés en application de celle-ci conformément à son article 34, le conseil d'administration ou de surveillance adresse une demande motivée au ministre chargé de l'économie. Le silence gardé sur cette demande au terme d'un délai de deux mois vaut décision de refus.

Art. 10 La Commission des participations et des transferts remet au ministre chargé de l'économie un rapport annuel portant sur son activité.

....

Art. 13 Les dispositions des articles 1er à 10, à l'exception de celles de la seconde phrase du premier alinéa de l'article 3, de la seconde phrase de l'article 7 et de la seconde phrase de l'article 9, peuvent être modifiées par décret en Conseil d'État.

Les dispositions modifiées par l'article 11 peuvent être modifiées par des actes pris dans les formes requises pour leur modification antérieurement à l'entrée en vigueur du présent décret.

SUCCESSIONS

Code civil

LIVRE III **Des différentes manières dont on acquiert la propriété – Dispositions générales**

Art. 713 *(L. n° 2014-366 du 24 mars 2014, art. 152-I)* Les biens qui n'ont pas de maître appartiennent à la commune sur le territoire de laquelle ils sont situés. Par délibération du conseil municipal, la commune peut renoncer à exercer ses droits, sur tout ou partie de son territoire, au profit de l'établissement public de coopération intercommunale à fiscalité propre dont elle est membre. Les biens sans maître sont alors réputés appartenir à l'établissement public de coopération intercommunale à fiscalité propre.

(L. n° 2016-1087 du 8 août 2016, art. 109-I) « Si la commune ou l'établissement public de coopération intercommunale à fiscalité propre renonce à exercer ses droits, la propriété est transférée de plein droit :

« 1° Pour les biens situés dans les zones définies à l'article L. 322-1 du code de l'environnement, au Conservatoire de l'espace littoral et des rivages lacustres lorsqu'il en fait la demande ou, à défaut, au conservatoire régional d'espaces naturels agréé au titre de l'article L. 414-11 du même code lorsqu'il en fait la demande ou, à défaut, à l'État ;

« 2° Pour les autres biens, à l'État. »

BIBL. ► Dutrieux, *JCP N 2004. Actu. 173 ; ibid. 2010. 1120.* – Sériaux, *Mél. Goubeaux, Dalloz-LGDJ, 2009, p. 483.*

....

Art. 724 Les héritiers désignés par la loi sont saisis de plein droit des biens, droits et actions du défunt.

Les légataires et donataires universels sont saisis dans les conditions prévues au titre II du présent livre.

A leur défaut, la succession est acquise à l'État, qui doit se faire envoyer en possession.

BIBL. ► Saisine successorale : Dross, *Defrénois 2004. 471.*

....

Art. 768 *(L. n° 2006-728 du 23 juin 2006, art. 1er)* L'héritier peut accepter la succession purement et simplement ou y renoncer. Il peut également accepter la succession à concurrence de l'actif net lorsqu'il a une vocation universelle ou à titre universel.

Est nulle l'option conditionnelle ou à terme.

....

Art. 811 *(L. n° 2006-728 du 23 juin 2006, art. 1er)* Lorsque l'État prétend à la succession d'une personne qui décède sans héritier ou à une succession abandonnée, il doit en demander l'envoi en possession au tribunal. – *V. C. pr. civ., art. 1354 (Décr. n° 2006-1805 du 23 déc. 2006, art. 2, JO 31 déc.).* – ***C. pr. civ.***

....

VOIRIE

Code de la voirie routière

PREMIÈRE PARTIE : ***LÉGISLATIVE***

(L. n° 89-413 du 22 juin 1989)

TITRE PREMIER Dispositions communes aux voies du domaine public routier

CHAPITRE PREMIER *Définition*

Art. L. 111-1 Le domaine public routier comprend l'ensemble des biens du domaine public de l'État, des départements et des communes affectés aux besoins de la circulation terrestre, à l'exception des voies ferrées.

(L. n° 2004-809 du 13 août 2004, art. 18-I) « L'État veille à la cohérence et à l'efficacité du réseau routier dans son ensemble ; il veille en particulier à la sécurité, à la cohérence de l'exploitation et de l'information des usagers, à la connaissance statistique des réseaux et des trafics ainsi qu'au maintien, au développement et à la diffusion des règles de l'art.

« Sur les réseaux relevant de leur compétence, les collectivités territoriales et leurs groupements définissent conjointement avec l'État les programmes de recherche et de développement des savoir-faire techniques dans le domaine routier. Ils sont associés à la définition des normes et définitions techniques correspondantes, adaptées à la spécificité de chacun des réseaux. »

(L. n° 2015-991 du 7 août 2015, art. 19-II) « La région peut contribuer au financement des voies et des axes routiers qui, par leurs caractéristiques, constituent des itinéraires d'intérêt régional et sont identifiés par le schéma régional d'aménagement, de développement durable et d'égalité des territoires prévu aux articles L. 4251-1 et suivants du code général des collectivités territoriales. »

CHAPITRE II *Emprise*

SECTION I *Alignement*

Art. L. 112-1 L'alignement est la détermination par l'autorité administrative de la limite du domaine public routier au droit des propriétés riveraines. Il est fixé soit par un plan d'alignement, soit par un alignement individuel.

Le plan d'alignement, auquel est joint un plan parcellaire, détermine après enquête publique *(L. n° 2010-788 du 12 juill. 2010, art. 242-II-2°)* « ouverte par l'autorité exécutive de la collectivité territoriale ou de l'établissement public de coopération intercommunale, propriétaire de la voie, et organisée » *(Ord. n° 2015-1341 du 23 oct. 2015, art. 5-IV, en vigueur le 1er janv. 2016)* « conformément aux dispositions du code des relations entre le public et l'administration *[ancienne rédaction : conformément aux dispositions du code de l'expropriation pour cause d'utilité publique]* » la limite entre voie publique et propriétés riveraines.

L'alignement individuel est délivré au propriétaire conformément au plan d'alignement s'il en existe un. En l'absence d'un tel plan, il constate la limite de la voie publique au droit de la propriété riveraine.

Art. L. 112-2 La publication d'un plan d'alignement attribue de plein droit à la collectivité propriétaire de la voie publique le sol des propriétés non bâties dans les limites qu'il détermine.

Le sol des propriétés bâties à la date de publication du plan d'alignement est attribué à la collectivité propriétaire de la voie dès la destruction du bâtiment.

Lors du transfert de propriété, l'indemnité est, à défaut d'accord amiable, fixée et payée comme en matière d'expropriation.

Art. L. 112-3 L'alignement individuel est délivré par le représentant de l'État dans le département, le président du conseil départemental ou le maire, selon qu'il s'agit d'une route nationale, d'une route départementale ou d'une voie communale.

Dans les agglomérations, lorsque le maire n'est pas compétent pour délivrer l'alignement, il doit obligatoirement être consulté.

Art. L. 112-4 L'alignement individuel ne peut être refusé au propriétaire qui en fait la demande.

Art. L. 112-5 Aucune construction nouvelle ne peut, à quelque hauteur que ce soit, empiéter sur l'alignement, sous réserve des règles particulières relatives aux saillies.

Art. L. 112-6 Aucun travail confortatif ne peut être entrepris sur un bâtiment frappé d'alignement, sauf s'il s'agit d'un immeuble classé parmi les monuments historiques.

Ndlr. *L'Ord. n° 2017-651 du 27 avr. 2017 relative aux immeubles et objets mobiliers classés ou inscrits au titre des monuments historiques (art. 20, JO 28 avr.) avait modifié le présent art. N'ayant pas été ratifiée dans les délais prévus, cette Ord. est « caduque » au 28 oct. 2017. L'art. L. 112-6 est par conséquent ici reproduit dans sa rédaction antérieure à l'intervention de ladite Ord.*

Art. L. 112-7 Lorsqu'une construction nouvelle est édifiée en bordure du domaine public routier, l'autorité chargée de la conservation de la voie dispose des pouvoirs de vérification qui lui sont attribués par l'article L. 460-1 du code de l'urbanisme.

SECTION II *Droit des riverains*

Art. L. 112-8 Les propriétaires riverains des voies du domaine public routier ont une priorité pour l'acquisition des parcelles situées au droit de leur propriété et déclassées par suite d'un changement de tracé de ces voies ou de l'ouverture d'une voie nouvelle. Le prix de cession est estimé, à défaut d'accord amiable, comme en matière d'expropriation.

Si, mis en demeure d'acquérir ces parcelles, ils ne se portent pas acquéreurs dans un délai d'un mois, il est procédé à l'aliénation de ces parcelles suivant les règles applicables au domaine concerné.

Lorsque les parcelles déclassées sont acquises par les propriétaires des terrains d'emprise de la voie nouvelle, elles peuvent être cédées par voie d'échange ou de compensation de prix.

Les mêmes dispositions s'appliquent aux délaissés résultant d'une modification de l'alignement.

CHAPITRE III *Utilisation*

Art. L. 113-1 *(Ord. n° 2000-930 du 22 sept. 2000, art. 4)* Les règles relatives au droit de placer en vue du public des indications ou signaux concernant la circulation sont fixées par l'article L. 411-6 du code de la route, ci-après reproduit :

Art. L. 411-6 Le droit de placer en vue du public, par tous les moyens appropriés, des indications ou signaux concernant, à un titre quelconque, la circulation n'appartient qu'aux autorités chargées des services de la voirie.

Art. L. 113-2 En dehors des cas prévus aux articles L. 113-3 à L. 113-7 *(L. n° 2007-1822 du 24 déc. 2007, art. 40-IV)* « et de l'installation par l'État des équipements visant à améliorer la sécurité routière », l'occupation du domaine public routier n'est autorisée que si elle a fait l'objet, soit d'une permission de voirie dans le cas où elle donne lieu à emprise, soit d'un permis de stationnement dans les autres cas. Ces autorisations sont délivrées à titre précaire et révocable.

En application du 4° du I de l'art. 21 de la L. n° 2000-321 du 12 avr. 2000, le silence gardé par l'administration pendant deux mois vaut décision de rejet pour les demandes d'autorisation d'occupation du domaine public routier (V. Décr. n° 2014-1273 du 30 oct. 2014, applicable aux demandes formulées à compter du 12 nov. 2014).

S'agissant de l'expérimentation de marquages sur les trottoirs à des fins publicitaires, V. Décr. n° 2017-1743 du 22 déc. 2017.

Art. L. 113-3 Sous réserve des prescriptions prévues à l'article L. 122-3, les *(L. n° 96-659 du 26 juill. 1996, art. 19)* « exploitants de réseaux de télécommunications ouverts au public » *(Ord. n° 2010-418 du 27 avr. 2010, art. 5)* « *[,]* les services publics de transport ou de distribution d'électricité ou de gaz et les canalisations de transport d'hydrocarbures ou de produits chimiques déclarées d'utilité publique ou d'intérêt général » peuvent occuper le domaine public routier en y installant des ouvrages, dans la mesure où cette occupation n'est pas incompatible avec son affectation à la circulation terrestre.

(L. n° 2003-495 du 12 juin 2003, art. 19) « Le gestionnaire du domaine public routier peut, dans l'intérêt de la sécurité routière, faire déplacer les installations et les ouvrages situés sur ce domaine aux frais de l'occupant dans des conditions définies par décret en Conseil d'État. »

Les dispositions issues de l'Ord. n° 2010-418 du 27 avr. 2010 entrent en application à la date de publication des décrets qu'elle prévoit, et au plus tard le 1er janv. 2012 (Ord. préc., art. 14).

Art. L. 113-4 Les travaux exécutés sur la voie publique pour les besoins des services de télécommunications sont soumis aux dispositions des articles *(L. n° 96-659 du 26 juill. 1996, art. 20)* « L. 46 et L. 47 » du code des postes et communications électroniques.

Art. L. 113-5 Lorsqu'ils relèvent du régime de la concession *(L. n° 2003-8 du 3 janv. 2003, art. 25-III)* « ou autorisation de transport de gaz naturel », les travaux exécutés sur la voie publique pour l'établissement ou l'entretien des réseaux de transport ou de distribution d'électricité ou de gaz sont effectués dans les conditions fixées par l'article 10 de la loi du 15 juin 1906 sur les distributions d'énergie.

Lorsqu'ils relèvent du régime de la permission de voirie, ces mêmes travaux sont effectués dans les conditions fixées par les articles 1er et 2 de la loi du 27 février 1925 ayant pour objet de modifier et de compléter la loi du 15 juin 1906 sur les distributions d'énergie.

Le régime des redevances dues pour l'occupation du domaine public routier par les réseaux ainsi établis est fixé par l'article unique de la loi n° 53-661 du 1er août 1953 fixant le régime des redevances dues pour l'occupation du domaine public par les ouvrages de transport et de distribution d'électricité et de *(Ord. n° 2010-418 du 27 avr. 2010, art. 5)* « distribution de » gaz, par les lignes ou canalisations particulières d'énergie électrique et de gaz *[CGCT, art. L. 2333-84 s.]*.

Les dispositions issues de l'Ord. n° 2010-418 du 27 avr. 2010 entrent en application à la date de publication des décrets qu'elle prévoit, et au plus tard le 1er janv. 2012 (Ord. préc., art. 14).

Art. L. 113-6 *(Abrogé par Ord. n° 2010-418 du 27 avr. 2010, art. 5)* ***Les modalités d'occupation du domaine public routier par les oléoducs d'intérêt général et par les oléoducs intéressant la défense nationale sont fixées respectivement par l'article 11 de la loi de finances pour 1958 (n° 58-336 du 29 mars 1958) et par les articles 6 et 7 de la loi n° 49-1060 du 2 août 1949 relative à la société des transports pétroliers par pipe-line.***

Les dispositions issues de l'Ord. n° 2010-418 du 27 avr. 2010 entrent en application à la date de publication des décrets qu'elle prévoit, et au plus tard le 1er janv. 2012 (Ord. préc., art. 14).

Art. L. 113-7 Les travaux mentionnés *(Ord. n° 2010-418 du 27 avr. 2010, art. 5)* « à l'article L. 113-4 » sont soumis aux mesures de coordination des travaux affectant le sol et le sous-sol des voies publiques prévues aux articles L. 115-1, L. 131-7, L. 141-10 et L. 141-11 du présent code.

Les dispositions issues de l'Ord. n° 2010-418 du 27 avr. 2010 entrent en application à la date de publication des décrets qu'elle prévoit, et au plus tard le 1er janv. 2012 (Ord. préc., art. 14).

CHAPITRE IV *Riveraineté*

SECTION I *Servitudes de visibilité*

Art. L. 114-1 Les propriétés riveraines ou voisines des voies publiques, situées à proximité de croisements, virages ou points dangereux ou incommodes pour la circulation publique peuvent être frappées de servitudes destinées à assurer une meilleure visibilité.

Art. L. 114-2 Les servitudes de visibilité comportent, suivant le cas :

1° L'obligation de supprimer les murs de clôtures ou de les remplacer par des grilles, de supprimer les plantations gênantes, de ramener et de tenir le terrain et toute superstructure à un niveau au plus égal *[au]* niveau qui est fixé par le plan de dégagement prévu à l'article L. 114-3 ;

2° L'interdiction absolue de bâtir, de placer des clôtures, de remblayer, de planter et de faire des installations quelconques au-dessus du niveau fixé par le plan de dégagement ;

3° Le droit pour l'autorité gestionnaire de la voie d'opérer la résection des talus, remblais et de tous obstacles naturels de manière à réaliser des conditions de vue satisfaisantes.

Art. L. 114-3 Un plan de dégagement détermine, pour chaque parcelle, les terrains sur lesquels s'exercent des servitudes de visibilité et définit ces servitudes.

Ce plan est soumis à une enquête publique *(L. n° 2010-788 du 12 juill. 2010, art. 242-II-2°)* « ouverte par l'autorité exécutive de la collectivité territoriale ou de l'établissement public de coopération intercommunale, propriétaire de la voie, et organisée » *(Ord. n° 2015-1341 du 23 oct. 2015, art. 5-IV, en vigueur le 1er janv. 2016)* « conformément aux dispositions du code des relations entre le public et l'administration *[ancienne rédaction : conformément aux dispositions du code de l'expropriation pour cause d'utilité publique]* ».

(L. n° 2009-526 du 12 mai 2009, art. 99, 1°) « Il est approuvé par le représentant de l'État dans le département, le conseil départemental ou le conseil municipal, selon qu'il s'agit d'une route nationale, d'une route départementale ou d'une voie communale. »

Art. L. 114-4 L'établissement de servitudes de visibilité ouvre au profit du propriétaire droit à une indemnité compensatrice du dommage direct, matériel et certain en résultant.

A défaut d'entente amiable, l'indemnité est fixée et payée comme en matière d'expropriation.

Art. L. 114-5 Toute infraction au plan de dégagement constitue à la charge du propriétaire du sol, sans préjudice de son recours éventuel contre le tiers auteur des travaux, une contravention dont la répression est poursuivie conformément aux articles L. 116-1 à L. 116-8.

Art. L. 114-6 Les dispositions de la présente section sont également applicables, à la diligence de l'autorité gestionnaire de la voie, aux propriétés riveraines ou voisines du croisement à niveau d'une voie publique et d'une voie ferrée.

SECTION II *Obligations diverses*

Art. L. 114-7 Les riverains des voies publiques peuvent être contraints de respecter les règles de gestion forestière prévues à *(Ord. n° 2012-92 du 26 janv. 2012, art. 1er)* « l'article L. 131-8 du nouveau code forestier ».

Les dispositions de l'Ord. n° 2012-92 du 26 janv. 2012 entrent en vigueur en même temps que la partie réglementaire du nouveau code forestier, le 1er juill. 2012 (Ord. préc., art. 8).

Art. L. 114-8 Les opérations de débroussaillement des abords des voies publiques peuvent être exécutées dans les conditions prévues aux articles *(Ord. n° 2012-92 du 26 janv. 2012, art. 1er)* « L. 131-16, L. 134-10 et L. 134-12 du nouveau code forestier ».

V. note ss. art. L. 114-7.

CHAPITRE V *Travaux*

SECTION UNIQUE *Coordination des travaux exécutés sur les voies publiques situées à l'intérieur des agglomérations*

Art. L. 115-1 A l'intérieur des agglomérations, le maire assure la coordination des travaux affectant le sol et le sous-sol des voies publiques et de leurs dépendances, sous réserve des pouvoirs dévolus au représentant de l'État sur les routes à grande circulation.

Les propriétaires, affectataires ou utilisateurs de ces voies, les permissionnaires, concessionnaires et occupants de droit communiquent périodiquement au maire le programme des travaux qu'ils envisagent de réaliser ainsi que le calendrier de leur exécution. Le maire porte à leur connaissance les projets de réfection des voies communales. Il établit, à sa diligence, le calendrier des travaux dans l'ensemble de l'agglomération et le notifie aux services concernés. Le refus d'inscription fait l'objet d'une décision motivée, sauf lorsque le revêtement de la voie, de la chaussée et des trottoirs n'a pas atteint trois ans d'âge.

Lorsque les travaux sont inscrits à ce calendrier, ils sont entrepris à la date ou au cours de la période à laquelle ils sont prévus sous réserve des autorisations légalement requises.

Pour les travaux en agglomération qui n'ont pas fait l'objet de la procédure de coordination prévue ci-dessus, soit parce qu'ils n'étaient pas prévisibles au moment de l'élaboration du calendrier, soit parce que celui-ci n'a pas été établi, le maire, saisi d'une demande, indique au service demandeur la période pendant laquelle les travaux peuvent être exécutés. Le report par rapport à la date demandée doit être motivé. A défaut de décision expresse dans le délai de deux mois qui suit le dépôt de la demande, les travaux peuvent être exécutés à la date indiquée dans cette demande.

Le maire peut ordonner la suspension des travaux qui n'auraient pas fait l'objet des procédures de coordination définies aux alinéas précédents.

En cas d'urgence avérée, les travaux mentionnés ci-dessus peuvent être entrepris sans délai. Le maire est tenu informé dans les vingt-quatre heures des motifs de cette intervention.

Le représentant de l'État peut, lorsque l'intérêt général le justifie ou en cas d'urgence ou de nécessité publique, permettre l'exécution, à une date déterminée, des travaux sur les voies publiques en agglomération qui auraient fait l'objet d'un refus d'inscription au calendrier visé au deuxième alinéa, d'un report visé au quatrième alinéa ou d'une suspension visée au cinquième alinéa du présent article.

Les conditions d'application du présent article sont fixées par décret en Conseil d'État.

CHAPITRE VI *Police de la conservation*

Art. L. 116-1 La répression des infractions à la police de la conservation du domaine public routier est poursuivie devant la juridiction judiciaire sous réserve des questions préjudicielles relevant de la compétence de la juridiction administrative.

Art. L. 116-2 Sans préjudice de la compétence reconnue à cet effet à d'autres fonctionnaires et agents par les lois et règlements en vigueur, peuvent constater les infractions à la police de la conservation du domaine public routier et établir les procès-verbaux concernant ces infractions :

1° Sur les voies de toutes catégories, *(L. n° 99-291 du 15 avr. 1999)* « les agents de police municipale, » les gardes champêtres des communes et les gardes particuliers assermentés ;

2° Sur les voies publiques ressortissant à leurs attributions :

a) Les ingénieurs des ponts *(L. n° 2011-525 du 17 mai 2011, art. 94-VI)* « , des eaux et des forêts » et les ingénieurs des travaux publics de l'État, assermentés ;

b) Les techniciens des travaux publics de l'État, les conducteurs de travaux publics de l'État et les agents des travaux publics de l'État, quand ils sont commissionnés et assermentés à cet effet.

(L. n° 2004-809 du 13 août 2004, art. 21) « 3° Sur les voies départementales, les agents du département commissionnés et assermentés à cet effet ;

« 4° En Corse, sur les voies de la collectivité territoriale, les agents de la collectivité commissionnés et assermentés à cet effet ;

« 5° Dans les départements d'outre-mer, sur les voies régionales, les agents de la région commissionnés et assermentés à cet effet ; »

(Ord. n° 2014-1543 du 19 déc. 2014, art. 12, en vigueur le 1er janv. 2015) « 6° Sur les voies de la métropole de Lyon, les agents de la métropole commissionnés et assermentés à cet effet. »

Les procès-verbaux dressés en matière de voirie font foi jusqu'à preuve contraire *(Abrogé par Ord. n° 2003-1216 du 18 déc. 2003, art. 17)* *« et ne sont pas soumis à l'affirmation »* ;

Art. L. 116-3 Les procès-verbaux des infractions à la police de la conservation du domaine public routier sont transmis au procureur de la République et, suivant l'appartenance de la voie au domaine public routier de l'État ou d'une collectivité territoriale, soit au représentant de l'État dans le département, soit au président du conseil départemental ou au maire.

Art. L. 116-4 Les infractions à la police de la conservation du domaine public routier peuvent être poursuivies à la requête du directeur départemental de l'équipement ou du chef du service technique intéressé. Ceux-ci peuvent faire citer les prévenus et les personnes civilement responsables par des agents de l'administration.

Art. L. 116-5 Lorsque les infractions concernent la voirie nationale, les fonctions de ministère public près le tribunal de police peuvent être remplies par le directeur départemental de l'équipement ou par l'agent désigné par lui pour le suppléer ; devant le tribunal correctionnel et la cour d'appel, le directeur départemental de l'équipement ou son délégué peut exposer l'affaire ou être entendu à l'appui de ses conclusions.

Art. L. 116-6 L'action en réparation de l'atteinte portée au domaine public routier, notamment celle tendant à l'enlèvement des ouvrages faits, est imprescriptible.

Les personnes condamnées supportent les frais et dépens de l'instance, ainsi que les frais des mesures provisoires et urgentes que l'administration a pu être amenée à prendre.

Art. L. 116-7 La juridiction saisie d'une infraction à la police de la conservation du domaine public routier peut ordonner l'arrêt immédiat des travaux dont la poursuite serait de nature à porter atteinte à l'intégrité de la voie publique ou de ses dépendances ou à aggraver l'atteinte déjà portée.

La décision est exécutoire sur minute nonobstant opposition ou appel. L'administration prend toutes mesures nécessaires pour en assurer l'application immédiate.

Art. L. 116-8 En matière d'infractions relatives à la police de la conservation du domaine public routier national, le ministre chargé de la voirie routière peut transiger avec les justiciables tant qu'un jugement définitif n'est pas intervenu.

CHAPITRE VII *Dispositifs techniques de prévention et de constatation des infractions au code de la route*

(L. nº 95-73 du 21 janv. 1995)

Art. L. 117-1 Des dispositifs techniques destinés à assurer le respect du code de la route ou permettant aux fonctionnaires et agents habilités de constater les infractions audit code sont intégrés aux infrastructures et équipements routiers. Leurs caractéristiques sont fixées par arrêtés des ministres compétents.

Un décret en Conseil d'État précise les modalités selon lesquelles cette disposition s'applique aux différentes catégories de voies routières existantes ou à créer, en tenant compte notamment de l'importance du trafic, et les conditions de financement de ces dispositifs par les gestionnaires du domaine public routier et leurs concessionnaires.

CHAPITRE VIII *Sécurité des ouvrages et des infrastructures* *(L. nº 2011-12 du 5 janv. 2011, art. 9).*

(L. nº 2002-3 du 3 janv. 2002)

SECTION I *Sécurité des ouvrages du réseau routier dont l'exploitation présente des risques particuliers pour la sécurité des personnes* *(L. nº 2011-12 du 5 janv. 2011, art. 9).*

Art. L. 118-1 Les travaux de construction ou de modification substantielle d'un ouvrage du réseau routier dont l'exploitation présente des risques particuliers pour la sécurité des personnes ne peuvent être engagés avant que l'État ait émis un avis sur un dossier préliminaire adressé au représentant de l'État, accompagné d'un rapport sur la sécurité établi par un expert ou un organisme qualifié, agréé. Ce rapport précise notamment les conditions d'exploitation de cet ouvrage au regard des risques naturels ou technologiques susceptibles de l'affecter.

Les travaux ne peuvent être entrepris qu'à la réception de l'avis du représentant de l'État sur ce dossier ou, à défaut, à l'expiration d'un délai de quatre mois à compter de son dépôt.

Un décret en Conseil d'État fixe les conditions d'application du présent article et, notamment, les catégories d'ouvrages auxquelles s'appliquent ses dispositions, ainsi que les ouvrages pour lesquels des moyens de lutte contre l'incendie et de secours doivent être mis en place à proximité et définis dans un dossier joint à la demande de l'autorisation visée à l'article L. 118-2.

Art. L. 118-2 La mise en service des ouvrages du réseau routier mentionnés à l'article L. 118-1 et appartenant aux catégories fixées par le décret prévu au dernier alinéa de ce même article est subordonnée à une autorisation. Celle-ci est délivrée par l'État, en fonction des garanties de sécurité offertes par les caractéristiques et les modalités d'exploitation de l'ouvrage, après avis d'une commission administrative assurant notamment la représentation des collectivités territoriales. Elle peut être assortie de conditions restrictives d'utilisation.

Cette autorisation vaut approbation des prescriptions d'exploitation établies par le maître d'ouvrage et applicables à chaque ouvrage, lesquelles comportent au moins un examen périodique de sécurité par un expert ou un organisme qualifié, agréé.

Pour les ouvrages en service, dont l'exploitation présente des risques particuliers pour la sécurité des personnes, le représentant de l'État peut prescrire l'établissement d'un diagnostic, des mesures restrictives d'exploitation ou, en cas de danger immédiat, ordonner la fermeture de l'ouvrage au public.

Les conditions d'application du présent article sont fixées par décret en Conseil d'État.

Art. L. 118-3 Des décrets peuvent fixer des caractéristiques techniques de sécurité en matière de conception ou d'exploitation, applicables à des ouvrages du réseau routier mentionnés à l'article L. 118-1.

Ces décrets devront prendre en compte la spécificité des collectivités territoriales lorsque celles-ci sont maîtres d'ouvrage.

Art. L. 118-4 Les dispositions du présent chapitre ne sont pas applicables aux ouvrages dont les conditions de construction et d'exploitation sont déterminées par des conventions internationales.

Sur ces ouvrages, lorsque les engagements internationaux le permettent, les infractions au code de la route ou au règlement de circulation spécifique à l'ouvrage commises sur la partie française peuvent être relevées par un officier ou un agent de police judiciaire à la sortie de l'ouvrage en territoire étranger.

S'il s'agit d'une contravention relevant de la procédure de l'amende forfaitaire, le contrevenant peut s'acquitter du montant de l'amende forfaitaire ou de l'amende forfaitaire minorée entre les mains de l'agent verbalisateur, conformément aux dispositions des articles 529-1 et 529-8 du code de procédure pénale, et les dispositions de l'article L. 121-4 du code de la route sont applicables.

Un décret en Conseil d'État détermine les conditions d'application des procédures préalables au commencement des travaux ou à la mise en service, prévues par les art. L. 118-1 à L. 118-4, aux infrastructures et systèmes de transport en projet, en cours de réalisation ou achevés à la date d'entrée en vigueur des dispositions desdits art. (L. n° 2002-3 du 3 janv. 2002, art. 11).

Les art. L. 118-2 à L. 118-4 sont applicables aux ouvrages quel que soit le stade d'avancement des travaux. Un décret en Conseil d'État fixe les conditions d'application de ces articles pour les ouvrages qui ne sont pas encore en service et pour lesquels des mesures complémentaires de sécurité doivent être appliquées (L. n° 2002-3 du 3 janv. 2002, art. 11).

Art. L. 118-5 *(L. n° 2006-10 du 5 janv. 2006, art. 10)* Pour chaque tunnel de plus de 500 mètres situé sur le réseau routier transeuropéen, le maître de l'ouvrage désigne, après accord du représentant de l'État, un agent de sécurité qui coordonne les mesures de prévention et de sauvegarde visant à assurer la sécurité des usagers et du personnel d'exploitation. L'autonomie fonctionnelle de l'agent de sécurité est garantie pour l'exercice de ses attributions.

Le maître de l'ouvrage transmet au représentant de l'État, à l'agent de sécurité et aux services d'intervention les comptes rendus d'incident ou d'accident et les rapports d'enquête.

Les dérogations aux prescriptions de sécurité applicables à ces ouvrages font l'objet d'une consultation de la Commission européenne. Cette consultation suspend le délai prévu au deuxième alinéa de l'article L. 118-1.

Un décret en Conseil d'État fixe les conditions d'application du présent article, notamment la liste des tunnels auxquels il s'applique.

Art. L. 118-5-1 *(L. n° 2019-1428 du 24 déc. 2019, art. 52)* Afin d'assurer la sécurité des cheminements des piétons en établissant une meilleure visibilité mutuelle entre ces derniers et les véhicules circulant sur la chaussée, aucun emplacement de stationnement ne peut être aménagé sur la chaussée cinq mètres en amont des passages piétons, sauf si cet emplacement est réservé aux cycles et cycles à pédalage assisté ou aux engins de déplacement personnel.

Les dispositions du présent article sont applicables lors de la réalisation de travaux d'aménagement, de réhabilitation et de réfection des chaussées. Les travaux de mise en conformité doivent avoir été réalisés au plus tard le 31 décembre 2026.

SECTION II *Gestion de la sécurité des infrastructures routières*

(L. n° 2011-12 du 5 janv. 2011, art. 9)

Art. L. 118-6 A l'exclusion des ouvrages visés à la section I du présent chapitre, l'autorité gestionnaire d'une infrastructure appartenant au réseau routier d'importance européenne ou son concessionnaire effectue périodiquement un recensement du réseau et une classification de sa sécurité ainsi que des inspections de sécurité destinées à prévenir les accidents. L'autorité gestionnaire ou son concessionnaire met en œuvre les mesures correctives en résultant.

Un décret établit la liste des infrastructures routières qui constituent le réseau routier d'importance européenne.

L'autorité maître d'ouvrage d'un projet d'infrastructure devant appartenir au réseau routier d'importance européenne ou son concessionnaire réalise une évaluation de ses incidences sur la sécurité routière ainsi que des audits de sécurité.

Un décret fixe les conditions d'application du présent article et notamment le contenu et le moment où sont réalisés les recensements, classifications, inspections, évaluations et audits qu'il ordonne. – *V. art. D. 118-5-1 s.*

Art. L. 118-7 Les auditeurs de sécurité routière assurant les audits de sécurité des infrastructures routières prévus à l'article L. 118-6 sont titulaires d'un certificat d'aptitude obtenu dans un des États membres de l'Union européenne sanctionnant une formation initiale ou une expérience professionnelle et suivent régulièrement des sessions de perfectionnement.

Les conditions de reconnaissance des certificats d'aptitude délivrés par les États membres de l'Union européenne avant l'entrée en vigueur de la loi n° 2011-12 du 5 janvier 2011 portant diverses dispositions d'adaptation de la législation au droit de l'Union européenne sont définies par décret en Conseil d'État.

CHAPITRE IX *Dispositifs d'information sur le réseau routier*

(L. n° 2003-495 du 12 juin 2003, art. 22)

Art. L. 119-1 Le préfet communique chaque année aux départements, aux communes ou à leurs groupements un rapport d'information sur les accidents de la circulation routière et les infractions graves commises sur le réseau routier dont ils assurent la gestion.

Les départements, les communes et leurs groupements établissent, dans les conditions prévues à l'article L. 1614-7 du code général des collectivités territoriales *[V.* **CGCT***]*, les statistiques relatives au réseau routier dont ils assurent la gestion. *(Abrogé par Ord. n° 2016-1018 du 27 juill. 2016, art. 1er-1°)* ***« Ils les communiquent au représentant de l'État dans le département. »***

(Ord. n° 2016-1018 du 27 juill. 2016, art. 1er-2°) « Les départements, les communes et leurs groupements communiquent annuellement aux services centraux de l'État les données statistiques concernant le trafic moyen journalier annuel et le pourcentage que les poids lourds représentent dans ce trafic. Ces données sont transmises par voie électronique sous la forme de fichiers informatiques.

« Le seuil de population à partir duquel l'obligation de communication des données statistiques mentionnées au troisième alinéa s'applique est fixé par décret en Conseil d'État.

« Un arrêté du ministre chargé des transports précise les modalités de calcul des données statistiques mentionnées au troisième alinéa ainsi que les caractéristiques des fichiers informatiques mentionnés au même alinéa.

« L'État publie annuellement les données mentionnées au troisième alinéa ainsi que des statistiques issues de l'exploitation de ces données sous forme électronique dans un standard ouvert et aisément réutilisable *[ancienne rédaction : Le seuil de population à partir duquel cette obligation s'applique, les éléments à fournir ainsi que la fréquence de leur mise à jour sont fixés par décret en Conseil d'État]*. »

L'État présente chaque année au Parlement un rapport d'inventaire des points du réseau national particulièrement sujets à accident. Il établit le bilan des mesures curatives mises en œuvre (Décr. n° 2003-495 du 12 juin 2003, art. 23, JO 13 juin). — Tous les ans, le Gouvernement présentera au Parlement un rapport d'exécution des contrats de plan routiers État-régions (Décr. préc., art. 25).

Art. L. 119-1-1 *(L. n° 2016-1321 du 7 oct. 2016, art. 22-I)* Il est institué, sous la responsabilité du ministre chargé de la sécurité routière, une base de données nationale des vitesses maximales autorisées sur le domaine public routier.

Cette base de données a pour finalités de fiabiliser les informations relatives à la circulation routière et de développer des services innovants.

Les gestionnaires du domaine public routier communiquent à l'autorité prévue au premier alinéa les informations relatives à la vitesse maximale autorisée en vigueur sur leurs réseaux routiers, au travers d'un mode de transmission électronique qui est mis gratuitement à leur disposition par l'État. Cette communication est facultative pour les gestionnaires du domaine public routier des collectivités territoriales de moins de 3 500 habitants.

Un décret en Conseil d'État fixe la liste des informations à transmettre et les modalités de ces transmissions.

Le 3e al. de l'art. L. 119-1-1 entre en vigueur le 1er janv. 2018 en tant qu'il concerne les collectivités territoriales et leurs groupements (L. n° 2016-1321 du 7 oct. 2016, art. 22-II).

CHAPITRE X *Dispositions relatives aux péages* *(L. n° 2010-788 du 12 juill. 2010, art. 60-I-1°).*

(L. n° 2006-10 du 5 janv. 2006, art. 51)

Les conditions d'application de l'art. 51 de la L. n° 2006-10 du 5 janv. 2006 seront fixées par un décret en Conseil d'État (L. préc., art. 51, JO 6 janv.).

SECTION I *Service européen de télépéage* *(L. n° 2010-788 du 12 juill. 2010, art. 60-I-2°).*

Art. L. 119-2 Le service européen de télépéage concerne les paiements effectués par les usagers des ouvrages du réseau routier au moyen d'un dispositif électronique nécessitant l'installation d'un équipement électronique embarqué à bord des véhicules.

Ne sont pas concernés les systèmes de paiement installés sur des ouvrages d'intérêt purement local dont le chiffre d'affaires est inférieur à un montant fixé par décret – *V. art. D. 119-20-1.*

Art. L. 119-3 Les systèmes de paiement visés au premier alinéa de l'article L. 119-2, mis en service à compter du 1er janvier 2007, utilisent un ou plusieurs procédés définis par décret.

Art. L. 119-4 *(L. n° 2010-788 du 12 juill. 2010, art. 59)* I. – Seuls les prestataires du service européen de télépéage, définis aux articles 2 et suivants de la décision 2009/750/CE de la Commission européenne du 6 octobre 2009 relative à la définition du service européen de télépéage et à ses aspects techniques, inscrits sur un registre ouvert dans un État membre de l'Union européenne où ils sont établis, peuvent exercer leur activité en France.

Un décret en Conseil d'État fixe les conditions que doit remplir un prestataire de service européen de télépéage pour obtenir son inscription au registre national. – *V. Décr. n° 2011-813 du 5 juill. 2011, JO 7 juill., en vigueur le 1er oct. 2011, et Arr. du 2 nov. 2011 relatif aux demandes d'inscription sur le registre des prestataires du service européen de télépéage (JO 10 nov.).*

II. – L'État tient le registre des secteurs de péage prévu à l'article 19 de la décision visée au I. A cette fin, les percepteurs de péage fournissent à l'État les informations prévues par cette décision.

III. – Les prestataires et utilisateurs du service européen de télépéage et les percepteurs de péages sont soumis à des obligations définies par décret en Conseil d'État visant à assurer la mise en œuvre et la continuité du service rendu en garantissant un accès aux secteurs du service européen de télépéage sans discrimination pour les prestataires, l'interopérabilité du système, le bon fonctionnement des équipements ainsi que l'information des utilisateurs. – *V. C. voirie rout., art. R. 119-13 à R. 119-31.*

IV. – Les constituants permettant d'assurer l'interopérabilité du service européen de télépéage, qu'ils soient matériels ou immatériels, ne peuvent être mis sur le marché que s'ils sont munis d'un marquage "CE". Ils sont alors présumés satisfaire aux exigences essentielles définies par la décision visée au I.

Si un constituant muni d'un marquage "CE" ne satisfait pas aux exigences essentielles, l'autorité administrative peut en interdire l'emploi et le faire retirer du marché.

Un décret en Conseil d'État fixe les règles relatives à la mise sur le marché, au retrait ou à l'interdiction de ces constituants. – *V. Décr. n° 2011-812 du 5 juill. 2011, JO 7 juill., en vigueur le 1er oct. 2011.*

SECTION II *Péages applicables aux véhicules de transport de marchandises par route*

(L. n° 2010-788 du 12 juill. 2010, art. 60-I-3°)

Art. L. 119-5 Les péages sont perçus sans discrimination directe ou indirecte en raison de la nationalité du transporteur, de l'immatriculation du véhicule, de l'origine ou de la destination du transport. Lorsqu'ils portent sur les véhicules à moteur ou ensembles de véhicules couplés qui sont destinés ou utilisés exclusivement au transport de marchandises par route et dont le poids total en charge autorisé est supérieur à 3,5 tonnes, ils font l'objet de modulations dans le respect de la présente section.

Les contrats de délégation de service public et leurs cahiers des charges mentionnés à l'article L. 122-4 fixent les conditions d'application de ces modulations.

Art. L. 119-6 Les modulations des péages ont pour but de lutter contre les dommages causés à l'environnement, de résorber la congestion du trafic, de réduire les dommages causés aux infrastructures, de favoriser leur utilisation optimale et d'améliorer la sécurité routière.

Art. L. 119-7 I. – Les modulations des péages sont fixées de sorte qu'elles restent sans effet sur le montant total des recettes de l'exploitant. La structure de la modulation est modifiée dans les deux ans suivant la fin de l'exercice au cours duquel la structure précédente est mise en œuvre.

(L. n° 2013-619 du 16 juill. 2013, art. 21) « II. – Les péages sont modulés en fonction de la classe d'émission EURO du véhicule, au sens de l'annexe 0 à la directive 1999/62/CE du Parlement européen et du Conseil du 17 juin 1999 relative à la taxation des poids lourds pour l'utilisation de certaines infrastructures. Les modulations de péages prévues au présent II sont mises en œuvre lors du renouvellement des contrats de délégation de service public conclus antérieurement au 1er janvier 2010. L'amplitude maximale de la modulation est fixée par décret.

« III. — Il peut être dérogé à l'exigence de modulation des péages prévue au II lorsque :

« 1° La cohérence des systèmes de péage est gravement compromise, notamment en raison d'une incompatibilité entre les nouveaux systèmes de péage et ceux mis en place pour l'exécution des contrats de délégation de service public existants ;

« 2° L'introduction d'une telle modulation n'est pas techniquement possible dans les systèmes de péage concernés ;

« 3° Une telle modulation a pour effet de détourner les véhicules les plus polluants, entraînant ainsi des conséquences négatives en termes de sécurité routière ou de santé publique.

« IV. — Les péages peuvent être modulés, pour tenir compte de l'intensité du trafic, en fonction du moment de la journée, du jour de la semaine ou de la période de l'année. L'amplitude maximale de la modulation est fixée par décret. » — *V. C. voirie rout., art. D. 119-31-1 et D. 119-31-2.*

Ancien art. L. 119-7 *I. — Les modulations des péages sont fixées de sorte qu'elles restent sans effet sur le montant total des recettes de l'exploitant. La structure de la modulation est modifiée dans les deux ans suivant la fin de l'exercice au cours duquel la structure précédente est mise en œuvre.*

II. — Au plus tard le 1er janvier 2010 ou, pour les contrats de délégation de service public en cours, dès leur renouvellement, les péages sont modulés en fonction de la classe d'émission EURO du véhicule, au sens de l'annexe 0 de la directive 1999/62/CE du Parlement européen et du Conseil, du 17 juin 1999 relative à la taxation des poids lourds pour l'utilisation de certaines infrastructures. Le péage modulé à acquitter ne peut être supérieur de plus de 100 % au péage appliqué aux véhicules équivalents qui respectent les normes d'émission les plus strictes.

III. — Les péages peuvent être modulés en fonction du moment de la journée, de la date et du jour de la semaine. Le péage modulé à acquitter ne doit pas être d'un montant supérieur de plus de 100 % à celui prévu au titre de la période bénéficiant du tarif le plus bas. Si cette dernière période bénéficie d'une exonération tarifaire, la modulation prévue pour la période au tarif le plus élevé n'excède pas 50 % du montant du péage normalement applicable au véhicule en cause.

Art. L. 119-8 Un décret en Conseil d'État détermine, en tant que de besoin, les conditions d'application de la présente section. Il précise en particulier les conditions dans lesquelles s'appliquent les dispositions de l'article L. 119-7 relatives aux véhicules non munis d'un équipement embarqué. — *V. C. voirie rout., art. R. 119-32 et R. 119-33.*

Le Gouvernement remet au Parlement un rapport annuel sur l'évolution des péages pour chaque exploitant autoroutier.

SECTION III *Péages applicables aux véhicules de transport de personnes*

(L. n° 2010-788 du 12 juill. 2010, art. 60-I-4°)

Art. L. 119-9 Les péages sont perçus sans discrimination directe ou indirecte en raison de la nationalité du conducteur, de l'immatriculation du véhicule ou du trajet effectué. Ils peuvent faire l'objet de modulations dans le respect des dispositions de la présente section.

Art. L. 119-10 Les modulations des péages ont pour but de lutter contre les dommages causés à l'environnement, de résorber la congestion du trafic, de réduire au minimum les dommages causés aux infrastructures, de favoriser leur utilisation optimale ou d'améliorer la sécurité routière.

Les contrats de délégation de service public et leurs cahiers des charges mentionnés à l'article L. 122-4 fixent les conditions d'application de ces modulations.

Les modulations de péages sont fixées de sorte qu'elles restent sans effet sur le montant total des recettes de l'exploitant.

Un décret en Conseil d'État fixe les conditions d'application du présent article. — *V. C. voirie rout., art. R. 119-34 à R. 119-37.*

TITRE II Voirie nationale

CHAPITRE PREMIER *Dispositions communes aux autoroutes et aux routes nationales*

Art. L. 121-1 Les voies du domaine public routier national sont :

1° Les autoroutes ;

2° Les routes nationales.

(L. n° 2004-809 du 13 août 2004, art. 18-II) **« Le domaine public routier national est constitué d'un réseau cohérent d'autoroutes et de routes d'intérêt national ou européen. Des décrets en Conseil d'État, actualisés tous les dix ans, fixent, parmi les itinéraires, ceux qui répondent aux critères précités.** – *Sur la consistance du réseau routier national, V. Décr. n° 2005-1499 du 5 déc. 2005 (JO 6 déc.).*

« L'État conserve dans le domaine public routier national, jusqu'à leur déclassement, les tronçons de routes nationales n'ayant pas de vocation départementale et devant rejoindre le domaine public routier communal. » – *V. Décr. n° 2005-1500 du 5 déc. 2005, art. 3.*

Loi n° 2004-809 du 13 août 2004,

Relative aux libertés et responsabilités locales.

Art. 18 ....

III. — A l'exception des routes répondant au critère prévu par l'article L. 121-1 du code de la voirie routière, les routes classées dans le domaine public routier national à la date de la publication de la présente loi, ainsi que leurs dépendances et accessoires, sont transférées dans le domaine public routier départemental.

Ce transfert intervient après avis des départements intéressés sur le projet de décret prévu à l'article L. 121-1 du code de la voirie routière. Cet avis est réputé donné en l'absence de délibération du conseil départemental dans le délai de trois mois à compter de sa saisine par le représentant de l'État dans le département.

Ce transfert est constaté par le représentant de l'État dans le département dans un délai qui ne peut excéder dix-huit mois après la publication des décrets en Conseil d'État mentionnés à l'avant-dernier alinéa de l'article L. 121-1 du code de la voirie routière. Cette décision emporte, au 1er janvier de l'année suivante, le transfert aux départements des servitudes, droits et obligations correspondants, ainsi que le classement des routes transférées dans la voirie départementale. Le statut éventuel de route express ou de route à grande circulation des routes transférées est conservé.

En l'absence de décision constatant le transfert dans le délai précité, celui-ci intervient de plein droit au 1er janvier 2008.

Les terrains acquis par l'État en vue de l'aménagement des routes transférées sont cédés aux départements.

La notification de la décision du représentant de l'État dans le département emporte de plein droit mise à jour des documents d'urbanisme affectés par le transfert.

Le représentant de l'État dans le département communique au conseil départemental toutes les informations dont il dispose sur le domaine public routier transféré.

Les transferts prévus par le présent III sont réalisés à titre gratuit et ne donnent lieu au paiement d'aucune indemnité, droit, taxe, *(Ord. n° 2010-638 du 10 juin 2010, art. 10-XXXI, en vigueur le 1er janv. 2013)* « contribution prévue à l'article 879 du code général des impôts » ou honoraire.

Il est établi, dans les douze mois de l'entrée en vigueur de la présente loi, une étude exhaustive portant sur l'état de l'infrastructure, au moment de son transfert, ainsi que sur les investissements prévisibles à court, moyen et long termes, liés à la gestion de ce domaine routier.

Un décret en Conseil d'État détermine les conditions d'application du présent III. – *V. Décr. n° 2005-1500 du 5 déc. 2005.*

Les dispositions du présent art. entrent en vigueur à compter de la publication de la présente loi (art. 18-IV, JO 17 août).

Décret n° 2005-1500 du 5 décembre 2005,

Portant application de l'article 18 de la loi n° 2004-809 du 13 août 2004 relative aux libertés et responsabilités locales.

Art. 1er Les arrêtés préfectoraux constatant les transferts prévus par le III de l'article 18 de la loi du 13 août 2004 sont publiés au recueil des actes administratifs de la préfecture et notifiés au président du conseil départemental.

Une liste des actes ayant conféré des droits à l'État ou fait naître des obligations à sa charge en ce qui concerne la gestion du réseau routier national transféré est annexée aux arrêtés de transfert.

Art. 2 Pour l'application du cinquième alinéa du III de l'article 18 de la loi du 13 août 2004 susvisée, sont considérés comme acquis par l'État en vue de l'aménagement des routes transférées les terrains acquis en vue d'aménagements déjà réalisés ainsi que les terrains acquis, en application d'une déclaration d'utilité publique ou d'une décision de l'autorité administrative ayant la capacité d'exproprier, en vue de la réalisation d'aménagements projetés et non abandonnés ou en cours de travaux.

Les terrains appartenant à l'État qui ont fait partie de la voie transférée sont cédés dans les mêmes conditions.

Les cessions au département des biens affectés à une opération routière en application du présent article sont constatées par un acte en la forme administrative, réalisées à titre gratuit et en l'état actuel d'occupation.

Art. 3 Pour l'application du dernier alinéa de l'article L. 121-1 du code de la voirie routière, le déclassement et le reclassement des sections de routes nationales n'ayant pas de vocation départementale sont prononcés par arrêté du préfet, après accord de la commune ou de l'établissement public de coopération intercommunale exprimé avant l'expiration d'un délai de cinq mois à compter de leur saisine.

Les arrêtés constatant le transfert de sections de routes nationales à des communes ou à des établissements publics de coopération intercommunale sont publiés au recueil des actes administratifs de la préfecture et notifiés au maire ou au président de l'établissement public intéressé.

Le présent article n'est pas applicable dans les départements et régions d'outre-mer.

Art. 4 Le transfert du domaine public routier prévu au premier alinéa du III de l'article 18 de la loi du 13 août 2004 entraîne, conformément aux dispositions de l'article L. 1321-1 du code général des collectivités territoriales, la mise à disposition, au bénéfice du département, des immeubles ou parties d'immeubles occupés par les services de l'État et entièrement affectés à des services contribuant à l'exécution des missions d'entretien, d'exploitation et d'aménagement des voies transférées.

Art. 5 *V. C. voirie rout., art. R.* 123-2.*

Art. 6 Pour l'application dans les départements et régions d'outre-mer des articles 1er, 2 et 4 du présent décret, les mots : "département" et "conseil départemental" sont remplacés par les mots : "la collectivité bénéficiaire".

Art. L. 121-2 L'occupation du domaine public routier national ou l'utilisation de celui-ci dans des limites excédant le droit d'usage qui appartient à tous est soumise à l'autorisation prévue à l'article L. 28 du code du domaine de l'État *[art. en partie codifié à l'art. L. 2122-1* ***CGPPP****].*

Art. L. 121-3 Les dispositions *(Ord. nº 2014-1345 du 6 nov. 2014, art. 5-XVIII, en vigueur le 1er janv. 2015)* « des articles L. 522-1 à L. 522-4 » du code de l'expropriation pour cause d'utilité publique, relatif à la prise de possession de terrains en cas d'extrême urgence, sont applicables aux autoroutes et aux routes nationales.

Art. L. 121-4 *(L. nº 2018-699 du 3 août 2018, art. 26)* I. — Le Comité des usagers du réseau routier national comprend parmi ses membres un député et un sénateur.

II. — Les missions, la composition, l'organisation et le fonctionnement du comité sont précisés par décret.

CHAPITRE II *Autoroutes*

SECTION PREMIÈRE *Dispositions générales*

Art. L. 122-1 Les autoroutes sont des routes sans croisement, accessibles seulement en des points aménagés à cet effet et réservées aux véhicules à propulsion mécanique.

(L. nº 2019-1428 du 24 déc. 2019, art. 161) « Les autoroutes peuvent comporter des sections à gabarit routier, dans des conditions définies par décret en Conseil d'État, tenant compte notamment de contraintes topographiques. »

Art. L. 122-2 Les propriétés riveraines des autoroutes n'ont pas d'accès direct à celles-ci. Les propriétaires riverains n'exercent les autres droits reconnus aux riverains des voies publiques que sous réserve des conditions prévues par décret en Conseil d'État.

Des servitudes destinées à éviter les abus de la publicité peuvent être imposées aux propriétés riveraines dans des conditions fixées par décret en Conseil d'État.

Art. L. 122-3 Les prescriptions à observer en cas de pose de canalisations ou de lignes aériennes à l'intérieur des emprises des autoroutes sont fixées par décret en Conseil d'État.

Art. L. 122-4 L'usage des autoroutes est en principe gratuit.

(L. n° 2004-809 du 13 août 2004, art. 20-I) « Toutefois, il peut être institué par décret en Conseil d'État *(L. n° 2015-990 du 6 août 2015, art. 15-I)* « , pris après avis de *(Ord. n° 2019-761 du 24 juill. 2019, art. 1er, en vigueur le 1er oct. 2019)* « l'Autorité de régulation des transports », » un péage pour l'usage d'une autoroute en vue d'assurer la couverture totale ou partielle des dépenses de toute nature liées à la construction, à l'exploitation, à l'entretien, à l'aménagement ou à l'extension de l'infrastructure.

« En cas de *(L. n° 2019-1428 du 24 déc. 2019, art. 162)* « concession » des missions du service public autoroutier, le péage couvre également la rémunération et l'amortissement des capitaux investis par le *(L. n° 2019-1428 du 24 déc. 2019, art. 162)* « concessionnaire ».

(L. n° 2019-1428 du 24 déc. 2019, art. 162) « Sans préjudice des dispositions du code de la commande publique, » *(L. n° 2004-809 du 13 août 2004, art. 20-I)* « des ouvrages ou des aménagements non prévus au cahier des charges de la *(L. n° 2019-1428 du 24 déc. 2019, art. 162)* « concession » peuvent être intégrés à l'assiette de celle-ci, sous condition stricte de leur nécessité ou de leur utilité *(L. n° 2019-1428 du 24 déc. 2019, art. 162)* « , impliquant l'amélioration du service autoroutier sur le périmètre concédé, une meilleure articulation avec les réseaux situés au droit de la concession afin de sécuriser et fluidifier les flux de trafic depuis et vers les réseaux adjacents à la concession et une connexion renforcée avec les ouvrages permettant de desservir les territoires », ainsi que de leur caractère accessoire par rapport *(L. n° 2019-1428 du 24 déc. 2019, art. 161 et 162)* « au réseau concédé. Ces ouvrages ou ces aménagements peuvent porter sur des sections de gabarit routier ayant pour effet de fluidifier l'accès au réseau autoroutier. » *(L. n° 2015-990 du 6 août 2015, art. 15-I)* « Leur financement ne peut être couvert que par une augmentation des tarifs de péages, raisonnable et strictement limitée à ce qui est nécessaire. » Le cas échéant, l'État et les collectivités territoriales intéressées, dans le cadre des règles prévues dans le code général des collectivités territoriales, peuvent, à titre exceptionnel, apporter des concours. *(Abrogé par L. n° 2019-1428 du 24 déc. 2019, art. 162)* ***« Un décret en Conseil d'État** (L. n° 2015-990 du 6 août 2015, art. 15-I)* ***« , pris après avis de l'Autorité de régulation des activités ferroviaires et routières, » fixe les conditions d'application de ces dispositions. »*** — *Sur la prolongation de la durée de la délégation dans le cadre du plan de relance de l'économie, V. L. n° 2009-179 du 17 févr. 2009, art. 25, ci-dessous.*

« La convention de *(L. n° 2019-1428 du 24 déc. 2019, art. 162)* « concession » et le cahier des charges annexé fixent les conditions dans lesquelles le *(L. n° 2019-1428 du 24 déc. 2019, art. 162)* « concessionnaire » exerce les missions qui lui sont confiées par l'État et en contrepartie desquelles il est autorisé à percevoir des péages. Ces actes sont approuvés par décret en Conseil d'État *(L. n° 2015-990 du 6 août 2015, art. 15-I)* « , le cas échéant dans les conditions prévues à l'article L. 122-8. Le cahier des charges prévoit un dispositif de modération des tarifs de péages, de réduction de la durée de la concession ou d'une combinaison des deux, applicable lorsque les revenus des péages ou les résultats financiers excèdent les prévisions initiales. En cas de contribution de collectivités territoriales ou de l'Etat au financement de la *(L. n° 2019-1428 du 24 déc. 2019, art. 162)* « concession », ce dispositif peut, à la place ou en complément, prévoir un partage d'une partie des résultats financiers de la *(L. n° 2019-1428 du 24 déc. 2019, art. 162)* « concession » au profit de l'État et des collectivités territoriales contributrices. » Un décret en Conseil d'État détermine les conditions d'application de ce dispositif. »

(L. n° 2015-992 du 17 août 2015, art. 38) « La différenciation dans les abonnements proposée par les concessionnaires d'autoroutes afin de favoriser les véhicules à très faibles émissions dont le poids total autorisé en charge est inférieur à 3,5 tonnes ainsi que les véhicules utilisés en covoiturage est mise en œuvre sous la responsabilité des concessionnaires sans modification du rythme d'évolution des tarifs de péage et sans augmentation de la durée des concessions autoroutières. »

(L. n° 2019-1428 du 24 déc. 2019, art. 160) « Toute nouvelle convention de délégation doit prévoir :

« 1° La mise à la disposition des usagers d'un nombre minimum de places de parkings de covoiturage ou de bus express, en fonction de la taille et de la géographie du réseau ;

« 2° Une stratégie de renforcement et de déploiement de stations d'avitaillement en carburants alternatifs, au sens de l'article 1er du décret n° 2017-1673 du 8 décembre 2017 portant diverses mesures réglementaires de transposition de la directive 2014/94/UE du Parlement européen et du Conseil du 22 octobre 2014 sur le déploiement d'une infrastructure pour carburants alternatifs ;

« 3° La mise en place d'une tarification différenciée selon les niveaux d'émissions des véhicules.

« Tout nouvelle convention de délégation peut également prévoir la mise en place d'une tarification solidaire adaptée pour les publics fragiles.

« Les conditions d'application des 1° à 3° du présent article sont définies par voie réglementaire, après avis de l'Autorité de régulation des transports. »

(L. n° 2004-809 du 13 août 2004, art. 20-I) « Le produit du péage couvre ses frais de perception. »

Sur les péages autoroutiers, V. Décr. n° 95-81 du 24 janv. 1995 (JO 26 janv.) et Décr. n° 96-76 du 31 janv. 1996 (JO 1er févr.).

Loi n° 2009-179 du 17 février 2009,

Pour l'accélération des programmes de construction et d'investissement publics et privés.

Art. 25 Dans les conditions fixées par avenant signé dans les six mois suivant la publication de la présente loi *[JO 18 févr.]*, la durée des délégations de service public consenties en application de l'article L. 122-4 du code de la voirie routière peut être prorogée pour une durée maximale d'un an.

Chaque avenant, approuvé par décret, détaille et justifie les travaux auxquels s'engage le délégataire sur les ouvrages et dont le financement nécessite l'allongement de la durée de la concession. Ces travaux portent sur l'insertion dans l'environnement, la sécurité et les aménagements portant sur l'amélioration des conditions de circulation et les échanges avec le réseau non concédé.

Art. L. 122-4-1 *(L. n° 2015-990 du 6 août 2015, art. 15-II)* En cas de délégation des missions du service public autoroutier, la convention de délégation, le cahier des charges annexé, y compris la version modifiée par leurs avenants, ainsi que les autres documents contractuels, sont mis à la disposition du public par voie électronique, selon des modalités arrêtées par l'autorité administrative compétente. L'autorité administrative compétente arrête également les modalités de consultation des documents dont le volume ou les caractéristiques ne permettent pas la mise à disposition par voie électronique.

Cette publication est réalisée dans le respect des secrets protégés par la loi.

Art. L. 122-4-2 *(Ord. n° 2016-65 du 29 janv. 2016, art. 76-1°, en vigueur le 1er avr. 2016)* Le rapport prévu à l'article 52 de l'ordonnance n° 2016-65 du 29 janvier 2016 relative aux contrats de concession est communiqué par le concessionnaire aux collectivités territoriales qui participent avec lui au financement de la concession en application de l'article L. 122-4.

Ancien art. L. 122-4-2 (L. n° 2004-809 du 13 août 2004, art. 20-II) *Sans préjudice des dispositions de l'article 40-1 de la loi n° 93-122 du 29 janvier 1993 relative à la prévention de la corruption et à la transparence de la vie économique et des procédures publiques, la personne délégataire d'une autoroute en application de l'article L. 122-4 communique chaque année aux collectivités territoriales qui participent avec elle à son financement un rapport comportant les comptes retraçant la totalité des opérations afférentes à l'exécution de la délégation de service public, une analyse de la qualité du service ainsi que les conditions d'exécution du service public.*

Le Décr. n° 2016-86 du 1er févr. 2016 fixe la date d'entrée en vigueur de la modification issue de l'Ord. n° 2016-65 du 29 janv. 2016 au 1er avr. 2016 (Décr. préc., art. 55). Cette Ord. s'applique aux contrats de concession pour lesquels une consultation est engagée ou un avis de concession est envoyé à la publication à compter de sa date d'entrée en vigueur (Ord. préc., art. 78).

Art. L. 122-4-3 *(L. n° 2017-1837 du 30 déc. 2017, art. 171)* I. — Les véhicules d'intérêt général prioritaires en opération ne sont pas assujettis au péage mentionné au deuxième alinéa de l'article L. 122-4.

II. — Les modalités d'application du présent article sont fixées par décret en Conseil d'État.

Art. L. 122-5 Les portions d'autoroutes, dont le maintien dans la voirie nationale ne se justifie plus en raison de l'ouverture d'une voie nouvelle ou du changement de tracé d'une voie existante, peuvent être classées dans le domaine public routier départemental ou communal.

Lorsque les collectivités territoriales concernées, dûment consultées, ont fait connaître leur désaccord dans un délai de cinq mois, le classement ne peut être prononcé que par décret en Conseil d'État.

SECTION II *Dispositions financières*

Art. L. 122-6 Les emprunts émis en vue de financer les opérations de construction d'autoroutes inscrites aux plans d'amélioration du réseau routier national peuvent bénéficier de la garantie de l'État.

Des avances peuvent, en outre, être consenties par l'État, pendant les premiers exercices, pour assurer l'équilibre de l'exploitation des sociétés d'économie mixte dans lesquelles les intérêts publics sont majoritaires.

SECTION III *Régulation des tarifs de péage*

(L. n° 2015-990 du 6 août 2015, art. 13)

Art. L. 122-7 *(Ord. n° 2019-761 du 24 juill. 2019, art. 1er, en vigueur le 1er oct. 2019)* « L'Autorité de régulation des transports » mentionnée à l'article L. 2131-1 du code des transports veille au bon fonctionnement du régime des tarifs de péage autoroutier.

Art. L. 122-8 *(Ord. n° 2019-761 du 24 juill. 2019, art. 1er, en vigueur le 1er oct. 2019)* « L'Autorité de régulation des transports » est consultée sur les projets de modification de la convention de délégation, du cahier des charges annexé ou de tout autre contrat lorsqu'ils ont une incidence sur les tarifs de péage ou sur la durée de la convention de délégation. Elle est aussi consultée sur tout nouveau projet de délégation. Elle vérifie notamment le respect de l'article L. 122-4. Elle se prononce dans un délai de trois mois à compter de sa saisine.

Art. L. 122-9 *(Ord. n° 2019-761 du 24 juill. 2019, art. 1er, en vigueur le 1er oct. 2019)* « L'Autorité de régulation des transports » établit, au moins une fois tous les cinq ans, un rapport public portant sur l'économie générale des conventions de délégation.

(Ord. n° 2019-761 du 24 juill. 2019, art. 1er, en vigueur le 1er oct. 2019) « L'Autorité de régulation des transports » établit annuellement une synthèse des comptes des concessionnaires. Cette synthèse est publique et transmise au Parlement.

En outre, *(Ord. n° 2019-761 du 24 juill. 2019, art. 1er, en vigueur le 1er oct. 2019)* « l'Autorité de régulation des transports » assure un suivi annuel des taux de rentabilité interne de chaque concession.

Art. L. 122-10 Les revenus additionnels des tarifs de péages résultant des modifications mentionnées à l'article L. 122-8 couvrent, outre les dépenses de toute nature mentionnées au deuxième alinéa de l'article L. 122-4, l'amortissement des capitaux investis par le délégataire ainsi qu'une rémunération raisonnable et conforme aux conditions du marché, tels qu'ils peuvent être évalués avant la conclusion de l'avenant.

Art. L. 122-11 Les modalités d'application de la présente section sont précisées par décret en Conseil d'État, pris après avis de *(Ord. n° 2019-761 du 24 juill. 2019, art. 1er, en vigueur le 1er oct. 2019)* « l'Autorité de régulation des transports ».

SECTION IV *Régulation des marchés de travaux, fournitures et services du réseau autoroutier concédé*

(L. n° 2015-990 du 6 août 2015, art. 13)

Art. L. 122-12 *(Abrogé par Ord. n° 2016-65 du 29 janv. 2016, art. 76-2°-a, à compter du 1er avr. 2016)* ***« Par dérogation au 3° du II de l'article 12 de l'ordonnance n° 2009-864 du 15 juillet 2009 relative aux contrats de concession de travaux publics, »*** Tout marché de travaux, fournitures ou services passé par un concessionnaire d'autoroute pour les besoins de la concession est régi par la présente section, à l'exception des marchés :

1° Régis par *(Ord. n° 2018-1074 du 26 nov. 2018, art. 11)* « le titre préliminaire, la première partie et les livres Ier et II de la deuxième partie du code de la commande publique » sous réserve de l'article L. 122-13 ;

2° Conclus avant la date de mise en service complète des ouvrages ou aménagements prévus au cahier des charges initial *(Ord. n° 2018-1074 du 26 nov. 2018, art. 11)* « du contrat de concession » ;

(L. n° 2019-1428 du 24 déc. 2019, art. 163) « 2° *bis* De fournitures ou de services ne présentant pas un lien direct et spécifique avec les missions qui ont été déléguées au concessionnaire conformément à l'article L. 122-4. Un arrêté conjoint des ministres chargés de l'économie et des transports, pris sur proposition de l'Autorité de régulation des activités ferroviaires et routières, après avis de l'Autorité de la concurrence, fixe la liste de ces marchés en prenant en compte leur impact sur le bon fonctionnement concurrentiel des secteurs concernés ; »

3° *(Ord. n° 2016-65 du 29 janv. 2016, art. 76-2°-b, en vigueur le 1er avr. 2016)* « Ou présentant les caractéristiques des contrats mentionnés *(Ord. n° 2018-1074 du 26 nov. 2018, art. 11)* « aux articles L. 2512-1 à L. 2513-5 du code de la commande publique ». »

Les dispositions issues de l'Ord. n° 2018-1074 du 26 nov. 2018 s'appliquent aux marchés publics ainsi qu'aux contrats relevant de l'Ord. n° 2015-899 du 23 juill. 2015 relative aux marchés publics pour lesquels une consultation est engagée ou un avis d'appel à la concurrence est envoyé à la publication à compter du 1er avr. 2019 (Ord. n° 2018-1074 du 26 nov. 2018, art. 20-I).

Elles s'appliquent également aux contrats de concession pour lesquels une consultation est engagée ou un avis de concession est envoyé à la publication à compter du 1er avr. 2019 (Ord. préc., art. 20-II).

Art. L. 122-13 Les marchés de travaux, fournitures ou services régis par *(Ord. n° 2018-1074 du 26 nov. 2018, art. 11)* « le titre préliminaire, la première partie et les livres Ier et II de la deuxième partie du code de la commande publique », lorsqu'ils sont passés par un concessionnaire d'autoroute pour les besoins de la concession, sont également régis par les articles L. 122-14, L. 122-17, L. 122-20 et L. 122-21.

(L. n° 2016-1691 du 9 déc. 2016, art. 41-I-2°-b) « Des seuils inférieurs *(Ord. n° 2018-1074 du 26 nov. 2018, art. 11)* « aux seuils européens mentionnés à l'article L. 2124-1 du code de la commande publique » peuvent être prévus par voie réglementaire pour la passation des marchés relevant du premier alinéa du présent article.

« Pour l'application du premier alinéa de l'article L. 122-17 du présent code, un seuil spécifique peut être prévu pour les *(Ord. n° 2018-1074 du 26 nov. 2018, art. 11)* « contrats de concession » pour les besoins desquelles les marchés relèvent du premier alinéa du présent article. »

V. note ss. art. L. 122-12.

Art. L. 122-14 *(Ord. n° 2019-761 du 24 juill. 2019, art. 1er, en vigueur le 1er oct. 2019)* « L'Autorité de régulation des transports » veille à l'exercice d'une concurrence effective et loyale lors de la passation des marchés définis à l'article L. 122-12.

Art. L. 122-15 *(Ord. n° 2016-65 du 29 janv. 2016, art. 76-3°, en vigueur le 1er avr. 2016)* « Les *(Ord. n° 2018-1074 du 26 nov. 2018, art. 11)* « articles L. 2141-1 à L. 2141-13 du code de la commande publique » sont applicables » aux marchés régis par la présente section.

V. note ss. art. L. 122-12.

Art. L. 122-16 Pour les marchés de travaux, fournitures ou services *(L. n° 2016-1691 du 9 déc. 2016, art. 41-I-3°-a)* « dont la valeur estimée hors taxe du besoin est égale ou supérieure aux seuils définis par voie réglementaire », le concessionnaire d'autoroute procède à une publicité permettant la présentation de plusieurs offres concurrentes, dans des conditions et sous réserve des exceptions définies par voie réglementaire. *(L. n° 2016-1691 du 9 déc. 2016, art. 41-I-3°-b et c)* « Pour les marchés de travaux, le seuil ne peut être supérieur à 500 000 € *[ancienne rédaction : Ces exceptions ne peuvent pas concerner les marchés de travaux d'un montant supérieur à 500 000 €. Il informe l'Autorité de régulation des activités ferroviaires et routières préalablement à l'attribution de ces marchés]*. »

Art. L. 122-17 Pour toute concession d'autoroute dont la longueur du réseau concédé excède un seuil défini par voie réglementaire, le concessionnaire institue une commission des marchés, composée en majorité de personnalités indépendantes et n'ayant aucun lien direct ou indirect avec les soumissionnaires. Elle inclut au moins un représentant de la direction générale de la concurrence, de la consommation et de la répression des fraudes.

La commission des marchés est chargée de définir les règles internes pour la passation et l'exécution des marchés de travaux, fournitures et services et de veiller au respect des procédures de passation et d'exécution de ces marchés en application de la présente section. Ces règles, ainsi que la composition de la commission des marchés, sont soumises pour avis conforme à *(Ord. n° 2019-761 du 24 juill. 2019, art. 1er, en vigueur le 1er oct. 2019)* « l'Autorité de régulation des transports ».

L'attribution des marchés *(L. n° 2016-1691 du 9 déc. 2016, art. 41-I-4°-a)* « dont la liste est fixée par voie réglementaire en fonction de la procédure de publicité et de mise en concurrence au terme de laquelle ils sont conclus » est soumise à l'avis préalable de la commission des marchés. La commission des marchés transmet cet avis à *(Ord. n° 2019-761 du 24 juill. 2019, art. 1er, en vigueur le 1er oct. 2019)* « l'Autorité de régulation des transports » et l'informe de tout manquement qu'elle constate, dans des délais permettant à l'autorité d'engager le recours mentionné à l'article L. 122-20. Le concessionnaire ne peut refuser de suivre l'avis de la commission des marchés que par une décision de son conseil d'administration ou de son conseil de surveillance, soumise à l'ensemble des conditions définies par le code de commerce pour les conventions réglementées.

La commission des marchés est informée des avenants aux marchés mentionnés au troisième alinéa du présent article. Tout projet d'avenant à un marché de travaux, fournitures ou services entraînant une augmentation du montant global supérieure à *(L. n° 2016-1691 du 9 déc. 2016, art. 41-I-4°-b)* « des seuils définis » par voie réglementaire est soumis pour avis à la commission des marchés. Le concessionnaire communique à la commission des marchés la liste des entreprises avec lesquelles il conclut des marchés qui *(L. n° 2016-1691 du 9 déc. 2016, art. 41-I-4°-b)* « ne sont pas soumis à l'avis de la commission. Lorsque le » concessionnaire d'autoroute ne respecte pas la communication des informations prévues au présent alinéa, elle en informe *(Ord. n° 2019-761 du 24 juill. 2019, art. 1er, en vigueur le 1er oct. 2019)* « l'Autorité de régulation des transports » *(Abrogé par Ord. n° 2016-79 du 29 janv. 2016, art. 5-1°)* ***« , qui peut prononcer une sanction en application de l'article L. 2135-7 du code des transports ».***

Art. L. 122-18 Les procédures de passation des marchés définis à l'article L. 122-12 sont celles prévues *(Ord. n° 2016-65 du 29 janv. 2016, art. 76-4°, en vigueur le 1er avr. 2016)* « par » *(Ord. n° 2018-1074 du 26 nov. 2018, art. 11)* « la première partie et les livres Ier et II de la deuxième partie du code de la commande publique ».

V. note ss. art. L. 122-12.

Art. L. 122-19 Les conditions dans lesquelles le concessionnaire d'autoroute, à l'issue de la procédure de passation, rend public son choix et le fait connaître aux candidats dont l'offre n'a pas été retenue *(L. n° 2016-1691 du 9 déc. 2016, art. 41-I-5°)* « , celles dans lesquelles l'exécution du marché peut commencer, celles dans lesquelles il est exécuté et peut être modifié et celles dans lesquelles sa durée est fixée » sont précisées par voie réglementaire.

Les art. L. 122-19 et L. 122-26 du C. voirie rout., dans leur rédaction résultant, respectivement, des 5° et 7° du I de l'art. 41 de la L. n° 2016-1691 du 9 déc. 2016, s'appliquent aux marchés et aux contrats passés par les concessionnaires d'autoroutes pour lesquels une procédure de publicité est engagée à compter du premier jour du troisième mois suivant la promulgation de ladite loi, même en cas de clause contraire de la convention de délégation ou du cahier des charges annexé (L. préc., art. 41-III).

Art. L. 122-20 En cas de manquement aux obligations de publicité et de mise en concurrence auxquelles est soumise la passation des marchés de travaux, fournitures ou services *(Abrogé par L. n° 2016-1691 du 9 déc. 2016, art. 41-I-6°-a)* ***« définis à l'article L. 122-12 »***, il est fait application :

1° Pour les marchés soumis aux règles du droit public, des sous-sections 1 et 3 de la section I et de la section II du chapitre Ier du titre V du livre V du code de justice administrative ;

2° Pour les marchés relevant du droit privé, des articles 2 à 4 et 11 à 14 de l'ordonnance n° 2009-515 du 7 mai 2009 relative aux procédures de recours applicables aux contrats de la commande publique.

(Ord. n° 2019-761 du 24 juill. 2019, art. 1er, en vigueur le 1er oct. 2019) « L'Autorité de régulation des transports » est habilitée à engager les recours prévus aux articles L. 551-1 et L. 551-13 du code de justice administrative ou, le cas échéant, les saisines mentionnées aux articles 2 et 11 de l'ordonnance n° 2009-515 du 7 mai 2009 précitée lorsqu'est en cause un marché *(L. n° 2016-1691 du 9 déc. 2016, art. 41-I-6°-b)* « passé par un concessionnaire d'autoroute pour les besoins de la concession ».

Art. L. 122-21 *(Ord. n° 2019-761 du 24 juill. 2019, art. 1er, en vigueur le 1er oct. 2019)* « L'Autorité de régulation des transports » établit chaque année un rapport sur les marchés définis à l'article L. 122-12 et les travaux réalisés en exécution de ces marchés.

Art. L. 122-22 Les modalités d'application de la présente section sont précisées par décret en Conseil d'État, pris après avis de *(Ord. n° 2019-761 du 24 juill. 2019, art. 1er, en vigueur le 1er oct. 2019)* « l'Autorité de régulation des transports ».

SECTION V *INSTALLATIONS ANNEXES SUR LES AUTOROUTES CONCÉDÉES*

(L. n° 2015-990 du 6 août 2015, art. 13)

Art. L. 122-23 Les contrats passés par le concessionnaire d'autoroute en vue de faire assurer par un tiers la construction, l'exploitation et l'entretien des installations annexes à caractère commercial situées sur le réseau autoroutier concédé sont régis par la présente section *(Ord. n° 2016-65 du 29 janv. 2016, art. 76-5°, en vigueur le 1er avr. 2016)* « , sans préjudice de l'application *(Ord. n° 2018-1074 du 26 nov. 2018, art. 11)* « du titre préliminaire et du livre Ier de la troisième partie du code de la commande publique » pour les concessionnaires qui en relèvent ».

V. note ss. art. L. 122-12.

Art. L. 122-24 Pour la passation des contrats définis à l'article L. 122-23, le concessionnaire d'autoroute procède à une publicité permettant la présentation de plusieurs offres concurrentes, dans des conditions et sous réserve des exceptions définies par voie réglementaire.

Art. L. 122-25 Les procédures de passation des contrats définis à l'article L. 122-23 sont définies par voie réglementaire.

Art. L. 122-26 Les conditions dans lesquelles le concessionnaire d'autoroute rend public son choix et le fait connaître aux candidats dont l'offre n'a pas été retenue à l'issue de la procédure de passation *(L. n° 2016-1691 du 9 déc. 2016, art. 41-I-7°)* « , celles dans lesquelles l'exécution du contrat peut commencer, celles dans lesquelles il est exécuté et peut être modifié et celles dans lesquelles sa durée est fixée » sont précisées par voie réglementaire.

V. note ss. art. L. 122-19.

Art. L. 122-27 L'attributaire est agréé, préalablement à la conclusion du contrat mentionné à l'article L. 122-23, par l'autorité administrative, après avis de l'Autorité de régulation des *(Ord. n° 2019-761 du 24 juill. 2019, art. 1er, en vigueur le 1er oct. 2019)* « transports ». Cet avis porte sur le respect des règles mentionnées aux articles L. 122-24 et L. 122-25. L'autorité de régulation se prononce dans un délai d'un mois à compter de la date de la saisine. *(L. n° 2019-1428 du 24 déc. 2019, art. 164)* « En cas d'avis défavorable, la délivrance de l'agrément à l'attributaire est motivée par l'autorité administrative. »

Art. L. 122-28 Les modalités d'application des articles L. 122-23 à L. 122-27 sont précisées par décret en Conseil d'État, pris après avis de *(Ord. n° 2019-761 du 24 juill. 2019, art. 1er, en vigueur le 1er oct. 2019)* « l'Autorité de régulation des transports ».

Art. L. 122-29 L'autorité administrative arrête les conditions d'organisation du service public sur les installations annexes situées sur le réseau autoroutier concédé.

SECTION VI *DISPOSITIONS RELATIVES À L'AUTORITÉ DE RÉGULATION DES ACTIVITÉS FERROVIAIRES ET ROUTIÈRES*

(L. n° 2015-990 du 6 août 2015, art. 13)

Art. L. 122-30 *(Ord. n° 2016-79 du 29 janv. 2016, art. 5-2°)* Les dispositions générales relatives au contrôle administratif de *(Ord. n° 2019-761 du 24 juill. 2019, art. 1er, en vigueur le 1er oct. 2019)* « l'Autorité de régulation des transports » ainsi qu'aux sanctions administratives et pénales figurant au titre VI du livre II de la première partie du code des transports sont applicables aux concessionnaires d'autoroutes.

Ancien art. L. 122-30 *Le contrôle administratif de l'Autorité de régulation des activités ferroviaires et routières s'exerce à l'égard des concessionnaires d'autoroutes dans les conditions prévues à la section I du chapitre V du titre III du livre Ier de la deuxième partie du code des transports.*

Art. L. 122-31 *(Ord. n° 2019-761 du 24 juill. 2019, art. 1er, en vigueur le 1er oct. 2019)* « L'Autorité de régulation des transports » peut recueillir des données, procéder à des expertises et mener des études et toutes actions d'information nécessaires dans le secteur des autoroutes concédées. Elle peut notamment, par une décision motivée, prévoir la transmission régulière d'informations et de données par les concessionnaires d'autoroutes et par les entreprises intervenant dans le secteur des marchés de travaux, fournitures et services sur le réseau autoroutier concédé.

(Ord. n° 2016-79 du 29 janv. 2016, art. 5-3°) « Les » concessionnaires d'autoroutes et les entreprises intervenant dans le secteur des marchés de travaux, fournitures et services sur le réseau autoroutier concédé sont tenus de lui fournir toute information relative aux résultats financiers de la concession, aux coûts des capitaux investis sur le réseau, aux marchés de travaux, fournitures et services et aux autres services rendus à l'usager et tout élément statistique relatif à l'utilisation et à la fréquentation du réseau.

Art. L. 122-32 L'article L. 122-31 et *(Ord. n° 2016-79 du 29 janv. 2016, art. 5-4°)* « les sections I à III du chapitre IV du titre VI du livre II de la première partie du code des transports » sont applicables, dans les mêmes conditions qu'aux concessionnaires d'autoroutes, aux sociétés suivantes :

1° Les sociétés contrôlées par un concessionnaire, au sens des articles L. 233-3 et L. 233-4 du code de commerce ;

2° Les sociétés qui contrôlent un concessionnaire, au sens des mêmes articles ;

3° Toute société ayant pour objet principal la détention de titres de sociétés concessionnaires autoroutières ou le financement des sociétés qui les détiennent.

Art. L. 122-33 *(L. n° 2016-1691 du 9 déc. 2016, art. 41-I-8°) (Ord. n° 2019-761 du 24 juill. 2019, art. 1er, en vigueur le 1er oct. 2019)* « L'Autorité de régulation des transports » définit :

1° Les informations qui lui sont transmises préalablement à la signature des marchés soumis à une obligation de publicité et de mise en concurrence afin de lui permettre d'engager les recours mentionnés à l'article L. 122-20 ;

2° Les conditions dans lesquelles les commissions des marchés mentionnés *[mentionnées]* à l'article L. 122-17 l'informent de leur activité et des manquements qu'elles constatent.

Abrogé par l'Ord. n° 2016-79 du 29 janv. 2016, l'art. L. 122-33 a été rétabli par la L. n° 2016-1691 du 9 déc. 2016 (L. préc., art. 41-I-8°).

Art. L. 122-34 (Abrogé par Ord. n° 2016-79 du 29 janv. 2016, art. 5-5°) ***Les relations et les échanges relatifs au secteur autoroutier de l'Autorité de régulation des activités ferroviaires et routières avec, d'une part, l'Autorité de la concurrence et, d'autre part, les juridictions compétentes sont définis à la section IV du chapitre V du titre III du livre Ier de la deuxième partie du code des transports.***

CHAPITRE III *Routes nationales*

Art. L. 123-1 Les voies du domaine public routier national autres que les autoroutes définies à l'article L. 122-1 sont dénommées routes nationales.

Le caractère de route express peut leur être conféré dans les conditions fixées aux articles L. 151-1 à L. 151-5.

SECTION I *Classement et déclassement*

Art. L. 123-2 Le classement dans la voirie nationale d'une route départementale ou d'une voie communale existante ne peut être effectué qu'avec l'accord de la collectivité intéressée.

L'accord est réputé acquis s'il n'a pas été expressément refusé dans le délai de cinq mois.

Art. L. 123-3 *(L. n° 2013-431 du 28 mai 2013, art. 10, en vigueur le 29 nov. 2013)* Le reclassement dans la voirie départementale ou communale d'une route ou section de route nationale déclassée est prononcé par l'autorité administrative lorsque la collectivité intéressée, dûment consultée, n'a pas, dans un délai de cinq mois, donné un avis défavorable.

Si, dans ce délai, la collectivité territoriale donne un avis défavorable, le reclassement d'une route ou section de route nationale ne répondant pas aux critères définis à l'avant-dernier alinéa de l'article L. 121-1 peut être prononcé par décret en Conseil d'État.

Le reclassement donne droit à une compensation financière correspondant aux coûts des travaux nécessaires à la remise en état de la route ou section de route nationale, hors accotements en agglomération. Ces coûts sont évalués contradictoirement, à la date du reclassement, entre l'État et la collectivité territoriale ou, à défaut d'accord, fixés par décret en Conseil d'État.

Art. L. 123-4 Par dérogation à l'article L. 112-8, en cas de déclassement d'une section de route nationale sans reclassement, le ministre chargé de la voirie routière nationale ou, par délégation, le représentant de l'État dans le département peut remettre gratuitement, avant toute cession des terrains déclassés, une bande de terrain pour créer un chemin nécessaire à la desserte des propriétés riveraines, sur lequel sont applicables les dispositions du chapitre III du titre II du livre Ier du code rural et de la pêche maritime.

Art. L. 123-5 Les dispositions des articles L. 123-2 et L. 123-3 ne s'appliquent pas dans les cas mentionnés aux articles L. 318-1 du code de l'urbanisme et L. 165-14 du code des communes *[**CGCT**, art. L. 5215-31]*.

SECTION II *Alignement*

Art. L. 123-6 Les plans d'alignement des routes nationales sont approuvés par arrêté motivé du représentant de l'État dans le département lorsque les conclusions du commissaire enquêteur ou de la commission d'enquête sont favorables.

Dans le cas contraire, ils sont approuvés par décret en Conseil d'État.

Art. L. 123-7 Les plans d'alignement des routes nationales situées en agglomération sont soumis pour avis au conseil municipal, en application du 1° de l'article L. 121-28 du code des communes *[abrogé]*.

SECTION III *Dispositions relatives à la création de voies accédant aux routes nationales*

Art. L. 123-8 Les voies publiques ou privées à créer qui doivent, soit traverser une route nationale, soit y aboutir, ne peuvent être établies, dans leurs parties en contact avec cette route, que suivant des projets préalablement agréés par l'autorité qualifiée qui peut subordonner son agrément, notamment, à l'adoption de dispositions propres à éviter tout cisaillement des courants de circulation sur cette route.

TITRE III Voirie départementale

CHAPITRE UNIQUE

Art. L. 131-1 Les voies qui font partie du domaine public routier départemental sont dénommées routes départementales.

Le caractère de route express peut leur être conféré dans les conditions fixées aux articles L. 151-1 à L. 151-5.

Art. L. 131-2 Les caractéristiques techniques auxquelles doivent répondre les routes départementales sont fixées par décret. — *V. Décr. n°s 2006-1657 et 2006-1658 du 21 déc. 2006 (JO 23 déc.).*

Les dépenses relatives à la construction, à l'aménagement et à l'entretien des routes départementales sont à la charge du département.

Art. L. 131-3 Le président du conseil départemental exerce sur la voirie départementale les attributions mentionnées au cinquième alinéa de l'article 25 de la loi n° 82-213 du 2 mars 1982 relative aux droits et libertés des communes, des départements et des régions *[**CGCT**, art. L. 3221-4]*.

Art. L. 131-4 Le classement et le déclassement des routes départementales relèvent du conseil départemental. Ce dernier est également compétent pour l'établissement des plans d'alignement et de nivellement, l'ouverture, le redressement et l'élargissement de ces routes.

(L. n° 2004-1343 du 9 déc. 2004, art. 62-I) « Les délibérations du conseil départemental concernant le classement ou le déclassement sont dispensées d'enquête publique préalable sauf lorsque l'opération envisagée a pour conséquence de porter atteinte aux fonctions de desserte ou de circulation assurées par la voie. »

(L. n° 2010-788 du 12 juill. 2010, art. 242-II-3°) « A défaut d'enquête relevant d'une autre réglementation et ayant porté sur ce classement ou déclassement, l'enquête rendue nécessaire en vertu du deuxième alinéa est ouverte par l'autorité exécutive de la collectivité territoriale ou de l'établissement public de coopération intercommunale, propriétaire de la voie, et » *(Ord. n° 2015-1341 du 23 oct. 2015, art. 5-IV, en vigueur le 1er janv. 2016)* « organisée conformément aux dispositions du code des relations entre le public et l'administration *[ancienne rédaction : organisée conformément aux dispositions du code de l'expropriation pour cause d'utilité publique]*. »

Lorsque l'opération comporte une expropriation, l'enquête d'utilité publique tient lieu de l'enquête prévue à l'alinéa précédent.

Le conseil départemental est également compétent pour approuver les projets, les plans et les devis des travaux à exécuter pour la construction et la rectification des routes.

Art. L. 131-5 La délibération du conseil départemental décidant le redressement ou l'élargissement d'une voie existante emporte, lorsqu'elle est exécutoire, transfert au profit du département de la propriété des parcelles ou partie de parcelles non bâties situées à l'intérieur des limites fixées par le plan parcellaire, auquel elle se réfère et qui lui est annexé.

A défaut d'accord amiable, l'indemnité est fixée et payée comme en matière d'expropriation.

Art. L. 131-6 Les plans d'alignement des routes départementales, situées en agglomération, sont soumis pour avis au conseil municipal en application du 1° de l'article L. 121-28 du code des communes.

Art. L. 131-7 En dehors des agglomérations, le président du conseil départemental exerce, en matière de coordination des travaux affectant le sol et le sous-sol des routes départementales, les compétences attribuées au maire par l'article L. 115-1.

Le conseil départemental exerce les mêmes attributions que celles dévolues au conseil municipal par l'article L. 141-11.

En cas d'urgence, le président du conseil départemental peut faire exécuter d'office, sans mise en demeure préalable et aux frais de l'occupant, les travaux qu'il juge nécessaires au maintien de la sécurité routière sur les routes départementales.

Le représentant de l'État dans le département peut intervenir dans les mêmes conditions que celles prévues au septième alinéa de l'article L. 115-1.

Art. L. 131-7-1 *(L. n° 2015-991 du 7 août 2015, art. 20)* En dehors des agglomérations, le président du conseil départemental exerce, en matière d'entretien des plantations privées pouvant constituer des menaces pour les voies départementales, les compétences attribuées au maire par l'article L. 2212-2-2 du code général des collectivités territoriales.

Art. L. 131-8 Toutes les fois qu'une route départementale entretenue à l'état de viabilité est habituellement ou temporairement soit empruntée par des véhicules dont la circulation entraîne des détériorations anormales, soit dégradée par des exploitations de mines, de carrières, de forêts ou de toute autre entreprise, il peut être imposé aux entrepreneurs ou propriétaires des contributions spéciales, dont la quotité est proportionnée à la dégradation causée.

Ces contributions peuvent être acquittées en argent ou en prestation en nature et faire l'objet d'un abonnement.

A défaut d'accord amiable, elles sont réglées annuellement sur la demande des départements par les tribunaux administratifs, après expertise, et recouvrées comme en matière d'impôts directs.

TITRE IV Voirie communale

CHAPITRE UNIQUE

Art. L. 141-1 Les voies qui font partie du domaine public routier communal sont dénommées voies communales.

Le caractère de route express peut leur être conféré dans les conditions fixées aux articles L. 151-1 à L. 151-5.

SECTION I *Emprise du domaine public routier communal*

Art. L. 141-2 Le maire exerce sur la voirie communale les attributions mentionnées aux 1° et 5° de l'article L. 122-19 du code des communes *[**CGCT**, art. L. 2122-21]*.

Art. L. 141-3 Le classement et le déclassement des voies communales sont prononcés par le conseil municipal. Ce dernier est également compétent pour l'établissement des plans d'alignement et de nivellement, l'ouverture, le redressement et l'élargissement des voies.

(L. n° 2004-1343 du 9 déc. 2004, art. 62-II) « Les délibérations *(L. n° 2005-809 du 20 juill. 2005, art. 9)* « concernant le classement ou le déclassement sont dispensées d'enquête publique préalable sauf lorsque l'opération envisagée » a pour conséquence de porter atteinte aux fonctions de desserte ou de circulation assurées par la voie. »

(L. n° 2010-788 du 12 juill. 2010, art. 242-II-3°) « A défaut d'enquête relevant d'une autre réglementation et ayant porté sur ce classement ou déclassement, l'enquête rendue nécessaire en vertu du deuxième alinéa est ouverte par l'autorité exécutive de la collectivité territoriale ou de l'établissement public de coopération intercommunale, propriétaire de la voie, et » *(Ord. n° 2015-1341 du 23 oct. 2015, art. 5-IV, en vigueur le 1er janv. 2016)* « organisée conformément aux dispositions du code des relations entre le public et l'administration

[ancienne rédaction : organisée conformément aux dispositions du code de l'expropriation pour cause d'utilité publique]. »

(L. n° 2010-788 du 12 juill. 2010, art. 242-II-3°) « L'enquête prévue à l'article L. 318-3 du code de l'urbanisme tient lieu de l'enquête prévue à l'alinéa précédent. » Il en va de même de l'enquête d'utilité publique lorsque l'opération comporte une expropriation.

Art. L. 141-4 Lorsque les conclusions du commissaire enquêteur sont défavorables, le conseil municipal peut passer outre par une délibération motivée.

Art. L. 141-5 Si la voie appartient à deux ou plusieurs communes, il est statué après enquête par délibérations concordantes des conseils municipaux.

Il en est de même lorsque des voies appartenant à deux ou plusieurs communes constituent un même itinéraire entre deux intersections de voies ou de chemins.

En cas de désaccord, il est statué par le représentant de l'État dans le département. Ce dernier fixe, s'il y a lieu, la proportion dans laquelle chacune des communes contribue aux travaux et à l'entretien.

Art. L. 141-6 La délibération du conseil municipal décidant le redressement ou l'élargissement d'une voie existante emporte, lorsqu'elle est exécutoire, transfert, au profit de la commune, de la propriété des parcelles ou parties de parcelles non bâties situées à l'intérieur des limites fixées par le plan parcellaire auquel elle se réfère et qui lui est annexé.

A défaut d'accord amiable, l'indemnité est fixée et payée comme en matière d'expropriation.

Art. L. 141-7 Les caractéristiques techniques auxquelles doivent répondre les voies communales sont fixées par décret. — *V. ces décrets à l'art. L. 131-2 (al. 1er).*

SECTION II *Entretien des voies communales*

Art. L. 141-8 Les dépenses d'entretien des voies communales font partie des dépenses obligatoires mises à la charge des communes par l'article L. 221-2 du code des communes *[**CGCT**, art. L. 2321-2]*.

Art. L. 141-9 Toutes les fois qu'une voie communale entretenue à l'état de viabilité est habituellement ou temporairement soit empruntée par des véhicules dont la circulation entraîne des détériorations anormales, soit dégradée par des exploitations de mines, de carrières, de forêts ou de toute autre entreprise, il peut être imposé aux entrepreneurs ou propriétaires des contributions spéciales, dont la quotité est proportionnée à la dégradation causée.

Ces contributions peuvent être acquittées en argent ou en prestation en nature et faire l'objet d'un abonnement.

A défaut d'accord amiable, elles sont fixées annuellement sur la demande des communes par les tribunaux administratifs, après expertise, et recouvrées comme en matière d'impôts directs.

SECTION III *Dispositions relatives à la coordination des travaux exécutés sur les voies communales situées à l'extérieur des agglomérations*

Art. L. 141-10 A l'extérieur des agglomérations, le maire exerce les compétences définies à l'article L. 115-1 pour les travaux affectant le sol et le sous-sol des voies communales.

Le représentant de l'État peut intervenir dans les mêmes conditions que celles prévues à l'article L. 115-1.

SECTION IV *Dispositions relatives aux travaux affectant le sol et le sous-sol des voies communales*

Art. L. 141-11 Le conseil municipal détermine, après concertation avec les services ou les personnes intervenant sur le domaine public, les modalités d'exécution des travaux de réfection des voies communales dans lesquelles des tranchées ont été ouvertes. Il détermine également l'évaluation des frais qui peuvent être réclamés aux intervenants lorsque ces derniers n'ont pas exécuté tout ou partie de ces travaux.

En cas d'urgence, le maire peut faire exécuter d'office, sans mise en demeure préalable et aux frais de l'occupant, les travaux qu'il juge nécessaires au maintien de la sécurité routière sur les voies dont la police de la circulation est de sa compétence.

Les conditions d'application du présent article sont fixées par décret en Conseil d'État.

SECTION V *Dispositions applicables au cas où il existe un établissement public de coopération intercommunale*

Art. L. 141-12 Les attributions dévolues au maire et au conseil municipal par les dispositions du présent code sont exercées, le cas échéant, par le président et par l'assemblée délibérante de l'établissement public de coopération intercommunale compétent.

SECTION VI *Dispositions relatives à l'accessibilité aux personnes handicapées ou à mobilité réduite*

(L. n° 2019-1428 du 24 déc. 2019, art. 27)

Art. L. 141-13 Les organismes chargés d'une opération d'aménagement au sens de l'article L. 300-1 du code de l'urbanisme, les communes et les établissements publics de coopération intercommunale compétents en matière de voirie collectent les données relatives à l'accessibilité aux personnes handicapées ou à mobilité réduite des principaux itinéraires pédestres situés dans un rayon de deux cents mètres autour des points d'arrêt prioritaires au sens de l'article L. 1112-1 du code des transports.

Les organismes, les communes et les établissements publics de coopération intercommunale concernés sont informés par les régions et autorités organisatrices de la mobilité mentionnées aux articles L. 1231-1 et L. 1241-1 du même code de la localisation des points d'arrêt prioritaires.

Ils fournissent l'identifiant unique et la localisation des dispositifs installés sur leurs infrastructures qui diffusent des informations à proximité par radiofréquence.

Les données collectées sont rendues accessibles et réutilisables dans les conditions prévues aux articles 3 à 8 du règlement délégué (UE) 2017/1926 de la Commission du 31 mai 2017 complétant la directive 2010/40/UE du Parlement européen et du Conseil en ce qui concerne la mise à disposition, dans l'ensemble de l'Union, de services d'informations sur les déplacements multimodaux et aux articles L. 1115-1 à L. 1115-3 du code des transports.

Un décret en Conseil d'État précise les conditions d'application du présent article.

TITRE V Voies à statuts particuliers

CHAPITRE PREMIER *Routes express*

Art. L. 151-1 Les routes express sont des routes ou sections de routes appartenant au domaine public de l'État, des départements ou des communes, accessibles seulement en des points aménagés à cet effet, etqui peuvent être interdites à certaines catégories d'usagers et de véhicules.

Art. L. 151-2 *(L. n° 2007-1787 du 20 déc. 2007, art. 17, en vigueur le 1er mars 2008)* « Le caractère de route express est conféré à une route ou à une section de route, existante ou à créer, par arrêté ministériel lorsque la voie appartient au domaine public de l'État et par arrêté préfectoral dans les autres cas. S'il s'agit d'une route nouvelle, l'arrêté peut emporter déclaration d'utilité publique. Il est alors pris après enquête publique » *(L. n° 2010-788 du 12 juill. 2010, art. 242-II-1°)* « réalisée conformément aux dispositions du code de l'expropriation pour cause d'utilité publique » *(L. n° 2007-1787 du 20 déc. 2007, art. 17, en vigueur le 1er mars 2008)* « et avis des départements et des communes dont le territoire est traversé par la route.

« Sur route express existante, les travaux de réalisation d'ouvrages annexes, d'élargissement et de raccordement à d'autres voies publiques sont réalisés et classés en route express par arrêté préfectoral. L'enquête préalable à la déclaration de projet ou préalable à la déclaration d'utilité publique porte également sur le classement et sur les conditions de désenclavement des propriétés riveraines éventuellement concernées par une modification de leurs conditions d'accès à une voie publique. »

Les *(L. n° 2002-276 du 27 févr. 2002, art. 152)* « avis mentionnés au premier alinéa » doivent être donnés par les assemblées délibérantes dans un délai de deux mois suivant la saisine. L'absence d'avis dans ce délai vaut avis favorable.

Le caractère de route express est retiré dans les mêmes formes.

Art. L. 151-3 Les propriétés riveraines des routes express n'ont pas d'accès direct à celles-ci.

Dès la publication *(L. n° 2009-526 du 12 mai 2009, art. 99-2°)* « de l'arrêté » conférant à une route ou section de route le caractère de route express, aucun accès ne peut être créé ou modifié par les riverains, mais les interdictions applicables aux accès existants ne peuvent entrer en vigueur qu'après le rétablissement de la desserte des parcelles intéressées.

Des servitudes destinées à éviter les abus de publicité peuvent être imposées aux propriétés riveraines ou voisines dans les conditions fixées par décret en Conseil d'État.

Art. L. 151-4 L'aménagement de points d'accès nouveaux sur une route express en service et la suppression de points d'accès existants sont décidés ou autorisés par l'État, après enquête publique et, s'il y a lieu, après déclaration d'utilité publique, dans les conditions fixées par voie réglementaire.

Art. L. 151-5 Les dispositions *(Ord. n° 2014-1345 du 6 nov. 2014, art. 5-XVIII, en vigueur le 1er janv. 2015)* « des articles L. 522-1 à L. 522-4 » du code de l'expropriation pour cause d'utilité publique, relatif *[relatifs]* à la prise de possession des terrains en cas d'extrême urgence, sont applicables aux routes express.

CHAPITRE II *Déviations*

Art. L. 152-1 Lorsqu'une route à grande circulation, au sens du code de la route, est déviée en vue du contournement d'une agglomération, les propriétés riveraines n'ont pas d'accès direct à la déviation.

Art. L. 152-2 Dès l'incorporation d'une route ou section de route dans une déviation, aucun accès ne peut être créé ou modifié par les riverains, mais les interdictions applicables aux accès existants ne peuvent entrer en vigueur qu'après le rétablissement de la desserte des parcelles intéressées.

CHAPITRE III *Ouvrages d'art*

SECTION I *Dispositions générales*

Art. L. 153-1 *(L. n° 2004-809 du 13 août 2004, art. 20-III)* L'usage des ouvrages d'art est en principe gratuit.

Toutefois, il peut être institué lorsque l'utilité, les dimensions, le coût d'un ouvrage d'art appartenant à la voirie nationale, départementale ou communale ainsi que le service rendu aux usagers le justifient, un péage pour son usage en vue d'assurer la couverture totale ou partielle des dépenses de toute nature liées soit à la construction, soit, lorsque ces missions font l'objet d'une convention de délégation de service public, à la construction, à l'exploitation et à l'entretien ou à l'exploitation et à l'entretien de l'ouvrage d'art et de ses voies d'accès ou de dégagement.

En cas de délégation de ces missions de service public, le péage couvre également la rémunération et l'amortissement des capitaux investis par le délégataire.

Le produit du péage couvre ses frais de perception.

Art. L. 153-2 *(L. n° 2004-809 du 13 août 2004, art. 20-III)* L'institution d'un péage pour l'usage d'un ouvrage d'art est décidée, après avis du conseil régional, des communes traversées et, le cas échéant, des organismes visés à l'article L. 153-5 :

– par décret en Conseil d'État si la route appartient au domaine public de l'État ;

– par délibération de l'organe délibérant de la collectivité intéressée si la route appartient au domaine public d'un département ou d'une commune.

Art. L. 153-3 *(L. n° 2004-809 du 13 août 2004, art. 20-III)* En cas de délégation de tout ou partie des missions de construction, d'exploitation et d'entretien d'un ouvrage d'art, la convention de délégation et le cahier des charges annexé fixent les conditions dans lesquelles le délégataire exerce les missions qui lui sont confiées, selon le cas, par l'État, le département, la commune ou le groupement de collectivités territoriales et en contrepartie desquelles il est autorisé à percevoir des péages.

Lorsque la délégation est consentie par l'État, ces actes sont approuvés par décret en Conseil d'État.

Par dérogation aux dispositions de l'art. L. 153-3 ci-dessus, les redevances ou péages perçus sur les ponts existants de l'île de Ré et de l'estuaire de la Charente peuvent également être affectés, jusqu'au 1er janv. 2012, à la couverture de leurs charges d'entretien et d'exploitation ainsi qu'à l'équilibre financier global de ces deux ouvrages d'art gérés par le département (L. n° 96-314 du 12 avr. 1996, art. 56).

Art. L. 153-4 L'acte administratif instituant *(L. n° 2004-809 du 13 août 2004, art. 20-IV)* « un péage » sur un ouvrage d'art reliant des routes départementales peut prévoir des tarifs différents ou la gratuité selon les diverses catégories d'usagers pour tenir compte, soit d'une nécessité d'intérêt général en rapport avec les conditions d'exploitation de l'ouvrage d'art, soit de la situation particulière de certains usagers, et, notamment, de ceux qui ont leur domicile ou leur lieu de travail dans le ou les départements concernés.

Art. L. 153-4-1 (Abrogé par L. n° 2010-788 du 12 juill. 2010, art. 60-II) (Ord. n° 2001-273 du 28 mars 2001, art. 1er) *Les péages perçus sur les véhicules à moteur ou ensembles de véhicules couplés destinés exclusivement au transport de marchandises par route, et ayant un poids total en charge autorisé égal ou supérieur à 12 tonnes, sont appliqués sans discrimination directe ou indirecte en raison de la nationalité du transporteur ou de l'origine ou de la destination du transport.*

Art. L. 153-5 *(L. n° 2004-809 du 13 août 2004, art. 20-V)* Les dispositions des articles L. 153-1 à L. 153-4-1 sont applicables aux ouvrages d'art appartenant à la voirie dont la gestion est dévolue à un établissement public de coopération intercommunale à fiscalité propre ou à un syndicat mixte ayant compétence en matière de création ou d'aménagement et d'entretien de la voirie.

Ces dispositions ne sont pas applicables aux ouvrages d'art compris dans l'emprise des autoroutes soumises à un péage en vertu des dispositions de l'article L. 122-4.

Un décret en Conseil d'État fixe les conditions d'application des articles L. 153-1 à L. 153-4-1.

Art. L. 153-6 *Abrogé par L. n° 2004-809 du 13 août 2004, art. 20-VI.*

SECTION II *Dispositions particulières*

Art. L. 153-7 *(L. n° 2009-1503 du 8 déc. 2009, art. 32)* Les conditions d'exploitation du tunnel routier sous le Mont-Blanc font l'objet de la convention relative au tunnel routier sous le Mont-Blanc signée à Lucques le 24 novembre 2006 entre le Gouvernement de la République française et le Gouvernement de la République italienne, dont l'approbation a été autorisée par la loi n° 2008-575 du 19 juin 2008.

Art. L. 153-8 Les conditions de construction et d'exploitation du tunnel routier du Fréjus font l'objet de la convention et du protocole relatif aux questions fiscales et douanières, signés à Paris le 23 février 1972 entre la République française et la République italienne, ratifiés par la loi n° 72-627 du 5 juillet 1972.

(Abrogé par L. n° 2008-1425 du 27 déc. 2008 art. 63-II) « Les dispositions des articles L. 122-7 à L. 122-11 relatives à l'établissement public « Autoroutes de France » sont applicables à la société française concessionnaire du tunnel du Fréjus dans les mêmes conditions qu'aux sociétés d'économie mixte concessionnaires d'autoroutes. »

Art. L. 153-9 La chambre de commerce et d'industrie du Havre a, en vertu de la convention passée avec l'État le 18 décembre 1950, approuvée par la loi n° 51-558 du 17 mai 1951, le droit de percevoir des péages et d'exploiter un pont-route sur la Seine à Tancarville.

Les modifications éventuelles aux clauses du cahier des charges annexé à la convention précitée sont approuvées par décret en Conseil d'État.

Par dérogation aux dispositions de l'article L. 153-2, ces modifications peuvent autoriser le concessionnaire à affecter une partie du produit des péages au financement de la construction d'un nouveau franchissement de la Seine en aval de Tancarville.

CHAPITRE IV *Véloroutes*

(L. n° 2019-1428 du 24 déc. 2019, art. 60)

Art. L. 154-1 Les véloroutes sont des itinéraires continus destinés à faciliter la circulation des cyclistes sur de moyennes et de longues distances. Elles ont notamment pour support des voies appartenant au domaine public ou privé de l'État, de ses établissements publics ainsi que des collectivités territoriales et de leurs groupements compétents en matière de voirie. Elles empruntent tout type de voie adapté à la circulation des cyclistes et bénéficient d'un jalonnement continu.

TITRE VI Dispositions applicables aux voies n'appartenant pas au domaine public

CHAPITRE PREMIER *Chemins ruraux*

Art. L. 161-1 Les chemins ruraux appartiennent au domaine privé de la commune. Ils sont affectés à la circulation publique et soumis aux dispositions du chapitre Ier du titre II du livre Ier du code rural et de la pêche maritime.

Art. L. 161-2 Les dispositions des articles L. 113-1, L. 114-7, L. 114-8, L. 115-1, L. 141-10 et L. 141-11 sont applicables aux chemins ruraux.

CHAPITRE II *Voies privées*

SECTION I *Dispositions générales*

Art. L. 162-1 Les dispositions de l'article L. 113-1 sont applicables aux voies privées ouvertes à la circulation publique.

SECTION II *Chemins et sentiers d'exploitation*

Art. L. 162-2 Les chemins et sentiers d'exploitation sont soumis aux dispositions des articles 92 à 96 du code rural et de la pêche maritime.

Art. L. 162-3 Les dispositions des articles L. 114-7 et L. 114-8 sont applicables aux chemins et sentiers d'exploitation lorsque ceux-ci sont ouverts à la circulation publique.

SECTION III *Autres voies privées*

Art. L. 162-4 Les voies privées qui n'ont pas le caractère de chemins ou de sentiers d'exploitation sont régies par les règles du droit commun en matière de propriété sous réserve des dispositions de l'article L. 162-1 et de celles de la présente section.

Art. L. 162-5 La propriété des voies privées ouvertes à la circulation publique dans des ensembles d'habitations peut être transférée dans le domaine public de la commune sur le territoire de laquelle ces voies sont situées dans les conditions fixées à l'article L. 318-3 du code de l'urbanisme.

Art. L. 162-6 Les lois et règlements relatifs à l'hygiène des voies publiques et des maisons riveraines de ces voies sont applicables aux voies privées, ouvertes ou non à la circulation publique, en ce qui concerne l'écoulement des eaux usées et des vidanges ainsi que l'alimentation en eau. Toutes les parties d'une voie privée dans laquelle doit être établi un égout ou une canalisation d'eaux sont grevées d'une servitude légale à cet effet.

Les propriétaires des voies privées et des immeubles riverains peuvent être tenus de se constituer en syndicat dans les conditions fixées *(Ord. n° 2004-632 du 1er juill. 2004, art. 50)* « aux articles 2 à 18 » de la loi du 22 juillet 1912 relative à l'assainissement des voies privées *[V. ce texte,* ***C. adm.****]*.

TITRE VII Dispositions particulières

CHAPITRE PREMIER *Dispositions applicables à la ville de Paris*

Art. L. 171-1 Les dispositions des titres Ier à VI sont applicables aux voies publiques et privées de la ville de Paris, sous réserve des dispositions particulières du présent chapitre.

SECTION I *Voies publiques*

Art. L. 171-2 Les opérations relatives à l'établissement et à l'entretien des appareils d'éclairage public et de signalisation ainsi que des câbles électriques pour les transports en commun sont soumises aux dispositions des articles L. 171-4 à L. 171-9, en tant qu'elles affectent les propriétés riveraines sans entraîner de dépossession définitive.

Art. L. 171-3 Lorsque les travaux entraînent une dépossession définitive, il est fait application de la procédure d'expropriation, à défaut d'accord amiable.

Art. L. 171-4 La ville de Paris peut établir des supports et ancrages pour les appareils d'éclairage public ou de signalisation et, s'il y a lieu, pour les canalisations et les appareillages s'y rapportant, soit à l'extérieur des murs ou façades donnant sur la voie publique, soit sur les toits et terrasses des bâtiments à la condition qu'on puisse y accéder par l'extérieur, soit sur tous ouvrages ou saillies sur ou sous la voie publique dépendant des immeubles riverains.

Elle peut également établir des conduits ou supports sur le sol ou sous le sol des propriétés non bâties qui ne sont pas fermées de murs ou autres clôtures équivalentes.

Les exploitants des réseaux ferrés de transports en commun ont les mêmes droits en ce qui concerne les supports des appareils de signalisation.

Art. L. 171-5 La pose d'appuis sur les murs des façades ou sur les toits et terrasses des bâtiments ne peut faire obstacle au droit du propriétaire de démolir, réparer ou surélever.

La pose de supports ou de canalisations dans un terrain privé ouvert et non bâti ne fait pas non plus obstacle au droit du propriétaire de se clore ou de bâtir.

Le propriétaire doit, un mois avant d'entreprendre les travaux de démolition, réparations, surélévation ou clôture, prévenir le maire.

Art. L. 171-6 Pour l'étude des projets d'établissement des appareils et des canalisations d'alimentation, les agents de l'administration ne peuvent pénétrer dans les propriétés privées qu'en vertu d'une autorisation spéciale donnée dans les conditions prévues par la loi du 29 décembre 1892 sur les dommages causés à la propriété privée par l'exécution des travaux publics *[V. ce texte,* ***C. adm.****]*.

Art. L. 171-7 A défaut d'accord amiable avec les propriétaires intéressés, la décision autorisant la pose de supports, de canalisations ou d'appareillages sur les propriétés privées est prise après enquête publique *(L. n° 2010-788 du 12 juill. 2010, art. 242-II-2°)* « ouverte par l'autorité exécutive de la collectivité territoriale ou de l'établissement public de coopération intercommunale, propriétaire de la voie, et *(Ord. n° 2015-1341 du 23 oct. 2015, art. 5-IV, en vigueur le 1er janv. 2016)* « organisée conformément aux dispositions du code des relations entre le public et l'administration *[ancienne rédaction : organisée conformément aux dispositions du code de l'expropriation pour cause d'utilité publique]*. »

Art. L. 171-8 L'arrêté du maire détermine les travaux à exécuter. Il est notifié individuellement aux intéressés. Les travaux peuvent commencer trois jours après cette notification.

Toutefois, ce délai ne s'applique pas aux travaux d'entretien.

Si les travaux ne sont pas commencés dans les quinze jours de l'avertissement, celui-ci doit être renouvelé.

En cas d'urgence, le maire, par un arrêté motivé notifié individuellement aux intéressés, peut prescrire l'exécution immédiate des travaux.

Art. L. 171-9 L'arrêté du maire autorisant l'établissement des appareils d'éclairage public ou de signalisation est périmé de plein droit s'il n'est pas suivi d'un commencement d'exécution dans les six mois de sa date ou dans les trois mois de sa notification.

Art. L. 171-10 Lorsque les supports ou ancrages sont placés à l'extérieur des murs et façades, sur les toits ou les terrasses ou lorsque des supports ou canalisations sont placés dans des terrains non clos, les indemnités qui peuvent être dues aux propriétaires sont réglées par l'autorité judiciaire.

Art. L. 171-11 Les actions en indemnité prévues par l'article L. 171-10 sont prescrites au terme d'un délai de deux ans à dater du jour où les travaux ont pris fin.

Les dispositions des art. L. 171-2 à L. 171-11 sont applicables à la ville de Lyon en tant qu'elles concernent l'éclairage public (Décr. n° 94-797 du 7 sept. 1994) ; ... à la ville d'Orléans en tant qu'elles concernent l'établissement et l'entretien des câbles électriques pour les transports en commun (Décr. n° 98-656 du 28 juill. 1998).

SECTION II *Voies privées*

SOUS-SECTION 1 *Assainissement d'office*

Art. L. 171-12 Dans les voies privées, le maire peut faire exécuter d'office, dans les conditions ci-après indiquées, les travaux de premier établissement et les grosses réparations nécessaires pour l'application des lois et règlements prévus à l'article L. 162-6.

Si les travaux ont déjà fait l'objet d'un arrêté d'injonction pris en application des articles L. 26 et suivants du code de la santé publique et de la loi du 22 juillet 1912 précitée et devenu exécutoire, le maire adresse par lettre recommandée, aux propriétaires ou à leur syndic s'il en a été désigné un, une mise en demeure d'avoir à les exécuter dans un délai qu'il fixe ; cette mise en demeure mentionne qu'à défaut d'exécution dans le délai indiqué ces travaux seront exécutés d'office aux frais des intéressés. A l'expiration de ce délai, il pourra être procédé, sans autre formalité, à l'exécution d'office.

S'il n'a pas été pris d'arrêté d'injonction et si une intervention d'urgence est nécessaire, le représentant de l'État dans le département peut prescrire par arrêté et faire exécuter d'office, sans mise en demeure préalable, les travaux de réparation ou de consolidation, à caractère sommaire et conservatoire, reconnus indispensables ainsi que, dans les voies ouvertes à la circulation publique et dont la liste a été établie par voie d'arrêté, les travaux reconnus nécessaires à la sécurité de la circulation. Il rend compte de son intervention à la commission des logements insalubres.

Art. L. 171-13 Le maire peut, après mise en demeure effectuée par lettre recommandée et non suivie d'effet dans le délai imparti, assurer, aux frais des intéressés, l'exécution des prescriptions du règlement sanitaire de la ville de Paris relatif à l'entretien de la voie en bon état de propreté et de salubrité notamment en ce qui concerne les menues réparations des revêtements de la voie, les dégorgements de canalisations, les suppressions de fuites, l'enlèvement des dépôts de gravats, des ordures et des immondices, le balayage des neiges, le cassage des glaces, le service de l'éclairage, la fourniture de l'eau.

En cas de danger imminent, le représentant de l'État dans le département a la faculté de prescrire par arrêté et de faire exécuter d'office, sans mise en demeure préalable, les travaux nécessaires pour remédier au danger.

SOUS-SECTION 2 *Classement des voies privées ouvertes à la circulation publique*

Art. L. 171-14 La propriété des voies privées ouvertes à la circulation publique, peut, sur délibération du conseil municipal, et après enquête publique *(L. n° 2010-788 du 12 juill. 2010, art. 242-II-1°)* « réalisée conformément aux dispositions du code de l'expropriation pour cause d'utilité publique » être transférée dans le domaine public de la ville de Paris.

La décision de classement est prise par arrêté motivé du maire lorsque aucune déclaration contraire au projet n'est produite à l'enquête par un des propriétaires intéressés et que l'avis du commissaire enquêteur est favorable.

Cette décision, qui comporte l'approbation d'un plan d'alignement, incorpore de plein droit au domaine public de la ville tout le terrain non clos et non couvert de constructions compris entre les alignements approuvés. Elle autorise l'exécution immédiate des travaux de viabilité et d'assainissement, ainsi que le recouvrement de la part de dépense correspondante à la charge des riverains.

Le droit des propriétaires se résout en une indemnité, qui, à défaut d'accord amiable, est fixée comme en matière d'expropriation.

Art. L. 171-15 Dans les voies classées en application de l'article L. 171-14, la ville de Paris assume l'entretien à partir de la décision de classement. Le maire décide de l'époque à laquelle les travaux doivent être exécutés, sous la seule réserve de les faire exécuter dans le délai de six ans.

SOUS-SECTION 3 *Dispositions financières*

Art. L. 171-16 Les dépenses des travaux exécutés d'office en application des dispositions des articles L. 171-12 et L. 171-13, majorées de 5 p. 100 pour frais généraux, sont arrêtées et réparties par le maire, après enquête, le syndic entendu, entre les propriétaires de la voie et des immeubles riverains en raison de l'intérêt de chaque propriété à l'exécution des travaux, compte tenu le cas échéant de la nature des activités exercées dans les immeubles riverains et sans préjudice des recours susceptibles d'être intentés par le propriétaire dont s'agit en réparation des détériorations en résultant.

Le remboursement des sommes dues est exigible sans intérêt :

a) En ce qui concerne les travaux de mise ou de remise en état totale ou partielle, en cinq annuités égales, qui viennent à échéance de douze mois en douze mois à compter de la date d'achèvement des travaux, les propriétaires étant toujours libres d'acquitter tout ou partie de ces annuités par anticipation ;

b) En ce qui concerne les travaux d'entretien courant, en une seule fois après l'achèvement des travaux.

Art. L. 171-17 Pour les voies ouvertes à la circulation publique, la ville peut accorder son concours financier aux propriétaires, et notamment assurer la pose gratuite des installations d'éclairage public, des conduites d'eau et des appareils de lavage, la gratuité du service de l'éclairage de la voie et de la fourniture d'eau nécessaire pour l'alimentation des réservoirs de chasse installés en égout et des appareils de lavage.

Art. L. 171-18 Dans le cas des voies classées dans le domaine public de la ville de Paris, en application des dispositions de l'article L. 171-14, les travaux de viabilité et d'assainissement nécessaires à la mise ou remise en état de ces voies, conformément au règlement sanitaire de la ville de Paris, sont exécutés par les soins de la ville.

La dépense correspondant aux travaux à exécuter, déduction faite des frais d'installation de l'éclairage public, des conduites d'eau et appareils hydrauliques publics, ainsi que des consolidations souterraines qui restent à la charge de la ville, est fixée à une somme forfaitaire d'après les prix des marchés d'entretien en vigueur à la date du classement.

Cette somme, majorée de 5 p. 100 pour frais généraux de l'administration, et après déduction, le cas échéant, des subventions accordées, est répartie et le remboursement en est exigible à compter de la décision de classement dans les conditions indiquées à l'article L. 171-16 pour les travaux de mise ou de remise en état totale ou partielle.

Art. L. 171-19 Si le maire juge nécessaire d'établir dans les cas prévus aux articles L. 171-12 et L. 171-18 un égout visitable au lieu d'une simple conduite d'évacuation, la moitié au moins des frais d'établissement de cet égout et de report en égout des conduites d'eau existantes reste à la charge de la ville ; le reliquat est compris dans la somme à recouvrer sur les propriétaires intéressés dans les cas prévus aux articles L. 171-16 et L. 171-18.

Art. L. 171-20 Le maire arrête et rend exécutoires les états des sommes dues en application des articles L. 171-13, L. 171-16, L. 171-18 et L. 171-19. Le recouvrement s'effectue comme en matière d'impôts directs.

Les réclamations sont présentées et jugées comme en matière d'impôts directs.

Pour les dépenses recouvrables par annuités, les réclamations relatives à la fixation de leur montant ou à leur répartition ne pourront être présentées que lors de la mise en recouvrement de la première annuité.

Les dispositions du 1 de l'article 1920 du code général des impôts relatives à la taxe foncière sont applicables jusqu'à complet remboursement, et même à l'encontre des propriétaires successifs de l'immeuble, aux sommes portées sur les états de recouvrement. Toutefois, le privilège ainsi créé prend rang immédiatement après celui du Trésor public pour le recouvrement de la taxe foncière.

Art. L. 171-21 Lorsqu'un immeuble a plusieurs copropriétaires, toute injonction ou notification à faire pour l'exécution des articles L. 171-12 à L. 171-20 peut valablement être faite à celui ou à ceux d'entre eux dont le ou les noms figurent au rôle des contributions afférentes à l'immeuble.

Tous les copropriétaires, inscrits ou non au rôle, sont solidairement tenus du paiement de la part de dépense afférente à l'immeuble.

Lorsqu'un immeuble est grevé d'usufruit, l'exécution des articles sus-indiqués est poursuivie contre le nu-propriétaire ; la somme mise en recouvrement sur celui-ci est garantie par un privilège sur l'immeuble, lequel prend rang à la date de l'inscription requise par le maire en vertu d'un extrait de l'état de recouvrement devenu exécutoire.

En cas de mutation de propriété, les annuités subséquentes sont, à défaut de paiement par le précédent propriétaire inscrit au rôle, exigibles directement de l'acquéreur, propriétaire de l'immeuble, à la date des échéances, sauf recours de ce dernier contre le redevable.

SECTION III *Coordination des travaux*

Néant.

CHAPITRE II *Dispositions particulières à la Guadeloupe, la Guyane, la Martinique, La Réunion et Mayotte*

(Ord. n° 2017-378 du 23 mars 2017, art. 1er)

SECTION PREMIÈRE *Disposition[s] particulières à la Guyane et à La Réunion*

Art. L. 172-1 Les articles L. 114-7 et L. 114-8 ne sont pas applicables en Guyane et à La Réunion.

SECTION II *Disposition[s] particulières à Mayotte*

Art. L. 172-2 I. — Le présent code est applicable à Mayotte, dans la rédaction prévue au II et sous réserve des adaptations prévues au III.

II. — A l'article L. 112-7, la référence à l'article L. 460-1 du code de l'urbanisme est remplacée par la référence à l'article L. 461-1 du même code.

III. — Pour leur application à Mayotte, les dispositions du présent code sont ainsi adaptées :

1° La référence au département est remplacée par la référence au Département de Mayotte ;

2° Aux articles L. 116-4 et L. 116-5, la référence au directeur départemental de l'équipement est remplacée par la référence au directeur de l'environnement, de l'aménagement et du logement ;

3° L'article L. 162-6 n'est pas applicable.

CHAPITRE III *Dispositions diverses*

Art. L. 173-1 *(L. n° 2007-1787 du 20 déc. 2007, art. 23)* Les articles L. 171-2 à L. 171-11 sont applicables, sur délibération de leur assemblée, aux communes *(L. n° 2015-992 du 17 août 2015, art. 52-III)* « , aux établissements publics de coopération intercommunale et aux syndicats mixtes compétents en matière de voirie, d'éclairage public ou de transports en commun ».

(L. n° 2013-431 du 28 mai 2013, art. 8) « Dans la région d'Île-de-France, la section I du chapitre Ier du présent titre est également applicable au Syndicat des transports d'Île-de-France, sur délibération de son conseil d'administration, et aux départements, sur délibération de leur assemblée, lorsqu'ils assurent la maîtrise d'ouvrage des projets d'investissement en matière de transport public de voyageurs. »

Art. L. 173-2 Le conseil municipal peut demander l'application à la commune des dispositions des articles L. 171-12 à L. 171-21. La décision est prise par décret en Conseil d'État.

Réserve sera toutefois faite, dans ce décret, de celles des dispositions des articles L. 171-12 à L. 171-21 qui répondent à des règles spéciales à la ville de Paris, notamment en ce qui concerne la pose gratuite par la ville des installations d'éclairage public, des conduites d'eau et des appareils de lavage ainsi que la gratuité du service de l'éclairage de la voie et de la fourniture de l'eau nécessaire pour l'alimentation des réservoirs de chasse installés en égout et des appareils de lavage ; compte y sera tenu également, s'il y a lieu, des règles et usages propres à la commune intéressée.

Art. L. 173-3 *(Ord. n° 2000-914 du 18 sept. 2000, art. 9)* Ainsi qu'il est dit à l'article L. 321-11 du code de l'environnement ci-après reproduit :

Art. L. 321-11 A la demande de la majorité des communes ou des groupements de communes compétents en matière d'aménagement, d'urbanisme ou d'environnement d'une île maritime reliée au continent par un ouvrage d'art, le conseil départemental peut instituer un droit départemental de passage dû par les passagers de chaque véhicule terrestre à moteur empruntant cet ouvrage entre le continent et l'île.

Le droit mentionné au premier alinéa est établi et recouvré au profit du département. Il peut être perçu par l'exploitant de l'ouvrage en vue du reversement au département.

Le montant de ce droit *(Abrogé par L. n° 2009-1503 du 8 déc. 2009, art. 37, à compter du 1er janv. 2010)* « *, qui ne peut excéder 3,05 € par véhicule,* » est fixé par le conseil départemental après accord avec la majorité des communes et groupements de communes mentionnés au premier alinéa.

(L. n° 2009-1503 du 8 déc. 2009, art. 37, en vigueur le 1er janv. 2010) « Le montant du droit de passage est au plus égal au produit d'un montant forfaitaire de 20 € par un coefficient, compris entre 0,2 et 3, en fonction de la classe du véhicule déterminée d'après sa silhouette, appréciée en tenant compte, s'il y a lieu, de la présence d'une remorque tractée et de ses caractéristiques techniques.

« Lorsqu' *[Lorsque]* est perçu le droit départemental mentionné au premier alinéa, l'usage de l'ouvrage d'art entre le continent et l'île peut en outre donner lieu à la perception d'une redevance pour services rendus par le maître de l'ouvrage en vue d'assurer le coût de son entretien et de son exploitation. Ces dispositions sont exclusives de l'application de l'article 56 de la loi n° 96-314 du 12 avril 1996 portant diverses dispositions d'ordre économique et financier.

« Lorsqu'il y a versement d'une redevance pour services rendus, le montant du droit départemental de passage mentionné au premier alinéa du présent article est calculé de telle sorte que le montant total perçu, lors du passage d'un véhicule, ne puisse excéder trois fois le montant forfaitaire mentionné au quatrième alinéa.

« Le cas échéant, les frais de perception du droit départemental de passage et de la redevance pour services rendus s'imputent à due concurrence sur les produits de ceux-ci.

« La délibération du conseil départemental sur le droit de passage peut prévoir des tarifs différents ou la gratuité, sans préjudice de la modulation éventuelle de la redevance d'usage, selon les diverses catégories » d'usagers pour tenir compte soit d'une nécessité d'intérêt général en rapport avec les espaces naturels protégés, soit de la situation particulière de certains usagers et, notamment, de ceux qui ont leur domicile ou leur lieu de travail dans l'île concernée, ou leur domicile dans le département concerné, soit de l'accomplissement d'une mission de service public.

(L. n° 2009-1503 du 8 déc. 2009, art. 37, en vigueur le 1er janv. 2010) « Le produit du droit départemental de passage est inscrit au budget du département après déduction des coûts liés à sa perception ainsi que des coûts liés aux opérations de gestion et de protection des espaces naturels insulaires dont le département est le maître d'ouvrage ; les sommes correspondantes sont destinées au financement de mesures de protection et de gestion des espaces naturels insulaires ainsi que du développement de transports en commun fonctionnant avec des véhicules propres, dans

le cadre d'une convention conclue entre le préfet, le conseil départemental et les communes et les groupements de communes. La fraction du produit revenant aux communes et groupements concernés en application de cette convention leur est reversée par le département. Les collectivités peuvent rétrocéder tout ou partie de ces sommes aux gestionnaires des espaces naturels protégés mentionnés au huitième alinéa, dans le cadre d'une convention conclue à cet effet. »

Un décret en Conseil d'État précise les conditions d'application du présent article.

DEUXIÈME PARTIE : *RÉGLEMENTAIRE*

(Décr. n° 89-631 du 4 sept. 1989, JO 8 sept.)

TITRE PREMIER Dispositions communes aux voies du domaine public routier

CHAPITRE PREMIER *Équipements routiers et enquêtes de circulation*

(Décr. n° 2006-235 du 27 févr. 2006).

SECTION I *Équipements routiers* *(Décr. n° 2006-235 du 27 févr. 2006).*

Art. R.* 111-1 *(Décr. n° 2004-472 du 1er juin 2004, art. 1er-I ; Décr. n° 2011-812 du 5 juill. 2011, art. 1er, en vigueur le 1er oct. 2011)* « Les équipements routiers sont des dispositifs affectés aux besoins de la circulation routière, destinés à la signalisation, à la protection des usagers, à l'exploitation des voies du domaine public routier, à la constatation des infractions au code de la route et au recouvrement des droits d'usage. »

(Décr. n° 2002-1251 du 10 oct. 2002, art. 1er ; Décr. n° 2011-812 du 5 juill. 2011, art. 1er, en vigueur le 1er oct. 2011) « Ils doivent être conçus, fabriqués, commercialisés, utilisés et entretenus de façon à assurer aux usagers de la route le meilleur niveau de sécurité ou d'interopérabilité possible, selon les équipements considérés. »

(Décr. n° 2002-1251 du 10 oct. 2002, art. 1er) « Les équipements routiers sont classés en *(Décr. n° 2011-812 du 5 juill. 2011, art. 1er, en vigueur le 1er oct. 2011)* « cinq » catégories définies ainsi qu'il suit :

« 1° Les équipements de signalisation permanents ou temporaires, comprenant l'ensemble des dispositifs et produits destinés à la signalisation routière, notamment les produits de marquage de chaussées, les panneaux de signalisation, dont les panneaux à messages variables, ainsi que les balises et les feux de circulation ;

« 2° Les équipements de protection des usagers, notamment ceux qui assurent une fonction de retenue des véhicules ou des piétons sur la chaussée ou ses dépendances, d'atténuation des chocs ou de protection contre l'éblouissement ;

« 3° Les équipements d'exploitation des voies du domaine public routier, notamment ceux qui sont destinés à la régulation du trafic, à l'information ou au secours des usagers, au recueil des données routières et à l'éclairage des voies » ;

(Décr. n° 2004-472 du 1er juin 2004, art. 1er-III) « 4° Les équipements de constatation des infractions au code de la route, qui sont intégrés aux infrastructures routières » *(Décr. n° 2011-812 du 5 juill. 2011, art. 1er, en vigueur le 1er oct. 2011)* « ;

« 5° Les constituants d'interopérabilité du service européen de télépéage définis à l'article 2 de la décision 2009/750/CE du 6 octobre 2009 de la Commission relative à la définition du service européen de télépéage et à ses aspects techniques. »

Art. R. 111-2 *(Décr. n° 2006-1711 du 22 déc. 2006)* Les systèmes de télépéage mis en service à partir du 1er janvier 2007 utilisent une ou plusieurs des technologies suivantes pour l'exécution des transactions de télépéage :

a) La localisation par satellite ;

b) Les communications mobiles selon la norme GSM-GPRS (référence GSM TS 03.60/23.060) ;

c) Les micro-ondes de 5,8 GHz.

SECTION II *Enquêtes de circulation*

(Décr. n° 2006-235 du 27 févr. 2006)

Art. D. 111-2 Afin d'assurer la connaissance statistique des réseaux et des trafics routiers, l'État mène, auprès des usagers de la route, des enquêtes sur leurs déplacements. Les données recueillies au cours de ces enquêtes sont anonymes.

Art. D. 111-3 Lorsque le préfet décide de réaliser une enquête, sur son initiative ou à la demande d'une collectivité territoriale ou d'un groupement de collectivités, gestionnaires de la voirie, il autorise cette enquête par arrêté sur le domaine public routier de l'État ou des collectivités territoriales et autorise l'arrêt momentané des véhicules. Le cas échéant, l'autorité détentrice du pouvoir de police de circulation sur la voie faisant l'objet de l'enquête est préalablement informée.

L'arrêté indique les buts et modalités de l'enquête, les dates et heures auxquelles elle se déroule et l'emplacement du poste d'enquête. Il précise, le cas échéant, les prescriptions temporaires relatives à la circulation aux abords et sur les lieux du poste d'enquête, les dispositifs prévus pour l'arrêt des véhicules et les mesures nécessaires à la sécurité des opérations.

CHAPITRE II *Emprise*

SECTION I *Alignement*

Art. R. 112-1 *(Décr. nº 2017-456 du 29 mars 2017, art. 23)* Lorsqu'un plan d'alignement a pour effet de frapper d'une servitude de reculement un immeuble inscrit au titre des monuments historiques, il ne peut être adopté qu'après accord du préfet de région.

Lorsqu'un plan d'alignement a pour effet de frapper d'une servitude de reculement un immeuble situé dans le périmètre d'un site patrimonial remarquable, dans les abords des monuments historiques ou dans un site classé, inscrit ou en instance de classement, il ne peut être adopté qu'après avis de l'architecte des Bâtiments de France. En l'absence de réponse dans un délai de quatre mois, l'architecte des Bâtiments de France est réputé avoir donné un avis favorable.

Les dispositions du Décr. nº 2017-456 du 29 mars 2017 s'appliquent aux demandes d'autorisations d'urbanisme et aux déclarations préalables déposées à compter du lendemain de sa publication (Décr. préc., art. 27).

Ancien art. R.* 112-1 *Lorsqu'un plan d'alignement a pour effet de frapper d'une servitude de reculement un immeuble inscrit sur l'inventaire supplémentaire des monuments historiques, il ne peut être adopté qu'après l'avis du directeur régional des affaires culturelles. Cet avis est réputé délivré en l'absence de réponse dans le délai de quatre mois.*

Lorsqu'un plan d'alignement a pour effet de frapper d'une servitude de reculement un immeuble qui est compris dans le champ de visibilité d'un édifice classé ou inscrit ou qui est protégé au titre des articles 4, 9, 17 et 28 de la loi du 2 mai 1930 [abrogés et codifiés ss. C. envir., art. L. 341-1, L. 341-7, V. ces art.], *il ne peut être adopté qu'après avis, selon le cas, de l'architecte des Bâtiments de France ou du ministre chargé des sites. Cet avis est réputé délivré en l'absence de réponse dans le délai de quatre mois.*

Art. R.* 112-2 Le transfert de propriétés des terrains non bâtis et les limitations au droit de propriété des terrains bâtis résultant d'un plan d'alignement donnent lieu aux formalités de publicité foncière. Il en va de même du transfert de la propriété du sol prévue au deuxième alinéa de l'article L. 112-2.

Art. R.* 112-3 Des arrêtés portant règlement de voirie pris par le préfet, le président du conseil départemental ou le maire, selon qu'il s'agit d'une route nationale, d'une route départementale ou d'une voie communale, fixent les dimensions maximales des saillies autorisées.

SECTION II *Droits des riverains*

Néant.

CHAPITRE III *Utilisation*

Art. R.* 113-1 En application des dispositions de l'article R. 44 du code de la route, le ministre chargé de la voirie routière nationale et le ministre de l'intérieur fixent par arrêté conjoint publié au *Journal officiel* de la République française les conditions dans lesquelles est établie la signalisation routière destinée à porter à la connaissance des usagers la réglementation édictée par l'autorité compétente.

Art. R.* 113-2 Les lignes de télécommunications empruntant le domaine public routier sont établies, *(Décr. nº 97-683 du 30 mai 1997)* « dans les conditions prévues aux articles R. 20-45 et suivants du code des postes et communications électroniques ».

Art. R.* 113-3 Les obligations des concessionnaires ou des permissionnaires des réseaux de distribution d'énergie électrique empruntant le domaine public routier sont définies par

(Décr. n° 2011-1697 du 1er déc. 2011, art. 31, en vigueur le 1er janv. 2012) « l'article 23 du décret n° 2011-1697 du 1er décembre 2011 relatif aux ouvrages des réseaux publics d'électricité et des autres réseaux d'électricité et au dispositif de surveillance et de contrôle des ondes électromagnétiques, pris pour l'application des articles L. 323-11 à L. 323-13 du code de l'énergie et de l'article 42 de la loi n° 2009-967 du 3 août 2009 de programmation relative à la mise en œuvre du Grenelle de l'environnement ».

Art. R.* 113-4 L'utilisation du domaine public routier par les entreprises de transport de gaz combustible par canalisations est régie par les articles 30 et 36 du décret n° 85-1108 du 15 octobre 1985 relatif au régime des transports de gaz combustibles par canalisations.

Art. R.* 113-5 Les redevances pour l'occupation du domaine public routier par les ouvrages de transport et de distribution d'énergie électrique sont fixées dans les conditions prévues par le décret n° 56-151 du 27 janvier 1956 pris pour l'application de la loi n° 53-661 du 1er août 1953 en ce qui concerne la fixation du régime des redevances pour l'occupation du domaine public par les ouvrages de transport et de distribution et par les lignes ou canalisations particulières d'énergie électrique.

Art. R.* 113-6 Les redevances pour l'occupation du domaine public routier par les ouvrages de transport et de distribution et par les canalisations particulières de gaz combustible sont fixées dans les conditions prévues par le décret n° 58-367 du 2 avril 1958 pris pour l'application de la loi n° 53-661 du 1er août 1953 en ce qui concerne la fixation du régime des redevances pour l'occupation du domaine public par les ouvrages de transport et de distribution et par les canalisations particulières de gaz combustible.

Art. R.* 113-7 L'utilisation du domaine public routier pour la construction des oléoducs d'intérêt général est régie par les dispositions des articles 23, 24, 25, 27, 28, 29 et 32 du décret n° 59-645 du 16 mai 1959 relatif à l'application de l'article 11 de la loi de finances n° 58-336 du 29 mars 1958 relatif à la construction dans la métropole des pipes-lines d'intérêt général destinés aux transports d'hydrocarbures liquides ou liquéfiés sous pression.

Art. R.* 113-8 Les redevances pour l'occupation du domaine public routier par les canalisations d'intérêt général destinées au transport d'hydrocarbures liquides ou liquéfiés sous pression sont fixées dans les conditions prévues aux articles 1er à 4 du décret n° 73-870 du 28 août 1973 pris pour l'application des dispositions de l'article 11 de la loi de finances n° 58-336 du 29 mars 1958 relatives aux redevances d'occupation du domaine public pour la construction et l'exploitation des pipes-lines d'intérêt général.

Art. R.* 113-9 L'occupation du domaine public routier par les canalisations de transport de produits chimiques et la redevance due pour celle-ci sont soumises aux dispositions des articles 32, 36 et 45 du décret n° 65-881 du 18 octobre 1965 portant application de la loi n° 65-498 du 25 juin 1965 relative au transport des produits chimiques par canalisations.

Art. R.* 113-10 L'occupation du domaine public routier par les canalisations de transport de chaleur est soumise aux dispositions des articles 32, 33 et 34 du décret n° 81-542 du 13 mai 1981 pris pour l'application des titres Ier, II et III de la loi n° 80-531 du 15 juillet 1980 relative aux économies d'énergie et à l'utilisation de la chaleur.

Art. R. 113-11 *(Décr. n° 2006-1133 du 8 sept. 2006)* Le déplacement des installations et ouvrages mentionnés au deuxième alinéa de l'article L. 113-3 peut être demandé par le gestionnaire du domaine public routier aux exploitants de réseaux de télécommunications et de services publics de transport ou de distribution d'électricité ou de gaz lorsque la présence de ces installations et ouvrages fait courir aux usagers de la route un danger dont la réalité est établie dans les cas suivants :

a) A la suite d'études réalisées à l'initiative du gestionnaire du domaine public routier afin d'améliorer les conditions de sécurité des usagers sur un itinéraire déterminé ;

b) A l'occasion de travaux d'aménagement de la route ou de ses abords ;

c) Lorsqu'il a été démontré par l'analyse des accidents survenus que la présence de ces installations et ouvrages a constitué un facteur aggravant.

Quatre mois avant toute décision, le gestionnaire du domaine public routier notifie à l'occupant son intention de demander le déplacement des ouvrages et installations en cause. Dans ce délai, l'occupant peut faire valoir ses observations. A l'issue de cette période, le gestionnaire du domaine public routier notifie sa décision à l'occupant. Celle-ci est exécutoire à l'expiration d'un délai qui ne peut être inférieur à un mois à compter de sa notification à l'occupant.

Si la décision prise en application de l'alinéa précédent n'est pas exécutée dans le délai prescrit, le gestionnaire du domaine public routier peut saisir le juge administratif aux fins de condamnation de l'occupant à réaliser sous astreinte les travaux demandés.

CHAPITRE IV *Riveraineté*

SECTION I *Servitudes de visibilité*

Art. R.* 114-1 L'enquête prévue à l'article L. 114-3 s'effectue dans les formes prescrites pour les plans d'alignement.

Notification du plan est faite aux propriétaires intéressés et l'exercice des servitudes commence à la date de cette notification.

Art. R.* 114-2 L'infraction mentionnée à l'article L. 114-5 est punie des peines d'amende prévues pour les contraventions de la 5e classe.

SECTION II *Obligations diverses*

Néant.

CHAPITRE V *Travaux*

SECTION UNIQUE *Coordination des travaux exécutés sur les voies publiques situées à l'intérieur des agglomérations*

Art. R.* 115-1 Le maire fixe chaque année la date à laquelle doivent lui être adressés par les propriétaires, affectataires des voies, permissionnaires, concessionnaires et occupants de droit ceux de leurs programmes de travaux qui affectent la voirie. Il fixe également les renseignements qui doivent lui être adressés, notamment sur la nature des travaux, leur localisation, la date de leur début et leur durée *(Décr. n° 2014-627 du 17 juin 2014, art. 2, en vigueur le 1er juill. 2014)* « , ainsi que sur les opérations préparatoires aux travaux susceptibles d'affecter la voirie, en particulier les investigations complémentaires obligatoires prévues au II de l'article R. 554-23 du code de l'environnement ». Les demandes adressées au maire en application du quatrième alinéa de l'article L. 115-1 doivent comporter les mêmes renseignements.

La décision du maire est publiée. Elle est notifiée aux personnes mentionnées à l'alinéa 1er ci-dessus.

Deux semaines au moins avant la date fixée par le maire, celui-ci porte à la connaissance des mêmes personnes les projets de réfection des voies communales.

Les programmes de travaux mentionnés aux alinéas 1er et 3 ci-dessus distinguent les opérations qui doivent être entreprises dans un délai d'un an de celles prévues à plus long terme.

Art. R.* 115-2 Le calendrier établi par le maire, qui comprend l'ensemble des travaux à exécuter sur les voies publiques situées à l'intérieur de l'agglomération et sur leurs dépendances, est notifié aux personnes ayant présenté des programmes dans les deux mois à compter de la date prévue à l'article R.* 115-1.

Passé ce délai, les travaux peuvent être exécutés aux dates prévues dans ces programmes.

Art. R.* 115-3 L'arrêté de suspension des travaux prévu au cinquième alinéa de l'article L. 115-1 est notifié à l'entreprise et au maître de l'ouvrage. Cet arrêté prévoit les mesures nécessaires pour assurer la sécurité de la circulation ; il peut prescrire la remise en état de la voie.

S'il n'est pas satisfait aux mesures prescrites par l'arrêté de suspension des travaux, le maire peut, en cas d'urgence, faire exécuter d'office les travaux prescrits par l'arrêté dans les conditions prévues par le deuxième alinéa de l'article L. 141-11.

Art. R.* 115-4 Lorsque le préfet envisage d'user des pouvoirs qu'il tient du septième alinéa de l'article L. 115-1, il en informe préalablement le maire. A défaut de réponse du maire dans un délai de quinze jours ou en cas d'urgence, il peut prescrire les mesures prévues par cet article.

CHAPITRE VI *Police de la conservation*

Art. R.* 116-1 Les conditions de l'assermentation, prévue à l'article L. 116-2, sont déterminées par un arrêté conjoint du garde des sceaux, ministre de la justice, et du ministre chargé de la voirie routière nationale s'il s'agit de la voirie nationale ou du ministre de l'intérieur dans les autres cas.

Art. R.* 116-2 Seront punis d'amende prévue pour les contraventions de la cinquième classe ceux qui :

1° Sans autorisation, auront empiété sur le domaine public routier ou accompli un acte portant ou de nature à porter atteinte à l'intégrité de ce domaine ou de ses dépendances, ainsi qu'à celle des ouvrages, installations, plantations établis sur ledit domaine ;

2° Auront dérobé des matériaux entreposés sur le domaine public routier et ses dépendances pour les besoins de la voirie ;

3° Sans autorisation préalable et d'une façon non conforme à la destination du domaine public routier, auront occupé tout ou partie de ce domaine ou de ses dépendances ou y auront effectué des dépôts ;

4° Auront laissé écouler ou auront répandu ou jeté sur les voies publiques des substances susceptibles de nuire à la salubrité et à la sécurité publiques ou d'incommoder le public ;

5° En l'absence d'autorisation, auront établi ou laissé croître des arbres ou haies à moins de deux mètres de la limite du domaine public routier ;

6° Sans autorisation préalable, auront exécuté un travail sur le domaine public routier ;

7° Sans autorisation, auront creusé un souterrain sous le domaine public routier.

CHAPITRE VIII *Sécurité des ouvrages et des infrastructures* *(Décr. n° 2011-718 du 23 juin 2011).*

Aucune disposition réglementaire n'est prévue entre les chapitres VI et VIII du présent titre.

SECTION I *Ouvrages dont l'exploitation présente des risques particuliers pour la sécurité des personnes*

Art. R. 118-1-1 Constituent des ouvrages dont l'exploitation présente des risques particuliers pour la sécurité des personnes au sens de l'article L. 118-1 les tunnels routiers d'une longueur supérieure à 300 mètres.

Pour l'application du présent titre, un tunnel désigne toute route ou chaussée située sous un ouvrage de couverture qui, quel que soit son mode de construction, crée un espace confiné. Une section de route ou de chaussée située sous un ouvrage de couverture n'est pas un espace confiné dès lors que l'ouvrage de couverture comporte des ouvertures vers l'extérieur dont la surface est égale ou supérieure à 1 m^2 par voie de circulation et par mètre de chaussée.

(Décr. n° 2006-1354 du 8 nov. 2006) « La longueur d'un tunnel est celle de la voie de circulation la plus longue située sous un ouvrage de couverture. Un tunnel est considéré comme à double sens de circulation si l'espace confiné qu'il comporte est autorisé aux deux sens de circulation.

« Les services d'intervention sont constitués de tous les services locaux intervenant en cas d'accident, qu'ils soient publics ou privés, qu'ils fassent partie du personnel attaché à l'ouvrage ou non. »

Art. R. 118-1-2 Des moyens de lutte contre l'incendie et de secours doivent être placés à proximité des tunnels à double sens de circulation dont la longueur est supérieure à cinq kilomètres et qui supportent un trafic journalier de plus de 2 000 véhicules en moyenne annuelle dans au moins un sens de circulation. Pour déterminer ce seuil de trafic, les véhicules dont le poids total autorisé en charge dépasse 3,5 tonnes sont comptés pour cinq véhicules.

Un arrêté du ministre chargé de l'équipement, pris après avis de la Commission nationale d'évaluation de la sécurité des ouvrages routiers prévue à l'article *(Décr. n° 2016-38 du 22 janv. 2016, art. 2-1°)* « **D. 118-2-1** *[ancienne rédaction : R. 118-2-1]* », peut rendre applicables les mêmes dispositions à des tunnels à double sens de circulation, d'une longueur comprise entre trois et cinq kilomètres, *(Décr. n° 2006-1354 du 8 nov. 2006)* « quand l'analyse des risques résultant des dossiers de sécurité le justifie ».

(Abrogé par Décr. n° 2006-1354 du 8 nov. 2006) « Pour l'application du présent article, n'est pas considéré comme un tunnel à double sens de circulation un tunnel qui comporte plusieurs espaces confinés réservés chacun à un seul sens de circulation. »

SECTION II *Commission nationale d'évaluation de la sécurité des ouvrages routiers et agrément des experts*

(*Décr. n° 2016-38 du 22 janv. 2016, art. 1er*)

Art. D. 118-2-1 La Commission nationale d'évaluation de la sécurité des ouvrages routiers, placée auprès du ministre chargé de l'équipement, examine toute question relative aux règles de sécurité, à l'organisation des secours et au contrôle technique applicables aux ouvrages routiers mentionnés à l'article R. 118-1-1 qui lui est soumise par le ministre chargé de l'équipement ou le ministre chargé de la sécurité civile.

La commission est chargée en outre de donner un avis sur :

1° Les demandes et les retraits d'agrément d'expert ou d'organisme qualifié en matière de sécurité des ouvrages routiers ;

2° Les dossiers préliminaires aux travaux de construction ou de modification substantielle des ouvrages mentionnés à l'article R. 118-1-1.

Elle peut être également saisie pour avis des demandes d'autorisation de mise en service des ouvrages mentionnés à l'article R. 118-1-1 et du renouvellement de ces autorisations.

Art. D. 118-2-2 La Commission nationale d'évaluation de la sécurité des ouvrages routiers est composée de vingt-trois membres comprenant, outre son président nommé par le ministre chargé de l'équipement :

1° Six représentants de l'État dont un nommé par le ministre chargé de l'équipement, un par le ministre chargé des transports, un par le ministre chargé de la sécurité civile, un par le ministre chargé de la sécurité routière, un par le ministre chargé de la prévention des risques technologiques et un par le ministre chargé de la sécurité publique ;

2° Quatre représentants des collectivités territoriales, dont deux désignés par l'association des maires de France, un par l'Assemblée des départements de France et un par l'association des régions de France ;

3° Douze personnalités qualifiées, dont dix nommées conjointement par le ministre chargé de l'équipement et par le ministre chargé de la sécurité civile en raison de leur compétence technique en matière de tunnels routiers ou de sécurité, une nommée par le ministre chargé des transports en qualité de représentant des transporteurs routiers et une nommée par le ministre chargé de la sécurité routière en qualité de représentant des associations œuvrant pour cette cause.

Dans les catégories mentionnées aux 1° et 2°, des suppléants sont nommés ou désignés selon les mêmes modalités que les membres titulaires.

Le mandat des membres de la commission appartenant aux catégories mentionnées aux 2° et 3° est d'une durée de cinq ans renouvelable. En cas de démission ou d'incapacité d'un des membres de la commission, un remplaçant est nommé ou désigné conformément aux dispositions de l'article R. 133-4 du code des relations entre le public et l'administration.

Art. D. 118-2-3 La Commission nationale d'évaluation de la sécurité des ouvrages routiers ne peut valablement émettre d'avis que si son quorum est atteint conformément aux dispositions de l'article R. 133-10 du code des relations entre le public et l'administration. Toutefois, en matière d'agrément d'expert ou d'organisme qualifié, la commission peut valablement délibérer en formation restreinte composée de son président, de trois représentants de l'État, d'un représentant des collectivités territoriales et de trois personnalités qualifiées. Les membres de la formation restreinte sont désignés par leur collège respectif.

Le secrétariat de la commission est assuré par le ministère chargé de l'équipement.

La commission peut faire appel à des concours extérieurs pour des travaux ou expertises complémentaires.

Les frais de déplacement et de séjour supportés par les membres de la commission à l'occasion des réunions leur sont remboursés dans les conditions prévues par la réglementation applicable aux fonctionnaires de l'État. Les personnalités qualifiées et les autres personnes apportant leur concours aux travaux de la commission sont rémunérées dans les conditions fixées par arrêté conjoint des ministres chargés de l'équipement et du budget.

V. Arr. du 29 févr. 2016 fixant le montant des indemnités des membres de la Commission nationale d'évaluation de la sécurité des ouvrages routiers (JO 23 mars).

Art. R.* 118-2-4 L'agrément des experts et organismes qualifiés chargés d'établir les rapports de sécurité prévus aux articles L. 118-1 et L. 118-2 est prononcé, après avis de la Commission nationale d'évaluation de la sécurité des ouvrages routiers, par le ministre chargé de l'équipement.

L'agrément d'un organisme qualifié est prononcé au vu de la liste nominative des experts agréés dont cet organisme s'est au préalable assuré le concours pour l'exécution de ses missions d'évaluation. Seuls ces experts sont habilités à signer pour le compte de l'organisme qualifié agréé les rapports de sécurité.

L'agrément est délivré pour une durée de cinq ans et peut être limité à un ou plusieurs secteurs d'intervention.

L'agrément peut faire l'objet d'un retrait s'il est constaté que l'expert ou l'organisme qualifié ne répond plus aux critères de l'agrément. Le retrait est prononcé après avis de la Commission nationale d'évaluation de la sécurité des ouvrages routiers.

En application du 4° du I de l'art. 21 de la L. n° 2000-321 du 12 avr. 2000, le silence gardé par l'administration pendant quatre mois vaut décision de rejet pour les demandes d'agrément des experts et organismes qualifiés chargés d'établir les rapports de sécurité pour certaines catégories d'ouvrages routiers (tunnels) (V. Décr. n° 2014-1273 du 30 oct. 2014, applicable aux demandes formulées à compter du 12 nov. 2014).

Ainsi qu'en atteste l'intitulé de la Section II « Commission nationale d'évaluation de la sécurité des ouvrages routiers et agrément des experts », il semble que c'est par erreur que l'art. 1er du Décr. n° 2016-38 du 22 janv. a abrogé l'art. R. 118-2-4 du présent code.

SECTION II *[ANCIENNE]* ***Commission nationale d'évaluation de la sécurité des ouvrages routiers et agrément des experts***

Ancien art. R. 118-2-1 *Il est créé auprès du ministre chargé de l'équipement une Commission nationale d'évaluation de la sécurité des ouvrages routiers.*

Le ministre chargé de l'équipement et le ministre chargé de la sécurité civile peuvent soumettre à la commission toute question relative aux règles de sécurité, à l'organisation des secours et au contrôle technique applicables aux ouvrages routiers mentionnés à l'article R. 118-1-1.

La commission est chargée en outre de donner un avis sur :

a) Les demandes d'agrément et les retraits d'agrément d'expert en matière de sécurité des ouvrages routiers ;

b) Les dossiers préliminaires aux travaux de construction ou de modification substantielle des ouvrages mentionnés à l'article R. 118-1-1.

Elle peut être également saisie pour avis des demandes d'autorisation de mise en service des ouvrages mentionnés à l'article R. 118-1-1 et du renouvellement de ces autorisations.

Ancien art. R. 118-2-2 *La Commission nationale d'évaluation de la sécurité des ouvrages routiers est composée de* (Décr. n° 2006-1354 du 8 nov. 2006) *« vingt-trois » membres comprenant, outre son président nommé par le ministre chargé de l'équipement :*

a) Six représentants de l'État dont un nommé par le ministre chargé de l'équipement, un par le ministre chargé des transports, un par le ministre chargé de la sécurité civile, un par le ministre chargé de la prévention des risques technologiques, un par le ministre chargé de la défense et un par le ministre chargé de la sécurité publique ;

b) Quatre représentants des collectivités territoriales comportant sur leur territoire un ouvrage mentionné à l'article R. 118-1-1, dont deux désignés par l'association des maires de France, un par l'association des départements de France et un par l'association des régions de France ;

c) (Décr. n° 2006-1354 du 8 nov. 2006) *« Douze » personnalités qualifiées dont* (Décr. n° 2006-1354 du 8 nov. 2006) *« dix » nommées conjointement par le ministre chargé de l'équipement et par le ministre chargé de la sécurité civile en raison de leur compétence technique en matière de tunnels routiers ou de sécurité et deux nommées par le ministre chargé des transports en qualité de représentants respectivement des transporteurs routiers et des associations œuvrant pour la sécurité routière.*

Dans les catégories mentionnées aux a et b, des suppléants sont nommés ou désignés selon les mêmes modalités que les membres titulaires.

Le mandat des membres de la commission appartenant aux catégories mentionnées aux b et c est d'une durée de trois ans renouvelable. En cas de démission ou d'incapacité d'un des membres de la commission, un remplaçant est nommé ou désigné dans les formes prévues ci-dessus et exerce son mandat pour le temps restant à courir jusqu'au prochain renouvellement de la commission.

Ancien art. R. 118-2-3 *La Commission nationale d'évaluation de la sécurité des ouvrages routiers ne peut valablement émettre d'avis que si au moins la moitié de ses membres sont présents. Toutefois, en matière d'agrément d'expert ou d'organisme qualifié, la commission peut valablement délibérer en formation restreinte composée du président de la commission, de trois représentants de l'État, d'un représentant des collectivités territoriales et de trois personnalités qualifiées. Les membres de la formation restreinte sont désignés par leur collège respectif.*

Le secrétariat de la commission est assuré par le ministère chargé de l'équipement.

La commission peut faire appel à des concours extérieurs pour des travaux ou avis complémentaires.

Les frais de déplacement et de séjour supportés par les membres de la commission à l'occasion des réunions leur sont remboursés dans les conditions prévues par la réglementation applicables aux fonctionnaires de l'État. (Décr. n° 2006-1354 du 8 nov. 2006) « *Les personnalités qualifiées et les autres personnes apportant leur concours aux travaux de la commission sont rémunérées dans les conditions fixées par arrêté conjoint des ministres chargés de l'équipement et du budget.* »

SECTION III *Procédures et règles relatives à la sécurité des ouvrages routiers dont l'exploitation présente des risques particuliers pour la sécurité des personnes*

Art. R. 118-3-1 I. — *(Décr. n° 2006-1354 du 8 nov. 2006)* « Le dossier préliminaire visé à l'article L. 118-1 comprend : »

1° La description, assortie de plans, de l'ouvrage projeté dans ses diverses composantes, y compris ses accès ;

2° Une étude prévisionnelle du trafic en distinguant celui des véhicules particuliers et celui des poids lourds ;

3° La description des dispositifs particuliers prévus pour le transport des marchandises dangereuses ;

4° Une étude spécifique de dangers décrivant les types d'accidents, quelle que soit leur origine, susceptibles de se produire au cours de l'exploitation et la nature et l'importance de leurs conséquences éventuelles ;

5° La description de l'organisation envisagée des moyens humains et matériels et les mesures prévues par le maître de l'ouvrage pour assurer la sécurité de l'exploitation et la maintenance de l'ouvrage en tenant compte notamment des dangers mentionnés au 4°.

Dans le cas d'une modification substantielle d'un ouvrage existant, le dossier préliminaire est complété par :

a) La liste des incidents et accidents significatifs survenus au cours des cinq années antérieures ainsi que leur analyse ;

b) La liste des exercices de sécurité effectués au cours des cinq années antérieures ainsi que les enseignements qui en ont été tirés ;

c) La description de l'organisation des moyens humains et matériels et les mesures prévues par le maître d'ouvrage pour assurer la sécurité de l'exploitation et la maintenance du tunnel pendant la réalisation des travaux.

II. — Le dossier préliminaire est soumis à un expert ou un organisme qualifié agréé, indépendant du maître d'ouvrage et du maître d'œuvre. L'expert ou l'organisme qualifié établit un rapport de sécurité dans lequel il donne son appréciation sur les documents composant le dossier préliminaire et sur la pertinence des mesures de sécurité envisagées.

III. — Le maître d'ouvrage adresse en quatre exemplaires le dossier préliminaire accompagné du rapport de sécurité au préfet du département dans lequel est implanté l'ouvrage dont la construction ou la modification est projetée. Le préfet soumet le dossier pour avis à la Commission nationale d'évaluation de la sécurité des ouvrages routiers et à la commune sur le territoire de laquelle sont prévus les travaux ou à l'établissement public de coopération intercommunale compétent. La commission nationale et le conseil municipal ou l'organe délibérant de l'établissement public disposent d'un délai de deux mois pour émettre leur avis. A l'expiration de ce délai, leur avis est réputé émis.

Dans les quatre mois suivant le dépôt du dossier, le préfet notifie son avis au maître d'ouvrage. Le maître d'ouvrage ne peut commencer les travaux qu'après réception de l'avis du préfet ou, en l'absence d'un tel avis, qu'au terme du délai mentionné au présent alinéa.

Cet art. s'applique aux projets de construction ou de modification substantielle d'un ouvrage routier dont l'enquête publique est prescrite par un arrêté pris après la publication du Décr. n° 2005-701 du 24 juin 2005 ou, en l'absence d'enquête publique, dont le marché de conception ou, à défaut, le marché de réalisation fait l'objet d'une publicité en vue de sa conclusion après la publication du décret précité. Dans le cas des ouvrages concédés, l'art. R. 118-3-1 s'applique lorsque l'avant-projet sommaire ou, à défaut, le dossier d'études préalables ou l'étude préliminaire d'ouvrage d'art est approuvé après la publication du décret précité (Décr. préc., art. 2).

Art. R. 118-3-2 La mise en service d'un ouvrage nouveau mentionné à l'article R. 118-1-1 ou de la partie d'un ouvrage existant qui fait l'objet d'une modification substantielle est subordonnée à la délivrance d'une autorisation par le préfet du département dans lequel est implanté l'ouvrage. L'autorisation de mise en service est délivrée *(Décr. n° 2006-1354 du 8 nov. 2006)* « au vu d'un dossier de sécurité accompagné du rapport de sécurité actualisé de l'expert ou de l'organisme qualifié agréé, adressés par le maître d'ouvrage en quatre exemplaires et comportant : »

a) L'actualisation des descriptions, analyses et études figurant dans le dossier préliminaire, notamment pour tenir compte des modifications résultant des travaux réalisés ;

b) *(Décr. n° 2006-1354 du 8 nov. 2006)* « Le règlement de circulation dans l'ouvrage ; »

c) Un plan d'intervention et de sécurité établi en liaison avec les services *(Décr. n° 2006-1354 du 8 nov. 2006)* « d'intervention » ;

d) La description du dispositif permanent permettant d'enregistrer et d'analyser les incidents et les accidents significatifs ;

(Abrogé par Décr. n° 2006-1354 du 8 nov. 2006) ***« e) Le dossier d'intervention ultérieure sur l'ouvrage établi pour l'application de l'article R. 238-38 du code du travail ; »***

(Décr. n° 2006-1354 du 8 nov. 2006) « *e)* » Pour les ouvrages définis à l'article R. 118-1-2, la description des moyens de lutte contre l'incendie et de secours mis en place à proximité de l'ouvrage et les modalités et les délais de leur intervention sur place ;

(Abrogé par Décr. n° 2006-1354 du 8 nov. 2006) ***« g) Les compléments apportés, le cas échéant, au rapport de sécurité par l'expert ou l'organisme qualifié agréé pour tenir compte des modifications apportées par rapport au dossier préliminaire. »***

Le préfet dispose de trois mois à compter de la réception du dossier pour délivrer, après avis de la commission consultative départementale de sécurité et d'accessibilité, l'autorisation de mise en service. Le délai d'instruction est porté à quatre mois si le préfet sollicite l'avis de la Commission nationale d'évaluation de la sécurité des ouvrages routiers.

L'autorisation peut être assortie de conditions restrictives d'utilisation de l'ouvrage ou de prescriptions particulières relatives à l'exploitation. Elle est délivrée pour une durée de six ans. *(Décr. n° 2006-1354 du 8 nov. 2006)* « Une copie de l'autorisation de mise en service est adressée aux services d'intervention. »

Cet art. s'applique aux ouvrages routiers dont la construction ou la modification substantielle a fait l'objet d'un marché de réalisation signé après le 1er déc. 2004 (Décr. préc., art. 2).

Art. R. 118-3-3 Au plus tard cinq mois avant l'expiration de la période de validité de l'autorisation, le maître d'ouvrage adresse en quatre exemplaires au préfet un dossier comportant :

a) *(Décr. n° 2006-1354 du 8 nov. 2006)* « Le dossier de sécurité décrit à l'article R. 118-3-2 actualisé et complété par un relevé des incidents et accidents significatifs survenus au cours de la période écoulée, assorti de leur analyse, et la liste des exercices de sécurité effectués conformément à l'article R. 118-3-8 avec les enseignements qui en ont été tirés ; »

b) Un rapport de sécurité établi par l'expert ou l'organisme qualifié agréé, indépendant du maître d'ouvrage et du gestionnaire, dans lequel il donne son appréciation sur les conditions d'exploitation et l'état de l'ouvrage et de ses équipements *(Décr. n° 2006-1354 du 8 nov. 2006)* « ainsi que sur la pertinence des mesures de sécurité » ;

(Abrogé par Décr. n° 2006-1354 du 8 nov. 2006) ***« c) Un relevé des incidents et accidents significatifs survenus au cours de la période écoulée, assorti de leur analyse ;***

« d) La liste des exercices de sécurité effectués annuellement et les enseignements qui en ont été tirés. »

(Décr. n° 2006-1354 du 8 nov. 2006) « Le préfet dispose de trois mois à compter de la réception du dossier pour renouveler, après avis de la commission consultative départementale de sécurité et d'accessibilité, l'autorisation de mise en service. Le délai d'instruction est porté à quatre mois si le préfet sollicite l'avis de la Commission nationale d'évaluation de la sécurité des ouvrages routiers. » L'autorisation est renouvelée pour une durée de six ans à compter de la fin de la période précédente. Elle peut être assortie de conditions restrictives d'utilisation de l'ouvrage ou de prescriptions particulières d'exploitation.

(Décr. n° 2006-1354 du 8 nov. 2006) « Une copie de la décision de renouvellement de l'autorisation de mise en service est adressée aux services d'intervention. »

Art. R. 118-3-4 En cas de modification importante des conditions d'exploitation, d'évolution significative des risques ou après un incident ou accident grave, le maître d'ouvrage est tenu de déposer *(Décr. n° 2006-1354 du 8 nov. 2006)* « une demande de renouvellement de l'autorisation de mise en service dans les conditions prévues à l'article R. 118-3-3 ». Jusqu'à ce qu'il soit statué sur cette demande, l'autorisation en cours de validité reste en vigueur, sauf décision de suspension prononcée par le préfet.

Art. R. 118-3-5 Lorsque le préfet prescrit, en application de l'article L. 118-2, l'établissement d'un diagnostic de sécurité d'un ouvrage en service, le maître d'ouvrage lui communique, dans le délai qui lui est imparti, *(Décr. n° 2006-1354 du 8 nov. 2006)* « les documents prévus aux *a* et *b* de l'article R. 118-3-3. L'expert ou organisme qualifié agréé complète le rapport de sécurité prévu au *b* par le diagnostic demandé.

« Le préfet renouvelle l'autorisation de mise en service selon les modalités définies au dernier alinéa du même article R. 118-3-3. Il peut également, après avoir recueilli les observations du gestionnaire et du maître de l'ouvrage, assortir le renouvellement de l'autorisation de nouvelles conditions restrictives d'utilisation de l'ouvrage ou de nouvelles prescriptions particulières d'exploitation. »

Art. R. 118-3-6 Un arrêté conjoint du ministre chargé de l'équipement et des transports et du ministre chargé de la sécurité civile désigne, pour chacun des ouvrages mentionnés à l'article R. 118-1-1 qui s'étendent sur plusieurs départements, le préfet compétent pour *(Décr. n° 2006-1354 du 8 nov. 2006)* « intervenir comme autorité administrative chargée de la sécurité ».

Art. R. 118-3-7 Lorsqu'un ouvrage relevant du présent chapitre est concédé, les procédures relatives au dossier préliminaire, aux autorisations de mise en service et à l'établissement d'un diagnostic sont menées avec le concessionnaire.

Art. R. 118-3-8 *(Décr. n° 2006-1354 du 8 nov. 2006)* Le maître de l'ouvrage mentionné à l'article R. 118-1-1 et les services d'intervention organisent des exercices conjoints pour le personnel du tunnel et les services d'intervention. Ces exercices sont réalisés chaque année. Toutefois, lorsque plusieurs ouvrages ont le même gestionnaire, relèvent des mêmes services d'intervention et sont situés à proximité immédiate les uns des autres, l'exercice peut n'être réalisé que dans l'un d'entre eux.

Ces exercices sont basés sur des scénarios d'incident définis au regard des risques encourus dans le tunnel. Ils permettent notamment de mesurer les temps nécessaires aux services d'intervention pour arriver sur les lieux et donnent lieu à une évaluation conjointe.

Art. R. 118-3-9 *(Décr. n° 2006-1354 du 8 nov. 2006)* Un arrêté conjoint des ministres chargés de l'équipement et de la sécurité civile précise le contenu des pièces composant le dossier préliminaire mentionné à l'article R. 118-3-1 et celui des pièces composant le dossier de sécurité mentionné aux articles R. 118-3-2 et R. 118-3-3, ainsi que les modalités de tenue à jour et d'actualisation de ce dernier dossier.

SECTION IV *Procédures et règles complémentaires relatives aux tunnels de plus de 500 mètres du réseau routier transeuropéen*

(Décr. n° 2006-1354 du 8 nov. 2006)

Art. R. 118-4-1 Les dispositions de la présente section s'appliquent aux tunnels de plus de 500 mètres du réseau routier transeuropéen ci-dessous énumérés :

Tunnel de la Chamoise ; sur l'autoroute A 40, département de l'Ain ;
Tunnel de Saint-Germain-de-Joux ; sur l'autoroute A 40, département de l'Ain ;
Tunnel de Châtillon ; sur l'autoroute A 40, département de l'Ain ;
Tunnel de La Baume ; sur l'autoroute A 51, département des Alpes-de-Haute-Provence ;
Tunnel de Las Planas ; sur l'autoroute A 8, département des Alpes-Maritimes ;
Tunnel du col de l'Arme ; sur l'autoroute A 8, département des Alpes-Maritimes ;
Tunnel de La Coupière ; sur l'autoroute A 8, département des Alpes-Maritimes ;
Tunnel de Canta Galet ; sur l'autoroute A 8, département des Alpes-Maritimes ;
Tunnel de Pessicart ; sur l'autoroute A 8, département des Alpes-Maritimes ;
Tunnel de Castellar ; sur l'autoroute A 8, département des Alpes-Maritimes ;
Tunnel de Foix ; sur la RN 20, dans le département de l'Ariège ;
Tunnel de Saint-Béat ; sur la RN 125, dans le département de la Haute-Garonne ;
Tunnel du Pas de l'Escalette ; sur l'autoroute A 75, département de l'Hérault ;
Tunnel de Petit Brion ; sur l'autoroute A 51, département de l'Isère ;
Tunnel du Sinard ; sur l'autoroute A 51, département de l'Isère ;
Tranchée couverte de Firminy ; sur la RN 88, département de la Loire ;
Tunnel de Montjézieu ; sur l'autoroute A 75, département de la Lozère ;
Tranchée couverte d'Angers ; sur l'autoroute A 11, département de Maine-et-Loire ;
Tunnel de Hardelot ; sur l'autoroute A 16, département du Pas-de-Calais ;
Tunnel de Puymorens ; sur la RN 20, département des Pyrénées-Orientales ;
Tunnel de Fourvière ; communauté urbaine de Lyon, département du Rhône ;
Tunnel de l'Épine ; sur l'autoroute A 43, département de la Savoie ;
Tunnel de Dullin ; sur l'autoroute A 43, département de la Savoie ;

Tunnel d'Orelle ; sur l'autoroute A 43, département de la Savoie ;
Tunnel de Hurtières ; sur l'autoroute A 43, département de la Savoie ;
Tunnel de l'Aiguebelle ; sur l'autoroute A 43, département de la Savoie ;
Tunnel des Monts ; sur la RN 201, département de la Savoie ;
Tunnel de Vuache ; sur l'autoroute A 40, département de la Haute-Savoie ;
Tunnel du mont Sion ; sur l'autoroute A 41, département de la Haute-Savoie ;
Tunnel des Chavants ; sur la RN 205, département de la Haute-Savoie ;
Tunnel de la Grand-Mare ; sur la RN 28, département de la Seine-Maritime ;
Tunnel de la traversée de Toulon ; sur l'autoroute A 50, département du Var ;

(Décr. du 7 mai 2012) « Tunnel de la Borne romaine ; sur l'autoroute A 8, département des Alpes-Maritimes ;

« Tranchée couverte de Montolivet/Bois-Luzy ; sur l'autoroute A 507, département des Bouches-du-Rhône ;

« Tranchée couverte de la Parette ; sur l'autoroute A 507, département des Bouches-du-Rhône ;

« Tranchée couverte de Saint-Barnabé ; sur l'autoroute A 507, département des Bouches-du-Rhône ;

« Tranchée couverte de la Fourragère ; sur l'autoroute A 507, département des Bouches-du-Rhône ;

« Tranchée couverte de Sainte-Marthe ; sur l'autoroute A 507, département des Bouches-du-Rhône ;

« Tunnel de Talant ; sur la liaison intercommunale nord-ouest de Dijon, département de la Côte-d'Or ;

« Tunnel de Violay ; sur l'autoroute A 89, département de la Loire ;
« Tunnel de la Bussière ; sur l'autoroute A 89, département du Rhône ;
« Tunnel de Chalosset ; sur l'autoroute A 89, département du Rhône ;
« Tunnel des Bruyères ; sur l'autoroute A 45, département de la Loire ;
« Tunnel de Lavoué ; sur l'autoroute A 45, département de la Loire ;
« Tunnel du Crêt Até ; sur l'autoroute A 45, département de la Loire ;
« Tunnel de la Mouille ; sur l'autoroute A 45, département du Rhône. »

Art. R. 118-4-2 Le maître de l'ouvrage transmet au préfet le nom de l'agent de sécurité prévu à l'article L. 118-5 qu'il entend désigner et indique les mesures qui sont prises pour garantir l'indépendance fonctionnelle de cet agent.

Dans un délai de deux mois à compter de cette transmission, le préfet donne son accord sur la désignation de l'agent. A défaut de réponse dans ce délai, il est réputé avoir accepté cette désignation.

Art. R. 118-4-3 L'agent de sécurité :

a) Émet un avis sur les mesures de prévention et les moyens de sauvegarde envisagés par le dossier préliminaire prévu à l'article R. 118-3-1 ;

b) Émet un avis sur le dossier de sécurité prévu aux articles R. 118-3-2 et R. 118-3-3. Son avis est joint à ce dossier lors de sa transmission au préfet ;

c) Émet un avis, que le maître de l'ouvrage transmet au préfet et aux services d'intervention, sur toute modification de l'ouvrage ne présentant pas un caractère substantiel et sur toute modification des conditions d'exploitation ne les affectant pas de façon importante ;

d) Assure la coordination avec les services d'intervention, notamment lors de l'élaboration des schémas opérationnels de ces services ;

e) Participe à l'organisation et à l'évaluation des interventions d'urgence ;

f) Participe à la définition des principes de sécurité ainsi qu'à la définition des caractéristiques de la structure, des équipements et de l'exploitation, tant en ce qui concerne les nouveaux tunnels que la transformation des tunnels existants ;

g) Vérifie que des programmes de formation sont établis et mis en œuvre pour le personnel d'exploitation et les services d'intervention ;

h) Participe à l'organisation et à l'évaluation des exercices prévus à l'article R. 118-3-8 ;

i) Vérifie que des procédures d'entretien et de réparation de la structure et des équipements des ouvrages sont établies et mises en œuvre ;

j) Participe à l'évaluation de tout incident ou accident significatif.

Le maître de l'ouvrage communique à l'agent de sécurité tous les documents et informations utiles à l'accomplissement de sa mission.

Art. R. 118-4-4 Le maître de l'ouvrage est tenu de dresser un compte rendu de tout incident ou accident significatif au regard de la sécurité et de le transmettre au préfet, à l'agent de sécurité et aux services d'intervention dans un délai maximal d'un mois. Il transmet dans les mêmes conditions tout éventuel rapport d'analyse, dans le mois de son élaboration.

Un arrêté conjoint des ministres chargés de l'équipement et de la sécurité civile établit la liste des incidents et accidents considérés comme significatifs au regard de la sécurité et les éléments que doit contenir le compte rendu ainsi que les modalités de transmission de ce compte rendu et des rapports éventuels.

Art. R. 118-4-5 Sans préjudice d'autres dispositions, les ouvrages visés dans la présente section doivent satisfaire aux exigences de sécurité minimales énumérées par un arrêté conjoint du ministre chargé de l'équipement et du ministre chargé de la sécurité civile. Le même arrêté fixe les conditions dans lesquelles il peut être dérogé à ces exigences en cas de recours soit à des solutions de substitution en raison d'impossibilités techniques, soit à des procédés de sécurité innovants.

L'art. R. 118-4-5 C. voirie rout. s'applique aux ouvrages ouverts à la circulation à compter du 30 avr. 2006. Pour les ouvrages ouverts à la circulation avant cette date, le maître d'ouvrage adresse au préfet, dans un délai de trois mois à compter de la publication du présent décret, une évaluation de la conformité de l'ouvrage aux dispositions de l'art. R. 118-4-5, l'avis d'un expert ou organisme qualifié agréé ainsi que, le cas échéant, ses prévisions pour la mise en conformité de l'ouvrage avant le 30 avr. 2014.

Art. R. 118-4-6 Si une dérogation aux exigences de sécurité minimales prévues à l'article R. 118-4-5 rend nécessaire une consultation de la Commission européenne avant l'engagement de travaux de construction ou de modification substantielle, le préfet notifie au maître d'ouvrage que le délai de réponse prévu à l'article R. 118-3-1 est suspendu. Il transmet le dossier au ministre chargé de l'équipement et y joint l'avis de la Commission nationale d'évaluation de la sécurité des ouvrages routiers. Dans le délai de deux mois après qu'il a reçu du ministre la décision de la Commission européenne, le préfet notifie son avis au maître d'ouvrage.

Art. R. 118-4-7 Les analyses des risques contenues dans le dossier préliminaire et le dossier de sécurité décrits aux articles R. 118-3-1 à R. 118-3-3 sont réalisées par un organisme jouissant d'une indépendance fonctionnelle vis-à-vis du maître d'ouvrage, du gestionnaire et du maître d'œuvre éventuel.

SECTION V *Procédures de gestion de la sécurité des infrastructures routières*

(Décr. nº 2011-262 du 11 mars 2011)

Cinq ans au plus tard après l'entrée en vigueur du Décr. nº 2011-262 du 11 mars 2011 [soit le 14 mars 2016], les autorités gestionnaires de voirie effectuent une évaluation de la mise en œuvre de ses dispositions et de leur impact sur la sécurité routière. Cette évaluation est accompagnée de propositions appropriées (Décr. préc., art. 2).

V. Circ. 13 avr. 2012, portant instruction pour la mise en œuvre d'audits de sécurité routière pour les opérations d'investissement sur le réseau routier national (BOMEDDE-METL nº 2012/11, p. 65).

Art. D. 118-5-1 Les procédures de gestion de la sécurité des infrastructures routières prévues à l'article L. 118-6 sont mises en œuvre sur le réseau routier d'importance européenne, lequel s'entend du réseau routier national défini par le décret nº 2005-1499 du 5 décembre 2005 relatif à la consistance du réseau routier national.

Les étapes à suivre et les éléments à prendre en considération lors de l'application de ces procédures sont fixés par arrêté du ministre chargé des transports. — *V. Arr. du 15 déc. 2011 (JO 22 déc.).*

Art. D. 118-5-2 Au sens de la présente section, on entend par : "projet d'infrastructure routière" un projet concernant la construction d'infrastructures routières nouvelles ou une modification substantielle du réseau existant ayant des effets sur les débits de circulation.

Art. D. 118-5-3 Chaque projet d'infrastructure routière fait l'objet, lors de la phase de planification initiale, avant son approbation, d'une évaluation de ses incidences sur la sécurité routière indiquant :

1º Les considérations en matière de sécurité routière qui contribuent au choix de la solution proposée ;

2º Les informations nécessaires à l'évaluation socio-économique des différentes variantes étudiées.

Cette évaluation est réalisée à partir de critères fixés par l'arrêté mentionné à l'article D. 118-5-1.

Art. D. 118-5-4 Des audits de sécurité routière sont conduits sur les projets d'infrastructure routière du réseau routier d'importance européenne. Ils consistent en un contrôle de la conformité des caractéristiques de conception et d'aménagement des voies. Ils sont effectués au cours de la phase de conception, avant la mise en service et en début d'exploitation.

Au vu des conclusions du rapport d'audit, le maître d'ouvrage met en œuvre, le cas échéant, des mesures correctives pour améliorer la sécurité de l'infrastructure en projet. A défaut, il justifie dans un document annexé au rapport d'audit les raisons pour lesquelles il décide de ne pas apporter de modifications au projet.

Les audits de sécurité routière sont réalisés par des auditeurs qualifiés dans les conditions prévues par l'article L. 118-7. Ces auditeurs ne peuvent avoir été associés à la conception du projet d'infrastructure et doivent n'avoir aucun lien, pendant la période de l'audit, avec son exploitation.

Lorsque les audits sont confiés à des équipes, au moins un membre de l'équipe est un auditeur qualifié.

Ces audits sont réalisés à partir de critères fixés par l'arrêté mentionné à l'article D. 118-5-1.

Art. D. 118-5-5 I. – 1° Une procédure de classification et de gestion de la sécurité est mise en œuvre, tous les trois ans, sur les routes en service du réseau routier d'importance européenne. Elle consiste à identifier les tronçons du réseau présentant la plus forte accidentalité, en vue de définir, le cas échéant, des mesures d'adaptation et de correction, en privilégiant les mesures présentant le rapport avantage/coût le plus élevé.

Elle est mise en œuvre par des équipes comprenant au moins un auditeur possédant une expérience ou une formation avancée dans les analyses de sécurité routière des infrastructures.

Elle est définie à partir de critères fixés par l'arrêté mentionné à l'article D. 118-5-1.

2° Les usagers de la route sont informés de la position de tronçons à forte concentration d'accidents par des moyens adéquats. Lorsque, selon les conditions spécifiques de l'accidentalité locale, une signalisation *in situ* est utilisée, elle est conforme à la réglementation de la signalisation des routes et des autoroutes.

II. – Des inspections de sécurité routière sont menées de façon périodique sur les routes en service du réseau routier d'importance européenne. Elles consistent en un recensement des anomalies qui nécessitent, en fonction des résultats constatés, une intervention d'entretien ou d'exploitation pour raisons de sécurité routière ainsi que des études sur les incidences éventuelles des travaux de voirie.

Art. R. 118-5-6 *(Décr. n° 2011-718 du 23 juin 2011, art. 1er)* Les auditeurs de sécurité routière, assurant les audits de sécurité prévus à l'article L. 118-6, sont titulaires d'un certificat d'aptitude qui sanctionne une formation initiale ou une expérience professionnelle appropriée, suivie régulièrement de sessions de perfectionnement, dans les domaines de la conception des routes, de l'ingénierie de la sécurité routière et de l'analyse des accidents.

L'autorité compétente pour la délivrance du certificat d'aptitude à l'exercice de la fonction d'auditeur de sécurité routière est le ministre chargé des transports. Celui-ci désigne également les organismes chargés de la formation des auditeurs et valide les programmes de formation.

Cette autorité accorde une équivalence du certificat d'aptitude permettant d'exercer la fonction d'auditeur de sécurité routière aux demandeurs en possession d'un certificat d'aptitude obtenu dans un autre État membre de l'Union européenne aux conditions suivantes :

– le certificat d'aptitude doit avoir été délivré par une autorité compétente dans cet État membre, désignée conformément aux dispositions réglementaires en vigueur dans cet État ;

– le certificat d'aptitude doit attester d'un niveau de qualification professionnelle au moins équivalent à celui exigé en France ;

– le demandeur doit avoir une connaissance de la langue française suffisante pour comprendre les documents à examiner en vue des audits ainsi que les documents de référence, de rédiger un rapport d'audit et de participer aux réunions de travail.

Les conditions d'application du présent article sont fixées par arrêté du ministre chargé des transports.

Les audits de sécurité routière sont exclusivement effectués par un ou des auditeurs de sécurité routière, ou par des équipes comprenant au moins un auditeur, satisfaisant, au plus tard le 19 déc. 2013, aux exigences fixées au présent art. (Décr. n° 2011-718 du 23 juin 2011, art. 2).

En application du 4° du I de l'art. 21 de la L. n° 2000-321 du 12 avr. 2000, le silence gardé par l'administration pendant quatre mois vaut décision de rejet pour les demandes de certificat d'aptitude à l'exercice de l'activité d'auditeur de sécurité routière (V. Décr. n° 2014-1273 du 30 oct. 2014, applicable aux demandes formulées à compter du 12 nov. 2014).

CHAPITRE IX *Équipements routiers*

(Décr. n° 2002-1251 du 10 oct. 2002, art. 2)

Les dispositions du présent chap. issues du Décr. n° 2002-1251 du 10 oct. 2002 entrent en vigueur, pour chaque type d'équipement routier, à la date fixée par l'arrêté prévu, selon le cas, à l'art. R. 119-2 ou à l'art. R. 119-4, et au plus tard le 1er janv. 2008. — V. Décr. n° 2002-1251 du 10 oct. 2002, art. 4 (JO 12 oct.).

SECTION I *Champ d'application*

Art. R.* 119-1 Sont soumis aux dispositions du présent chapitre les équipements routiers définis à l'article R.* 111-1 qui ont une incidence sur la sécurité des usagers de la route *(Décr. n° 2011-812 du 5 juill. 2011, art. 2, en vigueur le 1er oct. 2011)* « ou qui participent à l'interopérabilité des systèmes de télépéage.

« I. — Pour les équipements des quatre premières catégories définis *[définies]* à l'article R.* 111-1, lorsque » ces équipements sont soumis à l'obligation de marquage CE en application des dispositions du décret n° 92-647 du 8 juillet 1992 concernant l'aptitude à l'usage des produits de construction, ils sont placés sous le régime de l'évaluation et de l'attestation de conformité défini à la sous-section 1 de la section II du présent chapitre et sont soumis aux règles de mise en service fixées à l'article R.* 119-7.

Lorsqu'ils ne sont pas soumis à cette obligation, que ce soit à titre permanent ou à titre transitoire, ils sont placés sous le régime de l'évaluation et de l'attestation de conformité défini à la sous-section 2 de la section II du présent chapitre et sont soumis aux règles de mise en service fixées à l'article R.* 119-8. *(Décr. n° 2004-472 du 1er juin 2004, art. 2-I et 2-II)* « Les types d'équipements qui, par leur conception ou le caractère particulier de leur fabrication, ne peuvent être soumis à cette procédure d'évaluation et d'attestation de conformité, doivent néanmoins satisfaire à des exigences relatives à leurs caractéristiques et performances dans les conditions fixées à l'article R.* 119-9.

« Lorsque des types d'équipements appartenant à la quatrième catégorie définie à l'article R.* 111-1 contiennent des composants relevant du décret n° 2001-387 du 3 mai 2001 relatif au contrôle des instruments de mesure, les exigences techniques et les procédures applicables à ces composants sont celles fixées par ce décret et par les arrêtés pris en application de son article 3. »

(Décr. n° 2011-812 du 5 juill. 2011, art. 2, en vigueur le 1er oct. 2011) « II. — Les équipements de la cinquième catégorie définie à l'article R.* 111-1 sont soumis à l'obligation de marquage CE en application de l'article L. 119-4. Ces équipements sont placés sous le régime de l'évaluation et de l'attestation de conformité défini à la sous-section 1 de la section II du présent chapitre. »

SECTION II *Évaluation et attestation de conformité*

SOUS-SECTION 1 *Équipements soumis au marquage CE*

Art. R.* 119-2 *(Décr. n° 2011-812 du 5 juill. 2011, art. 3, en vigueur le 1er oct. 2011)* « I. — Pour les équipements des quatre premières catégories définies à l'article R.* 111-1, les » arrêtés interministériels pris en application de l'article 1er du décret n° 92-647 du 8 juillet 1992 déterminent les types d'équipements routiers soumis à l'obligation de marquage CE préalablement à leur mise sur le marché, les modes d'attestation de leur conformité aux spécifications techniques auxquelles ils doivent satisfaire ainsi que les dates à compter desquelles l'obligation de marquage susmentionnée prend effet pour chacun d'eux.

(Décr. n° 2011-812 du 5 juill. 2011, art. 3, en vigueur le 1er oct. 2011) « II. — Les modalités de marquage CE des équipements de la cinquième catégorie définie à l'article R.* 111-1 sont fixées par les articles 9 à 15 du décret n° 2011-812 du 5 juillet 2011 relatif à la mise sur le marché, au retrait ou à l'interdiction des constituants d'interopérabilité du service européen de télépéage. »

En application du 4° du I de l'art. 21 de la L. n° 2000-321 du 12 avr. 2000, le silence gardé par l'administration pendant deux mois vaut décision de rejet pour les demandes de délivrance de certificat de conformité pour les équipements routiers soumis au marquage CE (V. Décr. n° 2014-1273 du 30 oct. 2014, applicable aux demandes formulées à compter du 12 nov. 2014).

Art. R.* 119-3 *(Décr. n° 2011-812 du 5 juill. 2011, art. 3, en vigueur le 1er oct. 2011)* « I. – Pour les équipements des quatre premières catégories définies à l'article R.* 111-1, les » procédures d'évaluation de conformité et les procédures de délivrance et de retrait du certificat de conformité des produits marqués CE sont mises en œuvre :

– soit par des organismes indépendants agréés à cet effet conformément aux dispositions de l'article 9 du décret n° 92-647 du 8 juillet 1992 ;

– soit par des organismes agréés par les autorités compétentes d'autres États membres de l'Union européenne et figurant sur la liste des organismes et laboratoires notifiés publiée au *Journal officiel des Communautés européennes* en application des dispositions de l'article 18 de la directive 89/106 /CE du Conseil du 21 décembre 1988.

(Décr. n° 2011-812 du 5 juill. 2011, art. 3, en vigueur le 1er oct. 2011) « II. – Pour les équipements de la cinquième catégorie définie à l'article R.* 111-1, les procédures d'évaluation de conformité aux spécifications et d'aptitude à l'emploi des constituants d'interopérabilité visées à l'annexe IV de la décision n° 2009/750/CE de la Commission du 6 octobre 2009 relative à la définition du service européen de télépéage et à ses aspects techniques sont mises en œuvre :

« – soit par des organismes figurant sur la liste des organismes notifiés à cet effet, publiée au *Journal officiel de l'Union européenne* ;

« – soit par le fabricant, au sens de la décision n° 768/2008/CE du Parlement européen et du Conseil du 9 juillet 2008, ou son mandataire, dans le cadre d'une procédure d'autoévaluation de la conformité aux spécifications. »

V. Arr. du 29 juin 2012 relatif au marquage CE des constituants d'interopérabilité du service européen de télépéage (JO 28 juill.).

SOUS-SECTION 2 *Équipements non soumis au marquage CE*

Art. R.* 119-4 *(Décr. n° 2004-472 du 1er juin 2004, art. 3)* Des arrêtés du ministre chargé de l'équipement déterminent les types d'équipements routiers qui, *(Décr. n° 2019-1328 du 9 déc. 2019, art. 1er)* « relevant des première, deuxième, troisième et cinquième catégories d'équipements définies à l'article R.* 111-1 et » mis sur le marché sans marquage CE, sont soumis à des procédures d'attestation de conformité à des normes ou à d'autres spécifications techniques. *(Décr. n° 2019-1328 du 9 déc. 2019, art. 1er)* « Des arrêtés du ministre chargé de la sécurité routière déterminent les types d'équipements routiers qui, relevant de la quatrième catégorie d'équipements définie à l'article R.* 111-1 et mis sur le marché sans marquage CE, sont soumis à des procédures d'attestation de conformité à des normes ou à d'autres spécifications techniques. »

Les dispositions du présent art. pourront être modifiées par décret en Conseil d'État (Décr. n° 2004-472 du 1er juin 2004, art. 9).

En application du II de l'art. 21 de la L. n° 2000-321 du 12 avr. 2000, le silence gardé pendant deux mois par l'administration vaut décision de rejet pour les demandes de délivrance d'attestation de conformité ou d'équivalence pour les équipements routiers non soumis au marquage CE (V. Décr. n° 2014-1271 du 23 oct. 2014, applicable aux demandes formulées à compter du 12 nov. 2014).

Art. R.* 119-5 I. – Les équipements mentionnés *(Décr. n° 2004-472 du 1er juin 2004, art. 4-I)* « à l'article R.* 119-4 » ne peuvent être mis sur le marché que s'ils satisfont, tant en ce qui concerne leur conception que leur fabrication, aux exigences essentielles de sécurité fixées par la réglementation en vigueur.

Le respect de ces exigences essentielles de sécurité est attesté par un marquage spécifique à chacune des procédures d'attestation de conformité ou d'équivalence décrites aux *a*, *b* et *c* du II et au III du présent article. Ce marquage est apposé par les soins du fabricant ou de l'importateur selon les modalités définies par l'arrêté mentionné au IV du même article.

II. – *(Décr. n° 2004-472 du 1er juin 2004, art. 4-II-1°)* « Ne peuvent être munis du marquage prévu au I du présent article que les équipements dont l'équivalence est attestée selon la procédure prévue aux III et IV du présent article ou les équipements dont la conformité à des normes ou à d'autres spécifications techniques a été attestée à l'issue de l'une des procédures définies comme suit : »

(Décr. n° 2012-58 du 18 janv. 2012, art. 2) « *a)* La conformité des équipements à des normes et, le cas échéant, à des spécifications complémentaires, qui a été évaluée sur la base d'essais de type et d'une surveillance de la production, est attestée par la délivrance d'un certificat de conformité par un organisme certificateur accrédité à cet effet, dans les conditions définies par les arrêtés mentionnés à l'article R. 119-4.

(Décr. n° 2019-1328 du 9 déc. 2019, art. 1er) « *b)* La conformité des équipements à des réglementations techniques, qui a été évaluée dans les mêmes conditions qu'au *a* ci-dessus,

est attestée par la délivrance d'une homologation par le ministre compétent conformément aux dispositions de l'article R.* 119-4 ou par un organisme accrédité à cet effet, désigné par le ministre compétent conformément à ces mêmes dispositions par arrêté mentionné au deuxième alinéa du *c*. Les conditions de délivrance et de renouvellement de l'homologation particulière à chaque type d'équipement sont fixées par cet arrêté.

« *c)* La conformité des équipements à des normes ou à des réglementations techniques, qui a été évaluée sur la base d'essais de type réalisés par un laboratoire accrédité à cet effet désigné par le ministre compétent conformément aux dispositions de l'article R.* 119-4 par arrêté mentionné à l'alinéa suivant et d'un contrôle de la production réalisé par le fabricant, est attestée par une déclaration établie par ce dernier dans les conditions fixées par l'arrêté interministériel prévu au IV du présent article. »

Les arrêtés mentionnés à l'article R.* 119-4 fixent, pour chaque type d'équipements, celle des procédures prévues aux *a*, *b* et *c* ci-dessus qui lui est applicable ainsi que les modalités administratives et techniques particulières à cette procédure pour ce type d'équipements.

(Décr. nº 2004-472 du 1er juin 2004, art. 4-II-2º) « Ces arrêtés fixent également les niveaux d'exigence relatifs aux caractéristiques et aux performances des produits. Ces niveaux d'exigence sont définis, selon le mode d'évaluation et d'attestation de conformité prévu, par référence soit aux normes françaises ou à d'autres normes garantissant un niveau de sécurité équivalent, soit à des spécifications techniques fixées dans les mêmes conditions. »

III. — Les équipements routiers fabriqués dans d'autres États membres de l'Union européenne ou dans d'autres États parties à l'accord sur l'Espace économique européen, conformément aux règles techniques ou aux normes en vigueur dans ces États, et dont la conformité à ces règles ou à ces normes a été évaluée et attestée sur la base d'essais et de contrôles réalisés dans ces mêmes États, sont réputés équivalents aux équipements conformes aux prescriptions du présent chapitre à la condition d'offrir de façon durable des niveaux de sécurité et d'aptitude à l'usage équivalents.

Une attestation d'équivalence est délivrée par *(Décr. nº 2019-1328 du 9 déc. 2019, art. 1er)* « le ministre compétent conformément aux dispositions de l'article R.* 119-4 » dans les conditions fixées par l'arrêté interministériel mentionné au IV du présent article.

IV. — Les ministres chargés de l'équipement, de l'intérieur *(Décr. nº 2019-1328 du 9 déc. 2019, art. 1er)* « , de la sécurité routière » et de l'industrie fixent, par arrêté conjoint, les modalités générales, administratives et techniques, des procédures d'évaluation de la conformité à des spécifications techniques *(Décr. nº 2004-472 du 1er juin 2004, art. 4-III)* « et d'attestation de conformité et d'équivalence décrites aux II et III du présent article ».

(Décr. nº 2019-1328 du 9 déc. 2019, art. 1er) « Cet arrêté définit les conditions d'agrément, par le ministre compétent conformément aux dispositions de l'article R.* 119-4, des organismes certificateurs chargés de l'homologation des produits, des laboratoires d'essais ainsi que des organismes chargés du contrôle de la production au regard, notamment, du respect des normes des séries NF EN 45000 et EN ISO 17000. »

Les dispositions du présent art. pourront être modifiées par décret en Conseil d'État, à l'exception des II, III et IV qui devront être modifiés dans les conditions prévues à l'art. 2 du Décr. nº 97-34 du 15 janv. 1997 relatif à la déconcentration des décisions administratives individuelles (Décr. nº 2004-472 du 1er juin 2004, art. 9).

SECTION III *Règles de mise en service*

Art. R.* 119-6 *(Décr. nº 2012-58 du 18 janv. 2012, art. 3)* Les prescriptions d'emploi et les règles techniques de mise en œuvre des types d'équipements définis à l'article R. 111-1 ayant une incidence sur la sécurité des usagers de la route sont définies par arrêté conjoint du ministre chargé de l'équipement et du ministre de l'intérieur.

Art. R.* 119-7 *(Décr. nº 2011-812 du 5 juill. 2011, art. 4, en vigueur le 1er oct. 2011)* « I. — Pour les équipements des quatre premières catégories définies à l'article R.* 111-1, les » types d'équipements routiers inscrits dans les arrêtés prévus à l'article R.* 119-2 ne peuvent être mis en service sur les voies du domaine public routier que s'ils sont munis du marquage CE et respectent, le cas échéant, les performances ou les classes de performances que le ministre chargé de l'équipement fixe par arrêté *(Décr. nº 2004-472 du 1er juin 2004, art. 6-I)* « afin d'imposer le respect d'exigences de sécurité et d'aptitude à l'usage, dépendant du type de route ou d'ouvrage dans lesquels ces équipements sont utilisés, installés ou incorporés ».

(Décr. nº 2011-812 du 5 juill. 2011, art. 4, en vigueur le 1er oct. 2011) « II. — Les équipements de la cinquième catégorie définie à l'article R.* 111-1 ne peuvent être mis sur le marché que s'ils sont munis du marquage CE conformément à l'article L. 119-4. »

Art. R.* 119-8 Les types d'équipements routiers mentionnés *(Décr. n° 2004-472 du 1er juin 2004, art. 6-II)* « à l'article R.* 119-4 » ne peuvent être mis en service sur les voies du domaine public routier que s'ils bénéficient d'une attestation de conformité obtenue conformément aux dispositions du II de l'article R.* 119-5 ou d'une attestation d'équivalence obtenue en application du III du même article, et respectent, le cas échéant, les exigences de performances que *(Décr. n° 2019-1328 du 9 déc. 2019, art. 1er)* « le ministre compétent conformément aux dispositions de l'article R.* 119-4 » fixe par arrêté *(Décr. n° 2004-472 du 1er juin 2004, art. 6-I)* « afin d'imposer le respect d'exigences de sécurité et d'aptitude à l'usage, dépendant du type de route ou d'ouvrage dans lesquels ces équipements sont utilisés, installés ou incorporés ».

Les dispositions du présent art. pourront être modifiées par décret en Conseil d'État (Décr. n° 2004-472 du 1er juin 2004, art. 9).

Art. R.* 119-9 *(Décr. n° 2004-472 du 1er juin 2004, art. 7)* Le ministre chargé de *(Décr. n° 2019-1328 du 9 déc. 2019, art. 1er)* « la sécurité routière » détermine, par arrêté, les types d'équipements routiers définis au quatrième alinéa de l'article R.* 119-1 qui doivent satisfaire, lors de leur mise en service, à des exigences techniques relatives à leurs caractéristiques et performances établies, le cas échéant selon les différents types d'ouvrage, par référence soit aux normes françaises publiées au *Journal officiel* de la République française ou à d'autres normes garantissant un niveau de sécurité équivalent, soit à des spécifications techniques fixées par cet arrêté.

Les dispositions du présent art. pourront être modifiées par décret en Conseil d'État (Décr. n° 2004-472 du 1er juin 2004, art. 9).

Art. R. 119-10** Par dérogation aux dispositions des articles R.* 119-8 et R.* 119-9, des dispositifs innovants ou expérimentaux peuvent *(Abrogé par Décr. n° 2004-472 du 1er juin 2004, art. 8-I)* « *, à titre exceptionnel et pour une durée limitée,* » être mis en service sur certaines sections des voies du domaine public routier *(Décr. n° 2004-472 du 1er juin 2004, art. 8-II)* « dans les conditions d'expérimentation et d'aptitude en service fixées par le ministre chargé de l'équipement ». Des autorisations d'emploi à titre expérimental sont, dans ce cas, accordées aux fabricants ou importateurs *(Décr. n° 2012-58 du 18 janv. 2012, art. 4)* « ou à des gestionnaires de voirie » par le ministre chargé de l'équipement à la demande des gestionnaires de ces voies.

Les dispositions du présent art. pourront être modifiées par décret en Conseil d'État (Décr. n° 2004-472 du 1er juin 2004, art. 9).

V. Arr. du 29 août 2016 autorisant l'expérimentation d'un dispositif de bandes de prévention de chantier (JO 6 sept.), mod. par Arr. du 15 sept. 2017 (JO 13 oct.).

V. Arr du 27 févr. 2017 autorisant l'emploi à titre expérimental de faces avant rivetables pour réparer des panneaux existants de signalisation routière permanente (JO 4 mars), mod. par Arr. du 3 avr. 2018 (JO 14 avr.)

V. Arr. du 31 août 2017 autorisant l'expérimentation d'un dispositif d'alerte sonore par fraisage (JO 13 oct.).

SECTION IV *Dispositions diverses*

Art. R. 119-11** L'homologation, l'attestation d'équivalence et l'agrément prévus respectivement au *b* du II, au III et au IV de l'article R.* 119-5, ainsi que *(Décr. n° 2012-58 du 18 janv. 2012, art. 5)* « l'autorisation d'emploi à titre expérimental » prévue à l'article R.** 119-10, peuvent être suspendus pour une durée ne pouvant excéder un an ou annulés dans les mêmes formes que pour leur délivrance lorsque les conditions qui ont permis cette délivrance ne sont plus réunies.

Art. R. 119-12 *(Décr. n° 2011-812 du 5 juill. 2011, art. 5, en vigueur le 1er oct. 2011)* I. — Les équipements de la cinquième catégorie définie à l'article R.* 111-1 qui ne respectent pas les exigences essentielles visées au IV de l'article L. 119-4 doivent être mis en conformité ou être retirés du marché dans les plus brefs délais par le fabricant, le mandataire, l'importateur ou le distributeur de ces équipements.

II. — Lorsque le ministre chargé des transports a des motifs de penser qu'un équipement de la cinquième catégorie définie à l'article R.* 111-1 ne satisfait pas aux exigences essentielles visées au IV de l'article L. 119-4, il procède à une évaluation de l'équipement en cause avec le fabricant, le mandataire, l'importateur ou le distributeur dudit équipement.

Si le ministre chargé des transports constate, à l'issue de cette évaluation, que l'équipement ne satisfait effectivement pas aux exigences essentielles, il peut mettre en demeure le fabricant, le mandataire, l'importateur ou le distributeur de le mettre en conformité avec ces exigences essentielles, de le retirer du marché ou de le rappeler.

A défaut de mise en conformité, de retrait du marché ou de rappel à l'issue du délai prescrit dans la mise en demeure, le ministre chargé des transports peut interdire et retirer ces équipements du marché aux frais et risques des personnes les ayant mis sur le marché.

CHAPITRE X *Dispositions relatives au péage*

(Décr. n° 2012-313 du 5 mars 2012, art. 1er)

SECTION I *Service européen de télépéage*

SOUS-SECTION 1 *Les obligations des percepteurs de péage enregistrés en France*

Art. R.* 119-13 Les dispositions de la présente sous-section s'appliquent à l'ensemble des percepteurs de péage, personnes morales de droit public ou de droit privé, qui prélèvent des péages pour la circulation des véhicules dans un secteur de service européen de télépéage inscrit sur le registre prévu au II de l'article L. 119-4.

Art. R.* 119-14 Les percepteurs de péage établissent et tiennent à jour une déclaration de secteur de service européen de télépéage fixant les conditions générales d'accès des prestataires du service européen de télépéage à leurs secteurs à péage conformément à l'annexe I de la décision 2009/750/CE de la Commission du 6 octobre 2009 relative à la définition du service européen de télépéage et à ses aspects techniques.

Art. R.* 119-15 Les percepteurs de péage acceptent, sans discrimination, tout prestataire du service européen de télépéage demandant à fournir ce service dans les secteurs de service européen de télépéage sous leur responsabilité dès lors que celui-ci respecte les conditions générales énoncées dans la déclaration de secteur de service européen de télépéage visée à l'article R.* 119-14.

Les percepteurs de péage tiennent une liste, aisément accessible au public sur leur site internet, de tous les prestataires du service européen de télépéage avec lesquels ils ont passé un contrat.

Art. R.* 119-16 Les percepteurs de péage acceptent dans les secteurs de service européen de télépéage sous leur responsabilité tout équipement embarqué d'identification et de perception du péage opérationnel des prestataires du service européen de télépéage avec lesquels ils sont liés par des relations contractuelles, qui a été certifié conformément à l'annexe IV de la décision 2009/750/CE de la Commission du 6 octobre 2009 relative à la définition du service européen de télépéage et à ses aspects techniques et qui ne figure pas sur une liste d'équipements embarqués d'identification et de perception du péage invalidés tenue par les prestataires du service européen de télépéage, visée au troisième alinéa de l'article R.* 119-24.

Art. R.* 119-17 En cas de dysfonctionnement du service européen de télépéage imputable au percepteur de péage, celui-ci fournit un service en mode dégradé permettant aux véhicules dotés de l'équipement visé à l'article R.* 119-16 de circuler en sécurité, en subissant un retard minime et sans qu'il soit considéré que leurs conducteurs aient entendu se soustraire au péage.

Art. R.* 119-18 Lorsqu'un secteur de service européen de télépéage ne remplit pas les conditions techniques et procédurales d'interopérabilité du service européen de télépéage fixées par la directive 2004/52/CE du Parlement européen et du Conseil du 29 avril 2004 concernant l'interopérabilité des systèmes de télépéage routier dans la Communauté et la décision 2009/750/CE de la Commission du 6 octobre 2009 relative à la définition du service européen de télépéage et à ses aspects techniques, le percepteur de péage responsable prend, après analyse du problème avec les parties intéressées, toute mesure correctrice relevant de sa responsabilité afin d'assurer l'interopérabilité de son système de péage avec le service européen de télépéage. Il en informe alors le ministre chargé des transports afin que celui-ci mette à jour le registre prévu au II de l'article L. 119-4.

Art. R.* 119-19 Les percepteurs de péage déterminent la classification des véhicules soumis à un péage en fonction des paramètres de l'annexe VI de la décision 2009/750/CE de la Commission européenne relative à la définition du service européen de télépéage et à ses aspects techniques.

Le péage demandé par les percepteurs de péage aux utilisateurs du service européen de télépéage ne doit pas excéder le péage correspondant appliqué aux usagers habituels.

En cas de divergence entre la classification du véhicule utilisée par le prestataire de service européen de télépéage et celle déterminée par le percepteur de péage conformément aux dispositions du premier alinéa, c'est, sauf erreur dument *[dûment]* établie, cette dernière classification qui prévaut.

Art. R.* 119-20 Dans les systèmes de péage par micro-ondes, les percepteurs de péage communiquent aux prestataires du service européen de télépéage, pour les utilisateurs de leurs services, des déclarations justifiées des péages dus.

Art. D. 119-20-1 *(Décr. n° 2013-840 du 18 sept. 2013)* Les ouvrages mentionnés au second alinéa de l'article L. 119-2 sont ceux dont le chiffre d'affaires annuel est inférieur ou égal à 50 millions d'euros. Ce montant est réévalué chaque année en fonction de l'évolution de l'indice des prix à la consommation hors tabac constatée l'année précédente.

SOUS-SECTION 2 *Les obligations des prestataires du service européen de télépéage enregistrés en France*

Art. R.* 119-21 Les dispositions de la présente sous-section s'appliquent à l'ensemble des prestataires du service européen de télépéage inscrits sur le registre mentionné à l'article 1er du décret n° 2011-813 du 5 juillet 2011 relatif aux conditions d'enregistrement en France des sociétés prestataires du service européen de télépéage.

Art. R.* 119-22 Les prestataires du service européen de télépéage doivent conclure avec les percepteurs de péage des contrats de service européen de télépéage couvrant tous les secteurs de service européen de télépéage dans les vingt-quatre mois suivant leur inscription sur le registre mentionné à l'article R.* 119-21.

Ils garantissent la couverture de tous les secteurs de service européen de télépéage à tout moment. En cas de changement dans les secteurs de service européen de télépéage ou d'événement empêchant de couvrir tous les secteurs, les prestataires du service européen de télépéage doivent rétablir la couverture totale dans les six mois suivant les faits constatés.

Art. R.* 119-23 Les prestataires du service européen de télépéage concluent avec les utilisateurs du service européen de télépéage des contrats d'abonnement uniques pour les secteurs de télépéage qu'ils couvrent conformément à l'article R.* 119-22.

Les contrats précisent si l'utilisateur demande à connaître au moins l'heure et l'endroit où les péages ont été encourus ainsi que la décomposition des péages relative à l'utilisateur.

Les prestataires du service européen de télépéage rendent publiques leurs conditions contractuelles vis-à-vis des utilisateurs du service européen de télépéage et leur communiquent les secteurs de service européen de télépéage qu'ils couvrent et tout changement qui y est apporté.

Art. R.* 119-24 Les prestataires du service européen de télépéage assurent aux utilisateurs du service européen de télépéage un service et un soutien technique appropriés afin de garantir la personnalisation correcte de l'équipement embarqué d'identification et de perception du péage. Ils sont, à ce titre, responsables des paramètres fixes de classification du véhicule stockés dans l'équipement embarqué ou dans leur système informatique. Ils s'assurent que les paramètres variables de classification du véhicule, qui peuvent changer d'un trajet à l'autre ou sur un même trajet et dont l'introduction exige d'intervenir à l'intérieur du véhicule, sont aisément configurables par l'utilisateur.

Les prestataires du service européen de télépéage signalent à l'utilisateur du service européen de télépéage, dans les meilleurs délais possibles, tout cas de non-déclaration de péage concernant son compte en lui offrant, le cas échéant, la possibilité de régulariser la situation avant qu'une mesure coercitive ne soit prise.

Les prestataires du service européen de télépéage tiennent une liste à jour des équipements embarqués d'identification et de perception du péage invalidés liés à leurs contrats d'abonnement de service européen de télépéage avec des utilisateurs du service européen de télépéage. Ils ne peuvent plus, dans ce cas, être tenus pour responsable *[responsables]* des péages encourus du fait de l'utilisation de ces équipements.

Art. R.* 119-25 La facturation des utilisateurs du service européen de télépéage par les prestataires du service européen de télépéage doit clairement distinguer le prix du service imputé par le prestataire du service européen de télépéage des péages dus.

Art. R.* 119-26 Lorsque le percepteur de péage l'exige dans le cadre de la déclaration de secteur mentionnée à l'article R.* 119-14, les prestataires du service européen de télépéage assurent le paiement pour toute déclaration de péage justifiée, mais aussi pour tout péage dû et non déclaré concernant tout compte d'utilisateur géré par ce prestataire du service européen de télépéage.

Le paiement d'un péage par l'utilisateur du service européen de télépéage au prestataire du service européen de télépéage éteint les obligations de paiement de l'utilisateur du service européen de télépéage vis-à-vis du percepteur de péage concerné.

Art. R.* 119-27 Les prestataires du service européen de télépéage collaborent avec les percepteurs de péage pour réaliser à l'improviste des essais détaillés du système de péage qui impliquent des véhicules circulant ou ayant récemment circulé dans les secteurs de service européen de télépéage du percepteur de péage. Le nombre de véhicules soumis à ces essais pendant une année, pour un prestataire du service européen de télépéage particulier, doit être proportionné au trafic moyen annuel ou aux prévisions de trafic annuel du prestataire du service européen dans les secteurs du service européen de télépéage du percepteur de péage.

Art. R.* 119-28 Les prestataires du service européen de télépéage contrôlent leur niveau de service. Ils instaurent, à cet effet, des procédures opérationnelles auditées qui prévoient les mesures appropriées à prendre lorsque des problèmes de performance ou d'atteinte à l'intégrité du service européen de télépéage sont détectés.

SOUS-SECTION 3 *Les obligations des utilisateurs du service européen de télépéage*

Art. R.* 119-29 Les dispositions de la présente sous-section s'appliquent aux personnes physiques ou morales qui souscrivent un contrat auprès d'un prestataire du service européen de télépéage inscrit sur le registre mentionné à l'article 1er du décret n° 2011-813 du 5 juillet 2011 afin d'accéder au service européen de télépéage.

Art. R.* 119-30 Les utilisateurs du service européen de télépéage s'engagent à ce que toutes les données qu'ils communiquent au prestataire du service européen de télépéage les concernant ainsi que les véhicules utilisés soient exactes.

Ils sont informés par le prestataire du service européen de télépéage du traitement de leurs données à caractère personnel conformément aux lois et règlements qui les régissent.

Art. R.* 119-31 Les utilisateurs du service européen de télépéage s'assurent que l'équipement embarqué d'identification et de perception du péage est opérationnel pendant que le véhicule circule dans un secteur de service européen de télépéage.

A cet effet, ils emploient l'équipement embarqué d'identification et de perception du péage conformément aux instructions du prestataire du service européen de télépéage, notamment en ce qui concerne la déclaration des paramètres variables du véhicule.

SECTION II ***Péages applicables aux véhicules de transport de marchandises par route***

(Décr. n° 2012-314 du 5 mars 2012, art. 1er)

Art. D. 119-31-1 *(Décr. n° 2013-1167 du 14 déc. 2013)* Le montant acquitté au titre du péage modulé en application du II de l'article L. 119-7 ne peut être supérieur de plus de 100 % au péage qui serait acquitté, dans les mêmes conditions, par les véhicules équivalents qui respectent les normes d'émission EURO les plus strictes.

Art. D. 119-31-2 *(Décr. n° 2013-1167 du 14 déc. 2013)* Le montant acquitté au titre du péage modulé en application du IV de l'article L. 119-7 ne doit pas correspondre à un taux kilométrique supérieur de plus de 75 % au taux kilométrique moyen prévu à l'article 1er du décret n° 95-81 du 24 janvier 1995 relatif aux péages autoroutiers, pour chaque classe de véhicules considérée.

Les périodes cumulées pendant lesquelles le péage modulé le plus élevé est perçu, en application du présent article, n'excèdent pas cinq heures par jour.

Art. R.* 119-32 Les véhicules de transport de marchandises par route non munis d'un équipement embarqué d'identification et de perception du péage reconnu par le percepteur de péage acquittent le tarif de péage modulé correspondant à la classe EURO au tarif le plus élevé en vigueur pour le trajet réellement effectué, sauf si leur conducteur peut produire un justificatif attestant de la classe EURO du véhicule.

Art. R.* 119-33 Lorsque le tarif de péage modulé correspondant à la classe EURO au tarif le plus élevé en vigueur pour le trajet réellement effectué a été appliqué en l'absence de justificatifs, le remboursement du trop-perçu correspondant à la différence entre le tarif de la classe EURO du véhicule et le tarif réellement acquitté peut être demandé, sur production de justificatifs, au percepteur de péage. Un arrêté du ministre chargé de la voirie nationale précise la liste des justificatifs nécessaires au remboursement du trop-perçu, ainsi que les modalités de remboursement. – *V. Arr. du 16 mars 2012, JO 24 mars.*

Le percepteur de péage peut facturer au demandeur les frais relatifs à la transaction bancaire réalisée pour le remboursement mentionné au premier alinéa.

Chaque percepteur de péage informe, par tout moyen approprié, les usagers de son secteur de péage des dispositions applicables aux véhicules de transport de marchandises par route non munis d'un équipement embarqué d'identification et de perception du péage.

SECTION III *Péages applicables aux véhicules de transport de personnes par route*

(Décr. nº 2012-315 du 5 mars 2012, art. 1er)

Art. R.* 119-34 Les péages applicables aux véhicules de transport de personnes par route sont modulés en fonction de la classe d'émission EURO du véhicule, au sens de l'annexe 0 de la directive 1999/62/CE du Parlement européen et du Conseil du 17 juin 1999 relative à la taxation des poids lourds pour l'utilisation de certaines infrastructures. Le péage modulé à acquitter ne peut être supérieur de plus de 100 % au péage appliqué aux véhicules équivalents qui respectent les normes d'émission les plus strictes.

Les péages applicables aux véhicules de transport de personnes par route peuvent également être modulés en fonction du moment de la journée, de la date et du jour de la semaine. Le péage modulé à acquitter ne doit pas être d'un montant supérieur de plus de 100 % à celui prévu au titre de la période bénéficiant du tarif le plus bas. Si cette dernière période bénéficie d'une exonération tarifaire, correspondant à une gratuité totale, la modulation prévue pour la période au tarif le plus élevé n'excède pas 50 % du montant du péage normalement applicable au véhicule en cause.

La structure de ces différentes modulations est examinée tous les ans et les modifications qui en découlent sont mises en œuvre l'année suivante.

Ces dispositions s'appliquent dès le renouvellement des contrats de délégation de service public mentionnés à l'article L. 122-4 en cours. Elles ne s'appliquent pas aux contrats initiaux en vue desquels une consultation a été engagée avant le 1er avril 2012.

Art. R.* 119-35 Les véhicules de transport de personnes par route non munis d'un équipement embarqué d'identification et de perception du péage reconnu par le percepteur de péage acquittent le tarif de péage modulé correspondant à la classe EURO au tarif le plus élevé en vigueur pour le trajet réellement effectué, sauf si leur conducteur peut produire un justificatif attestant de la classe EURO du véhicule.

Art. R.* 119-36 Lorsque le tarif de péage modulé correspondant à la classe EURO au tarif le plus élevé en vigueur pour le trajet réellement effectué a été appliqué en l'absence de justificatifs, le remboursement du trop-perçu correspondant à la différence entre le tarif de la classe EURO du véhicule et le tarif réellement acquitté peut être demandé, sur production de justificatifs, au percepteur de péage. Un arrêté du ministre chargé de la voirie nationale précise la liste des justificatifs nécessaires au remboursement du trop-perçu, ainsi que les modalités de remboursement.

Le percepteur de péage peut facturer au demandeur les frais relatifs à la transaction bancaire réalisée pour le remboursement mentionné au premier alinéa.

V. Arr. du 16 mars 2012, JO 24 mars.

Art. R.* 119-37 Chaque percepteur de péage informe, par tout moyen approprié, les usagers de son secteur de péage des dispositions des articles R.* 119-34 à R.* 119-36.

TITRE II Voirie nationale

CHAPITRE PREMIER *Dispositions communes aux autoroutes et aux routes nationales*

Art. R.* 121-1 L'autorisation prévue à l'article L. 121-2 est délivrée dans les conditions fixées à l'article R. 53 du code du domaine de l'État *[art. désormais codifié à l'art. R. 2122-4* ***CGPPP****]*.

CHAPITRE II *Autoroutes*

SECTION I *Dispositions générales*

Art. R. 122-1 Le classement dans la catégorie des autoroutes :

D'une route nouvelle ou d'une route projetée ;

D'une route nationale existante,

(Décr. n° 2018-674 du 30 juill. 2018, art. 5) « est prononcé par décret, pris après enquête publique *[ancienne rédaction : est prononcé par décret en Conseil d'État, pris après enquête publique. Ce décret peut en même temps prononcer la déclaration d'utilité publique de la route ainsi classée ou d'une de ses sections]* ».

Le classement dans la catégorie des autoroutes des ouvrages annexes et des raccordements à d'autres voies publiques est prononcé par arrêté du préfet, pris après enquête publique, lorsque ces ouvrages sont créés sur une autoroute en service. L'ouverture de l'enquête publique est autorisée par le ministre chargé de la voirie routière nationale.

Le classement dans la catégorie des autoroutes d'une route appartenant à une voirie autre que la voirie routière nationale est prononcé, selon le cas, dans les formes prévues au premier ou au deuxième alinéa ci-dessus lorsque la collectivité territoriale dont la voirie est intéressée, dûment consultée, n'a pas, dans un délai de cinq mois, donné un avis défavorable.

Suite à l'adoption du Décr. n° 2018-674 du 30 juill. 2018, l'art. R. 122-1 C. voirie rout. devient l'art. R. 122-1 du même code (Décr. préc., art. 5).*

Art. R.* 122-2 Le déclassement d'une autoroute est prononcé par décret. Toutefois, en cas de création d'un point d'accès nouveau sur un raccordement autoroutier en service, le ministre chargé de la voirie routière nationale peut déclasser par arrêté la portion du raccordement située au-delà de ce point d'accès.

Ces actes peuvent, simultanément, prononcer l'incorporation dans une voirie autre que la voirie routière nationale mais dans ce dernier cas sous réserve des dispositions de l'article L. 122-5.

Art. R.* 122-3 Les propriétés riveraines des autoroutes ne jouissent du droit de déverser les eaux d'égout des toitures sur les autoroutes et du droit d'y déverser les eaux ménagères que sous forme de permissions de voirie prescrivant le cas échéant le paiement d'une redevance, qui peuvent être accordées dans les cas exceptionnels où l'administration estimerait que ces déversements ne sont pas incompatibles avec les conditions d'établissement et d'exploitation de l'autoroute.

Art. R.* 122-4 Les servitudes destinées à éviter les abus de la publicité prévues à l'article L. 122-2 sont celles de l'article 9 du décret n° 76-148 du 11 février 1976.

Art. R.* 122-5 A l'exception des installations nécessaires à l'exploitation de l'autoroute *(Décr. n° 97-683 du 30 mai 1997 ; Décr. n° 2011-1962 du 23 déc. 2011, art. 1er-I-1°)* « , des installations souterraines autorisées dans les conditions prévues par l'article R. 20-45 du code des postes et communications électroniques, des ouvrages souterrains du réseau public de transport d'électricité de tension supérieure ou égale à 50 kV et des installations établies par les sociétés concessionnaires en vue de leur utilisation par des opérateurs de télécommunications », aucune autorisation ne peut être accordée pour la pose, à l'intérieur des emprises des autoroutes, de canalisations aériennes ou souterraines longitudinales de quelque nature que ce soit. *(Décr. n° 94-1235 du 29 déc. 1994)* « Des dérogations peuvent toutefois être accordées par arrêté préfectoral ou, le cas échéant, interpréfectoral si plusieurs départements sont concernés » *(Décr. n° 2011-1962 du 23 déc. 2011, art. 1er-I-2°)* « , pris après avis conforme du ministre chargé de la voirie nationale, » pour des canalisations souterraines *(Décr. n° 2011-1962 du 23 déc. 2011, art. 1er-I-2°)* « sous réserve qu'un dossier, dont le contenu est précisé par arrêté conjoint des ministres chargés de la voirie nationale et de l'énergie, démontre que leur implantation n'est pas de nature à » faire obstacle à des améliorations de l'autoroute ou à les rendre plus onéreuses.

Les traversées aériennes peuvent être autorisées sous réserve qu'elles satisfassent à la réglementation en vigueur et qu'aucun support ne soit implanté dans les emprises de l'autoroute ni qu'aucun point d'une canalisation ne soit à moins de huit mètres de hauteur au-dessus du sol de l'autoroute.

Les canalisations autres que les lignes électriques aériennes doivent emprunter les ouvrages d'art existants ; en cas d'impossibilité, les dispositions imposées pour la traversée sont précisées dans chaque cas d'espèce par l'arrêté d'autorisation.

Les canalisations franchissant une autoroute et préexistantes à la construction de celle-ci doivent être modifiées en conformité des dispositions qui précèdent.

Art. R. 122-5-1 *(Décr. n° 96-1058 du 2 déc. 1996)* Les sociétés concessionnaires d'autoroutes ont le pouvoir de délivrer, dans les conditions prévues au II de l'article R. 57-4 du code du domaine de l'État *[art. désormais codifié à l'art. R. 2121-14 CGPPP]*, les titres d'occupation du domaine public de l'État en application des articles L. 34-1 à L. 34-9 dudit code *[art. désormais codifiés aux art. R. 2122-5 à R. 2122-18 CGPPP]* et de l'article 3 de la loi n° 94-631 du 25 juillet 1994 *[art. désormais codifié à l'art. L. 2122-19 CGPPP]*.

Art. R. 122-5-2 *(Décr. n° 2007-777 du 10 mai 2007)* Les cahiers des charges des délégations de missions du service public autoroutier prévoient les conditions dans lesquelles est déterminé le montant actualisé des excédents financiers reversé au prorata de leurs apports respectifs aux collectivités territoriales et aux établissements publics de coopération intercommunale en application du dernier alinéa de l'article L. 122-4.

Art. R.* 122-5-3 *(Décr. n° 2011-1962 du 23 déc. 2011, art. 1er-II)* L'occupation longitudinale du domaine public autoroutier par des ouvrages souterrains du réseau public de transport d'électricité de tension supérieure à 50 kV prévue à l'article R.* 122-5 est approuvée par décision du ministre chargé de la voirie nationale sur la base d'un dossier destiné à démontrer la compatibilité de cette occupation avec l'affectation du domaine public autoroutier, en particulier la préservation des intérêts de la circulation sur les voies, et avec les autres occupations, notamment les installations utilisées par les opérateurs de télécommunications.

Ce dossier, établi par le pétitionnaire et sur lequel l'exploitant du domaine public autoroutier émet un avis, détaille les caractéristiques techniques du projet et les périodes de chantier envisagées, les incidences éventuelles des installations projetées sur l'infrastructure autoroutière et les conditions de son exploitation, y compris durant la phase du chantier, ainsi que sur les autres ouvrages implantés sur le domaine public autoroutier, et les mesures prises pour remédier à ces incidences. Il précise également les conditions de prise en charge technique et financière par le pétitionnaire de toute opération de surveillance des ouvrages souterrains de transport d'électricité, de tout déplacement de ceux-ci rendu nécessaire par l'exécution de travaux autoroutiers ainsi que des surcoûts grevant, du fait de la présence de ces ouvrages, les travaux effectués dans l'intérêt du domaine public autoroutier.

Un arrêté conjoint du ministre chargé de la voirie nationale et du ministre chargé de l'énergie précise le contenu du dossier visé au présent article. – *V. Arr. du 28 déc. 2011 (JO 31 déc.).*

Art. R.* 122-5-4 *(Décr. n° 2011-1962 du 23 déc. 2011, art. 1er-II)* Au vu de la décision ministérielle visée à l'article R.* 122-5-3, une convention emportant autorisation d'occuper le domaine public autoroutier est conclue entre l'exploitant de ce domaine et le pétitionnaire pour une durée compatible avec l'exploitation du service public d'électricité dans le respect, s'il y a lieu, des clauses des contrats de délégation de service public autoroutier. Cette convention reprend et précise en tant que de besoin les prescriptions de la décision ministérielle. Elle définit notamment le montant de la redevance qui sera due au titre de l'occupation du domaine public autoroutier conformément aux dispositions législatives et réglementaires en la matière.

Art. R. 122-5-5 *(Décr. n° 2016-234 du 1er mars 2016, art. 1er-1°)* L'autorité administrative mentionnée à l'article L. 122-4-1 est le ministre chargé de la voirie routière nationale.

SECTION II *Dispositions financières*

SOUS-SECTION 1 *Caisse nationale des autoroutes*

Art. R.* 122-6 La Caisse nationale des autoroutes est un établissement public national à caractère administratif doté de l'autonomie financière.

Art. R.* 122-7 La Caisse nationale des autoroutes est chargée d'émettre des emprunts affectés au financement de la construction ou de l'aménagement des autoroutes donnant lieu à la perception des péages et de répartir le produit de ces emprunts entre les collectivités ou sociétés ayant reçu la concession de la construction ou de l'exploitation d'autoroutes en application des dispositions de l'article L. 122-4.

Art. R.* 122-8 La caisse est administrée par un conseil de huit membres qui comprend :

a) Deux représentants du ministre chargé de la voirie routière nationale ;

b) Deux représentants du ministre de l'économie et des finances ;

c) Un représentant du ministre de l'intérieur ;

d) Le commissaire général au Plan ou son représentant désigné à titre permanent ;

e) Le directeur général de la Caisse des dépôts et consignations ou son représentant désigné à titre permanent ;

f) Un président de société d'économie mixte concessionnaire d'autoroutes désigné par arrêté du ministre chargé de la voirie routière nationale.

Le président et le vice-président du conseil d'administration, choisis parmi les membres de celui-ci, sont désignés par arrêté conjoint du ministre de l'économie et des finances et du ministre chargé de la voirie routière nationale.

En cas de partage égal des voix, le président du conseil d'administration a voix prépondérante.

Art. R.* 122-9 Le conseil d'administration règle les affaires de la caisse. Il délibère notamment sur les points suivants :

a) Budget et compte financier ;

b) Montant et caractéristiques des emprunts à émettre ;

c) Affectation du produit des emprunts ;

d) Établissement des comptes annuels.

Le conseil d'administration se réunit sur convocation de son président et au moins une fois par an.

Art. R.* 122-10 Les ressources de la caisse comprennent :

a) Le produit des emprunts qu'elle émet avec l'autorisation du ministre de l'économie et des finances ;

b) Les sommes versées par les concessionnaires mentionnés à l'article R.* 122-7 en vue d'assurer le service desdits emprunts et de couvrir les frais de fonctionnement de la caisse ;

c) Des ressources de trésorerie.

Art. R.* 122-11 La caisse met le produit de ses emprunts à la disposition des concessionnaires d'autoroutes. Après accord du ministre de l'économie et des finances et du ministre chargé de la voirie routière nationale, les versements sont effectués sur ordre du président du conseil d'administration ou de toute personne mandatée par lui à cet effet.

Art. R.* 122-12 Le président du conseil d'administration représente la caisse en justice et dans tous les actes de la vie civile.

Il a la qualité d'ordonnateur.

Art. R.* 122-13 *(Décr. n° 2012-1247 du 7 nov. 2012, art. 47 et 289, en vigueur le 1er janv. 2013)* La Caisse nationale des autoroutes est soumise aux dispositions des titres Ier et III du décret n° 2012-1246 du 7 novembre 2012 relatif à la gestion budgétaire et comptable publique à l'exception des 1° et 2° de l'article 175, des articles 178 à 185, 204 à 208 et 220 à 228 de ce même décret.

Art. R.* 122-14 Sous le contrôle du conseil d'administration, la Caisse des dépôts et consignations assure la gestion administrative des opérations de la Caisse nationale des autoroutes dans les conditions fixées par une convention qui est conclue entre les deux établissements.

Art. R.* 122-15 L'agent comptable de la Caisse nationale des autoroutes est nommé par arrêté conjoint du ministre de l'économie et des finances et du ministre chargé de la voirie routière nationale.

SOUS-SECTION 2 *Autoroutes de France*

Art. R.* 122-16 L'établissement public national dénommé Autoroutes de France a le caractère administratif et est doté de la personnalité morale et de l'autonomie financière.

Art. R.* 122-17 Cet établissement a pour mission, dans les conditions fixées par les articles L. 122-7 à L. 122-11, d'assurer une péréquation des ressources des sociétés d'économie mixte concessionnaires d'autoroutes et de contribuer ainsi à l'équilibre de leur trésorerie.

Il peut faire des apports en fonds propres à ces sociétés, notamment sous la forme de prises de participations et d'avances d'actionnaires.

Art. R.* 122-18 *Abrogé par Décr. n° 2014-551 du 27 mai 2014, art. 32.*

Art. R.* 122-19 Le conseil d'administration règle les affaires de l'établissement.

Il délibère notamment sur son budget, sur son compte financier ainsi que sur ses opérations financières.

Il vérifie et arrête le montant des sommes qui reviennent à l'établissement en vertu de l'article L. 122-7 ; à cet effet, le président et le *(Décr. n° 2012-1247 du 7 nov. 2012, art. 1er)* « contrôleur budgétaire » peuvent se faire communiquer toutes les justifications utiles ainsi que tous documents relatifs à la gestion et aux comptes des sociétés d'économie mixte concessionnaires d'autoroutes.

Il arrête les conditions des avances qu'il accorde aux sociétés d'économie mixte concessionnaires d'autoroutes bénéficiaires de ces concours, ainsi que de ses apports en fonds propres.

Sous réserve des dispositions de l'article R.* 122-23, ses délibérations sont exécutoires de plein droit, sauf opposition, dans le délai de quinze jours, du ministre chargé de la voirie routière nationale ou du ministre chargé de l'économie et des finances.

Le budget de l'établissement et ses comptes annuels sont approuvés par le ministre de l'économie et des finances.

Art. R.* 122-20 Les ressources de l'établissement comprennent notamment :

a) Les sommes versées par les sociétés d'économie mixte concessionnaires d'autoroutes, conformément aux dispositions de l'article L. 122-7 ;

b) Le produit d'avances reçues de l'État ;

c) Le produit d'emprunts ;

d) Les dotations reçues de l'État.

Art. R.* 122-21 *(Décr. n° 91-454 du 10 mai 1991)* Sous le contrôle du conseil d'administration, la Caisse des dépôts et consignations assure la gestion de l'établissement dans les conditions définies par une convention passée avec celui-ci.

Art. R.* 122-22 Le président du conseil d'administration représente l'établissement en justice et dans tous les actes de la vie civile.

(Décr. n° 91-454 du 10 mai 1991) « Il a qualité d'ordonnateur. »

Art. R.* 122-23 Le fonctionnement financier et comptable de l'établissement est assuré dans les conditions prévues par *(Décr. n° 2012-1247 du 7 nov. 2012, art. 1er)* « le titre III du décret n° 2012-1246 du 7 novembre 2012 relatif à la gestion budgétaire et comptable publique ».

La comptabilité de l'établissement est distincte de celle de la Caisse des dépôts et consignations.

Les fonds de l'établissement sont déposés en compte propre au Trésor.

Art. R.* 122-24 L'agent comptable de l'établissement est nommé par arrêté du ministre de l'économie et des finances.

Art. R.* 122-25 L'établissement est soumis au contrôle financier de l'État prévu par le décret du 25 octobre 1935 instituant le contrôle des établissements publics autonomes de l'État ; un arrêté du ministre de l'économie et des finances détermine en tant que de besoin les modalités d'exercice de ce contrôle.

Art. R.* 122-26 L'établissement rembourse chaque année à la Caisse des dépôts et consignations les dépenses afférentes à sa gestion dans les conditions définies par la convention prévue à l'article R.* 122-21.

SECTION III *Régulation des tarifs de péage*

(Décr. n° 2016-234 du 1er mars 2016, art. 1er-4°)

Art. R. 122-27 I. – Pour l'application de l'article L. 122-8, *(Ord. n° 2019-761 du 24 juill. 2019, art. 1er, en vigueur le 1er oct. 2019)* « l'Autorité de régulation des transports » est saisie par le ministre chargé de la voirie routière nationale et le ministre chargé de l'économie.

Le dossier de consultation comprend, outre le projet de texte dont l'autorité est saisie :

1° Un rapport de présentation du projet ;

2° Une note justifiant la conformité du projet sur les plans technique, juridique, financier et tarifaire avec les dispositions de l'article L. 122-4 et, le cas échéant, de l'article L. 122-10 ;

3° Une note justifiant les données macro-économiques et financières ainsi que les principaux paramètres retenus pour déterminer l'équilibre général du projet, s'agissant notamment du coût des sujétions mises à la charge du délégataire existant ou pressenti et des hypothèses d'évolution du trafic.

II. — L'Autorité de régulation des *(Ord. n° 2019-761 du 24 juill. 2019, art. 1er)* « transports » transmet son avis au ministre chargé de la voirie routière nationale et au ministre chargé de l'économie dans le délai de trois mois prévu à l'article L. 122-8. Passé ce délai, l'avis est réputé donné.

SECTION IV *Régulation des marchés de travaux, fournitures et services du réseau autoroutier concédé*

(Décr. n° 2016-234 du 1er mars 2016, art. 1er-4°)

La présente section, dans sa rédaction résultant de l'art. 1er du Décr. n° 2016-552 du 3 mai 2016, s'applique aux marchés passés par les concessionnaires d'autoroutes pour lesquels une consultation est engagée ou un avis d'appel à la concurrence est envoyé à la publication à compter de la date de publication dudit décret, soit le 5 mai 2016 (Décr. préc., art. 2-I).

SOUS-SECTION 1 *Passation des marchés relevant de l'article L. 122-12 (Décr. n° 2017-1816 du 28 déc. 2017, art. 1er).*

Art. R. 122-28 *(Décr. n° 2016-552 du 3 mai 2016, art. 1er-1°)* La présente sous-section est applicable aux marchés mentionnés à l'article L. 122-12, y compris lorsque ces marchés sont passés avec des opérateurs économiques avec lesquels le concessionnaire s'est groupé pour obtenir le contrat de concession ou avec des entreprises qui leur sont liées au sens *(Décr. n° 2018-1075 du 3 déc. 2018, art. 9)* « de l'article L. 2511-8 du code de la commande publique ».

V. note ss. la présente section.

Les dispositions du Décr. n° 2018-1075 du 3 déc. 2018 s'appliquent :

1° Aux marchés publics pour lesquels une consultation a été engagée ou un avis d'appel à la concurrence a été envoyé à la publication depuis le 1er avr. 2019. Elles ne s'appliquent pas aux marchés publics passés sur le fondement d'un accord-cadre ou dans le cadre d'un système d'acquisition dynamique lorsque la procédure en vue de la passation de cet accord ou de la mise en place de ce système d'acquisition dynamique a été engagée avant cette date ;

2° Aux contrats de concession pour lesquels une consultation a été engagée ou un avis de concession a été envoyé à la publication depuis le 1er avr. 2019 (Décr. préc., art. 16).

Art. R. 122-29 *(Décr. n° 2016-552 du 3 mai 2016, art. 1er-1°)* Pour l'application des articles R. 122-30 et R. 122-31, la valeur estimée du besoin des marchés est calculée conformément *(Décr. n° 2018-1075 du 3 déc. 2018, art. 9)* « aux articles R. 2121-1 à R. 2121-9 et au 2° de l'article R. 2123-1 du code de la commande publique ».

V. notes ss. la présente section et ss. art. R. 122-28.

Art. R. 122-30 *(Décr. n° 2016-552 du 3 mai 2016, art. 1er-1°)* Ne sont pas soumis à l'obligation de publicité et de mise en concurrence prévue à l'article L. 122-16 les marchés suivants :

1° Marchés *(Abrogé par Décr. n° 2017-1816 du 28 déc. 2017, art. 1er)* *« de fournitures ou services »* répondant aux caractéristiques énumérées *(Décr. n° 2018-1075 du 3 déc. 2018, art. 9)* « aux articles R. 2122-1 à R. 2122-11 et au 4° de l'article R. 2123-1 du code de la commande publique » ;

2° Marchés de fournitures ou services autres que ceux mentionnés au 1° dont la valeur estimée du besoin est inférieure à 240 000 € HT ;

3° Marchés de travaux *(Décr. n° 2017-1816 du 28 déc. 2017, art. 1er)* « autres que ceux mentionnés au 1° » dont la valeur estimée du besoin est inférieure à 500 000 € HT, sans préjudice de l'obligation de publication prévue au 1° du IV de l'article R. 122-31.

V. notes ss. la présente section et ss. art. R. 122-28.

Les dispositions issues des art. 1er et 2 du Décr. n° 2017-1816 du 28 déc. 2017 sont applicables aux marchés et aux contrats passés par les concessionnaires d'autoroutes pour lesquels une consultation est engagée ou un avis d'appel à la concurrence est envoyé à la publication à compter de la date de publication dudit Décr. (Décr. préc., art. 4-I-A).

Art. R. 122-31 *(Décr. n° 2016-552 du 3 mai 2016, art. 1er-1° ; Décr. n° 2018-1075 du 3 déc. 2018, art. 9, en vigueur le 1er avr. 2019)* I. — Les marchés ne relevant pas de l'article R. 122-30 font l'objet d'une publicité permettant la présentation de plusieurs offres concurrentes dans les conditions prévues aux II à VI.

Pour l'application des dispositions des livres Ier et II de la deuxième partie du code de la commande publique, les marchés mentionnés au premier alinéa sont assimilés à des marchés publics, le concessionnaire d'autoroute est assimilé à un pouvoir adjudicateur et les références aux seuils de procédures formalisées renvoient aux seuils définis aux 2° et 3° de l'article R. 122-30.

II. — Le marché est préparé dans les conditions prévues au titre Ier du livre Ier de la deuxième partie du même code.

III. — Le concessionnaire passe ses marchés selon l'une des procédures formalisées prévues au chapitre IV du titre II du livre Ier de la deuxième partie du même code.

Le concessionnaire d'autoroute peut utiliser la procédure concurrentielle avec négociation ou le dialogue compétitif dans les cas suivants :

1° Pour les marchés de travaux, de fournitures ou services, dans les cas énumérés à l'article R. 2124-3 du même code ;

2° Pour les autres marchés de travaux, lorsque la valeur estimée du besoin est inférieure à 2 millions d'euros HT.

IV. — La publicité préalable est organisée dans les conditions prévues aux articles R. 2131-1, R. 2131-2, R. 2131-4 à R. 2131-6, R. 2131-10, R. 2131-11 et R. 2131-16 à R. 2131-20 du même code, sous réserve des adaptations suivantes :

1° La programmation de l'ensemble des investissements prévus par le contrat de concession pour les cinq années à venir est publiée sur le profil d'acheteur défini à l'article R. 2132-3 du même code ;

2° Pour les marchés de travaux dont la valeur estimée du besoin est supérieure ou égale à 2 millions d'euros HT :

a) L'avis de préinformation prévu à l'article R. 2131-1 du même code est obligatoire. Cet avis est envoyé à la publication au moins trois mois et au plus tôt douze mois avant la date d'envoi de l'avis d'appel à la concurrence ;

b) Les articles R. 2131-4 à R. 2131-6, R. 2131-10 et R. 2131-11 du même code ne sont pas applicables.

V. — Les procédures de passation sont régies par le chapitre II du titre III, les titres IV à VII du livre Ier de la deuxième partie du code de la commande publique à l'exception des articles R. 2172-7 à R. 2172-19.

Toutefois, pour les marchés de travaux passés par le concessionnaire relevant du 1° de l'article R. 122-33, *(Décr. n° 2017-1816 du 28 déc. 2017, art. 1er-3°-c)* « le recours à la possibilité de restreindre le nombre de candidats prévue à » l'article R. 2142-15 du même code *(Décr. n° 2017-1816 du 28 déc. 2017, art. 1er-3°-c)* « est encadré » par les règles internes de sa commission des marchés.

VI. — Les conditions d'achèvement de la procédure sont régies par le titre VIII du livre Ier de la deuxième partie du code de la commande publique sous réserve des adaptations suivantes :

1° Sans préjudice des articles R. 2182-1 et R. 2182-2 du même code, la signature du marché intervient dans les conditions prévues à l'article R. 122-39-1 ;

2° L'article R. 2196-1 du même code n'est pas applicable.

(Décr. n° 2017-1816 du 28 déc. 2017, art. 1er) « VII. — Les conditions dans lesquelles le marché peut être modifié sont régies par » le chapitre IV du titre IX du livre Ier de la deuxième partie du même code. »

V. note ss. art. R. 122-28.

Ancien art. R. 122-31 (Décr. n° 2016-552 du 3 mai 2016, art. 1er-1°) *I. — Les marchés ne relevant pas de l'article R. 122-30 font l'objet d'une publicité permettant la présentation de plusieurs offres concurrentes dans les conditions prévues aux II à VI.*

Pour l'application des dispositions du décret n° 2016-360 du 25 mars 2016 relatif aux marchés publics, les marchés mentionnés au premier alinéa sont assimilés à des marchés publics, le concessionnaire d'autoroute est assimilé à un pouvoir adjudicateur et les références aux seuils de procédures formalisées renvoient aux seuils définis aux 2° et 3° de l'article R. 122-30.

II. — Le marché est préparé dans les conditions prévues au titre II de la première partie du décret du 25 mars 2016 susmentionné, à l'exception de son chapitre III (Abrogé par Décr. n° 2017-1816 du 28 déc. 2017, art. 1er) *« et de son article 16 ».*

III. — Le concessionnaire passe ses marchés selon l'une des procédures formalisées énumérées au I de l'article 25 du décret du 25 mars 2016 susmentionné.

(Abrogé par Décr. n° 2017-1816 du 28 déc. 2017, art. 1er) *« Toutefois, le concessionnaire peut recourir à une procédure adaptée au sens du premier alinéa de l'article 27 du même décret pour les marchés de travaux répondant aux caractéristiques énumérées aux I et II de l'article 30 de ce décret. Dans ce cas, les II et IV à VI du présent article ne sont pas applicables. »*

Le concessionnaire d'autoroute peut utiliser la procédure concurrentielle avec négociation ou le dialogue compétitif dans les cas suivants :

1° Pour les marchés de travaux, de fournitures ou services, dans les cas énumérés au II de l'article 25 du décret susmentionné ;

2° Pour les autres marchés de travaux, lorsque la valeur estimée du besoin est inférieure à 2 millions d'euros HT.

IV. — La publicité préalable est organisée dans les conditions prévues par les articles 31, 33, 36 et 37 du décret du 25 mars 2016 susmentionné, sous réserve des adaptations suivantes :

1° La programmation de l'ensemble des investissements prévus par le contrat de concession pour les cinq années à venir est publiée sur le profil d'acheteur défini au troisième alinéa du I de l'article 31 du décret susmentionné ;

2° Pour les marchés de travaux dont la valeur estimée du besoin est supérieure ou égale à 2 millions d'euros HT :

a) L'avis de préinformation prévu au I de l'article 31 du décret susmentionné est obligatoire. Cet avis est envoyé à la publication au moins trois mois et au plus tôt douze mois avant la date d'envoi de l'avis d'appel à la concurrence ;

b) Le II de l'article 31 et l'article 37 du même décret ne sont pas applicables.

V. — Les procédures de passation sont régies par les chapitres IV à VII du titre III de la première partie du décret du 25 mars 2016 susmentionné.

Toutefois, pour les marchés de travaux passés par le concessionnaire relevant du 1° de l'article R. 122-33, (Décr. n° 2017-1816 du 28 déc. 2017, art. 1er-3°-c) *« le recours à la possibilité de restreindre le nombre de candidats prévue à l'article 47 du décret susmentionné est encadré » par les règles internes de sa commission des marchés.*

VI. — Les conditions d'achèvement de la procédure sont régies par le chapitre VIII du titre III de la première partie du décret du 25 mars 2016 susmentionné sous réserve des adaptations suivantes :

1° Sans préjudice de l'article 101 de ce décret, la signature du marché intervient dans les conditions prévues à l'article R. 122-39-1 ;

2° L'article 107 du même décret n'est pas applicable.

(Décr. n° 2017-1816 du 28 déc. 2017, art. 1er) *« VII. — Les conditions dans lesquelles le marché peut être modifié sont régies par le chapitre IV du titre IV de la première partie du décret du 25 mars 2016 susmentionné. »*

V. note ss. la présente section.

Par dérogation à l'art. 2-I du Décr. n° 2016-552 du 3 mai 2016, le 1° du IV du présent art. s'applique à compter du 1er juill. 2016, et le 2° du même article aux marchés pour lesquels un avis d'appel à la concurrence est envoyé à la publication à compter du 1er août 2016 (Décr. préc., art. 2-II).

V. note ss. art. R. 122-30.

Par dérogation, les dispositions issues du c du 3° de l'art. 1er du Décr. n° 2017-1816 du 28 déc. 2017 sont applicables aux marchés et aux contrats passés par les concessionnaires d'autoroutes pour lesquels une consultation est engagée ou un avis d'appel à la concurrence est envoyé à la publication à compter de l'entrée en vigueur de la modification mentionnée à l'art. 4-I-B-2°, soit le 1er mai 2018 (Décr. préc., art. 4-I-B-3°).

Art. R. 122-32 *(Décr. n° 2017-1816 du 28 déc. 2017, art. 1er-4°)* Le concessionnaire publie, sur son profil d'acheteur, les données essentielles, à l'exception des informations dont la divulgation serait contraire à l'ordre public, des marchés répondant à un besoin dont la valeur estimée est :

1° Pour les marchés de travaux, supérieure ou égale à 90 000 € HT ;

2° Pour les marchés de fournitures et services, supérieure ou égale au seuil mentionné au 2° de l'article R. 122-30.

Ces données comprennent les informations énumérées *(Décr. n° 2018-1075 du 3 déc. 2018, art. 9)* « dans l'arrêté du ministre chargé de l'économie prévu à l'article R. 2196-1 du code de la commande publique ».

Par dérogation à l'art. 4-I-A, les dispositions issues du 4° de l'art. 1er du Décr. n° 2017-1816 du 28 déc. 2017 sont applicables pour les marchés et contrats notifiés à compter du 1er janv. 2018 (Décr. préc., art. 4-I-B-1°).

V. note ss. art. R. 122-28.

Ancien art. R. 122-32 (Décr. n° 2016-552 du 3 mai 2016, art. 1er-1°) *Pour l'application de la dernière phrase de l'article L. 122-16, l'information de l'Autorité de régulation des activités fer-*

roviaires et routières préalablement à l'attribution d'un marché ne relevant pas de l'article R. 122-30 est assurée selon les modalités prévues à l'article R. 122-39 par le concessionnaire ou, lorsqu'il dispose d'une commission des marchés, par le président de cette commission.

V. note ss. la présente section.

SOUS-SECTION 1 *BIS* *Passation des marchés relevant de l'article L. 122-13 (Décr. nº 2017-1816 du 28 déc. 2017, art. 1er)*

Art. R. 122-32-1 Pour les marchés de travaux relevant de l'article L. 122-13, le seuil de procédure formalisée est fixé à 2 000 000 € HT. Pour l'application à ces marchés des *(Décr. nº 2018-1075 du 3 déc. 2018, art. 9)* « livres Ier et II de la deuxième partie du code de la commande publique », les références au seuil de procédure formalisée renvoient à ce seuil.

Pour les marchés de fournitures et services, les seuils de procédure formalisée sont les seuils européens *(Décr. nº 2018-1075 du 3 déc. 2018, art. 9)* « mentionnés à l'article L. 2124-1 du code de la commande publique ».

V. notes ss. art. R. 122-28 et R. 122-30.

SOUS-SECTION 2 *Commission des marchés*

Art. R. 122-33 Le concessionnaire d'autoroutes institue une commission des marchés :

1° S'il relève de l'article L. 122-12, dès lors que la longueur contractuelle des ouvrages de la concession est supérieure à 200 km ;

2° S'il relève de l'article L. 122-13, dès lors que la longueur contractuelle des ouvrages de la concession est supérieure à 50 km.

Art. R. 122-34 I. — Pour l'application des dispositions du deuxième alinéa de l'article L. 122-17, le concessionnaire d'autoroutes saisit *(Ord. nº 2019-761 du 24 juill. 2019, art. 1er, en vigueur le 1er oct. 2019)* « l'Autorité de régulation des transports » préalablement à toute décision de nomination ou de reconduction dans ses fonctions d'un membre de la commission des marchés.

Cette saisine comprend, outre l'identité de la personne concernée, la nature des fonctions exercées, celles précédemment exercées, une déclaration d'intérêts ainsi que les conditions, notamment financières et de durée, régissant son mandat. Il est précisé si la personne pressentie est au nombre des membres indépendants de la commission.

L'indépendance est appréciée à l'égard de l'ensemble des opérateurs économiques suivants :

1° Le concessionnaire ;

2° Les entreprises qui y sont liées, au sens *(Décr. nº 2018-1075 du 3 déc. 2018, art. 9)* « de l'article L. 2511-8 du code de la commande publique » ;

3° Les attributaires passés ;

4° Les soumissionnaires potentiels.

(Ord. nº 2019-761 du 24 juill. 2019, art. 1er, en vigueur le 1er oct. 2019) « L'Autorité de régulation des transports » transmet son avis au concessionnaire d'autoroutes dans un délai d'un mois à compter de la saisine. Passé ce délai, l'avis est réputé favorable.

II. — La commission des marchés est présidée par l'un de ses membres. Il est nommé par le concessionnaire d'autoroutes.

Le concessionnaire d'autoroutes informe *(Ord. nº 2019-761 du 24 juill. 2019, art. 1er, en vigueur le 1er oct. 2019)* « l'Autorité de régulation des transports » dans un délai de quinze jours de toute décision de désignation, reconduction ou révocation du président de la commission des marchés.

III. — Le ou les représentants de la direction générale de la concurrence, de la consommation et de la répression des fraudes n'ont pas voix délibérative et ne sont pas pris en compte pour l'application de la règle de majorité mentionnée au premier alinéa de l'article L. 122-17. Ils sont invités à chaque séance de la commission et sont destinataires de l'ensemble des documents communiqués par cette dernière. Ils sont mis en copie des communications adressées à *(Ord. nº 2019-761 du 24 juill. 2019, art. 1er, en vigueur le 1er oct. 2019)* « l'Autorité de régulation des transports ».

La représentation à la commission des marchés de la direction générale de la concurrence, de la consommation et de la répression des fraudes est assurée dans les conditions décidées par le directeur général de la concurrence, de la consommation et de la répression des fraudes.

Par dérogation aux dispositions du présent art., jusqu'à l'institution de commissions des marchés conformes à ces dispositions et au plus tard le 1er juill. 2016, les marchés et avenants relevant de l'art. R. 122-36 du même code sont soumis à l'avis des commissions de marchés existantes à la date de publication du Décr. n° 2016-234 du 1er mars 2016, soit le 2 mars 2016. Les obligations prévues à l'art. R. 122-37 de ce code sont remplies par le président de ces commissions (Décr. préc., art. 4-II).

V. note ss. art. R. 122-28.

Art. R. 122-35 I. — Les règles internes prévues au deuxième alinéa de l'article L. 122-17 comprennent notamment :

1° Les conditions dans lesquelles la commission se réunit et dans lesquelles elle statue ;

(Décr. n° 2017-1816 du 28 déc. 2017, art. 1er-6°) « 2° Les conditions dans lesquelles un concessionnaire relevant de l'article L. 122-12 peut restreindre le nombre de candidats admis à soumissionner ou à participer au dialogue compétitif en application du second alinéa du V de l'article R. 122-31 *[ancienne rédaction : 2° Les conditions dans lesquelles il peut être recouru à la procédure d'appel d'offre restreint ;]* »

3° Les conditions dans lesquelles la commission est consultée pour avis sur la passation des marchés ou la conclusion des avenants ;

4° Les conditions dans lesquelles la commission est informée de la décision du conseil d'administration ou du conseil de surveillance autorisant le concessionnaire d'autoroutes à ne pas suivre son avis ;

5° Les conditions dans lesquelles la commission est informée de la passation des marchés et de la conclusion des avenants lorsque son avis n'est pas requis ;

6° Les conditions d'accès de la commission aux informations nécessaires à l'exécution de ses missions ;

7° Sans préjudice des articles R. 122-37 et R. 122-38, les conditions dans lesquelles la commission informe *(Ord. n° 2019-761 du 24 juill. 2019, art. 1er, en vigueur le 1er oct. 2019)* « l'Autorité de régulation des transports » des conditions de passation et d'exécution des marchés ;

8° La durée limitée pendant laquelle ces règles sont applicables.

II. — Le concessionnaire d'autoroutes saisit *(Ord. n° 2019-761 du 24 juill. 2019, art. 1er, en vigueur le 1er oct. 2019)* « l'Autorité de régulation des transports » du projet de règles internes établi par la commission des marchés.

L'autorité transmet au concessionnaire d'autoroutes son avis dans un délai de deux mois à compter de la saisine. Passé ce délai, l'avis est réputé favorable.

Les règles définitives établies par la commission sont transmises à l'autorité avant leur entrée en vigueur.

V. note ss. art. R. 122-34.

Par dérogation à l'art. 4-I-A, les règles des commissions des marchés sont modifiées au plus tard le premier jour du cinquième mois suivant la date de publication du Décr. n° 2017-1816 du 28 déc. 2017, soit le 1er mai 2018, afin d'assurer leur conformité aux dispositions du 6° de l'art. 1er dudit Décr. (Décr. préc., art. 4-I-B-2°).

Art. R. 122-36 *(Décr. n° 2016-552 du 3 mai 2016, art. 1er-2°)* Sont soumis à l'avis de la commission des marchés les marchés *(Décr. n° 2017-1816 du 28 déc. 2017, art. 1er)* « dont la passation est effectuée selon l'une des procédures formalisées » *(Décr. n° 2018-1075 du 3 déc. 2018, art. 9)* « prévues au chapitre IV du titre II du livre Ier de la deuxième partie du code de la commande publique » et les avenants définis au I de l'article R. 122-39.

V. notes ss. art. R. 122-28 et R. 122-30.

Ancien art. R. 122-36 *Sont soumis à l'avis de la commission des marchés :*

1° Le projet de marché relevant de l'article L. 122-13 dont la passation doit être effectuée selon l'une des procédures formalisées mentionnées par le décret n° 2005-1742 du 30 décembre 2005 fixant les règles applicables aux marchés passés par les pouvoirs adjudicateurs mentionnés à l'article 3 de l'ordonnance n° 2005-649 du 6 juin 2005 relative aux marchés passés par certaines personnes publiques ou privées non soumises au code des marchés publics ;

2° Le projet de marché relevant de l'article L. 122-12 soumis à une obligation de publicité et de mise en concurrence ;

3° Le projet d'avenant entraînant, seul ou cumulativement avec les avenants antérieurs n'ayant pas été soumis à l'avis de la commission, une augmentation du montant initial du marché supérieure à 5 % de ce montant et à 100 000 € HT ;

4° Le projet d'avenant entraînant, seul ou cumulativement avec les avenants antérieurs, une augmentation du montant initial du marché au-delà du seuil à partir duquel les procédures formalisées mentionnées au 1° s'imposent ou l'obligation de publicité et de mise en concurrence men-

tionnée au 2° s'applique ; en cas de conclusion de l'avenant, le marché ainsi modifié est considéré comme relevant du 3° du présent article pour la soumission des avenants ultérieurs à l'avis de la commission.

Art. R. 122-37 Le président de la commission transmet sans délai à *(Ord. n° 2019-761 du 24 juill. 2019, art. 1er, en vigueur le 1er oct. 2019)* « l'Autorité de régulation des transports » les avis rendus par la commission.

Il informe également sans délai l'autorité de tout manquement constaté par la commission.

Art. R. 122-38 *(Décr. n° 2017-1816 du 28 déc. 2017, art. 1er-8°)* « La commission des marchés établit un rapport d'activité annuel qui comprend les éléments définis par *(Ord. n° 2019-761 du 24 juill. 2019, art. 1er, en vigueur le 1er oct. 2019)* « l'Autorité de régulation des transports » en application du 2° de l'article L. 122-33. »

Le président de la commission transmet ce rapport, avant le 31 mars de chaque année, à l'Autorité de régulation des activités ferroviaires et routières, au ministre chargé de la voirie routière nationale et au ministre chargé de l'économie.

Par dérogation à l'art. 4-I-A, les dispositions issues du 8° de l'art. 1er du Décr. n° 2017-1816 du 28 déc. 2017 sont applicables à compter du rapport établi au titre de l'année 2017 (Décr. préc., art. 4-I-B-4°).

Ancien art. R. 122-38, al. 1er (Décr. n° 2016-234 du 1er mars 2016, art. 1er-4°) ***La commission des marchés établit un rapport d'activité annuel. Ce rapport précise notamment les conditions dans lesquelles elle exerce ses missions et les moyens dont elle dispose. Il répertorie les marchés attribués au cours de l'année à des entreprises groupées ou liées, y compris ceux pour lesquels la commission n'a pas été saisie pour avis, et mentionne toute information utile relative à ces marchés. Lui sont annexés la liste des marchés attribués au cours de l'année, les procès-verbaux de chacune des séances de l'année et tout autre document prévu par arrêté conjoint du ministre chargé de la voirie routière nationale et du ministre chargé de l'économie, pris après avis de l'Autorité de régulation des activités ferroviaires et routières.***

L'Autorité de régulation des activités ferroviaires et routières reçoit, avant le 30 avr. 2016, le rapport d'activité pour l'année 2015 des commissions des marchés des sociétés concessionnaires d'autoroutes ou d'ouvrages d'art prévues par les conventions de délégations de ces sociétés ainsi que l'ensemble des avis émis et des recommandations formulées par ces commissions sur l'attribution des marchés de travaux, de fournitures et de services de ces sociétés.

L'Autorité de régulation des activités ferroviaires et routières établit un rapport sur l'activité de ces commissions en 2015. Ce rapport est rendu public dans les conditions prévues à l'art. L. 2132-3 C. transp. et transmis au ministre chargé de la voirie routière nationale et au ministre chargé de l'économie avant le 31 juill. 2016 (Décr. n° 2016-234 du 1er mars 2016, art. 4-III).

Les marchés pour lesquels une procédure de publicité est engagée en 2016, avant le 1er avr. de cette même année, par un concessionnaire dont le contrat de concession prévoit, avant cette date, une obligation de mise en concurrence de ses marchés et un contrôle de la Commission nationale des marchés des sociétés concessionnaires d'autoroutes ou d'ouvrages d'art sont intégrés au rapport prévu à l'art. L. 122-21 C. voirie rout. pour l'année 2016 (Décr. préc., art. 4-IV).

SOUS-SECTION 3 *Référé de l'Autorité de régulation des activités ferroviaires et routières*

Art. R. 122-39 *(Décr. n° 2016-552 du 3 mai 2016, art. 1er-3°)* I. – Afin de permettre à *(Ord. n° 2019-761 du 24 juill. 2019, art. 1er, en vigueur le 1er oct. 2019)* « l'Autorité de régulation des transports » d'engager les recours mentionnés à l'article L. 122-20, est conclu selon les modalités prévues au II :

1° Le projet de marché relevant de l'article L. 122-12 *(Décr. n° 2017-1816 du 28 déc. 2017, art. 1er)* « dont la valeur estimée du besoin est supérieure ou égale aux seuils mentionnés aux 2° et 3° de l'article R. 122-30 » ;

2° Le projet de marché relevant de l'article L. 122-13 *(Décr. n° 2017-1816 du 28 déc. 2017, art. 1er)* « dont la valeur estimée du besoin est supérieure ou égale aux seuils mentionnés à l'article R. 122-32-1 » ;

3° Le projet d'avenant à un marché relevant du 1° ou du 2° entraînant seul ou cumulativement avec les avenants antérieurs une augmentation du montant initial du marché supérieure à 5 % de ce montant et à 100 000 € HT ;

4° Le projet d'avenant à un marché ne relevant pas du 1° ou du 2° entraînant seul ou cumulativement avec les avenants antérieurs une augmentation du montant initial du marché au-delà des seuils suivants :

a) Lorsque le marché relève de l'article L. 122-12, les seuils mentionnés aux 2° et 3° de l'article R. 122-30 ;

b) Lorsque le marché relève de l'article L. 122-13, *(Décr. n° 2017-1816 du 28 déc. 2017, art. 1er)* « les seuils mentionnés à l'article R. 122-32-1 ».

En cas de conclusion d'un avenant relevant du 4°, le marché ainsi modifié est considéré comme relevant du 1° ou du 2° pour la conclusion des avenants ultérieurs.

II. — Préalablement à la signature du marché ou de l'avenant, le concessionnaire ou, lorsqu'il dispose d'une commission des marchés, le président de cette commission transmet par voie électronique, à *(Ord. n° 2019-761 du 24 juill. 2019, art. 1er, en vigueur le 1er oct. 2019)* « l'Autorité de régulation des transports », *(Décr. n° 2017-1816 du 28 déc. 2017, art. 1er)* « les informations qu'elle définit. »

(Décr. n° 2017-1816 du 28 déc. 2017, art. 1er) « Toutefois, lorsque le marché répond aux caractéristiques définies *(Décr. n° 2018-1075 du 3 déc. 2018, art. 9)* « à l'article R. 2122-1 du code de la commande publique », ces éléments peuvent être transmis après la signature du contrat, sous réserve que la transmission soit effectuée au plus tard quinze jours francs après cette signature et préalablement à la publication de l'avis d'attribution mentionné à *(Décr. n° 2018-1075 du 3 déc. 2018, art. 9)* « l'article R. 2183-1 du même code ». »

V. notes ss. art. R. 122-28 et R. 122-30.

Art. R. 122-39-1 *(Décr. n° 2016-552 du 3 mai 2016, art. 1er-3°)* Un délai minimal de dix-huit jours est respecté entre la date de réception par *(Ord. n° 2019-761 du 24 juill. 2019, art. 1er, en vigueur le 1er oct. 2019)* « l'Autorité de régulation des transports » du dossier *(Décr. n° 2017-1816 du 28 déc. 2017, art. 1er)* « comportant les informations prévues » au II de l'article R. 122-39 et la date de signature des marchés mentionnés aux 1° et 2° du I de ce même article.

Toutefois, le respect du délai mentionné au premier alinéa n'est pas exigé :

1° Lorsque le marché répond aux caractéristiques énumérées *(Décr. n° 2018-1075 du 3 déc. 2018, art. 9)* « aux articles R. 2122-1 à R. 2122-11 du code de la commande publique » ;

2° Pour l'attribution des marchés subséquents fondés sur un accord-cadre ou des marchés spécifiques fondés sur un système d'acquisition dynamique.

V. note ss. art. R. 122-28 et R. 122-30.

SECTION V *Installations annexes sur les autoroutes concédées*

(Décr. n° 2016-234 du 1er mars 2016, art. 1er-4°)

SOUS-SECTION 1 *Passation des contrats*

Art. R. 122-40 La présente sous-section est applicable aux contrats d'exploitation mentionnés à l'article L. 122-23, à l'exception des contrats suivants :

1° Les marchés relevant de l'article L. 122-12 ou de l'article L. 122-13 ;

2° Les contrats de concession passés par le concessionnaire d'autoroutes lorsqu'il est une autorité concédante au sens de *(Décr. n° 2018-1075 du 3 déc. 2018, art. 9)* « l'article L. 1210-1 du code de la commande publique ».

Toutefois, le 4° de l'article R. 122-41 est applicable aux contrats mentionnés au 2°.

Cet art. s'applique aux contrats passés par les concessionnaires d'autoroutes pour lesquels une publicité est engagée à compter du 1er avr. 2016 (Décr. n° 2016-234 du 1er mars 2016, art. 4-I).

V. note ss. art. R. 122-28.

Art. R. 122-40-1 *(Décr. n° 2017-1816 du 28 déc. 2017, art. 2)* Les contrats d'exploitation ont une durée limitée déterminée en fonction de la nature et du montant des prestations ou des investissements demandés à l'exploitant.

Pour les contrats d'une durée supérieure à cinq ans, la durée totale n'excède pas le temps raisonnablement escompté par l'exploitant pour qu'il amortisse les investissements réalisés pour l'exploitation des ouvrages ou services avec un retour sur les capitaux investis, compte tenu des investissements nécessaires à l'exécution du contrat.

V. note ss. art. R. 122-30.

Art. R. 122-41 *(Décr. n° 2017-1816 du 28 déc. 2017, art. 2)* « La passation et l'exécution des contrats d'exploitation sont régies par les titres II et III » *(Décr. n° 2018-1075 du 3 déc.*

2018, art. 9) « du livre Ier de la troisième partie du code de la commande publique », sous réserve des adaptations suivantes :

(Décr. n° 2018-1075 du 3 déc. 2018, art. 9) « 1° Pour l'application des dispositions du code de la commande publique mentionnées au premier alinéa, les contrats d'exploitation sont assimilés à des contrats de concession ne relevant pas du chapitre VI du titre II du livre Ier de la troisième partie de ce code, le concessionnaire d'autoroutes est assimilé à un pouvoir adjudicateur et l'exploitant des installations annexes est assimilé au concessionnaire ;

« 2° Les dispositions des articles R. 3113-1, R. 3114-1 à R. 3114-4, R. 3131-1 à R. 3131-4, R. 3134-1 à R. 3134-3 du même code ne sont pas applicables ;

« 3° La publication au *Journal officiel de l'Union européenne* prévue à l'article R. 3122-2 du même code n'est pas requise et le concessionnaire ne peut pas recourir à la faculté de publication au *Bulletin officiel* des annonces des marchés publics ; »

4° Les critères mentionnés *(Décr. n° 2018-1075 du 3 déc. 2018, art. 9)* « aux articles R. 3124-1 et R. 3124-4 du même code » sont pondérés et comprennent au moins les critères relatifs aux éléments suivants :

a) La qualité des services rendus aux usagers ;

b) La qualité technique et environnementale ;

c) L'ensemble des rémunérations versées par l'exploitant au concessionnaire ;

d) Si le contrat d'exploitation porte sur la distribution de carburants, la politique de modération tarifaire pratiquée par l'exploitant, la pondération de ce critère étant au moins égale à celle du critère relatif aux rémunérations ;

5° *(Décr. n° 2018-1075 du 3 déc. 2018, art. 9)* « A l'article R. 3125-6 du même code », la publication au *Journal officiel de l'Union européenne* est remplacée par une publication dans un journal d'annonces légales et dans une publication spécialisée correspondant au secteur économique concerné.

Cet art. s'applique aux contrats passés par les concessionnaires d'autoroutes pour lesquels une publicité est engagée à compter du 1er avr. 2016 (Décr. n° 2016-234 du 1er mars 2016, art. 4-I).

V. notes ss. art. R. 122-28 et R. 122-30.

Art. R. 122-41-1 *(Décr. n° 2017-1816 du 28 déc. 2017, art. 2)* Le concessionnaire publie, sur son profil d'acheteur, les données essentielles, à l'exception des informations dont la divulgation serait contraire à l'ordre public, des contrats d'exploitation.

(Décr. n° 2018-1075 du 3 déc. 2018, art. 9) « Ces données comprennent les données essentielles énumérées dans l'arrêté du ministre chargé de l'économie prévu à l'article R. 3131-1 du code de la commande publique, à l'exception des données relatives à la modification des contrats de concession. »

Par dérogation à l'art. 4-I-A, les dispositions issues du 3° de l'art. 2 du Décr. n° 2017-1816 du 28 déc. 2017 sont applicables aux marchés et contrats notifiés à compter du 1er janv. 2018 (Décr. préc., art. 4-I-B-1°).

V. note ss. art. R. 122-28.

SOUS-SECTION 2 *Procédure d'agrément*

Art. R. 122-42 Le ministre chargé de la voirie routière nationale délivre l'agrément prévu à l'article L. 122-27, dans les conditions prévues par la présente sous-section, préalablement à :

1° La conclusion d'un contrat mentionné à l'article L. 122-23 ;

2° La cession du contrat à un autre exploitant.

L'agrément est délivré pour une durée limitée qui ne peut *(Décr. n° 2017-1816 du 28 déc. 2017, art. 2)* « ni excéder quinze ans ni excéder celle du contrat fixée conformément à l'article R. 122-40-1 ». Il peut être renouvelé.

V. note ss. art. R. 122-30.

Art. R. 122-43 I. – Le concessionnaire d'autoroutes adresse le dossier de saisine en vue de la demande d'agrément en deux exemplaires. Ce dossier comprend les éléments fixés par arrêté conjoint du ministre chargé de la voirie routière nationale et du ministre chargé de l'économie, pris après avis de *(Ord. n° 2019-761 du 24 juill. 2019, art. 1er, en vigueur le 1er oct. 2019)* « l'Autorité de régulation des transports ».

Le ministre chargé de la voirie routière nationale peut demander au concessionnaire d'autoroutes toute justification ainsi que toute information complémentaire nécessaire à son appréciation.

II. — Le ministre chargé de la voirie routière nationale se prononce dans un délai de trois mois à compter de la date de sa saisine. Passé ce délai, l'agrément est réputé refusé.

III. — Le ministre chargé de la voirie routière nationale peut refuser, par une décision motivée, l'agrément de l'attributaire pressenti, dans les cas non limitatifs suivants :

1° L'offre présentée ne permet pas de garantir la bonne gestion du domaine public autoroutier ou ne respecte pas les conditions d'organisation du service public arrêtées en application de l'article L. 122-29 ;

2° La durée du contrat d'exploitation est excessive au regard *(Décr. n° 2017-1816 du 28 déc. 2017, art. 2)* « des critères définis à l'article R. 122-40-1 ou *[ancienne rédaction : de la nature et du montant des prestations demandées à l'exploitant, du temps raisonnablement escompté par celui-ci pour qu'il recouvre les investissements réalisés ou au regard]* » de la nécessité d'une remise en concurrence périodique ;

3° L'avis de *(Ord. n° 2019-761 du 24 juill. 2019, art. 1er, en vigueur le 1er oct. 2019)* « l'Autorité de régulation des transports » prévu à l'article L. 122-27 n'est pas favorable ;

4° L'attributaire pressenti ne présente pas les garanties professionnelles, techniques et financières suffisantes pour assurer le bon accomplissement des missions qui lui sont confiées.

IV. — Le concessionnaire d'autoroutes adresse les documents contractuels au ministre chargé de la voirie routière nationale et à *(Ord. n° 2019-761 du 24 juill. 2019, art. 1er, en vigueur le 1er oct. 2019)* « l'Autorité de régulation des transports » dans un délai d'un mois après signature.

V. — Le concessionnaire d'autoroutes adresse au ministre chargé de la voirie routière nationale et à *(Ord. n° 2019-761 du 24 juill. 2019, art. 1er, en vigueur le 1er oct. 2019)* « l'Autorité de régulation des transports » tout projet d'avenant à un contrat passé avec un exploitant. Cet avenant est signé au plut tôt onze jours après sa réception par le ministre chargé de la voirie routière nationale.

VI. — L'agrément est retiré notamment s'il apparaît que les éléments essentiels du projet de contrat au vu desquels l'agrément a été délivré :

1° Ne sont pas repris dans le contrat signé entre les parties ;

2° Sont remis en cause par un avenant à ce contrat.

V. note ss. art. R. 122-30.

Art. R. 122-44 L'avis de *(Ord. n° 2019-761 du 24 juill. 2019, art. 1er, en vigueur le 1er oct. 2019)* « l'Autorité de régulation des transports » est demandé par le ministre chargé de la voirie routière nationale dès réception du dossier prévu au I de l'article R. 122-43. Est joint à la demande un exemplaire de ce dossier.

Passé le délai d'un mois prévu à l'article L. 122-27, l'avis est réputé donné.

Art. R. 122-45 L'agrément prévu à l'article L. 122-27 ne dispense pas le concessionnaire d'autoroutes ou l'exploitant de l'obtention des autorisations, des obligations de déclarations ou d'information prévues par d'autres dispositions ou par la convention de délégation ou du cahier des charges annexé.

SOUS-SECTION 3 *Conditions d'organisation du service public*

Art. D. 122-46 L'autorité administrative mentionnée à l'article L. 122-29 est le ministre chargé de la voirie routière nationale.

L'art. D. 122-46, dans sa rédaction résultant de l'art. 1er du Décr. n° 2016-234 du 1er mars 2016, peut être modifié par décret (Décr. préc., art. 3).

SECTION VI ***Dispositions relatives à l'Autorité de régulation des activités ferroviaires et routières***

(Décr. n° 2016-234 du 1er mars 2016, art. 1er-4°)

Art. R. 122-47 Les rapports et synthèses de *(Ord. n° 2019-761 du 24 juill. 2019, art. 1er, en vigueur le 1er oct. 2019)* « l'Autorité de régulation des transports » mentionnés aux articles L. 122-9 et L. 122-21 sont transmis au Parlement, au ministre chargé de la voirie routière nationale et au ministre chargé de l'économie concomitamment à leur publication *(Abrogé par Décr. n° 2017-1816 du 28 déc. 2017, art. 3)* « ***, qui intervient au plus tard le 30 juin de l'année en cours*** ».

(Décr. n° 2017-1816 du 28 déc. 2017, art. 3) « Cette publication intervient au plus tard le 31 décembre pour le rapport et les synthèses mentionnés à l'article L. 122-9 et au plus tard le 30 juin pour le rapport mentionné à l'article L. 122-21. »

Les dispositions issues de l'art. 3 du Décr. n° 2017-1816 du 28 déc. 2017 sont applicables aux rapports et synthèses établis à compter du 1er janv. 2018 (Décr. préc., art. 4-II).

SECTION VII *Redevance domaniale*

(Décr. n° 97-606 du 31 mai 1997)

Cette section est l'ancienne section III renumérotée par le Décr. n° 2016-234 du 1er mars 2016, art. 1er-3°.

Art. R. 122-48 Les sociétés concessionnaires d'autoroutes versent annuellement à l'État, pour une période comprise entre le 1er juillet et le 30 juin, une redevance pour occupation du domaine public déterminée par application de la formule suivante :

R = (R 1 + R 2) × 0,3,

où :

R 1 = V × 1 000 × L ;

(Décr. n° 2013-436 du 28 mai 2013) « R 2 = 0,055 × CA ; »

V est la valeur locative de 1 mètre de voie autoroutière telle qu'elle est fixée au II de l'article 1501 du code général des impôts et actualisée selon les modalités prévues pour les propriétés bâties autres que les immeubles industriels à l'article 1518 *bis* de ce même code ;

L correspond au nombre de kilomètres de voies autoroutières exploitées par le concessionnaire au 31 décembre de l'année précédant l'année du versement ;

CA représente le montant du chiffre d'affaires réalisé par la société au titre de son activité de concessionnaire d'autoroutes sur le domaine public national, tel qu'il apparaît dans les comptes définitifs au titre de l'année précédant l'année du versement.

Le versement a lieu entre le 15 et le 30 juillet de chaque année au service des impôts compétent chargé des recettes domaniales.

Cet art. est l'ancien art. R. 122-27 renuméroté par le Décr. n° 2016-234 du 1er mars 2016, art. 1er-2°.

Le service des impôts compétent est, quel que soit le lieu de situation des redevables, le service des impôts des domaines situé dans le huitième arrondissement à Paris (Arr. du 5 août 1997).

CHAPITRE III *Routes nationales*

SECTION I *Classement et déclassement*

Art. R.* 123-1 Le classement dans la voirie nationale d'une route nouvelle ou d'une route existante non classée dans la voirie d'une collectivité territoriale résulte soit de l'acte déclaratif d'utilité publique soit, s'il n'y a pas lieu à déclaration d'utilité publique, d'un arrêté du ministre chargé de la voirie routière nationale.

Art. R.* 123-2 I. – *(Décr. n° 2005-1500 du 5 déc. 2005, art. 5-1°)* « Le déclassement d'une route ou d'une section de route nationale est prononcé par arrêté préfectoral. »

(Décr. n° 90-739 du 14 août 1990) « II. – Lorsqu'il n'a pas fait l'objet d'un avis défavorable de la collectivité intéressée dans le délai fixé à l'alinéa 1er de l'article L. 123-3, le reclassement dans la voirie départementale ou communale d'une route ou section de route nationale déclassée est prononcé *(Abrogé par Décr. n° 2005-1500 du 5 déc. 2005, art. 5-2°) « par le ministre chargé de la voirie routière nationale ou, dans le cas où ce reclassement est consécutif à l'ouverture d'une voie nouvelle ou au changement de tracé d'une voie existante, »* par le préfet. »

SECTION II *Alignement*

Art. R.* 123-3 L'enquête préalable à l'approbation des plans d'alignement des routes nationales s'effectue dans les conditions fixées aux articles *(Décr. n° 2014-1635 du 26 déc. 2014, art. 4-XVI, en vigueur le 1er janv. 2015)* « R. 131-1 à R. 131-11 et R. 131-14 » du code de l'expropriation pour cause d'utilité publique. Toutefois, le dossier soumis à enquête comprend outre les pièces prévues à l'article *(Décr. n° 2014-1635 du 26 déc. 2014, art. 4-XVI, en vigueur le 1er janv. 2015)* « R. 131-3 » dudit code, une notice explicative.

Les intéressés peuvent faire connaître leurs observations sur le projet.

Art. R.* 123-4 Dans le cas où, en vue de la réalisation des alignements, il est nécessaire d'exproprier des immeubles bâtis, et quel que soit le délai écoulé depuis l'approbation du plan d'alignement, le préfet prend, sans autre enquête ni formalité, l'arrêté de cessibilité prévu aux articles *(Décr. n° 2014-1635 du 26 déc. 2014, art. 4-XVI, en vigueur le 1er janv.*

2015) « L. 132-1 à L. 132-4 et R. 132-1 à R. 132-3 » du code de l'expropriation pour cause d'utilité publique.

Il est ensuite procédé conformément aux dispositions des chapitres II et suivants du titre Ier du même code.

Toutefois le dossier prévu à l'article *(Décr. n° 2014-1635 du 26 déc. 2014, art. 4-XVI, en vigueur le 1er janv. 2015)* « R. 221-1 » du code de l'expropriation pour cause d'utilité publique est remplacé par un dossier comprenant les copies certifiées conformes :

a) De l'acte approuvant le plan d'alignement ;

b) D'un extrait du plan d'alignement se rapportant aux immeubles bâtis à exproprier ;

c) De l'arrêté de cessibilité ayant moins de six mois de date.

SECTION III *Disposition relative à la création de voies accédant aux routes nationales*

Art. R.* 123-5 L'agrément prévu à l'article L. 123-8 est donné par le préfet.

TITRE III Voirie départementale

CHAPITRE UNIQUE

SECTION I *Caractéristiques techniques du domaine public routier départemental*

(Décr. n° 93-1133 du 22 sept. 1993)

Art. R.* 131-1 Les profils en long et en travers des routes départementales doivent être établis de manière à permettre l'écoulement des eaux pluviales et l'assainissement de la plate-forme.

Sous les ouvrages d'art qui franchissent une route départementale un tirant d'air d'au moins 4,30 mètres doit être réservé sur toute la largeur de la chaussée.

Les caractéristiques techniques de la chaussée doivent, sur une même voie, être homogènes en matière de déclivité et de rayon des courbes.

Les modalités d'application du présent article sont fixées par arrêté conjoint du ministre chargé de la voirie routière nationale et du ministre de l'intérieur.

Art. R.* 131-2 Le président du conseil départemental peut interdire d'une manière temporaire ou permanente l'usage de tout ou partie du réseau des routes départementales aux catégories de véhicules dont les caractéristiques sont incompatibles avec la constitution de ces routes, et notamment avec la résistance et la largeur de la chaussée ou des ouvrages d'art.

SECTION II *Enquête publique relative au classement, au déclassement, à l'établissement des plans d'alignement et de nivellement, à l'ouverture, au redressement et à l'élargissement des routes départementales*

(Décr. n° 93-1133 du 22 sept. 1993)

Art. R.* 131-3 L'enquête publique prévue au deuxième alinéa de l'article L. 131-4 s'effectue dans les conditions fixées par la présente section.

Un arrêté du président du conseil départemental désigne un commissaire enquêteur ou une commission d'enquête dont il nomme le président. Les membres de la commission d'enquête sont en nombre impair. Le commissaire enquêteur ou les membres de la commission d'enquête sont choisis sur une liste départementale établie annuellement en application de l'article *(Décr. n° 2014-1635 du 26 déc. 2014, art. 4-XVI, en vigueur le 1er janv. 2015)* « R. 111-4 » du code de l'expropriation pour cause d'utilité publique.

Le même arrêté précise :

1° L'objet de l'enquête, la date à laquelle celle-ci sera ouverte et sa durée qui ne peut être inférieure à quinze jours ni supérieure à deux mois ;

2° Les heures et lieux où le public pourra prendre connaissance du dossier et formuler ses observations.

Art. R.* 131-4 Quinze jours au moins avant l'ouverture de l'enquête et durant toute la durée de celle-ci, l'arrêté du président du conseil départemental est publié par voie d'affiches et éventuellement par tout autre procédé dans la ou les communes intéressées.

Huit jours au moins avant l'ouverture de l'enquête, cet arrêté fait l'objet d'une insertion dans deux journaux locaux diffusés dans la ou les communes intéressées.

Art. R.* 131-5 I. – Un dossier d'enquête est déposé à la mairie de chacune des communes intéressées. Le dossier comprend :

a) Une notice explicative ;

b) Un plan de situation ;

c) S'il y a lieu, une appréciation sommaire par nature de dépense à effectuer ;

d) L'étude d'impact, lorsqu'elle est prévue par la réglementation en vigueur.

II. – Lorsque le projet mis à l'enquête est relatif à la délimitation ou à l'alignement des routes départementales, il comprend en outre :

a) Un plan parcellaire comportant l'indication, d'une part, des limites existantes de la route départementale, des parcelles riveraines et des bâtiments existants et, d'autre part, des limites projetées de la route départementale ;

b) La liste des propriétaires des parcelles comprises, en tout ou partie, dans l'emprise du projet ;

c) Éventuellement, un projet de plan de nivellement.

Art. R.* 131-6 Une notification individuelle du dépôt du dossier à la mairie est faite aux propriétaires des parcelles comprises, en tout ou partie, dans l'emprise du projet, sous pli recommandé, avec demande d'avis de réception, lorsque leur domicile est connu ou à leurs mandataires, gérants, administrateurs ou syndics.

Lorsque leur domicile est inconnu, la notification est faite, le cas échéant, aux locataires et preneurs à bail rural.

Art. R.* 131-7 Les observations formulées par le public sont recueillies sur le ou les registres spécialement ouverts à cet effet. Le ou les registres, à feuillets non mobiles, sont cotés et paraphés par le commissaire enquêteur ou le président de la commission d'enquête.

Art. R.* 131-8 A l'expiration du délai d'enquête, le ou les registres d'enquête sont clos et signés par le commissaire enquêteur ou les membres de la commission d'enquête. Le commissaire enquêteur ou le président de la commission d'enquête transmet, dans le délai d'un mois, au président du conseil départemental le dossier et le ou les registres accompagnés de ses conclusions motivées.

SECTION III ***Dispositions relatives à la coordination des travaux exécutés sur les routes départementales*** *(Décr. n° 93-1133 du 22 sept. 1993).*

Art. R.* 131-9 Lorsque les travaux relatifs à la voirie départementale doivent donner lieu à enquête publique en application de la loi du 12 juillet 1983 et du décret n° 85-453 du 23 avril 1985, cette enquête est organisée par le président du conseil départemental conformément aux dispositions des chapitres Ier et II dudit décret.

Toutefois, lorsque ces travaux doivent donner lieu à déclaration d'utilité publique, l'enquête est organisée par le préfet *(Décr. n° 2014-1635 du 26 déc. 2014, art. 4-XVI, en vigueur le 1er janv. 2015)* « dans les formes prévues pour les enquêtes relevant du premier alinéa de l'article L. 110-1 du code de l'expropriation pour cause d'utilité publique ».

Art. R.* 131-10 A l'extérieur des agglomérations le président du conseil départemental exerce les compétences qu'il tient de l'article L. 131-7 en matière de coordination des travaux sur les routes départementales dans les mêmes conditions que celles fixées pour le maire aux articles R.* 115-1 à R.* 115-4.

Art. R.* 131-11 Les dispositions des articles R.* 141-13 à R.* 141-21 relatives aux modalités d'exécution des travaux de réfection des voies communales et aux évaluations des frais en résultant sont applicables aux travaux de remblaiement des tranchées ouvertes dans les routes départementales et aux travaux de réfection de celles-ci, sous réserve des adaptations ci-après :

1° Le département est substitué à la commune ; le conseil départemental et le président du conseil départemental sont substitués respectivement au conseil municipal et au maire ;

2° Pour l'application de l'article R.* 141-20, les prix de référence sont ceux qui sont constatés dans les marchés passés par le département ou, à défaut, les prix constatés couramment dans le département.

Les art. R. 131-3 à R.* 131-5, dans leur rédaction antérieure au Décr. n° 93-1133 du 22 sept. 1993, sont devenus les art. R.* 131-9 à R.* 131-11 (Décr. préc., art. 3).*

TITRE IV Voirie communale

CHAPITRE UNIQUE

SECTION I *Emprise du domaine public routier communal*

SOUS-SECTION 1 *Alignement et caractéristiques techniques*

Art. R.* 141-1 L'enquête préalable à l'établissement d'un plan d'alignement a lieu conformément aux dispositions des articles R.* 141-4 et suivants.

Art. R.* 141-2 Les profils en long et en travers des voies communales doivent être établis de manière à permettre l'écoulement des eaux pluviales et l'assainissement de la plate-forme.

Sous les ouvrages d'art qui franchissent une voie communale, un tirant d'air d'au moins 4,30 mètres doit être réservé sur toute la largeur de la chaussée.

Les caractéristiques techniques de la chaussée doivent, sur une même voie, être homogènes en matière de déclivité et de rayon des courbes.

Les modalités d'application du présent article sont fixées par arrêté conjoint du ministre chargé de la voirie routière nationale et du ministre de l'intérieur.

Art. R.* 141-3 Le maire peut interdire d'une manière temporaire ou permanente l'usage de tout ou partie du réseau des voies communales aux catégories de véhicules dont les caractéristiques sont incompatibles avec la constitution de ces voies, et notamment avec la résistance et la largeur de la chaussée ou des ouvrages d'art.

SOUS-SECTION 2 *Enquête publique relative au classement, à l'ouverture, au redressement, à la fixation de la largeur et au déclassement des voies communales*

Art. R.* 141-4 L'enquête publique prévue au deuxième alinéa de l'article L. 141-3 s'effectue dans les conditions fixées par la présente sous-section.

Un arrêté du maire désigne un commissaire enquêteur et précise l'objet de l'enquête, la date à laquelle celle-ci sera ouverte et les heures et le lieu où le public pourra prendre connaissance du dossier et formuler ses observations.

La durée de l'enquête est fixée à quinze jours.

Art. R.* 141-5 Quinze jours au moins avant l'ouverture de l'enquête et durant toute la durée de celle-ci, l'arrêté du maire est publié par voie d'affiche et éventuellement par tout autre procédé.

Art. R.* 141-6 Le dossier d'enquête comprend :

a) Une notice explicative ;

b) Un plan de situation ;

c) S'il y a lieu, une appréciation sommaire par nature de dépense à effectuer ;

d) L'étude d'impact, lorsqu'elle est prévue par la réglementation en vigueur.

Lorsque le projet mis à l'enquête est relatif à la délimitation ou à l'alignement des voies communales, il comprend en outre :

a) Un plan parcellaire comportant l'indication d'une part des limites existantes de la voie communale, des parcelles riveraines et des bâtiments existants, d'autre part des limites projetées de la voie communale ;

b) La liste des propriétaires des parcelles comprises, en tout ou partie, dans l'emprise du projet ;

c) Éventuellement, un projet de plan de nivellement.

Art. R.* 141-7 Une notification individuelle du dépôt du dossier à la mairie est faite aux propriétaires des parcelles comprises en tout ou partie dans l'emprise du projet, sous pli recommandé, avec demande d'avis de réception lorsque leur domicile est connu ou à leurs mandataires, gérants administrateurs ou syndics.

Lorsque leur domicile est inconnu la notification est faite, le cas échéant, aux locataires et preneurs à bail rural.

Art. R.* 141-8 Les observations formulées par le public sont recueillies sur un registre spécialement ouvert à cet effet. Ce registre, à feuillets non mobiles, est coté et paraphé par le commissaire enquêteur.

Art. R.* 141-9 A l'expiration du délai d'enquête, le registre d'enquête est clos et signé par le commissaire enquêteur qui dans le délai d'un mois transmet au maire le dossier et le registre accompagnés de ses conclusions motivées.

Art. R.* 141-10 *(Décr. n° 2014-1635 du 26 déc. 2014, art. 4-XVI, en vigueur le 1er janv. 2015)* Les travaux intéressant la voirie communale donnent lieu à enquête publique selon les modalités fixées *(Décr. n° 2016-308 du 17 mars 2016, art. 6-IX-1°)* « par le chapitre IV du titre III du livre Ier du code des relations entre le public et l'administration *[ancienne rédaction : pour les enquêtes relevant de l'article L. 110-2 du code de l'expropriation pour cause d'utilité publique régies par le titre Ier du livre Ier du même code]* ».

SOUS-SECTION 3 *Publicité foncière*

Art. R.* 141-11 Le transfert des propriétés des terrains non bâtis résultant de la délibération du conseil municipal décidant le redressement ou l'élargissement d'une voie existante donne lieu aux formalités de publicité foncière.

SECTION II *Entretien des voies communales*

Néant.

SECTION III *Coordination des travaux exécutés sur les voies communales situées à l'extérieur des agglomérations*

Art. R.* 141-12 Les compétences confiées au maire en vertu des dispositions de l'article L. 141-10 pour la coordination des travaux sur les voies communales situées à l'extérieur des agglomérations s'exercent dans les conditions définies aux articles R.* 115-1 à R.* 115-4.

SECTION IV *Dispositions relatives aux travaux affectant le sol et le sous-sol des voies communales*

Art. R.* 141-13 Le remblaiement des tranchées ouvertes dans les voies communales est assuré par les personnes qui ont été autorisées à exécuter les travaux, ci-après dénommées intervenants.

Il en est de même, sauf disposition contraire du règlement de voirie mentionné à l'article R.* 141-14 ou, à défaut d'un règlement de voirie, sauf délibération contraire prise dans les conditions mentionnées à l'article R.* 141-15, de la réfection provisoire et de la réfection définitive des chaussées, trottoirs, accotements et autres ouvrages dépendant de la voie.

Le délai entre la réfection provisoire et la réfection définitive ne peut excéder un an.

Art. R.* 141-14 Un règlement de voirie fixe les modalités d'exécution des travaux de remblaiement, de réfection provisoire et de réfection définitive conformément aux normes techniques et aux règles de l'art. Il détermine les conditions dans lesquelles le maire peut décider que certains des travaux de réfection seront exécutés par la commune.

Ce règlement est établi par le conseil municipal après avis d'une commission présidée par le maire et comprenant, notamment, des représentants des affectataires, permissionnaires, concessionnaires et autres occupants de droit des voies communales.

Art. R.* 141-15 Dans les communes où il n'a pas été établi un règlement de voirie, le conseil municipal détermine à l'occasion de chaque opération, après concertation avec les intervenants, les modalités d'exécution des travaux de remblaiement et de réfection des voies et de leurs dépendances. Le conseil peut décider, dans les mêmes conditions, que certains des travaux de réfection seront exécutés par la commune.

Art. R.* 141-16 Lorsque les travaux de réfection des voies communales ne sont pas exécutés dans les délais prescrits ou lorsqu'ils ne sont pas conformes aux prescriptions édictées par le conseil municipal, l'intervenant est mis en demeure d'exécuter les travaux conformément à ces prescriptions ; si les travaux ne sont pas exécutés dans le délai fixé par la mise en demeure, le maire fait exécuter les travaux d'office aux frais de l'intervenant. Toutefois, la mise en demeure n'est pas obligatoire lorsque l'exécution des travaux présente un caractère d'urgente nécessité pour le maintien de la sécurité routière.

Art. R.* 141-17 Lorsque la réfection définitive est effectuée par l'intervenant, celui-ci assure sur les parties de chaussées, accotements, trottoirs ou autres ouvrages concernés les travaux d'entretien liés aux conditions dans lesquelles la réfection a été exécutée. Toutefois, par accord entre la commune et l'intervenant, il peut être décidé, dans des conditions et délais fixés par convention, que cet entretien est assuré par la commune.

Art. R.* 141-18 Les sommes qui peuvent être réclamées à l'intervenant, lorsque tout ou partie des travaux de réfection provisoire ou définitive sont exécutés par la commune en application des dispositions des articles R.* 141-14 et R.* 141-15 ou lorsque les travaux sont exécutés d'office en application de l'article R.* 141-16, comprennent le prix des travaux augmentés d'une majoration correspondant aux frais généraux et aux frais de contrôle. Ces sommes sont déterminées dans les conditions prévues aux articles R.* 141-19, R.* 141-20 et R.* 141-21.

Art. R.* 141-19 Lorsque les travaux sont exécutés par la commune en vertu des articles R.* 141-14 et R.* 141-15, le montant des sommes qui leur sont dues est fixé d'un commun accord avec l'intervenant après un constat contradictoire des quantités de travaux à exécuter.

A défaut d'accord, ces sommes sont fixées par le conseil municipal.

Dans le cas de travaux exécutés d'office en application de l'article R.* 141-16, les sommes dues à la commune peuvent être fixées par le conseil municipal sans que soit recherché l'accord de l'intervenant.

Art. R.* 141-20 Les prix unitaires sont fixés par le conseil municipal d'après les prix constatés dans les marchés passés par la commune pour les travaux de même nature et de même importance et, à défaut, d'après les prix constatés couramment dans le département.

Lorsque les travaux de réfection font l'objet d'un marché passé par la commune, le prix réclamé à l'intervenant ne peut excéder celui que fait apparaître le décompte définitif de ce marché.

Art. R.* 141-21 La majoration pour frais généraux et frais de contrôle est fixée par le conseil municipal. Le taux de cette majoration ne peut excéder 20 p. 100 du montant des travaux pour la tranche de travaux comprise entre 1 F et 15 000 F *[0,15 et 2286,74 €]*, 15 p. 100 pour la tranche comprise entre 15 001 et 50 000 F *[2286,89 et 7622,45 €]* et 10 p. 100 pour la tranche au-delà de 50 000 F *[7622,45 €]*.

SECTION V *Dispositions applicables dans le cas où il existe un établissement public de coopération intercommunale*

Art. R.* 141-22 Les attributions dévolues au maire et au conseil municipal par les dispositions du présent code sont exercées, le cas échéant, par le président et par l'assemblée délibérante de l'établissement public de coopération intercommunale compétent.

TITRE V **Voies à statuts particuliers**

CHAPITRE PREMIER *Routes express*

Art. R.* 151-1 *(Décr. n° 2009-382 du 6 avr. 2009, art. 1er-1°)* Pour les voies appartenant au domaine public de l'État mentionnées à l'article L. 151-2, le caractère de route express est conféré par un arrêté du ministre chargé de la voirie routière nationale.

Art. R.* 151-2 *(Décr. n° 2009-382 du 6 avr. 2009, art. 1er-2°)* « L'arrêté » conférant à une route ou section de route le caractère de route express fixe la liste des catégories de véhicules ou d'usagers auxquelles tout ou partie de la route express seront en permanence interdits.

Art. R.* 151-3 L'enquête préalable *(Décr. n° 2009-382 du 6 avr. 2009, art. 1er-3°)* « à l'arrêté » conférant le caractère de route express est effectuée *(Décr. n° 2014-1635 du 26 déc. 2014, art. 4-XVI, en vigueur le 1er janv. 2015)* « dans les formes prévues *(Décr. n° 2016-308 du 17 mars 2016, art. 6-IX-2°)* « par le chapitre IV du titre III du livre Ier du code des relations entre le public et l'administration *[ancienne rédaction : pour les enquêtes publiques relevant de l'article L. 110-2 du code de l'expropriation pour cause d'utilité publique régies par le titre Ier du livre Ier du même code]* ». Toutefois, le dossier soumis à enquête comprend, outre les documents énumérés *(Décr. n° 2016-308 du 17 mars 2016, art. 6-IX-2°)* « à l'article R. 134-22 ou à l'article R. 134-23 du même code *[ancienne rédaction : à l'article R. 112-4 ou à l'article R. 112-5]* » :

1° Un plan général de la route indiquant les limites entre lesquelles le caractère de route express doit lui être conféré ;

2° L'indication des dispositions prévues pour l'aménagement des points d'accès à la route express et pour le rétablissement des communications ;

3° La liste des catégories de véhicules ou d'usagers auxquelles tout ou partie de la route express seront en permanence interdits.

Lorsqu'il y a lieu à expropriation, l'enquête publique peut être effectuée conjointement avec l'enquête préalable à la déclaration d'utilité publique des travaux. Le dossier soumis à l'enquête est constitué conformément à l'alinéa précédent.

Art. R.* 151-4 Lorsqu'il y a lieu à expropriation, l'enquête parcellaire est effectuée *(Décr. n° 2014-1635 du 26 déc. 2014, art. 4-XVI, en vigueur le 1er janv. 2015)* « dans les conditions prévues au titre III du livre Ier du code de l'expropriation pour cause d'utilité publique ». Toutefois, le dossier soumis à enquête comprend, outre les documents énumérés à l'article *(Décr. n° 2014-1635 du 26 déc. 2014, art. 4-XVI, en vigueur le 1er janv. 2015)* « R. 131-3 » du code de l'expropriation pour cause d'utilité publique, une notice accompagnée des plans précisant les dispositions prévues pour assurer le désenclavement des parcelles que la réalisation de la route doit priver d'accès.

Lorsqu'il n'y a pas lieu à expropriation, l'établissement des plans de désenclavement des parcelles privées d'accès est précédé d'une enquête parcellaire, organisée dans les conditions fixées à l'alinéa précédent. Les plans sont approuvés dans les formes prévues pour les plans d'alignement des routes de la catégorie domaniale à laquelle appartient la route express.

Art. R.* 151-5 *(Décr. n° 2009-382 du 6 avr. 2009, art. 1er-4°)* « I. — La décision de création ou de suppression d'un point d'accès prévue à l'article L. 151-4 sur une route existante est prise par arrêté préfectoral après enquête publique et avis des départements et des communes intéressés. »

II. — L'enquête publique est effectuée *(Décr. n° 2014-1635 du 26 déc. 2014, art. 4-XVI, en vigueur le 1er janv. 2015)* « dans les formes prévues *(Décr. n° 2016-308 du 17 mars 2016, art. 6-IX-3°)* « par le chapitre IV du titre III du livre Ier du code des relations entre le public et l'administration *[ancienne rédaction : pour les enquêtes publiques relevant de l'article L. 110-2 du code de l'expropriation pour cause d'utilité publique régies par le titre Ier du livre Ier du même code]* » et, s'il y a lieu, conformément aux dispositions des articles R. 122-1 à R. 122-3 ». Toutefois, le dossier soumis à enquête comprend, outre les documents énumérés à l'article *(Décr. n° 2016-308 du 17 mars 2016, art. 6-IX-3°)* « R. 134-22 du code des relations entre le public et l'administration *[ancienne rédaction : R. 112-4 dudit code]* », l'indication de l'emplacement des accès et la description des aménagements projetés ainsi que les dispositions envisagées pour assurer le rétablissement des communications.

S'il y a lieu à déclaration d'utilité publique, les deux enquêtes sont confondues.

III. — Lorsque la création ou la suppression de points d'accès sur une route express existante n'est pas compatible avec les prescriptions d'un *(Décr. n° 2009-382 du 6 avr. 2009, art. 1er-5°)* « plan local d'urbanisme » rendu public ou approuvé, ou d'un document d'urbanisme en tenant lieu et qu'il n'est pas fait application de *(Décr. n° 2015-1783 du 28 déc. 2015, art. 9-XV, en vigueur le 1er janv. 2016)* « l'article L. 153-54 » du code de l'urbanisme, la décision concernant les accès ne peut être prise qu'après l'approbation de la modification du plan d'occupation des sols ou du document d'urbanisme en tenant lieu.

Art. R.* 151-6 Lorsque le caractère de route express est retiré à une route, le dossier soumis à enquête publique ne comprend que les documents suivants :

1° Une notice explicative ;

2° Un plan de situation ;

3° Un plan général de la route indiquant les limites entre lesquelles le caractère de route express sera supprimé.

Art. R.* 151-7 Les servitudes destinées à éviter les abus de la publicité prévues à l'article L. 151-3 sont celles de l'*(Décr. n° 2009-382 du 6 avr. 2009, art. 1er-6°)* « article R. 418-7 du code de la route ».

CHAPITRE II *Déviations*

Art. R.* 152-1 *(Décr. n° 2006-253 du 27 févr. 2006, art. 5)* Constituent des routes à grande circulation les routes qui figurent sur la liste établie en application de l'article L. 110-3 du code de la route.

Art. R.* 152-2 I. — Lorsqu'il y a lieu à expropriation, *(Décr. n° 2014-1635 du 26 déc. 2014, art. 4-XVI, en vigueur le 1er janv. 2015)* « l'enquête publique est effectuée dans les formes prévues pour les enquêtes préalables à une déclaration d'utilité publique régies par le titre Ier du livre Ier du code de l'expropriation pour cause d'utilité publique et, s'il y a lieu, conformément aux dispositions des articles R. 122-1 à R. 122-3 du même code ». Toutefois, le dossier soumis à enquête comprend, outre les documents énumérés *(Décr. n° 2014-1635 du 26 déc. 2014, art. 4-XVI, en vigueur le 1er janv. 2015)* « à l'article R. 112-4 ou à l'article R. 112-5 » :

1. Un plan général de la déviation indiquant les limites entre lesquelles s'applique l'interdiction d'accès prévue à l'article L. 152-1 ;

2. L'indication des dispositions prévues pour l'aménagement des points d'accès à la déviation et pour le rétablissement des communications.

L'enquête parcellaire est effectuée dans les conditions prévues *(Décr. n° 2014-1635 du 26 déc. 2014, art. 4-XVI, en vigueur le 1er janv. 2015)* « au titre III du livre Ier du code de l'expropriation pour cause d'utilité publique ». Toutefois, le dossier soumis à enquête comprend, outre les documents énumérés à l'article *(Décr. n° 2014-1635 du 26 déc. 2014, art. 4-XVI, en vigueur le 1er janv. 2015)* « R. 131-3 » du code de l'expropriation pour cause d'utilité publique, une notice accompagnée des plans précisant les dispositions prévues pour assurer le désenclavement des parcelles que la réalisation de la déviation doit priver d'accès.

II. — Lorsque la décision incorporant une route dans une déviation ne donne pas lieu à expropriation, l'établissement des plans de désenclavement des parcelles privées d'accès est précédé d'une enquête parcellaire, organisée dans les conditions prévues à l'alinéa précédent. Les plans sont approuvés dans les formes prévues pour les plans d'alignement des routes de la catégorie domaniale à laquelle appartient la déviation.

CHAPITRE III *Ouvrages d'art*

SECTION I *Dispositions générales*

Art. R.* 153-1 *(Décr. n° 2009-1574 du 16 déc. 2009)* Le péage prévu à l'article L. 153-1 au profit des communes, groupements de communes, départements et de l'État peut être perçu sur les ouvrages d'art répondant aux conditions de dimension et de coût suivantes :

1. Une surface de chaussée de pont, de tunnel ou de tranchée couverte égale ou supérieure à 4 000 mètres carrés ;

2. Un coût prévisionnel égal ou supérieur à 28,7 millions d'euros, ce seuil variant par l'application d'un coefficient égal au rapport entre l'index national des travaux publics TP 01 publié au *Bulletin officiel* de la concurrence et de la consommation tel que constaté au jour de la délibération de l'assemblée délibérante des communes, groupements de communes ou départements se prononçant sur le recours à un péage, ou, pour l'État, au jour de la décision d'instituer un péage, et l'index TP 01 applicable à la date du 1er janvier 2009.

Art. R.* 153-2 *(Abrogé par Décr. n° 2009-1574 du 16 déc. 2009) L'institution d'une redevance sur un ouvrage d'art à comprendre dans le domaine public routier communal est, conformément à l'article L. 153-5, autorisée par décret en Conseil d'État au vu d'un dossier comportant la déclaration d'utilité publique des travaux et les délibérations du conseil municipal ou de l'assemblée délibérante du groupement de communes :*

1° Décidant la réalisation de l'ouvrage ;

2° Précisant les conditions dans lesquelles sera assurée soit la couverture des charges de remboursement des emprunts garantis ou contractés par la commune ou le groupement de communes pour la construction de l'ouvrage, soit la couverture des charges d'exploitation et d'entretien ainsi que la rémunération et l'amortissement des capitaux investis par le concessionnaire assurant l'exploitation de l'ouvrage d'art ;

3° Approuvant un plan de financement lorsque l'ouvrage doit être construit ou exploité en régie ou les projets de convention de concession et de cahier des charges lorsque la construction ou l'exploitation de l'ouvrage est confiée à un concessionnaire ;

4° Fixant les tarifs des redevances ainsi que les modalités de leur application.

Le décret en Conseil d'État mentionné au présent article est pris sur le rapport des ministres chargés de l'économie, des collectivités locales et de la voirie routière nationale.

SECTION II *Dispositions particulières*

Art. R.* 153-3 Les dispositions des articles R.* 122-16 à R.* 122-26 relatives à l'établissement public Autoroutes de France sont applicables à la société française concessionnaire du tunnel routier de Fréjus dans les mêmes conditions qu'aux sociétés d'économie mixte concessionnaires d'autoroutes.

TITRE VI Dispositions applicables aux voies n'appartenant pas au domaine public

CHAPITRE PREMIER *Chemins ruraux*

Art. R.* 161-1 Sont applicables aux chemins ruraux les dispositions du décret n° 64-527 du 5 juin 1964 et du décret n° 69-897 du 18 septembre 1969 *[***C. rur.***, art. R. 161-1 s.]* pris en application du chapitre Ier du titre II du livre Ier du code rural et de la pêche maritime.

Art. R.* 161-2 Les dispositions des articles R.* 113-1, R.* 115-1 à R.* 115-4 et R.* 141-12 à R.* 141-21 sont applicables aux chemins ruraux.

CHAPITRE II *Voies privées*

SECTION I *Dispositions générales*

Art. R.* 162-1 Les dispositions de l'article R.* 113-1 sont applicables aux voies privées ouvertes à la circulation publique.

SECTION II *Chemins et sentiers d'exploitation*

Néant.

SECTION III *Autres voies privées*

Art. R.* 162-2 L'enquête prévue à l'article L. 162-5 en vue du transfert dans le domaine public communal de voies privées ouvertes à la circulation publique dans un ensemble d'habitation est effectuée selon les dispositions des articles R. 318-10 à R. 318-12 du code de l'urbanisme.

CHAPITRE III *Dispositions communes*

(Décr. n° 2002-1251 du 10 oct. 2002, art. 3)

Art. R.* 163-1 Les dispositions de l'article R.* 111-1 et du chapitre IX du titre Ier sont applicables aux équipements de signalisation établis, en application des dispositions de l'article L. 411-6 du code de la route *[V. cet art. au* **C. route***]* sur les voies privées ouvertes à la circulation publique.

TITRE VII Dispositions particulières

CHAPITRE PREMIER *Dispositions applicables à la ville de Paris*

SECTION I *Voies publiques*

Art. R.* 171-1 L'avis prévu au dernier alinéa de l'article L. 171-5 est donné par lettre recommandée avec demande d'avis de réception.

Art. R.* 171-2 L'autorisation prévue à l'article L. 171-6 est donnée par arrêté du préfet.

Art. R.* 171-3 L'enquête prévue à l'article L. 171-7 se déroule dans les conditions ci-après. Le dossier d'enquête indique les propriétés privées où il doit être placé des supports, des canalisations ou des appareillages. Il est déposé à la mairie de l'arrondissement où ces propriétés sont situées.

Un délai de huit jours court à dater de l'avertissement qui est donné aux parties intéressées de prendre communication du projet déposé à la mairie.

Cet avertissement est affiché à la porte de la mairie d'arrondissement et inséré dans l'un des journaux publiés dans la ville de Paris.

Le maire fait ouvrir un registre pour recevoir les observations ou les réclamations. A l'expiration du délai il arrête le projet définitif et autorise toutes les opérations que comportent l'établissement, l'entretien et la surveillance des installations projetées.

Art. R.* 171-4 Les notifications et avertissements prévus à l'article L. 171-8 peuvent être valablement déposés à la mairie de l'arrondissement en cas d'absence des intéressés.

Art. R.* 171-5 La juridiction compétente en premier ressort pour la fixation des indemnités prévues à l'article L. 171-10 est le tribunal judiciaire.

SECTION II *Voies privées*

Art. R.* 171-6 *(Décr. nº 2014-1635 du 26 déc. 2014, art. 4-XVI, en vigueur le 1er janv. 2015)* **L'enquête en vue du transfert de propriété dans le domaine public de la ville de Paris, prévu à l'article L. 171-14, se déroule selon les modalités fixées** *(Décr. nº 2016-308 du 17 mars 2016, art. 6-IX-4º)* **« par le chapitre IV du titre III du livre Ier du code des relations entre le public et l'administration** *[ancienne rédaction : pour les enquêtes relevant de l'article L. 110-2 du code de l'expropriation pour cause d'utilité publique régies par le titre Ier du livre Ier du même code]* **».**

Art. R.* 171-7 L'enquête prévue à l'article L. 171-16 s'effectue selon les modalités fixées aux articles 7 et 8 de la loi du 22 juillet 1912.

SECTION III *Coordination des travaux*

Art. R.* 171-8 Le calendrier des travaux prévu aux articles L. 115-1 et R.* 115-2 est établi par le maire après avis du préfet de police.

CHAPITRE II *Dispositions particulières à la Guadeloupe, la Guyane, la Martinique, La Réunion et Mayotte*

(Décr. nº 2017-943 du 10 mai 2017, art. 1er).

Art. R. 172-1 I. — Le présent code est applicable à Mayotte sous réserve des adaptations prévues au II.

II. — Pour leur application à Mayotte*[,]* les dispositions du présent code sont ainsi adaptées :

1º La référence au département est remplacée par la référence au Département de Mayotte ;

2º La référence au président du conseil général est remplacée par la référence au président du conseil départemental de Mayotte ;

3º La référence au préfet de région est remplacée par la référence au préfet de Mayotte ;

4º Les formalités de publicité foncière prévues aux articles R.* 112-2 et R.* 141-11 du présent code s'effectuent selon les règles particulières posées par le titre IV du livre V du code civil.

Les dispositions réglementaires applicables à Mayotte contraires au Décr. nº 2017-943 du 10 mai 2017, sont abrogées (Décr. préc., art. 2).

CHAPITRE III *Dispositions diverses*

Art. R.* 173-1 Le décret en Conseil d'État prévu à l'article L. 173-2 est pris après avis du conseil départemental de l'environnement et des risques sanitaires et technologiques et sur le rapport du ministre de l'intérieur et du ministre chargé de la santé.

Art. R.* 173-2 *(Décr. nº 2005-935 du 2 août 2005, art. 6-I)* Les règles relatives au droit départemental de passage prévu à l'article L. 173-3 sont fixées par les articles R. 321-5 à R. 321-10 du code de l'environnement, ci-après reproduits :

Art. R. 321-5 Peuvent faire l'objet de la perception du droit départemental de passage prévu par l'article L. 321-11 les véhicules terrestres à moteur qui empruntent un ouvrage d'art reliant une île maritime au continent en direction de cette île.

Art. R. 321-6 Pour le calcul de la majorité mentionnée au premier alinéa de l'article L. 321-11, il est attribué une voix par commune n'appartenant pas à un groupement compétent en matière d'aménagement, d'urbanisme ou d'environnement et autant de voix pour chaque groupement de communes compétent en matière d'aménagement, d'urbanisme ou d'environnement que celui-ci comporte de communes membres. Lorsqu'un tel groupement comprend également des communes non situées sur l'île maritime concernée, celles-ci n'entrent pas dans le décompte des voix.

Art. R. 321-7 Lorsque la majorité calculée selon les modalités définies à l'article R. 321-6 est acquise, le conseil départemental peut instituer par délibération un droit départemental de passage.

Cette délibération précise, s'il y a lieu, les différences de tarifs visées au quatrième alinéa de l'article L. 321-11 et peut limiter la perception de ce droit de passage aux seules périodes d'afflux touristique. Dans ce cas, la délibération fait mention des dates de début et de fin de ces périodes.

Elle peut prévoir des tarifs différents selon le type de véhicule terrestre à moteur concerné.

Cette délibération est soumise pour accord à toutes les communes ainsi qu'à tous les groupements de communes compétents en matière d'aménagement, d'urbanisme ou d'environnement situés sur l'île. Si, dans le délai de deux mois à compter de sa saisine, une commune ou un groupement de communes ne s'est pas prononcé, il est réputé avoir donné son accord. La majorité des communes et groupements de communes est déterminée dans les mêmes conditions de calcul que celles définies à l'article R. 321-6.

Art. R. 321-8 I. — La convention, d'une durée de cinq ans renouvelable, prévue au cinquième alinéa de l'article L. 321-11, comprend :

1° Un programme technique de protection et de gestion des espaces naturels de l'île soumis préalablement pour avis à la *(Décr. n° 2006-665 du 7 juin 2006, art. 20-II)* « commission départementale de la nature, des paysages et des sites » ;

2° L'évaluation des charges liées à la perception du droit de passage ;

3° Le programme des opérations retenues, en mentionnant leur financement et leur maître d'ouvrage ;

4° Les modalités de versement du produit du droit départemental de passage aux communes et aux groupements de communes signataires de la convention.

II. — Un exemplaire de la convention peut être consulté dans chacune des communes et au siège des groupements concernés.

Art. R. 321-9 Le droit départemental de passage est recouvré :

1° Soit directement par le comptable du département ou par un régisseur agissant pour son compte ; dans ce cas, le droit est perçu seul, ou ajouté à la redevance déjà perçue pour l'usage de l'ouvrage d'art ;

2° Soit par le concessionnaire de l'ouvrage dans des conditions définies par convention avec le département.

Art. R. 321-10 Le produit du droit départemental de passage est imputé par le département sur un compte budgétaire spécifique. Les sommes reversées par le département aux communes et aux groupements de communes désignés comme maîtres d'ouvrage dans la convention prévue à l'article R. 321-8 sont également imputées par ces collectivités et établissements publics locaux sur un compte budgétaire spécifique.

Le produit de ce droit est, après prélèvement des sommes liées à sa perception, exclusivement affecté à la préservation des espaces mentionnés dans la convention et pour les actions qu'elle définit. Les dépenses afférentes à la gestion de ces espaces, qui concernent aussi bien des opérations de fonctionnement que des opérations d'investissement, sont suivies au moyen de l'état des recettes ordinaires affectées, joint aux documents budgétaires de la collectivité ou de l'établissement public.

Lorsque la gestion de ces espaces est confiée à un organisme tiers, la commune ou le groupement de communes reverse le produit du droit départemental de passage à ce tiers par voie de subvention dans le cadre d'un cahier des charges fixant les obligations contractuelles du bénéficiaire pour l'utilisation de cette ressource.

Lorsque certains de ces espaces naturels sont classés en parc national, réserve naturelle ou parc naturel régional, les sommes correspondant aux actions définies sur ces espaces sont reversées par la commune ou le groupement de communes au budget respectivement de l'établissement public chargé du parc national, de l'organisme gestionnaire de la réserve naturelle ou du parc naturel régional. Les mesures qu'elles financent dans une réserve naturelle dotée d'un plan de gestion doivent être compatibles avec ce plan, et celles qu'elles financent dans un parc national doivent être compatibles avec son programme d'aménagement.

Le reversement du produit du droit départemental de passage aux communes et groupements de communes est subordonné à l'entrée en vigueur de la convention mentionnée à l'article R. 321-8.

Art. R.* 173-3 *à* R.* 173-7 *Abrogés par Décr. n° 2005-935 du 2 août 2005, art. 6-II.*

TABLE DE CONCORDANCE

PARTIE LÉGISLATIVE

TEXTES D'ORIGINE	ARTICLES DU CODE
Nouvel article	L. 1
	L. 2
	L. 1111-1
	L. 1112-1
	L. 1112-2
	L. 1112-3
	L. 1111-4
	L. 1123-1
	L. 1124-1
	L. 1212-1
	L. 1212-5
	L. 1221-1
	L. 2111-2
	L. 2111-3
	L. 2111-6
	L. 2111-10
	L. 2111-16
	L. 2112-1
	L. 2121-1
	L. 2122-2
	L. 2122-3
	L. 2122-4
	L. 2123-1
	L. 2123-4
	L. 2123-6
	L. 2123-7
	L. 2123-8
	L. 2124-3
	L. 2124-31
	L. 2125-1
	L. 2131-1
	L. 2132-2
	L. 2132-11
	L. 2132-21
	L. 2132-26
	L. 2132-27
	L. 2132-28
	L. 2141-1
	L. 2141-2
	L. 2141-3
	L. 2212-1
	L. 2221-1
	L. 2222-2
	L. 2222-8
	L. 2311-1
	L. 2312-1
	L. 2321-2
	L. 2321-3
	L. 2322-4
	L. 2323-3
	L. 2323-5
	L. 2323-6, ecqc les frais de poursuites au profit des collectivités territoriales
	L. 2323-9
	L. 2323-10
	L. 2323-14
	L. 3112-1
	L. 3112-2
	L. 3112-3
	L. 3113-4
	L. 3211-6
	L. 3211-11
	L. 3211-14
	L. 3211-23
	L. 3221-4
	L. 3221-7
	L. 3331-1
	L. 4111-2
	L. 4111-4
	L. 4112-1
	L. 5112-2
	L. 5211-1
	L. 5211-2
	L. 5211-3
	L. 5211-4
	L. 5221-1
	L. 5221-2
	L. 5221-3
	L. 5222-1
	L. 5222-2
	L. 5231-1
	L. 5231-2
	L. 5232-1
	L. 5232-2
	L. 5233-1
	L. 5234-1
	L. 5241-1
	L. 5241-2
	L. 5241-3
	L. 5241-4
	L. 5241-5
	L. 5242-1
	L. 5251-1

TEXTES D'ORIGINE	ARTICLES DU CODE
	L. 5261-1
	L. 5261-2
	L. 5261-3
	L. 5261-4
	L. 5311-1
	L. 5311-2
	L. 5321-6
	L. 5322-11
	L. 5331-9
	L. 5331-10
	L. 5331-16
	L. 5332-4
	L. 5333-1
	L. 5342-7
Code de l'aviation civile :	
Art. L. 282-14	L. 2132-13 (art. de réf.)
Code général des collectivités territoriales :	
Dispositions relatives aux acquisitions par voie d'échange de biens et de droits immobiliers par les collectivités territoriales, leurs groupements et leurs établissements publics	L. 1111-4 (art. de réf.)
Art. L. 1311-1, al. 1er	L. 3111-1
Art. L. 1311-3-4°	L. 2331-1
Art. L. 1311-9 à L. 1311-12, ecqc les procédures d'acquisition	L. 1211-1 (art. de réf.)
Art. L. 1311-9 à L. 1311-12, ecqc les prises à bail	L. 4111-1 (art. de réf.)
Art. L. 1311-13, ecqc les acquisitions	L. 1212-6 (art. de réf.)
Art. L. 1311-13, ecqc les baux	L. 2222-3 (art. de réf.)
Art. L. 1311-13, ecqc les prises à bail	L. 4111-5 (art. de réf.)
Art. L. 1311-14, ecqc les acquisitions	L. 1212-7 (art. de réf.)
Art. L. 1311-14, ecqc les baux	L. 2222-4 (art. de réf.)
Art. L. 1311-14, ecqc les prises à bail	L. 4111-6 (art. de réf.)
Art. L. 2241-1, ecqc les aliénations	L. 3221-1 (art. de réf.)
Art. L. 2241-1, ecqc les échanges	L. 3222-2 (art. de réf.)
Art. L. 2241-3	L. 1212-3 (art. de réf.)
Art. L. 2242-1 à L. 2242-5	L. 1121-4 (art. de réf.)
Art. L. 3213-1	L. 1212-3 (art. de réf.)
Art. L. 3213-2, ecqc les aliénations	L. 3221-1 (art. de réf.)
Art. L. 3213-2, ecqc les échanges	L. 3222-2 (art. de réf.)
Art. L. 3213-6	L. 1121-5
Art. L. 3213-7	L. 1121-5
Art. L. 4221-4, ecqc les aliénations	L. 3221-1 (art. de réf.)
Art. L. 4221-4, ecqc les échanges	L. 3222-2 (art. de réf.)
Art. L. 4221-4-1	L. 1212-3 (art. de réf.)
Art. L. 4221-6	L. 1121-6 (art. de réf.)
Art. L. 5211-27-2	L. 1212-3 (art. de réf.)
Art. L. 5211-37, ecqc les aliénations	L. 3221-1 (art. de réf.)
Art. L. 5211-37, ecqc les échanges	L. 3222-2 (art. de réf.)
Art. L. 5722-3, ecqc les aliénations	L. 3221-1 (art. de réf.)
Art. L. 5722-3, ecqc les échanges	L. 3222-2 (art. de réf.)
Art. L. 5722-9	L. 1212-3 (art. de réf.)
Code de la construction et de l'habitation :	
Art. L. 443-12	L. 3221-3 (art. de réf.)

TEXTES D'ORIGINE	ARTICLES DU CODE
Art. L. 451-5, ecqc les procédures d'acquisition .	L. 1211-2 (art. de réf.)
Art. L. 415-5, ecqc les cessions..................	L. 3221-3 (art. de réf.)
Code de la défense :	
Art. L. 5121-1, ecqc les atteintes à l'intégrité ou à la conservation du domaine public militaire .	L. 2132-14 (art. de réf.)
Art. L. 5121-2, ecqc les atteintes à l'intégrité ou à la conservation du domaine public militaire .	L. 2132-14 (art. de réf.)
Art. L. 5121-2, ecqc les atteintes aux servitudes sur le domaine public militaire	L. 2132-19 (art. de réf.)
Code du domaine de l'État :	
Art. L. 2, al. 1er...........	L. 2111-1
Art. L. 2, al. 2	L. 2211-1
Art. L. 10	L. 1212-2
Art. L. 11	L. 1121-1
Art. L. 12	L. 2222-12 et L. 2222-13
Art. L. 14, 1re phrase	L. 2222-14
Art. L. 14, 2e et 3e phrases	L. 2222-15
Art. L. 15	L. 1121-2
Art. L. 18	L. 2222-17
Art. L. 19	L. 1121-3
Art. L. 21	L. 2222-18
Art. L. 23	L. 1122-1
Art. L. 25	L. 1123-2
Art. L. 27, al. 1er à 5	L. 1126-1
Art. L. 27, al. 6...........	*Abrogé* (1)
Art. L. 27, al. 7...........	L. 2222-21
Art. L. 27, al. 8 à 10	L. 2222-22
Art. L. 27 bis	L. 1123-3
Art. L. 27 ter	L. 2222-20
Art. L. 28, al. 1er	L. 2122-1
Art. L. 30	*Abrogé* (1)
Art. L. 31	L. 2125-4
Art. L. 31, al. 1er	L. 2322-3
Art. L. 32	L. 2125-5
Art. L. 33	*Abrogé* (1)
Art. L. 33-1...............	L. 2125-6
Art. L. 34	L. 2125-2
Art. L. 34-1...............	L. 2122-6
Art. L. 34-2, al. 1er et 2 ...	L. 2122-7
Art. L. 34-2, al. 3 à 5	L. 2122-8
Art. L. 34-3...............	L. 2122-9
Art. L. 34-3-1	L. 2122-15
Art. L. 34-4...............	L. 2122-10
Art. L. 34-5...............	L. 2122-11
Art. L. 34-6...............	L. 2122-12
Art. L. 34-7...............	L. 2122-13
Art. L. 34-7-1	L. 2122-16
Art. L. 34-8...............	L. 2122-14
Art. L. 34-8-1, ecqc les ports relevant de la compétence des départements....................	L. 2122-17
Art. L. 34-8-1, ecqc les ports relevant de la compétence des communes	L. 2122-18
Art. L. 34-9...............	L. 2122-5
Art. L. 35	L. 2123-3
Art. L. 37	L. 4121-1
Art. L. 41, ecqc les acquisitions par voie d'échange.................	L. 1111-2
Art. L. 41, ecqc les aliénations par voie d'échange..	L. 3211-21
Art. L. 43, ecqc les acquisitions par voie d'échange.................	L. 1111-3
Art. L. 43, ecqc les aliénations par voie d'échange..	L. 3211-22
Art. L. 44, ecqc les acquisitions par voie d'échange.................	L. 1212-8
Art. L. 44, ecqc les aliénations par voie d'échange..	L. 3222-1
Art. L. 46, al. 1er	L. 2222-6
Art. L. 46, al. 2...........	L. 2222-7
Art. L. 48	L. 2321-4
Art. L. 49	L. 2321-5
Art. L. 51	L. 3211-24
Art. L. 51-1, ecqc les immeubles appartenant au domaine public	L. 2123-2
Art. L. 51-1, ecqc les immeubles appartenant au domaine privé	L. 2222-10
Art. L. 52	L. 3111-1
Art. L. 53	*Abrogé* (1)
Art. L. 54, al. 1er	L. 3211-2
Art. L. 54, al. 2...........	L. 3211-13
Art. L. 54, al. 3...........	*Abrogé* (1)
Art. L. 55	L. 3211-12
Art. L. 56	L. 3211-3
Art. L. 57	L. 3211-4
Art. L. 59	L. 3211-25
Art. L. 62	L. 3211-5
Art. L. 64	L. 3211-10
Art. L. 64	L. 3211-15

TEXTES D'ORIGINE	ARTICLES DU CODE
Art. L. 65	L. 3212-1
Art. L. 66-2	L. 3211-7
Art. L. 67, al. 1er à 5	*Abrogé* (1)
Art. L. 67, al. 6	L. 3211-18
Art. L. 68	L. 3211-19
Art. L. 69, al. 1er à 3	*Abrogé* (1)
Art. L. 69, al. 4	L. 3221-6
Art. L. 69-1, al. 1er	L. 3211-18
Art. L. 69-1, al. 2 à 4	L. 3212-2
Art. L. 69-1, al. 4, ecqc les collectivités territoriales, leurs groupements et leurs établissements publics	L. 3212-3
Art. L. 69-2	L. 2222-9
Art. L. 70	*Abrogé* (1)
Art. L. 70, al. 1er, phrase 2	L. 3221-5
Art. L. 72	L. 3221-5
Art. L. 74, ecqc les biens immobiliers	L. 3211-9
Art. L. 74, ecqc les biens mobiliers	L. 3211-20
Art. L. 75, ecqc les biens immobiliers	L. 3211-9
Art. L. 75, ecqc les biens mobiliers	L. 3211-20
Art. L. 76, ecqc les acquisitions	L. 1212-4
Art. L. 76, ecqc les baux	L. 2222-1
Art. L. 76, ecqc les prises à bail	L. 4111-3
Art. L. 77	*Abrogé* (1)
Art. L. 78	L. 2321-1
Art. L. 78-1	L. 2322-2
Art. L. 79	L. 2321-1
Art. L. 79, ecqc la liquidation des produits et redevances	L. 2322-1
Art. L. 79, ecqc les frais de poursuites au profit de l'État	L. 2323-6
Art. L.79, ecqc la procédure de vente de fonds de commerce	L. 2323-7
Art. L. 79, ecqc la demande en revendication d'objets saisis	L. 2323-13
Art. L. 80, al. 1er et 2	L. 2323-1
Art. L. 80, al. 3 à 10	*Abrogé* (1)
Art. L. 80, al. 12 et 13	L. 2323-11
Art. L. 81, al. 1er	L. 2323-2
Art. L. 81, al. 2 à 4	L. 2323-4
Art. L. 82	L. 2323-12
Art. L. 82-1	L. 2323-8
Art. L. 84, ecqc l'État, ses établissements publics ou leurs concessionnaires	L. 2331-1
Art. L. 86	L. 5111-2
Art. L. 87, al. 1er, 1re phrase	L. 5111-1
Art. L. 87, al. 1er, 2e phrase	L. 5111-3
Art. L. 87, al. 2 à 5	L. 5111-4
Art. L. 88	L. 5111-3
Art. L. 88-1, ecqc les départements de Guyane et de La Réunion	L. 5113-1
Art. L. 88-1, ecqc la collectivité départementale de Mayotte	L. 5331-7
Art. L. 88-2	L. 5113-2
Art. L. 89	L. 5111-5
Art. L. 89-1, I, III et IV	L. 5112-1
Art. L. 89-2	L. 5112-3
Art. L. 89-3	L. 5112-4
Art. L. 89-4	L. 5112-5
Art. L. 89-5	L. 5112-6
Art. L. 89-6	L. 5112-7
Art. L. 89-7	L. 5112-8
Art. L. 89-8	L. 5112-9
Art. L. 89-9	L. 5112-10
Art. L. 90, al. 1er à 5	L. 5121-1
Art. L. 90, al. 6	L. 5121-2
Art. L. 91-1, al. 1er	L. 5141-1
Art. L. 91-1, al. 1er et 2, ecqc les cessions gratuites aux titulaires de concessions	L. 5141-2
Art. L. 91-1, al. 1er et 2, ecqc les cessions gratuites aux titulaires de baux emphytéotiques	L. 5141-3
Art. L. 91-1, al. 3 et 4	L. 5141-4
Art. L. 91-1-1	L. 5141-6
Art. L. 91-1-2	*Abrogé* (1)
Art. L. 91-2	L. 5142-1
Art. L. 91-2-1	L. 5142-2
Art. L. 91-3	L. 5143-1
Art. L. 91-4	L. 5144-1
Art. L. 91-5	L. 5144-2
Art. L. 91-6	L. 5144-3
Art. L. 91-7	L. 5145-1
Art. L. 91-8	L. 5145-2
Art. L. 92	*Abrogé* (1)
Art. R. 25	L. 2222-13
Art. R. 26, al. 1er	L. 2222-12
Art. R. 26, al. 2	L. 2222-15
Art. R. 27	L. 2222-16
Art. R. 37	L. 2222-17
Art. R. 46	L. 1126-2
Art. R. 47, al. 1er	L. 1126-3

TEXTES D'ORIGINE	ARTICLES DU CODE
Art. R. 56	L. 2125-3
Art. R. 170-31, 2°, 5° et 6°	L. 5141-1
Art. R. 170-46-1	L. 5141-5
Code du domaine de l'État et des collectivités publiques applicable dans la collectivité territoriale de Mayotte :	
Art. L. 112-1	L. 5331-2
Art. L. 112-2, al. 1er à 5	L. 5331-8
Art. L. 121-1	L. 5331-1
Art. L. 122-3	L. 5321-3
Art. L. 122-4	L. 5321-2
Art. L. 122-8	L. 5321-4
Art. L. 122-9, dernier al.	*Abrogé* (1)
Art. L. 122-10	L. 5321-5
Art. L. 122-11	L. 5332-7
Art. L. 211-3	L. 5331-17
Art. L. 211-4	L. 5331-18
Art. L. 211-5	L. 5331-19
Art. L. 212-1	L. 5331-11
Art. L. 213-1	L. 5331-4
Art. L. 213-2	L. 5331-5
Art. L. 213-3	L. 5331-6
Art. L. 213-5	L. 5331-13
Art. L. 213-6	L. 5331-12
Art. L. 213-7	L. 5331-3
Art. L. 214-1	L. 5331-14
Art. L. 215-1	L. 5331-15
Art. L. 221-1	L. 5332-3
Art. L. 221-2	L. 5353-1
Art. L. 221-4	L. 5332-2
Art. L. 221-6, ecqc les acquisitions par voie d'échange	L. 5321-1
Art. L. 221-6, ecqc les aliénations par voie d'échange	L. 5342-8
Art. L. 221-7	L. 5322-13
Art. L. 221-7, ecqc les aliénations par voie d'échange	L. 5342-15
Art. L. 221-8, ecqc les acquisitions par l'État et ses établissements publics	L. 5322-1
Art. L. 221-8, ecqc les prises à bail par l'État et ses établissements publics	L. 5351-1
Art. L. 221-9, ecqc les acquisitions par la collectivité départementale, les communes, leurs groupements et établissements publics	L. 5322-2
Art. L. 221-9, ecqc les prises à bail par la collectivité départementale, les communes, leurs groupements et établissements publics	L. 5351-2
Art. L. 221-10, ecqc les acquisitions par l'État et ses établissements publics	L. 5322-1
Art. L. 221-10, ecqc les acquisitions par la collectivité départementale, les communes, leurs groupements et leurs établissements publics	L. 5322-2
Art. L. 221-10, ecqc les prises à bail par l'État et ses établissements publics	L. 5351-1
Art. L. 221-10, ecqc les prises à bail par la collectivité départementale, les communes, leurs groupements et établissements publics	L. 5351-2
Art. L. 221-11, ecqc les acquisitions	L. 5322-3
Art. L. 221-11, ecqc les prises à bail	L. 5351-3
Art. L. 221-12, ecqc les acquisitions	L. 5322-4
Art. L. 221-12, ecqc les prises à bail	L. 5351-3
Art. L. 221-13	L. 5322-5
Art. L. 221-14	L. 5322-6
Art. L. 221-14 à L. 221-19, ecqc les aliénations et les échanges	L. 5342-13
Art. L. 221-14 à L. 221-19, ecqc les prises à bail	L. 5351-4
Art. L. 221-15	L. 5322-6
Art. L. 221-16	L. 5322-7
Art. L. 221-17, ecqc les acquisitions	L. 5322-8
Art. L. 221-17	L. 5322-13
Art. L. 221-18	L. 5322-9
Art. L. 221-19	L. 5322-10
Art. L. 310-1	L. 5341-1
Art. L. 321-1	L. 5342-1
Art. L. 321-1, ecqc l'État et ses établissements publics	*Abrogé* (1)
Art. L. 321-2	L. 5342-2

TEXTES D'ORIGINE	ARTICLES DU CODE
Art. L. 321-1, ecqc l'État et ses établissements publics	*Abrogé* (1)
Art. L. 321-4	L. 5342-3
Art. L. 321-6, ecqc les concessions et les baux emphytéotiques	L. 5332-5
Art. L. 321-6, ecqc les cessions	L. 5342-9
Art. L. 321-7	L. 5342-10
Art. L. 321-8, ecqc les concessions	L. 5332-6
Art. L. 321-8, ecqc les cessions	L. 5342-11
Art. L. 321-9	L. 5342-12
Art. L. 322-1	L. 5342-4
Art. L. 322-2	L. 5342-4
Art. L. 322-3, al. 1er à 4	L. 5342-5
Art. L. 322-3, al. 5	L. 5342-6
Art. L. 322-4	L. 5342-14
Art. L. 410-1, ecqc les acquisistions	L. 5322-12
Art. L. 410-1, ecqc les baux	L. 5332-1
Art. L. 410-1, ecqc les prises à bail	L. 5352-1
Art. L. 410-2	L. 5333-3
Art. L. 410-2, ecqc l'État	*Abrogé* (1)
Art. L. 420-1	L. 5333-2
Code du domaine public fluvial et de la navigation intérieure :	
Art. 1er, al. 1er à 9	L. 2111-7
Art. 1er, al. 10	L. 2111-8
Art. 1-1, al. 1er	L. 2111-7
Art. 1-1, al. 2 à 6	L. 3113-1
Art. 1-2	L. 3113-2
Art. 1-3	L. 3113-3
Art. 1-4	L. 2124-6
Art. 1-5, al. 2	L. 2111-12
Art. 1-5, ecqc le déclassement	L. 2142-1
Art. 2-1	L. 2111-12
Art. 4, al. 1er et 4	L. 2142-1
Art. 5, ecqc les modalités de consultation des établissements, collectivités territoriales et organisations professionnelles mentionnés au *a* et *b*	*Abrogé* (1)
Art. 5	L. 2124-7
Art. 6, al. 6 et 7	L. 2124-12
Art. 7	L. 2142-2
Art. 8	L. 2111-9
Art. 11	L. 3211-16
Art. 12	L. 2124-15
Art. 13	L. 3211-16
Art. 14	L. 2124-11
Art. 15, al. 1er à 3	L. 2131-2
Art. 15, al. 4	L. 2132-16
Art. 16	L. 2131-3
Art. 18	L. 2131-4
Art. 19	L. 2131-5
Art. 20	L. 2331-2
Art. 21	L. 2131-6
Art. 23	L. 3111-2
Art. 24	L. 2132-8
Art. 25, al. 1er et 4	L. 2124-8
Art. 25, al. 2 et 3	L. 2132-5
Art. 25, al. 5 à 9	L. 2124-10
Art. 26	L. 2124-9
Art. 27	L. 2132-6
Art. 28	L. 2132-7
Art. 29	L. 2132-9
Art. 35	L. 2125-7
Art. 37	L. 3211-15
Art. 38	L. 2124-13
Art. 39	L. 2124-11
Art. 40	L. 2132-10
Art. 41	L. 2132-23
Art. 43	L. 2132-24
Art. 44	L. 2132-25
Art. 55	L. 2124-16
Art. 57 et 58	L. 2124-17
Art. 59	L. 2124-18
Art. 227	L. 2124-19
Art. 236	L. 2111-11
Art. 237	L. 2124-20
Art. 241	L. 2124-21
Art. 242	L. 2124-22
Art. 243	L. 2124-23
Art. 244	L. 2124-24
Art. 245	L. 2124-25
Code de l'environnement :	
Art. L. 218-31	L. 2132-29 (art. de réf.)
Art. L. 218-38	L. 2132-29 (art. de réf.)
Art. L. 218-47	L. 2132-29 (art. de réf.)
Art. L. 218-62	L. 2132-29 (art. de réf.)
Art. L. 321-5	L. 2124-1
Art. L. 321-6	L. 2124-2
Art. L. 321-9	L. 2124-4
Art. L. 651-3	L. 5311-3 (art. de réf.)

TEXTES D'ORIGINE	ARTICLES DU CODE
Code de l'expropriation pour cause d'utilité publique :	
Art. L. 11-8, al. 3 et 4.....	L. 2123-5 (art. de réf.)
Code général des impôts :	
Art. 1716 *bis*	L. 1111-5 (art. de réf.)
Code de justice administrative :	
Art. L. 774-1 à L. 774-11.	L. 2132-20 (art. de réf.)
Code monétaire et financier :	
Art. L. 518-24, al. 1er.....	L. 1126-4 (art. de réf.)
Code du patrimoine :	
ecqc le droit de préemption de l'État sur les œuvres d'art et les archives privées...........	L. 1112-7 (art. de réf.)
ecqc le droit de préemption de l'État, exercé pour le compte des collectivités territoriales, sur les œuvres d'art et les archives privées...........	L. 1112-9 (art. de réf.)
ecqc le droit de préemption de la Bibliothèque nationale de France sur les archives privées....................	L. 1112-8 (art. de réf.)
Art. L. 532-2	L. 1127-1 (art. de réf.)
Code des ports maritimes :	
ecqc les atteintes à l'intégrité du domaine public maritime...........	L. 2132-4 (art. de réf.)
ecqc la répression des atteintes au domaine public des ports maritimes......................	L. 2132-22 (art. de réf.)
Code des postes et communications électroniques :	
Art. 41-1, al. 3	L. 2111-17 et L. 2124-26
Code de procédure pénale :	
Art. 41-4, al. 3	L. 1125-1 (art. de réf.)
Code rural :	
Art. L. 125-13............	L. 2222-23 (art. de réf.)
Art. L. 128-3	L. 2222-23 (art. de réf.)
Art. L. 415-11............	L. 2222-5 (art. de réf.)
Code de la santé publique :	
Dispositions relatives aux acquisitions par voie d'échange de biens et droits immobiliers par les collectivités territoriales, leurs groupements et leurs établissements publics....................	L. 1111-4 (art. de réf.)
Art. L. 6145-12	L. 1127-2 (art. de réf.)
Art. L. 6148-1, al. 1er.....	L. 3111-1
Art. L. 6148-2............	L. 2331-1
Code du tourisme :	
Art. L. 341-8	L. 2124-5
Art. L. 341-11............	L. 2124-14
Code de l'urbanisme :	
ecqc l'État pour le droit de préemption urbain et les droits de préemption en espaces naturels sensibles, en ZAD et dans les périmètres provisoires....	L. 1112-4 (art. de réf.)
ecqc les établissements publics de l'État pour le droit de préemption urbain et les droits de préemption en espaces naturels sensibles, en ZAD et dans les périmètres provisoires	L. 1112-5 (art. de réf.)
ecqc, selon les cas, les collectivités territoriales, leurs groupements et leurs établissements publics pour le droit de préemption urbain et les droits de préemption en espaces naturels sensibles, en espaces agricoles et naturels périurbains, en ZAD et dans les périmètres provisoires, et ecqc les fonds artisanaux, les fonds de	

TEXTES D'ORIGINE	ARTICLES DU CODE
commerce et les baux commerciaux.............	L. 1112-6 (art. de réf.)
Art. L. 324-1, ecqc les aliénations	L. 3221-2 (art. de réf.)
Art. L. 324-1, ecqc les échanges..................	L. 3221-3 (art. de réf.)
Code de la voirie routière :	
Art. L. 116-1 à L. 116-8 ..	L. 2132-1 (art. de réf.)
Ordonnance de la marine d'août 1681 :	
Art. 2	L. 2132-3
Loi du 15 juillet 1845 sur la police des chemins de fer :	
Art. 2 et 11...............	L. 2132-12 (art. de réf.)
Art. 11 et 23	L. 2132-18 (art. de réf.)
Loi nº 62-933 du 8 août 1962 complémentaire à la loi d'orientation agricole :	
Art. 1er -II	L. 3211-8
Loi nº 72-619 du 5 juillet 1972 portant création et organisation des régions :	
Art. 7-1, ecqc les aliénations	L. 3221-2 (art. de réf.)
Art. 7-1, ecqc les échanges..................	L. 3222-3 (art. de réf.)
Loi nº 76-646 du 16 juillet 1976 relative à la prospection, à la recherche et à l'exploitation des substances minérales non visées à l'art. 2 du code minier et contenues dans les fonds marins du domaine public métropolitain :	
Art. 1er	L. 2124-27 (art. de réf.)
Art. 2	L. 2124-28 (art. de réf.)
Loi nº 82-213 du 2 mars 1982 relative aux droits et libertés des communes, des départements et des régions :	
Art. 45-1, ecqc les aliénations	L. 3221-1 (art. de réf.)

TEXTES D'ORIGINE	ARTICLES DU CODE
Art. 45-1, ecqc les échanges..................	L. 3222-3 (art. de réf.)
Loi nº 82-1153 du 30 décembre 1982 d'orientation des transports intérieurs :	
Art. 20, al. 1er	L. 2111-15
Loi nº 84-562 du 4 juillet 1984 permettant la révision des conditions et charges apposées à certaines libéralités :	
Art. 2, ecqc les collectivités territoriales et leurs établissements publics	L. 2222-19 (art. de réf.)
Loi nº 86-2 du 3 janvier 1986 relative à l'aménagement, la protection et la mise en valeur du littoral :	
Art. 26....................	L. 2111-5
Art. 29, al. 1er à 3	L. 2124-30
Art. 29, al. 4..............	L. 2124-29
Loi nº 86-1067 du 30 septembre 1986 relative à la liberté de la communication :	
Art. 22, al. 1er	L. 2111-17 et L. 2124-26
Loi nº 87-954 du 27 novembre 1987 relative à la visibilité des amers, des feux et des phares et au champ de vue des centres de surveillance de la navigation maritime :	
Art. 1er et 6...............	L. 2132-15 (art. de réf.)
Loi nº 90-1067 du 28 novembre 1990 relative à la fonction publique territoriale et portant modification de certains articles du code des communes :	
Art. 21, ecqc les immeubles appartenant au domaine public	L. 2124-32 (art. de réf.)
Art. 21, ecqc les immeubles appartenant au domaine privé	L. 2222-11 (art. de réf.)

TEXTES D'ORIGINE	ARTICLES DU CODE
Loi nº 91-1385 du 31 décembre 1991 portant dispositions diverses en matière de transport :	
Art. 15	L. 2132-17 (art. de réf.)
Loi nº 94-631 du 25 juillet 1994 complétant le code du domaine de l'État et relative à la constitution de droits réels sur le domaine public :	
Art. 3	L. 2122-19
Loi nº 95-127 du 8 février 1995 relative aux marchés publics et aux délégations de services publics :	
Art. 11-II, ecqc les aliénations	L. 3221-2 (art. de réf.)
Art. 11-II, ecqc les échanges	L. 3222-3 (art. de réf.)
Loi nº 97-135 du 13 février 1997 portant création de l'établissement public Réseau ferré de France en vue du renouveau du transport ferroviaire :	
Art. 11, al. 1er	L. 2111-15
Décret du 17 juin 1938 étendant la compétence des conseils de préfecture :	
Art. 1er, ecqc les personnes publiques autres que l'État, ses établissements publics ou leurs concessionnaires	L. 2331-1
Décret nº 48-633 du 31 mars 1948 relatif au régime des eaux dans les départements de la Guadeloupe, de la Guyane française, de la Martinique et de la Réunion :	
Art. 2 et 6	L. 5121-5
Art. 4	L. 5121-3
Art. 5	L. 5121-4

(1) Abrogation ne prenant effet qu'à compter de la publication des dispositions réglementaires correspondantes du code général de la propriété des personnes publiques.

* Les articles de référence (art. de réf.) sont des articles du code général de la propriété des personnes publiques qui citent des articles de code, applicables en la matière, sans les reproduire dans leur intégralité.

PARTIE RÉGLEMENTAIRE

TEXTES D'ORIGINE	ARTICLES DU CODE
Nouvel article	D. 2312-6
	D. 2321-5
	D. 2321-7
	D. 2321-8
	D. 4121-5
	R. 1111-3
	R. 1112-1
	R. 1112-2
	R. 1112-3
	R. 1112-4
	R. 1112-5
	R. 1112-6
	R. 1112-7
	R. 1121-6
	R. 1121-7
	R. 1121-8
	R. 1122-1
	R. 1123-2
	R. 1126-3
	R. 1127-1
	R. 1211-9
	R. 1211-10
	R. 1212-8
	R. 1212-23
	R. 1212-24
	R. 1221-2
	R. 2111-3
	R. 2122-1
	R. 2122-2
	R. 2122-3
	R. 2122-5
	R. 2122-6
	R. 2122-8
	R. 2123-10
	R. 2123-11
	R. 2123-12
	R. 2123-13
	R. 2123-15
	R. 2123-16
	R. 2123-17
	R. 2124-58
	R. 2124-60
	R. 2124-61
	R. 2124-62
	R. 2124-63
	R. 2124-78
	R. 2125-4
	R. 2125-6
	R. 2132-1
	R. 2142-3
	R. 2222-2
	R. 2222-5
	R. 2222-7
	R. 2222-17
	R. 2222-20
	R. 2222-33
	R. 2222-35
	R. 2312-2
	R. 2312-4
	R. 2321-1
	R. 2321-2
	R. 2321-3
	R. 2321-4
	R. 2321-6
	R. 2323-1
	R. 2323-2
	R. 2323-3
	R. 2323-4
	R. 2323-5
	R. 2323-6
	R. 2331-7
	R. 2331-8
	R. 3211-9
	R. 3211-10
	R. 3211-33
	R. 3211-42
	R. 3211-46
	R. 3221-6
	R. 3221-7
	R. 3221-9
	R. 3221-11
	R. 3221-13
	R. 3221-15
	R. 3222-3
	R. 3231-2
	R. 4111-7
	R. 4112 2
	R. 4121-1
Code du domaine de l'État	
Art. R. 150-2, ecqc les acquisitions	D. 1212-25
Art. R. 152, al. 1er et 2, ecqc les opérations d'acquisition de biens mobiliers ou immobiliers .	D. 1212-26
Art. D. 36, ecqc les projets d'acquisition de biens immobiliers	D. 1221-3
Art. D. 37	D. 1221-4
Art. D. 38	D. 1221-5

TEXTES D'ORIGINE	ARTICLES DU CODE
Art. D. 39	D. 1221-6
Art. D. 14, ecqc les concessions de logement dans les immeubles appartenant à l'État et dépendant de son domaine public accordées en métropole	D. 2124-75
Art. D. 15, ecqc les concessions de logement dans les immeubles appartenant à l'État et dépendant de son domaine public accordées en métropole	D. 2124-76
Art. D. 36, al. 1er, 3 et 4, ecqc les opérations de gestion de biens immobiliers à l'étranger	D. 2312-3
Art. R. 150-2, ecqc les opérations de gestion	D. 2312-8
Art. R. 152, al. 1er et 2, ecqc les opérations de gestion	D. 2312-9
Art. D. 17-1	D. 3211-29
Art. D. 18	D. 3211-30
Art. L. 69-1, le montant de 152 euros, ecqc l'État et ses établissements publics	D. 3212-3
Art. L. 69-1, le montant de 152 euros, ecqc les collectivités territoriales leurs groupements et leurs établissements publics	D. 3212-5
Art. R. 150-2, ecqc les opérations de cessions immobilières	D. 3221-4
Art. R. 152, al. 1er et 2, ecqc les opérations de cessions immobilières	D. 3221-5
Art. D. 36, ecqc les aliénations de biens immobiliers à l'étranger	D. 3221-12
Art. R. 150-2, ecqc les aliénations de biens et droits mobiliers	D. 3221-16
Art. R. 152, al. 1er et 2, ecqc les opérations de cessions de biens et droits mobiliers	D. 3221-17
Art. R. 150-2, ecqc les opérations d'échanges immobiliers	D. 3222-1
Art. R. 152, al. 1er et 2, ecqc les opérations d'échanges de biens immobiliers	D. 3222-2
Art. art. R. 150-2, ecqc les prises en location	D. 4111-9
Art. R. 152, al. 1er et 2, ecqc les opérations de prise en location	D. 4111-10
Art. D. 36, ecqc les prises à bail d'immeubles à l'étranger	D. 4112-3
Art. D. 36, ecqc les projets d'attribution des immeubles situés à l'étranger et détenus par l'État à un titre quelconque	D. 4121-6
Art. R. 77	R. 1111-1
Art. R. 79	R. 1111-1
Art. R. 78	R. 1111-2
Art. L. 43, mots "le service des domaines"	R. 1111-2
Art. L. 11, mots "par le ministre compétent, qui statue par voie d'arrêté"	R. 1121-1
Art. R. 24	R. 1121-1
Art. R. 22	R. 1121-2
Art. R. 43, phrase 1	R. 1121-2
Art. R. 23	R. 1121-3
Art. R. 36	R. 1121-4
Art. R. 40	R. 1121-5
Art. L. 27 bis, les mots "après avis de la commission communale des impôts directs"	R. 1123-1
Art. L. 27, al. 6	R. 1126-1
Art. R. 47	R. 1126-2
Art. R. 48	R. 1126-2
Art. R. 47-1, al. 1er à 4	R. 1126-4
Art. R. 47-1, al. 5 et 7	R. 1126-5
Art. R. 49	R. 1126-6
Art. R. 21-1	R. 1211-8
Art. R. 21-3	R. 1211-8
Art. R. 18, ecqc la passation des actes d'acquisition	R. 1212-1
Art. R. 80	R. 1212-2
Art. L. 10, phrase 1re	R. 1212-3
Art. R. 8, al. 1	R. 1212-3
Art. R. 8, al. 2 et 3	R. 1212-6
Art. R. 9	R. 1212-7
Art. R. 176	R. 1212-9
Art. R. 177, ecqc les établissements publics de l'État	R. 1212-10
Art. R. 178, ecqc l'État et ses établissements publics	R. 1212-11

TEXTES D'ORIGINE	ARTICLES DU CODE
Art. R. 179, ecqc l'État et ses établissements publics	R. 1212-12
Art. R. 180, ecqc l'État et ses établissements publics	R. 1212-13
Art. R. 181, ecqc l'État et ses établissements publics	R. 1212-14
Art. R. 183, ecqc l'État et ses établissements publics	R. 1212-15
Art. R. 184, ecqc les établissements publics de l'État	R. 1212-16
Art. R. 185, ecqc l'État et ses établissements publics	R. 1212-17
Art. R. 186, ecqc l'État et ses établissements publics	R. 1212-18
Art. R. 171, ecqc les acquisitions	R. 1212-19
Art. R. 172, ecqc les acquisitions	R. 1212-20
Art. R. 173	R. 1212-21
Art. R. 174, ecqc les projets d'acquisition poursuivis par les établissements publics de l'État	R. 1212-22
Art. R. 152, al. 4, ecqc les opérations d'acquisition de biens mobiliers ou immobiliers à l'étranger	R. 1221-1
Art. R. 1, al. 1er	R. 2111-1
Art. R. 1, al. 2	R. 2111-2
Art. R. 53	R. 2122-4
Art. A. 26, al. 1er	R. 2122-7
Art. A. 27	R. 2122-7
Art. A. 28	R. 2122-7
Art. R. 57-1	R. 2122-9
Art. R. 57-2, paragraphe I	R. 2122-10
Art. R. 57-2, paragraphe II	R. 2122-11
Art. R. 57-3, paragraphe I	R. 2122-12
Art. R. 57-3, paragraphe II	R. 2122-13
Art. R. 57-4, paragraphe I	R. 2122-14
Art. R. 57-4, paragraphe II	R. 2122-15
Art. R. 57-4, paragraphe III	R. 2122-16
Art. R. 57-5	R. 2122-17
Art. R. 57-6	R. 2122-18
Art. R. 57-7, paragraphe I	R. 2122-19
Art. R. 57-7, paragraphes II et III	R. 2122-20
Art. R. 57-7, paragraphe V, ecqc la cession amiable	R. 2122-21
Art. R. 57-8, paragraphe I	R. 2122-22
Art. R. 57-8, paragraphes II et III	R. 2122-23
Art. R. 57-8, paragraphe IV	R. 2122-24
Art. R. 57-7, paragraphe IV	R. 2122-25
Art. R. 57-7, paragraphe V, ecqc la cession forcée	R. 2122-26
Art. R. 57-9	R. 2122-27
Art. R. 57-10	R. 2122-50
Art. R. 57-12	R. 2122-51
Art. R. 57-14	R. 2122-52
Art. R. 57-16	R. 2122-53
Art. R. 57-13	R. 2122-54
Art. R. 57-17	R. 2122-54
Art. R. 128-1, al. 1er, 2, 3, 4, 6 et 7, ecqc les conventions de gestion portant sur des immeubles dépendant du domaine public de l'État	R. 2123-1
Art. R. 128-3, ecqc les conventions de gestion portant sur des immeubles dépendant du domaine public de l'État	R. 2123-2
Art. L. 51-1, mots "passée par le service des domaines, sur la proposition du ministre affectataire ou gestionnaire de l'immeuble", ecqc les conventions de gestion portant sur des immeubles dépendant du domaine public de l'État	R. 2123-2
Art. R. 128-4, II, III, ecqc les conventions de gestion portant sur des immeubles dépendant du domaine public de l'État	R. 2123-3
Art. R. 128-5, ecqc les conventions de gestion portant sur des immeubles dépendant du domaine public de l'État	R. 2123-4

TEXTES D'ORIGINE	ARTICLES DU CODE
Art. R. 128-6, I, ecqc les conventions de gestion portant sur des immeubles dépendant du domaine public de l'État..	R. 2123-5
Art. R. 128-6, II, ecqc les conventions de gestion portant sur des immeubles dépendant du domaine public de l'État..	R. 2123-6
Art. R. 128-6, III, ecqc les conventions de gestion portant sur des immeubles dépendant du domaine public de l'État..	R. 2123-7
Art. R. 128-7, ecqc les conventions de gestion portant sur des immeubles dépendant du domaine public de l'État..	R. 2123-8
Art. R. 58, al. 1er..........	R. 2123-9
Art. R. 58, al. 2............	R. 2123-14
Art. R. 152-1.............	R. 2124-56
Art. R. 92, ecqc les concessions de logement dans les immeubles appartenant à l'État et dépendant de son domaine public...........	R. 2124-64
Art. R. 93, al. 1er, ecqc les concessions de logement dans les immeubles appartenant à l'État et dépendant de son domaine public...........	R. 2124-64
Art. R. 94, al. 1er, ecqc les concessions de logement dans les immeubles appartenant à l'État et dépendant de son domaine public...........	R. 2124-65
Art. R. 94, al. 2, ecqc les concessions de logement dans les immeubles appartenant à l'État et dépendant de son domaine public...........	R. 2124-66
Art. R. 95, al. 1er, ecqc les concessions de logement dans les immeubles appartenant à l'État et dépendant de son domaine public...........	R. 2124-67
Art. R. 96, ecqc les concessions de logement dans les immeubles appartenant à l'État et dépendant de son domaine public...........	R. 2124-67
Art. R. 97, ecqc les concessions de logement dans les immeubles appartenant à l'État et dépendant de son domaine public...........	R. 2124-68
Art. R. 98, al. 1er, ecqc les concessions de logement dans les immeubles appartenant à l'État et dépendant de son domaine public...........	R. 2124-69
Art. R. 100, ecqc les concessions de logement dans les immeubles appartenant à l'État et dépendant de son domaine public...........	R. 2124-70
Art. R. 101, ecqc les concessions de logement dans les immeubles appartenant à l'État et dépendant de son domaine public...........	R. 2124-71
Art. R. 102, ecqc les concessions de logement dans les immeubles appartenant à l'État et dépendant de son domaine public...........	R. 2124-72
Art. R. 99, ecqc les concessions de logement dans les immeubles appartenant à l'État et dépendant de son domaine public...........	R. 2124-73
Art. R. 104, ecqc les concessions de logements dans les immeubles appartenant à l'État et dépendant de son domaine public accordées en métropole............	R. 2124-74
Art. D. 13, ecqc les concessions de logement dans les immeubles appartenant aux établissements publics et dépendant de leur domaine public.....................	R. 2124-77
Art. A. 93-1, ecqc les concessions de logement dans les immeubles	

TEXTES D'ORIGINE	ARTICLES DU CODE
appartenant aux établissements publics et dépendant de leur domaine public	R. 2124-77
Art. L. 30	R. 2125-1
Art. R. 55	R. 2125-1
Art. A. 18	R. 2125-2
Art. L. 33	R. 2125-3
Art. R. 57	R. 2125-3
Art. A. 26, al. 2 et 3	R. 2125-5
Art. R. 57-2, paragraphe III	R. 2125-14
Art. R. 57-11	R. 2125-15
Art. R. 57-15	R. 2125-16
Art. R. 66	R. 2222-1
Art. R. 67	R. 2222-3
Art. R. 69	R. 2222-4
Art. A. 102	R. 2222-6
Art. A. 103	R. 2222-6
Art. R. 128-1, al. 1er, 2, 3, 4, 5 et 7, ecqc les conventions de gestion portant sur des immeubles dépendant du domaine privé de l'État	R. 2222-8
Art. R. 128-3, ecqc les conventions de gestion portant sur des immeubles dépendant du domaine privé de l'État	R. 2222-9
Art. L. 51-1, mots "passée par le service des domaines, sur la proposition du ministre affectataire ou gestionnaire de l'immeuble", ecqc les conventions de gestion portant sur des immeubles dépendant du domaine privé de l'État	R. 2222-9
Art. R. 128-4, I, III, ecqc les conventions de gestion portant sur les immeubles dépendant du domaine privé de l'État	R. 2222-10
Art. R. 128-5, ecqc les conventions de gestion portant sur les immeubles dépendant du domaine privé de l'État	R. 2222-11
Art. R. 128-6, I, ecqc les conventions de gestion portant sur des immeubles dépendant du domaine privé de l'État	R. 2222-12
Art. R. 128-6, II, ecqc les conventions de gestion portant sur les immeubles relevant du domaine privé de l'État	R. 2222-13
Art. R. 128-6, III, ecqc les conventions de gestion portant sur les immeubles dépendant du domaine privé de l'État	R. 2222-14
Art. R. 128-7, ecqc les conventions de gestion portant sur les immeubles dépendant du domaine privé de l'État	R. 2222-15
Art. R. 75	R. 2222-16
Art. R. 92, ecqc les concessions de logement dans les immeubles appartenant à l'État et dépendant de son domaine privé	R. 2222-18
Art. R. 93, ecqc les concessions de logement dans les immeubles appartenant à l'État et dépendant de son domaine privé	R. 2222-18
Art. R. 94, ecqc les concessions de logement dans les immeubles appartenant à l'État et dépendant de son domaine privé	R. 2222-18
Art. R. 95, ecqc les concessions de logement dans les immeubles appartenant à l'État et relevant de son domaine privé	R. 2222-18
Art. R. 96, ecqc les concessions de logement dans les immeubles appartenant à l'État et dépendant de son domaine privé	R. 2222-18
Art. R. 97, ecqc les concessions de logement dans les immeubles appartenant à l'État et dépendant de son domaine privé	R. 2222-18
Art. R. 98, al. 1er, ecqc les concessions de logement dans les immeubles appartenant à l'État et dépendant de son domaine privé	R. 2222-18

TEXTES D'ORIGINE	ARTICLES DU CODE
Art. R. 99, ecqc les concessions de logement dans les immeubles appartenant à l'État et dépendant de son domaine privé	R. 2222-18
Art. R. 100, ecqc les concessions de logement dans les immeubles appartenant à l'État et dépendant de son domaine privé	R. 2222-18
Art. R. 101, ecqc les concessions de logement dans les immeubles appartenant à l'État et dépendant de son domaine privé	R. 2222-18
Art. R. 102, ecqc les concessions de logement dans les immeubles appartenant à l'État et dépendant de son domaine privé	R. 2222-18
Art. R. 104, ecqc les concessions de logement dans les immeubles appartenant à l'État et dépendant de son domaine privé accordées en métropole	R. 2222-18
Art. D. 14, ecqc les concessions de logement dans les immeubles appartenant à l'État et dépendant de son domaine privé accordées en métropol	R. 2222-18
Art. D. 15, ecqc les concessions de logement dans les immeubles appartenant à l'État et dépendant de son domaine privé accordées en métropole	R. 2222-18
Art. D. 13, ecqc les concessions de logement dans les immeubles appartenant aux établissements publics et dépendant de leur domaine privé	R. 2222-19
Art. A. 93-1, ecqc les concessions de logement dans les immeubles appartenant aux établissements publics et dépendant de leur domaine privé	R. 2222-19
Art. R. 28	R. 2222-21
Art. R. 29	R. 2222-22
Art. R. 43, phrase 2	R. 2222-22
Art. R. 30	R. 2222-23
Art. L. 12, mots "par arrêté interministériel"	R. 2222-23
Art. L. 14, mots "par arrêté interministériel"	R. 2222-23
Art. R. 32	R. 2222-24
Art. R. 33	R. 2222-25
Art. R. 34	R. 2222-26
Art. R. 35	R. 2222-27
Art. R. 38	R. 2222-28
Art. R. 39	R. 2222-29
Art. R. 41	R. 2222-30
Art. R. 42, al. 1er à 3	R. 2222-31
Art. R. 42, al. 4	R. 2222-32
Art. R. 50	R. 2222-34
Art. R. 105-1	R. 2222-36
Art. R. 152, al. 4, ecqc les opérations de gestion de biens mobiliers et immobiliers	R. 2312-1
Art. R. 52, ecqc les biens appartenant à l'État ou à ses établissements publics administratifs	R. 2312-5
Art. R. 111	R. 2312-7
Art. R. 112	R. 2312-7
Art. R. 128-12, ecqc les biens appartenant à l'État	R. 2313-1
Art. R. 128-13, ecqc les biens appartenant à l'État	R. 2313-2
Art. R. 128-14, ecqc les biens appartenant à l'État	R. 2313-3
Art. R. 128-15, ecqc les biens appartenant à l'État	R. 2313-4
Art. R. 128-16, ecqc les biens appartenant à l'État	R. 2313-5
Art. L. 77, al. 1er et 2	R. 2321-9
Art. R. 158	R. 2331-1
Art. R. 158-1, al. 1er à 3 et al. 4 et 5, ecqc les instances portant sur la validité ou l'interprétation des conventions relatives à l'acquisition, à l'utilisation et à la gestion des biens de l'État et	

TEXTES D'ORIGINE	ARTICLES DU CODE
l'application des conditions financières de ces conventions	R. 2331-2
Art. R. 159	R. 2331-3
Art. R. 160	R. 2331-4
Art. R. 163, al. 1er à 4 et 8, ecqc la représentation de l'État devant les juridictions administratives	R. 2331-5
Art. R. 163, al. 1er à 4 et 8, ecqc la représentation de l'État devant les juridictions judiciaires	R. 2331-6
Art. R. 161	R. 2331-9
Art. R. 162, ecqc les instances devant les tribunaux de grande instance	R. 2331-10
Art. R. 162, ecqc les instances devant les cours d'appel	R. 2331-11
Art. L. 53	R. 3211-1
Art. L. 54, al. 3	R. 3211-1
Art. R. 129	R. 3211-2
Art. R. 129-1, al. 2	R. 3211-2
Art. R. 129-1, al. 1er	R. 3211-3
Art. R. 129-2	R. 3211-4
Art. R. 129-3	R. 3211-5
Art. R. 129-4	R. 3211-6
Art. R. 129-5	R. 3211-7
Art. R. 132	R. 3211-8
Art. R. 133	R. 3211-8
Art. R. 134	R. 3211-8
Art. L. 51, les mots "sur la proposition du ministre intéressé et avec l'avis favorable du ministre chargé de la construction"	R. 3211-11
Art. R. 139	R. 3211-11
Art. R. 140	R. 3211-12
Art. R. 148-5	R. 3211-13
Art. R. 148-6	R. 3211-14
Art. R. 148-7	R. 3211 15
Art. R. 148-8	R. 3211-16
Art. R. 148-9	R. 3211-17
Art. R. 145, ecqc les concessions translatives de propriété relatives au domaine public maritime	R. 3211-19
Art. R. 145-1, al. 1er, 2 et 3, ecqc les concessions translatives de propriété relatives au domaine public maritime	R. 3211-20
Art. R. 145-1, al. 4, 5, 7 et 10, ecqc les concessions translatives de propriété relatives au domaine public maritime	R. 3211-21
Art. R. 145-2, ecqc les concessions translatives de propriété relatives au domaine public maritime	R. 3211-22
Art. R. 146, ecqc les concessions translatives de propriété portant sur le domaine public maritime	R. 3211-23
Art. R. 147-1	R. 3211-24
Art. R. 148	R. 3211-25
Art. R. 148-3	R. 3211-26
Art. R. 148-4	R. 3211-27
Art. R. 143	R. 3211-28
Art. L. 54, les mots "du ministre chargé du budget et du ministre de tutelle"	R. 3211-31
Art. R. 135, ecqc les établissements publics de l'État	R. 3211-32
Art. R. 145-1, ecqc les concessions portant sur le domaine fluvial	R. 3211-34
Art. R. 145, ecqc les concessions portant sur le domaine fluvial	R. 3211-34
Art. R. 145-2, ecqc les concessions portant sur le domaine fluvial	R. 3211-34
Art. R. 146, ecqc les concessions portant sur le domaine fluvial	R. 3211-34
Art. L. 67, al. 1er à 9	R. 3211-35
Art. L. 70, 1re phrase du 1er al.	R. 3211-35
Art. L. 69, al. 2	R. 3211-36
Art. L. 67, al. 10	R. 3211-36
Art. A. 108, al. 1er	R. 3211-37
Art. L. 69, al. 3	R. 3211-38
Art. A. 115	R. 3211-39
Art. L. 68, les mots "avis du ministre chargé de la culture"	R. 3211-40
Art. R. 149	R. 3211-41
Art. L. 70, al. 2	R. 3211-41
Art. R. 77	R. 3211-43
Art. R. 79	R. 3211-43
Art. L. 43, la mention "le service des domaines"	R. 3211-44
Art. R. 78	R. 3211-44
Art. R. 80	R. 3211-45
Art. R. 140, ecqc les apports	R. 3211-47
Art. L. 65, les mots "service des domaines"	R. 3212-1

TEXTES D'ORIGINE	ARTICLES DU CODE
Art. L. 69-1, les mots "par arrêté du ministre chargé du domaine"	R. 3212-2
Art. R. 171, ecqc les opérations de cessions immobilières	R. 3221-1
Art. R. 172, ecqc les opérations de cessions immobilières	R. 3221-2
Art. R. 174, ecqc les projets de cessions immobilières poursuivis par les établissements publics de l'État	R. 3221-3
Art. R. 152, al. 4, ecqc les aliénations de biens immobiliers à l'étranger	R. 3221-10
Art. R. 152, al. 4, ecqc les aliénations de biens et droits mobiliers à l'étranger	R. 3221-14
Art. R. 158-1, al. 1er, 4 et 5, ecqc les instances portant sur la validité ou l'interprétation des conventions relatives à la cession des biens de l'État et l'application des conditions financières de ces conventions	R. 3231-1
Art. R. 18, ecqc la passation des actes de prise en location	R. 4111-8
Art. R. 158-1, al. 6	R. 4111-11
Art. R. 152, al. 4, ecqc les opérations de prise à bail de biens	R. 4112-1
Art. R. 128-12, ecqc les biens détenus en jouissance par l'État	R. 4121-2
Art. R. 128-13, ecqc les biens détenus en jouissance par l'État	R. 4121-2
Art. R. 128-14, ecqc les biens détenus en jouissance par l'État	R. 4121-2
Art. R. 128-15, ecqc les biens détenus en jouissance par l'État	R. 4121-2
Art. R. 128-16, ecqc les biens détenus en jouissance par l'État	R. 4121-2
Art. R. 128-17	R. 4121-2
Art. R. 92, ecqc les concessions de logement accordées dans les immeubles détenus en jouissance par l'État	R. 4121-3
Art. R. 93, al. 1er, ecqc les concessions de logement accordées dans les immeubles détenus en jouissance par l'État	R. 4121-3
Art. R. 94, ecqc les concessions de logement accordées dans les immeubles détenus en jouissance par l'État	R. 4121-3
Art. R. 95, al. 1er, ecqc les concessions de logement dans les immeubles détenus en jouissance par l'État	R. 4121-3
Art. R. 96, ecqc les concessions de logement dans les immeubles détenus en jouissance par l'État	R. 4121-3
Art. R. 97, ecqc les concessions de logement dans les immeubles détenus en jouissance par l'État	R. 4121-3
Art. R. 98, al. 1er, ecqc les concessions de logement accordées dans les immeubles détenus en jouissance par l'État	R. 4121-3
Art. R. 99, ecqc les concessions de logement dans les immeubles détenus en jouissance par l'État	R. 4121-3
Art. R. 100, ecqc les concessions de logement dans les immeubles détenus en jouissance par l'État	R. 4121-3
Art. R. 101, ecqc les concessions de logement dans les immeubles détenus en jouissance par l'État	R. 4121-3
Art. R. 102, ecqc les concessions de logement dans les immeubles détenus en jouissance par l'État	R. 4121-3
Art. R. 104, ecqc les concessions de logement dans les immeubles détenus en jouissance par	

TEXTES D'ORIGINE	ARTICLES DU CODE
l'État accordées en métropole	R. 4121-3
Art. D. 13, ecqc les concessions de logements dans les immeubles détenus en jouissance par les établissements publics	R. 4121-3
Art. D. 14, ecqc les concessions de logement dans les immeubles détenus en jouissance par l'État accordées en métropole	R. 4121-3
Art. D. 15, ecqc les concessions de logement dans les immeubles détenus en jouissance par l'État accordées en métropole	R. 4121-3
Art. A. 93-1, ecqc les concessions de logements dans les immeubles détenus en jouissance par les établissements publics	R. 4121-3
Art. R. 52, ecqc les biens détenus en jouissance par l'État et ses établissements publics administratifs	R. 4121-4
Code du domaine public fluvial et de la navigation intérieure	
Art. 244, les mots "par le préfet"	R. 2124-59
Art. 5, en tant qu'il prévoit les modalités de la consultation par l'autorité administrative..	R. 2124-57
Loi n° 62-933 du 8 août 1962	
Art. 1er, les mots "après avis de la commission départementale d'aménagement foncier" .	R. 3211-18
Décret n° 48-1698 du 2 novembre 1948	
Art. 1er, al. 1er à 24	R. 2125-7
Art. 3	R. 2125-9
Art. 2	R. 2125-10
Art. 1er, al. 25	R. 2125-11
Art. 4	R. 2125-11
Art. 1er, ecqc les ouvrages concédés au titre de la loi du 16 octobre 1919.......	R. 2125-12
Décret n° 62-1352 du 14 novembre 1962	
Art. 2, ecqc l'État et ses établissements publics	R. 1212-4
Art. 3, ecqc l'État et ses établissements publics	R. 1212-5
Décret n° 66-413 du 17 juin 1966	
Art. 1er	R. 2111-4
Décret n° 74-535 du 17 mai 1974	
Art. 2	R. 2125-8
Décret n° 86-455 du 14 mars 1986	
Art. 3, ecqc les projets d'acquisitions poursuivis par l'État et ses établissements publics	R. 1211-1
Art. 5, ecqc les projets d'acquisitions poursuivis par l'État et ses établissements publics	R. 1211-2
Art. 6, ecqc les projets d'acquisitions poursuivis par l'État et ses établissements publics	R. 1211-3
Art. 7, ecqc les projets d'acquisitions poursuivis par l'État et ses établissements publics	R. 1211-4
Art. 8, ecqc les projets d'acquisitions poursuivis par l'État et ses établissements publics	R. 1211-5
Art. 9, ecqc les projets d'acquisitions poursuivis par l'État et ses établissements publics	R. 1211-6
Art. 12, ecqc les projets d'acquisitions poursuivis par l'État et ses établissements publics	R. 1211-7
Art. 5, ecqc les projets de prise en location poursuivis par l'État et ses établissements publics	R. 4111-1
Art. 3, ecqc les projets de prise en location poursuivis par l'État et ses établissements publics	R. 4111-2
Art. 7, ecqc les projets de prise en location poursuivis par l'État et ses établissements publics	R. 4111-3

TEXTES D'ORIGINE	ARTICLES DU CODE
Art. 8, ecqc les projets de prise en location poursuivis par l'État et ses établissements publics	R. 4111-4
Art. 9, ecqc les projets de prise en location poursuivis par l'État et ses établissements publics	R. 4111-5
Art. 12, ecqc les projets de prise en location poursuivis par l'État et ses établissements publics	R. 4111-6
Décret n° 91-1110 du 22 octobre 1991	
Art. 1er	R. 2124-39
Art. 2	R. 2124-40
Art. 3	R. 2124-41
Art. 4	R. 2124-42
Art. 5	R. 2124-43
Art. 6	R. 2124-44
Art. 7	R. 2124-45
Art. 8	R. 2124-46
Art. 9	R. 2124-47
Art. 10	R. 2124-48
Art. 11	R. 2124-49
Art. 12	R. 2124-50
Art. 13	R. 2124-51
Art. 15	R. 2124-52
Art. 16	R. 2124-53
Art. 17	R. 2124-54
Art. 22	R. 2124-55
Décret n° 95-595 du 6 mai 1995	
Art. 2	R. 2122-55
Décret n° 2000-475 du 29 mai 2000	
Art. 2	R. 2122-55
Décret n° 2003-1054 du 30 octobre 2003	
Art. 2	R. 2122-55
Décret n° 2004-18 du 6 janvier 2004	
Art. 1er	R. 2122-28
Art. 2	R. 2122-29
Art. 2-1	R. 2122-30
Art. 4	R. 2122-31
Art. 4-1	R. 2122-32
Art. 5	R. 2122-33
Art. 3	R. 2122-34
Art. 6	R. 2122-35
Art. 7	R. 2122-36
Art. 8	R. 2122-37
Art. 9	R. 2122-38
Art. 10	R. 2122-39
Art. 11	R. 2122-40
Art. 12, paragraphe I	R. 2122-41
Art. 12, paragraphe II	R. 2122-42
Art. 12, paragraphe III	R. 2122-43
Art. 13, al. 1er à 5	R. 2122-44
Art. 13, al. 6 à 9	R. 2122-45
Art. 14	R. 2122-46
Art. 15	R. 2122-47
Art. 16, paragraphe I	R. 2122-48
Art. 16, paragraphe II	R. 2122-49
Décret n° 2004-308 du 29 mars 2004	
Art. 1er	R. 2124-1
Art. 2	R. 2124-2
Art. 3	R. 2124-3
Art. 4	R. 2124-4
Art. 5	R. 2124-5
Art. 6	R. 2124-6
Art. 7	R. 2124-7
Art. 8	R. 2124-8
Art. 9	R. 2124-9
Art. 10	R. 2124-10
Art. 11	R. 2124-11
Art. 12	R. 2124-12
Décret n° 2004-309 du 29 mars 2004	
Art. 1er	R. 2111-5
Art. 2	R. 2111-6
Art. 3	R. 2111-7
Art. 4	R. 2111-8
Art. 5	R. 2111-9
Art. 6	R. 2111-10
Art. 7	R. 2111-11
Art. 8	R. 2111-12
Art. 9	R. 2111-13
Art. 10	R. 2111-14
Décret n° 2005-992 du 16 août 2005	
Art. 7	R. 2111-15
Art. 1er, ecqc le classement	R. 2111-16
Art. 2	R. 2111-17
Art. 3	R. 2111-18
Art. 4	R. 2111-19
Art. 5	R. 2111-20
Art. 1er, ecqc la concession du domaine public fluvial de l'État	R. 2124-57
Art. 16	R. 2125-13
Art. 1er, ecqc le déclassement	R. 2142-1
Art. 6, phrase 1, ecqc le domaine public fluvial de l'État	R. 2142-2

TEXTES D'ORIGINE	ARTICLES DU CODE
Art. 1er, ecqc les transferts de propriété	R. 3113-1
Art. 10	R. 3113-2
Art. 11	R. 3113-3
Art. 12	R. 3113-4
Art. 13	R. 3113-5
Art. 14	R. 3113-6
Art. 15	R. 3113-7
Décret nº 2006-608 du 26 mai 2006	
Art. 1er, I	R. 2124-13
Art. 1er, II	R. 2124-14
Art. 1er, III	R. 2124-15
Art. 2	R. 2124-16
Art. 3, I	R. 2124-17
Art. 3, II	R. 2124-18
Art. 3, III	R. 2124-19
Art. 4	R. 2124-20
Art. 5, I	R. 2124-21
Art. 5, II	R. 2124-22
Art. 5, III	R. 2124-23
Art. 6	R. 2124-24
Art. 7	R. 2124-25
Art. 8	R. 2124-26
Art. 9	R. 2124-27
Art. 10	R. 2124-28
Art. 11	R. 2124-29
Art. 12	R. 2124-30
Art. 13	R. 2124-31
Art. 14	R. 2124-32
Art. 15	R. 2124-33
Art. 16	R. 2124-34
Art. 17	R. 2124-35
Art. 18	R. 2124-36
Art. 19	R. 2124-37
Art. 20, al. 1er et 2	R. 2124-38
Décret nº 2006-1792 du 23 décembre 2006	
Art. 13, ecqc les projets de cessions de biens immobiliers	R. 3221-8
Art. 14, ecqc les projets de cessions des biens immobiliers	R. 3221-8
Art. 15, ecqc les projets de cessions de biens immobiliers	R. 3221-8
Art. 13, ecqc les projets d'échanges	R. 3222-4
Art. 14, ecqc les projets d'échanges	R. 3222-4
Art. 15, ecqc les projets d'échanges	R. 3222-4
Décret nº 2007-229 du 20 février 2007	
Art. 1er	D. 2141-1
Décret nº 2008-1248 du 1er décembre 2008	
Art. 5	R. 2313-6
Décret nº 2009-1751 du 30 décembre 2009	
Art. 1er	D. 3212-4
Art. 2	D. 3212-6

TABLE CHRONOLOGIQUE

NOTA. Avant la table chronologique proprement dite, on trouvera ci-dessous une liste, classée par ordre alphabétique, des différents codes reproduits en extraits dans le code général des propriétés des personnes publiques. Les articles réglementaires répertoriés dans la table chronologique renvoient au code du domaine de l'État qui est en vigueur jusqu'à la parution de la partie réglementaire du code général des propriétés des personnes publiques.

Code pénal

– Art. 131-13, ss. CGPPP, art. L. 2132-26, *(Contraventions de grande voirie)*, **p. 457.**

– Art. 432-12, ss. CGPPP, art. L. 3211-14 *(Prise illégale d'intérêts)*, **p. 661.**

Code des postes et communications électroniques

– Art. L. 41 à L. 43, ss. CGPPP, art. L. 2124-26 *(Domaine public hertzien)*, **p. 392.**

Code rural et de la pêche maritime

– Art. L. 125-1 à L. 125-15, R. 125-1 à R. 125-14 *(Mise en valeur des terres incultes ou manifestement sous-exploitées)*, **p. 1148.**

– Art. L. 415-11, L. 421-26, ss. CGPPP, art. L. 2222-5, *(Baux ruraux)*, **p. 528.**

– Art. L. 451-1 *(Bail emphytéotique)*, **p. 1031.**

Code de la santé publique

– Art. L. 6148-2 à L. 6148-8 *(Bail emphytéotique hospitalier)*, **p. 1032.**

Code du tourisme

– Art. L. 341-8 à L. 341-13-1, D. 341-2 à D. 341-6 *(Ports de plaisance et zones de mouillages)*, **p. 1022.**

Code des transports

– Art. L. 1612-1, L. 1612-2, L. 1612-4, L. 1613-1, L. 1613-2, L. 1614-1 *(Protection du domaine public fluvial)*, **p. 1089.**

– Art. L. 2101-1, L. 2101-1-1, L. 2111-9 à L. 2111-10, L. 2111-20 à L. 2111-22, L. 2111-24, L. 2111-25, L. 2232-1, L. 2232-2 *(SNCF Réseau)*, **p. 1078.**

– Art. L. 2231-1 à L. 2232-2 *(Protection du domaine public ferroviaire)*, **p. 1071.**

– Art. L. 5337-1 à L. 5337-5 *(Conservation du domaine public des ports maritimes)*, **p. 1037.**

– Art. L. 6371-4 *(Atteintes au domaine public aéronautique)*, **p. 454.**

Code de la voirie routière

– Art. L. 111-1 à R. 173-2 *(Voirie routière)*, **p. 1181.**

1962	14 mars	Décret n°s 62-298 à 62-300. Codification et modification des décrets applicables au domaine de l'État.
1967	2 juill.	Décret n° 67-568. Acquisitions foncières pour le compte des collectivités publiques. – Art. 1er, 2, 10, 11, **p. 1137.**
1969	4 mars	Arrêté. Acquisitions foncières pour le compte des collectivités publiques. – Art. 1er, **p. 1138.**
1971	24 déc.	Loi n° 71-1060. Eaux territoriales. – Art. 1er à 4, **p. 1138.**
1972	19 sept.	Décret n° 72-879. Domaine public maritime. – Art. 2, 3, **p. 1139.**
1994	29 déc.	Décret n° 94-1235. Modification de l'article R. 122-5 du code de la voirie routière. – V. C. voirie rout., art. R. 122-5, **p. 1232.**
1996	26 juill.	Loi n° 96-659. Réglementation des télécommunications. – V. C. voirie rout., art. L. 113-4, **p. 1183.**
1996	31 oct.	Décret n° 96-955. Modification du code du domaine de l'État. – V. C. dom. Ét., art. R. 170-31-1, R. 170-35, R. 170-36, R. 170-54-1, R. 170-55.
1996	2 déc.	Décret n° 96-1058. Délivrance des titres d'occupation du domaine public de l'État. – Art. 8. – V. C. voirie rout., art. R. 122-5-1, **p. 1233.**
1996	30 déc.	Loi n° 96-1241. Aménagement, protection et mise en valeur de la zone dite des cinquante pas géométriques dans les départements d'outre-mer : – Art. 3. – V. ss. CGPPP, art. L. 5112-6. – Art. 4 à 7. – V. ss. CGPPP, art. L. 5112-1.
1997	30 mai	Décret n° 97-633. Droits de passage sur le domaine public routier et servitudes prévus par les articles L. 47 et L. 48 du code des postes et télécommunications. – Art. 4. – V. C. voirie rout., art. R. 113-2, R. 122-5, **p. 1182.**
1997	31 mai	Décret n° 97-606. Redevance due par les sociétés concessionnaires d'autoroutes pour occupation du domaine public. – V. C. voirie rout., art. R. 122-27, **p. 1245.**
1998	14 sept.	Décret n° 98-636. Code du domaine de l'État. – Art. 1er et 2. – V. C. dom. Ét., art. R. 169-4, R. 170-11 à R. 170-27.
1999	15 avr.	Loi n° 99-291. Polices municipales. – Art. 21. – V. C. voirie rout., art. L. 116-2, **p. 1185.**
2000	10 mars	Décret n° 2000-225. Concessions et cessions à titre gratuit de terres appartenant au domaine privé de l'État en Guyane. – V. C. dom. Ét., art. R. 170-31-1, R. 170-32, R. 170-33, R. 170-35, R. 170-38, R. 170-40, R. 170-41, R. 170-44, R. 170-46-1 à R. 170-46-6, R. 170-50, R. 170-62 à R. 170-71.
2000	18 avr.	Décret n° 2000-345. Application des art. L. 89-3 à L. 89-6 et L. 89-8 du C. dom. Ét. – V. C. dom. Ét., art. R. 170 à R. 170-10.
2000	18 sept.	Ordonnance n° 2000-914 *[ratifiée par L. n° 2003-591 du 2 juill. 2003, art. 31-I-4°]*. Partie législative du code de l'environnement. – V. C. voirie rout., art. L. 173-3, **p. 1210.**

2000	22 sept.	Ordonnance n° 2000-930 *[ratifiée par L. n° 2003-495 du 12 juin 2003, art. 39-IV]*. Partie législative du code de la route. – V. C. voirie rout., art. L. 113-1, **p. 1182.**
2001	28 mars	Ordonnance n° 2001-273 *[ratifiée par L. n° 2001-1011 du 5 nov. 2001, art. 1er]*. Régime d'exploitation de certaines sociétés concessionnaires d'autoroutes. – V. C. voirie rout., art. L. 122-4-1, L. 153-4-1, **p. 1194.**
2002	3 janv.	Loi n° 2002-3. Sécurité des infrastructures et systèmes de transport. – Art. 2. – V. C. voirie rout., art. L. 118-1 à L. 118-4, **p. 1186.**
2002	27 févr.	Loi n° 2002-276. Démocratie de proximité. – V. C. voirie rout., art. L. 151-2, **p. 1203.**
2002	10 oct.	Décret n° 2002-1251. Équipements routiers et modifications du code de la voirie routière. – V. C. voirie rout., art. R.* 111-1, R.* 119-1 à R.** 119-11, R.* 163-1, **p. 1211.**
2003	12 juin	Loi n° 2003-495. Renforcement de la lutte contre la violence routière. – V. C. voirie rout., art. L. 119-1, **p. 1188.**
2003	18 déc.	Ordonnance n° 2003-1216 *[ratifiée par L. n° 2004-1343 du 9 déc. 2004, art. 78-X]*. Suppression de l'affirmation des procès-verbaux. – Art. 17. – V. C. voirie rout., art. L. 116-2, **p. 1185.**
2004	6 janv.	Décret n° 2004-18. Application de l'article L. 34-3-1 du code du domaine de l'État, **p. 1025.**
2004	2 févr.	Arrêté. Application des articles 6 et 10 du décret n° 2004-18 du 6 janv. 2004. – V. ss. CGPPP, art. L. 2122-15.
2004	1er juin	Décret n° 2004-472. Équipements de constatation des infractions au code de la route. – Art. 1er à 9. – V. C. voirie rout., art. R.* 111-1, R. 119-1, R. 119-4 à R. 119-10, **p. 1211.**
2004	1er juill.	Ordonnance n° 2004-632 *[ratifiée par L. n° 2004-1343 du 9 déc. 2004, art. 78-XXX]*. Associations syndicales de propriétaires. – V. C. voirie rout., art. L. 162-6, **p. 1206.**
2004	13 août	Loi n° 2004-809. Libertés et responsabilités locales. – Art. 18, 20, 21. – V. C. voirie rout., art. L. 111-1, L. 116-2, L. 121-1, L. 122-4, L. 122-4-2, L. 153-1 à L. 153-6, **p. 1181.**
2004	9 sept.	Décret n° 2004-963. Création du service à compétence nationale « Agence des participations de l'État ». – Art. 7-I. – V. C. voirie rout., art. R. 122-18, **p. 1235.**
2004	9 déc.	Loi n° 2004-1343. Simplification du droit. – Art. 62. – V. C. voirie rout., art. L. 131-4, L. 141-3, **p. 1200.**
2005	19 mai	Décret n° 2005-519. Modification de l'art. R. 170-4 du code du domaine de l'État. – V. C. dom. Ét., art. R. 170-4.
2005	24 juin	Décret n° 2005-701. Sécurité des ouvrages du réseau routier. – V. C. voirie rout., art. R. 118-1-1, R. 118-1-2, R. 118-2-4 à R. 118-3-7, anc. art. R. 118-2-1 à R. 118-2-3, **p. 1215.**

2005	20 juill.	Loi n° 2005-809. Concessions d'aménagement. – Art. 9. – V. C. voirie rout., art. L. 141-3, **p. 1201.**
2005	2 août	Décret n° 2005-935. Partie réglementaire du code de l'environnement. – Art. 6. – V. C. voirie rout., art. R. 173-2 à R. 173-7, **p. 1254.**
2005	5 déc.	Décret n° 2005-1500. Application de l'article 18 de la loi n° 2004-809 du 13 août 2004 relative aux libertés et responsabilités locales. – Art. 5. – V. C. voirie rout., art. R.* 123-2, **p. 1245.**
2006	5 janv.	Loi n° 2006-10. Sécurité et développement des transports. – Art. 10 et 51. – V. C. voirie rout., art. L. 118-5, L. 119-2, L. 119-3, **p. 1187.**
2006	27 févr.	Décret n° 2006-235. Enquêtes de circulation au bord des routes. – V. C. voirie rout., art. D. 111-2, D. 111-3, **p. 1211.**
2006	27 févr.	Décret n° 2006-253. Routes classées à grande circulation. – Art. 5. – V. C. voirie rout., art. R. 152-1, **p. 1251.**
2006	21 avr.	Ordonnance n° 2006-460 *[ratifiée par L. n° 2009-526 du 12 mai 2009, art. 138]*. Partie législative du code général de la propriété des personnes publiques. – V. CGPPP, art. L. 1111-1 à L. 5353-1.
2006	7 juin	Décret n° 2006-665. Réduction du nombre et simplification de la composition de diverses administrations. – Art. 20-VI et 56. – V. C. dom. Ét., art. R. 170-11.
2006	13 juill.	Loi n° 2006-872. Engagement national pour le logement. – V. CGPPP, art. L. 3211-7.
2006	8 sept.	Décret n° 2006-1133. Déplacement d'installations et d'ouvrages dans l'intérêt de la sécurité routière. – V. C. voirie rout., art. R. 113-11, **p. 1213.**
2006	4 oct.	Décret n° 2006-1227. Cessions à titre gratuit de terres domaniales à usage agricole en Guyane. – V. C. dom. Ét., art. R. 170-46-2.
2006	8 nov.	Décret n° 2006-1354. Sécurité des ouvrages du réseau routier. – V. C. voirie rout., art. R. 118-1-1 à R. 118-2-3, R. 118-3-1 à R. 118-3-9, R. 118-4-1 à R. 118-4-7, **p. 1215.**
2006	21 déc.	Loi n° 2006-1640. De financement de la sécurité sociale pour 2007. – V. CGPPP, art. L. 1126-1.
2006	22 déc.	Décret n° 2006-1711. Procédés technologiques à utiliser pour le télépéage routier. – V. C. voirie rout., art. R. 111-2, **p. 1211.**
2006	30 déc.	Loi n° 2006-1771. De finances rectificative pour 2006. – V. CGPPP, art. L. 2322-1, L. 2322-3, L. 2323-1, L. 2323-2, L. 2323-6, L. 2323-8, L. 2323-11, L. 2323-12.
2006	30 déc.	Loi n° 2006-1772. Eau et milieux aquatiques : – V. CGPPP, art. L. 1127-3, L. 2124-11, L. 2124-13, L. 2125-2, L. 2125-8, L. 2131-2, L. 2131-3, L. 2132-23, L. 2222-21, L. 3113-1, L. 5121-1, L. 5121-3 à L. 5121-5. – V. C. tourisme, art. L. 341-13-1, **p. 1023.**

2007	10 mai	Décret n° 2007-777. Partage des excédents financiers des délégations des missions du service public autoroutier. – V. C. voirie rout., art. R. 122-5-2, **p. 1233.**
2007	19 oct.	Décret n° 2007-1507. Concessions foncières aux agriculteurs pratiquant la culture sur abattis à caractère itinérant en Guyane. – V. C. dom. Ét., art. R. 170-31 à R. 170-35, R. 170-38, R. 170-41, R. 170-43, R. 170-44-1, R. 170-44-2.
2007	20 déc.	Loi n° 2007-1787. Simplification du droit : – V. CGPPP, art. L. 2125-1. – V. C. voirie rout., art. L. 151-2, L. 173-1, **p. 1203.**
2007	24 déc.	Loi n° 2007-1822. De finances pour 2007 : – V. CGPPP, art. L. 2125-1. – V. C. voirie rout., art. L. 151-2, L. 173-1, **p. 1203.**
2008	17 juin	Loi n° 2008-561. Réforme de la prescription en matière civile. – V. CGPPP, art. L. 2321-4.
2008	28 juill.	Loi n° 2008-735. Contrats de partenariat. – V. ss. CGPPP, art. L. 2122-15.
2008	4 août	Loi n° 2008-776. Modernisation de l'économie. – V. CGPPP, art. L. 3211-1.
2008	14 nov.	Décret n° 2008-1180. Actualisation et adaptation du droit domanial, du droit foncier et du droit forestier applicables en Guyane. – V. C. dom. Ét., art. R. 170-55-1, R. 170-55-2.
2008	27 déc.	Loi n° 2008-1425. De finances pour 2009. – V. C. voirie rout., art. L. 122-7 à L. 122-11, L. 153-8, **p. 1195.**
2009	17 févr.	Loi n° 2009-179. Pour l'accélération des programmes de construction et d'investissement publics et privés. – V. C. voirie rout., art. L. 122-4, **p. 1193.**
2009	25 mars	Loi n° 2009-323. Mobilisation pour le logement et la lutte contre l'exclusion. – V. CGPPP, art. L. 3211-7.
2009	6 avr.	Décret n° 2009-382. Classement en route express. – V. C. voirie rout., art. R. 151-1 à R. 151-2, R. 151-5, R. 151-7, **p. 1250.**
2009	12 mai	Loi n° 2009-526. Simplification et clarification du droit et allégement des procédures : – V. CGPPP, art. L. 1126-2, L. 1126-3, L. 2122-13, L. 2122-16, L. 2125-1, L. 2323-5, L. 3212-2, L. 3212-3, L. 3231-1. – V. C. tourisme, art. L. 341-11, **p. 1023.**
2009	27 mai	Loi n° 2009-594. Développement économique des outre-mer : – V. CGPPP, art. L. 5112-4-1, L. 5112-5, L. 5142-1. – V. L. n° 96-1241 du 30 déc. 1996, art. 4, ss. CGPPP, art. L. 5112-1.
2009	29 juill.	Loi n° 2009-928. Programmation militaire pour les années 2009 à 2014 et portant diverses dispositions concernant la défense. – V. CGPPP, art. L. 3211-1, L. 3212-2.

2009	27 nov.	Décret n° 2009-1456. Procédures de recours applicables aux contrats de la commande publique. – V. Décr. n° 2004-18 du 6 janv. 2004, art. 2, 3, 6, 7, 15, ss. CGPPP, art. L. 2122-15.
2009	8 déc.	Loi n° 2009-1503. Organisation et régulation des transports ferroviaires et diverses dispositions relatives aux transports. – V. C. voirie rout., art. L. 153-7, **p. 1205.**
2009	16 déc.	Décret n° 2009-1574. Instauration d'un péage sur certains ouvrages d'art. – V. C. voirie rout., art. R. 153-1, R. 153-2, **p. 1252.**
2009	30 déc.	Décret n° 2009-1683. Redevances dues aux communes, aux départements et aux régions en raison de l'occupation de leur domaine public par des ouvrages des services publics de distribution d'eau et d'assainissement. – V. CGCT, art. R. 2333-121 ss. CGPPP, art. L. 2125-2.
2009	30 déc.	Arrêté. Modification des seuils prévus à l'Arr. du 2 févr. 2004 pris pour l'application des articles 6 et 10 du décret n° 2004-18 du 6 janv. 2004 pris pour l'application de l'article L. 64-3-1 du code du domaine de l'État et à l'arrêté du 2 févr. 2004 pris pour l'application des articles 6 et 10 du décret n° 2004-18 du 6 janv. 2004 pris pour l'application de l'art. L. 64-3-1 du code du domaine de l'État. – V. Art. 1er. – V. ss. CGPPP, art. L. 2122-15.
2010	23 févr.	Ordonnance n° 2010-177 *[ratifiée par L. n° 2011-940 du 10 août 2011, art. 64-4°]*. Coordination avec la loi n° 2009-879 du 21 juill. 2009 portant réforme de l'hôpital et relative aux patients, à la santé et aux territoires. – V. CGCT, art. L. 1311-17, ss. CGPPP, art. L. 2222-19.
2010	9 mars	Loi n° 2010-237. De finances rectificative pour 2010. – V. CGPPP, art. L. 3211-7.
2010	27 avr.	Ordonnance n° 2010-418. Harmonisation des dispositions relatives à la sécurité et à la déclaration d'utilité publique des canalisations de transport de gaz, d'hydrocarbures et de produits chimiques. – V. C. voirie rout., art. L. 113-3, L. 113-5 à L. 113-7, **p. 1182.**
2010	27 avr.	Ordonnance n° 2010-420. Adaptation de dispositions résultant de la fusion de la direction générale des impôts et de la direction générale de la comptabilité publique. – V. CGPPP, art. L. 2323-8.
2010	10 juin	Ordonnance n° 2010-638. Suppression du régime des conservateurs des hypothèques : – V. CGPPP, art. L. 3113-1. – V. Ord. n° 2006-460 du 21 avr. 2006, art. 4, ss. CGPPP, art. L. 3113-2. – V. L. n° 2004-809 du 13 août 2004, art. 18, ss. C. voirie rout., art. L. 121-1, **p. 1191.**
2010	12 juill.	Loi n° 2010-788. Engagement national pour l'environnement : – V. CGPPP, art. L. 2111-5, L. 2111-12, L. 2124-1, L. 2124-4, L. 2132-3-1, L. 2142-1, L. 5112-5 à L. 5112-7. – V. L. n° 96-1241 du 30 déc. 1996, art. 3, ss. CGPPP, art. L. 5112-6-1.

		– Art. 4, 5, 7. – V. ss. CGPPP, art. L. 5112-1. – V. C. voirie rout., art. L. 112-1, L. 119-4 à L. 119-10, L. 122-4-1, L. 131-4, L. 151-2, L. 153-4-1, L. 171-7, L. 171-14, **p. 1181.**
2010	23 juill.	Loi n° 2010-853. Réseaux consulaires, commerce, artisanat et services. – V. CGPPP, art. L. 2331-1, L. 2341-1.
2010	27 juill.	Loi n° 2010-874. Modernisation de l'agriculture et de la pêche. – V. CGPPP, art. L. 2131-2, L. 5141-4.
2010	1er sept.	Décret n° 2010-1023. Organisation et fonctionnement de l'Autorité de régulation des activités ferroviaires et diverses dispositions relatives au secteur ferroviaire. – V. Décr. n° 97-446 du 5 mai 1997, art. 8, 9, App., v° *Domaine public ferroviaire*, **p. 1087.**
2010	28 oct.	Ordonnance n° 2010-1307 *[ratifiée par L. n° 2012-375 du 19 mars 2012, art. 1er-I]*. Partie législative du code des transports : – Art. 7, 2°. – V. C. transp., art. L. 1612-1, L. 1612-2, L. 1612-4, L. 1613-1, L. 1613-2, L. 1614-1, App., v° *Domaine public fluvial*, **p. 1089.** – Art. 7, 7°. – V. C. transp., art. L. 5337-1 à L. 5337-5, App., v° *Contraventions de grande voirie*, **p. 1037.** – Art. 7, 12°. – V. CGPPP, art. L. 2132-12, L. 2132-18 ; L. du 15 juill. 1845, art. 11, **p. 1072** ; C. transp., art. L. 2231-1 à L. 2232-2, App., v° *Domaine public ferroviaire*, **p. 1071.** – Art. 7, 93°. – V. C. transp., art. L. 2111-20 à L. 2111-22, L. 2111-24, L. 2111-25, L. 2232-1, L. 2232-2, App., v° *Domaine public ferroviaire*, **p. 1072** ; L. n° 97-135 du 13 févr. 1997, art. 1er, App. v° *Domaine public ferroviaire*, **p. 1073.**
2010	29 déc.	Loi n° 2010-1657. De finances pour 2011. – Art. 169. – V. CGPPP, art. L. 5142-1, L. 5151-1.
2010	29 déc.	Loi n° 2010-1658. De finances rectificative pour 2010 : – Art. 28. – V. CGPPP, art. L. 5112-6-1. – Art. 49. – V. CGPPP, art. L. 2125-1. – Art. 55. – V. CGPPP, art. L. 2323-2 à L. 2323-5.
2010	30 déc.	Décret n° 2010-1703. Redevances dues à l'État en raison de l'occupation de son domaine public par des ouvrages des services d'eau et d'assainissement. – V. ss. CGPPP, art. L. 2125-2.
2011	5 janv.	Loi n° 2011-12. Diverses dispositions d'adaptation de la législation au droit de l'Union européenne. – V. C. voirie rout., art. L. 118-6, L. 118-7, **p. 1187.**
2011	20 janv.	Ordonnance n° 2011-91. Codification de la partie législative du code minier *[ratifiée par L. n° 2017-1839 du 30 déc. 2017, art. 1er]*. – Art. 7. – V. CGPPP, art. L. 2124-27, L. 2124-28, L. 5144-2 ; C. minier, art. L. 111-1, ss. CGPPP, art. L. 2124-27 ; C. minier, art. L. 123-3, ss. CGPPP, art. L. 2124-28 ; art. L. 123-1 à L. 123-15, L. 132-1 à L. 132-18, App., v° *Mines*, **p. 401.**
2011	11 mars	Décret n° 2011-262. Gestion de la sécurité des infrastructures routières. – V. C. voirie rout., art. D. 118-5-1 à D. 118-5-5, **p. 1222.**

2011	14 mars	Loi n° 2011-267. Orientation et programmation pour la performance de la sécurité intérieure : – Art. 96-I. – V. CGCT, art. L. 1311-2, App., v° *Contrats (Bail emphytéotique administratif)*, **p. 1029** ; art. L. 1311-4-1, App., v° *Contrats (Bail emphytéotique administratif)*, **p. 1030.** – Art. 96-II. – V. CSP, art. L. 6148-3 à L. 6148-5 ; CGCT, art. L. 1311-4-1, App., v° *Contrats (Bail emphytéotique hospitalier)*, **p. 1033.**
2011	17 mai	Loi n° 2011-525. Simplification et amélioration de la qualité du droit : – Art. 94. – V. C. voirie rout., art. L. 116-2, **p. 1185.** – Art. 129. – V. CCH, art. L. 451-5, App. v° *Gestion du domaine (cessions et acquisitions)*, **p. 1129.**
2011	24 mai	Décret n° 2011-574. Partie réglementaire du code du patrimoine (livres Ier à VI). – V. C. patr., art. R. 212-91 à R. 212-93, App., v° *Droit de préemption (Archives privées)*, **p. 1100** ; art. R. 123-1 à R. 123-8, App., v° *Droit de préemption (Biens culturels)*, **p. 1102.**
2011	23 juin	Décret n° 2011-718. Aptitude des auditeurs de sécurité routière. – V. C. voirie rout., art. R. 118-5-6, **p. 1223.**
2011	23 juin	Loi n° 2011-725. Dispositions particulières relatives aux quartiers d'habitat informel et à la lutte contre l'habitat indigne dans les départements et régions d'outre-mer. – Art. 1er, 3 à 7. – V. App., v° *Habitat informel*, **p. 1155.**
2011	5 juill.	Décret n° 2011-812. Mise sur le marché, retrait et interdiction des constituants d'interopérabilité du service européen de télépéage. – V. C. voirie rout., art. R. 111-1, R. 119-1 à R. 119-3, R. 119-7, R. 119-12, **p. 1211.**
2011	20 juill.	Loi n° 2011-850. Libéralisation des ventes volontaires de meubles aux enchères publiques. – Art. 47. – V. C. patr., art. L. 123-1, L. 212-31, L. 212-32, App., v° *Droit de préemption*, **p. 1102.**
2011	4 oct.	Décret n° 2011-1236. Modification des dispositions de la partie réglementaire du code de l'environnement relatives à l'établissement des listes d'aptitude aux fonctions de commissaire enquêteur. – V. C. envir., art. R. 123-34 à D. 123-38, D. 123-40, R. 123-41, App., v° *Enquête publique*, **p. 1124.**
2011	22 nov.	Décret n° 2011-1612. Première, deuxième, troisième et quatrième parties réglementaires du code général de la propriété des personnes publiques : – Art. 1er. – V. CGPPP, art. R. 1111-1 à D. 4121-6 ; C. voirie rout., art. L. 116-2, **p. 1185.** – Art. 8. – V. C. envir., art. R. 322-8-1 à R. 322-8-4, App., v° *Gestion du domaine (littoral)*, **p. 1143.** – Art. 9. – V. CGCT, art. R. 1311-1 à R. 1311-6, App., v° *Gestion du domaine (prise à bail)*, **p. 1146** ; art. R. 2241-1 à R. 2241-7, App., v° *Gestion du domaine (cessions et acquisitions)*, **p. 1131** ; art. R. 3213-1 à R. 3213-8, App., v° *Gestion du domaine (cessions et acquisitions)*, **p. 1133** ; art. R. 4221-1 à R. 4221-7, App., v° *Gestion du domaine (cessions et acquisitions)*, **p. 1134** ; art. R. 5211-13-1 à

		R. 5211-13-6, App., v° *Gestion du domaine (cessions et acquisitions)*, **p. 1136** ; art. R. 5722-2, App., v° *Gestion du domaine (cessions et acquisitions)*, **p. 1137.** – Art. 12. – V. C. tourisme, art. D. 341-2 à D. 341-6, App., v° *Contrats (Autorisation d'occupation du domaine public constitutive de droits réels)*, **p. 1023.**
2011	1er déc.	Décret n° 2011-1697. Ouvrages des réseaux publics d'électricité et des autres réseaux d'électricité et dispositif de surveillance et de contrôle des ondes électromagnétiques. – V. C. voirie rout., art. R. 113-3, **p. 1212.**
2011	23 déc.	Décret n° 2011-1962. Occupation du domaine public autoroutier par un ouvrage du réseau public de transport d'électricité. – V. C. voirie rout., art. R. 122-5, R. 122-5-3, R. 122-5-4, App., v° *C. voirie rout.*, **p. 1232.**
2011	28 déc.	Loi n° 2011-1977. De finances pour 2012. – Art. 136. – V. CGPPP, art. L. 5141-4, L. 5141-5.
2011	28 déc.	Loi n° 2011-1978. De finances rectificative pour 2011. – Art. 52. – V. C. min., art. L. 132-16-1, App., v° *Mines*, **p. 1163.**
2011	29 déc.	Décret n° 2011-2018. Réforme de l'enquête publique relative aux opérations susceptibles d'affecter l'environnement : – Art. 1er. – V. C. envir., art. R. 123-27-1 à R. 123-27-3, R. 123-29, R. 123-31, App., v° *Enquête publique*, **p. 1122.** – Art. 2. – V. C. envir., art. R. 123-1, App., v° *Enquête publique*, **p. 1113.** – Art. 3. – V. C. envir., art. R. 123-2 à R. 123-27, App., v° *Enquête publique*, **p. 1113.** – Art. 10. – V. CGPPP, art. R. 2124-7. – Art. 11. – V. CGPPP, art. R. 2111-8, R. 2111-9. – Art. 12. – V. CGPPP, art. R. 2111-17. – Art. 13. – V. CGPPP, art. R. 2124-27.
2011	29 déc.	Décret n° 2011-2076. Application des articles L. 5151-1, L. 5241-6 et L. 5342-13 et du IV de l'article 169 de la loi n° 2010-1657 du 29 décembre 2010 de finances pour 2011. – Art. 1er à 4. – V. ss. CGPPP, art. L. 5151-1.
2011	30 déc.	Décret n° 2011-2065. Règles de passation des baux emphytéotiques administratifs : – Art. 1er. – V. CGCT, art. R. 1311-1 à R. 1311-8, App., v° *Gestion du domaine*, **p. 1146.** – Art. 2. – V. CGPPP, art. R. 1211-9, R. 2142-3, R. 4111-7.
2012	11 janv.	Ordonnance n° 2012-34 [*ratifiée par L. n° 2013-619 du 16 juill. 2013, art. 17-V*]. Simplification, réforme et harmonisation des dispositions de police administrative et de police judiciaire du code de l'environnement. – Art. 6. – V. C. envir., art. L. 322-10-1, L. 322-10-3, App., v° *Gestion du domaine (Littoral)*, **p. 1141.**
2012	18 janv.	Décret n° 2012-58. Certification de conformité des équipements routiers. – V. C. voirie rout., art. R. 119-5, R. 119-6, R. 119-10, R. 119-11, **p. 1225.**

2012	20 janv.	Décret n° 2012-70. Gares de voyageurs et autres infrastructures de services du réseau ferroviaire. – V. Décr. n° 97-446 du 5 mai 1997, art. 12, App., v° *Domaine public ferroviaire*, **p. 1088.**
2012	24 janv.	Loi n° 2012-77. Voies navigables de France : – Art. 4-I. – V. CGPPP, art. L. 2132-23, L. 3113-1. – Art. 6. – V. ss. CGPPP, art. L. 3113-1.
2012	26 janv.	Ordonnance n° 2012-92 *[ratifiée par L. n° 2014-1170 du 13 oct. 2014, art. 66]*. Partie législative du code forestier : – V. C. voirie rout., art. L. 114-7, L. 114-8, App., v° *Voirie*, **p. 1184.** – V. C. rur., art. L. 125-10, App., v° *Gestion du domaine*, **p. 1150.** – V. C. for., art. L. 211-1, L. 211-2, L. 213-1 à L. 213-4, L. 214-1 à L. 214-4, L. 215-1 à L. 215-3, App., v° *Bois et forêts*, **p. 1015.**
2012	5 mars	Décret n° 2012-313. Obligations des percepteurs de péage, des prestataires et des utilisateurs du service européen de télépéage. – V. C. voirie rout., art. R. 119-13 à R. 119-31, App., v° *Voirie*, **p. 1228.**
2012	5 mars	Décret n° 2012-314. Modalités de perception du péage pour les véhicules de transport de marchandises par route non munis d'un équipement embarqué d'identification et de perception du péage. – V. C. voirie rout., art. R. 119-32, R. 119-33, App., v° *Voirie*, **p. 1230.**
2012	5 mars	Décret n° 2012-315. Modalités de perception du péage pour les véhicules de transport de personnes par route. – V. C. voirie rout., art. R. 119-34 à R. 119-37, App., v° *Voirie*, **p. 1231.**
2012	2 mai	Décret n° 2012-616. Évaluation de certains plans et documents ayant une incidence sur l'environnement. – V. C. envir., art. R. 123-6, App., v° *Enquête publique*, **p. 1115.**
2012	7 mai	Décret complétant la liste des tunnels de plus de 500 mètres du réseau routier transeuropéen. – V. C. voirie rout., art. R. 118-4-1, App., v° *Voirie*, **p. 1220.**
2012	9 mai	Décret n° 2012-752. Réforme du régime des concessions de logement : – V. CGPPP, art. R. 2124-64 à R. 2124-76, R. 2124-79, R. 2222-4-1, R. 4121-1-1, R. 4121-3, R. 4121-3-1. – V. C. dom. Ét., art. D. 35, R.* 104.
2012	30 juin	Décret n° 2012-836. Partie réglementaire du code forestier. – V. C. for., art. R. 213-1 à R. 213-18, R. 214-1, R. 214-10 à R. 214-14, R. 215-1 à R. 215-3, App., v° *Bois et forêts*, **p. 1017.**
2012	27 sept.	Décret n° 2012-1093. Complétant les dispositions relatives à la passation de certains contrats publics. – V. CGPPP, art. R. 2122-30-1.
2012	7 nov.	Décret n° 2012-1247. Adaptation de divers textes aux nouvelles règles de la gestion budgétaire et comptable publique : – Art. 11, 33. – V. CGPPP, art. R. 2321-1 à R.2321-3, D. 2321-7, R. 2323-1, R. 2323-3, R. 2323-4. – Art. 47. – V. C. voirie rout., art. R.* 122-13.
2012	29 déc.	Loi n° 2012-1509. De finances pour 2013. – Art. 51 – V. CGPPP, art. L. 3211-5-1, L. 3211-21.

2013	18 janv.	Loi n° 2013-61. Mobilisation du foncier public en faveur du logement et renforcement des obligations de production de logement social : – Art. 3. – V. CGPPP, art. L. 3211-7. – Art. 4. – V. CGPPP, art. L. 3211-13-1. – Art. 5. – V. L. n° 2009-179 du 17 févr. 2009, art. 7, App., v° *Contrats*, **p. 1031.**
2013	22 janv.	Arrêté. Concessions de logement accordées par nécessité absolue de service et conventions d'occupation précaire avec astreinte et application des articles R. 2124-72 et R. 4121-3-1 du code général de la propriété des personnes publiques : – Art. 1er. – V. ss. CGPPP, art. R. 2124-72. – Art. 2. – V. ss. CGPPP, art. R. 4121-3-1.
2013	14 févr.	Décret n° 2013-142. Application de l'ordonnance n° 2012-11 du 5 janvier 2012 portant clarification et simplification des procédures d'élaboration, de modification et de révision des documents d'urbanisme. – Art. 17. – V. C. voirie rout., art. R.* 151-5, App., v° *Voirie*, **p. 1251.**
2013	25 mars	Décret n° 2013-253. Dispositions de la quatrième partie réglementaire du code des transports (Décrets en Conseil d'État et décrets simples). – Art. 6. – V. CGCT, art. R. 1311-7, App., v° *Gestion du domaine*, **p. 1147.**
2013	15 avr.	Décret n° 2013-315. Conditions d'aliénation des terrains du domaine privé de l'État en vue de la réalisation de programmes de construction de logements sociaux et composition et fonctionnement de la Commission nationale de l'aménagement, de l'urbanisme et du foncier instituée à l'article L. 3211-7 du code général de la propriété des personnes publiques. – Art. 1er. – V. CGPPP, art. R. 3211-13 à R. 3211-17-9.
2013	23 mai	Décret n° 2013-420. Suppression de commissions administratives à caractère consultatif et modification du décret n° 2006-672 du 8 juin 2006 relatif à la création, à la composition et au fonctionnement de commissions administratives à caractère consultatif. – V. CGPPP, art. R. 1111-3.
2013	27 mai	Loi n° 2013-428. Modernisation du régime des sections de commune. – V. CGCT, art. L. 2242-2, App., v° *Dons et legs*, **p. 1094.**
2013	28 mai	Loi n° 2013-431. Diverses dispositions en matière d'infrastructures et de services de transports : – Art. 6. – V. C. transp., art. L. 2232-1, App., v° *Domaine public ferroviaire*, **p. 1072**, **p. 1079.** – Art. 8. – V. C. voirie rout., art. L. 173-1, App., v° *Voirie*, **p. 1210.** – Art. 10. – V. C. voirie rout., art. L. 123-3, App., v° *Voirie*, **p. 1199.** – Art. 24. – V. CGPPP, art. L. 1127-3. – Art. 25. – V. CGPPP, art. L. 2132-23.
2013	28 mai	Décret n° 2013-436. Modification de la redevance due par les sociétés concessionnaires d'autoroutes pour l'occupation du domaine public. – V. C. voirie rout., art. R. 122-27, App., v° *Voirie*, **p. 1245.**

2013	27 juin	Ordonnance n° 2013-544 *[ratifiée par L. n° 2014-1 du 2 janv. 2014, art. 18-I-2°]*. Établissements de crédit et sociétés de financement. – V. CGCT, art. L. 1311-9, App., v° *Gestion du domaine*, **p. 1145.**
2013	16 juill.	Loi n° 2013-619. Diverses dispositions d'adaptation au droit de l'Union européenne dans le domaine du développement durable. – V. C. voirie rout., art. L. 119-7, App., v° *Voirie*, **p. 1189.**
2013	19 sept.	Décret n° 2013-840. Mise en place du service européen de télépéage pour les ouvrages locaux. – V. C. voirie rout., art. D. 119-20-1, App. v° *Voirie*, **p. 1229.**
2013	17 oct.	Loi n° 2013-922. Prolongation de la durée de vie des agences pour la mise en valeur des espaces urbains de la zone dite des cinquante pas géométriques et facilitation de la reconstitution des titres de propriété en Guadeloupe, en Guyane, en Martinique, à La Réunion, à Mayotte et à Saint-Martin : – Art. 1er. – V. L. n° 96-1241 du 30 déc. 1996, art. 4, ss. CGPPP, art. L. 5112-1. – Art. 2. – V. CGPPP, art. L. 5112-5, L. 5112-6.
2013	18 oct.	Décret n° 2013-936. Conditions d'aliénation des terrains du domaine privé des établissements publics de l'État, ou dont la gestion leur a été confiée par la loi, prévues à l'article L. 3211-13-1 du code général de la propriété des personnes publiques en vue de la réalisation de programmes de construction de logements sociaux. – V. CGPPP, art. R. 3211-32-1 à R. 3211-32-9.
2013	18 oct.	Décret n° 2013-937. Liste des établissements publics de l'État mentionnée à l'article L. 3211-13-1 du code général de la propriété des personnes publiques. – Art. 1er. – V. CGPPP, art. L. 3211-13-1.
2013	6 déc.	Loi n° 2013-1117. Lutte contre la fraude fiscale et la grande délinquance économique et financière. – Art. 20. – V. CGPPP, art. L. 2222-22.
2013	14 déc.	Décret n° 2013-1167. Conditions de la modulation des péages en application de l'article L. 119-7 du code de la voirie routière. – V. C. voirie rout., art. D. 119-31-1, D. 119-31-2, App. v° *Voirie*, **p. 1230.**
2013	18 déc.	Loi n° 2013-1168. Programmation militaire pour les années 2014 à 2019 et diverses dispositions concernant la défense et la sécurité nationale. – Art. 50. – V. C. envir., art. L. 123-2, App., v° *Enquête publique*, **p. 1105.**
2014	27 janv.	Loi n° 2014-58. Modernisation de l'action publique territoriale et affirmation des métropoles : – Art. 44. – V. CGPPP, art. L. 2124-4. – Art. 63. – V. CGPPP, art. L. 2125-9, L. 2321-3-1, L. 2323-3, L. 2323-5, L. 2323-14. – Art. 78 et 92. – V. CGCT, art. L. 4221-5, App., v° *Dons et legs*, **p. 1097.**
2014	11 févr.	Décret n° 2014-119. Livre VII de la partie réglementaire du code du patrimoine. – Art. 4. – V. C. patr., art. R. 123-6, R. 123-7, R. 212-91, App., v° *Droit de préemption*, **p. 1103.**

2014	20 févr.	Ordonnance n° 2014-159 *[ratifiée par L. n° 2015-990 du 6 août 2015, art. 77-I]*. Logement intermédiaire. – Art. 4. – V. CGPPP, art. L. 2222-5-1.
2014	24 mars	Loi n° 2014-366. Accès au logement et urbanisme rénové : – Art. 95. – V. L. n° 2011-725 du 23 juin 2011, art. 6, App., v° *Habitat informel*, **p. 1156.** – Art. 127. – V. CGPPP, art. L. 2124-18. – Art. 152. – V. C. civ., art. 713, App., v° *Successions*, **p. 1179** ; CGPPP, art. L. 1123-3, L. 2222-20. – Art. 160. – V. CGPPP, art. L. 3211-7. – Art. 176. – V. CGPPP, art. L. 5112-5, L. 5112-6.
2014	13 juin	Loi n° 2014-617. Comptes bancaires inactifs et contrats d'assurance vie en déshérence. – Art. 11. – V. CGPPP, art. L. 1126-1, L. 1126-3, L. 1126-4.
2014	17 juin	Décret n° 2014-627. Travaux effectués à proximité des réseaux de transport et de distribution. – Art. 1er. – V. C. voirie rout., art. R.* 115-1.
2014	18 juin	Loi n° 2014-626. Artisanat, commerce et très petites entreprises. – Art. 72. – V. CGPPP, art. L. 2124-32-1 à L. 2124-35.
2014	20 juin	Loi n° 2014-640. Réforme des procédures de révision et de réexamen d'une condamnation pénale définitive. – Art. 5. – V. CGPPP, art. L. 1125-1.
2014	7 juill.	Loi n° 2014-774. Répartition des responsabilités et des charges financières concernant les ouvrages d'art de rétablissement des voies. – V. CGPPP, art. L. 2123-9 à L. 2123-12.
2014	10 juill.	Ordonnance n° 2014-792 *[ratifiée par L. n° 2015-917 du 28 juill. 2015, art. 31-1°]*. Application de l'article 55 de la loi n° 2013-1168 du 18 déc. 2013 relative à la programmation militaire pour les années 2014 à 2019 et portant diverses dispositions concernant la défense et la sécurité nationale. – Art. 16. – V. C. envir., art. L. 123-2, App., v° *Enquête publique*, **p. 1105.**
2014	16 juill.	Prorogation du délai de conclusion des conventions d'utilisation des immeubles domaniaux par les services de l'État et ses établissements publics. – V. Décr. n° 2011-1612 du 22 nov. 2011, art. 16, avant CGPPP, art. R. 2122-1.
2014	4 août	Loi n° 2014-872. Portant réforme ferroviaire : – Art. 1er, 6. – V. C. transp., art. L. 2101-1, L. 2111-9, L. 2111-10, L. 2111-20, L. 2111-21, L. 2111-22, L. 2111-24, L. 2111-25, App., v° *Domaine public ferroviaire*, **p. 1073.** – Art. 7. – V. CGPPP, art. L. 3114-1 à L. 3114-3. – Art. 24. – V. C. transp., art. L. 2231-6, L. 2232-1, App., v° *Domaine public ferroviaire*, **p. 1071.**
2014	4 août	Loi n° 2014-877. Facilitant le déploiement d'un réseau d'infrastructures de recharge de véhicules électriques sur l'espace public. – Art. unique. – V. CGPPP, art. L. 2125-1.

2014	19 août	Décret n° 2014-930. Livres Ier et II de la cinquième partie réglementaire du code général de la propriété des personnes publiques et modification de ce code et de divers textes réglementaires. – V. CGPPP, art. R. 2125-7, R. 5111-1 à R. 5261-1.
2014	20 août	Ordonnance n° 2014-948 *[ratifiée par L. n° 2015-990 du 6 août 2015, art. 182-I]*. Gouvernance et opérations sur le capital des sociétés à participation publique. – Art. 1er à 36. – V. App., v° *Sociétés à participation publique,* **p. 1165.**
2014	20 août	Décret n° 2014-949. Application de l'ordonnance n° 2014-948 du 20 août 2014 relative à la gouvernance et aux opérations sur le capital des sociétés à participation publique. – Art. 1er à 10, 13. – V. App., v° *Sociétés à participation publique,* **p. 1176.**
2014	13 oct.	Loi n° 2014-1170. Avenir pour l'agriculture, l'alimentation et la forêt : – Art. 25. – V. C. rur., art. L. 125-5, App., v° *Gestion du domaine,* **p. 1149.** – Art. 69. – V. C. for., art. L. 211-2, L. 213-1-1, L. 213-3, App., v° *Bois et forêts,* **p. 1015.** – Art. 72. – V. CGPPP, art. L. 1123-1, L. 1123-4, L. 3211-5.
2014	31 oct.	Décret n° 2014-1313. Application de la loi n° 2014-877 du 4 août 2014 facilitant le déploiement d'un réseau d'infrastructures de recharge de véhicules électriques sur l'espace public. – Art. 1er à 7. – V. ss. CGPPP, art. L. 2125-1.
2014	3 nov.	Décret n° 2014-1315. Diverses dispositions d'adaptation au droit de l'Union européenne en matière financière et sociétés de financement. – Art. 14. – V. CGPPP, art. R. 1211-1, R. 4111-2.
2014	6 nov.	Ordonnance n° 2014-1345. Partie législative du code de l'expropriation pour cause d'utilité publique : – Art. 5. – V. CGPPP, art. L. 2123-5, L. 3211-5. – V. C. voirie rout., art. L. 121-3, L. 151-5, App., v° *Voirie,* **p. 1192.**
2014	15 déc.	Décret n° 2014-1510. Diverses modifications de procédures d'élaboration des schémas directeurs d'aménagement et de gestion des eaux et d'octroi de l'autorisation prévue au II de l'article L. 411-3 du code de l'environnement. – Art. 3. – V. CGPPP, art. R. 2124-7, R. 2124-44.
2014	19 déc.	Ordonnance n° 2014-1543 *[ratifiée par L. n° 2015-382 du 3 avr. 2015, art. 1er-I]*. Diverses mesures relatives à la création de la métropole de Lyon. – Art. 12. – V. C. voirie rout., art. L. 116-2, App., v° *Voirie,* **p. 1185.**
2014	20 déc.	Loi n° 2014-1545. Simplification de la vie des entreprises et diverses dispositions de simplification et de clarification du droit et des procédures administratives : – Art. 12. – V. C. envir., art. L. 123-2, App., v° *Enquête publique,* **p. 1105.** – Art. 50. – V. CGPPP, art. L. 1121-3, L. 2124-27, L. 2124-28, L. 2323-9.

2014	26 déc.	Décret n° 2014-1635. Partie réglementaire du code de l'expropriation pour cause d'utilité publique : – Art. 4. – V. C. envir., art. R. 123-26, R. 123-33, App., v° *Enquête publique*, **p. 1122** ; CGPPP, art. R. 1211-3, R. 1211-8, R. 1212-12, R. 2111-15, R. 3221-1 ; CGCT, art. R. 1311-8, App., v° *Gestion du domaine (Prises à bail)*, **p. 1147** ; C. voirie rout., art. R.* 123-3, R.* 123-4, R.* 131-3, R.* 131-9, R.* 141-10, R.* 151-3, R.* 151-4, R.* 151-5, R.* 152-2, R.* 171-6, App., v° *Voirie*, **p. 1245.**
2014	29 déc.	Loi n° 2014-1654. De finances pour 2015. – Art. 119. – V. CGCT, art. L. 1311-4-1, App., v° *Contrats (Bail emphytéotique administratif)*, **p. 1030.**
2014	30 déc.	Décret n° 2014-1741. Conditions d'aliénation des terrains du domaine privé des établissements publics de l'État, ou dont la gestion leur a été confiée par la loi, prévues à l'article L. 3211-13-1 du code général de la propriété des personnes publiques en vue de la réalisation de programmes de construction de logements sociaux : – Art. 1er. – V. CGPPP, art. R. 3211-32-3. – Art. 2. – V. CGPPP, art. R. 3211-32-4. – Art. 3. – V. CGPPP, art. R. 3211-32-7. – Art. 4. – V. CGPPP, art. R. 3211-32-9.
2014	30 déc.	Décret n° 2014-1743. Élargissement de la liste des établissements publics de l'État mentionnée à l'article L. 3211-13-1 du code général de la propriété des personnes publiques aux établissements publics de santé. – V. Décr. n° 2013-937 du 18 oct. 2014, art. 1er, ss. CGPPP, art. L. 3211-13-1.
2015	11 févr.	Décret n° 2015-159. Diverses dispositions relatives à la défense nationale. – Art. 10. – V. C. envir., art. R. 123-1, App., v° *Enquête publique*, **p. 1113.**
2015	16 févr.	Loi n° 2015-177. Modernisation et simplification du droit et des procédures dans les domaines de la justice et des affaires intérieures. – Art. 12. – V. CGPPP, art. L. 3211-12.
2015	16 mars	Loi n° 2015-292. Amélioration du régime de la commune nouvelle, pour des communes fortes et vivantes. – Art. 7. – V. C. envir., art. L. 321-2, ss. CGPPP, art. L. 2124-14.
2015	9 avr.	Ordonnance n° 2015-401. Gestion, recouvrement et à contestation du forfait de post-stationnement prévu à l'art. L. 2333-87 du code général des collectivités territoriales : – Art. 1er. – V. CGCT, art. L. 2333-87, ss. CGPPP, art. L. 2323-14. – Art. 5. – V. CGPPP, art. L. 2321-1, L. 2321-3-1, L. 2323-3, L. 2323-5, L. 2323-7-1, L. 2323-10, L. 2323-14.
2015	20 mai	Décret n° 2015-557. Redevance de stationnement des véhicules sur voirie prévue à l'article L. 2333-87 du code général des collectivités territoriales. – Art. 3. – V. CGPPP, art. R. 2323-7.
2015	15 juill.	Ordonnance n° 2015-855. Application de l'article 38 de la loi n° 2014-872 du 4 août 2014 portant réforme ferroviaire : – Art. 2. – V. C. transp., art. L. 2111-9, L. 2111-10, App., v° *Domaine public ferroviaire*, **p. 160** ; C. transp., art. L. 2111-24, L. 2111-25, App., v° *Domaine public ferroviaire*, **p. 1080.**

		– Art. 29. – V. CGPPP, art. L. 3114-1.
2015	23 juill.	Ordonnance n° 2015-899 *[ratifiée par L. n° 2016-1691 du 9 déc. 2016, art. 39-I]*. Marchés publics. – Art. 101. – V. CGPPP, art. L. 2122-6, L. 2341-1 ; CGCT, art. L. 1311-2, App., v° *Contrats (bail emphytéotique administratif)*, **p. 1029** ; CGCT, art. L. 1311-5, App., v° *Contrats (autorisation d'occupation)*, **p. 1021** ; L. n° 2009-179 du 17 févr. 2009, art. 7, App., v° *Contrats (bail emphytéotique administratif)*, **p. 1031.**
2015	23 juill.	Ordonnance n° 2015-904. Simplification du régime des associations et fondations. – Art. 13. – V. L. du 9 déc. 1905, art. 9, 13, App., v° *Culte*, **p. 1041.**
2015	6 août	Loi n° 2015-990. Pour la croissance, l'activité et l'égalité des chances économiques : – Art. 1er. – V. C. transp., art. L. 2111-10, L. 2111-25, App., v° *Domaine public ferroviaire*, **p. 1076.** – Art. 13. – V. C. voirie rout., art. L. 122-7 à L. 122-34, App., v° *Voirie*, **p. 1195.** – Art. 15. – V. C. voirie rout., art. L. 122-4, L. 122-4-1, App., v° *Voirie*, **p. 1193.** – Art. 97 et 101. – V. CGPPP, art. L. 3211-7. – Art. 179. – V. Ord. n° 2014-948 du 20 août 2014, art. 7, 8, 16, 22, 23, 24, 34, App., v° *Sociétés à participation publique*, **p. 1167.** – Art. 180. – V. Ord. n° 2014-948 du 20 août 2014, art. 21-1, App., v° *Sociétés à participation publique*, **p. 1169.** – Art. 182. – V. Ord. n° 2014-948 du 20 août 2014, art. 2, App., v° *Sociétés à participation publique*, **p. 1165.** – Art. 183. – V. Ord. n° 2014-948 du 20 août 2014, art. 22, App., v° *Sociétés à participation publique*, **p. 1169.** – Art. 184. – V. Ord. n° 2014-948 du 20 août 2014, art. 26, App., v° *Sociétés à participation publique*, **p. 1171.** – Art. 186. – V. Ord. n° 2014-948 du 20 août 2014, art. 31-1, App., v° *Sociétés à participation publique*, **p. 1172.** – Art. 187. – V. Ord. n° 2014-948 du 20 août 2014, art. 25, App., v° *Sociétés à participation publique*, **p. 1171.** – Art. 188. – V. Ord. n° 2014-948 du 20 août 2014, art. 32-1, App., v° *Sociétés à participation publique*, **p. 1175.** – Art. 191. – V. Ord. n° 2014-948 du 20 août 2014, art. 22, App., v° *Sociétés à participation publique*, **p. 1169.** – Art. 192. – V. Ord. n° 2014-948 du 20 août 2014, art. 31-2, App., v° *Sociétés à participation publique*, **p. 1174.**
2015	7 août	Loi n° 2015-991. Nouvelle organisation territoriale de la République : – Art. 12. – V. CGCT, art. L. 4221-5, App., v° *Dons et legs*, **p. 1097.** – Art. 16. – V. CGPPP, art. L. 3114-1, L. 3114-2. – Art. 17. – V. CGPPP, art. L. 2125-1. – Art. 19. – V. C. voirie rout., art. L. 111-1, App., v° *Voirie*, **p. 1181.** – Art. 20. – V. C. voirie rout., art. L 131-7-1, App., v° *Voirie*, **p. 1201.** – Art. 22. – V. CGPPP, art. L. 2111-7, L. 2122-17, L. 2122-18. – Art. 23. – V. CJA, art. L. 774-2, et C. transp., art. L. 5337-3-1, App., v° *Contraventions de grande voirie*, **p. 1038.**

		– Art. 28. – V. L. n° 90-1067 du 28 nov. 1990, art. 21, ss. CGPPP, art. L. 2124-32. – Art. 126 et 127. – V. CGCT, art. L. 4221-5, App., v° *Dons et legs*, **p. 1097.** – Art. 135. – V. CGPPP, art. L. 2125-1.
2015	17 août	Loi n° 2015-992. Transition énergétique pour la croissance verte : – Art. 38. – V. C. voirie rout., art. L. 122-4, App., v° *Voirie*, **p. 1193.** – Art. 52. – V. C. voirie rout., art. L. 173-1, App., v° *Voirie*, **p. 1210.** – Art. 62. – V. CGPPP, art. L. 2131-2. – Art. 63. – V. CGPPP, art. L. 2131-4.
2015	28 août	Décret n° 2015-1092. Comptes bancaires inactifs et contrats d'assurance vie en déshérence. – Art. 4. – V. CGPPP, art. R. 1126-2 à R. 1126-4.
2015	23 sept.	Ordonnance n° 2015-1174 *[ratifiée par L. n° 2016-1087 du 8 août 2016, art. 156-I]*. Partie législative du livre Ier du code de l'urbanisme. – Art. 9. – V. C. envir., art. L. 123-2, L. 123-10, L. 123-14, App., v° *Enquête publique*, **p. 1105** ; art. L. 321-10, ss. CGPPP, art. L. 2124-4 ; art. L. 322-4, App., v° *Gestion du domaine (littoral)*, **p. 1140** ; CGPPP, art. L. 1112-4 à L. 1112-6, L. 5111-5, L. 5112-4-1.
2015	14 oct.	Loi n° 2015-1267. Deuxième dividende numérique et poursuite de la modernisation de la télévision numérique terrestre. – Art. 18. – V. C. transp., art. L. 2231-8-1, App., v° *Domaine public ferroviaire*, **p. 1072.**
2015	14 oct.	Loi n° 2015-1268. Actualisation du droit des outre-mer : – Art. 19. – V. CGPPP, art. L. 5142-1. – Art. 23. – V. L. n° 2010-1657 du 20 déc. 2010, art. 169, ss. CGPPP, art. L. 5164-7. – Art. 24. – V. L. n° 2011-725 du 23 juin 2011, art. 6, App., v° *Habitat informel*, **p. 1156.** – Art. 27. – V. L. n° 96-1241 du 30 déc. 1996, art. 4, ss. CGPPP, art. L. 5112-1 ; CGPPP, art. L. 5112-5, L. 5112-6. – Art. 28. – V. CGPPP, art. L. 5112 5, L. 5112 6.
2015	23 oct.	Ordonnance n° 2015-1341. Dispositions législatives du code des relations entre le public et l'administration. – Art. 5. – V. C. voirie rout., art. L. 112-1, L. 114-3, L. 131-4, L. 141-3, L. 171-7, App., v° *Voirie*, **p. 1181.**
2015	2 déc.	Loi n° 2015-1567. Diverses dispositions d'adaptation au droit de l'Union européenne dans le domaine de la prévention des risques. – Art. 1er. – V. C. minier, art. L. 123-2-1, App., v° *Mines*, **p. 1159.**
2015	3 déc.	Décret n° 2015-1582. Modification de l'article 9 du décret n° 2012-752 du 9 mai 2012 portant réforme du régime des concessions de logement. – Art. 1er. – V. Décr. n° 2012-752 du 9 mai 2012, art. 9, ss. CGPPP, art. R. 2124-76.
2015	4 déc.	Décret n° 2015-1584. Modalités de passation des actes, contrats et conventions d'occupation ou d'utilisation des bois et forêts de l'État gérés par l'Office national des forêts. – Art. 1er. – V. CGPPP, art. R. 2222-36.

2015	10 déc.	Ordonnance n° 2015-1628 *[ratifiée par L. n° 2016-1088 du 8 août 2016, art. 69-I]*. Garanties consistant en une prise de position formelle, opposable à l'administration, sur l'application d'une norme à la situation de fait ou au projet du demandeur. – Art. 2. – V. CGPPP, art. L. 2122-7.
2015	18 déc.	Ordonnance n° 2015-1682 *[ratifiée par L. n° 2016-1528 du 8 août 2016, art. 1er]*. Simplification de certains régimes d'autorisation préalable et de déclaration des entreprises et des professionnels. – Art. 8. – V. C. transp., art. L. 1612-1, ss. C. dom. publ. fluv., art. 30, App., v° *Domaine public fluvial*, **p. 1089.**
2015	28 déc.	Décret n° 2015-1783. Partie réglementaire du livre Ier du code de l'urbanisme et modernisation du contenu du plan local d'urbanisme. – Art. 9. – V. CGPPP, art. R. 1112-1 à R. 1112-4, R. 2124-16, R. 2124-19, R. 2124-26, R. 5112-3 ; C. envir., art. R. 322-5, App., v° *Gestion du domaine (littoral)*, **p. 1143** ; C. tourisme, art. D. 341-6, App., v° *Contrats (autorisation d'occupation)*, **p. 1024** ; C. voirie rout., art. R. 151-5, App., v° *Voirie*, **p. 1251.**
2015	28 déc.	Décret n° 2015-1789. Diverses dispositions en matière portuaire. – Art. 1er. – V. CGPPP, art. R. 2122-52 à R. 2122-55, R. 2125-15, R. 2125-16.
2015	29 déc.	Loi n° 2015-1785. De finances pour 2016. – Art. 54. – V. CGPPP, art. L. 3211-7.
2016	8 janv.	Décret n° 2016-9. Ouvrages de production et transport d'énergie renouvelable en mer. – Art. 2. – V. CGPPP, art. R. 2124-1.
2016	22 janv.	Décret n° 2016-38. Commission nationale d'évaluation de la sécurité des ouvrages routiers : – Art. 1er. – V. C. voirie rout., art. D. 118-2-1 à D. 118-2-3, App., v° *Voirie*, **p. 1216.** – Art. 2. – V. C. voirie rout., art. R. 118-1-2, App., v° *Voirie*, **p. 1215.**
2016	26 janv.	Loi n° 2016-41. Modernisation de notre système de santé. – Art. 105. – V. CSP, art. L. 6148-7-1, L. 6148-7-2, App., v° *Contrats (Bail emphytéotique hospitalier)*, **p. 1035.**
2016	29 janv.	Ordonnance n° 2016-65 *[ratifiée par L. n° 2016-1691 du 9 déc. 2016, art. 40]*. Contrats de concession : – Art. 52. – V. CGCT, art. L. 1311-2, App., v° *Contrats (Bail emphytéotique administratif)*, **p. 1029.** – Art. 72. – CGPPP, art. L. 2122-6, L. 2341-1. – Art. 76. – V. C. voirie rout., art. L. 122-4-2, L. 122-12, L. 122-15, L. 122-18, L. 122-23, App., v° *Voirie*, **p. 1194.**
2016	29 janv.	Ordonnance n° 2016-79. Gares routières et recodification des dispositions du code des transports relatives à l'Autorité de régulation des activités ferroviaires et routières. – Art. 5. – V. C. voirie rout., art. L. 122-17, L. 122-30 à L. 122-34, App., v° *Voirie*, **p. 1196.**
2016	1er févr.	Décret n° 2016-86. Contrats de concession. – Art. 38. – V. CGCT, art. R. 1311-2, App., v° *Gestion du domaine (prise à bail)*, **p. 1147.**

2016	10 févr.	Ordonnance n° 2016-131 *[ratifiée par L. n° 2018-287 du 20 avr. 2018, art. 1er]*. Réforme du droit des contrats, du régime général et de la preuve des obligations. – Art. 5. – V. C. civ., art. 931-1, App., v° *Dons et legs*, **p. 1094.**
2016	11 févr.	Décret n° 2016-152. Centres de ressources, d'expertise et de performance sportive. – Art. 3. – V. CGPPP, art. R. 2124-77.
2016	1er mars	Décret n° 2016-234. Régulation des contrats dans le secteur des autoroutes. – Art. 1er. – V. C. voirie rout., art. R. 122-5-5, R. 122-27 à R. 122-48, App., v° *Voirie*, **p. 1233.**
2016	17 mars	Décret n° 2016-308. Réutilisation des informations publiques et modification du code des relations entre le public et l'administration (dispositions réglementaires) : – Art. 2. – V. C. envir., art. D. 123-36, App., v° *Enquête publique*, **p. 1125.** – Art. 6. – V. CGPPP, art. R. 2111-15 ; CGCT, art. R. 1311-8, App., v° *Gestion du domaine (prise à bail)*, **p. 1147** ; C. voirie rout., art. R. 141-10, R. 151-3, R. 151-5, R. 171-6, App., v° *Voirie*, **p. 1249.**
2016	25 mars	Décret n° 2016-360. Marchés publics. – Art. 187. – V. CGCT, art. R. 1311-2, App., v° *Gestion du domaine (prise à bail)*, **p. 1147** ; CGPPP, art. R. 2122-28 à R. 2122-49, R. 5231-2, R. 5231-3.
2016	31 mars	Ordonnance n° 2016-391 *[ratifiée par L. n° 2017-256 du 28 févr. 2017, art. 102]*. Recodification des dispositions relatives à l'outre-mer du code rural et de la pêche maritime. – Art. 3 et 6. – V. C. rur., art. L. 125-14, App., v° *Gestion du domaine (terres incultes ou manifestement sous-exploitées)*, **p. 1151** ; art. L. 461-26, ss. CGPPP, art. L. 2222-5.
2016	20 avr.	Loi n° 2016-483. Déontologie, droits et obligations des fonctionnaires. – Art. 10. – V. Ord. n° 2014-948 du 20 août 2014, art. 6, App., v° *Sociétés à participation publique*, **p. 1166.**
2016	21 avr.	Ordonnance n° 2016-493. Mise sur le marché d'équipements radioélectriques. – Art. 5. – V. CPCE, art. L. 43, ss. CGPPP, art. L. 2124-26.
2016	3 mai	Décret n° 2016-552. Passation des marchés par les concessionnaires d'autoroutes. – Art. 1er. – V. C. voirie rout., art. R. 122-28 à R. 122-32, R. 122-36, R. 122-39, R. 122-39-1, App., v° *Voirie*, **p. 1236.**
2016	10 mai	Loi n° 2016-563. Ratification de l'ordonnance n° 2015-1127 du 10 septembre 2015 portant réduction du nombre minimal d'actionnaires dans les sociétés anonymes non cotées. – Art. 3. – V. Ord. n° 2014-948 du 20 août 2014, art. 32, App., v° *Sociétés à participation publique*, **p. 1175.**
2016	25 mai	Ordonnance n° 2016-665. Commissionnement des agents de Voies navigables de France et modification des dispositions sur les péages fluviaux. – Art. 1er. – V. CGPPP, art. L. 2132-23.
2016	20 juin	Loi n° 2016-816. Économie bleue. – Art. 30. – V. C. transp., art. L. 5337-3-1, L. 5337-3-2 ; CJA, art. L. 774-2, App., v° *Contraventions de grande voirie*, **p. 1038.**

2016	7 juill.	Loi n° 2016-925. Liberté de la création, l'architecture et patrimoine : – Art. 55 à 59, 65, 70 et 75. – V. C. patr., art. L. 1, L. 115-1, L. 211-1, L. 211-4, L. 510-1, L. 622-1-1 à L. 622-3, ss. CGPPP, art. L. 2112-1. – Art. 106. – V. CGPPP, art. L. 3212-2.
2016	27 juill.	Ordonnance n° 2016-1018. Communication des données de circulation routière des collectivités territoriales et de leurs groupements. – Art. 1er. – V. C. voirie rout., art. L. 119-1, App., v° *Voirie*, **p. 1188.**
2016	3 août	Ordonnance n° 2016-1058 *[ratifiée par L. n° 2018-148 du 2 mars 2018, art. 1er]*. Modification des règles applicables à l'évaluation environnementale des projets, plans et programmes. – Art. 1er et 2. – V. C. envir., art. L. 123-2, L 123-10, L. 123-14, App., v° *Enquête publique*, **p. 1105.**
2016	3 août	Ordonnance n° 2016-1060 *[ratifiée par L. n° 2018-148 du 2 mars 2018, art. 1er]*. Réforme des procédures destinées à assurer l'information et la participation du public à l'élaboration de certaines décisions susceptibles d'avoir une incidence sur l'environnement : – Art. 3. – V. C. envir., art. L. 123-1-A à L. 123-4, L. 123-6, L. 123-7, L. 123-9 à L. 123-16, L. 123-18, L. 123-19, App., v° *Enquête publique*, **p. 1105.** – Art. 6. – V. CGPPP, art. L. 2124-3.
2016	8 août	Loi n° 2016-1087. Reconquête de la biodiversité, de la nature et des paysages : – Art. 82 et 83. – V. CGPPP, art. L. 2123-2, L. 2222-10. – Art. 94. – V. C. envir., art. L. 123-2, App., v° *Enquête publique*, **p. 1105.** – Art. 95. – V. C. minier, art. L. 132-15-1, App., v° *Mines*, **p. 1162.** – Art. 107. – V. C. envir., art. L. 322-1, L. 322-8, L. 322-9, App., v° *Gestion du domaine (littoral)*, **p. 1139.** – Art. 109. – V. C. civ., art. 713, App., v° *Successions*, **p. 1179** ; CGPPP, art. L. 1123-3, L. 1123-4, L. 2222-20. – Art. 111, 149, 159. – V. CGPPP, art. L. 2124-1, L. 2132-21, L. 5141-2. – Art. 164. – V. C. envir., art. L. 322-10-1, App., v° *Gestion du domaine (littoral)*, **p. 1141.**
2016	25 août	Décret n° 2016-1160. Modification des dispositions réglementaires du code général de la propriété des personnes publiques relatives aux conditions d'aliénation des terrains du domaine privé de l'État et de ses établissements publics en vue de la réalisation de programmes de logements sociaux. – Art. 1er à 15. – V. CGPPP, art. R. 3211-7, R. 3211-13, R. 3211-15 à R. 3211-17-4, R. 3211-17-6, R. 3211-17-9, R. 3211-32-1, R. 3211-32-7 à R. 3211-38-9.
2016	28 sept.	Ordonnance n° 2016-1255. Modification des dispositions du CGPPP relatives à l'outre-mer : – Art. 3. – V. CGPPP, art. L. 5100-1, L. 5114-1 à L. 5114-11, L. 5122-1, L. 5122-2, L. 5151-1, L. 5161-1 à L. 5165-2. – Art. 4. – V. CGPPP, art. L. 5211-1, L. 5411-1 à L. 5461-2. – Art. 5. – V. CGPPP, art. L. 5211-1 à L. 5261-2. – Art. 6. – V. CGPPP, art. L. 5311-1 à L. 5361-2.

		– Art. 7. – V. CGPPP, art. L. 5511-1 à L. 5541-5. – Art. 8. – V. CGPPP, art. L. 5611-1 à L. 5633-7. – Art. 9. – V. CGPPP, art. L. 5711-1 à L. 5741-1.
2016	7 oct.	Loi n° 2016-1321. Pour une République numérique : – Art. 22. – V. C. voirie rout., art. L. 119-1-1, App., v° *Voirie*, **p. 1188.** – Art. 83 et 92. – V. CPCE, art. L. 42-1, L. 42-2, ss. CGPPP, art. L. 2124-26. – Art. 84. – V. CGPPP, art. L. 2125-10.
2016	25 oct.	Décret n° 2016-1435. Application de l'Ord. n° 2015-1628 du 10 décembre 2015 relative aux garanties consistant en une prise de position formelle, opposable à l'administration, sur l'application d'une norme à la situation de fait ou au projet du demandeur. – Art. 1er. – V. CGPPP, art. R. 2122-21-1.
2016	21 nov.	Ordonnance n° 2016-1562 *[ratifiée par L. n° 2017-289 du 8 mars 2017, art. 2-I]*. Diverses mesures institutionnelles relatives à la collectivité de Corse. – V. C. patr., art. L. 212-36, App., v° *Droit de préemption (Archives privées)*, **p. 1100.**
2016	8 déc.	Ordonnance n° 2016-1687. Espaces maritimes relevant de la souveraineté ou de la juridiction de la République française : – Art. 57. – V. L. n° 71-1060 du 24 déc. 1971, App., v° *Gestion du domaine (Domaine public maritime)*, **p. 1138.** – Art. 62. – V. C. minier, art. L. 123-1, L. 123-4, App., v° *Mines*, **p. 1159.**
2016	9 déc.	Loi n° 2016-1691. Transparence, lutte contre la corruption et modernisation de la vie économique : – Art. 35. – V. CGPPP, art. L. 2141-2. – Art. 41. – V. C. voirie rout., art. L. 122-12, L. 122-13, L. 122-16, L. 122-17, L. 122-19, L. 122-20, L. 122-26, L. 122-33, App., v° *Voirie*, **p. 1195.**
2017	26 janv.	Ordonnance n° 2017-80. Autorisation environnementale. – Art. 2. – C. envir., art. L. 123-10, App., v° *Enquête publique*, **p. 1108.**
2017	26 janv.	Décret n° 2017-81. Autorisation environnementale. – Art. 2. – C. envir., art. R. 123-1, R. 123-8, App., v° *Enquête publique*, **p. 1113.**
2017	27 janv.	Loi n° 2017-86. Égalité et citoyenneté : – Art. 85. – V. CGCT, art. L. 4221-5, App., v° *Dons et legs*, **p. 1097.** – Art. 116. – V. CGPPP, art. L. 3211-13-1. – Art. 147 et 151. – V. CGPPP, art. L. 3211-6, L. 3211-7.
2017	30 janv.	Décret n° 2017-107. Codification du titre VI du livre II de la première partie ainsi que des chapitres IV et V du titre Ier du livre Ier de la troisième partie du code des transports et comportant diverses dispositions en matière de transport public routier de personnes. – V. Décr. n° 97-446 du 5 mai 1997, art. 9, App., v° *Domaine public ferroviaire*, **p. 1087.**

2017	28 févr.	Loi n° 2017-256. Programmation relative à l'égalité réelle outre-mer et portant autres dispositions en matière sociale et économique : – Art. 14. – V. CGPPP, art. L. 3211-7. – Art. 115. – V. CGPPP, art. L. 5114-7, L. 5114-7-1.
2017	28 févr.	Loi n° 2017-257. Statut de Paris et aménagement métropolitain. – Art. 50. – V. CGPPP, art. L. 3211-7, L. 3211-7-1, L. 3211-13-1.
2017	23 mars	Ordonnance n° 2017-378. Extension et adaptation à Mayotte du code de la voirie routière. – V. C. voirie rout., art. L. 172-1, L. 172-2, App., v° *Voirie*, **p. 1209.**
2017	29 mars	Décret n° 2017-456. Patrimoine mondial, monuments historiques et sites patrimoniaux remarquables : – Art. 10. – V. CGPPP, art. D. 3221-12. – Art. 23. – V. C. voirie rout., art. R. 112-1, App., v° *Voirie*, **p. 1212.**
2017	19 avr.	Ordonnance n° 2017-562. Propriété des personnes publiques : – Art. 2 à 7. – V. CGPPP, art. L. 2122-1 à L. 2122-2, L. 2122-7, L. 2125-1, L. 2341-1. – Art. 8. – V. CGCT, art. L. 1311-3, App., v° *Contrats (Bail emphytéotique administratif)*, **p. 1030.** – Art. 9 à 11. – V. CGPPP, art. L. 2141-2, L. 3112-4, L. 3212-2. – Art. 12. – V. ss. CGPPP, art. L. 3112-4. – Art. 13. – V. CGPPP, art. L. 5211-3, L. 5211-4, L. 5511-2, L. 5611-2, L. 5611-3, L. 5711-1, L. 5711-2.
2017	25 avr.	Décret n° 2017-626. Procédures destinées à assurer l'information et la participation du public à l'élaboration de certaines décisions susceptibles d'avoir une incidence sur l'environnement et modifiant diverses dispositions relatives à l'évaluation environnementale de certains projets, plans et programmes. – Art. 4. – C. envir., art. R. 123-1, R. 123-4 à 123-14, R. 123-17 à R. 123-23, R. 123-27, R. 123-27-1, R. 123-27-4, D. 123-35, R. 123-41, R. 123-46-1, D. 123-46-2, App., v° *Enquête publique*, **p. 1113.**
2017	10 mai	Décret n° 2017-943. Extension et adaptation à Mayotte du code de la voirie routière. – V. C. voirie rout., art. R. 172-1, App., v° *Voirie*, **p. 1254.**
2017	29 juin	Ordonnance n° 2017-1117. Règles de conservation, de sélection et d'étude du patrimoine archéologique mobilier. – Art. 2. – V. CGPPP, art. L. 2112-1, L. 3212-2, L. 3212-3.
2017	5 juill.	Ordonnance n° 2017-1134. Diverses dispositions communes à l'ensemble du patrimoine culturel : – Art. 2. – V. C. patr., art. L. 112-22, L. 112-23, L. 125-1, ss. CGPPP, art. L. 2112-1 ; art. L. 123-1 à L. 123-4, App., v° *Droit de préemption (Biens culturels)*, **p. 1101.** – Art. 3. – V. C. patr., art. L. 212-1, ss. CGPPP, art. L. 2112-1 ; art. R. 212-30 à R. 212-37, App., v° *Droit de préemption (Archives privées)*, **p. 1099.** – Art. 4. – V. C. patr., art. L. 451-4, L. 451-8, ss. CGPPP, art. L. 2112-1. – Art. 7. – V. CGPPP, art. L. 1112-7 à L. 1112-9.

2017	17 juill.	Décret n° 2017-1170. Conservatoire de l'espace littoral et des rivages lacustres et commissionnement des gardes du littoral. – V. C. envir., art. R. 322-4, R. 322-8-4, R. 322-13, R. 322-15, R. 322-16, App., v° *Gestion du domaine*, **p. 1143.**
2017	7 août	Décret n° 2017-1246. Modification des livres Ier et II de la partie réglementaire du code rural et de la pêche maritime. – Art. 3. – V. C. rur., art. R. 125-6, D. 125-12, App., v° *Gestion du domaine (terres incultes ou manifestement sous-exploitées)*, **p. 1152.**
2017	9 août	Décret n° 2017-1253. Marchés d'instruments financiers et séparation du régime juridique des sociétés de gestion de portefeuille de celui des entreprises d'investissement : – Art. 13. – V. CGPPP, art. R. 1212-5. – Art. 14. – V. CGCT, art. R. 2241-5, R. 3213-6, R. 4221-5, R. 5211-13-4, App., v° *Gestion du domaine (cessions et acquisitions)*, **p. 1132.**
2017	9 août	Décret n° 2017-1277. Application de l'art. L. 2123-10 du CGPPP. – Art. 1er. – V. CGPPP, art. R. 2123-20.
2017	7 sept.	Décret n° 2017-1325. Modification du Décr. n° 97-446 du 5 mai 1997 relatif aux redevances d'utilisation du réseau ferré national perçues au profit de Réseau ferré de France. – V. Décr. n° 97-446 du 5 mai 1997, art. 1er, 5, 7 à 12, App., v° *Domaine public ferroviaire*, **p. 1088.**
2017	10 nov.	Décret n° 2017-1556. Transfert de propriété du domaine public ferroviaire et diverses dispositions relatives à ce domaine. – Art. 1er. – V. CGPPP, art. R. 3114-1 à R. 3114-8.
2017	28 déc.	Décret n° 2017-1816. Régulation des marchés et contrats dans le secteur des autoroutes. – V. C. voirie rout., art. R. 122-30 à R. 122-32-1, R. 122-35, R. 122-36, R. 122-38 à R. 122-43, R. 122-47, App., v° *Voirie*, **p. 1236.**
2017	28 déc.	Loi n° 2017-1775. De finances rectificative pour 2017. – Art. 52. – V. C. min., art. L. 132-16, App., v° *Mines*, **p. 1163.**
2017	30 déc.	Loi n° 2017-1837. De finances pour 2018 : – Art. 154. – V. CGPPP, art. L. 2341-2, L. 5511-2, L. 5511-4, L. 5611-2, L. 5711-1, L. 5711-2 ; C. éduc., art. L. 762-2, ss. CGPPP, art. L. 2122-14. – Art. 170. – V. CGCT, art. L. 1311-4-1, App., v° *Contrats (Bail emphytéotique administratif)*, **p. 1030.** – Art. 171. – V. C. voirie rout., art. L. 122-4-3, App., v° *Voirie*, **p. 1194.**
2017	30 déc.	Loi n° 2017-1839. Fin de la recherche ainsi que de l'exploitation des hydrocarbures et diverses dispositions relatives à l'énergie et à l'environnement. – Art. 2 et 4. – V. C. minier, art. L. 111-1, ss. CGPPP, art. L. 2124-27 ; C. minier, art. L. 132-12-1, App., v° *Mines*, **p. 1162.**
2018	17 janv.	Ordonnance n° 2018-21. Mise en cohérence des textes au regard des dispositions de la loi n° 2016-41 du 26 janvier 2016 de modernisation de notre système de santé. – Art. 1er. – V. CSP, art. L. 6148-4, App., v° *Contrats (Bail emphytéotique hospitalier)*, **p. 1033.**

2018	2 mars	Loi n° 2018-148. Ratification des ordonnances n° 2016-1058 du 3 août 2016 relative à la modification des règles applicables à l'évaluation environnementale des projets, plans et programmes et n° 2016-1060 du 3 août 2016 portant réforme des procédures destinées à assurer l'information et la participation du public à l'élaboration de certaines décisions susceptibles d'avoir une incidence sur l'environnement : – Art. 2. – V. C. envir., art. L. 123-13, L. 123-16, App., v° *Enquête publique*, **p. 1109.** – Art. 4. – V. CGPPP, art. L. 2124-3.
2018	26 mars	Loi n° 2018-202. Organisation des jeux Olympiques et Paralympiques de 2024. – Art. 17. – V. ss. CGPPP, art. L. 2122-1-1.
2018	7 juin	Décret n° 2018-462. Redevances d'infrastructure liées à l'utilisation du réseau ferroviaire. – V. Décr. n° 97-446 du 5 mai 1997, art. 1er à 12, App., v° *Domaine public ferroviaire*, **p. 1083.**
2018	27 juin	Loi n° 2018-515. Pour un nouveau pacte ferroviaire : – Art. 1er, 20. – V. C. transp., art. L. 2101-1, L. 2101-1-1, L. 2111-9 à L. 2111-9-3, App., v° *Domaine public ferroviaire*, **p. 1073.** – Art. 6. – C. transp., art. L. 2111-25, App., v° *Domaine public ferroviaire*, **p. 1080.**
2018	13 juill.	Loi n° 2018-607. Programmation militaire pour les années 2019 à 2025 et diverses dispositions intéressant la défense. – Art. 46, 47, 64. – V. CGPPP, art. L. 3211-1, L. 3211-7, L. 5511-4, L. 5711-2.
2018	17 juill.	Décret n° 2018-630. Diverses dispositions communes à l'ensemble du patrimoine culturel : – Art. 2. – V. C. patr., art. R. 123-1, R. 123-2, R. 123-6, App., v° *Droit de préemption (Biens culturels)*, **p. 1102** ; art. R. 125-1 à R. 125-3, V. ss. CGPPP, art. L. 2112-1. – Art. 3. – V. C. patr., art. R. 212-91 à R. 212-93, R. 212-95, App., v° *Droit de préemption (Archives privées)*, **p. 1100.** – Art. 6. – V. CGPPP, art. R. 1112-5 à R. 1112-7.
2018	30 juill.	Décret n° 2018-674. Simplification de certaines procédures administratives. – V. C. voirie rout., art. R. 122-1, **p. 1232.**
2018	3 août	Loi n° 2018-699. Garantie de la présence des parlementaires dans certains organismes extérieurs au Parlement et simplification des modalités de leur nomination : – Art. 15. – V. CGPPP, art. L. 4211-1. – Art. 26. – V. C. voirie rout., art. L. 121-4, **p. 1192.** – Art. 82. – V. CGPPP, art. L. 3211-7.
2018	10 août	Loi n° 2018-727. Pour un État au service d'une société de confiance : – Art. 21. – V. C. patr., art. L. 212-1, ss. CGPPP, art. L. 2112-1. – Art. 57, 62. – V. C. envir., art. L. 123-14, L. 123-19, App., v° *Enquête publique*, **p. 1109.**
2018	12 sept.	Décret n° 2018-785. Suppression de commissions administratives à caractère consultatif. – V. CGPPP, art. R. 3211-17-5 à R. 3211-17-9.

2018	30 oct.	Décret n° 2018-933. Modalités de cession des immeubles domaniaux reconnus inutiles par le ministre de la défense. – V. CGPPP, art. R. 3211-26.
2018	23 nov.	Loi n° 2018-1021. Évolution du logement, de l'aménagement et du numérique : – Art. 6. – V. C. envir., art. L. 123-2, App., v° *Enquête publique*, **p. 1105.** – Art. 23 à 25. – V. CGPPP, art. L. 3211-6 à L. 3211-7-1, L. 3211-13-1, L. 5142-1. – Art. 82. – V. CCH, art. L. 451-5, App. v° *Gestion du domaine (cessions et acquisitions)*, **p. 1129.** – Art. 88. – V. CGPPP, art. L. 3211-7. – Art. 97. – V. CCH, art. L. 443-12, App. v° *Gestion du domaine (cessions et acquisitions)*, **p. 1129.** – Art. 199, 221. – V. CGPPP, art. L. 2122-1-3-1, L. 5112-4. – Art. 233. – V. CPCE, art. L. 43, ss. CGPPP, art. L. 2124-26.
2018	26 nov.	Ordonnance n° 2018-1074. Partie législative du code de la commande publique : – Art. 6. – V. CGCT, art. L. 1311-2, L. 1311-4-1, App., v° *Contrats (Bail emphytéotique administratif)*, **p. 1029** ; art. L. 1311-5, App. v° *Contrats (autorisation d'occupation)*, **p. 1021.** – Art. 11. – V. C. voirie rout., art. L. 122-12, L. 122-13, L. 122-15, L. 122-18, L. 122-23, App., v° *Voirie*, **p. 1195.**
2018	3 déc.	Décret n° 2018-1075. Partie réglementaire du code de la commande publique. – Art. 9. – V. C. voirie rout., art. R. 122-28 à R. 122-41-1, App., v° *Voirie*, **p. 1236.**
2018	12 déc.	Ordonnance n° 2018-1135. Diverses dispositions relatives à la gestion de l'infrastructure ferroviaire et à l'ouverture à la concurrence des services de transport ferroviaire de voyageurs. – Art. 1er. – V. C. transp., art. L. 2111-9, L. 2111-10, App., v° *Domaine public ferroviaire*, **p. 160.**
2018	20 déc.	Décret n° 2018-1195. Contrôle de certains matériels de guerre et matériels assimilés. – Art. 23. – V. CGPPP, art. R. 3211-35.
2018	24 déc.	Décret n° 2018-1217. Application des art. 56 et 57 de la L. n° 2018-727 du 10 août 2018 pour un État au service d'une société de confiance. – Art. 2. – V. C. envir., art. R. 123-46-1, App., v° *Enquête publique*, **p. 1127.**
2018	28 déc.	Loi n° 2018-1317. De finances pour 2019. – Art. 274. – V. CGPPP, art. L. 3211-7.
2019	11 mars	Ordonnance n° 2019-183. Cadre de fixation des redevances liées à l'utilisation de l'infrastructure ferroviaire ainsi qu'à l'élaboration et à l'actualisation du contrat entre l'État et SNCF Réseau. – V. C. transp., art. L. 2111-10, L. 2111-25, App., v° *Domaine public ferroviaire*, **p. 1076.**
2019	14 mars	Décret n° 2019-190. Codification des dispositions applicables aux installations nucléaires de base, au transport de substances radioactives et à la transparence en matière nucléaire. – Art. 6. – V. C. envir., art. R. 123-1, App., v° *Enquête publique*, **p. 1113.**

2019	23 mars	Loi n° 2019-222. De programmation 2018-2022 et réforme pour la justice. – Art. 40. – V. CGCT, art. L. 2333-87, ss. CGPPP, art. L. 2323-14.
2019	2 mai	Ordonnance n° 2019-397. Transposition de la directive (UE) 2016/797 du Parlement européen et du Conseil du 11 mai 2016 relatif à l'interopérabilité du système ferroviaire au sein de l'Union européenne et de la directive (UE) 2016/798 du Parlement européen et du Conseil du 11 mai 2016 relative à la sécurité ferroviaire et adaptation du droit français au règlement (UE) 2016/796 du Parlement et du Conseil du 11 mai 2016 relatif à l'Agence de l'Union européenne pour les chemins de fer et abrogeant le règlement (CE) n° 881/2004. – Art. 1er. – V. C. transp., art. L. 1612-1, L. 1612-2, L. 1613-1, L. 1613-2, ss. C. dom. publ. fluv., art. 30, App., v° *Domaine public fluvial*, **p. 1089.**
2019	9 mai	Décret n° 2019-423. Modification des conditions d'octroi par l'État et ses établissements publics de la décote sur le prix des terrains de leur domaine privé et complétant le contenu des rapports d'activité des organismes de foncier solidaires. – Art. 1er à 4. – V. CGPPP, art. R. 3211-14, R. 3211-15, R. 3211-17-1, R. 3211-32-2.
2019	22 mai	Loi n° 2019-486. Croissance et transformation des entreprises : – Art. 40. – V. CGPPP, art. L. 2341-1. – Art. 154, 168. – V. Ord. n° 2014-948 du 20 août 2014, art. 31-1, 31-2, App., v° *Sociétés à participation publique*, **p. 1172.**
2019	3 juin	Ordonnance n° 2019-552. Diverses dispositions relatives au groupe SNCF : – Art. 1er, 4, 9 et 10. – V. C. transp., art. L. 2101-1, L. 2101-1-2, L. 2111-9-4, L. 2111-20, L. 2111-20-1, L. 2111-20-2, L. 2111-21, L. 2111-22, L. 2111-24, L. 2232-1, App., v° *Domaine public ferroviaire*, **p. 1073.** – Art. 16. – V. CGPPP, art. L. 3114-1, L. 3114-2, L. 3211-13-1.
2019	17 juill.	Ordonnance n° 2019-770. Partie législative du livre VIII du code de la construction et de l'habitation. – Art. 8. – V. CGPPP, art. L. 3211-7.
2019	24 juill.	Décret n° 2019-772. Partie règlementaire du livre VIII du code de la construction et de l'habitation. – Art. 10. – V. CGPPP, art. R. 3211-14, R. 3211-15, R. 3211-32-2.
2019	24 juill.	Loi n° 2019-773. Création de l'Office français de la biodiversité et de la chasse, modifiant les missions des fédérations des chasseurs et renforçant la police de l'environnement. – Art. 4. – V. CGPPP, art. L. 2222-9 ; C. envir., art. L. 322-10-1, App., v° *Gestion du domaine (Littoral)*, **p. 1141** ; V. CJA, art. L. 774-2, App., v° *Contraventions de grande voirie*, **p. 1038.**
2019	26 juill.	Décret n° 2019-793. Occupation des logements domaniaux du ministère de la défense. – V. CGPPP, art. R. 2124-70, R. 2124-79, R. 2222-4-1.
2019	1er août	Loi n° 2019-810. Préservation des intérêts de la défense et de la sécurité nationale de la France dans le cadre de l'exploitation des réseaux radioélectrique mobiles. – Art. 2. – V. CPCE, art. L. 42-1, ss. CGPPP, art. L. 2124-26.

2019	1er août	Loi n° 2019-812. Création de l'Agence nationale du sport et diverses dispositions relatives à l'organisation des jeux Olympiques et Paralympiques de 2024. – Art. 4. – V. L. n° 2018-202, art. 17, ss. CGPPP, art. L. 2122-1-1.
2019	30 août	Décret n° 2019-913. Application de l'article 95 de la loi n° 2019-222 du 23 mars 2019 de programmation 2018-2022 et de réforme pour la justice. – Art. 15. – V. CGPPP, art. R. 5112-31.
2019	9 sept.	Décret n° 2019-940. Modification du décret n° 97-446 du 5 mai 1997 relatif aux redevances d'infrastructure liées à l'utilisation du réseau ferré national perçues par SNCF Réseau et le décret n° 97-444 du 5 mai 1997 relatif aux missions et aux statuts de SNCF Réseau. – Art. 1er. – V. Décr. n° 97-446, art. 1er, 5, 6, 10, App., v° *Domaine public ferroviaire*, **p. 1083.**
2019	18 sept.	Décret n° 2019-966. Substitution du tribunal judiciaire au tribunal de grande instance et au tribunal d'instance en application de l'article 95 de la loi n° 2019-222 du 23 mars 2019 de programmation 2018-2022 et de réforme pour la justice et diverses dispositions relatives à l'organisation judiciaire. – Art. 2. – V. C. voirie rout., art. R.* 171-5, **p. 1254.**
2019	18 oct.	Loi n° 2019-1063. Modernisation de la distribution de la presse. – Art. 3. – V. CPCE, art. L. 41, L. 42 à L. 42-3, L. 43, ss. CGPPP, art. L. 2124-26.
2019	21 oct.	Ordonnance n° 2019-1067. Modification des dispositions relatives aux offres au public de titres. – Art. 22. – V. C. transp., art. L. 2111-24, ss. L. n° 97-135, art. 13, App., v° *Domaine public ferroviaire*, **p. 1080.**
2019	26 nov.	Décret n° 2019-1232. Commissionnement des personnels de Voies navigables de France. – Art. 4. – V. CGPPP, art. R. 2132-2 à R. 2132-5.
2019	9 déc.	Décret n° 2019-1328. Diverses mesures en matière de sécurité routière. – Art. 1er. – V. C. voirie rout., art. R.* 119-4, R.* 119-5, R.* 119-8, R.* 119-9, **p. 1225.**
2019	11 déc.	Décret n° 2019-1333. Réforme de la procédure civile : – Art. 18. – V. C. dom. Ét., art. R. 170-17, **p. 918.** – Art. 23. – V. CGPPP, art. R. 5112-35.
2019	12 déc.	Décret n° 2019-1352. Diverses dispositions de simplification de la procédure d'autorisation environnementale. – Art. 10, 11. – V. C. envir., art. R. 123-5, R. 123-8, App., v° *Enquête publique*, **p. 1114.**
2019	18 déc.	Décret n° 2019-1379. Suppression de commissions administratives à caractère consultatif. – Art. 13-I. – V. CGPPP, art. R. 3211-6.
2019	24 déc.	Loi n° 2019-1428. Orientation des mobilités : – Art. 8, 172. – V. C. transp., art. L. 2111-9, L. 2111-9-1 A, L. 2111-20-1-1, L. 2111-24, ss. L. n° 97-135, art. 13, App., v° *Domaine public ferroviaire*, **p. 1080.**

		– Art. 27, 52, 160 à 164. – V. C. voirie routière, art. L. 118-5-1, L. 122-1, L. 122-4, L. 122-12, L. 122-27, L. 141-13, L. 154-1, App., v° *Voirie*, **p. 1187.** – Art. 37, 38. – V. CGCT, art. L. 2333-87, ss. CGPPP, art. L. 2323-14. – Art. 125, 129. – V. C. transp., art. L. 1612-2-1, L. 1613-1, L. 1613-2, L. 1614-1, ss. CDPF, art. 30, App., v° *Domaine public fluvial*, **p. 1090.** – Art. 134. - V. CGPPP, art. L. 2132-23 ; CJA, art. L. 774-2, App., v° *Contraventions de grande voirie*, **p. 456.** – Art. 149. – V. CGPPP, art. L. 2111-7, L. 3113-1-1.
2019	26 déc.	Décret n° 2019-1460. Plafonnement de la décote prévue à l'article L. 3211-7 du code général de la propriété des personnes publiques. – Art. 1er à 3. – V. CGPPP, art. R. 3211-15-1, R. 3211-17-2, R. 3211-32-7.
2019	27 déc.	Loi n° 2019-1461. Engagement dans la vie locale et proximité de l'action publique : – Art. 56. – V. CJA, art. L. 774-2, App., v° *Contraventions de grande voirie*, **p. 1038.** – Art. 81. – V. C. envir., Art. L. 123-5, App., v° *Enquête publique*, **p. 1107.**
2019	28 déc.	Loi n° 2019-1479. Loi de finances pour 2020 : – Art. 21. – V. C. minier, art. L. 132-16, L. 132-16-1, App., v° *Mines*, **p. 1163.** – Art. 58. – V. C. transp., art. L. 2111-24, ss. L. n° 97-135, art. 13, App., v° *Domaine public ferroviaire*, **p. 1080.**
2019	30 déc.	Décret n° 2019-1575. Conditions d'aliénation des terrains bâtis ou non appartenant au domaine privé de l'État géré par la société SNCF Réseau ou sa filiale prévues à l'article L. 2111-13-1 du code général de la propriété des personnes publiques. – V. CGPPP, art. R. 3211-32-10.
2020	6 janv.	Ordonnance n° 2020-7. Prise en compte des besoins de la défense nationale en matière de participation et de consultation du public, d'accès à l'information et d'urbanisme. – Art. 4. – V. C. envir., art. L. 123-2, L. 123-19-8 à L. 123-19-11, App., v° *Enquête publique*, **p. 1105.**
2020	30 janv.	Décret n° 2020-68. Déconcentration des décisions administratives individuelles dans les domaines de l'action et des comptes publics. – Art. 2 à 7. – V. CGPPP, art. R. 2122-10, R. 2122-14, R. 2122-15, R. 2123-2, R. 2222-1, R. 2222-9, R. 3211-23, R. 3211-25.
2020	10 févr.	Loi n° 2020-105. Lutte contre le gaspillage et économie circulaire. – Art. 38, 52, 53. – V. CGPPP, art. L. 3212-2, L. 3212-3.
2020	18 févr.	Décret n° 2020-133. Diverses dispositions en matière de protection des intérêts de la défense nationale : – Art. 4. – V. C. envir., art. R. 123-1, R. 123-44 à R. 123-46, App., v° *Enquête publique*, **p. 1113.** – Art. 8. – V. CGPPP, art. R. 1211-8.

2020	4 mars	Décret n° 2020-195. Diverses dispositions relatives aux bibliothèques : – Art. 4. – V. CGPPP, art. R. 2112-1.
2020	20 avr.	Décret n° 2020-454. Modification de la composition du Conseil de l'immobilier de l'État. – Art. 1er. – V. CGPPP, art. D. 4211-1 à D. 4211-3.
2020	4 juin	Décret n° 2020-677. Utilisation du domaine public maritime naturel en dehors des limites administratives des ports. – V. CGPPP, art. R. 2124-4, R. 2124-6, R. 2124-39 à R. 2124-43, R. 2124-45 à R. 2124-55, R. 5211-4 ; V. C. tourisme, art. D. 341-2, v° *Contrats*, **p. 1023.**
2020	17 juin	Loi n° 2020-734. Diverses dispositions liées à la crise sanitaire, à d'autres mesures urgentes ainsi qu'au retrait du Royaume-Uni de l'Union européenne. – Art. 27. – V. CGPPP, art. L. 5112-1, L. 5112-5, L. 5112-6 ; V. L. n° 96-1241 du 30 déc. 1996, art. 4 ; L. n° 2015-1268 du 14 oct. 2015, art. 27, ss. CGPPP, art. L. 5112-1.
2020	3 juill.	Décret n° 2020-844. Autorité environnementale et à autorité chargée de l'examen au cas par cas. – Art. 11. V. C. envir., art. R. 123-8, App., v° *Enquête publique*, **p. 1115.**

TABLE ALPHABÉTIQUE

NOTA. Les nombres renvoient aux articles du code général de la propriété des personnes publiques (CGPPP), non aux pages. Les nombres précédés du mot « art. » renvoient aux articles d'un texte autre que le code proprement dit. Les dispositions spécifiques à l'outre-mer de la partie réglementaire du C. dom. Ét. sont en vigueur jusqu'à la publication de la partie réglementaire correspondante (cinquième partie) du CGPPP. Quand il est renvoyé à une page, le nombre est précédé de la lettre « p. ». Il est rappelé qu'un tableau explicatif des abréviations utilisées figure au début de l'ouvrage.

A

B

C

D

E

F

G

H

I

L

M

N

O

P

R

S

T

V

Photocomposé, traité sur ordinateur par :
JOUVE, 1, rue du Docteur Sauvé - 53100 MAYENNE

Achevé d'imprimer sur les presses de
C.H.Beck
Dépôt légal : août 2020
719675 – OSB-P 60 – JOU – (HCH)
Imprimé en Allemagne

Codes Dalloz **Parution**

PÉNAL	
Code pénal	juillet
Code de procédure pénale	juillet
Code de la route, *commenté*	février
IMMOBILIER	
Code des baux, *commenté*	février
Code de la construction et de l'habitation, *commenté*	mars
Code de la copropriété, *commenté*	janvier
Code de l'expropriation pour cause d'utilité publique, *commenté*	mai
Code de l'urbanisme, *commenté*	avril
PUBLIC	
Code de la commande publique	mars
Code constitutionnel et des droits fondamentaux, *commenté*	novembre
Code de l'éducation, *commenté*	août
Code électoral	décembre
Code de l'énergie, *commenté*	mai
Code de l'entrée et du séjour des étrangers et du droit d'asile, *commenté*	novembre
Code de l'environnement, *commenté*	mars
Code de la fonction publique, *commenté*	février
Code général des collectivités territoriales, *commenté en ligne*	novembre
Code général de la propriété des personnes publiques, *commenté*	juin
Code de justice administrative, *commenté*	septembre
Code du patrimoine, *commenté*	juin
Code des relations entre le public et l'administration, *commenté*	septembre
Code rural et de la pêche maritime, *commenté*	mai
Code de la sécurité intérieure, *commenté*	janvier
Code du sport, *commenté*	avril
Code du tourisme, *commenté*	novembre